헌법학(I)

헌법총론 · 국가조직론

김백유

도서출판 조은

머리말

본서는 작년판의 활자나 오자등 내용에 대하여 수정할 부분은 수정을 하였고, 종전의 한자로 되어 있던 부분을 전부 한글화 하였다는 점이다. 2010년도판부터 종전의 헌법학(상)이라고 칭하던 헌법총론과 헌법학(하)라고 칭하던 국가조직론을 합본하여 헌법학Ⅰ이라는 표제를 담았다. 종전의 우리나라에서 출판된 서적을 보면 헌법총론과 기본권 분야를 합하여 헌법Ⅰ이라고 칭하였으나, 체계상으로는 헌법총론에 계속적으로 연결되는 부분은 기본권분야라기 보다는 오히려 국가조직론(통치구조론)이다. 이러한 방법이 이론상 적합하여 순차적으로 저서를 발간하는 경우 헌법총론(상) 다음에는 국가조직론(중) 그리고 기본권분야(하)로 출간하는 학자도 있다.

본서는 2010년도판부터 다른 저자의 저서의 출판사 및 출판년도를 이를 참고문헌에다만 표기하고 각주 부분에서는 이를 생략하였다. 해마다 새로운 저서나 개정판이 출간되고 있고, 이에 따라 저자역시 다른 저서들의 내용을 소개 하고 있는데, 개정판의 경우 페이지가 해마다 달라지는 부분을 일일이 찾아서 새롭게(다시) 기입하는 것은 정말 힘든 작업이기 때문이다. 이러한 문제점을 인식하고 일부교수님들은 책의 옆부분에 방주(단락번호; Randnummer)표시를 하시는 분들도 있는데, 이런 교과서는 페이지를 기입하는 대신 방주(단락번호 : Randnummer)만을 본 저서의 각주에 표기 하였다.

현대 복리국가에 있어서의 국가작용은 그 기능이 고도로 다양화 · 기술화 · 전문화되어 가고 있으며, 현실적으로도 무수한 실정법이 제정되고 있고 이의 관련한 수많은 판례 등도 나타나고 있다. 이에 따라 헌법이론도 양적으로나 질적으로 커다란 변화를 겪고 있다.

이러한 추세를 감안하여 본 교재는 저자의 강의를 듣는 학생들뿐만 아니라, 국가공무원 시험을 준비하는 수험생, 기타 실무에 종사하는 실무자 및 박사과정 연구원 그리고 Law School 등에서 헌법학을 연구하는 독자들을 대상으로 하여, 하나의 길잡이 역할을 하기 위하여 집필한 것이다.

마지막으로 이 책의 출판에 있어서 힘써주신 도서출판 조은의 김화인사장과 편집과 교정을 맡아준 임직원 여러분 에게 감사드린다.

2012년 2월

낙산 기슭 연구실에서

▪▪▪ 머리말 ▪▪▪

본서는 종전의 헌법학(상)이라고 칭하던 헌법총론과 헌법학(하)라고 칭하던 국가조직론을 합본하여 헌법학 I 이라는 표제를 담았다. 종전의 우리나라에서 출판된 서적을 보면 헌법총론과 기본권 분야를 합하여 헌법 I 이라고 칭하였으나, 체계상으로는 헌법총론에 계속적으로 연결되는 부분은 기본권분야라기 보다는 오히려 국가조직론(통치구조론)이다. 이러한 방법이 이론상 적합하여 순차적으로 저서를 발간하는 경우 헌법총론(상) 다음에는 국가조직론(중) 그리고 기본권분야(하)로 출간하는 학자도 있다.

본서의 구판에서는 다른 저서를 참고하는 경우, 각주부분에 있어서 다른 저자의 저서의 출판사 및 출판년도를 일일이 모두 표기하였으나, 이번 교재부터는 이를 참고문헌에다만 표기하고 각주 부분에서는 이를 생략하였다.

해마다 새로운 저서나 개정판이 출간되고 있고, 이에 따라 저자역시 다른 저서들의 내용을 소개 하고 있는데, 개정판의 경우 페이지가 해마다 달라지는 부분을 일일이 찾아서 새롭게(다시) 기입하는 것은 정말 힘든 작업이다.

이러한 문제점을 해결하고자 일부교수님들은 책의 옆부분에 방주(단락번호; Randnummer)표시를 하시는 분들도 있는데, 이런 교과서는 페이지를 기입하는 대신 방주(단락번호 : Randnummer)만을 본 저서의 각주에 표기 하였다.

본서의 참고문헌이나 각주에 행정법 저서들이 눈에 뜨이는 경우가 있을 것이다. 이는 본래 행정법은 헌법을 구체화하는 학문인데다 헌법과 행정법은 하나(공법)이며, 이를 함께 연구해야 한다고 하는 것이 저자의 평소의 입장이기도 하기 때문에, 필요하다고 생각되는 부분에서는 행정법학자들의 의견도 본서에 함께 소개 하였다.

결국 본 저서는 다른 일반 헌법교재와는 달리 행정법학자들의 이론도 간간이 소개하고 있다는 점이 특징이되어 버렸다. 본서를 읽다가 행정법이론상 궁금한 것이 있다면 저자의 행정법 저서인 행정법치론(I)을 참고하면 될 것이다.

독일의 경우에는 우리나라처럼 헌법학자와 행정법학자가 분리되어 있지않고 헌법과 행정법을 함께 연구하고 강의하는 공법학자들이 주종을 이룬다. 우리나라도 공법학의 발전을 위해서는 학자들도 헌법과 행정법을 동시에 연구하도록 해야할 것이다. 저자는 이러한 취지에서 헌법과 행정법을 함께 연구 · 강의하고 있고, 저서 역시 헌법교과서와 행정법 교과서를 동시에 출간하바 있다. 헌법교과서에는 행정법학자들의 견해를 소개하고 행정법 교과서에서는 헌법학자들의 견해를 소개하고 있음은 물론이다.

금년 9월에 저자의 독일 프라이부르크(Freiburg) 법과대학 유학시절의 은사이신 라이너 발(Rainer Wahl) 교수님이 학술대회 논문 발표차 한국에 오셨다. 대학에서 이미 정년퇴직을 하신 70세의 노학자이심에도 불구하고 학술논문을 발표하러 한국에 오시는 그의 학문적 열정, 그리고 베트남(하노이)에가서 학술대회에 참가하러 가야 한다고 분주히 떠나시는 그의 뒷모습에 다시한번 고개를 숙인다.

정년퇴직과 함께 학자로서의 학문생활이 끝나버리는 우리나라와는 달리 정년퇴직후에도 학문연구의 길을 계속해서 밟을 수 있는 독일의 학풍과 분위기가 또한 부럽다.

마지막으로 이 책의 출판에 있어서 힘써주신 도서출판 조은의 김화인사장과 편집과 교정을 맡아준 임직원 여러분 그리고 제목차례 및 색인을 정리해준 한성대학교의 정창화 조교에게 심심한 사의를 표한다.

2010년 가을

낙산 기슭 연구실에서

머리말

대학에서 헌법 및 행정법을 중심으로 한 공법학 강의를 시작한지 많은 세월이 흘렀다. 본 저서는 그동안 학생들에게 강의교재로 사용했던 내용을 중심으로 출판한 것이다. 본서는 저자의 헌법학(中, 기본권론) 및 헌법학(下, 국가조직론)에 이어 출판하는 것(헌법학(上), 헌법총론)이다. 따라서 독자들은 헌법학분야에 있어서 저자의 헌법총론(상), 기본권론(중), 국가조직론(하)를 구독하면 될 것이다. 본 저서는 학생들에게 수업시간에 강의하던 내용을 정리한 것이므로 저자의 독특한 사상과 철학이 결집된 내용이라기보다는 은사 및 선배교수님들 그리고 동료교수들의 학설 및 교재내용 등을 정리하여 소개하고 있는 體系書이다.

현대 복리국가에 있어서의 국가작용은 그 기능이 고도로 다양화·기술화·전문화되어 가고 있으며, 현실적으로도 무수한 실정법이 제정되고 있고 이와 관련한 수많은 판례 등도 나타나고 있다. 이에 따라 헌법이론도 양적으로나 질적으로 커다란 변화를 겪고 있다.

이러한 추세를 감안하여 본 교재는 저자의 강의를 듣는 학생들뿐만 아니라, 국가공무원 시험을 준비하는 수험생, 기타 실무에 종사하는 실무자 및 박사과정 연구원 그리고 Law School 등에서 헌법학을 연구하는 독자들을 대상으로 하여, 하나의 길잡이 역할을 하기 위하여 집필한 것이다.

특히 독자들에게 헌법학의 헌법총론에 관련한 내용이 단순한 교과서적 내용으로서 관념적·형식적으로 이해되기 보다는 이들 이론을 종합적·체계적으로 이해할 수 있는, 소위 '살아있는 헌법학'의 내용을 전달하고자하여, 실생활에서 발생하는 문제점 및 헌법이론을 실무에 적용할 수 있도록 하였고, 旣刊의 다른 교재에서 설명이 불충분하거나 다루지 않는 부분, 특히 추상적·관념적으로 설명하고 있는 부분은 구체적·실용적으로 이해하기 쉽게 설명하고자 노력하였다.

이를 위하여 저자는 인터넷법률신문(lawtimes.co.kr) 및 대한법률구조공단 등에서 제공한 소송실무자료 및 법원의 판례를 비롯하여, 여러 가지 기본권 관련 사례들을 적절히 소개하고 이를 분석하여 독자들에게 체계적인 이해를 돕고자 하였다.

그러나 淺學非才한 저자로서는 본서의 이러한 의도와 기대가 얼마나 실현되었는지 의문이다. 앞으로 先輩諸賢의 가르침과 독자여러분의 조언과 비판을 받아 부족한 부분과 새로운 기본권이론을 계속하여 수정·보완해 나갈 예정이다.

이 책을 출간함에 있어서 타계하신 저자의 은사이시며 헌법학계의 원로이신, 문홍주 교수님을 비롯하여, 한창규 교수님, 그리고 저자에게 학문에의 길을 밟도록 도와주신 김영수 교수님에게 감사를 드린다. 그리고 독일 유학시절의 지도교수님이시고 프라이부르크(Freiburg im Br.) 법과대학 교수였던 라이너 발(Rainer Wahl)교수님에게 감사를 드린다. 발(Wahl)교수님께서는 저자가 재직하는 한성대학교까지 몸소 오셔서 특강까지 해주셨다.

책을 쓴다는 것이 얼마나 힘든 일인가는 역시 직접 경험해보지 않고서는 알기 어려운 일이다. 이러한 점에서 이미 교재를 출간한 여러 교재들의 저자(특히 문홍주 · 권영성 · 김철수 · 허영 교수님)에게 경의를 표하는 바이며, 이 책이 이들로부터 많은 도움을 받았다는 점에 특히 감사를 드린다.

마지막으로 이 책의 출판에 있어서 출판부의 이순항 연구원, 임연지 조교 그리고 편집과 교정을 맡아준 제이앤씨 임직원 여러분에게 심심한 사의를 표한다.

2010년 봄

낙산 기슭 연구실에서

■■■ 머리말 ■■■

대학에서 헌법 및 행정법을 중심으로 한 공법학 강의를 시작한지 많은 세월이 흘렀다. 본 저서는 그동안 학생들에게 강의교재로 사용했던 내용을 중심으로 출판한 것이다. 세월이 흐름에 따라 강의교재의 분량이 방대해져 이제는 하나의 책(저서)으로 출판하지 않으면 안되게 되었기 때문이다. 본저서는 저자의 기본권론에 이어 출판하는 것이다. 본 저서는 학생들에게 수업시간에 강의하던 내용을 정리한 것이므로 저자의 독특한 사상과 철학이 결집된 내용이라기보다는 은사 및 선배교수님들 그리고 동료교수들의 학설 및 교재내용 등을 정리하여 소개하고 있는 體系書의 수준에 머무르고 말았다.

현대 복리국가에 있어서의 국가작용은 그 기능이 고도로 다양화 · 기술화 · 전문화되어 가고 있으며, 현실적으로도 무수한 실정법이 제정되고 있고 이와 관련한 수많은 판례 등도 나타나고 있다. 이에 따라 헌법이론도 양적으로나 질적으로 커다란 변화를 겪고 있다.

이러한 추세를 감안하여 본 교재는 저자의 강의를 듣는 학생들뿐만 아니라, 국가공무원 시험을 준비하는 수험생, 기타 실무에 종사하는 실무자 및 박사과정 연구원 그리고 Law School 등에서 헌법학을 연구하는 독자들을 대상으로 하여, 하나의 길잡이 역할을 하기 위하여 집필한 것이다.

특히 독자들에게 헌법학의 국가조직론(통치구조론)에 관련한 내용이 단순한 교과서적 내용으로서 관념적 · 형식적으로 이해되기 보다는 이들 이론을 종합적 · 체계적으로 이해할 수 있는, 소위 '살아있는 헌법학'의 내용을 전달하고자하여, 실생활에서 생하는 문제점의 해결 및 헌법이론을 실무에 적용할 수 있도록 하였고, 旣刊의 다른 교재에서 설명이 불충분하거나 다루지 않는 부분, 특히 추상적 · 관념적으로 설명하고 있는 부분은 좀더 구체적 · 실용적으로 이해하기 쉽게 설명하고자 노력하였다.

이를 위하여 저자는 인터넷법률신문(lawtimes.co.kr) 및 대한법률구조공단 등에서 제공한 소송실무자료 및 법원의 판례를 비롯하여, 여러 가지 기본권 관련 사례들을 적절히 소개하고 이를 분석하여 독자들에게 체계적인 이해를 돕고자 하였다.

그러나 淺學非才한 저자로서는 본서의 이러한 의도와 기대가 얼마나 실현되었는지 의문이다. 앞으로 先輩諸賢의 가르침과 독자여러분의 조언과 비판을 받아 부족한 부분과 새로운 기본권이론을 계속하여 수정 · 보완해 나갈 예정이다.

이 책을 출간함에 있어서 몇 달전 타계하신 저자의 은사이시며 헌법학계의 원로이신, 문홍주 교수님을 비롯하여, 한창규 교수님, 그리고 저자에게 학문에의 길을 밟도록 도와주신 김영수 교수님에게 감사를 드린다. 그리고 독일 유학시절의 지도교수님이시고 프라이부르크(Freiburg im Br.) 법과대학 교수였던 라이너 발(Rainer Wahl)교수님에게 감사를 드린다. 발(Wahl)교수님께서는 저자가 재직하는 한성대학교까지 몸소 오셔서 특강까지 해주셨다.

책을 쓴다는 것이 얼마나 힘든 일인가는 역시 직접 경험해보지 않고서는 알기 어려운 일이다. 이러한 점에서 이미 교재를 출간한 여러 교재들의 저자(특히 문홍주 · 권영성 · 김철수 · 허영 교수님)에게 경의를 표하는 바이며, 이 책이 이들로부터 많은 도움을 받았다는 점에 특히 감사를 드린다.

마지막으로 이 책의 출판에 있어서 출판부의 이순항 연구원, 임연지 조교 그리고 편집과 교정을 맡아준 제이앤씨 임직원 여러분에게 심심한 사의를 표한다.

2009년 가을

낙산 기슭 연구실에서

■■■ 참고문헌 ■■■

본서의 참고문헌으로는 한국서적 이외에 독일 · 프랑스 · 일본문헌 등이 있으나, 이곳에서는 국내서적 만을 참고로 표시하였다. 기타 외국의 논문, 저서 등은 본문의 각주 부분을 참고로 하면 될 것이다.

강현호, 행정법 총론, 박영사, 2007
계희열 譯, 헌법의 기초이론, 삼영사, 1988
권영성, 헌법학원론, 법문사, 2010
구병삭, 헌법학 II, 박영사, 1983
구병삭, 신헌법원론, 박영사, 1995
김계환, 헌법학정해, 박영사, 1997
김기범, 한국헌법, 교문사, 1973
김남진, 행정법 I, 법문사, 1993
김남진 · 김연태, 행정법(I), 법문사, 2010
김도창, 일반행정법론, 청운사, 1993
김동희, 행정법 I, 박영사, 2010
김백유, 정부위기론(Regierungskrise), Nomos-Verlag, 1992,
김백유, 헌정 및 행정법치연구, 한성대출판부, 2006
김백유, 헌법학 II, 도서출판 조은, 2010
김백유, 행정법치론(I), 동방문화사, 2010
김철수, 비교헌법론(상), 박영사, 1980
김철수, 헌법학(상), 박영사, 2009
김철수, 헌법학(중), 박영사, 2009
김철용, 행정법 I, 박영사, 2010
문홍주, 주관식헌법, 해암사, 1972
문홍주, 한국헌법론, 해암사, 1983
박균성, 행정법론(상), 박영사, 2010
박윤흔, 행정법강의(상), 박영사, 2004
석종현, 일반행정법(상), 삼영사, 2005

성낙인, 프랑스헌법학, 법문사, 1995

성낙인, 헌법학, 법문사, 2010

안용교, 문제중심 헌법, 박영사, 1979

안재필, 헌법총의, 동현출판사, 2000

양건, 헌법강의, 법문사, 2009

유진오, 憲法解義, 탐구당, 1953

윤세창, 예해행정법, 박영사, 1979

이상규, 신행정법론(상), 법문사, 1990

이철주 · 김헌, 헌법 II, 한국방송통신대학교출판부, 2002

정종섭, 헌법학원론, 박영사, 2010

정종섭, 헌법소송법, 박영사, 2004

정하중, 행정법총론, 법문사, 2006

천병태 · 김명길, 행정법총론, 삼영사, 2007

한견우, 행정법(1), 홍문사, 1997

한태연, 헌법학, 법문사, 1983

허영, 한국헌법론, 박영사, 2010

허영, 헌법이론과 헌법, 박영사, 2010

허영 譯, 법치국가의 기초이론, 박영사, 1996

홍성방, 현암사, 헌법 I, 2000

홍성방, 헌법학, 현암사, 2009

황남기 편저, 헌법, 찬글, 2004

차 례

제 2 장 대한민국헌법의 역사

제 3 장 현대 헌법국가의 기본원리·기본제도

제 2 편 國家組織論

제 1 장 이론적 기초와 체계

제 2 장 통치구조의 구성원리

제 4 장 통치기구

제 1 편
憲法總論

제 1 장 헌법과 헌법학

제 1 절 헌법의 의의

제 1 항 헌법의 개념

I. 일반론

헌법(constitution, Verfassung, Verfassungsrecht)은 국가목적(Staatszweck)을 달성하기 위하여 국민의 기본권 보장과 통치구조에 관한 원칙을 규정한 국가의 근본법이다. 헌법은 그 어원적으로는 「만든다 · 구성한다」라는 동사가 명사화하여 「조직 · 구조 · 체제」라는 의미로 변화한 것으로서, 국가(state, Staat)보다 먼저 생긴 용어이다.[1] 헌법을 영어로 표기하면 constitution, 그리고 독일어로는 Verfassung[2]이라는 용어로 표기되며, 이는 국가의 조직 · 구조 · 체제라는 의미이지만, 오늘날에 와서는 헌법이란 국민의 기본권보장과 통치구조를 규정하는 국가의 기본법으로 이해하고 있다.[3]

헌법(Verfassungsrecht)과 비교되는 법영역으로 국가법(Staatsrecht)이 있는데, 국가법은 국가의 형태 · 성질 · 조직 · 체계 · 작용 등에 관한 법을 의미하며, 헌법이 헌법상의 권리를 의미하는 기본권 보장이 헌법의 중요한 부분으로 되기 이전에는 헌법과 국가법이 같은 의미로 사용되었다.[4]

---

1) E.-W. Böckenförde, Geschichtliche Entwicklung und Bedeutungswandel der Verfassung, JA 1984, S. 325; 마르셀 프렐로(Marcel Prélot)에 의하면 오늘날 서구에서 사용하고 있는 헌법이란 용어를 제일먼저 사용한 사람은 이탈리아의 페라레(Ferrare)라고 한다. Marcel Prélot, Institutions politiques et droit constitutionnel, 4, éd., 1969, p. 31; 이강혁, 헌법의 역사적 발전과 의미변천, 고시계(1986.3), 104면.

2) 게오르그 옐리네크도 「국가를 조직하는 것」(rem publicam constituere)이라는 표현에서, 18세기 이후 헌법의 뜻을 가지는 "Konstitution"이라는 표현이 생성되었다고 한다(G. Jellinek, Allgemeine Staatslehre 3 Aufl., Berlin 1921, S. 506 Anm. 2 참조).

3) 과거 동양문화권에서 헌법은 중국고전에서는 '법중의 법'이라는 의미로 사용되었으나, 이는 현대적 의미에서의 헌법과 같은 개념이라고 볼 수는 없다.

4) Walter Bagehot, English Constitution, 1867.

그러나 기본권의 헌법적 보장으로 인한 기본권적 입헌주의(Grundrechtskonstitutionalismus)가 성립되게 되었다. 기본권은 국민과 국가, 그리고 공동체 구성원 상호관계를 규율하는 것이고, 따라서 헌법은 국가영역과 비국가적 영역을 함께 규율하는 것으로 되어 국가적 영역만을 관장하는 국가법과는 구분되게 되었다.[1)]

국가법(Staatsrecht) : 국가법은 국가의 형태 · 성질 · 조직 · 체계 · 작용 등에 관한 법을 의미

헌법(Verfassungsrecht) : 헌법상의 권리를 의미하는 기본권 보장이 헌법의 중요한 부분

헌법은 국민적 합의에 의해 제정된 국민생활의 최고 도덕규범이자 정치생활의 가치규범으로서 정치와 사회질서에 대하여 일정한 지침을 제공하고 있기 때문에 민주국가에서는 헌법의 규범을 준수하고 그 권위를 보장하는 것을 기본으로 삼고 있다.[2)] 우리나라에서 과거에는 '헌법'을 國制[3)] · 憲章 · 國憲 · 約憲 등으로 사용하기도 하였다.[4)] 오늘날에는 주로 국가조직 · 국가구조 · 국가체제를 가리키는 용어로 사용하기도 하였다. 이와같이 헌법에 관한 어원은 헌법의 최고법규성과 근본법성을 나타내고 있다고 볼 수 있다.

헌법의 개념에 대한 해석은 역사적인 제약을 받고 또한 헌법관(규범주의적 헌법관 · 결단주의적 헌법관 · 통합주의적 헌법관 · 가치관적 헌법관[5)])에 따라 다양하게 규정되고

1) 정종섭, 헌법학원론, 단락번호 [4]
2) 헌재결 1989. 9. 8, 88헌가6 【국회의원선거법 제33조 제34조의 위헌심판제청】
3) 대한국국제(大韓國國制) : 1899년 8월 17일 대한제국이 공포한 국제. 1896년 독립협회 · 만민공동회 등이 중심이 되어 자주독립운동을 활발하게 전개하자, 이에 응하여 정부에서는 1897년 연호를 광무(光武)로 정하고, 같은 해 10월에 국명을 대한제국으로 고쳐 내외에 자주국가임을 선포하였다. 그리고 대한제국의 정체와 군권(君權) 등의 국제를 제정하여 내외에 밝혀야 하겠다는 현실적 필요성에서, 고종황제는 1899년 7월 12일 법규교정소(法規校正所)에 조서(詔書)를 내려 국제를 초안하여 올리도록 하명하였다. 이에 법규교정소 총재 윤용선(尹容善) 이하 여러 의정관(議政官)과 위원 등이 검토, 토의한 것을 <대한국국제> 9조로 채택하여 황제명으로 반포하게 되었다. 이에 따르면, 국왕(황제)은 무한 불가침의 군권을 향유하여 입법 · 사법 · 행정 · 선전(宣戰) · 강화 · 계엄 · 해엄에 관한 권한을 가지는 것으로 규정하고 있다. <요점> : **① 독립제국 ② 전제정치 ③ 자립정체 ④ 군권침해금지 ⑤ 국군통수권자 ⑥ 자정율례(自定律例) ⑦ 자행치리(自行治理) ⑧ 자선신공(自選臣工) ⑨ 자견사신(自遣使臣)**
4) 1899년의 대한제국 '國制' 9개조와 1919년의 대한민국임시 '憲章', 그리고 건국헌법이래 1972년 헌법에 이르기 까지 규정되었던 대통령취임선서조항의 "나는 국헌을 준수하고 …" 등의 문구에서 볼 수 있다. 정종섭, 헌법학원론, 단락번호 [4] 참조.
5) 헌법이 국가적 권력의 기초 내지 구성원리가 되었으므로 그것은 국가(Staat)뿐만 아니라 공동체(Gemeinwesen)의 법적 질서로서 모든 생활영역에 효력을 미친다. 서구에서는 헌법이 법형식

있다. 또한 우리 나라의 학자들 역시 헌법의 정의를 다양하게 정의하고 있다.[1] 이와 같이 헌법의 개념은 학자들에 따라 多義的으로 표현되고 있으나, 헌법은 「국가의 통치구조를 정하고 국민의 기본권 보장을 위한 국가 근본법으로서, 통치규범 및 생활규범을 정립한 최고법」이라는 점으로 집약된다.

II. 헌법의 이중성 · 양면성을 기준으로한 헌법개념

헌법은 또다시 첫째, 헌법이 ① 법규범성(법학적 헌법개념)과, ② 정치적 사실성(사회학적 헌법개념)을 동시에 지니고 있는 특성, 즉 헌법의 양면성에 따라 헌법개념을 정립할 수 있으며, 둘째, 헌법의 역사적 발전과정에 따른 헌법개념 셋째: 존재형식을 기준으로 한 헌법개념으로 분류할 수 있다.

(Rechtsform)이나 법문서(Rechtsdokument)일 뿐만 아니라 공동체의 가치상태(Wertlage), 가치질서(Wertordnung)라고 하는점이 강조되고 있다. 특히 2차대전 이후에 독일 연방헌법재판소는 여러 사건(BVerfGG 6, 32(40); BVerfGE 6, 55(72); BVerfGE 7, 198(204) 등)을 통하여 기본법이 전체적 혹은 개별적인 규정에 가치질서 · 가치결정을 그리고 기본권 규정에 가치체계를 지니고 있다는 점을 강조하고 있다. 이와 같은 헌법관은 뒤리히(Dürig) 교수에 의하여 발전되었다. 이강혁, 헌법의 역사적 발전과 의미변천, 고시계(1986.3), 116면.

1) ① 권영성: 헌법이란 국민의 기본권보장과 통치구조를 규정한 국가의 기본법으로써, 정치적 공동체의 형태와 기본적 가치질서에 관한 국민적 합의를 법규범적인 이론체계로 정립한 것이다(권영성, 헌법학원론, 3면). ② 허영: 헌법이란 공감대적 가치를 바탕으로 한 국가사회의 동화적 통합을 실현시키고 촉진시키기 위한 정치규범이며 한 나라의 통치질서에 관한 국내법이다. ③ 김철수: 「국가의 근본법으로서, 국가의 통치조직과 통치작용의 원리를 정하고, 국민의 기본권을 보장하는 최고법」이다. ④ 문홍주: 「국가의 통치조직과 통치작용의 원칙을 정하고 국민의 기본권을 보장하는 국가의 근본법」이다 ⑤ 게오르그 옐리네크: 헌법이란 국가최고기관 및 그 구성, 그 상호관계 및 권한, 그리고 국가권력에 대한 개인적 지위에 관한 법규를 의미한다(G. Jellinek, Allgemeine Staatslehre, 3. Aufl., 7. Nachdruck, 1959, S. 505; 우리나라에서는 옐리네크의 개념규정에 따라 그것을 「고유한 의미의 헌법」으로 규정하고 있다(이강혁, 헌법의 역사적 발전과 의미변천, 고시계(1986.3), 104면 각주 2) 참조). ⑥ 계희열: 「국가의 행동과 작용, 정치적 의사형성 그리고 국민과 국가의 관계를 규정하거나 형성하는 모든 규정들의 총체, ⑦ 구병삭: 「국가의 기본법으로서 국가의 구성 · 조직 · 작용과 인권보장에 관한 기본적 원칙을 규정한 근본법」, ⑧ 한태연: 「국가적 조직에 있어서 그 기본이 되는 최고의 규범」이라고 한다.

[헌법의 개념]
- 헌법의 이중성 · 양면성에 따른 헌법개념
  · 법규범성(법학적 헌법개념)
  · 정치적 사실성(사회학적 헌법개념)
- 헌법의 역사적 발전과정에 따른 헌법개념
- 존재형식을 기준으로 한 헌법개념

1. 법학적 헌법개념(법규범성)

법학적 헌법개념은 헌법이 정치적 공동체(구성원)에 대하여 국가적 공동생활에 대한 당위성(Sollen)을 부여하는 법규범(Norm; Rechtsnorm)을 내포하고 있는 것이라고 한다. 이는 헌법의 규범적 · 정태적 측면을 강조하고 있다.

게오르그 옐리네크(Georg Jellinek)[1] → 국가최고기관의 구성 · 상호관계 · 권한배분 및 국가에 대한 개인의 기본적 지위에 관한 법규범이다.[2]

켈젠(Hans Kelsen)[3][4] → 국내법상 최상위에 위치하는 근본규범이다(헌법 → 법률

1) 옐리네크는 법실증주의적 헌법관에 입각하여 지위이론 및 주관적 공권 이론을 전개하였다, 국민의 국가에 대한 소극적 지위뿐 아니라 적극적 지위와 능동적 지위를 강조 하면서(지위이론), 국민은 이들 지위에서 국가에 대하여 일정한 작위 또는 부작위를 요구하거나 직접 국정에 참여할 것을 요구할 수 있는 법률상의 힘으로서의 주관적 공권을 가지는 것으로 보았다(주관적 공권 이론). 이에 따라 개인적 공권(개인의 주관적 공권)은 자유권(소극적 공권), 수익권(적극적 공권), 참정권(능동적 공권)의 3종으로 분류하였다. 자연법의 개념을 부정한 법실증주의적 헌법관에 입각하여, 사실의 규범적 효력(fait accompli)등을 주장하였다. 헌법제정권력 이론을 부인하고, 헌법을 국가최고기관의 구성, 국가최고기관의 상호관계와 권한배분 그리고 국가에 대한 개인의 기본적 지위에 관한 법규범으로 파악하였다. 그는 법실증주의에 입각하면서도 단순한 실증주의적 헌법학에 반대하면서 철학적, 사회학적, 비교법학적 기초위에 헌법학을 종합적으로 체계화하려 하였다(법실증주의적 규범주의). 국가는 개개의 국민을 구성요소로 하지만 개개의 국민과는 상이한 독립된 법인격을 가진 권리주체로서의 공법인(국가법인설)으로 보고, 국가주권론(국가의 주권은 국가자체에 있다)을 주장하였다.

2) 옐리네크(Jellinek)는 아버지 Georg Jellinek(1851-1911)와 그의 아들 Walter Jellinek(12. Juli 1885-9. Juni 1955)도 있으니 G. Jellinek 혹은 W. Jellinek로 구분해서 사용하는 것이 바람직하다.

3) 켈젠(1881-1973, Kelsen)은 순수법학파의 창시자이다, 입법 · 사법 · 행정의 실질적인 구별은 불가능하다고 주장하면서, 법실증주의적 헌법관에 입각하여 주관적 공권이론 전개하였다. 대통령 · 의회 · 헌법재판소가 헌법의 수호자라고 하였고, 1919년 오스트리아 헌법에 헌법재판소제도 도입에 기여 하였다. 오스트리아 비인학파의 창시자이며, 규범논리주의적 헌법관(존재와 당위의 엄격한 구별에서 출발하여 법 - 규범으로부터 자연과학적 · 경험론적 요소는 물론 윤리적 · 정치적 요

→ 명령 → 규칙 → 조례). ☞ Kelsen의 법단계설 참조

켈젠의 법5단계설과 법의 체계

헌법
법률 · 대통령긴급명령 · 긴급재정경제명령(처분) · 국제조약 · 국제법규
명령(대통령령) → 시행령/국회 · 대법원 · 헌법재판소 · 중앙선거관리위원회규칙
규칙(총리령 · 부령) → 시행규칙
자치법규(조례 · 규칙) : 조례 → 지방의회의결 규칙 → 지방자치단체장 결정

국회 · 대법원 · 헌법재판소 · 중앙선거관리위원회규칙은 법률보다는 하위에 놓이지만 대통령령과 동일한 효력을 발휘하는 법령의 일종으로 분류된다는 견해가 있다.[1)2)]

소까지도 철저히 배제함으로써 순화된 순수법학이론을 전개하였다), 자유권이란 국법이 국가권력의 발동을 억제하는 규정을 두고 있기 때문에 그 결과 얻게 되는 단순한 법의 반사적 이익에 불과하다고 한다(반사적 이익설). 국가란 근본규범하에 법단계적 구조를 이룬 법질서(국가 · 법 동일설)로 보고, 기본권의 권리적 성격을 부인하고 반사적 이익으로 보았고, 헌법을 국내법상 최상위에 위치하는 근본규범으로 보았다.

4) 규칙에는 국회 · 대법원 · 헌법재판소 · 중앙선거관리위원회 등 헌법기관에서 제정하는 규칙과 지방자치법 제16조의 규정에 의하여 지방자치단체의 長이 제정하는 규칙이 있다. 정부뿐만 아니라, 헌법상 그 독립적 지위를 부여받고 있는 국회 · 대법원 · 헌법재판소 · 중앙선거관리위원회 등 헌법기관은 독자적으로 각 기관의 업무처리 및 내부규율에 관한 규칙을 제정할 수 있는 권한을 헌법적으로 부여받고 있기 때문이다. 국회는 법률에 저촉되지 아니하는 범위 안에서 의사와 내부규율에 관한 규칙을 제정할 수 있다(제64조 제1항). 대법원은 법률에 저촉되지 아니하는 범위 안에서 소송에 관한 절차, 법원의 내부규율과 사무처리에 관한 규칙을 제정할 수 있다(제108조). 헌법재판소는 법률에 저촉되지 아니하는 범위 안에서 심판에 관한 절차, 내부규율과 사무처리에 관한 규칙을 제정할 수 있다(제113조 제2항). 중앙선거관리위원회는 법령의 범위안에서 선거관리 · 국민투표관리 또는 정당사무에 관한 규칙을 제정할 수 있으며, 법률의 범위 안에서 내부규율에 관한 규칙을 제정할 수 있다. 이들 각기관의 규칙은 법률보다는 하위에 놓이지만, 대통령령과 동일한 효력을 가지는 법령의 일종으로 분류된다. 지방자치단체의 장은 법령 또는 조례가 위임한 범위안에서 그 권한에 속하는 사항에 대하여 규칙을 제정할 수 있다(지방자치법 제16조). 지방자치법이 규정하는바와 같이 지방의회가 제정하는 조례는 지방자치단체의 장이 제정하는 규칙보다 상위의 효력을 가진다.

1) 오준근, 한국의 법제와 개혁, Konrad Adenauer Stiftung, 1996, 31-32면 참조.

2) 감사원규칙이 법규명령으로서의 성격을 지니는가에 대하여는 학설의 대립이 있다. 긍정설(적극설)의 입장은 헌법에 규정되어 있는 행정입법형식은 열거적인 것이 아니고 다만 예시적인것에 불과하다고 보아 그 법규명령성을 인정한다. 즉 감사원규칙 등은 헌법에 의하여 인정된 법형식이 아니고 법률에 근거한 법형식이기 때문에 법규명령의 하나로 볼 수 있는지에 대하여 다툼이

2. 사회학적 헌법개념(정치적 사실성)

사회학적 헌법개념은 정치현실(Politische Praxis)인 헌법현실(Verfassungswirklichkeit : Sein)에 입각하여 헌법개념에 대한 정의를 내리는 것으로서, 헌법의 사실적 · 동태적 측면만을 강조하는 헌법개념이다.

스멘트(Rudolf Smend) → 통합주의적 헌법관 : 헌법이란 다양한 권력이나 세력에 의하여 정치적 통합이 계속해서 형성되어 가는 과정의 원리(정치적 통합과정으로서의 헌법)

* 통합주의적 헌법관이란?

슈미트(Carl Schmitt) → 결단주의적 헌법관 : 헌법은 정치형태와 종류에 대하여 헌법제정권자가 내린 근본적 결단(헌법제정권자의 '근본결단'으로서의 헌법)

* 결단주의적 헌법관이란?

3. 학설에 대한 비판 및 사견

3.1. 법학적 헌법개념에 대한 비판

법학적 헌법개념은 헌법의 본질을 다만 헌법질서에만 한정시켜 헌법의 규범성만을 강조한 나머지 헌법이 지니는 역사성 · 사회성 · 정치성 등과 같은 헌법의 사실적 측면을 외면하고 있다고 하는 점에서 비판을 받고 있다. 규범주의에서는 헌법을 보는 데 있어서 규범외적인 관점을 배척하고 「헌법이 어떻게 규정하고 있느냐」만을 따지고, 「헌법이 어떻게 규정되어져야 하느냐」는 처음부터 문제로 삼으려하지 않고 있다는 점에 문제가 있다.

3.2. 사회학적 헌법개념에 대한 비판

사회학적 측면을 강조하여 헌법개념에 대한 정의를 내린 소위 사회학적 헌법개념정의들(사실적 헌법관, 통합주의 헌법관, 결단주의적 헌법관) 들은 헌법제정권자의 의지나 정치적 현실을 지나치게 중시하고 헌법이 가지고 있는 법규범성은 도외시하였다는 점에서 비판을 받는다. 다만 이와같은 사회학적 측면에서 헌법에 대한 개념정의를 내리는 견해는 바이마르공화국(1919-1933)[1]시대를 지배하던 법실증주의 사상에 대한 반동으로 등장한 개

있으나, 헌법에서 인정한 법형식은 예시적이며 열거적이라고 볼 것은 아니기 때문에 법규명령의 일종으로 본다(박윤흔, 행정법강의(상); 이상규, 신행정법론(상)). 이에 반하여 부정설(소극설)의 입장은 국회입법의 원칙에 대한 예외로서의 행정입법은 헌법에 명시된 경우에 한하여만 인정될 수 있다고 보아 감사원규칙의 법규명령성을 부정한다(김도창, 일반행정법론, 246-247면).

1) 제1차 세계대전 후인 1918년에 일어난 독일혁명으로 1919년에 성립하여 1933년 히틀러의 나치

념이라는 점에서는 주목할 만한 가치가 있다.

슈미트의 결단주의(결단주의적 헌법관)에서는 ㄱ) 결단 그 자체만을 중요시할 뿐 ㄴ) '어떤 결단'인가 하는 결단의 내용은 처음부터 중요시하지 않는 문제점이 있다.

스멘트(Smend)의 통합과정론(통합주의적 헌법관)은 헌법의 본질을 오로지 국가와 사회의 동화적 통합작용으로 인식한 것은 다음과 같은 측면에서 문제가 있다.[1)]

첫째, 국가 · 사회의 동화적 통합은 스멘트(Smend)가 설명하는 것처럼 헌법 자체에 의해서 자동적으로 실현되는 것이 아니라, 헌법이 민주적 가치질서를 수용하고 있을 경우에 한하여 그 민주적 가치질서에 의해서 국민적 통합이 비로소 이루어지는 것이다.

> 우리나라의 1972년의 유신헌법과 1980년 헌법이 반민주주의적 내용을 포함함에 따라 우리 국민을 동화적으로 통합하기는 커녕 오히려 우리 국민을 혼란과 분열로 빠트린 것이 스멘트이론의 한계를 잘 반영하고 있다. 이런 의미에서 스멘트(Smend)는 헌법 그 자체와 민주적 가치질서를 혼동하고 있다는 점에서 문제가 있다.[2)]

둘째, 헌법이 수행하는 그리고 수행해야 할 기능은 다양한 것임에도 불구하고 스멘트(Smend)는 국가사회의 동화적 통합기능만으로 지나치게 단순화시키고 있다는 문제가 있다.[3)] 그리고 헌법이란 무엇이냐 라는 헌법의 본질문제는 인식론의 차원에서 접근해야 할 문제임에도 불구하고, 스멘트(Smend)의 경우는 헌법은 어떠한 기능을 수행하는가(기능론)

스 정권 수립으로 소멸된 독일 공화국을 말한다. 바이마르에 소집된 국민의회에서 그 골격을 규정한 바이마르 헌법이 채택되었기 때문에 이 이름이 붙었다. 1919년 1월 19일의 총선거에서 민주공화파(사회민주당 · 민주당 · 중앙당)가 대승을 거두어 F. 에베르트(1871-1925)가 대통령이 되고, 이어 P. 샤이데만(1865-1939)이 총리가 된 민주공화파 3당의 연립내각이 성립되어 8월 11일에 바이마르 헌법, 즉 독일민주공화국 헌법이 반포됨에 따라 바이마르 공화국이 출범하였다. 이 헌법은 국민주권을 확인하고, 국민의 기본권을 상세히 규정한 민주적인 헌법이었으나 대통령에게 긴급명령권을 부여한 제48조는 뒤에 히틀러가 독재정권을 수립하는 길을 열어 주는 근거를 마련하기도 하였다. ⓒ 두산백과사전 EnCyber & EnCyber.com,

1) 권영성, 헌법학원론, 5면 각주 5) 참조.

2) 이러한 비판에 대하여 스멘트학파의 입장에서는 「스멘트가 '통합'(Integration)을 그 이론적인 골격으로 하고 있지만 스멘트에 있어서의 '통합'이란 언제나 일정한 가치체계를 촉매로 한 일체감 내지 연대의식의 조성에 의한 「동화적 통합」을 뜻하기 때문에 전체주의적 성향을 띤 「강제적 통합이론」과는 그 본질을 달리하며, 스멘트에 있어서의 동화적 통합은 부분의 단순한 '합계(Addition)'가 아닌 '새로운 전체의 구성'을 뜻하기 때문에 그 구성원이 일체감 내지 연대의식을 가지고 능동적으로 동화적 통합과정에 참여하는 것을 필수조건으로 하기 때문」에 그러한 비판은 타당하지 않다고 한다.

3) 권영성, 헌법학원론, 5면 각주 5) 참조.

또 수행하는 것이 바람직한가(당위론) 하는 기능론 내지 당위론적 측면에서 접근하고 있다는 점에서 문제가 있다.[1)]

동화적 통합이론(통합주의적 헌법관)의 문제점

1. 동화적 통합은 스멘트가 설명하는 헌법 자체에 의해서 당연히 실현되는 것이 아니라, 헌법이 민주적 가치질서를 그 내용으로 수용하고 있을 경우에 한하여 가능
2. 헌법이 수행하는 그리고 수행해야 할 기능은 다양

3.3. 결론

생각건대 헌법은 그 본질상 정치성과 규범성의 양면적 성격을 지니며 이러한 점에서 헌법의 본질 내지 그 개념을 보다 정확히 이해하려면 헌법의 동태적 · 사실적 측면과 헌법의 정태적 · 규범적 측면을 동시에 염두에 두어야 한다.

III. 헌법의 역사성에 따른 헌법개념

1. 서론

헌법은 특정한 시대의 정치적 이념과 시대적 사상을 반영하는 역사적 산물이다. 이러한 점에서 헌법의 역사적 발전과정에 따른 헌법개념의 변천(Wandlung)을 고찰해 볼 필요가 있다. 역사적 차원에서의 헌법발전은 근대 '입헌주의적 헌법'에서부터 현대의 '다원적 산업사회국가의 헌법'으로 발전해나갔다.

『역사적 헌법발전』
근대 입헌주의적(시민국가적) 헌법 → 현대 다원적 산업사회 헌법(현대 사회국가적 헌법)

[국가고유의 헌법]

국가고유의 헌법은 역사성이 배제된 헌법개념이다. 국가고유의 헌법은 국가의 통치체제에 관한 기본사항을 정한 국가의 기본법, 다시 말하면 국가최고기관의 조직과 권한, 국가최고기관 상호간의 관계, 국가와 국민의 관계에 관한 기본원칙을 정한 국가의 기본법을 말한다. 이러한 의미의 헌법은 동 · 서양을 막론하고 국가가 존재하는 곳이면, 성문의 형식이건 불문의 형식이건 반드시 존재하는 헌법이다.

1) 권영성, 헌법학원론, 5면 각주 5) 참조.

2. 근대입헌주의적(시민국가적) 헌법

2.1. 개념

입헌주의(Konstitutionalismus)는 국민의 기본권(Grundrecht)을 보장하거나[1] 제한하는 경우 그리고 통치권의 행사는 반드시 권력분립(Gewaltenteilung)의 원칙을 규정한 헌법에 의하여 통치할 것을 요구하는 정치적 기본원리를 말한다. 이는 국민의 자유와 권리 및 행복을 실현하기 위하여, 국민의 정치적 참여나, 인권보장 및 권력분립제도를 통한 국가권력의 남용을 방지하는 헌법에 의하여 정치를 하여야 한다는 사상이다. 이러한 점에서 입헌주의적 헌법은 개인주의 · 자유주의(Liberalismus) · 법치주의(Rule of Law) · 의회주의(Parlamentarismus) 등과 같은 일정한 목표와 사상을 지향한다.

「입헌주의(Konstitutionalismus)」
- 국민의 기본권(Grundrecht)을 보장 · 제한
- 통치권의 행사

→ 헌법에 의거하여 통치할 것을 요구하는 정치적 기본원리
  - 개인주의 · 자유주의 · 법치주의 · 의회주의(Parlamentarismus)와 밀접

1789년의 프랑스의 인간과 시민의 권리선언(프랑스 인권선언) 제16조는「권리의 보장이 확보되지 아니하고 권력의 분립이 규정되지 아니한 사회는 헌법을 가진 것이라 할 수 없다」라고 함으로써, 근대 입헌주의적 헌법의 성격을 잘 나타내고 있다. 입헌주의적 헌법은 근대시민혁명 이후에 비로소 등장한 것이므로, 근대적 의미의 헌법, 역사적 의미의 헌법, 시민국가의 헌법이라고도 한다.[2] 여기에는 진정한 의미의 입헌주의적 헌법 및 부진정한 의미의 입헌주의적 헌법이 있다.

2.2. 성립 및 유형

2.2.1. 진정한 의미의 입헌주의헌법

진정한 의미의 입헌주의헌법은 시민혁명을 거쳐 시민계급이 헌법을 제정한 국가의 헌법(예: 영국, 프랑스, 미국)을 말한다.

---

1) 현대적 입헌주의는 기본권을 보장하는 경우에도 법률에 의하거나(법률유보) 그 근거를 두어야 하는 것이지만(법규유보), 과거의 근대 입헌주의 시대에는 기본권제한을 하는 경우 법률유보의 원칙을 강조하였다.

2) 권영성, 헌법학원론, 7면.

- 국민주권사상
- 천부인권보장
- 실질적 삼권분립규정

「예」

① 버지니아 州憲法(1776년)/버지니아권리장전(권리선언)
② 미연방헌법(1787)
③ 프랑스의 1791년 헌법

2.2.2. 부진정 · 명목적 의미의 입헌주의헌법

부진정 · 명목적 의미의 입헌주의헌법은 시민혁명의 실패 혹은 부존재로 인하여 시민계급이 아닌 舊지배세력에 의하여 형성된 입헌주의적 헌법을 말한다.

- 군주주권유지
- 법률유보에 따르는 인권보장
- 명목상의 형식적 권력분립제 채택

『예』

① 독일의 비스마르크(Bismarck) 헌법(1871)
② 프랑스의 루이 18세 헌법(1814)
③ 舊일본제국헌법(1889) : 명치헌법

2.3. 근대입헌주의적 헌법의 기본원리

2.3.1. 개관

근대입헌주의적 헌법은 국민주권의 원리, 기본권보장(Grundrechtsschutz), 법치주의, 대의제원리, 권력분립의 원칙, 성문헌법주의 등을 그 특징으로 한다.

근대입헌주의적 헌법은 ㄱ) 국가의사를 전반적 · 최종적으로 결정할 수 있는 최고권력인 주권을 국민이 보유한다는 **국민주권**(Volkssouveränität; 주권재민)의 원리, ㄴ) 개인의 자유(사적 자치의 원칙 · 계약자유의 원칙 · 과실책임의 원칙 등)와 사유재산권의 보장(재산권의 신성불가침) 등을 내용으로 하는 **기본권 보장**, ㄷ) 국민의 자유와 권리를 제한하기 위해서는 반드시 의회가 제정한 법률에 의하거나(**법률유보**) 법률에 근거를 두어야 하고(**법률의 유보; 법규유보**: 법률에 근거를 둔 명령 · 규칙 · 지방자치단체의 자치법규)[1] 행정(집행)과 사법도 법률에 의거하여 행해져야 한다는 법치행정 및 **법치주의원리**, ㄹ) 주권자인 국민

1) 지방자치단체의 자치법규는 조례 · 규칙을 의미한다.

이 직접적으로 국가의사나 국가의 중대한 정책을 결정하지 아니하고, 그들의 대표기관(대의기관)을 선출하여 그 대표기관(대의기관)으로 하여금 국민을 대신하여 국가의사 등을 결정하게 하는 **간접민주주의(대의제)원리**, ㅁ) 국가작용을 입법 · 행정(집행) · 사법작용으로 분리하고 각각 독립된 별개의 기관에게 이들의 권한을 행사하게 함으로써 국가기관 상호간에 견제와 균형(견제와 균형의 원칙)을 취하게하고(국가권력의 소극화), 이로 인하여 국민의 기본권을 최대한으로 보장하고자 하는 **권력분립의 원리**, ㅂ) 헌법은 문서화된 성문법의 체계를 갖추어야 한다는 성문헌법주의 등을 그 기본원리로 하였다.[1]

「근대입헌주의 헌법의 기본원리」
- 국민주권의 원리
- 기본권보장(Grundrechtsschutz)
- 법치주의(법률유보, 법률의 유보)
- 간접민주주의(대의제)원리
- 권력분립의 원칙[2]
- 성문헌법주의

2.3.2. 내용

a) 국민주권(Volkssouveränität)의 원리

국민주권의 원리는 주권재민의 원칙을 그 사상적 배경으로 삼고 있는 것으로서, 이는 근대초기의 절대군주정에 대한 근대민주정의 항변적 이데올로기로서 주장된 것이다. 이는 국가의사의 전반적 · 최종적 결정을 내릴 수 있는 권력(주권)을 국민이 보유한다는 원리를 말한다.

b) 기본권보장

근대시민혁명(영국의 명예혁명, 미국의 독립선언, 프랑스혁명 및 인권선언)이 진행되는 역사적 과정에서 물질적인 富와 정치적 권력을 장악한 신흥 부르조아 계급은 개인의 자

---

1) 입헌주의의 기본요소 내지 근대입헌주의헌법의 특성으로서 ㄱ) 김철수 교수는 기본권보장주의, 국민주권의 원칙, 권력분립의 원칙, 성문헌법의 원칙, 경성헌법의 원칙을, ㄴ) 한태연 교수는 기본권의 확인, 권력분립, 국민대표에 의한 국민의 입법에의 참가, 헌법의 성문화, 의회주의 등을 들고 있다. ㄷ) 뢰벤슈타인(K. Löwenstein) 교수는 권력분산의 원칙, 견제와 균형의 원칙, 헌법개정의 합리성, 개인의 기본권보장 등과 같은 요소를 근대입헌주의적 헌법의 기본원리로 보고 있다(K. Löwenstein, K., Verfassungslehre, 3. Aufl., Tübingen 1975, SS. 27 f., 50 ff., 67 ff. 참조).

2) 권력분립의 원칙은 국가권력을 단순히 분립한다는 의미가 아니고 국가권력을 그 기능에 따라 분리하고 국가기관 상호간에 서로 견제하고 이를 통하여 국가기관상호간의 권력균형을 취한다는 의미이다.

유와 사유재산의 보호를 추구하는 자유권의 확대를 국가목표로 삼았다.[1] 당시의 국가는 대외적으로는 국가의 안전을 도모하고, 대내적으로는 다만 개인의 자유와 질서유지만을 그 목표로 하는 야경국가적 성격을 지니게 되었다. 그리고 국가는 개인의 경제적 · 사회적 활동에 대하여는 일체의 간섭을 배제한다는 자유방임주의 사상이 표출되게 되었다.

「근대시민혁명」
· 신흥 부르조아 계급 → 자유권의 확대(Freiheit vom Staat) : 국가로 부터의 자유
- 개인의 자유
- 사유재산의 보호를 추구

「국가」 → 야경국가
- 대외적 → 국가의 안전을 도모
- 대내적 → 개인의 자유 · 질서유지

정치적 → 레세 페르(laissez-faire : 자유방임주의)
경제적 → 중상주의(Merkantilismus)

– 국가목적(Staatszweck) · 국가목표(Staatsziel) · 국가목표규정(Staatszielbestimmung) · 국가의무(Staatsaufgabe) –

국가목적(Staatszweck), 국가목표(Staatsziel), 국가목표규정(Staatszielbestimmung), 국가의무(Staatsaufgabe)의 정의를 내리는데 있어서 독일에서도 국가목표를 국가목적이라고 하는 등 서로 혼용하여 사용하고 있다. 그러나 이들은 그 의미와 내용이 약간씩 다르다. 국가목적(Staatszweck)은 추상적 · 철학적 개념으로서 국가의 존립 근거(국가의 존재의의) 및 이를 위한 활동의 정당성을 나타내는 것으로서,[2] 국가존립의 근거는 이들의 실현을 위하여 활동할 경우에 한하여 존재한다. 국가목표는 국가목적을 추구 · 실행하는(완성시키는) 과정 · 방법이다.

국가목표규정(국가목표조항 : Staatszielbestimmung)은 국가목적을 실현하기 위하여 부분적으로 헌법상 규정되어 있는 내용들을 의미한다. 예컨대 사회국가원리 · 법치국가원리 등의 헌법상의 규정은 국가목표규정이다.

국가의무(Staatsaufgabe)는 추상적 의미의 국가목표를 구체적으로 달성시키고자하는 방법이다. 따라서 하나의 국가목표는 여러 가지 형태의 국가의무들의 수행에 의하여 이루어진다. 예컨대 사회국가에서의 국가목표(Staatsziel)는 교육 기타 사회원조(Sozialhilfe)등에 의하여 이루어지며,[3] 환경보호는 국가목적을 달성하기 위한 수행목표(Handlungsziel)

---

1) 계약자유의 원칙, 재산권의 신성불가침, 과실책임의 원칙 등.
2) Christoph Link, Staatszwecke im Verfassungsstaatßnach 40 Jahren Grundgesetz, in: VVdStRL Bd. 48, S. 17.

이다.[1][2]

c) 법치주의

법치주의라 함은 국가가 공권력을 발동하여 국민의 권리와 자유를 제한하거나 새로운 의무를 부과하려고 하는 경우(오늘날에는 국민의 자유와 권리를 보장하고 의무를 면제하는 경우에도)에는 반드시 의회가 제정한 법률에 근거가 있어야 하고, 행정(집행)[3]과 사법도 법률에 따라 행해져야 한다는 자유민주적 통치원리를 말한다.

근대적 법치국가 → 근대 법치국가는 자유방임주의를 그의 기본원리(Grundprinzip)로 삼았기 때문에 국가와 사회를 획일적으로 구분하고(국가 · 사회 이원론) 국가는 다만 소극적으로 국가의 질서유지를 위하여 필요한 최소한의 필요한 기능만 담당하도록 하였다. 이에 의하면 국가는 사회 안에서의 자유로운 경제활동에는 관여할 수 없는 것으로 이해하였다. 따라서 국가는 국민에 대하여 적극적으로 국민의 생활분야에 개입, 공공복리의 증진에 필요한 행정활동을 수행하는 것은 사실상 국가의 책무라고 보지 않았다.

행정과 집행 : Die vollziehende Gewalt : Exekutive(집행권/집행부)

행정부라는 용어 대신에 집행부라고 부르는 경우가 있다(권영성, 허영). 그 이유는 ㄱ) 엄격한 의미에서 「행정은 집행의 일부」에 지나지 아니하며, 「좁은 의미의 행정작용」 + 「통

---

3) J. Isensee/P. Kirchhoff, Handbuch des Stzztsrechts, Bd. III, Heidelberg 1988, § 57 Rn. 115.

1) D. Murswiek, Staatszwecke, Staatsziele, Staatsaufgaben : Begriffe Abgrenzung und Funktion, in: Prof. Dr. D. Murswiek Seminar über Staatszwecke, Staatsziele, Staatsaufgaben WS 92-93, Uni. Freiburg 참조.

2) 정종섭, 헌법학원론, 단락번호 [122] 참조.

3) 생각건대 vollziehende Gewalt(Exekutive)는 집행권을 의미하며, 우리가 흔히 사용하는 행정이라는 용어는 독일어에서도 행정(Verwaltung; 실질적 의미의 행정; Verwaltung im materiellen Sinne)을 의미한다. 그리고 행정(Verwaltung; Administrative)이라는 용어는 「좁은 의미에 있어서」 '권능있는 기관의 법률집행'을 의미하기 때문에, 행정이라는 용어대신에 집행이라는 용어의 사용을 주장하는 것은 타당하다. 그러나, 법률용어의 관습적 사용을 무시할 수 없고, 독일의 경우도 크라이펠트(Creifelds)의 법률학용어사전에 의하면 「집행이라는 용어는 행정과 동일한 의미로 사용되고 있다(Der Begriff wird häufig sinngleich mit Verwaltung gebraucht)」고 한다. 著者는 지금까지 사용하여 오는 행정권 혹은 행정부라는 용어를 함께 사용하기로 한다. Carl Schmitt 의 Exekutive(집행부)에 대한 定義도 Exekutive = Regierung und Verwaltung zusammen oder eines von beiden 「집행부 = 통치와 행정을 동시에 함께 의미하거나, 통치 혹은 행정만을 의미한다」라고 하여 통치 · 행정 같은 의미로 사용할 수 있다고 하였다(Carl Schmitt, Verfassungslehre, 1928, S. 187). 이와 같이 집행부 · 행정부 논의는 이미 과거부터 논의의 대상이 되었음을 알 수 있다.

치작용」 = 집행」이기 때문이며, ㄴ) 외국헌법의 경우에도 the Executive 또는 die Vollziehung 은 집행을 의미하며, 행정은 Administration 혹은 Verwaltung으로 표현하고 있기 때문이라고 한다.

d) 간접민주주의(대의제)원리

간접민주주의(대의제)원리라 함은 주권자인 국민이 직접 국가의사나 국가정책을 결정하지 아니하고 그들을 위한 대표자를 선출하여 그 대표자로 하여금 국민을 대신하여 국가의사 등을 합리적으로 결정하게 하는 통치원리(정치원리)를 의미한다. 이는 바로 간접민주주의의 시행을 의미한다. ☞ 시에예스

e) 권력분립(Gewaltenteilung)의 원리

권력분립의 원칙이라 함은 국가권력을 그 성질에 따라 각기 다른 구조를 지닌 독립기관에 분산시켜, 국가기관 상호간의 '견제와 균형(check and balance)'을 유지하도록 함으로써, 국가권력의 집중과 남용을 방지하고, 이로 인하여 국민의 자유와 권리를 보호하기 위한 자유(민주)주의적인 정치원리 이다. 따라서 권력분립이론은 근대법치국가에 있어서의 통치기구의 조직원리로서 가장 중요한「근대 시민적 민주정치의 기본원리」이다.

- 록크(John Locke), 몽테스키외(Montesquieu) → 고전적 · 정태적 권력분립이론(소극적 원리)
- 뢰벤슈타인(Karl Löwenstein) → 현대적 · 동태적 권력분립이론 → 현대적 기능통제이론

f) 성문헌법주의

근대 입헌국가에서는 국민의 자유를 보장하고 국민에 대한 정치적 통합을 이룩하는 수단으로써, 나아가서는 국가질서형성의 고정화 · 항구화의 방편으로서 이를 성문화함과 동시에 이는 이념상 경성헌법의 특징을 지닐 것이 요청되었다. 이것이 바로 18 · 19세기에 나타난 전형적인 특징이며, 이때에는 거의 모든 국가가「(성문)헌법전」을 보유하였다.

성문헌법주의 = 경성헌법 = 헌법전

3. 현대 사회국가적 헌법

3.1. 사회국가의 정의

[허영 교수의 견해]

사회국가라 함은 국민 스스로의 생활설계에 의한 자유와 평등의 실현이 가능하도록 사회구조의 골격적인 테두리를 형성하는 것을 말한다.

[권영성 교수의 견해]

사회국가(Sozialstaat) 내지 복지국가(Wohlfahrtsstaat)라 함은 모든 국민에게 생활의 기본적 수요를 충족시켜 줌으로써 건강하고 문화적인 생활을 영위할 수 있도록 하는 것이 국가의 책임인 동시에, 그것에 대한 요구가 국민의 권리로 인정되는 국가를 말한다. 현대 사회국가적(복지국가적) 헌법이라 함은 이러한 사회국가의 이념을 바탕으로 하는 헌법을 말한다. 현대사회국가적 헌법은 근대입헌주의적 헌법의 기반 위에 실질적 민주화와 사회화 등을 그 내용적 특징으로 하는 헌법이다.[1)]

3.2. 성립배경

제1차 및 제2차 세계대전을 겪으면서 근대시민의 확고한 이념이었던 형식적인 법치국가 원리(Rechtsstaatsprinzip)와 권력분립(Gewaltenteilung)의 원리는 퇴색해졌으며, 의회주의에 대한 불신(의회주의의 위기, 의회주의에 대한 사망선고),[2)] 그리고 자본주의사회에서 나오는 사회적 모순과 갈등은 날로 심화되어 갔었다. 이에 따라 등장하게 된 것이 종래의 「입헌주의적 헌법원리」를 계승하면서 실질적인 민주화와 사회화 등의 요구를 새롭게 수용하는 헌법이 등장하게 되었으며, 이것이 바로 사회국가적 헌법이다.[3)] 다만 사회국가의 형성(Gestaltung)과 법치국가원리의 작용형태(Wirkungsart)는 특히 그 국가가 지니는 특성에 따라 다르며, 개별적인 역사적 · 사회적 · 경제적 그리고 정치적 상황(Gegebenheiten)에 의하여 강한 영향을 받는다.

---

1) 권영성, 헌법학원론, 8면.

2) 독일 바이마르 공화국(1919-1933)의 의회주의 및 그의 위기는 역사적으로 히틀러탄생의 정치적 배경이 되었다.

3) 1919년의 바이마르 공화국헌법이 그 대표적인 것이다. 다만 여기서 주의할 점은 사회주의국가의 헌법은 사회국가헌법과 구별해야 하는데, 그 이유는 사회주의국가 헌법이 ① 입헌주의적 헌법기반을 부정하고, ② 사회 · 경제적 기초인 자본주의와 그 경제질서를 부정하며(자유민주적 기본질서), ③ 기본권의 자연권성과 주관적 권리성을 부정한다는 점에서 사회주의 국가헌법은 사회국가헌법과 구별되어져야 한다(권영성).

3.3. 기본원리

3.3.1. 개관

현대사회국가적 헌법은 과거 18 · 19세기의 형식적 · 시민적 법치주의에 대한 반성으로 실질적 · 사회적 법치주의를 채택하고, 사회적 기본권을 자유권적 기본권과 더불어 수용하고 있으며 특히 현대에 이르러 양적 · 질적으로 증대되는 국가기능의 활성화를 위하여 행정국가화 · 계획국가화 · 경제국가화 · 서비스 국가화 해가는 경향이 증가하고 있다. 특히 제1차 및 제2차 세계대전을 통하여 얻은 헌법규범(Verfassungsnorm)의 위기를 교훈으로 삼아 헌법수호제도의 확립을 위한 제반 제도(방어적 민주주의)를 강화하고 또한 국제평화주의의 이념을 그 기본으로 하고 있다.

사회국가(복지국가) → 국가는 모든 국민을 위하여 사회보장제도의 확립과 완전고용의 실현을 도모하여야 할 국가적 책임을 지기 때문에 사회정의(soziale Gerechtigkeit)의 실현이라는 입장에서 국민생활의 경제적 · 사회적 · 문화적 생활영역에 적극적으로 개입하여(적극국가 · 서비스국가) 공공복리의 향상을 위하여 노력하여야 할 의무를 진다.

「현대사회국가적 헌법의 특징」
- 실질적 · 절차적 법치주의의 확립
- 헌법재판제도의 강화
- 행정국가화의 경향
- 정당정치의 활성화
- 국제평화주의의 지향

3.3.2. 실질적 · 절차적 법치주의의 확립

근대입헌주의적 헌법의 기본원리였던 법치주의는 국민의 자유와 권리를 제한 하고자 하는 경우에는 반드시 의회가 제정한 법률에 의하거나(법률유보의 원칙) 그에 근거가 있어야할 것(법규유보의 원칙)을 요구하는 기본원리를 의미하였다. 그러나 이러한 법치주의원리도 18 · 19세기에는 그 실질적 내용에 있어서의 정당성을 도외시한 채 형식적 합법성만을 강조하는 법치주의(형식적 법치주의)에 불과하였다. 특히 제1차 세계대전이후 의회주의의 위기와 함께 등장한 전체주의적 독재주의가 대두되어 이것이 법실증주의와 결합함으로써 법치주의는 법률만능사상에 지배되어 법에 의하기만 하면 언제든지 국민의 자유와 권리를 합법적으로 제한할 수 있다고 하는 자기모순에 봉착하게 되었다(惡法도 법이다). 특히 독일 나치즘은 이것을 가장 극명하게 보여주는 사례이기도 하였다. 이에 따라 제2차 세계대전 이후에는 국민의 자유와 권리를 제한하는 법률은 그 내용과 절차(실질적 · 절차적 정당성), 모두를 포함한 「정의의 원칙」에 합치되는 정당한 것이어야 한다는 실질적 · 절차적 법치주의가 등장하게 되었다. ☞ **헌법재판제도 · 위헌법률심사 · 심판제도**

실질적 법치국가 → 정의국가(Gerechtigkeitsstaat)를 상징

[형식적 법치주의]
- 형식적 정의
- 법(률)만능사상

[실질적 법치주의]
- 실질적 정의
- 절차적 정당성
- 법내용의 정당성

3.3.3. 헌법재판제도의 강화

독일 바이마르공화국의 붕괴(1919-1933)와 함께 등장한 독일의 나치독재는 비록 독일뿐만이 아닌 세계의 현대헌법사에서 나타난 헌법위기의 예를 가장 적절하게 보여주고 있다. 제2차세계대전 이후에는 이러한 나치즘의 경험을 되살려 특히 가치관적 · 방어적 민주주의 이론과 함께 헌법수호의 측면에서 나타난 현상이 헌법재판제도의 강화라는 형태로 나타나게 되었다. 제3제국(Das Dritte Reich)의 건설이라는 환상아래 전체주의와 폭력지배로 일관한 히틀러이즘(Hitlerismus)의 횡포는 인간의 존엄성을 상실시키고 민주주의를 파괴하는 인류에의 심각한 도전이었다.

독일에서는 기본권에 대한 계속적인 정지, 모든 법치국가적 보장의 철폐, 그리고 히틀러(Hitler) 1인 독재체제의 확립이 이루어 졌다. 1933년 1월 30일 Weimar 공화국 제2대 대통령 힌덴부르크(Hindenburg)에 의해 「院內제1당의 당수로서 수상에 임명」된 Hitler는 이틀후 의회를 해산하고, 다음과 같은 독재를 자행하였다. ☞ **형식적 법치주의의 문제점**

1933년 2월 4일 : 독일국민의보호를위한대통령긴급명령(Notverordnung des Reichspräsidenten zum Schutz des deutschen Volkes vom 4. Feb. 1933)을 공포
→ 공개적 정치집회의 사전허가, 그 해산 및 금지규정
→ 인쇄물의 발행금지 · 압수 · 몰수 등을 할 수 있는 규정을 두었다.

1933년 2월 28일 : 국민과국가를보위하기위한대통령령(Verordnung des Reichspräsidenten zum Schutz von Volk und Staat vom 28. Feb. 1933)을 공포
→ 헌법의 기본적 인권에 관한 규정중, 그 일부를 폐지
→ 언론 · 출판 · 집회 · 결사의 자유의 대폭제한
→ 신체의 자유 등의 제한

1933년 3월 24일 : 授權法(Ermächtigungsgesetz)[1)]으로 불리워지는 국민과국가의 비상사태를극복하기위한법률(Gesetz zur Behebung der Not von Volk und Reich vom 24. März 1933)을 제정

→ 정부가 원칙적으로 법률제정권을 가짐

→ 헌법의 규정도 정부가 제정한 법률에 저촉될 경우에는 그 효력을 상실

1933년 7월 14일 : 정당창설금지법(Gesetz gegen die Neubildung von Parteien vom 14. Juli 1933)

→ 나치스(Nazis) 이외의 정당설립은 금지

1934년 8월 1일 : 독일국가원수법(Gesetz über das Staatsoberhaupt des Deutschen Reichs vom 1. Aug. 1934)

→ 히틀러는 대통령의 권한과 수상의 권한을 종신간 획득

3.3.4. 행정국가화의 경향

제2차 세계대전 이후에 나타난 특징중의 하나는 모든 국민에게 인간다운 생활을 보장해주는 것이 기본적 국가과제가 되었으며, 이에 따라 행정부가 국가의 기본정책을 계획·결정하고 법률안을 제안하며, 광범위한 위임입법권을 행사하게 되었다. 위임입법(delegated legislation)이란 국가기관의 분화를 전제로하여 어떤 국가기관이 그 권한을 다른 국가기관에게 授權(Ermächtigen)하는 것을 말한다. 즉, 국회가 법률로써 정하여야 할 사항을 국회 스스로 정하지 않고 다른 국가기관에게 위임하여 법규범을 정립하도록 하는 것이다. 따라서 위임입법은 국회에서 제정되는 입법과 비교하여, 이에 종속되는 「종속적 입법(subordinate legislation)」 또는 그 성질상 입법적인 것이나, 전적으로 입법은 아니라는 의미에서 「준입법(quasi-legislation)」[2)]이라고도 불리운다.

이와 같이 위임입법이란 국회의 입법권을 전제로 국회이외의 기관이 법률의 특별한 위임을 받아 그 기관에서 인정되고 있는 법형식으로 법규범을 정립하는 것을 말하며, 그 중에서도 주로 행정부에 대한 입법권의 위임과 이에 의거한 행정부의 입법, 즉 행정입법을 의미하는 것으로 이해되고 있다.[3)] 이것은 바로 행정부의 권한이 날로 강화해가고 있음을 단적으로 보여주는 것이며, 이러한 현상은 바로 현대국가의 성격이 행정국가화 해가는 현상을 나타내고 있는 특징이라고 하겠다(소극국가 → 적극국가·행정국가). ☜ 처분적 법률 참조

---

1) 이 授權法은 원래 4년간의 한시적 법률이었지만, 이후 4년마다 의회에 의해 그 효력이 연장되었고, 또한 대통령의 권한은 변경할 수 없게 한 당초의 제한도 차츰 철폐되고 말았다.

2) 윤세창(번역), Bernard Schwartz, 미국행정법, 고려대출판부, 1981, 26면; 이상규, 미국행정법론, 법문사, 1973, 124면.

3) 헌법재판소, 위임입법의 한계에 관한 연구, 헌법재판연구 제8권(1996), 24면.

「위임입법」: 포괄적 · 백지적 위임입법의 금지 ☞ 헌법 제75조 : 법률이 정하는바…

1) 위임입법은 본래의 입법기관인 의회에 의한 위임(수권)에 의거한 입법을 의미하므로, 국가기관이 헌법을 근거로 하여 의회제정법의 수권에 의하여 제정하는 모든 법규범이 위임입법에 해당한다. 따라서 1) 입법부에 의한 행정부에로의 권한의 위임에 의거하여 제정되는 행정입법 뿐 아니라 2) 다른 국가기관이 헌법을 근거로 의회제정법의 수권에 의하여 제정하는 입법 3) 지방자치단체의 의회가 제정하는 조례 중 법률에 의한 수권에 의거하여 제정되는 것도 위임입법에 속하게 된다. 그러나 이와 같은 위임입법의 관념은 본래의 입법권을 지닌 입법권자의 존재를 전제로 하여 그것을 다른 주체에게 위임하여 행사하도록 한다는 의미에서의 위임입법의 관념과는 많은 차이가 있다.[1)]

[위임입법][2)]
- 입법부에 의한 행정부에로의 권한의 위임에 의거하여 제정되는 행정입법
- 다른 국가기관이 헌법을 근거로 의회제정법의 수권에 의하여 제정하는 입법
- 지방자치단체의 의회가 제정하는 조례 중 법률에 의한 수권에 의거하여 제정되는 것

[대판 2004. 1. 27, 2003도7026 병역법위반 (마) 파기환송(형법 37조 후단 부분)]
– 병역기피 목적 문신행위가 병역법위반이 되는지 여부(적극) –

국방부령인 징병신체검사등검사규칙은 병역법 12조 제4항에 근거한 것으로서 위 규칙의 [별표2] '질병 · 심신장애의 정도 및 평가기준' 중 140항 '문신 또는 자해로 인한 반흔 등'의 규정이 병역법의 위임한계를 벗어난 것이라고 볼 수도 없으므로,[3)] 원심이 피고인은

---

1) 권한의 위임(delegation of powers)이란 어떤 권한을 부여받은 국가기관이 그 권한의 전부 또는 일부를 다른 기관에 위임하는 것을 말하나, 여기에는 입법부로부터 행정부에로의 권한의 위임뿐 아니라 입법부로부터 사법부 또는 사법부로부터 행정부, 중앙기관으로부터 하부기관 내지 지방기관으로의 권한의 위임 등 여러 가지의 경우가 있다. 이 중 입법부로부터 행정부로의 권한의 위임, 특히 입법권의 위임의 문제가 위임입법의 문제와 가장 밀접한 관계가 있다. Sotirios A.Barber, The Constitution and the Delegation of Congressional power, Johns Hopkins University Press 1975, p. 25.

2) <**포괄적 위임입법의 금지 / 개별적 · 구체적 위임입법만 허용**>

대기환경보전법	대기환경보전법 시행령	대기환경보전법 시행규칙
제43조 제1항(비산먼지의 규제): 일정한 배출구 없이 대기중에 직접 배출되는 먼지를 발생시키는 사업으로서 **대통령령**이 정하는 사업을 하고자 하는 자는 **환경부령**이 정하는 바에 …	제44조(비산먼지발생사업) **법 제43조 제1항에서 "대통령령이 정하는 사업"**이라 함은 다음 각호의 …	제58조(비산먼지발생사업의 신고등) 제1항 : **법 제43조 제1항의 규정에 의하여** 비산먼지발생사업을 하고자 하는 자는…

3) 대판 2003. 12. 26, 2003도6286.

징병검사 결과 신체등위 2급으로 판정받아 현역병입영대상자로 분류되자 병역의무를 기피하거나 감면받을 목적으로 등 부분에 전갈문신을 새겨 넣음으로써 자신의 신체를 손상하였다는 이 사건 범죄사실을 유죄로 인정한 제1심판결을 유지한 조치는 옳고, 거기에 병역법 제86조에 관한 법리오해의 위법이 없다.

3.3.5. 정당정치의 활성화

오늘날 현대사회에서의 국가의사의 결정 및 국정운영 및 이에 대한 감독(Kontroll)은 국민의 정치적 의사를 반영하는 정당(집권여당 對 야당)에 의하여 이루어지고 있다. 뿐만 아니라 국민의 정치적 의사형성도 정당에 의하여 주도되고 있으며 이러한 점에서 현대사회에서의 국민주권(Volkssouveränität)은 정당주권으로 대치되었다고 표현하기도 한다.

3.3.6. 국제평화주의의 지향

전쟁은 그 명목이 어떠하던 간에 인류의 생명 · 신체 · 재산 · 문화 · 인간존엄성 등을 파괴하는 인간생활 전반에 대한 최대의 위협이다. 결국 인류생활의 행복을 위해서는 국가간의 협조와 이해 및 존중 등의 공존공영이 이루어져야 한다. 이에 따라 세계각국의 헌법들은 국가간의 긴밀한 이해와 협조 및 국가간의 평화주의를 지향하고 있다.

우리 헌법은 전문에서 "안으로는 국민생활의 균등한 향상을 기하고 밖으로는 항구적인 세계평화와 인류공영에 이바지함으로써 우리들과 우리들의 자손의 안전과 행복을 영원히 확보할 것을 다짐하면서"라고 규정하여 국제평화주의를 헌법상의 원칙으로 하고 있다.

- **침략전쟁의 부인**: "대한민국은 국제평화의 유지에 노력하고 침략전쟁을 부인한다" (제5조 제1항).

- **조국의 평화적 통일**:
  - 헌법전문 → "조국의 민주개혁과 평화적 통일의 사명에 입각하여"
  - 제4조 → "대한민국은 통일을 지향하며, 자유민주적 기본질서에 입각한 평화적 통일정책을 수립하고"
  - 제66조 제3항 → "대통령은 조국의 평화적 통일을 위한 성실한 의무를 진다"
  - 제92조 제1항 → "평화통일정책의 수립에 관한 대통령의 자문에 응하기 위하여 민주평화통일 자문위원회의를 둘 수 있다"

IV. 헌법의 존재형식을 기준으로 한 헌법개념

1. 형식적 의미의 헌법(형식적 헌법 : formelles Verfassungsrecht)

형식적 의미의 헌법은 법의 존재형식 또는 형식적 효력을 기준으로 하여 헌법전의 형식 또는 최고의 형식적 효력을 가진 법, 즉 성문의 실정헌법[1] 내지는 헌법전(Verfassungsurkunde)의 형식을 지니고 있는 것을 의미한다. 형식적 의미의 헌법은 헌법제정권력에 의하여 만들어지며(헌법전문 참조),[2] 이러한 점에서 형식적 의미의 헌법은 법률보다 상위의 개념에 있고 그 개정절차도 일반법률보다 어렵게 하는 것이 일반적이다.[3] 그러나 형식적 의미의 헌법(헌법전)이 정치조직에 관한 모든 사항을 규정할 수는 없기 때문에, 정부조직법, 국회법, 공직선거법, 법원조직법, 헌법재판소법, 중앙선거관리위원회법, 정당법, 검찰청법, 지방자치법 등과 같은 실질적 의미의 헌법을 통하여 형식적 의미의 헌법을 보충하고 있다.[4]

형식적 의미의 헌법 → 헌법전
실질적 의미의 헌법 → 헌법전, 정부조직법, 국회법, 공직선거법, 법원조직법, 헌법재판소법, 중앙선거관리위원회법, 정당법 등

공직선거법은 형식적 의미의 헌법은 아니고, 실질적 의미의 헌법에 해당된다. 형식적 의미의 헌법은 특별한 헌법제정절차에 의해서 제정된 헌법전을 뜻하는 것이기 때문에 마땅히 성문헌법이기 마련이다. 「영국에는 헌법이 없다」고 하는 것은 다만 영국에는 형식적 의미의 헌법, 즉 성문헌법이 없다는 것을 내포할 따름이다. 영국에도 실질적 의미의 헌법은 있기 때문이다. 이렇게 볼 때 오늘날 형식적 의미의 헌법, 즉 헌법전(성문헌법)의 존재여부는 현대국가의 필수적인 성립요건이 되는 것은 아니다.[5]

2. 실질적 의미의 헌법(실질적 헌법 : materielles Verfassungtsrecht)

2.1. 의의

실질적 의미의 헌법이라 함은 국가최고기관의 조직 · 권한 · 상호관계 및 국가와 국민과의 관계에 관한 '모든 헌법사항'을 정하는 총체적 헌법규범(기본적 통치관계에 관한 총체적 법규범)을 말한다. 이러한 점에서 실질적 의미의 헌법은 1) 형식적 의미의 헌법(헌법전)

1) 정종섭, 헌법학원론, 단락번호 [4]
2) Verfassungsrecht II, Der Organisationsteil des GG, Diessen, Dallex Verlag, S. 4.
3) 권영성, 헌법학원론, 10면.
4) 허영, 한국헌법론, 27면.
5) 허영, 한국헌법론, 27면.

을 포함[1]하여(그러나 **형식적 의미의 헌법, 즉 헌법전에 규정된 사항이라고 해서 반드시 실질적 의미의 헌법에 속하는 것은 아니다**(불일치).[2] 2) 법률(정부조직법, 국회법, 공직선거법, 중앙선거관리위원회법, 국적법, 법원조직법, 정당법, 검찰청법, 감사원법, 지방자치법)·명령·규칙·관습법(헌법적 관습)도 국가적 공동생활에 관한 기본사항(헌법사항)을 규정하였으면 모두 실질적 의미의 헌법에 해당한다.[3]

2.2. 관습헌법

2.2.1. 의의

관습헌법(constitutional convention; Konvertionalverfassung)이란 사회공동체에서 발생한 관행 혹은 관습이 반복하여 행해지고, 이것이 헌법으로서의 규범력을 가지는 것에 대한 사회구성원들의 법적 확신 내지는 법적 인식을 통하여 국가내의 최고법으로서의 규범성을 획득하여 헌법과 동일한 효력을 갖는 것을 말한다.[4][5]

2.2.2. 관습헌법 인정의 헌법적 근거

헌법 제1조 제2항은 "대한민국의 주권은 국민에게 있고, 모든 권력은 국민으로부터 나온다."고 규정한다. 이와 같이 국민이 대한민국의 주권자이며, 국민은 최고의 헌법제정권력이기 때문에 성문헌법의 제·개정에 참여할 뿐만 아니라 헌법전에 포함되지 아니한 헌법사항을 필요에 따라 관습의 형태로 직접 형성할 수 있다. 그렇다면 관습헌법도 성문헌법과 마찬가지로 주권자인 국민의 헌법적 결단의 의사의 표현이며 성문헌법과 동등한 효력을 가진다고 보아야 한다.

국민주권주의는 성문이든 관습이든 실정법 전체의 정립에의 국민의 참여를 요구한다

---

1) 권영성, 헌법학원론, 9면.
2) 허영, 한국헌법론, 27면.
3) 권영성, 헌법학원론, 9면.
4) 정종섭, 헌법학원론, 단락번호 [6]
5) 허영교수는 헌법관습법(Verfassungsgewohnheitsrecht)과 관습헌법(Koventionalverfassungs)은 엄밀히 구별할 필요가 있다고 하면서, 헌법관습법은 성문헌법의 테두리 안에서 이루어지는 헌법의 관행을 말하지만, 관습헌법은 일반적으로 불문헌법의 대명사로 쓰여지기 때문이다. 성문헌법 국가인 미국에서 연방대법원이 1803년 이래 행사하고 있는 법률의 위헌심사(judicial review)는 일종의 헌법관습법에 속한다고 하면서, 우리나라 헌법재판소결정례(헌재결 2004. 10. 21, 2004헌마554)에서 우리나라 수도가 서울이라는 불문의 관습헌법사항을 헌법개정절차없이 법률로 변경하는 것은 국민의 헌법개정투표권을 침해하므로 위헌 이라고 하여 우리 헌법재판소는 헌법적 관행으로 생긴 헌법관습법의 존재를 인정한 것인데, 불문헌법 또는 관습헌법이라는 용어를 사용함으로써 개념상의 혼란을 야기한 것은 아쉽다고 한다(허영, 한국헌법론, 35면 각주 1).

고 할 것이며, 국민에 의하여 정립된 관습헌법은 입법권자를 구속하며 헌법으로서의 효력을 가진다.

2.2.3. 관습헌법의 성립요건으로서의 기본적 헌법사항

우리 헌법상 관습헌법이 인정될 수 있는가하는 점이 문제된다. 헌법재판소는 「우리나라는 성문헌법을 가진 나라로서 기본적으로 우리 헌법전이 헌법의 法源이 된다. 그러나 성문헌법이라고 하여도 그 속에 모든 헌법사항을 빠짐없이 완전히 규율하는 것은 불가능하고 또한 헌법은 국가의 기본법으로서 간결성과 함축성을 추구하기 때문에 형식적 헌법전에는 기재되지 아니한 사항이라도 이를 불문헌법 내지 관습헌법으로 인정할 소지가 있다. 특히 헌법제정 당시 자명(自明)하거나 전제된 사항 및 보편적 헌법원리와 같은 것은 반드시 명문의 규정을 두지 아니하는 경우도 있다. 그렇다고 해서 헌법사항에 관하여 형성되는 관행 내지 관례가 전부 관습헌법이 되는 것은 아니고 강제력이 있는 헌법규범으로서 인정되려면 엄격한 요건들이 충족되어야만 하며, 이러한 요건이 충족된 관습만이 관습헌법으로서 성문의 헌법과 동일한 법적 효력을 가진다」[1]고 판시한바 있다.

2.2.4. 관습헌법의 일반적 성립요건

우리의 헌법재판소도 「관습헌법이 성립하기 위하여서는 관습법의 성립에서 요구되는 일반적 성립요건이 충족되어야 한다」고 한다. 첫째, 기본적 헌법사항에 관하여 어떠한 관행 내지 관례가 존재하고, 둘째, 그 관행은 국민이 그 존재를 인식하고 사라지지 않을 관행이라고 인정할 만큼 충분한 기간 동안 반복 내지 계속되어야 하며(반복 · 계속성), 셋째, 관행은 지속성을 가져야 하는 것으로서 그 중간에 반대되는 관행이 이루어져서는 아니되고(항상성), 넷째, 관행은 여러 가지 해석이 가능할 정도로 모호한 것이 아닌 명확한 내용을 가진 것이어야 한다(명료성). 또한 다섯째, 이러한 관행이 헌법관습으로서 국민들의 승인 내지 확신 또는 폭넓은 컨센서스를 얻어 국민이 강제력을 가진다고 믿고 있어야 한다(국민적 합의)」고 판시한바 있다.[2] 다만 관습헌법은 현실에서 반복적으로 행해지더라도 형식적 의미의 헌법에 위반되는 경우, 즉 헌법규범에 위반되는 관습은 아무리 반복되더라도 규범성을 가질 수 없다. 이는 다만 헌법에 위반되는 것일 따름이다.[3] 따라서 성문헌법과 경성헌법을 가지고 있는 나라에서 관습헌법은 형식적 의미의 헌법을 개폐할 수 없고, 단지 보충하는 효력을 지닐 따름이다.[4]

---

1) 헌재결 2004. 10. 21, 2004헌마554 · 566(병합) 【신행정수도의건설을위한특별조치법 위헌확인】
2) 헌재결 2004. 10. 21, 2004헌마554 · 566(병합) 【신행정수도의건설을위한특별조치법 위헌확인】
3) 정종섭, 헌법학원론, 단락번호 [6]

헌재결 2004. 10. 21, 2004헌마554 · 566(병합) 【신행정수도의건설을위한특별조치법위헌확인】

관습헌법이 성립하기 위하여서는 관습법의 성립에서 요구되는 일반적 성립요건이 충족되어야 한다.

첫째, 기본적 헌법사항에 관하여 어떠한 관행 내지 관례가 존재하고, 둘째, 그 관행은 국민이 그 존재를 인식하고 사라지지 않을 관행이라고 인정할 만큼 충분한 기간 동안 반복 내지 계속되어야 하며(반복 · 계속성), 셋째, 관행은 지속성을 가져야 하는 것으로서 그 중간에 반대되는 관행이 이루어져서는 아니되고(항상성), 넷째, 관행은 여러 가지 해석이 가능할 정도로 모호한 것이 아닌 명확한 내용을 가진 것이어야 한다(명료성). 또한 다섯째, 이러한 관행이 헌법관습으로서 국민들의 승인 내지 확신 또는 폭넓은 컨센서스를 얻어 국민이 강제력을 가진다고 믿고 있어야 한다(국민적 합의).

서울이 우리나라의 수도인 것은 조선시대 이래 600여 년간 우리나라의 국가생활에 관한 당연한 규범적 사실이 되어 왔으므로 우리나라의 국가생활에 있어서 전통적으로 형성되어 있는 계속적 관행이라고 평가할 수 있고(계속성), 이러한 관행은 변함없이 오랜 기간 실효적으로 지속되어 중간에 깨어진 일이 없으며(항상성), 서울이 수도라는 사실은 우리나라의 국민이라면 개인적 견해 차이를 보일 수 없는 명확한 내용을 가진 것이며(명료성), 나아가 이러한 관행은 오랜 세월간 굳어져 와서 국민들의 승인과 폭넓은 컨센서스를 이미 얻어(국민적 합의) 국민이 실효성과 강제력을 가진다고 믿고 있는 국가생활의 기본사항이라고 할 것이다.

따라서 서울이 수도라는 점은 우리의 제정헌법이 있기 전부터 전통적으로 존재하여온 헌법적 관습이며 우리 헌법조항에서 명문으로 밝힌 것은 아니지만 자명하고 헌법에 전제된 규범으로서, 관습헌법으로 성립된 불문헌법에 해당한다.

2.2.5. 관습헌법의 폐지와 사멸(死滅)

어느 법규범이 관습헌법으로 인정된다면 그 개정가능성을 가지게 된다. 관습헌법도 헌법의 일부로서 성문헌법의 경우와 동일한 효력을 가지기 때문에 그 법규범은 최소한 헌법 제130조에 의거한 헌법개정의 방법에 의하여만 개정될 수 있다. 따라서 재적의원 3분의 2 이상의 찬성에 의한 국회의 의결을 얻은 다음(헌법 제130조 제1항) 국민투표에 붙여 국회의원 선거권자 과반수의 투표와 투표자 과반수의 찬성을 얻어야 한다(헌법 제130조 제3항). 다만 이 경우 관습헌법규범은 헌법전에 그에 상반하는 법규범을 첨가함에 의하여 폐지하게 되는 점에서, 헌법전으로부터 관계되는 헌법조항을 삭제함으로써 폐지되는 성문헌법규범과는 구분된다. 한편 이러한 형식적인 헌법개정 외에도, 관습헌법은 그것을 지탱하고 있는 국민적 합의성을 상실함에 의하여 법적 효력을 상실할 수 있다. 관습헌법은 주권자인 국민에 의하여 유효한 헌법규범으로 인정되는 동안에만 존속하는 것이며, 관습법의

4) 정종섭, 헌법학원론, 단락번호 [6]

존속요건의 하나인 국민적 합의성이 소멸되면 관습헌법으로서의 법적 효력도 상실하게 된다. 관습헌법의 요건들은 그 성립의 요건일 뿐만 아니라 효력 유지의 요건이다.[1] ☜ **'수도 서울'의 관습헌법 폐지를 위한 헌법적 절차**

2.2.6. 관습헌법을 하위법률의 형식으로 의식적으로 개정할 수 있는지 여부

우리나라와 같은 성문의 경성헌법 체제에서 인정되는 관습헌법사항은 하위규범형식인 법률에 의하여 개정될 수 없다. 영국과 같이 불문의 연성헌법 체제에서는 법률에 대하여 우위를 가지는 헌법전이라는 규범형식이 존재하지 아니하므로 헌법사항의 개정은 일반적으로 법률개정의 방법에 의할 수 밖에 없을 것이다. 그러나 우리 헌법의 경우 헌법 제10장 제128조 내지 제130조는 일반법률의 개정절차와는 다른 엄격한 헌법개정절차를 정하고 있으며, 동 헌법개정절차의 대상을 단지 '헌법'이라고만 하고 있다. 따라서 관습헌법도 헌법에 해당하는 이상 여기서 말하는 헌법개정의 대상인 헌법에 포함된다고 보아야 한다. 이와 같이 헌법의 개정절차와 법률의 개정절차를 준별하고 헌법의 개정절차를 엄격히 한 우리 헌법의 체제 내에서 만약 관습헌법을 법률에 의하여 개정할 수 있다고 한다면 이는 관습헌법을 더 이상 '헌법'으로 인정한 것이 아니고 단지 '관습법률'로 인정하는 것이며, 결국 관습헌법의 존재를 부정하는 것이 된다. 이러한 결과는 성문헌법체제하에서도 관습헌법을 인정하는 대전제와 논리적으로 모순된 것이므로 우리 헌법체제상 수용될 수 없다.[2]

3. 양개념의 관계

형식적 의미의 헌법, 즉 헌법전에 규정된 사항이라고 해서 반드시 실질적 의미의 헌법에 속하는 것은 아니다. 형식적 의미의 헌법(형식적 헌법)은 실질적 의미의 헌법(실질적 헌법)과 그 내용이 대체적으로 일치할 뿐 모든 사항에 있어서 반드시 일치하는 것은 아니다. 예컨대 국회의원이 국유교통수단을 무상 이용할 수 있다는 등의 규정이 헌법전에 들어 있다면, 그것은 형식적 의미의 헌법에는 속할 지언정 실질적 의미의 헌법이라고 볼 수는 없다.[3] 왜냐하면 첫째, 실질적 의미의 헌법에 해당하는 사항들을 모두 헌법전(형식적 의미의 헌법)에 규정하는 것은 입법기술상 불가능하기 때문이다(입법기술상의 이유). 둘째, 실질적 의미의 헌법에 해당하는 것 사항 중 빈번하게 개정할 필요가 있는 것은 헌법개정절차가 까다로운 형식적 의미의 헌법전에 규정하지 않는 것이 오히려 바람직하며(편의상의 이유), 셋째, 실질적 의미의 헌법에 해당하지 아니하는 비헌법사항 일지라도 특별히 그 개정을 곤

---

1) 헌재결 2004. 10. 21, 2004헌마554 · 566(병합) 【신행정수도의건설을위한특별조치법 위헌확인】
2) 헌재결 2004. 10. 21, 2004헌마554 · 566(병합) 【신행정수도의건설을위한특별조치법 위헌확인】
3) 허영, 한국헌법론, 27면.

란하게 하고자 하는 경우에는 형식적 의미의 헌법(헌법전)에 수록하는 경우가 있으며(헌법정책상의 이유; 따라서 **형식적 의미의 헌법이 모두 실질적 의미의 헌법은 아니다**),[1] 넷째, 어떠한 사항이 실질적 의미의 헌법에 해당하는 것이냐 하는 것도 시간적 · 정치적 환경 및 장소에 따라 변천될 수 있기 때문이다(헌법사항의 가변성).[2]

V. 헌법사항을 중심으로 한 헌법개념

헌법사항이라 함은 헌법전에 규정되어야 할 필수적 사항을 말한다. 현대민주국가의 헌법은 개인의 자유와 권리에 관한 부분과 통치기구(국가작용)에 관한 부분을 주요 헌법사항으로 하고 있다. 이 중에서 국민의 자유와 권리의 보장에 관한 부분을 권리장전이라 하고, 통치기구(국가작용)에 관한 부분을 정치헌법이라고 한다. 양자 중 어느 부분에 보다 중점을 두느냐에 따라 헌법에 대한 이해는 달라진다. 그밖에도 헌법사항의 내용을 보다 구체화하여 헌법의 경제관련조항 들을 경제헌법이라 하고, 근로의 권리와 근로3권 등 근로자보호규정들을 노동헌법이라 하며, 같은 맥락에서 사회헌법 · 문화헌법 · 환경헌법 · 군사헌법 등의 개념이 헌법각론에서 사용되는 경우도 있다.[3]

헌법사항 : 헌법전 중에 규정되어야 할 필수적 사항
권리장전 → 국민의 자유와 권리의 보장에 관한 부분
정치헌법 → 정치적 통치기구에 관한 부분
경제헌법 → 헌법의 경제관련조항
노동헌법 → 근로의 권리와 근로3권 등 근로자보호규정
사회헌법 → 사회적 기본권조항
문화헌법 → 헌법의 문화관련조항
환경헌법 → 환경권조항
군사헌법 → 군사관련조항

---

1) 스위스헌법의 屠殺조항(제25조a), 미연방헌법의 禁酒조항(수정 제18조), 독일 바이마르헌법(1919-1933)의 風致조항(제150조), 벨기에헌법의 先婚姻後擧體조항 (제16조)등은 실질적 의미의 헌법은 아니다. 권영성, 헌법학원론, 10면 각주 1) 참조; 同人, 비교헌법학, 법문사, 1981, 58면 이하 참조;
2) 권영성, 헌법학원론, 10면.
3) 권영성, 헌법학원론, 10면.

제 2 항 헌법의 특성 및 기능

I. 헌법의 특성(특질)

헌법은 일반법인 민법 · 형법 등과 마찬가지로 그 규범성을 그 내용으로 하지만 헌법이 일반법과는 다른 다음과 같은 독특한 특성을 지니고 있다. 즉 헌법의 특성은 헌법이 가지는 사실관계에서 연유하는 ㄱ) 사실적 · 헌법사회학적 측면(헌법의 사실적 특질)과, ㄴ) 규범적 · 헌법규범학적 측면(헌법의 규범적 측면)을 가지고 있다.

사실적 권력관계(動態的 · 사실적 측면) ↔ 정치통제적 법규범(情態的 · 규범적 측면) 사실적 · 규범적 헌법사회학적 · 헌법규범학적

헌법의
- 사회학적 측면(사실적 특성)
  ① 정치성
  ② 이념성(가치관)
  ③ 역사성

- 규범적 측면(규범적 특성)
  ① 최고법규성
  ② 조직 · 수권규범성
  ③ 생활규범으로서의 특성
  ④ 권력제한규범으로서의 특성
  ⑤ 자기보장규범으로서의 특성

1. 사실적 특성

1.1. 정치성

헌법의 제정은 그것이 단순히 「사실적 정치행위를 문서로 규정한 것」 이란 말이 의미하듯 헌법이란 그 제정 및 개정 자체가 「정치적인 것」, 즉 정치성을 표현하고 있다. 특히 헌법제정의 경우에 군주제를 채택할 것인가, 의원내각제 혹은 대통령제를 채택할 인가하는 것은 실정법적 평가의 대상이 되지 않는 단순한 정치적 문제이다.[1] 바로 이러한 점에서 독일의 슈미트(C. Schmitt)는 "헌법은 대립하는 정치적 세력들의 투쟁의 결과 절대적인 승리를 쟁취한 독자적 정치세력이 있는 경우에는 그 세력이 원하는 지배체제를, 그리고 승리한 독자적 정치세력이 없는 경우에는 여러 세력의 정치적 협상(Koalition)에 의하여 그들이 원하는 장래의 지배체제를 문서로써 확인한 것에 불과하다"[2]고 주장한 것도 헌법의 정치성을 강조한 것이다.

[헌법의 정치성]
- 헌법 제정 · 개정의 정치성
- 정부형태 결정의 정치성

1.2. 이념성(가치관)

헌법은 특정한 시대의 이념 및 가치를 반영한다. 이념이나 가치질서를 구현하고자 하는 점에 있어서 바로 헌법의 존재가치의 의의를 발견할 수 있다. 또한 헌법에 내재하는 이념 내지는 헌법질서(Verfassungsordnung)가 헌법정신의 핵심을 차지한다. 바로 이러한 점에서 헌법해석의 경우에 있어서, <u>이를 단순히 논리적 헌법해석을 전개할 수 없는 이유는 바로 헌법이 지니는 이념성 · 가치관적 성격에서 나오는 것</u>이다.

「이념성 : 가치관」
근대 시민국가의 헌법 → · 절대군주에 대항하여 새로이 등장한 시민계급의 정치적 헤게모니 장악(소극국가 · 야경국가)
· 개인적 자유보장(자유권의 확대)
현대 사회국가(sozialer Staat)의 헌법 → 사회적 법치국가(sozialer Rechtsstaat)
현대 사회주의국가(sozialistischer Staat) 헌법 → · 정치적 : 프롤레타리아 독재
· 경제적 : 생산수단의 사회적 공유제

1.3. 역사성

헌법은 특정한 시대의 일정한 '시대정신(Zeitgeist)'을 반영하는 것이며,[3] 그때 그때의 역사적 조건이나 시대적 지배상황에 영향을 받는다. 이점에서 헌법은 역사성을 지니는 특징을 가지고 있다고 할 수 있다. 왜냐하면 헌법이 그 내용으로 하는 특유의 이념이나 가치질서는 그때 그때의 시대상황에 따라 함께 변하는 것이며, 또한 이것은 선험적 · 보편적 ·

1) 권영성, 헌법학원론, 11면.
2) C. Schmitt, Verfassungslehre, Berlin 1928, S. 44 참조.
3) T. Würtenberger, Zeitgeist und Recht, 2. Aufl., 1991, S. 174 ff.

영구불변적인 것도 아니기 때문이다.[1)]

- 헌법은 '시대정신(Zeitgeist)'을 반영
- 그때 그때의 역사적 조건이나 지배상황에 의해 지배받음

그러나 현대헌법에 이르기까지의 헌법이 가지는 불멸의 이념 내지 가치는 인간이 인간으로서의 존엄과 가치를 유지하기 위한 기본적 인권의 보장이다. 이와 같이 기본적 인권의 보장은 초역사적 의미를 가지는 것으로 모든 민주헌법의 궁극적 이념이고 가치이다.[2)]

2. 규범적 특성

2.1. 개관

헌법규범은 한편으로는 그 자체가 정치(정치적 힘)에 의하여 만들어지지만, 다른 한편으로는 자기를 탄생시킨 정치권력을 궁극적으로 규율·통제하는 「정치통제규범」이다. 즉 헌법은 헌법제정 당시의 사실적 권력관계를 반영한 문서임과 동시에 한편으로는 장래의 통치형태를 제시하거나 사실적 권력관계를 규제하고 통제하는 「정치의 준칙」이 되는 법규범이기도 하다. 이처럼 헌법은 통치의 기본을 정한 법규범이므로 일단 제정되어 안성된 헌법은 현실정치를 규제하는 힘을 가지게 된다.[3)] 헌법에 위반되는 국가행위가 헌법재판 등 헌법수호제도를 통하여 규제되는 것도 헌법이 정치통제규범으로서의 성격을 지니고 있기 때문이다.[4)]

[헌법의 규범적 특성]
- 최고법규성
- 조직 및 수권규범성
- 생활 및 가치규범성
- 권력제한규범성
- 자기보장규범성

---

1) 권영성, 헌법학원론, 12면.

2) 권영성, 헌법학원론, 12면.

3) 이때 헌법규범이 어느 정도로 정치현실을 규제하고 있느냐 하는 문제가 제기될 수 있다. 이것은 헌법규범과 헌법현실의 대립 내지 충돌문제라 할 수도 있다. 헌법규범과 헌법현실의 대립 내지 충돌에 관한 문제는 이론상 여러 가지 관점에서 고찰될 수 있고, 그 결론도 달라질 수가 있다. Kwon, Young-Sung(권영성), Verfassungrecht und Verfassungswirklichkeit, Göttingen Diss., 1974 참조.

4) 권영성, 헌법학원론, 13면.

2.2. 내용

2.2.1. 최고법규성

헌법의 최고법규성은 헌법이 ① 국민적 합의를 토대로 하고, ② 헌법이 주권자인 국민에 의하여 제정되었다는 점에서 헌법위에 존재하는 「최상위의 법」은 존재하지 않는다. 헌법의 최고법규성은 헌법의 본질상 너무나 자명하기 때문에 우리의 현행헌법은 헌법의 최고법규성에 관하여 明文의 규정을 두고 있지는 아니하나,[1] 다음과 같은 헌법규정에 의하여 우리 헌법도 실제로는 헌법의 최고법규성을 간접적으로 보장하고 있다.

- 헌법개정의 일반법률에 대한 개정의 곤란성(제10장 : 제128조 - 제130조)
- 헌법존중 및 헌법준수에 관한 대통령의 취임선서(제69조)
- 위헌법령심판제도의 확립(제107조, 제111조 제1항)

따라서 국가작용(Staatstätigkeit), 즉 입법(Legislative) · 집행(통치 : Gubernative) + 실질적 의미의 행정 : Adminisrative) · 사법(Judikative) 작용과 같은 공권력의 행사가 헌법에 의한 제약을 받는 것은 물론, 심지어는 사법상의 법률관계도 직접 · 간접 헌법의 영향을 받게 된다. 헌법은 모든 법률규범의 정립근거 내지 한계를 뜻할 뿐 아니라 동시에 그 해석기준을 의미하기 때문이다. 이렇게 볼 때 헌법의 기속력은 헌법의 최고규범성에서 나오는 당연한 결과라고 할 수 있다.[2]

집행(Exekutive) = 통치(Gubernative) + 행정(Adminisrative)

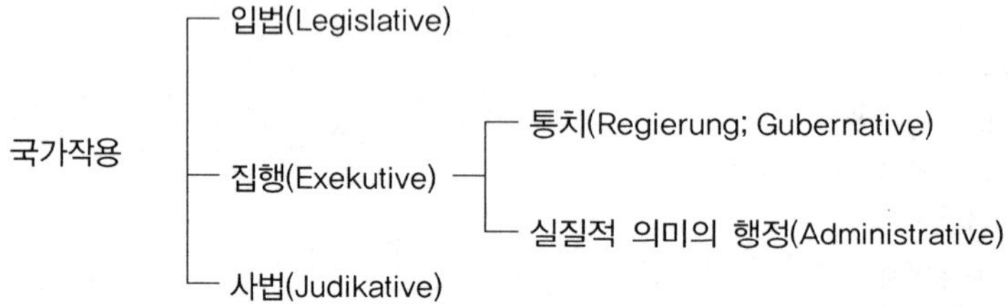

1) 이에 반하여 미국연방헌법(제6조 제2항) 일본헌법(제98조)에는 헌법의 최고법규성을 명문화 하고 있다. 미국의 판례도 헌법은 국가의 최고법이므로, 만약 국회에서 이러한 헌법에 위반하여 입법을 하는 경우에는 모든 경우에 있어서 무효라고 주장하고 있다. 따라서 법원의 위헌법률심사권에 관한 규정이 없을 지라도 위헌법률은 무효(Marbury v. Madison, 5 U.S. 137 [1803])라고 주장하였다. ☞ **헌법변천**

2) 허영, 한국헌법론, 24면.

2.2.2. 국가기관의 조직 및 수권규범성

헌법은 국가통치의 기본구조를 결정(조직)하는 조직규범이다. 모든 국가기관(Staatsorgan)은 헌법에 의하여 조직되며(조직규범성), 이로인하여 모든 국가기관은 민주적 정통성을 부여받는다. 모든 국가작용(staatsliches Handeln ; 입법작용, 행정작용, 사법작용)은 헌법으로부터 일정한 권한을 부여 받은 경우에 한하여 발동(수권규범성)될 수 있고, 국가의 통치기구와 통치작용은 헌법에 그 바탕을 두고 헌법에 의거한 것일 경우에 한해서 민주적 정통성(정당성)과 공권력행사의 절차적 정당성을 부여받는다.

「헌법 → 통치의 기본구조 결정」
- 헌법 제40조 : 입법권은 국회에 속한다.
- 헌법 제66조 제4항 : 행정권은 대통령을 수반으로 하는 정부에 속한다.
- 헌법 제101조 제1항 : 사법권은 법관으로 구성된 법원에 속한다.

헌법 → 입법부 · 행정부 · 사법부를 만들고(국가조직규범성)

(헌법이) 수권기능부여
- 입법부 : 입법권을 가진다
- 행정부 : 행정권을 가진다
- 사법부 : 사법권을 가진다

2.2.3. 생활가치 및 행동규범성

헌법은 일정한 국가이념이나 생활가치를 실현하기 위한 가치규범 · 행동규범이다. 헌법은 이러한 국가이념과 생활가치를 실현하기 위하여 국민에게 일정한 행동과 생활방식을 요구 · 강제한다. 따라서 국민은 헌법이 요구하는 행동과 생활방식을 존중하고 이를 통하여 생활가치를 실천해야 할 의무를 진다(생활가치규범 및 행동규범성).

「예」
헌법이 요구하는 행동과 생활방식 → 자유민주적 기본질서의 존중 ☜ 헌법수호의 대상

헌법이 가상세계에서 관념적 효력만을 지니는 것이 아니고, 국민의 실생활 속에서 살아 움직이는 현실적 생활규범으로서의 효력을 나타내려면, 헌법이 국민의 생활양식과 행동지침을 스스로 지도(Leit)하는 힘을 가져야 한다. 이와 같은 헌법의 힘은 헌법이 존재한다는 사실만으로 당연히 생기는 것은 아니다.[1] 헌법의 생활가치규범적 효력은 헌법이 그 시

---

1) 헌법의 효력이 헌법제정권자의 단 한번의 의지작용에 의해서 당연히 생기는 것이라고 보는 결단주의이론(C. Schmitt)이 비판되는 이유도 그 때문이다. 인간의 경험법칙에 비추어 볼 때 역사적인 헌법제정권자의 의지만으로는 헌법의 생활규범적 효력을 생기게 할 수도 없거니와, 또 설

대를 살아가는 사람들의 생활영역과 얼마나 밀접하게 규범화되어 있느냐의 문제로 귀착된다. 헌법이 만들어지는 시점에 존재하는 생활감각이나 시대정신이 최대한으로 반영되고, 현실적인 생활관계가 최대한으로 포함될 수 있는 최대공약수를 찾아서 이를 규범화시키는 경우에 헌법의 생활규범적 효력이 가장 실효성 있게 나타난다. 생활현실이나 시대정신과 동떨어진 헌법규범은 생활규범으로서의 기능을 발휘하지 못하기 마련이며, 결국은 헌법규범(Verfassungsnorm)과 사회현실(gesellschaftliche Normalität)[1]의 차이(gap) 때문에 헌법 본래의 과제를 다하지 못하게 된다.[2]

2.2.4. 권력제한규범성

현대민주국가의 헌법은 인권보장을 위하여 국가권력을 서로 분립(권력분립의 원칙)하여, 서로 견제와 균형을 취하게 함으로써 국가권력을 제한하고자 하고 있으며, 이와 함께 국가권력의 행사요건도 적법절차의 원리를 준수할 것 등을 요구하고 있다. 이는 바로 헌법이 지니는 권력제한규범으로서의 성격을 반영하는 것이다. 다만 여기서 권력분립은 단순히 국가권력을 입법 · 행정 · 사법으로 분리한다는 의미가 아니고 권력을 서로 분리하되, 이를 통하여 서로 견제를 하고 균형을 취한다는 의미의 권력분립임을 명심하여야 한다.

> 국가권력의 행사에 대한 요건(행사요건)까지도 엄격하게 규정 → (예) 체포 · 구속 · 수색 · 압수에는 적법절차에 따라 검사의 신청에 의하여 법관이 발부한 영장제시(헌법 제12조) ☜ 종전의 구금이 구속으로 바뀐 이유를 파악할 것

헌법의 국가권력에 대한 제한적 기능은 특히 국가권력행사의 오 · 남용이나 일탈의 유혹을 받기 쉬운 권력담당자를 통제하는 형태로 나타난다. 따라서 헌법의 조직규범적 특성에 의해서 국가의 조직과 기능에 필요한 일정한 국가기관(입법부 · 행정부 · 사법부)을 설치하고, 이러한 국가기관에 일정한 범위의 권한을 수권(입법부 → 입법권, 행정부 → 행정권, 사법부 → 사법권)해주면서도 그 권한의 남용에 대비해서 일정한 감시 · 견제 · 통제 · 문책의 방법을 마련해 두는 것도 결국 권력 내지 권력담당자에 대한 불신임제도를 통하여

령 생기게 할 수 있다 하더라도 이를 계속해서 보장할 수는 없다.

1) 생활규범으로서의 헌법기능이 약화되고 동시에 헌법의 규범성이 본래의 과제를 다하지 못하게 되는 이른바 헌법규범과 사회현실과의 부조화현상을 일컬어 헌법현실 또는 헌법변천이라고 부르는 수도 있다. 헌법변천은 같은 내용의 헌법규범이 시대의 변천 내지 역사의 발전에 따라 헌법제정 당시와는 다른 내용의 생활규범으로 기능하게 되는 것을 뜻하는 데 반해서, 헌법현실은 주로 헌법규범과 모순되는 현실적인 사회현상이 발생할 경우 일컫는다. 허영, 한국헌법론, 30면.

2) 허영, 한국헌법론, 29면.

국가공존의 기반을 안정시키려는 헌법의 권력제한적 특성 때문이다.[1]

2.2.5. 자기보장규범성(헌법의 자기보장성)

헌법은 그 효력을 스스로 보장하는 특성을 가진다. 즉 헌법은 법률 · 명령 등 하위규범 혹은 일반적 법률(Allgemeines Gesetz)과는 달리 헌법의 실효성 확보를 위한 구체적인 수단이나 기관을 확보하고 있지 아니하기 때문에, 헌법은 국가권력 상호간의 통제와 권력균형이라는 기능을 통하여 헌법의 실효성을 확보 · 유지한다. 이와 같이 헌법은 그 효력에 있어 헌법 자체에 내재되어 있는 힘(헌법 내재적 권력)에 의하여 그 스스로를 지키고 보장되는 헌법의 자기보장성(Selbstgarantie der Verfassung)을 보유하고 있다.[2] 예를 들면 헌법의 우위(Vorrang der Verfassung), 권력분립의 원칙, 헌법재판 등을 통한 자기보장 등이 그 예이다.[3]

3. 헌법조문의 유동성 · 개방성 · 탄력성 · 불충분성 · 미완성성

헌법의 조문은 일반적으로 개방적이며, 불충분하며 따라서 탄력적인 특성을 지닌다.[4] 국가를 전체적으로 포괄하고 파악하는 것이 헌법의 의미이기는 하지만 국가의 모든 생활을 헌법이 지나치게 상세하게 규율하는 것은 헌법에게 부과된 임무도 아닐 뿐만 아니라 입법기술적으로도 불가능하다. 그리고 오히려 비효율적이다.

헌법은 그 규율대상을 단지 개략적으로만 정립하는 것이 필요하므로 대략적인 윤곽만을 정할 수 있다. 예를 들면 국민의 기본권 보장규정을 헌법에 두는 경우에도 사회적 변화에 따라 얼마든지 새로운 헌법상의 권리가 나타나게 될 수 있고, 따라서 헌법 이에 대비하여 개방적인 상태로 열어두게 된다. 헌법 제37조 제1항에서 「국민의 자유와 권리는 헌법에 열거되지 아니한 이유로 경시되지 아니한다」라는 규정을 두는 것도 헌법의 개방성을 보여주고 있는 것이다.[5]

따라서 헌법규정은 그 해석에 있어서도(헌법해석) 탄력적으로 해석 · 적용될 가능성이 많다. 그리고 이것은 헌법의 입법적 불비가 아닌 헌법정책적 측면에서 오히려 바람직한 것이다. 이와같이 헌법은 그 자체가 개방성[6]과 미완성성 등의 특징을 가진다. 헌법의 탄력적

---

1) 허영, 한국헌법론, 31면.
2) Hsü-Dau-Lin, Die Verfassungswandlung, Berlin/Leipzig 1932, S. 157 f.
3) 정종섭, 헌법학원론, 단락번호 [10].
4) Hsü-Dau-Lin, Die Verfassungswandlung, Berlin/Leipzig 1932, S. 155 f; 정종섭, 헌법학원론, 단락번호 [9].
5) 정종섭, 헌법학원론, 단락번호 [9].
6) 국가는 사회내의 다양한 이해관계가 일정한 공감대적 가치를 바탕으로 동화 · 통합하는 것을 필

특성으로 인하여 현실의 사회적 · 기술적 변화에 탄력적으로 대응할 수 있고, 헌법이 제정된 후에도 헌법이 사회변화에 따라 중단되지 않고 계속하여 일정한 규범력을 가질 수 있는 것도 이러한 헌법의 개방성 때문이다. 헌법이 개방성을 가진다하여 국가구조 · 국가기관의 권한분배와 행사에서 불확정적이고 개방된 상태로 둔다는 의미는 아니다. 국가에 적용되는 헌법원리나 헌법원칙을 명확히하고, 국가가 그 본래의 기능을 수행할 수 있도록 그 권력의 배분과 행사에 대하여 명확하게 정해져야한다.[1)]

II. 헌법의 기능

1. 개관

하나의 법규범은 그것이 일단 법인 이상 반드시 일정한 법적 기능(Funktion)을 수행한다. 그 중에서도 특히 헌법은 일반법이 가지지 않는 특수한 기능을 가지고 있다. 헌법의 기능을 분류하는 방법은 학자들에 따라 다르다. 여기서는 그중 가장 대표적인 것이라 할 수 있는 (ㄱ) 헌법의 사회학적 측면에서 연유하는 정치적 기능, (ㄴ) 헌법의 규범적 측면에서 가지는 규범적 기능으로 분류하여 고찰하기로 한다.

2. 기능

2.1. 정치적 기능

2.1.1. 국가창설기능

국가가 성립되기 위한 필수적 기본조건으로는 국민(Volk) · 영토(Gebiet) · 주권(Staatsgewalt)이라는 3가지 요소(국가의 3요소)를 구비하여야 하지만, 이러한 요소(국민이 되는 자격 · 영토의 범위 · 국가권력의 소재)도 반드시 헌법에 그 근거를 둘 때 비로소 국가존재의 기본요소를 이루는 것이며, 따라서 헌법은 국가를 구성하는 기능(국가창설기능)을

요로 하기 때문에 언제나 유동적인 상태에 놓여있다. 끊임없이 진행되는 동화 · 통합과정에서 그 원동력이 되는 사회구성원의 일체감 내지 연대감의 가치공통분모를 뜻하는 헌법은 마땅히 가치적인 성격을 띠게 되고, 또 동화 · 통합과정의 진행경과에 따라서는 일체감 내지 연대의식의 바탕이 되는 가치도 시대의 변화에 따라 변할 수 있기 때문에 헌법은 언제나 개방적이어야 한다. 스멘트의 통합과정론이 때때로 '가치론적 헌법관'또는 '개방적인 헌법론'으로 불리어지는 이유도 그 때문이다(허영 교수).

1) 이는 헌법이 국가권력을 창설하고 제한하는 기능을 가지고 있기 때문이며, 헌법의 개방성도 이러한 점에서는 그 한계를 지닌다(同旨 정종섭, 헌법학원론, 단락번호 [9]).

가지고 있다고 할 수 있다. 우리 헌법 제1조 에서는 주권을, 제2조에서는 국민되는 요건을 제3조는 영토에 관한 규정을 헌법 제1조, 제2조, 제3조에서 (의도적)으로 두고 있는 이유도 바로 여기서 연유한다. 군주가 지배하는 군주국가에서는 군주가 헌법을 제정하기 때문에(흠정헌법), 헌법은 군주의 통치의사로 나타나고(군주적 정당성), 따라서 국가가 헌법을 창설한다는 법리가 성립되지만, 국민주권의 원리에 의하여 국민이 헌법제정권력을 가지는 민주국가에서는 헌법이 국가를 창설한다(민주적 정당성).[1]

[국가의 3요소]
- 국가권력의 소재(주권 : 헌법 제1조)
- 국민이 되는 자격(국민 : 헌법 제2조)
- 영토의 범위(영토 : 헌법 제3조)

국가의 최고독립성을 상징하는 주권은 여러 가지 의미로 사용되고 있다. 주권이 헌법제정권력을 의미하거나, 통치권 내지는 국가권력을 의미하거나, 혹은 국가권력의 최고독립성을 의미하는 주권성의 개념을 상징하는 것 등이다. 일반적으로 주권은 헌법제정권력을 의미하는 것으로 사용되고 있다.

- 국가권력을 결정하는 최고의 원동력의 의미(주권 = 헌법제정권력)
- 국가권력 그 자체(주권 = 통치권 = 국가권력)
- 국가권력의 최고독립성(주권 = 주권성)

그리고 주권이 국가권력 그 자체(통치권)로서의 의미를 지니는 것으로 사용되는 경우도 있다. 그러나 주권과 통치권은 개념은 엄밀하게 구분된다. 통치권이란 국가목적(Staatszweck)의 실현을 위한 포괄적 지배권을 의미한다. 통치권은 국가목적을 실현하기 위한 것이기 때문에 통치권은 헌법에 그 근거를 두어야 하며 可分的 · 창조적 · 상대적 · 제한적 권력이다.

---

1) 정종섭, 헌법학원론, 단락번호 [13]

구분	주권(헌법제정권력)	통치권(헌법제정권력에 의하여 창조된)
특성	- 불가분적 권력 - 시원적 권력 - 절대적 권력 - 무제한적 권력	- 가분적 권력 - 창조적 권력 - 상대적 권력 - 제한적 권력 * 통치권: 국가목적실현을 위함
내용	* 시에예스 * 칼 슈미트 이론 참조	- 형식적 내용(입법권 · 행정권 · 사법권) - 실질적 내용 · **권한고권(자주조직권)** → 국가조직을 스스로 조직할 수 있는 권리 · **대인고권** → 영토의 국내 · 국외를 불문한 屬人的 지배권 · **영토고권** → 영토내에 있는 사람(내 · 외국인 불문: 외교관 제외)과 물건에 대한 지배권

「대한민국의 주권과 국가권력」

헌법 제1조 제2항: 대한민국의 주권은 국민에게 있고 모든 권력은 국민으로부터 나온다.

주권 → 국가권력의 최고독립성 · 국가의사를 결정하는 최고의 원동력(헌법제정권력)

모든 권력 → 주권에 의하여 조직된 국가권력(통치권)을 의미(입법권 · 행정권 · 사법권)

☜ 따라서 통치권은 민주적 정당성이론에 의하여 통제된다(통치권창설의 민주적 정당성 · 통치권행사의 절차적 정당성 · 통치권행사의 기본권종속성).

2.1.2. 국민적 합의기능

헌법은 국가적 공동생활의 존재방식 및 국가의 기본적 가치질서에 관한 국민적 합의를 「법규범으로 체계화」 한 것이다.

→ 따라서

· 국민적 합의의 계속적 유지

· (필요한 경우) 새로운 국민적 합의의 도출이 필요

「구체적인 예」

· 언론의 자유 보장

· 의회주의원리 채택 → 공개(Öffentlichkeit) · 토론(Diskussion)

· 국민투표제도 확립(중대한 국가정책 사항에 대한 국민투표에의 회부: 헌법 제72조 참조)

「연구사항」
국가의 기본적 가치질서란?

2.1.3. 국민적 동화·통합기능

헌법이 국민적 합의를 토대로 하여 국가발전을 이룩하고, 민주주의 이념을 실현하며, 국민의 복지증진 등과 같은 국가의 구성원 전체, 즉 공동체(res publica) 구성원의 공동선과 공공복리(salus publica)적 이익실현을 그 내용으로 할 때, 헌법은 모든 국민을 하나의 생활공동체 내지 운명공동체의 구성원으로 동화·통합시키는 기능을 한다. 이러한 통합은 사회의 변화에 따라 동시에 변화하고 적응하는 통합과정이므로 그 통합의 체제는 열린체제를 의미한다. 헌법은 공동체내에서 발생하는 갈등의 해소와 조정 및 통합을 통하여 공동체가 해체되지 않도록 하는 역할을 한다.[1)]

· 공동체(res publica)
· 공공복리(salus publica)

2.1.4. 정치과정의 합리화기능

헌법은 특정한 국가목적(Staatszweck)을 설정·추구하지만 그 목적을 추구하는 과정에 있어서 특정한 국가기관의 恣意나 전횡은 금지하고 있다. 헌법은 공동체의 정치활동에 의하여 탄생되고, 사회현실에서는 구성원간에 경쟁과 대립이 존재하기 마련이지만, 헌법은 이러한 사회적 갈등이 규범의 틀속에서 합리적이고 평화적으로 해결되도록 하는 기능을 가진다. 이를 위하여 헌법은 「절차적 정당성」을 확보하고 정치과정의 합리화를 위하여 국가구성원 상호간에 협력과 조화가 이루어 질 수 있도록 하는 여러 가지의 헌법상의 제도적 장치를 마련하고 있다.

헌법이 국가권력의 행사방법과 한계를 규정하고 국민간의 갈등과 대립을 예방·지양하기 위한 조정장치를 만들어 두고, 국가기관 상호간의 협력 등을 위한 여러 가지 제도를 두고 있는 것도 바로 정치과정의 합리화 기능을 확보하기 위한 수단인 것이다.[2)]

---

1) 정종섭, 헌법학원론, 단락번호 [15]
2) 권영성 교수는 국가목적과 국가목표를 구별하지 않고 혼용해서 사용하고 있는 듯하다. 권영성, 헌법학원론, 16면. 그러나 국가목적(Staatszweck)과 국가목표(Staatsziel), 국가목표규정(Staatszielbestimmung)은 구별하여야 한다(同旨 정종섭, 헌법학원론, 단락번호 [122]) 참조.

2.2. 규범적 기능

2.2.1. 법규범 · 법질서 창설기능

일정한 공간에서 국가구성원들이 국가적 공동목표를 실현하고 구성원간에 있어서 원활한 공동생활이 영위되게 하기 위해서는 그 준거가 될 법규범이나 법질서가 필요하다. 바로 이러한 법규범 · 법질서를 창설하고 유지하는 기능을 헌법이 가지고 있다.

2.2.2. 국가권력통제기능

헌법은 국가적 공동생활을 영위하는데 필요로 하는 통치기관을 구성하고 이들 기관에게 일정한 범위의 권한을 부여하면서도, 국가권력기관 상호간에 있어서 일정한 견제(Kontroll)와 균형(Gewaltenbalancierung)을 유지하도록 하는 법규범이다. 이와 같이 헌법은 권력을 국가기관에 부여(수권)하면서, 동시에 통제하는 기능을 통하여 국가적 공동체의 정치 · 경제질서가 「민주적 정당성/정통성」과 「절차적 정당성/정통성」을 유지할 수 있도록 보장하는 국가권력 통제기능을 수행한다.[1)]

1) 권영성, 헌법학원론, 17면.

제 3 항 헌법의 분류

세계의 거의 모든 국가에 존재하는 다양한 형태의 헌법들을 어떠한 획일적 · 합리적 기준에 의하여 분류할 수 있는 기준은 존재하지 않고, 다만 다양한 형태의 헌법을 객관적 기준에 의하여 분류하는 방법이 전통적으로 내려오는 방법이다. 이에는 첫째, 헌법의 존재형식에 의한 분류 둘째, 헌법의 개정방식에 의한 분류 셋째, 헌법제정주체에 의한 분류 등이 있다.

[헌법의 분류]
- 헌법의 존재형식에 의한 분류
- 헌법의 개정방식에 의한 분류
- 헌법제정주체에 의한 분류

헌법의 존재형식에 의한 분류로는 성문헌법과 불문헌법의 두가지 類型으로 분류할 수 있다. 이는 즉 헌법이 성문화 된 것인가 아니면 불문화 된 것인가에 의한 분류 방법이다. 개정방식에 의한 분류는 헌법의 개정절차의 곤란성 또는 개정방법의 특수성을 기준으로 하여, 경성헌법과 연성헌법으로 분류 할 수 있다.

I. 헌법의 존재형식에 의한 분류

1. 성문헌법

성문헌법은 국가계약론의 이념에 입각하여 정치적 변혁에 따라 새로이 형성된 신제도 · 신질서의 내용을 명확하게 하기 위하여 '하나의 문서로써 제정한 것(성문화)'이다. 성문헌법국가에서는 일반적으로 「통일헌법전」을 가진다.

· 성문헌법 → 헌법전을 가진 나라

「성문헌법의 예」
- 1776년 버지니아 州憲法 ☜ 세계최초의 성문헌법
- 기타 세계각국의 헌법

2. 불문헌법

불문헌법은 하나의 통일된 헌법전(통일헌법전)을 가지지 않은 경우의 헌법을 말한다. 관습헌법이라고도 불리운다.

「불문헌법국가」
- 영국
- 스페인(1978년 12월 이전)
- 이스라엘
- 프랑스 3공화국(1875-1940)[1)]
  · 의원내각제(고전적 의원내각제)
  · 106개의 내각이 존재

흔히 불문헌법국가라고 불리우는 나라들도 엄밀한 의미에서는 불문헌법국가라고 부를 수 없으며 다만 통일헌법전을 가지고 있지 않기 때문에 그렇게 부르는 것에 불과하다. 예를 들면 영국의 경우 그들이 취하고 있는 정부형태인 내각책임제(Kabinettsregierung)는 불문의 관례나 관행으로서 이루어진 것이지만, 마그나 카르타(Magna Carta : 대헌장), 권리청원(1628), 권리장전(1689), 왕위계승법(1701), 의회법(1911), 긴급권법(1920), 국방법(1939) 등과 같이 성문법의 형식을 지니고 있는 것이 많기 때문이다.

[대헌장(Magna Carta : Magna Charta; Great Charter)]

1215년 6월 19일 영국의 국왕 존(John)이 봉건귀족(봉건영주 : Baron)등의 요구에 응하여 조인한 「헌법적 문서」이다. 前文과 63조항으로 되어 있으며, 그 내용은 王(König)은 귀족 승려 등의 여러 권익을 확인하고, 그것을 침해하지 않는다는 것을 약속한 것인데, 거기에는 「입헌제 원리」가 宣明되어 있다. 이러한 점에서 Magna Carta 영국헌법의 원천이 되는 것으로 권리청원 및 권리장전과 더불어 「영국헌법의 성서」라고 불리우고 있으며, 나아가서는 세계각국의 입헌제 발달사에 있어서의 중요한 문서의 하나로 간주된다. 오늘날에 와서는 많은 조항이 폐지되었으나 아직도 현행법(geltendes Recht)의 일부를 이루고 있으며, 특히 형법상 죄형법정주의 및 의회주의의 起源을 여기서부터 구한다.[2)] **의회주의의 起源 : 제12조[국왕이 부과하는 병역면제세 및 원조금에 대한 일반회의에 의한 제한]** : 병역면제세(scutage) 또는 원조금은 어떠한 것을 막론하고 朕의 왕국의 일반회의(common counsel : commune consilium)에 의하지 않는한 朕의 왕국내에서 부과되지 아니한다. 그러나 朕의 신체를 贖하기 위하여, 朕의 長男을 騎士로 하기 위하여, 또는 朕의 장녀의 初婚을 위

---

1) 제4공화국(1946-1958) ; 제5공화국(1958년 이후 드골헌법 → 집행권강화, 1962년 헌법개정 → 대통령권한강화)

2) 신법률학사전, 국민서관.

하여 부과되는 경우에는 예외로 한다. 이러한 경우에도 상당한 정도의 부과금 이상을 징수하여서는 아니된다. 前記의 제한은 런던시에서의 원조금에도 역시 동일하게 적용된다.

이와 같이 마그나 카르타는 왕이 영주(領主)와 국민에게 함부로 무거운 세금을 부과하지 못하도록 하였고, 귀족계급과 대상인의 실권을 인정하며 금고·추방의 형은 반드시 재판을 통하여야 한다고 규정하였다. 마그나카르타는 성직자와 귀족들의 특권을 보호하고 왕권을 견제하기 위한 것이었을 뿐 일반 국민의 자유를 위한 근대적 민주주의 조치는 아니었지만 영국 의회제도의 기초가 되었다. 헨리3세가 마그나카르타를 무시하고 불법으로 세금을 징수하자, 1272년 성직자와 귀족들은 대상인들까지 규합하여 다시 회의를 열어 문제된 사안들을 토의하였다. 이것이 영국 의회제도의 기원이다.

[권리청원(Petition of Right)]

이는 1628년 영국의 차알스 1세의 惡政에 대항하여 인민의 자유를 보장하기 위하여 하원의 유력한 의원들이 왕에 대한 청원서를 기초하여 강제로 상원에서 통과시키고, 왕의 서명을 받은 국민의 자유에 관한 국회의 선언이다. 의회의 동의 없이 국민에게 과세하지 못하고, 개인주택에 강제로 군대를 숙박시킬 수 없게 하였다. 또 국법에 의하지 아니하고는 인신금고를 하지 말아야 하며, 평시에는 계엄령을 시행하지 못하도록 하였다. 이는 대헌장 권리장전과 함께 영국헌법상의 3대성서로 불리운다.[1]

[권리장전(Bill of Rights)]

권리장전은 1689년 영국의 왕 윌리엄 3세와 왕비 메리 2세에 왕관을 주면서 제정한 법률이다. 그의 내용은 왕이 국회의 동의없이는 법률의 효력정지, 그 적용의 면제, 상비군의 설치, 조세의 부과 등을 할 수 없게 하고, 과도한 보석금과 벌금 및 가혹한 형벌을 금지하고 있다. 대헌장 및 권리정원과 함께 영국헌법상의 3大聖書라고 불리우고 있다.[2]

토크빌(Alexis de Tocqueville)이 「영국에는 헌법이 존재하지 않는다」라고 한 것은 다만 영국이 다른 성문헌법국가들처럼 문서화된 「통일 헌법전」을 가지고 있지 않다는 것을 의미하는 것일 뿐이다.[3]

II. 개정방식에 의한 분류

1. 경성헌법(starre Verfassung)

경성헌법이라 함은 일반법률보다 그 개정의 방식 및 절차를 어렵게 하는 방법으로 개

1) 신법률학사전, 국민서관.
2) 신법률학사전, 국민서관.
3) 권영성, 헌법학 원론, 18면 각주 1) 참조.

정할 수 있는 헌법을 말한다. 우리 나라를 포함한 세계 대부분의 국가가 경성헌법의 형식을 지니고 있는데 그 이유는 다음과 같다.

「경성헌법의 장점」
- 헌법은 국가의 기본법이므로 정국의 안정을 위해 빈번한 개정은 금지되어야 한다.
- 집권자의 권력남용을 방지(예 : 집권연장)
- 헌법의 안정과 권위유지

2. 연성헌법(biegsame Verfassung)

연성헌법이라 함은 헌법개정의 경우, 개정의 절차 · 방법이 일반법률의 경우와 마찬가지로 개정될 수 있는 헌법을 의미한다. 따라서 헌법개정은 경성헌법에 비하여 쉽게 이루어진다. 연성헌법은 성문헌법국가라고 할지라도 헌법의 개정절차가 일반법률의 개정절차와 같이 용이한 헌법이면 연성헌법이라 칭한다. 또한 성문헌법이라 할지라도 개정절차를 규정하지 않은 경우에는 보통입법절차에 의하여 개정된다.[1]

[연성헌법국가]
- 영국
- 1814년 프랑스헌법(루이18세헌법, 왕정복고)
- 이탈리아의 사르디니아왕국 헌법(1848)
- 뉴질랜드헌법(1947년 이후)

III. 제정주체에 의한 분류

1. 흠정헌법(oktroyierte Verfassung)

흠정헌법이라 함은 헌법제정의 주체가 君主이고, 군주주권의 사상을 그 배경으로 하고 있는 헌법을 말한다.

· 흠정헌법 → 군주가 제정

1) 보통법률에 의하여 헌법이 개정된 경우로는 이탈리아 헌법의 경우 제1조는 1848년 6월 19일 법률에 의하여, 제8조는 형사소송법 제830조에 의하여 개정되었다. 구병삭, 신헌법원론, 20면 각주 3) 참조.

「예」
- 루이 18세의 프랑스 헌법
- 19세기 前半의 독일헌법
- 일본의 명치헌법(1889) : 2차대전 前까지

1899년에 공포된 대한제국국제 9개조는 우리나라 최초의 성문헌법으로서 국호를 조선에서 대한제국으로 개칭하고 국가형태로서 전제군주국을 천명하면서 군주의 중요한 권한들을 열거한 흠정헌법의 성격을 가진 것이다.[1)2)]

2. 민정헌법(demokratische Verfassung)

민정헌법은 국민이 국민투표 등의 방법으로 직접 헌법을 제정하거나 국민대표로써 구성된 제헌의회가 제정한 헌법을 의미한다. 민약헌법이라고도 한다.

· 민정헌법 → 국민이 제정(국민이 직접제정, 국민대표기관이 간접제정)

「예」
- 1787년 미연방헌법(전문과 7개조로 구성)[3)4)] 및 미국의 여러州의 헌법

---

1) 권영성, 헌법학원론, 90면 참조.

2) 대한제국국제 9개조(1899년 8월17일) : 제1조, 대한국은 세계 만국에 공인되온바 자주 **독립하온 제국**이니라. 제2조, 대한제국의 정치는 이전부터 오백년간 전래하시고 이후부터는 항만세(恒萬歲) 불변하오실 전제정치이니라. 제3조, 대한국 대황제께옵서는 무한하온 군권을 향유하옵시느니 공법(公法)에 이르는바 자립정체이니라. 제4조, 대한국 신민이 대황제의 향유하옵시는 군권을 침손할 행위가 있으면 그 행위의 사전과 사후를 막론하고 신민의 도리를 잃어버린 자로 인정할지니라. 제5조, 대한국 대황제께옵서는 국내 육해군을 통솔하옵셔서 편제(編制)를 정하옵시고 계엄 · 해엄을 명령하옵시니라. 제6조, 대한국 대황제께옵서는 법률을 제정하옵셔서 그 반포와 집행을 명령하옵시고 만국의 공공(公共)한 법률을 효방(效倣)하사 국내 법률로 개정하옵시고 대사 · 특사 · 감형 · 복권을 명하옵시느니 공법에 이른바 **자정율례(自定律例)**이니라. 제7조, 대한국 대황제께옵서는 행정 각 부부(府部)의 관제와 문무관의 봉급을 제정 혹은 개정하옵시고 행정상 필요한 칙령을 발하옵시느니 공법에 이른바 **자행치리(自行治理)**이니라. 제8조, 대한국 대황제께옵서는 문무관의 출척(黜陟) · 임면을 행하옵시고 작위 · 훈장 및 기타 영전(榮典)을 수여 혹은 체탈(遞奪)하옵시느니 공법에 이른바 **자선신공(自選臣工)**이니라. 제9조, 대한국 대황제께옵서는 각 국가에 사신을 파송 주찰(駐紮)케 하옵시고 선전 · 강화 및 제반약조를 체결하옵시느니 공법에 이른바 **자견사신(自遣使臣)**이니라. <요점> : ① **독립제국** ② **전제정치** ③ **자립정체** ④ **군권침해금지** ⑤ **국군통수권자** ⑥ **자정율례(自定律例)** ⑦ **자행치리(自行治理)** ⑧ **자선신공(自選臣工)** ⑨ **자견사신(自遣使臣)**

3) **미합중국헌법의 제정과정** : 1776년의 미국독립선언후 1777년에 연합규약이 제정되어 연합의회

- 1946년 프랑스 헌법
- 우리나라를 비롯한 (모든) 공화국 헌법

[군주제를 취하는 민정헌법]
- 1791년 프랑스헌법
- 1831년 벨기에헌법
- 현재의 일본헌법

가 탄생하였으나 극히 무력하였다. 各州가 각각 주권을 주장하여 특히 재정정책에 있어서의 불협화음 때문에 합중국의 戰後의 회복을 저해하였다. 연합의회는 1支邦(州)의 반란(1786년 메사츄세스의 반란)도 진압할 힘이 없어 州의 군대가 간신히 진압하는 형편이었다. 여기에 헤밀턴(Alexander Hamilton)을 중심으로 헌법제정의 필요성을 느껴, 1787년 필라델피아에 各州의 대표가 모여 헌법제정회의(Constitution Convention)을 열어 합중국헌법을 제정하였다. 이 회의에서는 聯邦中心의 중앙집권주의와 州중심의 지방분권주의의 대립이 있었으나, 결국 타협이 성립되어 절충안이 채택되었다. 그 뒤 前者는 연합론자(Federalist)라고 불려 알렉산더가 지도하고, 後者는 분리론자(Separatist)라고 하여 토마스 제퍼슨이 지도하여 정당간의 대립 형태를 취하였다.

4) 미합중국헌법의 특색 : 세계최초의 성문헌법이라는 미합중국헌법의 특색은 다음과 같다. 1. 연방제도(Federal System) : 各州가 주권을 가지고 있었을 당시의 아메리카는 국가연합의 형태를 지녔었으나, 이 신헌법에 의하여 연방국가가 되었다. 연방정부는 各州정부와 같이 직접 국민에게 명령할 수가 있고, 군사 · 외교 · 재정 · 화폐 · 우편 등 국가전반에 걸친 사항에 대하여 중요한 권한을 갖고 있다. 그러나 各州에는 교육 기타의 많은 권한이 남겨져 있다. 2. 3권분립 : 프랑스의 몽테스키외가 주장한 입법 · 행정 · 사법의 3권분립의 원칙을 토대로하고 있다. 입법권을 가진 연방의회는 상원과 하원으로 나뉘어져 있다. 상원의원은 各州에서 2명이 선출되어 임기는 6년이고, 하원은 各州에서 인구비율에 의하여 선출되어 임기는 2년이다. 양원을 통과한 법률안은 대통령이 서명하거나, 찬부를 결정하지 않고 10일이 경과할 때는 법률안은 법률로 성립되고, 대통령이 거부권을 행사할 때에도 再議에 의하여 3분의 2 이상의 다수에 의하여 가결될 때에는 법률로 확정된다. 행정권은 임기4년의 대통령에게 속한다. 대통령의 선거는 간접선거로서, 各州의 유권자가 그 州의 국회의원과 同數의 선거인을 선출하면 선거인이 각각의 州에 會合하여 대통령 · 부통령의 선거를 실시한다. 대통령은 戰時에는 군총사령관이 되지만 선전포고는 국회의 권한이다. 대통령은 외교권을 가지고 있으나 조약의 비준은 상원이 하고 있다. 대통령은 의회에 의석을 가지지 못하나 教書에 의하여 의회의 입법행위에 영향을 주고 있다. 대통령이 임명하고 상원이 승인하는 각부의 장관은 대통령의 보좌기관에 지나지 못하며, 국회의원의 직을 겸직할 수 없다(겸직금지의 원칙). 그리고 의회에 대하여 책임을 지지도 않는다. 사법권은 연방대법원과 州의 법원에 속한다. 대법원은 대법원장과 8명의 판사로 구성되어 있고, 법관은 상원의 동의에 의하여 대통령이 임명하는 종신직이어서 탄핵에 의하지 않고는 사직 당하는 일이 없다. 미합중국헌법은 1789년에는 대부분의 州의 승인을 얻어 미합중국은 연방국가로서 발족하게 되었다. 초대대통령에는 워싱톤이 선임되었다.

3. 협약헌법(paktierte Verfassung)

협약헌법이라 함은 군주와 국민(국민대표)의 정치적 합의에 의하여 제정된 헌법을 의미한다. 협정헌법이라고도 한다.

· 협약헌법 → 군주와 국민의 타협

「예」
- 1215년 마그나카르타
- 1689년 권리장전
- 프랑스 헌법(1830.7) : 王制憲法
- 스웨덴 헌법(1809)
- 1848년 독일헌법

4. 국약헌법

국약헌법이라 함은 둘 이상의 국가가 국가연맹(연합)을 구성하는 경우에 국가간의 합의에 의하여 제정되는 헌법을 말한다.

· 국약헌법 → 국가간의 합의

「예」
- 독일제국헌법(1871년 비스마르크 헌법)
- 유럽연합 헌법(1992년)

IV. 뢰벤슈타인(Löwenstein)의 분류

뢰벤슈타인은 그의 저서 헌법학(Verfassungslehre)에서 헌법을 <u>규범적 헌법</u>(normative constitution, normative Verfassung) · 명목적 헌법(nominal constitution, nomalische Verfassung) · 가식적 헌법(semantic constitution, semantische Verfassung)의 셋으로 나누고 있다. 규범적 헌법은 실제로 적용되고 준수되며 잘 시행되고 있는 살아있는 헌법을 말한다.[1] <u>규범적 헌법</u>은 입헌주의와 헌법국가의 기본원리가 잘 시행된다. <u>명목적 헌법</u>이란 법적으로는 유효하더라도 실제로는 살아있지 않는 헌법이며 존재적 현실을 결여한 헌법,

---

1) 영국헌법 · 미국헌법 및 프랑스 · 독일 · 이탈리아 등 유럽 제국의 헌법이 이에 속한다고 한다.

헌법으로 명문화 되어 있으나 헌법의 규범력을 상실하여 실제로 시행되지 않는 경우를 말한다.[1] 이것은 변천과 같은 것은 아니나 규범과 현실의 불일치란 점에 있어서는 양자의 공통점이 있다. 가식적 헌법(장식적 헌법)이란 현실적으로 적용되기는 하지만 정치권력의 수단으로 되어버린 헌법 즉, 권력을 제한한다고 하는 본래적 기능을 발휘하지 않는 헌법, 현실의 권력 보유자의 지배도구로 되어있는 헌법을 말한다.[2]

규범적 헌법 → 실제로 적용되고 준수되며 잘 시행되고 있는 살아있는 헌법(영국헌법 · 미국헌법 및 프랑스 · 독일 · 이탈리아 등 유럽 제국의 헌법)

명목적 헌법 → 법적으로는 유효하더라도 실제로는 살아있지 않는 헌법(남미 헌법 · 아시아 아프리카 제국의 헌법)
→ 존재적 현실을 결여한 헌법
→ 헌법으로 명문화 되어 있으나 헌법의 규범력을 상실하여 실제로 시행되지 않는 경우

가식적(장식적) 헌법 → 현실적으로 적용되기는 하지만 정치권력의 수단으로 되어버린 헌법(히틀러 시대의 독일 · 무쏠리니시대의 이태리 헌법)
→ 권력을 제한한다고 하는 본래적 기능을 발휘하지 않는 헌법
→ 현실의 권력 보유자의 지배도구로 되어있는 헌법

1) 남미 헌법 · 아시아 아프리카 제국의 헌법을 들 수 있다.
2) 나치 히틀러 시대의 독일 · 무쏠리니시대의 이태리 헌법을 들 수 있다.

제 4 항 헌법관

헌법관은 ① 국가와 헌법의 본질을 무엇으로 이해하는가, ② 헌법의 최고법규성 내지 그 정당성의 근거를 어디에서 구하는가 등에 관한 일종의 시각이라고 본다면, 학자들의 견해에 따라 수많은 헌법관에 접하게 된다. 그러나 그 중 대표적인 헌법관을 든다면 규범주의적 헌법관 · 통합주의적 헌법관 · 결단주의적 헌법관을 들 수 있다(허영). 넓은 의미에서 규범주의적 헌법관으로 분류할 수 있는 것 중 가장 주목을 끄는 것은 옐리네크(G. Jellinek)의 법실증주의적 규범주의와 켈젠(H. Kelsen)의 규범논리주의 내지 순수법학이다.

헌법관이 등장하게된 배경으로서는 제1차세계대전 직후인 1920년대의 정치적 혼란기에 독일에서는 종래 헌법학계를 풍미하던 전통적인 법실증주의와 법형식주의 및 옐리네크의 규범주의적 헌법관과 켈젠의 순수법학이론의 헌법관에 대해서도 비판을 가하면서 실질적 헌법학을 수립하려는 반실증주의적 접근방법론이 덕일 공법학계의 주목을 끌게 되었다.

이러한 새로운 방법론을 대표하는 것으로 루돌프 스멘트(Rudolf Smend)를 원조로 하는 통합주의적 헌법관과 칼 슈미트(Carl Schmitt)로 대표되는 결단주의적 헌법관을 들 수 있다.[1] 이러한 상황에서 전개된 독일에서의 법실증주의적 헌법관과 이에 대항하는 통합주의적 내지는 결단주의적 헌법관의 대립은 20세기 초반 헌법학의 위기라 일컬을 정도로 절정을 이루었다. 그러나 오늘날에는 완벽하고 절대적인 헌법관은 존재할 수 없다는 상호인식에 근거하여 점자 그 대립이 극복되고 있다(허영).

I. 규범주의적 헌법관 = 법실증주의적 헌법관

1. 옐리네크(G. Jellinek)의 법실증주의적 규범주의

옐리네크는 법실증주의자이다. 그러나 다른 법실증주의자들이 헌법학의 대상을 법규범에 한정하고, 그 법규범의 이론적 · 체계적 분석에만 전념하는 동안, 그는 인과적 인식방법과 규범적 인식방법을 구별하였다. 그는 이러한 방법이원론에 입각하여, 국가를 사회적 측면과 법적 측면으로 분리한 후, 그들 각각에 대하여 사회학적 방법과 법학적 방법을 적

1) 또한 동시대의 반실증주의적 이론가로 헤르만 헬러(Hermann Heller)를 들 수 있으나, 그는 일찍이 요절하였기 때문에 스멘트나 슈미트와 같이 독자적인 학파(Schule)를 형성하지는 못하였다(허영).

용하고 있다(국가양면설).[1][2] 법학적 측면에서 볼때, 국가는 권리주체, 즉 시원적 지배력을 가진 사단으로 본다(국가사단설).[3] 그리고 헌법이란 이미 존재하고 있는 국가로 하여금 여러기관을 조직하게 함과 동시에 국가에 대하여 법인체로서 의사능력과 행위능력을 부여하는 것이라고 한다(국가법인설 · 국가주권설).[4] 그리고 헌법의 최고 법규성 내지 그 타당성의 근거는 헌법이 국가의 법적 기본질서라는 헌법규범 그 자체의 내재적 논리로부터 나오는 것으로 보고 있다. 그는 이러한 법의 근원을 궁극적인 사실(Faktum)에서 구하고 있다(사실의 규범력설 ; 사실의 규범적 효력).[5] 옐리네크는 국가와 국민의 관계는 법인격을 가진 주체 상호간의 권리 · 의무관계로 파악되고 있으며(국가와 사회의 구별론), 이러한 국가와 개인의 관계를 나타내는 것이 그의 상태-지위이론이다(Zustand-Statuslehre).[6][7] 결국 옐리네크에 있어서 국가권력은 원칙적으로 무제한인데 대하여, 개인의 자유는 국가의 법에 의하여 제한이 가능한, 법률안에서의 자유일 뿐이다.[8]

2. 켈젠(H. Kelsen)의 규범논리주의(Normlogismus)

규범주의적 헌법관에 따르면 헌법은 「국가의 조직과 작용에 관한 근본규범」이다. 즉 헌법은 한나라의 권력구조와 국민의 기본권을 규정하는 국가의 기본질서를 뜻하기 때문에 일반법률(Allgemeines Gesetz)처럼 쉽게 개정할 없는 국내최고의 규범이다. 헌법을 이처럼 '국가의 법적인 기본질서'라고 이해하는 규범주의적 헌법이론에 따르면 헌법의 우선적 효력과 최고규범성은 '헌법이 국가의 기본질서'라는 헌법규범의 '내재적 논리'로부터 나오는 당연한 결과라고 한다.[9]

---

1) G. Jellinek, Allgemeine Staatslehre, 3. Aufl., Kornberg 1976, S. 10.
2) 권영성, 헌법학원론, 36면.
3) 권영성, 헌법학원론, 36면.
4) 권영성, 헌법학원론, 36면.
5) 켈젠은 규범속에서 힘을 찾고 엘리네크는 사실(Faktum)속에서 힘을 찾는데, 결국 국가는 힘에 의해서 정당화되는 자기목적적 존재형식이 되고 만다.(허영, 헌법이론과 헌법, 단락번호 1011).
6) 권영성, 헌법학원론, 36면.
7) 기본권의 성격을 이해함에는 이와 같은 개인의 국가에 대한 지위에 상응하여 개인의 국가에 대한 의무, 국가로부터의 자유(자유권), 국가에 대한 요구(수익권), 국가를 위한 활동(참정권)이 있다고 하였다.
8) 권영성, 헌법학원론, 37면.
9) 켈젠(Kelsen)은 존재와 당위의 엄격한 구별에서 출발하여, 법(규범)으로부터 자연과학적 · 경험론적 요소는 물론 논리적 · 정치적 요소까지도 철저히 배제함으로써 순화된 법이론(순수법이론)을 전개한다. 특히 스위스의 캐기(W.Kägi)에 의해서 대표되는 이 규범주의적 헌법관에 따르면 헌법의 본질이나 헌법적 효력의 근거 등 헌법문제의 해답은 반드시 헌법규범 내에서 찾아야 하

또한 규범주의적 헌법이론에 의하면 헌법이 일단 제정된 이후에는 헌법제정권자의 의사에 의해서도 함부로 좌우될 수 없도록 헌법규범 자체에 일종의 독특한 경직성이 생기며, 따라서 헌법규범 특유의 경직성이야말고 바로 헌법규범이 다른 법률보다 우선하는 효력을 가지는 근거가 된다고 한다. 그러나 이 규범주의적 헌법관은 헌법이 왜 '국가의 법적인 기본질서'가 되는 것인지를 설명했다고 하기보다는 이를 오히려 당연한 전제로 하고 있을 뿐 아니라, 헌법의 '규범성'이나 '경직성'에서 헌법의 우선적 효력을 이끌어 내려고 시도함으로써 불문헌법이나 연성헌법의 헌법적 효력을 설명하는 데 있어서는 미흡하다는 비판을 면할 수 없다.

II. 슈미트(C. Schmitt)의 결단주의적 헌법관

칼 슈미트의 결단주의적 헌법이론도 스멘트의 통합주의적 헌법이론과 같이 1920년대 후반에, 당시의 독일 헌법학을 지배하였던 형식적 법실증주의를 극복하기 위하여 국가와 헌법을 실질적으로 파악하려는 시도의 하나로서 나타난 것이다.[1] 헌법학 분야에서의 슈미트의 학문적 경향은 국가를 정치적 통일체로 이해하고, 헌법을 그 정치적 통일체의 결단으로 보는 결단주의로 특징지워진다. 결단주의 논리의 골자는「결단을 내릴 수 있는 자의 힘과 권위를 가지고 있는 자, 즉 주권자이고, 이러한 주권자의 지배의사의 표명이 명령이고, 이 명령의 규범화가 곧 법이다」라는 점에 있다. 슈미트의 헌법개념에서 가장 특징적인 것은 정치적 통일체의 **정치결단인 헌법**(근본결단: 절대적 의미의 헌법: Verfassung)과 이러한 **헌법의 효력에 근거하고 타당성의 근거를 갖는 헌법률**(기타결단: 상대적 의미의 헌법: Verfassungsgesetz)을 구별하여 절대적 의미의 헌법에 해당되는 헌법(Verfassung)은 헌법개정의 대상이 안되며(헌법개정권력이 이를 개정할 수 없으며), 상대적 의미의 헌법에 해당되는 헌법률(Verfassungsgesetz)에 한해서 헌법개정의 대상이 된다(헌법개정권력이 이를 개정할 수 있다)고 보았다.

결단주의적 헌법관에 따르면 헌법은 '국민(헌법제정권력)'이 사회공동체의 정치적 생활방식에 대해서 내린 '정치적 결단'이며, 헌법의 타당성의 근거에 관하여「헌법은 헌법을

고 헌법규범을 떠난 역사적 · 사회적 · 문화적 · 경제적 상황을 헌법문제와 결부시켜서는 아니된다고 한다.

1) 슈미트의 사상세계는 초기의 카톨릭적 규범주의(1914)에서, 바이마르 공화국 시대의 결단주의(1917-1927)를 거쳐, 나치시대의 구체적 질서 및 형성사상기(1933-1934)로, 그리고 제2차 세계대전 이후의 보편적 관망기(1945-1985)의 단계로 변천하고 있다.

제정하는 실력 또는 권위를 가진 정치적 결단 때문에 타당한 것」이라고 한다.[1]

칼 슈미트(C. Schmitt)에 의해서 정립된 이 결단주의는 헌법의 효력을 규범주의적 헌법관과는 달리 인간의 의지와는 분리된 '헌법규범'속에서만 찾으려 하지 않고, 헌법제정권자의 의지(Wille)와 결부시키고 있기 때문에 사회적 측면에서 헌법의 효력과 관련된 헌법의 정당성(Legitimität) 문제를 중요시하며,[2] 새로운 정치적 결단으로서의 새 헌법은 언제나 정당성을 가진다는 논리이다. 그러나 이는 결과적으로 국민의 이름으로 행사되는 무수한 '정치적 결단'은 언제나 새 헌법으로서의 정당성을 가진다는 도그마(dogma)에 빠지게 되어 결국에는 정치독재자들에 의해서 자기정당화의 논리로 악용될 수 있는 소지가 크다는 점을 간과할 수 없다.

다만 결단주의적 헌법관은 헌법의 정당성을 강조한 결과 헌법의 우선적 효력을 국민주권의 이론과 결부시켜 설명하고 있다는 점은 긍정적이다. 또한 정치적인 공황시기나 위기정부(Krisenregierung)의 헌법이론으로서는 그 이론적인 타당성을 부인할 수는 없다. 그러나 결단주의적 헌법관은 헌법제정권자의 의지를 지나치게 중요시한 나머지 규범주의적 헌법관과는 정반대로 헌법의 규범성을 지나치게 경시하는 문제점이 있다는 점을 간과할 수도 없을 것이다.

III. 스멘트(Rudolf Smend)의 통합주의적(통합과정론적) 헌법관

루돌프 스멘트(Rudolf Smend)에 의해서 정립된 통합주의적(통합과정론적) 헌법이론은 국가를 동화적 통합과정이라고 보고, 헌법을 동화적 통합과정의 생활형식 내지는 법질서라고 이해한다. 결국 <u>통합주의적 헌법관에 따르면 헌법은 「사회통합을 위한 공감대적인 가치질서의 형성과정」</u>이다. 즉 사회공동체가 내포하고 있는 다양한 이해관계, 그 구성원의 다양한 행동양식과 행동목표 등을 일정한 가치세계를 바탕으로 한 일체감 내지 연대의식에 의해 하나로 동화 · 통합시킴으로써 국가를 조직하기 위한 수단이 바로 헌법이라고 한다. 따라서 통합주의적 헌법관에 의하면 <u>국가란 결코 규범주의적 헌법관이 보는 것처럼 고</u>

---

1) 슈미트에 의하면 헌법은 헌법제정권력의 주체가 그 정치적 통일체의 종류와 형태를 결정한 것이기 때문에 타당성을 갖는 것이므로, 그 이상의 논리적 또는 법적 규범에 의하여 정당화될 필요가 없다고 한다(권영성, 헌법학원론, 40면).

2) 이에 반하여 국가목적이 법목적이며, 법목적이 국가목적으로 보는 켈젠의 사상적 세계에서는 모든 국가가 법치국가이며, 따라서 정당성(Legitimität)의 문제는 전혀 도외시한다(허영, 헌법이론과 헌법, 단락번호 1011).

정적인 '규범조직'일 수 없고 다양한 이해관계가 일정한 공감대적 가치를 바탕으로 동화되고 통합되어 가는 과정을 뜻하기 때문에 언제나 유동적인 상태에 있다.

특히 통합주의적 헌법관의 주창자인 스멘트(Smend)에 따르면 헌법은 결코 국가의 기능이나 조직에 관한 단순한 조직규범이 아니고 항구적인 동화 · 통합과정을 뜻하는 국가의 생활형식(Lebensform) 내지는 법질서(Rechtsordnung)를 뜻하고,[1] 한나라의 통치질서는 동화적 통합질서 : Integrationsordnung)[2]를 의미한다고 한다.[3] 그는 헌법에서는 그 사회통합기능이 중요하기 때문에 헌법해석에 있어서도 규범주의적 헌법관에서처럼 헌법의 규범성만을 강조하거나, 결단주의적 헌법관에서처럼 헌법제정권자의 의지적인 측면만을 강조하지도 않는다. 다만 그의 이론이 이해관계의 '다양성'보다는 그 '통합'을 강조하는 점에서 보수주의, 특히 헤겔(Hegel)의 국가철학을 그 이념적인 기초로 하고 있는 점도 부인할 수 없다. 헤겔의 국가철학이 비민주적이고 권위주의적인 이론으로 지탄을 받는 것과 마찬가지로 스멘트의 통합과정론도 독재주의의 헌법이론으로 악용될 소지가 있다고 지적당하는 경우가 있는 것도 그 때문이다.[4] 그러나 스멘트의 통합주의적 헌법관은 '통합'(Integration)을 핵심적 요소로 삼고 있지만, 이 경우 스멘트에 있어서의 '통합'이란 언제나 사회공동체의 일정한 가치체계를 촉매로 한 일체감 내지 연대의식의 조성에 의한 「동화적 통합」을 뜻하기 때문에 전체주의적 내지는 획일주의적 성향을 띤 「강제적 통합이론」과는 그 본질을 달리한다. 이와 같이 스멘트에 있어서의 동화적 통합은 부분의 기계적이고 단순한 '합계'(Addition)가 아닌 이른바 동화를 통한 '새로운 사회전체의 구성'을 의미하는 것이기

1) 허영, 헌법이론과 헌법, 단락번호 1025.

2) 허영, 헌법이론과 헌법, 단락번호 1025.

3) 여기에 규범주의적 헌법관과의 차이가 있고, 동시에 의사결정과정을 도외시한 채 한 번의 '결단'이나 '결단의 상태'만을 중요시하는 결단주의적 헌법이론과도 차이가 있다.

4) 독재정권에 의해 악용될 위험성은 결단주의적 헌법관 뿐만 아니라 규범주의적 헌법관도 모두 내포하고 있다. 왜냐하면 결단주의적 헌법관에서는 결단 그 자체만을 강조하며 이를 중요시할 뿐 이때의 결단은 '어떤 결단'인가 하는 결단의 내용은 처음부터 중요시하지 않기 때문이다. 또 규범주의적 헌법관에서는 헌법을 보는 데 있어서 헌법의 사회적 측면을 도외시하고, 규범외적인 관점을 일체 배척하면서 「헌법이 어떻게 규정하고 있느냐」만을 따지고, 「헌법이 어떻게 규정되어져야 하느냐」는 처음부터 문제로 삼으려하지 않고 있기 때문이다. 따라서 정의의 관점이 무시된 「악법도 법이다」라는 식의 실정법 만능주의(법실증주의적)의 풍조를 낳게 하고 그것이 결국은 법의 독재(실정법의 독재)를 낳고 법의 독재가 또 힘의 독재로 발전할 가능성을 배제할 수 없게 되었다. 법실증주의에 입각해서 국가론을 정립한 게오르크 옐리네크가 '사실의 규범적 효력(fait accompli)'을 강조하고 있는 점도 힘의 관철력(사실의 규범적 효력)을 토대로 한 그의 국가개념과 함께 독재자에 의해서 악용될 소지를 가지고 있다(허영, 헌법이론과 헌법, 단락번호 1011 이하 참조).

때문에 그 구성원이 일체감 내지 연대의식을 가지고 능동적으로 동화적 통합과정에 참여하는 것을 필수조건으로 하는 것이 사실이다. 이러한 점에서 통합주의적 헌법관이 독재주의 내지는 획일주의적 사고에 악용될 소지가 크다는 주장에 대한 방어적 이론으로서의 가치가 존재한다고 볼 수 있을 것이다.[1]

1) 통합주의적 헌법관에 대한 비판은 허영, 헌법이론과 헌법, 단락번호 1029 이하 참조.

제 2 절 헌법의 제정·개정

제 1 항 헌법의 제정

헌법은 인간이 공동체를 형성하고 그 생활을 영위함에 있어서 공동체의 안전과 존속을 보장하고, 그 공동체 구성원의 삶에 필요한 일정한 질서와 규범을 형성하고, 이러한 질서와 규범을 유지할 수 있도록 하는 권력체인 국가를 창설하면서 생겨난 개념이다.[1] 사회적 공동체는 헌법의 제정을 통하여 정치적 통일체인 국가로 탄생한다.

헌법제정(Verfassunggebung)에는 실질적 의미의 헌법제정(실질적 의미의 헌법)과 형식적 의미의 헌법제정(형식적 의미의 헌법)으로 나눌 수 있다. 실질적 의미의 헌법제정은 정치적 공동체의 형태와 기본적 가치질서에 관한 국민적 합의(헌법사항)를 법규범체계로 정립하는 것을 말한다(헌법전·법률·규칙 등). 이에 대하여 형식적 의미의 헌법제정이라 함은 헌법사항을 성문의 헌법으로 법전화하는 것(성문헌법전화)을 말한다.[2]

헌법의 제정을 국민의 정치적 합의를 문서로서 규범체계화하는 것이라고 할 때, 헌법의 제정은 누가 하는가(헌법제정권력의 주체), 어떻게 하는가(헌법제정권력의 행사방법), 무엇에 관해서 하는가(헌법제정의 내용), 헌법제정시 어떠한 구속과 제한을 받는가(헌법제정권력의 한계) 그것이 정당한 것인가(헌법제정권력의 결정의 정당성여부)라는 문제들이 제기된다. 이러한 누가·어떻게·어떠한 헌법을 제정하느냐 하는 헌법제정 내지 헌법제정권력의 문제는 헌법연구에 있어서 기본적인 인식과제이면서 또한 그 한계영역에 속하는 문제이기도 하다. 이러한 문제들은 법이론과 정치이론의 두 영역에 관련되기 때문이다.[3]

1) 정종섭, 헌법학원론, 단락번호 [19]

2) 권영성, 헌법학원론, 43면. 그러나 칼 슈미트의 경우는 헌법의 제정을 정치적 통일체의 종류와 형태 등에 관한 헌법제정권자의 근본적 결단으로 규정하고 있다.

3) 권영성, 헌법학원론, 43면; E.-W. Böckenförde, Die Verfassunggebende Gewalt des Volkes - Ein Grenzbegriff des Verfassungsrechts, Frankfurt am Main 1986 참조.

I. 헌법제정권력(verfassunggebende Gewalt ; pouvoir constituant)

1. 헌법제정의 의의

헌법제정이라 함은 법규범으로서의 효력을 가지는 헌법규범을 헌법제정권자가 헌법제정권력(Verfassunggebende Gewalt, pouvoir constituant)을 의식적으로 행사하여[1] 헌법사항을 성문의 헌법으로 법전화하는 것이다.

* 선구 → 영국의 국민협정(1647)
* 최초의 성문헌법 → 미국 Virginia州 헌법 (1776.6.12)
 ☜ Virginia州 헌법은 세계최초로 저항권을 규정

헌법이 법으로서의 효력을 발하는 것은 헌법의 제정에 의하여 비로소 이루어지며, 이러한 점에서 법적 효력을 아직 가지지 못하는 「헌법의 형성」과는 구별된다.[2]

2. 헌법제정권력(제헌권)의 개념

헌법제정권력(제헌권)이라 함은 헌법규범을 始原的으로 창조하는 힘을 말한다. 헌법제정권력은 사실로 존재하는 헌법규범을 창조하는 시원적 힘이기 때문에 규범인 헌법에 선재하고 헌법이전에 존재한다. 따라서 이들 상호간에는 「헌법제정권력 → 헌법 → 헌법에 의하여 창조된 권력」이라는 체계가 성립된다.[3] 그러나 헌법제정권력은 사실상의 힘을 뜻하는 것이 아니라 정치적 통일체에 있어서 국민적 합의를 규범체계화하는 정치적 권력인 동시에 헌법에 정당성을 부여하는 권위라고 하는 이중성을 가진다.[4] 헌법제정권력이론은 프랑스의 시에예스(Emmanuel Joseph Sieyès, 1632-1704)가 최초로 시창하였고 독일의 슈미트(C. Schmitt)가 이를 확립하였다.

[헌법제정권력]

① 헌법을 창조하는 시원적 · 창조적 권력 → 자기정당화의 개념 도출
② 독일 마운쯔(Theodor Maunz)의 견해 : 국민의 정치적 존재방식에 관하여 근본적인 결단을 내리는 「정치(적) 권력」인 동시에 「정치(적) 의사」[5]이다.

---

1) 서구 중세의 헌법과 같이 자생적으로 발생하는 경우도 있으나, 오늘날에는 더 이상 존재하지 않는다(정종섭, 헌법학원론, 단락번호 [19]
2) 정종섭, 헌법학원론, 단락번호 [19]
3) 정종섭, 헌법학원론, 단락번호 [20]
4) 권영성, 헌법학원론, 46면.

3. 이론전개의 형성과 발전

3.1. 시에예스(Emmanuel Joseph Sieyès)

① Emmanuel Joseph Sieyès(1748-1836) : 1) 1789년 1월 그의 논문 「제3신분이란 무엇인가?(Qùest-ce que le tiers ètat?)」)에서 최초로 시창 ☜ **신분과 계급을 구별할 것**

㉠ 헌법제정권력은 헌법이나 국가이전에 존재하는 자연상태에서 조직되지 않은채 존재하는 「무엇을 조직하는 권력(pouvoir constituant)」이며, 이는 조직된 권력(pouvoir constitué)과 구별된다.2)3) "오직 국민(제3의 신분)만이 헌법제정권력의 주체이다".

㉡ 국민에 속하는 헌법제정권력도 국민이 선출하는 대의기관(의회)에서 제정(위임)될 수 있다. ☜ **주의 : 헌법제정권력 그 자체의 위임이 아닌 헌법제정권력 행사의 위임이다.**

→ 대의민주주의의 사상적 선구자(이러한 점에서 직접민주주의를 부르짖은 루소와 대조된다) ☞ 대의민주주의 원리를 최초로 주장한 학자는?

㉢ 국민에 속하는 헌법제정권력은 창조적 권력이기 때문에 始原性을 지닌다.
·始原性 → 자기정당화의 개념도출 ☜ 바로 이점 때문에 비판받음(始原性이 왜 정당화의 근원이 되느냐?)

㉣ 헌법제정권력(창조적 권력 : 형성하는 권력)과 헌법개정권력(헌법제정권력에 의하여 창조된 권력 : 형성된 권력 = 국가권력)을 구분

---

5) Maunz/Zippelius, Deutsches Staatsrecht, 25 Aufl., München 1983, S. 35.

1) Abbé Sieyès라고도 함. 프랑스어의 Abbé는 神父라는 뜻이다. 이는 Sieyès가 1773년에 神父의 서품을 받았기 때문에 이러한 표현을 사용하기도 한다.

2) 따라서 헌법에 의해서 조직된 권력(pouvoir constitué)인 입법권은 헌법제정권력에 비하여 하위권력이며, 따라서 하위권력인 입법권으로서 상위권력인 헌법을 폐지·변경할 수 없다.

3) 정종섭, 헌법학원론, 단락번호 [20]

[시에예스 : 제3신분이란 무엇인가]

시에예스는 제3신분이란 무엇인가(Qùest-ce que le tiers-état)?[1][2]라는 소책자에서 근대적인 의미에서의 자유라는 개념을 수용하였다. 그는 신의 섭리를 토대로하는 일체의 모든 봉건제도는 인간의 자유를 억압하는 것으로 보고, 종래 자유를 박탈당한 채 억압받고 살았던 제3신분인 국민이 이제는 자신의 운명을 열어갈 수 있는 주체라는 믿음을 가지고 있었다. 그에 의하면 국민의 자유의지만이 모든 것에 우선하여 존재하고, 모든 것의 원천이므로,[3] 헌법의 제정주체도 당연히 제3신분인 국민이라고 하였다. 그에 의하면 헌법을 창설하는 힘이나 권능은 「그 무엇으로부터 나오는 것」이 아니라 「스스로 원초적으로 존재하는 것」이라고 하였고, 이런 시원적인 힘은 군주나 국가에게 있는 것이 아니고, 국민에게 있다고 하였다. 그런데 국민은 헌법과 국가 밖에서 무제한적인 자유를 향유하는 자연의 상태로 있다. 따라서 자연상태에 있는 국민은 일체의 구속을 받지 않으며, 오히려 시원적으로 법과 국가를 창조하는 힘을 갖는다고 하였다. "국민은 모든 것 이전에 존재하며, 모든 것의 근원에 있으며, 국민의 의사는 항상 적법하며, 국민은 법률 그 자체이다. 국민의 의사는 최고의 법이다."[4][5] 이처럼 일체의 모든 사회적 제도의 원인을 인간 안에서 찾기 때문에, 헌법을 제정하는 능력으로서의 인간의 자유는 시원적, 자율적, 무제한적, 절대적이며, 그리고 오직 자기자신만이 자신의 결정에 대한 평가기준이며, 타자의 기준에 의해서는

---

1) 프랑스 혁명의 도화선이 된 시에예스의 제3신분이란 무엇인가(Qùest-ce que le tiers-état)는 1789년 1월에 출판되었다. 절대왕정기에 속하는 루이 16세 시대는 정치적 특권을 누리는 귀족과 귀족의 이익을 옹호하는 고등법원이 지배하던 시대였다. 미국 독립전쟁 등에 대한 대외적인 전쟁지원과 국가재정의 곤란 등으로 계속되는 사회적 · 경제적 위기를 극복하기 위해 루이 16세는 여러차례 수상을 교체하였다. 그러나 매번 특권 귀족과 고등법원의 저항에 부딪쳤고, 오히려 잦은 내각교체로 정국의 불안정만 높아질 따름이었다. 이러한 상황에서 사회여론이 삼부회 소집을 요구하게 되었고 마침내 루이 16세는 1788년 7월 5일에 삼부회 소집결정을 내렸다. 그는 삼부회 소집을 공고하면서 삼부회의 역할에 대한 의견을 상소할 것을 내각령으로 명했고, 이에 따라 많은 내용이 팜플렛의 형태로 유포되어 일반인에게 읽히게 되었다. 시에에스의 제3신분이란 무엇인가는 이러한 배경 속에서 특권론(Essai sur les privilèges)에 대한 속편으로, 1788년 11-12월에 쓰였으며, 1789년 1월에 익명으로 출판된 것이다. 박인수, 제3신분이란 무엇인가(E. J. 시에예스), 책세상, 2003, 8면.

2) 그는 국민인 제3신분에게는 주권을 부여했다. 나아가 제3신분으로만 구성되는 국민의회를 설립할 것을 주장했다. 제3신분이란 무엇인가로 유명해진 시에예스는 1789년 5월 19일에 파리 삼부회에 제3신분 대표로 선출되었고, 제3신분대표들은 시에예스의 제안에 따라 특권신분대표들에게 합류하지 않고 기다렸다가, 6월 17일 제3신분대표들로만 구성된 국민의회의 성립을 선언하였다. 국민의회는 어떠한 과세나 세금인상도 제3신분대표에 의해서만 승인 될 수 있도록 결정했다. 새로운 주권인 국민주권이 탄생한 것이다. 박인수, 제3신분이란 무엇인가(E. J. 시에예스), 책세상, 2003, 9면.

3) Emmanuel Joseph Sieyes, What is the Third Estate?, trans. by M. Blondel, 1963, p. 124 참조.

4) Sieyes, What is the Third Estate?, trans. by M. Blondel, 1963, p. 128.

5) 박인수, 제3신분이란 무엇인가(E. J. 시에예스), 책세상, 2003, 161면.

결코 심사 받지 않는다는 의미에서 무오류성을 갖는다. 그리고 이러한 원인으로서의 자유를 인간은 양도하거나 포기할 수 없다는 본질적 제약을 갖는다.1) 시에예스의 헌법제정권력이론은 슈미트의 저서 헌법이론의 주요한 이론적 기반이 되었으며, 켈젠의 규범적 헌법관에 영향을 미쳤다.2)

3.2. 칼 슈미트(C. Schmitt)

3.2.1. 내용

슈미트(C. Schmitt, 1888-1985)가 시에예스이론을 현대적 의미로 변용하여 헌법제정권력이론을 체계화·정밀화하였고, 이를 통하여 헌법제정권력이론을 구체적으로 확립하였다. 칼 슈미트는 헌법제정권력은 다른 권력(입법·행정·사법)과는 구별되는 상위권력으로 보고, 다른 모든 권력 및 권력분립의 포괄적 토대가 된다고 하였다. 그는 다음과 같은 위계질서가 있다고 하였다. 즉 헌법제정권력 > 헌법개정권력 > 통치권(입법권·행정권·사법권)의 위계질서가 있다는 것이다.

독일 바이마르(Weimar)공화국 헌법(1919-1933)을 설명하기 위한 이론서로서 1928년에 처음 출판된 헌법이론(Verfassungslehre)에서 슈미트는 헌법제정권력이론을 전개하였다. 그에 의하면 헌법은 "정치적 실존의 종류와 형태에 관한 근본적 결단"이며,3) 헌법제정권력이란 "고유의 정치적 실존의 종류와 형태에 관하여 구체적인 근본결단을 내릴 수 있는 권력이나 권위를 가진 정치적 의사"이다.4) 그리고 헌법제정권력은 조직된 권력(konstituierte Gewalt)이 아니라 조직하는 권력(konstituierende Gewalt)이며, 시원적이고 창조적인 권력이다. 또한 그는 근본결단으로서의 (절대적 의미의) 헌법(Verfassung)5)과 이 결단을 집행하기 위하여 만들어진 시행세칙으로서의 (상대적 의미의) 헌법률(Verfassungsgesetz)을 구별하고서, 후자의 정립, 즉 근본결단의 구체적 집행과 형성은 타자에게 위임될 수 있으나, 근본결단을 내릴 수 있는 제헌권 자체는 위탁하거나 양도할 수 없으며, 또한 흡수되거

---

1) 김명제, 헌법제정권력론에 대한 비판적 고찰 - 특히 자유원인과 자연원인의 조화의 이념에 따라 참조.

2) 박인수, 제3신분이란 무엇인가(E. J. 시에예스), 책세상, 2003, 169면.

3) Carl Schmitt, Verfassungslehre, 5. Aufl., 1970, S. 23.

4) Carl Schmitt, Verfassungslehre, 5. Aufl., 1970, S. 75.

5) 「절대적 의미의 헌법(Verfassung im absoluten Sinne)」: 1. 주창자 → 슈미트(C.S.) 의 주장 2. 내용 → 상대적 의미의 헌법과 상대되는 개념이며 이를 「헌법(률)의 헌법」이라고도 한다. 즉 헌법의 조항들은 모두 평면적인 동위(수평적 지위)에 있는 것이 아니라 입체적·단계적 구조를 가지며, 같은 헌법조항 중에서도 다른 조항보다 상위의 조항을 절대적 의미의 헌법이라고 한다. 3. 구별실익 → 이를 구별하는 실익은 「절대적 의미의 헌법」의 변경은 「헌법의 파괴(Verfassungsvernichtung)」가 되므로, 여기에 '헌법개정의 한계가 인정'되어야 하는 이유가 있다고 C.S.는 주장한다.

나 또는 소멸될 수 없는 항구적인 것이라 하였다.[1] 그리고 제헌권은 타인이 미리 정해놓은 실체적 내용이나 절차적 구속에 제약받지 않고서 활동할 수 있는 자율적 권력이며, 다른 모든 권력의 기초로서 통일적이고 불가분적인 권력이라 하였다. 이로써 슈미트도 시에예스처럼 근대적인 자유개념을 수용하였다.[2]

Carl Schmitt의 헌법제정권력 · 헌법개정권력이론

헌법제정권력 · 헌법 · 근본결단 〉 헌법개정권력 · 헌법률 〉 통치권

헌법(☜ 헌법제정권력이 내린 근본결단: 절대적 의미의 헌법) > 헌법률(헌법을 전제로한 개개의 헌법규정 ☜ 헌법개정권력이 개정가능: 상대적 의미의 헌법) > 통치권(입법권 · 행정권 · 사법권)

---

* 헌법제정권력: 헌법제정권력은 헌법을 시원적으로 창조하는 힘이며, 모든 규범적인 것 위에 존재하는 「실력」이다. 이러한 실력의 타당근거는 「정치적 실존」에 있으며, 이러한 시원적 권력은 「항상 자연상태(immer im Naturzustande)」에 있는 것이다(C. Schmitt, Verfassungslehre, S. 79). ☞ **헌법제정권력의 한계는 부정**
* 헌법(Verfassung): 헌법제정권력이 내린 정치적 결단의 소산, 즉 정치적 근본결단. 따라서 헌법은 개정할 수 없는 절대적 헌법(입헌주의 원리)이다. ☜ **절대적 의미의 헌법**
* 헌법개정권력: 헌법에 의하여 제도화(조직화)된 권력, 즉 헌법제정권력에 의하여 창조된 권력이다. 따라서 헌법제정권력보다 하위의 권력 ☞ **헌법개정권력의 한계 인정**
* 헌법률(Verfassungsgesetz): 헌법을 전제로한 개개의 헌법규정의 집합이다. 즉 헌법(근본결단)을 시행하기 위한 시행세칙으로서의 헌법률은 법률과 같은 내용 및 수준의 것이지만, 다만 형식적으로 헌법규범으로 되어있는 것이다. 이는 헌법개정권력자가 개정할 수 있는 「상대적 권력」이다. ☜ **「상대적 의미의 헌법」**
* 통치권: 헌법에 의하여 만들어진 권력(입법권 · 행정권 · 사법권)이며, 최하위의 위계질서에 속한다: 국가권력

슈미트(Carl Schmitt)의 결단주의적 헌법이론에 의하면 헌법이 가지는 우선적 효력의 근거를 헌법제정권자의 '정치적 결단'에서 찾는다. 정치적 결단에는 질적인 면에서 '근본결

---

1) Carl Schmitt, Verfassungslehre, 5. Aufl., 1970, S. 91.
2) 김명제, 헌법제정권력론에 대한 비판적 고찰 - 특히 자유원인과 자연원인의 조화의 이념에 따라 참조.

단'과 '기타의 결단'으로 나누고 근본결단으로서의 헌법과 기타의 결단에 해당하는 헌법률 사이에는 효력상의 차이가 있다고 한다.[1][2] 칼 슈미트는 이처럼 헌법과 헌법률을 구별하고 그 효력상의 차이를 인정함으로써 헌법제정권력과 개정권력을 구별하는 그의 이론적 배경을 마련하고 있다. 즉 헌법개정권력에 의해서 개정될 수 있는 것은 헌법률에 한하고 근본결단을 의미하는 헌법은 헌법에 의하여 창조된것 이므로 헌법보다는 하위권력인 헌법개정권력에 의해서 침해될 수 없는 것이라고 한다. 바로 여기에 결단주의적 헌법관이 헌법개정의 한계를 강조하는 논거가 된다. 이에 반하여 슈미트는 헌법은 그것이 헌법제정권력의 주체가 그 정치적 통일체의 종류와 형태를 결정한 것이기 때문에 그자체로서 정당성을 갖는 것이며, 그 이상의 윤리적 또는 법적 규범에 의하여 정당화될 필요가 없고, 따라서 헌법제정권력에 대한 제한은 인정될 수 없다고 한다(헌법제정권력의 무한계).

결단 ─┬─ 근본결단 : 헌법 ☜ (헌법개정권력에 의한) 헌법개정 불가능
　　　 └─ 기타결단 : 헌법률 ☜ (헌법개정권력에 의한) 헌법개정 가능

슈미트는 이를 통하여 헌법개정에 있어서의 무한계설을 옹호하는 법실증주의자들을 비판하고, 헌법개정에는 한계가 있다고 주장하였다.

---

1) 즉 국가형태와 정부형태처럼 국가존립의 핵심에 대한 근본적 결단으로서의 헌법은 그 효력이나 정당성의 근거가 헌법제정권자의 정치적 결단의 의지 속에 있지만, 선거절차·입법절차처럼 국가존립의 비핵심문제에 관한 기타의 결단은 헌법률로서 그 효력이나 정당성의 근거를 헌법에서 찾아야 한다고 한다.

2) 결단주의적 헌법이론은 헌법이 가지는 우선적 효력의 근거를 헌법제정권자의 정치적 결단에서 찾으면서도, 헌법적 효력의 근거가 되는 헌법제정권자의 정치적 결단을 질적인 면에서 근본적인 결단과 기타의 결단으로 나누고 '근본적인 결단'으로서의 '헌법'과 기타의 결단에 해당하는 헌법률 사이에는 효력상 차이가 있다고 한다. 즉 국가형태와 정부형태처럼 국가존립의 핵심에 관한 근본적인 결단으로서의 '헌법'은 그 효력이나 정당성의 근거가 헌법제정권자의 정치결단적인 의지 속에 있지만, 선거절차·입법절차처럼 국가존립의 비핵심문제에 관한 기타의 결단은 헌법률로서 그 효력이나 정당성의 근거를 '헌법'에서 찾아야 된다고 한다. 칼 슈미트는 이처럼 '헌법'과 헌법률을 구별하고(헌법과 헌법률의 구별; Carl Schmitt, Verfassungslehre, S. 44) 그 효력상의 차이를 인정함으로써 헌법제정권력과 헌법개정권력을 구별하는 그의 이론적 바탕을 마련하고 있다. 즉 헌법개정권력에 의해서 개정될 수 있는 것은 헌법률(Verfassungsgesetz)에 한하고, 근본적인 결단을 뜻하는 헌법(Verfassung)은 헌법개정권력에 의해서 침해될 수 없는 것이라고 한다. 헌법률은 개정의 대상이 되지만, 헌법은 개정의 대상이 되지 않는다는 바로 이곳에 결단주의적 헌법이론이 헌법개정의 한계를 강조하는 이유가 있다.

3.2.2. 법실증주의적 헌법관과 슈미트에 대한 비판

국가법인설과 국가주권설에 기초를 둔 법실증주의적 국법학에 의하면, 국가만이 모든 법의 연원이고 헌법을 초월한 권력은 사회적 존재이지 법적인 것은 아니라고 하였다. 또한 헌법의 운명을 결정하는 최고의 권력을 헌법제정권력이라고 한다면 그것은 헌법 속에서 찾아야 하므로 이는 현실적으로 헌법제정권력 = 입법권과 동일한 것으로 보았다. 법실증주의자는 입법권과 구별되고 이에 우월하는 헌법제정권력이론은 독일 국법과는 아무런 관계가 없다고 생각 하였다. 그리하여 헌법제정권력은 어디까지나 사회적 권력요소에 해당할 뿐, 법적 속성은 아니라고 하여 연구대상에서 배제하였다.

결국 법실증주의자는 헌법제정권력 = 헌법개정권력 = 입법권으로 동일시하여, 이들 권력간에는 위계질서가 없는 수평적 질서로보며, 수직적 질서로 파악하는 헌법제정권력이론을 부인한다. 법실증주의자는 주권을 국가의 권한 내지는 권능으로 보고 통치권으로 보는 경향이 있다.

「독일의 법실증주의 학파」 → 헌법제정권력과 개정권력의 부인을 비판한다

- 국가법인설 내지 국가기관설 주장, 따라서 국민주권설부정 → 헌법제정권력 부정(예: 옐리네크(G. Jellinek), 라반트(Paul Laband), 안쉬츠(Gerhard Anschütz)
- 법학의 대상을 실정법에 한정하고 초실정법적 규범은 자연법적인것 또는 정치적인것이라 하여 무조건 배척 ☜ 존재(Sein)와 당위(Sollen)의 엄격한 구별 (방법 2원론)
- 헌법제정권력 = 헌법개정권력 = 입법권

「문제점」 칼 슈미트의 주장에 대한 박일경 교수(법실증주의적 입장)의 반박

1) 칼 슈미트는 헌법제정권력과 헌법개정권력을 구분하고 있지만 과연 이것이 엄격한 법적 의미를 가지는 것일까?
2) 국민투표에 의해서 제정된 성문헌법에서 그 개정도 제정에서와 같은 조건에 의한 국민투표를 거치도록 하고 있을 때에, 과연 헌법제정권력과 헌법개정권력과는 어떠한 차이가 있을 것인가?
3) 일단 헌법이 제정된 후에는 국가최고법규로서의 헌법을 개정할 권리 내지 권한을 가진 자가 엄격한 법적 의미에서는 주권자가 아닌가?

3.2.3. 헌법제정권력과 슈미트의 독재론

C. Schmitt는 헌법제정권력을 전제로한 독재를 「주권적 독재」라고 하였다. 이는 헌법제정권력을 전제로 한 새로운 법질서를 창조하기 위하여 舊法秩序를 폐기하는 것이며, 이는 혁명과 동시에 성립하는 독재라고 하였다. 이 밖에 「위임적 독재」라고 하는 것도 있는데, 이는 현행법질서가 위기에 처해 있을 때, 그것을 방어하기 위하여 헌법의 형식적 효력을 일시적으로 정지하는 것으로서 합법적으로 성립하는 독재라고 슈미트(C. Schmitt)는 주

장하였다.

· 주권적 독재 → 헌법제정권력을 전제로한 독재
→ 이는 헌법제정권력을 전제로 한 새로운 법질서를 창조하기 위하여 舊法秩序를 폐기하는 것(혁명과 동시에 성립)

· 위임적 독재 → 현행법질서가 위기에 처해 있을 때, 그것을 방어하기 위하여 헌법의 형식적 효력을 일시적으로 정지하는 것(합법적으로 성립하는 독재)

무릇, 19세기에는 헌법에 대한 위협요인이 일반적으로 행정부측에 의하여 이루어 졌고 그 결과 입법부가 오히려 헌법의 수호자로서 기능을 하였던 것에 반해, 당시의 바이마르 공화국헌정사(1919-1933)에서는 오히려 그 위협이 의회 측으로부터 존재하고 있었다. 왜냐하면 연방의회는 다양한 정치적 · 경제적 · 사회적 이해관계 및 이데올로기를 달리하는 세력들에 의한 군소정당으로 구성되었고, 이러한 군소정당의 난립으로 인하여 정부구성(Regierungsbildung) 및 정부의 정책수행기능은 마비상태(정부위기 : Regierungskrise)에 빠지는 경우가 많았다. 이는 결국 국민의 정치적 통합을 현실적으로 위협하는 결과를 초래하였다.

이와 같은 정부위기를 타개하기 위하여 슈미트가 고안해 낸 것이 다원적 이해관계를 초월하여 전체로서의 독일국민을 대표하는 이른바 헌법의 수호자로서 기능하게 될 중립적 권력(pouvoir neutre)이었던 것이다. 비록 연방대법원이 1927년 10월 15일의 판결을 통하여 자신을 스스로 헌법의 수호자로서 표방하긴 하였지만 슈미트는 이를 적정한 경우로 보지 않았다. 왜냐하면 헌법의 수호자로서 갖추어야 할 필수적인 조건, 전체로서의 헌법을 수호할 능력과 정치권력을 행사할 수 있는 능력에 있어 법원은 이 양자를 모두 구비하고 있지 않다고 보았기 때문이다.

그 결과 헌법의 수호자는 곧 대통령일 수 밖에 없다고 주장하였다. 그는 대통령이야말로 중립적 제3자, 즉 중립적 권력(pouvoir neutre)으로서 다른 헌법기관의 상위에 존재하는 것이 아니라 그들과 병렬해 있으며, 대통령이 헌법의 수호자로서 그 역할을 담당해야 한다는 것이 바이마르헌법에 의하여 인정되고 있다고 보았다. 독일국민에 의하여 7년의 임기로 직접 선출되는 대통령이야말로 그 지위가 민주적 위임에 기초하는 유일한 국가기관이라는 것이다.[1] 이처럼 위임독재를 염두에 두고, 바이마르헌법 제48조의 대통령비상대권을 토대로 하여 대통령을 헌법의 수호자로 인정하면서, 대통령내각제(Präsidialkabonett)의 구상을 도출해 낸 것도 슈미트였다고 볼 수 있다.

1) 실제에 있어서도 당시 바이마르의 두 대통령은 이러한 역할을 받아들였던 바, 에버트(Ebert)대통령과 힌덴부르크(Hindenburg)대통령이 바로 그에 해당된다.

4. 헌법제정권력의 성격

① **시원성 및 창조성**: 헌법제정권력은 국가의 성립이전에 존재하는 「국가 밖의 권력」으로서, 「초국가적 권력」이며,(시원성). 이는 헌법적 질서를 원천적으로 창조하는 권력이다(창조성). 헌법에 의하여 권력이 만들어지므로 헌법제정권력은 헌법개정권력과 국가권력(통치권: 입법권, 행정권, 사법권)을 창설하는 힘을 가진다.

② **자율성**: 헌법제정권력은 스스로 의도하는 바에 따라 자율적으로 발동되며, 어떠한 법 형식이나 절차에 구속되지 아니한다.

③ **단일 · 불가분성**: 헌법제정권력은 헌법개정권력이나 통치권(입법권 · 집행권 · 사법권)과 나란히 병행하는 수평적 권력이 아니며, 이들 헌법개정권력이나 통치권의 「포괄적 기초」가 되는 것이며, 이를 분할할 수 없는 하나의 통일적 전체로서의 성질을 가진다.[1)]

④ **불가양성(불양도성)**: 헌법제정권력은 국민(전체로서의 국민을 의미)에게만 있고, 이를 양도(veräußen)하거나 위임(übertragen)할 수도 없다. 오늘날 국민주권의 원리에 의하여 헌법제정권력의 주체는 오로지 국민일 따름이며, 국민이외의 어떠한 존재도 헌법제정권력을 보유할 수 없다. 물론 국민도 이를 양도할 수 없다. ☜ **주의 : 헌법제정권력은 위임 할 수 없으나, 헌법제정권력의 행사는 위임할 수 있다.**

→ Sieyès는 국민주권은 국민 개인이 각각 주권의 일부분을 가지고 있는 것이 아니라 「전체로서의 국민(la nation tout entiére)」이 주권자라는 의미이므로 국민개인은 그들이 가지고 있지 않은 주권을 타인에게 행사하도록 위임(양도)할 수 없다 고 주장.[2)]

⑤ **사실성 및 규범성**: 정치적 의사(사실성)인 동시에 법적 권능(규범성)을 지닌다.

⑥ **항구성(영속성)**: 헌법제정권력은 행사후 소멸되는 권력이 아니라, 계속적으로 존재하는 권력이다(학설대립).[3)] 즉 헌법제정권력은 비상시 · 평상

---

1) 정종섭, 헌법학원론, 단락번호 [20]

2) 유진오, 헌법해의, 125면.

3) 헌법제정권력은 항구성(Permanenz)을 가지는 것인가가 문제된다. 이에 대해서는 이를 긍정하는 설과 이를 비판하여 '헌법제정권은 비상시에만 발동하는 권력'이라고 보는 설이 있다. 헌법제정권력은 위기에 나타나는 권력이라고 할 것이고 평상시에는 헌법제정권력이 작용하여 합법적인 변혁에 따라 혁명을 미연에 방지한다고 하겠다. 따라서 헌법제정권은 시원적 제헌권(pouvoir constituant originare)인 헌법제정권력에 비하여 제도화된 제헌권이다.

시를 불문하고 존재한다. 따라서 국민이 헌법제정권력을 행사하여 헌법을 제정한 후에도 헌법제정권력은 항상 국민이 보유하고 있으며, 다만 헌법이 제정된 이후에는 다음의 헌법을 제정할 때까지 헌법제정권력을 행사하고 있지 않을 따름인 것이다.[1)]

5. 헌법제정권력의 주체

헌법제정권력의 주체는 시대에 따라 다르다. 역사적으로 본다면 중세에는 神만이 헌법제정권자였고, 프랑스 혁명 당시에는 시에예스(Sieyès)에 의하여 국민이 헌법제정권력의 주체로서 등장하였으며, 왕정복고시대(1815-1830)에 있어서는 왕이 헌법제정권력의 주체였고, 귀족국가나 과두국가에 있어서는 소수의 권력집단이 헌법제정권력의 주체였다. 그러나 민주정치를 지향하고 있는 현대에 있어서 헌법재정권력의 주체는 당연히 국민일 수 밖에 없다.

헌법제정권력이론은 근본법으로서의 헌법을 전제로 하고 국민주권의 원리와 불가분리의 관계에서 생성된 이데올로기적 개념이다. 이것은 권력의 정당성의 근거가 국민에게 존재한 다는 것과 국내에 있어서의 최고권력의 궁극적인 행사자는 선거인단이라는 것은 내용으로 하는 국민주권주의의 권력적 요소에 중점을 둔 개념이다. 따라서 헌법제정권력이론의 참다운 의미는 전 국민 중 정치적 결단을 행할 수 있는 사람들이 헌법제정에 참여하여야 한다는 것이다.

① C. Schmitt의 見解
- ㉠ 神(중세) → 로마서 제13장 제1절("각 사람은 위에 있는 권세들에게 복종하라. 권세는 하나님께로 나지 않음이 없나니(Non est enim potestas nisi a Deo), 모든 권세는 다 하나님이 정하신 바라")
- ㉡ 군주(왕정복고시대 : 1815-1830)
- ㉢ 소수의 권력집단(귀족 · 과두국가)
- ㉣ 국민(미국독립 · 프랑스혁명시[2)])

② 입헌민주국가 : 국민(국민주권주의에 의거)

③ 마르크스 · 레닌주의 : 프롤레타리아계급

---

1) 정종섭, 헌법학원론, 단락번호 [20]

2) 1793년 7월 24일의 프랑스 헌법 제28조는 국민의 헌법제정권력의 민주주의적 원리를 다음과 같이 규정 → 국민은 자기의 헌법을 검증 · 개혁 · 개정할 수 있는 권리를 항시 갖는다(Un peuple a toujours le troits de révoir).

6. 헌법제정권력의 행사방법

- 국민의 국민투표 등을 실시하여 행사하는 방법[1)]
  - 루소의 직접민주주의 이념(국민주권사상에 입각)
- 헌법제정회의(국민대표) : Sieyès의 「대의민주주의적 방법」[2)]
  - 헌법기초회의 구성 : 이는 헌법초안의 기초만을 그 임무로 하고 이를 국민투표에 회부하여 제정하는 경우이다(프랑스의 1793, 1799년의 헌법) 초안기초의회는 초안만을 기초하는 점에서 제헌회의와는 구별된다.
- 前記한 방법의 혼합(헌법제정회의의 의결 + 국민투표를 결부시키는 방법)
- 지분국의회(支邦議會)의 의결을 거침 → 연방국가의 경우 : 1789년의 미국연방헌법

7. 헌법제정권력의 한계

7.1. 한계부정설(제약부정설)

시에예스와 칼 슈미트는 헌법제정권력은 어떠한 법원리의 구속도 받지 않는다고 하여 헌법제정권력의 행사는 한계가 존재하지 않는다고 하였다. 그리고 그 근거로서 시에예스는 헌법제정권력의 시원성을, 칼 슈미트는 사실적 힘이라는 헌법제정권력의 본질을 강조하였다.

㉠ E. J. Sieyès : 헌법제정권력의 창조적 시원성에 근거하여 헌법제정권력은 어떠한 법원리의 구속을 받지 않는다고 주장

㉡ C. Schmitt : 헌법제정권력은 「규범적 정당성」이나 「사실적 정당성」에 의존하지 않으며, 헌법제정권력의 결정은 「사실 그 자체로써의 권력」이기 때문에, 이를 제약할 수 없다.[3)]

㉢ 헨케(W. Henke) : 헨케(Henke)는 헌법제정권력은 국민에게 있으며 불가양의 권리이나, 반면에 국민도 가지고 있지 아니한 국가권력이 있다고 하였다. 즉 헌법제정권력은 헌법에 대한 결단을 내리는 국민의 정치적 의사로서 이것이 헌법을 만들고, 국가의 정치적 통일체의 보장인 국가권력은 헌법률을 만들며, 헌법제정이라 함은 헌법제정권력과 국가권력의 공동작업이라고 하였다.

㉣ 그밖에 법실증주의자들은 초실정법적 자연법에 의한 헌법제정권력의 제약을 반대[4)]

---

1) 이는 의회 아닌 다른 기관이 작성한 초안을 국민투표에 회부하여 그 승인을 얻도록 하는 경우이다(프랑스 제5공화국 헌법, 우리나라 헌법 등). 현재 국민이 헌법제정권력자로서 스스로 헌법의 제정에 참여하는 방법은 국민투표 뿐이다. 오늘날 대부분의 나라는 이 방식을 채택하고 있다.

2) 이는 헌법의 제정을 위해 국민의 대표들로 특별히 구성된 헌법회의에서 제정되는 경우이다(미국 제주헌법, 1791, 1848, 1875년의 프랑스헌법, 한국의 제헌헌법 등) Sieyès가 제헌권을 헌법회의에 귀속시킨 고전적 관념을 답습하는 것이다.

3) 헌법의 정당성의 근거는 정치적 결단에서 나오며, 헌법적 규범에서 나오는 것이 아니다.

4) 법실증주의자나 순수법학의 관점에서는 한계논의에 대한 무용설(한계논의무용설)을 주장한다

→ 안쉬츠(Anschütz), 아펠트(Apelt), 켈젠(Kelsen), 슈판너(Spanner)

7.2. 한계긍정설

이는 헌법제정권력은 비록 시원적 권력이라 할지라도 무제한의 절대적인 권력이 그 행사에는 일정한 한계가 있다고 보는 현재의 다수설이다. 한계긍정론자들은 근대헌법은 그 기본가치로서 인간의 기본권보호의 원리를 내포하고 있고, 이러한 기본가치는 근본규범으로서 헌법의 상위에 위치하며 헌법제정권력의 행사까지도 제약한다고 한다.

㉠ 케기(W. Kägi) : 헌법은 일정한 가치체계의 표현이며, 그것은 불변의 「근본규범(Grundnorm)」[1]과 「그 밖의 규범」의 중간에 위치하는 것이므로, 헌법을 제정하는 권력인 헌법제정권력도 불변의 근본규범에는 구속된다.

㉡ 마운쯔(Th. Maunz) : 헌법제정권력은 「초국가적 인권」과 같은 자연법상의 원리에 의하여 제약을 받는다. → 초국가적 자연법원리[2]

㉢ 바호프(O. Bachof) : 초국가적 자연법원리

㉣ 쇼이너(U. Scheuner) : 초국가적 자연법원리

㉤ 독일 연방헌법재판소[3] : 헌법제정국민회의는 어떠한 외부적 제한에도 구속되지 아니하나, 모든 성문헌법에 선행해서 존재하는 초실정법적 법원칙에는 구속된다. → 초국가적 자연법원리

㉥ 우리 나라 통설[4]

㉦ 著者 : 헌법제정권력이 「국민적 합의」의 내용이나, 초국가적 자연법원리를 무시하고 결정을 내리면, 그 헌법은 정당성을 가질 수 없다.

7.3. 중간설적 입장

중간설은 헌법제정의 한계를 긍정해야 하는 경우도 있고 부정해야 되는 경우도 있다는 견해이다. 예컨대 헌법제정회의가 헌법을 제정하는 경우, 그 스스로 헌법내용의 방향이나 범위를 미리서 실정법으로 정해논 이후에, 이를 위반한 경우는 한계를 일탈한 것으로서

는 견해가 있다(정종섭, 헌법학원론, 단락번호 [22]

1) 김철수 교수는 헌법규범의 헌법적 효력의 상하관계를 설명하는 과정에서 헌법제정규범 - 헌법핵 - 헌법개정규범 - 헌법률근본규범에 관하여 헌법핵이라는 표현을 사용하고(헌법학개론, 24면), 동 47면에서는 근본규범(헌법핵)이라고 표현한다.

2) 초국가적 자연법원리를 이유로한 것으로는 [Maunz(마운츠) · 독일연방헌법재판소]가 있다. 이에 대한 비판은, 허영, 한국헌법론, 46면 참조.

3) BVerfGE 1, 61; BVerfGE 3, 232 ff.

4) 권영성, 헌법학원론, 47면; 허영 교수는 이데올로기적 정당성과 법원리적 원리에 의하여 제한된다고 한다(허영, 한국헌법론, 45-46면).

효력을 가질수 없지만, 헌법제정을 국민투표를 통해서 결정하는 경우에는 정당성(Legitimität)의 문제는 별론으로 하고 합법성(Legalität)에 있어서는 전혀 문제될 것이 없으므로, 그 헌법을 폐지하거나 개정하지 않는 이상 그 효력을 부정할 방법이 없다고 한다.[1] 다만 이 경우 현실에서는 정당성이 없는 헌법의 효력을 제거할 수는 없지만, 법원리적으로는 정당성이 없는 실정헌법은 정당화될 수 없기 때문에 유효한 것으로 될 수 없다(무효)고 한다.[2]

7.4. 헌법제정권력의 한계와 헌법제정의 제약과의 구별

헌법제정권력의 한계와 구별해야 할 개념으로 헌법제정에 있어서 영향을 미치는 헌법제정의 제약이 있다. 이는 헌법제정권자가 그 스스로 헌법의 내용 및 범위를 정하는 데 외부로부터의 일정한 제약을 받는 경우에 발생한다. 예컨대 ㄱ) 국제법적 제약으로 전쟁에 패한 패전국은 전승국으로부터의 일정한 제약을 받는 경우가 있고, 식민지에서 해방되는 나라가 종전의 지배국으로부터 일정한 제약을 받는 경우가 이에 해당한다. 그리고 ㄴ) 현실적 제약으로 헌법을 제정할 당시의 국민의식이나 수준 정치적 · 경제적 · 사회적 · 문화적 여건등도 헌법제정에 있어서의 제약요소로 작용할 수 있으며, 그밖에 ㄷ) 환경적 제약으로서 헌법을 제정할 당시에 지배하고 있던 이데올로기 혹은 시대정신 · 국제질서도 하나의 제약이 될 수 있다. 헌법을 제정할 때 이러한 제약요소를 배제하지 못하였다고 하여 헌법의 효력상 제한을 받는 것은 아니며, 다만 헌법제정의 한계(법적 효력문제)와 헌법제정의 제약(사실적 문제)은 개념적으로 구분할 필요가 있다는 점이다.[3]

8. 한국 헌법상의 헌법제정권력

8.1. 주체

한국 헌법상의 헌법제정권력의 주체는 국민이다. 다만 여기서 문제가 되는 것은 헌법제정권력 · 헌법개정권력의 주체인 국민은 같은 개념인가 별개의 개념인가가 문제된다. 헌법제정권력의 주체인 국민은 헌법개정권력의 주체인 국민과 동일한 주체인가, 아니면 별개인가 하는 동일주체설과 이를 구별하는 구별설의 입장이 있다.

8.2. 헌법제정권력 · 헌법개정권력의 주체인 국민의 의미

8.2.1. 동일주체설

박일경 교수는 「법적 의미에서의 주권보유자는 결국 헌법제정권력을 가지는 자가 될

---

1) 정종섭, 헌법학원론, 단락번호 [20]
2) 정종섭, 헌법학원론, 단락번호 [20]
3) 정종섭, 헌법학원론, 단락번호 [22]

수 밖에 없다」 하면서도, 동시에 성문헌법을 가지는 국가에서의 법상의 주권자는 곧 헌법개정권자가 될 수 밖에 없다」고 하면서, 헌법제정권자로서의 국민과 헌법개정권자로서의 국민이 서로 다르다는 것이 헌법제정권력론의 통설적 견해이지만, 헌법제정권력론에서의 국민은 「전체로서의 국민통일체로서의 국민이 아니며」, 「주권자로서의 국민」 내지 「주권의 주체로서의 국민도 아니다」라고 한다. 왜냐하면 「엄격한 법적 의미에서 국민전체가 권리주체로서 권리객체인 주권을 보유한다는 법적 개념은 성립될 수 없기」 때문에 통설적 견해에 반대한다고 한다. 또한 박일경 교수는 「성문헌법을 가지는 국가에서의 법상의 주권자는 곧 헌법개정권자가 될 수 밖에 없다. 이에 대하여 성문헌법을 가지지 않는 국가, 예를 들면 영국과 같은 국가에서는 그 국가의 실질적 최고법규 즉 실질적 의미의 헌법에 해당하는 법규를 제정 혹은 개정할 수 있는 권한을 가진 자(예를 들면 영국의회)가 법상의 주권자라고 보아야 할 것이다」라고 주장한다.

8.2.2. 구별설

우리 나라의 다수설은 이를 구별하고 있다.

한태연 교수: 국민주권에 있어서 주권의 주체로서의 국민이 결국 개인의 총화를 의미하기 때문이다

문홍주 교수: 「헌법제정권 내지는 주권의 주체로서의 국민은 국민 전체를 하나의 이념적 통일체로서 파악한 것이다. 이것은 개개의 국민과는 그 관념이 다르며, 성별 · 연령에 관계없고 피선거권 자는 물론이고, 선거권이 없는 모든 국민도 포함한다」라고 한다. 이에 반하여 「헌법개정권력의 주체로서의 국민은 국가기관으로서의 국민을 말한다. 여기에 국가기관으로서의 국민은 주권자로서의 전체국민과는 다르며, 주권자인 전체 국민 중에서 일정한 연령에 도달하고 특별한 결격사유가 없는 개개 국민이 국가기관으로서의 국민을 구성한다」고 한다.

문홍주 교수는 국민을 ① 이념적 통일체로서의 국민(전체국민), ② 국가기관으로서의 국민(전체국민중 유권자 집단)으로 구분하면서, 이념적 통일체로(전체국민)서의 국민이 주권의 보유자가 된다고 주장

「문홍주 교수」: 구별설의 입장

헌법제정권력(주권)의 주체 → 이념적 통일체로서의 국민(성별 · 연령에 관계없고 피선거권자는 물론이고, 선거권이 없는 모든 국민도 포함)

헌법개정권력의 주체 → 국가기관으로서의 국민(결격사유가 없는 유권자 집단)

[주의]
「국가기관으로서의 국민」의 지위를 인정하는 문홍주 교수의 입장에 대한 권영성, 허영 교수의 비판이 있다.

8.2.3. 사견

과거 독일 바이마르공화국 시대(1919-1933)에는 주권자로서의 국민을 안쉬츠(G. Anschütz)는 「정치적인 유권자 독일인 전체」라고 하였고, 옐리네크(G. Jellinek)는 「의회선거민의 총체」라고 보았고, 토마(R. Thoma)는 「일반평등선거권과 투표권을 가진 능동적 시민단체」라고 하였다. 일본에서도 美濃部達吉이나 淸宮四郎 등은 이러한 바이마르 시대의 통설에 따르고 있었다. 美濃部 교수는 주권이 국민에게 속한다고 할 때의 국민은 참정권이 부여되어 있는 전체라고 하면서 무자격자는 제외된다고 했고 淸宮四郎도 이에 따랐다(동일주체설).

그러나 오늘날에 있어서는 '주권의 보유자로서의 국민'과 '주권행사자로서의 국민'을 구별하고 전자는 전체국민의 총체이며(전체로서의 국민), 후자는 유권자의 총체(선거권을 가진 유권자집단)라고 보고 있다. 독일의 다수설은 기본법 제20조의 「모든 국가권력이 국민으로부터 나온다」의 의미의 국민은 헌법제정권력의 주체로서의 국민을 말하는 것이고, 주권의 행사자로서의 국민은 헌법에 의하여 창조된 기관으로서 정치적으로 행위할 수 있는 국민을 말한다」[1]고 한다(구별설의 입장).

생각건대 주권자로서의 국민, 헌법제정권력자로서의 국민은 헌법이나 「국가에 선재하는 전체국민(Gesamtbürgerschaft)」인데 반하여, 헌법개정권자로서의 국민은 헌법에 의하여 만들어진 「능동적 국민(Aktivbürgerschaft)」이다.[2] 따라서 헌법을 제정하는 주체인 국민(전체로서의 국민)과 헌법에 의하여 만들어진 국민(유권자집단)과를 구별하는 구별설이 타당하며, 모든 권력은 국민으로부터 나온다고 할 때의 국민은 헌법제정권력의 주체로서의 국민(전체로서의 국민)을 의미한다고 보는 것이 타당하다.

『연구사항』

1) 우리의 헌법사에서 정상적인 정권교체가 아니었던 5 · 16 군사정부는 헌법제정권력을 가지는가?
2) 1972년 10월 17일의 대통령 특별선언에 의한 헌법제정권력의 행사는 가능한가?

---

1) Maunz in Maunz-Dürig-Herzog Rdnr. 49 zu Art. 20 GG; v. Mangoldt-Klein, S. 595 f.; Leibholz, Strukturprobleme, S. 94, 135, 144 f.
2) 미국에 있어서도 헌법전문의 「우리 미국연방의 국민」은 선거인인가 아닌가를 불문하고 일체의 국민을 말한다고 한다.

3) 1972년의 유신헌법은 박일경 교수의 견해와 같이 헌법제정권력과 헌법개정권력을 부인하는 입장은 헌법개정(제7차헌법개정)에 불과한 것으로 보게 된다. 그러나 자연법론이나 슈미트(Carl Schmitt)의 이론에 따르면 유신헌법은 제4공화국 헌법이 되게 된다.

9. 헌법제정권력과 주권

주권의 개념은 학자에 따라 다의적으로 해석하나 이를 종합해보면 ① 일종의 권한이라고 보는 입장(권한설), ② 여러 가지 국가기관에 의해서 수행되는 정치의 정당화근거로 보는 설, ③ 사회학적 사실로 보는 설 ④ 주권은 헌법제정권력이라고 보는 설(주권설)등으로 나누인다.

주권을 곧 헌법제정권력이라고 보는 것은 Carl Schmitt의 헌법이론에 입각한 것이다. 칼 슈미트의 결단론에 의하면「주권은 위기에 있어서의 최종적인 결단권이며 헌법제정권은 국가의 정치적 형식과 態樣을 전체적으로 결정 할 수 있는 힘 또는 권위를 가지고 있는 구체적인 정치의사 이기 때문에 양자는 합일될 수 있다」고 주장한다. 이러한 칼 슈미트의 주장은 한국 및 일본의 통설적 견해이며, 독일에서도 다수설의 입장이다(Maunz, Hesse).

헌법제정권력 = 주권을 의미하므로

현행 헌법 제1조 제2항 전문의「대한민국의 주권은 국민에게 있고」라는 말은 결국 대한민국의 헌법제정권력은 이념적 통일체인 주권의 보유자로서의 '전체국민'에게 있다라고 할 수 있다.

「정리」

헌법 제1조 제2항 전문의「대한민국의 주권은 국민에게 있고 모든 권력은 국민으로부터 나온다」의 의미는 헌법제정권력(주권)은 국민(전체국민)에게 있고 모든 권력, 즉 통치권(입법권 · 행정권 · 사법권)은 국민으로부터 나온다는 것을 의미한다. 결국 통치권은 주권(헌법제정권력 · 주권의 보유자로서의 국민)에 의하여 조직화된 권력이다. 따라서 ① 통치권이 창설되는 과정에 있어서의 민주적 정통성 · 정당성의 확보, ② 통치권이 행사되는 과정에 있어서 기본권을 침해하지 말 것(통치권의 기본권종속성), ③ 통치권행사의 절차적 정당성을 지켜야 할 것이 요구된다(허영).

제 2 항 헌법개정

I. 헌법개정(권력) : (verfassungsändernde Gewalt; pouvoir constitué)

1. 헌법개정의 개념

헌법개정(Verfassungsänderung ; amendment power)이라 함은 헌법에 규정된 개정절차에 따라(형식적 요건), 기존헌법과 기본적 동일성을 유지하면서(기본적 동일성 ; 실질적 요건),1) 의식적으로 헌법의 전부 혹은 일부를 수정 · 삭제 · 증보하는 것을 말한다. 따라서 헌법개정의 문제는 형식적 의미의 헌법인 성문헌법과 관련하여 논의되는 개념이다.2)

헌법개정
- 형식적 요건 : 헌법에 규정된 개정절차에 의함
- 실질적 요건 : 기존헌법과 기본적 동일성 유지

주의 : 헌법개정은 개정에 있어서의 형식적 요건(합법성)과 실질적 요건(정당성)을 함께 요구하고 있다.

헌법전에 들어있지 않은 실질적 의미의 헌법과 불문헌법(연성헌법)의 개정은 여기에서 말하는 헌법개정의 형식에 속하지 않고 법률개정의 형식으로 다루어진다.3) 따라서 실질적 의미의 헌법(법률 : 정부조직법, 국회법, 공직선거법, 법원조직법, 헌법재판소법, 중앙

---

1) 근본규범을 파괴하지 않음을 의미한다. 다만 헌법개정의 한계를 인정하지 않는 입장에서는 이 요건이 필요하지 않다.

2) 뢰벤슈타인(Löwenstein)은 헌법개정의 형태로서 ① 헌법증보, ② 헌법일부삭제, ③ 헌법일부추가, ④ 헌법침훼, ⑤ 헌법정지, ⑥ 헌법유월(Verfassungsüberschreitung) 등을 들고 있다(Löwenstein, Erscheinungsformen der Verfassungsänderung 1931, SS. 104-106).

3) 헌법개정에 있어서의 법리적 논쟁은 일반법률(Allgemeines Gesetz)보다 그 개정절차를 엄격하게 규정하고 있는 성문헌법(경성헌법)에서만 문제되며, 불문헌법(연성헌법)에 있어서는 문제가 되지 아니한다. 연성헌법은 스스로가 일반 입법절차에 의한 개정을 인정하고 있기 때문에 일반법률의 개정 형식으로 이루어질 수 있기 때문이다. 그러나 오스트리아헌법(1929. 11. 10 ; 최후개정1991) 제44조 제1항에서와 같이 일반법률에 내포된 실질적 의미의 헌법개정도 성문헌법전의 개정과 같이 엄격한 절차를 밟게 하는 경우도 있다.

선거관리위원회법, 정당법)과 불문헌법의 개정은 성문헌법의 개정보다 쉽다. 또한 헌법개정의 규모가 커서 헌법전의 거의 전부를 새로 만드는 것과 같은 전면개정의 경우에는 헌법개정이라는 용어가 아닌 헌법개혁(Verfassungsreform)이라는 표현을 하기도 한다.[1)]

2. 유사개념(헌법변동)과의 구별

[헌법파괴(Verfassungsvernichtung)와의 구별]

헌법개정은 헌법에 규정된 절차에 따라 기존 헌법을 개정하는 작용이라는 점에서 새로이 헌법을 제정하는 헌법제정과 다르고 헌법의 기본적 동일성을 유지한다는 점에서 동일성을 파괴하는 헌법파괴(Verfassungsvernichtung)와도 다르다.

헌법파괴는 혁명에 의하여 전체로서의 헌법의 기본적 동일성을 상실한 헌법제정권력의 변경 또는 파괴를 말한다. 1789년의 프랑스 혁명에 의하여 「루이」 16세의 군주주권 헌법의 파괴, 1917년의 러시아 혁명(볼쉐비키혁명)에 의한 帝政헌법의 파괴 등은 헌법제정권력자 내지 주권자의 변경을 가져왔기 때문에 헌법파괴에 해당된다.

그리고 비록 새 헌법이 개정절차 조항에 의한 것이라도 그것이 헌법의 기본적 동일성을 파괴하였을 때에는 헌법의 개정이라고 인정할 수 없고, 혁명에 의한 새 헌법의 제정이다. 1947년 일본은 군주주권 헌법을 헌법의 개정절차에 따라 국민주권 헌법(현재의 일본국 헌법)으로 고쳤으나, 이것은 헌법제정권력의 변동을 가져왔기 때문에 혁명에 의한 새 헌법의 제정이다.[2)]

[헌법폐지(Verfassungsbeseitigung)와의 구별]

헌법개정(Verfassungsänderung)은 합법적인 헌법변경 작용이므로 정변(Staatsstreich)이나 쿠데타로 인한 헌법폐지(헌법폐제)와 같이 비합법적인 방법으로 헌법을 변경하는 것과도 구별된다. 이를 헌법의 제거(Verfassungsbeseitigung)[3)]라고도 한다. 이것은 헌법의 기본적 동일성을 유지하면서 성문헌법 전부를 폐지(제거)하는 것이다.

헌법파괴는 혁명에 의하여 헌법제정권력의 주체가 변모되어 전 · 후 헌법간의 헌법제정권력의 동일성을 상실하는 것을 의미하며(헌법제정권력의 변경), 헌법의 폐지(제거)는 헌법제정권력의 주체는 변함이 없다. 그러나 헌법의 전면개정은 헌법의 개정절차 조항에 따라 개정하는 것인데 반하여, 헌법폐지(제거)는 헌법의 개정절차에 의하지 않고 헌법을 전면개편하는 것이라는 점에서 양자의 차이가 있다. 1961년의 5 · 16 군사쿠데타와 1972년 10월유신에 의하여 구 헌법을 폐지(제거)하고 새 헌법을 만들었는데, 이때에 이미 국회를 해산하였기 때문에 구 헌법절차에 의한 개정은 불가능하게 되었으므로 제3공화국 헌법과 제4공화국 헌법은 개정이 아니고 새로운 헌법의 제정이라는 견해가 있다.[4)] 헌법폐지후 새

---

1) 제2공화국 헌법과 제5공화국 헌법은 헌법개혁의 대표적인 예이다(허영, 헌법이론과 헌법, 단락번호 122.

2) 阿部 · 池田 · 田口, 憲法講義, 1972, 20面. 일본의 통설이다.

3) 헌법의 폐지를 폐제라고도 한다(권영성).

4) 김철수; 한태연 의원은 이를 개정이라 보고(헌법학 53면), 권영성 교수는 형식적으로는 제정이

헌법이 제정되면, 이것은 헌법의 변경(Verfassungswechsel)이다.

[헌법정지(Verfassungssuspension)와의 구별]

헌법개정은 당해 조항의 효력이 종국적으로 변경 또는 상실하게 된다는 점에서 당해 조항의 효력을 일시적으로 중단하는 헌법정지(Verfassungssuspension)와도 다르다. 즉 헌법정지는 헌법의 어떤 조항의 효력을 일시 정지시키는 것(예 : 비상사태가 발생한 경우)으로서, 비상사태가 해소되면 헌법조항의 효력은 다시 회복되는 것이므로 개정과는 다르다.

[헌법침해(Verfassungsdurchbrechung)와의 구별]

헌법개정은 헌법침해(Verfassungsdurchbrechung)와 구별되어야 한다. 헌법침해는 개개의 경우에 예외적으로 헌법의 어떤 조항과 상이한 조치를 취하는 것을 말한다. 헌법조항에는 아무런 변동이 없으므로 이것은 개정이 아니다.

[헌법변천(Verfassungswandlung)과의 구별]

헌법개정은 헌법변천(Verfassungswandlung)과도 구별해야 한다. 즉 헌법변천은 어떤 헌법조문이외형상으로는 그대로 존속하는 것이지만, 시대의 변천 내지 역사의 발전에 따라 헌법제정 당시와는 다른 내용의 (생활)규범으로 기능하는 것[1)]을 뜻하기 때문에 의식적인 헌법변경행위인 개별적 헌법조문 내지 문구 자체를 고치는 헌법개정과는 구별된다.

헌법규범(Verfassungsrecht)과 헌법현실(Verfassungswirklichkeit) 사이에는 일치하지 않는 틈(Lücke) 내지는 간격이 따르게 마련이다. 이러한 불일치(차이)는 헌법변천 이론에 의해 해결될 수도 있지만, 헌법변천을 무제한 적으로 허용할 수는 없으므로 헌법개정은 헌법변천을 무제한적으로 인정하는것을 제한하는 한정적 기능을 맡고 있다.

위에서 설명한 헌법의 파괴 · 제거 · 침해 · 정지 및 변천을 헌법의 변동이라고도 한다(상세한 내용은 후술하는 헌법변동 참조). 헌법의 변동은 위에서 설명한 바와 같이 헌법의 기본적 동일성을 파괴하거나 헌법개정 절차에 의하지 아니하는 점에서 헌법개정과 구별된다. 그런데 헌법의 변동 중 헌법변천은 의식적으로 또는 명시적으로 헌법을 변동시키는 것이 아니고, 헌법조문은 형식적으로 그대로 존속하나 헌법의 의미 · 내용이 실질적으로 변천되는데 그 특성이 있다.

지만 실질적으로는 제정이 아니라 한다.

1) 허영, 헌법이론과 헌법, 단락번호 123; 시대의 변천에 따라 입법 · 행정 또는 사법작용에 의하여 헌법규정의 의미내용이 변화하거나 관습헌법에 의하여 헌법에 새로운 내용이 부가되는 것이다. 미국에 있어서 1803년의 Marbury v. Madison 사건에서 헌법에 없는 위헌법률 심사제의 확립, 대통령선거에 있어서 헌법상의 간접투표제가 실질적으로 직접투표제로의 변질, 일본헌법 제9조에서 일본국군의 보유를 금지하나 자위대의 명칭으로 유지, 우리나라에서 헌법에 없는 부총리제 등은 이에 속하는 예이다.

3. 헌법개정의 필요성

3.1. 개관

근대의 입헌주의적 헌법이 성립된 이후는 헌법을 성문화하고 그 개정을 곤란하게 함으로써 국민의 기본권을 보장하고 빈번한 헌법개정으로 인한 국가의 기본질서의 불안정성을 방지하고자 하였다. 그러나 급변하는 정치적 · 사회적 현실은 결국 헌법규범(Verfassungsrecht)과 헌법현실(Verfassungswirklichkeit)이 서로 불일치하게 되는 사태를 야기하게 되었다. 이 경우 일반적으로 헌법변천 이론에 의하여 이를 어느정도 해결할 수 있으나, 헌법규범과 헌법현실 간의 틈 내지는 간격이 지나치게 벌어져 헌법변천으로도 그것을 해소할 수 없는 상황이 벌어지면 헌법규범은 결국 규범력을 상실하게 되어 총체적으로 무의미한 것으로 전락하고 만다. 따라서 변화된 헌법현실에 대응하여 헌법의 규범력을 유지하기 위해서는 헌법개정의 필요성이 불가피하게 대두되게 되는 것이다.[1] 뿐만 아니라 헌법개정을 전혀 인정하지 않는다면 오히려 혁명 등의 방법으로 헌법을 파괴(헌법파괴)하는 사태가 생길 염려도 존재하므로, 이를 막기 위해서라도 헌법개정은 필요하게 된다.

헌법은 구조적으로는 유동성과 개방성(Öffentlichkeit)을 그 특징으로 한다. 그 이유는 헌법제정 당시에 예견할 수 없는 사항에 대해서는, 각자의 시대에 맞는 다양한 해석을 통하여 역사적 변화에 쉽게 적응하도록 하기 위한 것이다. 그러나 급변하는 국가나 사회에서는 이러한 헌법의 현실적응가능성에도 일정한 한계가 있기 마련이다. 헌법이 이러한 한계에 도달하게 되면 헌법은 부분적으로나 전체적으로 그 기능을 제대로 수행할 수 없게된다. 따라서 헌법이 변화된 현실을 규율할수 있도록 하는 헌법개정이 필요해지게 된다. 이 개정은 헌법의 부분적 개정, 즉 일부개정이 일반적이지만 개정할 조항이 많아 헌법의 전문을 새로 고쳐 쓰는 경우, 혹은 우리 제2공화국 헌법이나 제5공화국 헌법과 같이 헌법전의 거의 전부를 개정하는 전면개정도 있다. 특히 전면개정의 경우에도 반드시 헌법의 개정절차에 따른 것 이어야하고, 만일에 헌법의 개정절차에 따르지 아니한 전면개정은 명목상으로는 헌법개정이지만 실질적으로는 '새로운 헌법의 제정,[2]에 해당하는 것으로 보기도한다.

위에서 언급한 바와 같이 헌법을 성문화하고 그 성문화된 헌법의 개정을 곤란하게 하는 이유는 국민의 기본권보장을 강화하고 국가권력 담당자의 장기집권을 방지함과 동시에, 과거 독재정권에서 보았던 것처럼, 정권 담당자의 장기집권의 편의를 위한 빈번한 헌법개정으로 인하여 야기되는 국가기본질서의 불안정을 방지하려는 것이 그 목적이다.[3] 그러나

---

1) 정회철, 헌법, 한울 아카데미, 51면.

2) 이를 헌법개혁(Verfassungsreform, Totalrevision)이라고도 하며, 이는 비혁명적인 방법에 의한 헌법의 새로운 창제(Verfassungsneuschöpfung)라고도 볼 수 있다. 제2공화국 헌법과 제5공화국 헌법은 헌법개혁의 대표적인 예이다(허영, 헌법이론과 헌법, 단락번호 122).

헌법이 안정된 미래를 위한 국가의 지도원리(Leitprinzip)를 의미한다 할지라도 그 대상은 언제나 정치 · 경제 · 사회 · 문화를 포함하는 사회현실이며, 헌법현실은 끊임없이 변천하는 것이므로 헌법규범과 헌법현실간에는 자동적으로 갭(gap)이 생기기 마련이다. 이러한 간격이 일정한 한도를 넘어서게 되면, 헌법 그 자체가 헌법으로서의 규범력을 상실하게되어 헌법이 유명무실한 명목적인 헌법 내지는 현실과는 동떨어진 단순한 문자에 지나지 않게된다. 그러므로 헌법개정은 다음과 같은 이유에서 불가피하다고 본다.

「요약」
- 헌법흠결(Verfassungslücke)[1)]을 보충
- 사회변천에 능동적 · 효율적으로 적응(헌법의 현실적응성과 실효성의 유지)[2)]
- 헌법파괴(Verfassungsvernichtung)[3)]의 방지 ☞ 혁명예방[4)]
- 헌법폐제(Verfassungsbeseitigung)[5)]방지 ☞ 정변 · 쿠데타(coup d'état)방지
- 헌법정책적(Verfassungspolitik)이유 ☞ 새로이 창설된 정치집단에 헌법구성 (Verfassungsbildung) 기회부여

3) 1795년의 프랑스 제1공화국헌법이 의결된 후, 필립 델레빌 의원은 "헌법의 개정을 제안하는 자는 사형에 차하여야 한다"는 것을 동의한 바 있다. 그 후 프랑스의 1814년 헌법과 1830년 헌법에는 개정조항조차 두지 않았다.

1) 여기에는 '드러난 헌법흠결(offene Lücke)'과 '은폐된 헌법흠결(verborgene Lücke)'이 있다(갈봉근, 유신헌법론, 한국헌법학회출판부 1976, 37면 참조). <u>드러난 흠결(offene Lücke)</u> : 헌법제정권자가 입법하여야 할 사항을 의식적으로 입법하지 않은 경우이다. 「해결책」: ① <u>실질적 헌법사항인 경우</u>: 헌법의 제정 · 개정에 의해서 보충(예 : 1789년 미합중국헌법이 권리장전을 규정하지 않았기 때문에 1791년의 수정 제1조 내지 제10조를 증보한 것); ② <u>헌법자체가 일반법률에 의하여 그 흠결을 보충할 것을 규정한 경우</u>: 일반법률에 의하여 보충. **은폐된 흠결**(verborgene Lücke) : 시간의 흐름에 따른 사정변경에 의해 어떤문제에 관한 헌법규정이 흠결된 것으로 판명된 경우 「해결책」: 헌법전체의 구조로부터 해결(시대적 변천에 따라 헌법해석의 결과도 변천될 수 있음을 의미)

2) 변천된 정치적 · 경제적 · 사회적 상황에 대응하여 그때마다 헌법의 불비와 결점을 보완하고, 헌법의 규범력을 유지하게 하려면 헌법개정이 불가피하다.

3) 이를 헌법파기(憲法破棄)라고도 한다.

4) 헌법의 개정을 절대로 인정하지 않을 경우에는, 그 헌법에 불만을 가진 정치권력들이 혁명이나 쿠데타와 같은 비합법적인 방법으로 헌법을 파괴하는 사태가 발생할 수도 있기 때문에, 폭력에 의한 헌법의 파괴를 미연에 방지하기 위해서는 그 개정이 불가피하다.

5) 헌법폐지라고도 한다.

3.2. 내용

3.2.1. 헌법의 현실 적응성과 실효성의 확보

시대의 변화에 능동적으로 대응하여 헌법의 현실적응성과 실효성을 확보: 변화된 정치적, 경제적, 사회적 상황에 효율적으로 대응하여 헌법의 생활규범으로써의 기능을 유지하기 위해서 필요하다.[1] 이는 끊임없이 변천하는 사회적, 경제적, 정치적 상황에 대응하여 헌법의 틈(간격) 내지는 입법적 불비와 결함을 보완하기 위해 헌법의 개정은 헌법의 규범력을 유지하지 않으면 안 된다는 의미이다.

3.2.2. 헌법폐지·헌법파괴의 예방

헌법의 규범적 기능을 확보하고 헌법의 생활규범성을 유지하여 정변·쿠데타나 폭력혁명을 사전에 예방하기 위해서 헌법을 개정한다. 헌법개정을 통하여 폭력에 의한 헌법폐지 내지는 헌법파괴를 예방하고 서로 대립하는 당사자간의 정치적인 충돌을 사전에 방지하기 위해서 헌법개정이 요구된다.

3.2.3. 헌법정책적 이유

헌법제정당시 여기에 참여하지 않은 세력(세대)의 정치적 의사를 반영하기 위한 정책적인 이유에 의해서 헌법개정의 필요성이 존재한다. 이는 다수의 국민에게 혹은 그 후손들에게도 헌법형성에 참여할 수 있는 균등한 기회를 부여하기 위해서이다. 헌법개정을 통해서 새로운 정치집단에게 정치참여 및 헌법형성의 기회를 부여하고 이를 통하여 국민통합을 실현할 수 있다.

4. 헌법개정권력의 주체

헌법개정권력의 주체는 각 국가의 헌법에 규정되어 있다. 역사적으로 보아 헌법은 군주제헌법에서 공화제헌법으로 변천되었는데, 군주제에 있어서 헌법의 개정권은 군주가 가지고 있었으나, 입헌군주제에 있어서는 의회가 헌법개정권을 행사하게 되었다. 그 후 공화제에 있어서는 국민이 헌법개정권을 가지게 되었으며, 대표제민주국가에서는 국민대표기관인 의회가 헌법개정권을 가졌고 직접민주제 국가에서는 국민투표기관인 국민이 헌법개정권을 가지게 되었다.

국민이 국민투표로 헌법을 개정한다고 하여도 국민의 헌법개정권은 제도화된 권력이요, 그것이 시원적인 권력은 아니다. 따라서 국민주권주의국가에서의 헌법제정권자는 조직화되지 않은 '전체로서의 국민'인데 대하여, 헌법개정권자는 국민투표권을 가진 국가기관으로서의 조직화된 국민(유권자집단) 혹은 그 대표자이다.

---

1) 채한태 편저, 신맥 헌법 -맥시리즈 기본서-, 서울 고시각, 2004, 62면.

5. 헌법개정권력(개헌권)의 성질

- 헌법에 의하여 제도화(조직화)된 권력[1)]
- 헌법제정권력보다 하위의 권력
- 실정법적 권력
- 타율적 · 종속적 권력
- 국가적 권력 → 이에 반하여 헌법제정권력은 초국가적 권력
- 비항구적 권력(항구적 권력은? → 헌법제정권력)

6. 헌법개정방법

6.1. 개정형식

- 전면개정(totalrevision) → 헌법개편 · 헌법전교체 · 헌법전의 신편성[2)]
- 일부개정
- 增補(additional amendment) : 미국

6.2. 개정방식

6.2.1. 의회의 의결만에 의한 헌법개정

통상의 입법기관인 의회에 헌법개정권이 유보되어 있지만 보통의 입법절차보다는 엄격한 개정절차를 요구한다. 의회의 의결만으로도 헌법개정이 가능하도록 한 이유는 헌법개정권력이 국민에게 귀속되고 의회가 국민의 대표기관을 의미한다는 원리를 그 이유로 한다. 현재에도 많은 국가가 이 방법을 채택하고 있는 데 여기에는 통상의 의회에서 특별다수결로서 개정이 가능하도록 하는 경우(예 : 독일기본법,[3)] 헝가리, 남아연방, 일본 구헌법

---

1) 헌법개정권력은 헌법에 의하여 제도화된 권력이기 때문에 헌법률에 대한 개정은 가능하나 헌법에 대한 개정은 불가능하다.

2) 권영성, 헌법학원론, 52면 참조.

3) **독일 기본법(연방헌법)**은 연방의회(Bundestag)와 연방참사원(Bundesrat)이 각각 재적의원 2/3 이상 찬성으로 하고 있다. ① **헌법개정안의 제안** : 법률의 제안과 마찬가지로 연방정부가 헌법개정안을 제안하는 경우에는 연방참사원(Bundesrat)에 제출한 뒤 6주내에 그 의견을 들은 다음에 연방의회에 제출할 수 있다. ② **개정방법** : 독일 기본법은 개정은 기본법의 조항의 문언을 명백히(ausdrücklich) 변경하거나 보완(ergänzt)하는 경우에만 헌법개정이 허용되며, 그 문언의 의미를 보완하는 헌법개정(eine Ergänzung des Wortlautes des Grundgesetzes)은 인정되지 아니한다. 헌법의 문구는 그대로 두고 내용만 변경하는 법률은 헌법침해적 법률이라고 한다. 헌법침해적인 법률개정은 허용되지 않는다. 법률이 헌법을 침해하는 방향으로 개정한 것인가의 여부는 연방헌법재판소(Bundesverfassungsgericht)의 판단에 따르게 되어 있다. ③ **헌법개정의 한계** : 독일기본법 제79조 제3항은 연방을 각지방으로 분할 편성하는 것, 입법에 있어서의 지방의 원칙적 협력 또는 제1조(인간존엄의 보호) 및 제20조(민주주의 · 법치국가 · 사회국가 · 연방국가 · 공화국)에

등)와 개정안이 성립(제출)된 후에는 의회가 일단 해산되고, 새로이 구성된 차기의회에서 특별다수에 의해 개정이 가능하도록 하는 경우(예: 벨기에,[1] 노르웨이, 네덜란드 등)이 있다.

- 통상의 의회에서 특별다수결로서 개정이 가능하도록 하는 경우
- 개정안이 성립(제출)된 후에는 의회가 일단 해산되고, 새로이 구성된 차기의회에서 특별다수에 의해 개정이 가능하도록 하는 경우

6.2.2. 국민투표를 거치도록 하는 경우

a) 개관

헌법개정은 반드시 국민투표에 회부하여 헌법개정에 대한 최종승인을 얻는 경우이다(예: 스위스, 프랑스, 이태리, 덴마크, 일본, 한국 등). 이는 루소의 국민주권사상에서 유래한 것이다. 여기에는 헌법개정안을 국민투표에 회부하기 전에 의회에서 특별다수의 승인을 요하는 경우도 있다(예: 스위스, 프랑스, 이태리. 덴마크. 일본, 한국의 제6공화국 헌법(국회 3분의 2이상의 찬성) 등). 또한 헌법개정에 있어서 국민표결을 인정하는 외에 국민에게 발안권을 부여하는 헌법도 있다(예: 스위스, 1973년의 프랑스 헌법, 한국의 舊헌법 등). 국민투표제를 통해서 헌법을 개정하는 경우에도 필수적 국민투표제를 채택하는 경우와 선택적 국민투표제를 채택하는 경우로 나누인다.

b) 필수적 국민투표제

일본, 스위스, 덴마크, 한국의 제3, 제5, 제6공화국 헌법(현행헌법) 등이 이러한 유형에 해당된다. 특히 일본 헌법과 우리나라 1987년의 제6공화국 헌법은 국민투표에 회부하기 전에 의회의 특별다수(우리나라는 국회의원 정수의 3분의2 이상의 찬성)에 의한 승인을 요구하고 있다. 우리 헌정사에서 헌법개정에 대한 필수적 국민투표를 최초로 채택한 것은 1962년의 제5차 개정헌법에서였다.

규정된 내용은 개정할 수 없다고 규정하고 있다. 이로써 연방국가체제와 입법과정에 있어서의 주의 참여는 헌법개정에 의해서 폐지하거나 제한 할 수 없도록 규정하고 있다. 이로써 연방국가에서 단일국가에로의 헌법개정은 불가능하게 되었다. 또한 제1조와 제20조에 규정되어 있는 기본원칙에 저촉되는 기본법개정은 허용되지 아니한다고 규정하는 것은 인간의 존엄성의 보호라는 대원칙과 현대 헌법국가의 기본원리 등은 헌법개정 절차에 의하더라도 개정할 수 없도록 규정한 것이라고 본다(실정법상 한계). 황남기 편저, 헌법, 40면.

1) 벨기에 헌법은 의회가 개헌의 필요성을 의결하는 경우에는 자동적으로 해산되고 헌법개정안을 심의의결하기 위해서 새 의회를 선출, 소집하도록 규정하고 있다(정회철, 헌법, 한울 아카데미, 54-55면).

제5차 개정헌법(1962. 12. 26 전부개정; 1963. 12. 17시행) 제121조 ① 헌법개정안은 국회가 의결한 후 60일이내에 국민투표에 붙여 국회의원선거권자 과반수의 투표와 투표자 과반수의 찬성을 얻어야 한다.

② 헌법개정안이 전항의 찬성을 얻은 때에는 헌법개정은 확정되며 대통령은 즉시 이를 공포하여야 한다.

현행헌법(1987. 10. 29. 전부개정; 1988. 2. 25 시행) 제130조 ① 국회는 헌법개정안이 공고된 날로부터 60일 이내에 의결하여야 하며, 국회의 의결은 재적의원 3분의 2 이상의 찬성을 얻어야 한다.

② 헌법개정안은 국회가 의결한 후 30일 이내에 국민투표에 붙여 국회의원선거권자 과반수의 투표와 투표자 과반수의 찬성을 얻어야 한다.

③ 헌법개정안이 제2항의 찬성을 얻은 때에는 헌법개정은 확정되며, 대통령은 즉시 이를 공포하여야 한다.

c) 선택적 국민투표제

이태리, 프랑스 제5공화국, 포르투갈, 한국의 1972년의 제4공화국 유신헌법(대통령이 제안한 헌법 개정안은 직접 국민투표에 회부 - 신임투표적 성격 : Plebiszit)등이 이 방식에 속한다.

제4공화국헌법 제124조 ① 헌법의 개정은 대통령 또는 국회재적의원 과반수의 발의로 제안된다.

② 대통령이 제안한 헌법개정안은 국민투표로 확정되며, 국회의원이 제안한 헌법개정안은 국회의 의결을 거쳐 통일주체국민회의의 의결로 확정된다.

③ 헌법개정이 확정되면 대통령은 즉시 이를 공포하여야 한다.

6.2.3. 특별의회의 승인

헌법의 개정만을 위해 특별히 구성되는 특별의회의 승인을 얻어 개정되는 경우이다(예 : 미국의 諸주헌법과 연방헌법의 일부 조항 및 아르헨티나 헌법 등). 그러나 이 방법은 너무 번거로운 것이 그 결함이다. 이는 프랑스의 시에예스(Sieyès)가 헌법제정권력을 헌법회의에 귀속시킨 고전적인 관념을 답습 · 적용한 것이다.

6.2.4. 연방을 구성하는 지방의 승인를 개정요건으로 하는 경우

연방국가에서는 헌법의 개정에 있어서 지방(또는 주(주))의 승인을 필수적 요건으로 하고 있다(예 : 미국연방헌법, 스위스 헌법). 이는 연방국가의 경우, 중앙정부가 단독으로 헌법을 개정하는 등 그 권한 남용을 방지하기 위한 견제의 필요성에서 대두된 것이다. 그러나 그 승인 방법은 상이한데 미국은 주 의회 내지 주 헌법의회의 4분의 3이상의 승인을 요하고 스위스는 과반수의 주의 승인을 얻도록 되어 있다.

6.2.5. 헌법개정의회(헌법의회)의 승인을 요건으로 하는 방법

미국, 스위스 등 연방국가들이 취하는 방법으로 헌법의회를 소집하여 헌법을 개정하는 방법이다.[1] 이는 헌법개정만을 담당하는 특별의회의 승인을 요구하는 방법이다. 미국헌법은 州가 연방헌법을 개정할 것을 발의하려면 전체 주의 3분의 1 이상의 주의회가 개헌안을 심의 · 의결하기 위한 헌법회의(Constitutional convention)의 소집을 요구해야 하도록 규정하고 있으며, 하원이 개헌을 발의한 경우 州가 따로 소집하는 헌법의회에서 다루도록 하고 있다.[2] 헌법개정을 발의, 의결하기 위하여 특별한 헌법회의를 소집하는 형태이다. 연방국가에서는 연방제의 성질상 연방헌법의 개정에 일정수에 달하는 支邦(구성국)의 동의

1) 황남기 편저, 헌법, 40면.

2) **미국헌법의 개정절차**(김철수, 헌법개정절차, 고시계) : 미국헌법의 개정절차는 헌법 제5조에 규정되어 있다. ① **의회가 스스로 헌법개정안을 제출하는 방법**: 의회의 상하 양원이 모두 헌법개정안을 발의할 수 있다. 이 발의안이 국회의 양원에서 각기 3분의 2이상의 의원의 동의를 얻어 가결된 때에 이를 헌법개정안으로서 연방 각주의 입법부(Statelegislatures) 또는 특별히 소집한 각주의 헌법의회(Constitutional convention)에 부의하여 그 승인을 구한다. 그리하여 각주 입법부 또는 특별히 소집된 헌법의회의 4분의 3이상이 이를 승인한 때에는 헌법개정이 성립된다. 개정안을 주의 입법부에 부의할 것인가 또는 특별한 헌법회의를 소집하여 그 승인을 구할 것인가는 그때마다 연방의회의 결정에 따르도록 하고 있다. 이제까지는 헌법개정안은 전부가 의회에서 발의된 것이며 헌법의회에서 비준된 것은 금주를 규정한 수정 제8조를 철폐한 바의 수정 제21조만이고 기타는 모두 주립법원에 부의된 것이었다(C. 허어만 · 프리첫트, 미국헌법제도론, 양승두 · 최양수 공역, 박영사). ② **州의 입법부(주의회)가 헌법개정안을 발의하는 방법**: 헌법개정은 주입법부에서도 제의할 수 있다. 즉, 3분의 2이상의 주입법부의 청구가 있는 경우에는 의회는 헌법개정을 위한 헌법의회를 소집하지 않으면 안 된다. 헌법의회의 구성이나 의회의 방법 등은 의회가 자유롭게 정한다. 그리하여 헌법의회에서 가결된 헌법개정안은 첫째 경우와 마찬가지로 주의 입법부 도는 헌법의회에 부해져 그 4분의 3이상의 동의를 얻는 경우에 성립하는 것이다. 단, 이 방법은 한번도 사용되지 않았다. 이 경우에는 헌법의 새로운 제정방법이라고도 볼 수 있을 것이다(C. 허어만 · 프리첫트, 미국헌법제도론, 양승두 · 최양수 공역, 박영사). ③ **州비준의 시한**: 헌법개정안이 주의 입법부 또는 주헌법의회에 부의하여 승인이 요구된 경우 헌법본문에는 주입법부 또는 주헌법의회가 언제든지 가부를 확언하여야 한다는 기한의 제한이 없었다. 그러나 이 기한은 무제한으로 두어 두면 불편하기 때문에 1918년 제안의 수정 제18조 제3항 이후 7년 이내에 주가 비준하지 않으면 효력을 발생하지 않도록 하였다. ④ **헌법개정의 한계**: 미국헌법은 헌법개정의 한계를 규정하고 있다. "어느 주도 그의 동의 없이는 상원에서 평등한 참정권을 박탈당하지 아니한다."고 규정하고 있다. ⑤ **효력발생**: 대통령은 헌법개정의 효력발생을 국무장관에 의한 공포일이 아니고 필요한 주의 최후의 비준일로부터 효력을 발생한다고 보고 있다.

를 요건으로 하는 것이 보통이다. 미국의 경우 연방의회가 양원에서 각각 재적 과반수의 출석과 출석 3분의2 이상의 의결로 개헌안을 발의하거나 주가 전체 주의 3분의2 이상의 해당하는 주의회의 요구로 헌법회의를 소집하는 방식으로 개헌안을 발의하게 되면, 일반적으로 4분의3 주의회의 찬성으로 개정이 확정되고, 특별하게는 하원이 개헌안을 발의하는 경우 주의회의 의결로 하지 않고 주가 따로 소집하는 헌법회의에서 다루도록 요구할 수 있다.[1)]

6.2.6. 의회의결과 특별기관의 동의(확정)를 요하는 방법

우리나라의 7차 개정헌법에서 국회의원이 헌법개정안을 제안한 경우 국회의결을 거쳐 통일주체국민회의에서 확정하도록 한 방법이다.[2)]

6.2.7. 현행 한국헌법상의 헌법개정

우리나라 헌법은 경성헌법에 속하며 그 개정에는 다음과 같은 절차를 밟아야 한다. 1972년의 제4공화국 헌법은 제안권자를 대통령과 국회의원으로 하는 동시에 대통령이 제안한 헌법개정안은 국민투표를 통하여, 국회의원이 제안한 헌법개정안은 통일주체국민회의에서 최종적으로 확정하도록 하여 헌법개정에 이원제(헌법개정 이원주의)를 채택하였었다. 그러나 현행헌법은 제5공화국 헌법에 있어서와 마찬가지로 세계적인 일반례에 따라 일원제(헌법개정 일원주의)를 채택하였다. 구체적으로 헌법개정은 제안 · 공고 · 국회의 의결 · 국민투표 · 공포의 절차를 거쳐야 한다.

제안 → 공고 → 국회의 의결 → 국민투표로확정 → 공포(헌법개정) → 발효

① **제안**: 대통령이 제안하는 경우에는 국무회의의 심의를 거쳐(헌법 제89조 제3호),[3)] 국회는 재적 과반수 또는 대통령의 발의로 헌법개정안을 제안한다(헌법 제128조 제1항).[4)]

---

1) 정회철, 헌법, 한울 아카데미, 54-55면.

2) 황남기 편저, 헌법, 41면.

3) 제3공화국헌법에서는 대통령과 정부에 헌법개정안제안권을 인정하지 아니하였는데, 1972년의 제4공화국헌법은 대통령에게 헌법개정안제안권을 부여하고 국회의 의결을 거치지않고 직접 국민투표에 회부하여 확정할 수 있게 함으로써(이원제) 헌법개정을 쉽게 하였다. 그러나 제6공화국헌법은 제5공화국헌법과 마찬가지로 대통령이 제안한 경우나 국회의원이 제안한 경우나 다 같은 의결방식(국회의결 · 국민투표로 통과)을 채택하여(일원제) 헌법개정을 어렵게 하고 있다.

4) 국회의원은 재적의원 과반수로써 헌법개정을 발의할 수 있다(헌법 제128조 제1항). 제3공화국헌법에서는 국회의 재적의원 3분의 1이상의 찬성으로써 제안할 수 있었는데, 제6공화국 헌법은 제4 · 5공화국헌법과 마찬가지로 제안정족수로하여 제안을 어렵게 하고 있다. 또한 국회재적의원

국회의원의 헌법개정안 발의는 재적의원 과반수의 찬성이 있어야 하도록 규정한 것은 헌법개정안의 제출에 신중을 기하고 그 남용을 방지하기 위한 것이다

② **공고**: 제안된 개정안은 대통령이 20일 이상의 기간 이를 공고하여야 한다(헌법 제129조).[1] 제3공화국헌법에서는 공고기간을 30일 이상 두게 하였는데, 현행헌법에서는 제4·5공화국헌법에서와 마찬가지로 이 기간을 20일 이상으로 단축하여 신속하게 처리할 수 있게 하고있다.

> **법령등공포에관한법률 제3조(헌법개정안)** 헌법개정안공고문의 전문에는 대통령 또는 국회 재적의원 과반수가 발의한 뜻을 기재하고, 대통령이 서명한 후 대통령인을 압날하고 그 공고일을 명기하여 국무총리와 각 국무위원이 부서한다.

③ **국회의 의결**: 국회는 개정안이 공고된 날부터 60일 이내에 의결하여야 하며, 의결은 재적의원 3분의 2 이상의 찬성을 얻어야 한다(제130조 제1항). 법개정안에 대한 의결에 시간적인 제약을 두고있는 것은 공고된 날로부터 2개월 내에 헌법개정 여부에 종지부를 찍어 법적 안정성을 확보하기 위한 것이다. 헌법개정안은 일반법안과는 달리 수정통과시킬 수 없으며, 전부로써 가부투표에 회부되어야 한다. 헌법개정안에 대한 대체토론은 필요한 절차로서 인정되어온 것이 관례이다. 국회의 헌법개정안에 대한 표결은 기명투표로 하며 공개한다(국회법 제112조 제4항). 헌법개정안에 대한 국회의 의결은 재적의원 3분의 2 이상의 찬성을 얻어야 한다(제130조 제1항 후단).

④ **국민투표**: 국회를 통과한 개정안은 30일 이내에 국민투표에 붙여 국회의원 선거권자 과반수의 투표와 투표자 과반수의 찬성을 얻은 때에 헌법개정이 확정된다(제130조 제2·제3항). 이것은 국민이 최종적인 헌법개정권자임을 선언한 것으로서의 의의가 있다.

> **국민투표법 제92조(국민투표무효의 소송)** 국민투표의 효력에 관하여 이의가 있는 투표인은 투표인 10만인 이상의 찬성을 얻어 중앙선거관리위원회위원장을 피고로 하여 투표일로부터 20일 이내에 대법원에 제소할 수 있다.

⑤ **공포**: 헌법개정이 확정되면 대통령은 즉시 이를 공포하여야 한다(제130조 제3항). 헌법개정공포문에는 전문을 붙이고 대통령이 서명한 후 국무총리와 국무위원이 부서한다

과반수의 발의로 제안할 수 있도록 이원화하고 있다(헌법 제129조 제1항). 국회의원의 헌법개정안 발의는 재적의원 과반수의 찬성이 있어야 하도록 규정한 것은 헌법개정안의 제출에 신중을 기하고 그 남용을 방지하기 위한 것이다(허영).

1) 제3공화국헌법에서는 공고기간을 30일 이상 두게 하였는데, 현행헌법에서는 제4·5공화국헌법에서와 마찬가지로 이 기간을 20일 이상으로 단축하여 신속하게 처리할 수 있게 하고 있다(김철수, 헌법학개론, 박영사, 50면 참조).

(법령등공포에관한법률 제4조). 대통령은 헌법개정에 관하여 거부권을 행사할 수 없다.[1)]

> **법령등공포에관한법률 제4조 (헌법개정)** 헌법개정공포문의 전문에는 헌법개정안이 대통령 또는 국회재적의원 과반수의 발의로 제안되어 국회에서 재적의원 3분의2 이상의 찬성을 얻고 국민투표에서 국회의원선거권자 과반수의 투표와 투표자 과반수의 찬성을 얻은 뜻을 기재하고, 대통령이 서명한 후 국새 및 대통령인을 압날하고 그 공포일을 명기하여 국무총리와 각 국무위원이 부서한다.

⑥ **발효**: 헌법개정의 발효시기에 관해서는 부칙에 특별한 규정이 없는 경우, 공포한 날로부터 효력이 발생한다는 공포시설과 헌법 제53조 제7항을 유추하여 공포한 날로부터 20일을 경과함으로서 효력을 발생한다는 20일 경과시설이 있다. 상당한 주지기간이 필요하다는 의미에서 이론적으로는 후설이 타당하지만 전자의 방법이 관례라 할 수 있다. 현행 헌법은 개정 당시의 정치적 합의에 따라 부칙 제1조에서 1988년 2월 25일부터 효력을 발생한다고 하고 있다.[2)3)]

공포시설	20일경과시설
개헌안은 특별한 규정이 없는 한, 공포한 날로부터 즉시 효력이 발생한다는 학설 (일반적 관행)	개헌안은 헌법 제53조 제7항의 상당한 기간이 필요하다는 학설.

1) 안재필, 헌법총의, 59면.
2) 홍성방, 헌법 I, 33면 참조.
3) 채한태 편저, 新맥 헌법 - 맥시리즈 기본서 -, 서울 고시각, 2004, 71면.

	제안	공고	의결	공포
제1공헌법	- 대통령 - 국회재적의원 3분의 1 이상	30일 이상	국회재적의원 3분의 2 이상의 찬성	즉시공포
제2공헌법	- 민의원 또는 참의원 재적의원 3분의 1 이상 - 민의원선거권자 50만명 이상	30일 이상	양원(민의원, 참의원) 각각 3분의 2 이상의 찬성	즉시공포
제3공헌법	- 국회재적의원 3분의 1 이상 - 국회의원 선거권자 50만명 이상	30일 이상	- 국회재적의원 3분의 2 이상의 찬성 → 국민투표로 확정	즉시공포
제4공헌법	- 대통령 - 국회재적의원 과반수 발의	20일 이상	- 대통령이 제안한 헌법개정안 : 국민투표로 확정 - 국회의원이 제안한 헌법개정안 : 국회재적의원 3분의 2 이상의 찬성 → 통일주체국민회의의 의결로 확정	즉시공포
제5공헌법	- 대통령 - 국회재적의원 과반수 발의	20일 이상	- 국회재적의원 3분의 2 이상의 찬성 - 국민투표로 확정	즉시공포
제6공헌법	제5공헌법과 동일			대통령 중임·연임개정시 인적 효력제한

6.2.8. 요약

- **의회의 의결만으로 개정** → 오스트렐리아, 스웨덴, 독일, 헝가리, 벨기에, 네델란드, 노르웨이, 한국의 建國憲法(제1공화국)
- **의회의 의결 및 특별기관의 동의** → 타이페이(대만)헌법과 1972년의 한국유신헌법(통일주체국민회의)
- **헌법회의소집** → 스위스, 벨기에, 네델란드, 노르웨이
- **필수적 국민투표제** → 일본, 필리핀, 호주(오스트리아), 스위스, 덴마크, 한국의 제3·제5 공화국 및 제6공화국(제9차 개헌)
- **선택적 국민투표** → 프랑스 제5공화국(1958-현재), 이탈리아, 포르투칼, 한국의 제4공화국(1972년의 유신헌법)
- **연방구성주(支邦)의 동의** → 미국, 스위스, 멕시코 ☜ **地方이 아니고 支邦**

특별한 헌법회의	노르웨이, 스위스, 벨기에
의회의 의결	한국 제헌헌법, 독일, 호주
국민투표로 확정	필수적 : 한국, 일본 임의적 : 프랑스, 한국의 유신헌법(국민투표 혹은 통일주체국민회의 의결 : 이원제)
의회의 의결후 특별한 기관의 동의	자유중국, 한국의 유신헌법(국민투표 혹은 통일주체국민회의 의결 : 이원제)
연방구성주(支邦)의 동의	미국, 스위스

7. 헌법개정(헌법개정권력)의 한계

7.1. 한계부정설(무한계설)

7.1.1. 개관

근대입헌주의적 헌법에 있어서는 그 시민적 자유주의의 요청으로 인하여 헌법을 성문화(성문헌법)함으로써, 헌법을 개정하기 곤란하게 한다는 것이 헌법의 존엄과 가치를 보장하는 본질적 요소로 간주되고 있었다. 그러나 헌법의 안정성 존중은 헌법에 대한 變改의 절대적 금지까지를 의미하는 것은 아니다. 헌법도 정치적 · 경제적 · 사회적 · 문화적 생활관계를 규제하는 규범인 이상 그 대상이 되는 현실상황의 변화와 발전에 대응하여 여기에 맞게 변개되지 않으면 안 된다. 그렇지 않은 경우에는 헌법규범(Verfassungsrecht)과 헌법현실(Verfassungswirklichkeit)간에는 틈이 벌어지기 마련이다.

헌법개정의 한계 문제는 원칙적으로 성문헌법 중에서도 특히, 경성헌법에 있어서의 문제이며, 특히 성문헌법의 경우에도 그 개정절차조항을 두지 않은 경우, 그 개정의 한계가 문제되는 것이지만, 현실적으로 헌법개정의 한계를 논하는 데 있어서 문제가 되는 성문헌법을 가지고 있고, 그 속에 개정절차조항을 포함하고 있는 경우가 전형적인 경우이다.

즉 헌법에 개정의 한계를 명문으로 규정하고 있는 헌법[1]과 개정의 한계를 명문으로 규정하고 있지 않은 헌법[2]의 경우가 있다. 그런데 이러한 한계규정이 없을 경우에 헌법개정절차에만 따르면 아무런 한계도 없이 어떠한 조항이라도 개정을 할 수 있느냐 하는 것이 논의의 대상이 된다. 이것이 바로 헌법개정의 한계의 문제이며, 헌법개정에 관한 이론 중에서 핵심이 되고 있는 문제이다.

한계부정설의 입장에 의하면 헌법개정을 무제한적으로 인정한다. 즉 헌법개정은 필요한 경우에 수시로 자유로이 할 수 있다고 본다. 이와 같이 개정무한계설은 「헌법의 개정조

---

1) 미국헌법 제5조, 독일기본법 제79조, 프랑스헌법 제89조 제4항, 제5항, 이탈리아헌법 제89조, 노르웨이헌법 제112조, 그리이스헌법 제108조.

2) 일본헌법, 舊소련연방헌법.

항에 규정된 개정절차를 밟기만 하면 어떠한 내용도 정할 수 있으며 심지어 명문으로 개정 금지가 규정되어 있는 경우에도 금지규정 그 자체를 개정한 후에 그 조항도 개정할 수 있다」라고 함으로써 헌법개정에는 이론상 아무런 한계가 없다고 한다. 이러한 주장은 주로 법실증주의적 헌법관의 입장에서 한계를 부정하는 경우가 많다.

7.1.2. 내용

a) 법실증주의적 무한계설

독일에서는 절대적 법실증주의자로 불려지는 라반트(P. Laband),[1] 안쉬츠(G. Anschütz), 법실증주의자로 불려지는 옐리네크(G. Jellinek), 한국에서는 박일경 교수[2]가 헌법개정무한계설을 주장한다. 법실증주의적 헌법관에 입각하여 헌법에 규정된 개정절차를 밟기만 하면 헌법의 어떠한 조항도 개정할 수 있으며, 심지어 명문으로 개정을 금지하고 있는 조항까지도 개정할 수 있다고 한다. 그 근거는 ① 사회변화에 따라 헌법 적응력을 제고하기 위하여는 헌법개정이 무한히 인정되어야 하고, ② 헌법제정권력과 헌법개정권력은 본질상 구별될 수 없고 상하관계가 존재하지도 않으며,[3] ③ 헌법개정의 한계를 넘은 헌법개정을 하였을 경우 그 유효여부를 판단할 법적 기관이 없고, ④ 모든 가치는 주관적이며 상대적이므로 현재의 규범이나 가치관에 의해 장래의 세대를 구속하는 것은 부당하다고 한다.

법실증주의자(법실증주의적인 헌법관)들은 독일 바이마르(Weimar) 헌법 제76조에 「헌법은 입법의 형식으로 개정된다」고 규정하고 있는 것은 모든 헌법규정은 개정의 대상이 됨을 의미하는 것이라고 한다.[4] 이밖에도 한계부정론자들은 첫째, 국가성립과 동시에

---

1) 철저한 법실증주의자였던 라반트는 존재와 당위, 규범과 현실을 엄격히 구별하여 헌법학에서 모든 존재적인 요소들(가령 역사적 · 정치적 · 철학적 · 윤리적 요소들)을 제거하고 오직 규범만을 고찰의 대상으로 삼아야 한다고 믿었다.

2) 박일경, 헌법, 1977, 120(124)면. 우리나라에서도 한계를 넘는 헌법개정에 대하여 「법은 이것을 어떻게 할 수 도 없고, 법의 세계에서는 개정된 헌법은 소여의 법으로서 받아들일 수 밖에 없다」고 주장한다.

3) 법실증주의자는 헌법제정권력과 헌법개정권력의 구별을 부인하고 있다. 힐데스하이머(Hildesheimer)는 헌법을 초월하는 헌법제정권력은 국가성립의 기초로 되는 사회적인 권력요소에 불과하며 법적 속성을 전혀 가지지 않는다 하고, 국법상의 제도로서 존재가능한 것은 헌법의 제정 이후에 그 규정에 따라서 장래 헌법에 관한 모든 사항, 특히 그 해석과 개정에 관하여 전권을 가진 특정한 권력만이며, 이 헌법정립권(verfassungssetzende Gewalt) 이라고 할 수 있는 권력에서 다른 국가권력(입법 · 집행 · 사법)이 파생한다고 하고 있다(Hildesheimer, Über die Revision moderner Staatsverfassungen, 1918, SS. 39-42). 우리나라에서도 헌법제정권력과 헌법개정권력을 구분하지 않는 견해가 있다(박일경 교수). 즉 법실증주의자들은 헌법제정권(력) = 헌법개정권(력) = 입법권이라고 보고 있다.

헌법이 제정되어 일단 헌법이 성립한 후에는 폐기되는 일은 없고 개정될 뿐이라고 한다. 따라서 헌법의 파기나 폐지등도 어디까지나 헌법개정에 불과하다고 한다. 둘째, 개별적인 헌법규정에 그 효력의 차이를 두는 것은 인정할 수 없는데, 동일한 헌법전 중에 효력을 달리하는 두 종류의 규정이 존재한다고 할 수 있는 법적 근거를 발견할 수 없기 때문이라고 한다. 셋째, 헌법규범 중에는 자연법적 규범이 있다고 하는 한계긍정론에 대하여 이러한 규정도 실정헌법화 함에 따라, 여타의 헌법규정과 마찬가지로 동일한 효력을 가지는 실정헌법규범으로서의 효력을 갖는데 불과하기 때문에 헌법개정권의 행사에 한계가 있다고 하는 것은 불가능하다고 한다.

이와같이 법실증주의에 입각한 헌법관에서는, 헌법을 비롯한 모든 법규범은 인간의 사회생활에 봉사하는 수단이라는 데 의미가 있으며, 사회생활의 내용이 변화하면 헌법도 변화하지 않으면 안 된다는 헌법의 현실 적응성의 요청으로 보아 헌법개정의 한계는 인정될 수 없으며, 주권자인 국민이 헌법제정권자의 주체인 동시에 그 행사에 있어서도 내용상 한계가 있을 수 없다고 한다. 또한 헌법제정권력은 법 외의 실력[1]에 불과하기 때문에 그것에 의하여 헌법에 규정된 헌법개정권력을 제한하려는 것은 법적으로 불가능 하다고 한다. 결국 국가최고의 법적 권력은 헌법개정권력 이외에는 존재하지 않는다는 등의 근거로 개정의 한계를 부인하다. 또한 헌법전을 최고규범으로 보고 모든 조문을 동질적인 것으로 보아 어느 것이든 개정대상이 될 수 있다고 본다.

b) 주권전능론적 무한계설

국민주권의 절대성을 논거로 하는 무한계설의 경우도 그의 구체적 내용은 다양하다. 일반적으로 이들의 입장을 요약하면 헌법개정의 궁극적 주체는 헌법제정권력의 주체 즉 주권자에 지나지 않는데, 그러한 주권자의 주권행사는 아무런 한계나 제한도 있을 수 없다는 것이다.[2]

---

4) 바이마르헌법 제76조[헌법개정] ① 헌법은 입법에 의하여 이를 개정할 수 있다. 단, 독일국 의회에서 헌법개정의 의결을 할 경우에는 법률에 정한 의원정수의 3분의 2이상의 출석과 출석의원 3분의 2이상의 찬성이 있어야 한다. 참의원에서 헌법의 개정을 함에 있어서도 또한 투표수의 3분의 2의 다수를 요한다. 국민발안에 의하여 국민투표로써 헌법의 개정을 요하는 경우에는 유권자의 과반수의 동의가 있어야 한다.

1) 개정무한계설의 논거는 헌법 이전의 제헌권 개념을 인정하지 않을 뿐만 아니라 다만 최고규범으로서 헌법전을 떠받치고 있는 것은 사회적 실력에 불과하다고 여긴다. 그러므로 헌법의 내용은 정치적인 것에 불과하고 헌법전의 제규정과 제규범 사이에는 그 법적 가치에 있어 상하서열이 존재할 수 없다고 본다. 마지막으로 한계를 넘는 개헌을 무효로 선언하는 기관도 없고, 헌법개정의 한계에 대한 객관적 기준은 무엇인가 하는 점도 없다는 것이다.

2) 김용운, 헌법개정 한계에 관한 연구, 경남대학교, 1985, 23면.

토마(Thoma)에 의하면 「국가에 통용되고 있는 전체법질서는 헌법전이 법제정권을 부여하고 있는 국가기관의 처분 하에 놓여져 있다. 그러나 법적으로 할 수 있다는 것과 법적으로 해도 괜찮다는 것은 혼돈되어 서는 안 된다」고 주장한다. 토마는 루소의 국민주권의 이념과 주권적 국민의 전능사상을 통합시킨 것으로서 모든 법의 입법자가 실정법으로서의 법이라고 결정하고, 다른 한편으로는 법질서의 명령에 의해 주권적 全能이 제약되는 것이다. 법이념인 「법질서의 명령」이 전능한 입법자에게 법률을 자의적으로 발하는 것을 금지하는 것이다. 그러나 입법자가 그 금지의 규범에 따르느냐의 여부는 입법자의 양심에 의하여 결정되는 것이라고 한다. 그러므로 법질서의 명령에 의하여 제한을 받는다 하여도 제한을 받을 것인가의 여부는 입법자 스스로가 결정하는 것이므로 헌법개정에 있어서 자유와 정의의 원칙까지도 입법자의 처분하에 놓여진다고 보아 헌법개정의 무한계론을 주장한다.[1)]

c) 법진화사상에 의한 무한계설

헌법은 언제든지 전부 또는 일부를 개정할 수 있는 것이며, 현재의 규범이나 가치를 가지고 미래의 입법자를 구속한다는 것은 부당할 뿐 아니라 법적으로 무의미하다는 것이다. 헌법이 하나의 법이요, 하나의 사회규범이지 사회사실 자체는 아니라고 할지라도, 법이 사회사실과의 밀접한 관계하에서 존재하는 것처럼, 국가의 최고법규인 헌법은 법사회의 사회의사이며, 그 사회의사는 항상 가변적인 것이므로 불변의 법적사실 이란 존재할 수 없다고 본다.[2)]

7.1.3. 학자

- 라반트(Paul Laband) : 헌법의 형식적 효력만이 헌법의 본질적인 법적 특징이며 헌법도 다른 국법과 마찬가지로 국가의 의사행위이고 따라서 국가의사에 따라 개정할 수 있다.
- 안쉬츠(Gerhard Anschütz) : 헌법의 본질적 규정과 비본질적 규정의 구분에 관한 객관적 표준이 없다.[3)]

---

1) 김용운, 헌법개정 한계에 관한 연구, 경남대학교, 1985, 23, 24면 참조.
2) 김용운, 헌법개정 한계에 관한 연구, 경남대학교, 1985, 25면.
3) 안쉬츠에 의하면, 바이마르 헌법 제76조의 해석으로서 「헌법은 입법의 방법으로 개정할 수 있다. 이 의미의 개정이란 … 모든 헌법은 그 내용과 정치적 의의의 차이없이 할 수 있는 것을 말한다.」라고 주장함으로써 전체헌법이 그 내용이나 정치적 의의상의 차이없이 입법자의 처분에 맡겨진다는 의미로 해석된다. 또한 제76조에 의한 개정이라 함은 헌법을 변경, 폐지, 추가함을 목적으로 하는 제규정을 통하여 헌법의 조문을 변개 하는 모든 법규정과 헌법상의 비당가치등 이러한 모든 것은 그 내용과 정치적 의미의 차별없이 헌법개정의 대상이 된다. 그러므로 독일연방제 전체의 법적 성질 및 통치형식은 물론 기본적 권리도 개정의 내용이 되는 것이다(김용운, 헌

- **토마**(Richard Thoma)
- **옐리네크**(Georg Jellinek) : 헌법의 형식적 효력만이 헌법의 본질적인 법적 특징이며 헌법도 다른 국법과 마찬가지로 국가의 의사행위이고 따라서 국가의사에 따라 개정할 수 있다. 옐리네크도 헌법조항의 등가이론과 완성된 사실(사실의 규범적 효력)을 근거로 하여 헌법개정의 한계를 부정하였다.
- **켈젠**(Hans Kelsen) : 일정한 내용의 개정금지조항이 없는한 어떠한 내용의 개정도 가능하다(헌법변천을 인정하지 않아 헌법규범과 현실의 괴리를 극복하기 위해 광범위한 헌법개정을 허용할 수 밖에 없다)
- **뢰벤슈타인**(Karl Löwenstein) ☞ **미국식 표현(Loewenstein)**
- **독일 바이마르(Weimar) 공화국시대의 다수설** : 법실증주의적 입장(초자연적 법규범을 부정)[1][2]

법개정 한계에 관한 연구, 경남대학교, 1985). 따라서 안쉬츠의 이론은 헌법개정권으로 헌법을 의식적으로 전개하는데 어떤 제약을 받지 않으며, 헌법은 전부이고 그의 의미나 가치내용은 형이상학적 법학이라는 헌법이론의 입장에서 실정헌법만이 유일한 헌법의 본질이며 헌법개정절차에 따라 어떤 조항이든 변개할 수 있다는 것이다. 안슈츠에 의하면 헌법의 본질적 부분을 헌법개정의 대상으로부터 제외하고자 하는 이론적 태도는 헌법의 규정 중 본질적 부분과 비본질적 부분을 구별할 수 있는 기준을 설정할 수 없는 점에서 실재한다고 한다.

1) 1920년에서 1930년에 이르기까지의 바이마르 공화국에 있어서의 헌법이론은 19세기를 그 황금시대로 하는 법실증주의(Rechtspositivismus) 더 정확히는 법률실증주의(Gesetzespositivismus)의 퇴조와, 그리고 Theodor Litt의 정신과학적 방법(geisteswissenschaftliche Methode)에 입각한 루돌프 스멘트(Rudolf Smend), 헤르만 헬러(Hermann Heller), 칼 슈미트(Carl Schmitt) 등의 가치유대적 헌법이론에의 이행의 과정을 의미했다. 게르버(Carl Friedrich von Gerber)에서 라반트, 옐리네크(Georg Jellinek), 안쉬츠(Gerhard Anschütz) 토마(Richard Thoma)로 연결되는 독일에 있어서의 전통적인 법(률)실증주의는 철학적 상대주의(philosophische Relativismus)에 입각한 다원적 민주주의(pluralistische Demokratie)와, 가치중립적 법치국가(wertneutrale Rechtsstaat)를 그 전제로 한 법학에의 자연과학적 실증주의(naturwissenschaftliche Positivimus)를 제시한 법학이론을 의미했다. 헬러의 말을 빌리면 그것은 바로 19세기의 그 시민적 세계(bürgerliche Welt)의 전신으로부터의 산물을 의미하며, 또한 그 의식(Bewußtsein)에 있어서는 자연과학과 그 기술을 그 고향으로 하는 것이었다. 물론 그 계보는 다르지만 신 칸트학파(Neokantianismus)의 입장에서 켈젠(Hans Kelsen)에 있어서의 순수법학(reine Rechtslehre)도 또한 이러한 법(률)실증주의의 순화를 의미하는 것이었다. 따라서 바이마르시대의 독일에 있어서는 스멘트(Smend)를 비롯한 정신과학적 방법에 입각한 헌법이론은 바로 이러한 의미의 법(률)실증주의에 대한 그 超克의 가치철학을 의미한다. 여기에 있어서 이러한 정신과학적 입장에서 바이마르헌법의 말기에 있어서의 그 새로운 해석의 시도로 등장한 것이 칼 슈미트에 있어서의 합법성과 정당성(Legalität und Legitimität) 그리고 헌법의 수호자(Der Hüter der Verfassung)이다. 한태연, 헌법과 국민, 고시연구사, 1995, 283면 참조.

2) 「헌법은 입법의 형식으로 개정된다(바이마르헌법 제76조)」는 헌법의 규정에 따라 입법권 = 헌법개정권 = 헌법제정권이라고 보아 입법권이 최고권력이며 헌법제정권력도 이에 포함된다고 한다.

- 케기(W. Kägi)[1)]
- **박일경 교수**: 박일경 교수는 주권 = 헌법제정권력 = 헌법개정권력의 이론에서 출발하여 헌법개정권력의 한계를 부정한다. 그 이유로는 ① 무효선언 기관의 결여, ② 주관적 표준의 자의성, ③ 헌법제정권력과 헌법개정권의 구별불가능성, ④ 실정법적 한계규정의 개정가능성을 들고 있다. 결론적으로 「헌법개정의 한계성을 이론적으로 주장하는 학설을 법리상 승인할 수 없음은 물론, 각국 법제에 의한 이른바 실정법적 한계도 적어도 현단계로는 엄격한 법적 한계가 되지 못한다고 생각한다. 그러므로 이른바 헌법개정의 한계성의 이론 특히 하등의 실정법적 근거없이 그것을 주장하는 이론은, 이미 엄격한 법적 입장을 떠난 정치적 이데올로기적 입장에서의 이론이라고 생각한다」고 주장한다.
- 結成光太

[보충설명]

라반트(Laband), 옐리네크(G. Jellinek), 안쉬츠(Anschütz), 켈젠(Kelsen), 뢰벤슈타인(Loewenstein) 등은 「헌법은 입법의 형식으로 개정된다」는 Weimar 헌법(제76조)에 따라 입법권 = 헌법개정권력 = 헌법제정권력이라고 보아 입법권이 국가 최고의 권력이며 헌법제정권력도 그 중에 포함되고 있다고 하였다.

[주장논거]

- 불변의 자연법이란 존재하지 않으며, 사회생활의 내용이 변화하면 헌법도 변화하여야 한다(헌법의 현실적응성의 요청).
- 헌법개정권력과 구별되는 헌법제정권력이라는 관념을 인정할 수 없다(헌법제정권력과 헌법개정권력의 구별부인).
- 헌법규정을 개정할 수 없는 상위규범과 개정할 수 있는 하위규범으로 구별할 수 없다(헌법규범등가론).
- 개정한계를 인정하여도 그 한계를 일탈한 경우 무효를 선언할 객관적 기준이나 기관이 없다(개정한계의 실효성 부정).
- 모든 가치는 주관적이고 헌법도 상대적인 규범이므로 현재세대의 규범이나 가치

---

1) 케기(Kägi) 교수는 그 논거를 다음과 같은 네가지 유형으로 구분하고 있다(W. Kägi, Rechtsfragen der Volksinitiative auf Partialrevision, in VSJ. 1956, S. 802 ff. 권영성, 헌법학원론). 첫째, 헌법규정 중에 상하의 위계질서가 있음을 부정하고 명문상 「불변」 · 「불가쟁」이라는 개정금지규정이 있는 경우에도 그 개정이 가능하다고 보는 법실증주의이며, 둘째는 「모든 가치는 주권적」이며 헌법의 근본규범도 상대적규범에 지나지 않고 다만 특정한 국민 또는 문화의 사상의 표명에 불과하다고 보는 상대주의, 셋째는 경성헌법네 의한 헌법의 안정성에의 요구에도 불구하고 헌법의 전부 또는 일부를 개정할 수 없도록 규정함으로써 현재의 규범이나 가치에 의해 장래의 세대를 구속한다는 것은 부당하다고 하는 준비사상, 넷째는 무제약이며 또한 제약을 가할 수 없는 헌법제정권력의 신화를 창조하는 국민의 절대적인 주권이론이다. 케기에 의하면 이들 이론, 동기가 상호관계 또는 상합하여 한계부정론을 이루고 있다고 한다.

관이나 장래세대를 구속하는 것은 타당치 못하다(안쉬츠 : G. Anschütz; 켈젠(H. Kelsen : 가치 상대주의).
- 헌법도 다른 규범과 마찬가지로 국가의 의사행위이며 따라서 국가의사에 따라 개정할 수 있다.
- 헌법개정불가조항을 두더라도 이는 개인에 따라 차이가 있는 주관적 표준에 불과하다.
- 헌법제정권력도 규범외의 실력에 불과하므로 그것에 의하여 헌법에 규정된 헌법개정권을 제한하려는 것은 법적으로 불가능하다.
- 국민투표로써 헌법을 개정하는 경우 국민에 의한 헌법제정이나 개정의 질적 차이를 설명하기 어렵다.

– 법실증주의적 헌법관 –

규범주의적 헌법관 내지 법실증주의적 헌법관은 실정법만을 법으로 인정하여 일체의 규범외적 상황(정치적 · 사회적 · 역사적 · 철학적)을 배제하기 때문에, **헌법규범과 사회현실에서 발생하는 괴리현상을 해결하기 위하여 헌법개정을 무제한으로 인정**한다.

→ 헌법변천(Verfassungswandel ; Verfassungswandlung)을 불용납
→ 헌법개정의 한계(제한)부인

이와 같이 헌법개정의 한계(제한)를 넘은 개헌에 대하여 '법은 이것을 어떻게도 할 수 없으며, 법의 세계에서는 개정된 헌법을 所與의 법으로서 받아 들일 수 밖에 없는데' 그 이유는 그것이 이미 'fait accompli(완성된 사실)'이기 때문에 이를 인정하여야 한다는 것이다. 이는 Georg Jellinek(1851-1911)의 주장이다(Walter Jellinek 와 혼동하지 말 것)

– fait accompli 理論 –

– '사실(성)의 규범적 효력(normative Kraft des Faktischen)', 현실의 규범적 효력 –

① G. Jellinek는 (어떠한) '사실의 규범적 효력(die normative Kraft des Faktischen)'[1]을 입증하는데 있어서, 철학적 실증주의(philosophoscher Positivismus : Auguste Comte[2] → Sein과 Sollen의 구별 부인)의 영향을 받아 그 이론을 전개한다.

---

1) 우리 나라에서는 die normative Kraft des Faktischen을 '사실의 규범적 효력'이라고 번역하지만, 이는 '사실성의 규범적 효력'이 더 정확한 번역이다. 왜냐하면 사실은 Faktum을 의미하며 여기서는 형용사인 faktisch를 Faktischen으로 하여 명사화한 것이기 때문이다.
2) Auguste Comte(1798-1857) 프랑스의 철학자. 실증주의 및 사회학의 창시자이기도 하다. 그는 유명한 知的 발전에 관한 「3단계의 법칙」을 생각하였다. 즉 지식은 ① 신학적, ② 형이상학적, ③ 실증적 3단계의 발전단계를 나타내며, 마지막의 실증적 단계에 있어서 참으로 예견가능한 과학적 지식에 접근한다고 하였다. 저서 : 실증철학강의, 실증적 정치체계 등.

fait accompli(die vollendete Tatsache) ist eine historische Erscheinung von verfassungsbildender Kraft: 완성된 사실은 헌법 형성적 힘을 가지는 역사적 현실이다(G. Jellinek, Verfassungsänderung und Verfassungswandlung, 1906, S. 21).[1] → 헌법개정 · 헌법변천을 다같이 완성된 사실이론에 의해서 인정

국가 = 「힘의 조직」이며, 힘 = 법(Recht)이라고 한다. 이때의 힘이란 Jellinek에 의하면, '규범적 효력(normative Kraft)'을 가지는 '완성된 사실(fait accompli = vollendete Tatsache)'을 만들어 낼 수 있는 「실력으로서의 힘」을 의미한다.

② 옐리네크(G. Jellinek)는 일단 「실력」에 의하여 「완성된 사실」이 성립된 경우에는 그것이 설령 위법적인 사실이라고 할지라도 마땅히 '규범적 효력(normative Kraft)'을 가지는 사실(Faktum)이 된다는 것이다. 결국 모든 법규범의 원천은 「사실(=법)」이라고 보아야 하는데, 「법규범(Rechtsnorm) = 법률」은 합법적인 절차외에도 불법적인 절차에 의하여 성립될 수도 있다고 주장한다.[2]

– 헌법개정 · 헌법변천 · fait accompli –

1) 법실증주의 학파가 헌법변천을 부정하고 헌법개정을 무제한 인정하는 근거로서 G. Jellinek의 완성된 사실(fait accompli) 이론을 이용하고 있다. G. Jellinek는 법실증주의 입장에 서면서도 그의 논문인 헌법개정과 헌법변천(Verfassungsänderung und Verfassungswandlung, 1906)의 논문에서는 헌법변천을 인정한다.

2) 규범주의 내지 법실증주의의 헌법관은 헌법개정의 한계를 인정하지 않는다. 그 이유는 법실증주의는 규범(Sollen, Recht)과 사실(Sein, Wirklichkeit)을 엄격히 구분하여,[3] 일체의 규범외적 상황을 법적 사고의 영역에서 배제하기 때문에, 헌법변천 같은 것은 인정할 수 없다. 따라서 헌법규범과 사회현실 사이에 발생하기 마련인 괴리현상을 규범적으로 해결할 수 있는 방법은 헌법개정을 무제한 인정하고 그것을 옐리네크(G. Jellinek)처럼 fait accompli이론으로[4] 정당화 시킬 수 밖에 없는 것이고, 헌법변천과 헌법개정의 함수관계는 처음부터 성립될 여지도 없게 된다. 우리 나라에서도 한계를 넘는 헌법개정에 대하여 '법은 이것을 어떻게 할 수도 없고, 법의 세계에서는 개정된 헌법은 소여의 법으로서 받아들일 수 밖에 없다'고 주장하는 견해[5]가 있는데 이는 결국 fait accompli(완성된 사실) 이론 또

1) 허영, 헌법이론과 헌법, 단락번호 107.
2) 허영, 헌법이론과 헌법, 단락번호 510.
3) 법실증주의에 입각해서 국가론을 정립한 G. Jellinek는 사실(현실)의 규범적 효력(normative Kraft des Faktischen)을 입증하려고 노력하면서, Sein과 Sollen의 연관성을 강조한다(허영, 헌법이론과 헌법, 단락번호 26).
4) G. Jellinek, Die Verfassungsänderung und Verfassungswandlung, Berlin 1906, S, 21 f.
5) 박일경, 헌법, 1977, 120-124면.

는 '사실의 규범적 효력(normative Kraft des Faktischen) 등을 역설하는 옐리네크적 사고의 유형에 속한다.[1]

3) 헌법변천을 무제한 인정함으로써 헌법개정의 필요성을 처음부터 배제해버리는 徐道隣과 같은 입장은 결국 법실증주의와 비슷한 결론에 봉착하게 된다. 즉 사실상 관철된 현실(tatsächlich durchgesetzte Wirklichkeit)[2]이 궁극적으로 헌법의 내용을 뜻하게 되고 그것은 결국 G. Jellinek의 fait accompli 이론과 통하기 때문이다.[3]

[참고] 사실상 관철된 현실 = 사실의 규범적 효력

완성된 사실이론 · 사실의 규범적 효력 이론은 헌법변천을 부정하고 헌법개정의 무한계설을 주장하는 법실증주의가 주장할 때 사용되는 이론이기도 하지만, 헌법변천을 인정하는 경우에도 완성된 사실 · 사실의 규범적 효력이론에 의하여 헌법변천을 인정하는 견해도 있다. 예컨대 옐리네크는 완성된 사실 또는 사실의 규범적 효력 이론을 가지고 헌법개정의 무한계설과 헌법변천을 주장하였다.

---

1) 허영, 헌법이론과 헌법, 단락번호 133.

2) 1895년 헌법변천이란 개념을 최초로 헌법학에 도입한 라반트(P. Laband)와 이에 대한 논의를 각국의 사례를 중심으로 구체화시킨 게오르그 옐리네크(G. Jellinek)는 성문헌법규범과 더 이상 일치하지 않는 현실 이른바 <u>헌법상황의 변경</u>을 헌법변천이라고 한다. 그러나 이들은 헌법규범과 일치하지 않는 각각의 현상들이 단지 헌법변천에 해당한다고만 설명하고 있을 뿐, 이에 대한 본질과 법적 성격이 무엇이냐에 대해서는 특별히 문제시하지 않았다(Hsü Dau-Lin, Die Verfassungswandlung, Berlin/Leipzig 1932, S. 97). 오히려 위의 학자들은 헌법변천의 문제는 결국 규범이 아닌 현실의 문제이므로 이에 대한 본질이나 법적 성격을 논의하는 것 자체가 중요하지 않을 뿐만 아니라 불필요한 것으로 여겼다. 즉 법학에서 규범과 현실을 엄격히 분리하여 모든 역사적 · 정치적 · 철학적 문제들을 법학의 고찰대상에서 제외시키려 했던 이들에게, 헌법상황의 변경을 의미하는 헌법변천은 규범이 아닌 현실의 문제이므로 이에 대한 논의는 법학의 대상에서 제외되며 또한 제외되어야 하는 것이었기 때문이다. 결국 이들에 의하면 헌법변천이란 법적으로는 더 이상 설명할 수 없는 현실의 문제 즉「저항하기 어려운 중요한 세력들의 작용에 의한 결과라는 것이 된다. 따라서 헌법변천의 본질 또는 이에 대한 합리성 · 위법성의 문제는 결국 헌법변천의 현상으로 거론되는 사실이 성공하였느냐 아니면 실패하였느냐의 여부, 이른바「사실적 관철」(tatsächliche Durchsetzung)의 문제로 연결된다(허영).

3) 허영, 헌법이론과 헌법, 단락번호 135.

7.1.4. 근거

- 헌법제정권과 헌법개정권은 구별될 수 없다
- 헌법규범 상호간 상하위계질서부인(헌법조문 상호간의 효력의 우열을 부인[1]) → 헌법규범 등가설
- 개헌을 무효화할 법적 수단이 없다
- 형식적 합법성을 중시(개정절차에 따르는 한 합법이다 → 법실증주의적 입장)
- 현재의 규범 및 가치에 의해 '장래의 세대'를 구속하는 것은 불합리
- 사회생활의 조건이 변화함에 따라 헌법도 그에 적응해야 한다 → 헌법의 현실 적응성의 요청
- 실정법적 입장

7.1.5. 비판

한계부정설에 대해서는 ① 지나친 힘의 철학(권력만능적 사고)에 사상적 기반을 두고 있고, ② 헌법개정에 있어 형식적 합법성만 지나치게 강조하고 있는 나머지 헌법내용의 정당성이나 실질적 합법성을 외면하여 헌법개정작용의 본질을 실질적으로 파악하지 못하고 있다는 비판이 가해진다(가치 상대주의로 흐를 위험성). 특히 헌법개정 무한계설에서는 개정절차에 따르는 것 자체까지 무의미하게 될 수 있다. 즉 헌법개정 규정의 취지, 헌법전에 수록되어있는 국가의 지도원리 및 헌법이념 같은 것도 부인해버리는 권력만능사상에 빠지기 쉽다는 위험성을 항상 내포하고 있다.

7.2. 한계긍정설(개정한계설, 개정유한계설)

7.2.1. 개관

헌법개정에는 일정한 제약 · 한계를 가진다는 학설로서, 헌법개정의 한계는 헌법개정권력의 한계를 의미한다. 헌법개정의 한계를 긍정하기 시작한 것은 헌법제정권력과 개정권력을 구분한 독일의 칼 슈미트(Carl Schmitt)이다. 개정한계설은 헌법의 개정행위에는 일정한 한계가 있는 것으로 헌법개정조항에 규정된 절차에 따를지라도 일정한 조항 또는 내용은 단순한 자구 수정의 경우를 별도로 하고는 개정의 대상으로 할 수 없다고 한다. 독일

---

1) 헌재결 2001. 2. 22, 2000헌바38 【국가배상법 제2조 제1항 단서 등 위헌소원】 헌법 및 헌법재판소의 규정상 위헌심사의 대상이 되는 법률은 국회의 의결을 거친 이른바 형식적 의미의 법률을 의미하는 것이므로 헌법의 개별규정 자체는 헌법소원에 의한 위헌심사의 대상이 아니다. 한편, 이념적 · 논리적으로는 헌법규범 상호간의 우열을 인정할 수 있다 하더라도 그러한 규범 상호간의 우열이 헌법의 어느 특정규정이 다른 규정의 효력을 전면적으로 부인할 수 있을 정도의 개별적 헌법규정 상호간에 효력상의 차등을 의미하는 것이라고 볼 수 없으므로, 헌법의 개별규정에 대한 위헌심사는 허용될 수 없다.

에서는 슈미트(Schmitt), 엠케, 트리펠, 마운쯔(Maunz), 헹케(Henke) 등이, 우리나라에서는 다수의 학자가 개정한계설을 주장하고 있다.[1] 한계긍정설에 의하면 헌법에 규정된 개정절차에 따를지라도 특정한 조항이나 일정한 사항(국가의 지도원리 및 헌법이념 등 절대적 의미의 헌법에 해당되는 사항)은 자구수정은 별도로 하고는 개정할 수 없다고 한다.

① **결단주의 헌법관** – 헌법제정권과 헌법개정권을 구별하여 헌법개정권은 헌법제정권력의 소재를 변경하거나 헌법제정당시의 국민적 합의인 헌법의 기본 가치질서를 변경할 수 없고, 또 헌법제정권자가 내린 근본적 결단으로서의 헌법은 헌법률과 달라서 헌법개정대상이 되지 않는다.

② **통합주의 헌법관** – 헌법개정은 통합을 촉진시키고 헌법의 규범적 효력을 유지하기 위하여 필요한 현상이므로, 사회공동체의 공감대적 가치질서를 탈피하려고 하는 헌법개정은 통합의 저해가 되므로 허락되지 않는다.

③ **자연법원리** – 실정헌법의 상위에는 자연법의 원리가 존재하므로 자연법의 원리에 위반되는 헌법개정은 허용되지 않는다는 입장이 있다. 이 학설에 의하면 헌법개정권은 헌법에 의하여 조직되고 헌법에 의하여 제도화된 권력이므로 헌법을 제정한 헌법제정권력의 소재를 변경하거나 헌법제정 당시의 국민적 합의인 헌법의 기본적 가치질서는 변경할 수 없고, 실정헌법의 상위에는 헌법제정권력까지도 구속하는 자연법의 원리가 존재하므로 자연법의 원리에 위반되는 헌법개정은 허용되지 아니한다.

④ **헌법규범의 가치질서에 의한 한계(헌법규범 자체의 단계구조를 인정)** – 또한 헌법조항들은 형식적으로는 효력이 동일하지만, 주권의 소재나 헌법의 기본권 가치질서에 관한 규정은 그 밖의 규정에 비하여 실질적으로 상위의 효력을 가진다고 본다. 이 이론은 헌법개정규범이 상위규범인 근본규범을 개정하는 것은 권한의 일탈이므로 불가능하다.

또한 헌법제정권자는 그들이 신봉하는 정치이념을 헌법전으로 유지하는 동시에 정치이념의 실현을 위하여 구체적 규정을 시의에 맞게 수정할 수 있도록 헌법전에 개정 절차를 두고 있다. 이러한 의미에서 개헌은 합목적적 수정에만 한하고 근본규범 그 자체의 부정이나 반대되는 수정은 일체 할 수 없도록 하는 개정의 한계가 있다. 그리고 헌법전의 개정규정 그 자체를 개정할 수 있는가의 문제가 있는데, 이것은 개정규정의 취지에 반하지 않는 한 가능하다고 본다.

일반적으로 개정한계설은 국민주권, 기본적 인권, 평화주의 등을 헌법개정의 한계로 들고 있다. 개정한계설의 문제점으로 들 수 있는 것은 어떤 헌법조항이 개정의 한계를 넘었을 때, 실질적으로 그것을 어떻게 할 것인가 하는 점이다. 즉 헌법개정이 한계를 넘어 무

1) 김철수; 한태연; 김기범; 김백유; 문홍주(헌법제정권력은 국민의 전체적 정치결단인 헌법을 창조하는 권력이고 헌법개정권은 헌법제정권력에 의하여 조직된 권력이다).

효인 경우, 이에 대한 위헌심사가 가능할 것인가 특히 국민투표에 의한 개정이 위헌적일 때 이를 어떻게 저지할 것 인가하는 점이다. 만일 헌법의 근본규범과 헌법의 근본원칙 또는 초실정법원칙에 반하는 변경이 헌법개정절차에 의하여 행하여진 경우에는 법 논리적으로 모순, 헌법의 자살, 법적 의미에서의 혁명이며, 만일 개정의 한계를 넘는 개정을 행하는 경우에는 그 개정은 무효라고 보아야 한다.

7.2.2. 학자

- 슈미트(Carl Schmitt) → 대표적 학자
- 스멘트(Rudolf Smend)
- 엠케(Horst Ehmke)
- 마운츠(Theodor Maunz)
- 트리이펠(H. Triepel)
- 바호프(O. Bachof)
- 헨케(W. Henke)
- 빌핑어(Bilfinger)
- 뷔르도(Burdeau)[1][2] : 뷔르도는 헌법제정권력을 시원적 헌법제정권력(pouvoir constituant originaire)과 제도적 헌법제정권력(pouvoir constituant institue)으로 구분하면서 "추상적으로 법의 이념이 주권자에게 유래한다는 정치적 실력이며, 실제적으로 그 보유자는 인민이다"라고 하였다. 그리하여 헌법개정권은 시원적 제헌권에 의한 헌법질서의 파괴를 미연에 방지하기 위한 사명을 가졌으며, 개정권은 시원적 권력에 대한 호위병이라고 하였다. 이것은 C. Schmutt의 이론과도 흡사한 것이다
- 우리 나라의 통설[3]

7.2.3. 근거

개정한계설은 헌법의 개정행위에는 일정한 한계가 있는 것으로 헌법개정조항에 규정된 절차에 따를지라도 일정한 조항 또는 내용은 단순한 자구 수정의 경우를 별도로 하고는 개정의 대상으로 할 수 없다고 한다. 헌법개정의 한계를 인정하는 이론은 그 근거가 다양하다.[4] 그 근거를 ㄱ) 헌법제정권력과 헌법개정권력의 구분에서 찾으려는 것, ㄴ) 헌법규

---

1) Burdeau, Tratié de sciences politiaues, t. III. 245 et suiv.

2) 프랑스의 뷔르도(Burdeau)는 한계부정설을 주장하였다고 하는 견해도 있으나, 김철수, 헌법학(상), 91면; 권영성, 헌법학원론, 54면에서는 한계긍정설(개정한계설)을 취한 것으로 설명하고 있다.

3) 문홍주 교수는 '헌법제정권력은 국민의 전체적 정치결단은 헌법을 창조하는 권력이고 헌법개정권은 헌법제정권력에 의하여 조직된 권력이다'라고 하고 있다.

4) 김철수, 헌법학(상), 94면. 개정한계 긍정설은 우리나라 학자 대부분이 취하는 입장이다.

범 단계구조에서 이를 찾으려는 견해, ㄷ) 헌법의 동일성에서 이를 찾으려는 것, ㄹ) 자연법규범에서 이를 찾으려는 것 등이 있다.[1] 위와 같은 견해를 한계긍정론은 또 이를 외재적 한계론과 내재적 한계론으로 크게 구분해서 설명하는 경우도 있다.[2]

- 헌법제정권력은 상위개념, 헌법개정권력은 하위개념
  → 헌법규범의 위계적 구조인정(상위규범 : 하위규범)[3]
- 개정행위의 정당성을 중시
- 실정헌법의 상위에는 초실정법적인 자연법상의 원리가 있다
  → 자연법상의 원리에 의한 제약
- 헌법의 기본적 동일성을 유지해야
  → 이를 상실하면 헌법의 자살을 의미
- 헌법개정권은 제도화된 권력(C. Schmitt의 견해)에 불과하다
- 자연법적 한계
- 내재적 한계
- 외재적 한계
- 실정법상의 한계
- 헌법규범의 가치질서에 의한 한계
- 결단주의적 헌법개정한계론
- 통합주의적 헌법개정한계론

7.2.4. 내용

a) 내재적 한계론

내재적 한계론은 헌법제정권력 내지는 헌법개정권력의 본질 등을 근거로 헌법개정권에는 일정한 한계가 있다고 보는 이론으로서 다음과 같은 것들을 들 수 있다.[4] 헌법개정권은 헌법에 의하여 비로소 인정된 권한이므로, 이 권한으로써는 헌법 자체의 본질을 변경하는 개정을 할 수 없다는 것이다. 이 이론은 헌법개정규범이 그 상위규범인 근본규범을 개정하는 것은 권한의 일탈이므로 불가능하다는 것이다. 그리하여 이 이론은 헌법규범자체의 단계구조를 인정하고 있다. 헌법규범의 단계구조로는 ① 근본규범, ② 헌법개정규범, ③ 헌법률의 셋으로 나눌 수 있으며, 헌법개정권력과 헌법에 의하여 만들어진 권력과를 구분한다.

칼 슈미트(C. Schmitt)는 「헌법제정권력」과 「헌법에 의하여 설정된 권력」, 즉 「헌법률

---

1) 김철수, 헌법학(상), 94면.
2) 김철수, 헌법학(상), 94면.
3) 상위규범은 주권의 소재(대한민국의 주권은 국민에게 있고) 혹은 헌법의 기본적 가치질서에 관한 규정은 상위규범이며, 그밖의 것은 하위규범이다.
4) 김철수, 헌법학(상), 94면.

상의 권력」과의 구별을 역설하고 있다. 이러한 구분은 뷔르도(Burdeau)에 의한 시원적 제헌권(pouvoir constituant originare)과 제도화된 제헌권(pouvoir constituant institué)의 구별에 따른 것이라고도 할 수 있을 것이다.[1] 내재적 한계론에 의하면 헌법제정권자의 기본적 결단사항을 개정하거나 헌법의 기본적 동일성 내지 헌법의 본질적 부분을 파괴하는 개정은 허용되지 아니한다. 이 내재적 한계는 헌법개정권력은 헌법제정권력에 의하여 비로소 창조된 권력이라는 성격에 비추어 법리상 당연히 인정되는 것이다.

슈미트(C. Schmitt), 스멘트(Smend), 엠케(H. Ehmke)등에 의하면 헌법존립의 기초가 되는 국가의 기본질서나 국가형태와 같은 기본적 규정은 헌법의 개정절차에 의하여 개정할 수도 없다. 이를 허용한다는 것은 곧 헌법의 자살을 의미하는 것이므로 법논리적으로 불가능하다고 한다.[2]

내재적 한계 – 민주적 기본질서 – 헌법의 기본원리에 의한 한계

- 국민주권원리
- 민주적 기본질서
- 기본권보장주의 · 인간으로서의 존엄과 가치
- 권력분립주의 → 권력의 분산, 권력의 견제와 균형
- 의회주의 → 대의정치
- 법치주의 → 법의 지배
- 복수정당제 → 다원적 정당국가
- 사법권의 독립보장 → 법관의 신분보장
- 지방자치제의 보장 → 지방분권주의
- 사유재산제도보장 → 경제질서
- 국제평화주의 → 침략전쟁의 부인

b) 외재적 한계론

이는 헌법개정은 외부적 요인에 의한 제한을 받는다고 보는 이론으로서 다음과 같은 학설들이 여기에 속한다.[3]

aa) 헌법의 동일성 · 계속성의 유지

헌법의 동일성을 파괴해서는 안된다는 주장이다. 즉 헌법개정에 있어서 헌법의 동일성과 계속성이 보전되어야 하며, 이 동일성이 파괴되는 것은 헌법개정의 한계를 넘는 것으

---

1) 김철수, 헌법학(상), 95면.
2) 권영성, 헌법학원론, 55면.
3) 김철수, 헌법학(상), 94면.

로 이는 헌법의 파괴나 폐지이지 개정이 될 수는 없다는 것이다.

bb) 자연법상의 원리에 의한 한계

실정헌법의 상위에는 헌법개정권력까지도 구속하는 초실정법적인 자연법상의 원리가 있음을 인정하고,[1] 헌법개정은 인류보편의 원리인 자연법상의 원리에 의하여 제한을 받는다는 이론이다.[2][3][4] 자연법의 원리를 인정하는 이상 그것이 실정헌법에 수용되고 있지 않는 경우에도 자연법상의 원리인 정의와 상반되는 내용의 헌법개정은 허용되지 않는다고 본다.[5]

이 학설에 의하면 헌법개정권은 헌법에 의하여 조직되고 헌법에 의하여 제도화된 권력이므로 헌법을 제정한 헌법제정권력의 소재를 변경하거나 헌법제정 당시의 국민적 합의인 헌법의 기본적 가치질서는 변경할 수 없고, 실정헌법의 상위에는 헌법제정권력까지도 구속하는 자연법의 원리가 존재하므로 자연법의 원리에 위반되는 헌법개정은 허용되지 아니한다.

cc) 헌법의 위치 · 헌법기능에 의한 한계

헌법개정의 한계를 법질서 내에서 차지하는 헌법의 위치와 그에 따른 기능에서 찾으려는 학설이 있다. 헌법은 최고법으로서 국가의 근본체제를 규정하는 본질적 기능을 가지므로 그 개정에 한계가 없을 수 없다고 본다.

dd) 국제법우위론에 의한 한계

헌법개정에 대한 국제법상의 제약을 드는 견해가 있다.[6] 「일반적으로 확립된 국제법규」에는 위배될 수 없다는 주장이다. 예를 들면 UN헌장 등에 위반되는 개정을 할 수 없다는 것이다. 이는 국제법우위론의 입장에서 취하여 진 것이다.[7]

---

1) 자연법상의 원리에 의하면 헌법제정권력까지도 자연법상의 구속을 받는다.
2) 이러한 자연법을 인정할 것인가 아닌가는 법철학문제로 귀착될 것이나, 오늘날 인권존중과 같은 자연법적 원리는 헌법에 규정이 있다고 볼 수 있을 것이다.
3) Maunz-Dürig, G.G. Kommentar, 1964, S. 11.
4) Maunz-Dürig, G.G. Kommentar, 1964, S. 11.
5) 김용운, 헌법개정 한계에 관한 연구, 경남대학교, 1985, 28면.
6) 김남진 교수는 「국내의 민주주의와 국제적인 평화주의와의 불가분성에 비추어 볼 때 국제협조의 원리나 평화주의에 반하는 헌법의 개정은 허용되지 않는다」고 하고, 권영성 교수도 이에 찬성하고 있다(권영성, 헌법학원론, 58면).
7) 김철수, 헌법학(상), 94면.

c) 실정법상의 한계

aa) 개관

실정법 중에는 개정의 내용이나 행위 자체에 대하여 명문으로써 일정한 제약을 가하고 있는 것이 있다. 이러한 실정법에 규정된 한계를 실정법상의 한계라고 한다. 이러한 실정법상의 한계에는 내용상 제한, 방법상 제한, 시간적 제한 등이 있다.

- **내용상의 제한**: 실정 헌법에서 내용에 따라 개정한계를 규정한 것으로 여러 가지가 있는데, 그중에서 중요한 것은 공화제도인 국가형태는 개변할수 없다든가, 연방제도는 개정할수 없다는 것이다.

- **방법상의 제한**: 헌법의 개정방식에 대하여 제한하고 있는 헌법, 예를 들면 독일 기본법 등이 있다.

- **시간적 제한**: 헌법개정에 대하여 일정한 시기에 있어서는 헌법을 개정할 수 없다. 시기상의 제약으로는 비상사태(1831년의 독일 작센헌법 제151조)나 외국 군대의 점령(1946년의 프랑스헌법) 하에서의 헌법개정은 공정한 개정을 기대할 수 없으므로 이를 금지하기도 하고, 또는 헌법개정의 빈도를 억제하기 위하여 일정한 기간내의 개정을 금지(포르투칼헌법)하는 것들이 있다.[1)]

bb) 개정금지에 관한 명문규정이 있는 경우

헌법자체가 특정조항이나 특정사항의 개정을 금지하는 명문의 규정이 있는 경우에 이와 같은 실정법상의 개정금지조항을 개정할 수 있는가에 대하여는 다음과 같은 세 가지 견해가 대립하고 있다. 제1설은 개정금지조항은 법적으로 의미가 없는 것이기 때문에 헌법의 개정절차에 따라 언제나 개정이 가능하다고 한다. 제2설은 개정금지조항부터 개정하면 어떠한 조항이나 내용도 개정할 수 있다는 것이다. 제3설은 개정금지조항을 개정하는 것은 물론, 이중의 절차에 의한 개정도 불가능하다는 견해이다. 우리나라는 헌법에 명문의 규정이 있는 이상 헌법제정권력자의 의사를 존중하여야 하므로 제3설이 타당하다고 보고 있다.

cc) 개정금지에 관한 명문규정이 없는 경우

헌법에 명문으로 개정을 금지한다는 규정이 없는 경우에 개정금지사항이 구체적으로 무엇이냐에 대하여는 견해가 대립된다. 헌법이 명문으로 개정의 한계를 정함으로써 일정한 헌법규정을 개정의 대상에서 제외시키고 있는 경우에도 외견상의 문제가 실정법적으로 해결된 것처럼 보이기 때문에 이를 특히 헌법개정의 실정법적 한계라고 부를 수도 있을 것이다. 그렇지만 개정절차에 따라 우선 개정한계에 관한 헌법규정부터 개정한 다음 당초에는

---

1) 권영성, 헌법학원론, 55면.

개정의 대상이 될 수 없었던 헌법규정을 개정하면 된다는 주장이 보여주듯이 헌법은 그 권력제한적 또는 생활규범적 기능을 다하지 못 할 정도로 그 규범적 효력을 상실한 경우에는 결코 일정한 헌법규정을 개정할 수 없도록 하는 하나의 실정법적인 개정 금지조항에 의해서 그 생명이 유지될 수는 없는 것이다.

이렇게 볼 때 헌법개정의 한계문제는 제1차적으로 실정법에 구애되지 않고 헌법의 본질에서 나오는 헌법 이론적인 문제이기 때문에 헌법의 내재적 한계라고 부를 수도 있을 것이다. 따라서 어느 실정헌법이 헌법개정의 한계를 명문으로 규정하지 않고 있는 경우에도 헌법의 이 내재적 한계가 그 개정한계적 효력을 나타내는 것이기 때문이다.

d) 헌법제정권과 헌법개정권의 구별에 의한 개정한계설

헌법제정권력과 헌법개정권력은 구별되며, 헌법개정권력은 헌법제정권력에 의하여 창조된 권력이기 때문에 헌법제정권력은 소재를 변경시키거나 헌법의 동질성을 파괴하는 절재적 헌법에 대한 개정은 불가능하다는 것이다.[1] 만약 헌법개정권력의 소재나 헌법의 기본원리를 변경할 경우에는 그것은 헌법개정의 한계를 벗어난 법적 의미의 혁명이다. 그와 같은 헌법의 기본적 동일성을 헌법개정권이 부정하는 것은 법리론적으로 불가능하다.[2]

헌법제정권력과 헌법개정권력의 비교

구분	헌법제정권력	헌법개정권력
개념	국민의 정치적 존재방식에 의하여 근본적인 결단을 내리는 ㉠ 정치적 의사(사실성)인 동시에, ㉡ 법적 권능(규범성)	헌법이 동일성을 유지하면서, 헌법이 정한 개정절차에 따라 그 내용을 수정 · 삭제 · 증보할 수 있는 권력
본질	㉠ 시원적 · 창조적 권력 ㉡ 초국가적 권력 ㉢ 자율적 권력 ㉣ 항구적 권력	㉠ 제도화된 권력 ㉡ 국가적 권력 ㉢ 타율적 · 종속적 권력 ㉣ 비항구적 권력
주체의 범위	이념적 통일체로서의 주권보유자인 → 비조직화된 「전체국민」	국민투표권을 가진 주권행사기관으로서의 → 조직화된 「일부국민」 ☜ 유권자 집단
행사방법	절차상 제약 없다	헌법제정의사와 헌법에 규정된 개정절차에 따라야
헌법상의 지위	상위	하위

1) C. Schmitt, Verfassungslehre, 1928, S. 19.
2) 김용운, 헌법개정 한계에 관한 연구, 경남대학교, 1985, 29면.

e) 헌법규범의 가치질서에 의한 개정한계설

이는 헌법규범 자체의 단계구조를 인정하는 입장이다. 즉 헌법전 중에 규정된 개개의 조항은 형식적으로는 그 효력이 동일 하지만 실질적으로는 동일하지 아니하다. 헌법의 기본원리에 관한 규정은 그 밖의 규정에 비해 보다 높은 효력을 갖는 것이다. 헌법개정권은 그와 같은 높은 효력을 가지는 상위규범은 개정할 수 없고 다만 하위규범만을 개정의 대상으로 할 수 있을 뿐이라는 것이다. 예를 들면 주권의 소재나 헌법의 기본권 가치질서에 관한 규정은 그 밖의 규정에 비하여 실질적으로 상위의 효력을 가진다고 본다. 슈미트는 헌법전 중의 전체규정을 동질적인 것으로 보지 않고, 정치적 통일체의 종류와 형식에 관해서 헌법제정권력이 내린 결단으로서의 절대적 헌법과 그 밖의 특정의 형식적 특징을 가진 개별규범으로서의 헌법률과 같은 이질적인 두가지 유형의 규정으로 구분한다. 그리고 이러한 구분을 전제로 하여 헌법개정권이라고 하는 헌법률상의 권한은 전체로서의 헌법의 자구성과 계속성을 유지하면서 개개의 헌법률을 변경·추가·보충·삭제하는 권한이기 때문에 새로운 헌법을 제정하는 권한 또는 헌법제정권력의 기본적인 정치적 결단인 헌법의 기본규정을 배제하는 권한은 이에 포함되지 않는다고 한다.[1][2] 또한 이 이론에 의하면 헌법개정규범이 상위규범인 근본규범을 개정하는 것은 권한의 일탈이므로 불가능하다.

f) 결단주의적 헌법개정한계론

슈미트는 헌법제정권력자가 내린 '근본적 결단'인 헌법과 그에 근거해서 규범화된 헌법률을 엄격하게 구별하고, 헌법은 조직하는 권력이 내린 근본결단이기 때문에 조직된 국가권력인 헌법개정권력에 의하여 개정될 수 없다고 한다. 곧 헌법의 개정이란 용어는 정확하게는 헌법의 개정이 아니라 헌법률의 개정으로 표현해야 한다고 한다.[3] 이와 같이 슈미트는 헌법제정권과 헌법개정권을 구별하여 헌법개정권은 헌법제정권력의 소재를 변경하거나 헌법제정당시의 국민적 합의인 헌법의 기본 가치질서를 변경할 수 없고, 또 헌법제정권자가 내린 근본적 결단으로서의 헌법은 헌법률과 달라서 헌법개정대상이 되지 않는다.

슈미트가 헌법개정에 한계를 인정한 것은 커다란 공적으로 평가되고 있다.[4] 이와 같

---

1) C. Schmitt, Verfassungslehre, 1928, S. 19.

2) 김용운, 헌법개정 한계에 관한 연구, 경남대학교, 1985, 30면.

3) C. Schmitt, Verfassungslehre, S. 99.

4) 슈미트가 바이마르 공화국 시절에 풍미하던 법실증주의에 대항하여 시에예스의 이론을 토대로 하여 새로운 헌법제정권력·개정권력이론을 도출해 냄으로써 헌법개정에 한계를 인정한 것은 오늘날 커다란 공적으로 평가되고 있다. 그러나 오늘날의 민주주의 아래서는 국민이 헌법제정권력자이자 동시에 헌법개정권력자 일뿐만 아니라 헌법제정절차와 헌법개정절차에 국민이 결정적으로 참여하고 있다. 따라서 헌법제정권력과 헌법개정권력의 구별을 전제로 헌법개정의 한계를

이 슈미트는 헌법제정권과 헌법개정권을 구별하여 헌법개정권은 헌법제정권력의 소재를 변경하거나 헌법제정당시의 국민적 합의인 헌법의 기본 가치질서를 변경할 수 없고, 또 헌법제정권자가 내린 근본적 결단으로서의 헌법은 헌법률과 달라서 헌법개정대상이 되지 않는다고 한다.

g) 통합론적 헌법개정한계론

통합주의 헌법관에 의하면 헌법개정은 통합을 촉진시키고 헌법의 규범적 효력을 유지하기 위하여 필요한 현상으로 인식하므로, 사회공동체의 공감대적 가치질서를 탈피하려고 하는 헌법개정은 통합의 저해가 되므로 허락되지 않는 것으로 보아 헌법개정의 한계를 인정한다. 헌법의 사회통합기능을 중시하는 동화적 통합이론을 창시한 스멘트에게는 헌법의 동태적이고 유동적인 현실적응력이 중요시된다. 따라서 스멘트는 헌법의 가변성, 곧 헌법변천의 가능성을 이야기한다.[1] 그러나 스멘트 자신은 헌법해석의 결과 생겨나는 헌법변천에 대하여 이야기했을 뿐 헌법변천과 헌법개정 사이의 관계나 헌법개정의 한계에 대하여는 전혀 또는 거의 언급하지 않았다.[2] 그러나 스멘트의 제자들은 헌법개정의 문제와 관련하여 서로 다른 견해를 보이고 있다. 예컨대 스멘트의 제자인 중국인 헌법학자 쉬 다우-린은 무제한의 헌법변천을 인정하고 헌법개정의 여지를 최소한으로 줄이려는 해석을 하지만,[3] 헷세는 헌법변천을 불가피한 것으로 보면서도 헌법의 명확성, 안정성, 규범성을 위하여 헌법개정에 더 큰 비중을 두는 해석을 한다.[4] 그런가 하면 헷세의 제자인 헤벌레(P. Häberle)는 헌법변천의 문제를 헌법해석의 문제로 보고 헌법변천의 개념조차 인정하지 않으면서 헌법의 개정을 헌법의 '시대적응적 필요성' 또는 '헌법정책적 명령'으로 보는 해석을 한다. 아무튼 헷세와 헤벌레는 헌법개정의 한계를 인정한다. 헷세는 "역사적 변천 속에서의

설정하려는 시도는 적절하지 못하다는 견해가 있다(홍성방, 헌법 I, 35면).

1) 그러나 스멘트 자신은 헌법해석의 결과 생겨나는 헌법변천에 대하여 언급했을 뿐 헌법변천과 헌법개정 사이의 관계나 헌법개정의 한계에 대하여는 전혀 또는 거의 언급하지 않았다는 견해가 있다. 홍성방, 헌법 I, 35-36면.

2) 「계희열 교수는 이 부분을 헌법의 변화성이라 해석하고, 이 변화성이라는 말 가운데는 헌법의 변천은 말할 것도 없고 헌법의 개정도 당연히 포함된다고 이야기 한다. 그러나 헌법의 가변성이 들어 있는 문장의 해석상 헌법의 가변성에 헌법의 개정이 당연히 포함된다는 결론은 내릴수 없는 것으로 보인다. 더구나 이 문장이 들어있는 부분은 '전체로서의 헌법의 해석'이란 표제가 붙어 있는 부분이다. 따라서 스멘트는 이 부분에서 헌법의 개정을 염두에 두고 있지는 않은 것으로 보인다. 그러한 면에서 스멘트가 헌법개정에 대하여 언급한 듯이 기술하고 있는 허영 교수의 견해도 문제가 있다는 견해가 있다(홍성방, 헌법 I, 35-36면)」.

3) Hsü Dau-Lin, Die Verfassungswandlung, 1932, S. 152 ff.

4) K. Hesse, Grundzüge, S. 139 ff.

지속성유지"와 「헌법의 동일성과 공동체의 법적 기본질서의 계속성」을, 헤벌레는 「헌법의 기본적 동일성과 계속성」을 헌법개정의 한계로 보고 있다.[1]

7.3. 사견

생각건대 헌법개정에는 그 한계가 있다고 보아야 한다.[2][3] 한계부정론자는 형식적 합법성만 을 강조하고 법내용의 정당성이나 실질적 합법성을 외면하여 헌법개정작용의 본질을 실질적으로 파악하고 있지 못하다. 결국 한계긍정론의 논거에 따라 개정금지규정의 유무에도 불구하고 헌법개정에는 법이론상 일정한 한계가 있다고 보아야 한다. 즉 한계긍정론의 근거는 헌법제정권력이란 헌법제정권력에 의하여 제도화된 권력이기 때문에 헌법개정권자는 헌법제정권자의 근본결정을 변경하는 것과 같은 개정은 할 수 없다고 본다.[4]

헌법개정을 무제한적으로 인정하면 헌법은 어떠한 내용도 담을 수 있다는 가치상대주의에 빠질 위험성이 있고, 더 나아가서 명시적 개정금지조항 조차도 개정할 수 있다고 하면 개정절차조항이 가장 중요한 헌법의 핵으로 등장하게 된다는 점에서 이는 헌법이론상으로도 타당치 않다. 따라서 헌법개정에는 법이론상 일정한 한계가 있다고 보는 것이 타당하다.

8. 헌법개정의 한계에 관한 구체적 문제

8.1. 개관

헌법개정의 한계를 인정하는 경우에도 헌법에 개정을 금지하는 명문의 규정이 없거나 혹은 개정을 금지하는 명문규정이 있는 경우, 개정할 수 없는 조항 또는 내용은 구체적으로 무엇인가에 대해서는 다툼이 있다.

---

1) 홍성방, 헌법 I, 36면.

2) 김철수, 헌법학(상), 95면.

3) 허영 교수는 동화적 통합을 촉진시킬 수 있는 범위내에서 그리고 헌법의 규범적 효력을 유지해 나가는 데 불가피한 범위에서만 헌법개정은 허용된다고 한다.

4) 구병삭 교수는 헌법개정한계설의 입장에 서면서도 다음과 같이 지적하고 있다(신헌법원론, 46면). ① 어떤 헌법조항이 개정의 한계를 넘었을 때 실질적으로 그것을 어떻게 할 것인가. 즉 헌법개정이 한계를 넘어 무효인 경우, 이에 대한 위헌심사가 가능할 것인가, 특히 국민투표에 의한 개정이 위헌적 일 때 이를 어떻게 저지할 것인가. ② 따라서 위헌적인 개정기도에 대하여 저항권을 행사하도록 하여야 한다.

8.2. 구체적 문제

8.2.1. 헌법전문의 개정

헌법전문의 개정은 헌법의 전문이 헌법의 기본원리를 선언하고 있는 경우 그것은 헌법의 본질적 부분에 해당하는 근본규범에 해당되므로 헌법개정의 대상에서 제외 된다. 다만 기본원리를 수정하지 않는 범위에서의 자구수정은 가능하다.

8.2.2. 헌법개정절차를 개정하는 경우

헌법개정절차조항을 개정하는 경우, 헌법개정절차를 규정한 것을 또다시 개정할 수 있느냐에 관하여 견해가 나누이지만, 헌법개정 절차의 엄격성은 헌법보장 내지는 헌법수호의 수단으로서의 의미를 가지므로 헌법개정절차의 완화는 실질적으로 헌법개정에 의한 헌법침해를 의미하므로 이는 허용되지 않는다고 보아야 한다. 그러나 헌법개정의 요건을 더 엄격하게 하는 것은 가능하다고 본다.[1)]

8.2.3. 개정금지조항을 개정하는 경우

개정금지조항을 개정하는 경우에 있어서 실정헌법상 헌법개정금지조항을 개정할 수 있느냐에 관하여, 개정금지규정을 자유롭게 개정할 수 있다고 한다면 결국 이는 법실증주의에 입각하여 헌법제정권력과 헌법개정권력과의 구별을 인정하지 않아 헌법제정권력의 의의를 상실시키는 결과가 된다. 따라서 개정에 필요한 다수의 요건을 가중하는 개정은 가능하나, 경감하는 개정은 헌법제정권자의 의사에 반하므로 인정되지 않는다.

8.2.4. 연성헌법의 개정

연성헌법의 개정에서도 헌법개정한계를 헌법핵심에 관한 내재적 한계문제로 본다면 연성헌법의 개정에도 경성헌법의 경우와 동일한 한계를 인정해야 한다.

9. 헌법개정의 한계를 무시한 헌법개정행위의 효력

현실적으로 한계를 무시한 개헌이 강행될 경우 그 개헌과 그로 말미암아 개정된 헌법조항의 법적 효력을 어떻게 평가할 것인가가 문제된다. 헌법개정의 한계를 무시한 헌법의 개정행위는 정상적인 헌법개정작용이 아니므로 법적으로 무효이다. 그러나 법적으로 무효일지라도 사실로서 그것이 강행될 경우, 즉 "무효이지만 실제로 적용되고 있다"라는 사태

1) 따라서 경성헌법을 연성헌법으로 변경하는 것은 불가능하지만 의회의 의결 외에 국민투표에 붙이는 절차를 가중하는 것은 가능하다.

가 실제로 발생한다면 이는 헌법개정론의 영역을 벗어난 경우로서 헌법수호제도 및 저항권행사의 문제가 된다.

실제로 헌법개정의 한계를 무시한 개정행위와 그로 말미암아 개정된 헌법조항의 법적 효력을 어떻게 평가할 것인가의 문제가 제기된다.

생각건대 헌법개정의 한계를 무시한 헌법의 개정행위는 정상적인 개정작용이 아니므로 법적으로는 무효이며, 또는 현행헌법을 파괴(헌법파괴)하고 새로운 헌법을 제정한 일종의 혁명행위라고도 할 수 있다. 그러나 위에서 언급한 바와 같이 법이론상으로는 무효라고 할지라도 현실적으로 그것이 무시되고 실제로 시행될 경우, 즉「무효이지만 실제로 적용되는」 상황이 발생한다면 그 개정행위는 이미 헌법개정론의 영역을 벗어난 경우로써 그것은 헌법수호 내지 저항권행사의 문제로서 다루어져야 한다. 그러나 "헌법개정이 실제로 이루어지고 난후에야 비로소 저항권을 행사한다면, 그 의미가 없다. 그러므로 헌법전의 보위 내지는 헌법수호의 방법으로는 위헌적인 개헌행위에 대한 사전 예방적 장치를 마련해두는 것이 가장 효과적인 방법이다.[1] 따라서 위헌적인 헌법개정을 시도하는 하향적 헌법침해에 대하여 사전에 이를 차단하기 위하여 국민적 저항권을 행사 할 수 있도록 제도적 장치를 마련해두는 것이 헌법수호의 차원에서 바람직하다고 할 것이다.

10. 우리나라 헌법상의 헌법개정의 한계

10.1. 내재적 한계(현행헌법의 개정금지조항)

법실증주의학자들은 실정법적 한계 이외에는 자연법상의 원리에 의한 한계는 부정한다.[2] 그러나, 헌법개정권력은 헌법제정권력에 의하여 만들어진 권력이기 때문에 헌법제정권자의 근본결단인 헌법핵은 이를 개정할 수 없다고 하겠다. 따라서 현행 헌법 제1조의 민주공화국 · 국민주권 · 제4조의 국제평화주의, 제7조의 복수정당제도, 헌법전문 및 제4조 등의 자유민주적 기본질서, 핵심적인 기본적 인권, 제120조의 사회적 시장경제의 원칙 등에 관하여는 헌법개정의 한계에 해당하며, 그 근본원칙은 변경할 수 없다고 하겠다.[3]

1) 구병삭, 신헌법원론, 46면.

2) 박일경, 헌법학, 141면.

3) 권영성, 헌법학원론, 58면; 허영 교수는 사회정의구현 · 통일지향성 · 자유주의사상 등 현행헌법의 근본정신과 권력분립주의 · 민주주의 · 평화적 정권교체 · 법치주의 등 정치제도를 들고 있다. 이러한 이론은 헌법개정의 현실을 중요시한 것으로 보인다. 그러나 헌법핵은 헌법제정권자의 결정이므로 이를 개정하는 것은 새로운 헌법의 제정일 수는 있으나 그 개정일 수는 없다.

10.2. 외재적 한계

외재적 한계는 자연법론자들의 주장으로서 초헌법적인 인간의 존엄과 가치 등 자연권은 헌법개정권력에 의해서도 개정할 수 없다고 한다.1) 이것은 자연법이 실정헌법의 상위에 있다고 보아 자연권의 침해를 내용으로 하는 헌법개정은 그 효력이 없다고 한다. 그러나, 우리 헌법과 같이 천부인권, 불가양 · 불가침의 기본권을 인정하고 있는 경우, 이는 헌법의 이념에 해당하며, 따라서 헌법내재적 한계로도 이해할 수 있을 것이다. 따라서 제9조의 인간의 존엄과 가치, 제10조의 평등의 원칙, 제11조의 신체의 자유, 제18조의 양심의 자유, 제19조의 종교의 자유, 제20조의 언론의 자유 등에 관하여는 개정하더라도 그 전면적인 배제와 삭제를 할 수 없는 것이다.

10.3. 실정법적 한계

헌법 자체에 명문규정을 두어 헌법개정을 금지한 경우 이를 실정법적 한계라고 한다. 제1공화국의 제2차 개정헌법은 「국민주권주의, 민주공화국가, 국민투표에 관한 규정은 개폐할 수 없다」라고 규정하고 있었다. 현행헌법은 구헌법과는 달리 대통령임기조항의 개정(제128조 제2항)을 원칙적으로 제한하고 있다.

10.4. 헌법 제128조 제2항의 성격

10.4.1. 인적 효력범위제한설

헌법 제128조 제2항은 "대통령의 임기연장 또는 중임변경을 위한 헌법개정은 그 헌법개정 제안 당시의 대통령에 대하여는 효력이 없다"고 규정하고 있다. 학설은 일반적으로 실정헌법상의 개정금지조항이 아니므로 대통령의 임기연장이나 중임변경을 위한 헌법개정도 가능하나 다만 대통령의 장기집권을 방지하기 위하여 헌법개정 제안 당시의 대통령에 대해서만 개정의 효력을 배제한다(인적 효력 제한설)는 헌법개정효력의 적용대상제한조항으로 이해하고 있다.2) 즉 헌법 제128조 제2항은 대통령의 임기연장 또는 중임변경을 위한 헌법개정을 금지한다는 실정헌법상의 개정금지조항이 아니라, 다만 대통령의 장기집권을 방지하기 위하여 헌법개정 제안 당시의 대통령에 대해서만 개정의 효력을 배제한다는 헌

---

1) 허영 교수는 헌법초월적 한계는 헌법개정시에만 문제되는 것이 아니고 국가의 생활과정에서 항상 영향을 미치는 요인들이므로 헌법의 실현(Verwirklichung der Verfassung)과 더욱 밀접한 관계가 있다고 한다. 헌법의 실현이란 헌법의 규범성에 입각해서 헌법정신에 맞도록 사회현실을 형성해 나가는 것, 즉 헌법규범을 사회현실에 적용해서 구체화하는 것을 말한다고 한다.

2) 권영성; 허영; 계희열 교수는 헌법 제128조 제2항에 대하여 이는 헌법개정한계조항이 아니라 다만 개정된 헌법의 효력의 인적 적용범위를 제한하는 규정이라고 본다.

법개정효력의 적용대상제한조항을 의미할 따름이라는 것이다.[1)2)]

10.4.2. 개정헌법의 효력 소급적용제한설

김철수 교수는 헌법 제128조 제2항은 대통령의 임기연장 또는 재임변경을 위한 헌법개정은 그 헌법개정당시의 대통령에 대하여는 효력이 없다」고 규정하고 있는 바 이를 헌법개정한계조항으로 보기는 어렵고 개정된 헌법의 효력을 소급해서 적용하는 것을 제한하는 규정으로 보아야 한다고 한다.[3)4)]

10.4.3. 상대적 개정한계조항설

이설은 실정헌법적 개정한계를 절대적인 것과 상대적인 것으로 나누고, 절대적인 개정한계조항은 헌법의 기본적 동일성을 형성하는 요소로서 언제나 개정이 금지되지만, 상대적인 개정한계조항은 그 나라의 헌법이 처한 역사적, 정치적 특수상황을 반영하여 잠정적인 개정한계를 둔 것으로서 이러한 특수상황이 제거되면 더 이상 개정이 금지되지 않는다고 한다. 바로 헌법 제128조 제2항은 이 조항이 헌법에 들어오게 된 연혁이나 대통령 중임금지 규정의 헌정사적 의미를 볼 때 우리나라의 헌법이 처한 역사적, 정치적 특수상황을 반영하는 상대적인 개정한계조항으로 본다(김선택).

II. 위헌적인 헌법개정의 구제수단

1. 헌법개정과정에 하자가 있는 경우에 대한 구제수단

1.1. 대통령에 대한 탄핵소추

헌법개정이 절차적, 내용적 한계를 넘은 것이라면 대통령이 그러한 한계를 넘은 헌법개정안을 공고하는 행위는 위헌적인 것이므로 탄핵소추의 사유가 된다.

1.2. 국회의 자율권의 한계와 사법심사가능성

국회의 자율권도 헌법이나 법률을 위반하지 않는 범위내에서 허용되어야 하고 따라서

---

1) 권영성, 헌법학원론, 59면.
2) 정회철, 헌법, 한울 아카데미, 59면.
3) 김철수, 헌법학(상), 100면.
4) 김선택, 법문사, 헌법사례, 2000, 26-27면. 헌법개정의 내용적 한계유월여부 헌법 제128조 제2항의 해석에 대한 학설 중 개정헌법의 효력 소급적용제한설 참조.

명백하고 현저한 의사절차의 하자(흠)가 있는 경우 국회의사절차의 위법에 대해서도 헌법재판이 가능하다.

1.3. 권한쟁의심판의 청구가능성

국회의원과 국회의장이 권한쟁의심판의 당사자 능력이 있는지에 대해 헌법재판소는 헌법에 의해 설치된 기관이고 헌법과 법률에 의하여 독자적인 권한을 부여받고 있고, 권한쟁의를 해결할 수 있는 적당한 기관이나 방법이 없음을 이유로 국회의원과 국회의장의 당사자능력을 인정하였다.[1]

1.4. 위헌법률심판의 제기가능성

헌법 제107조 제1항은 '법률'이 헌법에 위반되는지 여부를 심판할 수 있다고 규정하고 있고 이 '법률'을 국회에서 제정한 형식적 의미의 법률(또는 효력상 그에 준하는 명령이나 조약 등)에 국한하는 것으로 보아야 한다면 이 절차에 의해 헌법의 위헌성을 심판하지는 못한다고 할 것이다.

헌법재판소도 헌법 제111조 제1항 제1호, 제5호 및 헌법재판소법 제41조 제1항, 제68조 제2항은 위헌심사의 대상이 되는 규범을 '법률'로 명시하고 있으며, 여기서 '법률'이라고 함은 국회의 의결을 거쳐 제정된 이른바 형식적 의미의 법률을 의미하므로 헌법의 개별규정 자체는 헌법소원에 의한 위헌심사의 대상이 아니고 헌법은 전문과 각 개별조항이 서로 밀접한 관련을 맺으면서 하나의 통일된 가치체계를 이루고 있는 것으로서, 헌법의 제규정 가운데는 헌법의 근본가치를 보다 추상적으로 선언한 것도 있고, 이를 보다 구체적으로 표현한 것도 있으므로 이념적 · 논리적으로는 헌법규범 상호간의 우열을 인정할 수 있는 것이 사실이나 이때 인정되는 헌법규범상호간의 우열은 추상적 가치규범의 구체화에 따른 것으로서 헌법의 통일적 해석에 있어서는 유용할 것이지만, 그것이 헌법의 어느 특정규정 상호간에 효력상의 차등을 의미하는 것이라고는 볼 수 없으므로 헌법의 개별규정에 대한 위헌심사는 불가능하다고 하고 있다.[2]

1.5. 헌법소원심판의 청구가능성

1.5.1. 공권력행사에 포함되는가

헌법개정권력의 행사가 헌법재판소법 제68조 제1항의 '공권력행사'에 포함되는지 문제된다. 헌법개정권력은 헌법제정권력과는 달리 헌법에 의하여 창설되고 조직되는 권력이

---

1) 헌재결 1995. 2. 23, 90헌마125; 헌재결 1997. 7. 16, 96헌라2【국회의원과 국회의장간의 권한쟁의】
2) 김선택, 법문사, 헌법사례 36면. 헌재결 1996. 6. 13, 94헌바20【헌법 제29조 제2항 등 위헌소원】

고 국가내적인 권력으로서 이를 행사하는 국민을 일종의 국가기관으로 볼 수 있으므로 공권력의 행사로 보는 견해가 있으나, 헌법재판소는 헌법개정권력의 주체가 국민이라는 점을 강조하여 헌법개정은 공권력의 행사에 포함되지 않는다고 하고 있다.

1.5.2. 국회의원의 기본권 침해 및 청구인적격 인정여부

헌법소원은 기본권의 주체로서 국민만이 청구할 수 있고 기본권을 보호 내지 실현할 책임과 의무를 지니는 국가기관이나 그 일부는 헌법소원을 청구할 수 없으므로 청구인적격이 인정되지 아니한다.

1.5.3. 국회의원의 침해된 기본권이 있는지 여부(헌법소원심판)

국회의원의 심의·표결권은 국가기관인 국회의 구성원의 지위에 있는 국회의원에게 부여된 권한이지 기본권은 아니다. 따라서 국회의원이 자신의 심의·표결권침해를 기본권 침해라 하여 헌법소원심판을 청구할 수는 없다.[1)]

1.6. 국민투표무효소송

국민투표의 효력에 관하여 이의가 있는 투표인은 투표인 10만 이상의 찬성을 얻어 중앙선거관리위원회위원장을 피고로 하여 국민투표무효소송을 투표일로부터 20일 이내에 대법원에 제소할 수 있다.

2. 개정된 헌법에 대한 법적 구제수단

2.1. 헌법의 개별규정에 대한 위헌심사문제

헌법 제111조 제1항 제1호 및 헌법재판소법 제41조 제1항은 위헌법률심판의 대상에 관하여 법률이 그 대상임을 명문으로 규정하고 있으며, 이 경우 법률의 의미는 국회의 의결을 거친 형식적 의미의 법률을 의미한다. 따라서 현행 헌법 제6조 제1항의 규정에 따라 형식적 의미의 법률과 동일한 효력을 갖는 조약 등은 포함된다고 볼 것이지만 헌법의 개별규정 자체는 그 대상이 아님이 명백하다.[2)] 우리 헌법의 각 개별규정 가운데 무엇이 헌법제정규정이고 무엇이 헌법개정규정인지를 구분하는 것이 가능하지 아니할 뿐 아니라, 각 개별규정에 그 효력상의 차이를 인정하여야 할 형식적인 이유도 찾을 수 없다. 이와 같은 점과 현행 헌법 및 헌법재판소법의 명문의 규정취지에 비추어, 헌법제정권과 헌법개정권의 구별론이나 헌법개정한계론은 그 자체로서의 이론적 타당성 여부와 상관없이 헌법의 개별

---

1) 헌재결 1995. 2. 23, 90헌마125 【입법권침해 등에 대한 헌법소원】

2) 헌재결 1996. 6. 13, 94헌바20 【헌법 제29조 제2항 등 위헌소원】

규정에 대하여 위헌심사를 할 수 있다는 논거가 될 수 없다.[1)]

결국 헌법 제107조 제1항은 '법률'이 헌법에 위반되는지 여부를 심판할 수 있다고 규정하고 있고 이 '법률'을 국회에서 제정한 형식적 의미의 법률(또는 효력상 그에 준 하는 명령이나 조약 등)에 국한하는 것으로 보아야 한다면 이 절차에 의해 헌법의 위헌성을 심판하지는 못한다고 할 것이다.

> 헌재결 1996. 6. 13, 94헌바20【헌법 제29조 제2항 등 위헌소원】
>
> 헌법재판소도 헌법 제111조 제1항 제1호, 제5호 및 헌법재판소법 제41조 제1항, 제68조 제2항은 위헌심사의 대상이 되는 규범을 '법률'로 명시하고 있으며, 여기서 '법률'이라고 함은 국회의 의결을 거쳐 제정된 이른바 형식적 의미의 법률을 의미하므로 헌법의 개별규정 자체는 헌법소원에 의한 위헌심사의 대상이 아니고 헌법은 전문과 각 개별조항이 서로 밀접한 관련을 맺으면서 하나의 통일된 가치체계를 이루고 있는 것으로서, 헌법의 제규정 가운데는 헌법의 근본가치를 보다 추상적으로 선언한 것도 있고, 이를 보다 구체적으로 표현한 것도 있으므로 이념적·논리적으로는 헌법규범 상호간의 우열을 인정할 수 있는 것이 사실이나 이때 인정되는 헌법규범상호간의 우열은 추상적 가치규범의 구체화에 따른 것으로서 헌법의 통일적 해석에 있어서는 유용할 것이지만, 그것이 헌법의 어느 특정규정 상호간에 효력상의 차등을 의미하는 것이라고는 볼 수 없으므로 헌법의 개별규정에 대한 위헌심사는 불가능하다고 하고 있다.[2)]

2.2. 헌법소원심판의 제기가능성문제

헌법개정권력의 행사가 헌법재판소법 제68조 제1항의 '공권력행사'에 포함되는지 문제된다. 헌법개정권력은 헌법제정권력과는 달리 헌법에 의하여 창설되고 조직되는 권력이고 국가내적인 권력으로서 이를 행사하는 국민을 일종의 국가기관으로 볼 수 있으므로 공권력의 행사로 보는 견해가 있으나, 생각건대 국민투표에 의하여 확정된 현행 헌법의 성립과정과 헌법 제130조 제2항이 헌법의 개정을 국민투표에 의하여 확정하도록 하고 있음에 비추어, 헌법은 그 전체로서 주권자인 국민의 결단 내지 국민적 합의의 결과라고 보아야 할 것으로, 헌법의 규정을 헌법재판소법 제68조 제1항 소정의 공권력 행사의 결과라고 할 수 없다.[3)] 헌법재판소도 헌법개정권력의 주체가 국민이라는 점을 강조하여 헌법개정은 공권력의 행사에 포함되지 않는다고 하고 있다. 따라서 헌법소원심판은 제기할 수 없다.

---

1) 헌재결 1996. 6. 13, 94헌바20【헌법 제29조 제2항 등 위헌소원】

2) 김선택, 헌법사례, 법문사, 36면; 헌재결 1996. 6. 13, 94헌바20【헌법 제29조 제2항 등 위헌소원】

3) 헌재결 1996. 6. 13, 94헌바20【헌법 제29조 제2항 등 위헌소원】

2.3. 기본권침해 및 청구인 적격 문제

불평등한 피선거권제한으로서 헌법에 규정된 평등원칙과 평등권을 침해하는 것으로 볼 수 있으나, 문제는 헌법개정제안 당시의 대통령이나 중임을 마친 대통령 외에는 평등권을 직접 침해당한 사람이 없다는 점이다. 따라서 이러한 대통령이 있기 전까지는 청구인 적격을 갖는 자는 없게 된다.

3. 저항권행사여부

3.1. 대법원의 태도

저항권이 실정법에 근거를 두지 않고 오직 자연법에만 근거하고 있는 한 법관은 이를 재판규범으로 원용할 수는 없다. 더구나 오늘날 저항권의 존재를 긍정하는 학자 사이에서도 그 구체적 개념의 의의, 내용이나 성립요건에 관해서는 견해가 일치하지 않아 결국 추상적 개념상태에 머물 수 밖에 없고, 이미 저항권의 존재를 선언한 몇 개의 입법례도 그 구체적 요건은 서로 다르다. 따라서 대법원은「헌법 및 법률에 저항권에 관하여 아무런 규정이 없는 우리나라의 현 단계에서는 더욱이 이 저항권이론을 재판의 준거규범으로 채용하기를 주저하지 않을 수 없다」[1)]하여 저항권의 행사를 부정하였다.

3.2. 헌법재판소의 태도

헌법재판소는「저항권은 국가권력에 의하여 헌법의 기본원리에 대한 중대한 침해가 행하여지고 그 침해가 헌법의 존재자체를 부인하는 경우 다른 합법적인 구제수단으로는 목적을 달성할 수 없을 때에 국민이 자기의 권리, 자유를 지키기 위하여 실력으로 저항하는 권리」[2)]라고 하여 헌법보호수단으로서의 저항권을 인정하지만 입법과정상의 하자는 저항권의 행사의 대상이 아니라고 보았다.

---

1) 대판 1980. 5. 20, 80도316; 동지판례 : 대판 1975. 4. 8, 74도3323【대통령긴급조치위반 · 국가보안법위반 · 내란, 예비, 음모· 내란, 선동 · 반공법위반 · 뇌물공여】

2) 헌재결 1997. 9. 25, 97헌가4【노동조합및노동관계조정법 등 위헌제청】

제 3 절 헌법변동 · 헌법변천

제 1 항 헌법변동

I. 의의

헌법변동이라 함은 헌법개정에 해당되지 아니하는 행위로 말미암아 헌법이 변경되는 것을 말한다. 즉 헌법에 규정된 개정절차를 따르지 아니하고 헌법이 변경되는 경우나, 개정절차를 준수했다 할지라도 헌법(전 · 후 헌법)의 기본적 동일성이 상실된 경우를 말한다. 따라서 이는 헌법개정과는 구별되는 인접개념이다. 헌법변동은 ① 헌법개정의사가 없고(주관적), ② 헌법개정절차를 무시한다(객관적)는 점에서 헌법개정과 구별되며, ③ 헌법변동을 의식적 · 명시적으로 행한다는 점에서 암묵적(묵시적)으로 변경되는 헌법변천과 구별된다.

[참고]

C. Schmitt는 헌법의 개정과 구별되는 인접개념으로서 헌법의 파괴 · 폐제 · 침해 · 정지 · 변천을 들고 있다. 이러한 일련의 개념을 헌법의 변동이라고 한다고 한다[1]고 한다. ☜ (비판) 헌법변천을 헌법변동에 포함시키고 있으나, 헌법변동은 헌법을 의식적 · 명시적으로 변경시키는 것이지만, 헌법변천은 그것이 암묵적 · 묵시적으로 이루어진다는 점에서 별개의 독립된 항목에서 다루어야 한다.

헌법변동
- 헌법침해
- 헌법정지
- 헌법폐지(제거 · 교체)
- 헌법파괴

1) C. Schmitt, Verfassungslehre, S. 99 f.

「보충설명」

헌법변동의 유형에 관하여 국내 헌법학자들은 독일어의 번역을 각각 달리하고 있다.

원어	김백유	권영성	김철수	허영	김기범
Verfassungsdurchbrechung	헌법침해	헌법침해	헌법침훼	헌법침식	헌법파훼
Verfassungssuspension	헌법정지	헌법정지	헌법정지	헌법정지	헌법정지
Verfassungsbeseitigung	헌법폐지 (제거 · 교체)	헌법폐제 (교체 · 개편)	헌법폐지 (대체)	헌법제거	헌법폐지
Verfassungsvernichtung	헌법파괴	헌법파괴	헌법파기 (폐기)	헌법파괴 (폐지)	헌법파괴

헌법변동	전 · 헌법의 기본적 동일성	의식적	헌법변경		비고
			형식	내용	
헌법침해	○	○	×	○	① 헌법변경이 없음에도 불구하고 헌법규정에 직접적으로 위배되는 조치(위헌적 명령발포 등)를 취할 때 나타나는 헌법현상 ② 당해 헌법조항의 효력이 일시적으로 중단되거나 상실됨이 없이 계속지속. 헌법조항 효력이 「계속적 폐지」 혹은 「일시적 중단」도 되지 않는다는 전제하에, 하나 혹은 다수의 헌법조항에 시행되는 침범 (예 : 비상계엄) ③ Weimar헌법 제48조 제2항(김철수 교수), 우리 헌법 제77조(비상계엄선포) → 위헌임을 인식 → 본래의 헌법조항은 불변적으로 효력 지속 → 국가계속성 유지
헌법정지	○	○	×	○	① 특정한 헌법조항의 효력을 일시 중단 → 확정적인 변경을 초래하는 헌법개정과 구별 ② 일부 혹은 다수의 헌법조항 효력의 「일시적 중단」 : 확정적 변경을 초래하는 헌법개정과 구별 → 국가계속성 유지 ③ 합헌적 헌법정지 : Weimar 헌법 제48조 제2항(권영성 교수), 유신헌법 제53조(긴급조치) ④ 위헌적 헌법정지 : 1961. 5. 16(국가재건비상조치) 1972. 10. 17(비상조치) 1980. 5. 17(국가보위비상대책위원회)
헌법폐지	○	○	○	○	① 넓은 의미의 혁명(정부전복), 헌법전만 배제(헌법제정권력의 주체는 변경이 없으며 정변이나 쿠데타 등에 의한 정권담당자의 교체를 의미), ② 기존의 헌법개정절차에 따라 기존의 헌법이 개폐되는 것이 아님, ③ 1958년 프랑스 드골헌법
헌법파괴	×	○	○	○	① 좁은 의미의 혁명(국가전복), 기존 헌법 → 소멸 ② 기존의 헌법제정권력의 배제 · 교체(헌법제정권력의 주체가 변경) ③ 예 : 1789년 프랑스 혁명, 1917년 러시아(볼셰비키) 혁명 ☜ **진정한 의미의 혁명(국가계속성 파괴)**

II. 헌법침해(Verfassungsdurchbrechung)

1. 의의

헌법침해[1]는 위헌임을 인식하면서, 의식적으로 헌법조항에 위반되는 명령 · 규칙 · 처분이나 기타의 공권력을 행사하는 것을 말한다. 침해당하는 헌법조항은 이로 말미암아 개정 · 폐지 혹은 그 효력이 일시적으로 중단되는 것도 아니기 때문에, 그 조항의 헌법적 효력은 계속하여 지속된다. 이러한 헌법의 침해는 바이마르 헌법 아래서 자주 행해졌다. 헌법의 침해는 형식상 기존의 헌법을 배제하거나 헌법의 조항을 개변하는 것이 아니며 또 침해상태가 제거되면 침해되었던 조항이 다시 계속해서 효력을 가지기 때문에 헌법개정과 구별된다. 헌법폐지와 다른 점은 헌법조항의 효력은 계속되나 '특정한 경우(예 : 비상계엄)'에 헌법조항에 반대 혹은 위배(기본권제한 등)되는 조치를 하는 것이다. 헌법제정권력이 유지되는 한 국가계속성(Kontinuität des Staates)은 계속 유지된다.[2]

2. 종류

2.1. 헌법경시적 헌법침해
(verfassungmi ß achtende Verfassungsdurchbrechung)

헌법이 의회해산에 관한 규정을 명문화하고 있지 않거나 헌법이 의회해산을 금지하고 있음에도 불구하고, 대통령이 군소정당의 난립 등으로 인하여 발생한 정당분열로 말미암아 정치활동능력(Handlungsfähigkeit)을 상실한 의회를 해산하는 경우,[3] 혹은 정치적 필요에 의하여 국가비상사태하에 기본권제한을 위한 입법을 행하는 경우가 그것이다. 예를 들면 1851년 12월 2일 나폴레옹(Louis Napoleon)이 행한 쿠데타와 국회해산(1848년 11월 4일의

---

1) 헌법침해는 침해당하는 본래의 헌법조항의 효력이 일시적으로 정지(Suspension)되거나 개정(Änderung) · 폐지(Beseitigung)되는 것이 아니라, 그 조항의 헌법적 효력은 '계속적으로 존속'되나, 다만 (일시적으로) 輕視(Mißachtung)당하는 것이기 때문에 필자는 이를 헌법침해라고 한다(김철수 교수는 이를 헌법침훼(侵毁)라고 번역(헌법학(상), 111면)하고, 권영성 교수는 「헌법침해」라고 하여(헌법학원론, 법문사) 저자와 동일하게 번역한다). 즉 헌법침해는 위헌임을 인식하면서, 의식적으로 헌법조항에 위반되는 명령 · 규칙 · 처분이나 기타의 공권력을 행사하는 것을 말한다. 침해당하는 헌법조항은 이로 말미암아 개정 · 폐지 혹은 그 효력이 일시적으로 중단되는 것도 아니기 때문에, 그 조항의 헌법적 효력은 계속하여 지속된다. 헌법폐지와 다른 점은 헌법조항의 효력은 계속되나 '특정한 경우(예 : 비상계엄)'에 헌법조항에 반대 혹은 위배(기본권제한 등)되는 조치를 하는 것이다. 헌법제정권력이 유지되는 한 국가계속성(Kontinuität des Staates)은 계속 유지된다(C. Schmitt, Verfassungslehre, S. 93).

2) C. Schmitt, Verfassungslehre, S. 93.

3) C. Schmitt, Verfassungslehre, S. 100.

프랑스 헌법 제68조에는 국회해산을 명문으로 금하고 있었음) 및 유신헌법(1972. 12. 27 공포)을 탄생시키기 위해 1972년 10월 17일 19시를 기해 국회를 해산한 것과 같이 제3공화국 헌법에는 없던 박정희 대통령의 국회해산권의 행사 등이 그것이다.

- 1851년 12월 2일 Louis Napoleon이 행한 쿠데타와 국회해산(1848년 11월 4일의 프랑스 헌법 제68조에는 국회해산을 명문으로 금하고 있었음)
- 유신헌법(1972. 12. 27 공포)을 탄생시키기 위해 1972년 10월 17일 19시를 기해 국회를 해산한 것과 같이 제3공화국헌법에는 없던 박정희 대통령의 국회해산

헌법경시적 헌법침해는 헌법전을 명시적으로 고치지 않은 채 헌법개정에 필요한 정족수의 의결절차만을 거쳐 헌법의 어떤 규범내용과 다른 조치를 취하는 것을 뜻하기 때문에 이는 잠복식 헌법개정이라 부를 수 있다. 특히 독일 바이마르공화국 헌법의 운영과정에서 이와같은 사례가 빈번했다. 이러한 파행적 헌법운영을 방지하기 위하여 현행 Bonn 기본법 제79조 제1항에서는 헌법전의 명시적인 수정 · 삭제 · 증보에 의한 헌법개정방법만을 인정하고 있다.[1]

2.2. 헌법존중적 헌법침해 (verfassungachtende Verfassungsdurchbrechung)

이는 헌법에서 헌법침해를 스스로 인정하고 있는 경우이다. 예를 들면 바이마르공화국헌법 제48조 제2항에 의한 대통령비상조치와, 한국 헌법 제77조 제3항의 비상계엄이 선포된 경우와 같이 헌법의 개별적 특정 조항을 침해하도록 규정하고 있는 것이 그 예이다.

헌법 제77조 제3항: 비상계엄이 선포된 때에는 법률이 정하는 바에 의하여 영장제도, 언론 · 출판 · 집회 · 결사의 자유, 정부나 법원의 권한에 관하여 특별한 조치를 할 수 있다.

---

1) 허영, 한국헌법론, 49면 참조.

III. 헌법정지(Verfassungssuspension)

1. 의의

헌법정지라 함은 헌법의 특정조항의 일부의 효력을 일시적으로 중단시키는 것이다. 이점에서 종국적으로 그 효력을 변경 · 상실하게 하는 헌법개정(Verfassungsänderung)과 구분된다. 이에는 합헌적 헌법정지와 위헌적 헌법정지가 있다.[1)]

2. 종류

2.1. 합헌적 헌법정지

㉠ 일본의 명치헌법 제31조: 헌법자체가 일정한 경우를 정하여 헌법의 정지를 인정.

㉡ 바이마르 공화국헌법 제48조 제2항(대통령비상대권): 독일국내에 공공의 안녕질서에 중대한 침해가 발생하거나 침해가 발생할 우려가 있을 경우에는, 대통령은 공공의 안녕질서를 회복하기 위하여 필요한 조치를 하고, 필요한 경우에는 군대병력을 사용할 수 있다. 이를 위하여 대통령은 일시적으로 헌법 제114조(신체의 자유), 제115조(주거의 자유), 제117조(통신의 비밀), 제118조(언론의 자유), 제123조 (집회의 자유), 제124조 및 제153조(소유권의 보장과 공용징수)에 정한 기본권의 전부 혹은 일부를 정지할 수 있다.

㉢ 제4공화국의 유신헌법 제53조(긴급조치의 발동):

① 대통령은 천재 · 지변 또는 중대한 재정 · 경제상의 위기에 처하거나, 국가의 안전보장 또는 공공의 안녕질서가 중대한 위협을 받거나 받을 우려가 있어, 신속한 조치를 취할 필요가 있다고 판단할 때에는 내정 · 외교 · 국방 · 경제 · 재정 · 사법 등 국정전반에 걸쳐 필요한 긴급조치를 할 수 있다.

② 대통령은 제1항의 경우에 필요하다고 인정할 때에는 이 헌법에 규정되어 있는 국민의 자유와 권리를 잠정적으로 정지하는 긴급조치를 할 수 있고, 정부나 법원의 권한에 관하여 긴급조치를 할 수 있다.

③ 제1항과 제2항의 긴급조치를 한 때에는 대통령은 지체없이 국회에 통고하여야 한다.

④ 제1항과 제2항의 긴급조치는 사법적 심사의 대상이 되지 아니한다.

⑤ 긴급조치의 원인이 소멸한 때에는 대통령은 지체없이 이를 해제하여야 한다.

---

1) 바이마르공화국헌법 제48조 제2항과 유신헌법 제53조(긴급조치의 발동)에 따라 특정의 헌법조항의 효력을 잠정적으로 정지시킨 경우는 전자에 해당하고, 헌법 자체에 명문의 규정이 없었던 5 · 16 이후의 국가비상조치에 의한 헌법정지와 1972년의 10 · 27 비상조치 그리고 1980년의 국가보위비상대책위원회의 5 · 17조치에 의한 헌법정지는 후자에 해당한다.

⑥ 국회는 재적의원과반수의 찬성으로 긴급조치의 해제를 대통령에게 건의할 수 있으며, 대통령은 특별한 사유가 없는 한 이에 응하여야 한다.

2.2. 위헌적 헌법정지

㉠ 5 · 16 이후의 국가비상조치법에 의한 헌법정지 : 헌법자체에 明文의 규정이 없었기 때문

㉡ 1972년 10월 17일의 비상조치 - 1972. 10. 17. 19시를 기하여 국회를 해산하고(대통령에게 국회해산권이 없었음에도 불구하고) 정당의 정치활동을 중지시키는 등 헌법의 일부조항의 효력을 정지

㉢ 1980년 국가보위비상대책위원회의 5 · 17조치

IV. 헌법폐지(헌법제거 : Verfassungsbeseitigung) · 헌법교체 (Verfassungswechsel)

1. 헌법제정권력의 주체적 동일성

헌법폐지[1]라 함은 헌법제정권력의 주체는 그대로 동일하게 존속하면서(따라서 헌법파괴와 다르다), 기존헌법을 배제하는 것을 말한다. 쿠데타(정변 : Staatsstreich → 정변은 이미 정권을 담당하고 있는 국가의 수뇌부가 어떤 개혁을 목적으로 행하는 경우[2])등에 의한 정권담당자의 교체를 의미한다. 헌법의 폐지는 舊헌법(전)을 폐지하고 新헌법(전)을 편성하는 것을 의미하며, 법률적 성격은 형식적 의미에서는 헌법제정이고 실질적 의미에서는 헌법교체 또는 헌법의 개편을 의미한다.[3] 즉 헌법의 폐지는 헌법개정의 형식적 요건을 무시한 것이기 때문에 헌법개정과 구별된다.

형식적 의미 → 헌법제정(전면개헌)
실질적 의미 → 헌법교체(Verfassungswechsel) · 헌법대체[4] 혹은 헌법개혁을 의미

1) 헌법폐제(권영성, 헌법학원론, 법문사)라고 칭하기도 하고 헌법교체(Verfassungswechsel), 혹은 헌법의 제거(허영, 한국헌법론)라고도 한다. 김철수 교수는 헌법폐지(Verfassungsbeseitigung)라는 용어를 사용한다(김철수, 헌법학(상), 100면).

2) 허영, 한국헌법론, 116면, 각주 1) 참조.

3) 프랑스에서 1946년 헌법을 폐지하고 1958년의 드골헌법을 탄생시킨 것이 그 예라 할 수 있다.

4) 김철수 교수는 헌법대체라는 용어를 사용한다(김철수, 헌법학(상), 110면).

「예」:
㉠ 1958년의 프랑스 드골(De Gaulle) 헌법의 성립에 의한 기존헌법의 폐지
㉡ 한국의 제4공화국헌법(1972 유신헌법)의 성립에 의한 제3공화국헌법의 폐지

김철수 교수: 「헌법제정이라고 보는 경우 헌법제정권력행사의 한계를 일탈한 것인가가 논의될 수 있으나, 이는 헌법제정권력의 한계내에서 제정된 것이기 때문에 헌법폐기(김철수 교수는 Verfassungsvernichtung을 헌법폐기라 한다)가 아니고 헌법의 대체(Verfassungswechsel)로 보아야 할 것이다」[1)]
☜ 실질적 의미의 헌법대체는 헌법폐지

문홍주 교수: 「10월유신의 조치는 개정이라는 용어를 사용하고 있으나, 이것은 구헌법질서에 따른 개정이 아니기 때문에 이는 舊헌법하에서는 법적으로 불가능한 것이고, 사실상 「하향식 혁명조치」이며, 이에 따라 「제3공화국헌법은 폐지되고 제4공화국헌법이 제정된 것이다」. 이러한 문홍주 교수의 견해는 Carl Schmitt의 견해에 충실한 것이다.[2)]

허영 교수: '헌법의 제거(Verfassungsbeseitigung)'는 오늘날의 헌법국가에서는 별로 실용상의 의미가 없다고 주장하면서, 그 이유는 오늘의 헌법국가에서는 어떠한 정치적인 변혁도 국민주권의 원리를 부정하지 않고 정변에 의하여 헌법을 다른 헌법으로 바꾸는 경우에도 형식적으로는 헌법개정(개혁)의 절차와 모양을 갖추려고 노력하기 때문이라고 한다.[3)]

2. 국가계속성의 존속

이 경우 헌법제정권력은 그대로 존속하므로 국가계속성(Kontinuität des Staates)은 유지된다.[4)] 따라서 국제법상, 외국과의 관계에 있어서도 정치적 통일체의 계속성이 인정된다. 이러한 계속성으로부터 국법상으로는 지금까지 시행되어온 법률과 명령이 새로운 규정(Regelung)에 저촉되지 않는 범위내에서는 특별한 계승·계수행위 없이 그 효력을 지속한다.[5)]

프랑스혁명과 1848년, 1851년, 1852년, 1870년의 경우 헌법폐지(Verfassungsbeseitigung), 혹은 헌법침해(Verfassungsdurchbrechung)를 통한 헌법교체(Verfassungswechsel)가 있었으나 프랑스 국민의 헌법제정권력은 그대로 유지·승인 되었다. 여기서는 프랑스 국가의 불계속성 문제는 발생하지 않았다.[6)]

---

1) 김철수, 주권·헌법제정권력·헌법개정권력, 26면.
2) 김철수, 주권·헌법제정권력·헌법개정권력, 26면.
3) 허영, 한국헌법론, 50면.
4) C. Schmitt, Verfassungslehre, S. 93.
5) C. Schmitt, Verfassungslehre, S. 93-94.
6) C. Schmitt, Verfassungslehre, S. 93.

V. 헌법파괴(Verfassungsvernichtung)

1. 헌법제정권력의 변경

헌법파괴[1]는 기존의 성문헌법을 소멸시킬 뿐만 아니라, 동시에 그 헌법의 토대가 되어 있는 헌법제정권력까지도 배제하는 것을 말한다. 이는 헌법제정권력의 주체가 교체되는 것이므로, 前 · 後헌법(구헌법과 신헌법)이 「기본적 동일성」을 유지하지 못한다.[2] 따라서 이는 진정한 의미(좁은 의미)의 혁명(Revolution)에 해당된다. 이와 같이 헌법파괴(Verfassungsvernichtung)는 민주혁명을 통하여 군주의 헌법제정권력이, 또 쿠데타나 정변(Staatsstreich) 혹은 군주제도를 옹호하는 군주정적 혁명(monarchische Revolution)을 통하여 인민의 헌법제정권력이 제거될 수 있다. 이 경우에는 헌법제정권력의 변경과 완전한 헌법파괴가 일어나게 된다.[3] 헌법파괴 후 생겨나는 새헌법과 파괴된 구 헌법은 전혀 다른 것이므로, 형식적으로는 개정의 형식을 취하더라도 새 헌법은 제정된 것으로 보아야 한다.

「헌법제정권력의 변경」
→ 민주혁명을 통한 군주의 헌법제정권력의 변경
→ 정변(쿠데타)에 의한 헌법제정권력의 변경
→ 군주정적 혁명에 의한 인민의 헌법제정권력의 변경

* 주의: 저자(김백유)는 쿠데타(정변)에 의해서 헌법제정권력이 변경될 수 있다는 의미이지 혁명과 쿠데타(정변)가 같은 개념이라는 의미로 사용한 것은 아니다.

「예」:
- 1789년 프랑스혁명 및 1793년: 루이 16세의 절대군주제헌법폐기
- 1917년 11월 러시아 혁명: 帝政 러시아 헌법의 폐기
- 1918년 11월혁명: 비스마르크헌법의 폐기 → Weimar 공화국의 헌법제정(1919)
- 1947년 (戰後 일본의) 국민주권적 「일본국헌법」 제정 → 일본의 명치헌법(舊憲法) 폐기
  ☜ 종전의 천황이 가지던 헌법제정권력이 국민에게 이전

---

1) 헌법폐기, 헌법파기라고도 한다.
2) 헌법의 파괴는 무력혁명과 같은 급격한 방법으로 이루어지는 경우도 있고, 헌법에 규정된 개정절차에 따라 평화적인 방법으로 진행되는 경우도 있다. 프랑스에 있어서 1789년의 대혁명에 의한 루이 16세의 절대군주제헌법의 파괴, 러시아에 있어서 1917년 11월혁명에 의한 제정러시아헌법의 파괴, 독일에 있어서 1918년 11월혁명에 의한 비스마르크헌법의 파괴 등은 전자에 해당한다. 그리고 일본에서 1947년 국민주권의 신헌법(일본국헌법)을 제정하기 위하여 군주제의 구헌법(명치헌법)을 소멸시킨 것은 후자에 해당한다.
3) C. Schmitt, Verfassungslehre, S. 93.

「참고」

권영성 교수는 혁명과 쿠데타를 구분하나,[1] 허영 교수는「혁명(Revolution)이라는 개념은 매우 다의적이어서 군사쿠데타(Militärputsch), 정변(Staatsstreich) 등이 모두 혁명이라는 개념에 포함되어 사용되고 있지만, 특히 정권을 담당하고 있는 국가의 수뇌부가 어떤 개혁을 목적으로 혁명을 하는 경우에는, 이를 국민이 정권에 도전해서 새로운 개혁을 시도하는 상향식 혁명(Revolution von unten)과 구별하는 위에서 하양식 혁명(Revolution von oben) 또는 정변(Staatsstreich)이라고 개념지우는 것이 학문상의 관례」라 한다.[2] 저자는 혁명은 쿠데타와 구별하여 사용하되, 쿠데타는 정변과 같은 의미로 사용한다

구분	혁명(Revolution)	쿠데타(cou d'Etat) · 정변(Staatsstreich)
차이점	수직적 정치권력의 이동 · 교체	수평적 정치권력의 이동 · 교체
	헌법제정권력의 변경	헌법제정권력의 변경없음(정권담당자의 교체만이 존재)
공통점	- 적법한 절차에 따르지 않음 - 폭력으로 정권장악 - 기존헌법 소멸	

사실상의 정부 : (영) de facto government; (독) de facto Regierung; (불) gouvernement de fait

[쿠데타] 등에 의하여 국내법상 비합법적으로 성립된 정부를 말한다. 따라서 이같은 신정부가 부분적 사실상의 정부로부터 일반적 사실상의 정부에까지 발전함으로써 그 영역 일반에 현실적 정치권력을 확립하여 전체국민의 복종을 확보하였을 경우에 실효적 정권이 확립되었다고 할 수 있고, 일반적 사실상의 정부가 수립되었다고 할 수 있다. 따라서 정부에 대한 승인도 이같은 일반적 사실상의 정부에 대해서 행해진다. 이상과 같은 실효주의는 미국과 영국에서 공통된 원칙이다. 특히 미국은 국제법을 준수할 의사와 능력을 요구하고 있는데, 신정부는 구정부의 권리 · 의무를 승계할 의사와 능력이 필요하며, 특히 그 중에서도 중요한 것은 의무, 즉 채무의 승계이다.[3] 사실상의 정부에 대한 정부승인의 일반적 요건은 신정부가 국제법을 준수할 의사와 능력을 가진 일반적 사실상의 정부인 것이 필요하며, 또한 이것으로 족한 것이고, 현실적으로도 승인의 일반적 요건이 구비되었다고 할 수 있기 때문에 이런 경우에만 세계 여러 국가에서 신정부를 승인하게 되는 것이다.

1) 권영성, 헌법학원론, 50면 각주 2).
2) 허영, 한국헌법론, 각주 1) 참조.
3) 혁명이나 쿠데타에 의해 성립한 정부는 전정부가 부담한 채무나 기타의 의무를 부인하는 일이 있기 때문이다.

2. 국가계속성의 상실

2.1. 헌법제정권력 주체의 변경(헌법파괴)에 따른 국가계속성의 문제

헌법파괴는 헌법제정권력이 파괴되어 전후헌법의 「기본적 동일성」이 파괴된다는 점에서 헌법개정과 구별되며,[1] 국가계속성(Kontinuität des Staates)도 동시에 상실된다. 이와 같이 혁명에 의하여 국가계속성이 상실되는 경우, 법적 · 헌법적 불계속성이 모든 경우에 있어서의 '정치적 통일체의 동질성(Identität der politischen Einheit)',[2]의 폐지를 동시에 의미한다고 보아야 하는가가 문제된다. 긍정설의 입장과 부정설[3]의 입장이 대립된다.

2.1.1. 긍정설

긍정설을 취하는 입장은 산더(F. Sander)[4] · 라우션베르거(Rauschenberger[5] · 스티어 - 좀러(Stier-Somler)[6] 등이며, 헌정사적 측면에서도 프랑스와 러시아의 경우 수립된 新政府에 의하여 정치적 통일의 계속성과 관련하여 국법상 및 국제법상의 다음과 같은 사건에서 엿볼 수 있다.

> 프랑스의 자코방정부(jakobinische Regierung)는 자유로운 인민들은 폭군(즉 과거의 군주정적 정부)이 부과했던 채무를 이행하지 않아도 된다는 입장을 취하였다. 1922년 5월에 러시아의 소비에트 정부는 제노아회의(Konferenz von Genua) 기간 중에 과거 짜르(Zar) 시대의 구러시아의 채무지불을 거절하기 위하여, 프랑스의 자코방정부의 선례를 원용하였다. 이 舊러시아 정부의 채무이행의 문제와 관련하여 헌법제정권력이 변경되었을 경우에는 국가계속성이 상실도기 때문이라는 논거였다. 이와 같이 1793년과 1917년의 두 경우는 계속성논쟁의 대표적 예가 된다.[7]

2.1.2. 부정설

슈미트(C. Schmitt)는 부정설을 취하면서 「1918년 11월혁명을 통하여 1871년의 비스마르크헌법의 폐기되고 Weimar 공화국의 헌법(1919)이 제정되었다. 이는 헌법제정권력의 변경을 의미하나 독일 국민은 바이마르헌법을 제정함으로써 1871년의 헌법상의 독일 국민

---

1) 권영성, 헌법학원론, 50면.
2) C. Schmitt, Verfassungslehre, S. 96.
3) C. Schmitt, Verfassungslehre, 96 f.
4) F. Sander, Das Faktum der Revolution und die Kontinuität der Rechtsordnung, Zeitschrift für öffentliches Recht, I, 1919, S. 132 ff.
5) Rauschenberger, Staatsstreich und Revolution, 1920, S. 13 ff.
6) Stier-Somler, Grundriß, 1, S. 53-55.
7) C. Schmitt, Verfassungslehre, S. 94.

과 그의 동일성을 부정하려고 하지는 않았다. 독일 국민은 바이마르 헌법 전문에서 말하고 있는 바와 같이, 그의 국가를 갱신하려고 했지만, 새로운 국가를 건설하려고 하지는 않았다」고 주장하고,[1] 동시에 「국민적 기초 위에 정치적 통일체를 구성하려는 독일국민의 의사는 1918년 11월 이후에 있어서도 계속적으로 존재하였고, 민주정적 기초위에서 1919년의 바이마르 헌법상의 독일국민과 1871년 헌법상의 독일 국민과의 계속성을 유지한다」고 하였다.[2]

이외에 프로이쓰(H. Preuß)는 「우리들이 현재 시도하고 있는 것은 특별한 환경하에서 또 특별한 환경으로 말미암아 야기된 헌법개정이다」[3]라고 하였고, 바이얼레(K. Beyerle) 역시 「우리는 구제국을 계승한다」[4]고 하였고 안쉬츠(Anschütz)는 「혁명은 제국을 분쇄한 것이 아니고 개정하였을 뿐이다」[5]라고 하였다. 슈미트(C. Schmitt)는 프로이쓰(Preuß) 및 안쉬츠(Anschütz)의 헌법개정이라는 표현을 비판하면서 이 경우 헌법폐지라고 하였어야 할 것이라 한다.[6]

1) C. Schmitt, Verfassungslehre, S. 97.
2) C. Schmitt, Verfassungslehre, S. 96.
3) Prot. S. 28.
4) Prot. S. 25.
5) C. Schmitt, Verfassungslehre, S. 93; Anschütz, Kommentar, S. 3.
6) C. Schmitt, Verfassungslehre, S. 93.

제 2 항 헌법변천(Verfassungswandlung)

제 1 목 넓은 의미(광의)의 헌법변천

I. 서론

자유주의 사상의 발전과 함께, 서구의 시민계급은 전제군주의 통치에 대한 자신들의 권리와 자유를 확고하게 보장받기 위하여 그 내용을 일정한 문서로 기록하고자 하였다. 이러한 경향은 서구시민혁명을 거치면서 19세기에 들어와서는 유럽의 각국에서 널리 성문헌법을 채택하는 계기가 되었다. 이렇게 하여 성립된 성문헌법은 소위「不磨의 大典」혹은 항구불변의 법으로 생각했었으나,[1] 19세기 중엽 이후 점차 사회가 발전하고 다원화됨에 따라 기존의 헌법전에 포함되지 않는 새로운 상황들이 등장하여 헌법의 규범과 변화하는 현실문제 사이에는 점차 괴리가 나타나게 되었다. 이러한 현상에 대하여 1895년 독일의 라반트(P. Laband)가 독일제국헌법의 변천(Die Wandlungen der deutschen Reichsverfassung)이란 논문을 통해서 당시 독일제국헌법과 부합될 수 없는 여러 가지 현실상황들, 즉「헌법규범과는 부합될 수 없으나 실제로 관철된 입법 · 행정 · 재정 · 사법의 영역에서의 실무의 변화」들을 헌법변천[2][3]이라고 칭하였다.[4]

일반적으로 헌법변천은「정치적 · 경제적 · 사회적 여건의 변화,[5] 전쟁 및 비상사태[6]

---

* 헌법변천에 관한 상세한 내용은 김백유, 헌법변천, 헌정 및 행정법치연구, 한성대출판부, 2006, 170면 이하 참조; 同人, 헌법변천, 성균관 법학, 2005. 참조.

1) 이명구, 헌법개정과 사회변천, 아세아(1969.6), 135면.

2) P. Laband, Die Wandlungen der deutschen Reichsverfassung, Jahrbuch der Gehe-Stiftung zu Dresden 1895, S. 3 ff.

3) 라반트는 1907년에 독일제국성립이래의 제국헌법의 역사적 발전(Die geschichtliche Entwicklung der Reichsverfassung seit der Reichsgründung, JöR, Bd. 1(1907), S. 1 ff.)이란 논문에서 당시 제국헌법규정과 일치하지는 않지만 실제로 실행되고 있었던 헌법상황 즉 헌법변천의 사례를 보다 상세히 설명하고 있다. 홍일선, 헌법의 변천, 고려대학교 대학원(1997.12), 67면.

4) 프랑스에서는 정태적인 관점에서 헌법관습(coutume constitutionelle)이란 관념으로 논의되어 왔다. 구병삭, 헌법변천의 법리, 고시계(1976.3), 63면.

5) Zippelius/Würtenberger, Deutsches Staatsrecht, 31. Aufl., München 2005, § 7 II, 1.

6) 전쟁 또는 긴급사태로 인하여 언론 · 출판 · 집회 · 결사의 자유 등과 같은 국민의 기본권이 국가

· 공황 등의 발생, 기술 · 제도의 진보[1] 등으로 인하여 헌법현실(Verfassungswirklichkeit)이 헌법규범(Verfassungsnorm)의 궤도를 이미 이탈하였음에도 불구하고 헌법개정(Verfassungsänderung)이 곤란한 경우에 발생하는 현상」[2]이라고 할 수 있다. 헌법이 변천되려면 ① 상당한 기간 반복되는 일정한 헌법적 실례가 존재 할 것(물적 요건), ② 이러한 실례에 대한 국민적 승인의 존재(심리적 요건)를 필요로 한다.[3]

II. 헌법변천의 의의

1. 헌법변천의 개념

1.1. 넓은 의미(광의)의 헌법변천 : 과거의 헌법변천에 대한 이해

헌법변천(Verfassungswandlung; Verfassungswandel)이라는 용어가 라반트에 의하여 처음 독일 공법학에 도입되었을 때 그 개념은 매우 폭넓게 인정되었다. 예컨대 과거 1871년 이후 비스마르크 헌법하의 독일제국시대와 1919년 이후의 바이마르공화국시대의 「헌법에 표현되지 않은 헌법상황의 중대한 변경」 또는 「헌법규범과 헌법현실사이에 존재하는 불일치의 문제」 등과 같은 헌법상황은 모두 헌법변천으로 인정되었다.[4] 이처럼 헌법변천의 개념을 넓은 의미로 이해한 결과, 이에 대한 법적 성격[5] · 허용여부 · 인정범위 · 헌법변천의 한계 등의 문제는 논의되지 않은 채, 정치적 필요성 또는 국가생존이라는 요청에 따라 헌법변천은 얼마든지 허용되는 것으로 보았다.

위기를 극복하기 위하여 제한을 받는 경우가 있다. 제1차세계대전 당시 1917년의 미국방첩법(Espionage Act)과 제2차대전후인 국내안전보장법(Internal Security Act) 등은 평상시에 보장되는 국민의 자유를 제한한 것이다. 김동욱, 헌법의 변천요인에 관한 연구, 건국대학교대학원 논문집(제17집, 1983), 149면.

1) 川添利幸, 憲法秩序の成立と保障, 現代法と國家, 岩波書店(1965), pp. 302-304; 구병삭, 헌법변천의 법리, 고시계(1976.3), 64면.

2) 권영성, 헌법학원론, 59면.

3) 구병삭, 헌법변천의 법리, 고시계(1976.3), 64면 ; 신용간, 헌법의 변천, 고시계(1984.7), 228면.

4) 홍일선, 헌법의 변천, 고려대학교 대학원(1997.12), 12면.

5) 오늘날 헌법변천의 법적 성격에는 습률설 · 승인설 · 관습법설 등으로 분류된다. 상세한 내용은 윤명선, 헌법변천의 법리, 월간고시(1993.4), 66-67면 참조.

1.2. 좁은 의미(협의)의 헌법변천 : 오늘날의 헌법변천에 대한 이해

오늘날에 있어서는 헌법이 국가 공동체(res publica) 내에서 발생하는 복잡한 이해관계 및 대립관계를 형성하는 정치적 · 사회적 세력을 통제하고 규율하는 규범통제의 의미로 이해되고, 국가기관의 모든 행위에 대하여 합헌성 여부를 심사할 수 있는 헌법재판제도가 확립되어 있기 때문에, 과거와 같이 '헌법상황의 변경'이라는 이유로 인정되던 넓은 의미의 헌법변천은 더 이상 인정되지 않게 되었다. 즉 오늘날의 헌법변천의 개념은 첫째, 과거 헌법변천의 현상이라고 인정되는 상황들에 대하여 이를 법적으로 통제하고 규율할 수 있는 개념으로 축소되었고, 둘째 헌법변천이라고 설명되어지고 있는 상황들에 대하여 이들의 합법성 여부 · 헌법적 허용범위 · 법적 결과 등이 헌법재판제도를 통해서 심사될 수 있는 개념으로 축소되어야 한다고 보고있다. 따라서 오늘날은 과거와 같은 넓은 의미의 헌법변천, 즉「헌법상황의 변경」 또는「헌법규범과 헌법현실의 불일치의 문제」[1] 등과 같은 것은 헌법변천으로 인정하지 않고「헌법규범의 형식은 그대로 존재하나(헌법조문이 개정되지 않았음에도 불구하고) 헌법규범의 내용이 변경되는 것」이라는 좁은 의미로 이해되고 있다.[2] 이와 같은 관점에서 오늘날의 (좁은 의미에서의) 헌법변천은 헌법의 조문이나 문구가 헌법에 규정된 개정절차에 따라 정식으로 변경되는 것이 아니라, 형식적으로는 당해 조항은 그대로 존속하지만, 실질적으로는 (사회 및 역사의 변천 · 발전에 따라) 그 의미 · 내용이 헌법제정 당시와는 다른 내용의 규범(불문헌법규범)으로 변화하는 것을 말한다고 정의 할 수 있다.

형식적 → 당해 조항은 원상대로 존속
실질적 → (사회 및 역사의 변천 · 발전에 따라) 그 의미 · 내용이 헌법제정 당시와는 다른 내용의 규범으로 변화

---

1) Hsü, Dau-Lin, Die Verfassungswandlung, Berlin 1932, S. 3 ff.

2) M Kenntner, Grundgesetzwandel -Überlegungen zur Veränderung des Grundgesetzes und seines Buzugsrahmens, - DÖV 1997, S. 456; E.-W. Böckenförde, Anmerkungen zum Begriff Verfassungswandel, 1993. in: Festschrift für Peter Lerche zum 65. Geburtstag, S. 6; K. Stern, Das Staatsrecht der Bundesrepublik Deutschland, Bd. Ⅰ. 2 Aufl., 1984, S. 160; K Hesse, Grenzen der Verfassungswandlung, 1973,. in: Festschrift für Ulrich Scheuner, 1973, S. 128(계희열 역. 헌법의 기초원리 삼영사, 1988, 77면 참조.

2. 헌법변천과 인접개념(헌법개정 · 헌법변동)과의 구별

2.1. 헌법개정과의 구별

헌법변천의 문제는 궁극적으로는 변화되어진 현실에 대한 헌법의 적응문제이며, 이점에 있어서는 헌법개정의 문제와 동일하다.[1] 그러나 헌법개정(Verfassungsänderung)은 「헌법이 정한 개정절차에 따라 전 · 후 헌법의 기본적 동일성을 유지한 채, 의식적으로 헌법의 조항을 수정 · 삭제 또는 증보(보충)하는 것」을 말한다.[2] 따라서 헌법개정(전면개정 · 일부개정 · 증보)은 헌법의 조문이 헌법상 규정된 형식적 절차에 따라 변경된다는 점에서 헌법개정의 형식적 절차를 따르지 않고 묵시적 · 암묵적으로 헌법규범의 내용이 변경되는 헌법변천과 구별된다.[3] 또한 헌법개정은 헌법조문의 변경(Textänderung)이라는 형태로 나타나지만 헌법변천은 단지 헌법규범의 내용변경(Änderung des Inhalts von Verfassungsnormen)[4][5]이라는 형태로 나타난다는 점에서도 양자는 구별된다.[6] 그밖에 헌법변천의 한계는 헌법개정의 한계와 반드시 동일하지 않다는 점이며, 헌법변천이 끝나는 곳에 헌법개정이 시작된다고 할 수 있다.

헌법변천 → 헌법개정의 절차를 따르지 않고 묵시적 · 암묵적 헌법으로 변경(의식적 헌법 변경인 헌법개정과 구분)

헌법개정 → 헌법변천을 제한하는 역할

2.2. 헌법변동과의 구별

헌법변동(헌법침해 · 헌법정지[7] · 헌법교체 · 헌법파괴)[8]은 헌법을 의식적 · 명시적인

---

1) 박진완, 헌법해석과 헌법변천, 헌법학연구(2002.8), 제8권 제2호, 216면.

2) C. Schmitt, Verfassungslehre, S. 99.

3) 박진완, 헌법해석과 헌법변천, 헌법학연구(2002.8), 제8권 제2호, 202면; Zippelius/Würtenberger, Deutsches Staatsrecht, 31. Aufl., München 2005, § 7 II, 1.

4) P. Badura, Verfassungsändrung, Verfassungswandel, Verfassungsgewohnheitsrecht, in: Isensee /Kirchhof, Handbuch des Staatsrechts VII, 1992, § 160 Rn. 13.

5) 헌법변천의 문제는 넓게는 헌법규범의 의미변천(Bedeutungswandel)의 문제로 정의되어질 수 있으나(BVerfGE 2, 380(340)), 이러한 의미변천은 규범내용의 변천과 같은 개념으로 이해될 수는 없다. 박진완, 헌법해석과 헌법변천, 헌법학연구(2002.8), 제8권 제2호, 221면.

6) B-O. Bryde, Verfassungsentwicklung, Stabilität und Dynamik von Verfassungsrecht der Bundesrepublik Deutschland. 1982, S. 21 참조.

7) 다만 헌법변천의 원인 중 국가권력의 불행사(Nichtausübung)에 의한 헌법변천이 있는데 이는 헌법의 정지(Verfassungssuspension)라고도 할 수 있다는 견해가 있다(김철수, 헌법의 변천, 고

방법으로 헌법내용을 형식적 · 실질적으로 변경시키는 것이지만 헌법변천은 헌법내용을 형식적으로 변경시키지 아니하고, 헌법의 실질적 내용을 암묵적으로 변경한다는 점에서 (협의의) 헌법변천과 헌법변동이 구별된다. 그러나 광의의 헌법변천과 헌법변동의 경우에 있어서 헌법의 변천을 헌법상황의 변경 또는 헌법규범과 헌법현실의 불일치의 문제로 넓게 파악할 경우 헌법변천과 헌법변동은 명확히 구별되지 않게 된다.[1]

왜냐하면 헌법변동도 모두 헌법의 규범과 현실이 일치하지 않는 상태 즉 헌법규범이 변경된 것으로 볼 수 있기 때문이다. 헌법의 변천을「헌법의 조문은 형식상 변하지 않은 채 그대로 존속하며 조문변경을 일으킬 목적이나 의식 없이 발생된 사태에 의하여 (현실적으로) 이루어진 변경」으로 파악하는 옐리네크의 견해에 따르면 헌법변동 현상들은 헌법변천에 포함된다.

헌법변동 → 의식적 · 명시적인 방법으로 헌법내용을 형식적 · 실질적으로 변경

III. 헌법변천의 존재 인정여부

1. 긍정설

1.1. 개관

헌법변천의 개념을 긍정하는 입장은 헌법과 모순되는 국가적 행위가 반복하여 행하여져 헌법적 관습[2]으로의 성격을 지님과 동시에, 이에 대한 국민의 긍정적 법적 확신이 명시적 · 묵시적으로 인정되는 경우 당해 헌법조항이 개폐되어 헌법변천의 효력이 발생한다는 학설이다.[3] 이 견해는 실효성을 상실한 법규범은 그것은 이미 법규범으로서의 가치를 가질 수 없다는 것으로서, 라반트(P. Laband), 옐리네크(G. Jellinek),[4] 핫셰크(J. Hatschek), 일본의 川添利幸 등이 주장한다.[5]

시연구(1975.3), 14면 각주 3).

8) 헌법변동에 관한 상세한 내용은 H. Maurer, Staatsrecht I, 4. Aufl., München 2005, § 22, Rn. 7.

1) 윤명선, 헌법변천의 법리, 월간고시(1993.4), 60면.

2) 특히 미국헌법은 그 개정의 곤란성으로 인하여 정식 헌법개정절차를 거치지 않고 헌법판례와 헌법적 관습을 통하여 헌법을 변천시켰다. 김기범, 헌법변천, 고시계(1962.6), 44면.

3) 김철수, 헌법의 변천, 고시연구(1975.3), 16면; 신용간, 헌법의 변천, 고시계(1984.7), 229면.

4) 옐리네크의 사실의 규범적 효력에 따라서 성문헌법의 규정이 형식적으로는 존재하더라도 그것이 실효성을 잃어 행해지지 않고 이와 다른 실례가 행해져, 그것이 법으로써 통용하는 경우를 인정하지 않으면 안된다는 것이다.

1.2. 라반트(P. Laband)의 헌법변천

라반트(P. Laband)는 헌법변천을 「국가의 진정한 헌법상황과 본래의 헌법이 추구했던 규범과는 커다란 차이가 발생할 수 있는데, 이러한 헌법상황의 변경(Umwandlung)이 실정헌법을 개정하지 않고 이루어지는 것」으로 정의하고,[1] 이러한 헌법변천에서 문제되는 것은 바로 헌법상황과 실정헌법사이의 대립(Gegensatz zwischen dem Verfassungszustand und dem Verfassungsgesetz)이라고 한다.[2] 그리고 이러한 헌법상황의 변경은 일정한 정치적 과제를 수행하기 위하여 새로운 제도를 신설하거나 헌법규정을 구체화하려는 개별적인 하위법률의 제정을 통해서도 발생될 수 있다고 한다.[3]

1.3. 옐리네크(G. Jellinek)의 헌법변천

☜ G. Jellinek는 법실증주의자 이면서도 법실증주의자들이 일반적으로 헌법변천의 개념을 부정하고 있는 것과는 달리 완성된 사실 · 사실의 규범적 효력 이론을 들어 헌법변천의 개념을 인정한다(P. Laband도 법실증주의자 이면서도 헌법변천을 인정한다).

아이러니칼하게도 법실증주의자들도 G. Jellinek의 완성된 사실 · 사실의 규범적 효력이론을 이용하여 - 헌법변천을 부정하면서도 - 헌법개정의 무한계론을 주장한다. 특히 옐리네크는 완성된 사실(fait accompli)이론에 의하여 헌법변천(1906년)이론을 전개하였고, 동시에 헌법개정의 무한계를 인정하였다.

1.3.1. 개관

옐리네크(G. Jellinek)는 1906년에 발표한 헌법개정과 헌법변천(Verfassungsänderung und Verfassungswandlung)이란 논문에서 <u>헌법변천을 각국의 사례를 예로 들어 설명</u>하였다. 그는 헌법변천을 헌법개정과 구별하여 정의하고 있다. 즉 헌법변천이란 「헌법의 조문은 형식적으로는 변하지 않고 그대로 존속하지만, 헌법조문의 변경을 일으킬 일정한 의도(Absicht)나 의식(Bewußtsein) 없이 발생된 사태에 의하여 이루어진 변경」[4]이며, (의도나 의식없이 이루어진다는 점에서) 의도적인 의사행위(Absichtliche Willensakte)를 통해 이루

---

5) 김철수, 헌법의 변천, 고시연구(1975.3), 16면; 구병삭, 헌법변천의 법리, 고시계(1976.3), 64면 이하.

1) P. Laband, Die Wandlungen der deutschen Reichsverfassung, Jahrbuch der Gehe-Stiftung zu Dresden 1895, S. 150.

2) P. Laband, Die Wandlungen der deutschen Reichsverfassung, Jahrbuch der Gehe-Stiftung zu Dresden 1895, S. 3.

3) P. Laband, Die geschichtliche Entwicklung der Reichsverfassung seit der Reichsgründung, JöR, Bd. 1(1907), S. 2.

4) 이와 비슷한 견해로는 Laband, Die Wandlungen der deutschen Reichsverfassung, Jahrbuch der Gehe-Stiftung zu Dresden 1895, S. 2 f.

어진 헌법조문(Verfassungstexte)의 변경」을 나타내는 헌법개정과 구별된다고 한다.[1] 헌법변천에는 개별적인 헌법조문의 내용 자체가 변화되는 것과 헌법조문의 내용상의 변경은 일어나지 않지만 헌법규범의 사실적 효력을 배제하는 상황도 포함되며, 입법자가 일정한 헌법규정을 구체화하기 위하여 하위법률을 제정하는 과정에서 본래의 헌법조문의 의미가 변화될 수 있는데, 국가기관이 헌법상 위임받은 특정한 권한을 사실상 수행하지 않는 경우에도 헌법은 변천될 수 있다[2]고 하면서, 결과적으로 사실의 규범적 효력(완성된 사실 : die normative Kraft des Faktischen; fait accompli)을 헌법변천의 계기로 인정하고 있다. 왜냐하면 모든 법은 궁극적으로 하나의 사실적 관행(eine faktische Übung)이외에 아무것도 아니기 때문이라고 한다.

1.3.2. 헌법변천의 태양(態樣)

옐리네크는 헌법변천의 태양으로 다음과 같이 설명하고 있다.[3] 첫째, 의회(Parlament) · 정부(Verwaltung) · 법원(Rechtsprechung)의 해석(Interpretation)등과 같이 국가기관의 헌법해석에 의하여 발생하는 경우가 있다고 한다(Wandlung der Verfassung durch deren Interpretation von Seiten der Parlamente, der Verwaltung, der Rechtsprechung). 이는 국가기관이 헌법조항의 규정내용을 해석 · 부연(敷衍)하거나 그 미비섬을 보완함으로써 헌법을 변경시키는 것을 말한다.[4] 의회의 해석은 입법의 형식을 취하고 정부의 해석은 행정의 법률적합성의 원칙(Verwaltungsgerichtsbarkeit)에 따른 명령이나 처분의 형식을 취하고 법원의 해석은 판결의 형식을 취한다.[5][6]

둘째, 정치적 필요성(politische Notwendigkeit)에 의한 헌법변천으로서 행정부와 입법부의 정치상의 관습 · 관례 또는 관행 등에 의하여(習律) 헌법규범의 실질적 내용이 시대에 따라 변하는 것을 말한다(Die politische Notwendigkeit als Verfassungswandlung). 옐리네크는 헌법변천이 발생하는 궁극적인 원인은 무엇보다도 정치적 필요성 때문이라고 한

---

1) G. Jellinek, Verfassungsänderung und Verfassungswandlung, Berlin 1906, S. 3.

2) G. Jellinek, Verfassungsänderung und Verfassungswandlung, Berlin 1906, S. 9, 34 ff. 여기에서 개별적 헌법조문의 의미가 변화된다고 하는 것은 이른바 좁은 의미의 헌법변천과 유사하며, 특정한 국가기관이 헌법상 규정된 권한을 행사하지 않음으로써 나타난다고 하는 것은 이른바 넓은 의미의 헌법상황의 변경에 해당된다고 할 수 있다.

3) G. Jellinek, Verfassungsänderung und Verfassungswandlung, Berlin 1906, S. 3 ff.; 김철수, 헌법의 변천, 고시연구(1975.3), 13면 이하; 구병삭, 헌법변천의 법리, 고시계(1976.3), 66면.

4) 윤명선, 헌법변천의 법리, 월간고시(1993.4), 60면; 신용간, 헌법의 변천, 고시계(1984.7), 228면; 정재훈, 헌법의 변천, 고시계(1995.7), 315면.

5) G. Jellinek, Verfassungsänderung und Verfassungswandlung, Berlin 1906, S. 9 ff.

6) 정재훈, 헌법의 변천, 고시계(1995.7), 316면.

다.[1] 국가기관의 활동이 모두 규범에서 계획된 대로 행해지는 것은 아니며 오히려 그때 그때의 정치적 필요에 따라 규범과는 다른 국가작용을 행할 수 있는데, 이것이 지속됨으로서 결국 헌법변천으로 이어지게 된다는 것이다.

셋째, 헌법에 위반되는 관행(Praxis)이나 선례가 누적되어 헌법변천이 일어나는 경우가 있다(헌법상의 관행).[2] 옐리네크는 헌법상의 관행을 통한 헌법변천이란 그때그때 변화하는 시대상황에 대처하기 위해 국가기관이 성문헌법에 규정되지 않은 일정한 행위를 수행하고 그러한 행위가 지속적으로 반복될 경우 하나의 관행으로 확립되게 되는데 이것을 헌법변천이라고 할 수 있다고 한다.[3]

넷째, 국가권력의 불행사(Nichtausübung)에 의한 헌법변천이다(Wandlung der Verfassung durch Nichtausübung staatlicher Machtbefugnisse).[4] 국가권력의 불행사를 통한 헌법변천이란 일정한 국가기관이 헌법상 부여받은 특정한 권한을 지속적으로 행사하지 않는 경우 나타나게 되는 헌법변천 현상이다.[5] 헌법이 특정한 국가기관에 일정한 권한행사를 규정하고 있지만 이를 부여받은 국가기관이 이러한 권한 행사를 지속적으로 수행하지 않을 경우, 이것이 '정치관습'[6]으로 되어 본래의 헌법규정과는 다른 상황(헌법변천)이 나타나게 된다는 것이다.[7]

---

1) G. Jellinek, Verfassungsänderung und Verfassungswandlung, Berlin 1906, S. 21 ff.
2) 정재훈, 헌법의 변천, 고시계(1995.7), 315면.
3) G. Jellinek, Verfassungsänderung und Verfassungswandlung, Berlin 1906, S. 27 ff.
4) G. Jellinek, Verfassungsänderung und Verfassungswandlung, Berlin 1906, S. 34 ff.
5) G. Jellinek, Verfassungsänderung und Verfassungswandlung, Berlin 1906, S. 34 ff. 옐리네크가 설명한 이러한 헌법변천은 쉬 다우-린의「헌법규정의 사문화를 통한 헌법변천」의 현상과 유사하다. 그러나 쉬 다우-린은 권한의 행사가 불가능(Unmöglichkeit der Ausübung)하여 발생한 헌법변천 이라고 함으로써 헌법변천의 발생원인을 좁게 인정하고 있으나, 옐리네크는 권한의 불행사를 통한 헌법변천(Verfassungswandlung durch Nichtasusübung)이라고 하여 쉬 다우-린보다 헌법변천을 폭넓게 인정하고 있다. 이러한 옐리네크의 견해에 대해 쉬 다우-린은,「… 권한의 불행사를 헌법변천으로 인정하는 것은 타당하지 않다」고 비판한다(Hsü Dau-Lin, Die Verfassungswandlung, Berlin 1932, S. 25); 정재훈, 헌법의 변천, 고시계(1995.7), 315면; 홍일선, 헌법의 변천, 고려대학교 대학원(1997.12), 70면 각주 15) 참조.
6) 김기범, 헌법변천, 고시계(1962.6), 44면; 同人, 헌법의 변천, 사법행정(1964.9), 4면; 同人, 헌법의 변천, 고시계(1968.8), 31면, 34면. 정치관습에 의한 헌법변천은 실정법을 폐지하는 소위 Desuetudo(성문법규에 반대되는 관습법)과 유사한 현상을 인정하는 것이 되지만, 여기에서의 정치관습은 실정헌법에는 위반하지만 어디까지나 관습이고 법이 아니다. 그러므로 정치관습에 의한 헌법변천은 엄밀한 의미에서는 헌법변천이 아니고 실정헌법의 실질적 불준수를 의미할 뿐이다.
7) 이를 헌법의 정지(Verfassungssuspension)라고도 할 수 있다는 견해가 있다. 헌법에는 지방자치의 규정을 명문화하고 있으나, 실제로는 관치행정을 하는 것은 국권의 불행사에 의한 헌법변

다섯째, 헌법의 흠결[1][2]을 보완(Verfassungslücke und ihre Ausfüllung)하는 과정에서 헌법변천이 발생한다.[3] 헌법흠결의 보완을 위한 헌법변천이란 헌법규범과 현실과의 사이에 지나친 괴리가 존재할 경우, 이를 보완하기 위한 여러 가지 조치가 발생하게 되는데, 이러한 조치들이 반복해서 나타나는 경우, 이것이(이러한 새로운 상황 : neue faktische Zustand) 관습법적(gewohnheitsrechtliche Anerkennung) 승인을 얻어 규범적 의미(normale Bedeutung)로 발전해 가게 되며, 이를 헌법변천의 현상이라고 할 수 있다.[4] 옐리네크는 시대가 변화함에 따라 헌법규범과 현실사이에는 일정한 괴리가 생기게되어 헌법흠결이 발생하게 되고, 이는 헌법개정을 통해 흠결을 보완할 수 있지만 헌법개정만이 유일한 해결책은 아니며, 그때그때 필요에 따라 행해지는 사실적 조치들에 의해서도 헌법흠결이 보완될 수 있는데, 이것이 바로 헌법변천의 현상으로 나타나게 된다고 한다.[5]

- 의회 · 정부 · 법원의 해석(Interpretation)에 의한 변천
- 정치상의 필요(Notwendigkeit)에 의한 변천
- 헌법상의 관행에 의한 헌법변천

천이라 할 수 있다(김철수, 헌법의 변천, 고시연구(1975.3), 14면 각주 3); 구병삭, 헌법변천의 법리, 고시계(1976.3), 70면; 신용간, 헌법의 변천, 고시계(1984.7), 228면.

1) 여기에는 '드러난 헌법흠결(offene Lücke)'과 '은폐된 헌법흠결(verborgene Lücke)'이 있다. 드러난 흠결(offene Lücke)은 헌법제정권자가 입법하여야 할 사항을 의식적으로 입법하지 않은 경우이다. 실질적 헌법사항인 경우에는 헌법의 제정 · 개정에 의해서 보충(예: 1789년 미합중국헌법이 권리장전을 규정하지 않았기 때문에 1791년의 수정 제1조 내지 제10조를 증보한 것)하며, 헌법자체가 일반법률에 의하여 그 흠결을 보충할 것을 규정한 경우에는 일반법률에 의하여 보충한다. 은폐된 흠결(verborgene Lücke)은 시간의 흐름에 따른 사정변경에 의해 어떤 문제에 관한 헌법규정이 흠결된 것으로 판명된 경우이다(갈봉근, 유신헌법론, 한국헌법학회출판부, 1976, 37면 참조). 드러난 흠결(명백한 흠결)의 예로는 서독헌법에 있어서 국방의 문제였는데, 1949년 헌법(기본법)제정회의는 국방에 관하여 헌법(기본법)에 규정하는 것은 불가능하다고 생각했으나, 서방세계의 방위에 독일의 참가가 필요하게되어 헌법의 흠결을 헌법개정의 방식으로 해결하였다. 은폐된 흠결은 어떤 상태를 규범적으로 규제할 필요가 헌법제정 당시에는 존재하지 않았고, 도한 예견되지 않은 경우로서 예컨대 미국의 대통령의 3선을 금지조항없이 관례적으로 인정해오다 루즈벨트 대통령의 4선을 계기로 3선금지조항을 규정한 미국헌법의 수정 제22조이다(이명구, 헌법개정과 사회변천, 아세아(1969.6), 134면).

2) G. Jellinek, Verfassungsänderung und Verfassungswandlung, Berlin 1906, S. 43 f.; ders., Allgemeine Staatslehre, S. 347 ff.

3) 김철수, 헌법의 변천, 고시연구(1975.3), 14면; 윤명선, 헌법변천의 법리, 월간고시(1993.4), 61면; 정재훈, 헌법의 변천, 고시계(1995.7), 315면.

4) G. Jellinek, Verfassungsänderung und Verfassungswandlung, Berlin 1906, S. 43 ff.

5) G. Jellinek, Verfassungsänderung und Verfassungswandlung, Berlin 1906, S. 44 ff.

- 국가권력의 불행사(Nichtausübung)에 의한 변천
- 헌법의 흠결을 충족 시키기 위한 보완으로써(Verfassungslücke und ihre Ausfüllung)의 헌법변천

1.3.3. 비판

옐리네크의 사실의 규범적 효력이론(die normative Kraft des Faktischen)[1]은 실정법적으로 해결될 수 없는 특정한 사실에 대하여 법률적 평가를 가능하게 하고, 일반적으로 법규범으로서 설명될 수 없고, 근거될 수 없는 행위들을 법규범으로서 설명하려고 시도했다는 점에서 그 의의를 찾아 볼 수 있다. 그러나 법의 내용적 정당성의 측면을 도외시함으로써 결국 모든 불법적 상황들을 정당화시키는 이론으로 악용되었다는 비판을 면할 수는 없다. 왜냐하면 법은 실효성 못지않게 타당성을 그 본질로 하고 있는바, 헌법적 정당성을 현저하게 결여한 현실을 실효성이 있다는 이유만으로 헌법(규범)으로 승인하는 것은 인용될 수 없기 때문이다.[2] 그러므로 옐리네크와 같이 이른바 사실의 규범적 효력이 모든 법규의 근원이며 따라서 모든 당위적인 것의 원천은 사실적 존재의 세계에 놓여 있다고 한다면 이른바 존재와 당위의 대립은 있을 수 없으며 결국 법(Recht)과 불법(Unrecht)의 구별도 더 이상 가능하지 않게 된다.

1.4. 쉬 다우-린(Hsü Dau-Lin : 徐道隣)의 헌법변천

1.4.1. 헌법변천의 태양(態樣)

- 헌법규정에 없는 영역에 국가행위가 행해진 경우 : 미국의 상임위원회등의 권한행사
- 현실성을 결여한 헌법규범이 존재한 경우 : 프랑스 대통령에게 의회해산권이 규정되어 있었으나 행사하지 않는 경우
- 현실이 규범에 모순되는(Wirklichkeit widerspricht der Norm)경우 : 바이마르 공화국 당시의 연방참사원의 상설기관화
- 현실이 규범을 왜곡(Wirklichkeit biegt die Norm)하는 경우

1.4.2. 비판

쉬 다우-린의 견해는 그가 비판하고 있는 법실증주의자들의 결론과 다를 바가 없다는 비판이 제기되고 있다. 왜냐하면 헌법변천을 무제한 인정함으로써 헌법개정의 필요성을 처

---

1) 우리 나라에서는 die normative Kraft des Faktischen을 「사실의 규범적 효력」이라고 번역하나 이는 사실성의 규범적 효력이 더 정확한 번역이다. 왜냐하면 사실은 Faktum을 의미하며 여기서는 형용사인 faktisch를 Faktischen으로 하여 명사화 한 것이기 때문이다.

2) 윤명선, 헌법변천의 법리, 월간고시(1993.4), 69면.

음부터 배제해버리는 쉬 다우-린의 입장은 결국 법실증주의와 비슷한 결론에 봉착하게 되며, 그 이유는 사실상(이미) 관철된 현실(tatsächlich durchgesetzte Wirklichkeit)[1]이 궁극적으로 헌법의 내용을 뜻하게 되고, 이것은 결국 G. Jellinek의 완성된 사실(fait accompli) 이론과 서로 상통하기 때문이다.[2][3] 그리고 쉬 다우-린이 주장하는 헌법변천의 근거인 국가생존의 필요 또는 정치적 필요성이라는 개념도, 이에 대한 구체적·객관적 기준을 제시할 수 없는 막연하고도 추상적인 개념이므로 권력자들의 자의에 의한 지배도구로 악용될 위험이 상존한다는 점이다.[4]

2. 부정설

2.1. 개관

헌법과 모순되는 국가행위는(입법·명령·처분·판결 등) 아무리 그것이 반복하여 계속적으로 시행되더라도, 이는 '사실의 축적'[5]에 불과할 뿐 규범이 되는 것은 아니며, 따라서 기존의 헌법하에서는 헌법의 法源으로는 될 수 없으며, 헌법은 헌법개정의 방법에 의하지 않는 한 합법적으로 변경할 수 없다는 학설이다.[6] <u>이 견해는 헌법의 변천이 가능한 것은 오로지 헌법의 유권해석의 경우 뿐</u>이며, 헌법자체의 변천이라는 관념은 헌법의 최고법규성과 헌법에 대한 국가행위의 하위성·종속성을 전제로 하는 한 헌법의 변천은 인정될 수 없는 것이며 경성헌법의 존재이유를 유명무실하게 한다는 견해이다.[7]

---

1) 과거 헌법변천을 넓게 파악하고 있는 견해들은 헌법변천이란 법률적으로는 더 이상 설명할 수 없는 현실의 문제 즉「저항하기 어려운 중요한 세력들의 작용에 의한 결과」라고 파악하고, 헌법변천의 본질 또는 이에 대한 합법성·위법성의 문제는 결국 헌법변천의 현상으로 거론되는 사실이 성공하였느냐 아니면 실패하였느냐의 여부, 이른바「사실적 관철의 문제」로 연결된다고 설명하기도 하였다.

2) 허영, 한국헌법론, 58면; 同人, 헌법이론과 헌법, 단락번호 135.

3) K. Hesse, Grenzen der Verfassungswandlung, 1973, in: Festschrift für Ulrich Scheuner, 1973, S. 133(계희열 역, 헌법의 기초이론, 삼영사), 1988, 85면 참조.

4) 우리나라의 국가보위에관한특별조치법도 정치적 필요에 의하여 성립된 헌법변천이다. 김철수, 헌법의 변천, 고시연구(1975.3), 13-14면; 구병삭, 헌법변천의 법리, 고시계(1976.3), 70면; 홍일선, 헌법의 변천, 고려대학교 대학원(1997.12), 97면.

5) 이러한 의미에서 부정설은 사실설이라고도 불리운다. 윤명선, 헌법변천의 법리, 월간고시(1993.4), 63면; 신용간, 헌법의 변천, 고시계(1984.7), 229면.

6) 김철수, 헌법의 변천, 고시연구(1975.3), 17면; 구병삭, 헌법변천의 법리, 고시계(1976.3), 67면.

7) 김철수, 헌법의 변천, 고시연구(1975.3), 17면; 구병삭, 헌법변천의 법리, 고시계(1976.3), 67면; 신용간, 헌법의 변천, 고시계(1984.7), 229면.

2.2. 헷세(Konrad Hesee)

헌법의 변천은 헌법의 본질상 불가피하게 나타나는 현상이지만 이를 될 수 있는 한 억제하여야 하며, 오히려 헌법개정에 더욱 많은 비중을 둠으로써 헌법의 명확성과 규범적 효력을 강화하여야 한다"[1]고 주장한다.[2] .

2.3. 헤벌레(Peter Häberle)

헤벌레는 헌법변천의 문제를 오로지 헌법해석의 문제로 이해하는 나머지 헌법변천이라는 개념조차 부정하며 헌법개정을 헌법의 시대적응적 필연성(Verfassungsänderung als zeitgerechte Konsequenz der Verfassung) 내지는 헌법정책적 명령(verfassungspolitisches Gebot)이라고 이해한다.[3] 그는 헌법이 계속성을 유지할 수 있기 위해서는 과거와 미래가 헌법 속에 연결되어 있어야 하며 따라서 헌법의 이해는 시간의 변화 문제와 밀접한 관계를 지닌다고 한다(Zeit und Verfassung : 1974). 그리고 그는 현실의 변화에 따른 헌법의 시대적응력이 요구되는 경우 이는 헌법변천이 아닌, '헌법해석을 통해서도 해결할 수 있는 것'[4] 이라고 하면서 헌법변천이란 용어 자체를 배척하고자 한다.[5]

그는 헌법변천이란 개념은 과거 헌법학에서 법실증주의가 지배하던 시대(19세기 · 20세기 바이마르공화국)에 개방적 헌법이해를 위한 필요성으로부터 나타난 개념이므로, 오늘날 이른바 (개방)된 헌법해석(offene Verfassungsinterpretation)을 통한 문제해결이 가능한 시점에서는 헌법변천이론은 단지 헌법학설사적 측면으로서만 의미가 있을 뿐이라고 하면서, 헌법변천의 문제는 헌법해석의 문제에 지나지 않는 것이고, 헌법변천이란 것 자체가 존재하지 않는다고 한다.[6][7] 헌법변천보다는 헌법개정에 큰비중을 두는 헷세(K. Hesse)와

---

1) K. Hesse, Grenzen der Verfassungswandlung, in: Häberle/Hollerbach(Hrsg.), Konrad Hesse Ausgewählte Schriften, Heidelberg 1984, S. 28-44 참조.

2) 헷세(K. Hesse)는 1973년 헌법변천의 한계(Grenzen der Verfassungswandlung)라는 글에서 지금까지 독일에서 전개된 헌법변천에 대한 논의들을 정리 · 비판하고 이에 대한 근거와 한계의 중요성을 강조하고 있다.

3) 허영, 한국헌법론, 57면.

4) 그는 특히 이를 위하여 모든 국민과 단체가 참여하여야 하고, 공적인 토론과정을 통하여 헌법적 동의를 산출하여야 한다고 한다. 권영호, 헌법해석의 변천, 단국대학교 법학논총 제18집(1992), 149면.

5) 홍일선, 헌법의 변천, 고려대학교 대학원(1997.12), 102면.

6) P. Häberle와 같이 헌법해석과 헌법변천을 객관적이고 도그마적인 측면에서 서로 상이한 것으로 보지않는 입장에서는 당연히 헌법해석과 헌법변천의 차이를 인정할 수 없게 된다. 박진완, 헌법해석과 헌법변천, 헌법학연구(2002.8), 제8권 제2호, 229면.

7) 이에 대한 비판적 견해는 홍일선, 헌법의 변천, 고려대학교 대학원(1997.12), 25면 이하 참조.

헌법변천의 개념자체를 부정하는 헤벌레(P. Häberle)의 입장[1]은 헌법개정의 한계를 인정하면서 '헌법의 자동성'을 유지하는 범위내에서의 헌법개정을 강조하고 있다.

3. 소결

헌법의 변천은 헌법정신을 존중하는 변천과 헌법정신을 부정하는 변천으로 나눌 수 있다. 헌법규범은 흠결성 · 추상성을 내포하고 있기 때문에(이는 헌법정책적 차원에서 이루어진다), 헌법정신에 따른 헌법해석[2]이나 흠결보충은 가능하다고 생각된다.[3] 즉「헌법존중적」헌법변천은, 헌법개념의 막연성 · 흠결성(Verfassungslücke)등을 고려 할 때 인정된다고 보는 것이 타당하다. 그러나 헌법의 변천을 무조건적으로 인정하게 되면 정치적 필요에 따른 위헌행위를 합리화 해줄 구실을 만들어 주게되는 결과를 가져오게 되며,[4] 따라서 헌법정신에 반하는「헌법경시적」헌법변천은 부정된다.[5][6] 이러한 점에서 특히 위헌적 헌

1) 허영, 한국헌법론, 57면.

2) 헌법의 해석에 의한 변천은 일반적으로 인정되고 있다(김철수, 헌법의 변천, 고시연구(1975.3), 17면). v. der Heydte, Stiller Verfassungswandel und Verfassungsinterpretation, Archiv für Rechts und Sozialphilosophie, Bd. 39. 1950/51.

3) 김철수, 헌법의 변천, 고시연구(1975.3), 17면; Zippelius/Würtenberger, Deutsches Staatsrecht, 31. Aufl., München 2005, § 7 I, 3.

4) 헌법의 의미는 생활전체로서의 국가를 파악하는 것이지 엄격하고 타율적인 효력을 요구하는 법규를 고정시키는 것이 아니기 때문에 국가생존이 필요가 문제되는 곳에서 헌법은 얼마든지 변천될 수 있고 헌법변천은 헌법이 의도적으로 허용한 것이므로 헌법변천은 헌법파괴나 단순한 관습률이 아니라 하나의 법이라고 하여 헌법변천의 개념을 무한정으로 확대하는 견해는 헌법에 있어서의 현실과 규범의 관계를 지나치게 분리하거나 또는 합치된 것으로 파악하여 결국 규범을 강화시키는 것이 아니라 결국 현실 앞에서 규범이 굴복하는 상태를 통해 헌법변천의 한계를 제시하지 못함으로써 헌법변천이 정치적 투쟁수단 또는 다수의 소수에 대한 지배수단으로 악용될 위험성을 내포하고 있다는 비난을 면치 못하게 된다.

5) 권영성 교수는「헌법이 개정조항을 두고 있기 때문에 헌법의 개정이 필요하면 개정절차에 따라 개정하면 될 것이므로 헌법변천의 규범성을 인정할 이유가 없다. 또 헌법변천을 긍정하게 되면 위헌행위를 합리화할 구실을 마련해 줄 위험이 있기 때문에 부정론도 일리가 없는 것은 아니다. 그러나 헌법변천은 이것을 일률적으로 긍정 또는 부정할 문제가 아니라, 그 동기와 내용이 헌법의 기본이념이나 역사적 발전법칙과 방향을 같이 하는 것인가 아닌가에 따라 평가되어야 할 것이다. 헌법의 기본이념에 충실한 해석이나 흠결보완의 의미를 가지는 헌법의 변천은 긍정적으로 평가하여야 할 것이지만, 공권력의 불행사 또는 정치적 필요에 의한 헌법의 침해는 부정되어야 할 것」이라고 한다(권영성, 헌법학원론, 61면).

6) 뵈켄푀르데는 외관상으로는 헌법변천으로 보이지만 사실상 헌법변천과 구별되는 '유사적 헌법변천'도 부정되어야 한다고 강조한다. E.-W. Böckenforde, Anmerkungen zum Begriff Verfassungswandel, 1993, in: Festschrift für Peter Lerche zum 65. Geburtstag, S. 3 ff; 박진완,

법변천이나 폐지 · 파괴 등을 방지하기 위한 헌법수호제도가 요망된다고 하겠다.

오늘날 (협의의) 헌법변천이 대부분 헌법해석을 통해 나타난다는 점에 대해서는 대체로 의견이 일치한다. 헌법변천이란 결국 헌법규범의 내용이 변경되었느냐의 문제이며 이는 결국 헌법해석의 문제와 직결되기 때문이다. 특히 오늘날과 같이 헌법재판제도가 활성화되어 있고 이를 담당하는 헌법재판소가 존재하는 경우 헌법변천은 대부분 헌법재판소의 판례를 통하여 구체적으로 나타나게 된다.[1] 이는 미국의 경우에도 마찬가지이며, 미국은 법원의 헌법판례를 통하여[2] 헌법변천이 가장 활발하게 이루어 졌다.[3] 이러한 점에서 헌법의 해석(Verfassungsinterpretation)은 헌법변천의 수단이 되는 것이며,[4] 또 헌법해석에 의하여 변천이 결정된다.[5] 이러한 양자의 밀접한 연관 속에서 헌법해석과 헌법변천은 역동적 진행과정속에 놓여있는 현실과 정적으로 고정된 헌법조문(Verfassungstext)를 서로 조정

헌법해석과 헌법변천, 헌법학연구(2002.8), 제8권 제2호, 204면.

1) 협의의 헌법변천은 대부분 헌법재판소의 판례를 통해 나타난다. 따라서 헌법재판소의 판례를 통한 헌법규범의 내용변화는 헌법변천의 가장 중요한 유형에 속한다. 특히 헌법의 기본권규정과 같이 그 내용이 불확정적이고 개괄적인 이른바 개방적 헌법규범(offene Verssungsnorm)인 경우에는 헌법재판소의 판례를 통한 헌법변천의 가능성이 더욱 높아진다. 헌법재판소의 결정을 통한 기본권규정의 변천은 독일연방헌법재판소 판례의 전체적인 흐름 속에서 나타날 수도 있지만 개별 기본권 조항에 대한 연방헌법재판소의 판례에 의해서도 나타날 수 있다. ① 기본법 제12조 제1항에 근거한 대학입학권(BVerfGE 33, 303, 332 ff); ② 원자력발전소 설립허가(BVerfGE 53, 30, 65 ff.) ③ 사회보험법상의 지위를 재산권보장 규정을 통해 보호의 대상으로 확립한 판례(BVerfGE, 53, 157(290 ff)), ④ 일반적 인격권을 보장한 판례(BVerfGE, 54, 148(153 ff)) ⑤ 정보보호에 관한 판례(BVerfGE, 65, 1(41ff)), ⑥ 방송의 자유에 관한 판례(BVerfGE, 73, 118(154); 74, 297(350)) ⑦ 실질적 남녀평등권(BVerfGE 92, 91, 109 ff.)등이 있다. 기타 상세한 내용은 H. Maurer, Staatsrecht I, 4. Aufl., München 2005, § 22, Rn. 74.

2) 판례의 法源性을 인정하는 영미법계에서 이 유형의 변천은 특히 중요시 된다. 윤명선, 헌법변천의 법리, 월간고시(1993.4), 61면; 정재훈, 헌법의 변천, 고시계(1995.7), 316면.

3) 헌법해석을 통한 (광의의) 헌법변천은 특히 미국의 헌법관행에서 출발한 것으로 대법원이 법률의 위헌여부를 심사할 수 있도록 한 1803년 「마버리 對 매디슨」(Mabury v. Madison) 사건에 관한 마샬(J. Marshall) 대법원장의 판결이 전형적이 예로 설명되기도 한다. F. A. Freiherr, Stiller Verfassungwandel und Verfassungsinterpretation. ARSP, Bd. 39 (1950/51), S. 473; M. Kenntner, Grundgesetzwandel - Überlegungen zur Veränderung des Grundgesetzes und seines Bezugsrahmen - DÖV 1997, S. 456; 김기범, 헌법의 변천, 사법행정(1964.9), 4면 이하.

4) 헌법해석을 통한 헌법변천은 1818년 바덴州 大公의 폐지권(Abolitionsrecht des Großherzog von Baden), 1848년 프로이센헌법 제4조의 평등조항, 법원의 명령심사권을 규정한 1867년 오스트리아헌법 제102조 등이 있다(G. Jellinek, Verfassungsänderung und Verfassungswandlung, Berlin 1906, S. 14 ff ; Hsü Dau-Lin, Die Verfassungswandlung, Berlin 1932, S. 35 ff.).

5) 김철수, 헌법의 변천, 고시연구(1975.3), 17면; 윤명선, 헌법변천의 법리, 월간고시(1993.4), 61면.

시키는 상관관계(교환관계 : Wechselbeziehung)를 가진다.[1] 그러나 헌법의 해석도 일정한 원리 · 원칙하에서 이루어져야 하는 것이며, 이에 위배되는 해석으로 헌법을 변천시키는 것은 위헌이라 할 수 있다. 따라서 국가기관이 헌법해석을 그르쳐 위헌적 행위를 하는 것은 위헌인 것이며, 이것을 헌법변천이라 할 수는 없다.[2]

학설	내용	비고
긍정설	헌법규범에 반하는 국가적 행위가 관행화되고 국민이 명시적 · 묵시적으로 법적 확신을 가지게 되면 당해헌법조항은 변천되고 새로운 헌법현상(현실 · 상태)이 규범력을 갖는다고 보는 견해 ☜ **사실의 규범적 효력**	· Georg Jellinek · Paul Laband · Julius Hatschek · 오늘날의 통설
부정설	헌법과 모순되는 국가행위는 아무리 그것이 반복하여 계속적으로 시행되더라도, 이는 사실의 축적에 불과하며 규범이 되는 것은 아니다(사실과 규범을 구별하는 입장에서는 채택불가) 따라서 기존의 헌법하에서는 헌법의 *法源*으로는 될 수 없으며, 헌법은 헌법개정의 방법에 의하지 않는 한 합법적으로 변경할 수 없다는 학설이다.	· H. Kelsen(긍정설을 취한다는 견해도 있다) · 헤벌레(P. Häberle) · 옐리네크(Jellinek)와 라반트(Laband)는 법실증주의자이면서도 예외적으로 헌법변천을 인정

IV. 넓은 의미(광의)의 헌법변천의 예

1. 개관

헌법변천을 헌법상황의 변경 또는 헌법규범과 헌법현실의 불일치의 문제로 넓게 파악할 경우 헌법변천의 현상은 매우 광범위하고 다양한 형태로 나타난다. 가령 의회 · 정부 · 법원 등의 국가기관이 헌법규범을 본래의 의미와 다르게 해석하거나 적용할 경우, 현실의 변화에 따라 일정한 국가관행이나 선례가 반복되는 경우, 어떠한 국가기관이 헌법으로부터 위임받지 아니한 사항에 관하여 동일한 권한 행사를 반복하거나 혹은 헌법상 위임된 일정한 권한을 계속해서 행사하지 않는 경우 헌법상황의 변경 또는 헌법규범과 다른 헌법현실이 나타나게 된다.[3] 이하 라반트 · 옐리네크 및 쉬 다우-린의 견해를 토대로 하여 그 유형 및 구체적 사례를 국가별로 살펴보고자 한다.

---

1) 박진완, 헌법해석과 헌법변천, 헌법학연구(2002.8), 제8권 제2호, 232면.

2) 김철수, 헌법의 변천, 고시연구(1975.3), 18면.

3) G. Jellinek, Verfassungsänderung und Verfassungswandlung, Berlin 1906, S. 8 ff; Hsü Dau-Lin, Die Verfassungswandlung, Berlin 1932, S. 21 ff.

2. 유형

2.1. 국가관행을 통한 헌법변천

국가관행을 통한 헌법변천(Verfassungswandlung durch die Staatspraxis)이란 성문헌법에는 규정되어 있지 않은 국가기관의 행위, 그러나 헌법규범에 직접적으로 위반되거나 모순되지 않는 국가기관의 행위가 되풀이되어 결국 국가적 관행으로 확립될 경우 나타나는 헌법변천의 현상이다(헌법규정이 없는 영역에 국가기관의 행위가 행해진 경우).[1] 이는 쉬 다우-린이 지적한 바와 같이 「규범이 없는 현실상태」가 일정기간 지속될 경우 나타날 수 있는 헌법변천의 유형이다. 일정한 국가기관의 행위가 현실적 필요에 의해서 (국가관행으로서) 지속되고 있지만 그러한 행위의 근거가 되는 어떠한 헌법규범도 존재하지 않는 경우, 헌법흠결(Verfassungslücke)이 발생하게 된다.[2] 이러한 경우 국가관행이라는 헌법변천의 현상으로 헌법흠결이 보완된다.

2.2. 헌법규정의 사실상의 死文化를 통한 헌법변천

헌법규정의 사문화를 통한 헌법변천(Verfassungswandlung durch das Obsolut-Werden von Rechtssätzen)이란 헌법이 어떤 국가기관에 대하여 권한을 부여하고 있지만, 권한의 실질적 행사(Ausübung des Rechts)가 사실상 불가능하여 계속해서 행사되지 않음으로서 결국은 헌법규정이 사문화되어 나타나게 되는 형태의 헌법변천을 말한다(현실성을 결여한 헌법규범이 존재한 경우).[3] 이는 「헌법규범은 존재하나 이에 대한 헌법현실이 존재하지 않는 경우」 나타나는 헌법변천이다.[4] 이에 관한 예로는 첫째, 1875년 프랑스헌법상 대통령의 의회해산권, 둘째, 1871년 독일제국헌법상 제국장관의 책임(Ministerverantwortlichkeit)과 셋째, 북한과의 교류와 관련한, 현행 우리 나라 헌법상 통일조항 · 영토조항 등을 들 수 있다.[5] 특히 1991년의 남북한의 UN동시가입, 1992년 남북기본합의서 발효 등에 의하여 영토

---

1) Hsü Dau-Lin, Die Verfassungswandlung, Berlin 1932, S. 21.

2) 옐리네크는 국가관행을 통한 헌법변천의 현상을 「헌법의 흠결을 보완하는 헌법변천」으로 표현한다. G. Jellinek, Verfassungsänderung und Verfassungswandlung, Berlin 1906, S. 43 ff.

3) G. Jellinek, Verfassungsänderung und Verfassungswandlung, Berlin 1906, S. 26; Hsü Dau-Lin, Die Verfassungswandlung, Berlin 1932, S. 25.

4) 홍일선, 헌법의 변천, 고려대학교 대학원(1997.12), 42면.

5) 현행헌법은 제3조에서 「대한민국의 영토는 한반도와 그 부속도서로 한다」라고 하여 대한민국의 영토를 한반도와 그 부속도서로 규정하고 있다. 1972년 제7차 개정헌법에서 현행헌법에 이르기까지 우리 헌법에는 「전문, 제4조, 제66조 제3항, 제69조, 제72조, 제92조」 등의 통일관련조항이 추가되었으며, 1991년에는 남북한이 동시 유엔에 가입하고 「남북사이의 화해불가침 및 교류협력에 관한 합의서」를 교환함으로써 북한을 사실상 인정하는 현실이 나타나게 되었다. 이러한 현행

조항의 본래의 법적 의미가 거의 상실되었다고 보는데 이를 헌법변천설이라 명명할 수 있는데, 이는 타당하지 않다.[1]

2.3. 헌법규범에 반하는 하위법률의 제정 · 개정(사실상의 헌법개정)을 통해 나타나는 헌법변천

헌법규범에 반하는 하위법률의 제정 · 개정(Verfassungswandlung durch die materielle Verfassungsänderung)을 통해서도 헌법변천이 발생할 수 있다. 이는 헌법에 위반되는 관행 등으로 인해 현실이 규범에 반하는 상태가 초래할 수 있는 것으로서 실질적으로는 헌법을 개정한 것과 같다.[2] 실질적 헌법개정이란 헌법규범에 명백히 반하거나 모순되는 내용의 법률 또는 명령 등이 제정 · 개정됨으로써,[3] - 헌법조항을 개정함이 없이 - 헌법규정을 사문화 시키거나 그 의미내용을 제한 · 변경시키는 효과를 가져와 결과적으로는 헌법이 개정된 것과 같은 결과가 되는 것을 말한다.[4] 구체적 사례는 한국의 경우 다음과 같다.[5]

헌법 제3조와 제4조의 해석문제를 둘러싸고 이를 헌법변천의 현상이라고 설명하는 견해가 있다. 즉 통일문제에 대한 우리헌법의 규정과 현실정책사이의 괴리는 헌법규범과 헌법현실간에 모순이 생기고 헌법현실이 헌법규범을 이탈하는 현상, 즉 명시적인 헌법개정의 절차에 의하지 않고 헌법규범을 달리 적용함으로써 헌법에 실질적인 변화를 가져오는 헌법변천의 현상에 해당하는 것이라고 하는 것이다(양건). 이러한 견해는 쉬 다우-린(Hsü, Dau-Lin)이 언급한 바와 같이 「헌법규범에 어긋나는 헌법현실의 문제」로 이해한 결과라고 할 수 있다.

1) 양건, 헌법강의, 128-129면

2) 홍일선, 헌법의 변천, 고려대학교 대학원(1997.12), 44면.

3) 헌법에 열거된 기본권은 하위입법에 의하여 형성되고, 구체화됨으로서 명확히 보장되는 것이므로 기본권 규정은 그 하위입법의 실현여부와 그 입법의 내용여하에 따라 그 헌법상의 규정에 적합하게 구현되느냐 사문화 하느냐 하는 것이 결정된다. 유진오, 헌법의 기초이론, 89면; 김동욱, 헌법의 변천요인에 관한 연구, 건국대학교대학원 논문집(제17집, 1983), 157면.

4) Hsü Dau-Lin, Die Verfassungswandlung, Berlin 1932, S. 29; 김동욱, 헌법의 변천요인에 관한 연구, 건국대학교대학원 논문집(제17집, 1983), 157면.

5) 1948년 7월 17일의 제헌헌법 제18조 제2항에 규정된 근로자의 이익균점권은 하위입법이 존재하지 않았기 때문에 실제로는 사문화 되고 말았고, 헌법상 국민의 기본권에 대한 법률유보조항, 즉 「… 법률에 의하여」, 「… 법률에 의하지 아니하고는」 등의 형식을 취하는 헌법규정은 이를 근거로 하여 법률에 의하여 기본권이 제한될 수 있게 되었다. 그리고 일반적 법률유보에 의한 기본제한 규정(엄밀하게는 기본권제한의 한계)인 헌법 제37조 제2항의 규정에 따라 제정된 하위법률도 마찬가지이다. 그리고 헌법상 규정된 형벌불소급의 원칙을 무시하고 소급법을 제정하기 위하여 특별히 헌법부칙을 두었던 것(제5차개정헌법 부칙 제4조(1962.12.26), 그리고 특수범죄처벌에관한특별법 · 부정선거관련자처벌법 · 정치활동정화법 · 부정축재처리법 등에 의하여 국민의 자유와 권리가 제한되는 것도 광의의 헌법변천의 한 사례이다(김동욱, 헌법의 변천요인에 관한 연구, 건국대학교대학원 논문집(제17집, 1983), 157면).

2.4. 헌법해석을 통한 헌법변천

헌법해석을 통한 헌법변천(Verfassungswandlung durch die Verfassungsinterpretation) 이란 옐리네크가 언급한 바와 같이 헌법규정이 그때 그때의 시대적 변화나 필요에 의해 본래의 헌법조문은 변경되지 않지만 헌법조문의 해석에 있어서 헌법제정 당시의 헌법제정권자들의 의도와는 다르게 해석되는 경우 나타나는 현상(헌법변천)을 말한다.[1] 이는 또한 쉬다우-린이 지적한 헌법변천이 발생할 수 있는 상황 중 현실이 규범의 해석에 변화를 초래하는 경우 나타날 수 있는 헌법변천의 유형과 상통한다.[2] 헌법해석에 의한 변천은 그 주체에 따라 달리 인정되며, 따라서 이는 국가기관(국회 · 정부 · 법원)의 목적론적 헌법해석(유권해석)[3]을 통한 헌법변천이라 할 수 있다. 의회의 경우에는 입법의 형식(법률의 제정 · 개정)으로 나타나게 되는데 의회가 합헌으로 해석하여 제정한 법률이 위헌으로 인정되는 경우로써 최종적인 위헌심판이 있을 때까지는 헌법변천의 형식으로 나타난다. 정부의 경우는 명령 · 처분의 형식으로 나타나며 법원의 경우는 판결의 형식으로 나타난다.[4]

---

1) G. Jellinek, Verfassungsänderung und Verfassungswandlung, Berlin 1906, S. 9; Hsü Dau-Lin, Die Verfassungswandlung, Berlin 1932, S. 35.

2) Hsü Dau-Lin, Die Verfassungswandlung, Berlin 1932, S. 35.

3) 한국고시연구센타 편, 헌법의 개정과 변천, 고시연구(1969.9), 21면; 정재훈, 헌법의 변천, 고시계(1995.7), 315면.

4) 윤명선, 헌법변천의 법리, 월간고시(1993.4), 61면.

제 2 목 좁은 의미(협의)의 헌법변천 : 오늘날의 헌법변천

I. 개관

헌법변천을 과거의 학설과 같이(라반트 · 옐리네크 · 쉬 다우-린), 단순히 「헌법상황의 변경 또는 헌법규범과 헌법현실의 불일치의 문제」로 폭넓게 이해하면 헌법변천(넓은 의미의 헌법변천)의 유형은 광범위한 영역에서 다양한 형태로 나타난다. 그러나 헌법변천을 오늘날과 같이 「헌법의 조문은 변하지 않은 채 헌법규범의 내용만 변화하는 것」이라고 좁게 이해할 경우 이에 해당하는 헌법변천의 유형은 불과 소수에 불과하다. 왜냐하면 헌법변천의 개념을 헌법규범의 「내용변경」이란 현상에만 한정시키고 종래의 광의의 헌법변천이라고 인정되었던 헌법규범의 「상황변경」을 그 개념요소에서 제외시키기 때문이다.

오늘날 헌법규범의 내용변화를 의미하는 협의의 헌법변천의 현상은 주로 특정한 헌법규범의 해석을 둘러싸고 문제된다. 따라서 협의의 헌법변천이 일어날 수 있는 상황은 「특정한 헌법규정이 만약 그 영역에서 예상하지 못한 새로운 상황에 직면하거나 주지의 상황이 전체적 발전의 진행과정 속에 편입됨으로써 새로운 관계나 의의를 가지게 되는 경우」[1) 또는 「특정한 헌법규정이 일정한 해석의 여지를 가지고 있어 이를 둘러싸고 그때그때 서로 다른 의미가 주장될 수 있는 경우」라고 할 수 있다.[2)] 특히 헌법의 조문은 대부분 일반적이고 불확정적 · 개방적 성격을 지니는 경우가 많으므로 이러한 규범의 실현을 위한 구체화 과정에서 각각의 시대적 상황변화에 따른 헌법변천의 현상이 나타날 수 있는 가능성은 더욱 크다고 할 수 있다.[3)] 이러한 상황에 처해 있을 때 결국 헌법규범의 내용변경은 한편으로는 헌법해석을 통해서 다른 한편으로는 유추를 통해서 일어날 수 있다.[4)]

협의의 헌법변천은 특히 헌법재판소의 결정을 통해서 구체적으로 확정된다. 가령 헌법변천은 헌법재판소의 개별적 결정을 통해서도 나타날 수 있으며 헌법상의 기본권의 효력범위와 내용을 고전적 방어권의 의미를 넘어 일반적으로 확대 해석하려고 하는 독일연

1) BVerfGE. 2, 380(401); 3, 407(422); 7. 342(351) 참조.

2) Maunz/Zippelius, Deutsches Staatsrecht, 29. Aufl., 114, S. 47.

3) 가령 독일기본법의 「재산권보장」의 내용과 의의는 현대적 사회국가에 있어서 재산이 갖고 있는 기본적 · 경제적 기능을 고려하여서만 결정될 수 있으며, 「방송의 자유」에 관한 기본법상의 규정도 급격하게 변화하고 있는 방송의 사정, 특히 그 기술적인 여러 수단을 고려하는 경우에만 적절하게 실현될 수 있을 것이다. 이 부분에 대해서 좀더 자세한 것은 K Hesse, Verfassung und Verfassungsrecht. in: HdBVerfR. 2. Aufl., 1994, S. 12.

4) Maunz/Zippelius, Deutsches Staatsrecht, 29. Aufl., 114, S. 48.

방헌법재판소의 경우와 같이 헌법재판소 결정의 전체적 흐름 속에서도 나타나게 된다. 또한 협의의 헌법변천은 입법자가 헌법을 구체화하는 과정에서도 나타날 수 있다. 특히 협의의 헌법변천의 현상은 주로 헌법규범이 불확정한 경우 특히 헌법의 기본권규정의 해석과 헌법규범의 구체화를 위한 입법과정에서 주로 문제된다. 다만 기본권규정의 해석과 구체화를 통해 헌법변천의 현상이 거론되는 경우 이를 헌법변천의 현상으로 그대로 인정할 것인가에 대해서는 견해가 대립된다. 즉 협의의 헌법변천은 불확정적 규범구조 특히 헌법의 기본권 조항의 경우 이에 대한 해석과 구체화에서 주로 문제된다는 점에 대해서는 대체로 의견이 일치하고 있으나,[1] 구체적인 경우에 있어서 기본권과 관련된 헌법변천은 「일반적인 기본권 이해」에 까지 미치는 것으로 폭넓게 적용하려는 입장을 중심으로 견해가 대립되고 있다.

II. 좁은 의미(협의)의 헌법변천에 대한 일반적인 예

1. 기본권이해의 변화

협의의 헌법변천에 해당하는 현상으로 우선 기본권에 대한 이해의 변천을 들 수 있다. 헌법의 기본권조문은 시대적인 헌법현실을 대변하며 변천한다.[2] 독일기본법은 연방헌법재판소의 판례를 통해 상당한 정도로 변천을 겪어 왔으며 그 중에서도 가장 대표적인 것이 바로 기본권이해의 변화라고 할 수 있다. 즉 독일 기본법의 기본권 조항은 기본법제정 당시와 대체로 동일하지만 기본권의 이해, 특히 기본권의 일반적 효력범위. 내용 및 보장정도는 연방헌법재판소의 판례를 통해 현저히 강화되어 기본권은 단지 고전적 방어권의 의미를 넘어 이른바 객관적 가치질서(objektive Wertordnung)의 요소로서의 성격도 갖는 것으로 그 의미가 확장되어 왔다. 이처럼 독일연방헌법재판소의 해석에 의한 일련의 판례를 통해 기본법의 기본권 규정의 의미가 점차 변화되어 가는 경향이 헌법변천의 현상으로 설명되고 있다.

---

1) BVerfGE 53, 157(290 ff); 54, 148(153); 65, 1(41 ff); 73, 118(154); 74, 297(350). M. Kenntner, Grundgesetzwandel- Überlegungen zur Veränderungdes Grundgesetzes und seines Buzugsrahmens- DÖV 1997. S. 45.

2) E.-W. Böckenförde, Grundrechtstheorie und Grundrechtsinterpretation, NJW 1974, S. 2093; 권영호, 헌법해석의 변천, 단국대학교 법학논총 제18집(1992), 162면.

2. 재산권의 내용변화 문제

헌법의 조문의 변경되지 않은 채 헌법규범의 내용이 변화되는 이른바 협의의 헌법변천에 독일기본권 제14조 제1항의 재산권보장 규정의 내용변화가 해당되는지 문제된다. 즉 독일기본권 제14조 제1항은「재산권은 보장된다. 재산권이 내용과 한계는 법률로 정한다」라고 하여 재산권보장을 명문으로 규정하고 있지만 다시 그 내용과 한계를 법률로 정한다고 하여 입법자에게 광범위한 입법형성의 여지를 부여하고 있다.[1] 따라서 동 조항에 대해서는 우선 여기서 보장하고 있는 (기본권)의 내용과 한계를 확정함에 있어 과거 자유방임적 경제질서에서 현대의 사회적 시장경제질서로 변화되어 가는 과정에서 나타나게 된 재산권의 기능변천으로 인해 동조항이 입법자에게 광범위하게 부여한 입법형성의 여지에 의한 즉 입법을 통한 내용변화의 문제가 헌법변천의 현상에 해당되는지 문제될 수 있다.[2]

3. 방송개념의 변화

독일기본법 제5조 제1항 제2문은「신문의 자유와 방송 및 필름을 통한 보도의 자유는 보장된다」라고 규정하여 방송의 자유(Rundfunkfreiheit)를 인정하고 있다. 방송의 자유에 관한 이러한 헌법규정은 급격하게 변화하고 있는 현대사회에 있어서의 방송의 사정 특히 그 기술적인 여러 수단을 고려하는 경우에만 적절하게 실현될 수 있다.[3] 따라서 방송의 자유에 대해서는 기술적 발전으로 인해 나타나는 새로운 방송매체 역시 동조항에서 규정하고 있는 방송의 개념에 포함되는 것인지가 문제된다. 과학기술의 발달로 인해 기본법에 규정된 방송의 개념은 점차 다른 것으로 의미가 변화되어 헌법변천의 현상으로 나타난다고 할 수 있다.[4][5]

---

1) K. Hesse, Grundzüge des Verfassungsrechts der Bundesrepublik Deutschland, 20. Aufl., 1995. Rn. 45; 계희열 譯, 서독헌법원론, 48면 참조.

2) K. Hesse, Verfassung und Verfassungsrecht, in: HdBVerfR. 2. Aufl., 1994, S. 12.

3) K. Hesse, Verfassung und Verfassungsrecht, in: HdBVerfR. 2. Aufl., 1994, S. 12 Rdn. 45(계희열 譯, 서독헌법원론, 48-49면)

4) K Hesse, Verfassung und Verfassungsrecht, in: HdBVerfR. 2. Aufl., 1994, S. 12.

5) 그러나 이 경우 변화하는 것은 헌법규범의 내용자체라고 하기보다는 헌법규범에 의해 포섭되고 규율되는 사실 혹은 생활영역이기 때문에 헌법변천의 현상이라고 할 수 없다는 견해도 있다(이 경우 과학기술의 발전으로 인해 변화하는 사회현실은 새로운 헌법현실을 유도하여 헌법규범의 의미변천 · 기능변천(Bedeutungs- und Funktionswandel der Verfassungsnorm)을 야기시킬 수 있지만, 이러한 변천은 헌법규범의 내용이 변화하여 나타나는 것이 아니라 사회적 현실의 변화로부터 나타나는 것이기 때문이라고 한다. E-W. Böckenförde, Anmerkungen zum Begriff Verfassungswandel, 1993, in: Festschrift für Peter Lerche zum 65. Geburtstag, S. 3 ff. 특히 S. 6; K. Hesse, Grenzen der Verfassungswandlung, in: Festschrift für Ulrich Scheuner zum 70.

4. 독일기본법과 유럽 공동체법과의 관계

헌법변천과 관련된 문제 중 논란이 되었던 것 중의 하나가 바로 독일기본법과 유럽통합의 관계에 관한 문제였다. 1992년 제38차 기본법개정이 이루어지기 이전까지 독일 연방과의 관계에서 「유럽 공동체법」은 독일기본법 제24조 제1항의 「연방은 법률에 의하여 국가기구에 고권을 이양할 수 있다」라는 문구에 근거를 두고 있었다.[1] 동조항에 따라 유럽공동체법에 근거를 갖는 수많은 법률이 독일 국내법보다 우월한 효력을 갖는 결과가 초래되었다. 이러한 현실은 기본법제정 당시에는 전혀 예상하지 못했던 것으로서 이러한 현실문제와 관련하여 동조항의 해석을 둘러싸고 논란이 있었다. 즉 기본법제정 당시에 만약 이러한 사정을 알았더라면 동조항처럼 연방이 일반적인 연방헌법만을 근거로 자신의 권한을 다른 기구에 위임할 수 있도록 하지는 않았을 것이고 특히 유럽법 등에 대하여도 일정한 수준의 기본권보장에 관한 명시적 한계를 설정하였을 것이라는 점이었다. 따라서 동조항에 있어서 연방이 자신의 권한을 다른 기구에 위임하는 데에는 일정한 한계가 있는 것으로 해석하고 그동안 기본권의 효력이 여러 우회적인 방법을 통해서 사실상 유럽공동체법에도 미치게 되었다는 점을 들어 이것은 헌법변천의 현상이 아닌가 문제되었다.[2] 그러나 기본법이 명시적으로 개정되지 않는 한 연방이 단순한 연방법률을 근거로 하여 기본법 제24조 제1항을 실제로 활용하는 것은 가능하므로 이는 헌법변천의 문제로 볼 수 없으며 다만 일종의 불문적 제한에 귀속되는 것이라고 설명하는 것이 다수의 견해였다.[3]

Geburtstag, 1973, S. 128 Anm 22.

1) 물론 1992년 12월 21일의 제38차 기본법개정으로 인해 현재는 상황이 달라졌다. 즉 주의 연방에의 편입에 관한 규정으로서 통독 이전에 기본법 제146조와 함께 가능한 통일방법으로 근거규정으로 논의되던 개정 전의 기본법 제23조의 내용 대신에 유럽통합에 대한 근본적인 사항이 규정되면서 유럽 공동체의 입법작용 및 법적용 등에 관한 내용이 함께 규정되었기 때문이다. P. Lerche, Verfassungsnorm, Verfassungswirklichkeit, Verfassungswandel, in: Bayerische Landeszentrale für politische Bildungsarbeit(Hrsg,) Verfassungsdiskussion in Deutschland, 1992, S. 15 ff(허영 譯, 법치국가의 기초이론, 409면) 참조.

2) K Hesse, Grenzen der Verfassungswandlung, in: Festschrift für Ulrich Scheuner zum 70. Geburtstag, 1973, S. 128 Anm. 22(계희열 譯, 헌법의 기초이론, 73-74면) 참조.

3) P. Lerche, Verfassungsnorm, Verfassungswirklichkeit, Verfassungswandel, in: Bayerische Landeszentrale für politische Bildungsarbeit(Hrsg,) Verfassungsdiskussion in Deutschland, 1992, 15 ff(허영 譯, 법치국가의 기초이론, 409면).

5. 헌법의 특정 개념의 변천

5.1. 경제개념의 변천

헌법조문의 개정 없이 헌법규범의 내용이 변화되는 또 하나의 예로 거론되는 것이 바로 헌법의 경제개념의 변천이다. 즉 헌법에 경제의 자유가 보장되어 있는 경우에도 경제의 개념 자체는 헌법에 상세히 규정되어 있지 않기 때문에 경제상황의 변화에 따라 경제의 개념 자체가 변화될 수 있고 그러한 현상이 지속적으로 관철되는 경우 헌법의 경제 개념은 그 의미가 변화된다는 것이다. 따라서 헌법조문의 개정 없이 헌법규범의 내용이 변화하는 헌법변천의 현상에 해당한다는 것이다.[1)]

5.2. 학문개념의 변천

헌법상 학문의 자유는 보장되나 학문의 구체적인 개념이 무엇인지에 대해서는 헌법에 규정되어 있지 않다. 따라서 학문의 자유로 보장되는 학문의 개념은 그때 그때의 사회적 상황에 따라 변화될 수 있으며 따라서 학문의 자유에 대한 헌법규정이 개정되지 않고도 그 내용이 변화되는 헌법변천의 현상에 해당될 수 있다는 것이다. 가령 독일기본법 제5조 제3항 제1문은「예술과 학문, 연구와 교수는 자유이다」라고 하고 있지만 구체적으로 학문의 개념이 무엇인지는 규정하지 않고 있다. 한편 마르크스주의적 사상이 팽배하던 1968년을 전후해서 독일에서는 마르크스주의에 입각한 학문의 개념만이 옳다는 주장이 광범위하게 전개된 적이 있는데 만일 이러한 주장이 당시에 관철되었더라면 독일기본법 제5조 제3항의 내용은 비록 개정되지는 않았지만 그 의미가 완전히 다르게 변화되었을 것이라고 한다.[2)]

III. 여론(餘論)

1. 미국헌법

미국에서는 일반적으로 헌법의 해석을 통하여 헌법변천을 인정한다. 헌법의 해석은 헌법변천의 수단이 되는 것이며, 해석을 수단으로 하여 변천이 되고 또 해석에 의하여 변

---

1) P. Lerche, Verfassungsnorm, Verfassungswirklichkeit, Verfassungswandel, in: Bayerische Landeszentrale für politische Bildungsarbeit(Hrsg,) Verfassungsdiskussion in Deutschland, 1992, S. 15 ff(허영 譯, 법치국가의 기초이론, 409면).

2) P. Lerche, Stiller Verfassungswandel als aktuelles Politikum, in: Festgabe für Theodor Maunz zum 70. Geburtstag. 1971, S. 287 ff; Maunz/Zippelius, Deutsches Staatsrecht, 29. Aufl., S. 48, S. 288.

천이 결정된다.[1)]

- 대통령선거는 간접선거가 원칙이나, 실제 → 직접선거[2)]
  → 미연방헌법 제2조에 의한 대통령선거는 일반유권자가 각주에 할당된 선거인을 선출하고, 선거인이 다시 대통령을 선출하는 간접선거제이지만, 선거인 선거는 사실상 직선제대통령선거와 동일
- 대법원의 위헌법률심사권의 행사(헌법에는 이러한 권한행사의 명문화된 규정이 없음: 1803년의 Marbury v. Madison 사건을 담당한 Marshall 대법원장의 판결이후)
- 주와 주간의 통상에 관한 조항(Inter - State Commerce Clause)을 해석하여 Commerce란 교역 뿐만 아니라 항해를 포함한다고 본 것
- 철도운수에서 전신 · 전화도 포함된다고 하고 나아가서 노동관계도 미친다고 봄
- 흑인의 차별에 있어서도 오랫동안 separate but equal의 원칙을 적용해 왔으나, 오늘날에는 separate 면 unequal이라고 보는 것[3)]
- 미연방헌법과 상임위원회제도

2. 일본헌법 제9조

일본헌법 제9조는 헌법상 戰力의 보유를 금지하나, '자위대라는 명목으로' 戰力을 보유하고 있으며, 특히 1992년 6월 19일 국제연합평화유지활동(PKO)협력법을 제정 · 공포하고, 이어 總理府내에 「국제평화협력본부준비실」을 발족 시키면서 캄보디아에 자위대를 파견시켰다.[4)]

---

1) 김철수, 헌법의 변천, 고시연구(1975.3), 18-19면.

2) 미국의 대통령선거는 헌법상으로는 각주의 주민들이 대통령선거위원(Elector)를 선거하고, 그 선출된 대통령선거위원이 대통령을 선거하는 간접선거 방식이지만, 오늘날 대통령 선거위원들이 대통령을 선거할 때에는 반드시 자기의 소속정당에서 지명한 대통령후보에게 표를 던진다는 정치관습으로 인해 미국의 대통령선거는 간접선거제로부터 직접선거화 하였다. 각주주민들이 대통령선거위원을 선출할 때에는 자기의 표가 어떤 대통령후보에게 던져지는가를 알 수 있기 때문이다, 본래 미국헌법제정회의에서 대통령 간접선거를 채택한 것은 당시로서는 일반대중들은 누가 대통령으로서 적임자인가를 판단하기가 곤란할 것이라고 생각했기 때문이다. 그러나 지금은 국민의 정치수준의 상승으로 인하여 주민들은 대통령으로서의 적격자를 판단할 능력을 가지게 되었고 더욱 정당정치의 발달로 인하여 개인적 인물에 대한 것은 제2차적 문제로 그 의의를 상실하게 되었기 때문이다. 이는 정치관습으로 인한 헌법변천이다. 김기범, 헌법의 변천, 고시계(1968.8), 30-31면; 동 헌법의 변천, 사법행정(1964.9), 7면.

3) 김기범, 헌법의 변천, 고시계(1968.8), 33-34면 참조.

4) 김철수, 헌법의 변천, 고시연구(1975.3), 19면.

3. 현행헌법의 영토조항과 평화통일조항의 관계

3.1. 영토조항

현행헌법은 제3조에서 「대한민국의 영토는 한반도와 그 부속도서로 한다」라고 하여 대한민국의 영토를 한반도와 그 부속도서로 확정하고 있다. 이는 건국헌법 제4조의 규정이 계승된 것으로서 헌법제정당시의 상황, 즉 한반도 내에서 대한민국정부만이 유일한 합법정부이고 북한지역은 미수복 지역이고, 북한정권은 불법적인 反국가단체라는 시각을 반영한 것이다. 따라서 현행헌법 제3조에 의하면 북한지역에 있는 북한정부의 실체를 인정하고 이와 교류 · 접촉한다는 것은 법이론상으로는 불가능한 것으로 여겨지게 된다.

3.2. 평화통일조항

그러나 1972년 제7차 개정헌법에서 현행헌법에 이르기까지 우리 헌법에는 「전문, 제4조, 제66조 제3항, 제69조, 제72조, 제92조」등의 통일관련조항이 추가되었으며, 특히 1991년에는 남북한이 동시 유엔에 가입하고 「남북사이의 화해불가침 및 교류협력에 관한 합의서」를 교환함으로써 북한을 사실상 인정하는 현실이 나타나게 되었다.

3.3. 양자의 관계

<문제>

이러한 현행헌법 제3조와 제4조의 해석문제를 둘러싸고 이를 헌법변천의 현상이라고 설명하는 견해가 있다. 즉 통일문제에 대한 우리헌법의 규정과 현실정책사이의 괴리는 헌법규범과 헌법현실간에 모순이 생기고 헌법현실이 헌법규범을 이탈하는 현상, 즉 명시적인 헌법개정의 절차에 의하지 않고 헌법규범을 달리 적용함으로써 헌법에 실질적인 변화를 가져오는 헌법변천의 현상에 해당하는 것이라고 주장한다. 그들의 주장은 타당한가?

<해설>

이러한 견해는 헌법변천의 개념을 과거 중국의 헌법학자 쉬 다우-린(Hsü, Dau-Lin)이 그의 독일 괴팅엔 대학의 박사학위논문(헌법변천)에서 언급한바와 같이 「헌법규범에 어긋나는 헌법현실의 문제」로 이해한 결과라고 할 수 있다. 그러나 오늘날 헌법변천은 더 이상 이러한 넓은 의미로 이해될 수 없다. 따라서 위의 문제를 헌법규범에 어긋나는 헌법현실을 의미하는 헌법변천이라고 주장하는 견해는 타당하지 않다. 또한 현행헌법 제3조는 「한반도와 그 부속도서」라고 명백히 표현하고 있으므로 통일정책의 문제를 동조항의 규범내용이 변화한 이른바 좁은 의미의 헌법변천의 현상으로 볼 수도 없다.

4. 기타

- 노르웨이 국왕의 실질적 법률안 거부권의 형식화
- 영국국왕의 실질적 권한상실과 수상의 현실적 내각 지배

- 영국에서 총선결과에 따라 다수당에게 정권이양
- 우리 나라에서 1952년 헌법(제1차 개정헌법)에서 양원제를 단원제로 운영[1)]
- 우리 나라 1962년 헌법에서 지방의회를 구성하지 않고 관치행정으로 운영[2)]
- 우리 나라에서 헌법에 없는 부총리제를 운영하였던 것

1) 김철수, 헌법의 변천, 고시연구(1975.3), 19면.
2) 김철수, 헌법의 변천, 고시연구(1975.3), 19면.

제 4 절 헌법의 해석

제 1 항 의의

헌법의 해석(Verfassungsauslegung ; Verfassungsinterpretation)이라 함은 헌법규범의 참된 의미와 내용이 무엇인가를 밝힘으로써 구체적인 헌법문제 · 헌법관계 등 헌법적 쟁점을 해결하려는 헌법인식작용이다. 이는 일반적 · 확정적 규칙, 소위 헌법해석규칙(Auslegungsregeln)에 의하여 이루어진다.[1] 헌법의 해석은 오랫동안 다른 법률들과 마찬가지로 법률의 해석방법에 따라 이루어 졌었다. 헌법이 법률의 해석방법을 활용한 이유는 헌법과 법률의 규범구조가 동일하다고 보는 데 있었다.

헌법과 법률은 모두 법치국가적 요청에 따라 법률의 형식으로 성문화되었기 때문에 외형상 서로 다를 바가 없지만, 헌법은 그 규범구조가 일반 법률과는 매우 다르다는 점을 간과 할 수 없다. 즉 헌법은 일반법률(Allgemeines Gesetz)처럼 구체적이고 상세하게 규정되어 있지 않다. 헌법규정들은 대부분의 경우 그 내용이 개방적 · 탄력적 · 광의적 · 불확정적인 표현을 사용하고 있다.[2] 다시 말하면 헌법은 다른 법 분야에서 제기되는 법의 흠결의 문제, 일반조항 또는 불확정개념의 문제 등이 예외적으로 존재하는 것이 아니라 거의 대부분의 규정들이 추상성 · 막연성 · 개연성을 지니고 있다는 점이다. 따라서 해석에 의한 보충문제가 일반법률과는 비교할 수 없을 정도로 크다.[3] 이러한 헌법의 특성을 고려하지 않고

---

1) Kay Windthorst, Verfassungsrecht I, München 1994, S. 45.

2) K. Hesse, Grundzüge des Verfassungsrechts der BRD, 18. Aufl. 1991 Rn. 19 또한 Rn. 20 ff. E.-W. Böckenförde는 이와 관련하여 단편적 법(fragmentarisches Recht) 또는 총괄(대강) 규정(Rahmenregelung) 등의 말을 사용하고 있다. Die Eigenart des Staatsrechts und der Staatsrechtswissenschaft, in: Festschrift für H. U. Scupin zum 80. Geburstag 1983, S. 321 ff.; 특히 기본권규정과 관련하여 뵈켄푀르데(Böckenörde)는 불확정성 · 다의성 · 원칙규범성들을 지적하고 있다(Grundrechtstheorie und Grundrechtsinterpretation, NJW 1974, S. 1529) : 이 밖에 헌법과 법률의 규범구조가 동일하지 않다는 것과 헌법규범의 특성에 관하여 자세한 것은 E.-W. Böckenförde, Die Verfassungsinterpretation, NJW 1976, S. 2090 참조.

3) 일반적 법률(Allgemeines Gesetz) : 일반성(불특정 다수인)과 추상성(불특정 다수의 경우)을 그 특징으로 한다. 사회질서가 복잡해지고, 이를 규율하는 법규범이 발전될 수록 법조문은 추상적 특성을 지닐 수 밖에 없다. 법이 규율해야 하는 다양한 경우(추상적)들을 하나로 묶어서 표현해야 하기 때문이다. 이와같이 추상적으로 규정된 법조문이 현실적응력을 갖추기 위하여는 법조문

일반적인 법률의 해석방법에 따라 헌법조문의 문구나 논리 또는 그 체계나 법사학적 측면에서의 성립사(成立史) 등을 따지는 방법으로 헌법을 해석하는 경우 헌법조문의 의미와 내용을 명확하게 찾아내는 것이 거의 불가능하다. 따라서 이러한 형식의 헌법해석 방법은 결국 해석자의 자의(恣意)에 맡겨버리거나 헌법해석을 포기하는 것과 다름없는 결과가 된다.

헌법해석 문제는 미국 연방대법원의 판례가 이 헌법해석의 기원을 이룩하였다. 미연방헌법에는 의회가 제정한 법률이 헌법에 반하는 경우에 법원이 이를 위헌이라고 하여 무효로 선언할 수 있는 권한을 명문으로 정한 규정은 존재하지 않는다. 그럼에도 불구하고 연방대법원은 1803년의 마버리 對 메디슨(Marbury v. Madison) 사건에서 마샬(Marshall) 대법원장은 연방법원이 연방의회가 제정한 법률의 위헌여부를 심사하는 권한을 가진다고 선언한 바 있다. Marshall대법원장은 이 판결에서 「헌법이 입법부의 통상의 법률에 우월한 것이라면 헌법과 법률이 적용되는 사건에 있어서는 법률이 아니라 헌법이 지배하지 않으면 안 된다」고 선언하여 법원은 의회의 법률이 헌법에 반한다고 판단되는 경우, 이를 무효로 할 수 있다는 법원의 위헌법률심사권을 최초로 확립하였다.

독일에서의 헌법해석은 제2차 세계대전 후에야 본격적으로 논의되기 시작하였다. 헌법해석의 문제가 많이 논의된 데에는 여러 가지 이유가 있겠으나,[1] 그 가장 중요한 것은

의 해석을 통해 그 내용이 구체화되어야 한다. 즉 법조문이 적용될 수 있는 구체적 경우가 어떤 것인지를 먼저 밝힌 후에야 비로소 문제되는 상황에 그 법조문이 적용될 수 있는지의 여부를 판단할 수 있는 것이다. 특히 헌법의 경우는 헌법 그 자체의 특성으로 인하여 헌법조문자체가 개방적 · 유동적 · 탄력적 성격을 지녀, 매우 추상적이기 때문에 헌법해석의 역할이 더욱 크다. 해석되지 않은 헌법조문만 가지고서는 구체적으로 발생하는 헌법적 문제를 해결하는 기준으로서의 역할을 하기 어렵기 때문이다. 예컨대 헌법 제19조의 양심의 자유의 의미는 무엇이고, 양심의 자유의 주체 및 객체는 어떠한지, 만약 양심의 자유에 대한 제한이 가능하다면 제한은 어떤 경우에 가능한지 등에 대한 내용이 구체화되었을 때 비로소 그 문제에 대한 판단이 내려질 수 있는 것이다. 결국 헌법의 해석이란 추상적인 헌법조문이 담고 있는 의미를 풀이하여 구체적인 사건 속에 적용하는 것이 가능해지도록 만드는 작업이라고 할 수 있다. 독일의 헷세(K. Hesse)가 헌법해석을 「구체화(Konkretisierung)」라고 말한 것도 같은 맥락에서 이해될 수 있다. 이에 관하여는 Hesse(계희열 역), 독일헌법원론, 2001, 36면 참조).

1) 법률의 해석은 매우 단순해 보이는 규정들까지도 그 의미와 내용을 명확하게 밝히는 것이 쉽지 않다. 이와 관련하여 엥기쉬(K. Engisch)는 일상생활에서 흔히 사용하는 말들도 법적으로 그 개념을 분명하게 확정하는 것이 쉽지 않다(가령 나무가 몇 개 이상 모여 있을 때 숲이 되느냐? 어느 정도의 빛의 광도에서부터 야간이 끝나는가? 어떤 종류의 경쟁행위가 공서양속에 반하는 행위인가? Einführung in das juristische Denken, 8. Aufl. 1983, S. 108 ff.). 법률에 있어서 절대적으로 확정적인 개념은 드물다. 아마도 숫자만이 가장 확실하다(가령 100㎞, 24시간의 기한). 국가의 최고법인 헌법을 해석하는 경우 그가 사회에 미치는 파급효과로 인하여 수많은 논란을 야기할 수 밖에 없다. 특히 헌법재판의 권한이 폭넓게 규정되고 국가기관과 개인에 대해 직접 구속력

이 문제가 헌법학의 기본적 문제들과 관련되어 있기 때문이다. 즉 헌법이란 무엇이고 국가란 무엇인가? 이들을 어떻게 이해할 것인가와 같은 문제들과 밀접하게 연결되어 있기 때문이다.

있는 결정을 내리는 경우에는 더욱 그러하다.

제 2 항 헌법해석의 기본방향

I. 개관

법해석의 궁극적인 목적과 방향은 법의 객관적이고 합리적인 적용을 위한 것이다. 어떠한 법해석자도 이러한 대전제를 부정하지는 않는다. 그러나 어떻게 하면 가능한 한 법해석자의 주관을 배제하고, 이를 통하여 법의 객관적이고 합리적인 적용을 확보할 수 있는지에 대하여는 많은 논란이 있어왔다. 이에 관하여는 주관설과 객관설의 대립이 있다. 주관설은 입법자의 입법의도를 파악하는 것을 강조함으로써 법해석의 객관성을 확보하고자 하였고, 객관설은 법률 자체의 객관적 의미를 명확하게 밝혀야 한다고 강조함으로써 법해석에 있어서의 객관성의 확보를 추구하고자 한다.

주관설: 입법자의 입법의도를 파악
객관설: 법률자체의 객관적 의미를 파악

II. 학설

1. 주관설

주관설은 법해석이 입법자의 의도를 정확하게 실현시키는 것이어야 한다는 데에서 출발한다. 즉 법해석자는 자신의 주관적 입장을 배제하고 오로지 입법자가 입법당시 의도하였거나 추구하였던 것을 충실히 실현시키는 데 최선을 다해야 한다는 것이다.[1] 이러한 주관설의 입장은 입법자의 역할과 해석자의 역할을 분명하게 구분함으로써 해석자가 입법자의 영역을 침범하지 않도록 하였고, 이를 통하여 권력분립의 원칙 및 법률의 우위(Vorrang des Gesetzes), 법해석의 목표를 분명히 하여 해석자의 자의가 개입할 여지를 많이 축소시켰다.

---

1) 주관설에 의하면 법해석이란 “입법자가 사용한 용어의 의미를 확인하는 것”이며 법해석자는 “가능한 한 완전하게 입법자의 영혼 속으로 들어가 생각”해야 한다는 빈트샤이트(B. Windscheid)의 말에서 잘 드러나고 있다(B. Windscheid, Lehrbuch des Pandektenrechs, Bd. I, 7. Aufl., 1891, S. 21, S. 52)

2. 객관설

객관설의 입장에 의하면 일단 제정된 법규범은 입법자의 주관적 의도를 떠나 객관적인 존재가 되어 그 효력을 발하는 것이기 때문에 해석자의 과제는 입법자의 주관적 의도를 실현시키는 것이 아니라 법규범 자체의 객관적 의미내용을 파악하는 것이라고 한다.[1] 객관설은 주관설에서 드러나는 여러가지 문제점을 해결할 수 있다는 장점이 있다. 예컨대 객관설은 해석자의 자의(恣意)를 피하려다 입법자의 자의(恣意)를 무비판적으로 수용하게 되는 단점을 피할 수 있고, 입법자가 입법당시에는 미처 예측하지 못했거나 예측할 수 없었던 새로운 사태가 발생된 경우에도 법의 전체적 취지와 맥락에 따라 적절한 해석을 취함으로써 이러한 문제점들을 적절하게 해결할 수 있다는 점이다.

III. 판례

독일 연방헌법재판소의 판례는 전체적으로 볼 때 객관설의 입장을 취하고 있는 것으로 보인다. 연방헌법재판소는 1952년 2월 20일의 제1심판부는 심사대상조항인 기본법 제106조 제4항의 해석을 주관설에 입각하여 해석하였다. 그러나 3개월 후인 1951년도 연방예산상의 주택건설재원의 분배에 관한 연방정부와 바이에른(Bayern) 주정부간의 권한쟁의에 있어서 1952년 5월 21일의 제2심판부는 법규의 해석에 있어서 "결정적인 것은 이 법규에 표현되어 있는 입법자의 객관화된 의사이다"라고 하면서 객관설의 입장을 취하였다.

연방헌법재판소는 제1심판부와 제2심판부 모두 계속해서 이러한 객관설의 입장을 재확인했다. 이러한 객관적 의사를 밝히는 구체적 해석방법으로 연방헌법재판소는 규범의 문구로부터의 해석(문리해석), 규범의 관련으로부터의 해석(체계적 해석), 규범의 목적으로부터의 해석(목적론적 해석), 법률 자료와 성립사로부터의 해석(역사적 해석)을 들고 있다. 그리고 이러한 여러 가지 해석방법들은 상호배척하는 것이 아니라 상호보완하는 관계에 있다고 보고 있다.

다만 객관설도 최근에는 주관설과의 대립 내지는 양자택일의 방법보다는 법의 객관적

---

1) 라드부르흐(G. Radbruch)는 "선박이 항구를 출항하는 경우 수로안내인이 지시하는 항로를 따르지만 공해(公海)상에서는 선장의 지시에 따라 독자적 항로를 찾는 것과 마찬가지로" 법률도 일단 정립되면 입법자의 의사에 따라 독자적 의사를 가진 존재가 되는 것이라고 생각하였다. 그 결과 법률에 내포된 의미는 입법자들이 입법당시 생각했던 모든 것보다 풍부할 수 있으며, 법률은 그것을 만든 사람들보다 현명할 수 있다는 것이다. 따라서 해석자는 입법자가 이해했던 것보다 현명하게 법률을 이해할 수 있다고 주장한다(G. Radbruch, Rechtsphilosophie, 6. Anfl., 1963, S. 211 - 계희열 편역, 헌법의 해석, 1993, 11면 참조).

의미내용을 파악하는 데 입법자의 의도도 매우 중요한 비중을 차지한다는 것을 인정함으로써 주관설을 일부 수용하는 태도를 보이고 있다.[1)]

1) 독일 연방헌법재판소는 헌법의 해석에 관하여 객관설을 찬성하는 태도를 취하고 있지만, 구체적 해석에 있어서는 법규의 성립사를 판결의 결정적 논거로 사용한 예도 적지 않다. 계희열 편역, 헌법의 해석, 1993, 19면 이하 참조.

제 3 항 헌법해석의 방법

I. 고전적 · 해석학적 방법

1. 사비니(Savigny)의 헌법해석 4단계이론(Vierstufentheorie)

헌법해석의 고전적 · 해석학적 방법으로는 사비니(F. C. von Savigny; 1779-1861)에 의하여 정립된 소위 4단계해석방법에 의한 헌법해석 4단계이론을[1] 들 수 있다. 이는 헌법과 일반법률이 동일구조를 지닌다는 것을 전제로 하여 그 이론을 구성하고 있다. 이를 헌법해석에 있어서의 일반적 방법(allgemeine Auslegung)이라고 한다.[2] 사비니에 의해서 정립된 이른바 고전적 · 해석법학적 방법에 따르면, 법해석은 어디까지나 법조문을 절대적인 바탕으로 해야 하고 법조문의 의미가 분명치 않은 경우에는 그 진정한 의미를 찾아내기 위해서 문법적 · 논리적 · 역사적(헌법사적) · 체계적 해석방법을 차례로 동원해야 한다고 한다.[3]

1840년대의 로마법을 토대로 하여 발전시킨 Savigny의 4단계해석방법론은 오늘날까지도 모든 법학분야에 많은 영향을 미치고 있어서 마치 법해석학의 표본처럼 간주되고 있다. 공법분야에도 사비니(v. Savigny)의 영향이 적지 않아서 헌법을 비롯한 공법자료를 해석하는 데 있어서 v. Savigny 4단계해석방법을 그대로 적용하려는 입장으로부터 v. Savigny의 4단계방법을 추가 · 보충한 이른바 7단계이론(Siebenstufentheorie)에 이르기까지 많은 추종자를 배출하고 있다.[4]

- 문법적 해석방법(grammatische Auslegung)
- 논리적 해석방법(teleologische Auslegung)
- 역사적(헌법사적) 해석방법(historische Auslegung)
- 체계적 해석방법(systematische Auslegung)

---

1) v. Savigny, System des heutigen römischen Rechts I, 1840, S. 212 ff.
2) Kay Windthorst, Verfassungsrecht I, München 1994, S. 46.
3) Vgl. v. Savigny, System des heutigen römischen Rechts I, 1840, S. 212 ff.
4) 허영, 한국헌법론, 66면.

2. 볼프(H. J. Wolff)/바호프(O. Bachof)의 헌법해석 7단계설(Siebenstufentheorie)

볼프 및 바호프 교수의 헌법해석 7단계설은 v. Savigny의 4단계방법에 1) 비교법학적 해석방법, 2) 법제정자의 주관적 해석방법, 3) 목적론적 해석을 추가 보충한 이론(Siebenstufentheorie)이다. 7단계이론에 의하면 헌법을 해석하는 데 있어서는 반드시 다음과 같은 일곱 가지 과정을 차례로 거쳐야 된다고 한다.[1]

① **어학적 해석방법**: 법조문의 문구, 문법적 구조, 개념의 어학적 어의 등을 중심으로 한 해석(문리해석)[2]

② **논리적 해석방법**: 일반조리에 입각해서 법조문의 의미를 찾아내는 해석

③ **체계적 해석방법**: 법체계를 지배하는 통일적인 원리에 입각한 조문해석

④ **역사적(입법사적) · 제도적 해석방법**: 법제도 · 법규범의 성립 내지 발전적인 요소를 고려하는 해당 법조문의 해석(역사해석)

⑤ **비교법학적 해석방법**: 서로 다른 여러 나라의 법제도를 비교 검토함으로써 해당 법조문의 의미를 찾아내는 해석

⑥ **법제정자의 주관적 해석방법**: 입법자의 입법취지 동기 · 입법과정에서 나타난 의견 등을 참작한 해석

⑦ **목적론적 해석**: 법제도가 추구하고 있는 일정한 목적에 입각한 해당 조문의 해석(목적해석)[3]

---

1) Vgl. H. J. Wolff/O. Bachof, VerwR. I, 9 Aufl., 1974, § 28 III c S. 161 ff.

2) 문리해석은 헌법조문이나 문구가 문장의 의미를 문법적 · 어학적 방법으로 명백히 하는 해석방법을 말한다. 문리해석은 헌법해석의 제일단계이며 이로써 법문의 일의적 의미를 얻을 수 있다면 그 객관성과 엄밀성에 있어서 중요한 해석원리임을 부인할 수 없다. 그러나 이 해석에만 편중하면 헌법을 의미의 관련 통일체로서 파악하지 못하거나 조문간의 모순을 방치하는 결과가 된다.

3) 목적론적 해석은 규범목적을 고려하여 헌법의 의미를 탐구하려는 해석방법을 말한다. 문리해석 · 합리해석 등 만으로는 살아있는 헌법(a living constitution)의 운용을 기대할 수 없다. 그러한 의미에서 목적론적 해석방법은 동적인 해석방법인 것이다. 그러나 이 해석방법은 무엇보다도 법학방법론이 그 기초가 되지 않으면 해석자의 주관적 가치판단이나 정치목적이 혼합할 위험성이 있다. 따라서 헌법해석은 여러해석이 가능하지만 그 어느 것을 선택하느냐를 결정하는데 있어서는 사회학적 방법을 도입하여 헌법규범의 목적에 가장 적용한 해석을 내리는 것이 타당할 것이다.

3. 문제점

v. Savigny의 「헌법해석 4단계설」 와 그의 이론을 계승하는 Wolff/Bachof의 「헌법해석 7단계설」은 헌법이 일반법률과 구조적으로 동일하다는 것을 전제로 하여 헌법해석을 기한다. 그러나 헌법해석은 일반법률과는 달리 해석하는 주체가 다양하다는 점이 특징이다. 즉 일반 법률을 해석하는 주체는 대체로 사건당사자와 법원이지만, 헌법해석은 사건당사자와 헌법해석을 전문적으로 다루는 헌법재판소를 비롯한 법원 · 국회 · 정부 등 모든 국가기관에서 행해진다.

모든 국가기관은 헌법해석을 통하여 입법을 하고 집행을 하고 심판을 하게 된다. 일반법률의 해석은 개별적인 분쟁을 전제로 하지만 헌법해석은 헌법이 실현하는 수단이기 때문에 직접적으로 사회공동체의 조직 · 형성과 직결된다. 이와 같은 점에서 헌법해석을 일반법률의 해석과 동일하게 해석하려는 것은 헌법 및 헌법해석의 특수성을 무시한다는 점에서 비판을 받는다. 또한 일반 법률은 대개가 그 구조적인 면에서 예상되는 모든 사안을 되도록 빠짐없이 규율하려는 이른바 총괄적 입법기술에 의해서 제정되어 법해석에 의한 법의 보충 내지 형성의 폭이 비교적 좁다. 그러나 헌법은 그 구조적인 면에서 개방성 · 미완성성과 같은 헌법의 틈(Verfassungslücke)을 두는 것을 그 특질로 하기 때문에 헌법해석에 의한 보충 내지 형성이 처음부터 존재하고 있다.[1)]

헌법은 정치규범성을 갖고 있으므로 규범적 관점 외에 정치적 관점이 영향을 미칠 수 있다. 이에 반해 일반 법률의 해석에 있어서는 정치적 관점은 처음부터 배제되어 있다. 이처럼 헌법 해석은 일반 법률과 다른 특질을 가지고 있기 때문에 일반적인 법해석 방법을 그대로 헌법해석에 적용시키기에는 적지 않은 문제점이 따르게 마련이다.

「문제점」: 헌법의 특수성을 무시하고 있다

- 사법해석(민법 등)에 관한 방법론을 공법인 헌법분야에 획일적 · 일률적으로 적용하려는 것은 배제되어야 한다.
- 헌법과 일반법률을 구조상 동일한 것으로 보려는 것은 하나의 '擬制(假定)'[2)]에 불과

---

1) 헌법과 법률은 모두 법치국가적 요청에 따라 법률의 형식으로 성문화되었기 때문에 외형상 서로 다를바가 없는 것처럼 보인다. 그러나 헌법은 그 규범구조가 일반 법률과 매우 다르다. 헌법은 한 국가의 최고법 또는 기본법이기 때문에 다른 일반법과 같이 구체적이고 상세하게 규정되어 있지 않다. 헌법규정들은 대부분의 경우 그 내용이 광범위하고 불확정적이며 개방적이다. 따라서 헌법규정들은 다른 법분야에서 제기 되는 법의 흠결의 문제, 일반조항, 불확정개념의 문제 등이 예외가 아니라 오히려 일반적인 것이다. 따라서 해석에 의한 보충과 계속형식의 문제가 일반 법률에 있어서와는 비교 할 수 없을 정도로 크다.

2) 허영, 한국헌법론, 67면 참조.

특히 이는 다음과 같은 사상과도 일맥상통한다는 점에서 그 이론의 한계성을 지니고 있다.

법실증주의자의 헌법관과 유사: 특히 헌법해석에 있어서 언어학적 헌법해석방법을 해석방법의 첫번째로 보는 것은 법실증주의적 헌법관과도 상통하는 점이 있다.[1)]

결단주의적 헌법관과 유사: 헌법해석의 4단계설(Vierstufentheorie)이나 7단계설(Siebenstufentheorie)은 헌법해석의 과정에서 법조문에 내포된 객관적 의미 즉「법의 의지」를 찾아내려는 객관주의적 입장을 떠나서 법조문에 담겨진 입법자의 주관적 의사 즉「법제정자의 의지」를 우선적으로 존중하려는 주관주의적 입장을 취하게 된다는 점에서 이는 결단주의적 헌법관과 상통한다는 점이 있다.[2)]

4. 보조적 해석원리

이상과 같은 전통적 법해석방법(① 문리해석, ② 논리해석(체계적 해석), ③ 역사적 해석, ④ 목적해석 이외에 영미에서는 이에 더하여 보조적인 해석원리로 同類律(eius dem generis; 구체적인 사례의 나열에 이어 "기타 …" 등등의 일반조항을 규정하였을 때에는 나열된 구체적인 사례에 비추어 한정적으로 그 일반조항을 해석하는 것이 합리적이다), 반대해석의 원칙(expressio unius exclusio alterius; 일반조항을 끝에 첨가함이 없이 구체적인 사례의 나열만이 있는 경우에는 나열되지 아니한 것은 규정하지 아니한 것으로 보는 것이 합리적이다), 그리고 同類로부터 안다는 원칙(noscitur a socii)도 든다.[3)] 따지고 보면 이러한 보조적 해석원칙은 논리해석의 연장이라고도 할 수 있을 것이다. 결국 논리적인 사유에 의하여 어떻게 하면 설득력 있는 합리적 헌법해석에 이르냐 하는 문제에 이르게 되기 때문이다.

「보조적 해석원리」
- 同類律
- 반대해석의 원칙
- 同類로부터 안다는 원칙

---

1) 허영, 한국헌법론, 67면.
2) 허영, 한국헌법론, 67면.
3) 최대권, 제정법의 해석, 서울대학교 법학, 30권 제1, 제2호, 130면 참조.

II. 문제중심적 · 가치지향적 헌법해석방법(고유한 헌법적 해석방법)

1. 현실기준적(정신과학적) 해석방법

1.1. 의의

이는 스멘트(R. Smend)의 헌법이론(동화적 통합이론 : Integrationstheorie)에 그 기초를 두고 있는 것으로서 헌법의 의의(목적) 또는 헌법현실을 그 해석의 바탕 · 기준으로 삼는 방법론이다.[1] 고전적 · 해석법학적 방법 또는 법실증주의적 해석방법에 대한 반동으로서 나타난 이 해석방법은 스멘트의 동화적 통합이론에 그 사상적인 기반을 두고 있다. 이 입장에 의하면 헌법을 해석하는 데 있어서는 헌법조문의 문구나 개념에 얽매여서는 아니되고 어디까지나 헌법의 의의(목적) 또는 헌법현실이 그 해석의 바탕 내지 기준이 되어야 한다고 한다.[2] 이 입장에서는 동화적 통합을 지향한 헌법의 절대적 목적이나 동화적 통합의 과정적 현실이 마땅히 헌법해석의 기본적인 기준이 된다고 한다. 헌법의 규범적인 내용보다도 동화적 통합의 유동적인 사회현실을 헌법해석과 직결시키고 있다. 고 볼 수 있다.

- 스멘트(Rudolf Smend)
- 홀슈타인(G. Holstein)
- 카우프만(Erich Kaufmann)
- 트리이펠(Heinrich Triepel)
- 헤벌레(Peter Häberle)

1.2. 비판

이는 헌법을 단순 '헌법의 현실적응'의 문제로 전락 시킬 위험이 있다. 즉 헌법의 규범적인 내용보다도 동화적 통합의 유동적인 사회현실을 헌법해석과 직결시키고 있는 이 해석방법은 자연히 사회의 의식구조, 시대적인 가치관념, 동화적 통합의 구체적 양상 등을 직관적으로 파악해서 이를 헌법해석의 기준으로 삼아야 하기 때문에 헌법규범의 사회형성적 기능이 오히려 구체적인 사회현실을 구체적인 사회현실에 의해서 역습을 당하는 결과를 초해할 가능성이 크다는 비판이 있다.

이 견해는 규범과 현실을 완전히 혼합시킴으로써 헌법규범이 가져야 될 규범적 효력과 그 형성적 기능을 위태롭게 하며 이러한 해석방법은 '헌법현실'의 과제를 단순한 '헌법의 현실적응'의 문제로 전락시킬 가능성이 크다고 비판한다.

---

1) R. Smend, Verfassung und Verfassungsrecht, 1928 S. 188 f.
2) 권영호, 헌법해석의 변천, 단국대학교 법학논총 제18집(1992), 163면.

2. 법학적 관점(법학적 관점론)에서의 해석방법

2.1. 의의

구체적인 사안을 관찰의 출발점으로 삼아 이 사안 해결에 여러 가지 관점(topic)을 중심으로 귀납적으로 타당한 방법을 찾아내려는 해석방법이다. 이때의 관점이라 함은 일반적 법해석에 의하여 당연히 인정되는 법원리적 관점(Gesichtspunkt, topoi)을 의미하며 이러한 관점에는 다음과 같은 신뢰보호의 관점, 신의성실의 관점, 소수보호의 관점 등이 있다.[1] 일부 학자들은 법학적 관점론을 '법전을 떠난 법의 연구'라고 부르며 법전의 조문에 구애되지 않고 문제중심으로 설득력있는 해결책을 모색한다는 점에서 영미법상의 legal reasoning 이론과 상통하는 점이 있다고 할 수 있다.

「관점」
- 신뢰보호의 관점
- 신의성실의 관점
- 소수보호의 관점

「학자」
- 엠케(Horst Ehmke)
- 헷세(Konrad Hesse)
- 크릴레(Martin Kriele)
- 뮐러(F. Müller)
- 쇼이너(Urlich Scheuner)

2.2. 비판

이는 헌법규범의 형성적 기능을 무시하고 헌법해석의 요점이 헌법해석자의 주관적 입장에 좌우되기 쉽다는 단점을 가지고 있다. 즉 법을 해석하는 사람의 개별적인 선험적 지식 내지는 선입견 같은 것이 매우 중요한 작용을 하게 되어 법을 해석하는 자의 주관적 견해가 큰 비중을 차지하게 된다는 점과 헌법을 해석하는 데 있어서 규범에서 출발 하는 것이 아니고 하안을 해석의 초점을 삼고, 규범을 단순한 하나의 관점으로 평가절하하는 반면 기타의 topoi(법원리적 관점)를 중요시함으로써 처음부터 헌법규범의 형성적 기능을 무시 내지 경시한다는 비판이 있다.

---

1) 권영호, 헌법해석의 변천, 단국대학교 법학논총 제18집(1992), 158면.

III. 절충적 해석방법

1. 의의

헌법의 가치규범적 · 생활규범적 성격과 헌법의 형식적 · 규범적 기능을 충분히 발휘할 수 있도록 헌법전이나 헌법의 제정과정에 나타난 여러 가지 헌법자료들을 중심으로 '헌법내재적 헌법이론'을 찾아 이것을 헌법해석의 지침으로 삼는 것이다.

- 뵈켄푀르데(Ernst-Wolfgang Böckenförde)
- 오쎈뷜(Fritz Ossenbühl)
- 마운츠(Theodor Maunz)
- 슈타인(E. Stein)

2. 비판

이는 헌법의 체계적 해석을 강조하는 것에 불과하다.

제 4 항 법률의 합헌적 해석

I. 의의

헌법해석에는 전통적 헌법해석방법 이외에 합헌적 내지 헌법합치적 법률해석이라는 것이 있다.[1] 법률의 합헌적 해석(합헌적 법률해석)이라 함은 어떠한 법이 외견상 일응 위헌처럼 보이는 경우라고 할지라도, 그것이 헌법의 정신에 맞도록 해석될 여지가 존재하는 경우에는 이를 위헌이라고 판단하지 않고 가능한 한 합헌으로 해석하여 당해 법률이 존속될 수 있도록 하는 법률해석기법이다.[2] 따라서 이 해석방법은 헌법규범의 의미를 직접적으로 탐구·발견하는 것이 아니고 일반법의 합헌성(Verfassungsmäßigkeit)과 그 내용을 파악하는 것이다.[3]

그러나 합헌적 법률해석(verfassungskonforme Auslegung)은 해석의 주대상이 법률이므로 헌법 자체를 해석의 주대상으로 하는 헌법해석(Verfassungsauslegung; Verfassungsinterpretation)과는 구별된다. 왜냐하면 법률의 합헌적 해석은 헌법해석상의 기술이 아니고, 일반법의 해석에 있어서의 규칙(Regel),[4] 즉 헌법해석기법이 아닌 법률해석기법이기 때문이다.

---

1) 합헌해석 또는 한정합헌해석이라 함은 법률의 규정을 넓게 해석하면 위헌의 의심이 생길 경우에, 이를 좁게 한정하여 해석하는 것이 당해 규정의 입법목적에 부합하여 합리적 해석이 되고 그와 같이 해석하여야 비로소 헌법에 합치하게 될 때 행하는 헌법재판의 한 가지 형태인바, 이것은 헌법재판소가 위헌심사권을 행사할 때 해석 여하에 따라서는 위헌이 될 부분을 포함하고 있는 광범위한 규정의 의미를 한정하여, 위헌이 될 가능성을 제거하는 해석기술이기도 하다(헌재결 1990. 6. 25, 90헌가11).

2) 합헌적 법률해석에 관해서는 Bettermann, Die verfassungskonferme Auslegung, Grenzen und Gefahren, 1986; 이강국, 헌법합치적 법률해석, 고려대학교 법학박사학위논문, 1980, 김주원, 헌법합치적 법률해석에 관한 연구, 서울대학교 석사학위논문, 1987; 이승우, 합헌적 법률해석, 사법행정(1992.8), 4면 이하.

3) Kay Windthorst, Verfassungsrecht I, München 1994, Rn. 50.

4) Kay Windthorst, Verfassungsrecht I, München 1994, Rn. 50.

II. 연혁과 판례의 경향

1. 미국

합헌적 법률해석은 미연방대법원의 판례를 통하여 확립된 원칙이다. 미연방대법원은 일찍부터 법률의 합헌성추정의 원칙에 따라 법률이 헌법에 어느 정도 조화되는 것으로 해석되는 이상 거의 언제나 법률을 헌법에 합치하는 것으로 해석해 오고 있다. 동대법원은 1827년의 Ogden v. Saunder사건에서 「입법부가 의결한 법률은 그 위헌성이 명백한 것으로 판명될 때까지는 일단 그 유효성을 추정하여야 한다. 그렇게 하는 것이 입법부의 지혜·성실 그 애국심에 대하여 경의를 표하는 것이 된다」라고 판시하였다.[1)]

2. 독일

독일 연방헌법재판소는 미국에서의 법률의 합헌성추정의 원칙을 수용하여 이를 합헌적 법률해석론으로 발전시켰고, 오늘날에는 이것이 공식화된 일반적 법률해석의 원리로 인식되고 있다. 동헌법재판소는 「법률이 헌법에 조화되는 것으로 해석될 여지가 있는 한 그 법률을 무효로 선언할 수 없다는 원칙은 이미 일반적 지지를 얻고 있다.」라고 판시하고 있다.

3. 한국

우리 헌법재판소와 대법원도 합헌적 법률해석을 시행하고 있다. 우리나라의 헌법재판소는 「일반적으로 어떤 법률에 대한 여러 갈래의 해석이 가능할 때에는 원칙적으로 헌법에 합치되는 해석, 즉 합헌해석을 하여야 한다」라고 판시한 바 있고,[2)] 또한 어떤 「법률의 개념이 '다의적'이고 그 어의의 테두리 안에서 여러 가지 해석이 가능할 때 '통일적인 법질서의 형성'을 위하여 헌법에 합치되는 해석, 즉 합헌적인 해석을 택하여야 하며, 이에 의하여 위헌적인 결과가 될 해석을 배제하면서 '합헌적'이고 긍정적인 면을 살려야 한다는 것이 '헌법의 일반법'이다」라고 판시하고 있다.[3)] 대법원도 「어떤 법률이 한 가지 해석방법에 의하면 헌법에 위배되는 것처럼 보이더라도 다른 해석방법에 의하면 헌법에 합치되는 것으로 볼 수 있을 때에는 헌법에 합치하는 해석방법을 택하여야 할 것이다」라고 판시한 바 있다.[4)]

---

1) 25 U. S. 213(1827).
2) 헌재결 1989. 7. 21, 89헌마38【상속세법 제32조의2의 위헌여부에 관한 헌법소원】
3) 헌재결 1990. 4. 2, 89헌가113【국가보안법 제7조에 관한 위헌심판】
4) 대판 1992. 5. 8, 91부8【위헌심판제청】

III. 이론적 근거

1. 개관

합헌적 법률해석의 이론적 근거는 다음과 같다. 첫째, 한 나라의 법질서는 헌법을 정점으로 하는 통일적인 법체계를 유지하여야 하기 때문에 모든 법규범은 헌법과 합치하는 것이어야 한다(법질서의 통일성 및 위계질서의 유지). 둘째, 입법부가 합헌이라는 판단하에 제정한 법률을 다른 국가기관이 (함부로) 위헌이라 하여 배척하는 것은 타당하지 않으며, 이는 결국 민주적 정당성을 인정받는 입법부의 입법권행사를 다른 국가기관이 무시하는 것이 되어버림으로써, 민주주의 및 권력분립의 측면에서도 문제가 있다(민주적 입법기능과 권력분립의 원칙 존중). 셋째, 일단 공포되어 시행중인 법률에 대한 위헌판단은 그 동안 유지되어 온 법적 안정성을 위협하고 파괴하게 되므로 합헌적 법률해석은 국민의 법적 생활영역에서의 안정성을 확보하기 위해서도 필요하다(법정책적 측면; 법적 안정성의 유지).

- 법질서의 통일성의 유지
- 권력분립과 민주적 입법기능의 존중
- 법적 안정성의 유지

우리 헌법재판소도 합헌적 법률해석은「헌법을 최고법규로 하는 통일적인 법질서의 형성을 위해서나 입법부가 제정한 법률을 위헌이라고 하여 전면폐기하기보다는 그 효력을 되도록 유지하는 것이 권력분립의 정신에 합치하고 민주주의적 입법기능을 최대한 존중하는 것이 되며, 일부위헌요소 때문에 전면위헌을 선언하는 데서 초래될 충격을 방지하고 법적 안정성을 유지하기 위해서도 필요하다.」고 판시하였다.[1)]

2. 헌법의 최고규범성과 법질서의 통일성

켈젠(H. Kelsen) 등의 법단계설(법5단계설)에 따르면 한 나라의 법질서는 근본규범(Grundnorm) 또는 헌법을 최고법으로 하여 위계질서를 통한 하나의 통일체를 형성하고 있으므로 모든 법규범은 헌법과 합치하는 것이어야 한다. 이 단계구조에 의하면 헌법은 최고규범으로서 하위규범의 효력의 근거가 될 뿐 아니라 동시에 그 해석의 기준이 된다. 따라서 어떤 법률규범이 합헌적인 해석과 위헌적인 해석을 동시에 가능케 하는 다의적인 내용으로 되어 있는 경우에는 마땅히 헌법에 맞는 해석을 택해야 하는 것은 당연하다.

헌법재판소도「일반적으로 어떤 법률에 대한 여러 갈래의 해석이 가능할 때에는 원칙

---

1) 헌재결 1990. 6. 25, 90헌가11【국가보안법 제7조 제5항의 위헌심판】

적으로 헌법에 합치되는 해석, 즉 합헌해석을 하여야 한다고 한다. 왜냐하면 국가의 법질서는 헌법을 최고법규로 하여 그 가치질서에 의하여 지배되는 통일체를 형성하는 것이며 그러한 통일체내에서 상위규범은 하위규범의 효력근거가 되는 동시에 해석근거가 되는 것이므로, 헌법은 법률에 대하여 형식적인 효력의 근거가 될 뿐만 아니라 내용적인 합치를 요구하고 있기 때문이다.」고 판시하고 있다. 그러나 분명히 합헌이라고 확실할 수 없는 규범에 대해서까지 헌법에 합치하는 해석방법만을 선택하여 합헌으로 하게 된다면, 그것은 도리어 헌법의 최고규범성과 법질서의 통일성을 해치게 될 우려가 있음은 주지의 사실이다.

3. 권력분립의 정신

권력분립의 원리에 따라 입법권은 입법부에 속하고 입법작용도 헌법을 실현시키는 국가작용이므로 입법권자가 제정한 법률은 다른 국가기관에 의해 존중될 필요가 있다. 따라서 헌법이 입법권자에게 광범한 형성의 자유(입법권)를 부여하고 있고, 입법권자는 그 형성재량의 영역내에서 자유로운 입법활동을 보장받고 있기 때문에 규범통제권자인 헌법재판소도 입법권자의 명백한 한계일탈이 인정되지 않는 한 그가 제정한 법률을 존중하는 것이 필요하다. 더욱이 민주적 정당성(demokratische Legitimität)이 취약한 헌법재판소 또는 법원이 국민으로부터 직접적인 민주적 정당성을 확보하고 있는 의회의 제정법률을 무효화시키는 것은 민주주의의 관점에서도 문제의 소지가 있을 수 있다. 따라서 입법자가 제정한 법률은 헌법에 부합하는 해석이 가능한 경우 이를 무효로 선언해서는 안되고 합헌적 해석을 선택하여 이를 존중해야 한다.

그러나 헌법재판소의 위헌심사제도 자체가 이미 권력분립의 기준을 완화 내지 변경한 것 이라는 점에서 권력분립주의가 합헌적 법률해석을 위한 절대적 기준이 된다고 보기 어렵고, 또한 입법권의 존중이 규범통제의 포기가 되어서는 안될 것이다. 더욱이 오늘날의 권력분립은 소극적 권력분립이 아닌 적극적 권력분립, 즉 기관간 무간섭이 아니라 각각의 국가기관 권한의 본질적 내용을 침해하지 않는 범위내에서의 적극적 개입을 통한 견제와 균형(Check and Balance) 및 기관간 통제가 오히려 권력분립의 정신에 합당하다고 볼 수 있음을 간과해서는 안될 것이다.

4. 법적 안정성의 요구와 법률의 합헌성 추정

법률의 헌법합치적 해석을 가능하게 하는 또 하나의 근거는 법률의 합헌성 추정이다. 법률이 합헌성을 추정받는 데 있어서 출발점이 되는 것은 입법권자가 갖는 민주적 정당성에 있다고 본다. 즉 입법권자는 헌법이 정하고 있는 절차와 방법에 따라 구성되고 있다. 다시 말해 주권자인 국민으로부터 선거에 의하여 구성됨으로써 민주적 정당성이 확보되고, 아울러 헌법이 정하고 있는 권능과 한계 내에서 입법활동을 하는 것으로 전제되어 있기 때문에 그가 제정한 법률에 합헌성이 추정된다고 본다. 또한 법률의 합헌성이 추정되는 것은 법적 안정성을 위해서 불가피하게 요구된다고 본다. 즉 법률의 합헌성 추정은 법적 안정성을 유지하려는 규범유지적 원칙에서 나온다고 할 수 있다. 그러나 법률의 합헌성 추정이론은 합헌성의 여부가 문제된 규범에 대해 합헌성의 추정을 부여하는 모순에 빠지게 되어 결국 규범통제제도를 형해화 할 염려가 크다. 또한 법률의 합헌적 해석은 법치주의원리의 양대측면인 법적 안정성 및 정의실현 중 법적 안정성의 요청만을 지나치게 강조하는 것이되어, 정의의 원칙이 소홀해질 위험성이 있고, 그것은 결과적으로 법치주의 그 자체를 위태롭게 한다는 점을 주의할 필요가 있다.

IV. 합헌적 법률해석의 예

1. 합헌적 제한해석

합헌적 제한해석은 법률이 정한 구성요건이나 법률효과를 구성하는 개념이 광범위하거나 불명확하여 해석상의 제한을 가하지 아니하면 위헌의 의심이 생기는 경우에 법률이 정한 구성요건이나 법률효과를 제한하는 방법으로 법률을 해석함으로써 위헌적 요소를 제거하는 방식이다.

대법원은 형법상 예비죄의 종범을 인정할 수 있는지와 관련하여「타인의 범죄를 방조한 자는 종범으로 처벌한다」는 형법 제32조 제1항에서「타인의 범죄란 정범이 범죄를 실현하기 위하여 착수한 경우를 말하는 것이라고 할 것이므로 종범이 처벌되기 위하여는 정범의 실행의 착수가 있는 경우에만 가능하고」…라고 하여 예비죄의 종범을 인정할 수 없다고 판시하고 있는데,[1] 이는 제한적으로 해석한 결과이다.

그리고 헌법재판소는 舊국가보안법 제7조 제1항의 위헌성에 대하여「'구성원', '동조', '기타의 방법', '이롭게 한' 등 5가지의 용어가 지나치게 다의적이고 그 적용범위가 광범위하여, … 헌법상의 언론, 출판, 학문, 예술의 자유를 위축시킬 염려가 있고 … 국가보안법 제7조 제1항 및 제5항의 규정은 각 그 소정의 행위가 국가의 존립, 안전을 위태롭게 하거나 자유민주적 기본질서에 위해를 줄 명백한 위험이 있을 경우에만 축소 적용되는 것으로 해석한다면 헌법에 위반되지 아니한다」고 하여 축소해석하고 있다.[2]

1) 대판 1976. 5. 25, 75도1549【강도예비방조】

2) 헌재결 1990. 4. 2, 89헌가113【국가보안법 제7조에 관한 위헌심판】

2. 합헌적 보충해석

합헌적 보충해석은 규율을 필요로 하는 대상에 대하여 법률의 명시적인 규정이 없어 위헌의 의심이 있는 경우, 즉 법률의 흠결(Lücke)이 있는 경우에 헌법의 규정을 근거로 유추 또는 확장의 방법으로 법률의 흠결을 보충함으로써 위헌적 요소를 제거하는 방식이다. 대법원은 하천제외지를 국유로 하면서 이에 대하여 별도의 보상을 두고 있지 아니한 것이 위헌인지에 대하여 「재산권의 수용, 사용, 제한은 공공필요가 있을 경우에 법률로써 하되 반드시 보상을 지급하여야 한다는 헌법 제22조 제3항을 염두에 두고 하천법의 관계규정을 종합적으로 검토하여 볼 때 하천법 제74조, 제75조의 손실으로서 제외지의 국유화와 같이 직접적인 보상규정이 없는 경우라 하더라고 위 각 규정을 유추하여 그 손실에 대한 보상을 행하여야 하는 것으로 해석함이 상당하다 할 것이므로 동법 제2조 제1항 제2호 다목에 의한 제외지의 국유화는 법률에 의한 보상을 수반하는 것이어서 헌법 제22조 제3항에 위반된다고 할 수 없다」[1]고 하여 유추해석의 방법에 의하여 하천법의 손실보상에 관한 규정의 위헌요소를 해결하였다. ☞ 유추적용설

3. 법률효과의 완화

이는 법률이 일정한 법률요건과 결합시킨 법률효과가 지나친 결과를 가져와서 위헌의 의문이 생기는 경우에 헌법재판소는 비례의 원칙(과잉금지의 원칙) 위배 등 기본권제한의 한계를 넘는 경우에는 위헌결정을 하되, 헌법의 기본권제한 범위내에서 해석상의 제한을 가할 수 있는 경우에는 당해 법률의 해석을 일정한 범위 내로 제한한다는 것이다.

헌법재판소는 명의신탁 일반을 실질소유자가 그 명의자에게 증여한 것으로 의제하여 증여세를 부과하는 것이 위헌이 아닌지에 대하여, 「명의신탁이 전반적으로 증여의 은폐수단으로 악용된다고 보기는 어렵고, 명의신탁의 수탁자는 형식상의 소유명의만을 보유한 데 지나지 않고, 실질적으로는 아무런 권리도 취득하지 못하는 진정한 의미의 명의신탁인 경우도 없지 아니하다. 따라서 위 법률조항이 모든 명의신탁에 대하여 증여의제 제도를 무차별적으로 적용하여 과세하겠다는 것이라면, 조세평등주의와 그 실현수단인 실질과세의 원칙에 위반된다고 할 수 있다. … 그렇다면 위 법률조항은 … 예외적으로 조세회피의 목적이 없이 실정법상의 제약이나 제3자의 협력거부 기타 사정으로 인하여 실질소유자와 명의자를 다르게 한 것이 명백한 경우에는 이를 증여로 보지 않는다고 해석하여야 할 것이다. 물론 이 경우에 그와 같은 사정은 납세의무자가 적극적으로 주장, 입증할 책임을 부담한다고 새겨야 할 것이다」[2]라고 하여 증여의제라는 법률효과를 증여의 추정으로 완화함으로써

---

1) 대판 1985. 11. 12, 84카36【위헌제청신청】

2) 헌재결 1989. 7. 21, 89헌마38【상속세법 제32조의2의 위헌여부에 관한 헌법소원】

위헌성을 제거하고 있다.

4. 적용범위의 제한

이는 어떤 법률조항이 그 의미는 명백하나, 그의 적용범위가 불분명하여 다른 사건에 적용된다면 위헌이 될 소지가 있는 경우에 적용범위를 가급적 제한함으로써 위헌적 요소를 제거하는 방식이다. 헌법재판소는 군인 등의 국가배상청구를 금지하는 국가배상법 제2조 제1항 단서의 위헌성에 대하여 「… 국가배상법 제2조 제1항 단서 중 군인에 관련되는 부분을, 일반 국민이 직무집행중인 군인과의 공동불법행위로 직무집행중인 다른 군인에게 공상을 입혀 그 피해자에게 공동의 불법행위로 인한 손해를 배상한 다음 공동불법행위자인 군인의 부담부분에 관하여 국가에 대하여 구상권을 행사하는 것을 허용하지 않는다고 해석한다면, … 비례의 원칙에 위배하여 일반국민의 재산권을 과잉제한하는 경우에 해당하여 헌법 제23조 제1항 및 제37조 제2항에도 위반된다」[1]고 하여 국가배상법 제2조 제1항 단서의 인적 적용범위를 제한함으로써 위헌요소를 제거하고 있다.

V. 합헌적 법률해석의 한계

합헌적 법률해석은 무제한 허용될 수 없다. 합헌적 법률해석에는 다음과 같은 한계가 있다. 첫째, 합헌적 법률해석은 해당 법조문의 語義(Wortsinn)가 완전히 다른 의미로 변질되지 아니하도록 하는 범위 내에서만 가능하다(語義的 한계). 즉 모든 헌법합치적 법률해석은 법률의 문구와 명백히 인식될 수 있는 입법자의 의사에 저촉되어서는 아니된다.[2] 둘째, 법률의 목적이나 내용이 본래의 취지보다 다소 제한되거나 보충되는 것은 가능하지만, 전혀 새로운 목적이나 내용을 가지게 하는 것이어서는 아니된다(입법목적적 한계). 법관은 법문의 문구와 의미가 분명한 법률에 대하여 합헌적 법률해석으로 다른 의미를 부여하여서는 아니되며,[3] 어떠한 경우에도 합헌적 법률해석이 입법목적을 본질적인 점에서 변질시키거나 훼손시키는 것이어서는 아니된다.[4] 셋째, 법률에 대한 합헌적 해석은 헌법규범의 내용을 지나치게 확대해석함으로써 헌법규범이 정상적으로 허용 또는 수용할 수 있는 한계를 넘어서는 것이어서는 아니된다(헌법허용적 한계). 헌법의 규범적 의미와 내용을 의제

---

1) 헌재결 1994. 12. 29, 93헌바21【국가배상법 제2조 제1항 단서 위헌소원】
2) BVerfGE18, 97(111); BVerfGE 8, 28(34).
3) BVerfGE 8, 28(34).
4) BVerfGE 6, 32.

하면서까지 법률에 합헌성을 부여할 수는 없기 때문이다.[1)]

- 語義的 한계
- 입법목적적 한계
- 헌법허용적 한계

1) 허영, 한국헌법론, 79면.

제 5 절 헌법의 수호(Verfassungsschutz : 헌법의 보호)

I. 의의

헌법의 보호 · 헌법의 보장 · 헌법의 수호(Schutz der Verfassung)라 함은 헌법이 확립해놓은 헌정생활의 법적 · 정치적 기초가 흔들리거나 무너지는 것을 막음으로서 국가의 헌법적 질서(헌법질서: Verfassungsordnung; Verfassungsmäßige Ordnung)를 지키는 것을 의미한다.[1][2][3] 헌법수호는 헌법의 보호 혹은 헌법의 보장이라는 용어를 사용하기도 한다.

헌법의 보호는 헌법사적으로 볼 때 입헌주의 초기에 입헌정체를 보장하기 위한 제도로 발달했기 때문에 그 당시에는 주로 헌법의 보장이라는 개념 밑에 헌법제도(예컨대 군주의 권한제한 · 공개재판제도 · 자유선거제도 등)의 실현을 염두에 두고 입헌정체의 보장이라는 면을 중요시 했지만, 오늘날의 헌법국가(Verfassungsstaat)에서는 종래의 입헌제도에 대한 '제도보장적 측면(Verfassungsversicherung; Gewähr der Verfassung)'보다는 '제도방어적 측면'이 중요시되기 때문에 헌법의 보장이라는 개념보다는 헌법의 보호 혹은 헌법의 수호라는 개념이 많이 사용되고 있다.

학자들은 헌법보호 · 헌법보장 · 헌법수호를 혼용해서 사용[4]하고 있다. 일반적으로는 「국가의 '특정한' 존립형식」을 지킨다는 뜻으로 헌법의 수호라는 개념이 사용되고 있지만, ㄱ) 국가의 특정한 존립형식에 대한 수호의 구체적 의미, ㄴ) 헌법수호의 보호법익은 나라

1) 헌법수호에 관한 상세한 내용은 김백유, 헌법수호 -평상적 헌법수호제도(정태적 · 동태적)이론을 중심으로 -, 성균관법학, 2006; 同人, 헌법수호 II - 저항권 이론을 중심으로 -, 성균관법학, 2007 참조.

2) U. Scheuner, Der Verfassungsschutz in Bonner Grundgesetz, in: Um Recht und Gerechtigkeit, FS für E. Kaufmann zu seinem 70. Geburtstag, 1950, S. 314; 이강혁, 헌법의 보장, 사법행정(1970.11), 12면; 淸宮四郎, 헌법 I(제3판), 有斐閣, 1983, 16면; 小林直樹, 憲法の構成原理, 東京大學出版會, 1981, 12面; 전일주, 헌법보장에 관한 연구, 단국대학교 대학원 학술논총 제10집(1986), 175면; 홍성방, 헌법의 수호, 고시계(2002.1), 112면; 허영, 헌법의 보호, 고시연구(1981.2), 12면.

3) 헷세(K. Hesse)는 「헌법수호란 내외의 공격과 상하의 헌법적대적 시도로부터 헌법의 기능이 상실되지 아니하도록 헌법을 방위하는 제도(K. Hesse, Grundzüge des Verfassunfgsrechts der Bundesrepublik Deutschland, 14. Aufl., S. 257)」라 하고, 허영 교수는 「헌법의 보호란 헌법이 확립해 놓은 헌정생활의 법적 · 정치적 기초가 흔들리거나 무너지는 것을 막음으로써 헌법적 가치질서를 지키는 것'이라 한다(허영, 한국헌법론, 82면 이하).

4) 허영, 헌법의 보호, 고시연구(1981.2), 13면.

마다 헌법규정을 달리 정할 수 있고,[1] ㄷ) 헌법수호를 위한 제도적 장치로서의 유형도 학자들에 따라 각각 다르다.[2]

II. 국가의 수호와 헌법의 수호

1. 국가의 수호(Staatsschutz)

이는 국가의 존립(외침으로부터의 방어) 그 자체를 수호의 대상으로 하는 것을 말한다. 이는 국가의 보호 · 보장이라고도 한다. 국가의 수호는 국가의 존립(국가의 법적 · 사실적 존재) 그 자체를 수호의 대상으로 하기 때문에, 일반적으로 외부의 敵으로부터 오는 공격에 대한 방어(外侵으로부터의 방어)를 그 내용으로 한다.

2. 헌법의 수호

헌법수호를 위한 보호법익(Schutzgüter des Verfassungsschutzes)은 국가의 특정한 존립형식[3] · 헌법(성문 혹은 불문헌법[4] · 형식적 의미의 헌법 · 실질적 의미의 헌법을 막론

---

1) 오늘날 대부분의 국가에서는 헌법수호를 위한 헌법수호기관(헌법수호청 : Verfassungsschutzamt)을 두고 있으며, 헌법자체에서 구체적 내용을 명시하는 것이 일반적이다.

2) 옐리네크(G. Jellinek)는 사회적 보장, 정치적 보장, 켈젠(Kelsen)은 사전적, 사후적, 인적, 물적 보장, 메르크(W. Merk)는 광의의 보장(국가권력의 제한, 공법상의 보장, 헌법상의 선서, 공무원의 책임, 공무원의 법적 지위의 보장)과 협의의 보장(감독적 보장, 재판적 보장), 뷔르도(Burdeau)는 조직적 보장(사법적 보장)과 미조직적 보장(저항권과 국가긴급권)으로 나눈다(성낙인, 헌법학, 62면; 김효전, 헌법의 수호자논쟁, 법학교육사, 1991, 204-206면). 헤어초크(Herzog)는 헌법수호 규정들을 예방적 규정 · 진압적 규정 · 비상사태 규정으로 나눈다(Herzog, 헌법수호청들의 소임, in: 법무부(역), 헌법수호와 법치국가, 1987, 7면 참조). 김철수 교수는 정치적 · 사법적 · 선언적 · 초헌법적 보장으로 구분하면서, ① 공무원의 정치적 중립성 보장(제7조 2항), 국가긴급권(제76조 및 제77조), 헌법개정국민투표(제130조 제2항), ② 사법적 헌법보장으로는 위헌법령심사제도(제107조 제2항), 탄핵제도 · 위헌정당해산제도 · 위헌법률심사제도 · 헌법소원제도 · 권한쟁의심판제도(제111조). ③ 선언적 헌법보장으로는 헌법준수의무선서제도(제66조 제2항, 제69조), 경성헌법제도(제128조, 제130조) ④ 초헌법적 보장으로는 저항권이 있다」고 한다(김철수, 헌법학(상), 137-138면). 권영성 교수 및 허영 교수의 견해는 본서의 내용 참조.

3) K. Stern; K. Hesse; Th. Maunz; U. Scheuner, Der Verfassungsschutz in Bonner Grundgesetz, in: Um Recht und Gerechtigkeit, FS für E. Kaufmann zu seinem 70. Geburtstag, 1950, S. 313 ff.

4) 홍성방, 헌법의 수호, 고시계(2002.1), 112면.

한다.)[1]에 의해 정해진 헌법질서 즉 국가형태(Staataform : 공화국) · 정부형태 · 정치형태(Herrschaftsform : 민주주의) · 기본적 가치질서(민주적 기본질서)[2][3] · 정치적 국가생활의 자유 · 자유권을 비롯한 기타의 기본권보장[4] 등을 수호하는 것을 대상으로 한다.

헌법의 파괴는 아래로부터 올 수 있을 뿐만 아니라 위로부터도 올 수 있는 것이므로 헌법보장 내지 헌법 수호는 모든 종류의 헌법 침해 그리고 모든 자들로부터의 헌법침해에서 이를 수호하려는 것이다. 예컨대 형법 등에서의 반란이나 내란, 국헌문란의 범죄를 구성하는 자는 국민만이 아니라 국가공무원들도 될 수 있는 것처럼 모든 자로부터의 침해를 생각해 볼 수 있는 것처럼 모든 자로부터의 침해를 생각 할 수 있고, 이에 대해 헌법을 수호 하는 것이다. 오늘날 대부분의 민주국가에서는 헌법수호를 위하여 헌법수호기관(Verfassungsschutzamt)이 구성되고 있으며, 헌법 자체 내에서 그 보장법을 규정하는 것이 일반적이다.

3. 국가의 수호 · 헌법수호의 비교

	협의의 헌법수호(헌법보호)	광의의 헌법수호(국가보호)
의미	헌법규범의 실효성 확보(예 : 입헌제도의 실현을 위한 입법제도의 보장)	국가의 수호(Schutz)
보장의 대상	<국가의 특정한 존립형식> - 국가형태(공화국, 귀족국) - 정치형태(민주주의, 공산주의) - 기본권적 가치질서(민주적 기본질서)	특정한 국가의 법적 · 사실적 존재자체를 내외로부터 보호(예 : 외적의 침입)
보장의 범위	형식적 의미의 헌법 + 실질적 의미의 헌법	국가의 수호와 밀접한 관계
참고	헌법수호는 국가수호와 반드시 구별되는 것은 아니며, 양자는 서로 융합적 개념으로 사용되기도 한다.	

1) 왜냐하면 국가의 특정한 존립형식은 형식적 의미의 헌법과 실질적 의미의 헌법에서도 둘 수 있기 때문이다. 여기에는 개별적 헌법조문 및 헌법원칙이 포함된다(김남진, 헌법의 수호, 고시계(1962.6), 48면).

2) 민주적 기본질서는 헌법질서의 하나로서 사회민주주의와 자유민주주의를 포함한다. 사회민주주의는 자유민주주의를 부정하거나 배격하는 것이 아니고 자유민주주의를 토대로하여 실질적 평등을 지향하는 민주주의의 한 유형이다. 민주적 기본질서의 핵심적 내포는 자유민주적 기본질서이다(권영성, 헌법학원론, 157면 참조).

3) 민주적 기본질서에 대한 상세한 내용은 김백유, 민주적 기본질서, 헌법학연구, 헌법학회, 2003, 81면 이하 참조.

4) 헌법수호의 궁극적 목표는 국민의 기본권 수호에 있기 때문에 국가권력이 민주적 정당성을 상실하거나 국민의 기본권을 침해하는 경우, 헌법의 기본질서와 국민의 기본권을 회복하기 위한 조치는 인정된다.

III. 헌법의 수호자 논쟁

1. 헌법의 수호자 논쟁의 역사적 전개

1.1. 역사적 전개

한 나라의 법질서는 헌법을 정점으로 하여 그 밑에 법률 · 명령 · 규칙 · 지방자치법규의 순으로 상하의 위계질서를 이루고 있다. 법질서 전체의 체계는 이러한 위계질서를 중심으로 헌법규범 이하의 규범들이 헌법에 합치한다는 전제하에서 통일된 질서를 이루고 있다. 곧 헌법규범 이하의 규범들은 헌법에 합치됨으로써 그 법적 효력과 정당성을 인정받는다. 그렇다면 헌법은 누가 그 정당성을 담보하는가? 즉 누가 헌법의 수호자인가? 하는 문제가 제기된다. 헌법의 수호자문제는 헌법의 위기적 상황에서 언제나 제기되는 커다란 문제이다.

근대 헌법사에서 헌법수호가 문제된 것은 영국의 크롬웰(Oliver Cromwell)의 공화정시대로 알려져 있다. 1658년 크롬웰이 사망하자 스튜어트 왕가가 부활하면서 공화정은 붕괴하였고, 이러한 왕정복고로부터 공화정적 정치질서를 유지하는 것이 헌법수호의 목적이었다.[1] 이러한 생각은 프랑스의 시에예스에 의하여 프랑스혁명헌법의 이념으로 나타났고,[2][3] 헌법수호라는 용어는 19세기 유럽 국가들이 성문헌법을 제정할 때 구체적으로 등장하였다.[4]

---

1) 김효전, 헌법의 수호자논쟁, 법학교육사, 1991, 204면 참조; 홍성방, 헌법의 수호, 고시계(2002.1), 113면.

2) 1789년 1월 시에예스(Sieyès)는 동년 5월의 삼부회 소집을 앞두고, 제3신분이란 무엇인가?(제3계급이 아님)라는 논문을 출판하여 귀족들의 특권배제, 제3신분의 이익옹호를 위한 이론적 근거를 제시했다. 노동하는 제3신분이야 말로 국민(Nation) 그 자체이고, 제3신분의 대표는 제3신분 출신이어야 하며, 삼부회의 제3신분대표는 제1, 2신분대표 총수와 동수로, 표결은 신분별이 아닌 인원수에 의해야 한다고 주장했다. <제3신분이란 무엇인가?>는 베스트셀러가 되어, 프랑스 혁명의 원동력이 되었다. 프랑스 혁명 당시인 1789년 전국 삼부회에서는 법률가, 상인, 공업자본가 등 부르조아주가 제3신분을 독점, 혁명의 주체로 성장하였으며 혁명 성공후 신분제를 해체시켰다(세계백과사전, 학원출판사, 1993, 125면).

3) 홍성방, 헌법의 수호, 고시계(2002.1), 113면 참조; 약 3세기 동안 지속된 프랑스의 절대왕정체제(Ancien Regime)는 18세기 후반에 심각하게 동요하게 되었다. 특권을 갖지 않은 평민신분(제3신분)은 특권신분의 이익을 위주로 편성된 구체제에 반기를 들게 되었다. 시에예스가 팜플렛으로 발표한 논문은 당시의 사회적 분위기와 제3신분의 욕구를 대변하고 있다. 특권신분과 비특권신분간의 사회갈등은 결국 1789년 7월 14일 "프랑스 혁명"으로 나타나게 되었다. 이 시기 국민의회가 발표한 "인권선언"은 혁명의 정신을 집약적으로 표현하고 있으며, 이 선언은 오늘날 헌법국가의 기초가 되는 정신적 가치(자유 · 평등 · 정의)를 이루고 있다.

독일에서의 헌법수호개념은 19세기초의 자유주의적 입헌주의 헌법이론에 의하여 등장하게 되었다.[1] 헌법은 국민적 자유의 상징이 되었고, 그 당시의 헌법보호는 군주 또는 정부의 절대주의에 대한 국민적 자유권을 방어한다는 의미가 되었다.[2] 국민적 자유권을 보장하기 위하여 등장한 헌법규범들은 성문법주의를 채택하여 헌법개정의 경성화, 국사재판, 군주 및 공무원에 헌법준수의무를 부여하고, 각료들에 대한 탄핵제도를 두었다.[3][4]

독일에서의 헌법수호논쟁은 프로이센에서 1862년 비스마르크(Otto v. Bismark)의 군비확장을 위한 예산안(프로이센 對 오스트리아 전쟁(普墺전쟁) 및 프로이센 對 프랑스전쟁(보불전쟁)이 하원에서 부결되자 1862-1866년에 하원의 동의 없이 상원의 의결만을 거쳐 예산을 집행하는 사태가 벌어졌다. 이것이 독일헌법사에서 유명한 프로이센의 헌법분쟁(der preußische Verfassungsstreit)이다.[5][6] 이러한 사태를 합리화시키기 위한 것이 비스

---

4) Rottmann, Verfassungsschutz, in: Staatslexikon, Sp. 138.

1) 유정복, 헌법수호제도에 관한 연구, 법학연구 제7집, 3면.

2) R. Herzog, 헌법수호청들의 소임, in: 법무부(역), 헌법수호와 법치국가, 1987, 6면.

3) U. Scheuner, Der Verfassungsschutz in Bonner Grundgesetz, in: Um Recht und Gerechtigkeit, FS für E. Kaufmann zu seinem 70. Geburtstag, 1950, S. 314.

4) 헌법사적 측면에서 볼때 과거 독일의 입헌군주국 헌법도 헌법보장의 문제를 언급하였다. 예컨대 바이에른(Bayern) 헌법(1818년)과 작센(Sachsen)헌법(1831년)이 그것이다. 1818년의 바이에른 헌법은 '헌법의 방위'라는 제목아래 ① 국왕, 관리, 국민의 헌법에 대한 선서, ② 헌법침해로 인한 소원을 제기하는 등족의 권리, ③ 헌법침해로 인한 고소를 제기하는 등족의 권리, ④ 헌법개정의 조건 등을 규정하고 있다. 1831년의 작센 헌법은 헌법의 보장(제138조-제153조)을 두어 ① 국왕 · 공무원 및 시민의 헌법준수의 선서 ② 헌법침해에 대한 소원 ③ 헌법침해에 대한 제소 ④ 헌법개정의 조건 ⑤ 정부와 등족 간에 합의가 성립하지 아니한 경우에 헌법해석에 관한 의문을 결정하는 국사재판소의 권한(국사재판소의 헌법해석결정권)등을 규정하고 있었다(김효전, 헌법의 수호자논쟁, 법학교육사, 1991, 204면 참조).

5) 프로이센헌법(1850.1.13) 제62조는「입법권은 국왕과 양의원이 공동으로 행사한다. 법률은 국왕과 양의원의 동의를 요한다」. 제69조는「국가의 총수입과 총지출은 매년 이를 예정하여 계상하여야 한다. 예산은 매년 법률로써 이를 확정한다」라고 규정되어 있었다. 하원과 정부의 갈등은 마침내 1866년 화해를 하게되고, 하원은 사후승인을 하였다. 정부는 1866년 보오전쟁에서 승리하자 하원과의 화해를 추구하고, 의회에 대하여 면책(Indemnität)을 요구하였다. 의회도 마침내 이를 승인하여 수년간에 걸친 쟁의는 해결되었다(김효전, 헌법의 수호자논쟁, 법학교육사, 1991, 217-218면 참조); 홍성방, 헌법의 수호, 고시계(2002.1), 113면.

6) 프로이센의 헌법분쟁(der preußische Verfassungsstreit)은 1862-1866년에 정부가 하원의 동의 없이 상원의 의결만을 거쳐 예산을 집행한 사건으로서 독일헌정사에서 유명한 사건이다. 비스마르크는 흠결이론(Lückentheorie)과 국왕의 대권이론(정부가 제출한 예산안에 대하여 의회가 이를 부결시킨 경우, 이에 관한 헌법상의 명문규정이 없으면 국왕은 의회의 동의 없이도 예산지출 권한을 가지는데, 그 이유는 국왕은 이른바 대권(pouvoir royal)의 보유자로서 실질적으로 정치

마르크의 이른바 흠결이론(Lückentheorie)이었다. 그에 따르면 정부가 제출한 예산안에 대하여 의회가 이를 부결시킬 경우 어떤 조치를 위할 것인가에 대한 명문규정이 헌법에 없는 이상 국왕은 의회의 동의 없이도 지출권한을 가진다고 해석되며, 국왕의 이와 같은 권한은 초기입헌정치의 이론에 전적으로 타당하다는 것이다. 왜냐하면 국왕이야말로 이른바 대권(pouvoir royal)의 보유자로서 실질적으로 정치권력의 담당자이며 이 대권이야말로 제4의 권력(die vierte Gewalt)이기 때문이라는 것이다.

그러나 독일에서의 현대적 의미의 헌법수호에 대한 헌법논쟁은 20세기에 들어서 바이마르공화국(1919-1933)시절 의원내각제 정부형태하에서의 의회에서의 군소정당의 난립으로 인하여 정부위기(Regierungskrise)[1])가 계속하여 반복되었으며, 이는 결과적으로 국가

권력의 담당자이며 이 대권이야말로 제4의 권력(die vierte Gewalt)이기 때문이다)으로 사태를 해결하고자 하였다. 의회가 비스마르크의 군비예산에 대한 승인을 거부하였을 때 비스마르크는 헌법흠결 및 왕의 대권이론에 의하여 군비예산을 충당하였고, 그는 군대 · 경찰 · 공무원의 지지를 받아 위법적인 긴급사태조치를 통해서 정부를 운영하였다. 뢰벤슈타인은 「'힘은 법에 우선한다'는 그의 정책의 승리는 수세대에 걸쳐서 독일의 자유주의의 척추를 부러뜨려 놓은 셈이 되었나」고 비판 하였다(K. Lowenstein, Verfassungslehre, 1959, 3. Aufl., 1975, S. 280)); 김기범 역, 현대헌법론(K. Löwenstein), 교문사, 1976, 295면; 김효전, 헌법의 수호자논쟁, 법학교육사, 1991, 220면 참조; 홍성방, 헌법의 수호, 고시계(2002.1), 113면.

1) 의원내각제 정부형태 하에서의 정부위기(Regierungskrise)의 형태는 여러 가지가 있겠으나 일반적으로 다음과 같은 3가지의 형태를 들 수 있다. 1) 指導政黨(Führungspartei : 수상[Regierungschef]이 소속해 있는 정당)과 姉妹政黨(Junior-Partner)이 서로 연합하여 연립정권(聯政)을 창출하였을 때, 이들 정당간의 정치적 견해 의 차이로 인하여 야기되는 <u>각료철수(閣僚撤收)에 따른 연립위기(Koalitionskrise)</u>. 이는 의원내각제를 채택하는 국가에서 가장 빈번하게 발생하는 대표적인 정부위기의 형태이다(예 : 독일 바이마르 공화국; 일본의 호소카와(細川) 내각이 수시로 직면하는 연립위기). 2) 多數政黨(Mehrheitspartei)이나 指導政黨(Führungspartei)내에서 의원들간의 정치적 견해 차이로 인한 <u>정당의 자체분열로 인하여 야기되는 정부위기</u>(예 : 일본 자민당의 분열). 3) 국민(선거인)들이 현정권/연립정권에 대한 지지자의 감소에 의한 정부위기 형태. 이상에서 살펴 본 바와 같이 정부위기(Regierungskrise)는 과거 박정희 정권 특히 유신시대에 '유행하던 용어'인 위기정부(Krisenregierung)의 개념과는 전혀 별개의 것임을 알 수 있다. 즉 위기정부라 함은 정치적 · 경제적 위기를 비롯한 다양한 형태의 '국가긴급사태'의 위기를 관리하기 위하여 국민의 기본권의 일부를 잠정적으로 제한하는, 소위 '국가긴급권'의 이론에 의하여 등장한 정부형태를 말한다. 한국 유신헌법(1972년) : 일종의 초헌법적인 헌법침해(Verfassungsdurchbrechung)로서 헌법의 명문규정에도 없던 '국회해산'과 '국민의 기본권을 일시적으로 정지'한 상황하에서 프랑스 제5공화국헌법 제16조와 독일 Weimar 공화국헌법 제48조를 참작하여 탄생한 제4공화국헌법에서의 정부형태가 바로 위기정부(Krisenregierung)의 전형적인 형태이다.

- 방어적 · 긍정적 국가긴급권(羊의 心性을 가진 獅子) → 헌법 및 기본권 보호수단
- 부정적(오용 · 남용 · 악용) 국가긴급권(獅子의 心性을 지닌 獅子) → 저항권 행사가능

위기(Staatskrise)의 상태까지 봉착하게 되었다. 이러한 문제점을 타개하기 위한 헌법정책적 연구로써 수많은 논문들이 배출되었는바, 그중 가장 유명한 것이 1929년에 출판된 C. Schmitt의 헌법의 수호자(Der Hüter der Verfassung)와 1931년에 출판된 Hans Kelsen의 '누가 헌법의 수호자가 되어야 하는가?(Wer soll der Hüte der Verfassung sein?)'이었다.[1]

C. Schmitt(1888-1985) → 뱅자맹 콩스탕의 중립적 권력이론을 빌려와 바이마르헌법에서는 이러한 중립적인 권한을 가지는 대통령이 헌법의 수호자라고 하였다. 그는 당시의 바이마르공화국의 헌법상태를 정치적 다원주의라고 부르고 이러한 현실하에서는 헌법상태의 통일성에 기여할 수 있는 것은 헌법재판소도 아니요, 더욱이 정당의 직접적인 각축무대인 국회도 아니며, 마찬가지로 법원도 궁극적으로는 각 정당의 자의적인 헌법해석자의 대변자에 불과하다고 보고, 따라서 그는 벤자민 꽁스땅(Benjamin Constant)의 중립적 권력(pouvoir neutre)의 이론을 빌려와 대통령만이 헌법의 수호자로서 최적의 위치에 있다고 본 것이다.

H. Kelsen(1881-1973) → 대통령과 의회 그리고 법원도 다같이 헌법의 수호자라고 하였으며, 특히 헌법재판의 중요성을 강조하였다.

1.2. 바이마르 헌법 제48조와 헌법논쟁

1.2.1. 개관

바이마르헌법하에서는 바이마르헌법 제48조의 대통령긴급권규정을 둘러싸고 켈젠(Hans Kelsen)과 트리펠(Heinrich Tripel), 슈미트와 켈젠 사이에 누가 헌법의 수호자인가에 대하여 논쟁이 있었다.

1.2.2. 슈미트(C. Schmitt)의 견해

슈미트는 의회주의의 시대착오적 성격을 이유로 의회주의(Parlamentarismus) 및 의회제민주주의(Parlamentsdemokratie)를 철저하게 부정하고,[2] 그 대안으로서 루소의 동일

---

1) 켈젠과 슈미트의 헌법수호자논쟁에 관한 상세한 내용은 김효전, 헌법의 수호자논쟁, 법학교육사, 1991 참조; 이윤구, 헌법보장제도에 관한 비교헌법적 연구, 고려대학교 대학원(1988.7), 13면 이하 참조.

2) 슈미트의 의회주의 사상(Parlamenatrismus)은 그의 의회주의에 대한 사망선고(Todesurteil; Totenschein)에서 보는바와 같이 극단적인 의회주의 부정론에 입각하여 이론을 전개하고 있다. 그는 의회주의의 이념적 기초를 자유주의(Liberalismus)에 두고, 이를 비판하고 있다((Parlamentarismus-Kritik : 슈미트의 자유주의에 대한 비판은 Klaus Hansen/Hans Lietzmann (Hrsg.), Carl Schmitt und die Liberalismuskritik, Opladen 1988 참조). 그는 자유주의는 부르조

성민주주의(Identitätsdemokratie)를 제시한다.[1][2]

그는 당시의 바이마르공화국의 헌법상태를 정치적 다원주의의 지배하에 놓여있다고 하면서,[3] 이러한 현실에서 헌법의 통일에 기여할 수 있는 것은 국사재판소(Staatsgerichtshof)도 아니며 현실적으로 정당의 싸움터인 국회도 아니라고 하였다. 그는 꽁스땅(Benjamin Constant)의 중립적 권력(povoir neutre et modérateur et régulature)의 이론을 빌려 국민에 의하여 직접 선출되고 국가긴급권의 보유자인 대통령만이 헌법의 수호자로서 최적의 위치에 있다고 하였다.[4]

무릇, 19세기에는 헌법침해현상이 일반적으로 정부측에 의하여 이루어 졌고, 입법부

아계급의 이데올로기이며, 부르조아계급은 토론(Disskussion) 그 자체에 절대적 가치를 부여하는 담론지상주의계급인데, 자유주의는 그들 생활양식의 본질적인 것이라고 한다(Carl Schmitt, Politische Theologie, München-Leipzig 1934, S. 75; ders., Verfassungslehre, Unveränderter Neudruck, Berlin 1957, S. 315 f). 자유주의의 제도적 표현인 의회는 공개(Öffentlichkeit)와 토론(Diskussion)이 그 생명이며, 의회내의 다양한 분파들의 이해관계를 조정하는 데 있다고 한다. 슈미트는 의회의 존립요건 중 가장 중요한 것은 의회구성원의 사회적 동질성 인데(Carl Schmitt, Verfassungslehre, Unveränderter Neudruck, Berlin 1957, S. 228 f), 의회가 부르조아계급의 지배 아래 놓여 의회구성원 사이에 사회적 동질성이 유지되는 한, 의회내에서의 질서유지 및 토론은 형성될 수 있지만, 노동자계급의 의회진출로 인하여 의회구성원의 사회적 동질성이 파괴되면, 의회주의의 대원칙인 공개와 토론은 설자리를 잃고 계급적 적대세력간의 극한적 대립구도가 형성되게 된다. 이와같이 적과 동지(Feind und Freund)의 싸움터로 전락한 의회는 당연히 공개성(Öffentlichkeit)과 토론(Diskussion)을 상실할 것이며, 공개성과 토론을 의회주의의 본질로 보고 있는 슈미트의 입장에서는 이러한 원칙을 상실한 바이마르공화국의 의회에 대하여 사망선고(Todesurteil)를 내린 것은 그의 사상적 세계에서는 당연한 결론이다.

1) Carl Schmitt, Verfassungslehre, S. 235 f.

2) Schmitt는 민주주의를 「治者(die Regierende)와 被治者(die Regierte)」가 동일한 통치형태라고 이해하면서, 「국민의 자기통치」에 의해서 비로소 국민주권의 이념이 실현될 수 있다고 주장한다(동일성민주주의 : identitäre Demokratie; Identitätsdemokratie). 그는 민주주의를 「국민의 자기통치형태」로 보고, 동일성이론의 전제조건으로서 국민은 추상적 · 관념적인 집단(ideele Größe)에 불과한 것이 아니고, 현실적인 집단이며, 국민이 「통일된 전체(정치적 통일체)」로써, 「통일된 정치의사」를 가지고 「통일된 정치활동」을 할 수 있다는 것을 강조한다. 그러나 이러한 동일성민주주의는 전체주의 혹은 인민민주의에 의하여 악용되는 사례를 낳고 있다(허영 교수).

3) 이윤구, 헌법보장제도에 관한 비교헌법적 연구, 고려대학교 대학원(1988.7), 19면.

4) 헌법의 수호자가 될 수 있는자로서 슈미트는 대통령과 법원을 들었다. 그러나 법원의 헌법수호기능은 국가가 정상상태에 놓여있을 경우에만 가능하며, 그 사후적 기능 때문에 이를 헌법의 수호자로부터 제외함이 마땅하며, 법원도 결국 각 정당의 자의적인 헌법해석의 대변자에 불과하다고 한다. 슈미트에 의하면 대통령이 결국 헌법의 수호자가 되지 않을 수 없다는 것이다. C. Schmitt, Der Hüter der Verfassung, 1931, 2. Aufl., 1969, S. 131 ff.

가 헌법의 수호자로서 기능을 하였던 것에 반해, 바이마르 공화국시절(1919-1933)에는 오히려 그 위협이 의회(Parlament) 측에 존재하고 있었다. 왜냐하면 의원내각제 통치구조하의 연방의회내의 다양한 정치적 · 경제적 · 사회적 이해관계를 달리하는 세력(군소정당의 난립)들의 각축으로 인해 의원내각제 정부의 구성(Regierungsbildung) 및 운영은 기능마비(정부위기 : Regierungskrise) 상태가 반복되었고(특히 바이마르 헌법 제53조 · 제54조의 문제점), 이로 인하여 국민의 정치적 통합이 커다란 위협을 받고 있었기 때문이다.

그는 이러한 문제의 해결은 궁극적으로 헌법제정권자(verfassunggebende Gewalt; pouvoir constituant)인 국민만이 할 수 있는 것이며,[1] 다원적 이해관계를 초월하여 헌법의 수호자로서 기능하게 될 중립적 권력(pouvoir neutre)이었던 것이다. 비록 국사재판소가 1927년 10월 15일의 판결을 통하여 스스로를 헌법의 수호자라고 주장하기도 하였지만,[2] 슈미트는 이를 적정한 경우로 보지 않았다. 왜냐하면 법원은 헌법의 수호자로서 갖추어야 할 필수적인 조건, 즉 헌법수호의 능력과 정치권력의 행사능력을 가지지 않았고, 법원도 결국은 정치적 이해관계에 따라 그 해석을 달리하는 각정당의 대변자일 수 밖에 없다고 보았기 때문이다.[3][4] 결국 헌법수호의 적임자는 대통령이며, 대통령이야말로 중립적 제3자, 중

---

1) C. Schmitt, Verfassungslehre, Berlin 1967, S. 62.

2) 1927년 10월 15일의 판결, RGZ. 118, Anhang S. 4; 특히 국사재판소소장 시몬즈(Simons)는 국사재판소를 헌법의 「옹호자와 수호자」로 부르고 있다(DJZ, 1924, Sp. 246). 기타 많은 논문들도 헌법의 수호자, 보장자, 감시자로서 국사재판소 혹은 헌법재판소를 들고 있다(Richard Grau, AöR N. F. 2(1926), S. 287 f.). 김효전, 헌법의 수호자논쟁, 교육과학사, 1991, 13면 참조.

3) 이와 같이 슈미트에 의하면, 「사법권은 그 성격상 중립성을 표방하는 특수권력으로서 기능상 한계가 있으므로(Carl Schmitt, Der Hüter der Verfassung, 2. Aufl., Berlin 1969, S. 22 ff.), 사법권은 통치구조의 중심에 자리잡고 있는 의회에 대하여 주변적 · 부차적일 수 밖에 없다. 따라서 사법권의 하나인 헌법재판소도 사회적 갈등을 능동적으로 해결할 수 없다. 더욱이 바이마르헌법 제2편의 기본권부분에는 상이한 원칙, 구속력이 없는 강령조항 그리고 잠정적 타협의 산물인 다양한 규정들이 서로 혼재하고 있기 때문에 헌법재판소에서 사법적 판단의 대상으로 삼을 수 있는 참된 의미의 규범을 찾아보기 힘들며, 따라서 헌법재판소는 존립의 여지가 없다(C. Schmitt, Das Reichsgericht als Hüter der Verfassung, Peter Häberle (Hrsg.), Verfassungsgerichtsbarkeit, Darmstadt 1976, S. 108-131), S. 108 ff). 결국 슈미트에 따르면, 「상호모순관계에 있는 다양한 규정에 정확한 규범적 의미를 부여하는 일은 오로지 정치적 결단이며, 정치적 결단(Dezision)은 헌법제정권자인 국민만이 할 수 있는 것」(C. Schmitt, Verfassungslehre, Berlin 1967, S. 62)이라고 한다(결단주의적 헌법관).

4) 특히 슈미트는 당시의 바이마르공화국의 헌법상태를 정치적 다원주의라 명하고, 이러한 현실에서는 헌법상태의 통일에 성공할 수 있는 것은 국가재판소도 아니며 정당의 각축장인 국회도 아니라고 한다. 더 나아가서 슈미트는 법원도 궁극적으로는 각 정당의 자의적인 헌법해석의 대변자에 불과하다고 본다. 따라서 슈미트는 꽁스땅(Benjamin Constant)의 중립적 권력(povoir neutre)

립적 권력(pouvoir neutre)으로서 헌법수호기능을 수행한다고 믿었다.[1]

이리하여 슈미트는 독일국민에 의하여 7년의 임기로 직접 선출되는 대통령이야말로 그 지위가 민주적 위임에 기초하는 유일한 국가기관이며,[2)3)] 이때 나타나는 대통령의 권위(힘)의 원천은 바이마르헌법 제48조(대통령비상대권)이며, 이것이 헌법을 다원적 분열로부터 수호할 수 있는 유일한 방법이라고 하였다.[4] 그리고 이것은 바이마르헌법의 민주주의 원리와도 모순되지 않는데, 그 이유는 대통령은 국민에 의하여 선출되고, 그것이 입법부에 대하여 가지는 국민의 호소이기 때문이라고 한다.[5)6)]

1.2.3. 켈젠(H. Kelsen)의 견해

이에 반하여 규범주의(Normativismus) 이론의 대표적 학자인 켈젠은 이른바 의회주의의 위기에 대하여 원칙적으로 동의하면서도 의회제민주주의를 긍정적으로 평가하였다.[7] 다만 그는 슈미트와는 달리 의회제민주주의에서 통치구조(행정부 · 입법부 · 사법부)의 중

의 사고를 빌려 국민에 의하여 직접 선출되고 국가긴급권의 보유자인 대통령만이 헌법의 수호자로서 최적의 위치에 있다고 한다.

1) C. Schmitt, Der Hüter der Verfassung, 1931, 2. Aufl., 1969, S. 132.

2) 실제로도 당시 바이마르의 두 대통령, 에버트(F. Ebert)와 힌덴부르크(Hindenburg)는 이러한 역할을 하였다. 이와같이 슈미트는 바이마르헌법 제48조의 확대해석(위임독재)을 통하여 대통령을 헌법의 수호자로 명하고 대통령내각제(Präsidialkabinett)를 구상 하였다. 바이마르 공화국 말기에는 의회(군소정당의 난립) 및 정부가 그 기능을 마비(정부위기 : Regierungskrise)하였고, 이 때문에 대통령내각제(Präsidialkabinett)의 역사(1930-1933)가 막 시작되려는 시점에 있었다.

3) 바로 이 대목에서 슈미트의 (대통령)헌법수호자론의 핵심이라고 할 수 있는 동일성민주주의의 한 단면을 엿보게 된다. 그에 의하면 바이마르헌법 제1조는 국민을 정치적 행동통일체로 상정하고 있다(C. Schmitt, Verfassungslehre, Berlin 1957, S. 238 ff). 정치적 행동통일체인 국민은 중간의 매개과정을 거치지 않고 「통일된 전체로서」, 「통일된 전체의사를 가지고」 자신의 의사를 직접 표현할 수 있다. 그러나 정치적 행동통일체인 국민의 의사가 현실적 규범력을 갖기 위하여는 대통령의 권위와 결합되어야 한다. 이 때 대통령 권위의 원천은 바이마르헌법 제48조(대통령비상대권)이다. 이처럼 신뢰는 밑으로부터(被治者 : die regierte) 권위는 위로부터(治者 : die Regierende) 온다는 권위주의적 사고, 그리고 밑으로부터의 신뢰와 위로부터의 권위가 하나가 되어 열화와 같이 폭발하는 힘, 이러한 것들이야 말로 피치자와 치자가 하나로되는 동일성민주주의의 실체라고 한다(C. Schmitt, Verfassungslehre, Unveränderter Neudruck, Berlin 1957, S. 234 ff). 이같은 동일성민주주의에 따르면, 정치적 행동통일체인 국민에게 확고한 믿음과 신뢰를 심어 줄 수 있는 대통령이야말로 진정한 의미의 헌법수호자인 것이다.

4) C. Schmitt, Der Hüter der Verfassung, 1931, 2. Aufl., 1969, S. 131.

5) C. Schmitt, Der Hüter der Verfassung, 1931, 2. Aufl., 1969, S. 159.

6) 이윤구, 헌법보장제도에 관한 비교헌법적 연구, 고려대학교 대학원(1988.7), 14면.

7) H. Kelsen, Demokratie und Sozialismus. Ausgewählte Aufsätze, Wien 1967, S. 35 ff.

심에 있어야 할 의회를 사법적 통제 아래 두기 위하여 단지 헌법재판제도의 도입을 주장하였다.[1)]

켈젠은 그의 순수법학[2)]에 입각한 법단계설의 입장에서 국가란 근본규범하에 법단계적 구조를 이룬 법질서(국가 · 법 동일설)이며, 헌법을 국내법상 최상위에 위치하는 근본규범으로 보았다. 그리고 그는 '헌법보장이란 위헌법률을 저지하기 위한 수단'으로 본다. 그는 헌법보장의 유형을 사전적 · 예방적 보장, 사후적 · 교정적 예방, 인적 보장, 물적 보장으로 분류하고, 특히 헌법보장의 목적은 사후적 · 교정적 보장형식에 의하여 달성된다고 한다. 그러한 한에서 켈젠은 헌법의 수호자로서 국가재판소(Staatsgerichtshof)가 헌법수호의 적임자라고 한다.

결국 켈젠은 헌법의 수호자란 헌법침해행위로부터 헌법을 보호하는 기관이라고 보고, 따라서 법원이 헌법의 수호자가 되어야 한다고 하였다. 그리고 슈미트의 주장과 같이 「대통령을 의회와 행정부라는 양대 권력대립의 중개적 권력(pouvoir neutre)으로 보는 것」은 어디까지나 정치적 이데올로기(politische Ideologie)이지 과학적인 인식태도, 곧 법학적 · 정치학적 인식태도는 아니라고 비판한다.[3)4)5)]

---

1) H. Kelsen, Wesen und Entwicklung der Staatsgerichtsbarkeit, Peter Häberle(Hrsg.), Verfassungsgerichtsbarkeit, Darmstadt 1976, S. 77-107; ders., Wer soll Hüter der Verfassung sein? Die Justiz 6(1931), S. 576 ff.

2) 純粹法學(reine Rechtslehre) : 순수법학(reine Rechtslehre)은 실정법의 순수인식에 관한 이론을 의미한다. 이는 켈젠을 중심으로한 오스트리아(Österreich)의 비인학파(Wiener Schule)가 주장한 이론으로써 현대 법철학 학설사의 거대한 획을 그은 이론이다. 純粹法學은 무엇보다도 실정법의 이론이고, 법의 순수한 파악을 위하여는 사회학적 고찰 및 윤리적 · 정치적 고찰을 배제하고, 「법규범 그자체의 실증적 탐구」를 사명으로 한다. 그들의 주장을 살피면 다음과 같이 요약할 수 있다. ① 법규범은 인과법칙과는 다른 독특한 당위의 법칙이므로, 그 순수인식은 우선 자연과학적 · 사회학적 방법을 배제하여야 한다. ② 법학은 실정법규범의 인식을 목적으로 하므로, 도덕이나 정치의 입장에서 자연법적 가치를 도입하는 것을 피하여야 한다고 주장한다. 이와 같이 하여 실정법의 구조를 분석할 때, 그것은 구체적인 상위규범과 이를 근거로 하는 하위규범의 단계구조로 이해되며(켈젠의 법단계설: 헌법 → 법률 → 명령 → 규칙 → 조례), 그 최고의 당위규범으로서의 근본규범에 도달한다는 것이다. 이리하여 켈젠은 유명한 법단계설, 법과 국가의 자동성, 국제법우위론 및 헌법의 「법규범성」에 입각한 법학적 헌법개념이론 등 독특한 법이론을 전개하였다. 이러한 학설은 많은 비판을 받고 있지만 철저한 법규범에 대한 실증주의적 고찰로써 가치 있는 학문적 소산을 낸 공적은 매우 크다고 하겠다(主著: 국법학의 기본문제(Hauptprobleme der Staatsrechtslehre, 1911, 2. Aufl., 1923), 일반국가학(Allgemeine Staatslehre, 1925), 순수법학(Reine Rechtslehre, 1934)). (신법률학사전, 국민서관>

3) 이윤구, 헌법보장제도에 관한 비교헌법적 연구, 고려대학교 대학원(1988.7), 16면; 홍성방, 헌법의 수호, 고시계(2002.1), 114면 참조.

켈젠의 헌법재판소헌법수호자론은 독일사회민주당(SPD) 계열, 그밖의 헌법학자들의 주장을 종합정리하고, 이를 자기나름대로의 인식론적 관점과 정치적 입장에 따라 체계화한 것이다.[1] 그의 법단계론의 논리에 따르면, 상위규범인 헌법에 저촉되는 법률의 존재란 인정될 수 없기 때문에 헌법재판소헌법수호자론은 당연한 주장이다. 그러나 켈젠의 헌법재판소헌법수호자론에서 주장하는 핵심적 요소는 자유주의적 의회제민주주의에 바탕을 둔 헌법재판제도이다. 그는 자유주의 입장에서 독재적 지배형태의 대립개념으로 민주주의를 설정한 다음, 순수법학의 방법에 따라 민주주의를 형식적으로(만) 이해하였다. 그에 따르면, 「… 민주주의는 순수한 형태의 절차적 민주주의로서만 가능하며, 형식적 민주주의 가운데 선택가능한 유일한 대안은 의회제민주주의이다.[2] 그러나 부르조아계급과 노동자계급이 날카롭게 대립하고 있는 자본주의사회에서는 국가적 통일성을 확보하는데 불가결한 국민적 합의의 도출은 사실상 불가능하므로 가치상대주의(Wertrelativismus)의 관점에서 상호승인의 원칙 및 다수결의 원리에 따르는 것이 의회제민주주의가 기능하기 위한 절대적 요건」이라고 주장한다.[3] 그는 「… 오늘의 의회소수파는 내일의 다수파가 되거나 혹은 그 반대로도 될 수 있으므로 다수결의 원리(Mehrheitsprinzip)는 의회소수파의 보호(Minderheitenschutz)를 전제로 하며,[4] 따라서 의회제민주주의에서 의회다수파의 독재를

---

4) 특히 켈젠은 「… 헌법이 가지는 정치적 기능은 권력의 행사에 대한 법적 제한을 가하는데 있으며, 헌법의 보장이란 이러한 법적 제한을 일탈하지 않도록 하는 것이다. 따라서 이러한 권력행사의 제한을 벗어날 법적 기회와 정치적의 유혹을 가지는 하나의 권력자에 모든 권력을 위임하는 것처럼 무의미한 것은 없다. 왜냐하면 어떠한 사람도 자기의 사건에 대하여는 재판관이 될 수 없다는 것은 의심할 여지가 없기 때문」이라고 한다(H. Kelsen, Wer soll der Hüter der Verfassungs sein?, 1931, S. 6; 김효전, 헌법의 수호자논쟁, 법학교육사, 1991, 231면 참조).

5) 이러한 슈미트의 견해에 대하여 켈젠은 다시금 헌법의 수호자란 헌법침해행위로부터 헌법을 보호하는 기관이라고 하고, 특히 헌법침해는 많은 경우 책임을 맡길 수 없고 헌법의 수호자의 역할은 사법의 영역에 기대할 수 밖에 없다고 하면서, 군주(여기서는 대통령을 의미함)를 의회와 행정부라는 양대 권력대립의 중개적 권력으로 보려는 태도는 어디까지나 정치적 이데올로기(politische Ideologie)이지 과학적인 인식태도, 곧 법학적 · 정치학적 인식태도는 아니라고 한다.

1) 켈젠(순수법학의 창시자)은 인식론적으로는 신칸트학파의 방법이원론과 가치상대주의(Wertrelativismus)의 관점에 서 있다. 정치적으로는 의회제민주주의에 충실한 자유주의자의 범주에 든다.

2) H. Kelsen, Wesen und Entwicklung der Staatsgerichtsbarkeit, Peter Häberle (Hrsg.), Verfassungsgerichtsbarkeit, Darmstadt 1976, S. 17.

3) H. Kelsen, Wesen und Entwicklung der Staatsgerichtsbarkeit, Peter Häberle(Hrsg.), Verfassungsgerichtsbarkeit, Darmstadt 1976, S. 104.

4) 왜냐하면 의회다수파의 독재는 의회소수파의 독재와 마찬가지로 독재적 지배형태의 하나이기 때문이다.

막기 위하여는 의회소수파의 보호를 위한 사법적 통제장치인 헌법재판제도가 필수적이라고 주장하였다.[1)2)3)]

2. 소결

생각건대 헌법에 의해서 정해진 국가의 특정한 존립형식, 즉 국가형태 · 정치형태 · 헌법질서 등을 지킬 헌법의 수호자가 누구인가는 이를 단언적으로 대답할 수는 없다. 위에서 언급한 바와 같이 바이마르공화국시대(1919-1933)의 국사재판소(Staatsgerichtshof)는 자신을 헌법의 수호자라고 부르기도 하였지만, 슈미트는 헌법을 실현시키고 헌법적 권력행사를 효과적으로 제한할 수 있는 기능을 가진 국가기관이 바로 헌법의 수호자라고 보고, 바이마르공화국헌법 아래서는(특히 제48조) 그와 같은 기능을 담당한 국가기관이 바로 대통령이었기 때문에, 대통령이 헌법의 수호자일 수 밖에 없다는 논리를 전개하였던 것이다.[4)]

켈젠 역시 헌법재판제도를 옹호하면서도 – 가치상대주의(Wertrelativismus)적 헌법관을 지닌 그의 입장에서 볼 때[5)] – 헌법재판의 합목적성에 대하여 의심을 품고 있었다. 그리하여 켈젠 역시 궁극적으로는 대통령 · 헌법재판소도 다같이 헌법의 수호자라고도 하였다.[6)7)] 특히 바이마르헌법하에서는 의회와 정부의 정당을 통한 동질성(Homogänität) 및

1) H. Kelsen, Wesen und Entwicklung der Staatsgerichtsbarkeit, Peter Häberle(Hrsg.), Verfassungsgerichtsbarkeit, Darmstadt 1976, S. 103 f.

2) H. Kelsen, Wesen und Entwicklung der Staatsgerichtsbarkeit, Peter Häberle(Hrsg.), Verfassungsgerichtsbarkeit, Darmstadt 1976, S. 103 f.

3) 이에 대하여 트리펠은 헌법분쟁의 본질을 정치적 분쟁으로 파악하고, 헌법재판은 본질적으로 사법적 형식으로 판단할 수 없는 분쟁과 관련되어 있다고 한다.

4) C. Schmitt, Der Hüter der Verfassung(1931), 2. Aufl., (1969).

5) 상대적 민주주의 이론은 민주주의를 다수의 통치형태(Mehrheitsherrschaft)로 이해하고 다수의 힘에 의한다면 어떠한 민주주의의 내용도 임의로 상대화(relativieren)시킬 수 있다고 보는 켈젠(H. Kelsen)의 사상이다. 켈젠은 가치상대주의자이며 민주주의의 신봉자임과 동시에 법실증주의자였다. 그는 인간은 단순히 상대적 가치만을 인식 할 수 있으며, 상대적 진리(Wahrheit)와 진실(Wirklichkeit)만을 터득 할 수 있다. 따라서 절대적 가치나 진리는 존재하지 않는 다고 한다. 켈젠의 가치상대주의는 "아무런 입장도 취하지 않음(Standpunktslosigkeit)"을 의미하는 것은 아니며, 어떤 것에 대해 개인적 확신에 차 있음에도 불구하고 그것이 절대적으로 옳다고 주장하지 않는 것을 의미한다. 그는 가치상대주의가 민주주의의 전제가 되는 세계관이라고 한다. 왜냐하면 토론과 협상을 통한 민주주의적 의사형성 혹은 소수자의 보호 등은, 다른 사람의 반대되는 의견도 옳을 수 있다는 전제가 확립되어 있어야 하기 때문이라고 한다(H. Kelsen, Staatsform und Weltanschauung, 1933, 28면. Horst Dreier, Rechtslehre, Staatssoziologie und Demokratietheorie bei Hans Kelsen, 1986, 235면; 김영희, 한스 켈젠의 국가론, 사법행정(92.12), 37면 참조).

법원의 권력통제기능의 결핍 등으로 인해서 국가비상사태에 대한 비상대권(제48조)을 가지고 있던 대통령을 헌법의 수호자로 본 슈미트의 주장도 타당성은 있다. 다만 문제가 되는 점은「국가의 특정한 존재형식」이 어떤 제도만에 의해 보호될 수 있겠는가의 문제이다. 슈미트가 말하는 헌법의 수호자로서의 대통령도 히틀러정권의 제3제국의 출현을 막을 수 없었던 것처럼 헌법수호자의 문제는 여러 가지 형태의 제도적 장치만에 의해서 해결될 수는 없다.[1)]

오늘날에 와서의 헌법의 수호자는 모든 국가기관 특히 헌법재판소가 헌법의 수호자로서의 기능을 가지나 결국 최종적인 헌법의 수호자는 국민이다. 한국 헌법상 헌법수호의 기능은 대통령, 헌법재판소, 법원 및 최종적 헌법수호자로서의 국민에 분산되어 있다. 그러나 대통령의 헌법수호자로서의 지위는 비상사태에서 기능하는 측면이 강한 반면, 헌법재판소와 법원의 그것은 전적으로 평상시에 작용하는 점에 차이가 있다. 또한 평상시 헌법수호의 기능은 대부분의 경우 그리고 중요한 부분에서 헌법재판소가 담당하고 있다(제111조 제1항). 따라서 법원의 헌법수호자로서의 기능은 부차적인 것이라 할 수 밖에 없다. 곧 법원은 명령 · 규칙의 위헌 · 위법심사(제107조 제2항), 헌법재판소에의 위헌법률심사의 제청(제107조 제1항), 선거에 대한 재판 등을 통하여 헌법수호의 기능을 부분적으로 수행하고 있을 뿐이다.

IV. 헌법수호의 수단

1. 개관

헌법질서에 대한 공격은 두 가지가 있을 수 있다. 하나는 예컨데 국가원수나 행정부 또는 국회가 암암리에 헌법을 침해하거나 또는 정변을 통하여 공개적으로 헌법에 위반되는 행위를 하는 경우이다. 다른 하나는 헌법과 적대적인 사회세력이 현행 헌법질서를 전복하려는 시도를 실현에 옮기는 경우이다. 전자를 위로부터의 헌법질서에 대한 공격(하향식 헌법침해), 후자를 아래로부터의 헌법질서에 대한 공격(상향식 헌법침해)으로 부른다.

일반적으로는 후자에 대한 방어를 좁은 의미의 헌법수호라고 부르고 있다. 따라서 헌법수호의 수단도 두 가지로 나누어진다. 곧 위로부터(국가기관)의 하향식 헌법질서에 대한 공격으로부터 헌법을 수호하기 위한 수단으로는 헌법재판제도, 권력분립제도와 저항권을

---

6) H. Kelsen, Wer soll der Hüter der Verfassung sein?, S. 49.

7) 김효전, 헌법의 수호자논쟁, 법학교육사, 1991, 235면.

1) 허영, 헌법의 보호, 고시연구(1981.2), 14면.

들 수 있으며, 아래로부터(헌법적대적 사회세력)의 상향식 헌법질서에 대한 공격으로부터 헌법을 수호하기 위한 수단으로는 방어적 민주주의와 저항권을 들 수 있다.

이 밖에도 헌법수호의 수단으로서 국가긴급권발동이 이야기되기도 한다. 그러나 국가긴급권은 국가의 존립 자체가 문제되는 전쟁 · 내란 또는 경제공황과 같은 비상사태가 발생한 경우 일정한 국가기관에 권력을 집중시켜 이러한 위기를 극복하기 위한 수단이므로 넓은 의미의 국가수호에 속한다고 하는 견해도 있다.1)

헌법수호의 수단은 헌법 침해의 양태에 따라 다르다. 즉 '누구를 상대로 해서 헌법을 보호 할 것이냐에 따라서 보호 수단도 다르기 때문이다. 이미 언급 한 바와 같이 권력 분립제도와 헌법 소송제도는 물론, 크게 보면 대통령 임기제, 내각불신임제, 수직적 권력분립을 뜻하는 연방 제도, 정치적 중립과 신분보장을 주요 골자로 하는 직업공무원제도, 심지어는 고위관직의 겸직금지에 이르기 까지 모두가 권력집중에서 오는 헌법침해의 가능성을 제도적으로 배제하기 위한 것임에는 틀림이 없다. 또 국가긴급권의 발동에 관한 헌법의 규정도 따지고 보며 헌법수호의 한 수단이라고 볼 수 있다. 왜냐하면 헌법질서가 외부로부터의 침해에 의해서 위협을 받는 경우에 이를 효과적으로 대처함으로서 조속한 시일 내에 헌법질서를 다시 정상화시키기 위한 하나의 방법이 국가긴급권의 발동이기 때문이다. 하지만 아래에서는 좁은 의미의 헌법수호수단에 관해서만 간단히 설명하기로 한다.

2. 하향식 헌법침해에 대한 수호

2.1. 개관

역사상 자유와 민주주의에 대한 위협과 헌법침해현상은 대부분 권력을 행사하는 국가기관으로부터 나왔다. 국가기관에 의한 헌법침해의 가능성은 지금도 여전히 존재한다. 국가권력에 의한 위로부터의 공격(von oben nach unten) 즉, 하향식 헌법침해에 대한 수호수단이 특히 중요시되어야 하는 이유도 그 때문이다.2)3) 하향식 헌법침해에 대한 보호수단은

1) ► 저항권과 국가긴급권의 비교

	국가긴급권	저항권
주체	국가권력이	국민(법인+외국인)이
객체	국민에게	국가권력에게
실정법(우리나라)	○	×(명문규정 없으나, 헌법전문에 3 · 1운동, 4 · 19이념 승계 → 간접적 인정)
독일	○	○
공통점	사후적 헌법수호(헌법보장)	

2) 헌법에 대한 최대의 위험이 「위로부터」 생긴다는 것은 자유에 적대적이며, 비민주적인 기도들

다시 1) 헌법개정권력의 헌법침해에 대한 헌법수호와, 2) 국가권력의 헌법침해에 대한 헌법수호로 나눌 수 있다.

2.2. 헌법개정권력의 헌법침해에 대한 헌법수호

자유민주주의 대한 헌법침해는 일반적으로 국가기관에 의해서 이루어져왔다. 과거의 역사를 통해 알 수 있는 바와 같이, 헌법개정권력(verfassungsändernde Gewalt; pouvoir constitué ; 특히 국가권력)이 헌법개정의 명분으로 독재정권을 연장하는 등의 헌법을 침해하는 예는 수없이 많다. 이러한 점에서 국가권력에 의한 헌법침해에 대한 보호수단이 강구되어야 하는바, 우선 가장먼저 생각 할 수 있는 방법은 헌법개정의 한계를 인정하도록 하고 헌법개정절차를 일반법률보다 엄격하게 하는 것이 바람직하다. 헌법개정의 한계를 부인하는 법실증주의적 헌법관을 도외시 한다면 헌법개정형식에 의해서 헌법이 가장 심각하게 침해될 수 있는 것은 더 말할 필요가 없다. 따라서 헌법개정절차를 일반 법률의 개정보다 엄격하게 규정하거나 헌법개정의 한계를 정하는 것은 헌법의 최고규범성을 지키는 동시에 헌법개정권력에 대해서 헌법을 보호하기 위한 하나의 수단이라고 할 수 있다.[1] 즉 헌법의 존재 형식이나 헌법의 핵이 '헌법의 개정' 또는 '헌법의 침식' 등에 의해서 침해되는 일이 없도록 이를 보호하기 위한 수단이다. 우리나라 헌법도 헌법개정절차를 매우 엄격하게 규정함으로써 헌법개정의 형식으로 헌법이 쉽게 침해되는 것을 방지하고 있다.

특히 헌법원칙 · 헌법원리 · 헌법질서 등과 같은 헌법적 기본질서 내지는 가치질서가 헌법개성 · 헌법개혁(Verfassungsreform) 혹은 헌법변천(Verfassungswandlung)이라는 허울좋은 명분하에 침해되는 일이 없도록 하기 위한 수단이 필요하게 된다. 독일의 경우에도 Bonn 기본법 제79조 제3항의 규정에 의하여 헌법개정권력이 헌법개정의 형식으로 헌법을 침해(헌법에 반하는 헌법규범)[2]하는 것을 방지하고 있다.

도 경우에 따라서 폭넓은 국민계층의 지지를 받을 수 있다는 것을 의미한다. 독일의 바이마르공화국말기의 히틀러의 등장 및 한국의 1972년 유신헌법이 이를 시사한다.

3) 독일의 마운쯔(Th. Maunz)는 위로부터의 침해를 「헌법존립의 보장(Verfassungsbestandsgarantie)」이라고 부른다. Th. Maunz, Deutsches Staatsrecht, 1958, S. 254-255.

1) 현행헌법 「제130조 제1항에서는 국회는 헌법개정안이 공고된 날로부터 60일 이내에 의결하여야 하며, 국회의 의결은 재적의원 3분의 2이상의 찬성을 얻어야 한다. 제2항에서는 헌법개정안은 국회가 의결한 후 30일 이내에 국민투표에 붙여 국회의원선거권자 과반수의 투표와 투표자 과반수의 찬성을 얻어야 한다」고 규정하고 있는 것도 소수자 보호와 함께 헌법개정권력의 헌법침해에 대한 헌법수호기능을 한다.

2) O. Bahof, Verfassungswidrige Verfassungsnormen, 1951 참조.

2.3. 기타 국가권력의 헌법침해에 대한 헌법수호

2.3.1. 헌법재판제도(Verfassungsgerichtsbarkeit)

a) 개관

헌법재판(Verfassungsgerichtsbarkeit)은 헌법의 운영과정에서의 문제를 유권적으로 해결함으로써 헌법의 규범적 효력 및 헌법의 안정을 유지하려는 헌법해석작용이다.[1] 의회가 제정한 법률의 위헌여부를 심사하는 위헌법률심사제도를 협의의 헌법재판이라하고,[2] 국가기관상호간의 다툼을 조정하기 위한 쟁의제도(기관쟁송; 권한쟁송, 탄핵소송, 선거소송, 정당해산소송)를 광의의 헌법재판이라 한다.[3] 통치권(입법권 · 행정권 · 사법권)에 의해서 헌법적 가치질서가 침해되는 것을 사전예방하거나 사후교정할 수 있는 가장 강력한 제도적 수단은 헌법재판제도이다. 즉 구체적 · 추상적 규범통제제도(위헌법률심사제도), 국가기관 상호간의 권한 다툼을 조정하기 위한 기관간 권한쟁의제도, 국가권력의 과잉행사에 의한 기본권 침해를 구제하기 위한 헌법소원제도 등이 그 대표적인 예이다. 또 헌법에 위배되는 권한 행사를 하는 국가 고급공무원에 대한 탄핵심판제도와 헌법을 침해하는 선거직고위공무원에 대한 국민소환제도도 국가권력에 대한 헌법보호의 수단이라고 할 것이다.

다만 헌법재판제도는 다른 헌법원리들, 예컨대 국민주권의 원리 · 권력분립의 원칙을 침해/충돌하지 않는가 하는 점이 문제될 수 있다.[4] 그러나 입법권 · 행정권 · 사법권은 국민주권의 원리(Volkssouveränität)에 의하여 국민(헌법제정권력)으로부터 그 권능을 위임받은 것이고,[5] 헌법재판을 담당하는 기관도 역시 주권자가 위임한 헌법재판권을 - 사실상 - '한국 국민의 이름으로(Im Namen des Koreanischen Volkes)' 행사하는 것이므로(헌법 제1조 제2항 참조),[6] 국민주권의 원리를 침해하는 것이 아니다. 또한 헌법재판과 권력분립의 원리의 침해/충돌문제, 즉 특정기관이 의회가 제정한 법률을 심사하여 무효로 선언할 수 있다면 그 기관은 사실상 입법기능을 행사하는 것이 되어, 결국 권력분립의 원리를 침

---

1) 헌법재판은 일반재판과 구별되지만 일종의 사법작용이다. 일반재판은 법률문제를 해결하기 위해서 기존의 법규를 적용하지만, 헌법재판은 헌법규범의 해석이라는 추상적인 문제를 다루는 것이므로 헌법 그 자체의 해석만을 대상으로 한다(이윤구, 헌법보장제도에 관한 비교헌법적 연구, 고려대학교 대학원(1988.7), 45면).

2) 따라서 독일어의 Verfassungsgerichtsbakeit를 위헌법률심사제도라고 번역하는 경우도 있다.

3) 헌법재판제도의 유형에 관하여는 김백유(번역), 헌법재판제도의 유형(독일연방헌법재판소) - 외국의 헌법재판소와의 비교를 중심으로 - R. Wahl, 헌법학연구(2002.12), 563면 이하 참조.

4) 왜냐하면 의회가 주권자인 국민을 대표하는 기관이라면 의회가 제정한 법률을 심사한다는 것은 국민주권의 원리와 모순되는 것으로도 볼 수 있기 때문이다. 전일주, 헌법보장에 관한 연구, 단국대학교 대학원 학술논총 제10집(1986), 196면 참조.

5) 이윤구, 헌법보장제도에 관한 비교헌법적 연구, 고려대학교 대학원(1988.7), 46면.

6) 독일의 경우 독일 국민의 이름으로(Im Namen des Deutschen Volkes)라는 표어를 사용 한다.

해하는 것이 아닌가 하는 점이 문제된다. 그러나 권력분립의 원리를 단순히 권력의 분리 내지는 분할로 보지 아니하고 권력상호간의 견제와 균형관계(check and balance)라는 관점에서 본다면 헌법재판은 권력의 조정적 · 통제적 기능을 수행하는 것이므로 권력분립의 원리와 모순된다고 볼 수 없다.[1)2)3)]

b) 종류

aa) 위헌법률(령)심사제도 : 구체적 · 추상적 규범통제

위헌법률(령)심사제는 일반 법원이나 헌법재판소와 같은 특정의 국가기관이 법률 또는 명령의 헌법위반 여부를 심사하고 그러한 법령이 헌법에 위반된다고 판단하는 경우에 그 효력을 상실하게 하거나 그 적용을 거부하는 제도이다. 위헌법률(령)심사제도에는 사법심사제도(미국식)[4)]와 헌법재판소제도(독일식)가 있다. 사법심사제도는 일반법원이 행하는 위헌심사제이며, 헌법재판소제도는 헌법재판소라는 특별기관이 위헌심사를 하는 것을 특색으로 한다.[5)] 또한 사법심사제도는 구체적 규범통제(재판의 전제가 되었을 경우)를 특징

---

1) 사법적 기능을 통하여 다른 국가기관의 행위에 관여하는 헌법재판에는 그 사법적 기능에 필연적으로 수반하는 내재적 한계가 있다. 헌법자체가 자율성을 인정하고 있는 사항, 헌법이 엄격한 요건을 규정하고 있지 아니한 고도의 정치성을 띤 (절대적) 통치행위 등을 헌법재판의 대상으로 삼기에는 부적당하기 때문이다(통설 · 판례). 이 경우 헌법재판의 대상으로 한다면 헌법재판이 곧 정치적 결단의 우려와 권력분립의 원리를 침해하는 문제가 되기 때문이다. 헌법재판은 그것이 정치적 문제에 관한 재판일지라도 법적 판단이어야 하며, 또한 권력분립의 원리를 부정하지 않는 범위 안에서 행해져야 점에 그 내재적 한계가 있다. 이강혁, 헌법의 보장, 사법행정(1970.11), 14면.

2) 이윤구, 헌법보장제도에 관한 비교헌법적 연구, 고려대학교 대학원(1988.7), 46면.

3) 다만 헌법재판제도는 내재적 한계문제(의회의 행위, 통치행위)로 인하여 헌법수호기관으로 한계문제가 야기될 수 있다. 전일주, 헌법보장에 관한 연구, 단국대학교 대학원 학술논총 제10집(1986), 196면.

4) 미연방헌법 제정당시 연방대법원은 법률에 대한 위헌심사권을 가지고 있지 않았으나, 1803년 「Marbury v. Madison」사건에서 마샬(J. Marshall) 대법원장이 「입법부의 권한은 한정되어 있고 제약된 것이다. 그러한 그 제한을 망각하지 않도록 하기 위하여 헌법이 성문화된 것이다. … 헌법은 그에 위배되는 어떠한 입법행위도 통제하여, … 따라서 법원은 이를 무효로 선언할 권리와 의무가 있다」라는 판결을 내린후 미연방대법원에는 위헌법률심사권이 인정되어 왔다(Hsü Dau-Lin, Die Verfassungswandlung, Berlin/Leipzig 1932, S. 86 ff). 미연방대법원의 위헌법률심사제는 헌법해석을 통한 헌법변천의 현상으로 나타난 것이다(미국에서의 헌법변천에 관한 다양한 사례들은 김기범, 헌법의 변천, 고시계(1962.6), 38면 이하 참조).

5) 독일의 경우 연방헌법재판소와 최고법원(여기서는 연방법원 = 형사 및 민사관계법원, 연방행정법원, 연방노동법원, 연방사회법원 및 연방재정법원)사이의 지위는 대등하지 않고 연방헌법재판소가 다른 법원 보다 우월적 지위를 차지한다(허영, 헌법의 보호, 고시연구(1981.2), 44면). 이는 헌법의 우위라는 기본원칙과 헌법의 성문법(Gesetzesrecht)에의 우위성에 따른 결과이다. 그러므

으로 하지만 헌법재판소제도는 추상적 규범통제를 특징으로 한다.[1])

위헌법률(령)심사제도[2)3)]의 의의 및 기능은 국가마다 차이는 있지만 대체로 다음과

로 연방헌법재판소는 그의 판결(Urteile des Bundesverfassungsgerichts)을 통하여 연방법원(Bundesgerichtshof) 혹은 연방행정법원(Bundesverwaltungsgericht)의 판결을 파기할 수 있다. 이로 인하여 연방헌법재판소와 최고전문법원 사이에 긴장관계가 존속하지만, 연방헌법재판소가 다른 법원보다 우월적 지위에 놓여 있다는데 대하여는 역시 변함이 없다. 따라서 연방헌법재판소의 결정을 제4의 국가작용이라는 표현을 사용하기도 한다.

1) 김효전, 헌법의 수호자논쟁, 법학교육사, 1991, 209면 참조.

2) 위헌명령심사권은 행정부가 발한 명령이 헌법에 위반되는지의 여부를 심사하는 권한을 말하며, 위헌 · 위법의 명령이나 규칙의 심사권은, 일반법원의 위헌법률심사권을 인정하지 아니하는 나라도 사법부인 법원에 부여하는 것이 일반적이다. 현행 헌법도 대법원에 그 최종적 심사권을 주고 있다(헌법 제107조 제2항). 명령 · 규칙에는 대통령령 · 국무총리령 · 부령 · 국회규칙 · 대법원규칙 · 중앙선거관리위원회규칙 · 지방자치단체의 자치법규(조례 · 규칙) 등이 포함된다(성낙인, 헌법학, 1154면). 또 대법원은 행정처분에 대한 심사권(행정재판권)도 최종적으로 가지고 있다. 위헌법률심사권은 법률이 헌법에 위반한 것인지의 여부를 심사하는 권한이다. 이를 헌법재판권 또는 위헌재판권이라고도 한다. 우리나라의 위헌법률심사제도의 변천에 관한 상세한 내용은 전일주 헌법보장에 관한 연구, 단국대학교 대학원 학술논총 제10집(1986), 195-196면 참조; 지방자치단체의 조례가 위헌 · 위법 · 명령 · 규칙심사의 대상이 된다는 판례는 대판 1996. 9. 20, 95누7994(두밀분교폐지조례) 참조.

3) <위헌법률심사제도의 유형>: 위헌법률심사제를 부인하는 나라도 있고, 심사권을 일반법원에 주는 제도, 특별법원에 주는 제도, 특별기관에 결정권을 주는 제도 등, 심사제도가 나라에 따라 다르다. 그러나 그 대표적인 것은 다음의 두 제도이다. ① 구체적 소송을 전제로 하여 일반법원이 법률심사를 하는 미국형의 사법적 위헌심사제와, ② 특별한 헌법재판소가 구체적 사건을 떠나서 추상적으로 법률의 위헌심사까지 할 수 있는 독일형의 헌법재판적 위헌심사제이다. 미국형은 하급법원을 포함한 일반법원이 사법권의 범위 안에서 위헌법률심사권을 행사하며, 미국을 비롯하여 캐나다 · 오스트레일리아 · 일본 등이 따르고 있다. 이에 대하여 프랑스 · 독일을 비롯한 유럽의 국가들은, 입법권우월사상 때문에 19세기까지는 법률의 위헌심사제도를 인정하지 않았지만, 20세기에 이르러 제1차 세계대전 후 오스트리아가 이를 채택하였고(법원의 판결에 대한 헌법재판소의 위헌심판은 제외), 제2차 세계대전 후에는 독일을 비롯한 여러 나라에 위헌법률심사제가 일반화하고 있다(미국형이 아닌 헌법재판적 위헌심사제). 위헌법률심사 제도는 국회의 입법으로부터 인권을 보호하며, 헌법의 적(敵)으로부터 헌법을 수호하는 역할을 한다. 프랑스는 1920년 공법학자들이 미국식위헌심사제를 요청하였으나 실현되지 못하였고, 1946년 제4공화국헌법(제91조-제93조)에서 확정 · 성립되기 전의 법률안에 대한 사전심사권을 헌법평의회(Conseil Constitutionel)에 주고 있다(예방적 심사). 그러나 법률에 대한 사후심사제를 아직도 인정하지 않고 있어서 진정한 의미의 위헌법률심사자 할 수 없다(전일주, 헌법보장에 관한 연구, 단국대학교 대학원 학술논총 제10집(1986), 194면 각주 48) 참조). 영국은 불문법주의이므로 헌법 · 법률 사이에 우열의 차이가 없고, 따라서 헌법에 위반된 법률의 심사가 있을 수 없다.

같다. 첫째, 위헌법률(령)심사제도는 헌법의 최고법규성과 헌법질서를 수호 · 유지하는 기능(헌법수호기능)을 한다. 왜냐하면 어떠한 법률이 헌법에 위배되는가가 문제될 때 헌법해석을 통하여 이를 판단하는 것은 곧 헌법의 최고법규성을 보장하고 헌법질서를 유지 · 수호하는 것을 의미하기 때문이다. 둘째, 위헌법률(령)심사제도는 국민의 자유와 권리가 부당하게 침해될 때에 그 법률 · 명령이 위헌임을 확인하는 것이므로, 이는 곧 국민의 자유와 권리를 수호하고 보장하는 기능을 한다(기본권보장기능).[1]

bb) 탄핵제도(Impeachment ; Ministeranklage)

탄핵(Impeachment ; Ministeranklage)이란 일반적인 징계절차나 사법절차에 의하여는 책임을 추궁하기 어려운 대통령 및 고위공무원 · 법관 등과 같이 신분이 보장된 공무원의 직무상의 위헌행위를 국민의 대표기관인 의회가 헌법 혹은 법률이 정하는 '특별한 절차'[2]에 따라 소추하는 제도를 말한다. 탄핵심판제도는 고위공직자에 의한 하향식 헌법침해로부터 헌법을 수호하기 위한 제도이다.[3][4][5] 우리나라는 검찰이 공소권을 독점하고 있고(기소

---

1) 이윤구, 헌법보장제도에 관한 비교헌법적 연구, 고려대학교 대학원(1988.7), 48면.

2) 일반적인 사법절차가 아닌 특별한 절차를 의미한다(성낙인, 헌법학, 1314면).

3) **탄핵심판제도의 기원**은 그리스와 로마이다. 그리스나 로마에서 정치적 범죄자나 고위공직자의 비행이 있을 때, 이들을 그리스의 民會나 로마의 원로원 등에서 심판하고 처벌하는 일종의 형사재판절차를 탄핵제도라고 불렀다. 그리스나 로마의 탄핵제도는 오늘날의 근대적 의미의 탄핵제도는 아니다. 왜냐하면 국민의 대표기관인 탄핵소추기관(의회)이 탄핵소추를 담당한 것이 아니라 일반 시민이 탄핵소추기관이자 동시에 심판관으로 기능하였기 때문이다. 시민이 소추하고 시민이 심판하는 당시의 탄핵제도는 정치적 반대자를 제거하기 위한 수단으로 악용되었다(국회도서관 입법조사국, 주요각국의 탄핵제도, 입법참고자료 제56호, 1966, 3면); 이윤구, 헌법보장제도에 관한 비교헌법적 연구, 고려대학교 대학원(1988.7), 63면.

4) 근대적 의미의 탄핵심판제도는 영국에서 정착되었다. 의회가 고위공직자들의 비위와 부정을 통제하기 위하여 탄핵심판제도를 발전시켰기 때문이다. 영국의 탄핵심판제도의 경우에도 수많은 사건을 거쳐 점진적으로 정착된 제도이기 때문에 그 기원을 명확하게 확정짓기는 어렵다. 다만 영국에서의 탄핵심판제도가 근대적 의미의 제도로 발전하게 된 것은 14세기말 에드워드 3세의 시기(1327-1377)로부터 시작하여 리차드 2세의 시기(1377-1399)에 수많은 사건에서 연유한다. 1399년 헨리 4세는 이전의 선례들을 취사선택하여 법적 제도화를 이루어 헨리4세법(The Statute I Henry IV. c.14)으로 정리하여 "하원이 소추하고 상원이 이를 심리한다"는 탄핵심판의 원칙을 확립하였다(국회도서관 입법조사국, 주요각국의 탄핵제도, 입법참고자료 제56호, 1966, 20면 이하; 이윤구, 헌법보장제도에 관한 비교헌법적 연구, 고려대학교 대학원(1988.7), 66면 참조). 이러한 탄핵심판제도는 1805년 멜빌사건이 있기까지 70여 건의 탄핵소추가 이뤄졌었다(권영성, 헌법학원론, 913면). 영국의 탄핵심판제도는 미국에 전파되어 1787년의 미국연방헌법에서 최초로 실정헌법화 되었고, 그 후 다시 유럽대륙으로 전파되었고, 아시아와 아프리카의 국가들에게도 영향을 미쳤다.

독점주의), 법원은 불고불리의 원칙을 채택하고 있기 때문에 검찰이 기소하지 않는 고급 공무원에 대한 위헌 · 위법행위를 시정하거나, 이들을 파면할 수 없으므로 국회에서 소추하고 독립된 헌법기관인 헌법재판소가 이를 심판하도록 한 것이다.[1] 다만 오늘날 탄핵제도의 가치에 대하여는 無用論과 有用論의 대립이 있다.[2] 무용론은 탄핵제도의 의의는 감소해가는 추세이며, 특히 의원내각제 국가에서는 내각불신임권을 통하여 탄핵제도와 같은 목적을 달성할 수 있기 때문에, 오늘날엔 그 심리적 효과를 얻기 위한 것에 지나지 않는다고 한다.[3] 有用論에 의하면 탄핵제도는 정부의 고위관리에 대해 심리적 압박을 가할 수 있으며 특히 법관과 같은 독립적 지위에 있는 자에 대해 實效性(Wirsamkeit)을 가질 수 있고,[4]

---

5) 단핵심판사례 : 1) 영국에서는 고위공직자들의 비행과 부정을 통제하기 위하여 단핵제도가 법직 형태를 갖추게 된후, 1805년 D. H. 멜빌(Melville)사건(1805년 4월 8일 海事고등법원장인 D. H. Melville경이 瀆職罪(high crimes and misdemeanors)의 혐의로 탄핵을 받게 되었는데 하원에서 贊否 다같이 216표가 되었다. 영국의 경우, 可否同數인 경우에는 의장이 결정하게 되어 있는바, 의장(Abbot)이 찬성함으로써 탄핵소추가 의결되고 Melville경이 즉각 법원장직을 사임하였다. 그러나 1806년 6월 12일 상원에서의 탄핵심판은 과반수로서 Melville경의 무죄를 선언한 사건이다(권영성, 헌법학원론, 913면 각주 2) 참조; The Dictionary of National Biograph, Vol. 6, p. 189 참조)에 이르기까지 70여건의 탄핵소추가 이루어 졌다고 한다. 2) 미국에서는 1974년 제37대 대통령이 닉슨(R. Nixon)은 하원에서 소추가 발의되자 사임한 바 있다(권영성, 헌법학원론, 914면 각주 1). 3) 우리나라는 제12대 국회 제128회 정기국회 회기중이던 1985년 10월 18일 유태흥 당시 대법원장에게 탄핵소추발의가 있었으나 부결되었고, 제15대 국회에서는 김태정 검찰총장에 대한 탄핵소추가 제기 되었으나 부결되었다(1998. 5. 26, 1999. 2. 4). 제16대 국회 제46회 국회(임시회)회기중 2004년 3월 9일 우리나라 헌정사상 처음으로 발생하였던 대통령 탄핵소추안의 발의(발의자 유용태 · 홍사덕 의원 외 157인)는 다음과 같이 이루어 졌다. 「노무현 대통령은 헌법과 법률을 수호해야 할 국가원수로서의 본분을 망각하고 특정정당을 위한 불법선거운동을 계속해 왔고 이로 인해 2004년 3월 3일 헌법기관인 중앙선거관리위원회로부터 헌정사상 처음으로 현직 대통령이 공직선거및선거부정방지법을 위반했다는 판정과 경고조치를 받았고 …민주헌정의 근간인 법치주의를 정면으로 부정하는 초헌법적이고 초법적인 독재자적 태도를 보이고 … 국정을 정상적으로 수행할 수 없는 국가적 위기상황을 초래하였고 … 이로써 노무현 대통령은 더 이상 나라를 운영할 자격과 능력이 없음이 극명해졌으므로 헌법을 수호하고 국민의 행복과 나라의 장래를 위해 탄핵소추안을 발의하게 된 것…」이라고 하였으나, 헌법재판소는 대통령의 법위반행위가 인정되나 그것이 파면해야 할 정도로 중대하지는 않다고 기각결정한 바 있다(권영성, 헌법학원론, 915면; 성낙인, 헌법학, 1314면 각주 2) 참조); 김하열, 탄핵심판에 관한 연구, 고려대박사학위논문(2006.2), 참조.

1) 이윤구, 헌법보장제도에 관한 비교헌법적 연구, 고려대학교 대학원(1988.7), 65면.

2) 권영성, 헌법학원론, 914면.

3) 한태연, 헌법학, 589면.

4) 전일주, 헌법보장에 관한 연구, 단국대학교 대학원 학술논총 제10집(1986), 197면.

따라서 국민대표인 국회가 정부의 고급공무원에 대한 감독 수단으로 중요한 의미를 갖는다고 한다.[1] 생각건대 탄핵심판제도의 기본적 틀을 유지하면서 그 탄핵결정의 효과를 얼마든지 달리 정할 수 있는 것이기 때문에 그 효과를 중심으로 하는 성질에 관한 논의(유용론 · 무용론)는 의미가 그다지 크지 않다.

우리 헌법은 국회는 탄핵소추권만 가지고 탄핵심판권은 헌법재판소에서 행한다(헌법 제111조 제1항 제2호 참조).[2] 탄핵심판제도는 국민의 대의기관인 의회가 국정통제기능을 수행하는 제도로서 대통령을 비롯한 고위공직자나 법관의 헌법과 법률위반행위에 대한 헌법보호수단이며,[3] 동시에 권력통제수단이기 때문에 탄핵심판제도도 헌법수호의 제도적 장치로서 평가될 수 있다.[4]

cc) 헌법소원제도(헌법소원심판청구제도 : Verfassungsbeschwerde)

헌법소원(헌법소원심판청구 : Verfassungsbeschwerde)은 헌법재판제도를 가진 국가에서 국민의 헌법상의 권리가 국가권력에 의해 침해된 경우, 최종적으로 헌법재판소에 제소하여 권리구제를 구하는 제도이다.[5] 독일에서는 1969년 1월 Bonn 기본법 개정(제93조

---

1) 권영성, 헌법학원론, 914면; 대통령 · 국무총리 · 국무위원 · 행정각부의 장 · 헌법재판소 재판관 · 법관 · 중앙선거관리위원회 · 감사원장 · 감사위원 기타 법률이 정한 공무원이다. 기타 법률이 정한 공무원의 범위는 입법에 의하여 정해지지만 대체로 검사 · 처장 · 정무위원 · 군참모총장 · 외교관 등이 포함된다(탄핵소추대상을 법률로 정하도록 규정하고 있으나, 아직 법률에서 정한 바 없다. 이는 중대한 미비다. 검찰청법 제37조는 검사는 탄핵에 의하지 않고는 파면을 당하지 않는다는 규정을 두고 있는데, 이는 탄핵대상자를 개별법에서 정하고 있는 예이다). 전일주, 헌법보장에 관한 연구, 단국대학교 대학원 학술논총 제10집(1986), 197면 참조.

2) 탄핵심판제도는 국민의 대의기관인 국회가 탄핵소추기관이 되고 독립한 헌법기관인 헌법재판소(미국이나 영국의 경우 상원)가 탄핵심판기관이 되는 점에서 일반재판과 다르다.

3) 탄핵소추의 사유에 있어서도 '직무집행에 있어서 헌법이나 법률을 위반한 때'라고 하여 대통령을 비롯한 고위공직자와 헌법침해행위에 대한 방어적 수단으로 인정되는 제도이다. 우리 헌법재판소가 "탄핵심판제도는 고위공직자에 의한 헌법침해로부터 헌법을 보호하기 위한 헌법재판제도이다"고 한 것도 그것을 증명한 것이다(헌법재판소, 헌법재판실무제요, 1998, 230면).

4) 권영성, 헌법학원론, 915면.

5) 독일 연방헌법재판소는 다른 나라의 헌법재판소가 보유하지 못한 광범위한 구조의 소송형태를 갖추고 있다. 헌법재판제도를 위해 기본적으로 요청되는 것은 법률의 위헌심사를 (구체적으로) 행할 수 있는 (소송)절차가 필요하므로 그러한 규범통제절차는 모든 나라가 가지고 있다. 기관쟁송의 경우 헌법재판소에서 이를 갖고 있지 않는 경우가 있는데, 미국, 스위스와 같이 재판권이 통일되어 있는, 예컨대 법원에서 위헌법률심사를 행하는 경우, 그밖에 프랑스와 같은 나라에는 기관쟁송(Organstreit)이 존재하지 않는다. 오스트리아에는 원칙적으로 법원의 판결에 대한 헌법소원(Urteilsverfassungsbeschwerde)은 인정되지 아니하며, 예외적으로 법령 및 처분과 행정사건에 대한 판결만을 헌법소원의 대상(제144조 제1항)으로 삼고 있다(이는 1920년 연방헌법에서

제1항에 헌법소원에 관한 4a와 4b호의 규정을 추가)[1]을 계기로 헌법상의 제도로 확정되었다. 헌법소원의 종류는 크게 두 종류로 나눌 수 있다. 첫째, 공권력의 행사 혹은 불행사에 의하여 기본권이 침해당했다고 주장하는 국민이 제기하는 일반 헌법소원과[2] 둘째, 지방자치단체 혹은 그에 준하는 단체가 제기하는 특별 헌법소원이 있다.[3]

헌법소원의 제소권은 공권력에 의해 자신의 기본권이 침해되었다고 주장하는 자연인과 법인이 가진다. 그러나, 공권력에 의한 기본권 침해에 대하여 다른 구제방법이 존재할 경우에는 헌법소원을 제기하기 전에 다른 권리구제의 절차를 모두 거쳐야만 소를 제기할 자격이 있다.[4] 다만 법률이나 법규명령에 대한 헌법소원(법규 · 법령 헌법소원)은 헌법재판소에 직접 제소할 수 있다(보충성의 예외). 그 이유는 법률이나 법규명령에 대해서는 특별히 다른 권리구제 제도가 존재하지 않기 때문이다.[5]

규정한 것이다. 권영성, 헌법학원론, 1125면). 프랑스의 경우 헌법소원 자체가 존재하지 않는다. 이탈리아는 구체적 규범통제제도 및 헌법소원제도를 두고 있다.

1) 권영성, 헌법학원론, 1125면.

2) 1) 공권력의 행사 또는 불행사로 인하여 헌법상 보장된 기본권을 침해받은 자가 제기하는 권리구제형 헌법소원(헌재법 제68조 제1항의 헌법소원)과, 2) 법원에 위헌법률심판제청신청을 하였으나 기각된 경우에 제청신청을 한 당사자가 헌법재판소에 제기하는 규범통제형(위헌심사형) 헌법소원(헌재법 제68조 제2항의 헌법소원)으로 나뉜다. 위헌심사형 헌법소원은 법원의 재판에 대한 헌법소원을 인정하지 않으면서, 객관적 규범통제제도를 채택하고 있는 우리나라 특유의 제도이다(성낙인, 헌법학, 1251면). 그 법적 성격에 관하여는 김철수 교수는 위헌심사형 헌법소원은 실질적으로 위헌법률심판이라 하고, 권영성 교수는 위헌재판에 대한 헌법소원으로서의 성격과 위헌법률심판으로서의 성격 양자를 갖는다고 보고 있으나, 두가지 성격을 동시에 갖고 있다고 보아야 한다(同旨 성낙인, 헌법학, 1251면). 헌법재판소도 「… 위헌제청신청기각 결정에 대한 헌법소원재판은 실질상 위헌법률심판이라 할 것이므로 폐지된 법률이라도 그 위헌 여부가 재판의 전제가 된다면 심판청구의 이익이 인정된다(1996. 4. 25, 92헌마47)」고 하였다.

3) 권영성, 헌법학원론, 1125면.

4) 헌법소원의 청구기간은 그 사건이 발생한 날로부터 180일 이내, 그리고 기본권침해사유를 안 날로부터 60일 이내이다. 기재요건이 적법하게 구비된 심판청구서가 접수되면, 재판부가 지정되고 헌법소원의 적법요건을 심사하게 된다. 심사결과 적법하지 않으면 각하, 적법하면 심판에 회부하고 청구인에게 그 사실을 통지한다. 헌법소원심판의 심리는 전원재판부에 의해 이루어지며 서면심리(결정 : Beschluß)가 원칙이지만, 재판부가 필요하다고 인정하면 변론(판결 : Urteil)을 열 수도 있다. 또, 헌법소원심판에 이해관계가 있는 국가기관 · 공공단체 · 법무부장관은 그 심판에 관한 의견서를 제출할 수 있다. 재판부는 사건심리를 위하여 필요하다고 인정하는 경우에는 당사자의 신청 또는 직권에 의하여 증거조사를 할 수 있다. 심리가 종료되면 종국결정을 하게 되는데, 종국결정에는 ① 심판청구가 부적법한 경우(각하결정) ② 심판청구가 이유 없을 경우(기각(합헌)결정) ③ 심판청구가 이유 있을 경우(인용결정) ④ 심판절차종료선언 등 4가지가 있다.

5) 헌법재판소는 법규(법령)헌법소원의 경우에는 법령을 직접다툴 수 있는 절차가 존재하지 않으

그리고 법규(법령)헌법소원에 있어서, 헌법소원심판의 청구사유를 규정한 헌법재판소법 제68조 제1항 본문의 공권력에는 입법권도 당연히 포함되므로 법률에 대한 헌법소원도 가능하다. 다만 모든 법률이 곧 헌법소원의 대상이 되는 것은 아니고, 그 법률이 별도의 구체적 집행행위를 기다리지 아니하고(처분적 법률 : Maßnahmegesetz) 현재 · 직접적으로 헌법상 보장된 기본권을 침해하는 경우에 한정된다.[1] 따라서 단순히 어느법규가 위헌인가의 여부에 대한 의문이 있어 제기하는 추상적 규범통제와도 근본적으로 다르다.[2] 이와 같은 법률직접적(처분적 법률) 기본권침해에 대한 헌법소원을 법규(법령)헌법소원이라고 한다.[3] 결론적으로 우리나라에 특유한 법규헌법소원이 자기관련성 · 현재성 · 직접성의 요건을 구비하게 되면, 그것만으로 적법한 헌법소원심판청구가 가능하다.[4]

dd) 기관간권한쟁의심판제도(Kompetenzstreit)

권한쟁의(Kompetenzstreit : 주관쟁의)는 행정관청 사이에 그 주관권한에 관하여 분쟁이 있는 경우 이를 결정하는 절차이다(헌법 제111조 제1항 제4호). 권한쟁의는 그 성질에 따라 「적극적 권한쟁의(특정사항이 서로 자기의 관할에 속한다고 주장)」와 「소극적 권한쟁

므로 법령을 직접 다툴 수 있는 바 이를 보충성의 예외라고 한다(88헌마1); 헌재결 1991. 3. 11, 90헌마28(지방의회의원선거법 제28조 등에 대한 헌법소원 : 법규 때문에 기본권의 침해를 받았다 하여 헌법소원의 형태로 그 위헌여부의 심판을 구하는 법규에 대한 헌법소원은 구체적인 소송사건에서 전제된 경우도 아니고 단순히 어느 법규가 위헌인가의 여부에 대한 의문이 있어 제기하는 추상적 규범통제제도와는 근본적으로 다른 것으로서 자기관련성, 현재성, 그리고 직접성의 요건을 갖추게 되면 그것만으로 적법한 소원심판청구로 되어 허용이 된다; 헌재결 1990. 10. 15, 89헌마178(「헌법 제107조 제2항이 규정한 명령 · 규칙에 대한 대법원의 최종심사권이란 구체적인 소송사건에서 명령 · 규칙의 위헌여부가 재판의 전제가 되었을 경우 법률의 경우와는 달리 헌법재판소에 제청할 것 없이 대법원이 최종적으로 심사할 수 있다는 의미이며, 명령 · 규칙 그 자체에 의하여 직접 기본권이 침해되었음을 이유로 하여 헌법소원심판을 청구하는 것은 위 헌법규정과는 아무런 상관이 없는 문제이다. 따라서 입법부 · 행정부 · 사법부에서 제정한 규칙이 별도의 집행행위를 기다리지 않고 직접 기본권을 침해하는 것일 때에는 모두 헌법소원심판의 대상이 될 수 있는 것이다)」.

1) 헌재결 1990. 10. 8, 89헌마89; 헌재결 1991. 3. 11, 90헌마28【지방의회의원선거법 제28조 등에 대한 헌법소원】

2) 헌재결 1991. 3. 11, 90헌마28【지방의회의원선거법 제28조 등에 대한 헌법소원】

3) 법규(처분적 법률)헌법소원은 외국의 추상적 규범통제제도와는 근본적으로 상이하다. 외국의 추상적 규범통제제도는 어떠한 법률의 위헌 여부가 구체적인 소송사건에서 그 전제가 되는 경우도 아니고 법규때문에 직접적인 기본권의 침해가 있는 경우도 아니며 단순히 특정법규가 위헌인가의 여부에 의문이 있어 제기하는 위헌법률심판청구제도이기 때문이다.

4) 헌재결 1991. 3. 11, 90헌마28【지방의회의원선거법 제28조 등에 대한 헌법소원】

의(서로 자기의 관할에 속하지 않는다고 주장)」[1]로 나누며,[2] 헌법상 권한쟁의에는 국가기관 상호간, 국가기관과 지방자치단체간 및 지방자치단체 상호간 등 3가지가 있다. 이들의 법률상 상하관계가 모호하거나 불명확하게 규정되어, 쟁의가 발생할 경우 헌법재판소가 이를 심판한다. 권한쟁의 심판제도를 두는 목적은 1) 국가작용 및 국가기능의 정상화,[3] 2) 권력분립의 실현,[4] 3) 민주주의의 실질화[5]에 있다. 권한쟁의심판은 개인적 · 주관적 권리보호를 위한 것이 아니고(주관적 쟁송), 헌법질서를 수호 · 유지하기 위한 객관적 쟁송이다.[6] 다만 행정소송법 제3조 제4호의 기관소송(행정법원이 관할)과의 충돌문제가 야기되나, 헌법 또는 헌법재판소법에 의하여 「국가기관 상호간의 권한쟁의」는 헌법재판소 관할로 인정되며, 헌법재판소 관장사항은 기관소송에서 제외되므로, 행정소송법 제3조 제4호에 의한 기관소송은 「공공단체의 기관 상호간의 분쟁」에만 제한적으로 적용된다. 결국 국가기관 상호간의 권한쟁의 심판과 기관소송과는 관할충돌의 문제가 발생할 여지가 없다.[7]

---

1) 권한의 부존재를 서로 주장하는 경우와 같은 소극적 권한쟁의의 인정여부는 긍정설과 부정설의 대립이 있다. 긍정설의 입장은 국가업무의 지속적 수행을 위하여 모든 권한쟁의는 헌법재판의 대상이 되어야 하며, 다만 이 경우 법의 흠결은 헌법해석에 의하여 보충될 수 있다고 한다(정종섭, 헌법소송법, 492-494면),

2) 이윤구, 헌법보장제도에 관한 비교헌법적 연구, 고려대학교 대학원(1988.7), 85면; 권영성, 헌법학원론, 1124면.

3) 국가 기관이나 지방자치단체에 권한을 둘러싼 분쟁이 발생할 때 이를 해결해줌으로써 헌법에서 배분한 국가권력의 작용과 기능이 정상적 작동하도록 하고 있다.

4) 권한쟁의심판은 국가작용이 헌법이 정한대로 정상적으로 기능하도록 하고 국가기관 또는 지방자치단체간의 수평적 또는 수직적 권력통제가 이루어지게 하여 권력분립의 원리를 실현시킨다. 그러나 권한쟁의심판은 그 연혁적 측면에서, 정부 및 의회간의 다툼을 중립적 헌법수호자인 헌법재판소가 헌법상 권력분립제도의 취지에 따라 해결하는 것이다. 그러나 의회나 정부가 다수당에 의해 통합되는 정당국가적 경향 및 이로 인한 헌법일원화현상(Verfassungsmonismus)이 심화됨에 따라 의회의 정부에 대한 통제 기능이 약화되고, 정부에 대한 실질적 비판자는 국회가 아닌 야당(Opposition)의 역할로 축소되게 되었다. 이와 같이 국가기관사이의 권력통제가 여당 · 야당의 구도로 변하게 되자 권한쟁의심판으로 정치과정에서 소수파가 다수파의 월권행위를 통제할 수 있는 헌법수호 장치로서의 기능도 갖게 되었다.

5) 권한쟁의심판은 위헌법률심사제도와 함께 국회 내에서 발생하는 다수파의 횡포에 대하여 소수파가 이를 헌법재판을 통하여 다툴 수 있게 함으로써 소수의 보호(Minderheitenschutz)를 기하고 이를 통한 민주주의의 확립에 기여한다.

6) 성낙인, 헌법학, 1301면.

7) 성낙인, 헌법학, 1301면.

2.3.2. 권력분립제도(Gewaltenteilung)

권력분립(Separation of powers; Gewaltenteilning; Separation des pouvoirs)은 - 국가권력의 집중과 남용을 방지하고, 이를 통하여 국민의 자유와 권리를 보장하기 위하여 - 국가작용을 입법 · 행정 · 사법으로 나누고, 각 기관 상호간의 견제와 균형을 내용으로 하는 자유주의적 정치원리이다.[1] 국가권력 상호간의 견제와 균형을(check and balance) 그 내용으로 하는 권력분립제도는 그것이 물론 제1차적으로는 통치기구의 조직원리이긴 하지만 국가권력이 특정한 국가기관에 집중 내지는 편중에서 초래되는 헌법침해의 위험성을 방지하기 위한 것이라고 볼 때 국가권력에 대한 헌법보호의 수단이라고도 말할 수 있다.

이때 시민적 법치국가의 조직원리로서의 권력분립은 국가권력의 남용 내지 자의적 행사를 방지하여 국민의 자유를 보장하기 위한 소극적인 정치기술(원리)로서 간주되는데, 이러한 국민의 자유보호를 위한 소극적인 원리가 헌법보호를 위한 적극적인 원리가 될 수 있는가가 문제된다.[2]

생각건대 권력분립제도가 헌법수호의 역할을 한다함은 각 국가기관의 위헌적인 권력행사를 상호간 견제함으로서 위헌행위를 방지하여 소극적으로 헌법이 수호되는 것을 말한다.[3] 따라서 견제 · 균형이 광범하게 또 강력히 인정되면 될수록 헌법수호에는 효과적이나.[4] Loewenstein도 헌법의 특색은 정치권력의 제한과 통제에 있다고 보고, 기관내통제(Intra-Organ-Kontrolle)와 기관간의 통제(Inter-Organ-Kontrolle)[5]를 들고 있다(동태적

---

1) 권력분립제도는 국민주권주의 · 기본권보장주의와 함께 근대헌법의 기본원리이다. 전일주, 헌법보장에 관한 연구, 단국대학교 대학원 학술논총 제10집(1986), 189면.

2) 전일주, 헌법보장에 관한 연구, 단국대학교 대학원 학술논총 제10집(1986), 189면; 김효전, 헌법의 수호자논쟁, 법학교육사, 1991, 207면.

3) 전일주, 헌법보장에 관한 연구, 단국대학교 대학원 학술논총 제10집(1986), 189면; 유진오, 헌법해의, 107면; R. Thoma, Die Funktion der Staatsgewalt, in: Handbuch des Staatsrechts, Bd. II, S. 112.

4) 우리나라의 제1공화국에서는 대통령의 우월이 나타났고, 제2공화국에서는 의원내각제를 실시하였으나 약체정부가 되어 정부위기가 야기되었으며(이에 대한 상세한 내용은 김백유, 정부위기론(II), 제2공화국 의원내각제의 정부위기를 중심으로, 한성대사회과학연구소, 2000, 참조), 제3공화국에서는 미국식 대통령제를 시행하였다. 제4공화국(1972년 유신헌법)에서는 권력의 인격화를 통한 절대적 대통령제가 시행되었고, 1979년 10월 박대통령 서거후 등장한 전두환정권인 제5공화국 헌법(1980년)에서는 권력분립에 좀 더 충실하면서도 효율적인 국정수행의 가능성을 배려하고자 하였다. 제6공화국 헌법(1987년)은 의원내각제적인 요소를 가미한 대통령제를 채택하면서, 입법권 · 행정권 · 사법권 사이의 권력균형Gewaltenbalancierung)을 보이고 있다. 그리고 헌법재판소를 두어 권력상호간의 견제와 균형을 이루게 하고 있다. 우리나라의 권력분립제도에 관한 상세한 내용은 전일주, 헌법보장에 관한 연구, 단국대학교 대학원 학술논총 제10집(1986), 191-192면 참조.

5) 뢰벤슈타인(K. Löwenstein)의 기능통제이론에 의하면, 기관 상호간의 통제에 있어서는 정부에

권력분립; 기능통제론).[1)]

2.4. 저항권의 행사

2.4.1. 의의

위헌적인 권력행사에 의하여 헌법질서가 완전히 무너지는 것을 저지하기 위한 국민의 최후적 헌법보호수단(초실정법적 권리)이자 기본권을 보장하기 위한 기본권의 일종이다.

독일의 경우 영국 · 미국 · 프랑스의 경우와는 달리 19세기 중엽 이후 저항권 사상이 소멸해 버린 독일에서는 Nazis의 독재를 경험하게 된 후, 제2차 세계대전 이후에 저항권을 헌법에 규정하기 시작했다. 1946년 헷센(Hessen)州 헌법 제147조는 「헌법에 위반하여 행사된 공권력에 저항하는 것은 개인의 권리이며 의무이다. 헌법위반 또는 헌법위반의 기도를 한 자는 국가재판소에 근거하여 책임자의 형사소추를 구할 의무가 있다. 상세한 것은 법률로 정한다.」고 규정하고 있고 1950년 9월 베를린(Berlin) 헌법 제23조 제3항은 「헌법에 확립된 기본권이 명백히 침해된 때에는 개인은 저항하는 권리를 갖는다」고 규정하여 기본권 침해에 대하여 저항권을 제도화하였다.

권영성: 저항권의 본질에 관해서는 저항권을 기본권의 일종이라고 보는 견해(기본권설)와 헌법수호를 위한 수단이라고 보는 견해(헌법수호수단설)가 대립하고 있다. 생각건대 저항권은 기본권의 일종(기본권보장을 위한 기본권)이면서 헌법수호를 위한 수단이라는 성격을 아울러 가지고 있는 것으로 보아야 한다(양면설).[2)]

맹자의 저항권론: 맹자는 易姓혁명론을 주창했다. 맹자의 국가론은 민본주의와 王道主義에 바탕을 둔 국가윤리로부터 출발한다. 민본주의란 국가권력은 人民으로부터 나오고 인민을 위하여 행사되어야 한다는 것이며, 왕도주의는 先王之道에 따라서 仁政과 德治를 행하는 것을 말한다. 맹자에 의하면 지배자의 통치권은 인민으로부터 나온다고 보고 있기 때문에, 이는 오늘날의 국민주권론에 해당하는 것이다. 천자의 得天下가 천명을 대신해서

대한 의회의 통제, 의회에 대한 정부의 통제, 정부 및 의회에 대한 사법부의 통제, 정부 및 의회에 대한 선거민의 통제가 요구되고 있다. 기관내부의 통제로는 합의제(입법부는 양원제, 내각은 회의제, 법원은 합의제 등이 있다), 이원정부제, 스위스의 집정부제(Direktorialregierung), 구소련의 집단지도체제 등을 들고 있다.

1) 권력의 통제제도: 기관 상호간의 통제에 있어서는 정부에 대한 의회의 통제, 의회에 대한 정부의 통제, 정부 및 의회에 대한 사법부의 통제, 정부 및 의회에 대한 선거민의 통제가 요구되고 있다. 기관내부의 통제로는 합의제(입법부에 있어서는 양원제, 내각에 있어서는 회의제, 법원에 있어서는 합의제 등이 있다), 이원정부제(二元政府制; 이원적 의원내각제), 스위스의 집정부제(執政府制: Direkrorial- Regierungssystem), 구소련의 집단지도체제 등을 들고 있다.

2) 권영성, 헌법학원론, 78면.

民意에 의해서 행하여지는 것이며(민본주의), 따라서 국민이 저항권을 통한 역성혁명의 주체가 될 수 있는 이유는 바로 이러한 민본주의에 바탕을 두고 있다.[1] 맹자의 역성혁명론은 통치자가 그의 권력을 남용하여 폭정이나 학정을 하면 그는 이미 왕이 아니며 한낱 匹夫에 지나지 않으며, 따라서 그를 제거하거하는 것은 반역이 되지 않는다고 하여 현대적 의미의 저항권을 인정하고 있다.

록크(Locke)의 저항권론 : 록크(Locke)는 그의 저서 「市民政府二論(시민정부에 관한 두 개의 논문)」에서 사회계약에 근거한 저항권론을 전개하였다. Locke는 국가 성립 이전의 자연상태를 Hobbes처럼 '만인에 의한 만인의 투쟁(homo homoni lupus)'이라는 투쟁상태로 보지 않았다. 인간의 본성은 착하지도, 악하지도 않은 백지와 같은 것으로 보았으며(백지설) 입헌군주제를 옹호하였다. 특히 록크의 사회계약론에 의하면 인간사회는 처음에는 자유롭고 평등하며 정의가 지배하는 사회이지만 인간관계가 확대됨으로 사회계약을 통하여 그들의 자연권 중 일부를 국가나 정부에 위임함으로써 국가를 형성했다고 보았다. 그러한 정부가 계약목적에 반하여 국민을 보호하는 대신 국민의 자유를 탄압하여 노예화하고 그들의 생명, 신체, 재산을 침해할 때에는, 정부와 국민 사이는 전쟁상태에 놓이게 되고 이러한 전쟁상태의 발생과 더불어 정부와 국민간의 계약은 무효가 되고 정부는 해체되며, 국민과 정부의 계약시 국민이 정부에 이양한 자기보존의 자연권은 다시 국민의 수중으로 되돌아오고 국민은 그의 자연적 자유를 다시 획득한다[2]고 하여 정부가 국민의 자연권을 빼앗을 때에는 그 정부를 전복하여 새로운 정부를 만들 권리와 책임, 즉 저항권이 인정된다고 하였다. Locke의 저항권론은 미국 독립운동의 사상적 기반이었으며 미국의 독립이후 각 주의 저항권의 조항으로 실정법화 되었다.

루소(Rousseau)의 저항권론 : Rousseau에 있어서 국가권력은 본질상 善을 위하여서만 작용될 수 있고, 惡을 위하여 남용될 수는 없는 것이다. 군주가 국가를 법에 따라 통치하지 않고 주권을 부당하게 가로챌 경우 전체 국가가 분해되고 그 안에 새로운 국가가 형성되는데, 이것은 단지 정부관리들만으로 구성되고 다른 모든 국민들에게는 오로지 지배자와 폭군이 될 뿐이다. 그리하여 정부가 주권을 찬탈하는 순간 사회계약은 파기되고 모든 일반시민들은 자동적으로 자연적 자유,[3] 즉 자연권을 다시 획득하며 그것이 저항권으로 변하는 것이다 루소는 성선설의 입장에서 인간의 본성을 파악하였으며, 입헌공화국체제를 주장하였다..

– 저항권을 부정하는 견해(법률실증주의) –

근대국가의 헌법이론에 있어서는 저항권의 인정을 거부하는 견해가 있다. 예를 들면 G. Jellinek에 의하여 법률실증주의가 그 대표적인 예이다. 국가법인설에 입각하고 있는 이 견해는 국민의 저항권은 입헌국가의 구조 및 그 본질과 양립하지 않는다는 것이다. 국가적

---

1) 심재우, 저항권, 법학논총 제26집(1991), 고려대학교법학연구소, 66면.
2) 심재우, 저항권, 고려대학교출판부, 2000, 67면.
3) J. J. Rousseau, 이환譯, 사회계약론, 서울대학교출판부, 2000, 113면.

권력은 법인으로서의 국가 그 자체의 고유한 권력으로서, 개인의 기본권에 의하여 국가적 권력이 제한되는 것은 국가 그 자체의 의사에 의한 제한을 의미한다는 것이다. 따라서 국가권력의 부정을 의미하는 저항권의 인정은 바로 국가의 자기부정(Selbstvernichtung)이 되어버리므로 저항권의 개념을 부정한다.[1]

법실증주의 사상에 의하면 ① 국가권력의 보유자만이 법을 제정할 수 있다거나, ② 통치자가 정한 법이 구속력을 지니는 이유는 바로 통치자가 입법했기 때문이라는 가정이 성립한다면 사실상 법적으로 전능한 국가권력의 담당자에 대해 그 어떤 저항권도 존립할 수 없다는 것이다.[2] 실증주의 국가관에 의하면 국가의 중요임무는 인간의 자유보호가 아니고 국가자체의 안전과 평화를 유지하는데 있었고, 국가의 권위는 인간의 존엄보다 우선하여 국가의 권력은 최고의 권력으로 국민이 이를 침해하지 못하는 절대적 권위를 가지는 것으로 이해함으로써 국가권력에 도전하는 것은 국가자체를 파괴하려는 반국가행위로 보아 저항권을 부정한 것이다.

2.4.2. 저항권행사의 요건

a) 보충성(예비성)

저항권은 다른 모든 헌법적 수단을 총동원해서도 국가권력에 의한 헌법침해를 방어할 수 없는 경우에 보충적으로 행해져야 한다(보충성의 원리).

b) 최후수단성

헌법적 가치질서가 무너지기 시작하는 단계가 아닌 마지막 단계에 최후의 수단으로 행해져야 한다.

c) 성공가능성

저항권의 행사는 성공의 가능성이 있는 경우에 한하여 인정된다고 하는 견해가 있다.

d) 소결

aa) 저항권의 3요건에 대한 검토

저항권을 언제 행사할 수 있느냐의 문제는 주로 저항권을 힘의 행사와 결부시켜 그것을 일시적인 현상으로 파악하는 전통적인 관점에서 자주 논의되어 왔다. 또 독일기본법 제20조 제4항처럼 저항권을 실정법적으로 규정하고 있는 경우에는 저항권의 행사가 일정한 전제조건 아래서만 가능하게 규정되어 있기 때문에 그 실정법적인 행사요건의 해석문제로

---

1) G. Jellinek, Allgemeine Staatslehre, 이에 대한 상세는 Bertram, Das Widerstandsrecht des Grundgesetzes, 1970, S. 38-39; 한태연, 한국헌법사(하), 한국정신문화연구원, 1991, 34면 참조.

2) H. Weinkauff, Über das Widerstandsrecht, S. 402.

논의 되게 마련이다.

저항권을 일시적인 힘의 행사로 이해하려는 전통적인 관념에 따르거나 실정법이 저항권을 규정하는 경우에는 대체로 저항권의 행사요건으로 보충성(예비성) · 최후수단성 · 성공가능성의 요청 등을 규정한다. 이에 따르면 저항권은 다른 모든 헌법적 수단을 총동원해서도 국가권력에 의한 헌법침해를 막을 길이 없는 경우에 보충적 · 예비적으로만 행사되어야 하고, 저항권의 행사는 헌법적 가치질서가 무너지기 시작하는 초기에는 허용되어서는 아니 되고 최후 순간까지 기다려 보고 헌법적 가치질서가 완전히 무너지기 직전에 헌법적 질서를 구제하기 위한 최후수단으로 허용되어야 한다고 한다. 또 저항권의 행사는 성공가능성이 있는 경우에만 허용되어야 한다고 한다. 이와 같은 세 가지 요건을 충족시키지 못하는 저항권의 행사는 결국 불법적인 저항권의 행사로 간주되게 된다.

bb) 요건 충족과 저항권의 실효성

저항권을 위헌적인 권력행사에 대한 대항이라고 이해하는 경우 저항권의 남용에 의한 무질서 상태를 방지할 필요가 있게되며, 따라서 저항권의 행사요건을 되도록 엄격하게 정하는 것이 필요하다. 그러나 위에서 언급한 세 가지 요건(보충성 · 최후수단성 · 성공가능성)이 모두 충족될 수 있는 저항권의 행사는 사실상 불가능하다. 저항권의 행사가 성공적으로 끝나기 위하여는 헌법침해의 초기에 저항권이 시작되어야 할 것이지만, 이 단계에서는 최후수단성이라는 요건을 충족시키지 못하고, 반대로 최후수단성의 요건이 충족된 경우에는 이미 불법권력이 사회전반에 뿌리를 깊게 내리고 있기 때문에 저항권행사의 성공가능성이 희박해지기 때문이다.[1]

2.4.3. 구체적인 예

- 미국버지니아 주헌법(1776. 6. 12)[2]
- 미국독립선언(1776. 7. 4)[3]
- 프랑스인권선언(1789. 7. 14)[4]

---

1) 허영, 한국헌법론, 89면.

2) Locke 사상에 기한 자연권과 저항권 사상이 전형적인 형태로 선언된 규정은 Virginia 권리장전과 미국독립선언 그리고 그 후의 미국의 연방헌법에서 비롯된다. Virginia 권리장전(1776)은 제3조에서 「어떠한 정부라도 그것이 이와 같은 목적에 반하거나 불충분한 것이라고 인정될 경우에는 사회의 다수인은 그 정부를 변혁하고 제지할 권리를 가진다」고 규정하고 있다.

3) 미국독립선언서(1776. 7. 4)은 「어떠한 정치형태라고 하더라도 이러한 목적(그 목적으로는 생명, 자유 및 행복을 추구할 권리를 말한다.)을 훼손하기에 이른 경우에는 인민은 그것을 하며 그들의 안전과 행복을 가져올 수 있는 주의를 기초로 하여 다시 권한을 가질 수 있는 새로운 정부를 구성하는 권리를 가지고 있다」고 규정하고 있다.

– 한국헌정사의 저항권 사례 –

우리나라의 헌정사에서 저항권과 관련하여 가장 많이 논의되는 사건은 4 · 19를 들 수 있다. 4 · 19는 독재정치와 부정축재에 반항하는 국민의 힘이 학생들의 젊은 의기를 통하여 발현한 것으로 "맨주먹 밖에 가지지 못한 한국사상 최초의 혁명"으로 평가하는 견해[1]와 같이 혁명적 가치를 강조하는 견해도 있고, 4 · 19는 권력연장을 위한 부정선거에 대한 규탄과 항의시위로 출발하였으나 '이승만 자유당독재정권타도'로 바뀌어 저항으로 발전한 것으로서 4 · 19는 이승만정권의 부정부패와 권력유지를 위한 독재정권에 집단적으로 저항하여 민주주의가 뿌리를 내릴 수 있는 계기를 만들었다는데 그 의의가 있으나, 최고 권력자만 하야시키고 독재정권의 지배기구를 일시 정지시켰을 뿐, 부정선거 등 모든 물적 · 인적 청산을 하지 못하였을 뿐 아니라 4 · 19의 배경이 된 사회구조의 모순들을 해결하지 못했다고 평가[2]하기도 한다.

헌법학의 입장(헌법학자들의 견해)에서는 처음부터 독재정권에 대한 도전적 성격의 것으로서 자유당 정권을 붕괴시키고 헌법의 규범적 효력과 권력제한성을 재생시키기 위한 것이었기 때문에, 기존 헌법질서를 파괴(헌법파괴 ; 헌법제정권력의 변동)하고 새 헌법질서를 창설하는 것을 그 본질로 하는 혁명(좁은 의미의 혁명)과는 그 성격을 달리하는 저항권의 행사로 이해하는 것이 일반적이다.[3]

2.4.4. 판례

a) 우리나라

저항권에 관해서는 1975년 4월 8일의 대법원판결이 있다. 요지는 「소위 저항권에 의한 행위이므로 위법성이 조각된다고 하는 주장은 그 저항권 자체의 개념이 막연할 뿐만 아니라, 논지에 있어서도 구체적인 설시가 없어 주장의 진의를 파악하기 어려우나 이 점에 관한 일부극소수의 이론이 주장하는 개념을 살핀다면, 그것은 실존하는 실정법질서를 무시한 초실정법적인 자연법질서에서의 권리주장이며 이러한 전제하에서의 권리로서 실재적 법질서를 무시한 행위를 정당화하려는 것으로 해석되는바, 실존하는 헌법적 질서를 전제로 한 실정법의 범주내에서 국가의 법적 질서의 유지를 그 사명으로 하는 사법기능을 담당하

---

4) 1789년의 인권선언 제2조는 「모든 정치적 결합의 목적은 자연적 권리와 절대적 인권을 확보하려는데 있다. 이러한 권리라 함은 자유 · 안전과 압제에 대항하는 권리를 말한다」라고 선언하고 있다. 인권선언은 1791년 헌법에 계승되고, 1793년 헌법 제35조에서는 「정부가 국민의 권리를 침해할 때에 저항하는 것은 국민의 신성한 권리인 동시에 피할 수 없는 의무이다」라고 규정하고 있다. 1958년의 제5공화국헌법에는 저항권에 관한 규정이 없으나, 그 前文에서 「1789년의 인권선언을 계승한다」라고 규정하고 있기 때문에 저항권을 수용하고 있는 것으로 간주되고 있다.

1) 전해종, 4 · 19혁명의 성격과 의의, 대학신문(서울대), 469호(1963. 4. 18).

2) 한성범외, 12 · 12, 5 · 18재판과 저항권, 법률행정연구원, 1997, 29면.

3) 다수설의 입장은 4 · 19를 저항권의 행사로 본다(윤영칠, 현대 헌법상 저항권에 관한 이론적 고찰, 국민대학교 행정대학원(1988.7), 61면).

는 재판권 행사에 대하여 실존하는 헌법질서를 무시하고 초법규적인 권리개념으로써 현행 실정법에 위배된 행위의 정당화를 주장하는 것은 그 자체 만으로서도 이를 받아들일 수 없다」고 하고 있다.[1)]

헌법재판소는 「저항권은 국가권력에 의하여 헌법의 기본원리에 대한 중대한 침해가 행하여지고 그 침해가 헌법의 존재자체를 부인하는 것으로 다른 합법적인 구제수단으로는 목적을 달성할 수 없을 때에 국민이 자기의 권리 · 자유를 지키기 위하여 실력으로 저항하는 권리이다」라고 판시하고 있다.[2)] 또한 헌법재판소는 소위 날치기 통과된 법률에 대한 위헌제청사건에서 「국회법 소정의 협의 없는 개의시간의 변경과 회의일시를 통지하지 아니한 입법과정의 하자는 저항권행사의 대상이 되지 아니 한다」고 판시하였다.[3)]

b) 독일

독일의 경우에는 1949년의 기본법은 저항권에 관한 규정을 두지 않았으나 1968년 6월 기본법 개정을 통해 비로소 저항권을 명문으로 규정하게 되었다. 동법 제20조 제4항은 「모든 독일인은 이러한 질서[4)]를 제거하려는 모든 자에 대하여 다른 구제수단이 불가능할 때

---

1) 저항권에 관해서는 민청학련사건(대판 1975. 4. 8, 74도3323, 긴급조치위반)과 김재규 내란사건(대판 1980. 5. 20, 80도 306)에서 주장되었으나 대법원은 이를 부인하였다. 김재규 내란사건의 재판에서는 저항권을 인정하여야 한다는 소수의견이 있었다(… 저항권이 비록 존재한다고 인정하더라도 그 저항권이 실정법에 근거를 두지 못하고 자연법에만 근거하고 있는 한, 법원은 그것을 재판규범으로 원용할 수 없다).
대판 1980. 8. 26, 80도1278【계엄포고위반 · 계엄포고위반교사 · 계엄포고위반방조】저항권이 정당행위인지 여부 : 「저항권의 개념 그 자체가 초실정법적 자연법질서 내의 권리주장으로서 그 개념 자체가 막연할 뿐 아니라 실정법을 근거로 국가사회의 법질서위반 여부를 판단하는 재판권행사에 있어 이를 주장 할 수 없다.
변호인이 법정에서 한 저항권행사의 주장이 법정모욕인지 여부 : 「저항권이론이 반드시 힘의 행사, 폭력의 행사인 것으로 보수 없는 이상 보편적이고 영구적인 정의 · 질서가 존재한다는 자연법론적인 법철학입장에서 변호인이 법정에서 악법에 대한 저항투쟁으로서 저항권행사의 주장을 하였다 하여 재판을 방해하거나 위협할 목적으로 법정을 모욕하였다고 단정 할 수 없다」(서울高判 1983. 3. 4, 85노503).
2) 헌재결 1997. 9. 25, 97헌가4【노동조합및노동관계조정법 등 위헌제청】
3) 헌재결 1997. 9. 25, 97헌가4(이 사건은 1996년 말 소위 날치기 통과된 노동관계법들이 위헌이라는 이유로 쟁의행위를 하자 회사가 쟁의행위금지처분신청을 하였고 담당법원이 동법이 「위헌일 경우 그 시행을 저지하기 위한 쟁의행위는 헌법질서 수호를 위한 저항권의 행사이므로 정당한 것」이라는 이유 등을 들어 직권으로 이 노동관계법들에 대해 위헌 제청한 것이다). 대법원은 국회가 법률을 제정 개폐함에 있어 입법절차를 무시한 하자가 있다고 하더라도 이는 저항권 행사의 대상이 되지 않는다고 한다.

에는 저항할 권리를 갖는다」고하여 헌법적으로 저항권을 명문화 하였다.

또한 독일 연방헌법재판소는 1956년 8월 17일, 독일공산당(KPD)에 대한 위헌판결에서 저항권이론을 빌어 항변한 독일공산당의 주장에 대하여, 「명백한 불법정부에 대한 저항권은 현대적 법률관에 의할 때 당연한 것으로 인정된다. 불법정부에 대해서는 통상의 법적 수단이 무용지물임을 경험으로 알고 있기 때문이다.」라고 함으로써, 불법정부에 대해서는 저항권이 인정된다는 것을 명백히 하였다.

나아가 동 헌법재판소는 「저항권은 법(헌법)질서의 유지 또는 회복을 위한 헌법수호 수단이라는 보수적인 의미로만 인정될 수 있다. 그리고 저항권을 가지고 대항할 수 있는 불법은 명백한 것이어야 한다. 법질서에 따라 강구할 수 있는 모든 법적 수단이 유효한 구제방법이 될 수 있는 전망이 거의 없고, 저항권의 행사가 법의 유지 또는 회복을 위하여 남겨진 유일한 수단이라야 한다」라고 판시하였다.[1] 아무튼 독일연방헌법재판소는 당시에는 헌법에 명문규정조차 없었음에도 불구하고 저항권을 당연한 국민적 권리로 인정하였을 뿐 아니라 저항권의 성립요건까지 상세히 논급한 것은 크게 주목할만한 일이었다.

3. 상향식 헌법침해(아래로부터의 공격)에 대한 헌법수호 : 좁은 의미의 헌법수호

3.1. 개관

헌법침해는 국가권력에 의해서 하향식으로 이루어지는 것이 일반적 이지만 '특정한' 국가의 존재형식을 무너뜨리려는 개인 내지는 단체(Verfassungsfeind : 헌법의 敵)에 의해서 상향식으로 이루어지는 경우도 있다.[2] 이와 같은 헌법질서의 적에 의한 상향식 헌법침해에 대한 헌법수호수단(좁은 의미의 헌법수호)으로서는 헌법내재적 수호수단과 헌법외적 수호수단이 있다.

3.1.1. 헌법내재적 보호수단

a) 의의

헌법내재적 수호수단은 헌법을 침해하는 헌법의 敵(Verfassungsfeind)으로부터 헌법을 방어하기 위해서는 방어적(Abwährdemokratie) · 투쟁적 민주주의(Kampfdemokratie)

---

4) 이것은 동법 제20조 제1, 제2, 제3항이 규정하는 민주적, 사회적, 연방국가적 질서를 뜻한다. 제20조 제4항의 저항권규정에 관하여 자세한 것은 Klaus, Widerstandsrecht und demokratische Verfassung, 1971, S. 5.

1) BVergGE 5, 85(95).

2) 독일의 마운쯔(Th. Maunz)는 이를 좁은 의미의 헌법수호(Verfassungsschutz im engeren Sinne)라고 부른다. Th. Maunz, Deutsches Staatsrecht, 1958, S. 254-255.

이론에 입각한 ① 위헌정당 해산제도, ② 기본권 상실(실효;[1])실권)제도를 들 수 있다. 즉 헌법의 적에 의한 헌법침해를 효과적으로 대항하기 위해서 헌법 스스로 일정한 보호수단을 마련하는 경우가 있는데 이것을 헌법 내재적 보호수단이라고 말한다.[2]) 헌법 내재적 보호수단으로는 기본권의 상실(실효)제도와 위헌정당해산제도를 들 수 있다. 이 두 제도는 모두 방어적 민주주의이론에 바탕을 둔 것으로서, 민주주의제도가 민주주의 그 자체를 파괴하기 위한 수단으로 악용되는 것을 막고 헌법의 자유에 의해서 오히려 자유권 그 자체가 말살되는 것을 방지하기 위한 제도적 보상이다.

다시 말해서 민주주의의 이름으로 민주주의 그 자체를 공격하거나 자유라는 명목으로 자유 그 자체를 말살하려는 헌법질서의 적을 효과적으로 방어하고 그와 투쟁하기 위한 것이 바로 방어적 내지 투쟁적 민주주의이다. 따라서 방어적 민주주의는 민주주의나 자유권을 일정한 가치와 결부시켜 이해하는 가치관적 헌법관에서만 생각할 수 있는 이론형식이다. 민주주의나 자유권을 어떤 내용의 가치질서로도 채울 수 있다고 생각하는 상대주의적인 헌법관의 입장에서는 방어적 민주주의이론은 그 이론적 근거를 상실할 수 밖에 없다. 따라서 기본권의 상실제도나 위헌정당해산제도는 민주주의적 자유와 결부되고 있는 특정한 가치질서를 스스로 지키기 위한 방어적 · 투쟁적 자기보호수단이라고 볼 수 있다(헌법수호제도).

b) 내용

aa) 방어적 민주주의

aaa) 내용

방어적 민주주의는 상기한 바와 같이 민주적 · 법치국가적 헌법질서의 적으로부터 효과적으로 방어하고 그와 투쟁하기 위한 자기방어적 · 자기수호적 민주주이다.[3]) 이는 첫째, 민주주의를 특정한 가치질서(자유 · 평등 · 정의)와 결부시키는 가치관적 민주주의에서만 수용할 수 있는 이론이며, 이념과 가치를 전제로 하지 않는 예컨대 다수결의 원리(Mehrheitsprinzip)에 따라 민주주의를 어떠한 내용의 가치질서로도 대체할 수 있는 것으로 인식하는 가치중립적인 민주주의 · 상대주의적 헌법가치관(예컨대 켈젠)에서는 방어적

---

1) 허영, 한국헌법론, 90면.

2) 허영, 헌법의 보호, 고시연구(1981.2), 18면.

3) E. Jesse, Streitbare Demokratie Berlin 1980; F. K. Fromme, Die streitbare Demokritie im Bonner Grundgesetz, in: Bundesministerium des Innern (hrsg.), Verfassungsschutz und Grundgesetz Bonn 1981; A. Sattler, Die rechitliche Bedeutung der Entscheidung für die streitbare Grundgesetz der Bundesrepublik Deutschland und Möglichkeiten und Grenzen einer Übertragung auf das Verfassungsrecht der Republik Korea, Frankfrut a. M., Diss 1991; 장영수, 헌법의 기본원리로서의 민주주의, 안암법학 창간호(1993), 67-147면 참조.

민주주의를 수용할 여지가 없다.[1] 이와 같이 방어적 민주주의는 가치구속적 · 가치지향적 민주주의관의 산물이다. 둘째, 방어적 민주주의는 헌법의 최고법규성과 규범성을 보장하기 위하여 헌법에 대한 적대적 시도로부터 헌법을 사전예방적으로 수호하는 기능 및 소수자를 보호(Minderheitenschutz)하는 기능도 함께 가진다.

방어적 민주주의의 사상적 기원은 프랑스혁명 말기의 로베스피에르派의 정치인 생 쥐스트(Louis Antoine Lon de Saint-Just : 1767. 8. 25-1794. 7. 28)의 「자유의 적에게는 자유가 없다」[2]라는 명제에서 구하고 있다. 현대적 의미의 방어적 민주주의이론은 가치중립적인 상대적 민주주의에 대한 비판으로서 1930년대 후반(독일 바이마르공화국 말기)에 등장하였다. 1930년대의 독일은 민주주의의 본질을 다수에 의한 의사결정(다수결원칙)에서 찾고, 민주주의의 내용이나 가치(가치관적 민주주의)에 대해서는 관심을 두지 않았었다. 그 결과 나치스의 집권과 바이마르공화국의 붕괴를 경험하게 되었고, 이에 대한 반성으로 민주주의가 스스로의 존립을 지키기 위해서는 민주주의의 가치상대주의적 · 가치중립적 관용을 배척하고 자신을 수호하기 위한 방어책 내지는 적극적인 투쟁을 각오해야 한다는 사상이 확립되게 되었다.[3] 이것이 가치관적 민주주의에 토대를 둔 방어적 민주주의이론이다.

이러한 사상은 1930년대 말부터 뢰벤슈타인(K. Löwenstein)[4]이나 만하임(Manheim)[5] 등에 의하여 전투적 민주주의(militant democracy)라는 용어와 함께 등장하였다.

제2차대전 이후 독일연방공화국은 나치스에 의하여 바이마르공화국이 붕괴된 헌정사적 체험을 토대로하여 Bonn 기본법에 방어적 민주주의[6]를 토대로한 기본권상실제(제18조)[7]와 위헌정당강제해산제도(제21조)를 두었다.[8] 기본권상실제는 특정인이나 특정조직

---

1) 상대주의적 민주주의가 극단적인 것이 될 경우, 국가는 寬容의 원리에 따라 모든 정치적 입장에 대하여 중립을 지켜야 하고, 어떠한 정치세력이든 다수의 지지를 획득하기만 하면 집권이 가능하며 어떠한 정책도 채택할 수 있게 된다. 독일의 경우에는 다수의 지지를 얻어 나치즘체제가 등장하고 그 결과 바이마르공화국(1919-1933)까지 파괴해버린 역사적 체험이 있다.

2) Denninger, Verfassungstreue und Schutz der Verfassung, in: VVDStRL, Heft 37, 1979, S. 16.

3) 이강혁, 민주주의의 본질과 보루, 고시계(1978.7), 18면; 이윤구, 헌법보장제도에 관한 비교헌법적 연구, 고려대학교 대학원(1988.7), 81면.

4) K. Löwenstein, Militant Democracy and Fundamental Rights, The American Political Science Review, Vol. 31, 1937.

5) K. Manheim, Diagnosis of our Time, 1943, p. 4.

6) F. K. Fromme, Bonn 기본법상의 전투적 민주주의, in: 법무부(역), 헌법수호와 법치국가, 1987, 113면 참조; 홍성방, 헌법의 수호, 고시계(2002.1), 123면 각주) 37 참조; Zippelius/Würtenberger, Deutsches Staatsrecht, 31. Aufl., München 2005, S. 92.

7) 독일기본법 제18조는 「의사표현의 자유, 특히 출판의 자유, 교수의 자유, 집회의 자유, 결사의 자유, 신서 · 우편 · 전신 · 전화의 비밀, 재산권 또는 망명자비호권을 자유민주적 기본질서를 공격하기 위하여 이를 악용하는 자는 기본권을 상실한다. 상실과 그 정도는 연방헌법재판소에 의

이 헌법적 가치질서를 파괴하기 위한 목적으로 기본권을 악용하는 경우, 헌법상 보장된 일정한 기본권을 상실(기본권행사의 저지)시킴으로써 헌법을 수호하려는 제도이다. 위헌정당강제해산제(Parteienverbot)는 민주주의 그 자체를 파괴(자유민주적 기본질서의 파괴)할 목적으로 활동하는 정당에 대하여 헌법재판소의 '독자적 결정에 의하여(Entscheidungsmonopol)',[1] 강제해산시키는 제도이다.[2] 이 제도는 정당의 형태로 조직된 헌법의 적을 사전예방적 · 사후교정적 차원에서 제거하기 위한 헌법수호 수단 중의 하나이다.[3]

bbb) 독일연방헌법재판소의 판례

방어적 민주주의이론은 독일연방헌법재판소의 일련의 판례를 통해 구체화되었다. 1952년 10월 23일의 사회주의국가당(SRP)에 대한 위헌판결에서,[4] 독일연방헌법재판소는 사회주의국가당의 강령과 활동에 대하여 1) 그 목적이 자유민주주의의 '본질적 내용(Wesensgehalt)'을 이루는 복수정당제를 부인하고, 2) 당내조직과 그 운영이 자유민주주의에 반하는 지도

하여 선고된다」라고 규정하고 있다. 특히 교수의 자유는 '헌법에 대한 충성(Von der Treue zur Verfassung)'으로부터 자유롭지 못하며, 특히 기본법 제정자는 강의시간에 민주주의를 부정하는 언동을 일삼았던 바이마르 시대의 대학교수의 모습을 잊지 않고 있었다(F. K. Fromme, Bonn 기본법상의 전투적 민주주의, in: 법무부(역), 헌법수호와 법치국가, 1987, 114면 참조).

8) 위헌정당강제해산제도는 독일 바이마르공화국 헌법(Weimarer Reichsverfassung)에도 공화국보호법(Republikschutzgesetz)에 의하여 1922년 7월 21일(RGBl 585)과 1930년 3월 25일(RGBl 91), 그리고 많은 支邦(Länder)에서 – 공화국보호법을 근거로 하여 – 나치정당(NSDAP)을 비롯한 정당강제해산이 이루어 졌다(Huber, Verfassugsgeschichte; K. Stein, Parteiverbot in der Weimarer Republik, 1999 참조). 1924년 7월 26일 국회해산을 요구하였을 때에도 헌법 제48조 제2항의 규정에 의하여 보호되었다(Jörn Ipsen, Parteien, in: M. Sachs(Hrsg.), GG, München 2003, Rn. 144). 바이마르 헌법이 국가 및 헌법수호를 위한 헌법적 제도를 도입하였음에도 불구하고, 급진 과격주의자들에 의하여 假裝된 그리고 합법적인 헌법질서 파괴행위에 대하여는 그 해결을 포기하면서 결국 정치적 무관심과 중립을 유지한 결과 결국 전체주의적인 정당들 가운데서도 가장 공격적인 정당 즉 나치스일당에 굴복하고 말았다(양상열, 바이마르공화국의 헌법수호정신 – 특히 바이마르 초기 헌법제정 심의과정을 중심으로 –, 경남법학(제17권), 경남대학교 법학연구소, 2002 참조; 권영성, 헌법학원론, 83면.

1) Jarass/Pieroth, GG, Art. 18 Rn 5.

2) 권영성, 헌법학원론, 83면.

3) 권영성, 헌법학원론, 84면.

4) 연방헌법재판소가 위헌 여부를 심사하던 중에 사회주의국가당(SRP)은 자진해산하였다. 그러나 자진해산이 위헌결정의 효력에는 영향을 미치지 못하였다. 위헌정당해산결정으로 SRP의 소속의원은 의원직을 상실하였고, 그 대체정당(Ersatzorganisation)은 금지되었으며, 정당소유재산은 몰수되었다(BVerfGE 2, 1); 상세한 내용은 J. Ipsen, Parteien, in: M. Sachs(Hrsg.), GG, München 2003, Rn. 186; 허영, 헌법의 보호, 고시연구(1981.2), 44면.

자원리(Führerprinzip)에 기초하며, 3) 당원의 활동이 인간의 존엄과 가치를 및 기타의 기본권을 경시하고 있다는 점 등을 이유로, 강제해산 선고를 하였다.[1] 1950년 한국전쟁이 발발하자 독일의 아데나워 수상은 스탈린이 한국에서와 똑같이 서독에 대해서도 침략계획을 하고 있다고 확신하고, 그 일환으로 아데나워정부는 1951년 11월 독일공산당(KPD)을 위헌정당이라하여 제소하였다.[2] 1956년 8월 17일의 독일공산당(KPD)에 대한 위헌판결에서, 연방헌법재판소는 「… 독일공산당은 자유민주적 기본질서(freiheitliche demokratische Grundordnung)를 파괴하려는 정당이므로 공무원 등이 이에 가입하여 활동하는 것은 그들의 국가에 대한 충성의무와 일치하지 아니하며, KPD의 政綱은 연방공화국의 헌법질서에 대한 명백한 도전이며, 기본법 제21조 제2항의 가치구속적 · 가치지향적 민주주의에 반하는 위헌정당이므로 해산되어야 하고, 그 대체조직도 결성할 수 없으며 정당의 재산은 몰수한다」는 결정을 내렸다.[3] 방어적 민주주의는 그 후 70년대의 연방헌법재판소의 군인결정(Soldatenbeschluß),[4] 도청판결(Abhör-Urteil),[5] 급진주의자결정(Radikalenbeschluß)[6]등

---

1) 권영성, 헌법학원론, 84면.

2) 사회주의국가당은 나치의 후속정당으로 인정되었기 때문에 해산판결이 당연히 받아들여졌다. 그러나 독일공산당의 경우는 당시 유럽의 나라들의 공산당을 합법화하고 있던 정치풍토에서 공산당해산판결은 분명히 이질적인 것이었다. 그리하여 연방헌법재판소도 심리를 무려 5년 동안 끌면서 연방정부가 해산신청을 철회해주기를 기다렸지만, 1950년대의 한국전쟁의 발발을 계기로 냉전 분위기를 이겨내지 못하고 해산을 결정하게 되었다.

3) BVerfGE 5, 85; J. Ipsen, Parteien, in: M. Sachs(Hrsg.), GG, München 2003, Rn. 143 ff.

4) 1970년 2월 18일의 軍人결정(Soldatenbeschluß) : 연방헌법재판소는 「독일연방공화국은 국민들에게 자유민주적 질서를 방어할 것을 기대하고 있으며, 이 자유민주적 질서를 반대하기 위한 목적으로 기본권을 남용하는 것을 용납하지 아니하는 민주국가인 바, 방어적 민주주의의 원칙은 연방군대 내부에서도 타당하다」고 판시하였다(BVerfGE 28, 36).

5) 1970년 12월 15일의 도청판결(Abhör-Urteil) : 독일연방헌법재판소는 1968년에 제정된 감청법(Abhörgesetz)에 대하여 자유민주적 기본질서의 수호라는 명분으로 사전통고를 배제한 감청법을 합헌이라고 판결하였다. 즉 「… 사전통고배제는 국가의 존속과 자유민주적 기본질서의 수호를 위하여 국민이 당연히 수인해야 하는 것으로, 당사자에 대한 사전통고가 배제되고 법원에 의한 사법적 심문절차가 부인되고 있다는 것만으로 법치국가의 원리가 침해되었다고 볼 수 없고, 사후심사가 충분히 이루어지고 있다」는 점 등을 이유로 기본법개정법률(기본법 제10조 제2항)과 그에 근거한 감청법은 합헌」이라고 하였다(BVerfGE 30, 1).

6) 1975년 5월 22일의 급진주의자결정(Radikalenbeschluß) : 독일연방헌법재판소는 「공무원은 연방 및 州공무원법에 따라 헌법의 기본가치인 자유민주적 기본질서를 방어할 의무가 있으므로 헌법적대적인 활동을 한 공무원지원자는 현직 공무원은 임용을 거부당하거나 공무원신분 박탈의 불이익을 감수해야 한다」고 판시하였다 : 「… 모든 공직자는 기본법상의 가치질서에 구속되므로, 자유민주적 · 사회국가적 · 법치국가적 질서를 거부하거나 이에 저항하는 자를 공직에 취임시켜서는 안되며, 국가에 봉사하려는 자는 국가는 물론 국가의 헌법적 질서를 비방하거나 공격하여

과 같은 판례를 통해 거듭 확인되었다.[1)]

ccc) 우리나라의 판례

우리나라에서는 정당이 그 목적이나 활동이 '(자유)민주적 기본질서'에 대한 위반 사유로 강제해산된 사례는 없다.[2)] 다만 이승만 독재정권하에서 1958년 1월 13일 진보당사건을 발표, 간부들을 구속하고 2월25일 정당등록을 취소 한 사건이 있었다. 1959년 2월27일 대법원판결에서 대부분의 간부들이 무죄를 선고 받았으나, 7월 31일 조봉암은 사형에 처해졌다.

대법원 및 헌법재판소는 일련의 국가보안법위반사건에서 자유민주주의를 헌법의 최고이념으로 삼으면서,[3)] 이를 수호하기 위한 수단으로 방어적 민주주의이론을 수용하고 있다.[4)]

대법원은 「… 헌법이 보장하고 있는 사상의 자유나 헌법이 천명하고 있는 평화통일의 원칙과 국제평화주의는 자유민주적 기본질서라는 대전제하에서 추구되어야 하는 것이므로, 아직도 북한이 자유민주적 기본질서에 대한 위협이 되고 있음이 분명한 상황에서, 국가보안법이 북한을 반국가단체로 본다고 하여 헌법이 보장한 사상의 자유나 헌법이 천명한 평화통일의 원칙 및 국제평화주의 등의 원칙과 모순되는 법률이라고 볼 수 없다」고 판시하였고,[5)] 「… 한총련은 반국가단체인 북한의 대남적화통일노선에 부합하는 폭력혁명노선을 채택함으로써 그 활동을 찬양, 고무, 선전하며 이에 동조하는 행위를 목적으로 하는 단체로서 국가보안법 제7조 소정의 이적단체에 해당한다」고 판시한 것이 그 예이다.[6)]

헌법재판소도 舊국가보안법 제7조 제1항 · 제5항에 대한 위헌심판에서 「… 국가보안

서는 안된다」고 하였다(BVerfGE 39, 334). Vgl. auch BVerwGE 47, 330/344 ff; BVerwGE 76, 157/161 ff; NJW 87, 2694; BAGE 28, 62/72 ff; Jarass/Pieroth, GG, Art. 21, Rn. 31.

1) 권영성, 헌법학원론, 85면.

2) 권영성, 헌법학원론, 87면.

3) 헌재결 1991. 3. 11, 91헌마21【지방의회의원선거법 제36조 제1항에 대한 헌법소원】

4) 방어적 민주주의의 채택은 또한 민주주의의 본질을 침해하는 행위를 규제할 수 있음을 뜻하는 것이다. 그러므로 민주공화제적 국가의 안전보장이나 그 질서(민주적 질서 포함) 유지를 이유로 기본권을 제한할 수 있음을 규정한 헌법 제37조 제2항(일반적 법률유보에 의한 기본권 제한의 규범적 한계)도 개인 또는 단체가 민주주의를 부정하는 경우에 그 기본권제한을 정당화할 수 있는 근거가 된다는 의미에서 방어적 민주주의를 수용한 규정이라 할 수 있다.

5) 대판 1992. 8. 18, 92도1244 : 대판 1992. 8. 14, 92도1211 등 참조.

6) 대판 1998. 7. 24, 98도1395【특수공무집행방해치상 · 특수공무집행방해 · 국가보안법위반 · 폭력행위등처벌에관한법률위반 · 화염병사용등의처벌에관한법률위반 · 집회및시위에관한법률위반 · 변사체검시방해】

법 제7조 제1항과 동조 제1항을 요건으로 하고 있는 동조 제5항은 각 그 소정 행위가 "국가의 존립 · 안전을 위태롭게 하거나 자유민주적 기본질서에 위해를 줄 명백한 위험성이 있는 경우"에 적용된다고 할 것이므로, 이와 같은 해석하에서는 헌법에 위반되지 아니한다」라고 하였고,[1] 1991년 5월의 개정국가보안법 제6조 제1항, 제7조 제1항, 제3항, 제5항, 제8조 제1항 등에 대해서는 「… 개정 후의 국가보안법 조항들의 규정내용은 '각 그 구법규정과 대비해 보면' 모두 "국가의 존립 · 안전이나 자유민주적 기본질서를 위태롭게 한다는 점을 알면서"라는 주관적 구성요건이 추가됨으로써 그 동안 개념의 다의성과 적용범위의 광범성으로 인하여 제기되었던 위헌적 요소가 제거되었다고 볼 수 있으므로 헌법에 위반되지 아니한다」라고 하여,[2] 방어적 민주주의를 전제로 한 한정합헌결정을 내린바 있다. 또한 헌법재판소는 경찰청장 정치활동금지 헌법소원사건에서(경찰법 제11조 제4항등위헌확인) 「… 정당의 해산에 관한 헌법 제8조 제4항은 민주주의를 파괴하려는 세력으로부터 민주주의를 보호하려는 소위 '방어적 민주주의'의 한 요소이고 …」라고 판시한 바 있다.[3]

이와 같이 우리 헌법하에서도 방어적 민주주의 이론을 수용하는 판례가 있고, 가치관적 민주주의를 채택하여 민주주의의 수호를 위한 투쟁을 국가목표(Staatsziel)[4]의 중요한 내용으로 삼고 있다. 그러나 방어적 민주주의를 확대적용 하거나, 이를 악용할 경우에는 오히려 민주주의나 정당국가의 원리를 침해할 위험이 있으므로 여기에도 일정한 한계가 있다. 왜냐하면 첫째, 방어적 민주주의는 사이비민주주의(假裝的 민주주의) 혹은 민주주의의 적으로부터 가치관적 민주주의를 수호(보장 · 방어)하기 위한 헌법수호의 수단을 의미하기 때문이다. 둘째, 민주주의도 다양한 헌법원리중의 하나에 불과하기 때문에, 방어적 민주주의를 빙자하여 국민주권의 원리 · 법치국가원리 · 사회국가원리 · 공화국 원리 등 헌법국가원리를 침해해서는 안되기 때문이다. 더욱이 방어적 민주주의는 자유민주적 기본질서와 법치국가적 지배질서[5]를 수호하려는 제도적 장치이므로, 민주주의의 구현을 위한 정치적 기본권(언론의 자유 · 출판의 자유 · 집회 · 결사의 자유) 등과 같은 개인적 표현의 자유와 집단적 표현의 자유[6] 등을 제한하기 위한 수단으로 악용되어서는 안된다.[7] 셋째, 방어

---

1) 헌재결 1990. 4. 2, 89헌가113【국가보안법 제7조에 관한 위헌심판】

2) 헌재결 1997. 1. 16, 92헌바6【국가보안법 제6조 제1항 등 에 대한 헌법소원】

3) 헌재결 1999. 12. 23, 99헌마135【경찰법 제11조 제4항 등 위헌확인 (경찰법 부칙 제2조)】

4) 국가목표(Staatsziel)는 국가목적(Staatszweck) 및 국가목표규정(Staatszielbestimmung)과 구별된다.

5) 자유민주적 기본질서(freiheitliche demokratische Grundordnung)라 함은 "어떠한 폭력지배나 恣意支配(Gewalt- und Willkürherrschaft)를 배제하고, 그때 그때의 多數의 의사에 따른 국민자치에 근거한 법치국가적 지배질서와 자유와 평등이 확보되는 질서"이다(BVerfGE 2, 1 (12 f)).

6) 허영, 헌법의 보호, 고시연구(1981.2), 20면; 전일주, 헌법보장에 관한 연구, 단국대학교 대학원 학술논총 제10집(1986), 199면 참조.

적 민주주의는 소극적 · 방어적인 것이어야 하고 적극적 · 공격적인 것은 지양되어야 한다.[1] 결론적으로 방어적 민주주의를 위한 국가적 개입도 과잉금지의 원칙(Übermaßverbot)이 적용되며(적합성 · 필요성 · 상당성의 원칙), 목적의 정당성 · 방법의 적정성 · 피해의 최소성 · 법익의 균형성 등이 고려되어야 한다.[2]

bb) 위헌정당해산제도

위헌정당해산제도는 헌법적 가치질서를 파괴하거나 침해할 목적으로 조직하거나 활동하는 정당을 헌법소송절차에 따라 정당을 해산시킴으로써 헌법의 적으로부터 헌법을 수호하고자 하는 제도이다.

- **한국헌법** : 제8조 제4항, 제89조 제14호, 제111조 제1항 제3호, 제113조 제1항
- **독일 기본법** : 제21조 제2항[3]

과거에는 정당이나 결사(結社)가 위헌적인 파괴활동을 했을 때에는 행정관청이 이를 해산할 수 있었다. 그러나 민주정치에 있어서의 정당과 결사의 중요성이 인식되자 행정부의 자의적인 해산으로부터 이를 보장하기 위하여 행정청에 의한 해산을 금지하고 사법부 내지 독립한 재판기관의 심판으로 해산할 수 있게 하였다.

오늘날의 정당국가(Parteienstaat)에서는 정당이 반드시 필요한 존재이지만, 한편으로는 민주주의의 敵 내지는 파괴자로 등장할 잠재적 위험성도 내포하고 있다.[4] 이에 따라 현

---

7) E. Denninger, Der Schutz der Verfassung, in: E. Benda/W. Maihofer/H.-J. Vogel, Handbuch des Verfassungsrechts, 1984, S. 1326 ff.; 홍성방, 헌법의 수호, 고시계(2002.1), 124면.

1) 이 개념의 창안자는 1937년의 뢰벤슈타인(K. Löwenstein)이다(Disskussionsbeitrag von Quaritsch, in: VVDStRL, Heft. 37, 1979, S. 141). 방어적 민주주의는 독일어 streitbare Demokratie의 번역어로서, 투쟁적 혹은 전투적 민주주의로 부르기도 한다. 독일에서도 streitbar 대신에 abwehrbereit · wehrhaft 혹은 wachsam 등으로 표현하는 학자가 있다. 그러나 방어적 민주주의는 그 본질상 민주주의의 적에 대한 소극적 방어에 그치고 그에 대한 적극적 공격은 부인된다는 점에 비추어, 그 번역어로서 방어적 이라는 표현이 적합하다는 견해가 있다(장영수, 방어적 민주주의, 고려대대학원 석사논문, 1984, 참조). 개념에 대해서는 Dreier, Verfassung und Ideologie, in: Gedächtnisschrift für Friedrich Klein, 1977, S. 86 ff.; Lahmeyer, Streitbare Demokratie, Theorie, Praxis und Herausforderungen in der Bundesrepublik Deutschland, 1980, S. 20 ff.;

2) 권영성, 헌법학원론, 86면.

3) 제21조 Parteien(정당) 제2항 정당의 설립목적이나 政黨員(Anhänger)의 행동이 「자유민주적 기본질서」를 침해(beeinträchtigen) 혹은 배제(beseitigen)하거나 또는 독일연방공화국의 존립을 위태롭게 하는 경우에는 그러한 정당은 위헌이다. 위헌성의 여부에 관하여는 연방헌법재판소가 결정한다.

행 헌법 제8조 제4항이 「정당의 목적이나 활동이 민주적 기본질서에 위배 될 때[1]에는 정부[2]는 헌법재판소에 그 해산을 제소할 수 있고, 정당은 헌법재판소의 심판에 의하여 해산된다」[3]라고 규정하고 있는 것은 우리 헌법의 민주주의가 방어적 민주주의(Abwehr-Demokratie)를 수용하고 있음을 의미한다. 위헌정당해산제도는 헌법적 가치질서를 제거하거나 침해할 목적으로 조직되거나 활동하는 정당을 헌법소송절차에 따라 해산시킴으로써 정당의 형식으로 조직된 '헌법의 敵(Verfassungsfeind)'에 의한 상향식 헌법침해를 방지하기 위한 헌법내재적 헌법보호수단이다. 이에 관한 규정은 이미 언급한바와 같이 우리나라 헌법[4][5]과 독일기본법(제21조 제2항)[6]이 이 제도를 두고 있다. 기본권의 상실(Verwirkung)

---

4) G. Leibholz, Die Strukturwandel der modernen Demokratie, in: ders., Strukturprobleme der modernen Demokratie, 1958, S. 123 f.

1) 정당의 목적이나 활동이 모두 또는 그 중의 어느 하나가 민주적 기본질서에 위배되면 정당해산의 요건이 충족된다. 정당의 목적이 민주적 기본질서에 위배되는 경우란 정당의 공식적인 강령(기본정책)이나 당헌의 내용 및 그밖에 당수 및 당간부의 연설, 당기관지, 당의 출판물 및 선전자료, 기타 당원의 활동으로 보아 그 정당의 전체적 성격이 민주적 기본질서에 위배된 경우를 망라한다. 또한 정당명의의 활동뿐만 아니라 그 구성원의 활동, 즉 당수와 당간부의 활동과 평당원의 활동을 포함한다. 다만 평당원의 활동은 개인적인 동기에 의한 활동이 아니라 黨命에 의한 활동인 경우에만 정당의 활동으로 간주된다(즉 당원이 당의 이름으로 활동하고 그 효과가 당에 귀속할 때 당원의 활동은 당 자체의 활동으로 간주된다). 정당의 목적 · 활동이 민주적 기본질서에 위배된다는 것을 정당 스스로가 인식하여야 하는 것은 아니다.

2) 정부는 정당의 목적이나 활동이 민주적 기본질서에 위배될 때에는, 국무회의의 심의를 거쳐 헌법재판소에 그 해산을 제소할 수 있다(헌법 제8조 제4항). 현행헌법은 제소권자를 정부로 규정하고 있는데, 여기서 정부라 함은 대한민국이라는 국가를 의미하는 것이 아니라, 입법부 · 사법부와 대등한 지위에 있는 행정부를 의미하며, 법무부장관이 법률상 대표자가 된다. 정부의 정당해산의 제소는 국무회의의 필요적 심의사항이며(헌법 제89조 제14호), 국무회의의 심의를 거치지 않은 정당해산심판청구는 부적법하다. 정부의 심판청구권행사가 기속행위이냐 재량행위이냐에 대해서 학설이 나누어지고 있다. 독일의 다수설에 의하면 정부의 정당해산심판청구권 행사여부는 정치적 재량에 속하는 일로서 정부의 기속적인 의무는 아니라고 한다.

3) 과거에는 정당이나 결사가 위헌적 파괴활동을 할 경우에는 행정관청이 이를 해산할 수 있었다. 그러나 민주국가에 있어서의 정당과 결사의 중요성이 인식되자 행정부의 자의적인 해산으로부터 이를 방어하기 위하여 행정관청에 의한 해산을 금지하고 사법부 내지 독립한 재판기관의 심판으로 해산할 수 있도록 하였다.

4) 제8조 제4항, 제89조 제14호, 제111조 제1항 제3호, 제113조 제1항 참조.

5) 위헌정당해산제도의 변천: 제헌헌법에는 정당보호조항이 없었기 때문에 많은 정당이 행정권에 의하여 해산되었다. 이에 1960년 제2공화국헌법은 정당의 존립을 보장하고(제13조 제2항), 정당의 해산제도를 도입하여 헌법재판소의 판결에 의해서만 해산 되도록 하였다. 제2공화국헌법은 독일기본법을 본받아 제13조 제2항에서 정당은 법률이 정하는 바에 의하여 국가의 보호를 받는다. 단 정당의 목적이나 활동이 헌법의 민주적 기본질서에 위배될 때에는 정부가 대통령의 승인

제도가 조직되지 않은 헌법의 적을 그 대상으로 하는데 반해서, 위헌정당해산제도는 정당의 형식으로 조직된 헌법의 적을 그 대상으로 하고 있다. 다만 조직된 헌법의 적이라 할지라도 그 조직형식이 정당이 아니고 단순한 법인, 조합 내지는 단체[1]의 성격을 띤 경우에는 정당을 대상으로 하는 헌법내재적 수호수단이 적용되지 않고 헌법외적 수호수단으로서의 형사법적 또는 행정절차상의 보호수단에 의해서 규제된다.[2][3] 그러나 정당국가적 헌법질서를 지향하는 나라에서는 국민의 정치적 의사를 반영하는 매개체로서 정당의 활동이 필요한 것이기 때문에(복수정당제의 보장) 위헌정당해산제도는 불가피한 경우에만 허용되는 것이 바람직하다.[4] 따라서 위헌정당해산제도가 야당을 탄압하기 위한 수단으로 악용되어

을 얻어 소추하고 헌법재판소가 판결로서 그 정당의 해산을 명한다고 하였다. 또 정당의 해산은 헌법재판소 심판관의 단순다수에 의하여 결정할 수 있게 하였다. 1962년 제3공화국헌법은 제7조에서 정당조항을 두어 「정당은 국가의 보호를 받는다. 다만, 정당의 목적이나 활동이 민주적 기본질서에 위배될 때에는 정부는 대법원에 그 해산을 제소할 수 있고, 정당은 대법원의 판결에 의하여 해산된다고 규정하고, 대법원의 정당해산 판결은 대법관 정수의 5분의 3 이상의 찬성을 얻어야 한다고 규정하여 해산결정권자를 대법원으로 변경하고 해산판결정족수를 늘렸다. 그리고 동헌법은 제38조에서 국회의원은 「소속정당이 해산된 때에는 그 자격이 상실된다」라는 규정을 두고 있었다. 1972년 제4공화국헌법은 제3공화국 헌법과 같이 정당 해산규정을 제7조에 두었고, 정당해산사유로서 국가의 존립에 위해가 될 때를 추가하였다. 다만 정당의 해산결정권을 헌법위원회로 이관하였으며, 정당해산의 결정에는 위원 6인 이상의 찬성이 있어야 하도록 하였다. 1980년의 제5공화국 헌법은 제5공화국헌법의 정당해산제도는 정당해산사유 중에서 국가의 존립에 위해가 될 때를 제외하고 있을 뿐 제4공화국헌법의 정당해산제도와 완전히 일치하고 있었다. 1987년 제6공화국헌법은 헌법재판소제도를 두어 이를 심판케 하고 있고, 헌법재판소 재판관 6인 이상의 찬성이 있어야 한다(헌법 제113조 제1항). 이에 관한 상세한 내용은 국회사무처, 헌법·국회법연혁집, 2006 참조.

6) 기본법 제21조 : Parteien(정당) : 정당의 설립목적이나 政黨員(Anhänger)의 행동이 「자유민주적 기본질서」를 침해(beeinträchtigen) 혹은 배제(beseitigen)하거나 또는 독일연방공화국의 존립을 위태롭게 하는 경우에는 그러한 정당은 위헌이다. 위헌의 여부에 관하여는 연방헌법재판소가 결정한다.

1) 정당의 산하단체의 활동도 금지된다. 해산된 정당의 산하단체나 대체조직(Ersatzorganisation)이 민주적 기본질서를 침해하거나 국가의 존립에 위해가 될 경우에는 법원이나 행정부에 의하여서도 해산될 수 있다. 다만, 정당으로부터 법적으로 독립되어 있는 정당의 방계조직(Nebenorganisation), 즉 정당이 아닌 일반 단체에 불과한 경우에는 정당해산심판의 대상이 아니다. M. Sachs, Grundgesetz Kommentar, Rn. 150.

2) 허영, 헌법의 보호, 고시연구(1981.2), 18면.

3) 해산결정이 확정된 정당은 그 때부터 불법결사가 되기 때문에 행정관청이 행정처분으로 그 정당의 존립과 활동을 금지할 수 있다. 정당의 조직의 일부를 구성하는 부분조직이나 정당의 부분으로서 특수한 과제를 담당하는 특별조직도 해산되는 정당과 함께 해산된다.

4) 독일의 경우 Nazis에 의한 정당해산의 남용을 경험한후 현재의 Bonn 기본법에서는 자유민주적

서는 안되며, 바로 여기에 위헌정당해산제도의 제도적 한계가 있다.[1)]

정당해산심판청구는 대한민국정부,[2)] 법률상 대표자는 법무부장관이 된다. 정당해산심판사건의 사건부호는 '헌다'(예 : 06헌다1 OOO 당 해산)이다. 정당은 헌법재판소의 해산결정에 의해서 자동적으로 해산되며, 정당해산의 효력 발생시점은 해산결정의 선고시점이 된다. 정당해산 결정은 그 결정에 의하여 비로소 정당해산의 효과가 발생하는 창설적 효력을 갖기 때문이다.[3)] 해산결정이 확정된 정당은 그 때부터 불법결사가 되기 때문에 행정청이 행정처분으로 그 정당의 존립과 활동을 금지할 수 있다.

헌법재판소의 결정으로 정당이 해산된 경우 그 정당의 대표자 및 간부는 해산된 정당의 강령(또는 기본정책)과 동일하거나 유사한 정당을 창설하지 못하며(정당법 제40조 : 대체정당의 금지), 해산된 정당의 명칭과 동일한 명칭은 다시 사용할 수 없다(정당법 제41조 제2항).[4)] 또 해산된 정당의 목적을 달성하기 위한 집회 또는 시위도 금지된다(집회및시위에관한법률 제5조 제1항 제1호). 그리고 정당이 해산된 경우 그 소속 국회의원의 자격도 당연히 상실된다. 국회의원의 자격유지의 문제는 국회의 자율적 결정사항이므로 국회의 자격심사나 제명처분이 없는 한 종전과 같이 국회의원 자격을 유지한다는 견해가 있지만, 위헌정당이 강제해산되면 이는 '헌법정책적 필요(verfassungspolitische Notwendigkeit)'[5)]에 의하여 의원직도 당연히 상실된다고 보아야 위헌정당강제해산제도 그 본래의 취지를 살릴 수 있다.[6)] 헌법재판소의 결정으로 해산된 정당의 잔여재산은 국고에 귀속되며(정당법 제

기본질서를 파괴했을 경우에만 해산하도록 규정하고 있다. Vgl. BVerfGE 2, 1 : BVerfGE 5, 85.

1) 국가의 특정한 존립형식 내지는 민주적 기본질서를 파괴할 목적으로 조직되거나 활동하는 정당을 구별해내는 것은 어려운 문제이다. 또 헌법의 적인 위헌정당이 존재한다 하더라도 그 정당이 현실적으로 거의 무의미한 정당인 경우에는 정당해산의 실익이 없고, 위헌정당이 이미 사회깊이 뿌리를 내리고 많은 동조자를 얻은 경우에는 이를 해산시키는 것만으로는 헌법수호 본래의 목적을 달성하기가 어렵다. 바로 여기에 위헌정당해산제도가 지니고 있는 어려움이 있다.

2) 독일의 경우에는 연방의회(Bundestag), 연방참사원(Bundesrat), 연방정부(Bundesregierung) 또는 支邦정부(Randesregierung)가 위헌정당해산을 제청할 수 있다. 다만 지방정부는 그의 지방에만 한정된 정당에 한한다(Jarass/Pieroth, GG, Art. 21 Rn. 23a).

3) 따라서 중앙선거관리위원회가 헌법재판소의 통지를 받고 정당법에 따라 그 정당의 등록을 말소하고 공고하는 행위는 단순한 선언적 · 확인적 효력을 가진다.

4) 정당해산은 단지 정당의 조직만 해체시킬 뿐이고 정당이념까지 제거하지는 못하기 때문에 언제나 해산된 정당과 동일하고 유사한 목적을 가진 조직이 새롭게 만들어질 가능성을 대비하기 위한 것이다.

5) J. Ipsen, Parteien, in: M. Sachs(Hrsg.), GG, München 2003, Rn. 195.

6) 우리나라의 1962년 헌법 제38조는 「국회의원은 소속정당이 해산된 때에는 그 자격이 상실된다」라는 규정을 두고 있었다. 독일 연방헌법재판소는 1952. 10. 23. 사회주의제국당(SRP)에 대한 위헌판결에서 「… 정당의 위헌성이 확인되면 당해 정당의 소속의원의 연방의회 · 주의회 의원직은

48조 제2항), 보조금을 받은 정당이 해산된 경우 그 잔액도 반환한다(정치자금에관한법률 제30조).[1]

독일의 경우 위헌정당강제해산제도는 유럽인권재판소(EMRK : Europäsicher Gerichtshof für Menschenrechte)에 기본법 제10조(Meinungsfreiheit : 사상의 자유)와 제11조(결사의 자유 : Vereinigungsfreiheit)의 침해를 이유로하여 헌법소원(Verfassungsbeschwerde)이 제기되었으나 유럽인권재판소는 「위헌정당강제해산제도는 민주주의 사회에서 필요하기 때문에 인정된다 : … in einer demokratischen Gesellschaft notwendig …」고 판시하고 있다.[2]

cc) 基本權 喪失(失權)制度

기본권상실(실권 ; 권리행사의 저지)이란 헌법적 가치질서를 파괴하는 헌법의 적(특정인 · 특정단체)에 대하여 헌법소송절차에 따라 헌법이 보장하는 일정한 기본권(특히 자유권적 기본권 : Freiheitsgrundrechte)[3]을 그 특정인 또는 특정단체에 대해서만 상실[4]시킴

상실된다. … 의원직상실로 이미 행한 의회에서의 의결의 효력에는 영향이 없다」고 판시한 바 있었다. 그 후 독일에서는 연방선거법에서 위헌정당해산시 '의원직을 상실한다(Mandatverlust)'규정(동법 제46조, 제47조)을 두어 이 문제를 해결하였다. J. Ipsen, Parteien, in: M. Sachs(Hrsg.), GG, München 2003, Rn 191.

1) 정당잔여 재산의 필요적 국고귀속은 해산된 정당의 물적 기반을 박탈함으로 정당해산의 실효성을 높이기 위한 것이다.

2) J. Ipsen, Parteien, in: M. Sachs(Hrsg.), GG, München 2003, Rn. 204.

3) R. Gröschner, Grudrechtsverwirkung, in: Horst Dreier(Hrsg.), GG, Mohr Siebeck 2004, Rn 22.

4) 여기서 상실의 의미는 과거에 대한 형벌이라기보다 현재와 미래를 위한 예방적인 것이며, 이는 해당 기본권 자체의 실효가 아닌, 다만 정치적 투쟁에서 무기로서 행사할 수 없다는 의미로서, 권리행사(기본권)의 저지를 의미하는 실권(Ausübung des Grundrechts)의 의미이다(同旨 홍성방, 헌법의 수호, 고시계(2002.1), 127면). 따라서 언론의 자유를 상실 당하더라도 그 성격이 전혀 다른 스포츠신문 등 정치적 활동과 관계없는 영역에서는 활동할 수 있다(홍성방, 헌법의 수호, 고시계(2002.1), 127면). 失權(Verwirkung)과 失效(Erledigung)에 관하여 종래 일부학설에서는 실권을 권리의 소멸(실효)원인으로 이해하고 있었으나 오늘의 통설은 실권에 의하여 권리의 소멸이 초래되는 것이 아니라 권리행사의 沮止原因, 즉 당초부터 존재하는 권리의 내용적인 제약을 명백하게 하는데 지나지 않는다고 보고 있다. 즉 실권은 권리 그 자체는 그대로 존속하지만 이미 그것을 주장할 수 없게 된다는 점에서 권리의 소멸(Erledigung)원인인 시효나 제척기간 등과 구분된다. 이와 같이 실권의 개념을 권리 그 자체는 그대로 존속하지만 다만 그 권리를 행사할 수 없을 따름(권리행사의 저지)이라고 하는 경우, 이는 권리의 소멸(失效 : Erledigung)과는 구분되는 개념이고, 따라서 기본법 제18조의 'Verwirkung'이라는 단어는 기본권 실효가 아니고 기본권 상실/실권)이라고 번역해야 할 것이다(권영성 교수와 김남진 교수는 상실이라는 표현을 사용한다). 우리 나라의 대법원 판례는 실권(Verwirkung)과 실효(Erledigung)을 동일한 개념으로 사용하고 있으나 이는 실권의 개념이 권리행사의 저지원인으로 보지않고 권리의 소멸로 이해하

으로써, 헌법질서가 상향식으로 침해되는 것을 방지하기 위한 제도이다(독일기본법 : 제18조).[1)2)] 이 역시 위헌정당해산제도와 함께 바이마르공화국의 붕괴 및 히틀러독재정권의 탄생을 경험한 결과의 소산이다.[3)] 기본법 제18조에서 의미하는 악용(Mißbrauch)의 개념은 자유민주적 기본질서(freiheitliche demokratische Grundordnung)를 침해하는 정치활동을 의미하며,[4)] 연방의회(Bundestag)나 연방정부(Bundesregierung) · 주정부(Landesregierung)가 연방헌법재판소에 기본권 상실을 제청한다.[5)] 기본권의 상실기간은 무기 · 유기 모두 가능하나 후자의 경우 최소한 1년이다. 무기의 경우 2년경과 후 원고나 피고의 신청으로 독일연방헌법재판소는 그 기간을 단축시키거나 장래에 향하여 무효로 할 수 있다. 연방헌법재판소가 단축결정을 한 경우에는 그 결정이 이루어진 후 1년이 경과하면 재검토를 신청할 수 있다.[6)7)] 그리고 제한되는 기본권의 종류는 열거주의원칙(Enumerationsprinzip)이 적용

는데서 연유한다(대판 1988. 4. 27, 87누915).

1) M. Brenner, Grundrechtsschranken und Verwirkung von Grundrechten, in: DÖV 1995, S. 60-66 ; H. Buntzer/Marion Clever, Grundrechtsverwirkung nach Art. 18 GG : Doch eine Waffe gegen politische Extremen?, in: DÖV 1994, S. 637-643; D. Günter, Die Verwirkung von Grundrechten nach Art. 18 des Grundgesetzes, in: JZ 1952, S. 513-518; Dieter-Dirk Hartmann, Verwirkung von Grundrechten, in: AöR 95(1970), S. 567-580.

2) 의사표현의 자유 특히 신문의 자유(제5조 제1항), 교수의 자유(제5조 제3항), 집회의 자유(제8조), 결사의 자유(제9조), 書信, 우편 및 전신의 비밀(제10조), 재산권(제14조) 또는 망명자보호권(제16조 제2항)을 「자유민주적 기본질서」에 대한 공격의 도구로서 誤用(mißbraucht)하는 자는 기본권의 향유를 상실한다. 실권(Verwirkung)과 그 범위(Ausmaß)는 연방헌법재판소에 의하여 선고된다.

3) H. Krüger/M. Pagenkopf, Verwirkung von Grundrechten, in: M. Sachs(Hrsg.), GG, München 2003, Rn. 4.

4) 악용(Mißbrauch)의 개념에 관한 상세한 내용은 R. Gröschner, Grundrechtsverwirkung, in: Horst Dreier(Hrsg.), GG, Mohr Siebeck 2004, Rn 26 참조.

5) 홍성방, 헌법의 수호, 고시계(2002.1), 127면.

6) 홍성방, 헌법의 수호, 고시계(2002.1), 127면.

7) 그러나 기본권의 상실제도는 대부분 개개인을 그 대상으로 하기 때문에 위헌정당해산제도에 비해서 그 실효성이 적고 구체적 사건에서 이를 적용하기도 쉽지않다. 실제로도 커다란 의의를 가진 적은 없는 것 같다. 왜냐하면 - 2004년말 까지 - 독일의 경우 개인에 대한 기본권 상실은 3번 제청되었으나 받아들여지지는 않았기 때문이다(이에 반하여 Krüger/Pagenkopf는 4번 제청이 있었다고 하는데 이는 1948년 12월 13일의 ARA 사건을 포함한 듯하다(Krüger/Pagenkopf, Verwirkung von Grundrechten, in: M. Sachs(Hrsg.), GG, München 2003, Rn. 2). 첫 번째는 연방정부가 이미 금지된 '사회주의제국당'(SPR)의 부의장에 대하여 訴를 제기한 경우였다. 이사건은 1952년 위헌정당해산판결을 받은 바로 그해에 사회제국주의당의 副당수에게(Zweite Vorsitzende)에 제기된 사건인데 1960년 7월 25일의 결정에서 연방헌법재판소는 「… 현재 충분한 이유가 없다」고 각하

되기 때문에 기본법 제18조에서 열거한 기본권이 아닌 것은 기본상실에 포함되지 아니한다(다수설).[1] 이 규정은 기본법 제21조 제2항의 위헌정당강제해산제도의 특별규정이다.[2] 이 규정의 성격 내지 기능은 1차적으로 헌법수호기능, 2차적으로는 기본권보호의 기능을 한다는 견해,[3] 기본권 상실은 특정의 기본권에 한정되어 있고 그 선언은 연방헌법재판소에 의하여 이루어지는 것이므로 기본권이라는 견해,[4] 순수한 헌법수호기능을 가진다는 견해[5] 가 있다.

[독일 기본법 제18조 : Verwirkung von Grundrechten(기본권의 상실)]

의사표현의 자유 특히 신문의 자유(제5조 제1항), 교수의 자유(제5조 제3항), 집회의 자유(제8조), 결사의 자유(제9조), 書信, 우편 및 전신의 비밀(제10조), 재산권(제14조) 또는 망명자보호권(제16조 제2항)을 「자유민주적 기본질서」에 대한 공격의 도구로서 誤用(mißbraucht)하는 자는 기본권의 향유를 상실한다. 실권(Verwirkung)과 그 범위(Ausmaß)는 연방헌법재판소에 의하여 선고된다.

– 失權(Verwirkung)과 失效(Erledigung) –

종래 일부학설에서는 실권을 권리의 소멸(실효)원인으로 이해하고 있었으나 오늘의 통설은 실권에 의하여 권리의 소멸이 초래되는 것이 아니라 권리행사의 沮止原因, 즉 당초부

하였다(BVerfGE 11, 282 f.). 두 번째는 1969년 3월 20일 연방정부가 극우적이라고 생각되는 출판인과 편집인(독일국가주의신문 : Deutsche Nationale Zeitung)에 대하여 출판의 자유를 상실시켜 줄 것을 청구한 사건이었다. 동 청구는 1974년 7월 2일 연방헌법재판소에 의하여 기각(Zurückweisung)되었다(BVerfGE 38, 23 ff 참조). 연방헌법재판소의 결정에 따르면 연방정부는 "변론문에서 광범위한 사실과 법적 설명에 대하여 답변하지도 않았고" 또한 청구당사자의 "현재의 위험성의"의 문제에 대하여 언급하지도 않았다고 한다(F. K. Fromme, Bonn 기본법상의 전투적 민주주의, in: 법무부(역), 헌법수호와 법치국가, 1987, 122면 참조). 세 번째는 1992년 12월 2명의 극우주의자(Rechtsextreme)에게 제기된 사건으로서(Vgl. H. Butzer/M. Clever, DÖV 1994, 637 ff.) 이에 대한 1996년 7월의 연방헌법재판소 결정에서 제24조 제2문 및 동법 제37조에 의하여 이유없다고 기각당하였다. R. Gröschner, Grudrechtsverwirkung, in: Horst Dreier(Hrsg.), GG, Mohr Siebeck 2004, Rn 10.

1) R. Gröschner, Grudrechtsverwirkung, in: Horst Dreier(Hrsg.), GG, Mohr Siebeck 2004, Rn. 21; Krüger/Pagenkopf, Verwirkung von Grundrechten, in: M. Sachs(Hrsg.), GG, München 2003, Rn. 2.

2) 홍성방, 헌법의 수호, 고시계(2002.1), 126면.

3) W. Schmitt Glaeser, Mißbrauch und Verwirkung von Grundrechten im politischen Meinungskampf, 1968, S. 56; 홍성방, 헌법의 수호, 고시계(2002.1), 126면.

4) A. Hamman, in: Hamman/Lenz, Das Grundgesetz für die Bundesrepubölik Deutschland(Kommentar) Anm. 1 zu Art 18.

5) A. Bleckmann, Allgemeine Grundrechtslehren, 1979, S. 287 f.

터 존재하는 권리의 내용적인 제약을 명백하게 하는데 지나지 않는다고 보고 있다. 즉 실권은 권리 그 자체는 그대로 존속하지만 이미 그것을 주장할 수 없게 된다는 점에서 권리의 소멸(Erledigung)원인인 時效나 제척기간 등과 구분된다.1)

– 상향적 헌법침해에 대한 보호수단 –

헌법침해는 국가권력에 의해서 하향식으로 이루어지는 것이 보통이지만 특정한 국가의 존재형식을 파괴하려는 개인 내지는 단체(헌법질서의 敵)에 의해서 상향적으로 이루어지는 경우도 있다(예: 자유민주적 기본질서를 파괴하고자 하는 정당 · 단체 등). 이와 같은 헌법질서의 적에 의한 상향적 헌법침해에 대한 보호수단으로는 방어적 · 투쟁적 민주주의 이론에 입각하여 헌법스스로 가지고 있는 헌법내재적 보호수단(위헌정당해산제도 · 기본권상실제도)과 일반법률에 의한 헌법외적 보호수단(내란죄 · 외환죄의 처벌, 신원조회제도 · 국가보안법)으로 나눌 수 있다.

3.1.2. 헌법외적 보호수단(형사법적 수호수단 · 행정법적 수호수단)

a) 개관

헌법의 적에 의한 헌법침해에 대항하기 위한 헌법보호수단을 모두 헌법에 규정할 수는 없기 때문에 일반법률(Allgemeines Gesetz)에서도 헌법수호수단을 두고 있다. 이처럼 일반법률에 의한 헌법수호의 수단을 헌법외적 수호수단이라고 하며, 1) 형사법적 수호수단과 2) 행정법적 수호수단, 그리고 3) 헌법수호법(Verfassungsschutzgesetz)을 두는 경우가 있다. 우리나라 형법상의 내란죄(제87조) · 외환죄(제92조)는 기타 국가보안법이 형사법적 수호수단이고,2) 과거 우리나라에서 시행되었던 신원조회제도, 그리고 舊사회단체신고에관

---

1) 따라서 실권의 법적 효과를 권리의 소멸원인이 아니라 권리행사의 沮止原因이라고 보는 경우에는 독일어의 Verwirkung이라는 단어를 「失權」이라고 번역하는 것은 문제가 있다는 견해가 있다(서원우, 행정법상의 실권의 법리(下), 고시연구(82/6), 45면). 생각건대 실권의 개념을 권리 그 자체는 그대로 존속하지만 다만 그 권리를 행사할 수 없을 따름(권리행사의 저지)이라고 주장할 경우, 이는 권리의 소멸(失效: Erledigung)과는 구분되는 개념이고, 따라서 오히려 Verwirkung이라는 단어는 失權이라고 번역해야 되지않나 생각된다. <u>우리 나라의 대법원 판례는 실권(Verwirkung)과 실효(Erledigung)을 동일한 개념으로 사용하고 있으나 이는 실권의 개념이 권리행사의 저지원인으로 보지않고 권리의 소멸로 이해하는데서 연유한다고 할 것이다</u>. 대판 1988. 4. 27, 87누915 【행정서사허가취소처분취소】 실권 또는 실효의 법리는 법의 일반원리인 신의성실의 원칙에 바탕을 둔 파생원칙인 것이므로 공법관계 가운데 관리관계는 물론이고 권력관계에도 적용되어야 함을 배제할 수는 없다 하겠으나 그것은 본래 권리행사의 기회가 있음에도 불구하고 권리자가 장기간에 걸쳐 그의 권리를 행사 하지 아니하였기 때문에 의무자인 상대방은 이미 그의 권리를 행사하지 아니할 것으로 믿을 만한 정당한 사유가 있게 되거나 행사하지 아니할 것으로 추인케 할 경우에 새삼스럽게 그 권리를 행사하는 것이 신의성실의 원칙에 반하는 결과가 될 때 그 권리행사를 허용하지 않는 것을 의미한다.

한법률에 의해서 각종 사회단체로부터 그 설립 · 변경 · 해산신고를 받고 신고의무위반 등의 경우에 과태료를 부과함으로써 사회단체의 조직과 활동상황을 파악하는 것 등은 행정법적 보호수단이다. 일반법률에 의한 수호수단은 당연히 '법률(법률유보 : durch Gesetz)' 혹은 '법적 근거(법규유보 : auf Grund eines Gesetzes)'가 있는 경우에만 허용되지만, 이는 국민의 자유와 권리를 침해하는 정도가 크기 때문에 이에 대한 권리구제수단이 특별히 실효성 있게 보장되어야 한다.

b) **내용**

aa) 사법작용에 의한 보호수단

- 형사법적 보호수단[내란죄(제87조), 외환죄(제92조), 국가보안법 등]

bb) 행정작용에 의한 보호수단

경찰권을 비롯한 행정권을 발동해서 헌법질서를 보호하는 것을 말한다. 형사법적 보호수단이 주로 사법작용에 의한 헌법의 보호라면, 행정법적 보호수단은 주로 행정작용에 의해서 헌법을 보호하는 것이다. 우리나라의 공무원 임용시에 실시되는 신원조회제도, 각종 사회단체로부터 그 설립 · 변경 · 해산신고를 받음으로서 사회단체의 조직과 활동상황을 지속적으로 파악하고자 하는 것 등은 모두 행정작용에 의해 헌법질서를 보호하려는 것이다. 행정법적 보호수단은 당연히 법적 근거가 있는 경우에만 허용되지만 각종 경찰권의 발동이 보여 주듯이 대개가 국민의 자유와 권리를 침해하는 정도가 크기 때문에 이에 대한 권리구제수단이 특별히 광범위하고 실효성 있게 보장되어 있지 않으면 안 된다.

---

2) 김남진, 헌법의 수호, 고시계(1962.6), 51면.

제 6 절 저항권

I. 개관

헌법수호(Schutz der Verfassung; Verfassungsschutz)는 헌법이 추구하는 「헌법적 가치질서」[1] · 「국가의 특정한 존재형식」[2]을 지키는 것이다.[3][4][5] 그러나 헌법수호와 관련

---

1) Sachs, in: Sachs(Hrsg.,), Grundgesetz Kommentar, 3. Aufl., München 2003, Art. 20 Rn. 171; 헌법적 가치질서는 헌법질서(Verfassungsordnung) · 합헌적 질서(Verfassungsmäßige Ordnung) · 헌법적 기본질서 등으로 표현된다(H. Maurer, Staatsrecht I, 4. Aufl., München 2005, § 23 Rn. 8) : 본서에서 저자는 모두 동일한 의미로 사용한다.

2) K. Stern, Das Staatsrecht der BRD, Bd. II, § 57 I 2 g); K. Hesse, Grundzüge des Verfassunfgsrechts der Bundesrepublik Deutschland, 14. Aufl., S. 257 f.; U. Scheuner, Der Verfassungsschutz in Bonner Grundgesetz, in: Um Recht und Gerechtigkeit, FS für E. Kaufmann zu seinem 70. Geburtstag, 1950, S. 313 ff.

3) U. Scheuner, Der Verfassungsschutz in Bonner Grundgesetz, S. 314; 헌법수호는 헌법이 가지는 최고규범성에서 나오는 것이며, 타당성과 실효성이 강조된다. 이강혁, 헌법의 보장, 사법행정(1970.11), 12면; 清宮四郎, 헌법 I(제3판), 有斐閣, 1983, 16面; 小林直樹, 憲法の構成原理, 東京大學出版會, 1981, 12面; 전일주, 헌법보장에 관한 연구, 단국대학교 대학원 학술논총 제10집(1986), 175면; 홍성방, 헌법의 수호, 고시계(2002.1), 112면; 허영, 헌법의 보호, 고시연구(1981.2), 12면.

4) 헷세(K. Hesse)는 「내외의 공격과 상하의 헌법적대적 시도로부터 헌법의 기능이 상실되지 않도록 헌법을 방위하는 제도」라고 하였다(K. Hesse, Grundzüge des Verfassunfgsrechts der Bundesrepublik Deutschland, 14. Aufl., S. 257 : 이하 Grundzüge로 약칭); 허영 교수는 「헌법이 확립해 놓은 헌정생활의 법적 · 정치적 기초가 흔들리거나 무너지는 것을 막음으로써 헌법적 가치질서를 지키는 것」으로 이해한다(허영, 한국헌법론, 82면 이하).

5) 헌법수호는 국가수호(Staatsschutz)와는 구별된(허영, 헌법의 보호, 고시연구(1981.2), 13면; 김남진, 헌법의 수호, 고시계(1962.6), 48면). 국가수호는 국가의 존립(국가의 법적 · 사실적 존재)을 수호의 대상으로 하기 때문에, 외부의 敵의 공격에 대한 방어(外侵으로부터의 방어)를 그 내용으로 하며, 헌법수호는 성문헌법 내지는 불문헌법에 의해서 정해진 일정한 국가형태(Staataform : 공화국), 정치형태(Herrschaftsform : 민주주의), 또는 헌법적 가치질서(헌법질서; 헌법적 기본질서)/헌법의 기본적 가치질서(유정복, 헌법수호제도에 관한 연구, 법학연구 제7집, 3면)를 그 수호의 대상으로 한다(Maunz-Zippelius, Deutsches Staatsrecht, 29 Aufl., München 1994, S. 401). 헌법보호라는 개념은 19세기에, 국가보호의 개념은 13세기에 등장한 개념이다(Rottmann, Verfassungsschutz, in: Staatslexikon, Sp. S. 138); U. Scheuner, Der Verfassungsschutz im Bonner Grundgesetz, S. 314; Aristoteles, Politeia, Buch 5 Kap. 8, Buch 6 Kap. 5; R. Herzog, 헌법수호청들의 소임, in: 법무부(역), 헌법수호와 법치국가, 1987, 6면 참조; 허영, 헌법의 보호,

된 핵심적 요소인 1) 헌법적 가치질서 · 국가의 특정한 존재형식의 내용 2) 헌법수호를 통한 보호법익 3) 헌법수호를 위한 제도적 장치의 유형, 4) 헌법수호의 내용 및 범위 등에 대한 이론적 정의를 확실하게 정립해둘 필요가 있다.[1] 특히 헌법수호의 보호법익(Schutzgüter des Verfassungsschutzes)은 학자들에 따라 국가의 특정한 존립형식 · 헌법에 의해 정해진 헌법질서(헌법적 기본질서) · 국가형태 · 정부형태 · 기본적 가치질서(민주적 기본질서)[2] · 정치적 국가생활의 자유 · 자유권을 비롯한 기타의 기본권보장 등을 수호하는 것이란 의미로 사용하고 있는데, 헌법수호의 궁극적 목표는 결국 국민의 기본권 수호에 있다. 따라서 국가권력이 민주적 정당성을 상실하거나 국민의 기본권을 침해하는 경우 ① 헌법의 기본질서, ② 합헌적 질서(verfassungsmäßige Ordnung),[3] ③ 국민의 기본권 회복(기본권보장을 위한 기본권으로서의)[4]하기 위하여 부당한 국가권력에 대항하는 것은 국민의 당연한 권리로서 작용한다(양면설). 이와 같은 점에서 본서에서 중점적으로 다루고자 하는 저항권(비상적 헌법수호제도)의 경우도 그 근본적 핵심이 헌법적 가치질서의 수호를 통한 기본권보장에 있음을 밝히는데 있다.

헌법수호의 유형은 헌법수호에서 살펴본 바와 같이[5] 평상적 헌법수호[6]와 비상적 헌법수호, 하향식 헌법침해(Verfassungsverletzung von oben/Staatsstreich von oben)와 상향식 헌법침해(Verfassungsgefährdung von unten/Staatsstreich von unten)[7]에 대한 헌법수호, 정치적 수호와 법적 수호, 제도화된 수호와 제도화되지 않은 수호, 국가권력에 의한 수호와 국민에 의한 수호, 실체적 수호와 절차적 수호 등으로 실로 다양하다. 본서에서 논하는 비상적 헌법수호제도(비상시의 헌법수호제도)는 국가가 비상사태에 처한 경우, 평상시의 통상적 헌법수호제도를 가지고는 헌법의 수호가 불가능한 경우에 행하는 특수한 헌

고시연구(1981.2), 13면. 헌법수호가 국가수호에 비해서 좁은 개념으로 사용되고 있지만, 이것을 넓게 해석해서 외부 또는 내부로부터 오는 위협으로부터 헌법국가성을 보존하는 것을 헌법수호라고 이해하는 경우에는 국가수호와 그 수호대상이 같을 수도 있다(전일주, 헌법보장에 관한 연구, 단국대학교 대학원 학술논총 제10집(1986), 176면 각주 3) 참조.

1) 헌법수호에 관한 논문은 김백유, 헌법수호, 성균관법학, 제18권 제3호(2006.12) 참조.

2) 민주적 기본질서에 대한 상세한 내용은 김백유, 민주적 기본질서, 헌법학연구, 헌법학회, 2003, 81면 이하 참조.

3) Zippelius/Würtenberger, Deutsches Staatsrecht, 31. Aufl., 2005, S. 198.

4) 이동과, 저항권, 법학논고(청주대법학회) 제15집, 1983, 2면(이하 이동과, 저항권으로 약칭함).

5) 김백유, 헌법수호, 성균관법학, 제18권 제3호(2006.12) 참조.

6) 평상적(평상시의) 헌법수호제도에 관한 상세한 내용은 김백유, 헌법수호, 성균관법학, 제18권 제3호(2006.12) 참조.

7) Maunz-Zippelius, Deutsches Staatsrecht, 29. Aufl., München 1994, S. 401; K. Hesse, Grundzüge, S. 282.

법수호제도이다. 여기에는 제도화되어 헌법에 명문으로 규정되어 있는 것도 있고(국가긴급권 : Staatsnotrecht),[1] 제도화하기에는 곤란하거나 부적당하여 헌법에 명문의 규정이 없는 것(예컨대 저항권)[2][3][4]도 있다. 저항권이 논의되는 이유는 역시 최후적인 헌법수호자는

---

1) 국가긴급권(Staatsnotrecht)에 관한 헌법규정도 헌법수호의 한 수단이다. 왜냐하면 헌법질서가 외부로부터 위협을 받는 경우, 조속한 시일 내에 헌법질서를 정상화시키기 위한 방법이기 때문이다. 따라서 헌법질서를 수호하기 위하여 기본권을 일시 정지(헌법정지)하는 것이 인정되는 경우도 있다. 그러나 국가긴급권은 독재권력이 헌법수호의 명목으로 악용할 소지도 있으므로, 국가긴급권의 발동에 의한 헌법수호는 재고되어야 한다는 의견이 지배적이다. 이러한 의미에서 독일의 Bonn 기본법이 국가긴급권에 관한 사항을 규정하면서도 저항권을 추가한 것도 이러한 의미이다(김철수, 저항권소고, 서울대 법학 제20권 제2호(1980.5), 183면(이하 : 「김철수, 저항권 소고」).

2) 저항권을 **제도화(실정법화)** 할 수 있는가? 제도화에 부정적인 입장(다수의 견해)으로는 「자연법적 입장에서의 저항권은 실정법 규범의 유무에 상관없이 인정되므로 저항권의 제도화는 불필요하다(A. Merkel, Die heutige Position, in: Widerstandsrecht und Grenzen der Staatsgewalt, 1956, S. 156), 저항권의 초실정법적인 성격을 강조함으로써 저항권의 제도화는 규범화 할 수 없는 것을 규범화하려는 무리한 시도(허영, 헌법이론과 헌법, 단락번호 202), 법실증주의적 입장에 서면서도 저항권의 제도화를 부정(박일경, 제5공화국헌법, 법경출판사, 1986, 376-377면), C. Schmitt, Verfassungslehre, 3. Aufl., 1957, S. 164; Th. Maunz, Deutsches Staatsrecht, 22. Aufl., 1978, S. 101 f.; J. Isensee, Das legalisierte Widerstandsrecht, 1969, S. S. 101, A. Kaufmann, Das Widerstandsrecht, in Geschichte und Grundgesetz, in: Rill/Scholz(Hrsg.). Der Rechtsstaat und seine Feinde, 1986, S. 60 등이 있다. 그리고 실정법화된 저항권은 저항권이 아니라 이미 헌법의 집행이라고 보는 견해((R. Laun, Die heutige Position, in: B. Pfister u. G. Hildmann(Hrsg.), Widerstandsrecht und Grenzen der Staatsgewalt, 1956, S. 158)) 그밖에 「우리 헌법처럼 직접적인 명시규정 보다 간접적인 규정을 두는 것이 양자의 장단점을 고려해 볼 때 무난한 방법」이라는 견해(김수갑, 저항권의 개념과 저항권사상의 역사적 전개에 관한 소고, 충북대학교 법학연구, 제7권 제2호(1995), 102면 : 이하 김수갑, 「저항권의 개념과 역사적 전개」) 등이 있다. **제도화에 긍정적인 입장**으로는 저항권의 제도화는 저항권을 창설하는 것이 아니라 자연법적인 저항권을 확인하고 선언하는 의미를 지닌다는 의미에서 긍정한다(김철수, 저항권소고, 190면; 양건, 저항권이란 무엇인가, 주간조선, 1980, 8면; 독일에서 제도화할 수 있다고 보는 견해로는 C. Heyland, Das Widerstandsrecht des Volkes gegen verfassungswidrige Ausübung der Staatsgewalt in nuene deutschen Verfassungsrecht, Tübingen 1950, S. 94(이하 : 「Widerstandsrecht」); G. Scheidle, Das Widerstandsrecht, 1969, S. 142(오늘날의 법치국가에서 저항권의 실정화는 당연하며, 저항권은 현대민주법치국가에서 국민주권의 원리에 의해 지지되고 있다)가 있다. 일본에서 저항권의 실정화가 가능하다는 견해는 管野喜八郎, 抵抗權, 憲法の爭點 について, 1979, 70面; 심재우, 저항권의 명문화, 동아일보, 1980년 2월 4일자; 윤영칠, 현대 헌법상 저항권에 관한 이론적 고찰, 국민대학교 행정대학원(1988.7), 52면(이하 : 윤영칠, 「현대 헌법상 저항권에 관한 이론적 고찰」); 저항권의 실정법화 문제에 대한 상세는 이승기, 서독기본법에 있어서의 저항권에 관한 연구, 중앙대학교 대학원(1988.6), 60면 이하참조(이하 : 「서독 기본법에 있어서의 저항권」).

국민이기 때문이다. 즉 헌법상의 기관이 헌법수호역할을 다하지 못했을 때 주권자(헌법제정권력자)인 국민이 최후의 헌법수호자로서의 역할을 한다는 명제에서 저항권이 논의된다.[1][2] 저항권 행사의 경우도, ① 저항권의 행사는 권리로서 그치는 것인가, 아니면 동시에 행사할 의무를 지는 것인가(저항권의 권리 · 의무), ② 누가 저항할 것인가(저항권의 주체) ③ 어떠한 전제하에서, 어떤 목적 및 방법으로 저항할 것인가(저항권 행사의 목적 및 요건) ④ 어떻게 저항할 것인가(저항권 행사의 유형) 등의 문제가 있다.[3] 따라서 본고에서는 이에 대한 명확한 이론도 정립해두고자 한다. 왜냐하면 저항권의 행사는 동시에 사회질서교란의 위험이 있을 수 있고, 또한 헌법에의 규정여부와 상관없이 자연법상의 권리로서의 저항권을 인정하는 것이 통설적인 견해이므로, 향후에 (저항권에 관련된 재판이 행해지는 경우) 저항권의 재판규범으로서의 근거를 제공할 필요성이 있기 때문이다.[4]

II. 기본권보장 및 헌법수호수단으로서의 저항권

1. 저항권의 개념

저항권(right of resistance; Widerstandsrecht; droit de la résistqnce; iusresistendi)은 학자들의 세계관 · 헌법관에 따라 다의적(협의 · 광의)으로 이해되는 개념이기 때문에 보편타당한 정의를 정립하기는 어렵다.[5] 저항권을 부당한 권력에 대한 반발로 이해하여(광의)

---

3) 독일 기본법 제20조 제4항과 같이 제도화된 저항권을 실정법화된 저항권(positiviertes Widerstandsrecht)이라고 부르기도 한다(예컨대 R. Herzog).

4) 신효성, 저항권, 경북대학교 대학원(1988), 50-52면(이하 : 「저항권」); 이승기, 서독기본법에 있어서의 저항권, 60-61면 참조.

1) 심재우, 저항권, 고려대학교출판부, 2000, 13면.

2) 저항권의 경우 위로부터의 공격(하향식 헌법침해)에 대한 것인가 또는 아래로부터의 공격(상향식 헌법침해)에 대한 것인가는 그때그때의 세력판도에 달려있으며, 두 가지 모두를 생각할 수 있다(J. Isensee, Das legalisierte Widerstandsrecht, 1969, S. 28 ff).

3) 권영성, 저항권, 고시계(1978.7), 53면; 임영형, 저항권에 관한 고찰, 건국대학교 대학원논문집, 제21집, 제1권(1985), 33면(이하 : 임영형, 「저항권에 관한 고찰」로 약칭); H. Weinkauff, Über das Widerstandsrecht, juristische Studiengesellshaft Schriftenreihe Heft 20, Berlin 1975.

4) 한상범, 현대헌법에 있어서의 저항권, 고시계(1967, 5.6월호); 김남진, 저항권의 역사적 발전, 법정(1961.5); 김기범, 저항권, 공법연구, 제2권(1972); 임광주, 헌법상 저항권에 관한 연구, 한양대학교 행정대학원(1983.12, 이하 : 「헌법상 저항권에 관한 연구로 약칭」);

5) 강병두, 현대에 있어서의 저항권, 법정(1961.5), 22면; 이동과, 저항권, 2면; 김수갑, 저항권의 개념과 저항권사상의 역사적 전개, 84면.

「헌법이 보장하는 기본권 자체」를 저항권으로 보거나,[1] 인간의 존엄성을 중심가치로 하는 「민주주의질서를 부정하는데 대한 저항의 권리로 파악하여 일반적인 기본권과는 구별되는 긴급권으로(만)」 보는 견해,[2] 「공권력에 의한 권력의 남용 등에 의해서 입헌주의를 기반으로 하는 헌법적 질서가 파괴되고, 또한 그것이 중대한 위기에 처해 있는 경우 개개의 국민 또는 그 집단이 주체가 되어 인권을 중요한 가치로 하는 헌법질서를 회복하고 또한 유지하기 위해서 최후의 수단으로서, 경우에 따라서는 실력을 사용해서 반항하는 권리」로 보는 견해,[3] 「입헌민주적 기본질서를 위배하여 인권을 침해하는 압제자에 대하여 합법적 구제수단이 소용없을 때 최후로 헌법과 인권을 유지 · 회복하기 위하여 주권자인 국민 또는 기본권 주체로서의 국민이 실력으로 대항할 수 있는 권리」라고 보는 견해,[4] 「위헌적인 권력행사에 의해 헌법질서가 총체적으로 침해 내지 파괴되는 경우에 주권자인 국민이 이를 수호하기 위해 최후의 비상수단으로서 국가기관이나 그 담당자에 대하여 실력으로 저항할 수 있는 일종의 긴급권」으로 보는 견해,[5] 저항권은 「민주적 · 법치국가적 기본질서 또는 기본권보장체계를 위협하거나 이를 침해하는 불법한 공권력에 대하여 더 이상의 합법적인 대응수단이 없는 경우에 주권자로서의 국민이 민주적 · 법치국가적 기본질서를 유지 · 회복하고 기본권을 수호하기 위하여 공권력에 저항할 수 있는 최후의 비상수단적 권리」로 보는 견해,[6] 저항권은 인간의 존엄성을 보장하기 위하여 합법적으로 성립되어 있는 법률상의 의무를 그 이외의 다른 의무 즉 자연법적 의무를 근거로 해서 부인하고 저항할 수 있는 권리,[7] 라고 보는 견해, 그리고 헌법재판소는 「저항권은 국가권력에 의하여 헌법의 기본원리에 대한 중대한 침해가 행하여지고 그 침해가 헌법의 존재자체를 부인하는 것으로 다른 합법적인 구제수단으로는 목적을 달성할 수 없을 때에 국민이 자기의 권리 · 자유를 지키기 위하여 실력으로 저항하는 권리이다」[8]라고 판시하는 등 다양한 개념정의가 존재한다.[9]

---

1) 광의의 저항권은 '압제자에 반항하는 합법적 · 비합법적 저항행위'를 총칭한다(김기범, 저항권, 공법연구, 제2집(1972), 23면). 현대 민주국가 헌법 이전의 저항권은 광의의 저항권을 의미하였고, 이 경우에는 폭군살해, 혁명도 포함된다(김수갑, 저항권의 개념과 저항권사상의 역사적 전개, 2면).

2) 이설은 일반적인 인권과 구별하여 – 기본권 보장을 위한 저항권은 부정하며 – 오로지 민주주의 헌법의 존재 자체를 부인하려는 경우에 한하여 저항권행사가 가능한 긴급권이라고 본다(저항권의 기본권으로서의 성격부인). 橋本公亘, 基本的人權, 59-60面.

3) 김수갑, 저항권의 개념과 저항권사상의 역사적 전개, 12면.

4) 이동과, 저항권, 2면; 특히 이동과 교수는 <u>저항권의 헌법수호적 성격에서 주권자로서의 국민, 기본권 보장의 측면에서 기본권 주체로서의 국민이라는 표현</u>을 하는 것 같다(특히 이동과, 저항권, 13면 참조).

5) 윤명선, 저항권의 법리, 월간고시 제19권 제8호(1992.8), 55면.

6) 권영성, 저항권, 고시계(1978.7), 53-54면.

7) 宮澤俊義, 憲法 II, 有斐閣, 1983, 137面.

결국 이들의 공통분모는 저항권은 민주적 기본질서를 침해하거나 배제하려고 하는 개인이나 기관에 대하여 다른 법적 구제방법이 없는 경우에 주권자로서의 국민이 그 헌법질서를 유지 · 회복하기 위한 최후의 비상수단으로서 행하는 권리를 의미하는 데는 의견이 일치한다.[1] 다만 여기서는 저항권을 ① 기본권보장 만으로 볼 것인가, ② 기본권이 아닌 헌법수호의 수단만인가, ③ 기본권(참정권, 자유권 혹은 기본권 보장을 위한 기본권)이며 동시에 헌법수호를 위한 수단인가 하는 점을 명확히 해둘 필요가 있다.

연혁적 측면에서 볼 때, 과거에는 저항권은 자연법을 근거로하여 불법한 국가권력(불법국가)[2][3] 대하여 실력으로써 대항할 수 있는 자연법적 권리[4] 또는 '실정법에 반대할 수 있는 권리(ius contra legem)'로 이해되었으나, 오늘날에는 법치국가적 지배질서를 수호하기 위해서 행사되는 '헌법수호수단으로서의 저항권(Widerstandsrecht als Verfassungsschutzmittel)'으로 이해하는 것이 일반적이다[5][6] 따라서 저항권은 헌법질서가

---

8) 헌재결 1997. 9. 25, 97헌가4 【노동조합및노동관계조정법 등 위헌제청】

9) 최용기, 대한헌법, 대명출판사, 2000, 246면.

1) 중앙대학교, 법철학연구회, 시민불복종에 대한 법철학적 고찰, 법정논총 제39권 제53집(2004), 266면.

2) 불법국가는 자유 · 평등 · 사회적 책임성 등의 가치가 무시되어, 인간의 존엄성이 보장되지 못하는 국가이다(P. Schneider, Widerstandsrecht und Rechtsstaat, 1964, S. 165. 「불법국가」를 전제로 해서 인간의 존엄성을 방어하고 회복하려는 '인권으로서의 저항권(Widerstandsrecht als Menschenrecht)'개념을 의미한다.

3) 그렇다고 하여 불법국가에서의 저항권행사가 의미가 없는 것은 아니다. 저항권의 본질적 요소는 인간의 존엄성 존중이며, 이는 민주국가에서나 불법국가에서도 다같이 보호되어야 하기 때문이다. 다만 저항권은 민주국가에서는 헌법수호적 방향으로, 그리고 불법국가에서는 헌법파괴적 현상으로 나타난다(신효성, 저항권, 25면).

4) 김수갑, 저항권에 관한 연구, 청주대학교석사학위논문, 1986, 31면; 신효성, 저항권, 39면; R. Herzog, Das positivierte Widerstandsrecht, in: Maunz-Dürig Kommentar, Art. 20 Rn. 4.

5) 독일연방헌법재판소가 「단지 보수적인 의미에서만(im koservierenden Sinne), 즉 헌법질서의 유지 · 회복을 위한 헌법보장수단으로서만 인정될 수 있다(BVerfGE 5, 85(96))」라고 한 것은 저항권을 헌법수호적 측면에서 이해하는 것이고, 독일에서의 일반적 견해이다. 김수갑, 저항권의 개념과 저항권사상의 역사적 전개, 85면. H. Scholler, Widerstand und Verfassung, 1969, S. 36 : Z-W. Shim(심재우), Widerstandsrecht und Menschenwürde. Diss. Bielefeld 1973, S. 33 f.; C. Heyland, Das Widerstandsrecht S. 117.

6) 국민은 공권력 복종의무가 있다. 공권력이 위헌 · 위법하게 행사되어 자신의 기본권이 침해된 경우에도, 국민은 실정법이 규정하고 있는 구제방법(청원, 구속적부심사, 행정쟁송, 국가배상(보상)청구, 위헌법령심사, 헌법소원 등)을 통해서 권리구제를 받아야 한다. 그러나 공권력의 담당자가 민주적 · 법치국가적 기본질서나 기본권보장체계를 전면적으로 부인하고 정의에 반하여 공권력을 행사하는 경우에는 국민이 실력을 행사하여 공권력에 저항하는 것이 저항권문제이다(김기

헌법의 敵(Verfassungsfeind)에 의하여 규범력을 발휘하지 못하는 극단적 상황에서 국민이 비국가적인 수단(Unstaatliches Mittel)'[1]에 의하여 헌법을 수호하는 최후의 '헌법비상구제수단(Verfassungsnothilfemittel)' · 국가긴급구조권(Staatsnothilfe)이다.[2] 이러한 의미에서 저항권의 일차적인 보호법익은 국가의 기본질서, 곧 헌법(헌법수호)이며, 이차적으로는 기본권을 보장을 위한 기본권의 기능을 수행한다(기본권보장을 위한 기본권설 및 헌법수호수단설 : 양면설).[3]

범, 저항권, 공법연구 제2집(1972.2) 23면 이하; 권영성, 저항권, 고시계(1978.7), 53면 이하; 구병삭, 국민의 저항권문제, 법사상과 민사법, 춘제 현승종박사화갑기념논문집(1979.12), 1면 이하(이하 : 구병삭, 「국민의 저항권문제」); 김철수, 저항권소고, 174면 이하; 김문현, 국가긴급권과 저항권의 논리구조의 비교와 상관관계에 관한 연구, 전남대 사회과학논총 8집(1981.7) 1면 이하; 이승우, 현대입헌민주국가에서의 저항권에 관한 연구, 연세대 연세법학연구 창간호(1990.2) 74면 이하; 심재우, 저항권, 고려대 법학논집, 26집(1991.9) 47면 이하); 김수갑, 저항권의 개념과 저항권 사상의 역사적 전개, 85면.

1) J. Isensee, Das legalisierte Widerstandstecht, 1969, S. 37.

2) 정종섭, 헌법학원론, 단락번호 [36]

3) R. Herzog, Das positivierte Widerstandsrecht, in: Maunz-Dürig Kommentar, Art. 20 Rn. 6; H. Scholler, Widerstand und Verfassung, 1969, S. 36 : Z-W. Shim(심재우), Widerstandsrecht und Menschenwürde. Diss., Bielefeld 1973, S. 27. 이는 독일 · 국내의 통설이다. 김철수 교수는 저항권은 주관적 공권으로서의 성격이 아닌 기본권보장을 포함하고 있는 헌법자체의 수호를 핵심내용으로 하는 주권자의 권능이라고 한다(김철수, 저항권소고, 183면). 김철수 교수의 견해를 저항권은 인정하면서 기본권 보장수단으로서는 소극적으로 보는 견해라고 하는 주장이 있다(이동과, 저항권, 12면); Maunz/Zippelius는 저항권은 헌법수호수단이나, 개인으로서는 인권을 방어하기 위한 자구권(Maunz/Zippelius, Deutsches Staatsrecht, 29. Aufl., München 1994, S, 171), 허영 교수는「저항권은 기본권적 성격과 헌법보호 수단으로서의 성격」을 함께 가지고 있다고 한다(허영, 헌법이론과 헌법, 단락번호 200). 이에 반하여「저항권의 본질은 국가긴급구조권의 성질을 띄고 있다. 국민은 국가의 긴급구조자로서 국가를 위하여, 국가권력을 대신해서 긴급구조권을 행사하는 것이다. 이 때의 국민의 저항행위를 특히 헌법긴급구조라고 하는 것도 그러한 이유이다. 따라서 저항권의 보호법익은 헌법질서의 안정성이지 인권은 아니다. 헌법보호수단으로서의 저항권의 직접적인 보호대상은 국가의 기본질서이며, 국민의 기본권은 아니다(심재우, 저항권, 고려대학교출판부, 2000, 10면)」라고 보는 견해도 있다. 생각건대 1차적으로는 헌법수호이지만, 2차적으로는 결국 개인의 기본권보호에 있다(同旨 권영성, 헌법학원론, 78면); 헌법의 핵심은 인권보장이므로 저항권은 헌법보장의 최후적 수단임은 물론 기본권의 중대한 침해에 대한 구제의 최후수단이다, 따라서 주권자로서의 국민, 기본권 주체로서의 국민 모두 저항권의 주체가 된다(이동과, 저항권, 13면); 저항권은 개인의 기본권보장에 및 헌법구제를 위한 최후의 헌법보장제도로서 기능한다(임광주, 헌법상 저항권에 관한 연구, 1면).

2. 저항권과 인접개념(시민불복종 · 혁명권)과의 구별

2.1. 시민불복종권과의 차이

저항권은 시민불복종권 · 혁명권 · 국가긴급권(Staatsnotrecht) 등과 밀접한 관련을 가지고 있으나, 이들은 다음과 같은 점에서 서로 구별된다.[1)2)]

행사목적에 있어서 시민불복종권(right to civil disobedience; Ziviler Ungehorsam)[3)]은 헌법적 질서가 부정 · 위협받는 경우, 단순히 정의에 반하는 내용의 개별법령(법제도)이나 정책이 시행되는 경우(합법적인 공권력 행사)에도 행사할 수 있는 권리(혹은 도덕적 의무)로서,[4)] 합법적인 공권력행사에 대한 도덕적 · 양심적인 항의행위이다. 따라서 이는 실정법질서를 위반하는 행위(위법행위)를 행하는 것이다.[5)]

---

1) BVerfGE 73(206); Sachs, in: Sachs(Hrsg.,), Grundgesetz Kommentar, 3. Aufl., München 2003, Art. 20 Rn. 169.

2) 저항권은 혁명권과 구별(김철수); 저항권과 시민불복종권은 이론상으로는 구별되지만, 실천적 차원에서는 구별이 어려운 경우가 있다(권영성); 국가권력에 대한 비판적 복종이라는 면에서 저항권은 시민불복종권과 유사한 점이 있다(허영).

3) 한상수, 시민불복종권에 관한 연구, 부산대학교 법학박사학위논문, 1990 참조; 중앙대학교, 법철학연구회, 시민불복종에 대한 법철학적 고찰, 법정논총 제39권 제53집(2004), 261면 이하 참조; 박은정, 법치국가와 시민불복종, 한국법철학회, 법문사, 2001, 61면 이하; 박정화, 시민불복종의 법리, 경희대학교 행정대학원 석사학위논문, 1988, 17면 이하; 김수갑, 저항권의 개념과 저항권사상의 역사적 전개, 90면 이하; Kleger, Der neue Ungehorsam, 1993; Dobler, Recht auf demokratischen Ungehorsam, 1995; Laker, Ziviler Ungehorsam, 1986, S. 98 ff; H. H. Klein, Ziviler Ungehorsam im demokratischen Rechtsstaat?, in: B. Rüthers/K. Stern(Hg), Freiheit und Verantwortung, 1984, S. 177 f.

4) 권영성, 헌법학원론, 75면; 시민불복종을 긍정한 판례로는 2차세계대전 이후 독일 뉘른베르크(Nürnberg)의 전범재판소이다. 뉘른베르크 재판소는 1945년 8월 미국이 제창하여 독일 나치스하의 전범자를 처벌하기 위하여 영국, 소련, 프랑스와 런던헌장에 입각하여 설립한 국제(전범)재판소였다. 개인의 전쟁중의 행위를 소추하여 국제법상 처벌하였는데, ① 전쟁중에 명령에 의하여 범죄를 행한 개인에게 소추권을 행사할 수 있는가 ② 전쟁중에 행해진 특정한 행위를 처벌하기 위한 소급입법으로서 죄형법정주의에 위반되지 않는가 하는점이 문제되었다. 개인의 전쟁중의 행위는 ① 인류애에 관한 범죄 ② 평화에 관한 죄를 범한 경우(런던헌장 제6조)에는 처벌 하였다(중앙대학교, 법철학연구회, 시민불복종에 대한 법철학적 고찰, 법정논총 제39권 제53집(2004), 281면 각주 35) 참조); 이승기, 서독기본법에 있어서의 저항권, 10면.

5) C. Cohen, Civil Disobidence, Colombia University Press, 1971, p. 39; 시민불복종은 합법적인 공권력행사에 대한 도의적 · 양심적 항의행위를 의미한다(Civil Disobidence, Colombia University Press, 1971, p. 39). 시민불복종이 위법행위를 행한다는 점에서 양심적 복종거부(conscientious objection)와 구별되는 경우가 있다. 양심적 복종거부는 양심상 직접적인 금지명령(injunction)이나 행정명령(administrative order)에 복종하지 않고 거부하는 행동을 말하는 것으로서, 이는 명

그러나 저항권은 민주적 · 법치국가적 기본질서 또는 기본권보장체계가 근본적으로 부정되거나 위협받는 경우에 한하여 행사할 수 있는[1] 자연법적 권리[2]로서, 현존하는 법질서의 유지와 헌법적 가치질서의 유지 · 회복을 위하여 행하는 긴급권이다.

행사방법에 있어서, 시민불복종권은 원칙적으로 비폭력적 방법으로 행사하지만,[3] 저항권은 물리력을 동원한 폭력적 방법으로 행사되는 경우도 있다.[4]

행사요건에 있어서, 시민불복종권은 정의에 반하는 법령이나 정책이 실시되는 경우에 특별한 제약조건 없이 행사되어 저항권보다 엄격한 조건을 요구하지 않지만,[5][6] 저항권은 다른 법적 구제수단이 더 이상 유효한 수단이 될 수 없는 예외적인 경우에만 – 최후의 수단으로서 – 보충적(Subsidiaritätsklausel/ultima ratio) · 제한적으로 행사될 수 있다는 엄격한 조건을 요구하고 있다.[7] 이와 같이 시민불복종권과 저항권은 이론상으로는 구별되지만, 실제로는 양자가 결합하여 나타나는 경우가 많다.[8]

2.2. 혁명권과의 차이

혁명권은 저항권과 동일한 개념 혹은 저항권중에 혁명권이 포함된다고 보는 견해도 있지만,[9] 혁명권은 「기존의」 헌법질서를 폭력적 수단으로 파괴(**헌법파괴; 헌법제정권력의 파괴**)하고 「**새로운**」 헌법질서를 수립하는 것을 목적으로 한다[10]는 점에서, 기존의 헌법질

백한 위법행위를 행하는 복종거부(우리나라의 양심적 병역거부)와 명백한 위법행위를 하지 않는 양심적 복종거부로 구분된다(미국이나 독일 등 일정한 요건에 충족하는자에 대하여만 징병명령에 대한 복종거부를 인정하고 병역과 동등한 기간동안 그것에 대신하여 비전투적인 대체의무에 종사하도록 하는 경우에는 명백한 위법행위는 아니지만 이는 양심적 복종거부에 해당된다). 명백한 위법행위를 전제로 하지않는 양심적 복종거부는 명백한 위법행위를 행하는 것을 내용으로 하는 시민불복종과는 구별된다(중앙대학교, 법철학연구회, 시민불복종에 대한 법철학적 고찰, 법정논총 제39권 제53집(2004), 264면); 정종섭, 헌법학원론, 단락번호 [36]

1) 권영성, 헌법학원론, 75면.
2) 중앙대학교, 법철학연구회, 시민불복종에 대한 법철학적 고찰, 법정논총 제39권 제53집(2004), 266면.
3) 간디의 독립운동 · 흑인민권운동 등(신효성, 저항권, 29면).
4) 권영성, 헌법학원론, 75면.
5) C. Cohen, Civil Disobidence, Colombia University Press, 1971, pp. 12-25.
6) 시민불복종도 최후수단성을 요구한다는 견해가 있다. 예컨대 윤명선, 시민적 불복종의 법리, 경희법학 제22권 제1호(1987.12), 경희법학연구소, 171-172면; 이승기, 서독기본법에 있어서의 저항권, 10면.
7) 권영성, 헌법학원론, 75면.
8) 한일수, 시민불복종에 관한 연구, 부산대학교 법학박사학위논문(1990) 참조.
9) 平野義太郎, 抵抗權とその理論, 思想(1953.10), 18面.

서를 수호(유지 · 회복)하려는 목적으로 행사되는 보수적 의미의 저항권과는 구별된다.[1] 그러므로 저항권은 헌법을 파괴하는 성격을 갖는 것이 아니라, 헌법을 '방어하고(verteidigend)', '보존하는(konservierend)' 성격을 갖는다.

독일연방헌법재판소에서도「저항권은 '단지 보존적인 의미에서만(nur im konservierenden Sinne)', 그리고 법질서의 유지 또는 '회복을 위한 비상권(Notrecht)'으로서만 행사된다」.고 판시하고 있다.[2] 그리고 혁명은 권력을 장악하기 위한 '공격적 폭력작용'임에 반하여 저항권은 국가권력의 남용에 대한 '방어적 폭력작용'이라는 점에서 구별된다.[3]

2.3. 국가긴급권과의 차이

국가긴급권(Staatsnotrecht; emergency power)은 국가의 존립과 안전이 위협을 받는 국가적 위기상황(전쟁 · 내란 · 경제공황)과 같은 긴급한 경우에(긴급성) 국가의 안전과 헌법질서를 유지하기 위하여 발동되는 국가의 비상적 권한으로서의 자구행위임에 반하여, 저항권은 헌법적 가치질서(민주적 · 법치국가적 · (자유) 민주적 기본질서) 또는 기본권보장체계에 대한 위기(헌법의 敵 혹은 불법한 국가권력에 의하여 부인될 때)가 발생한 경우에 국민개개인이 행사하는 최후의 권리(최후수단성)라는 점에서 구별된다.[4] 그리고 국가긴급

---

10) 田畑忍, 抵抗權と抵抗義務について, 日本法哲學年報, 1959, 77面; C. Cohen, Civil Disobidence, Colombia University Press, 1971, p. 42; 권영성, 헌법학원론, 75면.

1) 강병두, 현대에 있어서의 저항권, 법정(1961.5), 22면; 구병삭, 국민의 저항권문제, 24면; 김기범, 저항권, 공법연구, 제2권(1972), 23면; 중앙대학교, 법철학연구회, 시민불복종에 대한 법철학적 고찰, 법정논총 제39권 제53집(2004), 126면; 갈봉근, 4월혁명의 헌법학적 분석, 법정(1961.5), 30-31면; 이동과, 저항권, 1-2면; 권영성, 헌법학원론, 75면; 同人, 저항권, 고시계(1978.7), 53-54면; 허영, 헌법이론과 헌법, 단락번호 203; 윤영칠, 현대 헌법상 저항권에 관한 이론적 고찰, 12-13면; K. Stern, Das Staatsrecht der BRD, Bd. II, § 57 I 5.

2) BVerfGE 5, 85(376 f); 윤영칠, 현대 헌법상 저항권에 관한 이론적 고찰, 45면.

3) 김수갑, 저항권의 개념과 저항권사상의 역사적 전개, 105면.

4) 권영성, 헌법학원론, 75면; 구병삭 교수는 국가긴급권이 국가권력으로서 인권에 대하여「위로부터 아래로」의 성격을 가지는데 반하여, 저항권은 피치자가 치자에 대하여「아래로부터 위로」의 성격을 가진다고 하면서, 국가긴급권과 저항권은 대항관계에 있다고 한다(구병삭, 신헌법원론, 697면 참조; 김수갑 교수도 헌법을 권력과 자유의 조화로운 기술로 파악한다면 국가권력과 저항권은 권력(국가긴급권)과 자유(저항권)의 대항관계에 놓여 있다고 한다(김수갑, 저항권의 개념과 저항권사상의 역사적 전개, 93면). 그러나 김문현 교수는 저항권과 국가긴급권은 대립관계가 아니라 병존관계에 있다고 한다(김문현, 국가긴급권과 저항권의 논리구조의 비교와 상관관계에 관한 연구, 전남대 사회과학논총 8집(1981.7), 3면 이하). 그러나 민주사회에서는 국가긴급권도 저항권도 인권보장이라는 국가최대목적에 봉사해야 된다는 점에서는 같다(김영수, 국가긴급권에 관한 연구, 성균관법학 창간호, 1987, 20-23면 참조); 이승기, 서독기본법에 있어서의 저항권, 11

권의 발동주체는 대통령이지만 저항권행사의 주체는 국민(국민 개개인)이라는 점에서 차이가 있다.[1]

2.4. 도표

	저항권	시민불복종권	혁명권
목적	- 입헌주의적 헌법체제의 존중 · 유지 · 수호 · 회복(소극적 목적) - 기존의 헌법질서의 유지 · 회복(보수적 의미) - 민주적 · 법치국가적 위기 - 기본권보장체계의 위기 - 국민의 권리[2]	- 개별 법령 · 정책 등의 변혁을 목적(적극적 목적)	- 기존 헌법질서를 폭력적으로 파괴 · 변혁(적극목적) → 새로운 헌법질서구축(헌법파괴; 혁명)
행사요건	- 민주적 기본질서 · 법치국가적 가치질서를 (전면적으로) 부인하는 경우 - 기본권보장체계의 부정 · 위협 받는 경우 - 불법이 객관적으로 명백할 것	- 헌법질서가 부정되거나 위협받는 경우 - 단순히 정의에 반하는 개별법령 등에 대하여도 행사가능(위법성 불필요 : 특별한 제약요건 없음)	- 국가권력의 위법성 불필요(헌법제정권력의 변경)
행사방법	- 평화적 방법(그러나 폭력적 방법도 가능) - 계속적 · 수시적 현상	- 원칙적으로 비폭력적(시민불복종운동)	- 일시적 현상(폭발적)
보충성 여부	- 보충성 · 최후수단성 · 성공가능성 문제	- 보충성의 제약없음	- 보충성 · 최후수단성과 무관하게 행사

면.

1) 이승기, 서독기본법에 있어서의 저항권, 11면; 국가긴급권과 저항권의 관계에 관한 것은 진한도, 국가긴급권과 저항권의 관계연구, 경희대학교 행정대학원(1986.12) 참조.

2) 국가긴급권 : 국가의 존립과 안전이 위협을 받는 국가적 위기상황에서 발동되는 국가의 자구행위이다.

3. 저항권에 관한 사상과 입법례(미국 및 서구유럽의 예)

3.1. 저항권사상의 전개(J. Locke; J. J. Rousseau)

저항권 사상은 서양은 暴君放伐論(Tyrannenmord)[1]에서, 동양은 易姓혁명론(맹자)에서 그 기원을 찾을 수 있다.[2] 맹자는 지배자의 통치권은 인민으로부터 나온다고 하여 오늘날의 관점에서 볼 때 국민주권론을 주장하였다.

서양의 저항권이론은 1215년의 마그나카르타(Magna Carta)를 시작으로 하여(왕에 대한 귀족들의 저항권)[3] 독일의 작센슈피겔(Sachsenspiegel) 및 중세국가에서의 게르만적(German) 민족법(관습법) · 봉건법 · 교회법의 자연법 등에 의하여 인정되었다.[4][5] 그러나 16세기, 17세기의 절대군주국가에서는 왕권신수설에 따라 왕권이 최고의 권력으로 인정되어, 왕권은 법적 구속을 받지 않으며, 이에 대한 저항권은 인정되지 않았다.[6]

---

1) 권영성, 헌법학원론, 76면; 저항권 사상이 폭군방벌론으로 정립된 것은 12세기의 Johannes von Salisbury(1120 ?-1180)에서 비롯되었으며, 폭군은 살해되어야 한다고 하였다(이동과, 저항권, 5면; 윤영칠, 현대 헌법상 저항권에 관한 이론적 고찰, 21면). 서양 중세의 지배적 사상이었던 기독교는 異教의 통치자들에게는 복종의무를 지지 않고 저항의 권리와 의무를 가진다고 하여 폭군방벌론을 발전시켰다. 중세적 폭군방벌론은 완성한 이탈리아의 토마스 아퀴나스(Thomas Aquinas : 1225-1274)는 신의 의사에 위배하는 폭군에 대한 저항을 ① 국민은 군주의 폐위권을 갖는다. ② 이보다 높은 권위, 즉 교회가 폐위를 선언할 권리를 갖는다는 전제에서 찾았다(김철수, 저항권소고, 175면; 구병삭, 신헌법원론, 692면); 이승기, 서독기본법에 있어서의 저항권, 59면 이하; R. Zippelius, Allgemeine Staatslehre, 12. Aufl., 1994, S. 107.

2) 권영성, 헌법학원론, 76면; 정종섭, 헌법학원론, 단락번호 [36]; 맹자의 역성혁명론은 민본주의와 王道主義를 근본으로한다. 민본주의란 국가권력이 인민으로부터 나오고, 인민을 위하여 행사되어야 한다는 것이며, 왕도주의는 先王之道에 따라서 仁政과 德治를 행하는 것이다. 천자의 得天下가 民意에 의해서 얻어지는 것이라면, 천자의 失天下도 민의에 의하여 결정된다. 국민이 저항권을 통한 역성혁명의 주체가 될 수 있는 이유도 민본주의에 바탕을 두고 있다(심재우, 저항권, 법학논총 제26집(1991), 고려대학교법학연구소, 66면). 맹자의 역성혁명론은 통치자가 폭정이나 학정을 하면 그는 이미 왕이 아니라 한낱 匹夫에 지나지 않으며, 따라서 그를 제거하거나 살해하는 것은 반역이 되지 않는다 하여 현대적 의미의 저항권을 정당화시켜 주고 있다.

3) 정종섭, 헌법학원론, 단락번호 [36]

4) 임광주, 헌법상 저항권에 관한 연구, 23면; 이승기, 서독기본법에 있어서의 저항권, 22면.

5) 교회의 저항권은 「불법하게 왕위에 오른 지배자」와 「합법적으로 왕위에 오르기는 했으나, 불법적으로 통치하는 지배자」라는 이론에 따라 신의 명령과 자연법을 어기는 경우에는 저항권이 인정되었다(김남진, 저항권의 역사적 발전, 법정(1961.5), 17면); 임광주, 헌법상 저항권에 관한 연구, 17면.

6) 루터(Luther)는 우민정치보다는 폭군정치를 택할 것을 주장하였고, 보당(Bodin)은 군주권은 천부성을 갖는다하여 폭군방벌론을 반대하였다(강병두, 현대에 있어서의 저항권, 법정(1961.5), 21면);. 그로티우스(Grotius)는 지배권의 전면적 양도설에 입각하여 원칙적으로 폭군방벌론을 부인

그러나 이러한 절대왕정기에도 실정법적으로는 저항권이 인정되지 않았지만, 자연법적으로는 저항권을 인정하였다. 이에 관한 학자로는 영국의 록크(J. Locke)와 프랑스의 몽테스키외(Montesquieu)[1] 및 루소(J. J. Rousseau, 1712-1778)[2]가 대표적이다.[3] 록크(J. Locke)는 그의 저서 「시민정부二論(Two Treatises on Civil Government : 1690년 : 시민정부에 관한 두편의 논문)」에서 사회계약에 근거한 저항권론을 전개하였다.[4] 로크의 저항권 이론은 자연권이론과 신탁계약(사회계약)에 내지 위임계약론에 근거하고 있다.[5] 그는 국가 성립 이전의 자연상태를 홉스(Hobbes)처럼 만인에 의한 만인의 투쟁상태[6]로 보지 않고 자유롭고 평등하며 정의가 지배하는 사회이지만 인간관계가 확대되자, 그들간의 사회계약을 통하여 그들의 자연권 중 일부를 국가나 정부에 위임함으로써 국가를 형성했다고 보았다.

이와 같이 국가는 인민이 그들의 평화와 행복을 보장하기 위하여 그들의 신탁 · 위임에 따라 성립한 것이므로, 국가가 불법지배를 삼행할 경우, 국민이 정부에 이양한 자기보존의 자연권은 다시 국민의 수중으로 돌아오고, 국민은 저항을 통하여 그들의 자연적 자유를 회복할 수 있는 자연법적 권리를 가진다고 하였다.[7][8]

Locke의 저항권론은 미국 독립운동의 사상적 기반이었으며 미국의 독립이후 각 주의 권리선언 가운데 저항권의 조항으로 실정법화 되었다.[9] 루소(J. Rousseau)는 국가권력을 「善을 위하여서만 작용될 수 있는 것이며, 결코 惡을 위하여 남용될 수는 없는 것」으로 보고, 「군주가 국가를 법에 따라 통치하지 않게 되고 주권을 부당하게 가로챌 경우 … 사회계약은 파기되고 모든 일반시민들은 자동적으로 자연적 자유와, 자연권을 다시 회복하며 그

하였다. 홉스(Hobbes)에 이르러 군주권의 절대성이 확립되어 폭군방벌론은 완전히 부정되었다(김철수, 저항권소고, 175-176면; 안용교, 문제중심 헌법, 356면); 임광주, 헌법상 저항권에 관한 연구, 18면);

1) 몽테스키외는 1721년 페르시아 편지에서(in den Persischen Briefen) 저항권 이론을 언급하였고, 1776년의 미국독립혁명의 사상적 기반을 이루었다.

2) 루소는 국민주권이론을 근거로 저항권을 인정했다. 임광주, 헌법상 저항권에 관한 연구, 41-42면.

3) 임광주, 헌법상 저항권에 관한 연구, 19면; 임영형, 저항권에 관한 고찰, 34면; R. Zippelius, Allgemeine Staatslehre, 12. Aufl., 1994, S. 106 f.

4) 이동과, 저항권, 6면; 진한도, 국가긴급권과 저항권의 관계연구, 경희대학교 행정대학원(1986.12), 48면.

5) 권영성, 헌법학원론, 76면; 同人, 저항권, 고시계(1978.7), 54면; R. Zippelius, Allgemeine Staatslehre, 12. Aufl., 1994, S. 107;

6) 인간은 인간에 대해서 늑대이다(homo hominі lupus).

7) 심재우, 저항권, 고려대 법학논집, 26집(1991.9), 67면.

8) 록크는 입법부나 국왕의 대권행사에 대해서는 저항권을 부인하고 있다는 점에서 소극적 저항권을 주장했다고 볼 수 있다(임광윤, 헌법상 저항권에 관한 연구, 한양대학교 행정대학원, 1983, 19면).

9) 이동과, 저항권, 8면.

것이 저항권으로 변하는 것」으로 본다.[1)]

3.2. 저항권에 관한 입법례와 판례

3.2.1. 미국

미국에 있어서의 저항권 사상은 자유주의 국가관을 토대로한 록크(J. Locke)의 자연법사상으로부터 연유한다.[2)] 록크의 사상에 의거한 자연권과 저항권 사상은 1776년 6월 12일의 버지니아(Virginia) 권리장전(버지니아 주헌법)[3)]과 미국독립선언(1766. 7. 4)[4)] 및 미국 각주의 헌법,[5)] 그리고 그 후의 미국연방헌법에서 구체화되었다.[6)] 이는 특히 국민주권

---

1) J. J. Rousseau, Du Contract Social; 이환譯, 사회계약론, 서울대학교출판부, 2000, 113면; 진한도, 국가긴급권과 저항권의 관계연구, 경희대학교 행정대학원(1986.12), 49면.

2) 미국의 독립선언에 나타난 J. Locke의 자연법 사상에 대하여는 문의승, John Locke의 정치사상이 미국 독립혁명에 미친 영향, 건국대학교 대학원, 석사학위논문, 1973; 임영형, 저항권에 관한 고찰, 35면.

3) 버지니아 권리장전(권리선언) : 1776년 6월 12일 천부인권사상과 자유주의 사상의 영향을 받아 생명권, 자유권, 재산권, 행복추구권(최초로 규정), 저항권, 신체의 자유, 언론 출판의 자유, 종교 신앙의 자유를 규정하였다. 1. 모든 사람은 태어날 때부터 자유롭고 독립적이며, 재산을 취득, 소유하고 행복과 안녕을 추구, 획득하고 생명과 자유를 향유하는 권리를 가진다. 2. 모든 권력은 인민에게 있고 인민으로부터 유래하는 것이다. 행정관은 인민의 수탁자이고 공복이며, 항상 인민에 대하여 책임을 진다. 버지니아권리선언(Virginia Declaration of Rights of June 12, 1776)은 제3조에서 최선의 정부형태는 최대한도의 안전과 행복을 형성해낼 능력이 있는 정부라고 하여 **국민의 안전과 행복**이 국가목적이라 한다. 국가는 개인들의 결합체로서 개인들에게 봉사할 뿐이다(개인주의). 이로써 행복이 국가목적인 동시에, 행복의 추구 및 획득이 국민개인의 권리임을 명시한 것이다. 버지니아권리장전은 생명, 자유, 재산과 같은 Locke가 강조한 권리들 이외에 행복과 안전의 추구를 추가한 것을 제외하면 Locke의 주장과 완전히 일치하고 있다. 국민 개인에게 부여된 행복의 추구는 당시의 (사회계약설에 입각한) 자연법적 사고에 입각한 것이다.

4) That whenever any Form of Government becomes destructive of these ends, it is the Right of the poeple to alter or to abolisch it, and to institute new Government, laying its foundation on such principles and organizing its powers in such from, as to them shall seem most likely to effect their safty and happiness : 어떠한 정부형태이든 천부적 인권을 확보하려는 목적을 훼손할 경우에는 정부를 변경하거나 폐지하고, 안전과 행복을 위하여 신정부를 수립하는 것이 국민의 권리임을 확신한다(이동과, 저항권, 8면 참조); 임광주, 헌법상 저항권에 관한 연구, 23면; 윤영칠, 현대 헌법상 저항권에 관한 이론적 고찰, 53면.

5) Vermont 헌법(1777) 제6조, Pennsylvania 헌법(1780) 제5조, Massachusetts 헌법(1780) 제7조, Maryland 헌법(1776) 제4조, New Hampshire 헌법(1784) 등이다. 특히 Maryland 헌법(1776)은 제4조에서 「전제권력 및 압제에 대하여 저항하지 않는다는 주의를 취하는 것은 노예적이며 인류의 선 및 행복을 파괴하는 것(The doctrine of nonresistance, against arbitary power, and

론 · 국가계약설 등을 기초로 하는 자연법사상을 토대로 하고 있다. 1776년의 버지니아(Virginia) 권리장전 제3조는 「정부가 이들의 목적을 달성하는데 부적당하다고 인정될 때, 공동사회의 다수인은 공익에 가장 적합하다고 인정되는 방법에 의하여 그 정부를 개혁 · 변경 · 폐지하는 절대적 권리를 갖는다」고 규정하고 있다.[1] 1787년의 미국연방헌법에는 저항권에 관한 규정이 없으나 이는 1776년의 미국 독립선언이 실질적으로 미국 헌법의 일부를 구성하고 있기 때문에 또다시 규정할 필요가 없었기 때문이다.[2] 미국에 있어서의 저항권 이론은 표현의 자유를 통한 저항권이론이 핵심을 이루고 있다. 언론 또는 표현의 내용에 비록 현재정부를 파괴하려는 것이 있다 하더라도 그것은 가능한 넓게 허용하여야 한다고 한다.[3]

3.2.2. 프랑스

프랑스는 미국독립혁명의 영향을 받아 인권선언을 두게 되었다. 1789년의 프랑스혁명 당시 인간과시민의권리선언(프랑스인권선언 : 1789. 8. 26) 제2조는 「모든 정치적 결합의 목적은 자연적 권리와 절대적 인권을 확보하는 데에 있다. 여기서 권리는 자유 · 재산 · 안전권과 압제에 저항하는 권리를 말한다」라고 선언하고 있다.[4] 이러한 인권선언은 1791년 9월 3일의 헌법 제2조에 자연적이고 절대적인 인권의 일종으로서 저항권(résistance à l'oppression : 혁명권)으로 규정되었다.[5] 그리고 비록 시행되지는 않았지만 1793년 6월 24일 헌법(일명 몽따뉴헌법; 몽따뉴당; 산악당[6] 헌법) 제33조에서는 「압박에 대한 저항(résistance

---

opression, is absurd, slavish and destructive of the good and happiness of mankind)」이라고 선언하고 있다. 미국에 있어서의 저항권이론은 표현의 자유가 중점이기 때문에 언론 또는 표현의 자유에 비록 현재정부를 파괴하려는 것이 있다 하더라도 가능한 넓게 적용하여야 함을 인정하고 있다. 구병삭, 국민의 저항권문제, 10면 참조; 임광주, 헌법상 저항권에 관한 연구, 24면.

6) 김수갑, 저항권의 개념과 저항권사상의 역사적 전개, 108면.

1) 임광주, 헌법상 저항권에 관한 연구, 24면; 임영형, 저항권에 관한 고찰, 36면; 중앙대학교, 법철학연구회, 시민불복종에 대한 법철학적 고찰, 법정논총 제39권 제53집(2004), 131면 각주 49) 참조.

2) 이동과, 저항권, 8면 각주 6) 참조; 김수갑, 저항권의 개념과 저항권사상의 역사적 전개, 44, 110면; 신효성, 저항권, 54면; 김문현, 현대헌법상의 저항권에 관한 연구, 서울대학교 법학석사학위논문, 1981, 36면; 임영형, 저항권에 관한 고찰, 36면; 久保田きね子,アメリカ憲法の抵抗權と革命權, 憲法硏究所(編), 法律文化社, 1965, 101面.

3) Yates v. U.S., 354, U.S. 298(1957); 久保田きね子,アメリカ憲法の抵抗權と革命權, 憲法硏究所(編), 法律文化社, 1965, 101面.

4) 임광주, 헌법상 저항권에 관한 연구, 24면; 이동과, 저항권, 8면; 김수갑, 저항권의 개념과 저항권사상의 역사적 전개, 111면; 권영성, 헌법학원론, 76면; K. Stern, Das Staatsrecht der BRD, Bd. II, § 57 I 2 b).

5) 中村義孝, フランス憲法史集成, 法律文化社, 2003, 16面.

à l'oppression)은 기타의 인권에서 유래한다」고 규정하였고, 동헌법 제35조에서는「정부가 국민의 권리를 침해할 때에 叛亂(inssurrection)하는 것은 국민의 신성한 권리인 동시에 의무이다」라고 규정하고 있다.[1]

그러나 그 후의 헌법에서는 저항권규정을 찾아보기 힘들다.[2] 그 이유는 ① 초기 인권선언에서 요청된 것과 같은 자유주의 정치체제가 점차 각국에서 실현되었고, ② 19세기 중엽이후 20세기 초반에 만연된 법(률)실증주의 영향, ③ 실정법제도로서는 적합하지 않기 때문에 성문헌법에 규정하기에는 부적당하다는 점 등 때문이었다.[3]

저항권규정이 다시 헌법상의 명문규정으로 등장한 것은 제2차대전 이후이다. 1946년 4월 19일의 헌법초안은「정부가 헌법상 보장되는 자유 및 권리를 침해하는 경우, 저항은 가장 신성한 권리이며 가장 절실한 의무이다」라고 하여 저항권규정을 두고자하였다.[4] 1946년 10월 27일의 제4공화국헌법과 1958년 10월 4일의 제5공화국헌법에는 저항권에 관한 규정이 없으나, 각각 헌법전문(Préambule)에서「프랑스 국민(peuple franÇais)은 1789년의 인권선언(Déclaration des Droits)에 의하여 확인되고, 1946년의 헌법전문에서 보충된 인권 및 국민주권의 제원칙에 대한 프랑스 국민의 집념을 엄격히 선언한다」라고 규정[5]하고 있기 때문에 자연법적 권리(자연권)로서의 저항권을 수용하고 있는 것으로 이해되고 있나.[6]

---

6) 이들을 山嶽黨(山岳黨이 아님)이라고 부르는데 그 이유는 이들이 계단식으로된 의회당의 맨 윗자리 부분에 앉아 있었다고 해서, 마치 산위에 앉아 있는 것처럼 묘사한데서 부르게 되었다고 한다. 이와 반대파는 의회의 아랫부분의 좌석에 앉았기 때문에 平原黨 혹은 沼澤黨이라고 부르게 되었다고 한다.

1) 中村義孝, フランス憲法史集成, 法律文化社, 2003, 48面; 이동과, 저항권, 8면; 임영형, 저항권에 관한 고찰, 36면; 김수갑, 저항권의 개념과 저항권사상의 역사적 전개, 111면; 권영성, 헌법학원론, 76면.

2) 中村義孝, フランス憲法史集成, 法律文化社, 2003, 참조.

3) 宮澤俊義, 憲法 II, 有斐閣, 1983, 136面; 김영호, 기본적 인권보장으로서의 저항권, 전북대논문집, 제7집(1996), 3-4면; 김수갑, 저항권의 개념과 저항권사상의 역사적 전개, 111면.

4) 이는 동년 5월 국민투표에 의하여 부결되었다.

5) 中村義孝, フランス憲法史集成, 法律文化社, 2003, 205面, 219面; 임광주, 헌법상 저항권에 관한 연구, 25면; 김철수, 저항권소고, 178면.

6) 私田英夫, 緊急權と抵抗權, 現代法 2, 133-134面; 구병삭, 국민의 저항권문제, 12면; 이동과, 저항권, 8면; 신효성, 저항권, 54면; 임영형, 저항권에 관한 고찰, 36면; 권영성, 헌법학원론, 77면; 임광주, 헌법상 저항권에 관한 연구, 25면.

3.2.3. 독일

a) 입법례

독일에서는 일찍부터 관습법[1]에 근거한 폭군방벌론의 형식으로 저항권이 인정되어 왔으나,[2] 법(률)실증주의(Rechtspositivismus)가 지배한 19세기 중엽 이후부터는 저항권사상이 실정법상으로나 이론적으로 자취를 감추게 되었고,[3] 더욱이 근대입헌국가의 경우에는 권리보장의 방법이 헌법적 차원에서 확립되었다는 이유로 저항권이론도 퇴색하기에 이르렀다.[4][5] 특히 근대적 저항권의 관념은 성선설을 토대로 하여 이성법을 주장한 칸트(Immanuel Kant, 1724-1804))에 의하여서도 부정되었는바,[6] 그는「법자체가 이성의 표현(이성법)이므로 최고의 입법자체에 대하여 국민이 저항하는 것은 위법이며, 정당한 헌법전체를 부인하는 것」이라고 하여 저항권을 부정하였다.[7] 이와 같이 독일에서는 칸트의 영향과, 자유주의혁명의 실패,[8] 그리고 국가(절대)주의사상이 만연됨에 따라,[9] 민주주의 헌법

---

1) 고대 게르만민족의 법사상은 게르만적 인민권과 관습법에 근거한 저항권을 인정하였다(김남진, 저항권의 역사적 발전, 법정(1961.5), 16면); 그들은 군주라 하더라도 법아래 존재하고 영구불변의 관습법이 있다고 보아 군주는 관습법에 저촉되지 않는 범위내에서 지배할수 있다고 보았다(강병두, 현대에 있어서의 저항권, 법정(1961.5), 21면); 이동과, 저항권, 8면; 임영형, 저항권에 관한 고찰, 34면; 임광주, 헌법상 저항권에 관한 연구, 16면 이하.

2) 이동과, 저항권, 8면.

3) 이동과, 저항권, 8면; 임영형, 저항권에 관한 고찰, 37면; 신효성, 저항권, 55면; 윤영칠, 현대 헌법상 저항권에 관한 이론적 고찰, 18-19면; 권영성, 헌법학원론, 77면; 정옥배, 저항권에 관한 소고, 경북전문대학논문집, 제14집(1995), 7면(이하:「저항권에 관한 소고」); 이승기, 서독기본법에 있어서의 저항권, 51면; K. Stern, Das Staatsrecht der BRD, Bd. II, § 57 I 1 e); 볼쩬도르프(K. Wolzendorff)는 이를 두고 단순히 학자들의 문제(Doktorfrage)로 다루어지게 되었다고 한다(K. Wolzendorff, Staatsrecht und Naturrecht in der Lehre vom Widerstandsrecht des Volkes gegen rechtswidrige Ausübung der Staatsgewalt, 1916, S. 240)

4) 권영성, 헌법학원론, 77면.

5) 독일에서의 저항권이론의 역사적 전개에 관한 내용은 이승기, 서독기본법에 있어서의 저항권, 17면 이하 참조.

6) 임영형, 저항권에 관한 고찰, 35면; 김수갑, 저항권의 개념과 저항권사상의 역사적 전개, 108면.

7) 한상범, 현대헌법에 있어서의 저항권, 고시계(1967.5), 107면; 구병삭, 국민의 저항권문제, 18면; 同, 신헌법원론, 박영사, 1995, 693면; 칸트(Kant)는 그의 이성철학에 입각해서 국가를 도덕적 이성을 그 내용으로 하는 법질서 밑에 결합된 것으로 보았기 때문에 그가 의미하는 국가는 이성(Vernunft)에 의해서 지배되는 이성국가(Vernunftsstaat)를 뜻하게 된다(허영 교수). 특히 Kant가 생각하는 국가는 이성국가이므로, 이는 마땅히 법치국가일 수 밖에 없고, 따라서 저항권을 불필요한 것으로 보았다(김수갑, 저항권의 개념과 저항권사상의 역사적 전개, 108면). 그리하여 인민은 국가권력의 불법에 대하여 다만 청원을 할 수 있을 뿐 저항권은 행사할 수 없다고 하였다(윤영칠, 현대 헌법상 저항권에 관한 이론적 고찰, 26면). 임광주, 헌법상 저항권에 관한 연구, 20면.

의 모델이라고 불리우던 1919년의 바이마르헌법에서 (조차도) 저항권은 규정되지 않았다.[1)2)] 그러나 1933년 이후 나치스체제(NS-System)하에서 독일은 국가공권력의 남용에 의한 기본권 침해가 만연되었고, 이와 같은 히틀러의 만행을 경험한 독일에서는 제2차대전 이후 자연법의 수용을 전제로 하는 저항권사상이 자연스럽게 부활하였다.[3)]

---

8) 1848년 2월에 일어난 프랑스 2월혁명의 영향은 오스트리아의 비인(Wien) 및 독일의 베를린(Berlin)에서도 폭동이 발생했다(소위<독일3월혁명>). 혁명의 결과 프랑크푸르트(Frankfurt am Main)의 파울교회(Paulskirche)에 모인 330인의 의원은 5월 18일에 <헌법제정국민회의>를 개최하였다. 이 회의는 독일 최초의 전국적인 국민회의였으며, 이는 1848년의 자유주의 혁명 당시 오스트리아를 포함해 독일의 자유주의 지도자들의 제창으로 통일 독일을 건설하기 위하여 개최된 국민회의로서 프랑크푸르트헌법(1849년 3월 28일)을 제정한 의회이다. 프랑크푸르트 헌법제정국민회의는 프로이센국왕 프리드리히 빌헬름4세를「독일인의 황제」로 선출하였다. 그러나 왕권신수설을 신봉한 국왕은 국민으로부터 선출되는 황제를 부정하여, 프랑크푸르트헌법은 결국 유산되었다. 독일에서의 저항권 사상은 프랑크푸르트 헌법초안에서도 언급되지 않고 있다(김수갑, 저항권의 개념과 저항권사상의 역사적 전개, 113면).

9) 임영형, 저항권에 관한 고찰, 35면.

1) 저항권을 부정하는 견해는 옐리네크(G. Jellinek)에 의하여 대표되는 법(률)실증주의가 대표적이다. 왜냐하면 저항권은 입헌국가의 구조 및 그 본질과 양립하지 않는다는 것이다. 국가적 권력은 법인(국가법인설)으로서의 국가 그 자체의 고유한 권력으로서, 개인의 기본권에 의하여 국가적 권력이 제한되는 것은 타율에 의한 제한이 아니라, 국가 그 자체의 의사에 의한 제한을 의미한다는 것이다. 따라서 국가권력의 부정을 의미하는 저항권은 바로 국가 스스로의 자기부정(Selbstvernichtung)에 지나지 않는다고 한다(G. Jellinek, Allgemeine Staatslehre); K. F. Bertram, Das Widerstandsrecht des Grundgesetzes, 1970, S. 38-39; 한태연, 한국헌법사(하), 한국정신문화연구원, 1991, 34면 참조). 법(률)실증주의 사상에 의하면 ① 국가권력의 보유자만이 법을 제정할 수 있다거나, ② 통치자가 정한 법이 구속력을 지니는 이유는 바로 통치자가 입법했기 때문이라는 가정이 성립한다면 사실상 법적으로 전능한 국가권력의 담당자에 대해 그 어떤 저항권도 존립할 수 없다는 것이다(H. Weinkauff, Über das Widerstandsrecht, 1956, S. 402). 법(률)실증주의적 국가관에 의하면 국가의 임무는 인간의 자유보호가 아니고 국가 자체의 안전을 위한 평화유지에 있었고, 국가의 권위는 인간의 존엄보다 우선하며 국가권력은 최고의 권력으로 국민이 이를 침해하지 못하는 절대적 권위를 가지는 것으로 이해하여 이에 도전하는 것은 국가 자체를 파괴하려는 반국가행위로 인식하였다. Sachs, in: Sachs(Hrsg.,), Grundgesetz Kommentar, 3. Aufl., München 2003, Art. 20 Rn. 166.

2) 이동과, 저항권, 9면; 신효성, 저항권, 55면; 김수갑, 저항권의 개념과 저항권사상의 역사적 전개, 113면; K. Stern, Das Staatsrecht der BRD, Bd. II, § 57 I 3 e).

3) 상대주의법철학을 주장하여 자연법에 대해 소극적인 태도를 가지고 있었던 라드부르흐(G. Radbruch)는 2차대전을 겪은 후, 실정법을 초월하는 자연법의 존재를 인정하고, 이에 반하는 실정법의 효력을 부정하였다(윤영칠, 현대 헌법상 저항권에 관한 이론적 고찰, 19면). 그는 형식적 법적 안정성 위에 존재하는 정의의 우위를 주장하여 저항권을 인정하였다(Gustav Radbruch,

그러나 「저항권은 법적 수단에 의해서는 제거할 수 없는 극단적인 불법에 대항할 최후에 남겨진 자연법상의 권리이다. 그러나 그것은 법으로써 명문화하기에는 부적합한 것이다」라는 인식과 함께 저항권을 Bonn 기본법에 명문화하는 것에는 소극적이었다.[1]

그러나 支邦(Land)에서는 1946년의 헷센(Hessen)헌법[2] 및 1947년의 브레멘(Bremen)헌법[3]과 1950년의 베를린(Berlin)헌법 제23조 제3항[4]이 저항권을 명문으로 두었다.[5] 아무튼 1949년의 독일 Bonn 기본법제정 당시에는 사민당(SPD)의 당수였던 카를로 슈미트(Carlo Schmidt) 등의 반대에 의하여 저항권을 명문화하지 않았었지만,[6] 1968년 6월 24일의 헌법개정(제17차 개헌법률)을 통하여 저항권을 명문화(Das positivierte Widerstandsrecht)하였다.[7] 즉 기본법 제20조에 제4항을 추가하여, 「이 질서(diese Ordnung)[8]를 배제하려고

Rechtsphilosophie, 최종고(역), 삼영사, 1971, 115면; 임광주, 헌법상 저항권에 관한 연구, 20면; 21면); 김수갑, 저항권의 개념과 저항권사상의 역사적 전개, 108면; K. Stern, Das Staatsrecht der BRD, Bd. II, § 57 I 3 a).

1) 권영성, 헌법학원론, 77면.

2) Hessen주헌법 제147조 제1항 : 「Widerstand gegen verfassungswidrig ausgeübte öffentliche Gewalt ist jedermanns Recht und Pflicht(헌법에 위반하여 행사된 공권력에 저항하는 것은 각인의 권리이며 의무이다)」. 제147조 제2항 : 「Wer von einem Verfassungsbruch oder einem auf Verfassungsbruch gerichteten Unternehmen Kenntnis erhält, hat die Pflicht, die Straferfolgung des schuldigen durch Anrufung des Staatsgerichtshofes zu erzwingen. Nähres bestimmt das Gesetz : 헌법위반 또는 헌법위반의 기도를 안자는 국사재판소에 제소하여 책임자의 형사소추를 구할 의무가 있다. 상세한 것은 법률로써 정한다」고 규정하고 있다. 임영형, 저항권에 관한 고찰, 37면; 이동과, 저항권, 9면; Sachs, in: Sachs(Hrsg.,), Grundgesetz Kommentar, 3. Aufl., München 2003, Art. 20 Rn. 167.

3) Bremen헌법 제19조 : 「Wenn die in der Verfassung festgelegten Menschenrechte durch die öffentliche Gewalt verfassungswidrig angetastet werden, ist Widerstand jedermanns Recht und Pflicht : 헌법에 확립된 인권이 공권력에 의하여 헌법에 위반하여 침해된 때에 저항하는 것은 각인의 권리이며 의무」라고 규정하였다. 이동과, 저항권, 9면 각주 7) 참조. Sachs, in: Sachs(Hrsg.,), Grundgesetz Kommentar, 3. Aufl., München 2003, Art. 20 Rn. 167.

4) Berlin헌법 제23조 제3항은 (Werden in der Verfassung festgelegten Grundrechte offensichtlich verletzt, ist jedermann zum Widerstand berechtigt : 헌법에 확립된 기본권이 명백히 침해된 때에는 개인은 저항하는 권리를 갖는다)고 규정하고 있다.

5) 정옥배, 저항권에 관한 소고, 8면.

6) 김수갑, 저항권의 개념과 저항권사상의 역사적 전개, 114면; K. Stern, Das Staatsrecht der BRD, Bd. II, § 57 I 3 e).

7) BGBl. I S. 709; K. Stern, Das Staatsrecht der BRD, Bd. I. 2. Aufl., 1984, S. 172.

8) 기본법 제20조가 규정한 합헌적 질서(Grundlagen der verfassungsmäßigen Ordnung)는 합헌적 기본질서, 자유민주적 기본질서(freiheitliche demokratische Grundordnung), 즉 동법 제20조 제1, 제2, 제3항의 민주적 · 사회적 · 법치국가적 · 연방국가적 질서를 뜻한다(권영성, 헌법학원론, 77

시도하는 모든 자에 대하여 다른 구제수단이 불가능한 경우, 모든 독일국민은 저항할 권리를 가진다 : Gegen jeden, der es unternimmt, diese Ordnung zu beseitigen, haben alle Deutschen das Recht zum Widerstand, wenn andere Abhilfe nicht möglich ist」고 하여 헌법수호수단으로서의 저항권을 규정하고 있다.[1] 동조항의 특징은 저항권의 성립요건은 다른 구제수단이 불가능한 경우(wenn andere Abhilfe nicht möglich ist)[2]에 독일국민(만)이 저항권을 행사할 수 있도록 되어있다는 점에 있다.[3]

b) **독일연방헌법재판소 · 독일연방행정재판소의 판결**(Urteil)

독일연방헌법재판소는 1956년 8월 17일, 독일공산당(KPD)에 대한 위헌판결에서, 저항권이론을 가지고 그들의 정당성을 주장한 독일공산당에 대하여, 「명백한 불법정부에 대한 저항권은 현대적 법률관에 의할 때 당연한 것으로 인정된다. 불법정부에 대해서는 통상의 법적 수단이 무용지물임을 경험으로 알고 있기 때문이다」라고 함으로써, 불법정부에 대해서는 저항권이 인정된다는 것을 인정하였고, 다만 저항권의 행사요건이 문제될 뿐이라고 하였다.[4] 나아가 동헌법재판소는 「저항권은 법(헌법)질서의 유지[5] 또는 회복을 위한 헌법

면); 이동과, 저항권, 9면; 김수갑, 저항권의 개념과 저항권사상의 역사적 전개, 116면; Klaus, Widerstandsrecht und demokratische Verfassung, Tübingen 1971, S. 5; R. Herzog, Das positivierte Widerstandsrecht, in: Maunz-Dürig Kommentar, Art. 20 Rn. 13; Zippelius/Würtenberger, Deutsches Staatsrecht, 31. Aufl., 2005, S. 507; 특히 이 질서가 의미하는 것은 개개인이 가지고 있는 주관적 공권(subjektives Recht)에 대한 침해가 아니고, 개인의 기본권이 내포되어 있는 제도(System)를 의미하는 것이다(K. Stern, Das Staatsrecht der BRD, Bd. II, § 57 III 4).; H. Maurer, Staatsrecht I, 4. Aufl., München 2005, § 23 Rn. 8.

1) 기본법 제20조 제4항은 국가권력 보유자에 의한 헌법침해(위로부터의 정변/Staatsstreich von oben)에 대한 저항뿐만 아니라, 국가권력을 탈취하고자 하는 혁명세력에 의한 헌법침해(아래로부터의 정변/Staatsstreich von unten)에 대한 저항을 포함한다(H. Kelsen, 계희열譯, 통일독일국헌법원론, 박영사, 2001, 446면); 권영성, 헌법학원론, 77면; K. F. Bertram, Das Widerstandsrecht des Grundgesetzes, Berlin 1970; Min, Young-Ok(민영옥), Gewissensfreiheit und Widerstandsrecht, Konstanz, Diss., 1989 참조.

2) Zippelius/Würtenberger, Deutsches Staatsrecht, 31. Aufl., 2005, S. 507.

3) 헌법을 수호할 다른 구제수단은 제1차적으로 국가기관에 의한 구제수단이라는 견해가 있다. 「헌법수호의 제1차적 책임은 국민이 아니라 국가기관이며, 다만 기습적인 쿠데타나 혁명에 의하여 모든 국가기관의 기능이 마비되어 대응능력을 상실하였을 때 국민이 국가를 대신해서 헌법수호에 나선다는 것이 독일 헌법 제20조 제4항이 규정하고 있는 저항권의 의미(심재우, 저항권, 고려대학교출판부, 2000, 10면)」라 한다.

4) 권영성, 저항권, 고시계(1978.7), 60-61면; 임영형, 저항권에 관한 고찰, 37면; 김수갑, 저항권의 개념과 저항권사상의 역사적 전개, 115면.

수호수단이라는 보수적인 의미(in Konsovierenden Sinne)로만 인정될 수 있다.

그리고 저항권을 가지고 대항할 수 있는 불법은 명백하고, 법질서에 따라 강구할 수 있는 모든 법적 수단이 유효한 구제방법이 되지못하고, 저항권의 행사가 법의 유지 · 회복을 위하여 남겨진 유일한 수단이라야 한다」라고 판시하였다.[1)2)] 동헌법재판소가 당시에는 Bonn 기본법에 명문규정조차 없었음에도 불구하고(ungeschriebenes Verfassungsrecht)[3)] – 비록 부정적 견해도 존재하지만[4)] – 저항권을 국민의 권리로서 인정하였고, 저항권의 본질 · 성립요건 · 행사요건까지 상세히 언급하였다는 점에서 커다란 의의가 있는 판결(특히 저항권을 법률관에 의하여 인정 한다는점, 단지 저항권의 행사요건의 충족여부만이 문제가 된다고 한 점)이었다.[5)6)]

4. 저항권(Widerstandsrecht)

4.1. 저항권의 본질 : 인권(Menschenrecht) 對 시민권(Bürgerrecht) /기본권 보장을 위한 기본권(Grundrecht)

저항권의 본질에 관하여 저항권을 위헌적 권력행사에 대하여 저항할 수 있는 국민의 기본적 권리로 이해하는 기본권설[7)]과 저항권을 위헌적 권력행사에 대하여 국민이 행사할

---

5) 그러나 독일연방헌법재판소는 ① 정부의 헌법위반이 명백하지 않고 ② 모든 법적인 구제수단이 유효한 구제방법이 될 수 없다고 할 수는 없고 ③ KPD의 저항은 현존질서의 유지를 위한 것이 아니고, 현존질서의 파괴를 목적으로 하는 것이라 하여 저항권의 성립을 부정하였다(임영형, 저항권에 관한 고찰, 38면; 정옥배, 저항권에 관한 소고, 8면); 장영수, 방어적 민주주의, 고려대 석사학위논문, 1983, 53-58면; 이승기, 서독기본법에 있어서의 저항권, 55면.

1) BVerfGE 5, 85(95); 이동과, 저항권, 9면; 임영형, 저항권에 관한 고찰, 38면; 장우철, 저항권에 관한 연구, 창원대학교 석사논문(2002).

2) G. Scheidle, Das Widerstandsrecht, 1969, SS. 89-90.

3) Zippelius/Würtenberger, Deutsches Staatsrecht, 31. Aufl., 2005, S. 507.

4) 부정적 견해가 존재한다는 의미는 KPD의 저항권의 주장을 배척하여 KPD를 위헌정당으로 판단했지만, 이 판결이 저항권의 존재를 승인했다고 볼 수 있는가는 문제가 있다는 것이다. 즉 판결의 내용은 KPD가 주장하는 저항권의 주장을 배척하기 위한 목적이었지 저항권을 인정하고자 하는 취지는 아니었다는 점에서, 저항권의 존부문제는 이 판결에서는 아직 미해결의 상태로 남아있었다고 보는 견해이다(初宿正典, 抵抗權理論の史的考察序說(1)ね, 法學論叢 94卷 1號, 1973, 244-255面 참조), 김수갑, 저항권의 개념과 저항권사상의 역사적 전개, 115면 참조.

5) 임광주, 헌법상 저항권에 관한 연구, 27면; 임영형, 저항권에 관한 고찰, 38면; 정옥배, 저항권에 관한 소고, 8면; 권영성, 헌법학원론, 78면.

6) 1962년 1월 11일 독일연방행정재판소도 인간성과 법치국가원리의 침해에 대한 저항을 인정하는 판결을 내린바 있다(Demontrage-Fall). 신효성, 저항권, 56면.

7) 저항권을 기본권으로 보는 기본권설도 1) 참정권으로 보는 견해(구병삭, 신헌법원론, 664면)와,

수 있는 일종의 긴급권/헌법수호수단으로 이해하는 긴급권설(헌법수호수단설)[1] 및 양면설(기본권 + 헌법수호)이 대립한다.[2] 저항권은 위헌적인 권력행사에 의해서 헌법적 가치질서가 전면적으로 부정되는 것을 저지 · 회복하기 위한 최후적인 초실정법적 헌법수호수단이며, 기본권보장의 근본정신이 파괴되는 경우에 이를 구제하기 위한 최후적 수단이다. 따라서 저항권은 헌법수호를 위한 기본권이라는 성격을 가지고 있다.[3]

이와 같이 저항권은 위헌적인 권력행사에 의해서 헌법적 가치질서가 무너지는 것을 저지하기 위한 예비적인 헌법수호수단이기 때문에 저항권은 인권(Menschenrecht)이라기보다는 시민권(Bürgerrecht)으로서의 성격이 더욱 강하다. 이와같이 저항권은 기본권(기본권보장을 위한 기본권)[4]이면서 헌법수호를 위한 수단이라는 성격을 동시에 가지고 있는 양면적 권리[5]이다.[6]

4.2. 저항권의 법적 성격(자연권성)

4.2.1. 개관

저항권의 법적 성격은, 저항권이 (일단은) '주관적 공권'으로서의 기본권이라는 전제하에서 출발하며,[7][8] 자연권설(자연법적 권리설)과 실정권설(실정법적 권리설) 및 권리부

---

2) 자유권(자유권적 기본권)의 한 내용으로 보는 견해(이 설은 특히 헌법에 보장한 기본적 인권은 그 본질적인 면에서 저항권이 포함되어 있고, 특히 자유권은 모두 저항권이라고 한다(田畑忍, 抵抗權と抵抗義務について, 法律學年報, 1959, 84面)), 3) 기본권을 보장하기 위한 기본권(권영성, 헌법학원론, 78면; 이동과, 저항권, 2면)으로 보는 견해로 나누인다.

1) 菅野喜八郎, 抵抗權, 憲法の爭點, シユリスト, 1978. 5. 2. 69面.

2) 권영성, 헌법학원론, 78면.

3) 정옥배, 저항권에 관한 소고, 3면.

4) 기본권 보장을 위한 기본권은「기본권이 침해되는 경우에 이를 유지 · 회복하기 위하여 행사되는 권리라는 점에서 모든 기본권의 보장을 최후적으로 담보하는 수단적인 기본권(이동과, 저항권, 2면)」, 혹은「기본권이 보장되기 어려운 상황에서 인간의 존엄성을 보장하게 함으로써 간접적으로 타 기본권들을 보호한다는 의미」이다(신효성, 저항권, 46면). 저항권을 자유권적 기본권의 측면에서 강조하는 입장은 구병삭, 국민의 저항권문제, 2면; 안용교, 문제중심헌법, 박영사, 1979, 361면 참조(안용교 교수는 실정헌법내재설적 입장이다. 상세한 내용은 임광주, 헌법상 저항권에 관한 연구, 48면 이하 참조).

5) 저항권은 헌법 제1조 제2항의 국민주권의 원리로부터 국민은 헌법제정권력과 동시에 헌법수호권력을 갖는 것이며, 헌법수호권력으로서의 저항권은 헌법 제1조 제2항을 근거로 인정된다(임광주, 헌법상 저항권에 관한 연구, 52면).

6) 다수설이며 타당하다(양면설). 同旨 권영성, 헌법학원론, 78면.

7) 임광주, 헌법상 저항권에 관한 연구, 30면.

8) 이에 반하여 저항권을 주관적 공권으로 보지 않는 견해가 있다. 즉 저항권을 자유권과 대위관계

인설이 대립한다.[1] 실정법적 권리설은 저항권은 실정법에 규정되어야만 비로소 권리로서 인정될 수 있다는 학설이며,[2] 자연법적 권리설은 저항권이 실정법적 규정의 유무와 관계 없이 자연법적 근거(자연법에 근거한 전국가적 · 초국가적 권리/ungeschriebenen, über dem geschriebenen Recht stehenden)에 의하여 인정된다고 한다.[3][4] 이에 반하여 저항권을 도덕적 · 윤리적 의무에 불과한 것으로만 파악하여 그 권리성을 부인하는 견해도 있다.[5] 이는 자연법을 이데올로기에 불과한 것으로 이해하고 실정법만을 법으로 인정하는 법(률)실증주의적 입장에서 주장하는 견해이다. 즉 저항권은 실정법(법치주의)을 부인하는 행위를 정당시하는 개념이므로 법적 권리성은 인정될 수 없다고 한다.[6][7]

4.2.2. 사견

생각건대 저항권은 본질상 자연법에 기하여 인정되는 전국가적인 자연법상의 권리로 이해하는 것이 타당하다.[8][9] 또한 헌법이 저항권을 규정하여 실정법화하고 있는 경우에도

에서 이해하든 저항권에 독자적인 법적 성격을 부여하던간에 문제가 있다. 왜냐하면 저항권은 개인적 이해관계를 보호법익으로 하는 것이 아니라, 헌법수호라는 주권자 전체의 이해관계를 보호법익으로 보아야 하기 때문이라고 한다(윤영칠, 현대 헌법상 저항권에 관한 이론적 고찰, 44면).

1) 신효성, 저항권, 경북대학교 대학원, 1988, 44면.

2) 우리나라에서 이 설을 주장하는 교수는 문홍주(한국헌법, 해암사), 한웅길(제5공화국 새헌법, 법정학회, 1981, 229면), 박일경(제5공화국 헌법, 일명사, 1980, 245면) 교수가 있다(이승기, 서독기본법에 있어서의 저항권, 57-58면 참조).

3) 우리나라의 다수설이다(임광주, 헌법상 저항권에 관한 연구, 31면). 이 경우 헌법에 저항권을 부정하는 규정이 있다고 하더라도 자연법상의 저항권은 인정된다고 본다.

4) 따라서 이를 실정헌법에 규정하는 것은 새로운 권리를 창설(창설적 규정)하는 것이 아니라 단순히 이를 선언하고 (재)확인하는 것에 불과하다는 것이다(선언적 규정). C. Heyland, Das Widerstandsrecht, S. 115 ff; 임영형, 저항권에 관한 고찰, 39면; 윤영칠, 현대 헌법상 저항권에 관한 이론적 고찰, 43면; 정옥배, 저항권에 관한 소고, 13면; 이승기, 서독기본법에 있어서의 저항권, 56면.

5) 한웅길, 제5공화국새헌법, 법정학회, 1981, 229면; 박일경, 제5공화국헌법, 법경출판사, 1986, 376-377면; 문홍주; 정승재, 저항권에 관한 연구, 경희대 법학석사학위논문, 1986, 9-11면.

6) 저항권은 도덕적 · 자연적 · 이데올로기적 개념이지 실정법상의 권리는 아니며, 자구행위의 일종에 불과하다(박일경, 제5공화국헌법, 법경출판사, 1986, 376-377면).

7) 정승재, 저항권에 관한 연구, 경희대 법학석사학위논문, 1986, 59면 참조.

8) 同旨 이동과, 저항권, 4면; 독일에서 자연권설을 주장하는 학자로는 Carl Schmitt, Peter Schneider, Merkl, Rüstow, Radbruch 등이 있다(구병삭, 신헌법원론, 693면 참조). 우리나라에서는 김기범(저항권, 공법연구, 제2권(1972), 25면), 김철수(저항권소고, 183면), 권영성(저항권, 고시계(1978.7), 59면; 同人, 헌법학원론, 79면), 한상범(현대헌법에 있어서의 저항권, 고시계(1967.5), 81면), 한태연(헌법학, 법문사, 1988, 46면), 허영(헌법이론과 헌법, 단락번호 203), 갈봉근(유신헌법론, 헌법

그것은 자연법상의 권리를 단지 재확인한 것에 불과하다고 보아야 한다. 왜냐하면 인간의 존엄성존중을 중심가치로 하는 민주주의 및 법치국가적 질서를 침해하는 데 대한 저항은 바로 인간의 존엄과 가치를 유지하고 민주적 · 법치국가적 질서를 최후의 단계에서 수호(헌법수호)하기 위하여 행사하는 부득이한 수단으로 보고 있기 때문이다. 뿐만 아니라 그가 지니고 있는 '법리상의 난점으로 인하여,'[1] 헌법정책상 헌법에 규정하지 않는 경우도 생각할 수 있기 때문이다.

4.3. 저항권의 헌법수호기능 : 헌법 제1조 제2항(국민주권의 원리)과의 관계

저항권의 헌법수호적 기능을 인정할 것인가에 대하여는, 전면적 부정설[2] · 전면적 긍정설[3] 및 헌법수호수단으로서의 저항권은 인정하나 기본권 보장수단으로서는 소극적으로 인정하는 중간설(문홍주)이 있다. 국가권력행사가 「헌법의 개개의 조항에 위반하는 경우」에는 헌법이 정한 제도(헌법소원제도, 위헌심사제도 등)에 의하여 구제되는 것이 타당하며, 이 경우 저항권의 행사는 부정된다. 저항권이 인정되는 것은 국가공권력에 의한 「개별적 헌법조항에 대한 위반」이 아니고,[4] 일정한 국가의 존립에 관한 특정한 존재형식, 헌법질서(헌법적 가치질서) 내지는 민주적 기본질서 등에 대한 중대한 침해 및 헌법(질서)의 존재 사제가 부인(Beseitigung der Verfassungsordnung)되려고 하는 경우에 인정된다.[5]

학회출판부, 1977, 52면), 구병삭(신헌법원론, 692면) 교수 등이 있다(이승기, 서독기본법에 있어서의 저항권, 57면 참조); 임광주, 헌법상 저항권에 관한 연구, 32면.

9) 실정법을 초월하는 가치가 자연법이라고 한다면, 저항권은 실정법과 자연법이 상호 모순 · 충돌을 야기할 때 자연법을 근거로 하여 실정법상의 의무를 거부하는 권리이다. 다수설 역시 저항권의 정당성의 근거로서 자연법(자연법상의 권리) · 영원불변의 가치 · 절대적 규범을 들고 있다. 김기범, 저항권, 공법연구, 제2권(1972), 25면; 한상범, 현대헌법에 있어서의 저항권, 고시계(1967.5), 81면; 구병삭, 국민의 저항권문제, 15면; 김영호, 기본적 인권보장으로서의 저항권, 전북대논문집, 제7집(1996), 7면; 임영형, 저항권에 관한 고찰, 39면; 저항권은 국가형태, 정부형태, 실정법상의 규정유무와는 무관하게 실존적인 자연법에서 나온다(F. Ermacora, Grundriß einer Allgemeinen Staatslehre, 1978, S. 214) ; 宮澤俊義, 憲法 II, 有斐閣, 1983, 137面; 자연법론적 저항권사상에 의거하면서도 민주주의 질서에 부정에 대한 저항의 권리로 보는 견해로서, 이를 실정법상의 권리임을 인정하고 있는 일본학자는橋本公亘, 抵抗權論, 法學新報 65卷 2 · 3號, 1958, 18面.

1) 제5공화국헌법 제정당시 저항권을 실정화하는 것은 법이론상 문제가 있다는 주장이 있었다(법제처 헌법심의자료 헌법연구반보고서 1981.3); 임광주, 헌법상 저항권에 관한 연구, 33면.

2) 박일경, 제5공화국헌법, 법경출판사, 1986, 376-377면.

3) 이동과, 저항권, 13면.

4) C. Schmitt에 의하면 헌법(Verfassung)위반에는 저항권 행사가 가능하지만, 단순히 헌법률(Verfassungsgesetz)에 위배된 경우에는 저항권을 행사할 수 없다. 임광주, 헌법상 저항권에 관한 연구, 37면 참조.

또한 국가권력이 국민주권의 원리(Volkssouveränität)[1]에 위반하여 위헌 · 불법적으로 행사되는 경우에는 국민은 이에 대하여 저항하여야 할 권리와 의무(이때의 의무는 도덕적 · 윤리적 의무)[2]가 있다. 이러한 국민주권의 원리로부터 국민은 주권자의 자격으로 헌법수호권력을 행사할 수 있다. 여기서 말하는 헌법수호권력은 제헌권자(헌법제정권력)의 의지의 표현인 헌법이 위기에 처했을 때, 헌법의 운명에 대하여 최종적인 결단을 내리는 정치적 의사(사실상의 힘)이자 법적 기능이다.[3] 다만 여기서 헌법수호권력은 헌법제정권력자의 의사에 구속되며, 따라서 헌법수호는 C. Schmitt의 이론을 빌리면, 제헌권자의 의사인 헌법(Verfassung)을 수호하기 위하여만 발동되어져야 하며, 따라서 헌법률(Verfassungsgesetz)의 수호를 위하여는 발동할 수 없다.[4]

---

5) 이 의미에서 볼 때 저항권은 헌법수호의 수단이라고 할 것이다. 김철수, 저항권소고, 183면.

1) 헌법 제1조 제2항에서 「대한민국의 주권은 국민에게 있고, 모든 권력은 국민으로부터 나온다」고 하여 국민주권주의를 채택하고 있으므로, 우리의 헌법체계하에서는 주권자인 국민이 헌법제정권력(제헌권)과 헌법수호권력(수호권)을 동시에 갖는다. 따라서 저항권의 행사는 국민주권의 원리를 근거로하여 인정되므로, 형법상 위법성조각사유에 해당되는 정당행위에 해당된다(임광주, 헌법상 저항권에 관한 연구, 국문요약 Ⅳ면, 52면 참조).

2) 저항의무(Widerstandspflicht : 실정법상의 규정여하에 불구하고)는 주권자로서의 국민이 민주헌법질서의 파괴에 대하여 헌법수호를 위하여 요구되는 책임이며, 이는 최후의 헌법수호자로서 당연한 의무라고 보는 견해(김철수, 저항권소고, 183면; 프랑스 1793년 헌법 제35조; 헷센(Hessen) 주헌법 제147조 : 「헌법에 위반하여 행사된 공권력에 저항하는 것은 각인의 권리이며 의무이다), 1947년 브레멘(Bremen) 주헌법)가 있는 반면, 저항의 법적 의무는 저항권의 역사에서도 존재하지 않았으며, 고도의 위험성과 책임성을 가진 저항권의 성격에 모순되며(K. Stern, Das Staatsrecht der BRD, Bd. II, 1980, S. 1511), 개인에게 요구하기에는 무리한 부담이 되며, 이는 결과적으로 법질서를 위태롭게 할 것(J. Isensee, Das legalisierte Widerstandsrecht, 1969, S. 675)이라는 점에서 부정적인 견해가 있다. 그리고 저항권을 법적 의무로 한다면 개인에게 실현가능성이나 기대할 수 없는 부담을 지우는 것이므로 저항의무는 법적 의무가 아닌 도덕적 · 윤리적 의무라고 보는 것이 타당하다는 견해가 있다(신효성, 저항권, 47-48면 참조; R. Herzog, Das positivierte Widerstandsrecht, in: Maunz-Dürig Kommentar, Art. 20 Rn. 64; 그밖에 저항권은 의무가 아니라고 보는 견해로는 Zippelius/Würtenberger, Deutsches Staatsrecht, 31. Aufl., 2005, S. 198; K. Stern, Das Staatsrecht der BRD, Bd. II, § 57 III 4 b).

3) Th. Maunz, Deutsches Staatsrecht, 19. Aufl., S. 47 : 배준상, 헌법수호권력, 고시계(1978.11), 12면. 임광주, 헌법상 저항권에 관한 연구, 35면.

4) 임광주, 헌법상 저항권에 관한 연구, 36면.

5. 저항권의 행사

5.1. 개관

저항권의 행사(Ausübung des Widerstandsrechts; Widerstandshandlung)는 1) 누가, 2) 어떠한 요건하에서, 3) 어떤 경우에, 4) 어떤 방법으로 행사할 수 있는가를 밝히는 것이 중요하다. 저항권의 행사에 관한 내용을 법적으로 구체적으로 규정(제도화 · 실정화)하는 것은 곤란하지만, 남용 및 오용의 가능성도 있기 때문에 그 행사요건은 엄격하고 명확하게 정립되어야 한다. 또한 저항권(Widerstandsrecht)을 가진다(보유)는 것과 저항권을 행사(Ausübung des Widerstandsrechts; Widerstandshandlung)한다는 것은 서로 다르므로, (따라서) 저항권의 행사에 있어서는 그 행사범위 · 행사요건 · 행사내용 등에 관하여 명확한 한계를 설정해두는 것이 필요하다.

5.2. 저항권행사의 주체와 객체

5.2.1. 저항권 행사의 주체

a) 자연인/법인(개개의 국민/단체 · 정당)

저항권의 행사주체는 국민인가, 국가기관인가 하는 점과 국민으로 보는 경우에도 저항권의 행사주체를 「개개의 국민 : 개별적 기본권(individuelles Grundrecht)」으로 볼 것이냐 혹은 주권자인 「이념적 통일체(주권의 행사자인 유권자 집단)로서의 국민 : 단체적 기본권(Gruppenrecht)」으로 보아야 하는가가 문제된다.[1] 저항권이 자연법상의 권리로부터 도출되는 개념이라는 점에서 저항권행사의 주체는 주권자인 (개개인으로서의) 국민이라고 보아야 하며,[2] 여기에는 결사/단체[3]와 정당도 포함된다.[4] 저항권의 근거를 국민주권의 원리 또는 사회계약설에서 구하는 입장에서는 저항권의 주체는 국민총의적(루소) 개념에 따른 주권보유자로서의 국민(전체로서의 국민) 또는 주권행사자인 국민(유권자 집단)으로 해석될 수도 있다.[5] 저항권의 주체를 주권자로서의 국민, 즉 전체로서의 국민으로 보는 경우

---

1) 이승기, 서독기본법에 있어서의 저항권, 66면.

2) R. Herzog, Das positivierte Widerstandsrecht, in: Maunz-Dürig Kommentar, Art. 20 Rn. 47. 이에 반하여 H. Weinkauff는 다른 국가기관(예컨대 국회)이 견제할 수 있을 경우에는, 국회에서 1차적으로 저항권을 행사해야 하며, 국민은 저항권을 행사할 수 없다고 한다(H. Weinkauff, Über das Widerstandsrecht, 1956, S. 13); 김기범 교수는 국민전체 혹은 개개 국민이 저항권의 주체가 된다고 한다(김기범, 저항권, 공법연구, 제2집(1972), 36-37면) 혹은 이승기, 서독기본법에 있어서의 저항권, 66면.

3) 이젠제(J. Isensee)는 저항권은 극히 위험한 수단이기 때문에 단체는 저항권행사의 주체가 될 수 없다고 한다(J. Isensee, Das legalisierte Widerstandsrecht, 1969, S. 45 ff).

4) 임영형, 저항권에 관한 고찰, 43면; 권영성, 헌법학원론, 79면.

에도, 전체로서의 국민은 행위능력이 없기 때문에, 결국 저항권의 행사는 '개개의 국민들'에 의하여서만 가능하다.[1] 또한 저항권을 헌법수호적 차원에서 볼 때 헌법수호자에 관한 문제는 헌법침해가 누구에 의하여 이루어지느냐 하는 문제와 연결되며,[2] 국가기관에 의한 헌법수호에도 일정한 한계가 있다.[3] 결국 헌법수호의 최후의 보루는 헌법을 유지하고 수호하려는 국민의 헌법수호의지(Wille zur Verfassung)에 기대할 수 밖에 없으며, 국민이야말로 최후의 헌법의 수호자이며, 저항권의 행사주체는 원칙적으로 개개의 국민이다.[4][5]

b) 외국인 및 국가기관의 저항권인정문제(불인정)

외국인의 경우에는 주권(헌법제정권력)의 주체가 아니기 때문에 저항권의 행사가 인정되지 아니한다.[6][7] 그리고 국가기관에 대한 저항권 행사의 주체성 인정여부는 학설의 대

---

5) 美버지니아 권리장전(1776)은 … 공동사회의 다수자(a majority of the community) … 를 저항권의 주체로 규정하고 있다.

1) 저항권의 주체는 私的 인간으로서의 개개인이 아니라 정치적 인간으로서의 개개인을 의미한다는 것을 뜻한다. R. Herzog, Das positivierte Widerstandsrecht, in: Maunz-Dürig Kommentar, Art. 20 Rn. 47.

2) C. Schmitt. Der Hüter Verfassung, 2 Aufl., Berlin. 1969, S. 158.

3) 신철민, 저항권에 관한 이론적 고찰, 연세대대학원 석사논문(1993).

4) K. Hesse, Grundzüge, S. 294.

5) 개개의 국민이 저항권을 가진다고 할 경우에도, 우리나라의 국적을 가지고 있으면서 외국에 영주하는 자도 포함되는지, 북한지역에 사는 한국인도 포함되어야 하는가의 문제가 있다. 분단지역과 관련된 문제는 헌법의 현실적인 인적 · 물적 효력범위와 관련된 문제이고 또한 저항권의 문제는 국가의 특정한 존재형식 내지 헌법질서의 보호를 목적으로 하는 것이므로, 저항권의 주체인 국민에 포함되기 위해서는 헌법의 효력이 미치는 국가영역 주소 · 거소가 있는 국민이어야 한다. 즉 헌법의 효력이 미치는 국가영역 내에서 주소 또는 거소가 있고, 선거권(Wahlrecht) 및 병역의무(Wehrpflicht)를 가진 자에게 허용되어야 할 것이다(同旨 이승우, 현대입헌민주국가에서의 저항권에 관한 연구, 연세대 연세법학연구 창간호(1990.2) 90-91면; R. Herzog, Das positivierte Widerstandsrecht, in: Maunz-Dürig Kommentar, Art. 20 Rn. 52 f.).

6) 구병삭, 신헌법원론, 695면; 임광주, 헌법상 저항권에 관한 연구, 55면; 독일기본법에도 독일인에게만 저항권을 인정하고 있다(Sachs, in: Sachs(Hrsg.,), Grundgesetz Kommentar, 3. Aufl., München 2003, Art. 20 Rn. 170; R. Herzog, Das positivierte Widerstandsrecht, in: Maunz-Dürig Kommentar, Art. 20 Rn. 18). K. Stern, Das Staatsrecht der BRD, Bd. II, § 57 III 5; 저항권은 내국인에게만 인정되는 권리이다. 저항권의 본질상 인간의 존엄과 가치를 실현하기 위한 수단적 권리이지 저항권 자체가 인간의 존엄성에 내포된 최소한의 자유에 해당한다고 볼 수 없기 때문이다(김계환, 헌법학정해, 85면). 저항권은 그 성질상 인간의 권리보다는 국민의 권리이므로 외국인의 경우에는 저항권의 행사에 관하여 약간의 제약이 있을 수 있다는 견해(김철수)도 있으나, 외국인에 대하여는 그 주체성을 인정할 수 없다. 즉 저항권은 인간으로서 당연히

립이 있다. 바인카우프(H. Weinkauff)는 실정법(실정법률)이 국가권력의 남용방지에 충분하지 못한 경우라고 할지라도, 불법을 행한 국가기관에 대해서 다른 국가기관이 견제할 수 있는 경우에는 그러한 국가기관(예컨대 국회)이 저항권을 일차적으로 행사하여야 하고, 개개의 국민이 저항권을 일차적으로 행사할 수는 없다고 한다.[1)]

이와같이 저항권의 일차적 행사주체를 국가기관이라는 견해는 개개국민의 자의적 판단에 의한 저항권행사의 위험성을 방지하려는 취지이기는 하지만, 불법을 행한 국가기관을 다른 국가기관이 견제할 수 있는 상황에서는 저항권 행사의 요건인 보충성의 원칙이 충족되지 않으며, 또한 저항권의 행사가 인간의 존엄성과 자유민주주의적 기본질서의 본질적 내용(Wesensgehalt)에 대한 침해에 대한 국민의 최후의 저항수단이라고 한다면 국가기관을 저항권행사의 제일차적 주체로 보는데는 그 타당성의 한계가 있다. 국가기관에게는 헌법질서를 유지하기 위하여 국가긴급권을 행사할 수 있는 권한이 부여되어 있고, 여기에 저항권의 주체성까지 인정한다면 강한 힘을 보유하고 있는 기관(경찰, 군대)에 대하여 더욱 강력한 힘을 제공하는 결과가 되므로 국가기관의 저항권주체성은 부정되어야 한다. 결국 국가기관은 저항권을 행사할 수 없다.[2)3)] 다만 공무원(Amtsträger)은 私人의 자격으로는 저항권을 행사할 수 있다.[4)]

지니는 권리이며, 자연법상의 권리이기도 하지만, 저항권은 국가라는 전제하에서만 인정되는 권리로 이해하여야 하는 것이다. 인권(기본권)은 전국가적 개념이지만 헌법적 가치질서의 침해행위는 국가를 전제로 하여 성립이 가능하기 때문에 외국인에 대하여는 저항권을 인정할 수 없다.

7) 국제법상 외국인이 누리는 최소한의 권리는 1) 권리주체 2) 私權의 취득 3) 사권은 원칙적으로 존중 4)소송의 자유 5) 구속은 심각한 범죄행위의 의심이 있는 경우에만 행해져야 한다. 6) 체류국은 외국인의 생명 · 자유 · 재산 그리고 명예에 대한 공격에 대하여 보호할 의무를 진다. 7) 정치적 권리나 특정직업의 행사를 요구할 수 없다. 계희열, 헌법학(상), 박영사, 2001, 204면.

1) Hermnann Weinkauff, Über das Widerstandrecht, juristische Studiengesellshaft Schriftenreihe Heft 20, Berlin 1975.

2) 5 · 16을 「혁명주체세력이 군일부라는 국가권력담당자에 의해서 행해졌다는 점과 무기를 사용했다는 특수사정을 제외하고는 4 · 19의거와 그 본질에 있어서 다를바 없다(김영호, 기본적 인권보장으로서의 저항권, 전북대논문집, 제7집(1996), 9면)는 견해가 있지만, 5 · 16과 같은 행위는 국민측에서 최후의 수단으로서 행하는 저항권과는 차이가 있다(同旨 김수갑, 저항권의 개념과 저항권사상의 역사적 전개, 132면).

3) R. Herzog, Das positivierte Widerstandsrecht, in: Maunz-Dürig Kommentar, Art. 20 Rn. 49.

4) 저항권은 특별권력관계에 있는 국민도 저항권을 행사할 수 있다. 대법원은 비록 직접적으로 저항권과 관련된 사례는 아닐지라도 특별권력관계에 있는 국민이라도 국가권력의 위법, 부당한 침해에 대해서는 취소를 청구할 수 있다고 한다(대판 1982. 7. 27, 80누86).

5.2.2. 저항권 행사의 객체(대상)

저항권행사의 객체는 국민주권주의 · 민주적 · 법치국가적 기본질서 또는 기본권보장 체계를 파괴하거나 위협하는 모든 공권력담당자이다(국가기관 혹은 담당공무원; 자연인, 법인, 집단).[1] 그리고 저항권 행사의 대상으로서의 국가기관은 입법부, 행정부, 사법부를 불문하나 주로 행정부나 사법부에 대한 저항권의 행사가 문제된다. 결국 저항권 행사의 객체는 공권력을 위헌적으로 행사하여 국민주권원리,[2] (자유민주적) 기본질서(freiheitliche demokratische Grundordnung), 사회국가질서를 파괴하는 모든 자연인[3] 또는 법인(단체) 및 그 집단에 대해서 행사 할 수 있다.

예컨대 헌법적대적 사회세력이 자유민주적 기본질서를 부정하고 다른 헌법체계로 바꾸려 한다든지(Staatsstreich von unten) 무정부상태를 야기하려는 경우 또는 헌법의 기능과 효력을 마비시키려는 시도를 얼마든지 할 수 있다.[4]

따라서 국가권력에 의한 '위로부터의 정변(Staatsstreich von oben)' 뿐만 아니라 사회의 헌법적대적 세력에 의한 '아래로부터의 정변(Staatsstreich von unten)'에 대해서도 저항권은 행사될 수 있어야 한다.[5] 사회의 헌법적대적 세력에 대하여 저항권을 행사할 필요성은 특히 그 세력이 외국의 사주나 비호를 받고 있는 경우에 더욱 그러하다.[6] 저항권은 '넓

---

1) 임영형, 저항권에 관한 고찰, 43면; 구병삭, 신헌법원론, 695면; 권영성, 헌법학원론, 79면.

2) 임광주, 헌법상 저항권에 관한 연구, 55면.

3) 저항권 행사의 객체는 자연인도 될 수 있다. 私人間에도 저항권의 행사가 가능한가가 문제되는데, 일반 사인에 의한 기본권 침해의 경우에는 기본권의 제3자적 효력의 문제가 발생한다. <u>우리나라 헌법은 명백한 규정이 없다</u>(독일기본법은 제1조 제3항에서 "기본권은 직접 효력을 갖는 것으로서 입법권, 집행권, 사법권을 구속한다"고 규정하고 있다) 헌법 제10조의 "국가는 개인이 가지는 불가침의 기본적 인권을 확인하고 이를 보장할 의무를 진다"라는 규정에 비추어 볼 때 기본권은 사인간에도 그 효력을 가진다(최용기, 기본권의 제3자적 효력, 창원대학 논문집 제12권 제2호(1990), 127면)고 보는 것이 타당하다(그러나 여기서 모든 기본권이 사인간에 직접 적용된다고 보는 것은 무리일 것이다. 기본권 중에는 국가에 대해서만 효력을 갖는 것이 있으며, 사인간에 직접 적용이 가능한 기본권이 구분되기 때문이다). <u>또한 저항권의 제3자효를 인정하는 경우 만인의 만인에 대한 만인의 투쟁(homo homoni lupus)을 야기할 위험이 있다는 점도 지적된다</u>(G. Scheidle. Das Widerstandsrecht, 1969, S. 123 f, 153 f.).

4) K. Hesse, Grundzüge, Rn. 758; 그러나 사회세력에 의한 헌법침해는 국가긴급권으로 충분하다는 견해도 있다(O. E. Kempen, Widerstandsrecht, in: D. Sterzel(Hrsg.), Kritik der Notstandsgesetze, 1968. S. 65 ff(75 ff)).

5) R. Herzog, Das positivierte Widerstandsrecht, in: Maunz-Dürig Kommentar, Art. 20 Rn. 30, 32.

6) 타국의 권력담당자에게도 저항권행사가 가능한가 문제되며, 이를 긍정하는 학설도 있으나(김수갑, 저항권에 관한 연구, 청주대학교석사학위논문, 1986, 59면), 그것은 내정간섭이 되므로 저항권 행사의 문제와는 별개의 것이다.

은 의미에 있어서의 비례의 원칙(과잉금지의 원칙 : Übermaßverbot : 적합성의 원칙 · 필요성의 원칙 · 상당성의 원칙)'을 지키는 한 모든 수단을 다 사용할 수 있다.[1)]

5.3. 저항권행사의 요건

5.3.1. (자유)민주적 · 법치국가적 기본질서 또는 기본권보장체계를 전면적으로 부인(Beseitigung der Verfassungsordnung)하는 경우이어서 위헌정도가 중대할 것(목적의 보수성 · 위헌정도의 중대성)

저항권의 행사는 위법 · 부당한 국가공권력에 대하여 국민이 이를 실력으로 대항하기 위한 조치로서, 「기존의 헌법질서」를 유지 · 회복하기 위한 것이지만,[2)] 동시에 사회질서를 교란시킬 수 있다는 점에서 국가혼란의 위험성을 동시에 내포하고 있는 권리이다.[3)] 따라서 저항권의 행사는 – 이미 언급한 바와 같이 – 개별헌법조항에 대한 단순한 위반이 아니라,[4)] (자유)민주적 · 법치국가적 기본질서나 기본권보장체계에 대한 중대한 침해가 행해짐으로써 그 질서 또는 존재 자체가 부인되고(Beseitigung der Verfassungsordnung), 다른 법적 구제수단이 없는 경우에, 그리고 객관적으로 더 이상 수인할수 없는 헌법질서의 파괴 · 침해가 발생했을 때 저항권의 행사가 인정된다(위헌정도의 중대성/상황적 요건).[5)] 위법

---

1) C. O. Lenz, Komm., Art 20 Rn. 17; J. Isensee, S. 70 ff.; R. Herzog, Art. 20 Rn. 270; H. Scholler, Der Staat Bd. 8(1969), S. 37; F. v. Peter, DÖV 1968, S. 720; K. Stern, Das Staatsrecht der BRD, Bd. II, § 57 III 8 d).

2) 이는 저항권을 기존의 법질서에 대한 수호적인 의미로 보는 견해(우리나라의 통설적 견해)에서 도출되는 개념으로서, 특히 기본의 법질서를 유지 · 회복한다는 점에서 저항권은 새로운 법창조적인 의미나 개선될 질서(새로운 법질서)의 실현을 의미하는 것은 아니다. 윤영칠, 현대 헌법상 저항권에 관한 이론적 고찰, 9면 참조.

3) 권영성, 헌법학원론, 79면.

4) 임광주, 헌법상 저항권에 관한 연구, 58면; 임영형, 저항권에 관한 고찰, 44면.

5) 헌법 · 법률 등에 의해 정해진 일체의 법적 수단이 그 목적을 달성할 수 없을 정도로 기능이 마비되어야 한다(구병삭, 국민의 저항권문제, 23면; 한상범, 현대헌법에 있어서의 저항권, 고시계(1967.5), 83면; 임광주, 헌법상 저항권에 관한 연구, 58-59면); 임영형, 저항권에 관한 고찰, 44면; 김수갑, 저항권의 개념과 저항권사상의 역사적 전개, 103면; 정옥배, 저항권에 관한 소고, 11면(민주이념의 부인, 국민주권의 부인, 국민의 권리와 자유존중을 전복하려는 경우); 권영성, 헌법학원론, 79면; Herzog는 저항권의 행사가 가능성을 i) 위로부터 오는 쿠데타, ii) 아래로부터 오는 쿠데타를 방지하기 위한 경우로 한정하고, 이를 방지하기 위한 주관적 목적만 존재하면 가능하다고 하고 있다. K. Hesse는 저항권은 모든 헌법침해가 아닌 기본법 제20조 제1항-제3항에 규정되어 있는 '자유민주적 기본질서'를 구성하며, 제79조 제3항에 의하여 헌법개정에서 제외되어 있는 헌법폐지에 대해서만 저항권이 허용된다고 본다(K. Hesse, Grundzüge, S. 282); 정종섭, 헌법학원론, 단락번호 [39]

· 부당한 공권력의 발동이 단순히 헌법의 특정조항에 위반되는 것에 그치는 경우이거나, 개인의 권리, 법적 지위, 이익보호를 위한 경우에는 저항권행사가 아닌, 법적 구제수단, 즉 헌법재판(Verfassungsgerichtsbarkeit)이나 행정소송, 형사소추 등의 방법에 의하여 시정 또는 구제되어야 하고, 또 국민의 정치적 통제 내지는 국회나 법원 기타 국가기관의 통제에 의하여 해결되어야 한다.[1] 특히 여기서 '목적의 보수성'은 「저항권의 행사가 혁명과 구별되는 요소로서 저항권은 헌법질서의 파괴가 아니라 그것을 파괴하려는 국가권력의 행사에 대하여 헌법질서를 유지 · 회복(Wiederherstellung)하려는 목적으로 행사되어야 한다는 것」,[2] 혹은 「법질서의 유지 혹은 재건을 위한 헌법보장수단으로만 인정되고 개혁을 위한 수단으로는 이용할 수 없다」[3]는 것을 의미한다.

5.3.2. 헌법질서에 대한 침해가 객관적으로 명백할 것(위헌의 객관적 명백성; 불법의 명백성) : Offenkundigkeit des Angriffs

저항권이 행사되기 위해서는 「헌법질서에 대한 침해」가 '객관적으로 명백(객관적 명백성)' 해야 한다.[4] 이는 개인의 자의적 판단(주관적)에 의한 저항권의 행사는 오히려 오 · 남용 및 사회적 혼란을 야기할 염려가 있기 때문이다.[5] 또한 헌법의 敵(Verfassungsfeind)에 의한 헌법파괴는 그들의 헌법을 파괴하고자 하는 주관적 의사와는 상관없이, 객관적으로 명백하면 충분하다(Offenkundigkeit des Angriffs).[6] 객관적이라는 의미는 헌법침해자가 스스로(주관적으로) 헌법침해행위를 하고 있다는 것을 인식하고 있어야 된다는 의미가 아니고 저항권을 행사하고자 하는 방어자의 입장에서 볼 때(객관적으로), 저항권 행사요건을 갖추었다고 판단되면 이를 행사할 수 있다는 의미이다. 동시에 방어자가 저항권을 행사하는 경우에도 단순히 주관적으로 - 자의적 판단에 의하여 - 저항권을 행사할 수 있다는 의미가 아니고, 그것이 객관적으로[7] 저항권의 행사요건을 갖추고 있어야 한다는 의미이다.

---

1) 임광주, 헌법상 저항권에 관한 연구, 57면; 정옥배, 저항권에 관한 소고, 12면; 권영성, 헌법학원론, 79면.
2) 이동과, 저항권, 11면; 정옥배, 저항권에 관한 소고, 12면.
3) 김수갑, 저항권의 개념과 저항권사상의 역사적 전개, 103면.
4) 임광주, 헌법상 저항권에 관한 연구, 59면; 임영형, 저항권에 관한 고찰, 44면; 정옥배, 저항권에 관한 소고, 12면; 김수갑, 저항권의 개념과 저항권사상의 역사적 전개, 103면; 권영성, 헌법학원론, 79면; J. Isensee, Das legalisierte Widerstandsrecht, 1969, S. 23 ff.
5) 임광주, 헌법상 저항권에 관한 연구, 59면.
6) 이동과, 저항권, 11면.
7) 위헌이 객관적으로 명백한가의 여부는 일반국민의 전체적 법의식에 비추어 판단할 것이다(김문현, 현대헌법상의 저항권에 관한 연구, 1981, 79면; 김수갑, 저항권에 관한 연구, 청주대학교석사학위논문, 1986, 61면).

그리고 헌법침해는 국가권력의 행사가 헌법과 법률에 명백히 위반되거나 형식적 (의미의) 법률에는 합치되더라도 그것이 헌법정신과 민주적 기본질서에 위반되어 인간의 존엄과 가치를 부인하고 기본권의 본질적 내용(Wesensgehalt)을 침해함으로써 자연적 정의를 위반[1] 한다면 헌법침해로 볼 수 있다.[2] 또한 헌법질서의 일부에 대한 침해도 포함된다.[3] 따라서 자유민주주의적 기본질서(freiheitliche demokratische Grundordnung) 중의 핵심요소 중의 하나인 의회주의(Parlamentarismus) 하나만 폐지되어도 저항권은 행사될 수 있다.

5.3.3. 최후의 수단일 것(최후수단성; 수단의 보충성) : Subsidiaritätsklausel/ultima ratio

저항권은 헌법이나 법률에 규정된 일체의 '다른 법적 수단으로서는 도저히 치유할 수 없는 경우',[4] - 헌법수호가 도저히 불가능하다고 판단되는 경우 - 즉 정상상황하에서의 법적 구제수단(헌법재판제도, 사법심사제도, 행정쟁송제도)은[5] 이미 유효한 수단이 될 수 없고(보충성, 예비성), 민주적 · 법치국가적 기본질서를 재건하기 위한 최후의 수단으로 저항권의 행사만이 유일하다고 판단되는 경우에(협의의 최후수단성) 허용된다.[6] 이와 같이 저항권의 행사는 국가기관이 헌법질서(Verfassungsordnung)를 유지하고자 하는 의지가 없거나 이를 침해하는 경우에 최후의 비상수단으로서 저항권의 행사만이 유일하게 남아 있다(wenn andere Abhilfe nicht möglich ist)고 판단(ultima ratio)[7]되는 경우(보충성 : Subsidiaritätsklausel/ultima ratio)라야 한다.[8] 따라서 저항권은 예외적 · 최후적 비상수단으로서만 인정된다.[9]

---

1) 형식적으로는 합법이더라도 실질적 불법인 경우. 이동과, 저항권, 12면(나치의 유대인 학살, 공산치하의 인민재판에 의한 학살은 형식적 법률에 의하여 행해진 것이라도 그것은 실질적으로는 불법이다).
2) 정옥배, 저항권에 관한 소고, 12면.
3) J. Isensee, Das legalisierte Widerstandsrecht, 1969, S. 21.
4) 임광주, 헌법상 저항권에 관한 연구, 59면.
5) 정옥배, 저항권에 관한 소고, 12면.
6) 임영형, 저항권에 관한 고찰, 44면; 권영성, 헌법학원론, 79면.
7) R. Herzog, Das positivierte Widerstandsrecht, in: Maunz-Dürig Kommentar, Art. 20 Rn. 34; 정종섭, 헌법학원론, 단락번호 [39]
8) 김철수, 저항권소고, 187면; 구병삭, 국민의 저항권문제, 23면; 임영형, 저항권에 관한 고찰, 44면; 김수갑, 저항권에 관한 연구, 청주대학교석사학위논문, 1986, 62면; 권영성, 헌법학원론, 80면; Sachs, in: Sachs(Hrsg.,), Grundgesetz Kommentar, 3. Aufl., München 2003, Art. 20 Rn. 172; R. Herzog, Das positivierte Widerstandsrecht, in: Maunz-Dürig Kommentar, Art. 20 Rn. 34.
9) 이동과, 저항권, 12면.

5.3.4. 저항권행사요건(Ausübung des Widerstandsrechts; Widerstandshandlung)의 문제점 및 새로운 견해

위기적 정치상황하에서의 '저항권행사(Ausübung des Widerstandsrechts; Widerstandshandlung)'가 실정법상 논의되는 이론적 행사요건(불법행위의 명백성 · 최후수단성 · 보충성 · 목적의 보수성 등)을 모두 갖춘 후에야 비로소 가능하다고 한다면 이는 현실적으로는 '저항권 행사(Ausübung des Widerstandsrechts; Widerstandshandlung)'를 부정 · 제약하는 결과를 가져온다.[1] 특히 최후수단성은 저항권의 행사시기(시점)와 관련하여 지나치게 추상적이고 막연하다. 왜냐하면 어떠한 정치적 상황이 '정상상황(정상적 정치상황)'이며, 또는 최후수단으로서의 '저항상황'이 되는가 하는 것은 (어떠한) 특정한 시기를 토대 · 기점으로 하여 구분하기는 – 이론상 가능하지만 – 현실적으로는 불가능하다. 또한 이러한 저항상황의 내용 · 도래시기 등을 누가 판단하는가 하는 것도 문제된다. 그리고 다원적 산업사회의 정치상황에서는 명백성의 원칙도 충족시키기 어렵다. 그리고 성공가능성(Erfolgsaussicht)도,[2] 충족시키기는 더욱 어렵다. 왜냐하면 헌법수호적 측면에서 저항권의 행사가 성공하기 위해서는 헌법침해의 초기단계에 저항권이 행사되어야 성공가능성이 있지만, 이 단계에서는 최후수단성은 충족시키지 못할 것이고, 반대로 최후수단성의 요건이 충족된 경우에는 이미 불법권력이 확고한 기반을 가지고 있어 저항행위가 성공할 가능성은 없기 때문이다.[3] 따라서 오늘날에는 저항권은 과잉금지의 원칙(Übermaßverbot; 넓은 의미의 비례의 원칙)의 구성요소의 하나인 비례성(상당성; 수인기대가능성; 법익의 균형성; 좁은 의미의 비례의 원칙)의 원칙에 귀결되는 이익형량에 의하여 저항권을 인정하거나, 롤즈(J. Rawls)[4]의 주장처럼 시민불복종이론(Ziviler Ungehorsam), 혹은 저항권을 국가권력에 대한 '비판적인 복종의 자세'로 이해하는 입장도[5] 있다. 그리고 저항권의 행사요

---

1) 이는 국민으로 하여금 「우선 노예가 되고 난 다음에 그들의 자유를 위하여 투쟁하라고 명령하는 것」과 같기 때문이다(김수갑, 저항권의 개념과 저항권사상의 역사적 전개, 94면 각주 34) 참조).

2) J. Isensee, Das legalisierte Widerstandsrecht, 1969, S. 32 ff.; 김기범, 저항권, 공법연구, 제2집(1972), 39면; 독일연방보통법원은 RzW 1958, 183 및 RzW 1958, 386에서 성공가능성이론을 채용하였으나, 이에 대한 비판이 가해지자 동법원은 이후 RzW 1966, 410에서 이를 포기하였다.

3) 김수갑, 저항권에 관한 연구, 청주대학교석사학위논문, 1986, 63면; 정옥배, 저항권에 관한 소고, 12면; 정종섭, 헌법학원론, 단락번호 [40]

4) J. Rawls, 황경식역, 사회정의론, 서광사, 1979, 206면 이하; J. Rawls, 황경식역, 시민불복종의 제문제, 서광사, 1983, 227면.

5) A. Kaufmann(Hrsg.), Widerstandsrecht. 1972. S. 8; ders., Das Widerstandsrecht, in Geschichte und Grundgesetz, in: Rill/Scholz(Hrsg.). Der Rechtsstaat und seine Feinde, 1986, S. 57 ff.(65). 카우프만(Kaufmann)은 저항권은 국가가 이미 타락해버린 상황에서의 최후의 수단이 아닌 타락이전에 행사되는, 국가권력에 대한 비판적 복종의 자세여야 한다고 한다(신효성, 저항

건으로서 성공가능성의 요건을 부정하거나,[1] 성공가능성의 요건을 완화시는 견해,[2] 혹은 법치국가 헌법하에서 헌법정책적으로 원용가능한 저항권을 드는 견해도 있다.[3]

5.4. 저항권행사의 목적 및 방법

5.4.1. 목적

저항권은 헌법의 개개 조항에 위반되는 헌법위반에 대하여는 인정되지 않는다.[4] 저항권행사의 궁극적 목적은 민주주의적 헌법체제와 법치국가적 기본질서 그리고 기본권보장체계를 유지하고 수호하는 것이다.[5] 따라서 저항권의 행사는 민주주의·법치국가적 질서·기본권보장체계를 위한 헌법수호(Verfassungsschutz)수단으로서만 인정되고, 사회경제적 체제의 개혁 수단으로는 이용될 수 없다.[6] 독일 기본법 제20조 제4항도 저항권의 행

권, 26면). Kaufmann에 의하면 저항권을 반드시 어떤 힘의 행사와 결부시키는 것을 지양하고, 권력에 대한 회의적 자세, 공공연히 비판할 수 있는 용기, 불법적 권력행사에 대한 단호한 거부태도 등과 같은 국가권력에 대한 '국민의 자세(staatsbürgerliche Haltung)'를 의미하는 것이며, 저항권은 폭발하는 화산과 같은 일시적인 힘이 아닌 수시적 현상을 의미한다고 한다(신면주, 저항권에 관한 이론적 고찰, 연세대학교대학원, 22면). 국내에서는 허영 교수 및 이농과 교수(이농과, 저항권, 1983 : 저항권의 행사요건으로 긴급성은 필수요건은 아니다)가 이 견해를 받아들이고 있다. 저항권의 행사요건으로 '상황의 긴급성'을 드는 견해는 「평상시에도 저항권을 행사할 수 있다고 한다면 저항권의 남용과 혼란을 가져올 것이며, 그것은 고유한 의미의 저항권이 아니라고 주장」하지만, 저항권을 국가권력에 대한 비판적 권력의 자세로 이해하고 이를 수시적이고 계속적인 현상으로 이해하는 견해(허영, 헌법이론과 헌법, 단락번호 215)에 따르면 상황의 긴급성은 저항권의 필수적 요건은 아니라고 보게된다(김수갑, 저항권의 개념과 저항권사상의 역사적 전개, 104면 참조).

1) Z.-W Shim(심재우), Widerstandsrecht und Menschenwürde. Diss. Bielefeld 1973, S. 42 f.: K. F. Bertram. Widerstand und Revolution, 1964, S. 1 ff.(18 ff). 저항권의 행사는 단지 상황조건적 상태와 사실상 올바른 수단에 의하여 정당화되는 것이지, 결코 성공가능성에 의하여 정당화되는 것은 아니다. 하나의 비상상황이 발생하면 모든 비상방어가 행해져야지 성공가능성 여부는 중요하지 않다.

2) M. Kriele, Die demokratische Weltrevolution. Warum sick die Freiheit duchsetzen wird. 7. S. 135.

3) 심재우, 저항권, 고려대 법학논집, 26집(1991.9), 49-50면.

4) 구병삭, 신헌법원론, 696면.

5) 권영성, 헌법학원론, 80면; 구병삭 교수는 「민주주의의 기본질서에 대한 중대한 침해가 이루어져 헌법의 존재가 부인되려는 경우에 한한다고 하면서, 민주주의의 기본질서에 대한 중대한 침해라 함은 인간의 존엄과 가치를 궁극의 이념으로 하는 국민주권주의의 부인, 국민의 자유와 권리의 존중을 전복하려고 하는 것」(구병삭, 신헌법원론, 696면)이라고 한다.

6) 권영성, 헌법학원론, 80면.

사를 민주적 · 사회적 · 연방국가적 질서를 배제하려고 하는 자에 대하여 다른 구제수단이 불가능한 경우(보충성의 원칙)로 한정하고 있다.

5.4.2. 방법

저항권 행사에 대한 구체적인 방법을 언급할 수는 없지만, 1차적으로는 수동적 · 평화적인 방법을 선택해야 한다. 수동적 · 평화적인 방법에 의해서 공권력행사의 위헌 · 불법을 시정할 수 없다고 판단될 때에 한하여 제2차적으로(능동적으로) 행사할 수 있다.[1] 이 경우에도 '과잉금지의 원칙'[2] · 비례의 원칙(Der Grundsatz der Verhältnismäßigkeit)을 존중하여 여러가지 가능한 수단중에서 가장 최소한의 수단을 강구해야 하며,[3] 필요이상의 과잉적 · 폭력적 실력행사는 자제되어야 한다(최소한의 원칙).[4] 즉 자유와 생명에 대한 침해, 법 앞의 평등, 소급입법의 금지, 권력분립의 원칙에 대한 침해가 있을 때 저항권을 행사할 수 있다.[5] 특히 국민주권주의의 부인은 헌법제정권력자의 의사 및 헌법자체를 부인하는 것이므로 저항권의 행사가 당연히 인정된다.[6] 결국 저항권은 원칙적으로 평화적인 방법으로 행사되어야 하며, 평화적 방법으로는 헌법침해자(집권자)의 위헌 · 불법행위를 시정할 수 없는 경우, 이러한 불법권력을 배제하고 자유민주적 기본질서를 수호 · 회복하기 위하여 필요한 한도내에서 실력행사가 가능하다.[7]

6. 현행헌법과 저항권

6.1. 현행헌법의 저항권조항

우리나라 헌법에 있어서 직접적 · 명시적으로 저항권을 규정한 경우는 없다. 그러나 1960년의 4 · 19 이후, 1979년의 10 · 26사태와 그 이후의 개헌논의과정에서 서울변호사회안은 전문에 저항권 규정을 삽입하였고, 6人연구회안[8]은 제40조 제3항에서 "모든 국민은 헌

---

1) 권영성, 헌법학원론, 80면.
2) 김수갑, 저항권의 개념과 저항권사상의 역사적 전개, 92면.
3) 구병삭, 신헌법원론, 696면.
4) 김수갑, 저항권의 개념과 저항권사상의 역사적 전개, 92면; 권영성, 헌법학원론, 80면.
5) 구병삭, 신헌법원론, 697면.
6) 저항권행사 요건을 즉시 충족시키는 구체적인 예는 다음과 같다. 1) 국가긴급권의 발동중에 또는 발동과 동시에 국회를 해산시키거나 의회의 활동을 정지시키는 경우 2) 국가긴급권의 발동목적이 헌법개정에 있는 경우 3) 헌법침해자에 의해 구성되는 변칙적 의회(입법기능을 대행하는 비상국무회의 · 비상입법회의)를 통해 국민의사를 대표하는 경우 4) 헌법의 운영에 관한 통치행위가 실시된 경우(헌법폐지 · 헌법정지 등). 상세한 내용은 임광주, 헌법상 저항권에 관한 연구, 61-64면 참조.
7) 이승기, 서독기본법에 있어서의 저항권, 73면.

법을 침해하려는 사람에 대하여 다른 구제수단이 없을 때에는 저항할 의무와 권리를 갖는다"고 규정하는 등 저항권의 문제가 논의되었다.[1] 그리고 1987년의 6 · 29선언으로 시작된 개헌협상과정에서 저항권의 명시 여부가 여 · 야간의 쟁점이 되었지만, 저항권을 명시하지 아니하고, 헌법전문에 「불의에 항거한 4 · 19민주이념을 계승하고」라는 문구를 추가함으로써 저항권규정을 대신하기로 합의하였다.[2] 위 문언은 저항권에 관한 규정이라 보기 어렵지만, 한국 헌정사에서 4 · 19는 민주이념을 구현하기 위한 저항권행사였다는 국민적 공감대가 형성되어 있고, 당시의 개헌안작성자들의 의도가 동문구를 저항권에 관한 완곡한 표현이라고 한점으로 보아,[3] 상기한 헌법전문의 문구는 저항권에 관한 근거규정으로 해석할 수 있다.[4] 통설적 견해는 저항권은 자연권으로서 헌법상의 규정여부와는 관계없이 인정되는 권리로 보고 있다. 헌법전문의 "불의에 항거한 4 · 19 민주이념을 계승하고"[5]라는 표현과 인간의 존엄성을 보장한 헌법 제10조 및 기본권의 불가침성을 규정한 헌법 제37조 제1항[6]을 근거로 보고 있다.[7]

헌법전문은 형식적으로는 헌법의 일부이며, 실질적으로는 헌법규범의 단계적 구조 중에서 최상위의 규범(최고규범)이고, 헌법의 이념 내지 가치지표를 제시하고 있는 헌법규범이자 헌법제정권력자의 근본적 결단을 내포하고 있는 근본규범이다. 헌법전문은 규범적 효력을 나타내기 때문에 구체적 사건에 직접 적용될 수 있는 재판규범으로서의 성격을 가진다.[8] 헌법재판소도 헌법전문의 재판규범성을 인정한다. 헌법재판소는 「… 헌법전을 비롯

8) 김철수, 양호민, 장을병, 한정일, 임종율, 양건.

1) 김수갑, 저항권의 개념과 저항권사상의 역사적 전개, 119면.

2) 한상범, 제9차 헌법개정의 경위와 그 내용, 월간고시 제15권 제2호(1988.2), 125면; 김수갑, 저항권의 개념과 저항권사상의 역사적 전개, 119면.

3) 한상범, 제9차 헌법개정의 경위와 그 내용, 월간고시 제15권 제2호(1988.2), 125면 참조.

4) 同旨 권영성, 헌법학원론, 81면.

5) 4 · 19 민주이념을 계승하여 불의와 타협하지 않을 것임을 명시하고 있다. 이는 간접적으로 저항권을 승인한 것이다(최용기, 대한민국의 헌법정신, 공법연구 제26집 제3호(1998), 148면).

6) 권영성, 헌법학원론, 81면.

7) 이승기, 서독기본법에 있어서의 저항권, 90면.

8) 헌법전문 또한 형식적으로 헌법전의 일부를 이루고 있음에도 불구하고, 헌법의 본문과 같은 규범적 효력을 가지느냐와 관련하여 헌법전문은 헌법제정의 역사적 설명에 불과하거나 헌법제정의 유래 · 목적 또는 헌법제정에 따른 국민의 의사를 선언한 것에 불과하다고 보는 효력부인설(미국)과 헌법전문은 헌법제정권력의 소재를 밝힘으로써 국민의 전체적 결단으로서의 헌법의 본질적 부분을 포함하고 있어 규범적 효력을 갖는다고 보는 효력긍정설이 대립하고 있다. 독일, 프랑스, 일본 및 한국에서의 다수설과 판례는 헌법전문의 효력을 인정하고 있다. 성낙인, 헌법전문의 법적 성격, 고시계(1997.2), 132면; 최용기, 대한헌법, 대명출판사, 2000, 126면.

한 모든 법령해석의 기준이 되고, 입법형성권 행사의 한계와 정책결정의 방향을 제시하며, 나아가 모든 국가기관과 국민이 존중하고 지켜가야 하는 최고의 가치규범이다」[1]고 하여 헌법전문의 재판규범성을 인정하고 있다.[2] 그러나 이러한 헌법적 근거에도 불구하고 대법원과 헌법재판소는 구체적 사건에 있어 저항권을 재판규범으로 인정하는데 있어 부정적 입장을 취하고 있다.

6.2. 판례

6.2.1. 대법원판례

저항권에 관하여 헌법논쟁이 시작된 것은 4 · 19 의거 직후부터이다. 그 후 1972년 유신헌법이 시행되던 당시 긴급조치위반사건(민청학련사건)에서 피고인측이 「유신헌법 제53조에 근거하는 긴급조치 등은 국민의 천부적 인권을 침해한 것으로 유효한 조치라고 할 수 없으므로, 긴급조치 등에 위반한 행위는 저항권의 행사로서 위법성이 조각된다」고 주장한데 대하여, 대법원은 「소위 저항권에 의한 행위이므로 위법성이 조각된다고 하는 주장은 그 저항권 자체의 개념이 막연할 뿐 아니라 … 실존하는 실정법적 질서를 무시한 초실정법적인 자연법질서 내에서의 권리주장이며 … 실존하는 헌법적 질서를 전제로 한 실정법의 범주 내에서 국가의 법적 질서의 유지를 그 사명으로 하는 사법기능을 담당하는 재판권행사에 대하여는 … 초법규적인 권리개념으로서 현행실정법에 위배 된 행위의 정당화를 주장하는 것은 그 자체만으로도 이를 받아들일 수 없는 것」이라고 판시[3] 하여 저항권을 재판규범으로 받아들이지 아니하였고,[4] 「헌법 및 법률에 저항권에 관하여 아무런 규정이 없는 우리나라의 현 단계에서는 저항권이론을 재판의 준거규범으로 채용하기를 주저하지 않을 수 없다」[5]하여 저항권의 법적 권리성을 부인하였다.[6]

---

1) 헌재결 1989. 9. 8, 88헌가6【국회의원선거법 제33조 제34조의 위헌심판제청】

2) 헌법전문에 나오는 문구를 저항권에 관한 근거규정이 될 수 없다고 보는 경우에도 헌법 제37조 제1항에서의 「국민의 기본권은 이 헌법에 열거되지 아니한 이유로 경시되지 아니한다」는 규정, 그리고 저항권을 자연법상의 권리로 이해한다면 저항권은 당연히 헌법상의 권리로 인정될 수 있다. 그리고 헌법이 국민주권의 원리와 국민의 납세 및 국방의무를 규정하고 있는 이상, 국민은 공권력의 담당자가 민주적 · 법치국가적 기본질서 또는 기본권보장체계를 근본적으로 위협하거나 훼손할 경우, 이를 수호하기 위하여 그에 저항할 권리를 당연히 갖는다.

3) 대판 1975. 4. 8, 74도3323【대통령긴급조치위반 · 국가보안법위반 · 내란, 예비, 음모 · 내란, 선동 · 반공법위반 · 뇌물공여】

4) 임영형, 저항권에 관한 고찰, 48면.

5) 대판 1980. 5. 20, 80도316; 同旨 대판 1975. 4. 8, 74도3323【대통령긴급조치위반·국가보안법위반 · 내란, 예비, 음모 · 내란, 선동 · 반공법위반 · 뇌물공여】

6) 이에 대하여 양건 교수는 「① 저항권을 일부 극소수의 이론이라고 하나 대부분의 헌법학자들은

이러한 논지는 계속되어 10 · 26사태(1979년 박정희대통령 살해사건) 당시 김재규사건의 재판에서도 대법원은 「… 자연법에서 우러나온 자연권으로서의 소위 저항권이 헌법 기타 실정법에 규정되어 있든 없든 간에 … 권리로 인정되어야 한다는 논지가 시인된다 하더라도, 저항권이 실정법에 근거를 두지 못하고 오직 자연법에만 근거하고 있는 한 법관은 이를 재판규범으로 원용할 수가 없다. … 헌법 및 법률에 저항권에 관하여 아무런 규정도 없는(소위 4 · 19 의거 云云은 저항권규정으로 볼 수 없다)」라고 판시하여 저항권이 자연법상의 권리이지만 이를 재판규범으로는 원용할 수는 없다는 입장을 보이고 있다.[1)2)] 저항권의 정당행위성도 부정하고 있다.[3)]

6.2.2. 헌법재판소판례

헌법재판소는 국가보위에관한특별조치법 제5조 제4항 위헌제청과 관련하여 「입헌주의적 헌법은 국민의 기본권 보장을 그 이념으로 하고 권력분립과 법치주의를 그 수단으로 하기 때문에, 국가권력은 언제나 헌법의 테두리 안에서 헌법에 규정된 절차에 따라 발동되지 않으면 안된다. … 헌법에서 국가 긴급권의 발동기준과 내용, 그리고 그 한계에 관해서 상세히 규정함으로써 그 남용 또는 악용의 소지를 줄이고 국가긴급권의 과잉행사 때는 저항권을 인정하는 등 필요한 제동장치도 함께 마련해 두는 것이 현대의 민주적인 헌법국가의 일반적인 태도이다」[4)]고 하여 <u>저항권의 개념 자체를 부인하지는 않으나, 저항권의 행사</u>

저항권을 자연법상의 권리로 인정하고 있고 ② 위의 판결은 철저한 법실증주의에 입각하고 있는데, 19세기적인 법실증주의를 오늘날에도 고집하는 것은 시대착오이며 ③ <u>국가의 법질서를 유지를 그 사명으로하는 사법기능 … 하는 것은 오늘날 민주국가의 법원의 사명은 국민의 인권보장에 있다」는 것을 망각한 것</u>이라는 비판을 가한다(양건, 저항권이란 무엇인가, 주간조선, 1980, 7-8면).

1) 대판 1980. 5. 20, 80도306【내란목적살인, 내란수괴미수, 내란중요임무종사미수, 증거은닉, 살인(변경된죄명)】그러나 대법원판사 임항준 등은「인권과 민주적 헌법의 기본질서의 옹호를 위한 최후의 수단으로서 저항권은 헌법에 명문화되어 있지 않더라도 일종의 자연법상의 권리로서 이를 인정하는 것이 타당하다 할 것이고, 이러한 저항권이 인정된다면 재판규범으로서의 기능을 배제할 근거가 없다 할 것」이라는 소수의견을 개진한 바 있다(권영성, 헌법학원론, 82면 참조).

2) 이러한 대법원의 태도에 대하여「… 물론 자연법이 재판규범이 될 수 있는가는 법철학상 중요한 논제이기는 하지만, 저항권은 명문규정의 유무를 떠나서 <u>자연법상의 권리</u>라는 것을 솔직히 인정하고, 피고인의 행동이 저항권의 행사요건을 갖추었는가(밑줄: 인용자), 만일 요건을 갖추지 못하였으면 보통살인인가 내란목적 살인인가 등의 여부에 논의를 집중했어야한다」는 견해가 있다(김수갑, 저항권의 개념과 저항권사상의 역사적 전개, 123면).

3) 대판 1980. 8. 26, 80도1278【계엄포고위반 · 계엄포고위반교사 · 계엄포고위반방조】

4) 헌재결 1994. 6. 30, 92헌가18【국가보위에관한특별조치법 제5조 제4항 위헌제청】

요건을 극히 제한적으로 해석함으로서 저항권의 인정에 소극적 입장을 가지고 있으며, … 「국회법 소정의 협의 없는 개의시간의 변경과 회의일시를 통지하지 아니한 입법과정의 瑕疵는 저항권 행사의 대상이 되지 아니한다. 왜냐하면 저항권은 국가권력에 의하여 헌법의 기본원리에 대한 중대한 침해가 행하여지고 그 침해가 헌법의 존재 자체를 부인하는 것으로서 다른 합법적인 구제수단으로는 목적을 달성할 수 없을 때에 국민이 자기의 권리, 자유를 지키기 위하여 실력으로 저항하는 권리이기 때문이다」[1]고 하여 입법과정의 하자(날치기 입법)는 저항권 행사의 대상이 되지 않는다고 보고 있다.[2]

6.2.3. 사견

우리나라의 대법원과 헌법재판소는 저항권에 대하여 서로 다른 기준을 가지고 있는 것으로 보인다. 대법원은 저항권의 개념자체를 부인하는 듯하며, 헌법재판소는 저항권의 개념은 인정하지만 저항권의 대상이나 행사요건을 극히 제한적으로 해석하기 때문에, 저항권이 실제로 재판규범으로 원용된 사례는 없다. 이미 살핀 바와 같이 저항권의 재판규범으로서의 가능성은 헌법전문의 「불의에 항거한 4 · 19민주 이념을 계승하고」의 규정, 헌법 제10조 및 기본권의 포괄적 권리성을 규정한 헌법 제37조 제1항 및 제37조 제2항의 일반적 법률유보에 의한 기본권제한의 규범적 한계를 통한 과잉금지의 원칙 및 기본권의 본질적 내용(Wesensgehalt) 침해금지 등의 규정을 저항권의 근거로 삼을 수 있다. 법원과 헌법재판소가 이를 인정하지 않는 것은 지나치게 형식논리적인 입장을 취하고 있기 때문이다.[3] 자연권으로서의 저항권이 재판규범으로 원용될 수 없다면, 위와 같은 실정법상의 규정을 근거로 하여 인정하는 것이 대법원과 헌법재판소는 부당한 국가권력의 행사에 대하여 저

---

1) 헌재결, 1997. 9. 25, 97헌가4 【노동조합및노동관계조정법 등 위헌제청】

2) 헌재결 1997. 9. 25, 97헌가4 : 1996년 말 소위 날치기 통과된 노동관계법들이 위헌이라는 이유로 쟁의행위를 하자 회사가 쟁의행위금지처분신청을 하였고 담당법원이 동법이 위헌일 경우 그 시행을 저지하기 위한 쟁의행위는 헌법질서 수호를 위한 저항권의 행사이므로 정당한 것이라는 이유 등을 들어 직권으로 이 노동관계법들에 대해 위헌 제청한 것이다. 대법원은 국회가 법률을 제정 개폐함에 있어 입법절차를 무시한 하자가 있다고 하더라도 이는 저항권 행사의 대상이 되지 않는다고 하였다.

3) 독일과 일본이 헌법에 저항권에 관한 규정이 없을 때, 독일 연방헌법재판소의 판례는 「… 저항권은 오늘날의 법률관에 의할 때 당연히 인정된다」라고 판시한바 있고, 일본의 경우도 「… 일본국 헌법은 자연법 사상에 의하여 기본적 인권을 그 본질적 구성부분으로 하고 있기 때문에 저항권은 내재하고 있다」고 판시하고 있는데 반하여, 우리나라 「… 저항권 자체의 개념이 막연할 뿐만 아니라 … 자연법질서 내에서의 권리주장 …」이라 하여 저항권 자체를 부인하고 있다. 그러나 우리나라의 판례도 저항권 사상의 보편적 원리를 수용하는 방향으로 수정되어야 할 것이다. 이동과, 저항권, 13면 참조.

항권으로 대항하는 국민의 권익 및 헌법수호에 일익을 담당하는 것이 될 것이다.

III. 결론

헌법수호제도는 여러 가지의 다양한 형태로 나타나는 헌법침해로 인하여 헌법의 규범력이나 헌법기능이 변질 · 훼손되지 않도록 하는 제도이다. 이 경우 헌법수호의 대상이 되는 것은 헌법의 기본적 가치질서를 말하며, 헌법의 위협 · 침해행위는 위헌적 공권력 행사를 포함한 모든 헌법적대적 행위와 헌법위험적 상황이 포함된다. 헌법수호는 국가의 특정한 존립형식 · 헌법적 가치질서(헌법적 기본질서)를 유지하려는 것이다. 헌법적 기본질서를 수호하기 위한 헌법수호제도는 매우 다양한 형태로 이루어지고 있지만, 헌법수호 문제는 여러 가지 형태의 제도적 장치만에 의해서 해결될 수만은 없다. 그러한 의미에서 국민이야 말로 최후의 헌법수호자이며, 헌법의 규범력과 민주적인 헌법적 질서를 死守하려는 국민의 투철한 헌법의지가 최후의 헌법의 수호자로서의 역할을 할 것이다. 이에 따라 저항권은 단순히 부패한 권력에 대항하는 최후의 수단이 아니라, 국민의 기본권과 헌법적 가치질서의 수호를 위한 국민의 기본적인 권리로서 작용하는 것이다. 헌법제정권력자의 의사보호를 주된 내용으로 하는 저항권은 그 행사방법을 다양화하는 것이 바람직하다. 왜냐하면 하이란트(Heyland)의 주장처럼 저항권을 행사하는 것은 법에 위반하는 것이 아니고 법과 공존하는 것(nicht gegen das Recht, sondern mit dem Recht)[1]이기 때문이다.

저항권은 실정법상의 규정여부와 상관없이 자연법상 그리고 초실정법상의 권리로서 당연히 인정되는 권리이다. 또한 국민주권원리에 입각하여 볼 때, 헌법제정권력자인 국민이 저항권을 구태여 헌법에 명문화하지 않을 수도 있기 때문이다. 민주주의가 제도화된 저항권이라고 칭한다면 민주의식과 민주적 용기는 행동하는 저항권이 될 것이며, 민주의식과 민주적 용기를 가진자 만이 민주헌법을 가질 수 있을 것이다.

---

1) C. Heyland, Das Widerstandsrecht, S. 117.

– 저항권–

<table>
<tr><td rowspan="8">인정여부</td><td rowspan="2">긍정설</td><td>주창자</td><td colspan="2">Locke, Siéyès, Platon, Aquinas 등</td></tr>
<tr><td>Locke</td><td colspan="2">인간본성의 백지설(착하지도 악하지도 않음), 위임계약설, 유보설(자연권의 일부양도)에 기초 : ① 국가를 통한 국민보호, ② 국가에 대한 국민보호(국가에 대한 국민보호의 수단 : 권력분립과 저항권을 인정)</td></tr>
<tr><td rowspan="2">부정설</td><td>주창자</td><td colspan="2">Hobbes, Bodin, Luther, Kalvin, Kant, Hegel, Kelsen, Jellinek 등</td></tr>
<tr><td>Hobbes</td><td colspan="2">- 인간본성의 성악설(인간은 인간에 대해서 늑대), 복종계약설(자연권의 전부양도, 취소불가능)에 기초 : ① 국가를 통한 국민보호, ② 국가에 대한 국민보호는 불인정</td></tr>
<tr><td rowspan="4">한국</td><td>실정법</td><td colspan="2">- (우리나라는 독일과는 달리) 저항권을 직접 규정한 명문 규정 없음
- (그러나) 헌법전문에서 불의에 항거한 4 · 19 민주이념, 3 · 1운동 등 → 저항권의 간접적 인정근거</td></tr>
<tr><td>학설</td><td colspan="2">인정설(통설)</td></tr>
<tr><td rowspan="2">판례</td><td>대법원</td><td>① 대판 1975. 4. 8, 74도3323 : 유신헌법당시의 긴급조치위반사건(인혁당 재건단체 및 민청학련사건) : 저항권 자체의 개념이 막연할 뿐만 아니라 … 실존하는 헌법적 질서를 무시하고 초법규적인 권리개념으로써 현행실정법에 위배된 행위의 정당화를 주장하는 것은 이를 받아들일 수 없다.
② 대판 1980. 5. 20, 80도306 : 김재규 대통령시해사건 : 저항권이 실정법에 근거를 두지 못하고 오직 자연법에만 근거하고 있는 한 법관은 이를 재판규범으로 원용할 수가 없다(그러나 소수의견은 자연법상의 권리로서 인정하는 것이 타당하고, 재판규범으로서의 기능을 배제할 수 없다고 주장).</td></tr>
<tr><td>헌법재판소</td><td>헌재결 1997. 9. 25, 97헌가4 : 노동관계조정법 등 위헌제청사건 : 국회법 소정의 협의 없는 개의시간의 변경과 회의일시를 통지하지 아니한 입법과정의 하자가 저항권행사의 대상이 되는지 여부(소극) : 「저항권은 국가권력에 의하여 헌법의 기본원리에 대한 중대한 침해가 행하여지고 그 침해가 헌법의 존재 자체를 부인하는 것으로서 다른 합법적인 구제수단으로는 목적을 달성할 수 없을 때에 국민이 자기의 권리 · 자유를 지키기 위하여 실력으로 저항하는 권리이므로, 국회법 소정의 협의없는 개의시간의 변경과 회의일시를 통지하지 아니한 입법과정의 하자는 저항권행사의 대상이 되지 아니한다」.</td></tr>
</table>

「보충」

시민불복종운동과 우리나라 선거법상의 낙천 · 낙선운동의 법적 문제

1. 개관

시민불복종운동의 일환으로 선거에서의 낙선운동이 허용되는가 하는 점이 문제된다. 현대 헌법국가(Verfassungsstaat)에 있어서 국가기능의 구체적 실현은 헌법정신을 구체화시킨 법률(법규 · 법규범)에 의해 행해지고 있다[법률유보의 원칙(Gesetzesvorbehalt); 법규유보의 원칙(Vorbehalt des Gesetzes)]. 이와같이 헌법정신을 구현하는 개별법률이 헌법이 보장하고 있는 기본질서나 인간의 존엄성을 해치는 경우이거나, 형식적으로는 적법하나 실질적으로는 불법인 경우, 국민은 이에 대한 복종을 거부하고 저항할 수 있다. 이러한 이유로 시민불복종은 저항권과는 그 개념을 달리하지만, 저항권의 행사방법중의 하나로서 원용할 수도 있을 것이다.[1)]

2. 舊공직선거 및 선거부정방지법 제58조 및 제87조의 위헌여부

2000년 총선당시 총선연대 등과 같은 시민단체의 시민불복종운동의 일환으로 추진된 낙천 · 낙선운동의 선거법 위반여부와 관련하여 문제가 되었던 조문은 舊공 · 선법 제58조와 제87조에 관련된 사항이었다. 舊공 · 선법 당시의 조문의 내용은 제58조 (정의 등) ① 이 법에서 “선거운동”이라 함은 당선되거나 되게 하거나 되지 못하게 하기 위한 행위를 말한다. 다만, 선거에 관한 단순한 의견의 개진 · 의사의 표시 · 입후보와 선거운동을 위한 준비행위 또는 통상적인 정당활동은 선거운동으로 보지 아니한다. ② 누구든지 자유롭게 선거운동을 할 수 있다. 그러나 이 법 또는 다른 법률의 규정에 의하여 금지 또는 제한되는 경우에는 그러하지 아니하다. 제87조 (단체의 선거운동금지) 단체는 사단 · 재단 기타 명칭의 여하를 불문하고 선거기간중에 그 명의 또는 그 대표의 명의로 특정 정당이나 후보자를 지지 · 반대하거나 지지 · 반대할 것을 권유하는 행위를 할 수 없다. 다만, 노동조합및노동관계조정법 제2조(정의)의 규정에 의한 노동조합은 그러하지 아니하다라고 규정하면서, 동법 제255조 (부정선거운동죄) ① 다음 각호의 1에 해당하는 자는 3년이하의 징역 또는 600만원 이하의 벌금에 처한다고 규정하고 있다. 이로인하여 총선연대 등 시민단체들의 낙천 · 낙선 운동이 선거법을 위반하느냐 하는 점이 쟁점이 되었었다.

3. 헌법재판소의 견해

헌법재판소는 낙선운동에 대하여 “특정후보자를 당선시킬 목적의 유무에 관계없이, 당선되지 못하게 하기 위한 행위 일체를 선거운동으로 규정하여 이를 규제하는 것은 불가피

---

1) 이는 헌법이 규정한 기본질서에 실질적으로 반하는 법률 등에 대해서 시위운동을 전개하거나, 납세거부운동, 낙선운동, 연좌농성 등의 방법으로 그 법률의 적용을 거부함으로써 그로 인한 폭력적 사태가 발생하기 전에 헌법질서를 회복하고자 하는 경우 이를 저항권의 행사로 이해하여도 될 것이라는 의미이다.

한 조치로서 그 목적의 정당성과 방법의 적정성이 인정된다"고 하여 낙선운동에 대한 시민적 불복종의 이론을 인정하지 않고 있다.[1] 이러한 헌법재판소의 판단은 시민단체의 낙선운동을 당선의 목적 없이 오로지 특정 후보자의 낙선만을 목적으로 하여 후보자편 이외의 제3자가 벌이는 낙선운동 즉, '제3자편의 낙선운동'이라고 개념을 규정한 뒤 이러한 운동을 후보자 본인들에 의한 당선 또는 낙선운동과 본질적으로 같기 때문에 공직선거및선거부정방지법(현행 : 공직선거법)의 규제대상이 된다고 보았다. 즉 후보자편 이외의 제3자가 특정후보를 떨어뜨리려는 행동은 결과적으로 그 상대방이 당선되도록 하는 것과 같다는 것이 헌법재판소의 결정의 취지이다.

4. 현행공직선거법(낙천운동의 허용)

헌법재판소는 舊공선법 제87조에 대하여 헌법에 위반되지 아니한다고 판시하였으나, 시민단체들의 반발과 국민여론 등의 확산 등에 의하여 2000년 2월 16일 舊공직선거법이 다음과 같이 개정되어(현행 공직선거법) 낙천운동은 사전선거운동에서 제외되기에 이르렀다. 제58조 (정의 등) ① 이 법에서 "선거운동"이라 함은 당선되거나 되게 하거나 되지 못하게 하기 위한 행위를 말한다. 다만, 다음 각호의 1에 해당하는 행위는 선거운동으로 보지 아니한다. <개정 2000.2.16> 1. 선거에 관한 단순한 의견개진 및 의사표시 2. 입후보와 선거운동을 위한 준비행위 3. 정당의 후보자 추천에 관한 단순한 지지 · 반대의 의견개진 및 의사표시 4. 통상적인 정당활동 ② 누구든지 자유롭게 선거운동을 할 수 있다. 그러나 이 법 또는 다른 법률의 규정에 의하여 금지 또는 제한되는 경우에는 그러하지 아니하다.

위와 같은 개정으로 인하여 시민사회단체가 기간의 제한없이 언제든지 「정당의 후보자 추천에 관한 단순한 지지, 반대의견의 개진 및 의사표시」를 하는 것이 합법화되었다. 따라서 낙천운동의 경우, 선거법의 개정과 함께 합법화되었기 때문에 이제는 시민불복종이 아니며, 당연한 권리가 되어버렸다.[2] 다만 반대할 정당이 후보자를 결정한 후에는 (시민)단체가 통상적인 의사결정 및 통지방법을 벗어나 별도의 인쇄물, 시설물 등을 이용해 선거운동을 하는 행위, 선거대책기구의 설치, 신문방송광고, 집회개최 및 가두캠페인, 서명운동 등의 방법으로 (선거)운동 등을 하는 행위를 금지하는 소위 '방법적 금지'[3] 내용이 많아 무력화될 위기에 있다.[4][5]

---

1) 헌재결 2001. 8. 30, 2000헌마121, 202(병합) 【공직선거및선거부정방지법 제58조 등 위헌확인】

2) 왜냐하면 시민불복종은 실정법으로는 불법이어야 하기 때문이다(중앙대학교, 법철학연구회, 시민불복종에 대한 법철학적 고찰, 법정논총 제39권 제53집(2004), 301면).

3) 헌재결 1995. 5. 25, 95헌바105; 1997. 10. 30, 96헌마94 참조.

4) 중앙대학교, 법철학연구회, 시민불복종에 대한 법철학적 고찰, 법정논총 제39권 제53집(2004), 299면.

5) 시민단체의 정치적 활동이 문제되는 것은 시민단체에 의한 국민의 의견수렴은 일정한 한계를 지닌다는 점, 정당은 주기적인 선거를 통하여 국민에게 평가와 선택을 받으나, 시민단체는 그렇지 못하다는 점, 정당은 조직과 운영에 관하여 헌법의 보호를 받으면서도 그 목적이나 활동 등에 관하여는 헌법상의 의무(민주적 기본질서 준수의무 등)를 지니지만, 시민단체에게는 그러한 의무도 없다는 점, 그리고 시민단체가 이익단체 · 관변단체화 할 염려가 있고, 만약 시민단체가 정

<table>
<tr><td rowspan="3">평상적 헌법보장</td><td rowspan="2">사전 예방적 보장</td><td>정치적 보장</td><td>1) 합리적 정당정치 구현
2) 선거에 의한 국정통제
3) 국민의 헌법수호</td></tr>
<tr><td>법적 보장</td><td>1) 헌법이 최고규범성을 선언 - 우리헌법은 간접적으로 규정
2) 헌법수호자의 선언(제66조 제2항, 제69조)
3) 국가권력의 분립
4) 경성헌법을 규정한 헌법개정조항(제128조 - 제130조)
5) 방어적 · 투쟁적 민주주의(제8조 제4항)
6) 공무원의 정치적 중립(제7조 제2항)
7) 軍의 정치적 중립(제5조 제2항)</td></tr>
<tr><td>사후 교정적 보장</td><td colspan="2">1) 위헌법률 · 명령 · 규칙 · 처분심사제(제107조, 제111조)
2) 탄핵제도(제65조, 제111조 제1항)
3) 위헌정당해산제도(제8조 제4항)
4) 헌법소원제도(제111조 제1항)
5) 국무총리 · 국무위원해임건의제도(제63조 제1항)
6) 국정감사 · 조사제도(제61조 제1항)
7) 공무원의 책임제도(제29조 제1항)
8) 국회의 긴급명령 · 재경처분명령승인제도, 계엄해제요구제도
9) 국헌문란자처벌(형법 제87조-제91조, 국가보안법)</td></tr>
<tr><td>비상적 헌법보장</td><td colspan="3">1) 국가긴급권
2) 저항권</td></tr>
</table>

치단체화 · 특권단체화되는 경우에는 시민사회의 실패로 이어질 위험성을 내포하고 있다는 문제점이 있다(권영설, 대의민주주의와 직접민주주의, 공법연구, 33집 제1호(2004.11), 한국공법학회, 152면 참조).

제 2 장 대한민국헌법의 력사

I. 제1공화국헌법 : 이승만 정권

1. 제헌헌법(건국헌법 : 1948.7)

1.1. 헌법제정의 과정

- 1945년 8월 15일 해방
- 1948년 5월 10일 총선거 실시
- 1948년 7월 17일 공포

1.2. 역사적 상황

헌법제정권력이 제약을 받았다(미국이나 유엔의 정치적 간섭).

1.3. 내용

- 기본권존중주의(폭넓은 기본권보장) : 제8조 이하[1]
- 기본권 제한의 형식(개별적 법률유보형식)[2]
- 국제평화주의 : 헌법전문 항구적인 국제평화의 유지에 노력
- 단원제국회(임기4년)
- 국회에서의 대통령간선제(부통령포함) 헌법 제53조, 국회에서 무기명투표[3]
- 국무총리임명의 국회인준
- 의원내각제 요소를 가미한 대통령제(제2절 국무원) 제68조 이하
- 헌법위원회제 : 제81조[4]

---

1) 고전적인 자유권 이외에 노동3권과 사기업 노동자의 이익분배에 균점할 권리(1948년 헌법 : 이하 헌법, 제18조)와 생활무능력자의 보호, 가족의 건강보호 등 사회적 기본권과 구금되었던 형사피고인이 무죄 판결을 받은 경우 형사보상청구권(제24조 제2항)(다만 형사보상청구권은 현대적 기본권이 아닌 근대적 권리라고 새기는 것이 일반적 견해이다)을 규정하는 등 현대사회복지국가 헌법이 갖추어야할 제 기본권 규정을 두고 있었다.

2) 다만, 제28조 제2항에서 "국민의 권리와 자유를 제정하는 법률은 질서유지와 공공복리를 위하여 필요한 경우에 한한다"라고 규정하여 일반적 법률유보에 의한 기본권제한 규정도 함께 두고 있었다.

3) 재적의원 2/3이상의 출석과 출석의원 2/3이상의 찬성으로 당선자를 결정한다. 다만 결선투표의 경우에는 다수득표자를 당선자로 한다(헌법 제53조).

- 탄핵재판소의 설치[1)]
- 통제경제정책과 국유화 제도[2)]
- 농지개혁
- 假豫算制度[3)]
- 근로자의 이익균점권 인정(제18조 제2항 - 영리를 목적으로 하는 사기업에 있어서는 근

---

4) 법률에 대한 위헌심사를 법원의 권한으로 할 것인지 아니면 독립한 기관을 설치하고 이에 위헌심사를 하도록 할 것인지에 대하여는 헌법제정 당시부터 많은 논란이 있었다. 헌법초안 작성에 참여한 헌법기초위원회의 유진오 위원은 위헌법률심사권을 법원에 맡기는 것에 대하여 적절치 아니하다고 생각하였다. 그는 위헌법률심사권을 법원에 부여하는 미국형 사법심사제도는 미국에 특수한 것으로서 외국에서는 이를 모방하는 나라가 거의 없는 제도이고, 당시 우리나라 법원이 국회를 견제하는 권한을 수임받을 만큼 신뢰와 권위를 확립하지 못하고 있었으며, 일제때부터 계속 재직하던 상당수의 법관과 행정관들은 친일파로 규탄받기도 하여 사법부 전체가 자숙하고 있던 때인 만큼 위헌법률심사권을 법원에 주자는 주장은 수용하기 어려웠다고 회고 하였다(유진오, 헌법기초회고록, 43면 · 53면 이하 참조). 유진오 위원이 작성한 헌법초안의 초고에는 "법률이 헌법에 위반되는 여부가 재판의 전제가 되는 때에는 법원은 헌법위원회에 제청하여 그 결정에 의하여 판결한다. 헌법위원회는 부통령을 의장으로 하고 대법원장, 국회양원의장과 참의원의 동의로써 대통령이 임명하는 3명의 위원으로 구성된다. 헌법위원회의 심사절차는 법률로써 정한다"라고 되어 있었다. 그러나 당시의 사법부 인사들은 헌법위원회의 창설을 반대하고 분산형(사법형) 사법심사제도를 채택하여야 한다고 주장하였다. 헌법초안 작성과 관련하여 대법원장이 제출한 의견서에 의하면 법률에 대한 위헌심사가 3권분립에 따라 당연히 사법부에 속하는 권한이라고 하였다. 구체적 사건과 쟁의를 재판함에 있어서 해석 · 적용할 법률이 헌법에 위반되는지 여부를 심사하는 권한은 입법부에 대한 부당한 간섭이나 부당한 우월을 의미하는 것이 아니고, 정쟁에서 초연한 법원이 다수파의 권력남용을 시정할 의무가 있음은 3권분립의 기본사상이라고 하면서 사법부의 위헌결정은 성질상 소극적 권한이므로 남용의 폐가 없다는 주장이었다. 이와 같은 사법부의 강력한 요구에 따라 완성된 헌법초안은 "법률이 헌법에 위반되는 여부가 재판의 전제가 되는 때에는 법원은 대법원에 제청하여 재판한다"고 규정되었다. 그러나 헌법기초위원회의 심의를 마친 헌법초안이 국회 본회의에 상정될 단계에서 이승만 국회의장은 위헌법률심사권을 헌법위원회에 부여하여야 한다고 주장하여 다시 헌법위원회제도의 도입이 검토되었으며 제헌헌법은 동 제도를 채택하였다.

1) 헌법위원회와 탄핵재판소의 구성은 위원장 및 재판장은 각 부통령이 되고 각 10명의 위원과 재판관으로 구성하되 대법관 5인, 국회의원 5인으로 각각 구성하도록 하였었다. (제47조, 제81조)
2) 자연자원 등의 원칙적 국유를 선언하였고(제85조), 농지는 농민에게 분배하되 그 방법, 소유의 한도, 소유권의 내용과 한계는 법률로 정하게 하였다(제86조). 또한 공공성을 띈 기업의 원칙적인 국 · 공영제를 선언하고, 국방상 또는 국민 경제상의 긴절한 필요가 있는 경우는 법률에 의하여 사영기업을 국유 또는 공유로 할 수 있게 하였다. 뿐만 아니라, 법률이 정하는 바에 따라 사영기업의 경영을 통제 · 관리할 수 있게 함으로써(제88조) 사회적 통제경제의 성격을 강하게 지녔었다.
3) 국회는 회계년도 개시 전까지는 예산을 의결하여야 하나 부득이한 사유로 의결하지 못한 경우는 국회는 1개월 이내의 가예산을 의결하고 그 기간 내에 예산을 의결하도록 하였었다(헌법 제94조).

로자는 법률이 정하는 바에 의하여 이익의 분배에 均霑할 권리가 있다)
- 헌법개정의 국회주도(국민투표제 없었음) : 제98조[1]

1.4. 특징 및 평가

현행헌법과는 달리 정당에 관한 규정[2]과 통일[3]에 관한 명문의 규정을 두고 있지 않다. 대통령중심제의 정부형태를 취하면서도 국무원을 의결기관으로 하고 대통령을 국회에서 선출하는 등의 의원내각제적인 요소를 절충하고 있으며, 통제경제체제를 취하고 있음이 특징이다.

2. 제1차 개헌(발췌개헌 : 1952.7)

2.1. 절차

1952년 7월 4일 여당개헌안에 야당개헌안을 가미한 발췌개헌안을 기립투표의 방식으로 통과하였다.

2.2. 내용

1951년의 정국의 관심은 바로 다음 해 1952년에 새로이 실시될 대통령의 선출에 집중되었다. 그러나 국회에서의 간접선거에 의한 이승만 대통령의 재선가능성은 없었다. 야당에 효과적으로 대결하여 이승만 정권의 지속을 확보하기 위해서는 새로운 신당창당의 필요성이 대두되게 되었다. 대통령의 임기가 끝날 무렵에 접어들면서부터 이승만은 국회를 통한 간접선거에서는 재선가능성이 없음을 알고,[4] 국민에 의한 대통령직선제를 도입하려는 생각에 이르렀다.[5] 국회는 정부측에 의하여 발의된 제2차 헌법개정안을 부결시키고 그 여세를 몰아 의원내각제로의 정부형태의 변경을 위한 제3차 헌법개정안의 제출을 시도하였다. 그러나 실제로, 의원내각제 도입을 위한 헌법개정안이 123명의 연서로 국회에 제출된 것은 1952년 4월 17일의 일이었다.[6] 그것은 다분히 이승만 세력의 '대통령직선제 개헌'

---

1) 대통령 또는 국회 재적의원 1/3 이상의 찬성으로 개헌안을 제안할 수 있게 하였고, 재적의원 2/3 이상의 찬성으로 의결할 수 있게 하였었다. 헌법개정이 의결된 경우는 대통령이 즉시 공포하도록 하였다.

2) 다만 제1공화국 당시 실질적 헌법인 국회법에서는 정당에 관한 규정을 두고 있었다.

3) 다만 헌법 제3조 영토조항을 통일 규정으로 이해할 수도 있을 것이다.

4) 당시 원내 세력분포는 야당성격을 띤 원외자유당 20여석을 제외하고는 민주국민당 32석, 원내자유당 92석, 민우회 25석 등이 전부 야당성격으로 구성되어 있었다(김영수, 한국헌법사, 학문사, 2000, 437면 각주 70) 참조).

5) 윤근식, 한국현대정치의 전개과정, 김운태외, 한국정치론, 박영사, 1994, 339면.

에 대한 사전방지의 차원에서 이루어졌다고 보인다.

- 正 · 副統領 직선제 : 제53조, 국회에서 무기명투표에 의한 방법 ☜ **정부 · 여당의 주장**
- 국회 양원제(민의원과 參議院)[1] ☜ **정부 · 여당의 주장**
- 국회의 국무원불신임제(국무총리와 국무위원의 연대책임제 : 국무원의 권한에 속하는 일반국무에 대해서는 연대책임. 각자의 행위에 관해서는 개별책임) ☜ **야당의 주장**
- 국무위원임명에 있어서 국무총리의 제청권

2.3. 평가

개정된 헌법은 국무원에 대한 국회의 불신임권을 허용함으로써 마치 야당의 요구인 의원내각제적 요소를 도입한 것 같으나,[2] 이는 대통령제와 의원내각제의 무리한 혼합에 불과하였고, 사실상의 승리자는 결국 이승만과 그의 자유당이었다. 왜냐하면 이러한 헌법개정을 통하여 독재적 · 관료주의적 정치체제와 그의 권력의 영구화를 위한 기반이 헌법상 마련된 셈이기 때문이다. 대통령직선제 개헌을 위해 이승만 세력에 의해 수행된 정치행태는 의회민주주의 자체에 대한 부정을 의미하였다. 헌법상의 통치구조 논쟁에 있어서 발췌개헌 이후의 국면은 의회내에서의 자유로운 정치적 토론의 장 자체가 축소되는 문제를 가져왔다. 발췌개헌 이후의 헌법개정논의는 공개적 정치경쟁에서 이승만과 자유당의 독점 대상으로 변질되었다. 2대 국회에서는 정부에 반대하는 의회에 대하여는 동원정치, 폭력정치로써 개헌의 결정권에 대한 집권세력의 독점이 이루어졌고, 3대 국회는 거대여당으로 자리잡은 자유당에 의한 - 합법적인 - 정치독점이 이루어졌다. 집권세력이 영구적인 집권을 위하여 이전시기 보다 헌법을 자의적 · 임의적으로 개정할 수 있게 된 것이다.

한국 헌정사상 제1차 개헌인 발췌개헌은 절차면에서 헌법규정과 법원리를 무시한 위헌적 헌법개정이었다. 이 발췌개헌안은 공고절차를 무시하였고 또한 국회에서의 정식으로

---

6) 내각제개헌안의 주요골자는 첫째 대통령은 국가의 원수로서 예의적 · 상징적인 지위에 머물러 있게 하고, 행정상의 실권은 국무총리를 수반으로하는 내각이 가지며, 국민의 대표기관인 국회에 대하여 연대책임을 지며, 따라서 국회는 국무원을 불신임결의를 함으로써 국민의 지지를 얻지 못하는 정부를 물러나게 할 수 있으며, 반면에 정부는 국회를 해산하여 민의에 다시 물을 수 있도록 하자는 것이었다. 해방20년사, 희망출판사, 1965, 607면.

1) 양원제 국회를 규정하였으나, 실제 참의원은 제1공화국이 4 · 19 민주의거에 의하여 몰락할 때까지 구성되지 않았다. 이를 헌법변천의 예로 보는 견해도 있다.

2) 발췌개헌안에서 내각제적 요소를 포함한 것에는 국회의 내각불신임권(대통령의 국회해산권은 제헌헌법에서 규정된 바 있다), 국무총리의 국무위원 제청 임명권 등이 포함되어 있다. - 正 · 부통령 직선제 : 제53조, 국회에서 무기명투표에 의한방법 - 국회 양원제(민의원과 삼의원) - 국회의 국무원불신임제(국무총리와 국무위원의 연대책임제 : 국무원의 권한에 속하는 일반국무에 대해서는 연대책임. 각자의 행위에 관해서는 개별책임).

독회를 거치지 않고 가결된 까닭에 위헌적인 헌법개정이다. 왜냐하면 발췌개헌은 헌법 제98조 제2항에 의하면 헌법개정절차에 있어서 대통령이 30일 이상의 공고기간을 두어 국민에게 개정될 헌법의 내용을 주지시켜야 하는 헌법개정의 본질적인 절차적 정의 및 공고절차를 위배한 것으로 위헌무효라고 하지 않을 수 없다.[1] 또한 정부측에서 제출한 개헌안은 제2차 개헌안과 동일한 내용의 개헌안을 동일한 회기중에 제출한 것이 되므로 일사부재리의 원칙(국회법 제161조 3항)에 저촉되며, 초대 대통령에 한하여 중임제한을 철폐함으로써 평등의 원칙에 위반되는 위헌무효인 헌법개정이다.[2] 또한 의원들에게 공개토론과 자유로운 표결을 보장하여야 함에도 불구하고, 의사당을 포위한 채 야간국회의 구금상태에서 기립표결을 통하여 통과되었다는 점에서 위헌이다. 이는 토론의 자유가 보장되지 아니하고, 또한 의원의 의사가 억압된 상태에서 행하여진 강압에 의한 투표이므로 투표의 자유를 침해하는 것이므로 위헌인 헌법개정인 것이다. 우리나라 헌정의 불법관행은 바로 이때부터 씨뿌려진 것이다.[3][4]

3. 제2차 개헌(사사오입개헌, 1954.11)

3.1. 절차

1954년 이승만 대통령의 3선을 가능하게 한 개헌이었다.

3.2. 내용

- 국민투표제의 가미(주권의 제한 및 영토의 변경시)[5]
- 헌법개정안의 국민발안
- 순수한 대통령제로의 환원(국무총리제 폐지, 국무위원 연대책임폐지)
- 자유경제체제로의 전환[6]

---

1) 문홍주, 한국헌법, 106면 참조; 구병삭, 신헌법원론, 116면; 김철수, 헌법학(상), 217면.

2) 김철수, 헌법학(상), 218면.

3) 허영, 한국헌법론, 103면.

4) 김백유, 제1공화국 헌정사, - 통치구조상의 헌법논쟁(제정 · 개정)을 중심으로 -, 한성대, 민족문화연구소, 2002 참조.

5) 주권의 제약 또는 영토의 변경을 가져올 국가안위와 관련된 중대사항("제7조의2 대한민국의주권의 제약 또는 영토의 변경을 가져올 국가안위에 관한 중대 사항은 국회의 가결을 거친후에 국민투표에 부하여 민의원의원 선거권자 3분지2 이상의 투표와 유효투표 3분지2 이상의 찬성을 얻어야한다. 前의 국민투표의 발의는 국회의 가결이 있은 후 1개월이내에 민의원 의원선거권자 50만인 이상의 찬성으로써 한다.)에 대하여는 필요적 국민투표를 규정하였다(1952년 헌법: 이하 헌법, 제7조의2(1952년 헌법 제7조의2는 이른바 증보적 방식에 의한 헌법개정의 예이다).

6) 1954년 헌법 제88조는 "국방상 또는 국민생활상 긴급한 필요로 인하여 법률로써 특히 규정한 경우를 제외하고는 사영기업을 국유 또는 공유로 이전하거나 그 경영을 통제 또는 관리할 수 없

- 국무총리제의 폐지[1] 및 국무위원에 대한 개별적 불신임제
- 대통령 궐위시 부통령이 대통령지위승계
- 초대대통령(이승만)의 중임제한철폐[2]
- 군법회의(군사재판)에 대한 헌법상 근거부여[3]
- 제98조 제6항에서 "제1조(주권), 제2조(국민)와 제7조의2(국민투표)의 규정은 개폐할 수 없다"라고 규정함으로써 헌법개정의 한계를 명문화
- 헌법개정안 제안을 민의원의원 선거권자 50만인 이상의 찬성으로도 가능

3.3. 평가

개헌에 필요한 의결정족수를 무시한 위헌적 헌법 개정이었다.[4]

다."라고 규정하였다.

1) 국무총리제의 폐지는 이기붕의 정적인 이범석 등에 대한 견제책 이었다고 보여진다. 당시 사사오입개헌을 주도하였던 이기붕은 자신의 부통령 당선을 확신하고 있었기에 부통령의 위상확립에 장애가 될 소지가 있는 국무총리제를 폐지하였고, 고령인 이승만 대통령이 건강 등의 사유로 사망하거나 사임하는 경우 부통령인 자신이 대통령직의 자동 승계를 노렸던 것 같다. 국무총리제는 1954년 헌법을 제외하고는 역대헌법에서 항상 규정하고 있었다.

2) 초대대통령에 대하여는 3선 제한을 철폐하고 무제한 입후보를 허용하였었다. 대통령에게 3기연임을 허용하고 있다는 점에서 6차 개헌의 내용과 같으나, 다만 6차 개정 헌법이 헌법 본문에서 3기 연임의 허용을 규정하고 있는데 반하여 2차 개정 헌법은 헌법부칙에서 헌법 부칙에서 "이 헌법 공포당시의 대통령에 대하여는 제55조 제1항 단서의 제한을 적용하지 아니한다"라고 규정하였음은 주의를 요한다.

3) 행정심판의 명문근거를 규정한 것은 1980년 8차 개정 헌법에서였다.

4) 자유당 정부는 1954년 8월 6일 소속의원 136명의 찬성을 얻어 개헌안을 제출하였으나, 동년 11월 27일 동 개헌안이 표결되자 그 결과는 재적의원 203명중 가135표 부 60표 기권 7표였다. 당시 헌법개정에 필요한 의결정족수는 136명이었기 때문에, 동 표결은 1표 부족이라하여 부결된것으로 선언 되었으나, 29일에는 203의 3분의 2는 135라고 주장하면서 27일의 부결선언을 취소하고 이를 통과한 것으로 결정하였다. 수학에서나 통하는 사사오입의 방법은 법규범의 해석에서는 적용되지 않음이 로마법이래의 관행이다.

II. 제2공화국헌법 : 장면 정권

1. 제3차 개헌(1960년 6월 15일)

1.1. 개정과정

4·19 의거와 더불어 이승만 대통령이 하야하고 기존의 국회가 헌법개정기초위원회를 구성하여 개정안을 마련하였다.

1.2. 내용

- 기본권보장의 강화(기본권제한형식을 일반적 법률유보로 전환, 기본권 제한법률의 기본권의 본질적 내용 침해금지)
- 언론·출판에 대한 허가·검열, 집회·결사에 대한 허가규정 금지(제28조 제2항)[1]
- 공무원의 정치적 중립성, 신분보장 명시(직업공무원제도)
- 정당조항의 신설
- 의원내각제의 채택과 양원제 국회[2]를 규정
- 헌법위원회를 폐지하고 헌법재판소 설치[3][4]

---

1) 1960년 헌법에서는 검열과 허가제의 금지를 일반적 법률유보 조항과 함께 규정하고 있는 특이한 태도를 취하였다. "제28조 제2항 : 국민의 모든 자유와 권리는 질서유지와 공공복리를 위하여 필요한 경우에 한하여 법률로써 제한할 수 있다. 단 그 제한은 자유와 권리의 본질적인 내용을 훼손하여서는 아니되며 언론·출판에 대한 허가나 검열과 집회·결사에 대한 허가를 규정할 수 없다."

2) 제1공화국이 양원제 국회를 규정하고 있으면서도 실제로는 단원제로 운영한 것과는 달리 제2공화국에서는 민의원은 소선거구제에 의하여 233명의 의원 선출하였고, 참의원은 시·도 단위로 중·대선거구제에 따라 58명의 의원을 선출하였다.

3) 법률의 위헌여부가 문제될 경우 이에 대한 최종적 판결을 내려 국민의 기본권을 보장하는 기구로서 상설기관인 헌법재판소를 새로이 설치하였다. 이것은 제1공화국 당시의 위헌법률심사기관인 헌법위원회가 비상설기구였고, 그 구성원 절반이 정치인이었다는 점에서 일종의 정치적 사법기구로 전락하여, 본래의 기능을 상실하고만 헌정사적 경험에서 나온 제도이다(한태연 외, 한국헌법사(下), 89면). 따라서 제2공화국 헌법상의 헌법재판소는 법관의 자격을 지닌 9인의 심판관으로 구성되는 순수한 사법기구로서의 성격을 가지며 심판관은 정당에 가입하거나 정치에 관여하지 못하게 함으로써(제83조의 제4항) 정치적 중립성를 보장하고 있다. 또한 헌법재판소의 권한은 구체적 규범통제와, 비록 제한적 범위이긴 하지만 추상적 규범통제는 물론 몇 가지 정치적 사항에까지도 미치고 있다. 즉, 법률의 위헌여부 심사, 헌법에 관한 최종적 해석, 국가기관간의 권한쟁의, 정당의 해산심판, 대통령·대법원장과 대법관의 선거에 관한 소송 등을 관할한다(제83조의 3). 제2공화국에서의 헌법재판소는 위와 같은 정치성을 가지는 관계로 또 다른 권력기구로서의 역기능을 일으킬 염려가 있다. 따라서 헌법재판소는 그 심판에 있어 헌법이 위임한 권한의 범위를 준수하여야 했다. 즉, 스스로가 입법자가 되거나, 스스로가 정부대신에 정치적 결정을 내리거나, 또는 스스로가 일반법원을 대신에 민사소송을 담당해서는 안된다. 제2공화국 헌법에서는

- 중앙선거관리위원회의 설치 및 헌법기관화
- 경찰의 중립을 보장(제75조 제2항)하기 위한 기구설치(법률로 규정)
- 대법원장과 대법관의 선거제 채택(법관의 자격을 가진 선거인단에 의하게 함)1)
- 지방자치제의 활성화2)
- 긴급명령권의 폐지, 긴급재정경제처분 및 명령권과 계엄선포권만을 규정3)

2. 제4차 개헌(1960.11)

- 60. 3. 15 부정선거관계자 및 부정선거항의자에 대한 살상 기타 부정행위자 처벌법
  - 60. 4. 26 이전 반민주행위자공민권제한법 ☜ **소급입법**
  - 60. 4. 26 이전 부정축재자처리특별법 등 제정 ☜ **소급입법**
- 이를 위해 특별재판소 및 특별검찰부 설치
- 이 부칙 두 조항에 의한 특별법은 이를 제정한 후 다시 개정하지 못한다.

3. 평가

국민들은 제2공화국 정부가 3 · 15 부정선거에 관련했던 책임자들과 이승만 정권 하에서 부정을 저질렀던 세력을 강력히 처벌해 줄 것으로 기대했다. 그런데 장면정권하의 사법부에서는 소위 면소론(免訴論)이라는 것이 대두되었다. 즉 1960년 6월 15일에 새로운 제2

이러한 사실을 염두에 두고 9인의 심판관의 대통령과 대법원, 참의원이 각각 3인씩 선임하도록 하여 권력분배(Gewaltenteilung) 및 권력균형(Gewaltenbalancierung)에 신중을 기하고 있다(제83조의 제2항).

4) 1960년 헌법이 규정하고 있는 헌법재판소는 현행 헌법과는 달리 대통령과 대법원장 등의 선거에 관한 소송에 대하여 관할권을 가지고 있었으나 헌법소원사건의 심판권은 가지고 있지 않았다. 이에 대한 헌법규정은 다음과 같다. (제83조의3) 헌법재판소는 다음 각호의 사항을 관장한다. 1. 법률의 위헌여부심사 2. 헌법에 관한 최종적해석 3. 국가기관간의 권한쟁의 4. 정당의 해산 5. 탄핵재판 6. 대통령, 대법원장과 대법관의 선거에 관한 소송.

1) 1960년 헌법 제78조 : ① 대법원장과 대법관은 법관의 자격이 있는 자로써 조직되는 선거인단이 이를 선거하고 대통령이 확인한다. ② 전항의 선거인단의 정수, 조직과 선거에 관하여 필요한 사항은 법률로써 정한다. ③ 제1항 이외의 법관은 대법관회의의 결의에 따라 대법원장이 임명한다.

2) 지방자치단체의 장의 선임 방법은 법률로써 정하되 적어도 시, 읍, 면의 장은 그 주민이 직접 이를 선거(헌법 제97조 제2항)하도록 하였다.

3) 국가긴급권과 관련하여 그 동안 남용 여부에 관한 논란이 있던 긴급명령권을 폐지하고 긴급재정경제처분 및 명령권과 계엄선포권만을 규정하였다. 다만 긴급재정경제처분은 국무회의의 의결에 의하여 대통령이 그 처분을 행하고 긴급재정경제명령을 집행하기 위하여 필요한 때는 국무총리가 법률의 효력을 가진 명령을 발할 수 있도록 하였다(헌법 제57조). 또한 대통령은 국무회의의 의결에 의하여 계엄을 선포하되 계엄의 선포가 부당하다고 인정될 때는 대통령은 국무회의의 의결에 불구하고 계엄선포를 거부할 수 있도록 하였다(헌법 제64조).

공화국 헌법이 공포되어 의원내각제를 채택하고 대통령을 국회에서 간접선거로 선출하기로 한 이상 대통령과 부통령의 직접선거를 전제로 제정된 이전의 선거법은 당연히 무효이며, 따라서 3 · 15 부정선거 사범은 "범죄 후의 법령의 개폐로 형이 폐지되었을 때"에 해당하므로 면소 판결을 내려야 한다는 주장이다. 이러한 사법부의 미온적 태도는 국민들의 불만을 불러일으켰으며 3 · 15 부정선거 관련자와 부정축재자들에 대한 법원의 판결이 가볍게 내려지자 곳곳에서 항의 시위와 폭력사태가 발생하였다. 특히 학생들은 10월 10일 국회의사당에 난입하여 3 · 15 부정선거사범과 부정축재자들을 엄벌해 줄 것을 요구하며 점거하는 소동을 일으켰다. 이에 장면 정권을 폭력사태에 굴복하여 소급입법을 반대하던 종래의 방침을 바꾸어 이들은 엄벌에 처하기 위한 특별법의 제정을 약속하게 되었다. 민의원은 10월 17일에 특별법 제정의 근거를 두기 위한 헌법부칙의 개정안을 국회에 제출하였고, 국회는 11월 29일 반민주행위처벌법을 위한 소급입법의 근거를 마련하는 제4차 헌법개정안을 통과시켰다.

제4차 개헌의 내용은 헌법부칙에서 3 · 15 부정선거사범을 엄벌하고 반민주행위자의 공민권을 제한할 수 있도록 했으며 부정축재자들에 대한 형사상, 행정상의 처리를 위한 소급입법의 근거와 이들 사건을 담당하기 위한 특별재판소와 특별 검찰부의 설치근거를 마련하는 것이었다. 그러나 이 4차 개헌은 소급입법을 금지하는 법치국가원리에 역행하는 것이다. 소급입법을 허용하는 헌법규정은 혁명헌법을 제정할 경우에만 극히 제한적으로 허용된다고 할 수 있다. 1948년의 독립정부 수립이후 혁명적 상황하에서 일제하의 반민족 행위를 처벌하기 위한 특별법의 제정을 규정한 사실이 바로 그것이다. 따라서 합헌절차에 의해서 민주적 헌정질서를 수립해야 할 장면 정부가 오히려 합헌절차에 위배되는 행위를 한 것은 제2공화국 헌정사에 있어서 하나의 오점이 아닐 수 없다. 이와 같이 제4차 개헌의 내용은 헌법부칙에서 3 · 15부정선거사법을 엄벌하고 반민주행위자의 공민권을 제한할 수 있도록 했으며 부정축재자들에 대한 형사상, 행정상의 처리를 위한 소급입법의 근거와 이들 사건을 담당하기 위한 특별재판소와 특별검찰부의 설치근거를 마련하는 것이었다.[1] 이른바 혁명입법의 4개특별법[2]은 다음과 같다.[3] 이처럼 제5대 국회는 의정사상 처음으로 소급입

1) 그러나 이 4차개헌은 소급입법을 금지하는 법치국가원리에 역행하는 것이었다. 왜냐하면 소급입법을 허용하는 헌법규정은 원칙적으로 혁명헌법을 제정할 경우에만 제한적으로 허용된다. 1948년의 독립정부 수립이후의 혁명적 상황하에서 일제하의 반민족행위를 처벌하기 위하여 제정한 반민족행위자처벌법이 그것이다. 한승주, 제2공화국과 한국의 민주주의, 종로서적, 1983. 146-147면 참조.

2) ① 60. 3. 15. 부정선거관계자 및 부정선거항의자에 대한 살상 기타 부정행위자 처벌법 ② 60. 4. 26. 이전 부정축재자처리특별법 등 제정, ③ 반민주행위자 공민권제한법, ④ 특별재판소 및 특별검찰부 설치.

법을 제정하는 선례를 남겼다.[1)]

III. 제3공화국헌법 : 박정희 정권

1. 제5차 개헌(전면개헌 : 1962.12)

5 · 16구테타의 주역인 군사혁명위원회에서, 그 명칭을 국가재건최고회의로 고치고, 이에 의해서 만들어진 국가재건최고회의법에 의해 통치하였다. 1962년 헌법 개정은 헌법이 정한 헌법개정절차에 따르지 않고 초헌법적 절차인 국민투표를 거쳐 헌법을 개정하였다. 그렇기 때문에 1962년 헌법개정을 헌법개정이 아닌 헌법제정으로 이해하려는 견해[2)]도 있다. 그러나 1962년 헌법에서도 구 헌법질서가 상당부분 존중되어 그 내용에 있어서 동질성이 유지되고 있으며 1962년 헌법 前文에서 '1948년 7월 12일에 제정된 헌법을 이제 국민투표에 의하여 개정한다'고 밝히고 있으므로 1962년 헌법은 헌법개정으로 이해하는 것이 무난할 것으로 보여진다. 아무튼 1962년 헌법은 1960년 헌법이 헌법개정에 있어 국민투표를 규정하고 있지 않음에도 불구하고 최초로 국민투표를 거친 헌법개정이었음을 유의하여야 한다.

- 헌법전문개정(4 · 19와 5 · 16이념 추가)
- 인간으로서의 존엄과 가치의 존중조항 신설(제8조)과 기본권보장의 약화
- 검열을 금지한 종전의 헌법규정을 계승(단, 영화와 연예에 대하여는 검열을 할 수 있다. 제18조 2항)[3)]
- 극단적인 정당국가화(국회의원, 대통령 입후보시 소속정당 추천요구)[4)]

---

3) 제4차 개정헌법(1960.11.29) : 헌법중 다음과 같이 개정한다. 부칙에 다음의 각항을 신설한다. (16) 이 헌법시행 당시의 국회는 단기 4239년 3월 15일에 실시된 대통령, 부통령 선거에 관련하여 부정행위를 한 자와 그 부정행위에 항의하는 국민에 대하여 살상 기타의 부정행위를 한 자를 처벌 또는 단기 4293년 4월 16일 이전 특정지위에 있음을 이용하여 현저한 반 민주행위를 한 者의 공민권을 제한하기 위한 특별법을 제정할 수 있으며 단기 4293년 4월 16일 이전에 지위 또는 권력을 이용하여 부정한 방법으로 재산을 축적한 자에 대한 행정상 또는 형사상의 처리를 위하여 특별법을 제정할 수 있다. (17) 전항의 형사사건을 처리하기 위하여 특별재판소와 특별검찰부를 둘 수 있다. (18) 전2항의 규정에 의한 특별법은 이를 제정한 후 다시 개정하지 못한다.
부 칙 이 헌법은 공포한 날로부터 시행한다.

1) 이하 대한민국회50년사, 국회사무처, 1998, 270-280면.

2) 허영, 한국헌법론, 109면.

3) 제18조 ② 언론 · 출판에 대한 허가나 검열과 집회 · 결사에 대한 허가는 인정되지 아니한다. 다만, 공중도덕과 사회윤리를 위하여는 영화나 연예에 대한 검열을 할 수 있다.

4) 극단적인 정당국가를 지향하여 정당의 추천을 얻지 아니하고는 국회의원이나 대통령에 출마할

- 단원제국회
- 대통령중심제
- 대통령 국가긴급권[1)]
- 복수정당제도보장의 헌법적 명문화[2)]
- 법원의 위헌법률심사 : 대법원[3)]
- 탄핵심판위원회[4)]
- 대법원의 정당해산명령판결
- 법관추천회의 제도
- 헌법개정에 필요적 국민투표 ☞ 최초로 헌법개정에 있어서 필요적 국민투표제
- 헌법개정안의 국민발안제 : 국회의원 선거권자 50만 명 이상의 찬성으로 헌법개정안 제안 가능
- 국가안전보장회의와 경제과학심의회의 설치

2. 제6차 개헌(삼선개헌 : 1969.10)

- 대통령의 계속재임은 3기에 한함
- 국회의원정수의 증원
- 국회의원의 국무위원겸직 허용
- 대통령에 대한 탄핵소추요건의 엄격화

수 없으며 국회의원이 당적을 변경한 경우는 그 직을 상실하게 하였다. 제3조 국회의원은 임기중 당적을 이탈하거나 변경한 때 또는 소속정당 이 해산된 때에는 그 자격이 상실된다. 다만, 합당 또는 제명으로 소속이 달라지는 경우에는 예외로 한다. 제39조 국회의원은 대통령 · 국무총리 · 국무위원 · 지방의회의원 기타 법률이 정하는 공사의 직을 겸할 수 없다.

1) 긴급명령권을 부활하여 현행 헌법과 마찬가지로 계엄선포권과 긴급명령권, 긴급재정경제처분 및 명령권을 규정

2) 제7조 ① 정당의 설립은 자유이며, 복수정당제는 보장된다. ② 정당은 그 조직과 활동이 민주적이어야 하며, 국민의 정치적 의사형성에 참여하는데 필요한 조직을 가져야 한다. ③ 정당은 국가의 보호를 받는다. 다만, 정당의 목적이나 활동이 민주적 기본질서에 위배될 때에는 정부는 대법원에 그 해산을 제소할 수 있고, 정당은 대법원의 판결에 의하여 해산된다.

3) 제102조 ① 법률이 헌법에 위반되는 여부가 재판의 전제가 된 때에는 대법원은 이를 최종적으로 심사할 권한을 가진다.

4) 제62조 ① 탄핵사건을 심판하기 위하여 탄핵심판위원회를 둔다. ② 탄핵심판위원회는 대법원장을 위원장으로 하고 대법원 판사 3인과 국회의원 5인의 위원으로 구성한다. 다만, 대법원장을 심판 할 경우에는 국회의장이 위원장이 된다. ③ 탄핵결정에는 구성원 6인 이상의 찬성이 있어야 한다. ④ 탄핵결정은 공직으로부터 파면함에 그친다. 그러나, 이에 의하여 민사상이나 형사상의 책임이 면제되지는 아니한다. ⑤ 탄핵심판에 관한 사항은 법률로 정한다.

Ⅳ. 제4공화국헌법 : 박정희 정권

1. 제7차 개헌(유신헌법 : 1972.12)

1.1. 개헌과정

1972년 10월 17일 박정희 대통령은 혁명적 성격을 지닌 특별선언인 유신선언에 의한 위헌적 헌법정지를 단행하여 헌법일부조항 효력정지(구체적으로 어느 조항이란 명시 없음), 정당 및 정치활동 중지, 국회해산, 국회 권한의 비상국무회의 수행 및 비상국무회의 권능의 헌법상 국무회의 수행 등을 명시하면서 비상국무회의는 1972년 10월 27일까지 평화통일 지향의 헌법개정안 공고, 공고일로부터 1개월 이내 국민투표로써 확정, 개헌 후 그 헌법절차에 따른 연말 이전에의 헌정 정상화를 언명했다. 헌법개정안은 예정대로 1972년 10월 27일 비상국무회의 의결을 거쳐 공고되고, 비상계엄하인 11월 21일 국민투표에 부쳐져 총유권자의 91.1% 투표에 91.5% 찬성이라는 압도적 다수로 개헌안이 확정되었다. 중앙선거관리위원회는 이를 대통령이자 비상국무회의 의장에게 통고하고 대통령은 12월 27일 이를 공고하였으니, 이것이 1972년 12월 27일 공포된 제 7차 개정헌법, 즉 소위 유신헌법이다.[1)]

---

1) 한국 헌정사상 7차로 개정된 제4공화국의 헌법이다. 대통령 박정희(朴正熙)는 72년 10월 17일 '우리 민족의 지상과제인 조국의 평화적 통일'을 뒷받침하기 위하여 '우리의 정치체제를 개혁한다'고 선언하였다. 그리고 초헌법적인 국가긴급권을 발동하여 국회를 해산하고 정치활동을 금지하는 동시에 전국적인 비상계엄령을 선포한 뒤, 10일 이내에 헌법개정안을 작성하여 국민투표로써 확정하도록 지시하였다. 이에 따라 10월 27일 평화적 통일지향, 한국적 민주주의의 토착화를 2대특징으로 한 개헌안(改憲案)이 비상국무회의에서 의결 · 공고되었고, 11월 21일 국민투표에서 압도적 찬성(투표율 91.9 %, 찬성 91.5 %)으로 확정되었으며, 대통령 취임일인 12월 27일에 공포 · 시행되었다. 이 헌법은 형식적으로는 제7차 헌법 개정이나, 실질적으로는 구헌법을 폐지하고 새 헌법을 제정한 점에 특색이 있다. 개정 당시 유신헌법의 기본적 성격은 '조국의 평화적 통일 지향, 민주주의 토착화, 실질적인 경제적 평등을 이룩하기 위한 자유경제질서확립, 자유와 평화수호의 재확인'이라 하였다. 그러나 사실상 유신헌법은 박대통령의 장기집권을 위한 개헌이었고, 국민의 기본권 침해, 권력구조상에 있어 대통령 권한의 비대로 독재를 가능하게 한 헌법이었다. 유신헌법은 전문(前文)과 12장 126조 및 11조의 부칙으로 되어 있다. 그 주요 내용은 ① 전문에 민족의 평화통일이념을 규정하고, ② 법률유보조항을 두어 기본권 제한을 보다 쉽게 하였으며, ③ 통일주체국민회의를 설치하였고, ④ 대통령의 권한을 대폭 강화하여 영도적(領導的) 국가원수(元首)로 하였으며, ⑤ 정당국가적 경향을 완화하고, ⑥ 정부가 국무총리를 중심으로 연대성을 가지게 하였으며, ⑦ 국회의 회기를 단축하고 권한을 약화하였으며, ⑧ 위헌법률심사기관을 대법원에서 헌법위원회로 개정하고, ⑨ 법관을 대통령이 임명하게 하였으며, ⑩ 대통령을 통일주체국민회의에서 선거하도록 하였고, ⑪ 국민투표제를 채택하였으며, ⑫ 헌법개정절차를 2원적으로 하였고, ⑬ 지방의회를 통일달성시까지 구성하지 않게 한 것 등이다. ⓒ 두산백과사전 EnCyber & EnCyber.com

1.2. 내용

- 헌법전문개정
- 주권행사방법의 규정
- 기본권의 약화(구속적부심제도폐지)
- 정당국가화 경향의 완화[1]
- 대통령의 임기연장과 간선제 도입(통일주체국민회의)[2]
- 대통령임기 6년(☞ 형식적, 연임가능 · 장기집권))
- 헌법위원회제도의 부활(위헌법률심사권, 위헌정당해산권, 탄핵소추권 부여)[3]
- 대통령 권한강화(권력의 인격화)[4]
- 국가긴급권 강화(위기정부: Krisenregierung ☞ Krisenregierung(위기정부) Regierungskrise(정부위기)는 전혀 별개의 것이므로 주의할 것): 대통령 긴급조치권(제53조)
- 대통령의 국회해산권 신설
- 국정감사권의 폐지(국정조사권은 학설상 인정)[5]
- 국회의 권한약화
- 사법행정권의 대통령에의 귀속
- 통일주체국민회의[6][7][8]
- 헌법개정방법의 이원화(국민발안에 의한 헌법개정안 제안제도 폐지)[9]
- 지방의회는 조국통일이 이루어질 때까지 구성하지 않음을 명시(유신 헌법 부칙 제10조)

---

1) 대통령이나 국회의원의 입후보요건으로 소속정당의 추천을 필수조건으로 한다는 종래의 헌법규정을 폐기하여 정당국가적 경향을 지양하였다.
2) 대통령은 통일주체국민회의에서 선출되고, 6년의 임기를 가지며 연임에 제한을 두지 아니하였다.
3) 위헌법률심사권을 법원에 부여하였던 제3공화국 헌법상의 제도를 폐지하고, 제1공화국에서 채택하였던 헌법위원회제도를 부활시켜 위헌법률심사권과 아울러 탄핵 및 정당의 해산에 관한 심판권도 부여.
4) 능률의 극대화와 강력한 국력조직을 목적으로 대통령에게 입법 · 사법 · 행정의 조정적 기능을 위한 중립적 권한외에 국정의 중요한 사항을 좌우하는 국가적 권력을 부여하는 국가권력구조를 채택하였다.
5) 종전에 실시되어 오던 국회의 국정감사권을 삭제하고, 국회회기를 단축하여 정기국회의 회기를 90일, 임시회의 회기를 30일로 하고 정기회 · 임시회를 합하여 150일을 초과할 수 없게 하였다.
6) 조국의 평화적 통일을 추진하기 위한 온 국민의 총의에 의한 국민적 조직체로서 통일주체국민회의를 신설하여 이것을 국민의 주권적 수임기관으로 하였다.
7) 통일주체국민회의는 국민의 직접선거에 의하여 선출된 대의원으로 구성하고 대의원은 6년의 임기를 가지며, 정당에 가입할 수 없고 국회의원과 법률이 정하는 공직을 가질 수 없도록 하였다.
8) 통일주체국민회의는 통일정책을 심의결정하고, 대통령을 선출하며, 대통령이 추천한 국회의원 정수 3분의 1에 해당하는 삭의 국회의원을 선거하고, 국회에서 의결된 헌법개정안을 최종적으로 확정하는 권한을 가지도록 하였다.
9) 대통령에게 헌법개정안제출권을 인정하고 이것은 국회의 의결을 거치지 않고 바로 국민투표에 부쳐 결정되도록 하였다.

V. 제5공화국헌법 : 전두환 정권

1. 제8차 개헌(1980.10)

1.1. 개헌과정

제8차 개정은 12 · 12에서 5 · 17로 이어지는 일련의 과정을 통하여 이루어졌다. 1979년 10월 26일 18년간 장기 집권한 박정희 대통령이 사망하였고 같은 해 12월 6일 통일주체국민회의에서 제10대 대통령으로 선출된 최규하는 12월 8일 긴급조치를 해제하여 개헌논의를 가능하게 하였다. 이때부터 다음해 비상계엄 확대시까지 활발한 개헌논의가 있었다. 전두환 · 노태우가 이끈 신 군부 세력은 12월 12일 군사쿠데타를 일으켜 세력을 장악한 후 1980년 5월 17일 비상계엄을 전국으로 확대하고 다음날부터 일어난 5 · 18 광주민주화운동을 진압하면서 개헌논의를 봉쇄하였다. 또 5월 31일 정부는 국가보위비상대책위원회령을 발령하여 국가보위비상대책위원회를 설치하였는데 이 위원회는 사실상의 최고기관으로서 국정전반을 통제하였다. 9월 1일 국가보위비상대책위원회 위원장 전두환이 대통령이 되면서 개헌을 추진하여 정부에서 헌법개정안을 마련하였다.

유신헌법 제24조 제1항의 규정에 의해 대통령이 제안, 헌법 개정안을 작성 대통령에게 보고하기 위하여 헌법개정심의위원회 규정에 의거 1980년 3월 14일 정부 헌법개정심의위원회(69인)가 발족되었고 이에 앞서 국회도 독자적으로 1979년 11월 26일 헌법개정심의특별위원회를 구성하였다. 심의위원들간의 대체토론 후(1980년 4월 28일부터 5월 9일까지) 요강작성 13인 소위원회에서 요강안을 작성하여 전체회의를 개최(1980년 5월 17일부터 9월 5일까지)하고 전문과 본문 131개 항목에 걸친 헌법개정요강안을 작성하였다. 그 후 1980년 9월 6일 제9차 회의에서 요강안 조정과 병행하여 헌법개정시안작성 6인 소위원회가 요강에 대한 자구수정 등 조문화를 거쳐 작성한 요강안을 보고 받고, 9월 8일 제10차 회의에서 10인 위원으로부터 들은 의견을 바탕으로 조정 9월 9일 제11차 회의에서 헌법개정안으로 확정짓고 헌법개정심의 위원장이 대통령에게 보고하였다. 이어 대통령은 이 개정안을 9월 27일 국민투표에 회부 · 공고하고 10월 22일 국민투표 실시로 91.6% 찬성에 의한 5공 헌법을 10월 25일 확정하였고 10월 27일 공포되어 발효되었다.

1.2. 내용

- 憲法前文 개정
- 재외국민의 보호
- 국가의 민족문화 창달의무
- 행복추구권 조항 · 兩性평등조항 신설
- 개별적 법률유보조항 삭제

- 구속적부심사제 부활
- 임의성 없는 자백의 증거능력제한
- 형사피고인의 무죄추정
- 연좌제 폐지
- 사생활의 보호
- 정당운영자금의 국고보조조항 도입(제8조 제3항)
- 언론 · 출판의 사회적 책임
- 평생교육진흥
- 환경권 신설
- 대통령의 간선제[1)]
- 국정자문회의, 평화통일정책자문회의
- 국회의원 청렴의무
- 국정조사권인정
- 대법원의 전담부설치 근거명시
- 행정심판의 근거명시(제107조 제3항)
- 대통령 임기조항의 개정 · 변경금지[2)]
- 헌법개정절차의 일원화
- 사회적 시장경제질서[3)]

---

1) 대통령선거는 직선제의 폐단을 감내하기 어려운 우리의 현실여건을 고려하여 간선제를 채택하되, 대통령 선거시마다 국민에 의하여 새로이 선거인단을 선출하고, 선거인단에는 정당원도 포함될 수 있게 하며, 그 수는 최소한 5,000인 이상이 되도록 하여 국민의 의사를 광범위하게 집약할 수 있도록 함으로써 직선제와 같은 효과를 얻도록 하고, 종전의 통일주체국민회의에 의한 선거와는 달리 복수후보의 자유경쟁을 보장하여 정권의 평화적 교체를 위한 제도적 장치를 마련하였다.
2) 대통령의 임기를 7년 단임제로 하며, 임기연장이나 중임변경을 위한 헌법개정은 그 헌법개정제안당시의 대통령에 대해서는 적용될 수 없게(5공화국 헌법 제45조, 제129조 제2항) 하였다.
3) 경제질서에서는 자유시장경제질서의 골격은 유지하되, 경제에 관한 규제와 조정을 할 수 있게 하고 광범한 통제경제 · 관리경제까지 규정하여 사회적 시장경제질서를 기본으로 하였다.

VI. 제6공화국헌법 : 노태우 정권

1. 제9차 개헌(1987.10.29)

1.1. 개헌과정

제9차 헌법개정이면서 대통령직선제 등을 통하여 정당한 헌법이 되어 실질적으로는 새로운 헌법의 제정이라고 할 수 있는 1987년 10월 29일 공포된 현행헌법의 그 시행은 부칙 제 1조에 의하여 1988년 2월 25일부터 시행되게 되었다. 다만 이 헌법에 의한 대통령 및 국회의원선거 기타 헌법시행에 관한 준비는 이 헌법시행 전에 할 수 있게 하여 1987년 12월 16일 행해진 대통령선거에서 노태우 후보가 당선되어 1988년 2월 25일 취임하였다.

1985년 2 · 12총선에서 헌법제정권력자인 국민은 대통령 직선제 개헌을 주장하는 신민당을 헌법제도적인 정치권 안에 들여놓았다. 이후 서울 올림픽 후인 1989년까지의 개헌논의유보, 1989년 개헌논의가능(1986년 2월 24일 청와대 3당 대표회담)으로 바뀌다가 같은 해 청와대 3당 대표회담에서 여야가 국회에서 합의한다면 현대통령 임기중이라도 개헌을 할 수 있다고 하여 6월 24일 국회 헌법특별위원회 구성결의안이 통과되었다. 그러다가 1987년 4월 30일 대통령의 개헌논의 금지선언이 있었지만 국민들의 저항으로 6월 29일 대통령 직선제가 관철되었고 그것을 실효성 있게 하도록 여 · 야는 합의를 계속하여 직선제헌법개정안이 국회에서 발의(9월 18일), 의결(10월 12일)된 후 국민투표에 의해 확정되었다.

1.2. 내용

- 憲法前文에 임시정부의 법통계승 3 · 1운동 4 · 19민주이념 등 계승 명시
- 總綱
- 법률에 의한 재외국민의 보호의무
- 자유민주적 기본질서에 입각한 평화통일정책추진조항
- 국군의 정치적 중립성 조항 신설
- 국민의 권리와 의무
- 긴급구속요건 완화
- 체포 · 구속시 이유 및 변호인의 조력을 받을 권리 告知와 가족에 그 일시 · 장소 · 통지
  ☞ **미란다(Miranda)원칙**
- 범죄피해구조청구권 신설
- 언론 · 출판 · 집회 · 결사에 대한 허가 · 검열의 금지
- <u>국정감사권 부활</u>
- <u>국무총리 · 국무위원 해임의결권을 해임건의권으로 변경</u>
- 대통령직선제(5년 단임제)
- 대통령의 비상조치권 · 국회해산권 폐지[1)]

---

1) 대통령의 비상조치권 · 국회해산권의 폐지를 통하여 대통령의 권한을 합리적으로 조정하고, 국

- 대통령의 긴급재정경제처분 · 명령권, 긴급명령권 인정
- 법관 파면요건 강화[1]
- 헌법재판소제도 부활

한국헌정사 총정리(동아일보, 1998. 7. 16. 참조)

<table>
<tr><td colspan="2" rowspan="2"></td><td colspan="3">제1공화국</td><td colspan="2">제2공화국</td><td colspan="2">제3공화국</td><td>제4공화국</td><td>제5공화국</td><td>제6공화국</td></tr>
<tr><td>제헌
48.7.17</td><td>1차개헌,
발췌개헌
52.7.7</td><td>2차개헌
사사
오입
54.11.29</td><td>3차개헌
60.6.15</td><td>4차개헌
60.11.29</td><td>5차개헌
62.12.26</td><td>6차개헌
3선개헌
69.10.27</td><td>7차개헌
10월유신
72.12.26</td><td>8차개헌
80.10.27</td><td>9차개헌
현행
87.10.29</td></tr>
<tr><td colspan="2" rowspan="2">정부형태</td><td colspan="3">대통령중심제</td><td colspan="2" rowspan="2">의원내각제</td><td colspan="5" rowspan="2">대통령중심제</td></tr>
<tr><td></td><td>혼합제</td><td></td></tr>
<tr><td rowspan="2">대통령</td><td rowspan="2">선출
임기</td><td rowspan="2">국회선출
(4년중임)</td><td colspan="2">국민직선</td><td colspan="2" rowspan="2">국회선출
5년중임</td><td colspan="2">국민직선</td><td rowspan="2">통대간선
(6년)
무제한</td><td rowspan="2">선거인단
(간선, 7년,
단임)</td><td rowspan="2">국민직선
(5년단임)</td></tr>
<tr><td></td><td>연임제
한철폐</td><td>4년중임</td><td>3선허용</td></tr>
<tr><td rowspan="3">국회</td><td rowspan="2">구성
임기</td><td rowspan="2">단원 4년</td><td colspan="4" rowspan="2">양원제 : 민의원 4년 · 참의원 6년</td><td colspan="5">단원제</td></tr>
<tr><td colspan="2">비례대표제 4년</td><td>유정회
(유신정우회)</td><td colspan="2">비례대표제 4년</td></tr>
<tr><td>국정
견제</td><td colspan="7">국정감사권</td><td colspan="2">국정조사권</td><td>국정감사권
국정조사권</td></tr>
<tr><td rowspan="2">법원</td><td rowspan="2">대법
원장</td><td colspan="3" rowspan="2">대통령임명 · 국회승인</td><td colspan="2" rowspan="2">선거인단선출</td><td colspan="5">대통령임명 · 국회동의</td></tr>
<tr><td colspan="2">6년단임</td><td>6년연임</td><td>5년단임</td><td>6년단임</td></tr>
<tr><td colspan="2">개헌확정</td><td colspan="5"></td><td colspan="2">국회의결
국민투표</td><td>통대
국민투표</td><td colspan="2">국민투표</td></tr>
<tr><td colspan="2">개헌사유</td><td colspan="3"></td><td colspan="2">4 · 19</td><td colspan="2">5 · 16</td><td>10월유신</td><td>10· 26</td><td>6월항쟁</td></tr>
</table>

정감사권을 부활하는 등 국민의 대표기관인 국회의 권한을 강화하여 그 기능을 활성화함으로써 국가권력의 균형과 조화를 도모하였다.

1) 법관의 신분보장 강화를 위하여 형벌에 의해서도 파면될 수 있도록 한 조항을 삭제하고 탄핵 또는 금고 이상의 형의 선고에 의하지 않고서는 법관파면을 할 수 없다고 하였다.

제 3 장 현대 헌법국가의 기본원리 · 기본제도

제 1 절 헌법국가론

- 현대 헌법국가의 기본원리(한국 헌법의 기본원리) -

오늘날의 헌법국가의 당면과제는 군주국을 채택할 것인가 혹은 공화국을 채택할 것인가 하는 문제가 아니라, 국민주권사상에 입각한 국가의 정치질서를 어떻게 형성하는 것이 국민의 인권존중과 개성신장을 최대한으로 보장해주며 사회정의의 실현을 구현할 수 있는가가 핵심적인 과제로 등장하고 있다. 현대국가가 인권존중, 개개인의 개성신장 및 사회정의의 실현을 위해서 갖추어야할 요소를 현대 헌법국가의 기본원리라 표현 할 수 있을 것이다. 이와 같은 토대에서 현대 헌법국가의 기본원리에 대한 구체적 정의를 내린다면 '국가헌법에 나타나 있는 근본적 · 핵심적인 지도원리'를 의미한다고 할 수 있을 것이며,[1] 이는 일반적으로 헌법전문 혹은 본문에 명시적으로 나타나 있거나 추상적으로 표시되어 있다. 또한 이러한 지도원리(Leitprinzip)는 역사적 발전에 의하여 생성 · 발달된 개념이며, 이는 모든 공동체(Gemeinwesen)의 법적 기본질서에 그 기초를 두고 있다.

기본원리는 첫째, 정책결정의 지침이나 방향제시가 될 수 있고 둘째, 모든 국가기관과 공무원 · 국민이 지켜야 할 근본적 가치규범이자 행동지침이며, 셋째, 입법권의 방향과 제한의 기준이되며, 넷째, 헌법개정에 있어서의 헌법개정금지대상이 된다.[2] 이와 같은 기본원리를 토대로 하여 현대 헌법국가는 일정한 정치적 가치질서 즉 자유 · 평등 · 정의의 실현을 보장한다.[3] 기본원리는 구조적 원리(Strukturprinzip)라는 표현을 사용하는 경우도 있으며 이는 국가의 구조가 민주주의 · 법치국가 · 사회국가 · 공화국의 내용에 맞도록 형성될 것을 헌법적으로 명령하는 것이기 때문에 이러한 기본원리는 동시에 국가의 구조적 원리로서의 성격을 가진다는 의미이다.[4]

기본원리 : 자유 · 평등 · 정의의 실현을 보장
- 정책결정의 지침이나 방향제시

---

1) 권영성, 헌법학원론, 125면.
2) 권영성, 헌법학원론, 126면; 김계환, 헌법학정해, 117면 참조.
3) 허영, 헌법이론과 헌법, 단락번호 308 참조.
4) 허영, 헌법이론과 헌법, 단락번호 308 참조.

- 모든 국가기관과 공무원 · 국민이 지켜야 할 근본적 가치규범이자 행동지침
- 입법권의 방향과 제한의 기준
- 헌법개정에 있어서의 헌법개정금지대상

현대 산업사회가 지니는 특성으로서의 헌법국가의 기본원리는 민주주의 · 사회국가 · 법치국가(사회적 법치국가) · 공화국 그리고 연방국가제도를 들 수 있다. 특히 독일의 경우에는, 독일 헌정사에서 독특하게 연유되는 연방국가제도를 그 기본원리로 하고 있다.

· 헌법국가(Verfassungsstaat)란?
· 헌정사와 헌법사의 차이는?
· 사회적 법치국가(독일의 H. Heller, K. Hesse가 주장)

헌법국가의 기본원리중 민주주의는 국민이 국가의 통치활동에 참여할 수 있는 정치적인 자유와 평등을 그 내용으로 하는 것이고, 법치국가는 국가의 조직과 기능을 통한 국민의 자유와 평등의 실현을 도모하는 것이며, 그리고 사회국가는 "국민 각자가 자율적으로 사회적인 생활환경을 꾀하고,"[1] 국가가 "모든 국민에게 생활의 기본적 수요를 충족시켜 줌으로써 건강하고 문화적인 생활을 영위 할 수 있도록 하는 것이 정부의 책임인 동시에, 그것에 대한 요구가 국민의 권리로 인정되어 있는것"[2]을 그 내용으로 한다. 이러한 점에서 민주주의 · 법치국가원리 · 사회국가원리는 자유와 평등을 실현하기 위한 3面鏡과도 같다.[3]

민주주의 → 국가의 통치활동에 참여할 수 있는 정치적인 자유와 평등을 그 내용으로 하는 것
법치국가 → 국가의 조직과 기능을 통한 자유와 평등의 실현을 도모

[사회국가]
허영 → 사회국가는 "국민 각자가 자율적으로 사회적인 생활환경을 꾀하도록 하는 국가
권영성 → 국가가 "모든 국민에게 생활의 기본적 수요를 충족시켜 줌으로써 건강하고 문화적인 생활을 영위 할 수 있도록 하는 것이 정부의 책임인 동시에, 그것에 대한 요구가 국민의 권리로 인정되어 있는 것"

---

1) 허영, 한국헌법론, 162면.
2) 권영성, 헌법학원론, 139면.
3) 허영, 한국헌법론, 162면 참조.

제 1 항 민주주의

제 1 목 민주주의 원리

I. 민주주의의 이념

민주주의는 인류역사의 소산이며 하나의 정신적인 가치유산이다. 민주주의 이념은 자유와 평등의 사상을 토대로 하여 싹튼 것으로서 고대 그리스 시대의 민주주의 사상, 로마시대의 인민주권사상, 기독교사상, 문예부흥기의 인도주의사상, 그리고 자연법사상 등이 결합하여 이론적으로 발전하여 온 것이다. 따라서 민주주의란 말은 매우 다양적, 상대적인 개념으로 이해되고 있다. 그러나 근대민주주의가 발달하게 된 근본적 계기는 절대군주의 전제정치권력에 대한 시민계급(부르조아 계급)의 저항운동에서 였다. 그리고 서구민주주의는 개인의 자유와 권리를 포함한 국민의 기본권의 수호와 신장에 우선적 관심과 집념을 보이게 된 것이다.

『민주주의 이념』: 자유와 평등의 사상을 토대
- 고대 그리스 시대의 민주주의 사상
- 로마시대의 인민주권사상
- 기독교사상
- 문예부흥기의 인도주의사상
- 자연법사상
- 시민계급의 저항운동

II. 민주주의의 정의

그리이스어 demos(민중; 국민)와 kratien(kratos; 권력 · 지배 · 통치)의 합성어에서 유래하는 민주주의(Demokratie)라는 말은 민중의 힘 또는 민중의 지배, 즉 한사람이나 소수자의 지배가 아니고 다수의 민중이 지배하는 정치 형태를 의미 하였다. 고대 그리이스적 의미의 민주주의는 정권 창출의 민주적 절차 등에 관련되는 것이 아니라 군주정이나 폭군정 또는 귀족정이나 과두정과 대립되는 의미의 정치체제, 즉 다수 대중의 권력 내지 인민에 의한 지배를 의미했다.[1] 오늘날 민주주의는 정치적 이념과 통치질서를 대표할 뿐 만 아니라 민주주의라는 용어는 '좋은 나라'를 상징하는 대명사처럼 다양하게 사용되고 있다. 이데올로기를 달리하는 서방[2]과 공산진영[3]의 나라들이 한결같이 민주국가임을 내세우고 있는 것도 그 좋은 증거라고 할 것이다.

민주주의 → '좋은 나라'를 상징
· 서방
· 공산진영

이처럼 다양하고 상반된 정치체제에서 동시에 인용되고 있는 민주주의는 '국민의 통치형태'를 뜻하기 때문에 그 개념이 추상적이고 광범위한 것이 사실이지만 일반적으로 민주주의 원리는 한 나라의 헌법에 의해서 비로소 그 구체적인 형식(Ausformung)이 결정된다. 그러나 민주주의의 형식을 결정하는 하나하나의 헌법도 결국은 민주주의원리가 내포하고 있는 제도적 핵심(Typuskern)을 기본원리로 삼고 이를 각 나라의 형편에 맞도록 응용하는데 불과한 것이기 때문에 결과적으로 민주주의원리의 '제도적 핵심'을 음미하는 작업은 대단히 중요한 일이라 아니할 수 없다.

민주주의 → '국민의 통치형태'
민주주의 원리 → 헌법에 의해서 비로소 그 구체적인 형식(Ausformung)이 결정

그러나 민주주의는 그가 지니는 독특한 특성(Eigenschaft)으로 인하여, 그것이 구체적으로 무엇인가 하는 것은 명확하게 정의 될 수 없고, 다만 一連의 개별적 특성(Einzelmerkmalen)에 의해서 다양한 형태로 표출되는 것을 간접적으로 이해할 수 있을 따름이다.[4] 특히 민주주의란 용어는 모든 정치적 투쟁에서 자기를 정당화시키기 위한 명분이나 이데올로기로도 사용하면서, 독재국가도 자신을 민주주의국가라고 주장하므로 민주

1) 그리이스의 민주주의는 BC 5세기를 전후하여 크게 융성하였으나, BC 5세기 초 민주국가인 아테네가 과두독재(寡頭獨裁)국가인 스파르타와의 전쟁에서 패배함으로써 그리이스의 민주주의는 퇴색하기 시작하였다. 그리고 BC 2세기 중엽에는 과두독재국가인 로마에 그리이스가 정복당함으로써 시들어가던 민주주의는 그리이스에서의 민주주의는 크게 퇴색하였다.

2) 대한민국헌법 제1조: 대한민국은 민주공화국이다.

3) 조선민주주의인민공화국 사회주의헌법(1992. 4. 9.) 제1조: 조선민주주의인민공화국은 전체조선인민의 리익을 대표하는 자주적인 사회주의국가이다.

4) 예를 들면 자유민주주의 · 사회민주주의 · 대중민주주의 · 인민민주주의 · 다원적 민주주의 · 정당제 민주주의, 전자민주주의(Computer Demokratie) 등이 바로 그것이다.

주의라는 용어를 정확하게 정의하기란 쉽지 않으나, 실질적인 복수정당제도하에서 국민들이 국정담당자들을 직접선거를 통해 선택할 수 있는 정치체제를 민주주의라고 볼 수 있을 것이다.

분명한 것은 민주주의는 근대서구에서 자유주의를 실현하는 정치제도로 등장하고 발전해 왔다는 사실이다.[1] 즉, 국가권력으로부터 개인의 기본권(자유권, 재산권, 인신보호권)을 지키기 위해 발전해 왔다. 개인의 자유를 침해하는 것은 현실에서 왕이나 귀족과 같은 정치권력자였다. 정치권력은 국민의 합의로 의한 기초로 부터 나올 때에만 그 정당성을 가지게 되며 그러한 전제하에 민주주의에 정의를 시도해 보면 정치적 자유, 평등을 내용으로 한 민주주의는 국극적으로 인간의 존엄을 보장하기 위하여 선거로 선출된 대표를 통하여 국가의 의사를 정하는 정치체계라고 말할 수 있다.

밀(J. S. Mill)이 말한 것처럼 자유주의는 정치지배자의 자의적인 억압을 제한하려는 과정에서 생성, 발전하였다.[2] 자유주의자들은 처음에 입헌주의를 통해 법으로 절대군주의 횡포를 막고 개인의 자유를 보호하려고 하였으나, 입헌주의의 한계를 깨닫고 국가권력의 담당자를 국민들이 직접 선택할 수 있는 민주주의 제도를 만들어 자유주의 정치제도로 생장시켜 정착하게 되었다.

그러나 일반적으로 민주주의의 의미를 정의하는데 있어서 나타나는 특성은 일반적으로 다음과 같은 2가지의 관점(Aspekten)을 토대로 해서 나타난다. 첫째는 '이론적 · 사상적(theoretisch-ideologisch) 관점, 둘째는 '실질적 · 정치적(praktisch-politisch)' 관점(Blickpunkt)[3]에서 고찰하는 것이 그것이다.

---

1) 이와 반대로 사회주의자들은 자유주의는 민주주의와 모순된다고 보는 경향이 있다. 현대의 대표적 사회주위자인 월러스틴의 다음과 같은 말은 이런 견해를 잘 표현한다. "민주주의와 자유주의가 쌍둥이가 아니라, 대부분의 경우 정반대라는 점을 반드시 유념해야 한다. 자유주의는 민주주의와 맞서기 위하여 고안되었다. 자유주의를 탄생시킨 것은 처음에는 중심부 내에서 그 다음에는 전체 세계체제 내에서 위험스러운 계급을 어떻게 억누를 수 있는가 하는 것이었다. 자유주의의 해결책은 자본의 줄기찬 축적과정이나 그 과정을 지탱하는 국가체제를 위협하지 않는 수준에서 정치권력에 대한 제한된 접근과 경제적 잉여가치에 대한 제한된 몫을 허용하는 것이었다(월러스틴, 강문구 역, 자유주의 이후, 1996, 제1장).

2) Mill, 최요한 역, 자유론, 홍신문화사, 2000, 237-238면.

3) K. D. Bracher, Verfassungsverständnis, in: Merten/Morsey (Hg.), 30 Jahre GG, S. 152; vgl. Schulz-Schaeffer, Staatsform, S. 116 ff.; Böckenförde, Demokratie als Verfassungsprinzip, in: Isensee/Kirchhof, HdbStR, Bd. 1 (1987), § 22.

『민주주의의 양면적 측면』
- 이론적 · 사상적(theoretisch-ideologisch) 관점
- 실질적 · 정치적(praktisch-politisch)' 관점(Blickpunkt)

여기서 정통성의 창조, 그리고 개개(인)의 다양성을 보장(Wahrung)하는 범위내에서, 공동체의 총화를 위한 화합추구(Konsenssuche)[1]를 도모하는 것은 이론적 · 사상적 측면과 실질적 · 정치적 측면이 지니는 공통적(Einigkeit)인 특색이라고 할 수 있다.

「공통점」
· 정통성의 창조
· 개개(인)의 다양성을 보장(Wahrung)하는 범위내에서의 공동체의 총화를 위한 화합추구

III. 민주주의개념의 역사적 발전과정

1. 민주주의사상의 발단으로부터 Aristoteles까지

민주주의이념의 발단은 BC 5세기경까지 거슬러 올라갈 수 있다. 즉 Herodot(BC 484-425)[2]가 국가의 형태를 세가지로 분류하면서 一人 통치형태와 다수 통치형태에 대립되는 개념으로서 전체국민의 통치형태를 예로 든데서 민주주의에 대한 이념적인 起源을 찾을 수 있다.

Herodot → 일인통치형태 · 다수통치형태 · 전체국민의 통치형태

그러나 민주주의의 개념을 그 제도적 핵심이라 할 수 있는 '자유(Freiheit)'와 결부시켜 이해한 것은 역시 PIaton과 Aristoteles[3]에서 비롯된다고 볼 수 있다. 즉, PIaton(BC 428-348)은[4] 이상국가론의 입장에서 지배자의 수와 윤리적 특성에 따라 국가형태를 군주국과 민주국으로 2분하였다. 이와 같은 국가형태에 관한 그의 이분법에서 자유의 원리를 실현시키는 통치형태가 바로 민주국이라고 설명함으로써 민주주의와 인간의 자유가 밀접한 상호관계에 있음을 지적했다.

---

1) K. Hesse, Grundzüge, Rn. 5 ff.; E.-W. Böckenförde, ebd., Rn. 11 ff.
2) Vgl. Geschichte der Perse, III.
3) Vgl. Politik, 1279.
4) Vgl. Gesetze, 693 ff.

Platon → 국가형태에 관한 二分法(군주국 · 민주국)
→ 자유의 원리를 실현시키는 통치형태가 바로 민주국이라고 설명
→ 민주주의와 인간의 자유가 밀접한 상호관계에 있음

Aristoteles(BC 384-322)는 그보다 한걸음 더 나아가 자유의 내용에 언급하면서 국가적 간섭으로 부터의 자유를 강조하고, 국가적 간섭으로부터의 자유는 국민 모두가 평등하게 능동적으로 국사에 참여함으로써만 실현 될 수 있다고 생각하였다. 이처럼 국민의 평등한 정치참여를 자유실현의 수단이라고 판단한 Aristoteles의 사상적 세계에서 처음으로 정치적인 평등의 정신, 즉 민주주의 정신이 싹트게 된 것이다. 이렇게 볼 때 자유와 평등을 내용으로 하는 민주주의이론의 사상적 선구자는 역시 Aristoteles라고 할 것이다.

Aristoteles → 자유의 내용에 언급
→ 국가적 간섭으로부터의 자유를 강조
→ 국가적 간섭으로부터의 자유는 국민모두가 평등하게 國事에 참여함으로써만 실현가능(국민의 평등한 정치참여 → 자유실현의 수단(자유와 평등을 내용으로 하는 민주주의 이론의 사상적 선구자

☞ 고전적 민주주의 이론에 대한 비판은 후술

현재 알려져 있는 정치형태(정치제도 · 정부형태)의 분류방법 중 가장 고전적인 분류방법은 아리스토텔레스(Aristoteles)의 분류방법이다. 아리스토텔레스는 지배자의 수와 그 지배의 내용에 따라서 다음과 같이 분류하고 있다. 이를 일반적으로 '정치체제의 고전적 六分法'이라는 명칭으로 불리우고 있다.[1)]

2. 루소(Rousseau)의 사상적 세계와 자유주의의 영향

2.1. 루소의 사상

아리스토텔레스(Arstoteles)의 민주주의철학은 중세의 사상적 암흑시대를 거쳐 프랑스의 루소(J. J. Rousseau(1712~1778))의 사상적 세계로 이어진다. 루소(Rousseau)는 그의 저서 사회계약론(contrat soical)에서 국민주권(Volkssouveränität)이론을 정립하였기 때문

1) 『정치체제의 고전적 六分法』

지배자의 수	遵法 (공공이익의 추구)	無法(私的 이익의 추구)
1인	군주정치(Monarchy ; Royalty)	폭군정치(Tyranny ; Despotism)
少數	귀족정치(Aristocracy)	과두정치(Oligarchy)
多數	민주정치(Democracy)	중우정치(Mobocracy)

이다.[1] Rousseau가 자주 현대 민주주의이론의 정신적인 아버지로 불려지는 이유도 바로 그 때문이다. 국민주권을 강조한 Rousseau의 민주주의사상은 프랑스혁명(1789)을 계기로 인간의 천부적 자유와 권리를 강조하는 자유주의(Liberalismus) 사상과 결합이 되고 특히 자유주의에 그 사상적 바탕을 두는 몽테스키외(Montesquieu : 1689-1755)의 삼권분립이론과 결합되면서 미합중국을 비롯한 19세기의 여러 나라의 정치제도에 적지 않은 사상적 영향을 미치게 되었다.

- Rousseau의 민주주의사상 + 프랑스혁명(1789) + Montesquieu(1689-1755)의 삼권분립이론 → 미합중국을 비롯한 19세기의 여러 나라의 정치제도에 사상적 영향

주의 : 루소는 3권분립이론을 비판하였음

2.2. 자유주의국가관

2.2.1. 자유주의(Liberalismus)

서양에서 계수된 용어들이 우리나라에서 종종 곡해되어 본 뜻이 와전되는 경우가 많지만, 그 중에서도 '자유주의(liberalism)'는 아마도 우리사회에서 가장 정도가 심할 것이다. 보수파들은 자유주의를 반공주의와 동일어로 사용하여 자유수호의 명분으로 활용하는 반면에, 진보주의자 들은 자유주의를 탐욕스러운 이기주의를 바탕으로한 개인주의라고 비난한다. 그러나 이는 모두 양자의 주장을 옹호하기 위하여 각자 달리 그 내용을 사용한 것이지만, 자유주의는 원래 모든 개인이 절대적으로 소중하며 자유롭고 평등하다는 근대 시민사상으로, 억압적이고 차별적이었던 절대군주제와 전통적 계급사회를 무너뜨리고 민주주의와 법치주의라는 근대시민사회를 건설한 근대 시민들의 건전한 이념이다.

예컨대 홉스(Hobbes), 로크(Locke), 루소(Rousseau), 칸트(Kant) 등은 시민사회의 사상가들이었다. 이들은 시민사회의 형성, 보장에서 국가의 존재이유를 찾았던 것이다. 시민

---

1) Rousseau는 합리주의(Rationalismus)에 바탕을 두고 사회계약론을 주장하였으나 결과적으로는 군주국(Monarchie)을 정당화시키는 데 기여한 17세기의 Hobbes와 Locke의 계약이론과는 달리 한다.

<table>
<tr><th>Hobbes</th><th>Locke</th><th>Rousseau</th></tr>
<tr><td>성악설(저항권 부정)</td><td>백지설(저항권 인정)</td><td>성선설(저항권 인정)</td></tr>
<tr><td colspan="3">공공이익달성 → 객관적 기준
권력기구필요 → 계약 → 국가성립</td></tr>
<tr><td>군주주권</td><td>국민주권</td><td>국민주권</td></tr>
<tr><td>절대군주제(절대왕정)</td><td>입헌군주제</td><td>입헌공화국</td></tr>
</table>

사회에 상응하는 정치사상은 '자유주의'로서 체계화된다. 정치적 의미의 자유주의는 개인의 자유를 옹호하고 존중할 것을 근본원리로 삼는 정치원리이다. 자유주의가 정치원리로 주장되기 까지는 오랜 기간이 경과 하였고, 영국 · 독일 · 프랑스의 정치철학자들이 이 근본원리를 발전시켰다. 인간이 다만 Zunft(조합), 길드, 승려계급, 귀족계급 등과 같은 좁은 계급의 테두리 안에서 구속되었다가, 인문주의와 문예부흥을 통하여, 그리고 자연권과 계몽운동을 통하여, 인간은 현세의 생활과 창조의 주인공으로서, 知와 생활형성의 자연적 요청자임을 깨닫고, 인간이 독자적으로 思惟하고, 책임 있게 행동하고 예술을 창조하는 인격자로서 승인됨에 이르게 되자, 자유주의(Liberalismus)는 개인주의사상의 근저가 되어, 미국의 독립선언(Declaration of independence : 1776), 프랑스혁명(1789)등에서 구체적으로 표현되었다.

> **미국 독립선언(Declaration of independence : 1776)** : 1776년 영국(조오지 3세)에 대항하고 있던, 미국의 13개州의 식민지 대표가 필라델피아에서 모여 결의한 선언(Thomas Jefferson이 起草) → ① 자유주의국가관(평등 · 천부인권 · 계약설 · 국민주권 · 혁명권 등)을 표명 ② John Locke의 입헌정치사상(인민주권론 · 사회계약설이 적용)
>
> **프랑스혁명(1789)** : → 자유(Freiheit) · 평등(Gleichheit) · 박애(Brüderlichkeit)

로크(J. Locke), 흄(D. Hume), 벤담(J. Bentham), 밀(J. S. Mill), 루소(J. J. Rousseau), 몽테스키외(C. L. Montesquieu), 볼테르(Voltaire), 칸트(I. Kant) 등 근대 서양의 대표적 사상가들이 모두 자유주의자로 분류된다.[1] 로크(Locke)에서 몽테스키외(Montesquieu)를 통하여 칸트(Kant)에 이르러서는 자유주의는 법치국가 · 권력분립의 사상을 형성하게 되었다.

2.2.2. 근세의 자유주의적 국가관

근세 자유주의적 국가관에 의하면 현세적 문제는 인간의 이성과 종교적 신앙의 엄격한 구별을 통한 인간의 이성에의 지배를 주장한다. 국가를 하나의 기술적인 통치기구로 보고 군주론을 주창한 마키아벨리(Noccolo Machiavelli : 1469-1527)가 그 출발점이 된다. 이 시대는 국가를 신에 의하여 마련된 선재질서로 보지 않고 "인간의 필요에 의하여 만들어진 자연적인 욕구의 산물"로 본다. 이 시기는 인본주의 사상을 토대로 하는 르네상스 운동, 자연법사상, 세속화된 기독교의 혼합현상이 나타난 시대였다.

---

1) 근대 주요 사상가들 중에 자유주의자가 아닌 사람의 예로는 독일의 헤겔(G.W.F. Hegel)이나 마르크스(K. Marx)와 같이, 개인의 자유가 아니라 계급해방이나 국가발전을 중시한 사람들을 들 수 있다.

- Noccolo Machiavelli(1469-1527) : 국가를 하나의 기술적인 통치기구로 보고 정치와 도덕의 분리, 현실중심적 힘의 정치를 내세우는 국가관을 가지고 있다. 기독교적인 가치질서의 배제를 추구하였다.

- Jean Bodin(1530-1596) : 공동의 관심사를 "주권적 권력에 의하여 처리하기 위한 법적 기구"를 국가라 했다. 신법, 자연법에 근거한 주권행사를 주장함으로써 '주권이론의 창시자'라고도 한다.

- Thomas Hobbes(1588-1679) : 인성의 성악(성악설)을 전제조건으로 하여 '無국가상태'의 공포로부터 벗어나기 위하여 인민은 국가를 만들었다(복종계약의 체결)고 주장한다. 따라서 국가목적은 질서유지에 의하여 정당화된다. 홉스의 이론은 스피노자(Spinoza)의 범신론에 계승되고 근대 전제주의 탄생에 이론적 토대가 되었다. 홉스의 주장에 대한 반발로 개인의 가치를 중요시한 자연법적 주장이 탄생 되기도 하였다.

역사적으로 보면 중세의 봉건체제가 몰락하기 시작한 이후부터 근대 시민사회가 성립하기까지의 기간(각 나라마다 다르지만 대략 16-18세기)에 서유럽은 절대군주제에 의해 지배되었다. 이 시대에 서구의 절대군주들은 안으로는 각 지방의 領主들을 정복하여 지역적 통일을 이루면서 근대 국민국가를 건설하였고 밖으로는 외국과의 영토전쟁을 계속하였다. 이러한 내부적 통일과 외부적 전쟁을 수행하는 과정에서 군주의 권한은 절대권력으로 비대해졌으며 군주를 정점으로하여 귀족과 평민을 차별하는 상하의 신분질서가 공고해졌다. 이러한 차별적인 신분질서에 기초한 절대군주제가 바로 자유주의자들이 저항한 구체제(ancient regime)였다. 이 구 체제하에서 상공인과 농민들로 구성되는 평민들은 과중한 조세와 병역부담, 관리들에 의한 생명과 인신 · 재산 강탈로 인해 심한 고통을 겪게 되었다.

한편, 이 시대에 도시를 중심으로 상공업이 꾸준히 발달하고 아시아, 아프리카, 호주, 아메리카대륙의 식민지를 상대로 한 무역도 발달하여 근대적 경제체제인 자본주의경제가 점차 발전하게 되었고 자본주의의 주도계층인 부르조아계급(중소상공인계급)들이 사회의 새로운 주도층으로 부상하게 되었다. 이들은 신분적으로 평민에 속했기 때문에 구체제 하에서 경제적 · 정치적으로 수탈을 당했으므로 구체제에 대항, 투쟁하는 주도적 사회계급이 된 것이다. 이 부르조아계급(중소상인계급)이 서양 근대 사회발전의 주역인 시민계급이다.[1] 이처럼 서구의 근대 시민사회 형성기에 구체제에 대항하여 근대 시민사회를 건설한 근대 시민계급의 사회사상이 바로 자유주의이다. 즉, 자유주의란 부르조아(중소상인계급)

---

1) 시민(citizen)이란 사회의 주인의식을 가지고 이를 행동으로 실천하는 사회구성원으로, 자신의 정당한 권리를 수호하기 위하여 압제에 대하여 대항, 투쟁하며 자신이 바라는 사회건설에 적극적으로 참여하고 자신의 사회적 의무를 수행하는 계층으로 이해할 수 있다.

들이 서양 근대사에서 구체제를 무너뜨리고 평등하고 자유로운 근대 시민사회를 만들고자 구체제와 싸우는 과정에서 생장한 사회사상이다.[1] 그들은 자신들의 권리를 쟁취하기 위해 모든 사람은 평등하다고 주장함으로써 신분에 의한 차별을 반대하였고, 국가권력의 횡포를 금지하기 위하여 헌법과 법으로 국가권력을 제한하는 입헌주의와 법치주의를 주장하였다. 나아가 자신들이 직접 국정에 참여하기 위해 민주주의를 주장하였으며, 자신들의 자유로운 경제활동을 위해 경제에 대한 정부의 규제를 철폐하는 자유시장경제를 주장하였다. 또한 과거 중세의 공동체생활과 달리 이들의 생업은 개인적으로 자기 책임 하에 독립적으로 영위되는 상공업이었기 때문에 개인의 권리와 책임을 강조하는 개인주의를 주장하였으며, 개인의 생명과 재산 · 자유 보장 등을 부르짖으며 자신들의 모든 정당한 사회적 권리를 자유(liberty 혹은 freedom)라는 한 마디로 요약하였다.

이상과 같은 원래의 근대 시민정신을 고전적 자유주의라고 할 수 있다. 고전적 자유주의는 18-19세기에 걸쳐 구미에서 민주주의, 법치주의, 자유시장경제 같은 근대적 사회질서를 건설하는 데 이념적 기초를 제공하였다. 그러나 고전적 자유주의는 1백-2백년 전의 서양사회라는 시대적 한계와 개혁 주도세력이 부르조아라는 계급적 한계를 갖고 있다. 시장경제에 대한 지나친 신뢰, 노동자와 경제적 약자에 해당되는 빈민들과 빈곤에 대한 무관심이 그 대표적 예이다.

「문제」
자유주의의 정의 ☞ 김영한, 서양의 지적전통, 지식산업사, 1998 참조
자유주의의 문제점 : 소수의 권리
자유주의와 민주주의와의 관계 : 긴장관계 · 적대관계
자유민주주의 : 자유주의 + (변형된) 민주주의 ☞ 자유주의자의 음모

18세기 루소의 사회계약론에서 출발된 국민주권적 민주주의 이념은 자유주의사상과 결합된 후 자기통치적 동일성이론으로 발전되어 독일의 슈미트(C. Schmitt)에 의해 계승되

1) 근대의 서구 시민사회뿐만 아니라, 2500년 전 고대 그리스의 아테네 같은 몇몇 도시국가에서도 자유주의가 있었다고 볼 수 있다. 그러나 고대 그리스 도시국가의 자유주의는 인구의 일부 소수에 불과한 시민들의 자유만을 의미하였고 사회 대다수를 이루었던 노예들의 자유는 인정하지 않았다는 점에서 만민평등의 자유를 인정하는 근대 자유주의와는 커다란 차이점을 보이고 있다. 그리고 개인주의란 자신의 힘으로 생활을 영위하는 상공인들의 사고방식이므로 동서고금을 막론하고 항상 인구의 일부를 구성하던 상공인들에게는 과거에도 동서양을 막론하고 개인주의가 존재했을 것이다. 그러나 이들의 개인주의가 사회 전체의 일반적 사고방식으로 정착하게 된 것은 서구에서 자본주의 등장과 더불어 비로소 시작되었다고 보아야 할 것이다(이근식, 자유주의란 무엇인가, 삼성경제연구소, 2001, 16면).

고, 다른 한편 H. Kelsen의 상대주의적 민주주의이론을 탄생시키게 되었다.

· 루소(사회계약론 → 국민주권이념)
· Carl Schmitt(결단주의이론)
· Hans Kelsen(상대적 민주주의)

3. 시에예스의 대의민주주의이론과 민주주의의 번영

민주주의가 현대적인 국가형태의 주도적인 기능을 담당하게 된 결정적인 계기는 역시 프랑스의 시에예스(Emmanuel Joseph Sieyès : 1748-1836)[1]에서 비롯되는 대의민주주의(repräsentative Demokratie) 이론의 발달에서부터 연유한다고 할 수 있다. Sieyès(1748-1836)는 1789년 1월 그의 논문 「제3신분이란 무엇인가?(Qu'est-ce que le tiers ètat?)」에서 "오직 국민(전체로서의 국민 ; 제3의 신분)[2]만이 헌법제정권력의 주체이다"라고 주장하면서, 다만 국민에 속하는 헌법제정권력도 국민이 선출하는 대의기관(의회)에서 제정될 수 있다고 주장하였다.

Sieyès(1748-1836) : 1789년 1월 그의 논문 「제3신분이란 무엇인가?(Qu'est-ce que le tiers ètat?)」에서 "오직 국민(전체로서의 국민 ; 제3의 신분)만이 헌법제정권력의 주체이다"라고 주장 → 국민이 선출하는 대의기관(의회)에서 제정될 수 있다 → 따라서 대의민주주의의 선구자
오늘날의 민주주의 → 간접민주주의(대의민주주의)

<문제>
1789년 1월에 시에예스의 논문이 발표되고 1789년 7월 14일 프랑스 대혁명이 발발하였다. 그렇다면 프랑스혁명은 시에예스이론의 핵심인 '국민(제3신분)이 헌법제정권력의 주체'라고 하는 사상의 영향을 받은 것인가?

<해설>
1789년 1월 Sieyès는 동년 5월에 삼부회가 소집된다는 정세속에서 논문 제3신분이란 무엇인가?(주의 : 제3계급이 아님)를 출판하여 귀족들의 특권배제, 제2신분의 이익옹호를 위한 이론적 근거를 제시했다. 노동하는 제3신분이야 말로 국민(Nation) 그 자체이고, 제3신분의 대표는 제3신분 출신이어야 하며, 전국 삼부회의 제3 신분대표는 제1, 2신분대표

---

1) Abbé Sieyès라고도 함. Abbé 는 神父(카톨릭교회의 신부를 의미하는 것은 아니고 수도원의 신부(수도사)를 의미)라는 뜻이다. 이는 Sieyès가 1773년에 神父의 서품을 받았기 때문에 이러한 표현을 사용하기도 한다.
2) 제3계급이 아니고 제3신분(ètat)을 의미한다.

총수와 동수로, 표결은 신분별이 아닌 인원수에 의해야만 된다고 주장했다. <제3신분이란 무엇인가?>는 베스트셀러가 되어, 프랑스 혁명의 원동력이 되었다. 프랑스 혁명 당시인 1789년 전국 삼부회에서는 법률가, 상인, 공업자본가 등 부르조아주가 제3신분을 독점, 혁명의 주체로 성장하였으며 혁명 성공후 신분제를 해체시켰다.[1)]

즉 프랑스혁명 이후 앙시앙 레짐(구체제 : Ancien Régime)이 대의민주주의제도에 의해서 대치되고 1776년 미국의 독립이후 미국의 각주헌법이나 연방헌법이 대의민주주의를 제도화한 후부터 민주주의원리는 커다란 효력을 가지고 동서고금의 다양한 이데올로기에 의해서 각색되면서 오늘에 이르기까지 그 제도적인 번영을 계속하고 있다.[2)]

Sieyès(1748-1836) → 대의민주주의(repräsentative Demokratie) 사상적 선구자
이러한 점에서 직접민주주의를 부르짖은 Rousseau와 대조된다.

주제 : 시에예스(Sieyès : 1748-1836)

약 3세기 동안 지속된 프랑스의 절대왕정체제 - 이를 프랑스 역사에서는 특히 구제도 Ancien Regime 이라고 한다 - 는 18세기 후반에 심각하게 동요하게 되었다. 특권을 갖지 않은 평민신분, 즉 제3신분의 실력과 자각이 특권신분의 이익을 위주로 편성된 체제에 이의를 제기하기에 이르렀던 것이다. 시에예스가 팜플렛으로 발표한 논설은 당시의 사회적 분위기와 등장하는 제3신분의 욕구를 웅변적으로 대변하고 있다. 특권신분과 비특권신분 간의 사회갈등은 결국 "프랑스 혁명"이라는 일대 변혁으로 폭발하게 되었다. 이 시기 국민의회가 발포한 "인권선언"은 혁명의 정신을 집약적으로 표현하고 있다. 그리고 이 선언은 오늘날까지 지속되고 있는 근대 시민사회, 헌정국가의 기초가 되는 정신적 가치를 이루고 있다. 그러나 혁명이 전개되면서 발생한 인간의 희생 - 파괴, 유혈사태, 전쟁 - 은 혁명에 대해 비판적이거나 회의적인 견해를 가지는 사람이 나오게 되는 것을 불가피하게 하였다. 버크의 논설은 바로 이와 같은 비판적인 혁명관을 대변하고 있다.[3)]

<연구과제>

1) 시에예스의 略傳 : 그의 출생배경, 교육, 경력 등
2) 구체제하의 신분제와 신분제의회(삼부회)의 구조와 기능은?

---

1) 참고문헌, 세계백과사전, 학원출판사, 1993, 125면.

2) 허영, 헌법이론과 헌법, 단락번호 313.

3) <참고자료> F. 들루슈, 새유럽의 역사, pp. 279-312; E.M. 번즈, 서양문명의 역사 III, 제20장 프랑스 혁명, pp. 807-860; 특수참고 : 다니엘 리비에르, 그림으로 보는 프랑스의 역사, 최갑수 옮김, 까치 1995(원서 1986), pp. 215(특히 235)-275; 배경지식 및 주요개념 : 프랑스혁명의 원인, 구체제(Ancien Regime), 3 신분제, 삼부회(Estate General), 프랑스혁명의 진행(루이 16세의 삼부회소집부터 나폴레옹 통령정부의 수립), 루이 16세, 국민의회, 제헌의회, 바스티유감옥, 입법의회, 국민공회, 자코뱅.

3) 시에예스는 귀족이 전체국민의 생활에 어떤 중요한 의미를 가진다고 말하는가?
4) 시에예스는 제3신분이 전국민의 삶에 어떤 기여를 한다고 주장하는가?
5) 시에예스는 "국민"을 어떻게 규정하고 있는가? 그는 특권신분이 국민에게 어떤 해를 끼친다고 보았는가? 그리고 왜 그렇다고 생각하는가?
6) 시에예스의 문장에 보이는 "국민(nation)"은 우리 시대 한국에서 자주 쓰이는 "민족"이라는 개념과 같은 것인가? 다른 것인가? 또 어떤 의미nuance의 차이가 있는가?

IV. 민주주의의 본질

민주주의(Demokratie)가 그 그리이스어적인 어원이 말해 주듯이 '국민의 통치형태(국민주권)'를 뜻한다고 하는 데는 다툼이 없지만, '국민의 통치형태'가 구체적으로 무엇을 의미하느냐에 대해서는 시대적 · 사상적 배경에 따라 그 설명을 달리하고 있다. 이를 고전적 이론과 현대적 이론으로 나누어서 민주주의의 본질을 검토하기로 한다.

1. 민주주의의 본질에 관한 고전적 이론

민주주의의 본질에 관한 고전적 이론은 '국가권력의 주체'를 기준으로 해서 민주주의의 본질을 설명하려는 플라톤 및 아리스토텔레스적 입장과 '국민의 자기통치형태' 즉 치자와 피치자가 동일한 정치형태를 민주주의라고 이해하려는 루소의 입장, 두 가지로 나눌 수 있다.

「국민주권 : 국민의 통치형태의 개념」
- 국민이 국가권력의 주체인 통치형태
  * 先在하는 국가권력을 전제
- 국민의 자기통치형태 = 治者와 被治者가 동일한 통치형태(동일성이론)
  * 先在하는 국가권력을 전제로 하지 않음

1.1. 국민이 국가권력의 주체인 통치형태

1.1.1. 내용

국가형태의 분류에 관한 고전적 이론(Platon 및 Aristoteles 등의 주장)은 국가권력이 군주에게 있다면 군주국, 소수의 귀족에게 있으면 귀족국, 그리고 국민에게 있으면 민주국이라고 보았다. 따라서 이 고전적 이론에 따르면 민주주의란 바로 국민이 국가권력의 주체인 통치형태라고 말할 수 있다.

「Platon, Aristoteles의 고전적 이론」
군주국 → 국가권력이 군주에게
귀족국 → 국가권력이 소수의 귀족에게
민주국 → 국가권력이 국민에게

이처럼 국민이 국가권력의 주체인 통치형태를 민주주의라고 보는 고전적 이론은 한편 先在(이미 존재하는) 하는 국가권력(Staatsgewalt)을 이론상으로 전제하고 있을 뿐 아니라 '국민'을 전체로서 행위능력이 있는 인간(handlungsfähige Person)으로 파악하고 있다. 따라서 선재하는(이미 존재하는) '국가권력'을 쟁취하기 위해 투쟁한 결과 국민이 승리하게 되면 국민은 국가권력의 주체가 되는 것이고 이처럼 국민이 국가권력의 주체인 국가는 민주국이라고 보게 된다.

「특징」
先在하는(이미 존재하는) 국가권력(Staatsgewalt)을 이론상 전제
국민 → 전체로서 행위능력이 있는 인간(handlungsf'ähige Person)
(따라서) 선재하는(이미 존재하는) 국가권력을 쟁취하기 위해 투쟁한 결과 '국민'이 승리하게 되면 국민은 국가권력의 주체가 됨 → 민주국

1.1.2. 批判

a) 先在(이미 존재하는)하는 국가권력의 문제점

고전적 민주주의이론이 전제하고 있는 이미 존재하는 국가권력, 즉 국가권력이 국민과는 별도로 이미 존재하고 있다고 보는 이론적 전제(가정)는 잘못된 것이다. 왜냐하면 국가(Staat)란 인간을 떠나서 존재할 수 없는 것임에도 불구하고 국가권력이라는 개념을 인간과는 별도로 이미 존재(先在) 하는 것으로 가정(假定)하고 있기 때문이다. '국가'는 결코 이미 존재하는 것이 아니고 인간적인 생활과정에서 일정한 목적에 의해서 조직되고 창설되는 것이지 독자적으로 선재하는 것일 수는 없다.

· 국가 (Staat)란 인간을 떠나서 존재할 수 없다
· 국가권력은 국민을 떠나 따로이 존재하거나 先在(이미 존재)하는 것이 아니고 국민에 의하여 창설됨

b) 추상적 의미의 국민을 개별적 · 실질적 행위능력있는 인간으로 파악 (국민의 인격화와 문제점)

고전적 이론은 국민(전체로서의 국민)이라고 하는 추상적 개념을 일종의 행위능력이 있는 인간으로 파악하여 국민이 국가권력을 소유하고 이를 행사할 수 있다고 주장하고 있

다. 그러나 국민은 하나의 관념적(ideele) · 擬制的(fiktive)인 추상적 개념에 불과하며, 실제로 법률상 혹은 사실상의 행위능력을 가지는 인간을 뜻하는 구체적 개념일 수는 없다. 만약 고전적 이론처럼 '전체로서의 국민'이 '행위능력이 있는 인간'이라고 본다면 국민은 그가 가지는 주권의 힘(헌법제정권력)에 의해서 심지어는 무제한적인 권력을 행사할 수 있다는 논리가 성립될 수도 있으며, 그 결과 오히려 중우정치의 위험과 이에 따른 국민의 기본권 보장 혹은 권력분립의 정신은 무시되거나 민주주의와 조화될 수 없는 비민주적인 제도가 되어 버릴수도 있다는 점이다. 이는 선재하는 국가권력을 전제로 하고 전체로서의 국민을 인격화시키는 데서 출발하는 고전적 민주주의이론은 비판 받을 수 밖에 없다.

「전체로서의 국민」
- 하나의 관념적(ideele) · 擬制的(fiktive) 개념
- '행위능력이 있는 인간'이 아님(일본과 우리나라에서 통용되고 있는 '국가기관으로서의 국민'의 이론이 이 가지고 있는 문제점 → 국가기관설 부정 ☜ 허영, 권영성)

「문제점」
고전적 이론처럼 '국민'을 전체로서 '행위능력이 있는 인간'이라고 본다면
→ 국민은 그가 가지는 주권의 힘에 의해서 무제한의 권력을 행사할 수 있다는 논리가 성립

「연구사항」
- 전체로서(주권의 보유자)의 국민과 주권의 행사자로서의 국민

1.2. 국민의 자기통치형태 : 치자와 피치자가 동일한 통치형태(동일성이론)

* 선재하는 국가권력을 전제로하지 않음

1.2.1. 내용

민주주의의 이론의 선구자인 루소(J. J. Rousseau : 1712 - 1778)는 국민이 국가권력의 주체인 통치형태를 민주주의라고 이해하는 고전적 이론(플라톤, 아리스토텔레스)과는 달리 동일성이론(Identitätstheorie)을 주창하였다.[1] 루소의 동일성이론은 先在하는 국가권력을 전제로 하지 않고, 다만 권력의 대표나 위임이 없는 직접민주주의를 요소로 삼고 있다. 따라서 인민이 주권자이기 위해서는 반드시 일반의사(總意)에 복종하지 않으면 안된다고 생각하였다.

1) 루소의 동일성이론에 대한 상세한 내용은 허영, 헌법이론과 헌법, 단락번호 321 이하 참조.

– 동일성이론(Identitätstheorie) –

루소(Rousseau)가 그의 사회계약론(contrat social)[1]과 총의론(volonté générale)에서 被治者(Die Regierte)가 治者(Die Regierende)의 의사에 복종하는 것은 결국 '총의'의 형태로 나타나는 자기 스스로의 의지에 복종하는 것이라고 설명함으로써 治者와 被治者의 '意志的 同一性(Willensidentität)'을 추정한 데서 동일성이론을 최초로 전개하였다.

– 루소의 사회계약론 –

루소는 그의 사회계약론에서 "자연상태는 인간이 고립하여 생활하는 상태로서, 재산도 전쟁도 없는 평화롭고 무조직의 상태이다. 자연상태에서의 인간의 욕망과 자유의 남용을 방치하게 되면, 자연의 아름다움도 자유의 고귀함도 파괴되고 말 것이므로, 이를 보존하기 위하여 전체인민은 합의(자유의사에 의한 계약)에 의하여 국가를 건설하고, 국가를 지도하는 최고불변의 의사인 일반의사(總意)에 따름으로서 질서를 유지하고, 그렇게 함으로써 스스로의 자유를 누릴 수 있다고 한다. 따라서 국가권력은 인민의 일반의사(總意)에 기초한 것이고, 이에 복종하는 것은 타인에 의한 지배가 아니라 자신에 의한 자기의 지배"라고 한다.[2]

「루소(J. J. Rousseau : 1712–1778)」: 인민주권론
- 직접민주주의 주장
- 인민이 주권자이기 위해서는 반드시 「일반이사(總意)」 – 「자기스스로의 의지」에 복종해야 ☞ 동일성민주주의

---

1) 루소의 동일성 민주주의는 C. Schmitt에게 영향을 미치고 우리 나라의 헌법재판소도 이에 입각한 판례가 있다. 동일성민주주의(Identitätsdemokratie) : 동일성민주주의(identitäre Demokratie; Identitätsdemokratie)는 Rousseau에 의하여 최초로 주장되고 독일의 C. Schmitt 가 대표적으로 주장한 학설이다. Schmitt는 민주주의를 동일성이론에 따라 「治者(Regierende)와 被治者(Regierte)」가 동일한 통치형태라고 이해하면서, 「국민의 자기통치」에 의해서 비로소 주권재민의 이념이 실현될 수 있다고 주장한다. 이와같이 Schmitt는 민주주의를 「국민의 자기통치형태」라고 이해하면서, 이러한 동일성리론의 전제조건으로서 국민이란 단순한 관념적인 집단(ideele Größe; 관념적인 것; 관념적 크기)에 불과한 것이 아니고, 현실적인 집단(현실적인 것; 현실적인 크기)이며, 국민이 「통일된 전체(정치적 통일체)」로써, 「통일된 정치의사」를 가지고 「통일된 정치활동」을 할 수 있다는 것을 강조한다. 따라서 C.S. 는 동일성민주주의를 위한 제도적 장치, 즉 ① 선거제도와 ② 국민투표제도, 그리고 ③ 의회제도 ④ 의회해산제도 등에 대하여 관심을 가진다; **헌재결 1991. 3. 11, 90헌마28 : 민주주의는 피치자가 곧 치자가 되는 치자와 피치자의 자동성을 뜻하기 때문에** 공무담임권을 통해 최대다수의 최대정치참여, 자치참여의 기회를 보장하여야 하는 것이며 그 제한은 어디까지나 예외적이고 필요부득이한 경우에 국한되어야 한다. 『문제』 위 헌법재판소의 견해(**민주주의는 피치자가 곧 치자가 되는 치자와 피치자의 자동성을 뜻하기 때문에**)를 비판하라.

2) 권영성, 헌법학원론, 104면 참조.

1.2.2. 장점

이러한 루소의 사상은 국민은 그때까지 단순히 국가권력에 대한 피동적 지배대상인 '목적물관계(Objekt-Beziehung)'에 불과한 것으로 인식했던 것을 국민이 국가의사결정의 능동적 의사결정의 주체인 주관적 관계(Subjekt-Beziehung)로 승화시켰다는 점에 그 이론의 장점이 있다.[1)]

「국민의 지위」
- 국가권력에 대한 지배대상인 '목적물관계(Objekt-Beziehung)' : 피동적 지배대상
- 국가의사결정의 '주관적 관계(Subjekt-Beziehung)' : 능동적 국가의사결정의 주체

1.2.3. 비판

a) 전체주의화의 위험(맹목적 총의와 무지몽매한 다수)

동일성이론은 治者와 被治者를 동일시하기 때문에 결국 국민의 이해관계와 국가의 이해관계를 동일시하게 된다(국가와 사회의 일원론). 뿐만아니라 동일성이론은 '국민전체'[2)]가 하나의 '통일된 전체(einige Ganzheit)'로서 하나의 '획일적인 정치의사'를 갖는다는 擬制(假定)에서 출발하기 때문에 개개인의 정치적인 견해차이 · 의견대립은 처음부터 인정되지 아니한다. 이와 같은 입장에서는 결국 다수결원칙이 필요한 것도 아니며 - 왜냐하면 다수결원칙은 정치적 견해차이 · 의견대립을 그 전제로 삼고 있으므로 - 또한 통치권에 대한 어떠한 제한도 허용될 수가 없다. 통치권에 대한 어떠한 제한도 허용되지 않는 다는 것은 결국 국민의 기본권보장도 배제된다는 결론이 나오는 것이다.[3)]

---

1) 링컨(Abraham Lincoin)이 대통령의 민주주의에 대한 정의, 즉 국민의 국민에 의한 국민을 위한 정치(goverment of the people, by the people, for the people)도 유사한 관점이다.

2) Rousseau(1712 - 1778)는 특히 주권의 단일(주권은 분할할 수 없다) · 불가분성(주권은 양도할 수 없다)을 내세워 권력분립론을 비판하였는데, 그 이유는 국민주권주의와 권력분립주의는 양립될 수 없는 것이라고 생각했기 때문이다(이태일(외) 역, J. J. 루소, 사회계약론, 범문사 1989, 35-36 참조.). Rousseau가 의미하는 국민주권은 국민개인이 각각 주권의 일부분을 가지고 있다는 것이 아니라 「전체로서의 국민(la nation tout entiére)」이 주권자라는 의미이므로 국민개인은 그들이 가지고 있지 않은 주권을 양도할 수 없다는 것이다. 이에 관하여는 유진오, 헌법해의, 125면 참조.

3) 특히 治者가 즉 被治者라는 동일성이론에 따르면 국가기관은 통일된 전체로서의 국민이 가지는 통일된 정치의사를 집행하는 집행자(Vollstrecker)에 불과하다고 하지만, 이 논리를 악용하는 경우에는 국가기관이 행하는 일은 언제나 통일된 국민의 정치의사를 집행하는 정당한 것이라고도 주장할 수 있기 때문에 동일성이론이 오히려 민주주의가 추구하는 목적과는 정반대의 결과로 악용될 소지가 있다는 것이다(허영, 헌법이론과 헌법, 단락번호, 321).

- 국민의 이해관계와 국가의 이해관계를 동일시 → '국가'와 '사회'가 동일한 것으로 간주 (국가와 사회의 일원론)
- 국민전체가 하나의 '통일된 전체'(einige Ganzheit)로서 "획일적 정치적 意思'를 갖는다는 擬制에서 출발 → 정치적 견해차이 · 의견대립부정
  (따라서) 다수결원칙이 반드시 필요한 것도 아님 → 통치권에 대한 어떠한 제한도 허용될 수가 없다. 따라서 기본권보장이 문제될 수도 없다.

즉 루소(Rousseau)의 주장처럼 민주주의의 실질적 내용을 '절대적인 국민주권(absolute Volkssouveränität)'에서 찾고 국민의 總意(volonté géneralé) 이외의 어떠한 객관적인 가치질서나 가치표준도 인정하지 않는 경우 민주주의의 내용은 유동적 · 상대적인 것이 되고 만다. 그 결과 민주주의는 '맹목적 총의'와 '무지몽매한 다수'를 통제하고 기속할 수 있는 사회공동체의 '객관적 가치질서(objektive Wertordnung)' 내지는 '객관적 가치표준'은 인정될 수가 없다. 왜냐하면 '국민총의'나 '다수'의 힘으로는 무엇이든지 결정할 수 있고 그것은 항상 옳다는 것을 전제로 하고 있기 때문이다.[1)]

Rousseau는
민주주의의 실질적 내용을
- 절대적 국민주권(absolute Volkssouveränität)에서 찾는다
  (따라서) 국민의 總意(volonté géneralé) 이외의 어떠한 객관적인 가치질서나 가치표준은 모두 부정 : '객관적 가치질서' → 총의나 다수를 기속 → (이렇게 되면) 민주주의의 내용은 유동적 · 상대적으로 됨 → 독재주의이론으로 변질 · 악용될 위험성
  (왜냐하면) '총의'나 '다수'의 힘으로는 무엇이든지 결정할 수 있으므로

---

1) 이러한 점에서 루소(Rousseau)의 동일성 민주주의 사상과 슈미트(C. Schmitt)의 결단주의, 그리고 켈젠(H. Kelsen)의 상대적 민주주의이론이 사상적으로 연결될 수 있는 연결고리가 있다. Rousseau의 총의론이나 C. Schmitt의 결단주의이론, 그리고 H. Kelsen의 상대적 민주주의가 민주주의와는 정반대방향의 독재주의이론으로 변질 · 악용될 위험성을 내포하고 있는 것이다. 왜냐하면 이들의 사상적 세계에서는 '총의' 내지는 다수결의 원칙(Mehrheitsprinzip)만이 민주주의의 본질적인 내용으로 간주되어 객관적 가치질서(objektiver Wertordnung) 내지는 객관적 가치표준이 무시되기 때문이다. 이들의 민주주의이론이 상대적인 민주주의이론이라고 불려지는 이유도 그 때문이다. 이 같은 상대적 민주주의이론은 인간의 천부적 자유와 권리를 강조하고 사회내에 존재하는 정치적 이념의 다양성과 가치관의 다양성을 당연한 현상으로 이해하는 자유주의 사상과 일맥상통하는 점이 있다. H. Kelsen이 민주주의가 전제로 해야 되는 세계관(Weltanschauung)은 바로 상대주의(Relativismus)라고 주장하면서 민주주의의 내용을 상대화(relativieren)시키려고 하는 것도 따지고 보면 민주주의와 자유주의의 사상적 통합형태를 의식한 것이라고 볼 수 있다(허영).

「비판」
「민주주의 정의」: 자유 · 평등 · 정의를 위한 특정한 통치형태: 가치관적 민주주의
(따라서) 민주주의 → 상대적으로 변모할 수 있는 성질이 아니고 자유 · 평등 · 정의를 확립하기 위한 절대불변의 가치(절대적)

b) 拍手민주주의(Akklamationsdemokratie) · 인민민주주의화의 위험성

이러한 사상하에서는 결과적으로 민주주의가 박수민주주의(Akklamationsdemokratie),[1) 내지는 인민민주주의(Volksdemokratie)의 형태로 변질될 수 있다.[2) 공산국가에서 국민의 대다수를 차지하는 노동자 · 농민계급의 이른바 「통일된 의사」를 대변하고 있는 공산당이야말로 전체국민의 의사를 정치적으로 실현시킬 수 있는 유일한 정당이라고 주장하면서 공산당의 일당독재에 입각한 이른바 인민민주주의를 내세우는 것도 바로 동일성이론에 그 사상적 바탕을 두고 있다고 할 것이다.

- 拍手 민주주의(Akklamationsdemokratie)
- 인민민주주의(Volksdemokratie): 공산당이야말로 전체국민의 의사를 정치적으로 실현시킬 수 있는 유일한 정당이라고 주장(공산당의 일당독재)

c) 결론

「동일성이론의 문제점」
- '통일된 전체'로서의 '국민' → 비현실적 假定(Fiktion)에 불과
- 국민전체의 '통일된 획일적인 정당의사'

「문제점」
① 다양한 개성과 능력과 이해관계의 주체인 인간의 집단을 사회내에서 同化시키고 통합시키는 데는 일정한 한계가 있다.[3)

② 민주주의가 그 어원대로 '국민의 통치형태'인 것은 사실이지만, 그렇다고 그것이 반드시 '국민의 자기통치형태'를 뜻하는 것은 아니다.
→ 국민의 통치형태: · 국민의 자기통치형태'(X)
· 국가내에서 행사되는 통치권(입법권 · 행정권 · 사법권)의 정당성(정통성)이 전체국민에 근거하는 통치형태(O)
· 국가권력의 창설과 그 행사의 정당성을 국민의 의사에 의하도록 하는 통치형태(O)

---

1) 여기서 박수민주주의의 의미는 맹목적으로 손뼉(박수)치면서 기계적으로 찬성한다는 의미이다.
2) 허영, 헌법이론과 헌법, 단락번호 321.
3) 따라서 이러한 한계내에서 나마 최대한의 동화적 통합을 달성하려는 것이 바로 국가의 기능이다.

처음부터 전체국민을 '통일된 전체'로 보고 이미 이루어진 '동화적 통합'[1]을 전제로하여 국민이 자기지배(Selbstherrschaft)를 하는 것이 민주국이라고 이해하는 동일성이론은 민주주의의 실현에 의해서야 비로소 나중에 달성될 수 있는 정치현실인 동화적 통합을 오히려 그 민주주의의 전제로 삼고 있다고 하는 점에서 비난을 면할 수 없다.[2]

동일성이론은 이미 이루어진 동화적 통합을 전제로하여 설명한다.

「동화적 통합」
- 민주주의의 실현에 의해서 비로소 달성
- 민주주의를 실현하기 위한 전제가 아님

2. 다수의 통치형태로서의 상대적 민주주의론 : 켈젠의 상대적 민주주의이론

2.1. 내용

상대적 민주주의 이론은 민주주의를 다수의 통치형태(Mehrheitsherrschaft)로 이해하면서 다수의 힘에 의한다면 민주주의의 내용도 임의로 상대화(relativieren)시킬 수 있다고 보는 H. Kelsen의 상대적 민주주의사상이다.[3] 켈젠은 가치상대주의자이며 민주주의의 신

1) 이처럼 '이미 달성된 동화적 통합'을 민주주의 이론의 전제로 하는 경우에는 사회내에서 발생하는 이해관계의 대립 · 갈등 혹은 사상의 논쟁 같은 것은 그 가상적인 '동하적 통합' 상태를 유지시키기 위해서라도 당연히 억압될 수 밖에 없다. 그렇지 않고는 동일성이론의 이론적인 출발점이 무너지게 되기 때문이다. 소위 인민민주주의를 표방하는 공산주의 국가 내지는 사회주의 국가에서 '다르게 생각할 수 있는 자유가 허용되지 않는 이유도 그 때문이다(허영, 헌법이론과 헌법, 단락번호, 322).

2) K. Hesse가 지적하듯이 직접민주주의(unmittelbare Demokratie)도 治者와 被治者가 동일한 통치형태일 수는 없다. 왜냐하면 직접민주주의도 인간의 인간에 대한 지배형태가 다수에 의한 소수의 지배)의 범주를 벗어나지 못하고, 결국은 治者(多數)와 被治者(少數)가 각각 따로 존재하기 때문이다. 설령 만장일치의 직접민주주의가 존재한다고 가정하더라도 그것은 결코 治者와 被治者의 同一性을 나타내는 것은 아니다. 왜냐하면 이 경우에도 K. Hesse의 주장처럼 '투표에 참가한자'가 '투표에 참가하지 않은 사람'을 지배하는 결과가 되기 때문이다. 따라서 직접민주주의를 논거로 동일성이론을 주장하는 것은 결국 '다수의 지배(Mehrheitsherrschaft)를 '국민의 지배' (Volksherrschaft)와 동일시하려는 하나의 假定에 불과하다. 더군다나 간접민주주의(mittelbare Demokratie)가 동일성이론의 논거가 될 수 없는 것은 더 말할 필요가 없다. 왜냐하면 선출된 국가기관(Staatsorgan)의 지배를 국민의 자기지배와 동일시 하는 것은 역시 하나의 假定 내지는 논리적 비약에 지나지 않기 때문이다(허영, 헌법이론과, 헌법 단락번호, 322).

3) 켈젠의 상대적 민주주의 이론에 대한 상세한 내용은 허영, 헌법이론과 헌법, 단락번호 324 이하 참조,

봉자임과 동시에 법실증주의자였다. 이러한 그의 입장들을 그의 모든 저서들을 통하여 나타나고 있다. 켈젠에 의하면 인간은 단순히 상대적 가치만을 인식 할 수 있으며, 상대적 진리(Wahrheit)와 진실(Wirklichkeit)만을 터득 할 수 있다고 한다. 그에 의하면 이러한 의미에서 절대적 가치도 또 절대적 진리도 존재하지 않는 다고 한다. 켈젠의 가치상대주의는 "아무런 입장도 취하지 않음(Standpunktslosigkeit)"을 의미하는 것은 아니며, 어떤 것에 대해 주관적으로 절대적 확신에 차있음에도 불구하고 그것이 절대적으로 옳다고 주장하지 않는 것을 의미한다고 한다.

[민주주의는 상대주의에 입각]

민주주의는 올바른 상대주의에 입각 하고 있다. 올바른 상대주의란, 나의 생각만이 절대적이라고 생각하지 않는 것을 말한다. 민주 시민은 모두 저마다의 인격과 견해를 서로 존중하면서 비판과 관용을 통하여 사회 성원의 의사를 조율해 나갈 필요가 있는 것이다.

[절대주의를 배격하는 민주주의]

나의 생각만이 진리이고 절대적 가치를 가진다는 태도는 민주적이라 할 수 없다. 절대적 진리는 이에 따를 것을 강조 할 뿐, 타인의 의견은 무시하기 때문이다. 민주주의는 자기가 어떤 신념을 가지더라도 그것이 절대적이 아니라는 생각에서 부터 시작된다. 그러므로 자기의 의견에 따를 것만을 강조하여 타인의 의견을 전혀 받아들이지 않는 태도는 민주적이라 할 수 없다.

이 가치상대주의는 켈젠에 의하면 민주주의의 전제가 되는 세계관이라고 한다. 왜냐하면 토론과 협상을 통한 민주주의적 의사형성이라던가 소수자의 보호 등은, 다른 사람의 반대되는 의견도 옳을 수 있다는 전제가 없이는 생각할 수 없는 것들이기 때문이라고 한다.[1]

H. Kelsen은 민주주의가 상대주의(Relativismus)의 세계관[2]에 입각해야 한다고 주장

---

1) Hans Kelsen, Staatsform und Weltanschuung, 1933, 28면. Horst Dreier, Rechtslehre, Staatssoziologie und Demokratietheorie bei Hans Kelsen, 1986, 235면; 김영희, 한스 켈젠의 국가론, 사법행정(1992.12), 37면 참조.

2) 민주주의의 본질에 관한 이론중 상대적 민주주의이론, 즉 다수의 통치형태로서의 상대적 민주주의를 주장한 켈젠은 민주주의는 가치상대주의에 가장 적합한 정치적 근본규범(politische Grundnorm)라고 주장한다. 왜냐하면 민주주의는 모든 정치적 의사를 동일하게 평가하고, 다수결의 원칙에 다라 가능한 최대다수의 인간이 (정치적 자기 결정의 의미로서) 자유를 누릴 수 있도록하기 때문이라는 것이다. 켈젠에 의하면 (절대적으로 유효하다고 주장되어지는) 권위(Autorität)에 의해서가 아니라 다수(Majorität)의 의견에 따라 결정이 내려져야 한다고 한다. 켈젠(H. Kelsen)은 현실에 있어서 만장일치란 절대로 불가능하다고 전제하고 현실의 가능한 방법으로서의 그 다수결원칙은 「상대적으로 자유의 이념에 최대한도로 접근(die relativ größte

하면서 민주주의를 정치과정에서 지켜야 되는 단순한 정치적인 경기규칙(politische Spielregeln)이라고 이해한다. 따라서 그에게는 민주주의는 하나의 이념적인 규칙에 지나지 않으며 오히려 다수결원칙을 민주주의의 본질이라고 본다. 그 이유는 정치적인 의사형성의 결정내용보다는 그 결정과정을 민주주의의 본질이라고 이해하기 때문이다.

민주정치를 하나의 경기(Spiel)로 생각하고 이 민주정치라는 경기를 질서있게 진행시키기 위한 일종의 경기규칙(Spielregeln)이 바로 다수결원칙이라고 이해하는 입장은 경기의 내용(Spielinhalt)이 처음부터 정해진 것이 아니고 경기의 진행상황과 경기규칙의 운영여하에 따라 비로소 정해진다고 믿기 때문에 경기규칙을 뜻하는 다수결원칙은 민주정치의 내용을 결정하는 중요한 요소가 된다. 이처럼 다수결원칙이라는 경기규칙의 운영여하에 따라 그 내용이 그때마다 달라질 수 있는 민주정치는 그 이념적인 면에서도 마땅히 개방적이고 상대적인 것이 될 수 밖에 없다.[1)]

「H. Kelsen」

- 상대주의(Relativismus)적 세계관
- 민주주의 → 정치과정에서 지켜야 되는 단순한 정치적인 경기규칙(민주주의는 단순한 이념적인 규칙).
  - 정치적인 의사형성과 정치적인 결단의 '내용'보다는 그 결정 '과정'을 민주주의의 진면목이라고 이해
    → (따라서) 경기규칙의 운영여하에 따라 그 내용이 수시로 변화
  - 이념적인 면에서도 마땅히 개방적 · 상대적

2.2. 비판

힘의 규범성을 강조하는 법실증주의적 사상과 서로 상통하는 상대적 민주주의이론은 바이마르공화국에서 그 위세를 떨치긴 했지만, '다수결 = 힘 = 규범 = 국가'의 공식으로 요약되는 그 이론체계는 다수의 의사에 절대적인 힘을 부여함으로써 다수결에 의한다면 무엇이든지 결정할 수 있고, 그것은 항상 올바르다 하는 독단적인 사고방식을 낳게 한다.[2)] 그 결과 민주주의의 내용을 지나치게 상대화 시킨다는 비난을 면할 수 없다. 즉 민주주의를 「다수의 지배형태」로 보고 다수의 의사에 따라서 그 정치내용이 임의적으로 되어 수시로 달라질 수 있다고 한다면 그것은 소수에 대한 「다수의 독재(Mehrheitsdiktatur)」에 지나지 않고 이 같은 다수의 독재는 압박 받는자의 數에 있어서만 소수가 지배하는 소수의 독

Annährung an die Idee der Freiheit)」하고 있다는 가정을 내세우고 있다. Kelsen, Vom Wesen und Wert der Demokratie, 2. Aufl., 1929, S. 9.

1) 허영, 헌법이론과 헌법, 단락번호, 324.

2) 허영, 헌법이론과 헌법, 단락번호 325.

재와 구별될 뿐 내용적 측면에서는 동일하다고 볼 수 밖에 없다. 민주주의가 국민의 통치형태라고 한다면 다수(Mehrheit)만이 문제가 될 수 없고 소수(Minderheit)도 마찬가지로 중요시되지 않으면 아니된다. 따라서 의제된 국민의 의사를 내세워 다수가 소수를 억압하고 소수위에 군림하는 통치형태는 결코 '민주주의'의 근본이념과 조화될 수 없다. 소수보호의 문제를 현대민주주의이론에서 특별히 중요시하는 이유도 여기에 있다.[1)]

다수의 의사에 절대적인 힘을 부여(다수결 = 힘 = 규범 = 국가)
다수결만능주의 → 소수에 대한 '다수의 독재'

결국 루소나 켈젠의 이념은 모두 '治者와 被治者의 동일성(Identität von Regierenden und Regierten)'의 요청에 그 이론적 근거를 두고 있다고 볼 수 있다.

– 다수결의 추정적 정당성 –

다수결원칙의 정당성의 근거로서 '다수결의 추정적 정당성(vermutete Richtigkeit von Mehrheitsentscheidungen)'이 거론되기도 한다.[2)] 그러한 주장은 인간의 이성 또는 자연법에 대한 신뢰에 그 기초를 두고 있는 것으로 보인다. 그러나 <u>다수결원칙은 어디까지나 결정에 관한 형식적 규율을 의미하는 것일 뿐, 내용에 있어서의 정당성을 언제나 보증하는 것은 아니다.</u>[3)] 따라서 그 다수결원칙의 정당성의 근거는 내용적 정당성이 아닌 형식적 정당성에서 찾아야 할 것이다. 즉 다수결원칙(Meherheitsprinzip)은 민주주의의 실질적인 내용을 실현하기 위한 하나의 형식원리임과 동시에 제도적 장치에 지나지 않는 다는 것이다.[4)] 다수결의 원리는 쇼이너(Urlich Scheuner)가[5)] 적절히 주장하고 있는 바와 같이 다만 민주주의를 실현하기 위한 하나의 수단에 불과하며, 그 자체가 민주주의 본질이 될 수는 없다(허영).

2.3. 결론

오늘날에 와서는 민주주의가 자유 · 평등 · 정의를 실현시키기 위한 특정한 통치형태로 예외 없이 인정되기 때문에 민주주의가치를 실현시키는 수단에 불과한 다수결원칙은 더이상 민주주의의 본질적인 내용이 될 수 없다본다.[6)]

---

1) 허영, 헌법이론과 헌법, 단락번호 325.
2) M. Kriele, Einführung in die Staatslehre, 1975, S. 181 f; Krüger, Allgemeine Saatslehre, 2. Aufl., 1966, S. 284.
3) U. Scheuner, Das Mehrheitsprinzip in der Demokratie, S. 311.
4) 허영, 헌법이론과 헌법, 단락번호 338.
5) U. Scheuner, Das Mehrheitsprinzip in der Demokratie, 1973 참조.
6) 오늘날 헌법개정의 한계가 일반적으로 인정되는 이유도 민주주의 내용과 다수결원칙에 대한 이

다수결원칙 : 민주주의가치를 실현시키는 수단에 불과 → 민주주의의 본질적인 내용이 될 수 없다

민주주의란 결코 다수의 의사에 의해서 그 내용이 마음대로 결정되거나 변화 할 수 있는 성질의 것이 아니다. 일정한 가치관내지 세계관을 바탕으로 하는 논리적 · 도덕적 정치이념을 뜻하는 민주주의(가치관적 민주주의)는 처음부터 일정한 가치(Werte : 자유 · 평등 · 정의)를 추구하는 것을 목표로 하기 때문에 슈턴(K. Stern)의 말처럼 '국민의 결정'이라고 해서 마음대로 그 내용을 조작할 수 있는 것은 아니다. '국민의 결정'이 법(Recht)의 정신, 정의의 정신에 맞을 때 비로소 진정한 민주주의의 성립이 있는 것이다.

「현대 민주주의」
- 자유 · 평등 · 정의를 실현시키기 위한 특정한 통치형태
  (따라서) 민주주의가치를 실현시키는 수단에 불과한 다수결원칙은 더이상 민주주의의 본질적인 내용이 될 수 없다(상대적 민주주의 → 타당성 상실)

다수결원칙 → 민주주의를 실현시키기 위한 하나의 수단에 불과(본질이 아님)
- 민주주의를 '다수의 지배형태'로 만으로 인식하고 다수의 의사에 따라서 그 정치내용이 임의로 달라질 수 있다고 한다면 그것은 소수에 대한 다수의 독재(Mehrheitsdiktatur)에 지나지 않게 된다. ☜ 다수결원칙의 악용 · 국민투표 제도의 위험성

3. 민주주의와 자유주의와의 관계

이러한 관점에서 자유 · 평등 · 정의에 입각한 가치불변적인 민주주의(가치관적 민주주의)와 가치가변적인 자유주의(Liberalismus)는 어느 의미에서 서로가 긴장관계(Spannungsverhältnis)에 놓여 있다고도 할 수 있다. 왜냐하면 민주주의는 자유주의와는 달리 '객관적인 진리(objektive Wahrheit)' 내지는 '절대적인 가치(absolute Werte)'를 인정한다는 전제 위에 서게 되기 때문에, 자유주의에 입각한 가치의 상대화를 부인하기 때문이다. 바로 이곳에 '자유주의'와 '민주주의'가 이념적으로 결합하는 데 있어서의 한계가 있다(허영).

긴장관계(Spannungsverhältnis)
민주주의(가치불변) ←————————→ 자유주의(가치가변)

해의 변화에 기인한 것이다.

「민주주의」
- 객관적인 진리(objektive Wahrheit)
- 절대적인 가치(absolute Werte)

「자유주의」
- 가치의 상대화

V. 현대적 · 실질적 민주주의(가치관적 민주주의 이론)

오늘날 민주주의에 관한 지배적인 견해에 다르면 민주주의는 국민이 국가권력을 쟁취한 통치형태도 아니고(플라톤, 아리스토텔레스적인 고전적 민주주의), 治者와 被治者가 동일한 자기지배의 통치형태(루소의 동일성 민주주의)도 아니며, 다수의 의사에 따라 그 정치내용이 임의로 결정되는 이른바 상대적인 민주주의(켈젠)도 아니다.

현대적 · 실질적 민주주의

「민주주의」

① 민주주의란 국민의 정치참여에 의해서 자유(Freiheit), 평등(Gleichheit), 정의(Gerechtigkeit)라는 인류사회의 기본가치를 실현시키려는 국민의 통치형태

② 민주주의가 그 語原대로 '국민의 통치형태'인 것은 사실이지만, 그렇다고 그것이 반드시 '국민의 자기통치형태'를 뜻하는 것은 아니다.

「국민의 통치형태」
- 국민의 자기통치형태가 아니고
- 국가내에서 행사되는 통치권(입법권 · 행정권 · 사법권)의 정당성(정통성)이 전체국민에 근거하는 통치형태
- 국가권력의 창설과 그 행사의 정당성을 국민의 의사에 의하도록 하는 통치형태
- 국가권력(Staatsgewalt)의 창설은 물론 국가내에서 행사되는 모든 권력의 정당성(민주적 정당성)이 자유 · 평등 · 정의의 객관적인 가치를 실현시키려는 일정한 세계관 내지 가치관적 통치형태이다.

국민주권 → 국민의 통치형태

1. 민주주의의 실질적 요소

1.1 국민주권

현대적 의미에 있어서의 국민주권이란 국가권력의 정당성이 국민에게 있고, 국가내의 모든 통치권력의 행사를 이념적으로 국민의 의사에 귀착시킬 수 있다는 것을 뜻한다. 이는 국민의 정치적 의사형성이 자유로운 분위기 속에서 상향식으로 이루어질 것이 요청되며, 이 점이 하향식인 국가의 의사조작에 의해서 통치되는 비민주적인 권위적 통치형태와 다른 점이다.[1)]

우리 현행헌법(제1조 제2항)이 "대한민국의 주권은 국민에게 있고, 모든 권력은 국민으로부터 나온다."고 규정하고 있는 것은 우리나라가 민주주의 실질적 내용에 속하는 국민주권의 원리를 채택하고 있음을 선언한 것이다. 그러나 이 규정은 우리나라 국가권력의 정당성이 국민에게 있고, 모든 통치권력의 행사를 최후적으로 국민의 의사에 귀착시킬 수 있다는 뜻이지, 국민이 직접 통치권(Herrschaftsgewalt)을 행사한다는 의미가 아니다. 이 헌법규정은 국민이 국민투표에 의해서 직접 주권을 행사하는 경우 외에는 통치권의 담당자가 국민의 주권행사에 의해서 결정되기 때문에 통치권의 행사도 궁극적으로 국민의 의사에 의해 정당화된다는 점을 명백히 하고 있다고 할 것이다(통치권행사의 절차적 정당성 · 통치권의 기본권예속성).[2)]

「국민주권」
- 국가권력의 정당성이 국민에게 있고, 국가내의 모든 통치권력이 행사를 이념적으로 국민의 의사에 귀착시킬 수 있다는 것
- 우리 현행헌법(제1조 제2항)이 "대한민국의 주권은 국민에게 있고, 모든 권력은 국민으로부터 나온다." → 국민주권 선언
  (따라서) 통치권행사의 절차적 정당성 · 통치권의 기본권예속성이 필요

국민주권의 원리는 국민의 자유로운 정치적 의사형성 과정에 있어서 기본적으로 국가로 부터 어떠한 간섭이나 영향을 받지 아니할 것을 요구하며, 따라서 선거제도에 있어서 '정당한 절차확립'이 보장되어야 한다. 국가는 다수결의 원리에 기반을 둔 제도의 정치적 의사형성, 그리고 정치적 결정의 질서보장 및 이러한 '다수의 결정(Mehrheitsentscheidung)'이 (정통성과 합법성을 인정받을 수 있도록) 인정되도록 이를 保障하여야 하며, - 대표(Repräsentation)에 의하여 전달되는 - 국민주권사상(Gedanke der Volkssouveränität)을 구체적으로 실현할 수 있는, 의회를 필요로 한다.

---

1) 허영, 헌법이론과 헌법, 단락번호, 329.
2) 허영, 헌법이론과 헌법, 단락번호 330.

「국민주권의 원리를 실현하기 위한 조건」
- 선거제도에 있어서의 정당성 확립
- 다수결의 원리보장
- 의회제도의 확립

1.2 자유 · 평등 · 정의

1.2.1. 개관

민주주의는 '인간의 존엄성'에 최고의 가치를 부여하는 이념적 목표를 달성하고자 시작된 사상으로, 이러한 이념적 바탕 위에 민주주의와 관련된 모든 하위가치, 원리, 개념, 이론, 제도 등 민주주의의 여러 유형이 형성 된다. 민주주의의 핵심적 가치인 자유와 평등도 결국은 인간의 존엄성 존중이라는 가치관을 실현시키기 위해서 필요로 하는 기본조건이며, 여러 유형의 민주적 정치제도, 법률, 자유경제 또는 시장경제체제 등도 결국 인간의 가치와 존엄성을 높이고, 인간의 기본권리를 보장하고 더욱 신장하기 위하여 만든 제도이다.

민주주의는 자유 · 평등 · 정의를 그 이념으로 한다. 다만 그 자유와 평등은 그 성격을 달리 하기 때문에 민주주의의 개념정립에 있어서도 개인적 자유를 중요시 하느냐 아니면 평등을 중요시하는가가 문제된다. 즉 개인적 자유를 중요시하는 입장에서는 민주주의의 궁극적인 이상은 자유를 실현에 있으며, 평등은 이를 부수적으로 간주하는 견해(H. Kelsen)와 평등을 중요시하는 입장에서는 평등만이 민주주의에 입어서 다수자의 지배를 가능케 하는 기본적 요소이며, 자유는 단지, 평등의 실현을 위한 전제에 불과(Leibholz)하다고 본다.

1.2.2. 내용

a) 자유

민주주의가 추구하는 자유는 <u>정치적 자유를 의미</u>하며, 정치적 자유는 인간을 인격의 주체로 인정해서 사적 생활영역을 국가적 간섭으로부터 독립시킴으로써 인간의 개성신장을 최대한으로 보장할 때만 기대될 수 있다. 따라서 개개인의 의사의 자유가 집단주의적 사상의 영향으로 인하여 제한 내지 배제되고 개개인의 삶이 국가에 의해서 획일적으로 정해지는 전체주의와는 반대개념의 통치형태가 바로 민주주의를 의미하게 된다.[1]

b) 평등

민주주의는 또한 정치적인 평등(politische Gleichheit)을 추구하는 통치형태다. 따라서 외모나 지능의 차이에도 불구하고 국민 누구나 국가내에서 동등한 권리와 의무의 주체가

---

1) 허영, 헌법이론과 헌법, 단락번호, 331.

되고 합리적인 사유가 없는 한 입법 · 행정 · 사법 등 국가활동의 모든 분야에서 차별대우를 받지 않도록 제도적으로 보장되는 통치형태다.[1] 특히 출생지, 혈통, 인종, 언어, 성별, 신앙 등이 어떤 경우에도 차별대우의 근거가 될 수 없다.[2][3]

- 정치적인 평등(politische Gleichheit) : 출생지, 혈통, 인종, 언어, 성별, 신앙 등이 어떤 경우에도 차별대우의 근거가 될 수 없다.

c) 정의

민주주의의 내용으로 간주되는 자유와 평등은 정의의 이념과 결합이 될 때 비로소 그 진정한 가치를 발할 수 있다. 정의의 이념을 떠난 자유와 평등은 형식적 평등과 형식적 자

1) 허영, 헌법이론과 헌법, 단락번호, 332.

2) 「**비정치적 생활영역과 민주주의 원리**」: 민주주의는 국가의 통치형태에 관한 정치영역에서 사용하는 개념임에도 불구하고 민주주의를 우리의 일상생활에서 다양하게 나타나는 생활형식으로 이해하고 경제생활의 분야를 비롯해서, 문화생활, 학문생활, 종교생활, 학원생활, 가정생활의 모든 분야에 민주주의를 내세우는 경향이 있다. 민주주의의 이름으로 주장되는 이 같은 요구는 생활관계를 민주주의의 형식원리(주로 다수결원칙)에 따라 형성하려는 것이다. 기업내에서 노동력을 제공할 뿐인 피고용자가 자본을 출자하는 고용주와 대등한 경영상의 결정권을 요구하는 경제민주주의(Wirtschaftsdemokratie) 내지는 경영민주주의, 모든 학사행정에 교육자인 교수와 대등한 입장에 서서 참여 할 것을 주장하고 나서는 대학민주주의(Universitätsdemokratie)에 이르기까지 민주화의 양상은 실로 다양하다. 그러나 민주주의는 어디까지나 국가의 정치생활을 적용영역으로 하는 국가의 통치형태를 뜻하기 때문에 비정치적인 생활영역에 이를 확대 · 적용하려는 데는 한계가 있다(허영, 헌법이론과 헌법, 단락번호 351, 352 참조).

3) 허영교수는 민주주의를 주로 정치적 영역에서 이를 개념정의를 내리고 있으나, 권영성교수의 견해는 이와 다르다. 즉 권영성 교수에 의하면 민주주의는 사회적 · 경제적 현실을 반영하여, 정치적 생활영역에서 뿐만 아니라 사회적 · 경제적 생활영역에서의 실천원리로서의 민주주의의 확대를 규정하고 있다고 한다. 즉 권영성 교수는 민주주의가 인간의 思惟작용을 통하여 구성된 개념이 아니라, 국가생활이나 사회생활의 실천과정에서 형성된 개념이므로, 실천원리로서의 민주주의는 다양한 생활영역을 규율하는 보편적 개념이라고 한다(권영성, 헌법학원론, 155면). 민주주의를 인류의 보편적 가치질서인 인간존엄과 자유 · 평등 및 정의를 실현시키기 위하여 역사적 과정을 거치면서 보편적 개념으로 형성되어온 모든 인간생활에 타당한 원리라는 점에서 비정치적 생활영역에서 확대 · 적용을 수긍하여야 한다고 한다. 이에 대해, 허영 교수는 「민주주의는 국가의 정치생활을 그 적용 영역으로 하는 국가의 통치형태(staatliche Herrschaftform)를 뜻하기 때문에 비정치적인 생활영역에 이를 확대 · 적용하려는 데는 엄격한 한계가 있다는 점을 주의해야 하며 … 「국가적 통치과정에서 발생한 민주주의원리를 비정치적인 사회생활의 영역에 그대로 적용하려는 이른바 '민주화'의 물결을 크게 경계해야 할 일이라고」 한다(허영, 헌법이론과 헌법, 단락번호 352 참조)

유, 즉 자유의 횡포 혹은 실질적인 불평등을 초래할 가능성이 크기 때문이다.[1] 인간의 인간에 대한 통치형태로서의 민주주의 내에서의 명령 · 복종관계가 자의적인 것이 아니고 합리적이고 이성적이며 합법적인 성질을 띠게 되는것도 민주주의가 실질적인 법치국가적 원리인 "정의"를 그 바탕으로 삼고 있기 때문이다.[2]

자유와 평등은 다시 정의의 이념과 결합이 되어야

1.3 민주주의의 (국제) 평화주의적 성격

민주주의는 국민주권, 자유 · 평등 · 정의를 그 실질적인 내용으로 하기 때문에 다른 민족 내지 국가와의 관계에서도 다른 민족 · 다른 국가의 주체성과 정치적인 자유, 그리고 정치적인 평등을 인정하지 않을 수 없게 된다. 바로 이곳에 민주주의의 (국제) 평화주의성격이 있다.[3]

「민주주의」
"국민주권", "자유", "평등", "정의"를 그 실질적인 내용 → 다른 민족 · 다른 국가와의 관계에서도 타민족 · 타국가의 주체성과 정치적인 자유, 그리고 정치적인 평등 인정 → 민주주의의 (國際) 평화주의성격

2. 민주주의 실현제도(민주주의를 실현하기 위한 형식원리 : 제도적 장치)

2.1. 개관

민주주의는 국민의 정치참여를 실효성있게 보장하기 위하여 여러가지 기술적인 수단을 필요로 한다. 이를 앞에서 설명한 민주주의 실질적인 요소와 구별하는 뜻에서 민주주의의 실현을 위한 형식원리(제도적 장치)라고 부르기도 한다. 다만 이러한 형식원리는 어디까지나 민주주의의 실질적 내용과 가치를 실현시키기 위한 여러 가지 제도적 장치중의 하나인 기술적인 수단에 지나지 않기 때문에 민주국가의 헌법이 이들 형식원리를 빠짐없이 모두 규범화시켜야 되는 것은 아니다.[4]

---

1) 허영, 헌법이론과 헌법, 단락번호 333.

2) **민주주의와 실질적 법치주의의 상관관계** : 민주주의가 정의에 입각한 자유와 평등을 그 실질적인 요소로 한다는 점에서 민주주의는 '실질적 법치주의원리'와도 상관관계가 있다. 민주주의가 국민의 정치참여에 의해서 정의의 관념에 입각한 정치적인 자유와 정치적인 평등을 실현시키려는 통치형태라고 한다면 국민의 정치참여가 오히려 정치적인 혼란을 야기시키는 것을 막기 위해서라도 국민의 정치참여를 질서있고 실효성 있게 보장하는 법질서의 확립이 불가피한 것이기 때문이다. 민주주의가 정치적인 제도에 그치지 않고 법적인 제도로 간주되는 이유도 그 때문이다 (허영, 헌법이론과 헌법, 단락번호 333).

3) 허영, 헌법이론과 헌법, 단락번호, 334.

「민주주의 실현제도」
- 다양한 정치참여의 길[1]을 보장하기 위한 수단으로서의 법질서[2]
- 국민투표 및 선거제도
- 복수정당제도
- 다수결의 원칙, 소수의 보호
- 기본권 보장
- 권력분립제도, 사법권의 독립
- 헌법재판제도
- 지방자치제도
- 공무원의 정치적 중립성

2.2. 민주주의 실현제도

2.2.1. 복수정당제도

정당은 현실정치에 있어서 국민의 정치적 의사를 실질적으로 반영하는 역할을 한다. 즉 현대의 다원적 산업사회에서 국민이 현실적인 국가정치에 참여할 수 있는 가장 효과적인 방법은 국민스스로가 직접적으로 정치무대에서 정치활동을 하는 것이 아니라 그들의 이념이나 사상을 대변하는 제3의 기관, 즉 정당의 정치활동을 통하여 실제로 이루어진다. 독일의 라이프홀츠(G. Leibholz)가 정당국가적 민주주의(parteienstaatliche Demokratie)를 민주주의의 핵심적인 형태로 보는 것도 그 이유이다.[3] 정당은 정치적으로 조직된 국민의 의사를 대변하는 마이크로폰으로서의 역할을 한다. 이와 같이 현대사회에 있어서의 정당은 각계각층의 국민이 국가정치에 참여하는 데 없어서는 아니될 정치활동의 매개체로서 오늘날처럼 다양한 이해관계가 대립되고 있는 다원적 산업사회 · 대중사회에서는 당연히 복수정당제도를 필요로 한다. 다만 복수정당제도의 의의는 형식상 여러개의 정당이 존재한다는 데 그치는 것이 아니고, 정당간에 자유롭고 평등한 정책경쟁을 통해서 정권 담당의 기회균등이 보장된다는데 있다.[4]

- 현대의 다원적사회에서 국민이 국가정치에 참여할 수 있는 가장 효과적인 방법은 역시 정당을 통한 정치활동
- 정당은 국민이 국가정치에 참여하기 위한 정치적인 활동단위(정치적으로 조직된 국민의

---

4) 허영, 헌법이론과 헌법, 단락번호 336.

1) 국민의 정치참여는 선거 · 국민투표 · 정당활동 · 정치비판 · 여론형성 등 다양한 형태로 이루어질 수 있다.

2) 법질서에 관한 상세한 내용은 허영, 헌법이론과 헌법, 법치국가원리 참조.

3) 허영, 헌법이론과 헌법, 단락번호 337.

4) 허영, 헌법이론과 헌법, 단락번호 337.

마이크로폰)

[현행 헌법 제8조]

우리헌법은 정당설립 및 활동의 자유를 보장하기 위해서 "정당설립은 자유이며 복수정당제는 보장된다(제8조 제1항)"고 규정하면서 정당이 상향식 국가의사형성의 중개자로서의 기능을 충분히 나타내게 하기 위해서 "정당은 그 목적, 조직과 활동이 민주적이어야 하며 국민의 정치적위사형성에 참여하는 데 필요한 조직을 갖추어야 한다(제8조 제2항)"고 밝히고 있다. 우리헌법은 이처럼 복수정당제가 갖는 중요한 의미와 기능 때문에 특별히 정당의 보호에 관한 규정(제8조 제3항)을 두면서 또 한편으로는 투쟁적 내지 방어적 민주주의의 관점에서[1] 위헌정당해산제도(제8조 제4항)도 함께 마련해 둠으로서 자유민주주의의 실현뿐 아니라 이를 끝까지 지킬 의지도 분명히 밝히고 있다.

2.2.2. 다수결원칙

다수결의 원칙이라함은 다수의 구성원(3인 이상) 가진 집단에서 구성원의 다수의 찬성에 의해 가부 및 의사의 채택을 하는 의사결정의 원리이며 구성원중 다수가 찬성한 의사를 전체구성원을 구속하는 집단의사(전체의사)로 간주하는 의사결정 방식이다. 다수결의 원리는 구성원들의 개별의사를 존중하는 토대위에서 이를 집단전체의 일반의사로 통합함으로써 집단의사의 권위와 정당성을 부여한다.

이와함께 민주정치는 최종적으로 다수의 의사로서 결정된 것을 집단 전체의 의사로 인정하는데 동의하는 것을 기본으로 한다. 따라서 다수결원리는 다양한 국민의 의사를 집약하여 집단의 단일의사를 결정하는 방식인 동시에 대의정치 운영의 기본원리이다. 민주주의를 "數의 정치"[2]라고 부르는 이유도 바로 다수결원칙에서 연유하는 것이다. 다수결원칙은 '상대적 다수결(비교다수)', '절대적 다수결(과반수 : 50% 초과)', '압도적 다수결(2/3이상)'등 여러가지 형식으로 분류된다.

「합의의 방법」
· 전원일치
· 다수결의 합의

「다수결원칙의 종류」
- 상대적 다수(relative Mehrheit : 비교다수)

1) 민주주의의 형식원리를 악용해서 민주주의의 일정한 가치내용을 침해하려는 민주주의의 적에 대해서는 민주주의도 스스로 투쟁적 내지 방어적 장비를 갖추어야 한다는 관점. 방어가치가 있는 일정한 민주주의의 실질적요소를 전제로 할 때만 가능하다.
2) 김운태, 정치학원론, 박영사, 1994, 395면.

투표자의 전체수에 비례한 표의 백분율과는 상관없이 비교적 가장 많은 표를 받은 대안이 선택된 것으로 간주되는 것이다. 상대다수의 특징은 두개보다 많은 대안이 제출되고 따라서 결선투표에 의하여 절대다수가 도달하는 것이 보통이다.

- **단순다수**(einfache Mehrheit)

단순다수는 可가 否보다 한 표라도 앞서면 결정이 이루어지는 것이다. 다만 가부의 다수관계가 문제되고 기권투표는 계산되지 않는다는 것이 특징이다. 기권투표는 투표로서 평가될 수 없고 기권자는 투표에 불참한 자와 같이 간주된다.

- **절대적 다수**(absolute Mehrheit : 과반수 : 50% 초과; 2분의1 초과) ☜ **주의** : 50%(2분의1 이상이 아님)

절대다수는 두개 또는 세 개의 대안에서 확인된다. 어떠한 대안에 대하여 주어진 표수가 최소한 전체수의 반보다 하나라도 초과하여야 한다. 대부분 두가지 대안에서 적용된다.

- **압도적 다수**(가중다수 : qualifizierte Mehrheit : 2/3이상)

압도적 다수(가중다수)는 2/3 이상의 다수를 의미한다. 국민투표나 선거에 있어서는 예외적으로만 사용되며, 흔히 중대하고 결단적인 의회의 결정이나 특히 헌법개정 등의 의결정족수로 쓰인다. 3분의2 이상의 찬성을 얻도록 하는 것은 소수자보호(Minderheit)의 수단이기도 한다.

민주주의는 일정한 실질적인 가치질서를 그 내용으로 하는 통치형태이기 때문에 경우에 다수결원칙에는 일정한 한계가 있다. 예컨대 다수결원칙에 의해서 국민주권, 자유, 평등, 정의 등 민주주의의 실질적 내용 그 자체를 배제시키는 것은 다수결원칙의 제도적 한계를 일탈하는 일이다. 바로 이점에서 다수결원칙에 절대적인 힘을 부여함으로써 다수의 결정에 의하면 무엇이든지 가능하다고 믿는 이른바 상대적 민주주의와, 일정한 세계관 내지 가치관에 입각한 가치관적 민주주의가 이념적으로 구별되는 이유도 그 때문이다.[1] 다수결 원칙은 민주주의의 실질적인 내용을 실현시키기위한 하나의 형식원리에 불과하다. 다수결원리(한국 헌법 제49조[2]와 독일 연방헌법 제42조 제2항, 제121조에서는 다수결의 원리를 규정하고 있다)는 민주적 기본질서의 중요한 구성부분(Bestandteil)을 이루고 있다.

2.2.3. 소수의 보호

a) 정책경쟁 · 정책의 선택가능성의 보장

민주주의는 국민주권 · 자유 · 평등 · 정의의 실현에 관련한 서로 다른 정책간의 경쟁,

---

1) 다수결원칙의 한계의 대표적인 것으로는 정신적 성숙성이 존재하지 아니하는 사회에서는 고정적 다수의 전제적 중우정치로 전락할 가능성이 있다는 점이다.

2) 국회는 헌법 또는 법률에 특별한 규정이 없는 한 재적의원 過半數의 출석과 출석의원 과반수의 찬성으로 의결한다. 可否同數인 경우에는 부결된것으로 본다. 『주의』 過半數 → 50% 초과(過 半 數)를 의미. 예컨대 100명 중 과반수는 50명이 아니라 51명임을 주의.

그리고 구성원 상호간의 자유롭고 평등한 정책토론을 통해서 그들간의 합의점을 모색함으로써 사회 각층의 광범위한 지지와 동의를 얻음으로써 정책수립 및 정책집행의 기본 바탕으로 삼으려는 통치형태이다. 따라서 민주주의는 각계각층의 정책경쟁과 다양한 정책의 선택가능성(Alternativenöffenheit)을 그 필수불가결한 제도적 요건으로 하고 있다. 이러한 정책경쟁과 정책의 선택가능성은 소수의 보호를 통해서만 보장될 수 있다.[1)]

b) 소수보호의 제도적 보장수단

소수보호를 제도화하는 구체적 수단으로는 헌법개정에 3분의 2이상의 찬성을 얻게 하는 것도 소수의 보호와 밀접한 관계가 있다. 왜냐하면 3분의 2이상의 찬성을 얻도록 하는 것은 소수자 보호와 함께 헌법개정에 있어서의 한계를 인정하는 것이기 때문이다.[2)] 또 각종선거를 일정한 주기마다 반복하게 하는 것도 소수로 하여금 다수가 될 수 있는 기회를 포착케 하기 위한 제도적 고려에서 나온 것이다. 이밖에 소수보호를 제도화하는 구체적 수단으로는 국회의 야당에게 일정한 야당으로서의 권리(국회소집요구권, 법률안제출권, 탄핵소추발의권, 법률에 대한 위헌심사요구권 등)를 부여하는 것 등이 있다.

소수자보호(Minderheitenschutz)

소수의 보호는 민주주의가 정책경쟁을 통해서 내실있는 통치형태로 발전하기 위한 가장 중요한 민주주의의 형식원리이다. 민주주의의 실현을 위한 제도적 장치인 복수정당제도도 소수의 보호와의 상승작용에 의해서만 그 실질적인 효력을 나타낼 수 있다.

「소수보호의 제도적 수단」
- 헌법개정에 3분의 2이상의 찬성
- (주기적) 선거제도
- 국회소집요구권(임시회소집요구권, 헌법 제47조 제1항)
- 법률안제출권(헌법 제52조, 국회법 제51조, 국회법 제79조 제1항)
- 탄핵소추발의권(일반탄핵소추발의(헌법 제65조 제2항), 대통령탄핵발의(헌법 제65조 제2항 단서)
- 법률에 대한 위헌심사요구권

---

1) 허영, 헌법이론과 헌법, 단락번호 347.

2) 헌법개정의 한계를 인정하기 위하여는 다수로 하여금 민주주의의 실질적 내용을 침해할 수 없도록 제도화하는 것이 필요하고, 3분의2의 다수결 요건은 3분의1에 해당하는 이른바 "沮止少數"의 입장을 보호함으로써 다수에 대한 소수의 정치적 지위향상을 추구하는 것이라고 볼 수 있기 때문이다.

VI. 민주주의 원리의 헌법적 수용

민주주의원리는 국가권력을 창조하고 또한 국가권력이 정당한 효력을 갖게하는 정치과정질서[1]의 지도원리(Leitprinzip)이다. 민주주의원리는 독일의 헷세(Konrad Hesse)나 슈턴(Klaus Stern)이 지적하듯이 한 나라의 헌법에 의해서 비로소 그 구체적인 형식이 결정되게 되는 것이다. 한국 헌법 제1조 제2항에서 "대한민국의 주권은 국민에게 있고 모든 권력은 국민으로부터 나온다"라고 설명하고 있는 것, 혹은 독일 헌법 제20조 제2항 제1문에 의하면 "모든 국가권력은 국민으로부터 나온다"고 규정하고 있는 것은 국민은 국가권력의 담당자[2]이며 「국가의 의사형성」 및 국가의 의사형성과정은 '아래에서 위로(von unten nach oben)' 수행되어 진다는 것을 의미한다.

- 한국 헌법 제1조 제2항에서 "대한민국의 주권은 국민에게 있고 모든 권력은 국민으로부터 나온다"라고 설명
- 독일 헌법 제20조 제2항 제1문에 의하면 "모든 국가권력은 국민으로부터 나온다"

VII. 방어적 민주주의 이론

민주주의는 국민주권, 자유, 평등, 정의를 실현시키기 위하여 일정한 세계관 내지 가치관을 전제로 하는 통치형태를 의미한다. 따라서 민주주의의 가치내용(민주주의의 실질적 요소)을 침해하려는 민주주의의 적 내지는 헌법의 적(Verfassungsfeind)에 대해서는 민주주의도 스스로 이에 대항하기 위하여 투쟁적 내지 방어적 장비를 갖추어야 한다. 바로 이곳에 투쟁적 내지 방어적 민주주의(streitbare bzw. wehrhafte Demokratie)[3]의 이론이 성

---

1) Vgl. M. Kriele, VVDStRL 29 (1971), 67 f. m.w.N.

2) E.-W. Böckenförde, Demokratie als Verfassungsprinzip, in: Isensee/Kirchhof, HdbStR, Bd. 1 (1987), § 22 Rn. 8, 26-34.

3) K. Loewenstein, Militant Democracy and Fundamental Rights, The American Political Science Review, Vol. 31(1937); K. Manheim, Diagnosis of our Time, 1943, p. 43 ff(독어판: Diagnose unserer Zeit, 1951, S. 9-23, insbes. 13 ff., 17 f.,). 등이 主唱하였다. 자유민주주의의 개념과 밀접한 관련이 있는 개념은 투쟁적 민주주의의 개념이다. 투쟁적 민주주의의 이론은 주로 독일연방헌법재판소의 판결을 통해서 확립된 것이다. 독일기본법 제18조의 기본권상실조항, 제21조 제2항의 위헌정당해산조항, 제91조 제1항의 연방 또는 주의 존립에 대한 위험의 방지조항에서 규정되고 있는 자유민주적 기본질서(freiheitliche demokratische Grundornung)의 개념의

립된다. 따라서 방어적 민주주의이론은 반드시 방어가치가 있는 일정한 민주주의의 가치를 실현시키고자 하는 실질적 요소를 전제로 할 때만 그 논리가 성립될 수 있다. 제2차 세계대전까지는 헌법의 보호 문제만이 논의되었을 뿐 아직 투쟁적 민주주의의 문제가 제기되지는 못했다. 그러던 것이 특히 독일에서 민주주의적 형식원리의 악용(예컨대 상대적 민주주의 이론 내지는 맹목적 다수결의 원칙)에 의해서 바이마르공화국이 몰락(1919-1933)하고 나치 독일정권이 탄생될 수 있었던 역사적 경험을 토대로 하여 비로소 1949년 독일기본법의 탄생과 함께 처음으로 투쟁적 민주주의이론이 성립되기에 이른 것이다. 이러한 민주주의이론은 오늘날까지도 헌법수호와 관련해서 다루어지고 있다. 민주주의의 이름으로 민주주의의 실질적 요소를 침해하는 현대민주국가의 헌법질서 아래서는 민주주의의 보장인 동시에 헌법의 보호를 뜻하게 되기 때문이다.[1] 바로 이곳에 투쟁적 내지 방어적 민주주의의 이론이 성립되는 이유가 있다. 따라서 방어적 민주주의이론은 위에서 언급한 바와 같이 반드시 방어가치가 있는 일정한 민주주의의 실질적 요소를 전제로 할 때만 그 논리가 성립될 수 있다. 동일성이론이나 상대주의적 민주주의 그리고 맹목적인 다수결원칙에 의해서 민주주의를 이해하였던 바이마르 공화국시대에 아직 방어적 민주주의이론이 탄생될 수 없었던 것도 그 때문이다.[2]

민주주의의 이름으로, 민주주의의 실질적 요소를 침해하는 민주주의의 敵으로부터 민주주의를 지키기 위한 투쟁적 민주주의는 그것이 현대민주주의의 헌법질서 아래서는 민주주의의 보호인 동시에 헌법의 보호를 뜻한다. 현재 독일 Bonn 기본법이 기본권상실제도(제18조)를 비롯해서 자유민주적 기본질서(freiheitliche demokratische Grundordnung)를

배후에는 필연적으로 자유의 적에 대하여 자유를 보호해야 한다는 사명의식이 내포되어 있다. 이러한 사상을 국내외적으로 공식화한 사람은 카우프만이다. 그는 다음과 같이 설명하고 있다. "우리는 어떻게 법적 수단을 강구하여 자유의 적에 대하여 자유를 보호할 수 있는가? … 오늘날과 같은 대중적 민주주의시대에 있어서 국가적 변혁은 오히려 계속적인 이데올로기의 선전에 의하여 권위와 현존제도를 무시함으로써 정책에 대한 악의적이고 신랄한 비판을 통하여 국가치의 붕괴 특히 경제적 · 정치적 · 사회적 중심기능을 침해함으로써 … 이루어지고 있다(E. Kaufman, Gesammelte Schriften, Bd, I. 1960, S. 57)." 카우프만의 이러한 헌법보호사상은 오늘날의 헌법보호이론에 관한 문헌의 모범적 역할을 하고 있다. 그는 자유민주적 기본질서의 본질을 규정지음에 있어서 빼놓을 수 없는 요소로써 인권 · 권력분립 · 법치국가 · 정부의 책임성 · 국민주권을 들고 있다.

1) 독일 Bonn 기본법이 기본권의 상실제도(제18조)를 비롯해서 민주적 기본질서를 침해할 목적으로 조직된 단체나 정당을 금지 · 해산시킬 수 있도록 규정(제9조 제2항과 제21조 제2항), 우리 현행헌법상의 정당해산제도(제7조 제3항, 제66조 제15호, 제109조 제1항 제3호, 제111조 제1항)는 투쟁적 · 방어적 민주주의를 헌법적으로 제도화한 것이다.

2) 허영, 헌법이론과 헌법, 단락번호 350.

침해할 목적으로 조직된 단체나 정당을 금지 내지 해산시킬 수 있도록 규정 한 것이라든지, 우리 현행헌법상의 정당해산제도는 '투쟁적 민주주의'를 헌법적으로 제도화 한 것이라고 할 것이다.[1)]

「독일기본법」

- 제9조 제2항
- 제18조
- 제21조 제2항

「한국헌법」

- 제8조 제4항
- 제89조 제14호
- 제111조 제1항 제3호
- 제113조 제1항

---

1) 허영, 헌법이론과 헌법, 단락번호 350.

民主主義(Demokratie)

° **국민주권사상**: 국민의 국가권력담당(Staatsträgerschaft des Volkes)

- 헌법 제1조 제2항: "모든 권력은 국민으로 부터 나온다"

* J. J. Rousseau(1712-1178): 루소의 사회계약론(contrat social)은 국민주권(Volkssouveränität)이론을 정립 ☜ 루소는 국민주권(민주주의)이론의 대표자(국민주권론의 선구자는 알투지우스(Althusius, J. 1557-1638)이다.

* **현대적 의미의 국민주권**: 국민의 직접지배가 아닌 ……

☞ **직접민주주의**(plebiszitäre Demokratie): 국민이 직접 입법 기타의 통치작용에 참가하는 정치형태(☜ 오늘날 電子(腦)民主主義; Computer 민주주의)

- 헌법 제72조: 중요힌 국가정책에 관힌 국민표결(임의적 국민투표)
- 헌법 제130조 제2항: 헌법개정안에 관한 국민표결(필수적 국민투표)

☞ **간접민주주의**(repräsentative Demokratie): 이는 대의제도, 대의민주주의, 대표민주주의 등과 같은 용어로 쓰인다.

「간접민주제의 법적 구조」

i) 대표위임의 원리

ii) 강제위임금지의 원리: 강제위임금지 · 무기속위임의 원칙

간접민주제에서는 국민은 선거에 의하여 구성된 대표기관을 통해서만 주권(Souveränität)을 행사하고, 대표기관의 행위는 국민의 의사를 반영하는 것으로서 국민의 행위로 간주된다.
우리 헌법상 「대의의 원리」에 입각하여 다음과 같은 제도를 두었다.

- 의회제도의 보장(입법권)
- 대통령제도 확립(집행권)

「민주주의를 실현하기 위한 필수적 요소」

- 국민의 국가기관에 대한 영속적 '정통성의 연결고리(Legitimationskette)' 부여 → 국가권력의 정통성 확립(민주적 정통성의 확립)
- 아래로 부터 위로의 (정치적) 의사형성(Willensbildung)구축 및 이를 위한 자유로운 공적 절차의 보장
  - · 국가기관의 중립의무(Neutralitätsprinzip)
  - · 특정정당에 대한 선거홍보(Wahlwerbung)금지
  - · 국가로부터의 정당자금지원(Parteienfinanzierung)금지(헌법 제8조 제3항과 대립) ☜ 정치자금법의 문제점 참조
- 다수결의 원리(Mehrheitsprinzip)에 입각한 의사형성

  그러나; 소수자보호(Minderheitenschutz)
- 다수정당제; 합법적 야당(Opposition)의 존재
- 민주적 기본권(예: 헌법 제21조: 언론 · 출판의 자유, 집회 · 결사의 자유 및 개인의 자유와 권리보장)

『연구문제』

1) 국민주권에 있어서의 국민의 의미

2) 국민주권에 있어서의 주권의 의미

3) 국민(Nation)주권론과 인민(Peuple)주권론의 차이

4) 이념적 주권자로서의 국민과 현실적 주권자로서의 국민은 어떻게 다른가?

직접민주주의의 실현을 위한 諸制度

° **국민투표(Volksentscheid)** : 국민표결권이라고도 한다. 레퍼랜덤(Referendum)과 플레비지트(Plebiszit : plebicite)가 있다. 5 · 16군사쿠데타 이전에는 국민투표를 한 번도 시행한 적이 없었고, 1962년 12월 17일에 최초의 국민투표가 시행된후 지금까지 6차례에 걸쳐 행해졌다(권영성).

학자들의 견해

김계환 교수 : 레퍼렌덤(Referendum)은 헌법규범적 내지 입법사항에 대한 국민투표를 의미하며, 플레비지트(Plebiszit)는 헌법에 제도화 되어 있지 않은 헌법현실적인 것으로, 통치권자가 이미 결정하고 확정한 사안에 대하여 국민의 의사를 묻거나, 새로운 통치질서의 정당성이나 집권자의 계속집권여부에 대하여 신임을 묻는 것이다(김계환, 헌법학정해, 박영사).

구병삭 교수 : 플레비지트(Plebiszit)는 인민의 결정 · 국민의 동의를 의미(통치자에 대한 신임이나 그 행위에 대한 동의)하며, Referendum은 국민의 대표가 위임받은 사항에 대하여 결정을 내리기 전에 혹은 이미 결정한 후에 다시 그 可否를 묻는 것(헌법사항 내지 입법사항에 대한 국민투표)이다. 그러나 Referendum과 Plebiszit는 스위스헌법이나 바이마르헌법에서 보는바와 같이 서로 혼용되어 사용되고 있다(구병삭, 신헌법원론, 박영사).

예 : ① 1975년 2월 12일 국론통일과 박정희대통령의 신임에 대한 국민투표(가결)
② 1969년 4월 지방행정구획개편과 上院개혁 및 드골대통령의 신임에 대한 국민투표(부결. De Gauelle는 물러남)

권영성 교수 : 국민표결(Volksbestimmung)에는 레퍼렌덤(Referendum : 협의의 국민표결)과 플레비지트(Plebiszit : 국민결정)이 있다(권영성, 헌법학원론, 법문사).

[헌법조문]

- 헌법 제72조 : 대통령은 필요하다고 인정할때에는 외교 · 국방 · 통일 기타 국가안위에 관한 중요정책을 국민투표에 붙일 수 있다. ☜ 제72조는 대체로 Plebiszit(김백유, 한태연), 그러나 구병삭 교수는 '국가의 중요한 정책'이 입법에 관한 것이면 Referendum, 개별정책에 대한 것이면 Plebiszit라고 주장(구병삭, 신헌법학원론, 박영사).
- 헌법 제130조(헌법개정 : Verfassungsänderung) : 헌법개정안은 국회가 의결(재적의원 3분의 2이상의 찬성)한 후 30일 이내에 국민투표에 붙여 국회의원선거권자 과반수의 투표와 투표자 과반수의 찬성을 얻어야 한다. ☜ Referendum

° **국민발안(Volksbegehren; Volksinitiative)** : 제1공화국헌법하의 제2차 개정헌법(1954.11.29) 제7조의 2 제1항 및 제98조 제1항에서 제3공화국하의 제5차개정헌법(1962.12.26) 국민발안이 인정되었다. 한국헌정사상 국민발안제가 헌법상 규정된 예로는 1962년 헌법 제119조 제1항에서 「헌법개정안의 제안은 … 국회의원선거권자 50만인 이상의 찬성으로써 한다」고 규정한 것이다.[1)] 제4공화국헌법(1972. 11. 24) 이후 국민발안제도는 폐지됨.

° **국민소환(Volksabberufung; recall)** : 현행 헌법상에는 이에 관한 규정이 없다.

° **국민질의(Volksbefragung)** : 현행 헌법상에는 이에 관한 규정이 없다.

『보충설명』

「국민표결(Volksbestimmung)」의 의미는 일반적으로 다음이 것을 포함하는 의미로 사용 ☜ Deutsches Rechtslexikon, Band 3 R-Z, 2. Aufl., München 1992, S. 1126 참조.

· 국민투표(Volksentscheid; Referendum)
· 국민발안(Volksbegehren)
· 국민질의(Volksbefragung)

「국민투표제의 의의」

현대적 의미에 있어서의 헌법개정안에 대한 국민투표제도의 의의는 오늘날에 와서는 직접민주주의적인 관점에서라기보다는 1) 헌법의 최고규범적인 성격과 2) 헌법에 의해서 마련된 헌정제도와 법질서의 안정추구라는 관점에서 그 제도적인 당위성을 인정하는데 그 의의가 있다.[1]

「국민투표제의 문제점」

국민투표제도는 이념적으로는 루소(Rousseau)의 국민주권사상에 입각한 직접민주주의의 실현인 것처럼 보이지만, 정치현실(Verfassungswirklichkeit; in der politischen Praxis)에 있어서는 「국민적 정통성(Legitimität)」을 가식적으로 표방하여 독재정치의 「합법성(Legalität)」을 가장하기 위한 위계적 수단으로 악용되는 사례가 많다(독일의 히틀러 정권; 한국의 유신독재).

구분	Referendum	Plebiszit
개념	헌법규정에 따라 입법과정에 직접참여하는 국민투표	헌법에 제도화되어 있지 않은 국민의 정치적 결단인 신임투표
기원	스위스	로마
기속성	필수적 국민투표	임의적 국민투표
헌법	헌법제130조 제2항(헌법개정안의 국민투표, 5차개헌때 신설)	헌법 제72조(중요정책의 국민투표, 제7차개헌때 신설)

1) 권영성, 헌법학원론, 594면 각주1) 참조.
1) 허영, 한국헌법론, 692면 참조.

「연구사항」:

<문제 1>

국민여론조사는 대의제도의 이념과 비추어 볼때 허용되는가?[1)]

<문제 2>

정통성(Legitimität)과 합법성(Legalität)은 무엇을 의미하는가?

<문제 3>

헌법개정을 하고자 하는 대통령이 헌법 제128조 이하의 헌법개정절차에 의하지 아니하고, 헌법 제72조의 중요정책에 해당한다하여 국민투표에 부의하여 헌법개정절차를 취할 수 있는가?

[참고조문]

제72조 대통령은 필요하다고 인정할 때에는 외교 · 국방 · 통일 기타 국가안위에 관한 중요정책을 국민투표에 붙일 수 있다.

<해설>

헌법 제72조의 국민투표를 헌법개정권력의 행사가 아닌 국민의 주권의 행사 내지는 대통령의 통치권의 행사로 보면 위 조항을 근거로 헌법을 개정하는 것은 허용될 수 없다. 물론 헌법 제72조에 의한 대통령의 국민투표부의권은 대통령의 권한으로서 그 권한 행사의 여부는 대통령의 재량행위에 해당하고,[2)] 이는 소위 통치행위에 해당된다. 그러나 통치행위도 헌법으로부터 완전히 자유로울 수는 없는 것이며 국민주권의 원리나 대의제 원리, 기본권 존중 등 헌법상의 일정한 원리나 가치에 의한 제한을 받는다.

만약 대통령이 헌법 제128조 이하의 헌법개정절차를 무시하고 제72조에 의한 국민투표 형식(직접민주주의)을 빌어 헌법개정을 시도한다면 첫째, 대의제 원리를 채택하고 있는 헌법질서(간접민주주의)에 위배되며, 둘째, 개헌안에 대한 공고절차의 생략으로 인하여 국민의 알권리가 침해되며, 셋째, 국회의 심의 · 표결권이 침해되어 권한분쟁을 초래할 우려가 있다는 점에서 위헌성이 강하다.[3)]

---

1) 독일연방헌법재판소(BVerfGE 8, 104 ff)의 판례(1958년 독일연방정부가 핵무기를 도입하려고 하였을 때, 일부의 州政府와 지방자치단체가 공동으로 국민여론조사를 실시해서 연방정부의 핵무기도입에 관한 국방정책을 저지하려고 하여 발단된 사건)에 의하면 국민여론조사를 금지시키는 결정을 내렸다. 다만 연방헌법재판소는 「州政府에 의한 연방정부권한의 침해의 금지」에 관한 관점에서만 고찰하였으며, 이를 대의제도와의 관계에서 이러한 국민여론조사가 「대의제도의 이념상 허용되는지의 여부」에 관하여 논하지 않았다. 이와 같이 국민여론조사가 어떻게 평가되는지의 문제는 여전히 미해결된 문제로 남아있다.

2) 헌재결 2005. 11. 24, 2005헌마579, 763(병합) 【신행정수도 후속대책을 위한 연기 · 공주지역 행정중심복합도시 건설을 위한 특별법 위헌확인】

3) 프랑스 제5공화국 드골헌법이 군소정당의 난립으로 인한 만성적인 정국불안을 타개하고자 기존 헌법질서(의회에 의한 개정)와 달리 국민투표로 개정하였었고, 5 · 16 군사쿠데타 세력도 기존헌

<문제 4>
행정중심복합도시의 건설이 헌법 제72조의 국민투표권을 침해할 가능성이 있는가?

<해설>
헌법 제72조는 국민투표에 부쳐질 중요정책인지 여부를 대통령이 자유재량에 의하여 결정하도록 명문으로 규정하고 있고 헌법재판소 역시 위 규정은 대통령에게 국민투표의 실시 여부, 시기, 구체적 부의사항, 설문내용 등을 결정할 수 있는 임의적인 국민투표발의권을 독점적으로 부여하였다고 하여 이를 확인하고 있다. 따라서 특정의 국가정책에 대하여 다수의 국민들이 국민투표를 원하고 있음에도 불구하고 대통령이 이러한 국민들의 희망과는 달리 국민투표에 회부하지 아니한다고 하여도 이를 헌법에 위반된다고 할 수 없고 국민에게 특정의 국가정책에 관하여 국민투표에 회부할 것을 요구할 권리가 인정된다고 할 수도 없다.[1)]

법을 무시하고 국민투표로 개정한 적이 있다. 1972년의 유신헌법도 기존헌법의 일부를 정지시키고 국민투표로 개정한 일이 있다. 이러한 헌법개정은 실제 헌법개혁(기존의 헌법제정권력에 의한 전면적 헌법전의 변화)이거나 하향식 정변(침해)에 해당한다고 보아야 한다. 전자의 경우에는 새헌법전의 정당성이 기존 헌법절차가 아닌 국민의 가치공감대에 의해 담보된 것이냐의 평가의 문제이고 후자의 경우에는 '성공한 혁명이론(geglückte, gelungene Revolution)', '완성된 사실의 헌법형성적 힘'으로 볼 수도 있으나 헌법보장 내지 저항권 문제로 보는 것이 타당하다. 성공한 혁명이론은 허영, 헌법이론과 헌법, 단락번호 100 참조.

1) 헌재결 2005. 11. 24, 2005헌마579, 763(병합) 【신행정수도 후속대책을 위한 연기·공주지역 행정중심복합도시 건설을 위한 특별법 위헌확인】

제 2 목 민주적 기본질서

Ⅰ. 서론

독일 바이마르공화국(Weimarer Republik; 1919-1933) 헌법 하에서는 민주주의를 상대적 민주주의와 가치중립적(wertneutrale Demokratie) 원리로 이해하여, 헌법의 가치체계 및 헌법질서를 부정하는 '헌법의 敵(Verfassungsfeind)'에게까지 무제한의 자유를 허용하였다.[1] 그 결과, 바이마르 헌법은 붕괴되고 독일 나치스의 독재체제의 탄생 - 혁명이나 쿠데타가 아닌 합법적인 선거절차를 따라서 - 이라는 결과를 야기하였다.[2] 그리하여 2차대전 이후, Bonn 기본법의 아버지들은 이에 대한 반성으로써, 헌법의 가치중립성을 지양하고 헌법내의 항구적 가치기준으로서 헌법에 내재하는 근본이념(fundamentale Idee)을 명문화하여 헌법의 수호 · 유지를 도모하려는 방어적 민주주의(wehrhafte Demokratie) 내지는 투쟁적 민주주의(streitbare Demokratie)를 채택하였다.[3][4] 그 결과 Bonn 기본법에는 기본권

---

1) K. Stern, Das Staatsrecht der Bundesrepublik Deutschland, 2. Aufl., Band 1, S. 195.

2) 민주주의는 상대주의적 관용을 그 근본정신으로 하고 있는데 이것은 다수자와 소수자(소수자보호 : Minderheitenschutz)의 타협에 의한 정치를 의미한다. 그러나 Kelsen이 주장한 것과 같은 (상대주의적) 민주주의가 극단적인 것이 될 경우, 국가는 상대주의 및 관용의 원리에 따라 모든 정치적 견해에 대하여 중립을 고수하여야 한다. 따라서 어떠한 정치세력이든 다수의 지지를 획득하기만 하면 집권할 수 있게 되고 어떠한 정책도 다수결의 원칙에 따라 채택할 수 있게 된다. 독일의 경우에는 다수의 지지를 얻어 나치즘체제가 등장하고 그 결과 바이마르공화국의 민주공화제가 파괴해버린 헌정사적 경험이 있다. 이러한 경험으로부터 헌법은 보호책을 강구하게 되었던 바, 방어적 민주주의이론이 그것이다(권영성, 헌법학원론, 82면 참조); 김영수, 민주적 기본질서, 월간고시(1984.12), 55면; 오성계, 민주적 기본질서, 고시계(1987.2), 227면.

3) K. Loewenstein, Militant Democracy and Fundamental Rights, The American Political Science Review, Vol. 31(1937); K. Manheim, Diagnosis of our Time, 1943, p. 43 ff(독어판 : Diagnose unserer Zeit, 1951, S. 9-23, insbes. 13 ff., 17 f.). 등이 主唱하였다. 자유민주주의의 개념과 밀접한 관련이 있는 개념은 방어적 민주주의의 개념이다. 방어적 민주주의의 이론은 주로 연방헌법의 판결을 통해서 확립된 것이다. 독일기본법 제18조의 기본권상실조항, 제21조 제2항의 위헌정당해산조항, 제91조 제1항의 연방 또는 支邦(Land)의 존립에 대한 위험의 방지조항에서 규정되고 있는 자유민주적 기본질서(freiheitliche demokratische Grundornung)의 개념의 배후에는 필연적으로 자유(헌법)의 적으로부터 자유(헌법)를 수호해야 한다는 가치관적 민주주의 사상에 입각한 사명의식이 내포되어 있다. 방어적 민주주의 이론을 주창한 대표적 학자인 Kaufman은 「… 우리는 어떻게 법적 수단을 강구하여 자유의 적에 대하여 자유를 보호할 수 있는가? … 오늘날과 같은 대중민주주의시대에 있어서 국가적 변혁은 오히려 계속적인 이데올로기

상실제도(기본법 제18조)와 위헌정당해산제를 두었다(Parteiverbot; 기본법 제21조 제2항) 즉, 독일 기본법 제18조는 개인적 헌법침해(induvidielle Verfassungsagression)에 대한 방어수단으로, 「… 자유민주적 기본질서(freiheitliche demokra- tische Grundorung)에 대한 공격의 도구로서 오용(mißbraucht)하는 자는 기본권의 향유를 상실한다」라고 하여 기본권 행사의 한계를 밝혔고, 조직화된 헌법의 적에 대한 방어수단으로 제21조 제2항에서는 「정당의 설립목적(nach ihren Zielen)이나 정당원의 행동(Verhalten ihrer Anhänger)이 자유민주적 기본질서(freiheitliche demokratische Grundordnung)를 침해(beeinträchtigen) 혹은 배제(beseitigen)하거나 독일연방공화국의 존립을 위태롭게 하는 정당은 위헌이다」라고 하여 자유민주적 기본질서에 반하는 위헌정당은 해산됨을 간접적으로 명시하고 있다.[1] 이러한 방어적 민주주의이론에 의한 헌법수호는 독일연방헌법재판소의 계속되는 일련의 판례를 통하여서도 재차 확인되고 있다. 한국헌법 제8조 제4항도 이러한 헌법수호사상의 제도적 장치로서 민주적 기본질서라는 용어를 사용하여 위헌정당해산제도를 헌법수호의 수단으로 명시하고 있다.[2] 민주적 기본질서는 헌법에 따라 형성되고 헌법에 의하여 유지되어야 하는 법질서인 헌법의 기본질서 내지 기본적 헌법질서(verfassungsmäßige ordnung)의 하나로서 정치적 공동체(res publica; politisches Gemeinwesen)의 생활영역에 관한 정치적

의 선전에 의하여 권위와 현존제도를 무시함으로써 정책에 대한 악의적이고 신랄한 비판을 통하여 국가의 붕괴 특히 경제적 · 정치적 · 사회적 중심기능을 침해함으로써 … 이루어지고 있다(E. Kaufman, Gesammelte Schriften, Bd. I, 1960, S. 57)」고 하면서 헌법수호를 위한 법적 수단의 강구를 강조하고 있다; F. K. Fromme, Die streitbare Demokratie im Bonner Grundgesetz, in: Bundesministerium des Innern(Hrsg.), Verfassungsschutz und Grundgesetz, 1981, S. 185 ff.; A. Sattler, Die rechtliche Bedeutung der Entscheidung für die streitbare Demokratie, 1982, S. 8 f.; E. Denninger, Streitbare Demokratie und Schutz der Verfassung, in: Benda/Maihofer/Vogel(Hrsg.), Handbuch des Verfassungsrechts, S. 676 ff.; K. Hesse, Grundzüge des Verfassungsrechts der Bundesrepublik Deutschland, Rn. 694; Gusy, Die freiheitliche demokratische Grundordnung in der Rechtsprechung des Bundesverfassungsgerichts, AöR 1980, 279 f; 김영수, 민주적 기본질서, 월간고시(1984.12), 59면; 황적화, 민주적 기본질서, 월간고시(1986.4), 265면.

4) 방어적 민주주의이론은 반드시 방어할 만한 가치가 있는 특정한 가치관적 민주주의를 전제로 할 때만 가능하다. 동일성이론이나 다수결원칙에 의해서 민주주의를 이해하던 바이마르 공화국 시대에 방어적 민주주의이론이 탄생할 수 없었던 것도 그 때문이다.

1) K. Hesse, Grundzüge des Verfassungsrechts der Bundesrepublik Deutschland, Rn. 709 ff.; W. Schmitt/Glaeser, Mißbrauch und Verwirkung von Grundrechten im politischen Meinungskampf, 1968, S. 32 ff.; K. Stern, Das Staatsrecht der Bundesrepublik Deutschland, 2. Aufl., Band 1, S. 200; Dolzer/Vogel(Hg.), Bonner Kommentar zum Grundgesetz, Art. 21.

2) 김영수, 민주적 기본질서, 월간고시(1984.12), 55면; 권영성, 헌법학원론, 195면.

기본질서를 의미한다.[1)]

우리나라에서는 제2공화국 헌법 제13조 제2항에서 '헌법의 민주적 기본질서'를 정당 해산요건으로 처음으로 규정한 이래[2)] 제3공화국 헌법에서 '민주적 기본질서'로 규정하였으며, 제4 · 5공화국에서는 전문에서 '자유민주적 기본질서', 정당조항에서 '민주적 기본질서'를 규정하였다. 현행헌법에서는 제4조의 평화적 통일조항에서 '자유민주적 기본질서'라는 용어를 추가하고 있다. 과거의 헌법과 비교하여 특이한 점은 현행 헌법은 대한민국의 정치적 기본질서로서 민주주의 또는 「민주적 기본질서」와 「자유민주적 기본질서」를 구분하여 규정하고 있다는 점이다. 즉 헌법 전문에서는 「우리 대한국민은 … 자유민주적 기본질서를 더욱 확고히 …」라고 하고, 제4조에서는 「…자유민주적 기본질서에 입각한 평화적 통일정책을 수립하고 …」라고 하여 자유민주적 기본질서라는 용어를 사용하고, 제8조 제2항에서는 「정당은 그 목적 · 조직과 활동이 민주적이어야 하며…」라고 하고, 동조 제4항에서는 「정당의 목적이나 활동이 민주적 기본질서에 위배될 때에는 …」이라고 하여 「민주적」 또는 「민주적 기본질서」라는 용어를 사용하고 있다.[3)4)] 학자들의 일반적 견해는 민주주의와 민주적 기본질서는 동일한 개념으로 이해하고 있으나,[5)] 민주적 기본질서와 자유민주적 기본질서에 있어서는 이들 개념이 갖는 차이, 법적 의의와 관련하여 다툼이 있다. 이에 따라 저자는 민주적 기본질서와 자유민주적 기본질서의 개념 구분이 종래의 학설처럼

---

1) 헌법 제8조 제4항의 민주적 기본질서의 해석을 자유민주적 기본질서만을 의미하는 것으로 제한적으로 해석해야 한다고 주장하는 권영성 교수도 민주적 기본질서는 헌법적 질서의 하나로서 자유민주주의와 사회민주주의를 비롯하여 모든 민주주의를 그 내용으로 포괄하는 공통분모적 상위개념이라고 한다(권영성, 헌법학원론, 157면).

2) 황적화, 민주적 기본질서, 월간고시(1986.4), 265면.

3) 이것이 빈번한 헌법개정에 따른 졸속입법 내지는 입법적 불비 인가의 여부는 별론으로 한다. 그리고 독일어의 Freiheitliche demokratische Grundordnung을 '자유민주적 기본질서'라고 번역한 것은 '자유롭고 민주적인 기본질서'의 誤譯(자유는 Liberal 이지만 freiheitliche 라고 하였기 때문에 '자유롭고'라고 번역해야 한다고 한다)이라는 견해도 있지만, 독일연방헌법재판소는 그 내용을 법치국가적 지배질서로 이해하고 있어서 사실상 자유민주주의로 해석하고 있는 것으로 보인다. 오성계, 민주적 기본질서, 고시계(1987.2), 227면.

4) 문홍주, 한국헌법론, 123면.

5) 정치원리로서의 민주주의는 국가생활영역을 지배 · 규율하는 헌법질서(Verfassungsordnung; verfassungsmäßige Ordnung)로 나타난다. 즉, 민주주의는 정치적 기본질서인 민주적 기본질서로 국민의 정치생활 영역을 규율하므로 정치원리로서의 민주주의의 구체적 · 제도적 · 한계적 표현이다. 따라서 민주주의의 정치적 가치 내지 이념은 민주적 기본질서의 가치와 이념에 직결되고, 이를 실현하기 위한 민주주의의 기본원리(Grundprinzip) 내지 형식원리(Formprinzip)는 민주적 기본질서의 내용이 된다. 여기에 학자들이 민주주의를 민주적 기본질서와 연관시켜 언급하는 이유가 있다(김철수, 헌법학개론, 박영사 참조).

과연 필요 불가결한 것이며, 현실적으로 이러한 구분이 어떠한 법적 효과를 가져올 것인가를 정리해보고자 한다.

Ⅱ. 민주적 기본질서와 자유민주적 기본질서

1. 독일

1.1. 개념정의(새로운 시도)

제2차 세계대전 이후 1949년에 제정된 독일 Bonn 기본법은 나치스의 정권장악에 대하여 무능할 수밖에 없었던 바이마르 공화국 헌법의 세계관적 중립성에 대한 반성과 민주주의의 敵으로부터 헌법을 수호하기 위한 보호장치를 마련하였다. 즉 기본법 제9조 제1항에서는 결사의 자유를 인정하면서도 동조 제2항에서는 그 목적이나 활동이 형법에 위반되거나 헌법질서 또는 국제이해의 사상에 반하는 단체는 금지된다고 하여, 헌법질서의 확립을 구현하고, 제18조에서는 자유민주적 기본질서(freiheitliche demokratische Grundordnung)[1]를 공격하기 위하여 교수의 자유 등 특정의 자유(기본법 제5조 참조)를 남용하는 자는 그 기본권을 상실하게 하고 있다.[2] 또한 기본법 제21조 제2항에서는 정당이 그 목적이나 당원의 행동으로 자유민주적 기본질서를 침해하거나 배제하려 할 때에는 위헌정당이 된다고 하고 있다. 그 외에도 제10조 제2항 · 제11조 제2항 · 제91조 제1항에서도 자유민주적 기본질서를 위협하는 사태가 발생한 경우에는 그 위해방지를 위하여 비상권력을 발동할 수 있도록 하고 있다. 이와 같이 독일 기본법에서는 자유민주적 기본질서라는 용어를 주로 사용함으로써 헌법수호의 수단으로 삼고 있다. 이러한 자유민주적 기본질서의 구체적 내용은 독일의 연방헌법재판소의 일련의 판례를 통하여 확립되고,[3] 그 개념 및 적용범위가 군인판결, 급진주의자판결 등에서 보는바와 같이 점진적으로 확대되었다.[4]

독일연방헌법재판소의 판결 이전에는 자유민주적 기본질서에 대한 개념을 정의해 보려는 시도가 몇 가지 법률의 제정 · 개정과정에서 시도 되었었다. 예컨대 형법 제92조 제2

---

1) Jarass/Pieroth, Grundgesetz für die Bundesrepublik Deutschland(GG), Rn. Art. 21 Rn. 26; Gusy, Die freiheitliche demokratische Grundordnung in der Rechtsprechung des Bundesverfassungsgerichts, AöR 1980, 279 f.

2) 따라서 독일기본법상에서는 제18조에 의해서 자유민주적 기본질서의 준수가 기본권행사에 있어서 헌법적 행위의 한계를 이루고 있다고 볼 수 있다.

3) 1952년 10월 23일의 사회주의국가당(SRP)과 1956년 8월 17일의 독일공산당(KDP)의 위헌판결 등이다. Gusy, Die freiheitliche demokratische Grundordnung in der Rechtsprechung des Bundesverfassungs-gerichts, AöR 1980, S. 279 ff.

4) 김영수, 민주적 기본질서, 월간고시(1984.12), 54면.

항 제6호에 국가의 존립(Bestand der Bundesrepublik Deutschland)을 위태롭게 하는 행위에 관한 죄에 관하여, 헌법원칙으로서의 보호법익으로 다음과 같이 규정되어 있다. ① 선거 · 투표 또는 입법 · 행정 · 사법의 특별한 기관을 통하여 그리고 보통 · 직접 · 자유 · 평등 · 비밀선거에 의한 국민의 대표(Volksvertretung)를 선출할 국민의 권리, ② 입법의 헌법질서에의 기속 및 행정 · 사법의 법률 및 법에의 기속(Bindung der Gesetzgebung an die verfassungsmäßige Ordnung und die Bindung der vollziehenden Gewalt und Rechtsprechung an Gesetz und Recht), ③ 의회주의적 야당의 구성 및 권한의 행사(Recht auf die Bildung und Ausübung einer parlamentarischen Opposition), ④ 정부의 붕괴(Ablösbarkeit der Regierung)와 의회에 대한 책임(Verantwortlichkeit gegenüber der Volksvertretung),[1] ⑤ 법원의 독립(Unabhängigkeit der Gerichte), ⑥ 일체의 폭력적 · 자의적 지배의 배제(Ausschluß jeder Gewalt- und Willkürherrschaft) 등이다. 형법의 이러한 규정들은 후의 연방헌법재판소의 판결에 있어서 그 방향제시가 되었으며,[2] 특히 형법 제92조 제2항 제1호의 민주적 선거제를 제외하고는 연방헌법재판소의 판결에서 그 개념들이 점차 확대되었다.[3]

1.2. 연방헌법재판소의 판례

연방헌법재판소는 1952년 10월 23일의 사회주의 국가당(SRP)과[4] 1956년 8월 17일의 독일공산당(KPD)[5]에 대한 위헌판결에서 자유민주주의(자유민주적 기본질서)의 개념을

---

1) 제4호에 관련한 형법개정의 초안에는 정부의 의회에 대한 책임성으로 되어 있었으나, 초안 그대로 채택되지 않고 이를 수정하여 현재와 같이 되었다.

2) Maunz/Zippelius, Deutsches Staatsrecht, § 45 I, 3.

3) 그리고 형법 제92조 제2항에 규정된 "본법이 의미하는 헌법원칙"규정(제1호 - 제6호)은 기본법 제103조 제2항("어떤행위는 그것이 행하여지기 전에 그 가벌성이 법률로 규정된 경우에만 처벌할 수 있다")의 가벌성에 대한 구성요건적 전제를 규정한 것에 불과한 것이고 헌법해석에 의해서 발견될 자유민주적 기본질서의 여러 가지 요소와 일치하는 것은 아니다. 그리고 형법의 여러 규정에서 나오는 헌법질서는 자유민주적 기본질서보다 넓은 개념이다.

4) BVerfGE 2, 1 (12 f.)

5) BVerfGE 5, 85; 연방정부는 1951년에 독일공산당(KPD)을 연방헌법재판소에 위헌정당으로 제소하였다. 1956년 연방헌법재판소는 KPD를 그가 마르크스-레닌주의에 입각해있고 사회주의혁명과 프롤레타리아 독재를 정당정책으로 삼아 정치적 투쟁을 행하려한다는 취지에서 위헌정당으로 인정하여 해산을 선언함과 동시에 이에 대한 대체조직의 설립을 금하고 그 재산을 국고에 귀속시킨다고 판결하였다(Richter/Schuppert, Verfassungsrecht, 3. Aufl., 1996, S. 475). 1956년 8월 17일의 KPD판결에서 연방헌법재판소는 1952년 사회주의 국가당(SRP)판결에서의 자유민주주의의 개념에 대한 정의를 그대로 확인하였다. 다만 KPD판결에서 몇 가지 추가하여 강조하고

규정한바 있다. 독일연방 헌법재판소는 SRP 위헌판결에서, 「… 인간이란 고유의 독자적인 가치를 가지며, 자유와 평등이 국가적 통일의 항구적인 근본법에 의하여 내려진 헌법정책적인 결단에 의한 표상에 근거하고 있다. 그러므로 기본질서는 가치구속적인 질서이다. 이는 인간의 존엄과 자유와 평등을 거부하는 전속적인 통치권력으로서의 전체국가의 반대개념이다. … 자유민주적 기본질서란 모든 폭력적 지배와 자의의 지배를 부인하고 그때그때의 다수의 의사와 자유 및 평등에 의거한 국민의 자기결정을 토대로 하는 법치국가적 정치질서라고 하면서 기본적 인권의 보장, 국민주권, 권력분립, 정부의 책임성, 행정의 법률적합성의 원칙, 사법권의 독립, 복수정당제 원리와 정당의 기회균등을 내포할 것」을 판시하고 있다.[1]

사회주의국가당(SRP)의 판결은 자유민주적 기본질서의 개념구성에 있어서 대체적으로 학설상 논의되었던 내용을 언급했다. 이 판결에서는 ① 사회국가원리가 자유민주적 기본질서의 개념구성에서 언급되지 않고, ② 법치국가 원리를 특히 강조한 점이 그 특징이다. 아무튼 이 SRP판결은 방어적 민주주의를 규범화하는 데 있다. 일반적으로 말하여 민주주의는 상대주의적 세계관에 근거하고 있으나, 민주주의 자체를 부정하는 민주주의의 敵(Feind)에 대해서까지 관용을 베풀 필요는 없다는 것, 즉 (가치)상대주의에도 한계가 있다는 것이다.[2] 방어적 민주주의이론은 그 후 70년대에도 일련의 판례를 통하여 거듭 확인되고 있다. 즉 군인판결 및 도청판결에서는 자유민주주의의 적극적 수호를 국민에게 요구하였고,[3] 급진주의

있는 점은 ㉠ SRP의 판결에서 이미 언급한 바 있는 독일의 자유민주주의 국가질서는 이른바 자유주의적 · 시민적 법치국가의 전통과 결부되어 있으며, 시민적 법치국가는 19세기에 점차적으로 형성 · 발전되어 독일에서는 바이마르 공화국 헌법에서 실현되었다는 점 ㉡ 현행 독일 기본법에 사회국가원리를 강조하고 있는 점으로 보아 모든 국가적 시책에 대한 지도원리(Leitprinzip)로서 사회적 정의가 강조된다고 하였다. W. Abendroth, Das KPD-Verbotsurteil, ZfP 1956, S. 318.f; Abendroth/Helmut Ridder/Werner Schöenfeldt(Hg.), KPD-Verbot oder Mit Kommunistischenleben? 1967.

1) BVerfGE 2, 1, 12 f. : SRP의 설립목적이 자유민주주의의 본질적 내용에 해당하는 복수정당제를 부인하고, 당내조직과 그 운영이 자유민주주의에 반하는 지도자원리(Führerprinzip)에 기초하고 있을 뿐 아니라, 당원의 활동이 인간의 존엄과 가치 및 기타의 기본권을 경시하고 있다는 점 등을 이유로 하여, 기본법 제21조 제2항의 정당해산요건을 충족하는 위헌정당으로 규정하고 강제해산을 선고하였다. Richter/Schuppert, Verfassungsrecht, 3. Aufl., 1996, S. 474.

2) BVerfGE 5, 85 KPD의 위헌판결 : 독일공산당은 자유민주적 기본질서를 파괴하려는 정당이므로 공무원등이 이에 가입하여 활동하는 것은 국가에 대한 충성의무와 일치하지 아니하며, 독일공산당의 정강은 연방공화국의 헌법질서에 대한 명백한 도전으로 간주되어 위헌정당으로 인정되어 강제해산되었다.

3) ① BVerfGE 28, 36(군인판결) : 독일연방공화국은 국민들에게 자유민주적 질서를 방어할 것을 기대하고 있으며, 자유민주적 질서에 위해를 가하기 위한 목적으로 기본권을 남용하는 것을 용납하지 아니하는 민주국가인 바, 방어적 민주주의의 원칙은 연방군대 내부에서도 타당하게 적용

자 판결에서는 방어적 민주주의의 적용범위를 공직에의 취임금지로 확대시켰다.[1)2)]

1.3. 학설

독일의 학설은 독일연방헌법재판소의 판례와 같이 자유민주적 기본질서를, 민주적 기본질서와 자유민주적 기본질서를 동일개념으로 파악하는 것이 통설의 입장이다.[3)] 다만 여기에는 자유민주적 기본질서의 내용으로 사회국가의 원칙이 포함되고 있는가 논란이 되고 있다. 뒤리히(Dürig)는 자유민주적 기본질서에 사회국가원칙을 포함시키고 있지 않음에 반하여[4)] 하만-렌츠(Hamann-Lenz), Mattey 등은 사회국가원칙도 자유민주적 기본질서의 내용이 된다고 하고 있는 바, 그 이유는 독일기본법은 경제정책면에서 상대주의에 입각하고 있기 때문이라고 한다.[5)] 아무튼 사회주의 국가당(SRP)와 KPD의 판결에서의 자유민주적 기본질서의 개념규정에 대하여 독일의 대다수 학자가 이에 찬동하고 있다.[6)]

1.4. 국가의 지도원리(Leitprinzip)로서의 자유민주적 기본질서

자유민주적 기본질서는 헌법제정권력자의 정치적 근본결단(Grundentscheidung)[7)]으로서 독일의 국가성을 가치구속적으로 표현해 주는 최고규범이다. 또한 그것은 독일이 방

된다. ② BVerfGE 30, 1(도청법 합헌판결) : 연방헌법재판소는 1968년 제정된 도청법에 대하여 사전통고배제는 국가의 존속과 자유민주적 기본질서의 수호를 위하여 국민이 수인해야 하는 것이다. 따라서 당사자에 대하여 사전통고가 배제되고 법원에 의한 사법적 심문절차가 부인되고 있다는 것만으로는 법치국가의 원리가 침해되었다고 볼 수 없다는 점 등을 이유로 하여 도청법은 합헌이라고 판결하였다.

1) BVerfGE 39, 334 (급진주의자판결) : 모든 공직자는 기본법상의 가치질서에 구속되므로, 자유민주적, 사회국가적, 법치국가적 질서를 부정하거나 이에 저항하는 자를 공직에 취임시켜서는 아니되며, 국가에 봉사하려는 자는 국가는 물론 국가의 헌법질서를 비방하거나 공격하여서는 아니된다.

2) 특히 연방정부는 독일공산당(KPD : Kommunistische Partei Deutschlands)의 후신이라고 할 수 있는 DKP(Deutsche Kommunistische Partei)에 대하여 연방헌법재판소에 정당해산을 제소하는 것보다는 이들 공산당원들에 대한 공직취임을 막는 방법을 취함으로써 실질적인 효과를 얻고자 하였다(장영수, 방어적 민주주의의 이론, 고시연구(1992.9), 84면).

3) Richter/Schuppert, Verfassungsrecht, 3. Aufl., 1996, S. 474; 김영수, 민주적 기본질서, 월간고시(1984.12), 63면.

4) 김철수, 헌법학(상), 385면.

5) 김철수 교수는 사유재산제를 부정하는 정당에 대하여서도 해산할 수 없다는 Hamann-Lenz의 주장에 대하여 경제적 자유가 자유민주적 기본질서의 중요한 요소를 간과한 주장이라고 비판하고 있다(김철수, 헌법학(상), 385면).

6) Richter/Schuppert, Casebook Verfassungsrecht, 3. Aufl., 1996, S. 474.

7) 장영수, 방어적 민주주의의 이론, 고시연구(1992.9), 86면.

어적 민주주의를 채택하고 있는 독일민주주의의 특징을 표현하고 있다. 자유민주적 기본질서의 개념은 일반법률(Allgemeines Gesetz)에 적용되므로 모든 법해석의 기준이 된다. 특히 국가의 존립과 사회의 안전을 위태롭게 하는 범죄행위를 규정하고 있는 형법(제92조 참조) 등의 규정에 있어서의 불확정개념의 해석에 있어서 지도원리가 된다. 또한 자유민주적 기본질서는 개인의 인권존중을 인정하고 모든 국가작용의 최고의 지도원리로 되어 있는 국가질서 및 사회질서를 추구하고 있기 때문에 모든 국가작용을 구속하고, 또한 모든 공권력 발동의 척도 및 정당성의 근거가 된다.

2. 한국

2.1. 문제의 제기

이미 언급한 바와 같이 우리나라의 헌법전에는 '자유민주적 기본질서(전문, 제4조)'와 '민주적 기본질서(제8조 제4항)'를 모두 규정하고 있어서 개념상 혼란이 있다. 이 때 자유민주적 기본질서에 관한 개념정의에 관하여는 논쟁이 없으나 헌법 제8조 제4항의 민주적 기본질서의 해석에 있어서는 학설의 대립이 있다.[1] 여기에는 민주적 기본질서는 일반적으로 자유민주적 기본질서만을 의미한다는 견해(다수설)와 자유민주적 기본질서 및 사회민주적 기본질서를 의미한다는 견해(소수설)와 민주적 기본질서는 '한 민주적 기본질서'로 파악하여, 자유민주주의, 사회민주주의, 민주사회주의, 폭력을 배제한 사회주의 등을 모두 수용하는 의미로 해석해야 된다는 견해가 있다.[2]

2.2. 학설

2.2.1. 자유민주적 기본질서설

이는 헌법 제8조 제4항의 민주적 기본질서의 개념을 자유민주적 기본질서만을 의미하는 것으로, 민주적 기본질서의 의미를 제한적으로 해석하는 견해이다. 이를 지지하는 학자들의 견해를 종합하면 대체로 다음과 같다. 첫째, 우리나라의 국가적 이념이 자유민주적 기본질서를 확고히 하는 것이므로 이것은 헌법질서의 핵심적 내용으로서 이는 반드시 수호해야 하는 헌법상의 최후의 보루이다.[3] 둘째, 민주적 기본질서를 자유민주적 기본질서와 구별할 적극적 이유가 없고 우리 헌법은 서구 민주주의 원칙을 따르고 있다.[4] 셋째, 우리

---

1) 문홍주, 한국헌법론, 123면; 김영수, 민주적 기본질서, 월간고시(1984.12), 60면; 김철수, 헌법학(상), 381면.
2) 최용기, 한 민주적 기본질서, 고시연구(1989.2), 88면.
3) 문홍주, 한국헌법론, 122면 이하.
4) 황적화, 민주적 기본질서, 월간고시(1986.4), 266면.

나라 헌법상 국가적 성격이 경제적 질서로서의 사회민주주의까지 수용하는 것이라고 할지라도 정당의 해산은 별개의 문제로서 정치적 질서로서의 자유민주주의에의 위반만을 정당의 해산사유로 하여야 한다.[1] 네째, 우리헌법은 기본원리로서 자유민주주의와 더불어 사회국가의 원리 및 사회적 시장경제질서를 규정하여 사회정의의 실현을 국가적 과제로 하고 있으므로 사회민주주의는 배타적인 것이 아니라 융화적인 것이다. 다섯째 헌법 제8조 제4항이 민주적 기본질서를 정당해산의 사유로 규정하고 있는 것은 정당의 존립과 활동의 자유를 최대한으로 보장하기 위한 것이므로 정당해산의 구실을 소화하기 위해서라도,[2] 민주적 기본질서를 자유민주적 기본질서로 제한적으로 해석해야 한다는 것이다.[3]

2.2.2. 자유민주적 기본질서 및 사회민주적 기본질서를 포괄하는 상위개념(Oberbegriff) · 공통개념

민주적 기본질서는 자유민주적 기본질서(자유민주주의) 뿐만 아니라 사회민주적 기본질서(사회민주주의)를 포괄하는 것으로서 자유민주적 기본질서의 상위개념 · 공통개념이라는 학설이다.[4] 그 근거로서 다음과 같이 설명하고 있다.

---

1) 권영성, 헌법학원론, 195면.

2) 왜냐하면 사회민주주의를 포괄하는 상위개념으로 파악할 때는 사회민주적 기본질서에 입각하고 있지 않은 정당에 대한 해산의 구실이 된다는 것이다(이효원, 민주적 기본질서, 고시계(1992.2), 252면).

3) 안용교, 한국헌법(전정판), 고시연구사, 169면 : 양자를 동일한 개념으로 이해하고자 하는 것은 사회정의(실질적 자유와 평등 · 복지)와 국제평화주의를 강조하는 민주적 기본질서는 자유민주적 기본질서와 양립되거나 결합되어야 하며 현대의 자유(자유의 조건)를 강조하는 자유민주적 기본질서도 현대의 실질적 자유 · 평등(사회정의), 국제평화주의를 강조하는 민주적 기본질서와 결합된 것으로 이해하여야 하기 때문이다. 김영추, 민주헌법론(전정판), 형설출판사, 95면 : 대한민국의 기본질서가 되는 민주주의는 사회민주주의가 기본일 수는 없으므로 "민주적 기본질서"는 협의로 "자유민주적 기본질서"만을 의미한다고 봄이 타당하다. 이것은 전문의 국민적 결의에서 "자유민주적 기본질서를 더욱 확고히 하여"라고 강조하고 있고, 또한 제119조에서 대한민국의 경제질서는 개인과 기업의 자유와 창의를 기본으로 하고 국가의 경제에 관한 규제와 조정을 특정한 경우에만 허용하고 있는 것과도 부합된다고 하겠다. 김영수, 민주적 기본질서, 월간고시(1984.12), 60면 : 헌법전문의 자유민주적 기본질서라는 문구와 서독에 있어서의 기본권 규정과 실례, 그리고 정당해산조항이라는 성격에 비추어 자유민주적 기본질서설이 타당하다고 본다; 유승남, 민주적 기본질서, 월간고시(1987.9), 216면; 권영성, 헌법학원론, 195면; 채동욱, 민주적 기본질서를 논함, 고시연구(1983.1), 178면; 조성욱, 민주적 기본질서, 고시연구(1986.10), 283면.

4) 권영성 교수는 민주적 기본질서는 자유민주주의와 사회민주주의 및 모든 민주주의를 포괄하는 상위개념이라고 하면서도(권영성, 헌법학원론, 157면) 헌법 제8조 제4항의 민주적 기본질서는 자유민주적 기본질서만을 의미하며(통설), 사회적 법치국가인 독일의 기본법도 정당해산사유인 제

첫째, 독일의 경우 자유민주적 기본질서라는 용어를 기본법 제21조의 정당조항에서 뿐만 아니라 기본권 남용에 의한 기본권 상실을 규정한 제18조에서도 그 판단요소로 규정하고 있다. 이는 민주적 기본질서 중에서도 서구적 자유민주주의 개념과 결부된 것만을 의미하는 것이기 때문이며, 우리나라 헌법 제8조 제4항에서 규정하는 민주적 기본질서와는 서로 다른 의미를 지니고 있다.

둘째, 현행 헌법이 자유민주적 기본질서와 민주적 기본질서를 구별하여 규정하고 있는 것은 자유민주적 기본질서를 지향하여야할 이념으로서 강조한 것에 지나지 않는다.

셋째, 민주적 기본질서는 사회적 법치주의나 자유주의나 보수주의 그 자체를 배격하는 것이 아니라 독점자본주의의 폐단, 그리고 공산주의와 전체주의적 국가질서를 반대하는 것이다.

넷째, 오늘날의 거의 모든 정당은 18 · 9세기적인 고전적 자유주의가 아닌 사회적 법치국가를 지향하고 있는 데 사회적 정의를 추구하는 정당을 민주적 기본질서에 어긋난다고 하여 해산하는 것은 잘못된 것이다. 또한 현실적으로도 이러한 성격을 지니는 정당에 대하여(예 : 민주노동당) 헌법재판소는 중립을 지키고 있다.

다섯째, 우리나라는 헌법 제34조를 통하여 인간다운 생활을 보장하고 제119조 등을 통하여 경제적 규제와 조정을 취하고, 헌법 제23조 및 제37조에 의한 공공필요 · 공공복리에 의한 자유와 권리의 제한 등으로 자유민주주의를 수정하여 사회국가원리를 추구하고 있는 바, 민주적 기본질서의 의미를 자유민주적 기본질서만을 의미하는 것으로 해석하면 헌법이 추구하는 사회국가원리를 위반하는 것이 되고, 오히려 우리 헌법 그 자체가 자유민주적 기본질서를 침해한다는 모순에 봉착하게 된다.

여섯째 우리 헌법질서는 자유민주주의 뿐만 아니라 사회국가의 원리를 그 기본원리로 하고 있으며,[1] 사회적 시장경제질서에 입각하여 사회적 기본권을 보장하고 실질적 평등의 구현 등과 같은 사회 민주주의원리를 자유민주주의와 조화, 융화할 것을 추구하고 있다.

민주적 기본질서는 각국헌법의 전체적 규정의 조화적 해석속에 그 내용이 정해져야 할 것이며, 헌법을 유기적 · 조화적으로 해석할 때 헌법 제8조 제4항의 민주적 기본질서는 자유민주주의와 사회민주주의를 포괄하는 상위개념이라 할 것이다.[2]

결론적으로 개념상 독일기본법의 「자유민주적 기본질서」와 한국헌법의 「민주적 기본질서」와는 다르며, 민주적 기본질서는 자유민주주의와 사회민주주의 등을 아울러 내포하

21조에서 자유민주적 기본질서만으로 제한하여 규정하고 있다고 한다(권영성, 헌법학원론, 195면).

1) 사회국가원리는 현대 헌법국가의 기본원리(Grundprinzip)중의 하나이다.

2) 오성계, 민주적 기본질서, 고시계(1987.2), 228면; 이효원, 민주적 기본질서, 고시계(1992.2), 252-253면 참조.

는 상위개념 · 공통개념이다.[1] 따라서 자유민주적 기본질서는 지향하여야 할 이념임은 물론이나 그렇다고 하여 민주적 기본질서를 자유민주적 기본질서 만이라고는 할 수 없다는 것이다.

2.2.3. 사견

상위개념설 내지는 공통개념설을 주장하는 학자들의 견해를 종합하면, 민주적 기본질서는 자유민주적 기본질서와 사회민주적 기본질서를 동시에 내포하는 것이라는 주장의 근거로서 다음과 같이 주장한다. 즉 독일의 학자들 중(예컨대 하만-렌쯔 : Hamann-Lenz)에는 기본법이 자유민주적 기본질서라는 용어만을 사용하고 있음에도 불구하고 법치국가원리 이외에 사회국가의 원리까지 이를 확장하여 포함시키려하고 있는데, 민주적 기본질서라고(만) 규징하고 있는 우리 헌법에서 사회국가의 원리를 (의식적으로) 배격하고 자유민주적 기본질서로 국한하여 제한적으로 해석하려는 것은 이해하기 힘들다고 한다.

생각건대 우리 나라 정당의 정강정책을 보더라도 고전적 자유민주주의만을 고집하고 있는 정당은 현실적으로도 존재하지 않으며, 모두가 (사회)복지국가적 · 사회적 법치주의를 지향하고 있는 것이 현실이다. 그리고 헌법 제8조 제4항의 민주적 기본질서를 자유민주적 기본질서로 한정하는 견해의 경우도 우리나라의 기본질서는 사회민주적 기본질서를 배격하는 것이 결코 아님을 강조하고 있을 뿐만 아니라, 다만 정당해산과 관련하여 국가권력의 남용을 막기 위한 것임을 강조하고 있음을 통해 알 수 있듯이 민주적 기본질서 중에는 자유와 평등, 복지(정의)의 요소가 아울러 들어 있는 것으로 보아야 한다. 결국 현대 헌법국가에서 국민복지의 요소를 내포하는 사회국가원리를 배척하는 정당은 그 자체로서 이미 자유민주적 기본질서를 침해하는 정당이 되는 것이며, 우리 헌법상 그 존재가치를 발견할 수 없을 것이다.

특히 안용교 교수의 주장처럼 민주적 기본질서와 자유민주적 기본질서를 「동일한 개념으로 이해하고자 하는 것은 사회정의(실질적 자유와 평등 · 복지)와 국제평화주의를 강조하는 민주적 기본질서는 자유민주적 기본질서와 양립되거나 결합되어야 하며 현대의 자유(자유의 조건)를 강조하는 자유민주적 기본질서도 현대의 실질적 자유 · 평등(사회정의), 국제평화주의를 강조하는 민주적 기본질서와 결합된 것으로 이해하여야 하기 때문」이라고 하는 점을 놓고 볼 때 결국 자유민주주적 기본질서는 사회민주적 기본질서와 적대관계가 아닌 융화 · 포섭의 관계임을 알 수 있다.[2]

---

1) 김철수, 헌법학(상), 381면.

2) 이는 민주주의 원리와 법치국가원리 · 사회국가원리가 대립관계가 아닌 상호 보완관계에 있음을 상기하면 더욱 두드러지게 나타난다.

그리고 권영성 교수도 민주적 기본질서는 자유민주주의와 사회민주주의를 포괄하는 상위개념임을 인정하고 있고,[1] 다만 제8조 제4항의 민주적 기본질서의 해석만큼은 정당해산의 구실을 막기 위하여 자유민주적 기본질서로 한정하자는 것인데,[2] 오늘날의 정치현실에 있어서는 과거와는 달리(예컨대 이승만 독재정권하의 진보당해산사건) 정당해산의 구실을 잡아 위헌정당으로 내몰아 간다는 것은 국민적 저항 등을 생각 할 때 사실상 불가능하다.

그리고 자유민주적 기본질서의 구현을 정당강령 및 정책으로 삼고 있는 정당이라고 할지라도 오늘날 현대 헌법국가의 기본원리의 하나인 사회국가원리를 부정하는 정당은 사실상 존재하지 않을 것이며, 오히려 독일의 과거의 예에서 보았듯이 극단적 우익계통의 정치집단이 국가의 근본질서인 민주적 기본질서를 침해할 염려가 크다. 이러한 점에서 민주적 기본질서가 자유민주적 기본질서만을 의미하느냐 혹은 사회민주적 기본질서도 동시에 포함하느냐를 논하는 종전의 학설대립은 실질적인 실익은 없다고 본다. 결국 민주적 기본질서가 자유민주적 기본질서와 각기 다른 별개의 개념이란 뜻이 아니고 민주적 기본질서란 자유민주적 기본질서 및 사회민주적 기본질서를 함께 포함하는 상위개념(Oberbegriff) 내지는 공통개념이며,[3] 절충적인 입장에서 택일적일 수도 있다는 의미이다.[4]

2.3. 헌법재판소의 판례

자유민주적 기본질서라는 개념은 일반적으로 강학상으로만 다루어지는 데 그쳤었으나 1990년 헌법재판소의 결정(국가보안법 제7조에 대한 위헌심판사건)[5]을 계기로 자유민주적 기본질서라는 개념은 실제의 헌법문제의 판단에도 중요한 의미를 지니게 되었다. 헌법재판소는 「… 자유민주적 기본질서에 위해를 준다함은 모든 폭력적 지배와 자의적 지배, 즉 반국가단체의 일인독재 내지 일당독재를 배제하고 다수의 의사에 의한 국민의 자치, 자유 평등의 기본원칙에 의한 법치주의적 통치질서의 유지를 어렵게 만드는 것이고 이를 보다 구체적으로 말하면, 기본적 인권의 존중, 권력분립, 의회제도, 복수정당제도, 선거제도, 사유

1) 민주적 기본질서는 헌법질서의 하나로서 자유민주주의와 사회민주주의를 비롯한 모든 민주주의를 그 내용으로 포괄하는 공통분모적 상위개념이다(권영성, 헌법학원론, 157면).

2) 제8조 제4항의 민주적 기본질서를 자유민주적 기본질서 및 사회민주적 기본질서라고 해석 할 때에 사회민주주의를 정당강령으로 채택하지 않은 정당은 위헌정당으로 인정될 염려가 있다는 것이다. 권영성, 헌법학원론, 196면 참조.

3) 육종수, 헌법질서와 기본권의 본질적 내용, 헌법학연구(1998.10), 한국헌법학회, 230면; 김철수, 헌법학(상), 381면.

4) 이효원, 민주적 기본질서, 고시계(1992.2), 252면.

5) 헌재결 1990. 4. 2, 89헌가113【국가보안법 제7조에 관한 위헌심판】

재산과 시장경제를 골간으로 하는 경제질서 및 사법권의 독립 등 우리 내부체제를 파괴, 변혁시키려는 것으로 풀이할 수 있을 것이다」라고 구체적 내용에 관하여 언급하고 있다.

우리 나라 헌법재판소의 결정내용은 독일연방헌법재판소의 1952년 사회주의국가당 판결 및 1956년 독일공산당 판결에서의 자유민주적 기본질서에 대한 해석을 거의 그대로 따르고 있다. 다만 독일연방헌법재판소는 자유민주적 기본질서의 개념을 정치질서의 관점에서 풀이하고 있는데 반하여, 한국의 헌법재판소는 사유재산과 시장경제를 골간으로 한 경제질서라고 하는 사회국가적 요소를 첨가하고 있다. 이와 같은 판시는 한국헌법상의 자유민주적 기본질서는 민주적 기본질서의 일부이며 민주적 기본질서는 「자유민주적 기본질서 + 사회민주적 기본질서」라는 것을 시사하고 있는 것이라 할 수 있다.

Ⅲ. 민주적 기본질서의 이념과 내용

1. 이념

민주적 기본질서의 이념은 민주주의의 가치와 이념에 직결된다. 민주주의는 자유 · 평등 · 정의를 그 이념적 기초로 삼고 있다. 민주주의가 자유와 평등의 양자중 어느 것을 우선 우선 시키느냐에 관하여 견해가 대립되나, 오늘날의 사회적 법치국가에서는 양자의 조화적 실현이 요구된다.[1] 왜냐하면 자유와 평등은 정의와 결합될 때에만 비로소 진정한 자유와 평등이 이루어질 수 있기 때문이다. 이와 같은 관점에 비추어 볼 때 민주적 기본질서의 이념 내지 가치는 국민주권 · 자유 · 평등 · 정의의 조화적 실현에 있다. 따라서 인간의 존엄과 가치의 존중 등을 내용으로 하는 기본권 존중이 전제되고 실질적 평등의 실현을 통한 사회정의의 확립과 국민생활의 균등한 향상을 전제로 한 국민복지향상이 그 이념이 된다고 하겠다.

2. 내용

2.1. 자유민주적 기본질서(형식적 법치주의의 강조)

자유민주적 기본질서의 내용으로서는 법치주의원리가 강조된다. 이러한 법치주의적 요청은 자유주의사상에 그 기원을 두고 있으며, 권력분립의 원칙과 함께 국가권력을 국민의 자유와 권리를 위하여 제한하려고 하는 것이다. 서구적 민주정치에 있어서는 법치주의가 민주적 기본질서의 필수적 요소로 간주되고 있다.[2] 법치주의 내용으로서는 ① 권력분

---

1) 황적화, 민주적 기본질서, 월간고시(1986.4), 265면.

립 ② 기본권보장 ③ 형식적 의미의 법률(의회입법) ④ 사법과 행정의 합헌성 및 합법성 ⑤ 국가 공권력 행사의 예측가능성 ⑥ 인적 · 물적 독립을 가진 법률에 의한 사법적 보장, ⑦ 국가공권력에 의한 권리침해에 대한 사법적 권리구제(손해배상 · 손실보상) ⑧ 명확성의 원칙 등을 들 수 있다. 서구적 민주정치에 있어서는 법치주의가 민주적 기본질서의 필수적 요소로서 간주되고 있고, 자유주의적 기본질서는 형식적 법치주의에 입각하고 있다.[1)]

2.2. 사회민주적 기본질서(사회국가사상 및 실질적 법치주의의 강조)

사회민주적 기본질서의 내용은 상기의 민주정치의 요소에 사회적 정의(복지)와 평화주의를 가미한 것이라고는 할 수 있다. 이것은 사회적 약자를 보호하기 위한 사회적 정의를 민주정치의 내용에 첨가한 것이라고 볼 수 있다. 사회민주적 기본질서에서는 기본권보장에 있어서 생존권적 기본권의 보장이 중시되고, 법치주의에 있어서 실질적 법치주의의 원리가 강조되어 실질적 평등과 복지의 향상이 특히 중요한 위치를 차지한다.[2)] 민주정치는 자유민주주의가 아니라도 가능하다는 것이 통설이다.

그러나 사회민주적 기본질서는 자유주의를 배격하는 것이 아니고, 공동체 내의 사회적 정의 및 사회복지의 실현을 위하여 (형식적) 자유에 최소한의 합리적 제한을 가함으로써 정의국가를 구현하기 위한 것이다. 이러한 점에서 사회민주적 기본질서에는 사회적 기본권 및 사회적 법치주의의 원리가 강조되고 있다. 여기서 간과해서는 안될 점은 사회민주주의는 공산주의 내지는 사회주의 국가(Sozialistischer Staat)체제와는 전혀 다르다는 점이다. 즉 첫째 사회민주주의는 국가권력을 쟁취하기 위한 수단으로서의 혁명적 방법이나 폭력을 포기하고 의회민주주의(parlamentarische Demokratie)를 신봉하며, 둘째 동일성 이론에 입각한 일당독재 및 공산주의 내지는 사회주의적 전체주의를 부정하며, 프롤레타리아 계급투쟁을 조장하는 계급정당제도를 부정하고, 전체국민의 정치적 의사를 대변하는 마이크로폰으로서의 국민적 복수정당제도를 인정하고 있으며, 셋째 생산수단의 국유화를 절대적인 것으로 요청하지 않고, 사회정의에 입각한 경제성장과 국민소득의 평준화를 달성하는 수단으로서 기업에 대한 독과점 방지 및 공공적 통제를 주장하고 국민각자의 능력을 최대한으로 발휘할 수 있는 사회적 구조와 환경을 조성하며, 이를 위한 필요불가결한 최소한의 계획을 요구한다는 점이다.[3)]

---

2) 김철수, 헌법학(상), 384면.

1) 김철수, 헌법학(상), 384면.

2) 김철수, 헌법학(상), 384면 참조.

3) 사회민주주의론은 1890년대 독일에서 구성된 이론으로, 사회민주당(SPD)을 중심으로 하여 발전해 오고 있다. 사회민주주의는 자유민주주의를 부정하거나 배격하는 것이 아니라 (실질적) 사회정의 · 국민복지의 실현을 위하여 (형식적) 자유의 체계에 어느 정도의 제한을 가하는 민주주

이와 같이 사회민주주의는 자의적 지배를 가능할 여지가 있다는 이유로 프롤레타리아 독재를 거부하며, 중앙집권적 경제체제에도 반대한다. 사회민주주의는 특히 자치와 권력의 분립(Gewaltenteilung) 및 권력균형(Gewaltenbalancierung)을 중시하고, 경제영역에서도 최대한의 자유경쟁과 최소한의 계획경제를 주장한다. 경제에 대한 간섭도 규제와 조정을 원칙으로 하고 있다.

2.3. 민주적 기본질서의 구체적 내용

2.3.1. 국민주권

현대 헌법국가에서의 민주주의원리는 국가권력이 국민으로부터 유래함을 근본으로 하고 있다. 따라서 민주적 기본질서는 국민주권의 원리(Volkssouveränität)를 그 내용적 특징으로 한다. 국민주권의 원리라 함은 국가의사를 최종적 · 전반적으로 결정할 수 있는 최고권력이 전체로서의 국민의 의견에 귀착된다는 정치원리를 말한다.[1] 우리헌법도 제1조 제1항에서 「대한민국은 민주공화국이다.」라고 하여 민주주의를 현대 헌법국가의 기본원리(Grundprinzip)의 하나인 국가의 형태개념으로 규정하고 있을 뿐 아니라, 제1조 제2항 전단에서는 「대한민국의 주권은 국민에게 있다」라고 하여 주권재민의 원리를 직접적으로 선언하고 있다. 그리고 이와 같은 국민주권의 원리를 구현하는 제도로서 간접민주제와 직접민주제를 동시에 규정(혼합민주제)하고 있다.[2] 민주정치는 국민의 지배이며 또한 국민자치로서 그 표상을 지닌다. 국민은 국민투표로써 직접 참정을 할 수 있으며(직접민주주의) 대표자를 선출함으로써 간접적으로(간접민주주의) 정치에 참여할 수 있다.

2.3.2. 기본권 존중

민주주의의 실질적 요소가 자유 · 평등 · 정의라 한다면 자유와 평등을 구체적으로 보호하기 위한 헌법적 표현이 기본권 보장이다.[3] 우리헌법은 전문에서 「… 우리들과 우리들의 자손의 … 안전과 자유와 행복을 영원히 확보할 것을 다짐하면서 … 헌법을 제정」했음을 선언하고 있고, 헌법 제10조는 인간으로서의 존엄과 가치 · 행복추구권 및 기본적 인권의 불가침성과 국가권력의 기본권 보장의무를 규정하고 있다. 우리 헌법의 기본권존중은 자유민주주의에 있어서와 같이 자유권적 기본권의 보장에 국한되는 것이 아니고 사회민주

의라고 할 수 있다. 현대적 사회민주주의는 인간의 존엄과 가치를 최우선시하는, 자유와 평등의 이념 중에서 평등을 자유 못지 않게 중요시한다는 점에서 평등민주주의와 상통한다.

1) 김영수, 민주적 기본질서, 월간고시(1984.12), 63면.

2) 문홍주, 한국헌법론, 124면; 김영수, 민주적 기본질서, 월간고시(1984.12), 63면.

3) 김영수, 민주적 기본질서, 월간고시(1984.12), 63면.

적 기본질서의 요소인 복지지향을 위하여 사회적 기본권의 보장도 포괄적으로 규정하고 있다. 뿐만 아니라 헌법 제37조 제2항은 「국민의 모든 자유와 권리는 국가안전보장 · 질서유지 · 공공복리를 위하여 필요한 경우에 한하여 법률로써 제한할 수 있다」고 하여 자유권도 복지향상과 공공복리인 생존권의 보장을 위하여 (꼭) 필요한 경우에 한하여 법률로써 제한할 수 있음을 인정하고 있다.[1)]

2.3.3. 권력분립

국민의 기본권이 보장되려면 권력의 집중과 남용이 억제되어야 한다. 국민의 자유권을 보장하고 국가권력을 제한하기 위하여서는 권력분립이 요청된다. 권력분립이 민주주의와 합치될 수 있는가에 대해서는 논란이 있었으나,[2)] 오늘날 권력분립 이론은 입법권의 우위를 인정하고 그 전제하에서의 권력분립론으로 이해할 경우 민주주의와 대립되는 개념이 아니다. 권력분립은 민주주의에서는 절대적인 요소는 아니라고 하더라도,[3)] 자유주의와 결합된 자유민주주의 하에서는 중요한 의미와 가치를 갖는다.

2.3.4. 의회제도의 확립 및 정부의 책임성(책임정치의 확립)

현행 헌법은 의회제도를 채택하고 있으며 이와 함께 국가권력의 자의적 행사로부터 기본권을 보장하기 위하여는 국가권력기관이 주권자인 국민에 대하여 책임을 지는 정부의 책임성이 요구된다.[4)] 이것은 책임있는 정부(responsible government)의 원리이며 국가권력기관이 그 존립기반의 정당성을 제공해준 국민에 대하여 책임을 져야 한다는 것을 의미한다.[5)] 독일에서는 국회를 유일한 국민대표기관으로 하여 정부의 책임을 추궁할 수 있게 하고 있다(의회제도의 확립). 우리 헌법은 정부의 책임성과 관련하여 국민의 직접적인 통제를 인정하지 않고 있지만 국회의 대정부견제권으로서 국회의 국무총리와 국무의원에 대한 해임건의권(헌법 제63조) 및 국무총리 및 국무위원 등의 국회출석 · 답변요구권(헌법 제62조), 탄핵소추권(헌법 제65조) 등을 규정하고 있다.[6)]

1) 헌법 제37조 제2항에 의한 기본권 제한의 한계는 김백유, 일반적 법률유보(헌법 제37조 제2항)에 의한 기본권 제한의 규범적 한계, 한성대 동아시아연구소(2000.12), 35면 이하 참조.
2) 프랑스 혁명당시에 루소(Rousseau)는 국민주권의 실현을 위한 국가권력의 불가분성을 주장하며 입법권의 우월을 주장하고 권력집중제를 주장하였다.
3) 권력분립의 원리는 자유주의의 요청의 산물이다. 이효원, 민주적 기본질서, 고시계(1992.2), 253면.
4) 황적화, 민주적 기본질서, 월간고시(1986.4), 266면.
5) 김영수, 민주적 기본질서, 월간고시(1984.12), 64면.
6) 이효원, 민주적 기본질서, 고시계(1992.2), 254면.

2.3.5. 법치주의

법치주의는 헌법이나 법률에 의한 통치를 말하는 것으로서, 이는 헌법과 법률에 의한 국가권력의 제한을 의미한다. 법치주의가 민주주의의 요소로 인정될 수 있는 것은 입법권의 우월 사상 및 법에 의한 지배(Rule of Law)라는 점 때문이다. 법치주의는 자유주의의 원리와 함께 발달한 것이며 폭력적 지배와 자의적 지배를 부정하는 것으로서 민주적 기본질서의 핵심적인 요소이다.[1] 그리고 오늘날 실질적 법치주의 내지는 사회적 법치주의의 이념에 의한 사회민주주의의 구성요소로서도 인정되고 있다. 우리 헌법은 실질적 법치주의 사상을 그 토대로 삼고 있다.

2.3.6. 사법권의 독립

국민의 기본권의 사법적 보상은 법치주의의 중요한 요소이다. 국민에 대한 기본권보장기구로서의 사법부가 독립되어 있지 않으면 행정청에서 행해지는 행정처분이나 행정명령 · (행정)규칙[2]의 사법심사 및 법률에 대한 위헌심판의 제청도 불가능하다. 이점에서 사법부의 독립은 민주적 기본질서의 중요한 내용이 된다. 사법부의 독립은 법치국가의 중요한 표상이다. 사법부의 독립은 1) 사법부의 입법부와 행정부에서의 독립, 2) 법관의 지위의 독립, 법관의 신분보장, 3) 법관의 재판상의 독립이 구성요소로 되고 있다. 현행헌법은 제101조 제1항에서 「사법권은 법관으로 구성된 법원에 속한다」고 하여 사법부의 독립을 규

---

1) 김영수, 민주적 기본질서, 월간고시(1984.12), 64면; 황적화, 민주적 기본질서, 월간고시(1986.4), 267면.

2) 행정규칙의 법규성을 인정할 것인가는 학설상의 다툼이 있다. 전통적 견해는 행정규칙은 법규가 아니므로 수명기관이 이에 위반하여도 위법이 되지 아니하며, 이에 위반한 수명기관의 행위의 효력에는 영향이 없으며, 위법을 전제로 하는 법원리 (특히 흠(하자)의 원리)의 적용이 없고, 국민은 수명기관의 행위가 행정규칙에 위반하였다고 하여 행정규칙 위반행위의 취소를 청구하는 행정소송을 제기할 수 없다. 다만, 행정규칙을 위반하는 행위를 한 공무원이 특별권력관계 내부에서 공무원법상 책임(징계책임)을 지게 됨은 별 문제라고 본다. 이러한 전통적인 이론 대하여 의문을 가지고 행정규칙에 대하여 법규성을 인정하려는 입장에서는 종래의 광의의 행정규칙을 ① 특별명령(특별권력관계상의 행정규칙)과 ② 협의의 행정규칙(행정조직내부상의 행정규칙)으로 나누고, 전자는 후자와는 달라 법규성을 인정할 수 있다고 한다(Wolff, Ossenbühl). 또한 행정규칙 중에는 실질적으로는 '법규의 보충적 성질'을 가지는 것(예컨대, 대외무역법 제18조의 수출입품목 공고, 물가안정및공정거래에관한법률 제2조 규정에 의한 주무부장관의 최고가격지정고시, 사립대학법시행령 제12조 제5호에 의한 교육부장관이 처분할 수 없는 재산의 범위지정 등)이 있다. 이와 같이 실질적으로 법규의 내용을 보충하는 행정규칙의 법규성 認否에 관하여는 소극설과 적극설이 대립 되는바, 적극설이 타당하다. 판례도 同旨이다(大判 1987. 9. 29, 86누484 등).

정하고, 제103조에서 「법관은 헌법과 법률에 의하여 그 양심에 따라 독립하여 심판한다」고 하여 물적 독립 내지는 재판상의 독립을 규정하고, 제106조에서 법관의 신분보장을 규정하고 있다.

2.3.7. 정치적 자유와 복수정당제

현대와 같은 다원적 산업사회에 있어서 민주주의원리는 공동체(res publica)내의 다양한 의견과 이익의 존재를 기초로 하고 있다. 즉 치자(die Regierende)와 피치자(die Regierte)의 동일성에 기초한 국민총화가 아닌 대립과 갈등에 근거한 다양성의 표출과 그 조화의 추진이 특징적이다. 우리 헌법은 참정권을 비롯하여 제21조에서 언론 · 출판 · 집회 · 결사의 자유를 보장함으로서 정치적 표현의 자유를 인정하고 있고, 제11조에서는 「누구든지 … 정치적 … 생활의 … 영역에 있어서 차별을 받지 아니한다」라고 하고 있다. 그리고 현대 다원적 산업국의 다원주의(Pluralismus)에 입각하여 각기 다양한 형태로 나타나는 국민의 정치적 의사를 반영하기 위하여는 복수정당제가 필수적으로 요구된다. 이러한 점에서 국가정당제도나 단일정당제도에 의한 일당독제체재는 민주주의원리에 위배되며, 복수정당제만이 정치과정의 공개성과 의견의 다양성, 정당의 평화적 교체 가능성을 보장을 보장할 수 있다. 그리고 다수결의 원리에 대한 정당성의 전제조건이 되는 소수자 보호를 위한 야당(Opposition)의 존재인정 이야말로 민주적 기본질서의 중요한 요소가 된다.[1] 이에 따라 우리 헌법도 제8조에서 정당설립 및 활동의 자유를 보장하고 있다.

2.3.8. 사회국가원리

과거 18 · 9세기의 자유주의적 사상의 폐해로 인하여 발생했던 실질적 부자유 · 불평등 및 이로 인한 사회적 부조리를 배제하기 위하여 헌법국가 사상의 하나로서 20세기에 와서 등장한 사회적 정의와 사회복지를 구현하기 위한 원리를 사회국가원리라고도 한다. 사회국가에 있어서 국가는 급부행정 · 생존배려(Daseinsvorsorge)와 함께 기타 생활보장수단을 강구하게 된다. 특히 경제분야에 있어서 중산층형성정책이라든가 주택개발정책, 균등한 교육정책 등이 요망되고 있다. 이 사회국가원리는 사회민주적 기본질서의 요소이다. 우리 헌법은 제19조, 제34조, 제119조에서 사회적 기본권 및 사회국가원리를 규정하고 있다.[2]

---

1) 김영수, 민주적 기본질서, 월간고시(1984.12), 65면; 김철수, 헌법학(상), 390면.
2) 라드부르흐(Radbruch)는 민주주의는 궁극적으로는 사회민주주의에로 합류한다고 한다(김철수, 헌법학(상), 391면 참조).

2.3.9. 국제평화주의

국제적 평화와 국제적 협력도 민주적 기본질서의 내용적 특징이 된다. 국제사회에서의 인권보장과 전쟁없는 평화없이는 인류사회에 있어서 진정한 자유 · 평등을 기대할 수 없기 때문이다. 국제사회에 있어서의 민주주의를 확보하기 위하여서는 국제평화주의가 요망되며, (침략)전쟁의 금지와 평화의 보장은 국제적 민주주의의 보장을 위하여 불가결한 것이다.[1] 우리 헌법은 전문에서 "밖으로는 항구적인 세계평화와 인류공영에 이바지함으로써"라고 하여 세계평화주의를 규정하였고, 제5조에서 "대한민국은 국제평화의 유지에 노력하고"라고 하여 국제평화주의 원칙 및 침략전쟁의 부인을 선언하고 있다. 뿐만 아니라 헌법전문과 제4조에서 국내적으로도 무력에 의한 남북통일을 포기하고 조국의 평화적 통일을 염원하며, 평화적 통일정책을 수립 · 추진할 것을 규정하고 있다.

Ⅳ. 민주적 기본질서의 규범적 효력

1. 근본규범성 및 헌법해석의 기준

민주적 기본질서는 헌법의 최고원리로서 모든 법규범의 해석기준 및 법령제정의 지침이 되고 법령의 흠결시에는 이를 보완해주는 근본규범(Grundnorm)으로서의 역할을 하며,[2] 입법 · 행정 · 사법작용과 같은 국가작용의 정당성의 근거로서 헌법개정의 한계의 근거가 된다. 따라서 민주적 기본질서를 부인하는 헌법의 개정은 헌법개정의 한계를 벗어난 것이며,[3] 민주적 기본질서를 침해하는 기본권의 남용은 이를 제한할 수 있는 근거가 된다.[4] 그러나 민주적 기본질서는 기본권 보장을 본질적 내용으로 하여 기본권이 최대한 보장될 때에만 그의 본질적 가치가 유지될 수 있기 때문에 이를 엄격히 해석하여 일반적 법률유보에 의한 기본권제한의 규범적 한계조항인 헌법 제37조 제2항의 요건에 따라서 제한하여야 한다.[5]

---

1) 김철수, 헌법학(상), 391면.
2) 김영수, 민주적 기본질서, 월간고시(1984.12), 54면, 61면; 유승남, 민주적 기본질서, 월간고시(1987.9), 217면.
3) 황적화, 민주적 기본질서, 월간고시(1986.4), 266면; 이효원, 민주적 기본질서, 고시계(1992.2), 254면.
4) 황적화, 민주적 기본질서, 월간고시(1986.4), 266면.
5) 김백유, 일반적 법률유보(헌법 제37조 제2항)에 의한 기본권 제한의 규범적 한계, 한성대 동아시아연구소(2000.12) 참조.

2. 방어적 민주주의

민주주의는 상대방에 대한 관용을 그 내용으로 하는 상대적 다원주의를 그 본질적 내용으로 하나 민주주의의 가치내용을 침해하려는 민주주의의 적에 대하여는 민주주의도 스스로 방어적으로 대처하여 민주주의 그 자체를 수호해야 함은 이미 언급한 바와 같다. 이와 같이 오늘날의 민주주의는 상대주의 내지는 가치중립적인 형식적 다수의 지배가 아니라 자유 · 평등 · 정의를 (절대적 · 특정적) 이념으로 추구하는 가치관적 민주주의를 그 실체로 한다.[1] 결국 민주주의는 국민의 정치참여(politische Mitwirkung)에 의해서 자유 · 평등 · 정의라는 인류사회의 보편적 · 기본적 가치(Grundwerte)를 실현시키려는 국민의 통치형태(그러나 동질성의 원리가 아닌)를 뜻하게 된다.

3. 헌법질서와의 관계

현행 헌법 제1조 제1항에서 규정하고 있는 민주공화국의 개념은 국가형태로서 공화국의 내용을 한정하는 헌법질서이다. 이는 자유민주주의, 사회민주주의, 민족민주주의 등 보다 상위의 개념이라고 할 수 있다. 민주적 기본질서는 단순히 헌법질서와 동일한 것이 아니라 헌법질서의 하나이며, 헌법질서 중 가장 중요한 자유 · 평등 · 정의에 관한 사항만이 민주적 기본질서라고 할 것이다.[2]

4. 헌법 제37조 제2항의 '질서'와의 관계

4.1. 학실

민주적 기본질서에 위반되는 기본권행사는 제한할 수 있는 바, 이때 기본권 제한의 일반적 법률유보 조항인 제37조 제2항과의 관계가 문제된다. 이에 대하여는 민주적 기본질서는 국가의 존재목적으로서 국가안전보장에 포함된다는 견해,[3] 헌법 제37조 제2항의 질서는 최상위의 질서개념이므로 이 질서는 헌법적 질서를 포함하여 모든 질서를 포함하는 광의의 질서를 의미하며, 따라서 민주적 기본질서까지도 제37조 제2항의 질서 개념 중에 포함된다는 견해,[4] 민주적 기본질서는 헌법 제37조 제2항의 국가안전보장 · 질서유지에 포함된다는 견해,[5] 또 우리 헌법상 자유민주적 기본질서는 헌법유보의 내용이 되는 것이고, 제37조 제2항의 국가안전보장과 질서유지는 법률유보의 내용이 되는 것으로 양개념이 차원

---

1) 김영수, 민주적 기본질서, 월간고시(1984.12), 59면.
2) 김철수, 헌법학(상), 387면; 이효원, 민주적 기본질서, 고시계(1992.2), 255면.
3) 문홍주, 한국헌법론, 334면.
4) 권영성, 헌법학원론, 157면.
5) 김철수, 헌법학(상), 387면.

을 달리하는 것으로 보는 견해,[1] 제37조 제2항은 민주적 기본질서를 전제로 하는 것이지 그 자체가 민주적 기본질서를 포함하는 것은 아니라는 견해 등이 대립된다.

4.2. 사견

헌법 제37조 제2항의 질서유지의 개념속에 헌법 제8조 제4항의 민주적 기본질서의 개념이 포함되는가가 문제된다. 헌법 제37조 제2항의 질서유지의 개념을 협의로 보는 경우(협의설)에는 민주적 기본질서(국가기본질서)는 국가의 안전보장에 포함되고, 질서유지는 헌법질서[2]와 사회질서유지만을 의미한다고 본다. 광의적 개념으로 보는 경우(광의설)는 질서유지속에 민주적 기본질서(국가기본질서)를 포함한다고 본다.

협의설의 입장은 헌법 제37조 제2항에 질서유지 이외에 국가안전보장을 따로 규정하고 있는 점에 비추어 보아 여기에 해당하는 헌법질서나 자유민주적 기본질서는 제외함이 타당하다는 것이고 만약 이것을 국가안전보장에 포함시키면 따로 규정한 의의가 없게 되기 때문이지만, 헌법에 국가안전보장의 규정이 설정되어 있지 않을 경우에는 당연히 질서유지의 개념은 공공의 안녕질서와 같은 경찰법상의 개념을 초월하여 국가안전보장도 포함시켜야 할 것이라고 한다.[3] 협의설적 입장에서는 국가질서유지라 함은 국가가 그 현존체제를 유지하고 그 체제상에서 원활히 그 기능을 수행할 수 있도록 그에 대한 교란 내지 장애를 제외하는 것을 의미하는 바, 이는 다시 국가기본질서와 국가일반질서로 양분할 수가 있다. 국가기본질서는 국가의 근본질서를 뜻하여(따라서 민주국가에서는 곧 민주적 기본질서를 말한다) 국가일반질서는 국가질서와 직접적 관련은 없지만, 국가의 영역 내에서 모든

1) 김영수, 민주적 기본질서, 월간고시(1984.12), 61면; 채동욱, 민주적 기본질서를 논함, 고시연구(1983.1), 179면; 황적화, 민주적 기본질서, 월간고시(1986.4), 266면; 유승남, 민주적 기본질서, 월간고시(1987.9), 217면; 권영성 교수는 그의 저서 헌법학원론 구판(1992), 149면에서는 이와 같이 주장하였으나, 1994년 판부터는 「자유민주적 기본질서도 제37조 제2항의 질서중에 포함되고 그 질서의 핵심이 된다고 할 수 있다」고 학설을 변경하였다가, 2004년도에 다시 「민주적 기본질서는 자유민주적 기본질서와 사회민주적 기본질서를 포괄하는 개념이며, 제37조 제2항의 질서는 최상위 질서개념이므로 이 질서는 헌법적 질서를 포함하여 모든 질서를 포함하는 광의의 질서를 의미하며, 따라서 민주적 기본질서도 제37조 제2항의 질서개념에 포함된다고 했다」는 김철수 교수의 지적이 있다(김철수, 헌법학(상), 387면 각주 2) 참조).

2) 헌법질서에 대해서 독일연방 헌법재판소(BVerfG)는 헌법에 적합한, 헌법에 적합하게 구성되고 헌법의 영역 내에서 유지되는 법질서라고 해설하고 있으나, 이것은 헌법질서와 법질서를 동일시하는 것으로 타당하지 않다. 왜냐하면 법질서를 유지하기 위하여 기본권을 제한하게되는 경우가 많기 때문이다. 질서유지라는 개념에는 헌법상의 기본질서유지와 타인의 권리유지, 도덕질서유지, 사회의 공공질서유지 등이 내포되어 있다고 보아야 할 것이다.

3) 한태연, 헌법학, 법문사, 1983, 306면.

사람들이 평온 안전하게 그의 개인생활 내지 사회질서를 영위할 수 있는 상태를 가리킨다고 한다.[1] 따라서 질서유지라는 개념은 소극적인 의미로도 생각할 수는 있다. 왜냐하면 질서유지를 위한 기본권 제한은 치안, 국방상의 이유에서이며, 이 경우 본질적인 내용은 침해할 수 없으므로 국가 기본질서가 포함되지 않는다고 보기 때문이다.

그러나 질서유지의 개념속에 내포되어 있는 '질서'는 개인의 자유도 타인을 해치지 않는 범위 내에서만 인정된다는 이념(프랑스 인권선언 제2조)에 입각하여 개인이 기본권간에 존재하는 갈등(경합 · 모순 · 충돌)을 조정하며, 자유민주적 기본질서의 구축을 헌법이념으로 하는 헌법국가에 있어서 최소한의 임무인 사회질서의 유지와 위험의 방지(예, 전염병의 확대방지)를 목적으로 하는 가치개념으로서 기본권의 상호조정에 관한 내재적 한계, 즉 기본권에 내재하는 제약을 의미하는 측면에서의 질서개념에 해당한다고 말할 수 있다. 따라서 이 질서 속에는 타인의 권리유지(주관적 공권 및 동 권리의 유지) 사회의 공공질서유지(선거의 공정성확보 · 재판기능의 능률화 · 국민생활의 균등한 향상과 발전유지 · 사회정의에 입각한 경제의 안정과 발전유지 · 사회적 위험으로부터의 예방 등) · 도덕질서의 유지 등이 포함된다고 보아야 한다.

이러한 의미에서 질서유지는 인권향유의 유지, 공공적 사익의 침해를 방지한다는 소극적인 목적을 위하여 필요로 하는 최소한의 질서를 의미하는 실질적 자유 · 평등 · 정의를 구현하는 헌법국가적 공공복리라 할 수 있다. 여기서의 질서유지는 자유민주적 기본질서를 포함하는 헌법질서와 사회질서를 포함하는 것이다.[2] 결국 헌법 제37조 제2항에서 의미하는 질서의 개념은 자유민주적 기본질서를 포함하는 헌법적 질서 및 기타 사회적 안녕질서를 말한다. 따라서 여기서의 질서유지에는 사회적 안녕질서[3] · 선량한 풍속의 유지를 위한 기본제한[4]이 인정되게 된다. 헌법 제37조 제2항의 질서유지의 개념을 광의설적 입장에서

1) 박일경, 기본권보장의 한계, 법정(1964.6), 26-27면 .

2) 권영성, 헌법학원론, 157면; 헌법 제37조 제2항의 질서라 함은 자유민주적 기본질서를 포함하는 헌법적 질서는 물론이고 그 밖의 사회적 안녕질서를 말한다(권영성, 헌법학원론, 351면).

3) 사회의 안녕질서를 위한 기본권의 제한은 치안의 유지를 위한 기본권의 제한이다. 직업의 자유를 예로 들면 먼저 형법상의 제한규정(형법 제198조, 제207조, 제211조, 제214조, 제246조, 제247조)을 들 수 있다. 이에 대한 상세한 내용은 김백유, 일반적 법률유보에 의한 기본권 제한의 규범적 한계, 한성대 동아시아 연구소(2000.12), 51면 각주 73) 참조.

4) 선량한 풍속의 유지를 위한 기본권의 제한은 모두 국민의 생활안정과 공서양속을 확보하기 위한 것이다. 예를 들면 윤락행위등방지법에서 보는바와 같이 제1조는 선량한 풍속을 유지하기 위하여 기본권(직업선택의 자유)을 제한하는 것이다. 즉 윤락행위 또는 권유 · 유인 · 알선 등과 같은 매개행위의 금지(윤락행위등방지법 제4조), 음행매개범(형법 제242조)의 처벌, 음화제조등 반포범(형법 제243조)의 처벌 등을 들 수 있다. 그밖에 형법 제242조, 제243조, 제244조 및 제288조 등도 선량한 풍속의 유지를 위해서 직업의 자유를 제한하고 있다. 판례도 풍속영업의규제에관한

고찰하면 국가질서와 민주적 기본질서가 포함될 것이고 협의설적 입장에서 고찰하면 국가질서와 민주적 기본질서는 국가안전보장의 개념에 속하고, 질서유지는 헌법질서와 사회질서유지만을 의미한다고 보는 입장이 타당하지만, 이것을 구별할 실익은 실제적으로 존재하지 아니한다.[1)]

5. 기본권의 내재적 한계와의 관계

민주적 기본질서와 기본권의 내재적 한계[2)]와 관련하여 이는 헌법유보인 동시에 내재적 한계라는 견해와,[3)] 우리나라에서는 내재적 한계가 불필요하다는 견해가 대립되나 개별적 법률유보를 원칙으로 하는 독일 기본법과는 달리 우리나라는 모든 기본권은 제37조 제2항의 일반적 법률유보에 의하여 합리적으로 제한할 수 있기 때문에 민주적 기본질서를 이유로 한 기본권의 내재적 한계의 적용은 원칙적으로 불필요하나,[4)] 부득이하여 이를 적용하는 경우에는 극히 신중해야 한다.

Ⅴ. 민주적 기본질서의 침해와 보장

1. 침해

현행 헌법 제8조 제4항에서 의미하는 민주적 기본질서를 침해하는 것은 폭력지배와 자의적 지배를 위한 정당활동을 말하는 것으로 민주적 기본질서의 내용을 폭력으로 배제하는 것을 말한다.[5)] 예를 들면 인간의 존엄과 가치를 침해하는 것, 존재할 가치가 없는 이유하에 행해지는 부진정 안락사와 같은 생명에 대한 단축을 합법화하는 정당, 국민의 다수에 의한 지배원칙을 배제하고 일인정치나 과두정치를 자행하는 것, 선거제도를 부정하거나

법률 제3조 제5호 노래연습장에 18세 미만자의 출입을 금지하는 법령의 위헌여부의 판단에 대한 합헌결정에서, 「노래연습장에 18세 미만자의 출입금지는 직업행사의 자유, 평등권 침해가 아니며, 이와 더불어 18세 미만 청소년들의 행복추구권 침해가 아니다」라고 판시한 바 있다(헌재결 1996. 2. 29, 94헌마13).

1) 구병삭, 신헌법원론, 349면.

2) 기본권의 내재적 한계에 관한 상세한 내용은 김백유, 기본권의 내재적 한계, 성균관법학(2001.12), 117면 이하 참조.

3) 권영성, 헌법학원론, 159면; 김영수, 민주적 기본질서, 월간고시(1984.12), 61면; 황적화, 민주적 기본질서, 월간고시(1986.4), 266면.

4) 김철수, 헌법학(상), 387면.

5) 헌재결 1990. 4. 2, 89헌가113 【국가보안법 제7조에 관한 위헌심판】

일당독재를 도입하는 것, 정치적 자유를 침해하고 정치과정을 비공개로 하는 것이라든가, 절대군주제를 옹호하는 왕정복고를 꾀하거나 프롤레타리아 독재를 지지하고 권력집중적인 인민공화제를 채택하는 것, 법치주의의 배제, 사법권의 독립에 대한 침해, 외국인을 배척하고 민족적 우월성을 강조하는 지나친 국수주의적 정당, 독점자본주의나 공산주의적 경제제도를 채택하려는 경우, 무력에 의한 통일정책이나 침략전쟁의 수행 등은 민주적 기본질서를 침해하는 것이라고 하겠다.

그러나, 단순한 헌법질서의 침해는 민주적 기본질서의 침해로 되지 않는다.[1] 민주적 기본질서는 헌법질서 중에서 극히 중요한 자유 · 평등 · 정의(복지)에 관한 기본적인 질서만을 말하기 때문이다.[2] 따라서 민주적 기본질서를 유지하기 위하여 부득이한 경우에는 법률에 의한 기본권의 제한이 가능하다.[3]

2. 보장

민주적 기본질서는 헌법의 근본규범이므로 이를 계속적으로 형성 · 유지하기 위한 적극적인 제도가 마련되어야 한다. 이를 위하여는 언론 · 출판 · 집회 · 결사의 자유 등과 같은 표현의 자유를 보장하고 정치과정이 투명하게 공개되어야 한다.[4] 특히 정치과정에 있어서 민주적 기본질서에 위배되는 정당은 헌법재판소의 심판에 의하여 해산 되지만, 이 경우에도 헌법에서 규정하고 있듯이 정당의 목적이나 활동이 민주적 기본질서에 위배하여 국가의 존립에 위해가 되는 경우에 한정된다고 보아야 한다(헌법 제8조 제4항). 왜냐하면 국가권력이 부당한 행사나 정치적 압력에 의한 정당해산을 방지하기 위함이다. 대통령, 국회 등과 같은 국가기관이 민주적 기본질서를 침해하는 경우에는 위헌법률심판 내지는 탄핵제도를 활용하거나 헌법수호를 위한 국민적 저항권을 행사할 수 있다.[5] 국민이 민주적 기본질서를 침해하는 경우에는 형법상의 내란죄 · 외환죄 및 국가보안법 등을 통하여 헌법을 수호할 수 있을 것이다.[6] 민주적 기본질서를 기본권의 내재적 한계(immanente Schranken)

---

1) 김영수, 민주적 기본질서, 월간고시(1984.12), 65면; 헌법적 질서와 민주적 질서는 같은 차원의 개념이 아니다. 민주적 기본질서에 대한 침해는 당연히 헌법적 질서에 대한 위반이 되지만, 헌법적 질서의 위반이 곧 민주적 기본질서의 위반이 되는 것은 아니다(권영성, 헌법학원론, 157면 각주 1) 참조).

2) 김영수, 민주적 기본질서, 월간고시(1984.12), 65면.

3) 예를들면 방송법 제4조 등을 들 수 있다(김철수, 헌법학(상), 387면).

4) 김영수, 민주적 기본질서, 월간고시(1984.12), 65면.

5) 김영수, 민주적 기본질서, 월간고시(1984.12), 66면; 황적화, 민주적 기본질서, 월간고시(1986.4), 267면; 유승남, 민주적 기본질서, 월간고시(1987.9), 217면.

6) 김영수, 민주적 기본질서, 월간고시(1984.12), 66면; 황적화, 민주적 기본질서, 월간고시(1986.4), 267면; 조성욱, 민주적 기본질서, 고시연구(1986.10), 284면; 유승남, 민주적 기본질서, 월간고시

로 보아 민주적 기본질서에 위배되는 사상 · 양심까지도 헌법에 위반된다는 견해가 있으나, 이는 타당하지 않다.[1] 인간 내심의 자유는 – 이것이 인간 내심에 머무르는 한 – 헌법 제37조 제2항의 규정에도 불구하고 절대적 기본권에 해당되는 것이기 때문에 이를 처벌할 수는 없는 것이다.[2][3] 민주적 기본질서를 기본권의 내재적 한계로 보는 것은 독일 기본법의 태도이나, 우리 헌법은 이보다 넓은 개념인 국가안전보장 · 질서유지 · 공공복리를 위하여도 제한할 수 있도록 일반적 법률유보조항을 둔점에서 양자의 입법례는 서로 다르다.

Ⅵ. 결론

민주적 기본질서는 독일 연방헌법재판소 및 우리나라의 헌법재판소에서 언급하고 있다시피 폭력지배나 자의지배를 배격하고 다수의 의사에 따른 법치국가적 통치질서이며, 이를 통하여 자유와 평등이 확보되는 질서이다. 따라서 민주적 기본질서는 국가의 정치질서와 정책 등에 대하여 민주적 정당성을 부여하고 국가권력이나, 정당, 국민 등의 행위에 합헌성 및 정당성의 기준을 제시하여 준다. 이러한 민주적 기본질서는 국민의 능동적인 정치참여를 통하여 실현되는 것이며, 정치적 의사형성(politische Willesbildung) 및 국가권력의 정당화와 통제를 가능하게 하는 민주시민의 존재를 전제로 한다. 이와같이 민주적 기본질서는 헌법의 근본규범을 이루는 기본질서로서 국가권력의 남용 내지는 기본권의 오 · 남용으로부터 보호하여야 할 것이나 – 민주적 기본질서라는 불확정 개념을 가지고 – 개인의 기본권을 침해하지 않도록 민주적 기본질서의 내용을 엄격히 해석 할 것이 요청된다. 특히 민주적 기본질서 개념의 확대해석은 결과적으로 국민의 정치적 기본권의 축소 · 제한을 가

(1987.9), 217면.

1) 1991. 4. 1, 89헌마160【민법 제764조의 위헌여부에 관한 헌법소원】「… 사죄광고제도란 … 국가가 재판이라는 권력작용을 통해 자기의 신념에 반하여 자기의 행위가 비행이며 죄가 된다는 윤리적 판단을 형성 강요하여 외부에 표시하기를 명하는 … 것이다. 따라서 사죄광고의 강제는 … 침묵의 자유의 파생인 양심에 반하는 행위의 강제금지에 저촉되는 것이며 따라서 우리 헌법이 보호하고자 하는 정신적 기본권의 하나인 양심의 자유의 제약(법인의 경우라면 그 대표자에게 양심표명의 강제를 요구하는 결과가 된다)이라고 보지 않을 수 없다.

2) 김철수, 헌법학(상), 387면 참조.

3) 민주적 기본질서의 부정이 내심의 작용, 즉 양심결정의 단계에 머물러 있는 한 그것은 규제대상이 될 수 없을 뿐만 아니라(실체의 문제), 양심결정 자체는 외부에 노출되지 아니한 것이므로 그것이 과연 민주적 기본질서를 부정하는 것인지 입증할 수가 없기 때문이다(입증의 문제). 대법원 판례도 대판 1975. 12. 9, 73도3392【반공법위반】「일기에 반국가단체를 이롭게 하는 내용을 썼다고 하더라도 외부와의 관련사항이 수반되지 않는 경우에는 처벌할 수 없다」고 한다.

져올 염려가 있고, 특히 헌법 제8조 제4항과 관련한 정당강제해산 문제는 헌법재판소의 정치적 중립성을 지키는 판단이 요청된다.

특히 김철수 교수의 주장처럼 민주적 기본질서는 자유민주적 기본질서만을 의미하는 것으로 본다면 이는 민주주의의 이념을 자유와 평등만을 강조하는 것이 되며, 우리나라의 헌법재판소도 민중당이나 근로자정당의 해산을 생각하고 있지 않는 점을 보아 민주적 기본질서 = 자유민주적 기본질서라고만 보는 것은 너무 좁은 견해라는 주장은 경청할 만하다.[1] 그러나 오늘 날과 같은 헌법국가에서는 그 특성상 자유민주적 기본질서의 확립을 추구한다는 그 자체만으로도 자유 · 평등 뿐만 아니라 정의(복지)를 추구한다는 관념도 그 속에 내포되어 있지 않나 생각된다. 그리고 헌법 제8조 제4항의 민주적 기본질서는 자유민주적 기본질서만을 의미한다는 권영성 교수도 정당해산의 경우만 국가권력의 남용을 막기 위하여 제한적으로 해석하자는 취지이지, 민주적 기본질서에는 자유민주적 기본질서와 사회민주적 기본질서를 포함하는 상위개념이라는 점은 인정하고 있음은 이미 살펴본 바와 같다. 정의(복지)의 관념이 배제된 자유민주적 기본질서의 개념은 사실상 서구민주주의의 발전의 역사와도 맞지 않을 뿐만 아니라, 그 내용도 사실상 공허한 것이 되고 말 것이기 때문이다. 이와 같은 관점에서 저자는 종전의 우리나라의 헌법학계의 논란이 되었던 민주적 기본질서의 개념정의에 대한 논란에 종지부를 찍고자 한다.

---

1) 김철수, 민주적 기본질서, 고시계(1992.2), 256면 참조.

제 2 항 법치국가(Rechtsstaat)

Ⅰ. 법치국가의 개념

1. 법치국가의 일반적 개념

1.1. 서론

법치국가(Rechtsstaat)[1]라는 용어는 독일어권에 고유한 복합어(Recht + Staat)이며 개념형태로서 다른 언어에서는 여기에 해당하는 것을 찾을 수 없다. 또한 이 개념이 나타내는 사항도 독일의 국가철학으로부터 연유하고 있다. 영 · 미법상의 법의 지배(rule of law), 프랑스 법상의 '법의 지배(règne de la loi)' 등을 포괄하는 것이지만 이들 개념이 서로 동일한 것은 아니다.[2] 즉 독일에 있어서의 법치국가원리[3]는 국가의 통치구조를 법치국가원리에 맞게 운용한다는 의미로서 하나의 '정치적 형식원리(Formprinzip)'[4]를 의미하는 데 반하여, 영 · 미법상의 '법의 지배(rule of law)'[5]는 인간의 자유를 보호하기 위한 국가작

---

1) 법치국가는 국가작용의 형식과 내용을 다같이 중시하고 합법성과 정당성을 동시에 보장하는 포괄적인 개념으로 사용되고 있지만 그 본질과 형태는 독일에서 조차도 아직 최종적으로 규명되고 있지 못하다. 법치국가원리가 이와같이 명확한 해명을 보지 못하고 있는 이유는 그것이 구체적 · 일의적으로 규정된 어떤 요청이나 제도의 금지를 내용으로 하는 것이 아니고 그때마다 객관적 여건에 따라 구체화되어야 할 헌법원리이기 때문이다.

2) 허영, 헌법이론과 헌법, 단락번호 409.

3) 독일에서의 근대적 의미의 법치국가는 경찰국가나 관료국가에 대립하는 개념이다. 독일의 오토 마이어(O. Mayer)에 의하면 법치국가는 법률우위의 원칙, 특히 '행정의 법률 적합성(Gesetzmäßigkeit der Verwaltung)'을 기반으로 하는 국가이며, 이러한 견해가 그 후 칼 슈미트에 의하여 "법치국가는 국가권력의 제한과 통제의 원리로서 시민적 자유의 보장과 국가권력의 상대화체계를 그 구성요소로 한다"라는 이론으로 발전하였다.

4) Vgl. U. Scheuner, in: Staatstheorie und Staatsrscht, S. 188.

5) 법치주의를 법률의 지배로 이해하였던 대륙법계 국가와는 달리 영미법계 국가에서는 법의 지배(Rule of Law)로 이해하였다. 법의 지배라는 개념은 원래 영국에서 성립되어 미국에 계수된 것으로써 그 구체적인 내용은 이들 두 나라에서 역사적으로 형성된 것이다. 중세기에 법의 지배사상을 처음으로 성문화한 것은 1215년의 Magna Carta인데 여기서 국왕도 법의 지배하에 있다는 전통을 찾아 볼 수 있다. 이러한 사상은 법을 입법자의 의사로 보지 않고 영구불변의 관습법으로 본 게르만 법사상과 기독교사상 및 계약관계에 근거하고 있는 봉건제도에 의하여 강화되었다. 그 결과 14-15세기에는 보통법(Common Law)이 성립되었고, 보통법재판소(Common Law Courts)가 행정기관에서 독립하게 되었다. 그 후 15-16세기에는 절대왕정이 구축되고 행정특별

용의 지침을 의미하는 것이기 때문이다.[1)]

재판소가 설치되어 법의 지배사상을 약화시켰던 때도 있었지만 17세기에 들어와서 국왕과 보통법 재판소 및 이를 지원하는 의회와의 투쟁에서 보통법 재판소가 승리하게 됨으로써 절대왕정은 무너지고 법의 지배사상은 더욱 강화되었다. I. **영국에서의 법의 지배의 원리**: 영국에서의 법의 지배는 법의 우위라고도 한다. 법의 우위는 지배자의 전단적인 권력행사를 억제할 목적으로 중세이래 영국헌법의 법이념이다. 이것이 17세기에 와서는 군주적 대권의 절대성에 반대하여 코먼로(common law)의 우위성을 주장한 에드워드 코크경에 의하여 법의 지배라는 원리로 주장되고, 명예혁명에 의하여 제도적으로 확립되었으며, 다이시에 의하여 이론적으로 체계화되었다. 다이시는 "헌법론서설"에서 영국헌법의 기본원리로서 의회주의 · 헌법적 관습 및 법의 지배를 들고, 이러한 요소들이 영국헌법하에서 개인의 자유와 권리를 보장하는 요소라고 하였다(A. V. Dicey, Introduction to the Study of the Law of the Constitution, 1885(Indianapolis 1982). 다이시에 의하면 영국에서의 법의 지배원칙은 다음의 3개 원칙을 그 내용으로 한다고 한다.(A. V. Dicey, Introduction to the Study of the Law of the Constitution, 1885, pp. 202-205). 1) 제1원칙: 자의적 권력의 지배에 대한 정당한 법(regular law)의 지배라는 의미에서의 법의 절대적 우위(Predominance of Law)이다. 이것은 국민은 일반법원에 의하여 확립된 법에 의해서만 구속된다는 것이다. 2) 제2원칙: 모든 사람의 지위 · 신분을 막론하고 국가의 보통의 법(Ordinary Law of the Land)에 복종하고 보통재판소(Ordinary Tribrrals)의 재판을 받는다는 의미에서의 법적 평등(Legal Eguality)이며, 결국 공무원 즉 행정권도 일반 사인과 마찬가지로 보통법에 구속되고, 일반법원의 재판을 받아야 한다는 것이다. 3) 제3의 원칙: 인권에 관한 헌법원칙은 일반법원의 판례를 통하여 형성된 '보통법의 산물(Result of Ordinary Law of the Land)'이라는 것이다. 영국에 있어서의 법의 지배의 원리는 인권보장을 이념으로하고, 법의 실질적 내용도 인권보장을 그 목적으로 하며, 그 실질적 보장은 일반법원에 의하여 실현되는 가장 시민적 · 자유주의적인 성격을 가진 것으로서, 이는 곧 실질적 법치주의를 구현한 것이라고 할 수 있다. 결론적으로 영국에서의 법의 지배는 왕권에 대한 법의 우위에서 출발하여 보통법원의 우위로 발전하고 결국 의회주권주의에 도달하였다. 다이시가 영국헌법의 특징이라 주장한 법의 지배는 개인의 자유와 권리를 보다 효율적으로 확보하기 위한 절차법적인 측면에 중점을 두는 법원리이다. 영국에서 발달한 법의 지배는 미국에서 법원에 의한 위헌법률심사제 내지 사법권의 우위로 전개되었다. II. **미국에서의 법의 지배의 원리**: 미국에 있어서의 법의 지배는 최고규범인 헌법에 규정된 기본권과 헌법의 입법권구속의원칙에 기한 법원의 위헌법률심사제도를 중심으로하여 형성 · 발전 되어 왔다. 그러므로 법의 지배는 기본권보장을 중심으로하여 법의 실질적 내용도 그에 합치하도록 보장함으로써 인권보장을 실현하려는 실질적 법치주의라 할 수 있다(김동희, 행정법 I, 박영사 참조). 영미행정법의 중심이 된 행정은 현대적인 경제적 · 사회적 · 문화적 행정이 그 중심영역이라는 점에서, 독일이나 일본 등에서의 전통적인 행정법의 주 대상이 경찰 · 재정 · 군정과 같은 권력행정의 분야였던 것과 대조를 이룬다(김도창).

1) 그러나 저자는 여기서 법치주의와 법치국가 개념을 동일한 의미로 사용하고자 한다. 同旨 허영, 한국헌법론, 150면, 각주 2); 同人, 헌법이론과 헌법, 단락번호 410 이하; 기타 상세한 내용은 Ernst-Wolfgang Böckenförde(김효전 역), 헌법 · 국가 · 자유, 법문사, 1992, 66면 참조.

법치국가(Rechtsstaat) → 독일어권에 고유한 복합어(Recht + Staat)이며 개념형태
법치국가원리 → 국가의 구조에 관한 정치적 형식원리(politisches Formprinzip)
법의 지배(rule of law) → 인간의 자유를 보호하기 위한 국가작용의 지침

우리나라에서의 대다수의 견해는 법치국가내지는 법치주의를 대체로 "국가가 국민의 자유 · 권리를 제한하거나 국민에게 새로운 의무를 부과하려 할 때에는 국회가 제정한 법률에 의하거나 법률에 근거가 있어야 하며, 또 법률은 국민만이 아니고 국가권력의 담당자도 동등하게 규율하는 원리"라고 정의한다. 이때의 법률은 형식적 합법성 및 실질적 법치국가에 합당한 정의의 원칙에 합당한 법률을 의미한다. 이러한 정의는 2개의 요소 즉, 국민의 자유 · 권리를 제한하거나 의무를 부과하는 경우에는 1) 의회가 제정한 법률에 의해야 한다는 것과 2) 국민뿐만 아니라 국가권력의 행사도 법률에 구속된다는 것을 포함한다.

오늘날의 법치국가는 법률만능의 법률국가(형식적 법치국가)가 아니고 자유 · 평등 · 정의를 실현시키는 실질적 법의 국가(Staat des materiellen Rechts)이다. 그것은 바로 합법성과 정당성이 다같이 중요시되는 이른바 실질적 법치국가(materieller Rechtesstaat)를 의미한다. 오늘날 통설이 법치국가원리를 국가의 구조적 원리로 이해하면서 법치국가원리에 의해서 국가의 정치질서가 비로소 자유 · 평등 · 정의의 실현형태로 창설 내지 형성될 수 있다고 보는 것도 그 때문이다.

「법치국가 개념에 관한 우리나라에서의 다수설」

법치국가(法治主義) → "국가가 국민의 자유 · 권리를 制限하든가 국민에게 새로운 義務를 부과하려 할 때에는 국회가 제정한 법률에 의하거나(durch Gesetz) 法律에 근거가 (auf Grund eines Gesetzes) 있어야 하며,[1] 또 법률은 국민만이 아니고 국가권력의 담당자도 동등하게 규율하는 원리"

이때의 법률 → 실질적 법치국가에 합당한 정의에 합치하는 법률을 의미
- 국민의 자유 · 권리를 제한하거나 의무를 부과한 경우에는 의회가 제정한 법률에 의해야 한다
- 국민뿐만 아니라 국가권력의 행사도 법률에 구속

---

1) **법률에 의하거나(durch das Gesetz)** : 헌법유보(Gesetzesvorbehalt) ☜ **법률유보를 의미**
- **헌법에 규정된 특별한 유보(기본권 제한)**
- 형식적 의미의 법률을 의미

법률에 근거를 두어야 하며(auf Grund des Gesetzes) : 법규유보(Vorbehalt des Gesetzes) ☜ **법률의 유보를 의미하며, 委任에 친숙하여 委任留保라고도 한다.**
- 실질적 의미의 법률을 의미(법규명령 · 자치법규)

이상 참고문헌 : 김향기, 법률의 유보이론의 전개와 과제, 김영훈 박사 화갑기념논문, 법문사, 1995, 373면 참조.

「현대적 시대정신이 요구하는 법치국가」
- 법률만능의 법률국가가 아니고 자유 · 평등 · 정의를 실현시키는 실질적 법의 국가 (Staat des materiellen Rechts)
- 합법성과 정당성이 동시에 중요시되는 실질적 법치국가(materieller Rechtesstaat)

1.2. 법치국가에 있어서의 법

법치국가가 법에 의해 통치되는 국가를 의미한다고 할 때, 그 법은 국가권력 발동의 근거로서의 기능(적극적 기능)과 국가권력의 제한 · 통제의 원리로서의 기능(소극적 기능)을 가진다. 따라서 법치국가는 법이 국가권력을 통제하고 제한하는 기능에 비중을 두는 국가, 즉 민주적 헌법국가에서만 법치국가는 그 의미를 가지게 된다.

민주주의질서(demokratische Ordnung)와 마찬가지로 법치국가는 일정한 원리(Prinzip)와 절차규칙(Verfahrensregeln)을 가지고 있는데, 이들 원리 및 절차규칙을 통하여 법질서 전체의 기초가 마련되고, 그의 실행(Verwirklichung)에 의하여 정치적 통일이 이루어지고 공고해지며, 헌법에 의하여 구성되는(konstituierte) 국가체제(Staatswesen)가 구체적이고 역사적인 형태(Gestalt)를 갖추게 된다.[1)]

법치국가 :
일정한 원리(Prinzipien)와 節次規則(Verfahrensregeln)
→ 법질서 전체의 기초가 마련
→ 정치적 통일
→ 헌법에 의하여 구성되는(konstituierte) 국가체제(Staatswesen)가 구체적이고 역사적인 형태(Gestalt)를 갖추게 된다.

2. 법치국가사상의 변천과정

2.1. 바이마르 공화국에서 제2차세계대전까지

독일에서 전개된 법치국가원리는 19세기초 1892년 몰(R. v. Mohl)에 의하여 국법학에 처음 사용된후[2)] 슈타인(L. v. Stein), 그나이스트(R. v. Gneist) 베어(O. Bähr), 슈탈(F. J.

---

1) Konrad Hesse, Grundzüge, Rn. 186; ders., Der Rechtsstaat im Verfassungssystem des GG, in: Staatsverfassung und Kirchenordnung, FS für R. Smend, 1962, S. 71 ff.; vgl. Schulz-Schaeffer, Staatsform, S. 146 ff., 162 ff; Schulze-Fielitz, Der Rechtsstaat und die Aufarbeitung der vor-rechtsstaatlichen Vergangenheit, DVBl. 1991, S. 893 ff.; D. Grimm, Der Wandel der Staatsaufgaben und die Krise des Rechtsstaats, in: ders., Die Zukunft der Verfassung, S. 159 ff.

2) 허영, 헌법이론과 헌법, 단락번호 416.

Stahl)[1]등에 의하여 많은 발전을 보았으나 19세기말 경에 독일이 지니고 있는 특수한 헌정사에 의하여 이것이 정치원리가 아닌 기술적인 행정법상의 원리로 그 개념이 굳어지게 되었고 이러한 법치국가사상은 바이마르 공화국(1919-1933)에 들어와서도 큰 개념상의 변화가 없었다. 따라서 여전히 법치행정의 원리 및 권리구제, 국가의 배상책임등이 법치국가의 중요한 내용이 되었다.[2]

「바이마르 공화국(1919 – 1933)헌법상의 법치국가제도」
- 법치행정
- 사법적 권리구제
- 국가의 배상책임
- 법률의 위헌심사제도(학설상 인정)
- 기본권에 대한 광범위한 헌법적 보장이 실현
- 행정소송의 개괄주의
- 실질적 행정사항의 입법화

그러나 법치국가를 '법률국가' 또는 '국가작용의 형식'으로 이해하여 법치행정의 원리나 사법적 권리구제만을 그 본질적인 내용으로 하므로, 행정명령이나 행정규칙의 제한, 재량권의 통제, 행정상의 권리구제등과 같은 일련의 행정기술상의 권리보호수단에 있어서는 문제점이 없으나 '법률의 내용'에 대한 문제가 전혀 다루어지지 않았기 때문에, 만약 입법권이 全體政治(Despotie)의 수단으로 발동되고 입법권에 의해 국민의 자유와 권리가 무시되는 경우에는 법치국가가 무력할 수밖에 없게 된다.[3]

법치국가 → '법률국가' 또는 '국가작용의 형식'으로만 이해하는 경우
· 법치행정의 원리와
· 사법적 권리구제 등만을 그 본질적 내용으로 하므로
→ 행정명령이나 규칙의 제한
→ 재량권의 통제

1) 허영, 헌법이론과 헌법, 단락번호 417.
2) 바이마르공화국 이전에는 의회의 우월성이 강조된 나머지 국회가 제정한 법률에 대한 위헌심사제도가 인정되지 않았기 때문에 의회법률만능주의를 가져올 수도 있었으나, 바이마르 공화국에서는 법률의 위헌심사제도가 학설상 인정되고 기본권에 대한 광범위한 헌법적 보장이 실현됨으로 인해서 법치국가적 권리보호가 실효성이 있게 되었다고 볼 수도 있다. 더욱이 행정소송의 개괄주의, 국가책임제도의 확장, 실질적 행정사항의 입법화 등은 법치국가의 발전에 크게 기여한 것이 사실이다(허영, 헌법이론과 헌법 단락번호 419).
3) 허영, 헌법이론과 헌법, 단락번호 419.

→ 행정상의 권리구제 등이 인정되지만,

『문제점』

→ '법률의 내용'에 대한 문제가 전혀 다루어지지 않으므로
(만약) 입법권이 全體政治(Despotie)의 수단으로 발동되고 입법권에 의해
국민의 자유와 권리가 무시되는 경우 → 법치국가는 無力

법치국가원리는 제2차 세계대전 전까지만 해도 무절제한 국가권력으로 부터 국민의 자유와 권리를 보호하기 위한 국가권력에 대한 소극적인 방어적 개념으로 등장했었기 때문에, 행정작용을 법률에 기속시키고 (법치행정의 원리) 행정작용에 의해서 야기되는 권리침해에 대한 사법적 권리구제를 요구하는 법기술적인 원리, 즉 법치국가원리는 '법률에 의하지 않고는 강제 되지 않는 자유(Freiheit von ungesetzlichem Zwang)'로만 인식 되었을 뿐이다(허영).[1)]

---

1) 법치국가개념을 비정치적인 법률의 지배라고만 보는 견해 및 문제점.

1. Carl Schmitt의 견해 : 이와 같은 법치국가관은 C. Schmitt의 헌법이론에도 명백히 나타나고 있다. 즉 C. Schmitt는(Vgl. Verfassungslehre, 5, Aufl. (1970), S. 125 ff(131), 200 ff(200)) 법치국가개념을 어떤 정치적인 국가질서를 창설하는 정치원리가 아니고, 비정치적인 '자유의 보장수단' 내지 '국가권력의 통제수단' 에 지나지 않는다고 설명하고 있다. 2. Ernst Forsthoff의 견해 : E. Forsthoff(Vgl. Die Umbildung des Verfassungsgesstzes, in: Rechtsstast im Wandel, 2. Aufl., (1976), S. 130 ff(152))가 법치국가를 '법적인 자유의 보장을 위한 법기술적인 기교' (Systemrechtstechnischer Kunstgriffe zur Gewahrleistung gesetzlicher Freiheit)라고 이해하는 것도 동일한 입장이라고 할 것이다. 「위견해의 문제점」 그러나 C. Schmitt나 E. Forsthoff 처럼 법치국가원리를 형식적 (formell)으로 파악하고 그것을 비정치적인 '법률의 지배(Herrschaft der Gesetzes)'를 동일시하는 경우에는 나치시대 처럼 '법률의 형식으로 이루어지는 불법통치(unrechts Herrschaft in Gesetzesform)'도 법치국가로 볼 수밖에 없다. 바로 이곳에 '형식적 법치국가 (formeller Rechtsstaat)' 이론의 문제점이 있다(허영).

– 형식적 법치국가에서의 합법성의 원리(Legalitätsprinzip)의 문제점 –

형식적 법치국가의 사상적 세계에서는 합법성의 원리(Legalitätsprinzip)가 모든 국가생활을 지배하는 최고의 원리로 존중되기 때문에 만약 입법권이 법률이 정한 규제절차를 따르는 한 무엇이든지 제정할 수 있다는 논리가 성립되고, 법률의 '법(Recht)'적 내용이나 '정의관념' 같은 것은 무시될 수 있다. 다시말하면 합법성Legalität)을 지닌 것은 당연히 정당성 (Legitimität)의 근거가 된다는 논리형식이다. 이 같은 논리형식은 법질서와 국가를 동일시 하고 국가를 Midas의 왕으로 절대시한 나머지 국가가 하는 일은 무엇이든지 '법'이 된다고 이해하는 H. Kelsen의 순수법학이론과 상통하게 된다. 법실증주의적 입장에 의하면 법치국가원리를 따로 문제시하지 않는다. 왜냐하면 법 = 국가를 주장하는 H. Kelsen의 사상적 세계에서는 모든 국가가 자동적으로 '법치국가'

「제2차세계대전 전(1939년)까지의 법치국가원리」
→ 무절제한 국가권력으로 부터 국민의 자유와 권리를 보호하기 위한 국가권력에 대한 방어적 개념으로 등장
(따라서) - 행정작용의 법률기속(법치행정의 원리)
- 행정작용의 권리침해에 대한 司法的 권리구제
- (즉) 비정치적이고 법기술적인 원리로 평가 → 법치국가원리는 '법률에 의하지 않고는 강제 되지 않는 자유(Freiheit von ungesetzlichem Zwang)'의 보장수단으로만 간주

나치정권(1933-1945)의 '법률의 형식에 의한 불법통치'를 경험한 독일이 제2차 세계대전 이후 법치국가를 '형식적 법치국가'로만 이해하려는 입장을 배척하고 '실질적 법치국가'로 이해하면서 법치국가이론이 재정립되게 된것도 이러한 역사적 배경을 토대로하여 탄생한 것이다.

2.2. 법치국가이론의 재정립단계

2.2.1. 개관

제2차세계대전이후는 법치국가이론이 재정립된 단계라고 볼 수 있다. 왜냐하면 특히 나치정권을 경험한 독일을 비롯한 유럽 여러나라에서는 법치국가에 있어서의 형식적인 법률질서적인 장식보다는 법률의 내용이나 법률의 목적을 중요시하고 인간생활의 기초가 되는 자유 · 평등 · 정의의 실현을 법치국가적 질서의 본질적 내용으로 이해하는 경향, 즉 실질적 법치국가사상이 싹트게 되었고, 이것의 정의국가 사상과 함께 국가의 기본원리(헌법국가의 기본원리)로 간주하게 되었기 때문이다.[1] 실질적 법치국가 사상을 토대로 한 국가

가 되며, 모든 '국가작용'은 법질서를 실현시키는 '법'의 작용'을 뜻하기 때문에 법치국가원리의 내용을 따지는 것은 무의미한 일로 본다(허영, 헌법이론과 헌법, 단락번호 410). 그렇다고 하여 법치국가는 결단주의(C. Schmitt)에서 보는 것처럼 국민의 '자유를 보장'하고 '국가권력을 통제'하기 위한 형식적이고 비정치적인 기교에 그치는 것도 아니다. Klaus Stern 교수의 말처럼 국가의 불법현상을 처음부터 개념적으로 도외시하고 있는 형식적 법치국가이론은 오늘날의 현대적 시대정신이나 정치현실과 조화될 수 가 없다. 왜냐하면 오늘날의 시대정신이 요구하는 법치국가는 법률만능의 '법률국가'가 아니고 '자유'와 평등과 정의를 실현 시키는 실질적인 법의 국가(정의국가)이기 때문이다. 이것은 바로 합법성과 정당성이 다같이 중요시되는 실질적 법치국가를 뜻한다. 오늘날 통설이 법치국가원리를 국가의 구조적 원리(Strukturprinzip)로 이해하면서 법치국가원리에 의해서 국가의 정치질서가 비로소 자유 · 평등 · 정의의 실현형태로 창설 내지 형성될 수 있다고 보는 것도 그 때문이다(허영, 헌법이론과 헌법, 단락번호 411).

1) 이것은 법실증주의와 결단주의적 국가관이 그 세력을 상실한 것과도 밀접한 관계가 있다. 따라서 오늘날 법치국가를 법률국가와 동일시하거나 법치국가를 단순히 非정치적인 영역의 행정기

를 특히 헌법국가(Verfassungsstaat)라고 부르는 이유도, 법률도 헌법에 위반되어서는 아니된다는 법률의 실질적 내용의 정당성을 중요시 하기 때문이다. 이와 같이 법치국가사상의 발상지라 볼 수 있는 독일에서도 법치국가원리가 실질적 법치국가 사상과 함께 헌법국가의 기본원리로 이해되기 시작한 것은 제2차 세계대전 이후의 일이다(허영).

「제2차세계대전이후의 법치국가개념의 변화」

→ 나치정권을 경험한 독일을 비롯한 유럽 여러나라에서의 법치국가에 대한 관점의 변화

- 형식적인 법률질서적 장식보다는 법률의 내용 · 법률의 목적을 중요시
- 인간생활의 기초가 되는 자유 · 평등 · 정의의 실현을 법치국가의 핵심적인 내용으로 이해

2.2.2. 실질적 법치주의

a) 실질적 법치주의의 내용

제2차 세계대전 후 서독에서는 시민적 · 자유주의적 법치주의 = 형식적 · 관료적 법치주의 = 나치스식 민족적 법치국가라는 과거를 청산하고 새롭게 탄생한 본(Bonn) 기본법은 기본권 보장을 그 이념 및 실질적 내용으로 하는 실질적 법치주의를 채택하고 있다. 본(Bonn) 기본법 하에서의 실질적 법치주의의 전개를 보면 다음과 같은 내용이 지적될 수 있다.

첫째 : 기본적 인권의 실질적 보장을 위하여 인간의 존엄과 인권의 불가침성은 기본법 제1조에서 다음과 같이 선언하고 있다.

본(Bonn) 기본법 제1조 제1항 : 인간의 존엄은 불가침이다. 이를 존중하고 보호함은 모든 국가권력의 의무이다. 제2항 : 그러므로 독일국민은 침해할 수 없고 또 양도할 수 없는 인권을 세계의 모든 공동사회의 기초로서 그리고 평화와 정의의 기초로서 인정한다. 제3항 : 다음의 기본권은 직접 유효한 법으로서 입법 · 사법 · 행정을 구속한다.

둘째 : 본(Bonn) 기본법 제19조 제1항 : 이 기본권 규정에 따라서 어떤 기본권을 법률에 의하여 제한할 수 있을 경우에는 그 법률은 일반적으로 적용되어야 하며 특수한 경우에만 적용되어서는 안 된다. 또한 그 법률은 당해조항의 기본권을 지정하여야 한다. 제2항 : 어떠한 경우에도 기본권은 그 본질적 내용이 침해되어서는 안 된다. 제4항 : 누구든지 자기의 권리가 공권력에 의해서 침해될 때에는 출소할 수 있다."고 규정함으로써 공권력에 대한 포괄적 권리 보호를 선언하고 있다.

술상의 문제로 보는 학자는 드물다. Vgl. W. Kägi. Rechtsstaat und Demokratie, FS f, Giacometti(1953), S. 107 ff.; derselbe, auch in: Matz (Hrsg.), Grundprobleme der Demokratie, 1973. S. 107 ff.

셋째 : 본(Bonn) 기본법 제20조 및 제28조 제1항 : 본 기본법 제20조에서는 "독일연방공화국은 민주적 · 사회적 법치국가이다"라고 선언하고 있고, 제28조 제1항에서는 "각 주에 있어서의 헌법적 질서는 이 기본법이 의미하는 공화적 · 민주주의적 · 사회적 법치국가의 여러 원리에 부합되어야 한다."고 규정함으로써 '사회적 법치국가 원리(Sozialer Rechtsstaatsprinzip)'를 선언하고 있다.

사회적 법치국가 원리의 개념은 학설의 대립이 있으나,[1] 통설적 견해에 의하면 첫째 기본권 보장을 중심으로 하는 법치국가의 현대적 한 형태로 이해하고, 둘째 그 경우에 자유권적 기본권 보장을 견고히 하면서, 셋째 현대적 권리로서의 사회적 기본권을 보장하고 경제적 자유권의 사회적 의무화를 기하려는 원리를 의미한다.[2] 다시 말하면 사회적 법치국가 개념은 형식적 법치국가에서처럼 국가목적 실현의 수단(절차)로서의 (행정의) 법률적합성 만을 강조하는 것이 아니라 '사회적'이라고 하는 자유 · 평등 · 정의사회 구현을 위한 국가목적의 실질적 내용을 내포하는 개념이라는 점에서 실질적 법치행정주의를 표방하고 있다.

b) 실질적 법치국가 원리의 제도적 구현

실질적 법치국가 원리의 보장을 위한 제도적 구현 방법에는 다음과 같은 사항들을 들 수 있다.

첫째 : 본(Bonn) 기본법 제1조 제3항, 제20조 제3항(입법은 헌법적 질서에 기속되며, 행정과 사법은 법률과 법에 기속된다) 등에 규정되어 있는 헌법적 기속 규정

둘째 : **위임입법의 한계(본 기본법 제80조 제1항)** : 법률로서 연방정부, 연방 각 장관 또는 주정부에 법규명령을 발하는 권한을 부여 할 수 있다. 이 경우에는 수권의 목적 · 내용 · 정도를 법률에 규정하여야 한다. 그 명령 속에는 법적근거를 표시하여야 한다. 법률로써 재위임을 할 수 있다고 규정되어 있는 경우에 그 재위임에 대하여 법규명령을 필요로 한다.

셋째 : **헌법 재판제도** : 본 기본법은 실질적 법치주의를 제도적으로 담보하기 위하여 연방과 주에 헌법재판소제도를 신설하고 있다.[3] 특히 연방 헌법재판소(Bundesverfassungsgericht)는 연방법이나 주법의 위헌심사를 담당하고(제98조) 자유민주적 기본질서의(freiheitliche demokratische Grundordnung)수호자의 기능을 수행하며(제21조 제2항), 방위사태(Verteidigungsfall) 아래서도 그 추상적 · 구체적 규범통제(Normkontrolle)의 기능의 유지가 보장되어 있다(제115g). 이로써 평상시와 비상시를 막론하고 입법권을 구속하고 법의 내용이 부당하게 기본권을 침해하지 못하도록 하는 제도적 보장의 확립은 독일 헌정사상 획기적인 일이다.

---

1) 서원우, 행정국가와 법치주의, 고시계(1969.8).

2) 김도창; Hans Uwe Erichsen, Alemenes Verwaltungsrecht, Berlin, 6., Aufl. 1983, S. 44.

3) 기본법 제92조-94조, 제98조 제5항.

넷째 : **사법적 행정재판제도** : 연방이나 주의 행정재판소들은 사법조직의 일환(사법제도 국가)이며 행정소송에 있어서 개괄주의를 취한다.[1][2]

3. 법치국가 개념의 변모

독일의 Nazi정권에 의한 법치국가의 해체와 경시후에 현대의 법치국가사상은 법치국가개념을 두가지의 방향으로 형성하고, 또한 새롭게 규정하고 있다. 즉 하나는 형식적 법치국가개념 대신에 실질적 법치국가에로의 방향이며, 또 하나는 자유주의적 · 시민적 법치국가 대신에 사회적 법치국가에로의 방향이다.

· 형식적 법치국가 → 실질적 법치국가
· 자유주의적 · 시민적 법치국가 → 사회적 법치국가

3.1 형식적 법치국가에서 실질적 법치국가로

형식적 법치국가 개념하에서는 정당성의 원리(Legitimitätsprinzip)보다는 합법성의 원리(Legalitätsprinzip)가 모든 국가생활을 지배하는 최고의 원리로 존중된다. 따라서 입법권이 법률의 제정절차에 따르고 법률의 형식을 지니는 한 무엇이든지 제정할 수 있다는 형식논리가 성립된다. 이와같은 논리형식은 법질서와 국가를 동일시하고 결국에는 국가절대주의에 봉착하게 되어 국가가 하는 일은 무엇이든지 법(Recht)이 된다고 이해하는 켈젠(H. Kelsen)의 순수법학이론(reine Rechtslehre)과 상통하게 된다. 또한 위에서 언급한바와 같이 형식적 법치국가는 정당성의 원리보다는 합법성의 원리가 국가생활의 최고원리로 작용하기 때문에, 만약 이것이 법실증주의와 연결되는 경우 '악법도 법이다' 라는 논리하에 국민의 기본권이 침해될 수 있는 우려가 항시 내포되어 있다(허영).[3]

---

1) 독일 기본법 제19조 제4항.
2) 일본에 있어서도 명치헌법을 대치한 1946년의 일본국 헌법은 영미헌법질서를 원형으로 하여 기본적 인권의 보장(동 헌법 제11조, 13조), 정령의 통제(제73조), 최고재판소에 의한 법률 · 명령 · 규칙의 구체적 규범통제를 취하고 있다(제81조).
3) 주의할 점은 여기서 형식적 법치국가를 단순히 법실증주의(Rechtspositivismus)의 變種形式(Degenerationsform)으로 이해해서는 안된다. E. Denninger, Der Rechtsstaatsprinzip, in; Staatsrecht I (Hamburg, 1973) S. 95; F. J. Stahl, Rechts-und Staatslehre auf der Grundlage christlicher Weltanschauung, II Abt, 1846. S. 106.

– 형식적 법치국가 –

형식적 법치국가 → 무절제한 국가권력으로부터 국민의 자유와 권리를 보호하기 위한 국가권력에 대한 방어적 개념 ☜ 先在하는 국가권력을 전제

- 행정작용을 법률이 기속(법치행정의 원리)
- 행정작용에 의해 야기되는 권리침해에 대한 사법적 권리구제를 요구하는 非정치적 · 법기술적 원리

(형식적 법치국가의 문제점)

- 행정이 법률에 근거하여 이루어지기만 하면 법치국가의 요구가 충족(법률자체의 내용의 정당성 여하 불문)
- 합법성의 원리(Legalitätsprinzip)가 모든 국가생활을 지배하는 최고의 원리로 존중
  → 입법권은 법률의 제정절차에 따르고 법률의 형식을 취하는 한 무슨 법이든지 제정할 수 있다는 논리가 성립(☜ 이와같은 논리형식은 법질서와 국가를 동일시하고 국가절대주의와 함께 국가가 하는 일은 무엇이 든지 법(Recht)이 된다고 이해)
    → H. Kelsen의 순수법학이론
    → 법실증주의

그러나 오늘날 현대 헌법국가에서 이해되는 법치국가는 국민의 권리와 자유의 보호를 위해 국가권력을 단순히 통제 · 제한하는 내용의 형식적 법치국가가 아니라 국가활동의 목적이나 내용을 언제나 객관적인 가치질서와 결부시킴으로서 국가의 기능이나 조직형태를 통하여 인간활동의 기초가 되는 자유 · 정의 · 평등을 실현하려는 현대국가의 헌법상 구조원리(Strukturprinzip), 정치적 형성원리(Formprinzip)로 파악되는 실질적 법치국가로 이해되고 있다.[1)]

형식적 법치국가 → 국가와 사회를 분리
개인의 자유 : "국가로부터의 자유(Freiheit vom Staat)"

실질적 법치국가 → 국가와 사회의 구별부인
개인의 자유 : "국가안에서의 자유(Freiheit im Staat)"

---

1) 허영, 한국헌법론, 152면.

3.2 자유주의적 · 시민적 법치국가에서 사회적 법치국가로

법치국가개념이 형식적 법치국가에서 실질적 법치국가로 변모한 것 이외의 또 한 갈래는, 자유주의적 · 시민적 법치국가[1])가 2차대전후 현대적 사회상황을 맞으면서 사회적 법치국가로 전환되었다는 점이다. 19세기 근대 시민국가적 상황하에서 전개된 법치국가는 국가로부터의 생명과 자유의 보호와 재산의 보장을 의미하는 소극적인 시민적 법치국가를 의미하는 것이었다. 특히 영국의 시민혁명, 프랑스 대혁명에서 볼 수 있는 바와같은 근대사의 과제는 바로 시민계급(부르조아)의 정치적 해방이었기 때문에 근대적 의미의 법치국가 개념은 절대군주제에 대한 시민사회의 투쟁으로부터 나오는 투쟁적 개념으로 이해되었다.[2]) 따라서 이러한 시민적 법치국가에 있어서는 필연적으로 국가와 사회의 대립을 전제로 하고 있었고, 이러한 점에 있어서의 근대시민사회는 정치영역에서의 자유방임주의와(laisser-faire), 경제영역에서의 중상주의(Merkantilismus)를 토대로 하여 국가의 간섭으로부터 개인의 자유로운 영역을 확보하는 야경국가적 성격의 국가로부터의 자유(Freiheit vom Staat)로서 그 징표가 나타났다.

그러나 자유주의적 · 시민적 법치국가는 시민적(소득활동)자유, 재산권의 신성불가침 이론에 따른 재산권의 (절대적) 보장 등 개인을 신분적, 단체적인 구속으로부터 해방시켰지만, 지나친 자유주의는 결과적으로 자유방임을 가져오게 되었고 이로 인하여 사회적 불평등 및 새로운 사회적 부자유도 초래하였다. 이에 시민적 법치국가를 초월하여 경제적 · 사회적 불평등을 해결하는 정의국가가 요청되어 새롭게 등장한 것이 사회적 법치국가개념이다. 사회적 법치국가는 개인의 자유와 다수의 시민의 법적 평등이 보장되도록 작용한다 제2차 세계대전 이후 독일의 법치국가개념을 형식적 법치국가가 아닌 실질적 법치국가 내지는 사회적 법치국가로 이해하는데 異見이 없으며 Bonn기본법도 제20조와 제28조에서 사회적 법치국가(sozialer Rechtsstaat)를 기본적인 헌법질서로 규정하고 있고(독일 기본법 제28조 제1항 2문), 이는 현대 헌법국가(Verfassungsstaat)의 기본원리로 구현되고 있다.

---

1) 자유주의적 · 시민적 법치국가와 형식적 법치국가와의 관계가 문제되는데 역사적으로는 자유주의적 · 시민적 법치국가는 형식적 법치국가로 이어진다.

2) 투쟁적 개념으로서 등장한 법치국가개념은 동시에 보수적 성향을 내포한 것이었다. 혁명시대에 혁명아(Revolutionär)로 등장한 새로운 시민계급은 그후 절대군주에 의하여 여러 가지 새로운 개혁이 시도되어 지위가 불안정해지자 그들의 지위를 보호하고자 오히려 기성질서의 유지 · 옹호를 바라는 방향으로 나아가게 되었다. 법치국가개념이 "투쟁적 개념"에서 "보수적 개념"으로 변경되게 되는 이유가 바로 이 때문이다.

II. 법치국가원리의 본질과 기능

1. 법치국가의 본질적 요소

법치국가의 기본적 요소에 관한 우리나라 학자들의 견해는 독일에서와 대동소이한 경향을 보인다.[1] 법치국가(법치주의)의 요소로서 기본권 보장 · 권력분립의 원리 · 법치행정(Gesetzmäßigkeit der Verwaltung) · 사법적 권리구제, 국가권력행사의 예측가능성 등을 공통적으로 들고 있다. 이러한 요소들 중 법치국가에 대한 이해에 따라 그 강조점이 달라지며 의미해석도 영향을 받게 된다. 법치국가가 지니는 의미[2]는 형식적 그리고 실질적인 두 가지 측면의 요소를 가지고 있다고 하겠다.[3] 이러한 의미들은 단순히 법적 자유의 '보장(Gewährleistung)'을 위한 법기술적 기교(Kunstgriff)[4] 이상인 것이라고 할 수 있는데,[5]

---

1) ① 구병삭 교수는 헌법의 최고성, 기본권보장, 권력분립, 사법권의 보장(위헌법령심사제), 포괄적 위임입법의 금지, 국가권력행사의 예측가능성보장 등을 들고 있고(신헌법원론, 67-71면), ② 권영성 교수는 성문헌법주의, 기본권보장, 권력분립, 위헌법률심사제, 포괄적 위임입법의 금지, 행정의 합법률성보장, 국가권력 행사의 예측가능성과 신뢰보호의 원칙을(헌법학원론, 148면), ③ 김철수 교수는 기본권보장, 권력의 분리와 분할, 형식적 법률의 개념, 집행의 적법률성, 국가권력행사의 가측성, 사법적 권리보장을(헌법학(상), 515면), ④ 박일경 교수는 성문헌법주의, 기본권보장, 권력분립주의, 포괄적 위임입법금지, 행정의 합법성 심사제도, 위헌법률심사제도, 사법권의 독립과 국가권력행사의 가측성보장을(우리나라 헌법에 나타난 법치주의원리를 논함, 33-35면), ⑤ 한태연 교수는 국가작용의 합법률성, 권력분립, 국가권력의 사법화, 공법상 손해배상을(헌법학, 208-210면), ⑥ 허영 교수는 법치국가의 제도적 보장내용으로 기본권보장과 권력분립을 절차적 · 형식적 내용으로 입법작용의 법기속, 법치행정, 효과적 권리구제, 신뢰의 보호 내지 소급효력의 금지, 과잉금지의 원칙을 들고 있다(헌법이론과 헌법(상), 단락번호 427-430 참조).

2) 기본법 제20조에는 법치국가의 원리가 명확하게 표현되어 있지 않고(同旨 Schnapp, Rn. 21 zu Art. 20 GG, in: v. Münch (Hg.), GG-K; 반대설 Ridder, Zur verfassungsrechtlichen Stellung der Gewerkschaften, S. 6 f), 다만 Art. 28 Abs. 1 Satz 1 GG 에 표현되어 있다. 중요한 요소는 Art. 20 Abs. 3 GG에서 도래한다. BVerfGE 45, 246에 의하면 법치국가원리는 의심할 여지없이 기본법의 '지도이념(Leitidee)'이라고 한다. Vgl. Hesse, Grundzüge, Rn. 192.

3) 형식적 요소만을 지닌다는 학설은 전통설의 입장이다. 예컨대 Thoma, Rechtsstaatsidee und Verwaltungswissenschaft, JöR 4 (1910), S. 196 ff.; Schmitt, Verfassungslehre, 4. Aufl. (1965), S. 130 f.; Forsthoff, Umbildung des Verfassungsgesetzes, FS für C. Schmitt (1959), S. 35 ff. 등이 이를 주장한다. 그러나 기본법 제1조 1항, 제3조, 제19조 제2항 및 사회적 법치국가라는 표현에서 정확히 이해할 수 있는바와 같이 실질적 요소가 형식적 요소와 결합할 때 비로소 기본법의 법치국가질서의 특성이 보다 정확하게 이해될 수 있다. 同旨 K. Hesse, Grundzüge, Rn. 192 참조.

4) E. Forsthoff, Umbildung des Verfassungsgesetzes, FS für C. Schmitt (1959), S. 61; vgl. K. Hesse, Grundzüge, Rn. 192.

5) K. Hesse, Grundzüge, Rn. 192.

법치주의는 자유 · 평등 · 정의의 이념을 국가의 기능이나 조직형태를 통해서 실현하고자 하기 때문에 국민의 개성신장과 국가생활에의 참여를 가능하게 하는 기본권의 보장을 그 내용으로 함과 동시에, 국가권력의 권력남용의 위험성을 제도적으로 방지하기 위하여 국가의 기능이나 조직이 '견제와 균형(checks and balances)'의 원리(권력분립의 원칙 : Gewaltenteilung)에 의해서 행해질 것을 요구하고 있다.[1]

우리나라 헌법은 1948년의 제헌헌법에서 실질적 법치국가원리를 도입한 이래 비상조치법 등에 의한 일시적 후퇴도 있었지만 기본권보장 · 권력분립 · 사법적 권리보호등을 일관되기 채택하여 왔다.[2]

『참고』

우리나라의 1948년 제헌헌법은 첫째, 제2장에서 기본권을 보장하였고 또 입법권의 남용을 방지 하기 위하여 법률에 의한 기본권 제한을 최소화 하였다(제28조). 뿐만 아니라 재판에 의한 기본권의 보장을 철저화했으며 행정재판과 헌법재판 및 일반재판에 의해 국민의 기본권침해를 구제하고 있었다. 둘째로, 권력분립제도를 채택하고 입법은 국회에서(제31조) 사법은 독립된 법원에서(제76조) 행정은 대통령이하 행정부가 하도록(제51조) 규정했다.[3]

우리의 현행 헌법에 있어서도 독일연방공화국 헌법(기본법) 제20조에서처럼 「독일연방공화국은 민주적 · 사회적 법치국가이다」라고 하여, 법치국가(법치국가원리)임을 직접적으로 명시하고 있지는 않지만, 헌법전체에 걸쳐 그 이념을 선언하고 있는 규정들이 많다.[4] 즉 우리나라 헌법은 법치국가원리를 원칙적으로 보장하며 또 국가의 위기관리를 위하여 예외적으로 이를 제한하는 규정을 두고 있다. 다만 우리나라 법치주의원리는 영미법계의 법의 지배(Rule of Law)와 독일법계의 법치국가(Rechtsstaat)의 두 갈래의 영향을 받고 있으나 대륙법계 헌법을 계수한 우리 헌법이 법치국가원리를 기본으로하고 있는 점에 대해서는 이견이 없다.[5]

---

1) 허영, 한국헌법론, 152면.
2) 김철수, 법치주의, 57면 참조.
3) 한국에서의 법치주의의 역사적 개관에 관해 자세한 것은 김철수, 비교헌법론(상), 289면 참조.
4) 이점은 우리 헌법의 사회국가원리의 인정에 관하여도 마찬가지이다.
5) 이강혁, 법치국가개념의 생성과 변천, 고시계(1978.10), 59면 참조; 한상범, 법의 지배와 법치주의, 고시계(1979.2), 50면 참조.

「우리 헌법의 古典的 법치국가 요소」: 형식적 법치주의
- 기본권 보장
- 권력분립(제40조, 제66조 제4항, 제101조 제1항)
- 사법권의 독립(제101조, 제103조)
- 권력분립
- 규범의 정확성(Normklarheit)
- 소급효의 금지(Verbot der Rückwirkung)
- 행정의 적법성의 원리
- 법률의 우위(Vorrang des Gesetzes)와 법률유보(Gesetzesvorbehalt)
- 법적 안정성(Rechtssicherheit)과 신뢰보호(Vertrauensschutz)
- 공권력행사의 예측가능성의 보장
- 형법상 죄형법정주의(nulla poena sine lege)
- 재판청구권의 보장(Garantie des Rechtswegs)
- 행정의 합법률성과 사법적 통제

「우리 헌법의 실질적 법치국가요소」: 실질적 법치주의
- 사회정의의 실현을 규정한 헌법전문
- 기본권보장 ☜ 형식적 법치주의에 해당되는 기본권도 있음(고전적 기본권)
- 인간의 존엄과 가치 · 행복추구권(제10조)
- 인신의 자유와 적법절차를 규정한 제12조 제1항
- 재산권의 사회적 구속을 규정(제23조): 재산권의 사회성
- 국가배상책임(Staatshaftung)의 확립
- 인간다운 생활을 할 권리의 보장을 규정(제34조): 사회적 기본권 · 사회국가원리
- 위헌법률심사제의 채택
- 비례의 원칙(Grundsatz der Verhältnismäßigkeit): 과잉금지의 원칙
- 포괄적 위임입법의 금지
- 사회적 시장경제를 경제질서의 기본원리로 하는 제9장의 경제조항(제119조-제127조)

2. 구체적 내용

2.1. 기본권 보장 및 적법절차의 보장

법치국가의 이념은 인간의 존엄에 합당한 실질적 자유와 권리를 보호하는데 있다. 이는 헌법이 기본권보장을 선언하고 유지할 것을 요청한다. 법치국가에 있어서 헌법이 기본권보장을 규정하는 것은 국가권력를 제한하는 의미를 가진다.[1] 이는 기본권이 개인의 주관적 공권(subjektive- öffentliches Recht)으로서, 개인의 자유는 원칙적으로 무제한 한데

1) 인간의 자유, 평등, 신앙의 자유, 언론 · 출판 · 집회 · 결사의 자유, 재산권의 보장등 고전적 기본권은 국가권력의 대한 제한을 의미한다.

반하여 개인의 자유를 침해할 수 있는 국가의 권능은 원칙적으로 제약되어 있다는 것을 의미한다.

> 헌재결 1989. 9. 29, 89헌가86 【사회보호법 제5조의 위헌심판제청】
> 헌법 제12조 제1항이 규정한 적법절차는 헌법상의 규정을 기다릴 것도 없이 법치국가의 본질적 내용이고, 헌법 제12조 제1항이 특별히 적법절차를 규정하고 있는 것은 법치국가의 당연한 원리를 강조하고 주의를 불러일으키기 위한 것에 불과하다(재판관 변정수·김진우의 반대의견 참조).

2.2 권력분립의 확립

2.2.1. 개관

권력분립은 국민의 자유와 권리의 보장이라는 법치국가의 목적을 실현하는 제도적 기초가 되는 원리이다. 민주적 가치와 목표인 인권을 보장하기 위해서는 국가권력의 집중과 恣意的인 권력행사를 억제하여야 한다는 근대입헌주의사상은 권력분립(Gewaltenteilung)이라는 제도(고전적 권력분립이론)를 창안하였다. 고전적 권력분립의 원리는 권력에 대한 불신을 전제로 하기 때문에 적극적 원리가 아닌 소극적 원리로서의 성격을 가진다. 고전적 권력분립이론은 입법 · 사법 · 행정의 기능을 엄격히 구별하고 권력을 상호통제하고 억제하는데(권력의 균형 : Gewaltenbalancierung) 있다.

> 근대입헌주의사상 → 인권을 보장하기 위해서는 국가권력의 집중과 恣意的인 권력행사를 억제하여야 한다 ☞ 권력분립(Gewaltenteilung)의 원칙(고전적 권력분립이론)
>
> 「고전적 권력분립의 원리」
> - 권력에 대한 불신을 전제
> · 적극적 원리가 아닌 소극적 원리
> · 입법 · 사법 · 행정의 기능을 엄격히 구별하고 권력을 상호통제하고 억제(권력의 균형 : Gewaltenbalancierung)

오늘날은 권력에 의한 권력의 억제에 그 본질적 기능을 구하는 고전적 권력분립원리는 이제는 진부한 것이 되고 말았다. 삼권분립의 고전적 이론은 오늘날 실제적으로 진부하며, 현실에 부합하지 아니한다.[1] 헌법 일원화 현상(Verfassungsmonismus)에서 나타나는

1) 권력분립의 원칙을 전통적으로 국가권력을 그 성질에 따라서 입법권 · 행정권 · 사법권의 셋으로 분류하고 이들 국가기관 상호간에 권력행사를 감시·통제 했던 역사적 배경으로 인하여 권력분립의 원칙을 3권분립의 원칙이라고도 하지만, 국가권력은 입법권 · 집행권 둘만으로 혹은 입법권

바와 같이 입법부와 행정부는 이미 인적 · 기능적으로 분리되고 있지 않다. 다시말하면 오늘날에 있어서는 의원내각제 정부형태하에서 뿐만 아니라 대통령제하에서도 국회가 행정부를 견제하는 것이 아니고, 국회내의 야당이 행정부를 견제하며, 국회내의 여당은 행정부와 밀접한 공화 · 협조관계를 유지한다.

고전적 권력분립이론으로는 설명하기 힘든 이러한 정치현상에 대하여 뢰벤슈타인(K. Loewenstein)은 이러한 점에 입각하여 오늘날의 권력분립은 헌법이 이러한 기능을 담당하는 것이며, 기관 상호간의 기능분립(Trennung der Funktionen), 동태적 권력분립으로 대체되어야 함과 더불어 정책결정(Policy determination), 정책집행(Policy execution), 정책통제(Policy control)의 삼권으로 의미지워져야 한다고 강조한다(기능적 · 동태적 권력분립이론).

2.2.2. 현행 헌법상 권력분립제도

우리나라의 현행 헌법은 법치국가의 제도적 기반이 되는 권력분립의 원리를 채택하여 입법권은 국회에, 행정권은 대통령을 수반으로 하는 정부에, 사법권은 법원에 배분하고 있고, 권력 상호간의 억제와 균형에 관해서도 여러 규정을 두고 있다. 즉 입법권은 국회에(제40조), 행정권은 대통령을 수반으로하는 정부에(제66조 제4항), 사법권은 법원에(제101조 제1항) 속하게 하고 있을 뿐 아니라 권력상호간의 억제와 균형에 관해서도 여러 규정을 두어 국가의 권한과 기능을 창설하고 국가작용의 기준을 마련하고 있다. 이때 권력분립은 先在하는 국가권력을 입법 · 사법 · 행정권으로 엄격히 구별해서 각각 다른 기관에 맡긴다는 데 그 의의가 있는 것이 아니고, 자유 · 평등 · 정의의 실현을 목적으로 하는 一元的인 국가작용을 처음부터 기능적으로 나누어서 이를 각각 다른 전문기관에 맡김으로서, 책임의 소재를 분명히 하고 국가기관 상호간의 견제(check)와 균형(balance)을 통해서 국가목적(자유 · 평등 · 정의)의 실현을 촉진시킨다는 데에 그 참다운 의의가 있다(허영). 다만 우리나라는 권한과 기능의 분립에 있어서 대통령의 권한이 입법부 · 사법부의 권한보다 상대적으로 우월한 모습을 보여주고 있다.

2.3. 법치행정의 보장과 포괄적 위임입법의 금지

현대헌법은 현대국가의 행정국가화경향에 따라 행정부에 광범한 행정입법권을 부여하고 있다. 그러나 우리 헌법은 법률에서 구체적으로 범위를 정하여 위임받은 사항과 법률을 집행하기 위하여 필요한 사항에 관하여 대통령령을 發할 수 있게 하여(헌법 제75조) 이른바 포괄적 위임입법을 금지하고 있으며 이로 인하여 법치행정의 원칙을 보장하고 있다.

· 행정권 · 통치권 · 사법권의 넷으로 나눌수도 있으므로 권력분립의 원칙을 3권분립의 원칙이라고만 할 수는 없다(허영, 한국헌법론, 696면).

행정입법권 → 법률에서 구체적으로 범위를 정하여 위임받은 사항에 한함(포괄적 위임입법의 금지)

「대통령령 : 시행령」
- 법률에서 구체적으로 범위를 정하여 위임받은 사항(포괄적 · 백지적 위임입법의 금지, 구체적 · 개별적 위임입법의 허용)
- 법률을 집행하기 위하여 필요한 사항

법치국가의 행정면에서의 표현인 법치행정의 원칙은 행정을 법의 기속하에 두고 행정권은 법을 준수해야 하며 만일 법을 위반하여 국민에게 피해를 주는 경우에는 재판을 통한 구제제도가 마련되어야 함은 물론 행정에 대한 사법적 통제가 이루어져야 함을 의미한다. 이에 우리 헌법 제107조 제2항은 "명령과 규칙 또는 처분이 헌법이나 법률에 위반되는 여부가 재판의 前提가 된 경우에는 대법원은 이를 최종적으로 심사할 권한을 가진다."고 규정하여 독립된 지위를 가진 법원이 행정입법과 행정처분의 합헌성과 합법성을 심사하게 함으로써 이를 통제하도록 하고 있다.

「행정절차법의 필요성」
일단 법제화된 국가생활의 영역은 언제나 평등의 정신에 따라 법률에 근거를 둔 합법적인 국가작용을 할것이 요청된다. 이 경우에 행정작용이 특히 문제가 된다는 점은 더 말할 나위가 없다. 따라서 행정절차를 투명하고 공정하게 할 수 있는 행정절차법에 의한 행정작용도 이와 같은 관점에서 중요한 의미를 가지게 된다

2.4. 법의 최고성(Primat des Rechts)

2.4.1. 개관

법치국가는 법의 최고성이 인정될 것을 요구하는 국가이다. 여기서 법의 최고성이란 국가생활 전체를 법으로 규범화하는 것을 의미하지는 아니한다.[1] 그러나 법적 규정들이 존재하고 있는 곳에서는 법은 그밖의 모든 기초, 특히 정치적 판단기준에 대하여도 우위를 가진다. 여기에 법의 최고성의 진정한 의미가 있다(☜ **정치적 판단의 법에의 구속성 → 특히 통치행위와 관련해서**). 또한 少數者에 대해서 뿐만 아니라 다수자에 대해서도 拘束力을 발생시킨다는 사실이 중요하다. 이리하여 법의 우위는 헌법에 의해 구성되는 국가의 특성에 대해 중요한 의의를 갖게 된다. 법의 최고성은 구체적으로 헌법의 우위(Vorrang der Verfassung) 및 법률의 우위(Vorrang des Gesetzes)의 형태로 나타난다.

---

1) 이명구, 헌법상의 법치국가의 원리, 고시연구(1977.5), 16면.

2.4.2. 법률의 우위

법률의 우위라 함은 법률의 형식으로 표현된 국가의사가 다른 형태의 국가의사에 우선하는 것을 말한다. 따라서 행정권과 사법권등과 같은 모든 국가작용(staatsliches Handeln)은 원칙적으로 법률에 구속되어 법률에 위반할 수 없다. 이때 법률은 국가생활에 대한 제한 및 한계를 확정할 뿐만 아니라 국가작용(입법작용 · 행정작용 · 사법작용)의 근거로서의 역할도 하는 것이다. 법률의 우위는 다수의 의사가 반영되고 의회의 의사가 국민의 의사로서 다른 기관 즉 사법 · 행정에 우선한다는 의회주의에 기본적으로 연원을 둔다.

2.4.2. 헌법의 우위와 헌법국가사상의 등장

법의 최고성은 흔히 법률의 우위로 뿐만 아니라 입법까지 포함한 모든 국가행위가 헌법과 모순되지 아니하여야 하는 헌법의 우위까지 포함하는 것으로 설명된다.[1] 입법까지도 헌법질서에 구속된다는 헌법의 우위사상(Vorrang der Verfassung)은 사실상 20C초까지도 이론적으로나 제도적으로나 확립되어 있지 아니했다. 그러나 제2차 세계대전이후의 오늘날에 와서는 국민대표기관인 의회도 잘못하고 비판받는 경우가 있으며, 따라서 의회가 제정한 법률도 헌법에 위반되는 여부를 심사받아야 된다는 사상이 고조되었다[위헌법률심사(심판)제도]. 따라서 오늘날 법치국가에서의 법의 최고성은 헌법의 우위를 포함하는 의미이며, 법률의 우위(Vorrang des Gesetzes)는 헌법의 우위(Vorrang der Verfassung)에 의해 제한되는 것으로 파악하여야 할 것이다.[2] 이는 결과적으로 실질적 법치국가와 그 궤도를 같이하는 것이며, 동시에 법치국가개념의 의미변질로도 간주될 수 있을 것이다. 오늘날 법치국가가 헌법의 우위를 그 내용으로 하게 됨에 따라 법치국가원리는 더이상 법률적 차원에 국한하지 아니하며 국가질서의 모든 단계를 포함하게 되었다. 이제 법치국가원리는 더 이상 행정법상의 기본원리(행정법원칙)에 머무르는 것이 아니고 헌법상의 기본원리(헌법원칙)이다. 이 점에서 법치국가원리는 과거로부터 전래된 법치국가에 대한 이해를 훨씬 넘어서는 하나의 새로운 차원을 구성하며, 오늘날의 법치국가이론은 헌법국가이론으로 전개된다.

---

1) 입법까지도 헌법질서에 구속된다는 것은 법치국가와 관련하여 간단한 문제가 아니다. 법치국가는 법률에 의해 통제되는 국가로 여겨져 온 것이 사실인 바, 여기서 법률의 우위와 헌법의 우위의 상호관계 여하가 문제가 될 수 있다. 이것은 곧 법치국가와 헌법국가(Verfassungsstaat)의 문제이기도 하다.

2) 이러한 점에서 오늘날의 국가는 법치국가에서 헌법국가로 변천되었다고 하는 견해(Hans Hugo Klein 교수)도 있다.

「법치국가원리」
- 행정법의 기본원리(행정법원칙)
- 헌법상의 기본원리(헌법원칙)

2.5. 법률유보의 원칙

2.5.1. 의의

법률유보(Gesetzesvorbehalt)
-「기본권제한적 법률유보」와「기본권형성적 법률유보」-
* 기본권구체화적 법률유보
* 기본권실현적 법률유보
* 기본권보장적 법률유보

법률유보의 원칙이라는 개념은 법률의 우위라는 측면과 관련하여 중대한 의미를 갖는다. 이 원칙에 따르면 일정한 국가행위는 <u>형식적 법률</u>의 근거를 요한다. 법률유보의 범위가 개별적으로 어디까지 미치느냐[1]하는 것이 문제되나 일반적으로 법치국가에서의 입법은 다음과 같은 일정한 원칙에 의해 이루어져야 한다.

- 법적 안정성이라는 법치국가적 원리로부터 법규범의 명확성이 요청된다.[2]
  ☜ 명확성의 원칙

- 법률의 소급효의 문제이다. 법률에 있어서 진정소급효이든 부진정소급효이든 관계자에게 부담을 가져오는 경우는 오로지 신뢰보호의 원칙(Grundsatz des Vertrauenschuzes)의 고려하에 예외적으로만 허용된다.[3]
- 위임입법의 명확성이다. 수권법률은 수권의 내용 · 목적 및 정도를 명확히 할 것이 요구된다.
- 침해적인 것을 그 내용으로 법률의 경우, 사항성(Sachgerichtigkeit), 적합성(Geeignetheit), 필요성(Erforderlichkeit), 예측가능성(Zumutbarkeit)을 내용으로 하는 비례예측에 따라 이루어진다.

---

1) 법률의 유보범위는 점차 확대되어가는 것이 일반적 경향이지만 구체적으로 어디까지 확대하느냐에 관해서는 입법사항설, 침해유보설, 권력행위유보설, 급부행정유보설, 전면적 전부유보설등과 같은 다양한 학설이 존재한다.
2) 법률의 내용이 명확하지 않기 때문에 법률시행자의 자의가 개재될 여지가 있다면 법률우위의 원칙은 파괴될 수 밖에 없다.
3) 홍정선, 법률의 헌법적합성 이론, 고시계(1986.6).

1. 의의

「기본권의 법률유보(Gesetzesvorbehalt)」[1]는 「기본권의 법률유보」가 기본권의 제한형식으로서의 법률을 염두에 둔 것, 즉 「기본권제한적 법률유보」와 「기본권형성적 법률유보」, 즉 "기본권을 구체적으로 실현하기 위한" 실현형식으로서의 법률을 염두에 둔 경우로 나눌 수 있다. 특히 기본권 구체화적(기본권 형성적)법률유보의 경우, 이는 입법권자는 헌법의 명시적 또는 묵시적인 授權에 의하여 개별적인 기본권을 실효성 있는 것으로 형성해야 할 일정한 헌법적 의무를 가지고 있기 때문에, 이러한 의무를 이행하기 위한 구체적 형성이 필요하게 되는데서 필요하게 된 것이다. 우리 헌법의 기본권에 관한 규정중에는 그 내용의 실현을 법률에 맡기고 있는 경우가 많기 때문에(예: "법률이 정하는 바에 의하여", "그 내용과 한계는 법률로 정한다"), 기본권의 구체화와 실효성의 확보를 위하여는 다양한 형태의 법률유보적 입법조치가 필요하게 되는 것이다.[2] 따라서 우리 헌법상 기본권조문에 나타나는 법률은 기본권제한적 의미보다는 기본권실현적 이고 기본권보장적인 의미를 내포하고 있는 경우가 더 많다. 이와 같이 대부분의 기본권이 실효적인 것이 되기 위하여는 그들이 보장해야 되는 생활관계와 생활영역에 있어서 구체적인 법적 형성을 필요로 하는데, 이러한 형성은 1차적으로는 입법의 과제이다.

– 기본권형성적 법률유보 · 기본권구체화적 법률유보 –

기본권의 형성(Ausgestaltung von Grundrechten)은 기본권 보장의 구체화와 '곧바로 일치하는 것은 아니지만(nicht ohne weiteres identisch)', 기본권의 형성은 정도의 차이는 있을 지라도, 어느 정도의 「구체화」를 항상 포함하고 있다. ☞ 권영성 교수의 견해(기본권 구체화적 법률유보 · 기본권형성적 법률유보는 별개) 참조할 것.

2. 예

우리 헌법 제 23조의 재산권에 관한 규정에 있어서, "모든 국민의 재산권은 보장하지만 그 내용과 한계를 법률로 정한다"는 의미는 이미 존재하는 재산권을 법률로 제한하겠다는 뜻, 즉 「기본권제한적 법률유보」를 의미하는 것이 아니고, 보장될 수 있는 재산권의 내용과 한계를 법률로 정하겠다는 뜻으로서, 이는 기본권의 실현에 주안점을 두는 「기본권형성적 법률유보」라고 할 수 있다.[3]

3. 독일의 경우

독일 헌법에서 규정하고 있는 예로서는 기본권의 형성은 「상세한 것」을 규정하도록 입

---

1) 법률유보(Gesetzesvorbahalt)라는 개념은 독일 행정법의 아버지라 일컬어 지는 Otto Mayer가 처음으로 사용한 개념인데, 그에 의하면 행정권은 일정한 주요한 사항에 대하여는 「법률에 근거」해야 한다는 이론이다. 독일 공법학계는 이러한 이론을 원용하여 발달하였으며, 「국민의 자유를 제한할 때에는 반드시 법률의 근거가 필요하다」는 이론을 확립한 것이다(행정의 법률적합성의 원칙, 법률에 의한 행정의 원리, 법치행정의 원리).

2) 허영, 한국헌법론, 284면 이하 참조.

3) 同旨 허영, 한국헌법론, 294면; 헌법재판소의 견해도 同旨.

법자에게 의무를 지우는 명시적 헌법위임과 이와는 상관없이, 묵시적 헌법위임에 의한 방법에 의하여 규정할 수 있다.

3.1. 명시적 헌법위임

① 제4조 제3항 제2문 : 양심적 사유에 의한 병역의무거부권에 대한 구체적 규정 (누구도 양심에 반하여 집총병역을 강제받지 아니한다. 상세한 것은 법률로 정한다.
→ Gewissensfreiheit

② 제12조a 제2항 제3문 : 양심적 사유에 의한 병역의무거부권자의 대체복무의무 [Wehr- und Dienstpflicht]

③ 제38조 제3항 : 선거권에 관한 사항[Wahl]

④ 제104조 제2항 제4문 : 자유박탈의 경우의 권리보호 [Rechtsgarantien bei Freiheitsentziehung]

3.2. 묵시적 헌법위임

① 제3조 제2항 : 남녀평등권 [Gleichberechtigung von Männern und Frauen] : 남자와 여자는 동등한 권리를 가진다.

② 제5조 제1항 제2문 : 신문의 자유 [Pressefreiheit]

③ 제6조 : 혼인과 가족의 보장 [die Gewährleistung von Ehe und Familie]

④ 제9조 : 결사의 자유 [Vereinigungsfreiheit]

⑤ 제14조 제1항 : 재산권과 상속권의 보장 [Garantie des Eigentums und Erbrechts].

2.5.2. 法律留保와 法律의 留保

법률유보와 법률의 유보는 정확한 의미에서 같은 개념은 아니다.[1] 즉 법률유보(Gesetzesvorbehalt)와 법률의 유보(Vorbehalt des Gesetzes)는 우리나라에서는 동일한 의미로 사용하나, 정확하게는 이를 구별하여 사용하여야 한다. 그리고 법규유보(Rechtssatzvorbehalt)와 의회유보(Parlamentsvorbehalt)를 구별하기도 한다. 즉 법률의 유보는 일반적인 유보의 원칙을 의미하며, 다른 유보들은 특수한 형태의 유보의 원칙으로 본다. 즉, 법률유보는 헌법에 규정된 특별한 유보(기본권제한 · 형성), 즉 헌법체계상의 의미로 사용한다. 또 법규유보는 실질적 의미의 법률의 유보를 의미하며, 의회유보는 형식적 의미의 법률(의회법률)의 유보를 의미한다. 법규유보는 의회법률(형식적 의미의 법률)에 의한 규율 뿐만 아니라 행정입법(법규명령 · 자치법규)에 의한 규율도 허용한다. 따라서 의회유보가 법률에 의한(durch Gesetz) 규율을 요구하는데 반하여 법규유보는 법률에 근거한(auf Grund eines Gesetzes)규율로 충분하다.[2]

---

1) 김향기, 법률의 유보이론의 전개와 과제, 김영훈박사 화갑기념, 공법학의 제문제, 법문사, 1995, 373면이하 참조.

– 법률유보(Gesetzesvorbehalt)와 법률의 유보(Vorbehalt des Gesetzes) –

『일반적 사용례』
· 법률에 의하여(durch Gesetz) : 의회유보(Parlamentsvorbehalt) ☜ 형식적 의미의 법률 유보
· 법률에 근거하여(auf Grund eines Gesetzes) : 법규유보(Vorbehalt des Gesetzes) ☜ 실질적 의미의 법률의 유보

2.5.3. 법률유보에 관한 학설

a) 침해유보설

행정이 개인의 자유와 권리를 침해 · 제한하는 데에는 반드시 법률의 수권을 필요로 하지만 그 밖의 영역(수익적 행정 · 특별권력관계를 포함한 국가 내부의 영역)에는 법률유보의 원칙이 적용되지 않는 다는 견해이며 19세기 자유주의적 법치국가 시대의 법률 유보 이론이다.

단점 : 현대의 행정유형 중 중요한 의미를 차지하는 급부행정이 법률유보로부터 제외됨으로써 현대 복리국가에서 국민의 권익보호에 불충분하다.

b) 전부유보설

국가의 모든 행정작용이 법률에 근거해야 한다는 견해이다(Jesch). 이 견해는 국민주권주의의 원리를 강조하는 입장에서 민주국가에서는 주권이 국민에게 있고 국민은 그들의 대표기관인 의회에 권력을 위임하고 있으므로 국가의 다른 기관(행정 · 사법 등)은 의회가 제정한 법률의 수권이 있어야 비로소 활동할 수 있음을 근거로 한다.

단점 : 권력분립주의를 망각하고 있을 뿐 아니라, 탄력적이고 신속한 행정활동을 저해하고, 행정부를 단순히 입법부의 도구로 전락시킬 우려가 있다는 등의 비판을 받는다.

c) 급부행정유보설

침해행정뿐 아니라 급부행정에도 법률의 근거를 필요로 한다는 견해이다. 이 견해는 급부행정의 중요성의 인식을 배경으로 행정활동의 예측가능성을 보장함으로써 급부의 거부나 부당한 배분 등을 방지하여 급부행정에 있어서의 당사자의 법적 지위를 보장하고자

---

2) 기타 법률유보에 관한 논문으로는 Vgl. R. Wahl, Der Vorrang der Verfassung, in: Der Staat, Bd. 20 (1981), S. 485 ff.; ders., Der Vorrang der Verfassung und die Selbständigkeit des Gesetzesrechts, NVwZ 1984, S. 401 ff.

함에 그 의의가 있다.

단점: 필요한 급부가 법률근거의 미비를 이유로 제공되지 못하여 급부행정이 경직되거나, 행정기관이 독자적으로 책임을 지며 행정을 수행할 수 있는 가능성이 부인되는 되고 오늘날 국가의 급부제공이 예산의 형식으로도 행해지는 점을 간과하였다.

d) 중요사항유보설(본질성이론)

독일 헌법재판소의 판례를 통하여 학설로 정립된 이론으로, 일반권력관계에 있어서든 특별권력관계에 있어서든 본질사항(중요사항)에 관한 결정은 의회가 스스로 해야 하고 이를 행정에 맡겨서는 안된다는 견해이다(연방헌법재판소는 이를 의회 유보이론과 연계하여 설명하고 있다). 이 이론은 종래의 이론들이 당사자의 권리침해 여부라는 형식적인 기준에 의하여 법률유보의 적용 영역을 결정하는 문제점에 대한 비판에서부터 출발하여 법률유보의 적용영역을 획일적으로 정하지 아니하고, 개별적 · 구체적으로 고찰하여 결정하려는 견해이다(유동적 공식).

단점: 기본권과 관련성이란 중요한 계기를 강조했다는 점에서 현실적 타당성이 인정된다고 할 수 있으나 구체적 기준을 제시하고 있지 못함에 비판을 받는다.

– 중요사항 유보설에 입각한 헌법재판소의 결정례 –

헌재결 1994. 7. 29, 92헌바49 · 62 **【토지초과이득세법 제10조 등 위헌소원】**

토초세법상의 기준시가는 국민의 납세의무의 成否 및 범위와 직접적인 관계를 가지고 있는 중요한 사항이므로 이를 하위법규에 백지위임하지 아니하고 그 대강이라도 토초세법 자체에서 직접 규정해 두어야만 함에도 불구하고, 토초세법 제11조 제2항이 그 기준시가를 전적으로 대통령령에 맡겨 두고 있는 것은 헌법상의 조세법률주의 혹은 위임입법의 범위를 구체적으로 정하도록 한 헌법 제75조의 취지에 위반되나, 아직까지는 대부분의 세법규정이 그 기준시가(基準時價)를 토초세법과 같이 단순히 시행령에 위임)해 두는 방식을 취하고 있으며, 이는 우리의 오래된 입법관례로까지 굳어져 왔는바, 이러한 상황에서 성급하게 위 조문을 무효화할 경우 稅政全般에 관한 일대 혼란이 일어날 것이므로 위 조항에 대해서는 위헌선언결정을 하는 대신 이를 조속히 개정하도록 촉구하기로만 한다.

e) 신침해유보설

일반 권력관계뿐만 아니라 특별권력관계에 있이서도 국민의 권익을 침해하는 경우에는 반드시 법률에 근거하여야 한다는 견해이다.

f) 권력행정유보설

침해행정이거나 수익행정이거나를 막론하고 모든 권력행정은 법률의 근거를 요한다는 견해이다. 이 견해는 국민생활에 영향을 주는 일방적 행위에 대한 새로운 규범을 정립하는 것은 입법권의 전권에 속한다는 것으로서, 복효적 행정행위의 경우 설명이용이하고 또한 헌법상의 민주적 통제원리에도 맞다.

단점: 유보의 범위를 다수 확대하기는 하였으나, 기본적으로 침해유보설의 틀을 벗어지 못하고 있다.

g) 결론

침해적 행정에 관하여는 법적근거를 가져야 한다는 점에 있어서는 모든 학설이 공통되고 있으나 나머지 부분에 대한 우리나라의 다수 견해는 위에 열거된 어느 한 학설에 기대지 아니하고 구체적인 행정 작용을 개별적으로 검토하여 법률유보의 적용여부를 판단하여야 한다는 것이다. 따라서 개별적 행정작용의 성질과 행정의 탄력성 등 행정현실을 고려하되, 중요사항유보설의 관점에서 국민의 기본권과 관련성이 깊은 중요한 사항은 법적 근거가 필요하다고 보는 것이 타당하다 할 것이다.

i) 합헌적 법률우위의 원칙: 법률이 우월적인 지위를 가지기 위해서는 헌법에 배치되지 않을 때에만 가능하다.

ii) 법률유보의 확대: 국민의 자유와 재산의 침해에 대해서만 법적 근거를 요하는 '침해유보설'이 아니라, 복리행정의 분야까지 확대해야 한다는 것이다. 이러한 법률유보의 원리에 대한 학설을 정리하면 대강 다음과 같다.

· 권력행위유보설: 국민의 권리, 의무와 관계 있는 모든 권력작용에 대해서는 법률유보 필요.
· 사회적 유보설: 사회보험, 공적부조와 같은 권리성을 띤 사회보장행정의 경우 법적 근거를 필요.
· 전부유보설: 모든 행정작용에는 법적 근거가 필요(국민주권주의 원리에 입각).
· 중요사항유보설(본질사항유보): 국가 및 사회생활에 있어서 중요하고도 본질적인 사항에 관해서는 일반권력, 특별권력, 비권력과 상관없이 국회의 심의, 의결필요(헌법상의 기본권규정과 관련된 영역).
· 신침해유보설: 특별권력관계에서의 법률유보의 인정, 또는 침해유보설에 있어 법률은 형식적 의미법률에 국한하지 않고 조직법이나 예산을 포함시켜 설명하는 견해.

2.6. 국가작용에 대한 사법적 통제

기본권 보장 · 권력분립 · 법의 최고성과 더불어 법치국가의 빼놓을 수 없는 특징적 요소는 국가작용에 대한 사법기관의 통제이다. 이러한 통제는 국가권력의 공권력행사는 모두 헌법과 법률에 구속하게 함으로써 개인이 가지는 기본권을 보호한다. 국가작용에 대한 사법적 통제와 사법권의 독립보장 및 헌법재판기능의 활성화는 법치국가의 실현을 위해 필수적으로 요청되는 사항이다.

2.7. 효과적 권리구제

위헌적 또는 위법적인 국가작용(손해배상의 청구)은 물론 합법적인 공권력행사에 의해서 발생하는 국민의 권리침해 내지는 재산상의 손실(손실보상의 청구)에 대해서도 이를 구제해 줄 수 있는 효과적인 권리구제제도가 필요하다.

「효과적 권리구제제도」
- 재량권의 일반적인 기속화(무하자재량행사청구권 · 행정개입청구권)
- 법률상의 불특정개념(불확정개념)에 대한 비판재량(Beurteilungsspielraum)의 통제가능성
- 주관적 공권(subjektive- öffentliches Recht)의 범위확대
- 국가책임(Staatshaftung) 제도에 있어서의 위험책임(Gefährdungshaftung)정신의 확대 적용 ☜ **위험책임의 법리**
- 公法上 국가배상 · 보상제도의 확충(행정상 손해배상 · 손실보상)
- 특별권력관계이론의 재검토(특별권력관계내에서의 권리보호)
- 행정사법(Verwaltungsprivatrecht)분야의 기본권기속

2.8. 위헌법률심사제(위헌법률심판제)의 채택

우리 헌법상 법치국가는 실질적 법치국가임을 의미한다. 따라서 입법자는 무제한의 입법의 권한을 가지는 것이 아니고 일정한 헌법적 가치에 구속된다. 우리 헌법은 행정과 재판뿐 아니라 법률도 그 내용과 목적이 정당한 것이 되도록 하기 위하여 위헌법률심판권을 헌법재판소에 부여하고 있다. 즉 헌법 제107조 제1항은 "법률이 헌법에 위반되는 여부가 재판의 전제가 된 경우에는 법원은 헌법재판소에 제청하여 그 심판에 의해 재판한다"고 규정하여 실질적 법치국가를 보장하는 위헌법률심판제를 채택하고 있다. 이것은 또한 입법권에 의한 국민의 기본권 침해를 방지함으로써 실질적인 법치국가원리를 강화하는 제도라 해석할 수 있다. 행정과 재판뿐만 아니라 법률도 그 내용과 목적이 정당한 것이 되도록 하기 위하여, 위헌법률심사권을 헌법재판소에 부여하고 있다. 헌법 제107조 제1항의 법률이 헌법에 위반되는 여부가 재판의 전제가 된 경우에는 법원은 헌법재판소에 제청하여 그 심판에 의하여 재판한다고 하는 것이 그것이다.

헌법 제107조 제1항: 법률이 헌법에 위반되는 여부가 재판의 전제가 된 경우에는 법원은 헌법재판소에 제청하여 그 심판에 의하여 재판한다.

제1설 : 허영 교수
위헌법률심사권 → 법원
위헌법률심판권 → 헌법재판소

제2설 : 권영성 교수
위헌심판의 개시 → 법원 ┐
　　　　　　　　　　　├ 위헌법률심사제도
위헌법률심판권 → 헌법재판소 ┘

문제점 : 심사의 개념정의(2003년 2월 16일 보충)

제1설 : 학자에 따라서는 법원에서는 위헌법률심사권을 헌법재판소에서는 위헌법률심판권을 가진다(위헌심사권과 위헌결정권의 관할분리제)고 주장하는 학자(허영)가 있다. 그의 견해에 의하면 다음과 같다. 「… 구체적 규범통제는 법률의 위헌 여부가 재판의 전제가 된 경우에 소송당사자의 신청 또는 법원의 직권에 의해서 규범심사를 하는 제도이다. 1803년의 미국연방대심원의 위헌심사[1]가 이 제도의 효시로 간주되고 있다. 우리나라는 제헌 이래 이 제도를 전통적으로 채택해 왔는데 현행헌법(제107조 제1항, 제111조 제1항)도 이를 규정하고 있다. 구체적 규범통제는 그것이 자칫하면 민주적 정당성을 바탕으로 하고 있는 입법부의 법정립기능을 침해할 위험성이 크기 때문에, 구체적 규범통제를 제도화하는 경우에는 국회의 입법기능을 존중하면서도, 헌법의 최고규범성을 수호할 수 있는 적절한 방법이 모색되어야 한다. 법률에 대한 '위헌심사권'과 '위헌결정권'을 구별해서 전자는 각급 법원에 맡기면서도 후자만은 이를 최고법원에 1원적으로 귀속시키는 것은 그 하나의 방법이 될 수 있는데, 많은 나라에서 이 방법을 채택하고 있다. 규범통제를 독립한 헌법재판소나 헌법위원회의 관할사항으로 하는 것도 따지고 보면 이와 같은 이론이 적용되고 있는 하나의 예에 불과하다고 볼 수 있다. 우리 현행헌법에서 각급법원이 법률의 위헌심사권을 가지지만 위헌결정권만은 헌법재판소의 전관사항으로 하고 있는 것도 결국 이 이론의 영향이라고 할 수 있다. 또 규범통제를 법률의 공포 전에 함으로써 위헌법률이 공포발효됨으로 인해서 발생하는 여러 가지 문제점을 미리 예방하는 방법도 생각할 수 있는데 프랑스에서 행하고 있는 '사전적 규범통제제도' 는 이 유형에 속하는 대표적인 예이다」.[2]

제2설 : 이 설에 의하면 「… 법원에서는 일체의 위헌법률심사권을 가지지 아니하며, 법률의 위헌심사는 법원의 제청(위헌심판의 개시)과 헌법재판소의 심판이라는 두 절차로 구성되어 있다」고 하면서, 「현행헌법은 1980년 헌법과는 달리 각급법원과 대법

1) Vgl. Marbury v. Madison(1 Cranch 137).
2) 허영, 한국헌법론, 857면.

원에 법률의 위헌여부를 제1차적으로 심사할 수 있는 권한(위헌법률전심권)을 인정하고 있지 않음은 물론 대법원의 불송부결정권도 인정하고 있지 않기 때문이다. 따라서 각급법원, 특히 대법원의 위헌법률심판제청권에는 법률에대한 합헌성 판단을 할 수 있는 실질적 권한이 내포되어 있지 아니하다」라고 한다.[1] 특히 「헌법 제107조 제1항은 "법률이 헌법에 위반되는 여부가 재판의 전제가 된 경우에는 법원은 헌법재판소에 제청하여 그 심판에 의하여 재판한다"」라고 규정하고 있다. 이것은 1980년 헌법과는 달리, 법원에 대하여 헌법재판소에 위헌법률심사를 제청할 권한만을 인정한 것일 뿐 법률에 대한 위헌여부의 제1차적 심사권(전심권)을 인정하지 않는다는 것을 규정한 것이다」라고 한다.[2]

위헌법률심사제도 ─┬─ 위헌심판의 개시(법원)
　　　　　　　　　 └─ 위헌법률심판(헌법재판소)

위헌법률심사의 절차

법원의 위헌심판개시 → 헌법재판소의 위헌법률심판

결론(저자의 견해) : 이는 결국 심사의 정의를 어떻게 내리느냐 하는 문제로 귀착되는 것같다. 제1설은 (아무튼) 재판을 담당한 법관이 그리고 당해법원이 위헌법률심판의 청구를 하기 이전에 법률이 헌법에 위반되는가의 여부를 어떠한 형태로든 판단하기 마련이므로 이를 법원에서 '심사'한다는 표현을 사용하고, 제2설의 경우는 위헌법률심사제도를 광의적으로 정의하여, 위헌법률심사권는 법원의 제청과 헌법재판소의 심판으로 구성된다고 정의하고 있다.

2.9. 행정입법 · 행정처분의 합헌성 · 합법성

헌법은 제107조 제2항에서 명령 · 규칙 또는 처분이 헌법이나 법률에 위반되는 여부가 재판의 전제가 된 경우에는 대법원은 이를 최종적으로 심사할 권한을 가진다라고 하여, 독립적 지위를 가진 법원이 행정입법과 행정처분의 합헌성 · 합법성을 심사하게 함으로써 행정을 통제하도록 하고 있다.

「행정입법과 행정처분의 합헌성 · 합법성심사」

헌법 제107조 제2항 : 명령 · 규칙 또는 처분이 헌법이나 법률에 위반되는 여부가 재판의 전제가 된 경우에는 대법원은 이를 최종적으로 심사할 권한을 가진다

1) 이철주 · 김헌, 헌법 II, 287면.
2) 이철주 · 김헌, 헌법 II, 257면.

2.10. 신뢰보호의 원칙(Gebot des Vertrauensschutzes)과 공권력행사의 예측가능성의 보장

신뢰보호의 원칙이란 국가활동(수익적 급부활동)의 적법성 · 계속성을 정당히 신뢰한 사람의 이익은 보호되어야 한다는 원칙을 말한다. 모든 공권력행사의 주체와 공권력행사의 방법과 범위가 성문법규로써 규정되어야만, 국민은 공권력행사에 관하여 예측을 할 수 있다. 이와 같은 예측가능성의 보장과 신뢰의 보호가 민주사회에서는 법적 안정성을 위하여 필수적이다.[1] 국민의 신뢰보호를 위하여 헌법 제13조는 법률의 소급효를 금지하고 형벌의 불소급과 일사부재리를 규정하고 있고, 제89조에서는 국무회의심의사항을 형식으로 규정되어 있기는 하지만 행정부의 권한사항을 열거하고 있으며, 헌법 제96조는 행정각부의 설치 · 조직과 직무범위는 법률로 정한다라고 하고, 제102조 제3항은 대법원과 각급법원의 조직은 법률로 정한다라고 함으로써 행정권과 사법권의 발동에 관한 예측을 어느 정도 가능하게 하고 있다.

「신뢰보호의 원칙」
- 헌법 제13조: 법률의 소급효를 금지하고 형벌의 불소급과 일사부재리원칙

이러한 신뢰보호의 원칙은 그것이 헌법원리에 속할 뿐만 아니라 행정법상의 중요한 일반법원칙으로 널리 인정되고 있다. 구체적으로 어떠한 요건 하에 신뢰보호가 인정될 수 있는지에 관한 일반규정은 없다. 그러나 학설 · 판례에 비추어 다음과 같은 요건이 충족되어야 한다고 볼 수 있다.

① 신뢰의 원인 · 대상이 되는 행정기관의 선행조치가 있었을 것
② 관계인이 선행조치의 적법성이나 존속을 신뢰했을 것
③ 관계인의 신뢰는 보호가치있는 것일 것
④ 관계인이 신뢰에 기해 일정한 [처분](Disposition)을 했을 것
⑤ 선행조치에 반하는 행정청의 처분이 있을 것

---

1) 헌재결 1989. 7. 21, 89헌마38【상속세법 제32조의2의 위헌여부에 관한 헌법소원】오늘날의 법치국가는 국민의 권리 · 의무에 관한 사항을 법률로써 정해야 한다는 형식적 법치국가에 그치는 것이 아니라 비록 국회에서 제정한 법률이라 할지라도 그 법률의 목적과 내용 또한 헌법이념에 부합하는 등 정의에 합치되는 것이어야 한다는 실질적 법치국가를 의미하여 헌법 제38조, 제59조가 선언하는 조세법치국가는 이러한 실질적 법치국가를 뜻하는 것이므로 조세에 관한 법률도 그 목적이나 내용이 헌법이념과 정의에 합치되는 것이 아니면 아니되고 그렇지 아니하면 위헌법률이 되는 것이다.

「신뢰보호의 원칙과 행정선례법」

- 행정선례법 : 성문법이 없거나 불충분한 경우에, 행정청이 동일한 작용의 훈령 · 고시 · 통첩 등을 장기적으로 반복 시행하게 하여 국민사이에 법적 확신이 생기게 됨으로써 성립되는 관습법을 말한다.

- 실정법적 근거(국세기본법 제18조 제3항) : "세법의 해석 또는 국세행정의 관행이 일반적으로 납세자에게 받아들여 진후에는 그 해석 또는 관행에 의한 행위 또는 계산은 정당한 것으로 보며, 새로운 해석 또는 관행에 의하여 소급하여 과세되지 아니한다." ☜ **신뢰보호의 원칙**

「공권력행사에 관한 예측」

- 공권력행사의 주체 · 방법 · 범위의 성문법규화
- 헌법 제89조 : 집행부의 권한사항
- 헌법 제96조 : 행정각부의 설치 · 조직과 직무범위는 법률로 정한다
- 헌법 제102조 제3항 : 대법원과 각급법원의 조직은 법률로 정한다

2.11. 과잉금지의 원칙

* 참새를 잡기위하여 대포를 쏘지말라

2.11.1. 의의

광의의 비례원칙,[1] 혹은 과잉금지의 원칙(Übermaßverbot)이라 함은 행정주체가 구체적인 행정목적을 실현함에 있어서, 달성하고자 하는 공익목적 실현과 이로 인해 제한되는 개인의 권리 사이에는 일정한 비례관계가 유지되어야 한다는 원칙으로서, 독일연방헌법재판소에서 최초로 사용한 (광의의) 비례의 원칙을 헌법재판소는 '과잉금지의 원칙'이라는 용어를 사용하기도 한다.[2][3] 이러한 과잉금지의 원칙은 국가의 권력도 원칙적으로 한계가

---

1) 비례의 원칙은 일반적으로 침해행정에 적용되었으나 오늘날에는 각종 인 · 허가의 취소 · 철회, 대집행 등 행정강제, 공무원의 징계처분, 경찰행정, 군사행정, 복리행정, 조세행정 및 사실행위, 계획결정, 계획재량의 통제 및 보조금의 교부와 같은 급부행위에도 적용되고 있다. 또한 형사법의 범위에 속하는 미결수의 소포의 수령이나 면회의 제한의 승인, 종신형의 합헌성의 판단, 형사절차의 처분, 형벌, 형의 집행 등에 비례의 원칙이 적용되고 있다. 특히 '넓은 의미의 비례의 원칙(Der Grundsatz der Verhältnismäßigkeit i.w.S.)'의 개념은 1958년 6월11일의 연방헌법재판소의 약국판결(Apotheken - Urteil(11. 6. 1958, BVerfGE 7, 377 ff))로부터 연유한다(i.w.S.는 im witeren Sinne의 약자이다). 약국판결에서는 직업의 자유에 있어서의 단계이론을 채용하였는바, 직업의 자유에 대한 제한의 헌법적합성심사시에 필요성의 원칙과 적합성의 원칙이외에 '좁은 의미의 비례의 원칙(Der Grundsatz der Verhältnismäßigkeit i.e.S.)'을 적용하였다(i.e.S.는 im engeren Sinne의 약자이다).

2) 헌재결 1992. 12. 24, 92헌가8 【형사소송법 제331조 단서규정에 대한 위헌심판】 형사소송법 제

있는 것이고, 따라서 일반 국민은 단순히 국가권력 내지는 국가의 자의의 객체에 지나지 않는 것이어서는 아니된다는 점을 분명히 하고 있는 점에서, 소위 법치국가원리의 가장 중요한 본질적 징표중의 하나로서 인정되고 있다.

2.11.2. 학설

과잉금지의 원칙은 헌법적 지위 부인설(헌법원칙 부정설)의 입장과 헌법적 지위긍정설(헌법원칙설)의 입장으로 나누인다. 부인설의 입장은 권력분립의 원칙상, 입법자는 헌법에 규정된 한계 이외의 어떤 것에도, 구속되지 않는 것이므로, 헌법에 명문으로 규정되어 있지 아니한, 이 과잉금지의 원칙의 헌법적 지위를 부인하고, 입법자에 대항하는 효력을 부정하는 입장이다. 이를 지지하는 학자로는 페터스((Peters) 및 후버(Huber) 등이 있다. 그러나 헌법적 지위 긍정설의 입장에는 다시 개별적인 기본권 규정에서 근거를 찾으려는 견해와 일반적 개념으로부터 근거를 찾으려는 견해로 나누이며 법치국가원칙설이 널리 지지를 받고 있다. 법치국가원칙설은 명확성의 원칙(Bestimmtheitsgebot), 신뢰보호(Vertrauensschutz), 소급효의 금지(Rückwirkungsverbote), 처벌의 전제로서의 비난 가능성(Schuldvorwurf als notwendige Voraussetzung für Ahndung begangenen Unrechts), 적법절차의 권리(Recht auf fairen Prozeß) 등과 함께 과잉금지의 원칙은 법치국가원칙의 가장 중요한 본질적인 징표중의 하나라고 하며, 이 법치국가원칙으로부터, 과잉금지원칙을 도출해 내고 있다. 이 설이 가장 많은 학자들의 지지를 받고 있다. 이를 지지하는 학자로는 그라비츠(Grabitz), 벤트(Wendt), 마운쯔(Maunz), 헷세(Hesse), 헤어초크(Herzog) 등이 있다.

2.11.3. 개별적 내용

a) 개관

그 개별적 내용으로는「적합(량)성의 원칙」과「필요성의 원칙」 그리고 협의의 비례의 원칙(상당성의 원칙)으로 구성된다. 이는 단계구조를 이루며(적합한가 살핀후, 적합하다면 필요성의 원칙을 준수하였는가 살핀후, 필요성의 원칙이 충족되었다면 또다시 상당성의 원칙을 준수하였는가 순차적으로 살핀다),[1] 국가작용의 한계로서의 과잉금지의 원칙도 법우

93조 등의 구속취소와 이에 대한 검사의 즉시항고절차 등을 비교하거나 상급심에서도 필요에 따라 재구속할 수 있는 형사소송법상의 관계규정 등을 아울러 검토하여 보면 형사소송법 제331조 단서 규정은 기본권제한입법의 기본원칙인 목적의 정당성, 방법의 적절성, 피해의 최소성, 법익의 균형성의 원칙에도 반하는 것이므로 헌법상의 과잉입법금지의 원칙에 위배된다.

3) 정종섭 교수는 과잉금지의 원칙과 과잉제한 금지의 원칙으로 분류하여 설명하면서 전자는 헌법상의 원리이며, 후자는 헌법 제37조 제2항의 내용이라고 한다(정종섭, 헌법학원론, 단락번호 [154]).

선의 원칙에서 나오는 당연한 결과다. 다음과 같은 과잉금지의 원칙(광의의 비례의 원칙)이 국가작용에서 지켜져야 한다.

[과잉금지의 원칙]
- 사항의 합당성(Sachgerechtigkeit)
- 방법의 적정(당)성(Geeignetheit : 적합성의 원칙)
- 최소침해성(Erforderlichkeit : 필요성의 원칙)
- 受忍의 기대가능성(Zumutbarkkeit)

국가작용은 언제나 ① 합리적 비판에 의한 합당한 조치를 취해야 된다. ② 목적한 바 소기의 성과를 달성할 수 있는 가장 효과적이고 적절한 방법을 선택해야 한다(방법의 적당성). ③ 국민의 자유와 권리가 필요한 정도를 넘어서 조금이라도 더 침해되는 일이 없도록 유의해야 한다(최소침해성). 따라서 국민의 자유와 권리를 더 적게 침해하고도 所期의 목적을 달성할 수 있는 다른 방법이 있는데도 불구하고 단순한 편의주의에 따라 이를 택하지 않는 경우에는 명백한 과잉금지의 위반이다.[1)]

국가작용을 하는 데 있어서는 국민의 자유와 권리를 침해하는 정도와 이에 의해서 얻어지는 공공복리의 이익을 엄격하게 비교교량해서(비례성) 더 큰 공공복리의 이익을 위해서 불가피한 부득이한 경우에만 국민에게 그 자유와 권리침해에 대한 수인을 기대할 수 있다는 점을 명심해야 한다(수인기대가능성).[2)3)]

b) 내용

aa) 적합성(Geeignetheit)의 원칙

적합성의 원칙은 행정목적달성을 위한 수단이 적합하여야 한다는 원칙으로서 「행정권발동의 정도」는 「공익상 필요의 정도」와 상당한 「균형」을 유지해야 한다는 원칙이다. 즉 달성하고자 하는 행정목적을 위하여 선택된 수단이 「적합한가」의 여부를 심사하는 것이다

---

1) 과잉금지의 원칙은 적합성의 원칙 · 필요성의 원칙 · 상당성의 원칙이 개별적 · 독자적으로 작용한다는 의미가 아니고 서로 혼합적 · 축소적 단계구조를 이루면서 작용한다는 의미이다. 즉 여러 가지의 적합한 수단 중에서도 가장 피해를 적게주는 필요한 수단을 선택해야 하며, 필요한 수단 중에서도, 가장 상당성(수인기대가능성)이 있는 수단 만이 동시에(단계적으로 축소되면서) 선택되어져야 한다'는 의미이다.

1) Vgl, BVerfGE 23, 127(133) : 38, 348(368) : 43, 242(288); P. Lerche Übermaß und Verfassungsrecht, 1961, S. 61 ff.

2) 수인기대가능성은 비례성(Verhältnismaßigkeit)이라고도 부르기도 한다. 예컨대 K, Stern, Das Staatsrecht der Bundesrepublik Deutschland, S. 674, 참조.

3) 허영, 헌법이론과 헌법, 단락번호 431.

(행정목적 달성을 위한 수단이나 방법의 적합성). 따라서 필요성이 적으면 적은 권력이, 크면 큰 권력이 과잉없이 발동되어야 할 것이다. 이 원칙은 과잉금지 원칙의 3가지 부분원칙 중에서 가장 늦게 개발된 원칙이다. 우리 헌법재판소는「방법의 적절성 혹은 수단의 상당성」[1),「수단의 적합성」[2) 이라고 하기도 한다. 헌법재판소는 기본권제한의 법률이 적합성의 원칙을 충족시켰을 때, 그 다음단계인 제2단계에서 필요성의 원칙을 충족시켰는가, 그리고 3단계에서 상당성의 원칙을 지켰는가를 판단한다.

「적합성의 원칙에 위반된다고 본 사례」
- 피고인의 신병확보 도는 부당한 보석허가 결정의 시정을 도모한다는 이유로 법원의 보석결정에 대하여 검사에게 즉시석방을 할 수 없게하는 즉시항고를 허용하는 것[3)
- 복수의 축산업협동조합간의 경쟁에 따른 폐단을 방지하여 축산업의 진흥을 위한다는 이유로 복수의 조합설립과 가입을 금지시키는 것[4)
- 재대군인에게 가산점을 주는 것[5)
- 수사목적을 달성하기 위하여 군사법경찰로 하여금 1차에 한하여 구속기간을 연장할 수 있게 한것[6)

bb) 필요성(Erforderlichkeit; Notwendigkeit)의 원칙(최소침해의 원칙)

최소침해의 원칙이라고도 불리우는 필요성의 원칙은 행정목적의 실현을 위하여 필요한 경우에 한하여 행정권을 발동할 수 있다는 원칙이다. 다시 말하면 행정기관은 당해 행정목적 달성을 위하여 이론적으로 가능한 여러 가지 수단들 중에서 당사자의 권리나 자유를 가장 최소한으로 침해하는 수단을 선택해야 한다는 이론이다. 여기서「필요성」의 유무의 판단기준은 해당 조치가 행정목적의 달성을 위하여 진정으로 요구되는 것이냐 하는데 있다. 우리헌법재판소는「피해의 최소성」[7) 혹은「최소침해성」[8)이라는 표현을 하기도 한다.

필요성의 원칙의 의미를 명백히 확립한 학자는 1895년의 오토 마이어(Otto Mayer)가 최초이다. 독일에서 비례라고 하는 개념이 문헌에 등장한 것은 1802년의 베르크(Günter

1) 헌재결 1995. 4. 20, 92헌바29【지방의회의원선거법 제181조 제2호 등 위헌소원】
2) 헌재결 1996. 6. 26, 96헌마200【공직선거및선거부정방지법 제16조 제3항 위헌확인】
3) 헌재결 1993. 12. 23, 93헌가2【형사소송법 제97조 제3항 위헌제청】
4) 헌재결 1996. 4. 25, 92헌바47【축산업협동조합법 제99조 제2항 위헌소원】
5) 헌재결 1999. 12. 23, 98헌마363【제대군인지원에관한법률 제8조 제1항 등 위헌확인(제대군인지원에관한법률 제8조 제3항, 제대군인지원에관한법률시행령 제9조)】
6) 헌재결 2003. 11. 27, 2002헌마193【군사법원법 제242조 제1항 등 위헌확인 (군행형법시행령 제43조 제2항)】
7) 헌재결 2005. 5. 26, 2004헌마49【계호근무준칙 제298조 등 위헌확인】
8) 헌재결 2005. 4. 28, 2004헌바65【불기소처분취소】

Heinrich von Berg)의 독일경찰법편람(Handbuch des Deutschen Polizeirechts)이 최초이다. 그러나 그 개념이 경찰법상 정착한 것은 1882년 Kreuzberg - Urteil(Urteil vom 14. 6. 1882, ProVG 9, 353)이 그 시초라 할 수 있다. 당시의 비례의 원칙은 오늘날 우리가 의미하는 필요성의 원칙을 의미하는 것이었다. 그후 비례의 원칙(필요성의 원칙)은 재판 등을 통하여 확실시되고, 1931년에는 프로이센(Preußen) 경찰법에 입법화되었다. 독일 나치스시대(1933-1945)에는 비례의 원칙은 필요성의 원칙만을 의미하는 것으로 사용되다가, 2차세계대전 이후에야 협의의 비례의 원칙의 개념이 발전하게 되었다. 필요성의 원칙은 침해행정뿐만 아니라 급부행정 영역에 있어서도 적용되는바 국가적 급부는 필요한 정도 이상으로 행해져서는 안되는 것을 의미하는데, 이는 납세자에게 불필요한 부담을 야기하는 것이 되기 때문이다(과잉급부금지의 원칙).

cc) 협의의 비례의 원칙상당성의 원칙; 비례성의 원칙)

협의의 비례의 원칙(Verhältnismäßigkeit)은 침해되는 당사자의 私益과 달성하고자 하는 공익과는 적절한 비례관계가 성립되어야 한다는 원칙이다. 헌법재판소는 협의의 비례의 원칙을 「수인의 기대가능성」, 「법익의 비례성」 또는 「법익균형성의 원칙」[1]이라는 표현을 사용하고 있다. 즉 공익목적과 그 제한으로 선택된 수단을 고려할 때, 그 제한으로 인하여 받는 私人의 불이익보다 그 수단으로 달성하려는 공익목적의 이익이 커야 한다고 하고 있다.[2] 이는 결국 제한받는 사인의 불이익이 지나치게 큰 경우에는 비례성의 원칙을 위반한 것이다. ☜ 제2차 세계대전 이후 발달

d) 비례의 원칙의 근거

aa) 헌법적 근거

일반적으로 법의 일반원칙(또는 조리)으로 파악되나, 헌법에 제도화되어 있는 경우에는 헌법원칙으로 볼 수 있다. 우리나라 헌법상 제37조 제2항(기본권의 본질적 내용의 침해금지), 제119조 제2항(경제에 관한 규제와 조정), 제122조(국토이용의 제한과 의무) 등에서 그 근거를 찾을 수 있다. 과잉금지의 원칙은 법원칙(Rechtsprinzip; Rechtsgrundsatz)으로서의 성격을 가지고 있는바, 과잉금지의 원칙은 첫째, 법원칙이요 둘째 해석원칙으로서의 성격을 지니고 있다. 왜냐하면 헌법에 명시적으로 규정되어 있지 아니하고, '기본권의 본질적 내용의 침해금지'와 같은 일반적 성격을 가진, 법질서의 근본 규범으로 통용되는 것이므로, 이는 법문(Rechtssatz)이 아닌 법원칙(Rechtsprinzip)이다. 과잉금지의 원칙은, 헌법적

1) 헌재결 2005. 3. 31, 2001헌바87【구 의료법 제25조 제1항 등 위헌소원(동법 제30조 제2항, 제66조 제3호)】

2) 헌재결 1992. 6. 26, 90헌바 26【정기간행물의등록등에관한법률 제10조 등에 대한 헌법소원】

으로 보호되고 있는 2개의 법익이 서로 충돌하는 경우에, 한 법익이 다른 법익을 위해 완전히 무시되어져서는 아니 되고, 두 법익이 최적의 작용(optimale Wirkung)에 이를 수 있도록 조정되어야 하고, 실제적 조화(praktische Konkordanz)를 이루어야 한다는 원칙이므로, 이는 구체적 사안에서 무엇이 비례적 인가를 말해주는 내용적 결정기준(inhaltliche Entscheidungskriterien)이 아니고, 절차적 지도(Verfahrensdirektive)로서, 실질적 해결방법의 과정을 확정하는 해석원칙(Interpretationsprinzip)이다. 따라서 구체적 사안에서 무엇이 비례적인가는 교량과정(Abwägungsvorgang)을 통해서 실현되어진다.

bb) 법률적 근거

경찰관직무집행법은 제1조 제2항에서, 「이 법에 규정된 경찰관의 직권은 그 직무수행에 필요한 최소한도 내에서 행사되어야 하며, 이를 남용하여서는 아니된다.」고 규정하고 있는데 이는 질서권행사에 있어서의 비례원칙을 명문화한 대표적인 예이다.

부당결부금지의 원칙(Koppelungsverbot)

과잉급부금지의 원칙으로부터 도출되는 개념으로써 이는 급부주체가 급부를 행함에 있어서 내용적으로 급부와 직접적으로 관련이 없는 附款을 붙여서 수급자에게 불이익을 주어서는 안된다는 원칙.

「예」:

- 건축법상의 의무를 강제하기 위하여 수도나 전기의 공급을 중지하는 행위(舊건축법 제69조 제2항)
- TV 시청료를 징수하기 위하여 전기를 단절하는 경우

KBS 수신료징수 위헌소송 추진본부(상임대표 우동주)는 4일 KBS의 수신료 징수가 위헌이라며 헌법재판소에 헌법소원심판청구서를 제출했다. 추진본부는 청구서에서 "수신료는 수상기를 소지한 모든 국민들에게 무차별적으로 부과되고 체납의 경우 강제로 징수되고 있다는 점에서 공영방송의 재정을 충당하기 위한 목적세의 성격이 강한 준조세"라며 "방송법이 제64조에서 한국방송공사에 수신료의 부과 징수 권한을 부여한 것은 <u>조세법률주의</u>에 위반된다"고 주장했다. 추진본부는 "한국전력공사가 수신료와 전기요금을 불가분의 일체(분리고지 전면 거부)로 강변해 수신료를 납부하지 않을 경우(전기요금 미납)에 전기 공급을 중단토록 하는 것은 명백히 과도하게 헌법상 평등의 원칙과 과잉금지의 원칙, 부당결부 금지의 원칙 등을 부정하는 것"이라고 주장했다. 추진본부는 작년 9월 서울행정법원에 "전기요금에 TV수신료를 통합해 징수하는 것은 법률의 위임 한계를 벗어난 것"이라며 한국전력공사를 상대로 위헌법률 심판제청을 신청했으나 6월 말 담당 재판부는 기각한 바 있다.[1)]

cc) 판례 : 비례의 원칙위반을 위헌으로 인정한 예

헌재결 1989. 11. 20, 89헌가102 : 변호사법 제10조 2항에 대한 위헌 심판

1. 변호사법 제10조 제2항의 개업지 제한규정(판 · 검사 재직기간 15년 미만인 자는 개업직전 2년이내의 근무지에서는 퇴직후 3년 동안 개업할 수 없도록 한 규정)은 직업선택의 자유를 제한함에 있어서 비례의 원칙에 벗어난 것이고, 합리적인 이유없이 변호사로 개업하고자 하는 공무원을 차별하고 있으며, 병역의무의 이행을 위하여 군법무관으로 복무한 후 개업하는 경우에는 병역의무의 이행으로 불이익한 처우를 받게 되어 헌법 제11조 제1항 제15조, 제37조 제2항, 제39조 제2항에 각 위반된다.

2. 변호사법 제10조 제3항은 독립하여 존속할 의미가 없으므로 같은 법조 제2항과 아울러 헌법 위반으로 인정된다.

「상기 변호사법 제10조 2항은 헌법재판소의 위헌결정에 따라 1993.3.10 삭제됨.

「판례」 비례의 원칙 · 평등의 원칙위반은 위법
(대판 1985. 11. 12 85누303)
- 개인택시 운수사업면허 취소처분 취소 -

행정청이 면허취소의 재량권을 갖는 경우에도 그 재량권은 면허취소처분의 공익목적뿐만 아니라 공익침해의 정도와 그 취소처분으로 인하여 개인이 입게 될 불이익을 비교교량하고 그 취소처분의 공정성을 고려하는 등 비례의 원칙과 평등의 원칙에 어긋나지 않게끔 행사되어야 할 한계를 지니고 있고 이 한계를 벗어난 처분은 위법하다고 볼 수 밖에 없다.

2.12. 처분(적) 법률(Maßnahmegesetz)의 제한

2.12.1. 의의

일반적으로 법률은 일반적 · 추상적[1] 성격을 가지나, 근래에 와서는 법률이 반드시 일반적 · 추상적인 성격을 가질 수 만은 없고, 입법에 의한 일반적인 규정이 사법 또는 행정을 매개로 하지 않고, 직접적으로 (구체적인 사건을 규율하여) 특정한 국민에게 권리 · 의무를 발생시키는 경우가 있다. 이러한 성격을 지니는 법률을 처분법률이라 한다. 즉 처분적 법률이라 함은 구체적 · 개별적인 사항을, 특정한 국민을 대상으로 하여, 사법 또는 행정을 매개로 하지 않고, 직접적으로 권리 · 의무를 발생시키도록 하는 법률을 말한다.

---

1) 연합뉴스, 2006. 08. 06.

1) 예컨대 형법 제250조에 규정된 살인죄의 경우를 보아도, 누가 누구를 어디에서 어떤 방법으로 공격하여 어떤 결과(뇌사 또는 심장사)에 이르게 하였는지를 구체적으로 특정하지 않고 살인이라는 추상적 개념으로 이 모든 것을 포괄하고 있다. 만일 모든 구체적 상황과 결과를 특정해서만 법조문을 만들 수 있다면, 법조문의 수가 너무 많아지는 것은 물론이고, 입법자가 예측하지 못한 상황이나 결과가 발생되었을 경우에 대해서는 법적 규율이 곤란해지는 문제가 발생될 것이다.

- 구체적 · 개별적인 사항
- 특정한 국민을 대상
- 사법 또는 행정을 매개로 하지 않고
- 직접적으로 권리 · 의무를 발생시키도록 하는 법률

오늘날의 「사회적 법치국가」(sozialer Rechtsstaat : ☜ 이는 사회국가 및 법치국가의 개념을 통합한 것으로서 2차대전이후 독일의 Freiburg 법과대학의 교수인 Konrad Hesse에 의하여 구체화)를 추구하는 현대의 「(신)다원주의 국가」에서는 국가의 과제와 국가기능이 급속하게 확대 → 과거의 「시민적 법치국가」에서 요구되던 '일반적 법률(allgemeines Gesetz)' 만으로는 국민의 생존배려(Daseinsvorsorge), 국민복지 혹은 비상적 · 위기적 상황에 능동적이고 효율적으로 대처 할 수 없다. → '처분적 법률(Maßnahmegesetz)'이 필요

2.12.2. 종류

① 개인적 법률(Einzelpersonengesetz : 개인대상법률) : 일정한 범위의 少數의 사람만을 그 적용대상(舊미성년자보호법 제2조 : 미성년자의 음주금지 · 흡연금지 도로교통법 제32조 등)
② 개별사건 법률(Einzelfallgesetz) : 개별적이고 구체적 상황이나 사건을 적용대상
③ 한시적 법률(Zeitgesetz) : 적용기간이 한정되어 있는 법률(한시법)이다.

2.12.3. 문제점

① 평등의 원칙 : 처분법률은 「일정한 범위의 사람」과 「일정한 범위의 사항」만을 대상
→ 평등의 원칙에 위배되지 않는가?
→ 그때 그때의 상황에 따라 개별적 · 구체적 조치를 취하는 것을 내용으로 하는 처분적 법률도 결국은 평등의 원칙을 실천(왜냐하면 평등이 형식적 평등이 아닌 실질적 평등, 즉 "같은것은 같고, 다른것은 다르게"라는 라는 것을 의미 한다면 인정되어야 한다)

② 삼권분립의 원칙 : 권력분립의 원칙
→ 입법 : (일반적으로) 국민대표기관인 국회에서 일반적 · 추상적 규범을 정립.
행정 : 개별적 집행
사법 : 실질적인 재판을 담당.

「문제점」 이러한 점에서 처분적 법률은 삼권분립의 원칙에 위반되는가?
「답」 : 현대의 복지국가 지향이라고하는 정책목표에 의하여 이를 부득이 인정

<예외>
- 극단적인 개별적 구체적 처분 : '金 아무개'는 국무총리에 임명한다
- 재판을 내용으로 하는 것 : '李 아무개'는 사형에 처한다.

③ 처분법률에 대한 위헌법률심사여부 : - 처분법률에 대한 위헌법률심사여부 → 우리나라에서는 법률의 위헌심사여부는 재판의 전제가 된때에 한하여(구체적 규범통제), 위헌여부를 심사하는 것이 원칙이나, 처분법률의 경우에는 재판의 전제없이도 가능하다.

헌재결 1991. 3. 11. 90헌마28 【지방의회의원선거법 제28조 등에 대한 헌법소원】

법규 때문에 기본권의 침해를 받았다하여 헌법소원의 형태로 그 위헌여부의 심판을 구하는 법규에 대한 헌법소원은 구체적인 소송사건에서 전제된 경우도 아니고 단순히 어느 법규가 위헌인가의 여부에 대한 의문이 있어 제기하는 추상적 규범통제제도와는 근본적으로 다른 것으로서 자기관련성, 현재성, 그리고 직접성의 요건을 갖추게 되면 그것만으로 적법한 소원심판청구로 되어 허용이 된다.

헌재결 1990. 10. 15. 89헌마178 【법무사법시행규칙에 대한 헌법소원】

1. 가. 헌법 제107조 제2항이 규정한 명령 · 규칙에 대한 대법원의 최종심사권이란 구체적인 소송사건에서 명령 · 규칙의 위헌여부가 재판의 전제가 되었을 경우 법률의 경우와는 달리 헌법재판소에 제청할 것 없이 대법원이 최종적으로 심사할 수 있다는 의미이며, 명령 · 규칙 그 자체에 의하여 직접 기본권이 침해되었음을 이유로 하여 헌법소원심판을 청구하는 것은 위 헌법규정과는 아무런 상관이 없는 문제이다. 나. 따라서 입법부 · 행정부 · 사법부에서 제정한 규칙이 별도의 집행행위를 기다리지 않고 직접 기본권을 침해하는 것일 때에는 모두 헌법소원심판의 대상이 될 수 있는 것이다.

「참고」 : 독일의 경우의 처분적 법률에 대한 내용

독일의 경우 기본법 제19조 제1항에서는 개별사건(Einzelfall)법률에 의한 기본권침해를 금지(헌법이 명시)

- 개인대상법률(Einzelpersonengesetz)의 금지 : 학설 · 판례

2.13. 사법적 권리보장과 사법권의 독립

법치국가에서의 사법작용은 두가지 의미를 가진다. 즉 국가권력행사에 대한 통제와 개인의 권리의 사법적 보장(구제)가 그것이다. 兩者는 밀접한 관련을 가지며 이를 위해서는 사법권의 독립이 필수적이다. 우리 헌법은 이와같은 법치국가의 요소들을 위한 제규정을 두고 있다. 먼저 사법적 권리보장을 위하여 명령이나 규칙 · 행정처분이 헌법이나 법률에 위반되는 여부가 재판의 전제가 된 경우 법원이 이를 심사하여 국민의 권리를 보장하고(제107조 제2항), 행정재판과 군사재판의 최종심을 모두 대법원에서 관할하게 하여 인권보장에 이바지 하게 하고 있다. 나아가 헌법재판소에 의한[1] 헌법재판제도를 신설하여 국가

1) 다만 헌법재판소가 행하는 헌법재판이 사법작용이냐에 관해서는 견해가 나뉜다. 헌법재판은 그것이 사법작용적인 합법성의 관점이외의 정치작용적인 합목적성의 재판기능을 가지므로 사법작

공권력에 의해 기본권이 침해된 자를 구제하고 있다(제111조 제1항 제5호).

2.14. 국가권력행사의 예측가능성의 보장

모든 국가권력행사의 주체와 권력행사의 방법 및 그 범위가 성문법규로서 규정되어 있어야만 국민은 국가권력의 행사에 관해 미리 예측하고 또한 이에 대비할 수 있다. 이와 같은 예측가능성은 국가활동의 형식화 · 규준성 부여와 국가생활의 합리화라는 법치국가의 본질적 기능의 측면에서 매우 중요한 의의를 지닌다. 우리 헌법도 제96조가 "행정각부의 설치 · 조직과 직무범위는 법률로 정한다."라고 하고 제89조에서는 비록 국무회의의 심의사항의 형식으로 규정되어 있기는 하지만 행정부의 권한사항을 열거하고 있을 뿐 아니라, 제102조 제3항은 "대법원과 각부법원의 조직은 법률로 정한다"라고 함으로써 집행권과 사법권의 발동에 관한 예측을 어느정도 가능하게 하고 있다.

3. 법치국가원리의 기능

3.1. 개관

법치국가의 개념은 법치국가 기능을 파악함에 있어 직접적인 영향을 미친다. 여기서 법치국가가 헌법상의 기본원리요, 가치보장적 원리이며 정치적 형성원리라는 측면과 전통적으로 법치국가가 의미하고 있는 국가권력에 대한 통제적 원리라는 양면에서 그 기능을 고찰하여야 한다.

「법치국가원리」
- 적극적 기능
  - · 헌법상의 기본원리
  - · 가치보장적 원리
  - · 정치적 형성원리
- 소극적 기능
  - · 국가권력에 대한 제한 기능

용이 아닌 "제4의 국가작용"이라는 견해가 있다(허영, 헌법이론과 헌법). 그러나 헌법재판소가 사법부의 場에 규정된 사법기관이 아니며 헌법재판이 비록 순수한 사법작용은 아니라고 하더라도 헌법재판소 재판관이 법관이어야 하며 사법절차에 따라 심판한다는 점에서 그것은 정치적 사법기관(작용)이라 볼 수 있다.

3.2. 소극적 기능

법치국가는 법에 의한 정치질서를 마련함으로써 국가권력을 제한한다. 이는 법치국가의 제1次的 기능으로서 소극적 기능을 의미한다. 법이 가지고 있는 통제기능을 통하여 법치국가가 국가권력을 제한하고 이를 통해 국민의 자유와 권리를 보장한다는 이념을 통해서 법치국가에 확고히 내재하는 기능이 되었다.

소극적 기능 → 국가권력제한 기능(국민의 자유와 권리를 보장)

법치국가의 이와같은 기능은 그것이 국가의 활동영역을 정해 주면서 나아가 국가권력이 남용되지 않도록 다양하게 규제하는 동시에 개인의 자유로운 지위를 법적으로 보장해주는 방법을 통해 달성된다.[1)]

3.3. 적극적 기능

3.3.1 헌법상의 기본원리

법치국가원리는 국가권력를 제한하는 소극적 기능 이외에 국가를 법치국가원리에 따라 형성하고 그것을 안정시키는 적극적인 원리로서의 기능을 한다. 법치국가는 여러가지 국가기능과 권한을 창설(예 : 행정권과 사법권)하고 정서함으로서 국가활동의 전제조건을 마련한다. 이러한 점은 법치국가원리가 단순한 행정법상의 원리이거나 국가활동의 수단으로서 뿐만 아니라 헌법상의 기본원리로서의 작용도 하고 있음을 반영하여 주는 것이다. 또한 법치국가는 국가기능과 권한을 창설하고 그 활동의 전제를 마련하는 이와같은 형성적 작용에 의해 국가의 계속성을 유지하는 기능을 수행한다. 또한 법치국가원리는 국가기관을 설립하고 그의 임무와 권한을 정하여 활동기준을 제공함으로써 국가활동을 합리화하는 기능을 발휘한다. 다른 한편 자신들의 행태를 국가행위에 맞추어야 할 사람들을 위하여 그 국가행위를 예측할 수 있게 해주고 법적 안정성과 거래의 안전을 마련해주는 과제에 봉사한다.

「법치국가원리의 헌법상의 원리로서의 성격」
- 국가를 법치국가원리에 따라 형성하고 그것을 안정시키는 적극적인 원리
- 여러가지 국가기능과 권한을 창설(예 : 행정권과 사법권)하고 整序함으로서 국가활동의 전제조건을 마련 → 국가의 계속성을 유지
- 국가활동의 합리화기능
- 국가행위의 예측가능성

---

1) 이명구, 헌법상의 법치국가의 원리, 15면 참조.

- 법적 안정성
- 거래의 안전

이러한 법치국가의 기능을 통해 국가생활에 정형성 · 이해가능성 · 개관가능성 및 명확성이 주어진다. 이들은 공적 사항에 대한 의식적이며 책임있는 그리고 활발한 참여의 기초를 이루며, 따라서 민주주의에 있어서 자유로운 정치적 생활과정의 기본조건이기도 하다.

3.3.2 가치보장적 기능

법치국가의 이념적 기초는 인간의 존엄과 가치, 자유의 인정, 실질적 정의의 확립을 이념적 토대로 한다. 따라서 법치국가는 국가 뿐만 아니라 사인에 대해서도, 사회생활의 모든 영역에서 이러한 가치의 타당성을 요구한다. 그러므로 법치국가의 자유보장적 기능도 자유를 무조건 · 법적 · 형식적 · 외적 한계를 설정하는 방법으로 보장하는 것이 아니라 단지 헌법의 기본가치(Wertgrundlage) 내부에서만 보장한다.

법치국가의 자유보장적 기능 → 헌법의 기본가치(Wertgrundlage) 내부에서만 보장

3.3.3 정치적 형성원리

정치적 형성원리라는 측면에서의 법치국가의 기능은 一共同體가 정치적 통일을 형성하여 가는 과정에 관계한다. ☜「정치적 형성원리」로서의 법치국가개념은 대단히 중요

> 一共同體內(res publica)에 존재하는 수많은 이해관계와 갈등을 소화하여 하나의 정치적 통일체로 이루어지기 위하여는 이러한 충돌들을 정리하고 안정화시킬 정당성의 확립이 필요하다. 공동체의 질서가 정치권력이 법에 구속되고, 개인적 권리의 보호, 인권과 기본적인 법원리의 승인, 사회국가적 과제를 성실히 수행해 나갈 때에, 공동체의 질서는 정당화작용을 발휘하는 것인데, 법치국가질서가 확립될 때 공동체내에서 발생하는 모든 긴장관계를 극복 · 단합하게 하는 원칙적 합의가 성립되며, 정치적인 통일이 형성된다.[1] 이와 같이 법치국가는 그 정당성을 통하여 정치적 통일의 근거를 객관적으로 마련하고 이를 공고하게 한다(허영).

---

1) 이에 관한 내용은 Konrad Hesse, Grundzüge, Rn. 186; ders., Der Rechtsstaat im Verfassungssystem des GG, in: Staatsverfassung und Kirchenordnung, FS für R. Smend, 1962, S. 71 ff.; vgl. Schulz-Schaeffer, Staatsform, S. 146 ff., 162 ff; Schulze-Fielitz, Der Rechtsstaat und die Aufarbeitung der vor-rechtsstaatlichen Vergangenheit, DVBl. 1991, S. 893 ff.; Grimm, Der Wandel der Staatsaufgaben und die Krise des Rechtsstaats, in: ders., Die Zukunft der Verfassung, S. 159 ff.

4. 법치국가원리에 대한 예외적 제한

4.1. 개관

우리 헌법은 법치국가원리를 다양하게 채택하고 있지만 국가가 위기나 비상사태에 처한 경우에는 대통령에게 긴급명령권과 긴급재정 · 경제처분 및 명령권과(제76조), 계엄선포권(제77조)를 인정하고 있다.[1] 이들이 법치국가원리에 대한 예외적이기는 하나, 국가긴급시의 위기를 관리하기 위한 부득이한 조치라 보아야 한다. 그러나 비상사태하에서의 법치국가원리의 적용의 제한은 극히 한정된 경우에 국한되어야 하고, 헌법적 질서를 유지하기 위한 최소한에 그쳐야 한다.[2]

4.2. 긴급재정경제처분 · 명령권과 긴급명령권

현행헌법 제76조 제1항은 대통령은 내우 · 외환, 천재 · 지변 또는 중대한 재정 · 경제상의 위기에 있어서, 국가의 안전보장 또는 공공의 안녕질서를 유지하기 위하여 긴급한 조치가 필요하고 국회의 집회를 기다릴 여유가 없을 대에 한하여 최소한으로 필요한 재정 · 경제상의 처분을 하거나 이에 관하여 「법률의 효력을 가지는 명령」을 발할 수 있다고 하고 있다. 또 동조 제2항에는 대통령은 국가의 安危에 관계되는 중대한 交戰狀態에 있어서 국가를 保衛하기 위하여 긴급한 조치가 필요하고, 국회의 집회가 불가능한 때에 한하여 법률의 효력을 가지는 명령을 발할 수 있다고 하여 긴급사태에 처하여 의회가 제정한 법률에 의하지 아니하고 국민의 자유와 권리를 일시적으로 제한할 수 있다는 점에서 법치주의에 대한 중대한 예외가 있다.

4.3. 계엄선포권

현행헌법 제77조 제1항은 대통령에게 전시 · 사변 또는 이에 준하는 국가비상사태에 있어서 병력으로써 군사상의 필요에 응하거나 공공의 안녕질서를 유지할 필요가 있을 때에는 법률이 정하는 바에 의하여 계엄을 선포할 수 있는 권한을 부여하고 있다.

국가비상사태 및 국가긴급권의 의미(김순태, 제주4 · 3 당시 계엄의 불법성, 방송대 법학과 교수)

---

1) 1980년 헌법이 규정하였던 비상조치권을 긴급명령권으로 재편 · 축소하였음은 법치국가로 좀더 접근한 것이라고 하지만, 이들을 통하여 일정한 범위내에서 법치국가원리가 제한될 수 있게 된다. 구병삭, 신헌법원론, 73-74면

2) 대통령의 국가긴급권이 법치국가원리의 예외라고 보는 견해는 권영성, 헌법학원론; 김철수, 헌법학 참조. 대통령의 국가긴급권이 헌법수호라고 보는 견해는 허영, 한국헌법론, 980면.

국가비상사태 또는 국가긴급사태란 국가의 존립 또는 공공의 안녕과 질서에 대하여 헌법이 규정하는 통상의 수단으로는 제거할 수 없고 예외적인 수단으로써만 방지 또는 제거할 수 있는 중대한 위험이 있는 경우를 말한다.[1] 국가가 비상사태[2]에 처한 경우에는 평상시의 통상적 헌법수호제도를 가지고는 헌법의 수호가 어렵게 된다. 이때에 이용되는 헌법수호제도를 비상시적 헌법수호제도라고 하며, 이 중 하나가 국가긴급권이다. 요컨대 국가긴급권이란 독립된 하나의 국가를 전제로 한 개념이라고 하겠다.[3] 한편 국가긴급권이란 전쟁 · 내란 · 경제공황 등과 같이 국가의 존립과 안전을 위태롭게 하는 비상사태가 발생한 경우에 국가원수(행정부 수반)가 통상적인 헌법상의 절차와 제한을 무시하고 국가의 존립과 안전을 확보하기 위하여 필요한 긴급적 조치를 강구할 수 있는 비상적 권한을 말한다.[4] 예컨대 현행헌법상의 국가긴급권에는 첫째 대통령의 계엄선포권과 둘째, 대통령의 긴급명령권 및 긴급재정경제처분명령권이 있다. 계엄선포는 군사상의 필요에 응하거나 공공의 안녕질서의 회복을 목적으로 '병력의 사용'을 수단으로 한다는 점이 특징이다.

[권영성 교수의 견해]

이 경우 계엄이 계엄법에 의하여 선포되면 개인의 기본권에 대하여 이례적인 제한조치가 가해지게 되므로 이것 역시 평상시 법치주의의 예외가 된다. 국가긴급권의 행사라 하더라도 무제한한 것이 아니라 일정한 한계를 지닌다.[5] 특히 내용적 한계로서, 국가긴급권은 최소한의 기본권침해를 내용으로 하는 것이어야 하고, 부득이 기본권을 제한하는 경우에도 과잉금지의 원칙 등이 존중되어야 한다.

---

1) Konrad Hesse, 계희열 옮김, 서독헌법원론, 삼영사, 1987, 410면.

2) 비상사태의 특성을 다음과 같이 정리하는 견해가 있다. ① 비상사태는 현존하거나 최소한 가까운 장래에 임박할 것, ② 비상사태는 특정지역 일부분만이 아니라 전국에 영향을 미칠 수 있는 정도로 광범위하고 중대할 것, ③ 위협은 바로 국가의 존립과 관련한 것이어야 하며, 국민의 육체적 보전에 대한 위협, 영토의 보전에 대한 위협 또는 국가기관의 기능에 대한 위협일 것, ④ 비상사태의 선언은 최후의 수단으로 사용될 것.. 일단 정상적인 방법으로 공공질서의 유지가 가능하다면 사태는 이미 종식된 것이다. ⑤ 비상사태는 일시적 조치여야 한다. Jaime Oraà, Human Rights in States of Emergency in International Law, Clarendon Press, 1992, p. 33.

3) 이 점을 강조하는 취지는 계엄의 실정법적 근거에 관한 논의 중에서도 軍政상태하에서는 헌법수호제도의 하나인 계엄 내지 계엄법은 존립기반을 잃고 있다는 점과 관련이 있기 때문이다.

4) 권영성, 헌법학원론, 67면.

5) 국가긴급권의 한계로서 지적되는 것은, ① 상황적 한계로서, 통상의 헌법적 절차로써 극복할 수 없는 극한적 비상사태가 발생하고, 국가긴급권의 발동이 불가피한 최후수단임이 객관적으로 납득될 수 있는 경우라야 한다(객관성 및 보충성의 원칙). ② 기한적 한계로서, 국가긴급권은 일시적이고 잠정적인 것으로 행사되어야 하고 무한정으로 행사되어서는 안된다(잠정성의 원칙), ③ 목적적 한계로서, 국가긴급권의 발동은 국가의 존립과 안전을 확보하기 위한 것이라야 한다(소극성의 원칙). ④ 내용적 한계로서, 국가긴급권은 최소한의 기본권침해를 내용으로 하는 것이어야 하고, 부득이 기본권을 제한하는 경우에도 과잉금지의 원칙 등이 존중되어야 한다(최소성의 원칙). 권영성, 헌법학원론, 72면 이하.

[허영 교수의 견해]

국가긴급권과 과잉금지의 원칙: 우리 헌법에서 국가긴급권을 법치주의의 예외나 제한 형식으로 규정하고 있는 것이 아니고, 오히려 국가긴급권에 대해서도 과잉금지의 원칙을 적용하게 함으로써 법치주의의 절차적 · 형식적 내용을 확인한 것이다. 따라서 국가긴급권은 (법치주의의 예외에 속하는) 대통령의 비상대권이 아니라, 헌법보호의 수단에 해당한다.[1]

4.4. 특별권력관계(특수신분관계)

4.4.1. 이론의 변천과정

a) 고전적 특별권력관계이론

19세기적 공법이론에 의하면 국가와 국민의 일반권력관계와 구별해야 하는 특별권력관계가 있는데, 이특별권력관계는 권력의 주체가 국민을 포괄적으로 지배하고, 국민은 권력의 주체에게 절대적으로 복종하는 특별한 법률관계를 뜻하기 때문에 일반권력관계에서와는 달리 '법률에 의한 기본권제한의 원칙'이 존중될 필요가 없다고 한다. 그 이론적인 근거로는 특별권력관계의 성립에 대한 당사자의 동의(예컨대 공무원임명에 동의)와 이 동의 속에 함께 내포되어 있다고 믿은 이른바 '기본권의 포기'가 자주 거론되었다.

b) 근대적 특별권력관계이론

고전적인 특별권력관계이론의 논거로 제시된 당사자의 동의가 국가와 수형자의 관계 또는 병역관계에서 볼 수 있는 것처럼 통할 수 없는 영역이 있을 뿐만 아니라 '기본권의 포기'가 이론상 허용될 수 없는 논리형식으로 입증되면서부터 고전적인 특별권력관계이론은 동요와 변질을 경험하지 않을 수 없게 되었다. 그리하여 2차세계대전 이후 독일의 울레(Ule)에 의하여 특별권력관계를 기본관계와 내부관계로 나누어서 적어도 특별권력관계의 설정 · 변경 · 존속에 직접적인 영향을 미치는 기본관계에서는 기본권의 효력을 완전히 인정하고 그 침해에 대한 사법적 권리구제도 허용하려는 이론이 등장하였다. 이러한 취지에 발맞추어 1972년 독일연방헌법재판소도 수형자의 기본권을 제한하기 위해서는 반드시 법률의 근거가 있어야 한다는 점을 명백히 밝힘으로써 법률에 의한 기본권제한의 원칙이 이른바 특별권력관계에도 적용되어야 한다는 점을 최초로 확인하였다.

---

1) 허영, 한국헌법론, 980면.

특별권력관계

특별권력관계 → 특별한 법률원인에 의하여 성립되어 특별권력주체의 포괄적인 지배권에 복종함을 내용으로 하는 법률관계

· 국가의 일반통치권에 복종하는 일반권력관계와는 구별하여 설명
· 독일공법학에 의하여 발전

■ 종래의 특별권력관계의 이론:
· 특별권력관계의 내부에서는 일반권력관계와는 달리 법치주의가 배제
· 당사자의 동의(기본권의 포기)
→ 그 내부구성원의 기본권을 개별적 · 구체적인 법률의 근거 없이도 제한가능
· 사법심사의 배세

■ 현대적 특별권력관계이론:
· 기본권은 원칙적으로 배제되는 것이 아니라 제한될 수 있을 뿐
· 기본권은 포기 · 양도할 수 없다
· 기본권 중에는 특별권력관계에 의해서도 제한될 수 없는 기본권(인간으로서의 존엄과 가치 · 행복추구권)이 존재

『정리』

법치국가원리(Rechtsstaatsprinzip)

의의(Begriff) : 자유(Freihet)와 정의(Gerechtihkeit)의 보장 및 법(Recht) 및 법률(Gesetz)등에 의한 입법권의 남용 및 국가권력행사의 제한과 조화의 추구

* 법(jus)은 정당성(Legitimation)의 근거가 된다.
* 법률(lex)은 합법성(Legalität)의 근거가 된다.

법과 법률의 구별에 관한 보편적인 논의는 독일어의 Recht(법)와 Gesetz(법률)의 구별이다. 하이예크(Hayek)는 이와 관련하여 전자는 입법자. 지배자를 포함하여 모든 사회구성원의 행위를 구속하는 법을 말하며, 이는 다른 말로 rule of just conduct라 하여 자신의 용어로 그리스어 Nomos에 해당한다고 하며, 후자는 지배자가 지배하는 기관, 조직을 관리하기 위하여 제정한 법으로 반드시 지배자를 구속하지는 않는다고 하고 있다. 박세일, Friedrich A. Hayek에 있어서의 법과 경제, 서울대 법학, 제31권 제3 · 제4호, 1990, 136-140면 참조.

– 특징(Ausprägungen) –

1. **권력분립(Gewaltenteilung)**에 의한 권력분산(Machtdekonzentration)
   → **입법(Legislative)**
   → **행정(Exekutive)**
   → **사법(Judikative)**
   - 침해(Durchbrechung)는 다른 국가권력의 '핵심적 내용(Kernbereich)'을 侵 해하지 않는 범위에서만 인정
   - 기관상호간의 감독(Kontrolle)과 견제(Hemmung) : '견제와 균형'
   - 기관상호간의 독립(Unabhängigkeit)
     → 겸직금지(Inkompatibilität)
       - 제43조; 제86조 제3항; 제112조 제2항
       - 행정공무원과 국회의원의 겸직금지

       그러나 : 閣僚(Minister)는 국회의원직을 겸임할 수 있다(국회법 제29조 제1항, 동 제39조 제4항 참조).
2. 국가에 대한 방어권(Abwehrrecht)으로서의 '기본권(Grundrecht)보장' : 통치권의 '기본권에의 종속성'

3. 법률에 대한 위헌심판제도(제107조 제1항, 제111조 제1항 제1호)
   - 위헌심사권(모든 법관)
   - 위헌결정권(헌법재판소 : 제107조 제1항, 제111조 제1항 1호, 제113조 1항)

4. 법치행정의 보장
   - 포괄적 위임입법의 금지 및 위임명령의 제한(제75조) ☜ 포괄적 위임입법 금지
   - 명령 · 규칙 · 처분에 대한 위헌 · 위법심사제도(제107조 제2항)
   - 행정심판의 사법절차준용(제107조 제3항)
   - 행정조직 · 관청의 직무범위를 법률로 정함(제96조, 제100조, 제114조 6, 7항)
   - 조세법률주의의 채택(제59조)

5. 법치국가 보장(Sicherung)
   - 법원 및 법관의 독립(Unabhängigkeit)
   - 재판청구권의 보장(Rechtsweggarantie)
   - 국가의 불법행위(rechtswidrig)및 합법적 공권력작용에 의한 효과적인 권리 구제제도의 확립
     - 손실보상청구권(제23조 제3항)
     - 청원권(제26조)
     - 형사보상청구권(제28조)
     - 국가배상청구권(제29조)
     - 헌법소원심판청구권(제111조 제1항 5호; 헌재법 제68조)
     - 위헌법률심판청구권(제107조 제1항; 헌재법 제44조)
     - 인신보호를 위한 사법절차적 기본권
       - 고문을 받지 아니할 권리 및 불리한 진술거부권(제12조 제1항)
       - 영장제시요구권(제12조 제3항)
       - 변호인의 조력을 받을 권리(제12조 제4항)
       - 체포 · 구속시 이유와 권리를 고지받을 권리(제12조 제5항) : 미란다원칙
       - 구속적부심사청구권(제12조 제6항)
       - 합법적인 재판을 받을 권리(제12조 제7항)

법치국가원리의 법률에 의한 실현원칙

1) 법적 안정성(Rechtssicherheit) 및 신뢰보호의 원칙(Gebot des Vertrauensschutzes)

신뢰보호의 원칙(헌법 제13조), 이란 수익적 급부활동의 적법성 · 계속성을 정당히 신뢰한 사람의 이익은 보호되어야 한다는 원칙이다. 특히 수익적 행정행위의 취소(철회)는 상대방에게 침익적인 결과를 가져오는 것이기 때문에 상대방의 신뢰를 기본적으로 보호해야한다(신뢰보호의 원칙 : Vertrauensschutz). 따라서 수익적 행정행위의 취소(철회)는 다음과 같은 예외적인 경우에만 허용된다.

- 법규에서 철회가 허용되고 있는 경우(법규상 허용)
- 당해 행정행위에서 철회권이 유보되어 있는 경우(철회권유보)
- 부담부행위에서 수익자가 법상의 기간 내에 부담을 불이행하는 경우(의무불이행 → 상대방의 행위에 대한 제재)
- 事後에 사실관계의 중대한 변화로 철회 없이는 공익이 위험에 놓이게 되는 경우(사정변경)
- 법적 상태의 변화와 상대방이 그 행위와 관련된 권리행사를 행하지 않는 경우(권리불행사)
- 공익상 중대한 침해의 방지 또는 제거의 필요가 있는 경우(공익목적)

「신뢰보호의 원칙의 예」

국민기초생활보장법 제34조 (급여변경의 금지) 수급자에 대한 급여는 정당한 사유없이 이를 불리하게 변경할 수 없다.

2) 명확성(Bestimmtheit)의 원칙 ☜ **규범의 명확성(Normklarheit) 참조.**

3) 광의의 비례의 원칙(Verhältnismäßigkeit) : 과잉금지의 원칙(Übermaßverbot)

- 적합성의 원칙 : 행정목적 달성을 위하여 선택된 수단이 적합한가의 여부(기본권의 제한이 보호하려는 법익을 실현하는데 적합할 것)
- 필요성의 원칙 : 행정은 적합한 수단 중에서도 일반인에게 가장 적은 불이익을 주게 될 수단을 선택해야 한다.
- 협의의 비례의 원칙(상당성의 원칙) : 행정은 구체적 목적달성에 필요한 수단이라도 그에 따른 불이익과 실현 하려는 결과와의 사이에 명백한 비례가 유지되어야 한다. 공익목적을 위하여 침해받는 당사자의 私益과 달성하고자 하는 공익과는 적절한 비례관계(Propotionailtät)가 성립

· 부당결부금지의 원칙(Koppelungsverbot) : 과잉급부금지의 원칙으로부터 도출되는 개념으로써 이는 급부주체가 급부를 행함에 있어서 내용적으로 급부와 직접적으로 관련이 없는 부관을 붙여서 수급자에게 불이익을 주어서는 않된 다는 원칙(예 : 건축법상의 의무를 강제하기 위하여 수도나 전기의 공급을 중지하는 행위)

4) 처분법률(Maßnahmegesetz)의 제한

5) 소급효력의 원칙적 제한

- 형벌불소급의 원칙(헌법 제13조 제1항 1문)
- 일사부재리의 원칙 혹은 이중처벌의 금지(헌법 제13조 제1항 2문)

「연구문제」

조례위반자에 대해서 징역이나 금고 또는 10만원 이하의 벌금형에 과할 수 있는가?[1)]

서울 · 부산등 전국 15개 시 · 도의회 소속 의원 700여 명은 2일 오후 서울 올림픽공원 내 올림픽파크호텔에서 「지방자치발전을 위한 전국광역의원대회」를 열고 조례위반자에 대한 처벌조항을 부활하는 내용을 골자로 한 지방자치법개정을 국회와 중앙정부에 요구하는 결의문을 채택했다. 의원들은 『90년 개정된 지방자치법(제20조)에서는 조례위반자에 대해 3개월 이하의 징역 · 금고 또는 10만원이하의 벌금 · 구류에 처할 수 있도록 돼 있었으나, 이 조항이 「죄형법정주의」에 위반된다는 이유로 94년 법개정 때 「1천만원이하의 과태료만 물릴 수 있도록」 완화됐다』며 조례위반자에 대한 처벌권의 부활을 요구했다. 의원들은 또 『공무원이나 일반인이 정당한 사유 없이 시 · 도의회의 출석 및 자료제출요구에 응하지 않거나 僞證할 때는 「3개월 이하의 징역 또는 10만원 이하의 벌금」에 처할 수 있도록 법을 개정해 달라』고 요구했다. 이들 주장의 정당성여부를 판단하라.[2)]

1) 중앙일보, 1996년 7월 3일자 제1면 참조.
2) 박윤흔, 법령과 조례와의 관계, 고시계(1992.11), 37면 이하.

제 3 항 사회국가(Sozialstaat)

I. 의의

사회국가(Sozialstaat)[1)]라 함은 한 국가에 있어서의 사회적 · 경제적 대립을 조정하고 누구에게나 평등한 기회(기회평등 · 결과평등)를 제공함으로써 가능하면 광범위한 국민의 기본권 실현을 위하여 그의 실질적 조건을 마련해주고 모든 국민이 자신의 자유를 각자의 自力으로(보충성의 원리) 행사할 수 있는 상태를 형성하는 국가이다.[2)]

권영성 교수: "모든 국민에게 그 생활의 기본적 수요를 충족시킴으로써 건강하고 문화적인 생활을 영위할 수 있도록 하는 것이 국가의 책임이면서 그것에 대한 요구가 국민의 권리로서 인정되어 있는 국가"

허영 교수: "국민 스스로의 생활설계에 의한 실질적인 자유와 평등의 실현이 가능하도록 사회구조의 骨格的인 테두리를 형성하는 것이 바로 사회국가이다. 사회국가는 결코 모든 생활수단을 국가가 일일이 급여해 주는 공산주의적 배급국가일 수도 없고, 또 국민소득의 평등한 재분배를 그 본질로 하는 "분배국가"일 수도 없다. 또 국가의 사회보장제도에 의해서 규율되는 것을 내용으로하는 이른바 복지국가는 국민각자의 자율적인 생활설계를 그 근본으로 하는 진정한 의미에서의 사회국가와는 거리가 멀다할 것이다".

---

1) 권영성 교수는 "우리나라에서는 사회국가와 복지국가(Wohlfahrtsstaat)에 관하여, 양 개념을 구분하는 입장과 양자를 명확히 구분하지 아니하고 사회국가 "내지" 복지국가 혹은 사회(복지)국가등으로 표현하는 입장이 있다. 주로 영미에서 발전하여 온 복지국가원리와 독일 등 대륙에서 형성된 사회국가원리는 엄밀히 따지자면, 역사적 전개과정이나 구현방법 등에 있어 구별이 가능하지만, 두 원리는 그 지향하는 이념 · 목표 · 내용 등이 유사하다는 점에서 공통점이 있다. 그러므로 두 원리를 동일한 개념으로 보거나 사회복지국가라는 합성어로 사용하여도 무방하다"고 한다(권영성, 헌법학원론, 139면). 헌법재판소는 사회복지국가를 같은 개념으로 본다. 헌재결 1993. 3. 11, 92헌바33 【구노동조합법 제45조의2 등 위헌소원】 헌법이 근로자의 근로3권을 보장하는 취지는 원칙적으로 개인과 기업의 경제상의 자유와 창의를 존중함을 기본으로 하는 시장경제의 원리를 경제의 기본질서로 채택하면서 노동관계당사자가 상반된 이해관계로 말미암아 계급적 대립 · 적대의 관계로 나아가지 않고 활동과정에서 서로 기능을 나누어 가진 대등한 교섭주체의 관계로 발전하게 하여 그들로 하여금 때로는 대립 · 항쟁하고 때로는 교섭 · 타협의 조정과정을 거쳐 분쟁을 평화적으로 해결하게 함으로써, 근로자의 이익과 지위의 향상을 도모하는 사회복지국가 건설의 과제를 달성하고자 함에 있다.

2) 한수웅, 경제적 기본권의 새로운 문제점과 그 전망, 헌법학연구(1999.10), 54면 참조.

사회국가의 원리는 사회정의를 구현하기 위하여 법치국가적 방법으로 국민의 복지를 실현하려는 국가적 원리를 말한다. 사회국가의 원리는 실질적 법치국가를 실천목표로 하고 사회적 시장경제질서에 의하여 뒷받침된다는 점에서 사회적 법치국가의 원리와 밀접한 관계에 있다.[1)] 사회국가원리(Sozialstaatsprinzip)가 현대 헌법국가의 기본원리로 등장한 것은 제2차세계대전 이후의 일이다. 현대국가의 기본원리로서의 민주주의원리, 법치국가원리, 연방국가원리들이 오랜 이념적 · 제도적 전통을 가지고 있는 것과는 다른 점이다. 민주주의원리 · 법치국가원리 · 연방국가원리의 내용에 관해서는 학설과 판례를 통해서 지배적인 이론이 형성되고 있는 것과는 달리 사회국가원리의 내용에 관해서는 아직도 뚜렷한 定說이 확립되지 못하고 있는 이유도 사회국가원리의 이념적인 새로움 때문이다.[2)]

현대국가가 사회국가원리를 그 헌법에 반영하는 방법은 대체로 세가지 형태로 나눌 수 있다. ① 사회적 기본권(soziales Grundrecht)을 헌법에 명시하는 방법 ② 사회적 기본권을 포기하고 사회국가원리만을 하나의 '헌법적 원리(Verfassungsprinzip)'로 규정하는 방법, ③ 사회적 기본권은 물론 사회국가원리를 동시에 헌법에 규정하는 것이다. 독일 바이마르 공화국(1919 - 1933) 헌법[3)] 이나 현행 우리나라 헌법은[4)] 제1유형에 속하고, 現 독일연방헌법(Bonn 기본법)[5)]은 제2유형에 속하고, 독일 Bayern 州憲法(支邦憲法)은 및 이탈리아 헌법은 제3유형에 속한다.

- 사회적 기본권(soziales Grundrecht)을 헌법에 명시
  - 독일 바이마르 공화국(1919 - 1933) 헌법
  - 현행 우리나라 헌법

- 사회적 기본권의 헌법적 규정화를 포기한 채 사회국가원리만을 하나의 '헌법원리 Verfassungsprinzip)'로 규정
  - 現 독일연방헌법(Bonn 기본법) 제20조 : 독일연방공화국은 민주적 · 사회적 법치국가이다.

- 사회적 기본권은 물론 사회국가원리를 동시에 헌법에 明文化

---

1) 사회국가의 원리에 관하여는 김문현, 재산권의 사회구속성에 관한 연구, 서울대학교 법학박사학위논문, 1987. 94면 이하; 同, 사회국가에 있어서의 재산권, 공법연구 제16집 (1988), 71면 이하; 민경식, 서독기본법에 있어서의 사회화에 관한 연구, 서울대학교 법학박사학위논문, 1987, 144면 이하; 허영, 헌법과 사회국가와 사회보장, 성곡논총 제6집(1975), 56면-80면, 151면-159면 참조.
2) 허영, 헌법이론과 헌법, 단락번호 437.
3) Vgl. 바이마르헌법 제151조.
4) 우리 현행헌법 제27조, 제28조, 제30조, 제116조 제2항 참조.
5) 독일 본(Bonn) 기본법 제20조 제1항, 제28조 제1항 제1문.

· 독일 Bayern 州憲法
· 이탈리아 헌법

여러 가지의 다양한 형태로 헌법에 표현되는 사회국가원리가 구체적으로 어떤 내용을 가지고 있는가에 대해서는 의견이 일치되지 못하고 있다. 사회국가원리는 실질적으로 아무런 내용도 가지지 못하는 일종의 '백지개념'에 불과하다는 의견[1]에서부터 법원에의 訴求가 실질적으로 가능하다는 구체적 권리설에 이르기까지 그 견해가 매우 다양하다. 또 사회국가를 국가에 의한 생활수단의 적극적인 조성 내지 급부형태라고 이해하는 입장에서는 사회국가원리와 법치국가원리의 이념적인 갈등 · 대립 관계를 강조하고 있기도 하다. 그러나 현대 헌법국가의 구조적 원리로서의 사회국가원리는 그것이 결코 백지개념일 수도 없고 또 법치국가원리와 갈등 · 대립관계에 있는 것도 아니다.

II. 사회국가 개념의 유래

사회국가(Sozialstaat) 개념은 프랑스의 초기사회주의학자 상 시몽(Saint Simon)(1760-1825)[2]에서 유래하는 것으로 전해지고 있다(K. Stern). 18세기말부터의 산업화시대가 몰고온 시민사회내의 심각한 갈등 · 대립관계를 해소시키고 보다 정의롭고 합리적으로 조직 · 관리할 수 있는 새로운 사회구조를 제창하면서 사회국가라는 개념이 탄생했다. 사회국가라는 개념은 그후 독일의 몰(Robert v. Mohl) 및 슈타인(Lorenz v. Stein)에 의해서 보다 구체적으로 연구되었다.[3] 그러나 슈타인(L. v. Stein)이 생각한 사회국가는 합리적인 행정기능에 의해서 실현될 수 있는 것이었기 때문에,[4] 행정법적 원리의 영역을 벗어나지 못했다. 사회국가원리가 행정법적인 영역의 문제를 벗어나서 헌법상의 문제로 다루어지기 시작한 것은 독일의 바이마르공화국(1919-1933)에 들어와서 부터이다. 즉 헬러(H. Heller)가 1930년에 최초로 '사회적 법치국가'라는 개념을 사용하면서 국가의 구조적인 측면에서 사회적 법치국가의 문제에 언급한 것이 그 발단이다. 특히 헬러는 1929년 법치국가가 사회국

1) W. Grewe, DRZ 1949, S 349 ff(351) : ders., Der Arbeitgeber, 1951. S39.
2) Vgl. Catechisme des industriels, 1823/24.
3) Thorsten Kingreen, Das Sozialstaatsprinzip im europäischen Verfassungsverbund, 2003 Tübingen, S. 122; 허영, 헌법이론과 헌법, 단락번호 440.
4) 따라서 사회국가를 국가의 구조적 원리로 보는 데까지는 아직 미치지 못했다. 행정활동을 중심으로 한 사회국가의 문제가 그 후에도 뢰슬러(H. Roesler), 솜(R. Sohm) 등에 의해서 계속 다루어지기는 했지만 여전히 행정법적 원리의 영역을 벗어나지 못했다.

가 이념에 일치하지 않는 경우 독재자의 탄생을 피하기 어려울 것이라고 하여 법치국가 개념과 사회국가개념의 밀접성 및 상호보완성에 관하여 언급하였고,1)2) 그 1년후에 쉰들러(R. Schindler)도 사회국가원리를 헌법적 차원에서 다룬 바 있다.3)

제2차세계대전 헬러의 사회적 법치국가 사상은 아벤트로트(Wolfgang Abendroth)4)5) 및 헷세(Konrad Hesse)에 의하여 계승되었고, 이후 독일의 Bonn 기본법을 비롯한 세계 여러나라의 헌법이 일반적인 사회국가조항을 헌법원리로 채택하면서 사회국가의 문제는 바야흐로 현대산업국가의 중요한 헌법문제로 대두되게 된 것이다. 그러나 아직도 사회국가조항의 법적 성격, 사회국가의 내용, 사회국가실현의 방법적 한계 등에 대해서는 논쟁이 계속되고 있다.

사회국가원리가 헌법원리일 경우와 행정법적 원리일 경우의 차이점

헌법원리일 경우에는 사회국가 원리에 위반되는 모든 하위법의 규정은 헌법에 위반된다. 헌법위반은 개개의 헌법조문에 위반되는 경우 일 뿐만 아니라, 헌법질서 · 헌법원리(원칙)에 위반될 경우에도 위헌법률심판의 대상이 되기 때문인 것이다. 그만큼 국민의 기본권이 강화된다는 의미이다. 행정법적 원리일 경우에는 행정의 법률적합성의 원칙 및 법치행정의 원리만이 적용되기 때문에 이 요건만 갖춰주면 법률위반의 문제는 발생하지 않게 된다. 그만큼 기본권 보장은 축소된다.

---

1) H. Heller, Rechtsstaat oder Diktatur, S. 451.

2) Thorsten Kingreen, Das Sozialstaatsprinzip im europäischen Verfassungsverbund, 2003 Tübingen, S. 122.

3) 그러나 헬러(Heller)와 쉰들러(Schindler)의 논문에 아직 사회국가의 구조적 내용에 대한 설명이 없었기 때문에 사회국가원리는 여전히 미개척의 헌법문제로 남은 채 바이마르공화국의 종말(1919-1933)을 보게 된 것이다(허영, 헌법이론과 헌법, 단락번호 442).

4) Wolfgang Abendroth, Zum Begriff des demokratischen und sozialen Rechtsstaates im Grundgesetz der Bundesrepublik Deutschland, in: Forsthoff, Ernst(Hrsg.), Rechtsstaatlichkeit und Sozialstaatlichkeit, Darmstadt 1968, S. 126 ff.; 아벤트로트(Abendroth)는 국가와 사회를 상호 대립적으로 파악하지 않고 양자가 밀접한 관련성을 가지고 있는것으로 파악하고 있다. 그에 의하면 본 기본법이 불변조항으로 규정한 사회적 법치국가의 헌법질서는 민주적인 자기결정, 사회적 의무, 법치주의적인 안전성이라는 3가지 법원칙의 통일하에서 성립하는 것이며, 그러한 법원칙은 모든 법률규범 및 헌법규범의 해석준칙을 이룬다고 본다.

5) Thorsten Kingreen, Das Sozialstaatsprinzip im europäischen Verfassungsverbund, 2003 Tübingen, S. 122.

III. 사회국가의 내용 및 형성과정

사회국가는 실질적인 자유와 평등의 실현수단이다. 민주주의가 국민의 통치활동에 참여할 수 있는 정치적인 자유와 평등 즉, 통치형태적 실현수단을 그 내용으로 하는 것이고, 법치국가가 국가의 조직과 기능을 통한 자유와 평등의 실현을 꾀하는 국가기능적 실현수단이고, 사회국가는 국민각자가 자율적으로 일상생활을 꾸려나갈 수 있도록 사회적인 생활환경을 조성하는 사회구조를 조성하는 것을 그 내용으로 한다.[1)]

1. 고전적 자유방임주의에 대한 반성

서유럽에서 16-18세기는 천년의 오랜 중세 봉건사회가 끝나고 근대사회가 시작되던 중상주의[2)] 시대였다. 이 시기에는 자본주의 시장경제가 형성되기 시작하여 도시의 부르조아(중소상공인계급)들이 부를 축적하면서 사회의 주도계층으로 부상하기 시작하였다. 이들 부르조아들이 정부의 중상주의 경제 개입정책에 반대하여 자유방임의 경제정책을 주장한 것이 고전적 자유주의(자유방임주의)이다.[3)]

고전적 경제적 자유주의를 최초로 명확하게 제시한 사람은 경제학의 아버지로 불리는 아담 스미스이다. 스미스는 자본주의경제를 신뢰하고 자유방임을 주장하였는데, 이는 자연조화설이라는 그의 기독교적인 세계관에 기초하였다. 우주가 하나님이 만드신 만유인력의

---

1) 국민 스스로의 생활설계에 의한 실질적인 자유와 평등의 실현이 가능하도록 사회구조를 형성하는 것이 바로 사회국가라면, 사회국가는 모든 생활수단을 국가가 일일이 급여해 주는 공산주의적 배급국가일 수도 없고, 또 국민소득의 평등한 재분배를 그 본질로 하는 "분배국가"일 수도 없다. 또 국가의 사회보장제도에 의해서 규율되는 것을 내용으로 하는 이른바 복지국가는 국민각자의 자율적인 생활설계를 그 근본으로 하는 진정한 의미에서의 사회국가와는 거리가 멀다할 것이다(허영, 헌법이론과 헌법, 단락번호 453).

2) 중상주의는 국가의 지배층이 누구냐에 따라 프랑스나 스페인 같은 왕실중상주의와 영국과 네덜란드의 의회중상주의라는 두 가지 유형으로 나눌 수 있다. 영국이나 네덜란드는 당시 의회를 지배하고 있던 대상공인들이 국가 권력을 이용하여 중상주의 정책을 시행했다. 그러나 기본성격에서는 두 유형이 동일하다. 중상주의의 주된 특징은 돈을 부의 원천이라고 보는 중금주의, 수출을 장려하고 수입을 제한하는 보호무역주의 정책, 정부개입을 통해 경제를 운영하려는 개입주의이다(이근식, 자유주의란 무엇인가, 삼성경제연구소, 2001, 33면 각주)

3) 당시 서구의 군주들은 부국강병을 위하여 경제에 적극 개입하였다. 중상주의(Merkantilismus) 정책은 대자본가에게는 유리하고 중소상공인들에게는 불리하였다. 대자본은 독점적 영업권을 얻는 등, 정부규제와 지원을 유리하게 이용할 수 있었던 반면에 중소상공인들은 정부규제로 인하여 자유로운 경제활동을 오히려 방해받았기 때문이다. 그러므로 중소상공인들은 경제에 대한 정부규제와 지원을 모두 철폐하자는 자유방임주의를 주장하게 되었다.

법칙 덕분에 아무도 관리하지 않아도 저절로 조화롭게 운영되는 것처럼 인간사회도 하나님께서 저절로 잘 운영되도록 만들어 놓았으니, 국가가 개입하지 않고 개인이 각자 자기 이익을 좇아 열심히 일할 때 사회 전체의 조화와 번영이 저절로 이루어진다는 생각이다. 그는 자본주의가 발전하면 개인과 사회가 모두 부유해질 것이라고 낙관하였다. 이처럼 자본주의경제에 대해 스미스가 낙관적인 견해를 가질 수 있었던 것은 아직 산업혁명이 발생하기 전이어서 분배의 양극화, 불황이나 독점화와 같은 자본주의의 구조적 문제점이 현실로 분명히 나타나지 않았기 때문이라 생각된다.

그러나 형식적인 평등(formelle Gleichheit) 사상에 의해서 지배되던 19세기의 근대시민사회는 여러 가지 사회적 갈등과 부조화현상을 몰고 왔기 때문에 이를 해결하려는 사회정책적 이데올로기로서 '사회국가(Sozialstaat)'가 주창된 것이다. 즉 모든 국민이 형식상 평등한 자유와 권리를 가지게 되는 점만을 중요시하던 근대자유주의적 시민사회에서는 형식적 법치국가개념과 함께 국민의 '실질적인 평등'(materielle Gleichheit)이 등한시되었기 때문에 형식적인 자유와 평등은 결국 强한 者만을 더 강하게, 富한 者만을 더욱 富하게 만드는 실질적 불평등(materielle Ungleichheit)을 초래한 것이 사실이다.[1)]

「근대자유주의적 시민사회의 특징」

형식적 법치국가개념과 함께 국민의 '실질적인 평등'(materielle Gleichheit)이 등한시 → 형식적인 자유와 평등은 결국 强한 者만을 더 강하게, 富한 者만을 더욱 富하게 만드는 실질적 불평등(materielle Ungleichheit)을 초래

2. 사회적 자유주의 · 마르크스 사회주의 · 질서자유주의의 등장

2.1. 사회적 자유주의

인간이 사회생활을 하면서 사회의 각 분야에서 나타나는 개인간의 실질적인 불평등의 문제는 자유주의사상에 의하면 국가가 국민생활에 간섭해서는 안되는 개인적 사회생활영역에 불과할 따름이다. 따라서 국가는 이에 개입해서는 안되는 것이 원칙이며, 사회의 자율

1) 계약의 자유도 형식적 자유와 평등이 강조되던 자유주의적 근대시민사회에서는 계약당사자가 형식상 평등한 입장에서 계약을 체결한다는 점만 치중한 나머지 계약당사자가 과연 실질적으로 평등한 입장에서 계약조건이나 계약내용을 협의할 수 있겠는가 라는 점을 소홀히 하였다. 따라서 계약당사자는 형식상으로는 평등함에도 불구하고 사회적 · 경제적 弱者는 强者가 내세우는 불합리한 계약조건이라 할 지라도 어쩔수 없이 이를 수용할 수 밖에 없게 되고, 구직자는 노동조건이나 노동임금의 여하를 불문하고 우선 일자리를 구해야 되는 절박감 때문에 고용주가 내세우는 불평등하고 불합리적인 계약조건에 동의하기 마련이었다(허영, 헌법이론과 헌법, 단락번호 449).

적 조정기능(Selbstregulierungskraft)에 맡기는 것이 원칙이다. 그러나 과거 유럽에서는 이 같은 심각한 실질적인 불평등을 해소시킬 능력이 없었기 때문에, 사회내의 갈등과 대립이 더욱 심화될 수 밖에 없었고 결국 사회평화(sozialer Friede)와 사회안정(soziale Sicherheit)을 위태롭게 하는 지경에까지 이르렀다.[1] 이와 같은 역사적·사회적 상황아래서 탄생된 사회국가이념은 형식적인 자유와 평등보다는 실질적인 자유와 평등을 더욱 중요시 하게되었고, 지나친 자유주의사상이 몰고 온 국가의 불간섭주의 내지는 夜警國家(Nachtwachterstaat)的 경향[2]이 재검토 된 것이다. 즉 사회적인 弱者라고 해서 사회적 强者에게 모든 생활영역에서 부당하게 차별당하거나 불평등한 일이 없도록 이들을 보호할 수 있는 정당한 입법조치가 필요하게 된 것이다.[3] 이리하여 19세기 후반에 노동자들의 극심한 빈곤문제를 해결하기 위해 고전적 자유주의를 비판하고 등장한 대표적인 새로운 사상이 나타나게 되었다. 하나는 마르크스의 사회주의이고 또 하나는 사회적 자유주의(social liberalism)이다.[4] 신자유주의(the New Liberalism)[5] 라고도 불리는 사회적 자유주의는 19

---

1) 허영, 헌법이론과 헌법, 단락번호, 449.

2) Lassalle가 처음 사용한 것으로 전해지는 전해지는 夜警國家의 사상은 이미 1792년 W. v. Humboldt에 의해서 체계화되었다. Vgl. W. v. Humboldt, Ideen zu einem Versuch, die Grenzen der Wirksamkeit des Staates zu bestimmen, 1792.

3) 허영, 헌법이론과 헌법, 단락번호 450.

4) 사회적 자유주의는 19세기 말과 20세기 초에 영국 자유당의 이념으로 채택되었다. 빅토리아 여왕시대에 보수당과 함께 번갈아 집권했던 자유당은 사회적 자유주의의 이념에 따라 많은 사회개혁법을 제정하였다. 예를 들면 1906년에는 노동자 배상법, 노동쟁의법, 중소농장려법, 노인연금법, 어린이 보호법, 광부 8시간 노동법, 주택 및 도시계획법, 최저임금법, 직업알선법, 국민보험법을 1913년에 노동조합법을 입법하였다. 자유당은 노동당이 등장하기 이전에는 보수당과 대립하는 진보적 정당의 역할을 하였으나 노동당이 등장한 이후 1920년대에 들어서는 자본가 정당도 노동자 정당도 아닌 애매한 성격으로 인해 급속하게 쇠락하고 개혁정당의 주역을 노동당에게 넘겨 주었으며, 사회적 자유주의자들은 대부분 노동당으로 옮겨 갔다. 이처럼 사회적 자유주의는 20세기에 들어와서 역사의 무대 뒤로 물러났다고 볼 수 있다. 그러나 사회적 자유주의의 이념과 정책은 그 후에 영국 노동당과 서구의 사회민주주의 정당들, 그리고 미국의 수정자본주의에 의해 오늘날 까지 그대로 계승되어 오고 있다. 사회적 자유주의는 현대의 이러한 복지국가 이념으로 계승되었고 영국 수상인 토니 블레어가 취임 후 사회적 자유주의를 주창한 것도 이를 반영한 것이다(노명식, 자유주의의 원리와 역사, 대우학술총서 인문사회과학 56, 민음사, 1991, 235면 참조).

5) 이에 대한 비판과 반성으로 정부의 실패와 시장의 성공을 강조하는 세 번째 신자유주의인 현대의 신자유주의는 1980년을 즈음하여 영·미에서 정치·경제·사회 전반적로 또다시 지배적인 정책기조로 부활하게 되었다. 1979년에서 1990년까지 집권하였던 영국의 대처(Margaret Thatcher) 수상과 1980년에서 1988년까지 집권했던 미국의 레이건(Ronald Reagan) 대통령은 이러한 신자유주의적 시장경제사상에 입각하여 규제 철폐, 공기업의 민영화, 노동시장 유연화 등의 정책을

세기 후반에서 1910년대까지 영국이 국회입법을 통해 점진적이고 평화적으로 노동문제와 분배문제를 해결한다는 개량주의가 성공적으로 사회를 발전시킨 대표적인 시대인데 이 시절 영국 개량주의 사상이 바로 사회적 자유주의를 의미한다.[1]

자본주의 자체를 전면적으로 부정한 마르크스와 달리 이들은 자본주의체제를 기본적으로 인정하면서 소득재분배정책을 실시하여 개인의 자유를 보호하면서 빈곤문제를 해결하고자 하였다. 19세기 중반에 접어들면서 영국에서는 법치주의와 의회민주주의가 확립되어 국민자유가 확립되게 되었고, 이제는 국가권력이 더 이상 자유의 주적(主敵)이 아니게 되었다. 이에 반하여 자본주의경제 발달과 더불어 빈부격차는 더욱 심화되어 국민의 대다수를 이루는 노동자들은 경제적 가난을 면치 못하고 있었다. 이제 자유의 주된 적은 국가권력이 아니라 빈곤이라고 생각하게 되었다. 이는 동시에 자유의 개념이 종전의 소극적 자유에서 적극적 자유로 바뀌었음을 의미한다. 소극적 자유(negative freedom)란 국가의 억압으로부터 개인의 자유를 소극적으로 보호한다는 의미의 소극적 방어권을 의미하며, 적극적 자유(positive freedom)는 개인이 어떤 목표를 달성하기 위하여 국가에 대하여 무엇을 적극적으로 요구 할 수 있는 자유, 즉 국가를 향한 자유를 의미한다.

2.2. 질서자유주의

제2차 세계대전 이후 서독은 '라인강의 기적'이라는 경제성장을 이룩하여 경제대국으로 성장하였다. 1948년 화폐개혁을 시작한 이후 1990년 동독과의 통일을 달성할 때까지 성장률, 물가, 실업률, 국제수지 등 모든 면에서 선진국 중 가장 훌륭한 경제적 성과를 나타냈다. 이는 독특한 경제 체제 내지 경제정책인 사회적 시장경제(die sozialen Marktwirtschaft : the social market economy)[2]의 결과이다. 이러한 사회적 시장경제의 중심이론은 바로

실시하였다. 영 · 미 경제학에서 이러한 신자유주의를 선도한 사람은 하이에크(Friedrich Hayek)와 프리드만(Milton Friedman), 부케넌(James Buchanan)이다. 자유주의는 두 개의 자유주의로 나누인다. 하나는 19세기 후반 영국에 등장한 자유주의(고전적 자유주의)이고 또 하나는 제2차 세계대전 직후 서독의 오이켄(Eucken)을 위시한 프라이부르크(Freiburg) 학파에 의하여 발전한 질서자유주의이다. 이들은 모두 고전적 자유주의와 구분된다는 의미에서 신자유주의라고 불렸다.

1) 사회적 자유주의를 진정한 의미에 있어서 자유주의로 볼 수 있느냐 하는 점이 논쟁의 대상이 될 수 있다. 왜냐하면 자유주의는 일반적으로 규제철폐 등 국가로부터의 경제에의 개입을 반대하는데 반하여, 사회적 자유주의는 정부의 경제개입을 주장하고 있기 때문이다. 자유주의의 정의를 정치적 자유주의와 경제적 자유주의로 구분하여 법치주의와 민주주의를 통해 정부의 권한을 제한함으로써 개인의 기본권을 보호하는 정치적 자유주의 입장에서 보면 사회적 자유주의도 자유주의에 포함된다. 그러나 자유로운 경제활동을 지지하여 정부의 경제 개입을 반대하는 경제적 자유주의의 입장에 서면 사회적 자유주의는 자유주의에서 제외된다고 볼 것이다.

2) 이근식, 자유주의란 무엇인가, 삼성경제연구소, 2001, 41면.

독일 프라이부르크 학파의 질서자유주의(ordo liberalismus, the order liberalism)였고, 이 이론을 주창한 사람이 오이켄(Walter Eucken)이다.[1] 이들도 자신들의 질서자유주의를 신자유주의로 불렀다. 사회적 시장경제는 제2차 세계대전 이후 영 · 미의 지배적 경제학이었던 케인즈(John Maynard Keynes)의 개입주의 경제학과는 반대로 철저한 자유주의 경제정책이었다. 즉 전후 서독의 경제발전을 실현하였던 경제정책은 자유주의 경제정책이었고, 이는 1980년대 이후 미국의 신자유주의 경제학 보다 30여년 빠른 자유주의 경제학이다.[2]

스미스의 낙관과는 달리 현실의 자본주의경제에서 나타난 시장의 실패(자유방임 자본주의의 결함)는 빈곤만이 아니었다. 주기적 불황과 독점화 현상도 나타났다. 대불황기[3]를 계기로 자유방임주의는 퇴색하기 시작하고 국가개입주의 시대가 시작하였고, 또 보호무역주의가 다시 등장했으며 여기에 무력을 이용한 대외팽창정책이 결합하여 제국주의 시대가 열려 마침내 제1차 세계대전 발발로 이어졌다. 이 대불황기에 독점화가 크게 진행되었다.

> 오이켄은 독점과 인플레가 시장경제의 가장 큰 적이라고 생각하게 되었다. 오이켄은 완전경쟁시장만이 생산의 효율성과 개인의 자유를 보장하는 유일한 경제라고 보았다.[4] 오이켄은 완전경쟁시장에 필요한 조건들을 경쟁질서라 하고, 이 경쟁질서를 국가가 책임지고 만드는 것을 경제헌법의 기본원칙이라고 불렀다. 이의 주요 내용은 첫째, 규제철폐이다. 수입규제를 포함해 가격과 거래에 관한 모든 규제를 철폐하여 완전히 자유로운 경제활동을 보장하는 것이다. 둘째, 철저한 독점금지정책으로 독점을 금지하여 경쟁시장을 만드는 것이다. 셋째, 엄격한 통화관리정책을 통해 물가안정을 유지하여 가격기구가 효율적으로 작동하게 하는 것이다.[5] 이러한 원리에 입각하여 서독은 전후 경제활동의 자유와 독점금지, 물가안정을 국가목표로 헌법에 명기하고 엄격히 시행하여 전후 서독의 경제부흥 토대를 마련하였다. 이러한 오이켄의 원리는 국가가 경제질서 확립을 책임지지만 경제활동(오이켄의 표현을 빌리면 경제과정)에는 일체 개입하지 않고 개인의 완전한 자유에 일임하는 것이라고 할 수 있다. 이러한 입장에서 오이켄은 사회주의나 나치하의 독일 경제, 자유방임주의 경제와 케인즈의 개입주의까지 모두 비판하였다. 사회주의나 나치하의 독일 경제 같은 중앙관리경제는 생산과 투자를 시장가격기구가 아니라 국가가 결정하므로 비효율적이며,[6] 개인의 자유를 억압한다는 결함을 갖고 있다. 반면에 자유방임주의경제는 독

---

1) 주용식 외, 자유주의 사상가 12인의 위대한 생각, 월간조선사, 2004, 86면.

2) 주용식 외, 자유주의 사상가 12인의 위대한 생각, 월간조선사, 2004, 95면.

3) 1920년 9월 뉴욕월가의 주가대폭락으로 시작한 30년대 대공황 이전의, 1873년부터 1896년까지의 대불황도 '대불황(the great depression)'이라고 한다.

4) 그러나 오이켄은 스미스와는 달리 시장경제를 방치한다고 해서 완전경쟁시장이 저절로 생기는 것이 아니므로 국가가 인위적으로 완전경쟁시장에 필요한 조건들을 만들어야 한다고 보았다.

5) 주용식 외, 자유주의 사상가 12인의 위대한 생각, 월간조선사, 2004, 97면.

6) 보통 나치즘을 사회주의 경제와 정반대의 극우경제로 보지만, 오이켄은 이와 반대로 나치즘도 중요한 생산과 투자를 국가가 결정한다는 점에서 사회주의 경제와 동일한 중앙관리경제로 보았

점화 현상이 저절로 형성된다는 문제를 갖고 있다. 오이켄은 시장경제에서의 분배왜곡도 사유재산제도 때문이 아니라 독점 때문에 발생한다고 보았다.[1] 국가는 독점을 금지하고 물가안정을 유지하여 경쟁질서 확립을 책임지고 경제활동은 개인의 자유에 맡기도록 하는 오이켄의 질서자유주의에 입각하여 전후 서독은 독점금지, 물가안정 및 규제철폐를 경제정책의 기본으로 확고하게 실시하였고, 유럽 제일의 경제강국으로 부흥하였다.

「현대 사회국가적 헌법국가」: 자유주의 사상에 대한 반성

· 형식적인 평등사상에 의해서 지배되던 19세기의 근대시민사회는 여러가지 사회적 갈등과 부조화 현상을 몰고 왔기 때문에 이를 해결하려는 사회정책적 이데올로기로서 "사회국가"가 주창

· 이와같은 역사적 · 사회적 상황 아래서 탄생된 사회국가이념은 따라서 형식적인 자유와 평등보다는 실질적인 자유와 평등을 더욱 중요시

3. 사회국가의 내용으로서의 실질적 자유와 평등

사회국가는 실질적인 '자유'와 '평등'의 실현수단이라고 볼 수 있다. 예컨대 직업선택의 자유가 실업상태에 의해서 무의미한 것이 되지 않고, 균등하게 교육을 받을 권리가 경제력의 차이에 의해서 불평등한 교육의 원인이 되지 않도록 자유와 평등의 효과가 실질적으로 발휘될 수 있는 생활환경을 조성하고 자유와 평등의 효과가 실질적으로 발휘될 수 있는 사회구조를 갖추도록 하는 것이 바로 사회국가이다.

<u>사회국가의 내용으로서의 실질적인 자유와 평등</u> → '자유'와 '평등'의 效果가 실질적으로 발휘될 수 있는 생활환경을 조성하고 '자유'와 '평등'의 效果가 실질적으로 발휘될 수 있는 사회구조를 갖추도록 함

<u>민주주의가 국가의 통치활동에 참여할 수 있는 정치적인 자유와 평등을 그 내용으로 하는 것이고, 법치국가가 국가의 조직과 기능을 통한 자유와 평등의 실현을 꾀하는 것이라면, 사회국가는 국민각자가 자율적으로 일상생활을 꾸려나갈 수 있도록 '사회적인 생활환경(soziale Infrastruktur)'을 조성하는 것을 그 내용</u>으로 한다. 이렇게 볼 때 민주주의와 법치국가원리, 그리고 사회국가원리는 자유와 평등을 실현시키기 위한 3면경과도 같다고 할 것이다.

다(주용식 외, 자유주의 사상가 12인의 위대한 생각, 월간조선사, 2004, 94면).

1) 노동의 수요를 독점하는 독점기업들이 임금을 부당하게 낮게 책정하기 때문이라는 것이다. 이는 일리가 있긴 하나 이것만으로 자본주의 빈부격차를 모두 설명하기에는 부족함이 있어 보인다(오이켄, 안병직 · 황신준 역, 경제정책의 원리, 민음사, 1996, 102-103면).

「민주주의 · 법치국가 · 사회국가」

민주주의 → 자유와 평등의 통치형태적 실현수단(국민이 통치활동에 참여할 수 있는 정치적 자유와 평등)

법치국가 → 자유와 평등의 국가기능적 실현수단(국가의 조직과 기능을 통한 자유와 평등의 실현)

사회국가 → 자유와 평등이 국민 스스로의 자율적인 생활계획에 의해서 실현될 수 있도록 생활여건을 조성해 주는 사회구조(허영)

따라서 국민 스스로의 자율적인 생활설계에 의해서 실현될 수 있도록 생활여건을 조성해 주는 사회구조[1]를 실질적인 자유와 평등의 실현에 적합하도록 형성하는 것이 사회국

---

1) 사회구조를 어떻게 형성할 것인가에 관한 구체적인 방법과 수단이 헌법에 명시되지 않는 한, 그것은 제1차적으로 입법권의 재량적인 기능에 속하는 일이겠지만, 이 경우 입법권이 가지는 '형성의 자유'(Gestaltungsfreiheit)는 결코 무제한한 것일 수는 없다. 바로 이곳에 사회국가실현의 방법적 한계가 있다. 국민 스스로의 생활설계에 의한 실질적인 자유와 평등의 실현이 가능하도록 사회구조를 형성하는 것이 바로 사회국가라면, 사회국가는 결코 모든 생활수단을 국가가 일일이 급여해 주는 공산주의적 배급국가(Versorgungsstaat)일 수도없고, 또 국민소득의 균등한 재분배를 그 본질로 하는 '분배국가'(Verteilerstaat)일 수도 없다(허영, 헌법이론과 헌법, 단락번호 453).

「Scheuner 및 허영 교수의 견해」 ☜ 사회국가 · 복지국가개념 구별설

1. 내용 : Scheuner의 말을 빌릴 必要도 없이 스스로의 생활질서를 스스로의 責任아래 결정할 수 있는 것이야말로 모든 자유의 核心을 뜻하기 때문에 '자유의 條件'(Bedingung der Freiheit)을 뜻하는 사회국가는 결코 복지국가(Wohlfahrtsstaat)와 같을 수는 없다.

2. 근거 : 모든 국민이 자기수입의 절반 이상을 세금 기타 부담 등의 형태로 국가에 납부하고 그 대가로 일상생활에서 발생하는 모든 모험(질병 · 사고 · 실업 · 재해 · 노령 등)을 국가에 전가시킴으로써 국민의 일상생활이 철저히 국가기관에 의해서 타율적으로 조종되는 이른바 스칸디나비아의 諸國家들이 취하는 형태의 복지국가는, '국민 개인의 책임에 입각한 생활설계의 자유(eigenverantwortliche Lebensgestaltung)'를 상실한 채, 항상 국가에게 의존하는 생활(Almosendasein)을 불가피하게 하기 때문에, 빵과 자유와 재난으로부터 해방을 한꺼번에 요구하는 현대인의 생활감각에 맞지 않는 것으로 입증되고 있다. 결과적으로 사회국가와 복지국가의 이와 같은 본질적인 차이는 사회국가를 실현시키기 위하여 노력하는 모든 정치인들에게 사회국가실현의 방법적인 한계를 제시해 주고 있다.

「권영성 교수의 견해」 ☜ 사회국가·복지국가개념 동일설

"우리나라에서는 사회국가와 복지국가(Wohlfahrtsstaat)에 관하여, 양 개념을 구분하는 입장과 양자를 명확히 구분하지 아니하고 사회국가 '내지' 복지국가 혹은 사회(복지)국가등으로 표현하는 입장이 있다. 주로 영미에서 발전하여 온 복지국가원리와 독일 등 대륙에서 형성된 사회국가원리는, 역사적 전개과정이나 구현방법 등에 있어 구별이 가능하지만, 두 원리는 그 지향하는 이념 · 목표 · 내용 등이 유사하다는 점에서 공통점이 있으므로 두 원리를 동일한 개념으로 보거나 사회복지국가라는 합성어로 사용하여도 무방하다"고 한다(권영성, 헌법학원론, 139면 각

가의 가장 核心的인 과제이다. ☜ **허영 교수의 사회국가정의 참조.**

4. 사회국가원리의 구체적 내용

사회국가의 원리를 구현하기 위해서는 다음과 같은 것이 이루어져야 한다.

- 인간다운 생활권(생존권)을 비롯한 일련의 사회적 기본권 보장
- 재산권의 사회적 기능이 강조
- 기회균등의 보장(기회평등)과 소득의 적정한 분배(결과평등)등 경제민주화의 실현
- 사회보장제 · 사회복지정책의 추진
- 경제질서에 대한 규제와 조정[1]

위와 같은 내용을 구체화하기 위하여는 특히 다음과 같은 정책이 취해져야 할 것이다.

- 사회개량정책의 구체화[2]
  → 현대산업사회에서 발생하는 계급적 갈등을 사회개량정책에 의해 해결

- 사회정의의 실현[3]
  → 사회정의의 이념에 입각하여 사회개량을 실현

- 적극국가 · 경제국가[4]
  → 적극국가로서의 역할(소극국가 · 야경국가에서 탈피)

- 국가적 · 사회적 책임의 강조[5]
  → 개인적 생활에 대한 국가적 책임 · 개인의 사회에 대한 책임

주1) 참조).

1) 권영성, 헌법학원론, 143면 참조.

2) 사회국가는 산업사회에서 발생하는 계급적 갈등을 사회개량정책을 통하여 해결 하려는 국가이다. 사회개량정책이라 함은 산업사회에서 발생하는 계층간의 대립과 갈등을 극복하기 위하여 사회적 계급이나 집단들을 융합하는 일련의 조치를 통하여 사회적 통합을 이룩하려는 정책을 말한다.

3) 사회국가는 사회정의의 이념에 입각하여 사회개량을 실현하려는 국가이다. 사회정의라 함은 사회구성원 전체의 이익이 조정되고 모든 국민의 복지가 균등하게 추구되며, 갖가지 공적부담이 균등하게 부과되고 개개인에게 적정수준의 경제적 · 문화적 생활을 보장하는 평등배분의 원리를 말한다.

4) 사회국가는 소극국가 내지 야경국가에 머무는 것이 아니라 기존의 경제질서와 법체계의 테두리 안에서 새로운 질서를 형성하기 위하여 국가가 적극적으로 정책을 개발하며 개인적 생활영역에 개입하는 적극국가이다.

5) 사회국가는 개인적 생활에 대한 국가적 책임은 물론이고 개인의 사회에 대한 책임까지도 강조하는 국가이다.

5. 사회국가 실현방법

5.1. 서론

사회국가의 형성(Gestaltung)과 법치국가원리의 작용형태(Wirkungsart)는 특히 그 국가가 지니는 특성에 따라 다르며, 개별적인 역사적, 사회적, 경제적 그리고 정치적 상황(Gegebenheiten)에 의하여 강한 영향을 받는다. 바로 이러한 이유로 인하여 (각 국가가 취하는 사회주의제도에 대한) 비교법적으로 고찰(rechtsvergleichende Untersuchung)한다는 것은 그 한계를 스스로 내포하고 있기 때문에 다만 제한된 지식(Erkenntnis)만을 얻는데 그치게 된다. 일반적으로 한나라의 헌법(Staatsverfassung)에는 사회국가원리를 헌법상의 기본원리로 채택하거나, 혹은 사회국가원리를 하나의 헌법원리(Verfassungsrechtsprinzip)로써 명문화 하지 않는 경우도 있다.[1]

> 사회국가 제도는 5개의 유럽국가를 제외한 12개의 아프리카 그리고 6개의 라틴아메리카(lateinamerika), 등에서 볼 수 있는 바와 같이 일반적으로 세계에서 가장 가난한 나라들이 채택하고 있음을 알 수 있다. 사회국가선언(Sozialstaatsproklamation)을 그의 헌법에 채택하고 있는 나라는 세계의 159 국가중에서, 다만 23개 국가뿐인데, 이는 사회국가규범(Sozialstaatsnorm)의 존재여부가 별로 중요하지 않음(Irrelevanz)을 나타내고 있는 것이라고 할 수 있다. 다시 말하면 하나의 국가가 사회국가인지 하는 것은 이에 상응하는 法이나 헌법적 규정이 존재하느냐, 그렇지 않느냐에 의하여 결정되는 것이 아니라는 것이다. 예를 들면 영국의 경우에서 볼 수 있는 바와 같이 하나의 사회국가가 성문헌법(geschriebene Verfassung)의 존재 여부와 상관이 없음을 알 수 있다.

사회국가 개념에는 건강 및 가족정책(Gesundheits- und Familienpolitik), 문화 및 교육정책(Kultur-und Bildungspolitik), 경제 및 사회정책(Wirtschaft- und Sozialpolitik)등과 같은 것에 대한 대책수립이 중요한 부분을 이루고 있다. 사회국가원리를 활발하게 시행하는 국가에서 지불하는 행정비용(Verrwaltungskost)은, 다만 공동체의 보호와 질서를 위한 행정비용보다 몇배로 증가하게 마련이다. 사회국가를 취하는 나라의 거의 모든 나라에서는 급부행정(Leistungsverwaltung),[2] 소위 생존배려(Daseinsvorsorge)의 원리,[3] 處分(的)법률(Maßnahmegesetz),[4] 계획(Pläne) 그리고 보조금(Subventionen)제도 등을 규정하고 있다.

---

1) 허영, Rechtsstaatliche Grenzen der Sozialstaatlichkeit?, in: Der Staat, Bd. 18 (1979), S. 183.
2) Schnapp, Rn. 17 zu Art. 20 GG, in: v. Münch (Hg.), GG-K; Hesse, Grundzüge, Rn. 211.
3) Ebd.; Hesse, Grundzüge, Rn. 211; vgl. Benda, Industrielle Herrschaft und sozialer Staat, S. 131 ff.
4) K. Huber, Rechtsgesetz und Maßnahmegesetz, Berlin 1963; K. Zeidler, Klassischesgesetz und Maßnahmegesetz, Karlsruhe 1961; BVerfGE 24, 33 (529; 25, 371 (396 f.) m.w. Nachw.

- 給付行政(Leistungsverwaltung)
- 생존배려(Daseinsvorsorge)
- 처분(적)법률(Maßnahmegesetz)
- 계획(Pläne)
- 보조금(Subventionen)

5.2. 수용방법

5.2.1. 사회국가원리만 헌법상 명문으로 규정(사회적 기본권은 규정하지 않음)

독일 헌법(Bonn 기본법; 기본법)[1)]

「참고」

독일 기본법이 바이마르 헌법에 있어서와 같이 많은 「사회적 기본권」[2)]을 규정하지 않은 이유 중의 하나가 바로 헌법의 신뢰성을 확보하는데 있었다는 사실은 우리에게 본보기가 되고 있다. 그 이유는 헌법에 수용된 다양한 기본권목록은 각양각색의 의사와 이해를 가진 국민의 '기본적 합의(Grundkonsens)'로서의 성격을 가지고 있기 때문이다. 뿐만 아니라 사회적 기본권은 그 내용을 구체화하기 위하여 법률의 제정, 예산의 뒷받침 등이 필요하기 때문이다.

[권영성 교수의 견해]

독일기본법 제3조 제2 · 3항,[3)] 제6조 제4 · 5 항,[4)] 제7조 제4항[5)] 그리고 제33조 제5항[6)]

---

1) 허영, 한국헌법론, 159면 각주 2) 참조. Konrad Hesse, Grundzüge, Rn. 208에 의하면 독일연방헌법에서는 '사회적 기본권'을 규정하고 있지 않고, 다만 바이에른 支邦憲法 106, 166 이하 그리고 헤센(Hessen) 支邦憲法 27조 제2항에서는 사회적 기본권을 규정하고 있다고 한다. 그러나 사회적 기본권을 규정하고 있는 지방헌법에서도 사회적 기본권의 법적 성질에 대해서는 하나의 Programm적 규정으로 보고 있다.

2) Carlo Schmid(Schmidt), Erinnerungen, 1979, Dritter Band der gesammelten Werk, S. 373 f. 독일 기본법을 제정하는데 크게 기여한 바 있는 정치가인 Schmidt는 상기의 회고록에서 "바이마르헌법에 다양하게 규정되어 있던 사회적 기본권을 기본법에 그대로 도입하자는 많은 사람의 주장에 대하여 내가 그토록 강력하게 반대한 이유는, 그 사회적 기본권이란 결국 방침규정에 지나지 않으며, 사회적 기본권은 추상적으로 그리고 희망의 형식이나 당위(Sollen)의 내용으로 구성될 수 밖에 없는 것이어서 그 기본권의 구체적 내용은 상황에 따라 입법자에 의해서 결정되는 것이다. 다시 말하면 의회의 다수자가 어떤 사회적 상태를 변혁할 것을 원하는 경우 그것을 위해 필요한 법률을 제정하면 족할 것이고 반대로 다수자가 그 변혁을 원하지 않는 경우에는 - 바이마르공화국의 역사가 가르쳐 주는 바와 같이 - 헌법에서 보장하고 있는 진보적인 사회적 기본권 규정도 아무런 쓸모가 없다. 만약 後者의 경우와 같이 될 때 헌법은 오히려 국민으로부터 불신만을 받게 될 것이다." Michael Klöpfer, Zum Grundrecht auf Umweltschutz, 1978, S. 36; H. Dellmann, Zur Problematik eines Grundrechts auf menschenwürdige Umwelt, DÖV 1975, S. 589.

등을 사회적 기본권에 관한 규정으로 볼수도 있으나, 다수설은 이를 부정한다. 이와 함께 기본법이 수용하지 아니한 사회적 기본권을 인정하기 위하여 전통적 자유권을 참여권으로 재해석하는 이론이 개발되고, 이것이 '사회적 참여권(soziales Teilhaberecht)'의 이론으로 불리우고 있다[1])고 설명하고 있다.

5.2.2. 사회적 기본권과 사회국가원리를 동시에 규정

이탈리아 헌법, 독일 바이에른(Bayern) 주헌법 등이 여기에 해당한다.

5.2.3. 사회적 기본권만을 규정

(독일)바이마르헌법(1919-1933), 현행 한국헌법(권영성; 허영) 등에서 사회적 기본권만을 규정하고 있다. 다만 우리나라 헌법이 사회적 기본권만을 규정하고 있다는 의미는 우리나라 헌법이 독일연방헌법(독일 기본법) 제20조에서 규정하고 있는 바와 같이 "독일연방공화국은 민주적 사회적 법치국가이다"라는 문구를 사용하고는 있지 않다는 의미이며, 우리 헌법에서는 사회적 기본권 이외에도 사회국가원리를 채택한다는 것을 규정하고 있다. 이러한 의미에서 권영성 교수나 허영 교수 등이 우리나라 헌법에서는 사회적 기본권 만을 규정하고 있다는 표현은 적절치 못하다.

---

3) 기본법 제3조[법률 앞에서의 평등] ② 남자와 여자는 동등한 권리를 가진다. ③ 누구도 성별, 가문, 종족, 언어, 고향과 출신, 신앙, 종교적 또는 정치적 견해때문에 불이익을 받거나 특혜를 받지 아니한다.

4) 기본법 제6조[혼인, 가족, 사생아] ④ 어머니는 누구든지 공동체의 보호와 부조를 청구할 권리를 가진다. ⑤ 사생아의 육체적, 정신적 성장과 사회적 지위에 관해서는 입법을 통하여 적자와 동일한 조건이 마련되어야 한다.

5) 기본법 제7조[학교제도] ④ 사립학교를 설립할 권리는 보장된다. 공립학교를 대신하는 사립학교는 국가의 인가를 필요로 하며 지방법률에 따른다. 사립학교는 그 교육목적, 설비 및 교사의 학력에 있어 공립학교에 뒤지지 않고 학부모의 자산상태에 따라 학생을 차별하지 않는 한 인가되어야 한다. 교사의 경제적 및 법적지위가 충분히 보장되지 않을 때에는 인가가 거부되어야 한다.

6) 기본법 제33조[국민으로서의 권리] ⑤ 공직근무법은 직업공무원제의 전통적인 제원칙을 고려하여 규정되어야 한다.

1) 권영성, 헌법학원론, 644면, 각주 1) 참조. 그러나 同人, 헌법학원론, 법문사, 1996년도 판부터는 이러한 설명을 생략하고 있다. 그리고 同人의 1996년에 발행한 헌법학원론 266면 각주 2)에서는 "독일기본법의 사회화 조항은 다음과 같다. 전통적 자유권과 더불어 혼인과 가족의 보호(제6조 제1항), 자녀보호와 그 감독(제6조 제2, 제3항), 모성과 사생아의 보호(제6조 제4, 5항), 노동자의 단결권과 단체행동권(제9조), 소유권의 의무화(제14조 제2항), 토지 · 천연자원 및 생산수단의 사회화(제15조)에 관한 규정이 그것이다. 이들 조항은 바이마르 헌법의 계보를 따르는 것이라 할 수 있으나 바이마르 헌법에 비하여 사회적 기본권이라고 할 수 있는 조항이 대폭 감소된 점이 그 특색이다"라고 설명하고 있다.

「(독일)바이마르헌법(1919-1933)」 ☜ **독일 바이마르 공화국헌법**

시민적 자유권의 보완 및 수정을 위하여 대두된 것이 사회적 기본권이며, 1919년의 바이마르헌법 제151조 제1항 에서는 「경제생활의 질서는 모든 국민에게 인간다운 생활을 보장해 주기 위하여 정의의 원칙에 합치하여야 한다. 이 한계내에서 개인의 경제적 자유는 보장된다」라고 하여 헌법적 차원에서 사회적 기본권을 보장하였다. 그러나 이러한 규정에 대하여 그당시의 통설적 입장(Gerhard Anschütz 등)은 입법방침규정(프로그램적 규정)이라는데 그치고 재판규범(구체적 권리)으로서의 권리가 부정되었다.

<문제>

현행 한국헌법이 사회적 기본권만을 헌법상 명문화 하였다는 의미는?

<해설>

현행 한국헌법이 사회적 기본권만을 헌법에 규정하고 사회국가원리를 헌법에 규정하고 있지 않다는 것은 독일 기본법(연방헌법) 제20조에서 보는바와 같은 「독일연방공화국은 민주적 · 사회적 법치국가이다」라는 문구 자체를 헌법상 명문화하지 않았다는 의미이지 실질적으로는 우리 헌법에서도 사회국가원리를 헌법의 각 부분에서 수용(선언)하고 있다.[1)] 즉 현행 헌법전문에서 "모든 영역에 있어서 각인의 기회를 균등히 하고 … 안으로는 국민생활의 균등한 향상을 기하고"라고 하고 있다. 헌법 제10조에서는 "모든 국민은 인간으로서의 존엄과 가치를 가지며, 행복을 추구할 권리를 가진다"라고 하고 있으며, 제119조 제2항에서는 "국가는 균형있는 국민경제의 성장 및 안정과 적정한 소득의 분배를 유지하고, 시장의 지배와 경제력의 남용을 방지하며, 경제주체간의 조화를 통한 경제의 민주화를 위하여 경제에 관한 규제와 조정을 할 수 있다"라고 하고 있다. 또한 그 규제와 조정정책으로는 공정거래와 독과점의 배제, 재화의 공정배분등을 들 수 있다. 그 외에도 경제집단의 자조조직의 육성(제123조), 시장지배와 경제력남용의 방지(제119조), 소비자보호(제124조), 대외무역의 육성과 규제 · 조정(제125조)등을 규정하고 있다.

IV. 사회국가실현의 이념적 · 실질적 한계

사회국가가 무엇을(was, what)그 내용으로 하고 있느냐의 문제와, 어떻게(wie, how)이 사회국가의 내용을 실현시키느냐의 문제는 별개의 문제이다. 사회국가가 실질적인 자유와 평등을 그 내용으로 하는 만큼, 사회국가를 실현시키기 위한 입법수단은 사회국가의 내용인 자유와 평등을 지나치게 제한하지 않는 범위내에서 이루어 져야 한다. 이러한 관점에서 볼 때 사회국가의 실현은 다음과 같은 이념적 한계(ideele Grenzen)와 실질적 한계(materielle Grenzen)를 존중하는 선에서 이루어져야 한다.

---

1) 同旨 한수웅, 경제적 기본권의 새로운 문제점과 그 전망, 헌법학연구(1999.10), 54면, 각주 2 참조.

1. 이념적 한계(개념본질상의 한계)

사회국가는 사회주의국가와는 엄격히 구분되는 개념이다. 따라서 사회주의 국가에서 볼 수 있는 바와 같은 모든 국민의 생활수준(Lebensstandard)을 일률적으로 평준화(Egalisieren)하고 생활관계를 무조건 일원화시키려는 절대적 의미에 있어서의 평등의 실현은 사실상 불가능하다. 왜냐하면 평준화 · 일원화의 사고방식에 깔려있는 것처럼 '자유'가 '평등'을 위해서 희생해도 좋다고 하는 경우에는 모든 국민이 다같이(평등하게) 배고프고, 모든 국민이 다같이(평등하게) 불행한 경우에는 바로 평등이 실현된 이상적인 상태라고 보지 않을 수 없는 모순에 빠지기 때문이다.1)

[사회주의]

사회주의는 다음 다섯 가지의 의미로 사용되고 있다. 생산수단의 사회적 소유와 계획경제 제도를 수단으로, 자유 · 평등 · 사회정의를 실현할 것을 주장하는 사상과 운동을 의미하는 것(고전적 사회주의), 생산수단의 사회적 소유와 계획경제라고 하는 제도 자체만을 의미하는 것, 사회주의의 목적만을 가리키는 경우(자본주의보다 한층 훌륭한 사회), 공산주의의 첫째 단계 또는 보다 낮은 단계를 뜻하는 경우, 민주사회주의적 용법(민주주의적 방법에 의하여 민주주의 자체를 완성함으로써 사회를 개조하려는 사상 및 운동 또는 민주주의의 최고의 형태를 뜻하는 경우) 등이다.

헌법이 보장하는 기본권(Grundrecht)은 생활의 평준화나 일원화 보다는 생활형태의 다양성을 전제로 하고 있고, 기본권에 입각한 국민각자의 생활설계가 다양한 모습(Diversität)으로 나타나는 것은 오히려 기본권보장제도가 바라고 있는 결과이다. 따라서 국민각자의 자유로운 생활설계를 가능케 함으로써 기본권이 추구하는 이 같은 생활형태의 다양성을 실현시키려는 사회국가는 기본권과 이념적 · 기능적으로 상호보완적인 관계에 서게 된다(허영).

2. 실질적 한계

2.1. 재정 · 경제력 및 제도적 한계

사회국가를 실현하는 데 있어서는 우선 국가의 재정 · 경제적 구조적 측면에서 한계가 있다. 즉, 사회국가는 국민의 실질적인 자유와 평등을 실현시키는 데 적합한 사회구조를 형성하는 것을 그 본질로 하는 것이고, 따라서 일정한 사회정책적인 투자를 불가피하게 한다. 이처럼 사회정책적인 투자에 필요한 경제적 財源은 결국 국가예산을 통하여 창출할 수 밖

---

1) 자유와 평등의 상호관계에 관해서는 Dürig, in: Maunz/Dürig/Herzog/Scholz, GG-Kommentar, Art. 3I Rn.. 6, 120 ff, 134, 135, 137f.; BVerfGE 13, 97(105).

에 없고 이는 결국 국가의 경제력과 불가분의 함수 관계가 있다. 일단 국민이 부담금이나 보험료 등을 납부하고 취득한 연금청구권,[1] 실업보조금청구권등과 같은 공법상의 기득권 내지 청구권등은 재산권적 보호를 받는 것을 그 특징으로 하기 때문에 사회국가 실현수단으로서 사회보장제도를 마련하는 경우에는 신중한 검토가 요청된다.

"국민연금 유족연금은 남성 역차별" 행정법원 위헌심판 제청

[쿠키사회] ○…부인 사망시 남성 배우자의 국민연금 유족연금 수령권을 제한한 현행 국민연금법은 헌법에 위배된다며 법원이 위헌법률심판을 제청했다.[2]

서울행정법원 행정1부(부장판사 권순일)는 "여성 배우자 사망시 유족인 남성 배우자의 국민연금 유족연금 수급권을 과도하게 제한하고 있는 국민연금법 제63조 제1항 제1호 단서의 위헌 여부에 대한 심판을 헌법재판소에 제청했다"고 12일 밝혔다. 국민연금을 수령할 수 있는 범위를 정한 국민연금법 제63조 제1항 제1호는 유족연금을 지급받을 수 있는 유족은 배우자이고 다만 남편의 경우 60세 이상이거나 장애등급 2급 이상으로 제한된다고 규정하고 있다. 재판부는 "가족의 역할 분담과 형태가 다변화하는 상황에서 가족의 생계 책임이 남성에게 있다는 성 역할에 관한 고정관념에 기초해 사회보장급여 수급권을 성별에 따라 차별하는 것은 평등권에 어긋나고, 이는 재산권 침해에도 해당된다"고 밝혔다. 문씨는 지난해 4월 부인이 출산 중 출혈과다로 사망하자 같은 해 8월 유족연금을 신청했으나 공단측이 관련 규정을 들어 거절하자 행정소송을 제기했다. 재판부는 유족연금 해당 단서 조항을 없앤 국민연금법 개정안이 국회에 제출된 상태지만 법안이 4년째 통과되지 않고 있어 위헌제청을 했다.[3]

배우자 연금이라고 따로 있는게 아니고, 공무원은 퇴직하면 퇴직금이나 연금중 택일해서 받는다. 연금을 선택해서 받을때 본인이 사망하면 배우자에게 연금의 70%를 지급하게 되어있다. <u>남자의 경우, 부인이 공무원이었다가 사망했을시, 수급권이 제한되는 역차별 문제가 있다</u>.

헌재결 2008. 11. 27, 2006헌가1 【국민연금법 제63조 제1항 제1호 단서 위헌제청】

오늘날 노동시장의 유연화와 여성의 경제활동참가의 확대 등 사회경제적 환경이 변화하고 가족 내에서의 경제적 역할분담의 양상이 다양화되기는 하였으나, 이 사건 법률조항은 그 제정 및 시행 당시 우리나라의 기혼 남성과 여성의 사회경제적 지위, 취업

1) 이에 관한 상세한 내용은 김백유, 국민연금수급청구권의 소멸시효의 쟁점, 국민연금관리공단 1996(8월호), 14면 이하 참조.
2) 쿠키뉴스 2006-01-12 16:14.
3) 국민일보 쿠키뉴스 강주화 기자 rula@kmib.co.kr.

기타 소득활동 참가율, 기간 및 소득수준, 그리고 가정에서의 역할 등에 있어서의 현실적 차이를 반영한 것으로서 남성 배우자의 사망으로 생활이 곤란하게 된 여성 배우자를 보호하기 위한 것이었다. 이렇게 원래는 평등원칙에 합치하는 법률조항이 사회경제적 환경의 변화로 인하여 어느 때인가부터 평등원칙에 반하는 것으로 되는지 여부가 문제되는 사안의 경우, 사회경제적 환경의 변화와 그 시점에 대한 충분한 실증이 없는 이상, 그에 대하여 이견(異見)이 있을 수 있다고 하더라도 입법자의 판단을 존중함이 상당하다. 그러므로 입법자가 이 사건 법률조항을 2007년에 이르러 개정하였다고 하여 그것이 시기적으로 너무 늦었다고 단정하기는 어렵다. 나아가 이 사건 법률조항은 우리나라 취업 시장의 현황, 임금 구조, 전체적인 사회보장수준, 우리 가족관계의 특성 등을 종합적으로 고려하여 유족급여의 제공 여부를 결정하고 있는 것으로서, 남성 배우자에 대한 실질적 차별을 내용으로 하고 있다거나 입법목적의 비중과 차별대우의 정도가 균형을 상실하였다고 볼 수 없어 평등원칙에 반한다고 볼 수 없다.

舊국민연금법(2007. 7. 23. 법률 제8541호로 전부 개정되기 전의 것) 제63조(유족의 범위 등) ① 유족연금을 지급받을 수 있는 유족은 가입자 또는 가입자이었던 자의 사망 당시 그에 의하여 생계를 유지하고 있던 다음의 자로 한다. 이 경우 가입자 또는 가입자이었던 자에 의하여 생계를 유지하고 있던 자에 관한 인정기준은 대통령령으로 정한다.

1. 배우자. 다만, 부의 경우에는 60세 이상이거나 장애등급 2급 이상에 해당하는 자에 한한다.

현행 국민연금법에서는 종전 제63조 제1항 제1호의 단서는 삭제되었다.

국민연금법 73조(유족의 범위 등) ① 유족연금을 지급받을 수 있는 유족은 가입자 또는 가입자였던 자가 사망할 당시 그에 의하여 생계를 유지하고 있던 다음 각 호의 자로 한다. 이 경우 가입자 또는 가입자였던 자에 의하여 생계를 유지하고 있던 자에 관한 인정 기준은 대통령령으로 정한다.

1. 배우자

V. 방법적 한계

사회국가는 현대국가가 지향해야 할 이상적인 목표이기는 하나 여기에는 일정한 한계가 있다.[1] 즉 사회국가원리는 실질적 자유와 평등의 실현을 구현코자 함이나 이는 어디까지나 자유속의 평등을 의미하며, 자유대신에 평등을 의미하는 것이 아니기 때문에, 우리 헌법상 사회국가실현의 다음과 같은 방법적 한계[2]가 있다.

1) 권영성, 헌법학원론, 141면 참조.

2) 이에 관하여는 허영, 한국헌법론, 163면 이하 참조; 권영성, 헌법학원론, 141면 참조.

- 법치국가원리에 의한 한계(헌법원리적 한계) : 사회국가도 또 다른 헌법원리인 법치국가의 원리를 벗어 날 수는 없기 때문에 법치국가적 절차를 도외시한 사회국가화는 허용될 수 없다.[1)]

  반대설 → 허영 교수의 견해[2)]

- 기본권보장에 의한 한계 : 사회국가는 비록 그 목적달성을 위하여 자유권적 기본권 등을 제한 할 수 있다 할 지라도 국민의 자유와 권리의 본질적인 내용을 침해하는 제한은 허용되지 아니한다.

- 보충성의 원리에 의한 한계 : 사회국가라고 하여 국가가 일방적으로 국민생활의 평준화를 강요할 수 없다. 경제적 · 사회적 문제의 해결은 1차적으로는 개인적 차원 및 시장원리에 의하여 이루어 시는 것이 바람직하다. 국가의 개입은 개인석 차원에서의 해결이 불가능한 경우에 비로소 2차적으로(보충성의 원리) 이루어져야한다.

VI. 법적 성격

1. 규범적 성격 부정설 : 소수설

사회국가조항의 헌법규범적 성격을 부인하는 입장에 의하면 비록 헌법이 사회국가원리를 규정하고 있다 하더라도 헌법상의 사회국가조항은 내용 없는 백지개념(substanzloser Blankettbegriff)에 불과하기 때문에 법적인 관점에서는 무의미할 뿐 아니라, 사회국가조항은 국민에게 기득권이나 주권적 공권(subjektive- öffentliches Recht)을 부여하는 것이 아니기 때문에 그것은 단순한 정치적인 선언에 지나지 않는다고 한다.

---

1) K. Hesse, Grundzüge des Verfassungsrechts der Bundesrepublik Deutschland, 87; K. Stern, Das Staatsrecht der Bundesrepublik Deutschland, I, 1977, S. 718 ff. (720); Th. Maunz, Deutsches Staatsrecht, 22. Aufl. (1978) S. 80; U. Scheuner, in: Staatstheorie und Staatsrecht, S. 220.

2) 사회국가가 실질적인 자유와 평등을 추구하는 것이기 때문에, 사회국가를 실현시키기 위한 입법은 사회국가의 내용인 자유와 평등을 지나치게 제한하지 않는 범위내에서 이루어져야 한다. 따라서 사회국가실현의 방법적 한계는 어디까지나 사회국가원리의 체계적합성(Systemadäquat) 내지는 체계동질성(Systemhomogenität)의 문제이지, 흔히 주장되는 것처럼 반드시 법치국가원리에서 사회국가실현의 방법적 한계를 찾아야 되는 것은 아니다(허영, 한국헌법론, 163면). 법치국가가 자유 · 평등 · 정의의 실현을 위한 국가의 기능 형태적 구조원리이며, 사회국가도 그 참된 의미가 자유의 조건(Bedingung der Freiheit)'을 형성하는 데 있기 때문에, 법치국가와 사회국가는 이념적으로 결코 대립적인 관계에 있는 것이 아니다(허영).

2. 규범적 성격 긍정설 : 다수설

이에 반해서 다수설은 사회국가조항의 헌법규범적성격을 긍정하면서 사회국가조항에 내재하는 헌법규범적효력을 강조한다.

- 사회국가조항을 모든 법규범의 해석지침으로 보는 입장
- 사회국가조항을 국가목적규정이라고 이해하는 입장
- 사회국가조항에서 사회질서의 보장정신을 이끌어 내려는 입장
- 사회질서의 개혁을 이끌어 내려는 입장
- 사회형성의 일반유보로 이해하려는 입장
- 헌법형성적 기본결정이라고 보는 입장

3. 결론

생각건대, 헌법상의 사회국가조항을 단순한 내용없는 백지조항에 불과하다고 본다든지, 사회국가조항을 단순한 정치적인 선언에 지나지 않는다고 평가하는 것은 헌법규범으로서의 사회국가조항의 의미를 지나치게 과소 평가하는 것이다. 사회국가실현이 헌법에 명시된 사회국가조항만에 의해서 자동적으로 이루어지는 것은 아니라 할지라도 헌법이 내포하는 사회국가조항은 적어도 사회국가를 실현시키려는 헌법제정권자의 명백한 의지를 표명하고 있는 것이기 때문에 사회국가조항은 최소한 사회국가실현의 헌법지침적(Verfassungsleitlinie) 성격과 사회국가실현의 수권규범적 성격(Ermiächtigungsnormcharakter)을 가졌다고 보아야 한다. 이처럼 사회국가조항이 사회국가실현의 지침적 · 수권규범적 성격을 가졌다고 하는 것은 국가의 구조가 사회국가의 내용에 맞도록 형성될 것을 헌법적으로 명령하는 것이라고 볼 수 있기 때문에 사회국가조항은 동시에 국가의 구조적 원리(Strukurprinzip)로서의 성격을 가진다는 것이다.[1] 결국 사회국가조항은 사회국가실현의 헌법지침적 성격과 사회국가 실현의 수권규범적 성격을 동시에 지니고 있는 지침적 · 수권규범적 성격을 지닌다고 하겠으며,[2] 규범적 성격을 인정하는 다수설이 타당하다.

VII. 현행 헌법과 사회국가원리

1. 사회국가원리의 수용

헌법은 전문에서 「… 모든 영역에 있어서 각인의 기회를 균등히 하고 … 안으로는 국

---

1) 허영, 한국헌법론, 159면.
2) 허영, 한국헌법론, 160면.

민생활의 균등한 향상을 기하고 …」라고 하고 있다. 제10조에서는 「모든 국민은 인간으로서의 존엄과 가치를 가지며, 행복을 추구할 권리를 가진다」라고 하고 있으며, 제119조 제2항에서는 「국가는 균형있는 국민경제의 성장 및 안정과 적정한 소득의 분배를 유지하고, 시장의 지배와 경제력의 남용을 방지하며, 경제주체간의 조화를 통한 경제의 민주화를 위하여 경제에 관한 규제와 조정을 할 수 있다」라고 하여 사회국가원리를 헌법에서 수용하고 있다. 이들 조항은 "헌법이 여러가지 부조리와 모순을 나타낸 자유방임주의적 자유시장경제를 고수하지 아니함은 물론 전체주의 국가의 계획적 통제경제까지도 지양하면서, 국민 모두가 共存共榮하는 실질적인 사회정의가 보장되는 국가를 의미한다. 환언하면 자본주의적 생산양식이라든가 시장메커니즘의 자동조절기능이라는 골격은 유지하되 저소득층의 인간다운 생활을 보장하기 위한 소득의 재분배, 투자의 유도조정, 실업자구제 내지 완전고용, 광범한 사회보장등을 책임있게 추구하는 국가, 즉 민주복지국가의 이상을 추구하고 있다.[1]

2. 사회국가원리의 구현

2.1. 사회적 기본권 보장

헌법은 제31조에서부터 제36조에 걸쳐 일련의 사회적 기본권을 보장하고 있다. 교육을 받을 권리(제31조 제1항), 근로의 권리 및 근로자의 고용증진과 적정임금의 보장 및 최저임금제의 실시(제32조 제1항), 인간의 존엄성에 합치하는 근로조건기준의 법률제정(제32조 제3항), 여자와 연소자의 근로의 특별보호(제32조 제4, 제5항), 근로3권의 보장(제33조 제1항), 특히 인간다운 생활권(제34조 제1항) 및 국가의 사회보장 · 사회복지의 증진에 노력할 의무(제34조 제2항), 국가의 여자의 복지와 권익의 향상을 위하여 노력하여야 한다(제34조 제3항), 국가는 노인과 청소년의 복지향상을 위한 정책을 실시할 의무를 진다(제34조 제4항), 신체장애자 및 질병 · 노령 기타의 사유로 생활능력이 없는 국민은 법률이 정하는 바에 의하여 국가의 보호를 받는다(제34조 제5항)고 규정하고 있으며, 동조 제6항에서는 국가의 재해예방의무와 국민보호의무를 규정하고, 환경권(제35조 제1항), 제35조 제3항에서 국가의 주택개발정책에 의한 쾌적한 주거생활환경 조성의무를 규정하고 36조 제2항에서 국가의 母性보호의무를 규정하고 있다. 보건에 관한 국가적 보호(제36조 제3항) 등을 규정하고 있다.

2.2. 재산권의 사회적 구속의 강조

헌법 제23조는 재산권의 내용과 한계를 법률로 정하도록 하고 재산권행사의 공공복리

1) 헌재결 1989. 12. 22, 88헌가13 【국토이용관리법 제31조의2 제1호 및 제21조의3의 위헌심판제청】

적합성과 공용부담을 규정하고 있다. 이것은 사회정의의 요청에 따라 재산권의 사회화 및 상대화를 규정한 것으로 사회국가적 정책을 실현하기 위한 것이다. 또한 농지소작제의 금지(헌법 제121조)와 사영기업의 국공유화가능성(헌법 제126조)등을 규정하여 국민전체의 복리실현을 위하여 필요할 경우 사유재산제의 수정을 예정하고 있다.

2.3. 경제질서에 대한 규제와 조정

현행 헌법의 경제질서는 사유재산제를 바탕으로 하고 자유경쟁을 존중하는 자유시장경제질서를 기본으로 하면서도, 이에 수반되는 갖가지 모순을 제거하고 또 사회복지 · 사회정의를 실현하기 위하여 국가적 규제와 조정을 용인하는 사회적 시장경제질서로서의 성격을 띠고 있다(헌법 제119조 제1, 제2항). 그 규제와 조정정책으로는 공정거래와 독과점의 배제, 재화의 공정배분등을 들 수 있다. 그 외에도 경제집단의 자주조직의 육성(헌법 제123조), 시장지배와 경제력남용의 방지(헌법 제119조), 소비자보호(헌법 제124조), 대외무역의 육성과 규제 · 조정(헌법 제125조)등을 규정하고 있다.

3. 사회국가원리와 참여권의 문제 : 주관적 공권

사회국가는 국민의 실질적 자유와 평등을 실현시키기 위하여 먼저 이를 위한 사회구조를 형성하는 것을 그 첫 번째 요소로 하기 때문에, 사회국가원리와 헌법상의 사회국가조항을 근거로 해서 국민이 구체적인 생활보장의 수단을 국가에게 요구하는 것은 실질적으로는 많은 어려움이 있다.[1]

독일의 경우 과거에는 사회국가원리를 근거로 한 국민의 대국가적 청구권을 부인하였으나 독일연방헌법재판소가 사회국가원리를 근거로 국민에게 일정한 청구권을 인정하려는 태도를 보이고 있다. 즉 독일연방헌법재판소는 1972년부터 그 판례를 통해 사회국가원리, 직업선택의 자유, 평등권등을 그 이론적인 기초로해서 이른바 참여권(Teilhaberecht)으로 불려지는 새로운 주관적 공권(subjektives öffentliches Recht)을 인정하고 있다.[2] 즉, (독일의 경우는) 국가가 사실상 고등교육기관을 독점하고 있기 때문에 직업선택의 자유처럼 국민에게 보장된 일정한 헌법상의 기본권이 국가시설에의 참여의 기회가 보장되지 않는 한 그 실효성을 기대할 수 없는 경우에, 국민은 사회국가원리, 직업선택의 자유, 평등권등을 근거로 국가에 의해서 설립 · 운영되는 고등교육기관에 균등하게 참여할 기회를 요구할 수 있는 주관적 공권을 가진다고 한다.[3]

---

1) 허영, 헌법이론과 헌법, 단락번호 459.
2) 허영, 헌법이론과 헌법, 단락번호 460.
3) 독일과 같이 국가가 사실상 독점하고 있는 고등교육시설을 누구나 균등하게 이용할 수 있도록

「**독일연방헌법재판소**: 1972년 → 參與權(Teilhaberecht)으로 불려지는 새로운 주관적 공권(subjektives öffentliches Recht)을 인정」

- 사회국가원리
- 직업선택의 자유
- 평등권

사회국가원리(Sozialstaatsprinzip) 국가는 사회적 정의와 安定의 實現 및 保全에 대한 책임을 진다		
입법(Legislative)	행정(Exekutive)	사법(Judikative)
생존배려(최저생활보장)	사회정의에 부합되는 행정대책	사회정의에 부합되는 법률해석

「연구사항」

1) 사회국가(sozialer Staat)와 복지국가(Wohlfahrtstaat)는 동일개념인가 별개의 개념인가?
2) 사회국가(sozialer Staat)와 사회주의국가(sozialistischer Staat)의 차이점은?

사회균등을 요구하는 것은 구태여 새로운 參與權의 이론을 빌리지 않더라도 평등권의 이론으로도 충분히 해결될 수 있는 문제라고 보는 것이 옳을 것이다(허영, 헌법이론과 헌법, 단락번호 460).

제 4 항 연방국가(Bundesstaat)

I. 개관

연방국가라 함은 각 지방국가(지분국)가 각기 국가적 성격을 보유하면서, 서로 결합하여 하나의 국가를 형성하는 전체국가(Gesamtstaat)를 말한다. 현행 독일헌법의 연방국가에 대한 '기본적 특성(Grundmerkmal)'은 전체국가(Gesamtstaat)를 뒤늦게 형성한 - 독일의 실질적 통일은 1871년의 비스마르크(Bismarck)에 의하여 이루어 졌다 - 독일의 특수한 헌정사와 밀접한 관계를 가지고 있다. 연방국가의 핵심적 문제(Kernproblem)는 연방과 지방에 있어서의 권한분배의 문제이다. 이러한 권한분배 문제는 연방국가이론에 입각하여 해결되는 것이 아니라, 헌법적 권한규정(Kompetenzbestimmung)에 의하여 개개의 事案에 있어서(im Einzelfall) 개별적으로 문제를 해결할 수 밖에 없다.[1] 왜냐하면 개개의 支邦(Bundesland)은 개개의 영토(Staatsgebiet), 국민(Staatsvolk) 그리고 주권(Hoheitsgewalt)[2]을 가짐으로써 그들 자신 스스로가 그들의 '국가성(Staatlichkeit)'을 가지고 있기 때문에, 支邦憲法(Landesverfassung)과 국가적 공동생활을 영위하는데 필요한 각 지방마다의 '별개의 규정(unterschiedlichen Regelungsweisen)'들로부터, 연방(Bundesebene)이나 다른 지방들에서 발생하는 문제해결을 도출해 낼 수 있는 것이기 때문이다.

「支分國의 국가성(Staatlichkeit)여부」

개개의 支邦(Bundesland)은 개개의 영토(Staatsgebiet), 국민(Staatsvolk) 그리고 주권(Hoheitsgewalt)을 가짐으로써 그들 자신 스스로가 그들의 '국가성(Staatlichkeit)'을 가지고 있다. → 독일의 다수설

「학설의 대립」: 支分國은 주권을 가지고 있는가?
긍정설: 김백유, 김철수,[3] 이강혁,[4] 허영,[5] 독일의 다수설[6]

---

1) Schnapp, Rn. 6 zu Art. 20 GG, in: v. Münch (Hg.), GG-K.

2) 연방국가의 참다운 모습은 지방의 주권을 연방의 것으로 흡수하지 않으며, 그 주권의 문제를 부동상태에 두고 있는 점에서 찾아야 할 것이다. 이강혁, 헌법의 역사적 발전과 의미변천, 고시계(1986.3), 113면; E.-W. Böckenförde, Entwicklung der Verfassung, S. 329.

3) 김철수, 헌법학(상), 353면. 김철수 교수는 지분국도 주권을 가지지만 외교권 등 만은 연방국가에 위탁하고 있으며, 대내적으로 자주조직권을 가진 일종의 주권국가라고 본다.

4) 이강혁, 헌법의 역사적 발전과 의미변천, 고시계(1986.3), 113면.

5) 허영, 헌법이론과 헌법, 단락번호 462.

부정설 : 문홍주, 구병삭,[1] 권영성, 강경근

II. 성립요건

연방국가가 성립되려면 대개 다음과 같은 조건이 갖추어져야 한다. 우선 지리적으로 인접하고 민족적으로 혈연관계에 있으며, 언어 · 종교 · 습속 · 문화가 공통적이고 정치적으로 공통적이고, 대처할 외적도 공통적이고, 상호간의 이해가 극히 밀접한 관계에 있는 경우에 연방국가 형성의 기운이 싹트게 된다.[2]

III. 支邦의 권한

支邦에는 연방정부와 동질성의 원리를 침해하지 않는 범위내에서 다른 여러 가지의 권한(Zuständigkeit)이 인정되는데, 제30조(지방의 권한 : Länderkompetenz), 제70조(지방의 긴급입법제도 : Gesetzgebungsnotstand der Länder), 제83조(연방법의 지방에 의한 시행 : Ausführung der Bundesgesetze durch die Länder), 제92조(사법권 : Rechtsprechende Gewalt)에서 볼 수 있는 바와 같이 3권분립의 이론에 입각하여 그 권한이 부여되어 있다. 연방의 지방에 대한 '지방적 다양성(regionale Vielfalt)'의 보전의 의무는 현재에 있어서의 실질적 단일국가화(Unitarisierung)의 경향으로 인하여 그의 기능은 상실했다.[3] 연방국가 원리는 기본법 제20조에서 유일하게 규정하고 있으나, 그것은 독자적인 것이 아니므로, 이에 대한 헌법정책적 정당화(Rechtfertigung)를 필요로 한다. 이와 같이 오늘날에 와서는 연방국가성(Bundesstaatlichkeit)은 하나의 독일연방공화국의 민주적 그리고 법치국가적 질서를 보완하는 '보충적 요소(komplementäres Element)'로서의 특성을 나타낸다.[4]

---

6) E.-W. Böckenförde, Entwicklung der Verfassung, S. 329.

1) 구병삭, 우리나라의 연방화와 지방자치, 공법학의 제문제(玄齊 김영훈 교수 화갑기념논문), 법문사, 1995, 13면.

2) 구병삭, 우리나라의 연방화와 지방자치, 공법학의 제문제(현제 김영훈 교수 화갑기념논문), 법문사, 1995, 13면.

3) K. Hesse, Grundzüge, Rn. 223.

4) K. Hesse, Grundzüge, Rn. 223 ff.

동질성의 원리(Homogenitätsprinzip)

- 단일국가(Gesamtstaat)와 支邦國家(Mitgliederstaat; Gliedstaat)와의 관계 -

동질성의 원리라 함은 연방국가의 경우, 연방헌법과 아울러 各支邦의 헌법(支邦憲法)도 각각의 효력범위내에서 일정한 헌법질서(Verfassungsordnung)를 이루고 있는데, 이러한 支邦憲法이 기본권보장의 범위나 국가조직의 규율에서, 연방헌법의 헌법질서로 부터 일탈해서는 아니된다는 원칙이다.

- 연방헌법의 헌법질서 : 지방헌법의 헌법질서 -

독일 헌법(基本法) 제28조에는 동질성의 원리(Homogenitätsprinzip)에 입각하여 동질성 조항(Homogenitätsklausel)을 규정하고 있다.

제28조 제1항 : 支邦의 헌법질서는 이 기본법(Grundgesetz)에서 의미하는 공화적 · 민주적 및 사회적 법치국가의 諸原則에 부합하여야 한다.

그러나 이는 '최소한의 동질성(Mindestmaß an Homogenität)', 즉 성질상의 최소한의 동질성을 의미할 뿐이지 '동일형태(Gleichförmigkeit)', 즉 형태상의 동일성 그 자체를 의미하지는 않는다.

제37조(聯邦强制) : ① 支邦이 기본법이나 그 밖의 연방법률에 따라 부과된 연방의무를 이행하지 아니한 때에는 연방정부는 연방참사원(Bundesrat)의 동의를 얻어 연방강제의 방법으로 그 支邦으로 하여금 그 의무를 이행시키 위하여 필요한 조치를 취할 수 있다.

② 연방강제의 집행을 위하여 연방정부나 그 수임자는 모든 지방과 그 관청에 대한 지시권을 가진다.

IV. 장 · 단점

1. 장점

연방국가의 장점으로는 다음과 같은 것이 일반적으로 논의된다. 1) 연방국가적 구조는 少數者를 보호하는 역할을 한다. 왜냐하면 이 구조는 다수가 지역적 소수자를 침해하는 것을 곤란하게 하고, 적어도 하나의 支邦이라고 하는 좁은 테두리내에서는 지역적 소수가 다수의 정치세력과 경쟁하는 가운데 소수가 주장하는 것을 용이하게 하여주기 때문이다. 2) 지역적으로 급속하게 변화하는 다수관계에 보다 능동적으로 대처할 수 있다. 이것은 야당으로 하여금 민주적 질서의 확립과 정권교체를 위한 본질적인 중요성을 가지는 것인데, 그 이유는 연방에서의 야당은 지방에서 다수를 장악하면 여당이 될 수 있고, 이로 인하여 야당은 비판을 위한 비판을 일삼지 않고 실질적으로 정책수행의 국가적 책임을 할 수 있다는 점이다. 그리고 나아가서는 연방에서 다수를 획득하면, 야당도 충분히 정치적 인재를 등용할 수 있는 기회를 가지며, 따라서 마찰 없는 정권교체가 보장되는 것이다. 3) 독자적인 권력분립작용을 통하여 사회적 법치국가 질서의 수행을 완전하게 한다. 고도로 복잡한 요청들이 제기되고 있는 현대적 공동체(res publica : Gemeinwesen)에서는 특히 오늘날 '사회적 기초설비(Infrastuktur)'의 개선 등 경제정책의 문제와 관련하여 볼 때, 지방분권적인 정치체제가 오히려 중앙집권적인 체제보다 적합하다. 4) 支邦과 支邦사이의 경쟁에 의하여 보다 나은 정책수행의 실험기회를 가질 수 있으며, 다수의 정치적 결정기관이 있으므로 인하여 국가적 '위기감'이 감소된다.

2. 단점

그리고 연방국가제도가 지니는 단점으로는 일반적으로 다음과 같이 논의된다. 1) 지방의 크기나 능력의 차이로 인하여 나타나는 연방의 개입문제가 대두되는데 이에는 복잡한 조정적 규율이 요구된다. 2) 세분화된 연방적 국가구조가 국가전체를 위한 과제의 신속하고 원활한 수행을 저해한다. 이러한 난제를 극복하기 위하여 등장한 이론이 '협동적 연방주의(kooperativer Föderalismus)'이론[1]인데, 이러한 협동적 연방주의이론에 입각한 그 자체가 만병통치약은 아니지만, 헌법의 해석론으로는 연방국가질서의 지속적 발전을 위한 상대적 최선의 길이다.

3. 연방국가(Bundesstaat)의 장 · 단점

연방국가라 함은 각 支邦國家(支分國)가 각기 국가적 성격을 보유하면서 서로 결합하여 하나의 국가(전체국가 : Gesamtstaat)를 형성하는 국가이다.

가) 長點

1) 少數者 보호 → 支邦이라는 좁은 영역에서는 (지역적) 少數가 多數의 정치세력과의 경쟁이 용이.

→ 少數의 주장 관철 원만.

2) 민주적 · 법치국가적 질서의 보충적 요소 확립

→ 연방정부에서의 야당도 支邦에서 다수장악 하면 → 지방여당이 되므로

① 비판을 위한 비판의 감소(비판정당에서 → 정책정당으로)

② 정책수행의 국가적 책임을 완수(정치적 인재 양성기회 획득)

→ 此後 연방에서 다수를 획득하면, 야당 역시

㉠ 이미 훈련된 정치적 인재를 손쉽게 등용

---

1) K. Hesse, Grundzüge, Rn. 234 참조.

ⓛ (이로 인한) 충격(마찰) 없는 정권교체 보장

3) 독자적인 권력분립작용(수직적 권력통제 ☜ Löwenstein 참조) → 사회적 법치국가 질서의 수행원활

4) 현대적 '공동체(res publica : Gemeinwesen)'에서 발생하는 문제
→ 지방분권적인 (연방)정치체제가 중앙집권적 (단일)체제보다 적합
① 문제해결의 신속성(예 : 사회적 기초설비(Infrastuktur)'의 개선문제)
② 기타 경제정책의 원할한 수행

5) 支邦과 支邦사이의 경쟁에 의하여 보다 나은 정책수행의 실험기회부여

6) 다수의 「정치적 결정기관」 존재 → ① 국가적 '위기감' 감소 ② 연방정부의 부담완화

나) 短點

1) 支邦의 크기나 능력의 차이로 인하여 나타나는 연방의 개입문제 대두
→ 복잡한 조정적 규율이 요구된다.

2) 세분화된 연방적 국가구조 → 국가전체를 위한 문제의 신속 · 원활한 처리저해
→ 「해결책」 : '협동적 연방주의(kooperativer Föderalismus)'이론대두

V. 연방국가(Bundesstaat) · 국가연합(Staatenbund)의 비교

＊ 支分國의 개념은 연방국가의 構成國(州)을 의미

기준	연방국가	국가연합
국제법의 주체	연방국가 자체 → 국제법의 주체(O) 연방국가를 구성하는 구성국(지분국: Land) → 국제법의 주체(X)	국가연합 그 자체 → 국제법의 주체(X) 국제연합을 구성하는 구성국(개개의 국가)만이 주체(O)
국가성	진정한 국가이다	진정한 국가가 아니다
결합의 근거	(원칙적으로) 국내법인 헌법(연방헌법)을 결합의 근거로 한다(동질성의 원리)	(원칙적으로) 구성국간에 체결된 조약(국제법)이다
대내적 통치권	연방과 그 구성국(지분국: Land)간에 통치권이 분화한다. 즉 연방과 그 구성국이 입법 · 사법 · 행정권/집행권을 가진다	구성국이 전적으로 대외적 통치권을 보유하므로, 통치권의 분화가 이루어지지 않는다. 즉 그 구성국만이 입법 · 사법 · 행정권을 행사할 수 있다
대외적 통치권	(원칙적으로) 연방정부가 보유한다	(원칙적으로) 그 개별적 구성국이 행사한다
국가의 국제적 책임	연방이 직접 자신과 구성국(支分國)의 국제법위반 책임을 진다	국가연합을 구성하는 개개의 구성국이 국제적 책임을 지며, 국가연합은 책임을 지지 않는다
병력의 보유	연방이 병력을 보유하며, 그 구성국은 자체병력을 보유하지 않는다	국가연합은 병력을 보유하지 않으며 그 구성국만이 병력을 보유한다
결합의 안정성	영구적 결합	잠정적 결합
구체적 예	· 미국(1790) · 스위스 · 독일(1871) · 캐나다(1867) · 舊소련(1918)	· 1579년의 The United Netherland · The Austro-Hungarien Compromise · 미국(1778-1789) : 미합중국 성립이전의 13개주의 결합 · 독일(1815-1866) : 독일연방 성립 전의 독일동맹에 의한 독일 각 支邦間의 결합관계 · 네델란드(1949-1954) · 아랍국가연합(1958) · 가나 · 기니아연합(1959) · 러시아국가연합(1991)

제 5 항 공화국(Republik)

I. 개관 : 공화국 의미의 퇴색

공화국의 고전적 개념은 專制支配(Willkürherrschaft)에 대립(im Gegensatz)되는 개념, 즉 자유국가(freier Staat)를 상징하는 개념으로 파악되었다. 국가원수로서의 대통령과 공동체(res publica) 형성 및 공공복리(gemeinen Besten = salus publica)의 君主制(Monarchie)에 대한 구별은 현재 한국 및 독일에 있어서의 헌법생활(Verfassungsleben)에서, 비록 그것이 헌정사적으로 지대한 의미를 지닌다고 할지라도, 그의 헌법상의 위상(Stellenwert)은 오늘날에 와서는 많이 상실했다.

근대헌법에 있어서의 공화국의 개념은 일단은 군주제에 대한 항의적 · 부정적 개념을 의미하는 까닭에, 주권의 구속여부가 공화국의 개념에 대한 직접적인 징표는 되지 않는다. 공화국의 개념은 처음부터 소극적 개념을 의미했다. 프랑스 뒤기(Duguit)의 견해에 의하면 「국가원수가 세습적 일 때는 그 정부는 군주국이며, 그렇지 않을 때에는 그 정부는 공화국이다」라고 규정하고 있다. 공화국에 있어서 이러한 소극적 개념은 나아가서는 공화국이란 세습적인 군주국가가 아닌 국가, 그리고 귀족국가나 사회주의국가가 아닌 국가와 같은 부정적 개념을 의미하고 있다. 따라서 근대헌법의 공화국의 개념에 있어서는 그것은 다만 그 국가원수가 세습세가 아닌, 선거제에 의하여 임용된 국가와 같은 형식적 의미로서만 그것을 규정하여 왔다. 그것은 군주제가 혈통으로 이어지는 세습제의 국가원수라는 의미의 군주국에 대한 부정적 개념을 의미하는 것이기 때문이었다. 그 결과 1830년 프랑스의 7월 왕조에 있어서와 같이 국민주권에 입각한 헌법이면서도 그 국가원수가 세습제의 군주라고 하는 이유에서, 공화국이 아닌 의회군주제로 규정되는 이례적인 헌법이 존재하기도 했다. 따라서 공화국의 개념을 군주국에 대한 부정적 개념으로만 이해할 경우에는 국민주권의 원리는 공화국의 성격에 있어서의 본질적인 규정은 될 지언정 그 필수적인 규정은 되지 아니한다. 그러나 타면에 있어서 공화국의 개념을 자유국가(Freistaat), 국민국가(Volksstaat)와 같은 적극적 개념으로 이해 할 때에는 국민주권의 원리는 공화국에 대한 본질적이고 필수적인 원리를 의미한다.[1)]

프랑스는 1789년의 대혁명 후 현재에 이르기까지 입헌군주제를 3회, 제정을 2회, 반독재제를 1회 그리고 공화정을 5회 경험하였다. 이와 같이 프랑스에서는 공화정이 중단되었

---

1) 한태연, 헌법과 국민, 고시연구사, 1995, 100-101면 참조.

다가 부활 할 때마다 제 몇 공화정이라 부른다. 그러나 우리 나라의 경우에 제1 · 2 · 3 · 4 · 5 · 6 공화국이라는 명칭은 학문상 적절한 용어라고 할 수 없다. 1948년 이후의 정치체제가 공화정으로 일관된 것이었다면, 제1공화국 밖에 존재하지 않는 것이 되므로 그러한 구분은 무의미하기 때문이다. 반대로 어떤 시기, 이를테면 제3공화국, 유신시대 그리고 제 5 · 6공화국 시대가 공화정 시대라 할 수 없다면, 이들 까지 공화국이라 규정하는 명칭과 구분은 더욱더 부적절한 표현이 되기 때문이다.[1)]

「공화국개념」

소극적 개념 → 군주제에 대한 반동

적극적 개념 → 자유국가(Freistaat), 국민국가(Volksstaat)를 상징

한국의 경우 그 헌법 제1조 제1항에서는 "대한민국은 민주공화국이다"라고 규정하고 있고 독일의 경우 바이마르 공화국 헌법 제1조에서는 "독일은 공화국이다"라는 문언부터 시작하였다. 이에 반하여 현재의 독일의 기본법에는 이에 해당하는 문구가 없다. 다만 기본법은 제20조 제1항에서 "독일 연방공화국은 민주적 사회적 법치국가이다(민주주의 · 법치국가 · 사회국가 · 공화국 · 연방국가)"라고 하여 간접적으로 '독일은 공화국'이라는 표현을 하고 있으며, 기본법 제28조 제1항에는 支邦에서의 헌법적 질서가 이 기본법이 의미하고 있는 공화적, 민주적, 사회적 법치국가의 개념과 일치해야 한다는 것(Homogenitätsprinzip)을 규정하고 있다. 이러한 이유는 과거 독일의 바이마르 공화국이 그들의 헌법을 제정함에 있어서, 제1차 세계 대전에 패하여 독일의 마지막 황제 빌헬름 2세는 외국으로 망명을 간 상태에서, 독일이 군주제와 결별을 요하는 시기에 있어서 (바이마르) 공화국임을 선언해야 했던 역사적 사실에 비추어 볼 때, 그리고 한국의 경우도 일본에 의한 강제점령시 상해임시 헌장에서 채택한 국가형태는 민주공화국이라 하였음은 이를 잘 반영해 주고 있는 것이라 하겠다. 이러한 관점에서 오늘날과 같은 군주제가 거의 자취를 감춘 시대에 와서는 이러한 공화제적 국가형태가 지니는 의의는 비록 그것이 헌정사적으로 민주주의의 발전을 위한 획기적인 역할을 하였다고 할 지라도, 오늘날에 와서는 공화국이라는 용어가 지니는 헌법상의 위상(Stellenwert)는 과거에 비해 사실상 퇴조했다는 것을 의미한다는 것이다.

1) 권영성, 헌법학원론, 98면.

II. 학설대립 및 학설대립의 불필요성

- **제1설(정체설 · 국체설)** : 이 설은 민주공화국에 있어서의 민주는 정체, 공화국은 국체를 의미하는 것으로 보고 제1조 제2항의 국민주권의 원리는 제1조 제1항을 구체적으로 부연한 것으로 본다.[1]

- **제2설(정체설)** : 이설은 민주공화국의 민주는 민주정체, 공화국은 공화정체를 의미하는 것으로 본다. 결론적으로 모두 정체를 규정한 것이다. 그러면서 제1조 제2항의 주권재민의 규정이 우리나라의 국체를 민주국체임을 선언하고 있는 것으로 본다(박일경).

- **제3설(국체설 : 공화국)** : '민주'는 공화국에 포함되는 개념으로 보아 '공화국'이라고 하는 국체를 규정한 것이다.

- **제4설(국체설 : 민주공화국)** : 민주는 공화국의 정치적 내용이 민주주의적으로 형성될 것을 요구 하는 공화국에 있어서의 그 내용에 관한 것이라고 본다. 이 설은 국가형태를 분류함에 있어서 국체와 정체라는 두가지 기준에 의거하지 아니하고, '민주공화국' 이라는 규정자체가 국가형태에 관한 규정으로 본다. 여기에서 민주는 공화국의 정치적 내용이 민주주의적으로 형성될 것을 요구하는 말하자면 공화국에 있어서의 그 내용에 관한 것으로 본다. 이를 국가형태설 이라고도 한다.[2]

- 사견 : 이와 같이 현재 국내에서는 한국헌법상의 국가형태인 '민주공화국'의 의미를 국체이냐 정체이냐하고 다음과 같이 많은 학설이 설명하고 있으나, 이는 필요없는 논쟁에 불과하다고 하겠다(김철수; 허영). 위에서 설명한바와 같이 공화국이 지니는 의미가 오늘날에 와서는 공동체를 의미하는 것으로 변형되어 본래지녔던 의의를 상실한 이상, 저자는 오히려 input와 output를 기준으로한 허영 교수의 국가형태분류방법이 타당하다고 본다.[3]

---

1) 문홍주; 유진오, 헌법해의, 45면.
2) 구병삭; 한태연; 갈봉근; 권영성; 김철수, 헌법학(상), 356면.
3) 「허영 교수의 국가형태분류」
  * input(사회권력의 국가에 대한 영향)
  * output(국가권력의 사회에 대한 영향)
  - input (x) output (o) → 전체주의적 국가(일당독재)
  - input < output → 권위주의적 국가(개발도상국)
  - input > output → 자유민주주의 국가(서구민주국가)
  - input = output → 제도적 국가(일본)

제 2 절 대한민국 헌법상 헌법국가로서의 기본원리

- 대한민국헌법의 기본원리 -

헌법의 기본원리는 헌법에 나타나 있는 근본적 · 핵심적인 지도원리이다. 이는 헌법전문 혹은 본문에 명시적으로 나타나 있거나 추상적으로 표시되어 있다. 역사적 발전에 의하여 생성 · 발달된 지도원리(Leitprinzipien)는 모든 공동체(Gemeinwesen)의 法的 基本秩序에 그 기초를 두고 있다. 헌법의 기본원리는 한 나라 안에서 첫째, 헌법의 각조항을 비롯한 모든 법령의 해석기준이 되며, 둘째, 국가정책결정의 지침이나 방향제시를 이룩 할 수 있고 셋째, 모든 국가기관과 공무원 · 국민이 지켜야 할 근본적 가치규범이자 행동지침을 마련하며, 넷째, 입법권의 방향과 제한의 기준이 되며, 다섯째, 헌법개정에 있어서의 헌법개정금지대상이 되는 것이다.[1] 이와 같은 기본원리를 토대로 하여 현대 헌법국가는 일정한 정치적 가치질서 즉 자유 · 평등 · 정의의 실현을 보장한다. 이러한 헌법의 기본원리는 헌법전문과 헌법본문에 나타나 있다.

---

1) 권영성, 헌법학원론, 126면; 김계환, 헌법학정해, 117면 참조.

제 1 항 헌법전문

I. 헌법전문의 의의

헌법전문이라 함은 헌법의 본문 이전에 위치한 문장으로서 헌법전의 일부를 구성하는 헌법의 서문을 말한다.

II. 헌법전문의 법적 효력

1. 효력부정설

헌법전문은 헌법의 由來 · 헌법제정의 목적 · 헌법제정과정에 있어서의 국민적 결의의 표현을 기술한 것에 불과한 것으로서 헌법전문은 다만 선언적(enunziativ)일 뿐 명령적(dispositiv)인 규범은 아니라고 하는 견해이다. 19세기 독일공법학자들의 다수설이었고, 미국연방대법원의 견해이기도 하다.[1]

- 마이어(G. Meyer : 獨)
- K. C. Wheae(美)
- E. Corwin(美)
- 미연방대법원[2]
- 안쉬츠(Gerhard Anschütz : 獨)

2. 효력긍정설

헌법전문은 헌법제정권력의 소재를 밝히고 헌법이 추구하는 이념과 가치에 대한 국민의 결단을 밝힌 것이므로 이는 헌법본문과 일체를 이루어 법적 효력을 가진다.[3] 형식적으

---

1) 정종섭, 헌법학원론, 단락번호 [93]

2) Jacoson. v. Com. of Mass., 197 U.S 11(1905)

3) 헌재결 2005. 6. 30, 2004헌마859 【서훈추천부작위 등 위헌확인】 헌법은 국가유공자 인정에 관하여 명문 규정을 두고 있지 않으나 전문(前文)에서 "3 · 1운동으로 건립된 대한민국임시정부의 법통을 계승"한다고 선언하고 있다. 이는 대한민국이 일제에 항거한 독립운동가의 공헌과 희생을 바탕으로 이룩된 것임을 선언한 것이고, 그렇다면 국가는 일제로부터 조국의 자주독립을 위하여 공헌한 독립유공자와 그 유족에 대하여는 응분의 예우를 하여야 할 헌법적 의무를 지닌다.

로는 실정헌법(헌법전)의 일부를 구성하고, 실질적으로는 헌법규범의 단계구조에서 최상위의 규범이라는 학설이다. 국내의 통설이다.[1] 헌법재판소는 헌법전문의 법적 성격을 인정하여 법률이 헌법전문에 위반되면 효력이 상실된다고 판시하고 있다.[2] 헌법재판소에서는 "우리 헌법의 전문본문에 담겨져 있는 최고 이념은 국민주권주의와 자유민주주의에 입각한 입헌민주헌법의 본질적 기본원리에 기초하고 있다. 기타 헌법의 기본 원칙도 여기에 연유되는 것이므로 이는 헌법전을 비롯한 모든 법령해석의 기준이 되고, 입법형성권 행사의 한계와 정책결정의 방향을 제시하며, 나아가 모든 국가기관과 국민이 존중하고 지켜가야 하는 최고의 가치규범이다." 라고 명확하게 규범성을 인정하고 있다.[3] 이렇게 통설과 판례가 규범성을 인정할 때 그 내용은 대한민국의 법질서 중에서 최고규범으로서의 성격을 지니는 동시에 법령의 해석기준과 입법의 지침도 된다는 것이다. 더 나아가 구체적인 소송에도 적용되는 재판규범으로서의 성질도 지니게 된다(권영성).

헌법전문은 형식적으로는 헌법전의 일부를 구성하는 것이고 실질적으로는 헌법규범의 단계적 구조 중에서 최상위의 규범이라 할 수 있다.

- 슈미트(C. Schmitt)[4]
- 케기(Werner Kägi)
- 헷세(Konrad Hesse)[5]
- 라이프홀츠(Leibholz)
- 독일 연방헌법재판소
- 프랑스 제5공화국 헌법평의회
- 한국헌법재판소

1) 정종섭, 헌법학원론, 단락번호 [93]
2) 헌재결 1989. 1. 25, 88헌가7; 헌재결 1989. 9. 8, 88헌가6; 헌재결 1990. 4. 2, 89헌가113; 헌재결 1992. 3. 13, 92헌마37【국회의원선거법 제55조의3 등에 대한 헌법소원】
3) 헌재결 1989. 9. 8, 88헌가6.
4) 헌법전문 중의 정치적 결정은 독일 국민의 정치적 존재형태를 결정한 것이고, 모든 법규범의 기초적 전제가 되는 것이므로, 독일의 모든 법규범은 이 결정을 바탕으로 하고, 그 테두리 안에서만 타당하다. C. Schmitt, Verfassungslehre, Berlin 1928, S. 24.
5) 헌법전문에는 신국가질서의 최고원리가 포함되어 있다. K. Hesse, Grundzüge des Verfassungsrechts der BRD, S. 49.

III. 헌법전문의 주요내용

1. 헌법제정 · 개정권력의 주체확정

"유구한 역사에 빛나는 우리 대한(국민)은 1948년 7월 12일 제정되고 … 이제 국회의 의결을 거쳐 국민투표에 의하여 개정한다."

* (주의) 대한민국이 아니고 대한국민(헌법제정권력자)임

2. 정통성의 계승

헌법전문에는 "3 · 1 운동으로 건립된 대한민국의 임시정부의 법통을 계승하고 … 라고 규정하고 있다. 헌법전문은 형식적으로는 헌법전의 일부를 구성하는 것이고 실질적으로는 헌법규범의 단계적 구조 중에서 최상위의 규범이라 할 수 있다. 따라서 대한민국이 3·1 운동 및 대한민국임시정부가 추구한 자주독립, 민족자결주의저거 성격과 이념을 계승하고 있음을 보여주고 있는 위 헌법 전문의 내용은 헌법을 비롯한 모든 법령해석의 지침이 됨은 물론 나아가 각 헌법기관과 국민이 존중하고 지켜가야 하는 가치규범으로서 작용한다.[1]

3. 자유민주적 기본질서의 확립

"… 자유민주적 기본질서를 더욱 확고히 하여"

4. (간접적) 저항권의 승인

헌법전문에는 "불의에 항거한 4 · 19 민주이념을 계승하고 …" 라고 규정하고 있다. 다만 '4 · 19'를 법적인 의미에서 어떻게 볼 것인가에 대해서는 그 성격을 혁명으로 인정하느냐에 여부에 따라 의견이 대립되고 있다.[2] 우선, '4 · 19'를 법적 · 정치적 의미 모두에서

---

1) 3 · 1운동의 법률적인 의미가 문제가 된다. 이에 대해 헌법재판소에서는 '헌법전문에 기재된 3 · 1운동정신'은 우리나라 헌법의 연혁적 · 이념적 기초로서 헌법이나 법률해석기준으로 적용한다고 할 수 있지만, 그에 기하여 곧바로 국민의 기본권성을 도출해 낼 수는 없다고 할 것이므로, 헌법소원의 대상인 '헌법상 보장된 기본권'에 해당하지 아니한다" 고 판시하여(헌재결 2001. 3. 21, 99헌마139) 헌법전문의 규범력의 내용과 한계를 분명히 하고 있다. 이에 의하면 3 · 1정신 자체가 기본권으로서 의미는 지니지 못하는 것이지만, 헌법이나 기타 법령의 해석 기준과 입법지침, 더 나아가 재판규범으로서 성질을 지니는 것이라고 한다.

2) 정치학적으로는 4 · 19의 성격을 '혁명'으로 보는 데에 대체로 일치하는 것 같다. 즉, 절대주의 정치를 타도한 시민혁명, 집권세력 대치와 민주제도 수립을 위해 비합법적 폭력이 수반된 정치적 혁명, 민중의 토대 위에 선 지식계급이 단행한 옆으로부터의 혁명등으로 인식되고 있다. 이에 관한 내용은 양병기, 4월 혁명의 역사성 논의 검토, 27면 참조.

혁명이라고 평가하는 입장[1]을 들 수 있다. 그 근거로는 이승만 대통령의 권위주의적 지배체제에 의하여 자유민주주의가 억압되자 이를 희생시키기 위하여 국민이 체제를 부정하는 투쟁을 벌였으며 그 결과 권력구조체제에 변화가 있었다는 점이다. 그러나 엄밀한 의미에서 혁명이란 근본적으로 정치적 · 사회적 · 경제적 변동이 있을 때에만 쓰이는 개념이다.[2] 특히 헌법제정권력이 변모되었을 때 사용하는 개념이라 할 수 있다(1789년 프랑스대혁명, 1917년 볼쉐비키혁명). 따라서 4 · 19 이후의 상황이 단지 자유당 정권에서 민주당 정권으로 교체되었을 뿐 사회적 · 경제적인 급격한 변화는 없었고 헌법체계의 기본적인 구조와 기능도 '혁명적'인 전환이 없었다는 점에서 혁명으로 보기에는 무리가 있겠다.[3]

정치적인 면에서 4 · 19의 성격이 혁명적이라 할 수 있다는 사실은 부인하지 않지만 법적인 면에서 볼 때는 혁명이 아니라는 입장이 있다. 따라서 4 · 19의 성격은 국민이 '저항권'을 행사한 것으로 본다.[4] 그 이유는 4 · 19의거가 이승만 정권의 위헌적인 권력행사에 반대하는 헌법 수호적인 성격의 것으로서 권위주의 체제를 붕괴시키고 헌법의 규범적 효력과 권력제한 기능을 재생 시키기 위한 것이므로 기존의 헌정질서를 파괴하고 새로운 헌정질서를 창설하는 것을 그 의미로 하는 법적 의미에서의 혁명과는 성격을 달리하기 때문이다.[5] 4 · 19의 의미는 한국헌정사에 있어서 민주주의를 향한 최초의 국민적 투쟁이었고 역사적 교훈을 남겼다는 점에서 결코 무시할 수 없는 성질의 것이다. 그러나 정치적으로는 혁명적 성격을 부인할 수 없다 하더라도 법 논리적으로는 국민의 저항권 행사로 보는 것이 타당하겠다.

5. 정의로운 사회국가의 실현

"모든 사회적 폐습을 타파하며, …모든 영역에 있어서 각인의 기회를 균등히 하며"

---

1) 김철수, 헌법이 지배하는 사회를 위하여, 47면.
2) 한완상 외, 4 · 19 혁명론 I, 185면.
3) 이것은 '법적'인 의미에서 혁명으로 보기에는 어렵다는 것이지 '정치적'의미에서는 혁명적 성격을 부인하는 것은 아니다. 제2공화국의 시대적 상황이 제1공화국의 모순을 시정하고 자유를 확립하기 위해서 새로운 가치질서와 제도를 통해 헌정운동을 시도하고 있기 때문이다(이인형, 제2공화국 헌정사에 관한 고찰, 경희대학교 석사학위논문, 1994, 82면).
4) 윤명선, 헌법체계론(I), 88면.
5) 허영 교수는「기존의 헌법질서를 파괴하고 새 헌법질서를 창설하는 것을 그 본질로 하는 혁명과는 그 성격을 달리했다고 볼 수도 있지만, 두차례의 불법개헌으로 인해 헌법이 이미 그 규범력을 완전히 상실한 상태였고, 자유당정권의 초헌법적인 불법통치를 뿌리뽑기 위한 불가피한 수단이 4 · 19였다면 그것은 정치적 의미에서 뿐만 아니라 법적으로도 혁명적인 성격을 충분히 인정할 수 있다고도 볼 수 있을 것이다」고 한다. 허영, 한국헌법론, 105면 참조.

6. 민족주의의 표명

- 유구한 역사와 전통
- 정의 인도와 동포애로써 민족의 단결을 공고히 하며

7. (국제)평화주의의 선언

- 조국의 평화적 통일의 사명에 입각하여
- 밖으로는 항구적인 세계평화와 인류공영에 이바지함으로써

IV. 헌법전문의 법적 효력

헌법전문의 내용은 국가적 과제와 국가적 질서형성에 관한 지도이념(Leitidee) 및 지도원리(Leitprinzip)를 기술한 것으로서 우리 나라의 기본적 가치질서에 관한 국민적 合意의 표명이다.

1. 헌법전의 (일부)구성

헌법전은 단순히 헌법의 공포문이 아니라 헌법전의 일부를 구성한다.

2. 최고규범성

헌법전문은 대한민국 법질서의 최고규범이다.

- 실질적 : ① 헌법본문, ② 모든 법령의 내용을 정의하고 모든 법령의 타당성의 근거가 된다.
- 형식적 : ① 헌법본문, ② 모든 법령에 상위하는 효력을 가진다.

3. 모든 법해석의 기준

헌법전문은 헌법본문 및 모든 법령의 내용을 정의하고, 또한 모든 법령의 해석기준이 된다.

「헌법전문」
- 헌법본문
- 법령의 내용정의
- 법령의 해석기준

4. 재판규범성

헌법전문은 ① 헌법본문, ② 모든 법령의 내용을 정의하고, ③ 모든 법령의 해석기준이 되므로 재판과정에서 이를 원용할 수 있는 재판규범이 된다.[1)]

5. 헌법전문의 내용중 핵심사항의 개정금지

헌법전문은 국민적 합의(Konsens)인 헌법의 지도이념 · 지도원리(Leitprinzip)를 그의 주된 내용으로 하므로 헌법전문 중 다음과 같은 핵심사항은 개정금지사항(헌법개정의 한계)에 해당한다.

- 국가적 이념
- 기본적 가치질서

1) 국가보안법 제7조 제1항은 그 용어가 지나치게 다의적이고 그 적용범위가 광범위하여 만일 문리 그대로 해석 · 운영한다면, 헌법상의 언론 · 출판 · 학문 · 예술의 자유를 위축시킬 우려와 헌법 제19조의 양심의 자유를 침해할 가능성이 있고 법운영당국에 의한 자의적 집행을 허용할 소지가 있어 법치주의 및 죄형법정주의에 저촉될 소지가 생겨날 것이며, 평화적 통일에 관한 헌법전문과 제4조에 양립하기 어려운 문제가 생길 수도 있다. 그러나 일찍이 남북간에 전쟁이 있었고 아직도 대치상태이므로 비록 그 다의성 때문에 위헌의 문제가 생겨날 수 있다고 해서 제7조 1항을 전면위헌으로 완전폐기되어야 할 규정으로 보지는 않으며, 이에 합헌적 제한해석을 할 필요성이 있으며 (국가보안법 제7조 1항(찬양 · 고무 등) 및 5항에 관한 헌법재판소의 한정합헌결정(1990. 4. 2, 선고 89헌가113 결정; 헌법재판소판례집 제2권, 1990, 49.

제 2 항 헌법본문

I. 국민주권의 원리

1. 의의

국민주권의 원리라 함은 국가의 최고의사를 결정할 수 있는 권리(주권)를 국민이 가지며 모든 국가권력의 정당성의 근거가 국민으로부터 나오는 원리를 말한다. 이러한 국민주권의 원리는 미국의 독립선언과 프랑스의 인권선언을 비롯하여 현대민주국가의 헌법들이 예외없이 선언하고 있다.

2. 국민주권론과 인민주권론

국민주권의 이론에서는 국민의 개념을 국민(nation)과 인민(peuple)으로 구분하여, 이들을 각기 그 주체로 하는 국민주권론과 인민주권론을 구별하고 있다. 국민주권의 원리와 인민주권의 원리는 다음과 같은 점에서 구별되고 있다.[1]

첫째, 국민주권의 원리에 있어서 주권의 주체는 관념적이고 추상적인 전체국민을 의미하지만, 인민주권의 원리에 있어서 주권의 주체는 현실적이며 구체적인 개개인의 집단, 즉 有權的 시민의 총체를 의미한다.

국민주권의 원리 → 관념적이고 추상적인 전체국민
인민주권의 원리 → 현실적이며 구체적인 개개인의 집단, 즉 有權的 市民의 총체

둘째, 국민주권의 원리에 있어서는 전체국민의 추상성으로 말미암아 그 주권이 대표에 의하여 행사될 수 밖에 없는 대의제(간접민주제)를 이상으로 하지만, 인민주권의 원리에 있어서는 유권적 시민의 총체가 직접 주권을 행사하는 직접민주제를 이상으로 한다.

국민주권의 원리 → 간접민주제
인민주권의 원리 → 직접민주제

셋째, 국민주권의 원리에 있어서 그 대표는 그를 선출한 국민의 지시나 명령에 구속되지 아니하는 무기속위임(자유위임)을 본질로 하지만, 인민주권의 원리에 있어서 그 대표는

---

1) 권영성, 헌법학원론, 132면.

그를 선출한 주권자의 지시와 통제에 따르는 기속적 위임을 본질로 한다. 따라서 국민주권의 원리에 있어서 그 대의제는 권력분립의 원리를 필수적인 전제로 하지만, 인민주권의 원리에 있어서는 권력분립의 원리가 거부되고 권력집중의 원리가 요청된다.

국민주권의 원리 → 무기속위임(자유위임) · 권력분립의 원리
인민주권의 원리 → 기속적 위임 · 권력집중의 원리 ☜ 루소가 권력분립이론을 부정한 이유(인민민주주의를주장했으므로)

넷째, 국민주권의 원리에 있어서 선거는 반드시 보통선거가 아닌 교양과 재산을 가진 자에게만 선거권을 부여하는 제한선거도 무방하지만, 인민주권의 원리에 있어서 제한선거는 주권적 인민의 주권의 제한으로 간주되어 용납되지 아니한다.

국민주권의 원리 → 제한선거 가능
인민주권의 원리 → 제한선거는 불가

다섯째, 국민주권의 원리에 있어서는 대의제의 필연적인 결과로 주권의 주체(전체국민)와 주권의 행사자(유권적 시민의 총체)가 분리되지만, 인민주권의 원리에 있어서는 직접민주제의 결과로 주권의 주체와 행사자가 대체로 일치한다.

국민주권의 원리 → 주권의 주체(전체국민)와 주권의 행사자(유권적 시민의 총체)가 분리
인민주권의 원리 → 주권의 주체와 행사자가 대체로 일치 ← 직접민주제의 결과

요컨대 국민주권론과 인민주권론은 일응 구별되지만, 현대국가의 헌법에서는 순수한 국민주권론이나 순수한 인민주권론만을 정치적 구성원리로 하고 있는 헌법은 찾아보기 어렵다. 오히려 국민주권론과 인민주권론의 조화를 헌법의 기본틀로 하고 있다.

3. 국민주권의 원이의 내용

3.1. 국민주권에 있어서 「주권」의 의미

국민주권에 있어서 주권이란 국가의사를 전반적 · 최종적으로 결정할 수 있는 최고의 권력 또는 권위이며 통치권과는 구별된다. 주권은 대외적 독립성 · 대내적 최고성을 본질적 특성으로 하면서 시원성 · 항구성 · 단일불가분성 · 불가양성 · 자율성 등과 같은 속성을 가진 권력이다.

3.2. 국민주권에 있어서 「국민」의 의미

3.2.1. 주권의 주체로서의 국민 : 이념적 주권자(국민주권이념설)

국민주권의 원리에 있어서 국민은 이념적으로는 국가의 구성원인 국민전체를 의미한다. 그러나 주권의 주체로서의 전체국민은 그 추상성으로 말미암아 현실적으로 합의체의 구성이나 통일적 집단행동이 불가능하므로, 전체국민을 주권자로 파악하는 국민주권론은 국가권력은 국민전체의 이익을 위하여 행사되어야 한다는 국가권력의 정당성의 근거를 의미하는 정치적 · 이데올로기적 개념일 뿐이다(국민주권이념설).[1]

3.2.2. 주권의 행사자로서의 국민 : 현실적 주권자(국민주권규범설)

국민주권의 원리에 있어서 국민을 전체국민과 유권적 시민의 총체로 2분하여(국민개념2분설) 전체국민은 주권의 귀속주체 내지 주권의 보유자(이념적 주권자)이고, 주권의 현실적 행사자(현실적 주권자)는 유권적 시민의 총체라고 이해할 경우에는 그 국민의 현실성 · 구체성으로 말미암아 국민주권의 원리는 주권자가 국가의사를 직접 결정하거나 아니면 적어도 국가의사의 결정이 국민적 합의에 기초하는 것이어야 한다는 법적 원리를 의미하게 된다(국민주권규범설). 요컨대 국민주권의 원리에 있어서 그 국민을 전체국민으로 간주할 경우에는 그 국민은 이념적 주권자를 의미하게 되지만, 그 국민을 유권적 시민의 총체로 간주할 경우에는 그 국민은 현실적 주권자를 의미하게 된다.[2]

「국민주권의 원리에 있어서 국민」
주권의 보유자로서의 국민 → 국민전체(이념적 주권자) : 국민주권이념설
주권의 행사자로서의 국민 → 유권자(현실적 주권자) : 국민주권규범설

4. 국민주권의 제도적 구현형태

4.1. 개관

주권이 국민에게 있음을 실정헌법이 규정하고 있는 경우에도 기술적인 또는 이념적인 이유로 국민이 언제나 직접 국가의사를 결정할 수는 없다. 따라서 국민주권의 원리를 현실적으로 구현하기 위해서는 기술적 방법 내지 제도적 장치가 필요하다. 국민주권의 제도적 구현형태에는 국민이 국가의 정책결정과정에 참여하는 방법에 따라 직접민주제와 간접민주제로 구분된다.[3]

---

1) 권영성, 헌법학원론, 132면.
2) 권영성, 헌법학원론, 132면.
3) 권영성, 헌법학원론, 134면.

4.2. 간접민주주의

간접민주제라 함은 주권자인 국민이 그들의 대표기관을 선출하여 그들로 하여금 국민을 대신하여 국가의사나 국가정책을 결정하게 하는 제도를 말한다. 따라서 간접민주제에 있어서는 대의제의 원리가 지배한다. 대의제도는 주권자인 국민이 직접 국가의 정책결정에 참여하는 대신 정책결정을 맡을 대의기관을 선거하고 이 대의기관의 정책결정 내지 통치권행사를 여론 내지 주기적 선거를 통해 통제 내지 정당화 시킴으로써 대의기관의 선거를 통해 국민 주권을 실현시키는 통치 기관의 구성원리를 뜻한다. 그러므로 현대 민주국가에서 의회제도와 선거제도는 국민주권의 원리를 구현하기 위한 필수적인 제도로 간주되고 있다.[1)]

4.3. 직접민주주의

직접민주제라 함은 주권자인 국민이 직접 국가의사나 국가정책을 결정하는 제도로서 여기에는 동일성의 원리가 지배한다. 현대 민주국가에서는 직접민주제의 방식으로 국민투표제를 비롯하여 국민발안제와 국민소환제(주민소환제)를 채택하고 있다. 이 밖에도 국민주권의 이념을 구현하기 위하여 정치적기본권의 보장, 지방자치제 · 직업공무원제 및 법치국가의 원리 등을 채택하는 것이 일반적인 경향이다.

「국민주권의 제도적 구현형태」
- 직접민주제 : 주권자인 국민이 직접 국가의사나 국가정책을 결정하는 제도 · 同一性의 원이 · 국민투표제 · 국민발안제 · 국민소환제
- 간접민주제 : 주권자인 국민이 대표기관을 선출하여 그들로 하여금 국민을 대신하여 국가의사나 국가정책을 결정하게 하는 제도 · 대의제의 원리 · 의회제도 · 선거제도
- 정치적기본권의 보장
- 지방자치제
- 직업공무원제
- 법치국가의 원리

II. 한국헌법상 국민주권원리의 구체적 내용

1. 현행 헌법상 국민주권원리의 의의

국민주권의 원리에 있어서의 국민은 이념적으로는 국가의 구성원인 국민전체를 의미

1) 권영성, 헌법학원론, 134면.

한다. 현행 한국헌법은 헌법전문에서 국민이 헌법제정권력의 주체임을 명시하고 있고 헌법 제1조 제2항에서 "대한민국의 주권은 국민에게 있고"라고 하여 국민주권의 원리를 구체적으로 선언하고 있다.1) 이 때의 주권은 대한민국의 국가의사와 국가적 질서를 최종적 · 전반적으로 결정할 수 있는 최고의 권력을 의미하며, 이 때의 국민은 이념적으로는 대한민국의 국적을 가진 국민의 전체를 의미하지만, 현실적으로는 유권적 시민의 총체를 의미한다.2)

2. 국민주권원리의 구현방법

2.1. 개관

현행헌법은 국민에 의하여 직접 혹은 간접적으로 선출된 국민의 대표자(국회 · 대통령 · 법원 · 헌법재판소)로 하여금 국민을 대신하여 국가의 의사를 결정하게 하는 간접민주주의의 채택을 기본골격으로 하면서 동시에 필요한 경우에는 국민이 직접 국가의 의사를 결정하는 경우와 같은 직접민주주의 형태를 가미하고 있다(예 : 국민투표).3) 구체적으로 살피면 다음과 같다.

간접민주주의의 채택
직접민주주의 형태를 가미

2.2. 간접민주제의 채택에 의한 국민주권원리의 구현

현행헌법상 국민주권의 원리를 구현하기 위한 간접민주제의 내용으로는 국민의 대표기관인 대통령과 국회의원(의회주의)들로 하여금 국민을 대신하여 국가적 의사와 국가정책들을 결정하게 하는 대의제(대의민주주의)를 들 수 있다.4)

---

1) 헌재결 1989. 9. 8, 89헌마194 【대법원의 판결에 대한 헌법소원】 우리 헌법의 전문과 본문에 담겨있는 최고이념은 국민주권주의와 자유민주주의에 입각한 입헌민주헌법의 본질적 기본원리에 기초하고 있다. 기타 헌법상의 제원칙도 여기에서 연유되는 것이므로 이는 헌법전을 비롯한 모든 법령해석의 기준이 되고, 입법형성권 행사의 한계와 정책결정의 방향을 제시하며, 나아가 모든 국가기관과 국민이 존중하고 지켜가야 하는 최고의 가치규범이다(헌판집 1권, 199[205]면).

2) 권영성, 헌법학원론, 132면.

3) 권영성, 헌법학원론, 135면.

4) 민주주의의 기본적 가치라고 할 수 있는 주권재민의 원리(제1조 제2항)가 현실적인 제도로 구체적으로 현출되는 것이 선거제도이고 선거법이다. 민주주의의 존립에 가장 중요한 문제는 선거에 달려 있고 선거와 관련되어 정치적 법률적 문제가 제기된다(헌재결 1989. 9. 8. [88 헌가 6], 헌판집 1권, 199 [209]면).

- 의회주의
- 선거를 통한 대의제 채택

2.3. 직접민주제의 가미(加味)에 의한 국민주권원리의 구현

현행 헌법에 있어서 직접민주제를 채택하고 있는 경우로는 외교 · 국방 · 통일 기타 국가안위에 관한 중요정책을 국민이 국민투표로 직접 확정하는 경우(헌법 제72조)와 헌법개정안에 대한 국민투표실시의 경우(헌법 제130조 제2항)이다. 국민주권의 원리를 한층 더 직접민주제적 방식으로 구현하려면 그외에도 국민발안제(Volksinitiative) · 국민소환제(recall) 등이 있다.

「직접민주제」
- 국민투표제
- 국민발안제
- 국민소환제

2.4. 기본권보장에 의한 국민주권원리의 구현

헌법은 국민주권의 이념을 구현하기 위하여 공무원선거권과 공무담임권을 비롯한 언론 출판 집회 · 결사의 자유, 청원권 등 일련의 정치적 기본권을 보장하고 있다. 이들 정치적 기본권의 보장은 현대민주국가에서 국민주권의 원리를 구현하는 수단으로서 중요한 의미를 가진다.

- 공무원 선거권
- 공무담임권
- 언론 · 출판 · 집회 · 결사의 자유
- 청원권

2.5. 정당제도의 확립에 의한 국민주권원리의 구현

선거나 국민투표를 통한 국민주권의 원리의 구현은 실제로 선거나 국민투표가 실시되는 경우에만 현실적으로 가능하고, 국민투표가 실제로 실시되지 아니하거나 선거와 다음선거 사이의 기간에는 국민주권의 원리가 사실상 명목적인 것에 지나지 않게 된다. 그러나 오늘날의 정당제 민주주의국가에서 볼 수 있다시피 정당제도가 발달한 경우에는 국민은 정당을 통하여 수시로 입법과정에 참여하거나 국정수립에 대하여 영향력을 행사할 수 있다.[1]

2.6. 지방자치제의 확립에 의한 국민주권원리의 구현

지방자치 역시 국민주권의 원리를 실질적으로 구현하는데 기여하는 제도이다.[1] 왜냐하면 지방자치는 민주주의(풀뿌리민주주의)와 지방분권사상이 결부되어있으며, 이는 바로 주민자치행정을 의미하는 것이기도 하다. 그리고 지방자치제도는 주민자신이 자기의 책임하에 자기의 대표기관으로 하여금 행정을 처리하게 하는 자율성을 그 본질로 하고 있기 때문이다.

2.7. 직업공무원제의 확립에 의한 국민주권원리의 구현

공무원의 국민전체에 대한 봉사자로서의 역할과 이를 활성화하는 직업공무원제도는 국민주권의 원리를 구현하는 제도로서 그 의의가 자못 크다. 헌법이 제7조에서 「공무원은 국민 전체에 대한 봉사자이며, 국민에 대하여 책임을 진다. 공무원의 신분과 정치적 중립성은 법률이 정하는 바에 의하여 보장된다」라고 규정하고 있는 것은 엽관주의를 배척하고 직업공무원제도가 국민주권의 원리에 바탕한 민주적이고 법치국가적인 공직제도임을 천명한 것이다.[2]

- 직업공무원제의 보장(헌법 제7조) : 공무원은 국민 전체에 대한 봉사자이며, 국민에 대하여 책임을 진다. 공무원의 신분과 정치적 중립성은 법률이 정하는 바에 의하여 보장된다」.[3]

1) 권영성, 헌법학원론, 135면.
1) 헌재결 1991. 3. 11, 91헌마21【지방의회의원선거법 제36조 제1항에 대한 헌법소원】① 지방의회선거법 제36조 소정의 시 · 도의회의원 후보자에 대한 700만원의 기탁금규정은 헌법의 최고이념인 국민주권주의, 자유민주주의원리에 합치하지 않는 것이다. ② 시 · 도의회의원선거에서 정당이 후보자의 추천과 후보자를 지원하는 선거운동을 통하여 소기의 목적을 추구하는 경우, 평등권 및 평등선거원칙으로부터 나오는(선거에 있어서의)기회균등의 원칙은 후보자는 물론 정당에 대해서도 보장되는 것이므로 정당추천의 후보자가 선거에서 차등대우를 받는 것은 정당이 선거에서 차등대우를 받는 것과 같은 결과가 된다. ③ 지방의회의원선거법 제36조 제1항은 "시 · 도의회의원 후보자는 700만원의 기탁금"부분은 너무 과다하여, 자연인의 경우는 헌법 제11조의 평등권, 제24조의 선거권, 제25조의 공무담임권 등을 침해하는 것이고, 정당의 경우는 선거에 있어서 기회균등의 보장을 받을 수 있는 헌법적 권리를 침해한 것이다. 지방자치제도는 민주정치의요체이며 … 국민주권주의와 자유민주주의이념구현에 크게 이바지 할 수 있는 것이다.
2) 헌재결 1989. 12. 18, 89헌마32 · 33【국가보위입법회의법 등의 위헌여부에 관한 헌법소원】
3) 1. <u>폐지된 법률(실효된 법률)이라도 헌법재판소법 제68조 제2항의 헌법소원심판 청구인들의 침해된 법익을 보호하기 위하여 그 위헌여부가 가려져야 할 필요가 있는 때에는 심판의 대상이 된다</u>. 2. 구 국가보위입법회의법 부칙 제4항 후단은 합리적 이유없이 임명권자의 후임자 임명처분으로 공무원직을 상실하도록 함으로써 직업공무원제를 침해하였으므로 구 헌법 제6조 제2항, 헌

III. 자유민주주의

1. 의의

자유민주주의는 자유주의와 민주주의가 서로 결합된 형태의 정치원리라고 할 수 있다. 자유주의라 함은 자신의 인격을 독자적 · 자율적으로 발전시켜 나가려는 인간정신의 근원적 욕구에 바탕한 이념 내지 원리로서 국가권력의 간섭을 배제하고 개인의 자유와 자율을 옹호하고 존중할 것을 요구하는 사상적 입장을 말한다. 자유주의는 18세기에 와서 신흥시민계급이 주장한 이데올로기로서 개인의 자유를 이상으로 하고, 완전경쟁에 입각한 자율적 행동원리를 그 수단으로 하는 철학이요 원리이다. 이에 대하여 민주주의라 함은 국민에 의한 지배 또는 국가권력이 국민에게 귀속되는 것을 특징으로 하는 정치원리를 말한다.[1] 아무튼 자유주의의 의미는 여러 가지의 의미를 내포하고 있지만, 이를 정치적으로 고찰하면, 「개인의 자유를 옹호 · 존중할 것을 근본원리로 삼는 정치원리」이다. 자유주의가 정치원리로 주장되기까지는 오랜 기간이 경과하였다. 영국 · 독일 · 프랑스의 정치철학자들이 이 근본원리를 발전시켰다.

2. 자유민주주의의 내용

자유민주주의가 인민민주주의와 사회민주주의[2]등과 구별되는 개념임에는 틀림이 없지만, 그 내용과 특징이 어떤 것인가는 논란의 대상이 되고 있다. 독일연방헌법재판소에 의하면, 자유민주주의(freiheitliche demokratische Grundordnung)는 「모든 폭력적 지배와 자의적 지배를 배제하고, 그때 그때의 다수의 의사와 자유 및 평등에 의거한 국민의 자기결정을 토대로 하는 법치국가적 통치질서」라고 한다.[3] 그리고 자유민주적 기본질서의 내용적 요소로서 인간의 존엄과 인격의 존중을 기본으로 하는 인권의 보장, 국민주권의 원리, 권력분립의 원리, 책임정치의 원리, 행정의 합법률성, 사법권의 독립, 복수정당제와 정당활동의 자유 등을 들고 있다.

법 제7조 제2항에 위반된다(헌재결 1989. 12. 18, 89헌마32병합).

1) 권영성, 헌법학원론, 136면.

2) 허영 교수는 「경제적 · 사회적 민주주의도 자유민주주의의 확장된 개념에 속하는 것이라고 보는 견해가 있지만, A. Hammann이 적절히 지적하고 있다시피, 사회국가적 원리는 결코 자유민주적 기본질서 그 자체의 개념에 속하는 것으로 보기 어렵고 다만 사회민주주의는 자유민주주의를 그 전제로 하는 것일 뿐이다(Hamman, Kommentar, 2. Aufl., S. 190)」라고 한다.

3) BVerfGE 12, 45(51).

- 자유민주적 기본질서(freiheitliche demokratische Grundordnung) -
- 독일 연방헌법재판소의 정의(BVerfGE 2, 1 (12 f.). -

자유민주적 기본질서라 함은 "어떠한 폭력지배나 恣意支配(Gewalt- und Willkürherrschaft)를 배제하고, 그때 그때의 다수의 의사에 따른 국민자치에 근거한 법치국가적 지배질서와 자유와 평등이 확보되는 질서"이다

〈자유민주적 기본질서의 구체적 내용〉

- 基本法(Grundgesetz -> 독일 연방헌법을 의미)에 규정된 인권의 존중(Achtung)
- 입법부 (Legislative), 행정부/집행부 (Exekutive), 사법부 (Judikative)의 권력분립 (Gewaltenteilung) ☞ 행정부 -> 집행부
- 국민에 의한 (정치적) 의사형성(Willensbildung)과 국가기관에 의한 정치적의사의 집행(Ausführung)(예: 의회제도의 확립)
- 국민주권의 규칙적 행사(예: 선거)
- 정부의 국민대표기관, 즉 국회(Volksvertretung)에 대한 책임: 의회제도의 확립
- 모든 국가기관(Staatsorgan)의 최소한의 간접적인 '민주적 정통성(demokratische Legitimität)' 확보
- 다수결원리(Mehrheitsprinzip)와 야당(Opposition)의 존재인정
- 행정의 적법성(Gesetzmäßigkeit der Verwaltung): 법지행정의 원리
- 법률의 우위(Vorrang des Ggesetzes)와 법률유보(Gesetzesvorbehalt).

3. 자유민주주의의 전개

인간이 조합(Zunft; guild), 승려계급, 귀족계급이라는 좁은 계급의 테두리 안에서 구속되었다가, 人本主義사상의 발전과 문예부흥(renaissance)을 통하여, 그리고 자연권사상과 계몽운동을 통하여, 인간은 현세의 생활과 창조의 주인공으로서 등장하게 되자, 자유주의(Liberalismus)는 개인주의사상의 근저가 되어, 미국의 독립선언(Declaration of Independence : 1776), 프랑스혁명(1789)등에서 구체적으로 표현되었다.

① 「미국 독립선언(Declaration of Independence : 1776)」: 1776년 영국(조오지 3세)에 대항하고 있던, 미국의 13개州의 식민지 대표가 필라델피아에서 모여 결의한 선언 → 자유주의국가관(평등 · 천부인권 · 계약설 · 국민주권 · 혁명권 등)을 表明
② 「프랑스혁명(1789)」 → 자유(Freiheit) · 평등(Gleichheit) · 博愛(Brüderlichkeit)

로크(Locke)에서 몽테스키외(Montesquieu)[1]를 통하여 칸트(Kant)에 이르러서는 자유주의(Liberalismus)는 법치국가 · 권력분립의 사상을 형성하게 되었다.

---

1) 몽테스키외, Baron de La Brde et de Montesquieu(1689. 1. 18-1755. 2. 10)

- 본(Bonn) 기본법(1949년) : 자유민주주의원리를 최초로 채택한 헌법이다.
  - 제18조(기본권 상실제도)
  - 제21조 제2항(위헌정당 해산제도)
  - 제91조 제1항(연방의 존립에 대한 위험방지)

4. 현행 한국헌법에서의 자유민주주의

4.1. 의의

헌법은 前文에서 「자유민주적 기본질서를 더욱 확고히 하여」라고 하고, 제4조에서 「대한민국은 …자유민주적 기본질서에 입각한 평화적 통일정책을 수립하고 이를 추진한다」라고 하고, 제8조 제4항에서는 「정당의 목적이나 활동이 민주적 기본질서에 위배될 때에는 … 해산된다」라고 하고 있다 이것은 자유민주주의가 현행헌법에 있어서 기본원리의 하나임을 천명한 것이다.

- **헌법 전문** : 자유민주적 기본질서를 더욱 확고히 하여
- **헌법 제4조** : 대한민국은 자유민주적 기본질서에 입각한 평화적 통일정책을 수립하고 이를 추진한다
- **헌법 제8조 제4항** : 정당의 목적이나 활동이 민주적 기본질서에 위배될 때에는 정부는 헌법재판소에 제소할 수 있고 … 해산된다.

- 자유민주적 기본질서(freiheitliche demokratische Grundordnung) –

– 헌재결 1990. 4. 2, 89헌가113(한정합헌) –

국가보안법 제7조 1항 및 5항(1980.12.31, 법률 제3318호)은 각 그 소정행위가 국가의 존립 · 안전을 위태롭게 하거나 자유민주적 기본질서에 위해를 줄 경우에 적용된다고 할 것이므로, 이러한 해석하에 헌법에 위반되지 아니한다.

[결정이유 要旨 : 다수의견]

국가보안법 제7조 1항은 그 용어가 지나치게 다의적이고 그 적용범위가 광범위하여 만일 문리 그대로 해석 · 운영한다면, 헌법상의 언론 · 출판 · 학문 · 예술의 자유를 위축시킬 우려와 헌법 제19조의 양심의 자유를 침해할 가능성이 있고 법운영당국에 의한 자의적 집행을 허용할 소지가 있어 법치주의 및 죄형법정주의에 저촉될 소지가 생겨날 것이며, 평화적 통일에 관한 헌법전문과 제4조에 양립하기 어려운 문제가 생길 수도 있다. 그러나 일찍이 남북간에 전쟁이 있었고 아직도 대치상태이므로 비록 그 다의성 때문에 위헌의 문제가 생겨날 수 있다고 해서 제7조 제1항을 전면위헌으로 완전 폐기되어야 할 규정으로 보지는 않으며, 이에 합헌적 제한해석을 할 필요성이 있으며 국가의 존립 · 안전이나 자유민주주적 기본질서에 무해한 행위는 처벌에서 배제하고 실질적 해악을 미칠 명백한 위험이 있는 경우로 처벌을 축소 · 제한하여야 하며, 이러한 해석 하에서 헌법에 위반되지 않는다. 여기

에서 국가의 존립·안전을 위태롭게 한다 함은 대한민국의 독립을 위협·침해하고 영토를 침탈하며, 헌법과 법률의 기능 및 헌법기관을 파괴·마비시키는 것이며, 자유민주적 기본질서에 위해를 준다함은 모든 폭력적 지배와 자의적 지배, 즉 반국가단체의 1인 독재 내지 1당 독재를 배제하고 다수의 의사에 의한 국민의 자치·자유·평등의 기본원칙에 의한 법치주의적 통치질서의 유지를 어렵게 만드는 것이고, 이를 보다 구체적으로 표현하면 기본적 인권의 존중, 권력분립, 의회제도, 사유재산과 시장경제를 골간으로 한 경제질서 및 사법권의 독립 등 우리 내부체제를 파괴·변혁시키려는 것으로 풀이할 수 있을 것이다라고 판시함으로써,[1] 자유민주적 기본질서에 대한 독일연방헌법재판소의 견해를 대체로 수용하고 있다.[2]

4.2. 자유민주주의 실행방법

4.2.1. 기본적 인권의 존중

인간의 존엄성존중을 바탕으로 하는 기본적 인권의 보장은 자유민주주의의 내용 중에서도 가장 핵심적 요소를 차지한다. 특히 정치적 기본권은 자유민주주의를 유지하고 실현하는 데 필수불가결의 요소이다. 헌법은 제2장에서 인간으로서의 존엄과 가치의 존중, 행복추구권, 법 앞에서의 평등을 비롯한 다양한 자유와 권리들을 보장하고 있다.[3] 또한 자유와 권리가 현실적으로 침해된 경우에 그 구제를 위한 청구권적 기본권까지 상세히 규정하고 있다.

- 인간으로서의 존엄과 가치의 존중
- 행복추구권[4]
- 법 앞에서의 평등

---

1) 헌재결 1990. 4. 2, 89헌가113 【국가보안법 제7조에 관한 위헌심판】

2) 그러나 자유민주적 기본질서의 구체적인 구성요소에 관한 독일연방헌법재판소와 우리 헌법재판소의 판시내용을 비교하여 보면 독일은 (ㄱ) 인권의 보장, (ㄴ) 국민주권의 원리, (ㄷ) 권력분립의 원리, (ㄹ) 책임정치의 원리, (ㅁ) 행정의 합법률성의 원칙, (ㅂ) 사법권의 독립, (ㅅ) 복수정당제와 정당활동의 자유의 보장을 들고 있는 데 대하여, 한국은 (ㄱ) 기본적 인권의 보장, (ㄴ) 권력분립, (ㄷ) 의회제도, (ㄹ) 복수정당제도, (ㅁ) 선거제도, (ㅂ) 사유재산과 시장경제를 골간으로 한 경제질서, (ㅅ) 사법권의 독립을 들고 있어, 그 인식내용에 다소의 차이가 있음을 볼 수 있다.

3) 권영성, 헌법학원론, 137면.

4) 헌재결 1989. 10. 27, 89헌마56 【군검찰관의 공권력행사에 관한 헌법소원】 1. 군검찰관의 기소유예처분은 「공권력의 행사」에 포함되는 것이 명백하므로 이로 인하여 기본권이 침해된 때에는 헌법소원심판청구의 대상이 된다. 2. 범죄혐의가 없음이 명백한 事案인데도 이에 대하여 검찰관이 恣意的이고 妥協的으로 기소유예처분을 했다면 이는 헌법 제11조 제1항의 평등권, 헌법 제10조의 행복추구권을 침해한 것이다.

4.2.2. 권력분립의 원리

권력분립의 원리라 함은 국가의 통치기능을 소극적으로 입법 · 행정(집행) · 사법으로 분리하고(삼권분립의 원칙), 이들 각자가 가지고 있는 기능을 각기 분리 독립된 입법부 · 행정부(집행부) · 사법부에 귀속시킴으로써 기관 상호간에 "견제와 균형(check and balance)"을 취하고자 하는 제도이다. 현행 헌법 제40조에서 「입법권은 국회에 속하고」, 헌법 제66조 제4항에서 「행정권은 대통령을 수반으로 하는 정부에 속하며」, 헌법 제101조 제1항에서 「사법권은 법관으로 구성된 법원에 속한다」라고 하여권력분립의 원칙을 채택하고 있다.

- 헌법 제40조 : 입법권은 국회에 속한다.
- 헌법 제66조 제4항 : 행정권은 대통령을 수반으로 하는 정부에 속한다.
- 헌법 제101조 제1항 : 사법권은 법관으로 구성된 법원에 속한다.

4.2.3. 의회제도의 확립

의회제도라 함은 국민에 의하여 선출된 대표자로서 구성된 국민대표기관인 의회(Volksvertretung)가 공개(Öffentlichkeit)와 토론(Diskussion)의 과정을 거쳐 다수결의 원리에 따라 입법 또는 정책을 결정하는 등 의회를 중심으로 국정이 운영되는 정치제도를 말한다.[1] 의회제도는 국민주권의 원리를 실질적으로 구현하고 권력분립(Gewaltenteilung)에 의한 권력균형(Gewaltenbalancierung)의 원리를 기초로 하는 정치제도이므로, 현대 민주국가의 통치구조에 있어서 불가결의 정치제도로 간주되고 있다. 현행 헌법도 국회를 국민의 대표기관인 동시에 입법기관이며 또한 국정통제기관이라고 규정함으로써 의회제도를 국정운영의 기본제도로 설정하고 있다.[2]

4.2.4. 복수정당제도

복수정당제라 함은 단일 정당을 부인하는 정당제도로서 둘 이상의 정당이 존재하고 그 활동이 자유롭게 보장되는 형태의 정당제도를 말한다. 정당은 국민의 정치적 의사를 반영하는 마이크로폰으로서의 역할을 담당하고 있다. 따라서 민주주의가 실현되기 위한 전제조건으로서는 각계각층의 다양한 정치적 의사를 반영할 수 있는 복수정당제가 필수적이다. 헌법은 「정당의 설립은 자유이며 복수정당제는 보장된다」(헌법 제8조 제1항)라고 하여, 복수정당제를 지향하고 있다. 그러므로 현행헌법하에서는 1黨制가 인정되지 아니하고 모든 정당에

---

1) 권영성, 헌법학원론, 138면.
2) 권영성, 헌법학원론, 138면.

대한 기회균등이 보장되어야 한다.

헌법 제8조 제1항 정당의 설립은 자유이며 복수정당제는 보장된다.

4.2.5. 선거제도의 확립

선거라 함은 국민이 국회의원이나 대통령과 같은 국민대표기관을 선출하는 행위이다. 그러나 현대국가에서 선거는 단순히 대통령이나 국회의원 등 국가기관을 선출하는 기능만을 수행하는 것이 아니라, 선거제도의 확립을 통하여 평화적인 자유민주적 기본질서의 형성을 구현하고 이를 통한 평화적인 정부구성(Regierungsbildung)이라는 기능도 수행한다. 헌법 제41조 제1항과 제67조 제1항은 민주적인 선거제도의 기본원칙이라 할 수 있는 보통·평등·직접·비밀선거제를 규정하고 있다.[1)]

헌법 제41조 제1항 국회는 국민의 보통·평등·직접·비밀선거에 의하여 선출된 국회의원으로 구성한다.

헌법 67조 제1항 대통령은 국민의 보통·평등·직접·비밀선거에 의하여 선출한다.

헌재결 1989. 9. 8, 88헌가6 【국회의원선거법 제33조 제34조의 위헌심판제청】

국민 각자가 근대 의회제도의 원리로서의 민주적 참정은 국가구성원으로의 개인이 정치에 참여하는 것을 의미한다. 즉 근대적 대의제도는 국가의 정치적 단위로 개인만을 인정한다. 따라서 현대 선거제도의 원리는 그 개인의 민주주의적 정치 참여의 실현을 기하는 정치원리로 국민 각자의 인격주의에 바탕을 두고 있다. 현대 선거제도를 지배하는 보통, 평등, 직접, 비밀, 자유선거의 다섯 가지 원칙은 국민 각자의 인격의 존엄성을 인정하고 그 개인을 정치적 단위로 모든 사람에게 자유로운 선거와 참여의 기회를 균등하게 헌법이 보장하는 데에 기초를 두고 있다. 이러한 선거제도의 근본원칙은 선거인, 입후보자와 정당은 물론 선거절차와 선거관리에도 적용되며, 선거법을 제정하고 개정하는 입법자의 입법형성권 행사에도 당연히 준수하여야 한다.

4.2.6. 자유민주적 경제질서의 확립

자유민주적 경제질서라 함은 사유재산과 시장경제를 근저로 하여 자유경쟁을 주도하는 경제형태이다. 헌법도 제23조 제1항에서 재산권을 보장하고, 헌법전문과 제119조 제1항에서는 자유경쟁에 입각한 시장경제질서를 규정하여 우리 나라의 경제질서가 자유시장경제질서를 골간으로 하고 있음을 명백히 하고 있다. 그러나 헌법이 규정하고 있는 경제질서

1) 권영성, 헌법학원론, 138면.

는 고전적인 자유시장경제질서가 아니라 자유시장경제의 기반 위에 소득의 적정한 재분배, 경제력의 집중과 남용의 방지, 경제적 측면에 있어서의 경제적 약자의 보호와 이를 통한 사회정의의 실현을 동시에 지향하는 사회적 시장경제질서라고 할 수 있다.[1)]

- 헌법전문
- 재산권 보장(헌법 제23조 제1항) : 모든 국민의 재산권은 보장된다.
- 헌법 제119조 제1항 : 대한민국의 경제질서는 개인과 기업의 경제상의 자유와 창의를 존중함을 기본으로 한다.

4.2.7. 사법권의 독립

사법권의 독립이라 함은 사법권을 행사하는 법관이 구체적인 사건을 판결함에 있어서 입법권이나 행정권 내지는 사법권 자체의 권력으로 부터 독립하여 타인의 지시 · 명령에 의하지 아니하고 헌법과 법률이 정한바에 따라 독자적 · 양심적으로 판단하는 것이 보장되는 제도를 말한다. 헌법은 제101조 제1항에서 「사법권은 법관으로 구성된 법원에 속한다」라고 하여 사법권의 독립을 규정하고, 「법관은 헌법과 법률에 의하여 그 양심에 따라 독립하여 심판한다」(헌법 제103조), 「법관은 탄핵 또는 금고 이상의 형의 선고에 의하지 아니하고는 파면되지 아니하며, 징계처분에 의하지 아니하고는 정직 · 감봉 기타 불리한 처분을 받지 아니한다」(헌법 제106조)라고 하여 법관의 직무상 독립과 신분상 독립을 규정하고 있다.

- 헌법 제101조 제1항 : 사법권은 법관으로 구성된 법원에 속한다.
- 헌법 제106조 제1항 : 법관은 탄핵 도는 금고이상의 형의 선고에 의하지 아니하고는 파면되지 아니하며, 징계처분에 의하지 아니하고는 정직 · 감봉 기타 불리한 처분을 받지 아니한다.

IV. 사회국가의 원리

사회국가원리의 상세한 내용은 본서 "현대 헌법국가의 기본원리"를 참조하면 된다.

1) 권영성, 헌법학원론, 139면.

V. 문화국가의 원리

1. 의의

문화국가(Kulturstaat)라 함은 국가로부터 문화의 자유를 보장받고, 또한 문화에 대한 국가적 보호 · 지원 · 조정 등을 실현하는 국가를 말한다.[1] 우리나라는 건국헌법 이래 문화국가의 원리를 헌법의 기본원리로 채택하고 있다. 우리현행 헌법은 전문에서 "문화의 … 영역에 있어서 각인의 기회를 균등히" 할 것을 선언하고 있을 뿐 아니라, 국가에게 전통문화의 계승발전과 민족문화의 창달을 위하여 노력할 의무를 지우고 있다(헌법 제9조).

또한 헌법은 문화국가를 실현하기 위하여 보장되어야 할 정신적 기본권으로 양심과 사상의 자유, 종교의 자유, 언론 · 출판의 자유, 학문과 예술의 자유 등을 규정하고 있는바, 개별성 · 고유성 · 다양성으로 표현되는 문화는 사회의 자율영역을 바탕으로 한다고 할 것이고, 이들 기본권은 견해와 사상의 다양성을 그 본질로 하는 문화국가원리의 불가결의 조건이라고 할 것이다.[2]

2. 문화국가원리의 실현과 문화정책

문화국가원리는 국가의 문화국가실현에 관한 과제 또는 책임을 통하여 실현되는바, 국가의 문화정책과 밀접불가분의 관계를 맺고 있다. 과거 국가절대주의 사상의 국가관이 지배하던 시대에는 국가의 적극적인 문화간섭정책이 당연한 것으로 여겨졌다. 그러나 오늘날에 와서는 국가가 어떤 문화현상에 대하여도 이를 선호하거나, 우대하는 경향을 보이지 않는 불편부당의 원칙이 가장 바람직한 정책으로 평가받고 있다.

오늘날 문화국가에서의 문화정책은 그 초점이 문화 그 자체에 있는 것이 아니라 문화가 생겨날 수 있는 문화풍토를 조성하는 데 두어야 한다. 문화국가원리의 이러한 특성은 문화의 개방성 내지 다원성의 표지와 연결되는데, 국가의 문화육성의 대상에는 원칙적으로 모든 사람에게 문화창조의 기회를 부여한다는 의미에서 모든 문화가 포함된다. 따라서 엘리트문화 뿐만 아니라 서민문화, 대중문화도 그 가치를 인정하고 정책적인 배려의 대상으로 하여야 한다.[3]

3. 문화헌법

문화헌법(Kulturverfassungsrecht)은 兩次 세계대전이후 국제법적 및 헌법적 차원에

1) 권영성, 헌법학원론, 143면.
2) 헌재결 2004. 5. 27, 93헌가1(헌재 2000. 4. 27. 98헌가16,98헌마429(병합), 427, 445-446 참조).
3) 헌재결 2004. 5. 27, 93헌가1 【건축사법 제28조 제2호 위헌제청】

서 일반적으로 널리 수용되고 있다. 우리 나라에서는 다음과 같은 규정을 두어서 문화국가의 원리를 구현하고 있다.

- 인간으로서의 존엄과 인간다운 생활의 보장
- 전통문화의 계승발전과 민족문화의 창달
- 정신적 자유권과 교육제도의 보장
  · 양심과 사상의 자유
  · 종교의 자유
  · 언론 · 출판 · 집회 · 결사의 자유
  · 학문과 예술의 자유

제 3 절 대한민국헌법상의 기본제도

제 1 항 제도의 헌법적 보장(제도적 보장)

I. 의의

제도의 헌법적 보장은 종래 제도적 보장 혹은 제도보장으로 불리우던 개념이다. 제도적 보장(institutionelle Garantie) 혹은 제도보장이라 함은 사유재산제, 정당제도, 선거제도, 공무원제도, 지방자치제, 교육제도 · 대학자치제, 군사제도, 가족제도 등 국가존립의 기반이 되는 일정한 법적 · 사회적 · 정치적 · 경제적 · 문화적 제도를 헌법적 차원에서 보장함으로써 당해 제도의 '본질적 내용'을 유지하려는 것을 말한다.[1] 헌법에 의하여 일정한 제도가 보장되면, 입법부는 그 제도를 설정하고 유지할 입법의 의무를 지게 될 뿐만 아니라 그 제도를 헌법규정에 위반하여 법률로써 폐지하거나 그 본질을 훼손할 수 없는 구속을 받게 된다.

따라서 제도적 보장을 제도의 헌법적 보장이라고도 한다(이하 본서에서는 제도의 헌법적 보장 혹은 제도보장, 제도적 보장이라는 명칭을 사용하기로 한다). 제도적 보장의 이론은 직접적으로는 바이마르공화국 당시에 사회주의적 질서의 채택과 같은 혁명적 개혁으로부터 전통적인 개인주의적 · 자유주의적 질서와 제도의 최소한을 수호하려는 것이 본래의 목적이었지만, 간접적으로는 입법부의 일방적 · 자의적 입법으로 인한 기존제도의 폐지 등 법률만능주의 내지 법실증주의로부터 기본적 인권을 수호하려는 것이 목적이었다.[2]

- 국가존립의 기반이 되는 일정한 법적 · 사회적 · 정치적 · 경제적 · 문화적 제도를 헌법적 차원에서 보장 → 당해 제도의 본질적 내용을 유지하려는 것

---

1) 권영성, 헌법학원론, 183면; C. Schmitt는 그의 저서 Verfassungslehre(1928)에서, 헌법이 일정한 제도를 특별히 보장하는 것은 통상의 입법에 의한 제도폐지를 금지하는 데 목적이 있으므로, 제도보장을 기본권보장과 혼동하여서는 아니된다고 한다. 그 후 1931년의 「독일헌법상의 자유권과 제도적 보장」(Freiheitsrechte und institutionelle Garantien der Reichsverfassung) 이라는 논문에서는 제도적 보장이론의 인권보충적 기능을 강조하였다(권영성, 헌법학원론, 184면, 각주 1) 참조).

2) 권영성, 헌법학원론, 183면.

- 헌법에 의하여 일정한 제도가 보장되면,
  ① 입법부는 → 그 제도를 설정하고 유지할 입법의 의무를 짐
  ② 입법부는 → 그 제도를 헌법규정에 위반하여 법률로써 폐지하거나 그 본질을 훼손 할 수 없는 구속을 받음
- 따라서 제도적 보장을 제도의 헌법적 보장이라고도 한다.

이와 같이 제도적 보장의 궁극적 목적은 인권보장의 강화에 있었다. 그러나 뒤리히(G. Dürig)가 지적하고 있다시피, 「제도적 보장론은 법률만능주의로부터 인권을 수호하기 위하여 안출된 헌법이론임에도 불구하고 오늘날에는 인권과 제도의 主從關係가 역전하여, 인권을 위하여 제도가 존재하는 것이 아니라 제도를 위하여 인권이 존재하는 것과 같은 주장을 하는 이론(제도적 기본권이론)까지 제기되고 있는 실정이다. 이러한 이론에 따를 때, 인권은 空洞化하고 인권 대신에 제도적 의무만이 강조되어, 오히려 제도적 보장이 헌법의 기본권보장체계를 붕괴시키는 도구로 이용될 위험성조차 없지 아니하다」고 지적하고 있다.[1][2]

II. 제도의 헌법적 보장의 성격 및 내용

1. 성격

제도의 헌법적 보장의 직접적인 대상은 특정의 객관적 제도 그 자체이다. 제도적 보장은 행정권과 사법권은 물론 입법권까지도 구속한다는 점에서 단순한 프로그램적 성격의 것이 아니라 직접적 효력을 지니는 재판규범이다.[3]

2. 내용

제도적 보장론에 있어서 제도는 대통령제나 의원내각제 등과 같이 헌법에 규정함으로써 비로소 창설되는 제도가 아니라 국가적 공동체 내에서 과거부터 역사적으로 형성되어 온 기존의 전통적 제도이다. 그러나 제도적 보장은 前國家的인 것이 아니어서 그 구체적인 내용은 국법에 의하여 규율된다. 그리고 제도적 보장에 있어서 헌법이 보장하려는 것은 특정한 제도의 본질적 내용이지 기존의 제도를 현상 그대로 유지하려는 것은 아니다. 따라서 제도적 보장에는 최소한보장의 원칙이 적용되어 제도의 본질적 내용을 훼손하지 아니하는 범위 내에서 법률로써 그 제도를 자유로이 형성할 수 있다.[4]

---

1) Maunz-Dürig-Herzog-Scholz, Rdnr 97 zu Art 1 Abs. 3 참조.
2) 권영성, 헌법학원론, 183면 각주 3) 참조.
3) 권영성, 헌법학원론, 184면.

- 헌법규정에 의하여 비로소 창설되는 제도가 아니라 역사적으로 형성되어 온 기존의 전통적 제도
- (그러나) 前國家的인 것이 아니어서 그 구체적인 내용은 국법에 의하여 규율된다.
- 헌법이 보장하려는 것은 특정한 제도의 본질적 내용이지 기존제도의 유지는 아님
- 최소한보장의 원칙이 적용
  → (따라서) 제도의 본질적 내용을 훼손하지 아니하는 범위 내에서 법률로써 그 제도를 자유로이 형성가능

헌재결 1997. 4. 24, 95헌바48 【舊지방공무원법 제2조 제3항 제2호 나목 등 위헌소원】

제도적 보장은 객관적 제도를 헌법에 규정하여 당해 제도의 본질을 유지하려는 것으로서 헌법제정권자가 특히 중요하고도 가치가 있다고 인정되고 헌법적으로도 보장할 필요가 있다고 생각하는 국가제도를 헌법에 규정함으로써 장래의 법발전, 법형성의 방침과 범주를 미리 규율하려는데 있다. 이러한 제도적 보장은 주관적 권리가 아닌 객관적 범규범이라는 점에서 기본권과 구별되기는 하지만 헌법에 의하여 일정한 제도가 보장되면 입법자는 그 제도를 설정하고 유지할 입법의무를 지게될 뿐만 아니라 헌법에 규정되어 있기 때문에 법률로써 이를 폐지할 수 없고, 비록 내용을 제한하더라도 그 본질적 내용을 침해할 수 없다. 그러나 기본권 보장은 "최대한 보장의 원칙"이 적용됨에 반하여, 제도적 보장은 그 본질적 내용을 침해하지 아니하는 범위 안에서 입법자에게 제도의 구체적 내용과 형태의 형성권을 폭넓게 인정한다는 의미에서 "최소한 보장의 원칙"이 적용될 뿐이다.

IV. 제도(적) 보장과 기본권보장

1. 서론

제도적 보장에는 기본권보장과는 직접적인 관련이 없이 제도 그 자체만이 독자적으로 보장되는 경우(직업공무원제, 지방자치제 등)가 있는가 하면, 기본권보장과 일정한 관련을 가지는 경우가 있다.[1)]

2. 제도보장의 유형

양자가 일정한 관련을 가지는 경우에도 관련형태에는 일반적으로 다음과 같은 세 유형이 있다. ① 정치적 기본권(정치과정에의 참여 등)의 실효성을 확보하기 위하여 민주적 선거제도의 보장이 필요한 것과 같이 특정한 기본권(정치적 기본권 등)을 보장하기 위한 수단으로서 특정한 제도(선거제도)를 보장하는 경우(제도보장의 기본권수반형), ② 특정의

4) 권영성, 헌법학원론, 184면.

1) 권영성, 헌법학원론, 184면.

기본권보장이 동시에 특정한 제도의 보장을 의미하는 경우(兩者의 보장병존형)로서, 예컨대 재산권의 보장이 동시에 사유재산제도의 보장이 되는 경우가 여기에 해당한다. ③ Carl Schmitt의 부진정한 기본권과 같이 특정의 제도가 보장됨으로써 부수적 내지 간접적으로 특정의 기본권이 보호받는 경우(기본권의 제도종속형) 등이 있다. 예를 들면 헌법 제8조에서 규정하고 있는 복수정당제의 보장을 통하여 국민 개개인에게 정당설립 · 정당가입 · 정당탈퇴의 자유 등을 보장하는 것 등이다.[1)]

3. 제도보장과 기본권보장과의 관계

제도적 보장은 기본권의 보장과는 개념상 구별되어야 한다. 제도적 보장은 제도의 본질적 내용을 침해하지 아니하는 범위 안에서 제도의 구체적 내용과 형태를 형성할 권한을 입법자에게 인정하는 것이지만, 그러한 입법권의 행사로 말미암아 개인의 기본권이 간접적으로 제약을 받을 여지가 있다.[2)] 그러나 통설적 견해를 따를 때, 제도적 보장은 개인의 기본권을 보충하고 강화하는 것이어야 하며, 기본권을 약화 또는 제한하는 것이 되어서는 아니된다.[3)]

「제도적 보장」

제도적 보장은 그 본질적 내용을 침해하지 아니하는 범위 안에서 제도의 구체적 내용과 형태를 형성할 권한을 입법자에게 인정 → 개인의 기본권을 보충하고 강화

V. 현행헌법상의 제도보장

현행헌법이 보장하는 기본적 제도는 ① 사유재산제, ② 복수정당제, ③ 민주적 선거제도, ④ 직업공무원제, ⑤ 지방자치제, ⑥ 민주적 교육제도와 대학자치제, ⑦ 민주적 군사제도, ⑧ 민주적 혼인제도와 가족제도, ⑨ 자율적인 언론 · 출판제도 등이 있다.[4)] 이하 헌법상 보장되는 기본제도 중에서 핵심적인 제도만을 언급하고자 한다.

---

1) 권영성, 헌법학원론, 185면.

2) 기본권이 가지는 주관적 공권으로서의 측면 외에 그 제도로서의 측면까지도 중시하여 제도에 대한 기본권의 구속성을 특히 강조하는 견해도 있다(P. Häberle 등).

3) 권영성, 헌법학원론, 185면.

4) 권영성, 헌법학원론, 185면.

제 2 항 정당제도

I. 정당제도

1. 서론

1.1. 발전과정

1.1.1. 영국

정당은 정치적 목적을 가지고 공직선거의 후보자를 추천 또는 정책제시를 통해서 국민의 정치적 의사형성에 적극적으로 참여하는 국민의 정치단체이다. 근대적 의미의 정당은 의회주의의 모국인 영국에서 처음 발생했다. 영국의 크롬웰(Oliver Cromwell; 1599-1658)의 초기공화정(1649-1660)이 그의 사망으로 인해서 중단되고 Staurt 왕조(Karl Ⅱ)가 재건 · 복고된 1660년부터 명예혁명이 일어난 1668년까지 사이에 Staurt왕조의 특권인정 여부를 둘러싸고 왕의 전통적인 특권을 옹호하는 Tories당과 이를 반대하는 Whigs당 간의 정치적 다툼이 근대적 정당의 발생기원으로 간주되고 있다. 이후 Tories당과 Whigs당은 각각 보수정당과 자유정당으로 발전했으나 두정당의 이러한 성격이 완전히 동일시 할 수는 없을 정도로 그 정당의 성격이 많은 변화를 겪었다.

1.1.2. 미국

미국에서는 영국보다 늦은 미국독립전쟁(1775-1783)으로부터 1789년 조지 워싱턴이 대통령에 당선되고 같은해 4월 30일 초대대통령에 취임시에 이른바 강력하고 능률적인 중앙정부를 주창한 초대 재무장관 해밀턴(Alexander Hamilton)을 비롯한 연방집권론자(연방주의자: Federalist)와 초대국무장관과 3대 대통령을 역임한 토마스 제퍼슨(Thomas Jefferson)이 이끄는 그 반대세력간(반연방주의자; 州權論者)의 정치투쟁이 미국에 있어서의 정당발생의 기원이 되었다. 주권론자들은 권력의 분산과 약체정부를 지향했다. Jefferson세력은 처음에는 '공화주의자'라 불려졌으나 그 후 '민주주의자'라고 불려지게 되었고 1845년 오늘날의 공화당이 창당된 후 '민주', '공화'의 양당체제가 확립되었다.

1.1.3. 독일 · 프랑스

독일에서 근대적인 정당이 형성 · 발전된 것은 선거권의 비약적 확대를 가져온 19세기 후반이라고 할 수 있다. 사회적 · 경제적 변혁에 따르는 각종의 이해대립은 많은 사회집단이나 계층의 이해를 대표하는 조직정당의 육성을 재촉하였으며 이러한 정당의 활동영역은 주로 선거와 의회에 있는 것이었다.

프랑스에서의 발생기원 및 발전과정은 1815년 나폴레옹(Napoleon)의 실각 내지 복고 군주제(루이18세)의 재현에 따른 헌법제정(인권보장, 양원제도, 선거제 등)과 때를 같이 한다고 볼수 있다.

1.2. 정당국가로의 구조변화

19세기는 신분이나 재산에 따른 제한선거와 복수투표제에 의하여 선출된 인사들로 국정을 맡게 하는 *名望家的* 민주정치였다(시민사회). 그러나 선거권의 제한이 철폐되고 모든 국민의 정치적 평등이 실현되어 보통선거가 확대된 20세기에서는 대중적 민주정치로 바뀌게 되었다(다원적 산업사회). 또한 대중적 민주정치는 정당에 그 뿌리를 둔 정당정치가 활성화 되어 정당제 민주주의가 활성화 되었고, 이 점에서 19세기의 의회적(대의제적) 민주주의와 구별된다. 정당제 대중민주주의의 특징은 첫째, 선거의 성격이 국민투표적 성격을 지니며, 둘째 정당이 국가에 있어 정치적 지도의 역할을 담당하며 이를 통하여 국가권력의 통합현상이 나타나고, 셋째 의원의 정당에의 예속현상이 나타나게 된다.

- 19세기 → 名望家 민주주의
- 20세기 → 정당제 민주주의

『정당제 대중민주주의의 특징』
- 국민투표적 성격
- 정당이 국가에 있어 정치적 지도의 역할 : 이를 통한 국가권력의 통합
- 의원의 정당에의 예속성

「의회민주주의와 정당제민주주의」

18 · 9세기적 의회제민주주의를 기반으로 하는 헌법은 예외 없이 국민주권의 원리, 국가권력의 분립, 의원의 국민대표성과 독립성, 민주적 선거제도 등을 기본적인 헌법원리로 규정하였다. 그러나 정당이 헌법상 중요한 기능을 담당하고 국정운영의 중심이 되어 있는 20세기적 정당제민주주의(parteienstaathche Demokratie)에 있어서는 의회제민주주의의 헌법원리가 변질되고 있다.[1)]

독일의 라이프홀츠(G. Leibholz) 교수는 의회제민주주의가 오늘날에는 정당국가적 경향을 지닌 정당제민주주의를 의미한다고 하면서 양자의 특징을 다음과 같이 설명하고 있다.

첫째, 의회제민주주의에 있어서는 주권적 국민도 이념적 통일체를 의미하고 유권자집단도 선거가 실시되는 경우에만 투표에 참가할 뿐이지만, 정당제민주주의에 있어서는 주권적 국민이 정당의 중개를 통하여 실질적인 행동통일체가 된다. 둘째, 의회제민주주의에

1) 권영성, 헌법학원론, 187면 이하 참조.

있어서는 국가권력의 분할이 특징이지만, 정당제민주주의에 있어서는 국가권력의 통합이 특징이다. 집권당에 행정부는 물론이고 입법부에 대한 지배권까지도 집중되기 때문이다. 셋째, 의회제민주주의에 있어서 의원은 전체국민의 대표이므로 의원의 독립성(무기속위임의 원칙)이 존중되지만, 정당제민주주의에 있어서는 의원의 정당에의 예속이 당연한 것으로 간주되어 무기속위임의 원칙이 변질되고 있다. 넷째, 의회제민주주의에 있어서는 선거의 기능이 국민의 대표를 선출하고 국가기관을 구성한다는 의미를 가지지만, 정당제민주주의에 있어서는 국가기관의 구성이라는 의미 외에 어느 정당에게 국가권력을 담당하게 할 것이냐 하는 국민투표적 성격도 아울러 가진다.

정당제민주주의에 있어서는 정당이 국가의사를 적극적으로 형성하고 의회의 운영을 주도하는 등 국정의 실제적 담당자로서 기능한다. 이러한 현상은 헷세(K Hesse)가 지적하고 있다시피 국민에 의한 지배가 아니라 정당에 의한 지배를 의미한다.[1)]

1.3. 정당제도의 헌법에의 수용

현대 민주국가에서 정당이 수행하는 공적 기능을 제도적으로 보장하고 반자유민주주의적 · 반의회주의적 정당의 폐해를 방지하기 위하여 제2차 세계대전 이후에는 정당제도 및 정당에 대한 헌법적 의무를 헌법에 수용하는 국가들이 점진적으로 증가하였다. 특히 독일에서는 바이마르공화국하에서 나치黨이 1933년 정권을 장악하고 그 집권 이후에는 의회제민주주의 그 자체를 근본적으로 파괴한 것에서 교훈을 얻어, 「민주주의의 敵, 즉 헌법의 敵에게는 민주주의적 관용을 베풀지 말자」라는 방어적 · 투쟁적 민주주의론이 등장하였고, 이와 함께 독일기본법 제21조 제2항이 자유민주적 기본질서(freiheitliche demokratische Grundordnung)를 파괴하는 정당은 위헌정당으로 규정하였다. 독일연방헌법재판소는 1952년 10월 23일에 新나치(Neo-Nazi)黨인 사회주의국가당(SRP)을, 1956년 8월 17일에는 독일공산당(KPD)을 위헌정당이라 하여 해산시킨바 있다.[2)] 이는 한편으로는 한국전쟁의 영향을 받은 것으로도 보여진다.

1.4. 정당의 헌법상 지위의 변천

정당에 대한 법적 취급은 국가와 시대에 따라 각각 다르게 전개되어 왔으나 일반적으로 독일의 트리펠(Triepel)교수의 발전단계구분에 의해 설명될 수 있다. 트리펠은 정당에 대한 헌법상 지위의 변천을 첫째, 정당에 대하여 적대시하는 단계, 둘째, 무시단계, 셋째, 승인 및 합법화 단계, 네째, 헌법에의 편입단계로 구분하였다.[3)]

---

1) K. Hesse, Dle verfassungsrechtliche Stellung der politischen Parteien im modernen Staat, in: VVDstRL, Heft 17, 1959, S. 20 f.

2) 권영성, 헌법학원론, 186면.

3) H. Triepel, Die Staatsverfassung und die politischen Parteien, 2 Aufl, Berlin 1930.

「Triepel의 정당의 지위변천」
- 적대시단계
- 무시단계(무관심의 단계)
- 승인 및 합법화 단계
- 헌법에의 편입단계

『참고』
우리나라의 건국헌법은 헌법에다 정당조항을 두지 않았으나, 정당이 있었으므로 무시단계가 아니라 승인 및 합법화 단계로 보아야 한다. 제2공화국 헌법은 정당조항을 두고 있다(헌법에의 편입단계). 제3공화국 헌법은 초정당국가경향을 보이고 있다.

정당이 어렵게 헌법에 수용된 이유는 첫째 18, 19세기의 권위적 국가관(국가는 당연히 통일된 일원적인 국가의사를 전제로 한다)은 다원적인 정치견해의 존재를 전제로 하는 정당과 이념적으로 조화될 수 없었다. 둘째 민주주의를 치자와 피치자의 동일성(Identitätsdemokratie)으로 이해하는 Rousseau의 사상(획일적이고 순수한 총의론)은 정당과 조화될 수 없었다. 셋째 초기의 자유주의(자유위임관계를 강조)는 정당의 규율이나 집단의사에 의하여 제약받는 정당제도를 수용할 수가 없었다.

「정당이 어렵게 헌법에 수용된 이유」
- 18, 19세기의 권위적 국가관(국가는 통일된 전체의사를 전제로하나, 정당은 다원적 정치견해의 차이를 전제)
- 민주주의를 치자와 피치자의 동일성으로 이해(동일성 민주주의)
- 초기의 자유주의(자유위임관계를 강조) : → 정당의 규율이나 집단의사에 의하여 제약받는 정당제도를 수용할 수가 없었다.

[참고]
1. 헌법에 정당조항이 없는 나라 : 영국, 미국, 일본 ☜ 객관식시험에 잘남
2. 정당의 기원 : 17세기 영국의 토리당과 휘그당
3. 영국 · 미국은 양당제, 독일 · 일본은 군소정당의 형태로 발전되었다.

2. 정당의 개념

2.1. 정당의 의의

2.1.1. 정당의 개념

정당의 개념에 관하여 헌법에는 명문규정이 없고 정당법(제2조)에 그에 관한 규정이 있다. 정당법 제2조의 규정에 의하면, 「정당이라 함은 국민의 이익을 위하여 책임있는 정치적 주장이나 정책을 추진하고, 공직선거의 후보자를 추천 또는 지지함으로써 국민의 정치

적 의사형성에 참여함을 목적으로 하는 국민의 자발적 조직을 말한다」고 규정한다. 독일의 라이프홀츠(Leibholz) 교수는 「정당이라 함은 국민과 국가기관을 매개하는 역할을 담당하는 조직체로서 선거에 참여하거나 의정활동을 통하여 국민의 정치적 의사형성에 참여하는 것을 목적으로 하는 자발적인 정치적 결사를 말한다」고 정의한다.[1]

[헌법 제8조와 정당법의 적용대상이 되는 정당이 되기 위한 조건]
- 국가와 자유민주주의를 긍정하여야 한다(헌법 제8조 제4항).
- 공익의 실현에 노력하여야 한다(정당법 제2조 참조)
- 선거에 참여하여야 한다(동법 제2조 참조)
- 정강이나 정책을 가져야 한다(동법 제2조, 제12조 제1항, 제28조 참조)
- 국민의 정치적 의사형성에 참여하여야 한다(동법 제1조, 제2조)
- 계속적이고 공고한 조직을 구비하여야 한다(동법 제25조, 제27조, 제28조)
- 구성원이 黨員이 될 수 있는 자격을 구비하여야 한다(동법 제6조, 제17조, 제18조 등).

2.1.2. 정당의 기능과 과제

정당은 사회와 국가를 연결시켜주는 중개자적 기능과 정치인을 선발 · 양성하는 인선기구적 기능을 가진다. 정당은 분산된 국민이 정치적 의사를 정당을 통한 집결된 정치적 의사로 유도하고 결집하여 상향적으로 국가의사(국가정책의 형태로 나타남) 결정에 반영하는 매개체 혹은 중개자적 역할을 담당한다.[2] 이러한 헌법적 기능을 수행하기 위하여 정당은 국민여론과 국가의사를 적극적으로 형성하고, 각계 각층의 이익을 대변하며, 대중을 정치적으로 교육하고 정치지도자를 육성 · 선택하며, 정부를 비판하고 대안을 제시함으로써 국정운영에 있어 중요한 역할을 수행한다.[3] 이러한 公的 기능을 수행하기 때문에 헌법은 정당을 일반결사에 비하여 특별히 보호한다.[4] 정당은 국민의 정치적 생활영역에서 그 고유한 헌법

---

1) G. Leibholz, Verfassungsstaat - Verfassungsrecht, 권영성 譯, 헌법국가와 헌법, 박영사, 1976, 110면 참조.

2) 권영성, 헌법학원론, 191면.

3) S. Neumann은 민주국가에서 정당의 ① 대중의 다양한 의사를 조직 · 형성하는 기능, ② 시민에게 정치적 책임을 교육하는 기능, ③ 정부와 여론을 연결시키는 연결기능, ④ 지도자 선택의 기능을 정당의 4대 기능으로 들고 있다(S. Neumann, Political Parties, The Univ of Chlcago Press, Chiago/Lodon 1956, 6th Impress, 1967, p. 397).

4) 헌법이 보장하고 있는 정당(제도)의 본래적 존재의의가 국민의 정치적 의사의 형성에 참여하는 데 있으며(헌법 제8조 제2항 후문), 오늘날 대의민주주의에서 이러한 참여의 가장 중요한 형태가 선거를 통한 참여임은 의문의 여지가 없다(헌법재판소 1991. 3. 11, 91헌마21 참조). 한편 오늘날과 같은 대중민주주의국가에 있어서는 정당은 국가로부터 자유롭고 공개적인 의사형성과 공동체의 정치적 구성에 있어서 필수불가결한 기능을 수행하고, 정당이 국민과 국가통치체제 사이에

적 기능을 갖는 것이므로 정당의 기능이 비정치적 영역에까지 확대되는 것은 바람직하지 못하다(정당활동의 한계). 따라서 정당이 행정작용이나 사법작용에 간섭하는 것은 허용되어서는 안된다.

2.1.3. 정당의 특징

정당의 특징을 살펴보면, 정당은 국민의 정치적 의사형성에 직접적인 영향력을 행사하여야 하고, 공직선거의 후보자를 추천 또는 지지하여야 하며,[1] 일정한 강령과 당헌을 가지고, 일정한 조직을 가져야 한다. 그리고 헌법질서를 긍정하고 준수하여야 함은 물론이다. 정당은 정권획득을 목적으로 하는 점에서 일반적인 각종 이익단체와는 구별되며, 국가적 차원에서 정권획득을 목적으로 하는 정치단체인 점에서 당해 지방자치단체에만 정치적 영향을 행사할 것을 목적으로 하는 지역정당은 정당으로 볼 수 없으며, 자연발생적이지 못하고 강제조직된 정치단체 등은 정당으로 인정 받을 수 없다고 본다.

2.1.4. 정당의 법적 성격

a) 학설과 판례

정당의 법적 성격에 관해서도 학설이 갈리고 있다. 민법상의 법인격없는 사단설,[2] 사적 정치적 결사설(문홍주), 헌법제도(Einrichtungsgarantie, Institutsgarantie)와 결사의 혼성체설[3] 등이 그것이다. 정당의 법적 형태의 문제는 정당의 본질에 관련된 문제일 뿐 아니라 현실적으로 정당간에 분쟁이 발생한 경우(합당이나 분당의 경우) 또는 정당내부에서 분쟁이 발생한 경우(가입 · 탈퇴, 간부선임, 당비징수 등)에 그 분쟁을 공법적 절차에 따라 해결할 것인가 사법적 절차에 따라 해결할 것인가 하는 문제와도 관련이 있다.

판례는 정당을 사법상의 사단으로 해석하기도 하고,[4] 정치활동을 목적으로 하는 자

개입되지 않고서는 오늘날 대중은 정치나 국가작용에 영향력을 행사하기가 어렵다(헌재결 1994. 4. 28, 92헌마153; 참조 : 헌재결 1995. 11. 30, 94헌마97).

1) 독일은 6년간 계속 선거에 참가치 않은 정당의 지위를 상실시키고 있다.

2) 박일경; 권영성; 정당의 헌법상 지위의 매개체성에도 불구하고 현실적으로 법적 성격은 사적 · 정치적 결사 내지는 법인격없는 사단으로 볼 수 밖에 없다는 논리가 설득력을 가진다. 그러나 이론상으로는 사적 결사와는 달리 그 존립이 헌법에 의하여 보장되고 국가의 특별한 보호를 받고 있으며, 공적 임무를 다하고 있기 때문에 헌법제도와 사적 결사의 혼성체로 볼 수도 있다(성낙인, 헌법학, 217면).

3) 정당은 결사로서의 본질을 가지나 사적 결사와는 달리 그 존립이 헌법에 의하여 보장되고 국가의 특별한 보호를 받고 있으며, 공적 임무를 다하고 있기 때문에 헌법제도와 사적 결사의 혼성체로 보는 것이 타당하다(김철수, 헌법학(상), 403면).

4) 1979년 9월 8일의 신민당총재단직무집행정지가처분결정(서울民地 제16부 79 카21709)은 정당

치적 정치단체라고 하기도 한다.[1] 국민의 정치적 의사형성에 참여하기 위한 민주적 내부 조직을 갖추어야 하는 헌법적 의무가 있고 특별한 법률상의 능력[2]과 해산절차상의 특권[3]이 인정된다.

b) 사견

정당은 국민의 정치적 의사형성에 참여함을 목적으로 하는 정치적 결사이기 때문에, 헌법과 정당법 등에 의하여 특수한 지위와 기능이 부여되어 있을 뿐 그 법적 형태는 당원들에 의하여 자발적으로 구성된 단체로서 법인격없는 사법상의 사단의 일종으로 보아야 할 것이다.

2.2. 정당의 헌법상의 지위

2.2.1. 개관

정당의 헌법상 지위는 정당제도에 관한 각국의 실정법적 경향이 다양하므로 일률적으로 단정할 수는 없지만 헌법기관설 · 국가기관설 · 중개체설 사법적 결사설 등으로 요약할 수 있다. 중개체설은 정당을 국민의 의사와 국가의사를 연결시키는 기구로 보는 견해이다.

2.2.2. 학설

a) 헌법기관설

헌법기관설은 정당을 헌법기관으로 보는 견해이다. 헌법기관이라 함은 직접 헌법규정에 의거하여 구성되는 기관으로서 의회 · 대통령 · 법원 · 헌법재판소 · 선거관리위원회 등이 대표적인 것이며, 그 기관의 의사가 곧 국가의사로서 효력을 발생한다. 헌법기관설은 정당이 헌법에 편입되었고 헌법상의 중요한 기능(국민의 정치적 의사형성)을 담당하고 있으므로 헌법상의 기관이라고 한다. 그러나 헌법상의 국가기관은 설립이 제한되고 있고(정당의 설립은 자유이고 헌법상 복수정당제가 보장되어 있다), 공무원들로 구성되며(정당의 구성원은 私人이다), 국가기관과 같은 조직원칙을 따르고 있지 않다는 점(정당은 자발적 조직이다)에서 정당과 구별된다는 비판이 있다.

의 본질을 사법상의 사단으로 보고 있다.

1) 1987년 7월 30일의 의장직무행사정지가처분결정(서울民地 제16부 87카30864).

2) 예컨대, 공소절차상의 당사자 능력, 기관쟁의 능력 등.

3) 정당은 헌법재판소의 위헌정당해산 결정에 의해서만 해산된다. 우리나라 헌법은(제8조 제4항)은「정당의 목적이나 활동이 민주적 기본질서에 위배될때에는 정부가 그 해산을 헌법재판소에 제소할 수 있고 정당은 헌법재판소의 결정에 의해서만 해산될 수 있다」라고 규정하고 있다.

b) 국가기관설

국가기관설은 정당을 헌법기관은 아니나 법률에 의하여 설립되는 국가적 기관으로 보는 견해이다.[1] 정당의 헌법상의 지위를 국가기관으로 보려는 견해는 학자에 따라 그 논거를 달리 하고 있으나 정당이 공식적인 통치기구의 운영과정에서 현실적으로 담당하는 기능이나 역할에 착안하여 국가기관의 일부로 보는 견해이다.

특히 정당조항이 규정된 전후의 독일기본법시대에 접어들어서는 정당을 국가기관으로 보려는 논의가 구체적으로 전재되었다. 라이프홀쯔(Leibholz)는 오늘날의 대중민주주의에 있어서 정당이 수행하는 기능으로 볼 때 정당은 이미 헌법의 구성요소로서 제도화되었으며 더 나아가 헌법적으로 국가기관의 성격을 인정해야 한다고 하였다.

국가기관과 정당의 차이

	국가기관	정당
구성	공무원	사인
설립	설립의 제한	설립자유(정당설립의 자유)
조직	국가 조직원칙 준수	자발적 조직

c) 중개적 권력설(제도적 보장설) : 중개체설

중개적 권력설은 정당을 국가의사와 국민의사를 연결시키는 중개적 권력체로 보는 입장이다(다수설). ☜ Carl Schmitt(칼 슈미트)의 제도적 보장설

정당의 헌법상 지위는 오늘날 정당이 수행하는 헌법상의 기능 내지 그 정치적 역할에 비추어 볼 때, 국민의 의사와 국가의사를 연결하는 중개체로서의 지위를 가진다고 할 수 있다.[2] 그 논거는 다음과 같다 첫째, 정당은 직접 헌법규정에 따라 결성된 것이 아니고 시민의 자발적 조직체일 뿐이며 정당의 의사가 곧 국가의사가 되는 것도 아니기 때문에 헌법기관이 아니다. 둘째, 어떤 조직이 국가기관이기 위해서는 설립 · 폐지 · 해산과 조직 · 기능 등이 정부조직법과 같은 공법에 의하여 규율되고 구성원도 공무원 또는 그에 준하는 신분을 가져야 하나, 정당원은 국가공무원의 경우처럼 공법적 규제에 종속되거나 이에 따르지

1) E. Friesenhahn, Die politischen Grundlagen des Bonner Grundgesetzes, Recht · Staat · Wirtschaft II, 1950, S. 164 ff.

2) 정당의 국가에 대한 지위는 첫째, 정치적 주장을 하거나 공직선거에의 후보자 추천 · 참여하는 등의 능동적 지위, 둘째, 국가적 보호나 정당에 대한 자금지원 또는 평등보호를 요구하는 등의 적극적 지위, 셋째, 정당설립 · 활동 · 해산의 자유 등을 누리는 소극적 지위, 넷째, 국가긍정의 의무, 자유민주적 기본질서의 존중의무, 재원의 공개의무, 당내 민주화의무 등을 부담하는 수동적 지위로 나눌 수 있다(권영성, 헌법학원론, 190면 각주 2) 참조).

아니한다.[1] 셋째, 정당은 국민의 다양한 정치적 의사를 자체 내에 수렴하여 정책을 제시하거나 국정운영을 감시 · 비판하는 기능을 수행하므로, 국민의 의사와 국가의사를 중개하는 중개체라 할 수 있다.[2] 이설이 우리나라의 다수설의 입장이며,[3] 헌법재판소의 견해이기도 하다.

d) 사법적 결사설

정당의 기능이 국민의 정치적 의사형성이란 헌법상 기능을 행하는 것은 사실이나, 그 본질로 보아 자유로운 사회적 결사(사법적 결사)임을 부인할 수 없다는 입장이다. 그러나 정당이 헌법생활과 전혀 무관하다는 것은 타당성이 없다. 이 입장은 독일정당법 초안의 입장이기도 하다. 사법적 결사설의 입장에 의하면 정당의 국가기관설은 당연히 부정되게 된다. 그 이유로서는 국가기관은 정당처럼 사인에 의하여 자유롭게 설립될 수 있는 것이 아니고, 정당은 국가기관처럼 확정된 권한을 법적 절차에 따라 행사하는 것이 아니며 자유로운 활동이 가능한 조직이라는 것이다.

2.3. 정당의 법적 형태

정당의 외형적인 법적 형태에 대하여, 첫째, 私的 · 정치적 결사설(문홍주), 둘째, 민법상의 법인격없는 사단설(통설), 셋째, 헌법제도와 결사의 혼성체설[4]로 나뉘어 진다. 정당이 국민의 '정치적 의사형성(politische willensbildung)'을 담당한다는 점에서 헌법상 특별한 지위를 갖는다고 보는 것이 타당하나, 그 법적 형태는 민법상 법인격 없는 사단의 일종으로 본다.[5]

---

1) 우리 나라 정당법 제2조도 정당은「국민의 자발적 조직」이라 하고 있고, 독일의 정당법도「정당은 국민과 국가기관을 중개하는 시민의 결사」라고 하고 있다(제1조 제2항, 제2조 제1항).
2) 헌재결 1991. 3. 11, 91헌마21【지방의회의원선거법 제36조 제1항에 대한 헌법소원】
3) 문홍주; 한태연; 구병삭; 김남진 · 이강혁; 권영성; 허영; 계희열; 정만희, 현대헌법과 의회주의, 194-195면.
4) 김철수, 헌법학(상), 403면. 혼성체설의 입장은 대체로 다음과 같다. 정당은 그 구성, 내부조직, 활동 등에 있어서 공법적 규제를 받고 있으며 당의 운영에 필요한 자금을 국가로부터 보조받고 있다. 이렇게 볼 때 정당은 완전한 사적 결사도 아니고 또한 완전한 공적 기관도 아닌 것으로, 양자의 성격을 동시에 가진 혼성태의 결사라고 할 수 있다.
5) 헌재결 1993. 7. 29, 92헌마262【불기소처분취소】【결정요지】(1) 정당이나 그 지구당은 적어도 그 소유재산의 귀속관계에 있어서는 법인격 없는 사단으로 보아야 하므로, 청구인이 지구당의 당원일 뿐만 아니라 부위원장으로서 위원장의 명에 따라 지구당 소유의 플래카드를 설치 · 관리하는 책임자라면 청구인은 그 물건의 총유자(總有者) 중 1인일 뿐만 아니라 그 물건을 적법하게 설치 · 관리하던 사람으로서, 그 물건에 대한 재물손괴죄가 성립하는 경우에는 그 피해자에

『정당의 법적 기능』
- 私的 · 정치적 결사
- 민법상의 법인격없는 사단 : 통설, 헌법재판소(헌재결 1993. 7. 29, 92헌마262)
- 헌법제도와 결사의 혼성체

헌재결 1993. 7. 29, 92헌마262 【불기소처분취소】
정당이나 그 지구당은 적어도 그 소유재산의 귀속관계에 있어서는 법인격 없는 사단으로 보아야 하므로, 청구인이 지구당의 당원일 뿐만 아니라 부위원장으로서 위원장의 명에 따라 지구당 소유의 플래카드를 설치 · 관리하는 책임자라면 청구인은 그 물건의 총유자 중 1인일 뿐만 아니라 그 물건을 적법하게 설치 · 관리하던 사람으로서, 그 물건에 대한 재물손괴죄가 성립하는 경우에는 그 피해자에 해당한다고 볼 수 있어 이 사건 심판청구중 재물손괴죄 부분에 관하여 청구인적격을 갖추었다.

2.4. 정당의 조직

정당은 5 이상의 시 · 도 당을 가져야한다(정당법 제17조). 시 · 도당은 1천인 이상의 당원을 가져야 한다(정당법 제18조 제1항). 각 지구당은 당해 지역에 거주하는 30명 이상의 당원이 있어야 한다. 창당준비에는 중앙당은 200인, 지구당은 100인 이상의 발기인이 있어야 한다(정당법 제6조). 정당은 민주적인 내부질서를 유지하기 위하여 당원의 총의를 반영할 수 있는 대의기관 및 집행기관과 소속 국회의원이 있는 경우에는 의원총회를 가져야 한다(정당법 제29조 제1항). 중앙당은 정당의 예산과 결산 및 그 내역에 관한 회계검사 등 정당의 재정에 관한 사항을 확인 · 검사하기 위하여 예산결산위원회를 두어야 한다(정당법 제29조 제2항). 정치자금법 제27조(보조금의 배분)의 규정에 의한 보조금 배분대상정당은 정책의 개발 · 연구활동을 촉진하기 위하여 중앙당에 별도 법인으로 정책연구소를 설치 · 운영하여야 한다(정당법 제38조 제1항).

[정당원이 될 수 없는 자]
외국인, 국가공무원법 제2조 및 지방공무원법 제2조에 규정된 공무원(단, 별정직 공무원, 지방의회의원, 총 · 학장 · 교수 · 부교수 · 조교수 · 전임강사는 제외). 1993. 12 개정된 정당법은 대학의 전임강사와, 방송국 경영자, 편집 · 제작 · 취재 · 집필 · 보도업무의 종사자에게 정당원 자격을 인정하고 있다.

해당한다고 볼 수 있어 이 사건 심판청구 중 재물손괴죄 부분에 관하여 청구인적격을 갖추었다.

3. 현행헌법과 정당제도

3.1. 헌법의 정당조항

3.1.1. 정당조항의 변천

한국헌법에서 정당에 관한 조항을 두게 된 것은 제2공화국의 1960년 헌법(1960.6.15. 3차개헌)부터이다. 동헌법은 제13조에 제2항을 신설하여 정당의 보호와 정당의 자유의 한계에 관한 규정을 두었었다. 제3공화국의 1962년 헌법은 대통령선거와 국회의원선거에 입후보할 경우 정당의 추천을 필수요건으로 하고, 탈당이나 소속정당이 해산된 경우에는 의원직을 상실하게 하는 등 철저한 정당국가적 경향을 추구하였다. 그러나 제4공화국의 1972년 유신헌법에서는 국회의원 선거에서도 무소속입후보를 허용하고, 통일주체국민회의대의원 선거에서는 오히려 정당원의 출마를 금지하는 등 정당국가적 경향을 후퇴시켰다. 1980년 헌법은 정치적 부패를 방지하고 정당정치를 활성화하기 위하여 정당에 대한 운영자금국고보조조항을 신설하고,[1] 정당추천을 받은 대통령후보자의 우대를 규정하는 등 정당국가적 경향을 다소 강화하였다.

3.1.2. 현행헌법의 정당조항

정당에 관한 기본조항은 제8조이다. 동조 제1항은 정당의 설립과 활동의 자유와 더불어 복수정당제를 보장하고, 제2항은 정당의 목적 · 조직과 활동의 민주성(민주적 기본질서), 정당의 헌법상 기능, 조직의 계속성과 공고성 등을 규정하고 있다. 제3항은 정당에 대한 국가적 보호와 정당의 운영자금국고지원을 규정하고, 제4항은 정당의 의무와 정당활동의 자유의 한계를 명시하고 헌법재판소에 의한 위헌정당의 강제해산심판을 규정하고 있다.

3.1.3. 헌법 제8조의 규범적 의미

헌법 제8조(정당조항)는 다음과 같은 규범적 의미를 가진다. 첫째, 정당도 결사의 일종인 정치적 결사이지만, 제8조는 정당의 특권과 그 국가적 보호를 규정한 조항이므로 정당에 관한 한 헌법 제8조는 일반결사에 관하여 규정한 헌법 제21조에 대한 특별법적 규정이다. 그러므로 정당에 관해서는 제8조가 우선적으로 적용된다 둘째, 제8조는 「제도」의 하나로서 복수정당제를 보장(제도적 보장)하는 조항이므로 정당제의 전면적 부정이나 일당제는 인정되지 아니한다. 셋째, 제8조는 직접적으로는 정당설립의 자유를 보장하는 조항이지만, 간접적으로는 모든 국민에게 정당을 설립할 자유(자유로운 정당결성권)와 정당에의 가입과 정당으로부터의 탈퇴의 자유를 보장하는 조항이다. 넷째, 제8조에 의한 정당설립의

---

1) 정당의 운영자금국고보조의 문제점에 대하여는 박효종, 정당국고보조금제 비판과 대안, 자유기업센터, 1997.

자유와 복수정당제의 보장은 민주적 기본질서의 핵심적 구성요소이므로, 제8조는 헌법개정에 의해서도 폐지할 수 없는 개정금지조항이다(절대적 의미의 헌법).

「헌법 제8조(정당조항)의 규범적 의미」
- 일반반결사에 관한 헌법 제21조에 대한 특별법적 규정 → 정당에 관해서는 제8조가 우선적으로 적용
- 정당제의 전면적 부정 · 일당제의 불인정
- 자유로운 정당결성권
- 정당탈퇴의 자유
- 정당설립의 자유와 복수정당제의 보장 → 헌법개정금지조항

4. 정당의 권리와 의무

정당은 일반결사에 비하여 많은 특권과 권리를 가지며 의무도 부담한다. 이하 분설하면 다음과 같다.

4.1. 정당의 특권

4.1.1. 설립 · 활동 · 존립상 특권

정당은 일반결사에 비하여 설립 · 활동 · 존립에 있어 특권[1)]을 누린다. 정당은 설립과 활동에 있어 국가의 간섭을 받지 않으며(외형적 자유), 정당원은 정당에의 입당 · 탈당 · 정당내 비판 등이 보장된다(내형적 자유). 정당은 헌법과 법률에 의하여 활동의 자유를 가진다. 정당은 헌법재판소의 심판에 의하여 해산되는 경우를 제외하고는 강제해산 되지 아니한다(헌법 제8조 제4항). 정당은 국민의 정치적 의사형성에 참여 할 권리(헌법 제8조 제2항) 등을 가지며, 선거운동에 관한 많은 특권(선거에 관한 경비를 원칙적으로 부담하지 않을 권리, 균등한 경쟁기회를 보장받을 권리)을 보장받고 있다(헌법 제116조 제2항).

헌재결 2006. 3. 30, 2004헌마246 【정당법 제25조 등 위헌확인】

헌법 제8조 제1항 전단의 정당설립의 자유는 정당설립의 자유만이 아니라 누구나 국가의 간섭을 받지 아니하고 자유롭게 정당에 가입하고 정당으로부터 탈퇴할 수 있는 자유를

---

1) 존립상 특권은 절차적 특권과 실질적 특권으로 나눌수 있다. 절차적 특권은 정당이 일반 사법상의 사단과는 달리 정부의 행정처분에 의해서 해산될 수 없고, 그 해산에는 헌법재판소의 결정(헌법 제8조 제4항)이 있어야 되는 해산절차상의 특권을 말한다. 실질적 특권은 사법상의 사단과는 달리 정당의 해산은 '민주적 기본질서에 위배되는 경우(헌법 제8조 제4항)'에 국한되도록 그 해산사유를 특별히 엄격하게 규정함으로서 정당에게 그 정치적 활동에 있어서의 특권을 인정하는 것을 말한다.

함께 보장한다. 구체적으로 정당의 자유는 개개인의 자유로운 정당설립 및 정당가입의 자유, 조직형식 내지 법형식 선택의 자유를 포함한다. 또한 정당설립의 자유는 설립에 대응하는 정당해산의 자유, 합당의 자유, 분당의 자유도 포함한다. 뿐만 아니라 정당설립의 자유는 개인이 정당 일반 또는 특정 정당에 가입하지 아니할 자유, 가입했던 정당으로부터 탈퇴할 자유 등 소극적 자유도 포함한다.

4.1.2. 정치적 특권

정당은 공직선거에 참여하거나 여론을 형성하고 주도하는 등의 방법으로 국민의 정치적 의사형성에 참여할 권리(헌법 제8조 제2항), 균등한 경쟁기회(헌법 제116조 제1항) 등을 헌법에 의하여 보장받고 있다. 또한 정당은 각종 공직선거에 후보자를 추천하고 그들의 당선을 위한 선거운동에 관한 특권을 가지며 각급 선거관리위원회 위원추천권 · 선거참관인 지명권 · 정당대표자예우 등의 특권이 있다.

4.1.3. 정당운영자금국고보조 등 재정상 특권

정당은 법률이 정하는 바에 의하여 그 운영에 필요한 자금을 국가로부터 보조받을 수 있다(헌법 제8조 제3항 후단). 정당운영자금의 국가적 보조에 관한 규정은 1980년 헌법에서 신설된 조항이다. 또한 정당은 선거공영제에 따라 선거에 관한 경비를 원칙적으로 부담하지 아니할 권리(헌법 제116조 제2항)와 정당이 수령하는 기부(정치자금법 제2조 참조)나 찬조 기타 재산상의 출연에 대한 면세특혜(정치자금법 제59조)를 받는다.

4.2. 정당의 권리

정당은 법률이 정하는 바에 따라(정치자금법)[1] 정당의 운영에 필요한 자금을 국가로

1) 정치자금은 당비, 후원금, 기탁금, 국고보조금의 네 가지가 있다. 1. **당비**: 정당의 당원이 부담하는 금액, 유가증권 기타 물건이다. 2. **후원금**: 정당의 후원회가 지원하는 것, 누구든지 후원회의 회원이 될 수 있으나, 정당원이 될 수 없는 자나 또는 정당에 정치자금을 기부할 수 없는 자는 될 수 없다. 후원하는 회원은 후원금과 회원 이외의 자로부터 금품을 모집하여 당해 정당에게 기부할 수 있다. 후원회는 중앙당, 지구당, 개인에게도 그 설립이 허용된다. 교섭단체를 구성하지 않은 정당의 지구당도 후원회설립이 가능하며, 옥외장소의 집회를 통하여도 모금을 할 수 있다. 후원회는 관할지역 외에서 회원 및 금품모집을 할 수 있다. 3. **기탁금**: 정치자금을 기부하고자 하는 자는 기명으로 선거관리위원회에 기탁하여야 한다. 단, 외국인(외국법인 포함), 국가(공공단체, 특별법에 의하여 서립된 법인, 국가가 주식의 1/2이상을 소유하는 기업체), 노동 · 종교 · 언론단체 및 학교법인, 3년 이상 결손법인체는 정치자금을 기부할 수 없다. 기탁금은 국고보조금 배분율의 비율에 따라(기탁자가 배분율을 정한 경우에는 그에 따라)지급한다. 4. **국고보조금**: 국고보조금은 동일정당의 의원으로 교섭단체를 구성한 정당에게 40/100을 균분하고, 5석 이상의

부터 보조받을 수 있다(헌법 제8조 제3항). 정당에 대한 국고보조는 제5공화국 헌법부터 선설된 조항으로, 정당에 대한 국고보조는 정당활동에 대한 국가 간섭의 초래나 또는 정당의 의석수 비율에 따른 국고보조금의 지급은 정당판도의 고정화를 초래할 위험을 내포하고 있다. 현행 헌법은 정당의 운영비에 대한 국고보조를 인정하고 있고 선거비용에 관한 지원은 포함하고 있지 않은 바 사법상 결사에게 운영비를 지급하는 것은 문제가 있다.[1] 정당은 각급 선거관리위원회 위원의 추천권을 가지며 참관인의 지명권을 가진다.

(舊)정치자금에관한법률 제18조 위헌확인(2006-07-27 결과 : 합헌)

입법자는 정당에 대한 보조금의 배분기준을 정함에 있어 입법정책적인 재량권을 가지고 있으므로 그 내용이 현재의 각 정당들 사이의 경쟁상태를 현저하게 변경시킬 정도가 아니면 합리성을 인정할 수 있는바, 이 사건 법률조항이 교섭단체의 구성여부만을 보조금 배분의 유일한 기준으로 삼은 것이 아니라 정당의 의석수비율과 득표수비율도 함께 고려함으로써 현행의 보조금 배분비율이 정당이 선거에서 얻은 결과를 반영한 득표수비율과 큰 차이를 보이지 않고 있는 점 등을 고려하면, 교섭단체를 구성할 정도의 다수 정당과 그에 미치지 못하는 소수 정당 사이에 나타나는 차등지급의 정도는 정당 간의 경쟁상태를 현저하게 변경시킬 정도로 합리성을 결여한 차별이라고 보기 어렵다.

재판관 조대현의 반대의견

기본권침해사유가 계속적으로 발생하는 동안에는 헌법소원심판을 제기할 수 있는 기간도 끊임없이 새로 진행된다고 보아야 한다. 따라서 개정되기 전까지 계속적으로 법규의 효력을 유지하면서 차별적 배분기준을 강제하고 있는 이 사건 법률조항에 대한 헌법소원 제기기간은 이 사건 법률조항이 법규의 효력을 상실한 때부터 기산하여야 한다.[2]

4.3. 정당의 의무

4.3.1. 국가긍정의 의무

정당의 국가긍정의 의무가 현행헌법에는 규정되어 있지 않지만 정당이 대한민국을 부

의석을 가진 정당에게는 5/100씩, 5석 미만 또는 의석이 없는 정당에게는 일정한 요건하에 각 2/100씩 지급한다. 잔여분 중 50/100은 정당의 의석수비율에 따라. 나머지는 정당이 획득한 득표수비율에 따라 지급한다. 중앙선거관리위원회는 국고보조금의 지출을 조사 · 확인할 수 있다.

1) 독일에서는 정당의 경상활동비를 국가가 보조하는 것은 위헌이라 판시하였기 때문에(독일연방헌법재판소는 정당은 자류롭게 설립된 정치결사에 불과하고, 국가영역에 속하는 것이 아니므로 국가는 정당의 재정을 떠맡을 의무가 없다고 하였다), 선거활동비(1표당 5DM씩 지급) 명목으로 지급하고 있다. 또 독일연방헌법재판소는 무소속입후보자도 정당에 준해서 선거운동의 보상을 받을 권리가 있다고 하였다.

2) 헌재결 2006. 7. 27, 2004헌마655 【정치자금에관한법률 제18조 위헌확인】

인하거나, 자유민주적 기본질서를 파괴하는 행위를 통하여 국가의 존립을 위태롭게 하는 행위는 할 수 없다. 국가는 정당이 존립할 수 있는 법적 · 제도적 기반이기 때문이다.

4.3.2. (자유)민주적 기본질서의 존중의무

정당은 현실적으로 정권획득을 위한 단체이므로 정치적 목적을 달성하기 위한 일정한 조직을 갖추어야 한다. 또한 그 조직과 활동은 민주적이어야 한다. 여기서 조직과 활동이 민주적이어야 한다는 말은 정다내에서 뿐만 아니라 대외적으로 자유민주적 기본질서를 존중하여야 한다는 의미이다. 헌법 제8조 제4항이 「정당의 목적이나 활동이 민주적 기본질서에 위배될 때에는 해산된다」라고 하고 있는 것도 그 때문이다.

4.3.3. 정당내민주화의 의무

정당의 목적 · 조직과 활동은 민주적이어야 한다(헌법 제8조 제2항 전단). 정당의 목적 조직과 활동의 민주화란 정당의 정치적 주장 · 당기구의 구성 · 당의 운영 · 당내질서 · 당원들의 활동의 민주화 등 정당내 민주주의를 말한다. 그것은 당의 정치적 주장, 당기구의 구성, 당의 운영, 당의사의 결정, 공직선거의 후보자추천, 정당원들의 활동 등이 민주주의 원칙에 따라 이루어져야 한다는 뜻이다(정당내 민주주의).1)

4.3.4. 재원의 공개의무

정당은 재원을 공개할 의무가 있다. 재원(회계)이 공개라 함은 정당이 그 회계(특히 수입란)를 공개적으로 설명하는 것을 말한다. 정치자금법은 「정치자금은 국민의 의혹을 사는 일이 없도록 공명정대하게 운용되어야 하고, 그 회계는 공개되어야 한다. 정치자금은 정치활동을 위하여 소요되는 경비로만 지출하여야 하며, 사적 경비로 지출하거나 부정한 용도로 지출하여서는 아니된다」(정치자금법 제2조 제2, 제3항)라고 함으로써 회계의 공개와 자금의 공정한 운용을 규정하고 있다.

독일은 헌법에서 정당의 <u>재정공개 의무</u>를 규정하고 있으나, 우리 나라는 법률에서 재산의 <u>연례보고의무</u>를 규정하고 있다. 재원공개의 원칙에 따라 정당이나 정당후원회의 회계책임자는 정당의 재산 및 수입 · 지출의 명세서를 공개해야 한다. 이때 자체감사기관의 감사의견서를 첨부하여야 한다(정치자금법 제41조).

1) 권영성, 헌법학원론, 193면.

5. 정당해산과 등록취소

5.1. 정당해산의 종류

자진해산 : 정당이 대의기관의 결의로써 자진하여 스스로 해산하는 경우이다(정당법 제39조). 대표자는 중앙선거관리위원회에 신고하여야 한다.

강제해산 : 정당이 헌법재판소의 심판에 따라 해산하는 경우이다.

등록취소 : 정당법 제44조는 등록취소에 관한 규정을 두고 있다.

정당법 제44조(등록의 취소) ① 정당이 다음 각 호의 어느 하나에 해당하는 때에는 당해 선거관리위원회는 그 등록을 취소한다.

1. 제17조(법정시 · 도당수) 및 제18조(시 · 도당의 법정당원수)의 요건을 구비하지 못하게 된 때. 다만, 요건의 흠결이 공직선거의 선거일 전 3월 이내에 생긴 때에는 선거일 후 3월까지, 그 외의 경우에는 요건흠결시부터 3월까지 그 취소를 유예한다.
2. 최근 4년간 임기만료에 의한 국회의원선거 또는 임기만료에 의한 지방자치단체의 장 선거나 시 · 도의회의원선거에 참여하지 아니한 때
3. 임기만료에 의한 국회의원선거에 참여하여 의석을 얻지 못하고 유효투표총수의 100분의 2 이상을 득표하지 못한 때

② 제1항의 규정에 의하여 등록을 취소한 때에는 당해 선거관리위원회는 지체 없이 그 뜻을 공고하여야 한다.

등록이 취소되거나 자진해산한 정당의 잔여재산은 당헌이 정하는 바에 따르고(정당법 제48조 제1항), 黨憲에 규정이 없거나 헌법재판소의 해산결정에 의하여 해산된 정당의 잔여재산은 國庫에 귀속된다(정당법 제48조 제1, 제2항).

5.2. 정당의 강제해산(심판에 의한 해산)

5.2.1. 강제해산의 의의

정당강제해산조항인 헌법 제8조 제4항은 첫째, 일반결사[1]에 대한 정당의 특권과 국가와 민주적 기본질서를 긍정하여야 하는 정당의 의무를 의미한다. 「정당의 목적이나 활동이 민주적 기본질서에 위배될 때에는 정부는 헌법재판소에 그 해산을 제소할 수 있고, 정당은 헌법재판소의 심판에 의하여 해산된다」라고 하고 있다 정당의 강제해산을 규정한 이 조항은 정당존립의 특권을 보장한 것이면서 정당활동의 자유에 한계를 설정한 조항이다

1) 일반 결사는 국가안전보장 · 질서유지 · 공공복리의 요건에 의하여 해산되나, 정당은 민주적 기본질서의 요건을 갖추어야 된다.

(통설).[1] 위헌정당의 금지는 자유민주주의의 敵(Feind)으로부터 자유민주주의를 수호하려는 것이 그 목적이다. 그러므로 동조항은 자유민주주의와 국가의 예방적 방위라는 헌법수호(Verfassungsschutz)의 기능을 하는 것이다. 정당해산에 관한 규정은 직접적용될 수 있는 직접적 효력규정이다(다수설).

5.2.2. 강제해산의 역사적 배경

(자유)민주적 기본질서를 부정하는 정당을 해산하는 제도는 독일의 Bonn 기본법에서 유래한 것이다. Hitler(히틀러)의 독재와 Nazi(나치)일당독재의 폐해를 경험한 독일에서 방어적 민주주의의 차원에서 자유민주적 기본질서(freiheitliche demakratische Grundordnung)를 침해하는 정당을 필연적으로 해산하고자 하는 헌법수호의 정신으로부터 유래 된 것이다. 정당해산제도는 민주주의를 일정한 가치(자유 · 평등 · 정의)와 결부시켜 이해하려는 가치관적 헌법관[2]에서만 가능한 것이며, 이는 민주주의를 다수결의 원리와 정치에 있어서의 가치중립적 관용을 토대로 하는 Hans Kelsen(한스 켈젠)적 가치상대주의(상대적 민주주의)를 포기한 것을 의미하는 것이기도 하다. 즉, 민주주의 자체를 부정하는 '민주주의의 敵' 내지는 '헌법의 敵(Verfassungsfeind)'에 대하여는 이를 관용할 필요가 없다는 취지이다(G. Radbruch).

5.2.3. 강제해산의 요건

a) 실질적 요건

aa) 정당

강제해산의 대상이 되는 정당은 정당으로서 등록을 필한 기성정당에 한한다.[3] 정당의 방계조직 · 위장조직 · 대체정당 등은 여기서 말하는 정당에 해당하지 아니하고, 헌법 제21조의 일반결사의 범주에 속하는 것이다. 정당성립의 시기는 중앙당이 중앙선거관리위원회에 등록을 필한 때이다(정당법 제4조 제1항). 정당의 하부조직(각지구당, 전문위원회, 청년부, 정당훈련원, 출판부)은 정당의 보호대상에 속한다.

> 중앙당창당준비위원회의 대표자가 중앙선거관리위원회에 창당준비신고만을 하고, 아직 정당으로서 등록을 필하지 아니한 결성단계에 있는 정당은 어떻게 되는가? 결성단계에 있

---

1) 독일기본법의 정당조항에 관하여는 BVerfGE5, 111, Rechtliche Ordnung des Parteiwesens : Bericht der vom Bundesmmister des Innern eingesetzten Partelenrechtskommission, 1958, S. 232 ff. 참조.

2) 민주주의를 자유 · 평등 · 정의의 확립을 위한 수단으로 보는 경우.

3) G. Radbruch, Rechtliche Ordnung, S. 224 참조.

는 정당 중에서 정당법상의 요건을 이미 구비하고, 다만 등록절차를 준비중인 것은 실질적으로 정당에 해당하는 準政黨이기 때문에, 비록 등록을 필하지 않았다 하더라도, 그 해산요건과 해산절차는 기성정당의 그것과 동일하게 해석하여야 할 것이다. 그래야만 반대당 결성에 대한 사전방해를 방지하고, 정당설립의 자유가 실질적으로 보장될 수 있을 것이기 때문이다.

bb) 목적과 활동

정당은 그 목적이나 활동이 (자유)민주적 기본질서에 위배될 때에 한하여 해산된다. 정당의 목적을 인식할 수 있는 자료는 정당의 강령 또는 기본정책과 黨憲[1] 당수와 당간부의 연설 · 당기관지 · 출판물 선전자료 등이다. 정당의 활동에는 당수와 당간부의 활동은 물론 평당원의 활동도 포함된다. 비민주적 성향은 정강정책에 명시적으로 나타나야 하며 단순한 잠재적 경향만으로는 부족하고, 특정 헌법조문의 폐지 · 개정의 주장이나 특정 헌법제도의 반대투쟁 정도는 해산사유가 될 수 없으며, 정당의 기본방침에 반하여 일부당원의 탈선정도도 해산사유가 될 수 없다.

cc) 민주적 기본질서에 위배 : 학설대립

aaa) 개관

민주적 기본질서에 위배되어야 한다. 민주적 기본질서에 위배된다는 것은 정당의 목적이나 활동이 민주적 기본원리를 위반함을 말한다. 헌법 제8조 4항의 민주적 기본질서를 자유민주적 기본질서로 볼 것이냐 아니면 사회민주적 기본질서까지를 포함하는 개념으로 볼 것이냐에 관하여 견해가 대립된다.

bbb) 자유민주적 기본질서로 보는 견해(다수설)

국가의 성격이 경제적 질서로서의 사회민주주의까지 수용하는 것일지라도, 정당의 해산사유는 정치적 질서로서의 자유민주주의의 위배만으로 국한시켜야 하며, 만일 사회민주적 기본질서를 포함하는 개념으로 이해한다면 자유민주주의를 부정하는 정당은 말할 것도 없고 사회민주주의에 찬성하지 않는 정당(자유민주주의적 · 보수주의적 정당)도 해산의 대상이 되는 결과를 초래한다고 한다.[2]

---

1) 진보당의 강령 · 黨憲의 위헌성 여부에 관하여 대법원은 「진보당의 강령 · 정책(혁신정치의 실현, 수탈없는 경제체제의 확립, 평화통일의 실현)은 헌법의 전문, 제5조, 제8조, 제18조, 제84조의 각 규정에 비추어 볼 때 위헌이라 할 수 없고, 평화통일에 관한 주장 역시 헌법 제13조의 언론자유의 한계를 이탈하지 아니하는 한 이를 위헌이라 할 수 없다」고 판시하였다(1959. 2. 27, 大判 4291刑上559). 그러나 당시의 건국헌법에는 정당특권에 관한 규정이 없었기 때문에 진보당은 공보실장의 명령에 의하여 등록이 취소되었다.

「권영성 교수의 주장」[1]

헌법 제8조 제4항에서 말하는 민주적 기본 질서는 자유민주적 기본질서를 의미한다(통설). 대한민국의 국가형태나 국가적 성격을 규정하는 「민주」공화국(제1조 제1항)에서의 민주주의는 다양한 민주주의의 상위개념이기 때문에 자유민주주의만이 아니라 사회민주주의 등 그 밖의 민주주의도 그 내포로 하지만, 제8조 제4항의 민주적 기본질서에서의 민주주의는 오로지 자유민주주의만을 의미한다. 정당해산조항의 민주적 기본질서를 자유민주적 기본질서와 그 개념이 다르다고 할 뿐 아니라 「제8조 제4항의 민주적 기본질서는 사회민주적 기본질서를 구가하고 있는 것」이라는 이설이 있지만, 정당조항의 민주적 기본질서만은 곧 자유민주적 기본질서로 해석하여야 한다.

그 이유는 첫째, 현행헌법의 경우, 사회민주주의의 중요한 내용을 이루는 사회국가의 원리 · 사회정의의 실현 · 사회적 시장경제질서 등은 여러 헌법조항에서 규정하고 있으므로, 제8조 제4항의 민주적 기본질서 중에 반드시 사회민주주의를 포함시켜야 할 이유가 없기 때문이다. 사회적 법치국가인 독일의 기본법조차도 정당해산의 사유로는 동법 제21조에서 자유민주적 기본질서만으로 명문화하여 제한하고 있다. 국가적 성격이 자유민주주의와 사회민주주의를 포괄하는 것이라고 하여, 정당의 해산사유까지 반드시 양자를 포괄하는 것으로 보아야 할 이유는 없기 때문이다 국가적 성격이 사회민주주의까지 수용하는 것일지라도 정당의 해산사유는 그와는 별개의 문제로서 자유민주주의에의 위배만을 그 해산의 사유로 규정할 수 있는 것이다.

둘째, 정당해산의 구실을 극소화하기 위해서라도 이 때의 민주적 기본질서는 자유민주적 기본질서만을 의미하는 것으로 제한적 해석을 하여야 한다. 제8조 제4항은 정당에 대하여 최소한 자유민주적 기본질서를 존중하여야 한다는 의무를 규정한 것이지 사회민주적 기본질서까지 존중할 의무를 규정한 것은 아니기 때문이다. 만일에 제8조 제4항의 민주적 기본질서를 자유민주적 기본질서와 사회민주적 기본질서를 포괄하는 개념으로 이해하거나 사회민주적 기본질서를 구가하는 것으로 이해한다면, 자유민주주의를 부정하는 정당은 말할 것도 없고 <u>사회민주주의에 찬동하지 아니하는 정당(자유주의적 · 보수주의적 정당 등)까지도 해산의 대상이 되는 불합리하고 비극적인 결과를 초래하게 된다</u>.[2]

bbb) 사회민주적 기본질서까지 포함한다고 보는 견해

헌법국가의 기본원리의 하나인 사회국가의 원리에 어긋나는 극단적인 정당, 예컨대 富益富 貧益貧 정책을 추구하거나 경제적 평등실현을 위한 경제의 규제 · 조정까지를 반대

---

2) 권영성, 헌법학원론, 196면.

1) 권영성, 헌법학원론, 195면 이하 참조.

2) 독일기본법이 제21조 제2항에서 「자유민주적 기본질서를 침해하거나 폐제하려는 정당」을 위헌정당이라 하여 해산시키려 한 것도 나치당과 같은 전체주의적 정당의 폭력적 · 자의적 지배에 의한 쓰라린 체험의 결과에서 나온 것이고, 기본법제정 이후 오늘에 이르기까지 정당해산조항의 운용과정에서도 위헌정당이라 하여 해산시킨 것은 新나치당인 사회주의국가당(SRP)과 독일공산당(KPD) 등 전체주의 정당밖에 없다.

하는 정당의 존립까지 보장할 수 없다고 한다(김철수).

ccc) 사견(구별무용설)

정당의 해산사유는 정치적 질서로서의 자유민주주의의 위배만으로 국한시켜야 한다는 자유민주적 기본질서에 위배한 경우에 한한다는 견해는 타당하지만 우리 헌법이 경제적 자유 못지 않게 경제의 민주화 · 경제적 정의이념의 실현을 규정하고 있는 취지를 살펴볼 때, 민주적 기본질서는 자유민주적 기본질서와 동시에 사회민주적 기본질서까지 포함한 것으로 보는 견해도 결코 무시할 수는 없을 것이다.

김철수 교수의 주장처럼 민주적 기본질서는 자유민주적 기본질서만을 의미하는 것으로 본다면 이는 민주주의의 이념을 자유와 평등만을 강조하는 것이되며, 우리나라의 헌법재판소도 민중당이나 근로자정당의 해산을 생각하고 있지 않는 점을 보아 민주적 기본질서 = 자유민주적 기본질서라고만 보는 것은 너무 좁은 견해라는 주장은 경청할 만하다.[1] 그러나 오늘날의 헌법국가에서는 그 특성상 자유민주적 기본질서의 확립을 추구한다는 그 자체만으로도 자유 · 평등 뿐만 아니라 사회국가원리를 토대로한 사회적 정의(복지)를 추구한다는 관념도 그 속에 내포되어 있다. 그리고 헌법 제8조 제4항의 민주적 기본질서는 자유민주적 기본질서만을 의미한다는 권영성 교수도 정당해산의 경우만 국가권력의 남용을 막기위하여 제한적으로 해석하자는 취지이지, 민주적 기본질서에는 자유민주적 기본질서와 사회민주적 기본질서를 포함하는 상위개념이라는 점은 인정하고 있음은 이미 살펴본 바와 같다. 정의(복지)의 관념이 배제된 자유민주적 기본질서의 개념은 사실상 서구민주주의의 발전의 역사와도 맞지 않을 뿐만 아니라, 그 내용도 사실상 공허한 것이 되고 말 것이기 때문이다.[2]

b) 절차적 요건

aa) 강제해산의 제소

정당의 목적이나 활동이 민주적 기본질서에 위배될 때에는 정부는 헌법재판소에 해산을 제소할 수 있다. 위헌정당의 해산제소권은 행정부수반인 대통령의 권한에 속하지만 대통령은 제소에 앞서 국무회의의 심의를 거쳐야 한다(헌법 제89조 제14호). 정부에 위헌정당해산제소권을 부여한 결과, 특정정당에 대한 위헌 여부의 제1차적 판단은 정부의 권한이고 의무이다. 헌법재판소가 정당의 위헌여부를 심리한 결과, 일단 위헌이 아니라고 결정한 경우에는 동일한 정당에 대하여 동일한 사유로 다시 제소할 수 없다(일사부재리의 원칙).[3]

---

1) 김철수, 민주적 기본질서, 고시계(1992.2), 256면 참조.
2) 상세한 내용은 김백유, 민주적 기본질서, 헌법학연구, 2003, 한국헌법학회 참조.
3) Maunz-Dürig-Herzog-Scholz, Rn. 130 zu Art 21; 권영성, 헌법학원론, 196면.

정당해산의 실질적 요건이 성립되면 정부는 국무회의의 심의를 거쳐 헌법재판소에 그 해산을 제소할 수 있다(헌법 제8조 제4항). 어떤 정당의 위헌성이 인정될 경우 정부는 반드시 제소를 해야 하는지 아니면 정부의 재량사항인지가 문제된다. 여기에는 자유재량으로 보는 견해와(김철수; 허영), 기속재량으로 보는 견해[1]가 대립되고 있다.

재량행위
- 기속재량행위
- 자유재량행위

판단여지
- 비대체적 결정
- 구속적 가치평가
- 장래의 예측적 사항에 대한 결정
- 형성적 결정
- 전문가로 구성되고, 직무상 독립을 갖는 합의체기관(위원회 등)의 결정
- 정책에 관련된 불확정 개념의 해석

헌법 제8조 제4항은 '… 제소를 할 수 있다'고 규정하고 있고,[2] 정당에 대한 해산결정보다 위헌적 정당을 상대로 한 민주적 공개경쟁을 통해서 정당의 사회적 기반을 붕괴시키는 것이 민주주의보호에 더 효과적이라고 판단되는 경우에는 해산의 제소를 보류할 수도 있어야 한다는 재량설 내지는 판단여지설[3]도 설득력이 없는 것은 아니나, 정부는 국가의

1) 권영성, 헌법학원론, 196면.

2) 독일에서는 '할 수 있다(Kann - Vorschrift)'는 규정을 자유재량으로 파악하고 있지는 않고, '의무를 수반하는 재량규정(재량한계; 법규에 기속되는 재량)'으로 보는 견해가 유력하다.

3) 판단여지설은 불확정개념(예 : 정당한, 상당한 이유, 중대한 사유, 공공의 안녕과 질서, 신뢰성, 適性, 공익상 필요한 때 등)의 해석에 관한 학설이다. 법규가 행정행위의 요건에 불확정개념을 사용하여 규정하고 있는 경우에 그 해석 및 적용에 있어서 행정청에게 일정한 판단여지가 인정된다고 주장하였다(판단여지설). 판단여지설은 재량행위의 축소 · 부정에 대한 반작용으로 등장한 이론이다. 즉, 법규의 요건부분에 불확정개념이 사용된 경우에는, 항상 오직 하나의 올바른 결론(판단)만이 가능한 것이 아니라 일정한 범위 내에서는 다수의 선택가능성, 즉 판단여지(Beurteilungsspielraum)가 존재한다고 한다. 판단여지가 인정되는 경우로는 일반적으로, ① 비대체적 결정, ② 구속적 가치평가, ③ 행정기관의 장래의 예측적 사항에 대한 결정 및 ④ 형성적 결정 ⑤ 이익대표 또는 전문가로 구성되고, 직무상 독립을 갖는 합의체기관(위원회 등)의 결정 ⑥ 행정상 정책에 관련된 불확정 개념의 해석 등을 들고 있다. 독일 판례의 일부에서 판단여지설에 입각한 판례가 있고, 우리나라 판례에서도 이와 같은 취지로 볼 수 있는 판례들이 있다. 재량과 판단여지는 개념상으로는 법적 성격 및 효과 면에서 구별될 수 있지만, 양자 모두 행정에 대한 사법심사를 억제함으로써 행정의 자율성을 확보해 주기 위한 이론이라는 점에서는 넓은 의미에

존립과 헌법질서의 유지에 제1차적 책임이 있으므로 어떤 정당이 해산의 실질적 요건을 갖춘 경우에는 정부(대통령)가 가지는 재량권은 축소(Ermessensschrumpfung)되어 '반드시 제소하여야 한다'고 본다.[1] 왜냐하면 정당해산에 대한 최종적 결정은 헌법의 수호자로서의 중요한 역할을 담당하는 헌법재판소가 결정할 문제이기 때문이며 재량권을 가지는 경우에도 이를 일탈 · 남용할 수 없기 때문이다.

bb) 헌법재판소의 해산결정

헌법재판소는 9인의 재판관 중 6인 이상의 찬성으로 정당의 해산결정을 할 수 있다(헌법 제113조 제1항). 정당해산심판에는 헌법재판소법에 특별한 규정이 있는 경우를 제외하고는 민사소송에 관한 법령과 행정소송법을 준용한다(헌법재판소법 제40조).

cc) 해산결정의 집행

헌법재판소가 해산결정을 한 때에는 결정서를 피청구인(정당대표자)과 국회 · 정부 중앙선거관리위원회에 송달하여야 한다(헌법재판소법 제58조 제2항). 위 결정은 중앙선거관리위원회가 정당법에 따라 집행한다(동법 제60조). 해산결정의 통지를 받은 당해 선거관리위원회는 그 정당의 등록을 말소하고 그 뜻을 지체없이 공고한다(정당법 제47조). 해산결정의 선고를 받은 정당은 선고와 동시에 불법결사가 된다.

5.2.4. 강제해산의 효과

a) 법적 효과

첫째, 헌법재판소의 해산결정이 있으면 당해 정당은 모든 정당특권을 상실한다(창설적 효력). 첫째, 정당의 대표자와 간부는 해산된 정당의 강령과 동일하거나 유사한 대체정당을 창설하지 못하며(정당법 제40조), 해산된 정당의 명칭과 동일한 명칭은 정당의 명칭으로 다시 사용하지 못한다(동법 제41조 제1항).

둘째, 헌법재판소에 의해 강제해산된 경우는 전재산이 국고에 귀속된다(동법 제48조 제2항).

정당법 제48조(해산된 경우 등의 잔여재산 처분) ① 정당이 제44조(등록의 취소)제1항의 규정에 의하여 등록이 취소되거나 제45조(자진해산)의 규정에 의하여 자진해산한 때에는 그 잔여재산은 당헌이 정하는 바에 따라 처분한다.

서는 차이가 없다.

1) 「… 할 수 있다」. 「… 하여야 한다」. 「… 한다」 「원칙적으로 … 하여야 한다」. 「… 함을 원칙으로 한다」의 해석상의 의미?

② 제1항의 규정에 의하여 처분되지 아니한 정당의 잔여재산 및 헌법재판소의 해산결정에 의하여 해산된 정당의 잔여재산은 국고에 귀속한다.

③ 제2항에 관하여 필요한 사항은 중앙선거관리위원회규칙으로 정한다.

셋째, 소속의원이 자격을 상실하는가에 관하여는 명문의 규정이 없고 학설도 대립된다. 상실된다는 견해,[1] 정당해산에 따라 소속의원직을 상실시키는 것은 대의제도정신에 어긋나는 것이므로 무소속의원으로 남는다고 하는 견해(김철수; Maunz)가 대립된다. 다수설은 의원자격이 박탈되지 않는다면 '정당제민주주의(Parteiendemokratie)'에 위반되고, 방어적 · 투쟁적 민주주의원리에 위반되며, 위헌결정 그 자체를 무의미하게 만든다고 한다.[2]

「위헌정당해산시 소속의원의 자격상실」
- 정당제민주주의
- 방어적 · 투쟁적 민주주의원리
- 위헌결정 그 자체를 무의미

b) 사견

생각건대 정당의 강제해산은 자진해산의 경우와는 달리 헌법재판소의 결정에 의하여 강제해산된 경우에는 의원의 자격을 상실한다고 본다.[3] 오늘날의 정당제 민주주의에 있어서는 유권자가 각급 공직선거에서 후보자 개인의 인물보다는 그가 소속하는 정당을 투표의 기준으로 하는 것이 일반적이다. 그러므로 위헌정당이라 하여 해산된 정당에 소속하는 의원들로 하여금 계속하여 의원직을 보유하게 한다면, 정당제 민주주의의 원리와 모순되고 방어적 민주주의의 원리에도 위배될 뿐 아니라 위헌결정 그 자체도 결국에는 무의미한 것이 되게 하기 때문이다.[4]

---

1) 다수설: 허영; 권영성, 헌법학원론, 197면; 독일연방헌법재판소는 1952년 10월 23일에 新나치(Neo-Nazi)黨인 사회주의국가당(SRP)판결에서 "… 해산된 정당에 소속한 연방의회 또는 주의회의원은 의원자격을 상실한다"고 판시하고 있다(BVerfGE 2, 73 f.; 5, 392).

2) 권영성, 헌법학원론, 197면.

3) 독일연방헌법재판소는 판결로 해산된 정당에 소속한 연방의회 또는 주의회의원은 의원자격을 상실한다고 판시하였다(BVerfGE 2, 73f; 5, 392). 그 후 연방선거법과 州선거법 등에서 의원직상실에 관한 명문규정을 두어 이 문제를 입법적으로 해결하고 있다.

4) 권영성, 헌법학원론, 197면.

6. 정당과 정치자금

6.1. 정치자금의 의의

정치자금이라 함은 정치인 정당 또는 그 밖의 정치단체가 정치적 활동을 하는 데 필요한 재원을 말한다 정치자금법 제3조 제1호는「당비, 후원금, 기탁금, 보조금, 후원회의 모집금품과 정당의 당헌 · 당규 등에서 정한 부대수입 등 정치활동을 위하여 제공되는 금전이나 유가증권 기타 물건과 그 자의 정치활동에 소요되는 비용」을 정치자금 이라고 유권해석하고 있다.

6.2. 정치자금에 대한 규제의 필요성

정당이 책임 있는 정치적 주장이나 정책을 추진하고, 공직선거에 후보자를 추천 또는 지지함으로써 국민의 정치적 의사형성에 적극적으로 참여하기 위해서는 정치자금이 필요하다. 그러나 정당이 압력단체나 재벌들과 결탁하여 막대한 정치자금을 조달하고 사용하는 과정에서 심각한 부패문제가 발생한다. 정치자금을 제공한 자는 반대급부로서 자신에게 유리한 주문을 하게 마련이기 때문이다. 이 때문에 각국은 정치자금의 조달을 원활히 하면서도 정치적 부패를 방지하기 위한 입법을 마련하고 있다. 정치자금법에서 정하지 아니한 방법으로 정치자금을 기부하거나 기부받은, 5년이하의 징역 또는 1천만원 이하의 벌금(정치자금법 제45조), 그밖에 각종제한규정을 위반한 경우에는 3년 이하의 징역 또는 600만원 이하의 벌금에 처하도록 하고 있다(정치자금법 제46조).

6.3. 현행법상 정치자금원

정치자금법(구정치자금에관한법률)[1]은 정치자금원으로서 다음과 같이 규정하고 있다.

6.3.1. 黨費

당비는 명칭 여하를 불문하고 정당의 黨憲 또는 黨規에 의하여 정당의 당원이 부담하는 금전이나 유가증권 기타 물건을 말한다(정치자금법 제3조 제3호). 정당은 소속당원에게 일정액의 당비를 받을 수 있고, 당원은 이를 납부할 의무를 진다.

---

1) 헌재결 1995. 11. 30, 94헌마97【공직선거및선거부정방지법 제59조 등 위헌확인】정치자금법은 “정치자금의 적정한 제공을 보장하고 그 수입과 지출상황을 공개함으로써 민주정치의 건전한 발전에 기여함을 목적으로 한다(제1조)로 되어 있는데, 이 법은 종래 정치자금의 수수가 부정과 부패에 연결되고 경제인에 대한 정치인의 보복이 있는 사례가 있었다는 반성에서 정치자금의 수수를 양성화하고 그 금액과 사용정도를 투명하게 하기 위해 제정된 것이다.

6.3.2. 정당후원회의 후원금

후원금은 후원회의 회원이 후원회에 납입하는 금전이나 유가증권 기타 물건을 말한다(정치자금법 제3조 제4호). 후원회라 함은 정치자금기부를 목적으로 설립 운영되는 단체로서 관할선거관리위원회에 등록된 것을 말한다(정치자금법 제3조 제7호).

6.3.3. 기탁금

기탁금이라 함은 정치자금을 정당에 기부하고자 하는 개인 · 법인 또는 단체가 선거관리위원회에 기탁한 금전이나 유가증권 기타 물건을 말한다(정치자금법 제3조 제5호). 정당에 정치자금을 기부하고자 하는 자는 기명으로 각급 선거관리위원회에 직접 기탁하여야 한다(동법 제22조). 중앙선거관리위원회는 기탁된 정치자금을 기탁 당시 국고보조금배분비율에 따라 배분 · 지급한다(동법 제23조).

6.3.4. 국고보조금

국고보조금이라 함은 정당의 보호 · 육성을 위하여 국가가 정당에 지급하는 금전이나 유가증권을 말한다.[1)]

> **정치자금법 제25조(보조금의 계상)** ① 국가는 정당에 대한 보조금으로 최근 실시한 임기만료에 의한 국회의원선거의 선거권자 총수에 보조금 계상단가를 곱한 금액을 매년 예산에 계상하여야 한다. 이 경우 임기만료에 의한 국회의원선거의 실시로 선거권자 총수에 변경이 있는 때에는 당해 선거가 종료된 이후에 지급되는 보조금은 변경된 선거권자 총수를 기준으로 계상하여야 한다.<개정 2008.2.29>
>
> ② 대통령선거, 임기만료에 의한 국회의원선거 또는 「공직선거법」 제203조(동시선거의 범위와 선거일)제1항의 규정에 의한 동시지방선거가 있는 연도에는 각 선거(동시지방선거는 하나의 선거로 본다)마다 보조금 계상단가를 추가한 금액을 제1항의 기준에 의하여 예산에 계상하여야 한다. <개정 2008.2.29>

---

1) 독일 연방헌법재판소는 「국가가 정당의 경상활동비를 그 예산자금을 가지고 지속적으로 지원하는 것은 위헌이지만, 선거의 집행은 공적 임무이며, 그 임무를 수행함에 있어 정당은 헌법상 결정적인 역할을 담당하고 있는 이상 선거 그 자체를 위해서 뿐만 아니라 선거를 수행하는 정당에 대하여 국가가 재정지원을 하는 것은 허용된다」고 판시하였다(BVerfGE 20, 56(113 ff.); 20, 119(132)). 그러나 현행 우리나라의 국고보조금제도는 다음과 같은 문제점이 있다. (ㄱ) 사법상의 결사에 불과한 정당에 대하여 국가가 국민의 세금으로 형성된 예산으로 운영비를 지원한다는 문제점, (ㄴ) 정당에 대한 경상비국고보조를 지급 당시의 국회의석수에 따라 배분할 경우 정당의 세력판도의 고정화를 초래할 위험성, (ㄷ) 정당에 대하여 경상비를 국고에서 보조할 경우 정당의 자유로운 정치활동에 제약을 받을 염려가 있다.

③ 제1항 및 제2항에 따른 보조금 계상단가는 전년도 보조금 계상단가에 「통계법」 제3조에 따라 통계청장이 매년 고시하는 전전년도와 대비한 전년도 전국소비자물가변동률을 적용하여 산정한 금액을 증감한 금액으로 한다. <신설 2008.2.29>

④ 중앙선거관리위원회는 제1항의 규정에 의한 보조금(이하 "경상보조금"이라 한다)은 매년 분기별로 균등분할하여 정당에 지급하고, 제2항의 규정에 의한 보조금(이하 "선거보조금"이라 한다)은 당해 선거의 후보자등록마감일 후 2일 이내에 정당에 지급한다.

제 3 항 선거제도

I. 선거제도

1. 선거의 의의

1.1. 선거의 개념

선거라 함은 국민적 합의에 바탕한 대의제민주정치를 구현하기 위하여 주권자인 국민이 그들을 대표할 국가기관(대의기관)을 선임하는 행위를 말한다. 좁은 의미로는 정치적 선거 즉 국제기관, 국가, 연방국가에 있어서는 주, 지방자치단체 등에서 선거민이 일정한 공식자를 선출하는 것을 말한다.[1] 그리고 선거에서 선거인이 개인적으로 누구를 대표자로 선택할 것인가에 대한 의사표시를 투표라고 한다.

민주 국가에 있어서 국민의 국정참여는 국민이 직접 현실의 국정에 참여하는 직접적인 형태가 바람직하나, 이는 오늘날 현실적·기술적으로 불가능하다. 그러므로 대다수 국가는 대표제에 입각하여 국민이 간접적으로 국정에 참여하는 간접민주정치(대의민주주의)를 원칙으로 하고 예외적으로 직접민주정적 요소를 가미하는 혼합민주제를 채택하고 있다. 그 결과 국민에게 인정되는 각종 참정권 중에서 국민이 그 대표자를 선거하는 선거권이야말로 가장 중요한 의미를 지니게 되어 각국은 헌법상 기본권으로 이를 보장하고 있다.[2]

현대민주국가는 대의민주주의를 기반으로 하고 있기 때문에 선거제도와 그 운용은 대의민주주의의 성패를 좌우하는 밑거름이 되며, 또한 선거는 국민의 의사가 굴절없이 통치기관의 구성에 반영되고, 모든 통치권의 '민주적 정당성(demokratische Legitimation)'을 확보하는 것이 자유민주국가의 통치질서의 기본요청이므로, 선거제도의 올바른 운영은 민주정치의 성패를 결정하는 중요한 요소가 된다.[3]

「선거제도」
- 통치권의 정당화근거
- 대의민주주의 이념의 실현수단

1) 구병삭, 선거 · 선거권 · 피선거권, 월간고시(1987.9).
2) 권형준, 선거권의 본질, 고시연구(1997.8).
3) 권영성, 헌법학원론, 201면.

1.2. 선거의 유형과 기능

1.2.1. 권능적 선거

권능적 선거란 선택의 가능성과 선택의 자유가 보장된 선거를 의미한다. 권능적 선거는 자유민주적 정치체제를 징표한다.

- 국가기관(대의기관)을 구성하는 기능(대의기관 구성기능),
- 국가권력에 대하여 민주적 정당성을 부여하는 기능,
- 국민의 참정권을 현실화하는 기능,
- 통치기관에 신임을 부여하는 기능(신임부여의 기능),
- 국가기관을 정치적으로 통제하는 기능(정치적 통제기능) 등의 정치적 기능수행[1)]

「참고」: 선거인과 대의기관의 관계

선거인과 대표자 사이에 법적 유대관계를 인정할 것인가에 관해서는 부정설과 긍정설이 있다. 선거에 있어서 투표권의 행사는 대표자에게 국민의 의사를 존중하고 국민의 의사를 국정에 반영할 정치적 · 도의적 의무를 부과하는 의미를 가지는 것이기 때문에, 선거인과 대표자를 전혀 무관계한 것으로 보는 견해는 정당하다고 할 수 없다. 다만 선거인과 대표자의 관계는 「무기속위임 · 자유위임」[2)]을 원칙으로 하므로, 「법적」 대표관계가 아닌 「정치적」 대표관계이다.

1.2.2. 비권능적 선거

비권능적 선거란 선택의 가능성이나 선택의 자유가 보장되지 않는 선거를 의미한다. 주로 사회주의국가에서 실시되는 비권능적 선거는 정치권력의 정당성 제공이나 정치권력의 통제적 기능을 발휘하지 못하게 된다.

1.2.3. 半권능적 선거

반권능적 선거는 권위적 정권을 유지 · 안정시키는 기능을 한다. 즉, 야당을 형식적으로 존재 시키면서, 현존하는 정치적 세력관계의 안정과 정당성을 추구한다.

---

1) 선거인이 주권자의식을 가지고 선거권을 행사한다면, 대표자를 교체할 수 있어 행정부와 입법부를 통제할 수 있고 民意에 의한 정치를 가능하게 한다.

2) 헌법은 제7조 제1항에서 「공무원은 국민전체에 대한 봉사자이며」라고 하고, 제46조 제2항에서 「국회의원은 국가이익을 우선하여 양심에 따라 직무를 행한다」라고 규정함으로써 무기속위임의 원칙을 명백히 하고 있다.

「반권능적 선거」
- 권위적 정권의 유지 · 안정
- 야당의 형식적 존재

1.3. 선거권과 피선거권

1.3.1. 선거권

a) 선거권의 법적 성격

선거권이란 선거에 참가할 수 있는 권리를 의미한다. 그 법적 성격에 관하여, 첫째, 선거권을 개인을 위한 주관적 공권으로 보는 견해(개인적 권리설)가 있다. 선거권은 주권자인 인민을 구성하는 모든 시민의 고유한 권리라는 것이다. 둘째, 국가목적을 위하여 국가가 부과한 공무의 수행으로 보는 견해(공의무설; 공무설)가 있다. 공의무설(공무설)에 따르면 선거는 본래 집단행위이고 개인은 이 단체 행위에 필요한 개별적 행위, 즉 직무를 집행함에 불과하기 때문에 선거권은 국가가 국가목적을 위하여 부여한 공의무(공무)라고 한다. 셋째, 선거인의 권한 또는 자격을 인정받은 것으로 보는 견해(권한 · 자격설)가 있다. 권한설을 주장한 옐리네크(Jellinek)는 국가법인설의 입장에서 국민은 선거시에 국가기관이 되어 국가의 공무인 선거를 하는 권한을 가진다고 하였다. 그는 「선거인 자신은 선거행위에 있어서 그 선거구 또는 선거단체의 전선거인에 의하여 형성된 선거인단의 부분기관 · 구성원으로 간주되어야 한다. 선거의 순간에 선거인은 국가공무원이 되고 그 공무를 행한 후 즉시 사인의 지위에 머문다」 고 하였다. 넷째, 공무수행인 동시에 공권의 행사로 보는 견해(이원설)가 있다. 이원설에 따르면 선거는 국가목적을 위한 공무인 동시에 선거권은 헌법과 선거법에 의하여 보장된 개인의 주관적 공권이라고 한다. 이 학설은 뒤기 · 슈미트 등이 주장했다. 슈미트(Schmitt)는 「선거권 및 투표권은 개인이 자유로 처분할 수 있다는 의미에서의 권리는 아니다. 그러나 단순히 헌법의 반사(반사)는 아니고 공적 기능이며 결국 권리인 것과 같은 정도로 선거 및 투표의 의무이기도 하다. 왜냐하면 그것은 사인으로서의 개인이 아니라 공민으로서의 개인에 의하여 공적인 지위에 따라 행사되기 때문이다」 라고 하면서 선거권이 권리인 동시에 공무로서의 성격을 가진다고 하였다. 이원설 다수설이다.[1]

「선거권의 법적 성격」
- **개인적 권리설**: 선거권을 개인을 위한 주관적 공권으로 보는 견해
- **공의무설**: 국가목적을 위하여 국가가 부과한 공무의 수행으로 보는 견해
- **권한 · 자격설**: 선거인의 권한 또는 자격으로 보는 견해
- **이원설**: 공무수행인 동시에 공권의 행사로 보는 견해(다수설): 주관적 공권

1) 권영성, 헌법학원론, 597면.

헌법재판소는 구 국회의원선거법 제33조, 제34조의 위헌심판에서「국민이 국정에 참여하는 참정권은 국민주권의 상징적 표현으로서 국민의 가장 중요한 기본적 권리의 하나이며, 다른 기본권에 대하여 우월적 지위를 가진다. 따라서 이러한 국민주권의 현실적으로 행사될 때에는 국민 개인이 가지는 불가침의 기본권으로 보장된다. 그 기본권은 대리 행사를 시킬 수 없는 국민 각자의 고유한 주관적인 권리이고, 참정권의 행사와 보장도 개인주의 사상에 기초를 두고 그 개인의 인격을 기본으로 하고 있다」[1]고 판시하여 선거권의 기본적 권리성을 인정하고 있고, 일본의 최고재판소도「원래 선거권은 국민의 국정에의 참가기회를 보장하는 기본적 권리로서 의회제민주주의(의회제민주주의) 근간을 이루는 것이고 현대 민주국가에서는 일정한 년령에 달한 국민 모두에게 평등하게 부여되어야 할 것이다」라고 예시하고 있다.[2]

b) 선거권의 부여요건

이러한 선거권을 누구에게 어떤 조건하에 부여할 것인가는 의회민주주의의 운영과 관련하여 중요한 의미를 가진다. 일반적으로 선거권을 행사할 수 있으려면 국적 · 연령 · 주소에 관하여 일정한 적극적 요건을 충족할 것이 요구되고 있다. 우리 나라의 공직선거법 제15조에서는「(선거권) ① 19세 이상의 국민은 대통령 및 국회의원의 선거권이 있다. ② 19세 이상의 국민으로서 제37조(명부작성) 제1항의 선거인명부작성기준일 현재 당해 지방자치단체의 관할구역안에 주민등록이 되어 있는 자는 그 구역에서 선거하는 지방의회의원 및 지방자치단체의 장의 선거권이 있다」고 하여 선거연령을 만19세로 하고 있는데, 투표가 정치적 판단능력을 전제로 하는 것이라면, 연령에 의한 제한은 합리적인 것이다. 그러나 각국에서 선거연령은 인하되는 추세에 있으며 국민의 정치참여의 폭을 확대함으로써 국민주권을 실질화하여야 한다는 관점에서는 선거연령을 18세 정도로 인하하는 것이 바람직하다.[3]

상술한 적극적 요건 외에 소극적 요건으로서 일정한 결격사유, 예컨대 금치산자나 수형자 등에 해당되지 않을 것(동법 제18조)이 필요하다. 그러나 주권의 행사와 형사책임의 감수는 차원을 달리하는 것이므로, 선거사범의 경우를 제외하고는 受刑者나 전과자의 선거권까지 제한하는 것은 위헌의 여지가 있다(김철수; 허영).

1.3.2. 피선거권

피선거권이라 함은 선거에 의하여 대통령 · 국회의원 · 지방의회의원 등 국가기관 또는 지방자치단체기관의 구성원으로 선출될 수 있는 자격을 말한다. 피선거권도 신앙 · 성별

---

1) 헌재결 1989. 9. 8, 88헌가6【국회의원선거법 제33조 제34조의 위헌심판제청】

2) 권형준, 선거권의 본질, 고시연구(1997.8).

3) 권영성, 헌법학원론, 598면.

· 사회적 신분 · 교육 · 재산 · 수입 등에 의하여 차별되어서는 아니된다. 다만 피선거권의 요건은 공무수행능력을 감안하여 선거권보다 엄격하다. 연령제한을 인상하고 결격사유도 확대하고 있을 뿐 아니라 겸직의 금지를 규정하는 등 제약조건이 많다(공선법 제19조). 그러나 이러한 제약도 합리적인 것이라야 한다.[1]

2. 선거의 기본원리

2.1. 의의

민주적 선거가 되기 위해서는 모든 선거절차의 과정에서 국가가 정치적 중립을 지킴으로써 선거참여자와 정당에게 균등한 기회가 보장되는 것이 필요하다. 보통 · 평등 · 직접 · 비밀 · 자유선거의 원칙이 그것이다. 헌법도 제41조 제1항과 제67조 제1항에서 「국민의 보통 · 평등 · 직접 · 비밀선거」를 선거의 기본원칙으로 규정하고 있다. 선거법의 기본원칙은 비록 기본권의 형식으로 규정되어 있지 않더라도 기본권과 유사한 성격을 갖는 주권적 공권을 발생시킨다고 본다(허영).

「선거의 기본원리」
- 보통선거
- 평등선거
- 직접선거
- 비밀선거
- 자유선거[2]

2.2. 종류

2.2.1. 보통선거

보통선거라 함은 재력 · 납세액 · 사회적 신분 · 지위 · 인종 · 신앙 · 성별 · 교육 등을 요건으로 하지 아니하고, 원칙적으로 일정한 연령에 달한 모든 국민에게 선거권 및 피선거권을 인정하는 선거원칙을 말한다.[3] 제한선거의 반대이다. 따라서 여성, 경제적 약자에게

---

1) 「선거범으로서 형벌을 받은 자에 대하여 일정기간 피선거권을 정지하는 규정 자체는 이로써 선거의 공정을 확보함과 동시에 본인의 반성을 촉구하기 위한 법적 조치로서 국민의 기본권인 공무담임권과 평등권을 합리적 이유없이 자의적으로 제한하는 위헌규정이라 할 수 없다(헌재결 1994. 7. 29, 93헌마23)」.

2) 독일의 경우 자유선거가 포함됨, 우리 나라는 그러나 보통 · 평등 · 직접 · 비밀선거만을 보장하고 있지만, 보통 · 평등 · 직접 · 비밀이 보장된다면 결과적으로는 자유선거를 보장하는 것이기도 하다.

3) 헌재결 1997. 6. 26, 96헌마89 【공직선거및선거부정방지법 제15조 위헌확인】

도 선거권이 인정된다. 그러나 민주정치가 모든 국민의 국정참여를 요청하는 것이라 할지라도 선거권은 국정에 참여하는 자격을 의미하기 때문에 합리적 이유가 있는 제한이면 허용될 수 있다.

헌재결 1999. 5. 27, 98헌마214 【공직선거및선거부정방지법 제53조 제3항 등 위헌확인】

민주주의는 참정권의 주체와 국가권력의 지배를 받는 국민이 되도록 일치할 것을 요청한다. 국민의 참정권에 대한 이러한 민주주의적 요청의 결과가 바로 보통선거의 원칙이다. 즉, 원칙적으로 모든 국민이 균등하게 선거에 참여할 것을 요청하는 보통 · 평등선거원칙은 국민의 자기지배를 의미하는 국민주권의 원리에 입각한 민주국가를 실현하기 위한 필수적 요건이다. 원칙적으로 모든 국민이 선거권과 피선거권을 가진다는 것은 바로 국민의 자기지배를 의미하는 민주국가에의 최대한의 접근을 의미하기 때문이다.

다만 국내에 거주하는 소수민족의 경우, 선거권을 부여할 수 있느냐 하는데 있어서 많은 문제점을 지니고 있다. 또한 피선거권에 있어서 과도한 기탁금을 요구하거나, 지나친 추천자의 서명을 요구하는 것도 보통선거에 반하며, 선거연령을 법률상 成年時期보다 높게 정하는 것(허영)도 보통선거에 반한다.

헌재결 1989. 9. 8, 88헌가6 【국회의원선거법 제33조 제34조의 위헌심판제청】

국회의원선거법 제33조의 기탁금은 너무 과다하여 국민주권주의와 자유민주주의의 기본원칙과 관련하여 헌법 제11조의 평등보호원칙, 제24조 참정권, 제25조의 공무담임권을 침해할 뿐만 아니라 정당추천 후보자와 무소속 후보자의 기탁금에 1,000만원과 2,000만원의 차등을 둔 것은 정당인(政黨人)과 비정당인을 불합리하게 차별하는 것으로 헌법 제41조의 선거원칙에 반하고 헌법 제11조의 평등보호규정에 위배된다.

- 광역의회 후보자의 기탁금(700만원)에 대하여도 동일취지의 결정(헌법불합치결정)을 하였다(헌재결 1991. 3. 11, 91헌마21)

2.2.2. 평등선거

a) 의의

평등선거는 차등선거 내지 불평등선거에 대응하는 선거원칙이다. 평등선거라 함은 모든 선거인이 1표씩을 가지는 1인 1표제(one man one vote)를 원칙으로 하고, 모든 선거인의 투표가치를 평등한 것이 되게 하는 1票 1價制를 원칙으로 하는 선거원칙을 말한다. 차등선거에는 사회적 신분 · 교육 · 재산 · 납세 · 종교 · 性 등을 이유로 특정의 선거인들에게 복수의 투표권을 부여하는 복수투표제 등이 있다.

평등선거의 원칙은 근대헌법은 물론 현대헌법을 지배하고 있는 주요한 선거원칙의 하나로서, 주권자인 국민은 그 능력이나 정치적 판결력의 차이와는 관계없이 1인1표란 형식적 평등을 내용으로 하는 제도이다. 따라서 헌법 제11조의 평등정신은 선거권의 평등을 요구하고 있고, 선거권의 평등은 ① 투표가치의 수적 평등, ② 투표의 성과가치 평등, ③ 선거참여자의 기회평등을 요구한다.[1)]

헌재결 1996. 8. 29, 96헌마99 【공직선거및선거부정방지법 제48조 등 위헌확인】

대의제 민주주의에 바탕을 둔 우리 헌법의 통치구조에서 선거제도는 국민의 주권행사 내지 참정권행사의 과정으로서 국가권력의 창출과 국가 내에서 행사되는 모든 권력의 정당성을 국민의 정치적인 합의에 근거하게 하는 통치기구의 조직원리이다. 따라서 선거에 있어서 모든 국민이 평등하게 참여할 수 있는 기회를 보장하는 것은 필수 불가결한 요소이며(헌재결 1996. 3. 28, 96헌마9등 참조), 이에 따라 헌법은 평등선거의 원칙과 선거운동의 균등한 기회의 보장을 규정하고 있다(헌법 제41조 제1항, 제67조 제1항, 제116조 제1항).

b) **투표의 수적 평등**

투표의 수적 평등이라 함은 복수투표제를 부인하고 모든 선거인에게 1인 1표(one man one vote)를 인정함을 말한다. 1인 1표주의는 과거의 선거인의 재산 · 교육 · 연령 · 사회적 신분 등에 따라 특정의 선거인에게 복수(복수)투표권을 인정하는 선거제도나 재산 · 교육 · 년령 · 신분 등에 따라 계급별로 선거하는 계급 선거제(계급 선거제)를 부인하는 것이다.

c) **투표의 가치평등** (Erfolgwertsgleichheit)

aa) 내용

평등선거의 원칙에는 모든 선거인의 투표가치가 평등하게 평가되어야 할것이 요구된다. 이는 투표의 성과가치의 평등을 의미하며, 투표의 성과가치의 평등이라 함은 1표의 가치가 대표자선정에 기여한 정도면에서 평등하여야 함을 말한다. 이와 같이 평등선거는 투표의 표면가치의 평등만을 요구하는 것이 아니라 투표의 결과가치의 평등도 함께 요구한다(one man, one vote, one value). 따라서 선거구간의 인구편차가 너무 벌어지도록 선거구를 획정한다든지, 투표의 결과가치를 무시한 전국구 의석배분방법을 하는 것 등은 평등선거의 원칙에 반한다.

투표의 가치평등과 관련하여 특히 문제가 되는 것은 선거구인구의 불균형문제이다. 평등선거는 투표의 수적 평등 내지 산술적 계산가치의 평등만을 요구하는 것이 아니라 투

---

1) 김용주, 평등선거의 원칙과 선거구인구 불균형, 월간고시(1992.10), 264면.

표결과의 성과가치에 따른 실질적 평등까지 요구한다. 그러나 선거구획정 여하에 따라서는 성과가치 평등의 원칙이 왜곡되는 경우가 있다. 투표가치가 표면상으로는 평등하지만 실질적으로는 어떤 지역의 표가 다른 지역의 표의 몇 분의 1의 가치밖에 되지 아니하는 경우도 있기 때문이다. 특히 문제가 되는 것은 불합리한 선거구획정 등으로 선거구간에 인구비례라든가 의원정수배분의 불균형 등이 결과하는 경우이다.

bb) 미국

미국의 경우를 보면, 1946년 연방대법원이 Colegrove v. Green(328 US 549)사건에서 「선거구획정은 이른바 정치문제(political question)이므로 사법적 심사의 대상에서 제외되어야 한다」라고 한 바 있다. 그러나 1962년에는 Baker v. Carr(369 US 186)사건에서 불평등한 인구비례의 선거구획정은 수정헌법 제14조의 평등보호조항에 위배되고, 이 문제는 사법심사의 대상이 된다고 판시[1]하여 지금까지 계속되고 있다.[2]

cc) 일본

일본의 경우, 그 동안 의원정수를 선거구별로 어떻게 분배하는가의 문제는 원칙적으로 입법의 기능에 위임된 것으로 보아 왔었다. 그러나 선거구인구의 불평등에 관하여 최고재판소는 1976년 4월 14일 판결에서 「선거구획정과 의원정수배분에서 선거인의 투표가치의 불평등이 합리성을 가지는 것으로 인정할 수 없는 정도에 달할 때에는 헌법위반이라 판단할 수 밖에 없다」라고 5：1로 위헌임을 선고하였다.[3] 이 판결은 선거제의 평등은 투표의 평등을 의미함을 선언하고 평등규정이 입법권을 구속하고 있음을 명시했다.

1985년의 판결에서도 유권자의 1표의 가치가 최고 4배 이상 차이가 났던 중의원의원선거의 議員定數配定은 법 앞에 평등을 규정한 헌법에 위반되는 것이라고 하면서도, 선거자체는 사정판결의 법리를 적용하여 유효라고 하고, 그러나 「앞으로는 일정한 유예기간이 지나면 선거무효를 선언할 수도 있다」고 하였다.[4] 이 판결 이후 1986년 5월 선거구인구의 불평등을 시정하기 위한 선거법개정이 이루어졌다.[5]

---

1) 유사판례로는 Reynolds v. Sims(377 US 533[1964]; Gray v. Sanders(372US 368[1963]; Wesbery v. Sanders (376 US 1[1964]; Kirkpatrik v. Preisler(394 US 526[1969]; Davis v. Bandemer(54 US 4898[1986]; NYC Board of Estimate v. Morris(489 US 688[1989]) 등이 있다.
2) 권영성, 헌법학원론, 205면.
3) 중의원의원정구배분규정위헌소송(1976년[소화 51] 4월 14일 대법정, 민집 30권 3호 223면).
4) 衆議院議員定數配分規定違憲訴訟(1985년[昭和 60] 7월 17일 大法廷, 民集 37卷 9호 1면).
5) 권영성, 헌법학원론, 205면.

dd) 독일

독일의 경우, 1963년에 연방헌법재판소는 기본법상의 평등선거조항인 제38조를 근거로 선거구인구의 평등이 실현되어야 한다고 강조하고, 「연방의회선거법 소정의 33.33%의 편차가 넘은 경우에는 의회에서 선거법부표를 개정하여야 한다」라고 판시하였다.[1][2]

ee) 한국

우리 나라에서도 1996년에 실시된 제15대 국회의원총선거 당시 선거구마다 1명씩 국회위원을 선출하는 경기도 성남시 분당구의 유권자는 231,900명인 데 대하여 전라남도 務安郡區의 유권자는 52,925명 밖에 되지 아니하였다. 그 결과 성남시 분당구의 유권자의 투표가치는 무안군구의 유권자의 투표가치에 비하여 4분의 1 정도밖에 되지 아니하였다.

우리 헌법재판소는 「모든 선거인이 투표가치에 있어서 평균적인 선거권을 누릴 수 있도록 하는 것이 헌법이 지향하는 이상이며 … 선거권의 개념에 "평균적인 투표가치"가 포함되어 있다」라고 하면서 「공직선거법 제25조 제2항에 의한 동법 [별표 1] 「국회의원지역선거구구역표」(1995. 8. 4. 법률 제4957호로 개정)는 헌법에 위반된다」고 결정하였다.[3]

미국의 연방대법원은 선거구인구 불균등이 선거권의 평등을 침해하는가 하는 문제에 대하여 처음에는 이를 정치문제(political questions)라고 하여 사법심사에서 제외하였으나. 1962년 Baker vs. carr 사건에서 종래의 태도를 변경하여 부당하게

---

1) BVerfGE 16, 130(140 ff.).

2) 권영성, 헌법학원론, 205면.

3) 현재 우리 나라의 제반여건 아래에서는 적어도 국회의원의 선거에 관한 한, 전국 선거구의 평균인구수(전국의 인구수를 선거구수로 나눈 수치)에 그 100분의 60을 더하거나 뺀 수를 넘거나 미달하는(즉, 상하 60%의 편차를 초과하는) 선거구가 있을 경우에는, 그러한 선거구의 획정은 국회의 합리적 재량의 범위를 일탈한 것으로서 헌법에 위반된다고 보아야 할 것이다. 선거구의 획정에 있어서는 인구비례의 원칙이 가장 중요하고 기본적인 기준이며, 평등선거의 원칙을 엄격히 적용하는 경우에는 적어도 최대선거구의 인구수가 최소선거구의 인구수의 2배 이상인 때에는 위헌이라고 한다면, 그 여타의 제2차적 고려요소를 아무리 크게 고려한다고 하더라도 그 갑절인 4배를 넘는 경우, 즉 최대선거구와 최소선거구의 인구비율이 4:1을 넘는 경우에는 헌법합치적 실명이 불가능할 것이고, 이를 전국 선거구의 평균인구수를 기준으로 하여 그 상하의 편차를 계산하면 그 평균인구수의 상하 60%의 편차가 되므로, 이러한 평균인구수기준 상하 60%의 편차들은 상당한 정도의 합리적 근거가 있다고도 생각한다. … 그렇다면 이 사건의 경우 "부산 해운대구 기장군 선거구"와 "서울 강남구 을선거구"는 전국 선거구의 평균인구수(175,460명, 1995. 6. 30 현재)에서 상하 60%의 편차(상한 280,7%명, 하한 70,184명)를 넘어선 것으로서, 위 각 선거구의 획정은 국회의 재량의 한계를 일탈한 것이므로 위헌이라고 보아야 할 것이다(헌재결 1995. 12. 27, 95헌마224, 239, 285, 373(병합)]).

불평등한 인구비례의 선거구 확정은 평등원칙에 위반한다고 판시하였다. 미국 연방대법원 판례에 의하면, 1964년의 Wesberry v. Sanders 사건에서 조지아 주의 연방하원선거구의 최다 · 최소 비율 3 : 1을 위헌이라고 판결하였고,[1] 일본의 경우, 1983년의 최고재판소 판결에서 최다최소비율 3.94 : 1의 격차를 경고한바 있다.[2]

d) 선거참여자의 기회균등

aa) 내용

평등선거는 모든 선거참여자와 정당에게 균등한 기회가 보장됨을 요구한다. 특히 피선거권의 측면에서 무소속후보자나 비정당적 단체에 대하여 기회균등의 차별을 두어서는 안된다. '자유민주주의'는 국민의 주권 행사인 선거 결과에 따라 국민의 대표자가 구성되고 그들이 회의에서 의결되는 국가정책이 현실화되는 정치제도를 의미하기 때문에, 자유민주주의 국가에서의 '선거 제도'는 유권자인 국민이 자유로이 입후보자를 선택하고 입후보자가 자유롭게 의사를 발표하고 홍보할 수 있도록 민주적으로 균등한 선거 운동이 보장되게 마련되어야 한다.[3] 다만, 선거운동을 위한 방송시간 할당에 있어 정당의 크기에 따라 달리 정하는 것이나, 무소속입후보자에게 일정수 이상의 추천을 요구하는 것, 일정률 이상을 득표한 정당에 대해서만 비례대표제에 의한 의석을 배분하는 봉쇄조항(저지규정)[4]을 두는 것, 정당에게 선거운동경비를 보상하는 것 등은 기회균등정신에 반한다고 보지 않는다.

bb) 판례

헌법재판소는 舊국회의원선거법의 기탁금조항에 대한 헌법불합치결정에서 「정당추천후보자와 무소속후보자의 기탁금에 차등을 둔 것은 정당인과 비정당인간에 지나친 차별대우를 하는 것으로 보통 · 평등선거의 원칙에 반하고, 헌법 제11조의 평등보호규정에 위배된다」고 결정한 바 있고,[5] 정당후보자에게 (무소속 후보 보다)2종의 소형인쇄물을 더 배부할 수 있도록 규정한 舊국회의원선거법 제55조의3, 제56조의 규정은 "무소속후보자에게도 그

---

1) 376 U.S 1 (1964).

2) 최고재 대판 1983년 11월 7일 판결.

3) 헌재결 1992. 3. 13, 92헌마37, 39(병합) 【선거운동기회 차등】

4) 이러한 봉쇄조항은 독일 · 이스라엘 · 그리스 · 스웨덴 · 우리 나라 등의 선거법에 채택되어 있다. 특히 독일에서는 바이마르공화국시대에 비례대표제를 채택한 결과 군소정당의 난립과 이로 인한 정국불안을 초래했던 역사적 경험에서, 이를 예방하기 위한 방책의 하나로 연방의회선거법에 봉쇄조항을 규정하여, 유효투표의 5%이상을 획득하거나(5%-Klausel) 지역구에서 3석 이상을 획득한 정당에 한하여 전국구의석의 배분에 참여하게 하고 있다. 이 봉쇄조항에 관하여 연방헌법재판소는 합헌이라는 입장을 취하고 있다(BVerfGE3, 27; 4, 39 ff; 6, 90 ff).

5) 헌재결 1989. 9. 8, 88헌가6 【사회보호법 제5조의 위헌심판제청】

에 준하는 선거운동의 기회를 균등하게 허용하지 않는 한 위헌(조건부위헌결정)"[1]이라고 하였다. 그러나 합리적인 이유가 있는 제한은 가능하다.

헌재결 1992. 3. 13, 92헌마37, 39(병합) 【국회의원선거법 제55조의3 등에 대한 헌법소원】 선거운동기회 차등

사건명 : 舊국회의원선거법 55조의 3등에 대한 헌법소원

판시요지 : 의원선거법 규정의 違憲與否

'정당정치를 하는 국가'에서 정당추천후보자가 무소속후보자보다 선거운동에 있어서 상대적으로 유리한 위치에 있게 된다고 하더라도 그것은 '불합리한 차별'을 하는 것이 아니고 정당제도의 보장을 위한 입법 재량권의 행사라는 주장은 옳지 않다. 왜냐하면 그러한 차별대우는 자유 · 평등선거의 '기본적 내용'을 침해하는 것이기 때문이다.

기탁금조항 : → 「정당추천후보자와 무소속후보자의 기탁금에 차등을 둔 것은 정당인과 비정당인간에 지나친 차별대우를 하는 것으로 보통 · 평등선거의 원칙에 반하고, 헌법 제11조의 평등보호규정에 위배된다」

정당후보자에게 (무소속 후보 보다) 2종의 소형인쇄물을 더 배부할 수 있도록 규정한 舊국회의원선거법 제55조의3, 제56조의 규정 : → "무소속후보자에게도 그에 준하는 선거운동의 기회를 균등하게 허용하지 않는 한 위헌(조건부위헌결정)"

헌재결 1996. 3. 28, 96헌마9, 77, 84, 90(병합) 【공직선거및선거부정방지법제150조제3항등위헌확인】

정당에게만 선거대책기구를 설치할 수 있도록 허용하고 있는 것은, 정당제민주주의에서 정당의 활동을 보호하기 위한 것으로 그 입법목적이 정당하고, 그로 인하여 어느 정도의 차별이 생긴다 하더라도 그 차별은 정당의 활동을 특별히 보호함으로써 생기는 결과라고 할 것이므로 평등선거의 원칙, 선거운동의 기회균등의 원칙에 반하거나 평등권을 침해한다고 할 수 없고, 무소속후보자의 당선기회를 봉쇄하는 것은 아니므로 공무담임권을 침해하는 것도 아니며, 그 입법목적이 정당하고 그 규제방법도 상당하므로 표현의 자유를 침해한다고 볼 수 없다.

2.2.3. 직접선거

직접선거란 선거인이 직접 후보자를 뽑는 제도로, 간접선거의 반대이다. 간접선거는 중간 선거인을 선출하여 대표자를 선출하는 것인데, 이는 선거인의 의사를 왜곡할 수 있다는 문제가 있다. 즉 간접선거에서는 선거인은 중간선거인을 선거하는데 그치고 중간선거인이 대표자를 선출한다. 그러나 중간선거인이 일반선거인의 의사와 합치되는 결과를 가져온

1) 헌재결 1992, 3. 13, 92헌마37, 39 【국회의원선거법 제55조의3 등에 대한 헌법소원】

다면 그것은 無用의 절차가 될 것이고, 반대로 일반선거인의 의사와 상이한 결과를 초래한다면 비민주적인 것이 된다. 특히, 비례대표제 하에서의 구속명부제가 문제된다.[1] 이는 실질적으로 정당에 의한 간선의 결과가 되기 때문이다. 또한 투표가 끝난 후에 전국구후보의 순위나 사람을 바꾸는 것도 직접선거에 반한다.

2.2.4. 비밀선거

비밀선거란 선거인이 누구를 투표하였는지를 모르는 제도로, 공개선거의 반대이다. 이는 선거인이 누구에게 투표하였는가를 제3자가 알지 못하게 하는 선거원칙이다. 공개투표에 의할 때에는 매수 · 유혹 · 위협 등으로 자유롭고 공정한 선거가 침해될 위험이 있다. 비밀선거를 보장하기 위하여 무기명 투표, 투표의 비밀보장, 투표용지관급제, 투표내용에 관한 진술거부가 보장되고 있다. 추천자의 서명을 요구함으로써 서명자의 투표성향이 공개되어도 비밀선거에 반하지 않는다.

2.2.5. 자유선거

자유선거(Free election)란 어떠한 압력없이 자유롭게 투표가 행해지는 제도로, 강제선거의 반대이다. 강제투표란 정당한 이유없이 기권하는 자에 대하여 제재를 가함으로써 선거권의 행사를 의무가 되게 하는 제도이다.[2] 현행 헌법은 자유선거를 직접 규정하고 있지는 않지만, 이 원칙은 선거권을 법적 公義務로 보지 않는 한 당연한 것이다. 자유선거는 선거의 내용 뿐만 아니라 선거에의 참여에 대한 결정까지도 선거인의 임의로운 결정에 맡겨져야 하므로, 선거의무를 법률로 규정하는 것은 허용되지 아니한다.

3. 선거의 종류

선거에는 임기가 끝난 경우 전원을 새로이 선거하는 총선거, 당선인이 없거나, 선거무효의 판결이 있거나, 임기개시전 사망 · 사퇴하거나, 피선거권이 상실되거나, 선거범죄로 인하여 당선이 무효되어 다시 선거하는 재선거, 임기 중에 사망 등의 사유로 결원이 생겼을 경우에 하는 보궐선거가 있다.

---

1) 독일 바이마르 공화국(1919-1933) 시대의 비례대표제.

2) 이집트헌법(제62조)은 선거에의 참여를 국민의 의무로 규정하고 있고, 오스트리아헌법(제26조)은 투표의 의무를 규정하고 기권을 유죄로 규정할 수 있음을 명문화하고 있다. 벨기에에서는 기권초범자에게는 도의적 제재를 가하고, 누범자에게는 그 의무위반을 공개토록 하고 있다.

- **총선거**: 임기가 끝난 경우 전원을 선거
- **재선거**: · 당선인이 없는 경우
  · 선거무효의 판결이 있는 경우
  · 임기개시전 사망 · 사퇴
  · 피선거권의 상실
  · 선거범죄로 인한 당선무효
- **보궐선거**: 임기 중에 사망 등의 사유로 결원이 생겼을 경우

4. 대표제와 선거구제

4.1. 대표제와 선거구제의 의의

선거제도의 주된 내용은 대표제와 선거구제에 관련한 사항들이다. 대표제라 함은 대표결정방식 또는 의원정수배분방법을 말하고, 선거구제라 함은 선거인단을 지역단위로 분할하는 방식을 말한다. 대표제와 선거구제는 표리의 관계에 있으며, 대표제와 선거구제는 선거에 있어서 의원을 선출하는데 기술적인 문제에 그치는 것이 아니라 국가의 정치질서 및 헌정운용에 중대한 영향을 미친다. 선거의 목적은 민의를 정확하게 반영하는 대표를 선출하고 안정된 정국운영을 확보하는데 있으므로, 이 두 가지 목적을 조화롭게 실현할 수 있는 선거제도가 바람직하다.

유권자 1인이 후보자 1인에게 투표하는 것을 단기투표제, 2인 이상에게 투표하는 것을 연기투표제라 한다. 연기투표제에 있어서 의원정수와 같은 수의 후보자에게 투표하는 것을 완전연기제라 하고, 정수보다 적은 수의 후보자에게 투표하는 것을 제한연기제라 한다. 동일 후보자에게 중첩하여 투표할 수 있는 것을 累積連記制라 하고, 연기의 순서에 따라 그 가치를 체감하여 계산하는 것을 체감연기제라 한다.

단기투표제 → 후보자 1인에게 투표

연기투표제 → 후보자 2인 이상에게 투표
- 의원정수와 같은 수의 후보자(완전연기제)
- 정수보다 적은 수의 후보자(제한연기제)

누적연기제 → 동일 후보자에게 중첩하여 투표
체감연기제 → 열기의 순서에 따라 그 가치를 체감

4.2. 대표제의 유형

4.2.1. 다수대표제

a) 의의 · 유형

다수대표제란 대표자의 선출을 선거구의 다수자의 의사에 따르게 하는 방법이다. 다수대표제에는 상대적(비교) 다수대표제(영 · 미)와 절대적 다수대표제(프랑스)가 있다. 전자는 상대적 다수를 얻은 사람이 당선되는 것이며, 후자는 투표자의 과반수(50% 초과)의 득표를 얻은 자가 당선되는 것이다. 다수대표제는 대선거구연기제와 소선거구단기제가 있다. 전자는 1표라도 많은 정당의 후보자 전원이 당선되고 1표라도 적은 정당의 후보자는 전원이 낙선되는 것이며, 후자는 1개 의석을 단순다수결로 결정하는 것이다.

다수대표제가 소선거구제와 결합하면 兩黨制의 형성에 기여하는 장점이 있으나, 有效少數票의 대표관계가 무시되는 단점이 있다. 少數代表制라 함은 한 선거구에서 2인 이상의 대표를 선출하는 제도를 말하며 소수당도 대표자를 낼 수 있는 대표제이다.

「다수대표제」
- 상대적 다수대표제(영 · 미) : 상대적 다수를 얻은 사람이 당선
- 절대적 다수대표제(프랑스) : 투표자의 '과반수[1]'의 득표를 얻은 자가 당선

b) 장 · 단점

장점으로는 선거인과 대표자간의 심리적 유대관계가 형성되고, 다수세력의 형성이 쉽게 이루어 질 수 있다는 점(의회내에서의 안정된 다수세력을 필요로 하는 의원내각제의 실현에 이바지), 단점으로는 소수세력의 이해관계가 무시되게 되고, 恣意的인 선거구 분할의 위험성이 있고, 대의민주주의적 관점에서의 정의 내지는 평등의 관점에서 문제가 있고, 선거시 득표에서는 이기고 의석배분에서는 패하는 Bias현상이 초래될 수 있다.

「장점」
- 선거인과 대표자간의 유대관계형성이 용이
- 다수세력의 형성이 쉽고(이 점에서 안정다수세력을 필요로 하는 의원내각제와 친화적 관계를 지님)

「단점」
- 소수세력의 이해관계가 무시

1) 50% '이상'을 의미하는 것이 아니고 '초과'를 의미한다. 過半數는 '반수를 넘는다, 초과한다'는 뜻이기 때문에 2분의 1이상이라는 표현도 잘못된 것이고 2분의 1 초과라는 표현을 해야 한다.

- 恣意的인 선거구 분할의 위험성
- 代議正義 · 代議平等의 관점에서 문제
- 표에서 이기고 의석에서 지는 Bias현상

c) 선거구의 분할

다수대표제에서는 선거구별 대표자정수를 어떻게 정하는가가 중요하게 된다. 1구 1인대표제(소선거구)냐 또는 1구 다수대표제(중선거구, 대선거구)냐의 문제는 단순한 선거기술이 아니라 중요한 통치구조적 의미를 지니기 때문이다. 양당제도의 확립이나 안정다수세력의 형성에는 소선구제가 유리한 효과를 나타내는 반면, 정치적 소수세력의 진출이나 지역간의 대립문제를 해결하기 위한 지역초월적 대의기능을 촉진하는 데는 중선거구제 및 대선거구제가 더 적합하게 된다. 단, 절대다수대표제는 반드시 1구 1인대표제를 전제로 한다.

- **소선거구제**: 양당제도의 확립이나 안정다수세력의 형성
- **중선거구 · 대선거구제**: 정치적 소수세력의 진출, 지역초월적 대의기능을 촉진

4.2.2. **비례대표제**(Verhältniswahlrecht)

a) **의의**

비례대표제는 다수대표제의 문제점을 시정 · 보안하기 위하여 제안된 것으로 각 정당에게 득표수에 비례하여 의석을 배분하는 방법이다. 전형적인 것은 독일 바이마르 공화국(1919-1933) 당시에 시행되었던 정당명부식비례대표제이다.[1] 이 제도에서는 선거인이 정당의 합동명부에 대하여 투표하고 득표수의 비율에 따라 당선자를 결정한다.[2] 이는 대의민주주의의 실현과 민주주의 실현원칙인 소수보호(Minderheitenschutz)의 정신을 실현시키며, 다원적 산업사회(pluralistische Gesellschaft)나 '大衆민주주의(Massendemokratie)'에서의 사회의 다양한 이해관계를 대의기관구성에 반영시키려는 것이다.[3]

---

1) 비례대표제의 유형에 관해서는 음선휘, 비례대표선거제의 유형과 헌법적 기능에 관한 연구, 서울대학교대학원 법학박사 학위논문, 1997 참조.

2) 비례대표제의 장점으로는 (ㄱ) 선거인의 의사를 정확하게 반영한 대표선출 가능, (ㄴ) 민주정치의 요체인 정당정치의 확립, (ㄷ) 소수당에 대한 의석배분을 통한 소수의사에 대한 다수의사의 횡포방지 등이 있다. 단점으로는 (ㄱ) 다당제 내지 군소정당의 난립으로 정국불안의 위험 초래, (ㄴ) 비례대표제 실시를 위한 기술적 곤란성과 절차적 복잡성, (ㄹ) 선거인과 의원 사이의 친밀감 상실 등이 있다.

3) 비례대표제는 정당제도의 발달 및 정당국가적 경향에 힘입어 19세기에 제창되어 20세기 제1차 세계대전이후 급격히 채택되었고, 특히 바이마르공화국의 비례대표제(제17조 제1항)가 가장 대표적인 유형이다. 그리고 이는 「다원적 산업사회」 및 「대중민주주의」의 나라에서 代議의 이념을

b) 연혁

비례대표제는 다수대표제의 문제점을 보완키 위한 것이므로 역사적으로 다수대표제보다 더 늦게 성립되었고, 독일의 1919년 Weimar 헌법에서 제일 먼저 도입되었다고 하는 견해가 있으나 이는 확실치 않다. 독일 바이마르 공화국 헌법상의 비례대표제는 이미 언급한 바와 같이 정당명부식 비례대표제 였다.[1] 비례대표제가 우리 나라에 도입된 것은 1962년 제3공화국 헌법에서 처음으로 도입되었다. 비례대표제의 도입취지를 살리기 위해서는 沮止規定(독일의 경우 5%-Klausel)을 정함에 있어서나 의석할당에 있어서 '席'보다는 '득표수(%)'에 따르는 거이 바람직 하다.

비례대표제는 각 정당의 유효득표수에 비례하여 의석을 배분하는 방법(선거가치의 평등실현)이며, 다수대표제(Mehrheitswahl)나 少數代表制(Minderheitenvertretung; Minderheitswahl)의 선거제도의 결함을 보충하고자 하여, 대두된 선거제도이다.

- 다수대표제의 결함 : 다수파가 선거구에서 선출되는 의원의 전부를 독점할 가능성이 존재
- 소수대표제의 결함 : 소수파에 대하여도 의원선출의 가능성이 있으므로 군소정당의 난립우려

「비례대표제」
- Weimar 헌법(정당명부식 비례대표제)
- 우리 나라에는 제3공화국 헌법에서 처음으로 도입

c) 장 · 단점

장점으로는 투표의 결과가치도 반영시키려는 점에서 평등선거에 가장 적합하고, 소수의 보호에 유리하고, 선거구분할의 불균형을 시정하는 기능을 가진다. 단점으로는 군소정당의 난립이 우려되고, 소수의 보호를 위하여 다수의 형성과 기능이 희생되게 되고, 정당의 일방적 주도와 영향 때문에 일반대중이 정치에서 소외되며, 금권 · 파벌정치의 온상이 되기 쉽고, 대의의 이념과의 갈등이 있고(전체국민의 대표성보다는 집단대표의 기능이 강조되므

합리적으로 실현시키기 위한 합리적인 제도이기 때문에 그가 지니는 장점을 결코 도외시할 수 없으며, 따라서 비례대표제의 단점을 보완하고 장점을 살리는 「수정비례대표제」를 주장하는 학자(김철수, 헌법학(상), 453면)도 있다. 수정비례대표제로는 독일선거법을 들 수 있다. 독일선거법은 인격화된 비례대표제(personalisierte Verhältniswahl), 소선거구비례대표병용제 등이라고도 불리운다. 이것은 소선거구다수대표제를 결합한 것이다(김철수, 헌법학(상), 453면 각주3) 참조).

1) 독일 바이마르 공화국(1919-1933)의 비례대표제에 관하여는 김백유, Regierungskrise und verfassungsrechtliche Lösungsansätze 참조.

로), 의원내각제와의 조화가 어렵다.

「장점」
- 평등선거에 가장 적합 : 선거가치의 평등실현(死票의 防止)
- 소수의 보호에 유리 : 소수당(소수자)보호에 적합
- 선거구분할의 불균형을 시정
- 정당정치에 적합

「단점」
- 군소정당의 난립
  · 소수의 보호를 위하여 다수의 형성과 기능희생
  · 정당의 일방적 주도와 영향 때문에 일반대중이 정치에 소외
- 정당간부의 횡포와 부패(金權 · 파벌정치의 온상)
- 대의의 이념과의 갈등(전체국민의 대표성보다는 집단대표의 기능이 강조되므로),
- 의원내각제와의 조화가 어렵다.
- 시행상의 기술적 곤란성, 절차의 복잡성
- 국민과 당선자와의 관계소원(선거의 직접성과 모순)

d) 구체적 실현형태

다수대표제가 안정다수세력의 형성에 기여하는 반면, 비례대표제는 사회의 실제세력에 상응하는 다원적이고 국민대의의 실현을 추구한다.

aa) 입후보방식

개인별 독립입후보방식을 취하는 다수대표제와 달리, 비례대표제는 명부제연대입후보방식을 취한다. 명부제연대입후보방식은 첫째, 名簿의 내용과 순위가 고정적인 고정명부제(구속명부제 : 독일연방의회선거에서의 제2투표), 둘째, 가변명부제(자유명부제 : 독일 Bayern州 의회선거), 셋째, 여러 정당이 제안한 여러 명부를 기초로 자신의 선호명부를 독자적으로 작성할 수 있는 개방명부제가 있다. 가변 · 개방명부제는 명부선택권 외에도 인물선택권이 함께 주어지므로 민주적 의미가 크며 동시에 당선자의 정당수뇌부에 대한 독립성 보장에 도움을 줄 수 있다.

단기이양식 : 대선거구제에서 단기투표제를 취하고 선거인은 의원정수에 이르기까지 후보자에게 제1, 제2 등의 순서를 붙여 지정하고 그 지정의 순서에 따라 각 후보자에게 순차로 移讓(transfer)되어, 일정한 當選基數(quota)에 달한 者로 부터 당선 시키는 제도.

명부식 : 현대적인 비례대표제가 취하는 방법이며, 이는 선거인은 정당의 합동명부에 대하여 투표를 하고, 여기에 투표되어진 표수를 당선기수방식이나, 除數(d'Hondt) 방식에 의하여 당선자를 결정한다.

bb) 의석배분방법

선거인의 투표율에 따라 의원수가 정해지는 유동의석수제도(1919년 Weimar 헌법상의 연방의회선거)가 있지만 선거 전에 의석수가 고정된 고정의석수제도가 지배적이다. 고정의석수 배분방법에는 돈트식과 헤어/니마이어(Hare/Niemeyer)식이 있다. 전자는 후자보다 의석배분이 득표율에 비례하기가 어렵고, 대정당에게 상대적으로 유리하다. 군소정당의 난립을 방지하기 위해서 저지규정(몇 석 이상 또는 몇 % 이상 얻은 경우에 의석을 배분한다)을 둔다.

『참고』

선거제도에 관한 통설적 견해(김철수; 권영성)는 대표제를 다수, 소수, 비례, 직능대표제로, 선거구를 대 · 중 · 소선거구로 나누면서, 다수대표제는 절대적(프랑스) 다수대표제와 상대적(영 · 미) 다수대표제가 있고 대선거구연기제와 소선거구단기제와 연결되며, 소수대표제는 누적연기, 제한연기, 체감연기, 대선거구단기와 연결된다고 설명한다. 대표제를 다수대표제와 소수대표제로 구별하면서 선거구를 대 · 중 · 소로 나누는 것이 정확한 분류방법인가가 의문의 여지가 크기 때문에, 본서는 대표제를 다수와 비례로 나누고 선거구를 '1구 1인이냐 다수이냐'로 설명하기로 한다(허영).

4.2.3. 기타

할증제라 함은 일정한 득표율 이상을 획득한 정당에 대하여 득표수에 비례한 의석이 아니라 할애 또는 증감을 하여 의석을 배분하는 제도를 말한다. 병용제라 함은 현재 우리나라나 독일과 같이 비례대표제와 다수대표제 또는 할증제 등을 병용하는 제도를 말한다. 직능대표제(functional representation)라 함은 선거인단을 각 직능별로 분할하고 직능을 단위로 대표를 선출하는 제도를 말한다.

4.3. 선거구제의 유형

4.3.1. 소선거구제

소선거구제라 함은 1선거구에서 1명의 대표자를 선출하는 제도를 말한다(따라서 이를 다수대표제도라고도 한다). 선거구의 획정에 있어서는 기초적인 행정구역이 토대가 되며 인구의 분포도에 따라 하나의 행정구역을 둘 이상의 선거구로 분할하거나 둘 이상의 행정구역을 하나의 선거구로 통합하기도 한다. 투표는 單記를 원칙으로 하고 결정은 다수결에 의한다. 다수결에는 절대다수결주의(과반수의결주의)와 비교다수결주의가 있다. 소선거구제에서는 선거구획정에 있어 다수당에 의한 당리당략적인 선거구획정(Gerrymandering)[1]의 위험이 없지 아니하다. 그와 같은 폐해를 방지하기 위하여 영국 · 인도 · 캐나다 등에서는 독립적 지위를 가진 선거구획정위원회를 설치하고 있다.

「소선거구제의 장점」
- 양대정당제의 확립
- 정책이 유사한 정당이 형성[2]
- 안정된 정치상황을 확보
- 선거인과 의원간의 거리감을 줄일 수 있으며
- 선거인의 대표선택을 용이

「소선거구제의 단점」
- 당선인 이외의 자가 획득한 표가 死票가 된다는 것
- 정당의 득표율과 의석의 배분이 불균형하게 된다는 것
- 지방적 小人物이 당선될 가능성이 크다는 것
- 의원이 정책입안에 있어 지방적 편견을 가지기 쉽다는 것
  매수 기타 부정에 의한 부패의 가능성이 크다는 점 등을 들 수 있다.

4.3.2. 중선거구제(mediam sized electrol district)

중선거구제라 함은 한 선거구에서 2~4인의 대표자를 선출하는 선거구제를 말한다. 대표선출의 제한성과 다수의 사표가 발생하며 후보자간의 과열경쟁이 일어나는 소선거구제의 단점을 극복하고 또한 대선거구제에서의 비례대표제 대신 유권자들에게 대표를 직접 선출하는 기회를 부여하는 등 두 제도의 단점을 최소화하는 중간형태를 취하고 있다. 중선

---

1) 게리맨더링(Gerrymandering) : 선거에 있어서는 유권자의 다양한 분포로 인하여 선거구의 획정여하에 따라 특정정당이나 후보자에 유리하거나 혹은 불리하게 작용할 수 있다. 이 경우 선거구를 집권세력이 일방적으로 획정할 수 있다면 당리당략이나 특정후보에게 유리하게 획정될 우려가 있다. 이러한 경우를 게리멘더링(Gerrymandering)이라고 부른다. 이 용어의 유래는 다음과 같다. 즉 게리(Elbridge Gerry)가 주지사로 있던 미국의 매사츄세츠 (Massachusetts)주에서 새로운 상원의원 선거지역에 대한 1812년 주상원의원선거에서 게리 주지사가 소속한 정당은 50,164표를 얻고 29명의 당선자를 낸 데 비해, 야당은 51,766표를 얻고도 11명의 당선자밖에 내지 못하였다. 이 때 새로 획정된 선거구는 자연적인 형태나 문화 · 관습을 무시하고 이상야릇한 모양으로 이루어졌는데, 그것이 마치 도마뱀(salamander)의 형상을 지녔었다. 이에 대하여 지역신문기자는 게리 지사의 이름과 도마뱀을 결합하여 게리맨더(Gerrymander)라고 부른데서 유래한다.

2) 각 선거구의 투표의 과반수를 획득하기 위해서는 당해 선거구의 평균적 의견에 충실하여야 하기 때문이다.

거구제는 지역구의 과대와 과소에 따르는 모순과 결함을 완화할 수 있는 장점이 있으나, 선거인들이 후보자를 선정하는데 어려움이 있고 선거비용이 과다하게 지출되는 단점이 있다. 과거 일본에서 이들 소선거구제도와 대선거구제도를 융합하여 각각의 장점을 살리는 선거제도를 시행한다는 목표로 중선거구제를 실시한바 있었으나, 실제로는 각 선거제도의 장점보다는 단점만 모두 나타나는 결과를 나타낸바 있었다. 현재는 선거제도를 소선거구와 대선거구제를 병행하는 혼합식을 운용하고 있다.

4.3.3. 대선거구제(malti-member district)

대선거구제는 한 선거구에서 5인 이상의 대표자를 선출하는 제도이다.[1] 투표방식은 연기제와 단기제를 모두 사용할 수 있고, 당선자 결정에 있어서도 다수대표제, 비례대표제를 모두 사용할 수 있다.

4.3.4. 혼합선거구제

혼합선거구제는 1선거구에서 1인, 또는 1선거구에서 2인이상을 선출하는 제도이다. 이는 대 · 소선거구제의 결점을 상호보완하기 위한제도이며, 득표율과 의석비간의 편차가 적고 선거구 불평등문제 해소하고, 정당정치의 발전과 선거과열 방지를 위한 것이다.

---

1) 대선거구제의 장점 : (ㄱ) 소수대표가 가능하고 소선거구제에 비하여 사표감소, (ㄴ) 인물선택의 범위가 넓고 국민대표에 적합한 후보자의 선택가능, (ㄷ) 선거간섭이나 부정선거 감소(선거의 공정성 확보), (ㄹ) 선거시의 쟁점은 정당의 강령이나 정책이므로(후보자와 유권자의 수준향상). 단점 : (ㄱ) 군소정당의 난립(정국의 불안정), (ㄴ) 선거비용의 지출과다, (ㄷ) 유권자의 후보자에 대한 인격 · 식견파악의 어려움, (ㄹ) 보궐선거나 재투표의 곤란성 등이 있다.

4.4. 선거구제의 종류 및 장·단점 비교표

혼합선거구제	장 점	단 점	채택국가
소선거구제 (1구 1인)	· 多數黨의 출현으로 정국안정 · 선거인의 후보자파악 용이 · 선거비용 · 관리의 절약 · 선거범죄규제가 용이 · 유권자의 적극적 참여유도 · 유권자 · 후보 · 당선자와의 친밀성	· 지방적 명망가의 당선(의원의 질 저하) · 신진인사에게 불리(사표의 발생과다) · 선거운동의 과열 · 선거간섭 · 정실 · 매수 · 부정선거 · 게리맨더링의 염려 · 대정당에게만 유리 · 지역분할구도 정착	· 미국 · 영국 · 캐나다 · 프랑스 · 호주
중선거구제 (1구 2~4인)	· 비교적 광범위한 지역에 기반을 둔 인물진출 가능 · 선거구역의 과대 · 과소에 따른 각종 결점완화 · 대정당, 소정당에게 공정한 진출 용이	· 동일정당내의 당원끼리 경쟁하는 폐해발생 우려 · 보궐선거 및 재선거실시 곤란, 후보자의 식별곤란 · 선거간섭 · 정실 · 매수 기타 부정방지곤란 · 선거비용이 비교적 많이 소요	
대선거구제 (1구 5인이상)	· 신진인사 · 신진정당의 진출 · 전국적 인물 당선용이 · 사표감소 · 정실 · 매수 등의 부정방지 용이 · 정당정치의 발전과 선거과열 방지	· 군소정당의 난립(정국불안정) · 선거비용과다(낭비) · 후보난립 우려 · 선거저 무관심(투표율 저조) · 선거공영, 재선거, 보궐선거의 실시 및 선거관리곤란	· 오스트리아 · 벨기에 · 덴마크 · 핀란드 · 그리이스
혼합선거구제 (1구 1인, 또는 1구 2인이상)	· 대 · 소선거구제의 결점보완 · 득표율과 의석비간의 편차가 적고 선거구 불평등문제 해소 · 정당정치의 발전, 선거과열 방지	· 각 선거구제의 단점만 나타날 우려 · 선거구획정방식 여부에 따라 집권정당에 유리	

※ 소선거구+비례대표혼합선거구제 채택국가: 독일, 일본, 뉴질랜드, 러시아, 이탈리아, 한국.

II. 현행 헌법과 선거제도

1. 선거제도의 기본원칙

헌법은 제1조 제2항에서 국민주권의 원리를 선언하고 있을 뿐 아니라 대의제를 구현하고 국민에게 국정참여의 기회를 보장하기 위하여 선거권(헌법 제24조)과 피선거권(헌법 제25조)을 규정하고 있으며, 그 기초 위에 헌법 제41조 제1항과 헌법 제67조 제1항은 선거의 기본원칙으로서 보통 · 평등 · 직접 · 비밀선거제를 규정하고 있다.[1)]

헌재결 1996. 8. 29, 96헌마99 【공직선거및선거부정방지법 제48조 등 위헌확인】 선거제도와 헌법의 관련 규정

대의제민주주의에 바탕을 둔 우리 헌법의 통치구조에서 선거제도는 국민의 주권행사 내지 참정권행사의 과정으로서 국가권력의 창출과 국가 내에서 행사되는 모든 권력의 정당성을 국민의 정치적인 합의에 근거하게 하는 통치기구의 조직원리이다. 따라서 선거에 있어서 모든 국민이 평등하게 참여할 수 있는 기회를 보장하는 것은 필수 불가결한 요소이며(헌법재판소 1996. 3. 28. 선고, 96헌마9 · 77 · 84 · 90(병합) 결정 참조), 이에 따라 헌법은 평등선거의 원칙과 선거운동의 균등한 기회의 보장을 규정하고 있다(헌법 제41조 제1항, 제67조 제1항, 제116조 제1항).

2. 공직선거및선거부정방지법(현행 공직선거법)의 제정

1994년 3월 16일에 지금까지 별개의 선거법체계로 유지되어 온 대통령선거법 · 국회의원선거법 · 지방의회의원선거법 · 지방자치단체장선거법을 단일법률로 통합한 공직선거및선거부정방지법(현행 : 공직선거법)이 제정되었다. 이 통합선거법을 모든 선거에 통일적으로 적용하도록 함으로써 선거관리에 일관성을 유지하고, 선거에 참여하는 정당과 후보자는 물론 국민이 선거법규를 쉽사리 이해할 수 있도록 하였고 선거공영제를 확대하고 선거부정과 부패의 소지를 근원적으로 제거함으로써 선거문화를 개혁하였다. 정당과 후보자에게는 선거법준수와 공정경쟁의무를, 공무원에게는 정치적 중립성유지의무를, 검찰 경찰공무원 등에게는 신속 · 공정한 선거사범단속의무를, 언론인에게는 공정한 보도와 논평의무를, 공명선거추진 사회단체에게는 중립성과 공정성 유지의무를 지우고 있다.

---

1) 헌재결 1992. 3. 13, 92헌마37 · 39(병합) 【국회의원선거법 제55조의3 등에 대한 헌법소원】 우리 헌법상의 선거는 국민의 주권행사이며, 공명선거는 선거의 자유와 후보자의 기회균등이 보장되는 공정한 선거의 시행을 말하는 것이므로, 선거법의 규정에 선거의 자유와 입후보자의 기회균등을 보장하지 않은 불평등한 규정이 있으면 헌법에 위반하는 것이다. 그러므로 현행선거법 가운데 선거의 자유와 기회균등을 보장하지 않는 규정이 있으면 이를 이러한 헌법원리에 맞추어야 한다.

선출직공무원도 선거중립의무 있다(대판 2003도2932)

대법원, 전 평택시장 선거법 위반사건 유죄 확정, 대통령탄핵사유 선거법위반여부 판정에 영향 줄듯: 선거법상의 선거중립 의무를 준수해야 하는 공무원에 선출직 공무원인 대통령도 포함되는지 여부가 노무현 대통령탄핵사건의 중요 쟁점이 되고있는 가운데 대법원이 선출직 공무원이라 하더라도 재직 중 공직선거법이 금지하고 있는 '선거에 영향을 미치는 행위'를 한 경우 위법이라는 판결을 내렸다.[1)]

탄핵소추위원측은 盧대통령이 공무원의 선거중립의무를 규정한 제9조와 공무원이 선거에 영향을 미치는 행위를 하는 것을 금지한 제86조를 위반했다고 주장하고 있어 대법원의 이번 판결이 헌법재판소의 탄핵심판에 어떤 영향을 미칠지 주목된다. 대법원 형사1부(주심 李揆弘 대법관)는 지난 2002년 6 · 13 지방선거를 앞두고 별정직 공무원과 선거운동 기획을 공모한 혐의(공직선거법위반)로 기소된 김선기 전 평택시장(52)과 선거기획자 이모씨(46)에 대한 상고심(2003도2932) 선고공판에서 지난달 25일 이들의 상고를 기각하고 각각 벌금 1백50만원과 벌금 5백만원을 선고한 원심을 확정했다. 김 전 시장은 제17대 국회의원선거에 출마하기 위해 지난해 12월 시장직을 사퇴했으나, 이번 대법원의 확정판결로 피선거권이 박탈돼 총선에 출마하지 못했다. 재판부는 판결문에서 "공무원의 선거운동을 제한할 것인지 여부 및 그에 관한 규제의 정도나 내용은 원칙적으로 각 나라의 역사 및 정치풍토 내지는 정치문화 등을 고려해 입법정책적으로 정해야 하는 문제로서 입법자의 입법형성의 자유에 속하는 사항"이라고 밝혔다. 재판부는 이어 "국회의원은 전 국민을 대표하는 대의기관으로서 본질적으로 선문 정치인인 반면 지방자치단체장은 집행기관으로서 그 지위와 성격 및 기능에서 국회의원과 본질적으로 차이가 있다"며 "따라서 국회의원과 그 보좌관 · 비서관 · 비서를 (공직선거법 제86조) 금지규정의 주체에서 제외했음에도 지방자치단체장과 그가 임명하는 별정직 공무원에 대하여는 이러한 예외를 인정하지 않았다 하더라도 이를 불합리한 차별이라고 할 수 없는 만큼 이 법조항이 평등의 원칙에 반하는 것으로 보기 어렵다"고 덧붙였다. 김씨는 2002년 6월 실시된 제3회 동시지방선거를 2-3개월 앞두고 1998년 시장으로 당선될 당시 선거를 기획한 공로를 인정해 지방별정직 7급 공무원으로 특별임용한 이씨에게 선거사무실을 마련하라고 지시하고, 출마예상자 자료를 건네받는 등 선거기획을 공모한 혐의로 기소돼 1심에서는 벌금 80만원을 선고 받았으나, 2심에서는 벌금 1백50만원을 선고받았었다.[2)3)]

---

1) 이번 판결은 공무원 가운데 국회의원과 그 보좌관 등에게만 선거에 관여하는 행위를 할 수 있도록 하고 나머지 공무원에 대해서는 이를 금지하고 있는 현행 공직선거법 제86조를 엄격히 해석한 것으로서 공명선거 확립을 위해서는 공무원의 직무 중립성이 필수적이라는 점을 강조한 판결로 보인다.

2) 정성윤 기자 jung@lawtimes.co.kr

3) 1) 피선년령은 대통령은 40세, 국회의원은 25세, 자치단체장과 의원은 25세이다. 2) 선거권이 없는자는 ① 금치산선고를 받은 자, ② 금고 이상의 형의 선고를 받고 그 집행이 종료되지 아니하거나 그 집행을 받지 아니하기로 확정되지 아니한 자, ③ 선거범으로서, 100만원 이상의 벌금형을 선고받고 5년이 경과되지 않거나 또는 형의 지행유예의 선고를 받고 10년을 경과하지 하니하거나, 징역형의 선고를 받고 10년이상 경과하지 아니한 자, ④ 법원의 판결에 의하여 선거권이

3. 선거제도의 기본내용

3.1. 선거권

19세 이상의 국민은 대통령과 국회의원의 선거권이 있다(공직선거법 제15조 제1항). 19세 이상의 국민으로서 선거인명부작성기준일 현재 당해 지방자치단체의 관할구역 안에 주민등록이 되어 있는 자는 지방자치단체의 의회의원과 장의 선거권이 있다(동법 제15조 제2항). 다만 금치산선고를 받은 자(동법 제18조 제1항 제1호), 금고 이상의 형의 선고를 받고 그 집행이 종료되지 아니하거나 집행을 받지 아니하기로 확정되지 아니한 자(동법 제2호), 법원의 판결에 의하여 선거권이 정지 또는 상실된 자 등은 선거권이 없다(동법 제4호).

3.2. 피선거권

선거일 현재 5년 이상 국내에 거주하고 있는 40세 이상의 국민은 대통령의 피선거권이 있으며(공직선거법 제16조 제1항), 25세 이상의 국민은 국회의원의 피선거권이 있다(제2항). 그리고 선거일 현재 계속하여 60일 이상 당해 지방자치단체의 관할구역 안에 주민등록이 되어 있는 주민으로서 25세 이상의 자는 지방자치단체의 의회의원과 長의 피선거권이 있다(동법 제3항). 다만 선거권이 없는 자(동법 제19조 제1호), 금고 이상의 형의 선고를 받고 형이 실효되지 아니한 자(동법 제19조 제2호), 법원의 판결 또는 다른 법률에 의하여 피선거권이 정지되거나 상실된 자[1]는 피선거권이 없다(동법 제19조 제3호).[2]

3.3. 국회의원 선거제도

국회의원은 국민의 보통 · 평등 · 직접 · 비밀선거에 의하여 선출되는 지역구 국회의원과 비례대표제에 의하여 선출되는 전국구 국회의원으로 구성되어 있다.

정지 또는 상실된 자이다. 3) 벌칙 ① 선거비용의 초과지출의 경우, 징역 또는 100만원 이상의 벌금을 받은 경우, 선거사무장 등의 선거범죄의 경우에도 당선을 무효화 시킨다. ② 징역형 또는 집행유예 후 10년, 100만원 이상의 벌금 후 5년간은 공무담임권을 제한한다.

1) 헌재결 1995. 12. 28, 95헌마196 【공직선거및선거부정방지법 부칙 제3조 위헌확인】 선거범으로서 형벌을 받은 자에 대하여 일정기간 피선거권을 정지시키는 규정 자체는, 선거의 공정성을 해친 선거사범에 대하여 일정기간 피선거권의 행사를 정지시킴으로써 선거의 공정성을 확보함과 동시에 본인의 반성을 촉구하기 위한 법적 조치로서, 국민의 기본권인 공무담임권과 평등권을 합리적 이유없이 자의적으로 제한하는 위헌규정이라고 할 수 없다.

2) 헌재결 1991. 3. 11, 90헌마28 【지방의회의원선거법 제28조 등에 대한 헌법소원】 농업협동조합 등의 조합장들에 대하여 지방의회의원입후보를 제한하고 그 겸직금지를 규정한 지방의회의원선거법과 지방자치법은 헌법 제37조 제2항에 의하여 정당화될 수 없는 과도한 참정권 내지 평등권의 침해이다.

모든 유권자는 1표를 투표하고(단기), 1선거구에서 1명을 선출하는 소선거구제와 다수대표제를 채택하고 있다(무투표당선이 인정되고, 최고득표자가 2인 이상일 경우에는 연장자순으로 한다).

[선거형식]
-소선거구제: 한 선거구에서 의원 1명을 선출
-1인2표 정당명부식 비례대표제: 유권자가 지역구와 비례대표에 따로 투표하여 이를 각각의 결과에 반영.

공직선거법은 지역구 선거에서 5석 또는 유효투표총수의 100분의 3 이상을 얻은 정당(의석할당정당)에게 전국구의석 배분을 허용하고 있는 바, 각 정당이 얻은 득표비율에 따라 비례대표국회의원(전국구)의석을 배분한다(공직선거법 제189조 제1항). 국회의원선거는 임기만료일전 50일 이후 첫째 수요일에 실시한다(공직선거법 제34조 제2호).

[기탁금]
기탁금이란 대통령·국회의원·지방자치단체장·지방의회의원 선거 등에서 후보자가 되려고 하는 사람에게 등록신청시에 관할 각급 선거관리위원회에 법률이 정한 일정금액을 기탁하게 하는 제도.

[기탁금 반환]
선거관리위원회는 선거법에 의한 괴대료 및 불법시설물 등에 대한 대집행비용 등 기탁금에서 부담하는 비용을 뺀 나머지 금액을 선거일 후 30일이내에 기탁자에게 반환한다. 이때 선거관리위원회는 일정 조건에 해당되는 경우에만 기탁금을 후보에게 반환하는데, 그 기준은 다음과 같다.

공직선거법 제57조(기탁금의 반환 등) ① 관할선거구선거관리위원회는 다음 각 호의 구분에 따른 금액을 선거일 후 30일 이내에 기탁자에게 반환한다. 이 경우 반환하지 아니하는 기탁금은 국가 또는 지방자치단체에 귀속한다. <개정 2004.3.12, 2005.8.4, 2010.1.25>

1. 대통령선거, 지역구국회의원선거, 지역구지방의회의원선거 및 지방자치단체의 장선거

가. 후보자가 당선되거나 사망한 경우와 유효투표총수의 100분의 15 이상을 득표한 경우에는 기탁금 전액

나. 후보자가 유효투표총수의 100분의 10 이상 100분의 15 미만을 득표한 경우에는 기탁금의 100분의 50에 해당하는 금액

다. 예비후보자가 사망하거나 제57조의2제2항 본문에 따라 후보자로 등록될 수 없는 경우에는 제60조의2제2항에 따라 납부한 기탁금 전액

정당원인 후보자는 선거일 공고일로부터 후보자등록 마감일까지 소속정당으로부터 탈당 당적변경, 제명된 경우에는 당해선거에 후보자로 등록될 수 없다. 기탁금은 후보자사퇴, 등록무효(당적이탈, 변경, 당원자격상실, 소속정당으로부터의 제명 등으로 인한 등록무효 포함하여), 후보자의 득표수가 유효투표총수를 후보자수로 나눈 수의 1/2의 득표미달인 경우에는 국고에 귀속된다.

『참고』

헌법재판소는 기탁금제도가 보통선거, 평등선거원칙을 위반하였고, 유권자 3분의 1의 득표미달인 경우에 국고귀속은 헌법 제116조에 위반한다는 헌법불합치결정(1991년 5월까지 입법개선을 촉구함)을 한 바 있다.

3.4. 대통령 선거제도

대통령은 국민의 보통 · 평등 · 직접 · 비밀선거에 의하여 선출한다(헌법 제67조 제1항). 대통령선거에서 최고득표자가 2인 이상인 경우에는 국회에서 선출하되, 재적의원과반수가 출석한 공개회의에서 다수표를 얻은 자를 당선자로 한다(헌법 제67조 제2항). 대통령 후보자가 1인인 경우에도 선거를 하며, 선거권자 총수의 3분의 1 이상의 득표를 얻어야 당선된다(헌법 제67조 제3항). 이는 대통령에게 민주적 정통성을 부여하기 위함이다.

「대통령」

- 국민의 보통 · 평등 · 직접 · 비밀선거에 의하여 선출
- 대통령선거에서 최고득표자가 2인 이상인 경우 → 국회에서 선출(재적의원과반수가 출석한 공개회의에서 다수표를 얻은 자)
- 대통령후보자가 1인인 경우 → 선거권자 총수의 3분의 1 이상의 득표를 얻어야(민주적 정통성)

대통령선거는 임기만료 70일이후(70일 이후 첫번째 수요일), 궐위로 인한 경우는 사유발생일로부터 60일 이내에 후임자를 선출한다(공직선거법 제35조 제1항). 기탁금은 후보자사퇴, 등록무효(당적이탈, 변경 등으로 인한 등록무효 포함하여), 득표수가 유효표총수의 100분의 10에 미달된 경우에는 국고에 귀속된다(공직선거법 제57조 참조).

대통령선거의 선거권은 19세 이상, 피선거권은 40세 이상이다. 또 피선거권자는 선거일 현재 5년 이상 국내에 거주해야 하며, 입후보는 정당 추천제와 선거권자 추천제를 병행하되, 선거권자 추천 선거인 수는 2,500~5,000명이다. 후보 기탁금은 5억 원이며, 후보자가 1인일 때에는 비교다수대표제를 적용해 총선거권자 수의 3분의 1 이상을 득표하면 당선인으로 결정한다. 또 최고득표자가 2인 이상일 때에는 국회에서 재적의원 과반수가 출석한 공개회의에서 다수표를 얻은 자를 당선인으로 결정한다(헌법 제67조 제2항). 선거 · 당선의

효력에 관해 이의가 있는 경우에는 선거일 · 당선인결정일부터 30일 이내에 공직선거법 제222조(선거소송) · 제223조(당선소송)의 규정에 따라 소를 제기할 수 있다.

3.5. 지방의회 의원과 자치단체장 선거제도

지방의회의원과 자치단체의 長은 주민의 보통 · 평등 · 직접 · 비밀선거에 의하여 선출된다. 지역구 지방의회의원은 다수득표자를 당선인으로 하되(공직선거법 제190조 제1항) 최고득표자가 2인 이상인 경우에는 연장자 순으로(동법 제190조 제2항), 지방자치단체장은 다수표를 얻은 자를 당선자로 하며(동법 제191조 제1항), 최고득표자가 2인 이상일경우에는 연장자순으로 한다(동법 제191조 제1항).

공직선거법 제190조(지역구지방의회의원당선인의 결정 · 공고 · 통지) ① 지역구시 · 도의원 및 지역구자치구 · 시 · 군의원의 선거에 있어서는 선거구선거관리위원회가 당해 선거구에서 유효투표의 다수를 얻은 자(지역구자치구 · 시 · 군의원선거에 있어서는 유효투표의 다수를 얻은 자 순으로 의원정수에 이르는 자를 말한다. 이하 이 조에서 같다)를 당선인으로 결정한다. 다만, 최고득표자가 2인 이상인 때에는 연장자순에 의하여 당선인을 결정한다.

② 후보자등록마감시각에 후보자가 당해 선거구에서 선거할 의원정수를 넘지 아니하거나 후보자등록마감후 선거일 투표개시시각까지 후보자가 사퇴 · 사망하거나 등록이 무효로 되어 후보자수가 당해 선거구에서 선거할 의원정수를 넘지 아니하게 된 때에는 투표를 실시하지 아니하고, 선거일에 그 후보자를 당선인으로 결정한다.

공직선거법 제191조(지방자치단체의 장의 당선인의 결정 · 공고 · 통지) ① 지방자치단체의 장 선거에 있어서는 선거구선거관리위원회가 유효투표의 다수를 얻은 자를 당선인으로 결정하고, 이를 당해 지방의회의장에게 통지하여야 한다. 다만, 최고득표자가 2인 이상인 때에는 연장자를 당선인으로 결정한다.

「지방의회의원, 지방자치단체장」
- 다수표를 얻은 자
- 최고득표자가 2인 이상일 경우 → 연장자순

4. 선거구제와 의원정수

4.1. 선거구

대통령과 전국선거구비례대표국회의원은 전국을 단위로 하고 지역선거구국회의원, 지역선거구시 · 도의회의원 및 자치구 · 시 · 군의회의원은 당해 의원의 선거구를 단위로 하여 선거하며, 비례대표시 · 도의원은 당해 시 · 도를 단위로 하여 선거한다. 그리고 지방자치단체의 장은 당해 지방자치단체의 관할구역을 단위로 하여 선거한다(공직선거법

제20조).

공직선거법 제20조(선거구) ① 대통령 및 비례대표국회의원은 전국을 단위로 하여 선거한다.

② 비례대표시 · 도의원은 당해 시 · 도를 단위로 선거하며, 비례대표자치구 · 시 · 군의원은 당해 자치구 · 시· 군을 단위로 선거한다.

③ 지역구국회의원, 지역구지방의회의원(지역구시 · 도의원 및 지역구자치구 · 시 · 군의원을 말한다. 이하 같다)은 당해 의원의 선거구를 단위로 하여 선거한다.

④ 지방자치단체의 장은 당해 지방자치단체의 관할구역을 단위로 하여 선거한다.

4.2. 선거구획정위원회

국회의원지역선거구의 공정한 획정을 위하여 국회에 선거구획정위원회를 둔다(공직선거법 제24조). 선거구획정위원회의 위원은 명예직으로 하되, 일비 · 여비 기타의 실비를 받을 수 있다(동법 제24조 제5항). 선거구획정위원회는 제25조 제1항 및 제26조 제2항에 규정된 기준에 따라 선거구획정안을 마련하고, 그 이유 그 밖의 필요한 사항을 기재한 보고서를 당해 국회의원 또는 자치구 · 시 · 군의원의 임기만료에 의한 선거의 선거일 전 6개월까지 국회의원선거구획정위원회는 국회의장에게, 자치구 · 시 · 군의원선거구획정위원회는 시 · 도지사에게 제출하여야 한다(동법 제24조 제7항).

4.3. 의원정수

국회의 의원정수는 지역구국회의원과 전국구국회의원을 합하여 299인으로 하되, 각 시 · 도의 지역구 국회의원 정수는 최소 3인으로 한다(공직선거법 제21조 제1항). 하나의 국회의원지역선거구에서 선출할 국회의원의 정수는 1인으로 함으로써(동법 제21조 제2항), 소선거구제 · 다수대표제를 채택하고 있다. 중앙선거관리위원회는 비례대표국회의원선거에서 유효투표총수의 100분의 3 이상을 득표하였거나 지역구국회의원총선거에서 5석 이상의 의석을 차지한 각 정당(이하 이 조에서 "의석할당정당"이라 한다)에 대하여 당해 의석할당정당이 비례대표국회의원선거에서 얻은 득표비율에 따라 비례대표국회의원의석을 배분한다(동법 제189조 제1항).

「전국구국회의원선거」
- 지역구국회의원총선거에서 5석 이상
- 유효투표총수의 100분의 3 이상

5. 선거일

임기만료에 의한 선거의 선거일은 대통령선거의 경우는 임기만료전 70일 이후 첫 번째 수요일로 하고, 국회의원선거의 경우는 그 임기만료전 50일 이후 첫 번째 수요일로 하며, 지방자치단체의 의회의원 및 지방자치단체장선거의 경우는 그 임기만료전 30일 이후 첫 번째 수요일로 정하고 있다(공직선거법 제34조).

6. 후보자

6.1. 후보자의 추천

정당은 각급 공직선거에 있어 선거구별로 선거할 정수범위 안에서 소속당원을 후보자로 추천할 수 있지만, 후보자를 추천함에 있어서는 민주적인 절차에 따라야 한다(공직선거법 제47조 제2항). 무소속후보자가 되고자 하는 자는 대통령선거의 경우는 2500인 이상 5000인 이하, 지역구국회의원선거 및 자치구 · 시 · 군의 장선거의 경우는 300인 이상 500인 이하, 지역구 시 · 도의회의원선거의 경우는 100인 이상 200인 이하, 시 · 도지사선거의 경우는 1000인 이상 2000인 이하 그리고 지역구자치구 · 시 · 군의회의원선거의 경우는 50인 이상 100인 이하의 선거권자의 추천을 받아야 한다(동법 제48조 참조).

무소속후보자는 특정 정당으로부터의 지지 또는 추천받음을 표방할 수 없다. 다만, 정당의 당원경력의 표시는 그러하지 아니하다(공직선거법 제84조).

공직선거법 제84조(무소속후보자의 정당표방제한) 무소속후보자는 특정 정당으로부터의 지지 또는 추천받음을 표방할 수 없다. 다만, 정당의 당원경력의 표시는 그러하지 아니하다. 다만, 다음 각 호의 어느 하나에 해당하는 행위는 그러하지 아니하다.

1. 정당의 당원경력을 표시하는 행위
2. 해당 선거구에 후보자를 추천하지 아니한 정당이 무소속후보자를 지지하거나 지원하는 경우 그 사실을 표방하는 행위

무소속후보자가 되고자 하는 자는 관할선거구선거관리위원회가 후보자등록신청개시일전 5일(대통령의 임기만료에 의한 선거에 있어서는 후보자등록신청개시일전 30일, 대통령의 궐위로 인한 선거 등에 있어서는 그 사유가 확정된 후 3일)부터 검인하여 교부하는 추천장을 사용하여 공직선거법 제48조 제1항 제1호 내지 제5호에서 정한 각호에 의하여 선거권자의 추천을 받아야 한다(공직선거법 제48조 제2항 참조).[1]

---

1) 헌재결 1996. 8. 29, 96헌마90 【공직선거및선거부정방지법 제150조 제3항 등 위헌확인】 무소속후보자의 입후보에 선거권자의 추천을 받도록 하고 있는 것은 국민인 선거권자의 추천에 의한 일정한 자격을 갖추게 하여 후보자가 난립하는 현상을 방지하는 한편, 후보자등록 단계에서부터

6.2. 후보자의 재산공개 및 병역사항신고

후보자가 되고자 하는 자는 후보자등록시 공직자윤리법에 따라 등록대상재산에 관한 신고서를 관할선거구선거관리위원회에 제출하여야 한다(공직선거법 제49조 제4항 제2호).

최근 5년간의 후보자, 그의 배우자와 직계존비속(출가한 딸과 외조부모 및 외손자녀를 제외한다)의 소득세(「소득세법」 제127조 제1항에 따라 원천징수하는 소득세는 제출하려는 경우에 한정한다) · 재산세 · 종합부동산세의 납부 및 체납(10만원 이하 또는 3월 이내의 체납은 제외한다)에 관한 신고서. 이 경우 후보자의 직계존속은 자신의 세금납부 및 체납에 관한 신고를 거부할 수 있다(공직선거법 제49조 제4항 제4호).

공직자윤리법 제10조의2(공직선거후보자 등의 재산공개) ① 대통령, 국회의원, 지방자치단체의 장, 지방의회의원 선거의 후보자가 되려는 사람이 후보자등록을 할 때에는 전년도 12월 31일 현재의 제4조에 따른 등록대상재산에 관한 신고서를 관할 선거관리위원회에 제출하고, 관할 선거관리위원회는 후보자 등록 공고 시에 후보자의 재산신고사항을 공개하여야 한다.

공직자 등의 병역사항 신고 및 공개에 관한 법률 제9조(공직선거후보자의 병역사항 신고 및 공개) ① 「공직선거법」제2조에 따른 선거의 후보자가 되려는 자(비례대표의원의 경우는 추천 정당을 말한다. 이하 "공직선거후보자"라 한다)는 그 선거의 후보자 등록을 하려면 등록일 전 1개월 현재의 제3조에 따른 병역사항을 서면으로 관할 선거구 선거관리위원회에 신고하여야 한다.

6.3. 기탁금

기탁금은 후보자 1인당 대통령선거는 5억원[1] 국회의원선거는 1천5백만원, 시 · 도의회의원선거는 300만원, 시 · 도지사선거는 5천만원, 자치구 · 시 · 군의 장선거는 1천만원, 자치구 · 시 · 군의회의원선거는 200만원으로 하고 있다(공직선거법 제56조 제1항 제1호-제6호).[2]

국민의 의사가 반영되도록 함으로써 국민의 정치적 의사가 효과적으로 국정에 반영되도록 하기 위한 것이므로, 무소속후보자에게만 선거권자의 추천을 받도록 한 것이 정당후보자와 불합리한 차별을 하는 것이라고 할 수 없다.

1) 헌재결 1995. 5. 25, 92헌마269, 299, 305(병합) 【대통령선거법 제26조 제1항 위헌확인】 기탁금 3억원은 대통령선거에서 기탁금제도의 목적달성에 필요한 금액을 넘지 아니하고 입후보하려는 국민의 기본권의 본질적 내용을 침해하는 정도에 이르지도 아니하여 입법재량의 범위를 일탈한 과다한 금액이라고 할 수 없다.

2) (ㄱ) 市 · 道知事選擧에서 무분별한 후보난립을 방지하기 위한 제재금 예납의 의미와 함께, 공직선거및선거부정방지법 위반행위에 대한 과태료 및 불법시설물 등에 대한 대집행비용과 부분

7. 투표방법에 관한 주요원칙

선거는 기표방법에 의한 투표로써 한다. 투표는 직접 또는 우편으로 하되 1인 1표로 한다(동법 제146조 제2항). 투표의 방법에 관한 주요원칙은 다음과 같다. 일정한 규격의 투표용지를 투표소에서 교부하는 투표용지관급제, 선거인이 투표용지에 기재된 후보자 중 1인을 선택하여 기표하는 단기투표제, 선거인 자신이 기표하는 投票自書制, 선거인이 투표소에 직접 출두하여 투표하는 본인출두투표제(부재자를 위한 우편투표의 예외인정) 후보자에 대해서만 투표하는 후보자투표제, 선거인의 투표참여 여부가 자유인 임의투표제 등이 그것이다.

8. 선거운동

8.1. 의의

선거운동이라 함은 공직선거에 있어서 특정의 후보자를 당선되게 하거나 되지 못하게 하는 행위(낙선운동)[1]를 말한다. 다만 (ㄱ) 선거에 관한 단순한 의견의 개진이나 의사의 표시, (ㄴ) 입후보와 선거운동을 위한 준비행위, (ㄷ) 통상적인 정당활동 등은 선거운동으로 보지 아니한다(공직선거법 제58조). 대의제민주주의에 있어서 선거는 주권자인 국민이 그 정치적 의사를 조직적으로 표명하는 가장 중요한 기회이기 때문에, 유권자의 판단에 호소하는 선거운동의 자유는 최대한으로 보장되지 않으면 아니된다.[2] 그러나 선거의 공정성

적으로 선전벽보 및 선거공보의 작성비용에 대한 예납의 의미도 아울러 가지고 있는 寄託金制度는 그 기탁금액이 지나치게 많지 않는 한 이를 위헌이라고 할 수는 없다(헌재결 1996. 8. 29. 95헌마108), (ㄴ) 이 선거과정에서 헌법재판소는 시·도의회의원 입후보자의 기탁금 700만원은 과다한 액수로서 선거권·공무담임권 및 평등권을 침해하는 것이라는 헌법불합치결정을 내렸다(헌재결 1991. 3. 11, 91헌마21, 헌판집 3권, 91(116)면).

1) 헌재결 2001. 8. 30, 2000헌마121등 【공직선거및선거부정방지법 제58조 등 위헌확인 (동법 제59조)】 당선운동과 낙선운동의 불가분리성: 선거에 있어서 특정 후보자의 당선은 다른 후보자들의 낙선과 표리를 이루고 있다. 당선운동은 그 운동의 한 형태로 낙선운동을 항상 포함하고 또한 당선운동은 언제나 낙선운동으로서의 의미를 함께 가지게 된다. 제3자편의 낙선운동이 단순한 의견개진이나 의사표시의 수준을 넘어서서 의도적이고 조직적이며 계획적인 운동의 수준에 이르는 것인 이상, 후보자편의 낙선운동이 취하는 운동의 방법, 형식과 다를 것이 없고 제3자편의 낙선운동의 효과는 경쟁하는 다른 후보자의 당선에 영향을 미치게 되므로, 제3자편의 낙선운동은 후보자측이 자기의 당선을 위하여 경쟁 후보자에 대하여 벌이는 낙선운동과 조금도 다를 것이 없다. 그렇다면 제3자편의 낙선운동과 후보자편의 당선운동(후보자편의 낙선운동을 포함한다)은 운동의 방법이 동일하고 효과가 동일하여 양자는 불가분리의 관계에 있어 이를 구별할 만한 본질적인 차이가 없다.

2) 헌재결 1994. 7. 29, 93헌가4·6(병합) 【대통령선거법 제36조 제1항 등 위헌제청】 선거운동은

을 확보하기 위하여 어느 정도 선거운동에 대한 규제가 행해지지 않을 수 없다.[1)]

헌재결 1994. 7. 29, 93헌가4등 【대통령선거법 제36조 제1항 등 위헌제청】 선거운동의 의의

선거운동이라 함은 특정 후보자의 당선 내지 이를 위한 득표에 필요한 모든 행위 또는 특정 후보자의 낙선에 필요한 모든 행위 중 당선 또는 낙선을 위한 것이라는 목적의사가 객관적으로 인정될 수 있는 능동적, 계획적 행위를 말하는 것으로 풀이할 수 있다. 즉, 단순한 의견개진 등과 구별되는 가벌적 행위로서의 선거운동의 표지로 당선 내지 득표(반대후보자의 낙선)에의 목적성, 그 목적성의 객관적 인식가능성, 능동성 및 계획성이 요구된다 할 것이다.

헌재결 2001. 8. 30, 2000헌마121등 【공직선거및선거부정방지법 제58조 등 위헌확인(동법 제59조)】 선거운동

선거운동이라 함은 특정 후보자의 당선 내지 이를 위한 득표에 필요한 모든 행위 또는 특정 후보자의 낙선에 필요한 모든 행위 중 당선 또는 낙선을 위한 것이라는 목적의사가 객관적으로 인정될 수 있는 능동적, 계획적 행위를 말한다.

헌재결 1992. 3. 13, 92헌마37등 【국회의원선거법 제55조의3 등에 대한 헌법소원】 선거운동의 자유와 기회균등의 중요성

선거를 통한 국민의 주권행사는 주권자인 국민이 자기의 정치적 의사를 자유로이 결정하고 표명함으로써 정치에 참여할 수 있는 기회를 보장하는 것을 전제로 하고 있는 것이고 이러한 정치적 의사와 판단을 가지고 참정권을 행사하기 위하여는 공개적인 선거운동의 자유와 기회균등이 보장되어야 한다.

헌재결 2001. 8. 30, 2000헌마121등 【공직선거및선거부정방지법 제58조 등 위헌확인(동법 제59조)】 당선운동과 낙선운동의 불가분리성

선거에 있어서 특정 후보자의 당선은 다른 후보자들의 낙선과 표리를 이루고 있다. 당선운동은 그 운동의 한 형태로 낙선운동을 항상 포함하고 또한 당선운동은 언제나 낙선운동으로서의 의미를 함께 가지게 된다. 제3자편의 낙선운동이 단순한 의견개진이나 의사표시의 수준을 넘어서서 의도적이고 조직적이며 계획적인 운동의 수준에 이르는 것인 이상, 후보자편의 낙선운동이 취하는 운동의 방법, 형식과 다를 것이 없고 제3자편의 낙선운동의 효과는 경쟁하는 다른 후보자의 당선에 영향을 미치게 되므로, 제3자편의 낙선운동은

국민주권의 행사의 일환일 뿐 아니라 정치적 표현의 자유의 한 형태로서 민주사회를 구성하고 움직이게 하는 요소이므로, 선거운동의 허용범위는 아무런 제약없이 입법자의 재량에 맡겨진 것이 아니고 그 제한입법의 위헌여부에 대하여는 엄격한 심사기준이 적용된다.

1) 헌재결 1996. 3. 28, 96헌마9 · 77 · 84 · 90(병합) 【공직선거및선거부정방지법 제150조 제3항 등 위헌확인】

후보자측이 자기의 당선을 위하여 경쟁 후보자에 대하여 벌이는 낙선운동과 조금도 다를 것이 없다. 그렇다면 제3자편의 낙선운동과 후보자편의 당선운동(후보자편의 낙선운동을 포함한다)은 운동의 방법이 동일하고 효과가 동일하여 양자는 불가분리의 관계에 있어 이를 구별할 만한 본질적인 차이가 없다.

8.2. 선거운동의 원칙

헌법은 제116조에서 선거운동의 원칙으로서 기회균등과 선거경비국고부담을 원칙으로 하는 선거공영제를 규정하고 있다. 공직선거법은 「누구든지 자유롭게 선거운동을 할 수 있다」(동법 제58조 제2항)라고 하고 있으며, 선거운동의 公營制를 확대하여 후보자의 부담을 최소화하였다(동법 제64-66조, 제71조, 제73조, 제75조, 제83조 등). 헌법재판소도 선거운동에 있어 무소속후보에게 불합리한 제한을 가하는 것은 위헌이라고 결정한 바 있고,[1] 유효투표총수의 3분의 1을 얻지 못한 낙선자 등의 기탁금국고귀속은 그 기준이 너무 엄격하여 국가존립의 기초가 되는 선거제도[2]의 원리에 반하며, 선거경비를 후보자에게 부담시킬 수 없다는 헌법 제116조에도 위반된다고 결정한 바 있다.[3]

헌재결 2000. 3. 30, 99헌바113 【지방교육자치에관한법률 제53조 등 위헌소원 (동법 제5조의4)】

선거운동의 자유가 보장된다고 하여 무제한적이고 과열된 선거운동까지 헌법상 용인되는 것은 아니다. 선거의 공정성은 선거운동의 자유에 못지 않게 선거에 있어 매우 소중한 가치인데, 선거의 공정성 확보를 위해서는 어느 정도 선거운동에 대한 규제가 행하여지지 아니할 수 없고, 따라서 선거에 관한 입법을 함에 있어서는 "자유"와 "공정"의 두 이념이 적절히 조화를 이루도록 하여야만 하는 것이다(헌재결 1999. 6. 24, 98헌마153; 헌재결 1999. 9. 16, 99헌바5).

8.3. 선거운동의 자유와 표현의 자유의 관계

선거운동의 자유는 널리 선거과정에서 자유로이 의사를 표현할 자유의 일환이므로 표

1) 헌재결 1992. 3. 13, 92 헌마 37 · 39(병합) 【국회의원선거법 제55조의3 등에 대한 헌법소원】

2) 헌재결 1996. 8. 29, 96헌마99 【공직선거및선거부정방지법 제48조 등 위헌확인】 선거제도와 헌법의 관련 규정: 대의제민주주의에 바탕을 둔 우리 헌법의 통치구조에서 선거제도는 국민의 주권행사 내지 참정권행사의 과정으로서 국가권력의 창출과 국가 내에서 행사되는 모든 권력의 정당성을 국민의 정치적인 합의에 근거하게 하는 통치기구의 조직원리이다. 따라서 선거에 있어서 모든 국민이 평등하게 참여할 수 있는 기회를 보장하는 것은 필수 불가결한 요소이며(헌재결 1996. 3. 28, 96헌마9 · 77 · 84 · 90(병합) 결정 참조), 이에 따라 헌법은 평등선거의 원칙과 선거운동의 균등한 기회의 보장을 규정하고 있다(헌법 제41조 제1항, 제67조 제1항, 제116조 제1항).

3) 헌재결 1989. 9. 8, 88헌가 6 【국회의원선거법 제33조 제34조의 위헌심판제청】

현의 자유의 한 태양이기도 하다. 표현의 자유, 특히 정치적 표현의 자유는 선거과정에서의 선거운동을 통하여 국민이 정치적 의견을 자유로이 발표 · 교환함으로써 비로소 그 기능을 다하게 된다 할 것이므로 선거운동의 자유는 헌법에 정한 언론 · 출판 · 집회 · 결사의 자유 보장규정에 의한 보호를 받는다.[1)]

헌재결 1999. 6. 24, 98헌마153 【공직선거및선거부정방지법 제71조 등 (공직선거관리규칙 제36조】 방송연설에 의한 선거운동의 기능

방송연설에 의한 선거운동은 국민 일반에 대하여 강력한 영향력을 행사하는 방송시설을 통하여 이루어진다는 점에서 후보자의 입장에서는 가장 효율적으로 광범위하게 유권자에게 다가설 수 있도록 하는 선거운동방법이며, 선거권자의 입장에서는 안방에서 편안하게 후보자의 정책, 정치이념, 정치철학 등을 파악할 수 있도록 하는 등 각 후보자들을 비교하여 올바른 선택을 하도록 도와주는 중요한 기능을 하고 있다.

8.4. 선거운동의 규제

8.4.1. 개관

공직선거법은 선거운동의 규제방법을 종전의 포괄적 제한금지의 방식에서 개별적 제한 금지의 방식으로 전환하여, 선거법 또는 다른 법률의 규정에 의하여 금지되거나 제한되지 아니한 선거운동은 모두 허용함으로써 선거운동의 자유를 확대하였다. 그러나 선거운동은 각급 선거관리위원회의 관리하에 법률이 정하는 범위내에서 하여야 한다.[2)] 공직선거법에서는 방송매체를 이용한 선거운동방법의 활성화와 그 공정성 제고를 위한 장치들을 두고 있다. 선거운동에 관해서는 현행법상 다음과 같이 규정하고 있다.

첫째, 선거운동에 대한 시간상의 제한으로, 선거운동은 당해 후보자의 등록이 끝난 때부터 선거일전일까지 할 수 있다(공직선거법 제59조). 사전선거운동과 선거당일의 운동은 금지된다. 둘째, 선거운동에 대한 人的 제한으로, 일정범위의 사람들에게는 이른바 제3자운동이 금지된다. 예컨대 선거사무종사자 · 일반직공무원 · 교원(예외 있음) · 미성년자(기계적 勞務는 예외) 등은 각각 해당법령에 의하여 선거운동을 할 수 없다(동법 제60조). 특히 지방자치단체의 장이 그 지위를 이용하여 선거에 영향을 미칠 수 있는 행위는 제한하고 있다(동법 제86조 제2항 참조). 셋째, 선거운동에 대한 방법상의 제한으로, 선거운동을 위한 사조직의 설치와 이용 · 옥외대중집회(대통령선거의 경우) · 호별방문 · 서명운동 · 음식물

1) 헌재결 1994. 7. 29, 93헌가4 등; 헌재결 1995. 4. 20, 92헌바29; 헌재결 1999. 9. 16, 99헌바5; 헌재결 2000. 3. 30, 99헌바113 【지방교육자치에관한법률 제53조 등 위헌소원(동법 제5조의4)】

2) 헌재결 1995. 5. 25, 95헌마105 【공직선거및선거부정방지법 제87조 등 위헌확인】 시민단체나 사회단체 등의 선거운동 금지를 규정한 공직선거법 제87조가 청구인들의 평등권이나 정치적 의사표현의 자유의 본질적인 내용을 침해하였거나 이를 과도하게 제한한 것이라고 보기 어렵다.

제공 · 기부행위 · 비방 등은 금지된다(동법 제106조, 제107조, 제110조). 선거와 관련하여 정당에 대한 지지도나 당선인을 예상하게 하는 여론조사의 경위와 그 결과를 선거직전의 일정기간(선거일전 6일부터 선거일의 투표마감시각 까지)에는 공표하거나 보도할 수 없다(동법 제108조).[1] 그러나 투표의 비밀이 침해되지 아니하는 방법(투표소로부터 100미터 밖)으로 출구조사는 할 수 있다(동법 제167조 제2항). 선거사무소 또는 선거운동을 위한 자동차 · 선박 등의 사용에 관해서도 일정한 제한이 있다. 문서 · 도화에 의한 운동에도 제약이 있다. 넷째, 선거운동과 관련한 선거비용의 제한으로, 선거의 부패를 방지하기 위하여 선거운동을 위한 비용의 액수와 출납책임의 법정, 수입 · 지출의 보고와 공개 등을 상세히 규정하고 있으며,[2] 선거운동의 자유의 확대에 따라 선거비용의 제한을 費目別 제한방식에서 총액 제한방식으로 전환하고 있다(동법 제119조 – 제136조).

[기간의 逆算]

행정법령에는 「… 며칠전에」 또는 「… 전 며칠에」라고 규정하는 경우가 많다. 이는 기간계산을 기산일로부터 뒤로 역산하는 경우로 양자 모두 역시 초일불산입의 원칙이 적용된다. 예컨대 「선거일 7일전에」라고 규정되어 있는 경우에는 선거일은 초일이므로 제외하고(왜냐하면 선거일의 투표는 오전 零時에 시작되지 않고, 예컨대 오전 7시에 시작되므로), 선거일 전일부터 계산하여 7일이 되는 날의 이전을 의미하며(중간에 7일이 있어야 한다), 「선거일 전 7일」이라고 규정하고 있는 경우에는, 초일인 선거일은 제외하고 선거일 전일을 초일로하여 7일째가 되는 날까지로 해석해야 한다(중간에 6일이 있으면 된다).[3]

- **선거일 7일전**: 7일이 되는 날의 이전을 의미하며(중간에 7일이 있어야 한다)
- **선거일 전 7일**: 초일인 선거일은 제외하고 선거일 전일을 초일로 하여 7일째가 되는 날까지로 해석해야 한다(중간에 6일이 있으면 된다)

<사례>
8월 15일이 선거일인 경우
선거일 7일 전: 8월 7일 까지
선거일전 7일: 8월 8일 까지

---

1) 헌재결 1995. 7. 21, 92헌마177, 199(병합) 【대통령선거법 제65조 위헌확인】 대통령선거의 중요성에 비추어 선거의 공정을 위하여 선거일을 앞두고 어느 정도의 기간동안 선거에 관한 여론조사결과의 공표를 금지하는 것 자체는 그 금지기간이 지나치게 길지 않는 한 위헌이라고 할 수 없다.

2) 미국에서는 선거비용의 上限을 규정한 1974년의 Federal Election Campaign Act에 대하여, 연방대법원이 표현의 자유를 침해하는 위헌법률이라 하였다(Buckley v. Valeo[424 USL 1976])

3) 박윤흔, 행정법강의(상), 196면; 김남진 · 김연태, 행정법(I), 122면.

8.4.2. 선거운동의 규제의 한계

a) 규제의 한계

선거의 공정성을 위한 규제의 한계에 있어서 헌법재판소는 "선거의 공정성 확보와 질서의 유지를 위한 규제는 일반국민의 선거운동을 포괄적, 전면적으로 금지하는 것이 되어서는 아니 된다. 선거에 있어 자유와 공정은 반드시 상충관계에 있는 것만이 아니라 서로 보완하는 기능도 함께 가지고 있기 때문에 더욱 그러하다."고 판시하고 있다.[1] 선거운동의 규제에 대하여도 "선거운동은 국민주권 행사의 일환일 뿐 아니라 정치적 표현의 자유의 한 형태로서 민주사회를 구성하고 움직이게 하는 요소이므로 그 제한입법에 있어서도 엄격한 심사기준이 적용된다 할 것이다."라고 한다.[2]

b) 선거운동의 자유를 제한하는 입법의 한계

선거권이 제대로 행사되기 위해서는 후보자에 대한 정보의 자유교환이 필연적으로 요청된다 할 것이므로, 선거운동의 자유는 선거권 행사의 전제 내지 선거권의 중요한 내용을 이룬다고 할 수 있다. 그러므로 선거운동의 제한은 선거권, 곧 참정권의 제한으로도 파악될 수 있을 것이다. 민주적 의회정치의 기초인 선거는 본래 자유로워야 하는 것이지만 그것은 동시에 공정하게 행하여지지 아니하면 아니 된다. 금권, 관권, 폭력 등에 의한 타락선거를 방지하고, 무제한적이고 과열된 선거운동으로 말미암아 발생할 사회경제적 손실과 부작용을 방지하고, 실질적인 선거운동의 기회균등을 보장하기 위해서는 선거의 공정성이 확보되어야 한다. 선거의 공정성 확보를 위해서는 어느 정도 선거운동에 대한 규제가 행하여지지 아니할 수 없고, 이는 곧 선거운동의 자유를 제한하는 셈이 되므로 기본권 제한의 요건과 한계에 따라야 한다. 그러므로 우리 헌법상 선거운동의 자유도 다른 기본권과 마찬가지로 헌법 제37조 제2항에 따라 국가안전보장, 질서유지, 공공복리를 위하여 필요한 경우에 한하여 법률로 제한할 수 있되, 그 경우에도 선거운동의 자유에 대한 본질적 내용은 침해할 수 없는 것이다.[3]

헌재결 1994. 7. 29, 93헌가4 등 【대통령선거법 제36조 제1항 등 위헌제청】 선거운동에 관한 입법의 방향

"민주정치는 선거를 바탕으로 유지 · 발전되는 것이고, 선거는 국민의 자유로운 의사결정과 후보자들의 공정한 경쟁을 통하여 훌륭한 대표자를 선출하는 것을 그 이상으로 한다.

---

1) 헌재결 1994. 7. 29, 93헌가4 【대통령선거법 제36조 제1항 등 위헌제청】

2) 헌재결 1994. 7. 29, 93헌가4 【대통령선거법 제36조 제1항 등 위헌제청】

3) 헌재결 1999. 9. 16, 99헌바5; 헌재결 1999. 1. 28, 98헌마172 【공직선거및선거부정방지법 제88조 등 위헌확인(공직선거및선거부정방지법 제89조 제1항, 제82조 제2항)】

따라서 입법자는 선거에 관한 입법을 함에 있어서 위와 같은 선거의 이상이 실현될 수 있도록 선거의 공정성을 크게 해치지 아니하는 한 국민의 선거운동의 자유를 최대한 보장하여야 하고, 그 시대에 있어서의 국민총체의 정치 · 사회발전단계, 민주시민의식의 성숙도, 종래에 있어왔던 선거풍토 기타 제반상황을 종합하여 자유 · 공정의 두 이념이 슬기롭게 조화되도록 정하여야 한다."

8.5. 선거사범의 처벌과 당선무효

상술한 법적 제한을 직접 · 간접으로 침해하는 행위는 선거범죄가 된다. 특히 (ㄱ) 선거비용제한액의 200분의 1 이상을 초과지출한 이유로 선거사무장 또는 선거사무소의 회계책임자가 징역형을 선고받은 때, 또는 300만원 이상의 벌금형의 선고를 받은 때, (ㄴ) 후보자의 직계존비속 및 배우자, 선거사무장, 선거사무소의 회계책임자가 매수 및 이해유도죄, 당선무효유도죄 또는 기부행위금지제한 등의 죄를 범하여 징역형 또는 300만원 이상의 벌금형의 선고를 받은 때에는 그 후보자의 당선을 무효로 한다(공직선거법 제263조, 제265조). 선거사범에 대하여는 일정기간 입후보할 자격을 박탈하고 있다.1) 각급선거관리위원회의 위원과 직원은 선거범죄의 혐의가 있다고 인정될 경우에는 질문 · 조사와 (선거범죄조사권) 더불어 관련서류의 제출을 요구할 수 있다(공직선거법 제272조의2).

헌재결 1994. 7. 29. 93헌가4등 【대통령선거법 제36조 제1항 등 위헌제청】 선거관계법의 위헌선언시 정권의 민주적 정당성 문제

어느 대통령선거 및 그에 기초하여 탄생한 정권이 민주적 정당성의 구비 여부는 선거를 둘러싼 정권창출의 정치적 전 과정에 대한 국민 총의의 향배에 달려 있다고 할 것이므로 선거관계법 중의 어느 한 조항에 대하여 사후 위헌선언된다고 하여 함부로 그러한 정당성이 상실된다고는 할 수 없기 때문이다.2)

---

1) 헌재결 1993. 7. 29, 93헌마23 【지방의회의원선거법 제12조 제3호 위헌확인】 피선거권 정지사유로서의 벌금형의 금액이 국회의원선거법과 지방의회의원선거법에 각기 달리 규정되어 있는 것은 그에 상응하는 합리적인 이유와 근거에 의한 규정으로서 헌법상의 평등권이나 공무담임권을 침해한다고 볼 수 없다.

2) 반대의견(재판관 변정수): "선거운동의 주체에 관한 구 대통령선거법 제36조 제1항의 위헌사유는 선거결과를 좌우할 수 있는 중대한 사유이므로 그에 의하여 실시된 제13대, 제14대 대통령선거는 당연무효이고, 현 정부는 그 정통성과 정당성을 상실하였으므로 재선거 등 보완작업이 있어야 한다(판례집 6-2, 15, 44-46)." 보충의견(재판관 김진우): "구 대통령선거법 제36조의 위헌은 실제득표율에 비추어 보더라도 선거결과에 영향을 도저히 미치지 못하므로, 그 위헌을 이유로 정부의 정통성에 어떤 영향을 끼칠 수는 없다(판례집 6-2, 15, 48)."

헌재결 1994. 7. 29, 93헌가4등 【대통령선거법 제36조 제1항 등 위헌제청】 선거관계법의 위헌선언시 정권의 민주적 정당성 문제

어느 대통령선거 및 그에 기초하여 탄생한 정권의 민주적 정당성의 구비 여부는 선거를 둘러싼 정권창출의 정치적 전 과정에 대한 국민 총의의 향배에 달려 있다고 할 것이므로 선거관계법 중의 어느 한 조항에 대하여 사후 위헌선언된다고 하여 함부로 그러한 정당성이 상실된다고는 할 수 없기 때문이다.[1)]

III. 선거에 관한 쟁송

1. 선거소청

1.1. 선거의 효력을 다투는 경우

지방의회의원 및 자치단체장 선거에 있어 선거의 효력을 다투는 경우에는 선거인, 정당, 후보자는 14일 이내에 당해 선거구선거관리위원장을 被訴請人으로하여 시 · 도선거관리위원회에, 그리고 시 · 도지사선거에 있어서는 중앙선거관리위원회에 선거소청을 제기할 수 있다(공직선거법 제219조 제1항).

선거의 효력을 다투는 경우 → 선거인, 정당, 후보자

1.2. 당선의 효력을 다투는 경우

지방의회의원 및 자치단체장 선거에 있어 당선의 효력을 다투는 경우에는 정당, 후보자는 14일 이내에 당선인 또는 선거관리위원장(당선인은 결정, 공고, 통지의결정을 위법을 이유로 하는 경우)을 피소청인으로 시 · 도선거관리위원회에, 그리고 시 · 도지사선거에 있어서는 중앙선거관리위원회에 선거소청을 제기하여야 한다(공직선거법 제219조 제2항).

당선의 효력을 다투는 경우 → 정당, 후보자

---

1) 반대의견(재판관 변정수) : "선거운동의 주체에 관한 구 대통령선거법 제36조 제1항의 위헌사유는 선거결과를 좌우할 수 있는 중대한 사유이므로 그에 의하여 실시된 제13대, 제14대 대통령선거는 당연무효이고, 현 정부는 그 정통성과 정당성을 상실하였으므로 재선거 등 보완작업이 있어야 한다(판례집 6-2, 15, 44-46)". 보충의견(재판관 김진우) : "구 대통령선거법 제36조의 위헌은 실제득표율에 비추어 보더라도 선거결과에 영향을 도저히 미치지 못하므로, 그 위헌을 이유로 정부의 정통성에 어떤 영향을 끼칠 수는 없다(판례집 6-2, 15, 48)."

위의 訴請을 접수한 중앙선거관리위원회 또는 시 · 도선거관리위원회는 소청을 접수한 날부터 60일 이내에 그 소청에 대한 결정을 하여야 한다(공직선거법 제220조 제1항).

2. 선거소송

선거소송은 권리의 보호를 목적으로 하는 것이기도 하지만 선거의 적법 · 공정한 실시를 목적으로 하는 일종의 민중소송으로서 특수한 헌법소송의 범주에 속한다.[1] 선거소송은 대통령선거와 국회의원선거의 경우, 선거의 전부 또는 일부의 무효를 주장하는 것으로 선거의 효력에 관하여 이의가 있는 자(선거인 · 정당 후보자)는 선거일로부터 30일 이내에 관할선거구선거관리위원회위원장(대통령선거는 중앙선관위위원장)을 피고로 하여 대법원에 소를 제기할 수 있다(공직선거법 제222조 제1항). 대통령선거에 관한 소송은 다른 소송에 우선하여 신속히 재판하여야 하며, 소송이 제기된 날로부터 180일 이내에 처리하여야 한다(공직선거법법 제225조). 지방자치단체의 의회의원 및 장의 선거의 경우 선거의 효력에 관하여 이의가 있는 소청인도 訴請에 대한 결정서를 받은 날로부터 10일 이내에, 시 · 도지사 선거의 경우에는 대법원에, 지방의회의원 및 자치구 · 시 · 군의 장 선거의 경우에는 선거구를 관할하는 고등법원에 訴를 제기할 수 있다(공직선거법 제222조 제2항).

3. 당선소송

당선소송은 선거 자체는 유효하고 당선인의 결정만을 위법(예컨대 무자격, 등록일 이후의 입후보등록, 개표의 부정 또는 착오 등을 이유로)이라고 주장하는 것으로 일정한 자(후보자 또는 정당)만이 제소할 수 있다. 선거인에게는 원고적격이 없다. 당선의 효력에 관하여 이의가 있는 정당 또는 후보자는 대통령선거 및 국회의원선거에 있어서는 당선인 결정일로부터 30일 이내에, 대통령선거의 경우에는 당선인 또는 그 당선인을 결정한 중앙선거관리위원회위원장 또는 국회의장을 피고로, 국회의원인 경우에는 당해 선거관리위원회 위원장을 피고로 대법원에 소를 제기할 수 있다(공직선거법 제223조 제1항). 지방의회의원 선거 및 지방자치단체(자치구 · 시 · 군)의 長선거의 경우는 10일 이내에 시 · 도지사 선거에 있어서는 대법원에, 지방의회의원선거 및 자치구 · 시 · 군의 장선거에 있어서는 그 선거구를 관할하는 고등법원에 소를 제기할 수 있다(공직선거법 제223조).[2]

---

1) 대판 1961. 4. 11, 4293選14.

2) 대판 1992. 7. 22, 92수174【전국구의원당선무효확인】국회의원선거법 제146조는 당선의 효력에 관하여 이의가 있는 정당 또는 후보자에 대하여 원고적격을 인정하고 있고, 여기에서의 후보자란 당해 선거구에서 낙선한 후보자를 말하는 바, 정당의 전국구후보자가 아닌 지역구국회의원으로 입후보한 자로는 전국구국회의원 당선인 전원의 효력을 다투는 訴에서의 원고적격이 있다

「당선소송」
- 원고적격 : 정당, 후보자(선거인에게는 원고적격을 인정하고 있지 않다)
- 피고적격 :
  · 대통령선거의 경우 → 당선인 · 중앙선거관리위원회위원장 · 국회의장
  · 국회의원인 경우 → 당선인(선거관리위원회위원장)

소청인, 당선인인 피소청인은 당선인 또는 선거관리위원회위원장(당선인의 결정, 공고, 통지의 결정의 위법을 다투는 경우)을 피고로 10일 이내에, 시 · 도지사는 대법원에 기타는 고등법원에 제소할 수 있다. 당선인이 사퇴 · 사망한 경우에는 대선은 법무부장관을 기타의 경우는 관할고등검찰청검사장을 피고로 한다(공직선거법 제223조 제4항). 선고유예의 경우에는 그 직을 상실 당하지 아니한다.

「참고」
1996년 7월 중순경 서울 고등법원의 權誠고등법원판사는 한 항소심에서 漢詩로 판결하여 화제가 되고 있다. 종로구청장으로 당선된 정흥진 피고인은 유세장에서 상대후보를 비방한 혐의로 벌금형을 선고받고 항소했는데 당선이 무효로 될뻔한 벼랑에서 정씨를 살려낸 한시는 이렇다.[1)]

漢詩判決文
失言可惜, 前功贖罪, 解疑宣法, 宣告猶豫

失言可惜(실언가석 : 말을 실수한 것은 애석한 일이지만) 前功贖罪(전공속죄 : 이전에 이룩한 공이 그것을 속죄할 만 하니) 解疑宣法(해의선법 : 의혹을 풀고 법을 펼치는 뜻에서) 宣告猶豫(선고유예 : 선고를 유예한다)

[동해시장 사건]
강릉지원 형사1부(재판장 김남태 지원장)는 2006년 2월 14일 유권자에게 금품을 제공하고 기부한 혐의(공직선거 및 선거부정방지법 위반)로 기소된 김진동 동해시장에게 벌금 100만원을 선고했다. 김 시장은 대법원에서 이 형량이 확정될 경우 시장직을 잃게된다.

김 시장은 변호인 반대신문과 최후진술을 통해 "개정 선거법 내용을 숙지하지 못해 선거구 주민이 아니면 기부행위를 해도 되는 줄 알았다"고 주장했으나 재판부는 "선거관리위원회가 안내문을 발송하는 등 여러차례 선거법을 홍보하고 시장은 법을 준수해야 하는 위치에 있음에도 불구하고 상당기간 유권자들에게 금품을 제공하고 기부하는 등의 행위는

고 할 수 없다.

1) 조선일보 1996년 7월 30일자.

유죄가 인정된다"며 이같이 판시했다. 김 시장은 작년 4월부터 9차례에 걸쳐 지역내 학교와 재경동문회 등에 560만원 상당의 금품과 특산품을 제공하고 지역주민이 참석한 간담회 등에 70여만원의 식사비를 제공한 혐의로 작년 11월 검찰에 의해 불구속 기소된 뒤 지난 1월 벌금 150만원이 구형됐었다.[1)]

4. 재정(裁定)신청

유권자매수죄와 이해유도죄 또는 공무원의 선거범죄 등에 대하여 고소 · 고발한 후보자와 정당의 중앙당 및 해당선거관리위원회는 그 검사 소속의 지방검찰청 소재지를 관할하는 고등법원에 그 당부에 관한 재정을 신청할 수 있다(공직선거법 제273조 제1항).

5. 선거인명부에 관한 불복신청

선거권자는 누구나 선거인명부의 내용에 이의가 있으면 당해 구 · 시 · 읍 · 면의 장에게 이의신청을 할 수 있고(공직선거법 제41조), 그에 관한 결정에 불복이 있으면 관할구 · 시 · 군선거관리위원회에 서면으로 불복신청을 할 수 있다(동법 제42조).

6. 제소기간

선거에 관한 소송은 사유가 발생한 날로부터 10일 또는 30일(대선, 국회의원)이내에 제소하여야 하며, 관할법원은 제소일로부터 180일 이내에 처리하여야 한다. 선거관리위원회 또는 법원은 선거쟁송에 있어 선거에 관한 규정에 위반된 사실이 있는 때라도 선거결과에 영향을 미쳤다고 인정하는 때에 한하여 선거의 무효 또는 당선의 무효를 결정하거나 판결한다(사정판결).

1) 법률신문, 인터넷판, 2006-02-14.

제 4 항 공무원제도

I. 공무원제도

1. 공직제도

국가의 행정작용은 실제로 공무원에 의하여 이루어지므로 공무원의 효율적인 공무수행을 뒷받침해 줄 수 있는 합리적 공무원제도를 마련하는 것은 현대 헌법국가의 통치질서에서 중요한 의미를 지닌다. 국가조직 내지 통치구조가 국민의 기본권보장을 위한 수단적 권능구조라면 공직자는 이 권능구조의 실현조건에 해당된다. 공직제도가 자유민주적 기본질서를 토대로한 자유민주주의 이념과 조화될 수 있기 위하여는 첫째, 국민의 공복이라는 충직한 수임자로서 공공복리의 관점에서 직책을 수행하는 공무원제도의 정착이 요구되며, 둘째, 대의민주주의에 입각한 신임 및 책임정치의 실현과 조화될 수 있는 공직제도의 마련이 필요하며, 셋째, 모든 공직자의 정치적 중립성이 유지될 수 있는 제도적 장치의 마련이 필연적이다.

헌법 제7조 ① 공무원은 국민전체에 대하 봉사자이며, 국민에 대하여 책임을 진다.
② 공무원의 신분과 정치적 중립성은 법률이 정하는 바에 의하여 보장된다.

2. 공직자 선거제도와 공직취임권

2.1. 공직자선거제도

선거를 통하여 이루어지는 선거직 공직자는 국민의 정치적 신임에 의하여 창설되고 정당화되므로 정치적 관점이 선발에 중요한 내용을 이루는 반면, 비선거직 공직자는 능력위주의(전문성, 능력, 적성)가 바탕이 되어야 하므로 정치적 관점은 오히려 금기사항이 된다.

2.2. 공직취임권

헌법은 국민에게 공직취임권을 보장하고 있으므로, 모든 국민에게 공직취임에 관하여 평등한 기회균등이 보장되어야 하며, 따라서 국민의 공직취임권과 조화될 수 없는 어떠한 형태의 공직자선발제도는 허용될 수 없다.

국가의 인력수급계획은 국가에게 부여된 공적 과제에 의하여 결정되는 정치적 · 정책적인 정책결정사항이므로 국민의 공직취임권과 같은 기본권적인 결정사항은 아니다(허영).

3. 공무원

3.1. 공무원의 개념

공무원이라 함은 직접 또는 간접적으로 국민에 의하여 선출되거나 임용되어 국가 또는 공공단체와 공법상의 근무관계를 맺고 공공적 업무를 담당하고 있는 자를 말한다.[1] 그러므로 선거에 의하여 취임하거나 국회의 동의를 얻어 임명되는 공무원(정무직)뿐만 아니라 고용직 · 임시직 등 계약에 의하여 공무를 담당하는 자, 기타 공무를 위탁받은 공무수탁사인도 모두 공무원 중에 포함된다.

【대판 2001. 1. 19, 99도5753】

【판시사항】

[1] 형법상 뇌물죄의 적용에 있어서 지방공사와 지방공단의 임원 및 직원을 공무원으로 본다고 규정한 지방공기업법 제83조가 헌법상 평등의 원칙, 법률유보의 원칙 및 죄형법정주의에 위배되는지 여부(소극)

[2] 뇌물죄에 있어서 직무의 의미

【판결요지】

[1] 지방공기업법은 지방자치단체가 직접 설치 · 경영하거나, 법인을 설립하여 경영하는 기업의 경영에 관하여 필요한 사항을 정하여 그 경영을 합리화함으로써 지방자치의 발전과 주민의 복리증진에 기여하게 함을 목적으로 하고, 그 적용 범위를 수도사업, 공업용수도사업, 궤도사업, 자동차운송사업, 지방도로사업, 지하도사업, 주택사업, 토지개발사업, 의료사업 등의 공공사업으로 하고 있는 점, 지방공기업법이 규정하는 지방공사 및 지방공단은 위와 같은 공공사업을 수행하기 위하여 설립된 기업으로서 그 임원 및 직원에게는 공무원에 버금가는 정도의 청렴성과 업무의 불가매수성이 요구되고, 이들이 직무와 관련하여 금품수수 등의 비리를 저질렀을 경우에는 이를 공무원으로 보아 엄중하게 처벌함으로써 공공사업의 정상적인 운영과 법인 업무의 공정성을 보장할 필요가 있는 점, 공무원의 신분이 아님에도 불구하고 그 직무의 공공적 성격으로 인하여 청렴성과 불가매수성이 요구되는 경우에 그 직무와 관련된 수재행위를 공무원의 수뢰행위와 같거나 유사하게 처벌하는 사례는, 정부관리기업체의 간부직원에 관한 특정범죄가중처벌등에관한법률 제4조, 금융기관의 임·직원에 관한 특정경제범죄가중처벌등에관한법률 제5조 제1항, 도시재개발조합의 임 · 직원에 관한 도시재개발법 제61조 등 우리 형사법 체계상 흔히 찾아볼 수 있는 점 등에 비추어 보면, 형법 제129조 내지 132조의 적용에 있어서 지방공사와 지방공단의 임원 및 직원을 공무원으로 본다고 규정한 지방공기업법 제83조는 헌법 제11조 제1항, 제37조 제2항 등에 위반된다고 볼 수 없으며, 또한 지방공기업법은 제3장 제2절과 제4장에서 지방공사와 지방공단의 임원 및 직원에 관하여 구체적인 규정을 두고 있으므로, 위 제83조가 죄형법정주의에 위배되는 것이라고 할 수도 없다.

1) 헌재결 1992. 4. 28, 90헌바27-34 · 36-42 · 44-46, 92 헌바 15(병합) 【국가공무원법 제66조 에 대한 헌법소원】

[2] 뇌물죄에 있어서 직무라 함은 공무원이 법령상 관장하는 직무 그 자체뿐만 아니라 그 직무와 밀접한 관계가 있는 행위 또는 관례상이나 사실상 소관하는 직무행위 및 결정권자를 보좌하거나 영향을 줄 수 있는 직무행위도 포함된다.

3.2. 공무원의 종류

공무원은 국가에 의하여 임용되고 국가기관에서 근무하며 국가로부터 보수를 받고 국가공무원법의 적용을 받는 국가공무원과 지방자치단체에 의하여 임용되고 지방자치단체에 근무하며 그로부터 보수를 받고 지방공무원법의 적용을 받는 지방공무원으로 나누어진다.

국가공무원 → 국가에 의하여 임용되고 국가기관에서 근무하며 국가로부터 보수를 받고 국가공무원법의 적용을 받음

지방공무원 → 지방자치단체에 의하여 임용되고 지방자치단체에 근무하며 그로부터 보수를 받고 지방공무원법의 적용을 받음

공무원은 또한 그 임용자격 신분보장 · 전문성 · 정치성 등을 기준으로 하여, 경력직공무원과 특수경력직공무원으로 분류된다. 경력직공무원은 다시 일반직공무원 · 특정직공무원 · 기능직공무원으로 나누어지고, 특수경력직공무원은 정무직공무원 · 별정직공무원 · 전문직공무원 · 고용직공무원으로 세분된다(국가공무원법 제2조, 지방공무원법 제2조).

3.3. 공무원의 범위

전체국민에 대한 봉사자로서의 공무원은 廣義의 공무원으로서 경력직공무원 · 특수경력직공무원 · 軍公務員은 물론이고 공무원의 신분을 가지고 있지는 않지만 공무를 위탁받아 이에 종사하는 공무수탁자(공무수탁사인)도 포함한다.

「공무수탁사인의 예」
- 별정 우체국장
- 기업자 : 토지수용에 있어서 起業者와 토지소유자의 관계.
  → 起業者는 공무수탁사인을 의미하므로 행정주체에 해당
- 원천과세징수대행자(학설인정 · 판례부정)

3.4. 공무원제도의 법적 성격

공무원제도가 헌법상의 제도로서 정착한 것은 독일의 바이마르(Weimar) 공화국 헌법부터이고, 이것을 제도적 보장(institutionelle Garantie)의 이론으로 체계화한 것도 독일의 칼 슈미트(Carl Schmitt) 이다.[1] 제도적 보장으로서 공무원제를 보장한다 함은 공무원의

근무관계가 (ㄱ) 공법상의 근무관계를 형성하고, (ㄴ) 국민에 대한 공복으로서의 성실근무의무, (ㄷ) 직업공무원제(Berufsbeamtentum)의 채택, (ㄹ) 공무원의 정치적 중립성 보장, (ㅁ) 개개 공무원의 능력을 중시하는 능력주의 원칙, (ㅂ) 경력과 직렬의 구분, (ㅅ) 국가에 의한 생활보장의 원칙, (ㅇ) 단체행동의 금지, (ㅈ) 공무원신분관계의 법적 보호 등을 내포하는 것이다.[1)]

「공무원제도」
- 公法上의 근무관계의 원칙
- 성실한 근무관계의 원칙
- 종신제의 원칙
- 정치적 중립성의 원칙
- 능력주의의 원칙
- 경력과 직렬의 구분의 원칙
- 국가에 의한 생활보장의 원칙
- 단체행동금지의 원칙
- 신분관계의 법적 보호의 원칙

4. 공무원의 헌법상 지위

4.1. 국민전체에 대한 봉사자

공무원은 국민전체에 대한 봉사자이며 국민에 대하여 책임을 진다(헌법 제7조 제1항). 국민전체라 함은 대한민국의 국적을 가진 전체국민을 말한다. 공무원은 특정인이나 특정정당 · 계급 · 종교 · 지역 등 부분이익만을 대표하여서는 아니되고, 국민에 대한 공복으로서 국민전체의 이익을 위하여 봉사하여야 한다는 뜻이다. 국민은 국가권력을 이들에게 신탁한 주권자이기 때문이다(헌법 제1조 제2항 참조). 국민전체의 봉사자로서의 공무원은 모든 공무원을 의미한다. 따라서 일반직 공무원은 물론 특수경력직 공무원, 군인 등이 포함되며, 공무원의 신분은 가지지 않지만 일시적으로 공무를 위탁받아 종사하는 자(공무위탁사인)도 포함된다(다수설).

4.2. 국민과 공무원의 관계

「공무원은 국민전체에 대한 봉사자이다」라고 할 때의 공무원과 국민의 관계에 관하여 이념적(윤리적) 대표설[2)]과 헌법적 대표설(김철수)이 있다. 다수설인 이념적 대표설에 의하

---

1) C. Schmitt, Verfassungslehre, S. 172.

1) 권영성, 헌법학원론, 226면.

면 공무원은 국민의 법적 대표(위임대표)가 아니라 이념상 국민전체의 수임자로서 충성 · 서약 등을 내용으로 하는 정신적 · 윤리적 · 정치적 의미에서의 봉사관계라고 한다. 그러나 그 관계는 단순한 노무적 · 사무적 관계를 의미하는 것이 아니고, 충성 · 성실 등을 내용으로 하는 公僕的 봉사관계를 의미한다.

이념적 대표설 → 공무원은 국민의 법적 대표(위임대표)가 아니라 이념상 국민전체의 수임자로서 충성 · 서약 등을 내용으로 하는 정신적 · 윤리적 · 정치적 의미에서의 봉사관계

4.3. 공무원의 책임

4.3.1. 책임의 성질

국민에 대한 공무원의 책임은 국민전체에 대한 봉사자로서의 책임, 국가이념을 대표할 책임, 헌법과 법률에 따라 그 직무를 성실히 수행하여야 할 책임 등을 내용으로 한다. 특히 헌법 제7조 제1항 후단의「국민에 대하여 책임을 진다」는 규정과 관련하여 윤리적 · 정치적 책임설(다수설)과 법적 책임설로 나누인다. 공무원의 국민에 대한 책임의 법적 성격은 국민의 공무원파면권 등이 인정되지 아니하므로 현행 헌법상 공무원의 책임은 윤리적 · 정치적 책임을 의미한다. 따라서 공무원의 법적 책임을 의미하는 경우는 예외적 책임이라 할 수 있다.[1]

4.3.2. 책임의 유형

a) 정치적 책임

공무원의 정치적 책임의 예로는 다음을 들 수 있다. (ㄱ) 선거를 통하여 선출되는 선출직 공무원에 대하여는 국민이 선거를 통하여 심판을 한다. (ㄴ) 국회는 국무총리 · 국무위원의 해임을 대통령에게 건의한다(제63조) (ㄷ) 국민은 불법행위를 한 공무원의 처벌을 請願할 수 있다(헌법 제26조).

b) 법적 책임

공무원의 법적 책임의 예로는 다음을 들 수 있다.

- 대통령 · 국무총리 · 국무위원 등 공무원이 그 직무수행에 있어서 헌법이나 법률에 위배한 때에는 국회가 탄핵소추를 할 수 있으며, 헌법재판소가 탄핵심판을 통하여 파면할 수

---

2) 권영성, 헌법학원론, 227면.

1) 권영성, 헌법학원론, 228면.

있다(헌법 제65조, 제111조).

- 국민은 공무원의 직무상 불법행위로 인한 손해배상청구를 통하여 공무원의 책임을 물을 수 있다(헌법 제29조).
- 공무원의 직무상 행위에 대하여는 징계 · 손해배상 · 형사책임 등을 추궁할 수 있다(국가공무원법 제78-84조 등).

II. 직업공무원제도

1. 의의

헌법은 제7조 제2항에서「공무원의 신분과 정치적 중립성은 법률이 정하는바에 의하여 보장된다」라고 하고 있다. 이 조항은 국민주권의 원리에 바탕을 둔 민주적이고 법치국가적인 직업공무원제도를 확립하려는 규정이다.[1] 직업공무원제도(Berufsbeamtentum)라 함은 국가 또는 지방자치단체와 공법상의 근무관계 및 충성관계를 맺고 있는 직업공무원으로 하여금 집권세력에 의한 엽관제도를 지양하고, 공무원의 신분을 보장하여, 정권교체에 따르는 국정운영의 중단과 혼란을 예방하며, 일관성 있는 공무수행을 유지하게 함으로써 안정적 · 능률적인 정책집행을 보장하려는 민주적이고 법치국가적인 공직구조에 관한 제도적 보장을 말한다.[2] 직업공무원제도는 독일의 Weimar 헌법(1919-1933)에서부터 비롯되었다.

「직업공무원제도(Berufsbeamtentum)」

- 국가 또는 지방자치단체와 공법상의 근무관계 및 충성관계
- 집권세력에 의한 엽관제도를 지양
- 공무원의 신분을 보장하여 → 정권교체에 따르는 국정운영의 중단과 혼란을 예방
→ 일관성 있는 공무수행 유지
- 안정적 · 능률적인 정책집행을 보장
- 민주적이고 법치국가적인 공직구조에 관한 제도적 보장
- 독일의 Weimar 헌법에서부터 비롯

---

1) 헌재결 1997. 11. 27, 95헌바14【국가보위입법회의법 등의 위헌여부에 관한 헌법소원】헌법 제7조 제2항은 "공무원의 신분과 정치적 중립성은 법률이 정하는 바에 의하여 보장된다"라고 규정하고 있는 바, 이는 공무원이 정당한 이유없이 해임되지 아니하도록 신분을 보장하여 국민전체에 대한 봉사자로서 성실히 근무할 수 있도록 하기 위한 것임과 동시에, 공무원의 신분은 무제한 보장되는 것이 아니라 공무의 특수성을 고려하여 헌법이 정한 신분보장의 원칙 아래 법률로 그 내용을 정할 수 있도록 한 것이다(96헌바63, 93헌바 85(병합)).

2) 헌재결 1989. 12. 18, 89헌마32 · 33 병합【국가보위입법회의법 등의 위헌여부에 관한 헌법소원】

헌재결 1997. 4. 24, 95헌바48 【舊지방공무원법 제2조 제3항 제2호 나목 등 위헌소원】

직업공무원제도는 헌법이 보장하는 제도적 보장중의 하나임이 분명하므로 입법자는 직업공무원제도에 관하여 '최소한 보장'의 원칙의 한계안에서 폭넓은 입법형성의 자유를 가진다. 따라서 입법자가 동장의 임용의 방법이나 직무의 특성 등을 고려하여 이 사건 법률조항에서 동장의 공직상의 신분을 지방공무원법상 신분보장의 적용을 받지 아니하는 별정직공무원의 범주에 넣었다 하여 바로 그 법률조항부분을 위헌이라고 할 수는 없다.

직업공무원제를 확립하기 위해서는 공무원의 과학적인 직위분류제, 인사의 공정, 성적주의 등이 필요하나 헌법상 규정된 신분보장과 정치적 중립의 확보가 중요하다.

2. 직업공무원제도의 기능과 내용

2.1. 기능

현대민주국가에서 직업공무원제도는 민주주의와 법치주의의 실현을 위하여 중요한 기능을 수행한다. 공무원의 정치적 중립성이 보장되면 국가의 통치권행사가 절차적 정당성을 확보할 수 있게 되며, 동시에 기능적 권력통제에 기여하게 된다. 또한 직업공무원제도가 보장되면 공무원의 지위와 권리가 보호받게 되고, 나아가 국가통치차원에서 정치적 안정의 유지에 기여할 수 있게 된다.[1][2] 그리고 능력주의가 준수되면 모든 국민에게 공직취임의 균등한 기회가 보장될 것이므로 국민의 공무담임권의 그만큼 확실하게 보장되어 균등한 기회가 보장된다.

「직업공무원제도」
- 민주주의
- 법치주의
- 통치권 행사의 절차적 정당성
- 기능적 권력통제에 기여

2.2. 직업공무원제도의 내용

2.2.1. 기능유보

기능유보란 국가의 정책수행을 원칙적으로 직업공무원에게 맡기는 것을 의미하는 바(Klaus Stern; 허영), 이는 법치주의의 실현과 단절 없는 정책집행에 도움이 되기 때문이다. 공무원의 쟁의행위를 금지하는 것도 쟁의행위가 단절 없는 정책집행을 위협할 수 있기 때

1) 헌재결 1997. 4. 24, 95헌바48 【구 지방공무원법 제2조 제3항 제2호 나목 등 위헌소원】
2) 헌재결 1992. 11. 12, 91헌가2 【1980년해직공무원의보상등에관한특별조치법 제2조에 대한 위헌심판】

문이다.

2.2.2. 구조보장

직업공무원제도는 기능유보를 실현시키기 위하여 각종의 구조보장(종신주의, 능력주의, 신분보장, 정치적 중립성 등)을 그 내용으로 한다. 이러한 구성적 요소는 자립적적일 수 없고 공무원의 개인적 이익만을 위해서 존재하는 것도 아니다.

3. 직업공무원제도의 구체적 내용

민주국가에서 직업공무원이 집권당의 영향으로부터 독립하여 국정을 자율적 · 능률적으로 운영하도록 하기 위한 민주적이고 합리적인 직업공무원제를 확립하기 위해서는 (ㄱ) 직무의 종류와 책임의 정도에 상응한 과학적 직업분류제의 확립, (ㄴ) 임면 · 승진 등 인사의 합리적 운영, (ㄷ) 정치적 중립성의 보장, (ㄹ) 능력본위의 실적주의의 확립, (ㅁ) 공정한 인사행정을 위한 독립된 인사행정기구의 설치 등을 기본원칙으로 하여야 한다.

「직업공무원제의 확립을 위한 기본원칙」
- 과학적 직업분류제의 확립
- 임면 · 승진 등 인사의 합리적 운영
- 정치적 중립성의 보장
- 능력본위의 실적주의의 확립
- 독립된 인사행정기구의 설치

3.1. 공무원의 신분보장

3.1.1. 신분보장의 의의

공무원의 신분보장이라 함은 공무원의 신분이 정권교체에 의하여 좌우되지 아니하며, 동일한 정권 하에서도 정당한 이유없이 해임 당하거나 그의 의사에 반하여 불이익을 받지 아니한다는 것을 말한다. 이러한 의미의 신분이 보장되지 아니하고 공직이 집권당의 전리품이 되어 엽관제 · 정실인사 등에 의하여 좌우되거나 정당한 이유없이 해임된다면, 공무원의 국민전체에 대한 봉사자로서의 지위도 불안정하게 될 뿐 아니라 공무원들이 연명과 입신을 위하여 집권 정치세력의 私兵으로 전락할 우려가 있다.[1] 헌법 제7조의 정신에 따라 국가공무원법도 「공무원은 형의 선고 · 징계처분 또는 이 법에 정하는 사유에 의하지 아니하고는 그 의사에 반하여 휴직 · 강임 또는 면직을 당하지 아니한다. 다만 1급 공무원은 그

---

1) 헌재결 1989. 12. 18, 89헌마32 · 33 병합 【국가보위입법회의법 등의 위헌여부에 관한 헌법소원】

러하지 아니하다」라고 하고 있고(국가공무원법 제68조), 지방공무원법 제60조도 동일한 내용을 규정하고 있다.[1)]

헌재결 1989. 12. 18, 89헌마32 【국가보위입법회의법 등의 위헌여부에 관한 헌법소원】

【심판대상】

국가보위입법회의법 부칙 제4항 : 이 법의 시행당시의 국회사무처와 국회도서관은 이 법에 의한 사무처 및 도서관으로 보며, 그 소속 공무원은 이 법에 의한 후임자가 임명될 때까지 그 직을 가진다.

【결정요지】

국가보위입법회의법 부칙 제4항에 대한 헌법소원사건에서 합리적 이유없이 임명권자의 후임자임명처분 등으로 공무원직을 상실시킨 것은 직업공무원제를 침해한 것으로 위헌이라고 하였다).

헌재결 1993. 9. 27, 92헌바21 【1980년해직공무원의보상등에관한특별조치법 제4조에 대한 헌법소원】

【심판대상】

1980해직공무원보상등에관한법률 제4조 : 각급 기관의 장 또는 임용권자는 6급 이하의 해직공무원 중 다시 근무를 희망하는 경우 공무원임용관계법령에 따라 특별채용한다.

【결정요지】

위법률이 특별채용의 대상을 6급 이하의 해직공무원에게만 이를 허용하고 있는 바, 5급 이상의 공무원은 이른바 관리직으로서 직무의 책임성, 중요성, 이사 조직에 미치는 영향이 상대적으로 크며, 특별채용 규정은 시혜적인 고려와 배상의 성질이 공존하는 것으로 금전적 배상과 보상이 주가 되면 되는 것으로, 특별채용규정을 마련함에 있어서 이와 같은 점을 고려하여 차등을 둔 것은 국회의 입법재량에 속하므로 합헌이다.

헌재결 1990. 6. 25, 89헌마220 【지방공무원법 제35조 제61조에 대한 헌법소원】

【심판대상】

지방공무원법 제31조 : 다음 각호의 1에 해당되는 자는 공무원이 될 수 없다.

5호 : 금고 이상의 형의 선고유예를 받은 경우에 그 선고유예기간 내에 있는 자.

---

1) 헌재결 1989. 12. 18, 89헌마32 · 33병합 【국가보위입법회의법 등의 위헌여부에 관한 헌법소원】 국가보위입법회의법 부칙 제4항 후단에서는 「 … 그 소속공무원은 이 법에 의한 후임자가 임명될 때까지 그 職을 가진다」라고 규정함으로써, 조직의 변경과 관련이 없음은 물론 소속공무원의 귀책사유의 유무라든가 다른 공무원과의 관계에서 형평성이나 합리적 근거 등을 제시하지 아니한 채 임명권자의 후임자임명이라는 처분에 의하여 그 직을 상실하는 것으로 규정하였으니, … 이는 실질적으로 소급입법에 의한 공무원의 신분보장규정침해라고 할 것이다.

【결정요지】

공무원의 신분은 헌법이 정한 신분보장의 원칙 하에 법률로 그 내용을 정할 수 있는 바, 금고 이상의 선고유예의 판결을 받은 사람에게 공무원의 지위를 부여하는 것은 공직에 대한 국민의 신뢰를 손상시킬 수 있으므로 이를 금지하고 있는 동법은 합헌이다.

작년 개인파산신청 '사상최대'

전년 3배인 3만 8천여 건… 제도시행후 6년만에 100배 증가

◇ 파산신청 = 정상적으로 빚을 갚을 수 없는 사람들이 법원의 결정에 따라 최소한의 기초생활을 위한 재산만 남기고 나머지로 빚을 청산한 뒤 남은 빚을 탕감 받는 제도다. 개인파산이 받아들여지면 빚을 탕감받는 대신 공무원 임용 제한[1]과 신용카드 발급 중지 등의 불이익을 받는다.[2]

3.1.2. 직업공무원의 범위

신분의 보장을 받고 정치적 중립성이 요구되는 직업공무원은 국가 또는 공공단체와 근로계약을 맺고 이른바 공법상 특별권력관계에서 공무를 담당하는 것을 직업으로 하는 협의의 공무원, 즉 일반직 · 특정직 · 기능직공무원과 같은 경력직공무원만을 말하며(통설),[3] 이른바 정치적 공무원(국무위원 · 장 · 차관)은 포함되지 않는다.

3.2. 정치적 중립성

헌법과 헌법에 의거한 국가공무원법은 공무원에 대해서는 그 국민제체에 대한봉사자라는 지위를 확보하고 그 직무의 정당한 수행과 정치적 중립성을 보장하기 위하여 일반국민에게는 인정되지 아니하는 기본권의 제한을 규정하고 있다. 정당가입의 금지, 정치활동의 금지 등이 그것이다. 특히 공무원의 경우 직업공무원제의 확립을 위하여서도 공무원의 정치활동은 금지된다. 따라서 공무원은 직종에 따라 차이는 있겠으나[4] 정당에 가입하거나 정당을 위한 제반활동을 행할 수 없다.

3.2.1. 정치적 중립의 의의

정당제국가에서 정치적 중립이라 함은 집권당의 영향으로부터의 독립적 신분을 보장받고 정당에 대한 불간섭 · 불가담을 의미한다. 이를 위하여 국가공무원법과 지방공무원법

---

1) 국가공무원법 제33조 제1항 제2호 : 파산된자로서 복권되지 아니한자는 공무원에 임용될 수 없다.

2) 법률신문, 인터넷판, 2006-02-09, 김백기 기자 bkk@lawtimes.co.kr.

3) 헌재결 1989. 12. 18, 89헌마32 · 33병합 【국가보위입법회의법 등의 위헌여부에 관한 헌법소원】

4) 경찰관이나 군인의 경우는 정치관여가 엄격히 금지되나 대학교수의 경우는 그 제한이 최소한 이어야 한다.

은 다음과 같은 내용을 규정하고 있다(국가공무원법 제65조-제66조, 지방공무원법 제57조-제58조). (ㄱ) 공무원은 정당 기타 정치단체의 결성에 관여하거나 이에 가입할 수 없다. (ㄴ) 선거에 있어서 특정정당 또는 특정인의 지지 또는 반대를 위한 행위를 하여서는 아니된다. (ㄷ) 다른 공무원에게 금지사항에 위배되는 행위를 하도록 요구하거나 정치적 행위에 대한 보상 또는 보복으로서 이익 또는 불이익을 약속할 수 없다. (ㄹ) 공직선거에 입후보하거나 선거에 의하여 취임하는 공직을 겸할 수 없다.

3.2.2. 정치적 중립이 요구되는 이유

공무원의 정치적 중립이 요구되는 이유는 (ㄱ) 공무원은 국민전체에 대한 봉사자이므로, 정치적으로 중립적 지위에서 특정한 집단의 이익이 아닌 공공의 이익을 추구하고, (ㄴ) 행정에 대한 정치의 간섭이나 개입을 방지함으로써 행정의 독립성 · 전문성 · 민주성을 제고하며, (ㄷ) 정권의 변동에도 불구하고 정책의 일관성과 안정성을 유지하고, (ㄹ) 엽관제로 인한 행정의 부패 · 비능률 등을 방지하며, (ㅁ) 사회에서 발생하는 계층간의 갈등에 대한 중재자 내지 조정자로서의 기능을 적극적으로 수행하게 하기 위한 것이다.[1]

3.2.3. 정치적 중립의 내용

공무원의 정치적 중립의 내용으로는 (ㄱ) 공무원을 외부의 정치적 간섭으로부터 보호하기 위하여 공무원의 채용원과 인사에 정치적 영향력이 미치지 못하게 하는 것, (ㄴ) 공무원의 신분보장을 법적으로 제도화하는 것, (ㄷ) 정치적 중립성유지에 필요한 범위내에서 공무원의 정치적 자유를 제한하는 것 등을 들 수 있다.[2]

3.2.4. 정치적 중립의 한계

공무원이 정치적으로 중립을 지켜야 한다는 이유로 공무원이 국민의 한 사람으로서 당연히 누려야 할 정치적 기본권의 자체를 부정하여서는 아니된다. 공무원에게 정치적 중립성이 강조되는 것은 공무원이 특정당파나 계층을 위한 이익이나 공무원 자신의 사익이 아닌 公益優先의 행정활동을 하여야 한다는 뜻이기 때문이다.[3]

3.3. 능력주의

능력주의(실적주의 : 성적주의)라 함은 인사행정에 있어 정치적 또는 정실적 요인을

1) 권영성, 헌법학원론, 230면.
2) 권영성, 헌법학원론, 231면.
3) 권영성, 헌법학원론, 231면.

배제하고 자격이나 능력을 기준으로 하여 공무원을 임용하는 원칙을 말한다. 공무원법은 「공무원의 임용은 시험성적 근무성적 기타 능력의 실증에 의하여 행한다」라고 하여 실적주의를 명시하고 있다(국가공무원법 제26조, 지방공무원법 제25조).

4. 공무원의 임면과 권리 · 의무

4.1. 임면

대통령은 헌법과 법률이 정하는 바에 의하여 공무원을 임면한다(헌법 제78조). 임면은 임명권과 면직권을 그 내용으로 하며, 임명에는 보직 · 전직 · 휴직 · 징계처분이 포함된다.[1)]

사립학교법」 제53조의2제1항 및 제53조의3제1항(임면의 의미) 관련 법제처 법령해석

1. 질의요지

「사립학교법」 제53조의2 제1항에 따르면 각급학교의 교원은 해당 학교법인 또는 사립학교경영자가 해당 학교의 장의 제청 등을 거쳐 임면하도록 하고 있고, 같은 법 제53조의3 제1항에 따르면 각급학교의 교원(학교의 장을 제외함)의 임면 등 인사에 관한 중요사항을 심의하기 위하여 해당 학교에 교원인사위원회를 두도록 하고 있으며, 「교육공무원법」제2조 제5항에 따르면, "임용"이라 함은 신규채용 · 승진 · 승급 · 전직 · 전보 · 겸임 · 파견 · 강임 · 휴직 · 직위해제 · 정직 · 복직 · 면직 · 해임 및 파면을 말한다고 하고 있는바, 「사립학교법」 제53조의2 제1항 등에서 사용한 "임면"이 「교육공무원법」 제2조제5항에서의 "임용"과 같은 의미인지, 아니면 "승급 · 전직 · 전보 · 파견"을 제외한 "신규채용 · 승진 · 겸임 · 강임 · 휴직 · 직위해제 · 정직 · 복직 · 면직 · 해임 · 파면"만을 의미하는지

2. 회답

「사립학교법」 제53조의2 제1항 등에서 사용한 "임면"은 「교육공무원법」 제2조 제5항에서의 "임용"과 같은 의미로서 "신규채용 · 승진 · 승급 · 전직 · 전보 · 겸임 · 파견 · 강임 · 휴직 · 직위해제 · 정직 · 복직 · 면직 · 해임 및 파면"을 말합니다.

3. 이유

"임명"이란 통상적으로 특정인에게 일정한 직무를 맡기는 것으로서, 신규채용뿐만 아니라 승진 · 전보 · 전직 · 강임 등도 모두 임명행위로 볼 수 있는 점에 비추어 볼 때, 「사립학교법」에서 사용된 "임면"이라는 용어는 협의의 "임명"과 "해임"에만 한정된 것이 아니라 모든 "임용" 행위를 포괄하는 개념으로 보아야 할 것입니다.

---

1) 현행헌법은 종전의 任命을 任免으로 변경하였다.

4.2. 공무원의 기본권제한

헌법과 법률은 공무원의 국민전체에 대한 봉사자 및 국가정책의 집행자라는 지위를 확보하고 그 직무의 공정한 수행과 정치적 중립성을 보장하기 위하여 일반국민에게는 허용되지 아니하는 기본권제한을 규정하고 있다.

4.2.1. 기본권제한의 이론적 근거

공무원의 기본권을 특별히 제한할 수 있는 이론적 근거에 관해서는 (ㄱ) 특별권력관계설, (ㄴ) 국민전체봉사자설, (ㄷ) 직무성질설 등이 있지만, 결국 국민전체에 대한 봉사자라는 공무원의 특수한 신분과 그 직무의 성질 그리고 근무관계의 특수성이라는 종합적 이유 때문에 공무원의 경우에는 일정한 기본권이 제한된다고 보아야 한다.[1]

4.2.2. 정치활동의 제한

a) 정당가입의 제한

경력직공무원은 정당 기타 정치단체의 결성에 관여하거나 이에 가입할 수 없다(국가공무원법 제65조 제1항, 지방공무원법 제57조 제1항). 이것은 공무원의 전체국민에 대한 봉사자로서의 지위와 정치적 중립성을 보장하기 위한 것이다.

b) 정치활동의 제한

국가공무원법 제65조 제1항은 「공무원은 정당 기타 정치단체의 결성에 관여하거나 이에 가입할 수 없다」라고 하고, 제2항은 「공무원은 선거에 있어서 특정정당 또는 특정인의 지지나 반대를 위하여 다음의 행위를 하여서는 아니된다」라고 하여 직업공무원의 정치적 중립성을 보장하기 위하여 일정한 정치활동을 제한하고 있다. 즉 국가공무원법 제65조 제2항에서 금지하고 있는 정치활동의 유형은 ① 투표를 하거나 하지 아니하도록 권유운동을 하는 것, ② 서명운동을 기도 · 주재하거나 권유하는 것, ③ 문서 · 도서를 공공시설 등에 게시 · 게시하게 하는 것, ④ 기부금을 모집 · 모집하게 하거나 공공자금을 이용 · 이용하게 하는 것, ⑤ 타인으로 하여금 정당 기타 정치단체에 가입하게 하거나 · 가입하지 아니하도록 권유운동을 하는 것 등이다.

「정치활동의 금지유형」
- 투표를 하거나 하지 아니하도록 권유운동 ☜ **권유가 아니고 권유운동**
- 서명운동을 기도 · 주재하거나 권유

1) 권영성, 헌법학원론, 234면.

- 문서 또는 도서를 공공시설 등에 게시 · 게시하게 하는 것,
- 기부금을 모집 · 모집하게 하거나 공공자금을 이용 · 이용하게 하는 것
- 타인으로 하여금 정당 기타 정치단체에 가입하게 하거나 · 가입하지 아니하도록 권유운동 ☜ **권유가 아니라 권유운동**

4.2.3. 근로삼권의 제한

a) 공무원의 근로자성(신분상 특수성)

공무원도 근로자이지만, 일반근로자에 비하여 다음과 같은 신분상 특수성을 가진다. (ㄱ) 공무원은 사적인 이익추구가 아닌 국민전체에 대한 봉사자로서의 책무를 지지만, 일반근로자는 개인적 이윤추구를 직접적인 목적으로 한다 (ㄴ) 공무원의 보수는 근로의 대가로서 지급받는 성격도 지니고 있으나, 동시에 국민전체에 대한 봉사자라는 의미에서의 공직수행의 대가라는 의미도 가지고 있다. 이에 반하여 일반근로자의 보수는 제공된 근로의 대가로서의 성격을 가진다 (ㄷ) 공무원의 보수는 단체협약의 대상이 되지 아니하고 법령의 규율대상이지만, 일반근로자의 보수는 노동조합을 통한 단체협약의 주된 대상이 된다 (ㄹ) 공무원이 담당하는 업무는 공적 업무(公務)이므로(공무집행) 공무원에게는 여러 가지 공법적 권리 · 의무가 인정되지만, 일반근로자의 근로는 사적 업무(私務)이므로 공법적 권리 · 의무가 인정되지 아니한다.[1]

	공무원	일반근로자
지위	국민전체에 대한 봉사자	개인직 이윤추구
보수	근로의 대가로서의 성격 외에 공직의 효과적 수행	제공된 근로의 대가
단체협약	단체협약의 대상이 안됨	단체협약의 주된 대상
업무	공적 업무(공무)	사적 업무(사무)

b) 공무원인 근로자의 근로3권의 제한

현행 헌법 제33조 1항은「근로자는 근로조건의 향상을 위하여 자주적인 단결권, 단체교섭권, 단체행동권을 가진다」고 규정하여 근로자의 근로 기본권(노동3권)을 보장하고 있다. 그러나 동조 2항에서는「공무원인 근로자는 법률이 정하는 자에 한하여 단결권, 단체교섭권, 및 단체행동권을 가진다」고 규정하여 공무원인 근로자의 경우에는 일정한 범위의 공무원에 한하여 노동3권를 인정하고 있다.

그리고 헌법 제37조 제2항은「국민의 모든 자유와 권리는 국가안전보장 질서유지 또는 공공복리를 위하여 필요한 경우에 한하여 법률로써 제한할 수 있으며 … 」라고 규정함

---

1) 권영성, 헌법학원론, 235면.

으로써 공무원인 근로자에 대한 제한의 근거를 마련해두고 있다. 이들 규정에 따라 노동조합및노동쟁의조정법 제5조는 근로자의 노동조합의 조직 및 가입의 자유를 규정하면서, 그 단서에서 공무원의 경우는 따로 법률로 정하도록 하고 있다. 이에 관한 일반법이 국가공무원법과 지방공무원법이다.

국가공무원법 제66조에서는 공무원의 노동운동과 기타 *公務* 이외의 일을 위한 집단적 행위를 금지하면서, 국회규칙 · 대법원규칙 · 대통령령으로 범위를 정하는 사실상 *勞務*에 종사하는 공무원은 여기에서 제외하고 있다.1) 노동운동의 개념은 그 근거가 되는 헌법 제33조 제2항의 취지에 비추어 근로자의 근로조건의 향상을 위한 단결권 · 단체교섭권 · 단체행동권 등 이른바 근로3권을 기초로 하여 이에 직접 관련된 행위를 의미하는 것으로 좁게 해석하는 것이 상당하다.2) *公務* 이외의 집단적 행위라 함은 공무원으로서 직무에 관한 기강을 저해하거나 기타 그 본분에 배치되는 등 공무의 본질을 해치는 특정목적을 위한 다수인의 행위로서 단체의 결성단계에는 이르지 아니한 상태에서의 행위를 말한다.3) 사립학교법 제55조가 교원의 복무에 관하여는 국 · 공립교원에 관한 규정을 준용하도록 규정하고 있으므로 사립학교교원의 근로3권도 제한되고 있다.4)

> 舊노동쟁의조정법 제12조 제2항은 국가 · 지방자치단체에 종사하는 근로자는 공무원의 신분여하에 관계없이 쟁의행위를 할 수 없다고 함으로써 사실상 노무에 종사하는 공무원

---

1) 「청구인 등과 같은 교육공무원을 비롯한 일반공무원의 근로관계는 근로자와 사용자의 이원적 구조아래서 서로 투쟁과 타협에 의하여 발전되어 온 노동법관계에 의하여 규율하는 것보다는 오히려 공무원의 지위와 그 직무의 공공성에 적합하게 형성 · 발전되도록 하는 것이 보다 합리적이고 합목적적일 수 있다. 따라서 동조항이 사실상 노무에 종사하는 공무원 이외의 공무원들에 대하여는 노동3권의 행사를 제한함으로써 일반근로자와 사실상 노무에 종사하는 공무원의 경우와 달리 취급하는 것은 합리적인 이유가 있다 할 것이므로 헌법상 平等의 원칙에 위반되는 것이 아니다(헌재결 1992. 4. 28, 90헌바27-34 · 36-42 · 44-46, 92헌바15(병합) 【국가공무원법 제66조에 대한 헌법소원】

2) 헌재결 1992. 4. 28, 90헌바27 【국가공무원법 제66조에 대한 헌법소원】 외 17건.

3) 대판 1992. 3. 27, 91누9145 【정직처분취소】 건설부장관 주재의 정례회의 도중 집단적으로 퇴장하는 행위는 그것이 기구개편안에 관한 불만의 의사표시에서 비롯되었어도 국가공무원법상 금지하는 *公務* 외의 집단적 행위에 해당한다. 同旨의 판례 : 대판 1991. 4. 23, 90누4839 【파면처분취소】

4) 헌재결 1991. 7. 22, 89헌가106 【사립학교법 제55조 등에 관한 위헌심판】 헌법재판소는 그 동안 논란이 되어 왔던 사립학교교원의 정치활동 또는 노동운동을 금지하고, 이에 위반한 경우 면직의 사유로 규정한 사립학교법 제55조 및 제58조 제1항 제4호에 관한 위헌심판에서 「교육의 목적과 교원직무의 특수성 교원법제의 동질성 그리고 교원의 근로관계의 특수성」 등을 이유로 합헌 결정을 내렸다.

까지도 쟁의행위를 할 수 없게 하고 있다. 헌법재판소는 舊노동쟁의조정법 제12조 제2항이 헌법 제33조 제2항에 합치하지 아니한다는 헌법불합치결정을 내린 바 있다.[1)]

4.2.4. 특별권력관계(특수신분관계)에 의한 제한

협의의 공무원은 국가와 사이에 공법상 특수신분관계(공법상 특수법률관계, 특별권력관계)에 있으므로, 질서를 유지하고 특수신분관계의 목적을 달성하기 위하여 필요하다고 인정될 경우에는 합리적인 범위 내에서 일반국민과 다른 기본권의 제한을 받는다(군인의 영내거주, 경찰관의 제복착용). 그러나 이 경우에도 기본권의 제한은 반드시 헌법(헌법 제29조 제2항) · 법률의 근거가 있어야 한다.

4.3. 기본권제한의 한계

공무원의 기본권제한이 인정된다고 하더라도 헌법 제37조 제2항의 기본권제한에 관한 일반원칙은 존중되어야 한다. 헌법 제37조 제2항의 일반적 법률유보조항은 특별권력관계에서도 존중되어야 하기 때문이다. 따라서 공무원의 기본권제한은 헌법 또는 법률에 근거가 있어야 하고 합리적인 범위 내에서 필요최소한에 그쳐야 한다.

헌법 제37조 제2항 → 일반적 법률유보조항(권영성)
기본권 제한의 한계(허영)

4.4. 공무원의 권리 · 의무

4.4.1. 개관

공무원도 공무원이라는 신분을 가지지만 동시에 그는 한 사람의 국민이자 근로자로서 헌법상의 기본권 및 개별법상의 여러 가지 권리를 향유한다. 공무원이 국가나 지방자치단체에 대하여 가지는 권리로는 신분상의 권리와 재산상의 권리로 나눌수 있다.

4.4.2. 내용

a) 신분상 권리

공무원의 신분상 권리로는 (ㄱ) 형의 선고 · 징계처분 또는 법에 정하는 사유에 의하지 아니하고는 휴직 · 강임 또는 면직을 당하지 아니할 신분보장권, (ㄴ) 법에 정한 사유가 있는 경우가 아니고는 직위를 강제로 해제 당하지 아니 할 직위보유권, (ㄷ) 자신이 담당하는 직무를 외부의 부당한 간섭이나 지시를 받지않고 자율적으로 수행할 수 있는 직무수행

1) 헌재결 1993. 3. 11, 88헌마5【노동쟁의조정법에 관한 헌법소원】

권, (ㄹ) 직명을 사용하고 제복 · 제모를 착용할 수 있는 직명사용권 및 제복착용권, (ㅁ) 위법 · 부당하게 신분상 불이익을 입은 경우에 소청 · 행정소송 등을 통하여 그 시정을 구할 수 있는 행정쟁송권 등이 있다.[1]

b) 재산상 권리

공무원이 국가나 지방자치단체에 대하여 가지는 재산상의 권리로는 (ㄱ) 근로의 대가로서 임금 등 보수를 청구할 수 있는 보수청구권, (ㄴ) 공무원의 퇴직 · 사망과 공무로 인한 부상 · 질병 · 발병의 경우에 청구할 수 있는 연금수급청구권, (ㄷ) 보수 외에 직무에 소요되는 실비를 변상받을수 있는 실비변상권(국가공무원법 제48조), (ㄹ) 소속기관장의 허가를 받아 특수한 연구과제를 위탁받아 처리한 경우에 보상을 지급 받을 수 있는 보상수령권(국가공무원법 제48조 제2항) 등 직무상 관련된 각종의 권한을 가진다.[2]

4.4.2. 의무

공무원의 의무 중에서 기본이 되는 것은 성실의무이지만, 그 외에도 다음과 같은 직무상 의무를 진다. (ㄱ) 영리행위금지 · 겸직금지의무(국가공무원법 제64조, 지방공무원법 제56조) 및 (ㄴ) 성실의무(국가공무원법 제56조, 지방공무원법 제48조), (ㄷ) 법령준수의무, (ㄹ) 상관으로부터의 합법적인 직무상 명령에 복종할 의무(국가공무원법 제57조, 지방공무원법 제49조)[3] (ㅁ) 국민에 대한 친절 · 공정의무(국가공무원법 제59조, 지방공무원법 제51조), (ㅂ) 직무상 지득한 비밀에 대한 비밀누설의 금지(국가공무원법 제60조, 지방공무원법 제52조)[4] (ㅅ) 공무원의 품위유지의무(국가공무원법 제63조, 지방공무원법 제55조)[5] (ㅇ)

1) 권영성, 헌법학원론, 233면.

2) 권영성, 헌법학원론, 233면.

3) 대판 1992. 6. 26, 91누11780【직위해제처분등취소】 교육과 교원의 특수성을 감안하더라도 법률상 허용되지 아니하는 목적을 위한 집회에 참석하지 말라는 학교장의 교사에 대한 명령은 감독자의 지위에서 교육에 전심전력하여야 할 교원에게 발하여지는 정당한 직무상의 명령이라 할 것이므로, 교사가 이에 복종하지 아니하였음은 국가공무원법 제57조 소정의 복종의 의무를 위반한 것이다.

4) 형법 제127조의 '공무상비밀누설죄'는 공무원이 자신이 취급한 직무와 관련해 얻은 비밀을 누설했을 경우 적용된다. 해당 공무원이 퇴직한 경우도 마찬가지이다. 이를 어겼을 경우에는 2년이하의 징역이나 금고형 도는 5년이하의 자격정지형으로 처벌받는다. 현직인 공무원은 금고이상의 형이 확정될 경우 해임 · 파면된다. 이 죄가 성립되려면 비밀이 어느정도 수준인지, 시효기간이 있는지 여부가 중요하다. 이는 대개 해당 국가기관의 내규(內規)에 정해진 바를 따른다. 이명진, 조선일보, 1999년 12월 2일자 30면 참조. 공무상비밀누설죄의 시효는 3년이고 국가공무원법 제60조, 지방공무원법 제52조 군인복무규율 제174조 이하, 원자력법 제10조 · 제31조, 임시우편물단속

종교중립의무(국가공무원법 제59조의2, 지방공무원법 제51조의2), (ㅈ) 직장이탈금지(국가공무원법 제58조, 지방공무원법 제50조) (ㅊ) 청렴의무(국가공무원법 제61조, 지방공무원법 제53조), (ㅋ) 정치운동의금지(국가공무원법 제65조, 지방공무원법 제57조), (ㅌ) 집단행위의 금지(국가공무원법, 제66조, 지방공무원법 제58조)등을 들 수 있다.

또한 헌법 제5조 제2항은 국군에게는 국가의 안전보장과 국토방위의 의무를 부과하고 있고, 제46조는 국회의원에게 청렴의 의무 · 직무수행시 국가이익우선의 의무 · 지위를 남용한 이권개입금지의무 등을 부과하고 있다.

5. 국군의 정치적 중립성 준수

대한민국 헌정사 중 20여년은 군부가 정치의 중심에 위치하였다는 것을 부인할 수 없다. 군의 정치적 중립이 계속적으로 주장되었던 바, 현행헌법에서 군의 정치적 중립성 준수조항이 명문화되었다. 따라서 軍이 정치에 개입하거나, 정치활동을 할 수 없으며, 특정 정당을 지원할 수 없다.

법제7조, 형소법 제198조 등이 있다.

5) ① 대학교수인 원고가 … 시위학생들을 자극하여 사태를 더욱 악화시키고 그 해결을 어렵게 한 경우, 국가공무원법 소정의 성실의무와 품위유지의무위반을 이유로 하여 원고에게 해임처분을 한 경우, 이 처분은 징계재량에 있어서 재량권을 남용하였다고 할 수 없다(대판 1991. 11. 22, 91누4102). ② 전국교직원노동조합(이른바 全敎組)의 결성을 위한 불법집회에 참석하여 머리띠를 두르고 구호를 외치는 등의 집단행위를 한 것은 교육자로서의 체면과 위신을 손상한 경우에 해당하며, 이는 국가공무원법 제63조 소정의 품위유지의 의무에 위반된다(대판 1992. 6. 26, 91누11780).

제 5 항 지방자치제도

– 지방자치제도 헌정사 –

1995년 6 · 27 지방선거로 명실상부한 「민선자치시대」가 열리기까지의 도정(道程)은 우리 헌정사의 질곡과 궤를 함께 한다. 건국헌법은 지방자치제에 관한 규정을 두어 1949년에는 지방자치법이 제정되었으나 6 · 25의 발발로 1952년에 와서 비로소 최초의 지방의회가 구성되었다. 4 · 19이후 張勉政府(1960~1961)는 지방자치법을 개정하여 명실상부한 지방자치제의 실시를 시도하였으나, 1961년에 군사쿠데타로 집권한 군사정부는 지방의회를 해산하고 지방자치에관한임시조치법을 제정하여 그에 저촉되는 지방자치법의 효력을 정지시켰다. 이 임시조치법이 박정희정부 · 전두환정부에 걸쳐 시행되면서 지방자치제는 형식적 · 명목적인 것에 불과하였다. 특히 1972년 유신헌법은 지방의회의 구성을 조국의 통일시까지 유예한다는 규정을 헌법부칙에 둠으로써, 지방자치실시를 원천적으로 봉쇄해 버렸다. 1980년 헌법도 헌법에 지방의회의 구성을 지방자치단체의 재정자립도를 감안하여 순차적으로 하되 그 구성시기는 법률로 정한다는 부칙조항을 두었었다. 1987년 전두환대통령의 「4 · 13호헌담화」에서 「88년 1월 24개 시 · 군 · 구부터 지방자치제를 시범적으로 실시한다」고 밝혀 지방시대재개의 단초를 마련했다. 1987년 헌법에서 지방의회의 구성에 관한 유예규정이 철폐되고, 1988년에 공포된 제6공화국 헌법에 의거, 1988년 4월에 '지방자치법'이 전면개정되어 1988년 5월 1일부터 시행되었다. 이에 따라 1991년 상반기에 각급 지방의회가 구성되었다.

이어 당시 노태우민정당 대표는 6 · 29선언에서 「지방의회를 전면구성하겠다」고 하였으나, 그해 실시된 대통령선거에서 승리한 민정당은 선거직후 지방의회만을 「단계적으로」 구성하는 내용의 지방자치법안을 강행처리했다. 그러나 노태우정부는 스스로 만든 이 법마저 무시했다. 강행처리된 지방자치법에는 「기초의회선거를 89년 4월이내」에 실시한다고 명시했으나 지키지 않은 채 「90년 6월이내」로 바꿨다. 또 이마저 90년 1월 3당 합당으로 백지화됐다. 이후 여야간 치열한 싸움 끝에 다시 「91년 6월이내 지방의회구성, 92년 6월 30일 까지 지방자치단체장선거 실시」로 변경했다. 그러나 지방의회 선거만 광역과 기초로 나뉘어 실시했을 뿐 단체장선거는 무기한 연기되고 말았다. 위법상태로 방치됐던 단체장선거는 92년 대선이후 다시 제기돼 국회정치관계법특별위원회에서 여 · 야간의 힘겨운 협상 끝에 「94년 3월 4대지방선거실시」로 마침내 입법화했다. 이어 95년 3월 민자당이 기초선거의 정당추천배제를 주장, 국회의장공관이 야당의원들에 의해 점거되는 등 파란을 겪은 끝에 기초의회만 정당추천을 배제하는 선에서 합의돼 오늘에 이르렀다. 1994년 3월의 공직선거법(부칙 제7조)은 지방자치단체의 장선거를 1995년 6월 27일까지 실시하도록 규정하고 있다.[1)]

1) 지방자치제도에 관하여는 한병호, 지방자치의 헌법적 보장, 고시행정(1990.3), 16면.

I. 지방자치 일반론

1. 개념

지방자치제라 함은 일정한 지역을 기초로 하는 단체나 일정한 지역의 주민이 지방적 사무를 자신의 책임 하에 자신이 선출한 기관을 통하여 처리하는 제도를 말한다. 지방자치가 무엇을 의미하는가에 관하여는 일반적으로 이원적으로 설명되어 왔다. 법제도적인 측면에서의 지방자치(법적 의미의 지방자치 : 단체자치)와 정치적인 측면에서의 지방자치(정치적 의미의 지방자치 : 주민자치)가 바로 그것이다. 전자는 지방자치단체가 그 관할권에 속하는 사무(지역적 사무)를 자주적으로 처리하는 것을 말하며, 이에 대하여 후자는 일정한 일정한 지역의 주민이 자기의 의사와 책임하에 지역적 사무를 처리하는 것을 말한다.

「참고」

지방자치의 개념에 관한 이와 같은 이원적 설명은 지방자치의 역사적 유래와 깊은 관련이 있다. 서구에서의 지방자치의 기원은 대체로 프랑스혁명 당시의 헌법제정회의에서 전개된 단체권력이론과 나폴레옹의 중앙집권주의에 대항하여 전개된 지방분권이론, 독일에서는 관료주의의 억제수단으로서 전개된 조합이론(Genossenschaft 사상), 그리고 영국의 지방자치이론에서 찾을수 있다. 그런데, 이러한 이론은 지방자치의 이념적 기초와 제도적 형태라는 측면에서 크게 두가지 유형으로 갈라지게 되는데, 프랑스・독일의 유형(단체자치)과 영국의 유형(주민자치)이 바로 그것이다.

헌재결 1996. 6. 26, 96헌마200【공직선거및선거부정방지법 제16조 제3항 위헌확인】

지방자치제도란 일정한 지역을 단위로 일정한 지역의 주민이 그 지방에 관한 여러 사무를 그들 자신의 책임 하에 자신들이 선출한 기관을 통하여 직접 처리하게 함으로써 지방자치행정의 민주성과 능률성을 제고하고 지방의 균형 있는 발전과 아울러 국가의 민주적 발전을 도모하는 제도이다.

지방자치의 개념은 일정한 지역의 주민이 그 지역내의 행정사무를 스스로 처리한다는 주민자치의 요소와 국가내의 일정한 지역을 기초로 하는 공법인인 지역단체가 그 지역의 행정사무를 자주적으로 처리한다는 단체자치의 요소를 그 구성요소로 한다. 지방자치는 주민접촉행정에 기여하고, 정치적 다원주의 실현 뿐 아니라 기능적 권력통제에 긍정적인 효과를 가져온다.

2. 지방자치제도의 유형

2.1. 주민자치(정치적 의미의 지방자치)

주민자치(citizen autonomy; 정치적 의미의 지방자치)[1]라 함은 지역주민이 그 지역사회의 정치와 행정을 자신의 책임 하에 처리하는 지방자치를 말한다.[2] 이러한 의미의 지방자치는 일찍이 영국에서 발달하였고 법제화되어 미국등에 도입되었다.

주민자치제는 다음과 같은 특징을 가진다. (ㄱ) 민주주의를 그 이념으로 한다(풀뿌리민주주의). (ㄴ) 국가의 행정사무를 주민 자치기관이 스스로 처리한다(주민자치기관). (ㄷ) 기관통합주의에 따라 지방의회가 의결기관과 집행기관의 지위를 동시에 가진다(기관통합주의). (ㄹ) 지방행정청은 의결기관인 동시에 집행기관이며(일원적 기관구성), (ㅁ) 지방자치단체에 대한 국가적 감독은 입법적 · 사법적 감독을 원칙으로 하고 행정적 감독은 제한된다(주민자치적 성격). (ㅂ) 국가는 지방자치단체에 대하여 필요할 때마다 일정한 권한을 개별적 법률로써 부여한다(개별적 수권주의). (ㅅ) 지방세제도에 있어 독립세주의를 채택하여 지방자치단체에 자발적으로 지방세의 부과 · 징수권을 갖는다(독립세주의).[3] (ㅇ) 지방자치단체의 기관은 국가의 지방행정청이며(지방행정청), (ㅈ) 고유사무와 위임사무의 구별이 있을 수 없고(고유사무와 위임사무의 일원화), (ㅊ) 지방자치단체는 국회의 감독하에 있다는 것을 특징으로 한다(사법통제형).

[주민자치제]
- 풀뿌리민주주의
- 주민자치기관
- 기관통합주의
- 일원적 기관구성
- 주민자치적 성격
- 개별적 수권주의
- 독립세주의
- 지방행정청
- 고유사무와 위임사무의 일원화
- 사법통제형

---

1) 시민자치와 동의어로 사용되는데, 이때 '시민'이란 여가와 교양, 자립과 자율의 정신을 지닌 보편적인 시민이라는 개념이다. 주민자치는 정치적 의미의 자치행정이며, 주민의 자치능력을 중요시하는 민주적이고 지방분권적인 지방제도이다. ⓒ 두산백과사전 EnCyber & EnCyber.com,

2) 권영성, 헌법학원론, 239면.

3) 권영성, 헌법학원론, 239면.

「참고」

일부견해(허영)에 의하면 단체자치냐 주민자치냐 등의 이원적 대립구조를 강조하는 형식논리는 지양되어야 하며, 지방자치의 이념 · 본질 · 기능 등을 바르게 판단하여 지방자치제도를 합리적으로 형성 · 운영하는 것이 더 중요하다고 한다.

2.2. 단체자치(법률적 의미의 지방자치)

단체자치(법률적 의미의 지방자치)라 함은 일정한 지역을 기초로 하는 지방자치단체가 국가 밑에서 독립된 인격과 자치권을 인정받아 자체의 기관을 가지고 자주적으로 단체의 의사를 결정하며, 그 사무를 처리하는 지방자치를 말한다.[1] 예를 들면 특별시 · 광역시 · 도 · 시 · 군 · 구 등의 지방자치단체가 중앙정부로부터 독립하여 그 지방행정을 담당하는 것을 의미하며, 단체가 자기의 목적과 의사를 가지고 자기의 기관을 가지는 경우에 단체자치가 인정된다. 단체자치는 지방행정을 지역주민 스스로의 의사와 책임으로 처리하는 주민자치와 함께 근대적 자치의 중요한 요소로 간주된다.

이러한 의미의 지방자치는 위에서 언급한바와 같이 독일과 프랑스 등에서 발달하였고 다음과 같은 특징을 가진다. (ㄱ) 지방분권사상을 기초로 한다(지방분권사상). (ㄴ) 주민의 참여에 의한 주민자치적 성격을 지닌 것이 아니라 법인인 자치단체에 의한 행정이다(법인자치). (ㄷ) 자치단체조직이 의결기관(지방의회)과 집행기관(지방자치단체의 장)으로 분리되어 있다(의결기관과 집행기관의 분리). (ㄹ) 자치단체에 대한 국가적 감독은 행정적 통제가 주된 비중을 차지한다(행정적 통제). (ㅁ) 국가가 지방정부에 대하여 포괄적으로 권한을 부여하는 포괄적 수권주의을 채택하고 있다(포괄적 수권주의). (ㅂ) 지방세 제도에 있어 부가세주의를 채택하여 국세에 대한 부가세를 인정한다(부가세주의).[2]

[단체자치제]
-지방분권사상
- 법인자치
- 의결기관과 집행기관의 분리
- 행정적 통제
- 포괄적 수권주의
- 부가세주의

---

1) 권영성, 헌법학원론, 239면.
2) 권영성, 헌법학원론, 239면.

2.3. 주민자치와 단체자치의 비교[1)]

구분	주민자치	단체자치
개념	민주주의 원리에 따라 지방적인 국가행정사무를 그 지방주민으로 하여금 처리하게 하는 제도(주민의 의결과 처리)	국가내의 일정지역을 기초로 한 독립된 단체를 전제로 하여 그 단체의 의사와 기관으로 하여금 단체사무를 처리(법인자치)
기본원칙	풀뿌리 민주주의	지방분권사상
자치권	자연권으로 주민 고유의 권리(고유권); 개별자정주의	실정권으로 단체의 권리(전래권; 국가의 수권), 제도보장
자치기관	국가의 지방행정청	독립기관으로서의 자치기관
자치중점	주민의 권리(지방행정에의 주민참여)를 중시	단체의 권리(자치단체로서의 자치권)를 중시
독립성	법인격 없음, 국가조직의 일부(정치적 의미의 가치)	법인격 있음(법률적 의미의 자치로 지방분권)
지방정부형태	기관통합주의(지방의회가 의결기관가 집행기관의 지위를 겸하고 있다[의원내각제형])	기관대립주의: 의결기관(지방의회)과 집행기관(지방자치단체의 장)의 분리[대통령제 또는 수장제형]
중앙정부 통제	사법적 · 입법적 통제((legislative control)	행정적 통제(administrative control)
사무	고유 · 위임사무의 일원화(지방의 정치 · 행정이 중앙의 그것과 본질적으로 같다고 봄)	고유 · 위임사무의 구별 명확
지방세제도	독립세주의	부가세주의
권한부여 방법	법률로써 개별적으로 자치권을 부여(개별적 수권주의)	국가가 포괄적 · 일반적으로 자치권을 부여(포괄적 수권주의)
발전 · 유래	영국 · 미국	독일 · 프랑스 · 우리나라
입법례	벨기에, 오스트리아, 독일 프로이센, 독일 Weimar공화국 헌법 등	독일, 일본, 우리나라 헌법 등

3. 이념과 본질

3.1. 이념

지방자치의 이념은 민주주의와 밀접한 관련을 가지고 있다. 「지방자치는 민주주의의 원천인 동시에 그 교실」이라고 한 제임스 브라이스(James Bryce)의 말이 흔히 인용되는

1) 김남식, 헌법총론, 헌법강의(1), 403-404면.

것도 민주정치가 지방자치와 밀접한 관련을 가지고 있음을 말해 주는 것이다. 이렇게 본다면 '풀뿌리민주주의'를 강화하고 중앙집권주의를 견제하기 위한 지방분권주의의 실현이 곧 지방자치의 이념이라 할 수 있다.[1] 지방자치의 이념을 지방자치의 제도적 기능이라는 관점에서 본다면, 지방자치는 지방행정에 대한 정당국가적 경향에서 오는 부작용을 최소화하고, 지방주민으로 하여금 그들의 사무를 스스로 처리하게 함으로써 주민을 민주적으로 교육하며, 경제 · 사회 · 문화정책 등을 분업적으로 집행하도록 하는 기능을 수행한다.

「지방자치」
- 민주주의 고무
- 중앙집권주의 견제
- 지방분권주의 추구
- 정당국가적 경향에서 오는 부작용 방지
- 주민을 민주적으로 교육

3.2. 본질

지방자치의 본질에 관하여 국가성립이전부터 갖는 지역주민이 보유하는 고유권능으로 보는 견해(자치고유권설 혹은 기본권보장설)와 국가가 승인하는 한도 내에서만 행사할 수 있는 위임된 권능으로 보는 견해(자치권 위임설)가 대립된다. 생각건대 현대의 지방자치는 헌법과 법률이 정한 범위내에서의 자치를 의미하기 때문에 국가의 의사로부터 완전히 독립된 지방자치라는 것은 현실적으로 존재할 수 없다. 따라서 제도론적 관점에서 본다면 자치권위임설이 타당하다(통설). 이와 같이 지방자치제를 칼 슈미트(C. Schmitt)적 제도보장으로 이해한다. 지방자치를 제도적 보장으로 보는 경우에 그것이 구체적으로 무엇을 보장하는 것인가에 관해서는 학설이 나누이고 있다. 全權能性과 자기책임성의 원칙을 보장하는 것이라고 보는 견해가 유력하다.[2]

첫째, 全權能性(Allzuständigkeit)의 원칙이라 함은 헌법이나 법률이 국가나 그 밖의 공공단체의 사무로서 두고 있는 것이 아니면, 지방자치단체의 모든 사무는 지방자치단체가 임의로 처리하고 규율할 수 있는 권한을 가진다는 원칙이다. 全權能性의 내용을 이루는

---

1) 헌재결 1991. 3. 11, 91헌마21 【지방의회의원선거법 제36조 제1항에 대한 헌법소원】 지방자치제도라 함은 지방자치행정의 민주성과 능률성을 제고하고 지방의 균형있는 발전과 아울러 국가의 민주적 발전을 도모하는 제도이다. 지방자치는 국민자치를 지방적 범위내에서 실현하는 것이므로 地方施政에 직접적인 관심과 이해관계가 있는 지방주민으로 하여금 스스로 다스리게 한다면, 자연히 민주주의가 육성 · 발전될 수 있다는 소위 「풀뿌리민주주의」를 그 이념적 배경으로 하고 있는 것이다.

2) 권영성, 헌법학원론, 240면.

것으로는 자치입법권 · 자주조직권 · 자치행정권 · 자치재정권을 들 수 있다.[1)]

둘째, 자기책임성(Selbstverantwortlichkeit)의 원칙이라 함은 지방자치단체가 그 권한에 속하는 자치사무를 국가의 지시나 후견적 감독을 받지 아니하고 법에 따라 스스로 합목적적이라고 판단하는 바에 따라 자율적으로 지방행정을 처리하는 권한을 가진다는 원칙을 말한다.[2)]

「참고」

전통적인 견해가 지방자치를 ① 국가와 사회를 대립적 이원주의에 입각하여 이해하여 왔고, ② 지방자치를 지방행정으로 보면서 행정기능중심의 지방자치제로 이해하여왔고, ③ 지방자치를 주민정치에 필요한 주민시민양성에만 중점을 두었고, ④ 지역개발과 지역발전의 촉진을 위한 불가결의 수단으로만 보았고, ⑤ 제도보장적 성격만 강조한 점들을 비판하면서 지방자치에 대한 새로운 이해가 요구된다고 보는 견해[3)]가 있다.

4. 지방자치제의 법적 성격

지방자치제의 법적 성격에 대하여는 견해가 나누이고 있다. 자치고유권설 또는 기본권보장설에 의하면 지방자치단체는 국가의 기원과는 별개의 자연적 창조물이며, 지방자치단체의 자치권은 개인이 국가에 대하여 가지는 천부적 자연권과 같은 기본권의 일종이라고 한다.[4)] 이에 대하여 칼 슈미트는 제도적 보장이라고 주장하였다.[5)] 지방자치제의 법적 성격을 제도적 보장이라고 하는 것은 「지방자치제는 역사적 · 전통적으로 형성된 제도의 일종으로서 그 본질적 내용을 입법에 의하여 폐지하거나 유명무실한 것이 되게 하여서는 아니된다」는 의미이다. 생각건대 자치고유권설은 현대민주국가에서 지방자치제가 가지는 법적 성격을 올바르게 파악한 견해라고 할 수 없으므로, 통설인 제도적 보장설(자치권 위임설)이 타당하다.[6)]

1) 권영성, 헌법학원론, 241면.
2) 권영성, 헌법학원론, 241면.
3) 허영 교수의 견해에 따르면 ① 국가와 사회는 기능적 상호교환관계에 있는 것이므로 국가 · 사회의 대립적 이원론에 바탕을 둔 고전적 지방자치이론은 그 설득력이 없으며, ② 지방자치는 단순한 행정참여나 행정절차참여의 차원을 넘어 국가시책에 대한 참여라는 정치형성적 기능중심으로 이해되어야 한다고 한다.
4) 권영성, 헌법학원론, 238면.
5) C. Schmitt, Verfassungslehre, S. 170f.
6) 권영성, 헌법학원론, 239면.

5. 지방자치제의 형태

5.1. 직접민주제형

지방자치는 직접민주제형과 간접민주제형의 두 가지가 있다. 직접민주제형의 예로는 주민총회형(town meeting system)을 들 수 있다. 주민이 직접 지방적 사무를 처리하는 것이다. 주민총회형은 지역주민이 지역의회를 구성하고 동시에 집행에 관한 책임을 지는 직접민주제적 요소가 강한 유형으로 스위스 등에서 실시하고 있다.

5.2. 간접민주제형

간접민주제형으로는 의원내각제형과 수장제형(대통령제형)의 두 가지가 있다. 의원내각제형은 주민은 지방의회의 의원만을 선출하고 자치단체의 장은 지방의회가 선출하는 유형을 말하며, 首長制型(대통령제형)은 지방의회의 의원과 자치단체의 장 모두를 주민이 직접선출하는 유형이다.[1] 우리나라의 자치유형은 수장제형에 속한다.

II. 우리 나라의 지방자치제도

1. 헌법상 연혁과 의의

지방자치에 관한 규정은 제1공화국 헌법부터 제6공화국 헌법에 이르기까지 모든 헌법이 가지고 있었다. 그러나 여러 가지 조건과 상황으로 실시되지 못하였거나 연기되어 왔다.[2] 제6공화국 헌법은 그 동안의 헌법이 부칙에다 지방의회의 구성시기를 제한함으로써 지방자치의 실시를 연기해 온 것과는 달리, 그러한 제한규정을 두지 않음으로써 완전한 지방자치를 보장하고 있다. 현행 헌법 제117조는 「① 지방자치단체는 주민의 복리에 관한 사무를 처리하고 재산을 관리하며, 법령의 범위 안에서 자치에 관한 규정을 제정할 수 있다 ② 지방자치단체의 종류는 법률로 정한다」라고 하여 지방자치의 제도적 보장, 지방자치단체의 권능과 그 종류의 법정주의를 규정하고 있다. 현행 헌법 제118조는 「①.지방자치단체에 의회를 둔다 ② 지방의회의 조직 · 권한 · 의원선거와 지방자치단체의 장의 선임방법 기타 지방자치단체의 조직과 운영에 관한 사항은 법률로 정한다」라고 하여 지방자치단체의 기구와 구성방법을 규정하고 있다.

---

1) 권영성, 헌법학원론, 240면.

2) 특히 1972년 유신헌법은 그 부칙에 지방의회의 구성은 조국의 통일시까지 유예한다는 규정을 두었었고, 1980년 헌법도 지방의회의 구성을 지방자치단체의 재정자립도를 감안하여 순차적으로 정하되 그 구성시기는 법률로 정한다고 규정했었다(권영성, 헌법학원론, 242면).

헌법 제117조 ① 지방자치단체는 주민의 복리에 관한 사무를 처리하고 재산을 관리하며, 법령의 범위 안에서 자치에 관한 규정을 제정할 수 있다.

헌법 제118조 ① 지방자치단체의 의회를 둔다.
② 지방의회의 조직 · 권한 · 의원선거와 지방자치단체의 장의 선임방법 기타 지방자치단체의 조직과 운영에 관한 사항은 법률로 정한다.

현행 지방자치제도는 의결과 집행을 분리시키고 있는 이원적 자치기구의 보장, 자치단체에 대한 국가의 감독 등의 단체자치형을 주로 하며, 주민자치형이 보완된 혼합형이라 보여진다. 공업화 · 도시화 · 국제화의 추세가 가속화되고 있는 오늘날, 우리나라 처럼 국토가 협소하고 언어 · 풍속 · 문화 · 생활양식 등도 지방에 따라 별다른 차이가 없는 단일민족 국가에서는 오히려 중앙집권의 강화가 바람직하다는 견해도 있다. 그러나 현대 민주국가의 통치원리인 권력분립 · 법치주의 · 기본권보장 등의 원리는 주민의 관심과 직접참여 속에서만 구현될 수 있기 때문에 지방자치제는 자율과 책임을 중시하는 자유민주주의의 이념과 부합되는 것이다. 그러므로 국민(주민)의 자치의식과 참여의식만 제고된다면, 권력분립의 원리가 지방차원에서 실현될 수 있을 뿐 아니라(지방분권) 지방의 특성과 다양성을 국가전체의 발전으로 승화시킬 수 있고, 헌법상 보장되고 있는 선거권 · 공무담임권 등 국민의 기본권신장에도 크게 기여할 수 있을 것이다.[1)]

2. 지방자치단체의 구성요소

지방자치단체는 주민 · 구역 · 자치권 · 고유사무 등 4대 요소로 구성되어 있다.[2)] 첫째, 지방자치단체의 인적 구성요소는 주민이다. 지방자치단체의 구역 안에 주소를 가진 자는 주민이 되며, 주민은 법령이 정하는바에 의하여 공공시설이용권 · 균등하게 행정의 혜택을 받을 권리 · 선거참여권 · 청원권 등의 권리를 가진다. 그리고 비용의 부담의무 · 명예직수락의무 등을 부담한다(지방자치법 제12-14조). 둘째, 지방자치단체의 공간적 요소는 구역이다. 지방자치단체의 구역은 지방자치권이 미치는 지역적 범위를 말한다. 셋째, 지방자치단체의 권한적 요소는 자치권이다. 자치권은 지방자치단체가 자치구역내의 주민에 대하여 행사하는 통치권으로서 자치입법권 · 자치조직권 · 자치행정권 · 자치재정권을 총칭한다 넷째, 지방자치단체의 기능적 요소는 고유사무이다. 지방자치단체가 수행하는 사무에는 자치사

1) 헌재결 1991. 3. 11, 91헌마21【지방의회의원선거법 제36조 제1항에 대한 헌법소원】
2) 인적 결합체로서의 공공조합(농지개량조합)과 인적 · 물적 결합체로서의 영조물법인(지방공사, 대한석탄공사)에는 각각 공법상의 법인격이 부여되어 있으나 지역과 주민을 기초로 하지 않으므로 지방자치단체가 아니다.

무 · 단체위임사무 · 기관위임사무가 있다.

- 지방자치단체의 구성요소 -

주민 : 지방자치단체의 구역 안에 주소를 가진 자
- 공공시설이용권
- 균등하게 행정의 혜택을 받을 권리
- 선거참여권
- 청원권
- 비용의 부담의무
- 명예직수락의무

구역 : 지방자치권이 미치는 지역적 범위

자치권 : 지방자치단체의 권한
- 자치입법권
- 자치조직권
- 자치행정권
- 자치재정권

고유사무 : 지방자치단체의 기능
- 자치사무
- 단체위임사무
- 기관위임사무

3. 지방자치단체의 종류

지방자치단체의 종류는 법률로 정한다(헌법 제117조 제2항). 지방자치단체는 담당 사무의 일반성 여부에 따라 보통(일반)지방자치단체와 특별지방자치단체로 나뉘어진다. 보통지방자치단체에는 상급지방자치단체인 서울특별시 · 광역시 · 도(보충적 · 제2차적 지방자치단체)와 하급지방자치단체인 시 · 군 · 구(자치구 : 기초적 · 제1차적 지방자치단체)로 구성되어 있다. 상급지방자치단체와 하급지방자치단체는 각각 대응한 법인이며, 상 · 하 복종관계에 있는 것은 아니다. 특별시, 광역시, 도, 특별자치도(이하 "시 · 도"라 한다)는 정부의 직할(直轄)로 두고, 시는 도의 관할 구역 안에, 군은 광역시나 도의 관할 구역 안에 두며, 자치구는 특별시와 광역시의 관할 구역 안에 둔다(지방자치법 제3조 제2항). 다만 현행의 市와 郡을 통합한 지역(통합시)이나 인구 5만 이상의 도시형태를 갖춘 지역이 있는 郡 등을 都農複合形態의 市로 할 수 있으며, 이러한 市에는 邑 · 面 · 洞을 둔다(동법 제7조 제2

항). 특별지방자치단체에는 지방자치단체조합이 있다. 지방자치단체조합은 지방자치단체가 상호관련된 하나 혹은 둘 이상의 사무를 공동으로 처리하기 위하여 설립된 단체이다.[1)]

사건명 : 제주특별자치도의 설치 및 국제자유도시조성을 위한 특별법안 제15조 제1항 등 위헌확인[2)]

1. 일정 지역 내의 지방자치단체인 시 · 군을 모두 폐지하여 지방자치단체의 중층구조를 단층화하는 것이 헌법상 지방자치제도의 보장에 위반되는지 여부(소극)

2. 제주도의 지방자치단체인 시 · 군을 모두 폐지하는 것이 제주도민들의 선거권 및 피선거권의 참정권을 침해하는지 여부(소극)

3. 제주도의 지방자치단체인 시 · 군을 폐지하는 입법을 위해 제주도 전체의 주민투표를 실시한 것이 폐지되는 지방자치단체의 주민인 청구인들의 청문권을 침해하는지 여부(소극)

1. 헌법 제117조 제2항은 지방자치단체의 종류를 법률로 정하도록 규정하고 있을 뿐 지방자치단체의 종류 및 구조를 명시하고 있지 않으므로 이에 관한 사항은 기본적으로 입법자에게 위임된 것으로 볼 수 있다. 헌법상 지방자치제도보장의 핵심영역 내지 본질적 부분이 특정 지방자치단체의 존속을 보장하는 것이 아니며 지방자치단체에 의한 자치행정을 일반적으로 보장하는 것이므로, 현행법에 따른 지방자치단체의 중층구조 또는 지방자치단체로서 특별시 · 광역시 및 도와 함께 시 · 군 및 구를 계속하여 존속하도록 할지 여부는 결국 입법자의 입법형성권의 범위에 들어가는 것으로 보아야 한다. 같은 이유로 일정구역에 한하여 당해 지역 내의 지방자치단체인 시 · 군을 모두 폐지하여 중층구조를 단층화하는 것 역시 입법자의 선택범위에 들어가는 것이다.

2. 제주국제자유도시 조성은 단순한 산업발전을 위한 정책을 넘어 사람 · 상품 · 자본의 국제적 이동과 기업활동의 편의가 최대한 보장되도록 규제를 완화하고 국제적 기준이 적용되는 지역적 단위를 설정하는 것이다. 이를 위해서는 기존의 법령을 개정하여 새로운 기준을 설정하는 것뿐 아니라 도시계획 · 교통 · 상하수도 · 주택 등 기반기설의 확충과 광범위한 개발계획의 시행이 이루어져야 한다. 1도 · 2시 · 2군의 기존 제주도 행정체계로는 이와 같은 새로운 행정수요를 충족시키기 어렵다. 따라서 새로운 행정수요에 따른 지방행정구조개편이 필요하며 이 사건 법률조항으로 자치단체인 시 · 군을 폐지하여 행정의 효율화를 달성하고 국제자유도시의 조성을 도모하려는 입법자의 판단이 부정확한 사실인식과 불합리한 예측을 근거로 한 것이라 할 수는 없다.

---

1) 지방자치법은 지방자치단체 상호간 또는 지방자치단체의 長 상호간의 분쟁 등의 조정을 위하여 행정자치부장관 또는 시 · 도지사 소속하에 지방자치단체분쟁조정위원회를 설치하도록 하고 있다(지방자치법 제140조의2).

2) 헌재결 2006. 4. 27, 2005헌마1190 【제주특별자치도의 설치 및 국제자유도시 조성을 위한 특별법안 제15조 제1항 등 위헌확인(제2항, 제주도 행정체제 등에 관한 특별법안 제3조 제1항, 제2항)】

게다가 비록 기초자치단체의 폐지로 말미암아 주민들의 자치단체구성에 대한 참여기회가 일부 상실되었다 하더라도 그에 대한 보완책으로 광역자치단체 수준의 참여권이 확대되었으므로 이 사건 법률조항에 의하여 청구인들의 참정권인 선거권과 공무담임권이 제한된다 하더라도 그것이 현저히 자의적이고 불합리하여 기본권 제한의 입법적 한계를 벗어난 것이라고 할 수 없다.

3. 주민투표의 투표대상인 혁신적 대안은 단순히 4개 시·군을 폐지하는 것뿐 아니라 기존의 자치단체인 제주도를 폐지하고 새로운 제주특별자치도를 설치하며 그 권한과 사무의 확대, 의회규모 확대 등 완전히 새로운 행정체계를 구축하는 것을 포함하고 있다. 나아가 폐지될 시·군 주민 전체가 제주도민 전체이기도 한 점에서 제주도에 의하여 투표가 실시된다 하여도 투표의 실질에 있어 차이가 없고, 제주도 전역에서 투표가 행해진다 하더라도 투표결과 집계를 통해 전체 주민의 찬반비율 뿐 아니라 개별 지역별 찬반비율 역시 확인할 수 있으므로 폐지되는 자치단체 주민들의 의사를 확인한다는 기능적인 면에서도 차이가 없다. 따라서 제주도 전역에서 행해진 주민투표절차에 의하여 청구인들의 청문권이 침해되었다고 볼 수 없다.

4. 지방자치단체의 기관

4.1. 집행기관

4.1.1. 지방자치단체의 장의 지위

지방자치단체의 長으로는 특별시에 특별시장, 광역시에 광역시장, 도와 특별자치도에 도지사를 두고, 시에 시장, 군에 군수, 자치구에 구청장을 둔다(지방자치법 제93조). 지방자치단체의 장은 주민이 보통·평등·직접·비밀선거에 따라 선출한다(동법 제94조), 자치단체장의 피선거권은 당해지역에 60일 이상 거주한 자로 25세이상의 자에게 부여된다(공직선거법 제16조). 자치단체의 부단체장은 시·도지사의 제청으로 대통령이 임명하며(시·도의 부단체장 중 1인은 당해 자치단체장이 임명), 시·군·구의 부단체장은 당해 자치단체의 장이 임명한다.

지방자치법에 의한 최초의 시·도지사 및 시장·군수·자치구청장의 선거는 1995년 6월 27일에 실시한다(공선법 부칙 제7조).[1] 지방자치단체의 장의 선거방법은 공직선거법이 규정하고 있다. 지방자치단체의 장의 임기는 4년으로 하고 그 계속재임은 3기에 한한다

1) 헌재결 1994. 8. 31, 92헌마126 【지방자치단체 장선거일불공고 위헌확인】 舊지방자치법의 경우 대통령은 지방자치단체의 長 선거를 연기한다는 조치를 취하고, 지방자치법 부칙 제2조 제2항에서 지방자치단체의 長 선거일의 시한으로 규정한 1992년 6월 30일까지 지방자치단체의 長 선거일을 공고하지 않았다. 이 舊지방자치법 부칙 제2조 제2항에 규정된 지방자치단체의 長 선거일을 대통령이 공고하지 아니한 것이 위헌인지에 관하여 헌법재판소는 「헌법소원심판청구 이후 법률이 개정되어 舊法에 따른 피청구인의 작위의무가 소멸함으로써 권리보존이익이 없다」고 판시하였다.

(지방자치법 제95조). 지방자치단체의 長은 당해 지방자치단체를 대표하고 그 사무를 총괄하며(동법 제101조), 지방자치단체의 장은 소속 직원을 지휘 · 감독하고 법령과 조례 · 규칙으로 정하는 바에 따라 그 임면 · 교육훈련 · 복무 · 징계 등에 관한 사항을 처리한다(동법 제105조). 그러나 지방자치단체의 장이 국가사무를 수임처리하는 경우에는 국가의 지방행정기관의 지위에 서게 된다.

4.1.2. 지방자치단체의 장의 권한

- 지방단체의 통할 · 대표권
- 자치사무의 관리 · 수행권
- 소속기원의 임면 및 지휘 · 감독권
- 규칙제정권
- 지방의회의 감시회의요구권
- 조례공포권
- 지방의회의 의결에 대한 재의요구권

자치단체의 장은 지방의회의 의결이 越權, 법령에 위반, 공익을 현저히 해한다고 인정할 경우에는 이송받은 날로부터 20일 이내에 재의를 요구할 수 있다(지방자치법 제107조 제1항). 제1항의 요구에 대하여 재의한 결과 재적의원 과반수의 출석과 출석의원 3분의 2 이상의 찬성으로 전과 같은 의결을 하면 그 의결사항은 확정된다(동법 제107조 제2항).

동시에 지방자치단체의 장은 지방의회의 의결이 예산상 집행할 수 없는 경비를 포함하고 있다고 인정되면 그 의결사항을 이송받은 날부터 20일 이내에 이유를 붙여 재의를 요구할 수 있다(동법 제108조 제1항). 자치단체의 장은 재의결된 사항이 법령에 위반된다고 인정되는 경우에는 대법원에 소를 제기할 수 있다(동법 제107조 제3항; 동법 제172조 제3항). 주무부장관이나 시·도지사는 재의결된 사항이 법령에 위반된다고 판단됨에도 불구하고 해당 지방자치단체의 장이 소(訴)를 제기하지 아니하면 그 지방자치단체의 장에게 제소를 지시하거나 직접 제소 및 집행정지결정을 신청할 수 있다(동법 제172조 제4항).

자치단체의 장은 지방의회가 성립되지 아니한 때, 지방의회의 의결사항 중 주민의 생명과 재산보호를 위하여 긴급하게 필요한 사항으로서 지방의회를 소집할 시간적 여유가 없거나, 지방의회에서 의결이 지체되어 의결되지 아니한 때에는 선결처분을 할 수 있다(동법 제109조 제1항). 선결처분은 지방의회의 승인을 얻지 못하면 그 때부터 효력을 상실한다(동법 제109조 제3항).

지방자치법 제109조(지방자치단체의 장의 선결처분) ① 지방자치단체의 장은 지방의회가 성립되지 아니한 때(의원이 구속되는 등의 사유로 제64조에 따른 의결정족수에 미달하게 될 때를 말한다)와 지방의회의 의결사항 중 주민의 생명과 재산보호를 위하여 긴급하게 필요한 사항으로서 지방의회를 소집할 시간적 여유가 없거나 지방의회에서 의결이 지체되어 의결되지 아니할 때에는 선결처분을 할 수 있다.

② 제1항에 따른 선결처분은 지체 없이 지방의회에 보고하여 승인을 받아야 한다.

③ 지방의회에서 제2항의 승인을 받지 못하면 그 선결처분은 그때부터 효력을 상실한다.

④ 지방자치단체의 장은 제2항이나 제3항에 관한 사항을 지체 없이 공고하여야 한다.

「지방자치단체장의 선결처분권」
- 지방의회가 성립되지 아니한 때
- 지방의회의 의결사항 중 주민의 생명과 재산보호를 위하여 긴급하게 필요한 사항
→ · 지방의회를 소집할 시간적 여유가 없을 때
· 지방의회에서 의결이 지체되어 의결되지 아니한 때

4.2. 의결기관(지방의회)

4.2.1. 개념

지방의회라 함은 지방자치단체의 의결기관으로서 주민에 의하여 선출된 의원을 구성원으로 하는 합의제기관을 말한다. 지방의회는 민주정치를 실현하는 場이라는 점에서는 국회와 동일하지만 주민의 직접적인 이해관련사항만을 다룬다는 점에서 근본적으로 상이하다.

「지방의회」
- 의결기관
- 합의제기관

4.2.2. 지방의회의 지위와 구성

지방자치단체에는 주민의 대표기관으로 지방의회를 둔다. 지방의회는 주민이 선출하는 임기 4년의 지방의회의원(명예직)으로 구성된다(지방자치법 제32조). 의원에게 수당, 여비 외에도 議政資料의 수집 · 연구와 이를 위한 보조활동에 소요되는 비용 등을 보전하기 위하여 매월 의정활동비를 지급할 수 있다(지방자치법 제33조 제1항 제1호). 의원은 의안제출권 · 임시회(동법 제45조) 및 위원회소집요구권 · 표결권 · 질문 및 질의권 · 토론권 · 청원의 紹介權(동법 제73조 제1항) · 일비 및 본회의 의결, 위원회의 의결 또는 의장의 명에 따라 공무로 여행할 때 지급하는 여비청구권(동법 제33조 제1항 제2호) 등의 권리를 가지며 공익우선의무, 청렴 및 품위유지의무(동법 제36조 제2항), 이권불개입의무(동법 제36조 제3항), 영업금지의무, 회의장에서의 질서유지(동법 제82조) · 모욕발언금지(동법 제83조) · 발언방해금지(동법 제84조) 등 의사진행에 관한 의무, 본회의와 위원회에 출석할 의무 등을 진다.

「의원의 권리」
- 의안제출권
- 임시회 및 위원회소집요구권
- 표결권
- 질문 및 질의권
- 토론권
- 청원의 紹介權
- 일비 및 여비청구권

「의원의 의무」
- 공익우선의무
- 청렴 및 품위유지의무
- 이권불개입의무
- 영업금지의무
- 회의장에서의 질서유지
- 모욕발언금지
- 발언방해금지 등 의사진행에 관한 의무
- 본회의와 위원회에 출석할 의무

4.2.3. 지방의회의 의원선출

25세 이상의 주민으로서 당해 지역에 60일 이상 거주한 주민은 지방의회의원의 피선거권을 갖는다(공직선거법 제16조). 후보자는 선거일 전 15일부터 2일 이내에 서면으로 등록을 하여야 하며(동법 제49조 제1항), 지방의회의원의 총선거는 임기만료 전 30일 이후 첫 번째 수요일에 실시한다(동법 제34조 제2호).

「지방의회의원의 피선거권」
- 25세 이상의 주민
- 당해 지역에 60일 이상 거주

4.2.4. 지방의회의 운영

지방의회의 회의는 정기회(시 · 도의회 회기 40일, 시 · 군 · 구의회는 회기 35일)와 임시회(15일 이내)로 나누어지며, 연간회의의 총일수가 시 · 도는 120일을, 시 · 군 · 구는 80일을 초과할 수 없다.

4.2.5. 지방의회의 권한

a) 의결권

조례의 제정과 개폐, 예산의 성립, 지방세 · 사용료 · 수수료 등의 부과 · 징수, 결산의 승인, 청원의 수리 · 처리 등 기타 주민부담에 관한 사항의 심의와 의결권을 가진다(지방자치법 제39조).

b) 지방자치단체에 대한 통제권

aa) 행정사무 감사 및 조사권

지방의회는 매년 1회 시 · 도는 10일의 범위내에서, 시 · 군 · 자치구는 7일의 범위 내에서 당해 지방자치단체의 사무를 감사할 수 있고, 특정사안에 관하여 조사 할 수 있다(지방자치법 제41조 제1항, 제2항 : 재적 1/3 이상의 연서). 위임사무(단체위임과 기관위임) 중 국가사무에 대하여는 국회가, 시 · 도사무에 대하여는 시 · 도의회가 직접 감사하기로 한 사무를 제외하고는 시 · 도의회나 시 · 군 · 자치구의회가 각각 감사할 수 있다(지방자치법 제41조 제3항).

> **지방자치법 제41조(행정사무 감사권 및 조사권)** ③ 지방자치단체 및 그 장이 위임받아 처리하는 국가사무와 시 · 도의 사무에 대하여 국회와 시 · 도의회가 직접 감사하기로 한 사무 외에는 그 감사를 각각 해당 시 · 도의회와 시 · 군 및 자치구의회가 할 수 있다. 이 경우 국회와 시 · 도의회는 그 감사결과에 대하여 그 지방의회에 필요한 자료를 요구할 수 있다.

bb) 자치단체장에 대한 출석 · 답변요구권

지방의회는 자치단체장이나 관계공무원의 행정사무처리상황을 보고 받을 권한과 질문권(지방자치법 제42조 제1항), 및 출석 · 답변을 요구할 수 있다(동법 제42조 제2항). 특별한 사유가 있는 경우에 한하여 자치단체의 長은 관계공무원에게 출석 · 답변하게 할 수 있다(동법 제42조 제2항).

> **지방자치법 제42조(행정사무처리상황의 보고와 질문응답)** ① 지방자치단체의 장이나 관계 공무원은 지방의회나 그 위원회에 출석하여 행정사무의 처리상황을 보고하거나 의견을 진술하고 질문에 응답할 수 있다.
>
> ② 지방자치단체의 장이나 관계 공무원은 지방의회나 그 위원회가 요구하면 출석·답변하여야 한다. 다만, 특별한 이유가 있으면 지방자치단체의 장은 관계 공무원에게 출석·답변하게 할 수 있다.
>
> ③ 제1항이나 제2항에 따라 지방의회나 그 위원회에 출석하여 답변할 수 있는 관계 공무원은 조례로 정한다.

c) 자율권

- 의원의 신분 · 회의 및 징계에 관한 규칙제정권
- 내부조직권
- 회기결정
- 의회규칙제정권

d) 선출권

- 의장 · 부의장선출 · 위원회의 위원선출

5. 지방자치단체의 권한

지방자치단체는 주민의 복리에 관한 사무를 처리하고 재산을 관리하며 법령의 범위안에서 자치에 관한 규정을 제정할 수 있다(헌법 제117조 제1항). 이에 따라 지방자치단체의 권한은 자치조직권 · 자치입법권 · 자치행정권 · 자치재정권 · 주민투표권 등으로 나눌 수 있다.

5.1. 자치조직권

지방자치단체는 자기단체의 조직을 스스로 결정할 수 있는 권한을 갖는다. 지방자치법은 광범위한 자치조직권을 인정하고 있다.

5.2. 자치입법권

지방자치단체는 법령의 범위안에서 자치에 관한 규정을 제정할 수 있다. 이것이 자치입법권이다. 자치입법에는 지방의회가 법령의 범위 안에서 그 지방의 사무에 관하여 정하는 조례[1]와 지방자치단체의 장이 법령과 조례의 범위안에서 그 권한에 속하는 사무에 관하여 정하는 규칙, 그리고 교육법상의 교육규칙이 있다.

5.2.1. 조례제정권

a) 조례제정권의 근거와 조례규정사항

지방자치단체가 조례를 제정할 수 있는 근거는 헌법 제117조 제1항과 이에 의거한 지방자치법 제22조이다. 그 제정사항에는 법령이 특히 조례로써 정할 것을 규정하고 있는 필

---

1) 헌재결 1995. 4. 20, 92헌마264, 279(병합) 【부천시담배자동판매기설치금지조례 제4조 등 위헌확인】 조례는 지방자치단체가 그 자치입법권에 근거하여 자주적으로 지방의회의 의결을 거쳐 제정한 법규이기 때문에 조례 자체로 인하여 직접 그리고 현재 자기의 기본권을 침해받은 자는 그 권리구제의 수단으로서 조례에 대한 헌법소원을 제기할 수 있다.

요적 조례규정사항과 법령에 규정이 없을지라도 국가의 전권에 속하지 아니하는 사항에 관하여 조례를 정할 수 있는 임의적 조례규정사항이 있다.

특히 헌법 제117조 제1항과 지방자치법 제22조의 관계가 문제된다. 생각건대 조례제정권은 헌법이 직접 보장하는 지방자치단체의 자치권에 바탕을 둔 것이며 지방자치법의 규정은 헌법규정을 확인하고 조례규정사항의 범위를 명백히 한 것일 뿐이다. 따라서 국가의 사무를 제외한 모든 사무는 국민의 자유와 권리를 제한하는 경우 또는 벌칙을 정하는 경우가 아닌 때에는 법률의 수권이나 위임이 없을지라도 법령에 위배되지 아니하는 한 조례로써 규정할 수 있다.[1)]

지방자치단체가 條例를 제정할 수 있는 근거
- 헌법 제117조 제1항
- 지방자치법 제22조

지방자치법 제22조(조례) 지방자치단체는 법령의 범위 안에서 그 사무에 관하여 조례를 제정할 수 있다. 다만, 주민의 권리 제한 또는 의무 부과에 관한 사항이나 벌칙을 정할 때에는 법률의 위임이 있어야 한다.

[조례제정권]
→ 헌법이 직접 보장하는 지방자치단체의 자치권에 바탕을 둔 것
→ 지방자치법의 규정은 헌법규정을 확인하고 조례규정사항의 범위를 명백히 한 것

따라서 국가의 사무를 제외한 모든 사무는 법률의 수권이나 위임이 없을지라도 법령에 위배되지 아니하는 한 조례로써 규정할 수 있다.

헌법이 지역적 효력을 가지는 법규범의 정립권능을 지방자치단체에 부여한 것은 규범정립자와 受規者간의 간격을 줄임으로써 지역의 활성화 및 탄력적 규율을 가능하게 하며, 동시에 국가입법기관의 부담도 경감하려는 데 있다. 조례의 규정사항으로는 법령이 조례로써 정할 것을 규정하고 있는 필요적 조례규정사항(지방자치법 제35조 제1항)과 법령에 규정이 없을지라도 국가의 專權에 속하지 아니하는 사항에 관하여 조례를 정할 수 있는 임의

1) 헌재결 1995. 4. 20, 92헌마264, 279(병합) 【부천시담배자동판매기설치금지조례 제4조 등 위헌확인】 조례의 제정권자인 지방의회는 선거를 통해서 그 지역적인 민주적 정당성을 지니고 있는 주민의 대표기관이고 헌법이 지방자치단체에 포괄적인 자치권을 보장하고 있는 취지로 볼 때, 조례에 대한 법률의 위임은 법규명령에 대한 법률의 위임과 같이 반드시 구체적으로 범위를 정하여 할 필요가 없으며 포괄적인 것으로 족하다.

적 조례규정사항이 있다.[1]

b) 조례의 효력

조례는 당해 지방자치단체의 지역 안에서만 효력을 가진다. 그러나 이 역시 전체적인 국법질서와 모순될 수는 없다. 그러므로 조례의 형식적 효력은 법률과 명령보다 하위에 있으며, 그 규정사항도 법률과 명령에 위반하는 것이어서는 아니된다(Kelsen의 법단계설). 헌법 제117조 제1항도 지방자치단체는 「법령의 범위 안에서」 자치에 관한 규정을 제정할 수 있다라고 하고 있다. 여기서 「법령의 범위 안에서」의 의미 · 내용이 구체적으로 무엇인가 하는 점이 문제되고 있다.[2]

첫째, 국회는 지방자치와 관련한 입법권을 모두 지방자치단체에 위임할 수 있는가의 하는 것이 문제되나 이는 소극적으로 해석하는 것이 타당하다. 왜냐하면 지방자치에 관하여 특히 중요하다고 인정되는 부분이나 기타 본질적인 사항에 관한 사항은 국민대표기관인 국회 스스로 결정하여야 하기 때문이다.[3]

둘째, 주민의 자유와 재산을 침해하거나 제한하는 조례의 제정은 반드시 법률의 위임이 필요하다. 일부 주장에 의하면 조례는 실질적으로 법률과 차이가 없으므로 당연히 벌칙을 제정할 수 있다는 견해가 있지만 이는 타당하지 않다.[4] 지방자치법도 제15조 단서에서 「주민의 권리제한 또는 의무부과에 관한 사항이나 벌칙을 정할 때에는 법률의 위임이 있어야 한다」라고 규정하고 있다. 그러므로 지방자치단체는 그 내용이 주민의 권리제한 또는 의무부과에 관한 사항이거나 벌칙에 관한 사항이 아닌 경우에 한하여 법률의 위임이 없더라도 조례를 제정할 수 있다고 할 것이다.[5] 이 때의 위임이 일반적 · 포괄적 위임을 의미하느냐 아니면 구체적 · 개별적 위임을 의미하느냐에 관해서는 견해가 갈리고 있지만 후설(구체적이고 개별적인 위임이 있는 경우)이 타당하다. 지방자치법 제20조 제1항도 「지방자치단체는 조례로써 조례위반행위에 대하여 千萬원 이하의 과태료를 부과할 수 있다」라고 하고 있다.[6]

---

1) 권영성, 헌법학원론, 248면.
2) 권영성, 헌법학원론, 248면.
3) 권영성, 헌법학원론, 248면.
4) 권영성, 헌법학원론, 248면.
5) 대판 1991. 8. 27, 대판 90누6613 【유지점용료부과처분취소】 법률이 주민의 권리의무에 관한 사항에 관하여 구체적으로 아무런 범위도 정하지 아니한 채 조례로 정하도록 포괄적으로 위임하였다고 하더라도, 행정관청의 명령과는 달리 조례는 주민의 대표기관인 지방의회의 의결로 제정되는 지방자치단체의 자치법인 만큼, 지방자치단체가 법령에 위반되지 않는 범위내에서 주민의 권리의무에 관한 사항을 조례로 제정할 수 있는 것이다.

결국 지방자치단체는 그 내용이 주민의 권리제한 또는 의무부과에 관한 사항이거나 벌칙에 관한 사항이 아닌 경우에 한하여 법률의 위임이 없더라도 조례를 제정할 수 있다.

「판례」

사건제목 '학원교습시간 제한' 서울시 조례는 무효

사건번호 서울행정법원 제1부 2004구합36557, 선고일 2005-04-07

초·중등학교 학생을 대상으로 서울 강동구 명일동 47-6에서 'B아카데미 보습학원'이라는 상호로 과외교습학원을 하는 자이다. 서울특별시 강동교육청교육장은 2004. 10. 1. 학원의 운영실태를 점검한 결과, 원고가 서울특별시 학원의 설립·운영 및 과외교습에 관한 조례(이하 '이 사건 조례'라고 한다) 제5조에 규정된 학원의 교습시간(05:00부터 22:00까지)을 준수하지 아니한 사실을 적발하고 2004. 11. 5. 원고에게 이 사건 조례 제10조를 근거로 시정명령을 하였다(이하 '이 사건 행정처분'이라 한다).

학원의 교습시간을 제한하는 서울특별시의 학원의 설립·운영 및 과외교습에 관한 조례 제5조는 직업수행의 자유를 제한하는 것으로서 법률의 위임이 필요한데 상위법은 학원의 교습시간 제한에 대해서 아무런 위임규정을 두고 있지 않아 국민의 권리제한·의무부과에 관한 사항을 규정하는 조례는 법률의 위임이 있어야 한다는 지방자치법 제15조에 위반되어 무효이다.[1)]

---

6) 헌재결 1995. 10. 26, 93헌바62【유지점용료부과처분취소】죄형법정주의와 위임입법의 한계의 요청상 처벌법규를 위임하기 위하여는 첫째, 특히 긴급한 필요가 있거나 미리 법률로써 자세히 정할 수 없는 부득이한 사정이 있는 경우에 한정되어야 하며, 둘째, 이러한 경우일지라도 법률에서 범죄의 구성요건은 처벌대상행위가 어떠한 것일 것이라고 이를 예측할 수 있을 정도로 구체적으로 정하여야 하며, 셋째, 형벌의 종류 및 그 상한과 폭을 명백히 규정하여야 한다.

1) 지방자치법 제15조는 원칙적으로 헌법 제117조 제1항의 규정과 같이 지방자치단체의 자치입법권을 보장하면서, 국민의 권리제한·의무부과에 관한 사항을 규정하는 조례의 중대성에 비추어 입법정책적 고려에서 법률의 위임을 요구한다고 규정하고 있는바, 이는 기본권 제한에 대하여 법률유보원칙을 선언한 헌법 제37조 제2항의 취지에 부합하는 것으로서 위헌성이 있다고 할 수 없는 것이다(대법원 1995. 5. 12, 선고 94추28 판결 참조). 한편, 이 사건 조례 제5조는 학원의 교습시간을 제한하는 것을 내용으로 하고 있으므로 주민의 직업선택의 자유 특히 직업수행의 자유를 제한하는 것으로서 지방자치법 제15조 단서 소정의 주민의 권리의무에 관한 사항을 규율하는 조례에 해당하고, 따라서 지방자치단체가 이러한 조례를 제정함에 있어서는 법률의 위임을 필요로 함이 분명하다. 그런데 학원의 설립·운영 및 과외교습에 관한 법률은 학원 설립·운영의 등록, 시설기준, 수강료 등에 관한 규정을 두어(제6조, 제8조, 제15조) 교육감으로 하여금 학원의 건전한 발전을 위하여 지도·감독을 하도록 규정하고 있고, 법시행령은 학원의 단위시설별 기준, 교습과정별 일시수용능력인원 등을 조례로 정하도록 위임하고 있으나(법시행령 제9조 제2항, 제10조 제3항), 이 사건에서 문제가 되고 있는 학원의 교습시간 제한에 대해서는 아무런 위임규정을 두고 있지 않다. 따라서 이 사건 조례 제5조는 지방자치법 제15조에 위반한 것으로서 무효이므로 이에 근거하여 이루어진 이 사건 행정처분은 위법하다고 할 것이다.

셋째, 조례도 실질적 의미의 법률로서 (자치)법규의 성질을 가진다는 점에서는 그 밖의 법령(법규명령 포함)과 같지만, 법률에 의한 규제는 전국에 걸쳐 그 효력을 발생하는 일반적 · 획일적 성격을 지니지만, 지방자치단체의 지방의회가 제정하는 조례에 의한 규제는 그 성격상 지역(각 지방자치단체)에 따라 다르다. 따라서 조례에 의한 벌칙규정이 지역에 따라 다르게 나타나고 경우에 따라 불평등한 것이 될 가능성이 없지 않으나, 그것은 헌법이 지방자치제를 보장하고 있는 데에서 나오는 불가피한 현상이므로 헌법위반은 아니다.[1)]

c) 조례제정권의 한계

aa) 개관

조례는 자치입법의 성질상 법령의 범위내에서 이루어지는 지방자치단체의 자치사무이다. 첫째, 무엇이 지방자치단체의 사무에 속하는가는 법률로 규정하지만, 법령에 규정된 지방자치단체의 자치사무를 처리하기 위하여 필요한 때에는 조례를 제정할 수 있다.[2)] 그러나 국가사무 중 기관위임사무는 조례로써 규정할 수 없다. 다만 국가사무 중 단체위임사무는 지방자치단체에 의한 자율적 처리가 어느 정도 인정되기 때문에, 자치사무와 같이 조례의 제정에 특별한 법률상의 근거를 요하지 아니한다.[3)] 둘째, 조례는 법령의 범위내에서 제정되는 것이라야 한다(지방자치법 제22조).

bb) 조례가 법률이 규정하고 있는 사항과 동일한 사항인 경우

조례가 법률과 다른 목적으로 규정하는 것일 지라도, 법률이 규정하고 있는 사항과 동일한 사항에 관한 것이면 위법한 것이라 할 수 없다. 그러나 법률이 일정한 기준을 설정하고 유형을 제시하고 있는 경우에는 그보다 가중된 기준을 추가하거나 법률이 위임한 한계를 초과하는 내용의 조례는 법률에 위반된다.[4)]

cc) 법률이 국가사무로 규정하고 있지 아니한 경우

법률이 국가사무로 규정하고 있지 아니한 경우에도 그 사무가 전국적 · 획일적 · 보편적으로 규율하여야 할 사항과, 전국적 또는 국민전체에 그 영향이 미친다고 생각되는 사항

---

1) 권영성, 헌법학원론, 249면.

2) 권영성, 헌법학원론, 249면.

3) 대판 1992. 7. 28, 92추31【지방의회조례안의결취소】 지방자치단체가 조례를 제정할 수 있는 사항은 지방자치단체의 고유사무인 자치사무와 개별법령에 의하여 자치단체에 위임된 이른바 단체위임사무에 한하고, 국가사무로서 지방자치단체의 장에 위임된 이른바 기관위임사무에 관한 사항은 조례제정의 범위 밖이라고 할 것이다.

4) 권영성, 헌법학원론, 250면.

에 관해서는 지방자치단체가 그것을 규제할 권한을 가지지 않는다고 보는 것이 타당하다.[1)]

대판 1992. 6. 23, 92추17 【행정정보공개조례(안)재의결취소등】

대법원은 청주시장이 청주시의회를 상대로 낸 행정정보공개조례안재의결취소청구사건에서 「정보공개조례 안은 국가위임사무가 아닌 자치사무 등에 관한 정보만을 공개대상으로 하고 있다고 풀이되는 이상 반드시 전국적으로 통일된 기준에 따르게 할 것이 아니라 지방자치단체가 각 지역의 특성을 고려하여 자기 고유사무와 관련된 행정정보의 공개사무에 관하여 독자적으로 규율할 수 있다고 보여지므로, 구태여 국가의 입법미비를 들어 조례제정권의 행사를 가로막을 수 없다」고 판시하였다.

dd) 위법한 조례가 의결된 경우

위법한 조례가 의결된 경우에는 지방자치단체의 장이 그 의결사항을 이송받은 날로부터 20일 이내에 지방의회로 환부하고 그 재의를 요구할 수 있으며(지방자치법 제172조 제1항), 다시 의결된 경우에는 20일 이내에 대법원에 소를 제기할 수 있다(지방자치법 제172조 제3항).[2)]

5.2.2. 규칙제정권

각급 지방자치단체의 長은 법령 또는 조례가 위임한 범위 안에서 그 권한에 속하는 사무에 관하여 규칙을 제정할 수 있다. 규칙은 지방자치단체의 장이 법령 또는 조례가 위임한 범위안에서 그 권한에 속하는 사무에 관하여 제정하는 것으로 법규적 성질의 것과 행정규칙적 성질의 것이 있다.

규칙의 규정사항은 교육 · 학예에 관한 사무를 제외하고 지방자치단체의 장의 권한에 속하는 사무에 관한 사항이지만, 조례와는 달리 벌칙을 정할 수는 없다. 규칙은 법령과 조례에 위반될 수 없으며 시 · 군 · 자치구의 규칙은 특별시 · 직할시 · 도의 조례나 규칙에 위반할 수 없다.

5.3. 자치행정권

지방자치단체는 주민의 복리증진을 위하여 공공시설의 설치 · 관리와 같은 비권력적

---

1) 권영성, 헌법학원론, 250면.

2) 대판 1996. 10. 25, 96추107 【조례안재의결무효확인등】 대법원은 시의 출연금 등으로 마련한 기금으로 시소속공무원의 대학생자녀에게 장학금을 지급하도록 하는 「인천광역시공무원자녀장학기금설치및운용에관한조례안」에 대한 인천시의회의 재의결은 무효라고 판시하였다.

관리행정을 행한다. 그리고 필요한 범위 내에서 권력작용을 담당한다. 지방자치단체의 사무에는 고유사무 · 단체위임사무 · 기관위임사무가 있다. 첫째, 고유사무는 지방자치단체의 존립목적이 되는 사무로서 지방자치단체가 자신의 의사와 책임하에 처리한다. 지방자치단체는 그 지역의 공공사무를 처리함을 본래의 목적으로 하지만, 주민의 복리증진에 관한 사무가 고유사무의 핵심을 이룬다. 고유사무에 대한 국가적 감독은 소극적 감독만이 허용되고 적극적 감독은 배제된다. 고유사무 이외에 국가가 위임한 위임사무의 처리는 법령이 위임한 경우에 한한다.

지방자치법에는 의결기관인 각 지방의회와 의결을 집행하는 기관이 있다. 즉, 지방의회의 조직, 권한 및 지방자치단체장이 있고, 그 보조기관과 하급의 행정기관이 있다

– 지방자치단체의 사무 –

고유사무 → 지방자치단체의 존립목적이 되는 사무
→ 지방자치단체가 자신의 의사와 책임하에 처리
→ 주민의 복리증진에 관한 사무가 고유사무의 핵심
→ 고유사무에 대한 국가적 감독: 소극적 감독만이 허용, 적극적 감독 배제

단체위임사무 → 법령에 의하여 국가 또는 상급지방자치단체로부터 위임된 사무
→ 지방자치법 제9조 제1항의 「법령에 의하여 지방자치단체에 속하는 사무」
→ 단체위임사무에 대한 국가의 감독: 소극적 감독 외에 합목적성의 감독까지 허용
→ 단체위임사무의 소요경비는 당해 지방자치단체와 국가가 분담.

기관위임사무 → 전국적으로 이해관계가 있는 사무
→ 국가 · 道 등 광역자치단체로부터 지방자치단체의 집행기관에 위임된 사무
→ 집행기관은 국가의 하급기관과 동일한 지위에서 사무를 처리
→ 소요경비는 전액을 국고에서 부담하는 것이 원칙이다.

5.4. 자치재정권(자주재정권)

지방자치단체는 자치단체의 경비를 지불하기 위한 필요한 세입을 확보하고, 지출을 관리하는 권한을 갖는다. 지방자치단체는 재산을 관리하며 재산을 형성하고 유지할 권한(재산보유관리 처분권)을 가진다. 이에 따라 지방자치단체는 수익을 위한 기본재산을 유지하고, 법률로 정하는 바에 따라 지방세를 부과 · 징수할 수 있다(지방자치법 제135조). 지방자치단체는 공공시설의 이용 또는 재산의 사용에 대하여 사용료를 징수할 수 있고(동법 제136조), 수수료(동법 제137조)와 그 밖의 분담금을 징수할 수 있다(동법 제138조).

5.5. 자율적 인사권

지방자치단체의 사무를 직접 담당할 지방공무원은 자기 지역에 대한 애착심과 정열을 가진 사람들이어야 하며 그들의 임용·전보 등에 관한 권한도 그 지방자치단체가 가져야 한다.

5.6. 주민투표부의권

지방자치단체의 長은 지방자치단체의 폐치(廢置)·分合[1] 또는 주민에게 과도한 부담을 주거나 중대한 영향을 미치는 지방자치단체의 주요 결정사항 등을 주민투표에 붙일 수 있다(지방자치법 제14조). 주민투표의 대상·발의자·발의요건 기타 투표절차 등에 관하여는 따로 법률로 정한다(동법 제14조 제2항).

6. 지방자치단체에 대한 국가적 통제

6.1. 국가적 통제의 의의

지방자치단체는 국가와는 별개의 법인격을 가지며 자율적으로 지방행정을 처리한다. 그러므로 지방자치의 본질상 자치행정에 대한 국가의 관여는 가능한 한 배제하는 것이 바람직하다. 그러나 지방자치도 국가적 법질서의 테두리 안에서만 인정되는 것이고, 지방행정도 중앙행정과 마찬가지로 국가행정의 일부이므로, 지방자치단체가 어느 정도 국가적 감독·통제를 받는 것은 불가피하다. 특히 민주국가에서는 중앙정부와 지방자치단체는 서로 행정기능과 행정책임을 분담하면서 중앙행정의 효율성과 지방행정의 자유성을 조화시켜 국민(주민)의 복리증진이라는 공동목표를 향하여 협력하는 협력관계에 있어야 하기 때문이다. 지방자치단체에 대한 국가의 감독·통제에는 (ㄱ) 통제의 주체에 따라 입법기관에 의한 감독 통제, 행정기관에 의한 감독·통제, 사법기관에 의한 감독·통제로 분류되고, (ㄴ) 통제의 수단에 따라 권력적 감독·통제와 비권력적 감독·통제, 사전예방적 감독·통제와 사후교정적 감독·통제로 분류되며, (ㄷ) 통제의 방법에 따라 입법적 통제·행정적 통제·사법적 통제로 나누어진다.

6.2. 입법적 통제

헌법은 지방자치단체의 종류와 그 조직 및 운영에 관한 사항을 자치단체의 자율에 맡

1) 헌재결 1995. 3. 23, 94헌마175【경기도남양주시등33개도농복합형태시설치등에관한법률 제8조 위헌확인】 지방자치단체의 폐치·분합은 지방자치단체의 자치권의 침해문제와 더불어 그 주민의 헌법상 보장된 기본권의 침해문제도 발생시킬 수 있다.

기지 아니하고 법률로 정하도록 함으로써 자치단체를 감독한다. 이는 국회가 법률로써 제정하는 지방자치단체의 조직. 권한 및 운영을 통제하는 방법이다. 이것은 국회의 강력한 감독권행사라고 할 수 있다.

> **헌법 제117조** ① 지방자치단체는 주민의 복리에 관한 사무를 처리하고 재산을 관리하며, 법령의 범위안에서 자치에 관한 규정을 제정할 수 있다.
> ② 지방자치단체의 종류는 법률로 정한다.

따라서 국회는 지방자치의 본질을 침해하지 아니하는 한 입법을 통하여 이에 관여하거나 통제할 수 있고(법률에 의한 통제), 조사권을 행사함으로써 자치단체를 감독한다(헌법 제61조). 그리고 행정부도 대통령령 등 행정입법을 통하여 지방자치단체에 관여하거나 통제할 수 있다(행정입법을 통한 통제).

6.3. 사법적 통제

6.3.1. 개관

입법적 통제를 전제로 하여 법원이 법률에 의거하여 자치행정 사무의 법률적합성 여부를 사법적으로 조사하는 것이다. 즉, 지방자치단체가 조례 · 규칙 등을 통하여 법률에 위배되는 권한행사를 할 때에 법원 등이 재판을 통한 법률적합성 등 사법심사를 바탕으로 그 위법적 행위를 억제하는 방법이다

6.3.2. 종류

a) 행정심판

행정심판의 경우에 행정심판의 재결청(행정심판위원회)은 재결을 통하여 지방자치사무의 적법성과 합목적성을 통제할 수 있다. 서울특별시장의 처분 등에는 국무총리가, 광역시장 도지사의 처분 등에는 소관중앙행정기관의 장이 재결청이 된다(행정심판을 통한 통제). 그리고 지방자치단체를 상대로 하여 행정소송이 제기된 경우에는 법원도 행정재판을 통하여 이를 통제할 수 있고(행정재판을 통한 통제), 기타 자치단체의 선거쟁송, 자치단체의 장과 의회간의 기관소송 등의 관할권을 가짐으로써 자치단체를 감독한다.

b) 대법원

다음의 경우에는 특히 대법원을 통한 통제가 인정된다. (ㄱ) 지방의회의 의결이 법령에 위반되거나 공익을 현저히 해한다고 판단될 때에는 시 · 도에 대하여는 주무부장관이, 시 · 군 및 자치구에 대하여는 시 · 도지사가 단체의 장에게 재의를 요구하게 할 수 있고,

재의의 요구를 받은 지방자치단체의 長은 의결사항을 이송받은 날부터 20일 이내에 지방의회에 이유를 붙여 재의를 요구하여야 한다(지방자치법 제172조 제1항). 이 재의의 요구에 대하여 재적의원 과반수의 출석과 출석의원 3분의 2 이상의 찬성으로 전과 같은 의결을 하면 그 의결사항은 확정된다(동법 제172조 제2항). 그러나 재의결된 사항이 법령에 위반된다고 판단되는 때에는 시 · 도지사는 행정자치부장관의, 시장 군수 및 자치구의 구청장은 시 · 도지사의 승인을 얻어 재의결된 날로부터 20일 이내에 대법원에 소를 제기할 수 있다. 이 경우 필요하다고 인정되면 그 의결의 집행을 정지하게 하는 집행정지결정을 신청할 수 있다(동법 제172조 제3항). (ㄴ) 지방자치단체의 사무에 관한 長의 명령이나 처분이 법령에 위반되거나 公益을 해한다고 인정될 때에는 시 · 도에 대하여는 주무부장관이, 시 · 군 및 자구에 대하여는 시 · 도지사가 기간을 정하여 서면으로 시정을 명하고 그 기간내에 이행하지 아니할 때에는 이를 취소하거나 정지할 수 있다. 이 경우 자치사무에 관한 명령이나 처분에 대해서는 법령에 위반하는 것에 한한다(동법 제169조 제1항).

6.3.3. 지방자치단체의 대응(기관소송)

지방자치단체의 장은 위의 자치사무에 관한 명령이나 처분의 취소 또는 정지에 대하여 異議가 있는 때에는 그 취소 또는 정지처분을 통보받은 날로부터 15일 이내에 대법원에 訴를 제기할 수 있다(지방자치법 제169조 제2항).

즉 행정소송법상의 기관소송을 제기할 수 있다.[1] 기관소송에 관하여 행정소송법 제3조 제4호는 「국가 또는 공공단체의 기관상호간에 있어서 권한의 在否 또는 그 행사에 관한 다툼이 있을 때 이에 대하여 제기하는 소송」이라고 규정하고 있다. 따라서 현행 행정소송법 제1조는 행정소송의 대상에 대하여 개괄주의를 채택하고 있기 때문에 모든 공권력의 행사, 불행사, 공법상의 법률관계 및 공법의 적용에 관한 다툼은 행정소송의 대상이 된다. 그러나 행정소송법 제45조는 민중소송 및 기관소송은 법률이 정한 경우에 한하여 제기할 수 있다고 함으로써 동법 제1조의 개괄주의와는 정면으로 모순되는 열기주의를 채택하고 있다. 따라서 현행법에 의하는 한 법률에 명문으로 기관소송을 허용하고 있는 경우를 제외하고는 공법상 법인내부의 기관간의 법률관계에 대해서는 행정소송을 제기할 수 없게 된다.8)

6.4. 행정적 통제

중앙행정기관이나 상급지방자치단체가 감독 · 명령 · 취소 · 허가 · 대집행 등의 방법으

---

1) 기관소송에 대하여는 홍정선, 고시계(1991.8), 109면 이하; 신봉기, 기관소송과 권한쟁의, 고시연구(1991.9), 138면 이하 참조.

로 자치단체를 통제한다. 즉 대통령은 행정부의 최고수반으로서 최고의 행정적 통제기관이다. 국무총리도 서울특별시에 대하여 감독권을 가지며, 행정각부의 장관은 그 소관사무에 관하여 광역시와 도 및 일정한 사항에 관해서는 서울특별시에 대해서도 감독권을 가진다. 상급지방자치단체의 長은 국가기관의 지위에서 구역 내의 시 · 군 · 구에 대하여 감독권을 가진다. 또한 행정자치부장관은 자치단체에 대한 일반적 감독권을 가지며, 교육부장관은 교육 · 학예에 관하여 교육위원회와 교육감에 대한 감독권을 가진다. 지방자치단체의 회계검사(감사원법 제22조)와 직무감찰(감사원법 제24조 제1항 제2호)에 관해서는 감사원이 감사권을 가진다.

감사원법 제22조 (필요적 검사사항) ① 감사원은 다음 각 호의 사항을 검사한다.
1. 국가의 회계
2. 지방자치단체의 회계
3. 한국은행의 회계와 국가 또는 지방자치단체가 자본금의 2분의 1 이상을 출자한 법인의 회계
4. 다른 법률에 따라 감사원의 회계검사를 받도록 규정된 단체 등의 회계
② 제1항과 제23조에 따른 회계검사에는 수입과 지출, 재산(물품·유가증권·권리 등을 포함한다)의 취득 · 보관 · 관리 및 처분 등의 검사를 포함한다.
[전문개정 2009.1.30]

감사원법 제24조 (감찰사항) ① 감사원은 다음 각 호의 사항을 감찰한다.
1. 「정부조직법」 및 그 밖의 법률에 따라 설치된 행정기관의 사무와 그에 소속한 공무원의 직무
2. 지방자치단체의 사무와 그에 소속한 지방공무원의 직무

행정적 통제의 수단으로는 권력적 통제수단과 비권력적 통제수단이 있다. 권력적 통제수단에는 취소 · 정지 · 직무이행명령 등 사후교정적 수단과 승인 등 사전예방적 수단이 있고, 비권력적 통제수단에는 보고 · 조언 · 권고 · 지원 등이 있다.

[지방자치단체의 장에 대한 직무이행명령]
지방자치법 제170조(지방자치단체의 장에 대한 직무이행명령) ① 지방자치단체의 장이 법령의 규정에 따라 그 의무에 속하는 국가위임사무나 시 · 도위임사무의 관리와 집행을 명백히 게을리하고 있다고 인정되면 시 · 도에 대하여는 주무부장관이, 시 · 군 및 자치구에 대하여는 시 · 도지사가 기간을 정하여 서면으로 이행할 사항을 명령할 수 있다.
② 주무부장관이나 시 · 도지사는 해당 지방자치단체의 장이 제1항의 기간에 이행명령을 이행하지 아니하면 그 지방자치단체의 비용부담으로 대집행하거나 행정상 · 재정상 필요한 조치를 할 수 있다. 이 경우 행정대집행에 관하여는 「행정대집행법」을 준용한다.

③ 지방자치단체의 장은 제1항의 이행명령에 이의가 있으면 이행명령서를 접수한 날부터 15일 이내에 대법원에 소를 제기할 수 있다. 이 경우 지방자치단체의 장은 이행명령의 집행을 정지하게 하는 집행정지결정을 신청할 수 있다.

헌재결 1991. 3. 11, 90헌마28 【지방의회의원선거법 제28조 등에 대한 헌법소원】

【결정요지】

농업협동조합장, 수산업협동조합장, 축산업협동조합장, 산림조합장, 엽연초생산협동조합장, 인삼협동조합장에게 지방의회의원직을 겸직금지를 규정하고 있는 지방자치법 제33조 제1항 제6호와 지방의회의원선거법 제35조 제1항 제7호의 규정을 위헌이라고 결정하였고, 농지개량조합장과 상기 조합의 임직원에 대한 지방의회의원직 겸직금지조항은 합헌이다.

헌재결 1991. 3. 11, 91헌마21 【지방의회의원선거법 제36조 제1항에 대한 헌법소원】

【결정요지】

지방의회의원선거법 제36조 제1항의 "시·도의회의원 후보자는 700만원의 기탁금" 부분은 너무 과다하여, 자연인의 경우는 헌법 제11조의 평등권, 제24조의 선거권, 제25조의 공무담임권 등을 침해하는 것이고, 정당의 경우는 선거에 있어서 기회균등의 보장을 받을 수 있는 헌법적 권리를 침해한 것이다.

이 사건의 주문에 <u>헌법에 합치하지 아니한다고 선고하면서 일정기간까지 그 법률의 효력을 지키도록 하는 이유</u>는 기탁금제도 자체는 헌법상 일응 합헌이어서 기탁금액 전부에 대하여 위헌무효를 선고하기가 어렵고 그 구체적인 한도액은 국회가 정하는 것이 바람직한 반면 헌법불합치상태는 지방의회의원선거법 시행후 최초로 실시되는 시(市)·도의회의원선거 공고일까지는 개정되어야 하기 때문이다.

7. 지방자치단체에 대한 주민통제

7.1. 주민소환에 관한 법률

『주민소환에 관한 법률』의 제정에 따라 새로이 신설된 주민소환제도에 따르면, 주민들이 일정한 요건을 갖춰 직접투표를 청구하면 지방자치단체장과 지방의원들을 해임할 수 있도록 하는 내용을 담고 있다.

주민소환에 관한 법률 제1조(목적) 이 법은 「지방자치법」 제20조의 규정에 의한 주민소환의 투표 청구권자·청구요건·절차 및 효력 등에 관하여 규정함으로써 지방자치에 관한 주민의 직접참여를 확대하고 지방행정의 민주성과 책임성을 제고함을 목적으로 한다.

동법에 규정된 직접투표 청구요건은 시 · 도지사는 유권자 10% 이상(주민소환에관한 법률 제7조 제1항 제1호), 기초단체장(시장 · 군수 · 구청장)은 유권자 15% 이상(동법 제7조

제1항 제2호), 지방의원은 유권자 20% 이상 찬성으로 되어있다(동법 제7조 제1항 제3호). 소환된 단체장은 유권자의 3분의 1 이상 투표에 과반 찬성이 나오면 즉각 해임된다(동법 제22조 제1항). 다만, 정치적 부작용과 남용을 막기 위해 취임 후 1년 이내, 잔여임기 1년 이내 주민소환 피청구 1년 이내 동일 대상은 청구대상에서 제외된다(동법 제8조).

> **주민소환에관한법률 제8조(주민소환투표의 청구제한기간)** 제7조제1항 내지 제3항의 규정에 불구하고, 다음 각 호의 어느 하나에 해당하는 때에는 주민소환투표의 실시를 청구할 수 없다.
> 1. 선출직 지방공직자의 임기개시일부터 1년이 경과하지 아니한 때
> 2. 선출직 지방공직자의 임기만료일부터 1년 미만일 때
> 3. 해당선출직 지방공직자에 대한 주민소환투표를 실시한 날부터 1년 이내인 때

단체장과 지방의원은 투표 효력에 대해 선관위나 고등법원 · 대법원에 소청이나 소송을 제기할 수 있다(동법 제24조 참조).

7.2. 주민소환의 청구사유와 관련한 문제

『주민소환에 관한 법률』은 지역주민이 자치단체장을 해임할 수 있도록 한 직접민주주의제도의 가장 중요한 요소라 할 수 있다. 이는 모름지기 헌정 사상 처음 실시되는 것으로써, 정치권뿐만 아니라 지역주민들의 비상한 관심의 대상이 아닐 수 없다. 그런데, 이 법의 내용에 따르면 주민소환의 청구 이유에는 아무런 제한이 없다. 즉, 단체장 · 지방의원의 직권남용 · 직무유기 등 위법 · 부당행위뿐 아니라 정책적 실수나 다른 정치적 이유로도 소환투표를 청구할 수 있다. 이에 따라 "청구사유나 청구자격에 제한이 없으면 정치적 경쟁자가 소환제를 악용할 수 있는 소지가 있다.

> 『주민소환에 관한 법률』의 제안이유를 살펴보면, "지방분권화와 지방자치가 확대되면서 지방자치단체의 장 및 지방의회의원의 권한이 강화됨에 따라 지방자치단체의 장의 자의적 권한행사와 지방의회의 비효율적 · 비합리적인 운영 등이 발생한 사례가 있음에도 불구하고 이에 대한 견제기능이 매우 미약한 실정임"을 전제로 하고, "따라서 선출직 지방공직자인 지방자치단체의 장 또는 지방의회의원의 위법 · 부당행위, 직무유기 또는 직권남용 등을 통제하고 주민의 직접 참여를 확대하는 주민소환제도를 도입함으로써 지방자치행정의 민주성 · 책임성의 제고와 주민복리의 증진을 도모하고자 함"으로만 기재되어 있다. 따라서 제안이유에서 잘 드러나 있듯이 『주민소환에 관한 법률』은 주민소환청구의 사유에 대해서 침묵하고 있으며, 따라서 누구든지 지방자치단체의 장 또는 지방의회의원은 아무런 이유없이 주민소환의 대상이 될 수 있다고 해석이 된다. 이와 관련해서 헌법에 따른 대통령의 탄핵사유 등의 경우와 비교해서라도, 전혀 청구사유를 규정하지 않은 것이 위헌이 아닌지 문제될 수 있을 것이다.

7.3. 주민소환에 관한 조례와 관련한 대법원판례 등

주민소환제에 대해서는 일찍이 2004년도에 지방자치단체의 조례를 통해서 입안된 적이 있다. 이와 관련하여 대법원에서는 2004. 10. 28. 주민들이 선거로 뽑은 지자체장과 지방의원 등 공직자를 직접 소환해 그 지위를 박탈할 수 있도록 한 광주광역시와 전라남도의 공직자소환조례는 무효라고 결정했다.

> 대법원 특별3부(주심 高鉉哲 대법관)는 광주시장과 전남도지사가 각각 의회를 상대로 제기한 공직자소환에관한조례안재의결무효확인소송(2004추89, 2004추102)에서 "조례에 대한 피고의 재의결은 효력이 없다"고 판결했으며, 이에 따라 광주광역시의회와 전남도의회가 재의결해 헌정사상 처음으로 확정, 공포된 공직자 소환조례는 이날로 무효가 확정됐다. 재판부는 판결문에서 "지방의회의원과 지방자치단체의 장의 소환이나 소환투표를 통한 자격박탈 등은 헌법 제118조 제2항이 법률로 정하도록 한 '지방자치단체의 조직에 관한 사항'에 포함되는 것이므로 이러한 사항은 원칙적으로 법률로써 정해야 하지만 현행 법령에는 위임근거가 없으므로 법률유보원칙에 위반돼 효력이 없다"고 밝혔다. 광주시장과 전남도지사는 의회가 2004년 4월 선출직 지방자치단체장과 광역의회의원이 위법 · 부당한 행위를 하거나 직권남용, 직무유기 등의 행위를 했을 때 일정 수 이상의 주민연서를 받아 소환, 공직을 박탈할 수 있도록 하는 내용의 조례를 제정하자 행자부장관의 지시에 따라 재의를 요구했으나, 의회가 재의결하자 대법원에 소송을 낸 바 있다.[1)]

그런데, 당시 무효판결의 대상이 되었던 공직자소환조례를 살펴보면, 소환청구의 대상자를 "1. 위법 · 부당한 행위, 2. 직권남용, 3. 직무유기" 등으로 열거하고 있다. 이에 대해서 누가 보더라도 소환청구의 대상이 막연하고 불확정한 것으로 규정되어 있음을 알 수 있을 것이다. 그런데, 대법원의 판결취지를 보면, 위와 같은 소환청구의 대상에 대한 내용의 판단, 즉 실질적인 심사는 하지 않고서 단지 "조례의 법률유보원칙"에 위배되었다는 이유로 무효결정을 한 것이다. 물론, 이 번에 제정된『주민소환에 관한 법률』에서는 이와 같은 소환청구의 대상에 대한 규정마저도 없어서 더욱 문제가 된다.

> [광주광역시 공직자소환에 관한 조례]
> 제1조(목적) 이 조례는 선거에 의하여 선출된 광주광역시 및 광주광역시의회의 공직자(이하 "선출직공직자"라 한다)의 소환에 관하여 필요한 사항을 규정함을 목적으로 한다.
> 제2조(소환의 대상) ① 이 조례에 의한 소환대상은 광주광역시장과 광주광역시의회의원으로 한다.
> ② 광주광역시의 20세 이상의 주민은 선출직 공직자가 다음 각 호 1의 행위를 하였을 경우 소환을 요구할 수 있다.

---

1) 이상 법률신문 2004. 11. 2. 참고.

1. 위법 · 부당한 행위
2. 직권남용
3. 직무유기

제6조(소환의 결정) ① 소환투표의 개표결과 투표자의 과반수가 소환에 찬성한 경우에 소환이 결정되며, 소환투표의 대상인 공직자는 즉시 그 직에서 해임된다.

② 소환이 결정된 때에는 보궐선거의 다수득표자가 그 직을 승계한다.

제 6 항 군사제도

I. 헌법의 군사조항

헌법 제5조 제2항은「국군은 국가의 안전보장과 국토방위의 신성한 의무를 수행함을 사명으로 하며, 그 정치적 중립성은 준수된다」라고 하여 국군의 사명과 정치적 중립성준수를 규정하고 있다. 제74조 제1항은「대통령은 헌법과 법률이 정하는 바에 의하여 국군을 통수한다」라고 하여 대통령에게 국군통수권을 부여하고, 동조 제2항은 국군의 조직과 편성의 법정주의를 규정하고 있으며, 제82조는 국무총리 및 관계국무위원의 군사에 관한 부서제를 규정하고 있다 제86조 제3항과 제87조 제4항은 국무총리와 국무위원의 文民原則을 규정하고, 제89조는 군사에 관한 중요사항은 국무회의의 審議를 거쳐야 함을 규정하고 있다(동조 제6호). 제91조 제1항은 국가안전보장회의를 규정하고, 제60조 제2항은「국회는 선전포고, 국군의 외국에의 파견 또는 외국군대의 대한민국영역 안에서의 駐留에 대한 동의권을 가진다」라고 규정하고 있다.

II. 국가와 군사제도

국가는 대외적으로 독립적 지위를 유지하고, 대내적으로는 국민의 자유 · 평화 · 재산권 등을 수호함을 궁극의 목적으로 한다. 이와 같은 국가목적을 효율적으로 달성하기 위해서는 국가 그 자체의 존립과 안전보장이 선행되어야 한다. 국가의 존립과 안전을 보장하기 위해서는 국가방위체제의 확립이 불가피하며 이 방위체제를 대표하는 것이 군사제도이다. 그러한 의미에서 군사제도는 곧 국토방위를 위한 물리적 장치인 동시에 국가안전보장을 위한 수단이라 할 수 있다. 각국의 헌법들이 국방체제 내지 군사제도를 헌법사항으로 규정하고있는 것도 그 때문이다.

III. 군의 개념과 범위

헌법은 여러 조항에서 국군 · 군인 등의 용어를 사용하고 있지만, 헌법에서 국군이라 함은 육 · 해 · 공군을 총칭한 대한민국의 軍을 말한다. 그러나 軍의 개념은 다의적이며 그 내용과 범위가 헌법이나 법률에 따라 동일하지 아니하다. 넓은 의미에 있어서의 軍은 軍隊(army) 즉 무력집단으로서의 육 · 해 · 공의 3군을 말한다(국군조직법 제2조 제1항). 이 밖에 최광의의 軍은 육 · 해 · 공군의 3군은 물론 군사력과 관계가 있는 그 밖의 예비군과 민방위대와 전시근로동원법에 의한 勞力動員者 등도 총망라하여 포함된다.

군인은 군의 구성원으로서 「전시와 평시를 막론하고 軍에 복무하는 자」를 말한다(국군조직법 제4조 제1항). 국군에는 군인 이외에 군무원이라는 문관이 있다(국군조직법 제16조). 군인과 군무원을 합쳐 군공무원이라고 한다.[1]

IV. 군사에 관한 헌법원칙

1. 국가수호(Staatsschutz)의 원칙

1.1. 군의 존재이유

국가가 외부적 위협이나 침략으로 인하여 그 안전이 위태롭게 되면 국내의 평온과 안정을 기대할 수 없다. 군의 존재이유는 무엇보다도 국가의 평온과 안전의 확보 기하는데 있다. 헌법 제5조 제2항 전단도 국군의 사명으로서 국가의 안전보장과 국토방위의 의무를 지도록 하고 있다. 여기서 국가의 안전보장이라 함은 국가의 독립 · 헌법기관의 기능 · 헌법과 법률의 규범력 · 국가기밀 등의 유지를 말하며, 국토방위는 외부적 위협이나 적군의 침략으로부터 영토를 보전하는 것을 말한다.[2] 헌법은 제5조 제2항 이외에도 제37조 제2항, 제50조 제1항, 제60조 제1항, 제66조, 제91조, 제109조 등에서 국가안전보장에 관한 사항들을 규정하고 있다.

1.2. 제1차적 의무이행주체

현대 민주국가는 국민에 의한 국민의 국가를 의미하기 때문에, 국가안전보장과 국토방위의무의 주체 역시 당연히 전체로서의 국민이다. 이와같은 이유로 헌법은 모든 국민에게 국방의 의무를 부과하고 있다(國民皆兵主義). 그러나 현대에 있어서는 군사문제전문집단인 군대를 주축으로 하는 군정과 군령을 효과적으로 운용할 수 있는 체제를 갖출 것이 요구되고 또한 필요하다. 이러한 점에서 국군은 국가안보와 국방의 의무를 수행하는 제1차적 의무이행의 주체가 된다.[3]

---

1) 권영성, 헌법학원론, 259면.
2) 권영성, 헌법학원론, 259면.
3) 권영성, 헌법학원론, 259면.

2. 국민군으로서의 역할과 의무

2.1. 국민전체에 대한 봉사자

軍은 주권자인 국민이 병역의무를 이행하거나 납세의무를 이행함으로써 조직되고 유지되는 기구이기 때문에 민주국가의 군은 국민에게 봉사하는 국민의 軍이어야 한다. 특히 헌법 제7조가 공무원의 국민전체에 대한 봉사자로서의 지위를 규정하고 있기 때문에 군공무원으로서의 군인도 국민전체에 대한 봉사자라야 한다.

2.2. 국민개병(皆兵)주의

헌법은 軍을 국민에 의한 국민의 軍으로 육성하기 위하여 모든 국민이 의무적으로 국방의무를 지는 國民皆兵主義를 채택하고 있다. 헌법 제39조 제1항이 「모든 국민은 법률이 정하는바에 의하여 국방의 의무를 진다」라고 규정하고, 제39조 제2항이 「누구든지 병역의무의 이행으로 인하여 불이익한 처우를 받지 아니한다」라고 규정하고 있는 것이 그것이다.[1]

3. 국제평화주의의 지향

국민은 전쟁이 없는 평화적인 삶을 희망한다. 따라서 국가는 국민의 평화적인 삶을 최대한으로 보장할 의무가 있다. 우리 헌법이 추구하는 평화주의는 소극적인 비전쟁상태만을 뜻하는 것이 아니라 국제평화주의 원칙에 따라 적극적으로 평화질서를 구축하는 것을 의미한다. 헌법은 前文에서 「밖으로는 항구적인 세계평화에 이바지함으로써」라고 규정하고, 제5조 제1항에서는 「국제평화의 유지에 노력하고 침략적 전쟁을 부인한다」라고 함으로써 우리 나라의 군사제도가 국제평화주의를 지향하고 있음을 나타내고 있다.[2]

4. 문민통제와 문민우위의 원칙

문민우위의 원칙(civilian supremacy)은 문민통제의 원칙(civilian control)이라고도 한다. 이는 군사에 관한 최고결정권자는 직업군인이 아닌 문민(민간정치인)이어야 하고, 軍은 민간 정치인에 의한 국가정책결정이나 지시에 복종하여야 할 뿐 아니라 군사에 관한 사항도 통제되어야 함을 말한다(문민통제). 현행 헌법도 제86조 제3항과 제87조 제4항에서 「군인은 현역을 면한 후가 아니면 국무총리 · 국무위원으로 임명될 수 없다」라고 하여 문민우위의 원칙을 규정하여 문민통제주의를 채택하고 있다. 또한 헌법 제60조 제2항은

---

1) 권영성, 헌법학원론, 259면.
2) 권영성, 헌법학원론, 260면.

대통령의 국군통수권행사에 관하여 국회의 동의를 얻도록 하고 있고, 제89조에서는 군사에 관한 중요사항은 국무회의의 심의를 거치도록 하고 있으며, 제82조에서는 대통령의 군사에 관한 행위에는 국무총리와 관계국무위원의 부서를 얻도록 하여 문민통제의 원칙을 규정하고 있다.[1)]

헌법 제82조 대통령의 국법상 행위는 문서로써 하며, 이 문서에는 국무총리와 관계 국무위원이 부서한다. 군사에 관한 것도 또한 같다.

5. 정치적 중립성(중립적 지위)

민주국가에서 군은 정치 · 경제 · 사회적 문제 등에 있어서 중립적 지위를 가져야 한다. 군인은 또한 사상적 측면과 신조 및 세계관 등에서도 엄격한 중립성을 지켜야하며, 특히 정치적 영역에서는 보다 철저한 정치적 중립성을 준수할 것이 요구되고 있다. 현행 헌법 제5조 제2항 후단에서도 국군의 정치적 중립성을 강조하고 있다.[2)] 軍은 개인적 또는 집단적으로 정치에 개입하거나 정치활동을 하여서는 아니되며, 특정정당을 정치적으로 지원하거나 후원해서도 안된다. 이와 같은 정신을 구현하기 위하여 군형법 제94조는「정치단체에 가입하거나 연설 또는 문서 기타의 방법으로 정치적 의견을 공표 하거나 정치활동을 한」군인을 처벌하도록 하고 있다.

군형법 제94조 (정치관여) 정치단체에 가입하거나 연설, 문서 또는 그 밖의 방법으로 정치적 의견을 공표하거나 그 밖의 정치운동을 한 사람은 2년 이하의 금고에 처한다.

6. 민주군정의 운영

군정작용은 국가재정과도 밀접한 관련을 가지므로 민주적 · 효율적으로 운영 · 관리되어야 한다. 헌법상 대통령의 국군통수권행사에 대하여 여러 가지 형태의 제도적 통제가 가해지고 있는 것도 그 때문이다. 첫째, 군정작용은 법치국가 원리를 준수해야 한다. 이에 따라 헌법 제74조 제1항은「대통령은 헌법과 법률이 정하는 바에 의하여 국군을 통수한다」라고 하고, 제2항은「국군의 조직과 편성은 법률로 정한다」라고 하고 있다. 이와 같은 법치국가의 원리의 준수와 국군통수에 있어서의 법률주의는 대통령의 군통수권의 행사와 국군의 조직 · 편성에 있어 恣意를 방지하고 국가재정의 합리화 및 군국주의화를 방지하고, 궁극적으로는 국민의 기본권을 보장하려는 것이다. 둘째, 헌법에는 군통수권을 행사함에 있어서

---

1) 권영성, 헌법학원론, 260면.

2) 권영성, 헌법학원론, 261면.

는 국회의 동의를 얻어야 하도록 규정하고 있다. 국회는 헌법 제60조 제1항에 따라 안전보장에 관한 조약, 강화조약 등에 대한 동의권을 가지며, 선전포고, 국군의 외국에의 파견 및 외국군대의 대한민국 영역 내에의 駐留에 대해서도 동의권을 가진다(헌법 제60조 제2항). 이는 국민대표기관인 국회의 동의를 받도록 함으로써 대통령의 권한행사에 있어서의 민주적 정당성(demokratische Legitimation)을 간접적으로 확보하기 위한 제도적 장치이다(민주적 통제장치). 셋째, 군정작용은 국회의 국정감사 · 조사의 대상이 된다. 국회는 국정감사 · 조사권의 행사를 통하여 군정작용을 감시 · 감독할 수 있다. 넷째, 국방예산은 국회가 심의 · 확정하도록 하고 있는 것도 국민의 조세부담을 경감하며 국가재정의 합리화를 기하기 위한 것이다.[1)]

7. 병정통합주의

국가의 기본적인 병정관계(군령 · 군정관계)는 대체적으로 군령작용(용병작용)과 군정작용(양병작용)의 통합여부에 따라 병정통합주의(군정 · 군령 일원주의)와 병정분리주의(군정 · 군령 이원주의)로 나누인다. 군령은 국방목적을 위하여 군을 현실적으로 지휘 · 명령 · 통솔하는 작용을 말하고, 군정은 국방목적을 위하여 국군을 편성 · 조직하고 병력을 취득 · 관리하는 작용을 말한다. 병정통합주의(군정 · 군령일원주의)는 군령과 군정을 다같이 일반행정기관이 관장하게 함으로써 민간정부에 의한 군의 통제를 가능하게 하는 제도를 말한다. 병정분리주의(군정 · 군령이원주의)는 군령을 담당하는 군령기관과 군정을 담당하는 군정기관을 분리시켜 군정은 일반행정기관이 담당하고, 군령은 국가원수 소속하의 일반행정기관과 별개의 독립된 기관이 갖도록 하는 제도이다(독일의 프로이센과 구일본제국의 군제). 병정통합주의는 영 · 미계국가에서 채택하고 있는 군사제도로서 민간정부가 군부를 지배함으로써 문민우위의 정책을 효율적으로 실현할 수 있는 제도이다. 오늘날 민주국가에서는 대부분 병정통합주의를 채택하고 있고, 우리 현행 헌법도 병정통합주의를 채택하여 문민통제 및 문민우위를 이루고 있다.[2)]

V. 군사제도와 군통수권

1. 국방체제와 군정관계(문민우위의 원칙)

헌법은 군국주의를 배제하고 민주적 군정을 실현하기 위하여 병정통합주의를 채택하

1) 권영성, 헌법학원론, 262면.
2) 권영성, 헌법학원론, 263면.

여 문민우위의 원칙을 확립하고있고, 동시에 군통수권을 대통령에게 부여하고 있다. 헌법상 국방체제는 대통령을 군통수권자로 하여 그 정점으로 삼고, 그 아래 국무총리 · 국방부장관을 두고 있고, 국방정책에 관한 심의기관으로 국무회의가 있으며, 대통령의 자문기관으로서 국가안전보장회의가 있다. 군통수권은 대통령이 직접 행사할 수도 있으나 일반적으로 국무총리 · 국방부장관 등을 통하여 간접적으로 행사한다. 헌법은 이와 같이 軍 · 政관계에 있어 문민우위의 원칙을 채택하고 있다.[1]

2. 대통령의 군통수권

軍에 대한 최고통수권자를 누구로 하는가는 국가 및 정부형태에 따라 상이하다. 대통령제를 채택하고 있는 나라에서는 대통령에게 최고군통수권을 부여하고, 의원내각제정부형태에서는 내각수상에게 최고통수권을 부여하는 것이 일반적이다. 현행 우리나라 헌법은 국군에 대한 최고통수권자로서의 지위를 헌법과 법률이 정하는바에 의하여 대통령에게 부여하고 있다. 헌법은 대통령에게 헌법을 준수하고 국가를 보위하며 조국의 평화적 통일에 노력할 의무를 부과하고 있다(헌법 제69조). 통수라 함은 대통령이 국군의 최고사령관으로서 국가와 헌법을 수호하기 위한 책무를 다하기 위하여 군령과 군정에 관한 권한들을 총체적으로 행사함을 말한다(군정 · 군령 일원주의). 국군통수권에는 국군지휘권(작전지휘권 포함) · 국군편성권 · 국군교육권 · 국군규율권등이 포함된다. 그밖에 최고군통수권자로서 대통령에게 부여된 권한으로는 (ㄱ) 선전포고권 및 강화권, (ㄴ) 국군의 해외파견권, (ㄷ) 계엄선포권 등을 들 수 있다.[2]

대통령의 국군통수권행사와 관련하여 그 통수권행사를 심의하는 기관으로는 현행 헌법상 국무회의가 있고(헌법 제89조), 통수권행사를 보좌하는 기관으로 국무총리와 국방부장관이 있으며, 그 자문기관으로서 국가안전보장회의가 있다(헌법 제91조).[3]

VI. 군사제도와 기본권

1. 군사목적상 제한되는 국민의 기본권(헌법 제37조 제2항)

헌법 제37조 제2항은 「국민의 모든 자유와 권리는 국가안전보장 등을 위하여 필요한 경우에 한하여 법률로써 제한할 수 있다」라고 하고 있지만, 군사상 목적을 이유로 기본권

---

1) 권영성, 헌법학원론, 263면.
2) 권영성, 헌법학원론, 264면.
3) 권영성, 헌법학원론, 264면.

을 제한하는 경우에도 제37조 제2항의 요건과 한계를 준수하여야 한다. 왜냐하면 헌법 제37조 제2항은 일반적 법률유보에 의한 기본권제한 규정이 아니라 기본권제한의 한계규정이기 때문이다.

1.1. 국민의 군사적 부담

국민은 국방과 군사목적을 위하여 부과되는 군사적 부담을 진다. 군사적 부담은 그 내용에 따라 근로동원 · 징발 · 군사적 제한으로 나눌 수 있고, 이에 관한 일반법으로 舊전시근로동원법 · 징발법 · 군사시설보호법 등이 있다.

> **징발법 제1조 (목적)** 이 법은 전시 · 사변 또는 이에 준하는 비상사태하에서 군작전수행을 위하여 필요로 하는 토지 · 물자와 시설 또는 권리의 징발과 그 보상에 관한 사항을 규정함을 목적으로 한다.

> **군사시설보호법 제1조 (목적)** 이 법은 중요한 군사시설을 보호하고 군작전의 원활한 수행을 위하여 필요한 사항을 규정함으로써 국가안전보장에 기여함을 목적으로 한다.

1.2. 민간인인 근로자의 단체행동권의 제한

헌법 제33조 제3항은 주요방위산업체근로자의 단체행동권을 제한하고 있다. 방위산업체는 국가방위를 목적으로 하는 군사용 물자를 연구 · 개발하거나 그 생산에 종사하는 산업체를 말한다. 방위산업체의 생산활동은 국가안보와 직결되기 때문에 일반산업과는 달리 군사기밀보호법 등에 의한 고도의 보안조치가 필요하다.

> **군사비밀보호 제1조 (목적)** 이 법은 군사상의 기밀(이하 "군사기밀"이라 한다)을 보호하여 국가안전보장에 이바지함을 목적으로 한다.

> **군사비밀보호법 제2조 (정의)** 이 법에서 "군사기밀"이라 함은 일반인에게 알려지지 아니한 것으로서 그 내용이 누설되는 경우 국가안전보장에 명백한 위험을 초래할 우려가 있는 군관련 문서 · 도화 · 전자기록등 특수매체기록 또는 물건으로서 군사기밀이라는 뜻이 표시 또는 고지되거나 보호에 필요한 조치가 행하여진 것과 그 내용을 말한다.

1.3. 알 권리의 제한

국가기밀 내지 군사기밀의 보호를 위하여 국민의 표현의 자유와 알 권리가 제한되는 경우가 있다. 이에 관한 근거법령으로는 형법 · 군사기밀보호법 · 보안업무규정(대통령령), 기타 국방보도규정 등이 있다.

군사비밀보호법 제1조 (목적) 이 법은 군사상의 기밀(이하 "군사기밀"이라 한다)을 보호하여 국가안전보장에 이바지함을 목적으로 한다.

보안업무규정 제1조 (목적) 이 영은 국가정보원법 제3조제2항의 규정에 의하여 보안업무 수행에 필요한 사항을 규정함을 목적으로 한다. <개정 1981. 10. 7, 1999. 3. 31>

국가안전보장과 국민의 알 권리와의 조화 그리고 군사기밀의 적정범위에 관해서는 헌법재판소가 「군사기밀이라 함은 관계기관이 적법절차에 따라 군사기밀로 분류 · 표시 또는 고지한 군사관련사항이어야 함은 물론이지만, 그 외에 그 내용이 누설될 경우 국가의 안전보장에 명백한 위험을 초래하게 된다고 할 정도의 실질적인 비밀가치를 지닌 것에 한하며, 公知의 사실은 제외되는 것으로 한정해석 되어야 할 것이다」라고 판시한 바 있다.[1)]

2. 특별권력관계에 의한 군인의 기본권제한

2.1. 개관

군인도 공무원이기 때문에 일반 공무원에게 인정되는 기본권제한이 군인에게도 당연히 인정된다. 정당가입과 정치활동의 제한, 근로3권의 제한 등이 그것이다. 특히 군대는 단체적이고 집단적이며 상명하복관계가 중시되는 특수성이 있기 때문에 군인은 일반공무원에 비하여 기본권의 제한이 특별히 가중된다. 그러나 군인에 대한 기본권의 제한도 헌법이나 법률에 근거가 있어야 한다.[2)] 군인신분임을 이유로 특별히 제한되는 기본권(특별권력관계에 의한 기본권 제한)[3)]으로는 다음과 같다.[4)]

2.2. 내용

2.2.1. 재판청구권의 제한

군인 · 군무원은 헌법 제110조 제1항에 규정된 특별법원인 군사법원에 의한 재판을 받

---

1) 헌재결 1992. 2. 25, 89헌가104 【군사기밀보호법 제6조 등에 관한 위헌심판】

2) 헌재결 1995. 5. 25, 91헌바20 【군형법 제47조에 대한 헌법소원】 군형법 제47조는 명령위반죄의 구성요건의 내용에 관한 사항을 명령에 위임한 형태를 취하고 있지만 본래의 취지는 軍 내부에서 명령의 절대성을 보호하기 위한 것이고 명령위반행위에 대한 형벌의 종류와 내용은 법률에서 구체적으로 정해져 있으며 그 被適用者인 군인은 이를 충분히 예측할 수 있는 지위에 있으므로, 정당한 명령에 대한 준수의무를 과하고 그 위반에 대하여 구체적 형벌의 종류와 범위를 명시하고 있는 위 법률규정이 위임입법의 한계를 벗어난 것이라고 할 수는 없다.

3) 특별권력관계에 의한 기본권제한은 김백유, 헌정 및 행정법치연구, 한성대출판부, 2006, 264면 이하 참조.

4) 권영성, 헌법학원론, 265면.

게 되어 있어 일반법원에 의한 재판청구권이 제한되고 있다.

2.2.2. 국가배상청구권의 제한

헌법 제29조 제2항에 의하면 군인 · 군무원 등은 전투 · 훈련 등 직무집행과 관련하여 받은 손해에 대하여는 법률이 정하는 보상(법정보상) 외에 국가 또는 공공단체에 공무원의 직무상 불법행위로 인한 배상은 청구할 수 없다.[1] 이는 특별권력관계에 의한 기본권제한이다.

2.2.3. 병역의무자에 대한 국외여행허가제

병역법 제70조에 의한 병역의무자에 대한 국외여행허가제도와 귀국보증제도와 그 위반자 및 귀국보증인에 대한 처벌제도를 규정한 취지는 국방의 의무를 진 모든 국민으로 하여금 병역의무를 성실히 수행하도록 하기 위한 것이다.[2]

2.2.4. 군무 이외의 집단행위의 제한

군인복무규율 제13조는 군인으로서 군복무에 관한 기강을 저해하거나 군무의 본질을 해치는 군무 이외의 집단행위를 금지하고 있다.

> 군인복무규율 제13조 (집단행위의 금지) ① 군인은 군무외의 일을 위한 집단행위를 하여서는 아니된다.
> ② 군인은 국방부장관이 허가하는 경우를 제외하고는 일체의 사회단체에 가입하여서는 아니된다. 그러나 군무에 영향을 주지 아니하는 순수한 친목단체에의 가입이나 친목활동은 예외로 한다.

군무 이외의 집단행위를 금지하고 있는 군인복무규율 제13조는 헌법 제39조, 국군조직법 제6조 · 제10조 제2항, 군인사법 제47조 · 제47조의 2의 각 규정에 근거하여 군인의 기본권을 제한하고 있는 규정이며, 이는 특수한 신분관계에 있는 군인에 대하여 국방목적 수행상 필요한 군복무에 관한 규율로서 그 규제가 합리성을 결여하였다거나 기본권의 본질적 내용을 침해하였다고 볼 수 없으므로, 위 규정은 위헌 또는 무효의 규정이라 할 수 없다.[3][4]

---

1) 권영성, 헌법학원론, 266면.
2) 대판 1990. 6. 22, 90마310 【병역법위반결정】
3) 대판 1991. 4. 23, 90누4839 【파면처분취소】
4) 권영성, 헌법학원론, 266면.

제 7 항 교육제도

I. 교육의 의의

교육이라 함은 인간의 발달과정에 있어서 가르침이라고 하는 도구를 통하여 인간의 인격과 능력 및 도덕성을 함양하고 더 나아가서 사회개조를 위한 수단으로서 가정 · 학교 사회에서 이루어지는 모든 활동을 말한다. 교육은 의도적인 인간변화와 가치지향성을 그 개념적 요소로 한다.1)

II. 교육제도의 보장

현대 민주국가의 헌법들은 교육의 제도적 보장을 명문으로 규정하고 있다. 교육제도라 함은 (ㄱ) 교육의 기본이념과 방침, (ㄴ) 교육담당기관, (ㄷ) 교육내용, (ㄹ) 교육관리행정기구 등에 관한 체제를 말한다. 그러나 교육제도의 현실적 기반이 되는 자연적 · 사회적 여건은 국가에 따라 상이하므로, 각국에서의 교육제도의 유형은 반드시 동일하지 아니하다. 우리 나라의 교육제도는 외형상으로는 미국과 유사한 지방분권제적인 것이지만 실질적으로는 프랑스형의 중앙집권제적인 것이다. 그러므로 교육기관에 대한 중앙행정기관의 과도한 간섭과 통제가 항상 문제점으로 지적되고 있는 실정이다. 따라서 두 유형을 적절히 조화시키는 절충형 교육제도가 바람직하다. 절충형 교육제도는 중앙집권형과 지방분권형을 혼합한 것으로서 교육과정의 기본계획은 중앙정부가 수립하고 구체적인 세부 내용은 지역이나 학교에서 작성하도록 하는 형태이다. 일본이 절충형 교육제도를 채택하고 있다.

III. 현행헌법과 교육제도

1. 헌법의 교육조항

헌법은 교육에 관한 기본조항인 제31조에서 교육을 받을 권리와 더불어 교육의 기본원칙과 대학자치제를 핵심으로 하는 교육제도를 보장하고 있다. 이두 가지 내용은 비록 동

1) 권영성, 헌법학원론, 266면.

일조항에 규정되어 있으나 그 성격이 상이하므로, 전자는 사회적 기본권부문에서 다루고 후자는 제도보장으로서 다루고자 한다. 교육의 제도적 보장과 관련하여 헌법은 제31조 제4항에서 교육의 자주성 · 전문성 · 정치적 중립성 등을 교육의 기본원칙으로 명시하고, 동조 제6항에서는 국가에 의한 교육의 자의적인 규제를 배제하기 위하여 교육제도를 비롯한 교육재정 · 교원의 법적 지위 등의 법정주의를 규정하고 있다.

지방분권적 교육제도는 지방의 행정단위기관 또는 학교차원에서 교육과정의 대부분을 결정하고 그 운영까지 책임지는 교육제도로서, 미국 · 영국 · 독일 · 캐나다 등이 이에 속한다. 중앙집권적 교육제도는 중앙정부가 교육과정을 결정하고 그 운영을 통제하는 유형으로서, 프랑스 · 스웨덴 · 우리 나라 및 여러 공산국가에서 이 유형을 취하고 있다.

2. 교육의 기본원칙

2.1. 교육의 목적

교육의 목적은 국민 개개인의 타고난 소질을 계발하여 인격을 완성하게 하고 자립하여 생활할 수 있는 능력을 증진시킴으로써, 그들로 하여금 인간다운 생활을 누릴 수 있도록 하고 또 평화적이고 민주적인 국가 · 사회의 형성자로서 세계평화와 인류공영에 이바지하도록 함에 있다. 여기서 우리는 교육이 수행하는 헌법이념의 실현기능을 미루어 짐작할 수 있다.[1] 교육에 관한 기본법인 교육기본법도 제2조에서 그와 같은 교육의 이념 내지 목표를 규정하고 있다. 헌법재판소도 「교육활동은 인간을 대상으로 하고 아직 미성숙한 아동을 비롯한 교육을 받는 사람을 바람직한 인간으로 성장 발달시키는 것을 목적으로 한다는 점에서 일반노동행위와는 달리 윤리성 · 자주성 · 중립성 · 공공성 및 전문성이 특히 강조된다」고 하였다.[2]

2.2. 교육(교원직무)의 자주성

교육(교원직무)의 자주성이라 함은 교육내용과 그 범위 · 교육기구가 교육자에 의하여 자주적으로 결정되고 국가권력에 의한 계획적인 교육통제는 배제되어야 함을 말한다.[3] 오

1) 헌재결 1991. 7. 22, 89헌가106 【사립학교법 제55조 등에 관한 위헌심판】

2) 헌재결 1991. 7. 22, 89헌가106 【사립학교법 제55조 등에 관한 위헌심판】

3) 헌재결 1991. 7. 22, 89헌가106 【사립학교법 제55조 등에 관한 위헌심판】 교육활동의 특수성은 다음의 두 가지 점에서 나타난다. 첫째, 교원의 수업활동과 학생지도에 필요한 기술과 능력은 해당분야에 대한 최신의 연구결과에 대한 식견과 정보뿐 아니라 인격의 성장과 발달 · 행동심리 · 정신건강과 위생 · 학생의 욕구에 관한 고도의 지식을 필요로 하는 정신적 활동이므로, 교원 자신이 장기간에 걸친 교육과 훈련을 받지 않고서는 그 직업이 요구하는 소양과 지식을 갖출 수 없다는 점이다 둘째, 교원은 다른 전문적인 의사 · 변호사 또는 성직자와 같이 고도의 자율성과

늘날의 교육은 공교육을 중심으로 하여 이루어 지며, 따라서 공교육제도는 국가적 감독을 받지 않을 수 없다. 그러나 이러한 국가적 감독도 반드시 필요하고 합리적인 범위내에서 이루어 져야 하며, 이를 넘어 교육(교원직무)의 자주성을 침해하는 것이 되어서는 아니된다. 교육(교원직무)의 자주성을 확보하려면 (ㄱ) 교사의 교육시설설치자 · 교육감독권자로부터 신분상의 지위 및 교육활동보장, (ㄴ) 교육내용에 대한 교육행정기관의 개입의 배제, (ㄷ) 교육관리기구(교육위원회 · 교육감 · 교육장 등)의 公選制 등이 우선적으로 실현되어야 한다.[1]

헌법재판소는 다만 교육(교원직무)의 자주성은 여기에 내재하는 두가지 전제조건이 있는바 「… 교육을 받을 기본권을 가진 피교육자인 학생들의 권익과 복리증진에 저해가 되어서는 아니된다는 것이고, 다른 하나는 그가 속한 한 시대의 국가와 사회 공동체의 이념과 윤리라는 테두리안에서 직무의 자주성은 제약을 받게 된다는 것이다. 즉, 교원의 자주성은 그 자체가 책임을 수반하는 것으로서 그것이 피교육자인 학생의 권익과 복지증진에 공헌할 것인가와 그 시대의 국가 또는 사회공동체의 공동 이념 또는 윤리와 조화될 수 있는가라는 상대적 관계에서 그 범위가 정해지는 것」이라고 판시한바 있다.[2]

2.3. 교육의 전문성

교육의 전문성이라 함은 교육정책이나 그 집행은 가급적 교육전문가가 담당하거나 적어도 그들의 참여 하에 이루어져야 함을 말하는 것으로서,[3] 이는 교원이 일반근로자와는 달리 교육권이라고 하는 권리를 갖는 사람으로 파악되어야 할 실질적인 근거를 이루는 것이다.[4]

2.4. 교육의 정치적 중립성

교육의 정치적 중립성이라 함은 교육이 국가권력이나 정치적 세력으로부터 부당한 간섭을 받지 아니할 뿐 아니라 그 본연의 기능을 벗어나 정치영역에 개입하지 않아야 한다는 것을 말한다. 교육은 그 본질상 이상적이고 비권력적인 것임에 반하여, 정치는 현실적이고 권력적인 것이기 때문에 교육과 정치는 일정한 거리를 유지하는 것이 바람직하다.

교육의 정치적 중립성은 (ㄱ) 교육의 정치적 無黨派性 (ㄴ) 교육에 대한 정치적 압력

사회적 책임을 아울러 가져야 한다는 사회적 · 윤리적 특성이 있다는 점이다.

1) 권영성, 헌법학원론, 269면.

2) 헌재결 1991. 7. 22, 89헌가106【사립학교법 제55조 등에 관한 위헌심판】

3) 권영성, 헌법학원론, 269면.

4) 헌재결 1991. 7. 22, 89헌가106【사립학교법 제55조 등에 관한 위헌심판】

의 배제, (ㄷ) 교육의 권력으로부터의 독립, (ㄹ) 교원의 정치적 중립, (ㅁ) 교육의 정치에의 불간섭 등을 기본내용으로 한다. 그러므로 국가는 교육의 정치적 중립성을 침해하는 법률을 제정할 수 없고, 교원과 학생도 교육과정(학내)에 있어서는 정치적 활동을 하지 않아야 한다.[1] 교육기본법(제6조 제1항, 제14조 제3항)과 교육공무원법(제44조)은 교육의 정치적 중립성을 위하여 교육공무원의 정치적 활동을 금지하고 있다.[2]

헌법재판소는 「… 사립학교법 제58조 제1항 제4호가 정치운동을 금지하고 어느 정당을 지지 또는 반대하기 위하여 학생을 지도 · 선동한 경우를 제재사유로 하고 있는 것은 바로 이와 같은 취지에서 헌법 제31조 제4항이 선언하고 있는 교육의 정치적 중립성의 보장을 구체적으로 실현하려는 것」이라고 판시하였다.[3]

3. 교육제도 등의 법정주의

헌법 제31조 제6항도 국가에 의한 교육의 자의적인 규제를 배제하기 위하여 교육제도 · 교육재정 · 교원의 법적 지위 등에 대하여 법정주의를 채택하고 있다.[4]

3.1. 교육제도의 법정주의

헌법 제31조 제6항은 「학교교육 및 평생교육을 포함한 교육제도와 그 운영, 교육재정 및 교원의 지위에 관한 기본적인 사항은 법률로 정한다」라고 규정함으로써 교육의 물적 기반이 되는 교육제도와 교육의 인적 기반이 되는 교원의 지위에 관한 기본적 사항을 법률로써 규정하도록 하고 있다. 교육제도를 비롯하여 학제 · 교육재정의 확보 그리고 교원의 신분보장과 사회적 · 경제적 지위의 향상 등에 관한 法定主義는 현대국가에 있어서 교육중시주의를 선언한 것이다. 그것은 또한 교육에 관한 기본적 사항만을 법률로 정하게 한 점에서 교육의 자주성을 보장하려는 것이기도 하다.[5]

---

1) 일본 최고재판소판례 : 학생의 정치적 활동을 대학의 내외를 불문하고 전적으로 자유로이 방임하게 되면 혹은 학생이 학업을 소홀히 하고 혹은 학내에 있어서의 교육 및 연구의 환경을 문란하게 하여, 본인 및 타학생에 대한 교육목적의 달성이나 연구의 수행을 해치는 등 대학의 설치목적의 실현을 방해할 염려가 있으므로, 대학당국이 이들 정치활동에 대하여 어떠한 규제를 가하는 것은 충분히 그 합리성을 긍정할 수 있다(1971. 7. 1. 民集 28券 5號).

2) 在邱敎授團의 성명발표에 주도적 역할을 하며, 일간신문지상에 재구교수단의 이름으로 한일협정비준을 집단적으로 반대한다는 성명을 발표한 사실은 정치운동에 해당한다(대판 1967. 2. 24, 66다2282).

3) 헌재결 1991. 7. 22, 89헌가106【사립학교법 제55조 등에 관한 위헌심판】

4) 권영성, 헌법학원론, 270면.

5) 교육제도에 관한 기본법으로는 교육기본법, 초 · 중등교육법, 고등교육법, 사립학교법, 교육공무

3.2. 교육재정의 법정주의

교육재정은 국가나 지방공공단체가 교육활동을 지원하는데 필요한 경제적 재원을 확보하고 배분하며 평가하는 일련의 활동을 말한다. 교육활동에는 막대한 경비와 용역이 필요하며 이것의 뒷받침이 없으면 교육이 효과적으로 이루어질 수 없기 때문에 교육재정은 교육에 있어 중요한 의미를 가진다. 교육재정이 가지는 특수성으로는 고도의 공공성 · 장기효과성 등을 들 수 있다.[1)]

3.3. 교원지위의 법정주의

3.3.1. 법정주의의 필요성

교육제도의 특수성과 교원직무의 전문성 · 자주성은 바로 교원이 일반근로자와는 달리 교육권이라고 하는 권리를 갖는 사람으로 파악되어야 할 실질적인 근거를 이루는 것이다. 그리고 이와 같은 교원의 직무를 수행함에 있어서는 그 직무의 자주성이 보장될 때에 비로소 창의적으로 학생을 지도할 수 있다 할 것이다. 그러나 여기에는 위에서 본 바와 같은 교육제도의 구조적 특성, 교육의 전문성 · 자주성에 내재하는 두가지 전제조건이 있다. 하나는 교원직무의 자주성이 교육을 받을 기본권을 가진 피교육자인 학생들의 권익과 복리증진을 침해해서는 아니된다는 것이고, 다른 하나는 그가 속한 한 시대의 국가와 사회공동체의 이념과 윤리라는 테두리안에서 직무의 자주성은 제약을 받게 된다는 것이다. 즉, 교원의 자주성은 그 자체가 책임을 수반하는 것으로서 그것이 피교육자인 학생의 권익과 복지증진에 공헌할 것인가와 그 시대의 국가 또는 사회공동체의 공동 이념 또는 윤리와 조화될 수 있는가라는 상대적 관계에서 그 범위가 정해지는 것이다.[2)]

3.3.2. 내용

교육자로서의 교원은 공교육제도의 주관자로서 주도적 지위를 담당하도록 주권자인 국민으로부터 위임받고 있다. 헌법 제31조 제6항에서 의미하는 「교원의 지위」는 (ㄱ) 교원의 직무의 중요성, (ㄴ) 교원의 직무수행능력에 대한 인식의 정도에 따라 부여되는 사회적 대우 또는 존경, (ㄷ) 교원의 근무조건 · 보수 및 그 밖의 물적 급부 등을 포괄적으로 의미하는 것이다.[3)] 위 헌법조항을 근거로 제정되는 법률에는 교원의 신분보장, 경제적 · 사회적

원법 등이 있다.

1) 헌법상의 교육재정법정주의에 근거하여 제정된 법률로서 교육세법, 지방교육양여금법, 지방교육재정교부금법 등이 있다.

2) 헌재결 1991. 7. 22, 89헌가106 【사립학교법 제55조 등에 관한 위헌심판】

3) 헌재결 2003. 12. 28, 2002헌바14등(병합); 同旨 헌재결 2006. 4. 27, 2005헌마1119 【대학교원 기

지위의 보장 등 교원의 권리에 관한 사항과, 국민의 교육을 받을 권리를 저해할 우려가 있는 행위의 금지 등 교원의 의무에 관한 사항도 규정할 수 있다.[1)]

– 교원의 근로기준법상의 근로자로서의 지위 인정여부 –

헌법재판소는「… 사립학교 교원은 학교법인과의 사법상 고용계약에 의하여 임면되고, 학생을 교육하는 대가로서 학교법인으로부터 임금을 지급받으므로 학교법인과 교원의 관계는 원칙적으로 사법적 법률관계에 기초하고 있다. 비록 학교법인에 대하여 국가의 광범위한 감독 및 통제가 행해지고, 사립학교 교원의 자격, 복무 및 신분보장을 공무원인 국·공립학교 교원과 동일하게 보장하고 있지만, 이 역시 이들 사이의 법률관계가 사법관계임을 전제로 그 신분 등을 교육공무원의 그것과 동일하게 보장한다는 취지에 다름 아니다. 따라서 학교법인의 사립학교 교원에 대한 인사권의 행사로서 징계 등 불리한 처분 또한 사법적 법률행위로서의 성격을 가진다.」라고 판시한바 있다.[2)]

또한 헌법재판소는 사립학교 교원의 노동운동을 금지하고 이에 위반한 경우 면직의 사유로 규정한 사립학교법 제55조 및 제58조 제1항 4호에 대한 위헌심판에서,「동법조항들은 근로자의 근로기본권을 규정한 헌법 제33조 제1항, 법률유보에 관한 규정인 헌법 제37조 제2항, 평등에 관한 규정인 헌법 제11조 제1항 및 국제법존중의 원칙을 규정한 헌법 제6조 제1항에 위반되지 아니한다」라고 결정하였다.[3)][4)]

그러나 교원의 노동조합 설립 및 운영 등에 관한 법률 제4조에서는 노동조합을 설립할 수 있도록 하고 제6조에서는 단체협약을 할 수 있도록 하고 있다. 다만 교원은 정치활동은 금지되고 파업·태업 등 쟁의행위는 할 수 없다(교원의 노동조합 설립 및 운영 등에 관한 법률 제3조, 제8조).

그밖에 교원의 지위를 향상시키기 위한 방안의 하나로 교원지위향상을위한특별법과 교원지위향상을위한교섭·협의에관한규정(1992. 6. 2. 대통령령 13658호)이 있다.

간임용제 탈락자 구제를 위한 특별법 위헌확인】

1) 헌재결 1991. 7. 22, 89헌가106; 同旨 헌재결 2006. 5. 25, 2004헌바72【구 사립학교법 제53조의2 제3항 등 위헌소원(교원지위향상을위한특별법 제3조 제2항)】

2) 헌재결 2006. 2. 23, 2005헌가7【교원지위향상을위한특별법 제10조 제3항 위헌제청 등】

3) 사립학교법 제58조의2 제1항 단서 규정은 방법의 적정성·피해의 최소성·법익의 균형성을 갖추지 못하였다고 할 것이므로, 헌법 제15조, 제27조 제4항 및 제37조 제2항에 위반되어 위헌이다. 헌재결 1994. 7. 29, 93헌가3, 93헌가7(병합)【사립학교법 제58조의2 제1항 단서 및 제3호 위헌제청】

4) 학생들에 대한 지도교육이라는 勞務에 종사하고 노무제공에 대한 대가로서 받는 임금·급료 기타 이에 준하는 수입으로 생활하는 사람이므로, 교원 역시 근로기준법에서 정의하고 있는 통상적인 의미의 근로자로서의 지위도 가지고 있음은 부인할 수 없다.

교원지위향상을 위한 특별법 제1조(목적) 이 법은 교원에 대한 예우와 처우를 개선하고 신분보장을 강화함으로써 교원의 지위를 향상시키고 교육 발전을 도모하는 것을 목적으로 한다.

교원지위향상을위한교섭 · 협의에관한규정 제1조 (목적) 이 영은 교원지위향상을위한특별법(이하 "법"이라 한다) 제11조 내지 제13조의 규정에 의한 교원의 전문성 신장과 지위향상을 위한 교섭 · 협의 및 교원지위향상심의회의 운영등에 관하여 필요한 사항을 규정함을 목적으로 한다.

4. 대학의 자치(대학의 자유)

4.1. 대학자치의 의의

4.1.1. 대학자치의 개념

대학의 자치(대학의 자유)[1]라 함은 연구와 교육 등과 같은 대학 본연의 임무를 달성하는 데 필요한 사항은 가능한 한 대학 스스로의 자율에 맡겨야 함을 말한다. 학문의 연구는 인간 개개인의 지적 창조력의 발휘라고 하는 개인적 행위가 주를 이루지만, 그것을 조직적 · 체계적으로 수행하고 연구의 성과를 다음 세대를 위하여 교육활동을 하고, 또한 이것을 후손들에게 계승 · 발전시키기 위해서는 고등연구기관으로서의 대학이라는 연구자집단과 학생집단의 場이 필요하다. 이를 위하여 대학에서의 인사나 시설 운영 등에 관하여는 대학이 자주적으로 결정하고 관리하게 하는 대학의 자치가 요청된다.[2]

4.1.2. 대학자치의 필요성

대학은 국가적 예산이나 정치 · 산업사회가 제공하는 자금에 의존할 수 밖에 없는 것이며, 그 결과 대학의 기능이 외부세력에 의하여 왜곡될 위험이 항상 존재한다. 그러므로 대학을 외부세력(공권력 · 정치세력 등)의 간섭으로부터 보호하기 위하여는 대학구성원들이 대학 본래의 기능인 연구와 교육을 자주적으로 결정하고 수행하게 할 제도적 장치가 필요하다. 또한 대학 내부에서도 자유롭고 자율적인 교육과 연구가 보장되고 位階가 아닌 동료의 원리에 입각한 교수 상호간의 동등권이 보장되어야 한다. 이와 같은 이유로 유럽에서의 오랜 자치적 전통을 이어받아 학문의 자유의 일환으로서 대학의 자치와 대학의 자유가 보장되어야 한다는 데에는 異論이 있을 수 없다. 헌법이 대학의 자율성을 명문화한 것도 바로 이러한 정신을 구현하기 위한 것이다.[3]

---

1) 대학의 자유에 관한 상세한 내용은 김백유, 대학의 자유, 헌정 및 행정법치연구, 한성대출판부, 2006, 414면 이하 참조.

2) 권영성, 헌법학원론, 273면.

4.2. 대학자치의 헌법적 근거

헌법은 제31조 제4항에서 「… 대학의 자율성은 법률이 정하는 바에 의하여 보장된다」라고 하여 헌법의 차원에서 대학의 자율성 내지 대학의 자치제를 보장하고 있다. 동조항은 대학의 자치에 관한 헌법적 근거규정이다. 다만 여기서 문제가 되는 점은 헌법 제31조 제4항이 대학의 자치제를 보장한 창설적 규정인가 하는 점이다.[1] 왜냐하면 대학의 자치는 어디까지나 학문연구기관인 대학의 학문활동을 실효적으로 보장하기 위한 수단으로서 의미를 갖기 때문이며, 학문연구기관의 자유 나아가 대학의 자유를 전제하지 않은 대학의 자치는 생각할 여지도 없는 것이기 때문이다.[2] 우리의 헌법상 대학(여기에는 기타 학문연구기관의 자유를 포함한다)의 자유의 보장의 근거는 (다수설의 주장처럼) 학문의 자유에 관한 일반적 규정을 하고 있는 헌법 제22조 제1항(학문의 자유)에서 찾아야 할 것이다.

대학의 자치는 헌법 제31조 제4항에 의하여 비로소 창설된 제도가 아니라 학문의 자유를 보장한 헌법 제22조 제1항에 근거하여 대학의 학문활동을 실효적으로 보장하기 위한 수단으로서 당연히 인정되는 것이기 때문이다. 결국 헌법 제31조 제4항은 이를 재확인한 것에 불과하다.[3]

4.3. 대학자치의 주체

대학자치의 주체라 함은 대학의 자치에 관한 사항을 실질적으로 결정할 수 있는 자를 말한다. 대학에 있어서의 연구·교육에 관하여는 연구·교육의 담당자인 교수로 구성된 교수회의 자주성이 최대한 보장되어야 한다는 전통적 이론은 오늘날에도 이론이 없다. 다만 대학자치의 주체가 누구냐에 관해서는 교수와 연구자의 조직이 주체라는 교수주체설과 학생을 포함한 대학의 모든 구성원이 주체라는 구성원주체설이 대립하고 있다. 생각건대 대학의 자치는 학문의 연구와 교육이라는 대학의 기능을 달성하는 데 필요한 사항을 자주적으로 결정하는 것을 의미하기 때문에 교수주체설이 타당하다. 다만 학생도 교수의 학문연구의 동반자 내지 교육의 상대방이 된다는 점에서 단순한 영조물이용관계[4]를 향유하는 것은 아니다. 학생들도 학문연구라든가 학습활동과 직접 관련된 학생회활동을 하는 경우에는 그 한도내에서 그 주체성을 인정받을 수 있을 것이다. 고등교육법(1997.12.) 제12조도 대학

---

3) 권영성, 헌법학원론, 273면.

1) 권형준, 대학의 자치와 그 한계, 월간고시(1988.5), 82면.

2) 허영, 헌법이론과 헌법, 단락번호, 796; 권형준, 대학의 자치와 그 한계, 월간고시(1988.5), 83면.

3) 권영성, 헌법학원론, 274면.

4) 헌재결 1992. 10. 1, 92헌마68 【1994학년도신입생선발입시안에 대한 헌법소원】 국립대학인 서울대학교는 특정한 국가목적(대학교육)에 제공된 인적·물적 종합시설로서 공법상의 영조물이다. 그리고 서울대학교와 학생과의 관계는 공법상의 영조물이용관계로서 공법관계이다.

생의 자치활동은 장려 · 보호된다고 하고 있다.[1)]

[대학자치의 주체]
연구자의 조직이 주체 → 교수주체설
학생을 포함한 대학의 모든 구성원이 주체 → 구성원주체설

4.4. 대학자치의 내용

대학은 다양성 · 다원성 · 복합성을 그 생명으로 한다. 대학의 이러한 특성으로부터 대학의 자치의 구체적인 내용도 각 나라마다의 대학의 역사 및 법제도 그리고 정치적 · 경제적 · 사회적 · 문화적 여건, 그리고 대학에 대한 사회의 신뢰도에 따라 대학자치의 내용은 상이하게 나타난다.[2)] 미국에서는 대학의 자치의 중심이 사용자로서의 대학의 설립자 및 재단의 이사회로부터의 피용자로서의 교원의 자주성확보에 중점을 두고 있는 반면에(김철수), 국립대학위주의 독일에서는 국가공권력의 개입배제, 그리고 국 · 공립 및 사립이 혼재하는 일본 및 우리나라에서는 국가권력으로 부터의 간섭과 통제를 배제하는 데 그 초점을 두고 있는 것 이외에도 설립재단의 경영자로부터도 부당한 간섭을 배제하는 것을 그 내용으로 하기 때문이다.[3)] 그러나 대학의 자치가 인정되는 근본적인 목적 및 취지에 비추어, 학문연구 및 교육이라는 대학의 본래 적 사명을 달성하기 위하여 필요하다면 대학운영에 관한 모든 분야에서 대학자체에서 스스로 자주적으로 결정할 수 있는 자주적 결정권이 존중되어야 한다는 측면을 강조할 수 있다.[4)]

[권영성 교수]

대학의 자치는 다음을 주된 내용으로 한다. 첫째, 대학은 인사에 관한 자치 내지 자주결정권을 가진다. 대학은 교수의 임용과 보직 등을 자주적으로 결정할 수 있어야 한다. 현행 법제하에서는 교육공무원의 임용은 그 자격 · 재교육 성적 기타능력의 실증에 의하여 행함을 원칙으로 하고(교육공무원법 제10조), 임용절차는 교육공무원법 제4장이 규정하고 있다. 둘째, 대학은 관리와 운영에 관하여 자주결정권을 가진다. 여기에는 (ㄱ) 연구와 교육의 내용 및 그 방법과 대상, 교과과정의 편성 등에 관한 자주결정권, (ㄴ) 연구와 교육을 위한 시설의 관리에 관한 자주결정권, (ㄷ) 대학의 재정에 관한 자주결정권(財政高權) 등

1) 권영성, 헌법학원론, 274면.
2) 권형준, 대학의 자치와 그 한계, 월간고시(1988.5), 86면.
3) 대학이 학사행정을 자주적으로 결정 · 운영할 수 있는 대학자치의 내용에 관하여 언급한 가장 대표적 판례는 일본 최고재판소의 포포로座 판례이다. 왜냐하면 이 판결에서는 대학인사의 자치, 대학의 시설관리의 자치, 학생관리의 자치를 구체적으로 열거하였기 때문이다.
4) 橋本公亘, 大學の自治, 公法硏究, 第29號, 48頁.

이 포함된다. 셋째, 대학은 학사에 관한 자주결정권을 가진다. 대학은 학생의 선발,[1] 학생의 전형[2]과 성적평가[3] 학점의 인정, 학위의 수여, 학생에 대한 포상과 징계 등을 자주적으로 결정할 수 있어야 한다. 그 밖에 대학교원의 신분보장을 대학자치의 내용으로 주장하는 견해도 있다. 교수는 국가공무원 혹은 피용자로서 국가나 학교법인과 고용관계에 있으므로, 연구 및 교육의 자유가 위협받을 염려가 있다는 이유로, 법관과 동일한 정도의 신분보장과 독립을 주장하기도 한다.[4]

4.5. 대학자치의 한계와 제한

4.5.1. 개관

대학이 치외법권을 누리는 성역은 아니므로 대학이 헌법상 절대적 자율권을 보유한다고 할 수는 없다. 오늘날 대학의 자치에는 상당한 제한이 행해지고 있는데 대학의 관리와 운영에 관한 법률들이 이 자치를 제한하고 있다. 특히 대학의 자치와 관련하여 대학의 문제에 경찰권이 어느 정도로 개입할 수 있는가 하는 것이 문제된다. 대학의 자치는 물론 대학에 치외법적인 특권을 인정하는 것은 아니나 경찰권의 행사는 신중을 기해야 할 것이다. 즉 학내에서 문제가 발생한 경우, 원칙적으로 대학이 연구와 교육의 입장에서 그것에 대처하여야 하고 그것이 대학의 능력의 한계를 넘는 것이라고 판단될 경우에 비로소 경찰권이 개입할 수 있어야 한다. 그것이 대학의 능력이 한계를 넘는 것인지의 여부는 대학측이 우선적으로 판단 · 결정해야 한다. 대학의 자치는 헌법에 의하여 제도로서 보장되는 것이므로, 대학의 자치는 입법자가 법률의 형식으로 그 내용을 구체적으로 형성하고 실현할 수 있는 이른바 제도내재적 법률유보에 따른다.

4.5.2. 제도내재적 법률유보 및 헌법 제37조 제2항(일반적 법률유보)에 의한 제한

오늘날 대학의 자치에는 국가의 간섭을 통한 제한과 통제가 이루어지고 있다. 학교교육에는 국가의 지도와 감독이 행해지며, 사립학교의 경우도 사립학교법에 의하여 제한되

---

1) 대판 1983. 6. 28, 83누193 【불합격처분무효확인】 대학입학지원자가 모집정원에 미달한 경우라도 대학이 정한 수학능력이 없는 자에 대하여 불합격처분을 한 것은 교육법 제111조 제1항에 위반되지 않는다.

2) 대판 1990. 8. 28, 89누8255 【특별전형에관한불합격처분취소】 해외근무자들의 자녀를 대상으로 한 교육법시행령 제71조의 2 제4항 소정의 특별전형에서 외교관공무원의 자녀에 대하여만 획일적으로 과목별 실제 취득점수에 20%의 가산점을 부여하여 합격사정을 함으로써, 실제 취득점수에 의하면 충분히 합격할 수 있는 원고들에 대하여 불합격처분을 하였다면 위법하다.

3) 채점기준은 답안채점위원의 전문적 지식과 학문적 양식에 따른 자유재량에 속하는 것이다(대판 1979. 6. 12, 79누13).

4) 권영성, 헌법학원론, 275면.

며,[1] 대학관리와 운영에 관련한 법률들이 대학의 자유를 제한하고 있다. 대학이 학문의 자유의 구체적 실현을 위한 중추적 역할을 담당하기 때문에 그 조직이나 편제는 원칙적으로 대학자체의 자율성에 맡겨져야 하지만, 그렇다고 하여 그것이 고정적 · 불변적인 것은 아니며 시대적 상황이나 환경에 따라 변하는 것이다. 따라서 대학의 자치의 구체적 내용은 – 대학자치의 제도적 보장이 헌법의 명문규정에 의하여 보장되고 있으므로[2)3] – 제도적 보장이론[4]에 의하여 입법자가 재량적 판단에 의하여 법률의 형식으로 그 제도의 내용을 구체적으로 형성하고 실현 할 수 있다(제도내재적 법률유보).[5] 또한 헌법 제37조 제2항의 규정에 의하여 국가안전보장 · 질서유지 · 공공복리를 위한 제한은 가능하나 여기에는 명백하고 현존하는 위험의 원칙(Clear and present danger Rule) 및 비례의 원칙 그리고 학문일반의 자유와 마찬가지로 대학자치의 본질적 내용(Wesensgehalt)을 침해해서는 안된다.[6] 이는 결국 독일연방헌법재판소에서 적절하게 판시한 것처럼 학문의 자유 및 이와 관련한 헌법상의 가치판단 및 가치표준이 입법재량의 한계영역으로 작용할 것이다.[7]

대학의 자유는 질서유지(Ordnung des Sicherheits)를 위하여 필요한 경우에 법률로서 제한 할 수 있다. 독일기본법 제18조는「누구든지 자유민주적 기본질서를 공격 할 목적으로 교수의 자유를 오용한 경우에는 그 자유는 상실된다」고 규정하고 있다.[8] 우리나라는 헌법 제37조 제2항의 규정에 의하여 제한할 수 있는데, 다만 여기서 헌법 제37조 제2항의 질서유지의 개념이 무엇인가에 대하여는 많은 학설이 존재한다. 예컨대 헌법 제37조 제2항의 질서라 함은 자유민주적 기본질서를 포함하는 헌법적 질서 및 그 밖의 사회적 안녕질서를 의미한다는 설,[9] 광의로 해석하는 경우에는 국가질서와 민주적 기본질서가 포함될 것이며,

---

1) 헌재결 2001. 1. 18, 99헌바63【사립학교법 제28조 제1항 본문 위헌소원】

2) 대학의 자유에 내포되어 있는 제도적 보장은 학문의 자유의 중대수단으로서의 제도적 보장이고 그 헌법이론적 근거는 학문의 자유에 내포되고 있는 객관적 가치질서로서의 성격에 있다(허영, 한국헌법론, 432면).

3) 김문현, 대학의 자치와 경찰권, 고시계(1986.8), 92면 참조.

4) 제도적 보장을 통하여 헌법상 보장하고자 하는 규범내용이 해결되었고, 그 개념요소인 제도 및 보장내용인 통일성 · 명확성의 결여를 이유로 우리 헌법체계에서 제도적 보장론이 필요없다는 주장이 있다(오동석, 제도적 보장론 비판 서설, 헌법학연구(제6권 제2호), 2000. 11, 50면 이하).

5) 김문현, 대학의 자치와 경찰권, 고시계(1986.8), 92면 참조; 김백유, 헌법학(II), 642면 이하.

6) 이창현, 대학의 자치, 고시계(1988.7), 250면.

7) BVerfGE 35, 120; 김문현, 대학의 자치와 경찰권, 고시계(1986.8), 92면.

8) 우리나라는 법률로서 제한할 수 있으나 독일의 경우는 법률로서 제한할 수 없고 헌법(기본법) 자체에 의하여만 제한할 수 있다. 계희열, 헌법상 학문의 자유, 고시연구(1998.11), 18면 각주 18) 참조.

9) 권영성, 헌법학원론, 351면.

협의로 해석하여 국가질서나 민주적 기본질서는 국가의 안전보장과 질서유지를 넓은 의미의 질서유지로 보고 이것을 엄밀하게 구별할 실익은 별반 없다고 보는 설(김철수), 공공질서 · 사회질서는 말할 것도 없고 국가질서 · 헌법의 민주적 기본질서가 이에 포함된다고 보는 설[1] 등이 있다. 생각건대 질서유지의 개념속에 내포되어 있는 질서의 의미는 개인의 자유도 타인을 해치지 않는 범위내에서만 인정된다는 이념(프랑스 인권선언 제2조)에 입각하여 개인의 기본권간에 존재하는 갈등(경쟁 · 충돌)을 규범조화적으로 조정하며, 최소한의 사회질서의 유지와 위험의 방지를 목적으로 하는 가치개념으로서, 기본권에 내재하는 제약을 의미하는 측면에서의 질서개념에 해당한다고 말할 수 있다. 따라서 이 질서 속에는 타인의 권리유지, 사회의 공공질서유지, 도덕질서의 유지 등이 포함된다고 보아야 한다.[2] 이와 같은 관점에서 질서유지의 개념은 첫째, 헌법수호의 측면에서 바라본 헌법질서의 유지와 둘째, 일반적인 사회질서의 유지로 나누어 생각해 볼 수 있다.

헌법질서란 국가질서에 내포되는 개념으로서 국가의 본질적 · 기본적 질서를 의미한다. 대한민국의 기본질서는 민주적기본질서(자유민주적 기본질서 + 사회민주적 기본질서)[3]를 의미하며, 따라서 이를 부인하는 공산주의나 파시즘의 이론을 지지 · 찬양하는 것은 이른 바 명백하고 현존하는 위험에 해당하는 것으로 허용되지 아니하며, 이를 위반한 경우 형법 및 국가보안법 등에 의한 처벌을 받는다. 일반적인 사회질서는 공공의 안녕질서를 위한 제한으로서, 여기서 일반적 사회질서(Allgemeine Ordnung auf Gesellschaft)라 함은 국가질서와 직접적 관계는 없지만 국가의 영역 안에서 모든 사람이 평온 안전하게 그의 개인생활 내지 사회생활을 영위 할 수 있는 상태를 말하는 것이며, 공공의 안녕이라 함은 개인의 생명 · 건강 · 자유 및 재산의 불가침성과 국가와 그 기관들의 존속 및 기능의 온전성을 의미한다. 따라서 공공안녕의 개념에는 공익 뿐만 아니라 사익도 보호대상속에 포함된다. 형법에서의 개인범죄에 관한 죄, 사회적 법익에 관한 죄 선량한 풍속에 관한 죄, 등은 대체적으로 일반사회질서를 유지하기 위해 규정한 것이다. 따라서 학문의 연구발표나 교수 혹은 학생활동을 하는 과정에 있어서 다른 학자의 명예를 훼손하거나 하는 경우, 이는 형법상의 책임을 면할 수 없다.[4]

---

1) 김기범, 한국헌법, 139면.

2) 질서유지목적의 기본권제한문제에 관한 상세한 내용은 김백유, 일반권력관계에서의 기본권제한, 한성대학교, 사회과학논문집(제14집 제2호), 104면 이하 참조.

3) 민주적 기본질서에 관한 상세한 내용은 김백유, 민주적 기본질서, 헌법학연구, 한국헌법학회, 2003(제9집 제3호), 참조.

4) 박일경, 학문의 자유, 고시계(1964. 10), 70면 참조. 그러나 학문의 자유 중에서 학문연구의 자유는 그 내재적 한계를 스스로 일탈하지 않는한(허영, 한국헌법론, 429면 참조), 외부적으로 표현되는 행위라기 보다는 내면적 정신활동을 위주로 하기 때문에 질서유지를 위한 제한이 불가능하다.

5. 지방교육자치제

5.1. 지방교육자치제의 의의

지방교육자치제라 함은 지방자치단체(특별시 · 광역시 · 도)가 교육의 자주성 및 전문성과 지방교육의 특수성을 살리기 위하여 당해 지역의 교육 · 과학기술 · 체육 기타 학예(이하 교육 · 학예로 약칭)에 관한 사무를 일반행정조직과 구별되는 별도의 행정기관을 설치 · 조직하여 운영토록 하는 제도를 말한다. 이에 관한 법률로는 지방교육자치에관한법률(2006. 12. 20 전부개정)있다.[1)]

5.2. 지방교육자치기관

지방교육자치기관으로는 교육 학예에 관한 중요사항을 심의 · 의결하는 시 · 도의회의 교육상임위원회와 교육 · 학예에 관한 사무를 집행하는 시 · 도교육감이 있다.

5.2.1. 시 · 도의회의 상임위원회(舊 : 교육위원회)

시 · 도의회의 교육상임위원회는 교육의 자주성 및 전문성과 지방교육의 특수성을 살리기 위하여 지방교육자치에관한법률(1997. 12. 17 개정)과 지방자치법 등에 의하여 설치된 지방자치단체의 교육 · 학예에 관한 사무의 특별심의 · 의결기관이다. 시 · 도의회의 교육상임위원회는 시 · 도의회에 제출할 조례안이나 예산안 등에 대한 심의권 및 의결권 등을 가지고 있다.[2)] 교육위원은 주민의 직선에 의하여 선출된다.

5.2.2. 교육감

교육감은 특별시 · 광역시 · 도의 교육 · 학예에 관한 사무의 집행기관이다. 시 · 군 · 구에는 교육장을 두어 그 사무를 분담하게 한다. 교육감도 교육위원과 마찬가지로 주민직선에 의하여 선출하되, 임기는 4년이며 계속재임은 3기에 한한다(지방교육자치에관한법률 제21조). 교육감의 자격은 교육경력 또는 교육공무원으로서의 교육행정경력이 5년 이상이거나 두 가지 경력을 합하여 5년 이상인 자로서 시의회의원의 피선거권이 있고 정당원이 아니어야 한다.

> **지방교육자치에관한법률 제24조(교육감후보자의 자격)** ① 교육감후보자가 되고자 하는 자는 당해 시 · 도지사의 피선거권이 있는 자로서 후보자등록신청개시일부터 과거 2년 동

---

1) 개정법률에서는 종전의 교육위원회를 시 · 도의회내의 상임위원회로 명칭을 바꾸었다(지방교육자치에관한법률 제4조, 제5조).

2) 권영성, 헌법학원론, 276면.

안 정당의 당원이 아닌 자이어야 한다.

② 교육감후보자가 되고자 하는 자는 후보자등록신청개시일을 기준으로 제10조 제2항의 규정에 따른 교육경력 또는 교육공무원으로서의 교육행정경력이 5년 이상 있거나 양 경력을 합하여 5년 이상 있는 자이어야 한다.

교육감은 교육규칙제정권, 소속공무원지휘 · 감독권 및 조례안의 작성권과 예산안의 편성권, 교육규칙의 제정에 관한 사항 등의 권한을 가진다(지방교육자치에관한법률 제20조).[1)]

1) 권영성, 헌법학원론, 276면.

제 8 항 가족제도

I. 가족제도의 의의

1. 가족과 혼인의 사회적 의미

가족과 가정은 혼인 · 혈연 또는 입양의 형태로 결합한 것으로서 비교적 영속적으로 존재하는 사회 소단위의 생활공동체이다. 가정은 가족의 존립기반으로 작용하며, 사회공동체의 구성원을 지속적으로 생산 · 양육하고, 가정의 자녀를 보호 · 양육함으로써 건전하고 밝은 사회공동체를 창설한다. 또한 가족은 친족간의 근친상간이나 혼인 이외의 불건전한 성관계를 금지함으로써 건전하고 도덕적인 사회를 구성하며, 사회구성원들의 문화적 · 경제적 수요를 해결한다. 그밖에 가족은 사회구성원들의 정서적 안정과 행복을 충족시키는 등 다양한 역할과 기능을 수행한다.[1]

혼인은 남성과 여성이 공통되는 생활공동체를 구성하기로 자유로운 의사의 토대아래 상호합의하는 것을 말한다. 가족과 가정은 개인의 자유로운 의사의 표명에 의하여 형성되는 것이라기 보다는 자연적으로 형성되는 것이지만, 혼인은 일반적으로 개개인 스스로의 자유로운 의사에 의하여 형성된다는 점이 서로 다르다. 혼인은 사실혼인 경우를 제외하고, 법적으로는 혼인신고에 의하여 성립되는 것이기 때문에(법률혼), 혼인은 그 자체가 권리 · 의무관계의 성질을 가진다. 혼인관계가 성립하기 위해서는 남녀부부 공동생활이라는 사실상의 상태와 법적 승인이라는 두 가지 요소를 갖추어야 한다(다만 동성동본인 혈족간의 결혼이 허용되는가 문제된 적이 있었다). 이러한 의미에서 혼인은 가족형성의 주된 계기가 되고, 대부분의 가족은 혼인을 출발점으로 하여 성립된다는 점에서 혼인과 가족은 불가분의 관계에 있다. 따라서 가족관계에는 혼인관계까지 당연히 내포되어 있는 것으로 볼 수 있다.[2]

2. 가족제도의 개념

가족제도라 함은 공동생활을 영위하는 혈연적 가족공동체를 규율하는 법적 제도를 말한다. 가족제도는 역사적으로 볼 때 한 집안의 家長이 중심이 되는 봉건적 대가족제도로부터 부부와 자녀중심의 시민적 소가족제도로 변천해 오고 있다.[3][4][5]

---

1) 권영성, 헌법학원론, 278면.
2) 권영성, 헌법학원론, 278면.

3) 권영성, 헌법학원론, 278면.

4) 1. 가족제도 ► 일본: 전쟁 후 민법개정을 통해 호주제를 완전히 폐지하고, 부부와 미혼 자녀를 기본으로 하는 호적을 창설하였다. 즉, 혼인을 하면 부부는 하나의 성씨(부부동성제도)를 쓰고, 호적은 부부와 그들과 동일한 성을 가진 자녀로 편제(동성동적원칙)한다. 그리고 혼인한 모든 자녀는 호적을 새로 편제(3대호적금지)한다. ► 중국: 함께 살고 있는 가족전원을 호구부 1책에 정리하는 호구제도로 우리나라 주민등록제도와 유사하다. 호구부는 가구(세대)주와 그 가족별로 항을 나누고 있지만, 가족관계를 나타내는 항목은 가구주와의 관계 1란 밖에 두지 않고, 각 사람의 부모성명을 기록하는 항목은 없다. 친생자를 포함한 모든 자녀는 모친의 호구부에 출생등기한다고 정하여 호구의 모계승계제를 택하고 있고, 부 또는 모의 성, 그리고 다른 성을 칭할 수도 있다. ► 독일: 개인별, 사건별 편제방식에 따라 출생혼인사망의 각 사건마다 호적부를 작성한다. 따라서 출생부혼인부사망부가 존재하며, 각 사건이 발생한 곳에서 기록하고 보관한다. 그리고, 개인의 이러한 사항을 일람하여 파악하기 위하여, 이러한 호적부간을 연결하는 난외부기방식을 채용한다. 나아가, 가족관계를 분명하게 하기 위하여 가족부도 작성하는데, 가족부는 이사에 따라 함께 이전한다. 가족부는 혼인으로 개설하고, 부부와 미혼자녀의 신분사항을 기록한다. 출생부혼인부사망부에서 가록부에 기록할 사항을 통지한다. 특히 독일신분법은 입양사실을 출생부, 가족부에서 분명히 하지만 법률상 당연히 그 공개를 제한하고 있으며, 가족부이 부모란에 양부, 양모라고 표시하지 않고, 부모로서 양부모를 기록하는 출생증서와 친부모를 기록하는 혈통증서라는 두 종류 출생증명서를 마련하고 있는 등 비적출자와 양자의 이익을 보호하기 위해서 그 공개를 엄격히 제한하고 있다. ► 프랑스: 독일과 마찬가지로 개인별, 사건별 편제방식에 따라 호적부를 편제한다. 프랑스는 호적제도로서 신분증서제도를 두고 있고, 출생증서혼인증서사망증서인지증서 등 다양한 증서들을 작성한다. 이러한 증서에 기록한 사항을 일람하여 파악하기 위하여, 역시 난외부기방법(프랑스 신민법)을 채택하며, 나아가 출생증서에 다른 증서사항을 난외에 대부분 부기하여 출생증서의 일함으로 개인정보를 파악할 수 있도록 하고 있다. 또한 가족관계를 파악하기 위하여 가족대장을 각 가정에 발급하여 보관하도록 하고 있다.
► 스위스: 대부분의 서구유럽과는 달리 예외적으로 민법에 부부공동체 및 자녀의 복지를 위해 상호 협력해야 한다는 의무규정을 둠으로써 부부공동가장제의 원리를 채택하여 시행하고 있다.
► 영국, 미국: 철저한 사건별 기록제도를 가지고 있어, 출생혼인사망에 따라 각각 증명서를 작성한다. 그리고 이러한 증명서간에 연결은 없다. 이혼은 법원에서 하고, 그 기록은 법원에서 보관한다. 각 신분기록은 본인 한 사람만을 기록하고 가족관계는 기록하지 않는다. 따라서 가족집단을 한번에 알 수 없으며, 각 기록간에 연결이 없으므로 개인신분사항도 한번에 알아볼 수가 없다.

5) 자녀의 성 ► 일본: 부모 성 중에 선택(가족동성, 1991년 민법)할 수 있다. ► 미국: 아버지 성을 따르는 관습이 있었으나, 대부분의 주에서 성은 부모의 협의에 의해 자유로 정할 수 있다. ► 영국: 아버지 성을 따르는 관습이 있었으나, 아버지 또는 어머니 성을 선택하는 것이 가능하다. ► 독일: 자녀의 성은 부모가 선택할 수 있되, 자녀의 출생 1개월 이내에 합의가 없으면 후견재판소가 부모의 일방에게 결정권을 주도록 법에서 규정(1993 민법)하고 있다. ► 중국: 아버지성, 어머니성 중에서 선택이 가능(1980년 혼인법)하며, 다른 성을 칭할 수도 있다. ► 스웨덴: 아버지성,

II. 혼인과 가족제도의 헌법적 보장

헌법 제36조 제1항은 「혼인과 가족생활은 개인의 존엄과 양성의 평등을 기초로 성립되고 유지되어야 하며, 국가는 이를 보장한다」라고 하여 민주적인 혼인제도와 가족제도를 보장하고 있다.

1. 혼인과 가족생활보장의 의의와 성격

1.1. 혼인과 가족생활보장의 의미

혼인과 가족생활은 개인의 존엄과 양성의 평등을 기초로 한다는 이 조항은 다음과 같은 의미를 가진다. 첫째, 이 조항은 혼인제도와 가족제도를 지배하는 원리로서의 인간의 존엄성존중과 민주주의를 강조한 헌법원리를 선언한 조항이다. 둘째, 개인의 존엄과 남녀평등에 입각한 양성의 결합이라고 하는 일부일처제(一夫一妻制)의 제도적 보장을 규정한 조항이다.1)

1.2. 혼인과 가족생활보장의 법적 성격

민주적인 혼인과 가족생활을 보장한 헌법 제36조 제1항의 법적 성격에 관해서는 사회적 기본권이라고 보는 설(허영)과 사회적 기본권이 아니라고 하는 학설(권영성)로 견해가 대립되고 있다.

> 부정설의 입장 : 권영성 교수의 견해
>
> 사회적 기본권설은 헌법 제36조 제1항을 사회적 기본권에 관한 규정이라고 한다. 사실 헌법 제31조 이하의 일련의 사회적 기본권조항에 연이어 배열되어 있다는 조문상의 위치 때문에 이 조항을 사회적 기본권에 관한 조항의 하나로 오해할 여지가 없는 것은 아니다. 그러나 헌법 제36조 제1항은 사회적 기본권의 하나를 규정한 조항이 아니라 다음과 같은 의미와 성격을 가지는 조항이다.2)
>
> 첫째, 헌법 제36조 제1항은 혼인과 가족생활은 개인의 존엄과 양성의 평등을 기초로 하여 성립되고 유지되어야 한다는 헌법원리를 선언한 원칙규범이다 둘째, 동조항이 「… 국

어머니 성 중 선택할 수 있되 3개월 이내에 선택이 없는 경우에는 어머니성을 따르도록 규정(1980년 성명에 관한 법률)하고 있다. ▸ 스페인, 포르투칼 등 스페인문화권 나라 : 자녀에게 부모 쌍방의 성을 부여하도록 한다. ▸ 이스라엘 : 원칙적으로 아버지성을 따르도록 하나 부부협의에 의해 어머니성을 따를 수 있도록 하고 있다.

1) 권영성, 헌법학원론, 279면.

2) 권영성, 헌법학원론, 279면.

가는 이를 보장한다」라고 함은 특정의 제도보장을 의미하는 것이다. 셋째, 동조항의 내용은 구체적인 입법이나 행정처분을 필요로 하지 아니하고 그 자체로서 모든 국가기관을 직접 구속하는 효력을 가지는 직접적 효력규정이다. 이러한 의미에서 헌법 제36조 제1항은 사회적 기본권에 관한 규정이 아니라는 것이다.[1)]

- 헌법 제36조 제1항은 혼인과 가족생활은 개인의 존엄과 양성의 평등을 기초로 하여 성립되고 유지되어야 한다는 헌법원리를 선언한 원칙규범이다.
- 동조항이 「… 국가는 이를 보장한다」라고 함은 특정의 제도보장을 의미하는 것이다.
- 동조항의 내용은 구체적인 입법이나 행정처분을 필요로 하지 아니하고 그 자체로서 모든 국가기관을 직접 구속하는 효력을 가지는 직접적 효력규정이다.

「참고」

권영성 교수는 헌법 제36조를 사회적 기본권으로 보고 있지 않으나, 사회적 기본권으로 보는 견해도 있다(허영).

2. 현행 헌법상 보장되는 혼인제도의 내용(헌법 제36조 제1항)

2.1. 혼인관계형성의 자유

2.1.1. 혼인결정의 자유

혼인관계에 있어 기초가 되는 것은 혼인에 관한 개인의 자유로운 결정이다. 이는 일반적 행동자유권의 한 내용이다. 혼인은 남녀의 자유로운 합의에 의한 것이어야 하기 때문에 혼인을 할 것인가 하지 않을 것인가 어떠한 배우자를 선택할 것인가 등을 스스로 결정할 수 있는 성적 자기결정권이 인정되어야 하고, 배우자의 자유로운 선택과 혼인시기의 결정도 자유롭게 이루어 져야 한다.[2)]

헌재결 1997. 7. 16, 95헌가6 【민법 제809조 제1항 위헌제청】

【판시사항】

1. 동성동본인 혈족사이의 혼인을 금하고 있는 민법 제809조 제1항의 위헌 여부
2. 재판관 5명이 단순위헌 의견이고 재판관 2명이 헌법불합치의견인 경우의 주문표시

【결정요지】

1. 헌법 제36조 제1항은 "혼인과 가족생활은 개인의 존엄과 양성의 평등을 기초로 성립되고 유지되어야 하며, 국가는 이를 보장한다"고 규정하고 있는바, 이는 혼인제도와 가족제도에 관한 헌법원리를 규정한 것으로서 혼인제도와 가족제도는 인간의 존엄성 존중과 민주주의의 원리에 따라 규정되어야 함을 천명한 것이라 볼 수 있다. 따라서 혼인에 있어

1) 권영성, 헌법학원론, 279면.
2) 권영성, 헌법학원론, 280면.

서도 개인의 존엄과 양성의 본질적 평등의 바탕위에서 모든 국민은 스스로 혼인을 할 것인가 하지 않을 것인가를 결정할 수 있고 혼인을 함에 있어서도 그 시기는 물론 상대방을 자유로이 선택할 수 있는 것이며, 이러한 결정에 따라 혼인과 가족생활을 유지할 수 있고, 국가는 이를 보장해야 하는 것이다.

2. 이 사건 법률조항이 헌법에 위반된다는 점에 있어서는 재판관 7명의 의견이 일치되었으나, 재판관 5명은 단순위헌결정을 선고함이 상당하다는 의견이고 재판관 2명은 헌법불합치결정을 선고함이 상당하다는 의견으로서, 재판관 5명의 의견이 다수의견이기는 하나 헌법재판소법 제23조 제2항 제1호에 규정된 "법률의 위헌결정"을 함에 필요한 심판정족수에 이르지 못하였으므로 헌법불합치의 결정을 선고한다.

국가는 국민의 혼인에 있어서 당사자 개인의 의사를 존중하여야 하며 이를 또한 강제할 수도 없다. 따라서 인신매매적인 혼인, 사회상규에 어긋나는 지나친 조혼, 당사자의 의사를 제약하는 강제혼 기타 약탈혼 등은 당연히 금지된다.

2.1.2. 혼인퇴직제(독신조항)의 위헌성

혼인의 자유와 관련하여 혼인퇴직제의 위헌여부가 문제되고 있다. 여성근로자들이 혼인을 하게 되면 퇴직할 것을 조건으로 근로계약을 체결하는 혼인퇴직제 혹은 독신조항에 대하여 학설과 판례는 위헌무효라고 한다.

대판 1988. 12. 27, 85다카657 【정년퇴직무효확인】

1988년 12월 27일 대법원은 정년퇴직무효확인청구소송 상고심에서 「전화교환원의 정년을 43세로 규정한 한국전기통신공사의 인사규칙은 헌법상의 평등권과 근로기준법상의 남녀차별금지규정에 위배된다」고 하였다.

<사례>

A은행은 就業規則에 女行員은 결혼한 후에는 퇴직한다고 규정하고 갑은 그 사실을 알고 결혼하던 퇴직한다는 각서를 쓰고 은행에 채용되었다. 그런데 그 후 갑은 결혼을 하였음에도 불구하고 퇴직을 하지 않아 A은행은 각서 및 취업규칙을 근거로 갑을 해고하였다. 이 경우 발생하는 헌법상의 문제점을 논하고, 만약 A은행이 정부투자기관이라면 헌법상 어떻게 될 것인가를 논하라.

<논점>

- 결혼퇴직제와 평등권
- 기타의 헌법규정과의 관계
- 근로기준법과의 관계
- 남녀고용평등법과의 관계
- 기본권규정의 第三者的 效力

2.1.3. 사실혼관계

당사자가 혼인신고 등 법적 절차를 밟지 아니하고 사실상 부부관계를 유지하고 있는 경우에도 국가는 법적 절차를 밟도록 강제할 수 없다. 국가는 사실혼관계에 대하여 법적인 혼인관계로 인정하지 아니할 권한만을 가질 뿐이다. 그러나 사실혼도 하나의 私的 생활영역을 형성하는 것이므로 그에 상응하는 법의 보호는 받을 수 있다.[1)]

<사례>

군복무중 순직한 자에게 사실혼관계가 있는 처와 자가 있음에도 이를 간과하고 그 부모에게 「군인연금법 제26조」에 따라 유족연금을 지급하여 왔으나 사실혼 관계에 있던 처가 그후 법원으로부터 사실혼관계 존재 확인을 받고 이를 근거로 혼인신고 및 그 자의 출생신고를 필한 뒤 유족연금의 지급을 청구한 경우?

<해설>

유족연금의 수급권자는 사실혼관계에 있는 처와 자가되고 부모는 차순위가 됨은 「군인연금법 제3조 제1항 제4호」, 「제12조」, 「제13조」, 「민법 제1000조」, 「제1003조」에 의거 명백하다(다만, 처와 자의 청구가 군인연금법 제8조 제1항」 소정의 시효완성이 되지 아니하였음을 전제로 한다). 따라서 선 순위인 처와 자를 도외시한 채 차순위 수급권자인 부모에게 지급한 유족 연금은 하등의 효력이 없으며 동 금액을 수령한 부모는 이를 반환하여야 하고 동 환수에 관하여는 군인연금법상 특별한 규정이 없으므로 부당이득 반환에 관한 일반원칙에 의거하여야 할 것이고 처와 자는 「군인연금법 제17조 제1항」에 따라 유족연금의 지급 사유가 발생한 익월부터 유족연금을 받을 권한이 있다. <국방부 1976. 4. 6>

2.1.4. 혼인의 자유에 대한 예외

혼인의 자유에 대한 예외로서 다음의 경우를 들 수 있다. (ㄱ) 미성년자인 자녀 혹은 금치산자가 혼인할 경우에는 부모의 동의를 얻어야 한다(민법 제808조 제1항, 제2항). (ㄴ) 배우자가 있는 자가 다시 혼인하는 것(重婚)은 금지된다(민법 제810조). (ㄷ) 합리적인 범위 내에서 근친혼을 제한하고 있다(민법 제809조). 이와 같은 혼인자유의 예외적 금지나 제한은 일부일처제라든가 여성의 생리학적 근거 내지 우생학적 근거에서 그 합리성이 인정되는 경우이므로 헌법위반이 아니다.[2)] 근친혼은 아니지만 동성동본의 혼인까지도 최근까지 금지한바 있다.

민법을 개정하여 동성동본불혼제도 그 자체를 폐지하는 것이 바람직하였으나, 1997년 7월 16일 헌법재판소의 헌법불합치결정이 내려질 때 까지 당국은 이 제도를 폐지하지 아니

---

1) 권영성, 헌법학원론, 280면.

2) 권영성, 헌법학원론, 280면.

하고, 다만 한시법인 혼인에관한특례법(1977.12.31의 법률 제3052호와 1987. 11. 28의 법률 제3971호 및 1995. 12. 6의 법률 제5013호 등)을 제정하여 법이 공포된 날로부터 20일이 경과한 이후부터 일정 기간까지만 同姓同本으로 혼인신고를 하지 못한 부부들의 혼인신고를 받아주기로 하였었다.

☞ **한시법인 혼인에관한특례법 → 처분적 법률**

이 동성동본금혼제를 규정한 민법 제809조 제1항은 1997년 7월 16일에 헌법재판소에 의하여 헌법불합치결정이 내려져, 1998년 12월 31일까지 입법자가 이것을 개정하기까지 그 적용이 중지되게 되었다.

헌법재판소는 「사회를 지배하는 기본이념의 변화, 혼인 및 가족관념의 변화와 남녀평등관념의 정착, 경제구조의 변화와 인구의 급격한 증가 및 그 도시집중화 등 여러 가지 사회환경의 변화로 말미암아, 동성동본금혼제의 존립기반이 더 이상 지탱할 수 없을 정도로 근본적인 동요를 하고 있음은 이를 부인하기 어렵고, 유전학적 관점에서 보더라도 민법에 의하여 금지되거나 무효로 되는 범위를 넘어서는 동성동본인 혈족 사이의 혼인의 경우 유전학적인 질병의 발생빈도가 이성(異姓)간 또는 동성이본(異本)간의 혼인의 경우보다 특히 높다는 아무런 과학적인 증명도 없음이 밝혀져 있으며, 동성동본금혼제도는 이제 더 이상 법적으로 규제되어야 할 이 시대의 보편타당한 윤리 내지 도덕관념으로서의 기준성을 상실하였다고 볼 수 밖에 없으므로, 이 사건 법률조항은 금혼규정으로서의 사회적 타당성 내지 합리성을 상실하고 있음과 아울러 "인간으로서의 존엄과 가치 및 행복추구권"을 규정한 헌법이념 및 규정과 "개인의 존엄과 양성의 평등"에 기초한 혼인과 가족생활의 성립·유지라는 헌법규정에 정면으로 배치된다 할 것이다」고 하였다.[1)]

이러한 헌법재판소의 결정에 따라 동성동본인 혈족 사이에는 결혼하지 못한다는 舊 민법 제809조 제1항은 1999년 1월 1일부로 효력을 상실하게 되었기 때문에, 국회에 의한 동조항의 개폐에 상관없이 그 이후의 동성동본혈족간의 혼인은 합법적인 제도가 되었다. 현행 민법 제809조 제1항은 8촌이내의 혈족사이에서는 결혼을 금지하고 있다(근친혼 등의 금지).

민법 제809조 (근친혼 등의 금지) ① 8촌 이내의 혈족(친양자의 입양 전의 혈족을 포함한다) 사이에서는 혼인하지 못한다.

② 6촌 이내의 혈족의 배우자, 배우자의 6촌 이내의 혈족, 배우자의 4촌 이내의 혈족의 배우자인 인척이거나 이러한 인척이었던 자 사이에서는 혼인하지 못한다.

---

1) 헌재결 1997. 7. 16, 95헌가6 내지 13(병합) 【민법 제809조 제1항 위헌제청】

③ 6촌 이내의 양부모계(養父母系)의 혈족이었던 자와 4촌 이내의 양부모계의 인척이었던 자 사이에서는 혼인하지 못한다. [전문개정 2005.3.31]

2.2. 혼인관계유지의 자유

혼인관계형성의 자유와 함께 혼인관계를 유지할 것인가 아니면 해소할 것인가의 자유도 보장되어야 한다. 부부가 공동생활을 영위하다가 부득이 혼인관계를 해소시키고자 할 경우에는 일정한 요건과 절차에 따라 이혼은 허용되어야 한다.[1]

3. 헌법이 보장하는 가족제도의 구체적 내용

3.1. 부부관계 : 개인의 존엄과 양성평등의 추구

부부관계는 각자의 인격을 존중하는 상호인격주의와 부부평등의 원칙이 지켜져야 한다. 특히 부부 兩性의 평등은 헌법 제11조의 평등의 원칙에 의하여 보장되고 있으며, 현행헌법은 가족제도와 관련하여 이것을 다시 한번 강조하고 있다. 부부평등의 원칙에 입각하여 부부간에는 상호 협력의무와 공동생활 유지의무가 있다.[2] 부부평등의 원칙과 관련하여 간통죄의 위헌 여부가 문제될 수 있다.

간통문제에 대해서는 네 가지 입법적 경향이 있다. (ㄱ) 妻의 간통만을 처벌하는 불평등주의, (ㄴ) 夫의 경우는 축첩(蓄妾)의 경우에만 처벌하는 차별주의, (ㄷ) 남녀 모두를 처벌하는 雙罰主義, (ㄹ) 간통을 범죄로 인정하지 아니하는 不罰主義가 그것이다. 이 중에서 불평등주의와 차별주의는 헌법 제11조의 평등의 원칙에 위배된다. 결국 현행의 雙罰主義를 유지할 것인가 아니면 不罰主義로 개정할 것인가가 문제된다고 할 수 있다.

형법상의 간통죄 처벌조항에 대해서는 합헌설과 위헌설이 대립하고 있다. 과거 헌법재판소는 형법 제241조(간통죄)의 위헌 여부에 대한 헌법소원심판에서 간통죄처벌은 헌법에 위반되지 아니한다고 결정하고 있다.[3] 그 이유는 ① 개인의 인격권·행복추구권에는 性的 자기결정권이 포함되지만 그것에는 내재적 한계가 있고 헌법 제37조제2항의 법률에 의한 제한이 가능하다. ② 간통은 선량한 성도덕이나 一夫一妻制에 반하고 배우자에 대한 성적 성실의 의무를 위반하여 혼인의 순결을 해하는 것이므로, 이에 대한 규제는 불가피한 것으로 형법 제241조는 필요최소한의 제한이다 ③ 배우자 모두에게 고소권이 인정되고 있는 이상 평등권의 본질적 내용을 침해하는 것은 아니다. ④ 간통죄처벌조항은 헌법 제36조

1) 권영성, 헌법학원론, 281면.
2) 권영성, 헌법학원론, 281면.
3) 헌재결 1990. 9. 10, 89헌마82 【형법 제241조의 위헌여부에 관한 헌법소원】

제1항에 반하는 것이 아니라 오히려 개인의 존엄과 兩性의 평등을 기초로 하는 혼인과 가족생활의 유지의무의 이행에 부합하는 것이다.[1)]

– 간통죄의 성적 자기결정권 침해여부 –

<문제>

형법 제241조에서 간통죄를 2년 이하의 징역형으로만 처벌하도록 규정하고 있는 것은 性的 자기결정권의 본질적 내용을 침해하여 인간으로서의 존엄과 가치 및 행복추구권을 부당하게 침해하는 것이 아닌가?

<해설>

형법 제241조에 의하면 "① 배우자 있는 자가 간통한 때에는 2년 이하의 징역에 처한다. 그와 상간한 자도 같다. ② 전항의 죄는 배우자의 고소가 있어야 논한다. 단, 배우자가 간통을 종용 또는 유서한 때에는 고소할 수 없다."라고 규정하고 있다.

그런데 이와 같은 형법 제241조가 위헌인지에 관하여 판례를 보면, "선량한 성도덕과 일부일처주의 · 혼인제도의 유지 및 가족생활의 보장을 위하여서나 부부간의 성적 성실의무(性的 誠實義務)의 수호를 위하여, 그리고 간통으로 인하여 야기되는 사회적 해악의 사전예방을 위하여, 간통행위를 규제하고 처벌하는 것은 성적 자기결정권(性的自己決定權)의 본질적 내용을 침해하여 인간으로서의 존엄과 가치 및 행복추구권을 부당하게 침해하거나 헌법 제36조 제1항(혼인과 가족생활은 개인의 존엄과 양성의 평등을 기초로 성립되고 유지되어야 하며, 국가는 이를 보장한다.)의 규정에 반하는 것이 아니고, 간통죄의 규정은 남녀평등처벌주의(男女平等處罰主義)를 취하고 있으니 법 앞의 평등에도 반하지 아니한다."라고 하였으며, 또한 이에 대한 보충의견은 "일부일처제(一夫一妻制)의 유지와 부부간의 성에 대한 성실의무는 우리 사회의 도덕기준으로 정립되어 있어서 형법 제241조에 규정된 간통죄는 사회상황 · 국민의식변화에 따라 그 규범력이 약화되었음에도 불구하고 아직은 범죄적 반사회성을 띠고 있는 것으로 보고 있기 때문에 헌법에 위반되지 아니한다고 판단되고, 간통이 헌법 제37조 제2항의 제한범위 안에서 법률에 의한 제한을 받을 수 있다고 보나 이에 대하여 형사적 제재를 할 것인지의 여부는 입법정책의 문제로 입법권자의 입법형성의 자유에 속한다."라고 하였다(헌법재판소 1990. 9. 10. 선고 89헌마82 결정, 1993. 3. 11. 선고 90헌가70 결정, 2001. 10. 25. 선고 2000헌바60 결정).

따라서 형법 제241조가 성적자기결정권의 본질적 내용을 침해하여 위헌이라고 할 수는 없을 것이다. <대한법률구조공단>

헌법재판소(형법 제241조(간통죄)의 위헌 여부에 대한 헌법소원심판) → 간통죄처벌은 헌법에 위반되지 아니한다.

① 개인의 인격권 · 행복추구권에는 성적(性的) 자기결정권이 포함되지만 그것에는 내재적 한계가 있고 헌법 제37조 제2항의 법률에 의한 제한이 가능하다.

---

1) 권영성, 헌법학원론, 283면.

② 간통은 선량한 性道德이나 一夫一妻制에 반하고 배우자에 대한 성적 성실의 의무를 위반하여 혼인의 순결을 해하는 것이므로, 이에 대한 규제는 불가피한 것으로 형법 제241조는 필요최소한의 제한이다.
③ 배우자 모두에게 고소권이 인정되고 있는 이상 평등권의 본질적 내용을 침해하는 것은 아니다.
④ 간통죄처벌조항은 헌법 제36조 제1항에 반하는 것이 아니라 오히려 개인의 존엄과 兩性의 평등을 기초로 하는 혼인과 가족생활의 유지의무의 이행에 부합하는 것이다.

– 간통죄와 관련한 최근판례 –

헌재결 2008. 10. 30, 2007헌가17 【형법 제241조 위헌제청 등】

이 사건 법률조항에 대하여 재판관 4인이 합헌의견, 재판관 4인이 위헌의견, 재판관 1인이 헌법불합치의견으로 위헌의견이 다수이긴 하나, 법률의 위헌선언에 필요한 정족수 6인에 미달하므로 이 사건 법률조항은 헌법에 위반되지 않는다.

3.2. 개인의 존엄 · 양성평등을 기초로 하는 친자관계의 형성 · 유지

공동체내의 가족생활에 있어서의 친자관계도 개인적 인격에 대한 존엄과 남녀 평등을 기초로 하여 형성 · 유지되어야 한다. 또한 부모의 자녀에 대한 교육과 양육은 우선적으로 부모의 자연적 권리[1]인 동시에 의무이지만, 어린이에 대한 양육과 교육의 문제는 한 가정이나 개인에 머무르지 않고 국가적 공동체도 부모와 함께 공동책임을 지는 것이 사회발전을 위한 밑거름이 된다. 독일기본법 제6조 제2항도 「자녀의 부양과 교육은 양친의 자연적 권리이고 일차적으로 그들에게 부과된 의무이다. 그들의 활동에 대하여 국가는 감독한다」라고 규정하고 있는 것도 이와같은 취지이다.[2] 우리 민법 제909조 제1항에서는 부모는 미성년인 자의 친권자가 된다라고 하여 부모의 공동친권을 규정하고 있으며, 동법 제974조는 친족간의 부양의무를 규정하고 있는 것도 자녀교육은 개인의 책임이 아니라 사회공동체 책임임을 나타내고 있다.[3]

4. 혼인과 가족생활의 제도적 보장의 법적 효력

헌법 제36조 제1항은 그 자체로서 직접적으로 효력을 발생하는 원칙규범조항이면서 동시에 제도적 보장에 관한 조항이므로,[4] 헌법 제36조 제1항에 위반되는 법률은 무효이고,

---

1) 헌재결 2000. 4, 27, 98헌가16 【학원의설립운영에관한법률 제22조 제1항 제1호 등 위헌제청(학원의설립운영에관한법률 제3조)】
2) 권영성, 헌법학원론, 282면.
3) 권영성, 헌법학원론, 282면.
4) 권영성, 헌법학원론, 282면.

행정작용과 사법작용 또한 이 헌법조항에 위배될 때에는 헌법위반으로서 무효이다.

헌재결 2008. 11. 13, 2006헌바112 【구 종합부동산세법 제5조 등 위헌소원 등】

세대별 합산규정으로 인한 조세부담의 증가라는 불이익은 이를 통하여 달성하고자 하는 조세회피의 방지 등 공익에 비하여 훨씬 크고, 조세회피의 방지와 경제생활 단위별 과세의 실현 및 부동산 가격의 안정이라는 공익은 입법정책상의 법익인데 반해 혼인과 가족생활의 보호는 헌법적 가치라는 것을 고려할 때 법익균형성도 인정하기 어렵다. 따라서 이 사건 세대별 합산규정은 혼인한 자 또는 가족과 함께 세대를 구성한 자를 비례의 원칙에 반하여 개인별로 과세되는 독신자, 사실혼 관계의 부부, 세대원이 아닌 주택 등의 소유자 등에 비하여 불리하게 차별하여 취급하고 있으므로, 헌법 제36조 제1항에 위반된다.

국가가 개인의 존엄과 남녀 평등을 기초로 하는 혼인과 가족생활을 방해하거나 이를 침해하는 입법행위를 할 때에는 개인은 그러한 위헌적 입법행위의 배제를 요구할 수 있다. 그러한 의미에서 제36조 제1항은 간접적(제2차적)으로는 개인을 위한 주관적 방어권에 관한 규정이기도 하다.[1] 또한 사인간에 있어서도 헌법 제36조 제1항에 위반되는 내용의 법률행위를 할 경우에는 기본권의 대사인적 효력의 간접적용설을 토대로 하여 무효가 된다. 다만 헌법 제36조 제1항에 따라 혼인과 가족생활에 관한 헌법적 보장을 받을 수 있는 자는 대한민국 국민에 한정한다는 견해가 있으나,[2] 오늘날 국제화시대에 입각하여 혼인과 가족생활은 전국가적 · 인간적 이라는 점, 그리고 우리나라에도 다문화가족이 점진적으로 늘어나는 추세에 비추어 볼때 외국인 가족에게도 보장된다고 보는 것이 바람직 하다.

1) 권영성, 헌법학원론, 284면.

2) 권영성, 헌법학원론, 284면.

제 2 편

國家組織論

제 1 장 이론적 기초와 체계

제 1 절 통치구조론의 이론적 기초

제 1 항 개관

통치구조의 명칭은 학자에 따라서 각기 다른 명칭을 사용하고 있다. 전통적으로 통치구조론이라는 용어를 사용하고 있으나(김철수; 권영성; 허영), 성낙인 교수는 국민을 지배대상으로 삼는 '통치'라는 개념에 기초한 용어는 적절하지 않을 뿐만 아니라 국민의 자유와 권리를 보장하는 사법제도를 통치기구로 보기도 어렵기 때문에 정치제도론이라는 표현을 한다.[1] 홍성방 교수와 정종섭 교수는 국가작용과 국가기관이라는 명칭을 사용하고 있고, 장영수, 이준일, 전광석 교수는 국가조직론이라는 명칭을 사용하고 있다. 저자는 여기서 국가조직이라는 주제(국가조직론)하에 필요한 부분에 따라서는 통치구조라는 용어를 사용하되, 이는 (국가조직 내의) 통치구조라는 의미로 용어를 사용하고자 한다.

현대 헌법국가, 특히 자유민주적 기본질서(freiheitliche demokratische Grundordnung)의 토대하에 일정한 헌법질서(Verfassungsordnung)를 구축하는 헌법국가(Verfassungsstaat)는 국민주권의 원리를 이념적 기초로 하는 민주공화제를 정치적 기본체제로 하고, 인간의 존엄성존중을 핵심내용으로 하는 기본권보장체계를 기본적 가치질서로 한다. 통치구조는 이러한 민주공화제와 기본권보장체계를 실현하는 데 가장 적합한 것이라야 한다는데 국민적 합의가 형성되어 있다.[2]

그러므로 헌법국가의 헌법에 있어서는 민주공화제와 기본권의 보장이 헌법의 목적이자 국가목적이고, 통치구조는 민주공화제의 구현과 기본권보장을 실현하기 위한 수단이고 제도적 장치이다.[3] 헌법 제1조 제1항이 「대한민국은 민주공화국이다」라고 하여 민주공화

---

1) 성낙인, 헌법학, 807면.

2) 권영성, 헌법학원론, 729면.

3) 통치구조와 기본권보장의 관계에 관해서는 ① 통치구조를 국민의 기본권보장과는 무관한 국가의 자기목적적 강제기구로 보는 견해, ② 통치구조를 동화적 통합의 실질적 계기를 의미하는 기본권실현을 위한 정돈된 기능으로 보는 견해(스멘트), ③ 기본권보장과 통치구조를 목적과 수단이라는 유기적 관련을 가지는 것으로 보는 견해 등이 있다.

제를 선언하고 제10조가 「모든 국민은 인간으로서의 존엄과 가치를 가지며 … 국가는 개인이 가지는 불가침의 기본적 인권을 확인하고 이를 보장할 의무를 진다」라고 하여 국가의 기본권보장의무를 명시하고 있는 것은 바로 그 때문이다.[1]

우리 헌법 제10조 후단은 「국가는 개인이 가지는 불가침의 기본적 인권을 확인하고 이를 보장할 의무를 진다」라고 하여 기본권보장과 통치 구조는 목적과 수단의 관계에 있음을 분명히 하고 있다.

헌법목적(국가목적)
- 민주공화제의 구현
- 기본권의 보장 → 통치구조

통치구조 : 민주공화제의 구현과 기본권보장을 실현하기 위한 수단이고 제도적 장치

헌법 제1조 제1항 : 대한민국은 민주공화국이다.
헌법 제10조 : 모든 국민은 인간으로서의 존엄과 가치를 가지며 행복을 추구할 권리를 가진다. 국가는 개인이 가지는 불가침의 기본적 인권을 확인하고 이를 보장할 의무를 진다.

현대민주헌법 국가에서 통치형태 · 통치기능 · 통치기구 등이 민주적 정당성(정통성)과 절차적 정당성을 반드시 구비해야 한다고 하는 이유도 바로 여기서 도래하는 것이다.

통치구조 → 국가목적(민주공화제의 구현 · 기본권보장)을 실현하기 위한 수단 · 제도적 장치
→ 따라서 통치형태 · 통치기능 · 통치기구 등이 민주적 정당성(정통성)과 절차적 정당성을 반드시 구비해야

여기서 민주적 정당성이라 함은 민주주의적 요청을 충족시키며 민주주의적 요청과 조화를 이루어야 한다는 당위성을 말하고, 절차적 정당성이라 함은 법치주의적 요청을 충족시키며 법치주의적 요청과 조화를 이루어야 한다는 당위성을 의미한다. 결국 민주국가의 헌법에 있어서 민주공화제와 기본권보장이 실현될 수 있기 위해서는 그 통치형태 · 통치기능 · 통치기구 등이 민주적 정당성과 절차적 정당성을 구비하여야 한다. 민주적 정당성을 확보하기 위하여 통치구조는 국민적 합의와 국민에 의한 통치를 기반으로 하는 것이어야

1) 권영성, 헌법학원론, 729면.

하고, 절차적 정당성을 확보하기 위하여 통치구조는 법의 지배와 국가권력에 대한 적절한 통제를 기초로 하는 것이어야 한다.

민주적 정당성 → 민주주의적 요청을 충족시키며 민주주의적 요청과 조화
민주적 정당성을 확보하기 위하여 → 통치구조는 국민적 합의와 국민에 의한 통치

절차적 정당성 → 법치주의적 요청을 충족시키며 법치주의적 요청과 조화
절차적 정당성을 확보하기 위하여 → 통치구조는 법의 지배와 국가권력에 대한 적절한 통제를 기초

제 2 항 민주적 정당(통)성(demokratische Legitimation)

민주적 정당성(demokratische Legitimation)이란[1] 용어에서 Legitimation(Legitimität)를 우리말로 어떻게 번역해야 하는가(예를 들면 「정통성」)가 문제된다.

허영 교수는 이를 「정당성」이라고 번역한다.[2] 한태연 교수는 "佛語의 légitimité 獨語의 Legitimität라는 말은 흔히 정통성으로 해석되고, 특히 우리사회에 있어서는 그것이 통용화되고 있다. 그러나 정통성이라는 용어는 대체로 군주제에 있어서의 「정통적 왕조」(une dynastie légitime)의 경우에서 볼 수 있는 바와 같이 그것은 대체로 군주제에 있어서의 그 세습제와 관련된 용어를 의미한다. 따라서 légitimité의 문제는 군주제와 관계없이 그것은 권력의 내용, 권력의 근원(la source du pouvoir)의 문제를 의미하는 까닭에, 민주주의에 있어서는 그것은 세습제와는 관계없는 권력의 정당성으로 해석하는 것이 합법성과의 관계에서 무난하지 않을까 생각된다"[3]라고 적고 있다.[4]

I. 서론 - 자유민주적 통치구조의 기본과제 -

자유민주주의를 근본이념으로 하는 현대의 자유민주주의 헌법국가에서의 통치구조는 힘의 통치를 그 근본바탕으로 삼고 있는 '자기목적적인 법정립질서(법실증주의)', 혹은 법치국가원리와 민주주의 원리를 실현하기 위한 2원질서(결단주의적 헌법관)도 아니며,[5] 사회 각계각층의 다양한 이해관계가 서로 얽히고 대립하는 '다원적 사회공동체'에서, 그의 구성원에게 「일정한 공감대적 가치를 창조」하고 또한 이러한 '공감대적 가치'를 통하여 그 구성원이나 조직체를 동화·통합시키기 위한 제도적 장치로서의 권능구조이다.[6]

---

1) 생각건대 Legitimation이라는 용어는 라틴어의 legitimatio라는 어원에서 유래하며, 이를 다시 독일어로 번역하면, Beglaubigung, Echtheitserklärung, Anerkennung Ehelichkeitserklärung 등으로 번역된다. 법률학사전(국민서관발행)에서는 정당성은 정통성과 동의어로 표기하며, 정당성(정통성)이라는 의미는 "합법성(Legalität)에 대한 말로서 합법성의 원리는 법적 안정성을 중요시하며, 성문법규의 엄격한 적용을 요구하나, 합법성만을 주장할 때는 사회관계에 대한 구체적 타당성을 잃게 되며, 변화하는 사회에서의 적응을 얻지 못하게 되며 따라서 법을 그 文句에 구애받지 않고자 하는 「목적론적 요청」에서 나온 것이 정당성의 원리"라고 설명하고 있다.

2) 허영, 한국헌법론, 650면 이하 참조.

3) 여기에 대해서는 Paul Bastid, idée de légitimité, 1967, pp. 2, 113 참조.

4) 한태연, 헌법과 국민, 고시연구사, 1995, 283면 각주 84) 참조.

5) 허영, 한국헌법론, 649면.

6) 허영, 한국헌법론, 650면.

통치구조에 주어진 이와 같은 기능적인 과제를 해결하기 위하여, 자유민주적 통치구조가 반드시 존중하고 지켜야 하는 「세 가지의 근본이념」, 즉 ① 통치권의 기본권예속성, ② 통치권의 민주적 정통성의 확보, ③ 통치권행사의 절차적 정당성이 요구되며, 이세가지 중의 하나가 바로 민주적 정당성(정통성)의 이론이다. 현대헌법국가에서의 자유민주적 통치구조는 통치권의 민주적 정통성을 충족시켜야 한다.[1)]

– 정당성(Legitimität)과 합법성(Legalität) –

합법성을 견지한다는 것은 법의 생명이라고 할 수 있으나, 원칙적으로 정당하여야 할 법적 결정이 때로는 불합리한 법의 기계적인 적용에 불과한 경우가 있다. 이러한 경우에는 법을 변혁하여서라도 정당한 사리대로 처리하여야 한다는 「정당성의 요구」가 대두되게 된다. 그래서 합법성과 정당성의 대립은 「법내재적인 정의와 법초월적 정의」와의 대립으로 나타나는 것이다. 『참고』: 민법에서는 Legitimation을 認知(準正)라고 하여 “혼인외의 출생자는 그 부모가 혼인한 때에는 그때로 부터 혼인중의 출생자로 본다”(855 II)고 규정하고 있다(legitimatio per subsequens matrimonium(약칭: l.p.s.m.).

II. 의의

민주적 정당성이라 함은 「통치권의 창설 및 행사」는 국민의 화합(Konsens)에 그 기초를 두어야 한다는 원리이다. 즉 국가권력의 민주적 정당성이란 민주주의적 요청을 충족시키고 이와 조화를 이루기 위하여, 국가권력의 창설과 국가권력의 행사가 국민적 합의에 그 바탕을 두어야 한다는 것을 말한다.

우리 헌법은 국가권력이 민주적 정당성을 확보하도록 하기 위한 여러 가지 형태의 제도적 장치를 강구하고 있는 바, (ㄱ) 국민의 정치적 의사형성에 필요한 합의를 항상적으로 확보하기 위하여 정당의 설립과 활동의 자유(제8조), 표현의 자유(제21조) 및 청원권(제26조) 등을 보장하고 있고, (ㄴ) 일정한 주기를 두고 국민의 정치적적 의사를 확인하기 위한 제도로서 국민투표제(제72조, 제130조 제2, 제3항) 및 선거제도(제41조, 제67조, 제118조)[2)]

---

1) 허영, 한국헌법론, 650면.

2) 헌재결 1989. 9. 8, 88헌가6 【국회의원선거법 제33조 제34조의 위헌심판제청】 민주주의의 기본적 가치라고 할 수 있는 주권재민의 원리(헌법 제1조)가 현실적인 제도로 구체적으로 현출되는 것이 선거제도이고 선거법이다. 권력원리, 주권원리를 그 실질성과 구체성이 배제된 단편적인 자연법론에 따른 형식적 추상적 국민주권론의 입장에서만 파악하여 선거법을 다룰 것이 아니라, 유권자에게 사회발전에 부응해 갈 수 있도록 주권의 행사를 실질적으로 할 수 있게 제도와 권리를 보장하여 새로운 정치질서를 형성해 갈 수 있게 하는 것이 우리 헌법상의 국민주권을 실질화

를 두고 있으며, (ㄷ) 국민의 대표기관인 국회를 통하여 간접적으로 민주적 정당성을 확보하기 위한 장치로서 헌법재판소 · 법원 · 감사원 등 헌법기관의 구성에 있어서 국회의 관여를 허용하고 있다(제86조, 제98조, 제104조, 제114조). (ㄹ) 오늘날 입헌민주국가에서는 대의제도에 의한 통치가 불가피하며 선거야말로 국민의 의사를 체계적으로 결집 · 수렴 · 구체화하는 방법으로 국민의 정치적 의사를 형성하는 가장 합리적인 절차이다. 따라서 국민의 의사가 얼마나 굴절 없이 정당하게 반영되느냐의 여부가 통치권의 정통성과 정당성을 담보하는 핵심이며 생명이라고 할 수 있는 것이다.[1)]

III. 민주적 정당성의 실현방법

1. 개관

현대 헌법국가에서는 통치권이 반드시 「민주적 정당성」에 뿌리를 두고 있어야 하기 때문에 (ㄱ) 통치권의 창설과, (ㄴ) 통치권의 행사, (ㄷ) 통치권이 행사되는 과정에 있어서의 절차적 정당성이 확보 될 수 있도록 뒷받침 될 수 있는 제도적 장치를 확보하는 것이 중요하다. 우리 현행헌법은 통치권의 민주적 정통성을 확보하기 위하여 국민의 국가권력에 대한 직접적 '입력통로(input-channel)'를 열어놓고 있을 뿐만 아니라 모든 헌법기관으로 하여금 최소한의 간접적인 민주적 정통성을 인정받을 수 있도록 하는 제도를 마련해두고 있다.

2. 내용

2.1. 국민의 직접적 '입력통로(input-channel)'를 통한 정통성의 확보

2.1.1. 상설적 입력통로

- 언론 · 출판 · 집회 · 결사의 자유(제21조 : 모든 국민은 언론 · 출판의 자유와 집회 · 결사의 자유를 가진다).
- 청원권(제26조 : 모든 국민은 법률이 정하는 바에 의하여 문서로 청원할 권리를 가진다).

하는 것이며, 우리 헌법전문과 본문의 원칙에 부합되는 것이라는 논리 위에서 선거법을 보고 다루어야 한다.

1) 헌재결 1991. 3. 11, 91헌마21.

2.1.2. 주기적 입력통로

- 선거제도
  - 대통령선거제도(제67조) : 대통령은 국민의 보통 · 평등 · 직접 · 비밀선거에 의하여 선출된다.
  - 국회의원선거제도(제41조) : 국회는 국민의 보통 · 평등 · 직접 · 비밀선거에 의하여 선출된 국회의원으로 구성된다.

『보충설명』

국민주권의 원리에 입각하여 대의민주주의를 실현한다는 민주정치의 현대적인 당위명제를 실현시키기 위해서 현대의 대다수의 자유민주주의 국가에서는 선거법의 기본원칙을 헌법 또는 각종의 선거법에 明文으로 규정하고 있다. 그리고 이의 합리적인 운용을 위한 제도적 장치(보통 · 평등 · 직접 · 비밀 · 자유선거[1]의 원칙)인 선거법의 기본원칙도 함께 마련해 두고 있다. 특히 통치권의 민주적 정당성을 확보하기 위한 수단으로서 이와 같은 선거법의 기본원칙은 국민의 표현의 자유와 함께 자유민주적 통치질서의 가장 중요한 전제조건이 된다. 따라서 선거법의 기본원칙이 국가권력을 구속하는 것은 당연하다고 볼 수 있다.

- 국민투표제도
  - 임의적 국민투표제도(제72조) : 대통령은 필요하다고 인정할 때에는 외교 · 국방 · 통일 기타 국가安危에 관한 중요정책을 국민투표에 회부할 수 있다. ☞ 재량행위(임의규정)[2]
  - 필수적 국민투표제도(제130조 제2항 : 헌법개정) : 헌법개정안은 국회가 의결(재적의원 3분의 2이상의 찬성)한 후 30일 이내에 국민투표에 붙여 국회의원선거권자 過半數의 투표와 투표자 과반수의 찬성을 얻어야 한다. ☞ 기속행위(강행규정)[3]

---

1) 자유선거란 강제선거에 대한 개념으로서 선거인이 강제나 외부의 어떠한 간섭도 받지 않고 자기의 선거권을 '자유롭게' 행사하는 것을 말한다. 우리 나라의 현행 헌법은 독일과는 달리 자유선거의 원칙에 관하여는 이를 明文으로 규정하고 있지 않으나 민주적 선거법인 다른 4가지 기본원칙을 채택하고 있기 때문에 그 속에는 당연히 자유선거의 원칙도 포함된다고 보는 것이 옳다(허영, 한국헌법론, 774면 참조); 헌법재판소의 견해도 다음과 같이 동일하다. 헌재결 1999. 9. 16, 99헌바5 【공직선거및선거부정방지법 제64조 제1항 등 위헌소원 (동법 제250조 제1항)】 자유선거원칙은 우리 헌법에 명시되지는 않았지만 민주국가의 선거원리에 내재하는 법원리로서 국민주권의 원리, 의회민주주의 원리, 참정권 규정에서 그 근거를 찾을 수 있고 투표의 자유, 입후보의 자유 및 선거운동의 자유를 포함한다.

2) **임의규정**(ius dispositivum) : 당사자의 의사에 의하여 그 적용을 배제할 수 있는 규정을 임의규정(임의법규)이라 한다. 주로 「사적 자치의 원칙」을 추구하는 민법의 경우에 많다. 민법 「제105조(임의규정) : "법률행위의 당사자가 법령중의 선량한 풍속 기타 사회질서에 관계없는 규정과 다른 의사표시를 한 때에는 그 의사에 의한다"는 규정과 관계없는 규정을 임의규정이라 한다.

- 지방자치를 위한 선거제도(제118조 제2항) : 지방의회의 조직 · 권한 · 의원선거와 지방자치단체의 장의 선임방법 기타 지방자치 단체의 조직과 운영에 관한 사항은 법률로 정한다.

2.2. 국회를 통한 간접적인 민주적 정통성제도의 확립

우리 현행헌법은 행정부 · 사법부 · 헌법재판소 · 감사원 · 중앙선거관리위원회 등의 헌법기관의 구성에 국회가 관여하게 함으로써 이들 헌법기관이 「간접적인 민주적 정당성」(mittelbare demokratische Legitimation)을 인정받을 수 있는 제도적 장치를 마련하여 두고 있다.[1)]

- 국무총리임명에 대한 동의권(제86조 제1항) : 국무총리는 국회의 동의를 얻어 대통령이 임명한다.
- 감사원장임명에 대한 동의권(제98조 제2항) : 감사원장은 국회의 동의를 얻어 대통령이 임명하고, 그 임기는 4년으로 하며, 1차에 한하여 重任할 수 있다.
- 대법원장 · 대법관임명에 대한 동의권(제104조 제1, 제2항) : ① 제104조 제1항 : 대법원장은 국회의 동의를 얻어 대통령이 임명한다. ② 제104조 제2항 : 대법관은 대법원장의 제청으로 국회의 동의를 얻어 대통령이 임명한다.
- 대통령의 헌법재판소재판관 3인의 선출권(제111조 제3항) : 헌법재판소의 재판관중 3인은 국회에서 선출하는 자를, 3인은 대법원장이 지명하는 者를 임명한다.
- 헌법재판소장임명권(제111조 제4항) : 헌법재판소의 長은 국회의 동의를 얻어 재판관중에서 대통령이 임명한다.
- 중앙선거관리위원회 3인의 선출권(제114조 제2항) : 중앙선거관리위원회는 대통령이 임명하는 3인, 국회에서 선출하는 3인과 대법원장이 지명하는 3인의 위원으로 구성한다. 위원장은 위원중에서 호선(互選)한다.

이처럼 주요 헌법기관의 구성에 '국민의 대의기관(Volksvertretung)'인 국회로 하여금 직접적 혹은 간접적으로 관여하게 한 것은 적어도 주요 헌법기관의 존립과 그의 기능이 직접적 혹은 간접적으로 「민주적 정통성」의 바탕위에서 이루어져야 한다는 「자유민주적 통치구조의 근본이념」을 제도화 · 구체화하고 있는 것이다.[2)]

---

3) **강행규정**(ius cogens) : 당사자의 의사여하에 불구하고 강제적으로 적용되는 규정을 강행규정(강행법규)이라 한다. 따라서 강행규정에 위반하는 법률행위는 무효이다. 일반적으로 공법에 이러한 규정이 많다.

1) 허영, 헌법이론과 헌법, 단락번호 1041.

2) 허영, 헌법이론과 헌법, 단락번호 1041.

제 2 절 통치구조론의 체계

제 1 항 통치구조론의 구조

좁은 의미의 통치구조론은 정부형태 선택론과 통치기구 구성론을 의미 하며, 넓은 의미의 통치구조론은 그 외에도 통치구조원리론과 통치기능론(국가의사결정론과 국가권력행사방법론)까지 포괄하는 의미로 사용된다. 이하에서는 통치구조론을 넓은 의미로 사용하고자 한다.[1)]

제 2 항 통치구조론의 내용

헌법은 국가의 기본법으로서 통치형태 · 통치기능 · 통치기구 등의 기본 틀을 규정하는 조직규범(헌법의 특성: 조직규범성)이다. 민주국가의 통치형태와 통치기구는 헌법에 의거하여 구성되어야 하고, 통치기능 내지 통치작용은 헌법으로부터의 수권이 있는 경우에만 발동될 수 있다(헌법의 수권규범성). 그러므로 국가의 통치구조의 구성과 내용이 민주적 정당성을 확보하고 이를 통하여 국민적 지지를 획득할 수 있기 위해서는 그 것이 헌법에 기초한 것이어야 한다. 따라서 현대헌법국가의 통치구조론의 내용으로서 검토하여야 할 사항은 다음과 같다고 할 수 있다.[2)]

I. 통치구조의 구성원리

현대민주국가의 헌법에 있어서 통치구조의 구성원리로는 국민주권의 원리, 대의제의 원리, 권력분립의 원리, 법치주의의 원리, 책임정치의 원리, 능률성 · 경제성의 원리 등을 들 수 있다.[3)] 이들 원리는 넓은 의미에서는 현대 헌법국가의 헌법을 지배하는 기본적인 헌법

1) 권영성, 헌법학원론, 731면.
2) 권영성, 헌법학원론, 731면.
3) 김철수 교수는 통치기구의 조직원리로서 ① 국민대표주의, ② 권력분립주의, ③ 정부형태, ④ 국

적 원리를 의미하는 것이지만, 그러나 제1차적으로는 현대 민주국가헌법의 통치구조를 지배하는 통치구조의 구성원리라고 할 수 있다.[1]

[통치구조의 구성원리]
- 국민주권의 원리
- 대의제의 원리
- 권력분립의 원리
- 법치주의의 원리
- 책임정치의 원리
- 능률성 · 경제성의 원리

II. 통치구조의 형태

통치구조의 형태를 의미하는 정부형태는 통치구조에 있어서 권력분립의 원리가 어떻게, 그리고 어느 정도로 적용되어 있는가 하는 문제이다. 현대 민주주의 국가의 헌법들에는 다양한 정부의 유형이 규정되어 있지만, 기본적인 정부형태는 의원내각제 · 대통령제 · 의회정부제 등으로 구분되고 있고,[2] 대부분의 국가들은 이러한 토대하에서 그 나라의 정치현실에 맞게 이를 약간씩 변형하고 있다.

통치구조의 형태(정부형태)
- 의원내각제
- 대통령제
- 의회정부제

- 議院內閣制 · 議員內閣制 · 首相內閣制의 구별 -

헌법문면상 또는 운용면에서 다양한 형태를 가지는 의원내각제는 이론상 그리고 실제로 몇 가지 유형으로 분류될 수 있다. 첫째, 입법부와 행정부의 관계를 기준으로 하여 (ㄱ) 입법부우위 · 행정부종속형(의회지배형), (ㄴ) 행정부우위 · 입법부종속형(내각통치형), (ㄷ) 양자의 대등 · 균형형(중간형)을 설정할 수 있다. 둘째, 수상과 각료의 관계 여하와 내각불

가기관을 들고 있고, 허영 교수(한국헌법론, 669면 이하)는 통치를 위한 기관의 구성원리로서 ① 대의제도, ② 권력분립의 원칙, ③ 정부형태, ④ 선거제도, ⑤ 공직제도, ⑥ 지방자치제도, ⑦ 헌법재판제도 등을 들고 있다.

1) 권영성, 헌법학원론, 732면.

2) 권영성, 헌법학원론, 732면.

신임권 및 의회해산권의 유무를 기준으로 하여, (ㄱ) 수상이 각료 중의 제1인자를 의미할 뿐 그들과 법적·정치적으로 대등한 지위에 위치하고 의회의 내각불신임권에 대응하는 내각의 의회해산권이 유명무실한 議員內閣制(내각책임제 : 19세기의 영국, 프랑스 제3·4공화국), (ㄴ) 수상이 각료에 대하여 상대적으로 우위에 위치하고, 의회의 내각불신임권에 대응하는 내각의 의회해산권이 인정되는 전형적인 議院內閣制(독일과 일본 등), (ㄷ) 수상이 각료들에 대하여 절대적 우위를 점하고, 내각은 의회해산권을 행사할 수 있는데 반하여 의회의 내각불신임권은 유명무실한 수상내각제(오늘날의 영국) 등을 설정할 수 있다.[1)]

議員內閣制 : 수상이 각료 중의 제1인자를 의미할 뿐 그들과 법적·정치적으로 대등한 지위에 위치하고 의회의 내각불신임권에 대응하는 내각의 의회해산권이 유명무실(내각책임제 : 19세기의 영국, 프랑스 제3·4공화국).

議院內閣制 : 수상이 각료에 대하여 상대적으로 우위에 위치하고, 의회의 내각불신임권에 대응하는 내각의 의회해산권이 인정(독일과 일본 등).

首相內閣制 : 수상이 각료들에 대하여 절대적 우위를 점하고, 내각은 의회해산권을 행사할 수 있는데 반하여 의회의 내각불신임권은 유명무실(오늘날의 영국).

III. 통치구조의 기능

통치구조의 기능적 측면, 즉 통치기능 내지 통치작용이라 함은 통치기구(국가기관)가 국가목적과 헌법목적을 실현하기 위하여 수행하는 정치적·규범적인 제기능 내지 제작용을 말한다. 오늘날에는 몽데스키외의 3권분립이론에 따라 통치기능(통치작용)을 입법·행정·사법기능(작용)으로 분할하고, 이들을 각기 분리 독립된 기관으로 하여금 담당하게 하고 있는 것이 일반적인 경향이다. 그러나 통치기능론 내지 통치작용론이 국가권력론의 차원에서는 입법권·행정권·사법권에 관한 이론으로 전개된다.[2)]

IV. 통치기구

현대민주국가에서도 국민적 합의의 내용인 민주공화제적 정치체제와 국민의 기본권 보장체계를 현실적으로 실현하기 위해서는 그것을 위한 제도적 장치로서 어떠한 조직된

---

1) 권영성, 헌법학원론, 770면.

2) 권영성, 헌법학원론, 733면.

기구가 필요하다. 현대민주국가에서 볼 수 있는 의회 · 대통령 · 내각 · 법원 등이 바로 그러한 기구들이라 할 수 있다.[1)]

1) 권영성, 헌법학원론, 733면.

제 2 장 통치구조의 구성원리

제 1 절 국민주권의 원리

제 1 항 개관

I. 국민주권의 개념

1. 개관

현대민주국가의 헌법은 예외 없이 국민주권(Volkssouveränität)의 원리를 헌법의 기본원리의 하나로 선언하고 있다. 한국 헌법 제1조에서 "대한민국의 주권은 국민에게 있고 모든 권력은 국민으로부터 나온다"고 규정하고 있는 것도 이를 반영한다. 주권이 국민에게 있음을 헌법이 선언하고 있는 경우에도 그 국민을 전체국민으로 보느냐 혹은 선거권을 가진 유권적 시민의 총체로 보느냐에 따라 국민주권의 원리는 그 의미와 성격이 달라지게 된다(국민개념2분설).[1]

2. 내용

2.1. 국민주권이념설

국민주권의 원리에 있어서 국민을 전체국민으로 보는 경우에는 국민이 의미하는 개념 자체의 추상성으로 말미암아 국가권력의 정당성의 근거를 국민에게서 구해야 된다는 정치적 이념을 선언한 것에 불과하다고 한다(국민주권이념설). 이 경우에 있어서의 민주주의는 '국민의 통치형태'를 의미하는 것이기는 하지만, 이는 '국민의 자기통치형태'를 뜻하는 것은 아니고, 국가내에서 행사되는 통치권(입법권 · 행정권 · 사법권)의 정당성(정통성)이 전체국민으로부터 근거하고, 국가권력의 창설과 그 행사의 정당성을 국민의 의사에 의하도록 하는 통치형태를 말한다. 결국 국민의 통치형태라 함은 국민의 자기지배형태가 아닌, 국가권

---

1) 권영성, 헌법학원론, 734면.

력(Staatsgewalt)의 창설은 물론 국가내에서 행사되는 모든 권력의 최후적 정당성(민주적 정당성)이 자유 · 평등 · 정의의 객관적인 가치를 실현시키려는 통치형태를 의미한다고 할 수 있다.[1]

민주주의가 그 어원대로 '국민의 통치형태'인 것은 사실이지만, 그렇다고 그것이 반드시 '국민의 자기통치형태'를 뜻하는 것은 아니다.

→ 국민의 통치형태 :

- '국민의 자기통치형태'(X)
- 국가내에서 행사되는 통치권(입법권 · 행정권 · 사법권)의 정당성(정통성)이 전체국민에 근거하는 통치형태(O)
- 국가권력의 창설과 그 행사의 정당성을 국민의 의사에 의하도록 하는 통치형태(O)

「국민의 통치형태」

'국민의 자기지배형태'를 말하는 것이 아니고 국가권력(Staatsgewalt)의 창설은 물론 국가내에서 행사되는 모든 권력의 최후적 정당성(민주적 정당성)이 '자유' · '평등' · '정의'의 객관적인 가치를 실현시키려는 '사회'의 Konsens에서 유래하는 일정한 세계관 내지 가치관적 통치형태를 의미한다.[2]

2.2. 국민주권규범설

국민의 개념을 유권적 시민의 총체(유권자 집단)라고 보는 경우에는 그 국민의 현실성으로 말미암아 국민주권의 원리는 국민(유권자집단)이 국가의사나 국가정책을 전반적 · 최종적으로 결정하여야 한다는 규범적 원리를 의미하게 된다(국민주권규범설). 헌법 제1조 제2항에서 의미하는 주권은 대한민국 국가의사와 국가적 질서를 최종적으로 결정하는 최고의 권력을 의미하며, 이때의 국민은 이념적으로는 대한민국의 국적을 가진 국민전체를 의미하지만 현실적으로는 선거권을 가진 유권적 시민의 총체(유권자 집단)를 의미한다.[3]

2.3. 국민주권의 원리를 구현하기 위한 제도적 장치

국민주권의 원리에 있어서 그 국민을 전체국민으로 관념하는 경우는 물론이고 유권적 시민의 총체(유권자 집단)로 관념할 경우에도 광대한 국토와 방대한 인구 등 현실적 여건으로 말미암아 모든 국가의사나 국가정책을 언제나 국민이 직접 결정한다는 것은 현실적

---

1) 허영, 한국헌법론, 237면.
2) 허영, 한국헌법론, 238면 참조.
3) 권영성, 헌법학원론, 734면.

으로나 기술적으로도 불가능하다. 여기에 국민주권의 원리를 구현하기 위하여 국가의사나 국가정책을 현실적 · 구체적으로 결정하기 위한 어떠한 기술적 방법 내지 제도적 장치가 필요하게 된다. 그것이 바로 간접민주제(대의제)와 직접민주제에 관한 논의를 불가피하게 하는 이유라고 할 수 있다.[1] 이러한 국민주권원리를 구현하기 위하여 헌법은 국민에 의하여 직접 · 간접적으로 선출된 국민의 대표자(국회 · 대통령 · 법원 · 헌법재판소)로 하여금 국민을 대신하여 국가적 의사를 결정하게 하는 간접민주제를 원칙으로 하면서도 국가의 중대한 의사를 결정하거나 헌법을 개정하는 경우 등에는 국민이 국민투표 등의 방식을 통하여 국가의사를 직접 결정하는 직접민주주의제를 가미하고 있다.[2]

II. 국민주권론과 인민주권론

넓은 의미의 국민주권론에서도 주권의 주체로서의 국민을 또다시 국민(nation)과 인민(peuple)으로 구분하여, 국민(nation)을 주권론자로 보는 국민주권론(souveraineté nationale)과, 인민(peuple)을 주권론자로 보는 인민주권론(souveraineté populaire, du peuple)이 있다. 주권의 주체인 국민을 이와 같은 의미로 이해하면서, 이러한 관념을 주권의 실현방법과 결부시킬 경우, 국민주권론은 논리적으로 대의제와, 그리고 인민주권론은 논리적으로 직접민주제와 밀접하게 된다.[3]

> nation주권론(souverainet nationale) → nation을 주권론자로 보는 주권론 → 대의제
> peuple주권론(souverainet populaire, du peuple) → peuple을 주권론자로 보는 주권론 → 직접민주제

1. nation주권론과 대의제

nation주권론의 논리적 귀결이 대의제라고 할 때, 대의제와 nation(국민)주권론의 관계는 다음과 같다. 첫째, 국민주권론에 있어서 주권의 주체는 인격이 의제된 전체로서의 국민, 즉 이념적 · 추상적 통일체로서의 국민이 주권의 주체가 된다. 둘째, 국민주권론에 있어서 주권의 주체인 '전체로서의 국민'은 이념적 · 추상적 존재이므로 이는 비조직적인 것이며, 따라서 주권은 전체국민이 선출한 대표자에 의하여 행사되는 대의제를 그 기초로 한다.

1) 권영성, 헌법학원론, 734면.
2) 권영성, 헌법학원론, 735면.
3) 헌법재판소는 국민주권론을 형식적 · 추상적 · 명목적 국민주권론과 실질적 · 능동적 국민주권론으로 분류하여 대비하고 있다(헌재결 1989. 9. 8, 88헌가6).

셋째, 국민주권론에 있어서는 국민개념의 이념성·추상성으로 말미암아 그 대표자는 그를 선출한 선거구민을 대표하는 것이 아닌 전체국민을 대표하는 것이며, 선거구민의 지시나 명령을 따르지 아니하는 무기속·자유위임(명령적 위임의 배제)을 본질로 한다. 넷째, 국민주권론에 있어서는 대표자에 의한 권력남용 및 자유위임의 문제점을 해결하기 위하여 권력분립의 원리에 입각한 통치구조가 이루어져야 한다. 다섯째, 국민주권론에 있어서는 교양과 재산을 가진 소수 엘리트에게만 선거권이 부여되는 제한선거도 무방하다. 여섯째, 국민주권론에 있어서 그 정치적 구성원리는 대의제를 의미하기 때문에 주권의 주체와 주권의 행사자는 분리된다.[1]

[국민주권론]
- 주권의 주체 : 인격이 의제된 전체로서의 국민(국적보유자의 총체인 이념적·추상적 통일체로서의 국민)
- 대의제 : 간접민주제
- 무기속위임(명령적 위임의 배제)
- 권력분립의 원리
- 제한선거 가능 → 교양과 재산을 가진 소수 엘리트만이 선거에 참여
- 주권의 주체와 그 행사자는 분리

2. peuple(인민)주권론과 직접민주제

인민(peuple)주권론을 따르게 되면 직접민주제로 귀착된다. 직접민주제와 인민(peuple)주권론의 관계는 다음과 같다. 첫째, 인민주권론에 있어서 주권의 주체는 현실적으로 실존하는 개개인의 집단, 즉 선거권을 가진 유권적 시민의 총체를 의미한다. 둘째, 인민주권론에 있어서는 개개인으로서의 인민이 현실적·구체적 주권의 담당자이고, 따라서 이들 자신이 직접 통치하는 직접민주제를 이상적인 것으로 한다. 셋째, 인민주권에 있어서 인민(peuple)은 스스로 주권을 직접 행사하나(직접민주제), 불가피한 이유로 타인으로 하여금 이를 대신하여 행사하게 하는 경우(대의제도) 인민은 그를 대표하는 대표자에게 지시나 명령을 할 수 있고 대표자를 소환할 수 있다. 따라서 인민과 인민을 대표하는 대표자와의 관계는 본질적으로 인민이 대표자에게 명령·강제하는 기속위임(명령적 위임)을 본질로 한다. 넷째, 인민주권론에 있어서는 직접민주제의 요청으로 말미암아 권력분립의 원리가 필수적인 요소가 아니며, 이것이 거부되고 오히려 권력집중의 원리가 요청된다.[2] 다섯째, 인

1) 권영성, 헌법학원론, 735면; 성낙인, 헌법학, 811면.

2) 「참고」: 국민주권론을 주장한 루소(Rousseau : 1712-1778)는 주권의 단일(주권은 분할할 수 없다)·불가분성(주권은 양도할 수 없다)을 내세워 권력분립론을 비판하였는데, 그 이유는 국민주

민주권론에 있어서는 주권자인 인민이 투표권을 행사하는 것이므로 제한선거는 주권적 인민의 주권의 제한으로 간주되어 용납될 수 없고, 보통선거제를 취하게 된다. 여섯째, 인민주권론은 직접민주주의(직접참정)를 이상으로 하므로 주권의 주체(보유자)와 주권의 행사자가 일치(동일성 원리)한다. 인민주권론에 있어서 그 정치적 구성원리는 루소(Rousseau) 및 칼 슈미트(Carl Schmitt)의 이른바 동일성 민주주의(Identitätsdemokratie)를 의미하기 때문이다.[1] 인민주권(souveraineté populaire, du peuple)이론은 루소(Rousseau)의 사회계약론의 이상적인 민주주의에 관한 논의에서 이론적 정밀성을 갖게 되었다.

[인민주권론]
- 주권의 주체 : 실존하는 개개인의 집단(선거권을 가진 유권적 시민의 총체)
- 직접민주제
- 기속위임(명령적 위임)
- 권력집중
- 제한선거 부정
- 주권의 주체와 주권의 행사자가 일치(동일성의 원리)

3. 국민주권론 · 인민주권론의 조화

오늘날 국민주권이론은 대의민주주의(간접민주주의)가 정착되어 있고, 무기속 · 자유위임의 법리가 현실화 되어 있으므로 이를 표상하는 국민주권론(nation 주권론)이 승리한 것 처럼 보이지만,[2] 오늘날에는 순수한 국민주권의 원리나 순수한 인민주권의 원리만을 정치적 구성원리로 채택하는 헌법은 드물며, 오히려 좁은 의미의 국민주권의 원리와 인민주권의 원리(보통선거제 · 직접민주제)의 조화를 추구하고 있는 실정이다.[3] 제한선거(국민

권주의와 권력분립주의는 양립될 수 없는 것이라고 생각했기 때문이다(성낙인, 프랑스헌법학, 165면). 루소(Rousseau)가 의미하는 국민주권은 국민개인이 각각 주권의 일부분을 가지고 있다는 것이 아니라「전체로서의 국민(la nation tout entiére)」이 주권자 라는 의미이므로 국민개인은 그들이 가지고 있지 않은 주권을 양도할 수 없다는 것이다(유진오, 헌법해의, 탐구당, 1953, 125면 참조). 그는 입법권의 우위에 입각한「권력집중제」를 주장하였고, Rousseau 의 입법권우월주의적인 권력통합이론은「舊 소련헌법」 등에서 구체화되었다.

루소 → 권력집중제(입법권우위)

(왜냐하면) 주권은 단일 · 불가양이므로 분할 할 수 없다.

→ 구 소련헌법에서 채택

1) 이태일외 역, J. J. 루소, 사회계약론, 범문사 1989, 35-36면 참조.
2) 성낙인, 헌법학, 812면.
3) 권영성, 헌법학원론, 736면

주권) 대신에 보통선거(인민주권)가 일반화되어 있고, 대의제인 간접민주제(국민주권)를 기본으로 하면서도 직접민주제(인민주권)를 가미함으로서 국민주권론과 인민주권론의 양자를 조합하여 운영하고 있다.

제 2 절 대의제(간접민주주의) 원리

제 1 항 개관

I. 대의제(간접민주주의)의 개념

1. 개관

국민주권의 원리에 있어서 국민의 개념을 전체국민을 의미하는 것으로 보는 경우인 국민주권론(nation 주권론)는 물론이고 유권적 시민의 총체(유권자 집단)로 보는 경우 인민주권론(peuple 주권론)에도 광대한 영토와 인구 등 현실적·기술적 여건으로 말미암아 모든 국가의사나 국가정책을 언제나 국민이 직접 결정한다는 것은 현실적으로 불가능하다. 여기에 국민주권의 원리를 구현하기 위하여 국가의사나 국가정책을 현실적·구체적으로 결정하기 위한 어떠한 기술적 방법 내지는 제도적 장치가 필요하게 됨은 위에서 언급한 바와 같다. 이에 따라 간접민주제(대의제)와 직접민주제에 관한 논의가 등장하게 되는 이유도 바로여기서 연유한다. 간접민주제는 국민주권론(nation 주권론)으로부터 연유한다.[1]

2. 의의

대의제(간접민주주의 : representative system)라 함은 주권자인 국민이 국가의사나 국가정책을 직접 결정하지 아니하고 대표자를 선출하여 그들로 하여금 국민을 대신하여 국가의사나 국가정책 등을 결정하게 하는 통치원리를 말한다. 이는 바로 간접민주주의의 시행을 의미하며, 대의제는 대표제·대표민주제·대의민주제·간접민주제·국민대표제·의회민주주의·의회제(도) 등으로 다양하게 표현되고 있다.[2] 국민주권의 원리를 구현하기 위한 가장 이상적인 제도는 주권자와 통치자가 동일체라야 한다는 동일성원리(Homogänitätsprinzip)의 요청과 민주적인 국가의사결정이라는 요청을 동시에 만족시켜 주는 직접민주제라고 할 수 있다. 그러나 현실적으로 주권자인 국민이 직접 국정을 담당할 수 없다는 현실적인 여건으로 말미암아 대부분의 현대 자유민주주의 국가는 간접민주제인 대의제를 채택하고 있다.[3]

---

1) 권영성, 헌법학원론, 682면 이하.
2) 성낙인, 헌법학, 810면.
3) 권영성, 헌법학원론, 736면; 성낙인, 헌법학, 811면.

– 간접민주주의(repräsentative Demokratie) –

간접민주주의는 대의제도, 대의민주주의, 대표민주주의 등과 같은 용어로 쓰인다. 代表民主制의 법적 구조는 i) 대표위임의 원리와, ii) 강제위임금지(무기속위임 · 명령적 위임의 배제)의 원리를 가진다. 대표민주제에서는 국민은 선거에 의하여 구성된 代表機關을 통해서만 주권(Souveränität)을 행사하고, 대표기관의 행위는 국민의 의사를 반영하는 것으로서 국민의 행위로 간주된다.

우리 헌법상 대의의 원리에 입각하여 다음과 같은 제도를 두었다.
- 의회제도의 보장(입법권)
- 대통령제도 확립(집행권)

『보충』
대의민주주의(repräsentative Demokratie)
의회민주주의(parlamentarische Demokratie) : 의원내각제
대표의회민주주의(repräsentative parlamentarische Demokratie)

대의민주주의(repräsentative Demokratie), 의회민주주의(parlamentarische Demokratie)는 일반적으로 대의제도(repräsentatives System), 간접민주주의와 동의어로 사용되는 개념이다. 그 중에서도 특히 대의제도는 간접민주주의(mittelbare Demokratie), 대의민주주의 그리고 의회민주주의의 세 가지 개념을 총칭하는 가장 광범위한 의미로 사용되고 있다.

대의민주주의 = 간접민주주의(mittelbare Demokratie) → 대의제도
의회민주주의 = 간접민주주의 → 대의제도

대의민주주의와 의회민주주의는 동시에 간접민주주의이지만, 대의민주주의와 의회민주주의는 동의어가 아니다. 왜냐하면 의회민주주의라고 하는 개념은 일반적으로 의회의 강한 정치적 기능을 표현하는 개념으로써, 의원내각제 정부형태를 표현하는 용어로 사용한다. 따라서 의회주의와 의회민주주의라는 용어도 엄격하게는 구별되는 개념이다. 즉 의회주의 $\neq$ 의회민주주의(의원내각제)

- **영국 · 독일 · 일본** : 대의민주주의이면서 동시에 의회민주주의(의원내각제)를 채택하는 나라(저자는 이를 대표의회민주주의(repräsentative parlamentarische Demokratie) 라고 칭하기도 한다.

- **미국 · 한국** : 대의민주주의이지만, 의회민주주의는 아니다. 우리 나라는 대통령제를 취하면서 다만 의원내각제의 요소(예 : 국무총리제도)를 가미하고 있다.

영국 · 독일 · 일본 → 대의민주주의 + 의회민주주의
미국 · 한국 → 대의민주주의를 원칙

II. 대의제의 특징

[대의제의 특징][1]
- 통치자와 주권자인 국민이 구별
- 국가기관구성권과 국가정책(의사)결정권의 분리
- 직접선거제
- 전체국민을 대표
- 무기속 · 자유위임의 원리[2]
- 국민전체이익
- 다수결원리(Mehrheitsprinzip), 소수자보호(Mindreheitenschutz)
- 의사결정의 절차적 정당성
- 대표자의 국민에 대한 책임은 정치적 책임(법적 책임이 아님)

– 강제위임금지(자유위임)원칙과 전국구의원 탈당시 의원직사동상실여부문제 –

[헌재결 1994. 4. 28, 92헌마153, 전국구 의회의원 의석승계 미결정 위헌확인] : 국민대표주의(대의제)의 법적 성격 = 자유위임의 원칙

<사례>

청구인인 'ㅌ'정당은 14대 국회의원총선 결과 7인의 전국구국회의원을 보유하게 되었는데 그 후 'ㅌ'정당 소속 'ㅈ'의원이 탈당하자 이는 구 국회의원선거법 제143조 제3항에 규정된 전국구의원의 闕員인 경우에 해당된다 하여 전국구위원 의석 승계결정을 해줄 것을 피청구인인 중앙선거관리위원회에 신청하였으나. 피청구인은 舊국회의원선거법 제143조 제2항 및 제3항에 따라 의석승계결정을 하기 위해서는 국회의장에 의한 闕員통지가 있어야 하는데 그 통지가 없었다는 회신을 하고 의석승계결정을 하지 않았다. 이에 청구인정당은 승계결정을 않고 방치한 피청구인의 부작위로 7인의 전국구의원을 보유할 권리를 침해당하였고, 동당 전국구후보 제8순위인 'ㄱ'모씨의 公務擔任權을 침해당하였으므로. 그 부작위의 위헌확인을 구하고, 아울러 동 부작위가 위헌으로 확인되는 경우 헌재법 제75조 제5항의 규정에 따라 부작위의 근거가 된 구 국선법 또는 동법의 규정들에 대한 위헌확인

---

1) 권영성, 헌법학원론, 737면; 대의제에 관해서는 조병륜, 국민대표제의 연구, 서울대학교 법학박사학위논문, 1983, 정종섭, 대의제에 관한 비판적 연구, 연세대학교 법학박사학위논문, 1989; 이병훈, 대표원리와 의회주의의 기능, 고려대학교 법학박사학위논문, 1988 등 참조.

2) 헌법 제46조 제2항(국회의원의 국가이익 우선의무) 국회의원은 국가이익을 우선하여 양심에 따라 직무를 행한다.

을 구하고, 예비적으로 청구인정당은 구 국선법 제143조 제2항이 헌법 제8조 제3항 및 제41조 제3항에 의하여 국가의 보호를 받을 비례대표제에 관한 정당의 권리를 침해한다 하여 그 위헌확인을, 청구인 'ㄱ'모씨는 동 조항이 헌법 제25조와 제41조 제3항에 의하여 자신에 부여된 전국구의원으로서의 공무담임권을 침해하는 위헌인 것이라고 하여 그 위헌확인을 구하는 헌법소원심판을 각각 청구하였다.

<해설>

정당부작위는 헌법에서 유래하는 작위의무가 공권력주체에게 있는 경우에만 헌법소원의 대상이 될 수 있으므로 중선의에게 의석승계의무가 있었는지를 살펴보면 공무원책임조항인 헌법 제7조 제1항, 국회의원의 발언표결면책특권조항인 제45조, 국회의원의 국가이익우선의무조항인 제46조 제2항의 규정들을 종합하여 볼 때, 헌법은 국회의원을 자유위임의 원칙하에 두었다고 할 것이고 따라서 별도의 법률규정이 있는 경우는 별론으로 하고, 전국구의원의 소속정당 탈당으로 의원직 상실이 되지 않는 것이고 구 국회의원선거법이나 국회법에 그러한 상실규정을 두고 있지 않아(舊공직선거 및 선거부정방지법 제192조 제4항은 "전국구국회의원이 소속정당의 합당·해산 또는 제명 외의 사유로 당적을 이탈·변경하거나 이상의 당적을 가지고 있는 때에는 국회법 제136조의 규정에 불구하고 퇴직한다."하는 규정을 두고 있으나 'ㅈ'의원이 탈당할 당시의 구 국선법에는 이러한 규정이 없었다) 전국구의원의 궐원의 경우가 아니었고, 가사 궐원의 경우라 하더라도 구 국선법 제143조 제3항에 따라 국회의장으로부터 궐원통지를 받기 전에는 피청구인게게 의석승계 결정을 해야 할 작위의무가 생기지 않았고. 더구나 이 사건의 경우 소속 전국구의원이 탈당하였다 하더라도 궐원이 생긴 경우가 아니므로 국회의장도 궐원통지를 할 수도 없고 … 그러므로 청구인의 주된 청구는 작위의무 없는 공권력 부행사에 대한 위헌확인을 구하는 것이어서 부적법하며, 구 국선법 제143조 제2항이 청구인의 기본권침해로 위헌법률임을 확인해 달라는 예비적 청구에 대하여 보면, 동 규정은 전국구의원의 궐원시에 피청구인이 하여야 할 의석승계결정의 절차 및 의무를 규정하였을 뿐인데, 위 주위적 청구에 관한 판단에서 본대로 소속 전국구의원의 탈당이 있었다 하여도 궐원이 생긴 경우가 아니어서 동 규정이 청구인들에게 적용될 규정이 아니므로 자기관련성이 없어 부적법한 헌법소원심판청구이고 결국 주된 청구, 예비적 청구 모두 부적법하여 모두 각하결정한다.

제 2 항 대표관계의 법적 성격

I. 개관

대의제에 있어서 국민과 대표기관의 관계(대표관계)가 어떠한 성질의 것인가에 관해서는 다양한 견해가 제시되고 있다. 국민은 선거를 통하여 국민대표기관을 구성하는 것이 원칙이다. 이러한 국민과 국민대표기관간에는 다음과 같은 관계가 성립한다. 첫째로, 대표기관은 모든 문제에 있어서 선거인의 의사에서 완전히 독립하여 선거인에게서 명령이나 지시를 받지 않고 국가적 고려에 따라 자유로이 결정할 수 있으며, 대표기관의 행위는 국민의 동의를 필요로 하지 않는다.[1] 둘째로, 대표기관은 선거인에 대하여 법적 책임을 지지 않는다. 대표기관의 대표권력은 전체국민에게서 나오고 선거인에게서 나오지 않기 때문에 의원은 그 행위를 선거인에게 대하여 정당화 할 필요가 없는 것이다.

대표민주제에 있어서 국민은 선거인으로서 선거권을 행사하는데, 선거는 간접민주제에 있어서 국민이 국정을 신탁하고, 국정의 담당자를 선출하는 수단이다. 따라서 선거는 대표자를 선정하고 대표자를 선정하는 것이고, 국정 기타의 결정은 피선된 기관의 장래의 행동에 달려 있다.

II. 학설

1. 법적 대표관계 인정설

1.1. 법적 위임관계설

1.1.1. 내용

법적 위임관계설은 국민주권사상에 기초하는 것으로서 영·미, 프랑스계통의 자연법론자들이 주장하는 견해이다. 이에 의하면 주권 내지 입법권은 국민에게만 있고, 일반국민은 선거에 의해 그 권한을 의회에 위임하여 의회로 하여금 입법권 기타의 권한을 행사 하게 함으로써 간접적으로 입법권을 행사하게 된다. 따라서 의회는 국민의 위임에 의한 국민의 법적 대표기관이라고 한다. 여기에서 위임이란 강제위임 아니라 대표위임이며, '국민의

1) 그러나, 오늘날 국민과 국회의원과의 보다 긴밀한 관계를 유지하기 위하여 강제위임을 인정하는 소위 반대표제를 주장하는 이론도 있다.

일반의사를 표명하는 일반위임'이라고 한다.[1] 또한 이 위임은 개별적 위임이 아니라 집단적 위임, 즉 각 위원과 그를 선출한 선거인단의 위임관계가 아니라 의회 그 자체에 대한 위임이라고 한다.[2]

1.1.2. 비판

그러나 이 설은 다음과 같은 비판을 받고 있다.

첫째, 엄격한 법적 의미에 있어서 국민전체(전체로서의 국민)는 권리주체가 될 수 있는 법인격을 갖지 않는 것이므로, 국민전체가 권리주체로서 그 권리 또는 권능을 국회의원에게 위임하는 것은 성질상 불가능하다.

둘째, 선거란 선거인단을 구성하는 국민이 국회의원을 결정하는 지명행위 내지 선임행위에 지나지 않으며, 입법권의 위임을 내용으로 하는 위임계약은 아니다(문홍주).

셋째, 여기에서 위임이 비록 중세시대의 종족회의에서와 같은 명령적 위임관계가 아니라고 하더라도 법적 위임이라는 개념은 명령적 위임관계를 배척하는데서 출발하는 근대의회에 대해 위임관계를 부당하게 적용하려는 데에서 생긴 의제에 불과하다.

1.2. 법정대표설(법적 효과설)

1.2.1. 내용

법정 대표설에 의하면 (법적으로) 의회의 의사가 국민의 의사로 간주되기 때문에 국민과 의회간에는 법정대표관계가 존재한다고 한다. 이를 주장한 옐리네크(G. Jellinek)에 의하면, 국민은 선거를 통하여 의회를 조직하는 제1차 국가기관이고 의회는 국민이 선거한 의원으로써 조직되어 국민의 의사를 대신하여 표시하는 제2차 국가기관이다. 제2차 국가기관인 국회의 의사는 제1차 기관인 국민의 의사로 간주되어 (제2차 기관인) 의회의 의사는 제1차기관인 국민의 의사로 간주되는 법적 효과를 낳으며,[3] 따라서 국민과 의회는 법적으로 하나의 통일체를 형성한다고 한다.[4] 그리고 제1차 기관으로서의 국민이 (국회)의원을 선거하는 것은 단순히 선정기관으로서의 선정에 그치는 것이 아니라, 국민과 의회간에는 기관관계라고 하는 계속적인 법률관계가 존재하며, 이것은 성질상 오직 법률관계로서만 성립할 수 있다고 한다.

---

1) 이 점은 1789년 '강제위임에 관한 국민의회의 선언' 및 1791년 헌법에서 명시되었다.

2) 성낙인, 헌법학, 812면.

3) 권영성, 헌법학원론, 740면.

4) G. Jellinek, Allgemeine Staatalehre, SS. 582-585.

1.2.2. 비판

이상과 같은 법정대표설에 대해 켈젠(H. Kelen)은 이것은 민법상의 대리의 이론을 유추하고 있다고 지적하면서, 선임관계와 종속관계를 혼동하고 있다고 비판한다. 문홍주 교수는 '국민이 법적 의미로 조직되는 것은 국회에 의하여 되는 것이 아니고 헌법에 의해 조직되며, 또 국회는 헌법상 국민과 독립기관이고 그 독자의 의사를 가진 국가기관'이라고 하여 법정대표설을 비판하고 있다.

1.3. 헌법적 대표설

헌법적 대표설에 의하면, 대표기관의 권한은 국민의 위임행위에 의해서가 아니라 헌법에 직접 근거한 것이라고 한다. 다시말하면 '국민대표의 성립에는 법적 개념으로서의 국민의 존재를 전제로 하고 있는바, 대표하는 국민대표기관과 대표되어지는 국민과의 사이에는 어떠한 위임관계도 존재하지 않는다. 바꾸어 말하면 그것이 비록 본질적인 것이거나 행사에 따른 것이거나를 불문하고 국민대표기관에 대한 국민의 권리의 이양은 없다. 국민대표기관의 권리는 국민의 위임행위에서가 아니라 헌법으로부터 직접 도출 되는 것'이라고 한다.[1] 또한 이 설은 헌법 제1조 제2항이 「모든 권력은 국민으로부터 나온다」라고 하고, 제46조 제2항이 「국회의원은 국가이익을 우선하여 양심에 따라 직무를 행한다」라고 하고 있으므로 국회를 국민의 헌법적 대표기관이며, 따라서 헌법적 대표설이 타당하다고 한다.[2]

2. 정치적 대표실

정치적 대표설은 국회는 법적으로 국민의 대표 또는 위임관계에 있는 것이 아니고, 다만 정치적으로 국민의 대표기관일 뿐이라는 견해이다. 대표기관은 국민전체의 이익을 위하여 공정하고 성실하게 직무를 수행하여야 할 정치적 · 도의적 의무를 지는데 불과하므로, 그 대표관계는 정치적(사회적 · 사실적) 대표관계라는 것이다.[3] 정치적 대표설은 국회가 국민의 대표기관이라는 것은 국회를 통하여 민의를 반영시키려는 정치적, 이데올로기적 관념이라고 본다. 즉 국회가 국민의 대표기관이라고 하는 것을 의미하는 것이 아니라, 국회를 구성하는 위원은 특정의 계급, 당파, 지역민 등 국민의 일부를 대표하는 자가 아니라 전체 국민의 대표자이며, 그 활동에 있어서 선거인의 지시에 구속되지 않고 전체국민을 위하여 독립하여 행동해야 한다는 것, 다시 말하면 국회는 국민의 총의를 반영해야 할 사명을 가진 기관이라는 것을 의미한다는 것이다. 라반트(P. Laband), 켈젠(H. Kelsen) 등이 이 설을

---

1) 성낙인, 헌법학, 812면.
2) 김철수, 헌법학(중), 128면.
3) 권영성, 헌법학원론, 740면; 성낙인, 헌법학, 812면.

주장하는 대표적인 학자이다.

3. 정당대표설

3.1. 내용

정당대표설을 주장하는 라이프홀쯔(Leibholz)는 선거권의 확대와 대중적 정당제도의 발달은 오늘날 국회 내에서의 정당의 중요성을 확고하게 대두시킴으로써 교양과 재산을 가진 자유시민을 대표하던 의회 자체의 구조변모를 가져와 자유민주적, 대의적 민주주의가 정당국가적 민주주의로 되고, 국민의 보편의사는 정당에 의하여 형성되며 국민의 의사는 정치적 대표의 원리에 의해서 형성되므로, 정당이 국민의 대표기관으로 대두되고 의회는 국민의 대표기관의 지위에서 퇴색하고 있다고 한다.

3.2. 비판

이에 대해서는 각 나라에 따라서는 정당의 조직 내지 정당의 통제력이 약한 국가가 있다는 현실을 경시하고 있고, 또 국회에 있어서의 다수당과 대립을 강조하는 나머지 그 타협의 면을 경시하고 있으며, 이는 헌법의 정치이론에 불과하고 법적 이론은 아니라는 비판이 있다.

4. 사회적 대표설

사회적 대표설에 의하면 국회의원은 현실적으로 선거구, 이익단체, 정당 등의 대변자로서 행동한다는 사실에 비추어 볼 때 의원이 전체국민의 의사를 대표한다는 고전적 의미의 대표관념은 오늘날에 있어서는 현실적 기초를 결여하고 있고, 따라서 의원의 선거방법도 이러한 취지에 맞도록 하는 것이 필요하며, 또한 강제위임도 반드시 부인되어야 한다고 단정할 수도 없다고 한다.[1]

III. 사견

위에서 소개한 견해 중에서 헌법적 대표설의 주장을 보면 그 논증방법에 무리가 있어 이론상 납득하기 어렵다. ① 헌법적 대표설이 근거로 하는 헌법 제1조 제2항 후단은 대의제(대표민주제)에 관한 규정으로서 국회·대통령 등 대표기관의 국민대표성에 관한 근거규

1) 김남진 교수는 이를 사실적 대표설이라고 한다.

정이지 대표기관의 헌법적 대표에 관한 근거규정이 될 수 없고, ② 법적 대표성을 부인하면서 법적 대표의 범주에 포함되는 헌법적 대표설을 주장한다는 것은 논리적으로 모순이다. ③ 또한 헌법적이라는 것이 무엇을 의미하는 개념인지 애매하고,[1] ④ 성문헌법이 없는 영국의 경우에 그 대표관계는 또 어떻게 설명할 것인지 의문이기 때문이다. 요컨대 헌법 제1조 제2항이 국민주권의 원리와 대의제의 원리를 선언하고 있고, 헌법 제7조 제1항이 「공무원은 국민전체에 대한 봉사자이며」라고 규정하고 있기 때문에, 국회의원과 대통령 등이 국민의 대의기관임에는 틀림이 없지만, 그 대표의 성격이 어떠한 법적 대표(헌법적 대표를 포함하여)를 의미하는 것은 아니다.

오늘날 국민과 대표자간에는 명령적 위임관계가 존재하지 아니할 뿐더러 법적 대리관계도 존재하지 아니하기 때문이다. 오늘날에는 국회의원이나 대통령이 그를 대표로 선출한 국민의 의사에 반대되는 정책결정을 할지라도 국민에 대하여 법적 책임은 지지 아니하며, 국민은 차기선거에서 그들의 정치적 책임을 추궁할 수 있을 뿐이다.

현행 헌법하에서도 국회의원과 대통령은 단지 국민전체의 이익을 위하여 활동하여야 한다는 의미의 정치적·도의적 의무를 지는데 지나지 아니하므로, 그 대표성도 단지 정치적 대표성에 지나지 않는 것으로 보아야 한다(다수설).[2]

[권영성 교수의 견해]

의원의 선거는 국민(선거인)이 의회를 구성하는 합성행위에 지나지 아니하고, 의원은 선거인의 지시나 훈령에 따르지 아니하며 사후보고의 의무도 없다. 이것이 무기속위임의 원칙이다. 독일 기본법 제38조 제1항이 '독일연방의회의 의원은 국민전체의 대표자이고 위임과 지시에 구속되지 아니하며 그 양심에 따를 뿐이다'라고 하고 있고, 프랑스 제5공화국 헌법 제27조 제1항도 의원에 대한 '강제위임은 무효이다'라고 하고 있다. 이들 조항은 그 연혁에 비추어 볼 때, 의원은 중세 등족회의처럼 위임에 의한 선거민의 대표가 아니라 무기속위임에 위한 '전체국민'의 대표라는 것을 강조하려 한 것이다. 둘째, 국회는 국민의 추정적 의사는 물론 명시적 의사와 모순되는 의결이나 행동까지 할 수 있으며, 그러한 의결이나 행동도 법적 효력에는 아무런 영향이 없다(국민의 의사에 모순되는 의결의 유효성). 이렇게 본다면 국민과 국회의 관계는 결코 어떠한 법적(헌법적) 대표관계를 의미하는 것이 아니라 전체국민의 의사를 국민에 의하여 공선된 국회가 정치적·이념적으로 대표한다

---

1) 대표관계의 법적 성질의 문제는 대표기관이 현실적으로 국민의 의사와 배치되는 의사결정을 한 경우에, 그것이 위헌무효인가 아니면 여전히 헌법상 유효한 것인가가 기본적 논점임에도 불구하고 이 점에 관하여는 아무런 설명이 없기 때문이다.

2) 이에 대하여 주권이론과 대표제원리가 헌법전 내지 헌법이론의 틀속으로 들어온 이상, 이를 순수한 정치적인 의미로만 볼 수는 없고, 헌법 제1조에서 "대한민국의 주권은 국민에게 있고, 모든 권력은 국민으로부터 나온다"고 규정하고 있으므로, 대의제도는 바로 헌법상 국민주권주의로부터 비롯된 것이라고 보아야한다는 견해가 있다(성낙인, 헌법학, 813면).

(하여야 한다)는 것으로 보아야 한다.[1)]

[허영 교수의 견해]

국회가 국민대표기관이라고 할 때에는 그것은 어디까지나 대의의 이념을 전제로 한 개념형식이기 때문에 엄격한 법적 대리 또는 법적 대표관계가 성립된 것을 뜻하지는 않는다. 따라서 국회의 국민대표기관성에 관한 학설의 대립(법적 대표설, 헌법적 대표설, 정치적 대표설 등)은 무용한 논쟁에 지나지 않는다. 국회가 국민의 대표기관이라고 하는 것은 언제나 대의적인 대표기관이라는 뜻이기 때문이다. 대의제도와 의회주의의 본질을 바르게 이해하는 경우 국회의 국민대표기관성이 특별히 문제될 것이 없다.[2)]

1) 권영성, 헌법학원론, 869면.
2) 허영, 한국헌법론, 901면.

제 3 항 현대국가의 대의제

I. 현대국가에서의 대의제의 양상

오늘날의 현대국가에 있어서는 간접민주주의의 표상인 대의제원리가 위기에 직면하고 있다. 왜냐하면 현대국가에서의 (ㄱ) 대의제는 그 발생과정 및 본질상 대표성을 그 핵심적 요소로 삼고 있으나 대표기관으로서의 대표성이 약화되고 있고, (ㄴ) 대중사회화의 경향으로 인한 대표성의 상실, (ㄷ) 인터넷 등의 발달로 인한 정치적 표현의 자유의 급속한 증대, (ㄹ) 국민의 직접적인 정치적 참여의사(직접민주주의)의 욕구증대, (ㅁ) 대중사회의 등장에 따른 엘리트 정치의 쇠퇴, (ㅂ) 무기속 · 자유위임의 원칙에 대한 위협, (ㅅ) 의회주의의 구성원리인 공개성(Öffentlichkeit)과 토론성(Diskussion)의 상실, (ㅇ) 정당정치의 발달로 인한 국회의 국민대표기관성의 쇠퇴, (ㅈ) 이익집단 · 압력단체들의 등장 등으로 인한 대의제 원리의 침해 등을 들고 있다.[1)]

II. 오늘날의 대의제(간접민주주의)

– 대의제적(간접민주제적) 요소와 직접민주제적 요소의 결합 –

오늘날의 대의제는 시대적 상황에 적절히 대응하기 위하여 직접민주제적 요소가 가미된 모습을 띠고 있다.[2)] 즉 오늘날의 대의제는 고전적 의미의 대의제와 직접민주제적 요소가 결합된 대의제로 나타나고 있다. 고전적 대의제에 대한 보완책으로 간주되는 직접민주제적인 요소에는 국민표결제(국민투표제) · 국민발안제 · 국민소환제 등이 있다.

1. 대의제(간접민주주의)의 보완책으로서의 직접민주제의 의의

국민적 자치가 가장 이상적으로 실현되기 위한 상태는 전국민이 직접적으로 그들의 의사를 표현하여 국가의사 내지 국가정책의 결정하는 것(직접민주제)이다. 그러나 현대국가는 여러 가지 현실적인 이유로 대의제민주주의 내지 간접민주제를 채택하지 않을 수 없

---

1) 대의제의 위기의 원인에 관해서는 정종섭, 대의제에 관한 비교법적 연구, 연세대학교 법학박사학위논문, 1989, 203-220면 참조.

2) 대의제의 원리와 이에 대한 직접민주제의 보완을 허영 교수는 「대의의 이념과 직접민주주의적인 이념의 조화에 근거를 두는 현대적인 형태의 대의제도」라고 하는 데 대하여(헌법이론과 헌법[하], 103면 이하) 김철수 교수는 이를 반직접민주제라고 한다.

다. 또한 국민은 직업정치인들을 그들의 대표로 선출하는 선거권만을 보유하고, 그 대표들을 다만 다른 여러 가지의 제도적 장치를 통하여 이에 대한 통제를 가하는 것이 바람직하다.1)

그러나 대의제를 원칙적으로 채택하는 경우에도 직접민주제를 보완하는 것이 일반적 경향이다. 오늘날에는 대의제의 결함으로 인한 그 한계성이 노출되고 있기 때문에, 최종적으로는 주권자인 국민이 직접 정치과정에 참여하여(직접민주제) 여야간의 정치적 대립을 조정하고 부패한 공직자들의 비위를 시정하며, 정책적 대안을 제시하기도 한다.2)

2. 직접민주제의 가치

2.1. 긍정적 측면

직접민주제의 긍정적 측면으로는 (ㄱ) 국민이 스스로 국가의 중요한 정책을 결정하므로 국민자치의 원칙이 고도로 실현되고, (ㄴ) 대의기관의 부패와 무능력을 시정 · 보완할 수 있으며, (ㄷ) 국가기관 상호간의 충돌로 말미암아 국가의사의 결정이 지연될 경우에 국민이 개입하여 이를 신속히 해결할 수 있다는 점 등을 들 수 있다.

2.2. 부정적 측면

직접민주제의 부정적 측면으로는 (ㄱ) 직접민주제에 있어서는 심의 · 설득 · 타협의 기회가 없기 때문에 그 다수결이 오히려 불합리한 것이 될 수도 있고, (ㄴ) 정치적 선동과 여론의 조작 등으로 국민투표 등이 독재정치를 합리화하는 수단으로 악용될 수 있다는점, (ㄷ) 유권자의 정치적 무관심 등의 사유로 인하여 투표율이 적고 기권율이 높을 경우에는 투표결과를 가지고 전체의사를 추정하는 것이 위험하다.3)

3. 직접민주제의 제도적 내용

3.1. 국민표결제

국민표결(Volksabstimmung)이라 함은 중요한 법안이나 국가정책을 국민이 국민투표를 통하여 직접 결정하는 제도를 말한다. 국민표결에는 레퍼렌덤(Referrendum : 협의의 국민표결)과 플레비지트(Plebiszit : 국민결정)가 있다.

---

1) 권영성, 헌법학원론, 742면.
2) 권영성, 헌법학원론, 742면.
3) 권영성, 헌법학원론, 742면.

3.2. 국민발안제

국민발안(Volksinitiative)이라 함은 국민이 직접 헌법개정안이나 법률안을 제안할 수 있는 제도를 말한다.

3.3. 국민소환제

국민소환 또는 국민파면(recall)이라 함은 국민의 의사에 따라 공직자를 임기만료전에 해직시키는 제도를 말한다.[1)2)] 지방자치단체의 주민소환제도 역시 소환제도의 한 내용이다.

3.4. 직접민주주의 실현을 위한 제제도

[직접민주주의의 실현제도][3)]

° **국민투표(Volksentscheid)**: 이에 따른 국민의 권한을 국민표결권이라고 하는데 Referendum과 Plebiszit(plebicite)가 있다. 5·16군사쿠테타 이전에는 국민투표를 한 번도 시행한 적이 없었고, 1962년 12월 17일에 최초의 국민투표가 시행된후 지금까지 6차례에 걸쳐 행해졌다.

[학자들의 견해 및 판례]

김계환 교수: 레퍼랜덤(Referendum)은 헌법규범적 내지 입법사항에 대한 국민투표를 의미하며, 플레비지트(Plebiszit)는 헌법에 제도화 되어 있지 않은 헌법현실적인 것으로, 통치권자가 이미 결정하고 확정한 사안에 대하여 국민의 의사를 묻거나, 새로운 통치질서의 정당성이나 집권자의 계속집권여부에 대하여 신임을 묻는 것이다.[4)]

구병삭 교수: 플레비지트(Plebiszit)는 인민의 결정·국민의 동의를 의미(통치자에 대한 신임이나 그 행위에 대한 동의)하며, Referendum은 국민의 대표가 위임받은 사항에 대하여 결정을 내리기 전에 혹은 이미 결정한 후에 다시 그 可否를 묻는 것(헌법사항 내지 입법사항에 대한 국민투표)이다. 그러나 Referendum과 Plebiszit는 스위스헌법이나 바이마르헌법에서 보는바와 같이 서로 혼용되어 사용되고 있다.[5)]

---

1) 일본국헌법 제79조의 최고재판소 재판관의 파면규정이 그 예이다. 동 조항은 「… 최고재판소의 재판관의 임명은 그 임명후 처음으로 시행되는 중의원의원 총선거시에 국민의 심사에 붙이며, … 전항의 경우에 있어서 투표자의 다수가 재판관의 파면을 가하다고 인정하는 때에는 그 재판관은 파면된다.…」라고 규정하고 있다.
2) 일본에서의 시장해직과 시의회해산 1983년 3월 20일 일본의 부사궁시에서는 시장해직과 시의회해산이라는 Double Recall(주민직접청구)의 찬반투표가 행해졌는데, 당일의 개표결과 찬성이 과반수를 넘어 양 청구가 모두 성립하였으므로, 식송의충시장이 해직되고 시의회는 해산되었다.
3) 김백유, 헌법학(II), 760면 이하.
4) 김계환, 헌법학정해, 698면.
5) 구병삭, 신헌법원론, 681-683면.

예 : ① 1975년 2월 12일 국론통일과 박정희대통령의 신임에 대한 국민투표(가결)
② 1969년 4월 지방행정구획개편과 上院개혁 및 드골대통령의 신임에 대한 국민투표(부결. De Gauelle는 물러남)

권영성 교수 : 국민표결(Volksbestimmung)에는 레퍼렌덤(Referendum : 협의의 국민표결)과 플레비지트(Plebiszit: 국민결정)이 있다.[1]

양건 교수 : 레퍼렌덤은 헌법안이나 법률안의 결정에 대하여 국민의 의사를 묻는 것이고, 플레비시트는 집권자의 신임투표와 같이 정치권력의 유지수단으로 국민의 의사를 묻는 것이다.[2]

홍성방 교수 : 레퍼랜덤(협의의 국민표결)은 입법과정 등에 국민이 참여하는 것이고, 플레비지트(국민결정)는 정치적 결단에 국민이 참여하는 것으로서 헌법의 규정이 없음에도, 또는 헌법의 규정을 무시하고 하는 국민투표를 말한다.[3]

헌법재판소 : 헌법 제72조의 국민투표의 대상인 '중요정책'에는 대통령에 대한 '국민의 신임'이 포함되지 않는다. 대표자에 대한 신임'은 국민투표의 대상이 될 수 없다.[4] 대통령이 자신에 대한 재신임을 국민투표의 형태로 묻고자 하는 것은 헌법 제72조에 의하여 부여받은 국민투표부의권을 위헌적으로 행사하는 경우에 해당하는 것으로, 국민투표제도를 자신의 정치적 입지를 강화하기 위한 정치적 도구로 남용해서는 안 된다는 헌법적 의무를 위반한 것이다.

- 헌법 제72조 : 대통령은 필요하다고 인정할때에는 외교 · 국방 · 통일 기타 국가안위에 관한 중요정책을 국민투표에 붙일 수 있다(사항국민투표). ☜ 제72조는 대체로 Plebiszit(김백유, 한태연), 그러나 구병삭 교수는 '국가의 중요한 정책'이 입법에 관한 것이면 Referendum, 개별정책에 대한 것이면 Plebiszit라고 주장.[5]
- 헌법 제130조(헌법개정 : Verfassungsänderung) : 헌법개정안은 국회가 의결(재적의원 3분의 2이상의 찬성)한 후 30일 이내에 국민투표에 붙여 국회의원선거권자 과반수의 투표와 투표자 과반수의 찬성을 얻어야 한다. ☜ Referendum

1) 권영성, 헌법학원론, 594면.
2) 양건, 헌법강의, 588면.
3) 홍성방, 헌법학, 641면.
4) 헌재결 2004. 5. 14, 2004헌나1 【대통령, 노무현 탄핵】
5) 구병삭, 신헌법학원론, 683면.

° **국민발안**(Volksbegehren; Volksinitiative) : 제1공화국헌법하의 제2차 개정헌법(1954. 11. 29) 제7조의 2 제1항 및 제98조 제1항에서 제3공화국헌법하의 제5차개정헌법(1962. 12. 26) 국민발안이 인정되었고, 제4공화국헌법(1972. 11. 24) 이후 국민발안제도는 폐지됨.

° **국민소환**(Volksabberufung; recall) : 현행 헌법상에는 이에 관한 규정이 없다.

° **국민질의**(Volksbefragung) : 현행 헌법상에는 이에 관한 규정이 없다.

제 4 항 우리나라 헌법상의 통치구조의 기본원리

I. 간접민주제(원칙적 : 대의제)

헌법은 제40조, 제41조, 제66조 제4항, 제67조 등에서 의회주의(Parlamentarismus)를 핵심으로 하는 간접민주제적 대의제를 통치구조의 기본원리로 삼고 있다. 따라서 국민은 그들이 대표자로 선출한 국회·대통령 등을 통하여 주권자로서의 의사를 간접적으로 실현하는 것을 원칙으로 한다. 대의제를 위하여 국민에게는 선거권(제24조)과 공무담임권(제25조)이 보장되어 있다.[1)]

헌재결 1991. 3. 11, 91헌마21 **【지방의회의원선거법 제36조 제1항에 대한 헌법소원】**
오늘날 입헌민주국가에서는 대의제도에 의한 통치가 불가피한 것으로 선거야말로 국민의 의사를 체계적으로 결집하고 수렴하고 구체화하는 방법으로 국민의 정치적 의사를 형성하는 가장 합리적인 절차이며, 통치권의 정통성과 정당성을 담보하는 핵심이며 생명이다.

II. 직접민주제(예외적 : 보충적)

1. 한국헌법사에 있어서 직접민주제의 변천

한국헌법사에 있어서 직접민주제의 변천은 다음과 같다. 1954년 11월 29일 이승만 정권하의 제2차 개헌으로, 주권의 제약·영토의 변경을 가져올 국가안위에 관한 중요 사항은 국회의 의결을 거친 후 국민투표에 붙여 찬성을 얻도록 하고, 국민투표의 발의는 국회의 의결이 있은 후 1개월 이내에 민의원의원선거권자 50만 인 이상의 찬성으로써 하도록 하였다(제7조의2). 헌법개정의 제안도 대통령·민의원 또는 참의원의원의 3분의 1 이상 외에 민의원의원선거권자 50만인 이상의 찬성으로써 하도록 함(제98조 제1항)으로써 국민표결제와 국민발안제가 채택된 바 있다. 박정희 정권 제3공화국 1962년 12월 26일 헌법의 제119조 제1항에서도 「헌법개정의 제안은 국회의원 이의에 국회의원 선거권자 50만인 이상의 찬성으로써 한다」라고 하여 국민발안제를 규정하였다. 그러나 1962년 5·16 군사쿠데타 이전에는 국민투표를 실시한 예가 한번도 없었다. 1962년 12월 17일에 최초의 국민투표가 실시된 이래 지금까지 6차에 걸쳐 국민투표가 실시되었다. 그 후 박정희 정권의 1969년 10월

1) 권영성, 헌법학원론, 743면.

17일에 헌법개정안에 대한 국민투표가 행해졌고, 박정희 정권의 1972년 11월 21일에는 1972년 헌법(유신헌법)의 채택에 관한 국민투표가 실시되었고, 1975년 2월 12일에는 유신헌법에 대한 찬반과 정부신임을 묻는 국민투표가 실시된 바 있다.

전두환정권의 제5공화국 1980년 10월 22일에는 1980년 헌법의 채택에 관한 국민투표가, 그리고 1987년 10월 27일에는 1987년 제9차개헌 헌법의 채택에 관한 국민투표가 실시되었다.

2. 현행헌법의 직접민주제

현행헌법도 예외적으로 직접민주제를 채택하고 있다. 대통령이 부의한 국가안위에 관한 중요정책에 대한 국민투표제(제72조)와 헌법개정안에 대한 국민투표제(제130조 제2항)가 그것이다. 그러나 국민발안제(Volksinitiative)와 국민소환제(recall)는 채택하고 있지 아니하다.[1]

직접민주제의 원리는 지방자치에도 적용되는 것이 바람직하다.[2] 지방자치법(제13조의2)은 「지방자치단체의 폐치(廢置)·분합(分合) 또는 주민에게 과도한 부담을 주거나 중대한 영향을 미치는 지방자치단체의 주요 결정사항 등에 대하여 주민투표에 붙일 수 있다」고 하여 주민투표제를 규정(주민투표법)하고 있다.[3]

---

1) 권영성, 헌법학원론, 744면.

2) 대법원은 1992년 2월 26일 전북 완주군이 완주군의회를 상대로 낸 의회규칙개정재의결취소 등 청구소송에서 "의회대표제를 채택하고 있는 현행 지방자치제도하에서 주민이 본회의에 직접 참여, 심의안건에 대해 발언할 수 있도록 규칙을 개정한 것은 대표제의 원이에 어긋난다"고 판시하였다(대판 1993. 2. 26, 92추109).

3) 권영성, 헌법학원론, 744면.

제 3 절 권력분립의 원리(Prinzip der Gewaltenteilung)

제 1 항 개관

I. 고전적·조직적(정태적) 권력분립이론

1. 서론

권력분립이론은 근대법치국가에 있어서의 통치기구의 조직원리로서 가장 중요한 「근대 시민적 민주정치의 기본원리」라고 할 수 있다. 권력분립 이론으로는 일반적으로 크게 나누어 영국의 John Locke(1632-1704)가 그의 저서 「시민정부에 관한 두 논문(Two Treatises on Civil Government : 1690년)」 - 市民政府二論 - 에서 주장한 2권분립이론[1)]과 프랑스의 Montesquieu(1689-1755)가 그의 저서 「법의 정신(De 1'esprit des lois : 1748년)」에서 주장한 3권분립이론이 가장 대표적인 (고전적) 권력분립이론의 예로 꼽히고 있다.[2)]

John Locke(1632-1704) → 市民政府에 관한 두 논문(Two Treatises on Civil Government: 1690년)」: 市民政府二論 → 2권분립이론
Charles de Secondat Montesquieu(1689-1755) → 法의 精神(De 1'esprit des lois: 1748

---

1) Locke는 사법권에 관하여는 언급을 하고 있지 않다.

2) [학설정리] : 김철수 : "Locke는 국가에는 입법권(legislative power) · 집행권(executive power) · 동맹권(federative power)의 3권이 있다"(김철수). 권영성 : "Locke는 국가의 최고권력은 국민에게 있다는 것을 전제로 하여 그 아래에 입법권, 그리고 입법권 아래에 집행권과 연합권(동맹권 · 외교권)이 있어야 한다고 하였다."허영 : "Locke는 권력을 입법권 · 집행권 · 외교권 · 대권(국민 전체의 공공복리(public good)를 위하여 행사하는 국왕의 대권을 말한다)의 네 가지로 나누고 이 네 가지 권한이 국왕과 의회의 두 기관에 의해서 행사된다는 것을 강조하였다"(허영, 한국헌법론, 박영사). 아무튼 김철수 교수와 권영성 교수는 Locke의 권력분립이론에 관하여 결론적으로 2권분립을 주장하고 있다는 것에는 견해의 일치를 보고 있으며, 허영 교수는 외교권을 집행권에 포함시킬 수도 있겠으나, 그가 말하는 大權을 무시한 채 Locke의 이론을 2권분립이라고 하는 것은 무리가 있다(허영, 한국헌법론, 박영사)고 한다. 그러나 Locke의 이론을 2권분립론이라고 볼 것인가, 아니면 4권분립론이라고 볼 것인가는 문제의 본질 면에서는 그리 중요한 것이 아니라고 한다. 그 이유는 국가의 통치기능을 각각 다른 국가기관에 맡겨야 된다는 권력분립적 인식이 (결국은) Locke 이론의 핵심적인 내용을 뜻하기 때문이라고 한다(허영, 한국헌법론, 박영사).

년) → 3권분립이론

2. 의의

권력분립의 원칙이라 함은 국민의 자유와 권리를 보장하기 위하여 국가권력을 그 성질에 따라 각기 다른 구조를 지닌 독립기관, 즉 입법부(입법권) · 행정부(집행권; 행정권) · 사법부(사법권)으로 분산시켜, 국가기관 상호간의 '견제와 균형(check and balance)'을 유지하도록 함으로서 국가권력의 특정의 개인이나 집단에게 집중되거나 그 남용하는 것을 방지하고, 이로 인하여 국민의 자유와 권리를 보호하기 위한 자유주의(Liberalismus)적인 정치원리이다.

근대입헌주의사상의 산물인 권력분립의 원리는 다음을 그 개념적 요소로 한다. (ㄱ) 국가작용을 기능적 관점에서 입법 · 행정 · 사법작용으로 구분한다. (ㄴ) 이들 작용을 각기 분리 · 독립된 입법부 · 행정부 · 사법부에 귀속시킨다. 이들 기관은 자신에게 귀속된 통치작용만을 행사하고 다른 기관에게 귀속된 통치작용은 행사할 수 없다. (ㄷ) 국가기관 상호간에 억제와 균형관계(checks and balances)가 성립함으로써 어떤 기관도 국가의 모든 통치기구를 지배할 수 없게 한다.[1)]

3. 특성

고전적 · 조직적(정태적) 권력분립이론에 의한 권력분립의 원칙은 적극적으로 국가권력의 능률을 증진시키기 위한 제도적 정치고시 적용하는 것이 아니라, 소극적으로 국가권력을 배분(Gewaltenverteilung)하고, 이들 기관 사이에 불가피한 마찰이 발생하도록 하여 국가권력의 남용을 막고자 하는 제도이다.[2)]

II. 권력분립의 원리의 본질

권력분립의 원리는 다음과 같은 내용을 그 본질적 속성으로 한다. 첫째, 권력분립의 원리는 자유주의적 원리이다. 둘째, 권력분립의 원리는 소극적 원리이다. 셋째, 권력분립의 원리는 중립적 원리이다. 넷째, 권력분립의 원리는 권력균형의 원리이다.[3)]

---

1) K. Loewenstein, Verfassunglehre, 2. Aufl., Tübingen 1969, S. 69 ff.
2) 김철수 교수가 이러한 견해를 따르고 있다.
3) 권영성, 헌법학원론, 745-746면.

자유주의(Liberalismus)원리: 권력분립의 원리는 국가권력의 단순한 배분이라는 조직기술론에 그치는 것이 아니라 개인의 자유와 권리를 확보하기 위한 제도적 장치로서 자유주의적 통치구조의 구성원리를 의미한다. 자기극대화와 구속성을 지향하는 권력 그 자체와 권력을 장악하고 행사하는 인간까지도 불신하는 자유주의적 사고가 권력분립론의 사상적 배경을 이루고 있다.[1)]

소극적 원리: 권력분립의 원리는 국정운영에 있어서 그 능률을 제고하고 증진시키기 위한 적극적 원리가 아니라 권력의 남용이나 권력의 자의적 행사를 방지하기 위한 소극적 원리를 의미한다. 따라서 권력분립의 원리는 국가 각 기관의 분리라는 조직상의 요청 외에 겸직의 금지와 장기집권의 배제까지도 그 내용으로 한다.

중립적 원리: 권력분립의 원리는 자유주의적 요청에 따라 국가권력의 절대성을 부정하는 것일 뿐 아니라 권력 그 자체를 순화하고 중화시키는 중립적 원리를 의미한다.

권력균형의 원리: 권력분립의 원리는 정치집단간에 세력균형을 유지하게 하기 위한 권력균형의 원리를 의미한다.

1) 야스퍼스(K. Jaspers)는 「권력 그 자체는 善도 惡도 아닌 하나의 수단에 불과하지만 자제력이 없는 권력은 악이다」라고 하였고, 영국의 역사학자 액톤(Acton)도 「권력은 부패한다. 절대 권력은 절대적으로 부패한다」라고 경고한 바 있다(W. Kägi, Die Verfassung als rechtliche Grundordnung des Staates, Zürich 1945, S. 45 참조).

제 2 항 고전적 권력분립론의 전개

I. 서론

고전적 권력분립론은 플라톤·아리스토텔레스 등이 그 국가철학에서 주장한 국가권력제한론에서 기원한다고 한다. 그러나 근대적 의미의 권력분립론은 로크와 몽테스키외에 의하여 이론적으로 체계화되었다.[1] 권력분립론의 유형으로는 로크의 이권분립론과 몽테스키외의 삼권분립론 외에 행정권을 통치와 행정으로 구분하는 사권분립론이 있는가 하면 타이완헌법에서 볼 수 있는 입법·행정·사법·고시·감찰의 오권분립론도 없지 아니하다.

1. 로크(Locke)의 권력분립이론

근대적 통치구조의 구성원리로서 권력분립론을 최초로 주창한 이는 로크이다.[2] 로크는 영국의 명예혁명(1688) 직후에 영국의 정치체제를 정당화하고 변호한 「시민정부이론」(Two Treatises on Civil Government, 1690)에서 「국가의 최고권력은 국민에게 있다는 것을 전제로 하여, 그 최고권력 아래에 입법권이 있고, 입법권 아래에 집행권과 연합권(동맹권)이 있어야 한다」고 하였다.[3]

Locke는 "입법권은 국가권력이 사회 및 사회 구성원의 유지를 위하여 어떻게 행사되어 질 것인가를 일반적·추상적 규범, 즉 법률로써 정하는 권력으로서 직접적으로 민의에 기초하고 있는 것이기에 다른 권력에 우월하는 「국가최고의 권력」이다. 집행권은 국내에 있어서의 법률의 부단한 집행을 확보하는 권력이다. 동맹권은 선전·강화·조약의 체결 등 외교관계를 처리하는 권력이다. 이것은 변전하는 국제정치정세에 의하여 좌우되어 지는 것이므로 입법권이 정하는 일반규범에 구속되지 않는 것이며, 이러한 의미에서 집행권과 구분된다"고 하였다.

---

1) 권력분립론의 전개와 현대민주국가에서의 권력분립의 원리의 한계와 그 기능 등에 관하여 자세한 것은 T. Tsatsos, Zur Geschichte und Kritik der Gewaltenteilung, Heidelberg 1968 참조.

2) M. Rostock, Die Lehre von der Gewalteilung in der politischen Theorie von John Lock, Meisenheim am Glan 1974 참조.

3) 권영성, 헌법학원론, 747면.

입법권 → 국가최고의 권력
집행권 → 법률의 부단한 집행을 확보하는 권력
동맹권 → 외교관계를 처리하는 권력(선전 · 강화 · 조약의 체결 등)

여기에서 내정과 외교가 다른 방침 하에서 행해지면 국정은 무질서와 파멸을 가져올 것이기에 동맹권을 집행권의 담당자에게 맡겨야 한다.[1] 그러나 입법권과 집행권이 통합되면 권력자의 약점을 크게 유혹하여 권력자는 자기가 제정한 법률에 복종하지 않게 되며, 입법 · 집행의 양면에 있어서 자기의 이익을 공익에 우선시켜 사회 및 정치의 목적을 위반하게 된다"고 하여 입법 · 집행의 양 권력을 동일기관에 귀속시켜서는 아니 된다고 주장하고 있다. Locke는 이와 같이 동맹권을 집행권에 귀속되는 것으로 하여, 국가권력을 입법권과 집행권의 2권으로 분리하여 수행할 것(2권분립론)을 주장하였다.

결론 : 입법권과 집행권(동맹권은 집행권에 귀속) ← (이유) 내정과 외교가 다른 방침하에서 행해지면 무질서와 파괴를 가져올 것이므로

로크의 권력분립론에서 입법권은 국민의 생명 · 자유 · 재산을 보호하기 위한 법률제정권력을 의미하고, 집행권은 법률집행권을 말하며, 연합권 내지 동맹권은 전쟁 · 강화 · 동맹 · 외국과의 교섭 등 외교권을 의미한다. 로크의 권력분립론에서는 사법권에 관한 언급이 없다.[2]

로크는 입법권과 집행권의 관계에 관하여 입법권은 국민으로부터 위임을 받은 권력 중에서 최고의 권력이고 집행권과 연합권은 이에 종속한다고 하여 입법권의 우월성을 강조하였다. 특히 입법권과 집행권을 1인이 장악하는 것은 자신이 제정한 법률을 자신의 개인적 목적을 위하여 자의적으로 집행할 우려가 있으므로, 입법부와 행정부는 분리되어야 한다고 하였다. 집행권과 연합권의 관계에 관하여는 양 권력이 이론적으로는 구별되지만, 「실제로는 구별될 수 없으며 다른 사람들의 수중에 둘 수도 없는 것」이라고 하였다. 로크의 권력분립론은 입법권과 집행권은 구분하고 분리하면서 집행권과 연합권은 동일인의 수중에 두어야 한다고 하였다. 이리하여 로크의 권력분립론을 흔히 이권분립론이라고 한다.[3]

1) 따라서 동맹권은 집행권의 개념에 포함된다.
2) 권영성, 헌법학원론, 747면.
3) 권영성, 헌법학원론, 747면.

2. 몽테스키외(Montesquieu)의 권력분립이론

몽테스키외는 영국의 사상가인 로크가 주장한 2권분립이론을 토대로하여 프랑스의 정치상황에 적용하여 삼권분립이론을 주장하였다. 그에 의하면, 시민적 자유가 보장되는 자유국가이기 위해서는 권력의 남용을 방지하기 위하여 「권력으로써 권력을 견제하는」 장치를 마련하여야 하며, 이 장치가 바로 권력분립의 원리라는 것이다. 그는 법의 정신(De l'esprit des lois, 1748)에서 개인적 자유를 보장하고 정부의 횡포를 억제하기 위한 수단적 원리로서 권력분립론을 전개하였다.[1] 몽테스키외(Montesquieu)는 "모든 국가에는 입법권, 만민법에 관한 사항의 집행권과 사법권이라는 3종의 권력이 존재한다. '첫째의 권력'은 「일시적 혹은 항구적인 법률을 제정 · 개폐하는 권력」이고 '둘째의 권력'은 「선전 · 강화를 하고 대사를 파견 · 접수하며 치안을 유지하고 침략을 방어하는 권력」이며, '셋째의 권력'은 「범죄인을 처벌하고 개인의 소송을 재판하는 권력」이며 단순히 재판권이라고 부를 수 있다. 이들 3권은 각각의 독립된 기관에 소속되어 있지 않으면 안된다고 하였다.

- 입법권 : 「일시적 혹은 항구적인 법률을 제정 · 개폐하는 권력」
- 만민법에 관한 사항의 집행권 : 「선전 · 강화를 하고 대사를 파견 · 접수하며 치안을 유지하고 침략을 방어하는 권력」
- 사법권(재판권) : 「범죄인을 처벌하고 개인의 소송을 재판하는 권력」

동일한 인간 내지 동일한 행정부에 입법권과 집행권이 결합되는 경우에는 자유는 존재하지 않는다. 또한 재판권이 입법권 및 집행권에서 분리되어 있지 않는 경우에도 자유는 존재하지 않는다. 재판권과 입법권이 통합되는 경우에는 시민의 생명과 자유에 관한 권력이 자의적으로 될 것이다. 왜냐하면 재판관이 입법자로 될 것이기 때문이다. 재판권과 집행권이 결합되는 경우에는 재판권은 압제자의 권력을 가지게 될 것이다"라고 하여 국가권력을 입법권 · 행정권 · 사법권으로 분리하는 3권분립이론을 주장하였다.[2] 몽테스키외는 억제와 균형이 특히 문제되는 것은 입법부와 행정부간이고, 사법권에 관해서는 오히려 소극적 독립성을 강조하였다.

---

1) 몽테스키외는 「모든 국가에는 3가지 종류의 권력이 있다. 입법권, 국제법에 속하는 사항의 집행권, 시민법에 속하는 사항의 집행권이 그것이다」라고 하였다. 그에 의하면 입법권에 의거하여 군주나 집정관은 일시적 또는 영속적인 법률을 제정하고 법률을 개정 또는 폐지한다. 국제사항집행권에 의거하여 전쟁을 개시하거나 강화하고 대사를 파견 · 접수하며 치안을 확보하고 침략에 대비한다. 시민사항집행권에 의거하여 범죄를 처벌하고 개인간의 쟁송을 재판한다. 이 최후의 것을 재판권이라 부르고, 그 밖의 것은 단지 국가의 집행권이라 부를 수 있다고 하였다. 몽테스키외가 말한 삼권은 대체로 오늘날의 입법권 · 집행권 · 사법권에 해당하는 것이다.

2) 권영성, 헌법학원론, 748면.

이와 같은 3권분립이론은 국가작용을 입법 · 행정 · 사법의 3개의 다른 작용으로 나누어, 각 작용을 각기 다른 구조를 지닌 독립기관이 담당함으로써, 기관 상호간의 「견제와 균형」을 유지하도록 함으로서 국가권력의 집중과 남용을 방지하고 국민의 자유를 보호하기 위한 통치기관의 구성원리이다.

행정부(입법권 + 집행권) → 자유의 부존재
사법부(입법권 + 재판권) → 자유의 부존재
입법부(입법권 + 재판권) → 자유의 부존재

II. 양견해의 공통점과 차이점

1. 공통점

로크와 몽데스키외의 권력분립론을 비교하여 보면 그 내용에는 상당한 거리가 있지만, 권력을 분립시켜 시민적 자유를 보장하려고 한 그 기본정신에는 다를 것이 없다.

첫째 : 양자는 권력을 분리시켜 「시민적 자유의 침해를 방지」하려고 하였다.
둘째 : 「자유주의적」인 목표와 근거를 갖는다.

2. 차이점

첫째 : 로크(Locke)는 2권분립이론에 입각하여 집행권에 대한 입법권의 우위를 강조하였다. 이에 반하여 몽테스키외(Montesquieu)는 엄격한 3권분립이론에 입각하여 각 기관의 상호견제와 균형의 관계를 확립하려고 하였다.

둘째 : 로크는 사법권의 개념을 설명하지 않았다.

셋째 : 로크는 그의 입법권우위사상이 보여 주듯이 몽테스키외의 경우처럼 권력균형(Gewaltenbalancierung)의 관점이 뚜렷이 나타나지 않는다.[1)]

- Locke → 영국의 헌정에 영향을 미쳐 「의원내각제」의 발전을 확립하게 되었다.
- Montesquieu → 1) 1787년의 미국의 헌법제정에 영향을 미쳐 3권분립이론에 입각한 「대통령제」의 확립을 보게 되었다.
  2) 1789년 프랑스혁명당시 국민회의가 제정한 인권선언 제16조에는

---

1) Locke 역시 권력분립이론을 주장했으나 분립된 권력간의 균형(Gewaltenbalancierung)문제는 다루지 아니하였다.

Montesquieu의 영향을 받아 「인권보장과 권력분립이 확립되지 아니한 나라는 헌법을 갖지 않는 것」이라고 하였으며, 1791년의 프랑스헌법이 엄격한 권력분립을 그 기본골격으로 하고 있다.

「참고」

국민주권론을 주장한 루소(Rousseau : 1712-1778)[1]는 주권의 단일(주권은 분할할 수 없다) · 불가분성(주권은 양도할 수 없다)을 내세워 권력분립론을 비판하였다. 그 이유는 국민주권주의와 권력분립주의는 양립될 수 없다고 보았기 때문이다.[2] 루소(Rousseau)가 의미하는 국민주권은 국민개인이 각각 주권의 일부분을 가지고 있는 것이 아니고 「전체로서의 국민(la nation tout entiére)」이 주권자라는 의미이므로 국민개인은 그들이 가지고 있지 않은 주권을 양도할 수 없다는 것이다.[3] 그는 입법권의 우위에 입각한 「권력집중제」를 주장하였다. Rousseau의 입법권우월주의적인 권력통합이론은 「舊 소련헌법」 등에서 구체화되었다.

루소 → 권력집중제(입법권우위)
(왜냐하면) 주권은 단일 · 불가양이므로 분할 할 수 없다.
→ 구 소련헌법에서 채택

권력분립의 원칙(Prinzip der Gewaltenteilung)
– 고전적 · 조직적 (정태적) 권력분립이론 –

1. 의의

권력분립의 원칙이라 함은 국가권력을 그 성질에 따라 각기 다른 구조를 지닌 독립기관에 분산시켜, 국가기관 상호간의 '견제와 균형(check and balance)'을 유지하도록 함으로서 국가권력의 집중과 남용을 방지하고, 이로 인하여 국민의 자유와 권리를 보호하기 위한 자유주의적인 정치원리 이다. 따라서 권력분립이론은 근대법치국가에 있어서의 통치기구의 조직원리로서 가장 중요한 「근대 시민적 민주정치의 기본원리」이다.

2. 고전적 · 조직적(정태적) 권력분립이론

- 영국의 John Locke(1632-1704) : 시민정부에 관한 두논문(Two Treatises on Civil Government: 1690년), 즉 「시민정부이론」에서 → 2권분립이론
- 프랑스의 Montesquieu(1689-1755) : 법의 정신(De 1'esprit des lois : 1748년)에서 → 3권분립이론

---

1) 루소의 저서로는 사회계약론, 총의론, 인간불평등기원론 등이 있다.
2) 이태일(외) 역, J. J. 루소, 사회계약론, 범문사, 1989, 35-36 참조.
3) 유진오, 헌법해의, 125면 참조.

3. 양견해의 차이점

첫째 : Locke → 2권분립이론에 입각하여 집행권에 대한 「입법권의 우위」를 강조(따라서 권력 균형(Gewaltenbalancierung)의 관점이 뚜렷이 나타나지 않음.

Montesquieu → 엄격한 3권분립이론에 입각하여 각 「기관간 견제와 균형」.

둘째 : Locke는 사법권의 개념을 설명하지 않음.

제 3 항 각국의 통치구조의 구성원리와 권력분립의 유형

I. 각국의 통치구조의 구성원리

1. 영국의 통치구조

1.1. 개관

군주제국가인 영국은 국가권력을 국왕·의회·내각·법원에 분할하고 있다. 국왕은 법적으로는 입법부의 중심적 요소이고 행정부의 수장이지만, 군림하되 통치하지 아니한다는 원칙을 지키고 있고, 수상을 비롯한 각료들의 조언에 따라 행동할 뿐이다.1)

1.2. 의회제도

영국헌정의 중심은 그의 의회주의 역사에서 볼수 있듯이 의회제도에 있다. 영국의 의회는 양원제로서 귀족원인 상원(House of Lords)과 평민원인 하원(House of Commons)으로 구성되어 있다. 입법권은 국왕과 하원(평민원) 및 상원(귀족원)에 속한다. 법률안은 양원에서 가결된 후 국왕의 재가를 얻어 법률로서 확정된다. 국왕의 재가권이 현재는 형식적인 것에 불과하므로 법률안이 거부되는 경우는 없다. 양원의 의사가 합치하지 아니할 때에는 평민원의 의사가 우선한다.2)

1.3. 내각

내각은 수상과 그가 선임하는 각료들로 구성된다. 수상은 내각의 수반으로서 행정부 내에서 중추적 지위를 점하고 막강한 권한(수상제 민주주의)을 행사한다. 평민원(하원)의 다수당의 당수가 내각을 이끄는 수상이 되며, 그는 퇴임하는 전직수상의 형식적 조언에 따라 국왕이 임명한다. 내각은 평민원(하원)에 대하여 책임을 지고, 평민원의 신임을 그 성립과 존속의 요건으로 한다. 평민원의 신임을 잃으면 내각은 총사직하여야 한다. 평민원의 내각불신임권에 대응하여 내각의 평민원 해산권이 인정되어 내각과 의회 사이의 무기평등의 원칙을 실현하고 있다.3)

1) 권영성, 헌법학원론, 749면
2) 권영성, 헌법학원론, 749면.
3) 권영성, 헌법학원론, 749면.

1.4. 법원

법원은 크게 민사법원과 형사법원으로 구분되지만 엄격한 구분은 쉽지 않다. 전국을 관할하는 법원에는 귀족원과 추밀원사법위원회와 상급법원이 있다. 법원의 독립성은 영국헌법의 기본원칙의 하나이고, 법관은 행정권으로부터 독립하여 정치적 통제나 정치적 영향을 받지 아니하며, 그 직무상 행위에 대하여 광범위한 면책특권을 누리고 있다.[1)]

2. 미국의 통치구조

2.1. 개관

1787년의 미연방헌법은 몽테스키외의 3권분립이론을 수용한 전형적인 헌법이다. 동헌법이 엄격한 권력분립제를 수용한 배경에 관해서는 몽테스키외의 이론적 영향과 영국의원내각제의 헌정경험의 결과라고 보고 있다.[2)] 미연방헌법에서의 권력분립은 입법 · 행정 · 사법의 삼권분립제도를 택하고, 이들 권한을 각각 연방의회 · 대통령 · 법원에 부여하고 있다. 입법부와 행정부는 서로 엄격하게 분리되어 있으므로, 행정부는 의원내각제와는 달리 의회의 신임을 존립의 기초로 하지 않는 대신 대통령이 의회해산권도 가지고 있지도 않다.[3)]

2.2. 연방의회

미연방헌법에 있어서 입법권은 상원과 하원으로 구성되는 연방의회에 속하고, 상원은 하원에 대하여 정치적으로 우월한 지위에 있다. 상원은 각주에서 2인씩 선거한 의원들로 구성되고, 하원은 국민이 직접 선출한 의원들로써 구성된다.

2.3. 행정권

행정권은 대통령이 행사하고, 대통령은 부통령과 더불어 대통령선거인단에 의하여 선출(간접선거이나 직접선거와 같은 효과)된다.

2.4. 사법권

사법권은 연방최고법원(연방대법원)과 연방하급법원에 속한다. 연방법원의 법관은 상원의 동의를 얻어 대통령이 임명한다.[4)]

---

1) 권영성, 헌법학원론, 749면.

2) 한태연 교수의 반대설은 위에서 설명한바 있음.

3) 권영성, 헌법학원론, 750면.

4) 권영성, 헌법학원론, 750면.

3. 프랑스의 통치구조

3.1. 대통령

프랑스의 경우 1958년의 제5공화국헌법은 입법부에 대한 행정부우위의 권력분립제를 채택하고 있다. 통치구조에 있어 중심은 7년 임기로 국민이 직선하는 대통령에게 있다. 대통령은 국가의 독립 · 영토의 보전 · 국가의 계속성을 보장하는 지위에 있고, 입법부에 대하여 법률의 재심의를 요구할 수 있을 뿐 아니라 국민의회를 해산할 수 있는 막강한 권한을 가지고 있으며, 수상과 각료도 임면한다. 수상은 대통령이 결정한 정책을 집행하며 그 집행에 대하여 국민의회에 책임을 진다. 입법부는 국민의회와 원로원으로 구성된다.[1)]

3.2. 국민의회

국민의회의원은 소선거구에서 국민이 직접선거하고 임기는 5년이다. 원로원의원은 국민의회의원, 도의회의원, 군 · 면의회대표자에 의하여 선출되며, 임기는 9년이고 3년마다 3분의 1씩 개선된다.[2)] 행정부가 입법부에 대하여 우위에 있기 때문에 입법부는 행정부를 실효적으로 통제하고 감시하지 못한다.[3)]

3.3. 사법기관

사법기관으로는 헌법재판을 담당하는 헌법원과 정치적 중립성이 보장되는 사법법원이 있다. 사법법원에는 최고법원으로서 파기원이, 제2심법원으로서 항소원이 그리고 제1심법원으로서 지방법원과 구법원이 있다.[4)]

4. 독일의 통치구조

4.1. 통치구조

독일기본법도 권력분립의 원리를 통치구조의 구성원리로 하고 있다. 입법권은 연방의회(Bundestag)와 연방참사원(Bundesart)에 속한다. 연방의회는 국민의 보통 · 평등 · 직접 · 자유 · 비밀선거(5대선거)로 선출되는 국민대표로써 구성되고, 연방참사원은 지방정부(Landesregierung)의 대표자들로써 구성된다. 따라서 일본 및 국내의 일부학자들이 독일의 연방참사원(Bundearat)을 연방참의원이라고 부르는 것은 타당하지 않다(同旨 허영). 연방참사원은 연방의 입법과 행정에 참여함으로써 연방과 지방간의 원활한 협조를 도모한다.

1) 권영성, 헌법학원론, 750면.
2) 권영성, 헌법학원론, 750면.
3) 권영성, 헌법학원론, 750면.
4) 권영성, 헌법학원론, 750면.

임기 5년의 연방대통령은 연방회의에서 토론 없이(ohne Aussprache) 선출되며, 1차에 한하여 중임할 수 있다(기본법 제54조 제1항, 제2항 참조). 토론없이 선출하는 이유는 대통령의 권위(Autorität)를 보전하기 위함이다. 연방회의는 연방의회의원과 비례선거의 원칙(Verhältniswahl)에 따라 각 지방의회가 선출한 동수의 인원으로 구성된다.[1)]

4.2. 대통령

대통령(Bundespräsident)은 형식적이고 의례적인 권한만을 보유하고 있지만, 대내적으로는 국가원수(Staatsoberhaupt)이며, 대외적으로 연방을 대표하고 연방의 이름으로 외국과 조약을 체결한다. 또한 연방대통령은 연방공무원과 법관을 임면하고 사면권을 가지며, 형식적 권한(formelles Recht)이긴 하나 연방수상(Bundeskanzler)을 임명하고 연방수상의 제청에 따라 연방장관(Bundesminister)을 임면한다(기본법 제64조 제1항).

4.3. 연방정부와 정부위기(Regierungskrise) 타개제도

연방정부(Bundesregierung)는 연방수상과 장관으로 구성된다. 의회는 내각에 대하여 건설적 불신임투표(기본법 제67조 참조)에 의하지 아니하고는 불신임(Mißtrauensvotum)을 결의할 수 없다. 건설적 불신임제(konstruktives Mißtrauensvotum)는 차기수상을 의회가 과반수의 찬성으로 선출하지 아니하고는 현재의 수상을 불신임할 수 없게 하는 제도이다. 이는 현재의 수상을 불신임하기 위해서는 차기수상을 먼저 선출하는 방법에 의하여 현직 수상을 불신임한다는 것으로서 이는 바이마르 시대(1919-1933)의 경험을 토대로 하여 차기수상의 선출이라는 대안도 없이 무조건 현직수상을 불신임하고자 하는 부정적·파괴적 불신임이 아닌 긍정적·건설적 불신임을 Bonn 기본법에서 새로이 도입한 것이다.

[건설적·긍정적 불신임]

긍정적이요 건설적 불신임이라는 용어는 현직수상을 불신임하려면 반드시 차기수상을 선출하는 방식에 의해서만 가능하다는 의미로 건설적·긍정적 불신임이라는 용어를 사용하게 된 것이다.

이는 특히 바이마르 공화국시대(1919-1933)의 정부위기(Regierungskrise)를 예방하기 위한 새로운 제도로서 도입된 것이다.

1) 권영성, 헌법학원론, 751면.

「보충」

수상(Kanzler) 임명 · 선출 · 해임에 관한 독일헌법변천사

– 憲法二元主義(Verfassungsdualismus) : 이원적 의원내각제 –

〈Weimar 공화국헌법 : Verfassung des Deutschen Reichs vom 11. 8. 1919 = 1919년 8월 11일〉

- Art. 53 WRV : Der Reichskanzler und auf seinen Vorschlag die Reichsminister werden vom Reichspräsidenten ernannt und entlassen.

연방수상(Reichskanzler)은 대통령이 임명 · 해임하며, 각료(Reichsminister) 역시 수상의 提請(Vorschlag)에 의하여 대통령에 의하여 임명 · 해임된다.

- Art. 54 WRV : Der Reichskanzler und die Reichsminister bedürfen zu ihrer Amtsführung des Vertrauens des Reichstags. Jeder von ihnen muß zurücktreten, wenn ihm der Reichstag durch ausdrücklichen Beschluß sein Vertrauen entzieht.

수상과 각료는 그의 국정수행(Amtsführung)에 있어서 국회(Reichstag)의 신임(Vertrauen)을 필요로 한다. 수상 및 각료는 국회가 '명백한 의사표시(ausdrücklicher Beschluß)'에 의하여 그들에 대한 신임을 철회한 경우에는 각각 사임하여야 한다.

「설명」

바이마르 공화국헌법 제53조에서 볼 수 있는바와 같이, 수상(Reichskanzler)과 각료는 대통령이 임명 · 해임하므로, 반드시 대통령의 신임을 얻어야 했으며, 이와 동시에 제54조의 규정에서 보는 바와 같이 수상과 각료는 국회의 신임을 각각 얻어야 했다(→ 수상 및 각료의 '이중종속성(Doppelabhängigkeit)'. 이와 같이 헌법이원주의에 입각하여, 수상이 대통령 및 국회의 신임을 동시에 얻어야 하는데 따른 부작용, 즉 약체정부의 출현에 따른 정부위기(Regierungskrise)를 해결(Lösung)하기 위한 「헌법정책적 차원」에서 Bonn 기본법의 아버지들은, 수상은 대통령에 대하여 책임을 지지 아니하며, 수상은 국회에서 선출하도록 하는 헌법일원주의(Verfassungsmonismus)를 채택하였다.

– 헌법일원주의(Verfassungsmonismus) : 일원적 의원내각제–

〈Bonn 기본법 : Grundgesetz für die Bundesrepublik Deutschland vom 23. Mai 1949 = 1949년 5월 23일〉

1) 수상선출

- Art. 63 Abs. 1 GG : Der Bundeskanzler wird auf Vorschlag des Bundespräsidenten vom Bundestage ohne Aussprache gewählt.

연방수상(Bundeskanzler)는 대통령의 제청(대통령의 수상후보지명)으로 연방의회에서 '토론없이(ohne Aussprache)' 선출한다.

- Art. 63 Abs. 2 GG : Gewählt ist, wer die Stimmen der Mehrheit der Mitglieder des Bundestages auf sich vereinigt. Der Gewählte ist vom Bundespräsidenten zu ernenn.

국회내에서의 絕對多數(과반수 : Mehrheit der mitglieder des Bundestages)를 획득한자를 수상당선자로 한다. 대통령은 수상당선자(der Gewählte)를 임명한다.

「설명」

국회는 우선 헌법 제63조 제1, 2 항의 규정에 의하여 대통령이 수상 후보로 지명(Vorschlag)한 자를 국회에서 토론없이(ohne Aussprache) 선출한다. 이때에는 국회내에서의 절대적 다수(die Stimmen der Mehrheit = absolute Mehrheit = 과반수이상; 이를 소위 다수수상. Kanzlermehrheit)이라 칭한다)[1]를 획득한 자를 수상당선자로 하며, 이 경우의 수상당선자가 대통령이 지명한자인 경우이면 이를 반드시 임명하여야 한다(muß). 다만, 예외적으로 헌법파괴후보자의 경우는, 헌법 제20조 제4항[2]이 규정하는 저항권행사의 차원에서, 그리고 대통령이 수상후보자로 지명하지 아니한 후보자가 과반수이상(즉 절대적 다수)를 획득했을때에는, 대통령이 그를 수상후보자로 지명하지 않았다는 이유에서 수상 임명을 거부할 수 있다.

그리고 대통령의 수상후보지명권(Vorschlagsrecht des Bundespräsidenten)의 행사는 일반적으로 국회의원의 선거결과에 따라, 국회다수당의 당수를 수상후보로 지명한다(대통령에게 부여된 「법적 권리」와 「법적 권리의 이성적 행사」의 차이를 염두에 둘것). 그리고 각 정당은 국회의원선거시 각 정당의 수상후보자를 이미 공고한다. 이는 소수내각의 출현을 미연에 방지하고, 소위 절대다수(과반수 : Kanzlermehrheit)를 얻은자를 수상에 선출되도록 함으로써 '정국의 안정'을 기하기 위함이다.

- Art. 63 Abs. 3 GG : Wird der Vorgeschlagene nicht gewählt, so kann der Bundestag binnen vierzehn Tagen nach dem Wahlgange mit mehr als der Hälfte seiner Mitglieder einen Bundeskanzler wählen.

---

1) 독일연방 헌법 제121조(Begriff 'Mehrheit der Mitglieder')의 규정참조(Mehrheit der Mitglieder des Bundestages und Bundesversammlung im Sinne dieses Grundgesetzes ist die Mehrheit ihrer gesetzlichen Mitgliederzahl : 이 기본법에서 의미하는 연방의회(Bundestag)와 연방회의(Bundesversammlung) 구성원(Mitglieder)의 다수라 함은 그의 '법적 구성원수(gesetzliche Mitgliederzahl)'의 다수를 의미한다).

2) Gegen jeden, der es unternimmt, diese Ordnung zu beseitigen, haben alle Deutschen das recht zum Widerstand, wenn andere Abhilfe nicht möglich ist(모든 독일인은 이러한 질서를 폐지하려고 기도하는 모든자에 대하여, 다른 구제수단이 없을 경우에는 저항권을 행사할 권리를 가진다).

'대통령이 지명한 수상후보자(der Vorgeschlagene)'가 당선되지 못하였을 경우에는 국회는 제63조 제3항의 규정에 의하여 14일 以內에 국회 재적의원 과반수의 찬성(mehr als der Hälfte seiner Mitglieder)으로 수상을 선출할 수 있다.

「설명」
이 경우에는 대통령이 지명한 수상후보자를 반드시 선출하여야할 필요는 없으나, 이 경우에도 역시 제1, 2항의 경우와 마찬가지로 국회의원정수의 '과반수(mehr als der Hälfte)' 즉 절대다수(die Mehrheit der Mitglieder)의 확보를 필요로 한다.

- Art. 63 Abs. 4 GG : Kommt eine Wahl innerhalb dieser Frist nicht zustande, so findet unverzüglich ein neuer Wahlgang statt, in dem gewählt ist, wer die meisten Stimmen erhält. Vereinigt der Gewählte die Stimmen der Mehrheit der Mitglieder des Bundestages auf sich, so muß der Bundespräsident ihn binnen sieben Tagen nach der Wahl ernennen. Erreicht der Gewählte diese Mehrheit nicht, so hat der Bundespräsident binnen sieben Tagen entweder ihn zu ernennen oder den Bundestag aufzulösen.

선출이 이 기간내에 이루어지지 아니한 때에는, 지체없이(unverzüglich)새로운 투표가 실시되고, 최다득표자(die meisten Stimmen)가 선출된다. 선출된 자가 연방의회재적의원의 절대다수(die Stimmen der Mehrheit der Mitglieder)의 표를 획득한 경우에는, 연방대통령은 1주일 이내에 그를 수상으로 임명하여야 한다. 선출된자가 이러한 절대다수를 얻지 못한 경우에는 1주일 이내에 대통령은 그를 수상으로 임명하거나 국회를 해산할 수 있다.

「설명」
제63조 제1항, 제2항, 제3항에 의한 선거에서 수상선출에 필요한 절대다수 즉 과반수를 획득하지 못하였을 경우에는 제63조 제4항의 규정에 의하여 (단순)최다득표자(einfache Mehrheit)가 당선된다. 그리고 이 경우에 있어서의 (단순)최다득표자(einfache Mehrheit)가 국회내에서의 절대다수(Mehrheit der Mitglieder des Bundestages), 즉 과반수를 획득한 경우 일 때에는 대통령은 이를 반드시 수상으로 임명하여야 하며(muß), 다만 상대적 다수(relative Mehrheit)를 획득한 경우에 있어서는 대통령은 이를 수상으로 임명하거나, 혹은 국회를 해산할 수 있다.

국회를 해산하는 이유는 과반수 미만의 상대적 다수(relative Mehrheit)득표자의 수상 임명에 따른 소수정부(Minderheitsregierung)의 출현을 가능한한 방지하여 정부위기의 상황이 도래 함을 사전에 피하고자 함이 주된 헌법 정책적 목적이다.

최다득표자(einfache Mehrheit) ─┬─ 절대다수(과반수) → 임명하여야(Mu ß)
　　　　　　　　　　　　　　　　└─ 상대다수(과반수 미만) → 임명하거나 국회해산

「참고」: qualifizierte Mehrheit → 3분의 2 이상 득표

2) 수상해임(건설적 불신임 투표제 : konstruktives Mißtrauensvotum)

- Art. 67 Abs. 1 GG : Der Bundestag kann dem Bundeskanzler das Mißtrauen nur dadurch aussprechen, daß er mit der Mehrheit seiner Mitglieder einen Nachfolger wählt und den Bundespräsidenten ersucht, den Bundeskanzler entlassen. Der Bundespräsident muß dem ersuchen entsprechen und den Gewählten ernennen.

연방의회가 현재의 연방수상의 불신임(사임)을 관철하는데는 반드시 그 제적의원 절대다수(과반수 = Mehrheit seiner Mitglieder)의 찬성에 의하여 '수상후임자(Nachfolger)'를 먼저 선출한 후, 대통령에게 현직수상의 해임을 요청하는 방법으로만 가능하다. 대통령은 이러한 의회의 요청에 따라 현직수상을 해임하고, 의회에서 새로이 '선출된 자(Gewählten)'를 수상으로 임명하여야(muß) 한다.

「설명」

이는 바이마르 공화국시대에 국회에서 무분별하게 행하던 수상 불신임을 방지하고, 만약 수상을 불신임하는 경우에는 반드시 그의 후임자를 국회에서 '먼저' 선출하고 난 후에만 가능하게 한 것이다. 그래서 명칭을「건설적」혹은「긍정적」수상불신임이라고 하며, 바이마르시대의 무분별한 수상 불신임을「파괴적」혹은「부정적」수상불신임이라고 부른다.

- Art. 67 Abs. 2 GG : Zwischen dem Auftrage und der Wahl müssen achtundvierzig Stunden liegen.

이러한 提議와 선거간에는 48시간의 간격이 있어야 한다.

4.4. 사법권

사법권은 연방헌법재판소와과 연방대법원 혹은 연방통상법원이라고도 불리우는 연방법원(BGH) 그리고 支邦법원(주법원 : Landsgericht)에 의하여 행사된다.[1)]

5. 일본의 통치구조

5.1. 개관

과거 구일본제국헌법(명치헌법)은 천황을「통치권의 총괄자」로 하는 군주제헌법 이었으나, 현행헌법에서의 일본천황은 상징적 국가원수의 지위를 가질 뿐 통치에 관한 권한은 국회 · 내각 · 법원이 행사한다. 일본은 미연방헌법처럼 권력분립이 철저하지 못하고, 의회우위의 의원내각제를 채택하고 있다. 일본국헌법에 있어서 유일한 입법기관은 국회이고, 국회는 중의원과 참의원으로 구성되며, 양 의원은 전국민을 대표하는 의원으로 조직된다.[2)]

---

1) 권영성, 헌법학원론, 751면.

5.2. 의회

의원내각제를 채택하고 있는 일본의 입법권은 국회가 독점하고 있어 내각이 개입할 수 없다. 조약의 체결도 국회의 승인을 요하고, 예산과 재정에 관한 사항에도 널리 국회가 관여하고 있다.

5.3. 행정권

행정권은 내각총리대신이 수상으로 있는 내각에 속하고, 내각은 그 수장인 내각총리대신(수상)과 그 밖의 국무대신(각료)들로 구성된다. 내각총리대신은 의회다수파의 국회의원 중에서 국회가 의결로써 지명하고, 국무대신(각료)은 내각총리대신이 임명한다. 내각은 행정권의 행사와 관련하여 국회에 대하여 연대책임을 진다. 따라서 일본의 정부형태는 의회우위의 의원내각제라고 할 수 있다.[1]

5.4. 사법권

사법권은 최고재판소와 법률이 정하는 바에 의하여 설치되는 하급재판소에 속하고, 특별재판소는 설치할 수 없다. 위헌법률심사는 미연방헌법처럼 사법국가주의(일반법원형)를 채택하고 있으므로, 법원은 국회가 제정한 법률과 내각의 명령·규칙이 헌법에 위반되는가의 여부를 심사할 수 있는 법령심사권을 가진다.[2]

II. 권력분립의 유형

권력분립을 권력분리의 정도와 내용 그리고 권력 상호간의 견제와 균형이라는 관점에서 비교하여 본다면, 각국헌법에서 제도화된 권력분립의 형태는 다음과 같은 유형으로 대별할 수 있다.[3]

1. 입법부와 행정부의 관계를 기준으로 한 분류

입법부우위형: 입법부와 행정부 사이에 엄격한 권력분립이 이루어지지 아니하고 행정부가 입법부에 종속하는 권력분립의 유형이다. 이는 프랑스 혁명 당시의 국민공회제와 스위스의 의회정부제 등이 이에 속한다.

---

2) 권영성, 헌법학원론, 751면.
1) 권영성, 헌법학원론, 751면.
2) 권영성, 헌법학원론, 752면.
3) 권영성, 헌법학원론, 752면 이하 참조.

행정부우위형 : 제한군주제나 뢰벤슈타인의 주장처럼 과거 독재국가인 신대통령제에서 볼 수 있는 것으로 국가원수가 입법부와 행정부를 장악함으로써 입법부는 독자적인 입법기관이라기보다 단순한 행정부의 거수기 역할을 할 따름이다. 또한 국가원수는 의회해산권을 일방적으로 가지는데 반하여, 입법부는 이에 대하여 행정부에 대항하는 내각불신임권(무기평등의 원칙)을 가지고 있지 아니하다.

엄격한 분립형 : 입법부와 행정부의 분립이 비교적 엄격한 것으로 미연방헌법과 1791년의 프랑스헌법 등에서 볼 수 있다.

균형형 : 입법부와 행정부가 법적으로 별개의 기관이기는 하지만, 엄격한 분립이 아니고 일정한 한도 내에서 상호 협조하고 공화관계를 유지한다. 이것은 대체로 의원내각제에서 볼 수 있는 유형이다.

2. 사법부와 입법부의 관계를 기준으로 한 분류

입법부우위형 : 사법부가 구체적인 법적 분쟁을 해결함에 있어서 법률의 위헌여부를 심사(위헌법률심사제도)할 수 없는 유형이다. 영국 등과 같이 위헌법률심사제가 인정되어 있지 아니하는 국가에서 볼 수 있는 유형이다.

사법부우위형 : 사법부가 법률의 위헌여부를 심사하고, 심사의 결과 위헌으로 판단되면 그 법률 자체를 무효화하는 유형이다. 헌법재판소를 두고 있는 독일 · 오스트리아 등이 이 범주에 속한다. 독일은 법원의 판결에 대하여도 위헌 결정을 내릴 수 있으나, 오스트리아는 이와는 달리 법원의 판결에 대한 위헌심사권은 없다(한국은 오스트리아 형을 모방하였다).

균형형 : 이 유형은 사법부가 법률에 대한 위헌 여부를 심사할 수는 있으나, 위헌으로 판단한 법률이 무효가 되는 것이 아니고 구체적인 사건에 적용하지 않는 데 그치는 유형으로, 미국의 경우가 이 범주에 속한다.

제 4 항 권력분립이론의 변천

- 고전적 권력분립이론의 쇠퇴와 기능통제이론의 등장 -

I. 고전적 권력분립이론

1. 헌법일원주의(Verfassungsmonismus)

로크와 몽테스키외로 대변되는 고전적 권력분립이론은 19세기에 와서 입헌주의와 더불어 서구권 밖의 세계 여러나라에 널리 보급되었다. 그 당시는 자유주의적 통치구조의 구성원리인 권력분립제도가 권력의 집중과 남용을 충분히 억제하여 국민의 기본권을 보장할 것으로 기대하였다(소극적 원리). 그러나 권력분립제에 대한 그와 같은 기대는 그 후의 역사과정에서 그대로 충족되지 않았고 새로운 현상인 헌법일원주의(Verfassungsmonismus) 현상이 등장하였다. 다시말하면 과거의 고전적 권력분립이론은 예컨대 국회와 정부는 서로 견제하며 이를 통해 권력간의 균형을 취한다는 견제와 균형의 원리가 적용되는 것으로 보았으나, 오늘날에는 의회와 정부와의 관계에 있어서 국회가 정부를 견제하는 것이 아니라 국회내의 야당(Opposition)이 원칙적으로 정부를 견제하며, 국회내의 여당은 정부와 공화·협조의 관계를 유지하고 있다(헌법일원화현상 : Verfassungsmonismus).

2. 개인주의 · 자유주의의 퇴조

특히 20세기가 되면서 권력분립제의 배경이 된 개인주의와 자유주의가 점차 퇴조하기 시작하였고, 그 결과 입헌주의와 의회주의(의회민주주의)도 위기에 처하게 되었다. 이와 같은 입헌주의와 의회주의(의회민주주의)의 위기로 말미암아 권력분립론이 동요하게 되고, 결국에는 고전적 권력분립론에 대한 비판론까지 제기되게 되었다.[1] 의회주의(의회민주주의)에 대한 회의는 칼 슈미트(Carl Schmitt)에 의하면 의회주의의 본질적 요소인 공개성(Öffentlichkeit) · 토론성(Diskussion)의 상실에 기인한다(상세한 내용은 의회주의 위기 참조).

특히 고전적 권력분립제에 대한 비판이 제기되게 된 원인으로서는 (ㄱ) 제2차대전 이후의 동서냉전체제로 인한 국제적 긴장관계에서 비롯된 비상사태의 만성화와 그에 따르는 방위기구의 확대 · 강화 및 국가긴급권이론의 등장, (ㄴ) 군사쿠테타를 통하여 등장한 군사

1) 고전적 권력분립론에 대한 비판에 관해서는 김주희, 현대입헌국가의 권력분립제에 관한 연구, 부산대학교 법학박사학위논문, 1989 참조.

독재 및 경제개발을 명분으로 한 개발독재 등 현대적 독재제로부터의 도전 및 권력의 인격화 현상, (ㄷ) 정당정치의 발달로 말미암은 권력의 통합, (ㄹ) 헌법재판제도의 강화로 인한 사법국가화의 경향, (ㅁ) 사회국가이념의 실현과 경제적 위기를 극복하기 위한 방안으로서의 경제국가·서비스국가·행정국가화의 현상과 이로 인한 행정부우위의 권력구조, (ㅂ) 행정입법의 증대와 처분적 법률의 증가 등을 들 수 있다.[1)]

그러나 이는 고전적 권력분립이론은 현대의 정치상황에 맞지 않게 되었다는 것을 의미하는 것일 따름이며, 어디가지나 본래적 의미의 권력분립제의 본질이 훼손되었다고 볼 수는 없다. 이리하여 새로운 정치상황을 설명하기 위하여 등장한 이론이 뢰벤슈타인의 기능통제이론이다. 이를 편의상 현대적 권력분립이론이라 칭하기도 한다.

II. 현대적 권력분립이론(뢰벤슈타인의 기능통제이론 : 기능적 권력분립론)

1. 뢰벤슈타인의 동태적 권력분립론 : 기능적(동태적) 권력분립이론(기능적 권력통제론)

1.1. 서론

뢰벤슈타인(Loewenstein; Löwenstein)[2)]은 국가권력의 분립은 국가기능의 배분을 의미하는 것이므로, 국가권력의 분립이라는 개념 대신에 국가기능의 분할이라는 개념을 사용하여야 한다고 한다. 그는 오늘날의 다원적 대중사회에서는 고전적 권력분립론이 동태적 권력분립론으로 대체되어야 한다면서, 국가기능을 정치적 기본결정기능(정책형성기능)과 정치적 결정의 집행기능 그리고 정치적 통제기능으로 3분하고 있다. 이들 기능은 곧 정책결정(policy determination)·정책집행(policy execution)·정책통제(policy control)기능을 의미한다.

정책결정은 국가적 공동체가 당면하고 있는 기본적인 정치적 선택, 즉 정치체제나 정부형태의 결정(입헌군주제냐 공화제냐, 의원내각제냐 대통령제냐) 다양한 이해관계와 이데올로기의 조정, 대외관계에 관한 기본적 사항의 결정을 말한다. 이러한 정책결정은 일부 엘

---

1) 권영성, 헌법학원론, 754면.

2) 뢰벤슈타인의 성은 미국식으로 Loewenstein 혹은 독일어으로는 Löwenstein으로 표기된다. 그 이유는 원래 유대계 독일인이었던 뢰벤슈타인이 나치의 박해를 피하여 미국으로 이민을 간데서 비롯된다.

리트관료나 정당수뇌부에 의하여 결정되고 있지만, 입헌주의의 본질상 행정부와 입법부의 협조 그리고 국민투표 등의 방식으로 대중의 참여가 보장되어야 한다고 한다.

정책집행은 결정된 정치적 기본사항을 구체적으로 집행하는 기능을 말한다. 정책집행을 위하여 의회는 법률을 제정하고 이 법률에 의거하여 행정부와 사법부는 정치적 기본결정사항을 구체적으로 실천하게 된다.

정책통제는 행정부를 포함한 모든 권력담당자의 공권력을 억제하고 한정하는 기능을 말한다. 정책통제기능은 정치적 책임을 강조하고 정치적 책임을 관철하려는 데에 그 의미가 있다. 뢰벤슈타인에 의하면 헌법은 정치적 통제를 위한 제도적 장치라고 하며, 그 통제는 수직적 통제(연방국가에 있어서 중앙정부와 지방정부간의 통제, 이익집단들에 의한 정부통제, 여론에 의한 통제 등)와 기관상호간의 통제(기관간 통제)로 나누어진다고 한다.[1)]

전통적·고전적 권력분립이론은 국가권력의 「수평적 분립」만을 강조하고 있으나 오늘날에 와서는 국가권력의 「조직적 권력분립(organisatorische Gewaltenteilung) 및 「수직적 분립」(vertikale Gewaltenteilung) 또한 중요시되고 있다.

조직적인 측면에서의 수직적 권력분립은 연방과 지방간의 권력분산이나 중앙정부와 지방자치단체간의 권력분산, 의회의 양원제, 사법부의 이원화, 행정부 내부에서의 권력분산 등을 그 내용으로 한다. 시간적인 측면에서의 수직적 권력분할은 권력담당자의 임기제 등을 그 내용으로 한다.[2)]

- 조직적 권력분립(organisatorische Gewaltenteilung) : 연방의회와 연방참의원과의 관계
- 수직적 권력분립」(vertikale Gewaltenteilung) : 중앙정부와 지방정부(지방자치단체)와의 관계

최근의 기능적 권력통제이론에 의하면, 권력분립은 국가권력을 민주적 정통성에 따라 창설하고 그 권력행사의 「절차적 정당성」을 보장하기 위한 적극적 원리로서의 성격을 갖는 것이라고 이해한다. 따라서 이 이론에 의하면 권력분립의 원칙을 이해하는데 있어서 그 고전적인 논리형식에 집착하기보다는 현대적 기능을 정확하게 파악하도록 하여야 한

1) 기관상호간의 통제로는 ① 정부에 대한 의회의 통제, ② 의회에 대한 정부의 통제, ③ 정부 및 의회에 대한 사법부의 통제, ④ 정부 및 의회에 대한 선거민의 통제 등이 있다고 한다(K. Loewenstein, S. 189). 한편 기관내부의 통제로는 ① 합의제(입법부에서는 양원제, 내각에서는 창의제, 사법부에서는 합의제), ② 이원정부제, ③ 스위스의 연방참사회, ④ 구소련의 집단지도제 등을 들 수 있다고 한다(K. Loewenstein, S. 170 ff.).

2) 권영성, 헌법학원론, 756면.

다고 한다.

이에 관한 대표적 학설로는 Karl Loewenstein(Löwenstein)의 견해가 있으며, 그는 정책결정권(policy determination), 정책집행권(policy execution) 정책통제권(policy contol)으로 구분하여 설명하고 있다.

1.2. 뢰벤슈타인(Loewenstein)의 권력분립이론(기능통제이론)

1.2.1. 개관

현대의 자유민주국가에서는 과거의 고전적 권력분립이론이 추구하는 국민의 자유권의 국가로부터의 보호라고 하는 단순한 초국가적 자유의 보호수단으로서의 권력분립이론을 전개하기 보다는 자유민주적 통치구조의 근본이념과 기본원리를 (구체적으로) 실현 · 형성시키기 위한 통치기구의 조직원리를 모색한다는 관점에서 국가권력행사의 「절차적 정당성」을 보장할 수 있는 권력통제의 메커니즘을 찾게 되었다.

이와 같은 점에 입각하여 가장 예리하게 문제점을 제기한 사람은 「정치동태적 헌법학」을 대표하는 뢰벤슈타인이다. 뢰벤슈타인은 고전적 3권분립이론(입법 · 행정 · 사법)은 현대국가에서 흔히 나타나는 「기능수행기관의 다원화」와 이러한 국가기능을 수행하는데 있어서 불가피하게 나타나는 「기능수행기관의 협동화 현상」으로 인하여, 그 타당성의 한계를 지닌다고 한다.[1]

뢰벤슈타인은 헌법 그 자체를 권력통제의 기본도구라고 이해하면서 헌법의 목적은 상이한 국가기능을 여러 국가기관에 분산 시킴으로써 한 사람의 손안에 절대적인 권력이 형성되는 것을 막기위한 것이라고 한다. 따라서 그의 사상적 세계에서는 「헌법 전체」가 정치권력에 대한 통제의 메카니즘을 의미한다고 하며, 그는 국가권력을 그 기능별로 분류하여, 정책결정권과 정책집행권, 정책통제권으로 구분하고 있다. 그러나 뢰벤슈타인이 국가기능을 정책결정권 · 정책집행권 · 정책통제권의 세가지로 분류하고 있지만, 이는 세 가지 국가기능사이에 대립적 권력통제가 이루어진다는 것이 아니고, 이러한 기능이 ① 각기 다른 권력주체에 의하여, ② 독자적 혹은 협동적으로 행해지는 경우에, ③ 수직적 권력통제(vertikale Gewaltenteilung) 혹은 수평적 권력통제(기관내 통제 및 기관간 통제)가 이루어진다는 것이다.[2]

---

1) 허영, 한국헌법론, 715면; K. Loewenstein, Verfassungslehre, 3. Aufl.(1975), S. 43, 45.

2) 허영, 한국헌법론, 717면.

1.2.2. 내용

a) **정책결정권**(policy determination)

이는 정치적인 기본결단을 내리거나 정책을 결정하는 권한을 말한다. 예컨대 어떠한 정치형태, 정부형태를 취할 것인가, 경제질서에 관하여 국유화를 할 것인가, 사회화를 할 것인가, 군사동맹등 중요한 외교문제에 관한 결정등과 같이 가장 중요한 정책을 결정하는 권한이다. 이러한 정책결정의 권한은 비교적 소수에게 위임되고 있으며, 대부분의 경우 국회·정부 등의 합동작업을 요청하고 있으며 경우에 따라서는 국민의 참여도 필요하다고 한다.

b) **정책집행권**(policy execution)

이는 결정된 정책을 현실화 시켜 집행하는 권한을 말하며, 따라서 모든 국가작용영역에 관련된다. 주로 시행법률의 형식으로 입법화되고 이 법에 따라 집행된다. 입법부는 결정된 정책을 입법화하는 기능을 가지고 있다. 이것은 국민의 의사표현이라기 보다는 이미 결정된 정책을 집행하기 위한 수단에 불과하다. 정책집행의 본질은 행정인데, 이는 이미 내려진 정책결정을 집행하고 법률의 일반적인 규범을 개별적인 사건에 적용하여 집행하며, 司法도 시행법률을 개별적인 사건에 적용하여 집행한다. 따라서 행정과 사법의 본질적인 구분은 할 필요가 없어진다.

c) **정책통제권**(policy control)

뢰벤슈타인(Löwenstein)이 주장하는 3분설의 핵심은 제3의 기능인 「정책통제」에 있다. 입헌주의의 역사는 정치적 권력의 견제와 제한을 위한 모색의 역사였고, 이는 권력통제의 가장 실효적인 수단으로서 국가권력을 각 국가기관에 분산(Gewaltenverteilung) 시켜준 것이었다. 그리고 정책통제권은 정책의 결정과 집행을 상호간 통제하는 권력으로서 정부형태에 따라서 각기 다르게 나타난다. 뢰벤슈타인(Löwenstein)은 국가기능 중에서도 정책통제기능을 가장 핵심적인 기능이라고 한다.[1)]

[정책통제의 일반적 예]
- 국회와 정부의 견제·균형
- 사법부의 위헌법률심사권
- 대통령의 법률안거부권
- 내각의 국회해산권
- 국회의 내각불신임권

1) 허영, 한국헌법론, 717면 각주 4).

- 국회의 법관에 대한 탄핵소추권

이러한 정책결정 · 정책집행 · 정책통제의 기능이 각기 다른 권력주체에 의하여 독자적 혹은 협동적으로 행해지는 경우에 다음과 같은 수직적(vertikale Gewaltenteilung) 혹은 수평적 권력통제(기관내 통제 및 기관간 통제)가 이루어진다.[1]

「정책결정 · 정책집행 · 정책통제의 기능」
→ 각기 다른 권력주체에 의하여 독자적 혹은 협동적으로 행해지는 경우
→ 수직적(vertikale Gewaltenteilung) · 수평적 권력통제(기관내 통제 및 기관간 통제)

° 수직적 권력통제[2]
- 연방국가제도에 있어서 연방정부와 지방정부와의 관계
- 다원적 사회구조
- 이익단체의 조직

° 수평적 권력통제
- 기관내 통제(Intra-Organ-Kontrolle)[3]
  · 양원제의회제도에서의 양원의 관계
  · 행정부내의 부서제도

- 기관간 통제(Inter-Organ-Kontrolle)
  · 대통령의 법률안거부권
  · 정부의 의회해산권
  · 법원의 위헌법률심사 · 심판권

로크(Locke)와 몽테스키외(Montesquieu)의 권력분립이론이 고전적 · 조직적(정태적) 권력분립이론이라 한다면 뢰벤슈타인이 주장하는 이론은 현대적 · 기능적(동태적) 권력분립이론 이라고 할 수 있겠다. 결론적으로 뢰벤슈타인의 정치동태적인 기능분류이론은 기능분류 그 자체에 의미가 있다기보다는 기능분류를 바탕으로 한 「기능의 분산」[4]과 「기능의 통제」를 실현시켜 정치권력을 효과적으로 통제할 수 있는 정치형태의 모델을 찾아 내려고 노력하였다는 점에서 그 의의를 찾을 수 있다. 따라서 국내의 일부 학자들처럼 뢰벤

1) 허영, 한국헌법론, 716면.
2) K. Löwenstein, Verfassungslehre, S. 296 ff.
3) K. Löwenstein, Verfassungslehre, S. 168.
4) 여기에는 다음과 같은 것들이 있다. i) 상 · 하 양원에 의한 법률제정 ii) 미국대통령에 의하여 임명된 공무원에 대한 상원의 임명동의 iii) 대통령의 국정행위에 대한 국무위원의 부서(副署).

슈타인의 이론을 절책결정 · 정책집행 · 정책통제라는 기능분류 중심으로만 설명하는 것은 그의 사상을 정확히 이해하지 못할 위험이 있다[1]고 하겠다.

1) 허영, 한국헌법론, 717면 각주 2) 참조.

『정리』

Loewenstein의 권력3분설
- 현대적 · 기능적(동태적) 권력분립이론 -

1. Loewenstein의 권력분립이론

현대의 자유민주국가에서는 자유민주적 통치구조의 근본이념을 구체적으로 실현시키기 위한 통치기구의 조직원리를 모색 → 국가권력행사의 「절차적 정당성」을 보장할 수 있는 권력통제의 메커니즘의 모색

〈Loewenstein의 고전적 3권분립이론(입법 · 행정 · 사법)비판〉

① 현대국가에서 흔히 나타나는 「기능수행기관의 다원화」

② 「기능수행기관의 협동화 현상」으로 인하여, 그 타당성의 한계를 지닌다.

Loewenstein은 헌법 그 자체를 권력통제의 기본도구라고 이해.

헌법의 목적 → 상이한 국가기능을 여러 국가기관에 분산시킴으로써 한 사람의 손안에 절대적인 권력이 형성되는 것을 막기위한 것.

→ Löwenstein의 사상적 세계에서는 「헌법전체」가 정치권력에 대한 통제의 메커니즘을 의미.

뢰벤슈타인은 정책결정권과 정책집행권, 정책통제권으로 구분하고 있다. 이러한 기능이 각기 다른 권력주체에 의하여 독자적 · 협동적으로 이루어지는 경우에 수직적(구조적인 측면과 시간적인 측면을 내용으로 하는 것) · 수평적 권력통제(국가권력을 기능중심으로 분립)가 이루어진다(허영).

1) 정책결정권(policy determination)

정치적인 기본결단을 내리거나 정책을 결정하는 권한.

→ 어떠한 정치형태 및 정부형태의 종류를 취할 것인가, 경제질서에 관하여 국유화(사회화)여부, 군사동맹, 중요한 외교문제

→ 비교적 少數에게 위임 → 대부분의 경우 국회 · 정부 등의 합동작업을 요청(간혹 국민의 참여도 필요

2) 정책집행권(policy execution)

결정된 정책을 현실화 시켜 집행하는 권한. 따라서 모든 국가작용영역에 관련된다고 Loewenstein은 주장. 이것은 국민의 의사표현이라기 보다는 이미 결정된 정책을 집행하기 위한 수단에 불과 → 시행법률의 형식으로 입법화되고 이 법에 따라 집행

① 입법부→ 결정된 정책을 입법화하는 기능

② 행정부→ 정책결정을 집행하고 법률의 일반적인 규범을 개별적인 사건에 적용
③ 사법부→ 司法도 시행법률을 개별적인 사건에 적용하여 집행
→ 따라서 행정과 사법의 본질적인 구분은 할 필요가 없어진다.

3) 정책통제권(policy control)

Loewenstein은 국가기능 중에서도 「정책통제기능」을 가장 핵심적인 기능이라고 한다.

→ 정책통제권은 정책의 결정과 집행을 상호간 통제하는 권력으로써 정부형태에 따라서 각기 다르게 나타난다.

[정책통제의 일반적 예]

- 국회와 정부의 견제·균형
- 사법부의 위헌법률심사권
- 대통령의 법률안거부권
- 내각의 국회해산권
- 국회의 내각불신임권
- 국회의 법관에 대한 탄핵소추권

「정책통제의 결과」

[수직적 권력통제][1)]

- 연방국가제도에 있어서의 연방정부와 지방정부와의 관계
- 다원적 사회구조
- 이익단체의 조직

[수평적 권력통제]

- 기관내 통제(Intra–Organ–Kontrolle)[2)]
  · 양원제의회제도에서의 양원의 관계
  · 행정부내의 부서제도

- 기관간 통제(Inter–Organ–Kontrolle)
  · 대통령의 법률안거부권
  · 정부의 의회해산권
  · 법원의 위헌법률심사권

2. 케기의 포괄적 권력분립론

베르너 케기(W. Kägi)도 권력분립론은 국가기능에 의한 권력분립을 그 전제로 하여

---

1) K. Löwenstein, Verfassungslehre, S. 296 ff.
2) K. Löwenstein, Verfassungslehre, S. 168.

야 한다면서 포괄적 권력분립론을 주장하였다.[1][2]

- 헌법제정 · 개정권과 일반입법권의 이원화
- 입법부의 양원제
- 행정부 내부에서의 권력분립
- 공권력담당자의 임기의 한정
- 복수정당제의 확립과 여야간의 견제
- 연방제와 지방자치제에 의한 수직적 권력분립
- 국가와 교회의 이원화
- 민간권력과 군사권력의 분리

1) 케기(W. Kägi)의 권력분립이론에 대하여는 W. Kägi, Zur Emtstehung, Wandlung und Problematik des Gewaltenteilungsprinzip. Zürich 1937 ; ders., Von der klassischen Dreitilungzur umfassenden Gewaltenteilung, in: Zur heutigen Problematik der Gewaltrennung, Darmstadt 1969, SS. 302-310 참조.

2) 케기(W. Kägi)의 포괄적 권력분립론의 연장선상에서 주장된 고전적 권력분립론의 변용이론으로 최근에 기능적 권력통제이론이 소개되고 있다. 기능적 권력통제론은 기존의 국가기관 · 국가조직 및 국가제도를 중심으로 한 권력분립론을 전제로 하면서도, 국가기관 상호간에 국가기능을 통제하고 또 국가기능의 행사가 협동과 통제하에 조화될 수 있도록 하는 제도적 장치를 마련하는 데 그 비중을 두고 있는 이론이다. 이 이론에 의할 때, 중요한 권력통제의 유형으로는 ① 여 · 야간의 권력통제, ② 연방제에 있어서 연방과 州간의 권력통제, ③ 언론 · 여론에 의한 권력통제, ④ 시민단체 (압력단체)들에 의한 권력통제 등을 들 수 있다(허영).

제 5 항 한국헌법과 권력분립의 원리

I. 권력분립제의 변천

우리 나라의 헌법들도 권력분립이론에 입각하여 그 이론을 정비하였고, 이 체제하에서 통치구조가 형성되어 왔던것이 사실이나, 그 권력분립의 정도와 내용은 역대 헌법이 동일한 것은 아니었다. 1948년의 건국헌법은 비교적 행정부우위의 권력분립제를(대통령제), 1960년 헌법은 비교적 균형형의 권력분립제를(의원내각제), 1962년 헌법은 다시 행정부우위의 권력분립제를(대통령제), 1972년의 유신헌법은 행정부의 절대적 우위를(영도적 대통령제), 그리고 1980년 헌법은 행정부의 우위를 내용으로 하는 권력분립제(대통령제)를 채택하였다. 1987년의 헌법에서는 비교적 균형적인 권력분립제(대통령제)를 채택하고 있으나, 정부형태가 대통령제라는 점에서, 그리고 행정국가의 특성상 아직도 행정부는 강한 권한을 가지고 있다.[1)]

II. 현행헌법의 권력분립제

1. 권력의 분할

1.1. 수평적 권력분립

뢰벤슈타인의 현대적 권력분립이론에 입각하여 볼 때, 수평적 권력분립은 입법권은 국회에(헌법 제40조), 행정권은 대통령을 수반으로 하는 정부에(헌법 제66조 제4항), 사법권은 법관으로 구성된 법원에 속한다(헌법 제101조 제1항)라고 하는 헌법규정과 국회의원과 대통령의 겸직을 금지하고 있는 헌법규정(헌법 제43조, 제93조) 등에 의하여 실현되고 있다.

[수평적 권력분립]
입법권 → 국회(제40조)
행정권 → 대통령을 수반으로 하는 정부(제66조 제4항)
사법권 → 법관으로 구성된 법원(제101조 제1항)
국회의원과 대통령의 겸직금지(제43조, 제93조)

---

1) 권영성, 헌법학원론, 757면.

1.2. 수평적 권력분립의 예외

수평적 권력분립에 대한 예외로서, 대통령에게는 (ㄱ) 정부의 법률안을 제출권(헌법 제52조), ㄴ) 국가의 안위에 관한 중요정책을 국민투표에 붙일 수 있는 권한(헌법 제72조), (ㄷ) 긴급명령과 긴급재정경제명령을 발할 수 있는 권한(헌법 제76조), 국회의 권한으로서는 (ㄱ) 국무총리·국무위원의 해임건의권(헌법 제63조)과 (ㄴ) 국회의장의 법률공포권(헌법 제53조 제6항)을 인정하고 있는 것 등이다.

[수평적 권력분립에 대한 예외]
- 대통령
  · 긴급명령과 긴급재정경제명령권
  · 국가안위에 관한 중요정책을 국민투표부의권
  · 법률안을 제출할 수 있는 권한

- 국회
  · 국무총리·국무위원의 해임건의권
  · 국회의장의 법률공포권

1.3. 수직적 권력분립

구조적 측면에서의 수직적 권력분립은 지방자치제의 채택(제8장)과 기관내부에서의 관할권의 배분을 통하여 보장되고, 시간적인 측면에서의 수직적 권력 분립은 (ㄱ) 국회의원의 임기는 4년으로(헌법 제42조), (ㄴ) 대통령의 임기는 5년으로(헌법 제70조), (ㄷ) 대법원장(헌법 제105조 제1항)·대법관(헌법 제105조 제2항)·헌법재판소장(헌법 제112조 제1항)·헌법재판소재판관(헌법 제112조 제1항)·선거관리위원회위원(헌법 제114조 제3항)의 임기는 6년으로 한다는 헌법규정에 의하여 뒷받침되고 있다.[1)]

2. 통치기구 상호간의 견제와 균형

2.1. 통치기구의 구성적 측면에 있어서의 견제와 균형

현행헌법에서는 구헌법이 규정하였던 대통령의 비상적 대권들을 삭제하고, 국회의 권한을 확대·강화하였다. 그리고 사법부의 독립을 강화함으로써 권력상호간의 견제와 균형을 취하고 있다.

통치기구의 구성적 측면에서의 권력상호간의 견제와 균형은 (ㄱ) 대법원장(헌법 제104조 제1항)·헌법재판소장(헌법 제111조 제4항)·대법관(헌법 제104조 제2항)·국무총리

---

1) 권영성, 헌법학원론, 758면.

(헌법 제86조 제1항) · 감사원장(헌법 제98조 제2항)의 임명에 국회의 사전적 동의를 얻게 하고, (ㄴ) 헌법재판소와 중앙선거관리위원회의 구성을 국회 · 대통령 · 대법원장의 합동행위에 의하게 하며(헌법 제114조 제2항), (ㄷ) 정부조직법과 헌법재판소 및 법원의 설치 · 조직에 관한 법률을 국회로 하여금 제정하도록 하고 있다.

[권력상호간의 견제와 균형]
- 대법원장 · 헌법재판소장 · 대법관 · 국무총리 · 감사원장의 임명에 국회의 동의
- 헌법재판소와 중앙선거관리위원회의 구성을 국회 · 대통령 · 대법원장의 합동행위에 의함
- 정부조직법과 헌법재판소 및 법원의 설치 · 조직에 관한 법률을 국회로 하여금 제정

2.2. 통치기구의 기능적 측면에서의 견제와 균형

통치기구의 기능면에서의 권력상호간의 견제와 균형은 국회는 (ㄱ) 국무총리 등에 대한 국회에의 출석 · 답변요구 및 질문권(헌법 제62조 제2항), (ㄴ) 국회에 의한 정부 및 법원의 예산심의제, (ㄷ) 정부의 재정행위에 대한 의결권을 통하여, 그리고 대통령은 (ㄱ) 임시국회소집요구권, (ㄴ) 법률공포권(헌법 제53조), (ㄷ) 국회예산안의 편성제출권, (ㄹ) 대통령(헌법 제81조) · 국무총리(헌법 제62조 제2항) 등의 국회에서의 의견표시권, (ㅁ) 정부의 행정입법권(대통령령 · 총리령 · 부령)의 행사(헌법 제75조, 제95조 참조), (ㅂ)대통령의 사면 · 감형 · 복권에 관한 권한 등을 통해서 구현하고 있다.[1)]

[국회]
- 국무총리 등에 대한 국회에의 출석 · 답변요구 및 질문권
- 국회에 의한 정부 및 법원의 예산심의제
- 정부의 재정행위에 대한 의결권

[대통령]
- 임시국회소집요구권
- 법률공포권
- 국회예산안의 편성제출권
- 대통령 · 국무총리 등의 국회에서의 의견표시권
- 정부의 행정입법권
- 대통령의 사면 · 감형 · 복권에 관한 권한

1) 권영성, 헌법학원론, 758면.

2.3. 통치기구의 제도적 측면에서의 견제와 균형

현행 헌법상의 제도적 측면에서의 권력상호간의 견제와 균형은 (ㄱ) 헌법개정시의 국민투표제(헌법 제130조 제2항), (ㄴ) 복수정당제의 보장(헌법 제8조 제1항), (ㄷ) 직업공무원제의 채택(헌법 제7조), (ㄹ) 국군의 정치적 중립성(헌법 제5조 제2항), (ㅁ) 헌법재판제도(헌법 제111조), (ㅂ) 선거공영제(헌법 제7장), (ㅅ) 지방자치제도(헌법 제8장) 등을 통해서 구현하고 있다.[1]

3. 기관간 통제

현행헌법에서는 기관상호간의 감시와 비판을 통한 권력통제의 장치를 광범하게 채택하고 있다. 국회가 행정부에 대하여 갖는 권리로는 (ㄱ) 국무총리 · 국무위원의 해임건의권, (ㄴ) 대통령 기타 고위직공무원에 대한 탄핵소추권, (ㄷ) 국정감사 · 조사권, (ㄹ) 선전포고 등 외교행위에 대한 동의권, (ㅁ) 긴급명령과 긴급재정경제처분 · 명령에 대한 승인권, (ㅂ) 계엄해제요구권, (ㅅ) 대통령이 제안한 헌법개정안의 의결, (ㅇ) 대통령의 일반사면에 대한 국회의 동의 등에 의하여 대통령과 정부를 통제할 수 있다. 대통령이 국회에 대하여 갖는 권리는 (ㄱ) 법률안 거부권의 행사, (ㄴ) 국가안위에 관한 중요정책의 국민투표회부 등으로 국회를 통제할 수 있다.

국회가 법원에 대하여 갖는 권리는 (ㄱ) 법관에 대한 탄핵소추권, (ㄴ) 국정감사 · 조사 등을 통하여 법원을 통제할 수 있다.

법원은 명령 · 규칙 · 처분의 위헌 · 위법심사를 통하여 국회 · 정부 · 헌법재판소를 통제할 수 있다. 헌법재판소는 위헌법률심판[2] · 권한쟁의심판 · 탄핵심판 · 정당해산심판 · 헌법소원심판 등을 통하여 국회 · 대통령 · 정부 · 법원을 통제하고 있다.[3]

---

1) 권영성, 헌법학원론, 759면.

2) 헌법재판소가 국회에서 제정한 법률을 위헌으로 선고하는 경우에도 권력분립주의와 대의제도의 원리를 보완하고 강화하는 데에 있는 것이지 이를 무시하고 초월하는 초입법적 권한을 행사할 수 있는 것은 아니다. … 국회나 행정부의 입법정책에 대해서는 원칙적으로 사법적 제 한을 할 수 없으며, 위헌적 선언을 할 수 있는 헌법재판에서도 권력분립주의의 원칙과 자유민주주의의 기본원리에 입각하여야 하며 그 재판권의 행사에는 민주적 성격이 왜곡되지 않도록 스스로 자제하여야 한다(헌재결 1990. 6. 25, 89헌가98, 101(병합)).

3) 권영성, 헌법학원론, 760면.

제 3 장 통치구조의 형태

제 1 절 정부형태의 의의와 분류

I. 정부형태의 개념

1. 의의

통치구조의 형태는 현실적으로 정부형태 또는 정부제도로 나타난다. 정부형태(Regierungsform)라 함은 광의로는 국가권력구조에 있어서 권력분립의 원리가 어떻게 적용 또는 실현되고 있느냐 하는 권력분립의 조직적 · 구조적 실현형태를 말하며,[1] 협의로는 행정부의 구조 · 기능 · 권한행사방식이 어떠한가 하는 행정부의 구조형태를 의미한다.[2]

권력분립의 원칙을 통치기구의 구성원리로 채택하는 경우에도 그 권력분립의 원칙에

---

1) 권영성, 헌법학원론, 763면; 정부형태에 관한 문헌 중 기본적인 것으로는 Almond & Powell, Comparative Politics(2nd & revised edition), Little Brown, 1978 ; Phillips, L. W., Comparative Constitution, Macmillan, 1972 ; Th. Stammen, Regiungssysteme der Gegenwart, 3. Aufl., Stuttgart 1972, M. Hättich, Lehrbuch der Politikwissenschaft, Mainz 1969, M. Duverger, Instituyions politiques et droit constitutionnel, I, 15 ed., 1978 : K. v. Beyme, Das präsidentielle Regierungssystem, Karlsruhe 1969 ; Crlck, B., Basic Form of Government : A Sketch and a Model, 1973; Finer, S. E, Comparative Government, New York Basic Books Inc. Publishers, 1970(rep. 1980)(이홍재 외 19인 공역, 비교정부론, 법문사, 1985) 등을 들 수 있다.

2) 권영성, 헌법학원론, 763면; 정부형태의 유형적 다양성 : 국가의 의사결정이 구체적으로 어떻게 내려져서 어떻게 시행되며, 정책 결정과 정책집행의 책임을 지고 정치를 해나가는 국가기관이 어떻게 구성되어 어떠한 견제와 통제를 받으며, 주권자인 국민은 국가의 정치적 의사 형성과정에 어느 정도 참여의 기회를 가지고 국가권력의 주체인 동시에 수신자로 기능하는 것인지 등이 정부형태와 직접적으로 관련되는 문제들이다. 이러한 문제들을 해결하는 방법은 여러 가지가 있을 수 있고, 그 다양한 해결방법은 또 각 나라의 구체적인 정치전통과 사회구조에 따라 각각 상이한 헌법현실로 나타날 수도 있기 때문에 정부형태에 관해 어떤 정형을 논하기는 어렵다. 정부형태의 분류에 관해서 학자에 따라 그 기준과 방법에 차이가 있고 전통적인 2원적 분류방법 이외에 다양한 기준에 의한 정부형태의 다원적 분류방법이 학문적 논의의 대상이 되는 것은 그 때문이다. 엄격한 의미에서는 전혀 동일한 정부형태란 현실적으로 있을 수 없기 때문에 이 지구상에 존재하는 국가의 수만큼 그 정부형태도 다양하다고 볼 수 있다.

내재되어 있는 '기능과 조직의 분리', '견제 · 균형의 메커니즘', 그리고 '통제의 원리'등을 구체적으로 어떤 형태로 실현시키느냐에 따라, 한 나라의 통치구조는 그 조직적 · 기능적인 측면에서 현저한 차이를 보일 수 있다.

한 나라의 정부형태가 마치 그 나라 통치구조의 실질적인 표현형태로 간주되기도 하지만, 한 나라의 통치구조는 권력분립의 원칙만을 조직적 · 구조적으로 실현시키고자 하는 통치의 틀이 아니라 대의제도를 비롯한 선거제도 · 공직제도 · 지방자치제도 등 모든 통치기관의 구성원리를 복합적 · 종합적으로 실현시키고자하는 통치권행사의 제도적인 틀에 해당하는 것이기 때문에 정부형태와 통치구조 내지 통치형태를 같은 것으로 평가하는 것은 문제가 있으나, 통치구조 내에서 정부형태가 가장 중심적인 위치를 차지한다는 점을 부인하기는 어렵다.

「광의의 정부형태」
- 국가권력의 구조형태

「협의의 정부형태」
- 행정부의 구조형태

「권영성 교수의 견해」
협의로는 국가기본정책을 결정하는 입법부와 이 결정을 집행하는 행정부의 관계가 어떠한가 하는 것을 말하고, 최협의로는 행정부의 구조 · 기능 · 권한행사방식 등이 어떠한가 하는 행정부의 구조형태를 말한다. 통치구조론에서는 정부형태를 광의의 개념으로 사용하나 때로는 협의 또는 최협의로 사용하는 경우도 없지 아니하다.

정부형태를 국가의 권력구조 내지 권력분립의 실현형태로 파악한다면, 결국 정부형태란 국가권력과 국가기능이 입법부 · 행정부 · 사법부에 어떻게 배분되고, 입법부 · 행정부 · 사법부는 배분된 국가권력과 국가기능을 어떻게 행사하며, 이들 기관의 상호관계는 어떠한가 하는 것을 의미하게 된다.[1)]

---

1) 국순옥 교수는 국가유형과 국가형태와 정부형태를 구별하고 있다. 그에 의하면 국가유형은 국가의 역사적 본질과 계급적 성격을 묻는 범주로서, 한 사회의 지배적인 생산관계가 국가유형을 규정짓는 결정적 요인이 된다고 한다. 그러면서 국가유형은 노예제국가 · 봉건제국가 · 자본주의국가 · 사회주의국가의 순으로 성립하여 왔다고 한다. 그리고 국가형태는 국가유형의 하위개념으로서 국가기관들의 조직형태를 말하고, 하나의 국가유형안에는 다양한 국가형태가 존재한다고 한다. 예컨대 자본주의국가의 정상적인 국가형태로는 입헌군주국과 민주공화국이 있고, 예외적인 국가형태로는 군사독재국가 · 보나파티즘국가 · 파시즘국가 등이 있다고 한다. 그러나 정부형

2. 학설

2.1. 광의설

2.1.1. 최광의설

최광의의 정부형태라 함은 입법부·행정부·사법부를 포함하는 총체적 정부기관을 의미.

입법부 + 행정부 + 사법부

2.1.2. 광의설

광의의 정부형태라 함은 입법부와 행정부와의 관계에 치중한 정부형태
→ 의원내각제 혹은 대통령제정부형태는 광의설에 입각한 정부형태분류

의원내각제 · 대통령제

2.2. 협의설

2.2.1. 협의설

협의의 정부형태는 입법부 및 사법부에 대응하는 의미에서의 행정부(집행부)를 의미.

예) 입법부 ↔ 집행부(행정부) ↔ 사법부

2.2.2. 최협의설

대통령을 제외한「순수한 행정부」→ 내각 만을 의미

* 의원내각제 정부형태(광의설)하에서의 정부위기(Regierungskrise)라 함은 일반적으로 최협의설에 입각한 정부 즉 내각의 위기를 의미한다.

태는 국가 기구의 최상층에 자리한 정치적 집행기관, 즉 좁은 의미의 정부가 어떻게 구성되는지를 나타내는 범주로서, 예컨대 민주공화국에서 채택하고 있는 정부형태로 대통령제·의원내각제·의회정부제 등을 들 수 있다고 한다(국순옥, 공화국의 정치적 상품화와 순차결정의 과학적 기준, 한국공법학회 제34회 학술발표회 발표논문, 1993, 2).

II. 정부형태(Regierungsform)의 분류

1. 전통적 정부형태분류

전통적인 입장에서의 정부형태의 분류는 주로 입법부와 행정부의 관계를 중심으로 하여, 그 관계가 (ㄱ) 절대적 · 경성적 분립관계를 형성하고 있으면 대통령제 정부형태로 분류하고, (ㄴ) 상대적 · 연성적 분립관계를 이루고 있으면 의원내각제 정부형태로 분류하며, (ㄷ) 융합적 · 위계적 분립관계로 나타나면 의회정부제(회의제) 등으로 분류한다.[1]

2. 현대적 정부형태분류

2.1. 뢰벤슈타인의 다원적 분류이론 및 내용

3권분립이론을 바탕으로 통치권의 세 가지 유형인 입법권 · 행정권 · 사법권의 조직 · 활동 · 기능상의 상호관계가 구체적으로 어떻게 제도화되고 있는가를 기준으로 하는 고전적이고 전통적인 정부형태의 2元的 분류와는 달리 국가권력의 이념적 · 제도적 표현형태를 기준으로 해서 정부형태를 다원적으로 분류하려는 이론이 있다. 뢰벤슈타인의 다원적 분류이론이 대표적이다.

뢰벤슈타인은 통치구조의 문제는 곧 권력통제의 문제라고 하면서 정부형태(정치체제)는 (ㄱ) 권력이 통제되고 있느냐 않느냐, (ㄴ) 정치권력의 현실적 행사과정이 민주적인가 아닌가를 기준으로 하여 전제주의적 정부형태와 입헌주의적 정부형태로 대별된다고 한다.[2]

2.2. 내용

2.2.1. 전제주의적 정부형태

전제주의(Autokratie)라 함은 국가권력이 특정 개인 · 특정 계급 또는 하나의 정당에 집중되고, 집권자가 아무런 구속과 제한도 받지 아니하고 자의적으로 권력을 행사하는 통치방식을 말한다. 전제주의의 특징은 국민의 정치참여가 배제되고, 국민에게 정치적 자유가 보장되지 아니하며, 집권자가 국민에 대하여 어떠한 정치적 책임도 지지 아니하는 점에 있다.[3] 전제주의정치체제하에서는 국가의 통치권이 유일한 통치기관에 독점되어 정책결정과 정책집행의 구별이 없을 뿐 아니라 효율적인 권력통제장치가 없는 것이 그 특징이다.[4]

---

1) 권영성, 헌법학원론, 764면; 정부형태의 유형에 관해서는 동인, 정부형태의 비교연구, 법학(서울대학교 법학연구소) 제20권 1호(1979), 114면 이하 참조.

2) 권영성, 헌법학원론, 764면.

3) 권영성, 헌법학원론, 764면.

4) 허영, 한국헌법론, 743면.

전제주의적 정부형태는 다시 전체주의적 정부형태와 권위주의적 정부형태로 구분된다. 전체주의는 개인주의에 대립되는 개념으로서 부분 또는 개인에 대한 전체의 선행성과 우위성이 강조되는 통치원리이다. 통치구조의 지배원리로서의 전체주의는 개인보다 민족 또는 국가 등 전체적인 것이 강조됨으로써 민족적 또는 국가적 전체주의로 전개된다. 전체주의는 개인의 존엄성을 부인하고 개인을 민족 또는 국가를 위한 봉사수단으로서만 평가하는 이념으로서, 그 특징은 개인적 자유의 부정, 모든 사회집단의 해체 내지 통제, 적법절차의 무시, 프라이버시의 부정, 이데올로기의 강조 등에 있다. 이와 같은 원리에 의하여 지배되는 전체주의적 정부형태는 인민회의제와 나치즘 · 파시즘 등 개인적 독재제로 세분된다.

이에 대하여 권위주의라 함은 국민에 대하여 군림을 하고 아무런 정통성의 근거를 제시하지 아니하고서도 국민대중의 복종을 쉽사리 확보할 수 있으며 그 복종이 사회적으로 승인되어지는 것을 말한다. 권위주의적 정부형태는 절대군주제 · 나폴레옹의 국민투표적 황제제 · 신대통령제 등으로 세분된다.[1)]

2.2.2. 입헌주의적 정부형태

입헌주의적 정부형태는 국민의 자유와 권리를 보장하기 위하여 국가권력이 분립되고 권력상호간에 견제와 균형이 유지되는 정부형태를 말한다. 입헌민주주의 정치체제하에서는 국가의 통치권이 상호 독립한 여러 통치기관에 분산되어 국가의 정책결정이 이들 여러 통치기관의 협동에 의해서만 이루어지게 되는데, 국가정책의 결정과 집행 및 통제가 이들 여러 통치기관의 어떠한 상호작용에 의해서 행해지느냐에 따라 다시 입헌민주주의의 상이한 여러 가지 정부형태가 나타난다.

뢰벤슈타인의 견해에 따르면 주권재민사상에 따라 모든 권력이 국민으로부터 나오고 통치권행사가 언제자 국민의 의사에 따라 행해지며, 자유롭고 공정한 선거를 통해서 사회내의 여러 정치세력간에 정권경쟁이 이루어지고, 국가권력이 의회와 행정부와 국민의 3원 주체에 의해서 형성되고, 국가권력이 여러 권력주체에 분산되어 이들 권력주체 상호간에 상호 교차적인 권력통제가 행해지는 것이 입헌민주주의에 속하는 모든 정부형태의 공통분모에 해당된다. 결국 이 공통분모에 속하는 사항들이 현실적으로 어떻게 구체화되고 제도화되느냐에 따라 입헌민주주의의 다양한 정부형태가 나타나게 되는데, 특히 국가권력의 세 주체(의회 · 행정부 · 국민) 중에서 누가 우월한 지위를 갖게 되는냐 하는 것이 정부형태구별(분류)의 중요한 기준이 된다.[2)]

그러나 뢰벤슈타인도 순수한 정부형태보다는 여러 정부형태의 요소가 혼합된 모자이

1) 권영성, 헌법학원론, 765면.
2) 허영, 한국헌법론, 744면.

크정부형태가 주종을 이루고 있다고 하는 점과, 모든 나라에 적용되는 최상의 정부형태가 있을 수 없다는 점을 특히 강조한다.

뢰벤슈타인은 입헌주의적 정부형태는 국가의사결정에 있어 국가내의 기관간의 협조방식에 따라 (ㄱ) 직접민주제(스위스), (ㄴ) 의회정부제(구소련), (ㄷ) 의원내각제(영국), (ㄹ) 대통령제(미국), (ㅁ) 집정부제(스위스)로 분류된다. 의원내각제는 다시 (ㄱ) 고전적 의원내각제(프랑스제3·4공화국), (ㄴ) 혼성의원내각제(바이마르체제), (ㄷ) 제한적 의원내각제(독일), (ㄹ) 이원정부제(프랑스 제5공화국·핀란드) 등으로 구분된다고 한다.[1)2)]

나아가 뢰벤슈타인은 모든 권력주체에게 국가권력이 균등하게 배분되어 권력주체간에 절대적인 균형관계가 유지되는 이른바 '이상적인 정부형태'의 꿈은 초기입헌민주주의 이래 하나의 꿈에 자나지 않았으며, 현실적으로는 정치상황에 따라 입법부와 행정부가 서로 번갈아 우월적 지위를 갖게 되는 것이 헌정사의 역사적 측면으로 나타났던 것이 사실인데, 현대 행정국가·사회국가화 경향에 따른 행정부 권한의 강화와 입법부 권한의 약화가 현실적으로 나타나는 세계적인 추세라는 점을 지적한다.[3)]

2.3. 정부형태의 구체적 분류

뢰벤슈타인(Löwenstein)은 정부형태를 다음과 같이 분류하였다.[4)]

- 프랑스의 고전적 의원내각제(klassische Parlamentarismus)[5)]

---

1) 뢰벤슈타인은 독일 바이마르 시대의 의원내각제를 이원정부제라고 부르기도 한다. K. Loewenstein, Verfassungslhre, 3 Aufl., Tübingen 1975, S. 27 ff. 참조.
2) 권영성, 헌법학원론, 765면; 허영, 한국헌법론, 744면.
3) 허영, 한국헌법론, 745면.
4) Löwenstein, Verfassungslehre, S. 81 ff.
5) 프랑스헌정사

1789 - 1799 : 프랑스혁명
- 1789 : 전국 신분회(삼부회)가 국회가 되다
- 바스티유 함락
- 봉건제도와 특권의 폐지
- 인간과 시민의 권리선언

1792. 9. 22 : 공화국 선포
1793 - 1804 : 제1공화국
1804 - 1814 : 나폴레옹
1814 - 1824 : 왕정복고(루이 18세 복귀 → 온건한 입헌군주정)
1824 - 1830 : 샤를르 10세

제3공화국(1870-1940) 및 제4공화국(1946-1958) → 제3공화국시절 106개의 내각이 (평균수명 8개월), 제4공화국시절 26개의 내각이 교체(평균수명 6개월) => (계속적) 정부위기(Regierungskrise)

- 프랑스 제5공화국(1958년 이후 현재) : 강력한 실력자인 드골(de Gaulle)에 의하여 주도된 1958년의 제5공화국헌법(드골 헌법)은 집행권을 강화 → 제어적(규제된 혹은 둔화된) 의원내각제(gebändigte Parlamentarismus) → 그러나 "1962년의 헌법개정에 의하여 대통령직선제가 시행된 이후의 현재의 정부형태는 신대통령제적인 성격이 강하다(허영, 한국헌법론 참조)."[1)]
- 바이마르 공화국시대(1919-1933) : 부진정의원내각제(unechte Parlamentarismus = 혼성적 의원내각제 : hybrid parliamentarism) → 이원정부제 ☞ 별도 참조 (주의 : 이원정부제를 이원집정부제와 혼동말 것. 이원집정부제는 이원정부제의 잘못된 설명 →

1830 - 1848 : 7월혁명 → 루이 필립왕 (7월 왕정)
1848 - 1852 : 제2공화국
1848 : 2월 혁명 → 제2공화국 수립(루이 나폴레옹이 대통령 : 1848. 12)
1852 - 1870 : 제2제정(나폴레옹 3세)
1870 - 1940 : 제3공화국
1946 - 1958 : 제4공화국
1958 - 현재 : 제5공화국

1) **프랑스의 의원내각제** : 의회와 내각의 조직 · 활동 · 기능상의 의존성을 그 본질로 하는 의원내각제는 프랑스헌정사에서도 찾아볼 수 있는데, 프랑스 제3공화국과 제4공화국의 정부형태가 바로 그것이다. 또 현재의 프랑스 제5공화국 정부형태도 대통령의 직선을 위한 헌법개정이 단행된 1962년까지는 의원내각제적 성격이 적지 않았다고 볼 수 있다. ① **프랑스 제3공화국의 의원내각제** : 프랑스제3공화국헌법은 의회의 지위와 권한을 직전의 과도기 정부형태에서보다 크게 약화시켰다. 이리하여 의회와 내각의 세력균형이 실제로 실현될 수 있는 의원내각제를 모색했다 그러나 그러한 헌법제정자들의 의도가 반드시 그대로 제도화된 것은 아니었다. 왜냐하면 두 차례의 나폴레옹(Napoleon)의 절대권력을 경험한 프랑스에서는 집행권의 강화에 대한 일반적인 혐오감이 자리잡고 있었기 때문이다. ② **프랑스 제4공화국의 의원내각제** : 제2차 세계대전이 끝나고 1946년에 제정된 프랑스 제4공화국 헌법은 제3공화국의 경험을 토대로 집행부의 지위와 권한을 강화함으로써 의회의 일방적 독주를 방지하고자 하였다. 동시에 대통령의 자의적 내각구성권을 제한함으로써 대통령의 독재를 예방하기 위해서 제3공화국의 의원내각제를 다소 변형시키는 정부형태를 채택했다. ③ **프랑스 제5공화국의 정부형태** : 강력한 실력자인 드골에 의해서 주도된 프랑스 제5공화국 헌법은 제3 · 4공화국헌정의 경험을 토대로하여 집행권을 강화시키는데 주안점을 두고 그 정부형태를 마련했기 때문에 그 이전의 제3 · 제4공화국의 의원내각제와는 다른 점이 많다. 특히 대통령의 직선제개헌이 단행된 1962년 이후의 현 프랑스정부형태는 신대통령제적 요소가 강하기 때문에 의원내각제와는 다르다. 그런데 1962년까지의 정부형태도 뢰벤슈타인에 따라 순수한 의원내각제가 아니고 '規制된 의원내각제'라고 보는 경우에는 프랑스에서의 진정한 의미에 있어서의 의원내각제적 경험은 제4공화국이 마지막이었다고 할 수 있다(허영, 한국헌법론, 737-738면 참조).

김철수 교수 회갑논문집 참조)
- 본(Bonn) 기본법 : 통제적 의원내각제(kontrollierte Parlamentarismus)
- 영국식 내각책임제(Kabinettsregierung) → 내각정부(Kabinettsregierung) ☞ 별도 참조
- 미국의 대통령제(Präsidialismus) ☞ 별도 참조
- 스위스의 집정부제(Direktorialregierung)[1] : 연방의회에서 선출된 7명의 국회의원이 임기 4년의 정부를 구성하고, 그 중 1인이 호선에 의하여 1년 임기의 대통령이 되고, 1인은 부통령이 되었다가 1년후에 대개 부통령이 대통령으로 된다.

2.4. 비판

정부형태에 관한 뢰벤슈타인의 다원적 분류이론은 정치동태학적 입장에서 몽테스키외(Montesquieu)의 고전적 3권분립이론 대신에 국가기능을 정책결정과 정책집행 그리고 정책통제로 나누는 그의 기능분리이론(기능통제론)에 바탕을 두고 새롭게 시도되는 이론이다. 그리고 비교헌법 내지는 비교정부론의 차원에서 가치있는 연구이지만, 뢰벤슈타인의 분류이론은 특히 다음과 같은 점에서 비판을 받고 있다.[2]

[비판]
- 정치형태(체제)와 정부형태를 같은 개념으로 파악하여 이론을 전개하고 있어서 정치학적 개념형식과 헌법학적 개념형식을 혼동하고 있다.
- 뢰벤슈타인의 다원적 분류이론은 지나치게 정치현상을 중요시하는 동태적인 성격이 강하여 정태적인 제도의 평가와 분류라기보다는 오히려 여러 나라에서 실제로 일어나고 있는 정치현상에 대한 정치분석적인 경향이 있다.
- 뢰벤슈타인의 정부형태에 대한 다원적 분류이론은 기교적 색채가 농후하다.

2.5. 결론

뢰벤슈타인의 다원적 분류이론은 정부형태에 관한 전통적인 2원적 분류이론을 토대로하여, 대통령제와 의원내각제의 다양한 현실적인 운용실태에 따라서 두 형태를 다원화시킨 것이라고도 볼 수 있기 때문에 전혀 새로운 이론적인 시도라고 보기도 어렵거니와, 그 방법론적인 문제점을 비롯한 여러 가지 모순과 결함 때문에 일반적인 이론으로서 인정받기는 더욱 어렵다. 그러나 정치동태적인 측면에서, 그리고 비교헌법적인 차원에서 볼 때 참고의 가치는 충분히 있다고 본다.[3]

---

1) 스위스의 정부형태를 집정부제라고 표현하고 있는 것은 일본학자들이 사용하는 개념이며, 용어의 성격상 「대표정부제」 혹은 「위원회정부제」라고 번역하는 것이 타당하다(허영, 한국헌법론, 744면 각주 1) 참조).

2) 허영, 한국헌법론, 745면.

2.6. 파이너의 정부형태분류론

파이너(S. E. Finer)는 현대적 정부형태의 기본유형을 (ㄱ) 자유민주주의국가의 정부형태, (ㄴ) 전체주의국가의 정부형태, (ㄷ) 제3세계국가의 정부형태로 3분하고 있다.[1)]

- **자유민주주의국가**: 선거에 의하여 구성된 대의기관과 대의기관의 결정을 집행하는 행정부가 존재하며, 양부간에 정치적 견제와 균형이 유지되고 있는 체제의 정부라고 하면서 영국 · 미국 · 프랑스 등의 정부형태가 이에 속한다고 한다.

- **전체주의국가**: 사회전체가 정치화되어 있을 뿐 아니라 사회를 정치화하는 관점이 일 개인에게 환원되는 정부라고 하면서, 그 전형적인 것으로 舊소련연방의 정부형태를 들고 있다.

- **제3세계국가**: 형태가 다양하며, 사이비민주주의정부형태(facade-democracy), 준민주주의정부형태(quasi-democracy), 군사정부 형태(military regime) 등으로 세분하고 있다.

III. 현대적 정부형태의 기본유형

현대적 유형의 정부형태는 권력분산형과 권력통합형으로 대별할 수 있다 대통령제와 의원내각제 등 입헌주의적 정부형태는 전자에 속하고, 인민회의제 · 개인적독재제 등 전체주의적 정부제도와 절대군주제 신대통령제 등 권위주의적 정부제도와 같은 전제주의적 정부형태는 후자에 속한다. 이하에서는 현대적 정부형태 중에서 기본적 모델이 되고 있는 의원내각제와 대통령제에 관하여 살펴보고, 이어 그 밖의 정부형태로서 2원집정부제 의회정부제 그리고 제3세계국가의 정부형태에 언급하기로 한다.

---

3) 허영, 한국헌법론, 745면.

1) 권영성, 헌법학원론, 766면.

제 2 절 정부형태의 기본유형

여러 가지 형태의 다양한 정부형태는 고전적이고 전통적인 정부형태로서의 대통령제(Präsidialsystem; presidential government)와 의원내각제(parlamentarisches Regierungssystem)를 그 나라의 정치실정에 맞게 변형시킨 것이라고 볼 수 있다. 이는 결국 표준이 되는 정부형태의 정형적인 형태는 대통령제와 의원내각제라는 점에 있다(허영).

대통령제 → 미국연방헌법의 아버지들이 새로운 독립국가를 건설함에 있어서 Montesquieu의 3권분립이론(사상)을 충실히 받아들여 연방헌법의 통치기구를 마련함으로써 탄생하였으며, 1787년의 미국연방헌법에서 구체적으로 대통령제가 반영되어 있다.

의원내각제 → John Locke의 2권분립사상에 영향을 받아 영국의 입헌주의의 발전과정에서 특히 정치적 공헌을 한 강력한 의회의 의회주의(Parlamentarismus)를 배경으로 하여 점진적으로 발전한 것이다. 오늘날에 와서는 영국의 의원내각제[1]를 내각책임제라는 용어를 사용하여 부르기도 한다. 그 이유는 내각의 권한이 점점 강화되어 내각우위의 정부형태(내각책임제)로 발전하고 수상은 명실공히 영국의 통치질서 내에서 가장 강력한 헌법상의 지위와 권한을 행사하게 된 것이기 때문이다. 이러한 점에서 영국의 의원내각제를 '수상정부제'라고 부르는 이유도 여기서부터 연유한다.

- 산업사회에 따른 입법수요의 증가 및 전문입법의 필요성
- 선거제도의 민주적 개혁에 따른 정당조직의 정비
- 정당정치의 발달로 인한 선거의 국민투표적 성격
- 내각과 국민과의 직접적 유대관계의 형성

---

1) 내각책임제는 내각정부제(Kabinettsregierung)라고도 불리며, 이는 영국의 정부형태를 지칭한다. 영국의 정부는 하원의 다수당으로써 구성되는 비교적 작은 위원회이다. 수상은 다수당의 공천에 의하여 총선의 결과에 따라 자동적으로 결정된다. 수상은 정책을 결정하고, 집행하는 방법과 형태를 결정한다. 이와 같이 수상은 정책결정기능을 독점하기 때문에 그 지위는 "입헌적 독재자"라고도 불린다. 이와 같이 영국에서는 집행권(vollziehende Gewalt)이 정치적 기능으로 우월하나 권위주의적으로 흐르지 않는 것은 무엇보다도 수상과 내각이 권력을 스스로 자제하고 또한 야당의 권리와 여론의 추세를 존중하며, 또한 정당규율이 확립되어있기 때문이나, 이는 무엇보다도 수상과 내각이 그렇게 하지 않으면 안되는 국민의 정치적 성숙도에 의하여 우러나오는 '국민의 힘(Volksmacht)'에 무형의 압력을 받고 있기 때문이며, 또한 국민의 분노(Volkszorn)를 두려워하기 때문이다.

(영국) 의회주의발달사

- Entswicklungsgeschichte des Parlamentarismus -

Der Parlamentarismus als politischer Entscheidungsprozeß in England ging jedoch nicht mit der Realisierung politischer Prinzipien (wie z.B. die Französische Revolution von 1789) oder eines Staatsmodells einher, sondern entwickelte sich Schritt für Schritt.

영국에서 생성 · 발달한 의회주의, 즉 '정치적 결정과정(politischer Entscheidungsprozeß)'으로서의 의회주의는 그것이 하나의 「이론적 산물」, 즉 정치원리(예를 들면 자유(Feiheit)와 평등(Gleichheit), 그리고 박애사상(Brüderlichkeit)에 입각한 1789년의 프랑스 대혁명, Karl Marx의 공산주의 사상에 입각한 소련의 볼쉐비키혁명 등)나 국가모형(Staatsmodell)의 실현형태로써 발전한 것이 아니라, 하나의 「역사적 산물」로서 '점진적(Schritt für Schritt)'으로 발전하여 온 것이다.

☞ Magna Carta(1215) 第12조 : 조세동의권(Steuerbewilligungsrecht) : 의회주의의 기원
권리청원(1628)
권리장전(1689)

제 1 항 의원내각제

I. 개관

1. 개념

의원내각제(parliamentary government; parlamentarisches Regierungssystem)는 의회에서 선출되고 의회에 대하여 정치적 책임을 지는 내각(Kabinet)을 중심으로 국정이 운영되는 정부형태를 말한다. 의원내각제는 의회주의와 대의의 이념에 입각한 책임정치를 일상적으로 실현시키는 데 그 주안점을 주기 때문에[1] 의회와 내각의 조직·활동·기능상의 의존성을 지속적으로 지켜나가게 되는 권력분립주의(2권분립)의 실현형태 이다. 즉 입법부인 의회와 행정부인 정부와의 상호관계가 '의존성의 원리'에 의해서 규율되는 정부형태로서 '독립성의 원리'에 충실한 대통령제와 구별된다. 의원내각제는 이론적 산물이 아니라 역사적 산물이며, 가변적인 정부형태이기 때문에 그 개념규정이 용이하지 아니하다. 일반적으로 의원내각제라 함은 행정부가 대통령(또는 군주)과 내각의 두 기구로 구성되고, 내각이 의회에 의하여 선출될 뿐 아니라 의회에 대하여 정치적 책임을 지며, 내각불신임권과 의회해산권이 상호 견제수단이 되어 입법부와 행정부간에 권력적 균형이 유지되고, 양부간에 밀접한 공화·협조관계가 형성되는 정부형태를 말한다.[2]

의회의 내각불신임권과 내각의 의회해산권(무기평등의 원칙), 의원직과 각료직의 겸직허용, 내각의 법률안제출권과 각료의 자유로운 의회출석·발언권, 내각내에서의 수상의 우월적 지위(primus integration)가 그 특징을 이룬다.

---

1) 독일의 쇼이너(U. Scheuner)도 의원내각제가 대의의 이념에 바탕을 두고 있다는 점을 강조한다. Vgl. Schuner, Entwicklungslinien des palamentarischen Regierungssystems in der Gegenwart. in: derselbe, Staatstheorie und Staatsrecht, 1978, S. 317 ff.(322).

2) 김철수 교수는 의원내각제를 「집행부가 대통령과 국무총리로 이원적으로 구성되어 입법부와 공존하는 제도」라고 하면서, 그 특색으로는 입법부와 행정부와의 평등과 균형, 입법부와 행정부간의 협동관계 그리고 행정권의 이원적 구조를 들고 있다. 허영 교수는 의원내각제를 「의회에서 선출되고 의회에 대해서 정치적 책임을 지는 내각(cabinet) 중심으로 국정이 운영되는 정부형태」라고 규정하고 있다(허영, 한국헌법론, 728면).

– 의원내각제와 내각책임제 –

하스바흐(Hasbach)는 의원내각제는 원래 내각책임제/내각정부(Kabinettsregierung)라고 하여야 한다고 주장하여(Hasbach, Die parlamentarische Kabinettsregierung, S. 29 f.). 내각책임제(Kabinettsregierung)를 의원내각제와 동일한 개념으로 본다.

그러나 토마(R. Thoma)는 내각책임제/내각정부(Kabinettsregierung)는 의회민주주의에서 뿐만 아니라 다른 형태의 정부형태, 심지어는 독재주의(Diktatur)에서 조차 가능한 정부형태라고 반박하면서 의원내각제와 내각책임제를 동일한 개념으로 보는 것을 비판한다.[1] 또한 뢰벤슈타인(Löwenstein) 역시 의원내각제는 내각책임제/내각정부와 결코 동일하지 않다고 한다.[2]

내각책임제는 내각정부제라고도 불리운다. 이는 영국의 정부형태를 지칭하는 것으로서, 수상을 중심으로 하는 내각은 하원다수당의 간부회의와 같은 성격을 지니게 되어 모든 중요한 정책결정이 실질적으로 내각에서 이루어지고, 하원은 내각에서 마련한 정책 내지 법률안을 단순히 형식적으로 추인만 하는 일종의 통법부로 전락하고 말았다. 영국의 내각제가 흔히 '내각정부(Cabinet Government)'라고 불리어 지는 이유도 그 때문이다.

수상은 다수당의 공천에 의하여 총선의 결과에 따라 자동적으로 결정된다. 수상은 정책을 결정하고, 집행하는 방법과 형태를 결정한다. 이와 같이 수상은 정책결정기능을 독점하기 때문에 그 지위는 "입헌적 독재자"라고도 불린다. 영국의 수상은 내각의 수반일 뿐만 아니라, 원내다수당(여당)의 당수로서의 지위를 겸하는 강력한 지위를 가지고 있다. 또한 수상의 내각구성에 대한 국왕의 거부권이 사실상 폐지되고, 수상의 요청이 있으면 국왕에 의해서 당연히 의회가 해산되는 전통이 1850년 이래 확립되어 영국의 수상은 강력한 헌법상의 지위와 권한을 행사하게 되었다. 오늘날 영국의 내각제가 수상정부제(Prime Ministerial Government)라고 평가되는 것도 그 이유에서 이다.

이와 같이 영국에서는 집행권(vollziehende Gewalt)이 정치적 기능으로 우월하나 권위주의적으로 흐르지 않는 것은 무엇보다도 수상과 내각이 권력을 스스로 자제하고 또한 야당의 권리와 여론의 추세를 존중하며, 또한 정당규율이 확립되어있기 때문이나, 이는 무엇보다도 수상과 내각이 그렇게 하지 않으면 안되는 국민의 정치적 성숙도에 의하여 우러나오는 '국민의 힘(Volksmacht)'에 무형의 압력을 받고 있기 때문이며, 또한 국민의 분노(Volkszorn)를 두려워하기 때문이다.

2. 의원내각제의 본질과 구조적 원리

2.1. 행정부의 이원적 구조

의원내각제의 행정부는 대통령(또는 군주)과 내각의 두 기구로 구성되는 2원적 구조임을 특색으로 한다. 그러나 의원내각제에 있어서 대통령이나 군주는 명목상의 국가원수일

1) R. Thoma, AöR 1(1921), S. 235.

2) K. Löwenstein, Verfassungslehre, S. 83; Vgl. O. Kimminich, Staatsoberhaupt, VVDStRL 25 (1967), S. 24.

뿐,[1] 집행에 관한 실질적 권한은 내각에 귀속하는 것을 원칙으로 한다.

2.2. 내각의 성립과 존속의 의회에의 의존

의원내각제에 있어서는 내각의 수반이 의회에 의하여 선출되고, 내각이 의회에 대하여 연대하여 정치적 책임을 진다. 그러므로 내각이 의회의 신임을 상실하면 총사퇴하여야 한다.

2.3. 내각불신임권과 의회해산권에 의한 권력적 균형

의원내각제에 있어서는 의회의 내각불신임제와 내각의 의회해산제를 통하여 입법부와 행정부간에 권력적 균형이 유지된다. 레즈로브(R. Redslob)는 영국의 경우처럼 내각이 의회해산권을 가지고 있는 경우를 진정한 의원내각제라 하고, 프랑스제3·4공화국처럼 내각이 의회해산권을 가지고 있지 않거나 의회해산권이 유명무실한 경우를 부진정의원내각제라 하였다.[2]

2.4. 입법부와 행정부간의 공화와 협조

의원내각제의 경우에는 법적 제도상으로는 입법부와 행정부가 분리 독립되어 있지만, 정치적으로는 두 기관이 밀접한 공화·협조관계를 유지한다. 의원내각제에 있어서는 행정부가 의원들로 구성되기 때문에 각료와 의원의 겸직이 가능하고 행정부도 법률안제출권을 가지며, 행정부의 각료가 의회에 출석하여 발언할 수 있다.

---

1) 명목상의 국가원수로서 의례적·연출적 권한만이 인정되는 의원내각제의 대통령도 정치적으로는 (ㄱ) 국가의 정치적 위기를 수습하는 조정적 기능, (ㄴ) 국가의 통일성과 항구성에 대한 인격적 상징, (ㄷ) 헌법의 수호자기능 등을 행사하게 된다(한태연, 헌법학, 332면 참조).

2) R. Redslob, Die parlamentarische Regierung in ihrer echten und in ihrer unechten Form, 1918, SS. 2-3.

[의원내각제의 본질적 요소]

- 행정부의 長인 수상[1])이 의회에서 선출된다.
- 수상과 각료는 언제나 의회에 대하여 책임을 진다.
- 의회는 내각불신임권을 가지고 내각은 의회해산권을 가진다(무기평등의 원칙).
- 국회의원과 각료(장관)의 職을 겸할 수 있다.
- 의회와 내각은 그 조직과 기능이 상호의존적 이어서 의회의 신임을 받지 못하는 내각이 존속할 수 없다.
- 내각은 의회 다수당내지 다수세력의 정책집행기구로서의 성격을 지니기 때문에 의회와 내각의 관계는 '협동적 · 병렬적 통합관계'의 특징(共和)을 지닌다.
- 정부는 법률안 제출권[2])을 가진다.

---

1) 이하 首相(Kanzler)이라 칭한다. 일본 총리의 정식관직명은 내각총리대신, 중국의 총리도 정무원총리라는 용어를 사용하고 있다. 수상이라는 명칭은 정식관직명(고유명사)을 의미하는 것이 아니고 각료중의 長이라는 의미(보통명사)에 불과하기 때문에 의원내각제하의 정부(내각)의 수장을 수상이라고 칭하고 정식관직명 처럼 사용하는 것은 정확한 표현은 아니다. 그러나 우리 나라의 헌법학계 및 일본에서는 수상이라는 명칭을 일반적으로 사용하고 있기 때문에 저자는 이를 혼용하기로 한다. 우리 나라의 제2공화국 시절 의원내각제를 채택한 바 있으나, 헌법상의 규정용어로는 국무총리라는 용어를 사용했다. 헌법상의 용어로는 수상이라는 용어를 사용하면 안되고 총리라는 용어를 사용해야 한다. 「相」의 어원은 원래 서로 마주보다는 뜻에서 돕는다는 뜻이 되고, 나아가서 이는 임금을 돕는 사람이라는 뜻으로 정착되고 있다. 중국신화시대의 임금인 황제(黃帝)가 6相을 둔 것이나 진나라때 받들어 돕는다는 뜻인 「丞相」, 나라를 돕는다는 뜻인 「相國」이란 정승의 관직명이 생기고 있다. 그후 내각이름이 門下部 - 中書省 - 尙書省 … 등으로 바뀌면서 정승의 관직명이 달라진 적도 있으나 대체로 대승상 - 좌승상 - 우승상이 송 - 금 - 명나라까지 유지되었다. 우리 나라의 경우 삼국시대에 지금 국무총리에 해당하는 최고관직은 좌평(백제), 대대로(大對盧: 고구려), 품주(稟主: 신라)로 불렀고, 통일신라 시대에 上大等이라 하였다. 고려시대 초에는 三師三公 - 門下侍中 - 中書令 - 尙書令으로 불렸다가 조선조에 들어와서 국무회의를 의정부로 고친 다음, 좌정승 - 우정승 하고 칭하다가 이를 태종 14년에 영의정 - 좌의정 - 우의정으로 고쳐 사용, 그리고 舊韓末에 와서 이를 다시 「총리대신」으로 바꾸어 부르고 있는 것이다(오늘날의 '국무총리'라는 헌법용어의 시원은 이때부터 발견된다). 일본에서도 으뜸가는 정승을 大臣 - 대연(大連)으로 부르다가 후에 太政大臣 - 좌대신 - 우대신으로 정착하고 있다. 우리 옛 관직명에는 정식 관직명 이외에 略式으로 부르는 별호(別號)라고 하는게 있었다. 팔도의 「관찰사를 감사」(전라감사, 평양감사)라고 하고, 우의정을 右相 혹은 우태(右台), 좌의정을 좌상 또는 좌태(左台) 하듯이 영의정은 영상 또는 영각(領閣) - 영합(領閤) - 원보(元輔)라고도 했다. 그래서 영의정 황희를 약해서 황합, 영의정 김좌근을 김합이라고 했다(조선일보, 이규태).

2) 현실적으로는 대통령이 국회의 여당의원을 통하여 (간접적으로) 정부의 법률안을 국회에 제출하고 있다(김철수, 헌법학(중), 485면 참조).

의회와 내각의 '협동적·병렬적 통합관계'의 특징(共和): 일원적 의원내각제

의원내각제에 있어서의 권력의 공화는 의회의 다수파(단독 다수당 혹은 연립다수파)에 의하여 정부가 구성된다는 의원내각제 그 본질에서 기인하고 있다. 그 결과 첫째, 정부는 의회에 대하여 책임을 지고, 또한 성립(Regierungsbildung)과 존속은 의회의 신임에 의하여 결정된다. 정부가 의회에 대하여 책임을 진다는 것은 바로 정부와 의회의 다수당과의 자동성(Identität)의 보장을 위한 제도적 요청을 의미한다. 여기에 헌법일원주의(Verfassungsmonismus)에 토대를 둔 일원적 의원내각제의 본질적 요소를 찾을 수 있다. 둘째, 여기에 있어서는 정부가 의회의 다수파에 의하여 구성되기 때문에 정부는 의원으로써 구성되어야 하는 정부직과 의원직을 겸임하는 겸임의 원칙(Kompatibilität)이 성립되게 된다(대통령제에서는 이와 반대로 겸직금지의 원칙(Inkompatibilität)이 적용된다). 정부(내각의 각료)가 의원으로써 구성될 때에만 비로소 의원내각제에 있어서의 의회와 정부의 자동성은 보장되기 때문이다. 셋째, 의원내각제에 있어서는 정부에 법률안제출권이 인정되는 동시에, 정부의 각료는 의회에 출석, 발언할 수 있다. 정부의 각료의 의회에의 출석과 발언의 권리는 정부가 의회의 다수당에 의하여 구성된다는 원칙에서 나오는 당연한 귀결이다.[1)]

법률안제안권(Gesetzesinitiative): 법률안발안권(법률안제출권)

이는 원칙적으로 의원내각제정부하에서의 정부가 가지는 권한이며, 대통령제 하에서는 대통령이 법률안을 제출할 수 없는 것이 원칙이다. 그러나 우리 헌법에서는 대통령제를 취하면서도 국회와 행정부간의 긴밀한 뉴대관계(Zusammenwirkung)를 도모하기 위하여, 정부에게 법률안제안권(법률안제출권)을 인정하고 있다. 즉 우리 나라는 대통령제를 취하면서 의원내각제적인 요소를 가미하고 있다고 할 수 있다.

입법의 전문화, 행정국가화의 경향, 국가계획권을 담당하는 정부에서는 복지국가향상을 위해 복잡한 사회·경제립안을 정부가 직접 혹은 간접적으로 해야 할 것이다.

성립단계: 법률안의 발의제출 → 審議 → 의결 → 공포

- 한국 헌법 제52조: 국회의원과 정부는 법률안을 제출할 수 있다.
  → 대통령은 정부를 대표해서 국회에 법률안을 제출할 수 있으며, 이를 위하여는 국무회의의 심의를 거쳐야 하며(제89조 제3호), 국무총리와 관계국무위원이 副署(Gegenzeichnung)한 문서로써 한다.
- 독일 기본법 제76조: 법률안은 연방정부, 연방의회의원(Bundestag) 또는 연방참사원(Bundesrat)에 의하여 연방의회에 제출된다.
- 미국: 정부가 법률안을 제출할 수 있는 것은 우리의 변형된 대통령제에서나 인정되며, 미국의 대통령제에서는 찾아볼 수 없다.[2)]

---

1) 한태연 외, 한국헌법사(하), 한국정신문화연구원, 1991, 55, 58, 59면 참조.
2) 허영, 한국헌법론, 992면.

2.5. 의원내각제의 균형이론 : 레즈로브(R. Redslob)의 균형이론

독일에 있어서 프랑스의 균형이론, 특히 뒤기의 균형이론의 입장에서 그 의원내각제의 이론을 전개한 학자는 레즈로브이다.[1] 레즈로브는 프랑스의 뒤기와 같은 균형이론의 입장에서 의원내각제를 두 개의 형태, 즉 진정한 의원내각제와 진정하지 않은 (부진정)의원내각제로 구별하고, 영국적 헌법체제에 있어서의 의원내각제를 전자의 경우로, 그리고 프랑스 제3공화국헌법에 있어서의 의원내각제를 후자의 경우로 규정하고 있다. 이와같이 레즈로브도 뒤기(Dügi)와 같이 의원내각제를 집행권과 입법권간의 '균형의 체제'라고 그 것을 규정하면서, '진정한' 의원내각제와 '진정하지 않은' 부진정 의원내각제를 구별하고 있다.

그에 의하면 진정한 의원내각제란 내각이 의회에 종속되지 않고, 양자의 권력이 서로 균형을 취하는 것이 진정한 의원내각제라고 하였다. 그의 이러한 견해는 의원내각제란 고유한 정부체제로서의 근대시민적 · 법치국가적 헌법의 원리를 의미하기 때문이다. 정부의 권한을 강화하고 의회에 대한 균형을 유지하되, 의회와 정부가 충돌하는 경우에 국민은 그 충돌을 해결하는, 따라서 국민(유권자)이 정부와 의회에 대하여 최고의 제3자로서, 권력균형의 담당자(중재자)로서 역할을 하게 되는 것이다.

이경우에 있어서 중재자(국민; 유권자)를 개입케 하는 방법이 바로 정부에 의한 의회의 해산이다. 이러한 의회해산에 의하여 의회는 선거를 통하여 새롭게 구성되며, 이를 통하여 지금까지의 다수자를 그대로 존속시키거나, 또는 새로운 다수자를 구성하도록 하는 것이다. 이는 정부와 의회가 선거를 통하여 국민에 종속되는 것을 의미한다. 따라서 여기에 있어서 정부와 의회가 선거를 계기로 한 주권적 국민의 심판을 받는다는 것은, 바로 의원내각제적 책임을 의미한다.[2] 다만 여기에 있어서의 이 책임은 의회와 정부에게도 다같이 해당되는 책임이며, 또한 그 결과 이 양자가 국민의 의사에 위배될 때에는 이 양자를 경질케한다는 주권적 국민의 심판이 아닐 수 없다. 물론 여기에 있어서의 의회의 해산은 정부의 무기로서, 국가원수의 명의로써 행하여진다.

---

1) 레즈로브(R. Redslobs)는 처음에는 독일 국적을, 그리고 다음에는 프랑스 국적을 가졌다. 따라서 글의 저서도 독일어판과 프랑스어판으로 출간되고 있다. Robert Redslob, Die parlamentarische Regierung in ihrer wahren und unechten Form, 1918, SS. 1-2.

2) R. Redslob, Die parlamentarische Regierung in ihrer wahren und unechten Form, 1918, S. 2-3.

II. 의원내각제의 성립과 유형

1. 의원내각제의 기원

의원내각제는 17세기부터 18세기에 걸쳐 영국에서 생성·발전하여 19세기 말경에 제도적으로 확립되었다. 영국에서는 17세기에 접어들면서 국왕과 의회간에 권력투쟁이 격화되고, 그 권력투쟁은 1688년의 명예혁명을 고비로 국왕과 의회의 권력관계를 역전시켰다. 이에 따라 의회주권 내지 의회우위의 원칙이 확립되고 입헌군주제가 완성되었다.[1)]

이로써 의회는 정치권력의 주도권을 장악하였으나 국왕을 대신하여 직접 전영국을 통치할 수는 없었다. 입법권에 있어 국왕을 능가하고 행정권까지 장악한 의회이기는 하지만, 전영국을 통치하기에는 그 대상 이 너무도 방대하고 복잡하였기 때문이다. 여기에 의회를 대신하여 행정권을 행사하면서도 의회의 통제에 따르는 기관이 필요하였다. 이러한 요청에 부응하여 등장한 기관이 국왕의 자문기관인 추밀원(privy council)이었다. 그리고 그 효율적인 운영을 위하여, 추밀원자문관들 중에서 소수의 측근자만을 선발하여 그들로 하여금 내각을 구성하게 하고 국무를 담당하게 하였다. 이것이 내각제의 기원이다.[2)] 초기에는 내각의 각료가 동시에 추밀원자문관이었으므로 내각은 여전히 국왕의 내각(klng's cabinet)라 할 수밖에 없었다. 그러나 18세기가 되자 내각은 국왕의 내각에서 의회의 내각으로 변모하여 갔다. 이 과정에서 의회가 내각을 통제하는 내각불신임제라든가 그 반대기능을 하는 내각의 의회해산제가 확립되었다.[3)]

2. 의원내각제의 전파 · 유형

2.1. 전파

영국에서 생성·발전한 의원내각제는 19세기 이후 그 기반이 된 의회주의와 더불어 전세계에 전파되었다. 그 전파는 세 가지의 경로로 나누어진다. 첫째 근대시민혁명기간 중에 입헌민주정체를 추구한 유럽대륙제국으로 전파된 경우, 둘째 식민지통치하의 舊英領자치령에 이식된 경우, 셋째 일본·이스라엘과 그 밖의 국가들에 수용된 경로이다. 각기 다르게 전파경로에 따라 의원내각제의 특징도 서로 다르게 나타나고 있다.[4)]

---

1) 권영성, 헌법학원론, 769면.
2) 권영성, 헌법학원론, 769면.
3) 권영성, 헌법학원론, 769면.
4) 권영성, 헌법학원론, 769면.

2.2. 유형

의원내각제의 원형 내지 고전적 형태는 행정부와 입법부의 관계 여하에 따라 의회우위적인 의원내각제(의회지배형), 혹은 내각우위적인 의원내각제로 변형되고(내각통치형), 또 국가원수 · 수상간의 관계여하에 따라 이원적 의원내각제와 일원적 의원내각제로 구별하고, 그리고 대통령제적 요소를 결합시킨 절충형 의원내각제(프랑스 5공화국), 양당제를 전제한 영국형 의원내각제, 다당제를 전제한 대륙형 의원내각제 등으로 다양한 변형들이 이루어 졌다.

제1그룹에 속하는 유럽의 여러나라에서는 영국을 모태로한 의원내각제가 유럽 각국의 전통적인 의회지상주의 내지는 다당제와 결합되어 의회우위형 의원내각제 혹은 행정부 불안정형의 의원내각제로 변질하였다. 제2그룹에 속하는 舊영령자치령의 일부 지역(캐나다 · 오스트레일리아 · 뉴질랜드 등)에서는 영국의 원형모델에 가까운 행정부안정형의 의원내각제가 발전하였다.[1] 그러나 그 밖의 구영령제국과 제3그룹에 속하는 대부분의 국가에서는 일본이나 이스라엘 등 몇몇 국가를 제외하고는 의원내각제의 기반이 되는 의회주의의 성립조건이 충족되지 못한 까닭에, 실제로는 권위주의적 정치체제나 개인 또는 군부에 의한 독재가 행해지고 있는 경우가 많다. 다양한 형태를 가지는 의원내각제는 다음과 같은 유형으로 분류될 수 있다.[2]

- 의원내각제의 유형 -

[입법부와 행정부의 관계를 기준]

- 입법부우위 · 행정부종속형(의회지배형)
- 행정부우위 · 입법부종속형(내각통치형)
- 행정부 · 입법부의 대등 · 균형형(중간형)

[수상과 각료의 관계 여하, 내각불신임권 및 의회해산권의 유무를 기준]

- 수상이 각료 중의 제1인자를 의미할 뿐 그들과 법적 · 정치적으로 대등한 지위에 위치하고 의회의 내각불신임권에 대응하는 내각의 의회해산권이 유명무실한 의원내각제(내각책임제 : 19세기의 영국, 프랑스 제3 · 4공화국),
- 수상이 각료에 대하여 상대적으로 우위에 위치하고, 의회의 내각불신임권에 대응하는 내각의 의회해산권이 실제로 작동하는 전형적인 의원내각제(독일과 일본 등)
- 수상이 각료들에 대하여 절대적 우위를 점하고, 내각은 의회해산권을 행사할 수 있는데 반하여 의회의 내각불신임권은 유명 무실한 수상내각제(오늘날의 영국)

---

1) 권영성, 헌법학원론, 769면; 양건, 헌법강의, 778면.

2) 권영성, 헌법학원론, 769면.

III. 의원내각제가 성공하기 위한 요소

- 내각의 조직과 활동이 의회의 세력분포에 의하여 직접적인 영향을 받기 때문에 의회내에서의 안정세력(다수파)의 확보가 필요하다. ☞ **과반수(50% 초과)**
- 다원적 사회의 영향으로 의회내에서 특정의 단일 정당이 안정세력(다수파)을 확보하기는 어렵고, 정당간의 연립에 의하여 안정세력이 확보되는 것이므로, 군소정당의 난립보다는 거대한 양대정당제도의 확립이 필요하다(양대정당제도를 확립하기 위한 선거제도의 확립이 중요하다).
- 직업공무원제(Berufsbeamtentum)의 확립이 필요하다(왜냐하면 의회의 내각불신임과 내각의 의회해산시에, 정국의 불안정을 가져올 우려가 있기 때문에 정치적으로 중립적인 위치에서 집행업무를 수행해 나갈 수 있는 직업공무원제가 필요하게 된 것이다).
- 상징적 대통령이 필요하다(정치적으로 중립을 지키는 의회와 정부의 대립시 이를 합리적으로 조절). ☞ 그러나 슈미트(Carl Schmitt)의 주장처럼, 중개자(Mittler) 혹은 보호자(Wahrer)로서의 역할은 아님

대통령의 헌법상의 지위를 규정하는 과정에서 특히 논란이 되었던 것은, 전제군주시대에 Benjamin Constants(1814)에 의하여 주창되던, 소위 대통령의 중립권력(pouvoir neutre)으로써의 역할문제였다. 대통령은 정치적 격동기에 있어서, 어느곳에나 정치적으로 예속되지않는(unabhängige) 조정권력(Ausgleichende Gewalt)[1]을 가지고 있는가, 혹은 정치적 대립관계에 있는 정당에 대하여 중개자(Mittler) 혹은 보호자(Wahrer)로서의 역할을 수행할 것인가,[2] 아니면 뮌헨(München)대학의 교수 나비아스키(Hans Nawiasky)의 주장처럼 중립권력(pouvoir neutre)도 아니요 비상시에 있어서의 구제자(Retter)도 아닌가[3]하는 것이 대통령의 헌법상의 지위를 정함에 있어서의 쟁점이었다. Weimar 공화국시대에는 대통령이 pouvoir neutre(Art. 41 WRV)의 역할을 수행하였다고 볼 수 있으나 현행 독일련방공화국의 연방헌법은 이를 인정하지 않고 있다. 왜냐하면 권력분립을 추구하는 법치국가에서의 헌법의 수호자는 대통령 개인 뿐만 아니라, 국민 개인, 모든 헌법기관 그리고 특히 연방헌법재판소가 그 역할을 담당해야 할 것이기 때문이다.[4]

1) Maunz in Maunz-Dürig, Kommentar zum GG Art. 54 Rn. 4.
2) Carl Schmitt, Der Hüter der Verfassung, S. 137 ff. 참조.
3) Nawiasky, Grundgedanken, S. 116.
4) 이에 관하여는 김백유, 정부위기론, 175/76면 참조.

IV. 의원내각제하의 정부위기(Regierungskrise)의 제형태

의원내각제 정부형태 하에서의 정부위기(Regierungskrise)의 형태는 여러 가지가 있겠으나 일반적으로 다음과 같은 3가지의 전형적인 형태를 들 수 있다.

1) **聯政위기**: 지도정당[(Führungspartei : 수상(Regierungschef)이 소속해 있는 정당)]과 자매정당(Junior-Partner)이 서로 연합하여 연합정권(연정)을 창출하였을 때, 이때의 연립정당간의 정치적 갈등으로 인한, 연정탈퇴, 각료철수 등으로 인하여 야기되는 연정위기(Koalitionskrise).
   이는 의원내각제를 채택하는 국가에서 「가장 빈번하게 발생」하는 대표적인 정부위기의 형태이다(예 : 독일 바이마르 공화국, 일본의 호소카와(세천) 내각 및 하타 내각 등에서 볼 수 있었던 연립위기).
2) **자체분열**: 다수정당(Mehrheitspartei)이나 지도정당(Führungspartei)내에서 의원들간의 정치적 견해 차이로 인한 정당의 자체분열로 인하여 야기되는 정부위기(예: 일본 자민당의 분열).
3) **지지기반상실**: 국민(선거인)들이 현재의 연합정권에 대한 정치적 지지의 상실에 의한 정부위기 형태(2009년의 자민당의 몰락과 민주당의 정권획득).

V. 의원내각제하의 소수정부(Minderheitsregierung)

少數정부(Minderheitsregierung)라 함은 수상(Knazler)이 그가 수상으로 선출되었을 당시부터 국회에서 절대다수(= absolute Mehrheit : 과반수)의 지지를 받지 못하고 상대적 다수에 의하여 선출되거나, 임기중 연립을 구성한 '파트너 정당'의 연정탈퇴 등으로 인하여, 국회로부터 절대다수의 지지를 상실당한 수상(Minderheitskanzler)이 이끄는 내각을 말한다.

* 절대다수(absolute Mehrheit)는 과반수를 의미하며 과반수는 '반수(50%)를 초과한다'는 뜻임(51%)→ 예 : 100명 중 51명 이상(부터) = $\frac{1}{2}$ 초과

- 헌정사적 예 -

[독일]

독일 바이마르 공화국(1919-1933)의 의원내각제, 즉 1919년 2월13일 출범한 샤이데만(Scheidemann) 정부에서 부터 1933년 1월 30일 히틀러(Hitler)를 수상에 임명하기까지의 14년 동안 총 20개의 내각(Kabitett)중 단지 8개의 내각만이 다수정부(Mehrheitsregierung/다수내각)를 구성하였고, 나머지 12개의 내각은 소수정부(소수내각)로서, (절대적) 다수형성(Mehrheitsbildung)의 결핍에 따른 정부위기(Regierungskrise)는 그칠 줄 몰랐다. 결

국 이 공화국도 14년만에 붕괴하여 합법적 선거에 의하여 최대정당으로 등장한 Hitler에게 정권을 넘겨주었다.

[일본]

일본의 제80대 수상 하타가 이끄는 내각은 사회당이 그 연정에서 탈퇴함에 따라 국회에서의 절대다수의 지지를 상실하여 소수정부(전투내각→ Kampfregierung)로서 출범하게 되었다.

VI. 의원내각제의 정치적 가치(장점 · 단점)

1. 장점

- **민주주의적 요청**: 내각의 존속과 진퇴가 국민의 대표기관인 의회의 의사에 의존하기 때문에 민주주의적 요청을 만족시킨다.
- **책임정치의 구현**: 내각이 의회에 대하여 연대책임을 지기 때문에 책임정치를 구현할 수 있다.
- **신속한 정치적 안정의 도모**: 의회와 내각이 대립하는 경우에 내각에 대한 불신임결의와 정부의 의회해산권의 행사를 통하여 정치적 대립을 신속히 해결할 수 있다.
- **유능한 인재의 양성**: 의회의 신임을 획득하고 유지하기 위하여 유능한 정치적 인재를 등용하고 무능하고 부적당한 인재를 도태시킬 수 있다.

2. 단점

- **정국의 불안정**: 군소정당이 난립하거나 정치인들의 타협적 태도가 결여될 때에는 연립정권의 수립과 내각에 대한 빈번한 불신임결의로 정국의 불안정이 초래될 수 있다.
- **의회의 정쟁화**: 의회가 정권획득을 위한 정쟁의 장소가 될 수 있다.
- **강력한 정책수행의 장애**: 내각이 연명을 위하여 의회의 의사에 구애받지 아니하는 강력한 정치를 추진할 수 없다.
- **다수의 횡포**: 최악의 경우에는 내각이 원내다수당과 제휴하여 다수의 횡포를 자행할 수 있다.

VII. 각국의 의원내각제

1. 영국의 의원내각제

1.1. 수상의 지위(수상정부제; 내각책임제)

의원내각제는 일찍이 영국에서 1840년대에 이르러 오랜 정치적 경험과 실행이 축적되어 확립된 정부형태를 그 원형으로 하고 있다. 이 의원내각제는 국민이 선택한 의회다수당이 정권을 담당하고, 일반적으로 다수당의 당수가 수상이 되어 내각을 구성하며, 내각은 의회와 제도상 분립되어 있으나 서로 밀접한 공화·협력관계를 갖고 평등과 균형을 유지하면서 의회의 신임을 받는 동안 국정을 담당할 수 있는 정부형태이다. 다시말하면, 국민이 선택한 정당이 정권을 담당하여 국민이 신임하는 동안 책임정치를 할 수 있게 하는 정부형태이다.

영국에서는 1870년대에 이르러 행정부와 입법부의 관계가 내각우위적으로 바뀌어 내각책임제로 변형되었으며, 이 유형은 또 다시 정당정치의 발달, 국가기능의 확대경향, 제1·제2차 세계대전을 통하여 등장한 수상의 권력강화 내지는 국가 통합적 기능의 강화현상 등으로 말미암아 수상의 對 내각·하원·정당관계에 많은 변화를 가져와서 강력한 수상의 권한을 지니는 소위 수상정부제로 변모하였다.

영국의 의원내각제의 특색은 다음과 같다. ① 내각은 하원의 다수당의 지도자들로 구성된 소위원회이며, 각료는 의회의 구성원이다. ② 총선거에서 승리한 다수당의 지도자가 자동적으로 수상으로 지명된다. ③ 수상은 정책결정기능을 독점하는 내각의 제 1인자이다. ④ 하원은 내각의 정책결정을 존중하며, 정부가 제출한 중요한 법률안을 하원이 반대하면 국회해산과 이에 따른 유권자의 선거에 따른 조정이 따르므로 입법에 있어서 정부가 주도권을 갖는다. ⑤ 정책통제기능은 의회와 국민에게 부여되고 있는바, 하원에서는 야당이 각료에 대한 질의를 통해서 담당한다.

수상이 권력구조에 있어 내각·평민원(하원)·정당 등의 중심적 역할을 담당하는 핵심적 지위에 있다. 수상은 평민원을 지배하는 다수당의 당수인 동시에 내각의 중추기관으로서 정책결정권과 정책집행권을 동시에 가지고 있다. 이러한 수상의 우월적 지위 때문에 영국의 의원내각제를 수상정부제 내지 수상내각제 혹은 내각책임제(내각정부제)라고도 한다. 이리하여 수상독재의 가능성도 있으나, 수상 스스로의 정치권력 행사의 이성적 행사·소수파에 대한 존중·여론을 중시하는 정치적 관행 및 그들의 정치문화가 수상독재의 출현을 방지하고 있다.[1)]

---

1) 권영성, 헌법학원론, 770면.

1.2. 양당제의 확립

영국의 의원내각제는 장래에 교체가능한 양당제에 기초하고 있고, 그 내각은 의회내의 다수당에 의하여 구성된다. 내각을 수상지도하의 동일 정당소속원으로 구성하는 것은 내각에 동질성을 부여하기 위해서이다. 오늘날 영국의 내각은 의회의 임기와 동일한 기간에 걸쳐 정권을 유지하는 것이 통례가 되어 있다.[1)]

1.3. 내각과 다수당의 긴밀성

내각은 의회내의 다수파에 의하여 구성되므로, 내각은 실제로는 의회내의 다수당으로서 소수당에 대하여 정치적으로 우월적 지위에 있게 된다. 그 결과 종래의 내각 대 의회라는 관계는 내각+다수당 對 소수당이라는 관계로 변질되어 헌법일원화 현상이 나타나고 있고, 평민원은 더 이상 내각을 통제하지 못하고 단지 내각을 비판하고 여론을 지도하는 장소로 변모되고 있다.[2)] 이와같이 영국에서는 하원의 다수당의 지도자가 내각을 구성하여 내각이 의회를 지배하게 되는 결과를 가져왔으며, 이는 결국 의회의 내각불신임권이 유명무실하게 되었다.

2. 프랑스의 양원내각제

2.1. 제5공화국 헌법상의 의원내각제

프랑스제5공화국헌법은 제3·4공화국헌법하에서의 의원내각제의 실패(프랑스 제3·4공화국에 있어서는 의회해산권을 실질적으로 행사할 수 없게 된 결과 내각이 의회에 예속되어 정부의 불안정을 가져 왔었다)[3)]와 절대적 의회우위의 의원내각제에 대한 반동에서 출발하여, 강력한 행정부로써 국가적 안정을 확보하려 한 드골(De Gaulle)의 정치철학에 기초한 것이었다. 동헌법은 강력한 대통령을 중심으로 한 행정권의 강화를 기조로 하면서도 의원내각제를 가미한 혼합형정부형태를 채택하였다.[4)]

---

1) 권영성, 헌법학원론, 770면.

2) 권영성, 헌법학원론, 771면.

3) 프랑스 제3, 제4공화국의 의원내각제의 특색은 집행권이 대통령과 내각에 나누어져 있었으며, 의회는 내각에 불신임권을 부단히 행사하였으나 의회해산권을 행사할 수 없었기 때문에 강한 의회와 약한 내각의 정국 불안이 계속된 점에 있다. 이러한 관례 때문에 제 3공화국(1875-1940) 기간 중 100개가 넘는 정부가 출현하였으며, 제4공화국 기간중(1946-1958)에는 의회해산권이 엄격한 행사요건 때문에 25개의 정부가 교체되었다.

4) 권영성, 헌법학원론, 771면.

2.2. 대통령과 내각의 관계

국민에 의하여 직선되는 대통령은 상징적인 국가원수가 아니라 중요한 국가정책을 실질적으로 결정하는 지위에 있다. 그 반면에 내각은 의회에 의하여 구성되고 행정권만을 담당하는 지위에 있으므로, 대통령은 내각은 물론 의회에 대해서도 우월적 지위에 있다.

프랑스 제5공화국헌법의 정부형태는 대통령제와 의원내각제를 혼합한 것이면서 대통령직선제와 대통령에의 권력집중을 그 특징으로 하고 있기 때문에 순수한 대통령제와는 거리가 먼 것이다. 그러므로 이것을 이원정부제 · 제한적 의원내각제 혹은 반대통령제 등으로 부르기도 한다.

3. 독일의 의원내각제

3.1. 바이마르 공화국의 정부형태

독일헌정사상 최초의 공화국인 바이마르공화국은 영국 또는 프랑스에서와는 달리 뚜렷한 의회정치의 전통과 경험도 없이 제1차세계대전에서 패한 결과에 따라 군주제의 폐지와 함께 강요된 민주주의 이념에 의하여 헌법을 제정했기 때문에 그 정부형태에 있어서도 전혀 새로운 시도였다. 바이마르공화국 정부형태의 성격에 관해서는 독일의 학자들은 일반적으로 의원내각제라고 부르는 것이 일반적이나, 대통령제가 가미된 의원내각제 혹은 뢰벤슈타인의 주장처럼 '절름발이의원내각제(hinkende Regierung)', '혼합형의원내각제', '부진정의원내각제', 또는 '이원정부제' 등 다양한 표현이 사용되고 있다. 그러나 학자들의 공통된 의견은 전통적인 순수형태의 의원내각제로 볼 수는 없다는 점이다. 이는 독일이 의원내각제를 채택하게 된 배경이 제1차세계대전에서 패한 결과 탄생한 정부형태라는 점에서, 그리고 바이마르 공화국 헌법의 아버지들은 새롭게 탄생되는 정부에 있어서의 대통령의 헌법상의 지위를 과거 전제주의시대에 있어서의 군주(황제)의 역할을 대행하도록 하려는데서 의원내각제의 한계를 지녔었다.

3.2. 본(Bonn) 기본법상의 의원내각제

3.2.1. 수상의 헌법상의 지위강화(수상제민주주의)

제2차대전 이후 독일은 바이마르공화국 당시의 의원내각제 실패의 역사적 체험을 교훈으로 삼아,[1] 그 제도적 모순과 결함을 시정한 독일형 의원내각제를 채택하였다. 독일기본법에서 볼 수 있는 의원내각제의 특색으로는 연방수상을 중심으로 하는 행정부우위를 들

---

1) 김백유, 정부위기론((Regierungskrise); 바이마르공화국헌법의 정부형태와 그 헌정사의 전개, 특히 바이마르공화국의 붕괴원인 등에 관하여 자세한 것은 권영성, 비교헌법학, 161-218면 참조.

수 있다.[1] 연방수상은 대통령의 제청으로 연방의회에서 토론 없이(ohne Aussprache) 선출된다. 수상이 선출되지 아니할 때에는 연방회의가 후보를 선출하여 과반수찬성으로 수상을 선출한다. 수상은 통치방침전반을 결정하고 의회에 대하여 책임을 질 뿐 아니라, 각료임명에 있어서도 임명제청권을 가지며 대통령은 이 제청에 구속된다. 이 점에서 독일 기본법은 수상제민주주의(Kanzlerdemokratie)[2]를 그 특징으로 하고 있다.

독일연방공화국의 정부를 구성하는 것은 수상과 각료이다. 기본법 제65조에 의하면 그 정부가 운영되는데 있어서의 세 가지의 기본요소를 정하고 있다. 첫째는 수상이 정책지침을 정하고, 이에 대한 책임을 진다고 하는 규정으로, 이는 일반적으로 수상제원칙이라고 불리운다. 둘재, 각료는 수상이 정한 정책지침의 범위내에서 소관사무를 자주적으로, 그리고 자기의 책임하에서 지휘한다(소관원칙). 셋째, 각료간의 의견차이에 관하여는 연방정부가 이것을 결정한다(합의제의 원칙). 이 세가지 원칙간에는 서로 대립되는 긴장관계가 발생할 수가 있으나 여기에는 일정한 질서가 존재한다. 즉 수상제원칙은 소관원칙에 우선하고 각료는 수상이 정하는 정책지침의 범위가 아니면 소관사무를 지휘할 수 없다.

3.2.2. 건설적 불신임제도의 도입

바이마르헌법상의 파괴적 · 부정적 불신임제 대신에 이른바 건설적 · 긍정적 불신임제(konstruktives · positives Mißtrauensvotum)를 채택하고 있다는 점이다(기본법 제67조).[3] 수상에 대한 의회의 불신임권행사는 연방의회가 재적의원 과반수로 후임자를 선출하고 연방대통령에게 현직수상의 해임을 건의함으로써만 가능하도록 하여(제67조 제1항) 수상의 지위를 강화하고 아울러 정국의 안정을 도모하고 있다.[4]

수상은 그의 정치적 입지를 강화하기 위하여 국회에 대하여 신임질의(신임요구)를 할 수 있으며, 신임을 요구하는 연방수상의 신임질의(Vertrauensfrage)가 연방회의의 과반수의 찬성을 얻지 못하는 경우에는, 대통령은 수상의 제청에 따라 21일 이내에 의회를 해산할

---

1) 특히 Bonn 기본법의 특징은 연방대통령으로부터 정치의 실권을 제거하여 수상에게 집중하는 것이었다. 그 전제로서 대통령의 선출방법이 바이마르시대의 국민에 의한 직접선거로부터 연방회의에 의한 간접선거로 개정되었다.

2) 수상제민주주의에 대한 상세한 내용은 김백유, 수상제민주주의, 헌정 및 행정법치연구, 한성대출판부, 2006, 599면 이하 참조.

3) 건설적 불신임제도에 관한 상세한 내용은 김백유, 독일의 건설적 불신임제도, 헌정 및 행정법치연구, 한성대출판부, 2006, 575면 이하 참조.

4) 바이마르공화국헌법하에서는 1919년에서 1933년까지의 14년간 내각이 19회나 교체되어 정부위기가 극심하였으나, 독일 통일전이나 통일후의 독일 기본법하에서는 1949년 이래 안정적 정부를 유지하고 있다.

수 있다(제68조 제1항 전단).

이는 수상이 의회에 대하여 그에 대하여 신임해 줄것을 요구하는 일종의 정치적 압박이다. 그러나 이 의회해산권은 의회가 과반수 찬성으로 후임수상을 선출하게 되면 소멸한다(제68조 제1항 후단). 그러나 정부의 의회해산권의 행사도 두가지 경우[1]에 한정함으로써 정부가 의회에 대하여 공화관계를 가지도록 노력하고 있다.[2]

수상의 의회에 대한 신임요구 및 대통령에 대한 의회해산권의 제청(이 경우 대통령은 수상의 의회해산제청을 수락하여야 한다)은 의회가 수상에 대하여 가지는 불신임권에 대하여 무기평등의 원칙으로서 인정되는 권한이다. 이를 통하여 수상의 헌법상의 지위는 강화되었다.[3]

「독일의원내각제」
- 연방수상을 중심으로 하는 행정부우위.
- 연방수상은 연방대통령의 제청으로 연방의회에서 토론 없이 선출.

「수상」
- 통치방침(politische Lichtlinie) 전반을 결정
- 의회에 대하여 책임
- 각료임명제청권 → 대통령은 이 제청에 구속된다.
- 수상제민주주의(Kanzlerdemokratie)
- 건설적 불신임제(konstruktives Mißtrauensvotum) → 수상에 대한 의회의 불신임권 행사는 연방의회가 재직의원 과반수로 후임자를 선출하고 연방대통령에게 현직수상의 해임을 건의함으로써만 가능 → 정국의 안정도모

---

1) 첫째, 의회에서 연방수상으로 당선된 자가 과반수득표를 하지 못한 경우(기본법 제64조 제4항)이고, 둘째, 신임을 요구한 연방수상의 제의가 연방의회의원의 과반수찬성을 얻지 못한 경우(제68조 제1항)이다.

2) 권영성, 헌법학원론, 772면.

3) Bonn 기본법하의 수상의 지위는 바이마르 공화국 헌법 제53조(대통령은 수상을 임면한다)와는 달리 연방대통령으로부터 정치적 실권을 제거하여 연방수상에게 집중하는 것이었고, 이를 통하여 수상의 헌법상의 지위를 강화하는 것이었다. 그 전제로서 대통령의 선출방법이 바이마르시대의 국민에 의한 직접선거로부터 연방회의에 의한 간접선거로 개정되었다. 연방참사원(Bundesrat)은 연방의회의원과, 주의회가 비례대표의 원칙에 따라서 선출하는 그것과 동수의 의원에 의하여 구성된다. 대통령의 임기는 5년이고 계속 재임은 1회에 한하여 인정된다(기본법 제54조 제2항). 연방대통령은 국제법상 국가를 대표하고 연방국가의 이름으로 조약을 체결하고, 사절의 신임, 접수를 하며(기본법 제59조 제1항), 그밖에 연방재판관, 연방공무원, 장교 및 하사관의 임면(기본법 제60조 제1항), 은사권의 행사(기본법 제60조 제2항) 등을 행한다. 그러나 이들의 행위가 유효하기 위하여는 연방수상이나 각료의 부서를 필요로 한다(기본법 제58조).

4. 일본의 의원내각제

4.1. 내각제도

일본의 내각제도는 明治 18년(1885년)의 太政官들에 의해서 창설되었다. 내각의 기구와 운영의 제원칙은 동년에 제정된 "內閣職權"으로 정해졌다. 명치 22년(1889년) 2월 "대일본제국헌법"의 공포에 수반하여 동년 12월에 "內閣官制"가 정해지고 헌법과의 전후조리를 맞추기 의해 필요한 개정을 하여 내각제도의 확고부동한 기초를 닦았다.[1)]

제2차대전 후의 일본국헌법은 영국형의 전통적 의원내각제를 채택하고 있다. 동헌법은 국회를 유일의 입법기관으로 규정하고, 행정권은 내각에 속하며, 내각은 행정권을 행사함에 있어 국회에 대하여 연대책임을 지도록 하고 있다.[2)]

제2차대전 후의 일본국헌법 → 영국형의 전통적 의원내각제
- 국회를 유일의 입법기관
- 행정권은 내각 → 행정권을 행사함에 있어 국회에 대하여 연대책임

4.2. 수상(내각총리대신)의 지위

여당의 당수인 동시에 내각의 수장으로서 의회와 내각에 강력한 영향력을 행사할 수 있는 내각총리대신은 국회의원 중에서 국회가 선출한다. 내각을 구성하는 국무대신은 내각총리대신에 의하여 임면되고, 그 과반수는 국회의원이어야 한다. 또한 의원내각제의 본질적 내용에 해당하는 중의원의 내각불신임권과 내각의 중의원해산권이 인정되고 있다. 그러므로 일본의 의원내각제는 영국형의원내각제라고 할 수 있다.

내각총리대신은 내각을 대표하여 의안을 의회에 제출하고 일반국정 및 외교관계에 관하여 국회에 보고한다. 총리대신 및 기타 국무대신은 양의원 중의 어느 한 곳에 의석을 갖고 있느냐에 관계없이 의안에 관하여 설명을 행하기 위하여 의원에 출석할 수가 있다. 기타 내각은 국회의 감시회의 소집을 결정한다든가 중의원이 불신임결의를 가결하든가 혹은 신임의결을 부결하였을 때에는 그를 해산시킬 수 있다. 국회에 의하여 창출되는 내각도 일단 성립되면 어떻든 국회와의 사이에는 독립적 관계를 갖게 되는 동시에 국정의 원활한 운영에 필요한 권한이 부여되지 않으면 안된다. 그 중에 가장 강한 것이 중의원의 해산권이다. 문제는 과연 내각의 중의원에 대한 해산권이 헌법 제69조에 규정된 내각불신임결의가 가결된 경우에만 한하는가 아닌가에 있다.[3)]

1) 김동훈, 대통령제와 의원내각제, 일신사, 1987.
2) 권영성, 헌법학원론, 772면.
3) 김동훈, 대통령제와 의원내각제, 일신사, 1987.

[내각총리대신]
- 여당의 당수인 동시
- 내각의 수장
- 국회의원 중에서 국회가 선출

[내각의 구성]
- 국무대신 : 내각총리대신에 의하여 임면
- 그 과반수는 국회의원

5. 우리나라의 의원내각제

5.1. 제2공화국의 권력구조

우리나라 제2공화국헌법하의 정부형태는 의원내각제의 이념형으로 간주되는 영국형의 순수한 의원내각제라는 것이 통설이며, 우리나라의 해방이후 현재까지의 헌정사상 최초이며 유일하고 불과 9개월의 역사로 끝난 단명인 정부형태이다. 제2공화국의 의원내각제는 그 이념형의 특징과 같이, 정부의 이원적 구조, 내각의 성립과 존속의 국회의존, 양부와 밀접한 공화·협조관계와 권력적 균형관계 등을 가지고 있다, 상술하면 다음과 같다.

첫째, 정부의 이원적 구조로서 대통령과 국무총리를 두는데, 대통령은 국가 원수로서 국회에서 선출되고(헌법 제51조·제53조) 국정에 초연한 명목적·의례적 권한을 가진 상징적 존재이며, 행정권은 국무원에 속하고 국무총리는 그 국무원을 대표한다(헌법 제70조)

둘째, 내각의 성립과 존속의 국회의존관계로서는, 국무총리는 대통령이 지명하고 민의원에서 선출하고(헌법 제67조), 국무총리와 국무위원의 과반수는 반드시 국회의원이어야 하며(헌법 제69조), 국회가 내각을 불신임하면 총사직하여야 하고(헌법 제71조), 내각은 민의원에 대하여 연대책임을 진다(헌법 제68조).

셋째, 행정부와 입법부의 공화·협조와 권력적 균형으로서 국무총리·국무위원의 의원겸임허용(헌법 제69조), 국무위원의 국회참석발언권(헌법 제44조), 정부의 법률안 제안권(헌법 제39조)등이 있어 밀접한 공화·협력관계를 인정하고 있고, 행정권을 담당하는 국무원(헌법 제68조)과 입법권을 가진 국회(헌법 제31조)가 법적으로 분리되어 있으면서 민의원이 국무원에 대한 불신임의결권(헌법 제71조)을 가진 반면에 국무원도 민의원의 불신임결의가 있는 경우에 국회해산권을 가져(헌법 제71조) 서로 권력적 균형을 도모할 수 있게 하고 있다.

다만, 제2공화국의 의원내각제는 영국의 고전적 의원내각제와는 달리, (1) 군주제 국가가 아니므로 국왕아닌 대통령이 국정에 초연한 명목적·의례적 권한을 가진 국가원수이나, 이는 군주제가 없는 국가에서의 일반적 경향에 따르고 있는 것이며, (2) 내각의 전원아닌 과반수가 의원이어야 하고, (3) 수상(총리)은 영국의 경우와 같이 국왕이 의회다수당의 당수를 지명하지 않고 대통령이 지명하되 국회의 동의를 얻게 하고 있으며, (4) 내각이 국회의 불신임결의가 있는 경우에 비로소 해산권을 발동할 수 있는 초극적인 해산권을 인정하여 상대적으로 국회에 종속적인 경향을 낳게 할 소지를 갖고 있었다. 그렇지만 전술한 제도적 특징에 비추어 보건대, 이 정부형태는 영국의 고전적 의원내각제에 해당하는 유형이라 할 수 있다고 본다.

5.2. 제2공화국 헌정사

5.2.1. 제3차 헌법개정과 제2공화국의 탄생

1960년 4월 28일 국회는 의원내각제 개헌을 위한 기초위원을 선임하여 기초작업을 6월초에 완료하였다. 국회는 헌법개정안의 표결을 기명투표로 하도록 바꾸어 6월 11일 개헌안을 제출하였고, 6월 15일에 압도적인 여 · 야 만장일치로 이를 통과시켰다. 이와 같이 제3차 헌법개정과 함께 탄생한 것이 이른바 제2공화국 의원내각제 헌법이다.[1)2)] 개정헌법의 내용은 국민의 기본권 보장, 사법권의 독립, 선거의 공정, 공무원의 중립, 지방자치 등을 제안이유로 한 제2공화국 헌법의 주요 개정내용은 거주이전의 자유, 통신의 자유권에 대한 유보조항을 삭제하고 제28조에 일반 유보조항을 두며, 특히 제1공화국 헌법상 가능하였던 언론 등에 대한 사전허가제를 금지하고, 선거연령을 법률에 위임하지 않고 20세로 명시하며, 공무원의 정치적 중립을 보장하고 있다.

정부형태는 의원내각제를 채택하여 행정권은 국무총리와 국무위원으로 조직된 국무원이 장악하며, 국무원은 민의원에 대하여 연대책임을 지도록 한다. 국무원 불신임권을 가진 민의원에서 국무원에 대한 불신임 결의를 한 때, 국무원이 10일 이내에 민의원 해산을 결의하지 않는 한 총사직하도록 한다. 의원내각제에서 의례적 · 형식적 지위에 있는 대통령은 양원 합동회의에서 재적의원 3분의 2이상의 찬성으로 선출하며 그 임기는 5년으로 하고 1차에 한해 중임할 수 있으며, 국무총리는 대통령이 지명하여 민의원의 동의를 얻도록 한

---

1) 제3차 헌법개정으로 제2공화국 헌법이 구성되었고, 제1공화국의 헌법은 새로운 가치질서와 이념을 갖추게 되었다. 헌정사적 측면에서 볼 때 4 · 19를 기준으로 그 이전까지를 제1공화국, 그 이후를 제2공화국이라 구분한다(전자는 이승만 대통령, 대통령제, 자유당정부, 권위적 지배의 헌정으로, 후자는 장면 국무총리, 의원내각제, 민주당정부, 민주적 지배의 헌정이라고 일반적으로 인식하고 있다). 프랑스의 헌법사에 있어서도 그 헌법사의 起點을 1789년의 프랑스대혁명 이후로 하는 것을 원칙으로 한다. 그것은 이 혁명을 계기로 이른바 Ancien Régime으로 규정되고 있는 절대군주제의 국가체제가 붕괴되고, 국민주권의 원리에 입각한 근대적 국민국가가 형성되었기 때문이다. 한태연 외, 한국헌법사(하), 한국정신문화연구원, 1991, 31면 각주 25) 참조.

2) 제2공화국 헌정사에 대한 상세한 내용은 김백유, 제2공화국 헌정사, 헌정 및 행정법치연구, 한성대출판부, 2006, 31면 이하 참조.

다(제69조 제1항). 대통령의 궐위시에는 참의원의장, 국무총리의 순위로 그 권한을 대행하되 즉시 그 후임자를 국회에서 선거하여야 한다. 국회의원의 정수는 법률로 정하되 참의원 의원의 정수는 민의원의원 정수의 4분의 1을 초과하지 못하도록 한다. 대법원장과 대법관은 법관의 자격을 가진 선거인단이 선출하고 그 외의 법관은 대법원장이 임명하며 헌법재판소가 위헌법률심사 등을 담당하도록 한다. 중앙선거위원회를 신설하고 지방자치단체의 장을 주민이 직선토록 한다. 개정헌법의 특색은 다음과 같다.[1)]

[개정헌법의 특색]
- 기본권 보장의 강화(기본권 제한법률의 기본권의 본질적 내용 침해금지, 언론 · 출판에 대한 허가 · 검열 · 집회 · 결사에 대한 허가규정 금지), 공무원의 정치적 중립성, 신분보장 명시
- 정당조항의 신설
- 의원내각제의 채택
- 헌법재판소의 설치
- 중앙선거관리위원회의 설치
- 경찰의 중립을 보장하기 위한 기구설치(법률로 규정)
- 대법원장과 대법관의 선거제 채택
- 지방자치제의 활성화

5.2.2. 권력구조상의 문제점

제2공화국의 의원내각제에서 문제되는 것은, (1) 국무원과 민의원과의 권력관계에 있어서 민의원의 우위적 경향 내지 국무원의 종속적인 경향을 낳게할 가능성을 가지고 있었다. 왜냐 하면 내각은 민의원의 불신임결의가 있어야만 비로소 민의원 해산권을 발동할 수 있게 하여 내각의 국회에 대한 소극적인 대응만을 인정하고 있었기 때문이다. 그 결과 내각은 중요한 정책의 결정에 있어서 능동적으로 민의원을 해산하여 국민에게 호소할 수 없게 되어, 적극적인 국정처리를 곤란하게 할 것이다. (2) 의원내각제를 처음으로 채택하면서 외국의 경험에 비추어 그 제도적 운용에 있어서의 보완적인 장치를 강구하려는 노력이 전혀 결여되어있었다는 것도 문제점이었다.[2)]

---

1) 상세한 내용은 김백유, 제2공화국 헌정사, 헌정 및 행정법치연구, 한성대출판부, 2006, 31면 이하 참조.

2) 제2공화국 헌정사에 대한 상세한 내용은 김백유, 헌정 및 행정법치연구, 한성대출판부, 2006, 31면 이하 참조.

5.2.3. 헌정사

제2공화국에 있어서의 의원내각제는 이미 지적한 바와 같이, 당시의 장면 국무총리의 지명이 민의원의 동의를 얻은 8월 19일부터 그 익년 군사쿠테타가 일어난 5월 16일 까지 계속된 약 9개월의 기간동안 존속한 정부형태이다. 이러한 단기간의 경험만으로 하는 의원내각제 응용에 대한 평가라는 것은 아마도 별다른 의의를 찾을 수 없을 것이다. 의원내각제 국가에서 그 운용상 문제된 대표적인 것은 프랑스 제3, 4공화국이나 1919년에 탄생한 독일 바이마르 공화국에 있어서의 내각의 불안정, 정국의 혼란등이다. 그것도 내각불신임 또는 국회해산으로 인한 불안정이 문제되었으나, 우리나라의 제2공화국에서는 이를 한번 발동해보지도 못한채 5 · 16 군사쿠테타에 의하여 그 종말을 고하고 말았다.

민주당정권하에서 빚어진 혼란 · 무질서 · 병폐는 의원내각제를 온상으로 자라난 제도적 병리현상이라든지, 의원내각제는 약체와 무능한 정부의 대명사로서 그 민주주의는 무책임한 자유의 과잉에 의한 무정부상태로 전락하였다는 비판 등이 있었으나, 이는 의원내각제 자체에 대한 정당한 경험적 평가라고 보기는 어렵다. 그것은 오히려 5 · 16 군사쿠테타와 대통령제의 정당화를 위해서는 제2공화국 의원내각제에 대하여는 그러한 절망적인 평가가 필요했다는 점이다. 다만, 의원내각제 적용에 있어서의 전제조건의 결여라는 측면에서 정당제 발달의 미숙, 경제후진국으로서의 어려운 경제적 여건, 무절제한 자유의 과잉, 민주정치를 위한 사회적 기반의 취약등을 지적하는 견해는 적지않다. 거기에 정권담당세력인 민주당의 분열과 그 결과로서의 分黨은 장면내각의 약체화와 국회에서의 내각의 지지기반의 약화를 초래하고 대통령과 국무총리의 반목을 조장했다고 한다.

4 · 19의거의 주도세력이었던 학생들과 지식인층은 지나치게 감상에 치우치고 이상적이었던 반면, 민주주의를 실현하기 위한 구체적인 결실을 이룰 수 있는 조직력이나 체계를 갖추지는 못하였다. 따라서 4 · 19 이후의 정치적 과제는 그 주체세력이 아닌 기존의 정치세력에 위임되었다. 그러나 당시의 정치계층은 이승만 대통령 지지세력과 그 반대세력만이 존재했을 뿐 4 · 19 이후의 혁명적인 정치 · 사회개혁을 주도할 수 있는 분화된 정치계층이란 거의 존재하지 않았다. 여기에 장면 정권은 붕당적 성격이 강했으므로 당시의 혼란스런 정국을 주도할 만한 폭넓은 지지기반을 갖추지 못했다. 또한 장면정권의 모체라 할 수 있는 민주당 역시 내재적 분파주의와 외생적인 분열공작으로 인하여 정치적 이합집산을 거듭하는 가운데 투쟁적 민주주의(Kampfdemokratie)의 확립을 위한 정신적 요소는 갖추었으나, 자유민주적 기본질서의 파괴를 꾀하는 내부적 · 외부적 헌법의 적(Verfassungsfeind)으로부터 이를 방어할 만한 정치적 힘과 수권기능의 함양에는 실패하였고, 따라서 통치기능을 경험할 여유가 없었다. 따라서 제2공화국 통치과정은 설득과 타협, 소수의 권리에 대한 다수의 존중과 같은 민주주의의 실현의 필수적 요소라 할 수 있는 소수자보호 등의 가치질서에 따라 이루어지지 못하고 외부적 환경에 힘없이 이끌려 가는 양상을 보여 민주적

헌정질서를 이룩하는데 주도적 역할을 담당하지 못했다. 결국 제2공화국 헌법은 제도적 헌법규범은 그 타당성을 갖추었으나 실제적인 정치현실을 고려하지 못한 관계로 헌법규범과 현실과의 괴리는 점차 커져만 갔다. 즉 국민의 경제, 교육, 문화에 대한 인식과 정치적 욕구 등의 고려가 없이 이상적인 헌법에 치우친 관계로 현실을 올바로 판단하는데 실패하였던 것이다.[1)]

VIII. 의원내각제를 위한 정치문화적 조건

의원내각제가 성공하기 위한 조건으로는 무엇보다도 (ㄱ) 안정된 복수정당제(양대정당제의 확립, (ㄴ) 국민간의 동질성과 화합의 정신, (ㄷ) 언론의 자유와 정치적 자유의 보장, (ㄹ) 문민통치의 전통, (ㅁ) 직업공무원제의 확립, (ㅂ) 지방자치제의 정착, (ㅅ) 정치인의 투철한 공직의지 등을 들 수 있다.[2)]

[의원내각제가 성공하기 위한 조건]
- 안정된 복수정당제
- 국민간의 동질성과 화합의 정신
- 언론의 자유와 정치적자유의 보장
- 문민통치의 전통
- 직업공무원제의 확립
- 지방자치제의 정착
- 정치인의 투철한 공직의지

1) 김백유, 헌정 및 행정법치연구, 한성대출판부, 2006, 87면.
2) 권영성, 헌법학원론, 772면.

제 2 항 대통령제

I. 대통령칭호 변천사

대통령이라는 용어는 원래 황제(emperor)와 같은 용어인 Herrscher(지배자, 통치자)인데, 皇帝나 대통령이라는 어원은 imperator 즉 軍司令官이라고 하는 라틴어에서 유래한다. 현재 사용하는 대통령이란 칭호는 상해임시정부헌법(1919년 9월 11일)에서 처음 발견되며, 그 이전의 명칭은, 미리견(美利堅: 미국; America) 대통령에 대한 칭호사용에서 나타난다. 미국 상선 제너럴 셔먼호(號)가 대동강가에서 소각 당한 사건이 있었던 당시 外國事情을 적은 해국도지(海國圖志)에 보면, 미리견(America)에는 국왕이 없고 26개의 부락이 있는데 이 부락을 사질(士迭: 현재 우리는 이를 州라고 부르고 있다)이라 부르고, 26개 사질이 모여 이루어 졌다하여 육내사질국(育內士迭國; United States)이라 부른다 했다. 각 사질(州)에는 두목이 있고 이 頭目들이 모여 大頭目(president)을 뽑는다고 하기도 했다.

- '워싱턴' 대통령 : '화성돈'대두목(華盛頓大頭目)
- '애덤스' 대통령 : '담사'통령(淡士統領)
- 한-미 수교조약(1882년) : 미국의 대통령이 백리이천덕(伯理爾天德)으로 기록 (백리이천덕(伯理爾天德)은 프레지덴트(president)라는 용어의 한자식표기)
- 1901년의 기록에는 '루즈벨트'(Rossevelt, Theodore : 제26대 대통령 ; 1858-1919) : 미리견총통(總統) '나사복(羅斯福)'으로 기록
- 1919년의 상해 임시정부헌법(1919년 9월 11일)에서 처음으로 대통령칭호 사용

이상과 같이 우리 나라에서는 1백년 사이에 현재의 대통령의 명칭을 大頭目 → 統領 → 백리이천덕(president) → 총통 → (주석) → 대통령[1)2)3)]이라고 부르고 있음을 알 수 있다.

---

1) 대통령이라는 명칭은 너무 위압적이고 전제적이다. 왜냐하면 '統領'도 위압적인데 '大'를 하나 덧붙여서 '大 統領'이니 말이다. 즉 이는 전제국가시대에서 공화국으로 이전되는 초기단계에서나 사용할 만한 전근대적인 표현이다. 차라리 대통령을 '국민의 從(從僕)' 혹은 '백리이천덕'이라고 호칭하는 것이 민주적인 헌법용어에 해당되지 않을까? 백리이천덕이라는 용어는 우리 조상들이 사용했던 용어이기도 하니 정통성에도 벗어나지 않는다고 할 것이다.

2) **대통령과 脚下** : 각하라는 존칭은 사물기원(事物起源)이라는 중국고전에 나오는 말이다. 이 고전에 따르면 천자에게는 폐하(陛下), 임금에게는 전하(殿下), 장군에게는 휘하(麾下), 높은 벼슬아치에게는 각하, 부모에게는 슬하(膝下), 그리고 다정한 친지에게는 족하(足下)라는 존칭을 쓴다고 했다. 존대대상이 살고 있는 건물이나 발아래서 우러러본다는 뜻이다. 예를 들면 천자가 집무하는 용상으로 오르는 돌계단을 폐(陛)라고 했는데 돌계단 아래라는 뜻인 폐하는 천자, 곧 황제에게만 쓰는 존칭인 것이다. 우리 나라에서는 그런 기록이 보이지 않는다. 일본에서는 2차대전

II. 대통령제의 의의와 구조적 원리

1. 대통령제의 개념

대통령제라 함은 일원적 구조의 행정부가 입법부 및 사법부와 엄격하게 분리·독립됨으로써 국가기관 상호간에 권력적 균형이 유지되고, 국민에 의하여 선출되는 대통령의 행정부가 안정을 유지할 수 있는 정부형태를 말한다. 이와 같이 대통령제는 의회로부터 독립하고 의회에 대해서 정치적 책임을 지지 않는 대통령을 중심으로 국정이 운영되고 대통령에 대해서만 책임을 지는 국무위원에 의해 구체적인 집행업무가 행해지는 정부형태이다.

- 의회로부터 독립
- 의회에 대해서 정치적 책임을 지지 않는 대통령
- 대통령에 대해서만 책임을 지는 국무위원

의원내각제가 영국에서의 오랜 역사적·정치적 관습의 산물이라면, 대통령제(presidential system) 또는 대통령중심제·대통령책임제·대통령주의제[1]라는 것은 미국에서 창안되었을

종전때 까지 日王이 직접 임명하는 문관과 육군소장 이상의 무관에게 각하라는 호칭을 썼다. 그러나 종전후에는 총리나 각료에게만 공식문서에서 이 존칭을 사용하고 있다. 우리 나라에서는 이승만정권 때부터 대통령을 각하라고 불렀다, 뿐만 아니라 각하라는 호칭이 인플레되면서 총리와 사단장급 이상 장성들 까지도 각하라고 불렀다. 박정희정권 이후에는 대통령에게만 각하라고 불렀다(동아일보, 1998. 1. 8, 5면 참조). 김대중 정권 이후부터는 대통령님이라는 호칭을 사용하고 있다.

3) **대통령과 국가원수** : 독일 Bonn 대학의 슈라이히(Schlaich) 교수같은 분은 '국가원수'라는 헌법상의 용어는 오늘날의 독일 연방 '공화국'에서는 사용할 가치가 없다고 한다(Schlaich, Bundespräsident, in : Isensee/Kirchhof (Hg.), Handbuch des Staatsrechts, Bd. 2 (1987), § 49 Rn. 91/92). - 국가원수라고 하는 용어는 전제주의시대의 유산의 산물 → Weimar 공화국시대 및 Hitler 독재시대에 흔히 사용 - Bonn 기본법에서는 연방대통령이 국가원수라는 헌법상의 명문규정이 없음 - 공화국(Republik)이라는 용어 자체는 로마교황이 이끄는 카톨릭교회와 같은 조직체와도 그 본질적 성격을 달리한다. 한국 헌법 제66조 제1항 : 대통령은 국가의 원수이며, 외국에 대하여 국가를 대표한다. 허영 교수는 「대외적인 국제관계」(예 : 조약의 체결·비준 등 헌법 제73조 참조)에서 대통령이 국가를 대표한다는 뜻에서 국가원수 일 따름이며, 「대내적인 국내관계」에서는 우리 나라의 헌법질서가 '자유민주적 통치구조'를 가지고 있기 때문에 '국정의 최고 책임자'일 뿐 국가원수는 아니라고 한다.

1) 대통령제·대통령중심제 및 대통령주의제 등의 개념 상호간에는 약간의 뉘앙스의 차이가 있다. 특히 대통령제와 대통령주의제의 개념상의 차이에 관해서는 한태연, 헌법과 정치체제, 법문사, 1987, 70-78면 참조.

뿐 아니라 오늘날까지 미국에서 성공적으로 운용되고 있는 정부형태이다.

2. 대통령제의 본질적 요소와 구조적 원리

2.1. 대통령의 직선제와 임기제

대통령제에 있어서는 대통령이 국민에 의하여 선출되고 그 임기 동안 재직 할 뿐 아니라 정치적 책임을 지지 아니하는 것을 본질적 요소로 한다.

2.2. 행정부의 일원적 구조

대통령제에 있어서는 행정부의 구조가 일원화되어 있으며 대통령은 국가원수와 행정부수반의 지위를 겸한다. 부통령은 대통령궐위시에 국정의 계속성과 민주적 정당성을 확보하기 위하여 대통령의 지위를 승계하는 지위에 있을 뿐이다. 각료회의도 대통령의 보좌기관 내지 자문기관에 불과하다.

2.3. 대통령과 의회의 상호독립성

대통령제에 있어서는 대통령을 수반으로 하는 행정부의 성립과 존속이 의회로부터 완전히 독립되어 있다. 행정부수반인 대통령은 국민이 선출하고 행정부는 대통령에 의하여 조직된다. 대통령은 임기 동안 의회에 대하여 정치적 책임을 지지 아니하며 의회를 해산할 권한도 가지지 아니한다. 또한 의회의원과 행정부구성원의 겸직이 인정되지 아니하고, 정부의 법률안제출권이나 행정부구성원의 의회출석 · 발언권도 인정되지 아니한다.

2.4. 입법부와 행정부의 상호견제와 균형

대통령제에 있어서는 입법부와 행정부가 상호 견제함으로써 권력적 균형이 유지된다. 이러한 권력상호간의 억제와 균형이 대통령측에서는 대통령의 정치적 무책임성, 법률안거부권 등에 의하여 실현되고, 의회측에서는 양원제, 입법권의 독점, 행정부고위공무원임명에 대한 동의, 국정감사 · 조사, 행정부 구성원에 대한 탄핵소추 등에 의하여 실현된다.

2.5. 대통령제의 본질적 요소

- 대통령과 의회의 독립성 : 입법부와 행정부의 조직과 활동이 '독립성의 원칙'에 의하여 지배된다.
- 행정부의 구성원(각료)들이 의회에 대하여 책임을 지지 아니한다.
- 의회의 조직과 활동도 행정부와 완전히 독립해서 독자적으로 이루어진다(대통령의 의회해산권이 인정되지 않음).
- 의회 · 정부 다같이 주권자인 국민에게만 그 정치적 책임을 진다.

- 행정부의 구성원(각료)이 의회의 의원직을 겸할 수 없다(겸직금지의 원칙).
- 행정부에 법률안 제안권이 인정되지 않는다.
- 각료는 의회의 요구가 없는 한, 의회출석 · 발언권을 갖지 못한다.

이상과 같은 것들은 대통령제의 본질적인 요소인 '독립성의 원리'로부터 나오는 당연한 제도적 징표들이다.

3. 대통령제의 장점 · 단점

3.1. 장점

- 행정부의 안정성 : 대통령이 의회의 신임여부와 관계없이 재직하므로(대통령의 임기확정) 행정부의 안정성과 권위유지(독립성의 원칙의 장점)[1)]
- 국회의 경솔방지 : 의회다수파의 횡포방지 가능(대통령의 법률안거부권행사 → 소수자 이익보호)
- 대통령의 기능상 독립
- 상호간의 견제와 균형(정부는 국회에 대하여 → 법률안거부권, 예산제출권, 명령제정권; 국회는 정부에 대하여 → 각종 동의권, 예산심의 · 의결권, 탄핵소추구권

3.2. 단점

- 대통령 독재화 : 대통령이 의회의 신임여부에 관계없이 재직하고 의회에 대하여 책임을 지지 아니하므로 대통령의 자의성 · 독재성의 위험(독립성의 원칙의 단점)
- 정치적 대립의 극대화 : 행정부와 의회가 대립하여 의회가 입법이나 예산을 의결하지 아니할 경우, 행정부의 기능마비 및 이로 인한 정국의 불안
- 입법능률의 저하
- 책임소재의 불분명 : 입법권과 사법권의 기능독립에 따른 책임소재 불분명
- 조정기관의 결여 : 신대통령제로의 전환가능성[2)]
- 국민의 정치적 참여의 저하 : 대통령제는 의원내각제에 비하여 정치적 훈련기회가 적다[3)]

4. 부통령제(미국, 우리나라 제1공화국)의 장 · 단점

대통령제하에서는 부통령제를 두는 것이 원칙이다. 대통령이 면직 · 사망 · 사임하는 경우에는 부통령이 대통령직을 계승한다.

---

1) 그러나 대통령 이외의 각료에 대해서는 의회의 위원회에서 청문회 등에 소환하여 증언을 듣고 그 행위를 심사한다. 이것은 특히 예산심사권행사에 있어서 행정부 감독의 중요 수단이 된다.
2) 구병삭, 신헌법원론, 800-801면; 同人, 헌법학 II, 110-113면.
3) 구병삭, 신헌법원론, 800-801면; 同人, 헌법학 II, 110-113면.

4.1. 부통령제를 두는 경우의 장 · 단점

부통령을 두는 경우의 장점으로는 대통령궐위 · 사고시 부통령의 권한대행에 따른 국가권력의 공백방지, 경험 있는 후속정치지도자의 양성, 대통령의 과중한 업무의 부담을 경감시키고, 지역간 계층간의 소외감 · 위화감을 감소시킬 수 있다는 장점이 있다. 단점으로는 부통령의 직은 평상시에는 閑職에 해당되므로 정부직제만 복잡하게 되고, 경우에 따라 대통령과의 강등 · 알력이 생길 수 있다는 점을 들고 있다.[1)]

4.2. 부통령제를 두지 않는 경우의 장 · 단점

장점으로는, 두는 경우의 단점이 없어진다. 단점으로는, 궐위시 민선 아닌 국무총리를 대통령 권한대행 제1순위자로 하기 때문에 민주적 정당성에 비추어 볼 때 다소 문제가 있다. 이 경우에는 오히려 국민의 직접선출에 의하여 탄생되어 국회의원의 자격을 가진 국회의장을 대통령 권한대행자로 함이 보다 민주적 정당성에 합치될 수도 있다.[1)]

III. 대통령제의 성립과 유형

1. 대통령제의 기원 - 대통령제의 유래와 그 사상적 배경 -

1.1. 영국헌정(의원내각제)의 역사적 교훈

의원내각제의 모체라고 할 수 있는 영국에서는 정치적 혼란기를 맞이하였을 때는 소수내각이 탄생하곤 하였는데 이러한 소수내각의 탄생은 바로 정부위기를 야기하였다. 의원내각제 정부형태에서 나타나는 정부위기는 영국의 전통교육을 받은 상류계급출신들로 구성된 55명의 미국헌법의 아버지들이 영국식 의원내각제를 기피하고 새로운 현태의 정부형태, 즉 대통령제를 채택하게 된 원인이 되기도 하였다. 즉 미국 연방헌법상의 정부형태에 지대한 영향을 미친 필라델피아(Philadelpia)헌법회의[2)3)]의 당시의 영국의 의원내각제는 정치적으로 볼 때 안정적으로 정착되지 않은 단계였다. 의회다수파의 지지를 받지 못한 피트(William Pitt)내각이 계속하여 소수내각으로 재임함으로써 야기된 정치적 혼란(1783

---

1) 구병삭, 신헌법원론, 802면; 구병삭, 헌법학 II, 113면.

1) 법제처, 헌법연구반보고서, 200면; 장석권, 미국의 대통령제도, 고시계(1984.4), 참조.

2) 1787년 5월 14일 필라델피아(Philadelphia)에서 이른바 헌법회의를 소집하여 약 4개월간 토의를 마친 후 동년 9월 17일에 초안을 완료하고 39명의 대표자가 서명함으로써 헌법회의는 종료하게 되었다.

3) 필라델피아 헌법회의에 참석한 55인의 미국연방헌법의 아버지들은 정치제도에 조예가 깊은 정치인 및 사업가 · 금융가 · 지주들로 구성되었었다.

년과 1784년)과 헤스팅즈(Warren Hastings) 장관을 상대로 한 탄핵소추(impeachment) 등과 같은 18세기말의 영국의 정치적 상황은 미국연방헌법의 아버지들에게는 영국식 정치제도, 즉 의원내각제정부형태에 대하여 일종의 의구심을 가질 수 밖에 없었던 것이다.[1] 결국 미국헌법의 아버지들은 의원내각제 정부형태에서 소수내각이 출현할 경우 이로 인하여 야기될 정치적 혼란, 그리고 미국이 연방국가라고 하는 특성으로 인하여, 의원내각제의 성공요소인 의회내에서의 '안정된 다수세력'의 형성이 어려울 것이라는 전망을 가지게 되었다. 이는 결국 영국적 정부형태인 의원내각제를 기피하고 '미국식 정부형태'를 창조하고자한 것이 바로 대통령제의 시원이라 할 수 있다.[2]

1.2. 유럽형군주제에 대한 반동과 공화정치의 확립

미국연방헌법의 아버지들이 대통령제를 그 정부형태로 채택한 또 다른 이면적 배경에는 유럽의 다른 전통군주제에 대한 저항감에서 비롯된 것이다. 즉 왕권신수설(the divine right of kings) 및 주권무오류 사상에 입각해서 '왕은 잘못을 저지를 수 없다(The king can do no wrong)'라고 하여 왕이 하는 일은 언제나 정당하다고 보는 유럽식의 전통적인 군주사상이 영국을 비롯하여 기타의 유럽대륙에서 전제군주와 제한군주제의 이념적 기초로 삼고 있었기 때문에 전통적인 군주사상을 탈피하여 神이 아닌 국민으로부터 그 권한을 부여받고 잘못된 권한행사에 대해서는 국민에 대하여 정치적 책임을 질 수 있는 정부형태를 마련해 보겠다는 생각이 대통령제를 탄생시킨 또 하나의 배경이라고 하겠다.[3]

[한태연 교수의 견해] : 황제의 대용물로서의 대통령제

위의 허영교수의 견해에 반하여 한태연 교수는 미국의 대통령제는 영국의 의원내각제에 대한 반동을 의미하는 것이 아니라 바로 18세기의 영국에 있어서의 조지 3세(George III) 치하의 제한군주제의 복사를 의미하는 것이었다.[4] 사실 근대국가의 공화제에 있어서는 대통령제에 있어서와 같은 국민에 의한 국가원수의 선출은 입헌군주제에 있어서의 그 군주의 代用을 의미했다. 따라서 이러한 경우에는 공화제에 있어서도 집행권이란 바로 군주 그 자체를 의미했다. 바로 그러한 까닭에 미국의 대통령제에 있어서는 그 대통령은 「아메리칸 군주(American Monarchy)를 의미했고, 바이마르 공화국의 경우에는 독일의 입헌군주제에 있어서의 그 代用物을 의미했고, 또한 프랑스 제5공화국의 경우에는 그 직선제의 대통령은 「비세습적 군주(un monarque nonhéréditaire), 또 한번의 Lois-Philppe과 Louis-Napoléon을 의미했다」고 한다.[5]

---

1) 허영, 한국헌법론, 723면.
2) 허영, 한국헌법론, 724면 참조.
3) 허영, 한국헌법론, 724면.
4) Edward S. Corwin, The President, Office, and Powers, 5 ed., (1957), p.19.

1.3. 자유주의 사상과 약한정부(제한정부; limited government)의 추구

미국은 필라델피아 헌법회의에서 다른 나라에서 그 원형을 찾아볼 수 없는 대통령제 정부형태를 채택하게 되었는데, 그 이유는 제한된 정부(약한정부; limited government)를 만드는 것이었다. 영본국의 압제에 염증을 느껴오던 그들은 강력한 중앙정부를 만들게 되면 이는 바로 영본국 대신에 중앙정부를 대체하는 결과밖에 안 된다는 것을 알고 있었다. 그리하여 그들은 제한된 정부만이 주정부의 독립성을 보장해 주고, 따라서 국민의 자유와 권리도 보장이 될 것이라고 믿었다. 제한정부(약한 정부; limited government)에의 열망을 충족시켜 주는 정치제도는 당시의 자유권만능의 정치사상과 일치되는 것이었으며, 영국의 정치사상가인 로크(J. Locke)와 프랑스의 정치사상가인 몽테스키외 등의 권력분립론이 미국연방헌법의 아버지들에게 영향을 주었다.[1] 또한 이러한 형태의 권력분립론은 이미 1780년의 매사추세츠주헌법에 가장 뚜렷하게 나타났다. 이리하여, 권력분립론은 미국연방헌법에서 그 결실을 맺었으며, 정부와 국회의 상호독립과 독립된 법원을 가진 대통령제 정부형태가 탄생되게 된 것이다. 결과적으로 미국헌법의 아버지들은 결과적으로 액톤(Acton)이 말한 '권력은 부패하게 마련이며, 절대적 권력은 절대적으로 부패한다(Power tends to corrupt and absolute power corrupts absolutely)'는 원칙을 그들의 헌법에 수용한 결과를 가져오게 되었다.

1.4. 연방제의 문제점을 타개하기 위한 방안으로서의 대통령제

1787년의 필라델피아헌법제정회의에 참석한 55명의 대표들은 영토가 광활하고 각주의 독립성이 강한데다 통일의 상징이어야 할 전통적 권위(군주)마저 존재하지 아니하는 상황에서 공화제를 대전제로 하였기 때문에 커다란 정치적 어려움에 봉착하였다. 그 중에서도 각주의 주권을 주장하는 주권파와 연방제를 주장하는 연방파의 대립은 심각한 것이었다. 그러나 이와 같은 양파의 대립과 논쟁으로부터 세계 최초의 연방국가가 탄생하고, 또 입헌적 권력분립과 전국적 통일정부라는 두 가지 요청을 동시에 만족시켜 주는 대통령제가 고안된 것이다.[2] 대통령제는 국민주권의 원리와 권력분립의 요청에 부응하는 것이면서 동시에 군주를 대신할 새로운 지도자를 창출할 수 있는 이상적인 정부제도였다.

---

5) 한태연외, 한국헌법사(하), 한국정신문화연구원, 1991, 53면 참조.

1) 허영, 한국헌법론, 724면.

2) 미국대통령제의 기원과 발전에 관해서는 특히 Rossiter, C., The American Presidency, 2nd ed., 1960(문창주 역, 미국대통령의 정치론, 법문사, 1973), 81-121면, Burns, J. M., Presidential Govenment, 1966(이여재 외 공역, 미국형대통령제, 법문사, 1983) 참조.

2. 대통령제의 전파과정과 유형

미국의 대통령제는 19세기부터 20세기에 걸쳐 민주주의를 지향하는 입헌국가들이 새로운 정부형태를 구성함에 있어서 영국의 의원내각제와 함께 정부형태의 모델이 되었다. 대통령제가 미국으로부터 타국에 전파된 경로는 크게 세 가지로 나누어진다.[1] 첫째, 스페인·포르투갈 등 유럽의 식민지지배로부터 독립한 라틴아메리카제국에 대통령제가 전파되었고, 둘째, 군주제국가로서 의원내각제에 대한 회의나 그 제도적 운영에 있어서 실패한 유럽 일부국가에 대통령제가 전파되었고, 셋째, 제2차대전 이후에 새롭게 독립한 신생독립국들인 아시아·아프리카제국에 전파된 것이다.[2] 라틴아메리카제국과 아시아·아프리카의 일부국가는 이민족에 의한 장기간의 식민지지배를 경험하였고, 권위주의에 대한 전통적인 종속성향과 함께 식민지생활로부터의 해방과 함께 형성된 민족적 자존심 내지는 민족주의적 성향이 결합하여 강력한 리더십을 가진 정치 지도자를 요구하였다. 와와 강이 이들 국가에서는 미국에서 수입된 대통령제도 결국 카리스마(Charisma)적 권위주의로 진행하는 특징을 가지고 있었다. 이러한 국가들의 대통령제는 일반적으로 뢰벤슈타인의 신대통령제(Neopräsidentialismus)[3]에 해당하는 것이다.[4]

유럽제국에 전파된 대통령제의 내용으로는 1848년의 프랑스 제2공화국·1919년의 독일 바이마르공화국[5]·스페인공화국을 들 수 있지만, 이들 국가에서의 대통령제는 모두 단명으로 끝나고 말았다. 오늘날 유럽에서 대통령제를 채택하고 있는 국가로서는 프랑스 제5공화국(De Gaulle체제)과 핀란드·아이슬란드·오스트리아 등을 들 수 있다. 그러나 이들 국가에서 볼 수 있는 유럽적 대통령제의 특징은 유럽에서의 전통적인 의회주의(Parlamentarismus)적 성향 때문에 순수한 대통령제를 채택하지 아니하고, 의원내각제와의 혼합형이 많다.[6]

---

1) 권영성, 헌법학원론, 775면.
2) 권영성, 헌법학원론, 775면.
3) 신대통령제에 대한 상세한 내용은 구병삭, 헌법학 II, 117면 이하; 구병삭, 신헌법원론, 804면.
4) 권영성, 헌법학원론, 775면.
5) 1919년의 독일 바이마르 공화국은 원칙적으로 의원내각제 정부형태로 보는 것이 바이마르공화국 당시의 공법학자들 및 그 이후의 독일 학자들의 통설적 견해이다. 다만 의원내각제를 채택하는 과정에서 과거의 입헌군주시대의 황제(Kaiser)의 대행자로서 대통령에 대한 역할을 기대했다는 점이 특이하다. 그 이유는 독일국민이 그들 역사상 최초의 공화국을 탄생시키는 과정에 있어서 독일 국민의 스스로의 민주적인 정치적 자각에 의한 것이 아니고, 제1차 세계대전에서 패한 결과 독일의 마지막황제 빌헬름2세가 1918년 말 홀란드로 망명을 한후, 1919년 8월11일 탄생된 일종의 강요된 민주공화국헌법이었다. 바이마르헌법의 아버지, 특히 후고 프로이쓰(Hugo Preuß)는 (미국의 대통령제와 같은) 대통령을 황제의 대행자로서의 역할을 수행하도록 하였다. 이에 따라 이를 대통령내각제(Präsidialkabinett)라고 부르는 학자도 있다.

결론적으로 미국의 대통령제를 모델로 하여 대통령제를 채택한 나라들도 대통령제 정부형태의 성격과 내용은 각 나라의 헌법에 따라 반드시 동일하지 아니하고 그 정치현실에서의 운영도 각기 다르게 나타나고 있다. 다시말하면 미국에서 전파된 대통령제도 각각 그 나라의 실정에 맞게 변형되어 헌법에 규정되었기 때문에 대통령제라 할지라도 미국형 대통령제로부터 권위주의적 대통령제에 해당하는 뢰벤슈타인의 이른바 신대통령제(Neopräsidentialismus), 혹은 독일의 폰 바이메(v. Beyme) · 프랑스의 뒤베르제가 주장한 소위 반대통령제(준대통령제)에 이르기까지 그 유형이 다양한 형태를 이루고 있다.[1]

IV. 각국에 있어서 대통령제의 양태(樣態)

1. 미국형대통령제

1.1. 개관

미연방헌법에 규정된 대통령제[2]의 내용은 다음과 같다. 대통령은 국민에 의하여 선출되는 명실상부한 행정부의 수반이고 4년마다 4단계의 절차를 거쳐 선출된다. 대통령은 각부장관을 자유로이 임면하여 그의 통치를 보좌하게 한다. 각부장관은 의원내각제의 각료들처럼 의회에 대하여 연대책임을 지는 합의체를 구성하지 아니한다. 행정부는 의회로부터 완전히 독립하여 있으며 대통령도 각부장관도 의원을 겸할 수 없다(겸직금지). 대통령은 의회에 대하여 책임을 지지 아니하고, 의회를 해산시킬 수도 없다. 대통령은 의회에 대하여 교서(message)의 형식으로 입법을 요청하고 의회가 의결한 법안에 대하여 거부권을 행사할 수 있을 뿐이며, 의회를 임시로 소집하고 특별한 경우에 폐회의 시기를 정할 수 있다. 이에 대하여 의회(상원)는 조약의 비준과 행정부 고위공무원의 임명에 대한 동의, 입법과 예산의 심의 그리고 하원에 의한 탄핵소추와 상원에 의한 탄핵심판을 통하여 대통령과 행정부공무원을 파면시킴으로써 대통령의 행정부를 견제할 수 있다. 또한 사법부의 우위가 유지되고 있으며, 연방대법원은 헌법해석에 관하여 독자적인 최종해석권을 가지고 있다.

---

6) 권영성, 헌법학원론, 776면.

1) 권영성, 헌법학원론, 776면.

2) 대통령중심제의 원형인 미국의 정부 형태는 1789년 미국 헌법이 제정된 이래 약 200년간의 헌정 과정에서 성숙되어 왔다. 원래 대통령중심제라는 명칭은 Bagehot가 Lincoln 대통령 당시인 1865년에 그의 저서 The English Constitution에서 처음으로 미국 정부 형태를 영국의 내각책임제와 구분하기 위하여 사용한 데서 시작되었다. 그 후 Wilson 대통령은 Bagehot의 용어를 반박하고 미국 정치 제도를 국회중심제(congressional government)라고 칭하기도 하였으나 결국 대통령제로 널리 알려졌다.

그러나 오늘날에는 행정부의 강화라는 시대적 요청에 따라 대통령의 지도력확대와 더불어 행정부의 권한이 강화되고 있다.[1]

1.2. 대통령의 임기와 선거절차

대통령의 임기는 4년이며, 1947년에 대통령의 3선 금지가 성문화되었다. 대통령에 입후보할 자격은 35세 이상의, 미국에서 출생한 미국시민으로서 미국에 14년 이상 거주한자라야 하며, 선거는 형식상으로나 제도상으로나 대통령선거인단, 어떤 주에서는 단순 다수를 획득한 대통령 후보가 그 주의 모든 선거인표를 받도록 되어 있다(승자일괄득표제; Winner takes all방식). 그러나 여기에는 예외도 있었고 또 선거인이 그 주에서 선출된 대통령 후보에게 투표를 해야 한다는 헌법적 구속도 없다. 대통령 선거는 4년마다 11월의 제1 월요일(첫 월요일) 다음의 화요일에, 그리고 선거인단에 의한 투표는 12월에 시행되며, 과반수를 얻은 대통령, 부통령 후보가 당선자가 된다. 과반수를 얻은 투표자가 없는 경우에는 상위자 3명 중에서 하원이 대통령을 선출한다. 미국에서는 양대(민주 · 공화)정당제도가 허물어지지 않는 한 일반투표에서 과반수를 얻은당의 후보자가 선거인투표에서 압도적 다수를 얻어 당선되는 경우가 대부분이며, 따라서 12월의 선거인단에 의한 투표를 기다릴 것도 없이 11월의 일반투표에 의하여 사실상 결정된다.[2]

부통령은 상원이 상위자 2명의 후보 중에서 선출한다. 이때 하원에서는 각주가 1표, 상원에서는 각 의원이 1표를 행사한다.

[미국에서의 대통령 선거절차][3][4]

미국에서 대통령을 선거하는 절차는 다음과 같다. 대통령 선거의 실제과정은 전당대회에서의 지명획득과 그 후의 대통령 선거전으로 나누어진다. 대통령선출절차는 ① 각주별로 양당(민주당 · 공화당)의 전당대회에 파견할 대의원선출, ② 양당(민주당 · 공화당)의 전당대회에서 각 정당의 대통령후보자지명,[5] ③ 국민에 의한 대통령선거인단선출, ④ 대통령선거인단에 의한 대통령선출이라는 4단계로 진행된다. 제1단계에서는 공화 · 민주 양당이 각 주에서 실시하는 대의원을 선출한다. 공화 · 민주 양당의 대의원선출방식에는 예비선거(primary election)와 당원집회(caucus)의 두 종류가 있다. 예비선거에서는 당원들의 직접투표에 의하여 대의원을 선출하고, 당원집회에서는 사전에 선출된 유력당원이 모여

1) 권영성, 헌법학원론, 777면.
2) 구병삭, 헌법학 II, 162면.
3) 이하 권영성, 헌법학원론, 776면 각주 1) 참조.
4) 김계환, 헌법학정해, 920면 이하 참조.
5) 이는 1832년 정당의 전국대회에서 후보자를 지명하는 제도로 바뀌었다(구병삭, 헌법학 II, 159면).

협의와 투표로써 대의원을 선출한다. 제2단계에서는 전당대회에서 당대통령후보를 지명한다. 양당은, 각주에서 선출된 대의원이 모여 당의 정·부통령후보를 지명하는 전당대회를 개최한다. 대통령후보지명은 대회 3일째에 대의원투표로써 행해지며 과반수를 획득한 자가 후보로 결정된다.[1] 지명과정에서 후보자에게 가장 중요한 것은 당대회, 주 대의원의 획득인데, 대통령 선거전에서는 인구가 많은 주, 따라서 선거인표가 많은 중요한 주를 장악하는 것이 중요하다. 선거인표는 주 단위로 되어 있고, 그 주에서 선출되는 연방의회의 상·하 양원 의원의 합계와 같은 수가 되는 것이므로 인구가 많은 주에서 지지를 받지 못하면 선거인단에서 과반수를 얻기는 거의 불가능하다. 따라서 대통령 후보는 그러한 중요주를 대상으로 집중적으로 선거전을 전개하게 되며, 또 동일한 이유로 중요 주 출신 대통령 후보가 많다. 부통령후보는 대통령후보선거에 이어 지명절차를 밟는다.[2] 제3단계에서는 선거인선거가 이루어진다. 미국의 대통령선거는 일반유권자가 각주에 할당된 선거인을 선출하고, 그 선거인이 다시 대통령을 선출하는 간접선거제이다.[3] 전당대회에서 정식으로 지명을 획득한 각당의 정·부통령후보는 선거인선거를 실시하게 된다. 미연방헌법은 선거인선거를 11월의 제1일 월요일(첫 월요일) 다음에 오는 화요일에 실시하도록 규정하고 있다. 선거인은 자신이 어느 후보를 지지하는가를 미리 밝히고 개인의 독자적 의사에 따라 투표하는 것이 아니라 일반투표의 결과에 따라 기계적(자동적)으로 투표하여야 한다는 전통적 원칙이 확립되어 있기 때문에, 미국의 대통령선거는 사실상 직접선거제이다.[4] 각주의 선거인은 그 주의 상·하원 의원수와 동수로 선출된다. 선거인선거는 연방단위가 아니라 각 州단위로 개표를 진행하며, 한 주에서 1표라도 표를 더 많이 획득한 후보가 그 주의 선거인단표 전체를 독점한다(승자일괄득표제; Winner takes all방식).[5] 현재 대통령선거인 총수는 콜럼비아 특별구(워싱턴 DC; District of Columbia)의 3인[6]을 포함하여 538명이며,[7] 대통령과 부통령에 당선되려면 과반수선인 270명 이상의 선거인을 확보하여야 한다.[8] 이와함께 실질적인 대통령선거결과는 결정되게 된다.[9] 제4단계에서는 선출된 선거인들이 12월 둘째 수요일의 다음 월요일에 형식상 각주의 州都에서 정·부통령선출을 위한 투표를 실시한다.[10]

---

1) 구병삭, 헌법학 II, 159면.

2) 부통령도 대통령과 동시에 같은 방법으로 선임된다. 부통령은 상원의장으로서의 지위와 권한을 가질뿐이며, 평소에는 별 중요한 역할을 하지 아니한다. 다만 대통령이 사망하거나 퇴임하는 경우 그 직을 승계(닉슨대통령 퇴임후 그 직을 승계한 포드 대통령)한다(구병삭, 헌법학 II, 159면 각주 3) 참조).

3) 김계환, 헌법학정해, 921면.

4) 김계환, 헌법학정해, 921면.

5) 김계환, 헌법학정해, 921면.

6) 콜롬비아 특별구(District of Columbia)에 새로 3명을 할당하는 것은 수정헌법 제23조(1961년)에 의한 것이다(구병삭, 헌법학 II, 160면).

7) 구병삭, 헌법학 II, 160면.

8) 구병삭, 헌법학 II, 160면.

9) 구병삭, 헌법학 II, 162면.

1.3. 대통령의 권한

대통령은 법률을 성실하게 집행하도록 배려하는 행정부의 최고 책임자이며, 방대한 연방관료제를 관리한다. 행정 각 부의 장관은 대통령의 내각을 구성하지만 그것은 보좌기관에 불과하고 집합체로서 연대책임을 지지 않는다.

대통령의 국가원수로서의 권한을 가지며 형의 집행연기와 사면권을 행사한다. 그리고 입법과정에 있어서는 연방의회에 대하여 교서 등의 형식으로 실질적인 법안을 제시하는 권한과 법률안에 대한 거부권(통상거부 및 보류거부)을 갖는다. 대통령의 외교적 권한에 있어서, 조약의 제안·교섭·체결, 협정은 상원의 조언과 승인을 필요로 하지만, 행정협정은 상원의 조언이나 승인을 필요로 하지 않는다. 대통령은 대사 등 외교사절의 임명과, 외국의 외교사절을 접수할 권한을 가지며, 외국정부에 대한 승인을 포함한 모든 외교관계의 유지 및 교섭의 회로가 된다. 대통령은 평시 또는 전시의 군대 및 합중국 현역에 소집된 각 주의 민병에 대한 최고사령관이 된다.

1.4. 국회와의 관계

미국 헌법은 "입법권은 의회에 속한다(제1조)"라고 규정하고 있고, 다른 한편 행정부는 의회의 신임여부에 관계없이 강력한 대통령의 통솔을 받도록 하였다. 그러나 대통령은 의회 해산권은 물론 법률발언권도 없고, 각료는 의원을 겸할 수 없고 의회에 출석하여 토론할 권한도 인정하지 않고 있다. 그러나 대통령은 다음과 같이 의회에 영향력을 행사할 수 있다.

첫째, 대통령은 거부권을 가졌다. 상하 양원을 통관한 법률안은 대통령에게 송부되며, 대통령이 승인 서명함으로써 법률로서 효력이 발생된다. 대통령의 거부에는 두 가지 방법이 있는데, '통상의 거부(regular veto)'는 법안이 대통령에게 송부된지 10일 이내에 이의를 첨부하여 발의한 의원에 환송하는 것이다. 10일 이내(일요일은 제외)에 환송하지 않을 때에는 그 법률안은 대통령의 서명을 받았을 경우와 동일하게 간주된다.

'포켓거부(pocket veto)'는 법안이 대통령에게 제출된 후 10일 이내에 의회가 폐회할 경우에, 대통령이 서명하지 않으면 그 법률안은 자동적으로 폐기되는데 폐회 중에는 환부가 불가능하기 때문이다. 이 방법은 대통령이 의회에 대해서 직접 도전하는 형태가 아니고 자연스럽게 폐기시킬 수 있는 방법이라는 장점이 있다. 통상의 거부가 행사되는 경우에는 각 원이 각각 2/3이 다수결로 재의결(override)하면 법률로서 효력을 발생시킬 수 있다.

둘째, 대통령은 그가 채택하고 싶은 정책을 의회가 심의해 줄 것을 요구할 수 있는 바

---

10) 권영성, 헌법학원론, 776면 각주 1) 참조; 미국의 대통령선거에 관하여 자세한 것은 Rossiter, C., The American Presidency, 2nd ed., 1960, 문창주 역, 미국대통령의 정치론, 법문사, 1973.

의회에 송부하는 대통령교서가 좋은 예다. 대통령의 교서(message)는 의장에 의하여 관계 위원회에 회부되며, 위원장에 의한 법안형태로 제출되거나 혹은 관계 부처가 기초한 법안이 여당의원을 통하여 제출된다. 법안이 상정되면, 대통령이 양원의 유력 의원과 절충해서 그 협조를 구하거나, 혹은 관계 부처의 장관이나 고위 관리가 위원회의 공청회에 출석해서 그 법안의 필요성에 대해 증언하는 등 법안의 심의과정에서 적극적인 역할을 한다. 또한 대통령은 수시로 연방상황에 대하여 의회에 정보를 제공하는 가운데 입법과정에 영향을 줄 수 있는 바, 최초에는 구두로 하였으나 제3대 대통령 제퍼슨(Jefferson)이래 문서로 하는 것이 관례로 되었다. 이와 같이 대통령의 정책적 의사에 따라 입안되고 추진되는 중요 법안의 비중이 높아진 것이 근래의 경향이라 할 수 있다.

셋째, 대통령은 연방의 양원 중 어느 일 원에 대하여 임시회를 소집할 수 있는 권한이 있다.

넷째, 입법에 있어서 대통령의 실질적 권한의 증대로서 의회의 위임에 의한 입법을 간과할 수 없다. 대통령은 행정권을 행사할 목적으로 명령을 발할 수 있는데 특히 제1차 세계대전 이후 법률에 의해 부여된 권한을 바탕으로 명령을 발하는 것이 빈번해 졌다.

2. 신대통령제

2.1. 신대통령제의 권위주의

신대통령제(neopresidential system; Neopräsidentialismus)[1]는 비록 대통령제라는 명칭을 가지고 있지만 미국형대통령제와는 무관한 권위주의적 정부형태이다. 신대통령제에서는 헌법상 국가원수인 동시에 행정부수반인 대통령이 의회나 사법부에 대하여 절대적으로 우월한 지위에 있다. 이 체제하에서는 어떠한 국가기관도 대통령의 헌법규정상의 또는 사실상의 권력독점에 도전한다든지 대항하거나 그 권력행사를 견제하는 것은 일체 용납하지 않는 권위주의적 통치유형이다.[2]

[뢰벤슈타인의 견해]

뢰벤슈타인에 의하면, 신대통령제에서는 (ㄱ) 권력분립의 원리가 채택되어 있지만 단지 부분적·불균형적으로 채택되어 있고, (ㄴ) 대통령의 권력행사에 대한 통제와 그 권력남용을 방지하기 위한 제도적 장치가 마련되어 있지 않거나, 마련되어 있는 경우에도 실효성이 없는 것이 특징이라고 한다.[3]

---

1) 구병삭, 헌법학 II, 117-124면 참조.

2) K. Löwenstein, The Presidency outside the United States : A Study in Comparative Political Institutions, Journal of Politics XI(1949), pp. 447-487; 이하; K. Löwenstein, 김기범역, 현대헌법론, 76-80면 참조; 구병삭, 헌법학 II, 118면; 김계환, 헌법학정해, 923면.

신대통령제에서는 의회와 내각은 물론이고 명목상 독립적 지위를 가진 사법부까지도 대통령에 대하여 종속적 지위에 있다. 요컨대 신대통령제는 사이비입헌주의 · 사이비민주주의로써 폭력적 지배를 은폐하기 위한 제도라고 한다.[1)2)]

2.2. 신대통령제국가

신대통령제는 민주주의적 정통성의 매력 때문에 라틴아메리카에서도 일시 인기가 있었다. 1935년의 폴란드의 필수츠키(Pilsudski)대통령체제, 1949년 페론헌법, 이집트의 낫세르(Nasser)헌법(1956년), 월남의 고 딘 디엠(Ngo Dinh Diem)헌법(1956년), 파키스탄 헌법(1956년), 필리핀의 마르크스체제, 아르헨티나의 페론체제, 한국의 이승만 · 박정희 · 전두환 통치등을 들 수 있다.[3)]

3. 半大統領制(準大統領制)

반대통령제 내지 준대통령제(das semi-präsidentielle System)라는 개념은 바이메(von Beyme) · 뒤베르제(Duverger) · 벨로프(M. Beloff)[4)]등에 의하여 사용되고 있으나 그 내용이 일정하거나 명확하지 않다.[5)]

[바이메의 견해]

바이메(von Beyme)에 의하면, 반대통령제는 <u>공화국에 전제군주제의 기능을 도입한 것</u>이라고 한다. 그는 「반대통령제에 있어서 대통령은 ① 모든 것을 지배하는 지위에 있고, ② 군주제국가의 군주와 같이 대권(prerogative)을 행사하며, ③ 국민에 의한 직선이 아니라 간선제로 선출되고, ④ 그 지위의 장기성 · 불가침성 · 무책임성을 특징으로 한다」라고 한다. 반대통령제하에서는 의회의 지위와 권한이 약화되어 있는 대신 행정부의 안정성과 능률성이 확보된다고 하고, 라틴아메리카의 몇몇 국가, 프랑스 제2 · 제5공화국을 그 예로 들고 있다.[6)]

---

3) 김계환, 헌법학정해, 923면.

1) 권영성, 헌법학원론, 778면.

2) 김계환, 헌법학정해, 923면; 건영성, 772면; 뢰벤슈타인은 나폴레옹의 권위주의체제의 현대적 형태가 新大統領制라고 하면서, 그 예로 1935년의 폴란드의 필수츠키(Pilsudski)대통령 체제, 이집트의 낫세르(Nasser)체제, 월남의 고디엠(Ngo Diem)체제, 한국의 이승만 정부를 들고 있다.

3) 김계환, 헌법학정해, 924면.

4) M. Beloff, Das Semi-Präsidentielle System, The Separation of Powers in the Constitution of the 5th Republic, Parliamentary Affairs, 1958/59, p.43.

5) 그러나 바이메(von Beyme)의 반대통령제는 신대통령제의 범주에 드는 것인 듯 하고, 뒤베르제(Duverger)의 반대통령제는 이원행정부제의 범주에 해당하는 것으로 보인다(권영성, 헌법학원론, 778면).

[뒤베르제의 견해]

뒤베르제(Duverger)에 의하면, 반대통령제는 대통령제보다는 의원내각제의 성격을 더 많이 가지고 있으며 행정권의 구조가 이원화되어 있다고 한다.[1] 행정부는 국가원수인 대통령과 수상을 정점으로 하는 내각으로 구성된다. 의회는 불신임투표로써 내각수반인 수상을 전각료와 더불어 사임하게 할 수 있으나, 대통령에 대한 불신임은 불가능하다. 이에 반하여 대통령은 의회를 해산할 권한을 가지며, 이로써 행정부는 의회에 대하여 영향력을 행사할 수 있다. 반대통령제의 예는 드물지만 1919년 독일 바이마르공화국 · 1958-1962년의 프랑스 · 오스트리아 · 핀란드 · 아이슬란드 · 아일랜드 등의 정부형태가 그에 해당한다고 한다.[2]

반대통령제는 국가원수가 간접선거로 선출되고 의원내각제의 대통령이 보유하는 권한 이상의 권한을 가지고 있는 것이 특징이다.[3] 그러나 내각은 의회의 불신임투표로써 전복될 수 있다. 반대통령제에서도 대통령의 헌법상의 권한은 반드시 동일하지 않으며 수상임면권 · 하원해산권 · 법률안제출권 · 법률안거부권 · 국민투표부의권 · 긴급입법권 · 외교권 · 헌법법원구성권 중 몇 가지 권한들을 행사할 수 있다.[4] 결국 반대통령제라는 것은 권위주의적 대통령제의 일종일 뿐이다.[5]

---

6) K. v. Beyme, Das präsidentielle Regierungssystem, Karlsruhe 1969, SS. 8-26, 61 ff.

1) M. Duverger, Institutions politiques et droit constitutionnel(김병규 역, 정치제도와 헌법), 158-159면; 김계환, 헌법학정해, 1997, 924면.

2) 바이마르공화국이나 프랑스제5공화국헌법과 같이 대통령제의 요소와 의원내각제의 요소가 결합된 정부형태를 무엇으로 명명할 것인가에 관해서는 견해가 일치하고 있지 아니하다. 때로는 반대통령제(M. Duverger), 부진정의원내각제, 이원정부제(die zweigeteilte Exekutive) 혹은 제한적 의원내각제 혹은 신대통령제(뢰벤슈타인) 등 다양한 명칭으로 불리고 있다.

3) 권영성, 헌법학원론, 779면.

4) M. Duverger, Institutions politiques et droit constitutionnel(김병규 역, 정치제도와 헌법, 제1권), 267면 이하 참조.

5) 권영성, 헌법학원론, 779면.

제 3 항 의원내각제와 대통령제의 비교

I. 양정부형태의 공통점

양 정부형태의 역사적 배경은 입헌주의의 완성단계이고, 그 이론적 기반은 자유주의와 시민적 민주주의이며, 그 헌법적 조건은 의회주의와 법치주의이고, 그 제도적 전제는 권력분립제와 대의제이다. 그러므로 양 정부형태는 자본주의국가에서만 채택이 가능하고 사회주의국가에서는 채택되지 아니한다.

II. 양정부형태의 차이점

첫째, 의원내각제는 권력분립이 완화되어 입법부와 행정부가 상호의존의 원리에 의하여 구율되지만, 대통령제는 권력분립이 엄격하여 상호독립의 원리가 지배한다. 둘째, 의원내각제에서는 행정부가 명목상의 국가원수인 대통령(군주)과 실질적 행정부인 내각의 두 기구로 구성되는 이원적 구조를 가지지만, 대통령제의 행정부는 그 구조가 일원적이다. 셋째, 의원내각제에서는 행정부가 이원적으로 구성되어 있고 집행권력이 분산되어 있으므로 내각불신임과 같은 수상에 대한 정치적 책임추궁이 용이하나, 대통령제에서는 행정부가 일원적으로 구성되어 있고 집행권력이 대통령 1인에게 집중되어 있으므로 대통령의 임기중에는 대통령불신임과 같은 정치적 책임추궁이 곤란하다. 넷째, 대통령제가 의원내각제와 본질적으로 구별되는 것은 의회가 내각을 불신임할 수 없다는 점과 행정부가 의회를 해산시킬 수 없다는 점이다.

III. 양정부형태구별의 상대화

그러나 의원내각제와 대통령제의 이상과 같은 차이가 오늘날에는 애매한 것이 되어 가고 있다. 특히 제2차대전 이후의 신생독립국가들의 헌법을 보면 거기에 규정된 통치구조는 대통령제나 의원내각제 등 전통적인 정부형태와는 거리가 먼 것들이다. 양자를 혼합한 것으로 의원내각제라 할 수도 없고 대통령제라고도 할 수 없는 정부형태를 규정하고 있다.

이와 같이 의원내각제와 대통령제의 식별기준이 된 구조적 원인들이 오늘날에는 여러

나라에서 다양한 예외들을 보여주고 있기 때문에, 비교헌법학적 관점에서 정부형태를 재분류한다면 두 가지 방법이 가능하다. 종래의 전통적 분류를 고수하는 방법과 예외적인 정부형태들을 제3유형의 정부형태(혼합형 · 절충형 · 중간형)로 유형화하는 방법이 그것이다. 이 경우 제3유형의 정부형태는 다시 의회정부제 · 신대통령제 · 반대통령제 · 2원집정부제 · 제3세계국가의정부형태 · 혼합형정부형태(전제적 혼합정부형태와 민주적 혼합정부형태) 또는 절충형정부형태[1] 등으로 세분할 수 있을 것이다.

논점	의원내각제	대통령제
정부의 구조	행정부의 이원적 구조(국가원수와 내각으로 구성)	행정부의 일원적 구조(대통령이 국가원수인 동시에 행정부의 수반)
의회 · 내각의 성립 · 존속관계	· 상호의존관계(완화된 권력분립) → 국회와 내각의 일원화(Verfassungsmonismus)현상 · 국가원수는 의회간선(일반적) · 내각의 성립 · 존속의 의회의존(의회에 대한 책임) · 무기평등의 원칙(의회의 내각불신임권 · 내각의 의회해산권)	· 독립관계 · 대통령은 국민직선(일반적) · 정부는 대통령이 독자적으로 구성 · 대통령의 의회에 대한 정치적 무책임(탄핵제외) · 무기평등의 원칙 부존재(의회의 내각불신임 불인정 · 내각의 의회해산권 불인정)
의회 · 내각의 기능상의 관계	· 공화 · 협조관계 · 의원과 각료의 겸직허용 · 정부의 법률안제출권	· 상호독립관계 · 의원과 각료의 겸직불허 · 정부의 법률안제출권의 원칙적 부정

1) 법제처 발간(1980. 3)의 헌법연구반보고서(222면 이하)에 따르면, 절충형정부형태는 대통령제적 정부형태의 요소와 내각책임제적 정부형태의 요소가 가미된 정부형태로서, 내각책임제에 대통령제의 요소가 가미된 제1절충형과 대통령제에 내각책임제적 요소가 강하게 가미된 제2절충형 그리고 대통령제에 내각책임제적 요소가 다소 가미된 제3절충형으로 분류되고 있다.

제 4 항 제3유형의 정부형태

I. 이원정부제(이원집행부제)

1. 이원정부제(이원집행부제)의 개념

이원정부제(die zweigeteilte Exekutive, die bipolare Exekutive, double executive)라 함은 행정부가 대통령과 내각의 두 기구로 구성되고 대통령과 내각이 각기 집행에 관한 실질적 권한을 나누어 가지는 정부제도를 의미하는 것으로, 대통령제의 요소와 의원내각제의 요소가 혼합되어 있는 혼합형 내지 절충형 정부형태라고 할 수 있다.[1)]

---

1) 이원행정부제에 관한 개념규정은 논자에 따라 각양각색으로 행해지고 있다. 예컨대, (1) 김철수 교수는「이원정부제란 의원내각제의 요소와 대통령제의 요소를 결합하여 가지고 있는 제도를 말한다. 이원정부란 원칙적으로 위기에 있어서는 대통령이 행정권을 전적으로 행사하나, 평상시에 있어서는 내각수상이 행정권을 행사하며 하원에 대하여 책임을 지는 의원내각제형식으로 운영되는 것을 말한다. 이 제도는 프랑스의 듀베르제(Duverger)에 의하여 준대통령제(semi-presidentialism)라고도 명명 되었으며, 독일의 바이메(von Beyme)도 이를 준대통령제라고 하고 있다. 이 제도는 Austria · Finland · Weimar독일 등에서 발달된 제도로서 대통령제와 의원내각제의 혼합형태인 점에 특색이 있다. 이 제도의 현대적 유형으로는 France 제5공화국을 들 수 있을 것이다」라고 하고 있다(김철수, 헌법학(중), 77-78면). (2) 성낙인 교수(프랑스헌법학, 338-339면)는「반대통령제(이원정부제)는 다음 두 가지 요소를 내포한다. 첫째, 대통령은 국민의 직선에 의해 선출되며 또한 그 자신의 고유한 권한을 갖는다. 둘째, 수상이 이끄는 정부는 국민의 대표인 의회 앞에 책임을 진다. … 반대통령제 전반을 살펴보건대, 대통령제적인 요소보다는 오히려 의회제적인 요소를 더 많이 함축하고 있다. 의회제의 본질적 요소인 집행부의 이원화 수상을 비롯한 정부의 의회 앞에 지는 정치적 책임, 집행부의 의회해산제도 등을 들 수 있다. … 반대통령제하의 국가원수는 … 프랑스의 경우 국민투표회부권, 관계각료의 부서(contreseing)가 없는 국회해산권 및 비상대권을 향유한다. 위와 같은 준거하에 바이마르 공화국(1919-1933), 핀란드(1919년 이후), 오스트리아(1929년 이후) 아일랜드(1937년 이후), 아이슬란드(1945년 이후), 프랑스(1962년 이후) 및 포르투갈(1976년 이후)을 반대통령제 헌법부류로 들고 있다」고 하고 있다. (3) 윤명선 교수(헌법체계론(II), 1996, 91면)는「2원정부제라 함은 의원내각제와 대통령제의 본질적 요소를 결합시키면서 집행권을 대통령과 수상-내각-에게 배분하는 정부형태를 말한다. 즉, 평상시에는 수상이 행정권을 행사하고 의회에 대하여 책임을 지는 의원내각제적으로 운영되고, 위기시에는 대통령이 국가긴급권을 발동함으로써 행정권을 전적으로 장악 · 행사하여 대통령제적으로 운영되는 정부형태이다. 이와 같이 대통령과 내각-수상-이 모두 실질적 권한을 가지고 있는 것이 그 제도적 특징이다. 이는 오스트리아 · 핀란드 · 바이마르공화국 등에서 채택되었고, 현재는 프랑스 제5공화국이 이를 채택하고 있다」라고 하고 있다. (4) 한태연 교수(헌법과 정치체제, 법문

이러한 이원정부제(이원행정부제)는 논자에 따라 반대통령제 · 준대통령제 · 이원정부제 · 이원집정부제 · 혼합정부형태 · 권력분산형대통령제 · 권력분산형의원내각제 · 이원집행권제 · 이원적 의회주의 · 이원적 의원내각제 · 대통령제적 의회주의 · 의회주의적 대통령제 · 반의원내각제 · 반의회제 · 이원적 정부제 · 절름발이 의원내각제(hinkende Regierung) · 혼합형의원내각제 · 부진정의원내각제 등으로 불려지기도 한다. 사실 이원정부제(이원행정부제)는 대통령제의 요소와 의원내각제의 요소를 혼합한 절충형정부형태이기 때문에 위에 열거한 명칭들은 그 모두가 나름대로의 근거를 가지는 것이다.

뢰벤슈타인(K. Loewenstein)조차도 프랑스 제5공화정의 정부형태를 '신대통령제'로 명명하기도 하고 '제어된 의원내각제'라 칭하기도 하고 '양분된 행정부제/이원정부제(Die zweigeteilte Exekutive)'라 규정하기도 하였다. 그것은 프랑스 제5공화정의 정부체제가 대통령제의 요소와 의원내각제의 요소를 혼합한 것일 뿐 아니라 신대통령제의 요소(대통령의 긴급조치권과 국민의회해산권 등)까지 가미하고 있기 때문이다. 따라서 그것은 관점에 따라 반대통령제라 할 수도 있고 반의원내각제라 할 수도 있으며 혼합형 · 절충형정부형태 또는 권력분산형정부형태라고도 할 수 있는 것이다.

권영성 교수는 뢰벤슈타인(Loewenstein)의 die zweigeteilte Exekutive라는 명명을 따른다면 그것은 이원정부제(이원행정부제)로 번역하는 것이 가장 정확한 표현이라고 한다.

> 저자는 이원정부제라 칭한다. 이원집정부제라고 칭하는 견해도 있는데, 원칙적으로 집정부제는 Direktorialregierung을 의미하는 것으로 스위스의 정부형태를 의미한다. 따라서 정확하게는 이원집정부제라는 용어를 피하고 이원정부제라는 용어를 사용해야 할 것이나, 이원집정부제라는 명칭을 이원정부제와 혼용하여 (잘못) 사용하는 학자들도 있으므로 독자는 용어사용 방법에 집착할 필요없이 이원정부제와 이원집정부제라는 용어는 같은 의미로 이해해도 될 것이다.

사, 1987, 222면)는 「이원적 집행권제는 또한 의원내각 제적 요소와 대통령제적 요소가 동일하게 그 제도의 본질적 요소를 이루고 있다는 의미에서 그것은 뒤베르제의 이른바 반대통령제, 반의원내각제를 의미하고 있다. 그러나 반대통령제, 반의원 내각제는 또한 대통령제적 요소와 의원내각제적 요소가 다같이 그 제도의 결정적 요소가 되지 않고 있다는 의미에서 그것은 로베르의 이른바 비대통령제, 비의원내각제를 의미하고 있다. 사실 … 이 정치체제야말로 대통령제에도 의원내각제에도 해당하지 않는 제3의 정부형태를 의미하지 않을 수 없으며, 그러한 의미에서 그것은 대통령제와 의원내각제와의 「고전적 구별에 있어서의 십자로」를 의미하지 않을 수 없다」라고 하고 있다. (5) 허영 교수(한국헌법론, 742면)는 절름발이 · 혼합형 · 부진정의원내각제라고 하고 있다.

2. 이원(행)정부제의 구조적 원리

2.1. 행정부의 이원적 구조

이원(행)정부제에 있어서는 행정부가 대통령과 내각의 두 기구로 구성되는 이원적 구조임을 특색으로 한다. 대통령은 국민에 의하여 직접 선출되고 내각의 수상은 원내다수당의 지도자가 선출된다.

2.2. 행정에 관한 권한의 분할행사

이원(행)정부제에 있어서는 대통령도 수상도 각기 집행에 관한 실질적인 고유권한을 보유하고 행사한다. 대체로 대통령은 외교 · 국방 등 국가안보에 관한 사항을 관장하고 국가긴급권을 보유하는데 대하여, 수상은 법률의 집행권과 그 밖의 일반행정에 관한 사항을 관장한다.

2.3. 대통령의 의회해산권과 의회의 내각불신임권

이원행정부제에 있어서 대통령은 수상임면권과 의회해산권 등을 행사할 수 있는 반면에, 의회는 수상의 내각에 대해서만 불신임결의를 할 수 있고 대통령에 대해서는 불신임결의를 할 수 없다.

3. 이원(행)정부제의 채택배경과 제도적 내용

3.1. 채택배경

이원(행)정부제는 지배적 정치세력이 형성되지 아니하고 다원적 정치세력들 간에 권력배분에 관한 합의가 이루어지지 아니함으로써 복수의 정치세력이 권력적 균형을 유지하기 위하여 정치권력을 분점하려고 할 경우라든가, 대통령제에도 실패하고 의원내각제에도 실패한 국가에서 두 가지 정부형태의 장점 내지 긍정적인 측면만을 살려보려는 정치적 시도를 하는 경우에 채택되는 정부형태라고 할 수 있다.

3.2. 제도적 내용

이원행정부제는 독일 바이마르공화국헌법, 프랑스 제5공화정헌법, 오스트리아헌법, 포르투갈헌법, 핀란드헌법 등이 채택하고 있는 정부형태라고 할 수 있다. 이들 정부형태에서 볼 수 있는 공통점은 행정부가 대통령과 내각의 두 기구로 구성되는 이원적 구조라는 점과 집행에 관한 권한을 대통령과 내각이 나누어 가지고 있다는 점이다. 이 경우 대통령은 (ㄱ) 국민에 의하여 직선되고(핀란드의 경우는 선거인단이 선거), (ㄴ) 선전포고 · 강화 · 조약의 체결 · 외교사절의 신임접수 등 외교에 관한 권한을 가지며, (ㄷ) 군의 최고통수권(군령권)

자이고, (ㄹ) 수상의 임면권을 가지며, (ㅁ) 국가긴급권(비상대권)을 행사하고, (ㅂ) 사면권을 행사하며, (ㅅ) 의회를 해산시킬 수 있는 권한을 가진다. 수상과 각료로써 구성되는 내각은 (ㄱ) 일반행정에 관한 권한과, (ㄴ) 법률집행권을 보유하며, (ㄷ) 의회에 대하여 책임을 지고 의회의 불신임결의가 있으면 퇴진한다.

4. 이원(행)정부제의 운용실태

이원(행)정부제는 프랑스 제5공화정에서처럼 비교적 성공적으로 운영되고 있는 경우도 없지 않으나, 제3세계국가들의 경우처럼 프랑스와는 상이한 정치적 전통과 정치문화를 가진 국가인 경우에는 성공하기보다는 오히려 실패할 가능성이 농후한 정부형태이다. 특히 다원적 정치세력간에 타협과 서로 양보하는 정신이 희박하고 대통령과 수상의 내각이 소속정당을 달리할 경우에는 권력투쟁과 권한분쟁으로 대통령과 내각간의 불화와 정치적 갈등이 만성화하여 정쟁이 빈발하고 정국의 불안정을 초래할 수 있다. 이러한 권력투쟁과 권한분쟁을 예방하기 위해서는 관할사항에 관한 상세하고 명확한 명문규정을 두지 않으면 아니 된다. 위의 경우와는 반대로 대통령과 수상의 내각이 동일한 정당소속일 경우에는 권력의 집중과 전횡으로 말미암아 독재화할 위험성을 안고 있는 정부형태라 할 수 있다. 따라서 정치적 · 경제적 난국을 타개할 필요성이 있든가 분단국가에 있어서 국론통일이 불가피한 국가적 상황에서는 이원행정부제가 결코 바람직한 정부형태라고 할 수 없다.

II. 의회정부제

1. 의회정부제의 개념

의회정부제(convention government) 또는 회의제가 어떠한 정부형태인가에 관하여는 학설이 구구하지만, 대체로 행정부에 대한 의회의 절대적 우위로 특징지어지는 정부형태로 보고 있다. 의회정부제에서는 행정부의 성립과 존속은 전적으로 의회에 의존하지만, 행정부는 의회를 해산할 권한이 없으므로 결국 행정부가 의회에 종속할 수밖에 없다.

2. 의회정부제의 본질과 구조적 원리

의회정부제에서는 의회가 국가권력의 정점에 위치하여 모든 국가기관에 대하여 절대적으로 우월한 지위를 점한다. 행정부는 전적으로 의회에 종속하며, 양자의 관계는 위임자와 수임자의 관계에 비유될 수 있다. (ㄱ) 행정부 구성원은 의회에 의하여 선임되고 의회에 대하여 연대책임을 진다. 의회는 언제나 행정부를 불신임할 수 있지만 행정부는 의회를 해산할 수 없다. (ㄴ) 국가원수가 없는 것이 특색이다. 명목상의 국가원수가 있을지라도 의례적이고 명목적인 기능을 가질 뿐이다. (ㄷ) 행정부가 의회에 의하여 선출되는 까닭에 행정부의 존립은 의회의 존입을 전제로 한다. 따라서 의회가 해산되면 행정부도 퇴진한다. (ㄹ) 의회는 상시개회하고 선거민에 대해서만 책임을 진다. (ㅁ) 의회가 모든 국가기관을 지배함으로써 권력체계가 일원화되어 있고, 복잡한 권력장치가 없는 것이 특징이다.

3. 의회정부제의 유형

본래의 의회정부제의 예로는 영국의 장기의회에 의한 통치체제를 들 수 있고, 민주주의적 이념에 입각하여 의식적으로 채택된 것으로는 프랑스혁명 당시의 국민공회정부제를 들 수 있다. 또한 넓은 의미의 의회정부제에는 스위스헌법에서 볼 수 있는 집정부제[1]와 중화인민공화국·북한 등의 헌법에서 볼 수 있는 인민회의제를 포함시킬 수 있다. 이하에서는 중화인민공화국의 인민회의제와 북한의 인민회의제에 관하여 간략히 언급하기로 한다.

III. 제3세계국가의 정부형태

제3세계국가의 정부형태는 그 대부분이 전통적인 대통령제도 아니고 의원내각제도 아닌 제3유형의 정부형태라 할 수 있다. 제3세계국가들도 대통령제를 채택하기도 하지만 실제로는 미국형 대통령제와는 거리가 멀다. 대통령이 의회에 대하여 정치적 책임을 지지 아니하는 점을 제외하고는 유사한 면이 거의 없고, 미국형 대통령제에서는 찾아 볼 수 없는 이질적 요소까지 다양하게 가미되어 있기 때문이다. 대통령에게 법률안제출권을 비롯하여 헌법개정발의권·사법부구성원의 임명권·비상대권, 심지어는 과거 우리 나라의 1972년 유신헌법처럼 대통령에게 의회해산권을 부여하고 있고, 행정각부의 장과 국회의원의 겸직까지 허용하고 있는 국가도 적지 아니하다. 그 위에 대통령의 권력남용을 방지하기 위한 제도적 장치가 없거나 있는 경우에도 사실상 유명무실한 것이어서 그 정부형태는 결코 전통적인 (미국형) 대통령제라고 할 수 없다(권영성).[2]

---

1) 스위스의 정부형태를 보면, 200인 이상으로 구성되는 국민의회와 44인으로 구성되는 참의원이 있는데, 이들의 합동회의를 의미하는 연방의회(Bundesversammlung)가 선출한 7인의 각료(집정관)로써 최고집행기관(행정부)인 연방평의회(Bundesrat)가 구성된다. 연방의회는 매년 연방평의회의 구성원 중 1인을 선출하여 평의회의 의장으로 하고, 그에게 임기 1년의 스위스연방대통령의 칭호를 부여한다.

2) 제3세계국가의 정부형태는 Th. Stamnen, Regierungssysteme der Gegenwart, 3 Aufl.,

제3세계국가가 정치적으로 막강한 권한을 가진 대통령중심의 정부형태를 선호하는 이유는 신생독립국가인 경우에는 건국초기의 국가적 과제를 신속하고 효율적으로 처리하는 데 대통령제가 능률적이라고 보기 때문이다. 그러나 군부쿠데타로 집권한 군사정권인 경우에는 독일의 정치학자인 바이메(Klaus v. Beyme)가 지적하고 있다시피, 그러한 대통령제가 체제에 대한 도전이나 반쿠데타에 의한 실각을 예방할 수 있는 장벽으로서 가장 적합한 것으로 보기 때문이다.[1] 그러므로 제3세계국가의 정부형태는 그 대부분이 뢰벤슈타인의 신대통령제에 유사한 것이거나 바이메(v. Beyme)의 반대통령제에 해당하는 것이라고 할 수밖에 없다.

IV. 한국헌법상의 정부형태

1. 역대헌법에 있어서 정부형태의 변천

1.1. 건국헌법의 정부형태

1948년 건국헌법의 정부형태는 헌법제정 당시의 대립된 정치세력간의 정치적 타협으로 말미암아 대통령제에 의원내각제적 요소가 가미된 것이었다. 기본적으로는 대통령제라 할 수 있는 것이었지만 엄격한 의미에서는 변형된 대통령제 내지 대통령제와 의원내각제의 혼합형에 해당하는 것이었다.[2]

1.2. 1960년 헌법의 정부형태

1960년(장면정권시대)헌법의 정부형태는 의원내각제의 이념형으로 간주되는 고전적 또는 영국형의원내각제에 해당하는 것이었다(통설). 이때의 의원내각제는 국회에 대한 내각의 연대책임과 내각의 국회해산권으로 말미암아 입법부와 행정부간에 권력적 균형관계가 유지되었기 때문이다.[3]

1.3. 군사정부의 정부형태

1961년 5·16 군사쿠데타로 집권한 군사정부는 국가재건비상조치법에 따라 국가재건최고회의를 설치하고 여기에 모든 국가권력을 집중시켰다. 국가재건최고회의는 국회의 권

SS. 198-234, P. Merkl, Morden Comparative Politics, New York 1970.

1) K. v. Beyme, Das präsidentielle Regierungssystem, Karlsruhe 1969, S. 60 참조.

2) 권영성, 헌법학원론, 787면.

3) 권영성, 헌법학원론, 788면.

한을 대행하며, 이 회의에 의하여 구성되는 내각은 국가재건최고회의에 연대책임을 지고, 대법원장과 대법원판사까지도 국가재건최고회의의 제청으로 대통령이 임명하도록 하였다. 따라서 군사정부는 군사쿠데타의 필연적 결과이기는 하지만, 우리 나라에서 일찍이 볼 수 없었던 이단적인 정부형태를 의미하는 의회정부제(회의제)에 해당하는 것이었다.[1]

1.4. 1962년 헌법의 정부형태

1962년(박정희정권시대)헌법의 정부형태는 행정부의 국회해산권과 국회의 정부불신임권이 인정되지 아니하고, 4년의 임기로 국민에 의하여 직접 선거되는 대통령이 행정부의 수반이었다는 점에서 기본적으로는 대통령제에 해당하는 것이었다. 그러나 의원내각제적 요소가 가미되고 철저한 정당국가적 경향을 반영한 것이었기 때문에, 미국형 대통령제에 근접하기는 하였으나 완전한 미국형대통령제는 아니었다. 그것은 일종의 혼합형 정부형태 내지 변형된 대통령제라 할 수 있는 것이었다.[2]

1.5. 1972년 헌법의 정부형태

1972년(유신체제시대)헌법의 정부형태는 국가원수와 행정부수반의 지위를 겸한 대통령이 임기 동안 국회에 대하여 전혀 책임을 지지 않았다는 점에서 넓은 의미로는 대통령제의 범주에 속하는 것으로 볼 수 있다. 그러나 서구적 정부형태에서는 찾아보기 어려운 이질적 요소들이 가미되어 있었을 뿐 아니라 (ㄱ) 대통령에게 긴급조치권과 국회해산권 등 비상직 대권이 부여됨으로써 권력균형의 원리(Gewaltenbalancierung)에 입각한 권력분립의 원리가 침해되고, 권력의 인격화 현상이 나타나게 되었고, (ㄴ) 대통령의 권한행사에 대한 통제와 그 권력남용을 방지하기 위한 제도적 장치가 거의 마련되어 있지 않았다는 점등이 두드러진 특징이었다. 이러한 요인들을 감안할 때, 그 정부형태는 권위주의적 대통령제 내지 변형된 대통령제 또는 전제적 혼합정부제라 할 수 있을 것이다.[3]

1.6. 1980년 헌법의 정부형태

1980년헌법(전두환정권시대)의 정부형태는 대통령제를 기본으로 하였으나 의원내각제의 요소가 가미되었으므로, 그 정부형태를 어떠한 유형으로 규정할 것인가에 관해서는 견해가 갈리고 있었다. 요컨대 그 정부형태는 1958-1962년 당시의 프랑스제5공화국헌법(드

1) 권영성, 헌법학원론, 788면.
2) 권영성, 헌법학원론, 788면.
3) 권영성, 정부형태의 비교연구, 서울대학교 법학연구소, 법학(제20권 제1호), 1979, 143면 이하 참조.

골헌법)의 정부형태와 매우 유사한 것이었다. 물론 양자간에는 그 내용을 달리하는 점도 없지 않았다. 따라서 그 정부형태는 넓은 의미에서는 「프랑스형 대통령제」의 범주에 포함시킬 수 있는 것이지만, 엄격한 의미에서는 오히려 벨로프의 반대통령제 또는 뢰벤슈타인의 신대통령제의 범주에 포함시킬 수 있는 것이었다.[1)]

2. 현행헌법상의 정부형태

2.1. 개관

현행헌법(1987년 헌법)은 1980년헌법에 규정 되었던 대통령의 비상대권들을 폐지하는 대신 국회의 권한을 확대하고 사법권의 독립을 강화함은 물론 헌법재판소를 설치하는 등 권력의 분산과 권력상호간의 억제 및 균형장치를 재조정함으로써 권력구조의 합리화를 도모하고 있다. 이에 따라 정부형태도 입헌주의적 권력분산형을 기초로 하는 미국형 대통령제에 좀더 접근한 준미국형대통령제가 되었다. 그러나 현행헌법의 정부형태도 대통령제를 기본으로 하고는 있으나, 의원내각제의 요소가 다양하게 가미되어 있기 때문에 미국형대통령제와 동일한 범주에 속하는 것이라고는 할 수 없다.[2)]

2.2. 내용

2.2.1. 대통령제의 요소

현행헌법에 규정된 대통령제의 요소는 다음과 같다. 아래의 요소들만 기준으로 하여 본다면 현행 헌법상의 정부형태는 미국형 대통령제에 해당한다고 볼 수 있다.[3)]

- 대통령은 국가원수인 동시에 행정부수반의 지위와 권한을 보유하고 있으므로(헌법 제66조 제1, 제4항) 집행에 관한 최고의 권한과 최종적인 책임은 대통령에게 귀속되어 있다.
- 대통령은 국민에 의하여 직접 선출되므로(헌법 제67조 제1항) 국민으로부터 직접 그 대표성을 부여받고 있다.
- 대통령은 5년의 임기 동안(헌법 제70조) 탄핵소추의 경우를 제외하고는 국회에 대하여 정치적 책임을 지지 아니하며, 국회도 대통령에 대하여 불신임결의를 할 수 없다.
- 대통령이 국회해산권을 가지고 있지 아니하므로 권력분립의 원리가 충실히 반영되어 있다.
- 대통령은 법률안거부권을 행사함으로써(헌법 제53조 제2항) 국회의 경솔한 입법과 전제를 방지할 수 있다.

---

1) 권영성, 헌법학원론, 789면.
2) 권영성, 헌법학원론, 743면.
3) 권영성, 헌법학원론, 790면.

2.2.2. 의원내각제의 요소

현행헌법에서 의원내각제의 요소를 든다면 다음과 같다. 이러한 제도들이 의원내각제적 요소라는 점에는 이론이 없다.[1)]

- 외형상 의원내각제의 내각에 유사한 국무회의를 설치하여 행정부의 권한에 속하는 중요 정책을 심의하게 하고 있고(헌법 제88조), 대통령을 그 국무회의의 의장으로 하고 있다.
- 국무총리를 임명함에 있어 국회의 동의를 얻게 하고 있다(헌법 제86조 제1항).
- 국무총리는 대통령의 명을 받아 행정각부를 통할하고(헌법 제86조 제2항), 국무위원의 임명을 대통령에게 제청하며, 국무위원의 해임을 건의할 수 있다(헌법 제87조 제1, 제3항).
- 국회는 국무총리와 국무위원에 대한 해임을 대통령에게 건의할 수 있다(헌법 제63조 제1항).
- 대통령의 국법상 행위에는 국무총리와 관계국무위원의 부서가 있어야 한다(헌법 제82조).
- 정부도 법률안을 제출할 수 있다(헌법 제52조).
- 국무총리 · 국무위원 · 정부위원은 국회나 그 위원회에 출석하여 발언할 수 있고, 국회와 그 위원회도 이들을 출석시켜 답변을 요구할 수 있다(헌법 제62조 제1, 제2항).

2.2.3. 한국형대통령제

우리 나라는 대통령제를 기본으로 하면서도 의원내각제의 요소를 가미하고 있으므로, 현행헌법의 정부형태를 어떠한 유형의 정부형태로 분류 할 것인가가 문제되고 있다.[2)] 현행헌법이 규정하고 있는 대통령제의 요소와 의원내각제의 요소를 개별적 단편적으로 평가하지 아니하고 이들 요소를 총체적 · 유기적으로 해석한다면, 현행헌법의 정부형태는 기본

---

1) 권영성, 헌법학원론, 790면.

2) 현행헌법의 대통령제는 역대헌법 중 1962년 헌법이 규정한 대통령제와 가장 유사하다. 다만 양 헌법의 대통령제를 비교하면 다음과 같은 점에서 차이가 있다. 첫째, 현행헌법은 대통령이 국무총리를 임명할 경우에 국회의 동의를 얻게 하고 있지만, 1962년 헌법에서는 국회의 동의를 필요로 하지 않았다. 둘째, 현행헌법은 대통령의 궐위시에 그 잔임 기간에 관계없이 60일 이내에 국민에 의한 직선으로 후임대통령을 선출하도록 하고 그 임기도 처음부터 개시되도록 하고 있지만, 1962년 헌법에서는 대통령의 궐위시 잔여기간이 2년 미만이면 국회에서 간선하고(제64조 제1항), 잔임 기간에 한하여 재임하도록 하였다. 셋째, 현행헌법의 경우에는 국회의 국무총리 · 국무위원에 대한 해임건의가 법적 구속력이 없는 것인 데 대하여, 1962년 헌법에서는 해임건의에 대하여 「특별한 사유가 없는 한 이에 응하여야 한다」(제59조 제3항)라고 하여 법적 구속력을 규정하였다. 첫째의 경우는 현행헌법 쪽이 좀더 의원내각제의 요소를 강화한 측면이 있고, 둘째와 셋째의 경우는 오히려 순수한 대통령제에 좀더 접근한 측면이 있다.

적으로 대통령제 정부형태의 범주에 속하는 것이라 할 수 있다.[1)]

- 대통령제와 의원내각제의 기본적인 식별기준을 의회의 정부에 대한 불신임권과 정부의 의회에 대한 의회해산권의 유무에서 구하는 통설적 입장에 의하면, 현행헌법은 국회의 정부불신임권도 대통령의 국회해산권도 규정하고 있지 않다.
- 의원내각제적 요소로 간주되는 정부의 법률안제출권도 현대국가에서는 법률안의 준비와 입안을 행정부가 주도하고 입법부는 법률안을 통과시키기만 하는 통법부로 전락하고 있는 점을 감안한다면, 행정부에 의한 법률안제출은 정부형태 여하를 불문하고 현대국가의 헌법정책상 불가피한 제도이기 때문이다.[2)]
- 현행헌법에서 의원내각제적요소로 간주되는 국무회의제 · 국무총리 · 국무위원제 그리고 국회의 국무총리 · 국무위원 등에 대한 해임건의제 등을 제도적 측면에서가 아닌 기능적 측면에서 검토한다면 그것들은 단지 대통령의 전단적 권한행사에 대한 통제기능을 발휘할 수 있는 것일 뿐 결코 의원내각제적 기능을 수행할 수 있는 것이 아니기 때문이다.
- 국무회의는 의원내각제의 각료회의처럼 의결기관이 아니라 심의기관에 불과
- 국무총리 또는 국무위원도 의원내각제의 수상이나 각료처럼 집행에 관한 실질적 권한과 책임이 귀속되는 기관이 아니라 대통령의 보좌기관에 불과하다.
- 국회의 국무총리 · 국무위원에 대한 해임건의도 단순한 정치적 성격의 건의일 뿐 1980년 헌법처럼 법적 구속력이 있는 해임의결이 아니다.

다만 현행헌법의 정부형태가 기본적으로 대통령제라 할지라도 위의 요소들 외에, 대통령유고시에 그 직을 자동 승계함으로써 정치적 불안정을 예방할 수 있는 제도적 장치로서의 부통령제를 설치하고 있지 않다는 점 등에서 순수한 미국형대통령제라고는 할 수 없다. 결국 현행헌법의 정부형태는 비록 제도적 기능을 발휘할 수 없는 것이기는 하나 의원내각제적 요소를 가미하고 있고, 부통령제를 설치하고 있지 않을 뿐 아니라 대통령이 긴급명령권 등을 보유하고 있다는 점에서, 외국의 헌법에서는 그 예를 발견하기 어려운 변형된 대통령제의 일종으로서 한국적 정치문화에 특유한 한국형대통령제(미국형대통령제 · 중남미형대통령제 등에 대응하는)라 할 수밖에 없다.[3)]

---

1) 1987년 헌법의 정부형태를 (1) 구병삭 교수(신헌법원론, 박영사, 1990, 758면)는 「기본적으로 대통령제」라고 하고, (2) 김철수 교수는 엄밀히 말하면 대통령제에 의원내각제적 요소를 다소 가미한 절충제」 우리 나라의 관용으로는 대통령제라고 하고, (1) 문홍주 교수(한국헌법, 해암사)는 비교적 순수한 대통령제라고 하고 있다. (4) 허영 교수는 대통령제중심의 절충형 내지 변형된 대통령제라고 한다.

2) 권영성, 헌법학원론, 791면.

3) 권영성, 헌법학원론, 791면.

헌재결 1994. 4. 28, 89헌마221 【정부조직법 제14조 제1항 등의 위헌 여부에 관한 헌법소원】

우리 헌법은 자유민주적 기본질서의 보호를 그 최고의 가치로 하여, 이를 구현할 통치기구로서 입법권은 국회(헌법 제40조)에, 행정권은 대통령을 수반으로 하는 정부(헌법 제66조 제4항)에, 사법권은 법관으로 구성된 법원(헌법 제101조 제1항)에 각각 속하게 하는 권력분립의 원칙을 취하는 한편, 대통령은 국가의 원수로서 외국에 대하여 국가를 대표하며(헌법 제66조 제1항), 그에게 국가의 독립·영토의 보전, 국가의 계속성과 헌법을 수호할 책무를 부여하고(같은 조 제2항), 조국의 평화적 통일을 위한 성실한 의무를 지우고 있는(같은 조 제3항)등 이른바 대통령중심제의 통치기구를 채택하고 있다. 또한 헌법은 대통령중심제를 취하면서도 전형적인 부통령제를 두지 아니하고, 국무총리제를 두고 있는 점이 특징이다(헌법 제86조).

제 4 장 통치기구

제 1 절 국가기관으로서의 국민

Ⅰ. 국가기관으로서의 국민(주권행사기관으로서의 국민)

1. 개념

국가기관으로서의 국민이란 만20세 이상의 유권자 집단(선거권자로서의 국민 : peuple 주권 : 인민주권)을 의미한다. 주권자로서의 국민은 이념적 통일체로서의 국민을 말하나 주권의 행사자로서의 국민은 선거권자로 구성되는 국가기관으로서의 국민을 말한다(통설).[1)] 국가기관으로서의 국민은 헌법상 최고의 통치기관으로서 통치작용을 담당하고 있다.

2. 헌법상 지위

국가기관으로서의 국민은 유권자 전체로 구성되는 합성기관이며, 다른 국가기관(대통령, 국회 등)을 창설하는 창설기관이다. 특별한 창설행위가 없더라도 법에 의하여 당연히

---

1) **국가기관부정설** : 이러한 통설의 견해에 대하여 국민이 선거를 하거나 국민투표를 하는 것이 국민주권원리의 표현이지, 그 자체가 국가기관으로서의 행위를 뜻하는 것은 아니며, 국민을 하나의 기관으로 보기에는 부적당한 점이 많다는 것을 이유로 국가기관으로서의 국민의 개념을 부정하는 견해(설)이 있다(허영). 이 견해는 주권자인 국민은 그 자체로서 국가기관이라기보다는 모든 국가권력의 샘으로서 헌법제정권력의 주체이며, 선거권을 통해 모든 국가권력을 창조하고, 그 권한행사에 민주적 정당성을 제공하고, 정치적 의사형성에 여론의 힘으로 영향력을 행사하는 국가작용의 민주적인 조종사라고 본다. 국민을 하나의 국가기관으로 擬制하려는 것은 C. Schmitt적 결단주의 헌법관에 기초한 것으로 볼 수 있다. C. Schmitt는 통치구조상의 민주주의 원리를 국민의 자기통치로 이해하는 나머지, 자기통치를 달성하려는 많은 시도를 하고 있는바 국가기관으로서의 국민의 개념도 바로 이러한 사상에 기초한 것이다. 국민은 전체로서 하나의 기관을 구성하여 하나의 통일된 행동을 할 수 없다고 본다. 따라서 통일된 전체로서의 국민은 통일된 정치의사라는 것은 정치적 현실과는 거리가 있고, 국민이 직접 하나의 기관으로서 국정에 관여한다는 것도 환상에 지나지 않는 것이므로, 국가기관으로서의 국민의 개념은 타당할 수 없다는 주장이다(허영). 권영성 교수도 개정판에서 '국가기관으로서 국민'을 삭제하고 있다.

국가기관으로서의 지위를 가진다. 옐리네크(G. Jellinek)는 국가기관으로서의 국민을 제1차 국가기관 또는 원시기관으로, 국가기관으로서의 국민으로부터 만들어진 국가기관을 제2차 국가기관 또는 대표기관으로 비유한다.

- 합성기관
- 창설기관

「G. Jellinek」
국가기관으로서의 국민 → 제1차 국가기관(원시기관)
국가기관으로서의 국민으로부터 만들어진 국가기관 → 제2차 국가기관(대표기관)

II. 국가기관으로서의 국민의 조직

국가기관으로서의 국민은 다른 국가기관이 특별한 창설행위(선임행위)를 필요로 하는 데 대하여, 법규의 규정에 의하여 직접·당연히 국가기관으로서 조직된다. 자격요건은 국민투표법과 각종 선거법에서 규정하고 있는 바, 원칙적으로 만20세 이상의 대한민국 국민으로서 선거권의 결격사유가 없는 자로 구성된다.

III. 국가기관으로서의 국민의 권한

1. 헌법개정의 확정권

헌법개정안은 국민투표로 확정된다(헌법 제130조 제2항). 주권자로서의 국민(대한민국의 주권은 국민에게 있고 …)은 헌법제정권(헌법제정권력)을 가지나, 국가기관으로서의 국민은 헌법개정을 확정할 권한을 가진다. 확정에는 국회의원선거권과 과반수의 투표와 투표자 과반수의 찬성을 요한다. 제4공화국(1972년)의 유신헌법(이원적 구조)과는 달리 필수적 국민투표제를 채택하고 있다.

주권자로서의 국민(대한민국의 주권은 국민에게 있고 · · ·) → 헌법제정권(헌법제정권력)
국가기관으로서의 국민 → 헌법개정확정권

2. 국가정책에 대한 표결권

대통령은 필요하다고 인정할 때에는 외교·국방·통일 기타 국가안위에 관한 중요정책을 국민투표에 붙일 수 있다(제72조). 국민표결권은 국민발안, 신임투표, 국민파면 등과 같이 국민의 직접 참정제도의 하나로서 인정된 것으로 현행헌법은 국민표결만 인정하고 있다. 다만 헌법 제72조의 국민표결은 임의적 성질을 띠고 있으므로 국민의 신임을 묻는 신임투표화 될 가능성이 크다.

3. 대통령선출권

국가기관으로서의 국민은 보통·평등·직접·비밀선거에 의하여 대통령을 선출한다(제67조 제1항).

4. 국회구성권

국가기관으로서의 국민은 보통·평등 직접·비밀선거에 의하여 국회의원을 선출한다(제41조 제1항). 국회는 국민이 선출한 민선의원으로 구성될 것을 필수적 요소로 한다.

「國政방치 국회파행은 위헌 : 조선일보 1996년 6월20일자 제2면」

여야 의원들이 국회의 院構成을 하지 않고 국정운영을 방치하는 것은 위헌이라는 헌법소원이 제기됐다. 서울지방변호사회 소속의 李石淵변호사 등 변호사 5명은 19일 15대 국회의원 299명 전원을 상대로 이 같은 내용의 헌법소원청구서를 헌법재판소에 제출했다. 이 변호사 등은 청구서에서「국회의원들이 당리당략에 다른 명분싸움으로 헌법상 국회구성 의무를 이행하지 않고 국민의 일상생활과 관련된 시급한 국정현안을 방치함으로써 국민의 불안과 불신을 가중시키는 것은 포괄적 기본권인 국민의 행복추구권을 침해하는 것」이라고 주장했다. ☞ 이 경우 특히 국민의 국회구성권침해 여부가 문제될 수 있다.

제 2 절 입법부

국회 <영> parliament, congress <독> Parlament <불> parlement
① 국민이 공선한 의원으로 구성되는 합의체로서 국민대표기관이며, 입법기관이며, 정책통제기관이며, 최고기관의 하나로서의 권한을 갖는 헌법상의 기관을 말한다. ② 우리 헌법은 제40조에서 「입법권은 국회에 속한다」고 규정하고, 제41조에서 「국회는 국민의 보통·평등·직접·비밀선거에 의하여 선출된 국회의원으로 구성된다」고 규정하고 있다. ③ 국회의 구성은 국가에 따른 양원제와 단원제가 있으나, 우리 나라의 현행 헌법은 단원제를 채택하고 있으며, 지역구와, 전국구 비례대표제를 두고 있다. ④ 국회의 집회는 정기회와 임시회가 있는데, 정기회는 법률이 정하는 바에 의하여 매년 1회 집회되며, 회기는 100일을 초과할 수 없고, 임시회는 대통령 또는 국회 재적의원 4분의 1 이상의 요구에 의하여 집회되며, 회기는 30일을 초과할 수 없다(헌법 제47조). ⑤ 국회는 의장 1인과 부의장 1인을 두며(헌법 제48조), 헌법 또는 법률에 특별한 규정이 없는 한 재적의원 과반수의 출석과 출석의원 과반수의 찬성으로 의결하고, 可否同數인 때에는 부결된 것으로 본다(헌법 제49조). ⑥ 국회의 회의는 공개를 원칙으로 하나, 출석의원 과반수의 찬성이 있거나 의장이 국가의 안전보장을 위하여 필요하다고 인정할 때에는 공개하지 아니할 수 있다(헌법 제50조). ⑦ 국회에 제출된 법률안 기타의 의안은 회기 중에 의결되지 못한 이유로 폐기되지 아니하나, 국회의원의 임기가 만료된 때에는 그러하지 아니하다(헌법 제51조). ⑧ 국회의 권한은 형식적인 견지에서 의결권·동의권·승인권·통고권 및 통제권으로 분류되며, 실질적 견지에서 입법에 관한 권한, 재정에 관한 권한, 일반국정에 관한 권한 및 국회내부에 관한 권한으로 분류할 수 있다. ☞ 국회의 권한, 국회의원

국회법 1988. 6. 15 법률 제4010호로 전문 개정된 이 법은 국회의 조직·의사 기타 필요한 사항을 규정함으로써 국민의 대의기관인 국회의 민주적이고 효율적인 운영에 기여함을 목적으로 한다. 총칙(제1장), 국회의 회기와 휴회(제2장), 국회의 기관과 경비(제3장), 의원(제4장), 교섭단체·위원회와 위원(제5장), 회의(제6장), 회의록(제7장), 국무총리·국무위원·정부위원과 질문(제8장), 청원(제9장), 국회와 국민 또는 행정기관과의 관계(제10장), 탄핵소추(제11장), 사직·퇴직·闕員(궐원)과 자격심사(제12장), 질서와 경호(제13장), 윤리심사와 징계(제14장), 보칙(제15장) 등으로 되어 있다.

국회의원 <영> Congressman, Member of Parliament <독> Parlamentarier <불> Parlementaire 국회를 구성하는 특수경력직 국가공무원을 말한다(헌법 제41조 제1항, 국가공무원법 제2조 제3항 1. 가). 국회의원은 국민의 보통·평등·직접·비밀선거에 의하여 선출되며, 국회의원의 수는 법률로 정하되 200인 이상이어야 한다(헌법 제41조). 국회의원의 선거구는 지역선거구와 전국선거구로 하며, 지역구는 인구·행정구역·지세·교통 기타의 조건을 고려하여 의원수를 확정하고, 의원의 정수는 지역구와 전국구의 의원정수를 합하여 299인으로 한다. 또 1개 지역구에서 선거할 의원의 정수는 1인으로 한다. 국회의원

의 피선거권은 25세 이상의 국민이며(공직선거법 제16조 제2항), 동법 제18조에는 「선거권이 없는 자」에 대한 규정이 있다. 국회의원은 국민대표자로서의 지위, 정당원으로서의 지위, 국민 전체에 대한 봉사자로서의 지위를 가진다. 국회의원의 임기는 4년이며, 국회의원의 자격발생시기는 총선거에 의한 전임의원의 임기만료일의 다음날부터 임기가 개시되며(공직선거법 제14조 제2항), 학설상 의원취임의 승낙 여부에 대한 논란이 있으나, 불필요설이 타당하다고 본다. 한편 국회의원은 임기만료외에 사직 · 퇴직 · 제명 · 자격심사, 대법원의 선거 또는 당선무효판결에 의하여 자격이 상실되는데, 사직은 국회의 허가를 얻어야 하나, 국회가 폐회 중인 때에는 국회의장의 허가를 얻어야 한다. 또 제명은 재적의원 3분의 2이상의 찬성이 있어야 하며(헌법 제64조 제3항), 의원의 자격심사 · 제명 등 국회의 자율권 행사에 대하여는 법원에 제소할 수 없다(헌법 제64조 제4항). 국회의원은 발언 · 표결에 대한 면책특권, 불체포특권, 수당 · 여비 등과 기타 편익을 받을 권리 등을 향수하며, 또 발의권 · 질문권 · 질의권 · 토론권 · 표결권 · 자율권 등의 권리를 갖는 반면에, 국민 전체의 봉사자로서의 국익우선의무와 청렴의무 · 겸직금지의무(Inkompatibilität) · 지위남용 금지의무 · 의회출석의무 등을 갖는다.

제 1 항 입법작용(입법권)

I. 입법작용의 의의

II. 입법작용의 본질

입법작용은 이것을 실질적 의미로 이해하여 「국가기관에 의한 일반적이고 추상적인 성문법규범의 정립작용」으로 파악하여야 한다. 이 때의 법규범은 일반적 · 추상적 법규범을 의미하는 것일 뿐 그 내용이 반드시 국민의 권리 · 의무와 직접 관계가 있는 것에 한정되지 아니하고, 이 때의 국가기관도 반드시 의회에 한정되지 아니하며, 그 법규범의 형식도 법률에 한정되지 아니한다.[1)]

1) 헌법은 입법의 유형으로 헌법개정, 법률제정, 명령제정(긴급명령 · 긴급재정경제명령 · 위임명령 · 집행명령), 자치규정제정(조례 · 규칙인), 규칙제정(국회규칙 · 대법원규칙 · 헌법재판소규칙 · 선관위규칙 · 행정규칙)을 규정하고 있고, 법규범의 형식으로 법률 긴급명령 · 대통령령 · 총리령 · 부령 · 국회규칙 · 대법원규칙 · 헌법재판소규칙 · 중앙선거관리위원회규칙 · 자치법규를 규정하고 있다. 이 중에서 법률 · 명령 · 자치법규와 국회규칙 · 대법원규칙 · 헌법재판소규칙 · 선관위규칙 중 위임명령 및 집행명령에 해당하는 규칙만이 대국민적 효력을 가지는 법규범이고, 내부규율을 위한 규칙(행정규칙 · 국회규칙 · 대법원규칙 · 헌법재판소규칙 · 선관위규칙)은 대국민적 효력을 가지지 아니하고 또 가질 수도 없는 당해기관의 내규일 뿐이다. 다만 이렇게 볼 경우 다음과 같은 문제가 제기된다. 첫째, 위에서 보듯이 규칙에는 법규에 해당하는 규칙이 있는가 하면 내규에 해당하는 규칙이 있는데, 법규범체계의 해석상의 혼란을 피하기 위하여 법규에 해당하는 규칙은 예컨대 국회령 · 대법원령 · 헌법재판소령 · 선관위령 등(또는 국회의장령 · 대법원장령 · 헌법재판소장령 · 선관위장령 등)으로 표현하고, 내규에 해당하는 규칙만을 국회규칙 · 대법원규칙 · 헌법재판소규칙 · 선관위규칙 등으로 표현하는 방안(입법론)이 검토될 필요가 있다. 둘째, 내규에 해당하는 본래의 규칙은 대국민적 효력을 가질 수 없는 것이므로, 국민을 기속하는 어떠한 사항도 그 내용으로 규정할 수 없고 규정해서도 아니된다. 법규사항을 규정할 필요가 있으면 규칙이 아니라 명령으로써 규정해야 한다. 만일에 내규에 해당하는 본래의 규칙이 국민을 기속하는 사항을 그 내용으로 규정하여 대국민적 효력을 가진다고 한다면, 그것은 헌법위반으로 무효가 된다. 왜냐하면 그것은 ① 법률과 명령만이 법규사항(국민의 권리 · 의무에 관련되는 사항)을 규정할 수 있게 하고, 규칙에 대해서는 법규사항을 규정할 수 있게 하는 규정을 두고 있지 아니한 헌법의 명문규정에 위배 될 뿐 아니라, ② 명령과 규칙의 구분 그리고 규칙이 명령의 하위규범이라고 하는 법단계구조를 정면으로 부정하는 것이 되어 법규범체계에 혼란을 초래하게 되기 때문이다.

만일에 입법을 형식적 의미의 법률제정작용으로 이해하게 되면 다음과 같은 이론적 모순에 빠진다. 첫째, 오늘날 국가기능을 입법 · 집행 · 사법으로 3분할 경우, 형식적 의미의 법률제정작용을 제외한 그 밖의 입법작용은 존재할 여지가 없는 것이 된다. 바꾸어 말하면 헌법개정이나 명영 · 규칙 · 자치법규 등의 제정을 집행작용 또는 사법작용에 포함시키거나 어떠한 국가작용에도 속하지 아니하는 것으로 보아야 하는 모순에 빠진다. 둘째, 법률의 형식이 아니기만 하면 헌법에 그에 관한 근거가 있든 없든 행정부나 사법부도 자유로이 입법을 할 수 있는 것이 되어, 긴급명령 · 법규명령 등의 제정도 의회입법의 원칙에 모순되거나 그에 대한 예외가 아닌 것이 된다. 셋째, 행정입법은 행정기관에 의한 형식적 의미의 법률제정작용을, 사법입법은 사법기관에 의한 형식적 의미의 법률제정작용을 의미하는 것이 되어 이론적 혼란을 초래한다. 그러므로 입법작용 그 자체의 개념과 의회가 현실적으로 보유하고 행사하는 입법권의 개념은 구별되어야 한다.[1)]

III. 의회의 입법권의 축소화경향

현대 민주국가의 헌법은 의회입법의 원칙 내지 의회중심입법주의를 채택하고 있다. 이에 따라 입법권은 원칙적으로 의회가 담당하고, 입법권은 의회가 행사하는 본질적이고 고유한 권한으로 간주되고 있다. 그러나 현대 헌법국가의 기본원리로서 사회국가(복지국가)원리가 국가의 구조적 원리(Strukturprinzip)로 작용하는 경우, 국가는 국민의 자유의 보장만이 아니라 그들의 생존배려(Daseinsvorsorge)도 염려하여야 하고, 또 비상적 위기상황에 적절히 대응하기 위한 국가적 그 기능과 과제가 날로 확대되고 있는 것이 현실이다. 따라서 의회입법의 원칙에도 불구하고 이와 같은 국가적 과제의 확대로 말미암은 행정입법과 비상입법 내지는 처분적 법률의 증대는 상대적으로 의회가 행사하는 입법권의 범위를 축소시키고 있을 뿐만 아니라 의회입법의 원칙이 가지는 의미를 약화시키고 있다.

오늘날에 있어서 법률안의 준비와 법률입안의 대부분은 전문적이고 기술적인 지식과 정보를 보유한 전문관료에 의하여 이루어지고, 의회는 법률안을 통과시키기만 하는 이른바

따라서 공법학계의 일각에서 일부 독일학자의 주장에 동조하여 법규범구체화적 행정규칙의 법리로써 행정규칙의 일부가 대국민적 효력을 가지는 듯한 주장을 펴고 있는 것은 위헌적 법리로서 부당한 법해석이라 하지 않을 수 없다. 법규범구체화적 행정규칙이든 법규범해석적 행정규칙이든 그것이 행정을 위한 내부지침으로서 기관내규의 성질을 가지는 것에 그친다고 본다면 무방하지만, 그것을 넘어 대국민적 효력까지 가지는 것이라 주장한다면 그러한 법해석이나 판례의 태도는 위헌적인 법해석논리라고 본다(권영성, 헌법학원론, 794면 각주1) 참조).

1) 권영성, 헌법학원론, 795면.

통법부로 격하된 감을 가지게 한다.[1] 의회가 제정하는 법률도 법률사항의 대강만을 규정하고 세부사항은 대통령령과 총리령·부령과 같은 행정입법인 명령(시행령)·규칙(시행규칙) 등에 위임하는 경향을 보여주고 있다. 헌법도 제40조에서 국회입법의 원칙을 규정하고 있지만, 법률제정에 있어서 대통령의 법률안제출권(헌법 제52조)·법률안거부권(헌법 제53조 제2항) 등으로 행정부가 주요입법의 대부분을 제안하고 또 입법과정을 실질적으로 주도하고 있다. 그러나 이러한 실정에도 불구하고 의회입법의 원칙 그 자체를 포기할 수는 없다. 입법과정의 공개를 통하여 국민간에 여론이 형성되고, 여론이 입법에 반영되어야 한다는 민주주의적 요청으로 말미암아 오늘날에도 의회입법의 원칙은 여전히 존중되어야 하기 때문이다.[2]

1) 의회가 보유하는 입법권의 축소화경향은 세계적인 추세이다. 영국의 경우는 제2차대전 이후 의회에 제출된 법안 중 평균 50%가 정부제출이며, 미국의 경우에도 약 50%는 행정부의 발안 내지 협력을 얻고 있는 실정이다. 우리 나라도 국회사무처가 제헌국회부터 지난 제154회 임시국회까지의 법률안 처리현황을 집계·분석한 자료에 따르면, 국회에 제출된 법률안 총 5,429건 중에서 의원이 발의한 것은 2,511건(461%)인데 비해 정부가 제출한 건수는 427건이 더 많은 2,928건(539%)으로 나타났다. 가결률도 각각 379%와 696%로 정부쪽이 훨씬 높다. 특히 제13대 국회에서는 529건의 의원발의의 법률안 중 771%가 처리되고 228%인 121건이 미처리상태로 계류되어 있는 반면, 정부제출법률안은 297건 중 96%에 해당하는 268건이 처리되고, 39%인 11건만이 미처리되었다.

2) 권영성, 헌법학원론, 795면.

제 2 항 입법권의 의의·범위·한계

I. 입법권의 의의

1. 입법권의 개념

1.1. 실질설(실질적 입법개념 : 형식보다 내용)

실질설은 입법을 그 형식 여하(법률 · 명령 · 규칙)에 불구하고 내용에 따라 정의하는 것으로, 입법이란 국가기관이 일반적 · 추상적 성문의 법규범(일반적 법규범)을 정립하는 작용(또는 실질적 의미의 법률을 정립하는 작용)이라고 한다.[1] 법규범이라 함은 일반적 · 추상적 구속력을 가지고 국가의 강제력에 의하여 그 효력이 담보되는 국가의 의사표시를 말한다. 이 때 법규범을 무엇으로 보는가에 따라서 다음과 같은 학설이 대립된다.

법규설(권리 · 의무설) : 법규범을 국민의 권리 · 의무에 관한 사항, 즉 법규로 이해하는 견해로써 실질설을 취하는 입장의 지배적 견해이다. 이 견해에 다르면 입법이란 법규의 정립(실질적 의미의 법률을 전제로 하여)을 의미하게 된다.

법규범설(입법사항설, 법률사항설) : 법규범을 법규에 국한하지 않고 일반적인 법규범으로 넓게 이해하는 견해이다.

私見 : 법규범은 반드시 국민의 권리 · 의무에 관계되는 사항에 국한하지 않는다고 보는 견해가 타당하다. 왜냐 하면 법규의 정립만을 입법으로 보는 견해는 역사적 의의밖에 없으므로, 좀 더 넓게 법규범의 정립으로 보는 것(일반적 법규범)이 현대적 감각에 맞으며, 입법 · 사법 · 행정의 개념 규정에도 논리적 일관성이 있다고 본다.

1.2. 형식설(형식적 입법개념 : 내용보다 형식) : 법률

형식설은 입법을 그 내용에 관계없이 제정형식에 따라 정의하는 것으로, 입법이란 형식적 의미의 법률을 정립하는 작용이라고 한다.[2] 따라서 입법은 그것이 법규사항을 내용으로 하던 아니면 법규 이외의 입법사항을 내용으로 하던 간에, 법률이란 명칭으로 제정되는 모든 것을 의미하게 된다. 입법을 법률제정으로 이해하려는 이유는 법규사항이나 법률

1) 권영성, 헌법학원론, 794면.
2) 문홍주; 박일경; 안용교; 김철수, 헌법학(중), 259면.

사항은 명령 등에 규정되어서는 안되며 반드시 법률의 형태로 되어야 한다는 점을 강조하고 있다.

1.3. 구별부인설

실질설과 형식설의 견해대립에 대하여 무의미한 논쟁이라는 견해가 있다.[1] 이 견해에 의하면 상기 논쟁은 입법과 입법권을 동일시하는데서 비롯된 것이라 하면서 입법개념 그 자체는 실질적 의미의 입법이나 형식적 의미의 입법의 어느 하나만을 의미하는 것은 아니라고 한다. 이 견해는 입법을 모든 법규범의 정립작용을 총칭하는 것이라고 한다. 아울러 입법의 개념과 국회가 갖는 구체적인 입법권의 개념은 구별되어야 하므로 헌법 제40조가 의미하는 바는 국회중심입법의 원칙을 천명한 것으로 첫째, 법률의 형식으로 제정되는 법규범은 국회에서, 둘째, 국민의 권리 · 의무에 관한 사항 및 통치조직과 작용에 관한 기본사항은 법률로 정하여야 한다는 것으로 이해한다. 헌법 제40조는 국회단독입법의 원칙도, 국회독점입법의 원칙도 아닌 국회중심입법의 원칙만을 천명한 것이라고 한다.[2]

1.4. 사견

생각건대 입법의 개념은 <u>실질설에 입각하여 파악하는 것이 옳다</u>. 왜냐하면 입법을 법률제정작용이라고 하는 형식설에 따르면 헌법이나 규칙 등은 법률이 아니기 때문에 국회가 가지고 있는 헌법개정에 관한 권한이나 국회규칙제정권 등을 설명할 수 없게 된다. 형식설을 취하는 입장에 의하면 행정부의 긴급명령, 긴급재정명령이나 법규명령의 제정권한을 국회입법의 예외라고 주장하고 있다. 왜냐 하면 형식설의 입장에서는 긴급명령이나 긴급재정 · 경제명령 기타 법규명령은 형식적 의미의 법률이 아니므로 행정부도 자유로이 제정할 수 있다고 보아야 하는 것이고, 이는 국회입법의 원칙과 모순되거나 예외가 아닌 것으로 되기 때문이다.[3]

형식설에 의하면 국회의 입법대상에는 법규사항 이외에도 많은 입법사항[4]이 포함되어 있으므로, 법규사항만을 입법으로 보는 실질설은 타당하지 않다고 주장한다. 왜냐하면 법규와 무관한 입법사항에 관한 법률제정권이 입법권의 범위에서 제외될 수 있기 때문이다. 그러나 앞에서도 지적한 바와 같이 입법의 대상을 '법규사항으로 보는 견해'에 대한 비판에는 타당할지 모르나 입법을 '일반 · 추상의 법규범'을 정립하는 작용으로 보는 견해에

1) 허영, 한국헌법론, 921면 각주 1) 참조.
2) 허영, 한국헌법론, 922면.
3) 권영성, 헌법학원론, 795면.
4) 각종의 조직법률, 법령을 규제하기 위하여 제정된 법률을 말한다.

대한 비판으로는 적절하지 않으며, 입법사항을 법규사항에 국한시키는 것은 근대입헌시대에는 타당할지 모르나, 현대의 감각에는 맞지 않는다고 할 것이다.

상술한 바와 같이 입법작용을 실질적 의미로 이해한다면 헌법 제40조의 입법권도 일반적이고 추상적인 성문법규범을 정립하는 권한으로 보아야 한다.[1] 입법권을 형식설의 주장처럼 국회가 제정하는 법형식인 형식적 의미의 「법률제정」에 관한 권한으로 이해하고,[2] 또 행정권과 사법권까지도 형식적 의미로 이해하게 되면, 입법 · 집행 · 사법이라는 국가기능의 구별을 전제로한 헌법상의 권력분립의 원리를 무의미한 것이 되게 할 우려가 있기 때문이다.[3]

결국 헌법 제40조가 「입법권은 국회에 속한다」라고 하는 것은 두 가지 원칙을 선언한 것이라 할 수 있다. 첫째, 실질적 의미의 입법에 관한 권한은 헌법에 특별한 규정 이 없는 한 원칙적으로 「국회의 권한에 속한다」는 국회(중심)입법의 원칙을 규정한 것이다. 물론 국회입법의 원칙에 대한 예외들을 헌법은 여러 곳에서 규정하고 있다. 둘째, 형식적 의미의 법률은 국회가 단독으로 의결한다는 국회의 법률단독의결의 원칙을 규정한 것이다.[4] 정부의 법률안제안권이나 대통령의 법률안거부권이 인정되고 있지만, 이것은 법률제정에 있어 입법부와 행정부의 상호협조 내지 상호통제를 위한 것일 뿐이다. 법률의 제정에 있어 본질적이고 핵심적인 과정인 심의와 의결은 국회가 단독으로 행한다.[5]

헌법 제40조 : 「입법권은 국회에 속한다」

실질적 의미의 입법에 관한 권한 : 헌법에 특별한 규정이 없는 한 원칙적으로 「국회의 권한에 속한다」는 국회(중심)입법의 원칙을 규정(물론 국회입법의 원칙에 대한 예외들을 헌법은 여러 곳에서 규정)

형식적 의미의 법률 : 국회가 단독으로 의결한다는 국회의 법률단독의결의 원칙을 규정

---

1) 유진오, 신고 헌법해의, 일조각, 1959, 132면 참조. 안용교 교수는 헌법 제40조의 입법권은 실질적 의미의 입법권이라고 한다(안용교, 한국헌법, 고시 연구사, 1986, 722-723면 참조).

2) 형식설을 주장하는 견해는 국회가 형식적인 법률을 제정하는 권한을 가진다는 뜻의 형식설이 타당하다고 하면서, 헌법 제40조의 입법권을 법률제정권으로 보고 있다. 그러나 형식설은 입법을 형식적 의미의 법률제정이라 하면서도, 법률의 형식이 아닌 행정부의 법규명령 · 긴급명령 등은 국회입법의 원칙에 대한 예외라고 하고 있어 논리적 모순을 드러내고 있다.

3) 권영성, 헌법학원론, 795면.

4) 권영성, 헌법학원론, 795면.

5) 권영성, 헌법학원론, 795면.

2. 입법의 범위

입법을 실질적 의미로 파악할 경우, 「입법권은 국회에 속한다(헌법 제40조)」의 의미는 실질적 의미의 입법에 관한 권한은 원칙적으로 국회의 권한에 속한다는 국회입법의 원칙(국회중심 입법주의)을 규정한 것으로 해석하여야 한다.

입법권은 국회에 속한다(헌법 제40조) → 실질적 의미의 입법에 관한 권한은 원칙적으로 국회의 권한에 속한다는 국회입법의 원칙(국회중심 입법주의)

또한 법률의 내용도 국민의 권리·의무와 직접 관련이 있는 사항에 국한하지 않고 있다. 그러므로 헌법에 의하여 금지되지 아니하고 또 그 사항이 입법의 내용이 될 수 있는 것이면 국회에 의한 입법의 대상이 된다.

그러나 헌법은 실질적 의미의 입법에 관한 권한을 국회에 독점시키지 아니하고(국회입법독점의 배제) 국회입법의 원칙에 대한 예외를 여러 곳에서 규정하고 있다. 행정입법은 대통령·국무총리·행정각부의 장에게(제75조, 제95조), 자치입법은 지방자치단체에(제117조 제1항), 사법입법은 대법원과 헌법재판소에(제108조, 제113조 제2항), 선거관리·정당사무 등에 관한 입법은 중앙선거관리위원회에(제114조 제6항), 조약체결권·긴급명령권·긴급재정경제명령권은 대통령에게(제73조, 제76조) 부여하고 있다.

「예외」
행정입법 → 대통령·국무총리·행정각부의 장(제75조, 제95조)
자치입법 → 지방자치단체(제117조 제1항)
조약체결권·긴급명령, 긴급재정·경제명령 → 대통령(제73조, 제76조)
사법입법 → 대법원(제108조)
헌법재판에 관한 입법 → 헌법재판소(제113조 제2항)
선거·정당사무에 관한 입법 →중앙선거관리위원회(제114조 제6항)

그 결과 헌법상 국회가 단독으로 행사할 수 있는 입법권은 실질적 의미의 입법에 관한 권한 중 헌법개정의 심의·의결권(제128조 제1항, 제130조 제1항), 법률안의 심의·의결권(제53조), 조약의 체결 비준에 대한 동의권(제60조), 국회규칙의 제정권(제64조 제1항) 뿐이다. 이 중에서 법률제정권이 국회가 보유하는 입법권의 대종을 이루고 있음은 물론이다. 그것은 국민의 자유와 권리를 보장하기 위해서는 국민의 대표기관인 국회가 법률제정권을 보유하는 것이 민주주의적 요청에 부합하기 때문이다. 따라서 현행 헌법하에서 국회가 현실적으로 담당하는 입법의 범위(법률·명령·규칙·조례의 제정이 포함된다)는 다음과 같다.

[국회가 현실적으로 담당하는 입법의 범위]
· 헌법개정에 관한 발의 · 의결권(제128조, 제130조)
· 법률안의결권(제53조)[1]
· 조약체결에 관한 동의권 (제60조)
· 국회규칙제정권(제64조 제1항)[2]

3. 법률의 특성

법률은 일반적으로 다음과 같은 특성을 가지고 있다. 첫째, 근대시민국가에서의 법률제정은 헷세(K. Hesse)의 지적처럼[3] 헌법이 직접 규정하지는 아니하면서 헌법이 규범화할 것을 요구하고 있는 국가생활의 기본문제를 민주적 절차에 따라 법규범의 형태로 형성하는 작용이다. 따라서 모든 자유민주적 기본질서를 토대로한 헌법국가에서 법률이 구비하여야 할 필수적 속성으로서는 다음과 같은 것을 들 수 있다. 따라서 (ㄱ) 법률은 민주적 정당성을 구비하여야 하고, 민주적 절차에 따라 제정되어야 한다(민주성). 그러나 법률은 이러한 요건만으로는 불충분하다. (ㄴ) 법률은 법치국가적질서에도 적합한 것이어야 한다. 바꾸어 말하면 법률은 그 내용이 명백하고 확정적인 것이어야 하며(명확성),[4] 합리적이고 안정적이며 평등한 것이어야 하고(합리성 · 안정성 · 평등성) 또 일반적이고 추상적인 것이라야 한다(일반성 · 추상성).[5]

---

1) 이 중에서 법률안의결권(법규사항과 법률사항을 포함한다)이 대표적인 국회의 입법권이라 할 수 있다.

2) 헌법기관에게 부여한 규칙에는 법규에 해당하는 것과 내규에 불과한 것이 있는데 이를 모두 규칙에다 넣고 있는 것은 문제가 있다는 지적이(권영성, 헌법학원론, 794면 각주 1) 참조) 있다. 이 견해는 법규에 해당하는 것은 令으로 정하고 (국회의장령, 대법원장령, 헌법재판소장령 등) 내규에 해당하는 것만을 규칙으로 하자는 입법론을 제시하고 있다(권영성, 헌법학원론, 794면 각주1) 참조).

3) K. Hesse, Grundzüge des Verfassungsrechts BRD, 21 Aufl, Heidelberg, 1990, S. 197 참조.

4) 헌재결 2005. 6. 30, 2002헌바83 【노동조합및노동관계조정법제91조제1호등위헌확인】 법규범이 명확한지 여부는 그 법규범이 수범자에게 법규의 의미내용을 알 수 있도록 공정한 고지를 하여 예측가능성을 주고 있는지 여부 및 그 법규범이 법을 해석 · 집행하는 기관에게 충분한 의미내용을 규율하여 자의적인 법해석이나 법집행이 배제되는지 여부, 다시 말하면 예측가능성 및 자의적 법집행 배제가 확보되는지 여부에 따라 이를 판단할 수 있는데, 법규범의 의미내용은 그 문언뿐만 아니라 입법목적이나 입법취지, 입법연혁, 그리고 법규범의 체계적 구조 등을 종합적으로 고려하는 해석방법에 의하여 구체화하게 되므로, 결국 법규범이 명확성원칙에 위반되는지 여부는 위와 같은 해석방법에 의하여 그 의미내용을 합리적으로 파악할 수 있는 해석기준을 얻을 수 있는지 여부에 달려 있다.

5) 권영성, 헌법학원론, 798면.

[헌법국가에서 법률이 구비하여야 할 필수적 속성]
- 민주성
- 명확성
- 합리성
- 안정성
- 평등성
- 일반성
- 추상성

둘째, 현대사회국가에서의 법률도 민주적 정당성을 구비하고 민주적 절차에 따라 정립되어야 하며 법치국가적 질서에 적합하도록 명확성·합리성·안정성·평등성·일반성·추상성 등을 충족하여야 하지만 특히 사회국가의 원리, 즉 개인의 생존배려를 위하여 필요한 경우에는 개별성·구체성의 원리에 의한 법률(처분적 법률)이 필요하게 된 것이다.[1] 이와 같이 개별성·구체성의 원리는 현대사회국가에서 사회국가적 목적을 구현하기 위하여 법률이 구비하여야 한다.

[사회국가의 원리로부터]
- 개별성
- 구체성

4. 법률의 형태와 체계

4.1. 개관

근대시민국가의 법률은 국가권력발동의 전제와 한계를 규정하기만 하면 충분하였으므로, 일반적이고 추상적인 법규범인 일반적 법률의 형태만을 가지는 것이었고, 그 법률체계도 일반적 법률로써만 구성되는 단순한 구조였다. 그러나 현대사회국가에서는 법률로써 국민의 기본권보장뿐만 아니라 국민의 생존배려를 위한 방법과 기준까지 제시할 필요가 있기 때문에, 그 법률체계는 일반적 법률 외에 처분적 법률과 계획적 법률(Plangesetz)·同意的 법률(Zustimmungsgesetz) 등으로 구성되는 복잡한 구조를 가지지 않을 수 없게 되었다.

「참고」

한국의 현행 헌법하에서는 법률의 체계가 아직도 일반적 법률과 처분적 법률만으로 구성되어 있지만, 독일 기본법의 경우에는 헌법의 개정도 헌법개정법률이라는 연방법률의 형태로 이루어지고, 예산안의 확정도 예산법이라는 연방법률의 형태로 처리되며(제110조)

1) 권영성, 헌법학원론, 800면.

조약의 체결 · 비준에 대한 동의도 동의법(Zustimmungsgesetz)[1]이라는 연방법률의 형태(제59조 제2항)로 이루어진다.[2] 독일에서는 1951년 8월 30일 형법개정법률이란 명칭으로 이루어진 헌법개정은 2006년 1월 현재 51차례에 걸쳐 이루어졌다.

기본법개정경과일람표

회	개정법률의 명칭	개정년월일	등재관보
1	형법개정법률	1951. 8. 30	BGBL. 1739
2	제120a조を기본법へ도입する법률	1952. 8. 14	BGBL. 1445
3	기본법 제107조を변경する법률	1953. 4. 20	BGBL. 1130
4	기본법を보충する법률	1954. 3. 26	BGBL. 145

4.2. 종류

4.2.1. 일반적 법률

일반적 법률(allgemeines Gesetz) 또는 규범적 법률이라 함은 일반적(법의 일반성)이고 추상적인 내용(법의 추상성)을 가진 법률을 말한다. 일반적 법률은 집행이나 사법을 매개로 하여 비로소 구체적이고 개별적인 사건에 적용되거나 현실적으로 국민에게 권리 또는 의무를 발생하게 한다. 여기서 일반적 이라 함은 불특정의 다수인을 대상으로 함을 말하고, 추상적 이라 함은 불특정한 경우를 예측하여 법을 제정한다는 것이며, 이는 법의 규제사항을 지나치게 구체적으로 규정하지 아니함을 의미한다.[3]

일반성 : 불특정의 다수인을 대상
추상성 : 불특정한 경우 → 규제사항을 지나치게 구체적으로 규정하지 아니함

이와 같이 법률은 원칙적으로 그 성질이 일반적 · 추상적 성격을 지녀야 하는데, 이는 근대입헌주의 헌법의 특징으로 법률에 의한 사전 예측가능성을 확보함으로써 국민들의 법률생활의 안정 · 확정 · 평등을 보장하기 위한 수단으로서 요청되는 것이었다. 따라서 일반적 · 추상적인 법률이 행정을 매개로하여 집행되고 사법에 의하여 구체적 사건에 적용될 때 비로소 국민의 구체적인 권리 · 의무가 발생하게 된다. 근대시민국가에서는 시민의 자유와

1) 예컨대 1990년 8월 31일의 통일조약에 관하여 1990년 9월 23일 이루어진 통일조약동의법률이 그것이다.
2) 권영성, 헌법학원론, 799면 각주 1) 참조.
3) 권영성, 헌법학원론, 799면.

권리를 보장하고 권력분립과 법치국가 원리를 고수하기 위하여 일반적 법률의 제정만이 인정되었다.[1]

[일반적 법률]
- 개인의 자유 · 평등 · 안전을 보장
- 자본주의사회에서 경쟁적 계약사회를 가능
- 인간의 인간에 대한 지배 → 법에 의한 지배

따라서 법적 안정성의 확보와 법규범 상호간의 조화를 위해서도 특별법인 처분적 법률의 제정은 바람직한 현상이 아닌 것으로 인식되었다.

그러나 우리 나라의 법률 중에는, 그 명칭이 특례법 · 특별조치법 · 임시조치법 또는 특별법인 법률이 적지 아니하다. 한국법제연구원의 「특례법의 현황과 정비방안」에 따르면, 우리 나라에는 건국 이후 150여건의 특례법이 제정된 바 있는데, 이 가운데 80여 건은 여전히 존재하고 있다고 한다.[2]

4.2.2. 처분적 법률(Maßnahmegesetz)

a) 의의

처분적 법률(Maßnahmegesetz)이라 함은 행정적 집행이나 사법적 재판을 매개로 하지 아니하고 직접 국민에게 권리나 의무를 발생하게 하는 법률, 즉 자동집행력을 가지는 법률을 말한다.[3] 따라서 처분적 법률은 일정한 범위의 국민을 대상으로 하는 어떠한 처분이나 조치 등 구체적이고 개별적인 사항을 그 내용으로 한다.

현대사회국가와 같이 사회적 · 경제적 사정이 복잡해지고, 국가 기능이 질 · 량에 있어 변화된 상황 속에서는 일반적 · 추상적 성격을 지니는 일반적 법률(Allgemeines Gesetz)만으로는 국민의 생존과 복지를 충분히 보장할 수 없을 뿐 아니라 비상적 위기상황에도 적절히 대처할 수 없다. 그러므로 행정이나 사법을 매개로 하지 아니하고 직접적 · 구체적이고 개별적인 처분을 내용으로 하는 처분적 법률이 날로 증대되고 있는 실정이다. 처분적 법률은 법규범의 기본적 속성을 결하고 있으며, 과잉행사가 기본권침해의 결과를 초래할 수 있고, 권력분립의 원칙이나 평등의 관점에서도 많은 문제점이 지적되고 있다.

---

1) C. Schmitt, Verfassungslehre, SS. 139, 151 ff 참조.
2) 권영성, 헌법학원론, 799면 각주 2) 참조.
3) 헌재결 1989. 12. 18, 89헌마32 · 33(병합), 헌판집 1권, 343(352)면.

b) 처분적 법률의 종류

처분적 법률에는 (ㄱ) 일정한 범위의 국민만을 대상으로 하는 개인적 법률(Einzelpersonengesetz),[1] (ㄴ) 개별적 · 구체적인 상황 또는 사건을 대상으로 하는 개별사건법률(Einzelfallgesetz),[2] (ㄷ) 시행기간이 한정된 한시적 법률(Zeitgesetz)[3]이 있다.

「기타 처분적 법률의 예」

舊국가보위입법회의법부칙 제4항 후단 : 「소속공무원의 귀책사유의 유무라던가 다른 공무원과의 관계에서 형평성이나 합리적인 근거 등을 제시하지 아니한 채 임명권자의 후임자임명이라는 처분에 의하여 그 직을 상실하는 것을 규정」하였으므로 처분적 법률의 일례로 볼 수 있다고 하였다.[4]

보훈기금법 부칙 제5조 : 「분조합 또는 분조합원의 사유재산을 박탈하여 보훈기금에 귀속시키기 위한 개별적 처분법률」이라고 하였다.[5]

c) 처분적 법률의 한계(문제점)

헌법이론적으로는 처분적 법률의 한계와 관련하여 두 가지 문제가 제기된다. 첫째는 처분적 법률이 권력분립의 원리와 모순되는 것이 아니냐 하는 점이다. 권력분립의 원리에 따라 입법은 일반적 · 추상적 법규범의 정립을 그 본질로 한다는 점에서 개별적 처분을 본질로 하는 집행과 실질적 재판을 본질로 하는 사법과는 구별되고 있다. 따라서 이 문제는 입법이 어느 정도의 처분적 작용이나 재판적 작용을 그 내용으로 할 수 있느냐 하는 입법의 한계에 관한 문제를 의미하기도 한다.[6] 이 점에 관하여 소수설은 처분적 법률을 권력분립의 원리에 위배되는 것으로 보고 있지만, 다수설은 박모를 국무총리로 임명한 다거나 이모를 사형에 처한다거나 하는 것을 규정하는 경우처럼, 극단적인 개별적 · 구체적 처분이나 재판을 그 내용으로 하는 것이 아니면, 처분적 법률도 사회국가적 요청에서 부득이한 것이라고 한다.

---

1) 부정선거관련자처벌법 · 정치활동정화법 · 부정축재처리법 · 정치풍토쇄신을 위한 특별조치법 등.
2) 긴급금융조치법 · 긴급통화조치법.
3) 재외국민취적 · 호적정정 및 호적정리에 관한 임시특별법 등.
4) 헌재결 1989. 12. 18, 89헌마32 · 33(병합) 【국가보위입법회의법 등의 위헌여부에 관한 헌법소원】.
5) 헌재결 1994. 4. 28, 92헌가3 【보훈기금법 부칙 제5조 및 한국보훈복지공단법 부칙 제4조 제2항에 관한 위헌심판】
6) 입법에 관한 형식설에 따를 경우, 국회가 형식적 의미의 법률로써 규정하기만 하면, 처분적 법률도 국회의 권한에 속하는 것이 되므로 법리상 아무런 문제가 없는 것이 된다.

둘째는 처분적 법률이 평등의 원칙에 위반되는 것이 아니냐 하는 점이다. 처분적 법률은 일정한 범위의 국민 또는 특정한 사항을 대상으로 하기 때문에 소수설은 그것이 평등의 원칙에 위배된다고 한다. 그러나 다수설에 의하면 평등의 원칙에 있어서 그 평등은 실질적·상대적 평등을 의미하고, 사회국가적 이념을 구현하기 위하여 특정범위의 국민의 생존을 배려할 필요가 있는 경우에는 개별적·구체적 조치를 그 내용으로 하는 처분적 법률의 제정도 합리적인 이유가 있는 것이므로 평등의 원칙에 위배되는 것이 아니라고 한다.

「판례」

개별사건법률은 원칙적으로 평등원칙에 위배되는 자의적 규정이라는 강한 의심을 불러일으키는 것이지만, 개별법률금지의 원칙은 법률제정에 있어서 입법자가 평등원칙을 준수할 것을 요구하는 것이기 때문에 특정규범이 개별사건법률에 해당한다 하여 곧바로 위헌을 뜻하는 것은 아니며, 이러한 차별적 규율이 합리적인 이유로 정당화될 수 있는 경우에는 합헌적일 수 있다.[1)]

처분적 법률을 인정하는 다수설에 반대하면서 처분적 법률에 대한 비판적 태도를 지지하는 견해가 있다.[2)] 특히 개인적 법률(개인대상 법률)은 어떠한 경우에도 허용될 수 없다고 한다(독일의 통설·판례). 미국판례도 「법원의 심리에 의하지 아니하고 어느 개인 또는 어느 단체의 구성원으로 용이하게 특정할 수 있는 자에게 형벌을 과하는 입법인 사권박탈법(bill of attainder)은 헌법상 금지된다」[3)]고 한다. 아무튼 처분적 법률에 대한 시각이 호의적인 것으로 변하고 있다 하더라도 처분적 법률은 국회의 법률제정권의 한계가 됨은 분명하다할 것이다.

5 · 18민주화운동(민주화운동)등에관한특별법(이하 "특별법" 이라 한다) 제2조가 개별사건법률로서 위헌인지 여부(소극)[4)]

가. 특별법 제2조가 개별사건법률이기 때문에 위헌인가

(1) 청구인들은 이 법률조항이 "1979. 12. 12.과 1980. 5. 18.을 전후하여 발생한 헌정질서파괴범죄행위"라고 특정함으로써 청구인 등이 범하였다는 이른바 12·12 군사반란행위와 5·18 내란행위를 지칭하는 것이 명백하여 특별법은 결국 청구인 등 특정인의 특정사건에 대하여 국가형벌권이 특정기간동안 연장하는 것을 규정하고 있어 '개인대상법률'이

---

1) 헌재결 1996. 2. 16, 96헌가2, 96헌바7·13(병합) 【5·18 민주화운동 등에 관한 특별법 제2조 위헌제청 등】

2) 허영, 한국헌법론, 923면.

3) United States v. Lovett, 328 U S 303(1946).

4) 헌재결 1996. 2. 16, 96헌가2, 96헌바7, 96헌바13 【5·18 민주화운동 등에 관한 특별법 제2조 위헌제청 등】

며 '개별사건법률'이므로 헌법상 평등의 원칙에 반할 뿐만 아니라 나아가 권력분립의 원칙과 무죄추정의 원칙에 반하여 헌법에 위반된다고 주장한다. 그러므로 먼저 이 법률조항이 개별사건법률이기 때문에 헌법에 위반되는 것인지의 여부에 관하여 판단한다.

특별법 제2조는 제1항에서 "1979년 12월 12일과 1980년 5월 18일을 전후하여 발생한 … 헌정질서파괴행위에 대하여 … 공소시효의 진행이 정지된 것으로 본다."라고 규정함으로써, 특별법이 이른바 12·12 사건과 5·18 사건에만 적용됨을 명백히 밝히고 있으므로 다른 유사한 상황의 불특정다수의 사건에 적용될 가능성을 배제하고 오로지 위 두 사건에 관련된 헌정질서파괴범만을 그 대상으로 하고 있어 특별법 제정당시 이미 적용의 인적범위가 확정되거나 확정될 수 있는 내용의 것이므로 개별사건법률임을 부인할 수는 없다.

(2) 그러나 우리 헌법은 개별사건법률에 대한 정의를 하고 있지 않음은 물론 개별사건법률의 입법을 금하는 명문의 규정도 없다.

개별사건법률금지의 원칙은 "법률은 일반적으로 적용되어야지 어떤 개별사건에만 적용되어서는 아니 된다"는 법원칙으로서 헌법상의 평등원칙에 근거하고 있는 것으로 풀이되고, 그 기본정신은 입법자에 대하여 기본권을 침해하는 법률은 일반적 성격을 가져야 한다는 형식을 요구함으로써 평등원칙위반의 위험성을 입법과정에서 미리 제거하려는데 있다 할 것이다.

개별사건법률은 개별사건에만 적용되는 것이므로 원칙적으로 평등원칙에 위배되는 자의적인 규정이라는 강한 의심을 불러일으킨다. 그러나 개별사건법률금지의 원칙이 법률제정에 있어서 입법자가 평등원칙을 준수할 것을 요구하는 것이기 때문에, 특정규범이 개별사건법률에 해당한다 하여 곧바로 위헌을 뜻하는 것은 아니다. 비록 특정법률 또는 법률조항이 단지 하나의 사건만을 규율하려고 한다 하더라도 이러한 차별적 규율이 합리적인 이유로 정당화될 수 있는 경우에는 합헌적일 수 있다. 따라서 개별사건법률의 위헌 여부는, 그 형식만으로 가려지는 것이 아니라/ 나아가 평등의 원칙이 추구하는 실질적 내용이 정당한지 아닌지를 따져야 비로소 가려진다.

(3) 이른바 12·12 및 5·18 사건의 경우 그 이전에 있었던 다른 헌정질서파괴범과 비교해보면, 공소시효의 완성 여부에 관한 논의가 아직 진행 중이고, 집권과정에서의 불법적 요소나 올바른 헌정사의 정립을 위한 과거청산의 요청에 미루어볼 때 비록 특별법이 개별적사건법률이라고 하더라도 입법을 정당화할 수 있는 공익이 인정될 수 있다고 판단된다. 따라서 이 법률조항은 개별사건법률에 내재된 불평등요소를 정당화할 수 있는 합리적인 이유가 있으므로 헌법에 위반되지 아니한다.

「정리」

처분(적) 법률(Ma ß nahmegesetz)

* 시책(대책)적 혹은 조치적 법률

1. 의의

처분적 법률이라 함은 구체적 · 개별적인 사항을, 특정한 국민을 대상으로 하여, 사법 또는 행정을 매개로 하지 않고, 직접적으로 권리 · 의무를 발생시키도록 하는 법률을 말한다.

- 구체적 · 개별적인 사항
- 특정한 국민을 대상
- 사법 또는 행정을 매개로 하지 않음(행정행위가 필요하지 않음)
- 직접적으로 권리 · 의무를 발생시키도록 하는 법률.

오늘날의 「사회적 법치국가」(sozialer Rechtsstaat)[1]를 추구하는 현대의 「(신)다원주의 국가」에서는 국가의 과제와 국가기능이 급속하게 확대 → 과거의 「시민적 법치국가」에서 요구되던 '일반적 법률(allgemeines Gesetz)' 만으로는 국민의 생존배려(Daseinsvorsorge), 국민복지 혹은 비상적 · 위기적 상황에 능동적이고 효율적으로 대처 할 수 없다. → (따라서) '처분적 법률(Maßnahmegesetz)'이 필요. (☜ 그러나 허영 교수의 비판 참조)

2. 종류

① 개인적 법률(Einzelpersonengesetz) : 일정한 범위의 소수의 사람만을 그 적용대상
 ☜ 독일 통설 · 판례는 이를 부정
② 개별사건 법률(Einzelfallgesetz) : 개별적이고 구체적 상황이나 사건을 적용대상
③ 한시적 법률(Zeitgesetz) : 적용기간이 한정되어 있는 법률(한시법)이다.

「예」
- (구)미성년자보호법[2] 제2조(흡연금지 · 음주금지)
- 도로교통법 제37조(차의 등화)
- 5·18민주화운동등에관한특별법 제2조(공소시효의 정지)

3. 문제점

① 평등의 원칙 : 처분법률은 「일정한 범위의 사람」과 「일정한 범위의 사항」만을 대상
 → 평등의 원칙에 위배되지 않는가?
 → 그때그때의 상황에 따라 개별적 · 구체적 조치를 취하는 것을 내용

1) 이는 사회국가 및 법치국가의 개념을 통합한 것으로서 독일의 프라이부르크(Freiburg) 법과대학의 교수인 헷세(Konrad Hesse)에 의하여 확립되었다.
2) 1999. 2. 5. 법률5817호 폐지.

으로 하는 처분적 법률도 결국은 평등의 원칙을 실천

② 삼권분립의 원칙: 권력분립의 원칙

→ 입법 : (일반적으로) 국민대표기관인 국회에서 일반적 · 추상적 규범을 정립.

행정 : 개별적 집행

사법 : 실질적인 재판을 담당.

「문제점」 이러한 점에서 처분적 법률은 삼권분립의 원칙에 위반되는가?

「답」 : 현대의 복지국가 지향이라고 하는 정책목표에 의하여 이를 부득이 인정

<예외>

- 극단적인 개별적 구체적 처분 : '김 아무개'는 국무총리에 임명한다.
- 재판을 내용으로 하는 것 : '이 아무개'는 사형에 처한다.

③ 처분법률에 대한 위헌법률심판여부 : (헌법재판소 1991. 3. 11, 90헌마28)

- 지방의회의원선거법 제28조 등에 대한 헌법소원 -

법규 때문에 기본권의 침해를 받았다하여 헌법소원의 형태로 그 위헌여부의 심판을 구하는 법규에 대한 헌법소원은 구체적인 소송사건에서 전제된 경우도 아니고 단순히 어느 법규가 위헌인가의 여부에 대한 의문이 있어 제기하는 추상적 규범통제제도와는 근본적으로 다른 것으로서 자기관련성, 현재성, 그리고 직접성의 요건을 갖추게 되면 그것만으로 적법한 소원심판청구로 되어 허용이 된다. 법령자체에 의한 기본권침해가 문제되어 법령자체에 대한 헌법소원심판청구를 하였을 때에는 이른바 헌법재판소법 제68조 제1항 단서 소정의 보충성의 예외적인 경우에 해당한다.[1)]

「참고」 : 독일의 경우의 처분적 법률에 대한 내용

독일의 경우 기본법 제19조 제1항에서는 개별사건(Einzelfall)법률에 의한 기본권침해를 금지(헌법이 명시)

- 개인대상법률(Einzelpersonengesetz)의 금지 : 학설 · 판례[2)]

1) 헌재결 1989. 3. 17, 88헌마1 【사법서사법시행규칙에 관한 헌법소원】

2) H. Schneider, Gesetzgebung, 1982, S. 23 ff(28); 허영, 한국헌법론, 923면 각주 1) 참조.

5. 법률의 내용

어떠한 사항이 형식적 의미의 법률로써 규정될 수 있는가에 관해서는 견해가 대립된다. 권리 · 의무설에 의하면, 형식적 의미의 법률은 국민의 권리와 의무에 관한 사항만을 그 내용으로 할 수 있다고 한다(다수설). 그러나 입법사항설에 의하면, 형식적 의미의 법률은 국민의 권리와 의무에 관한 사항 뿐만 아니라 그 밖에도 헌법이 입법사항으로 하고 있는 것이면 그 내용으로 할 수 있다고 한다.[1)]

「형식적 의미의 법률」
권리 · 의무설: 국민의 권리와 의무에 관한 사항만을 내용(다수설).
입법사항설: ① 국민의 권리와 의무에 관한 사항, ② 그 밖에도 헌법이 입법사항으로 하고 있는 것(권영성 교수)

생각건대 입헌주의사상은 국가권력의 자의적 행사로부터 국민의 자유와 권리를 보장하기 위하여 법규사항, 즉 국민의 권리와 의무에 관한 사항은 반드시 의회가 법률의 형식으로 규정할 것을 요청하고 있다. 그러므로 국민의 권리와 의무에 관한 사항을 법률로써 규정하여야 한다는 점에는 양설 간에 다툼이 없다. 하지만 의회에 의한 법률의 제정을 헷세의 지적처럼, 국가생활의 기본문제를 법규범화하는 작용이라고 한다면, 법률은 국민의 권리와 의무에 관한 법규사항만을 내용으로 할 이유가 없으며 그 밖의 국가생활의 기본문제(입법사항)도 그 내용으로 할 수 있는 것이다.[2)]

5.1. 법규사항

법규(Rechtssatz)와 법규범(Rechtsnorm)의 개념을 학자에 따라서는 동일한 개념으로 파악하는 견해가 있고,[3)] 이를 구별하는 입장의 견해도 있다. 구별하는 입장은 다음과 같이 구별하여 설명한다.

법규 → 고권적인 일반적 · 추상적인 규율로서, 국가(행정기관)와 시민간의 관계규율 뿐만 아니라, 국가(행정기관) 내부영역에서의 규율도 포함하는 개념이다.

법규범 → 일반적 · 추상적 규율로서, 시민이나 그 밖의 독자적인 법인에 대한 권리 또

1) 권영성, 헌법학원론, 802면.
2) 권영성, 헌법학원론, 803면.
3) 법규의 개념은 「국민과 행정권을 구속하고 재판규범이 되는 성문의 법규범」이다(김동희 (I), 134면).

는 의무의 창설 · 변경 · 소멸에 관한 사항을 그 내용으로 하는 것을 말한다. 이는 실질적 의미의 법률과 동일한 개념으로 이해한다.

법규(Rechtssatz)란 광의로는 법규범 일반을 지칭하지만, 엄격한 의미에서는 특수한 성질을 가진 협의의 법규범만을 가리킨다.[1] 협의의 법규는 첫째, 일반적이고 추상적인 법규범만을 법규라 지칭함으로써 구체적인 행정처분이나 판결과 구별된다. 행정이나 재판은 「법규」에 의거 하여 행해져야 한다는 경우의 법규가 그러한 의미의 것이다. 둘째, 국민의 권리 · 의무와 직접 관계가 있는 사항을 규정한 법규범만을 법규라 지칭함으로써 행정명령과 구별된다.[2]

「권영성 교수의 견해」: (협의의) 法規
일반적이고 추상적인 법규범만을 지칭 → 행정처분 · 판결과 구별
국민의 권리 · 의무와 직접 관계가 있는 사항을 규정한 법규범만을 지칭 → 행정명령과 구별

이와 같은 법규의 개념은 근대입헌주의와 법치주의의 소산이지만, 국민의 자유와 권리를 제한하는 국가작용은 반드시 국민의 대표기관인 의회가 제정한 법률에 근거하여야 한다는 사상에서 유래한 것이다. 헌법은 제2장에서 국민의 권리와 의무에 관련되는 사항(법규사항)은 반드시 법률로써 규정하도록 하는 기본권법률규율주의를 명시하고 있다.

「헌법이 법률로써 규정하도록 하고 있는 법규사항」
- 죄형법정주의(제12조 제1항) : 법률 없이 (범죄도 없고) 형벌도 없다
- 재산권의 내용과 한계 및 보상의 기준(제23조)
- 선거권(제24조)
- 공무담임권(제25조)
- 재판청구권(제27조)
- 국가배상청구권(제29조) : 일반권력관계 · 특별권력관계
- 범죄피해자구조청구권(제30조)
- 사회보장수급권(제34조 제5항)
- 기본권제한입법(제37조 제2항)
- 납세의무(제39조) : 조세법률주의
- 국방의무(제39조)

---

1) 권영성, 헌법학원론, 802면.
2) 권영성, 헌법학원론, 802면.

5.2. 입법사항(법률사항)

입법사항이라 함은 법규사항은 아니지만 헌법이나 법률이 형식적의미의 법률로써 규정하도록 하고 있는 사항을 말한다. 이것을 법률사항이라고도 한다. 입법사항은 법규사항보다 넓은 개념으로서 상술한 법규사항은 물론이고 국민의 권리 · 의무와 직접 관련이 없는 사항까지도 그 내용으로 할 수 있다.[1)]

예를 들면 (ㄱ) 국가기간조직사항은 헌법이 반드시 법률로써 규정하도록 하고 있다. (ㄴ) 국가중요정책사항도 헌법은 그 결정권을 국회에 유보하여 법률의 형식으로써만 규정하도록 하고 있다. (ㄷ) 법률이 또 다른 법률로써 규정하도록 하고 있는 사항도 법률로써 규정하여야 한다. (ㄹ) 그 밖에도 국회가 스스로 법률로써 규정하는 것이 필요하다고 판단하는 사항은 법률로써 정할 수 있다.[2)]

「헌법이 규정하고 있는 입법사항」

- **국가기간조직사항**
  - · 대통령선거(제67조)
  - · 국회의원선거(제41조), 국군의 조직 · 편성(제74조 제2항)
  - · 행정각부(제96조)
  - · 감사원(제100조)
  - · 법원(제102조 제3항)
  - · 헌법재판소(제113조 제3항)
  - · 선거관리위원회(제114조 제7항)의 조직
  - · 지방자치단체의 종류(제117조 제2항)
- **국가중요정책사항**
  - · 국적조항(제2조 제1항)
  - · 정당제도(제8조)
  - · 교육제도(제31조 제6항)
  - · 계엄(제77조)
  - · 사면(제79조)
  - · 국토의 이용 · 개발(제120조)
  - · 소비자 보호운동(제124조)
- **법률이 또 다른 법률로써 규정하도록 하고 있는 사항**
  - · 정부조직법 → 국가정보원(국가안전기획부)의 조직 · 직무범위 기타 필요한 사항은 따로 법률로 정한다.
- **국회가 스스로 법률로써 규정하는 것이 필요하다고 판단하는 사항**

---

1) 권영성, 헌법학원론, 803면.

2) 권영성, 헌법학원론, 803면.

6. 법률제정의 절차

6.1. 법률안의 제안

법률안은 국회의원과 정부가 제출할 수 있다(헌법 제52조). 국회의원이 법률안을 제출하려면, 10인 이상의 찬성을 얻어 발의하여야 한다(국회법 제79조). 의원 또는 위원회가 예산 또는 기금상의 조치를 수반하는 의안을 발의 또는 제안하는 경우에는 그 의안의 시행에 수반될 것으로 예상되는 비용에 대한 추계서를 아울러 제출하여야 한다(국회법 제79조의2 제1항). 정부가 법률안을 제출하려면 국무회의의 심의를 거쳐야 한다(헌법 제89조 제3호). 대통령제에 있어서 행정부에 법률안제출권을 부여하는 것은 이례적이고, 의회에 대한 행정부의 우월성을 보장하는 것이기도 하다. 그러나 고도의 경험과 지식을 필요로 하는 경제입법과 사회입법 등의 수요가 증대되고 있는 오늘날에는 대통령제국가에서도 행정부에 법률안제출권을 인정하는 것이 합목적적이다.

6.2. 법률안의 심의와 의결

법률안이 제출되면 국회의장은 이를 인쇄하여 의원에게 배부하고, 본회의에 보고한 후 소관상임위원회에 회부하여 심사하게 한다. 소관상임위원회의 심사가 끝나면 법안은 본회의에 부의된다. 다만, 폐회 또는 휴회등으로 본회의에 보고할 수 없을 때에는 이를 생략하고 회부할 수 있다(국회법 제81조 제1항). 국회는 필요에 따라 공청회 · 청문회 등을 개최할 수 있다.[1]

위원회는 중요한 안건 또는 전문지식을 요하는 안건을 심사하기 위하여 그 의결 또는 재적위원 3분의 1 이상의 요구로 공청회를 열고 이해관계자 또는 학식 · 경험이 있는 자등(이하 "진술인"이라 한다)으로부터 의견을 들을 수 있다(국회법 제64조 제1항).

> **국회법 제64조 (공청회)** ① 위원회(소위원회를 포함한다. 이하 이 조에서 같다)는 중요한 안건 또는 전문지식을 요하는 안건을 심사하기 위하여 그 의결 또는 재적위원 3분의 1

---

1) 헌재결 2005. 11. 24, 2005헌마579 【신행정수도 후속대책을 위한 연기 · 공주지역 행정중심복합도시 건설을 위한 특별법 위헌확인】 국회는 자율적 판단에 따라 공청회나 청문회를 개최할 수 있고(국회법 제58조, 제64조), 국민은 청원권을 통하여 정부나 국회에 입법에 관한 건의를 할 수 있으며, 헌법소원과 위헌법률심판제도를 통하여 위헌적인 법률을 다툴 수 있으므로 법률의 공정성과 타당성을 보장하고 국민의 권리 보장을 위해 국민들의 의견을 반영하기 위한 절차가 일정 부분 마련되어 있다고 볼 수 있다. 게다가 해석을 통해 입법절차에서의 국민의 직접참여권 보장을 내용으로 하는 청문권을 인정할 현실적인 필요성도 크지 않다. 따라서 국회입법에 대하여는 원칙적으로 일반 국민의 지위에서 적법절차에서 파생되는 청문권은 인정되지 아니하므로 청구인들의 경우 이 사건 법률에 의하여 그러한 기본권을 침해받을 가능성은 없다.

이상의 요구로 공청회를 열고 이해관계자 또는 학식 · 경험이 있는 자등(이하 "진술인"이라 한다)으로부터 의견을 들을 수 있다. 다만, 제정법률안 및 전부개정법률안의 경우에는 제58조 제6항의 규정에 의한다. <개정 2000.2.16, 2005.7.28>

② 위원회에서 공청회를 열 때에는 안건 · 일시 · 장소 · 진술인 · 경비 기타 참고사항을 기재한 문서로 의장에게 보고하여야 한다.

③ 진술인의 선정과 진술인 및 위원의 발언시간은 위원회에서 정하며, 진술인의 발언은 그 의견을 듣고자 하는 안건의 범위를 넘어서는 아니된다. <개정 1994.6.28>

④ 위원회가 주관하는 공청회는 그 위원회의 회의로 한다.

⑤ 기타 공청회운영에 필요한 사항은 국회규칙으로 정한다.

중요한 안건의 심사에 필요한 경우 증인 · 감정인 · 참고인으로부터 증언 · 진술의 청취와 증거의 채택을 위하여 그 의결로 청문회를 열 수 있다(동법 제65조 제1항).

국회법 제65조 (청문회) ① 위원회는 중요한 안건(국정감사 및 조사를 포함한다)의 심사에 필요한 경우 증인 · 감정인 · 참고인으로부터 증언 · 진술의 청취와 증거의 채택을 위하여 그 의결로 청문회를 열 수 있다. <개정 2000.2.16>

② 제1항의 규정에 불구하고 법률안의 심사를 위한 청문회의 경우에는 재적위원 3분의 1 이상의 요구로 개회할 수 있다. 다만, 제정법률안 및 전부개정법률안의 경우에는 제58조 제6항의 규정에 의한다. <개정 2000.2.16, 2005.7.28>

③ 위원회는 청문회개회 5일전에 안건 · 일시 · 장소 · 증인등 필요한 사항을 공고하여야 한다. <개정 2000.2.16>

④ 청문회는 공개한다. 다만, 위원회의 의결로 청문회의 전부 또는 일부를 공개하지 아니할 수 있다.

⑤ 위원회는 필요한 경우 전문가를 위촉하여 청문회에 필요한 사전조사를 실시하게 할 수 있다. <신설 2000.2.16>

⑥ 청문회에서의 발언 · 감정 등에 대하여 이 법에서 정한 것을 제외하고는 국회에서의 증언 · 감정등에관한법률에 따른다.

⑦ 제64조제2항 내지 제4항의 규정은 청문회에 준용한다.<개정 1991.5.31>

⑧ 기타 청문회운영에 필요한 사항은 국회규칙으로 정한다.

소관상임위원회에서 심사한 결과 본회의에 부의할 필요가 없다고 판단된 때에는 본회의에 부의하지 않을 수 있으며, 그 법안은 폐기된다(국회법 제87조). 이와 같은 위원회에 의한 의안의 폐기를 미국에서는 保留函(pigeon hole)이라 한다.[1] 결론적으로 법률안이 본회의의 의제가 된 때에는 심사보고 또는 제안설명을 하고, 법률안에 대한 의원의 질의가 끝나면 토론에 붙여 이를 종결한 후 표결한다(국회법 제93조). 법률안에 대한 수정동의는

1) 권영성, 헌법학원론, 804면.

의원 30인 이상의 찬성을, 예산안에 대한 수정동의는 의원 50인 이상의 찬성을 필요로 한다(국회법 제95조 제1항). 본회의에 상정된 법률안의 의결은 재적의원 과반수의 출석과 출석의원 과반수의 찬성으로써 한다(헌법 제49조).

6.3. 법률안의 정부에의 이송

법률안이 본회의에서 의결되면 정부에 이송된다(제53조 제1항). 정부가 그 법률안에 대하여 이의를 가지지 아니하면 국무회의의 심의를 거쳐 대통령이 이에 서명하고 국무총리와 관계국무위원이 부서한다(제89조 제3호, 제82조). 이로써 법률안은 법률(법률안 → 법률)로서 성립한다.

6.4. 대통령의 거부권행사와 국회의 재의

대통령은 정부에 이송된 법률안에 이의가 있으면 법률안이 이송된 날로부터 15일 이내에 이의서를 붙여 국회에 환부하고 재의를 요구할 수 있다. 국회의 폐회 중에도 또한 같다(헌법 제53조 제2항). 대통령의 법률안거부는 환부거부만이 인정되며,[1] 국회의 임기가 만료한 경우를 제외하고는 보류거부가 인정되지 아니한다.[2] 환부거부된 법률안은 국회에서 재의에 붙어지고, 재적의원 과반수의 출석과 출석 의원 3분의 2 이상의 찬성으로써 재의결되면 법률로서 확정된다(헌법 제53조 제4항).

6.5. 법률의 공포

대통령은 법률안이 정부에 이송된 날로부터 15일 이내에 이를 공포하여야 한다(헌법 제53조 제1항). 공포는 법률의 효력발생요건이며 관보에 게재한다. 대통령이 15일 이내에 공포나 재의의 요구를 하지 아니한 때에도 그 법률안은 법률로서 확정된다(동조 제5항). 확정된 법률을 대통령이 지체 없이 공포하지 않거나 국회의 재의결로 확정된 법률이 정부에 이송된 후 5일 이내에 대통령이 공포하지 아니할 때에는 국회의장이 이를 공포한다(동조 제6항). 현행법상 법률이 공포가 있은 것으로 인정되는 시기는 결국 「관보에 게재된 것으로 인정되는 시기」와 동일하다. 그러나 어느 때를 관보에 게재된 시기로 볼 것인가에 관해서는 견해가 대립되고 있다. 판례[3]와 <u>통설은 관보가 서울의 중앙보급소에 도달하여 일반국민이 이를 구독하고자 원하면, 그것이 언제든지 가능한 상태에 놓인 최초의 시점으로 보고 있다(최초구독가능시설)</u>.[4]

---

1) 권영성, 헌법학원론, 805면.
2) 권영성, 헌법학원론, 805면.
3) 대판 1970 7. 21, 70누76; 대판 1970. 10. 23, 70누26; 대판 1968. 12. 6, 68다1753.

6.6. 법률로서의 효력발생

법률은 법률에 특별한 규정이 없으면 公布한 날로부터 20일을 경과함으로써 效力을 발생한다(동조 제7항). 공포된 법률이 효력을 발생하여 현실적으로 적용되는 것을 법률의 施行이라고 한다. 판례는 공포가 없는 한 법률의 효력은 발생하지 않으며,[1] 또 법률에 施行日이 명시된 경우에도 시행일 이후에 공포된 때에는 시행일에 관한 법률규정은 그 효력을 상실한다고 판시한 바 있다.[2]

공포된 법률은 헌법 다음가는 형식적 효력을 가지게 되며 헌법과 국회법에 규정된 절차에 따르지 아니하고는 개폐되지 아니한다(형식적 효력). 그리고 법률은 원칙적으로 대한민국의 주권이 미치는 모든 지역과 영토내의 모든 사람에게 적용된다(실질적 효력).[3]

헌법개정 · 법률 · 조약 · 대통령령 · 예산 · 총리령 및 부령의 공포 또는 헌법개정안 예산의 국고부담계약의 공고는 관보에 게재하도록 되어 있다(법령등공포에관한법률 제11조 제1항). 다만 예외적으로 헌법 제53조 제6항 및 국회법 제91조 제2항의 규정에 의하여 국회의장이 법률을 공포할 때에는 서울특별시에서 발행되는 일간신문 2 이상에 게재하도록 되어 있다(동법 제11조 제2항).

II. 입법권의 범위

헌법 제40조의 입법권이 실질적 의미의 입법을 의미한다는 것은 이미 살펴본 바와 같다. 따라서 실질적 의미의 입법은 국회에 전속하나, 헌법은 헌법정책적 이유로 실질적 의미의 입법을 다른 기관에 위임하고 있으므로, 국회의 입법권은 헌법개정의 발의 · 의결권, 법률제정권(법률안의 제출 · 심의 · 의결권), 조약의 체결 · 비준의 동의권 그리고 국회규칙제정권에 국한되고 있다.[4]

---

4) 권영성, 헌법학원론, 805면.

1) 법률의 효력은 헌법 제40조 제5항에 의하여 공포일로부터 20일 후, 기타 법률의 정한 일에 비로소 발생하는 것이고, 그것이 동조 제2 · 3항 소정의 사유와 절차로 인하여 법률안으로서 確定되었다 하더라도, 그 확정만으로써는 당연히 그 효력이 발생하는 것이 아니다(대판 1954. 10. 5, 4287刑上16).

2) 대판 1955. 6. 21, 4288刑上95.

3) 당해 법규범의 적용에 따라 이미 발생한 효과는 법규범이 폐지되더라도 특별한 경과규정이 없는 한 지속되는 것이므로, 청구인에 대한 피선거권 제한의 효력은 종전의 단체장선거법이 폐지되었다고 할지라도 당연히 지속되는 것이고, 이 사건 심판대상인 법률조항에 의하여 비로소 그와 같은 효력이 생긴 것은 아니다(헌재결 1995. 12. 28, 95헌마196).

- 헌법개정의 발의 · 의결권
- 법률제정권(법률안의 제출 · 심의 · 의결권)
- 조약의 체결 · 비준의 동의권
- 국회규칙제정권

1. 헌법개정의 발의 · 의결권

국회는 재적의원 과반수의 찬성으로 헌법개정안을 제안할 수 있고(헌법 제128조), 제안된 헌법개정안은 공고된 날로부터 60일 이내에 국회의 의결을 거쳐야 한다(헌법 제130조).

2. 법률제정권(법률안의 제출 · 심의 · 의결권)

입법작용은 실질적 의미의 입법인 일반적이고 추상적인 법규범을 정립하는 국가작용을 의미하지만, 법률의 제정권이라 할 경우의 법률은 국회가 헌법이 규정하는 입법절차에 따라 심의 · 의결하고 대통령이 서명 · 공포함으로써 효력을 발생하는 헌법의 하위법규범인 형식적 의미의 법률을 의미하는 것으로 보아야 한다.[1]

> 헌재결 2001. 4. 26, 2000헌마122 【농업기반공사및농지기금관리법 부칙 제6조 단서 위헌확인】
>
> 우리 헌법 제40조의 의미는 적어도 국민의 권리와 의무의 형성에 관한 사항을 비롯하여 국가의 통치조직과 작용에 관한 기본적이고 본질적인 사항은 반드시 국회가 정하여야 한다.[2]

국회는 법규사항 이건 혹은 법률사항이건 간에 헌법이 법률로 규정할 것을 명한 사항에 관하여는 반드시 법률로 정하여야 한다. 법률제정권은 통치작용의 기본이 되는 법질서 형성의 의미를 가지므로, 이 범위 내에서는 광범위한 입법형성권을 갖는다. 국회는 법률안을 제출할 수 있으며(헌법 제52조),[3] 제안된 법률을 심의 · 의결한다(헌법 제53조).[4] 일반

---

4) 입법을 형식적 의미로 파악하는 견해에 따르면 입법의 범위에 관한 설명방법이 달라지게 된다. 즉 입법의 범위는 국회의 권한으로 되어 있는 사항을 중심으로 설명할 수밖에 없다. 대표적인 형식설(김철수)의 견해를 보면 입법권의 범위를 국회의 법규사항(죄형법정주의, 선거권, 재산권)과 법률사항(조직법률(국군, 국가안전보장회의, 군사법원)과 중요정책사항(계엄 · 사면)으로 나누어 분류함) 그리고 기타 사항으로 구분하여 설명한다. 입법의 성질을 실질설로 보는 것이 타당하듯이, 입법권의 범위도 실질설의 입장에서 설명하는 것이 훨씬 간결하고 합리적이다.

1) 헌재결 1991. 2. 11, 90헌가27.

2) 동지의 판례 : 헌재결 1998. 5. 28, 96헌가1.

적으로 심의권만 가진 경우에는 심의만 할 수 있으나, 헌법 제53조에서는 국회에 심의권과 의결권을 동시에 부여하고 있다. 국회의 법률제정권에 대한 중대한 제한은 대통령의 법률안거부권과 긴급명령 및 긴급재정·경제명령권이다.

3. 조약의 체결·비준에 대한 동의권

대통령이 헌법 제60조 제1항에 열거된 조약을 체결·비준할 때에는 국회의 동의(헌법 제60조 제1항)를 얻어야 하는 바, 체결·비준된 조약은 국내법과 동일한 효력을 지니므로 조약의 체결·비준에 대한 동의는 실질적으로 법률의 제정과 동일한 성질이라 할 수 있다.

4. 국회규칙제정권

국회는 법률에 저촉되지 아니하는 범위내에서 의사와 내부규율에 관한 규칙을 제정할 수 있다(헌법 제64조 제1항). 이는 국회의 입법기능과 자율기능에 포함되는 것으로 국회인사규칙, 국회방청규칙, 국회사무처직재 등이 있다.

III. 입법권의 한계

1. 개관 : 입법권 한계(입법의 능동적 한계)

국회는 법규사항은 물론 법률사항도 반드시 법률로 규정하여야 하지만, 그 외에도 국가생활의 기본문제에 관한 사항이면 모두 법률로 규정할 수 있다(입법형성권). 다만 국회의 입법권도 아무런 제약 없이 행사될 수 있는 것은 아니며, 법률의 제정 및 개폐는 헌법에 위반해서는 안되는 일정한 한계가 있다(☜ **법률의 適憲性의 원칙**). 따라서 법률은 ① 헌법의 명문규정에 위반해서는 안되며, ② 헌법에 규정된 기본원리, 기본질서에 위배되어서는 안된다. ③ 기본권의 본질적 내용(인간으로서의 존엄과 가치·행복추구권)을 침해하거나, 국제법상의 일반원칙을 정면으로 부정할 수 없고, ④ 입법권자에게 부여된 입법재량[1]을 남용해서도 안된다.[2] 따라서 입법권의 행사는 적법절차의 원칙, 비례의 원칙 및 평등의 원칙,

---

3) 이는 정부도 동시에 법률안제출권을 가지고 있다.

4) 이는 국회만이 가지는 전속적 권한이다.

1) 입법재량이란 헌법 제23조 제3항의 공공필요, 제32조 제2항의 민주주의의 원칙, 제37조 제2항의 기본권 제한의 목적·사유 등과 같이 헌법이 입법에 있어서 입법권자에게 부여한 재량을 의미한다. 이러한 입법권자의 재량은 헌법의 일반원칙에 구속되는 기속재량이다.

2) 헌재결 1992. 3. 13, 92헌마37등【국회의원선거법 제55조의3 등 에 대한 헌법소원】 선거법을 제

과잉금지의 원칙, 恣意禁止의 원칙, 신뢰보호의 원칙에 위반되어서는 아니된다.[1)]

[법률]
- 헌법의 명문규정에 위반해서는 안된다.
- 헌법에 규정된 기본원리, 기본질서에 위배되어서는 안된다
- 기본권의 본질적 내용(인간으로서의 존엄과 가치 · 행복추구권)을 침해할 수 없다.
- 국제법상의 일반원칙 존중의 원칙 : 국제법상의 일반원칙을 정면으로 부정할 수 없다.
- 입법재량남용금지의 원칙 : 입법권자에게 부여된 입법재량을 남용해서도 안된다.
- 입법권의 행사는 적법절차의 원칙, 비례 및 평등의 원칙, 과잉금지의 원칙, 자의금지의 원칙, 신뢰보호의 원칙에 위반되어서는 아니된다.

– 이자제한법폐지법률의 국민기본권 제한여부 –

<사례>

甲은 1997년 3월 乙카드주식회사의 신용카드회원으로 가입하여 신용카드를 발급 받아 사용한 후 그 이용대금, 수수료 및 연체료 등 합계 450여만원을 제때에 납부하지 못하였다. 이에 乙카드주식회사가 甲을 상대로 위 금원 및 그 중 이용대금원금 290만원에 대한 연 2할 9푼의 약정연체이자율에 의한 지연손해금의 지급을 구하는 지급명령을 신청하였으므로 이의신청을 하여 소송으로 이행되었다. 그런데 이자제한법폐지법률이 제정되어 이자제한법이 폐지된 것은 금융업자들을 위하여 일반국민을 희생하는 것으로서 위헌이 아닌가?

정 또는 개정함에 있어서 정당정치의 구현이라는 명목아래 특정 정당간의 협상에 의하여 자의적으로 선거법을 조정하는 입법권을 행사하거나 헌법이 보장하고 있는 선거운동의 기회균등을 침해하는 법규정을 설정하는 것은 국회가 임의로 제정할 수 있는 입법재량의 범위를 넘어선 것"이다.

1) 허영 교수의 견해에 의하면 입법기능의 한계를 능동적 한계(입법기능의 본질에서 나오는 한계)와 수동적 한계(다른 통치기관의 입법관여기능 내지 입법통제기능)로 구별하고 있다. 능동적 한계를 다시 헌법원리적 한계와 이론상의 한계로 나누고 있다. 국회의 입법기능은 헌법으로부터 수권된 것이므로 우리 헌법이 추구하는 기본 이념이나 기본원리를 존중하고 헌법이 정해준 입법의 내용과 범위를 준수하여야 할 것이다. 이러한 입법기능은 입법기능의 내용에서 뿐 아니라 입법기능의 주체를 구성하고 입법기능을 행사하는 과정과 절차에서도 준수되어야 한다. 헌법이 명문으로 금지한 것 역시 입법형성의 한계가 될 것이다(헌법원리상의 한계). 국회는 모든 법질서형성에 있어서 이론상 당연히 존중해야 하는 소위 체계정당성(적합성)의 원리(법규범상호간에는 규범구조나 규범내용면에서 서로 상치 · 모순되어서는 안된다)에 의한 한계를 무시할 수 없다(이론상의 한계). 상하규범간, 동등규범간, 신구규범간의 규범통제 등이 입법기능에서 반드시 반영되어야 할 것이다. 우리 헌법은 상하규범간의 규범통제는 국회 이외에도 법원이나 헌법재판소에게도 맡기고 있다. 수동적 한계에서 정부의 입법관여기능(법률안 제출, 공포, 거부; 긴급명령, 행정입법 등)과 법원과 헌법재판소의 규범통제권을 언급하고 있다.

<해설>

이자제한법(1962. 1. 15. 법률 제971호) 제1조 제1항에 의하면 "금전대차에 관한 계약상의 이자는 연 2할 이하로 한다."라고 규정하였다가 이자제한법중개정법률(1965. 9. 24. 법률 제1710호) 에서는 이자제한법 제1조 제1항을 "금전대차에 관한 계약상의 이자율은 연 4할을 초과하지 아니하는 범위 안에서 대통령령으로 정한다."라고 개정하였다가 이자제한법폐지법률(1998. 1. 13. 법률 제5507호)은 이자제한법을 폐지하였다. 그런데 위 사안과 관련된 판례를 보면, "이자제한법중개정법률(1965. 9. 24. 법률 제1710호) 및 이자제한법폐지법률(1998. 1. 13. 법률 제5507호)은, 사인(私人)간의 계약내용에 국가가 관여하여 그 효력을 부인하는 것을 내용으로 하는 이자제한법(1962. 1. 15. 법률 제971호)을 완화하거나 폐지함으로써, 국민의 사적자치권 또는 계약의 자유에 대한 제한을 경감하거나 제거하였다고 할 것이지, 이로써 오히려 국민의 기본권을 제한하는 것이라고 할 수 없고, 입법자가 사인간의 약정이자를 제한함으로써 경제적 약자를 보호하려는 직접적인 방법을 선택할 것인가 아니면 이를 완화하거나 폐지함으로써 자금시장의 왜곡을 바로잡아 경제를 회복시키고 자유와 창의에 기한 경제발전을 꾀하는 한편 경제적 약자의 보호문제는 민법상의 일반원칙에 맡길 것인가는 입법자의 위와 같은 재량에 속하는 것이라 할 것이고, 입법자가 입법당시의 여러 가지 경제적, 사회적 여건을 고려하여 후자를 선택한 것이 입법재량권을 남용하였거나 입법형성권의 한계를 일탈하여 명백히 불공정 또는 불합리하게 자의적으로 입법형성권을 행사한 것이라고 볼 수 없다."라고 하였다(헌재결 2001. 1. 18, 2000헌바7). 따라서 이자제한법폐지법률이 헌법에 위반되어 무효라고 할 수는 없을 것으로 보인다. <대한법률구조공단>

2. 내용

2.1. 합헌성의 원칙에 의한 한계

국회의 입법권(특히 법률제정권)은 헌법의 명문규정에 위배될 수 없음은 물론 헌법의 기본원리나 기본질서에 위배되지 않아야 하는 등 일정한 한계가 있다. 헌법은 국가의 최고법규로서 국회에 대하여 입법권을 부여한 수권규범일 뿐 아니라 입법권에 한계를 설정한 권력제한규범이기 때문이다. 이처럼 법률이 헌법에 합치되어야 한다는 요청이 법률의 합헌성의 원칙이다.

2.1.1. 헌법의 명문규정

법률은 헌법의 구체화 내지 집행을 의미하므로 헌법의 명문규정에 위배되어서는 아니된다. 예컨대 소급입법[1])으로 처벌을 하거나 참정권을 제한하거나 재산권을 박탈하는 법률

1) 헌재결 1995. 12. 28, 95헌마196 【공직선거및선거부정방지법 부칙 제3조 위헌확인】 신법이 피적용자에게 유리한 경우에는 이른바 시혜적인 소급입법이 가능하지만 이를 입법자의 의무라고는 할 수 없고, 그러한 소급입법을 할 것인지의 여부는 입법재량의 문제로서 그 판단은 일차적으로 입법기관에 맡겨져 있으며, 이와 같은 시혜적 조치를 할 것인가 하는 문제는 국민의 권리를 제한

등은 원칙적으로 제정할 수 없다(헌법 제13조).

헌재결 2002. 2. 28, 2000헌바69 【군인연금법 제16조 제6항 등 위헌소원】
우리 헌법은 "모든 국민은 행위시의 법률에 의하여 범죄를 구성하지 아니하는 행위로 소추되지 아니하며"(헌법 제13조 제1항 전단), "모든 국민은 소급입법에 의하여 참정권의 제한을 받거나 재산권을 박탈당하지 아니한다"(헌법 제13조 제2항)라고 규정하고 있을 뿐, 법률이 변경된 경우 피적용자에 대하여 유리한 신법을 적용할 것인가에 관하여 일반적인 규정은 두고 있지 않고, 헌법상의 기본원칙인 법치주의로부터 도출되는 법적 안정성 측면에서 볼 때도 법규범은 현재와 장래에 효력을 가지는 것이기 때문에 소급입법은 금지 내지 제한된다. 다만, 신법이 피적용자에게 유리한 경우에는 이른바 시혜적인 소급입법이 가능하지만, 그러한 소급입법을 할 것인가의 여부는 그 일차적인 판단이 입법기관에 맡겨져 있으므로 입법자는 입법목적, 사회실정이나 국민의 법감정, 법률의 개정이유나 경위 등을 참작하여 시혜적 소급입법을 할 것인가 여부를 결정할 수 있고, 그 판단은 존중되어야 하며, 그 결정이 합리적 재량의 범위를 벗어나 현저하게 불합리하고 불공정한 것이 아닌 한 헌법에 위반된다고 할 수는 없다.[1)]

2.1.2. 헌법의 기본원리 · 기본질서 · 기본제도

법률은 헌법의 하위규범이므로, 국민주권의 원리 · 법치국가의 원리 · 권력분립의 원리 등 헌법의 기본원리나 자유민주적 기본질서 · 사회적 시장경제질서 등 헌법의 기본질서 그리고 복수정당제 · 지방자치제 등 헌법의 기본제도에 위배되거나 이를 부정하는 것이어서는 아니된다.

2.1.3. 기본권제한에 관한 일반원칙

법률로써 기본권을 제한하는 경우에 그 제한은 기본권제한에 관한 일반원칙에 따라야

하거나 새로운 의무를 부과하는 경우와는 달리 입법자에게 보다 광범위한 입법형성의 자유가 인정된다고 할 것이다. 따라서 입법자는 입법목적, 사회실정이나 국민의 법감정, 법률의 개정이유나 경위 등을 참작하여 시혜적 소급입법을 할 것인가 여부를 결정할 수 있고, 그 판단은 존중되어야 하며, 그 결정이 합리적 재량의 범위를 벗어나 현저하게 불합리하고 불공정한 것이 아닌한 헌법에 위반된다고 할 수는 없는 것이다; 헌재결 1993. 12. 23, 89헌마189 【1980년해직공무원의보상등에관한특별조치법에 대한 헌법소원】 [시혜적 법률과 입법형성권]: 시혜적 법률은 "국민의 권리를 제한하거나 새로운 의무를 부과하는 법률과는 달리 입법자에게 보다 광범위한 입법형성의 자유가 인정된다고 할 것이므로, 입법자는 그 입법의 목적, 수혜자의 상황, 국가예산 내지 보상능력 등 제반사항을 고려하여 그에 합당하다고 스스로 판단하는 내용의 입법을 할 권한이 있다고 할 것이고 그렇게 하여 제정된 법률의 내용이 현저하게 합리성이 결여된 것이 아닌 한 헌법에 위반된다고 할 수는 없다."

1) 헌재결 1995. 12. 28, 95헌마196; 헌재결 1998. 11. 26, 97헌바65.

하고, 과잉금지의 원칙 등을 존중하여야 하며 기본권의 본질적 내용까지 침해하는 것이어서는 아니된다(헌법 제37조 제2항).[1] 헌법재판소도 「입법부라고 할지라도 수권의 범위를 넘어 자의적인 입법을 할 수 있는 것은 아니며 사유재산권의 본질적인 내용을 침해하는 입법을 할 수 없음은 물론이다」라고 판시하였다.[2]

2.2. 국제법상의 일반원칙에 의한 한계

법률은 또한 국제법상의 일반원칙을 부정할 수 없다. 국제질서가 직접 국내법질서를 구속하는 것은 아니지만 국제사회의 평화주의적 질서라든가 헌법 제6조 제1항의 국제법질서존중의 정신에 비추어, 국제질서나 국제법상의 일반원칙을 정면으로 부정하는 법률의 제정은 자제하여야 한다. 헌법재판소도 그러한 취지의 결정을 하고 있다.[3]

2.3. 입법재량의 기속성(입법재량남용금지의 원칙)에 의한 한계

2.3.1. 개관

국회는 헌법에 위배되지 아니하는 범위 안에서 입법형성의 자유(입법재량권)를 가진다.[4]

헌재결 1997. 10. 30, 96헌마109 【자동차관리법 제2조 제7호 등 위헌확인】 자격제도의 도입문제

법률이 일정 전문분야에 관하여 자격제도를 마련하고 그 자격자의 업무영역에 관하여 상당한 법률상 보호를 하고 있는 경우에 있어서도 그 자격자 이외의 자에게 동종업무의 취급을 허용할 것인가의 문제는 기본적으로 그 제도를 도입하게 된 배경과 목적, 해당 전문분야 업무의 성격 등을 입법자가 종합적으로 고려하고 합목적적으로 판단하여 결정할 입법정책의 문제라 할 수 있다.

---

1) 헌재결 1995. 11. 30, 94헌가2 【공공용지의취득및손실보상에관한특례법 제6조 위헌제청】 국민의 기본권을 제한하는 입법은 목적이 헌법 및 법률의 체제상 그 정당성이 인정되어야 하고, 목적달성을 위한 방법이 효과적이며 적절해야 하고, 기본권의 제한이 최소화 되도록 해야 하며, 그 입법에 의하여 보호하려는 공익이 침해되는 사익보다 커야 한다(헌재 1992. 12. 24, 92헌가8; 헌재 1994. 12. 29, 94헌마201 등 각 참조).

2) 헌재결 1989. 12. 22, 88헌가13 【국토이용관리법 제31조의2 제1호 및 제21조의3의 위헌심판제청】

3) 헌재결 1991. 7. 22, 89헌가106 【사립학교법 제55조 등에 관한 위헌심판】

4) 헌재결 1996. 2. 29, 94헌마213 【풍속영업의규제에관한법률 제2조 제6호 등 위헌확인】 입법목적을 달성하기 위하여 가능한 여러 수단 가운데 어느 것을 선택할 것인가의 문제는 그 결정이 현저하게 불합리하고 불공정한 것이 아닌 한 입법재량에 속하는 것이다.

그러나 법률을 제정함에 있어 입법상의 재량권을 남용하여서는 아니된다. 헌법 제23조 제3항의 공공필요, 제32조 제2항의 민주주의원칙, 제37조 제2항의 국가안전보장 질서유지·공공복리, 제119조 제2항의 적정한 소득의 분배·경제력남용의 금지·경제의 민주화 등은 헌법이 입법권자에게 헌법해석의 재량을 인정한 조항이다. 하지만 이와 같은 국회의 입법상 재량은 헌법에 기속되는 기속재량이므로 법률을 제정함에 있어 그 재량권의 행사는 ① 적법절차의 원칙, ② 비례와 공평의 원칙, ③ 과잉금지의 원칙, ④ 자의금지의 원칙, ⑤ 신뢰보호의 원칙, ⑥ 명확성의 원칙 등 헌법상의 일반원칙에 위배되어서는 아니된다.[1]

2.3.2. 적법절차의 원칙

입법권의 행사는 적법절차의 원칙에 위배되어서는 아니된다. 헌법재판소는 「법률이 정치적 타협에 의하여 국민의 정치참여를 부당하게 제한하거나 불합리한 선거법을 제정하는 것은 적법절차의 원칙에 반하고, 헌법이 위임한 권한을 벗어나는 것으로 입법형성권의 한계를 이탈하는 위헌적 법률이라 하지 않을 수 없다」라고 하면서, 「자유민주주의의 구조적 원리로 볼 때, 각종선거 과정에서 정치적 표현의 자유나 입후보자의 선택의 자유 그리고 입후보의 자유와 기회균등을 제한하거나 박탈하는 선거법상의 규정까지 당연한 것이라고 하여 임의로 제정하는 것은 헌법에 위배되는 것으로 적법절차의 원칙에 반하는 입법형성」이라고 판시하였다.[2]

2.3.3. 비례와 공평의 원칙

입법권의 행사는 비례의 원칙 및 공평의 원칙에 위배되어서는 아니된다. 헌법재판소는 「국회가 입법형성권을 행사함에 있어 헌법상 보장된 기본권에 대한 법적 제한을 가하는 법률을 제정할 시에는 특정한 법익보호의 필요성을 유념하는 것만으로는 충분하다 할 수

---

1) 어느 범죄에 대한 법정형이 그 범죄의 실태와 죄질의 경중, 이에 대한 행위자의 책임, 처벌규정의 보호법익 및 형벌의 범죄예방효과 등에 비추어 지나치게 가혹한 것이어서 전체 형벌체계상 현저히 균형을 잃음으로써 다른 범죄자와의 관계에 있어서 헌법상 평등의 원리에 반하게 된다거나, 그러한 유형의 범죄에 대한 형벌 본래의 기능과 목적을 달성함에 있어 필요한 정도를 현저히 일탈함으로써 헌법 제37조 제2항의 과잉입법금지원칙에 반하는 등 입법재량권이 헌법규정이나 헌법상의 제원리에 반하여 자의적으로 행사된 것으로 평가되는 경우에는 이와 같은 법정형을 규정한 법률조항은 입법재량권을 남용하였거나 그 한계를 일탈한 것으로서 헌법에 반한다고 보아야 할 것이다(헌재결 1995. 11. 30, 94헌가3).

2) 헌재결 1989. 9. 8, 88헌가6(국유재산 중 잡종재 산에 대하여까지 시효취득의 대상이 되지 아니하게 하는 것은 … 민주헌법의 기본원리인 실질적 적법절차에 위배되며 …(헌재결 1991. 5. 13, 89헌가97).

없고, 다른 법익과 비교하여 어느 쪽이 더 본질 적이며 정당하고 합리적인 것인가를 비례의 원칙에 따라 판단해야 할 또 다른 한계를 가지고 있다」라고 하였다.[1] 뿐만 아니라 입법상의 재량은 공평의 원칙에도 위배되어서는 아니된다.

2.3.4. 과잉금지의 원칙

입법권의 행사는 과잉금지의 원칙에 위배되어서는 아니된다. 과잉금지의 원칙은 국가가 국민의 기본권을 제한하는 내용의 입법을 함에 있어 준수하여야 할 기본원칙 내지 입법활동의 한계를 의미하는 것이다.[2] 그것은 국민의 기본권을 제한하려는 입법의 목적이 헌법과 법률의 체계상 정당성을 인정받을 수 있는 것이어야 하고(목적의 정당성) 그 목적달성을 위한 방법이 효과적이고 적절하여야 하며(방법의 적절성), 입법권자가 선택한 기본권 제한의 조치가 입법목적달성을 위하여 설사 적절하다 할지라도 보다 완화된 형태나 방법을 모색함으로써 기본권의 제한이 필요최소한에 그치도록 하여야 하며(제한의 최소성), 그 입법에 의하여 보호하려는 공익과 침해되는 사익을 비교형량하여 보호되는 공익이 보다 큰 것이어야 한다(법익의 균형성)는 헌법상의 원칙이다. 헌법재판소는 「위와 같은 요건들이 충족될 때 국가의 입법작용에 비로소 정당성이 인정되고 그에 따라 국민의 수인의무가 발생하는 것으로서, 이러한 요구는 오늘날 법치국가의 원리에서 당연히 추출되는 확고한 원칙으로서 부동의 위치를 점하고 있으며, 헌법 제37조 제2항에서도 이러한 취지의 규정을 두고 있는 것」이라고 판시하였다.[3]

헌재결 1989. 9. 8, 88헌가6 【국회의원선거법 제33조 제34조의 위헌심판제청】

국회가 입법형성권을 행사함에 있어서 헌법상의 보장된 기본권에 대한 법적 제한을 하는 법률을 제정할 시에는 특정한 법익보호의 필요성만으로는 충분하다 할 수 없고, 다른 법익과 비교하여 어느 쪽이 더 본질적이며 정당하고 합리적인 것인가 그 비례의 원칙에 따라 판단해야 할 또 다른 한계를 가지고 있다. 이는 헌법 제37조 제2항 후단의 '자유와 권리의 본질적 내용을 침해할 수 없다'는 규정이 이를 말하며 또한 국회가 입법을 함에 있어서 적용되어야 할 헌법상의 제 기본원칙도 그 한계의 기준으로 보아야 한다는 것이다.

2.3.5. 자의금지의 원칙

입법권의 행사는 자의금지의 원칙에 위배되어서는 아니된다. 헌법재판소 「국회의원선

---

1) 헌재결 1989. 9. 8, 88헌가6 【국회의원선거법 제33조 제34조의 위헌심판제청】
2) 과잉금지의 원칙에 관하여 제1설(협의설)은 그것을 기본권제한에 있어서 필요최소한의 원칙으로 이해하는데 대하여, 제2설(광의설)은 그것을 기본권제한에 있어서 목적의 정당성, 방법의 적절성, 제한의 최소성, 법익의 균형성 등을 포괄하는 원칙으로 이해한다. 제2설이 다수설이다.
3) 헌재결 1990. 9. 3, 89헌가9.

거법의 규정으로 유권자들의 후보자선택의 폭이 제한되고, 양심적인 지식인과 젊은 세대들의 정계진출의 길을 봉쇄하는 것은 자의금지의 원칙에 반하는 입법을 한 결과이며, 이것은 우리 헌법이 기본원리로 하고 있는 국민주권론과 자유민주주의적 기본질서에 위배되고 본질적으로 국민의 참정권을 제한하고 박탈하는 기본권의 침해규정」이라고 하였다.[1]

2.3.6. 신뢰보호의 원칙

입법권의 행사는 신뢰보호의 원칙에 위배되어서는 아니된다.[2] 신뢰보호의 원칙이라 함은 국민이 행정기관이 행한 결정의 정당성 또는 존속성에 대하여 신뢰를 한 경우, 그 신뢰가 보호받을 가치가 있는 것이면 보호해 주어야 한다는 원칙을 말한다.[3] 신뢰보호의 원칙은 헌법상 법치국가의 원리를 그 이론적 근거로 한다. 헌법재판소도 「공무원으로서의 법적지위를 기존의 법질서에 의하여 이미 확보하고 있었고, 그와 같은 법적 지위는 구헌법의 공무원의 신분보장규정에 의하여 보호되고 있었는데, 국가보위입법이라는 새로운 법률에

---

1) 헌재결 1989. 9. 8, 88헌가6 **【국회의원선거법 제33조 제34조의 위헌심판제청】**

2) 신뢰보호의 원칙의 위배 여부는 한편으로는 침해받은 이익의 보호가치, 침해의 중한 정도, 신뢰가 손상된 정도, 신뢰침해의 방법 등과 다른 한편으로는 새 입법을 통해 실현하고자 하는 공익적 목적을 종합적으로 비교·형량하여 판단하여야 하는데, 이 사건의 경우 투자유인이라는 입법목적을 감안하더라도 그로 인한 공익의 필요성이 구법에 대한 신뢰보호보다 간절한 것이라고 보여지지 아니한다(헌재결 1995. 10. 26. [94헌바12]).

3) (ㄱ) 신뢰보호의 문제는 법치국가에서 종래의 법적 상태에서 새로운 법적 상태로 이행하는 과정에서 불가피하게 발생하는 문제이다. 어떠한 사항에 대한 법적 문제를 장래에 새로이 규율하려는 거의 모든 법률은 이미 과거에 발생하였으나 아직도 지속되는 사실관계를 어떻게 규율할 것인가 하는 문제에 직면하게 된다. 이 경우 개인은 자신의 행위 및 결정의 기준으로 작용했던 일정한 법상태의 존속에 대한 신뢰가 보호되기를 요구하는 반면, 입법자는 공익의 실현을 목적으로 수시로 변화하는 사회상황에 적절히 적응할 수 있도록 법질서의 유동성에 의존하지 않을 수 없다. 따라서 당사자는 법치국가적 요청에 근거하여 입법자에게 어느 정도로 일정한 법상태의 존속을 요구할 수 있는가, 다시 말하면 국가의 법률개정이익에 대하여 어느 정도로 자신의 신뢰보호를 요구할 수 있는가가 문제된다(헌재결 1996. 12. 26. [96 헌가 18]). (ㄴ) 「우리 재판소는 1995. 6. 29. 선고 94 헌바 39 결정에서, 법률의 개정시 구법질서에 대한 당사자의 신뢰가 합리적이고도 정당하며 법률의 개정으로 야기되는 당사자의 손해가 극심하여 새로운 입법으로 달성하고자 하는 공익적 목적이 그러한 당사자의 신뢰의 파괴를 정당화할 수 없다면 그러한 새 입법은 신뢰보호의 원칙상 허용될 수 없다고 하면서, 이러한 신뢰이익보호원칙의 위배여부를 판단하기 위하여는 한편으로는 침해받은 이익의 보호가치, 침해의 중한 정도, 신뢰가 손상된 정도, 신뢰침해의 방법 등과 다른 한편으로는 새 입법을 통해 실현하고자 하는 공익적 목적을 종합적으로 비교·형량하여야 하며, 이는 헌법상 법치국가의 원칙으로부터 도출되는 신뢰이익보호의 원리라고 판시하여 이 점을 명백히 하고 있다」(헌재결 1997. 11. 27, 97헌바10).

서 공무원의 위와 같은 기득권을 부칙규정으로 박탈하고 있는 것은 신뢰보호의 원칙에 위배되는 것으로서 입법형성권의 한계를 벗어난 위헌적인 것」이라고 판시하였다.[1)]

2.3.7. 명확성의 원칙

입법권의 행사는 또한 명확성의 원칙에 위배되어서는 아니된다. 따라서 법률의 내용은 명확한 것이어야 한다.

3. 입법권의 한계를 벗어난 법률의 효력(입법의 수동적 한계)

합헌성의 원칙에 위배되거나 입법권의 한계를 벗어난 법률은 헌법위반으로 무효가 된다. 어떠한 법률이 합헌성의 원칙이나 입법권의 한계를 벗어난 것이고, 따라서 무효가 되는가는 법원의 위헌법률심판제청과 기본권을 침해당한 자의 위헌심사형 헌법소원심판제청에 따라 헌법재판소가 하는 위헌법률심판에 의하여 결정된다. 헌법재판소에 의하여 위헌으로 결정된 법률은 무효가 된다.

> 헌재결 1998. 11. 26, 96헌마74 등 【법률 상호간의 충돌이 헌법문제인지 여부】
> 어떤 법률조항의 내용이 다른 법률조항의 내용과 서로 충돌된다 하여 원칙적으로 이들 법률조항이 헌법에 위반된다거나 하는 등, 헌법문제가 발생되는 것은 아니다. 다만, 이들 법률조항들을 어떻게 조화롭게 해석할 것인가의 법률해석 문제가 생길 뿐이다.[2)]

IV. 입법권에 대한 통제

1. 국회의 자율적 통제

국회는 그 입법권을 행사함에 있어 독단적 처리를 자제함은 물론 입법에 대한 책임을 지기 위한 자율적 통제장치를 헌법과 국회법 등에서 강구하고 있다. 법률안을 제출함에 있어서는 10인 이상의 찬성을 얻어서 하도록 하고(국회법 제79조 참조), 법률안의 심의는 해당상임위원회의 심의를 먼저 거치게 하며, 헌법개정안에 대해서는 재적의원 3분의 2 이상의 찬성과 기명투표의 방식을 채택하고 있는 것이 그것이다.

---

1) 헌재결 1989. 12. 18, 89헌마32·33(병합) 【국가보위입법회의법 등의 위헌여부에 관한 헌법소원】

2) 동지의 판례: 헌재결 1998. 11. 26, 96헌마54 【공직선거및선거부정방지법 [별표1]의 국회의원지역선거구구역표 위헌확인】

2. 대통령에 의한 통제

대통령은 법률안의 의결이 헌법에 규정된 의결절차나 의결정족수를 무시한 것이거나 법률안의 내용이 헌법에 위배되는 것이거나 부당한 것이라고 판단하는 때에는 그 법률안에 대하여 거부권을 행사할 수 있다. 그밖에도 대통령은 헌법개정안제안권 · 법률안제안권 · 조약체결권 등을 통하여 국회의 입법권에 제약을 가할 수 있다.

3. 법원과 헌법재판소에 의한 통제

3.1. 위헌법률심판

법률이 헌법에 위반되는 여부가 재판의 전제가 된 경우, 법원은 헌법재판소에 위헌법률심판을 제청하여 그 심판에 따라 재판하고, 헌법재판소는 법률의 위헌심판을 통하여 국회의 입법권을 통제한다. 헌법재판소는 법원이 제청한 법률의 위헌 여부를 최종적으로 심판할 권한을 가지며(헌법 제111조 제1항), 헌법재판소에 의하여 위헌으로 결정된 법률은 결정이 있은 날로부터 효력을 상실한다(헌재법 제47조 제2항).

3.2. 입법에 대한 헌법소원심판

3.2.1. 법규(법령)헌법소원

헌법소원심판의 청구사유를 규정한 헌법재판소법 제68조 제1항 본문의 공권력에는 입법권도 당연히 포함된다고 할 것이므로 법률에 대한 헌법소원도 가능하다. 다만 모든 법률이 곧 헌법소원의 대상이 되는 것은 아니고, 그 법률이 별도의 구체적 집행행위를 기다리지 아니하고 현재 · 직접적으로 헌법상 보장된 기본권을 침해하는 경우에 한정된다고 보고 있다(처분적 법률).[1] 이와 같은 법률직접적 기본권침해에 대한 헌법소원을 법규(법령)헌법소원이라고 한다.

– 법규헌법소원과 추상적 규범통제와의 차이 –

법규헌법소원은 외국의 추상적 규범통제제도와는 근본적으로 상이하다. 외국의 추상적 규범통제제도는 어떠한 법률의 위헌 여부가 구체적인 소송사건에서 그 전제가 되는 경우도 아니고 법규때문에 직접적인 기본권의 침해가 있는 경우도 아니며 단순히 특정법규가 위헌인가의 여부에 의문이 있어 제기하는 위헌법률심판청구제도이기 때문이다.

우리 나라에 특유한 법규헌법소원이 자기관련성 · 현재성 · 직접성의 요건을 구비하게

---

1) 헌재결 1990. 10. 8, 89헌마89; 헌재결 1991. 3. 11, 90헌마28 【지방의회의원선거법 제28조 등 에 대한 헌법소원】

되면, 그것만으로 적법한 헌법소원심판청구가 가능하다고 보고 있다.[1)]

3.2.2. 위헌심사형헌법소원

소송사건의 당사자가 법원에 대하여 헌법재판소에 위헌법률심판제청을 신청하였음에도 불구하고 법원이 그 제청신청을 이유없다라고 하여 기각한 경우, 당사자는 직접 헌법재판소에 헌법소원을 제기할 수 있다(헌재법 제68조 제2항). 이것이 위헌심사형헌법소원이다.[2)] 헌법재판소가 이 소원을 인용하는 결정을 하게 되면 당해 법률은 위헌무효가 된다.

3.2.3. 입법부작위에 대한 헌법소원

헌법재판소는 입법부작위에 대한 헌법소원까지 인정함으로써 입법재량에 대한 통제를 보다 강화하고 있다. 입법의 부작위라 함은 입법자가 헌법에서 구체적으로 위임받은 입법의무를 이행하기를 거부하거나 상당한 기간내에 입법을 하지 아니하는 경우를 말한다.

헌재결 1994. 12. 29, 89헌마2【조선철도(주)주식의 보상금 청구에 관한 헌법소원】

입법자에게는 형성의 자유 또는 입법재량이 인정되므로 입법의 시기 역시 입법자가 자유로이 결정할 수 있음이 원칙이라 할 것이다. 그러나 입법자는 헌법에서 구체적으로 위임받은 입법을 거부하거나 자의적으로 입법을 지연시킬 수는 없는 것이므로, 가령 입법자가 입법을 하지 않기로 결의하거나 상당한 기간 내에 입법을 하지 않는 경우에는 입법재량의 한계를 넘는 것이 된다. 따라서 입법부작위는 이와 같이 입법재량의 한계를 넘는 경우에 한하여 위헌으로 인정되는 것이다.

헌재결 1989. 3. 17, 88헌마1【사법서사법시행규칙에 관한 헌법소원】

입법부작위에 대한 헌법재판소의 재판관할권은 극히 한정적으로 인정할 수밖에 없다고 할 것인 바, 헌법에서 기본권보장을 위하여 법령에 명시적인 입법위임을 하였음에도 입법자가 이를 이행하지 않을 때, 그리고 헌법해석상 특정인에게 구체적인 기본권이 생겨 이를 보장하기 위한 국가의 행위의무 내지 보호의무가 발생하였음이 명백함에도 불구하고 입법자가 전혀 아무런 입법조치를 취하고 있지 않은 경우가 여기에 해당될 것이며, 이때에는 입법부작위가 헌법소원의 대상이 된다고 봄이 상당할 것이다.

---

1) 헌재결 1991. 3. 11, 90헌마28【지방의회의원선거법 제28조 등에 대한 헌법소원】

2) 헌재결 1990. 9. 10, 89헌마82【형법 제241조의 위헌여부에 관한 헌법소원】

– 입법부작위에 대한 헌법소원심판청구 가능한가 –

<사례>

A는 甲을 사기죄로 고소하였는데, 甲은 검찰청에서 불기소처분을 받았다. A는 검찰청법에 따라 위 불기소처분에 대하여 항고를 제기하였으나 고등검찰청에서 항고기각결정을 받았고 이에 대한 재항고 역시 대검찰청에서 기각되었다. A는 사기를 당하고도 한 푼의 피해도 배상 받지 못하였는데 甲을 처벌할 수도 없다는 사실이 억울하여 다른 구제수단이 없는지 알아보았더니 법원에 직접 공소제기를 신청하는 제도가 있다고 하여 법원에 문의하였는데, 법원직원의 말에 의하면 사기죄에 대하여는 이러한 신청이 불가하다고 하며 검사의 불기소처분에 대하여 헌법소원심판을 청구하여야 한다고 한다. A는 왜 사기죄에 대해서는 법원에 공소제기를 신청할 수 없는지 이해가 되지 아니할 뿐만 아니라, 이는 A와 같은 고소인을 부당하게 차별하는 것이라고 생각하는데, 이 점을 문제삼아 헌법소원심판을 청구할 수는 없는가?

<해설>

입법의 부작위도 헌법재판소법 제68조 제1항 소정의 '공권력의 불행사'에 해당하므로 원칙적으로 헌법소원심판의 대상이 된다.

그런데 헌법재판소는「넓은 의미의 입법부작위에는 입법자가 헌법상 입법의무가 있는 어떤 사항에 관하여 전혀 입법을 하지 아니함으로써 '입법행위의 흠결이 있는 경우'와 입법자가 어떤 사항에 관하여 입법은 하였으나 그 입법의 내용 · 범위 · 절차 등이 당해 사항을 불완전, 불충분 또는 불공정하게 규율함으로써 '입법행위에 결함이 있는 경우'가 있는데, 일반적으로 전자를 '진정입법부작위', 후자를 '부진정입법부작위'라고 부르고 있다」고 하여 진정입법부작위와 부진정입법부작위를 구별하고 있다.[1)]

위 사안의 경우 만일 A가 사기죄에 대해서는 재정신청을 허용하는 입법이 없는 것이 A의 헌법상 권리를 침해하는 것이라고 주장한다면 이는 '진정입법부작위'를 대상으로 헌법소원심판을 구하는 것이 되고, 재정신청제도를 규정하는 형사소송법이 재정신청 대상범죄에서 사기죄를 제외한 점을 문제삼아 형사소송법이 불완전, 불충분 또는 불공정하다고 주장한다면 이는 '부진정입법부작위'를 대상으로 헌법소원심판을 구하는 것이 된다.

먼저 A가 진정입법부작위를 대상으로 헌법소원심판을 구하는 것이라고 보면, 헌법재판소는 이와 유사한 사안에서 "어떠한 사항을 법규로 규율할 것인가의 여부는 특단의 사정이 없는 한 입법자의 정치적, 경제적, 사회적 및 세계관적 고려하에서 정하여지는 입법정책의 문제이므로, 국민이 국회에 대하여 일정한 입법을 해달라는 청원을 함은 별론으로 하고, 법률의 제정을 소구하는 헌법소원은 헌법상 기본권보장을 위하여 명시적인 입법위임이 있었음에도 입법자가 이를 방치하고 있거나 헌법해석상 특정인에게 구체적인 기본권이 생겨 이를 보장하기 위한 국가의 행위 내지 보호의무가 발생하였음에도 불구하고 국가가 아무런 입법조치를 취하지 않고 있는 경우가 아니면 원칙적으로 인정될 수 없다고 할 것

1) 헌재결 1989. 7. 28, 89헌마1; 헌재결 2000. 4. 27, 99헌마76【국가유공자등예우및지원에관한법률 제4조 위헌확인】

이다.[1]

그런데 이 사건의 경우에는 그와 같은 예외사유에 해당한다고 볼 수 없으므로, 입법자의 입법의무의 존재를 전제로 한 이 사건 소원심판청구는 부적법하고, 달리 그 흠결을 보정할 수 있는 경우에 해당한다고 보기 어렵다."라고 하였는바,[2] 결국 A의 헌법소원심판청구도 부적법하다는 판단을 받게 될 것으로 보인다.

다음으로 A가 '부진정입법부작위'를 대상으로 헌법소원심판을 구하는 것이라고 보면, 헌법재판소는 이와 유사한 사안에서 "국민이 어떤 법률 또는 법률조항 자체에 의하여 직접 자신의 기본적 권리를 현재 침해받고 있는 경우에는 그 법률 또는 법률조항에 대하여 바로 헌법재판소법이 정한 절차에 따라 그 권리구제를 구하는 헌법소원심판을 청구할 수 있다."라고 하였는바,[3] 결국 A의 청구는 적법하다.

그런데 '부진정입법부작위'를 대상으로 하는 헌법소원심판의 청구에 있어서는 '진정입법부작위'와 달리 헌법재판소법 제69조 제1항 소정의 청구기간을 준수하여야 한다는 점에 유의하여야 한다.[4] 따라서 A는 재항고기각결정의 통지를 받은 날로부터 90일 이내에 헌법소원심판을 청구하여야 한다.

그러나 위와 같이 부진정입법부작위가 헌법소원심판청구의 대상이 된다고 하여도 재정신청의 대상범죄를 공무원의 직무에 관한 죄 중에서 인신구속에 관한 직무를 행하는 자등에 의하여 발생하는 인권침해 유형의 범죄에 한정하고 있는 형사소송법 제260조(재정신청) 제1항이 평등의 원칙에 반하거나 재판청구권, 재판절차진술권을 침해하는지에 관하여 헌법재판소는 "우리 헌법은 공소제기의 주체, 방법, 절차나 사후통제에 관하여 직접적인 규정을 두고 있지 아니하다. 따라서 검사의 불기소처분에 대한 법원에 의한 사법적 통제가 헌법상 반드시 요구되는 것은 아니므로 검사의 불기소처분에 대하여 재정신청제도를 둘 것인지, 재정신청제도를 둘 경우 그 신청대상범죄를 어느 범위로 정할 것인지 등의 문제는 입법자의 입법정책에 속하는 사항이다. 형사소송법 제260조 제1항이 재정신청의 대상을 공무원의 직무에 관한 죄 중에서 인신구속에 관한 직무를 행하는 자 등에 의하여 발생하는 인권침해 유형의 범죄에 한정하고 있는 것은 합리적 근거가 있는 차별이라 할 것이므로, 재정신청의 대상이 아닌 범죄에 대한 고소·고발인이 검사의 기소편의주의의 남용에 따른 사법적 통제를 받을 수 있는 길이 막혀 있다 하더라도 입법재량의 범위를 벗어난 것으로 볼 수 없어 재판청구권에 대한 헌법상의 평등의 원칙에 위배되는 것이 아니다." 라고 하였다(헌법재판소 1997. 8. 21. 선고 94헌바2 결정). <대한법률구조공단>

V. 여론과 정당 등을 통한 통제

국민은 악법의 제정에 대하여 시민불복종운동을 전개하거나 정당한 대체 입법을 위한

1) 헌재결 1989. 3. 17, 88헌마1【사법서사법시행규칙에 관한 헌법소원】
2) 헌재결 1989. 9. 29, 89헌마13【검사의 공소권행사에 관한 헌법소원】
3) 헌재결 1989. 9. 29, 89헌마13【검사의 공소권행사에 관한 헌법소원】
4) 헌재결 2000. 4. 27, 99헌마76【국가유공자등예우및지원에관한법률 제4조 위헌확인】

청원권을 행사할 수 있다. 그밖에도 여론에 의한 통제나 여당과 정부의 당정협의를 통하여 입법에 대한 통제를 가할 수 있다.

제 2 항 국회의 지위

I. 의회제도

1. 의회제도의 의의와 연혁

의회제도(의회주의)란 민선의원들로 구성된 합의기관이 다수결의 원리로써 국가중요정책을 결정하는 제도를 의미한다. 의회제도의 기원을 12·13세기경의 중세의 등족회의에서 구하는 견해[1]와 영국의 모범의회(모범의회는 1295년에 있었고, 신분제의회였으며 강제위임이었다)에서 구하는 견해(지배적인 견해)[2]로 나뉘어져 있다. 등족회의(신분대표회의: Ständeversammlung)[3]는 그것이 신분계급의 대표자로 구성되었기 때문에 등족회의라 불려졌으며, 3계급(귀족·카톨릭 고위성직자·평민)의 모임이었으므로 이를 삼부회(États-Généraux; Estates General/States General)라고도 하였다(기사의 대표가 추가된 나라에서는 4원제 회의가 이루어졌다). 등족회의의 구성원은 출생에 의하여 자동적으로 소속출신 계급의 대표로 인명되었기 때문에 자유위인에 바탕을 둔 대이이념과는 거리가 먼 명령적 위임관계에 입각한 신분대표에 지나지 아니하였다.[4]

이와같이 등족회의(신분대표회의)는 중세 유럽에 있어서 군주가 재정적인 원조를 받기위하여 소집한 회의로서 엄격한 봉건적 신분사회에서 승려(카톨릭)계급·귀족계급·시민계급의 대표들이 '신분대표회의'를 구성하여 주로 '조세문제'와 '법률제정'에 관한 「군주의 자문기관」으로서의 역할을 하였다. 따라서 이를 의회주의(Parlamentarismus)의 기원으로 본다.

> 특히 1215년에 제정된 영국의 Magna Carta Liberatum(대헌장)의 제12조의 규정(Steuerbewilligungsrecht)에서, 의회주의의 始原(Anfangspunkt)을 엿볼 수 있다. 이 등족회의는 영국에 있어서는 더욱 발전하여 '근대의회'의 성립을 보게 되었으나 다른 나라에서는 군주의 세력이 너무 강하였기 때문에 정지되고 말았다.

---

1) 김계환, 헌법학정해, 1015면; 김철수; 안용교; 특히 허영 교수는 등족회의라는 명칭 대신에 영주회의를 사용한다.

2) 권영성, 헌법학원론, 861면.

3) 허영 교수는 「Ständeversammlung」을 영주회의라고 번역하며, 그리고 일본에서는 이를 등족회의라고 번역한다. 저자(김백유)는 이를 신분대표회의 혹은 등족회의라고 번역한다.

4) 김계환, 헌법학정해, 1016면.

2. 등족회의에서 근대적 의회제도로의 발전

등족회의의 삼원제(귀족 · 승려 · 서민)가 영국의 양원제(귀족원 · 서민원)로 발전되었고, 등족회의에서는 소속원이 출신계급만을 대표하였으나, 근대의회제도에서는 전국민의 대표자로 되었고, 등족회의에서 군주에 대한 청원서 제출권은 근대의회의 법률안 발안권으로 되었고, 등족회의에서 조세승인권은 근대 의회의 예산심의권으로 되었고, 등족회의에서의 명령적 위임이 근대 의회에서는 무기속 자유위임으로 되었다.

3. 의회주의(Parlamentarismus)

국회의 지위, 기능, 조직, 운영, 의원의 지위와 권한에 관한 헌법규정은 의회주의의 이념에 바탕을 두고 있다.

3.1. 의회주의의 개념과 연혁

3.1.1. 개념

의회주의(Parlamentarismus)란 민주적 정당성을 기초로 설립된 국가기관이 국가의사결정의 원동력이 되어야 한다는 정치원리(또는 의회가 국가의 기본정책결정에 입법을 통하여 참여하는 정치원리)를 의미한다. 이와 같이 의회주의는 정치원리이므로 권력분립주의의 실현형태로서의 정부형태원리를 의미하는 의원내각제와 구별되며,[1] 의원내각제로 지칭되는 의회민주주의(parlamentarische Demokratie)와도 구별된다.[2]

3.1.2. 연혁

의회주의는 그 기원을 보통 중세의 등족회의(영주회의 : Ständeversammlung)에서 일반적으로 구하고 있으나, 지금의 모습은 영국하원이 Stuart왕조와의 정치투쟁에서 성공한 명예혁명(1688) 이후라고 본다.[3] 1689년의 권리장전에서 조세 · 국방문제에 대한 의회의 통제를 확립하였고, 이는 국민의 대표기관인 의회의 제정법률에 의하지 않고서는 기본권을 제한할 수 없다고 기본권의 법률유보이론으로 발전되었다고 본다.

저자 및 독일 헤세(K. Hesse) 교수의 견해는 의회주의의 기원을 大憲章(Magna Carta)으로부터 시작된다고 보고 있다. 즉 대헌장 제12조[국왕이 부과하는 병역면제세 및 원조금에 대한 일반회의에 의한 제한]에 의하면 의회의 조세동의권

---

1) 허영, 한국헌법론, 894면.

2) 허영, 한국헌법론, 894면 참조. 그러나 뢰벤슈타인(Löwenstein)은 '의회주의 = 의원내각제'라고 혼용해서 사용한다.

3) 허영, 한국헌법론, 895면; 김계환, 헌법학정해, 1017면.

(Steuerbewilligungsrecht)이 규정되어 있는데 의회주의의 기원은 바로 이 규정에서 연유한다고 볼 수 있다. 즉 대헌장 제12조는 "병역면제세(scutage) 또는 원조금은 어떠한 것을 막론하고 朕의 왕국의 일반회의(common counsel : commune consilium)에 의하지 않는 한 朕의 왕국내에서 부과되지 아니한다. 그러나 朕의 신체를 贖하기 위하여, 朕의 장남을 騎士로 하기 위하여, 또는 朕의 長女의 초혼을 위하여 부과되는 경우에는 예외로 한다. 이러한 경우에도 상당한 정도의 부과금 이상을 징수하여서는 아니된다. 前記의 제한은 런던시에서의 원조금에도 역시 동일하게 적용된다"고 설명하고 있다.

Magna Carta(Magna Charta; Great Charter : 대헌장)는 1215년 6월 19일 영국의 국왕 존(John)이 봉건귀족등의 요구에 응하여 조인한 「헌법적 문서」이다. 전문과 제63조항으로 되어 있으며, 그 내용은 왕(König)은 귀족 승려등의 여러 권익을 확인하고, 그것을 침해하지 않는다는 것을 약속한 것인데, 거기에는 「입헌제 원리」가 선명되어 있다. 이러한 점에서 Magna Carta 영국헌법의 원천이 되는 것으로 권리청원 및 권리장전과 더불어 「영국헌법의 성서」라고 불리우고 있으며, 나아가서는 세계각국의 입헌제 발달사에 있어서의 중요한 문서의 하나로 간주된다. 오늘날에 와서는 많은 조항이 폐지되었으나 아직도 현행법(geltendes Recht)의 일부를 이루고 있으며, 특히 형법상 죄형법정주의 및 의회주의(Parlamentarismus)이 起源을 여기서부터 구한다.

3.2. 의회주의의 기본원리

의사결정의 공개와 이성적 토론의 원리 : 의회가 국민의 의사를 정확하게 반영하고 행정부를 효율적으로 통제하기 위하여서는 의사결정이 신중하고 적절하지 않으면 안 될 것이다. 의회의 의사결정은 공개되고 이성적 토론의 원리가 준수되어야 한다. 토론과 의사의 공개성은 의회주의의 현실적인 활동원리이다.

다수결의 원리 : 의회는 합의체이므로 다수결의 원리를 따르는 것이 가장 합리적이다. 물론 소수보호의 정신이 결여된 다수결의 원리는 그 민주주의원리의 실현요소를 상실한다.

정권교체의 원리 : 진정한 의회주의는 의회 내에서의 세력분포의 교체가능성을 그 내용으로 한다. 교체가능성이 없는 것은 실질적으로 일당독재에 불과하다.

3.3. 의회주의의 위기

3.3.1. 위기원인

a) 정당국가적 경향

- 의회기능의 약화 : 모든 국가권력이 집권당의 수뇌부에 있게 됨으로써 의회는 정부가 추진하는 정책의 추인기관으로 지위가 격하되었다고, 의회의 다수파가 더 이상 정부

에 대한 반대자가 될 수 없다는 '의회 · 정부 일원화현상(Verfassungsmonismus)'이 대두되었다. 이는 특히 의원내각제 정부형태에서 더욱더 두드러지게 나타난다.

- 의회주의원리의 위협 : 의회주의의 기본원리인 공개(Öffentlichkeit)와 자유로운 토론(Diskussion)이 위협받게 되었다. 대부분의 중요한 국가의사는 국회본회의(Plenarsitzung)가 아닌 정당이나 위원회 또는 교섭단체에서 결정되어지므로 의원의 의사결정 활동은 사실상 형식화되었다.

- 국회의원의 질적 低下와 그로 인한 대표성 약화 : 선거가 인물중심에서 정당중심으로 변모되었기 때문에 정당에 맹목적으로 충성하는 직업정치인들의 의회진출을 가능케 함으로써 의원자질의 질적 저하를 야기시켰다.

b) 사회국가나 복지국가의 경향

- 의회역량의 한계 : 행정부(행정부)가 전문화 · 비대화(행정국가화의 경향)되므로 인하여 의회의 대정부통제가 효과적일 수 없게 되었다.

- 국가의 주요정책과제의 변동 : 국가의 주요한 정책수행 과제가 정치적 영역으로부터 경제 · 사회 · 환경 등의 영역으로 비중이 옮아져 감에 따라 이에 따른 의원의 전문성의 결여로 인하여 의회기능의 한계가 나타나게 되었다.

c) 합의체적 기관의 성격

- 議事運營의 비효율성 : 무제한적 자유토론 등은 의사진행의 비효율성과 국정운영의 장애요인으로 인식되었고 이는 의회무용론으로 이어지고 있다.

- 다원적 이익사회 : 시민사회에서 '다원적 이익사회(pluralische Gesellschaft)'로 변모됨에 따라 계층간의 대립이 의회에서 조차 타협이 어려울 정도로 심화되어 있으므로, 대화와 타협이라는 의회주의의 기초에 중대한 위협을 가하고 있는 것이다.

- 다수결의 횡포 : 합의체의 의견을 도출해 내는 다수결의 원칙이 대립되는 소수의 의견 표시기회를 부여하지 않으면서, 토론과 설득의 과정을 생략한 채 다수의 횡포로 이어지고 있다.

d) C. Schmitt의 의회주의비판(Parlamentarismuskritik)

C. Schmitt는 의회주의의 이념과 전제조건이 붕괴되었다고 하면서, 그 이유로 의원의 대표적 성격이 소멸되었고, 정부와 의회의 정치적 결합으로 권력균형의 원리가 소멸되었고, 토론과 공개성 원리가 소멸되었음을 제시하고 있다.

1. 이론전개

① R. Smend의 These를 원용 : '역동적 = 변증법적(Dynamisch-Dialektischen)' → 대립하는 의견들의 교착과정의 결과 → 올바른 국가의지 형성

② 민주주의의 본질적 요소 → 치자와 피치자의 동일성(Identität)

㉠ 정치신학[1)]

㉡ 현대의회주의의 정신사적 위치[2)]

㉢ 국가개념과의 관계에 있어서의 현대민주주의의 개념[3)]

2. C. Schmitt의 의회주의 3요소

① 토론(Diskussion) : '토론정치(government by discussion)' → 결단(Dezision)

② 공개성(Öffentlichkeit) : 비밀(arcana)금지 → 절대주의 비밀정치에 대항

③ 대표성(Represäntation) : 교양(Bildung) 및 재산(Besitz) 보유자 → 개인의 이익보다 국민의이익대변 → 평가선거제(Zensuswhalrecht)의 도입 필요성

3. 문제점 → 의회주의 사망선고

① 토론상실 : 의회에서의 연설이나 변론 → 진정한 의미의 토론이 아님

② 공개성 상실

㉠ 위원회(Ausschuß)의 비밀회의에서 의결

㉡ (의결의 결과를) 공개회의에서 투표의 형식으로 결정 : 의회 → 관청(Behördenaparat)으로 변모

㉢ 의회의 위원회 → 당파간 비밀협상, 이익단체의 협정

③ 대표성 상실

4. 비판

① H. Heller(헬러)

㉠ 토론 그 자체보다는 '토론을 위한 토대(Diskussionsgrundlage)'의 존재가 중요

㉡ 아래에서 위로(von unten nach oben) : C. Schmitt는 권위주의적 정치형태 중시

② R. Thoma(토마)

㉠ 의회제도의 변천 → 모든 제도는 목적변형(Zweckmetamorphose)과 구조변경(Strukturwandlung)을 함

㉡ 이데올로기 ↔ 정치현실 : gap 인정필요

㉢ (정당하다고 주장하는) 이론의 일방적 · 편파적 사상으로부터의 탈피

③ 저자 (☜ 여기서 저자란 김백유 교수를 의미 한답니다)

㉠ 19세기 이론(토론, 공개성) → 20세기 정치현실 적용은 무리

㉡ 동일성이론(Identitätstheorie)

㉮ 정치적 의사형성(politische Willensbildung)과정의 합리적 조정단계(rationalisierte Vermittlungsstufe) 간과

---

1) C. Schmitt, Politische Theologie, 1922.

2) C. Schmitt, Die geistesgeschichtliche Lage heutigen Parlamentarismus, 1923.

3) C. Schmitt, Der Begriff der modernen Demokrtie in seinem Verhältnis zum Staatsbegriff, 1924.

㉯ 치자 = 피치자: 다만 심리적 동일성일 뿐이다

㉢ 결단주의(Dezisionstheorie)

㉮ 장점

- 법실증주의의 자기목적적 국가관 탈피
- 초국가적 자유와 권리의 보장 → 자유주의적 국가관 확립

㉯ 단점

- 통치질서의 이원적 이해 → 다원적 산업사회에서의 헌법질서의 「가치실현기능」 및 「통합기능」의 약화
- 법치국가원리와 민주주의원리 오해

3.3.2. 위기극복방안

a) 개관

의회주의는 많은 문제점을 내포하고 있다. 그러나 의회주의의 정치원리에 담겨 있는 민주주의적 성격과 자유주의 사상 때문에 이는 결코 포기될 수 없는 원리라고 할 것이며, 우리는 흔히 이를 '의회주의의 위기'[1)]라는 표현을 쓰고 있지만, 이것이 의회주의의 위기라고 표현되어야 하는가? 의회주의를 위협하는 요소를 제거할 수 있는 보완책이 요구된다.

b) 정당내부의 민주화 확립

의회주의의 위기문제를 해결하는데, 정당내부의 민주화 확립이 시급하다. 정당국가적 경향으로 인한 의회주의의 위기요인에 대하여는 정당내부의 민주화가 요구된다. 정당조직의 민주화는 물론이요. 정당의 의사결정방법이나 후보자의 추천에 이르기까지 민주적 정당성을 제고시키도록 하여야 할 것이다. 동시에 선거제도의 개편을 통하여 직능대표제와 비례대표제 등으로 보완이 요구된다. 아울러 정당의 모든 사실상 구속과 규율에 대하여 의원은 양심에 따라 (독립하여) 행동한다는 자유위임사상이 강조되어야 할 것이다.

[정당내부의 민주화 확립]

· 정당조직의 민주화
· 정당의 의사결정방법의 민주화
· 후보자의 추천의 민주적 정당성확보
· 선거제도의 개편을 통한 직능대표제와 비례대표제의 보완
· 자유위임사상의 확보: 정당의 구속·규율에 대하여 의원은 양심에 따라 행동

---

1) 이는 과거에 일부 학자들에 의해서 악용된 점이 없지 아니하다.

c) 직능대표제나 전문위원회의 적극적 활용

사회국가나 복지국가의 경향으로 인한 위기요인에 대하여는 직능대표제나 전문위원회의 적극적 활용을 통하여 의회를 전문의회로 개편하여야 할 것이다.

[직능대표제나 전문위원회의 적극적 활용]
· 의회를 전문의회로 개편

이밖에 입법절차상의 3독회제를 폐지하고, 상임위원회중심주의와, 의회내에서 야당의 지위를 향상시켜 의회의 정치통제적 기능의 강화를 드는 견해도 있다(허영). 계층간의 갈등과 반목이 심화되어 있으므로 인하여 합의체의 필수적 요인인 대화와 타협이 어려워지고 있는바, 직접민주제적 요소를 도입함으로써 이를 보완하여야 할 것이다.

3.3.3. 일하는 국회(Arbeitsparlament)

현대민주주의에 있어서의 의회의 기능은 그「제도적 측면」에서 고찰하면, 19세기의 입헌주의 시대에 비하면, 그 의의가 퇴조하였다(주의: 그러나 이를「의회주의의 위기」라고 표현할 수 는 없다).

「이유」

- **전문성**: 오늘날 많은 법률안이 의결되지만, 그들의 대부분은 전문가들만이 판단을 내릴 수 있고, 국회의원보다는 정부(행정부)의 관료가 더 적절하게 처리할 수 있는「기술적인 특별규정이나 세부규정」이 대부분을 자지한다.
- **정부의 비중증대**: 정부는 국회 보다 전문적이고 광범위한「포괄적 정보」를 보유하고 있다는 이점이 있기 때문에, 장기계획수립 및 경제적 조정 등에 있어서 정부가 국회보다 우위에 서게 된다.
- **위원회제도**: 또한 의회에서의 심의 역시 일반적으로 비공개로 행해지는 위원회에서 행해지며, 거기에는 의회의 심의에 대한 민주적 참여가 부존재하게 된다.
- **여론형성 등의 빈약**: 현대적 상황에 있어, 증대되는 대안의 통제와 개발의 어려움, 그리고 신문, 라디오, 텔레비젼 등에 비하여 국회의 토의에 의하여 형성되는 여론형성이 퇴조.

이와 같은 점에서 오늘날의 의회는「공개된 토론의 장」으로서 이해되지 않고, 다만 '일하는 의회(Arbeitsparlament)'로 이해된다.「비교」→ Banausenparlament

II. 국회의 헌법상 지위

국회의 지위는 시대에 따라, 역사적 배경에 따라 그리고 정부형태에 따라 다르나(국가가 단일국가인가 연방국가인가, 대통령제인가 의원내각제인가에 따라)어느 국가를 막론하고 국민의 대표기관, 입법기관, 국정의 통제기관으로서의 지위를 갖는 것이 일반적이다.[1)]

1. 국민의 대표기관으로서의 지위

1.1. 개관

국회는 국민의 대표기관의 지위를 가진다. 대표의 이념이 가장 직접적으로 표현되고 있는 헌법상 통치기관이 국회이므로 국회를 국민의 대표기관으로 부르는 이유기도 하다. 국회가 국민을 대표하는 기관인가에 관하여 부정설과 긍정설이 있으며, 대표기관성을 긍정하더라도 대표의 개념에 대하여 학설이 대립된다. 대표민주제(간접민주제)에 있어서는 흔히 의회 또는 의원이 국민을 대표한다(represent, reprasentieren)라고 하는데, 이와같이 의회의 국민대표기관성을 긍정하는 경우(통설)에도, 그 대표의 성질에 관해서는 정치적 대표기관설(다수설)과 법적 대표기관설이 대립하고 있고, 법적 대표기관설은 법실증주의에 입각한 학설들로서, 이는 다시 법적 위임관계설, 법정대표기관설, 대표적 위임설, 헌법적 대표설 등으로 갈리고 있다.

1.2. 학설

1.2.1. 정치적 대표설

정치적 대표설에 의하면 국회는 국민을 대표하는 기관이나, 법적으로 대표하는 것이 아니라 정치적·이념적으로 국민을 대표하는 것으로 본다. 이 견해에 따르면 의원은 선거구만을 대표하는 것이 아니며, 선거인의 지시도 받지 아니하며(무기속위임의 원칙), 그리고 의회주의의 연혁을 보더라도 법적 의미의 대표가 아닌 정치적·이념적 대표라고 하는 것이 논리적이라고 한다. 우리 나라 다수설의 입장이다.[2)]

---

1) 허영 교수는 국회의 헌법상 지위는 의회주의의 본질에서 이끌어 내야지 상대적 의미밖에 갖지 못하는 정부형태, 국가형태, 헌법의 유형 등을 기준으로 국회의 지위를 논할 수 없다고 한다.

2) 권영성, 헌법학원론, 868면.

1.2.2. 법적 위임대표설

국회는 국민의 위임에 의하여 그 권한을 행사하는 국민의 위임대표기관이라고 본다. 여기서의 위임은 법적 의미로서, 강제위임이 아닌 대표위임을 말한다(영 · 미의 지배적 견해이다).

1.2.3. 법정대표설

국회는 제2차 기관으로서 제1차 기관인 국민을 대표(민법상 법정대리관계에 해당하는)한다고 본다(G. Jellinek).

1.2.4. 헌법적 대표설

국회를 국민과의 사이에 민법적 의미의 대리나 위임관계가 존재하지 않으며 (따라서 법적 위임대표설이나 법정대표설에 대한 비판의 근거가 된다), 주권자로서의 국민을 전제로 하고 있으므로 정치적 대표설은 타당하지 않다고 한다(정치적 대표설에 대한 비판의 근거가 된다). 국회의 대표기관성을 국민의 위임행위로 부터가 아니고, 국민주권주의하에서 모든 국가권력이 국민으로부터 나온다는 헌법규정으로부터 나온다고 한다.[1]

1.2.5. 대의적 대표설

국회의 대표기관성은 대의의 개념을 전제로 한 개념형식이므로 법적 대리나 법적 대표로 설명하려는 것은 무의미하다고 한다. 대의기관이란 의미는 대의적인 대표기관에 불과하다고 본다.[2]

[대의제도 · 대리제도 · 대표제도의 구별]

대의제도는 대리제도 내지 대표제도와 그 본질을 달리한다. 대의제도는 정당성의 원리에 그 기초를 두는 반면에 대리제도 내지 대표제도는 의사대리를 그 본질로 하고 있다.[3] 대의는 전체를 위한 독자적인 의사결정을 그 기능의 기초로 하지만, 대리 내지 대표는 부분을 위한 간접적인 의사전달 내지는 의사실현을 그 본질로 하기 때문이다.[4]

대의 : 대리 · 대표와의 구별
무기속 · 자유위임관계 : 명령적 위임관계

---

1) 김철수, 헌법학(중), 127면.
2) 허영, 한국헌법론, 901면.
3) 허영, 한국헌법론, 673면.
4) 허영, 한국헌법론, 674면.

신분대리 -〉 대표권 -〉 대의권으로 발전[1)]

1.2.6. 사견

현행헌법이 국민주권의 원리와 의회주의를 규정하고 있는 것은 대의제(대표민주제, 간접민주제)를 채택한 것이다. 현행 헌법상 대의제를 통치의 기본원리로 하고 있는 이상에서 국회는 그 형태가 무엇이든지 간에 국민대표기관임에 틀림없다. 다만 이 경우에 있어서의 국회가 어떠한 의미의 대표인가의 하는 문제가 있다. 생각건대 국회의원은 선거구민의 지시나 훈령에 따르지 않으며, 국회의원선거도 선거인단인 국민이 의회를 구성하는 합성행위에 지나지 아니한다는 점, 그리고 선출된 경우에도 선거구민의 대표가 아니라 전체국민의 대표가 되며(무기속위임),[2)] 국회의원은 국가이익을 우선하여 양심에 따라 직무를 수행하며(헌법 제46조 제2항 참조), 국회는 국민의 의사결정과 다른 의사와 행위를 결정할 수 있고 사후보고를 할 필요도 없다는 점을 감안해 볼 때, 국회가 국민의 대표기관이라고 하는 것은 법적 의미의 대표가 아니라, 정치적·이념적 통일체로서의 국민의 의사를 정치적으로 대표한다는 것을 의미한다고 본다. 다수설인 정치적 대표설이 타당하다.[3)]

[정치적 대표설]
- 국회의원은 선거구민의 지시나 훈령에 따르지 않음
- 선거구민의 대표가 아니라 전체국민의 대표(무기속위임)
- 국가이익을 우선하여 양심에 따라 직무를 수행(헌법 제46조 제2항 참조)
- 국회는 국민의 의사결정과 다른 의사와 행위를 결정할 수 있다

독일기본법 제38조 제1항도 「독일연방의회의 의원은 국민전체의 대표자이고 위임과 지시에 구속되지 아니하며 그 양심에 따를 뿐이다」라고 규정하고 있고, 프랑스 제5공화국 헌법 제27조 제1항이 의원에 대한 「강제위임은 무효이다」라고 규정한 것도 국회의원의 무기속위임의 원칙(Grundsatz des freien Mandats)내지 강제적 위임의 금지(Verbot des

---

1) 허영, 한국헌법론, 675면 참조.

2) 헌법재판소는 헌법은 국회의원을 자유위임에 원칙하에 두었다고 보고 따라서 별도의 법률규정이 있는 경우는 별론으로 하고 전국구의원의 소속정당 탈당으로 의원직 상실이 되지 않는 것이라고 판시하면서 구 국회의원 선거법이나 국회법에 그러한 상실규정을 두고 있지 않아 구법하에서 자진탈당을 하였더라도 전국구의원의 자격이 자동상실되는 것이 아니라고 보았다(헌재결, 1994. 4. 28, 92헌마153).

3) 국회가 국민을 대표한다는 것은 어디까지나 대의이념을 전제로 한 것이고, 따라서 엄격한 법적 대리 또는 법적 관계가 형성되는 것은 아니므로 국회의 국민대표기관성에 관한 학설(법적 대표설, 헌법적 대표설, 정치적 대표설 등)은 무용한 논쟁이다(허영, 한국헌법론, 901면).

imperativen Mandats)를 강조한 것이다. 결국 정치적 대표는 국회의원은 중세의 등족의회처럼 위임에 의한 선거민의 대표가 아니라, 무기속위임에 의한 전국민의 대표일 뿐이라는 의미이다. 그러나 의회가 국민의 정치적 대표관계이라는 것마저, 정당정치의 발달에 따라 의원이 소속정당에 엄격히 예속되고 있는 오늘날의 정치적 상황에서는 그 의미가 희박해져가고 있다.

2. 입법기관으로서의 지위

2.1. 국회중심입법의 원칙

의회는 국가의 입법기관으로 간주되고 있다. 현행헌법도 제40조에서 "입법권은 국회에 속한다"라고 하고 있다. 이와같이 국회의 입법기관성은 가장 본질적인 국회의 지위이다. '입법'의 개념에 관하여 실질설과 형식설이 대립하고 있으며, 헌법 제40조의 해석에 관하여 실질적인 의미의 입법이 국회에 속한다는 실질설이 타당함은 이미 설명한바 있다. 이러한 국회중심입법의 원칙에도 불구하고 국가기능의 질적·양적인 변화로 인한 입법대상의 증가, 국회입법의 시간적 제약성 및 탄력성의 결여 그리고 입법의 전문성과 기술성의 요구 등으로 국회의 지위와 역할에 많은 변화가 나타나게 되었으니, 입법과정에 있어서 행정부의 개입이 강화되고 위임입법의 증대현상이 나타나고 있다. 뿐만 아니라 의회운영에 있어서 위원회중심제라든가 정당정치의 발달로 말미암아, 입법기관으로서의 의회의 지위와 역할은 점차 저하되어 의회의 통법부화현상이 초래되고 있다. 그러나 오늘날에도 국회의 입법기관성은 중요시 되며, 의회입법의 원칙을 유지하여야 할 이유가 존재한다. 이는 입법과정을 공개함으로써 국민의 여론이 입법에 반영될 수 있게 한다는 민주주의적 요청을 만족시켜 준다는 데 있다.

의회가 입법기관이란는 것은 이상과 같이 입법권은 「원칙적으로」 의회의 권한에 속한다는 뜻이지, 의회가 입법권을 독점한다는 의회의 유일한 입법기관성을 의미하는 것은 아니다. 그런 까닭에 의회입법의 원칙에 대해서는 헌법 자체가 그에 대한 예외를 규정할 수 있다.

2.2. 국회중심입법의 원칙의 예외

국회의 입법기관성은 입법권이 원칙적으로 국회에 속한다는 것, 즉 국회가 중심이 되어 입법을 한다는 의미이지 국회가 입법권을 모두 독점한다는 의미는 아니다(국회독점입법의 불허; 국회중심입법주의). 우리헌법은 국회입법의 원칙에 대한 예외로서, 헌법 자체가 국회 이외의 기관에게 실질적 입법권을 부여하고 있다. ① 대통령의 긴급명령권과 긴급재정, 경제명령권, ② 대통령령, 총리령·부령등 각종 행정입법권, ③ 대법원의 규칙제정권,

④ 헌법재판소의 규칙제정권, ⑤ 중앙선거관리위원회의 규칙제정권, ⑥ 지방자치단체의 자치입법권등이 그것이다. 또한 헌법 자체가 국회의 입법에 다른 국가기관의 관여나 개입을 규정하고 있는 것으로 정부의 법률안제출권, 대통령의 법률안거부권, 대통령의 법률공포권 등이 있다(국회단독입법의 불허).[1)]

『국회중심입법의 원칙의 예외』
- 대통령긴급명령권
- 대통령긴급재경명령권
- 각종 명령(대통령령, 총리령 · 부령) · 규칙(대법원규칙, 헌법재판소규칙, 중앙선거관리위원회규칙)제정권
- 대통령의 법률안거부권
- 대통령의 법률안공포권
- 정부의 법률안 제출권

헌재결 1993. 5. 13, 92헌마80 【체육시설의설치이용에관한법률시행규칙 제5조에 대한 헌법소원】

위임입법이란 법률 또는 상위명령에서 구체적으로 범위를 정하여 위임받은 사항에 관하여 법규로서의 성질을 가지는 일반적 · 추상적 규범을 정립하는 것을 의미하는 것으로서 형식적 의미의 법률(국회입법)에는 속하지 않지만 실질적으로는 행정에 의한 입법으로서 법률과 같은 성질을 갖는 법규의 정립이기 때문에 권력분립주의 내지 법치주의 원리에 비추어 그 요건이 엄격할 수밖에 없으니 법규적 효력을 가지는 행정입법의 제정에는 반드시 구체적이며 명확한 법률의 위임을 요하는 것이다(헌법 제75조).

헌재결 1995. 11. 30, 94헌바40 등 【소득세법 제23조 제2항 등 위헌소원】 위임입법의 필요성

조세법률주의를 철저하게 관철하고자 하면 복잡다양하고도 끊임없이 변천하는 경제상황에 대처하여 적확하게 과세대상을 포착하고 적정하게 과세표준을 산출하기 어려워 담세력에 따른 공평과세의 목적을 달성할 수 없게 되는 경우가 생길 수 있으므로, 조세법률주의를 지키면서도 경제현실에 따라 공정한 과세를 하고 탈법적인 조세회피행위에 대처하기 위해서는 납세의무의 본질적인 내용에 관한 사항이라 하더라도 그중 경제현실의 변화나 전문적 기술의 발달 등에 즉응하여야 하는 세부적인 사항에 관하여는 국회제정의 형식적 법률보다 더 탄력성이 있는 대통령령 등 하위법규에 이를 위임할 필요가 있다.

헌재결 1996. 6. 26, 93헌바2 【조세감면규제법 제74조 제1항 제1호 위헌소원】

사회현상의 복잡 다기화와 국회의 전문적 · 기술적 능력의 한계 및 시간적 적응능력의

1) 허영, 한국헌법론, 905면.

한계로 인하여 조세부과에 관련된 모든 법규를 예외 없이 형식적 의미의 법률에 의하여 규정한다는 것은 사실상 불가능할 뿐만 아니라 실제에 적합하지도 아니하기 때문에, 경제 현실의 변화나 전문적 기술의 발달에 즉시 대응하여야 할 필요 등 부득이한 사정이 있는 경우에는 법률로 규정하여야 할 사항에 관하여 국회 제정의 형식적 법률보다 더 탄력성이 있는 행정입법에 위임함이 허용된다.[1)]

헌재결 2001. 1. 18, 98헌바75 등 【지방세법 제290조 제1항 위헌소원】

헌법은 모든 국민은 법률이 정하는 바에 의하여 납세의 의무를 지고, 조세의 종목과 세율은 법률로 정하도록 규정함으로써 조세법률주의를 선언하고 있는바, 납세의무자 상호간에 생기는 조세의 전가관계를 고려하고, 또 행정권의 자의적인 법해석과 집행으로부터 국민의 재산권을 보호함과 동시에 국민의 경제생활에 법적 안정성과 예측 가능성을 부여하기 위해서는 조세의 부과 징수의 요건이나 절차뿐만 아니라 조세감면의 근거 또한 법률로 정하여야만 한다. 그러나 복잡다기한 사회현상과 국회의 전문적 기술적 능력의 한계 및 신속한 대응능력의 한계로 인하여 조세의 감면에 관련된 모든 법규를 예외 없이 형식적 의미의 법률로 규정한다는 것은 사실상 불가능할 뿐만 아니라 적합하지도 아니하다.[2)] 따라서 경제현실의 변화나 전문적 기술의 발달 등에 즉시 대응하여야 할 사항에 관하여 국회가 제정하는 형식적 법률보다 더 탄력성이 있는 행정입법에 위임함이 허용되는 것이다.

– 포괄적 위임입법의 금지 –

헌법 제75조는 "대통령은 법률에서 구체적으로 범위를 정하여 위임받은 사항… 에 관하여 대통령령을 발할 수 있다"고 규정하여 위임입법의 헌법상 근거를 마련하는 한편 대통령령으로 입법할 수 있는 사항을 "법률에서 구체적으로 범위를 정하여 위임받은 사항"으로 한정함으로써 일반적이고 포괄적인 위임입법은 허용되지 않는다는 것을 명백히 하고 있는데, 이는 국민주권주의, 권력분립주의 및 법치주의를 기본원리로 하고 있는 우리 헌법하에서 국민의 헌법상 기본권 및 기본의무와 관련된 중요한 사항 내지 본질적인 내용에 대한 정책 형성기능은 원칙적으로 주권자인 국민에 의하여 선출된 대표자들로 구성되는 입법부가 담당하여 법률의 형식으로써 이를 수행하여야 하고, 이와 같이 입법화된 정책을 집행하거나 적용함을 임무로 하는 행정부나 사법부에 그 기능을 넘겨서는 아니 되기 때문이다.[3)]

---

1) 헌재결 1998. 7. 16, 96헌바52 등, 판례집 10-2, 172, 196; 헌재결 1999. 7. 22, 96헌바80등, 판례집 11-2, 90, 105.

2) 헌재결 1996. 6. 26, 93헌바2, 판례집 8-1, 525, 531-532.

3) 헌재결 1995. 7. 21, 94헌마125; 1995. 11. 30, 91헌바1 등; 1995. 11. 30, 94헌바40 등; 1996. 10. 31, 93헌바14; 1998. 7. 16, 96헌바52 등; 1998. 11. 26, 97헌바31; 1999. 1. 28, 97헌가8; 1999. 7. 22, 97헌바16; 1999. 12. 23. 99헌가2.

3. 국정의 통제기관으로서의 지위

3.1. 개관

현대국가에서 국회의 국민의 대표기관으로서의 지위 및 입법기관으로서의 지위는 저하되고 있는 반면 국정을 감시, 비판, 견제하는 국정통제기관으로서의 지위는 중요시되고 있다. 정부형태에 따라(의원내각제 · 대통령제 · 의회정부제) 통제의 정도에 차이가 있으나,[1] 어떤 정부형태를 취하건 국정을 감시 · 비판하는 통제기능이 가장 중요한 기능으로 인정되고 있다. 그러나 어떠한 정부형태이든, 오늘날 헌법과 법률에 의한 집행과 사법을 보장하기 위하여 행정부와 사법부를 감시하고 비판하는 의회의 그 국정통제기관으로서의 지위에는 공통된 면이 있다. 이러한 기능은 행정부나 사법부의 국정수행을 견제함으로써 통치권행사의 절차적 정당성을 확보하기 위한 것이며, 권력분립주의의 견제와 균형의 불가피한 수단으로의 의미를 지닌다.[2]

[현행 헌법상 국정통제기관으로서의 국회의 對政府統制]
- 예산의 심의 · 확정권(제54조)
- 국정감사 · 조사권(제61조)
- 국회에의 출석 · 답변요구권(제62조 제2항)
- 국무총리 · 국무위원에 대한 해임건의권(제63조) ☜ **해임의결권이 아님**
- 조약체결 · 선전포고에 대한 동의권 및 군의 외국파견, 외국군대의 국내주류에 대한 동의권(제60조)
- 국채모집 등에 대한 의결권(제58조)
- 탄핵소추권(제65조)
- 계속비, 예비비, 국가부담이 되는 계약체결에 대한 국회의결과 차기국회에서의 승인권(제55조)
- 긴급재정 · 경제명령 · 처분 및 긴급명령에 대한 승인권(제76조 제3항)
- 계엄해제요구권(제77조 제5항)

---

1) 의원내각제이거나 의회정부제인 경우에는, 행정부의 구성과 존속이 전적으로 의회의 의사에 의존하고, 또 의회가 행정부에 대하여 정치적 책임을 추궁할 수 있는 까닭에, 의회의 국정통제기능은 대통령제에 비하여 보다 더 강력하다.

2) 국회가 국권의 최고기관인지의 여부가 문제된다. 의원내각제하의 국회는 정부의 구성 · 전복권까지도 가지고 있으므로 최고기관성은 일반적으로 인정되나, 대통령제하에서의 국회는 최고기관일 수 없다고 본다(통설). 이에 대하여 대통령제하에서는 국회가 국권의 유일한 최고기관일 수 없으나, 정부 · 법원 · 헌법재판소와 같은 최고기관 중의 하나라고 하는 견해(김철수)가 있으며, 최고기구성 여부에 관한 논의는 전혀 무의미한 공론이라는 견해가 유력하다(허영).

3.2. 국회의 행정부통제

현행헌법은 기본적으로 대통령제를 채택하고 있지만, 대통령을 포함한 행정부(집행부)의 지위와 권한은 외국헌법의 대통령제에 비하여 상당히 강력하다. 따라서 이와같은 행정부의 지위와 권한을 억제하고 통제할 필요성은 그만큼 더 크다. 현행헌법이 규정하고 있는 국회의 행정부통제권으로서는 ① 국무총리·국무위원 해임건의권, ② 대통령 기타 고급공무원에 대한 탄핵소추권, ③ 국정감사·조사권, ④ 국무총리·국무위원 등에 대한 국회에의 출석·답변요구권, ⑤ 예산안심의·확정권, ⑥ 계속비·예비비설치동의권 및 그 지출승인권, 기채동의권, 예산외에 국가의 부담이 될 계약체결에 대한 동의권등 중요한 재정정책에 대한 승인권, ⑦ 선전포고, 계약의 체결과 비준, 국군의 외국에의 파견 또는 외국군대의 대한민국영역 안에서의 주류에 대한 동의권, ⑧ 긴급명령과 긴급재정·경제처분 및 그 명령에 대한 승인권, ⑨ 계엄해제요구권, ⑩ 대정부질문권 등이 있다.

3.3. 국회의 사법부통제

국회는 권력분립의 원칙에 위배되지 아니하는 범위 안에서 사법부에 대한 통제권을 행사할 수 있다. ① 대법원장·대법관·헌법재판소장·헌법재판관의 임명에 대한 동의권과 법원 및 헌법재판소의 설치·조직에 관한 법률제정권을 통하여 사법부를 견제할 수 있고, ② 법관 또는 헌법재판관이 그 직무집행에 있어서 헌법이나 법률에 위배한 때에는 탄핵소추를 의결할 수 있으며, ③ 법원·헌법재판소예산안의 심의·확정권과 국정감사·조사권을 통하여 법원, 헌법재판소의 예산운용, 재판의 신속한 처리 여부(재판에의 간섭은 인정되지 아니함), 법관의 유효·적절한 배치 등과 같은 사법행정(Justitzverwaltung)에 관한 사항을 감사·조사할 수 있다.

4. 국가의사결정기관으로서의 지위

헌법상의 지위로 합의체의 국가의사결정기관으로서의 지위를 드는 견해가 있다.[1] 국회는 대표기관 중에서 유일한 합의체적 국가의사결정기관이라는 것이다. 의회주의의 기본원리로서 자유토론을 강조하는 것은 의회의 합의체적 성격에 기인하는 것이라고 하며, 합의체의 통치기관은 단독제에 비하여 합의를 경유함으로써 시행착오의 위험부담을 줄일 수 있는 반면(순기능), 다수결의 원리가 제대로 기능하지 못하고 자유토론이 활성화 되지 못할 때에는 독단적 결정보다 질이 떨어질 수 있으며, 의사결정이 비능률적일 수 있다(역기능)고 한다. 합의과정의 소수보호를 강조하고 있다.

---

1) 김계환; 허영, 한국헌법론, 902면.

[허영 교수의 견해]

– 대의기관 중 유일한 합의체 기관

국회는 대의기관 중에서도 유일한 합의체인 국가의사결정기관으로서의 지위를 갖는다. 의회주의의 기본원리로서 자유토론이 강조되는 것도 그 때문이다. 그런데 합의체의 통치기관인 국회는 순기능과 역기능을 함께 나타낸다.[1)]

– 합의체기관의 순기능과 역기능 : 다수결 원리

합의체기관의 순기능은 중지를 모아 합리적인 결정을 함으로써 고독하게 이루어지는 독단적인 결정이 초래할 수도 있는 시행착오의 위험부담을 최소한으로 줄일 수 있다는데 있다. 그러나 이와 같은 순기능은 합의체기관의 의사결정과정에서 자유토론에 입각한 다수결원리가 제대로 기능하는 경우에만 기대할 수 있다. 자유토론이 배제되고 다수결원리가 오히려 다수의 횡포로 역기능하는 경우에는 합의체기관의 의사결정은 대부분 고독하게 이루어지는 독단적인 결정보다 질적으로 저하되는 것이 보통이다. 의회주의가 추구하는 이상과 의회의 현실적인 모습 사이의 gap은 바로 다수결원리의 역기능에서 유래하는 경우가 많다.

– 소수의 보호의 중요성

다수결원리의 역기능을 되도록 줄이기 위해서 합의체기관의 의사결정과정에서 '소수의 보호'가 특별히 강조되고 있다. 우리 헌법도 국회의 의사결정방법으로서 다수결원리를 채택하면서도 소수의 권리를 보호하기 위한 규정을 함께 두고 있다.

– 의사결정의 비능률성

합의체인 국회는 합의체기관의 특성상 불가피하게 나타나는 의사결정의 비능률성 때문에 때때로 그 역기능이 강조되기도 한다. 그것이 결국 의회주의 쇠퇴의 한 원인으로 작용했다.

[김계환 교수의 견해]

국회는 대의기관 중에서도 유일한 합의체인 국가의 의사결정기관으로서의 지위를 가진다. 의회중의의 기본원리로서 자유토론이 강조되는 것도 바로 그 때문이다. 그런데 합의체의 통치기관인 국회는 순기능과 역기능을 아울러 가지고 있다. 합의체기관의 순기능은 중지를 모아 합의적인 결정을 함으로써 고독하게 이루어지는 독단적인 결정이 초래할 수도 있는 시행착오의 위험부담을 최소한으로 줄일 수 있다는 데 있다. 그러나 이와 같은 순기능은 합의체기관의 의사결정과정에서 자유토론에 입각한 다수결의 원리가 제대로 기능하는 경우에만 기대할 수 있다. 자유토론이 배제되고 다수결의 원리가 오히려 다수의 횡포로 역기능하는 경우에는 합의체기관의 의사결정은 대부분 고독하게 이루어지는 독단 적인 결정보다 질적으로 저하되는 것이 일반적이다. 의회주의가 추구하는 이상과 의회의 현

1) 허영, 한국헌법론, 903면 이하.

실적인 모습 상의 갭(gap)은 바로 다수결의 원리의 역기능에서 유래하는 경우가 많다. 그러므로 다수결의 원리의 역기능을 되도록 줄이기 위해서는 합의기관의 의사결정에서 '소수의 보호'가 특별히 요청되고 있다. 현행헌법도 국회의 의사결정방법으로서 다수결의 원리를 채택하면서(헌법 제49조, 제53조 제4항, 제63조 제2항, 제64조 제3항, 제65조 제2항, 제67조 제2항, 제77조 제5항, 제 128조 제1항), 동시에 소수의 권리를 보호하기 위한 규정을 아울러두고 있다(제47조 제1항, 제52조, 제63조 제2항, 제65조 제2항).

특성상 불가피하게 나타나는 의사결정의 비효율성 때문에 때때로 그 역기능이 문제되기도 한다. 그것이 결국 의회주의의 위기의 한 원인으로 작용했다.[1)]

1) 김계환, 헌법학정해, 1033면.

제 3 항 국회의 구성

I. 의회의 구성원리

의회의 구성원리에는 하나의 합의체(의원)로 구성되는 단원제와 두 개의 합의체로 구성되는 양원제가 있다. 양원제냐 단원제냐 하는 것은 정치적·역사적 상황에 따른 실천적 이유에 의하여 결정된다.

1. 양원제

1.1. 의의

양원제란 의회가 두 개의 합의체로 구성되며, 두 합의체가 각각 독립하여 결정한 의사가 일치한 경우에 이를 의회의 의사로 간주하는 의회제도를 의미한다(의사의 불일치가 있게 되는 경우에는 양원이 합동하여 회의한다). 이는 몽테스키외(Montesquieu)등이 주장한 것으로, 그는 법의 정신(1748)에서, 입법권을 귀족원과 시민의회의 두 기관에게 맡기는 것이 바람직하다고 하였다. 양원제는 영국의 튜도어(Tudor)시대의 상원(House of Lords)과 하원(House of Commons)에 그 기원을 두고 있으며, 미국·독일[1]·프랑스·일본 등이 채용하고 있다.

연혁적으로는 영국의 입헌군주제의 정치전통이나 미국의 연방국가구조와 밀접한 관련이 있다. 양원제가 이원적인 신분사회(귀족과 서민)의 대의에 적합하고 연방국가의 특성에 적합하기 때문이다. 양원제하에서 상원은 국민의 선거로 구성하기도 하며, 세습적 의원으로 구성되거나 국가원수가 임명하기도 한다. 그러나 하원은 반드시 민선의원으로 구성된다.

---

1) 독일의 Bundesrat를 한국 및 일본(예: 小學館, 1985)에서 연방참의원 혹은 상원으로 번역을 하는 견해가 있으나, 독일연방헌법재판소는 Bundesrat의 개념을 양원제 국회에 있어서 그 일부를 구성하는 제2원의 개념으로 보고 있지 않다(BVerfGE 37, 363 - 380 f). 따라서 저자(김백유)는 상원 제2원 혹은 참의원이라는 용어 대신에 '연방참사원'이라고 표현하고자 한다. 특히 독일의 NJW 1974, 1751를 참조할 것. 同旨 허영, 헌법이론과 헌법, 단락번호 1162; 同人, 한국헌법론, 54면 각주 1) 참조; 독일의 양원제는 엄격한 의미에서 전통적인 양원제와는 다르다. 연방참사원(Bundesrat)은 국민이 선거한 의원으로 구성된 의회가 아니라 독일연방공화국을 구성하는 16개 주의 정부각료 또는 그들이 파견한 행정공무원으로 구성(68명)되고 있는 일종의 州대표기구이기 때문이다(허영, 한국헌법론, 904면 각주 3) 참조).

1.2. 유형

귀족원 · 민선원: 하원은 민선의원으로 구성하고, 상원은 세습제 또는 임명제 의원으로 구성된다. 영국이 그 대표적이다.

支邦(州)院과 民選院: 국민을 대표하는 하원과 지방(주)을 대표하는 상원으로 구성되는 것으로, 연방국가에서 주로 행해진다. 미국 · 독일 · 스위스 등이다.

민선원 · 참의원: 단일국가에서 상 · 하 양원을 모두 민선하는 형태이다. 일본과 우리 나라 제2공화국의 양원제이다.[1)]

민의원 · 직능대표원형: 상원을 직능별 단체단위가 선출하는 의원으로 구성하는 것으로 직능대표원제라고 한다. 독일의 Bayern州와 Ireland 상원 등이다.

1.3. 장점

- 심의의 신중을 기함으로써 하원의 경솔을 시정
- 상원을 직능대표제나 주대표제로 함으로써 특수이익을 대변
- 일원(특히 하원)이 정부와 충돌할 때 타원이 충돌을 완화시킬 수 있다.

1.4. 단점

- 중복된 절차로 의결이 지연
- 양원이 구성으로 비용이 증대
- 책임의 轉嫁로 인한 의회의 책임소재가 불분명
- 정부에 대한 의회의 지위가 상대적으로 약화된다.

1.5. 양원의 관계

양원은 서로 다른 원리에 의하여 조직되고, 서로의 권한관계도 나라에 따라 각기 다르며, 양원은 운영면에서도 서로 독립적이다.[2)] 조직이 독립되어 있고(조직독립의 원칙), 의결도 독자적으로 행한다(독립의결의 원칙). 양원의 의견이 일치하는 경우에만 의회의 의결로 한다(의사일치의 원칙). 다만 동시에 개회 · 휴회 · 폐회한다(동시활동의 원칙 · 의사병행의 원칙).[3)]

---

1) 우리 나라 제2공화국 참의원은 직선제 상원인 데 반해 프랑스 상원은 간선제 상원이다.

2) 특히 양원간의 권한관계는 언제나 불균형관계일 수밖에 없다는 전제에 서서 양원간의 권한관계의 균형여부를 가지고 균형형 · 불균형형으로 구분하고 있는 견해(김철수 · 권영성)를 비판하는 허영 교수의 지적이 있으며 이 견해에 따르면 양원의 권한불균형관계는 양원제의 제도적 징표에 속한다고 한다(허영, 한국헌법론, 905면).

「양원의 관계」
- 조직독립의 원칙
- 독립의결의 원칙
- 의사일치의 원칙
- 동시활동의 원칙 · 의사병행의 원칙

2. 단원제(일원제)

2.1. 의의

단원제(일원제)라 함은 국회의 구성이 하나의 민선의원[1]으로 조직되는 합의체(單一院)로 구성되는 제도이다. 이는 루소(Rousseau), 시에예스(Sieyès : 1748-1836)등이 주장한 것으로, 덴마크, 이스라엘, 파나마, 뉴질랜드,[2][3] 한국 등 60여개국이 이를 채택하고 있다.

특히 Sieyès(Siéyès라고도 표기함. 본인 자신이 兩者를 다같이 사용)가 양원제의 폐단을 지적하면서, 양원제에서 '제2원이 제1원과 동일한 결정을 한다면, 제2원은 무용한 존재이고, 제2원이 제1원과 다른 결정을 한다면 제2원은 유해한 존재이다'라고 강조한 것이 단원제의 사상적 유래라고 한다.[4] 1791년의 프랑스헌법이 단원제를 채택한 최초의 헌법이며 이는 시에예스(Sieyès) 사상적 영향을 받은 것이다.[5]

---

3) 허영, 한국헌법론, 905면.

1) 단원제의 의원은 民選을 원칙으로 한다.

2) 뉴질랜드는 세계53개국의 영연방 국가의 일원이며, 정체는 입헌 군주국이다. 임기5년의 총독은 영국 여왕(퀸 엘리자베스 2세)의 대행자이며 뉴질랜드 태생으로만 선발되며 의회 소집과 해산의 권리를 갖고 있다. 그러나 이는 명목 뿐으로 실질적인 권한은 수상이 있는 내각이 갖고 있다. 의회는 1951년까지 양원제였으나 현재는 단원제로 120명의 의원으로 구성되어 있고 웨링톤에 의사당이 있다. 의사당이 벌집모양을 하고 있어서 벌집이라는 별명을 가지고 있다(http://www.clubraphael.com/language%20course_nz1d.htm).

3) 국회의원의 임기는 3년으로 120석중 5석이 마오리 의석이다. 1879년 21세의 남자에게 선거권이 부여 되었고 세계 최초로 1893년 여성 참정권이 인정 되었다. 영국보다도 25년이나 앞섰다(여성 참정권의 인정은 영국이 최초가 아니라 1893년의 뉴질랜드가 최초이며, 오스트레일리아(1902년), 핀란드(1906년), 노르웨이(1913년)가 그 뒤를 이었다. 영국에서는 19세기에 일부 자치선거권을 인정한 예가 있지만, 1918년에 가서야 30세 이상의 여성에게 한하여 참정권을 인정하였으며, 남성과 동등하게 21세 이상의 모든 여성에게 참정권이 인정된 것은 1928년이었다). 현 투표권은 뉴질랜드시민, 영주권자로써 18세 이상, 1년 이상 뉴질랜드 거주자이면 부여된다. 선거제도는 93년부터 한국의 전국구와 비슷한 다수당 비례제(MMP: Mixed Member Proportional Representation System)가 도입되어 지역별 직접선거와 함께 비례대표제로써 전국 정당별 득표수로 의석을 배분한다(내용출처: http://www.clubraphael.com/language%20course_nz1d.htm).

4) 허영, 한국헌법론, 905면.

5) 허영, 한국헌법론, 906면.

단원제는 국민의 합의는 하나밖에 없으므로 대표기관도 하나이어야 한다는데 그 이론적 근거를 구하고 있다.

루소 : 주권의 단일 · 불가양성 → 권력분립부정(권력집중제) ☜ 구소련헌법에 영향
- 총의론
- 인간불평등기원론

단원제 → 국민의 합의는 하나밖에 없으므로 대표기관도 하나여야 한다.

- 덴마크
- 이스라엘
- 파나마
- 뉴질랜드
- 한국

2.2. 장점

- 국비의 경비절약
- 국민의사를 직접적으로 반영
- 의회의 책임소재분명
- 정부에 대한 의회의 지위강화
- 국정의 신속 · 능률적 처리

2.3. 단점

- 국정심의의 경솔성
- 국회의 정부에 대한 횡포가능성

2.4. 장점 및 단점의 구별을 부인하는 견해

양원제와 단원제의 장 · 단점은 그것이 제도본질적인 것이 아니고, 정형적인 장 · 단점이 兩制度에 내재되어 있다고 보기도 어려울 뿐만 아니라, 이를 채택한 국가의 사회구조, 정치적 전통, 의회주의의 역사, 국회운영실태 등에 의해서 좌우되는 지극히 상대적인 것이므로 획일적인 장 · 단점의 지적은 피하고 해당 국가의 정치풍토를 먼저 살펴보는 것이 필요하다는 지적이 있다.[1]

---

1) 허영, 한국헌법론, 906면.

II. 각국의 의회제도

1. 영국의 의회제도(양원제)

영국의 의회는 貴族院(상원)과 庶民院(하원)으로 구성되어 있다. 귀족원은 1,000여명의 의원으로 구성되며 종신제이다. 반면 서민원은 635명의 의원으로 구성되며 임기는 5년이다. 영국국민으로서 21세 이상의 남녀는 하원의원에의 피선자격이 있다.

귀족원(상원) → 금전지출법안(money bill)이외의 법안은 심의하지만 형식적 구실
서민원(하원) → 국가최고기관으로서 입법 · 행정 · 사법의 모든분야

2. 미국의 의회제도(양원제)

미국의 의회는 상원(Senate)과 하원(House of Representatives)으로 구성하고 있다. 상원(임기 6년)은 각 주마다 두 명씩 대표(30세 이상)로 구성되어 100명으로 구성된다. 하원(임기 2년)은 435명으로 구성된다. 상원은 2년마다 3분의 1씩 改選한다. 상원의원은 만 30세 이상으로 9년 이상 시민권을 가진자여야 하며, 하원의원은 만 25세 이상으로 7년 이상 미국시민권을 가진자여야 한다.

3. 독일의 의회제도

독일의회는 연방의회(Bundestag)와 연방참사원(Bundesrat)으로 구성된다. 연방의회는 국민의 보통 · 평등선거에 의하여 선출된 임기4년의 의원으로 구성된다. 연방참사원은 독일연방공화국을 구성하는 各州(Land)의 정부각료 또는 그들이 파견한 행정공무원으로 구성된다.

「참고」
독일의 양원제는 엄격한 의미에서 전통적인 양원제와는 다르다. 연방참사원(Bundesrat)은 국민이 선거한 의원으로 구성된 의회가 아니라 독일연방공화국을 구성하는 16개주의 정부각료 또는 그들이 파견한 행정공무원으로 구성(68명)되고 있는 일종의 州대표기구이기 때문이다. 따라서 일본 및 우리 나라의 일부에서 독일의 Bundesrat를 상원 혹은 제2원 내지는 연방참의원 등의 용어로 부르는 것은 타당하지 않다.

4. 프랑스의 의회제도(양원제)

프랑스의회는 국민회의와 원로원으로 구성된다. 국민회의는 직접 · 보통 선거에 의하여 선출된 의원으로 구성된다. 원로원은 간접선거로 선출된 대표들로 구성되며 지방자치단

체를 대표한다. 국외에 거주하는 프랑스인도 원로원에 대표를 파견할 수 있다. 모든 입법절차는 양원의 동의를 필요로 한다.

5. 일본의 의회제도(양원제)

일본의 의회는 중의원과 참의원으로 구성된다. 일본의 참의원(상원)은 250명으로 구성되며 (30세 이상), 임기는 6년이다. 3년마다 2분의 1을 개선한다. 중의원(하원)은 511명으로 구성되고 임기는 4년이다(25세 이상).

6. 우리 나라의 국회

우리 나라 역대 국회제도에서 양원제 국회를 채택한 것은 제1차 개정헌법(1952. 7. 7), 제2차 개정헌법(1954. 11. 29)과 제2공화국 헌법(1960. 6. 15)이며, 그 이외에 건국헌법(1948), 제3 · 제4 · 제5 · 제6공화국 헌법은 모두 단원제 국회를 채택하였다.

III. 현행헌법상 국회의 구성

헌법 제41조 ① 국회는 국민의 보통 · 평등 · 직접 · 비밀선거에 의하여 선출된 국회의원으로 구성한다.
② 국회의원의 수는 법률로 정하되, 200인 이상으로 한다.
③ 국회의원의 선거구와 비례대표제 기타 선거에 관한 사항은 법률로 정한다.

현행 헌법은 국회의 구성을 단원제로 하고 있다. 국회는 국민의 보통 · 평등 · 직접 · 비밀선거에 의하여 선출된 지역구의원들로 구성되며(헌법 제41조 제1항), 비례대표제가 가미될 수 있음을 규정하고 있다(헌법 제41조 제3항). 또한 국회의원의 정수는 법률로 정하되 200인 이상으로 한다(헌법 제41조 제2항). 지역구의원은 237개 선거구에서 1인씩 다수대표제(단수투표)에 의하여 선출되고, 전국구의원은 62명으로 비례대표제에 의하여 선출된다. 현재의 국회의원의 정수는 299명이며, 임기는 4년이다.

[국회의 구성]
- 단원제
- 보통 · 평등 · 직접 · 비밀선거
- 차별대표제(비례대표제)가 가미
- 국회의원의 정수는 법률로 정하되 200인 이상
- 지역구의원은 237개 선거구에서 1인씩 다수대표제(단수투표)에 의하여 선출

- 전국구의원은 62명으로 비례대표제에 의하여 선출
- 현재의 국회의원의 정수는 299명
- 임기 4년

IV. 국회의원의 선거

1. 국회의원 선거제도의 특색

현행 국회의원선거제도는 1선거구에서 1인의대표를 선출하는 소선구제이다. 역대 국회의원선거제도를 보면 제3공화국 헌법은 소선거구제를, 제4·제5공화국 헌법은 중선거구제(1구에서 2인 선출)를 채택하였으나, 제6공화국헌법(현행 헌법)은 소선구제를 채택하였다. 이는 대통령 직선제와 더불어 제6공화국 헌법의 가장 큰 특색을 이루고 있다.

2. 선거권 · 피선거권

국회의원 선거권자는 19세 이상의 국민이며(공직선거법 제15조 제1항), 국회의원선거에 결격사유가 없어야 한다. 또한 국회의원이 될 수 있는 피선거권은 만25세 이상의 국민이며(동법 제16조 제2항), 피선자격에 결격사유가 없어야 한다. 선거인명부는 수시로 작성되며, 부재자를 위하여 부재자선거인명부를 따로 작성한다(동법 제38조). 선거권자는 누구든지 자유로이 선거인명부를 열람할 수 있다(동법 제40조).

3. 국회의원후보자

총선거는 임기만료일전에 실시하고, 보궐선거는 사유가 발생한 날로부터 90일 이내에 실시한다. 임기만료로 인한 총선거는 만료일전 50일 이후 첫째 목요일에 하고 보궐선거는 국회의장의 궐원통지를 받은 후 90일 이내에 한다.

정당추천후보자의 국회의원후보등록은 정당추천후보자가 되려고 하는 자가 신청하되, 추천정당의 대표자가 서명 · 날인한 추천서와 본인승락서를 등록신청서에 첨부하여(공직선거법 제49조 제2항), 선거일 前 15일부터 2일간 이내에 관할선거구선거관리위원회에 서면으로 신청하여야 한다(동법 제49조 제1항). 무소속인 경우에는 선거권자 300인 이상 - 500인이하가 기명 · 날인한 추천장을 첨부하여 후보자 등록을 하여야 한다(동법 제48조 제2항 제1호). 전국구후보자의 등록은 그를 추천한 추천정당이 전국구후보자명부와 본인의 승낙서를 첨부하여 중앙선거관리위원회에 제출하여야 한다. 또한 국회의원후보자 등록시에는 1천5백만원을 기탁하여야 한다(동법 제56조 제1항 제2호).

「문제」: 현행 공직선거법 제56조는 국회의원후보자 등록시 1천5백만원의 기탁금제도를 두고 있다. 기탁금제도는 국민의 피선거권 및 평등권을 제한하는 것이 아닌가?

[구별사항]
- 선거일 15일전
- 선거일전 15일

헌재결 1989. 9. 8, 88헌가6 【국회의원선거법 제33조, 제34조의 위헌심판】

【판시사항】

1. 국회의원선거법 제33조의 위헌여부
2. 같은 법 제34조의 위헌여부
3. 헌법불합치결정과 입법촉구결정의 의미

【결정요지】

1. 국회의원선거법 제33조의 기탁금은 너무 과다하여 국민주권주의와 자유민주주의의 기본원칙과 관련하여 헌법 제11조의 평등보호원칙, 제24조 참정권, 제25조의 공무담임권 침해할 뿐만 아니라 정당추천 후보자와 무소속 후보자의 기탁금에 1,000만원과 2,000만원의 차등을 둔 것은 정당인과 비정당인을 불합리하게 차별하는 것으로 헌법 제41조의 선거원칙에 반하고 헌법 제11조의 평등보호규정에 위배된다.

2. 유효투표 총수의 3분의 1을 얻지 못한 낙선자 등의 기탁금을 국고에 귀속시키게 하는 것은 그 기준이 너무 엄격하여 국가 존립의 기초가 되는 선거제도의 원리에 반하며, 선거경비를 후보자에게 부담시킬 수 없다는 헌법 제116조에도 위반된다.

3. 위헌심판결정의 주문에 헌법에 합치하지 아니한다고 선고하면서 일정기한 까지 그 법률의 효력을 지키도록 하는 이유는 국회의 권위와 동질성을 유지하기 위하여, 선거법의 개정은 국회가 스스로 하도록 하고, 그간에 재선거나 보궐선거가 있을 때에는 그 효력을 지속시키는 것이 합당하기 때문이다.

《심판대상》 舊국회의원선거법

제33조(기탁금) ① 지역구후보자등록을 신청하는 자는 등록신청시에 2천만원을 대통령령이 정하는 바에 따라 관할지역구선거관리위원회에 기탁하여야 한다. 다만, 정당의 추천을 받아 지역구후보자등록을 신청하는 자는 1천만원을 기탁하여야 한다.

제34조(기탁금의 국고귀속 등) 후보자가 사퇴하거나 등록이 무효로 된 때 또는 전국구후보자의 경우 그 소속정당의 전국구후보자 중 당선자가 없는 때에는 그 후보자의 기탁금은 제58조 제1항의 비용을 공제한 후 국고에 귀속한다. 다만, 지역구후보자가 당선된 때와 후보자가 사망한 때에는 그러하지 아니하다.

4. 선거구 · 의원정수

의원의 선거구는 지역선거구(지역구)와 전국선거구(전국구)의 2종이 있다. 하나의 국회의원지역선거구에서 선출할 국회의원의 定數는 1인으로 한다(공직선거법 제21조 제2항).

공직선거법 제20조 (선거구) ① 대통령 및 비례대표국회의원은 전국을 단위로 하여 선거한다.

② 비례대표시 · 도의원은 당해 시 · 도를 단위로 선거하며, 비례대표자치구 · 시 · 군의원은 당해 자치구 · 시 · 군을 단위로 선거한다.

③ 지역구국회의원, 지역구지방의회의원(지역구시 · 도의원 및 지역구자치구 · 시 · 군의원을 말한다. 이하 같다)은 당해 의원의 선거구를 단위로 하여 선거한다.

④ 지방자치단체의 장은 당해 지방자치단체의 관할구역을 단위로 하여 선거한다.

공직선거법 제21조 (국회의 의원정수) ① 국회의 의원정수는 지역구국회의원과 비례대표국회의원을 합하여 299인으로 하되, 각 시 · 도의 지역구 국회의원 정수는 최소 3인으로 한다.

② 하나의 국회의원지역선거구에서 선출할 국회의원의 정수는 1인으로 한다.

5. 선거운동 · 비용

선거운동은 후보자를 당선되게 하거나 되지 못하게 하는 행위를 말하며, 누구나 자유롭게 할 수 있으며 법이 금지한 선거운동방법 이외에는 어떠한 방법으로도 가능하며 법이 금지한 자 이외는 누구도 할 수 있다. 선거비용도 일정한 제약이 따르며, 선거비용제한액의 산정방법 및 공고절차 기타 필요한 사항은 중앙선거관리위원회규칙으로 정한다(공직선거법 제122조).

공직선거법 제122조 (선거비용제한액의 공고) 선거구선거관리위원회는 선거별로 제121조(선거비용제한액의 산정)의 규정에 의하여 산정한 선거비용제한액을 중앙선거관리위원회규칙이 정하는 바에 따라 공고하여야 한다. [전문개정 2004.3.12]

6. 당선인의 결정

유효투표의 다수를 얻은 자를 당선인으로 한다. 득표수가 동일한 때에는 年長者가 당선되며(공직선거법 제188조 제1항), 후보자 수가 1인을 초과하지 않을 때에는(사퇴 · 사망 · 등록무효) 투표를 실시하지 아니하고, 선거일에 무투표당선이 인정된다(동법 제188조 제2, 3항). 전국구의 의석은 지역구 선거에서 5석 이상의 의석을 얻거나 유효투표총수의 100분의 5 이상을 득표한 정당(소위 沮止規定 : 5%-Klausel)에 대하여 지역구국회의원총선거에서 얻은 득표비율에 따라 전국구국회의원의석을 배분한다(동법 제189조 제1항 全段). 다만 유효투표총수의 지역구국회의원총선거에서 유효투표총수의 100분의 3 이상 100분의 5 미만을 득표한 정당에게는 전국구국회의원의석 1석씩을 배분한다(동법 제189조 제1항 단서).

<문제>

전국구의 의석은 지역구 선거에서 5석 이상의 의석을 얻거나(기본의석조항) 유효투표총수의 100분의 5 이상을 득표한 정당(소위 沮止規定 : 5%-Klausel)에 대하여 정당이 얻은 득표비율에 따라 배분하도록한 공·선법 제189조 제1항 전단 및 유효투표총수의 지역구국회의원총선거에서 유효투표총수의 100분의 3 이상을 득표한 정당에 한하여 전국구국회의원의석 1석씩을 배분하도록 한 동조 단서의 경우 평등선거의 원칙에 위반하는가? 그 위헌성 여부를 판단하라.

- 기본의석조항 : 5석이상
- % 봉쇄조항(% 저지규정) : 100분의 5이상

<해설>

위헌이 아니다. 이는 군소정당의 난립을 막고 활동가능한 국회를 창출하기 위하여 투표의 성과가치의 평등에 어느 정도 제한을 가하는 것은 인정될 수 있다는 점, 1963년의 선거법과는 달리 지역구의원총선거에서 5석 이상을 '얻거나(or)', 5% 이상을 얻도록 한점(즉, 어느 요건이든지 한쪽만 갖추면 의석배분에 참여할 수 있도록 한점) 의석배분에서 배제된 정당 중에서도 유효투표총수의 100분의 3이상, 100분의 5미만을 득표한 정당에 대해서는 1석씩을 배분토록 한 점 등에 비추어 그러하다.[1]

「참고」 : 독일의 경우

독일의 경우도 '% 봉쇄조항(5%-Klausel)'이나 '기본의석조항'이 평등선거의 원칙에 위반되느냐의 논쟁이 있었으나, 독일연방헌법재판소는 이를 합헌으로 보아왔다. 그 이유는 ① 헌법상 평등선거의 원칙이 투표의 성과가치에 대한 일체의 차별을 배제하거나 모든 정당을 아무 차별 없이 취급한다는 것을 의미하는 것은 아니라는 점, ② 선거는 활동가능한 의회를 창설하고 의회를 창설하고 국민전체의 복지를 책임지는 다수정당의 확보도 또 하나의 목적이 될 수 있다는 점, ③ 정당의 분열, 즉 군소정당의 난립을 막고 선거의 통합적 기능을 확보하기 위해서도 5% 봉쇄조항과 3석의 기본의석조항은 인정된다고 본다.[2]

7. 선거에 관한 소송

선거에 관한 소송에는 당선의 효력에 관한 소송(당선소송)과 선거의 효력에 관한 소송(선거소송)이 있다.

---

1) 同旨 김문현, 전국구의원 선출방법과 몇 가지 헌법적 문제, 월간고시(1994.7), 69-70면 참조.
2) 김문현, 전국구의원 선출방법과 몇 가지 헌법적 문제, 월간고시(1994.7), 69-70면 참조.

- 양자 모두 선거일이나 당선결정일부터 30일 이내에 제기되어야
- 대법원은 소가 제기된 날로부터 180일 이내에 처리하여야

7.1. 선거소송

선거소송은 선거인 · 정당 · 후보자가 관할지역구의 선거관리위원회위원장을 상대로 하는 소송이다(공직선거법 제222조). 선거소송은 선거일 30일 이내에 제기되어야 하며, 대법원은 訴가 提起된 날로부터 180일 이내에 처리하여야 한다.

· 선거소송 → 선거인 · 정당 · 후보자가 관할지역구의 선거관리위원회위원장을 상대

7.2. 당선소송

당선소송은 정당 또는 후보자가 당선인을 상대로 대법원에 제소한다(공직선거법 제223조). 당선소송은 당선결정일부터 30일 이내에 제기되어야 하며, 대법원은 訴가 제기된 날로부터 180일 이내에 처리하여야 한다. 정당이 당선인을 상대로 대법원에 제소하는 경우, 소속정당의 당선인[1] 혹은 타당의 당선인을 피고로 한다.

· 당선소송 → 당선소송은 정당 또는 후보자가 당선인을 상대로 대법원에 제소(선거인은 제소불가)

「판례」

서울고법 서울시의원에 벌금 1백만원선고[2]

선거연설회에서 흔히 들을 수 있는 상대방후보비방에 대해 법원이 당선무효가 되는 重刑을 선고했다. 서울고법 형사1부(재판장 權誠)는 29일 지난해 6 · 27선거 당시 서울 서대문구 제5선거구에서 서울시의회의원으로 당선된 오광열피고인(56)에 대한 공선법위반사건 항소심에서 선고유예판결을 내린 원심을 깨고 벌금 1백만원을 선고했다. 이 형이 대법원에서 최종확정되면 吳의원은 당선이 무효된다. 오피고인은 지난해 6월 18일 관내 한 초등학교에서 열린 합동유세장에서 2천여명의 청중에게 金모후보(44 · 여)를 지칭「선거때만 되면 적당히 거짓말하고 밥먹듯이 입에 발린소리를 해도 괜찮다고 하는 그 사람은 정말로

1) 창조한국당 비례대표 이한정 의원도 그가 속한 창조한국당이 제기한 당선무효소송에서 패해 의원직을 잃게 됐다. 대법원은 "창조한국당은 이씨에게 금고형 이상의 범죄 경력이 있었던 사실을 알았더라면 비례대표 후보로 결정하지 않거나 명부상 순위를 낮췄을 것이고 결과적으로 국회의원직에 당선될 수 없었을 것"이라며 원고 승소 판결했다. 창조한국당은 지난 4월 이 의원이 경찰서의 착오로 전과가 누락된 것을 알면서도 전과가 없는 것처럼 범죄경력조회서를 제출해 당 공천심사위원회가 이씨를 탈락시키지 못했다며 소송을 냈다.

2) 조선일보, 1996년 6월 30일자, 31면 참조.

불쌍하기 짝이 없는 사기꾼이라는 것을 감히 말씀드립니다」라고 상대방을 비방한 혐의로 기소됐다.

신XX 국회의원직 상실 : 대법원, 불법 정치자금 받은 혐의로 집행유예 선고: 대법원 제2부(주심 이강국 대법관)는 10일 대부업체 '굿머니로'부터 불법 정치자금 3억원을 받은 혐의로 불구속기소된 열린우리당 신XX 의원에 대해 징역 8월에, 집행유예 2년 및 추징금 5천5백만원을 선고한 원심을 확정했다. 이로써 신씨는 국회의원직을 상실하게 됐다. 재판부는 이날 판결문에서 "국회의원이 후원회를 통하지 않고 직접 정치자금을 받은 경우에는 후원회 명의의 영수증 교부여부와 상관없이 정치자금법에 따른 책임을 면할 수 없다"고 밝혔다. 신씨의 의원직 상실로 정당별 의석수는 열린우리당 143석, 한나라당 126석, 민주당 11석, 민주노동당 9석, 국민중심당 5석, 자민련 1석, 무소속 2석이 됐다.[1]

한XX 양평군수가 당선무효형 : 한XX 양평군수가 당선무효형인 징역 10월에 집행유예 2년을 선고받았다. 수원지법 여주지원 형사합의부(재판장 조용준 지원장)는 28일 공무원 등을 상대로 사전 선거운동을 한 혐의(공직선거 및 부정선거방지법 위반: 현행 공직선거법)로 기소된 한XX 양평군수에 대해 이와같이 선고하고 같은 혐의로 기소된 최XX(도립직업전문학교장) 전 양평부군수에 대해서는 징역 4월에 집행유예 1년을 선고했다. 한 군수는 지난 4월 지방선거 예비후보 등록직전 한 음식점에서 간부 공무원 42명에게 부서 업무추진비로 29만원 상당의 음식물을 제공하고 지지를 부탁한 혐의로 불구속 기소됐다.[2] 재판부는 판결문에서 "피고인은 직원 송별연에서 행한 인사성 발언이라고 진술하고 있지만 공소사실로 볼 때 불법적인 선거운동에 해당된다"며 "군수의 지위로 공무원 조직을 선거에 이용한 행위는 선거결과에 심대한 영향을 미칠 수 있어 공정한 선거문화를 심각하게 저해하는 것"이라고 말했다.

반면 한나라당 권XX 의원은 사전 선거운동 혐의로 기소된 자신의 회계책임자 구 모씨가 벌금 150만 원만 선고받아 의원직을 유지할 수 있게 됐다. 회계책임자의 경우, 벌금 300만원 이상의 형을 받아야 해당 의원이 의원직을 상실하도록 규정돼 있다.[3]

---

1) 법률신문, 인터넷판(lawtimes), 2006-02-10.
2) 법률신문, 인터넷판(lawtimes), 2006-07-29.
3) 4월 '미니 총선' 되나 … 무더기 의원직 상실, 노컷뉴스, 기사입력 2008.12.11 19:05, CBS사회부 이재웅/조은정 기자. leejw@cbs.co.kr

제 4 항 국회의 조직

I. 국회의장·부의장

1. 지위

국회에는 의장 1인과 부의장 2인을 둔다(헌법 제48조). 국회의장은 국회를 대표하고, 의사를 정리하며, 질서를 유지하고 사무를 감독한다(국회법 제10조). 의장이 사고가 있을 때에는 의장이 지정하는 부의장이 그 직무를 대리(직무대리)한다(국회법 제12조). 의장과 부의장이 모두 사고가 있을 때에는 임시의장을 선출하여 의장의 직무를 대행(직무대행)하게 한다(국회법 제13조). 국회의원선거후 최초의 임시회의 집회공고에 관하여는 사무총장이 의장의 직무를 대행(사무총장의 의장직무대행)한다. 의장·부의장은 당적을 가질 수 있으나[1] 국무위원은 겸할 수 없다.

「참고」

최고연장자가 국회의장의 직무를 대행하는 경우: 의장·부의장의 유고시 임시의장을 선출할 때, 의장·부의장의 궐위로 보궐선거를 실시할 때.

사무총장이 국회의장의 직무를 대행하는 경우: 국회의원총선 후 최초의 임시회는 사무총장의 소집공고에 따라 임기개시후 7일에 집회한다.

2. 선거

의장과 부의장은 국회에서 무기명투표로 선거하되 재적의원과반수의 득표로 당선된다(국회법 제15조 제1항). 의장·부의장 선거는 국회의원 선거후 최초 집회일에 실시하며, 처음 선출된 의장 또는 부의장의 임기가 만료되는 때에는 그 임기만료일전 5일에 실시한다. 그러나, 그날이 공휴일인 때에는 그 다음날에 실시한다(국회법 제15조 제2항). 제1항의 득표자가 없을 때에는 2차투표를 하고, 2차투표에도 제1항의 득표자가 없을 때에는 최고득표자가 1인이면, 최고득표자와 차점자에 대하여, 최고득표자가 2인 이상이면 최고득표자에 대하여 결선투표를 함으로써 다수득표자를 당선자로 한다(국회법 제15조 제1항). 의장 및 부의장은 국회의 동의를 얻어 사임할 수 있다(국회법 제19조). 의장 또는 부의장이 궐위된 때에는 지체 없이 보궐선거를 실시한다(국회법 제16조).

---

1) 제2공화국 헌법당시에는 국회의장은 黨籍을 가질 수 없도록 하였다.

3. 임기

의장과 부의장의 임기는 2년으로 한다. 다만 국회의원총선거후 처음 선출된 의장과 부의장의 임기는 그 선출된 날로부터 開始하여 의원의 임기개시후 2년이 되는 날까지로 한다(국회법 제9조 제1항) 보궐선거에 의하여 당선된 자는 전임자의 잔임기간으로 한다(국회법 제9조 제2항).

4. 권한

국회대표권, 질서유지권, 의사정리권, 사무감독권(국회법 제10조) 이외에도 국회소집 공고권, 의사일정작성 · 변경권, 위원회에의 출석 · 발언권(국회법 제11조), 법률의 예외적 공포권, 의원의 청가허가권 · 의원사직허가권등이 있다(국회법 제143조-제154조).

II. 국회의 위원회

1. 이이

국회의 위원회라 함은 본회의에서의 의사심의를 원활하게 할 목적으로 전문적 지식을 가진 일단의 소수의원들로 하여금 의안을 예비적으로 심사 · 검토케 하는 소회의제를 말한다. 국가기능이 확대되고 입법의 전문성 · 기술성이 요구된 현대상황에서 모든 안건을 본회의에서 심의 · 처리하는 것은 불가능하기 때문에 그 대응책으로 고안된 것이나, 우리 국회법은 상임위원회중심주의와 본회의결정주의를 취하고 있다.

2. 기능

위원회는 의안처리의 효율성과 전문성을 높여 의회주의의 회복에 기여한다(순기능). 반면에 위원회와 유관행정기관의 유착으로 인하여 대정부 통제기능이 약화되며, 이익집단의 로비로 인하여 의안처리의 공정성을 해치게 되며, 당리당략적인 의사진행방해(Obstruktion; Filiberstering)를 용이하게 해주고, 의원에게 폭넓은 국정심의의 기회를 박탈할 수 있다(역기능).

3. 종류

위원회에는 상임위원회와 특별위원회의 두 종류가 있다(국회법 제35조). 위원회에는 소위원회를 둘 수 있고, 예산결산특별위원회는 소위원회 외에 분과위원회까지 둘 수 있다.

3.1. 상임위원회(standing committee)

3.1.1. 의의

상임위원회는 그 소관사항에 관한 입법 기타의 의안을 예비적으로 심의하기 위하여 상설적으로 설치된 위원회를 말한다. 운영 · 법제사법 · 정무 · 기획재정 · 외교통상통일 · 국방 · 행정안전 · 교육과학기술 · 문화체육관광방송통신 · 농림수산식품 · 지식경제 · 보건복지가족 · 환경노동 · 국토해양 · 정보[1] · 여성위원회 등이 있다.

> **헌재결 2003. 10. 30, 2002헌라1 【국회의원과 국회의장간의 권한쟁의】**
> 상임위원회(Standing Committee)를 포함한 위원회는 의원 가운데서 소수의 위원을 선임하여 구성되는 국회의 내부기관인 동시에 본회의의 심의 전에 회부된 안건을 심사하거나 그 소관에 속하는 의안을 입안하는 국회의 합의제기관이다. 위원회의 역할은 국회의 예비적 심사기관으로서 회부된 안건을 심사하고 그 결과를 본회의에 보고하여 본회의의 판단자료를 제공하는 데 있다. 우리나라 국회의 법률안 심의는 본회의 중심주의가 아닌 소관 상임위원회 중심으로 이루어진다. 소관 상임위원회에서 심사 · 의결된 내용을 본회의에서는 거의 그대로 통과시키는 이른바 "위원회 중심주의"를 채택하고 있는 것이다.[2] 오늘날 의회의 기능에는 국민대표기능, 입법기능, 정부감독기능, 재정에 관한 기능 등이 포함된다. 의회가 이러한 본연의 기능을 수행함에 있어서는 국민대표로 구성된 의원 전원에 의하여 운영되는 것이 이상적일 것이나, 의원 전원이 장기간의 회기동안 고도의 기술적이고 복잡다양한 내용의 방대한 안건을 다루기에는 능력과 시간상의 제약이 따른다. 이러한 한계를 극복하기 위한 방안으로 위원회제도가 창설된 것이다. 그리하여 상임위원회의 구성과 활동은 의회의 업적과 성패를 실질적으로 결정짓는 변수가 되고 있다고 평가되고 있다.

3.1.2. 운영

'상설'의 의미를 유지하기 위하여 의회의 폐회중에도 월 2회의 정예회의를 열도록 의무화시키고 있다(국회법 제53조). 상임위원은 각 교섭단체대표의원의 요청으로 의장이 선임하고 임기는 2년이다. 의장을 제외한 모든 의원은 하나의 상임위원회의원이 되나, 국회운영위원회의 위원은 겸할 수 있다. 상임위원장은 당해 상임위원중에서 임시의장의 예에 준하여 국회본회의에서 선출한다(국회법 제41조 제1항 : 재적과반수, 다수).

---

1) 1994년 6월에 개정된 국회법은 정보위원회를 새로이 신설하였다. 정보위원회(12명)는 국가안전기획부를 그 소관으로 하며, 소속위원은 다른 위원회의 위원을 겸할 수 있고, 교섭단체의 대표의원은 당연직으로 하고 있다. 임기는 4년으로 회의는 비공개로 한다.
2) 헌재결 2000. 2. 24, 99헌라1 【국회의장과 국회의원간의 권한쟁의】

3.2. 특별위원회(special committe)

특별위원회란 상임위원회에 속하지 않은 특별한 안건을 처리하기 위하여 일시적으로 설치되는 위원회를 말한다. 특별위원회는 심의안건이 본회의에서 의결될 때까지만 존속하는 한시적 위원회이다. 예산결산특별위원회(예산안과 결산심사, 50인이내의 위원)·윤리특별위원회(국회의원의 윤리와 자격심사 및 징계, 위원장 1명을 포함해 총 15명)는 상설이다. 위원장은 위원회에서 호선한다.

3.3. 연석회의

연석회의란 둘 이상의 위원회가 연석하여 개최하는 회의를 말하는 것으로, 엄격한 의미의 독립된 위원회는 아니다. 의견진술과 토론을 할 수 있으나 표결은 할 수 없다.

3.4. 위원회의 운영

위원회중심주의에 따라 거의 모든 의안은 위원회의 심사를 거쳐야 한다. 위원회는 소관사항에 관하여 법률안과 의안을 제출할 수 있다. 위원회는 재적위원 1/3 이상의 출석으로 개회하고, 재적위원 과반수의 출석과 출석위원 과반수의 찬성으로 의결한다.

3.5. 위원회의 구성

위원회의 구성은 국회의장이 교섭단체대표의원과 협의하고 요청에 응하는 것은 국회운영의 본질적 요소이다.

헌재결 2003. 10. 30, 2002헌라1 【국회의원과 국회의장간의 권한쟁의】

오늘날 교섭단체가 정당국가에서 의원의 정당기속을 강화하는 하나의 수단으로 기능할 뿐만 아니라 정당소속 의원들의 원내 행동통일을 기함으로써 정당의 정책을 의안심의에서 최대한으로 반영하기 위한 기능도 갖는다는 점에 비추어 볼 때, 국회의장이 국회의 의사(議事)를 원활히 운영하기 위하여 상임위원회의 구성원인 위원의 선임 및 개선에 있어 교섭단체대표의원과 협의하고 그의 "요청"에 응하는 것은 국회운영에 있어 본질적인 요소라고 아니할 수 없다. 피청구인은 국회법 제48조 제1항에 규정된 바에 따라 청구인이 소속된 한나라당 "교섭단체대표의원의 요청"을 서면으로 받고 이 사건 사·보임행위를 한 것으로서 하등 헌법이나 법률에 위반되는 행위를 한 바가 없다.

요컨대, 피청구인의 이 사건 사임·보임행위는 청구인이 소속된 정당내부의 사실상 강제에 터 잡아 교섭단체대표의원이 상임위원회 사·보임 요청을 하고 이에 따라 이른바 의사정리권한의 일환으로 이를 받아들인 것으로서, 그 절차·과정에 헌법이나 법률의 규정을 명백하게 위반하여 재량권의 한계를 현저히 벗어나 청구인의 권한을 침해한 것으로는 볼 수 없다고 할 것이다.

그리고 당론과 다른 견해를 가진 국회의원은 교섭단체의 필요에 따라 다른 상임위원회로 전임(사·보임)하는 것은 허용된다.

헌재결 2003. 10. 30, 2002헌라1 【국회의원과 국회의장간의 권한쟁의】

국회의원의 국민대표성을 중시하는 입장에서도 특정 정당에 소속된 국회의원이 정당기속 내지는 교섭단체의 결정(소위 '당론')에 위반하는 정치활동을 한 이유로 제재를 받는 경우, 국회의원 신분을 상실하게 할 수는 없으나 "정당내부의 사실상의 강제" 또는 소속 "정당으로부터의 제명"은 가능하다고 보고 있다. 그렇다면, 당론과 다른 견해를 가진 소속 국회의원을 당해 교섭단체의 필요에 따라 다른 상임위원회로 전임(사·보임)하는 조치는 특별한 사정이 없는 한 헌법상 용인될 수 있는 "정당내부의 사실상 강제"의 범위내에 해당한다고 할 것이다.

III. 교섭단체(Fraktion)

1. 의의

교섭단체라 함은 원칙적으로 동일정당의 소속의원들로 구성된 원내정파(Fraktion)를 의미한다. 이는 원내에서 의사를 원활하게 운영하려는데 그 목적이 있다. 교섭단체는 정당국가에서 의원의 정당기속을 강화시키는 수단의 기능과 정당정책을 소속의원의 통일된 행동을 통하여 의안심의에서 반영시키려는 투쟁집단적 기능을 지니게 된다.[1]

헌재결 2003. 10. 30, 2002헌라1 【국회의원과 국회의장간의 권한쟁의】

교섭단체(Negotiation Group)는 원칙적으로 국회에 일정수 이상의 의석을 가진 정당에 소속된 의원들로 구성되는 원내의 정당 또는 정파를 말한다. 정당은 국민의 정치적 의사형성을 목적으로 하는 국민의 자발적 조직이다. 따라서, 원내에 의석을 확보한 정당은 정당의 정강정책을 소속의원을 통하여 최대한 국정에 반영하고 소속의원으로 하여금 의정활동을 효율적으로 할 수 있도록 권고·통제할 필요가 있다. 법은 국회에 20인 이상의 소속의원을 가진 정당은 하나의 교섭단체가 되며, 국회내 상임위원회의 구성은 교섭단체 소속의원수의 비율에 의하여 각 교섭단체대표의원의 요청으로 의장이 선임 및 개선한다고 규정하고 있어(제33조 제1항, 제48조 제1항), 국회운영에 있어 교섭단체의 역할을 제도적으로 보장하고 있다. 교섭단체는 정당국가에서 의원의 정당기속을 강화하는 하나의 수단으로 기능할 뿐만 아니라 정당소속 의원들의 원내 행동통일을 기함으로써 정당의 정책을 의안심의에서 최대한으로 반영하기 위한 기능도 갖는다.

---

1) 허영, 한국헌법론, 912면.

2. 구성

국회에 20인 이상의 소속의원을 가진 정당은 하나의 교섭단체를 구성한다. 그러나 정당단위가 아닐지라도 다른 교섭단체에 속하지 아니하는 20인 이상의 의원으로 교섭단체를 구성할 수 있다(국회법 제33조 제1항).

3. 기관

교섭단체는 의원총회와 대표의원을 둔다. 대표의원(원내총무 : floor leader)은 소속의원의 명부를 의장에게 제출하고, 의원의 변동이 있으면 이를 의장에게 보고한다. 또한 소속의원의 의견을 종합하여 국회의 의사진행과 의안에 관한 입장을 대변한다.

제 5 항 국회의 운영

I. 회기

헌법 제47조 ① 국회의 정기회는 법률이 정하는 바에 의하여 매년 1회 집회되며, 국회의 임시회는 대통령 또는 국회재적의원 4분의 1이상의 요구에 의하여 집회된다.
② 정기회의 회기는 100일을, 임시회의 회기는 30일을 초과할 수 없다.
③ 대통령이 임시회의 집회를 요구할 때에는 기간과 집회요구의 이유를 명시하여야 한다.

1. 입법기(의회기 : Legislaturperiode)와 회기(session)

국회의원들의 임기개시일로부터 임기만료일까지 또는 국회가 해산되기까지의 기간을 입법기 또는 의회기(Legislaturperiode)라 하고, 이 입법기 내에서 의회가 실제로 활동할 수 있는 일정한 기간을 회기라고 한다. 국회는 다른 기관과 달리 상설기관이 아니며, 일정한 기간에만 활동한다. 국회의 회기는 집회일 당일부터 폐회일까지 이다. 현행헌법은 국회의 상설화를 방지하기 위하여 「정기회의 회기는 100일을, 임시회의 회기는 30일을 초과할 수 없다」고하여 회기의 일수를 제한하고 있다.

입법기 · 의회기(Legislaturperiode) → 국회의원들의 임기개시일로부터 임기만료일까지 또는 국회가 해산되기까지의 기간
회기→ 입법기 내에서 의회가 실제로 활동할 수 있는 일정한 기간

2. 정기회

정기회는 매년 1회 집회하며, 매년 9월 1일에 집회한다. 그러나 그 날이 공휴일인 경우에는 그 다음날로 집회한다(국회법 제4조). 정기회는 100일을 초과할 수 없다(헌법 제47조 제2항).[1] 예산안과 법률안을 심의 · 확정하며, 국정을 감사한다(다음 회계연도의 예산안 처리를 주된 업무로 한다). 국회는 회기를 정하여 휴회할 수 있으며, 휴회 중이더라도 대통령의 요구가 있을 때, 의장이 긴급한 필요가 있다고 인정할 때 또는 재적의원 4분의 1이상의 요구가 있을 때에는 회의를 재개한다(국회법 제8조 제2항).

국회법 제4조 (정기회) 정기회는 매년 9월 1일에 집회한다. 그러나 그 날이 공휴일인 때에는 그 다음날에 집회한다. <개정 2000.2.16>

1) 제3공화국 헌법은 120일, 제4 · 5공화국 헌법은 90일이었다.

국회법 제8조 (휴회) ① 국회는 의결로 기간을 정하여 휴회할 수 있다.

② 국회는 휴회중이라도 대통령의 요구가 있을 때, 의장이 긴급한 필요가 있다고 인정할 때 또는 재적의원 4분의 1 이상의 요구가 있을 때에는 회의를 재개한다. <개정 2003.2.4>

3. 임시회

임시회는 임시집회의 필요가 있을 때에 집회하는 회의를 말한다. 국회는 2월 · 4월 · 6월의 1일에 임시회를 집회한다(국회법 제5조의2 제2항 제1호). 대통령 또는 국회의 재적의원 4분의 1 이상의 요구에 의하여 집회한다(헌법 제47조 제1항).[1] 임시회의 회기는 30일을 초과할 수 없다(헌법 제47조 제2항). 임시회의 집회요구가 있을 때에는 의장이 집회일 3일 전에 공고한다(국회법 제5조 제1항). 대통령이 요구한 때에는 기간과 집회요구의 이유를 명시하여야 한다(헌법 제47조 제3항). 회기는 국회의 의결로 정하고, 법률안 · 추가경정예산안을 심의 · 확정하며 기타 의안을 처리한다.

국회법 제5조 (임시회) ① 임시회의 집회요구가 있을 때에는 의장은 집회기일 3일전에 공고한다. 이 경우 2 이상의 집회요구가 있을 때에는 집회일이 빠른 것을 공고하되, 집회일이 같은 때에는 그 요구서가 먼저 제출된 것을 공고한다. <개정 2000.2.16>

② 의장은 제1항의 규정에 불구하고 내우 · 외환 · 천재 · 지변 또는 중대한 재정·경제상의 위기, 국가의 안위에 관계되는 중대한 교전상태나 전시 · 사변 또는 이에 준하는 국가비상사태에 있어서는 집회기일 1일 전에 공고할 수 있다. <신설 2000.2.16>

③ 국회의원총선거후 최초의 임시회는 의원의 임기개시후 7일에 집회하며, 처음 선출된 의장의 임기가 만료되는 때가 폐회중인 경우에는 늦어도 임기만료일전 5일까지 집회한다. 그러나, 그 날이 공휴일인 때에는 그 다음 날에 집회한다. <개정 1994.6.28, 2003.2.4>

일부 견해(권영성; 민경식)에 의하면 제5공화국 헌법의 “정부가 제출한 의안에 한하여 처리하며, 대통령이 집회요구시에 정한 기한에 한하여 개회한다”는 규정을 삭제하였기 때문에 대통령이 요구한 임시회에서 의원이 제기한 다른 안건도 다룰 수 있다는 적극적 해석을 하고 있으나, 대통령의 임시회소집요구권은 국회의 자율권을 제한하고 있는 헌법상의 권리에 속하는 것이므로 이를 확대해석하기 어렵다고 보며, 동시에 현행헌법은 대통령이 임시회 소집을 요구할 때 집회요구의 이유를 명시토록 한 점 등을 함께 고려할 때 소극적으로 보는 것이 타당하다고 본다.

---

1) 임시회소집요구권은 건국헌법의 재적의원 1/4, 1차 개헌헌법 및 제2공화국 헌법은 민의원은 재적의원 1/4, 참의원은 재적의원 과반수, 제3공헌법은 재적의원 1/4, 제4 · 제5공화국 헌법은 재적의원 1/3, 현행헌법은 재적의원 1/4로 변화되어 왔다.

II. 정족수

1. 의의

정족수라 함은 다수인으로 구성되는 회의체에서 회의를 진행하고 의사를 결정하는 데 필요한 출석자의 수를 말한다. 정족수에는 의사능력에 관한 의사정족수(개의정족수)와 의결능력에 관한 의결정족수가 있는 바, 전자는 의사를 개최하는데 필요한 수이며, 후자는 의결을 하는데 필요한 수이다. 국회 본회의의 의사정족수는 재적의원 5분의1 이상이며(국회법 제73조 제1항), 임시회의 의사정족수는 재적의원 4분의1 이상(헌법 제47조 제1항), 위원회의 의사정족수는 재적의원 4분의1 이상이다(국회법 제52조). 정족수에도 일반정족수와 특별정족수가 있다. 헌법에 규정된 의사정족수와 의결정족수를 결여한 국회의 의결은 위헌으로 무효이다. 다만 정족수를 결여한 경우인지 아닌지에 대한 판단은 국회의 자율권에 속한다.

헌법 제49조 국회는 헌법 또는 법률에 특별한 규정이 없는 한 재적의원 과반수의 출석과 출석의원 과반수의 찬성으로 의결한다. 가부동수인 때에는 부결된 것으로 본다.

「정족수」
다수인으로 구성되는 회의체에서 회의를 진행하고 의사를 결정하는 데 필요한 출석자의 수

의사정족수(開議정족수) → 의사를 개최하는 데 필요한 수
· 국회본회의 의사정족수는 재적의원 1/5이상, 임시회는 국회재적의원 1/4 이상(헌법 제47조 제1항), 위원회의 의사정족수는 재적의원 1/4이상
의결정족수 → 의결을 하는데 필요한 수

국회법 제52조 (위원회의 개회) 위원회는 본회의의 의결이 있거나 의장 또는 위원장이 필요하다고 인정할 때, 재적위원 4분의 1 이상의 요구가 있을 때에 개회한다. [전문개정 1994.6.28]

국회법 제73조 (의사정족수) ① 본회의는 재적의원 5분의 1 이상의 출석으로 개의한다. <개정 1997.1.13>
② 의장은 제72조의 규정에 의한 개의시로부터 1시간이 경과할 때까지 제1항의 정족수에 달하지 못할 때에는 유회를 선포할 수 있다. <개정 1991.5.31>
③ 회의중 제1항의 정족수에 달하지 못할 때에는 의장은 회의의 중지 또는 산회를 선포한다. 다만, 의장은 교섭단체대표의원이 의사정족수의 충족을 요청하는 경우외에는 효율

적인 의사진행을 위하여 회의를 계속할 수 있다. <개정 2000.2.16>

2. 일반정족수

현행헌법 제49조는 일반정족수를 규정하고 있다. 국회는 헌법 또는 법률에 특별한 규정이 없는 한 재적의원 과반수의 출석과 출석의원 과반수의 찬성으로 의결한다. 가부동수인 때에는 부결된 것으로 본다고 규정하고 있는 것이 그것이다. 의사정족수에 대하여는 국회법이 규정하고 있는 바, 재적의원 5분의 1 이상의 출석으로 개의하며(제73조 제1항), 회의중 이에 미달된 때에는 회의의 중지 또는 산회를 선포한다(국회법 제73조 제3항).

일반정족수(헌법 제49조) → 국회는 헌법 또는 법률에 특별한 규정이 없는 한 재적의원 과반수의 출석과 출석의원 과반수의 찬성으로 의결한다. 가부동수인 때에는 부결된 것으로 본다.

의사정족수(국회법 제73조) → 국회본회의 재적의원 5분의 1 이상(임시회는 4분의 1 이상: 헌법 47조 제1항)의 출석으로 개의하며, 회의중 이에 미달된 때에는 회의의 중지 또는 산회를 선포한다.

국회법 제73조 (의사정족수) ① 본회의는 재적의원 5분의 1 이상의 출석으로 개의한다. <개정 1997.1.13>

② 의장은 제72조의 규정에 의한 개의시로부터 1시간이 경과할 때까지 제1항의 정족수에 달하지 못할 때에는 유회를 선포할 수 있다. <개정 1991.5.31>

③ 회의중 제1항의 정족수에 달하지 못할 때에는 의장은 회의의 중지 또는 산회를 선포한다. 다만, 의장은 교섭단체대표의원이 의사정족수의 충족을 요청하는 경우외에는 효율적인 의사진행을 위하여 회의를 계속할 수 있다. <개정 2000.2.16>

<사례>

현행 헌법 제86조 제1항의 "국무총리는 국회의 동의를 받아 대통령이 임명한다"는 규정에 의하여 김대중대통령은 K씨를 국무총리로 지명하여 국회에서 표결에 붙였으나 부결되었다. 이 경우

문제 1) 의회에서 總理任命同意案이 부결되었다는 것은 무엇을 의미하는가?

답: 재적의원 과반수의 출석 미달, 혹은 출석의원 과반수 찬성미달 ☜ **과반수란?** 50% 이상이나 2분의 1이상이 아니고 50% 초과를 의미한다(50% 이상, 2분의1 이상은 틀림)

문제 2) 上記의 경우, 재적의원 과반수 및 출석의원과반수의 헌법적 근거? 이를 헌법용어상 무엇이라고 부르나?

답: 헌법 제49조. 일반정족수

정족수 기타〈재 : 재적의원, 출 : 출석의원〉

정족수	내용
10인 이상	◦회의의 비공개발의(국회법 제75조 제1항) ◦일반의안(법률안 등)의 발의(국회법 제79조)
20인 이상	◦국무총리 · 국무위원 · 정부위원에 대한 출석요구 발의(국회법 제121조 제1항) ◦징계요구(국회법 제156조 제3항) ◦의사일정의 변경발의(국회법 제77조) ◦교섭단체의 성립(국회법 제33조 제1항)
30인 이상	◦국회의원 자격심사의 청구(국회법 제138조) ◦일반의안에 대한 수정동의(국회법 제95조 제1항) ◦위원회에서 폐기된 의안 본회의 부의(국회법 제87조 제1항)
50인 이상	◦예산안에 대한 수정동의(국회법 제95조 제1항)
재적 과반수, 최고득표자	◦국회에서 대통령 선출(헌법 제67조 제2항)
재적 1/5이상	◦위원회 의사정족수(국회법 제54조) ◦국회본회의 의사정족수(국회법 제73조)
재적 1/4 이상	◦국회의 임시회 소집요구(헌법 제47조 제1항) ◦휴회중의 회의 재개요구(국회법 제8조 제2항) ◦국정조사 발의(국정감사및조사에관한법률 제3조 : 재적 1/4로 개정 (2000. 2. 16)) ◦체포 · 구금된 국회의원의 석방요구 발의(국회법 제28조)
재적 1/3 이상	◦국무총리 · 국무위원 해임건의를 위한 發議(헌법 제63조 제2항) ◦일반(대통령제외) 탄핵소추 발의(헌법 제65조 제2항)
재적 과반수	◦의장 · 부의장 선출(국회법 제15조 제1항) ◦국무총리 · 국무위원 해임건의(헌법 제63조 제2항)를 위한 찬성 ◦계엄해제 요구(헌법 제77조 제5항) ◦헌법개정안 발의(헌법 제128조 제1항) ◦일반(대통령제외) 탄핵소추의결(헌법 제65조 제2항) ◦대통령에 대한 탄핵소추 발의(헌법 제65조 제2항 단서)
재적 과반수, 출석 과반수	◦특별한 규정이 없는 일반적 결의(헌법 제49조) - 국회의원 체포 - 국무총리 임명동의 - 정부의 선전포고에 대한 동의 - 예산안 의결
재적 과반수, 출석 2/3 이상	◦법률안 재의결(헌법 제53조 제4항) ◦국무회의의 의결정족수
재적 2/3 이상	◦국회의원제명의결(헌법 제64조 제3항) ◦국회의원 자격심사의결(국회법 제142조 제3항) ◦헌법개정안 의결(헌법 제130조 제1항) ◦대통령에 대한 탄핵소추 의결(헌법 제65조 제2항 단서)

3. 특별정족수

- 법률안의 재의결(재적의원 과반수의 출석과 출석의원 3분의 2 이상 찬성)
- 헌법개정안 의결(재적의원 3분의 2 이상 찬성)
- 계엄의 해제요구(재적의원 과반수의 찬성)
- 국회의 원의 제명(재적의원 3분의 2이상 찬성)
- 국무총리·국무위원 해임건의(재적의원 과반수의 찬성)
- 탄핵수초의 의결(재적의원 과반수, 대통령은 재적의원 3분의 2 이상 찬성)

4. 가부동수의 경우

표결의 결과가 가부동수인 때에는 부결된 것으로 본다(헌법 제49조 후단).

III. 회의의 원칙

1. 의사공개의 원칙

헌법 제50조 ① 국회의 회의는 공개한다. 다만, 출석의원 과반수의 찬성이 있거나 의장이 국가의 안전보장을 위하여 필요하다고 인정할 때에는 공개하지 아니할 수 있다.
② 공개하지 아니한 회의내용의 공표에 관하여는 법률이 정하는 바에 의한다.

[헌재결 1995. 2. 23, 90헌라1] 비공개의 위헌성 문제
◎ 국회의원과 국회의장간의 권한쟁의 ◎
해설 ▶ 위 사건에서 청구인들은 <심판청구이유>에서 '위 의안처리과정에서는 다음과 같은 불법이 자행되었다. 즉 제150회 국회 제11차 본회의는 일반인의 방청을 일체 불허함으로써 사실상 비공개로 진행되었다. …'라고 주장함으로써 국회의사의 비공개문제에 대하여 판단이 될 것으로 보였으나, 헌법재판소는 국회의원들의 청구인 적격이 없다는 이유로 부적법 각하함으로써 비공개 문제에 대한 판단이 이루어지지 않았다.

국회의 의안심의과정을 일반인에게 공개하는 것을 의사공개의 원칙이라고 한다. 국회에서의 의사를 공개하는 것은 국회가 民意의 殿堂이므로 국회에서의 회의의 내용과 의원의 활동을 국민에게 공개함으로써 국민의 비판과 감시를 받게 하기 위함이다.

여기서 문제되는 것은 의사공개의 원칙의 적용범위가 국회의 본회의에만 적용되느냐[1] 아니면 위원회에서도 적용되느냐[2]에 관하여 견해가 대립한다. 생각건대 의사공개는

---

1) 김철수, 헌법학(중), 177면; Hett, Die Öffentlichkeitsfunktion der Parlamentsverhandlungen, Das Grundrecht der Informantionsfreiheit und Informationspflichten der Exekutive, 1987; Zeh, Parlamentarisc

의회주의의 기본원리로서 책임정치실현의 불가결의 전제조건이므로 위원회에서도 적용되어야 한다고 봄이 타당하다.[1)2)] 다만 출석의원 과반수의 찬성이 있거나(발의에는 10인 이상의 국회의원의 찬성을 요한다), 의장이 국가의 안전보장에 필요하다고 인정할 때에는 공개하지 아니할 수 있다. 그러나 의사공개의 중요성에 비추어 예외사유는 엄격하게 해석되어야 할 것이다.

[의사공개의 원칙의 적용범위]

- 위원회에서도 적용: 의사공개는 의회주의의 기본원리로서 책임정치실현의 불가결의 전제조건이므로 위원회에서도 적용되어야

「예외」

- 출석의원 과반수의 찬성(발의에는 10인 이상의 의원의 찬성)
- 의장이 국가의 안전보장에 필요하다고 인정할 때

---

he Verfahren, HbStR, III 2005 § 53.

2) 권영성, 헌법학원론, 889면.

1) 헌재결 2000. 6. 29, 98헌마443등 【국회예산결산특별위원회계수조정소위원회방청허가불허 위헌확인】 의사공개원칙의 헌법적 의미를 고려할 때, 헌법 제50조 제1항은 단순한 행정적 회의를 제외하고 국회의 헌법적 기능과 관련된 모든 회의는 원칙적으로 국민에게 공개되어야 함을 천명한 것이다. 오늘날 국회기능의 중점이 본회의에서 위원회로 옮겨져 위원회중심주의로 운영되고 있고, 법안 등의 의안에 대한 실질적인 심의가 위원회에서 이루어지고 있음은 주지의 사실인바, 헌법 제50조 제1항이 천명하고 있는 의사공개의 원칙은 위원회의 회의에도 당연히 적용되는 것으로 보아야 한다. 의사공개에 관한 국회법의 규정 또한 이러한 헌법원칙을 반영하고 있다. 국회법 제75조 제1항은 '본회의는 공개한다'고 하여 본회의공개원칙을, 동법 제65조 제4항은 '청문회는 공개한다'고 하여 위원회에서 개최하는 청문회공개원칙을 분명히 밝히고 있으며, 국회법 제71조는 본회의에 관한 규정을 위원회에 대하여 준용하도록 규정하고 있다. 결국 본회의든 위원회의 회의든 국회의 회의는 원칙적으로 공개하여야 하고, 원하는 모든 국민은 원칙적으로 그 회의를 방청할 수 있는 것이다.

2) 헌재결: 2000. 6. 29, 98헌마443등 【국회예산결산특별위원회계수조정소위원회방청허가불허 위헌확인】 위원회에서는 의원이 아닌자는 위원장의 허가를 받아 방청할 수 있다고 한 국회법 제55조 제1항의 경우: 국회법 제55조 제1항은 위원회의 공개원칙을 전제로 한 것이지, 비공개를 원칙으로 하여 위원장의 자의에 따라 공개여부를 결정케 한 것이 아닌바, 위원장이라고 하여 아무런 제한 없이 임의로 방청불허 결정을 할 수 있는 것이 아니라, 회의장의 장소적 제약으로 불가피한 경우, 회의의 원활한 진행을 위하여 필요한 경우 등 결국 회의의 질서유지를 위하여 필요한 경우에 한하여 방청을 불허할 수 있는 것으로 제한적으로 풀이되며, 이와 같이 이해하는 한, 위 조항은 헌법에 규정된 의사공개의 원칙에 저촉되지 않으면서도 국민의 방청의 자유와 위원회의 원활한 운영간에 적절한 조화를 꾀하고 있다고 할 것이므로 국민의 기본권을 침해하는 위헌조항이라 할 수 없다.

의사의 공개는 방청의 자유,[1] 국회의사록의 공표, 보도의 자유 등을 그 내용으로 한다. 따라서 의원이외의 일반인에게 회의의 진행과 내용을 직접 보고·듣게 하여야 한다. 의사내용을 간행물이나 중계방송을 통하여 자유로이 보도하도록 한다. 녹음·녹화·촬영·중계방송은 규칙이 정하는바에 따라 허락된다. 보도내용에 불법발언이 포함되어 있더라도 민·형사상 책임을 지지 않는다.[2] 다만 비공개회의의 내용은 공표되어서는 안된다.

의사의 공개 → 방청의 자유, 국회의사록의 공표, 보도의 자유
- 의원이외의 일반인에게 회의의 진행과 내용을 직접 보고·듣게
- 의사내용을 간행물이나 방송을 통하여 자유로이 보도
- 녹음·녹화·촬영·중계방송은 규칙이 정하는바에 따라 허락
- 보도내용에 불법발언이 포함되어 있어도 민·형사상 책임면제
- 다만 비공개회의의 내용은 공표되어서는 안됨

헌재결 2000. 6. 29, 98헌마443 등 **【국회예산결산특별위원회계수조정소위원회방청허가불허 위헌확인】**

헌법 제50조 제1항은 '국회의 회의는 공개한다'라고 하여 의사공개의 원칙을 규정하고 있다. 의사공개의 원칙은 의사진행의 내용과 의원의 활동을 국민에게 공개함으로써 민의에 따른 국회운영을 실천한다는 민주주의적 요청에서 유래하는 것으로서 국회에서의 토론 및 정책결정의 과정이 공개되어야 주권자인 국민의 정치적 의사형성과 참여, 의정활동에 대한 감시와 비판이 가능하게 될 뿐더러, 의사의 공개는 의사결정의 공정성을 담보하고 정치적 야합과 부패에 대한 방부제 역할을 하기도 하는 것이다. 의사공개의 원칙은 방청 및 보도의 자유와 회의록의 공표를 그 내용으로 하는데, 다만, 의사공개의 원칙은 절대적인 것이 아니므로, 출석의원 과반수의 찬성이 있거나 의장이 국가의 안전보장을 위하여 필요하다고 인정할 때에는 공개하지 아니할 수 있다(헌법 제50조 제1항 단서).

2. 회기계속의 원칙

2.1. 관련조문

국회에 제출된 법률안 기타의 의안은 회기 중에 의결되지 못한 이유로 폐기되지 아니한다. 다만, 국회의원의 임기가 만료된 때에는 그러하지 아니하다(헌법 제51조).

---

1) 방청권을 통한 방청인 수의 제한이나 질서위반자에 대한 퇴장명령은 방청의 자유에 대한 침해가 아니다.

2) 권영성, 헌법학원론, 827면.

2.2. 내용

회기계속의 원칙이라 함은 회기 중에 의결되지 못한 의안도 폐기되지 아니하고 다음 회기에 계속하여 심의할 수 있다는 원칙을 말한다. 현행 헌법 제51조에서 국회에 제출된 법률안 기타의 의안은 회기 중에 의결되지 못한 이유로 폐기되지 아니한다고 규정함으로써 회기계속의 원칙을 채택하고 있다(한국 · 프랑스). 이는 회기불계속의 원칙(미국 · 영국)에 반대된다.[1)]

회기계속의 원칙도 하나의 입법기(Legislaturperiode : 국회의원의 임기기간중)내에서만 효력이 있으므로 국회의원의 임기가 만료된 경우에는 회기가 계속되지 않는다. 이는 선거에 의한 대의민주주의의 본질상 입법기 자체의 변경을 의미하므로 당연한 것이다.

[회기계속의 원칙]
· 입법기 내에서만 효력발생
→ 그러므로 국회의원의 임기가 만료된 경우에는 회기가 계속되지 않는다.

[회기불계속의 원칙]
의회의 1회기중에 심의가 완료되지 아니한 案件은 그 회기가 끝남으로써 소멸하고 다음회기에 계속되지 아니하는 원칙을 말한다.

〈사례〉: 98년 봉인된 JP총리 투표함 15대국회 끝난 후 소각처리[2)]

1998년 3월 국회본회의에서 김종필(金鍾泌)총리 임명동의안 처리를 둘러싼 여 · 야 격돌 끝에 투표가 완료되지 않은 상태에서 중도에 봉인됐던 투표함 속의 투표용지들이15대 국회의 임기가 만료된 지난 5월 29일 소각처리된 것으로 밝혀졌다. 당시 여 · 야 국회의원 201명이 투표한 투표용지는 2개의 투표함에 나뉘어 밀봉된 채 국회본회의장 내 비품창고에 보관되어 왔다. 국회사무처 관계자는 28일 “국회의원 임기도중제출한 의안은 임기만료와 함께 자동폐기된다는 (국회)법정신에 따라 개표되지 않은 이 투표용지들을 소각했다”고 밝혔다. 투표직후 한나라당은 투표함보존을, 국민회의와 자민련은 폐기처분을 주장했었다. 국회법이나 의사규칙에도 투표함처리에 적용할 명확한 규정은 나와있지 않다.

3. 일사부재의의 원칙

일사부재의라 함은 부결된 의안은 동일한 회기내에 다시 발의하거나 심의할 수 없다는 원칙을 말한다. 이는 소수파에 의한 의사진행방해(Filibuster)를 막기 위함이다. 소수의 의사방해를 막기 위하여 발언회수 및 시간의 제한, 교섭단체별 발언자 수 제한을 규정하

---

1) 일부 견해에 의하면 미국이 회기계속의 원칙을 취하는 것으로 주장하나, 미국은 회기불계속의 원칙을 취하고 있다고 보는 견해(허영)가 타당하다.

2) 조선일보, 2000. 6. 29. 제5면 참조.

고 있다.

4. 일사부재의원칙의 예외

一事不再議의 원칙의 적용을 받지 않는 예외사항에 해당하는 것에는 다음과 같은 것이 있다.

4.1. 철회된 안건을 재의하는 경우

의제로 된 안건이라도 의결전에 철회된 경우에는 그에 대한 국회의 의사가 확정되지 않았으므로 다시 발의할 수 있다.

4.2. 회기를 달리하여 안건을 재의하는 경우

동일한 안건이라도 전회기에서 부결된 것은 다음 회기에서 다시 발의·심의할 수 있다.

<사례> 일사부재의의 원칙의 예외 및 헌정사례

현행 헌법 제86조 제1항의 "국무총리는 국회의 동의를 받아 대통령이 임명한다"는 규정에 의하여 대통령은 K씨를 국무총리로 지명하여 국회에서 표결에 붙였으나 부결되었다. 이 경우

문제 1) 대통령은 또다시 K씨를 국무총리로 지명할 수 있나?

<해설>

국회법 제92조는 一事不再議의 원칙(否決된 안건은 같은 회기중에 다시 發議 또는 제출하지 못한다)을 규정하고 있으므로, 같은 안건(또다시 K씨를 대통령이 국무총리후보자로 지명하는 경우)이라도 회기를 달리하여 다시 상정할 수 있다.

문제 2) 이에 대한 구체적 사례(헌정사)

<해설>

제헌의회 당시 이승만 대통령은 이윤영(李允榮)씨를 국무총리(후보자)로 지명, 국회동의를 받지 못했으나 이후 무려 두 번이나 동의를 요구했다. 결과는 모두 부결이었지만 이씨는 이후 무임소장관과 사회부장관으로 기용돼 사실상의 총리역할을 수행했다.

[주의] : 국회인준이라는 용어를 흔히 사용하나 이는 잘못된 것이다. 인준은 사후승인을 의미하며 헌법 제86조 제1항에서 의미하는 사전동의를 의미하는 용어가 아니기 때문이다.

4.3. 위원회처리안건을 본회에 재의하는 경우

위원회의결정은 국회의 결정이 아니므로 본회의에서 다시 심의하더라도 一事不再議의 원칙에 위반하는 것이 아니다.

4.4. 사유를 달리하는 안건을 재의하는 경우

동일대상에 대한 해임건의안이더라도 새로이 발견된 사유로 인한 것일때에는 再議가 가능하다.

IV. 회의의 진행

1. 본회의

본회의는 오후2시(토요일은 오전 10시)에 개의하는 것을 원칙으로 하되, 의장은 각 교섭단체의 대표의원과 협의하여 그 개의시를 변경할 수 있다(국회법 제72조). 의장은 국회운영위원회와 협의하여 의사일정을 작성하되(불협의시에는 의장이 결정한다), 본회의 개의전날까지 본회의에 보고한다(국회법 제76조 참조). 의사일정도 의원 20인 이상의 連署에 의한 동의로 국회의 의결이 있거나 의장이 교섭단체의 대표와 협의하여 일정을 변경할 수 있다(국회법 제77조). 본회의는 재적의원 5분의 1 이상의 출석이 있어야 개의할 수 있고(국회법 제73조 제1항), 개의시후 1시간이 경과할 때까지 재적의원 5분의 1이상의 출석이 없으면 流會(유회)를 선포할 수 있다(국회법 제73조 제2항). 회의중 재적의원 5분의 1이 재석이 없으면 의장은 회의의 중지 또는 散會를 선포한다(국회법 제73조 제3항).

국회법 제72조 (개의) 본회의는 오후 2시(토요일은 오전 10시)에 개의한다. 다만, 의장은 각 교섭단체대표의원과 협의하여 그 개의시를 변경할 수 있다. [전문개정 1994.6.28]

국회법 제73조 (의사정족수) ① 본회의는 재적의원 5분의 1 이상의 출석으로 개의한다. <개정 1997.1.13>

② 의장은 제72조의 규정에 의한 개의시로부터 1시간이 경과할 때까지 제1항의 정족수에 달하지 못할 때에는 유회를 선포할 수 있다. <개정 1991.5.31>

③ 회의중 제1항의 정족수에 달하지 못할 때에는 의장은 회의의 중지 또는 산회를 선포한다. 다만, 의장은 교섭단체대표의원이 의사정족수의 충족을 요청하는 경우외에는 효율적인 의사진행을 위하여 회의를 계속할 수 있다. <개정 2000.2.16>

국회법 제76조 (의사일정의 작성) ① 의장은 본회의에 부의요청된 안건의 목록을 그 순서에 따라 작성하고 이를 매주 공표하여야 한다. <신설 2000.2.16>

② 의장은 회기 중 본회의 개의일시 및 심의대상 안건의 대강을 기재한 회기 전체 의사일정과 본회의 개의시간 및 심의대상 안건의 순서를 기재한 당일 의사일정을 작성한다. <개정 2005.7.28>

③ 제2항의 규정에 따른 의사일정 중 회기 전체 의사일정의 작성에 있어서는 국회운영위원회와 협의하되, 협의가 이루어지지 아니할 때에는 의장이 이를 결정한다. <개정 2005.7.28>

④ 의장은 제2항 및 제3항의 규정에 의하여 작성한 의사일정을 지체 없이 의원에게 통지하고 전산망 등을 통하여 공표한다. <신설 2005.7.28>

⑤ 의장은 특히 긴급을 요한다고 인정할 때에는 회의의 일시만을 의원에게 통지하고 개의할 수 있다.

국회법 제77조 (의사일정의 변경) 의원 20인 이상의 연서에 의한 동의로 본회의의 의결이 있거나의장이 각 교섭단체대표의원과 협의하여 필요하다고 인정할 때에는 의장은 회기 전체 의사일정의 일부를 변경하거나 당일 의사일정의 안건 추가 및 순서 변경을 할 수 있다. 이 경우 의원의 동의에는 이유서를 첨부하여야 하며, 그 동의에 대하여는 토론을 하지 아니하고 표결한다. <개정 2005.7.28>

2. 위원회

위원회는 의장이 회부한 안건을 심사한다. 위원회는 국회의 의결이 있거나, 의장 또는 위원장이 필요하다고 인정한 때는 재적위원 4분의 1 이상의 요구가 있을 때에도 폐회 중이라도 위원회를 열 수 있다(국회법 제52조). 또한 회기 중이더라도 본회의 중에는 개회할 수 없으나(국회법 제56조), 국회운영위원회는 개회할 수 있다(국회법 제56조 단서). 운영위원회를 제외한 모든 상임위원회는 최소한 월2회의 정례회의를 연다. 위원회는 재적위원 5분의 1 이상의 출석으로 개의하고, 재적위원 과반수의 출석과 출석위원 과반수의 찬성으로 의결한다(국회법 제54조). 위원회는 회부된 안건심의에 있어 전문위원의 검사보고, 질의·토론, 축조심사(위원회의 의결로 생략할 수 있다) 후 표결한다. 예산상 조치가 수반되는 경우 정부의 의견을 들어야 한다.

위원회는 학식·경험이 있는 자 등으로부터 의견을 듣기 위하여 공청회를 열 수 있고(국회법 제64조), 증인·감정인·참고인으로부터 증언·감정·진술 등을 듣기 위하여 청문회를 개최할 수 있다(국회법 제65조). 왜냐하면 청문회를 통해 의원들은 필요한 정보를 얻고, 이해관계자들은 의견제출의 기회를 갖기 때문이다.

국회법 제52조 (위원회의 개회) 위원회는 본회의의 의결이 있거나 의장 또는 위원장이 필요하다고 인정할 때, 재적위원 4분의 1 이상의 요구가 있을 때에 개회한다. [전문개정 1994.6.28]

국회법 제54조 (위원회의 의사 · 의결정족수) 위원회는 재적위원 5분의 1 이상의 출석으로 개회하고, 재적위원 과반수의 출석과 출석위원 과반수의 찬성으로 의결한다. <개정 1997.1.13>

국회법 제56조 (본회의중 위원회의 개회) 위원회는 본회의의 의결이 있거나 의장이 필요하다고 인정하여 각 교섭단체대표의원과 협의한 경우를 제외하고는 본회의중에는 개회할 수 없다. 다만, 국회운영위원회는 그러하지 아니하다.

제 6 항 국회의 권한

I. 서설

국회가 보유하는 권한의 종류와 범위는 정부형태에 따라 그리고 헌법상의 지위에 따라 다르다. 현행헌법에서는 대통령의 국회에 대한 절대적 우위를 상징하던 대통령의 국회해산권을 폐지하였고, 대통령비상조치권을 긴급명령권과 긴급재경처분 및 명령권으로 약화시켰으며, 국회의 국정감사권을 부활시키고, 국회의 회기에 대한 제한을 폐지하였다는 점 등에서 국회의 권한은 상당히 강화되었다고 할 수 있다. 이와같은 국회 권한의 강화에 따른 행정부 對 입법부의 불균형을 막기 위하여 국무총리 · 국무위원에 대한 해임의결권을 해임건의권으로 변경하여 행정부에 대한 국회의 간섭을 배제하고 있다.

[현행헌법]
대통령의 국회해산권 폐지
비상조치권 → 긴급명령권과 긴급재경처분 및 명령권으로 약화
국정감사권을 부활
국회의 회기에 대한 제한 폐지
국무총리 · 국무위원에 대한 해임의결권 → 해임건의권으로 변경

국회의 권한은 권한의 내용(본질적 분류)에 따라 입법에 관한 권한, 재정에 관한 권한, 헌법기관구성에 관한 권한, 국정통제에 관한 권한, 국회내부에 관한 권한(국회의 자율적)으로 일반적으로 분류할 수 있다.[1] 또 권한의 행사형식(형식적 분류)에 따라 의결권 · 동의권 · 승인권 · 통고권 · 통제권으로 분류할 수 있다.

---

1) 허영 교수의 견해에 의하면 입법, 재정, 인사, 통제, 자율기능으로 구별하고 있다.

국회의 권한

(I) **입법에 관한 권한**

㉠ 법률안 제출(헌 52, 국회법 79) · 심의권(국회법 81 · 87 · 93 · 95 · 98 ① · 109)

㉡ 헌법개정안 발안(헌 128 ①) · 심의권(헌 130 ①, 국회법 112 ④)

㉢ 조약체결 · 비준 동의권(헌 60 ①)

(II) **재정에 관한 권한**

㉠ 재정입법권(조세법률주의)

㉡ 예산의 심의 · 확정(헌 54 ②)

㉢ 기채동의권(헌 58 전단)

㉣ 예산외 국가부담이 될 계약체결에 대한 동의권(헌 58 후단)

㉤ 재정적 부담이 있는 조약체결에 대한 동의권(헌 60 ①)

㉥ 결산심사권(헌 99)

㉦ 긴급재정 · 경제 처분에 대한 승인권(헌 76 ③)

(III) **일반국정에 관한 권한**

㉠ 국무총리 임명동의권(헌 86 ①)

㉡ 국무총리 · 국무위원 해임건의권(헌 63)

㉢ 국무총리 · 국무위원 출석요구권 및 질문권(헌 62)

㉣ 탄핵소추권(헌 65)

㉤ 선전포고 및 국군해외파견, 외국군 주류에 대한 동의권(헌 60 ②)

㉥ 일반사면에 대한 동의권(헌 79 ②)

㉦ 대법원장 및 대법관 임명 동의권(헌 104 ①)과 감사원장임명 동의권(헌 98 ②)

㉧ 헌법재판소재판관 및 중앙선거관리위원회위원 선출권(헌 111 ③ · 114 ②)

㉨ 계엄해제 요구권(헌 77 ⑤)

㉩ 긴급명령 · 긴급재정 · 경제명령 처분권(헌 76 ③)

㉪ 국정감사권 · 국정조사권(헌 61)

(IV) **국회의 자율적 권한**

㉠ 의사 및 내부규율에 관한 규칙제정권

㉡ 의사진행에 관한 자율권

㉢ 내부경찰권 및 국회가택권(출입금지 및 퇴장 요구권)

㉣ 내부조직권 및 국회의원의 신분에 관한 권한

II. 국회의 입법에 관한 권한

입법의 개념에 대하여 실질설과 형식설이 대립하고 있으며, 헌법 제40조의 해석의 실질설에 따르고 있음은 이미 언급한 바 있다. 따라서 헌법이 인정하고 있는 국회의 입법에 관한 권한은 헌법개정안의 발의 · 의결권, 법률의 제정권, 조약의 채결 · 비준에 대한 동의권, 국회규칙제정권이다.

「국회의 입법에 관한 권한」: 실질설
- 헌법개정안의 발의 · 의결권
- 법률의 제정권
- 조약의 체결 · 비준에 대한 동의권
- 국회규칙제정권

1. 국회의 헌법개정에 관한 권한

국회는 헌법개정에 관하여 발의권과 의결권을 가진다. 헌법개정안의 발의는 국회의원(재적과반수)과 대통령이 할 수 있다(헌법 제128조 제1항). 헌법개정안이 공고된 날로부터 60일 이내에 국회의 의결을 거쳐야 하며, 국회의 의결에는 재적의원 3분의 2 이상의 찬성을 얻어야 한다. 헌법개정안은 수정통과시킬 수 없으며(수정의결은 공고절차에 위배되기 때문이다) 기명투표로 표결하여야 한다.

2. 국회의 법률의 제정에 관한 권한

법률제정권은 국회의 가장 본질적인 권한이다. 법률은 일반적으로 법률안의 제안, 법률안의 심의, 법률안의 의결, 의결된 법률안의 정부에의 이송, 대통령의 서명과 공포의 절차를 밟아 제정된다.

제안 → 심의 → 의결 → 정부에의 이송 → 공포

2.1. 통상적 입법절차

2.1.1. 시안(試案)

법률안은 10인 이상의 찬성으로 국회의원이 발의하거나, 위원회(상임 · 특별, 소관사항에 관하여), 정부가 법률안을 제출할 수 있다(헌법 제52조, 국회법 제51조, 국회법 제79조). 정부는 국무회의의 심의를 거쳐 제출하며, 위원회에서 법률안을 제출하는 경우 위원장이 제출한다(국회법 제51조).

국회의원의 발의(10인 이상의 찬성)
위원회의 제출
정부의 제출

2.1.2. 심의 · 의결

법률안이 제출되면 국회의장은 이를 의원에게 배부하고 본회의에 보고하며, 소관 상임위원회에 회부하여 심사하게 한다(국회법 제81조). 상임위의 소관이 불분명할 때는 국회운영위와 협의하여 정하되 협의가 이루어지지 않을 때에는 의장이 소관위를 결정한다. 의장은 안건의 심사기간을 정하여 회부할 수 있으며, 그 기간 내에 심사를 마치지 못한 경우에는 다른 위원회에 회부하거나 바로 본회의에 부칠 수 있다.

법률안의 심의는 상임위원회가 중심이 되어 행하므로, 소관 상임위원회에서 심의한 후(상임위는 의원에게 의안이 배부된 후 3일이 지나야 상정할 수 있다), 본회의에 부할 필요가 없다고 판단하면 본회의에 상정하지 아니한다(pigeon hole : 保留函). 그러나 위원회의 폐기결정이 본회의에 보고된 날로부터 7일 이내에 의원의 30인 이상의 요구가 있을 때에는 본회의에 부쳐야 한다(discharge of committee : 위원회의 해임). 소관 상임위원회에서 심사하거나 입안한 법률안은 법제사법위원회에 회부하여 법률안의 체계와 자구에 대한 심사를 거친 후(국회법 제86조 제1항) 본회의에 회부되어 심의 · 의결된다.

법률안에 대한 수정동의는 30인 이상의 찬성을 요한다. 의원이나 정부는 의제가 된 의원(정부) 제출의 안건을 수정 · 철회하고자 할 때에는 본회의나 위원회의동의가 있어야 한다. 의원이 제출한 의안에 대하여 정부는 수정안제출이 불가능하다고 본다(김철수). 법률안의 의결은 재적의원 과반수의 출석과 출석의원 과반수의 찬성을 요하며, 가부동수인 경우에는 부결된 것으로 본다(헌법 제49조).

2.1.3. 정부에의 이송

본회의에서 의결된 법률안은 정부에 이송된다. 정부는 이송된 법률안에 대하여 공포할 것인가 거부할 것인가를 결정한다.

2.1.4. 대통령의 서명 · 공포

정부에 이송된 법률안에 대한 이의가 없는 때에는 대통령이 서명하고 국무총리와 관계 국무위원이 부서한다. 대통령은 법률안이 정부에 이송된 날로부터 15일 이내에 공포하여야 한다.

2.1.5. 효력발생

법률은 특별한 규정이 없는 한 공포된 날로부터 20일이 경과함으로써 효력을 발생한다(헌법 제53조 제7항). 국민의 권리를 제한하거나 의무를 부과하는 경우에는 30일이 경과되어야 효력을 발한다(공포와 동시에 효력을 발생시키는 경우가 많다). 대법원은 법률에 시행일이 명시된 경우에도 시행일 이후에 공포된 때에는 시행일에 관한 법률규정은 그 효력을 상실한다고 하였다.

2.2. 이례적 입법절차

2.2.1. 대통령의 거부권 행사와 국회의 재의

정부에 이송된 법률안에 대하여 이의가 있을 때에는 대통령은 거부권을 행사할 수 있다. 즉 법률안이 정부로 이송된 날로부터 15일 이내에 이의서를 붙여 국회에 환부하고 재의를 요구할 수 있으며(환부거부), 국회가 폐회중일 때에도 같다. 이 기간중에 대통령이 공포나 재의를 요구하지 아니한 때에는 이 법률안은 법률로 확정된다. 대통령이 거부권을 행사한 때에는 국회에서 재의되어 이것이 다시 再議決(재적과반수 출석, 출석 3분의 2이상 찬성)된 때에는 이 법률안은 법률로 확정된다.

환부거부 → 법률안이 정부로 이송된 날로부터 15일 이내에 이의서를 붙여 국회에 환부하고 재의를 요구하는 것.

2.2.2. 국회의장의 공포

정부에 이송된 법률안은 15일 이내에 공포나 재의를 요구하지 않음으로써 법률로 확정된 후 대통령이 지체 없이 공포하지 않거나 또는 국회에서 재의결되어 정부에 이송된 후 5일 이내에 대통령이 공포하지 아니할 때에는 국회의장이 공포한다(헌법 제53조 제6항).[1]

3. 조약의 체결 · 비준에 대한 동의권

조약의 체결 · 비준은 대통령의 권한이나 일정한 사항에 관하여(헌법 제60조)는 국회의 동의를 얻어야 한다. 이는 조약이 체결 · 공포되면 국내법과 동일한 효력을 지니게 되고, 그 내용이 국민의 권리 · 의무는 물론 국가의 재정에 중대한 영향을 미치므로 국민의 대표기관인 국회의 통제하에 두는 것이 바람직하기 때문이다.

미국이나 일본은 모든 조약을 국회의 동의사항으로 하고 있으나, 우리 헌법은 헌법 제60조에 상호원조에 관한 조약, 중요한 국제조직에 관한 조약, 우호통상항해조약, 주권의 제약에 관한 조약, 강화조약, 국가나 국민에게 중대한 재정적 부담을 지우는 조약 또는 입법사항에 관한 조약으로 제한적으로 열거하고 있다. 헌법 제60조 제1항의 규정이 열거조항인가 예시조항인가가 문제된다.

---

1) 대통령이 15일 이내에 공포나 재의요구를 하지 않음으로써 법률로 확정되는 경우에는 거부권행사에 의한 재의결의 경우와 달리 5일을 기다릴 필요 없이 의장의 법률공포권이 지체 없이 발생한다고 보는 견해(허영)와 통일적인 해석상 지체 없이 이를 5일 이내로 보는 견해(권영성)로 대립된다. 후자가 설득력이 있다고 본다.

열거규정 → 헌법에서 규정한 것에만 한정한다는 의미
예시규정 → 헌법에서 규정한 것 이외에 다른 것도 존재할 수 있다는 의미

1992년 2월에 발효한 남북기본합의서의 법적 성격에 관하여 조약으로 보는 견해,[1] 단순한 신사협정 내지 공동성명으로 보는 견해[2]가 나누어지나 조약으로 보는 입장이 다수설이다. 신사협정 내지 공동성명으로 보는 견해에 의하면 국회의 비준동의가 필요없고, 조약으로 보는 경우에는 국회의 비준동의가 필요하다.

생각건대 남북기본합의서의 내용은 국민의 기본권과 관련한 중요한 사항이므로 국민적 총의가 필요하며, 남북한의 유엔에 동시에 가입하고 남북한 총리자격으로 합의서에 서명한 것은 북한을 국가로서 인정한 것이며, 남북기본합의서는 헌법 제60조가 규정하는「국민에게 중대한 재정적 부담을 지우는 조약」에 해당되므로 국회의 동의가 필요하다.[3]

국회의 동의권 중에 조약에 대한 수정권이 포함되는가에 관하여 수정동의가 불가하다는 견해(수정부정설)[4]가 가능하다는 견해(수정긍정설; 안용교)이 있으나, 수정동의는 불가능하다고 보는 것이 타당하다고 생각된다. 왜냐하면 당해 조약에 대한 국회의 체결·비준동의권은 일괄동의인가 일괄부결인가 대한 권한으로 보아야 하기 때문이다. 대통령은 조약의 채결·비준에 있어서는 국회의 동의를 필요로 하나, 조약의 종료에 관하여는 단독으로 종료시킬 수 있다.

4. 국회규칙제정권

국회는 법률에 저촉되지 않는 범위 내에서 의사와 내부규율에 관한 규칙을 제정할 수 있다(헌법 제64조 제1항). 우리 나라의 경우 국회의원들이 법안을 발의하는 것(의원입법)보다는 행정부에서 행정입법의 형식으로 발의하고 또한 국회에서 가결되는 경우가 많다. 이러한 점에서 의회주의의 위기(의회민주주의의 위기는 아님. 왜냐하면 의회민주주의는 의원내각제 정부형태를 의미하는 것이기 때문)라는 표현이 사용되기도 한다.

---

1) 권영성, 헌법학원론, 894면.
2) 헌재결 2000. 7. 20, 98헌바63【남북교류협력에관한법률 제9조 제3항 위헌소원】
3) 권영성, 헌법학원론, 895면.
4) 김철수; 권영성, 헌법학원론, 896면.

III. 국회의 재정에 관한 권한

1. 재정입법권(조세법률주의)

재정입법권이란 재정작용에 관한 법률을 제정할 수 있는 권한을 의미하는 것으로, 국회의 권한 속한다. 재정입법도 일반입법에 당연히 포함되는 것이나 재정작용이 국민의 권리·의무에 미치는 영향을 감안하여 독립적으로 규정하고 있다.

헌법 제59조 조세의 종목과 세율은 법률로 정한다.

1.1. 조세법률주의

조세법률주의라 함은 조세 기타 공과금의 부과·징수는 반드시 법률로써 하여야 한다는 원칙을 의미한다. 이는 군주의 무절제한 세금징수에 대한 견제장치로 나타난 것으로 조세의 종류 및 근거를 국회의 법률에 근거하게 함으로써 국민의 재산권을 보호하고, 법률생활의 안정을 도모하며 더 나아가 공평한 납세의무를 부담시키게 하는데 그 의의가 있다.

조세법률주의는 조세가 형식적 법률에 근거해야 된다는 형식적 조세법률주의에 끝나는 것이 아니라, 조세의 목적이나 내용이 기본권 보장을 비롯한 헌법원리에 합치되어야 한다는 실질적 조세법률주의를 의미한다.[1)]

헌재결 1992. 2. 25, 90헌가69 【상속세법 제29조의4 제2항에 대한 위헌심판, 상속세법 제29조의4 제2항에 대한 헌법소원】

[조세법률주의의 헌법적 의의]

조세행정에 있어서의 법치주의의 적용은 조세징수로부터 국민의 재산권을 보호하고 법적 생활의 안전을 도모하려는데 그 목적이 있는 것으로서, 과세요건법정주의와 과세요건명확주의를 그 핵심적 내용으로 하는 것이지만 오늘날의 법치주의는 국민의 권리·의무에 관한 사항은 법률로써 정해야 한다는 형식적 법치주의에 그치는 것이 아니라 그 법률의 목적과 내용 또한 기본권 보장의 헌법이념에 부합되어야 한다는 실질적 법치주의를 의미하며 헌법 제38조, 제59조가 선언하는 조세법률주의도 이러한 실질적 법치주의를 뜻하는 것이므로 비록 과세요건이 법률로 명확히 정해진 것일지라도 그것만으로는 충분한 것이 아니고 조세법의 목적이나 내용이 기본권 보장의 헌법이념과 이를 뒷받침하는 헌법상의 제원칙에 합치되지 아니하면 아니된다.

조세법률주의 → 조세 기타 공과금의 부과·징수는 반드시 법률로써 하여야 한다

---

1) 양건, 헌법강의, 849면.

실질적 조세법률주의에 포함되는 주요한 내용으로 조세평등주의를 들 수 있다. 조세평등주의는 평등원칙의 조세법적 표현이다. 그밖에 실질적 조세법률주의의 내용으로 소급과세금지의원칙 등 신뢰보호의 원칙을 들 수 있다.[1)]

헌재결 1989. 7. 21, 89헌마38 【상속세법 제32조의2의 위헌여부에 관한 헌법소원】

우리 헌법은 제11조 제1항에서 "모든 국민은 법 앞에 평등하다. 누구든지 성별·종교 또는 사회적 신분에 의하여 정치적·경제적·사회적·문화적 생활의 모든 영역에 있어서 차별을 받지 아니한다"라고 규정하고 있다. 조세평등주의는 위 헌법규정에 의한 평등의 원칙 또는 차별금지의 원칙의 조세법적 표현이라고 할 수 있다. 따라서 국가는 조세입법을 함에 있어서 조세의 부담이 공평하게 국민들 사이에 배분되도록 법을 제정하여야 할 뿐만 아니라, 조세법의 해석·적용에 있어서도 모든 국민을 평등하게 취급하여야 할 의무를 진다. 이러한 조세평등주의의 이념을 실현하기 위한 법 제도의 하나가 바로 국세기본법 제14조에 규정한 <u>실질과세의 원칙</u>이라고 할 수 있다. 또한 이러한 <u>조세평등주의는 정의의 이념에 따라 "평등한 것은 평등하게", 그리고 "불평등한 것은 불평등하게" 취급함으로써 조세법의 입법과정이나 집행과정에서 조세정의(租稅正義)를 실현하려는 원칙이라고 할 수 있다</u>.

헌재결 1999. 2. 25, 96헌바64 【舊지방세법 제112조 제2항 전문 위헌소원】

헌법 제11조 제1항은 모든 국민은 법 앞에 평등함을 선언하고 있는바, 조세평등주의는 위 평등원칙의 조세법적 표현이다. 이러한 조세평등주의는 같은 것은 같게, 다른 것은 다르게 취급함으로써 조세법의 입법과정이나 집행과정에서 조세정의를 실현하려는 원칙이다.[2)] 그런데 오늘날 세원(稅源)이 극히 다양하고, 납세의무자인 국민의 담세능력에도 차이가 많을 뿐만 아니라, 조세도 국가재원의 확보라는 고전적 목적 이외에 다양한 정책적 목적 하에 부과되고 있기 때문에 조세법의 영역에서는 입법자에게 광범위한 형성권이 부여되어 있다.[3)] 따라서 취득세의 입법과 관련하여서도 입법자는 모든 과세대상을 동일하게 취급할 것인가 아니면 특정의 대상에 대하여는 이와 구별하여 중과세할 것인가, 중과세할 경우 그 대상을 무엇으로 한정할 것이며 그 세율은 어느 정도로 할 것인가 등에 관하여 광범위한 입법형성의 자유를 갖는다고 할 수 있다. 다만 이러한 결정을 함에 있어서도 입법자는 재정정책적, 국민경제적, 사회정책적, 조세기술적 제반 요소들에 대한 교량을 통하여 그 조세관계에 맞는 합리적인 조치를 하여야만 평등의 원칙에 부합할 수 있으며, 그러한 결정이 비합리적이고 불공정한 조치라고 인정될 때에는 조세평등주의에 반하여 위헌이 된다고 할 것이다.[4)]

---

1) 양건, 헌법강의, 849면.
2) 헌재 1989. 7. 21. 89헌마38, 판례집 1, 131, 141-142.
3) 헌재 1996. 8. 29. 92헌바46, 판례집 8-2, 17, 24.
4) 헌재 1996. 8. 29. 95헌바41, 판례집 8-2, 107, 116-117.

1.2. 조세법률주의의 내용

1.2.1. 조세의 종류와 근거

조세의 종목과 세율은 법률로 정한다고 헌법 제59조는 규정하고 있으나, 이는 조세의 종목과 세율 뿐 아니라 납세의무자, 과세물건, 과세표준, 과세절차까지도 법률로 정하여야 한다는 것을 의미한다(통설). 따라서 과세요건(과세요건법률주의) 및 과세기준은 행정입법으로 정할 수 없다.[1)2)3)]

---

1) 상속세법 제32조의2(제삼자명의로 등기를 한 재산에 대한 증여의제) ① 권리의 이전이나 그 행사에 등기, 등록, 명의개서 등(이하 '등기등'이라 한다)을 요하는 재산에 있어서 실질소유자와 명의자가 다른 경우에는 국세기본법 제14의 규정에 불구하고 그 명의자로 등기 등을 한 날에 실질소유자가 그 명의자에게 증여한 것으로 본다. <결정요지> : 1. 헌법재판소는 상속세법 제32조의2에 대한 헌법소원사건에서 조세법률주의는 조세의 부과와 징수를 법률로 하라는 의미이지만, 과세요건법정주의(납세의무자, 과세물건, 과세표준, 과세기간, 세율)와 과세요건 명확주의(추상적이고 불명확하면 과세관청이 恣意的인 해석과 집행을 초래할 염려가 있으므로 규정내용이 명확하고 일의적이어야 한다)를 그 핵심적 내용으로 하므로 행정편의적 확장해석이나 유추해석은 허용되지 아니한다고 하면서, 상속세법은 조세회피없는 진정한 명의신탁의 경우에도 그 원인이나 내부관계를 무시하고 증여세를 부과하고 있어 실질과세의 원칙과 조세평등주의에 위반되는바, 실질과세의 원칙이란 법률상의 형식과 경제적 실질이 다를 경우에 그 경제적 실질을 추구하여 그에 과세하겠다는 것으로 조세부과의 기본원칙이며, 다만 증여의 제규정의 입법목적은 실질과세원칙을 희생시키더라도 명의신탁을 이용한 조세포탈을 원천적으로 봉쇄하겠다는 취지이므로, 조세회피의 목적이 없으면서 일정한 사정(농지매매증명의 곤란, 법인에게 팔 경우 양도소득세의 부담 때문에 대표이사 이름으로 등기를 이전하고 나중에 법인에게 이전함) 때문에 소유자와 명의자를 달리 한 것이 명백한 경우에는 적용되지 않는다고 해석하는 한 합헌이라는 한정합헌결정을 하였다(헌재결 1989. 7. 21, 89헌마38).

2) 헌법재판소는 1988. 12. 26 개정전의 상속세법 제9조의 제2항에 대한 헌법소원사건에서 자진신고를 하지 않은 경우에 증여나 상속의 가액산정을 증여당시가 아니라 부과시를 기준으로 하도록 한 것은 과세표준과 세율 등 과세요건이 법률로 결정되는 것이 아니고 과세관청의 의사나 행위에 따라 좌우되는 결과가 되는 것으로 위헌이라고 하였다. 1988. 12. 26. 개정전의 상속세법 제9조 제2항 본문은, 첫째로 조세관청의 자의적인 과세를 방지하고 국민의 경제생활에 법적 안정성 및 예측가능성을 부여하기 위하여 과세요건 법정주의와 명확주의의 기조에서 있는 헌법 제38조·제59조 소정의 조세법률주의에 위반되는 것이고, 둘째로 합리적 이유없는 차별적 과세 내지 차별대우의 금지를 내용으로 하는 헌법 제11조의 조세평등주의는 물론, 국가가 과세권행사라는 이름아래 법률의 근거나 합리적 이유없이 국민의 재산권의 침해를 막자는 의미의 헌법 제23조의 재산권보장 규정에도 위반된다(헌재결 1992. 12. 24, 90헌바21).

3) 조세법률주의 예외로서 행정입법에의 위임이 인정되나, 위임입법의 한계를 넘지 말아야 하며, 일반적·포괄적 위임은 인정되지 아니한다(양건, 헌법강의, 847면).

헌재결 1995. 11. 30, 91헌바1 【소득세법 제60조, 구 소득세법 제23조 제4항 등에 대한 헌법소원】

이 사건 위임조항은 기준시가의 내용 자체에 관한 기준이나 한계는 물론 내용 결정을 위한 절차조차도 규정함이 없이 기준시가의 내용 및 그 결정절차를 전적으로 대통령령이 정하는 바에 의하도록 하였다. 이는 어떤 사정을 고려하여, 어떤 내용으로, 어떤 절차를 거쳐 양도소득세 납세의무의 중요한 사항 내지 본질적 내용인 기준시가를 결정할 것인가에 관하여 과세권자에게 지나치게 광범한 재량의 여지를 부여함으로써, 국민으로 하여금 소득세법만 가지고서는 양도소득세 납세의무의 존부 및 범위에 관하여 개략적으로나마 이를 예측하는 것조차 불가능하게 하고, 나아가 대통령을 포함한 행정권의 자의적인 행정입법권 및 과세처분권 행사에 의하여 국민의 재산권이 침해될 여지를 남김으로써 국민의 경제생활에서의 법적 안정성을 현저히 해친 입법으로서 조세법률주의 및 위임입법의 한계를 규정한 헌법의 취지에 반한다.

[조세법률주의와 포괄위임입법금지의 원칙]

위임입법의 구체성, 명확성의 요구 정도는 그 규율대상의 종류와 성격에 따라 달라질 것이지만, 특히 처벌법규나 조세법규 등 국민의 기본권을 직접적으로 제한하거나 침해할 소지가 있는 법규에서는 구체성, 명확성의 요구가 강화되어 그 위임의 요건과 범위가 일반적인 급부행정법규의 경우보다 더 엄격하게 제한적으로 규정되어야 하는 반면에, 규율대상이 지극히 다양하거나 수시로 변화하는 성질의 것일 때에는 위임의 구체성, 명확성의 요건이 완화되어야 할 것이다.[1] 그러나 위임의 명확성의 요건이 완화될 수 있는 경우에도 국민주권주의, 권력분립주의 및 법치주의를 기본원리로 채택하고 있는 우리 헌법하에서는 국민의 헌법상 기본권 및 기본의무와 관련된 중요한 사항 내지 본질적인 내용에 관한 사항에 대한 정책형성기능은 원칙적으로 주권자인 국민에 의하여 선출된 대표자들로 구성되는 입법부가 담당하여 법률의 형식으로써 이를 수행하여야 하고, 이와 같이 입법화된 정책을 집행하거나 적용함을 임무로 하는 행정부나 사법부에 그 기능이 넘겨져서는 안 된다고 해석되므로, 국민의 기본의무인 납세의무의 중요한 사항 내지 본질적 내용에 관한 사항에 대하여는 조세법률주의의 원칙상 가능한 한 법률에 명확하게 규정되어야 하고 이와 같은 사항을 대통령령 등 하위법규에 위임하는 데에는 일정한 한계가 있는 것이다.[2]

1.2.2. 조세의 의의 및 범위

조세라 함은 국가나 지방자치단체 등 공권력의 주체가 재원조달의 목적으로 그 과세권을 발동하여 반대급부 없이 일반국민으로부터 강제적으로 부과·징수하는 부과금을 말한다.[3] 조세라는 명칭은 붙어있지 않으나 조세법률주의의 적용을 받는 것도 있다. 그러나

1) 헌재 1991. 2. 11. 90헌가27 결정; 1994. 7. 29. 92헌바49등 각 참조.

2) 헌재 1998. 3. 26. 96헌바57; 1998. 4. 30. 95헌바55; 1998. 4. 30. 96헌바78; 1998. 5. 28. 96헌가1; 1999. 2. 25. 97헌바63; 1999. 7. 22. 96헌바80등; 2000. 1. 27. 98헌바6; 2000. 3. 30. 98헌가8.

3) 헌재결 1991. 11. 25, 91헌가6.

사용료 · 수수료 등의 부과와 징수를 법률에 의하게 하는 것은 조세법률주의의 결과가 아니라 법치행정의 당연한 표현에 불과하다고 보아야 한다는 지적이 유력하다(허영).

- **부담금(분담금, 납부금), 수수료**: 특정한 공익사업에 이해관계를 가지는 자가 그 경비의 일부를 지급하는 부담금이나, 공적 역무의 이용대가로 지급하는 수수료는 조세와 성질이 구별되나 부과와 징수는 법률로 하여야 한다. 수수료에는 소송비용, 면허장의 교부요금, 수험료, 검사 · 검증의 비용 등이 있다.

- **국가독점사업(철도 · 전기 · 담배)의 요금**: 공공요금은 물가안정위원회와 국무회의의 심의를 거쳐 대통령의 승인을 얻어야 한다(물가안정 및 공정거래에 관한 법률). 국 · 공립병원의 입원료, 국 · 공립도서관과 미술관의 입장료는 행정권으로 정할 수 있다.

「정리」

조세법률주의

No taxation without representation
- 대표없는 과세 없다 -

조세법률주의라 함은 조세의 부과는 반드시 「법률의 형식」에 의하여 국회의 의결을 거친 (명령이 아닌) 법률에 의하여 집행해야 한다는 원칙이다. 우리 헌법 제59조에서 「조세의 종목과 세율은 법률로 정한다」라고 규정하여 조세법률주의를 채택하고 있다.

영미법에서 발달 → Magna Carta(대헌장) 제12조(조세동의권: Steuerbewilligungsrecht), 권리청원, 권리장전및 미국독립전쟁(1775-1783)의 구호 "No taxation without representation (대표없는 과세 없다)"

- 조세의 종류와 근거의 법정화
- 납세의무자 · 과세물건 · 과세표준 · 세율의 법정화
- 기타(분담금, 수수료, 사용료 등도 조세법률주의의 적용을 받음)

조세에는 일년세주의와 영구세주의가 있다. 법률의 효력은 별도의 규정이 없는 한 영구적이기 때문에, 그리고 절차상의 편의에 입각하여 영구세주의를 채택하는 것이 편리.

4. 예외: 조례 및 조약, 그리고 긴급재정 · 경제명령 등은 조세법률주의의 예외

No taxation without representation
- 대표없는 과세 없다 -

칼 슈미트(Carl Schmitt)는 의회는 국민대표(nationale Repräsentation)의 성격과 아울러 이익대리위원회(Interessentenausschuß)의 성격도 지니며, 특히 「조세동의권」과 「예산권」의 담당자(Träger)로서의 의회는 국민대표자로서 행동할 뿐만 아니라 이익대리자(Interessenvertretung)로서도 행동한다고 한다. 칼 슈미트는 앵글로 색슨의 용어법에서는 대리와 대표를 구별하지 않고 함께 혼용(대표없는 과세 없다: No taxation without representation)하여 사용하고 있다고 지적하면서, 그는 이 경우의 국회는 국민의 이익을 대리하는 것으로 이해하여, '대리없는 과세 없다(Keine Abgaben ohne Vertretung)'라는 표현을 쓰고 있다.[1)]

1) Carl Schmitt, Verfassungslehre, 1928, S. 311-312.

1.3. 조세법률주의의 예외

1.3.1. 조례에 의한 지방세의 세목규정(지방세의 특례)

지방세법은 지방자치단체는 지방세의 세목·과세객체, 과세표준, 세율 기타 부과징수에 관하여 필요한 사항을 정함에 있어서는 조례로써 하여야 한다고 하고 있다(지방세법 제3조). 이는 조세법률주의의 예외이나, 합헌이라 본다(통설).

왜냐하면 조례는 헌법이 명시적으로 인정한 지방자치단체의 자치규정의 하나이고(헌법 제117조 제1항), 조례로써 하되 지방세법에서 규정한 지방세부과에 관한 일반적 기준의 범위내에서 정하도록 되어 있고, 헌법이 보장하는 지방자치제도의 활성화를 위해 필요한 것이기도 하기 때문에 위헌이 아니라고 보는 것이 타당하다.[1]

> 대판 1989. 9. 29, 88누11957 【등록세등부과처분취소】
> 【판시사항】
> 지방자치단체의 조례로써 등록세의 면제대상범위를 축소한 것이 조세법률주의에 반하는지 여부(소극)
> 【판결요지】
> 지방세법 제7조 제1항, 제9조의 규정내용에 비추어 볼 때 헌법이 보장한 자치권에 기하여 제정된 지방자치단체의 조례로써 소유권보존등기에 대한 등록세의 면제대상이 되는 아파트의 범위를 종전보다 축소하여 정한 것은 조세법률주의의 취지에 위반하는 것이라고 볼 수 없다.

1.3.2. 조약에 의한 세율조정

a) 국제협력관세

관세법은 관세에 관하여 정부는 우리나라의 대외무역의 증진을 위하여 필요하다고 인정할 때에는 특정국가 혹은 국제기구와 관세에 관한 협상을 할 수 있고(관세법 제73조), 필요하다고 인정할 때에는 관세를 讓許할 수 있다(관세법 제78조)고 하여 외국과의 협약에 의한 협정세율로 정할 수 있음을 규정하고 있으나, 합헌이라 보는 것이 통설이다.

국회의 동의를 얻어 체결한 조약은 법률과 동일한 효력을 가지므로 조약에 의한 관세양허는 조세법률주의의 위반이라 할 수 없다.[2]

b) 국제조세조정에관한법률

국제조세조정에관한법률은 非居住者 또는 외국법인의 국내원천소득의 구분에 있어서

---

1) 양건, 헌법강의, 848면.
2) 양건, 헌법강의, 849면.

는 소득세법 제119조(비거주자의 국내원천소득) 및 법인세법 제55조(국내원천소득) 제1항의 규정에도 불구하고 조세조약의 규정이 우선하여 적용된다(국제조세조정에관한법률 제28조)라고 규정하고 있다. 그러나 조약은 그 체결에 있어서 국회의 동의를 얻어야 하며, 이 헌법에 의하여 체결·공포된 조약은 국내법과 동일한 효력을 가진다(헌법 제6조 제1항)라고 하고 있으므로, 조약에 의한 세율규정은 조세법률주의라고 하는 헌법원칙에 위반되지 아니한다.[1)]

1.3.3. 긴급재정경제처분·명령에 의한 조세부과

대통령의 긴급재정경제처분·명령에 의한 조세부과도 조세법률주의의 예외에 해당한다.[2)] 이는 법률과 같은 효력을 가지기 때문이다.

1.4. 조세법률주의의 한계

조세법률이 기본권제한의 일반원칙을 준수하여야 함은 물론이다. 특히 조세평등의 원칙이 지켜져야 할 것이며, 담세능력을 무시한 획일적인 세율정책등은 한계를 일탈한 것이라고 본다.

2. 예산심의 · 확정권

2.1. 예산의 의의

국회는 예산을 심의·확정할 수 있는 권한(예산의결권)을 가진다(헌법 제54조 제1항). 예산(budget)이라 함은 1회계년도에 있어서 국가의 세입·세출의 예산준칙을 정한 것으로 국회의 의결로 성립하는 법규범의 일종을 말한다. 예산을 법률의 형식(예산법률주의)으로 규율하는 입법례(미국·영국·독일·프랑스)가 많으나, 우리 나라는 일본이나 스위스와 같이 법률과는 다른 특별한 형식(예산특수의결주의; 예산비법률주의)으로 다루고 있다.

예산(budget) → 1회계년도에 있어서 국가의 세입·세출의 예산준칙을 정한 것으로 국회의 의결로 성립하는 법규범

예산법률주의 → 미국·영국·독일·프랑스
예산비법률주의(예산특수의결주의) → 한국·일본·스위스

---

1) 권영성, 헌법학원론, 902면.
2) 권영성, 헌법학원론, 902면.

현행헌법은 국회의 입법권(헌법 제40조)과는 별도로 국회의 예산심의권(헌법 제54조)을 규정함으로써 법률과 예산의 형식을 구별하고 있다. 예산과 관하여 ① 1년예산주의, ② 총계예산주의, ③ 단일예산주의를 채택하고 있다.

헌법 제54조 ① 국회는 국가의 예산안을 심의·확정한다.
② 정부는 회계년도마다 예산안을 편성하여 회계년도 개시 90일전까지 국회에 제출하고, 국회는 회계년도 개시 30일 전까지 이를 의결하여야 한다.
③ 새로운 회계년도가 개시될 때까지 예산안이 의결되지 못한 때에는 정부는 국회에서 예산안이 의결될 때까지 다음의 목적을 위한 경비는 전년도 예산에 준하여 집행할 수 있다.
1. 헌법이나 법률에 의하여 설치된 기관 또는 시설의 유지·운영
2. 법률상 지출의무의 이행
3. 이미 예산으로 승인된 사업의 계속

헌법 제55조 ① 한 회계년도를 넘어 계속하여 지출할 필요가 있을 때에는 정부는 년한을 정하여 계속비로서 국회의 의결을 얻어야 한다.
② 예비비는 총액으로 국회의 의결을 얻어야 한다. 예비비의 지출은 차기국회의 승인을 얻어야 한다.

헌법 제56조 정부는 예산에 변경을 가할 필요가 있을 때에는 추가변정예산안을 편성하여 국회에 제출할 수 있다.

헌법 제57조 국회는 정부의 동의 없이 정부가 제출한 지출예산 각항의 금액을 증가하거나 새 비목을 설치할 수 없다.

2.2. 예산의 법적 성질

2.2.1. 법규범설(법형식설)

법규범설은 예산을 법규범의 일종으로 보는 학설이다. 즉 예산은 단순한 세입·세출의 견적표는 아니며 정부의 행위를 규율하는 법규범으로서 법률과 양립되는 국법의 일형식으로 보아야 한다는 것이다.[1] 통설이며 타당하다고 본다. 다만 예산을 법규범으로 보더라도 법률과는 달리 그 위반에 대한 제제조치가 없다는 점에 특이점이 있으며, 준칙규범에 불과하다고 보는 견해가 있다.[2]

2.2.2. 법규범부인설(세출승인설)

법규범부인설(세출승인설)은 예산을 법규범의 일종이 아니라 국회가 정부에 대하여 세출을 승인하는 세출승인행위에 불과한 것이라고 본다(박일경).

1) 문홍주; 안용교; 김철수; 권영성, 헌법학원론, 903면.
2) 허영, 한국헌법론, 934면.

2.3. 예산과 법률과의 관계

2.3.1. 예산과 법률과의 구별

형식의 차이: 예산은 '예산'의 형식으로, 법률은 '법률'의 형식으로 의결한다.

절차의 차이: 첫째, 예산은 정부만이 제안할 수 있으나, 법률은 정부·국회 모두가 제안할 수 있다(제출권). 둘째, 심의과정에 있어서 예산은 삭감할 수 있어도 정부의 동의 없이 증액할 수는 없다. 그러나 법률에 대하여는 아무런 제한이 없다(심의절차). 셋째, 예산은 단지 관보에 공고만 하면 되나, 법률은 공포하여야 한다(공포). 넷째, 예산에 대하여는 대통령이 거부권을 행사할 수 없으나 법률에 대하여는 가능하다(거부권인정여부).

구분	예산	법률
제출권	정부	정부·국회
심리절차	증액시 정부의 동의 필요	제한없음
공포여부	관보에 공고	공포하여야
대통령의 거부권인정여부	거부권행사 불가	거부권행사 가능

2.3.2. 양자의 관계

a) 예산·법률 상호간의 관계

예산과 법률은 위에서 본 바와 같이 여러 가지 면에서 구별되므로 예산으로써 법률을 변경하거나, 법률로서 예산을 변경할 수 없다.

b) 예산·법률 상호간의 구속관계

예산에는 지출이 계상되어 있어도 지출에 대한 법률의 근거가 없으면 지출행위를 할 수 없으며, 법률에 의하여 경비의 지출이 인정되더라도 예산이 계상되어 있지 아니하면 지출행위를 할 수 없다.

c) 예산·법률의 불일치와 조정

예산법률주의를 채택하고 있지 않는 우리 나라에서는 예산과 법률이 형식을 달리하고 성립절차와 성립시기를 달리하는 경우가 있을 수 있게 된다. 즉 법률을 집행함에 있어 그에 필요한 예산의 뒷받침이 없거나 예산에는 지출이 計上되어 있지만 지출의 근거가 될 법률의 규정이 존재하지 않는 경우가 있을 수 있다. 이러한 경우를 예산과 법률이 불일치하는 경우라 한다. 예산의 뒷받침 없는 법률이나, 집행의 근거법이 없는 예산은 모두 제 기능을 다 할 수 없으므로, 사전에 이러한 불일치가 발생하지 않도록 정부나 국회가 노력하여야 할 것이다. 예산·법률의 불일치가 발생한 경우에는 추가경정예산이나 豫備費制度등을 통하여 조화를 모색하거나 지체 없이 필요한 법률을 제정하거나 법률의 시행을 연기하거나 하는 방법 등을 채택하여 이러한 부조화를 개선하여야 할 것이다.

- 추가경정예산
- 豫備費制度
- 신속한 법률제정
- 법률의 시행연기

2.4. 예산의 성립절차

2.4.1. 예산안의 편성 및 제출

예산안의 편성은 국가활동에 소요되는 경비를 정부가 추계하는 것을 말한다. 정부는 회계연도(매년 1월 1일-12월 31일)마다 예산안을 편성하여 회계연도 개시 90일전까지 국회에 제출하여야 한다(헌법 제54조 제2항).[1] 예산안의 편성·제출권은 정부에만 있고 제출함에 있어 국무회의의 심의를 거쳐야 한다. 예산은 1회계연도마다 편성하여야 한다(예산1년주의). 예산은 국가의 총수입과 총지출을 계상하여 편성하여야 한다(총계예산주의). 예산은 국가의 세입·세출을 단일회계로 편성하여야 한다. 예산안은 각 부처가 제출한 예산요구서를 기초로 재정경제원장관의 주도하에 작성한다. 제출된 예산안의 수정·철회를 위하여는 국회(본회의나 위원회)의 동의가 있어야 한다.

- 정부는 매회계연도마다 예산안을 편성, 회계연도 개시 90일전까지 국회에 제출
- 예산안의 편성·제출권은 정부(국무회의의 심의)
- 1회계연도마다 편성(예산1년주의)
- 국가의 총수입과 총지출을 계상하여 편성(총계예산주의)
- 국가의 세입·세출을 단일회계로 편성
- 각 부처가 제출한 예산요구서를 기초로 재정경제원장관의 주도하에 작성
- 제출된 예산안의 수정·철회 → 국회(본회의나 위원회)의 동의

2.4.2. 예산안의 심의 및 확정

국회는 정부가 제출한 예산안을 회계연도개시 30일 전까지 의결하여야 한다(헌법 제54조 제2항). 예산안의 심의절차는 정부의 시정연설, 상임위원회의 예비심사, 예산결산특별

---

1) 제출기한을 한정하고 있는 이유는 예산심의기간의 부족으로 인한 예산심의의 부실화와 준예산의 성립을 방지함을 그 목적으로 한다.

위원회(매년 9월 2일에 당연히 구성되는 것으로 제도화 함)의 종합심사, 국회본회의의 의결 · 확정의 4단계를 거치게 된다.

국회의 예산안 심의에 대하여 몇 가지 제약이 있다. 첫째, 국회는 예산안에 대하여 폐지 · 삭감은 할 수 있어도 정부의 동의 없이 증액하거나 새 비목을 설치할 수 없다(헌법 제57조). 둘째, 예산이 수반되는 법률이 존재하고 있는 경우에는 국회의 예산심의권은 이미 성립된 법률의 구속을 받는다. 셋째, 조약이나 법률로써 확정된 지출금액(법률비)은 삭감할 수 없다.

2.4.3. 예산의 공고

예산안은 국회의 의결로써 예산으로 성립되며, 국회가 의결한 예산은 정부에 이송되어 대통령이 서명하고, 국무총리 및 관계 국무위원의 부서와 함께 공고한다. 예산의 공고는 전문을 붙여 관보에 게재함으로써 한다. 예산의 공고는 법률과 달리 효력발생요건은 아니다.[1) 이는 예산은 국민이 수신인이 아니기 때문이다.

2.5. 예산의 내용

예산은 총칙, 세입 · 세출예산, 계속비, 명시이월비, 국고채무부담행위 등으로 구성되어 있다(예산회계법 제19조). 이중 헌법이 특별히 따로 규율하고 있는 것으로는 계속비와 예비비제도가 있다.

2.5.1. 계속비

계속비란 수년도에 걸치는 대규모의 사업에 대한 경비를 미리 일괄하여 국회의 의결을 얻고 이를 변경할 경우 이외에는 따로이 국회의 의결을 얻을 필요가 없는 경비를 말한다. 계속비는 예산일년주의원칙에 대한 예외로서 사업목적 · 경비총액 연간(5년 이내) 및 각 연도에 지출할 금액을 미리 정하여 국회의 의결을 얻어야 한다.

- 계속비는 예산일년주의원칙에 대한 예외
- 계속비는 사업목적 · 경비총액 · 연간 및 각 연도에 지출할 금액을 미리 정하여 국회의 의결을 얻어야 한다.

2.5.2. 예비비

예비비란 예측하기 어려운 예산외의 지출이나 예산초과의 지출에 충당하기 위하여 예

---

1) 권영성, 헌법학원론, 904면 참조.

산에 계상되는 경비를 말한다. 예비비는 총액으로 국회의 의결을 얻어야 하며 예비비의 구체적 지출에 대하여는 차기 국회의 승인을 얻어야 한다. 국회의 승인을 얻지 못한 경우에는 지출행위의 효력에는 영향이 없으나 정부는 정치적 책임을 지게 된다.

- 예비비는 총액으로 국회의 의결을 얻어야
- 예비비의 구체적 지출에 대하여는 차기 국회의 승인을 얻어야

2.6. 예산의 종류

예산은 본예산과 보정예산(추가경정예산), 확정예산과 임시예산(중예산, 잠정예산), 일반회계예산과 특별회계예산 등으로 구별된다.

2.6.1. 추가경정예산

정부는 예산이 성립한 후에 발생된 사유로 말미암아 이미 성립된 예산에 변경을 가할 필요가 있는 때에는 정부는 국회에 추가경정예산안을 편성하여 제출하고 그 의결을 얻어야 한다(헌법 제56조, 국가재정법 제89조 제1항). 추가경정예산안의 제출시기와 심의기간에 관한 헌법상의 제한은 없으며, 심의방법도 본예산과 동일하다.

국가재정법 제89조 (추가경정예산안의 편성 <개정 2009.2.6>) ① 정부는 다음 각 호의 어느 하나에 해당하게 되어 이미 확정된 예산에 변경을 가할 필요가 있는 경우에는 추가경정예산안을 편성할 수 있다. <개정 2009.2.6>

1. 전쟁이나 대규모 자연재해가 발생한 경우
2. 경기침체, 대량실업, 남북관계의 변화, 경제협력과 같은 대내·외 여건에 중대한 변화가 발생하였거나 발생할 우려가 있는 경우
3. 법령에 따라 국가가 지급하여야 하는 지출이 발생하거나 증가하는 경우

② 정부는 국회에서 추가경정예산안이 확정되기 전에 이를 미리 배정하거나 집행할 수 없다.

2.6.2. 임시예산(준예산)

정부가 제출한 예산안은 회계연도 개시 30일 전까지 국회가 의결하여야 한다(헌법 제54조 제2항). 다만 어떠한 사유로 회계연도가 개시될 때까지 예산안이 의결되지 못한 경우 정부는 예산안이 국회에서 의결될 때까지 다음의 목적을 위한 경비는 전년도 예산에 준하여 집행 할 수 있다(헌법 제54조 제3항).

- 헌법이나 법률에 의하여 설치된 기관 또는 시설의 유지·운영
- 법률상 지출의무의 시행

- 이미 예산으로 승인된 사업의 계속

「참고」

가예산은 임시예산과 구별된다. 임시예산은 전년도 예산에 준하여 예산을 집행하나, 가예산은 새로운 예산을 편성하여야 하며, 그 유효기간은 1개월이다. 1948년 건국헌법에서 규정된 바 있다.

2.7. 예산의 효력

예산은 1회계연도 내에서만 효력을 가진다(시간적 효력). 예산은 법률과 달리 국가기관만을 구속한다(대인적 효력). 또한 예산은 외국의 공관에서 행해지는 수입 · 지출에 대하여도 효력이 미친다(지역적 효력).

3. 정부의 재정행위에 대한 권한

- 예비비 지출에 대한 승인권(헌법 제55조 제2항)
- 기채동의권(헌법 제58조 전단)
- 예산 외에 국가의 부담이 될 계약체결에 대한 동의권(헌법 제58조 후단)
- 재정적 부담을 지우는 조약의 체결 · 비준에 대한 동의권(헌법 제60조 제1항)
- 긴급재경처분 및 명령에 대한 승인권(헌법 제76조 제3항)

4. 결산심사권

4.1. 헌법규정

제99조 감사원은 수입 · 수출의 결산을 매년 검사하여 대통령과 차년도국회에 그 결과를 보고하여야 한다.

4.2. 내용

기획재정부장관은 「국가회계법」에서 정하는 바에 따라 회계연도마다 작성하여 대통령의 승인을 받은 국가결산보고서를 다음 연도 4월 10일까지 감사원에 제출하여야 한다.

국가재정법 제59조 (국가결산보고서의 작성 및 제출) 기획재정부장관은 「국가회계법」에서 정하는 바에 따라 회계연도마다 작성하여 대통령의 승인을 받은 국가결산보고서를 다음 연도 4월 10일까지 감사원에 제출하여야 한다. [전문개정 2008.12.31]

감사원은 이를 검사한 후 차년도 국회에 검사결과를 보고하여야 한다(헌법 제99조). 감사원은 제59조에 따라 제출된 국가결산보고서를 검사하고 그 보고서를 다음 연도 5월 20

일까지 기획재정부장관에게 송부하여야 한다.

> **국가재정법 제60조 (결산검사)** 감사원은 제59조에 따라 제출된 국가결산보고서를 검사하고 그 보고서를 다음 연도 5월 20일까지 기획재정부장관에게 송부하여야 한다. <개정 2008.2.29, 2008.12.31>

정부는 제60조에 따라 감사원의 검사를 거친 국가결산보고서를 다음 연도 5월 31일까지 국회에 제출하여야 한다.

> **국가재정법 제61조 (국가결산보고서의 국회제출)** 정부는 제60조에 따라 감사원의 검사를 거친 국가결산보고서를 다음 연도 5월 31일까지 국회에 제출하여야 한다. <개정 2008.12.31>

결산은 소관 상임위원회, 예산결산특별위원회, 본회의 순으로 각각 부의하여 의결한다. 국회는 감사원이 보고한 감사결과를 토대로 정부가 행한 예산집행의 당부를 판단하여, 집행이 부당한 때에는 정치적 책임을 물을 수 있다.

IV. 국회의 헌법관련구성에 관한 권한

☞ 직접적 · 간접적 민주적 정당성(정통성)과 관련하여 생각할 것

1. 대통령선출권

현행헌법은 대통령의 선거를 국민의 직선제로 규정하면서(헌법 제67조 제1항), 예외적으로 대통령을 국회에서 선출하도록 하고 있다(헌법 제67조 제2항). 대통령선거에서 최고득표자가 2인이상인 때 그 최고득표자에 대하여 결선투표를 하는 경우이다. 국회가 결선투표를 하는 경우에는 국회의 재적의원 과반수가 출석한 공개회의에서 다수표를 얻은 자를 당선자로 한다. 입법론적으로는 직선제의 기본원칙을 관철하기 위하여 국민투표에 의한 결선투표가 바람직하다.

2. 국무총리 임명동의권

국무총리는 국회의 동의를 얻어 대통령이 임명한다(헌법 제86조 제1항). 이때의 동의는 事前同意를 의미한다. 헌법이 대통령제하에서 국무총리의 임명에 국회의 사전동의를 얻게 한 것은 정부가 국회의 신임을 얻어야 한다는 의미가 아니라 정부구성(Regierungsbildung)에 국민의 대표기관인 국회의 관여를 보장함으로서 간접적인 민주적 정통성(indirekte demokratische Legitimation)을 확보하기 위함이다.

「법률용어」
- 동의 → 事前에 무엇을 한다는 의미(사전동의)
- 승인 → 事後에 무엇을 한다는 의미(사후승인)

* 이러한 의미에서 國務總理 '認准'이라는 표현은 잘못된 것이다.

『국무총리 署理』

국무총리 서리는 대통령이 지명은 하였으나 국회의 동의를 받지 않은 '예비총리'를 의미한다. 국회의 국무총리임명동의권은 追認的 성질이 아니라 創設的 성질을 지니기 때문에, 의원내각제이던 제2공화국, 총리에 대한 동의제도가 없었던 제3공화국(헌법 제84조 제1항: 국무총리는 대통령이 임명하고 …) 및 총리서리 임명을 자제 했던 김영삼정부 시절에는 총리서리가 없었다. 그 시기를 제외하고 역대총리는 대부분 국무총리서리로 먼저 임명한 후 국회의 事後承認을 얻는 형식을 취하였다.

「헌정사」

지금까지(1998.3.4) 30명의 역대 국무총리 가운데 서리를 거친 사람은 모두 12명이다(동아일보, 1998.3.4, 제6면 참조). 제1공화국시절 백두진 전총리가 6개월, 제16대 총리인 김상협 전총리가 89일, 제18대 노신영 전총리가 85일, 제12대 최규하 전총리는 83일, 제23대 정원식 전총리는 45일 만에 국회의 임명동의를 받았다. 김대중정권하의 김종필총리는 1998년 6월 1일 (현재) 90일째 국무총리 署理로 재임중이었다).[1)]

「평가」

총리서리제도는 통치기관의 '민주적 정당성(demokratische Legitimation)'의 요청과도 조화되기 어려운 것으로 合憲的일 수 없는 것이다. 특히 현행 헌법 제86조 제1항의 규정은 "국무총리는 국회의 동의를 얻어 대통령이 임명할 수 있다"고 규정하고 있으므로 대통령은 국회의 사전동의를 얻은 후에야 비로소 총리를 임명할 수 있다. 이는 대통령은 국회의 사전동의를 받기 이전에는 국무총리 임명권(Ernennungsrecht)을 행사할 수 없고, 이 때는 다만 국무총리 (후보) 지명권(Vorschlagsrecht)만을 행사할 수 있을 따름이다. 국무총리서리가 가능한 것은 국무총리가 궐위(예: 사망 혹은 탄핵결정으로 인한 퇴임)되었을 때 헌정중단(국정공백)을 막고, '국가계속성(Kontinuitätsfunktion)'을 위한 대통령의 책무(헌법 제66조 제2항 참조)에 입각하여 국무총리서리를 임명할 수 있다. 따라서 국회동의를 받기 이전에는 오로지 '국무총리후보로 지명된 자'만이 있을 따름이지 '국무총리서리'는 있을 수 없다. 실제로 安東壹 변호사가 1992년 12월, 노태우대통령이 노재봉 당시국무총리를 국회의 사전동의를 얻지 않고 임명한데 대하여 헌법에 정해진 임명절차를 준수하지 않아 무효

1) 동아일보, 1998. 6. 1, 제6면 참조.

라며 헌법소원을 제기 하였다가 후에 이를 취하한바 있다.

국무총리를 임명하기 이전에 국회의 동의를 받도록 하고 있는 것은 대통령의 공무원임면권에 대한 헌법상의 제한권(통제권)을 국회에 부여한 것이다. 대통령의 공무원임명에 대한 헌법상의 제한에는 임명제한과 면직제한으로 나누어 설명할 수 있다. 먼저 임명에 관한 제약으로는 선거에 의하여 그 지위를 취득하거나(국회의원, 지방의회의원), 임명에 일정한 자격을 요하거나(법관 · 검사 · 교육공무원), 임명에 국회의 동의(국무총리, 감사원장)나 다른 기관의 제청을 필요로 하는 경우(국무위원, 각부장관, 대법관, 감사위원) 또는 국무회의의 심의를 요하는 경우(검찰총장, 대사, 국립대학교총장, 각군참모총장) 등이다. 면직에 대하여도 일정한 공무원에 대해서는 헌법과 법률이 정한 면직사유(탄핵 · 형벌 · 징계처벌)가 없는 한 임의로 면직시킬 수 없도록 하여 대통령의 권한행사를 제한하고 있다.

「헌법변천과의 관계」

국무총리서리제도를 헌법변천으로 이해하려는 시도가 있었다.

<사례>

우리 헌법 제87조 제1항은 "국무위원은 국무총리의 제청으로 대통령이 임명한다."고 규정하고 있다. 이 규정에도 불구하고 대통령은 과거 정권에서도 국무총리와 국무위원을 같은 날, 같은 시간에 임명한 적이 적지 않게 있었고 그것이 정치적 관행이 되었음을 이유로, 또다시 국무총리와 국무위원을 같은 날, 같은 시간에 임명하였다. 즉, 국무총리의 제청 없이 국무위원을 임명한 것이다. 그러자 이러한 임명행위에 대하여 야당과, 헌법학자들을 비롯하여 국민들의 위헌시비가 활발하게 전개되었다. 언론기관이 상당히 많은 수의 국민들을 표본집단으로 실시한 대국민여론조사에서도 국무총리와 국무위원을 같은날, 같은시간에 임명하는 것이 위헌이라는 의견이 전체 응답자 중 90%를 차지했다. 이에 대해 대통령은 그의 이러한 임명행위가, 당해 헌법조문은 그대로 있으면서 그 조문의 문어적 의미에 반하는 관행이 반복되면서 그 헌법조문의 의미와 내용이 암묵적으로 변화하는 "헌법변천"에 따른 것으로 정당한 것이라 주장했다.

<문제1>

국무위원, 국무총리의 동시 임명행위가 헌법변천(Verfassungswandlung)에 해당한다는 대통령의 주장은 옳은가?

<문제2>

옳지 않다면 그의 이러한 임명행위가 헌법변천 이외에 어떤 개념에 包攝될 수 있는 것인가?

<문제1의 해설>

I. 논점

본 사례의 해결을 위해서는 대통령의 주장대로 그의 임명행위가 헌법변천에 해당하는지를 살펴보아야 하는데, 그 임명행위가 헌법변천에 해당하는지를 살펴보기에 앞서 그 전제로서 우선 헌법변천이 헌법상 인정되는 개념인지가 밝혀져야 한다.

첫째, '헌법변천의 개념이 헌법학상 인정되는 개념이라면 그 다음으로 대통령의 임명행위가 헌법변천에 해당하는지 여부를 살펴야할 것이다.

둘째 대통령의 임명행위가 헌법변천에 해당하지 않는다면 그 다음에는 그 이외의 다른 어떤 개념에 해당될 수 있는지를 살핀다.

Ⅱ. 헌법변천의 개념이 헌법학상 인정되는 개념인지의 여부

1. 사실관계

대통령은 국무총리의 제정을 받아 국무위원을 임명하게 하고 있는 헌법 제87조 제1항의 규정에도 불구하고 국무총리와 국무위원들을 같은 날 같은 시간에 임명함으로써 국무총리의 제청 없이 국무위원들을 임명하였다. 그리고 나서, 이러한 그의 임명행위가 헌법변천에 해당하여 정당한 것이라고 주장했다.

2. 학설 · 판례

2.1. 개관

헌법변천이란 "헌법개정에 의하지 않고, 당해 헌법조문은 그대로 있으면서, 입법 · 행정 또는 사법작용이나 헌법적 관행의 반복에 의해 그 헌법조문의 의미 · 내용이 암묵적으로 변화하는 경우"를 말한다. 이 헌법변천의 개념은 연성헌법을 채택한 국가보다는 주로 경성헌법을 채택한 국가에서 필요에 의해 형성 · 발전되었다. 왜냐하면, 경성헌법국가에서는 헌법개정이 까다로워서 헌법개정이 현실적으로 용이하지 않은 경우에, 헌법에 대한 탄력성 · 개방성을 부여하기 위해 이러한 헌법변천의 인정이 필요했기 때문이다. 헌법변천의 개념은 법실증주의가 지배하던 시대(19세기 · 20세기 바이마르공화국)에 개방적 헌법이해를 위한 필요성으로부터 나타난 개념이다.

2.2. 학설

2.2.1. 부정설

규범주의적 헌법관을 주창한 켈젠(H. Kelsen) 등의 주장으로서 헌법변천의 개념을 인정하지 않는다. 객관설이라고도 부른다. 객관설은 헌법규범은 성문헌법 가운데 인간의 의식과는 독립해서 '객관적'으로 존재한다고 보기 때문에 헌법해석은 이 객관적으로 존재하는 헌법규범을 있는 그대로 인식하는 것이면 되고, 헌법변경은 오직 헌법개정절차에 따른 헌법조문의 변경을 통해서만 가능하며, 헌법변경은 헌법전이 규정하고 있는 헌법개정권자에게 유보되어 있다고 본다. 헌법위반은 그 사례가 아무리 축적되어도 역시 헌법위반인 것이지 사례가 반복되어 이것이 합헌으로 인정되는 것은 아니라는 것, 즉 헌법과 모순되는 국가행위는 아무리 그것이 반복하여 계속적으로 시행되더라도, 이는 사실의 축적에 불과하며 규범이 되는 것은 아니라고 한다(사실과 규범을 구별하는 입장에서는 채택불가). 따라서 기존의 헌법하에서는 헌법의 法源으로는 될 수 없으며, 헌법은 헌법개정의 방법에 의하지 않는 한 합법적으로 변경할 수 없다는 학설이다.

위의 견해에 대해서는 헌법의 개방성 · 탄력성 등은 이해하지 않으려는 입장이라든지,

헌법현상을 너무 단속적으로만 이해하려는 입장이라는 비판이 있다.

2.2.2. 긍정설

우리 나라의 통설적 입장으로서, 헌법변천의 개념을 헌법학상의 개념으로 받아들이고 이를 인정한다(아래참조).[1] 긍정설의 입장은 다시 주관설과 헌법특질설로 나누어진다. 긍정설은 헌법규범에 반하는 국가적 행위가 관행화되고 국민이 명시적 · 묵시적으로 법적 확신을 가지게 되면 당해 헌법조항은 변천되고 새로운 헌법현상(현실 · 상태)이 규범력을 갖는다고 보는 견해이다.

a) 주관설

주관설은 결단주의적 헌법관을 주장한 칼 슈미트(C. Schmitt) 등의 입장이다. 헌법규범은 객관적으로 존재하는 것이 아니라, 궁극적으로는 인간의 의식, 즉 주관(主觀) 가운데 존재하는 것이므로 사실과 당위(규범)의 영역을 모두 헌법으로 보아야 한다고 한다. 결단주의적 헌법관에 의하면 헌법해석은 객관적으로 존재하는 헌법규범을 단순히 인식하는 것이 아니라 헌법해석자에 의해 '있어야 할 헌법규범'의 새로운 발견과 주장도 가능하다고 본다.[2] <u>헌법의 해석(Verfassungsinterpretation)은 헌법변천의 수단이 되는 것이며,</u>[3] <u>또 헌법해석에 의하여 변천이 결정</u>된다고 한다.[4] 헌법의 변경은 헌법개정절차에 의해서 뿐만이 아니라, 헌법해석에 있어서의 관행의 누적과 국민에 의한 승인에 의해서도 가능하다고 하면서, 이는 헌법변천에 의하여 가능하다고 한다.[5]

---

1) 헌법변천에 대한 내용은 김백유, 헌법변천, 헌정 및 행정법치연구, 한성대출판부, 2006, 170면 이하.

2) 그러나 헌법의 해석도 일정한 원리 · 원칙하에서 이루어져야 하는 것이며, 이에 위배되는 해석으로 헌법을 변천시키는 것은 위헌이라 할 수 있다. 따라서 국가기관이 헌법해석을 그르쳐 위헌적 행위를 하는 것은 위헌인 것이며, 이것을 헌법변천이라 할 수는 없다(김철수, 헌법의 변천, 고시연구(1975.3), 18면.).

3) 헌법해석을 통한 헌법변천은 1818년 바덴州 大公의 폐지권(Abolitionsrecht des Großherzog von Baden), 1848년 프로이센헌법 제4조의 평등조항, 법원의 명령심사권을 규정한 1867년 오스트리아헌법 제102조 등이 있다(G. Jellinek, Verfassungsänderung und Verfassungswandlung, Berlin 1906, S. 14 ff ; Hsü Dau-Lin, Die Verfassungswandlung, Berlin 1932, S. 35 ff.).

4) 김철수, 헌법의 변천, 고시연구(1975.3), 17면; 윤명선, 헌법변천의 법리, 월간고시(1993.4), 61면.

5) 협의의 헌법변천은 대부분 헌법재판소의 판례를 통해 나타난다. 따라서 헌법재판소의 판례를 통한 헌법규범의 내용변화는 헌법변천의 가장 중요한 유형에 속한다. 특히 헌법의 기본권규정과 같이 그 내용이 불확정적이고 개괄적인 이른바 개방적 헌법규범(offene Verssungsnorm)인 경우에는 헌법재판소의 판례를 통한 헌법변천의 가능성이 더욱 높아진다. 헌법재판소의 결정을 통한 기본권규정의 변천은 독일연방헌법재판소 판례의 전체적인 흐름 속에서 나타날 수도 있지만 개별 기본권 조항에 대한 연방헌법재판소의 판례에 의해서도 나타날 수 있다. ① 기본법 제12조 제1항에 근거한 대학입학권(BVerfGE 33, 303, 332 ff); ② 원자력발전소 설립허가(BVerfGE 53, 30, 65 ff.) ③사회보험법상의 지위를 재산권보장 규정을 통해 보호의 대상으로 확립한 판례

b) 헌법특질설

헌법특질설은 통합주의적 헌법관의 입장에서 주장되는 견해이다.[1] 국가를 '국민들의 다양한 이해관계를 통합하는 과정'으로 파악하고, 헌법을 '그 통합의 수단'으로 인정하는 통합주의적 헌법관은, 국가생활의 전체를 통합하는 과정에서 자유로운 헌법해석을 통해 헌법의 변천을 생기게 하는 것은 오히려 당연하다고 하면서 헌법변천을 주장한다. 이 때 헌법변천은 예외적인 것이 아니라 헌법의 특질 중의 하나가 된다고 한다. 이 입장은 또한, 헌법규정은 개방성을 가지므로 필요한 경우에는 시대에 맞는 새로운 헌법해석을 통해 그 의미를 보충·발전시켜야 하므로 헌법변천은 꼭 인정되어야 한다고 주장한다. 그러면서, 헌법변천은 '헌법파괴'도 아니고 관습에 불과한 것도 아니며 헌법이라는 '법' 그 자체라고 이해한다.

3. 판단

헌법규범을 '주관' 속에 존재한다고 보는 주관설이나 헌법변천을 헌법특질의 하나로 파악하는 헌법특질설에 의하면, 우리나라의 통설은 헌법변천의 개념을 인정하는 긍정설의 입장에 서 있다. 따라서, 통설인 긍정설을 관련 사실관계에 적용하면, 헌법변천이 우리 헌법학상 인정되는 개념이기 때문에 대통령이 헌법변천의 개념을 '주장하는 것'은 가능하다. 그러나, 대통령의 임명행위가 이러한 의미의 헌법변천에 '해당하는지의 여부'는 별개의 문제이다.

4. 소결

헌법변천의 개념은 우리 헌법학상 인정되는 개념이다.

(BVerfGE, 53, 157(290 ff)), ④ 일반적 인격권을 보장한 판례(BVerfGE, 54, 148(153 ff)) ⑤ 정보보호에 관한 판례(BVerfGE, 65, 1(41ff)), ⑥ 방송의 자유에 관한 판례(BVerfGE, 73, 118(154); 74, 297(350)) ⑦ 실질적 남녀평등권(BVerfGE 92, 91, 109 ff.)등이 있다. 기타 상세한 내용은 H. Maurer, Staatsrecht I, 4. Aufl., München 2005, § 22, Rn. 74.

1) 통합주의적 헌법관을 가진학자중에서도 헌법변천을 부정하는 학자도 있다. 예컨대 헤벌레(P. Häberle)는 헌법변천의 문제를 오로지 헌법해석의 문제로 이해하는 나머지 헌법변천이라는 개념조차 부정하며 헌법개정을 헌법의 시대적응적 필연성(Verfassungsänderung als zeitgerechte Konsequenz der Verfassung) 내지는 헌법정책적 명령(verfassungspolitisches Gebot)이라고 이해한다. 그는 헌법이 계속성을 유지할 수 있기 위해서는 과거와 미래가 헌법 속에 연결되어 있어야 하며 따라서 헌법의 이해는 시간의 변화 문제와 밀접한 관계를 지닌다고 한다(P. Häberle, Zeit und Verfassung, 1974). 그리고 그는 현실의 변화에 따른 헌법의 시대적응력이 요구되는 경우 이는 헌법변천이 아닌, '헌법해석을 통해서도 해결할 수 있는 것(그는 특히 이를 위하여 모든 국민과 단체가 참여하여야 하고, 공적인 토론과정을 통하여 헌법적 동의를 산출하여야 한다고 한다. 권영호, 헌법해석의 변천, 단국대학교 법학논총 제18집(1992), 149면)'이라고 하면서 헌법변천이란 용어 자체를 배척하고자 한다(홍일선, 헌법의 변천, 고려대학교 대학원(1997.12), 102면).

Ⅲ. 대통령의 임명행위가 헌법변천에 해당하는지 여부

1. 사실관계

대통령은 헌법 제87조 제1항이 국무총리의 제청으로 국무위원을 임명할 것을 규정하고 있음에도 불구하고 국무총리와 국무위원을 같은 날 같은 시간에 임명하면서, 과거 정권에서도 그런 일이 수차례 있었고 따라서 그것이 정치적 관행이 되었다고 주장하고 있다.

2. 학설 · 판례

헌법변천의 개념을 인정하는 긍정설은, 다시 헌법변천의 요건으로 두 가지를 요구하고 있다. 첫째, 물적 요건으로서 상당기간 동안 반복되는 일정한 헌법적 관계가 존재할 것, 둘째, 심리적 요건으로서 이 헌법적 관례에 대한 국민적 승인(명시적 · 묵시적)이 있을 것이 그것이다. 이 두 요건을 모두 충족시켜야 헌법변천에 해당될 수 있다.

3. 판단

긍정설이 요구하는 헌법변천의 두 요건을 본 사례에 적용해보면, 첫째의 물적 요건으로 상당기간 동안 반복되는 일정한 헌법적 관례가 존재하였는가를 살펴보면 대통령에 의하면 국무총리의 제청 없이 국무총리와 국무위원을 동시에 임명하는 일이 과거 정권에서도 시행되었으며 이것이 정치적 관행이 되었다고 하나, 사실상 그러한 헌법적 관례가 '상당한 기간' 동안 존재했는지는 알 수 없다. 보통 '상당한 기간'이란 헌법변천을 인정할 수 있을 정도의 오랜 기간을 의미한다. 따라서, 첫째의 물적 요건이 충족되었는지의 여부는 사례가 이를 불명확하게 언급하고 있기 때문에 판단할 수 없다.

둘째의 심리적 요건으로 이러한 관례에 대한 국민적 승인(명시적 · 묵시적)이 있었는지를 살펴보건대, 대통령의 국무총리 · 국무위원들의 동시 임명이 있고 나서 야당, 시민단체, 헌법학자들의 각종 학회 등을 중심으로 위헌시비가 거세게 일었고 여론조사 결과 압도적 국민다수도 이를 위헌으로 보았다면, 이러한 관례에 대한 국민적 승인이 있었다고 볼 수 없다. 결국 둘째의 심리적 요건을 충족시키지 못했다. 헌법변천에 해당하기 위해서는 물적 요건, 심리적 요건의 두 요건을 모두 충족시켜야 함은 물론이다.

Ⅳ. 결론

<문제1의 해설>

헌법변천을 인정하기 위한 첫 번째 요건인 물적 요건의 충족여부는 사례에서 분명히 드러나지 않고 있다. 심리적 요건 역시 국민들의 항의 등을 봤을 때 이를 충족시키지 못했음이 분명하다. 대통령의 국무총리 · 국무위원 동시 임명행위는 헌법변천의 요건을 충족하지 못했다. 따라서 대통령의 임명행위는 헌법변천에 해당하지 않는다.

<문제2의 해설>

헌법변천의 인접개념으로서의 '헌법변동'을 대통령의 임명행위에 적용해보면, 이는 '헌법변동' 중 '헌법침해'에 해당한다. 왜냐하면, 헌법전이 소멸되는 일은 없었으므로 '헌법파

괴'나 '헌법폐제'에 해당하지는 않고, 헌법 제87조 제1항의 효력을 일시적으로 상실시킨 것도 아니므로 '헌법정지'에도 해당하지 않으며, 헌법 제87조 제1항을 명시적으로 고치지 않은 채 이 조항에 반하는 조치가 취해지고 그 조치가 있은 후 다시 헌법 제87조 제1항은 계속해서 효력을 가지게 되어 다음번의 국무총리 · 국무위원 임명은 따로 이루어져 국무총리의 제청에 의해 국무위원이 임명될 수도 있으므로 그 조항은 다시 계속해서 효력을 가지게 되는 것으로 볼 수 있다. 따라서 이 경우 '헌법침해'에 해당한다. 결국 대통령의 임명행위는 '헌법의 침해'에 해당한다. 헌법변천의 개념은 우리 헌법학상 인정되는 개념이지만, 대통령의 국무총리 · 국무위원 동시 임명행위는 헌법변천이 되기 위한 심리적 요건을 충족시키지 못해 헌법변천에 해당할 수 없으며, '헌법변동' 중 '헌법침해'에 해당한다. 따라서, 대통령의 헌법변천 주장은 타당하지 않다.

「헌법재판소결정」[1)]

헌법재판소 전원재판부(주심 李在華재판관)는 7월 14일 지난 3월 玄敬大의원 등 한나라당국회의원 1백50명이 「김대통령이 국회의 동의를 거치지 않고 국무총리서리와 감사원장서리를 임명한 것은 국회 및 국회의원의 동의권한 등을 침해한 것」이라며 대통령을 상대로 제기한 권한쟁의사건(98헌라1, 98헌라2)에 대해 각하결정을 내렸다.

총리서리 임명등 권한쟁의에 대한 재판관별 의견표		
재판관	의견	이유
金容俊(소장)	각하	국무총리임명동의권한은 국회의 권한이므로 국회가 아닌 국회의원은 당사자적격이 없다.
趙昇衡 高重錫	각하	헌법상의 권한을 침해한 바 없으며 권리보호의 이익도 없다.
鄭京植 申昌彦	각하	국회의원이나 교섭단체는 권한쟁의심판의 청구인이 될 수 없다(당사자적격이 없다).
金文熙 李在華 韓大鉉	위헌	국무총리직무대행에 의하여 국정공백을 메울 수 있으므로 서리는 불필요, 국회동의 없이 총리서리를 임명한 것은 헌법에 위배
李永模	합헌	국정공백을 메우기 위한 서리임명을 합헌적

김용준 소장 : 국회의 국무총리 임명동의권한이 침해되었다고 하는 경우에는 국회가 당사자가 되어 국회의 이름으로 권한쟁의심판을 청구하는 것이 원칙이며 도 재적의원 과반수를 이루는 다수의원이나 그들 의원으로 구성된 교섭단체의 경우에는 「제3자소송담당」을 허용할 필요성이 없으므로 당사자적격이 없다.

---

1) 법률신문 1998. 7. 20. 참조.

趙昇衡 · 高重錫 : 임명동의안을 아예 제출하지 않거나 동의안이 부결되었음에도 불구하고 서리를 임명한 것과는 달리 헌법 제87조 제1항, 정부조직법 제23조에 따라 국회가 임명동의안을 의결할 때까지 한시적으로 대행자를 임명한 것이므로 그 절차에 하자가 있더라도 국회나 청구인들의 심의 · 표결권을 침해하거나 침해할 현저한 위험이 없다.

鄭京植 · 申昌彦 : 국회의 경우 현행 권한쟁의심판제도하에서는 국가기관으로서의 국회만이 당사자로 되어 권한쟁의심판을 청구할 수 있을 뿐이고 국회의 구성원이나 국회내의 일부기관인 국회의원 및 교섭단체 등이 국회내의 다른 기관인 국회의장을 상대로 권한쟁의심판을 청구할 수 는 없다. 청구인은 권한쟁의심판을 청구할 수 있는 당사자적격이 없다.

金文熙 · 李在華 · 韓大鉉 : 국무총리궐위시는 정부조직법 제22조의 국무총리직무대행에 의해 국정공백을 메울 수 있으므로 서리는 불필요하고, 대통령이 국회의 동의 없이 총리서리를 임명한 것은 헌법 제86조 제1항과 권력분립의 원칙에 명백히 위배된다.

李永模 : 국무총리서리를 임명하는 것은 법률상의 흠결을 보충하는 것으로 정당하고, 국무총리궐위시에는 직무대행을 임명하는 것이 불가능하므로, 국정공백을 메우기 위한 서리 임명을 합헌이다.

중앙일보 2002년 7월 16일 화요일 4면.

국무총리를 국회 동의를 얻어 대통령이 임명하게 된 것은 1972년 이후다. 그 이전에는 대통령의 임명을 받고 사후에 국회 승인을 받거나 대통령 임명으로 모든 절차가 끝났다. 법제처 관계자는 "72년 헌법 개정 이후 지금과 같은 서리제도가 운영됐는데 총 23명 총리 중 15명이 총리서리로 업무를 봤다"고 설명했다. '총리서리'에 법적 근거는 없다. 1980년 5월 22일 총리서리로 임명된 박충훈(朴忠勳) 전 총리서리는 같은 해 9월 1일까지 끝내 '서리'를 떼지 못한 채 남덕우(南悳祐)총리에게 자리를 내주기도 했다. 이후 전두환(全斗煥) · 노태우(盧泰愚)대통령 시절의 총리들도 국회 동의 전 수일간씩 서리 기간을 거쳤다.

김영삼(金泳三)대통령 때는 그동안의 위헌 시비를 의식해 아예 총리서리 체제를 없앴다. 국회가 열리는 기간에 개각을 단행해 그날 바로 국회인준을 받거나, 국회 동의가 안되더라도 서리 임명은 하지 않았다. 여기에는 집권여당이 다수당으로 국회의 총리 인준에 큰 어려움이 없었던 점도 작용했다고 당시 야당 관계자는 설명했다. 현재 한나라당 대통령후보인 이회창(李會昌)전 총리는 1993년 12월 16일 오후 국회 동의를 받아 총리가 됐다. 그가 총리 내정 통보를 받은 것이 15일인 것으로 알려져 있고, 총리 내정 발표가 16일인 점을 감안하면 불과 몇 시간 동안 내정자로서 국회동의를 기다린 셈이다. 서리 임명을 받지 않았다는 얘기다. 李전총리의 후임인 이영덕(李榮德) 씨는 94년 4월 23일 총리로 내정된 뒤 일주일 남짓 국회동의가 늦어져 행정공백이 생기기도 했다. 당시 부총리 겸 통일원장관이었던 그는 광화문 정부종합청사에 있던 부총리실과 총리실을 번갈아 출근했고 간부들에게서 업무보고를 받는 일조차 주저했다. 일부 시급한 업무는 경제부총리(丁渽錫부총리 겸 경제기획원 장관)가 대행했다.

현 정부 들어 초대 총리인 김종필 자민련 총재와 이한동(李漢東) 전 총리는 총리서리로 직무를 수행했다. 특히 金총재는 당시 야당이 두건의 헌법소원을 내는 바람에 5개월이 넘도록 총리서리로 업무를 봤다. 李전총리의 서리 기간도 한달이 넘었다.

88년 이후 총리서리의 서리기간(권한대행 · 내정자 포함)		
총리서리	서리기간	비고
강영훈	1988. 12. 5~1988. 12. 15	노태우 대통령
노재봉	1990. 12. 27~1991. 1. 22	〃
정원식	1991. 5. 24~1991. 7. 7	〃
이영덕(내정자)	1994. 4. 22~1994. 4. 29	김영삼 대통령
김종필	1998. 3. 3~1998. 8. 17	김대중 대통령
이헌재(권한대행)	2000. 5. 19~2000. 5. 22	〃
이한동	2000. 5. 23~2000. 6. 28	〃

3. 대법원장 · 대법관 임명동의권

현행 헌법은 대법관의 임명에 대하여도 국회의 동의를 얻도록하여(헌법 제104조 제1, 2항) 간접적 민주적 정당성을 부여 받도록 하고 있다.

4. 감사원장 임명동의권

감사원장은 국회의 동의를 얻어 대통령이 임명하고(헌법 제98조 제2항), 그 임기는 4년으로 하며, 1차에 한하여 중임할 수 있다.

5. 헌법재판소장의 임명에 대한 동의권 · 헌법재판소 재판관의 일부선출권

국회는 헌법재판소장의 임명에 대한 동의권을 가지며 9인의 헌법재판소 재판관 중 3인을 선출한다(헌법 제113조 제3, 제4항). 이는 헌법재판소의 정치적 중립과 권위를 지키기 위한 것이다.

6. 중앙선거관리위원회위원 일부 선출권

국회는 9인의 중앙선거관리위원회 위원 중 3인을 선출한다(헌법 제114조 제2항).

V. 국정통제에 관한 권한

1. 국무총리·국무위원 등의 출석요구 및 질문권, 대정부서면질문권

국회나 그 위원회는 국무총리·국무위원 또는 정부위원의 출석을 요구할 수 있고, 질문할 수 있다(헌법 제62조 제2항). 이는 대통령제 정부형태에서는 이례적인 것이다. 국무총리나 국무위원 또는 정부위원의 출석요구를 위하여는 20인 이상의 의원이 서면으로 요구하여야 하며(국회법 제121조 제1항), 질문을 하고자 하는 의원은 미리 질문요지서를 구체적으로 작성하여 의장에게 제출하며, 의장은 질문시간 48시간 전까지 정부에 도달되도록 송부하여야 한다(국회법 제122조의2 제7항). 국무총리 또는 국무위원이 출석요구를 받은 때에는 국무위원 또는 정부위원으로 하여금 출석·답변하게 할 수 있다.

국회의원은 정부에 대하여 서면질문을 할 수 있다. 정부는 질문서를 받은 날로부터 10일 이내에 서면으로 답변하여야 한다(국회법 제122조 제3항). 대법원장, 헌법재판소장, 중앙선거관리위원회위원장, 감사원장 또는 그 대리인의 출석요구 및 질문을 할 수 있다(국회법 제121조 제4항). 그리고 의원 20인 이상 찬성으로 대정부질문시 제기되지 아니한 사안으로서 긴급히 발생한 사안에 대해 대정부 질문(긴급현안질문)을 요구할 수 있으며(국회법 제122조의3 제1항), 의장은 운영위원회와 협의를 거쳐 실시여부와 의사일정을 정한다(국회법 제122조의3 제3항). 질문요구서는 24시간 전에 의장에게 제출한다(국회법 제122조의3 제2항).

헌법 제62조 ① 국무총리·국무위원 또는 정부위원은 국회나 그 위원회에 출석하여 국정처리상황을 보고하거나 의견을 진술하고 질문에 응답할 수 있다.

② 국회나 그 위원회의 요구가 있을 때에는 국무총리·국무위원 또는 정부위원은 출석·답변하여야 하며, 국무총리 또는 국무위원이 출석요구를 받은 때에는 국무위원 또는 정부위원으로 하여금 출석·답변하게 할 수 있다.

질의권 · 토론권 · 표결권의 침해와 국가기관간 권한쟁의 심판

헌재결 1995. 2. 23, 90헌라1【국회의원과 국회의장간의 권한쟁의】

※ 이 결정은 1990년 있었던 소위 국회의 '날치기통과'사건에 대한 것이다.

▸ 최초의 국가기관간 권한쟁의심판결정

▸ 국회의원의 질의권·토론권·표결권의 성격: 국회구성원으로서의 의안처리과정에서 행사할 수 있는 권한이므로 국가기관간의 권한쟁의심판 당사자능력 없다.

결정요지: '국회의원이나 교섭단체에게 부여된 질의권·토론권·표결권 및 표결권 등 각종 권한은 그들이 국회의 구성원으로서 국회의 의안처리과정에서 행사할 수 있는 권한이고 국회의원이 개별적 의견이나 교섭단체의 의견을 국회의 의사와 동일시할 수도 없다는 점에서 국회의원이나 교섭단체에 대하여 헌법재판소법 제62조 제1항 제1호 소정의 다

른 기관인 정부나 법원 등 대등한 지위를 인정할 수는 없어', 결국 국회의원이나 교섭단체는 권한쟁의심판의 청구인이 될 수 없으므로 이 사건 심판청구는 청구인이 될 수 없는 자가 제기한 것으로서 부적법하다고 아니할 수 없다.

2. 국무총리 · 국무위원에 대한 해임건의권

2.1. 의의

현행헌법 제63조는 국회의 국무총리 · 국무위원에 대한 해임건의권을 규정하고 있다. 이는 제5공화국 헌법의 해임의결권을 해임건의권으로 변경한 것인데, 현행 헌법이 대통령의 권한을 약화시키고 국회의 권한을 강화시켰기 때문에 양자의 권력균형을 유지하기 위한 것으로 보인다. 다만 해임의결권이 아닌 구속력이 없는 해임건의권에 불과한 제도는 사실상 무의미할 수밖에 없다.[1)]

제5공화국의 해임의결권에서 → 제6공화국(제9차개헌 : 1987년) 해임건의권으로

2.2. 해임건의의 사유

해임건의의 사유는 직무집행이 위헌 · 위법인 경우 뿐 아니라 정책의 과오 · 무능력 등도 포함된다. 이점에 있어 직무집행이 헌법과 법률에 위배된 때 행사할 수 있는 탄핵소추의 사유와 구별된다.

- 직무집행이 위헌 · 위법인 경우
- 정책의 과오 · 무능력

2.3. 해임건의의 절차 · 효과

해임건의는 재적의원 3분의 1 이상의 발의와 재적의원 과반수의 찬성을 요한다(헌법 제63조 제1, 2항). 해임건의가 있을 때 대통령은 반드시 해임을 하여야 하는가가 문제된다. 현행헌법은 "특별한 사유가 없는 한 이에 응하여야 한다"(제3공화국 헌법 제99조 제3항 참조)는 규정을 두고 있지 않으므로 대통령을 구속할 수 없다고 본다.[2)] 해임건의가 발의된 경우에는 본회의에 보고하고 그 때로부터 24시간 이후 72시간 이내에 표결한다. 이 기간 내에 표결되지 않으면 건의안이 폐기된 것으로 본다.

---

1) 권영성; 무의미한 전시적인 통제수단에 지나지 아니하나 현실정치 측면에서는 정치상황에 따라서는 국회의 해임건의가 적지 않은 정치적 힘을 가질 수도 있다(허영, 한국헌법론, 950면).

2) 다수설이다, 반대설은 김철수, 헌법학(중), 295면(현행 헌법상 대통령에게의 해임건의는 법적 구속력이 있다. 그 이유는 대통령제를 견제하기 위한 의원내각제 수용이기 때문이다).

헌재결 2004. 5. 14, 2004헌나1 【대통령(노무현) 탄핵】

국회는 국무총리나 국무위원의 해임을 건의할 수 있으나(헌법 제63조), 국회의 해임건의는 대통령을 기속하는 해임결의권이 아니라, 아무런 법적 구속력이 없는 단순한 해임건의에 불과하다. 우리 헌법 내에서 '해임건의권'의 의미는, 임기 중 아무런 정치적 책임을 물을 수 없는 대통령 대신에 그를 보좌하는 국무총리 · 국무위원에 대하여 정치적 책임을 추궁함으로써 대통령을 간접적이나마 견제하고자 하는 것에 지나지 않는다. 헌법 제63조의 해임건의권을 법적 구속력 있는 해임결의권으로 해석하는 것은 법문과 부합할 수 없을 뿐만 아니라, 대통령에게 국회해산권을 부여하고 있지 않는 현행 헌법상의 권력분립질서와도 조화될 수 없다.

결국, 대통령이 국회인사청문회의 결정이나 국회의 해임건의를 수용할 것인지의 문제는 대의기관인 국회의 결정을 정치적으로 존중할 것인지의 문제이지 법적인 문제가 아니다. 따라서 대통령의 이러한 행위는 헌법이 규정하는 권력분립구조 내에서의 대통령의 정당한 권한행사에 해당하거나 또는 헌법규범에 부합하는 것으로서 헌법이나 법률에 위반되지 아니한다.

3. 탄핵소추권

3.1. 의의

탄핵(impeachment)이란 일반적인 사법절차에 의하여는 책임을 추궁하기 어려운 고위공무원 · 법관 등 신분이 보장된 공무원의 직무상의 위헌행위를 의회가 소추하는 제도를 말한다. 근대적 의미의 탄핵제도는 14세기말 에드워드 3세(1327-1377)치하의 영국에서 출발한 것으로 보고 있다.[1)]

영국에서는 고위공직자들의 비행과 부정을 통제하기 위하여 탄핵제도가 법적형태를 갖추게 된 후, 영국에서는 1805년 D. H. 멜빌(Melville)사건에 이르기 까지 70여건의 탄핵소추가 이루어 졌다고 한다. 미국에서는 1974년 제37대 대통령인 닉슨(R. Nixon)은 하원에서 소추가 發議되자 사임한 바 있다.[2)]

헌법 제65조 ① 대통령 · 국무총리 · 국무위원 · 행정각부의 장 · 헌법재판소 재판관 · 법관 · 중앙선거관리위원회 위원 · 감사원장 · 감사위원 기타 법률이 정한 공무원이 그 직무집행에 있어서 헌법이나 법률을 위배한 때에는 국회는 탄핵의 소추를 의결할 수 있다.

② 제1항의 탄핵소추는 국회재적의원 3분의 1 이상의 발의가 있어야 하며, 그 의결은 국회재적의원 과반수의 찬성이 있어야 한다. 다만, 대통령에 대한 탄핵소추는 국회재적의원 과반수의 발의와 국회재적의원 3분의 2 이상의 찬성이 있어야 한다.

③ 탄핵소추의 의결을 받은 자는 탄핵심판이 있을 때까지 그 권한행사가 정지된다.

---

1) 양건, 헌법강의, 866면.

2) 권영성, 헌법학원론, 913면.

④ 탄핵결정은 공직으로부터 파면함에 그친다. 그러나 이에 의하여 민사상이나 형사상의 책임이 면제되지는 아니한다.

멜빌(Melville)사건: 1805년 4월 8일 海事高等法院長인 D. H. Melville경이 瀆職罪(high crimes and misdemeanors)의 혐의로 탄핵을 받게 되었는데 하원에서 贊否 다같이 216표가 되었다. 그러나 우리 나라와는 달리 영국의 경우, 可否同數인 경우에는 의장이 결정하게 되어 있는바, 의장(Abbot)이 찬성을 택함으로써 탄핵소추가 의결되고 Melville경이 즉각 법원장직을 사임하였다. 그러나 1806년 6월 12일 상원에서의 탄핵심판은 과반수로서 Melville경의 무죄를 선언한 사건이다.[1)]

닉슨(Nixon)사건: 미국의 제37대 대통령 닉슨(R. Nixon)은 1974년 하원법사위원회에 의하여 1972년의 Nixon재선운동과 관련한 민주당워터게이트본부 盜聽侵入事件의 은폐기도 및 이와 관련된 사법방해를 문책 받아, 사법방해·권력남용·의회모독혐의의 重罪 및 범법행위 등을 이유로 소추를 당하게 되고, 법사위원회에서 탄핵건의안이 가결되자, Nixon 대통령은 본회의의 결정이 있기 전인 1974년 8월 10일에 대통령직을 사임하였다.[2)]

우리나라의 탄핵사건: 1985년 10월 유태흥 대법원장에 대한 탄핵소추안이 발의 된 후 국회에서 부결된 사례가 있었고, 그 후 검찰총장 등에 대해 탄핵 소추안이 발의되었으나 폐기되거나 부결된 사례가 있었다. 2004년 3월 12일 노무현 대통령에 대한 탄핵소추안이 국회재적의원 271인 중 193인의 찬성으로 가결되었고, 5월 14일 헌법재판소는 탄핵심판청구를 기각하였다(헌재 2004. 5. 14. 2004헌나1).[3)]

탄핵제도에 대하여 그 유용성 여부가 논란이 되고 있으나 탄핵제도는 국민주권의 원리를 구현하는 것이고, 행정부나 사법부 그리고 헌법재판소에 대한 통제기능과 헌법수호기능을 담당하고 있다고 본다.[4)] 그리고 우리 헌법은 국회에게 소추권만 부여하고 심판권은 헌법재판소에 주고 있으므로, 탄핵제도가 갖는 국정통제기능보다 헌법수호 기능에 더 중점을 두고 있다고 할 수도 있다.[5)] 일반적으로 탄핵은 소추와 심판의 절차로 구성된다.

---

1) 권영성, 헌법학원론, 913면 각주 2) 참조; The Dictionary of National Biographz, Vol. 6, p. 189참조.
2) 권영성, 헌법학원론, 914면 각주 1).
3) 양건, 헌법강의, 867면.
4) 권영성, 헌법학원론, 913면.
5) 허영, 한국헌법론, 873면.

[탄핵제도의 기능]
- 국민주권의 원리구현
- 행정부나 사법부 그리고 헌법재판소에 대한 통제기능
- 헌법수호기능

3.2. 법적 성격

우리 나라 탄핵제도는 형사벌적인 성질을 지니는 것이 아니라 미국·독일과 마찬가지로 징계벌적인 성질을 갖는다. 따라서 공직만을 박탈할 뿐이다. 영국·프랑스는 파면외에 징역·금고 등의 형벌가지 선고할 수 있도록 하고 있다.

3.3. 탄핵소추

3.3.1. 탄핵소추기관

국회이다. 양원제 하에서는 일반적으로 하원이 소추기관이 된다.

3.3.2. 소추대상자

대통령·국무총리·국무위원·행정각부의장·헌법재판소 재판관·법관·중앙선거관리위원회·감사원장·감사위원 기타 법률이 정한 공무원이다. 기타 법률이 정한 공무원의 범위는 입법에 의하여 정하여 지겠지만 대체로 검사·처장·정무위원·군참모총장·외교관 등이 포함된다고 한다.[1)]

3.3.3. 소추사유

탄핵사유는 직무집행이 위헌 또는 위법이어야 한다(헌법 제65조 제1항).

a) 직무집행과 관련될 것

탄핵소추의 사유는 직무집행과 관련된 것이어야 하므로, 직무집행과 관련이 없는 사생활의 행위, 취임 전이나 퇴직 후의 행위는 탄핵사유가 되지 않는다. 다만 현직에서의 위법행위 분만 아니라 전직시의 행위까지도 탄핵사유가 될 수 있는가에 관하여 긍정설과,[2)] 부정설[3)]이 대립되고 있다. 부정설이 다수설이며 타당하다.[4)] 다만 소추절차가 개시된 후

---

1) 탄핵소추대상을 법률로 정하도록 규정하고 있으나, 아직 법률에서 정한 바 없다. 이는 중대한 미비다. 검찰청법 제37조는 검사는 탄핵에 이하지 않고는 파면을 당하지 않는다는 규정을 두고 있다. 그리고 경찰법 제11조 제6항은 "경찰청장이 그 직무집행에 있어서 헌법이나 법률을 위배한 때에는 국회는 탄핵의 소추를 의결할 수 있다"고 규정하고 있다.

2) 문홍주; 구병삭; 김철수, 헌법학(중), 299면.

소추를 면탈시킬 목적으로 轉職시킨 경우에는 현직 중의 행위로 보아야 한다.[1)]

헌재결 2004. 5. 14, 2004헌나1 【대통령(노무현) 탄핵】

헌법 제65조에 규정된 탄핵사유를 구체적으로 살펴보면, '직무집행에 있어서'의 '직무'란, 법제상 소관 직무에 속하는 고유 업무 및 통념상 이와 관련된 업무를 말한다. 따라서 직무상의 행위란, 법령 · 조례 또는 행정관행 · 관례에 의하여 그 지위의 성질상 필요로 하거나 수반되는 모든 행위나 활동을 의미한다. 이에 따라 대통령의 직무상 행위는 법령에 근거한 행위뿐만 아니라, '대통령의 지위에서 국정수행과 관련하여 행하는 모든 행위'를 포괄하는 개념으로서, 예컨대 각종 단체 · 산업현장 등 방문행위, 준공식 · 공식만찬 등 각종 행사에 참석하는 행위, 대통령이 국민의 이해를 구하고 국가정책을 효율적으로 수행하기 위하여 방송에 출연하여 정부의 정책을 설명하는 행위, 기자회견에 응하는 행위 등을 모두 포함한다.

b) 헌법과 법률에 위배될 것

성문과 불문의 모든 헌법(실질적 의미의 헌법 · 형식적 의미의 헌법 · 헌법적 관행)과 법률(일반적으로 승인된 국제법규 · 국제조약 · 긴급명령도 포함)에 위반될 것이 요구된다.

헌재결 2004. 5. 14, 2004헌나1 【대통령(노무현) 탄핵】

<u>헌법은 탄핵사유를 "헌법이나 법률에 위배한 때"로 규정하고 있는데, '헌법'에는 명문의 헌법규정뿐만 아니라 헌법재판소의 결정에 의하여 형성되어 확립된 불문헌법도 포함된다</u>. '법률'이란 단지 형식적 의미의 법률 및 그와 등등한 효력을 가지는 국제조약, 일반적으로 승인된 국제법규 등을 의미한다.

헌법이나 법률을 위반한 때의 의미에 관하여는 헌법이나 법률에 위반되는 모든 행위가 탄핵의 사유가 되는 것은 아니고, 중대한 위배행위만이 탄핵소추의 사유가 되어야 한다

---

3) 박일경; 윤세창; 안용교; 권영성, 헌법학원론, 917면, 각주 1) 참조.

4) 헌재결 2004. 5. 14, 2004헌나1 【대통령(노무현) 탄핵】 [<u>직무집행 관련성의 시간적 범위</u>] 헌법 제65조 제1항은 '대통령…이 그 직무집행에 있어서'라고 하여, 탄핵사유의 요건을 '직무' 집행으로 한정하고 있으므로, <u>위 규정의 해석상 대통령의 직위를 보유하고 있는 상태에서 범한 법위반 행위만이 소추사유가 될 수 있다고 보아야 한다</u>. <u>따라서 당선 후 취임시 까지의 기간에 이루어진 대통령의 행위도 소추사유가 될 수 없다</u>. 비록 이 시기 동안 대통령직인수에관한법률에 따라 법적 신분이 '대통령당선자'로 인정되어 대통령직의 인수에 필요한 준비작업을 할 수 있는 권한을 가지게 되나, 이러한 대통령당선자의 지위와 권한은 대통령의 직무와는 근본적인 차이가 있고, 이 시기 동안의 불법정치자금 수수 등의 위법행위는 형사소추의 대상이 되므로, 헌법상 탄핵사유에 대한 해석을 달리할 근거가 없다.

1) 권영성, 헌법학원론, 916면.

고 본다.

헌재결 2004. 5. 14, 2004헌나1 【대통령(노무현) 탄핵】

헌법은 제65조 제4항에서 "탄핵결정은 공직으로부터 파면함에 그친다."고 규정하고, 헌법재판소법은 제53조 제1항에서 "탄핵심판청구가 이유 있는 때에는 헌법재판소는 피청구인을 당해 공직에서 파면하는 결정을 선고한다."고 규정하고 있는데, 여기서 '탄핵심판청구가 이유 있는 때'를 어떻게 해석할 것인지의 문제가 발생한다.

헌법재판소법 제53조 제1항은 헌법 제65조 제1항의 탄핵사유가 인정되는 모든 경우에 자동적으로 파면결정을 하도록 규정하고 있는 것으로 문리적으로 해석할 수 있으나, 이러한 해석에 의하면 피청구인의 법위반행위가 확인되는 경우 법위반의 경중을 가리지 아니하고 헌법재판소가 파면결정을 해야 하는바, 직무행위로 인한 모든 사소한 법위반을 이유로 파면을 해야 한다면, 이는 피청구인의 책임에 상응하는 헌법적 징벌의 요청 즉, 법익형량의 원칙에 위반된다. 따라서 헌법재판소법 제53조 제1항의 '탄핵심판청구가 이유 있는 때'란, 모든 법위반의 경우가 아니라, 단지 공직자의 파면을 정당화할 정도로 '중대한' 법위반의 경우를 말한다.

[법위반의 중대성에 관한 판단기준]

'법위반이 중대한지' 또는 '파면이 정당화되는지'의 여부는 그 자체로서 인식될 수 없는 것이므로, 결국 파면결정을 할 것인지의 여부는 공직자의 '법위반 행위의 중대성'과 '파면결정으로 인한 효과' 사이의 법익형량을 통하여 결정된다고 할 것이다. 그런데 탄핵심판절차가 헌법의 수호와 유지를 그 본질로 하고 있다는 점에서, '법위반의 중대성'이란 '헌법질서의 수호의 관점에서의 중대성'을 의미하는 것이다. 따라서 한편으로는 '법위반이 어느 정도로 헌법질서에 부정적 영향이나 해악을 미치는지의 관점'과 다른 한편으로는 '피청구인을 파면하는 경우 초래되는 효과'를 서로 형량하여 탄핵심판청구가 이유 있는지의 여부 즉, 파면여부를 결정해야 한다.

정치적 무능력, 정책결정의 과오(失政), 단순한 부도덕 등은 논란이 있지만, 해임사유는 되어도 탄핵소추사유는 될 수 없다고 보아야 한다.

헌재결 2004. 5. 14, 2004헌나1 【대통령(노무현) 탄핵】

대통령의 '성실한 직책수행의무'는 헌법적 의무에 해당하나, '헌법을 수호해야 할 의무'와는 달리, 규범적으로 그 이행이 관철될 수 있는 성격의 의무가 아니므로, 원칙적으로 사법적 판단의 대상이 될 수 없다고 할 것이다. 대통령이 임기 중 성실하게 의무를 이행했는지의 여부는 주기적으로 돌아오는 다음 선거에서 국민의 심판의 대상이 될 수 있을 것이다. 그러나 대통령 단임제를 채택한 현행 헌법 하에서는 대통령은 법적으로 뿐만 아니라 정치적으로도 국민에 대하여 직접적으로는 책임을 질 방법이 없고, 다만 대통령의 성실한 직책수행의 여부가 간접적으로 그가 소속된 여당에 대하여 정치적인 반사적 이익 또는 불이익을 가져다 줄 수 있을 뿐이다.

헌법 제65조 제1항은 탄핵사유를 '헌법이나 법률에 위배한 때'로 제한하고 있고, 헌법재판소의 탄핵심판절차는 법적인 관점에서 단지 탄핵사유의 존부만을 판단하는 것이므로, 이 사건에서 청구인이 주장하는 바와 같은 정치적 무능력이나 정책결정상의 잘못 등 직책수행의 성실성여부는 그 자체로서 소추사유가 될 수 없어, 탄핵심판절차의 판단대상이 되지 아니한다.

c) 고의 · 과실 · 법의 무지

위헌 · 위법의 행위가 고의나 과실에 기한 경우이어야 한다. 법의 무지로 인한 경우도 포함한다(다수설). 왜냐하면 현행헌법상의 탄핵소추는 징계처분적 성격이 강하기 때문이다.[1)]

3.3.4. 탄핵소추의 절차 · 의결

탄핵소추는 국회재적의원 3분의 1 이상의 발의가 있어야 하며, 소추의 의결은 재적의원 과반수의 찬성이 있어야 한다. 다만 대통령에 대한 탄핵은 재적의원 과반수의 발의와 재적의원 3분의 2 이상의 찬성이 있어야 한다(헌법 제65조 제2항). 대통령에 대한 소추요건을 가중시킨 것은 제6차 개헌부터이다.

국회법 제130조 (탄핵소추의 발의) ① 탄핵소추의 발의가 있은 때에는 의장은 발의된 후 처음 개의하는 본회의에 보고하고, 본회의는 의결로 법제사법위원회에 회부하여 조사하게 할 수 있다. <개정 2003.2.4>

② 본회의가 제1항에 의하여 법제사법위원회에 회부하기로 의결하지 아니한 때에는 본회의에 보고된 때로부터 24시간이후 72시간 이내에 탄핵소추의 여부를 무기명투표로 표결한다. 이 기간내에 표결하지 아니한 때에는 그 탄핵소추안은 폐기된 것으로 본다.<개정 2000.2.16>

③ 탄핵소추의 발의에는 피소추자의 성명·직위와 탄핵소추의 사유·증거 기타 조사상 참고가 될만한 자료를 제시하여야 한다.

탄핵소추의 절차에 대하여는 국회법에서 규정하고 있다. 다만 탄핵절차에는 적법절차의 원리가 적용되지는 아니한다.

헌재결 2004. 5. 14, 2004헌나1 【대통령(노무현) 탄핵】

피청구인은 국회가 대통령에 대한 탄핵소추를 하려면 소추의 사유와 그 증거를 충분히 조사하여 헌법재판소가 즉시 탄핵심판의 당부를 판단할 수 있을 정도로 소추사유와 증거를 명백하게 밝혀야 한다고 주장한다. 물론, 국회가 탄핵소추를 하기 전에 소추사유에 관

---

1) 동지 권영성, 헌법학원론, 917면.

하여 충분한 조사를 하는 것이 바람직하나, 국회법 제130조 제1항에 의하면 "탄핵소추의 발의가 있은 때에는 …본회의는 의결로 법제사법위원회에 회부하여 조사하게 할 수 있다." 고 하여, 조사의 여부를 국회의 재량으로 규정하고 있으므로, 이 사건에서 국회가 별도의 조사를 하지 않았다 하더라도 헌법이나 법률을 위반하였다고 할 수 없다.

헌재결 2004. 5. 14, 2004헌나1 【대통령(노무현) 탄핵】

[적법절차원칙에 위배되었다는 주장에 관하여]

피청구인은 이 사건 탄핵소추를 함에 있어서 피청구인에게 혐의사실을 정식으로 고지하지도 않았고 의견 제출의 기회도 부여하지 않았으므로 적법절차원칙에 위반된다고 주장한다.

여기서 피청구인이 주장하는 적법절차원칙이란, 국가공권력이 국민에 대하여 불이익한 결정을 하기에 앞서 국민은 자신의 견해를 진술할 기회를 가짐으로써 절차의 진행과 그 결과에 영향을 미칠 수 있어야 한다는 법원리를 말한다. 국민은 국가공권력의 단순한 대상이 아니라 절차의 주체로서, 자신의 권리와 관계되는 결정에 앞서서 자신의 견해를 진술할 수 있어야만 객관적이고 공정한 절차가 보장될 수 있고 당사자간의 절차적 지위의 대등성이 실현될 수 있다는 것이다.

그런데 이 사건의 경우, 국회의 탄핵소추절차는 국회와 대통령이라는 헌기관 사이의 문제이고, 국회의 탄핵소추의결에 의하여 사인으로서의 대통령의 기본권이 침해되는 것이 아니라, 국가기관으로서의 대통령의 권한행사가 정지되는 것이다. 따라서 국가기관이 국민과의 관계에서 공권력을 행사함에 있어서 준수해야 할 법원칙으로서 형성된 적법절차의 원칙을 국가기관에 대하여 헌법을 수호하고자 하는 탄핵소추절차에는 직접 적용할 수 없다고 할 것이고, 그 외 달리 탄핵소추절차와 관련하여 피소추인에게 의견진술의 기회를 부여할 것을 요청하는 명문의 규정도 없으므로, 국회의 탄핵소추절차가 적법절차원칙에 위배되었다는 주장은 이유 없다.

3.3.5. 탄핵소추의 효과

탄핵소추의 의결을 받은 자는 탄핵심판이 있을 때까지 그 권한 행사가 정지된다(헌법 제65조 제3항). 소추의결서가 송달되면 피소추자의 권한행사는 정지되며, 임명권자는 피소추자의 사직원을 접수하거나 해임할 수 없다(국회법 제134조 제2항). 당사자의 사임이나 임명권자의 해임으로 탄핵을 면탈하게 되면 탄핵제도가 유명무실해지게 될 것이기 때문이다. 탄핵소추가 의결된 자가 파면된 경우에는 헌법재판소는 탄핵청구를 기각하여야 한다.

☜ 棄却과 却下의 차이점을 알아둘 것.

3.4. 탄핵심판

3.4.1. 심판기관

탄핵심판은 실질적 의미에서 사법작용에 해당하므로 공정성 · 중립성(Neutralität)이 보장된 기관으로 하는 것이 타당하다, 탄핵심판을 담당하는 기관에 관한 입법례를 보면 상원(영국 · 미국 등 양원제 국가)이 담당하는 경우, 독립된 탄핵법원(일본)이 담당하는 경우, 그리고 헌법재판소(한국 · 독일 · 이탈리아)가 탄핵심판을 담당하는 경우 등이 있다.

3.4.2. 심판절차

필요한 증거조사, 심리공개주의 · 구두변론주의에 따라 행한다. 동일한 사유에 관하여 형사소송이 계속되는 동안에는 심판절차를 정지할 수 있다(헌법재판소법 제51조) 증거 및 증거조사에 관하여는 형사소송에 관한 법령의 규정을 준용한다(동법 제40조).

3.4.3. 탄핵의 결정

탄핵심판사건은 헌법재판소장을 재판장으로 하는 헌법재판소의 재판관 전원(9인)으로 구성되는 재판부에서 관장한다. 헌법재판소에서 탄핵을 결정함에는 재판관 6인 이상의 찬성이 있어야 한다(헌법 제113조 제1항).

3.4.4. 탄핵의 효과

a) 일반적 효과

탄핵결정은 公職으로부터 파면됨에 그치므로, 탄핵의 결정으로 민 · 형사상의 책임이 면제되는 것은 아니다(헌법 제65조 제4항; 헌법재판소법 제54조 제1항). 따라서 탄핵결정과 민 · 형사재판간에는 일사부재리의 원칙이 적용되지 아니한다.

b) 일정기간의 공직취임금지

탄핵결정을 받은 자는 일정한 기간동안(5년) 공직의 취임이 금지되고 있다(헌법재판소법 제54조 제2항). 공직의 취임을 일정기간동안 금지하는 것이 국민의 공무담임권을 박탈하는 것이 아닌가 하는 문제가 있으나 헌법이 파면이외의 일체의 불리한 조치를 금지하고 있는 것은 아니기 때문에 합헌이라고 보는 것이 타당하다(다수설).[1)]

c) 대통령의 사면권 인정여부

탄핵결정에 대해서도 대통령의 사면이 가능한가가 문제되나, 미국의 경우처럼 헌법이

---

1) 동지 권영성, 헌법학원론, 919면.

이를 명문으로 금지하고 있는 경우도 있지만(미연방헌법 제2조 제2항 제1문), 헌법상 명문의 규정이 없는 우리 현행헌법의 경우에도 탄핵결정에 대하여는 대통령의 사면권행사가 인정되지 않는다고 보는 것이 타당하다(통설). 만약 대통령의 사면이 가능하다면 탄핵결정은 대통령의 사면으로 유명무실한 것이 될 것이기 때문이다.

탄핵결정 → 공직으로부터 파면됨에 그침
→ 따라서 민 · 형사상의 책임이 면제되는 것은 아니다

4. 국정감사 · 조사권

4.1. 의의

국정감사권이라 함은 국회가 매년 정기적으로 '국정전반'에 대하여 감사할 수 있는 권한을 말한다. 한국에 특유한 제도이다. 국정조사권이라 함은 의회가 그 입법 등에 관한 권한을 유효적절하게 행사하기 위하여 '특정한 국정사안'에 대하여 조사할 수 있는 권한을 말한다.[1]

헌법 제61조 ① 국회는 국정을 감사하거나 특정한 국정사안에 대하여 조사할 수 있으며, 이에 필요한 서류의 제출 또는 증인의 출석과 증언이나 의견의 진술을 요구할 수 있다.
② 국정감사 및 조사에 관한 절차 기타 필요한 사항은 법률로 정한다.

- 국정감사 : 국정전반
- 국정조사 : 특정한 국정사안

4.2. 연혁

국정조사권을 발동한 것의 최초의 것은 영국 의회가 1689년 특별위원회를 구성하여 아일랜드 가톨릭 신자 등의 폭동진압에서 있었던 불미스러운 사태를 조사하기 위하여 특별위원회를 구성 · 활동한 것이 그 효시라 한다.[2] 그 후 국정조사권은 행정부와 사법부에

1) 이와 관련한 논문은 박영호, 국회의 국정감사 및 조사권, 고시연구(1989.10), 297-299면; 조윤신, 현행헌법상 국정조사권, 고시계(1989.11), 254-258면; 김권회, 헌법상의 국정 조사권, 월간고시(1989.1), 242-245면; 허영, 국정 조사권의 법이론, 고시연구(1982.11), 85-102면; 권영성, 국회의 국정 조사권, 고시연구(1988.4), 16-25면; 함상훈, 국정감사 조사권, 월간고시(1990.7), 189-194면; 양건, 국회의 국정감사 · 국정조사권, 고시계(1989.2), 75-86면; 권영성, 국회의 국정조사 및 감사권, 월간고시(1988. 9), 92-103면; 권영성, 국회의 국정감사에 관한 권한, 고시계(1988.7), 46-54면; 한기택, 국회의 국정조사권을 논함, 고시연구(1982.8), 198-201면.

2) 허영; 권영성, 헌법학원론, 921면.

대한 의회의 감독·통제기능의 하나로서 각국에 전파되었다. 미국연방헌법에는 그에 관한 명문의 규정은 없으나, 의회의 권한행사를 위하여 필요한 보조적 권한으로 인식되어 일찍부터 학설과 판례를 통하여 인정되고 있다.[1] 국정조사권이 헌법적인 차원에서 최초로 규정된 것은 독일의 Weimar 공화국(1919-1933) 헌법이고 제2차 세계대전 이후 독일의 Bonn 기본법과 일본헌법 등이 이를 명문화하고 있다. 그러나 국정조사권의 내용 및 범위는 각국에서 그 의회의 헌법상의 지위 및 의회와 다른 국가기관과의 관계 그리고 기본권보장의 실태에 따라 동일하지 아니하다.[2]

우리 나라는 국정감사권을 건국헌법, 제2공화국 헌법 그리고 제3공화국 헌법에서 규정하였다. 그 당시의 국정감사권은 예산심의에 앞서 국정전반에 걸쳐 감사하는 일반감사와 특정부분에 대한 특별감사이었고, 비교적 활발하였으나 부당히 남용되기도 하였다. 제7차 개헌과 제8차 개헌에서는 삭제되었으나, 1987년 현행헌법(제9차개헌)은 국정감사권을 부활시켰고, 대상·절차·시기·범위 등 필요한 사항을 법률에 위임하고 있다. 국정조사권을 제8차 개헌헌법에서 신설하였고 현행헌법은 이를 유지하고 있다. 국정감사와 조사를 위하여 '국정감사및조사에 관한법률'과 '국회에서의증언감정등에관한법률'이 제정되어 있다.

4.3 국정감사권과 국정조사권의 관계

국정감사는 국정전반을 대상으로 정기적으로 행하는 조사(정기적 일반국정조사)인데 반하여, 국정조사는 특정한 사안을 대상으로 부정기적으로 행하는 조사(부정기적 특정국정조사)인 점에서 구별된다.[3] 따라서 국정감사와 국정조사는 본질, 주체, 방법과 절차, 권한, 효과라는 점에서는 동일하나, 다만 시기와 기간, 범위와 대상만을 달리할 뿐이다. 국정감사가 포괄적 통제기능을 지닌다면 국정조사는 일종의 제한적 통제기능을 지닌다.[4] 특정사안에만 국한되는 국정조사는 그것이 사법적 통제수단으로 되어서는 안될 것이며 代議的이고 정치적 통제를 주된 기능으로 한다는 본래의 의미가 강조되어야 한다.

> **국정감사** → 국정전반을 대상으로 정기적으로 행하는 조사(정기적 일반국정조사)
> **국정조사** → 특정한 사안을 대상으로 부정기적으로 행하는 조사(부정기적 특정국정조사)
>
> **국정감사·조사** → 본질, 주체, 방법과 절차, 권한, 효과라는 점에서는 동일
> **국정감사·조사** → 시기와 기간, 범위와 대상을 달리함

---

1) 권영성, 헌법학원론, 921면.
2) 권영성, 헌법학원론, 921면.
3) 권영성, 헌법학원론, 921면.
4) 감사가 조사로 발전될 수는 있어도 조사가 감사로 확대될 수는 없다고 본다(허영).

국정감사 → 포괄적 통제기능
국정조사 → 제한적 통제기능(특정사안에만 국한)

4.5. 국정감사 · 조사와 감사원감사의 관계

국회가 주체가 되는 국정감사와 감사원이 주체가 되는 감사원감사의 관계는 다음과 같은 점에서 구별된다.

– 국정감사와 감사원감사의 관계 –

차이	국정감사	감사원감사
목적상	국회의 본래의 기능을 수행하기 위함	행정이 본래의 기능대로 운영되고 있는가를 파악코자 함
성격상	국회가 병렬적 지위에서 행정부와 사법부를 통제하는 것(기관간 통제)	· 대통령직속기관 · 행정의 내부 통제기능(기관내 통제)
내용상	· 중요정책결정 · 국정운영방향	· 회계검사와 직무감찰 · 예산집행 · 공무원의 비리
대상	입법 · 사법 · 행정 등 국정의 모든 분야	· 회계에 관한 사항 · 공무원의 직무감찰

4.6. 법적 성격

국정감사 · 조사권을 법적 성격에 관하여 독립적 권한설과 보조적 권한설의 대립이 있다.

4.6.1. 독립적 권한설

독립적 권한설은 국정감사 · 조사권은 국회의 최고기관성에서 유래하는 권한으로서, 국정전반에 걸친 조사권을 의미하고, 입법권, 국정통제권, 예산심의권과 함께 국회의 4대 권한의 하나라고 한다. 이 입장은 소위 고전적 이론이라고도 불려지는 것으로 국정조사권을 국민주권 · 권력분립 · 의회주의의 사상과 관련시켜 이해하고 있다. 국민의 대표기관이며 최고기관인 국회가 국정을 조사 · 감사 · 비판하는 것은 너무나 당연한 이로 보이기 때문이다. 이 견해는 국정조사를 국민주권의 원리나 의회주권의 원리를 실현시키는 수단으로 본다.

[국회의 최고기관성]
- 국정전반에 걸친 조사권
- 입법권
- 국정통제권

- 예산심의권

[국정조사]
- 국민주권의 원리
- 의회주권주의의 실현

4.6.2. 보조적 권한설

보조적 권한설은 국정감사 · 조사권은 국회의 독자적인 기능을 수행하기 위한 권한이 아니라, 국회가 보유하고 있는 헌법상의 권한을 유효적절하게 수행하는데 필요한 보조적 권한이라고 한다. 이 견해는 소위 기능적 이론이라고도 불리워지는 것으로, 조사권의 당위성을 국회의 기능과 결부시켜 이해한다. 즉 국회의 고유한 기능을 효율적으로 수행하도록 하기 위하여 허용된 보조적 권한이라고 본다. 미국[1] · 독일 · 일본 · 영국 및 우리 나라의 통설적 견해이다.[2]

· 국회의 고유한 기능을 효율적으로 수행하도록 하기 위하여 허용된 보조적 권한(미국 · 독일 · 일본 · 영국 및 우리 나라의 통설적 견해)

4.6.3. 기타

국정감사 · 조사권은 국회가 가지고 있는 헌법상 권한을 실효성 있게 행사할 수 있도록 도와주는 보조적 권한으로 보는 입장이 타당하다. 국정감사권은 독립적 권한으로, 국정조사권은 보조적 권한으로 이해하는 견해[3]가 있는 반면, 국정감사 · 조사권은 보는 시각에 따라 독립적 권한으로도 보조적 권한일 수도 있다는 견해도 있다.[4]

---

1) 국정조사권은 의회가 입법기능을 수행하는데 있어 필수적이고 보조적인 권한이다(McGrain v. Daugherty, U.S. 135, 174 [1927]).
2) 권영성, 헌법학원론, 923면 참조.
3) 김철수, 헌법학(중), 302면.
4) 허영 교수는 국정조사권을 고전적 이론, 기능적 이론, 기본권적 이론(국정조사권을 기본권보장의 시각과 다수에 대한 소수보호 시각에서 정당화시키려는 이론이다. 알권리실현에 중점을 둔다)으로 구별하여 설명하고 있는바, 국회의 통제적 기능의 관점에서 본다면 독립적 권한일 수도 있고, 국회의 입법 · 재정 · 인사기능의 관점에서 보면 보조적 권한일 수 있으나 국민의 기본권적 시각(특히 알권리 충족)에서 본다면 기본권 실현 수단의 기능을 가지므로 독립적이냐 보조적이냐의 2분법적 구별은 실익이 없다고 한다.

4.7. 주체

국정감사 · 조사권의 주체는 국회이다. 국정감사 · 조사권의 주체를 국회로 한정할 것인가(권영성), 상임위원회도 국정감사 · 조사를 할 수 있으므로 국회의 본회의 및 위원회까지도 포함하는 것(김철수)으로 볼 것인가에 관하여 견해의 대립이 있다. 국회의 위원회가 실제로 조사할 수는 있지만 국정감사 · 조사의 주체는 어디까지나 국회이다.

4.8. 대상

국정감사의 대상기관은 위원회선정대상기관으로 국가기관, 시 · 도(위임사무), 정부투자기관, 한국은행, 농 · 수 · 축산업협동조합중앙회가 있으며, 본회의 의결이 있어야 가능한 본회의 승인대상기관에는 지방행정기관, 지방자치단체, 감사원법에 의한 감사원의 감사대상기관이 있다.

4.9. 범위

4.9.1. 입법에 관한 사항(입법감사 · 조사)

국회는 입법에 관련된 사항(입법의 준비 · 헌법을 개정하는 경우에 필요한 사항 · 법률의 제정 · 개정 · 폐지에 필요한 사항)을 감사 · 조사할 수 있다. 행정입법, 자치입법, 각종규칙 등의 위헌 · 위법 여부 · 대법원 · 헌법재판소 · 중앙선거관리위원회 규칙 · 조약등에 관한 위헌 · 위법여부를 감사 · 조사를 할 수 있다.

- 입법의 준비
- 헌법을 개정하는 경우에 필요한 사항
- 법률의 제정 · 개정 · 폐지에 필요한 사항
- 행정입법
- 자치입법
- 각종 규칙
- 대법원
- 헌법재판소
- 중앙선거관리위원회 규칙
- 조약

4.9.2. 재정에 관한 사항(재무감사 · 조사)

국회는 정부의 재정작용에 관한 의결권과 감독 · 통제기능을 가지고 있으므로 국회는 정부의 예산 · 결산, 조세, 국유재산의 변동 등에 관한 사항을 감사 · 조사할 수 있다.

- 정부의 예산 · 결산
- 조세
- 국유재산의 변동

4.9.3. 행정에 관한 사항(행정감사 · 조사)

국회는 행정부통제권을 유효적절하게 행사하기 위하여, 필요한 경우에는 일반행정작용의 적법성 여부 및 그 타당성까지 조사할 수 있다. 즉 선거의 적법하고 공정한 실시여부조사, 부정사건 · 의혹사건의 조사, 국무위원에 대한 해임건의 및 기타 고귀직 공무원에 대한 탄핵소추를 위한 조사, 예산집행의 적법성 · 타당성조사 등을 할 수 있다.[1)]

- 선거의 적법하고 공정한 실시여부조사
- 부정사건 · 의혹사건의 조사
- 국무위원에 대한 해임건의 및 기타 고귀직 공무원에 대한 탄핵소추를 위한 조사
- 예산집행의 적법성 · 타당성조사

4.9.4. 사법에 관한 사항(사법감사 · 조사)

사법기관에 관련된 사항도 국회는 감사 · 조사 할 수 있다, 즉 법원과 헌법재판소의 예산운영, 재판의 신속한 처리여부, 법관의 유효적절한 배치여부, 법관의 탄핵소추를 위한 감사 · 조사, 기타 사법행정(Justitzverwaltung)에 관한 감사 · 조사를 할 수 있다.

- 법원과 헌법재판소의 예산운영
- 재판의 신속한 처리여부
- 법관의 유효적절한 배치여부
- 법관의 탄핵소추를 위한 감사 · 조사
- 사법행정(Justitzverwaltung)에 관한 감사 · 조사

4.9.5. 국회내부에 관한 사항(국회내부감사 · 조사)

국회는 국회의 규칙, 국회의 운영, 의원의 징계와 자격심사 및 국회의원의 체포에 관련된 사항에 대하여 감사 · 조사 할 수 있고, 청원이나 진정(陳情) 등을 처리하기 위하여 필요한 사항에 대하여 감사 · 조사 할 수 있다.[2)]

- 국회의 규칙

---

1) 권영성, 헌법학원론, 927면.
2) 권영성, 헌법학원론, 927면.

- 국회의 운영
- 의원의 징계와 자격심사
- 국회의원의 체포
- 청원
- 진정

4.10. 시기 · 기간 · 방법 · 절차

4.10.1. 시기와 기간

국정감사는 정기회 다음 날로 부터 20일간 행하며 감사기간인 20일은 법정기간으로 이를 여장하거나 단축할 수 없다. 다만 본회의의 의결로 시기를 변경할 수는 있다. 국정조사를 하기 위하여는 재적의원 1/3 이상의 요구가 있는 때에 특별위원회 또는 상임위원회가 특정의 국정사안에 대하여 조사한다.

4.10.2. 방법과 절차

국정감사는 비공개리에, 국정조사는 공개리에 행한다. 국회는 국정감사 · 조사를 하기 위하여 서류의 제출요구 및 증인 · 감정인 · 참고인의 출석을 요구하고 검증을 할 수 있다. 필요한 경우에 청문회를 개최할 수 있다. 국회로부터 서류제출과 증언 등을 요구받을 때에는 이에 응하여야 하며, 공무원이(또는 공무원이었던 자)가 증언 및 서류제출을 요구받을 때에도 직무상 비밀을 이유로 거부할 수 없으며(국가기밀에 관한 사항이라는 주무장관의 소명이 있는 경우에는 면제된다), 증인의 불출석에 대하여는 동행명령장에 의한 동행명령을 발할 수 있고 이에 응하지 않으면 국회모욕죄에 해당되어 고발할 수 있다(구인할 수는 없다). 감사 · 조사를 완료할 때에는 조사보고서를 의장에게 제출하고, 본회의에 보고하여야 한다.

[참고]

특별검사제(special prosecutor) : 특별검사란 대통령을 비롯한 고위 공직자의 비위에 관하여 자료를 수집하고 기소하기 까지 독자적으로 수사할 수 있는 독립수사기관이다. 미국 정부윤리법에 의하여 처음으로 도입된 제도이며, 워터게이트(Watergate)사건으로 인하여 도입되게 된 것이다. 특별검사제도에 관하여 위헌시비가 제기된 바 있으나 미연방대법원은 8 : 1로 합헌결정을 한바 있다.[1]

---

1) Morrison v. Olson, 108 S.ct. 2597(1988).

미국 워터게이트 사건과 특별검사[1)]

1972년 6월의 어느 날 워싱턴시내의 워터게이트 빌딩에 있는 민주당 사무실에 누군가가 침입했다. 처음에는 단순한 절도사건 처럼 보였다. 그러나 엉뚱하게도 백악관이 관련되어 있다는 의혹이 짙어졌다. 드디어 다음 해 5월에 上院의 결의를 따라 법무장관이 콕스를 특별검사에 임명했다.

7월에 백악관 사무실에서의 대화가 녹음된 테이프가 있다는 사실을 파악한 특별검사는 대통령에게 테이프의 제출을 요구했다. 닉슨 대통령이 이를 거부하자 특별검사는 법원이 제출명령을 내려달라는 소송을 제기했다. 이를 받아들인 연방법원과 고등법원은 대통령에게 테이프의 제출을 요구했다. 대통령은 테이프의 내용을 간추려서 제출하겠다는 타협안을 내놓았지만 특별검사는 이를 거부했다. 그러자 대통령은 법무장관에게 콕스 특별검사를 해임하도록 명령했다. 그러나 법무장관과 차관보는 이를 거부하고 사임해 버렸다. 하는 수 없이 법무국장(Soliciter General)이 콕스해임서에 서명을 했다.

그러나 특별검사의 해임은 대통령에게 대한 여론을 더욱 악화시켰다. 74년 3월에 칼럼비아특별구 대배심법원은 워터게이트 사건에 관련되었다고 지목되는 대통령 측근들을 기소하고 대통령도 기소장 속에서 공범으로 지목하였다. 콕스의 후임으로 임명된 자워스키 특별검사는 재차 테이프의 제출을 요구했다. 닉슨은 제출명령을 취소해 달라고 연방지방법원에 요청했다. 그러나 재판소는 이를 기각했다. 대통령은 최후수단으로 최고법원에 상고했지만 여기서도 전원일치로 테이프제출을 명령하는 판결을 내렸다.

대통령과 측근이 나눈 이야기를 공개한다는 것은 公益에 해로운 것이며, 또 사법부가 대통령에게 테이프제출을 명하는 것은 삼권분립에 따른 대통령의 헌법상의 권리를 침해하는 것이라고 대통령의 변호인 측은 주장했다. 물론 대통령에게 비밀을 지킬 특권은 있다. 그러나 특권의 범위를 해석하는 것은 대통령 자신이 아니라 사법부의 권한에 속한다는 것이 최고법원의 논지였다.

이런 판결이 내려진 후 8시간 후에 백악관 대변인은 녹음테이프를 제출하겠다고 발표했다. 특별검사에게 백악관이 완전 굴복한 것이다. 그리고 닉슨 대통령은 4일 후에 대통령 자리에서 물러나고 워싱턴을 떠났다. 그 후 특별검사에게 보다 광범위한 권한과 독립성을 주어야겠다고 절감한 의회는 특별검사 대신 '독립검사제'를 펴는 특별법을 만들었다. 이에 따라 의회는 법무장관에게 독립검사의 임명을 요청할 수 있다. 그러면 장관은 3명의 연방법원 판사로 구성되는 특별사법위원회에 독립검사의 임명을 요청해야 한다. 이렇게 해서 임명된 독립검사는 법무장관도 정당한 이유 없이는 해임하지 못한다. 독립검사는 또 누구의 지시나 감독도 받지 않는다.

특검법 헌법소원 각하[2)]

오는 4일 盧武鉉 대통령 측근비리의혹 사건을 수사할 金鎭興 특검호가 정식 출범할 예정인 가운데 그동안 특검법 발효과정에서 제기됐던 위헌소지 논란에 대해 일반 국민은 특검법 발효로 인한 기본권 침해를 이유로 헌법소원을 제기할 자격이 없다는 헌재결정이 나

1) 홍사중, 특별검사, 조선일보, 1999년 11월 29일 제7면.
2) 홍성규 기자 cool@lawtimes.co.kr 2003-12-27.

왔다. 헌법재판소 제3지정재판부(재판장 權誠 재판관)는 지난 23일 전모씨가 "특검법은 국회에서 과반수의 의석을 가진 한나라당이 자신들의 불법대선자금에 대한 검찰수사를 회피하기 위한 의도로 발의하고 재의결까지 이른 것으로 헌법에 위반된다"며 낸 헌법소원사건(2003헌마872)을 "청구인 적격이 없다"며 각하했다. 재판부는 결정문에서 "특검법은 청구인을 포함한 일반 국민에 대한 특별검사와 수사를 규정하는 것이 아니다"라며 "설사 특검법으로 권력분립의 원칙과 기본원리 혹은 헌법상 보장된 제도의 본질이 훼손될 수 있다고 하더라도 그 점만으로 일반 국민의 기본권이 직접 현실적으로 침해된 것이라고 할 수 없다"고 각하이유를 설명했다.

「선거소송 첫 특별검사 지정」: 동아일보 1996년 6월 20일자 제47면.

부산고법 제1형사부(재판장 李昌求 부장판사)는 19일 지난 6 · 27지방선거에서 부산영도구청장에 출마해 낙선했던 魯且泰(노차태)씨(67 · 당시 자민련)가 영도구청장 朴大錫 피고인(57)의 선거법 위반혐의에 대해 제출한 재정신청을 받아 들였다. 재판부는 결정문에서 「박피고인에 대한 검찰의 불기소처분은 학력을 허위공표한 다른 후보들이 대부분 기소된 것과 비교할 때 형평에 맞지 않고 사안자체도 기소유예처분은 너무 가벼워 부산지법심판에 올린다」고 밝혔다. 이에 따라 부산지법 담당재판부는 오는 24일까지 변호사를 특별검사로 지정해 朴피고인의 공직선거 및 선거부정방지법 위반죄 공판의 공소유지를 담당하도록 해야 한다. 裁定決定은 검사의 불기소처분에 대해 고소 고발인이 법원에 기소를 요청하면 법원은 이를 심사해 직권으로 기소할 것을 명령하는 제도로서 선거법위반과 관련, 재정결정이 내려지기는 이번이 처음이다. 魯씨는 지난해 8월 22일 「박구청장이 6 · 27지방선거 당시 민자당 공천으로 출마하면서 동아대 경영대학원 연구과정을 수료한 사실을 정규대학원과정을 마친 것처럼 허위로 공표 했다」며 부산지검에 고발했으나 기소유예처분이 내려지자 같은 해 10월 16일 부산고법에 '재정신청'을 냈다.

「재정결정」

검사의 불기소처분에 대해 고소 · 고발인이 법원에 기소를 요청하면 법원은 이를 심사해 직권으로 기소할 것을 명령하는 제도

4.11. 국정감사 · 조사권의 한계

국정감사 · 조사권도 사항의 성질상 전혀 조사의 대상이 될 수 없는 것(예: 순수한 사생활 · 재판작용 등과 같은 절대적 한계사항)과 이론상 조사의 대상은 될 수 있으나 비교형량의 결과 감사 · 조사권의 발동을 자제하는 것이 바람직한 것(예: 국가의 중대한 이익사항과 같은 상대적 한계사항)에 대하여는 조사할 수 없다.

4.11.1. 권력분립상의 한계

국정감사 · 조사권이 견제와 균형이라는 권력분립사상에 근거한 것이므로 권력분립의 원칙을 침해하여서는 안된다.

a) 행정작용에 대한 간섭의 금지

국회가 행정부에 정치적 압력을 가하는 등 직접적인 행정처분을 행하거나 행정처분을 취소를 명하는 것은 인정되지 않는다. 국회는 행정부에 정치적 압력을 가하는 등 직접 행정처분을 할 수 없다.

b) 사법권의 독립성 침해금지

사건이 법원에 계속중에 있거나, 판결 후 재판 내용에 관하여는 조사할 수 없다. 그리고 법관의 법정지휘에 관한 절차를 감사 · 조사하는 것은 허용되지 아니한다(통설). 다만 법원과 병행하여 동일한 사건을 다른 목적(탄핵소추 · 해임건의 등)을 위하여 독자적으로 감사 · 조사하는 것은 무방하다는 견해가 있다.[1)]

- 사건이 법원에 계속 중에 있는 것
- 판결 후 재판 내용
- 법관의 법정지휘에 관한 절차

c) 수사 · 소추 등 검찰사무에 대한 간섭

수사 중인 사건의 소추에 관여할 목적으로 하는 조사도 허용되지 않으며(국정감사 및 조사에 관한 법률 제8조),

d) 지방자치단체의 고유사무에 대한 간섭

지방자치단체의 고유사무나, 감사원의 준사법적 판단행위에 대하여도 조사할 수 없다고 본다.[2)] 왜냐하면 지방자치단체의 고유업무는 당해 지방의회가 감사 · 조사하는 것이 지방자치단체를 보장한 헌법의 정신에 합치하므로 국회로부터의 감사 · 조사의 대상에서 제외된다.

4.11.2. 기능적 한계

조사권은 입법 · 재정 · 인사기능의 확보를 위한 보조적 수단이므로 보조적 기능의 테두리 내에서만 행사되어야지 국회의 기능과 무관한 내용을 그 대상으로 삼아서는 안된다.

---

1) 권영성, 헌법학원론, 928면.
2) 권영성, 헌법학원론, 928면.

4.11.3. 기본권보장상의 한계

국정감사·조사권이 국민의 기본권 실현의 수단이므로 알권리의 실현이 다른 기본권을 침해할 수 없음은 물론이다. 따라서 사생활에 관한 사항은 조사할 수 없고(국정감사및조사에관한법률 제8조), 증인이나 참고인에게 불리한 진술을 강요할 수 없다. 다만 사생활에 관한 사항일지라도 국가작용과 관련된 사항(정치자금의 출처나 용도·선거에 관여한 사회적 조직과 활동 등)은 감사·조사의 대상이 될 수 있다.

4.11.4. 규범조치적 한계(국가이익상의 한계)

국정조사라도 모든 헌법적 가치를 균형 있게 조화시킬 수 있는 방향으로 행사되어야 한다. 따라서 증언사항이 직무상 비밀이라는 이유로 증언거부를 금지하면서도, 군사·외교·대북관계에 관한 사항으로서 국가안위에 중대한 영향을 미치는 경우에는 증언이나 서류제출이 제한되도록 하였다(주무장관의 소명, 총리의 성명이 있는 경우).

5. 긴급명령과 긴급재정·경제처분 및 명령에 대한 승인권

대통령이 긴급명령(헌법 제76조 제2항)이나 긴급재경처분 및 명령권(헌법 제76조 제1항)을 행한 때에는 지체 없이 국회에 보고하고 그 승인을 얻어야 한다. 국회의 승인권은 대통령의 긴급명령이나 긴급재경처분 및 명령에 대한 사후통제수단으로서, 국회의 승인을 얻지 못하면 그때부터 효력을 상실하게 된다.

> 헌법 제76조 ① 대통령은 내우·외환, 천재·지변 또는 중대한 재정·경제상의 위기에 있어서 국가의 안전보장 또는 공공의 안녕질서를 유지하기 위하여 긴급한 조치가 필요하고 국회의 집회를 기다릴 여유가 없을 때에 한하여 최소한으로 필요한 재정·경제상의 처분을 하거나 이에 관하여 법률의 효력을 가지는 명령을 발할 수 있다.
> ② 대통령은 국가의 안위에 관계되는 중대한 교전상태에 있어서 국가를 보위하기 위하여 긴급한 조치가 필요하고 국회의 집회가 불가능한 때에 한하여 법률의 효력을 가지는 명령을 발할 수 있다.
> ③ 대통령은 제1항과 제2항의 처분 또는 명령을 한 때에는 지체 없이 국회에 보고하여 그 승인을 얻어야 한다.
> ④ 제3항의 승인을 얻지 못한 때에는 그 처분 또는 명령은 그때부터 효력을 상실한다. 이 경우 그 명령에 의하여 개정 또는 폐지되었던 법률은 그 명령이 승인을 얻지 못한 때부터 당연히 효력을 회복한다.
> ⑤ 대통령은 제3항과 제4항의 사유를 지체 없이 공포하여야 한다.

6. 조약 및 국방정책에 대한 동의권

국회는 상호원조 또는 안전보장에 관한 조약, 중요한 국제조직에 관한 조약, 우호통상항해조약, 주권의 제약에 관한 조약, 강화조약, 국가나 국민에게 중대한 재정적 부담을 지우는 조약 또는 입법사항에 관한 조약의 체결 · 비준에 대한 동의권을 가진다(헌법 제60조 제1항). 국회는 선전포고, 국군의 외국에의 파견 또는 외국군대의 대한민국 영역 안에서의 주류에 대한 동의권을 가진다(헌법 제60조 제2항). 이는 정부의 외교 및 국방정책을 견제하는 수단이 되고 있다.

7. 계엄의 해제요구권

대통령은 전시 · 사변 또는 이에 준하는 국가비상사태에 있어서 병력으로써 군사상의 필요에 응하거나 공공의 안녕질서를 유지할 필요가 있을 때에는 법률이 정하는 바에 의하여 계엄을 선포할 수 있다(헌법 제77조 제1항). 계엄은 비상계엄과 경비계엄으로 한다(헌법 제77조 제2항). 비상계엄이 선포된 때에는 법률이 정하는 바에 의하여 영장제도, 언론 · 출판 · 집회 · 결사의 자유, 정부나 법원의 권한에 관하여 특별한 조치를 할 수 있다(헌법 제77조 제3항). 계엄을 선포한 때에는 대통령은 지체 없이 국회에 통고하여야 한다(헌법 제77조 제4항). 국회가 재적위원 과반수의 찬성으로 계엄의 해제를 요구한 때에는 대통령은 이를 해제하여야 한다(헌법 제77조 제5항).

8. 일반사면에 대한 동의권

헌법 제79조 ① 대통령은 법률이 정하는 바에 의하여 사면 · 감형 · 복권을 명할 수 있다.
② 일반사면을 명하려면 국회의 동의를 얻어야 한다.
③ 사면 · 감형 · 복권에 관한 사항은 법률로 정한다.

VI. 국회내부에 관한 권한(국회의 자율권)

헌법 제64조 ① 국회는 법률에 저촉되지 아니하는 범위 안에서 의사와 내부규율에 관한 규칙을 제정할 수 있다.
② 국회는 의원의 자격을 심사하며 의원을 징계할 수 있다.
③ 의원을 제명하려면 국회재적의원 3분의 2 이상의 찬성이 있어야 한다.
④ 제2항과 제3항의 처분에 대하여는 법원에 제소할 수 없다.

1. 자율권의 의의

국회의 자율권이란 국회가 다른 기관의 간섭을 받지 아니하고 議事와 내부문제에 대하여 독립적인 결정을 할 수 있는 권한을 의미한다. 국회의 자율권을 인정하는 근거에 관하여 뢰벤슈타인(Karl Löwenstein; K. Loewenstein)은 다음과 같은 이유로 의회의 자율성 및 의사규칙을 필요로 한다고 한다.[1)]

- 권력분립의 헌법정신에서(권력분립의 요청)
- 의회로 하여금 고유의 업무를 제대로 수행하기 위함이며(기능적 독립의 요청)
- 국회내에서 소수파를 보호하기 위하여(기능적 자치의 요청)

2. 자율권의 내용

2.1. 집회 및 의사에 관한 권한(의사자율권)

국회는 헌법과 국회법이 정하는 바에 따라 집회 · 휴회 · 폐회 · 회기 등을 자주적으로 결정할 수 있다. 국회는 의사일정의 작성, 의안의 발의 등과 같은 의사에 관하여 스스로 이를 결정할 수 있다. 의사절차의 적법성 여부도 스스로 판단한다.

2.2. 내부조직권(원내조직권 · 자주조직권 · 조직자율권)

국회는 내부조직에 관한 자율권을 가진다. 이것을 원내조직권 도는 자주조직권이라 한다. 국회는 헌법과 국회법이 정하는 바에 따라 의장 · 부의장의 선출, 각종 위원회의 구성 그리고 사무총장 및 필요한 직원을 임명한다.

2.3. 내부경찰권 · 의원가택권(질서자율권)

국회는 국회 내부의 질서를 유지하기 위하여 내부경찰권과 의원가택권을 가진다. 국회는 국회 내부의 질서를 유지하기 위하여 의원은 물론 원내에 있는 모든 자에 대하여 명령하거나 강제할 수 있으며(내부경찰권), 또는 국회의 의사에 반하여 국회 내에 침입하는 것을 금할 수 있다(의원가택권). 내부경찰권이나 의원가택권은 원칙적으로 국회의 권한이나 국회의장의 질서유지권으로 구체화된다. 회의장 안에서는 의장의 명령 없이 의원을 체포할 수 없다.

2.4. 의원신분에 관한 권한(신분자율권)

국회는 의원의 辭職을 허가(허가여부는 토론 없이 표결에 부쳐 처리한다)하며 의원의 자격을 심사할 수 있다. 의원의 자격이란 피선자격의 유무, 겸직으로 인한 자격상실의 사유 기타 의원으로서 자격보유요건을 말한다(자격심사). 또한 의원의 윤리심사와 징계를 할 수 있다(윤리심사 및 징계). 의원이 국회의원윤리강령 및 국회의원윤리실천규범을 위반한 때

---

1) K. Löwenstein, Verfassungslehre, S. 177.

에는 윤리심사를 한다. 윤리위원회는 위원장 또는 위원5인 이상 요구가 있을 때 직권심사에 착수 할 수 있다. 동시에 의원이 품위를 손상케 하거나, 2회의 윤리위반통고를 받거나 윤리위반 행위를 한 경우에는 징계할 수 있다. 징계는 사유가 발생한 날로부터 5일 이내에 하여야 하며, 폐회기간중의 징계대상자에 대하여는 차기 집회일로부터 3일 이내에 하여야 한다. 국회법이 인정하고 있는 징계로는 공개회의에서의 경고, 공개회의에서의 謝過, 30일 이내의 출석정지 그리고 제명 등 네 가지가 있다. 자격심사, 윤리심사, 징계는 윤리특별위원회가 맡아서 심사하고 본회의에서 의결한다.

국회의 자율성을 존중하기 위하여 헌법은 국회의원의 자격심사나 징계에 대하여 법원에 제소할 수 없도록 명문규정을 두고 있다(헌법 제64조 제4항).

2.5. 국회규칙의 제정권(규칙자율성)

2.5.1. 국회규칙의 의의

국회규칙이라 함은 헌법과 법률에 저촉되지 아니하는 범위 내에서 국회가 의사와 내부사항에 관하여 정하는 규칙(헌법 제64조 제1항)을 말한다. 이는 국회의 의사와 내부규율에 관한 사항을 정한 것으로, 법률의 하위에 있는 규범이다.

2.5.2. 국회규칙의 법적 성격

국회규칙의 제정권은 국회의 입법에 관한 권한(입법에 관하여 실질설을 취할 때)의 일종이나, 국회의 자주성을 보장하기 위하여 인정된 것이므로 자율권의 한 내용이 된다.

헌법 제64조 제1항의 규정에 의거하여 국회가 제정하는 국회규칙의 성격은 두 가지의 견해가 대립되고 있다.

a) 자주법설

자주법설은 국회규칙의 법적 성질에 관하여 국회의 자주적 결정에 의한 법규범으로 보는 견해이다.

b) 명령설

명령설은 국회규칙을 국회법 등의 법률의 시행령으로 보는 견해이다.

c) 사견

전자의 입장도 긍정되는 면이 많으나, 현행 국회규칙을 국회법의 시행령 정도로 보는 견해가 더 적절하다고 본다.

2.5.3. 국회규칙의 내용과 범위

국회규칙에 관하여는 헌법 제64조 제1항이 의사와 내부규율을 그 내용과 범위로 한다고 규정하고 있다. 국회법이 의사절차와 내부규율을 자세히 언급하고 있으므로 규칙으로 정할 사항이 영미와 달리 매우 협소하며 기술적이고 절차적 사항을 주된 내용으로 한다.

2.5.4. 국회규칙의 제정

국회의 활동이나 의원과 관련된 국회규칙은 본회의의 의결을 거쳐 제정하나 기타 사항은 국회의장이 국회운영위운회의 동의를 얻어 제정한다.

2.5.5. 국회규칙의 효력

국회규칙[1] 중 의사에 관한 것은 명령에 준하는 것으로 국회구성원 이외의 제3자에 대하여도 효력이 있다고 보나, 내부사항을 다루는 것은 행정규칙에 준한 것이므로 이는 국회구성원에게만 구속력을 지닌다.

3. 자율권의 한계

국회의 그 소속의원에 대한 자격상실결정과 징계적 제명처분이 위법인 경우에 당해의원은 그 취소를 법원에 구할 수 있는가에 관하여 헌법은 이를 금하고 있다(헌법 제64조 제4항), 이는 권력분립의 원칙에 입각하여 국회의 독자성과 자주성을 최대한으로 존중하기 위한 헌법적 요정에 근거한 것이다. 국회의 의사절차의 적부(정족수충족여부, 투표계산의 착오여부 등)에 관하여 사법심사를 할 수 없다고 본다. 대법원은 법률성립의 합헌성 여부는 사법심사의 대상이 될 수 없다고 하였다. 다만 의사절차에 있어서 명백하고 현저한 하자가 있고 그것이 국회의사결정에 직접적인 영향을 미쳤다고 인정할 충분한 근거가 있는 경우(또는 내용이 기본권을 명백히 침해한 경우)에는 헌법재판에 의한 심사가 가능하다고 본다. 의원이 원내에서 행한 범죄행위에 대하여는 직무행위와 관련된 경우에는 국회의 고발이 있어야 하나 직무행위와 무관한 경우에는 고발을 필요로 하지 않는다.

[정리]
〈국회의 권한〉
국회의 권한은 형식적 견지에서 의결권 · 동의권 · 승인권 · 보고권 및 통제권으로 분류

---

1) 국회규칙은 국회의 자율입법이고, 내용면에서는 법률의 시행세칙이고, 효력면에서는 명령과 유사하다고 하면서 명령설과 자주법설의 논란은 실익 없는 형식논리에 불과하다고 보는 견해(허영)가 있다. 권영성 교수도 이와 유사한 입장을 취하고 있다.

할 수 있고, 실질적 견지에서 이 법에 관한 권한, 재정에 관한 권한, 일반국정에 관한 권한 및 국회내부에 관한 권한으로 분류할 수 있다. 국회의 실질적 권한은 국회의 헌법상 지위에서 나오는 권한으로 국회가 입법기관, 국정감시 · 비판기관으로서 가지게 되는 권한이다. 국회의 권한은 대통령제를 채택하는 국가와 의원내각제를 채택하는 국가와는 많은 차이가 있고, 특히 이 차이는 행정부 기타 국가기관에 대한 견제 · 감독에 관한 권한에 있어서 현저하다.

제 7 항 국회의원의 헌법상의 지위

행정부나 사법부의 구성원의 법적 지위는 국가공무원법, 지방공무원법, 법원조직법과 같은 통일적인 법률을 통해서 규율되고 있으므로 그것을 파악하는 것은 비교적 용이하다. 그러나 국회의원의 법적지위에 관한 규정은 헌법 및 각종의 법률, 기타 의사규칙 등에 산재하여 있기 때문에 그것을 전체적으로 파악하는 것은 결코 용이하지 않다. 그러한 까닭에 독일의 학자 중에는 국회의원의 지위에 관한 단행법을 제정할 것을 제창한 학자도 있다.[1] 그러나 그러한 단행법의 제정은 결코 간단한 작업이 아니므로 국회의원의 지위는 체계적인 서술을 통해서 그 전체적인 내용을 파악할 수 밖에 없다.[2]

I. 국회의원의 헌법상 지위

1. 국회의 구성원으로서의 지위

국회는 국회의원으로 구성되므로(헌법 제41조 제1항), 국회의원은 국회의 구성원으로서의 지위를 가진다. 그러나 국회의원의 국회구성원으로서의 지위는 국회의 기관이란 의미는 아니며 기관관리자로서의 지위를 말한다. 따라서 국회의원은 국회의 운영 및 활동에 관한 권한과 그 밖의 권리를 가지며 의무를 부담한다. 의원은 국회의 구성원인 동시에 헌법에 의하여 권한과 의무의 내용이 정해진 국가기관의 지위를 아울러 지닌다(이중적 지위).[3]

헌재결 1995. 2. 23, 90헌마125 【입법권침해 등에 대한 헌법소원】

헌법소원을 청구할 수 있는 자는 원칙적으로 기본권의 주체로서의 국민에 한정되며 국민의 기본권을 보호 내지 실현할 책임과 의무를 지는 국가기관이나 그 일부는 헌법소원을 청구할 수 없다. 국회의원이 국회 내에서 행하는 질의권·토론권 및 표결권 등은 입법권 등 공권력을 행사하는 국가기관인 국회의 구성원의 지위에 있는 국회의원에게 부여된 권한이지 국회의원 개인에게 헌법이 보장하는 권리, 즉 기본권으로 인정된 것이라고 할 수 없으므로, 설사 국회의장의 불법적인 의안처리행위로 헌법의 기본원리가 훼손되었다고 하더라도 그로 인하여 헌법상 보장된 구체적 기본권을 침해당한 바 없는 국회의원인 청구인들에게 헌법소원심판청구가 허용된다고 할 수 없다.

1) N. Achterberg, Das Parlament im modernen Staat, DVBl. 1974, S. 706 f.
2) N. Achterberg, Die Rechtsstellung des Abgeordneten, JA 1983, Heft 6, S. 303 f.
3) 이중적 지위는 대표원리와 불가분의 관계가 있는 것으로 의원의 정당기속에 대한 이념적 한계의 기능을 지닌다.

2. 국민의 대표자로서의 지위

2.1. 개관

국회는 국민의 대표로서 간주되고 있다. 그것을 성문화한 국가도 있다. 그 원형은 1791년의 프랑스헌법에서 찾는다. 동 헌법 제6조에서 "대표(의원)는 총체로서 프랑스인민의 이름으로 그 의사를 표명한다"라고 규정하고, 제7조에서 "도에서 선출된 의원은 특정한 도의 대표자가 아니라 전체국민의 대표자이며, 의원에 대한 어떤 위임도 부여되지 않는다"라는 규정이 바로 그것이다. 이와 같은 의원의 지위에 관한 규정은 바로 1919년의 독일의 바이마르헌법 제21조에 계승되어 "의원은 전국의 대표로서 위탁 및 지시에 구속되지 아니하고 그 양심만에 따라 행동한다"라고 규정하고 있다. 일본헌법도 제43조에서 "양의원은 전국민을 대표하는 선거된 의원으로써 조직된다"라고 규정하고 있다. 위와 같은 헌법규정은 바로 국회의원은 선거국민의 명령이나 지시에 구속되지 않는다는 무기속위임의 원칙만이 아니라 정치적으로도 국회의원은 지역구민을 대표하는 것이 아니라 전체국민을 대표한다는 전체대표의 원칙을 규정하고 있다.

우리 헌법은 일본헌법(제43조)과 달리 국회의원의 국민대표성을 명문으로 규정하고 있지 않아 국회의원이 국민 전체를 대표하는지의 여부, 그리고 국민전체를 대표하더라도 대표의 법적 성질이 무엇인지에 관하여는 국회의 헌법상 지위와 마찬가지로 견해의 대립이 있다.

2.2. 학설

2.2.1. 법적 대표관계를 부정하는 제 학설

a) 정치적 대표설

국민과 국회의원 사이에 명령적 위임관계나 사법적 대리관계가 존재하지 않으며, 국회의원이 출신구민의 의사에 반하는 행동을 하여도 법적 책임을 지지 않고, 다만 차기선거에서 정치적 책임만 추궁 당하는 것이다. 따라서 국회의원은 전체국민의 이익을 위하여 활동하여야 한다는 정치적 의무만 부담하므로, 그 대표성도 정치적 대표라고 주장한다.[1] 이는 대의기관은 법적 위임이나 대표의 관계가 아니라 전체국민의 의사를 반영할 정치적 사명에 불과하다고 보는 견해이다.

b) 사회적 대표설

의회가 전체국민의 의사를 대변한다는 관념은 현실적 근거가 없고 선거구, 이익단체,

---

1) 구병삭, 박일경; 권영성, 헌법학원론, 942면.

정당 등의 복잡한 이해관계를 가능한 한 충실히 반영한다는 견해이다.

c) 정당대표설

정당의 발달에 따라 국민의 정치적 의사는 정당에 의하여 형성되므로 정당이 국민의 대표역할을 하고 의회 등의 대의기관이 국민을 대표하지 못한다는 견해이다.

2.2.2. 법적 대표관계를 인정하는 제 학설

a) 의의

국회의원이 국가이익을 우선하여 양심에 따라 직무를 행한다(헌법 제46조 제2항)는 것은 법적 의무의 부과이며, 국회의원이 전국민의 봉사자이며(헌법 제7조), 국회의원에게 표결의 자유(헌법 제45조)를 부여한 것 등으로 보아 단순한 정치적 대표가 아닌 법적 대표라고 한다(문홍주).

b) 법적 대표관계를 인정하는 제 학설

aa) 법적 위임관계설

국민이 대의기관에 의사결정을 위임한 것으로 보는 견해이다.

bb) 법정대표기관설

국민과 대의기관의 관계를 법인과 그 대표의 관계와 유사한 대표관계로 보는 견해이다.

cc) 헌법적 대표설

대의기관의 권한은 국민과의 관계에서가 아니라 헌법규정으로부터 직접 나오는 것으로 보는 견해이다.[1)]

2.3. 사견

생각건대 독일 바이마르(Weimar) 헌법이나 일본헌법에서와 같은 국회의원의 지위에 관한 명문규정이 없지만, 우리 헌법은 제1조 제2항에서 국민주권의 원리를 규정하고 있고, 제7조에서는 공무원이 국민 전체의 봉사자임을 규정하고 있으며, 그리고 국회의원의 특권과 의무를 규정한 헌법 제44조(불체포특권), 제45조(면책특권) 및 국회의원은 국가이익을 우선하여 양심에 따라 직무를 수행한다는 헌법 제46조 제2항 등의 규정에 비추어 국회의원은 국민전체를 대표하며(전국대표성의 원칙), 무기속위임성을 기초로 하고 있다(무기속위

1) 김철수, 헌법학(중), 212면.

임의 원칙), 따라서 그 대표의 성격은, 국회의원은 국민전체의 이익을 위하여 활동하여야 하고, 국민은 국회의원에 대하여 선거나 여론 등의 방법으로 정치적 책임을 물을 수 있다는 정치적 대표를 의미한다. 특히 대표의 법적 성격은 명령적 위임(강제적 위임)이 아닌 무기속위임을 원칙으로 하여, 그 양심에 따라 전체 국민의 이익을 위하여 행동하여야 하고, 국민은 선거나 여론을 통하여 정치적 책임을 물을 수 있으므로 정치적 대표로 이해하는 정치적 대표설이 타당하다(다수설).

이와같이 국회의원에 대한 국민의 대표위임은 명령적 위임이 아니라 자유로운 위임의 성질을 가지므로 국회의원이 그 직무수행에 있어서 개별선거구의 선거인단(선거주민)을 비롯한 그 밖의 어떠한 자의 지시나 청탁에도 구속되지 아니하고 오로지 그 자신의 양심에 따라 자유롭게 발언하고 표결하는 자유를 가진다. 국회의원은 국민전체를 대표하고, 국회의원의 국회에서의 발언은 자신의 발언으로서의 성격을 가진다. 또한 국회의원은 그 자신의 양심에 따라 발언하는 것이므로 국회의원의 발언과 국민의 의사간에 불일치가 있을 수 있다. 그러나 그 불일치의 해소는 선거라는 정치적 방법을 통해서만 이루어져야 하며 그 밖의 책임은 인정될 수 없다.

2.4. 기타

허영 교수의 견해에 의하면 국회의원의 헌법상 지위를 선거직 공직자로서의 지위, 국민의사 대변자로서의 지위, 합의체통치기관의 구성원으로서의 지위로 구별하고 있다.[1] 의원은 대통령, 지방의회원과 함께 선거에 의하여 선출된 공직자이므로 공직자로서의 책임과 의무를 지게 되나, 헌법은 특히 의원의 청렴의무와 지위남용금지의무를 명문화함으로써 의원이 다른 공직자와 다름을 강조하고 있다(공직자로서의 지위). 의원은 국민의 의사를 국가의사결정에 국민의 의사를 국가의사결정에 반영시켜야 할 지위를 지니고 있다. 의원의 공직은 능력주의나 성적주의가 아닌 국민의 정치적 신임에 의하여 정당화되는 官職이며, 선거이외의 의원의 공직을 정당화시켜주는 것은 아무것도 없다. 허영 교수는 또한 다수의 견해가 의원의 국민대표자로서의 지위를 전체로 대표의 성격에 관하여 벌이는 논쟁을 무의미하다고 하면서 의원에 대한 국민의 신임은 국민의 추정적 의사를 국정에 반영시켜 주기를 기대하는 대의적 신임이라고 한다. 의원에게 부과된 국가이익 우선의 의무(제46조 제2항)는 의원의 대의적 지위를 확인한 것이고, 특권부여(헌법 제44조, 제45조)는 대의적 의정활동을 보장키 위함이며, 의사공개의 원칙(헌법 제50조)도 대의적 신임의 바탕이 되는 공개정치를 실현하기 위함이라고 한다(국민의사대변자로서의 지위).

---

1) 허영, 한국헌법론, 957-960면.

3. 정당의 소속원(대표자)으로서의 지위

3.1. 개관

과거 입헌주의 초기와는 달리 20세기에 와서는 정당제도의 발전과 선거권의 확대로 국회의원은 정당과 밀접한 관계를 맺게 되었다. 이와함께 국회의원의 국민의 대표자로서의 지위는 정당국가의 출현과 더불어 커다란 시련에 부딪치게 되었다. 그것은 정당이 헌법에 수용되는 과정에 있어서 적대 · 묵인 · 합법화의 단계를 거쳐 오늘날에는 많은 국가에서 헌법에의 편입의 단계에까지 이르게 되었기 때문이다(Triepel).[1]

우리헌법도 정당조항을 헌법 제8조에 규정하고 있다. 그 정당기율이 강력한 경우에는 특히 국회의원은 사실상 정당에 구속되게 되고 정당의 지시와 명령에 따라 활동할 수 밖에 없다는 것도 부인할 수 없다.[2] 오늘날 국회의원을 “정당의 수명자” 또는 “잘 훈련된 무정견 투표자”라고 말하는 이유도 바로 그것을 의미한다. 따라서 그 정당국가성과 국회의원의 대표위임 또는 자유위임은 어떠한 관계에 있는가가 문제된다.

독일의 라이프홀츠(Gerhard Leibholz)가 말한 바와 같이 의회제민주주의 하에서는 국회의원은 누구의 명령이나 지시도 받지 아니하는 것(전체국민대표성, 무기속위임), 즉 국회의원의 자유와 독립성을 특징으로 하지만, 정당국가(Parteienstaat)의 정당제민주주의 하에서는 국회의원의 정당에의 종속을 그 특징으로 하고 있다. 따라서 국회의원이 정당의 대표자로서의 지위를 갖느냐가 문제되는데, 라이프홀츠(Leibholz)교수는 현대의 정당국가적 대중민주정치에 대하여 그것은 과거의 자유민주적 · 의회정적 대의민주정치와는 전혀 다른 유형에 속하는 정치형태이며, 따라서 그 양자는 조화를 이루기 어려운 것이라고 강조한 바 있다. 우리나라에서도 국회의원은 국민의 대표자로서의 지위와 정당의 대표자로서의 지위라고 하는 이중적 지위를 가지고 있다고 주장되고 있다.[3]

특히 비례대표 국회의원의 정당대표성은 매우 강하다. 공직선거법에 의하면 비례대표 국회의원이 소속정당의 합당 · 해산 또는 제명외의 사유로 당적을 이탈 · 변경하거나 2 이상의 당적을 가진 때에는 퇴직하게 되어 있다(공직선거법 제192조 제4항).

> **공직선거법 제192조 (피선거권상실로 인한 당선무효 등)** ④ 비례대표국회의원 또는 비례대표지방의회의원이 소속정당의 합당 · 해산 또는 제명외의 사유로 당적을 이탈 · 변경하

---

1) 김남진 · 이강혁 공저, 주제중심 헌법, 147면 이하.

2) 우리나라 정당은 미국에 비하여 장당기율(party disciline)이 강하다(양건, 헌법강의, 824면).

3) 한태연; 권영성, 헌법학원론, 943면; 문홍주, 한국헌법, 514면; 반대설 김철수(.제6공화국헌법은 정당국가적 성격을 약화시켰으므로 정당대표성을 인정하기는 힘드나, 국회에는 동일정당소속원으로써 구성되는 교섭단체(Fraktion)가 있는데, 이는 의원총회에서 토론하여 국회본회의에서의 정책을 미리 결정하는 현실을 볼 때 국회의원의 정당대표성은 어느정도 인정된다).

거나 2 이상의 당적을 가지고 있는 때에는 「국회법」 제136조(퇴직) 또는 「지방자치법」 제78조(의원의 퇴직)의 규정에 불구하고 퇴직된다. 다만, 비례대표국회의원이 국회의장으로 당선되어 「국회법」 규정에 의하여 당적을 이탈한 경우에는 그러하지 아니하다. <개정 1995.4.1, 2000.2.16, 2002.3.7, 2005.8.4, 2007.5.11>

3.2. 학설

3.2.1. 대표인정설

대의제민주주의에서 정당제민주주의로 변천된 오늘의 정치상황하에서 의원은 전체국민을 대표하는 것이 아니라 정당을 대표한다고 한다. 의원은 형식적으로 전체국민을 대표하는 지위와 실질적으로 정당을 대표하는 이중적 지위에 있다고 한다.[1)]

3.2.2. 대표부정설

현행헌법은 정당국가적 성격을 약화시켰으므로 의원의 정당대표성을 인정하기 어렵다고 한다.[2)] 다만 국회에는 동일 정당원소속의원으로써 구성되는 교섭단체(Fraktion)가 있는데, 이 교섭단체가 그 의원총회에서 토론하여 국회본회의에서의 정책을 미리 경정하는 현실에서 볼 때 국회의원의 정당대표성은 어느정도 인정된다.[3)]

3.2.3. 사견

무소속의원이 존재하고 있으므로 정당의 대표성을 지나치게 강조할 수는 없으나, 원내교섭단체의 결정에 따라 의원들의 행동이 제약을 많이 받고 있는 현실을 감안해 볼 때, 소속정당의 이익을 위하여 활동하는 정당의 대표자로서의 지위를 부정하기는 어렵다고 할 것이다. 다만 국민대표자로서의 지위와 정당의 대표자로서의 지위가 충돌하는 경우에는 당연히 국민의 대표자로서의 지위가 우선됨은 물론이다(헌법 제46조 제2항 참조). 따라서 전체국민의 이익을 희생시키지 않는 범위 내에서만 정당기속이 허용된다고 본다. 그러므로 오늘날의 국회의원은 전체국민의 대표자로서의 지위(국민대표자로서의 지위)와 소속정당의 이익을 위하여 활동하는 정당의 대표자로서의 지위(정당대표자로서의 지위), 즉 2중적 지위를 가지고 있다고 하겠다.

오늘날의 국회의원 → 전체국민의 대표자로서의 지위
정당의 대표자로서의 지위

---

1) 문홍주; 구병삭; 안용교; 권영성, 헌법학원론, 943면.
2) 김철수, 헌법학(중), 213면.
3) 김철수, 헌법학(중), 213면.

이상과 같이 국회의원은 이중적 지위에 있기 때문에 현실적으로 이중적 지위가 상충할 경우, 어느 지위를 우선시켜야 하는가가 문제된다. 우리나라의 다수설은 국회의원의 국민대표성이 정당대표성에 우월한다고 보고있다.[1] 이에 따라 국회의원은 정당의 방침이나 지시가 자기의 양심에 반한다고 생각할 때에는 그것에 대한 복종을 거부할 권리와 의무를 가지며, 만약 어떠한 정당이 소속의원의 이탈을 방지하기 위하여 미리 사표를 받아 두거나 백지선언을 받아 두거나 하는 것은 무효로 보아야 한다.

II. 의원자격의 발생과 소멸

1. 의원자격의 발생

1.1. 당선결정시설

국회의원의 자격이 언제부터 발생하였는가에 관하여 견해가 대립된다. 의원자격은 당선결정으로 발생한다는 견해이다.

1.2. 취임승낙설

의원자격은 당선인의 결정과 당선인의 취임승낙에 의하여 발생한다는 견해이다.

1.3. 임기개시설

선거에 당선된 자라도 헌법과 법률이 정한 임기개시와 동시에 발생한다는 견해이다(다수설). 공직선거법 제14조의 규정에 의하면 임기개시설이 타당하다.[2]

공직선거법 제14조 (임기개시) ① 대통령의 임기는 전임대통령의 임기만료일의 다음날 0시부터 개시된다. 다만, 전임자의 임기가 만료된 후에 실시하는 선거와 궐위로 인한 선거에 의한 대통령의 임기는 당선이 결정된 때부터 개시된다. <개정 2003.2.4>

② 국회의원과 지방의회의원(이하 이 항에서 "의원"이라 한다)의 임기는 총선거에 의한 전임의원의 임기만료일의 다음 날부터 개시된다. 다만, 의원의 임기가 개시된 후에 실시하는 선거와 지방의회의원의 증원선거에 의한 의원의 임기는 당선이 결정된 때부터 개시되며 전임자 또는 같은 종류의 의원의 잔임기간으로 한다.

③ 지방자치단체의 장의 임기는 전임지방자치단체의 장의 임기만료일의 다음 날부터

---

1) 한태연; 문홍주; 김철수; 권영성, 헌법학원론, 943면

2) 김철수; 문홍주; 구병삭; 안용교; 권영성, 헌법학원론, 944면.

개시된다. 다만, 전임지방자치단체의 장의 임기가 만료된 후에 실시하는 선거와 제30조(지방자치단체의 폐치·분합시의 선거 등)제1항 제1호 내지 제3호에 의하여 새로 선거를 실시하는 지방자치단체의 장의 임기는 당선이 결정된 때부터 개시되며 전임자 또는 같은 종류의 지방자치단체의 장의 잔임기간으로 한다.

1.4. 사견

국회의원 출마시에 후보자등록제를 취하고 있으므로 취임승낙은 불필요한 것이며, 당선인의 결정과 당선인의 취임승낙이 있으므로 취임승낙은 불필요한 것이며, 당선인은 결정과 당선인의 취임승낙이 있더라도 헌법과 법률이 정한 임기개시일 까지는 권리와 의무가 발생하지 않으므로 임기개시설이 타당하다고 본다(다수설).

2. 소멸

2.1. 임기만료

의원의 임기가 만료되면 자동적으로 자격이 상실된다. 국회의원의 임기는 4년이다. 의원으로서의 자격을 갖는 일정한 기간을 의미하는 임기는 전체로서의 임기를 의미하는 것이므로, 보궐선거에 의한 당선자는 전임자의 전임기간에만 자격을 가진다.

2.2. 사직

의원은 자기의 원에 의하여 의원직을 사임할 수 있다. 사직은 국회의 허가를 요한다(국회가 폐회중일 때에는 국회의장이 허가여부를 결정한다). 사직의 허가여부는 토론 없이 표결한다(국회법 제135조 제1, 제2항).

2.3. 당선무효와 유죄판결의 확정 → 자격이 상실됨

- 피선거권이 없었던 사실이 임기개시 후에 발견된 경우
- 당선된 의원의 선거사무장(또는 회계책임자)이 선거비용제한액의 1/200 이상을 초과지출한 이유로 징역형을 선고받은 경우
- 당선된 의원이 선거법위반으로 징역형 또는 100만원 이상의 벌금형을 선고받은 경우
- 형사사건과 관련하여 유죄판결이 확정된 경우에는 자격을 상실한다.

2.4. 퇴직

의원이 헌법과 법률에 의하여 겸할 수 없는 직에 취임하거나, 피선거권이 상실되거나 임기개시일 이후에 해직된 직의 권한을 행사한 때에는 퇴직된다(국회법 제136조).

2.5. 국회의 해산

국회가 해산되면 의원은 당연히 국회의원의 籍을 상실한다. 현행헌법은 대통령의 국회해산권을 폐지하였으므로, 여기서의 국회해산은 국회의 결정에 따른 자진해산(Selbstauflösung)을 말한다.

현행헌법은 대통령의 국회해산권을 폐지
→ (따라서) 국회의 자진해산만이 가능

2.6. 제명

제명이란 의원의 의사에 반하여 자격을 박탈하는 것으로 재적의원 3분의 2 이상의 찬성을 요한다. 국회의원이 청렴의무조항(헌법 제46조)에 위반되는 행위를 하거나 국회법의 징계사유에 해당되는 행위를 한 때에는 제명할 수 있다. 제명된 의원은 그로 인하여 결원된 보궐선거에 입후보할 수 없다(국회법 제164조). 제명이 의결되지 아니한 때에는 다른 종류의 징계를 의결할 수 있다. 국회의 제명에 대하여는 법원에 제소할 수 없다(헌법 제64조 제4항).

- 국회의원의 청렴의무조항(헌법 제46조)에 위반
- 국회법의 징계사유에 해당
- 보궐선거에 입후보 불가능
- 국회의 제명에 대하여는 법원에 제소불가

2.7. 자격심사

국회는 의원의 자격을 심사할 수 있는 바, 의원 30명 이상의 連署로 자격심사를 청구할 수 있다(국회법 제138조). 무자격으로 결정되면 국회의원의 職을 상실한다. 여기서 결정이란 제명의 경우와 달리 피선거자격의 유무만을 판단하는 행위에 불과하다. 무자격결정은 장래에 한하여만 그 효력을 발생한다. 무자격의 결정에는 재적의원 3분의 2 이상의 찬성을 요한다(국회법 제142조 제3항). 의원에 대한 무자격결정에 대하여도 법원에 제소할 수 없다.

2.8. 당적변경

국회의원이 임기중에 소속정당을 탈퇴하거나 다른정당을 당적을 변경하는 경우에 의원이 자격이 상실되는가가 문제된다. 제3공화국 헌법상에서는 국회의원이 당적을 이탈하거나 변경할 때에 그 자격을 상실한다고 규정하였으나, 현행헌법에서는 그와 같은 규정이 없고, 자유위임의 원칙을 규정하고 있을 뿐만 아니라[1] 무소속 의원도 가능하므로 지역구

국회의원이 소속 정당의 적을 이탈하거나 변경하더라도 정치도의적 책임 이외에는 의원직을 상실한다고 볼 수 없다(통설). 다만 전국구국회의원은 소속정당의 합당 · 해산 또는 제명외의 사유로 당적을 이탈 · 변경하거나 둘 이상의 당적을 가지고 있을 때에는 퇴직된다는 규정(공직선거법 제192조 제4항)을 두어 입법적으로 이를 해결하였다.

공직선거법 제192조 제4항 비례대표국회의원 또는 비례대표지방의회의원이 소속정당의 합당 · 해산 또는 제명외의 사유로 당적을 이탈 · 변경하거나 2 이상의 당적을 가지고 있는 때에는 국회법 제136조(퇴직) 또는 지방자치법 제78조(의원의 퇴직)의 규정에 불구하고 퇴직된다. 다만, 비례대표국회의원이 국회의장으로 당선되어 국회법 규정에 의하여 당적을 이탈한 경우에는 그러하지 아니하다.

그리고 헌법 제8조 제4항에 따라 소속정당이 위헌으로 강제해산되면 지역구출신과 전국구출신을 불문하고 의원의 자격을 상실한다고 본다.

III. 국회의원의 특권

1. 의의

국회의원은 국민의 대표자로서 국정에 참여할 권한이 있다. 국회의원의 직책을 효과적으로 수행하기 위하여 행정부의 부당한 간섭을 받지 않아야 하며, 의사를 자유롭게 결정

---

1) 헌재결 1994. 4. 28, 92헌마153【전국구국회의원 의석계승 미결정 위헌확인】전국구의원이 그를 공천한 정당을 탈당할 때 의원직을 상실하는 여부는 그 나라의 헌법과 법률이 국회의원을 이른바 자유위임 또는 무기속위임하에 두었는가, 명령적 위임 또는 기속위임 두었는가, 양제도를 병존하게 하였는가에 달려있는데, 자유위임하의 국회의원의 지위는 그 의원직을 얻은 방법 즉 전국구로 얻었는가, 지역구로 얻었는가에 의하여 차이가 없으며, 전국구의원도 그를 공천한 정당을 탈당하였다고 하여도 별도의 법률규정이 있는 경우는 별론으로 하고 당연히 국회의원직을 상실하지는 않는다. 헌법 제7조 제1항, 제45조, 제46조 제2항의 규정들을 종합하면 헌법은 국회의원을 자유위임의 원칙 하에 두었다고 할 것이고, 청구인정당 소속 전국구의원이던 조윤형이 청구인정당을 탈당할 당시 시행되던 舊국회의원선거법이나 국회법에는 전국구의원이 그를 공천한 정당을 탈당한 경우에 의원직을 상실한다는 규정을 두고 있지 않았다. 따라서 위 조윤형이 청구인정당을 탈당하였어도 이로 인하여 전국구의원의 궐원이 생기는 것은 아니므로 피청구인에게 위 조윤형이 청구인 정당을 탈당하였음을 원인으로 하여 청구인 강부자에 대하여 전국구의원 승계결정을 할 작위의무가 존재하지 않았다고 할 것이고, 헌법서 유래하는 작위의무가 없는 공권력의 불행사에 대한 위헌확인을 구하는 이 사건 주된 헌법소원심판청구는 부적법하다.

하고 표현할 수 있어야 한다. 국회의원에게 어떠한 특권을 인정할 것인가는 국가에 따라 다르나, 우리 헌법은 불체포특권, 면책특권 및 기타 상당한 세비와 편익을 받을 권리를 인정하고 있다. 국회의원에게 부여된 이러한 특권들은 국회의원 개인의 특권은 아니며 국회 자체의 특권이므로 국회의원은 이를 포기할 수 없다(다수설). 이에 대하여 이러한 특권은 의원개인의 특권인 동시에 의회 자체의 특권이라는 소수설(구병삭)이 있다. 국회의원의 특권은 국회의원의 직무를 충실히 수행할 수 있도록 하기 위하여 인정된 특권이므로 일반적 평등의 원칙에 위반하지 않는다고 본다.

- 불체포특권
- 면책특권
- 상당한 세비와 편익을 받을 권리

2. 불체포특권

2.1. 의의

국회의원의 불체포특권(Immunität)이라 함은 국회의원은 현행범인인 경우를 제외하고는 회기 중 국회의 동의 없이 체포 또는 구금되지 아니하며, 회기 전에 체포 또는 구금된 때에도 현행범인이 아닌한 국회의 요구가 있으면 회기 중 석방됨을 의미한다(헌법 제44조). 이는 행정부의 부당한 억압으로부터 의회의 자주적 활동을 보장하고 의원의 신체를 보호하기 위한 것으로 대의민주주의를 성공시키기 위하고자 하는데 그 목적이 있다.

헌법 제44조 ① 국회의원은 현행범인인 경우를 제외하고는 회기중 국회의 동의없이 체포 또는 구금되지 아니한다.

② 국회의원이 회기전에 체포 또는 구금된 때에는 현행범인이 아닌 한 국회의 요구가 있으면 회기중 석방된다.

2.2. 연혁과 입법례

2.2.1. 연혁

불체포특권은 영국에서 그 기원을 찾을 수 있다. 이는 영국에서 그 하원이 전제군주의 대권에 대항하여 일찍부터 주장한 바 있지만 그것이 권리로서 보장되기는 1543년 Ferrers 의원이 특권영장 없이 옥중에서 석방된 것에서 비롯되었다고 한다. 불체포특권은 영국의 제임스(James) 1세 치하(1566-1625)치하의 한 제정법에서 이것이 법적으로 보장되었다. 최초로 불체포특권을 성문화한 것은 미국연방헌법에서 부터이다.

· 최초로 불체포특권을 성문화 → 미국연방헌법

2.2.2. 입법례

불체포특권의 내용과 효과 등은 반드시 같지 아니하다. 오늘날 의원의 불체포특권에 관한 중요국가의 입법례를 보면 다음과 같다. 영국에 있어서는 이 불체포특권은 하원의원의 경우에는 회기중 및 그 전후 40일간 체포되지 않는 특권이고 상원의원의 경우에는 회기와 관계없이 언제나 체포되지 않는 특권이 되고 있다. 현행 제도로서의 의회의원의 불체포특권은 반역죄, 중죄, 치안방해, 그 밖의 범죄, 긴급입법에 의거한 구금 및 법정모욕을 이유로 하는 구금의 경우에는 적용되지 아니한다.

미국은 영국의 불체포특권을 거의 그대로 계수하고 있다. 미국연방헌법 제1조 제5절 제6항은 "양원의 의원은 <u>반역죄, 특별중죄 및 평화교란죄를 제외하고는</u> 어떠한 경우에도 그 원의 회의에 출석 중이거나 또는 왕복도중에 체포되지 아니한다"라고 하고 있다. 이와 같이 의원의 불체포특권은 형사범죄에 관해서는 인정되지 않지만 이 특권으로 말미암아 의원들에게는 모든 소송에 있어서 증인 또는 배심원으로서 소환될 의무가 면제된다.

독일은 불체포특권을 회기 중으로 한정하지 않고 있으며(국회의원의 임기중 허용된다), 불소추특권까지도 허용하고 있다. 헌법 중에는 회기 중에 한정하지 않는 입법례(독일, 이탈리아)도 있으나 회기중에 한하여 불체포특권을 인정하는 것이 대부분이다.

2.3. 제도적 의의

오늘날에 있어서 불체포특권의 제도적 의의는 행정부의 불법·부당한 억압으로부터 국회의 자주적인 활동을 보장하기 위하여 의원의 신체의 자유를 침해하지 못하게 하려는 데 있다. 정부에 반대하거나 비판적인 의원들의 활동을 억압 내지 봉쇄하기 위하여 정부가 회기 전 또는 회기 중에 의원들을 불법으로 체포 또는 구금한 역사상의 실례가 많이 있었다. 이러한 의미에서 의회의 자주적인 활동과 의원의 자유로운 정부통제에 관한 직무를 완성하게 하기 위해서는 불체포의 특권이 보장되어야만 한다. 이와 같이 불체포특권은 국회의 자주성·독자성의 확립과 의원의 원활한 직무수행을 위해서 행정부의 불법·부당한 억압을 방지하려는 데 그 주목적이 있다. 그러므로 정당한 이유가 있고 적법한 절차에 따라 정부가 의원을 체포, 구금하는 경우에는 불체포특권이 인정되지 아니한다. 또한 행정부에 대한 의회의 우위가 인정되고 있는 경우에는 불체포특권의 존재이유가 희박하고 오히려 의원을 과잉보호하는 것이 되어 형사사법의 기능을 저해할 우려도 있고 이것이 남용되는 경우도 있다.

2.4. 법적 성격

2.4.1. 국회의 특권(단독설)

의원의 불체포특권이 국회의 정상적인 활동을 보장하기 위한 국회의 특권이냐(단독설) 아니면 의원 개인의 특권임과 동시에 국회의 특권(종합설)이냐에 관하여 견해가 대립된다. 국회의 특권으로 보는 것이 다수설의 견해이다. 왜냐하면 이는 의회의 기능활성화(Funktionsfähigkeit)와 의회의 信望(Ansehen)을 유지하기 위함을 그 목적으로 하기 때문이다. 어느 견해를 취하던 간에 의원 개인은 이 특권을 포기할 수 없다.

2.4.2. 불체포특권

불체포특권(신체불가침특권 : Immunität)은 의원의 범법행위가 있어도(현행범이 아닌 한) 회기 중에는 체포되지 않는 특권을 의미하는 것이지, 범법행위에 대한 형사소추의 면제를 의미하는 것이 아니다. 회기 중에 한하여 일시적으로 체포를 유예받는 특권인 점에서 형사소추의 면제를 받는 면책특권(Indemnität)과 구별된다. 이와같이 불체포특권은 체포의 일시적인 유예를 의미하는 것이므로 그것은 실체법상의 특권이 아니라 소송법상의 특권을 의미할 뿐이다.

불체포특권은 일반국민에게는 인정되지 아니하는 특권을 의원이라는 신분을 가진 자에 대해서만 인정하는 것이므로 헌법 제11조의 법 앞의 평등에 위배되는 것이 아니냐 하는 의문이 있다. 그러나 불체포특권은 위에서 언급한 바와 같이 의회의 자주성과 의원의 원활한 직무수행을 보장하기 위한 것이므로 평등의 원칙에 위배되지 아니한다.

2.5. 내용

불체포특권은 일정한 조건하에서의 체포로부터의 자유를 그 내용으로 한다. 불체포특권은 회기 중에는 의원을 체포 · 구금할 수 없으며, 회기 전에 체포 · 구금되더라도 국회의 요구가 있으면 회기중에는 석방하여야 함을 말한다. 단 현행범인이거나 국회의 동의가 있으면 체포할 수 있다.

체포 또는 구금이라 함은 일정한 기간 동안 신체의 자유를 박탈하여 일정한 장소에 유치하는 강제처분을 말한다. 따라서 형사절차상(형사소송법상)의 강제처분(체포 · 구금)에 한하지 않으며, 경찰관직무집행법에 의한 행정상의 강제처분(보호조치 · 감호처분 · 격리처분등)으로 인한 신체의 구속을 포함한다(통설). 다만 의원을 불구속으로 수사 또는 형사소추하거나 판결 확정후에 자유형을 집행하는 것은 무방하다.

회기중이란 집회일로부터 폐회일 까지의 기간을 말하며, 휴회기간도 포함된다. 회기전이란 그 회기가 시작되기 전을 말하므로 前회기의 기간도 포함한다. 따라서 전회기에 체포 · 구금에 대한 국회의 동의가 있더라도 現회기에서 그 석방을 요구할 수 있다. 국회의 석방요구는 20인 이상의 의원의 연서로 석방요구를 발의하며, 의결은 일반의결정족수를 규정한 재적의원 과반수의 출석과, 출석의원 과반수의 찬성으로 의결된다(헌법 제49조). 국회의 석방요구를 받은 기관은 지체 없이(ohne verzüglich) 석방하여야 한다. 석방하더라도 수사나 형사소추는 계속할 수 있으며, 석방은 회기중에 한하므로 회기가 끝난 후에는 다시 구금할 수 있다.

2.6. 불체포특권의 예외

2.6.1. 현행범

불체포특권(Privileg in Bezug auf Verhaftung; privilege of freedom from arrest, invio labilité)은 의원의 원만한 의정활동을 보장하기 위한 것이므로 남용되는 것까지 정당화될 수 없다고 본다. 우리 헌법은 현행범 제외원칙과 회기중 한정의 원칙을 규정하고 있다.

- 현행범 제외원칙
- 회기중 한정의 원칙

현행범이란 범죄의 실행중에 있거나 실행 직후인 경우를 말하는 것으로(형사소송법 제211조 제1항), 이 경우에는 불체포특권이 인정되지 아니한다. 현행범의 경우에는 형사정의의 실현이 보다 중요하기 때문이며,[1] 또한 범죄사실이 명백함에도 불구하고 국회의원이라는 이유로 특별보호를 한다는 것은 부당한 특권을 인정하는 것이 되기 때문이다. 그러나 국회의 회의장내에서는 국회의원이 비록 현행범이더라도 의장의 명령 없이는 체포할 수 없다(국회법 제150조). 이는 국회의 자율권을 존중하기 위함이다.[2]

국회법 제150조 (현행범인의 체포) 국회안에 현행범인이 있을 때에는 경위 또는 국가경찰공무원은 이를 체포한 후 의장의 지시를 받아야 한다. 다만, 의원은 회의장안에 있어서는 의장의 명령없이 이를 체포할 수 없다.

2.6.2. 준현행범인 경우

준현행범인에게는 불체포특권이 안정되지 않는다는 견해[3]와 국회의원의 국민대표성과 그가 가지는 헌법상의 기능에 비추어 준현행범인에게도 불체포특권이 인정된다는 견해

1) 허영, 한국헌법론, 966면.
2) 권영성, 헌법학원론, 952면; 김철수, 헌법학(중), 223면.
3) 문홍주; 구병삭.

가 있다.

> [준현행범]
> 준현행범인은 범인으로 불리면서 추적당하는 사람, 장물이나 범죄에 사용되었다고 인정하기에 충분한 흉기 또는 그밖의 물건을 지니고 있는 사람, 신체 또는 피부에 뚜렷한 범죄의 흔적이 있는 사람, 누구냐고 묻는데 도주하려고 하는 사람으로 규정한다(형사소송법 제211조 제2항). 준현행범인은 현행범인과 마찬가지로 누구나 영장없이 체포할 수 있다(형사소송법 제212조).

2.6.3. 국회의 동의가 있는 경우

국회의 동의가 있는 경우에는 불체포특권이 인정되지 않는다. 동의를 구하는 절차로서 관할법원의 법관은 영장발부에 앞서 체포동의요구서를 정부에 제출하며, 정부는 이를 수리한 후 지체 없이 국회에 체포동의를 요청하여야 한다. 국회의 동의는 재적의원 과반수의 출석과 출석의원 과반수의 찬성으로 한다(헌법 제49조). 국회의 동의와 관련하여 몇 가지가 문제된다.

첫째, 의원의 체포에 관하여 국회의 동의를 요청한 경우에 국회가 이에 구속되는가이다. 동의여부는 국회의 재량이라고 하는 재량설[1)]과 범죄의 혐의가 농후하고 증거인멸이나 도주의 우려가 있는 때에는 동의를 해야만 한다는 기속설(윤세창)의 대립이 있다. 생각건대 범죄의 혐의가 조작될 수도 있고, 비록 정당한 이유가 있다하더라도 국회의 운영에 상당한 지장을 줄 염려가 있으므로 반드시 동의할 필요는 없다. 결국 국회가 동의여부에 재량이 있다는 견해가 타당하다(다수설).

둘째, 국회가 동의를 함에 있어 조건이나 기한을 붙일 수 있는가이다. 동의여부에 재량이 있는 한 동의에 조건이나 기한을 붙일 수 있다는 긍정설[2)]과 국회가 동의를 하는 한 그 뒤의 조치는 법원의 판단에 위임하여야 하므로 조건이나 기한을 붙일 수 없다는 부정설[3)]이 대립한다. 전자는 국회의 기능을 강조하는 입장이고, 후자는 법원의 기능을 강조하는 입장으로 이해된다. 국회가 일단 체포·구금에 대한 동의를 한 이상 그 이상의 어떠한 조건이나 기한도 붙일 수 없다고 본다(다수설).[4)]

셋째, 회기전에 체포·구금되고 현행범이 아닌 경우에도 국회의 석방요구가 없으면 불체포특권은 인정되지 아니한다. 회기전에 현행범인으로 구속된 자에 대하여는 국회가 석방요구를 할 수 없다. 계엄하에서는 현행범이 아닌한 회기전·회기중을 가리지 아니하고

---

1) 구병삭; 김철수; 권영성, 헌법학원론, 953면.
2) 구병삭; 김철수, 헌법학(중), 223면.
3) 일본판례; 한동섭; 권영성, 헌법학원론, 953면.
4) 권영성, 헌법학원론, 953면.

불체포특권이 인정된다(계엄법 제13조).

– 불체포특권(Immunität) –

1. 헌법규정

헌법 제44조 의원은 현행범이 아닌 한 회기중에는 국회의 동의 없이는 체포 또는 구금되지 아니하며, 회기전에 체포 또는 구금된 경우라도 국회의 요구에 의하여 회기중 석방될 수 있다.

2. '정당화근거(Rechtfertigung)'

의회의 기능활성화(Funktionsfähigkeit)와 의회의 信望(Ansehen)을 유지하기 위함. 불체포특권은 국회의원의 개인적 특권이라기보다는 오히려 '국회의 특권'이라고 할 수 있다.

- 의회만이 불체포특권의 처분권을 가짐(국회의원은 처분권을 가지지 않음)
- 의원은 불체포특권을 포기할 수 없고, 의회에 대하여 의원의 불체포특권을 폐기하지 않도록 요구할 권리도 없다. 따라서 국회의 동의가 있는 경우에는(경우에 한하여), 형사상책임을 진다(구속, 신체의 자유 제한).

독일: 우리 헌법이 會期中에 한하여 불체포특권이 인정되는데 반하여, 독일은 불체포특권을 임기중 인정한다. 우리 헌법은 범법행위를 행한 의원에 대한 국가의 형사소추권까지를 제한하는 것이 아니기 때문에, 의원에 대한 범죄수사·형사소추등이 인정된다. 그러나 독일의 경우는 의원에 대한 형사소추(Strafverfolgung)까지 금지하고 있다(불소추특권: 기본법 제46조 제2항-제4항).[1] 이 경우 이들 침해가 의회활동과 관련되어 있을 필요는 없다.

3. 면책특권

3.1. 의의

국회의원의 면책특권(Indemnität)이라 함은 국회의원이 국회에서 직무상 행한 발언과 표결에 관하여 국회외에서 책임을 지지 아니함을 의미한다(헌법 제45조). 이 발언·표결에 관한 면책특권은 의원의 국민대표성과 직무의 원활한 수행을 보장하려는데 그 제도적 의의가 있다.

3.2. 연혁 및 입법례

국회의원이 국회에서 직무상 행한 발언과 표결에 관하여 국회밖에서 책임을 지지 아니한다는 면책특권은 일찍이 1689년의 영국의 권리장전에저 비롯되었다. 권리장전 제1조 제2항 제9단은 "국회에서의 언론의 자유와 토의 또는 의사절차는 국회 이외의 어떠한 법원

1) 허영, 한국헌법론, 966면.

또는 다른 장소에서 이를 비난하거나 문제삼아서는 아니된다"라고 하였다. 그 후 의회의원의 면책특권은 미국연방헌법에 계수되었고 오늘날에는 대부분의 헌법에서 이것을 명문화하고 있다.

3.3. 제도적 의의

국회의원의 발언과 표결에 관한 면책특권은 중세의 등족회의(신분대표자회의 : Ständeversamlung)에서 대표가 등족의 의사를 단순히 전달하는 기관에 지나지 않았던 것과 비교해 볼 수 있다. 과거 중세와는 달리 국회의원에 대하여 면책특권을 인정하는 제도적 의의는 국회의원에게 면책특권을 인정함으로써 근대의회의 의원이 자유롭게 발언하고 표결하는 것을 보장하고, 이를 통하여 의원의 국민대표성과 국회의원으로서의 직무를 충실히 수행하도록 한다는 제도적 장치를 마련해 두고 있는 것이다. 오늘날 헌법이 국회의원의 발언과 표결에 관한 면책특권을 인정하고 있는 제도적 의의는 첫째, 행정부가 그에 대한 비판, 즉 행정부를 비판하는 통제기관으로서의 국회의원들에 대하여 가할지도 모르는 부당한 강압을 배제하고 둘째, 전체국민의 대표자로서의 국회의원이 선거민이나 그 밖의 사회적 세력의 압력 또는 간섭을 받음이 없이 오로지 자신의 양심에 따라서만 활동할 수 있도록 배려하려는 데 있다.[1]

그러나 이러한 발언과 표결에 관한 면책특권도 고도의 정당국가적 성격을 띤 현대국가에서는 정당원으로서의 의원이 의원총회나 당수뇌부의 명령 · 지시에 구속당하는 현상으로 밀미암아 그 제도가 갖는 본래의 의의가 점차적으로 퇴색하고 있다.

3.4. 법적 성격

3.4.1. 인적 처벌조각사유 · 책임조각사유

발언과 표결에 관한 면책특권은 범죄의 성립요건은 충족되나 형벌을 조각시켜주는 책임면제(Indemnität)의 특권을 말한다(다수설). 책임면제라 함은 위법 · 유책의 범죄행위이지만 형벌권의 발동을 저지시켜주는 것을 말하며, 형법상 人的 처벌조각사유에 해당되며, 위법성 조각사유가 아닌 책임조각사유에 해당된다(죄는 성립되지만 처벌은 하지 않는다).[2][3]

---

1) 김기범, 한국헌법, 교문사, 1974, 477면; 한동섭, 헌법, 향학사, 249면.

2) 처벌조각사유라 함은 범죄가 성립함에도 불구하고 형벌권의 발생이 저지되는 일정한 사유를 말한다. 그 사유가 특히 범인의 일신상의 사정에 기인한 때에는 인적 처벌조각사유라고 부르는데, 이에는 의원의 의회내에서의 발언 · 표결 이외에 형법상의 친족간의 범행, 외교관의 행위 등이 있다.

3) 의원의 발언 · 표결에 대한 면책특권은 책임을 면제시킬 뿐 위법성을 조각하는 것은 아니므로 의원의 발언 · 표결을 교사 · 방조한 자는 민 · 형사상의 책임을 부담한다.

따라서 국회의원의 직무상 행한 발언이나 표결이 범죄를 구성하더라도 회기가 지난 후는 물론 임기만료 후에도 그 책임을 물을 수 없다.

책임이 면제되기 때문에 행위가 형법상의 범죄나 민사상의 구성한다 할지라도 소추를 받지 아니한다. 그러므로 면책특권은 실체법상의 특권인 인적 처벌조각사유에 해당한다. 면책특권은 의원 개인의 의정활동을 보장하기 위한 것이면서 의회 자체의 권위와 그 정상적인 직무수행을 보장하기 위한 것이다. 그러므로 면책특권은 의회의 구성원으로서의 의원의 특권이다.

의원의 면책특권은 범죄가 성립하는 경우에도 처벌을 받지 아니하는 특권을 의미하므로 헌법 제11조의 평등의 원칙에 위배되는 것이 아니냐 하는 것이 문제되고 있다. 그러나 국회의원의 면책특권은 의원의 국민대표성과 원활한 직무수행을 보장하기 위한 것이므로 합리적인 근거가 있는 것이며 따라서 평등의 원칙에 위배되지 아니한다.

3.4.2. 불체포 · 불구속 특권과의 구별

이에 대하여 제44조의 불체포특권은 범죄구성요건해당행위에 대하여 그 위법성을 인정함은 물론 책임까지도 묻는 것이며, 다만 일시적인 신체불가침권을 의미할 뿐이다. 이 점에서 제45조의 면책특권과 제44조의 불체포특권은 구별되며, 또한 면책특권은 국회의 의결로도 그 효력을 제한할 수 없다는 점에서 불구속특권과 구별된다.

3.5. 면책특권의 주체

면책의 대상자는 국회의원에 한하므로, 국무총리, 국무위원, 정부위원, 증인, 참고인 등이 국회에서 발언하는 경우에는 비록 院內에서 행한 발언이나 증언이라 할 지라도 면책특권이 인정되지 아니한다. 의원을 겸한 국무총리 · 국무위원에 관하여는 국무위원으로서의 발언과 의원으로서의 발언을 구별하여 의원으로서의 발언에 대하여만 인정된다는 견해[1]와 실제적으로 구별이 어려우므로 모두 면책된다는 견해[2]의 대립이 있지만 의원의 자격에서 한 원내의 발언에 대해서는 면책의 특권을 인정해야 할 것이다.[3] 또한 발언 · 표결에 관한 면책특권은 의원의 신분을 가진 자에 대하여 헌법정책적인 고려에서 인정되는 인적 처벌조각사유에 해당되는 것일 따름이므로(의원에게 형벌만을 면제시켜주는 것이므로) 이를 교사 · 방조한 자는 민 · 형사책임을 부담한다.[4][5]

1) 겸직이 허용된 다른 직을 겸하고 있는 의원도 의원으로서의 직무와 관련된 발언과 표결에 대해서는 당연히 면책특권의 주체가 된다(허영, 한국헌법론, 969면).

2) 김철수, 헌법학(중), 226면.

3) 권영성, 헌법학원론, 948면.

3.6. 면책특권의 내용

면책특권은 국회의원이 「국회에서」 「직무상 행한 발언과 표결」에 관하여 「국회외」에서 책임을 지지 아니하는 것을 그 내용으로 한다. 면책특권의 내용은 면책의 대상과 범위·효과 나누어 검토할 수 있다.

3.6.1. 면책의 대상

a) 국회내의 행위

국회내란 국회의사당 내만을 의미하는 것이 아니라, 국회의 본회의나 위원회 또는 교섭단체가 개최되는 장소를 포함한다. 특정장소나 건물이 중요한 것이 아니고 국회의 실질적 기능을 중심으로 보아야 하기 때문이다.

「문제점」
의원총회에서의 발언은?

b) 직무행위

면책대상이 되는 행위는 직무상의 행위이기 때문에 직무수행 자체는 물론이고 직무집행과 관련되거나 이에 부수된 先後의 행위(직무집행에 관련된 부수행위), 예컨대 국회본회의나 위원회에서 발언할 내용을 그 직전에 원내기자실에서 출입기자들에게 배포하는 행위를 포함한 모든 대의적 의사표현행위이다.

대판 1996. 11. 8, 96도1742 【특정범죄가중처벌등에관한법률위반(뇌물)·특정경제범죄가중처벌등에관한법률위반(공갈)·폭력행위등처벌에관한법률위반·공갈·뇌물수수】

【판시사항】

[1] 국회의원이 국회 내에서 하는 질문·질의 및 자료제출요구가 면책특권의 대상이 되는 행위인지 여부(적극)

[2] 국회의원의 면책특권이 인정되는 직무행위에 대하여, 소추기관이 공소를 제기하거나 법원이 그 범죄 해당 여부를 심리할 수 있는지 여부(소극)

【판결요지】

[1] 면책특권의 대상이 되는 행위는 국회의 직무수행에 필수적인 국회의원의 국회 내에서의 직무상 발언과 표결이라는 의사표현행위 자체에만 국한되지 않고 이에 통상적으로 부수하여 행하여지는 행위까지 포함되므로, 국회의원이 국회의 위원회나 국정감사장에서 국무위원·정부위원 등에 대하여 하는 질문이나 질의는 국회의 입법활동에 필요한 정보를 수집하고 국정통제기능을 수행하기 위한 것이므로 면책특권의 대상이 되는 발언에 해당함

4) 권영성, 헌법학원론, 948면.

5) 의원의 보조인도 의원에 준하여 면책특권을 갖는다(Gravel v. U.S. 408 U.S. 606 [1972]).

은 당연하고, 또한 국회의원이 국회 내에서 하는 정부·행정기관에 대한 자료제출의 요구는 국회의원이 입법 및 국정통제 활동을 수행하기 위하여 필요로 하는 것이므로 그것이 직무상 질문이나 질의를 준비하기 위한 것인 경우에는 직무상 발언에 부수하여 행하여진 것으로서 면책특권이 인정되어야 한다.

[2] 면책특권이 인정되는 국회의원의 직무행위에 대하여 수사기관이 그 직무행위가 범죄행위에 해당하는지 여부를 조사하여 소추하거나 법원이 이를 심리한다면, 국회의원이 국회에서 자유롭게 발언하거나 표결하는데 지장을 주게 됨은 물론 면책특권을 인정한 헌법규정의 취지와 정신에도 어긋나는 일이 되기 때문에, 소추기관은 면책특권이 인정되는 직무행위가 어떤 범죄나 그 일부를 구성하는 행위가 된다는 이유로 공소를 제기할 수 없고, 또 법원으로서도 그 직무행위가 범죄나 그 일부를 구성하는 행위가 되는지 여부를 심리하거나 이를 어떤 범죄의 일부를 구성하는 행위로 인정할 수 없다.

院內에서 행한 발언일지라도 의제와 관계가 없는 발언은 면책의 대상이 되지 아니한다. 사담·야유·모욕·폭력 등은 직무행위라 볼 수 없다. 왜냐하면 원내에서 행해진 것일지라도 정규의 절차에 따라서 한 발언이 아니기 때문에 직무상 행위라고 볼 수 없기 때문이다. 따라서 이러한 행위는 면책되지 않고 명예훼손죄나 모욕죄가 성립된다(다수설). 또한 정규의 절차에 따라서 한 발언일지라도 명예훼손적이거나 심한 모욕적 언사는 직무상 행위 그 자체와는 관계가 없는 것이다. 따라서 그것은 면책되지 아니하고, 명예훼손죄나 모욕죄가 성립할 수 있다(다수설). 그 이유는 그것은 의회의 기능과는 무관할 뿐만 아니라 의원의 대의책임의 본질과도 거리가 멀기 때문이다. 예컨대 독일기본법이 명문으로 모욕적인 발언을 면책특권의 적용대상에서 제외시킨 것도 그 때문이다.

독일기본법 제46조 제1항 단서는 '국회내의 행위라고 할지라도 모욕적이거나 명예훼손적인 경우에는 면책되지 아니한다'라고 규정하고 있다. 우리 국회법도 모욕이나 사생활에 관한 발언을 금지하고 있다. 즉 국회법 제146조는 "의원은 본회의 또는 위원회에서 다른 사람을 모욕하거나 다른 사람의 사생활에 대한 발언을 할 수 없다"라고 규정하고 있다.

대판 1992. 9. 22, 91도3317 【국가보안법위반】

대법원도 면책특권의 범위를 의사표현행위 그 자체 뿐 아니라 이에 부수하여 행해지는 행위까지 포함할 것이라고 보면서, 부수적 행위에 속하는가의 여부는 구체적 행위의 목적·장소·태양 등을 종합하여 개별적으로 판단할 문제라고 하였다. 유성환 의원의 원고배포가 회의시간 30분 전이고, 국회의사당 내에서, 기자들만을 상대로, 원고배포의 목적이 보도의 편의를 위한 것이므로 이는 면책특권으로서의 직무부수행위에 속한다는 입장을 보이고 있다.[1]

---

1) 대판 1992. 9. 22, 91도3317 【국가보안법위반】 유성환의원의 국회대정부질문원고사전유출사건에서, 대법원은「… 국회의원의 <u>면책특권의 대상이 되는 행위는 직무상의 발언과 표결이라는 의사표현행위 자체에 국한되지 아니하고 이에 통상적으로 부수하여 행하여지는 행위까지 포함된</u>

허위발언의 경우, 그것이 직무수행의 일환으로 이루어지고, 미쳐 진위여부의 정확한 판단이 없이 발언한 경우에는 면책대상이 된다고 보는 것이 판례이다.

대판 2007. 1. 12, 2005다57752 【손해배상(기)】

【판시사항】

[1] 헌법 제45조에 정한 국회의원의 면책특권의 규정 취지 및 국회의원의 직무상 발언과 관련한 면책특권의 범위

[2] 국회의원이 국회 예산결산위원회 회의장에서 법무부장관을 상대로 대정부질의를 하던 중 대통령 측근에 대한 대선자금 제공 의혹과 관련하여 이에 대한 수사를 촉구하는 과정에서 한 발언이 국회의원의 면책특권의 대상이 된다고 본 사례

【판결요지】

[1] 헌법 제45조에서 규정하는 국회의원의 면책특권은 국회의원이 국민의 대표자로서 국회 내에서 자유롭게 발언하고 표결할 수 있도록 보장함으로써 국회가 입법 및 국정통제 등 헌법에 의하여 부여된 권한을 적정하게 행사하고 그 기능을 원활하게 수행할 수 있도록 보장하는 데 그 취지가 있다. 이러한 면책특권의 목적 및 취지 등에 비추어 볼 때, 발언 내용 자체에 의하더라도 직무와는 아무런 관련이 없음이 분명하거나, 명백히 허위임을 알면서도 허위의 사실을 적시하여 타인의 명예를 훼손하는 경우 등까지 면책특권의 대상이 될 수는 없지만, 발언 내용이 허위라는 점을 인식하지 못하였다면 비록 발언 내용에 다소 근거가 부족하거나 진위 여부를 확인하기 위한 조사를 제대로 하지 않았다고 하더라도, 그것이 직무 수행의 일환으로 이루어진 것인 이상 이는 면책특권의 대상이 된다.

[2] 국회의원이 국회 예산결산위원회 회의장에서 법무부장관을 상대로 대정부질의를 하던 중 대통령 측근에 대한 대선자금 제공 의혹과 관련하여 이에 대한 수사를 촉구하는 과정에서 한 발언이 국회의원의 면책특권의 대상이 된다.

c) 발언 · 표결

발언은 의제에 관한 모든 의사표시이므로, 발의 · 토론 · 연설 · 질문 · 사실상의 진술 등이 포함된다.[1] 표결이란 의제에 관한 찬 · 반의 의사표시를 말하며, 그 방법에는 제한이 없

다고 할 것이고, 그와 같은 부수행위인지 여부는 결국 구체적인 행위의 목적 · 장소 · 태양 등을 종합하여 개별적으로 판단할 수밖에 없다. 유성환 피고인이 배포한 원고의 내용이 공개회의에서 행할 발언내용이고(회의의 공개성), 원고의 배포시기가 당초 발언하기로 예정된 회의시작 30분 전으로 근접되어 있으며(시간적 근접성), 원고배포의 장소 및 대상이 국회의사당 내에 위치한 기자실에서 국회출입기자들만을 상대로 하여 한정적으로 이루어졌고(장소 및 대상의 한정성), 원고배포의 목적이 보도의 편의를 위한 것(목적의 정당성)이라는 등의 사실을 인정한 후, 이와 같은 사실을 종합하여 피고인이 국회본회의에서 질문한 원고를 사전에 배포한 행위는 국회의원의 면책특권의 대상이 되는 직무부수행위에 해당한다」라고 하여 상고를 기각하였다.

1) 국회에서 국회의원이 買收되어 발언하였다 하더라도 그 발언내용은 문제삼을 수 없다(United States N. Johnson, 308 U.S. 169 [1966]).

다. 직무상 발언과 표결에는 언어적인 발언이 아닌 물리적인 발언은 포함되지 않는다.[1] 표결의 경우에 퇴장하는 행위도 넓은 의미의 표결에 해당한다.

3.6.2. 면책의 효과

a) 국회외에서의 면책

"국회외에서 책임을 지지 않는다"는 것은 민·형사책임을 지지 않음을 의미한다. 따라서 의원의 발언이 국회법이나 의사규칙에 규정된 징계사유에 해당할 경우에는 국회가 징계처분을 할 수 있으므로, 소속정당으로부터의 징계책임(제명) 또는 선거구민에 대한 정치적 책임까지 부담하지 않는다는 것은 아니다(통설). 면책은 재임중에 국한하지 않고 임기만료 후에도 적용된다. 국회 내에서 행한 직무상 발언도 그것을 그대로 외부에서 되풀이하는 경우에는 면책특권이 미치지 않는다. 다만 공개회의의 회의록을 그대로 공개한 경우에는 면책된다. 이 경우의 면책은 면책특권의 효과라기보다는 알권리나 언론의 자유의 효과라 할 것이다.

「면책의 예외」
- 국회내에서의 징계책임
- 소속정당으로부터의 징계책임(제명)
- 선거구민에 대한 정치적 책임

b) 책임의 면제

aa) 법적 책임의 면제

여기서 책임이라 함은 원외에서의 민사상, 형사상 및 징계상의 책임,[2] 즉 법적 책임만을 의미한다. 면책이라 함은 일반국민이면 당연히 져야 할 민사상 또는 형사상의 책임과 부, 처의 위원으로서 지는 징계상의 책임을 지지 않는다는 것을 의미한다. 그리하여 의원이 직무상 행한 발언과 표결에 대해서는 이것이 적법으로 된다고 보는 설이 있으나, 적법으로 되는 것은 아니고 책임이 면제되는 것이므로 정책적 고려에서 처벌을 하지 않는 것에 불과한 것이다. 따라서 공소가 제기되었을 때에는 공소를 기각하여야 할 것이다(통설).

bb) 정치적 책임의 면제여부

이와 같이 책임은 법적 책임만을 의미하므로, 정치적 책임은 물을 수 있다. 따라서 선

---

1) 허영, 한국헌법론, 969면.
2) 여기서 징계라 함은 의원이 부·처의 위원을 겸하고 있는 경우에 거기에 있어서의 징계처분을 의미한다.

거민에 의한 정치적 비난이나 소속정당에 의한 징계처분까지 면할 수 없다(통설). 왜냐하면 면책특권은 바로 국민에 의한 정치적 책임의 추궁을 그 본질로 하는 대의민주제를 활성화하기 위한 제도이기 때문이다.

c) **면책특권의 한계**

국회내에서 한 발언과 표결일지라도 그것을 다시 원외에서 발표하거나 출판하는 경우에는 면책되지 아니한다. 여기에 면책특권의 한계가 있다. 다만 공개회의의 의사록을 그대로 공개 배포한 경우에는 보도의 자유의 일환으로서 면책된다. 그러나 비밀을 요한다고 의결한 부분이나 의장이 국가의 안전보장을 위하여 필요하다고 인정한 부분 및 의장이 취소하게 한 발언을 보도하게 한 경우에는 면책되지 아니한다.[1]

3.7. 사례

국민회의의 蔡映錫의원은 1996년 6월 24일 국회예결위회의장에서 열린 국민회의와 자민련의 "합동의원총회"에서 '검찰이 나라를 망치고 있다'며, '대부분의 검사들이 마작과 고스톱을 한다. 구두를 닦아도 돈을 내는 검사가 없다. 아예 돈을 갖고 다니는 검사가 거의 없는 것 같다'며 검찰을 비난했다. 검찰 측은 채의원의 발언이 알려지자 「근거 없는」 얘기로 검찰의 명예를 훼손한 만큼 정식으로 문제삼아야 한다고 주장하였다.[2]

문제) 위의 글을 읽고 다음내용에 답하라.

1) 채의원의 발언은 헌법 제45조에서 규정하는 「국회의원은 국회에서 직무상 행한 발언과 표결에 관하여 국회 외에서 책임을 지지 아니한다」는 규정에 의하여 그의 발언이 면책특권의 대상이 되는가?

2) 국회의원의 의원총회(예 국민회의 + 자민련)에서의 발언은 「국회에서의 직무상발언」이 아니라 단순히 「政黨행사에서의 黨務發言」인 만큼 면책특권대상에 포함될 수 없으며, 따라서 현행법상 형사소추의 대상이 되는가?

---

1) 국회의원과 국회직원은 면책특권에 의하여 보호된다. 그러나 국회기능과 관계없는 국회보고서 배포는 면책의 직접적인 대상이 되지 아니한다.
2) 동아일보 1996년 6월 26일자 제4면 참조.

「정리」

– 면책특권(Indemnität) –

1. 의의

국회의원이 임기중 의회 또는 위원회에서 행한 직무상발언과 표결을 이유로 - 임기중 혹은 임기후(Beendigung des Mandats) - 재판상 또는 직무상 추궁 당하지 않도록, 또는 그 밖의 방법으로 「국회외」(따라서 국회내에서의 징계 등의 책임추궁가능)에서 책임을 지지 않도록 의원을 보호하기 위한 제도.

2. 보호범위(면책특권의 효력)

면책특권은 의원이 헌법적 과제(verfassungsmäßige Aufgabe)를 수행하는데 있어서 그를 침해할 수도 있는 모든 고권적 조치(hoheitliche Maßnahme)로부터, 특히 사법권의 행위(Akt der richterlichen Gewalt)로 부터 의원을 보호('민사소송 : zivilgerichtliche Klage'을 포함한 모든 '재판절차 : gerichtliche Verfahren'에 적용). 면책특권은 의회의 처분(Verfügung)으로부터 벗어나 있으며, 따라서 폐기될 수 없으며, 또한 의원 스스로 포기할 수도 없다.

[면책행위의 범위]
- 본회의와 위원회에서 행한 발언과 표결행위
- 원내발언 및 표결과 직접적 관련성이 있는 '대의적 의사표현행위'

예외 : 중상적인 모욕(verleumderische Beleidigung)이나, 사생활침해의 경우에는 면책특권이 인정되지 않는다.

면책특권 Indemnität 국회의원이 국회에서 직무상 행한 발언과 표결에 관하여 국회밖에서 책임을 지지 않는 특권을 말한다(헌법 제45조). 이 책임면제특권은 일찍이 1689년의 영국의 권리장전에서 그 기원을 찾아볼 수 있으나, 미국 헌법에 와서 비로소 의원의 특권으로 인정되게 되었으며, 오늘날에 있어서는 세계 각국 헌법에서 규정되고 있다. 이것은 국회가 정부에 대한 정책통제기관으로서의 기능을 다하고, 국민의 대표자로서 공정한 입법 및 民意의 충실한 반영을 다할 수 있게 하기 위해서 국회의원이 자유롭게 직무를 수행하는 것을 보장하기 위한 것이다. 면책특권이 인정되는 자는 국회의원뿐이다. 의원의 발언 · 표결에 대한 면책특권은 책임을 면제시킬 뿐 위법성을 조각하는 것은 아니므로 의원의 발언 · 표결을 교사 · 방조한 자는 민 · 형사상의 책임을 부담한다.

면책을 받게 되는 행위는 국회내에서 행한 발언과 표결이다. 국회의사당만을 의미하는 것이 아니고, 의사당 외에서 예외적으로 위원회를 소집하여 의원이 활동할 경우와 지방공청회등에서와 같은 의사당 외에서의 직무상의 발언이나 표결도 포함된다. 발언은 의원이 직무상 행하는 모든 의사표시를 의미하고, 여기에는 토론 · 연설 · 질문 · 사실의 진술등이 포함되며, 표결은 의제에 관하여 찬부의 의사를 표시하는 것을 말한다. 단 폭력행위라든가 험담이라든가 원내발언의 원외간행이 범죄를 구성하는 한 면책될 수는 없으며, 사담이나 핀잔과 같은 것도 의원의 직무행위라고 할 수 없다.

면책의 효과는 국회 외에서 책임을 지지 아니한다는 것이다. 즉 (1) 외부에 대해서 책임을 지지 않는다는 것은 일반국민이 당연히 지는 법적 책임, 즉 민사상·형사상의 책임을 지지 않는다는 의미이다. (2) 의원이 국회 내에서 한 행위에 관하여 외부에 대한 정치적 책임까지 면제되지는 않는다고 보아야 한다. (3) 이 특권은 국회 외에서 책임을 지지 않는다는 것이므로 국회에서의 징계책임까지도 면제된다고는 할 수 없다. (4) 면책의 시기는 재임 중만이 아니고 임기 종료 후에도 영구히 책임을 지지 않으며, (5) 의원이 원내에서 발표한 의견을 원외에서 발표하거나 또는 출판하였을 경우에는 여기의 면책특권이 인정되지 않는다. <국민서관, 법률학사전>

IV. 국회의원의 권리와 의무

1. 국회의원의 권리

1.1. 국회의 운영과 활동에 관한 권리

1.1.1. 국회소집요구권

국회의원은 재적의원 4분의 1 이상의 찬성으로 국회의 임시회의 집회를 요구 할 수 있다(헌법 제47조 제1항). 임시회의 집회요구가 있을 대에는 의장은 집회기일 3일전에 그 것을 공고한다(국회법 제5조 제1항)

1.1.2. 의안발의권

발의권이란 의제로 될 수 있는 의안을 제출할 수 있는 권리를 말하며, 10인 이상의 의원의 찬성으로 議案을 발의할 수 있다(국회법 제79조). 의원 또는 위원회가 예산 또는 기금상의 조치를 수반하는 의안을 발의 또는 제안하는 경우에는 그 의안의 시행에 수반될 것으로 예상되는 비용에 대한 추계서를 아울러 제출하여야 한다(국회법 제79조의2 제1항).

의원이 발의할 수 있는 의안 중 중요한 것으로는 헌법개정안, 법률안, 국회규칙의 제정·개정안, 탄핵소추안, 계엄해제요구안, 체포·구금된 의원의 석방요구안, 국무총리·국무위원 등의 출석·답변요구안, 국무총리 또는 국무위원의 해임건의안, 의원의 자격심사와 징계요구안 등 여러 가지가 있다.

1.1.3. 질문권

질문권이란 현재의 의제와 관계없이 정부에 대하여 질문할 수 있는 권리를 말한다(국회법 제122조). 의원이 정부에 일반질문을 하려면 먼저 20인 이상의 의원이 국무총리·국무위원 등에 대한 출석요구가 있어야 한다. 질문요지서는 질문하기 전 48시간 전에 정부에

도달되어야 한다(국회법 제122조의2 제7항). 질문의 대상은 국무총리 · 국무위원 또는 정부위원이며(헌법 제62조 제2항), 질문의 종류는 서면으로 행하는 일반질문과 구두로 행하는 긴급질문이 있다. 국회나 그 위원회의 요구가 있을 때에는, 국무총리 · 국무위원 또는 정부위원은 답변을 하여야 한다.

1.1.4. 질의권

질의권이란 현재 議題가 되고 있는 의안에 대하여 의의를 묻는 권리이다. 질의의 대상은 의장 · 위원장 · 발의자 · 국무총리 · 국무위원 · 정부위원이며, 질의는 구두로써만 한다.

> 질문 : 정부에 대하여 국정에 관한 설명을 요구하는 것이므로, 그 범위는 국정전반에 걸쳐 할 수 있고, 질문서를 미리 정부에 송부하여야 하며, 의사일정에 기재된 다음에 할 수 있다.
>
> 질의 : 의제가 된 안건에 관하여 의의를 묻는 것이므로, 의제가 된 범위 내에 한하여 할 수 있고, 의제가 된 이후에 할 수 있으며, 의사일정에 올릴 필요가 없다.[1]

1.1.5. 토론권

의원은 의제가 된 의안에 대하여 찬 · 부 토론을 할 수 있다. 의사일정에 상정된 안건에 대하여 토론을 하고자 하는 의원은 미리 반대 또는 찬성의 뜻을 의장에게 통지하여야 한다. 질의가 끝나면 토론을 하는 것이 원칙이지만, 위원회의 심사를 거친 안건에 대해서는 의결로써 토론을 생략 할 수 있다(국회법 제93조).

1.1.6. 의안의결권(표결권)

의원은 본회의나 위원회 등에서 표결에 참가할 권리가 있다. 정당국가적 경향에 의하여 지배되고 있는 의회에 있어서도 법적으로는 표결의 자유가 보장되어 있으며, 표결의 자유는 헌법에 보장되어 있다(헌법 제45조). 표결방법은 異義의 유무를 묻는 방법이 있다. 이의가 있을 때에는 기립하게 하여 可否를 결정하거나 중요안건 중 본회의 의결 또는 재적 5분의 1 이상의 요구가 있을 때에는 記名 · 電子 · 呼名 또는 무기명투표로 할 수 있다(국회법 제112조). 헌법개정안은 기명투표로 한다(국회법 제112조 제4항). 대통령으로부터 환부된 법률안(국회법 제112조 제5항), 인사에 관한 안건(국회법 제112조 제5항), 국회에서 실시하는 각종 선거(국회법 제112조 제6항), 국무총리나 국무위원에 대한 해임건의안(국회법 제112조 제7항)에 대한 의결은 무기명 투표로 한다.

---

1) 권영성, 헌법학원론, 954면 각주 1) 참조.

1.2. 세비(월정수당)와 편익을 받을 권리

국회의원은 법률이 정하는 바에 의하여 수당과 여비를 받는다(국회법 제30조). 의원은 국회의원수당등에관한법률에 따라 일정액의 월정수당(세비), 입법활동비, 특별활동비, 여비 등을 지급받는다. 세비의 법적 성질에 관하여 근무에 대한 대가인 보수로 보는 견해[1][2]와 직무를 행함에 필요한비용의 변상(수당)으로 보는 견해가 그것이다. 국무의원은 무료로 국유의 철도·선박·항공기를 이용할 수 있다. 단 폐회중에는 공무인 경우에 한한다(국회법 제31조).

[세비의 법적 성질]

비용변상설(수단설): 비용변상설에 의하면 국회의원의 세비는 '의원의 생활을 보장하는 것이 아니고 직무를 행함에 필요한 비용의 변상'이라고 한다. 이 설은 국회의원이 다른 본업을 가진다는 것을 전제로 한 것이다. 국회법과 국회의원수당 등에 관한 법률에 따를 때 수당설이 타당하다는 것이다.

보수설: 보수설에 의하면 세비는 의원의 근무에 대한 보수라고 한다. 이 설에 의하면 세비청구권은 재산적인 청구권이며, 소송에 의해서 청구할 수 있다고 한다.

생각건대 의원이 자주적이고 독립적으로 대의활동을 해 나가기 위해서는 그 지위와 책임에 상응한 생활보장이 필요하며, 그러한 생활보장은 일정한 보수를 전제로 할 때 그 실효성이 가장 크다. 따라서 의원의 세비는 그 직무를 수행하는 의원에 대한 보수로서, 의원 개인이 그 가족의 생계를 유지하기 위하여 국고에서 지급되는 급여의 성격을 가지고 있다. 이러한 의미에서 보수설이 타당하다.[3]

세비와 편익을 받을 권리는 국회의원의 신분에 부여되는 특권이 아니라 의원활동을 지원하기 위한 권리로 볼 것이다(통설).

[허영 교수의 견해]

허영 교수는 의원의 권리를 단독으로 행사할 수 있는 권리와 공동으로 행사할 수 있는

---

1) 김철수; 허영, 한국헌법론, 962면(세비는 실질적으로는 근무대가에 대한 보수이며 가족의 생계유지를 위한 것임에도 불구하고, 우리 실정법은 의원의 직무에 소용되는 비용의 변상이라는 관점에서 다루고 있는 것은 잘못이다.).

2) 독일에서도 세비가 수당 내지 비용변상이냐 아니면 보수냐에 관해서 논란이 있었지만, 1975년 독일연방헌법재판소가 보수설을 취함으로서 논쟁이 종결되었다(BVerfGE 40, 296 ff); 허영, 한국헌법론, 962면 각주 2) 참조.

3) 허영, 한국헌법론, 962면.

권리로 구별하고, 전자에서는 상임위원회소속활동권, 발언 · 동의권, 질문 질의권, 토론 · 표결권, 수당 · 여비수령권, 교통편익권을 언급하고 후자에서는 임시회집회요구권, 의안발의권을 언급하고 있다.[1)]

1.3. 국유교통수단의 무료이용권

의원은 국유의 철도 · 선박과 항공기를 무료로 이용할 수 있다. 다만 폐회 중에는 공무의 경우에 한한다. 이 국유교통수단의 무료이용권도 의원으로서의 활동을 지원하기 위한 것이지, 결코 의원의 신분에 대한 특권의 부여라고 할 수 없다.

2. 국회의원의 의무

2.1. 헌법상 의무

2.1.1. 청렴의무(헌법 제46조 제1항)

국회의원은 청렴을 지킬 의무가 있다.

2.1.2. 국가이익우선의 의무(헌법 제46조 제2항)

국회의원은 국가이익을 우선하며, 양심에 따라 직무를 행하여야 한다. 헌법 제46조 제2항은 "국회의원은 국가이익을 우선하여 양심에 따라 직무를 행한다"라고 하여, 국가이익우선의 의무를 규정하고 있다. 이에 따라 국회의원은 법과 자신의 양심에 따라서 직무를 행할 뿐, 그 이외의 외부로부터의 지시나 명령에도 따르지 아니한다. 의원은 또한 선거구민이나 소속정당의 이익보다는 국가 또는 전체국민의 이익을 위하여 행동할 의무를 진다. 그런 까닭에, 의원은 공정하게 직무를 수행하고 여론은 존중하여야 함은 물론, 국가 또는 전체국민의 이익과 소속정당의 이익이 대립할 경우에는 전자의 이익을 우선시킬 정치적 의무이 있다.

2.1.3. 이권개입금지의 의무(헌법 제46조 제3항)

국회의원은 그 지위를 남용하여 재산상의 권리 · 이익 또는 직위를 취득하거나 타인을 위하여 그 취득을 알선해서는 안된다. 헌법 제46조 제3항은 "국회의원은 그 지위를 남용하여 국가 · 공익단체 또는 기업체와의 계약이나 그 처분에 의하여 재산상의 권리 · 이익 또는 직위를 취득하거나 타인을 위하여 그 취득을 알선할 수 없다"라고 하여, 그 지위를 남용한 이권개입금지의무을 규정하고 있다. 1980년 헌법 이래 국회의원에게 이권개입금지의무 조항을 규정하고 있는 것은 의원의 국민대표성과 그 헌법상의 기능에 비추어 의원들이 진

---

1) 허영, 한국헌법론, 961-963면.

정한 의미에 있어서의 민의의 대변자로서 그 임무를 다하고, 또 건전한 정치풍토를 조성하려는 데에 그 목적이 있다. 의원이 그 지위나 특권을 남용하여 이권에 개입할 경우에는 징계의 대상이 된다.

2.1.4. 겸직금지의 의무(헌법 제43조 및 정당법 제29조)

국회의원은 법률이 정하는 직을 겸할 수 없다. 헌법 제43조는 "국회의원은 법률이 정하는 직을 겸할 수없다"라고 하여, 국회의원이 국민대표로서의 지위와 양립되지 아니하는 公·私의 직을 겸임하지 못하게 하고 있다. 다만 금지되는 겸직의 구체적인 범위는 법률로써 정하도록 하고 있다. 국회법 제29조에 따라 국회의원은 다음의 직을 겸임할 수 없다. (1) 국가공무원법 제2조와 지방공무원법 제2조에 규정된 국가 및 지방공무원, (2) 대통령·헌법재판소재판관·각급 선거관리위원회위원·지방의회의원, (3) 다른 법령의 규정에 의하여 공무원의 신분을 가지는 직, (4) 한국은행을 포함한 정부투자기관의 임·직원, (5) 농업협동조합·수산업협동조합의 임·직원, (6) 정당법 제22조 제1항 단서의 규정에 의하여 정당의 당원이 될 수 없는 교원 등이 그것이다. 정당법 제22조 제1항 단서의 규정에 의하여 당원이 될 수 있는 교원이 의원으로 당선된 경우에는 임기중 그 교원의 직은 휴직된다. 의원이 당선 이전부터 겸직이 금지된 직을 가진 경우에는 임기개시일에 그 직에서 해임된다

2.2. 국회법상의 의무

의원은 본회의나 위원회에 출석하여야 하며, 의사에 관한 법령과 규칙을 준수해야 한다. 또한 국회의 위신을 손상치 말아야 하며, 의장의 질서권에 복종하여야 한다. 국회법도 국회의원에 대하여 여러 가지 의무를 규정하고 있다. 국회의원이 준수해야할 의무로서 중요한 것으로는 ① 국회의 본회의와 위원회에 출석할 의무, ② 의사에 관한 법령과 국회규칙을 준수할 의무, ③ 회의장의 질서를 준수하고 국회의 위신을 손상하지 않을 의무(국회법 제145조), ④ 다른 의원을 모욕하거나 사생활에 대한 발언의 금지의무(국회법 제146조) ⑤ 폭력을 행사하거나 다른 의원의 발언을 방해하지 않을 의무(국회법 제147조), ⑥ 국정감사·조사에 있어서 일정한 주의의무, ⑦ 의장의 질서유지에 관한 명령에 복종할 의무(국회법 제145조) 등을 들 수 있다. 의원이 이러한 의무을 위배한 경우에는 의장 또는 위원장이 경고·제지·발언금지 또는 퇴장을 명하거나 국회가 징계를 의결할 수 있다.

제 3 절 대통령

제 1 항 대통령의 지위

I. 서설

1. 정부형태에 따른 대통령의 지위

현대 헌법국가적 민주공화국에 있어서의 국가원수는 일반적으로 대통령이 국가원수의 지위를 가지는 것이 보통이지만, 일반적으로 대통령의 헌법상의 지위를 일률적으로 설명하기는 어렵다고 하는 문제점이 있다. 정부형태에 따른 대통령의 지위를 살펴보면 다음과 같다.

1.1. 대통령제 국가

대통령제의 원형인 미국의 대통령은 원칙적으로 입법 · 사법과 동일한 지위를 갖는다. 이에 대하여 라틴 아메리카(Latin America)나 아시아 · 아프리카지역의 대통령은 입법이나 사법에 대하여 월등하게 우위를 점하고 있다. 따라서 이들 국가에 있어서는 대통령의 독주를 막기가 곤란하여 권력행사를 유효하게 견제하기가 어렵다고 하는 문제점이 있다.

1.2. 의원내각제 국가

의원내각제 국가에 있어서의 대통령의 지위도 일률적으로 규정하기 어렵다는 문제점이 존재하나, 일반적으로 정치적 영향력을 갖지 아니한, 그리고 정치적으로 중립성(Neutralität) · 형식적 · 의례적인 국가원수의 지위를 지닌다고 할 수 있다.

『문제』

의원내각제하의 대통령은 의회와 정부가 서로 대립할 경우 중재자(Mittler)로서의 역할을 하는가? 현재의 독일 의원내각제의 경우 대통령은 과거의 바이마르 공화국 시절(1919-1933)과는 달리 대통령이 중재자 내지는 조정자역할을 하지 않는 것으로 보나, 한국의 경우 제2공화국시절의 대통령은 일정한 범위내에서는 조정자로서의 역할을 했다고 보는 견해(권영성)가 있다.[1]

1.3. 의회정부제(회의제) 국가

의회정부제라 함은 정부에 대한 의회의 절대적 우위로 특정지워진 정부형태로 일반적으로 국가원수나 대통령은 존재하지 않으며, 존재하는 경우에도 그의 권한은 의례적·대표적 사항에 국한된다.

2. 우리 나라의 역대 대통령의 헌법상 지위의 변화

우리 나라의 헌정사에서 대통령의 지위도 여러 번 바뀌었다. 공통된 특징은 언제나 변형된 대통령제를 채택하였었고, 입법부나 사법부에 대하여 언제나 우월적 지위와 권위를 가졌다는 점이 특징이다. 실질적인 권한은 없으면서 대통령을 대신하여 책임만을 지는 국무총리를 둠으로써, 대통령은 정책적인 책임에서 벗어나려는 태도가 거의 일관되게 유지되어 왔다.

역대의 의미?
현직 대통령을 포함하는가? 이와 관련하여 출제된 국가고시에 대한 대법원 판례

2.1. 제1공화국(이승만정권)

1948년 건국헌법의 대통령은 미국식 대통령제를 모방하여 대통령과 부통령을 두었으나, 의원내각제요소를 가미한 이원정부제적인 대통령이었다. 부통령은 대통령직의 승계 및 권한을 대행할 수 있었다. 탄핵재판소 및 헌법위원회의원장을 겸하였고, 참의원의장을 겸하였다.

· 대통령
· 부통령 → 대통령직을 승계
대통령권한대행
탄핵재판소 및 헌법위원회의원장을 겸임
참의원의장을 겸임

2.2. 제2공화국(장면정권)

1960년의 제2공화국은 의원내각제를 채택하였기 때문에 대통령은 형식적·의례적인 권한을 지닌 상징적 국가원수였다.

· 상징적 국가원수

1) 권영성, 헌법학원론, 905면.

2.3. 제3공화국(박정희정권)

1962년의 제3공화국은 정부의 국회해산권이나 국회의 정부불신임권이 없었던 고전적 대통령제의 대통령의 지위를 지니고 있었다.

[고전적 대통령제]
정부의 국회해산권 없음
국회의 정부불신임권 없음

2.4. 제4공화국(유신헌법 · 박정희정권)

1972년의 유신헌법(제4공화국 헌법)에 있어서의 우리나라 정부형태는 대통령에게 국가의 영도적 지위를 부여하고, 강력한 권력을 대통령에게 인정한 절대적 대통령중심제를 채택하였다. 소위 영도적 대통령제는 위기정부(Krisenregierung)[1]이론 및 한국적 민주주의 이론에 의하여 탄생된 제도이다. 급변하는 국제정세속에서 자유독립을 견지하고, 어렵고도 험난한 남북대화에 대비하고 시급한 사회국가발전을 위하여 혁신적인 새체제를 갖추기 위함이었다.[2] 독일 바이마르 헌법 제48조 제2항의 대통령비상대권 및 1958년의 프랑스 드골헌법 제16조를 모방하여 탄생한 것이다.[3]

[영도적 대통령제]
· 위기정부(Krisenregierung) ☜ 정부위기(Regierungskrise)의 개념과는 다름을 주의
→ 독일 바이마르 헌법 제48조 제2항의 대통령비상대권
→ 프랑스 드골헌법 제16조

과거의 대통령의 헌법상의 지위는 입법부 · 사법부와 수평적 균형의 위치를 가지는 행정부의 수반으로서의 지위와, 분립되어 있는 3府를 조정하는 조정자로서의 국가원수의 지위에 있었으나[4] 대외 · 대북 · 대내문제들에 대처하기 위하여 국가원수에게 조정자로서의 지위외에, 새로이 국가영도자로서의 지위를 첨가하고 여기에 영도자로서의 권한을 부여하였다.[5] 따라서 대통령은 국가기관간의 조정적 기능을 하는 중립적 권한(pouvoir neutre)과 아울러 국정을 영도하는 국가적 권력(pouvoir étatigue)을 가지게 되었다. 전자는 국가활동

---

1) 정부위기(Regierungskrise)와 위기정부(Krisenregierung)의 개념과는 다름을 주의하여야 한다.
2) 문홍주, 주관식헌법, 193면 참조.
3) 1958년의 드골헌법은 대통령간선제를 채택하였으나 4년후인 1962년에는 직선제로 복귀하였다. 문홍주, 주관식헌법, 197면 참조.
4) 문홍주, 주관식헌법, 194면 참조.
5) 문홍주, 주관식헌법, 194면 참조.

을 위한 소극적 권한인데 반하여 후자는 국가를 운영하는 적극적 권력이다.[1)]

「대통령」
중립적 권한(pouvoir neutre) → 국가기관간의 조정적 기능을 하는 권한
국가적 권력(pouvoir tatigue) → 國政을 영도하는 권한

2.5. 제5공화국(전두환정권)

1980년 헌법의 대통령의 지위는 대통령제의 범주에 포함시킬 수 있겠으나, 미국식 대통령제와는 거리가 있고, 프랑스 대통령제와 유사한 이른바 독일의 정치학자 바이메(Klaus v. Beyme)가 의미하는 半大統領制라 할 수 있다.

· 半大統領制

II. 현행헌법에 있어서 대통령의 헌법상 지위

1987년에 개정된(제9차개헌) 현행 헌법상 대통령의 지위는 제3공화국 헌법상의 대통령의 지위와 유사하다. 대통령의 국회해산권과 비상조치권을 폐지하여 그 권한을 축소하였고, 이에 반하여 국회의 권한을 강화시켜(국정감사권의 부활, 국회의 회기제한의 폐지) 양자의 균형을 유지하고 있다. 이는 고전적 대통령제의 대통령의 지위에 가깝다. 또한 현행헌법은 국무총리제를 두어 정부구조를 이원화 (이원적 구조)하고 있다.

「현행헌법」
대통령의 권한축소 → 대통령의 국회해산권과 비상조치권폐지
국회의 권한강화 → · 국정감사권 부활
· 국회의 회기제한 폐지

[김철수 교수의 견해]
국가원수로서의 지위(조약체결, 선전포고, 외교사절의 신임 · 접수, 헌법기관 임명, 영전수여, 사면권), 국가의 주권행사기관으로서의 지위(헌법 개정제안권, 국민투표부의권, 위헌정당해산제소권), 행정권의 수반으로서의 지위(국군통수권, 행정정책결정권, 공무원 임명권, 행정입법권), 국가수호자로서의 지위(긴급명령권, 긴급재정 · 경제명령권, 계엄선포권)로 분류한다.[2)]

1) 문홍주, 주관식헌법, 194면 참조.

[권영성 교수의 견해]

국민대표기관으로서의 지위, 국가원수로서의 지위, 행정부수반으로서의 지위로 대별하고, 전자를 대외적으로 국가를 대표할 지위(조약체결, 외교사절의 신임 · 접수, 선전포고), 국가와 헌법의 수호자로서의 지위(긴급명령, 긴급재정 · 경제처분 및 명령권, 계엄선포, 위헌정당제소권), 국정의 통합조정자로서의 지위(헌법개정안 제안권, 국민 투표 부의권, 국회임시회 소집요구권, 법률안 제출권, 사면권), 헌법기관구성권자로서의 지위(각종 헌법기관의 임명)로 후자를 집행의 최고지휘권자 · 최고책임자로서의 지위, 행정부조직권자로서의 지위, 국무회의의장으로서의 지위로 분류한다.[1)]

[허영 교수의 견해]

국가원수로서의 지위, 국정의 최고책임자로서의 지위, 행정부수반으로서의 지위, 대의기관으로서의 지위, 기본권보장기관으로서의 지위로 분류한다.[2)]

[구병삭 교수의 견해]

국가원수로서의 지위와 행정부수반으로서의 지위로 대별하고, 전자를 외국에 대하여 국가를 대표하는 지위, 국가의 독립 · 영토의 보전 및 국가의 계속성과 헌법을 수호할 지위, 국정영도자로서의 지위, 국무회의 의장으로서의 지위로 분류한다.[3)]

[양건 교수의 견해]

현행 우리 헌법상 대통령의 지위는 국가원수로서의 지위와 정부수반으로서의 지위로 나눌 수 있다.[4)]

현행 헌법의 정부구조는 이원적이라는 데 특징이 있다(대통령지위의 이중성). 정치적 수행기능은 대통령의 전속관할로 하고 고유한 행정기능은 국무총리에 의하여 통할되는 좁은 의미의 행정부에 맡겨 놓고 있다.[5)] 우리 헌법도 대통령의 국가원수로서의 지위와, 행정부수반으로서의 지위를 명시함으로써 이를 뒷받침하고 있다. 여기서는 대통령의 지위를 국가원수로서의 지위 그리고 행정부의 수반으로서의 지위로 나누어 설명하고자 한다.

- 국가원수로서의 지위
- 행정부의 수반으로서의 지위

---

2) 김철수, 헌법학(중), 465-466면
1) 권영성, 헌법학원론, 962-964면.
2) 허영, 헌법학원론, 972-974면.
3) 구병삭, 신헌법원론, 959-961면.
4) 양건, 헌법강의, 879면.
5) 이에 반하여 허영 교수는 미국의 대통령은 모든 집행작용을 직접 통할하고 각부장관들과 직접 정책심의를 하고 있으므로 대통령지위의 이중성이란 없다고 한다.

1. 국가원수로서의 지위

국가원수(Staatsoberhaupt)란 대외적으로 국가를 대표할 수 있다는 의미에서의 지위이다. 이는 대통령의 국가원수로서의 지위는 대외적 국가대표만을 의미할 뿐 대내적 관계에서는 국정의 최고책임자일 수는 있어도 국가원수는 아니라는 의미이다.[1] 결국 대외적 국민대표는 대통령만이 될 수 있으나(헌법 제66조 제1항), 대내적 국민대표는 국회와 더불어 대통령도 대표기관이 된다.

「참고」

국회와 대통령이 모두 대표기관이 될 수 있으나 ① 국회가 다원적 이익을 대표한다면 대통령은 전체적인 국가이익과 국가적 통일의 대표에 중점을 두게 되며,[2] ② 국회가 부분보다는 전체를, 경험적 의사보다는 추정적 의사를 존중하여야 하는 고전적 대의이념이 강하게 요구되나 대통령은 경험적 국민의사를 무시하기 어렵게 되며, 경험적·가시적인 의사와 추정적·잠재적 의사의 경중을 가려 통합적 대의를 실현시키게 됨을 요구받게 된다.[3]

---

1) 허영, 한국헌법론, 972면.
2) 권영성, 헌법학원론, 962면.
3) 허영, 한국헌법론, 974면.

– 대통령이 국가원수의 지위에서 갖는 권한 –

지위	중요한 권한
국가의 대표자	- 조약의 체결 · 비준권 - 외교사절의 신임접수 · 파견권 - 외국에의 선전포고 · 강화권
국가와 헌법의 수호자	- 긴급명령, 긴급재경처분 및 그 명령권 - 계엄선포권 - 위헌정당강제해산제소권 - 국가안전보장회의 주재권 - 국군통수권
국정의 통합 · 조정자	- 헌법개정안제안권 - 국민투표부의권 - 국회임시회 집회요구권 - 국회에서의 의견표시권 - 법률안제출권 - 사면 · 감형 · 복권에 관한 권한 - 영전수여권
헌법기관구성자	- 대법원구성권 - 헌법재판소구성권 - 감사원구성권 - 중앙선거관리위원회위원중 3인 임명권

1.1. 국가의 대표자

대통령은 대외적으로 국가를 대표한다. 외국과 조약을 체결 · 비준하고, 선전포고와 강화를 하며, 외교사절을 신임 · 접수한다(외교적 권한).

1.2. 국가와 헌법의 수호자

대통령은 국가의 독립 · 영토의 보전 · 국가의 계속성(Kontinuität)과 헌법을 수호할 책임을 진다(헌법 제66조 제2항). 헌법수호의 방안으로 긴급명령권, 긴급재정 · 경제처분 및 명령권, 계엄선포권, 위헌정당 해산제소권 등을 가지고 있다.

[대통령의 헌법의 수호자로서의 권한]
- 국가의 독립 · 영토의 보전
- 국가의 계속성(Kontinuität)
- 헌법수호
- 긴급명령권

- 긴급재경처분 및 명령권
- 계엄선포권
- 위헌정당 해산제소권

헌재결 2004. 5. 14, 2004헌나1 【대통령(노무현) 탄핵】

헌법 제66조 제2항 및 제69조에 규정된 대통령의 '헌법을 준수하고 수호해야 할 의무'는 헌법상 법치국가원리가 대통령의 직무집행과 관련하여 구체화된 헌법적 표현이다. '헌법을 준수하고 수호해야 할 의무'가 이미 법치국가원리에서 파생되는 지극히 당연한 것임에도, 헌법은 국가의 원수이자 행정부의 수반이라는 대통령의 막중한 지위를 감안하여 제66조 제2항 및 제69조에서 이를 다시 한번 강조하고 있다. 이러한 헌법의 정신에 의한다면, 대통령은 국민 모두에 대한 '법치와 준법의 상징적 존재'인 것이다.

대통령이 현행법을 '관권선거시대의 유물'로 폄하하고 법률의 합헌성과 정당성에 대하여 대통령의 지위에서 공개적으로 의문을 제기하는 것은 헌법과 법률을 준수해야 할 의무와 부합하지 않는다. 물론, 대통령도 정치인으로서 현행 법률의 개선방향에 관한 입장과 소신을 피력할 수는 있으나, 어떠한 상황에서, 어떠한 연관관계에서 법률의 개정에 관하여 논의하는가 하는 것은 매우 중요하며, 이 사건의 경우와 같이, 대통령이 선거법위반행위로 말미암아 중앙선거관리위원회로부터 경고를 받는 상황에서 그에 대한 반응으로서 현행 선거법을 폄하하는 발언을 하는 것은 법률을 존중하는 태도라고 볼 수 없는 것이다.

모든 공직자의 모범이 되어야 하는 대통령의 이러한 언행은 법률을 존중하고 준수해야 하는 다른 공직자의 의식에 중대한 영향을 미치고, 나아가 국민 전반의 준법정신을 저해하는 효과를 가져오는 등 법치국가의 실현에 있어서 매우 부정적인 영향을 미칠 수 있다. 결론적으로, 대통령이 국민 앞에서 현행법의 정당성과 규범력을 문제삼는 행위는 법치국가의 정신에 반하는 것이자, 헌법을 수호해야 할 의무를 위반한 것이다.

1.3. 국정의 통합 · 조정자

대통령은 국가권력의 정상적인 기능을 유지하고 국론의 통일을 확보하기 위하여 3권을 통합 · 조정할 수 있다. 헌법개정제안권, 국민투표부의권, 임시회의소집요구권, 법률안제출권, 사면 · 감형 · 복권에 관한 권한 등이다.

[대통령의 국정의 통합 · 조정자로서의 권한]
- 헌법개정제안권
- 국민투표부의권
- 임시회의소집요구권
- 법률안제출권
- 사면 · 감형 · 복권에 관한 권한

1.4. 헌법기관의 구성자

대법원장, 대법관, 헌법재판소의 재판소장과 헌법재판소재판관, 감사원장, 중앙선거관리위원회위원 등의 임명권 등을 가지고 있다.

[대통령의 헌법기관 구성자로서의 권한]
- 대법원장
- 대법관
- 헌법재판소의 장
- 헌법재판관
- 감사원장
- 중앙선거관리위원회위원 등의 임명권

2. 행정부의 수반(최고책임자)으로서의 지위

대통령은 행정부의 수반으로서의 지위를 가진다(헌법 제66조 제4항). 이는 대통령이 행정부를 조직·편성하고, 집행하는데 있어 최고책임자임을 뜻한다. 행정부의 수반으로서의 지위는 입법부나 사법부와 동등한 병렬적 지위를 의미한다. 헌법 제66조 제4항은 헌법 제40조·제101조 제1항과 함께 우리 헌법이 권력분립의 원칙을 선언하는 동시에 모든 실질적 의미의 행정(입법·사법 제외)이 행정부의 수반이 대통령을 정점으로 하는 행정부에 속한다는 것을 선언하고 있는 것이라 할 것이다. 그러나 권력분립과 이 원칙에 대하여는 실제적·기술적 이유로 헌법 자체가 많은 예외를 인정하고 있다. 즉, 행정부에 실질적 의미의 입법권, 예를 들면 행정입법 등과 같은 헌법상의 규정인 헌법 제75조(대통령령)·제76조(긴급재정경제명령권)·제95조(총리령·부령)와, 사법권(사면권 등 헌법 제79조)을 부여하기도 하고, 실질적 의미의 행정권을 행정부 이외의 기관에 부여하기도 한다. 예를 들면 선거관리에 관하여는 선거관리위원회에서 담당하도록 하고(헌법 제114조 내지 제116조), 지방자치에 관하여는 지방자치단체(헌법 제117조·제118조)에 두고 있다.

2.1. 정부의 최고책임자

대통령은 행정에 관한 실질적인 최종 결정권과 수행권을 가진다. 행정부의 모든 구성원에 대하여 지휘·감독권을 행사한다.

2.2. 정부의 조직권자

대통령은 국무총리·국무총리·국무위원 등을 임명하고, 헌법과 법률이 정하는바에 의하여 공무원을 임면한다.

2.3. 국무회의의 의장

대통령은 국무회의의 의장으로서의 국무회의를 주재한다(제88조).

「참고」

대통령의 국가원수로서의 지위를 대외적인 외교관계에서만의 국가대표로 이해하는 허영 교수의 견해에 따르면 국가원수의 지위에서 대통령의 외교적 권한을, 국정의 최고책임자로서의 지위에서 대통령의 통치적 권한(긴급권, 헌법개정발의권, 은사권, 국민투표부의권)과 조직적 권한(헌법기관 구성)을, 행정부수반의 지위에서 국무회의 의장, 행정입법권, 법률안제안권, 임시회소집요구권, 국회출석발언권, 법률안공포 및 거부권을, 대의기관의 지위에서 대의적 통치기관성을, 기본권보호기관으로서의 지위에서 헌법수호의무, 취임선서, 법률안공포 및 거부권, 국가긴급권, 공무원임면권, 사면권을 언급하고 있다.

III. 대통령의 선출

1. 대통령의 선출방법

대통령의 선출방법은 각국의 정부형태(대통령제냐 의원내각제냐) 및 역사적 사회적 배경에 따라 다르다. 일반적으로 대통령제 국가에서는 직선제를, 의원내각제국가에서는 간선제를 채택하고 있다. 대통령제 국가에서는 대통령에게 민주적 정당성을 부여하기 위하여 국민의 지선이 요구되어지나, 의원내각제 국가에서는 대통령이 의례직 지위만을 가시므로 반드시 국민의 직선일 필요는 없게 된다.

「참고」

1. 독일, 이탈리아, 미국, 필란드는 간선제를, 불란서는 직선제를 채택하고 있다.
2. 우리 나라의 역대 헌법상 대통령선거방법
   - 건국헌법(국회 · 간선)
   - 제1차, 제2차 개정헌법(직선)
   - 제2공헌법(국회 · 간선)
   - 제3공헌법(직선)
   - 제4공헌법(통일주체국민회의, 간선)
   - 제5공헌법(대통령선거인단, 간선).

	초대	제2대	제3대	제4대	제4대	제5대	제6대
선거일	48.7.20(화)	52.8.5(화)	56.5.15(화)	60.3.15(화)	60.8.12(금)	63.10.15	67.5.3(수)
선 거 인 수	198	8,259,428	9,606,870	11,196,490	263	12,985,015	13,935,093
투표율	99.0	88.1	94.4	97.0	98.5	85.0	83.6
선 거 제 도	국회간선	직선	직선	직선	국회간선	직선	직선
후 보 자 별 득 표 수	이승만 180 김구 13 안재홍 2	이승만 5,238,769 조봉암 797,504 이시영 764,715	이승만 5,046,437 신익희 55050 (호남유세중사망) 조봉암 2,163,808	이승만 9633,376 (국회무효의결하야) 조병옥 (2.15 미육군병원사망)	윤보선 208 김창숙 29 변영태 3	박정희 4,702,640 윤보선 4,546,614	박정희 5,688,666 윤보선 4,526,541

	제7대	제8대	제9대	제10대	제11대	제12대	제13대	제14대
선거일	71.4.27(화)	72.12.23(토)	78.7.6(목)	79.12.6(목)	80.8.27(수)	81.2.25(수)	87.12.16(수)	92.12.18(금)
선거인수	15,552,236	2,359	2,581	2,560	2,540	5,277	25,873,624	29,422,658
투표율	79.8	100	99.9	99.6	99.4	99.9	89.2	81.9
선거제도	직선	통대간선	통대간선	통대간선	통대간선	선거인단간선	직선	직선
후보자별 득표수	박정희 6342858	박정희 2,357 대의원선거 (장충체육관)	박정희 2,577 대의원선거 (장충체육관)	최규하 2,465 대의원선거 (장충체육관)	전두환 2,524 대의원선거 (장충체육관)	전두환 4,755 류치송 404 김종철 85	노태우 8,282,738 김영삼 6,337,581 김대중 6,113,375 김종필 1,823,067	김영삼 9,977,332 김대중 8,041,284 정주영 3,880,067 박찬종 1,516,047

주) 간접선거 (초대, 제4대, 제8대-12대)의 선거인수, 투표자수 등은 국회의원수, 통일주체국민회의대의원수, 선거인단선거인수임(한국일보, 1997. 12. 19, 12면 참조).

2. 현행헌법에 있어서 대통령의 선출방법

제5공화국 헌법은 대통령제 정부형태를 규정하고 있었음에도 대통령선거인단에 의한 대통령간선제를 채택하고 있다. 과거 대통령간선제가 정권연장을 목적으로 하여 이루어진 만큼 국민에 의한 통치를 확립하고 대통령에게 민주적 정당성을 부여하기 위하여는 대통령을 국민의 직선으로 하는 것이 바람직하다는 국민의 열망에 따라 현행헌법은 대통령을 국민이 직접 선출하도록 하였다.

2.1. 대통령의 피선거권

대통령으로 선거될 수 있는 자는 국회의원의 피선거권이 있고, 대통령 선거일 현재 40세에 달하여야 한다(헌법 제67조 제4항). 현행 헌법은 종전의 일정기간(5년) 국내거주요건을 삭제하였다. 그러나 현행 공직선거법 제16조는 “대통령의 피선거권은 선거일 현재 5년이상 국내에 거주하고 있는 40세이상의 국민은 대통령의 피선거권이 있다. 이 경우 공무로 외국에 파견된 기간과 국내에 주소를 두고 일정한 기간 외국에 체류한 기간은 국내거주 기간으로 본다(1997. 1. 13. 본조개정)"고 하였다. 외국에 체류하였다 함은 정치적 망명이든 기타의 사유를 불문한다고 할 것이다.

2.2. 대통령후보자

후보자가 되려고 하는 자는 3억원을 기탁하여야 하며, 무소속후보자는 5개이상 시·도에서 각 500인 이상(총 2,500-5,000명) 추천장을 첨부하여야 한다. 기탁금은 유효투표 총수의 10/100을 얻지 못한 경우에는 국고에 귀속된다.

2.3. 대통령의 선거

2.3.1. 선거일

임기만료에 의한 대통령선거는 대통령의 임기만료일 70일 내지 40일 전에 실시하여야 하며(임기만료 전 70일 후 첫째 목요일), 대통령이 궐위된 때의 선거는 궐위된 날로부터 60일 이내에 실시한다. 후임자의 임기는 새로운 5년의 임기가 시작된다.

2.3.2. 선거운동

선거운동은 후보자의 등록이 끝난 후부터 선거일 전일까지 행하며, 법이 금지하는 방법 이외에는 어떠한 방법으로도 할 수 있다.

2.3.3. 당선인의 결정

중앙선거관리위원회는 유효투표의 다수를 얻은 자를 당선인으로 결정한다. 대통령 후보자가 1인일 때에도 선거를 하며 그 득표수가 선거권자 총수의 3분의 1이상에 달하여야 한다. 최고득표자가 2인 이상인 때에는 국회에서 선출하며, 국회의원 재적 과반수가 출석한 공개회의에서 다수표를 얻은 자를 당선인으로 한다.

2.4. 대통령선거에 관한 소송

2.4.1. 선거소송

대통령선거의 효력에 관하여 이의가 있는 선거인, 정당 또는 후보자는 선거일로부터 30일 이내에 중앙선거관리위원회위원장을 피고로 하여 대법원에 선거소송을 제기할 수 있다(공직선거법 제13조 제1항 제1호, 동법 제222조 참조).

선거소송(대법원) → 중앙선거관리위원회위원장을 피고

- 선거인
- 정당
- 후보자

2.4.2. 당선소송

당선의 효력에 관하여 이의가 있는 정당(후보자를 추천한 정당에 한한다) 또는 후보자는 당선 결정일로부터 30일 이내에 당선인을 피고로 하여 대법원에 당선소송을 제기할 수 있다(공직선거법 제223조).

당선소송(대법원) → 당선인을 피고」
- 정당
- 후보자
- 선거인(X) ☜ 선거인은 당선소송을 제기 할 수 없음을 유의

「참고」

대통령 당선소송에서는 중앙선거관리위원회위원장, 국회의장, 법무부장관이 피고로 되는 경우가 있다. 국회에서 결선투표를 통하여 대통령을 선출하는 경우에 있어 당선에 이의가 있는 경우에는 중앙선거관리위원회위원장 또는 국회의장을 피고로 하며(공직선거법 제223조 제1항), 당선소송 중 피고로 될 당선인이 사퇴·사망한 경우에는 대통령선거에서는 법무부장관을, 국회의원선거·지방의회의원 및 지방자치단체의 장의 선거에서는 관할 고등검찰청검사장을 피고로 한다(공직선거법 제223조 제4항).

IV. 대통령의 신분상 지위

1. 대통령임기

대통령의 임기는 5년이며 重任[1)]할 수 없다(헌법 제70조). 단임제로 한 것은 평화적

1) 連任과 重任의 의미를 구별한다면 연임은 연속 내지는 계속취임을 중임은 일생을 통하여 두 번 대통령직에 취임할 수 있다. 구헌법 제69조 제3항(1969년 10월의 제6차개헌 : 3선개헌)에서 "대통령의 계속재임은 3기에 한한다"고 규정하여 해석상 많은 논쟁을 야기하였다. 즉 계속재임(연임)은 3기에 한하므로 그 당시의 대통령이었던 박정희대통령이 계속해서 3회 대통령직을 수행 그 다음에는 '명목적 대통령'에 불과한 자를 형식적으로 내세워 국정을 맡긴후, 차기에 다시 대통령에 출마하여 '계속하여 3회(연임)' 대통령을 할 수 있는게 아닌가 하는 문제점을 야기하였다. 그러나 박정희 대통령은 1972년의 유신헌법을 통하여(대통령의 임기연장과 간선제 도입) 장기집권의 토대를 마련함으로써 이러한 헌법해석학적 논쟁을 해결하였다.

정권교체를 가능케 하기 위함이다. 대통령의 임기연장 또는 중임변경을 위한 헌법개정은 그 헌법개정제안 당시의 대통령에 대하여는 효력이 없도록 규정하여(헌법 제128조 제2항), 1인의 장기집권의 병폐를 방지하고 있다.[1)]

「참고」

1. 우리 나라 역대 헌법상 대통령의 임기
- 제1공화국(4년)
- 제2공화국(5년)
- 제3공화국(4년)
- 제4공화국(6년)
- 제5공화국(7년)
- 제6공화국; 현행(5년)

2. 외국헌법상 대통령의 임기
- 미국(4년)
- 독일(5년)
- 오스트리아(6년)
- 불란서(7년)
- 리베이라(8년)

구분	대통령	국회의원	대법관	헌법재판소 재판관	중앙선거관리 위원회위원	감사원장 감사위원	대법원장	일반법관
임기	5	4	6	6	6	4	6	10
연임 혹은 중임	X (중임)	O (표현없음)	O (연임)	O (연임)	O (표현없음)	중임 (1차만)	X (중임)	O (연임)

2. 대통령취임선서

대통령은 취임에 즈음하여 "나는 헌법을 준수하고 국가를 보위하며 조국의 평화적 통일과 국민의 자유와 복리의 증진 및 민족문화의 창달에 노력하여 대통령으로서의 직책을 성실히 수행할 것을 국민 앞에 엄숙히 선서합니다"라는 선서를 하여야 한다(헌법 제69조). 대통령은 대통령직에 취임함으로써 그 신분을 취득하고 직무를 행한다.[2)]

1) 허영 교수는 장기집권의 폐해는 독재를 막을 수 있는 강력한 권력통제장치를 마련하는 것으로 대처하고, 직선대통령을 국민이 선거를 통해 심판할 수 있는 기회를 부여하는 것이 타당하다고 한다.

3. 대통령의 특권

대통령은 내란죄 · 외환죄를 범한 경우를 제외하고는 재직 중 형사상의 소추를 받지 아니한다(헌법 제84조). 이는 대통령의 국가원수로서의 권위를 유지케 하기 위함이다. 형사소추란 본래 검사로부터의 公訴의 제기를 의미하나 헌법 제84조의 소추란 체포 · 구속 · 수색 · 검증까지도 포함하는 것으로 본다(통설). 다만 재직 중이라도 내란 · 외환의 죄를 범하였거나 또는 퇴직 후에는 형사소추가 가능하다(재직 중에는 공소시효의 진행이 정지된다고 본다).[1] 이러한 특권은 재직 중 탄핵소추나 민사 · 행정책임까지 면제하는 것은 아니다.

「헌법 제84조의 형사상 소추의 의미」
- 본래적 의미 : 형사상의 소추란 본래 공소의 제기
- 헌법 제84조의 소추 : 체포 · 구속 · 수색 · 검증까지도 포함(통설).

「예외」
- 재직 중이라도 내란 · 외환의 죄를 범한 경우
- 퇴직 후에는 형사소추가 가능 : 재직 중에는 공소시효의 진행이 정지
- 재직 중 탄핵소추나 민사 · 행정책임까지 면제하는 것은 아니다.

4. 대통령의 의무

대통령의 헌법상 의무로는 직무상 의무(헌법 제69조)와 겸직금지의무(헌법 제83조)를 들 수 있다. 헌법 제69조에 따라 대통령은 「헌법을 준수하고 국가를 보위하며 조국의 평화적 통일과 국민의 자유와 복리의 증진 및 민족문화의 창달에 노력하여 대통령으로서의 직책을 성실히 수행할」 의무가 있다. 이것이 바로 직무상 의무이다.

---

2) 제15대 김대중 대통령은 1998년 2월 25일 오전 0시를 기준으로하여 대통령이 되며 그 이전까지는 대통령당선자로서의 지위를 가진다. 제16대 노무현 대통령도 2003년 2월 25일 오전 0시를 기준으로하여 대통령이 되며 차후의 대통령도 이와 같은 방식에 의한다.

1) 헌재결 1995. 1. 20, 94헌마246 【불기소처분취소】 대통령재직중공소시효의진행이정지되는지여부 : 공소시효제도나 공소시효정지제도의 본질에 비추어 보면, 비록 헌법 제84조에는 "대통령은 내란 또는 외환의 죄를 범한 경우를 제외하고는 재직중 형사상의 소추를 받지 아니한다"고만 규정되어 있을 뿐 헌법이나 형사소송법 등의 법률에 대통령의 재직중 공소시효의 진행이 정지된다고 명백히 규정되어 있지는 않다고 하더라도, 위 헌법규정의 근본취지를 대통령의 재직중 형사상의 소추를 할 수 없는 범죄에 대한 공소시효의 진행은 정지되는 것으로 해석하는 것이 원칙일 것이다. 즉 위 헌법규정은 바로 공소시효진행의 소극적 사유가 되는 국가의 소추권행사의 법률상 장애사유에 해당하므로, 대통령의 재직중에는 공소시효의 진행이 당연히 정지되는 것으로 보아야 한다.

헌재결 2004. 5. 14, 2004헌나1 【대통령(노무현) 탄핵】

[헌법을 준수하고 수호해야 할 대통령의 의무]

헌법은 제66조 제2항에서 대통령에게 '국가의 독립 · 영토의 보전 · 국가의 계속성과 헌법을 수호할 책무'를 부과하고, 같은 조 제3항에서 '조국의 평화적 통일을 위한 성실한 의무'를 지우면서, 제69조에서 이에 상응하는 내용의 취임선서를 하도록 규정하고 있다. 헌법 제69조는 단순히 대통령의 취임선서의무만을 규정한 것이 아니라, 헌법 제66조 제2항 및 제3항에 규정된 대통령의 헌법적 책무를 구체화하고 강조하는 실체적 내용을 지닌 규정이다.

헌법 제66조 제2항 및 제69조에 규정된 대통령의 '헌법을 준수하고 수호해야 할 의무'는 헌법상 법치국가원리가 대통령의 직무집행과 관련하여 구체화된 헌법적 표현이다. 헌법의 기본원칙인 법치국가원리의 본질적 요소는 한 마디로 표현하자면, 국가의 모든 작용은 '헌법'과 국민의 대표로써 구성된 의회의 '법률'에 의해야 한다는 것과 국가의 모든 권력행사는 행정에 대해서는 행정재판, 입법에 대해서는 헌법재판의 형태로써 사법적 통제의 대상이 된다는 것이다. 이에 따라, 입법자는 헌법의 구속을 받고, 법을 집행하고 적용하는 행정부와 법원은 헌법과 법률의 구속을 받는다. 따라서 행정부의 수반인 대통령은 헌법과 법률을 존중하고 준수할 헌법적 의무를 지고 있다.

'헌법을 준수하고 수호해야 할 의무'가 이미 법치국가원리에서 파생되는 지극히 당연한 것임에도, 헌법은 국가의 원수이자 행정부의 수반이라는 대통령의 막중한 지위를 감안하여 제66조 제2항 및 제69조에서 이를 다시 한번 강조하고 있다. 이러한 헌법의 정신에 의한다면, 대통령은 국민 모두에 대한 '법치와 준법의 상징적 존재'인 것이다. 이에 따라 대통령은 헌법을 수호하고 실현하기 위한 모든 노력을 기울여야 할 뿐만 아니라, 법을 준수하여 현행법에 반하는 행위를 해서는 안 되며, 나아가 입법자의 객관적 의사를 실현하기 위한 모든 행위를 해야 한다. 행정부의 법존중 의무와 법집행 의무는 행정부가 위헌적인 것으로 간주하는 법률에 대해서도 마찬가지로 적용된다. 위헌적인 법률을 법질서로부터 제거하는 권한은 헌법상 단지 헌법재판소에 부여되어 있으므로, 설사 행정부가 특정 법률에 대하여 위헌의 의심이 있다 하더라도, 헌법재판소에 의하여 법률의 위헌성이 확인될 때까지는 법을 존중하고 집행하기 위한 모든 노력을 기울여야 한다.

또한 헌법 제83조는 「대통령은 국무총리 · 국무위원 · 행정각부의 長 기타 법률이 정하는 公 · 私의 職을 겸할 수 없다」라고 하여 겸직을 금지하고 있다(겸직금지의무).

대통령의 겸직금지의무 → 국무총리 · 국무위원 · 행정각부의 장 기타 법률이 정하는 公 · 私의 職

다만, 대통령의 영업금지의무가 현행헌법에는 명문으로 규정되어 있지 않지만, 헌법 제83조가 「공 · 사의 직을 겸할 수 없다」라고 하고 있으므로 사직의 겸직과 영업행위도 금지된다고 본다.

5. 대통령권한대행

5.1. 개관

대통령은 강한 민주적 정당성에 바탕을 두고 그 직무를 수행하는 통치기관이기 때문에 그 직무가 일신전속적이어서 원칙적으로 다른 통치기관에 의한 직무대행이 허용되지 아니한다. 따라서 직무대리 혹은 직무대행이라는 용어는 사용하지 아니하고 권한대행이라는 용어를 사용한다. 그러나 이들 사이에 법적 효력에 있어서 차이가 있는 것은 아니다. 대통령제 내지 변형된 대통령제를 기본으로 하는 통치구조에서는 대통령의 궐위 또는 사고시에 대비해서 대통령과 함께 부통령을 선출해 놓고, 대통령유고시에 대통령의 권한을 대행시키거나 대통령직을 승계하도록 하는 것이 원칙인데, 미국의 부통령제를 예로 들 수 있고[1] 우리 헌정사에서도 제1공화국헌법은 부통령제도[2]를 두었었다.

그러나 제2공화국헌법부터[3] 부통령제를 폐지하고 현행헌법도 부통령제를 두지 않고 있기 때문에, 대통령이 궐위(사망·탄핵파면·판결에 의한 피선자격상실·사임 등) 되거나 사고(질병·요양·해외여행·탄핵소추에 의한 권한 정지 등)로 인하여 직무를 수행할 수 없을 때에는 국무총리를 제1순위자로 하고 정부조직법(제12조 제2항 및 제26조 제1항)이 정하는 국무위원의 순서로 그 권한을 대행하게 했다(헌법 제71조).

대통령제 국가에서는 대통령의 권한대행은 직접선거에 의하여 선출된 부통령이 맡는 것이 원칙인데, 현행 우리 나라 헌법은 대통령이 임명한 국무총리 등 및 법률이 정한 국무위원에 의하여 그 대행이 이루어지도록 하고 있는 것은 민주적 정통성에 의문을 제기하게 한다. 대통령이 궐위된 때에는 60일 이내에 차기대통령을 선출하여야 한다(헌법 제68조 제2항).

「대통령권한대행」
- 대통령이 궐위되거나 사고로 인하여 직무를 수행할 수 없을 때
  → 국무총리
  → 법률이 정한 국무위원

「문제점」
- 대통령이 임명한 자에 의하여 그 대행이 이루어지는 것은 민주적 정통성의 기반이 미흡

---

1) 미국헌정사상 제42대 클린턴 대통령에 이르기까지 대통령재임시에 대통령이 궐위(암살 4건, 사망 4건, 사임 1건)되어 부통령이 그 직을 승계한 경우가 9번 있었다.

2) 우리 제1공화국시대에는 4명의 부통령(이시영, 김성수, 함태영, 장면)이 있었다.

3) 제2공화국헌법은 의원내각제였기 때문에 실질적인 대통령 권한대행의 문제가 제기되지 않았다.

5.2. 권한대행의 사유

5.2.1. 궐위인 경우

궐위라 함은 (ㄱ) 대통령이 사망한 경우, (ㄴ) 대통령이 탄핵결정으로 파면된 경우, (ㄷ) 대통령이 판결 기타의 사유로 피선자격이 상실된 경우, (ㄹ) 대통령이 스스로 대통령직을 사임한 경우 등 대통령이 재직하고 있지 아니한 경우를 말한다.

궐위 → 대통령이 재위하지 않게 된 경우
- ·사망
- ·탄핵결정에 의한 파면
- ·피선자격의 상실
- ·사임

[권영성 교수의 견해] : 궐위시의 권한대행과 직무의 범위

현직대통령이 궐위되어 권한대행(직무대행)의 사유가 발생하면, 헌법에 규정된 자가 당연히 권한대행자가 되고 직무범위도 대통령의 권한전반에 걸치는 것이 원칙이다. 대통령이 궐위된 경우에는 그 기간이 60일 이내라 할지라도 대통령직이 공석이 된 경우이므로, 현상유지적 이어야 할 이유가 없다. 왜냐 하면 장기간에 걸쳐 현상유지에 머문다는 것은 국가의 안전에 관계될 수도 있기 때문이다.[1] 결국 대통령의 권한 전반에 대한 포괄적 권한행사 가능하다.

[허영 교수의 견해] : 궐위시의 권한대행과 직무범위

허영 교수는 「그런데 우리 헌법은 대통령이 궐위된 때 또는 대통령당선자가 사망하거나 판결에 의해서 그 被選資格을 상실한 때에는 60일 이내에 후임자를 선거하도록 했기 때문에(제68조 제2항) 이 때 대통령의 권한을 대행하는 기간은 최장 60일을 넘지 않도록 하고 있다. 대통령직이 요구하는 강한 민주적 정당성의 요청에 비추어 볼 때 권한대행기간은 짧을수록 좋다. 따라서 대통령의 직무를 대행하여야 되는 사태가 발생할 경우 그 원인이 무엇이든 간에 권한대행자의 직무범위는 대통령의 직무범위와 결코 같을 수는 없다. 대통령의 권한대행자는 대통령직이 필요로 하는 민주적 정당성을 확보하지 못하고 있어 대통령직의 잠정적인 관리자일 뿐이고 그 스스로가 대통령이 된 것은 아니기 때문이다. 대통령궐위시에 대통령권한대행자의 제1차적인 헌법적 과제는 헌법이 정하는 60일 이내에 대통령선거를 실시해서 새로운 대통령에게 그 권한을 넘겨주는 것이다(同旨 김철수). 따라서 대통령궐위시에 대통령의 권한을 대행하는 사람은 대통령의 권한전반에 걸쳐 포괄적인 권한행사가 가능하다는 일부학자(권영성)의 견해에는 동조할 수 없다」[2]고 한다.

---

1) 권영성, 헌법학원론, 973면.
2) 허영, 한국헌법론, 976면.

5.2.2. 사고인 경우

사고라 함은 대통령이 재직하면서도 신병이나 해외순방 등으로 직무를 수행할 수 없는 경우와 국회가 탄핵소추를 의결함으로써 탄핵결정이 있을 때까지 권한행사가 정지된 경우를 말한다.1) 사고인 경우에 문제가 되는 것은 다음과 같다.

a) 사고시 대통령의 직무수행가능성여부의 판단기준 및 권한대행자

대통령이 직무를 수행할 수 있는지 없는지의 가능성에 대한 판단여부는 누가 결정할 것인가 하는 것이 문제된다. 이 경우에는 탄핵소추가 의결된 경우처럼 사고가 명백한 경우를 제외하고는 권한대행의 필요 여부는 제1차적으로 대통령 자신이 결정할 것이다. 그러나 대통령 자신이 사고로 인한 정신장애(정신질환의 일종인 치매 혹은 암살기도에 의한 두뇌파열로 인한 의식불명 · 식물인간 등) 등의 사유가 발생했을 경우, 권한대행자를 대통령 스스로 결정할 수 없는 것이고, 따라서 이 경우에는 누가 결정할 것인가를 사전에 법으로 규정하여 둘 필요가 있다.2)

b) 사고시 권한대행의 범위

사고인 경우에 대통령의 권한대행이 수행할 수 있는 직무의 범위는, 그 성질상 잠정적인 현상유지에 국한되고 기본정책의 전환 · 인사이동 등 현상유지를 벗어나는 직무는 대행할 수 없다고 보는 것이 타당하다. 왜냐하면 사고인 경우는 사고의 원인이 소멸하는 대로 정상상태로 환언되어 대통령의 정상적인 재집무가 가능하기 때문이다.3)

사고 → 대통령이 재위
· 신병
· 해외여행
· 탄핵소추

[권영성 교수의 견해]

권영성 교수는 「법적으로 대통령의 궐위 내지 사고가 있음을 확인하고 선언하는 헌법기관이 법으로 규정되어 있지 않는 것은 입법의 불비이다. 프랑스에서는 헌법원이 대통령의 유고나 궐위를 확인하고 선언할 권한을 가지고 있다(동헌법 제7조). 우리 나라에서도 헌법재판소가 이를 확인하고 선언할 권한을 가지는 것이 바람직하다고 본다.4)

---

1) 권영성, 헌법학원론, 974면.
2) 구병삭; 허영; 권영성, 헌법학원론, 974면.
3) 권영성, 헌법학원론, 974면.
4) 권영성, 헌법학원론, 974면 각주 1 참조).

c) 소결 : 사고시의 권한대행과 대행기간

대통령사고시에도 대통령의 권한대행자는 대통령이 다시 그 직무를 맡을 수 있을 때까지 선량한 관리자로서의 책임을 진다고 할 것이다. 대통령이 궐위된 때와 달리 사고로 인해서 대통령이 그 직무를 수행할 수 없을 때에는 헌법에 권한대항기간에 관한 명문규정이 없기 때문에(헌법 제68조 제2항은 대통령이 궐위된 경우만을 규정하고 있기 때문에 사고가 발생한 경우는 어떻게 해결해야 하는가가 문제된다)해석상 어려움이 있다.

대통령이 합리적인 의사결정을 스스로 행하기 어려울 정도로 건강 상태가 악화된 경우(의식불명 · 정신질환 · 식물인간)가 현실적으로 문제가 되겠지만, 역시 이러한 경우에는 국무회의의 심의(헌법 제89조 제1호 · 제5호 · 제11호 · 제17호)를 거쳐 그 권한대행기간을 구체적으로 결정할 수밖에 없을 것이다. 그러나 대통령직이 장기간 직무불능상태로 있는 것은 통치질서 전체에 심각한 영향을 미치는 헌법장애 상태인 동시에 경우에 따라서는 국가비상사태로 발전할 수도 있기 때문에 그러한 상황에 대비해서 그 직위승계권자를 미리 뽑아 놓는 것은 통치기능의 원활한 수행과 통치권의 민주적 정당성의 관점에서 반드시 필요하다. 부통령제가 필요한 절실한 이유가 여기에도 있다. 국무총리 내지 국무위원이 대통령사고로 인해서 야기되는 정치적 혼란을 제대로 수습하기에는 그들이 갖는 민주적 정당성의 기반이 너무나 약하기 때문이다.

사고시 → 선량한 관리자

[김철수 교수의 견해]

김철수 교수는 「어느 경우이던 간에 현상유지적이어야 한다고 보는 것이 타당하다고 한다. 왜냐하면 권한대행은 사실상 대리의 성격을 지니는 것이며, 또한 잠정적인 관리자에 불과하고, 대통령이 궐위된 때에도 권한대행은 60일을 초과할 수 없기 때문이다(헌법 제68조 제2항 참조). 그리고 민선에 의하지 않는 권한대행자가 현상변경적(예컨대 정책의 전환, 인사의 이동)으로 활동할 수 있다면 이는 민주적 정당성(demokratische Legitimation)에 위반된다고 하겠다. 직무대행사태가 무엇이건 간에 권한대행자의 직무범위와 대통령의 직무범위는 같을 수 없다고 보아야 할 것이다」고 한다.[1)]

「참고」

1. 역대 헌법상 대통령의 권한대행자
- 제1공화국 : 부통령
- 제2공화국 : 참의원의장
- 제3공화국부터 현행 헌법까지 : 국무총리

---

1) 김철수, 헌법학(중), 480면.

2. 외국의 경우
- 미국 : 부통령
- 프랑스 : 상원의장
- 독일 : 연방참사원(Bundesrat)의장

6. 전직대통령에 대한 예우

헌법 제85조는「전직대통령의 신분과 예우에 관하여는 법률로 정한다」라고 하여 전직대통령에 대해서도 그에 상응하는 신분보장과 예우를 하도록 하고 있다. 특히 직전대통령은 국가원로자문회의의 의장이 되고 그 밖의 전직 대통령은 그 위원이 된다(헌법 제90조 제2항 참조). 그러나 국가원로자문회의는 현재까지 구성되어 있지 아니하다.[1] 전직대통령예우에관한법률(1995.12.29 개정)에 따르면 본인과 일정한 범위의 유족에 대해서는 연금이 지급되고, 그 외에 경호 · 경비 · 교통 · 체신의 편의와 사무실 등이 제공되며 加療의 특혜를 받는다. 그러나 대통령이 ① 재직중 탄핵결정을 받아 퇴임한 경우, ② 금고 이상의 형이 확정된 경우, ③ 형사처분을 회피할 목적으로 외국정부에 망명을 요청한 경우, ④ 대한민국의 국적을 상실한 경우 등에는 전직대통령으로서의 예우를 하지 아니한다.[2] 그리고 전직대통령에게 국민의 알권리 충족을 위하여 증언 등의 진술을 요구하는 것은 전직대통령에 대한 예우에 어긋난다고 볼 수 없다.

---

1) 권영성, 헌법학원론, 975면.
2) 권영성, 헌법학원론, 975면.

제 2 항 대통령의 권한

I. 서설

대통령의 권한도 정부형태에 따라 서로 상이한 바, 우리 나라는 대통령제를 채택하고 있으나, 미국식 대통령제보다는 좀더 강한 권한의 대통령에게 부여하고 있다. 대통령의 권한은 그 헌법상 지위에 대응하여 분류할 수도 있으나, 권한의 내용에 따라 비상적 권한, 행정에 관한 권한, 국회와 입법에 관한 권한, 사법에 관한 권한, 헌법기관구성에 관한 권한으로 분류하기로 한다.

[허영 교수의 견해]

허영 교수의 견해에 따르면 대통령의 권한을 외교적 권한, 통치적 권한, 조직적 권한, 정책적 권한으로 대별하면서 통치적 권한에서는 중요정책의 국민투표부의권, 헌법개정발의권, 국가긴급권(긴급명령 등과 계엄)을, 세부적 권한에 있어서는 각종의 헌법기관구성권을, 정책적 권한에서는 집행에 관한 권한, 입법에 관한 권한, 사법에 관한 권한으로 나누고, 집행에 관한 권한에서는 공무원임면권, 국군통수권, 재정권, 영전수여권을 입법에 관한 권한에서는 법률제정관여권(법률안제출권, 법률안공포권, 법률안거부권)과 행정입법권을, 사법에 관한 권한에서는 위헌정당해산제소권, 恩赦權(사면권 · 감형권 · 復權權)을 언급하고 있다.[1)]

II. 대통령의 비상적 권한

현행 헌법은 제5공화국 헌법에 규정되었던 비상조치권과 국회해산권을 삭제하고, 대통령에게 긴급명령권, 긴급재정 · 경제처분 및 명령권, 계엄선포권, 헌법개정에 관한 권한 및 국민투표부의권을 부여하고 있다. 대통령은 헌법수호의 책무를 부담하므로 국가비상사태에서도 그 책무를 다할 수 있도록 국가긴급권을 부여하고 있다. 따라서 국가긴급권은 본질면에서 임의적인 비상대권이 아니라 헌법보호의 비상수단이라고 보는 견해가 유력하다.[2)]

---

1) 허영, 한국헌법론, 978-1001면.

2) 허영, 한국헌법론, 980면.

「현행 헌법상대통령의 헌법수호의 비상수단」
- 제5공화국 헌법상의 비상조치권과 국회해산권을 삭제
- 긴급명령권
- 긴급재정 · 경제처분 및 명령권
- 계엄선포권
- 헌법개정에 관한 권한
- 국민투표부의권

국가긴급권 [독] Staatsnotrecht 전시 또는 비상사태에 즈음하여 국가의 어떤 기관이 비상수단으로써 이를 극복할 수 있는 권한. 대통령의 비상조치권 · 계엄선포권 따위가 있다.

[개념] 한국의 헌법은 제76조에 긴급처분 · 명령권을 두고 내우(內憂) · 외환(外患) · 천재(天災) · 지변(地變) 또는 중대한 재정 · 경제상의 위기에 있어서 국가의 안전보장 또는 공공의 안녕 질서를 유지하기 위하여 긴급한 조치가 필요하고 국회의 소집을 기다릴 여유가 없을 때에 한하여 최소한으로 필요한 재정 · 경제상의 처분을 하거나 이에 관하여 법률의 효력을 가지는 명령을 대통령이 발할 수 있도록 하였다. 여기에는 2가지 경우가 있다. 긴급명령 · 계엄 등과 같이 헌법이 비상사태의 유형을 미리 예견하고 여기에 대응하는 수단을 헌법에 규정하는 경우의 국가긴급권과, 헌법이 전혀 예측할 수 없는 비상사태가 일어났을 경우에 그 위기의 극복을 위하여 헌법과 법률이 인정하지 않은 비상수단을 사용하는 국가긴급권이다. 이 후자의 경우가 바로 초헌법적 긴급권으로서, 그것이 초헌법적 · 헌법외적 긴급권이라는 의미에서 진정한 의미의 국가긴급권으로 간주되고 있으나 다만 이러한 국가긴급권은 그 이론적 기초가 문제되고 있다.

근대국가에서는 그 법치국가적 요청에 따라서 될 수 있는 대로 가능한 비상사태를 예견하고 그것을 유형화한 다음 여기에 대응하는 비상수단을 미리 규정하는 것을 원칙으로 하고 있다.

[내용] 구체적으로 국가긴급권이 어떤 내용을 가지느냐 하는 문제는 비상사태의 유형과 여기에 대처하는 태도에 따라서 각각 다를 수 있다. 19세기에는 헌법의 비상사태를 전쟁 · 내란 · 폭동 등으로 유형화하고, 공공의 안녕질서에 대한 직접적 위험 또는 파괴를 그 비상사태의 내용으로 규정하며, 군사력 · 경찰력의 행사를 그 국가긴급권의 수단으로 했다. 따라서 이러한 의미의 국가긴급권은 계엄의 경우에서 그 대표적인 일례를 볼 수 있는 바와 같이 군사력 · 경찰력에 의한 비상집행을 의미하며, 또한 그 법적 규제는 오로지 행정법 · 경찰법에만 의존하게 되는 것을 특색으로 한다. 그러나 제1차세계대전은 근대국가의 비상사태 유형에 대해서도 하나의 혁신을 가져오게 했다. 전후의 여러가지 사회적 · 경제적 문제는 근대국가의 존립에 있어서 결코 평상사태라고 할 수 없는 새로운 유형의 비상사태를 가져오게 했다. 우선 첫째로, 이러한 유형의 비상사태에서는 평상사태와 비상사태의 구별이 뚜렷하지 않다. 둘째로, 이러한 유형의 비상사태에 대해서는 고전적 국가긴급권에 있어서의 군사력 · 경찰력과 같은 비상수단은 아무런 쓸모가 없다. 그러므로 여기에 대처하기 위해서는 군사력 · 경찰력과 같은 부분적인 행정력에 의한 비상집행이 아니라 좀더 고차적인 <비상입법>의 수단에 의한다. 여기에서 이러한 비상입법은 국가에 대하여 좀더 고도의 권력행사의 자유를 주는 조치법의 성격을 띠게 된다. 셋째로, 새로운 유형의 비상

사태에서는 공공의 안녕질서 유지나 회복이 그 목적이 아니라 적극적으로 미래에 대한 설계의 형성을 꾀함으로써 가능한 사회적 방역, 즉 예방적 긴급방지를 그 목적으로 한다. 따라서 현대 헌법에서 이 양자를 종합적으로 규정하고 있는 국가긴급권에 관한 규정이, 바로 프랑스 제5공화국 헌법 제16조의 <대통령의 비상대권>이라고 할 수 있다. 뿐만 아니라 동헌법 제16조의 <대통령의 비상대권>은 의회의 사전·사후의 통제를 전혀 배제하고 있는 데에서, 그것은 C. L. 로시터의 이른바 입헌적 독재의 대표적인 경우를 의미한다고 할 수 있다.

한국 헌법에서는 제3공화국 헌법에 이르기까지 국가긴급권으로 다만 고전적 의미의 사무적·현상유지적 긴급명령과 계엄만이 규정되어 왔다. 그러나 제5공화국 헌법에서 긴급명령권을 폐지하는 대신 새로이 그 제51조에 대통령의 비상조치권을 규정하였고, 제6공화국 헌법에서는 비상조치권을 삭제하고 긴급재정경제처분인 명령권과 긴급명령권, 그리고 계엄선포권을 두고 있다. <법률학사전, 국민서관>

1. 긴급명령권

1.1. 연혁

대통령의 국가원수로서의 지위에 가지는 국가긴급권의 변천을 살펴보면 다음과 같다. 제1공화국 헌법은 긴급명령, 긴급재정처분을 규정하였고, 제2공화국 헌법은 긴급재정명령·처분을 규정하였다. 제3공화국 헌법은 긴급명령, 긴급재정·경제처분 및 명령으로 세분·확대하였으며, 1972년의 유신헌법은 긴급조치(헌법 제53조)를, 1980년의 제5공화국 헌법은 비상조치(헌법 제51조)를 규정하였다. 1987년 개정된 제6공화국헌법(현행 헌법)은 대통령의 국가긴급권을 축소시켜서 긴급명령, 긴급재정·경제처분 및 명령을 규정하고 있다(헌법 제76조 제2항).

제1공화국 헌법 → 긴급명령, 긴급재정처분
제2공화국 헌법 → 긴급재정명령·처분
제3공화국 헌법 → 긴급명령, 긴급재정·경제처분 및 명령
제4공화국 헌법 → 긴급조치
제5공화국 헌법 → 비상조치(제53조)
제6공화국 헌법 → 긴급명령, 긴급재정·경제처분 및 명령

	긴급명령	긴급재정 · 재정명령 · 처분 등	계엄선포	비상조치등
제1공화국	O	긴급재정처분	O	
제2공화국	X	긴급재정재정명령 · 처분	O	
제3공화국	O	긴급재정경제처분 · 명령	O	
제4공화국	X		O	긴급조치
제5공화국	X		O	비상조치
제6공화국	O	긴급재정경제처분 · 명령	O	

그러나 현행헌법(제76조)상의 긴급명령(협의의 긴급명령 : Notstandsverordnung)은 1972년의 유신헌법의 긴급조치(제53조), 1980년 제5공화국헌법의 비상조치(제51조), 바이마르헌법의 대통령비상명령(제48조) 제2항, 프랑스 제5공화국의 비상대권의 행사(제16조)와는 본질을 달리한다. 현행 헌법의 긴급명령은 비상사태가 발생하고 국회에 의한 신속한 대응입법을 기대할 수 없는 경우(국회가 폐회중인 때)에 이에 대한 비상수단으로서 법률의 효력을 가진 명령의 발포가 인정되는 경우이다. 그러나 제4공화국 유신헌법의 긴급조치, 제5공화국의 비상조치 등은 비상사태가 발생한 경우에 국회에 의한 신속한 대응입법을 기대할 수 있는 경우(국회가 개회중인 경우, 국회의 소집가능성여부에 관계없이)에도 비상사태를 극복하기 위하여 법률의 효력을 가지는 조치는 물론 헌법적 효력을 가지는 조치를 할 수 있기 때문이다.[1)]

1.2. 의의

긴급명령이란 통상의 방법으로 공공질서를 유지하기가 곤란할 정도의 사태가 발생한 경우에 이를 극복하기 위한 예외적 긴급 · 비상의 조치를 의미한다. 긴급명령은 법률과 동일한 효력을 가지므로 법치주의 원리에 대한 중대한 예외[2)]가 되는 동시에, 국민의 기본권 제한에 관한 일반적 법률유보원칙(헌법 제37조 제2항)에 대한 예외가 되고 있다. 우리 헌법은 긴급명령 등의 내용 · 효력 · 통제 등을 분명히 함으로써 긴급명령 등의 남용을 방지하고, 헌법보호의 수단이 될 수 있도록 견제장치를 마련하고 있다. 긴급명령 등의 과잉행사에 대하여는 국민의 저항권행사의 대상이 된다.

---

1) 권영성, 헌법학원론, 977면 각주 1) 참조.
2) 법치주의에 대한 예외가 아니라 법치주의 절차적 · 형식적 내용을 확인한 것이라고 보는 허영 교수의 견해가 있다.

1.3. 요건

1.3.1. 상황

긴급명령은 국가의 안위에 관계되는 중대한 교전상태(상황요건)가 발생하여 긴급한 조치를 행할 필요가 있을 때 발할 수 있다. 중대한 교전상태란 전쟁뿐 아니라 이에 준하는 사변·내란을 말하며, 그것이 국가의 안위에 관계되는 것이어야 한다.

1.3.2. 목적

긴급명령은 국가를 보위하는 것(당위요건)과 같이 사후적이고 방어적인 목적을 위해서만 발동된다. 국가의 안전보장을 위한 방어적인 목적으로만 발할 수 있으므로 공공복리 증진, 집권연장, 야당탄압, 통일촉진 등의 목적을 위해서는 발동 될 수 없다.

긴급명령 → 국가를 보위하는 것(당위요건)과 같이 사후적이고 방어적인 목적

1.3.3. 국회의 집회불능(국회기능마비)

긴급명령은 국회의 집회가 불가능한 경우에 발 할 수 있다(국회기능마비요건). 국회의 집회가 불가능한 때에 한하므로, 국회의 집회는 가능하나 집회까지 기다릴 여유가 없을 때에 발할 수 있는 긴급재정·경제명령과 구별된다. 집회가 불가능하다는 것은 법률적·사실적 불능을 모두 포함하므로 개회나 휴회 중에 비상사태로 집회가 불가능한 경우는 물론이거니와 개회 중이더라도 비상사태로 그 활동이 불가능한 상태에도(예컨데 재적의원 과반수 이상이 모이지 않는 경우[1]) 발동 할 수 있다. 인위적으로 국회폐쇄 등 집회불능의 원인을 만든 경우에는 발동할 수 없다.[2]

1.3.4. 판단

긴급명령은 '긴급한 조치가 필요한 경우'에 발동할 수 있는 것이지만 필요성에 관한 판단은 제1차적으로 대통령의 독자적 판단에 맡기고 있다. 그러나 판단은 객관성이 있어야 한다.[3]

---

1) 권영성, 헌법학원론, 978면.
2) 허영, 한국헌법론, 983면.
3) 권영성, 헌법학원론, 978면.

1.4. 절차

대통령이 긴급명령을 발하려면 첫째, 국무회의의 심의를 거쳐야 한다(헌법 제89조의 5호). 특히 국가의 안전보장에 관련되는 사항일 때에는 국무회의의 심의에 앞서 국가안전보장회의의 자문을 얻어야 한다(헌법 제91조). 둘째, 긴급명령은 문서의 형식으로 하여야 한다. 긴급명령을 위한 문서에는 국무총리 및 관계 국무위원의 副署가 있어야 한다(헌법 제82조). 셋째 대통령이 긴급명령을 발한 때에는 '지체 없이' 국회에 보고하여 그 승인을 얻어야 한다(헌법 제76조 제3항). 여기서 '지체 없이' 라는 말은 '즉시'라는 뜻이다.[1] 국회가 폐회중이거나 휴회중(휴회중이더라도 비상사태로 집회가 불가능할 수 있다)일 때에는 대통령은 '임시국회의 집회(임시회)'를 요구하고 국회의 승인을 얻어야 한다. 넷째, 대통령은 긴급명령을 발포한 경우에 국회에 보고하여 승인을 요청하였다는 사실과 국회의 승인 여부를 지체 없이 공포하여야 한다(헌법 제76조 제5항).

- 국무회의의 심의(헌법 제89조 제5호)
- 文書의 형식 : 국무총리 및 관계 국무위원의 副署(헌법 제82조)
- 지체 없이 국회에 보고하여 그 승인(헌법 제76조 제3항)
- 국회에 보고하여 승인을 요청하였다는 사실 및 승인 여부를 지체 없이 공포(헌법 제76조 제5항).

1.4.1. 승인의결정족수

승인의 의결정족수에 관하여 명문의 규정이 없으므로 다음과 같은 학설이 대립되고 있다.

a) 출석과반수설

출석과반수설은 헌법 제49조에 따른 학설이다.[2] 헌법 제49조에 의하면 「국회는 헌법 또는 법률에 특별한 규정이 없는 한 재적의원 과반수의 출석과 출석의원 과반수의 찬성으로 의결한다. 가부동수인 때에는 부결된 것으로 본다」고 규정하고 있다.

b) 재적과반수설

재적과반수설은 헌법 제77조 제5항을 유추한 학설이다. 헌법 제77조 제5항에 의하면 「국회가 재적의원 과반수의 찬성으로 계엄의 해제를 요구한 때에는 대통령은 이를 해제하여야 한다」고 규정하고 있다. 즉 긴급명령은 국민의 자유와 권리에 대한 중대한 제한 가능

---

1) 권영성, 헌법학원론, 979면.
2) 김철수; 허영, 한국헌법론, 984면.

성을 내포하는 것이므로, 그 승인의 의결정족수는 엄격하게 해석하여 재적의원과반수의 찬성을 요구하는 것으로 보아야 하고 이렇게 하는 것이 계엄의 경우에 그 해제를 요구하는 의결정족수와도 균형이 유지된다고 한다.[1]

1.4.2. 사견

생각건대 계엄의 해제요구는 부정적 통제형식이지만 긴급명령의 승인은 긍정적 통제형식이라는 점(실질적 이유),[2] 헌법과 법률에 특별한 규정이 없는 경우에는 재적의원 과반수의 출석과, 출석의원 과반수의 찬성을 얻으면 된다는 점(형식논리적 이유, 헌법 제49조 참조)에 비추어 볼 때 출석과반수설이 타당하다. 만일 대통령이 임시회의 소집을 요구하지 않을 경우에는 국회의원이 임시회의 소집을 요구할 수 있다.

「출석과반수설」

- 계엄의 해제요구는 부정적 통제형식이지만, 긴급명령의 승인은 긍정적 통제형식이란 점(실질적 이유)
- 헌법과 법률에 특별한 규정이 없는 경우에는 재적의원 과반수의 출석과, 출석의원 과반수의 찬성을 얻으면 된다(형식논리적 이유, 헌법 제49조 참조)

1.5. 내용

긴급명령은 내정·외교·국방·사법 등 국정 전반의 걸쳐 일정한 조치를 할 수 있다. 이 점에서 재정·경제상의 필요한 처분을 할 수 있는 긴급재정·경제명령과 구별된다. 긴급명령은 법률의 효력을 지니므로 헌법에 규정된 기본권을 정지(헌법정지)하거나(제5공화국 헌법하의 비상조치와 구별된다) 특별한 지시를(비상계엄과 구별된다) 할 수 없다.

긴급명령으로서 기존의 법률을 개폐할 수 있으며, 국민의 권리·의무에 관한 사항(법규사항)을 내용으로 할 수 있다. 이는 기본권 제한의 일반원칙(제37조 제2항)의 중대한 예외가 된다.

권영성 교수는 긴급명령으로 헌법개정을 할 수 없고, 국회를 해산할 수 없으며, 국회·헌법재판소·법원의 권한에 관하여 특별한 조치를 할 수 없으며, 군정을 실시할 수 없다고 한다.[3] 생각 건대 헌법적 효력을 지니고 있던 제5공화국 헌법(1980년)의 비상조치라면 타당한 주장이지만, 현행 헌법상(1987년)의 긴급명령은 법률적 효력만 지니고 있으므로 그와 같은 질문자체가 가능할 것인가는 의문이다. 권영성 교수도 현행헌법(제76조)상의 긴급

1) 권영성, 헌법학원론, 979면.
2) 허영, 한국헌법론, 984면.
3) 권영성, 헌법학원론, 979면.

명령은 1972년의 유신헌법의 긴급조치(제53조)와는 본질을 달리한다고 설명하고 있다.

「긴급명령」
- 내정 · 외교 · 국방 · 사법 등 국정 전반의 걸쳐 일정한 조치
- 법률의 효력 → 기본권제한 금지
  특별지시금지
- 기존법률 개폐가능

1.6. 효력

1.6.1. 국회승인을 얻지 못한 경우

긴급명령은 국회승인을 얻지 못하면 '그 때부터' 효력을 상실하므로 그 때까지의 효력에는 영향이 없고, 승인을 얻지 못한 이후부터 그 효력을 상실한다. 그때까지의 효력에는 변함이 없다.[1] 긴급명령에 의하여 개정 · 정지되었던 법률은 긴급명령이 국회의 승인을 얻지 못한 때부터 당연히 효력을 회복한다(헌법 제76조 제4항).

1.6.2. 국회승인를 얻은 경우

긴급명령이 국회의 승인을 얻으면 확정적으로 유효케 된다. 그 명령은 비록 형식면에서는 명령이지만 실질적으로는 국회가 제정한 법률과 동일한 효력을 가진다.[2] 이와 같이 긴급명령은 법률과 동일한 효력을 가지므로, 국민의 권리 · 의무에 관한 사항을 규율하며, 旣存의 법률을 폐지 · 개정 · 정지할 수 있다.[3] 긴급명령을 폐지 · 개정하려면 국회가 법률을 제정하는 방법에 의하거나 또는 다른 긴급명령에 의해서 가능하다.

긴급명령에 대하여 국회가 이의 해제를 요구하거나 건의할 수 있을 것인가가 문제될 수 있다. 이를 적극적으로 인정하려는 입장도 보이나, 소극적으로 해석하는 것이 타당하다. 국회의 대통령의 권한에 대한 통제형식으로 제기되는 긴급명령의 해제요구 내지 해제건의는 대통령의 긴급권이 헌법적 효력까지 지니는 경우에 있어서 인정되는 기관간통제이론(Löwenstein : Inter-Organ-Kontrolle)에 의하여 인정되는 개념이므로, 법률적 효력을 지니는데 그치는 긴급명령에 대하여는 이를 적용키 어렵다고 할 것이다. 더구나 구속력이 없는 해제건의는 사실상 무의미하다고 할 수 밖에 없다.

1) 권영성, 헌법학원론, 980면.
2) 권영성, 헌법학원론, 980면.
3) 권영성, 헌법학원론, 980면.

「긴급명령」

- 법률과 동일한 효력(국민의 권리 · 의무에 관한 사항을 규율)
  → (따라서) 법률을 폐지 · 개정할 수 있다
- 긴급명령을 폐지 · 개정하려면 → · 국회가 법률을 제정
  · 다른 긴급명령에 의해서 가능
- 긴급명령에 대한 국회의 해제요구 · 건의 → 부정됨(기관간통제이론에 의하여 인정되는 개념이기 때문)

1.7. 공포

대통령은 긴급명령을 발한 후에 국회에 보고하여 승인을 요청했다는 사실과 그 승인 여부를 지체 없이 공포하여야 한다(헌법 제76조 제5항).

1.8. 통제

1.8.1. 국회에 의한 통제

긴급명령은 국회의 승인에 의하여 사후통제를 받는다. 국회의 승인권에는 긴급명령의 내용을 수정 · 삭제할 수 있는 수정승인권이 포함된다.[1] 국회는 긴급명령을 승인하지 않을 수도 있기 때문이다. 국회는 탄핵소추, 법률개정 등으로 통제할 수 있다.

1.8.2. 법원에 의한 통제

긴급명령이 국회의 승인을 얻었나 할시라도 긴급명령에 기한 행정처분의 위법성 여부는 법원의 심판대상이 될 것이다. 또한 긴급명령의 위헌여부가 재판의 전제가 된 경우에는 법원은 헌법재판소에 위헌심판을 제청할 수 있다.

「현행 헌법상의 긴급명령」

- 법률적 효력을 지님
- 국회의 승인을 조건
- 사법심사의 대상이 된다(통설)
- 긴급명령에 기한 처분의 위헌 · 위법성 여부 → 법원의 심판

1.8.3. 헌법재판소에 의한 통제

대통령의 국가긴급권의 행사를 사법심사의 대상으로 할 것인가에 관하여는 많은 논란이 있다. 다만 현행 헌법이 규정하고 있는 긴급명령은 법률적 효력을 지니고 있고, 국회의

---

1) 권영성, 헌법학원론, 981면.

승인을 조건으로 하고 있으며, 승인을 얻지 못한 때의 법적 효과를 감안해 볼 때 사법심사의 대상이 된다(통설). 헌법재판소는 대통령의 긴급명령이 국회의 승인을 얻어 법률과 동일한 효력을 가지게 된 때에는 법원의 제청이 있는 경우에, 법률에 대한 위헌심판과 마찬가지로 긴급명령의 위헌여부도 심판할 수 있다(헌법 제111조 제1항 제1호). 다만 여기서 문제가 되는 것은 우리 나라에서는 법률이 적법한 절차를 따라 국회를 통과하였는지의 여부까지도 국회의 자율성은 존중하여 사법적 판단을 회피한 경우가 많으므로,[1] 장차 긴급명령의 위헌여부를 판단할 것인지는 극히 예단하기 어렵다. 앞으로 헌법재판소는 절차상의 요건과 실체상의 요건까지 심판하는 적극적 자세를 확립하여야 할 것이다. 프랑스의 1962년 5월 2일의 국참사원판결에서는「이 명령은 통치행위의 성질을 띠고 있으므로 국참사원이 그 합법성을 판단할 수도, 그 적용기간을 통제할수도 없다」고 하면서도,「이 행위의 절차적 내지 형식적 합법성(régulqrité)은 심사할 수 있다」고 하였다.[2]

- 긴급명령 자체의 위헌성 여부 → 헌법재판소의 심판

---

1) 대판 1972. 1. 18, 71도1845【국민투표법위반】국회의 자율권(自律權)과 저촉되는 범위 내에서 법원의 법률 위헌 여부 심사권이 인정되지 않는다.

2) 권영성, 헌법학원론, 981면 각주 1) 참조.

1.9. 현행 헌법상의 긴급명령과 제5공화국 헌법상의 비상조치와의 비교

기준	긴급명령(제76조)	비상조치(제51조)
상황적 전제	국가의 안위에 관계되는 중대한 교전상태	천재·지변 또는 중대한 재정·경제상의 위기에 처하거나 국가의 안전을 위협하는 교전상태나 그에 준하는 중대한 비상사태
기간	기간에 관하여 아무런 규정을 두고 있지 않음	목적을 달성할 수 있는 최단기간내
국회의 집회	국회의 집회가 불가능한 때에만 가능	국회의 휴·폐회와 관계없이 발동될 수 있음
해제건의(요구)	국회가 해제를 요구하거나 건의 할 수 있음	국회가 그 해제를 대통령에게 요구할 수 있음
효력	오로지 법률적 효력만을 가짐	법률적 효력뿐만 아니라 헌법적 효력도 가질 수 있음
대상	그 대상을 명시하고 있지 않음	국정전반을 대상으로 하고 국민의 자유와 권리의 잠정적인 정지는 물론, 정부나 법원의 권한에 관한 특별조치도 가능

2. 긴급재정·경제처분권

2.1. 의의

긴급재정·경제처분이라 함은 중대한 재정·경제상의 위기에 있어서 국가안정보장 또는 공공의 안녕질서를 유지하기 위하여 대통령이 행하는 재정·경제상의 처분을 의미한다(헌법 제76조 제1항 참조). 대통령의 긴급재정·경제처분은 국회의 사전동의나 사후승인을 얻어야 할 수 있는 재정·경제행위를 긴급사태나 위기를 극복하기 위하여 대통령이 독자적으로 행하는 긴급·비상의 재정·경제처분이다. 이는 재정의회주의에 대한 중대한 예외가 된다. 이 긴급재정·경제처분에 관하여 필요한 때에는 대통령은 법률의 효력을 가진 명령(긴급재정·경제명령)을 발할 수 있다(헌법 제76조 제1항 후단).

2.2. 요건

2.2.1. 상황(상황요건)

내우·외환·천재·지변 또는 중대한 재정·경제상의 위기와 같은 긴급사태가 발생했을 것(상황요건).

2.2.2. 목적(당위요건)

국가안전보장 또는 공공의 안녕질서를 유지하기 위하여 긴급한 조치를 할 필요가 발생했을 것(당위요건)이요구되며, 소극적 목적을 위해서만 발동될 수 있으므로 공공복리의 증진과 같은 적극적 목적을 위하여는 행사할 수 없다.[1]

2.2.3. 국회의 집회를 기다릴 여유가 없을 것

이 점에서 국회의 집회가 불가능한 때에 행사되는 긴급명령과 구별된다. 집회를 기다릴 여유가 없는 때에 한하여 발할 수 있으므로 국회가 폐회 중인 경우에 발동이 허용되며, 휴회 중인 경우는 물론 개회 중에는 발할 수 없다고 본다.[2] 휴회중인 경우에는 긴급한 필요가 있는 경우에는 언제든지 회의를 재개할 수 있기 때문이다.[3] 임시회 집회에 요구되는 3일을 기다릴 여유가 없을 때에 한하여 허용된다고 본다.

2.3. 절차

긴급재정 · 경제처분은 국무회의의 심의를 거쳐야 하며, 국무총리 및 관계 국무위원의 부서가 있어야 한다(헌법 제76조 제3항). 국회가 폐회 중이면 대통령은 임시회의 소집을 요구하여 승인을 얻어야 한다.

2.4. 내용

긴급재정 · 경제처분은 정치적 · 사회적 · 문화적 사항을 내용으로 할 수 없고, 재정사항과 경제사항만을 그 내용으로 한다. 그리고 그 발동정도 역시 필수불가결한 최소한의 것이야 한다.[4]

2.5. 효력

긴급재정 · 경제처분은 사후에 국회의 승인을 얻어야 하는 바, 국회의 승인이 있으면 처분의 효력이 확정적으로 유효하게 되며, 만일 승인을 얻지 못하면 그때부터(승인거부시부터) 효력을 상실한다(헌법 제76조 제4항). 따라서 승인거부시 까지의 효력에는 변함이 없다.[5] 승인에 필요한 의결정족수는 긴급명령과 같이 출석의원과반수 찬성(헌법 제49조)이면 된다. 국회의 승인은 대통령에 대한 책임면제를 의미하는 동시에, 처분에 대하여 국회의

1) 권영성, 헌법학원론, 982면.
2) 김철수; 권영성, 헌법학원론, 982면.
3) 권영성, 헌법학원론, 982면.
4) 권영성, 헌법학원론, 983면.
5) 권영성, 헌법학원론, 983면.

의결을 얻은 것을 의미하게 된다.

2.6. 공포

대통령은 긴급재정·경제처분이 국회의 승인을 얻거나 얻지 못할 경우에 지체 없이 그 사유를 공포하여야 한다(헌법 제76조 제5항). 이 공포는 법령의 공표와 달라서 효력발생요건이 아니며, 단순히 사실을 공포하는데 불과하다.

2.7. 통제

2.7.1. 국회에 의한 통제

긴급재정·경제처분에 대하여는 국회의 승인권 행사에 의한 통제가 가능하다. 왜냐하면 긴급재정·경제처분은 대통령이 국회에 이를 보고해야 하며, 국회의 승인을 얻어야 하기 때문이다. 국회의 승인권에는 수정승인권이 포함된다.[1]

2.7.2. 법원에 의한 통제

대통령의 긴급재정·경제처분은 그 본질이 행정처분이므로 법원에 의한 위헌·위법심사도 가능하다.[2] 또한 이 때의 처분은 공권력행사이므로 헌법소원의 대상이 될 수 있으나, 보충성문제 때문에 일정한 경우에 한하여 헌법재판소에 의한 통제가 가능하다고 볼 것이다.

3. 긴급재정·경제명령권

3.1. 긴급재정·경제명령권의 의의

긴급재정·경제명령이라 함은 내우·외환·천재·지변 또는 중대한 재정·경제상의 위기에 있어서 국가의 안전보장 또는 공공의 안녕질서를 유지하기 위하여 긴급한 조치가 필요하고 국회의 집회를 기다릴 여유가 없을 때에 한하여 대통령이 최소한으로 필요한 긴급재정·경제처분의 실효성을 뒷받침하기 위하여 발동하는 법률의 효력을 가지는 예외적인 긴급입법조치를 말한다.[3]

---

1) 권영성, 헌법학원론, 983면.
2) 권영성, 헌법학원론, 983면.
3) 김계환, 헌법학정해, 1208면.

3.2. 긴급재정 · 경제명령의 발동요건

대통령은 긴급재정 · 경제처분을 할 때와 동일한 요건하에서, 필요한 경우 법률의 효력을 지닌 명령을 발할 수 있다(헌법 제76조 제1항). 긴급재정 · 경제처분이 법률의 제정이나 법률의 개폐를 필요로 할 경우에는 법률의 효력을 가진 명령을 발할 수 있도록 하였다. 긴급재정 · 경제명령은 긴급재정 · 경제처분의 효력을 법적으로 보장하려는 데 그 의의가 있다. 긴급재경처분을 발하게 되면 기존의 법령에 저촉되는 처분이 되기 쉽다. 헌법에 따른 처분이 위법한 처분 될 수 있는 모순성을 제거하기 위하여 법률의 효력을 지니는 명령을 발할 수 있게 한 것이다.

대통령이 긴급재정 · 경제명령을 발동해서 기본권을 제한하기 위해서는 반드시 다음 네 가지 요건을 충족시켜야 한다. 즉 (ㄱ) 내우, 외한, 천재, 지변 또는 중대한 재정 · 경제상의 위기상황이 발생하고(상황요건), (ㄴ) 국가안전보장 또는 공공의 안녕질서를 유지하기 위하여 긴급조치가 필요하고(목적요건), (ㄷ) 국회의 집회를 기다릴 3일간의 여유(국회법 제5조)조차 없을 때에 한하여(긴급요건), (ㄹ) 최소한으로 필요한 재정 · 경제상의 처분을 내용으로 하는(과잉금지요건) 명령을 발할 수 있다(헌법 제76조 제1항).

헌재결 1996. 2. 29, 93헌마186 【긴급재정명령 등 위헌확인】

긴급재정경제명령은 정상적인 재정운용 · 경제운용이 불가능한 중대한 재정 · 경제상의 위기가 현실적으로 발생하여(그러므로 위기가 발생할 우려가 있다는 이유로 사전적 · 예방적으로 발할 수는 없다) 긴급한 조치가 필요함에도 국회의 폐회 등으로 국회가 현실적으로 집회될 수 없고 국회의 집회를 기다려서는 그 목적을 달할 수 없는 경우에 이를 사후적으로 수습함으로써 기존질서를 유지 · 회복하기 위하여(그러므로 공공복지의 증진과 같은 적극적 목적을 위하여는 발할 수 없다) 위기(危機)의 직접적 원인의 제거에 필수불가결한 최소의 한도내에서 헌법이 정한 절차에 따라 행사되어야 한다.

그리고 긴급재정경제명령은 평상시의 헌법 질서에 따른 권력행사방법으로서는 대처할 수 없는 중대한 위기상황에 대비하여 헌법이 인정한 비상수단으로서 의회주의 및 권력분립의 원칙에 대한 중대한 침해가 되므로 위 요건은 엄격히 해석되어야 할 것이다.[1)]

3.3. 긴급재정 · 경제명령의 발동효과

이 네 가지 요건을 충족시킨 긴급재정 · 경제명령이 발동되면 그 명령은 법률의 효력을 가지기 때문에(제76조 제1항), 이 명령으로(형식은 명령이나 법률의 효력을 지니므로) 기존의 법률을 개정 또는 폐지하는 것도 가능하며(제76조 제4항), 또 법률과 같이 국민의 재정 · 경제생활영역을 제한하는 조치를 할 수도 있다. 그러나 이 때에도 헌법 제37조 제2

---

1) 【참조판례】 헌재결 1992. 12. 24, 90헌마174 【의사국가시험응시자격에 대한 헌법소원】

항의 일반적 법률유보에 의한 기본권제한의 규범적 한계인 목적상·내용상·방법상의 한계는 반드시 존중되어야만 한다.

3.4. 긴급재정·경제명령의 통제

긴급재정·경제명령은 국회의 집회를 기다릴 여유가 없는 긴급한 상황 속에서 발동된 것이기 때문에 지체 없이 국회의 소집을 요구하고 국회에 보고하여 그 사후승인을 받아야 한다. 국회의 승인을 받지 못한 때에는 그 명령은 그때부터 효력을 상실할 뿐 아니라 그 명령에 의해서 개정·폐지된 법률은 당연히 그 효력을 회복한다(제76조 제3항·제4항). 이는 긴급재정·경제명령으로 개정 또는 폐지된 법률은 이미 완전히 개폐되었으므로, 개폐된 법률의 효력이 다시 회복된다는 것은 원칙적으로 있을 수 없으나, 국회에서 이미 개폐된 법률을 다시 원상태로 재개정 내지 제정하는 번거로운 절차를 생략하기 위함이다.

헌재결 1996. 2. 29, 93헌마186【긴급재정명령 등 위헌확인】
【판시사항】
통치행위(대통령긴급재정경제명령)의 헌법재판 대상성
【결정요지】
대통령의 긴급재정경제명령은 국가긴급권의 일종으로서 고도의 정치적 결단에 의하여 발동되는 행위이고 그 결단을 존중하여야 할 필요성이 있는 행위라는 의미에서 이른바 통치행위에 속한다고 할 수 있으나, 통치행위를 포함하여 모든 국가작용은 국민의 기본권적 가치를 실현하기 위한 수단이라는 한계를 반드시 지켜야 하는 것이고, 헌법재판소는 헌법의 수호와 국민의 기본권 보장을 사명으로 하는 국가기관이므로 비록 고도의 정치적 결단에 의하여 행해지는 국가작용이라고 할지라도 그것이 국민의 기본권 침해와 직접 관련되는 경우에는 당연히 헌법재판소의 심판대상이 된다.

3.5. 긴급명령·긴급재정·경제명령의 비교

기준	긴급명령	긴급재정·경제명령
목적	교전상태에 있어서 국가를 보위하기 위한 명령	재정·경제상의 위기에 있어서 공공의 안녕질서를 유지하기 위한 명령
비상사태와의 차이	국가의 안위에 관계되는 중대한 교전상태에 있어서 발하는 명령	내우·외환·천재·지변 또는 중대한 재정·경제상의 위기에 있어 발하는 명령
국회의 소집여부	국회의 집회가 불가능 한 때 발하는 명령	국회의 집회를 기다릴 여유가 없을 때 발하는 명령
규율범위	국가를 보위하기 위하여 전반적 조치를 취하기 위한 명령	재정·경제상의 최소한도의 필요한 처분을 위한 명령

4. 계엄선포권

4.1. 의의

계엄(martial law)이란 전시·사변 또는 이에 준하는 국가비상사태의 경우에 이를 극복하기 위하여 병력을 사용하는 긴급·비상의 조치를 의미한다. 계엄은 일시적이나마 군에 의한 통치를 가능하게 한다는 점에서, 헌법규정의 일부조항을 배제할 수 있다는 점에서 가장 강력한 국가긴급권이라 할 수 있다. 여기에는 군사상의 필요에 의한 군사계엄과, 공공의 안녕질서를 위한 행정계엄이 있다.[1)]

「참고」

긴급명령(재경처분 및 명령포함)은 헌법에 따라 효력이 발생하는데 반해, 계엄은 헌법적 권한이지만 헌법에 따라 발동되는 것이라는 점에서 구별된다(발동요건상의 차이). 또 전자는 긴급처분이나 긴급입법적 성질을 지니는데 반해, 후자는 행정·사법에 대한 한시적인 군정통치를 가능케 한다는 점에서 구별되며(내용상의 차이), 전자는 국회의 승인사항으로 하는 긍정적 통제임에 반해, 후자는 국회의 해제요건사항으로 하는 부정적 통제인 점에서 구별된다(통제상의 차이).

4.2. 헌법규정

헌법 第77条 ① 대통령은 전시·사변 또는 이에 준하는 국가비상사태에 있어서 병력으로써 군사상의 필요에 응하거나 공공의 안녕질서를 유지할 필요가 있을 때에는 법률이 정하는 바에 의하여 계엄을 선포할 수 있다.

② 계엄은 비상계엄과 경비계엄으로 한다.

③ 비상계엄이 선포된 때에는 법률이 정하는 바에 의하여 영장제도, 언론·출판·집회·결사의 자유, 정부나 법원의 권한에 관하여 특별한 조치를 할 수 있다.

④ 계엄을 선포한 때에는 대통령은 지체 없이 국회에 통고하여야 한다.

⑤ 국회가 재적위원 과반수의 찬성으로 계엄의 해제를 요구한 때에는 대통령은 이를 해제하여야 한다.

4.3. 종류

4.3.1. 개관

계엄에는 비상계엄과 경비계엄의 두 종류가 있다. 비상계엄은 행정·사법기능의 회복을 위한 수습이 목적인 반면, 경비계엄은 치안질서회복이 수습의 목적인 점에서 내용·절차·효력 등에 많은 차이가 있게 된다. 군의 통제하에 들어가는 업무와 기본권제한의 가능여부의 차이가 있다.

---

1) 권영성, 헌법학원론, 986면.

4.3.2. 내용

a) 경비계엄

경비계엄이라 함은 국가비상사태에 있어서 사회질서가 교란되어 일반행정기관만으로는 치안을 확보할 수 없을 경우에 공공의 안녕질서를 유지하기 위해 선포하는 것을 말한다(계엄법 제2조 제3항).

b) 비상계엄

비상계엄은 국가비상사태에 있어서 적과 교전상태에 있거나 사회질서가 극도로 교란되어 행정 및 사법기관의 수행이 현저히 곤란한 경우에 군사상 필요에 응하거나 공공의 안녕질서를 유지하기 위해 선포하는 것을 말한다(계엄법 제2조 제2항).

4.4. 목적

4.4.1. 상황(상황요건)

전시, 사변 또는 이에 준하는 국가비상사태가 발생하여야 한다(상황요건). 계엄은 사후진압적 성격을 지니므로 극도의 사회질서의 혼란상태가 발생한 경우에 한한다.

4.4.2. 목적(당위성)

병력으로써 군사상 필요에 응하거나 공공의 안녕질서를 유지할 필요가 있어야 한다(딩위요건).

4.5. 요건

계엄의 본질이 일반 국민에게까지 군정이 확대되고, 민선정부의 의사를 군사령과의 의사로 대신하는 것이므로 계엄의 요건은 엄격하게 해석하여야 한다. 따라서 국가의 존립 그 자체에 영향을 미치는 정도의 위해가 아닌 단순한 반정부 활동을 비상사태로 규정하거나 경찰력만으로도 비상사태를 극복할 수 있다면 계엄을 선포할 수 없다.

4.6. 선포권자

계엄의 선포권자는 대통령이 국가원수로서의 자격으로 선포하는 것이다. 계엄이 선포되면 계엄사령관은 국방부장관의 지휘·감독을 받으나, 전국을 계엄지역으로 하는 경우와 대통령이 직접 지휘·감독할 필요가 있는 경우에는 대통령의 지휘·감독을 받는다.[1)]

---

1) 권영성, 헌법학원론, 988면.

4.7. 절차

계엄을 선포하려면 국무회의의 심의를 거쳐야 하며, 계엄선포의 이유 · 종류 · 시행일 · 지역 그리고 계엄사령관을 공고하여야 한다. 계엄을 선포한 후에는 지체 없이 국회의 통고하여야 한다. 국회가 폐회 중이면 임시회를 요구하여야 한다. 국회에 단순히 통고만 하면 된다는 점에서 승인을 얻어야 하는 긴급명령 등과 구별된다.

「계엄선포」
- 국무회의의 심의
- 지체 없이 국회의 통고

4.8. 효력

4.8.1. 비상계엄의 경우

a) 행정사무 · 사법사무에 관한 특별조치

계엄사령관은 계엄지역 내의 모든 행정사무와 사법사무를 관장하며 행정기관과 사법기관을 지휘 · 감독한다. 다만 사법사무는 엄격한 의미에서의 재판작용을 제외한 사법행정사무(사법경찰, 검찰, 형의 집행 등) 등을 말한다고 본다(다수설). 대법원 판례에 의하면 비상계엄하의 군사법원은 계엄선포 이후의 범죄행위는 물론 계엄선포 전후를 통하여 비상계엄선포가 있는 지역 내의 범죄에 대해서도 재판권을 갖는다고 한다. 비상계엄하의 군사재판은 일정한 범죄에 한하여 單審으로 할 수 있다(헌법 제110조 제4항). 계엄법(제10조)이 정한 죄를 범한 사람은 민간인도 군사법원의 재판을 받는다. 계엄선포 중 국회의원은 현행범을 제외하고는 체포 · 구금되지 않는다(계엄법 제13조).[1)]

b) 기본권에 관한 특별조치

비상계엄이 선포된 경우에는 국민의 기본적 인권(영장제도, 언론 · 출판 · 집회 · 결사의 자유)에 대하여 특별한 조치를 할 수 있다(헌법 제77조 제3항). 계엄법(제7조, 제8조, 제9조) 은 작전상 필요한 경우에 국민의 재산을 파괴 · 소훼할 수 있으며, 법률이 정하는 바에 따라 동원 · 징발을 할 수 있음을 규정하고 있다.

다만 헌법 제77조 제3항에는 영장제도의 · 언론 · 출판 · 집회 · 결사의 자유에 대하여 특별한 조치를 취할 수 있다고만 규정되어 있는데 반하여 계엄법에는 거주 · 이전의 자유와 단체행동에 대한 제한이 규정되어 있기 때문에 이의 위헌여부가 문제되고 있다. 계엄선포의 본질을 대통령의 비상대권으로 이해하는 입장에서는 헌법 제77조 제3항을 한정적(열거

1) 권영성, 헌법학원론, 989면.

적 · 확정적)으로 이해하며,[1] 헌법수호를 위한 비상수단으로 이해하는 입장에서는 이를 예시적(비확정적)으로 이해한다.[2] 예시적으로 보는 입장(합헌설)이 다수설이다.

생각건대 국민의 기본권제한은 최소침해의 원칙은 헌법원칙이며, 따라서 기본권제한은 확대적용이 인정되어서는 아니된다고 본다. 거주 · 이전의 자유 뿐만 아니라 헌법에 규정이 없는 기본권제한을 계엄법으로 제한한다는 것은 위헌의 소지가 크다.[3]

4.8.2. 경비계엄의 경우

계엄사령관은 계엄지역 내의 군사에 관한 행정사무와 사법사무를 관장하며, 군사에 관한 행정사무와 사법사무를 담당하는 기관을 지휘 · 감독한다. 경비계엄하에서는 국민의 자유와 권리를 제한할 수 없다. 군사법원의 관할도 평상시와 동일하다.

「경비계엄」
국민의 자유와 권리를 제한할 수 없다
군사법원의 관할도 평상시와 동일

4.9. 계엄의 해제

4.9.1. 내용

비상사태가 평상상태로 회복되거나 국회가 재적의원 과반수의 찬성으로 계엄의 해제를 요구하는 경우에는 대통령은 국무회의의 심의를 거쳐 지체 없이 계엄을 해제하여야 하며(헌법 제77조 제5항), 또한 이를 공고해야 한다(계엄법 제11조 제1항).

또한 대통령은 국방부장관이나 행정안전부장관이 계엄의 목적이 달성되었음을 이유로 국무총리를 거쳐 계엄의 해제를 건의하면, 국무회의의 심의를 거쳐야 계엄을 해제하여야 한다(헌법 제89조 제5호; 계엄법 제11조 제3항).

4.9.2. 계엄해제의 효과

계엄이 해제되면 해제된 날로부터 모든 행정사무와 사법사무가 평상상태로 복귀하므로 군사법원의 관할사건은 일반법원에 이관된다. 계엄의 해제는 평상시로의 복귀를 의미하며, 이는 계엄이 잘못되었다는 의미는 아니다.[4] 계엄이 해제되었다고 하여 계엄하에 행해

---

1) 권영성, 헌법학원론, 990면.

2) 김철수; 구병삭; 문홍주, 한국헌법, 371면.

3) 권영성, 헌법학원론, 990면.

4) 권영성, 헌법학원론, 991면; 계엄은 국가비상사태에 당하여 병력으로써 국가의 안전과 공공의 안녕질서를 유지할 필요가 있을 때에 선포되고 평상상태로 회복되었을 때에 해제하는 것으로서

진 계엄포고위반행위의 가벌성이 소멸되지 아니하며, 계엄이 해제된 후에도 계엄기간중의 계엄포고위반행위는 계엄해제후에도 그 행위당시의 법률에 의하여 처벌된다.[1)]

> 대판 1981. 3. 24, 81도304 【계엄법위반】
>
> 【판시사항】
>
> 가. 모든 정치활동의 중지 및 정치적 발언을 일체 불허한다는 내용의 계엄포고령이 국회의 계엄해제권을 침해한 것인지 여부
>
> 나. 비상계엄이 해제된 후에 계엄실시중의 포고령 위반행위를 포고령위반으로 처벌할 수 있는지 여부
>
> 【판결요지】
>
> 가. 모든 정치활동의 중지 및 정치적 발언을 일체 불허한다는 취지의 계엄포고령은 국회의 고유 권한까지를 제한하는 것은 아니므로 국회의 계엄해제권을 침해하는 것은 아니다.
>
> 나. 비상계엄이 해제되었다고 하더라도 특별한 조치가 없는 한 계엄실시 중의 포고령 위반 행위는 그 행위 당시의 형벌법령에 따라 처벌되어야 한다.

다만 대통령이 필요하다고 인정한 경우에는 군사법원의 재판권을 1개월 이내에 한하여 연기할 수 있다(계엄법 제12조 제2항). 재판권의 1개월 연기조항의 위헌여부가 문제되고 있다. 대법원은 합헌으로 보나,[2)] 학설[3)]은 위헌으로 본다. 1개월 연기조항은 정당한 재

계엄령의 해제는 사태의 호전에 따른 조치이고 계엄령은 부당하다는 반성적 고찰에서 나온 조치는 아니므로 계엄이 해제되었다고 하여 계엄하에서 행해진 위반행위의 가벌성이 소멸된다고는 볼 수 없는 것으로서 계엄기간중의 계엄포고위반의 죄는 계엄해제후에도 행위당시의 법령에 따라 처벌되어야 하고 계엄의 해제를 범죄후 법령의 개폐로 형이 폐지된 경우와 같이 볼 수 없다(대판 1985. 5. 28, 81도 1045).

1) 권영성, 헌법학원론, 991면; 대판 1985. 5. 28, 81도1045; 대판 1963. 1. 31, 62도257; 대판 1981 3. 24, 81도304; 1981. 3. 31, 81도426; 대판 1981. 5. 7, 81도1002; 대판 1983. 6. 14, 83도647.

2) 헌법은 비상조치권에 관하여 규정한 제51조에서는 비상조치의 효력상실시기를 명시하면서 계엄에 관하여 규정한 제52조에서는 비상계엄하에서 제한되었던 기본권의 원상회복 시기나 계엄해제의 효력발생시기에 관하여는 아무런 규정을 하지 아니하고 제3항에서 "비상계엄이 선포된 때에는 법률이 정하는 바에 의하여 … 법원의 권한에 관하여 특별한 조치를 할 수 있다"고 규정함으로써 그에 관한 사항은 법률에 위임하고 있어 그 시기는 국민의 기본권을 보장한 헌법정신에 위배되지 않는 범위내에서 합리성이 있다고 수긍되는 한 법률로 규정할 수 있다 할 것인바, 구 계엄법(1949.11.24 법률 제67호) 제23조 제2항에서 계엄해제시의 대통령의 조치에 의하여 비상계엄해제의 효력중 군법회의에 계속중인 재판사건의 재판권이 일반법원에 속하게 되는 효력만이 1개월 이내의 기간안에 단계적으로 발생할 수 있음을 규정한 것은 국가비상사태가 평상상태로 회복되었음에도 불구하고 국민의 군법회의재판을 받지 않을 권리를 일시적으로 제한한 것임은 분명하지만 그렇다고 하여 그 규정이 국민의 군법회의재판을 받지 않을 권리자체를 박탈하는 것이라거나 그 권리의 본질적 내용을 침해하는 것이라고 할 수는 없을 뿐만 아니라 비상계엄

판을 받을 권리와 민간인의 군사재판의 예외규정에 위반된다고 볼 것이다.

4.10. 계엄에 대한 통제

4.10.1. 국회에 의한 통제

국회는 입법활동과 정부통제권에 의하여 계엄을 통제할 수 있다. 특히 계엄해제요건에 의한 통제가 중요한 역할을 한다. 국회가 재적의원과반수의 찬성으로 계엄의 해제요구가 있음에도 대통령이 이를 해제하지 아니하면 대통령에 대한 탄핵소추의 사유가 될 것이다. 계엄중에도 국회는 입법활동을 계속할 수 있고, 이를 통하여 계엄당국을 통제할 수 있고, 또한 국정감사 · 조사권, 탄핵소추권, 국무총리와 국무위원에 대한 출석요구권 및 해임건의권을 행사하여 계엄에 대한 통제가 가능하다.[1]

4.10.2. 법원 및 헌법재판소에 의한 통제

a) 개관

대통령의 계엄선포행위 그 자체는 통치행위라는 이유로 사법심사의 대상에서 제외하는 것이 학설 · 판례의 일반적 경향이다.[2] 그러나 헌법재판소가 도입된 이상은 계엄의 선포행위 그 자체도 사법적 통제가 가능하다고 보아야 한다는 견해(소수설)도 있다. 예컨대 권영성 교수는 계엄선포는 국회에 통고해야하고, 그 요건이 헌법과 법률에 구체적으로 규정되어 있으며, 국민의 기본권에 중대한 영향을 미치는 것이므로 상대적 통치행위에 해당된다고 보며 사법심사의 대상이 된다고 한다.[3] 다만, 어느 입장에 서는지 간에 계엄사령관의 포고령이나 구체적 처분은 사법심사의 대상이 된다고 본다.[4] 계엄선포나 계엄에 의한 특별조치로 기본권이 침해된 경우에는 헌법소원을 제기할 수 있다.

지역내의 사회질서는 정상을 찾았으나 일반법원이 미쳐 기능회복을 하지 못하여 군법회의에 계속중인 재판사건을 넘겨받아 처리할 수 있는 태세를 갖추지 못하고 있는 경우와 같은 상황에 대처하기 위한 것으로 보여 합목적성이 인정되는 바이므로 헌법의 위임범위를 넘어선 것으로서 헌법 제52조나 제26조 제2항에 위배되는 것이라고 할 수는 없다(대판 1985. 5. 28, 81도1045).

3) 김철수; 허영, 한국헌법론, 987면.

1) 권영성, 헌법학원론, 992면.

2) 계엄선포: 대통령의 계엄선포에 관한 서울고법 결정(1964. 7. 16, 64로159); 비상계엄선포: 1964년의 6 · 3사태를 수습하기 위한 비상계엄선포에 관한 판례(서울고법 1964. 7. 21, 79초70); 1979년의 박정희대통령 시해 사건을 계기로 선포된 10 · 27 비상계엄선포에 관한 판례(1979. 12. 7).

3) 권영성, 헌법학원론, 992면.

4) 권영성, 헌법학원론, 992면.

대통령의 계엄선포행위 → 통치행위(사법심사의 대상에서 제외)
계엄사령관의 포고령 · 구체적 처분 → 사법심사의 대상

b) 판례

계엄에 관련한 판례로는 비상계엄선포의 합헌성·합법성여부에 관하여 대법원은 다음과 같은 결정을 내리고 있다.

[大裁 1964. 7. 21, 64초4] 6 · 3사태 사건
비상계엄의 요건 … 병력으로써 공공의 안녕질서를 유지할 필요가 있을 정도로 사회질서가 극도로 교란되었느냐의 여부는 … 국가의 원수인 동시에 행정의 수반이며 국군의 통수권자인 대통령이 그 재량으로 정하여야 할 것으로서, … 비상계엄이 선포되었을 경우, 그 선포는 고도의 정치적·군사적 성격을 지니고 있는 행위라 할 것이므로 그것이 누구나 일견 헌법이나 법률에 위반되는 것이 명백하게 인정될 수 있는 것이라면 몰라도 그렇지 아니한 이상 고도의 정치성을 띠지 아니한 일반 행정행위도 공정력이 인정되어 일응 유효한 것으로 취급되거늘 하물며 고도의 정치적·군사적 성격을 갖고 있는 비상계엄선포를 가리켜 당연무효라고 단정할 수는 없다고 할 것이고, … 계엄선포의 당·부당을 판단할 권한과 같은 것은 오로지 정치기관인 국회에만 있다 할 것이다.

[大裁 1979. 12. 7, 79초70] 김재규 사건
우리나라는 현재 북한공산집단과 정전상태에 있고 북한공산집단은 휴전선이북에 막대한 병력을 집중배치하여 항상 남침의 기회를 노리고 있을 뿐 아니라, 간첩을 남파하는등 유형, 무형의 갖은 방법으로 우리나라에 대하여 치안교란과 파괴공작을 기도, 감행하고 있는 실정에 있으며 금반의 1979.10.27자 비상계엄 선포직전에는 부산직할시 등지에 소요사태가 있는 데다가, 같은 달 26에는 대통령이 졸지에 살해당한 돌발사고가 발생하여, 국정이 순시에 지극히 긴박하고도 중대한 비상사태에 이르자, 대통령의 유고로 그 권한대행을 하게 된 국무총리는 국가의 안전보장과 사회질서 및 치안유지를 위하여 1979.10.27. 04:00시를 기하여 전국일원 (제주도 제외)에 비상계엄을 선포하게 되었음은 공지의 사실인 바, 위와 같은 사태 아래서, 국가를 보위하며 국민의 자유와 복리의 증진에 노력하여야 할 국가원수인 동시에 행정의 수반이며 국군의 통수자인 대통령(권한대행)이 제반의 객관적 상황에 비추어서 그 재량으로 비상계엄을 선포함이 상당하다는 판단밑에 이를 선포하였을 경우, 그 행위는 고도의 정치적, 군사적 성격을 띠는 행위라고 할 것이어서, 그 선포의 당, 부당을 판단할 권한과 같은 것은 헌법상 계엄의 해제 요구권이 있는 국회만이 가지고 있다고 할 것이고, 그 선포가 당연 무효의 경우라면 모르되, 사법기관인 법원이 계엄선포의 요건의 구비 여부나 선포의 당, 부당을 심사하는 것은, 사법권의 내재적인 본질적 한계를 넘어서는 것이되어, 적절한 바가 못된다 할 것이므로(대법원 1964.7.21. 자 64초3, 64초4, 64초6 등 각 재정 참조), 위의 비상계엄이 법적 요건을 구비하지 아니한 것이어서 효력이 없는 것이라는 견해를 전제로 하여 군법회의가 재판권이 없다는 논지 주장은 이유없다.

대판 1997. 4. 17, 96도3376 **【반란수괴 · 반란모의참여 · 반란중요임무종사 · 불법진퇴 · 지휘관계엄지역수소이탈 · 상관살해 · 상관살해미수 · 초병살해 · 내란수괴 · 내란모의참여 · 내란중요임무종사 · 내란목적살인 · 특정범죄가중처벌등에관한법률위반(뇌물)】**

대통령의 비상계엄의 선포나 확대 행위는 고도의 정치적 · 군사적 성격을 지니고 있는 행위라 할 것이므로, 그것이 누구에게도 일견하여 헌법이나 법률에 위반되는 것으로서 명백하게 인정될 수 있는 등 특별한 사정이 있는 경우라면 몰라도, 그러하지 아니한 이상 그 계엄선포의 요건 구비 여부나 선포의 당·부당을 판단할 권한이 사법부에는 없다고 할 것이나, 비상계엄의 선포나 확대가 국헌문란의 목적을 달성하기 위하여 행하여진 경우에는 법원은 그 자체가 범죄행위에 해당하는지의 여부에 관하여 심사할 수 있다.

4.11. 계엄과 긴급명령의 비교

4.11.1 내용

계엄과 긴급명령은 다음의 점에서 구별된다 (ㄱ) 상황적 전제로서 계엄의 경우는 「전시 · 사변 또는 이에 준하는 국가비상사태」이지만, 긴급명령은 「국가의 안위에 관계되는 중대한 교전상태」이다. (ㄴ) 동원되는 공권력은 계엄의 경우는 병력인데 대하여, 긴급명령의 경우는 경찰력이다 (ㄷ) 계엄은 국회의 집회 여부와 관계가 없는 것인 데 대하여, 긴급명령은 국회의 집회가 불가능한 경우에 한한다. (ㄹ) 계엄의 경우는 국회에 통고하되 그 승인을 얻을 필요가 없는 대신 국회는 해제를 요구할 수 있지만, 긴급명령의 경우는 국회에 통고하고 승인을 얻어야 하는 대신 국회가 해제를 요구할 수 없다. (ㅁ) 기본권의 제한과 관련하여 계엄은 헌법 및 계엄법에서 허용하고 있는 대상에 한하여 제한적으로 특별한 조치를 할 수 있는 데 대하여, 긴급명령은 그 대상에 관한 제한적 규정이 없다.

긴급명령권은 헌법에 따라 직접 그 효력이 발생하는 국가긴급권인데 반해서, 계엄선포권은 헌법상의 권한이긴 하지만 헌법을 근거로 제정된 법률(계엄법)에 따라 발동되는 국가긴급권이라는 점에서 차이가 있다. 또 전자는 일종의 긴급처분 또는 긴급 입법적 성질을 갖는 데 반해서, 계엄선포권은 입법기능을 제외한 행정 · 사법분야에서의 한시적인 군정통치를 가능케 하는 것이라는 점에서도 본질적인 차이가 있다. 그에 더하여 그 통제의 메커니즘에도 차이가 있다. 즉 전자의 경우에는 국회에 의한 대의적 통제에 있어 일반정족수로 처리할 수 있는 승인사항으로 규정하고 있는 데(긍정적 통제) 반해서, 계엄의 경우에는 국회의 재적의원 과반수의 찬성을 필요로 하는 해제요구사항으로 규정하고(부정적 통제) 있다. 그 밖에도 발동요건과 내용 및 효력면에서도 차이가 있는 것은 물론이다.[1)]

1) 허영, 한국헌법론, 984면.

4.11.2. 도표

계엄과 긴급명령의 비교		
기준	계엄	긴급명령
상황적 전제	전시·사변 이에 준하는 국가비상사태인 경우	국가의 안위에 관계되는 중대한 교전상태인 경우
내용	한시적이나마 행정·사법에 대하여 군정통치를 함	긴급처분이나 긴급입법조치에 의함
국회의 집회여부	국회의 집회여부와 관계없음	국회의 집회가 불가능한 경우에 한함
국회에 의한 통제	국회승인 불필요, 국회의 해제요구 인정(부정적 통제)	국회승인 필요, 국회의 해제요구 불인정(긍정적 통제)
기본권의 제한	헌법 및 계엄법에서 허용하고 있는 대상에 한하여 제한적으로 인정	그 대상에 관한 제한적 규정이 없음
발동요건	대통령의 헌법적 권한이지만 법률에 따라 발동	헌법에 따라 효력이 발동됨
동원되는 국가권력	군병력	경찰력

5. 헌법개정에 관한 권한(제안 · 공고 · 공포)

대통령은 헌법개정에 대한 제안권(발의권)을 가진다(헌법 제128조 제1항). 이는 대통령의 헌법수호의 책임에서 나오는 권리로서, 헌법규범(Verfassungsrecht)과 헌법현실(Verfassungswirklichkeit)의 차이가 생겨 헌법의 규범적 효력이 약화됐을 경우 헌법개정안을 제안함으로써 헌법의 최고규범성을 지키기 위함이다. 헌법개정안이 발의되면 이를 20일 이상 공고하여야 한다. 그리고 대통령은 헌법개정에 대한 공포권을 가진다(헌법 제129조). 헌법개정이 확정되면 즉시 이를 공포하여야 한다(헌법 제130조 제3항). 확정된 헌법개정안에 대하여는 거부권을 행사할 수 없다.

「대통령」
- 헌법개정에 대한 제안권(발의권) : 대통령의 헌법수호의 책임
- 20일 이상 공고
- 헌법개정에 대한 공포권
- 헌법개정이 확정되면 즉시 이를 공포하여야
- 확정된 헌법개정안 : 거부권 행사 불가

「참고」

대통령의 헌법개정안 공고권과 공포권은 대통령의 재량권이 없는 헌법적 의무에 속하는 것이므로 대통령의 통치적 권한이라기 보다는 입법에 관한 권한으로 보아야 한다는 지적이 있다.[1)]

6. 국민투표부의권

6.1. 의의

대통령은 필요하다고 인정될 때에는 외교 · 국방 · 통일 기타 국가안위에 관한 중요 정책을 국민투표에 부의할 수 있다(임의적 국민투표: 헌법 제72조). 이러한 대통령의 국민투표부의권은 국가중요정책에 관한 민주적 정당성을 확보할 수 있는 직접민주제의 실제방안이다. 또한 국회를 견제할 수 있고, 국회에 대하여 대통령의 비교우위를 보장하여 준다.

6.2. 대상

국민투표의 대상은 외교 · 국방 · 통일 기타 국가안위에 관한 중요정책이다. 무엇이 국가안위에 관한 중요정책인가의 판단과 그것을 국민투표에 붙일 것인가의 결정은 대통령의 자유재량[2)]에 속한다. 이 경우 국가안위에 관한 중요정책이란 추상적 개념을 사용하고 있고, 특히 「기타」라는 용어를 사용하고 있음에 비추어 이는 예시적 규정으로 보아야 한다.[3)] 그리고 영토의 변경이나 정권 또는 개인의 신임여부(특정정책과 자신의 신임을 결부시켜 투표에 부의한다)[4)]에 관한 것일 때에는 플레비지트(Plebiszit)의 성격을 띠게 될 것이며,[5)]

---

1) 허영, 한국헌법론, 980면.

2) 할수 있다(Kann-Vorschrift)라고 규정하고 있으므로 일단은 재량권을 인정한 것이나, 대통령이 가지는 권리(Recht)와 권리의 이성적 행사(Ausübung des Rechts)는 구별되어야 한다는 의미에서 일정한 요건이 갖추어지면 대통령은 국민투표에 부의하여야 한다는 해석도 가능하다. 이는 행정법상의 무하자재량행사청구권 · 행정개입청구권의 법리와 유사한 측면이 있다.

3) 권영성, 헌법학원론, 994면.

4) 권영성 교수는 재신임 국민투표에 따라 대통령이 사임되거나 해임될 수 있다고 한다면, 대통령 임기제 등 대통령제를 유명무실하게 만드는 것이며, 현행 헌법상 대통령이 사임할 수 있는 경우는 임기만료, 탄핵소추, 자진사임밖에 없다고 한다. 이는 과거 독재정권 악용되었던 방법이다(권영성, 헌법학원론, 994면 각주 3) 참조).

5) 헌재결 2004. 5. 14, 2004헌나1 【대통령(노무현) 탄핵】 국민투표는 직접민주주의를 실현하기 위한 수단으로서 '사안에 대한 결정' 즉, 특정한 국가정책이나 법안을 그 대상으로 한다. 따라서 국민투표의 본질상 '대표자에 대한 신임'은 국민투표의 대상이 될 수 없으며, 우리 헌법에서 대표자의 선출과 그에 대한 신임은 단지 선거의 형태로써 이루어져야 한다. 대통령이 자신에 대한 재신임을 국민투표의 형태로 묻고자 하는 것은 헌법 제72조에 의하여 부여받은 국민투표부의권을 위헌적으로 행사하는 경우에 해당하는 것으로, 국민투표제도를 자신의 정치적 입지를 강화하기 위

법률의 제정에 관한 것일 때에는 레퍼랜덤(Referendum)의 성격을 띠게 될 것이다.[1]

플레비지트(Plebiszit) → 영토의 변경이나 정권 또는 개인의 신임여부(특정정책과 자신의 신임을 결부시켜 투표에 부의한다)에 관한 것일 경우

레퍼랜덤(Referendum) → 법률의 제정에 관한 것일 때

6.3. 한계

일부 견해[2]에 의하면 국민투표에 의하여 확정된 정책은 국민주권의 직접적 표현으로서 모든 국가기관을 구속하며, 특히 국민투표에 의하여 제정된 법률은 국회가 제정한 법률보다 우위에 선다고 주장한다.[3] 더 나아가 국민투표에 의하여 제정된 법률이 헌법의 내용과 상위 할 때에는 그 한도 내에서 헌법이 개정된 것으로 보아야 한다고 까지 주장하고 있다. 그러나 현행 헌법상 국민투표에 의한 입법은 불가능하며, 헌법 제72조의 국민투표는 국가안위에 관한 중요정책에 대한 단순한 찬반투표로 보는 것이 타당하다.[4]

일부 견해(허영)에 의하면 국민투표제도는 국민이 직접 정책결정이나 법률을 결정(제정)하는 것을 인정하는 것이 아니고 대의기관에 의하여 이미 그 내용이 정해진 국가정책 내지 법률안에 대한 선거권 내지 가부결정권을 의미하는 것이라고 하며, 법률안의 구체적 내용까지를 국민이 결정하는 루소적인 국민입법권이나 직접통치제도는 기술상 불가능하며 대의의 이념과도 조화될 수 없다고 한다.

한 정치적 도구로 남용해서는 안 된다는 헌법적 의무를 위반한 것이다. 물론, 대통령이 위헌적인 재신임 국민투표를 단지 제안만 하였을 뿐 강행하지는 않았으나, 헌법상 허용되지 않는 재신임 국민투표를 국민들에게 제안한 것은 그 자체로서 헌법 제72조에 반하는 것으로 헌법을 실현하고 수호해야 할 대통령의 의무를 위반한 것이다.

1) 권영성, 헌법학원론, 994면.

2) 권영성; 구병삭; 한태연, 헌법학, 161면.

3) 프랑스의 경우 헌법평의회는 국민투표에 통과된 법률에 대한 위헌여부는 심사하지 아니한다(1962년 11월 16일 62-20DC 결정). 헌법평의회의 위헌심사의 대상이 되는 법률은 의히에 의해 의결된 법률들 뿐이며, 국민투표에 의해 채택된 법률은 국민주권의 직접적 표현(l'expression directe de la souveraineté nationale)이므로 이는 제외된다고 한다(김철수, 헌법학(중), 483면 주 1) 참조).

4) 김철수, 헌법학(중), 483면

III. 대통령의 행정에 관한 권한

행정에 관한 권한은 원칙적으로 대통령을 수반으로 하는 행정부에 귀속된다.

1. 행정의 최고 결정권 및 지휘 · 감독권

대통령은 행정부의 수반으로서 행정에 관한 최고의 결정권과 집행권을 가지며, 법률을 공표하고 집행할 권한을 가진다. 대통령은 위임명령과 집행명령을 발할 수 있다. 행정권은 대통령의 권한과 책임 하에서 이루어지며, 행정부 구성원을 지휘 · 감독한다.[1]

2. 국가대표 및 외교에 관한 권한

대통령은 국가원수로서 외국에 대하여 국가를 대표한다(헌법 제66조 제1항). 조약을 체결 · 비준하고, 외교사절을 신임 · 접수 · 파견하며, 선전포고와 講和를 할 권한을 가진다(헌법 제73조). 외교사절의 신임이라 함은 우리 나라 외교사절에게 신임장을 수여하는 것이며, 접수란 외국의 외교사절을 우리 나라에서 수락(접수)하는 것이다. 그리고 파견이란 우리의 외교사절을 외국에 보내는 것이다. 선전포고란 전쟁개시의 선언을 말하며, 강화란 전쟁종결을 위한 적국과의 합의를 말한다. 또한 대통령은 국회의 동의를 얻어 국군을 해외에 파견하거나 외국군대의 駐留를 허락할 수 있다(헌법 제60조 제2항). 국가승인, 정부승인, 교섭단체승인을 할 수 있다. 외교적 권한행사에는 국무회의심의, 부서가 요구되고 헌법 제60조 제1항에 열거된 조약을 체결하는 경우에는 반드시 국회의 동의를 얻어야 하며, 선전포고, 국군파견, 외국군대의 주류에는 국회의 동의가 있어야 한다(헌법 제60조 제2항).

헌법 제60조 ① 국회는 상호원조 또는 안전보장에 관한 조약, 중요한 국제조직에 관한 조약, 우호통상항해조약, 주권의 제약에 관한 조약, 강화조약, 국가나 국민에게 중대한 재정적 부담을 지우는 조약 또는 입법사항에 관한 조약의 체결 · 비준에 대한 동의권을 가진다.

② 국회는 선전포고, 국군의 외국에의 파견 또는 외국군대의 대한민국 영역안에서의 주류에 대한 동의권을 가진다.

헌재결 2004. 4. 29, 2003헌마814 【일반사병이라크파병위헌확인】

가. 외국에의 국군의 파견결정과 같이 성격상 외교 및 국방에 관련된 고도의 정치적 결단이 요구되는 사안에 대한 국민의 대의기관의 결정이 사법심사의 대상이 되는지 여부(소극)

나. '대통령이 2003. 10. 18. 국군(일반사병)을 이라크에 파견하기로 한 결정'(이하 '이 사건 파견결정'이라 한다)이 헌법에 위반되는지의 여부에 대한 판단을 헌법재판소가 하여야

---

1) 권영성, 헌법학원론, 997면.

하는지 여부(소극)

다. 그 성격상 국방 및 외교에 관련된 고도의 정치적 결단을 요하는 이 사건 파견결정이 사법심사의 대상이 되는지 여부(소극)

[재판요지]

가. 외국에의 국군의 파견결정은 파견군인의 생명과 신체의 안전뿐만 아니라 국제사회에서의 우리나라의 지위와 역할, 동맹국과의 관계, 국가안보문제 등 궁극적으로 국민 내지 국익에 영향을 미치는 복잡하고도 중요한 문제로서 국내 및 국제정치관계 등 제반상황을 고려하여 미래를 예측하고 목표를 설정하는 등 고도의 정치적 결단이 요구되는 사안이다. 따라서 그와 같은 결정은 그 문제에 대해 정치적 책임을 질 수 있는 국민의 대의기관이 관계분야의 전문가들과 광범위하고 심도 있는 논의를 거쳐 신중히 결정하는 것이 바람직하며 우리 헌법도 그 권한을 국민으로부터 직접 선출되고 국민에게 직접 책임을 지는 대통령에게 부여하고 그 권한행사에 신중을 기하도록 하기 위해 국회로 하여금 파병에 대한 동의여부를 결정할 수 있도록 하고 있는바, 현행 헌법이 채택하고 있는 대의민주제 통치구조 하에서 대의기관인 대통령과 국회의 그와 같은 고도의 정치적 결단은 가급적 존중되어야 한다.

나. 이 사건 파견결정이 헌법에 위반되는지의 여부 즉 국가안보에 보탬이 됨으로써 궁극적으로는 국민과 국익에 이로운 것이 될 것인지 여부 및 이른바 이라크전쟁이 국제규범에 어긋나는 침략전쟁인지 여부 등에 대한 판단은 대의기관인 대통령과 국회의 몫이고, 성질상 한정된 자료만을 가지고 있는 우리 재판소가 판단하는 것은 바람직하지 않다고 할 것이며, 우리 재판소의 판단이 대통령과 국회의 그것보다 더 옳다거나 정확하다고 단정짓기 어려움은 물론 재판결과에 대하여 국민들의 신뢰를 확보하기도 어렵다고 하지 않을 수 없다.

다. 이 사건 파병결정은 대통령이 파병의 정당성뿐만 아니라 북한 핵 사태의 원만한 해결을 위한 동맹국과의 관계, 우리나라의 안보문제, 국·내외 정치관계 등 국익과 관련한 여러 가지 사정을 고려하여 파병부대의 성격과 규모, 파병기간을 국가안전보장회의의 자문을 거쳐 결정한 것으로, 그 후 국무회의의 심의·의결을 거쳐 국회의 동의를 얻음으로써 헌법과 법률에 따른 절차적 정당성을 확보했음을 알 수 있다. 그렇다면 이 사건 파견결정은 그 성격상 국방 및 외교에 관련된 고도의 정치적 결단을 요하는 문제로서, 헌법과 법률이 정한 절차를 지켜 이루어진 것임이 명백하므로, 대통령과 국회의 판단은 존중되어야 하고 헌법재판소가 사법적 기준만으로 이를 심판하는 것은 자제되어야 한다. 이에 대하여는 설혹 사법적 심사의 회피로 자의적 결정이 방치될 수도 있다는 우려가 있을 수 있으나 그러한 대통령과 국회의 판단은 궁극적으로는 선거를 통해 국민에 의한 평가와 심판을 받게 될 것이다.[1)]

1) 재판관 윤영철, 재판관 김효종, 재판관 김경일, 재판관 송인준의 별개의견 헌법재판소법 제68조 제1항은 공권력의 행사 또는 불행사로 인하여 헌법상 보장된 기본권을 침해받은 자는 헌법재판소에 헌법소원심판을 청구할 수 있다고 규정하고 있고 여기서 기본권을 침해받은 자라 함은 공권력의 행사 또는 불행사로 인하여 자기의 기본권이 현재 그리고 직접적으로 침해받은 자를 의

3. 공무원임면권

3.1. 내용

대통령은 헌법과 법률이 정하는 바에 의하여 공무원을 임면한다(헌법 제78조). 임면은 임명과 면직을 말하며, 임명에는 보직 · 전직 · 휴직 · 징계처분 등이 포함된다(통설).[1]

헌법 제78조 대통령은 헌법과 법률이 정하는 바에 의하여 공무원을 임면한다.

여기에서 정부에 속하는 공무원에 한정 되는가 또는 국회나 법원 등 정부외의 공무원도 포함되느냐가 문제되는데, 헌법에서 대통령에게 특별히 정부외의 고위직 임명권을 규정하고 있는 경우(대법원장, 대법관 임명권 등)를 제외하고는 정부소속 공무원만을 의미한다고 보는 것이 타당하다. 이렇게 해석하는 것이 국회 내부사항에 관한 국회의 자율권 및 사법권의 독립의 원칙에 비추어 타당하다.[2]

대통령의 공무원 임면권과 관련하여 특별검사제가 문제되나 헌법재판소는 적법절차나 권력분립의 원칙에 반하지 않는다고 보고 있다.

헌재결 2008. 1. 10, 2007헌마1468 【한나라당 대통령후보 이명박의 주가조작 등 범죄혐의의 진상규명을 위한 특별검사의 임명 등에 관한 법률 위헌확인】

【판시사항】

대법원장으로 하여금 특별검사 후보자 2인을 추천하고 대통령은 그 추천후보자 중에서 1인을 특별검사로 임명하도록 한 이 사건 법률 제3조가 적법절차원칙 · 권력분립원칙에 위배하여 청구인들의 평등권이나 신체의 자유(불법적인 심문을 받지 않을 권리)를 침해하는지 여부(소극)

【결정요지】

대법원장은 법관의 임명권자이지만(헌법 제104조 제3항) 대법원장이 각급 법원의 직원에 대하여 지휘 · 감독할 수 있는 사항은 사법행정에 관한 사무에 한정되므로(법원조직법 제13조 제2항) 구체적 사건의 재판에 대하여는 어떠한 영향도 미칠 수 없고, 나아가 이 사건 법률 제3조에 의하면 대법원장은 변호사 중에서 2인의 특별검사후보자를 대통령에게 추천하는 것에 불과하고 특별검사의 임명은 대통령이 하도록 되어 있으므로 소추기관과 심판기관이 분리되지 않았다거나, 자기 자신의 사건을 스스로 심판하는 구조라고 볼 수는 없다. 결국 이 사건 법률 제3조에 의한 특별검사의 임명절차가 소추기관과 심판기관의 분리라는 근대 형사법의 대원칙이나 적법절차원칙 등을 위반하였다고 볼 수 없다. 나. 본질적으로 권력통제의 기능을 가진 특별검사제도의 취지와 기능에 비추어 볼 때, 특별검사제

미하며 단순히 간접적이거나 사실적인 이해관계가 있을 뿐인 제3자는 이에 해당하지 않는다.

1) 권영성, 헌법학원론, 998면.

2) 양건, 헌법강의, 920면.

도의 도입 여부를 입법부가 독자적으로 결정하고 특별검사 임명에 관한 권한을 헌법기관 간에 분산시키는 것이 권력분립원칙에 반한다고 볼 수 없다. 한편 정치적 중립성을 엄격하게 지켜야 할 대법원장의 지위에 비추어 볼 때 정치적 사건을 담당하게 될 특별검사의 임명에 대법원장을 관여시키는 것이 과연 바람직한 것인지에 대하여 논란이 있을 수 있으나, 그렇다고 국회의 이러한 정치적 · 정책적 판단이 헌법상 권력분립원칙에 어긋난다거나 입법재량의 범위에 속하지 않는다고는 할 수 없다.

3.2. 대통령의 공무원임면에 대한 헌법상의 제한

3.2.1. 내용

대통령의 공무원임면권에도 일정한 제약이 인정된다. 먼저 임명에 관한 제약으로는 선거에 의하여 그 지위를 취득하는 경우(국회의원, 지방의회의원) 대통령은 이를 임명할 수 없다, 임명에 일정한 자격을 요하거나(법관 · 검사 · 교육공무원), 임명에 국회의 동의(국무총리, 감사원장)나 다른 기관의 제청을 필요로 하는 경우(국무위원, 행정각부의 장관, 대법관, 감사위원) 또는 국무회의의 심의를 요하는 경우(검찰총장, 대사, 국립대학교총장, 각군참모총장) 등도 대통령의 임명행위에 일정한 제약을 가하는 경우이다.

국회에 의하여 선출되지도 아니하고 임명에 있어서 국회의 동의를 얻지 아니하는 경우(국가정보원장 · 국세청장 · 검찰총장 · 경찰청장 등)도 청문회를 거쳐야 하므오 일정한 범위에 있어서의 대통령의 임명행위에 대한 제한이라고 할 수 있다.[1)]

면직에 대하여도 일정한 공무원에 대해서는 헌법과 법률이 정한 면직사유(탄핵 · 형벌 · 징계처벌)가 없는 한 임의로 면직시킬 수 없다.

3.2.2. 도표

임명제한의 유형	구체적인 예
선거	국회의원 · 지방의회의원
국회의 동의	대법원장 · 대법관 · 국무총리 · 감사원장 · 헌법재판소의 長
일정기관의 제청 · 선출 · 지명	국무위원(국무총리제청) · 헌법재판소 재판관(국회의 선출 · 대법원장의 지명) · 행정각부의 장(국무총리의 제청) · 감사위원(감사원장의 제청)
국회의 동의와 일정기관의 제청	대법관(대법원장의 제청과 국회의 동의)
국무회의의 심의	검찰총장 · 합동참모의장 · 각군참모총장 · 국립대학교총장 · 대사 기타 법률이 정한 공무원과 국영기업체의 관리자 등

1) 권영성, 헌법학원론, 998면.

4. 국군통수권

4.1. 의의

대통령은 헌법과 법률이 정하는 바에 의하여 국군을 통수한다(헌법 제74조 제1항). 국군통수권이라 함은 대통령이 국군의 최고지휘자로서 국군을 지휘하고 통솔하는 권한을 말한다. 국군은 대한민국의 군대를 의미한다. 우리 헌법은 국군통수권을 대통령에게 부여함으로써 대통령이 국군의 최고사령관임을 분명히 하고 있다. 아래의 판례는 국군의 해외파견의 위헌여부에 관하여, "헌법과 법률이 정한 절차를 지켜 이루어진 것이 명백하므로, 대통령과 국회의 판단은 존중되어야 한다"고 판시하고 있다.[1]

헌재결 2004. 4. 29, 2003헌마814 【일반사병 이라크파병 위헌확인】

외국에의 국군의 파견결정은 파견군인의 생명과 신체의 안전뿐만 아니라 국제사회에서의 우리나라의 지위와 역할, 동맹국과의 관계, 국가안보문제 등 궁극적으로 국민 내지 국익에 영향을 미치는 복잡하고도 중요한 문제로서 국내 및 국제정치관계 등 제반상황을 고려하여 미래를 예측하고 목표를 설정하는 등 고도의 정치적 결단이 요구되는 사안이다. 따라서 그와 같은 결정은 그 문제에 대해 정치적 책임을 질 수 있는 국민의 대의기관이 관계분야의 전문가들과 광범위하고 심도 있는 논의를 거쳐 신중히 결정하는 것이 바람직하며 우리 헌법도 그 권한을 국민으로부터 직접 선출되고 국민에게 직접 책임을 지는 대통령에게 부여하고 그 권한행사에 신중을 기하도록 하기 위해 국회로 하여금 파병에 대한 동의여부를 결정할 수 있도록 하고 있는바, 현행 헌법이 채택하고 있는 대의민주제 통치구조 하에서 대의기관인 대통령과 국회의 그와 같은 고도의 정치적 결단은 가급적 존중되어야 한다.

이 사건 파견결정이 헌법에 위반되는지의 여부 즉 국가안보에 보탬이 됨으로써 궁극적으로는 국민과 국익에 이로운 것이 될 것인지 여부 및 이른바 이라크전쟁이 국제규범에 어긋나는 침략전쟁인지 여부 등에 대한 판단은 대의기관인 대통령과 국회의 몫이고, 성질상 한정된 자료만을 가지고 있는 우리 재판소가 판단하는 것은 바람직하지 않다고 할 것이며, 우리 재판소의 판단이 대통령과 국회의 그것보다 더 옳다거나 정확하다고 단정짓기 어려움은 물론 재판결과에 대하여 국민들의 신뢰를 확보하기도 어렵다고 하지 않을 수 없다.

이 사건 파병결정은 대통령이 파병의 정당성뿐만 아니라 북한 핵 사태의 원만한 해결을 위한 동맹국과의 관계, 우리나라의 안보문제, 국 · 내외 정치관계 등 국익과 관련한 여러 가지 사정을 고려하여 파병부대의 성격과 규모, 파병기간을 국가안전보장회의의 자문을 거쳐 결정한 것으로, 그 후 국무회의 심의 · 의결을 거쳐 국회의 동의를 얻음으로써 헌법과 법률에 따른 절차적 정당성을 확보했음을 알 수 있다. 그렇다면 이 사건 파견결정은 그 성격상 국방 및 외교에 관련된 고도의 정치적 결단을 요하는 문제로서, 헌법과 법률이 정한 절차를 지켜 이루어진 것임이 명백하므로, 대통령과 국회의 판단은 존중되어야 하고

1) 양건, 헌법강의, 909면.

헌법재판소가 사법적 기준만으로 이를 심판하는 것은 자제되어야 한다. 이에 대하여는 설혹 사법적 심사의 회피로 자의적 결정이 방치될 수도 있다는 우려가 있을 수 있으나 그러한 대통령과 국회의 판단은 궁극적으로는 선거를 통해 국민에 의한 평가와 심판을 받게 될 것이다.

4.2. 국군통수권자로서의 대통령

대통령은 국군의 최고통수권자이다. 대통령의 군통수권이 국가원수의 지위에서 보유하는 권한이라고 보는 견해,[1] 행정부수반으로서의 지위에서 보유하는 권한이라고 보는 견해,[2] 양자의 지위에서 모두 걸쳐있다고 보는 견해[3] 등이 있다.

군정권은 대통령이 행정부수반의 지위에서 가지는 권한으로 볼 수 있으나 국군통수권은 군정과 군령을 모두 포함하는 개념이므로 국가원수의 지위에서 보유하는 권한으로 이해하는 것이 타당하다. 또한 일반적으로 대통령제 국가에서는 국가원수(Staatsoberhaupt)가 군통수권자인 것이 일반적인 例이며, 군 통수권은 국가와 헌법의 수호자 내지 국정의 최고 책임자로서의 지위에서 대통령이 보유하여야 할 권한이기 때문이다.[4]

국군통수권자로서의 대통령 → 국가원수의 지위에서 보유하는 권한

4.3. 국군통수권자의 내용

4.3.1. 군정과 군명

군정이라 함은 국군을 조직 · 편성 · 취득 · 유지 · 관리하는 양병작용이며(병역의무의 부과, 군사관리 등), 군명이란 작전계통에 따라 현실적으로 군을 사용 · 지휘 · 명령 · 통솔하는 용병작용을 의미한다(작전지휘, 작전통제, 군사교육). 군정과 군령은 개념상 구별되는 것이나 이들의 통합여부에 따라 병정분리주의(군정 · 군령 이원주의)와 병정 통합주의(군정 · 군령 일원주의)로 대별된다.[5] 병 · 정분리주의는 군정과 군령을 분리하여 군정은 일반행

---

1) 문홍주; 구병삭; 권영성, 헌법학원론, 1000면 참조.

2) 박일경; 윤세창; 양건, 헌법강의, 907면; 김철수 교수는 군통수권을 국가원수의 권한으로 보는 것은 舊일본제국하의 생각이었으며, 민주국가에서는 행정권의 수반인 수상이 갖는 것이 원칙이다(독일에서는 평상시에는 국방부장관이 가진다). 우리 헌법에서도 군정권과 군령권은 정부의 권한이라 한다(김철수, 헌법학(중), 492면).

3) 허영 교수는 행정조직의 한 단위로서의 국군에 대한 지휘 · 명령권이라는 의미에서는 행정부수반으로서의 지위에 기인한 것이나 국가안보, 외침으로부터의 영토보전, 국가독립성 보장기능이라는 관점에서는 국정의 최고 책임자로서의 지위에 기인한 것이라는 입장을 보이고 있다.

4) 권영성, 헌법학원론, 1000면.

5) 권영성, 헌법학원론, 1001면.

정기관에서 담당하도록 하고 군령은 국가원수소속하의 특수기관에서 담당하도록 하는 방법이며, 병 · 정통합주의는 군정과 군령을 모두 대통령이 관장하게 함으로써 문민정부에 의한 군의 통제를 용이하게 하는 제도를 말한다.[1)]

병 · 정분리주의는 용병작전에 있어서는 신속하게 대처할 수 있는 장점이 있으나, 군국주의에 빠질우려가 있어서, 우리 헌법은 병 · 정통합주의를 취하고 있고 국군통수권을 대통령에게 부여하고 있다. 병 · 정통합주의는 문민정부가 군을 완전히 장악하고 지배함으로써 문민우위와 문민통제가 가능한 군사제도이기 때문이다.[2)] 그리고 이때의 통수권이라 함은 대통령이 국군의 최고사령관 최고지휘자로서 군정 · 군령에 관한 모든 권한(병정일원주의)을 행사함을 의미한다.

4.3.2. 군사재판권의 제외

미국의 경우 군사법원을 연방법원의 일종으로 보지 않고, 군사법원의 설치근거를 대통령의 군통수권에서 찾는다. 그러나 우리 헌법은 미국과 달리 군사법원을 특별법원으로 보고 있으므로 대통령의 국군통수권 속에는 군사재판이 포함되지 않는다.[3)]

4.3.3. 국군통수권행사의 방법과 절차

군통수권행사에는 국무회의의 심의, 부서, 국가안전보장회의, 국방부장관의 각군참모총장의 지휘 · 감독 등의 내부적 통제가 존재한다. 아울러 군통수권은 법률이 정하는 바에 따라 행사하여야 하며, 자위전쟁을 목적으로만 행사되어야 하며, 일정한 군통수권행사에는 국회의 동의를 얻도록 하였다.

4.3.4. 군통수권의 한계

군통수권은 군정 · 군령 모두를 포함하는 것이므로 군통수권은 군령 · 군정을 이원화시키거나, 군사에 관한 문민통제를 배제하거나, 국군의 조직과 편성을 명령으로 정한다거나, 군령권의 포괄적인 위임을 한다거나, 침략적 전쟁을 목적으로 행사되어서는 안된다.

4.4. 국군의 기본구조

대한민국의 군은 국군의 정치적 중립주의 원칙, 군정 · 군령일원주의(병 · 정통합주의), 국군조직의 법정주의, 각군 분리주의, 군에 대한 문민통제주의(현역군인이 아닌 국무위원

---

1) 권영성, 헌법학원론, 1001면.

2) 권영성, 헌법학원론, 1001면.

3) 권영성, 헌법학원론, 1001면.

이 군정 · 군령에 책임을 진다)에 따라 조직 · 편성된다.

5. 재정에 관한 권한

대통령의 재정에 관한 권한은 예산안제출권과 그 밖의 재정에 관한 권한으로 나눌 수 있다. 대통령은 예산안을 편성하여 회계연도 개시 90일 전까지 국회에 제출하여야 하며(헌법 제54조 제2항), 예산에 변경을 가할 필요가 있을 때에는 추가경정예산안을 편성하여 국회에 제출할 수 있다(헌법 제56조). 그리고 대통령은 계속비(헌법 제55조 제1항), 예비비(헌법 제55조 제2항), 국채의 모집이나 예산외 국가부담계약(헌법 제58조)에 관하여도 국회의 의결을 얻어 집행할 수 있다. 예산안이 법정기간 내에 의결되지 못한 때에는 정부는 일정한 경비(헌법 제54조 제3항, 제1호, 제2호, 제3호)를 전년도예산에 준하여 집행할 수 있다(준예산제도).

6. 영전수여권

대통령은 법률이 정한 바에 의하여 훈장 기타의 영전을 수여한다(헌법 제80조). 훈장 기타 영전의 수여는 국가에 공로가 있는 자를 표창할 목적으로 일정한 功賞을 부여하는 행위를 말한다. 대통령의 영전수여권은 국가원수로서 행사하는 권한이지만, 국무회의의 심의를 거쳐야 하며, 특권부인의 원칙(헌법 제11조 제3항 참조)이 적용된다. 영전수여에 관한 법으로는 상훈법이 있다.

IV. 대통령의 국회에 관한 권한

1. 임시회집회요구권

대통령은 임시회의 집회를 요구할 수 있다(임시회집회요구권 : 제47조 제1항). 임시회의 소집요구는 국무회의의 심의를 거쳐야 하며, 기간과 집회요구의 이유를 명시하여야 한다(제47조 제3항). 특히 대통령이 긴급명령, 긴급재정 · 경제처분 및 명령을 하거나 계엄을 선포한 경우에 국회가 휴회 · 폐회 중이면, 이를 지체 없이 통고하고 국회의 승인을 얻기위하여 임시회의 소집을 요구하여야 한다. 대통령이 요구한 임시회의에서는 정부가 제출한 의안만을 심의할 수 있다고 본다.

2. 국회출석 · 발언권

대통령은 국회에 출석하여 발언하거나 서한으로 의견을 표시할 수 있다(국회출석 · 발

언권: 헌법 제81조). 이는 대통령이 국회에서 시정연설을 하거나 연두교서나 기타 教書를 전달함으로써 국회의 이해와 협조를 구하는 대통령의 권한이다. 국회출석 · 발언권은 대통령의 권한이지 의무는 아니므로 국회는 대통령의 출석이나 서한에 의한 의사표시를 요구할 수 없다.[1)]

V. 대통령의 법률제정에 관한 권한

1. 법률안제출권

대통령은 정부의 수반으로서 법률안을 제출할 권한을 가진다. 대통령은 국무회의의 심의를 거쳐서 국회에 법률안을 제출할 수 있다(헌법 제52조; 헌법 제89조 제3호). 대통령제 하에서는 대통령에게 법률안제출권을 인정하지 않는 것이 원칙이나, 우리 헌법은 정부와 국회의 긴밀한 유대관계를 도모하기 위하여, 그리고 의원내각제적인 요소를 감안하여[2)] 이를 인정하고 있다.

> **국회법 제5조의3(법률안제출계획의 통지)** 정부는 부득이한 경우를 제외하고는 매년 3월 31일까지 당해연도에 제출할 법률안에 관한 계획을 국회에 통지하여야 한다. 그 계획을 변경한 때에는 분기별로 주요사항을 국회에 통지하여야 한다.

의원입법보다 정부입법이 일반화되어 있기 때문에 정부의 법률안제출권은 적지 않은 헌법적인 문제점을 지니고 있다.

2. 법률안거부권(법률안재의요구권)

2.1. 의의

법률안거부권(right of veto)이라 함은 국회가 의결하여 정부에 이송한 법률안에 대하여 대통령의 이의가 있다고 판단할 경우, 법률안의 확정을 저지하기 위하여 이 법률안을 다시 국회의 재의에 붙일 수 있는 권한을 말한다.[3)] 이를 법률안재의요구권이라고도 한다.[4)]

---

1) 권영성, 헌법학원론, 1003면.
2) 권영성, 헌법학원론, 1004면.
3) 권영성, 헌법학원론, 1005면.
4) 권영성, 헌법학원론, 1005면.

조지 부시 미국 대통령은 2006년 7월 19일(현지시각) 미 의회에서 통과된 줄기세포 연구 법안에 거부권을 행사했다. 부시 대통령이 취임 이래 의회를 통과한 법에 대해 거부권을 행사한 것은 처음이다.

인간 배아 줄기세포 연구에 연방정부 자금을 사용할 수 있도록 금지를 완화한 이 법안에 대해 부시 대통령은 이날 “이 법은 다른 사람들의 의학적 이득을 위해 무고한 인간 생명을 빼앗는 것을 지원하는 결과가 될 수 있다”며 “이는 우리 사회가 존중해야 하는 도덕 경계를 넘는 것”이라고 거부 이유를 밝혔다. 부시 대통령은 백악관에서 냉동 배아를 ‘입양해’ 아이를 갖게 된 18가족을 초청한 가운데 거부권 행사 사실을 발표했다. 그는 “여기 있는 아이들은 배아로부터 자라나 사랑이 넘치는 가정에서 태어나 자라고 있다”며 “이 아이들은 잉여 부품이 아니다”고 강조했다.

상원은 18일 63대 37로 이 법안을 처리했으나, 부시 대통령의 거부권 행사를 무력화하는 데 필요한 3분의 2 찬성에는 4표가 모자란다. 줄기세포 연구법은 오는 11월 중간선거에서 주요 선거쟁점이 될 것으로 예상된다.

2.2. 유래

법률안거부권은 미국연방헌법(제7조 제2항)[1]에서 유래된 것으로 국회의 경솔·부당한 입법을 방지하고, 권력상호간의 견제와 균형을 실현하는 장치로서(견제적 기능), 법률안의 실질적 심사권(심사적 기능)을 통한 헌법수호에 그 제도적 의의가 존재한다(정치적 절차를 통한 규범통제).

「법률안거부권」
- 미국연방헌법(제7조 제2항)
- 국회의 경솔·부당한 입법방지
- 권력상호간의 견제·균형(견제적 기능)
- 법률안의 실질적 심사권(심사적 기능)
- 헌법수호(정치적 절차를 통한 규범통제)

2.3. 법률안거부권의 법적 성격

대통령의 법률안거부권이 법률의 완성에 대하여 어떠한 성격을 가지는가에 대하여는 정지조건설, 해제조건설, 취소권설, 공법에 특유한 제도설 등이 대립하고 있다. 생각건대

---

1) 미국의 경우 건국이후 1988년 1월까지 2403회의 거부권이 행사되고, 그 중 재의결 된 것은 불과 96회 정도에 불과하다고 한다. 거부권을 가장 많이 행사한 클리블런드 대통령은 재임기간중(1885-1886, 1893-1987) 무려 684회의 거부권을 행사함으로써 거부대통령이라고 불렸다고 한다. 프랭클린 루즈벨트대통령도 재임 12년동안 635회에 걸쳐서 거부권을 행사하였으나, 그 중에서 단지 9회만이 재의결되었다고 한다. 권영성, 헌법학원론, 1005면 각주 1) 참조.

대통령의 법률안거부권은 국회가 재의결하기까지 그 법률안에 대하여 법률로서의 확정을 지연시키려는 소극적인 조건부정지권(정지조건부)으로서의 성격을 지니고 있다고 하겠다.[1] 따라서 재의에 붙여진 법률안을 국회의 재의결 전에는 대통령은 언제나 재의결의 요구를 철회할 수 있다.[2]

2.4. 법률안거부의 유형(종류)

법률안거부권에는 환부거부(direct veto)와 보류거부(pocket veto)의 두 가지가 있다.

2.4.1. 환부거부(통상적 거부, 조건부거부, 교서에 의한 거부)

환부거부라 함은 국회가 의결하여 정부에 이송한 법률안을 대통령이 15일 이내에 이의서를 붙여 국회로 환부하고 재의를 요구하는 것을 의미한다(헌법 제53조 제2항). 국회가 폐회 중인 때에도 환부거부를 인정하고 있으며, 만약 대통령이 공포도 거부도 하지 않을 때에는 15일이 경과함으로써 법률안은 법률로 확정된다(헌법 제53조 제5항). 법률안을 거부할 때에 일부거부(item veto)나 수정거부는 인정되지 아니한다(헌법 제53조 제3항). 왜냐하면 법률안의 일부거부는 법률안이 가지는 법으로서의 전체적 통일성 및 유기적 관련성을 파괴하는 것이며, 수정거부는 거부권의 소극적 성격에 위반하며 또한 정부가 법률안제출권까지를 보유하고 있는 현행 헌법하에서는 이를 인정할 이유가 없다고 보아야 하기 때문이다.[3]

「환부거부」

국회가 의결하여 정부에 이송한 법률안을 대통령이 15일 이내에 이의서를 붙여 국회로 환부하고 재의를 요구하는 것(일부거부(item veto)나 수정거부는 불인정)

[경찰공무원법 재개정(일부거부 내지 수정거부의 문제점)]

순경과 경장, 경사의 근속승진연한을 각각 6·7·8년으로 줄인 개정 경찰공무원법이 2005년 12월 8일 공포됐다. 그러나 정부는 근속연한 명시가 다른 공무원과의 형평에 어긋난다며 승진연한을 7·8·9년 또는 7·8·10년으로 늘리는 재개정안을 만들어 2006년 1월 국회에 제출했다. 정부는 2005년 12월 8일 통과된 개정 경찰공무원법 제11조의2가 순경에서 경장·경사·경위로 근속승진할 수 있도록 규정하고 있는 것과 관련, 다른 공무원과의 형평성에 어긋난다는 지적에 따라 근속승진 근거를 법률에 남긴 채 구체적인 내용을 대통령령으로 위임하도록 하는 재개정안을 2006년 1월 27일 국회에 제출했었다.[4]

---

1) 김철수; 안용교; 구병삭; 권영성, 헌법학원론, 1006면.
2) 권영성, 헌법학원론, 1006면.
3) 同旨 권영성, 헌법학원론, 1007면.

대통령 상대로 위헌소송 = 서울경찰청 특수기동대 송모(39)경장 등 하위직 경찰 12명은 이날 “정부가 경찰공무원법 재개정안을 국회에 제출해 행복추구권과 직업수행의 자유를 침해받았다”며 노무현 대통령을 상대로 헌법재판소에 헌법소원을 냈다. 이들은 “정부가 대통령령을 빼고 국회에 정부입법으로 경찰공무원법 재개정 법률안을 제출한 것은 대통령이 법률안의 일부에 대해 또는 법률안을 수정해 재의를 요구할 수 없도록 한 헌법 제53조 제3항에 따라 위헌”이라고 주장했다. 이들은 또 “이미 근속 승진 연한을 정하고 법률로 의결·공포한 것을 시행도 하기 전에 법률과 대통령령으로 쪼개서 재개정하자는 것은 실질적으로는 수정거부와 하등 다를 바가 없다.” “행복추구권과 직업수행의 자유를 침해당했다”고 덧붙였다.

2.4.2. 보류거부(절대적 거부)

보류거부(pocket veto)라 함은 국회의 폐회나 해산으로 말미암아 국회로의 환부가 불가능한 때에, 대통령이 그 법률안을 거부하기 위하여 법률안을 공포하지 아니한 채 법률안을 (pocket: 호주머니 안에) 가지고 있으면 당해 법률안은 자동적으로 폐기되는 것을 의미한다.[1] 현행 헌법에서 보류거부 인정될 수 있는가에 관하여 학설이 대립되고 있다.

a) 전면부정설

전면부정설에 의하면 우리 헌법은 회기계속의 원칙을 취하고 있고(헌법 제51조), 국회의 폐회 중에도 환부가 인정되며(헌법 제53조 제2항), 공포나 재의의 요구가 없다면 법률안은 그대로 법률로서 확정되므로(헌법 제53조 제5항) 보류거부를 인정할 수 없다고 한다(다수설). <u>이 견해에 의하면 국회의원의 임기가 만료되어 국회가 폐회된 경우와 같이 환부할 대상이 없어서 법률안이 폐기되는 경우는 보류거부로 보지 않는다</u>.[2]

b) 부분긍정설

부분긍정설은 현행헌법상 원칙적으로 보류거부는 인정되지 않지만, 국회가 의결한 법률안이 정부에 이송된후 15일 이내에 그 법률안을 의결한 의원의 임기가 만료하여 국회가 종국적으로 폐회한 경우에는 환부할 국회가 존재하지 않으며, 또한 대통령은 그 법률안에 대하여 異議를 가지고 있는 경우에 해당하므로 이때에 그 법률안은 당연히 폐기될 수밖에 없다. 그러므로 이런 경우에는 예외적으로 보류거부가 인정되는 경우라고 보아야 한다는 견해이다. 즉 부분긍정설은 회기마다 보류거부를 인정하는 미국식의 보류거부제가 인정될

---

4) 법률신문, 인터넷판, 2006-02-14, 홍성규 기자 cool@lawtimes.co.kr

1) 권영성, 헌법학원론, 1007면.

2) 김철수; 허영, 한국헌법론, 993면. 따라서 우리 헌법상 보류거부가 인정되는가에 대한 부정설(김철수)과 부분긍정설(권영성)의 논쟁은 실익이 없다(허영, 한국헌법론, 993면 각주 2) 참조).

수 없다는 데에는 의견을 같이하나, 의원의 임기가 만료되거나 국회가 해산된 경우와 같이 환부할 대상이 없으므로 인하여 법률안이 폐기되는 경우가 발생할 수 있는 바, 이를 보류거부로 보고 있다.[1]

c) 사견

우리 나라는 회기계속의 원칙을 채택하고 있으며, 국회의 폐회중에도 환부가 인정되는 점을 비추어 볼 때, 회기불계속 원칙하에 매 회기마다 보류거부가 인정되고 있는 미국과는 그 경우가 다르다고 하겠다. 즉 보류거부는 회기불계속의 원칙이 지배하는 의회제도에서 그 의의를 찾아 볼 수 있는 제도이다. 왜냐 하면 임기만료나 해산 등으로 폐회된 경우의 법률안의 폐기현상은 임기만료나 해산에 따른 단순한 법률안폐기현상일 따름이지, 이것이 보류거부를 의미하고 있는 것이라고 해석할 수는 없는 것이기 때문이다. 전면부정설이 타당하다.

2.5. 법률안거부권에 대한 통제

대통령의 거부권행사는 자유로울 수 없고, 정당한 이유와 필요성이 있어야 한다. 즉 법률안이 집행불가능하거나, 국가이익에 반하거나, 헌법에 위배된다고 생각하는 경우 또는 예산상의 뒷받침이 없는 경우 등에만 행사될 수 있다. 헌법은 대통령의 법률안거부권의 남용을 방지하기 위하여 국회의 재의결제도와 국호의장의 법률안 공포권을 두고 있다(헌법 제53조 제4항, 동 제53조 제6항 제2문 참조).

3. 법률안공포권

대통령은 국회에서 의결되어 정부에 이송되어 온 법률안을 15일 이내에 공포한다(헌법 제53조 제1항). 법률안에 대하여 이의가 있을 때에는 국회에 재의를 요구할 수 있다. 대통령이 15일 이내에 공포나 재의를 요구하지 아니하면 법률안은 법률로서 확정되며(헌법 제53조 제5항), 대통령은 확정된 법률을 지체 없이 공포하여야 한다(헌법 제53조 제6항). 만일 대통령이 확정된 법률을 5일 이내에(확정된 후이거나 확정되어 정부로 이송된 후) 공포하지 아니하면 국회의장이 이를 공포한다. 법률은 특별한 규정이 없으면 공포한 날로부터 20일 경과함으로써 효력을 발생한다(국민의 권리제한 또는 의무부과와 직접 관련된 법률은 30일이 경과하여야 한다).

---

1) 문홍주; 권영성, 헌법학원론, 1008면.

4. 행정입법에 관한 권한

4.1. 의의

입헌주의국가에서는 국민의 자유 · 권리 · 의무에 관한 사항은 법규사항이라하여 의회가 법률의 형식으로 규율하는 것을 원칙으로 한다. 헌법 제40조에서 국회(중심)입법의 원칙과 헌법 제37조 제2항에서 법률에 의한 기본권제한의 원칙(일반적 법률유보)을 규정하고 있는 것도 그 때문이다. 그러나 오늘날의 행정국가 · 사회국가에서는 의회입법의 원칙을 고수 할 수는 없고 모든 입법사항을 국회만이 단독으로 처리한다고 하는 것이 부적당하며 오히려 불가능하기까지 하게 되었다. 따라서 법률집행을 위한 세부적 사항이나 본질적인 법률사항이라고 볼 수 없는 것들은 위임명령과 집행명령과 같은 행정입법에 맡길 수밖에 없게 되었다. 오늘날에는 행정입법을 인정하는 것이 일반화된 현상이다(행정국가).

헌법 제75조 대통령은 법률에서 구체적으로 범위를 정하여 위임받은 사항과 법률을 수행하기 위하여 필요한 사항에 관하여 대통령령을 발할 수 있다.

[위임입법의 구체성 · 명확성 요구정도]

법률이 어떤 사항에 관하여 대통령령에 위임할 경우에는 국민이 장래 대통령령으로 규정될 내용을 일일이 예견할 수는 없다고 할지라도 적어도 그 기본적 윤곽만은 예견할 수 있도록 기본적인 사항들에 관하여 법률에서 구체적으로 규정하여야 한다. 그러나 위임의 구체성 · 명확성의 요구 정도는 규제대상의 종류와 성격에 따라 다른 것으로 기본권침해영역에서는 급부행정영역에서보다 구체성의 요구가 강화되고, 다양한 사실관계를 규율하거나 사실관계가 수시로 변화될 것이 예상될 때에는 명확성의 요건이 완화될 수밖에 없는 것이다.[1)]

4.2. 종류

행정입법은 다음과 같이 여러 가지 기준으로 분류할 수 있다. 본래의 행정입법과 자치입법(제정주체가 국가냐 지방자치단체냐에 따라), 법규명령 · 행정명령(대국민적 효력에 따라), 위임명령 · 집행명령(둘 다 법규명령의 일종이나, 입법사항을 새로이 규정할 수 있는가에 따라)이 그것이다.

---

1) 헌재결 1991. 2. 11, 90헌가27; 헌재결 1993. 5. 13, 92헌마80; 헌재결 1994. 7. 29, 92헌바49등; 헌재결 1996. 10. 31, 93헌바14; 헌재결 1998. 2. 27, 95헌바59; 헌재결 1998. 6. 25, 95헌바35등; 헌재결 1999. 3. 25, 98헌가11등; 헌재결 2002. 9. 19, 2002헌바2.

「행정입법의 종류」
- 본래의 행정입법과 자치입법(제정주체의 귀속여부)
- 법규명령 · 행정명령(대국민적 효력)
- 위임명령 집행명령(새로운 입법사항의 규정가능성여부)

4.2.1. 법규명령과 행정명령(행정규칙)

a) **법규명령**(Rechtsverdordnung)

법규명령이라 함은 행정기관이 헌법에 근거하여 국민의 권리 · 의무에 관한 사항(법규사항)을 정하는 것으로 대외적 · 일반적 · 구속력(대국민적 구속력)을 가진 법규로서의 성질을 가진 명령(법규적 명령)을 말한다. 여기서 법규적이라 함은 그 내용이 일반적 · 추상적이어서 일반적 구속력을 가진다는 의미이다.

b) **행정명령**(Verwaltungsverordnung) · **행정규칙**(Verwaltungsvorschrift)

행정명령 또는 행정규칙(Verwaltungsvorschrift)이라 함은 행정기관이 헌법상의 근거를 요하지 아니하고 그 고유의 권한으로써 일반국민의 권리 · 의무와 직접관계가 없는 비법규사항을 규정하는 것을 말한다. 행정명령은 행정기관이 발한 명령이라는 점에서 행정입법의 일종이나, 헌법에 근거를 필요로 하지 아니하는 점, 국민의 자유와 권리에 관한 사항을 내용으로 하지 않는 점 그리고 행정기관 내부에서만 효력을 가진다는 점에서 법규명령과 구별된다.[1)]

「행정명령 · 행정규칙(Verwaltungsvorschrift)」
- 헌법상의 근거를 요하지 아니함
- 행정기관 고유의 권한으로써 일반국민의 권리 · 의무와 직접관계가 없는 비법규 사항
- 국민의 자유와 권리에 관한 사항을 내용으로 하지 않음
- 행정기관 내부에서만 효력발생

「종류」
- 훈령
- 예규
- 통첩

---

1) 헌재결 2000. 1. 27, 99헌바23 【의료보험법 제29조 제3항 위헌소원】 행정규칙에 대한 위임의 불가능성 : 의료보험법 제29조(요양급여) 제3항이 "요양급여의 방법 · 절차 · 범위 · 상한기준 등 요양급여의 기준을 '보건복지부장관이 정한다'고 한 뜻은, '보건복지부의 법규명령'으로 정한다는 의미로 해석하여야 한다. '보건복지부의 행정규칙'에 위임할 수 있는 헌법상의 근거가 없기 때문이다. 입법론으로서는 '보건복지부령이 정한다'라고 규정하였으면 더욱 분명하고 좋았을 것이다."

- 지시
- 고시

대판 1983. 6. 14, 83누54 【법인세등부과처분취소】

훈령이란 행정조직 내부에 있어서 그 권한의 행사를 지휘 감독하기 위하여 발하는 행정명령으로서 훈령·예규·통첩·지시·고시·각서 등 그 사용명칭 여하에 불구하고 공법상의 법률관계 내부에서 준거할 준칙 등을 정하는데 그치고 대외적으로는 아무런 구속력을 가지는 것이 아니다.

c) 법규명령과 행정명령의 비교

기준	법규명령	행정명령
본질	행정기관이 헌법에 근거하여 국민의 권리에 관한 사항을 정하는 것으로, 「법규」로서의 성질을 가진 명령	특별권력관계를 전제로 하여 행정기관이 헌법상의 근거를 요하지 아니하고 그 고유의 권한으로서 국민의 자유와 권리에 직접관계가 없는 사항을 정하는 것으로, 행정기관 내부에서만 효력을 갖는 규칙
근거	헌법·법률 또는 상위명령의 근거를 요하며(특히 위임명령은 개별적·구체적 위임을 요함) 위임·수권한 범위내에서만 가능	법률의 근거를 요하지 않음(행정권의 고유한 권능으로 제정이 가능함
법규성	법규성이 있음	원칙적으로 없음
대상	국민의 자유와 권리에 관한입법 사항	국민의 자유 또는 권리와 직접 관계가 없는 비입법사항
구속력	일반국민뿐만 아니라 제정·집행의 주체도 구속함(일반적·양면적 구속)	제정·집행자는 구속하지 않고 수명기관·수명자만을구속(일면적 구속)
형식	조문형식을 띠고 관보에 게제하여 공포함으로써 발효	형식에 제한이 없으며, 수명기관에 도달하면 발효

헌재결 2002. 10. 31, 2001헌라1 【강남구청과 대통령간의 권한쟁의】

가. 사건의 배경

국가행정권에 의한 입법인 행정입법은 법령상의 수권에 근거하여 행정권이 정립하는 규범으로서 국민과의 관계에서 일반적인 구속력을 갖는 법규명령과 행정조직 내부 또는 특별한 공법상의 법률관계 내부에서 그 조직과 활동을 규율하는 것으로서 국민과의 관계에서 일반적인 구속력을 갖지 않는 행정규칙으로 구분된다. 법규명령으로는 대통령령, 총리령, 부령 등이 있으며, 행정규칙으로는 고시, 훈령, 예규 등이 있다.

대통령은 2001. 1. 29. 대통령령으로 "시간외근무수당의 지급기준·지급방법 등에 관하여 필요한 사항은 행정자치부장관이 정하는 범위 안에서 지방자치단체의 장이 정한다"라는 내용의 지방공무원수당등에관한규정(이하 '이 사건 조항')을 신설, 제정하였다. 이로 말미암아 지방자치단체인 강남구는 그 소속 지방공무원들의 시간외근무수당의 지급기준·지급방법 등을 정함에 있어서 '행정자치부장관이 정하는 범위'내에서 이를 하여야 하는 제약을 받게 되었다. 이에 강남구는, 헌법 제117조 제1항에서 지방자치단체는 법령의 범위 안에서 자치에 관한 규정을 제정할 수 있다고 규정함으로써 자치권을 부여하고 있는데, 이 사건 조항은 법률이나 법규명령이 아닌 행정규칙에 불과한 행정자치부장관의 지침에 의하여 지방자치단체장의 권한을 제한하는 것으로서 헌법상 보장된 지방자치단체의 지방자치권한을 침해한다고 주장하면서 그 침해의 확인과 위 규정의 무효확인 또는 취소를 구하는 이 사건 권한쟁의심판을 제기하였다.

나. 결정의 주요 내용

헌법재판소는 재판관 전원의 일치된 의견으로 대통령이 이 사건 조항을 제정한 행위는 청구인의 권한을 침해하지 아니한다는 결정을 선고하였는바, 그 이유의 요지는 다음과 같다.

(1) 헌법 제117조 제1항은 "지방자치단체는 주민의 복리에 관한 사무를 처리하고 재산을 관리하며, 법령의 범위 안에서 자치에 관한 규정을 제정할 수 있다"고 규정하여 지방자치제도의 보장과 지방자치단체의 자치권을 규정하고 있다. 헌법이 규정하는 이러한 자치권 가운데에는 자치에 관한 규정을 스스로 제정할 수 있는 자치입법권은 물론이고 그밖에 그 소속 공무원에 대한 인사와 처우를 스스로 결정하고 이에 관련된 예산을 스스로 편성하여 집행하는 권한이 성질상 당연히 포함된다. 다만, 이러한 헌법상의 자치권의 범위는 법령에 의하여 형성되고 제한된다. 헌법도 제117조 제1항에서 법령의 범위안에서 자치에 관한 규정을 제정할 수 있다고 하였고 제118조 제2항에서 지방자치단체의 조직과 운영에 관한 사항은 법률로 정한다고 규정하고 있다.

(2) 헌법 제117조 제1항에서 규정하고 있는 '법령'에 법률 이외에 '대통령령', '총리령' 및 '부령'과 같은 법규명령이 포함되는 것은 물론이지만, 법규명령으로서 기능하는 행정규칙이 포함된다고 보아야 할 것이다. 헌법재판소는 "법령의 직접적인 위임에 따라 수임행정기관이 그 법령을 시행하는데 필요한 구체적 사항을 정한 것이면, 그 제정형식은 비록 법규명령이 아닌 고시, 훈령, 예규 등과 같은 행정규칙이더라도, 그것이 상위법령의 위임한계를 벗어나지 아니하는 한, 상위법령과 결합하여 대외적인 구속력을 갖는 법규명령으로서 기능하게 된다고 보아야 한다"고 판시(헌재 1992. 6. 26. 91헌마25, 판례집 4, 444, 449) 한 바 있다.

그런데 이 사건 조항에서 말하는 '행정자치부장관이 정하는 범위'라는 것은 '법규명령으로 기능하는 행정규칙에 의하여 정하여지는 범위'를 가리키는 것이고 법규명령이 아닌 단순한 행정규칙에 의하여 정하여지는 것은 이에 포함되지 않는다고 해석되므로 이 사건 조항은 법령의 범위 안에서 자치에 관한 규정을 제정할 수 있도록 한 헌법 제117조 제1항에 위반되는 것이 아니다.

(3) 지방공무원법에서 지방공무원의 보수에 관한 사항을 대통령령에서 정하도록 규정하고 있으므로 이 사건 조항이 대통령령에서 정할 사항을 행정자치부장관이 정하도록 재위임한 것이 강남구의 자치입법권한을 침해한 것인지 여부가 문제된다. 재위임의 허용 여부와 관련하여, 법률에서 위임받은 사항을 전혀 규정하지 아니하고 그대로 하위의 법규명

령에 재위임하는 것은 허용되지 않으나 위임받은 사항에 관하여 대강(大綱)을 정하고 그 중의 특정사항을 범위를 정하여 하위의 법규명령에 다시 위임하는 경우에는 재위임이 허용된다.

그런데 이 사건 조항은 법률에서 위임받은 사항을 전면적으로 재위임한 것이 아니라 위임받은 사항의 대강을 규정한 다음 단지 그 세부사항의 범위만을 재위임한 것이므로 결코 재위임의 한계를 일탈한 것이 아니다.

(4) 이 사건 조항은 시간외근무수당의 대강을 스스로 정하면서 단지 그 지급기준·지급 방법 등의 범위만을 행정자치부장관이 정하도록 하고 있을 뿐이므로 강남구는 그 한계내에서 자신의 자치입법권을 행사하여 시간외근무수당에 관한 구체적 사항을 자신의 규칙으로 직접 제정하고 이를 위하여 스스로 예산을 편성, 집행하고 또 이를 토대로 하여 관련된 인사문제를 결정할 수 있다. 따라서 이 사건 조항이 강남구의 헌법상 자치권한을 본질적으로 침해한다고 볼 수 없다.

4.2.2. 위임명령·집행명령

a) 위임명령

위임명령(übertragene Verordnung)이라 함은 헌법에 근거하고 법률의 위임에 따라 발하는 명령을 말한다. 위임명령은 법률의 내용을 보충하는 것이므로 보충명령이라고도 한다. 위임명령은 법률의 위임에 의한 것이기 때문에 *母法*이 개정·폐지된 때에는 위임명령도 개정·폐지되며 또한 위임명령은 *母法*에 위반될 수 없다. 위임명령은 새로운 입법사항을 규정할 수 있다(이 점에서 집행명령과 구별된다). 헌법 제75조 전단은 대통령은 법률에서 구체적으로 범위를 정하여 위임받은 사항에 관하여 대통령령을 발할 수 있다고하여 대통령의 위임명령제정권을 규정하고 있다. 법률의 위임에 의하지 아니하고 헌법의 수권에 의한 위임명령은 인정되지 아니한다(권영성).

[위임명령(bertragene Verordnung)]

1. 의의

위임명령이라 함은 입법사항에 관하여 법률에서 구체적으로 범위를 정하여 행정기관에게 그 규정을 위임한 경우에 이를 규정하는 법규명령을 말한다.

2. 특징

위임명령은 법률에서 위임받은 사항에 대하여는 법률과 같으며 이는 사실상 법률의 내용을 보충하는 것이기 때문에 바로 이러한 점에서 이를 보충명령이라고도 한다.

2.1. 종류

2.1.1. 일반적·포괄적 위임

일반적·포괄적 위임은 법률이 어떤 행정기관에 대하여 명령으로 입법사항을 규정할 수 있는 권한을 일정한 범위를 정하지 않고 포괄적·일반적으로 위임하는 것을 말한다. 일반적 위임은 모든 사항을 명령으로 정하게 하므로 국민의 자유와 권리의 제한은 국회에서 제정한 법률에 의해서만 가능하게 하고 있는 규정(헌법 제37조 제2항 참조)에 위배되며 이는 국회입법의 원칙을 깨트리는 것이기 때문에 민주헌법국가에서는 일반적 위임은 인정되지 않고 다만 '특정적 위임'만이 가능하다.

일반적 · 포괄적 위임은 → 금지

2.1.2. 특정적 위임

특정적 위임이라 함은 어떤 특정사항에 대하여 명령으로 정할 것을 위임하는 경우이다. 우리 헌법(제75조 전단)도 위임명령은 '구체적으로 범위를 정한' 개별적 · 구체적인 사항에 관한 것이어야 한다고 위임명령의 한계를 인정하고 있다.[1] 위임명령은 법률의 위임에 의

---

1) **헌법 제75조(위임입법)** 【포괄위임금지원칙의요건 : 예측가능성, 구체성】 근로조건 법률주의와 위임입법의 한계 제32조, 형사법 영역의 위임입법 제13조, **위임입법의 구체성과 예측가능성** : "법률의 위임은 반드시 구체적이고 개별적으로 한정된 사항에 대하여 행해져야 한다. 그렇지 아니하고 일반적이고 포괄적인 위임을 한다면 이는 사실상 입법권을 백지위임하는 것이나 다름없어 의회입법의 원칙이나 법치주의를 부인하는 것이 되고 행정권의 부당한 자의와 기본권 행사에 대한 무제한적 침해를 초래할 위험이 있기 때문이다." 우리 헌법 제75조에서 "법률에서 구체적으로 범위를 정하여 위임받은 사항"이라 함은, "법률에 이미 대통령령으로 규정될 내용 및 범위의 기본사항이 구체적으로 규정되어 있어서 누구라도 당해 법률로부터 대통령령에 규정될 내용의 대강을 예측할 수 있어야 함을 의미한다(헌재결 1991. 7. 8, 91헌가4; 헌재결 1995. 9. 28, 93헌바50; 헌재결 1995. 11. 30, 91헌바1 등; 헌재결 1995. 11. 30, 93헌바32,; 헌재결 2002. 6. 27, 2000헌가10); **위임의 구체성 · 명확성의 정도** : 위임의 구체성 · 명확성의 요구 정도는 그 규율대상의 종류와 성격에 따라 달라질 것이지만 특히 처벌법규나 조세법규와 같이 국민의 기본권을 직접적으로 제한하거나 침해할 소지가 있는 법규에서는 구체성 · 명확성의 요구가 강화되어 그 위임의 요건과 범위가 일반적인 급부행정의 경우보다 더 엄격하게 제한적으로 규정되어야 하는 반면에, 규율대상이 지극히 다양하거나 수시로 변화하는 성질의 것일 때에는 위임의 구체성 · 명확성의 요건이 완화되어야 할 것이다(헌재결 1994. 6. 30, 93헌가15등; 헌재결 1995. 10. 26, 93헌바62; 헌재결 1997. 2. 20, 95헌바27; 헌재결 1998. 2. 27, 97헌마64; 헌재결 2000. 7. 20, 99헌가15; 헌재결 2002. 8. 29, 2000헌바50 등; 헌재결 2002. 12. 18, 2001헌바52; 헌재결 2002. 6. 27, 2000헌가10; 헌재결 2002. 6. 27, 2000헌바88; **급부행정영역에서의 위임입법의 명확성의 정도** : 위임입법에 있어서 위임의 구체성 · 명확성의 요구 정도는 규제대상의 종류와 성격에 따라서 달라진다. 즉 급부행정 영역에서는 기본권침해 영역보다는 구체성의 요구가 다소 약화되어도 무방하다고 해석되며, 다양한 사실관계를 규율하거나 사실관계가 수시로 변화될 것이 예상될 때에는 위임의 명확성의 요건이 완화된다. 뿐만 아니라 위임조항에서 위임의 구체적 범위를 명확히 규정하고 있지 않다고 하더라도 당해 법률의 전반적 체계와 관련규정에 비추어 위임조항의 내재적인 위임의 범위나 한계를 객관적으로 분명히 확정할 수 있다면 이를 일반적이고 포괄적인 백지위임에 해당하는 것으로 볼 수 없다(헌재결 1997. 12. 24, 95헌마390); **구체성의 판단방법** : 위임조항 자체에서 위임의 구체적 범위를 명확히 규정하고 있지 않다고 하더라도 당해법률의 전반적 체계와 관련규정에 비

한 것이기 때문에 '위임한 법률(母法)'의 내용에 어긋나는 내용을 담을 수 없고 위임한 법률이 효력을 지속하는 동안에만 유효하다.

2.1.3. 문제점 : 위임입법권의 재위임

위임명령의 경우 법률에서 위임받은 사항을 다시 하부기관의 명령에 재위임할 수 있는가?

① 대통령령에서 무조건 재위임하는 경우(넓은 의미의 재위임)가 가능한가?

답 : 이는 실질적으로 입법권을 위임한 수권법을 개정하는 결과가 되기 때문에 허용 안 된다.

② 대통령령에서 i) 大綱을 정하고 ii) 그중 '특수한 사항'에 대하여 '일정한 범위'를 정하여 하위명령(대통령령, 총리령 · 부령)에 위임하는 것은 가능하다(헌법 제95조 참조).

– 위임명령 〈독〉 Übertragene Verordnung –

입법사항에 관하여서 법률에서 구체적으로 범위를 정하여 행정기관에게 그 규정을 위임한 경우에 이를 규정하는 법규명령을 말한다. 따라서 위임명령은 법률에서 위임받은 사

추어 위임조항의 내재적인 위임의 범위나 한계를 객관적으로 분명히 확정할 수 있다면 이를 일반적이고 포괄적인 백지위임에 해당하는 것으로 볼 수는 없다고 할 것이다(헌재결 1994. 7. 29, 93헌가12; 헌재결 1995. 11. 30, 91헌바1 등; 헌재결 1995. 11. 30, 94헌바40 등; 헌재결 1996. 10. 31, 93헌바14; 헌재결 1998. 11. 26, 97헌바31; 헌재결 2002. 8. 29, 2000헌바50 등; 헌재결 2002. 12. 18, 99헌바105 등; **예측가능성의 판단방법** : 법률의 위임은 반드시 구체적 개별적으로 한정된 사항에 대하여 행하여져야 할 것이다. 다만 구체적인 범위는 각종 법령이 규제하고자 하는 대상의 종류와 성격에 따라 달라진다 할 것이므로 일률적 기준을 정할 수는 없지만, 적어도 법률의 규정에 의하여 이미 대통령령으로 규정될 내용 및 범위의 기본사항이 구체적으로 규정되어 있어 누구라도 당해 법률로부터 대통령령에 규정될 내용의 대강을 예측할 수 있으면 족하고, 여기서 그 예측가능성의 유무는 당해 특정조항 하나만을 가지고 판단할 것이 아니고 관련 법조항 전체를 유기적 · 체계적으로 종합 판단하여야 하며, 각 대상법률의 성질에 따라 구체적 · 개별적으로 검토하여야 할 것이다(헌재결 1994. 6. 30, 93헌가15 등; 헌재결 1996. 8. 29, 94헌마113; 헌재결 1999. 2. 25, 97헌바63; 헌재결 2000. 12. 14, 98헌바104; "헌법 제75조의 "구체적으로 범위를 정하여"라 함은 대통령령 등 하위법규에 규정될 내용 및 범위의 기본사항이 가능한 한 구체적이고도 명확하게 법률에 규정되어 있어서 누구라도 당해 법률 그 자체로부터 대통령령 등에 규정될 내용의 대강을 예측할 수 있음을 의미한다 할 것이다. 이러한 예측가능성의 유무는 당해 특정조항 하나만을 가지고 판단할 것이 아니라 관련 법조항 전체를 유기적 체계적으로 종합하여 판단하여야 하고 위임된 사항의 성질에 따라 구체적 개별적으로 검토하여야 할 것이다(헌재결 1996. 6. 26, 93헌바2;" 헌재결 2001. 1. 18, 98헌바75 등; 헌재결 2002. 3. 28, 2001헌바24 등; 헌재결 2002. 3. 28, 2001헌바32; 헌재결 2002. 7. 18, 2001헌마605; 헌재결 2002. 8. 29, 2000헌바50등; 헌재결 2002. 12. 18, 2001헌바52.

항에 대하여는 법률과 같으며, 사실상 법률의 내용을 보충하는 것이기 때문에 이를 보충명령이라고도 한다.

법률에서 명령에 위임하는 방식에는, 법률이 어떤 행정기관에 대하여 명령으로 입법사항을 규정할 수 있는 권한을 일정한 범위를 정하지 않고 포괄적 · 일반적으로 위임하는 일반적 위임과, 어떤 특정사항에 대하여 명령을 정할 것를 위임하는 특정적 위임이 있다. 일반적 위임은 모든 사항을 명령으로 정하게 하므로 국민의 자유와 권리의 제한은 국회의 법률에 의해서만 가능하게 한 규정(헌법 제37조 제2항)에 위배될 뿐 아니라, 다른 사항들에 있어서 국회입법의 원칙을 깨뜨리는 것이므로 민주국가의 헌법에서는 특정적 위임만이 가능하다.

위임명령에 있어서는 법률에서 위임받은 사항을 다시 하부기관의 명령에 재위임하는 것이 가능한가가 문제된다. 대통령령에서 무조건 재위임하는 것은 법률의 취지에 반하는 것이므로 허용될 수 없으나, 대강을 정하고 그 중 특수한 사항에 대하여 일정한 범위를 정하여 하위명령에 위임하는 것은 가능하다고 할 것이다. 헌법 제95조도 명령의 하나인 대통령령의 위임으로 또 다른 명령인 총리령 · 부령을 발할 수 있음을 규정하고 있다. ☞ 집행명령

b) **집행명령**(Ausführungsverordnung)

집행명령(Ausführungsverordnung)이라 함은 헌법에 근거하여 법률을 집행하는데 필요한 세칙을 정하는 명령을 의미한다(법률시행세칙). 법률을 집행한다는 말은 법률을 구체적인 경우에 적용한다는 것을 말한다. 집행의 형평성과 합리성을 기하기 위하여는 집행에 관한 일반적 준칙을 정할 필요가 있으며, 이것이 집행명령이다. 집행명령도 모법에 종속하되, 모법을 변경하거나 보충할 수가 없다. 그리고 모법에 규정이 없는 새로운 입법사항을 독자적으로 규정할 수 없으며, 권리 · 의무에 관한 내용을 변경 · 보충할 수도 없다(헌법재판소).

「참고」

명령에 대한 위임과 조례에 대한 위임이 상이함을 주의하여야 한다. 명령은 법률에서 구체적으로 범위를 정하여 위임받은 사항에 관하여 발할 수 있으나, 조례는 법령의 범위 내에서 조례를 제정할 수 있으므로 다음과 같은 차이점이 있다.

① 전자는 위임이 개별적이고 구체적이어야 하나 후자의 경우에는 포괄적 위임도 가능하다. ② 전자는 법률의 위임과 법률에 비저촉이 요구되나 후자는 법률의 위임이 없어도 법령에 저촉되지만 않으면 된다. ③ 조례에 대한 이러한 원칙들도 사무에 관한 것이므로, 주민의 권리의무에 관한 사항이거나 벌칙에 관한 사항일 경우에는 법률의 위임이 있어야 함은 물론이다.

– 집행명령(Ausführungsverordnung) –

1. 의의

집행명령이라 함은 헌법을 근거로 법률을 집행하기 위하여 필요한 사항을 규율하는 법규명령을 말한다.

2. 특징

집행명령은 위임명령과는 달리 새로운 입법사항을 그 대상으로 하는 것이 아니고, 법률 또는 상위명령의 규정의 범위내에서 그 법규의 시행에 관하여 필요한 세부적인 구체적으로 집행하기 위한 명령이다. 따라서 집행명령은 일종의 법률시행규칙이며, 상위명령에 없는 새로운 입법사항(법률사항)을 규정할 수 없다.

c) 위임명령과 집행명령의 비교

기준	위임명령	집행명령
의의	헌법에 근거하고 또 법률의 위임에 의하여 발하는 법규명령	헌법에 근거하여 법률을 집행하는데 필요한 세칙을 정하는 법규명령
발동근거	헌법 제75조 전단: 대통령은 법률에서 구체적으로 범위를 정하여 위임받은 사항 …에 관하여 대통령령을 발할 수 있다.	헌법 제75조 후단: 대통령은 법률을 집행하기 위하여 필요한 사항에 관하여 대통령령을 발할 수 있다.
목적	법률의 내용을 보충하는 보충명령	법률의 집행에 관한 시행세칙(시행령)
적용범위	법률이 위임한 범위내에서는 모법의 규정이 없는 새로운 입법사항, 즉 국민의 권리·의무에 관한 사항에 관해서도 규정가능	母法에 규정이 없는 새로운 입법사항에 관하여 독자적으로 규정불가

VI. 사법에 관한 권한

헌법 제79조 ① 대통령은 법률이 정하는 바에 의하여 사면·감형 또는 복권을 명할 수 있다.
② 일반사면을 명하려면 국회의 동의를 얻어야 한다.
③ 사면·감형 및 복권에 관한 사항은 법률로서 정한다.

1. 사면권·감형권·복권에 관한 권한

1.1. 의의

대통령은 법률이 정하는바에 의하여 사면·감형·복권을 명할 수 있다(헌법 제79조 제1항). 이는 대통령이 국가원수로서의 지위에서 행하는 것으로, 권력분립의 원칙에 대한 예외이나 국가원수의 특권으로서 일반적으로 인정되고 있다. 일반법으로 사면법이 있다.

사면은 군주국가시대에 군주의 특권적인 자비(慈悲)로써 베풀어졌기 때문에 은사(恩赦)라고도 일컬어졌으며, 근대 입헌민주국가에서는 3권분립을 기본원리로 하고 있어 행정권의 수반이 법원에서 선고한 형의 효력을 변경시키는 것은 권력분립의 원칙에 위배되는 구시대의 유물이라고 하여 일시 폐지된 일도 있었다. 현재는 민주국가에 있어서도 정치적 이유 또는 국가에 慶事가 있을 때 사면을 할 필요성과 합리성이 인정되어 대부분의 국가에서 사면법이 정하는 바에 따라 사면제도를 두고 있다.

우리 나라도 헌법과 사면법이 정하는 바에 따라 대통령이 사면을 할 수 있도록 하고 있으며, 사면의 종류에는 사면 · 감형 · 복권이 있고, 사면은 일반사면과 특별사면으로 나누어진다. 감형이나 복권도 일반감형 · 일반복권과 특별감형 · 특별복권으로 나뉘어진다.

1.2. 내용

1.2.1. 일반사면

大赦라고도 한다. 사면이라 함은 국가원수가 형사소송법이나 그 밖의 형사법규에 의하지 아니하고 형의 선고의 효과 또는 공소권을 소멸시키거나, 형의 집행을 면제시키는 것을 말한다. 사면에는 일반사면과 특별사면의 두 종류가 있다. 일반사면이라 함은 범죄의 종류를 지정하여 이에 해당하는 모든 범죄인에 대해서 형의 선고의 효과를 전부 소멸시키거나 또는 형의 선고를 받지 아니한 자에 대한 공소권을 소멸시키는 것이다. 일반사면을 하려면 국무회의의 심의를 거쳐 국회의 동의를 얻어야 하고, 그 형식은 대통령령으로 하여야 한다.

[대판 1995. 12.22, 95도2446]

【판시사항】

[1] 일반사면의 효과

[2] 확정판결이 있었던 사실에 의하여 그 전의 죄와 후의 죄 등이 형법 제37조 후단의 경합범관계에 있었다고 하는 효과가 일반사면에 의하여 좌우되는지 여부

【판결요지】

[1] 사면법 제5조 제1항 제1호 소정의 '일반사면은 형의 언도의 효력이 상실된다.'는 의미는 형법 제65조 소정의 '형의 선고는 효력을 잃는다.'는 의미와 마찬가지로 단지 형의 선고의 법률적 효과가 없어진다는 것일 뿐 형의 선고가 있었다는 기왕의 사실 자체의 모든 효과까지 소멸한다는 뜻은 아니다.

[2] 확정판결의 죄에 대하여 일반사면이 있다 하더라도 일사부재리의 효력 등은 여전히 계속 존속하는 것이고, 확정판결이 있었던 사실에 의하여 그 전의 죄와 후의 죄 등이 형법 제37조 후단의 경합범관계에 있었다고 하는 효과도 일반사면에 의하여 좌우되는 것은 아니다.

1.2.2. 특별사면

특별사면이란 이미 형의 선고를 받은 특정한 범죄인에 대하여 형의 집행을 면제하는 것을 말한다. 사면법 제5조에서는 특별사면은 형의 집행이 면제되고, 형의 선고에 의한 기성의 효과는 사면으로 변경되지 않는다고 규정하고 있다. 형의 집행을 면제하는 특별사면은 사면을 받은 자의 형을 집행하지 아니하는 것을 의미할 뿐이고 형 확정판결의 효력은 그대로 유지된다고 할 것이며, 더구나 사면으로 말미암아 형의 선고가 있었다는 기왕의 사실 자체의 효과가 소멸되는 것은 아니다.[1] 특별사면을 명할 때에는 행정처분[2]으로 행한다.

[사면권의 행사(헌법 제79조) 전두환, 노태우 전대통령에 대한 특별사면 위헌확인][3]

1. 청구인들의 주장

전두환, 노태우 전대통령들은 내란죄, 내란목적살인죄 및 특정범죄 가중처벌 등에 관한 법률위반(뇌물죄) 등으로 무기징역 및 징역 17년의 형을 각 선고받고 그 판결이 확정되었는데, 대통령은 1997. 12. 22. 이들을 특별사면 하였다. 그러나, 국헌을 문란하게 한 내란죄의 주범이며 천문학적 숫자의 뇌물을 기업들로부터 받은 그들이 오직 전직대통령들이라는 이유만으로서 특별사면의 대상이 된다면, 그들보다 낮은 신분으로서 그들보다 가벼운 죄를 저지른 자들과의 관계에서 평등권을 본질적으로 침해하는 것이고, 이는 청구인의 양심의 자유와 행복추구권을 본질적으로 침해한 것이기도 하다. 뿐만 아니라 그들에 대하여 중형을 선고한 사법권의 행사는 헌법정신 및 법과 양심에 따라 이루어진 것인데도 불구하고 아무런 사정변경이 없이 대통령이 그들을 특별사면한 것은 권력분립의 원칙상 행정권이 사법권의 본질적 내용을 훼손한 것으로서 위헌무효이다.

2. 법무부장관의 의견

청구인들의 이 사건 헌법소원은 자기 관련성, 직접성을 결여한 청구로서 헌법소원의 요건을 갖추지 못한 청구일 뿐 아니라 사법적 심사의 대상이 되지 않는 것이어서 부적법하므로 마땅히 각하되어야 하고, 그렇지 않다고 하더라도 대통령의 이 사건 사면권 행사는 적법하고 적정한 것이므로 마땅히 기각되어야 한다.

3. 판단

---

1) 대판 1995. 12. 22, 95도2446【업무상횡령 · 사기 · 사문서위조 · 위조사문서행사·변호사법위반 · 문서은닉】

2) 행정처분은 특정사건에 관하여 권리를 설정하고, 의무를 명하며 또는 그 밖의 법률상의 효과발생을 목적으로 하는 행정행위이며 영업허가나 공기업의 특허, 조세부과 등이 그 예이다. 이는 행정주체의 행위 가운데서 사실행위 · 통치행위 · 사법(司法)행위 · 입법행위를 제외한 가장 좁은 의미의 행정행위와 같은 뜻의 개념이다. 행정처분은 법적 근거를 바탕으로 적법 · 타당하게 이루어져야 하며 개인의 권리 · 이익을 침해하는 하자있는 행정처분은 행정쟁송의 대상이 된다. 행정처분은 내용에 따라 법률행위적인 것과 준법률행위적인 것으로 나눌 수 있고, 상대방의 협력의 필요 여부에 따라 일방적 행정처분과 쌍방적 행정처분으로 나뉜다.

3) http://haharak.com.ne.kr/hwp/12.hwp

헌법재판소법 제68조 제1항에 의하면 헌법소원심판은 공권력의 행사 또는 불행사로 인하여 헌법상 보장된 기본권을 침해받은 자가 청구하여야 한다고 규정하고 있는바, 여기에서 기본권을 침해받은 자라 함은 공권력의 행사 또는 불행사로 인하여 자기의 기본권이 현재 그리고 직접적으로 침해받은 자를 의미하며 단순히 간접적, 사실적 또는 경제적인 이해관계가 있을 뿐인 제 3자는 이에 해당하지 않는다는 것이 우리 재판소의 확립된 판례이다.[1] 이 사건의 경우, 청구인들은 대통령의 특별사면에 관하여 일반국민의 지위에서 사실상의 또는 간접적인 이해관계를 가진다고 할 수는 있으나 대통령의 청구외인들에 대한 특별사면으로 인하여 청구인들 자신의 법적이익 또는 권리를 직접적으로 침해당한 피해자라고는 볼 수 없으므로, 이 사건 심판청구는 자기관련성, 직접성이 결여되어 부적법하다.

4. 결론

따라서, 청구인들의 심판청구를 각하하기로 하여 관여재판관 전원의 일치된 것으로 결정한다.

일반사면, 일반감형, 일반복권은 대통령령의 형식으로 이루어지며, 특히 일반사면은 국회의 동의를 요한다. 입법적으로는 일반사면은 법률의 형식으로 하는 것이 바람직하다. 대통령령의 형식으로 행해지는 일반사면에 대한 국회의 동의를 요하도록 하고 있기 때문이다.

「사면」
일반사면 → 검사의 공소권이나 형의 선고효력을 소멸
특별사면 → 형의 집행을 면제

감형은 형을 경감시키거나, 형의 시행을 줄여주는 것이며, 복권은 상실·정지된 법률상 자격을 회복시켜주는 것으로 형집행이 종료된 자, 집행이 면제된 자를 대상으로 한다.

1.3. 한계

사면권은 사법권에 대한 중대한 제약이므로 그 행사에는 일정한 한계가 있다.

- 사법권의 본질적 내용을 침해해서는 안됨(사법권의 본질적 내용침해의 금지)
- 탄핵 등의 정치적 책임을 질 사항에 대하여는 행사할 수 없다(탄핵사건 불간섭)
- 절차상 사법부의 의견을 듣고 행사되어야 한다(사법부의견 존중)

---

1) 헌재결 1993. 3. 11, 91헌마233; 헌재결 1993. 7. 29, 89헌마123; 헌재결 1994. 6. 30, 92헌마61 등 참조.

2. 복권

2.1. 종류

2.1.1. 헌법 · 사면법상의 복권

헌법 · 사면법상의 복권은 대통령의 恩赦의 일종으로서, 형의 언도로 인하여 법령의 정한 바에 의한 자격이 상실 또는 정지된 자의 자격을 회복시키는 것을 말한다(헌법 제79조, 사면법 제3조 제3호 · 제5조 제5호). 정치적 사유나 국가에 경사가 있을 때 또는 국경일 등에 행해진다. 대통령령인 復權令을 공포하여 그 복권령에서 정한 요건에 해당하는 모든 자에게 효과를 미치게 하는 경우의 일반복권과 특정한 자에게 대해서만 행하는 특별복권의 경우가 있다. 또한 이들 양자의 경우에 자격 전체를 회복시키는 경우와 특정의 자격만을 회복시키는 경우가 있다. 이러한 복권은 형의 집행을 종료하지 않은 자 또는 집행의 면제를 받지 않은 자에 대하여는 행하지 아니한다.

2.1.2. 형법상의 복권

형법상의 복권은 자격정지 이상의 선고를 받은 자가 피해자의 손해를 보상하고, 자격정지 이상의 형을 받음이 없이 정지기간의 2분의 1을 경과한 때에 본인 또는 검사의 신청에 의하여 법원에서 자격의 회복을 선고한다(형법 제82조).

> **형법 제82조 (복권)** 자격정지의 선고를 받은 자가 피해자의 손해를 보상하고 자격정지 이상의 형을 받음이 없이 정지기간의 2분의 1을 경과한 때에는 본인 또는 검사의 신청에 의하여 자격의 회복을 선고할 수 있다.

2.1.3. 채무자의회생및파산에관한법률(구파산법)상의 복권

채무자의회생및파산에관한법률상의 복권은 파산자가 파산선고로 인해 상실한 공 · 사법상의 자격을 회복하는 일인데, 법정사유가 있으면 당연히 복권되는 법정복권(당연복권: 채무자의회생및파산에관한법률 제574조)과 변제 등으로 파산자의 신청에 의하여 파산법원이 복권(신청에 의한 복권: 동법 제575조)의 결정을 하는 경우가 있다.

3. 위헌정당해산제소권

대통령은 정당의 목적이나 활동이 민주적 기본질서에 위배될 때에는 헌법재판소에 그 해산을 제소할 수 있다(헌법 제8조 제1항). 헌법재판소가 그 정당을 위헌이 아니라고 결정하면 정부는 일사부재리의 원칙에 따라 그 정당을 재차 제소할 수 없다.

VII. 헌법기관의 구성에 관한 권한

1. 대법원장과 대법관의 임명권

대통령은 대법원장과 대법관을 국회의 동의를 얻어 임명한다(헌법 제104조). 현행 헌법은 대법관을 임명함에 있어서도 국회의 동의를 얻도록 하고 있음이 특색이다.

2. 국무총리 · 국무위원 및 행정각부의 장의 임명권

대통령은 국회의 동의를 얻어 국무총리를 임명하며(헌법 제86조 제1항), 국무총리의 제청으로 국무위원(헌법 제87조 제1항)과 행정각부의 長(헌법 제94조)을 임명한다.

3. 감사원장과 감사위원의 임명권

대통령은 국회의 동의를 얻어 감사원장을 임명하며(헌법 제98조 제2항), 감사원장의 제청으로 감사위원을 임명한다(헌법 제98조 제3항).

4. 헌법재판소의 장과 헌법재판소 재판관의 임명권

대통령은 국회의 동의를 얻어 헌법재판소의 장을 임명하며(헌법 제111조 제4항), 9인(국회가 선출한 3인과 대법원장이 지명한 3인을 포함하여)의 헌법재판소 재판관을 임명한다(헌법 제113조 제2항).

5. 중앙선거관리위원회 위원의 임명권

대통령은 9인의 중앙선거관리위원회 위원 중 3인을 임명한다(헌법 제114조 제2항).

VIII. 대통령의 권한행사의 방법과 그 통제

대통령제하에서의 대통령은 헌법과 법률이 부여한 여러 권한을 그의 책임하에서 독자적으로 행사함이 원칙이다. 그러나 이러한 권한행사도 민주적 정당성을 확보하고, 전제를 막기 위하여 헌법과 법률이 정한 절차와 방법에 따라야 하며, 사후에도 사법적 심사를 통하여 민주적 통제를 받게 되는 경우도 없지 아니하다.

1. 대통령의 권한행사의 방법

1.1. 문서주의, 부서제도

대통령의 국법상 행위는 문서주의의 원칙에 따라 반드시 문서로써 하여야 한다. 이 문서에는 국무총리와 관계 국무위원의 副署가 있어야 한다. 군사에 관한 것도 또한 같다(헌법 제82조). 대통령의 국법상의 행위라 함은 헌법과 법령이 대통령의 권한으로 하고 있는 일체의 행위를 말한다. 부서제도는 대통령의 전횡을 방지하고, 국무총리와 국무위원의 책임소재를 명백히 하려는데 있다. 관계국무위원이라 함은 그 사무를 주관하는 행정각부의 장인 국무위원을 말한다.

헌법 제82조 대통령의 국법상 행위는 문서로써 하며, 이 문서에는 국무총리와 관계 국무위원이 부서한다. 군사에 관한 것도 또한 같다.

副署없이 행한 대통령의 행위는 당연 무효는 아니며, 위법행위에 해당한다. 왜냐 하면 부서제도는 대통령의 국법상의 행위에 대한 효력발생요건(유효요건)이 아니라 적법요건에 해당하기 때문이다. 따라서 이 경우에는 탄핵소추의 사유가 될 뿐이다(다수설).

「부서 없이 행한 대통령의 행위」
– 위법행위(적법요건) ☜ **탄핵의 대상이 될 뿐**

1.2. 국무회의의 심의

대통령은 헌법 제89조가 열거한 사항에 관한 권한을 행사함에는 반드시 사전에 국무회의의 심의를 거쳐야 한다. 국무회의의 심의를 거치게 하는 이유는 국정의 통일성 · 원활성을 위함이다. 심의결과에 대통령이 법적으로 구속되지는 않으나 반드시 거쳐야 하며, 이를 위반하였을 때에는 무효이다.[1)]

1.3. 자문기관의 자문

대통령은 국가안전보장에 관련되는 대외정책 · 군사정책 · 국내정책의 수립에 관하여(국가안전보장회의), 국정의 중요한 사항에 관하여(국가원로자문회의), 평화통일정책의 수립에 관하여(민주평화통일자문회의), 평화통일정책의 수립에 관하여(민주평화통일자문회의) 또는 국민경제정책의 수립에 관하여(국민경제자문회의) 여러 자문기관의 자문을 거쳐야 한다. 다만 국가안전보장회의는 헌법상 필수적 자문기관으로 국무회의의 심의에 앞서

1) 김철수, 헌법학(중), 510면.

반드시 자문을 거쳐야 하나, 국가원로자문회의나 민주평화통일자문회의, 국민경제자문회의, 그리고 국가기술과학자문회의는 임의적 자문기관이므로 다툼이 있다. 비록 임의적 자문기관이라 할지라도 이를 설치한 경우에는 자문을 얻어야 할 것이다.[1] 그러나 자문의 결과에는 구속되지 아니하며, 심지어 그 자문을 거치지 아니하고 국무회의의 심의에 부친 경우에는 위헌은 아니다.

필수적 자문기관 → 국가안전보장회의 → (따라서) 반드시 자문을 거쳐야
임의적 자문기관 → 국가원로자문회의 · 민주평화통일자문회의 · 국민경제자문회의 · 국가기술과학 자문회의

- 자문의 결과에는 불구속
- 자문을 거치지 아니하고 국무회의의 심의에 부친 경우 → 위헌은 아님

1.4. 국회의 사전동의 또는 사후승인

대통령이 외국과 조약을 체결 · 비준하거나, 선전포고, 국군해외파견 그리고 일반사면 등을 행할 때에는 국회의 사전 동의를 얻어야 한다. 예비비 지출이나 긴급명령, 긴급재경처분 및 명령 등에 대하여는 사후 승인을 얻어야 한다.

사전동의 → · 대통령이 외국과 조약을 체결 · 비준
· 선전포고
· 국군해외파견
· 일반사면

사후승인 → · 예비비 지출
· 긴급명령
· 긴급재정 · 경제처분 및 명령

2. 대통령의 권한행사의 통제

2.1. 기관내통제(Intra-Organ-Kontrolle)

기관내 통제로는 국무총리 · 국무위원의 부서 · 국무회의 심의 · 자문 등이 있으며, 국무총리의 국무위원 임명제청권 · 국무위원의 해임건의권 등이 있다.[2]

---

1) 반대설, 권영성, 헌법학원론, 1024면(이들 기구는 임의적 자문기관이므로, 국무회의에 앞서 자문을 거치는 가는 대통령의 재량에 속한다).
2) 권영성, 헌법학원론, 1024면.

2.2. 기관간통제(Inter-Organ-Kontrolle)

2.2.1. 국민에 의한 통제

국민은 대통령선거를 통하여 그리고 대통령이 제안한 헌법개정안이나 국가안위에 관한 중요정책에 대한 국민투표를 통하여 대통령의 권한행사를 통제할 수 있다.[1] 그 밖에 저항권 등을 행사할 수 있다.[2] ☜ **국민을 국가기관으로 보는 경우**

2.2.2. 국회에 의한 통제

국회는 대통령을 탄핵소추하거나, 긴급명령, 긴급재경처분 및 명령 등의 승인권이나 계엄의 해제요구권을 통하여, 국무총리나 국무위원에 대한 해임건의권을 통하여 대통령의 권한행사를 통제할 수 있다.[3] 대통령령은 입법예고를 해야 하며, 이 과정에 있어서 국회의 통제를 받는다.[4]

> 국회법 제98조의2(대통령령등의 제출등) ① 중앙행정기관의 장은 법률에서 위임한 사항이나 법률을 집행하기 위하여 필요한 사항을 규정한 대통령령·총리령·부령·훈령·예규·고시등이 제정·개정 또는 폐지된 때에는 10일이내에 이를 국회 소관상임위원회에 제출하여야 한다. 다만, 대통령령의 경우에는 입법예고를 하는 때(입법예고를 생략하는 경우에는 법제처장에게 심사를 요청하는 때를 말한다)에도 그 입법예고안을 10일 이내에 제출하여야 한다.

> 헌재결 2004. 5. 14. 2004헌나1 【대통령(노무현) 탄핵】
>
> 대통령은 그의 지휘·감독을 받는 행정부 구성원을 임명하고 해임할 권한(헌법 제78조)을 가지고 있으므로, 국가정보원장의 임명행위는 헌법상 대통령의 고유권한으로서 법적으로 국회 인사청문회의 견해를 수용해야 할 의무를 지지는 않는다. 따라서 대통령은 국회 인사청문회의 판정을 수용하지 않음으로써 국회의 권한을 침해하거나 헌법상 권력분립원칙에 위배되는 등 헌법에 위반한 바가 없다.
>
> 국회는 국무총리나 국무위원의 해임을 건의할 수 있으나(헌법 제63조), 국회의 해임건의는 대통령을 기속하는 해임결의권이 아니라, 아무런 법적 구속력이 없는 단순한 해임건의에 불과하다. 우리 헌법 내에서 '해임건의권'의 의미는, 임기 중 아무런 정치적 책임을 물을 수 없는 대통령 대신에 그를 보좌하는 국무총리·국무위원에 대하여 정치적 책임을 추궁함으로써 대통령을 간접적이나마 견제하고자 하는 것에 지나지 않는다. 헌법 제63조의 해임건의권을 법적 구속력 있는 해임결의권으로 해석하는 것은 법문과 부합할 수 없을

---

1) 김철수, 헌법학(중), 511면.
2) 권영성, 헌법학원론, 1025면.
3) 김철수, 헌법학(중), 511면.
4) 권영성, 헌법학원론, 1025면.

뿐만 아니라, 대통령에게 국회해산권을 부여하고 있지 않는 현행 헌법상의 권력분립질서와도 조화될 수 없다.

결국, 대통령이 국회인사청문회의 결정이나 국회의 해임건의를 수용할 것인지의 문제는 대의기관인 국회의 결정을 정치적으로 존중할 것인지의 문제이지 법적인 문제가 아니다. 따라서 대통령의 이러한 행위는 헌법이 규정하는 권력분립구조 내에서의 대통령의 정당한 권한행사에 해당하거나 또는 헌법규범에 부합하는 것으로서 헌법이나 법률에 위반되지 아니한다.

2.2.3. 법원에 의한 통제

법원은 대통령이 행한 명령과 처분에 대한 사법심사를 통하여 대통령의 권한행사를 통제할 수 있다. 대통령의 처분에 대한 행정소송에 있어서의 피고는 관계 장관이다.

2.2.4. 헌법재판소에 의한 통제

헌법재판소는 대통령의 긴급명령이나 긴급재경처분에 대한 규범통제를 통하여 대통령의 권한행사를 통제할 수 있다. 헌법재판소는 또한 법규명령의 성격을 갖는 대통령령에 대한 헌법소원심판을 통해서도 대통령의 권한을 통제 할 수 있다.

- 정당해산심판
- 권한쟁의심판
- 헌법소원심판

제 4 절 행정부(집행부)

제 1 항 행정작용(행정권·집행권)

헌법은 제66조 제4항에서 「행정권은 대통령을 수반으로 하는 정부에 속한다」라고 하여 행정권은 원칙적으로 정부의 권한임을 규정하고 있다. 그러나 행정(작용)이 무엇을 의미하고, 행정권이 무엇에 관한 권한이며, 정부가 보유하고 행사하는 행정권의 구체적인 범위는 어느 정도인가가 문제되고 있다.

I. 행정(작용)의 의의와 본질

1. 집행(집행권)과 행정(행정권)의 개념적 구별

집행은 협의의 행정과 통치행위를 포괄하는 개념이고 집행권(executive power)은 협의의 행정권과 통치권을 포괄하는 개념이다. 집행권에는 「법률의 단순한 집행」에 관한 권한(행정권) 이외에 고도의 정치적 성격을 띤 「국가적 결단과 정치적 지도」에 관한 권한(통치권)이 포함되어 있다. 전자를 협의의 행정작용(administration)이라 하고, 후자를 통치행위(act of state)라 한다. 헌법 제66조 제4항의 행정권은 엄밀한 의미에서 협의의 행정작용과 통치행위를 포괄하는 광의의 행정권, 즉 집행권을 규정한 것이다(통설).[1][2][3]

그리고 집행작용(집행권)의 대종을 이루는 것은 협의의 행정작용(행정권)이기 때문에, 협의의 행정과 행정권에 대한 이해가 선행되어야 한다.

---

1) 독일의 헷세(Konrad Hesse)에 의하면 독일기본법 제20조 제2항의 집행권에는 통치기능·행정기능 그리고 군사적 방어기능이 포함된다고 한다(K. Hesse, Grundzüge, Rn. 530-546 참조).

2) 권영성, 헌법학원론, 1026면.

3) 엄밀하게 말하면 집행권과 행정권의 개념은 구별하는 것이 원칙이나 법률용어의 관습적 사용을 무시할 수 없기 때문에 독일에서도 집행권 및 행정권의 개념을 동일하게 이해하고 있다. 저자 역시 행정권이라는 용어를 일반적으로 사용하고자 한다.

2. 행정(작용)의 개념

행정의 개념은 근대입헌국가가 권력분립의 원리를 채택하여 국가작용을 입법 · 행정 · 사법으로 구별하면서 발전되어 온 역사적 산물이다. 따라서 행정의 개념을 일의적으로 규정하는 것은 지극히 어려운 과제이며, 행정의 개념에 관하여 견해가 갈리고 있는 것도 그 때문이다.[1)]

2.1. 실질적 의미의 행정(작용)

2.1.1. 의의

실질적 의미의 행정은 행정법학의 대상이 되는 행정(입법 · 사법 제외)을 의미하는 것으로서, 특히 국가작용의 성질을 표준으로 행정을 입법 · 사법과 구별하여 그 의의를 정립하는 경우에 이를 실질적 의미의 행정이라 한다.

행정을 실질적 의미로 이해하는 입장(실질적 의미의 행정개념 · 실질설)은 행정을 그 실질적 성질을 기준으로 하여 입법 · 사법과 구별하고, 이로써 행정의 독자적 개념을 정의하려고 한다. 이러한 입장에는 다시 「국가작용 중에서 입법과 사법을 제외한 나머지」를 행정으로 보려는 소극설(공제설)[2)]과 행정을 입법 · 사법과 구별하는 것이 이론적으로 가능하다고 보고 행정의 실질적 특성을 적극적으로 규정하려는 적극설이 있다.[3)]

적극설도 식별기준의 여하에 따라 목적설과 양태설로 나누인다. 목적설은 행정과 사법은 양자가 입법의 하위단계에 위치하는 집행적 작용이지만, 그 중에서 행정은 「국가목적 내지 공익의 실현을 목적으로 하는 작용」이라고 한다.[4)] 그러나 양태설은 행정이란 「법에 따라 구체적으로 국가목적이나 공익의 실현을 위하여 행해지는 능동적이고 적극적인 형성적 국가작용」이라고 한다(v. Sarway, F. Flener 등). 양태설은 현대적 행정작용이 가지는 능동적 · 형성적 기능을 염두에 두면서 행정의 개념을 적극적으로 규정하려는 입장으로서 오늘날의 지배적인 견해라 할 수 있다.[5)]

---

1) 권영성, 헌법학원론, 816면.

2) 소극설에 의하면, 국가작용 중 독자적 개념규정은 입법과 사법의 경우에만 가능하고 행정에 관해서는 이것이 불가능하므로, 전체 국가작용 중에서 독자적 개념규정이 가능한 입법과 사법에 해당하는 작용을 공제하고 남은 것이 모두 행정이라고 한다(J. Hatschek; W. Jellinek 등). 행정 그 자체에 관한 적극적인 개념규정을 포기하고, 다만 그 밖의 국가작용인 입법과 사법의 개념 규정 여하에 행정개념을 의존시키고 있다는 점에서 이러한 견해를 공제설 또는 소극설이라 한다(권영성, 헌법학원론, 816면 각주 1).

3) 권영성, 헌법학원론, 816면.

4) O. Mayer, Deutsches Verwaltungsrecht, Bd. 1, S. 13; G. Meyer, Deutsches Verwaltungsrecht, S. 1 참조.

입법과 사법의 경우, 입법은 법규를 제정하는 작용(법정립작용), 司法은 법률상 쟁송을 재판하는 작용(법선언작용)이라 하여 어느 정도 간명한 정의를 내릴 수 있으나, 이른바 역사적 잔존물인 행정에 대하여는 정의를 내리는 것이 어렵기는 하지만, 대체로 행정의 관념은 일반적으로 다음과 같이 설명할 수 있다.

2.1.2. 내용

a) 법아래서 법의 규제를 받는 작용(법률유보 · 법규유보)

행정은 법아래서 법의 규제를 받는 작용을 의미한다. 이는 행정은 법을 실현하는 행위라고 할 수 있다. 그러나 이 경우 모든 행정이 법을 그대로 실시한다는 의미가 아니고 행정이 반드시 법에 의하거나(법률유보 : Gesetzesvorbahalt) 법에 근거(법규유보 : Vorbehalt des Gesetzes)하여 실행되어야 한다는 것을 의미한다.[1)2)] 「법률에 의하거나」의 의미는 '형식적 의미의 법률 그 자체'를 말하며, 「법에 근거를 두어야 한다」는 말은 법률로부터 위임을 받은 법규명령(대통령령 · 총리령 · 부령), 내지는 자치단체에서 정립하는 자치법규(실질적 의미의 법률)에 의한다는 것을 말한다.

이러한 점에서 현재 우리나라의 교과서에서는 일반적으로 '법률에 의하거나'와 '법률에 근거하여야 한다'는 용어를 - 양자의 차이점을 구분하지 않고 - 획일적으로 법률유보의 원칙이라는 용어로 획일적으로 설명하고 있으나, 법률유보(Gesetzesvorbehalt)와 법규유보(Vorbehalt des Gesetzes)의 의미를 명확히 구분하여 사용하여야 한다. 헌법재판소는 이를 구분하여 판시하고 있다.[3)]

<사례>

한국인과 결혼한 중국인 배우자가 한국에 입국하기 위하여 결혼동거목적거주(F-2) 사증발급을 신청함에 있어 중국인 배우자와의 교제과정, 결혼하게 된 경위, 소개인과의 관계, 교제경비내역 등을 당해 한국인이 직접 기재한 서류를 제출할 것을 요구하는 주중국대한민국대사(피청구인)의 조치가 법률유보원칙이나 과잉금지원칙, 또는 평등원칙에 위배되는 것으로서 청구인의 헌법상 보장된 기본권을 침해하는지 여부를 판단하라.

---

5) 권영성, 헌법학원론, 816면.

1) 박윤흔, 행정법강의(상), 7면.

2) 김향기, 법률의 유보이론의 전개와 과제, 김영훈박사 화갑기념논문, 법문사, 1995, 373면 참조; 천병태 · 김명길 교수는 법률의 근거를 법률의 수권이라는 표현을 사용하며, 법률유보의 원칙이 법률의 근거 내지 수권이 필요하다는 하는 경우의 '근거'나 '수권'의 의미와 그 '범위'를 둘러싸고 어려운 문제가 제기되고 있다고 한다(천병태 · 김명길, 행정법총론, 165면).

3) 헌재결 2005. 3. 31, 2003헌마87 【한중국제결혼절차 위헌확인】

<해설> 헌재결 2005. 3. 31, 2003헌마87.

1. 헌법 제37조 제2항은 기본권제한에 관한 일반적 법률유보조항이라고 할 수 있는데, 법률유보의 원칙은 '법률에 의한 규율'만을 요청하는 것이 아니라 '법률에 근거한 규율'을 요청하는 것이기 때문에 기본권의 제한에는 법률의 근거가 필요할 뿐이고 기본권제한의 형식이 반드시 법률의 형식일 필요는 없다. 그런데, 피청구인의 이 사건 결혼경위 등 기재요구행위는 합헌적인 법령인 출입국관리법 제8조 제2항(법률유보), 동법시행령 제11조 제2항(법규유보), 동법시행규칙 제9조 제4호, 제76조 제1항(법규유보) 등의 근거에 따라 이루어진 것이고 따라서 법률유보의 원칙에 위배되지 않는다. ☜ **법률에 의한 규율(법률유보의 원칙)·법률에 근거한 규율(법률의 유보의 원칙)**

2. 피청구인이 이 사건 결혼경위 등을 기재하도록 요구하는 것은, 첫째 국제결혼이 한국입국 및 취업을 위한 편법으로 악용되고 있고…, 둘째 위장 국제결혼을 방지하여 선의의 한국인들이 중국인 배우자와 국내에서 건전한 혼인관계를 유지할 수 있도록 보호하기 위한 것이다. 이것은 주권국가가 합리적인 출입국관리를 위하여 추구할 수 있는 정당한 목적(**목적의 정당성**)이며, 이 사건 결혼경위 등 기재요구 조치를 통하여 위와 같은 목적을 달성하는데 이바지할 것임은 분명하므로 그 수단의 적정성(**방법의 적정성**)도 인정할 수 있다. 또한 결혼동거목적거주 사증의 심사는 다른 목적의 사증심사와는 달리 위장 및 사기 결혼의 여부를 확인하는 것이 주 목적인데, 중국 관공서 명의로 발급되는 각종 공문서가 위조 또는 변조되는 경우가 많기 때문에… 이 사건 결혼경위 등 요구행위는 사증심사의 목적을 달성하는데 필요한 최소한의 조치(**피해의 최소성**)라고 보아야 할 것이다. ☜ **과잉금지의 원칙(비례의 원칙)**

3. 중국인 불법체류자의 비율이 다른 나라보다 압도적으로 많은 점, 그리고 중국의 관공서에서 위 사증신청을 위하여 발급하는 각종 공문서가 위조 또는 변조되는 사례가 많아 중국이 발행하는 공문서의 신뢰성이 높지 않아 … 피청구인이 다른 나라의 경우와는 달리 중국인 배우자에 의한 위 사증신청시 이 사건 결혼경위 등의 기재를 요구하는 행위는 그 차별에 합리성을 인정할 수 있다. ☜ **합리적 차별 가능 : 평등의 원칙에 위반되지 아니한다.**

b) 국가목적의 실현

행정은 입법·사법이외의 국가목적(Staatszweck)을 실현하기 위하여 행하는 구체적 작용이다.[1] 이는 실질적 의미의 행정이 국가작용의 성질상의 차이에 입각하여 구성되는 행정의 개념, 즉 행정을 입법·사법과 구별하여 그 의의를 정의하는 것을 의미하며 이는 행정법학의 대상이 되는 행정이다. 행정상 입법(행정입법)·행정소송·행정벌 등은 실질적 의미의 행정은 아니지만 행정법학의 대상으로 하며, 국회행정 및 사법행정은 실질적 의미의 행정이지만 고찰대상에서 제외된다.

1) 박윤흔, 행정법강의(상), 7면.

「문제」
국가목적(Staatszweck)이란 무엇을 의미하며 국가의 존재의의 및 근거는 어디에 존재하는가?
☞ 국가목적(Staatszweck) · 국가목표(Staatsziel) · 국가목표규정(Staatszielbestimmung) · 국가의무(Staatsaufgabe)

c) 계속적 · 형성적 국가활동

행정은 전체로서 통일성을 지닌 계속적 · 형성적 국가활동이다.[1] 행정작용은 개별적으로는 개개의 국가행위로 이루어지지만, 전체적으로 보면 횡적 계속성을 갖는 형성적 국가활동이다.[2]

2.2. 형식적 의미의 행정(작용)

행정을 형식적 의미로 이해하는 입장(형식적 의매의 행정개념 · 형식설)은 행정을 그 실질적 성질에 따라 이해하지 아니하고 그 형식적 특징, 즉 행정을 담당하는 국가기관을 기준으로 하여 정의한다.[3] 바꾸어 말하면 형식적 의미의 행정은 행정의 실질적 성질 여하를 기준으로 한 이론적 개념이 아니라 행정의 실질을 도외시하고 제도적인 입장에서 행정을 담당하고 있는 현실적인 국가기관의 권한을 기준으로 하여 정립된 형식적 개념이다.[4] 형식설에 따르면, 행정은 행정부(집행부)에 속하는 기관에 의하여 행해지는 모든 작용(입법 · 사법포함)을 행정이라 한다. 이러한 형식적 의미의 행정개념에 따른다면, 행정부(집행부)에 의하여 행해지는 국가작용이면 그것이 성질상 입법에 속하는 것(행정입법)이든 사법에 속하는 것(사면 · 재결 등)이든 그 모두를 행정으로 본다.[5] 이와같이 형식적 의미의 행정(주관적 의미의 행정)[6]은 행정주체가 담당하는 모든 행정을 의미하는 것으로서 행정기관의 권한에 속하는 일체의 작용(입법 · 사법포함)을 의미한다. 다시말하면 이러한 형식적 의미의 행정에 의하면 행정기관(행정부/집행부)의 권한에 속하는 작용이면, 실질적 의미의 행정은 물론이고, 성질상 실질적 의미의 입법(법규명령의 제정)이거나 실질적 의미의 사법(행정심판)이거나를 가리지 않고 모두 행정이라고 보게 된다.[7][8]

---

1) 박윤흔, 행정법강의(상), 7면 참조.
2) 박윤흔, 행정법강의(상), 7면.
3) 권영성, 헌법학원론, 817면.
4) 김백유, 행정법치론(I), 23면.
5) 권영성, 헌법학원론, 817면.
6) 박윤흔, 행정법강의(상), 10면.
7) 김철용, 행정법 I, 6면.
8) 과거의 통설은 형식적 의미의 행정이 행정법학의 대상이 되는 것으로 보았으나, 형식적 의미의

형식적 의미의 행정→ · 행정주체가 담당하는 모든 행정(입법 · 사법 포함)
· 행정기관의 권한에 속하는 일체의 작용

2.3. 현행 헌법과 행정

현행 헌법 제66조 제4항은 「행정권은 대통령을 수반으로 하는 정부에 속한다」고 규정하고 있다. 이는 헌법 제40조 · 제101조 제1항과 함께 우리 헌법이 권력분립의 원칙을 선언하는 동시에 입법 · 사법을 제외한 모든 실질적 의미의 행정(Verwaltung im materiellen Sinne)이 행정부의 수반이 대통령을 정점으로 하는 행정부에 속한다는 것을 의미한다. 그러나 권력분립과 이 원칙에 대하여는 실제적 · 기술적 이유로 헌법 자체가 많은 예외를 인정하고 있다. 즉, 입법권은 국회에 속하는 것이 원칙이나, 행정부에 실질적 의미의 입법권을 부여하는 경우가 있다.[1)]

예를 들면 행정입법 등과 같은 헌법상의 규정인 헌법 제75조(대통령령) · 제76조(긴급재정경제명령권) · 제95조(총리령 · 부령)와, 사법권(사면권 등 헌법 제79조)을 부여하는 경우가 이에 해당한다. 따라서 국회가 가지는 입법권은 모든 법률사항을 국회가 독점적으로 제정한다는 의미가 아니고, 다만 국가의 입법작용은 국회가 중심이 되어 이를 행한다는 국회중심입법주의를 의미하는 것이다. 또한 행정권은 정부에 속하는 개념이나, 실질적 의미의 행정권을 행정부 이외의 기관에 부여하기도 한다. 예를 들면 선거관리에 관하여는 선거관리위원회에서 담당하도록 하고(헌법 제114조 내지 제116조), 지방자치에 관하여는 지방자치단체(헌법 제117조 · 제118조)에 두고 있다.[2)]

행정부에 실질적 의미의 입법권을 부여하는 경우 : 행정입법 등과 같은 헌법상의 규정인 헌법 제75조(대통령령) · 제76조(긴급재정경제명령권) · 제95조(총리령 · 부령)와, 사법권(사면권 등 헌법 제79조)

실질적 의미의 행정권을 행정부 이외의 기관에 부여하는 경우:
선거관리에 관한 사항 → 선거관리위원회(헌법 제114조 내지 제116조)
지방자치에 관한 사항 → 지방자치단체(헌법 제117조 · 제118조)

행정 속에는 실질적 의미의 입법 · 사법도 포함되어 있어, 행정을 독자적인 국가작용으로 파악할 수 없기 때문에 오늘날의 통설은 실질적 의미의 행정이 행정법학의 대상이 되는 것으로 본다. 이와 같이 실질적 의미의 행정이 행정법학의 대상이 되므로 통치행위가 헌법학의 연구영역이 아닌, 행정법학의 연구대상에도 포함되는가 하는 것이 문제된다.

1) 김백유, 행정법치론(I), 25면 참조.

2) 박윤흔, 행정법강의(상), 11면.

3. 행정(작용)의 본질

3.1. 행정의 본질

행정은 역사적으로 볼 때 국가작용(Staatshandlung : 입법작용 · 행정작용 · 사법작용)의 한 부문으로서 입법 · 사법과 대비되는 관념으로서, 이는 근대국가의 성립이라고 하는 '역사적 발전과정' 속에서 하나의 '역사적 *殘存物*'[1]로서 제도적으로 형성 · 발전하여 온 개념이다. 따라서 입법은 법규를 제정하는 작용(입법작용), 사법은 법률상 쟁송을 재판하는 작용(사법작용)이라 하여 정의를 비교적 쉽게 내릴 수 있지만, 역사적 잔존물인 행정에 대하여 이를 행정작용이라는 용어를 사용할 수 있으나, 이에 대한 구체적이고 명확한 답변을 도출해 내기는 쉽지않다.

근대의 절대군주국가에서는 모든 국가작용은 전제군주의 통치작용으로서 행하여졌기 때문에 행정의 관념은 아직 성립되지 않았다. 행정의 관념은 근대국가의 탄생과 함께 자유주의(Liberalismus)[2] 정치이념을 바탕으로 하는 '권력분립의 원리(Gewaltenteilungsprinzip)'가 확립되어 국가 작용이 입법 · 행정 · 사법으로 구분된 후에야 비로소 성립되게 된 개념이다. 다시 말해서 이는 연혁적으로 군주의 통치권으로부터 입법권과 사법권이 분리되어 나간 결과 그 나머지를(행정) 총칭하는 개념을 의미한다는 것이다. 이는 결국 행정은 군주의 포괄적인 통치권으로부터 인민의 자유를 확보하기 위한 자유주의적 정치이념에 따라 국가

---

1) 이와 같은 행정개념의 역사적 구속성은 현대 행정국가에서 특징적으로 나타나는 행정권의 강화 현상을 통해서 여실히 증명되고 있으며, 또한 현대행정의 복잡 다기한 속성을 감안하여 볼 때, 우리는 "행정의 개념을 정의할 수는 없고 다만 기술할 수 있을 따름이다"라고 정의한 Forsthoff의 주장을 이해할 수 있다고 하겠다. E. Forsthoff, Lehrbuch des Verwaltungsrechts, 10 Aufl., 1973, S. 1.

2) 자유주의(Liberalismus) : 자유주의는 경제적 측면에서의 자유주의 · 사회적 측면에서의 자유주의 등과 같이 다양한 의미를 내포하고 있지만, **정치적 측면에서의 자유주의**는 **｢개인의 자유를 옹호 · 존중할 것을 근본원리로 삼는 정치원리｣**이다. 자유주의가 정치원리로 주장되기까지는 오랜 기간이 경과하였고, 영국 · 독일 · 프랑스의 정치철학자들이 이 근본원리를 발전시켰다. 인간이 조합(Zunft; guild), 승려계급, 귀족계급이라는 좁은 계급의 테두리 안에서 구속되었다가, 자유주의 사상이 싹트게 되었는데, 자유주의(Liberalismus)는 개인주의사상의 근저가 되었고, 로크(Locke)에서 몽테스키외(Montesquieu)를 통하여 칸트(Kant)에 이르러서는 자유주의(Liberalismus)는 법치국가 · 권력분립의 사상을 형성하게 되었다. 자유주의 사상은 미국의 독립선언(Declaration of Independence : 1776), 프랑스혁명(1789)등에서 구체적으로 표현되었다.

미국 독립선언(Declaration of Independence: 1776) : 1776년 영국(조오지 3세)에 대항하고 있던, 미국의 13개州의 식민지 대표가 필라델피아에서 모여 결의한 선언 → 자유주의국가관(평등 · 천부인권 · 계약설 · 국민주권 · 혁명권 등)을 表明

프랑스혁명(1789) → 自由(Freiheit) · 平等(Gleichheit) · 博愛(Brüderlichkeit).

권력(통치권)의 견제와 그 남용을 방지함으로써 '소극적으로' 개인의 자유와 권리를 보장하고자 하였던 권력분립의 소산이다. 권력분립의 원리에 따라 국가권력을 입법(Legislative) · 사법(Judikative) · 행정(Exekutive)으로 구분하고 각각 별개의 기관에 권력이 분장되게 된 결과, 비로소 근대적 의미의 행정이란 관념이 성립되게 된 것이다. 이러한 점에서 행정의 관념을 이해하기 위해서는 권력분립의 이론과 그 현실적 적용에 대한 이해가 필수적으로 요망된다.

입헌주의가 확립된 이후에는 헌법에 권력분립을 규정하게 될 경우, 국가작용들이 가지는 실질적 성질 여하를 기준으로 하여 국가 작용을 입법 · 행정(집행) · 사법작용으로 구분하고, 성질을 달리하는 이들 국가작용들을 각기 분리 · 독립된 기관에게 담당하게 하고 있다. 그러므로 행정(집행)을 입법 · 사법을 제외한 잡다한 국가작용으로 보아서는 아니된다.[1]

오늘날의 지배적인 견해라고 할 수 있는 양태설에 따라 행정(집행)의 개념적 징표를 정리하여 보면 다음과 같다. (ㄱ) 행정은 전체로서 통일성을 지닌 계속적 · 형성적 국가활동이다.[2] 행정작용은 개별적으로는 개개의 국가행위로 이루어지지만, 전체적으로 보면 橫的 계속성을 갖는 형성적 국가활동이다(계속적 · 형성적 국가활동).[3] (ㄴ) 행정은 공공복리 내지 공익의 실현을 목적으로 하는 국가작용이다(국가목적의 실현). 행정은 입법 · 사법이외의 국가목적(Staatszweck)을 실현하기 위하여 행하는 구체적 작용이다.[4] (ㄷ) 행정은 적극적이고 미래지향적인 국가작용이다. (ㄹ) 행정은 개별적 사안에 대하여 구체적 조치를 취하는 국가작용이다. (ㅁ) 행정은 법규적 통제를 받으면서도 폭넓은 자유활동영역이 인정되는 국가작용이다.[5][6]

3.2. 행정(집행)작용과 그 밖의 국가작용의 구별

통설적 견해인 樣態說에 따라 행정의 실질적 특성을 입법 · 사법 · 통치작용 등과 비교하여 보기로 한다. 행정과 이들 인접 국가작용간에는 상대적이나마 다음과 같은 점에서 차이가 있다.

1) 권영성, 헌법학원론, 817면.
2) 박윤흔, 행정법강의(상), 7면 참조.
3) 박윤흔, 행정법강의(상), 7면.
4) 박윤흔, 행정법강의(상), 7면.
5) 권영성, 헌법학원론, 818면.
6) 김남진, 행정법 I, 37-40면 참조.

3.2.1. 행정작용과 입법작용

입법작용은 일반적이고 추상적인 성문의 법규범을 정입하는 국가작용인데 대하여, 행정작용은 입법의 하위작용으로서 법규범에 따라 법을 구체화하고 집행함으로써 현실적으로 국가목적을 실현하는 작용이다. 행정작용과 입법작용은 권리침해의 경우 그 구제방법도 달리하고 있다. 행정처분으로 인하여 권리가 침해된 경우에는 행정쟁송을 통한 구제가 가능하지만, 입법작용에 의하여 권리가 침해된 경우에는 위헌법률심판이나 헌법소원심판 등 헌법재판을 통하여 권리구제가 가능하다.[1)]

3.2.2. 행정작용과 사법작용

행정작용과 사법작용은 법 아래에서 행해지는 법집행적 작용이라는 점에서 공통성을 갖지만, 사법작용은 구체적인 법적 분쟁이 발생한 경우에 당사자의 신청에 따라 법을 판단하고 선언(법의 적용)함으로써 법질서를 유지하려는 소극적인 국가작용인데 대하여, 행정작용은 능동적이고 계속적인 형성적 국가작용(법의 집행)이라는 점에서 서로 다르다.[2)]

[행정작용과 사법작용의 비교][3)]

- 사법작용은 인간사회의 법적 분쟁의 종국적 해결을 통한 법적 평화의 실현작용이지만, 행정작용은 미래지향적인 사회형성적 작용이다.
- 사법작용은 법적 분쟁의 당사자로부터 소의 제기가 있는 경우에만 발동되므로 법원이 능동적으로 수행할 수 없는 작용인데 대하여, 행정작용은 행정기관의 능동적이고 직권적인 행정행위로서 수행된다.
- 사법작용의 주체는 양당 사자의 분쟁에 대하여 제3자적 중립적 지위에 있는 국가기관이지만, 행정작용의 주체는 분쟁이 발생할 경우 청구인 혹은 피청구인으로서의 당사자의 지위를 가진다.
- 사법작용은 엄격한 법적 결정으로서 이루어 지지만, 행정작용은 이익형량에 의한 결정도 가능하다.
- 사법작용은 공정하고 진실된 판단에 도달할 수 있도록하여 실체적 진실의 발견이 주된 목적이므로 그 절차가 신중하고 여러 단계를 거쳐 행하여지지만(공개재판 · 3심제 등) 행정은 신속성 · 능률성 · 합목적성 등까지도 중시하므로 적법절차의 원리 등 절차적 구속이 사법작용보다 상대적으로 덜 엄격하다.

---

1) 권영성, 헌법학원론, 818면.
2) 권영성, 헌법학원론, 818면.
3) 권영성, 헌법학원론, 819면.

3.3.3. 행정행위와 통치행위

우리 나라의 학설과 판례[1]는 일반적으로 통치행위의 관념을 인정하면서, 그것을「고도의 정치성을 지닌 행정부의 행위로서 사법부가 그 합헌성이나 합법성을 심사하기에 부적합한 행위」로 정의하고 있다. 행정행위와 통치행위의 구분기준이 되는「고도의 정치성」이라 함은 다음과 같은 의미를 가진다.

[행정행위와 통치행위 : 고도의 정치성][2]

판단의 특수성 : 통치행위는 고도의 정치적 판단이 요구되고, 이 판단은 정치적 재량에 속하는 것으로 위헌심사의 대상으로 하기에 부적합

성질의 특수성 : 통치행위는 국가안전보장 또는 국가기본정책의 결정 등을 의미하므로 행정행위보다 중요

통제의 특수성 : 통치행위는 사법적 심사의 대상으로 하기보다 국민의 통제에 맡겨두는 것이 권력분립의 정신에도 부합

기속의 특수성 : 행정행위는 법률에 근거하고 법률에 기속되는 국가작용인데 대하여, 통치행위는 직접 헌법에 근거하고 협의의 행정행위만큼 법률의 기속을 받지 아니하는 작용

4. 행정권의 확대 · 강화(행정국가화경향)

현대행정국가는 그 국가적 성격이 자유방임주의적 시민적 법치국가가 아닌 복지국가 내지 사회적 법치국가로 변질되고, 국민의 생존 배려와 복지향상을 위한 적극적인 행정활동이 요망되고 있다. 이리하여 현대 국가는 경제국가요 서비스국가로서의 성격을 지닌다. 경제국가 · 서비스국가화 함에 따라 과거 시민적 법치국가에서는 절대적 원리로 평가되던 국민의 자유와 재산권이 오늘날에는 사회국가이념의 구현과 공공복리를 위하여 그 사회적 책임이 강조되는 사회적 기속성과 함께 새로운 유형의 경제행정 · 사회행정 등이 등장함으로써 행정권이 확대 · 강화되었다(행정국가화경향). 또한 시민적 법치국가에서는 시민의 자유와 권리의 보장을 위하여 권력의 분산이 필수적이었으나 현대의 사회적 법치국가에서는 국민의 복지향상을 위하여 권력의 융화라는 차원에서 행정권과 입법권의 공화와 협조가 요청되고 있다.[3]

---

1) 대판 1985. 1. 29. 74도3501【대통령긴급조치위반 · 법정모욕】등 참조.

2) 권영성, 헌법학원론, 819면.

3) 권영성, 헌법학원론, 820면.

II. 행정의 이념과 특성

1. 행정의 이념

행정의 이념은 국가정책을 수립하고 집행하고 평가하는 일련의 행정과정에서 준수하여야 할 보편적인 기준 내지 원칙을 말한다. 행정작용은 그 속성상 자유재량과 자유형성의 여지가 인정되고 있지만, 행정권의 자의적 행사와 재량권남용을 방지하기 위한 기준과 원칙이 존중되어야 한다. 일반적으로 강조되고 있는 행정의 이념으로는 민주성, 합법성, 사회적 형평성, 능률성, 정치적 중립성, 생산성, 신뢰성, 안정성, 합목적성, 합리성 등을 들 수 있다.[1)]

2. 행정의 특성

2.1. 행정의 법기속성

행정작용은 법의 규제를 받으며 법의 구체화를 위한 작용이므로, 법에 염격히 기속되어 법률유보의 원칙(Gesetzesvorbehalt) 및 법률의 유보의 원칙(법규유보의 원칙 : Vorbehalt des Gesetzes)이 엄격히 요구된다. 특히 국민의 자유와 권리를 제한하거나 새로운 의무를 부과하는 것인 때에는 법률(형식적 의미의 법률) 혹은 법률에 근거(실질적 의미의 법률)가 있어야 하고 법률에 따라 행해져야 한다.[2)]

헌재결 1999. 5. 27, 98헌바70 【한국방송공사법 제35조 등 위헌소원 (동법 제36조 제1항)】 의회유보의 원칙

오늘날 법률유보원칙은 단순히 행정작용이 법률에 근거를 두기만 하면 충분한 것이 아니라, 국가공동체와 그 구성원에게 기본적이고도 중요한 의미를 갖는 영역, 특히 국민의 기본권실현에 관련된 영역에 있어서는 행정에 맡길 것이 아니라 국민의 대표자인 입법자 스스로 그 본질적 사항에 대하여 결정하여야 한다는 요구까지 내포하는 것으로 이해하여야 한다(이른바 의회유보원칙). … 적어도 헌법상 보장된 국민의 자유나 권리를 제한할 때에는 그 제한의 본질적인 사항에 관한 한 입법자가 법률로써 스스로 규율하여야 할 것이다. … 국민의 자유나 권리를 제한하는 행정작용의 경우 적어도 그 제한의 본질적인 사항에 관한 한 국회가 제정하는 법률에 근거를 두는 것만으로 충분한 것이 아니라 국회가 직접 결정함으로써 실질에 있어서도 법률에 의한 규율이 되도록 요구하고 있는 것으로 이해하여야 한다.

---

1) 권영성, 헌법학원론, 820면.
2) 권영성, 헌법학원론, 821면.

2.2. 행정의 적극성

국가의 성격이 야경국가였던 18·9세기에는 행정작용도 공공의 안녕질서의 유지라고 하는 소극적 성격을 벗어나지 못하였다. 이에 따라 국가목적도 소극적이었다. 그러나 20세기 현대국가에 있어서는 국가목적도 적극적으로 바뀌게 되었고, 이에 따라 국가 기능의 확대와 더불어 행정작용의 적극적 성격이 요청되고 있다.[1]

2.3. 행정의 독자성 · 책임성

법률의 집행을 의미하는 행정작용이 공정한 것이 되려면, 정치적 세력을 포함한 외부적 세력에 의한 간섭과 방해를 받지 아니하고 독자성·독립성을 유지하여야 한다.[2]

행정의 책임성이란 행정기관이나 행정공무원이 국민의 여망에 부응하여 공익·직업윤리·법령·행정목표 등 일정한 기준에 따라 행정을 행할 의무를 말한다. 행정의 책임성은 행정통제를 통하여 보장되고, 행정통제는 행정의 책임성을 확보하는 수단이 된다.[3]

2.4. 행정의 통일성

행정작용은 궁극적으로 국가목적을 실현하기 위한 작용이므로 전체적으로 통일성이 유지되어야 한다. 행정의 통일성은 행정부수반인 대통령 또는 내각에 행정에 관한 최고의 권한과 최종적 책임을 부과함으로써 보장된다.[4]

2.5. 행정주체의 우월성

행정은 지배권자로서의 국가 등 행정주체와 이에 복종하는 국민간의 법률관계를 정함을 원칙으로 한다.[5] 조세를 부과·징수하며, 토지·물건을 수용·사용하고, 경찰상의 명령강제를 행하는 관계와 같다. 그 관계는 법에 의하여 규율되는 권리의무관계인 점에서는 사인상호간의 권리의무관계와 본질적인 차이는 없으나, 행정은 일반적으로 행정주체의 의사(지배권의 발동)를 법률로 엄격하게 기속하는 반면에, 실정법상 행정주체의 우월성을 승인하여 행정주체의 의사에 우월적 효력을 인정하는 등 특별한 취급을 행한 점에 하나의 공통된 특색을 엿볼 수 있다.[6]

---

1) 권영성, 헌법학원론, 821면.
2) 권영성, 헌법학원론, 821면.
3) 권영성, 헌법학원론, 821면.
4) 권영성, 헌법학원론, 821면.
5) 상세한 내용은 김백유, 행정법치론(I) 참조.
6) 행정법상의 여러 이론 및 제도의 대부분은 행정주체의 우월성을 인정하는 것을 전제로 하여 출발하고 있다. 그러나 최근에는 행정주체의 우월성의 원리에 대한 비판이 가하여지고, 따라서 종

행정주체는 실정법상 상대방인 국민개인의 의사여하에 관계없이 일방적으로 명령하고 또는 법률관계를 형성·변경하는 권력을 가진다(일방적으로 조세를 부과하는 것 등). 물론 법률에 근거하여 법률에 따라 행사되기는 하나, 법률 그 자체가 이러 한 권력을 승인하고 있는 점에 행정의 특색을 엿볼 수 있다.

행정주체의 권력발동은 법률에 근거하여 법률에 따라 행하여지지만 설혹 그것이 법률에 위반된 경우에도 중대하고 명백하여 당연무효인 경우를 제외하고는 공정력(통용력: 通用力)[1]이 인정된다. 따라서 행정처분은 흠이 있는 경우에도 일응 상대방을 구속하고(상대방 뿐만 아니라 법원·행정청 기타의 제3자도 행정처분의 효력을 무시하고 그 존재를 부정하는 것은 허용되지 않는다.), 상대방은 이에 복종할 의무를 진다. 행정주체는 법률이 정하는 바에 따라 상대방이 행정법상의 의무를 불이행하는 경우에 스스로 자기의 권력으로 그 의무를 실현시키며, 또는 행정상 필요한 상태를 즉시 실현할 수 있는 것이 통례이다(자력강제 또는 자력집행력).

행정권발동으로 인하여 발생한 손해의 전보에 대하여는 사법상의 그것에 대한 특례가 인정된다. 국가배상법을 통하여 민법보다 특별한 취급을 인정하고, 또한 적법행위에 기한 손실에 대하여 손실보상을 인정하는 것 등이다. 행정작용으로 위법 또는 부당하게 권익을 침해당하였다고 주장하는 자에 대한 구제제도로 행정심판·행정소송 등의 제도가 인정되는바, 행정심판제도는 물론 행정소송에 대하여도 그 특수성에 비추어 민사소송과는 다른 여러가지 특별한 정함을 두고 있는 점에 특색이 있다.[2]

2.6. 공익우선성

행정이 행정주체의 우월성을 인정하고 있지 아니한 경우, 즉 행정주체가 사인과 대등한 입장에서 활동하도록 되어 있는 경우에도, 행정법은 공익목적의 달성을 위하여 사적 자치를 원칙으로 하여 당사자간의 사익의 조정을 도모하고 있는 일반사법과는 달리 특별한 법적 취급을 인정하고 있는 것이 많다. 또한 법령의 해석상 특별한 취급을 인정하는 경우도 적지 않다. 다만, 그것은 사익을 무시한다는 것은 아니고 공공복리와 사익과의 조화를 도모하여, 전체로서 공익목적의 실현을 기하고 있는 점에 행정의 특수성을 인정할 수가 있다. 공익우선성의 원리는 예컨대 공물의 관리·사용관계에 대하여 공익목적의 견지에서 특별한 규정을 두고 있다.[3]

래의 행정법이론에 대한 반성이 요구되고 있다. 渡邊洋三, 公法과 私法, 民商法雜誌, 等38卷 第1號 이하 참조.

1) 박윤흔, 행정법강의(상), 박영사, 2004, 55면.
2) 박윤흔, 행정법강의(상), 박영사, 2004, 56면.
3) 박윤흔, 행정법강의(상), 56면.

III. 행정권(집행권)의 의의와 범위

1. 헌법 제66조 제4항의 행정권(집행권)의 의미

헌법 제66조 제4항의 "행정권은 대통령을 수반으로하는 정부에 속한다"는 규정의 의미는 행정권은 형식적 의미의 행정이 아닌 실질적 의미의 행정(집행)에 관한 권한으로 이해하여야 한다. 이는 헌법 제40조 · 제101조 제1항과 함께 우리 헌법이 권력분립의 원칙을 선언하는 동시에 입법 · 사법을 제외한 모든 실질적 의미의 행정(Verwaltung im materiellen Sinne)이 행정부의 수반이 대통령을 정점으로 하는 행정부에 속한다는 것을 의미한다. 여기에서의 행정권을 형식적 의미의 행정작용에 관한 권한으로 이해하게 되면 현행헌법에 있어서 권력분립의 원리는 무의미한 것이 된다.[1)]

2. 정부(집행부)가 행사하는 행정권(집행권)의 범위

헌법 제66조 제4항의 해석은 결국「헌법에 다른 규정이 없는 한 실질적 의미의 행정에 관한 권한은 원칙적으로 정부의 권한으로 한다」는 행정부집행의 원칙을 규정한 것으로 귀결된다. 이 때의 행정권은 실질적 의미의 집행에 관한 권한을 의미하지만, 행정에 관한 권한을 행정부가 독점한다는 의미는 아니다. 헌법은 헌법정책적인 이유로 인하여 실질적 의미의 행정작용의 일부를 국회 · 법원과 헌법재판소(사법행정) · 지방자치단체(지방행정) · 선거관리위원회 등의 관할로 하고 있기 때문이다(인사 · 예산편성 · 예산집행 등). 따라서 실질적 의미의 행정에 관한 권한을 의미하는 헌법 제66조 제4항의 행정(집행)권의 개념과 행정부(집행부)가 현실적으로 행사하는 행정권(집행권)의 범위는 구별하여야 한다. 요컨대 현행헌법상 행정부가 행사할 수 있는 행정권의 구체적인 범위는 실질적 의미의 행정작용 중에서 헌법이 다른 국가기관의 소관으로 하고 있는 것을 제외한 행정에 관한 권한이라고 할 수 있다. 결론적으로 현행헌법상 행정권은 대통령과 정부소속기관인 국무총리 · 국무위원 · 행정각부의 장 등에 의하여 행사된다.[2)]

---

1) 권영성, 헌법학원론, 822면.
2) 권영성, 헌법학원론, 822면.

IV. 행정권(집행권)에 대한 통제

1. 행정통제의 개념

행정에 대한 통제는 행정부의 책임행정을 구현하기 위한 사전적 · 사후적 제어장치로서 행정조직의 하부구조나 행정공무원들이 행정조직의 목표와 규범으로부터 이탈하지 아니하도록 적절한 제재를 가하거나 보상을 행하는 모든 활동을 말한다.[1]

2. 행정통제의 유형

행정에 대한 통제는 외부적 통제와 내부적 통제가 있다. 외부적 통제는 행정부 이외의 기관이 행정부에 대하여 행하는 수평적 권력통제로서의 기관간 통제(Inter-Organ-Kontrolle)이며, 이는 행정의 민주적 정당성을 확보 및 권력분립의 원칙을 실현하고자 하는데 주된 목적이 있다. 수평적 권력통제로서의 또 하나의 내부적 통제는 행정부 스스로에 의한 기관내 통제(Intra-Organ-Kontrolle)[2]로서 상급행정기관이나 감찰기관에 의한 감독과 심사평가 · 자율적 직업윤리의 확보 등을 말한다.

[수평적 권력통제]
- 기관내 통제
  - 양원제의회제도에서의 양원의 관계
  - 행정부내의 부서제도

- 기관간 통제
  - 대통령의 법률안거부권
  - 정부의 의회해산권
  - 법원의 위헌법률심사권

2.1. 외부적 · 타율적 통제

2.1.1 국민에 의한 행정통제

국민에 의한 행정통제의 방안으로, 국민은 무능하고 부패한 공무원에 대해서는 파면을 청원할 수 있고, 공무원의 직무상 불법행위로 인하여 손해를 입은 경우에는 국가 또는 공공단체(지방자치단체)에 대하여 손해배상청구를 할 수 있다(헌법 제29조 제1항; 국가배상법 제2조). 헌법 혹은 법률에 위반되는 행정처분을 하여, 국민의 권리가 침해된 경우에는

---

1) 권영성, 헌법학원론, 823면.

2) K. Löwenstein, Verfassungslehre, S. 168.

그의 권리구제를 위하여 행정쟁송(행정심판 · 행정소송)을 제기하거나 헌법재판소에 헌법소원을 제기 할 수 있다. 또한 국민은 민중통제의 방법으로 행정을 통제 할 수도 있다. 민중통제라 함은 국민이 선거나 여론 또는 시민참여 등을 통하여 직접 · 간접으로 행정을 통제하는 방식을 말한다.[1)]

2.1.2. 국회에 의한 행정통제

국회는 입법기능을 통하여 행정부의 권한을 규정하고 행정조직(행정조직법)과 행정절차(행정절차법)의 테두리를 결정하며 행정과정을 직접 통제한다.[2)]

- 법률의 제정이나 조약의 체결 · 비준에 대한 동의를 함으로써 정책결정과 정책집행과정에 관여 · 통제(정책통제).
- 예산안의 심의 · 긴급명령 등에 대한 승인권 · 기채동의권과 지출승인권 등을 행사함으로써 행정활동의 방향과 범위의 통제
- 국정감사 · 조사권을 행사하여 행정부의 정책과 법집행을 추궁(제61조).
- 대통령과 국무총리 · 국무위원에 대한 탄핵소추와 그들의 해임건의
- 국무총리 · 국무위원에 대한 국회출석요구 등을 통하여 책임행정의 실현을 촉구[3)]

2.1.3. 법원에 의한 행정통제

법원은 행정작용으로 말미암아 국민의 권익이 침해된 경우에는 소송절차를 통하여 그 권익을 구제하여 줄 뿐 아니라(사법적 권리보장), 대통령령, 총리령 · 부령 등의 행정입법이 위헌 · 위법이라고 판단되면 그 적용을 거부하고, 행정처분이 위헌 · 위법이라고 판단되면 취소나 무효확인소송을 행할 수 있다(행정입법 · 행정처분의 사법심사).[4)]

2.1.4. 헌법재판소에 의한 행정통제

헌법재판소도 탄핵심판 · 권한쟁의심판 · 헌법소원심판 등을 통하여 행정을 통제할 수 있다.[5)]

---

1) 권영성, 헌법학원론, 823면.
2) 권영성, 헌법학원론, 823-824면.
3) 권영성, 헌법학원론, 823면.
4) 권영성, 헌법학원론, 824면.
5) 검사의 불기소처분에 대한 헌법소원심판에서 헌법재판소는 「검사의 수사가 지나치게 편파적이거나 자의적인 것이어서 정의와 형평에 반하는 경우나, 헌법의 해석 · 법률의 적용 또는 증거판단에 있어 불기소처분의 결정에 영향을 미친 중대한 잘못이 있는 경우이거나, 수사미진이 인정되는 경우」에는 그 불기소처분을 취소하는 결정까지 내린 바 있다. 헌재결 1990. 12. 26, 90헌마4, 헌판집 2권, 491[504] 면 이하; 헌재결 1994. 12. 29, 92헌마176 및 그 외 다수의 결정 참조.

2.1.5. 옴부즈맨(호민관)에 의한 행정통제

a) 옴부즈맨제도의 개념

옴부즈맨제도[1][2]라 함은 원래 의회에 의하여 임명된 인사인 옴부즈맨(Ombudsman)이 의회의 위임을 받아 행정부의 업무수행과 관련된 비리나 민원 등을 독립적으로 조사 보고함으로써 국민의 기본권을 보호하려는 제도를 말한다. 이는 스웨덴에서 유래한 것으로 1950년대 이래 오늘날 세계 각국이 널리 채택하고 있는 제도이다.[3] 옴부즈맨(호민관)제도는 그것이 (ㄱ) 의회(또는 행정부)가 임명하는 소수의 인사들로 구성된다는 점, (ㄴ) 국민과 행정의 매개체로서 활동한다는 점, (ㄷ) 행정부의 비리 등을 직접 「시정」하는 것이 아니라 조사 · 보고 등을 통하여 시정을 「권고」한다는 점에 제도적 핵심이 있다.[4][5]

---

1) 옴부즈만(스웨덴어 : umbuðsmann, 표준어 : 옴부즈맨)은 정부나 의회에 의해 임명된 관리로서, 시민들에 의해 제기된 각종 민원을 수사하고 해결해주는 사람을 말한다. 기소권을 보유하는 경우도 있으나, 미보유하는 것이 일반적이다. 이 단어의 기원은 고대 스웨덴어 umbuðsmann 이다. 근대에 들어 최초의 사용은 정부로 부터 시민들의 권리를 보호하기 위해 1809년에 생긴 스웨덴 의회 옴부즈만이다. <다음 백과사전>

2) 옴부즈만 제도는 여러 기능이 있을 수 있으나 행정권의 확대 · 다양화 및 재량권의 증가에 따른 권리 보호의 불충분에 대하여 의회의 개입을 통한 행정 구제 제도의 결함을 보완함으로써 국민의 권리 보호의 불충분에 대하여 의회의 개입을 통한 행정 구제 제도의 결함을 보완함으로써 국민의 권리 보호의 기회를 확대하고자 하는 것이 주요한 기능이라 할 수 있다. 옴부즈만은 고대 스웨덴어로 대리인(agent)을 의미하는 것으로 위헌 내지 부정한 행정 활동에 대하여 비사법적인 수단으로 국민을 보호하는 관직이라고 할 수 있으며, 호민관(護民官)이라고도 부른다. 옴부즈만 제도는 스웨덴에서 1809년 사법 호민관 제도, 1915년 군사 호민관 제도를 채택하여 시작된 것으로 여러 스칸디나비아 국가에서 채택되고 영 · 미 등으로 확산되어 20세기 중반 이후 널리 채택된 제도이다. 의회가 임명하는 입법부 소속의 공무원으로서, 신분은 보장되며 직무상 독립되어 있다. 행정 작용의 취소 · 변경이 인정되지 않고 관계기관에 대하여 당해 행정 작용의 취소·변경을 권고할 수 있을 뿐이다. 민원의 제기가 없어도 직권으로 공무원의 직무집행을 조사할 수 있으며, 업무처리의 고정된 절차가 없으므로 행정 작용에 대한 저렴한 비용으로 신속한 처리가 가능하다. <다음 백과사전>

3) 김백유, 행정법치론(I), 1491면 이하 참조.

4) 각국의 옴부즈맨제도에 관하여 상세한 것은 법제처, 각국의 옴부즈맨제도, 법제자료 제89집, 1977, 53-116면을 참조할 것; 이관열 · 박경숙, 방송 옴부즈만 제도의 이론적 틀과 실태 연구(Theoretical and sequential analysis of ombudsman program of Broadcasters), 커뮤니케이션연구 Vol. 15, 2000; 이경원 (1999년). 옴부즈만 제도의 활용과 개선방안(The Expected Role of Ombudsman and its Improvement as a Mechanism for Releasing the Predicament). 동아시아연구논총 Vol. 10; 정동근 (1999년). 한국 행정지도와 옴부즈만의 기능; 강동식, 지방자치단체에 "옴부즈만(Ombudsman) 제도" 도입에 관한 연구. *濟行論叢* Vol. 4. 1966; 류병하, 옴부즈만제도에 관한 연구(A Study on the Ombudsman Institution). 정치논총 Vol. 27, 1992; 구자용, 옴부즈

- 호민관은 입법부에 소속되는 공무원이다.
- 호민관은 직무수행상 독립성이 보장된 조정관이며, 입법부로부터도 그의 업무에 대한 간섭을 받지 아니한다.
- 호민관은 행정작용을 직접 취소 · 변경할 수 있는 권한을 가지지 않는다. 법원이나 행정부에 대한 직접적인 감독권이 없고, 하자있는 행정작용에 대한 취소 · 변경을 요청 · 권고할 수 있을 뿐이다. 의회에의 보고 · 고발 등의 간접적 강제는 가능하다.
- 호민관은 개인으로부터의 신청이 없는 경우에도 직권에 의한 조정권을 갖는다.
- 호민관의 업무처리에는 고정된 절차가 없는 탓으로 행정작용에 대한 민원을 극히 신속하고 저렴한 비용으로 신축성있게 처리할 수 있다(신속성 · 경제성). 이는 행정쟁송절차에서는 찾을 수 없는 장점이다.

b) 옴부즈맨제도의 법적 성격

옴부즈맨이 행사하는 권한들은 복합적 성격의 것이지만 기본적으로 행정작용에 속하는 것이다. 비록 옴부즈맨의 활동이 권리구제의 효과를 가져온다 할지라도 이는 옴부즈맨제도를 채택한 결과이지 옴부즈맨의 본질이 사법작용이기 때문에 그런 것은 아니다. 또한 옴부즈맨을 의회가 임명하거나 위임하는 것은 행정부의 업무수행에 대한 감시를 그 권한사항으로 하는데 따르는 독립성의 요청 때문이지 그것이 입법작용이기 때문은 아니다.

c) 옴부즈맨제도의 기능 및 장 · 단점

aa) 기능

국민과 행정간의 매개제도서 옴부즈맨은 독립적 지위에서 행정부를 통제하고 국민의 고충을 처리하고 권리를 구제하는 기능을 수행한다. 옴부즈맨제도의 기능이 최대한 발휘되려면 다음과 같은 몇 가지 전제조건들이 충족되어야 한다.1)

- 옴부즈맨으로 임명되는 인사들이 「도덕성」과 「전문성」
- 활동에 있어 엄격한 「독립성」 유지

만제도의 이론과 실제에 관한 그 분석적 검토(An Analytical Review of the Theory & Reality of the Ombudsman). 한국지역연구 Vol.9 (No.1). 1991; 금만기, 한국에 있어서 옴부즈만제도의 도입방안에 관한 검토(A Study of Institutionalization of Ombudzman System in Korea), 한국지역연구 Vol. 6 (No. 1). 1988; 금명수, 「스칸디나비아」 제국의 옴부즈만제도에 관한 연구. 연구론총 Vol. 1981(No. 1), 1981; G. Walter, Ombudsman and Others-citizens'protectors in nine conuntries-,Harvard Univ. Press, 1967; J. Schwarrze, Europäisches Verwaltungsrecht., Bd. I, Baden-Baden 1988; Maunz/Dürig(hrsg). Grundgestez Kommentar, Bd. III, München 1989, Art. 45b Rdnr. 3; N. Achterberg., Parlamentsrecht Tübingen 1984 등 참조.

5) 권영성, 헌법학원론, 825면.

1) 권영성, 헌법학원론, 825면.

- 국가기관과의 관계에서 그 직무범위가 적절히 확정될 것
- 관련기관과의 협조체제의 정비
- 보고 · 개선건의 · 권고 등 다양한 형태의 수단이 강구될 것

bb) 제도의 장점
- 타구제방법에 비하여 국민의 접근이 용이
- 적은 비용으로 문제해결이 가능
- 제도수립에 있어서의 고도의 적응성과 융통성
- 현재에는 공공행정의 촉진수단으로서 기능

cc) 제도의 단점
- 국회의원의 직무와 중복
-법원 · 검찰 혹은 헌법재판소의 직무와 중복
- 타구제제도와 기능이 중복 된다(屋上屋라는 비판)
- 행정의 책임성과 비밀성을 침해

d) 우리나라의 옴부즈맨 제도

1994년 5월 20일 국무총리 산하에 국민고충처리위원회를 설립, 행정부에 대한 종합적인 옴부즈맨 제도를 도입하였다. 2005년 국무총리 산하 국민고충처리위원회를 대통령 직속 국가행정옴부즈맨으로 개편한다는 "옴부즈만의 설치 및 운영에 관한 법률안"을 정부가 제출했다.[1] 그러나, 대통령의 권력강화 시도라며 한나라당이 반대하여, 이 법률안은 통과되지 못했다.[2] 이후, 국민고충처리위원회의설치및운영에관한법률이라는 명으로 제정되었다가.[3] 2008년 2월29일 부패방지 및 국민권익위원회의 설치와 운영에 관한 법률로 제정 · 시

1) 고충처리위 → 국가행정옴부즈만/지자체엔 시민옴부즈만 설치, 한국일보, 2005년 2월 2일 작성.
2) 국가행정 옴부즈만 악용 소지, 세계일보, 2005년 2월 2일 작성.
3) [제정이유] : 행정기관 등에 의한 국민의 권익침해의 구제 및 불합리한 제도의 개선을 강화하고자 「민원사무처리에 관한 법률」에 의하여 국무총리 소속하에 설치된 국민고충처리위원회를 대통령 소속으로 변경하여 새롭게 정비하고, 지방자치단체에 시민고충처리위원회를 설치하도록 함으로써 국민의 기본적 권익보호 수준을 향상시키려는 것임. [주요내용] : 1. 제명을 「옴부즈만의 설치 및 운영에 관한 법률안」에서 「국민고충처리위원회의 설치 및 운영에 관한 법률」로 수정함(법제사법위원회 수정). 2. 대통령 소속하에 국민고충처리위원회를 설치하여 행정기관등에 관한 고충민원의 처리와 행정제도의 개선 등을 수행하도록 함(제6조). 3. 기술분야 고충민원의 효율적인 처리를 위하여 국민고충처리위원회의 위원장과 위원, 시민고충처리위원회 위원의 자격요건에 기술 · 전문가 출신을 포함함(위원회 수정)(제7조 제2항 제4호 및 제22조 제1항 제4호). 4. 국민고충처리위원회는 매년 운영상황을 대통령과 국회에 보고하고, 필요하다고 인정하는 경우에는 대통령과 국회에 특별보고를 할 수 있도록 함(제20조). 5. 지방자치단체 및 그 소속기관에 관한 고

행되었다.

부패방지 및 국민권익위원회의 설치와 운영에 관한 법률 [시행 2008.2.29] [법률 제8878호, 2008.2.29, 제정]

[제정이유]

국민의 권리구제 및 권익보호를 위한 기능이 국민고충처리위원회, 국가청렴위원회 및 행정심판위원회 등 여러 기관으로 나뉘어져 국민에게 혼란과 불편을 초래하고 있음에 따라 국민권익위원회를 설치하여 고충민원처리, 부패방지 및 행정심판 기능을 통합함으로써 국민의 권익구제 창구를 일원화하고 신속하고 충실한 원 스톱 서비스를 제공하도록 하려는 것임.

[주요내용]

가. 공공기관의 책무 등(법 제3조부터 제10조까지)

청렴한 공직 및 사회풍토의 확립에 이바지하기 위한 공공기관, 정당, 기업, 국민 및 공직자의 책무·의무 등을 규정함.

나. 국민권익위원회의 설치 및 기능(법 제11조 및 제12조)

고충민원의 처리와 이에 관련된 불합리한 행정제도를 개선하고, 부패의 발생을 예방하며 부패행위를 효율적으로 규제하도록 하기 위하여 국무총리 소속으로 국민권익위원회를 설치하여, 고충민원의 조사와 처리, 공공기관의 부패방지를 위한 시책 및 제도개선사항의 수립·권고 등의 업무를 수행하도록 함.

다. 위원회의 구성(법 제13조)

위원회는 위원장 1명을 포함한 15명의 위원(부위원장 3명과 상임위원 3명을 포함한다)으로 구성하고, 부위원장은 각각 고충민원, 부패방지 업무 및 국무총리행정심판위원회의 운영업무로 분장하여 위원장을 보좌하도록 하되, 행정심판의 특성을 고려하여 국무총리행정심판위원회의 구성에 관한 사항은 「행정심판법」에 따르도록 함.

라. 시민고충처리위원회의 설치(법 제32조)

지방자치단체 및 그 소속 기관에 관한 고충민원의 처리와 행정제도의 개선 등을 위하

충민원의 처리와 행정제도의 개선을 위하여 각 지방자치단체에 시민고충처리위원회를 설치할 수 있도록 함(제21조). 6. 시민고충처리위원회는 매년 운영상황을 지방자치단체의 장과 지방의회에 보고하고, 필요하다고 인정하는 경우에는 지방자치단체의 장과 지방의회에 특별보고를 할 수 있도록 함(제26조). 7. 고충처리위원회는 고충민원의 조사결과 위법·부당한 처분에 대해서는 시정조치의 권고를, 제도개선의 필요성이 있는 경우에는 제도개선의 권고를 할 수 있으며, 이러한 권고를 받은 기관의 장은 권고를 받은 날부터 30일 이내에 그 처리결과를 고충처리위원회에 통보하도록 함(제35조 내지 제39조). 8. 고충민원의 조사·처리과정에서 관계 행정기관등의 직원이 고의 또는 중대한 과실로 위법·부당하게 업무를 처리한 사실을 발견한 경우 감사원 및 감사기구에 감사를 의뢰할 수 있도록 함(제40조). 9. 이 법은 공포 후 3월이 경과한 날부터 시행하도록 함(위원회 수정)(부칙 제1조). <다음 백과사전>

여 각 지방자치단체에 시민고충처리위원회를 설치하도록 함.

마. 고충민원의 처리(법 제39조부터 제54조까지)

누구든지 국민권익위원회 또는 시민고충처리위원회에 고충민원을 신청할 수 있도록 하고, 고충민원의 조사 및 처리결과의 통지 등 고충민원의 처리에 관하여 규정함.

바. 부패행위 등의 신고 및 신고자 등 보호(법 제55조부터 제71조까지)

누구든지 부패행위를 알게 된 때에는 이를 신고할 수 있게 하고, 공직자는 부패행위를 발견한 때에는 신고의무를 부여하며, 신고에 따른 수사·감사 또는 조사와 신고자의 보호 등에 관하여 규정함.

사. 국민감사청구(법 제72조)

공공기관의 사무처리가 법령위반 또는 부패행위로 인하여 공익을 현저히 해하는 경우에 20세 이상의 국민은 일정 수 이상의 연서로 감사를 청구할 수 있도록 하고, 감사실시의 결정 등 감사청구의 처리에 관하여 규정함.

2.2. 내부적·자율적 통제

행정에 대한 내부적·자율적 통제는 행정부 스스로에 의한 통제로서 다음의 방법이 있다.[1)]

- 대통령의 공무원 임면 행위
- 행정입법 등을 통한 행정각부의 통제
- 행정심판제도(행정의 적법성·타당성을 자율적으로 보장)
- 상급감독청(행정청)의 하급행정청에 대한 일반적 지휘감독기능이나 감사원의 직무감찰과 회계검사 등에 의한 행정의 적법·타당성의 보장
- 직업공무원제의 확립과 행정절차의 민주화를 통한 행정권의 남용통제.
- 공무원이 국민전체에 대한 봉사자로서 공직윤리 준수
- 자율적으로 행정을 규제하는 자율적 행정통제의 확보

행정청이 각종 처분을 하거나 법령·제도·정책 등을 제정·수립 또는 변경하는 경우에 이에 대한 합리적인 기준과 공정한 절차를 마련하고, 국민의 의견을 직접 듣고 반영할 수 있는 기회를 보장하여 국민의 권익보호와 행정작용의 민주화 행정의 적정성·공정성·신중성·투명성·신뢰성을 확보하기 위한 법률로서 행정절차법이 있다.[2)]

1995년 5월에 발족한 총무처 소속하의 제2차 행정절차법심의위원회는 1987년의 행정절차법안과 1994년의 총무처가 작성한 행정절차법시안을 바탕으로 각계의 의견조회를 거쳐 1996년 5월 새로운 행정절차법시안을 마련하여 1996년 7월 4일 공청회를 열고 이에서

1) 권영성, 헌법학원론, 830면.
2) 권영성, 헌법학원론, 831면.

나온 의견을 수렴하여 몇 차례의 수정안을 거쳐 1996년 7월에 행정절차법안을 확정하였다. 확정된 법안은 1996년 8월 1일 입법예고되고 동년 10월 22일 국무회의 의결을 거쳐 같은 달 30일에 제181회 정기국회에 제출되었다. 1996년 11월 29일 국회의 행정위원회에 이어 법제사법위원회에 보고·의결되었고, 그 다음날, 11월 30일에 국회본회의에서 의결되기에 이르러[1] 1998년 1월 1일부터 우리나라에서도 일반법으로서의 행정절차법이 시행되게 된 것이다(1996년 12월 31일 공포·1998년 1월 1일 시행).[2]

〈사전절차 : 제1차적 절차〉 ☜ 일반행절절차

행정행위 또는 행정입법을 함에 있어서 공정·타당성을 확보하기 위한 전제로서 사실을 정확히 파악을 하고 이에 따른 행정처분이나 계획을 공시함으로써 상대방이나 기타 이해관계인에게 고지와 청문을 통한 의견질술의 기회를 부여하여 사전에 이해관계의 조정을 한 다음 구체적인 처분이나 집행을 하는 등 제1차적 행정처분의 성립과정에 있어서 밟아야 할 절차

- 행정입법절차
- 계획확정절차
- 제1차 행정처분절차(일반행정절차)
- 행정계약절차

행정절차는 행정작용에 대한 절차를 표준화함으로써 행정작용의 능률화[3]에 이바지하게 된다. 복잡 다양한 행정작용에 관한 절차를 표준화한다는 것은 행정작용의 간이·신속·원활한 수행에 도움이 되는 것이며, 국민의 이해·신뢰를 바탕으로 행정목적을 원활하게 달성할 수 있고, 행정절차 운영경험·행정관례가 축적됨에 따라 업무처리가 표준화되어 장기적으로 행정능률 향상에 기여하게 된다.[4]

---

1) 김철용, 행정절차법의 특색과 내용, 고시계(1997.2), 15-16면 참조.

2) 김백유, 행정법치론(I), 929면.

3) 종전에는 행정절차와 행정능률은 양립되지 아니한 개념으로 보았으나, 행정절차는 행정청에 대하여서도 사실인정 등에 도움을 주고, 상대방에 대하여 행정청의 입장을 이해시켜 설득하는 기회를 제공하며, 또한 절차를 표준화·간소화하는 데 도움이 될 수 있어 장기적 안목에서는 행정능률에도 이바지하게 된다고 할 것이다(박윤흔, 행정법강의(상), 469면).

4) 김백유, 행정법치론(I), 915면 참조.

V. 통치행위에 대한 통제

통치행위는 사법적 심사의 대상이 되기에 부적합하다는 것을 의미할 따름이고, 통치행위라 하여 무조건 면책행위가 된다거나 무제한의 재량행위를 의미하는 것은 아니다. 통치행위도 헌법의 이념이나 기본원칙에 위배되어서는 아니되며 국회의 통제나 여론 등에 의한 비판까지 면할 수 있는 것은 아니다.

통치행위의 문제는 법률적 측면과 동시에 정치적 측면이 서로 밀접하게 결부되어 있고, 또한 그것이 고도의 정치성을 띠고 있다는 데 통치행위의 출발점이 있다. 따라서 이러한 통치행위에 대한 한계문제는 통치행위를 인정하는 입장에서 그 범위를 지나치게 확대하지 않는다는 통치행위 범위의 문제로 이야기된다. 통치행위는 일반적으로 사법적 통제를 따르지 않는 것이 더욱 합목적적이라고 인정할 때, 그 사법적 통제를 배제하는 한계를 구체적으로 잡아 둘 필요가 있다. 왜냐하면 고도의 정치적 성질을 띤 행위라고 해서 전적으로 면책행위가 된다든지, 무제한의 자유를 인정해서는 안 될 것이기 때문이다.

따라서 통치행위를 합리적으로 인정하기 위한 보다 객관적인 일정한 기준을 찾는 노력이 있어야 할 것이다. 이러한 시각에서 1) 헌법적 원리의 구속, 2) 법익의 형량, 3) 합목적성판단 등 세 가지 한계가 제시되고 있다. 이는 아무리 통치행위라고 해도, 헌법상 원리 · 원칙(국민주권의 원리, 민주주의의 원리, 법치국가 원리, 형평의 원칙, 비례의 원칙(적합성 · 필요성 · 상당성의 원칙), 명확성의 원칙 등) 또는 헌법적 가치(사법권 독립, 법치주의, 조국의 평화적 통일 등)에 위배되어서는 안된다. 이런 의미에서 통치행위는 '법률과 명령'으로부터 자유로운 행위일 따름이지, 결코 '헌법'으로부터 자유로운 행위가 아니다.[1]

통치행위는 결국 합목적적 판단에 의하여 객관적 설득력을 가질 수 있는 행위이어야 한다. 그리고 비록 합목적성을 가지는 경우로써 통치행위로 인정된다 할지라도, 그 행위에 법적 근거와 절차 등이 헌법이나 법령에 명문으로 규정된 경우에는 합목적성을 이유로 사법적 통제를 면할 수 없다.

[통치행위의 한계]
헌법원리 · 원칙
헌법질서
헌법가치

1) 이러한 점에서 통치행위는 법원에 의한 사법심사의 대상에서는 제외되지만, 국회나 국민여론에 의한 정치적 통제까지 면할 수는 없을 것이다.

통치행위의 범위와 관련하여 오늘날은 과거에 비해 축소되고 있다. 프랑스에서는 그 범위가 좁아져 원칙적으로 국제관계와 의회의 의사행위에만 한정되고 있다. 영국에서는 원칙적으로 대외관계의 행위에 한정되고 국민의 자유와 재산에 관한 행위에는 미치지 아니하며, 미국에 있어서도 정치생활 분야의 문제에 국한된다. 또한 독일의 경우도 헌법생활(정치기관 상호간 또는 정치적 세력의 대립과 항쟁과정)의 영역에 속하는 국가 지도적 행위에 한정하고 있다. 생각건대 통치행위의 관념은 사법절차에 의한 개인의 권리구제를 부정할 뿐만 아니라 법원의 행정사건에 대한 심사권을 부정하는 것이므로, 통치행위의 범위는 극히 제한적으로 해석하여야 한다.[1)]

특히 헌법이 국민에게 재판청구권을 보장하고(제27조), 국회의원의 자격심사·징계·제명처분을 사법심사의 대상에서 제외한(제64조 제4항) 이외에는 개괄주의를 취하여 법원에 모든 법률적 쟁송에 대한 재판권을 부여한 것을 보아 국민의 기본권 보장을 유명무실하게 하거나 적어도 실정법에 명문의 규정이 있고 그에 관한 심사를 통하여 구체적 분쟁의 해결이 가능한 한 사법심사를 배제할 수 없고, 이러한 원칙에 벗어나지 않는 범위 내에서만 극히 한정적으로 인정하여야 할 것이다.

> 이러한 입장에서 헌법상의 작용으로 대통령의 국민투표회부권(헌법 제72조), 외교에 관한 행위(동 제73조), 군사에 관한 행위(동 제74조), 긴급재정경제처분이나 명령 또는 긴급명령권의 행사(동 제76조. 단 국민의 기본권침해와 직접 관련되는 경우에는 제외), 계엄의 선포(동 제77조), 사면권의 행사(동 제79조), 영전수여권의 행사(동 제80조), 국무위원 등의 임면(동 제86·87조), 법률안에 대한 거부권행사(동 제53조 제2항)와 국회의 의사 및 국회의원자격심사·징계·제명처분(동 제64조) 등을 통치행위에 해당한다고 보아도 무방할 것이다.[2)]

헌법재판소는 금융실명제실시를 위한 긴급재정명령등 위헌사건[3)]에서 긴급재정경제명령은 기본권제한의 한계로서 과잉금지원칙을 준수하여 필수불가결한 최소한도 내에서 헌법이 정한 절차에 따라 행사되어야 한다고 판시하였다.[4)5)]

---

1) 김백유, 행정법치론(I), 67면.

2) 김백유, 행정법치론(I), 67면.

3) 헌재결 1996. 2. 29, 93헌마186【긴급재정명령 등 위헌확인】

4) 1996. 2. 29, 93헌마186【긴급재정명령 등 위헌확인】 가. 대통령의 긴급재정경제명령은 국가긴급권의 일종으로서 고도의 정치적 결단에 의하여 발동되는 행위이고 그 결단을 존중하여야 할 필요성이 있는 행위라는 의미에서 이른바 통치행위에 속한다고 할 수 있으나, 통치행위를 포함하여 모든 국가작용은 국민의 기본권적 가치를 실현하기 위한 수단이라는 한계를 반드시 지켜야 하는 것이고, 헌법재판소는 헌법의 수호와 국민의 기본권 보장을 사명으로 하는 국가기관이므로

이와 같이 통치행위가 인정된다고 할 지라도 그것이 완전히 면책행위가 된다거나 무제한의 자유행위는 아니다. 통치행위가 헌법이나 법률에 위반되는 경우에는 탄핵소추의 대상이 되며, 따라서 통치행위는 극히 한정적으로 인정되어야 한다. 왜냐 하면 헌법상 보장되는 국민의 재판청구권(헌법 제27조 제1항)[1]과 법원의 처분명령심사권(헌법 제107조 제2항)[2]을 유명무실하게 만들 염려가 있다. 결국 통치행위는 법치주의적 요소와 민주주의적 요소의 타협과 조화의 관념으로서 종국적으로는 법원이 구체적 사안의 법률적 측면과 정치적 측면을 고려하여 개별적으로 판단하여야 할 것이다. 바로 여기서 인권보장의 보루(堡壘)로서의 역할을 법원이 담당하고 있음을 간과할 수 없는 이유이기도 하다.[3]

비록 고도의 정치적 결단에 의하여 행해지는 국가작용이라고 할지라도 그것이 국민의 기본권 침해와 직접 관련되는 경우에는 당연히 헌법재판소의 심판대상이 된다. … 긴급재정경제명령은 정상적인 재정운용·경제운용이 불가능한 중대한 재정·경제상의 위기가 현실적으로 발생하여(그러므로 위기가 발생할 우려가 있다는 이유로 사전적·예방적으로 발할 수는 없다) 긴급한 조치가 필요함에도 국회의 폐회 등으로 국회가 현실적으로 집회될 수 없고 국회의 집회를 기다려서는 그 목적을 달할 수 없는 경우에 이를 사후적으로 수습함으로써 기존질서를 유지·회복하기 위하여(그러므로 공공복지의 증진과 같은 적극적 목적을 위하여는 발할 수 없다) 위기의 직접적 원인의 제거에 필수불가결한 최소의 한도 내에서 헌법이 정한 절차에 따라 행사되어야 한다.

5) 헌법재판소는 1993년 8월 12일에 발한 「금융실명거래 및 비밀보장에 관한 긴급재정경제명령」에 관하여 「고도의 정치적 결단에 의한 행위로서 그 결단을 존중하여야 할 필요성이 있는 행위라는 의미에서 이른바 통치행위의 개념을 인정할 수 있고, 대통령의 긴급재정경제명령은 일종의 국가긴급권으로서 대통령의 고도의 정치적 결단을 요하고 가급적 그 결단이 존중되어야 할 것임은 법무장관의 의견과 같다」고 하여 사법심사의 대상에서 제외되는 통치행위의 관념을 인정하고 있다. 「그러나 이른바 통치행위를 포함하여 모든 국가작용은 국민의 기본권적 가치를 실현하기 위한 수단이라는 한계를 반드시 지켜야 하는 것이고, 헌법재판소는 헌법의 수호와 국민의 기본권 보장을 사명으로 하는 국가기관이므로 비록 고도의 정치적 결단에 의하여 행해지는 국가작용이라 할지라도 그것이 국민의 기본권침해와 직접 관련되는 경우에는 당연히 헌법재판소의 심판대상이 될 수 있는 것일 뿐만 아니라, 긴급재정경제명령은 법률의 효력을 갖는 것이므로 마땅히 헌법에 기속되어야 할 것이다. 따라서 이 사건 긴급명령이 통치행위이므로 헌법재판의 대상이 될 수 없다는 법무장관의 주장은 받아들일 수 없다」고 하여, 비록 통치행위에 해당하는 국가작용일지라도 국민의 기본권 침해와 관련되는 경우에는 헌법재판의 대상이 된다는 입장을 취하고 있다(헌재결 1996. 2. 29, 93헌마186).

1) 헌법 제27조 제1항: 모든 국민은 헌법과 법률이 정한 법관에 의하여 법률에 의한 재판을 받을 권리를 가진다.

2) 헌법 제107조 제2항: 명령·규칙·처분이 헌법이나 법률에 위반되는 여부가 재판의 전제가 된 경우에는 대법원은 이를 최종적으로 심사할 권한을 가진다.

3) 김백유, 행정법치론(I), 69면.

제 2 항 행정부의 조직과 권한

I. 국무총리

헌법 제86조 ① 국무총리는 국회의 동의를 얻어 대통령이 임명한다.
② 국무총리는 대통령을 보위하며, 행정에 관하여 대통령의 명을 받아 행정각부를 통할한다.
③ 군인은 현역을 면한 후가 아니면 국무총리로 임명될 수 없다.
제95조 국무총리 또는 행정각부의 장은 소관사무에 관하여 법률이나 대통령령의 위임 또는 직권으로 총리령 또는 부령을 발할 수 있다.

[정부조직법]
제16조 (국무총리의 행정감독권) ① 국무총리는 대통령의 명을 받아 각 중앙행정기관의 장을 지휘·감독한다.
제17조 (부총리) ① 국무총리가 특별히 위임하는 사무를 처리하게 하기 위하여 부총리 2인을 둘 수 있다. ☜ **삭제**
제19조 (국무총리의 직무대행) 국무총리가 사고로 직무를 수행할 수 없는 경우에는 대통령의 지명이 있으면 그 지명을 받은 국무위원이, 지명이 없는 경우에는 제22조 제1항에 규정된 순서에 따라 국무위원이 그 직무를 대행한다.

1. 국무총리제 내지 수상제의 유형

1.1. 의원내각제의 수상

수상제는 의원내각제 정부형태에 있어서의 핵심적 요소이다. 의원내각제에서는 행정에 관한 실질적 권한은 내각의 수상과 그가 구성하는 내각에 귀속되고, 대통령이나 군주는 명목적인 국가원수로서 형식적·의례적인 권한을 행사할 뿐이다. 의원내각제에서는 내각의 존립여부가 의회의 신임(Vertrauen)여하에 종속되고, 내각은 의회에 대하여 연대책임을 진다. 의원내각제에 있어서 그 수상은 행정부의 실질적 수반이고, 행정에 관한 최고의 권한을 가지며 최종적 책임을 지는 행정부의 제1인자이다. 의원내각제 정부형태하의 수상은 대통령제의 대통령과 유사한 권한과 지위를 가진다.[1)]

의원내각제국가의 국무총리는 내각과의 관계에서 「원칙적으로 동료 중의 제1인자」의 지위 에 있다고 하겠으나, 영국과 같은 수상중심의 의원내각제, 이른바 수상정부제(prime

---

1) 권영성, 헌법학원론, 1027면.

ministerial government)에서의 국무총리는 내각의 각료보다 우월하고 하원 · 정당과의 관계에서도 지도적 지위를 가지므로, 원추형과 같은 권력구조의 정점의 지위에 있다고 한다. 심지어 H. Berkerly와 같은 사람은 오늘날 영국의 정부형태를 실질적으로 「견제당하지 아니하는 대통령제(an unchecked presidency)라고도 한다.[1]

1.2. 대통령제의 국무장관

대통령제의 정부형태에서는 대통령의 有故에 대비하여 부통령제를 두고 수상이나 국무총리는 두지 않는 것이 보통이다. 미국의 국무장관은 행정에 관하여 대통령을 보좌하는 보좌기관에 불과하다. 미국 국무부도 처음에는 외교부(The Department of Foreign Affairs ; 1781-1789)라는 이름이었으나 1789년에 국무부(The Department of State)로 바뀌어 지금까지 내려오고 있다.

1.3. 변형된 대통령제의 총리(수상)제

1.3.1. 개관

바이마르공화국 헌법이나 프랑스제5공화국 헌법처럼 대통령제와 의원내각제적인 요소를 가지고 있는 「변형된 대통령제」[2]에 있어서는 평상시에는 국정이 의원내각제의 형태로 운영되기 때문에 총리(수상)의 헌법상 지위와 권한은 의원내각제의 수상과 별로 다를 것이 없다. 그러나 비상시가 되면 집행에 관한 모든 권한은 대통령에게 이관되고 대통령은 비상대권가지도 행사할 수 있으며, 수상(총리)은 그 집행기관에 지나지 않는 것이 되기 때문에, 이때에는 수상(총리)의 지위가 대통령의 보좌기관과 비슷한 성격을 띠게 된다.

1.3.2. 한국헌정사에 있어서 국무총리제의 변천

a) 제1공화국(이승만정권)

aa) 건국헌법하의 국무총리

1948년 건국헌법은 그 제정과정에서 해방후 정치세력간의 타협의 산물로서 대통령제의 특징으로 이해되는 부통령을 둠과 동시에 의원내각제적 요소를 지니는 국무총리제를 가미하는 정부형태를 출현시켰다. 국무총리는 대통령을 보좌하고 국무회의의 부의장이 되었으며, 대통령의 명을 받아 행정각부를 통할하고 감독하는 권한을 가졌다.

국무총리는 첫째, 부통령 다음가는 제2순위의 대통령 권한대행기관으로서의 지위에 있었다. 헌법 제52조에서 '대통령이 사고로 인하여 직무를 수행할 수 없을 때에는 부통령이 그 권한을 대행하고 대통령 · 부통령이 모두 사고로 인하여 그 직무를 수행할 수 없을 때에

---

1) 서주실, 영국의 수상정부제, 공법연구 제4집, 1976, 22면 참조.

2) 권영성, 헌법학원론, 1028면.

는 국무총리가 그 권한을 대행한다'고 규정하였다. 즉 대통령 유고시에는 제1차로 부통령, 제2차로는 국무총리가 그 권한대행권자임을 규정 하고 있다. 둘째, 국무총리는 대통령 보좌기관으로서의 지위에 있다. 헌법 제73조에서 '행정각부장관은 국무위원중에서 대통령이 임명한다.국무총리는 대통령의 명을 승하여 행정각부장관을 총리감독하며 행정각부에 분담되지 아니한 행정사무를 담임한다'고 규정하고 있다.

건국헌법에 부통령제를 두고 있으나 부통령은 대통령을 상시로 보좌하는 기관이 아니고 대통령 유고시에 그 권한을 대행할 뿐이고, 국무총리는 대통령의 명을 받아 행정각부장관을 통리하며 그의 명령이나 처분이 위법 또는 부당하다고 인정할 때에는 보고하여 중지시킬 수 있을 뿐만 아니라 이를 취소시킬 수 있도록 하였다. 셋째, 국무총리는 행정관청으로서의 지위를 갖는 것이었다. 헌법 제74조에서 '국무총리 또는 행정각부장관은 그 보임한 직무에 관하여 직권 또는 특별한 위임에 의하여 총리령 또는 부령을 발할 수 있다'고 하였다.

그러나 1952년 제1차개헌을 통하여 민의원이 국무원의 불신임결의를 할 수 있게 되었고, 국무총리와 국무위원은 국회에 대하여 연대책임 및 개별적 책임을 지게 되었다.

bb) 제1차 개헌후의 국무총리

1952년의 제1차 개헌후의 정부형태는 의원내각제의 본질적 요소를 많이 가미하였다.

첫째, 민의원의 국무원불신임권을 인정하였다. 국무원은 민의원에서 국무원불신임 결의를 하였거나, 민의원의원 총선거후 최초에 집회된 민의원에서 신임결의를 얻지 못한 때에는 총해직을 하여야 했다(헌법 제70조 제2항). 국무원불신임권은 대다수 의원내각제 국가의 선례에 따라 민의원만이 할 수 있고, 참의원은 불신임권을 행사할 수 없었다. 그런데, 민의원의 국무원 불신임권을 인정하면서 이에 대응하는 국무원의 민의원 해산권을 인정하지 않고 있었기 때문에 권력적 균형에 문제가 있었다.

둘째, 국무총리 및 국무위원의 책임을 강화하였다. 국무총리와 국무위원은 국회에 대하여 국무원의 권한에 속하는 일반국무에 관하여는 연대책임을 지고, 각자의 행위에 관하여는 개별책임을 지도록 하였다(헌법 제70조 제3항). 여기서의 책임은 대통령과 더불어 행정각부의 최고의결기관인 국무원을 조직하는 국무총리와 국무위원의 민의원에 대한 책임을 의미하는 것이었다.

셋째, 대통령의 국무총리 임명에 대한 국회의 승인권및 국무위원 임명에 관한 국무총리의 제청권이 있었다. 즉 대통령의 국무총리 임명에는 국회의 승인을 얻어야 하고,국무위원은 국무총리의 제청에 의하여 대통령이 임면하게 하였다(헌법 제69조). 그리고 행정각부의 장 역시 국무총리의 제청으로 대통령이 임면하게 하였는데(헌법 제73조 제1항), 이는 국무총리의 위상을 강화하고 국무원 중심의 의원내각제 요소를 강화한 것이다.

cc) 제2차 개헌의 국무총리제 폐지

그러나 1954년 제2차개헌으로 국무총리제는 폐지되었다. 1954년의 제2차 개헌(소위 사사오입 개헌)으로 국무총리제가 폐지 되었다. 대통령과 부통령은 국민의 직선제로 하였다(헌법 제53조 제1항). 대통령이 유고로 인하여 국무를 수행할 수 없을 때에는 부통령이 그 권한을 대행하고 대통령·부통령이 모두 유고로 인하여 그 직무를 수행할 수 없을 때에는 법률이 정하는 순위에 따라 국무위원이 그 권한을 대행 한다(헌법 제52조)고 규정하였다. 그런데, 국무총리제 폐지의 근거로서 「… 우리나라 정부형태는 대통령중심제와 내각책임제를 무비판하게 혼합 채택한 것이며, 헌법상으로도 해결할 수없는 중대한 모순을 내포한 것으로 구회와 정부와의 상호관계 또는 행정운용에 있어서 여러 가지 혼란과 상충을 야기 시키고 있다. 그러므로 내각책임제의 특징적 표현인 민의원의 국무원불신임권 및 이에 대응하는 국무원의 연석책임을 폐지하고, 아울러 국무총리제의 삭제와 그에 수반하는 필요한 조치를 규정함으로서 정상적인 대통령중심제를 채택하기 위해 …」라고 밝히고 있다.[1)]

b) 제2공화국(장면 정권)의 국무총리

4·19 의거의 결과 탄생한 1960년의 제2공화국 헌법은 고전적 의미의 순수한 의원내각제를 채택하여 국무총리가 행정에 관한 실질적인 권한을 담당하도록 하였다. 국무총리는 국무원의 대표자로서의 지위와 행정부의 수반으로서의 지위를 가지게 되었다. 그리고 국무총리와 국무위원들로 구성되는 국무원울 국회의 신임(Vertrauen)에 의존하게 하였으며 국무원도 국회해산권을 가지도록 하여, 무기평등의 원칙(Waffengleichheit)을 채택함으로써, 국무총리가 명실공히 의원내각제의 수상이 되게 하였다.

대통령은 국가원수로서 국가를 대표하는 지위에 있었다(헌법 제51조). 대통령이 궐위되거나 사고로 인하여 직물를 수행할 수 없을 때에는 참의원의장, 민의원 의장, 국무총리의 순위로 그권한을 대행하였다(헌법 제52조). 대통령은 양원합동회의에서 선출하였다(헌법 제53조). 그리고 행정권은 국무원에서 관장하였고 국무원은 국무총리와 국무위원으로 구성되었으며,국무원은 민의원에 대하여 연대책임을 지고 있었다(헌법 제68조). 국무총리는 대통령이 지명하여 민의원의 동의를 얻게 하였다(헌법 제69조). 또 국무총리는 국무회의를 소집하고 그 의장이 되었으며,국무총리는 법률에서 일정한 범위를 정하여 위임을 받은 사항과 법률을 실시하기 위하여 필요한 사항에 관하여 국무회의 의결을 거쳐 국무원령을 발할 수 있다. 국무총리는 국무원을 대표하여 의안을 국회에 제출하고 행정각부를 지휘·감독하였다. 국무총리가 사고로 인하여 국무를 수행할 수 없을 때에는 법률의 정하는 순위에 따라 국무위원이 그 권한을 대행하였다(헌법 제70조). 또 국무원은 민의원에서 국무원에

1) 헌법개정회의록, 1954, 8면.

대한 불신임의결안을 가결한 때에는 10일이내에 민의원 해산을 결의하지 않는 한 총사직하여야 한다. 뿐만 아니라 국무원은 국무총리가 闕位되거나 민의원 의원 총선거후 처음으로 민의원이 집회한 때에는 총사직하여야 한다(제71조).

c) 제3공화국(박정희정권)의 국무총리

aa) 국가재건비상조치법하의 내각수반

1961년 5.16 군사 쿠데타에 의하여 일시 위기정부(Krisenregierung)의 성격을 띠게 되었고, 국무원과 국무총리는 국가재건비상조치법에 의하여 폐지되고(국가재건비상조치법 제24조), 새로이 내각과 내각수반을 두게 되었다.이때 내각수반은 국가재건최고회의의 지시나 통제에 복종하고 종속하는 하위기관으로서의 지위에 있었다(국가재건비상조치법 제13조 제1항).

bb) 제5차개헌후의 국무총리

1962년의 제3공화국 헌법은 비교적 순수한 의미의 대통령제(미국식)를 채택하면서도 국무총리제를 둠으로써 의원내각제적 요소를 가미하였다. 국무총리는 대통령을 보좌하고 국무회의의 부의장이 되었으며, 대통령에게 국무위원(장관)의 임명을 제청하고 그 해임을 건의할 수 있었다. 국회도 국무총리의 해임을 대통령에게 건의할 수 있었다. 이때의 국무총리의 헌법상의 지위는 대통령제의 국무장관과 의원내각제의 수상의 중간에 위치하는 정도였다. 1962년 제5차 헌법개정으로 소위 제3공화국 헌법이 탄생하여 다시 대통령제로 환원되었다.「행성권은 대통령을 수반으로 하는 정부에 속한다. 대통령은 외국에 대하여 국가를 대표한다(헌법 제63조)」고 규정함으로써 대통령이 직접 행정권의 수반이며, 국가의 원수로서 외국에 대하여 국가를 대표한다는 것을 규정하고 있다. 그러나 부통령제를 두지 않고 국무총리제를 두고 있는 것은 역시 이례적이다. 대통령이 궐위되거나 사고로 인하여 직무를 수행할 수 없을 때에는 1차적으로 국무총리가 그 권한을 대행하고, 2차적으로는 법률이 정한 국무의원의 순위에 따라 대행한다(헌법 제70조).

국무총리의 헌법상의 지위는 다음과 같다. 첫째, 국무총리는 대통령이 자유로이 임명하며, 그 진퇴에 있어서 의원내각제와 같은 국회의 관여는 전혀 없었다. 둘째, 국무회의의 구성원으로서의 지위를 가진다. 국무총리가 국무회의의 부의원장이며, 대통령 유고시에는 의장이 된다. 그러나 의원내각제에 있어서 내각의 수반으로 각의의 의장이 되어 내각의 총책임자인 것과는 성격이 다르다(문홍주). 셋째, 행정기관으로서는 대통령 다음의 최고관청의 지위에 있다. 국무총리는 대통령을 보좌하고 국무위원과 행정각부장관의 임명에 제청권을 가진다. 이 제청권은 국무총리를 중심으로 내각을 구성하기 위한 것이 아니고 대통령의 보좌기관으로 제청하는데 불과하며, 해임에는 국무총리가 건의만 할 수 있고, 대통령은 이에 기속당하지 않는다(헌법 第84조 第3항).

그러므로 국무총리가 비록 사임하더라도 다른 국무위원의 진퇴에는 영향이 없다(문홍주). 그리고 국무총리는 대통령의 명을 받아 행정각부를 통할하며(헌법 第89조), 행정각부의 장의 명령이나 처분이 위법 · 부당하다고 인정할 때에는 대통령의 승인을 얻어 이를 중지 또는 취소할 수 있도록 하였다(정부조직법 제14조). 넷째, 국무총리는 행정각부의 통괄적 사무 즉 각부의 조정 또는 어느 하나의 행정부에 일임하는 것이 불합리한 사무를 스스로 관장하고 이를 위하여 총리령을 발할 수 있다(헌법 第90조).

d) 제4공화국(박정희정권; 유신헌법)의 국무총리

1972년 제7차 개헌(유신개헌)으로 대통령의 권력구조를 더욱 강화하였다(영도적 대통령제). 1972년의 제4공화국 헌법도 대통령제의 범주에 속하는 것이었지만 부통령제 대신에 국무총리제를 존속시켰다. 국무총리는 국회의 동의를 얻어 대통령이 임명하고, 국회도 그에 대한 해임결의를 통하여 정치적 책임을 물을 수 있었다. 국무총리는 행정부의 제2인자로서 대통령을 보좌하고, 행정에 관하여 대통령의 명을 받아 행정각부를 통할하며, 국무회의의 부의장이 되었다. 또한 국무총리는 국무위원의 임명을 대통령에게 제청하고 그 해임을 건의할 권한을 가졌다.

대통령이 궐위되거나 사고로 인하여 직무를 수행할 수 없을 때에는 1차적으로 국무총리가 그 권한을 대행하고, 2차적으로는 법률이 정한 국무위원의 순위에 따라 그 권한을 대행하였다(헌법 제48조). 이러한 권한대행 순위는 일시적 有故시에는 당연하다 할 것이나, 궐위된 경우에는 후임자를 선거할 기간이 단시일이라 하더라도 국민의 의사와는 관계없는 국무총리 또는 국무위원이 그 권한을 대행하는 것은 민주적 정통성과 관련하여 문제가 있다. 미국의 경우는 부통령 다음에 국회의장이 대행하도록 하고 있는 것과는 대조적이다.[1] 국무총리는 역시 대통령에 의하여 국회의 동의를 얻어 자유로이 임명되고, 국무회의 구성원으로서의 지위와 행정기관으로서의 지위를 아울러 가지고 있었다.

e) 제5공화국(전두환정권)의 국무총리

1980년의 제5공화국 헌법에서의 정부형태도 기본적으로는 대통령제에 해당하는 것이지만, 부통령제를 두지 아니하고 국무총리제를 존속시켰다. 1980년 헌법의 국무총리제는 1972년 헌법의 국무총리제와 유사한 것이었다.

1980년 제8차 헌법개정(국보위개헌)으로 제5공화국 헌법이 탄생하였다. 정부형태는

1) 미국의 대통령지위승계법(The Presidental Act)에 의하면 부통령, 하원의장, 상원임시의장, 국무장관을 선두로 하는 행정장관의 순으로 대통령직을 대행한다(미국헌법수정 제25조).

역시 대통령제를 기본으로 하였다. 그러나 미국형 대통령제에서는 볼 수 없는 대통령의 국회해산권, 비상조치권을 비롯하여 헌법개정안 제한권, 법률안 제출권 등을 규정하여 국회에 대한 대통령의 절대적 우월성을 인정하였다. 국무총리를 임명할 경우에 국회의 동의를 얻게 하고 있으며, 국회도 국무총리와 국무위원에 대한 개별적 해임의결을 할 수 있도록 하는 등 의원내각제적 요소도 가미하고 있다. 이러한 정부형태는 프랑스 제5공화국 헌법의 그것과 유사한 것으로 프랑스형 대통령제에 가까운 반대통령제 또는 준대통령제의 범주에 든다고 하는 견해도 있다(권영성). 대통령제를 기본으로 하면서도 이질적인 국무총리제를 채택한 이유는 첫째, 대통령제에 있어서 부통령제를 두고 있지 않으므로 대통령 유고시에 그 권한대행자가 필요하다는 것이고, 둘째, 의원내각제의 국무총리와 같이 대통령을 대신하여 국회에 대하여 책임을 지는 책임대행자가 필요하다는 것이며, 셋째, 대통령제의 국무장관과 같이 대통령제의 능률의 극대화를 위하여 대통령을 보좌하고 또 집행부의 수반인 대통령의 의견을 받들어 집행부를 통할하고 조정하는 보좌기관이 필요하다는 것에서 찾고 있다. 역시 대통령이 궐위되거나 사고로 인하여 직무를 수행할 수 없을 때에는 그 제1순위의 직무대행권을 가지고 있었으나(헌법 제46조), 국무총리는 독자적인 정치적 결정권을 가지지 못하고 다만 집행에 관하여 대통령을 보좌하는 대통령의 종속적 기관이라는 점에 그 특징이 있었다.

f) 제6공화국(노태우정권이후)의 국무총리

1987년 제9차 대통령 직선제 개헌으로 소위 제6공화국 헌법이 탄생되었는데, 이것이 현행헌법이다. 1987년의 제6공화국 헌법에서의 정부형태도 기본적으로는 대통령제에 해당하는 것이지만, 부통령제를 두지 아니하고 국무총리제를 존속시키고 있다. 국무총리의 지위 및 권한은 첫째, 국무총리는 대통령이 궐위되거나 사고로 인하여 직무를 수행할 수 없을 때에는 제1순위의 직무대행권을 가지고 있다(헌법 제71조). 둘째, 국무총리는 독자적인 정치적 결정권을 행사하지 못하고, 집행에 관하여 대통령의 보좌기관에 불과하다. 셋째, 국무총리는 대통령 다음 가는 행정부 제2인자의 지위를 가지고 있다. 넷째, 국무총리는 행정부의 권한에 속하는 중요한 정책을 심의하는 국무회의의 구성원이며, 그 부의장으로서 대통령을 보좌할 권한과 책무를 지고 있다(헌법 제88조). 다섯째, 국무총리는 국무위원과의 관계에서 와는 달리 행정각부와의 관계에서는 상급관청으로서의 지위를 가지기 때문에 대통령의 명을 받아 상급행정관청으로서 행정각부를 통할하고(헌법 제86조), 행정각부와 동등한 지위를 가지는 독임제 행정관청으로서 소관사무를 수행한다.

2. 국무총리의 헌법상의 지위

2.1. 성격

현행헌법의 국무총리를 (ㄱ) 의원내각제의 수상으로 이해하려는 입장, (ㄴ) 대통령제의 부통령으로 이해하려는 입장, (ㄷ) 미국형 대통령제의 국무장관으로 이해하려는 입장(다수설), (ㄹ) 국무총리제를 하나의 장식적인 제도로 보려는 입장 등으로 갈리고 있다.[1)]

생각건대 현행헌법상의 국무총리의 헌법상의 지위는 의원내각제의 수상과도 구별되고, 미국형 대통령제의 부통령이나 국무장관과도 서로 다르다. 현행헌법의 국무총리제는 어느 한 가지 특징만을 지니지 아니하고 복합적 성격을 지닌 것이다.[2)]

2.2. 현행 헌법상 국무총리제의 제도적 의의

대통령제 하에서는 일반적으로 대통령의 궐위시에 대비하여 부통령을 두는 것이 원칙이다. 현행 헌법은 대통령제를 기본으로 하고 있기 때문에 대통령의 궐위시에 대비하여 부통령제를 두어야 할 것이나, 의원내각제의 본질적 요소인 국무총리제를 유지하고 있는 것이 커다란 특징이다.[3)] 현행헌법이 대통령제를 기본으로 하면서도 그와는 이질적인 국무총리제를 채택한 제도적 의의는 다음과 같다.[4)]

- **대통령제에서의 부통령의 성격**: 현행 헌법은 부통령제를 두고 있지 않으므로 대통령유고시에 권한대행자가 필요하다.
- **의원내각제에서의 수상의 성격**: <u>대통령을 대신하여 국회에 출석</u>하여 국정처리상황을 보고하거나 의견을 진술하고 질문에 응답함으로써 <u>입법부와 행정부의 공화</u>를 유지할 대행자의 기능을 수행.
- **대통령제에서의 국무장관의 성격**: 대통령제의 능률을 극대화하기 위하여 대통령을 보좌하고 행정부를 통할·조정하는 보좌기관으로서의 역할(다수설).

다만 부통령을 두지 않음으로서 대통령의 권한대행을 민선이 아닌 국무총리가 담당하는 것은 대통령제의 원칙에 위배되며, 그 권한대행기간이 60일이나 되는 문제점이 있다. 동시에 대통령직을 성역화 하거나 격상시키기 위하여 국무총리를 두었다는 그릇된 역사적 유물이라는 지적을 면키 어렵다.

---

1) 권영성, 헌법학원론, 1029면.
2) 권영성, 헌법학원론, 1029면.
3) 우리 헌법사상 국무총리를 채택하지 않았던 헌법은 1954년의 제2차 개정헌법 뿐이다.
4) 권영성, 헌법학원론, 1029면.

「문제점」
대통령유고시 민선에 의하지 않은 국무총리의 권한대행에 따른 민주적 정통성문제

2.3. 국무총리의 헌법상 지위

국무총리의 헌법상 지위에 관한 학설은 다음과 같다. 구병삭 교수는 (ㄱ) 대통령보좌기관으로서의 지위, (ㄴ) 정부의 제2인자로서의 지위, (ㄷ) 국무회의 부의장으로서의 지위, (ㄹ) 대통령 다음의 최고행정관청으로서의 지위 등으로 구분하고 있고,[1] 김철수 교수는 (ㄱ) 대통령의 보좌기관으로서의 지위, (ㄴ) 국무회의 부의장으로서의 지위, (ㄷ) 타국무위원에 우월한 지위, (ㄹ) 행정부의 제2인자로서의 지위, (ㅁ) 중앙행정관청으로서의 지위 등으로 구분한다[2]. 허영 교수는 (ㄱ) 대통령의 포괄적 보좌기관으로서의 지위, (ㄴ) 행정부의 제2인자로서의 지위, (ㄷ) 차상급중앙행정관청으로서의 지위 등으로 분류하고 있다.[3] 권영성 교수는 (ㄱ) 대통령의 권한대행자로서의 지위, (ㄴ) 대통령의 보좌기관으로서의 지위, (ㄷ) 집행부 제2인자로서의 지위, (ㄹ) 국무회의부의장으로서의 지위, (ㅁ) 대통령 다음가는 상급행정관청으로서의 지위로 구분하고 있다.[4]

[구병삭 교수]
- 대통령보좌기관으로서의 지위
- 정부의 제2인자로서의 지위
- 국무회의 부의장으로서의 지위
- 대통령 다음의 최고행정관청으로서의 지위

[김철수 교수]
- 대통령의 보좌기관으로서의 지위
- 국무회의 부의장으로서의 지위
- 타국무위원에 우월한 지위
- 행정부의 제2인자로서의 지위
- 중앙행정관청으로서의 지위

[허영 교수]
- 대통령의 포괄적 보좌기관으로서의 지위
- 행정부의 제2인자로서의 지위
- 차상급중앙행정관청으로서의 지위

---

1) 구병삭, 신헌법원론, 1039-1040면.
2) 김철수, 헌법학(중), 574면.
3) 허영, 한국헌법론, 1002면.
4) 권영성, 헌법학원론, 1030-1031면.

[권영성 교수]
- 대통령의 권한대행자로서의 지위
- 대통령의 보좌기관으로서의 지위
- 집행부 제2인자로서의 지위
- 국무회의부의장으로서의 지위
- 대통령 다음가는 상급행정관청으로서의 지위

2.3.1. 대통령의 권한대행자로서의 지위

국무총리는 대통령이 궐위되거나 사고로 인하여 직무를 수행할 수 없을 경우에 제1순위의 권한대행권을 가지고 있다(헌법 제71조). 따라서 대통령의 유고시에는 국무총리가 대통령의 권한을 대행하고 국무회의에서도 의장의 권한을 대행한다(권한대행). 국무총리의 대통령권한대행자로서의 지위는 대통령유고(박정희 대통령)가 발생한 10·26사태(1979년) 당시 최규하 국무총리의 경우이다.

2.3.2. 대통령의 보좌기관의 지위

현행 헌법에 있어서의 국무총리는 의원내각제하의 국무총리와는 달리 독자적 정책결정이나 지침을 정할 수 있는 것이 아니고 어디까지나 행정권의 수반인 대통령에게 종속하는 보좌기관에 불과하다. 헌법 제86조 제2항에서 「국무총리는 대통령을 보좌하며, 행정에 관하여 대통령의 명을 받아 행정각부를 통할한다」라고 명문으로 그 기본적인 지위를 대통령 보좌기관으로 규정하고 있다.[1] 이와같이 국무총리는 독자적인 정치적 결정권을 갖지

---

1) 헌재결 1994. 4. 28, 89헌마86 【신체의 자유의 침해에 대한 헌법소원】 헌법 제86조 제2항의 취지를 살펴본다. 헌법 제86조 제2항은 "국무총리는 대통령을 보좌하며, 행정에 관하여 대통령의 명을 받아 행정각부를 통할한다"고 규정하고 있는 바, 이 조항은 그 위치와 내용으로 보아 <u>국무총리의 헌법상 주된 지위가 대통령의 보좌기관이라는 것</u>과 그 <u>보좌기관인 지위에서 행정에 관하여 "대통령의 명을 받아" 행정각부를 통할할 수 있다는 그 행정각부 통할권을 규정한 것</u>일 뿐, 청구인의 주장처럼 국가의 공권력을 집행하는 행정부의 조직은 감사원, 국가안전보장회의 등과 같이 헌법상 예외적으로 열거되어 있거나 대통령비서실, 대통령경호실과 같이 그 성질상 대통령 직속기관으로 설치할 수 있는 것을 제외하고는 모두 국무총리의 통할을 받아야 하며 그 통할을 받지 않는 행정기관은 법률에 의하더라도 이를 설치할 수 없음을 의미한다고는 볼 수 없고 이 점은 우리 헌법이 국무총리제도를 둔 이유에서 보아도 마찬가지이다. 그것은 우리 나라의 정부형태, 국무총리의 헌법상의 지위 특히 대통령과의 관계 등에 관련된 문제로서, 우리 나라의 정부형태는 약간의 의원내각제적 요소도 있기는 하나 기본적으로는 대통령(또는 대통령중심제)로서 행정권 행사에 관한 최고·최후의 결정권자는 대통령이라고 해석되는 점, 국무총리의 권한 중에는 국무위원 및 행정각부의 장 임명제청권(헌법 제87조 제1항, 제94조), 대통령의 국법상 행위에 관한 문서에의 부서권(헌법 제82조) 등 대통령의 권한행사에 대하여 다소의 견제적 기능을 할 수

못하며 행정에 관하여 대통령에 종속된 보좌기관이므로 행정에 관하여 대통령을 보좌하기 위하여 대통령의 명을 받아 행정각부를 통할하며(헌법 제86조 제2항), 행정부의 권한에 속하는 중요한 정책을 심의함에 있어서도 국무회의의 부의장이 되므로(헌법 제88조 제3항), 국무총리는 정부의 권한에 속하는 중요한 정책을 심의하는 경우에 대통령의 보좌역을 한다는 의미이다.

헌재결 1994. 4. 28, 89헌마221 【정부조직법 제14조 제1항 등의 위헌 여부에 관한 헌법소원】

국무총리의 법적 성격 내지 지위 특히 대통령과의 관계 등과 관련하여 문제가 된다. 헌법상 국무총리는 국회의 동의를 얻어 대통령이 임명(헌법 제86조 제1항)하고 국무총리는 대통령을 보좌하며, 행정에 관하여 대통령의 명을 받아 행정각부를 통할(같은 조 제2항)하며 국무위원은 국무총리의 제청으로 대통령이 임명(헌법 제87조 제1항)하고 행정각부의 장은 국무위원 중에서 국무총리의 제청으로 대통령이 임명(헌법 제94조)하며 대통령의 국법상 행위에 관한 문서에의 부서권(헌법 제82조)이 있는바 국무총리에 관한 헌법상 위의 제 규정을 종합하면 국무총리의 지위가 대통령의 권한행사에 위의 제 규정을 종합하면 국무총리의 지위가 대통령의 권한행사에 다소의 견제적 기능을 할 수 있다고 보여지는 것이 있기는 하나, 우리 헌법이 대통령중심제의 정부형태를 취하면서도 국무총리제도를 두게 된 주된 이유가 부통령제를 두지 않았기 때문에 대통령 유고시에 그 권한대행자가 필요하고 또 대통령제의 기능과 능률을 높이기 위하여 대통령을 보좌하고 그 의견을 받들어 정부를 통할·조정하는 보좌기관이 필요하다는 데 있었던 점과 대통령에게 법적 제한 없이 국무총리해임권이 있는 점(헌법 제78조, 제86조 제1항 참조)등을 고려하여 총체적으로 보면 내각책임제 밑에서의 행정권이 수상에게 귀속되는 것과는 달리 우리 나라의 행정권은 헌법상 대통령에게 귀속되고, 국무총리는 단지 대통령의 첫째 가는 보좌기관으로서 행정에 관하여 독자적인 권한을 가지지 못하고 대통령의 명을 받아 행정각부를 통할하는 기관으로서의 지위만을 가지며, 행정권 행사에 대한 최후의 결정권자는 대통령이라고 해석하는 것이 타당하다고 할 것이다. 이와 같은 헌법상의 대통령과 국무총리의 지위에 비추어 보면 국무총리의 통할을 받는 행정각부에 모든 행정기관이 포함된다고 볼 수 없다 할 것이다.

그리고 대통령의 모든 국법상 행위에 대하여 관계국무위원과 함께 부서하며(헌법 제82

있다고 보여지는 것이 있기는 하나, 우리 헌법이 대통령제 정부형태를 취하면서도 국무총리제도를 둔 주된 이유가 부통령제를 두지 않았기 때문에 대통령 유고시의 그 권한 대행자가 필요하고 또 대통령제의 기능과 능률을 높이기 위하여 대통령을 보좌하고 그 의견을 받들어 정부를 통할·조정하는 보좌기관이 필요하다는 데 있었던 점과 대통령에게 법적 제한 없는 국무총리해임권이 있는 점(헌법 제78조, 제86조 제1항 참조) 등을 고려하여 총체적으로 보면, 우리 헌법상 국무총리의 지위의 바탕은 그가 대통령의 첫째 가는 보좌기관인 점에 있다고 보여진다.

조), 그 부서에 대하여 책임을 진다. 이는 국무총리부서는 기관내통제(Intra-Organ-Kontrolle)로서의 의미도 지니는 것이지만, 대통령보좌에 대한 책임을 명백히 한다는 의미이기도 하다.

> 국무총리는 독자적인 정치적 결정권을 행사하지 못하고 행정에 관하여 대통령을 보좌하는 대통령 보좌기관이다. 대통령제하에서의 국무총리의 헌법상 지위에 관하여는 논란이 많다. 헌법재판소는「국무총리는 단지 대통령의 첫째가는 보좌기관으로서 행정에 관하여 독자적인 권한을 갖지 못하고 대통령의 명을 받아 행정각부를 통할하는 기관으로서의 지위만을 가지며, 행정권행사에 대한 최후의 결정권자는 대통령이라 해석하는 것이 타당하다」라고 하고 있다.[1]

2.3.3. 행정부의 제2인자의 지위

국무총리는 행정부에서 대통령 다음가는 제2인자로서의 지위를 가지고 있다. 제2인자로서 지위는 행정각부의 長(장관)보다 상위에 있는 지위로서, 행정각부의 장을 통할(지휘·감독)하고 그 장관의 명령이나 처분이 위법 또는 부당하다고 인정될 때에는 대통령의 승인을 얻어 이를 중지하거나 취소할 수 있다(정부조직법 제16조 제2항). 행정부내의 제2인자이므로 대통령이 궐위되거나 사고로 인하여 직무를 수행할 수 없을 때에는 제1순위로 그 권한을 대행한다(제71조).[2]

> **정부조직법 제16조 (국무총리의 행정감독권)** ① 국무총리는 대통령의 명을 받아 각 중앙행정기관의 장을 지휘·감독한다.
>
> ② 국무총리는 중앙행정기관의 장의 명령이나 처분이 위법 또는 부당하다고 인정될 경우에는 대통령의 승인을 받아 이를 중지 또는 취소할 수 있다.

또한 국무회의의 운영에 있어서 부의장이 되며, 국무위원과 행정각부의 장의 임명을 대통령에게 제청하고, 국무위원의 해임을 대통령에게 건의하며, 대통령의 모든 국무행위에 부서하여야 한다. 특히 부서권의 행사에 있어서 국무위원은 대통령의 국법상의 행위에 대하여 그와 관련있는 관계국무위원만이 부서하나, 국무총리는 대통령의 모든 국법상의 행위에 대하여 부서하여야 한다는 점에서 행정부의 제2인자로서의 지위를 가진다.[3]

---

1) 헌재결 1994. 4. 28, 89헌마221【정부조직법 제14조 제1항, 국가안전기획부법 제4조, 제6조, 제15조, 제16조의 위헌여부에 관한 헌법소원】

2) 국무총리의 임명에 국회의 동의를 얻게 함으로써(헌법 제86조 제1항) 간접적이나마 그의 민주적 정당성을 높이려 한 것도 이 지위와 관련되는 것이다(허영, 한국헌법론).

3) 권영성, 헌법학원론, 1030면.

「국무총리」
- 행정각부의장을 지휘 · 감독
- 행정각부의 장의 명령이나 처분이 위법 또는 부당하다고 인정될 때 : 대통령의 승인을 얻어 이를 중지하거나 취소권한
- 국무회의의 운영시 부의장
- 국무위원과 행정각부의 장의 임명제청권
- 국무위원의 해임건의권
- 대통령의 모든 국무행위에 대한 부서권

「참고」

국무위원은 대통령이 하는 관계국무행위에만 부서하는데 대하여, 국무총리는 대통령의 모든 국무행위에 부서하여야 한다.

2.3.4. 대통령 다음의 차상급 행정관청(중앙행정관청)의 지위

국무총리는 행정각부와의 관계에서는 상급행정관청으로서의 지위를 가진다. 이점에 있어서 국무총리는 국무위원과의 관계에서와는 다르다. 국무총리는 행정각부와의 관계에 있어서 상급행정관청이면서, 대통령 다음가는 (차상급) 행정관청(중앙행정관청)의 지위를 가진다. 국무총리는 대통령의 명을 받아 행정각부를 통할하나, 독임제행정관청으로서 소관사무의 업무를 결정하고 집행할 수 있는 행정관청이다. 국무총리는 (ㄱ) 상급 행정관청으로서 중앙행정기관의 장을 지휘 · 감독하고, 그 명령이나 처분이 위법 또는 부당하다고 인정할 때에는 대통령의 승인을 얻어 이를 중지하거나 취소할 수 있으며(정부조직법 제16조), (ㄴ) 독임제 행정관청으로서는 소관사무에 관한 직무를 처리한다. 국무총리는 행정각부의 사무를 기획 · 조정하는 사무와 특정한 부에 속하게 할 수 없는 성질의 사무를 그 소관사무로 한다.[1)] 국무총리의 직무를 보좌하기 위하여 국무총리산하에 법제처, 국가보훈처 등을 두고 있다.[2)]

[정부조직법]

제18조 (국무총리실) ① 국무총리의 직무를 보좌하고 각 중앙행정기관의 행정의 지휘 · 감독, 사회위험 · 갈등의 관리, 심사평가 및 규제개혁에 관하여 국무총리를 보좌하기 위하여 국무총리 밑에 국무총리실을 둔다.

② 국무총리실에 실장 1명을 두되, 실장은 정무직으로 한다.

③ 국무총리실에 국무차장 1명과 사무차장 1명을 두되, 각 차장은 정무직으로 한다.

---

1) 권영성, 헌법학원론, 1031면.

2) 권영성, 헌법학원론, 1031면.

제19조 (국무총리의 직무대행) 국무총리가 사고로 직무를 수행할 수 없는 경우에는 대통령의 지명이 있으면 그 지명을 받은 국무위원이, 지명이 없는 경우에는 제22조 제1항에 규정된 순서에 따라 국무위원이 그 직무를 대행한다.

제20조 (법제처) ① 국무회의에 상정될 법령안·조약안과 총리령안 및 부령안의 심사와 그 밖에 법제에 관한 사무를 전문적으로 관장하기 위하여 국무총리소속으로 법제처를 둔다.

② 법제처에 처장 1명과 차장 1명을 두되, 처장은 정무직으로 하고, 차장은 고위공무원단에 속하는 별정직국가공무원으로 보한다.

제21조 (국가보훈처) ① 국가유공자 및 그 유족에 대한 보훈, 제대군인의 보상·보호 및 보훈선양에 관한 사무를 관장하기 위하여 국무총리소속으로 국가보훈처를 둔다.

② 국가보훈처에 처장 1명과 차장 1명을 두되, 처장은 정무직으로 하고, 차장은 고위공무원단에 속하는 별정직국가공무원으로 보한다.

2.3.5. 국무회의 부의장의 지위

국무총리는 행정부의 권한에 속하는 중요정책을 심의하는 국무회의의 구성원이며, 특히 국무회의에 있어서의 부의장으로서 대통령을 보좌할 권한과 책무를 지고 있다(제88조 제2·3항). 국무총리는 국무회의의 심의와 의결에 있어서는 대통령 및 국무위원들과 법률상 대등한 지위를 갖지만,[1] 국무회의의 운영에 있어서는 다른 국무위원보다 우위에 있다. 국무총리는 국무회의의 부의장으로서의 지위를 가지며, 대통령 유고시에 의장의 직무를 제1순위로 대행한다.[2]

「참고」

국무회의의 의장·부의장 모두 유고시에는 지식경제부장관, 통일부장관의 순으로 그 직무를 대행한다.

2.4. 국무총리의 신분상의 지위과 직무

2.4.1. 국무총리의 임명

국무총리는 국회의 동의를 얻어 대통령이 임명한다(헌법 제86조 제1항). 국무총리의 임명에 대한 국회의 동의는 재적의원 과반수의 출석과 출석의원 과반수의 찬성으로써 의결한다. 국무총리의 지명을 원내다수당의 당수가 아니라 대통령의 재량에 일임하고 있다는 점에서 의원내각제의 수상임명제와 구별되지만, 국회의 동의를 얻게 한 점은 의원내각제의 수상임명제와 유사하다. 대통령제에 있어서 국무총리의 임명에 국회의 동의를 얻게 한 것

1) 국무총리는 국무위원과 대등관계에 있는 국무회의의 구성원의 지위에서 의안을 제출하고(제89조 제17호), 의안을 심의하는데 참가한다(제88조 제1·2항).

2) 권영성, 헌법학원론, 1031면.

은 (ㄱ) 국민의 대표기관인 국회의 관여를 보장함으로써 민주적 정당성을 확보하고, (ㄴ) 강력한 대통령제에서 행정부의 독선 독주를 견제하여 입법부와 행정부간에 권력의 균형을 유지하며, (ㄷ) 행정부와 입법부의 융화를 도모하고, (ㄹ) 국회의 신임을 배경으로 강력한 집행을 추진할 수 있도록 뒷받침하기 위한 것이다.

2.4.2. 국무총리의 문민원칙

군인은 현역을 면한 후가 아니면 국무총리로 임명될 수 없다(헌법 제86조 제3항). 이는 군인이 정치에 관여함을 금지하여, 군벌정치나 군국주의를 방지하고, 문관우위의 원칙을 확립하기 위함이다. 군인이라 함은 전시와 평시를 막론하고 군에 복무하는 자를 말하고, 현역이라 함은 징집 또는 지원에 의하여 군인(장교 · 준사관 · 하사관 등)으로 임용된 자를 말한다. 특히 헌법 제5조 제2항에서는 군의 정치적 중립성을 강조하고 있다.

2.4.3. 국무총리의 국회의원의 겸직가능

a) 개관

헌법 제43조는 「국회의원은 법률이 정하는 직을 겸할 수 없다」라고 하고 있을 뿐 국무총리의 의원겸직 여부에 관하여 직접적인 언급은 없다. 따라서 겸직이 가능한지의 여부가 문제될 수 있다. 생각건대 헌법 제43조가 「국회의원은 법률이 정하는 직을 겸할 수 없다」라고 하여 겸직의 범위를 입법사항으로 하고 있으므로, 법률이 정하는 바에 따라 어느 쪽도 가능하다. 국회법은 국회의원은 제29조 제1항 각호의 1에 해당하는 직을 제외한 그 밖의 직은 겸할 수 있다라고 하면서 겸직이 금지되는 직 중에 국무총리 · 국무위원 등을 포함시키고 있지 않을 뿐 아니라 동법 제39조 제4항에서는 「국무총리 국무위원 등의 직을 겸한 의원은 상임위원을 사임할 수 있다」라고 하여 국무총리 국무위원의 의원겸직을 전제로 한 규정을 두고 있으므로, 국무총리는 의원직을 겸할 수 있다고 본다. 또한 현행 헌법이 의원내각제적인 요소를 가미하고 있다는 점을 보아 겸직 가능하다고 본다.[1)]

b) 의원내각제적 요소

이는 우리나라가 대통령제를 채택하면서도 의원내각제적인 요소를 가미하고 있기 때문이며, 의원내각제에서의 내각의 각료와 국회의원을 겸직하도록 하는 것은 의회와 정부의 상호 공화 · 협조관계를 가지려는 정책의지에서 비롯된 것이다. 이러한 점에서 대통령제를 채택하는 우리나라에서 국무총리로 하여금 국회의원직을 겸하도록 하는 것은 정부의 안정을 위한 제도적 장치인 것으로 보인다. 그러나, 이러한 허용은 대통령제하의 입법부 · 행정

---

1) 권영성, 헌법학원론, 1032면.

부의 상호독립성이 유지되어야 하는 원칙에 어긋나며, 체제의 정당성의 원칙에 반하기 때문에 국무총리의 국회의원겸직 등과 같은 입법부와 행정부의 양부의 인적결합이 대통령제 특유의 상호통제작용 내지는 견제와 균형의 원칙을 무의미하게 만들고, 양부의 결합을 통한 대통령의 독주를 용이하게 하는 폐단도 우려하지 않을 수 없다는 견해도 있다.[1]

2.4.4. 해임

국무총리의 해임권은 당연히 임명권자인 대통령이 가진다. 대통령은 국무총리를 자유로이 해임할 수 있다. 국회도 국무총리의 해임을 대통령에게 건의할 수 있다. 국회는 재적의원 3분의 1 이상의 발의에 의하여 국회재적의원 과반수의 찬성으로 국무총리의 해임건의를 할 수 있다(제63조). 다만 국회의 해임건의가 있는 경우에도 그 해임할 것인지의 여부는 대통령의 재량에 속한다. 해임건의를 대통령이 정치적으로 수용하는 것은 별개문제이고, 그에 관하여 법적 구속력은 없다고 보아야 하기 때문이다.[2][3]

1980년의 제5공화국 헌법에서는 국회가 국무총리를 해임시킬 수 있었으나, 현행헌법은 국무총리에 대한 해임의결권을 해임건의권으로 변경하였다. 이는 현행헌법이 정부와 국회 사이의 권력균형을 이루기 위한 것으로 대통령의 국회해산권을 폐지한 것과 대응된다(헌법 제63조 제1항).

2.4.5. 국무총리의 직무대행

국무총리가 사고로 인하여 직무를 수행할 수 없을 때에는 대통령이 지명하는 국무위원이 대행하고(정부조직법 제19조), 지명이 없는 경우에는 정부조직법 제22조 제1항의 순위에 따라 국무위원이 직무를 대행한다(정부조직법 제19조).

> **정부조직법 제19조(국무총리의 직무대행)** 국무총리가 사고로 직무를 수행할 수 없는 경우에는 대통령의 지명이 있으면 그 지명을 받은 국무위원이, 지명이 없는 경우에는 제22조 제1항에 규정된 순서에 따라 국무위원이 그 직무를 대행한다.
>
> **정부조직법 제22조(행정각부)** ① 대통령의 통할하에 다음의 행정각부를 둔다. 1. 기획재정부, 2. 교육과학기술부, 3. 외교통상부, 4. 통일부, 5. 법무부, 6. 국방부, 7. 행정안전부,

---

1) 서주실, 국무총리의 헌법상 지위, 고시계(1987.8), 48면.

2) 권영성, 헌법학원론, 1033면.

3) 다만 책임정치라는 관점에서 볼 때 그리고 국회의 발의·의결요건의 가중성이라는 점에서 볼 때, 정치적으로는 국회의 의사를 존중하는 것이 순리라고 보는 견해도 있다(구병삭, 신헌법학원론, 1041면.).

8. 문화체육관광부, 9. 농림수산식품부, 10. 지식경제부, 11. 보건복지가족부, 12. 환경부, 13. 노동부, 14. 여성부, 15. 국토해양부.

현행헌법에서 국무총리의 대행이 문제되는 것은 국무총리의 사임이 국무위원의 총사직을 초래하지 않는 데에서 오는 결과이다. 국무총리의 경우는 직무대행의 사유가 되는 사고에 좁은의미에서의 사고 뿐만 아니라 궐위의 경우까지 포함된다고 본다.[1] 국무총리의 경우 有故에 대하여는 사고만을 규정하고 있지만, 직무대행의 불가피성은 궐위인 경우가 더욱더 중요하기 때문이다.[2]

3. 국무총리의 권한

3.1. 대통령유고시 권한대행권

국무총리는 대통령이 궐위되거나 사고로 인하여 직무를 수행할 수 없을 경우에 제1순위의 권한대행권을 가지고 있다(헌법 제71조). 일반적으로 국정전반에 대한 대행이겠으나, 이는 어디까지나 임시직인 것이며 따라서 새로운 정책을 도입한다거나 인사의 대체 · 조직개편은 지양하고, 현상유지에만 노력하는 것이 바람직하다.[3]

3.2. 행정각부의 통할 · 감독권

국무총리는 대통령의 명을 받아 행정각부를 통할(지시와 조정)하는 권한을 가진다(헌법 제86조 제2항). 행정각부의 통할권은 대통령의 명을 받아 행사히어야 된다는 점에서 지기책임하에서 행하는 의원내각제하의 수상과 구별된다.

3.3. 총리령을 발하는 권한

3.3.1. 의의

국무총리는 소관사무에 관하여 법률이나 대통령의 위임 또는 직권으로 총리령을 발할 수 있다(헌법 제95조). 총리령에는 법규명령인 위임명령과 집행명령, 비법규명령인 행정명령이 있다.

---

1) 권영성, 헌법학원론, 1033면.
2) 권영성, 헌법학원론, 1033면.
3) 김도창; 이상규; 윤세창; 구병삭, 신헌법원론, 1042면.

3.3.2. 총리령의 종류

총리령에는 법률이나 대통령령의 위임에 따라 발하는 위임명령, 직권으로 발하는 집행명령인 직권명령, 비법규명령인 행정명령등이 있다.

a) 위임명령(보충명령)

aa) 의의

위임명령(übertragene Verordnung)은 헌법에 근거하고 법률 또는 상위명령의 개별적 위임에 의하여 새로운 법규사항(국민의 권리 · 의무에 관한 법률사항)을 규정할 수 있는 명령이다(헌법 제75조, 제95조).[1] 헌법 제75조 전단은 "대통령은 법률에서 구체적인 범위를 정하여 위임받은 사항에 관하여 대통령령을 발할 수 있다"[2]라고 하여 대통령의 위임명령 제정권을 규정하고 있다. 법률의 위임에 의하지 아니하고 직접 헌법의 수권에 의한 위임명령은 인정되지 아니한다. 직접 헌법의 수권에 의할 경우 이는 백지적 위임에 해당되기 때문이다. 위임명령은 법률이 위임한 사항에 관한 법률을 대신하는 것이며, 실질적으로는 법률의 내용을 보충하는 것이므로 보충명령이라고도 한다.[3]

여기서 법률의 위임이라 함은 일정한 사항에 대하여 법률이 스스로 규정하지 아니하고 명령으로써 규정하도록 수권하는 것을 말하고,[4] 「구체적으로 범위를 정하여」는 그 수권규정에서 행정입법의 규율대상, 범위기준 등을 명확히 하여야 함을 의미한다. 이와같이 위임명령은 상위법령에서 위임받은 사항을 정하는 일종의 법률보충적 명령이다.

bb) 위임명령의 성질

위임명령은 법률의 위임에 따른 명령이므로, 위임을 한 법률에 종속된다(모법에의 종속성). 위임명령의 발효시기 · 내용 · 효력상실 등은 모법을 전제로 하므로, 위임명령은 모법(법률)에 위반하는 것을 제정할 수 없고, 모법이 개정되거나 소멸한 경우에는 위임명령도

---

1) 김백유, 행정법치론(I), 411면 이하 참조; 김남진 · 김연태, 행정법(I), 152면.

2) 여기서 구체적이라는 것은 일반적 · 추상적이어서는 안된다는 것을 말하며, 범위를 정한다는 것은 포괄적 · 전면적이어서는 아니된다는 것을 말한다(대결 1995. 12. 8, 95카기16 : 헌법 제75조는 "대통령은 법률에서 구체적 범위를 정하여 위임받은 사항 … 에 관하여 대통령령을 발할 수 있다."고 규정하고 있으므로, 법률의 위임은 반드시 구체적이고 개별적으로 한정된 사항에 관하여 행해져야 할 것이고, 여기서 구체적이라는 것은 일반적 · 추상적이어서는 안된다는 것을, 범위를 정한다는 것은 포괄적 · 전면적이어서는 아니된다는 것을 각 의미하고, 이러한 구체성의 요구의 정도는 규제 대상의 종류와 성격에 따라 달라진다고 할 것이므로 보건위생 등 급부행정 영역에서는 기본권 침해 영역보다는 구체성의 요구가 다소 약화되어도 무방하다고 해석된다).

3) 권영성, 헌법학원론, 1012면.

4) 권영성, 헌법학원론, 1012면.

개정되거나 소멸한다. 다만 위임명령은 법률이 위임한 범위내에서 법률이 직접 규정하지 아니한 새로운 법규사항(국민의 권리 · 의무에 관한 법률사항)도 규정할 수 있다(이점에서 집행명령과 구별된다).[1)]

b) **집행명령(직권명령)**

aa) 의의

집행명령(Ausführungsverordnung)은 헌법에 근거하여 법률 또는 상위명령을 집행하는데 필요한 세칙을 정하는 명령이다(헌법 75조 · 제95조 참조).[2)] 상위법령을 집행을 위하여 필요한 사항(신고서양식 등)을 '법령의 위임없이'[3)] 직권으로 발하는 명령이다.[4)] 따라서 집행명령은 법률 또는 이에 의거한 상위명령이 규정하는 범위 안에서 그 시행에 관한 구체적 사항(세부적 · 기술적 사항 : 주로 구체적인 절차 · 형식 등)[5)]을 규정한다. 법률의 집행은 행정부의 고유권한 이지만, 법률의 집행에 있어서의 혼란과 불균형을 막고 통일성 · 형평성 · 합리성을 기하기 위하여 법률집행에 관한 일반준칙을 정하여 둘 필요가 있는데, 법률의 시행에 있어서의 일반준칙을 내용으로 하는 것이 집행명령이다.[6)] 일반적으로 위임명령과 집행명령은 각각 따로이 제정되는 경우는 드물고, 대부분 하나의 명령에 혼합적으로 규정되는 것이 보통이나.[7)]

bb) 집행명령의 성질

집행명령은 母法에 종속한다(법률에의 종속성).[8)] 특히 집행명령은 모법을 변경하거나 보충할 수 없으며, 모법에 규정이 없는 새로운 법규사항을 규정하거나 국민의 새로운 권리

1) 권영성, 헌법학원론, 1012면.
2) 권영성, 헌법학원론, 1015면.
3) 박균성 교수는 '법령의 위임없이'의 내용을 '법령의 근거없이'라는 의미로 해석한다(박균성, 행정법론(상), 179면).
4) 박균성, 행정법론(상), 179면.
5) 김남진 · 김연태, 행정법(I), 155면.
6) 권영성, 헌법학원론, 1015면.
7) 석종현, 일반행정법(상), 161면; 박균성, 행정법론(상), 179면.
8) 대판 1989. 9. 12, 88누6962【영업소설치신고수리】【판시사항】상위법령이 개정된 경우 종전 집행명령의 효력 유무(적극)【판결요지】상위법령의 시행에 필요한 세부적 사항을 정하기 위하여 행정관청이 일반적 직권에 의하여 제정하는 이른바 집행명령은 근거법령인 상위법령이 폐지되면 특별한 규정이 없는 이상 실효되는 것이나, 상위법령이 개정됨에 그친 경우에는 개정법령과 성질상 모순, 저촉되지 아니하고 개정된 상위법령의 시행에 필요한 사항을 규정하고 있는 이상 그 집행명령은 상위법령의 개정에도 불구하고 당연히 실효되지 아니하고 개정법령의 시행을 위한 집행명령이 제정, 발효될 때까지는 여전히 그 효력을 유지한다.

· 의무를 규정할 수 없다.[1] 여기서 법규사항이라 함은 국민의 권리 · 의무에 관한 사항을 의미하며, 집행명령과 위임명령의 차이점은 전자가 「새로운 법규사항」을 정할 수 없는데 대하여, 후자는 새로운 법규사항을 정할 수 있다는 데 그 차이가 있다. 이와 같이 집행명령은 법률 또는 상위명령이 규정한 범위내에서 이를 현실적으로 집행하는데 필요한 세부적인 사항만을 규정할 수 있다. 따라서 이러한 조건하에서는 집행명령은 법률 또는 상위명령의 개별적 수권이 없더라도 행정의 고유한 법집행권에 기하여 발할 수 있다.[2]

『참고』

※ 수권의 근거를 기준으로 한 법규명령을, 「직권명령」(독립명령 · 집행명령)과 「위임명령」으로 분류하기도 하고,[3] 또 독립명령(헌법적 효력을 가지는 것 · 법률적 효력을 가지는 것)과 법률종속명령으로 분류하기도 한다(이명구).

『참고』

※ 직권명령과 위임명령

법규명령은 개개의 상위법령의 개별적인 위임에 의하여 발하여지는 것인지의 여부에 따라 직권명령과 위임명령으로 나누어진다.

(1) **직권명령** … 직권명령이란 법률 또는 상위명령의 구체적 · 개별적인 위임을 근거로 하는 것이 아니라, 조직법상 갖는 권한에 의거하여, 그리고 법령에 의한 소관사무를 수행하기 의하여(헌법 제75조 후단, 제95조 후단) 직권으로 발하는 법규명령이다. 직권명령은 법률과의 관계에 따라 다시 독립명령과 집행명령으로 나눌 수 있다.

① 독립명령 : 법률의 위임에 의해서나 법률을 집행하기 위하여 정립되는 행정입법의 경우와 같이 법률에 종속되는 것이 아니라, 헌법에 의하여 인정된 독자적인 권한의 발동으로 제정되는 법률대위적 성질의 명령을 말한다(예 : 대통령의 긴급재정경제명령 및 긴급명령(헌법 제76조 제1, 2항).

② 집행명령 : 법률을 현실적으로 시행하기 위하여 필요한 사항을 정하는 법규명령(법률종속적 명령)을 말한다(헌법 제75 · 제95조).[4]

---

1) 김남진 · 김연태, 행정법(I), 155면.
2) 박균성, 행정법론(상), 179면.
3) 이상규, 서원우, 석종현, 일반행정법(상), 160면.
4) 권영성 교수의 견해 : 직권명령 = 집행명령의 이론적 근거 : 헌법 제95조의 직권으로 발하는 직권명령을 집행명령으로 보아야 하는 논거는 다음과 같다. 첫째, 집행명령은 모법이 규정하고 있는 범위내에서는 국민의 권리 · 의무까지도 규정할 수 있는 법규명령(☜ 반대설 : 김철수 교수는 직권명령을 집행명령이라 하면서도 국민의 권리 · 의무에 관한 입법사항은 규정할 수 없다고 한다) 이므로, 그에 관한 헌법적 근거규정이 반드시 있어야 한다. 만일에 헌법 제95조의 「직권으로 발하는 명령」을 비법규명령인 행정명령(권영성 교수는 행정명령을 행정규칙 혹은 행정내규라고 부

(2) **위임명령** … 위임명령은 법률 또는 상위명령에서 구체적으로 범위를 정하여 위임받은 사항을 정하는(헌법 제75 · 제95조 참조) 법규명령이다.

cc) 집행명령의 성질

집행명령(직권명령)이 어떠한 성질의 명령이고 이것이 국민의 권리 · 의무를 규정할 수 있는가에 관하여는 학설이 갈리고 있다.

aaa) 행정명령설

행정명령설에 따르면, 직권명령은 국무총리가 법령에 의한 수권 없이 직무권한 안에서 당연히 발할 수 있는 행정규칙 내지 행정명령에 해당하는 것이므로 일반국민에 대한 구속력이 없다고 한다[1].

bbb) 복합적 명령설(행정명령 · 집행명령설)

복합적 명령설은 직권명령은 행정규칙과 법규명령으로서의 집행명령을 포함하는 명령이라고 한다(박일경; 안용교). 즉 복합적 명령설은 직권명령에는 국무총리가 그 직무권한 안에서 당연히 발할 수 있는 행정규칙 내지 협의의 행정명령과 법률 또는 대통령령을 집행하기 위하여 입법사항을 규율하는 법규명령으로서의 집행명령이 포함된다고 한다.

른다. 권영성, 헌법학원론, 1011면 참조)으로 본다면, 국무총리(와 행정각부의 장)는 법규명령으로서는 위임명령만을 발할 수 있을 뿐 집행명령은 발할 수 없다는 결론이 된다. 제95조를 제외하고는 헌법의 어디에도 국무총리(와 행정각부의 장)가 집행명령을 발할 수 있다는 것을 규정한 조항이 없기 때문이다(권영성, 헌법학원론, 1037면). 둘째, 헌법 제95조가 행정명령설이 주장하는 것처럼 비법규명령인 행정명령에 관한 근거규정이라면, 굳이 그것을 헌법에 명문으로 규정할 필요가 없는 것이다. 대통령의 경우에도 법규명령인 위임명령과 집행명령에 관한 근거규정만을 두고 있을 뿐(제75조) 행정명령에 관해서는 헌법이 아무런 근거규정을 두고 있지 아니하다. 그것은 대통령의 경우든 국무총리 · 행정각부의 장의 경우든 행정명령은 비법규명령이므로 헌법에 그에 관한 근거규정이 없을지라도 직권으로 당연히 발할 수 있는 것이기 때문에, 헌법에 그에 관한 근거규정을 두고 있지 아니한 것이다. 요컨대 헌법 제95조의 「직권으로」라는 것은 「법률이나 대통령령을 집행하기 위하여 필요한 사항에 관하여는 "직권으로"」의 줄임말이다. 이러한 의미에서 국무총리는 법률이나 대통령령 등 상위법령이 규정하는 범위 안에서는 직권명령(집행명령)으로 국민의 권리나 의무를 규율하는 총리령을 발할 수 있다(권영성, 헌법학원론, 1037면). ☜ 문제점 : 집행명령은 단순히 법률의 집행을 위한 것이므로 위임명령과는 달리 국민의 권리 · 의무에 관한 새로운 입법사항은 규정할 수 없다. 따라서 국민의 권리 · 의무에 관련된 사항은 집행명령으로 규정할 수 없다(다수설). 다만 권영성 교수는 집행명령의 경우 다수설은 국민의 권리 · 의무에 관한 사항은 규정할 수 없다고 하여(권영성, 헌법학원론, 1015면 참조), 내용이 분명하지 않다.

1) 문홍주, 한국헌법, 553-554면.

ccc) 집행명령설

직권명령은 직권으로 발할 수 있는 집행명령이라고 한다.[1)]

ddd) 사견

생각건대 국무총리가 발하는 직권명령의 성질과 직권명령으로써 국민의 권리 · 의무를 규정할 수 있는가에 관하여 학설이 난립하고 있는 것은 법규명령 · 직권명령 · 집행명령 · 행정명령 등의 성격을 정확하게 구별하지 못한 데서 기인한다. 행정입법에는 법률의 위임에 따라 발하는 위임명령과 법률을 집행하기 위하여 발하는 집행명령 그리고 행정내규(행정규칙)인 행정명령이 있지만, 위임명령과 집행명령은 국민의 권리와 의무까지도 규율할 수 있는(대국민적 구속력을 가진) 법규명령이고, 행정명령은 국민의 권리나 의무를 규율하지 아니하고 행정기관 내부(특별권력관계)에서만 효력을 가지는 행정규칙 또는 행정내규이다.

행정입법 ┬ 위임명령 : 법률의 위임에 따라
　　　　　├ 집행명령 : 법률을 집행하기 위하여
　　　　　└ 행정명령 : 행정내규(행정규칙)

행정규칙(감사원 · 도지사 · 국립대학총장 등이 헌법에 그에 관한 근거규정이 없음에도 불구하고 발하는 명령인 행정명령)은 법률이나 상위법령의 수권 없이도 직권으로 발할 수 있는 것이며, 법규명령으로서의 위임명령과 집행명령은 국민의 권리 · 의무에 관한 사항을 규율할 수 있는 것으로써 발령에는 헌법의 수권을 반드시 필요로 한다. 만약 헌법 제95조가 행정규칙에 대한 근거조항이라면 이는 불필요한 조항이(왜냐하면 행정규칙은 법률의 수권이 없어도 발할 수 있기 때문에 헌법에 규정할 필요가 없다) 될 뿐 아니라, 국무총리는 위임명령과 행정규칙만 발할 수 있을 뿐 집행명령을 발할 수 없다는 모순에 빠지게 된다. 결론적으로 헌법 제95조의 「국무총리는 직권으로 명령을 발할 수 있다」라는 것은 국무총리가 직권으로 발할 수 있는 법규명령으로서의 집행명령을 의미하는 것이다(집행명령설).[2)]

---

1) 김철수; 허영; 권영성, 헌법학원론, 1037면.

2) 김철수 교수는 직권명령을 집행명령이라 하면서도 국민의 권리 · 의무에 관한 입법사항은 규정할 수 없다고 한다.

c) 위임명령 · 집행명령의 예(도표)

<table>
<tr><td colspan="3"><위임명령 · 집행명령의 예 : 대통령령 · 총리령 · 부령 ></td></tr>
<tr><td>대기환경보전법</td><td>대기환경보전법시행령
(대통령령)</td><td>대기환경보전법시행규칙
(총리령 · 부령)</td></tr>
<tr><td>제2조 【정의】
1. 대기오염물질이라 함은 대기오염의 원인이 되는 가스 · 입자상물질 또는 악취물질로서 환경부령으로 정하는 것을 말한다. → 시행규칙 제2조 참조</td><td>제1조 【목적】 이 영은 대기환경보전법(이하 법이라 한다)에서 위임된 사항과 그 시행에 관하여 필요한 사항을 규정함을 목적으로 한다.

* 위임된 사항 : 위임명령
* 그 시행에 관하여 필요한 사항 : 집행명령</td><td>제1조 【목적】 이 규칙은 대기환경보전법(이하 법이 라 한다) 및 동법 시행령 (이하 영이라 한다)에서 위임된 사항과 그 시행에 관하여 필요한 사항을 규정함을 목적으로 한다.</td></tr>
<tr><td>제23조 【배출시설의 설치허가 및 신고】 ① 배출시설을 설치하려는 자는 대통령령으로 정하는 바에 따라 → 시행령 제11조 참조</td><td>제11조 【배출시설의 설치허가 및 신고 등】 ① 법 제23조 제1항에 따라 설치허가를 받아야 하는 배출시설은 다음 각 호와 같다.</td><td>제2조 【대기오염물질】 법 제2조 제1호의 규정에 의한 대기오염물질(이하 오염물질이라 한다)은 별표1과 같다.</td></tr>
<tr><td colspan="3"><委任<b>은 개별적 · 구체적 일것 = 일반적 · 포괄적 · 백지적 위임입법의 금지</b>>
– 헌법 제95조에서 위임의 범위와 한계에 대하여 규정하고 있는바("구체적으로, 범위를 정하여"), 여기서 구체적이라는 것은 일반적 · 추상적이어서는 안된다는 의미이고, 범위를 정한다는 것은 포괄적 · 전면적이어서는 아니된다는 말이다(헌재결 1995. 9. 28, 93헌바50 참조).
<<b>법은 대통령령으로, 대통령령은 이를 또다시 총리령 · 부령으로 재위임 가능</b>>
☜ <b>협의의 재위임(복위임 가능)</b>[1)]</td></tr>
</table>

1) 헌재결 1996. 2. 29, 94헌마213 【풍속영업의규제에관한법률 제2조 제6호 등 위헌확인】 헌법 제95조는 "… 행정각부의 장은 소관사무에 관하여 … 대통령령의 위임 … 으로 … 부령을 발할 수 있다"라고 규정하여 재위임의 근거를 마련하고 있지만, 대통령령의 경우와는 달리 "구체적으로 범위를 정하여"라는 제한을 규정하고 있지 아니하므로 대통령령으로 위임받은 사항을 그대로 재위임할 수 있는가에 관하여 의문이 있다. 살피건대 법률에서 위임받은 사항을 전혀 규정하지 않고 재위임하는 것은 "위임받은 권한을 그대로 다시 위임할 수 없다"는 복위임금지의 법리에 반할 뿐 아니라 수권법의 내용변경을 초래하는 것이 되고, 부령의 제정 · 개정절차가 대통령령에 비하여 보다 용이한 점을 고려할 때 재위임에 의한 부령의 경우에도 위임에 의한 대통령령에 가해지는 헌법상의 제한이 당연히 적용되어야 할 것이다. 따라서 법률에서 위임받은 사항을 전혀 규정하지 아니하고 그대로 재위임하는 것은 허용되지 않으며 위임받은 사항에 관하여 대강을 정하고 그 중의 특정사항을 범위를 정하여 하위법령에 다시 위임하는 경우에만 재위임이 허용된다.

d) **행정명령(행정규칙)**

국무총리는 대통령과 행정각부의 장과 마찬가지로 비법규명령인 행정명령을 발할 수 있다. 행정명령은 행정규칙 내지 행정내규이므로 국민에게 권리 · 의무를 부과할 수 없다.[1)]

> 공무원징계량정등에관한규칙은 그 형식은 총리령으로 되어 있으나, 그 제2조가 규정하는 징계양정의 기준의 설정은 행정기관 내부의 사무처리준칙에 지나지 아니한 것이지 대외적으로 국민이나 법원을 기속하는 것은 아니다.[2)]

3.3.3. 총리령과 부령의 우열관계

총리령과 부령의 우열관계에 관해서는 동위설과 총리령우위설이 있다.

a) **동위설**

총리령이나 부령이 다같이 법률이나 대통령령의 위임에 의하여 또는 그 집행을 위하여 발하는 것이며, 소관사무에 관하여 국무총리는 각부와 동등한 행정관청이므로 형식적 효력에 차이가 없다고 한다(다수설).[3)] 생각건대 국무총리는 행정각부의 상급관청으로서 행정각부를 통할할 권한을 가지고 있으므로 실질적으로는 총리령이 부령보다 존중된다고 볼 수 있으나, 총리령이나 부령이 모두 법률 또는 대통령령의 위임에 따른 것이거나 그 집행을 위한 것이고 국무총리도 그 고유사무에 관해서는 행정각부와 동등한 독임제행정관청에 지나지 아니할 뿐 아니라 특히 헌법에 그 우열에 관한 규정이 없으므로, 총리령과 부령은 그 형식적 효력에 있어 우열이 있을 수 없다. 이러한 의미에서 다수설인 동위설이 타당하다.[4)]

b) **총리령 우위설**

형식적 효력에 있어서는 차이가 없으나, 국무총리는 각부를 통할할 권한이 있으므로 실질적으로는 우위에 선다고 한다.[5)] 이에 반하여 허영교수는 규범효력권과 행정감독권의 문제를 구별하지 않고 총리령과 부령의 효력에 관하여 동위설과 총리령상위설의 논란을 벌이는 것은 무의미하다고 주장하고, 박균성교수도 집행명령에는 총리령이 우월하나 위임

---

1) 공무원징계 등에 관한 규칙은 그 형식은 총리령으로 되어 있으나, 그 제2조가 규정하는 징계재량의 기준의 설정은 행정기관 내부의 사무처리준칙에 지나지 아니한 것이지 대외적으로 국민이나 법원을 기속하는 것이 아니다(대판 1992. 4. 14, 91누9954).
2) 대판 1992. 4. 14, 91누9954 【해임처분취소】
3) 박윤흔, 행정법강의(상), 220면; 이상규(상), 294면; 서원우(상), 337면.
4) 권영성, 헌법학원론, 1038면; 김백유, 행정법치론(I), 420면.
5) 김철수; 석종현, 일반행정법(상), 162면; 김남진 · 김연태, 행정법(I), 149면.

명령의 경우는 총리령과 부령은 통상 규율사항이 다르므로 상호충돌할 염려는 없고, 따라서 우열을 논할 필요가 없다고 한다.[1)]

3.3.4. 총리령의 발포절차

총리령을 발포할 경우에는 일자를 명기하고 국무총리가 서명·날인한 후 번호를 붙여 관보에 게재하여 공포한다(법령등공포에관한법률 제9조-제11조). 총리령의 공포일은 총리령을 게재한 관보가 발행된 날로 하고, 특별한 규정이 없는 한 공포일로부터 20일을 경과함으로써 효력을 발생한다(동법제12, 제13조).

<문제>

총리소속기관인 "처"로 있다가 정부조직법의 개정으로 "부"로 됨으로 인하여 종전 총리령을 부령으로 개정하고자 할 경우 개정방식은?

<해설>

정부조직법의 개정으로 부처의 소속이나 명칭이 변경되는 경우에는 종전에 발령되었던 총리령 또는 부령의 개정필요여부가 문제될 때가 있다. 최근에는 정부조직법을 개정하는 경우에 종전에 발령되었던 총리령 또는 부령이 효력승계에 관한 규정을 두고 있기 때문에 개정이 긴급한 것은 아니지만 개정하고자 하는 경우에는 전문개정방식과 대체입법방식(폐지, 제정) 중 어느 방식을 택할 것인지에 관한 검토가 필요하다. 일반적으로 신·구법령 간 제도적 동질성을 강조할 필요가 있는 경우에는 전문개정방식을 취하고 제도자체가 신·구 양 법령 간에 전면적 또는 본질적으로 변형되는 경우에는 대체입법방식 즉, 폐지 제정의 형식을 취하도록 하는 것이 기본원칙으로 되어 있다. 따라서, 정부조직법의 개정으로 부처의 소속이나 명칭이 변경된 것에 불과한 경우에는 전문개정방식이 원칙적으로 타당한 방법이다. <법제처>

3.4. 국무위원·각부장관의 임명제청권과 국무위원의 해임건의권

3.4.1. 의의

국무총리는 국무위원이나 각부장관에 대한 임명제청권을 가지며, 국무위원에 대한 해임건의권을 가진다(헌법 제87조 제1항, 제3항, 제94조). 국무총리의 그 임명제청 및 해임건의권은 국무회의에 있어서 그 지도적 지위를 강화하기 위한 것이다. 그러나 대통령이 새로이 국무총리를 임명하였을 때에 현재의 국무위원에 대한 제청은 불필요하고, 새로이 임명되는 국무위원에 대해서만 제청권을 행사할 수 있다.

---

1) 박균성, 행정법론(상), 179면.

3.4.2. 임명제청권 및 해임건의권의 법적 효력

국무총리는 국무위원과 행정각부 장의 임명에 대한 제청권을 가지며(제87조 제1항, 제94조), 국무위원의 해임은 대통령에게 건의할 수 있다(제87조 제3항). 이와 같은 국무총리의 국무위원 및 행정각부 장의 임명제청권과 해임건의권은 국무회의의 유기적 관련성을 보장하고 국무회의에 있어서 그 지도적 지위를 강화하기 위한 것이다.

국무총리의 제청이나 건의가 어떠한 의미와 효력을 가지는가에 관하여 견해가 나누인다. 국무총리의 제청이나 건의가 대통령을 법적으로 구속하는가에 관해서는 구속설과 비구속설이 대립하고 있다. 국무총리의 제청이나 건의가 대통령을 구속하는가에 관하여 비구속설[1]이 다수설이다. 왜냐하면 국무총리의 임명제청권 · 해임건의권은 형식적 권한(formelles Recht)에 불과하기 때문이다.

생각건대 국무총리의 국무위원 등의 임명제청권과 해임건의권은 외형상으로는 의원내각제에 있어서 국무총리의 내각조직권과 유사하다. 그러나 현행 우리 나라의 헌법상 국무총리는 대통령의 제1차적 보좌기관에 지나지 아니하므로 그 제청이나 건의를 대통령이 정치적으로 존중하는 것은 별개문제이고, 대통령제하에서 그것이 법적 구속력을 갖는다고는 할 수 없다.[2] 비구속설이 타당하다.

[학자들의 견해]

국무총리의 제청이나 건의가 대통령을 법적으로 구속하는 가에 관하여서도 견해가 대립된다. 비구속을 주장하는 권영성교수는 「현행법상 국무총리는 대통령의 제1차적 보좌기관에 지나지 아니하므로 그 제청이나 건의를 대통령이 정치적으로 존중하는 것은 별개문제이고, 대통령제하에서 그것이 법적 구속을 갖는다고 할 수 없다」고 하고,[3] 구병삭교수는 「제청이 헌법상 절차이기는 하나 대통령제라는 원칙에서 보면 대통령을 구속하는 효력은 없으며, 제청이란 뜻이 본래 구속력이 있는 것은 아닌 점」[4]이라고 강조하고 있다.

3.4.3. 국무총리의 제청 없이 대통령이 단독으로 한 임명행위의 효력

국무총리의 제청 없이 대통령이 단독으로 한 임명행위의 효력에 관하여, 위헌이기는 하나 무효는 아니라는 유효설[5]과 대통령은 국무총리의 제청을 충분히 존중하여야 하므로 이를 결여한 경우에는 무효라고 하는 무효설[6]이 대립한다. 생각건대 국무총리의 국무위원

---

1) 김철수, 헌법학(중), 579면; 권영성, 헌법학원론, 1034면; 구병삭, 신헌법원론, 1043면; 허영, 한국헌법론, 1005면.
2) 권영성, 헌법학원론, 1035면.
3) 권영성, 헌법학원론, 1035면.
4) 구병삭, 신헌법원론, 1043면.
5) 권영성, 헌법학원론, 1034면; 구병삭, 신헌법원론, 1043면; 허영, 한국헌법론, 1005면.

임명제청은 대통령의 명시적 또는 묵시적 승인을 전제로 하는 보좌적 기능이라는 의미에서 명목적인 권한에 불과하므로 적법요건일 뿐이다. 따라서 국무총리의 제청 없이 대통령이 단독으로 한 임명행위도 헌법위반으로 탄핵소추의 사유가 될 수 있을지언정 당연히 무효가 되는 것은 아니다(유효설).[1]

3.4.4. 국무총리 및 다른 국무위원직의 연계성여부

국무총리가 자발적으로 사임하거나 대통령에 의하여 해임된 경우에, 그가 제청한 국무위원들도 사임하여야 하는가에 관해서도 긍정설과 부정설이 있다. 생각건대 대통령제하에서의 국무총리의 국무위원 등의 임명제청권은 형식적·명목적인 권한이며, 국무총리의 사임 또는 해임은 그 개인으로서 정치적 책임을 지는 것에 불과하므로, 다른 국무위원이나 행정각부의 장(각료)까지 사임 할 이유가 없다. 사임불요설이 타당하다.[2][3] 이는 임명제청권과 해임건의권의 기속력이 부인되는 당연한 결과이기 때문이다.[4] 이와 같이 대통령제하에서의 국무총리의 제청권은 사실상 보좌적 기능 내지는 명목적인 권한에 불과하고 국무위원이 사임할 법리상의 이유도 인정할 수 없기 때문에 부정설이 다수설이다.[5] 그러나 새로 임명된 국무총리에 의하여 제청된 경우에는 새로 임명의 형식을 취하게 된다.[6]

3.5. 부서권(副署權)

헌법 제82조에는 「대통령의 국법상 행위는 문서로 하며, 이 문서에는 국무총리와 관계국무위원이 부서한다. 군사에 관한 것도 또한 같다」라고 규정하고 있다. 국무위원은 관계사항에 관해서만 부서하는데 대하여 국무총리는 대통령의 모든 국법상 행위에 대하여 부서할 권한과 책임이 있다(헌법 제82조). 현재 우리의 부서제도는 대통령대신에 정치적 책임을 부담할 자를 분명히 밝히려는데 제도적 주안점이 주어져 있으며(책임소재확인기능),[7] 이는 부서제도의 연혁적·고전적 기능에 해당된다.[8] 부서는 대통령의 국정행위에 대

---

6) 김철수, 헌법학(중), 578면.

1) 권영성, 헌법학원론, 1034면; 허영, 한국헌법론, 1005면.

2) 권영성, 헌법학원론, 1035면; 허영, 한국헌법론, 1005면.

3) 국무총리가 자발적으로 사임하거나 대통령에 의하여 해임된 경우에 그가 제청한 국무위원들도 해임하여야 하는가에 대하여 의원내각제하에서는 본질적으로 내각의 연대책임을 바탕으로 하기 때문에 국무총리의 사퇴는 내각의 총사퇴를 가져오게 되는 것은 당연하다.

4) 허영, 한국헌법론, 1005면.

5) 김철수; 권영성; 구병삭, 신헌법원론, 1043면.

6) 김철수; 권영성; 허영; 구병삭, 신헌법원론, 1043면.

7) 허영, 한국헌법론, 1006면.

8) 원래 부서는 군주국가에 있어서 국왕의 친서에다가 국무대신이 서명하는 것을 말하였으며, 군

한 기관내 통제수단(Intra-Organ-Kontrolle)의 기능을 아울러 지니고 있는 복합적 성질의 행위이다.[1][2] 국무총리의 부서권은 포괄적 보좌기관으로서의 책임을 지겠다는 의미가 있고, 기관내 통제수단으로서의 의미가 강하게 나타난다는 점에서 다른 국무위원의 부서와 구별된다.

부서권 행사는 국무총리와 관계국무위원의 재량행위이므로 대통령의 국법상의 행위가 심히 부단하거나 국무회의의 심의사항이나 심의·의결한 내용과 다르면 거부할 수 있다.[3] (☜ **주의사항 : 심의와 심의·의결은 구분할 것**)

3.6. 국무회의에서의 심의·의결권

국무총리는 국무회의의 구성원으로서(헌법 제88조 제2항), 또한 그 부의장으로서(헌법 제88조 제3항) 헌법 제89조에 규정된 정부의 권한에 속하는 중요한 정책의 심의사항에 대하여 참가하고, 심의가 의결의 형식으로 종결될 경우에는 의결에 참가할 권한을 가지며(헌법 제88조, 제89조), 국무회의에 안건을 제출할 수 있다(헌법 제89조 제17호).

3.7. 국회에의 출석·발언권

국무총리는 국회나 그 위원회에 출석하여 국정처리상항을 보고하거나 의견을 진술하고 질문에 응답할 수 있다(헌법 제62조 제1항).

3.8. 행정각부의 통할·감독권

헌법 제86조 제2항에 「국무총리는 대통령을 보좌하며,행정에 관하여 대통령의 명을 받아 행정각부를 統轄한다」고 규정하여 국무총리가 행정각부에 대한 통할권이 있음을 규정하고 있다. 행정각부를 통할한다 함은 국무총리가 중앙행정기관인 행정각부의 권한행사의 적정과 통일성을 기하기 위하여 행정각부에 지시와 조정을 함으로서 전체로서 국정의 효율적인 운영을 도모하는 諸作用을 말한다.[4]

주의 전횡을 방지하고 국왕의 국무행위에 관하여 부서한 대신의 보필책임을 명백히 하기 위한 제도이었다(김철수).

1) 허영, 한국헌법론, 1006면.

2) 현행 헌법상의 부서제도는 대통령의 국법상의 행위가 국무회의 심의를 거쳤다는 것과 대통령의 독재를 방지하고 국무총리와 관계 국무위원의 책임소재를 명백히 하려는 의미도 있다. 현행헌법상 대통령이 국무총리와 국무위원을 단독적으로 해임할 수 있기 때문에 부서제도를 통한 대통령의 전제를 방지하는 역할은 실제적인 실효성은 없을 수도 정치적으로는 대통령에게 부담으로 작용하여 효과적일 수 있다고 본다.

3) 구병삭, 신헌법원론, 1044면.

정부조직법 제16조(국무총리의 행정감독권) ① 국무총리는 대통령의 명을 받아 각 중앙행정기관의 장을 지휘·감독한다.

② 국무총리는 중앙행정기관의 장의 명령이나 처분이 위법 또는 부당하다고 인정될 경우에는 대통령의 승인을 받아 이를 중지 또는 취소할 수 있다.

이에 따라 국무총리는 행정각부의 장에 대한 상급감독관청으로서 행정각부의 적정한 권한행사를 위하여 훈령·지시·통첩 등의 형식으로 지시·감독과 조정을 할 수 있다.[1] 이 때의 국무총리의 통할 감독권은 대통령의 명을 받거나 승인을 얻어서 하는 것이며, 이 점에서 자신의 권한과 책임하에 행정각부를 통할하는 의원내각제의 수상과 구별된다.[2] 이는 우리나라가 대통령제 국가이며, 국무총리는 의원내각제와는 달리 대통령의 보좌기관에 불과하기 때문이다.

4. 국무총리의 책임

4.1. 대통령에 대한 책임

국무총리는 대통령의 보좌기관으로서 (ㄱ) 행정에 관하여 대통령의 명을 받아 행정각부를 통할할 책임이 있고, (ㄴ) 국무회의에 있어서의 부의장의 지위를 가지며, 국무회의의 구성과 운영에 관하여 대통령을 보좌할 책임이 있다. (ㄷ) 대통령의 모든 국법상의 행위에는 부서할 의무와 책임이 있다.[3]

4.2. 국회에 대한 책임

4.2.1. 국회의 해임건의에 따른 책임

국무총리는 행정부의 제2인자로서 국회에 대하여 정치적 책임을 진다. 그 책임은 국회에 의한 국무총리 해임건의의 형태로 나타난다. 이때의 해임건의는 외형상 의원내각제에 있어서 내각의 의회에 대한 책임처럼 보이지만, 실제로는 그와는 성질이 다르다. 국무총리에 대한 해임건의는 대통령을 제대로 보좌하지 못한데 대한 책임을 의미한다. 국회는 재적

---

4) 국무총리가 갖는 행정각부에 대한 통할사무·각부의 공통사무 그리고 초부처적 사무 등은 그 量이 방대하고, 그러한 사무의 처리의 전문성·기술성이 요구되므로 효과적인 사무의 수행을 위해 정부조직법은 국무총리 소속하에 행정각부에 준하는 조직인 중앙행정기관을 설치·운용하고 있다.

1) 국무총리의 통할권은 포괄적인 것으로 행정각부의 권한에 전반적으로 미치기 때문에 행정각부의 협조와 조정을 위해서만 행사되어야 할 것이며 행정각부의 자주적 업무수행에 지장을 줄 정도의 지시나 감독은 피하여야 한다.

2) 권영성, 헌법학원론, 1035면.

3) 권영성, 헌법학원론, 1035면.

의원 3분의 1 이상의 발의와 재적의원 과반수의 찬성으로써 대통령에게 국무총리의 해임을 건의할 수 있다(헌법 제63조).[1]

다만 대통령의 궐위시에 대통령의 권한을 대행하는 국무총리에 대하여는 국회의 해임건의가 불가능하다고 본다. 왜냐하면 이때의 국무총리는 국무총리로서의 지위뿐만 아니라 대통령 권한대행자로서의 지위를 아울러 가지고 있기 때문이다. 그러나 국회의 해임건의가 있는 경우에도 대통령은 국무총리를 반드시 해임해야할 구속은 받지 아니한다. 구속력은 없으며 대통령의 재량에 속한다.[2] 국회의 해임건의는 문언 그대로 건의에 불과할 따름이므로 정치적 의미를 가지는 것이며, 법적 구속력이 없는 것이기 때문이다. 국회의 해임건의권은 그 임명동의권과 함께 대통령의 행정부가 독주하는것을 견제하기 위한 수단의 하나를 의미한다.[3]

4.2.2. 국회의 요구에 의한 출석 · 답변

국회와 그 위원회는 국무총리의 출석을 요구할 수 있고, 국무총리는 국회에 출석하고 질문에 답변하여야 한다. 다만 국무총리가 출석요구를 받은 때에도 국무위원 또는 정부위원으로 하여금 출석 답변하게 할 수 있다(헌법 제62조 제2항).[4]

> **정부조직법 제10조(정부위원)** 국무총리실의 실장 및 차장, 특임장관 밑의 차관, 부 · 처 · 청의 처장 · 차관 · 청장 · 차장 · 실장 · 국장 및 차관보와 외교통상부의 본부장은 정부위원이 된다.

4.2.3. 국회의 탄핵소추에 따른 책임

국무총리가 직무를 수행함에 있어 헌법 또는 법률에 위반한 경우에는 국회가 탄핵소추를 의결할 수 있다. 탄핵소추를 의결함에는 국회재적의원 3분의 1 이상의 발의와 재적의원 과반수의 찬성이 있어야 한다. 탄핵소추가 의결되면 탄핵심판이 종결될 때까지 그 권한행사가 정지된다(헌법 제65조).

---

1) 권영성, 헌법학원론, 1039면.
2) 다만 책임정치라는 면에서 대통령은 국회의 건의를 받아들이는 것이 순리라고 본다(구병삭, 신헌법원론, 1041면).
3) 권영성, 헌법학원론, 1039면.
4) 권영성, 헌법학원론, 1039면.

II. 국무위원

1. 국무위원의 지위

1.1. 국무위원의 헌법상 지위

우리 나라의 국무위원은 대통령제하의 각부장관과 의원내각제하의 각료의 중간에 위치하는 것으로, 대통령을 보좌하는 한편, 대통령의 독주를 견제할 수 있다는 점에서 그 제도적 의의를 찾을 수 있다. 국무위원은 국무회의의 구성으로서의 지위와 대통령을 보좌하는 기관으로서 지위를 가진다. 특히 국무회의의 구성원으로서의 국무위원의 지위가 대통령이나 국무총리와 법상 동등한 지위를 갖는가에 관하여, 국무회의의 성격이 심의기관인 점을 감안해 볼 때 동등한 지위를 가진다고 보기는 어렵다고 하겠다(다수설).

1.2. 신분상 지위

국무위원은 국무총리의 제청으로 대통령이 임명하며(헌법 제87조 제1항), 군인은 현역을 면하여야 한다(헌법 제87조 제4항). 국회의원과의 겸직이 허용된다. 국무위원의 수는 15인 이상 30인 이하이다. 또한 국무위원은 대통령이 자유로이 해임할 수 있다. 국무총리나 국회는 대통령에 대하여 해임을 건의할 수 있다.

- 국회의원과의 겸직이 허용

2. 종류

국무위원은 행정각부의 장을 겸한 국무위원과 원·처의 장관인 국무위원(공보처장, 총무처장) 그리고 원·부·처의 장관이 아닌 (무임소) 국무위원(소위 정무장관)[1])이 있다.

3. 권한

국무위원은 국무회의의 구성원 으로서의 지위를 가지므로, 국무회의의 소집을 요구하고, 국무회의에 의안을 제출하며, 국무회의에 출석·발언을 할 수 있다. 그리고 대통령의 권한을 대행할 수 있고, 부서권을 가진다. 국회에 출석하여 발언할 수 있다.

---

1) 무임소 국무위원 <영> minister without portfolio 장관으로 보임되지 않는 국무위원으로 무임소장관 또는 정무장관이라고도 한다. 우리 정부조직법은 제18조 제1항에서 『원·부·처의 장관이 아닌 국무위원은 대통령 및 그 명을 받아 국무총리가 특히 지정하는 사무를 수행하며, 그 수는 2인 이내로 한다』고 규정하고 있는바, 정무장관실직제에 의해 제1정무장관과 제2정무장관을 두며, 전자는 정치분야를, 그리고 후자는 여성분야를 담당한다.

「국무위원의 권한」
- 국무회의의 소집요구권
- 국무회의에의 의안제출권
- 국무회의에의 출석·발언권
- 대통령의 권한대행권
- 부서권
- 국회출석발언권

4. 책임

국무위원은 국무총리와 같이 부서할 책임이 있고, 국회의 요구가 있으면 출석·답변하거나 정부위원으로 하여금 출석·답변하게 할 수 있다.

III. 국무회의

1. 비교법적 지위

1.1. 국무회의의 변천과정

연혁적으로 국무회의는 제1공화국에서는 대통령제를 택하면서도 국무원의결기관으로 하였고, 제2공화국에서는 의원내각제를 채택하고 있었으므로 당연히 의결기관이었다. 제3공화국에서는 대통령제를 취하면서 국무회의를 두어 국정전반에 걸친 헌법상 필수적인 정책심의기관으로 하였고, 이를 제4·5공화국이 유지하여 왔다. 현행헌법도 국무회의를 유지하고 있으며, 심의기관의 성격을 띠고 있다.

1.2. 미국식 대통령제의 각료회의(cabinet meeting)와의 비교

국무회의를 대통령이 주재하며, 정책을 자문·심의하는 면에서 양자가 어느 정도 유사하나 상당한 차이가 있다. 미국의 각료회의가 헌법상의 필수적인 것이 아니고 관행이나 편의에 따라 설치되는 임의기관이며, 자문기관이며, 의회에 대하여 책임을 지지 않으며, 부서권이 없는 반면에,[1] 우리 나라의 국무회의는 헌법상 필수기관이며, 최고심의기관이며, 의회에 대하여 책임을 부담하며, 부서권이 있다는 점에서 구별된다.

---

1) 권영성, 헌법학원론, 1042면.

「미국의 각료회의」
- 관행이나 편의에 따라 설치되는 임의기관
- 자문기관
- 의회에 대하여 책임을 지지 않음
- 부서권이 없음

「한국 국무회의」
- 헌법상 필수기관
- 최고심의기관
- 의회에 대하여 책임을 부담
- 부서권이 있음

1.3. 의원내각제의 내각과의 비교

국무위원의 국회에의 출석·발언권, 부서권, 정부의 법률안제출권 등이 인정되는 점에서 국무회의는 의원내각제의 내각과 상당히 비슷하나, 다음의 차이가 있다. 의원내각제의 내각은 의결기관이며, 내각의 존립이 국회에 의존되며, 국무위원의 해임의결권을 가지고 있다. 대통령제의 국무회의는 심의기관이며, 존립이 대통령에게만 의존되며, 국무위원의 해임건의권을 가지고 있다는 점에서 구분된다.

[국무회의의 의원내각제의 내각과 비교]
- 유사점
  - ·국무위원의 국회에의 출석·발언권
  - ·부서권
  - ·정부의 법률안제출권
- 차이점
  - ·의원내각제의 내각
    - → 의결기관
    - → 내각의 존립이 국회에 의존
    - → 국무위원의 해임의결권
  - ·대통령제의 국무회의
    - → 심의기관
    - → 존립이 대통령에게만 의존
    - → 국무위원의 해임건의권

2. 헌법상 지위

국무회의는 중요한 정책을 심의하는 헌법상 심의기관이다.[1]

2.1. 정부의 최고정책심의기관

국무회의의 성격을 의결기관으로 보는 견해도 있으나, 헌법이 의결이라는 용어를 피하고, 그 대신에 심의란 용어를 사용하고 있고, 대통령은 국무회의의 심의결과에 구속당하지 않는다는 점에서 심의기관으로 보는 견해가 타당하다(심의기관설).[1] 이와 같이 국무회의는 대통령의 정책결정을 보좌하기 위하여 행정부의 권한에 속하는 중요정책을 사전심의하는 심의기관에 지나지 않는다는 점에서, 어떠한 정책이 국무회의에서 의결의 형식으로 결정된 경우에도 그 의결은 대통령을 법적으로 구속하는 힘이 없다. 따라서 대통령은 국무회의의 심의 내용과 상이한 정치적 결단을 내릴 수 있다.[2] 그러나 국무회의는 국정의 중요사항에 대한 필수적 심의기관이므로 심의과정에서 국가원수이자 행정권의 수반인 대통령의 독선을 방지할 수 있다.[3]

헌재결 2003. 12. 18, 2003헌마225【이라크전쟁파견동의안의결 위헌확인】: 국무회의의 의결은 공권력행사가 아니다.

헌법재판소법 제68조 제1항에 의하면, 공권력의 행사 또는 불행사로 인하여 헌법상 보장된 기본권을 침해받은 자는 법원의 재판을 제외하고는 헌법재판소에 헌법소원심판을 청구할 수 있는바, 공권력의 행사에 대하여 헌법소원심판을 청구하기 위하여는 공권력의 주체에 의한 권력의 발동으로서 국민의 권리 의무에 대하여 직접적인 법률효과를 발생시키는 행위가 있어야 한다.[4]

이 사건에서 심판의 대상이 되는 국무회의의 이 사건 파병동의안 의결이 이러한 공권력의 행사인지의 점에 관하여 살피건대, 국군을 외국에 파견하려면, 대통령이 국무회의의 심의를 거쳐 국회에 파병동의안 제출, 국회의 동의(헌법 제60조 제2항), 대통령의 파병결정, 국방부장관의 파병 명령, 파견 대상 군 참모총장의 구체적, 개별적 인사명령의 절차를 거쳐야 하는바, 이러한 절차에 비추어 파병은 대통령이 국회의 동의를 얻어 파병 결정을 하고, 이에 따라 국방부장관 및 파견 대상 군 참모총장이 구체적, 개별적인 명령을 발함으로써 비로소 해당 국민, 즉 파견 군인 등에게 직접적인 법률효과를 발생시키는 것이고, 대통령이 국회에 파병동의안을 제출하기 전에 대통령을 보좌하기 위하여 파병 정책을 심의, 의결한 국무회의의 의결은 국가기관의 내부적 의사결정행위에 불과하여 그 자체로 국민에

---

1) 권영성, 헌법학원론, 1045면.

1) 종래에는 국무회의의 법적 성격에 대하여 자문기관설, 의결기관설, 심의기관설 등이 있었으나, 현재는 심의기관설이 통설이다. 심의기관이므로 대통령은 국무회의의 심의에 구속되지 아니한다. 따라서 국무회의에서 심의하여 이를 의결하였다는 말은 국무회의에 의안이 상정되어 상정된 안건이 가결 내지 통과 되었다는 것을 의미하는 것에 불과하다(성낙인, 헌법학, 1092면).

2) 권영성, 헌법학원론, 1044면.

3) 성낙인, 헌법학, 1093면.

4) 헌재결 1994. 8. 31, 92헌마174; 헌재결 1994. 2. 24, 92헌마283; 헌재결 1992. 6. 26, 89헌마132 등 다수.

대하여 직접적인 법률효과를 발생시키는 행위가 아니므로 헌법재판소법 제68조 제1항에서 말하는 공권력의 행사에 해당하지 아니한다.

그렇다면, 이 사건 심판청구는 그 심판대상인 국무회의의 이 사건 파병동의안 의결이 헌법재판소법 제68조 제1항 소정의 공권력의 행사에 해당하지 아니하여 부적법하므로 이를 모두 각하하기로 하여 재판관 전원의 일치된 의견으로 주문과 같이 결정한다.

2.2. 헌법상 필수기관

우리헌법은 국무회의의 설치를 헌법이 명문으로 규정하고 있다.[1] 그러나 우리 나라의 국무회의는 의결기관이 아닌 점에서 의원내각제하의 내각과 구별되며, 일정한 사항에 관하여는 반드시 국무회의의 심의를 거쳐야 하는 점에서 미국식 대통령제하의 내각과도 구별된다. 국무회의는 그 중간의 형태로서 헌법상 반드시 설치되어야 하며, 일정한 사항은 반드시 심의를 거쳐야 하는(비록 심의결과에 대통령이 구속받지 않는다고는 할 지라도) 헌법상 필수적 기관이다. 따라서 국무회의는 헌법개정에 의하지 않고는 폐지할 수 없다.[2]

2.3. 최고의 정책심의기관

헌법 제89조에 열거된 사항에 대한 심의는 국무회의의 심의가 최종적인 것이며, 다른 어떤 기관도 국무회의의 심의를 거친 사항을 다시 심의할 수 없다.

2.4. 독립된 합의제기관

국무회의는 대통령, 국무총리, 국무위원으로 구성되는 독립된 합의제기관(독립기관·합의제기관)이지 대통령에 소속하는 대통령의 하급소속기관은 아니다(통설).[3] 다만 합의제기관일 뿐이지 합의제관청(자신의 명의로 의사를 결정하고 이를 외부에 표시할 수 있는 기관)은 아니다.[4][5] 국무회의는 합의제 기관이므로 국무회의의 심의에 있어서는 대통령·국무총리·국무위원 모두 법적으로 동등한 지위를 가지며, 사실상 대통령에게 종속하는 것은 별문제로 하고, 대통령의 지휘나 명령을 받지 아니한다.[6]

---

1) 미국의 각료회의 처럼 헌법에 규정이 없는 편의상의 기구와 구별된다(권영성, 헌법학원론, 1044면)

2) 권영성, 헌법학원론, 1044면.

3) 성낙인, 헌법학, 1094면.

4) 권영성, 헌법학원론, 1045면.

5) 국무위원과 행정각부의 장은 동일인임에도 불구하고 법적 지위가 다르다. 국무위원은 합의제정책심의기관인 국무회의의 구성원인데 반하여, 행정각부의 장은 국무회의에서 심의하고 대통령이 결정한 정책을 대외적으로 집행하는 행정관청이다(권영성, 헌법학원론, 1053면).

6) 권영성, 헌법학원론, 1045면.

3. 구성

국무회의는 대통령·국무총리와 15인 이상 30인 이하의 국무위원으로 구성된다(헌법 제88조 제2항). 국무위원은 아니더라도 중앙행정관청인 국무총리실장·법제처장·국가보훈처장 기타 법률이 정한 공무원(대통령실장, 행정자치부차관, 행정조정실장)은 필요한 경우 국무회의에 출석하여 발언할 수 있다(정부조직법 제13조 제1항). 독점규제및공정거래에관한법률 제38조 제2항에 의하여 공정거래위원회위원장도 국무회의에 출석하여 발언할 수 있다.

4. 심의

4.1. 절차

국무회의는 의장인 대통령이 소집한다. 합의제 기관이므로 의결의 절차를 취하며,[1] 구성원 과반수의 출석으로 개회하고 출석위원 3분의 2 이상의 찬성으로 의결한다(국무회의규정 제6조).

> **국무회의規程 제6조 (의사 및 의결정족수 등)** ① 국무회의는 구성원 과반수의 출석으로 개의하고, 출석구성원 3분의 2 이상의 찬성으로 의결한다.
>
> ② 국무회의는 구성원이 동영상 및 음성을 동시에 송·수신하는 장치가 갖추어진 서로 다른 장소에 출석하여 진행하는 원격영상회의의 방식에 의할 수 있다. 이 경우 국무회의의 구성원은 동일한 회의장에 출석한 것으로 본다.

4.2. 내용

다음 사항은 반드시 국무회의의 심의를 거쳐야 한다(헌법 제89조).

- 국정의 기본계획과 정부의 일반정책
- 선전·강화기타 중요한 대외정책
- 헌법개정안·국민투표안·조약안·법률안 및 대통령령안
- 예산안·결산·국유재산처분의 기본계획·국가의 부담이 될 조약 기타 재정에 관한 중요사항
- 대통령의 긴급명령·긴급재정경제처분 및 명령 또는 계엄과 그 해제
- 군사에 관한 중요사항
- 국회의 임시회 집회의 요구
- 영전수여
- 사면·감형과 복권

---

1) 권영성, 헌법학원론, 1046면.

- 행정각부간의 권한의 계정
- 정부 안의 권한의 위임 또는 개정에 관한 기본계획
- 국정처리상황의 평가·분석
- 행정각부의 중요한 정책의 수립과 계정
- 정당해산의 제시
- 정부에 제출 또는 회부된 정부의 정책에 관계되는 청원의 심의
- 검찰총장·합동참모의장·각군참모총장·국립대학교총장·대사 기타 법률이 정한 공무원과 국영기업체관리자의 임명
- 기타 대통령·국무총리 또는 국무위원이 제출한 사항

4.3. 결과

국무회의의 심의를 거치지 않은 대통령의 권한행사에 관하여 무효설[1]과 유효설[2]이 대립한다. 무효설이 다수설이다. 무효설의 근거는 헌법상 요구되는 사전심의를 하지 않았다면 무효라는 것이다. 소수설인 유효설의 입장에 의하면 국무회의의 성격은 의원내각제의 경우처럼 의결기관이 아니라 대통령의 정책을 보좌하는 심의기관에 지나지 않으며, 국무회의의 심의절차는 효력발생요건이 아니라 적법요건에 해당되므로, 국무회의의 심의절차를 무시한 대통령이 국무회의는 당연무효가 아닌 헌법에 위반 한 행위로서 탄핵소추의 사유가 된다고 보는 것이 타당하다고 한다.[3]

그리고 대통령은 국무회의의 심의결과에 구속되는가에 관하여는 구속설(윤세창)과 비구속설(통설)이 대립하나, 후자가 타당하다. 대통령은 국무회의의 심의결과에 구속될 필요는 없으나, 현실적으로 대통령이 국무회의의 심의결과와 상이한 국법상의 행위를 하기는 어려울 것이다.[4]

IV. 대통령의 자문기관

대통령의 자문기관으로서 국가원로자문회의, 국가안전보장회의, 민주평화통일자문회의, 국민경제자문회의가 있다. 국가원로자문회의나 민주평화통일자문회의는 제5공화국 헌법에 규정되었던 국정자문회의와 평화통일자문회의의 명칭을 변경한 것이고, 국민경제자문회의만이 신설된 것이다. 이들 자문기관 중 국가안전보장회의만이 필수적 자문기관이고

1) 윤세창; 구병삭; 허영; 김철수; 성낙인, 헌법학, 1093면.
2) 안용교; 권영성, 헌법학원론, 1048면.
3) 권영성, 헌법학원론, 1048면.
4) 성낙인, 헌법학, 1094면.

그 밖의 자문기관은 임의적 자문기관이다.[1] 과학기술자문기구를 둘 수 있는 바(헌법 제127조 제3항, 국가과학기술자문회의) 이는 헌법기관이 아니라는 점에서 그밖의 자문회의와 구별된다.

헌법 제90조 ① 국정의 중요한 사항에 관한 대통령의 자문에 응하기 위하여 국가원로로 구성되는 국가원로자문회의를 둘 수 있다.
② 국가원로자문회의의 의장은 직전대통령이 된다. 다만, 직전대통령이 없을 때에는 대통령이 지명한다.
③ 국가원로자문회의의 조직·직무범위 기타 필요한 사항은 법률로 정한다.
헌법 제91조 ① 국가안전보장에 관련되는 대외정책·군사정책과 국내정책의 수립에 관하여 국무회의의 심의에 앞서 대통령의 자문에 응하기 위하여 국가안전보장회의를 둔다.
② 국가안전보장회의는 대통령이 주재한다.
③ 국가안전보장회의의 조직·직무범위 기타 필요한 사항은 법률로 정한다.
헌법 제92조 ① 평화통일정책의 수립에 관한 대통령의 자문에 응하기 위하여 민주평화통일자문회의를 둘 수 있다.
② 민주평화통일자문회의의 조직·직무범위 기타 필요한 사항은 법률로 정한다.
헌법 제93조 ① 국민경제의 발전을 위한 중요정책의 수립에 관하여 대통령의 자문에 응하기 위하여 국민경제자문회의를 둘 수 있다.
② 국민경제자문회의의 조직·직무범위 기타 필요한 사항은 법률로 정한다.

1. 국가원로자문회의

국가원로자문회의는 국정에 중요한 사항에 관한 대통령의 자문에 응하기 위하여 국가원로로 구성된 기관으로(헌법 제90조), 헌법상 임의적 자문기관이다. 의장은 직전 대통령이 되며, 위원은 35인 이내로 구성된다. 조직 및 직무범위는 법률(국가원로자문회의법)로 정한다.

2. 국가안전보장회의

국가안전보장회의는 국가안전보장에 관련되는 대외정책·군사정책과 국내정책의 수립에 관하여 대통령의 자문에 응하기 위한 기관으로(헌법 제91조), 헌법상 필수적 자문기관이며,[2] 동시에 前審 내지는 先審기관이다. 필수적 자문기관이기는 하지만 만약 대통령이 그 자문을 거치지 아니하고 국무회의의 심의에 부의하였을 경우, 그 효력과 적법성에는 문제가 없다.[3]

1) 권영성, 헌법학원론, 1049면.
2) 권영성, 헌법학원론, 1049면.
3) 권영성, 헌법학원론, 1049면.

3. 민주평화통일자문회의

민주평화통일자문회의는 평화통일정책의 수립에 관하여 대통령의 자문에 응하기 위한 기관으로(헌법 제92조 참조), 헌법상 임의적 자문기관이다. 의장은 대통령이 되며, 대통령이 위촉하는 7천명 이상의 자문위원으로 구성된다. 조직 및 직무범위는 법률(민주평화통일자문회의법)으로 정한다.

4. 국민경제자문회의

국민경제자문회의는 국민경제발전에 관한 중요 정책의 수립에 관한 대통령의 자문에 응하기 위한 기관으로(헌법 제93조), 헌법상 임의적 자문기관이다. 현행헌법이 신설하고 있다. 의장은 대통령이 되며, 대통령으로 위촉하는 위원으로 구성된다. 조직 및 직무범위는 법률(국민경제자문회의법 : 2001.1.26 개정)로 정한다.

V. 행정각부

1. 의의

행정각부는 대통령을 수반으로하는 행정부의 구성단위로서, 대통령과 국무총리의 지휘·통할하에 법정소관사무(법률이 정한 사항)를 집행하는 중앙행정기관이다. 행정각부는 대통령의 통할하에 있으나 대통령이나 국무총리의 단순한 보조기관은 아니며, 그들의 하위에 있는 독자적 중앙행정관청이다.[1] 행정각부의 설치·조직 및 직무범위는 법률(정부조직법)로 정한다. 행정각부에는 장관 1인과 차관 1인을 두되, 장관은 국무위원으로 보하고, 차관은 정무직으로 한다(정부조직법 제22조 제2항).

> **정부조직법 제22조 (행정각부)** ② 행정각부에 장관 1명과 차관 1명을 두되, 장관은 국무위원으로 보하고, 차관은 정무직으로 한다. 다만, 기획재정부·교육과학기술부·외교통상부·행정안전부·문화체육관광부·농림수산식품부·지식경제부·국토해양부에는 차관 2명을 둔다.

> **「참고」**
> 과거의 정무장관은 행정각부의 장이 아닌 무임소국무위원(무임소장관)인 바, 2인 이내로 둘 수 있었으며, 대통령 및 그 명을 받은 국무총리가 지정하는 사무를 처리하였다. 김

1) 권영성, 헌법학원론, 1051면; 성낙인, 헌법학, 1095면.

대중 정권하에서 폐지되었다.

2. 행정각부의 장

2.1. 임명

행정각부의 장은 국무총리의 제청으로 대통령이 임명하며(헌법 제94조), 반드시 국무위원이어야 한다. 행정각부의 장을 국무위원 중에서 선출하도록 한 것은 기획과 집행의 유기적 통일을 기하기 위함이다. 행정각부의 장을 국무위원 중에서 선출하도록 한 것은 기획과 행정의 유기적 통일을 기하기 위함이다.[1] 행정각부의 장이 아닌 국무위원을 정무장관(구 : 무임소장관)이라고 하며, 김대중 정권하에서는 이를 폐지하였다가, 이명박 정권하에서 특임장관을 두었다.

2.2. 지위

행정각부의 장은 특히 국무위원과의 관계에 있어 그 법적 지위가 다음과 같은 점에서 차이가 있다.

- 국무위원은 정책의 심의를 주된 임무로 하고 있으며, 행정각부의 장은 결정된 정책을 수행하는 기관이다. 행정각부는 독자적인 행정업무를 추진할 수 있다는 점에서 단순한 정책보좌기관에 불과한 국무위원과 구별된다.

· 국무위원 → 정책의 심의를 주된 임무(단순한 정책보좌기관)
· 행정각부의 長 → 결정된 정책을 수행하는 기관(독자적 행정업무를 추진)

- 국무위원은 국무회의의 구성원으로서 법적으로는 대통령이나 국무총리와 동일한 지위를 가지나, 행정각부의 長은 이들의 지휘 · 감독을 받는다.

· 국무위원 → 국무회의의 구성원(법적으로는 대통령이나 국무총리와 동일한 지위)
· 행정각부의 長 → 이들의 지휘 · 감독을 받음

- 국무위원에게는 사무의 한계가 없으나, 행정각부의 장은 집행기관이므로 사무의 한계가 뚜렷한 바 자기 부에 속한 사항만을 담당한다.

· 국무위원 → 사무의 한계가 없음

---

1) 권영성, 헌법학원론, 1052면.

· 행정각부의 長 → 집행기관이므로 사무의 한계가 뚜렷(자기 部에 속한 사항만을 담당)

3. 권한

3.1. 행정관청

행정각부의 장은 중앙행정관청으로서, 소관사무에 관하여 결정 · 수행할 수 있다. 그리고 소속직원 및 사무에 관하여 지방행정의 장을 지휘 · 감독한다. 소관사무의 일부를 하부기관에 위임할 수도 있다.

3.2. 부령(部令)발포권

행정각부의 장은 소관사무에 관하여 법률이나 대통령의 위임 또는 직권으로 부령을 발할 수 있다(헌법 제95조). 부령에는 위임명령과 집행명령의 두 가지가 있으며, 직권으로 발하는 부령의 법적 성질에 관하여는 총리령에서 살펴본 바와 동일하다.

[참고]

과거의 재정경제원장관이나 총무처장관은 해당각부의 장관이 아니라 국무총리의 소속기관이므로 부령을 발할 수 없었다. 소관사무에 관하여 법규명령이 필요한 때에는 총리령으로서 했다.

3.3. 기타의 권한

행정각부의 장은 소관사무에 관한 정책을 수립하고, 필요한 각종 안과 예산안을 국무회의에 제출할 수 있다. 그리고 소속공무원을 지휘 · 감독하며, 임용제청권(5급이상공무원 및 고위공무원단) 및 임용권(6급이하의공무원)을 가진다.[1)]

국가공무원법 제32조(임용권자) ① 행정기관 소속 5급 이상 공무원 및 고위공무원단에 속하는 일반직공무원은 소속 장관의 제청으로 행정안전부장관과 협의를 거친 후에 국무총리를 거쳐 대통령이 임용하되, 고위공무원단에 속하는 일반직공무원의 경우 소속 장관은 해당 기관에 소속되지 아니한 공무원에 대하여도 임용제청할 수 있다. 이 경우 국세청장은 국회의 인사청문을 거쳐 대통령이 임명한다.

② 소속 장관은 소속 공무원에 대하여 제1항 외의 모든 임용권을 가진다.

1) 권영성, 헌법학원론, 1053면.

VI. 감사원

1. 감사원의 지위

1.1. 제도적 의의와 연혁

감사원이란 결산·회계감사 및 공무원의 직무감찰을 하기 위하여 설치된 대통령 직속의 기관이다(헌법 제97조 제1항).[1] 감사원은 건국헌법의 심계원(국가의 수입·지출의 결산을 담당)과 제2공화국 헌법의 감찰위원회(공무원의 직무상 비위의 감찰 담당)를 통합한 것으로서, 제3공화국 헌법이 처음으로 대통령 소속하에 두었다. 제4공화국 헌법은 국회의 국정감사권을 폐지하여 감사원으로 그 기능을 대신하게 했으며, 제5공화국 헌법도 대체로 그와 유사하였다. 현행헌법은 국정감사권을 부활시켜 국회의 국정감사기능을 강화하고 있음이 특징이다. 국회의 국정감사권과 감사원의 직무감찰권이 중복되는 감이 없지 않으나, 행정의 적법성을 보다 실효성있게 확보하기 위함이라는 데에 그 의의를 찾을 수 있다.

- 결산 · 회계검사
- 직무감찰
- 대통령 직속의 기관

1.2. 감사원의 헌법상 지위

감사원은 대통령 소속(헌법 제97조)하의 헌법상 필수기관(중앙행정기관)이다. 이는 행정부수반으로서의 대통령에 소속[2]되는 것이 아니라, 국가원수로서의 대통령에 소속되는 기관이다.[3] 대통령소속이라 함은 직속상 소속되었다는 의미이지 직무상(기능면)으로는 독립된 헌법기관이다.[4] 이점에서 대통령에 소속된 중앙행정기관이면서 조직과 기능면에서 모두 대통령의 지휘·감독을 받는 국가안전기획부와 구별된다. 그리고 감사원장과 감사위원으로 구성된 합의제 행정관청이다.

- 헌법상 필수기관(국가원수로서의 대통령에 소속되는 기관)
- 직무상 독립기관
- 합의제 행정관청

---

1) 성낙인, 헌법학, 1105면.
2) 행정부 수반인 대통령소속기관으로 보는 견해는 성낙인, 헌법학, 1105면(헌법편제상 행정부소속기관이기 때문이다).
3) 김철수, 헌법학(중), 600면.
4) 권영성, 헌법학원론, 1055면.

「문제점」

감사원이 비록 직무상 독립기관이라 하나 감사원이 대통령소속하에 있는 것은 선진외국에서는 찾아보기 힘든 형태이다. 외국의 경우는 독립기관 또는 국회소속기관이 일반적 형태이다. 감사원은 국민의 세금을 집행하는 단체에 대한 회계감사 및 직무감찰 등을 주요 직무로 하고 있기 때문에 정당국고보조금도 경우에 따라서는 감사의 대상으로 삼을 수 있다. 그러나 감사원이 대통령소속으로 되어 있기 때문에 정당에 대한 회계감사도 정치사찰이라는 이유로 불가능한 실정이고, 더욱이 감사원은 독립된 헌법기관이 아니라는 점에서 현실적으로 감사영역에서의 한계를 지닌다.

2. 감사원의 구성 및 신분보장

감사원은 원장을 포함한 5-11인의 감사위원으로 구성된다(헌법 제98조 제1항). 다만 감사원법은 원장을 포함하여 7인으로 구성된다고 규정하고 있다. 감사원장은 국회의 동의를 얻어 대통령이 임명하며(헌법 제98조 제2항). 감사위원은 원장의 제청으로 대통령이 임명한다(헌법 제98조 제3항). 임기는 모두 4년(감사원법 제6조 제1항)이며 1차에 한하여 중임할 수 있다(헌법 제98조 제2항). 중임을 1차에 한하여 하도록 하고 연임을 제한한 이유는 장기재직으로 인한 타성과 부패를 방지하기 위한 것이다.[1] 탄핵 · 금고이상의 형벌을 제외하고는 불리한 처분을 받지 아니한다(감사원법 제8조 제1항). 감사원장 사고시에는 감사위원으로 최장기간 재직한 감사위원이 직무를 대행한다(감사원법 제4조 제3항).

감사위원의 정년은 65세로 한다. 단 원장인 감사위원의 정년은 70세이다.

감사원법 제4조 (원장) ① 원장은 국회의 동의를 받아 대통령이 임명한다.

② 원장은 감사원을 대표하며 소속 공무원을 지휘하고 감독한다.

③ 원장이 사고로 인하여 직무를 수행할 수 없을 때에는 감사위원으로 최장기간 재직한 감사위원이 그 직무를 대행한다. 다만, 재직기간이 같은 감사위원이 2명 이상인 경우에는 연장자가 그 직무를 대행한다.

④ 원장의 자문에 응하게 하기 위하여 감사원에 자문기관을 둘 수 있다.

⑤ 제4항에 따른 자문기관의 구성 및 운영에 관한 사항은 감사원규칙으로 정한다.

감사원법 제6조 (임기 및 정년) ① 감사위원의 임기는 4년으로 한다.

② 감사위원의 정년은 65세로 한다. 다만, 원장인 감사위원의 정년은 70세로 한다.

3. 감사원의 권한

3.1. 결산조사 · 보고권

감사원은 국가의 세입 · 세출에 관한 결산을 조사하며, 그 결과를 대통령과 차년도 정

1) 권영성, 헌법학원론, 1057면.

기국회에 보고하여야 한다(헌법 제99조).

3.2. 회계검사권

감사원은 국가 및 법률로 정한 단체(지방자치단체, 한국은행, 정부가 1/2이상 출자한 기관)의 회계를 검사할 권한을 가진다. 법률로 정한 단체란 국가가 직접 또는 간접으로 보조·보증 또는 투자한 단체 및 그밖에 개별법으로써 지정된 단체를 말한다(필요적 검사사항). 감사원이 인정하거나 국무총리의 요청이 있을 대에는 검사할 수 있다(선택적 검사사항).

감사원법 제22조(필요적 검사사항) ① 감사원은 다음 각 호의 사항을 검사한다.
1. 국가의 회계
2. 지방자치단체의 회계
3. 한국은행의 회계와 국가 또는 지방자치단체가 자본금의 2분의 1 이상을 출자한 법인의 회계
4. 다른 법률에 따라 감사원의 회계검사를 받도록 규정된 단체 등의 회계

② 제1항과 제23조에 따른 회계검사에는 수입과 지출, 재산(물품·유가증권·권리 등을 포함한다)의 취득·보관·관리 및 처분 등의 검사를 포함한다.

감사원법 제23조(선택적 검사사항) 감사원은 필요하다고 인정하거나 국무총리의 요구가 있는 경우에는 다음 각 호의 사항을 검사할 수 있다.
1. 국가기관 또는 지방자치단체 외의 자가 국가 또는 지방자치단체를 위하여 취급하는 국가 또는 지방자치단체의 현금·물품 또는 유가증권의 출납
2. 국가 또는 지방자치단체가 직접 또는 간접으로 보조금·장려금·조성금 및 출연금 등을 교부(交付)하거나 대부금 등 재정 원조를 제공한 자의 회계
3. 제2호에 규정된 자가 그 보조금·장려금·조성금 및 출연금 등을 다시 교부한 자의 회계
4. 국가 또는 지방자치단체가 자본금의 일부를 출자한 자의 회계
5. 제4호 또는 제22조 제1항 제3호에 규정된 자가 출자한 자의 회계
6. 국가 또는 지방자치단체가 채무를 보증한 자의 회계
7. 「민법」또는 「상법」외의 다른 법률에 따라 설립되고 그 임원의 전부 또는 일부나 대표자가 국가 또는 지방자치단체에 의하여 임명되거나 임명 승인되는 단체 등의 회계
8. 국가, 지방자치단체, 제2호부터 제6호까지 또는 제22조 제1항 제3호·제4호에 규정된 자와 계약을 체결한 자의 그 계약에 관련된 사항에 관한 회계
9. 「국가재정법」제5조의 적용을 받는 기금을 관리하는 자의 회계
10. 제9호에 따른 자가 그 기금에서 다시 출연 및 보조한 단체 등의 회계

3.3. 직무감찰권

감사원은 행정기관과 공무원의 직무에 관한 직무감찰을 할 권한이 있다. 감찰권의 범위에는 공무원의 비위감찰 뿐만 아니라 행정감찰도 포함된다.[1] 국회·법원 및 헌법재판소

공무원은 감찰대상에서 제외되어 있다. 직무감찰은 공무원의 비위사실을 적발하는 비위감찰과 행정관리의 개선을 도모하기 위한 행정감찰권, 법령 · 제도 · 행정의 개선요구 및 권고권, 징계요구권, 수사기관에 고발권 등을 가진다.

3.4. 감사원규칙제정권

감사원은 감사에 관한 절차, 내부규율, 사무처리에 관한 규칙을 제정할 수 있다(감사원법 제52조). 규칙의 법적 성질에 관하여 견해가 대립되나, 헌법에 근거가 없는 법규명령은 인정할 수 없다는 견지에서 행정규칙(행정명령)으로 보는 견해와(부정설; 소극설; 다수설),[1] 법규명령으로 보는 견해가 대립된다(긍정설; 적극설). 긍정설(적극설)의 입장은 헌법에 규정되어 있는 행정입법형식은 열거적인 것이 아니고 다만 예시적 인것에 불과하다고 보아 그 법규명령성을 인정한다.[2] 이에 반하여 부정설(소극설)의 입장은 국회입법의 원칙(헌법 제40조 : 입법권은 국회에 속한다)에 대한 예외(따라서 헌법 제40조의 국회입법의 원칙은 국회가 모든 입법권은 가지고 있다는 의미가 아니고 실질적 의미의 입법에 관한 권한은 원칙적으로 국회의 권한에 속한다는 국회중심입법주의를 의미한다)로서의 행정입법은 헌법에 명시된 경우에 한하여만 인정될 수 있다고 보아 감사원규칙의 법규명령성을 부정한다.[3] 즉 헌법은 국회 및 기타 헌법기관에 규칙제정권을 인정하고 있음에 반하여 감사원에 대하여는 헌법에서 규칙제정권을 부여하고 있지않고, 다만 감사원법에서만 규칙제정권을 인정하고 있기 때문이다.[4]

「헌법이 인정하고 있는 예」

헌법 제64조 제1항 : 국회는 법률에 저촉되지 아니하는 범위안에서 의사와 내부규율에 관한 규칙을 제정할 수 있다. **헌법 제108조** : 대법원은 법률에서 저촉되지 아니하는 범위안에서 소송에 관한 절차, 법원의 내부규율과 사무처리에 관한 규칙을 제정할 수 있다. **헌법 제113조 제2항** : 헌법재판소는 법률에 저촉되지 아니하는 범위안에서 심판에 관한 절차, 내부규율과 사무처리에 관한 규칙을 제정할 수 있다. **헌법 제114조 제6항** : 중앙선거관리위원

---

1) 성낙인, 헌법학, 1107면.

1) 성낙인, 헌법학, 1108면; 권영성, 헌법학원론, 1058면.

2) 박윤흔, 행정법강의(상), 63면(감사원규칙 등은 헌법에 의하여 인정된 법형식이 아니고 법률에 근거한 법형식이기 때문에 법규명령의 하나로 볼 수 있는지에 대하여 다툼이 있으나, 헌법에서 인정한 법형식은 예시적이며 열거적이라고 볼 것은 아니기 때문에 법규명령의 일종으로 볼 것이다); 박균성, 행정법론(상), 180면.

3) 김도창 행정법(상), 311면; 김남진 · 김연태, 행정법(I), 148면; 석종현, 일반행정법(상), 163면; 권영성, 헌법학원론, 1058면; 성낙인, 헌법학, 1108면.

4) 김백유, 행정법치론(I), 421면.

회는 법령의 범위안에서 선거관리 · 국민투표관리 또는 정당사무에 관한 규칙을 제정할 수 있으며, 법률에 저촉되지 아니하는 범위안에서 내부규율에 관한 규칙을 제정할 수 있다.

헌법재판소는 헌법이 인정하고 있는 위임입법의 형식은 예시적이며, 입법자가 규율의 형식도 선택할 수 있다고 하였다. 이와 같은 헌법재판소의 견해에 의하면 감사원 규칙은 위임입법의 한 형식으로서 법규명령으로서의 성격을 갖는다고 할 것이다.[1]

헌재결 2004. 10. 28, 99헌바91 【금융산업의구조개선에관한법률제2조제3호가목등위헌소원】

국회입법에 의한 수권이 입법기관이 아닌 행정기관에게 법률 등으로 구체적인 범위를 정하여 위임한 사항에 관하여는 당해 행정기관에게 법정립의 권한을 갖게 되고, 입법자가 규율의 형식도 선택할 수도 있다 할 것이므로, 헌법이 인정하고 있는 위임입법의 형식은 예시적인 것으로 보아야 할 것이다.

[권영성 교수의 견해]

감사원규칙이 법규명령이기 위해서는 헌법에 그 근거가 있어야 하므로, 감사원은 감사원규칙제정권은 단지 비법규명령인 행정명령 내지는 행정규칙을 제정할 수 있는 권한일 뿐이다. 따라서 국민의 권리 · 의무에 관한 사항을 규정할 필요가 있을 때에는 대통령령으로서 해야 한다. 만일에 감사원규칙이 국민의 권리 · 의무에 관한 법규사항을 규정한다면 그것은 헌법위반임을 면할 수 없다.[2]

---

1) 정하중, 행정법총론, 140면.

2) 권영성, 헌법학원론, 1058면.

VII. 선거관리위원회

헌법 제114조 ① 선거와 국민투표의 공정한 관리 및 정당에 관한 사무를 처리하기 위하여 선거관리위원회를 둔다.

② 중앙선거관리위원회는 대통령이 임명하는 3인, 국회에서 선출하는 3인과 대법원장이 지명하는 3인의 위원으로 구성한다. 위원장은 위원 중에서 호선한다.

③ 위원의 임기는 6년으로 한다.

④ 위원은 정당에 가입하거나 정치에 관여할 수 없다.

⑤ 위원은 탄핵 또는 금고 이상의 형이 선고에 의하지 아니하고는 파면되지 아니한다.

⑥ 중앙선거관리위원회는 법령의 범위 안에서 선거관리·국민투표관리 또는 정당 사무에 관한 규칙을 제정할 수 있으며, 법률에 저촉되지 아니하는 범위 안에서 내부규율에 관한 규칙을 제정할 수 있다.

⑦ 각급 선거관리위원회의 조직·직무범위 기타 필요한 사항은 법률로 정한다.

헌법 제115조 ① 각급 선거관리위원회는 선거인명부의 작성 등 선거사무와 국민투표사무에 관하여 관계행정기관에 필요한 지시를 할 수 있다.

② 제1항의 지시를 받은 당해 행정기관은 이에 응해야 한다.

헌법 제116조 ① 선거운동은 각급 선거관리위원회의 관리하에 법률이 정하는 범위 안에서 하되, 균등한 기회가 보장되어야 한다.

② 선거에 관한 경비는 법률이 정하는 경우를 제외하고는 정당 또는 후보자에게 부담시킬 수 없다

1. 선거관리위원회의 지위

1.1. 제도적 의의

선거나 국민투표의 공정한 관리는 민주정치의 가장 중요한 요소로서, 이를 행정부의 관할로 두면 공정성을 기대하기가 어렵다. 더욱이 우리나라는 역사적 경험(자유당 이승만 정권하의 3·15 부정선거)에 대한 반성으로 제2공화국 헌법에다 중앙선거관리위원회를 헌법기관으로 격상시켰으며, 이는 드문 예로서 우리 헌법의 한 특색을 이루고 있다. 각급 선거관리위원회를 헌법에 처음으로 규정한 것은 제3공화국 헌법부터이다.

1.2. 헌법상 지위

선거관리위원회는 선거와 국민투표의 공정한 관리와 정당에 관한 사무를 처리하는 헌법상 필수기관이며, 합의제행정관청(합의제독립기관)이다. 독립된 기관으로서 위원의 신분도 보장된다. 대통령도 그 직무에 관여할 수 없으며, 위원들의 정당가입이나 정치관여가 금지된다.[1)] 헌법상 필수기관이므로 헌법개정을 하지 않고는 이를 폐지할 수 없다. 합의제

기관이므로 직무에 관한 합의에 있어서는 위원장과 위원은 법적으로 동등한 지위에 있다.[1)]

2. 선거관리위원회의 조직

선거관리위원회에는 중앙선거관리위원회 밑에 시 · 도선거관리위원회(9인), 시 · 군 · 구선거관리위원회(9인), 투표구선거관리위원회(7인)가 있다.

3. 선거관리위원회의 구성

중앙선거관리위원회는 9인의 위원으로 구성되며(3인은 대통령이, 3인은 국회에서, 3인은 대법원장이 지명한다), 위원장은 위원중에서 호선한다(헌법 제114조 제2항). 1인의 상임위원을 두고 나머지는 비상임의 명예직으로 한다. 위원의 임기는 6년이며, 연임에 대한 제한이 없다. 또한 탄핵 · 금고 이상의 형의 선고를 제외하고는 파면되지 아니한다. 위원은 정당에 가입할 수 없고 정치에 관여할 수 없다.

4. 선거관리위원회의 운영

각급선거관리위원회는 위원과반수의 출석으로 개의하고 출석위원 과반수의 찬성으로 의결한다. 위원장은 표결권을 가지며(선거관리위원회법 제10조 제1항), 가부동수인 때에는 결정권을 가진다(동법 제10조 제2항).

> 선거관리위원회법 제10조 (위원회의 의결정족수) ① 각급선거관리위원회는 위원과반수의 출석으로 개의하고 출석위원 과반수의 찬성으로 의결한다.
> ② 위원장은 표결권을 가지며 가부동수인 때에는 결정권을 가진다.

5. 선거관리위원회의 권한

5.1. 선거 및 국민투표의 관리

중앙선거관리위원회는 선거운동을 관리하고, 투표 및 개표, 당선자의 확정 등의 선거관리사무와 국민투표사무를 담당한다. 선거관리위원회는 선거사무와 국민투표사무에 관하여 관계행정기관에게 필요한 지시나 협조요구를, 공공단체에 대하여는 협조요구를 할 수 있다. 선거관리위원회 선거법위반행위를 발견한 경우에는 중지 · 경고 · 시정명령을 발할 수 있으며, 위반행위가 선거의 공정을 해하거나, 상기명령에 대한 불이행이 있을 때에는 수사

1) 권영성, 헌법학원론, 1061면.

1) 권영성, 헌법학원론, 1061면.

의뢰나 고발할 수 있다.

5.2. 정당사무의 관리

중앙선거관리위원회는 정당의 창당등록의 신고·공고·취소 등의 사무와 정치자금의 기탁·배분 등의 사무를 담당한다. 정치자금법은 정치자금의 기탁과 기탁된 정치자금 및 국고보조금을 각 정당에게 배분하는 사무를 행한다(정치자금법 제11조, 제15조, 제17조, 제18조).

5.3. 규칙제정권

중앙선거관리위원회는 법령의 범위안에서 선거관리·국민투표관리·정당사무에 관한 규칙(사무관리규칙제정권)[1]을 제정할 수 있고, 법률에 저촉되지 않는 범위안에서 내부규율에 관한 규칙(내부규칙제정권)을 제정할 수 있도록 규정하고 있다(헌법 제114조 제6항 후단).[2] 이에 따라 중앙선거관리위원회는 행정명령인 규칙을 제정할 수 있고,[3] 동시에 법규명령인 규칙도 정할 수 있다.[4] 중앙선거관리위원회는 자신의 업무와 관련된 법률의 제정·개정에 있어 필요한 의견을 국회에 제출할 수 있다.

---

1) 중앙선거관리위원회는 헌법 제114조 제6항에 따라 법령의 범위안에서 선거관리·국민투표관리·정당사무에 관하여 제정할 수 있다. 대법원은 대법원 규칙, 국회는 국회규칙을 발한다. 이들 규칙은 대통령령으로부터 독립되어 있는 기관이 발하는 법규명령이며 위임명령·집행명령의 성질을 가지며, 다만 그 명칭을 규칙이라고 칭하고 있을 뿐이다(박균성, 행정법론(상), 180면.).

2) 전자의 규칙은 법률에 저촉되지 아니하는 범위내로 개정되고, 후자의 규칙은 폐지되어야 한다는 입법론이 유력하다(권영성, 헌법학원론, 1063면 각주 2) 참조).

3) 헌재결 2000. 6. 29, 2000헌마325 **【불기소처분취소】** 공직선거에관한사무처리예규는, 각급선거관리위원회와 그 위원 및 직원이 공직선거에 관한 사무를 표준화·정형화하고, 관련법규의 구체적인 운용기준을 마련하는 등 선거사무의 처리에 관한 통일적 기준과 지침을 제공함으로써 공정하고 원활한 선거관리를 기함을 목적으로 하는 것이므로, 개표관리 및 투표용지의 유·무효를 가리는 업무에 종사하는 각급 선거관리위원회 직원 등에 대한 업무처리지침 내지 사무처리준칙에 불과할 뿐 국민이나 법원을 구속하는 효력이 없는 행정규칙이라고 할 것이어서 이 예규부분은 헌법소원 심판대상이 되지 아니한다.

4) 대판 1996. 7. 12, 96우16 **【구의회의원당선무효결정무효확인등】** 공직선거관리규칙은 중앙선거관리위원회가 헌법 제114조 제6항 소정의 규칙제정권에 의하여 공직선거및선거부정방지법에서 위임된 사항과 대통령·국회의원·지방의회의원 및 지방자치단체의 장의 선거의 관리에 필요한 세부사항을 규정함을 목적으로 하여 제정된 법규명령이라고 할 것이나, 1995. 6. 27. 실시한 제1회 전국동시지방선거를 위하여 중앙선거관리위원회가 각급 선거관리위원회에 배포한 '개표관리요령'은 개표관리 및 투표용지의 유·무효를 가리는 업무에 종사하는 각급 선거관리위원회 직원 등에 대한 업무처리지침 내지 사무처리준칙에 불과할 뿐 국민이나 법원을 구속하는 효력은 없다.

제 5 절 법원(사법부)

제 1 항 사법작용(사법권)

헌법 제101조 제1항은 「사법권은 법관으로 구성된 법원에 속한다」라고 하여 사법권은 원칙적으로 법원의 권한임을 명백히 하고 있다(法院司法의 원칙). 현행헌법에 있어서 제101조 제1항은 제40조 및 제66조 제4항과 더불어 삼권분립에 관한 규정이지만, 동조항은 또한 헌법에 다른 규정이 없는 한 사법에 관한 권한은 원칙적으로 법원이 행시한다는 법원사법의 원칙을 규정한 것일 뿐 아니라 사법권의 독립을 선언한 규정이기도 하다.[1] 그러나 이 때의 사법이 무엇을 의미하고, 사법권이 무엇에 관한 권한이며, 현실적으로 법원이 행사하는 사법권의 구체적인 범위는 어느 정도인가 하는 것이 문제되고 있다.

헌재결 2001. 3. 15, 2001헌가1 등 **【공적자금관리특별법 제20조 중 파산관재인관련부분 등 위헌제청 (동법 부칙 제3조)】**

[사법의 본질과 사법절차의 개념적 특징]

무엇이 사법권인지는 일률적으로 정의하기는 어려우나, "사법(司法)의 본질은 법 또는 권리에 관한 다툼이 있거나 법이 침해된 경우에 독립적인 법원이 원칙적으로 직접 조사한 증거를 통한 객관적 사실인정을 바탕으로 법을 해석·적용하여 유권적인 판단을 내리는 작용"이며, 따라서 법원이 사법권을 행사하여 분쟁을 해결하는 절차가 가장 대표적인 사법절차라 할 수 있을 것이고, 그렇다면 사법절차를 특징지우는 요소로는 판단기관의 독립성·공정성, 대심적 심리구조, 당사자의 절차적 권리보장 등을 들 수 있다.

헌재결 1995. 9. 28, 92헌가11 등 **【특허법 제186조 제1항 위헌제청】**

[대법원에 상고만을 인정한 특허쟁송절차]

특허법 제186조 제1항이 행정심판임이 분명한 특허청의 항고심판심결이나 결정에 대한 법원의 사실적 측면과 법률적 측면에 대한 심사를 배제하고 대법원으로 하여금 특허사건의 최종심 및 법률심으로서 단지 법률적 측면의 심사만을 할 수 있도록 하고 재판의 전심절차로서만 기능해야 할 특허청의 항고심판을 사실확정에 관한 한 사실상 최종심으로 기능하게 하고 있는 것은, 일체의 법률적 쟁송에 대한 재판기능을 대법원을 최고법원으로 하는 법원에 속하도록 규정하고 있는 헌법 제101조 제1항 및 제107조 제3항에 위반된다.

---

1) 권영성, 헌법학원론, 1063면.

헌재결 1996. 1. 25, 95헌가5 【반국가행위자의처벌에관한특별조치법 제2조 제1항 제2호 등 위헌제청】

궐석재판제도(반국가행위자의처벌에관한특별조치법 제7조 제7항)와 사법의 본질

사법의 본질은 법 또는 권리에 관한 다툼이 없거나 법이 침해된 경우에 독립적인 법원이 원칙적으로 직접 조사한 증거를 통한 객관적 사실인정을 바탕으로 법을 해석·적용하여 유권적인 판단을 내리는 작용이다. 우리 헌법은 권력 상호간의 견제와 균형을 위하여 명시적으로 규정한 예외를 제외하고는 입법부에게 사법작용을 수행할 권한을 부여하지 않고 있다. 그런데 위 법 제7조 제7항 본문은 법원으로 하여금 증거조사도 하지말고 형을 선고하도록 하고 있어 헌법이 정한 입법권의 한계를 유월하여 사법작용을 침해하고 있다.

헌재결 2000. 6. 29, 99헌가9 【변호사법 제81조 제4항 등 위헌제청(변호사법 제81조 제5항, 제6항)】

[징계위원회 결정에 불복 있는 변호사가 대법원에 즉시항고만 할 수 있도록 한 경우]

법무부변호사징계위원회의 징계결정이나 기각결정은 그 판단주체 및 기능으로 보아 행정심판에 불과함이 분명하고, 이러한 행정심판에 대하여는 법원에 의한 사실적 측면과 법률적 측면의 심사가 가능하여야만 비로소 변호사징계사건에 대한 사법권 내지는 재판권이 법원에 속한다고 할 수 있을 것인바, 변호사법 제81조(징계결정에 대한 불복) 제4항 내지 제6항은 이러한 행정심판에 대한 법원의 사실적 측면과 법률적 측면에 대한 심사를 배제하고, 대법원으로 하여금 변호사징계사건의 최종심 및 법률심으로서 단지 법률적 측면의 심사만을 할 수 있도록 하고, 재판의 전심절차로서만 기능해야 할 법무부변호사징계위원회를 사실확정에 관한 한 사실상 최종심으로 기능하게 하고 있는 것은, 일체의 법률적 쟁송에 대한 재판기능을 대법원을 최고법원으로 하는 법원에 속하도록 규정하고 있는 헌법 제101조 제1항 및 제107조 제3항에 위반된다.[1)]

헌재결 2001. 3. 15, 2001헌가1 등 【공적자금관리특별법 제20조 중 파산관재인관련부분 등 위헌제청(동법 부칙 제3조)】

[파산관재인의 선임과 직무감독이 사법의 본질적 사항인지 여부]

파산절차는 전형적인 소송절차가 아니고, '파산관재인의 선임 및 직무감독에 관한 사항'은 법 또는 권리에 관한 분쟁을 법원이 대심적 심리에 의한 사실인정을 바탕으로 법을 해석 적용하여 유권적인 판단을 내리는 작용이 아니라, 파산재단에 속하는 재산을 환가하여 이를 파산채권자에게 분배하는 등 직무를 담당할 파산관재인을 선임하고 감독하는 일이므로 사법의 본질적 사항은 아니라 할 것이어서 입법자는 이에 관하여 보다 폭 넓은 입법형성권을 가진다 할 것이고, 따라서 종래 파산법이 그에 관한 사항을 법원의 권한으로 정하고 있더라도 다시 법률로써 그 일부를 제한한다고 하여서 이를 가지고 사법의 본질을 훼손하는 것이라고 단정할 수는 없다 할 것이다.[2)]

---

1) 헌재결 2002. 2. 28, 2001헌가18, 판례집 14-1, 98, 104.

2) 반대의견(재판관 김영일, 권성, 김효종) 파산관재인의 선임은 파산재단의 규모·자산상태 등을 감안하여 적격자를 심사·선임하는 결정이므로 당연히 법원의 재판사항에 속한다(판례집 13-1,

[헌재결 1995. 9. 28, 92헌가11 등 【특허법 제186조 제1항 위헌제청】

[사법권과 행정심판]

헌법 제101조 제1항은 "사법권은 법관으로 구성된 법원에 속한다"고 규정하고 있고 헌법 제107조 제3항 제1문은 "재판의 전심절차로서 행정심판을 할 수 있다"고 규정하고 있다. 이는 우리 헌법이 국가권력의 남용을 방지하고 국민의 자유와 권리를 확보하기 위한 기본원리로서 채택한 3권분립주의의 구체적 표현으로서 일체의 법률적 쟁송을 심리 재판하는 작용인 사법작용은 헌법 그 자체에 의한 유보가 없는 한 오로지 대법원을 최고법원으로 하는(헌법 제101조 제2항) 법원만이 담당할 수 있고 또 행정심판은 어디까지나 법원에 의한 재판의 전심절차로서만 기능하여야 함을 의미한다.[1)]

헌재결 2000. 6. 1, 98헌바8 【산업재해보상보험법 제94조 제2항 등 위헌소원】

[사법절차의 요소]

헌법 제101조는 "사법권은 법관으로 구성된 법원에 속한다"고 규정하고 있고, 헌법 제103조는 "법관은 헌법과 법률에 의하여 그 양심에 따라 독립하여 심판한다"고 규정하고 있으며, 사법의 본질은 법 또는 권리에 관한 다툼이 있는 경우에 독립적인 법원이 법을 해석·적용하여 유권적인 판단을 내린다는 데 있다.[2)] 따라서 법원이 사법권을 행사하여 분쟁을 해결하는 절차가 가장 대표적인 사법절차라 할 수 있을 것이고, 그렇다면 사법절차를 특징지우는 요소로는 판단기관의 독립성·공정성, 대심적(對審的) 심리구조, 당사자의 절차적 권리보장 등을 들 수 있을 것이다.

헌재결 2001. 3. 15, 2001헌가1등 【공적자금관리특별법 제20조 중 파산관재인관련부분 등 위헌제청(동법 부칙 제3조)】

[부보금융기관의 파산시 법원으로 하여금 예금보험공사나 그 임직원을 의무적으로 파산관재인으로 선임하도록 하고 법원의 감독권을 일부 제한하는 규정과 사법권]

공적자금관리특별법에 의한 예금보험(예보)의 적용대상기관으로서 위 법 소정의 금융기관(부보금융기관)이 파산한 경우 예금보험공사나 그 임직원을 의무적으로 파산관재인으로 선임하도록 하였다 하더라도 한정된 파산사건에서 법원의 판단에 의하여 필요한 때에 예보 또는 그 임직원을 파산관재인으로 선임하도록 하였고, 법원이 필요하다고 인정하면 복수선임도 가능하므로 법원은 여전히 그 선임에 상당한 재량이 있다. 금융기관의 파산은 금융뿐만 아니라 경제 전반에 심각한 파급효과를 미치며, 도산된 금융기관에 예보가 지급한 예금보험금이 효율적으로 신속히 회수되지 않을 때는 결국 국가의 재정부담으로 귀결되고, 나아가 심각한 국가경제적 문제가 발생할 여지가 있다. 위 조항은 그러한 공적자금의 효율적 회수 필요성이라는 중대한 공익을 실현하기 위하여 공적자금이 지원된 부보금

441, 476).

1) 헌재결 2000. 2. 24, 99헌바17등; 헌재결 2000. 6. 29, 99헌가9; 헌재결 2002. 2. 28, 2001헌가18.

2) 헌재결 1996. 1. 25, 95헌가5 【반국가행위자의처벌에관한특별조치법 제2조 제1항 제2호 등 위헌제청】

융기관에 한하여 파산관재인 선임과 감독상의 특례를 인정하고 있다. 부보금융기관의 파산 시에 금융업무에 대한 고도의 전문성을 지닌 공적 기관인 예보가 파산관재인이 될 때, 파산재단에 대한 관리, 환가업무 등을 보다 효율적으로 수행함으로써 공적자금의 효율적이고 신속한 회수에 기여할 것이라고 인정될 수 있고, 예보는 자체 내에서 운영위원회 등 합리적인 의사결정 시스템과 효율적인 조직 및 전문성을 갖추고 있고, 파산관리절차에 대한 체계적 지휘체계를 구비한 것으로 보여지고, 나아가 재정경제부장관, 공적자금관리위원회, 금융감독위원회, 국회 등에 의한 감독을 받고 있는바, 파산관재인의 선임에 관한 법원의 재량을 제한하고 법원의 감독권을 일부 배제하였다 하더라도 사법권을 침해하는 것이라고 볼 수 없다.[1)]

헌재결 2002. 10. 31, 2001헌바68 【폭력행위등처벌에관한법률 제3조 제4항 위헌소원】

[작량감경만으로는 집행유예를 할 수 없도록 법정형을 정한 폭력행위등처벌에관한법률 제3조 제4항의 경우]

위 법률조항의 경우 입법자는 폭력범죄의 재범을 방지하고자 하는 목적과 폭력범죄로 인하여 이미 2회의 징역형을 선고받아 그 집행을 종료하였음에도 다시 집단적·흉기휴대 폭력범죄를 반복하는 경우에는 그 비난가능성이 특히 크다고 보아, 법률상 감경사유가 없는 한, 법관이 작량감경을 하여도 집행유예를 선고하지 못하도록 통제한 것이라 할 것이고, 이러한 입법자의 결단은 여러 가지 사정에 비추어 수긍할 만한 합리적 이유가 있다고 인정되므로 입법재량의 한계를 벗어난 자의적인 조치라고 보기는 어렵다. 따라서 위 법률조항의 경우 그 법정형의 하한을 높여 놓았다 하여 곧 법관의 양형결정권 및 재판을 받을 권리를 침해하는 것이라고 볼 수 없다.

헌재결 2005. 3. 31, 2004헌가27 등 【형사소송법 제457조의2 위헌제청】

[약식절차에서 피고인이 정식재판을 청구한 경우약식명령보다 더 중한 형을 선고할 수 없도록 한 형사소송법 제457조의2]

형사재판에서 법관의 양형결정이 법률에 기속되는 것은 법률에 따라 심판한다는 헌법

---

1) 헌재결 2001. 3. 15, 2001헌가1등 반대의견(재판관 김영일, 권 성, 김효종) : 예보 또는 그 임직원은, 파산채권자들 중의 1인으로서 직접적인 이해관계인이거나, 실질적으로 예보와 동일한 지위에 있다. 그럼에도 불구하고 이 사건 심판대상조항이 '공적 자금의 효율적인 회수를 위하여 필요한 때'에는 법원의 파산관재인에 대한 선임권을 박탈하여 이해관계인에 불과한 예보 또는 그 임직원을 파산관재인으로 선임하여야 하고, 특히 예보가 파산관재인으로 되는 경우에는 그에 관한 감독권·해임권까지 배제하도록 하는 것은, 파산관재인이 파산법의 지도이념인 공평과 절차보장을 무시하더라도, 즉 다른 파산채권자들의 이익을 해하는 직무를 수행하더라도 법원으로서는 이를 방치할 수밖에 없도록 함으로써, 파산관재인 선임에 관한 법원의 판단재량을 배제하고 법원으로 하여금 이와 같은 편향적인 파산절차의 진행을 강요함으로써 사법권의 본질을 침해하는 것이다.

제103조에 의한 것으로 법치국가원리의 당연한 귀결이다. 헌법상 어떠한 행위가 범죄에 해당하고 이를 어떻게 처벌할 것인지 여부를 정할 권한은 국회에 부여되어 있고 그에 대하여는 광범위한 입법재량 내지 형성의 자유가 인정되고 있으므로 형벌에 대한 입법자의 입법정책적 결단은 기본적으로 존중되어야 한다. 따라서 형사법상 법관에게 주어진 양형권한도 입법자가 만든 법률에 규정되어 있는 내용과 방법에 따라 그 한도 내에서 재판을 통해 형벌을 구체화하는 것으로 볼 수 있다. 또한 검사의 약식명령청구사안이 적당하지 않다고 판단될 경우 법원은 직권으로 통상의 재판절차로 사건을 넘겨 재판절차를 진행시킬 수 있고 이 재판절차에서 법관이 자유롭게 형량을 결정할 수 있으므로 이러한 점들을 종합해보면 이 사건 법률조항에 의하여 법관의 양형결정권이 침해된다고 볼 수 없다.

I. 사법(작용)의 의의와 본질

1. 사법(작용)의 개념

1.1. 실질적 의미의 사법

1.1.1. 개관

사법을 실질적 의미로 이해하는 입장(실질적 사법개념 · 실질설)도 사법작용을 어떠한 국가작용으로 인식하는가에 관해서는 견해가 갈리고 있다. 성질설은 국가작용의 실질적 성질여하를 기준으로 하여 입법 · 집행 · 사법을 구별하려는 견해로서, 사법이란 법을 판단하고 선언함으로써 법질서를 유지하기 위한 작용이라고 한다. 이에 대하여 기관설은 국가기관의 성격을 기준으로 하여 사법이란 독립적 지위를 가진 기관이 쟁송절차에 따라서 행하는 작용이라고 한다. 사법의 개념을 실질적 의미로 이해하는 경우에도 여러 가지 견해가 대립한다.

1.1.2. 학설

a) 성질설

국가작용의 성질을 기준으로 하여 입법, 행정, 사법을 구분하려는 견해로서, 사법을 법을 판단하고 선언함으로써 법질서를 유지하는 작용으로 이해한다(다수설).

b) 목적설

사법과 행정을 그 목적에 따라 구분하려는 견해로서, 행정은 국가목적 또는 공익목적을 실현하기 위한 작용인데 대하여 사법은 민사와 형사의 목적을 위한 작용이라고 한다(18 · 19세기의 지배적 견해).

c) 기관설

국가작용을 그 담당기관의 성격에 따라 구분하려는 견해로서, 행정은 상·하의 명령적·종속적 지위를 가진 기관계층체의 작용인데 대하여 사법은 병열적 지위를 가진 기관복합체의 작용이라고 한다(Merkl).

1.2. 형식적 의미의 사법

사법을 형식적 의미로 이해하는 입장(형식적 사법개념·형식설)은 법원의 관장사항을 기준으로 하여 법원이 관장하고 있는 사항이면 그 실질적 성질이나 내용 여하를 불문하고 모두 사법작용이라고 한다. 형식설에 의하면 사법행정권이나 규칙제정권도 사법 속에 포함된다.

1.3. 결론

오늘날의 지배적인 견해는 성질설에 따라 사법을 실질적 의미(실질설)로 파악하여「사법이란 구체적인 법적 분쟁이 발생한 경우에 당사자로부터의 쟁송의 제기를 기다려 독립적 지위를 가진 기관이 제3자적 입장에서 무엇이 법(정의)인가를 판단하고 선언함으로써 법질서를 유지하기 위한 작용」으로 이해하고 있다. 왜냐하면 형식설을 따르게 되면 다음과 같은 문제점이 있기 때문이다. 첫째 헌법에 규정되어 있는 권력분립의 원칙이란 국가권력을 그 기능에 따라 분리·독립시키는 것으로 이는 국가권력의 성질상의 차이를 전제로 하여야 한다. 둘째, 형식설에 따르면 헌법 제101조 제1항의 규정내용이 "법원의 권한에 속하는 것이 법원에 속한다"는 동어반복적인 순환논법에 빠지게 되어 그 내용이 공허하게 된다. 셋째, 형식설에 따르면 법원의 인사나 예산의 편성과 집행, 규칙제정권 등도 사법의 개념에 포함되게 되어 사법의 본질을 왜곡하기 때문이다.

2. 사법(작용)의 본질

사법작용의 개념적 징표는 다음과 같다. (ㄱ) 사법작용은 사회에서 발생하는 구체적인 법적 분쟁을 전제로 한다. 따라서 사법의 대상은 사회에서 발생하는 구체적이고 현실적인 권리·의무관계에 관한 분쟁을 전제로 한다.[1] (ㄴ) 사법권은 개개사건의 당사자로부터의 구체적인 쟁송의 제기가 있는 경우에만 발동될 수 있다. 행정작용은 공익을 기초로한 국가목적의 실현을 위하여 필요한 경우에는 능동적으로 발동되지만, 사법작용은 이해관계의 직

1) 외국정부에 의하여 구금된 일수가 형법 제57조 제1항 소정의 판결선고전 구금일수에 해당하여 본형에 산입되는지 여부를 알아보려는 심판청구는 결국 법률의 해석문제에 관한 구문으로서 헌법소원의 대상이 되지 아니한다(헌재결 1997. 9. 25, 96헌마159).

접적인 당사자로부터의 쟁송의 제기가 전제되므로 수동적인 것이다. (ㄷ) 사법작용은 무엇이 법(정의)인가를 판단하고 선언 하는 작용이다(법선언작용). (ㄹ) 사법작용은 현존하는 법질서의 테두리안에서 사회공동체의 (법적) 안정성을 유지하기 위한 작용이다. 행정작용이 국가내에서의 새로운 질서형성을 위한 적극적 작용이라면, 사법은 현재의 분쟁을 해결함으로써 법질서를 소극적으로 유지하려는 현상유지적 작용이다(현상유지적 작용). (ㅁ) 사법작용은 외부로부터 간섭이나 제약을 받지 않는 독립적 지위를 가진 제3의 기관이 제3자적 입장에서 수행해야 할 작용이다(사법의 독자성). 사법에 있어서 법의 판단과 선언은 엄정하고 공정한 것이어야 하므로 헌법과 법률에 의하여 신분이 보장된 법관이 누구의 명령이나 지시에도 따르지 아니하고 오로지 법과 양심에 따라 행할 것이 요청된다.

3. 사법작용의 증가

사회가 급격히 변화·발전함에 따라 새로운 유형의 분쟁들이 발생하고 있음은 세계적인 현상이다. 날로 폭증하는 다양한 형태의 법적 분쟁을 오로지 법원의 소송절차에 따라 해결한다는 것은 가능한 일도 아니고 실효적일 수도 없다. 이에따라 각국은 분쟁해결의 방법을 소송에 의한 분쟁해결과 소송외적 방법을 통한 분쟁해결[1])로 이원화하고 있는 추세이다.[2]) 소송외적 방법을 통한 분쟁해결의 방법은 사건당사자에게 신속하고 경제적인 처리가 가능하며 소송에 따른 법원의 부담을 감경시켜주는 등 장점이 있는 반면에, 간이한 절차로 말미암아 부정확하고 불공정한 판단을 초래할 가능성이 높다. 따라서 양자의 상호보완이 필요하다.

그러나 법적 분쟁해결의 주된 방법은 아직도 소송을 통한 해결방법이고 현대에 와서 이러한 해결방법은 더욱 증대하는 경향을 나타내고 있다. 그 주요원인으로는 다음을 들 수 있다. (ㄱ) 최근에 와서 환경권·소비자권리·휴식권 등 이른바 새롭고 다양한 형태의 「현대형 기본권」이 발굴되고 보장됨으로써 새로운 유형의 소송이 증대되고 있다. (ㄴ) 사법민주화의 명분을 내세워 소송절차상의 여러 가지 제약요소들을 철폐함으로써 소송절차가 대폭 간소화되고, 이에 따라 남소의 폐해가 나타나고 있다. (ㄷ) 개인주의 경향과 국민의 권리의식은 날로 제고되어 화해와 타협을 바탕으로 분쟁을 해결하려던 전통은 외면되고, 법적 절차에 호소하려는 경향이 증대하여 소송만능주의가 팽배하고 있다. 근년에 와서는 개인적인 사소한 감정이나 불만까지도 소송을 통하여 해결하려는 풍조가 만연하여 이것이 법원의

---

1) 우리 나라에서 시행 중인 訴訟外의 방법을 통한 분쟁해결 방안(Alternative Dispute Resolution : ADR)으로는 민사분야의 민사조정절차, 노동쟁의조정제도, 환경분쟁조정제도, 소비자분쟁조정제도, 언론중재제도 등을 들 수 있다.

2) 이상돈, 소송외 방법을 통한 분쟁의 해결, 변호사협회지(1989.2), 107-115면 참조.

업무를 가중시키고 있다. 그러나 법적 분쟁의 해결은 국가의 전통적 기능이자 의무이므로 국민으로부터 재판의 청구(청구권적 기본권으로서의 재판청구권)가 있는 경우에 국가는 이를 외면할 수 없다. 따라서 국가는 폭증하는 분쟁과 소송증가에 대한 대응책으로서 법원의 증설과 법관의 증원 그리고 소송절차의 개선 등에 노력하지 않으면 아니된다.

II. 사법작용의 특성과 기능

1. 사법작용의 특성

사법작용은 법을 적용하는 작용이므로 법을 정립하는 작용인 입법작용과 구별된다. 또한 사법작용은 법을 적용함에 있어 무엇이 법인가를 판단하고 선언함으로써 법질서를 유지하기 위한 소극적 작용이므로, 국가목적·공익목적을 적극적으로 실현하기 위하여 법을 집행하는 작용인 행정작용과도 구별된다.

사법은 법집행작용인 점에서 법정립작용인 입법과 구별되며, 같은 법집행작용인 행정과 성격이 유사하나 다음과 같은 점에서 구별된다. 즉 사법작용은 행정작용과는 다른 다음과 같은 특성을 가지고 있다. (ㄱ) 사법작용은 구체적인 법적 분쟁이 발생한 경우에 당사자로부터 소의 제기를 기다려 비로소 발동된다는 점에서 소극적이고 수동적인 국가작용이다(소극성과 수동성). (ㄴ) 사법작용은 법의 의미를 중립적 입장에서 인식하는 작용이다(정치적 중립성). (ㄷ) 사법작용은 법적 쟁송이 발생한 경우에 신분이 보장된 법관이 독립적 입장에서 행하는 법선언작용이다(독립성과 독자성). (ㄹ) 사법작용은 분쟁 해결을 통하여 법질서를 유지하고 법적 평화를 유지하기 위한 보수적·현상 유지적 작용이다(보수성).

이상에서 본 바와 같이 사법이란 성질설에 따라 구체적인 법률적 분쟁이 있는 경우에 무엇이 법인가를 판단·선언하는 작용이라 할 수 있다.

[사법작용의 특성]
첫째, 사법은 반드시 구체적인 법률적 분쟁이 전제된다(사건성).
둘째, 당사자로부터 소제기가 있어야 한다(수동성).
셋째, 무엇이 법인가를 판단하고 선언하는 작용이다(법선언성).
넷째, 독립된 제3자가 담당하여야 한다(판단의 독립성).
다섯째, 질서의 형성을 위한 적극적 작용이 아니다. 법질서를 유지하려는 현상유지적인 소극적 작용이다(절차의 특수성).

「참고」
사법의 특성을 사법기능의 특질로 설명하는 견해[1]가 있다. 사법기능은 그것이 구체적 쟁송을 전제로 행하는 분쟁해결의 소극적 · 수동적 기능이며(기능전제적 특질), 독립된 법관을 통해서 이루어지며(기능방법적 특질), 법질서의 유지와 법적 평화의 실현을 위하여(기능목적적 특질), 비정치적 법인식기능이며(기능성질석 특질), 다른 국가작용에 의한 기본권침해를 구제해 준다(기능효과적 특질).

2. 사법작용의 기능

사법작용은 다음과 같은 기능을 수행한다. 첫째, 사법작용은 국민의 기본권을 보장하는 기능을 수행한다(기본권보장).[1] 국민의 권익이 국가작용에 의하여 침해되는 경우, 사법은 이를 구제하고 사인 상호간에 법적 다툼이 있는 경우에도 의의 해결을 통한 법익을 보호하는 기능을 한다(법익보호기능). 더욱이 의회와 행정부가 다수당에 의하여 지배되고 있는 현대 정당국가에서는 사법이 다수파의 횡포로부터 소수파의 권익을 보호하는 기능을 수행한다(소수파의 권익보호). 둘째, 사법작용은 법질서를 유지하는 기능을 수행한다. 사법작용은 헌법을 수호하고 하위규범 상호간에 충돌이 있을 경우 그 충돌을 해결함으로써 국가의 법질서를 유지하는 기능을 수행한다(법질서유지기능). 셋째, 사법작용은 법을 인식하고 선언함으로써 법의 의미를 확정하며(법선언작용), 법의 상호모순과 충돌을 해결하고 법의 흠결을 보충하는 기능을 한다(법흠결 보완기능). 넷째, 사법작용은 법적 분쟁 등 사회적 갈등을 해소함으로써 사회평화보장의 기능을 수행한다(평화적 사회보장기능).

III. 사법권의 의미와 범위

1. 헌법 제101조 제1항의 사법권의 의미

헌법 제101조 제1항의 사법은 이를 실질적 의미로 이해하여야 하고, 그 사법권 또한 실질적 의미의 사법에 관한 권한으로 파악하여야 한다. 그 이론적 근거는 다음과 같다.

첫째, 헌법에 있어서 삼권분립의 원리는 원래 성질을 달리하는 세 가지 국가작용인 입법 · 집행 · 사법을 각기 분리 · 독립된 기관들에 분담시키려 한 것이기 때문이다. 만일에 사

---

1) 허영, 한국헌법론, 1024면.

1) 헌재결 1997. 12. 24, 96헌마172 등 【헌법재판소법 제68조 제1항 위헌확인 등】 법원의 기본권보호의무: 법원은 기본권을 보호하고 관철하는 일차적인 주체이다. 모든 국가권력이 헌법의 구속을 받듯이 사법부도 헌법의 일부인 기본권의 구속을 받고, 따라서 법원은 그의 재판작용에서 기본권을 존중하고 준수해야 한다. 법원이 기본권의 구속을 받기 때문에 법원이 행정청이나 하급심에 의한 기본권의 침해를 제거해야 하는 것은 당연한 것이다. 기본권의 보호는 제도적으로 독립된 헌법재판소만의 전유물이 아니라 모든 법원의 가장 중요한 과제이기도 하다.

법을 형식적 의미로 이해한다면 헌법 제101조 제1항, 헌법 제40조, 헌법 제66조 제4항 등 삼권분립에 관한 조항들을 굳이 헌법에 규정할 필요가 없게 되는 것이다. 둘째, 형식설에 따른다면, 법원의 권한에 속하는 사항은 그 모두가 사법이 되므로 사법권의 한계라는 논리는 성립될 수 없음에도 불구하고 형식론자들이 사법권의 한계를 논하는 것은 논리적 모순이다. 셋째, 사법의 개념을 형식적 의미로 이해하여 법원의 권한에 속하는 것이 사법이라 한다면, 헌법 제101조 제1항의 「사법권은 법관으로 구성된 법원에 속한다」라는 규정은 「법원의 권한에 속하는 것이 법원에 속한다」라는 순환론법이 되어 동어반복이 되고 결국은 공허한 내용이 된다. 따라서 제101조 제1항의 사법권은 실질적 의미의 사법에 관한 권한으로 이해하여야 하고, 「사법권은 법관으로 구성된 법원에 속한다」라고 하는 것은 헌법에 별도의 규정이 없는 한 실질적 의미의 사법에 관한 권한은 원칙적으로 법원의 권한에 속한다는 법원사법의 원칙을 규정한 것으로 보아야 한다.[1)]

2. 법원이 행사하는 사법권의 범위

헌법 제101조 제1항의 규정에도 불구하고 헌법은 실질적 의미의 사법에 관한 권한을 법원에게 독점시키지 아니하고 그 중 일부를 다른 국가기관의 권한으로 하고 있다. 다시 말하면 실질적 의미의 사법에 관한 권한의 전부를 법원에게 완전독점시키고 있는 것이 아니고 법원이 현실적으로 행사하는 권한의 전부가 실질적 의미의 사법에 관한 것만도 아니다. 그러므로 법원이 현실적으로 행사하게 되는 사법권은 그 범위가 한정적이다.

헌법은 헌법정책상의 이유로 실질적 의미의 사법에 관한 권한의 일부를 대통령(사면·복권 등), 정부(행정심판·징계 등), 국회(의원의 징계 등), 헌법재판소(위헌법률심판·위헌정당해산심판·탄핵심판·권한쟁의심판·헌법소원심판 등) 등에 부여하고 있다. 다시말하면 헌법은 헌법정책적 이유로 실질적 의미의 사법을 다른 기관에 맡긴 경우도 있고, 실질적 의미의 행정이나 입법을 법원의 관할사항으로 한 경우도 있다. 전자의 예로는 대통령에게 부여한 위헌정당의 해산제소권, 정부의 행정심판에 관한 재결권(행정심판위원회),[2)]

---

1) 사법권의 개념에는 헌법재판권도 당연히 포함되지만, 헌법 제101조 제1항과 관련해서는 일반법원에 의한 사법권만이 그 내용이 되고 헌법재판소에 의한 헌법재판권은 여기에서 제외되고 있다.

2) 헌재결 1995. 9. 28. 92헌가11등 【특허법 제186조 제1항 위헌제청】 사법권의 의의와 행정심판: 헌법 제101조 제1항, 제2항은 "사법권은 법관으로 구성된 법원에 속한다. 법원은 최고법원인 대법원과 각급 법원으로 조직된다"고 규정하고 있고 헌법 제107조 제3항 전문은 "재판의 전심절차로서 행정심판을 할 수 있다"고 규정하고 있다. 이는 우리 헌법이 국가권력의 남용을 방지하고 국민의 자유와 권리를 확보하기 위한 기본원리로서 채택한 3권분립주의의 구체적 표현으로서 일체의 법률적 쟁송을 심리·재판하는 작용인 사법작용은 헌법 그 자체에 의한 유보가 없는 한 오로지 대법원을 최고법원으로 하는(헌법 제101조 제2항) 법원만이 담당할 수 있고 또 행정심판은

국회의 의원징계 등이며, 후자의 예로는 법원의 인사 · 예산의 편성 및 집행, 각종의 비송사건(실질적 의미의 행정)과 규칙제정권(실질적 의미의 입법) 등이다. 이와같이 헌법 제101조 제1항의 규정에도 불구하고 법원은 실질적 의미의 사법에 관한 권한 중 그 일부는 이를 현실적으로 행사하지 못한다.[1] 헌법 제101조 제1항은 실질적 의미의 사법개념으로 파악하는 것이 타당함은 앞에서 본 바와 같다. 결국 법원이 행사하는 실질적 의미의 사법에 관한 권한 중 기본적인 것을 든다면 민사재판권 · 형사재판권 · 행정재판권과 헌법재판권의 일부이다.

「헌법 제101조 제1항」:

- 실질적 의미의 사법개념
  - · 민사재판
  - · 형사재판
  - · 행정재판
  - · 헌법재판

「헌법정책적 이유」

- 실질적 의미의 사법 → 다른 기관에 맡긴 경우
  - · 대통령에게 부여한 사면권
  - · 위헌정당의 해산제소권
  - · 정부의 행정심판에 관한 재결권
  - · 국회의 의원징계
- 실질적 의미의 행정 · 입법 → 법원의 관할사항
  - · 법원의 인사
  - · 법원의 예산의 편성 및 집행
  - · 각종의 비송사건(실질적 의미의 행정)
  - · 규칙제정권(실질적 의미의 입법)

2.1. 민사재판권

민사재판권이라 함은 민사소송을 처리함에 필요한 권한을 말한다. 민사소송은 사인간의 생활관계에 관한 분쟁 또는 이해의 충돌을 국가가 그 재판권을 행사하여 법률로써 강제

어디까지나 법원에 의한 재판의 전심절차로서만 기능하여야 함을 의미한다.

1) 반대로 법원의 소관사항으로 하고 있지만, 사법규칙의 제정권, 헌법재판소 재판관 · 중앙선거관리위원회 위원의 지명권, 민사의 비송사건은 물론 등기 · 호적 · 공탁 · 경매(강제집행) · 법인의 감독 · 신탁 · 감정업무 등 사법행정 그리고 수사 · 체포 · 구금 등 형사에 있어서의 사법경찰 등은 재판작용이 아니므로, 엄격한 의미에서는 사법작용에 해당하지 아니하는 것이다.

적으로 해결·조정하기 위한 절차를 말한다. 본래의 민사소송으로부터 파생하는 부수소송이나 법률관계에 영향을 미치는 사실존부의 확정을 목적으로 하는 소송도 민사소송에 포함된다.[1]

민사소송은 판결절차와 강제집행절차로 대별되는 바, 협의의 민사소송은 판결절차만을 의미한다. 민사소송에는 통상의 절차 이외에 인사소송, 독촉절차, 집행보전절차(가압류·가처분절차), 공시최고절차·파산절차 등의 특별절차가 있다. 물론 민사소송은 법규를 구체적으로 적용하여 분쟁을 강제적으로 해결하는 것이므로 이들 요소를 결한 그 밖의 민사소송인 비송사건절차·조정절차와는 구별된다.

2.2. 형사재판권

형사재판권이라 함은 형사소송을 처리함에 필요한 권한을 말한다. 형사소송이라 함은 범죄를 인정하고 형벌을 과하는 절차를 말한다. 협의의 형사소송은 국가형벌권의 구체적인 행사에 관한 절차, 즉 검사의 공소의 제기로부터 재판의 확정에 이르기까지의 국가형벌권의 실행과 관련한 일체의 절차로서,[2] 협의의 형사재판(수사절차·공판절차 및 집행절차의 전부) 이외에 소년법 등에 의한 형사절차, 약식절차, 즉심절차, 구속영장발부제도, 군사재판과 같은 작용을 포함한다.

2.3. 행정재판권

행정재판권이라 함은 행정소송을 처리함에 필요한 권한을 말한다.[3] 행정소송이란 국가와 국민 사이의 행정작용에 관한 분쟁을 해결하기 위한 소송절차를 의미한다. 행정소송은 정식의 소송절차인 점에서 행정심판과 구별된다. 행정소송을 누가 담당하는가에 따라 사법형국가(일반법원이 담당함)와 행정형국가(행정재판소가 담당)로 구별되나, 우리 나라는 과거에는 일반법원이 행정소송을 담당하는 사법형주의를 채택하고 있었으나 1998년 3월 1일부터 서울은 지방법원급인 행정법원에서, 지방은 지방법원본원합의부에서 행정소송의 제1심을 관장하고, 고등법원 및 대법원에서 최종적으로 행정소송을 담당하도록하여 절충주의를 채택하고 있다. 다만 행정소송의 특수성을 감안하여 민사소송과는 다른 특례를

---

1) 권영성, 헌법학원론, 837면.

2) 광의의 형사소송은 국가형벌권의 실행과 관련이 있는 일체의 절차로서 협의의 형사소송은 물론 이것을 전후한 절차를 모두 포함하여, 수사절차·공판절차 및 집행절차의 전부를 가리킨다. 사법권의 대상이 되는 형사소송은 공판절차만이다. 다만 이때의 형사소송은 검사의 공소로써 이루어지는 정식절차 이외에 소년법 등에 의한 형사절차·약식절차·즉심절차 등 특수한 절차도 포함한다(권영성, 헌법학원론, 837면 각주 1).

3) 권영성, 헌법학원론, 837면.

인정하고 있다. 제소기간을 제한하고 있으며, 필요한 경우에는 행정심판전치주의(임의적)를 취하고 있으며, 직권심리주의 등을 가미하고 있다.

「행정소송」
- 국가와 국민 사이의 행정작용에 관한 분쟁을 해결하기 위한 소송절차
- 행정소송은 정식의 소송절차 → 행정심판과 구별
- 행정형국가(행정재판소가 담당)
- 사법형국가(일반법원이 담당함)
- 절충형(우리 나라)
  → 제소기간을 제한
  → 행정심판전치주의(임의적)
  → 직권심리주의

[직권심리주의]

직권심리주의(또는 직권주의 : Offizialprinzip)란, 행정심판위원회가 심리에 필요한 자료를 당사자가 제출한 것에만 의존하지 않고 직권으로 수집 · 조사 하는 직권진행, 직권심리를 할 수 있는 제도를 말한다. 이는 당사자주의에 대립되는 개념이다. 행정심판법은 위원회가 필요하다고 인정할 때에는 당사자가 주장하지 아니한 사실에 대하여도 심리할 수 있고(행심법 제26조 제1항), 직권으로 당사자 · 참고인을 訊問할 수 있으며, 당사자 또는 관계인이 소지하는 문서 · 장부 · 물건 그밖의 증거자료의 제출을 요구하고 이를 領置하고, 전문가에게 감정 · 검정 등을 명할 수 있다고 규정함으로써(행심법 제28조 제1항), 직권심리주의를 취하고 있다.

직권심리주의는 심리의 간이 · 신속화를 도모하고 행정심판은 개인의 권리구제의 측면과 행정운영의 적정화를 도모하기 위한 측면이 있다는 점에서 직권심리를 통한 실체적 진실의 발견이 요구된다는 점에서 인정되는 제도이다.[1]

2.3.1. 행정소송제도

a) 행정소송의 의의

행정소송이라 함은 행정법규의 적용에 관련된 분쟁을 판정하기 위한 정식소송절차를 말하고, 행정법규의 올바른 적용(법치행정의원리; 행정의 법률적합성)과 국민의 권익구제라는 이중적 기능을 수행한다. 행정소송도 행정쟁송의 일종이지만, 그것은 (ㄱ) 판정기관이 독립적 지위를 가지고 있는 법원이라는 점, (ㄴ) 정식절차를 따르고 통상의 사법절차에 의한다는 점, (ㄷ) 원칙적으로 구두변론(공개변론)을 거쳐 당사자의 공격 · 방어가 심리절차의 주된 부분을 이룬다는 점, (ㄹ) 위법한 행정처분 등의 취소 등을 소송사항으로 한다는 점,

---

1) 이상규, 신행정법론(상), 663면.

(ㅁ) 행정상 법률관계에 관한 소송이라는 점에서 민사소송, 형사소송, 행정심판과는 구별된다. 행정소송에는 항고소송 · 당사자소송 · 민중소송 · 기관소송 등이 있다. 이 중 항고소송은 다시 취소소송 · 무효등확인소송 · 부작위위법확인소송 등으로 나누어진다.[1] 다만 2006년도 대법원 형사소송법 개정안에는 부작위위법확인소송 대신 의무이행 소송 및 예방적 금지소송이 신설되어 있다.

b) 행정소송제도

aa) 사법국가형과 행정국가형

콤먼로(보통법)에 의하여 지배되고 공 · 사법의 구분이 비교적 뚜렷하지 아니한 영미법계의 국가에서는 행정법규의 적용에 관한 분쟁(공권력의 행사에 대한 분쟁)을 다루는 행정소송도 민사소송과 마찬가지로 일반법원에서 관할한다(이런 유형을 사법국가형 또는 사법국가주의라 하며 사법권우위의 사상이 지배한다). 사법형 국가는 법치주의와 일반법원에 의한 통제가 필요하다고 강조되었다. 이에 대하여 공 · 사법이 비교적 명확하게 구분되어 있는 프랑스 · 독일 등 대륙법계의 국가에서는 일반법원으로부터 독립한 별개의 행정법원을 설치하여 행정소송을 관할하도록 하고 있다(이런 유형을 행정국가형 또는 행정국가주의라 한다).[2]

bb) 양자의 접근

사법국가형과 행정국가형은 그 역사적 배경과 조직원리를 달리하지만, 최근에는 양 제도가 상호접근하여 실질적인 차이가 좁혀져 가고 있다. 대륙 諸國의 경우는 과거에 행정권의 권위를 위하여 행정소송사항에 관하여 열기주의를 취함으로써 국민의 권리구제에 불충분하였으나 제2차대전 이후에는 개괄주의를 채택하고 있다. 이로써 행정관청의 모든 위법한 처분에 대하여 그 취소 또는 변경을 구할 수 있게 됨으로써 인권보장에 최선을 다하고 있다. 더욱이 행정법원도 사법절차를 준용하는 등 일반법원화되어 가는 추세에 있다.[3] 영 · 미의 경우에도 근래에 와서는 공법이라는 새로운 법체계가 형성되기 시작하였고, 또 각종 행정위원회를 설치하여 여기에 행정적 기능뿐만 아니라 준사법적 기능을 부여하여 재판의 前審으로서 행정사건을 심리하게 하고 있다.[4] 그 위에 특수한 기술적 사항에 관한 쟁송을 담당하게 하기 위하여 특수하급법원(노동법원 · 관세법원 · 조세법원 · 특허법원 · 교통법원 등)까지 설치하고 있다.[5]

---

1) 권영성, 헌법학원론, 837면.
2) 권영성, 헌법학원론, 838면.
3) 권영성, 헌법학원론, 838면.
4) 권영성, 헌법학원론, 838면.

槪括主義: 행정쟁송사항을 정하는 입법주의로, 법률상 특히 예외가 인정되는 사항을 제외하고는 일반적으로 모든 사항에 대하여 행정심판을 인정하는 제도를 말한다. 이에 반하여 법률상 특히 열기한 사항에 한하여 행정쟁송을 인정하는 제도를 열기주의라 한다. 현행 행정쟁송(행정심판 · 행정소송)법은 개괄주의를 채택하여 행정청의 모든 처분 또는 부작위에 대하여 행정심판을 청구할 수 있다.

列記主義: 열기주의란 쟁송을 허용하는 사항을 개별화하여 열기하고, 그 특정된 사항만을 행정쟁송의 대상으로 하는 제도를 말한다. 이러한 열기주의는 그 대상을 제한없이 일반적으로 인정하는 개괄주의에 비하여 濫訴나 행정쟁송의 한계의 불명이라는 단점을 제거할 수 있다. 그러나 국민의 권리구제에 불충실하다는 비판을 면할 수 없는 것이 사실이다.

2.3.2. 행정재판권

a) 행정재판권의 내용과 특색

헌법은 제107조 제2항에서 「처분이 헌법이나 법률에 위반되는 여부가 재판의 전제가 된 경우에는 대법원은 이를 최종적으로 심사할 권한을 가진다」라고 하여 행정처분의 위헌 · 위법 여부를 심사하는 행정재판권도 일반법원의 관할로 하고 있다. 이점에서 우리 나라는 영미법계의 사법국가주의를 채택하고 있다고 할 수 있다.[1] 그러나 현행행정소송법은 행정소송의 특수성을 고려하여 ① 행정법원을 제1심법원으로 하고 (행정소송법 제9조, 제40조) ② 행정심판의 (임의적) 전치주의를 채택하였으며(동법 제18조) ③ 제소기간을 제한(단기제소기간)하고(동법 제20조) ④ 직권심리주의(직권증거조사주의)를 가미하고(동법 제26조) ⑤ 사정판결(동법 제28조)를 인정하고 있기 때문에 우리 나라의 행정재판권은 순수한 사법형국가에는 속하지 않는다.[2)]

[현행 행정소송법]
- 고등법원을 제1심법원(행정소송법 제9조, 제40조; 1998년 3월 1일부터는 행정법원이 제1심법원)
- 행정심판전치주의(동법 제18조; 1998년 3월 1일 이후는 임의적 전치절차와 필요적 전치절차로 구분),
- 제소기간의 한정(동법 제20조)
- 직권심리주의(직권증거조사주의)
- 사정판결(동법 제28조)를 인정

5) 권영성, 헌법학원론, 838면.
1) 권영성, 헌법학원론, 838면.
2) 권영성, 헌법학원론, 839면.

b) 독립적 행정법원의 설치여부

헌법 제107조 제2항에 따르면, 대법원은 처분이 헌법이나 법률에 위반되는 여부를 최종적으로 심사할 권한을 가진다고 하고 있다.[1]

현행헌법하에서 일반법원과 구별되는 독립한 행정법원의 설치가 가능하느냐의 문제는 특별법원을 어떠한 성격의 법원으로 보느냐에 좌우된다. 이 문제는 개정법원조직법을 통하여 입법적으로 결론(행정법원설치)이 났지만, 생각건대 특별법원을 헌법과 법률에 의하여 신분과 자격이 보장된 법관으로 구성되고 그 재판에 대하여 대법원에의 상고가 인정되는 특수법원의 의미로 이해한다면, 하급심으로서의 행정법원의 설치는 가능하다고 본다.[2][3][4]

2.4. 헌법재판권

헌법재판권(Constitutional review, Verfassangsgerichtsbarkeit)이라 함은 헌법소송(Constitutional litigation or adjudication)[5]을 처리함에 필요한 권한을 말한다. 협의의 헌

---

1) 1994년 7월 27일 법원조직법개정 이전에는 대법원의 하급심으로서 일반법원과 구별되는 독립된 행정법원을 설치할 수 있는가가 문제된 바 있다. 그 당시 부정설은 「헌법에 명문의 규정이 없는 한 대법원의 하급심으로서도 행정법원을 설치하는 것은 불가능하다」고 주장하였다. 이에 대하여 긍정설(다수설)은 「우리 나라에서는 프랑스에서 볼 수 있는 것과 같은 행정법원, 특히 대법원과 전혀 분리·독립된 행정법원을 설치할 수는 없지만, 헌법 제107조 제2항이 "대법원은 이(처분)를 최종적으로 심사할 권한을 가진다고 규정하고 있을 뿐이므로, 필요에 의하여 하급심으로서 특별히 행정심판만을 전담하는 행정법원의 설치는 무방하다」고 주장하였다.

2) 행정소송의 3심제 도입은 (ㄱ) 국민의 권리구제의 질적 향상을 기하고(권리구제의 활성화), (ㄴ) 고등법원의 소송사건처리 부담을 경감시켜주며(법원의 부담경감), (ㄷ) 지방행정법원의 설치로 행정소송제기자의 편의를 도모하게 되고(소송경제의 확보), (ㄹ) 행정쟁송사건에 관한 전문법관의 양성이 가능(법관의 전문화)하다는 점등에서 그 의의가 크다고 본다.

3) 부정설(행정법원설치 반대설)에 의하면 법원은 최고법원인 대법원과 각급법원으로 조직된다(제101조 제2항)고 하고 있는데 각급법원이란 1, 2, 3심과 같은 심급만을 의미하는 까닭에 헌법에 명문의 규정이 없는 한 하급심으로서도 행정법원을 설치할 수 없다고 한다(한태연, 헌법학, 620면).

4) 긍정설(다수설)에 의하면 특별법원을 그 권한의 한정, 관할대상의 특수성을 특수법원의 의미로 이해하여 헌법과 법률에 의하여 신분과 자격이 보장된 법관으로 구성되고 또한 대법원에의 상고가 인정되기만 하면 하급심으로서의 행정법원은 예외법원(헌법이 규정하는 법관의 자격이나 일반법원과 같은 독립성이 보장되지 않고 그 재판에 대한 대법원에의 상고가 인정되지 않는 법원)이 아니라 단지 특수법원에 해당하므로 행정법원의 설치는 가능하다고 본다. 따라서 행정법원을 가정법원과 같이 특수법원의 일종으로 이해하여 법원조직법의 개정으로 대법원의 하급심으로서 행정법원을 설치하는 것은 헌법상 가능하다고 생각된다. 법원조직법의 개정에 따라 지방법원급인 행정법원이 설치되었다.

법소송이라 함은 의회가 제정한 법률이 헌법에 위반되느냐의 여부를 심사하고, 그 법률이 헌법에 위반된다고 판단할 경우에 그 효력을 상실하게 하거나 그 적용을 거부하는 제도를 말한다. 그러나 광의의 헌법소송이라 할 때에는 위헌법률심사(협의의 헌법재판), 명령 · 규칙심사, 탄핵심판, 정당해산심판, 기관간 권한쟁의심판, 헌법소원심판, 선거소송 등도 그 중에 포함된다.[1]

넓은 의미의 헌법재판권 중에서 헌법이 법원의 권한으로 하고 있는 것은 선거소송에 관한 재판권과 명령 · 규칙심사권뿐이다. 위헌법률심판에 관해서는 법률이 헌법에 위반되는 여부가 재판의 전제가 된 경우에 법원은 헌법재판소에 제청하여 그 심판에 의하여 재판한다(헌법 제107조 제1항)라고 하고 있으므로, 법원은 헌법재판소에 법률의 위헌여부의 심사를 제청할 권한을 가지고 있을 뿐이다. 위헌법률심판권 · 탄핵심판권 · 위헌정당해산심판권 · 권한쟁의심판권 · 헌법소원심판권 등은 헌법이 헌법재판소의 권한으로 하고 있다.[2]

3. 사법권 유사의 권한

3.1. 법률에 대한 위헌심사권 및 위헌제청권

법원은 직권 또는 소송당사자의 신청에 의하여 법률의 위헌여부를 심사할 수 있고, 위헌으로 판단된 경우에는 헌법재판소에 위헌심판을 제청(위헌심판제청권)할 수 있다.

「법원의 위헌법률심사권」: 위헌으로 판단된 경우 → 헌법재판소에 위헌심판을 제청
- 직권 * 위헌심판권은 헌법재판소
- 소송당사자의 신청

3.2. 명령 등에 대한 위헌결정권

법원은 명령 등의 위헌여부에 관하여 위헌결정을 할 수 있다. 법원이 법률에 대하여는 위헌여부의 심사권만을 갖도록 하고(법원은 위헌심사권 및 제청권, 위헌심판권은 헌법재판소) 명령 등에 대해서는 법원스스로 위헌결정을 할 수 있도록 규정한 것은 규범의 단계구조에 입각해서 대의민주주의 원칙을 존중하고, 기관간의 견제 · 균형을 살리기 위함이다.

---

5) 헌법소송이란 법원이나 헌법재판소와 같은 특정의 국가기관으로 하여금 헌법에 관한 쟁의를 사법적 절차에 따라 해결하는 헌법재판작용으로서 헌법보장의 한가지 방법이다. <u>헌법소송절차는 일반적으로 소송의 목적에 따라 개인의 권리보호를 위한 주관적 절차와 법질서전체의 보장을 위한 객관적 절차로 구분</u>된다.

1) 권영성, 헌법학원론, 840면.

2) 권영성, 헌법학원론, 840면.

「법원의 명령 등의 위헌결정권」
- 대의민주주의 원칙을 존중
- 기관간의 견제·균형

3.3. 선거소송심판권

선거소송은 헌법재판소 관할로 함이 보통인데, 우리 나라는 고등법원과 대법원이 이를 맡기고 있다(공직선거법).

공직선거법 제222조(선거소송) ① 대통령선거 및 국회의원선거에 있어서 선거의 효력에 관하여 이의가 있는 선거인·정당(후보자를 추천한 정당에 한한다) 또는 후보자는 선거일부터 30일 이내에 당해 선거구선거관리위원회위원장을 피고로 하여 대법원에 소를 제기할 수 있다.

②지방의회의원 및 지방자치단체의 장의 선거에 있어서 선거의 효력에 관한 제220조의 결정에 불복이 있는 소청인(당선인을 포함한다)은 해당 소청에 대하여 기각 또는 각하 결정이 있는 경우(제220조 제1항의 기간 내에 결정하지 아니한 때를 포함한다)에는 해당 선거구선거관리위원회 위원장을, 인용결정이 있는 경우에는 그 인용결정을 한 선거관리위원회 위원장을 피고로 하여 그 결정서를 받은 날(제220조 제1항의 기간 내에 결정하지 아니한 때에는 그 기간이 종료된 날)부터 10일 이내에 비례대표시·도의원선거 및 시·도지사선거에 있어서는 대법원에, 지역구시·도의원선거, 자치구·시·군의원선거 및 자치구·시·군의 장 선거에 있어서는 그 선거구를 관할하는 고등법원에 소를 제기할 수 있다. <개정 2002.3.7, 2010.1.25>

3.4. 기관소송심판권

지방자치단체의 장은 자신의 명령·처분이 감독기관의 감독권행사에 의하여 취소·정지된 경우 대법원에 이의를 제기할 수 있으며, 지방의회가 再議決한 사항이 법령에 위반된다고 생각할 때에도 대법원에 제소할 수 있다.

"서울특별시의회에서 재의결된 서울특별시 서울광장의 사용 및 관리에 관한 조례 일부개정조례를 지방자치법 제26조 제6항 후단의 규정에 의거, 이에 공포한다."

이로써 서울광장 사용은 허가제에서 신고제로 전환되었다. 오세훈 서울시장이 두 번이나 돌려보낸 '서울광장 개방조례'를 허광태 의장이 2010년 9월 27일 의장 직권으로 공포함에 따라, 해당조례안은 즉시 효력을 갖게 되었다.

서울광장 조례가 상위법인 '공유재산 및 물품관리법(공유재산법)'과 충돌한다는 서울시의 주장도 반박했다. 그는 "서울시에서 공유재산법의 한 조문을 들어 광장 사용을 허가제로 해야 한다는 것은 행정 편의적이고 수동적인 자세"라며 "도로나 광장은 그야말로 공공의 장으로서 다른 공공건물이나 시설과는 다를 수밖에 없으며 역사적으로도 광장은 시민들의 집회 및 의견 교환의 장 역할을 해왔다"고 하였다. "서울광장이 공유재산의 범주 안에 들어가지 않는다"는 것이 서울시의회의 설명이다.

오 시장은 지난 19일 광장조례 공포 거부를 선언하면서 오는 30일까지 대법원 제소 등 법적 대응을 할 수 있다는 방침을 시사한 바 있다.

제 2 항 사법권의 한계

I. 개관

사법권은 법관으로 구성된 법원의 권한에 속하므로(헌법 제101조 제1항), 헌법에 별도의 규정이 없는 한 실질적 의미의 사법에 관한 권한은 원칙적으로 법원이 행사하여야 하고 또 행사할 수 있다. 그러나 법원의 사법권행사에는 실정법상·국제법상·권력분립상 그리고 사법본질상 일정한 한계가 있다.[1)]

II. 실정법상 한계

헌법이 다른 국가기관의 권한으로 규정하고 있거나 사법적 심사의 대상에서 제외하고 있는 사항에 대해서는 법원의 사법권이 미치지 아니한다. 이것을 사법권의 실정법상 한계라고 한다.[2)]

1. 헌법재판소의 권한에 속하는 사항

헌법 제111조 제1항은 위헌법률심판, 탄핵심판, 정당의 해산심판, 권한쟁의심판, 헌법소원심판을 헌법재판소의 권한으로 하고 있다. 위 사항에 관하여는 법원이 재판권을 행사할 수 없다.

「헌법재판소의 권한」: 헌법 제111조 제1항
- 위헌법률심판
- 탄핵심판

---

1) 사법권의 한계를 사법기능의 한계로 보는 견해는 다음과 같이 설명하고 있다. 사법기능의 규범적 한계(헌법과 국제법에 의한 한계)와 헌법이론적 한계로 구별하고, 규범적 한계는 헌법상의 한계와 국제법상의 한계로 나눈다. 헌법상의 한계는 다시 사법기능은 헌법이 부여하지 않는 것은 담당할 수 없다는 초극적 한계(헌법재판소의 관할, 군사법원의 관할, 단심)와 헌법이 명문으로 사법적 통제를 배제함으로써 이루어지는 소극적 한계(의원의 제명 등에 대한 제소금지)와 구별하고 있다. 헌법이론적 한계는 사법본질적 한계와 헌법정책적 한계로 나누면서 후자에서 통치행위, 국회의 자율권, 자유재량행위, 특수신분관계, 적극적 형성재판의 문제를 다루고 있다.

2) 권영성, 헌법학원론, 841면.

- 정당의 해산심판
- 권한쟁의심판
- 헌법소원심판

2. 국회의원의 자격심사 · 징계 · 제명

국회의원의 자격심사와 징계 그리고 제명 등은 국회가 스스로 그 질서와 품위를 유지하기 위하여 국회의원의 신분을 가진 자에 대하여 과하는 특별한 제재이다. 헌법은 국회의 독립성과 자율권을 존중하기 위하여 이것을 국회의 권한으로 규정하고 있다(제64조 제2, 제3항). 따라서 국회는 스스로 의원의 자격을 심사하고 의원을 징계할 수 있으며, 재적의원 3분의 2 이상의 찬성으로 의원을 제명할 수 있다. 국회에 의한 국회의원징계권의 행사가 사법적 심사의 대상이 되는지의 여부에 대하여 헌법 제64조 제4항은 이를 법원에 제소할 수 없다고 규정함으로써 이를 입법론적으로 해결하고 있다.[1] 이것은 국회의 의사결정이 가지는 고도의 정치적 성격, 삼권분립의 원칙, 그리고 국회가 그 자율성과 독자성을 향유하면서 이를 이성적으로 적절하게 행사할 수 있을 것이라는 기대 등에서 법원에 의한 사법적 심사를 배제하는 것이다.[2]

서울고법 1993. 2. 18, 92구3672 【의원제명취소무효확인】

지방의참의원의 경우에는 헌법 제64조와 같은 사법권행사의 한계조항을 두고 있지 아니하다. 이 점에 대하여 서울고등법원은 「제명에 관하여 국회의원의 경우와 같이 사법심사를 배제하는 특별한 규정이 없으므로 사법심사의 대상이 되는 것으로 보는 것이 국민의 재판청구권을 보장하고 있는 헌법 제27조의 해석에도 합치하는 것」이라고 하고 있다.

「국회자율권」: 사법심사의 대상에서 제외
- 소속의원의 자격을 심사
- 징계
- 재적의원 3분의 2 이상 찬성으로 제명

3. 비상계엄하의 군사재판

헌법 제110조 제4항에 의하면, 비상계엄하의 군사재판은 군인 · 군무원의 범죄나 군사에 관한 간첩죄와 초병 · 초소 · 유독음식물공급 · 포로에 관한 죄 중 법률에 정한 것은 사형선고의 경우를 제외하고는 단심으로 할 수 있다. 따라서 단심의 경우에는 대법원의 상고심(제110조 제2항)이 배제된다.[3]

---

1) 권영성, 헌법학원론, 841면.
2) 권영성, 헌법학원론, 841면.

III. 국제법상 한계

1. 치외법권자(외교특권자)

일반적으로 외국인은 속지법주의(屬地法主義) 또는 영토적 권한주의(領土的權限主義)에 의하여 현실적으로 체류하고 있는 국가의 법에 복종하지 않으면 안 된다. 그러나 예외적으로 일정한 외국인에 대하여서는 이것으로부터 면제되는 특권(치외법원, 외교특권)이 인정된다.

치외법권(extraterritoriality) 내지 외교특권이란 외국인이 체류국가의 적용을 받지 아니하고 본국법에 따르는 국제법상의 특권을 의미한다. 국제법상 외교특권을 누리는 자에 대해서는 우리 나라의 법원이 원칙적으로 사법권을 행사할 수 없다. 원칙적으로 형사·민사의 재판관할로부터 면제되며, 강제처분의 면제, 조세의 면제, 주거·사무소·문서의 불가침이 인정된다. 국제관습법으로서 확립되어 있으며, 1961년에는 '외교관계에관한빈협약'이 채택되어 그 내용이 한층 명확하게 되었다.

외교특권의 보장은 국가를 대표하는 외교사절로 하여금 그 임무를 능률적으로 수행하게 하려는 데 목적이 있다. 외교관계에관한빈협약 제29조에 의하면, 외교관은 체재국의 형사재판관할권으로부터 면제되며 일정한 경우를 제외하고는 민사재판관할권으로부터도 면제된다.[1]

외국의 원수와 그 가족 및 우리나라 국민이 아닌 그 수행원, 외교사절과 그 가족 및 고용원, 국제기구의 직원, 군함의 승무원, 책임있는 지휘관을 가진 군대·군함 등이 등 치외법권자이다.[2] 최근에는 국제사법재판소의 재판관, 유엔 사무총장, 전문기관사무국의 수뇌자, 국제하천위원회 위원 등에게도 일정 범위에서 치외법권이 인정되고 있다. 국제법상 외교특권을 누리는 자에 대해서는 사법권이 미치지 아니한다. 다만 주한미군에 대해서는 한·미행정협정 제14조 및 그 시행에 따른 법령 등에 따라 한국의 형사재판은 미치나 민사재판권은 미치지 아니한다.

「치외법권」
- 외국인이 체류국가의 적용을 받지 아니하고 본국법에 따르는 국제법상의 특권

---

3) 권영성, 헌법학원론, 841면.

1) 권영성, 헌법학원론, 842면.

2) 군대 및 군함의 치외법권: 외국의 승인을 얻어 외국의 영토·영해에 들어간 경우에는 원칙적으로 외국의 재판권 및 행정권으로부터 면제된다. 군함은 국제관습법에 의하여 외교관의 치외법권에 가까운 권리를 향유하나 외국군대·외국군용항공기는 조약에 의하여 각각 일정 범위의 치외법권이 부여된다(두산백과사전 EnCyber & EnCyber.com,)

· 외국의 원수
· 외교사절과 그 가족
· 외국의 군인
· 주한미군에 대해서는 한·미행정협정에 따름

2. 조약

위헌조약이 사법심사의 대상이 될 수 있는가에 관해서는 부정설과 긍정설이 있다. 생각건대 이 점에 관해서는 조약에 대한 헌법우위설에 따라 조약의 내용이 헌법에 위반되는가의 여부도 사법적 심사의 대상이 된다는 긍정설이 타당하다고 본다.[1)]

조약의 체결을 통치행위로 보고 그것을 사법적 심사의 대상에서 제외하여야 한다는 견해가 있지만 이는 타당하지 아니하다. 아무튼 법률의 위헌심판권은 헌법재판소가 가지고 있기 때문에, 법원은 명령과 동일한 효력을 가지는 행정협정 및 조약 등에 대해서만 위헌·위법심사를 할 수 있고,[2)] 법률의 효력을 가지는 조약에 관해서 그 위헌심사를 할 수 없다(다수설). 뿐만 아니라 조약의 체결·비준에 있어서 국회의 동의를 요하는 조약(헌법 제60조 제1항에 열거된 조약)은 그 동의가 하나의 입법행위(국회와 정부의 협동적 입법행위)를 의미하므로(법령과 동위) 조약의 내용이 국민의 권리·의무와 관계가 있어 訴가 제기되고 조약의 해석이 재판의 전제가 된 경우에는 법원은 조약의 위헌여부를 헌법재판소에 제청하여 그 심판에 의하여 재판하여야 할 것이다.

[국제조약과 국내법령과의 관계]

국제조약은 그 규율사항에 따라 법률[3)] 또는 명령(행정입법; 법규명령)[4)5)]과 동일한 효력이 있다고 보는 국제법·국내법동위설(다만 헌법은 국제법보다 우위로 본다)이 다수설이다(김도창, 이상규).[6)7)]

---

1) 권영성, 헌법학원론, 842면.

2) 권영성, 헌법학원론, 842면.

3) 입법사항에 관한 조약·국제법규는 법률과 동등한 효력을 가진다(김남진·김연태, 행정법(I), 60면)

4) 입법사항과 관계없는 조약·국제법규는 원칙적으로 명령(행정입법)과 동등한 효력을 갖는다(김남진·김연태, 행정법(I), 60면).

5) 대통령이 체결하는 국제조약은 헌법 제6조 제1항에 의하여 국내법과 같은 효력을 가지므로 법규명령과 같은 효력을 갖는 것도 있다(석종현, 일반행정법(상), 161면.).

6) 김철용교수는 법률·명령 동위설에 한정할 필요가 없으며, 오히려 국제조약·일반적으로 승인된 국제법규의 성격상 그 형식적 효력이 법률보다 상위에 있다고 보아야 할 경우도 있을 것이다. 법률중에는 이를 명시하고 있는 경우(특허법 제26조)도 있다고 한다(김철용, 행정법 I, 46면; 특허법 제26조(조약의 효력) 특허에 관하여 조약에 이 법에서 규정한 것과 다른 규정이 있는 경우

생각건대 헌법 제6조의 국내법은 국내법령으로 볼 것이며, 따라서 국제조약은 그 규율사항에 따라 법률 또는 명령과 같은 효력을 갖는다고 할 것이다.[1] 다만 조약 · 국제법규가 동위의 효력을 갖는 국내법률 또는 명령과 내용이 충돌될 때에는 「신법우선의 원칙」 · 「특별법우선의 원칙」 등에 의하여 그 우열이 정하여 진다고 할 것이다.[2]

[국내법과 조약이 충돌되는 경우][3]

국내법과 조약 등의 내용이 충돌되는 경우에 양자의 효력관계가 문제된다. 이에 대하여는 두 개의 법을 전혀 별개의 법체계로 보아, 각각 별도로 효력을 갖는다는 이원론과 하나의 법체계로 보는 일원론이 대립되고, 일원론은 다시 국제법우위설, 국내법우위설 및 국제법 · 국내법동위설[4]로 나누어진다. 우리 학설은 일원론의 입장에 서지만, 국제조약 등은 헌법보다는 하위에 있으며, 그 규율사항에 따라 법률 또는 명령(행정입법)과 동일한 효력이 있다고 보는 국제법 · 국내법동위설(다만 헌법은 국제법보다 우위로 본다)이 다수설이다(김도창, 이상규).[5]

또한 헌법 제6조의 국내법은 국내법령으로 볼 것이며, 따라서 그 규율사항에 따라 법률 또는 명령과 같은 효력을 갖는다고 할 것이며, 법률 또는 명령과 내용이 충돌될 때에는 「신법우선의 원칙」 · 「특별법우선의 원칙」 등에 의하여 그 효력의 우열이 정하여 질 것이다[6] 다만 명문으로 조약을 우선시키고 있는 경우도 있다.[7] 이와 같이 대통령이 체결권을 갖는 조약이 법률(혹은 법규명령)과 동일한 효력이 인정되지만, 그것은 국회입법의 원칙(헌법 제40조)과 관련하여 충돌문제가 생길 수 있으므로, 헌법은 입법사항에 관한 조약은 체결 · 비준 전에 국회의 동의를 받도록 하여 이를 조정하도록 하였다(헌법 제60조).

그리고 조약이 헌법에 위반된 때에는 국내법으로서는 효력을 가질 수 없으나, 대외적으로는 효력을 가지며 따라서 위헌을 이유로 국내적으로 시행하지 못하는 때에는 국제적 책

에는 그 규정에 따른다); 김남진 · 김연태, 행정법(I), 60면; 석종현, 일반행정법(상), 69면.

7) 생각건대 대통령의 조약체결권은 헌법에 의하여 인정된 권한이며, 헌법 제6조 제1항은 유효하게 성립한 조약의 국내법적 효력을 인정한 것이지 위헌인 조약까지 국내법적 효력을 인정한 것이라고는 볼 수 없기 때문에, 다수설이 주장하는 바와 같이 조약은 헌법 보다는 하위의 효력을 가진다고 보아야 한다. 同旨 김남진 · 김연태, 행정법(I), 60면.

1) 명령으로 보는 경우, 조약은 헌법에 의하여 체결 · 공포됨으로써 국내법과 같은 효력을 가지는 바(헌법 제6조 제1항) 넓은 의미에서 일종의 법률대위명령 이라고 할 수 있다.

2) 同旨 석종현, 일반행정법(상), 69면; 김남진 · 김연태, 행정법(I), 60면.

3) 김백유, 행정법치론(I), 93면 이하.

4) 김동희, 행정법(I), 45면; 석종현, 일반행정법(상), 69면.

5) 김남진 · 김연태, 행정법(I), 60면; 석종현, 일반행정법(상), 69면.

6) 同旨 석종현, 일반행정법(상), 69면; 김남진 · 김연태, 행정법(I), 60면.

7) 예컨대 우편법 제11조 제1항에 의하면 '우편에 관하여 조약에 다른 규정이 있는 경우에는 그 규정에 의한다'고 규정한 것이 그것이다. 대판 1986. 7. 22, 82다카1372 : 국제항공운송에 관한 법률관계에 대하여는 일반적인 민법에 대한 특별법으로서 위 헤이그의정서에 의하여 개정된 바르샤바협약이 우선 적용된다. 김남진 · 김연태, 행정법(I), 60면.

임을 면할 수는 없다. 이러한 이유 등에서 국제법학자는 조약이 헌법보다도 우선한다고 본다.[1] 그러나 현실적으로는 조약을 체결하는 경우 외교통상부(조약국)[2] 및 정부의 법제업무 총괄기관인 법제처의 심사를 받도록 하여(정부조직법 제24조),[3] 헌법에의 저촉여부와 시행에 따르는 법률문제를 검토하고 있어 위헌문제 등이 발생될 여지는 거의 없다.

[정부해석] 국제조약이 특별법으로서 국내법에 우선한다는 해석
한미우호통상항해조약은 그 인적 규율대상이 체약국 국민에 국한되어 있는데, 신문 · 통신등의등록에관한법률은 외국인을 일반적으로 규율하고 있음에 비추어, 전자는 후자에 대한 특별법관계에 있다. 따라서 위 조약 제7조 및 제8조는 위 법 제5조 및 제7조에 우선한다(1966. 2. 18 외무부에 대한 법제처 질의회신).[4]

IV. 국회의 자율권에 속하는 사항

국회의 내부적 규율과 의원의 자격심사 및 징계, 의결정족수와 투표의 계산 등 국회의 자율에 속하는 사항은 사법적 심사의 대상이 되지 아니한다는 것이 지배적인 견해인 동시에 판례의 입장이다.[5] 헌법도 의원의 자격심사와 징계 및 제명처분에 대하여는 법원에 제소할 수 없도록 하고 있다(제64조 제4항). 그러므로 이들 사항에 대하여는 법원의 사법권이 미치지 아니함은 물론이다.[6] 그러나 국회의원에 대한 제명처분은 헌법소원의 대상은 될

---

1) 국내법상의 헌법 · 법률 · 명령 및 규칙이 있다는 것은 어디까지나 국내법질서상의 문제다. 국제법질서 입장에서는 헌법 · 법률 · 규칙이 모두 동일한 국내법이며, 헌법이 법률보다 상위라는 규범도 국내 헌법상에 근거한 국내규범인 것이다. 따라서 국제법이 국내 헌법보다 상위이고 법률보다는 上位라는 식의 논리전개는 국제법 개념을 잘못 이해한 것이며 국내법과 국제법을 혼동한 것이라고 한다. 유병화, 국제법총론, 1981, 40면.

2) **정부조직법 제25조 (외교통상부)** ① 외교통상부장관은 외교, 외국과의 통상교섭 및 통상교섭에 관한 총괄 · 조정, 국제관계 업무에 관한 조정, 조약 기타 국제협정, 재외국민의 보호·지원, 재외동포정책의 수립, 국제정세의 조사 · 분석에 관한 사무를 관장한다.

3) **정부조직법 제20조 (법제처)** ① 국무회의에 상정될 법령안 · 조약안과 총리령안 및 부령안의 심사와 그 밖에 법제에 관한 사무를 전문적으로 관장하기 위하여 국무총리소속으로 법제처를 둔다. ② 법제처에 처장 1명과 차장 1명을 두되, 처장은 정무직으로 하고, 차장은 고위공무원단에 속하는 별정직국가공무원으로 보한다.

4) 박윤흔, 행정법강의(상), 65면.

5) 대판 1972. 1. 18, 71도1845 【국민투표법위반】 국민투표법은 국회에서 의결을 거친 것이라 하여 적법한 절차를 거쳐서 공포 시행되고 있으므로, 법원으로는 국회의 자주성을 존중하는 의미에서 논지가 지적하는 점을 심리하여 그 유무효를 판단할 성질의 것이 아니다.

6) 권영성, 헌법학원론, 852면.

수 있다고 본다.[1]) 헌법은 법원에의 제소만을 배제하고 있으며 제명처분은 국민의 공무원 선임권·공무담임권을 근본적으로 박탈하는 것이기 때문이다.

헌재결 1997. 7. 16, 96헌라2 【국회의원과 국회의장간의 권한쟁의】

[이 사건 심판의 대상이 헌법재판소가 심사할 수 없는 국회내부의 자율에 관한 문제인지 여부]

국회는 국민의 대표기관, 입법기관으로서 폭넓은 자율권을 가지고 있고, 그 자율권은 권력분립의 원칙이나 국회의 지위, 기능에 비추어 존중되어야 하는 것이지만, 한편 법치주의의 원리상 모든 국가기관은 헌법과 법률에 의하여 기속을 받는 것이므로 국회의 자율권도 헌법이나 법률을 위반하지 않는 범위내에서 허용되어야 하고 따라서 국회의 의사절차나 입법절차에 헌법이나 법률의 규정을 명백히 위반한 흠이 있는 경우에도 국회가 자율권을 가진다고는 할 수 없다.

헌법 제64조도 국회의 자율권에 관하여 국회는 법률에 저촉되지 아니하는 범위 안에서 의사와 내부규율에 관한 규칙을 제정할 수 있고, 의원의 자격심사·징계·제명에 관하여 자율적 결정을 할 수 있다고 규정하고 있다.

이 사건은 국회의장이 국회의원의 헌법상 권한을 침해하였다는 이유로 국회의원인 청구인들이 국회의장을 상대로 권한쟁의심판을 청구한 사건이므로 이 사건 심판대상은 국회의 자율권이 허용되는 사항이라고 볼 수 없고, 따라서 헌법재판소가 심사할 수 없는 국회내부의 자율에 관한 문제라고 할 수는 없다.

그렇다면 이 사건 심판청구는 권한쟁의심판을 청구할 수 있는 국회의원인 청구인들이 국회의장을 상대로 국회의장의 본회의 개의, 법률안 상정, 가결선포행위가 그들의 권한을 침해하였다고 주장하여 권한침해의 확인과 아울러 그 행위의 위헌확인을 구하는 것으로서 적법하다.

따라서 우리재판소가 종전에 1995. 2. 23. 선고, 90헌라1 결정에서 이와 견해를 달리하여 헌법재판소법 제62조 제1항 제1호를 한정적, 열거적인 조항으로 보아 국회의원은 권한쟁의심판의 청구인이 될 수 없다고 판시한 의견은 재판관 황도연, 재판관 정경식, 재판관 신창언을 제외한 나머지 재판관 6인의 찬성으로 이를 변경하기로 한다.

– 지방의회의 행정기관성 –

<문제>

지방의회의 지방의회의원에 대한 징계의결, 지방의회의장에 대한 불신임의결도 행정처분으로서 항고소송의 대상이 되는가?

<해설>

지방의회는 주민의 대표기관으로서 조례를 제정하는 등 입법기관으로서의 지위도 가지나, 본질적으로 지방행정을 실현하는 행정기관으로서의 성격을 갖기 때문에 국회와 달리

1) 권영성, 헌법학원론, 852면.

지방의회의 의결은 사법심사의 대상이 된다. 헌법 제64조는 권력분립의 원리에 따라 국회의 자율성을 존중하고 독립성을 보장하기 위해 국회의원의 자격심사나 징계, 제명 등에 대해선 법원에 제소할 수 없도록 규정하고 있다. 그러나 지방의회의 경우 주민에 의해 직접 선출된 의원으로 구성된 최고의결기관으로서 조례를 제정할 수 있는 권한을 가진 입법기관인 점에서 국회와 비슷하나, 본질적으로는 행정기관의 성질을 갖는다. 지방자치는 지방행정의 하나의 실현형태로 행정권의 일부를 구성하는 것이기 때문에 지방자치의 기관인 지방의회는 당연히 행정기관의 성질을 갖는다. 따라서 지방의회의 지방의회의원에 대한 징계의결, 지방의회의장에 대한 불신임의결은 행정청의 구체적 사실에 대한 집행행위로서 공권력의 행사이므로 행정처분으로서 취소소송 등의 항고소송의 대상이 된다. <인터넷 법률신문>

국회의 내부적 규율, 의결정족수, 투표의 계산 등 국회의 자율에 속하는 사항은 사법심사의 대상에서 제외된다. 따라서 의사의 유효성 여부, 의결정족수의 충족여부, 자격심사나 징계의 정당성 여부 등은 국회가 자율적으로 판단할 문제이므로 법원의 재판권이 미치지 않는다. 국회의 자율권도 명백하고 현저한 의사절차적 잘못이 있고 그것이 국회의 의사결정에 직접적인 영향을 준 경우에는 헌법재판에 의한 심사가 가능하다.[1)]

그리고 국회의 의사가 유효하게 성립하였는가, 의결정족수가 충족되었는가, 의장이나 임원의 선거가 유효하게 실시되었는가 하는 문제들도, 그 문제가 「헌법상 보장된 기본권이 공권력의 행사로 말미암아 침해된 경우」라고 주장하는 경우에는 헌법소원의 대상이 된다고 본다.[2)]

「국회자율권」: 사법심사의 대상에서 제외
- 국회의 내부적 규율
- 의결정족수
- 투표의 계산
- 의사의 유효성 여부
- 의결정족수의 충족여부
- 자격심사
- 징계의 정당성

「예외」

국회의 자율권도 명백하고 현저한 의사절차적 잘못이 있고 그것이 국회의 의사결정에 직접적인 영향을 준 경우에는 헌법재판에 의한 심사가 가능

1) 허영, 한국헌법론, 956면.
2) 권영성, 헌법학원론, 852면.

V. 행정청의 자유재량행위

1. 개관

행정행위 중에는 법에 엄격히 기속되는 기속행위와 행정기관의 재량에 맡겨져 있는 재량행위가 있다. 재량행위에는 다시 「무엇이 법인가(기속재량행위)」를 판단하는 합법성판단에 관한 재량과 「무엇이 합목적적인가(자유재량행위)」를 판단하는 합목적성판단에 관한 재량이 있다. 기속재량행위에 있어서 재량의 위반은 위법이므로 당연히 사법적 심사의 대상이 된다.[1)]

재량행위
기속재량행위 : 「무엇이 법의 의미인가」를 판단 → 합법성 판단에 관한 재량
자유재량행위 : 「무엇이 합목적적인 것인가」를 판단 → 합목적성 판단에 관한 재량

행정재량
- 자유재량 → 국민의 권리 · 의무와 무관한 행위이므로 공익에 의한 제한
- 기속재량 → 국민의 권리 · 의무와 관계되는 행위이므로 조리법에 의한 제한

2. 학설

자유재량행위에 관해서는 재량을 그르친 경우에 그것이 사법적 심사의 대상이 되는가에 관하여는 견해가 대립된다. 부정설은 자유재량행위에 있어서 재량의 위반은 부당한 것이 될 뿐이므로 자유재량행위는 사법적 심사의 대상이 되지 아니한다고 한다(재량불심리의 원칙).[2)] 이에 대하여 긍정설은 재량행위에 있어서 재량이 기속재량에 속하는 것인지 자유재량에 속하는 것인지는 객관적으로 명백하지 아니하며, 설령 자유재량행위라고 하더라도 재량권의 한계를 벗어난 행위는 재량불심리의 원칙 또는 남용에 해당하는 위법행위가 되어 사법적 심사의 대상이 된다고 한다(행정소송법 제27조). 생각건대 재량권을 벗어난 경우인지 또 남용한 경우인지는 심리의 결과 비로소 판단될 수 있는 것이므로, 자유재량행위도 사법심사의 대상이 된다고 본다(통설).[3)4)]

---

1) 권영성, 헌법학원론, 852면.
2) 행정청의 행위가 자유재량행위인 경우, 그 자유재량을 그르친 행위는 다만 「부당행위」가 될 뿐 「위법」에는 해당되지 않으므로 행정심판의 대상은 될 지언정 행정소송의 대상이 될 수 없다는 것이 통설 · 판례의 태도이다. 소송은 구체적 분쟁의 해결을 위한 '법적 판단작용'인데, 자유재량행위는 '공익판단 · 합목적성의 판단'에 관한 것이므로 법원의 법적 판단을 통하여 해결할 수 있는 성질의 것이 아니기 때문이라고 한다. 따라서 자유재량행위에 대하여 행정소송이 제기된 경우에는 기각된다.
3) 재량적인 행정처분은 기본권의 침해와 직접 관련성이 없다(헌재결 1995. 3. 23, 93헌마12).

행정소송법 제27조도 행정청의 재량에 속하는 처분이라도 재량권의 한계를 넘거나 그 남용이 있는 때에는 법원은 이를 취소할 수 있다고 명시하고 있다.

이 재량론은 헌법과의 관계에서 입법에 대해서도 가능하며 따라서 입법재량(판례는 입법정책의 문제로 표현하고 있다)의 범위를 넘거나 남용, 그리고 기본권제한의 기준(제37조 제2항)이나 평등원칙(제11조 제1항) 등의 위배 여부에 대해서도 사법적 심사의 대상이 된다. 입법재량도 합리적 재량의 한계를 넘거나 남용할 수 없다.

- 재량행위에 대한 사법심사의 가능성 -

① 대판 1984. 1. 31, 83누451【운전면허취소처분취소】재량권의 남용이나 재량권의 일탈의 경우에는 그 재량권이 기속행위이거나 자유재량이거나를 막론하고 사법심사의 대상이 된다. 행정행위가 기속행위인지 재량행위인지 나아가 재량행위라 할지라도 기속 재량인지 또는 자유재량에 속하는 것인지의 여부가 우선 객관적으로 명백하지 않고, 또 행정행위의 전제가 되는 사실의 존부 확정과 그 상당성 및 적법성의 인정은 전혀 행정청의 기능에 속하는 것으로 상대적으로 행정청의 재량권도 확대된다고 할 것이므로 어떤 행정처분의 기준을 정한 준칙 등을 그 규정의 형식이나 체제 또는 문언에 따라 이를 일률적으로 기속행위라고 규정지울 수는 없다.

② 대판 1991. 2. 13, 90누5825【검사임용거부처분취소】검사의 임용에 있어서 임용권자가 임용여부에 관하여 어떠한 내용의 응답을 할 것인지는 임용권자의 자유재량에 속하므로 일단 임용거부라는 응답을 한 이상 설사 그 응답내용이 부당하다고 하여도 사법심사의 대상으로 삼을 수 없는 것이 원칙이나, 적어도 재량권의 한계일탈이나 남용이 없는 위법하지 않는 응답을 할 의무가 임용권자에게 있고 이에 대응하여 임용신청자로서도 재량권의 한계일탈이나 남용이 없는 적법한 응답을 요구할 권리가 있다고 할 것이며, 이러한 응답신청권에 기하여 재량권남용의 위법한 거부처분에 대하여는 항고소송으로서 그 취소를 구할 수 있다고 보아야 하므로 임용신청서가 임용거부처분이 재량권을 남용한 위법한 처분이라고 주장하면서 그 취소를 구하는 경우에는 법원은 재량권남용 여부를 심리하여 본안에 관한 판단으로서 청구의 인용여부를 가려야 한다.

[재량행위의 조리상의 한계]

또한 법규가 공익의 목적을 달성하기 위하여 자유재량을 허용하고 있는 경우에도 조리법의 제약을 받는 경우가 많으며, 이 경우에 조리상의 한계내에서 발동해야 한다. 즉 국가적 공권발동의 근거법규가 행정재량을 인정하고 있는 경우에도 恣意는 허용되지 않고, ㉠ 공익에 의한 최소한의 제약을 받을 뿐만 아니라, ㉡ 재량권의 남용·일탈의 법리에 의하여 또는 조리법에 의하여 법적 통제의 대상이 된다.

4) 권영성, 헌법학원론, 853면.

3. 재량하자(裁量瑕疵)이론

행정에 대한 사법심사의 강도를 높이는 데 결정적으로 기여한 것이 재량권의 한계를 근거로 한 재량하자(裁量瑕疵)이론이다. 요건재량설과 효과재량설 내지 성질설은 모두 재량 관념의 범위를 축소시키고자 하는 반면, 재량하자이론은 재량이 인정되는 경우라 하더라도 그 재량에 하자, 즉 재량의 남용(濫用)·일탈(逸脫)이 있으면 당해 행정작용은 위법하게 되고 따라서 법원은 행정청의 재량권 행사의 하자 유무를 판단할 수 있다고 함으로써 재량 자체에 대한 사법심사가 가능하도록 한다.[1)]

– 징계처분에 대한 재량권 남용여부의 판단기준 –[2)]

<사례>

甲은 경찰공무원으로 재직하던 중 국민은행으로부터 1억원을 대출 받아 채무변제에 사용하고 상당부분은 자녀의 해외어학연수비, 학원등의 사교육비와 생활비 등으로 무절제하게 소비하는 한편, 친구들의 부탁으로 채무보증을 하여 총 2억 여만원의 채무를 부담하게 되어 채권자들로부터 월급이 가압류되었고, 또한 甲이 은행대출을 받을 때 그를 위하여 보증을 하였던 동료경찰관들의 월급까지 가압류되어, 결국 甲은 지방경찰청장으로부터 국가공무원법상의 품위유지의무위반으로 인한 해임처분을 받았다. 이와 같은 해임처분이 재량권의 범위를 일탈·남용한 것은 아닌가?

<해설>

공무원에게 징계사유가 있어서 징계처분을 하는 경우, 어떠한 처분을 할 것인가는 징계권자의 재량에 맡겨진 것이고 징계처분이 재량권의 범위를 벗어난 경우에만 위법한 처분

---

1) 김백유, 행정법치론(I), 567면.

2) 재량권의 범위 내인가를 판단하는 기준에 관하여 판례는 "공무원인 피징계자에게 징계사유가 있어서 징계처분을 하는 경우 어떠한 처분을 할 것인가는 징계권자의 재량에 맡겨진 것이고, 다만 징계권자가 재량권의 행사로서 한 징계처분이 사회통념상 현저하게 타당성을 잃어 징계권자에게 맡겨진 재량권을 남용한 것이라고 인정되는 경우에 한하여 그 처분을 위법하다고 할 수 있고, 공무원에 대한 징계처분이 사회통념상 현저하게 타당성을 잃었다고 하려면 구체적인 사례에 따라 징계의 원인이 된 비위사실의 내용과 성질, 징계에 의하여 달성하려고 하는 행정목적, 징계 양정의 기준 등 여러 요소를 종합하여 판단할 때에 그 징계 내용이 객관적으로 명백히 부당하다고 인정할 수 있는 경우라야 하고, 징계권의 행사가 임용권자의 재량에 맡겨진 것이라고 하여도 공익적 목적을 위하여 징계권을 행사하여야 할 공익의 원칙에 반하거나 일반적으로 징계사유로 삼은 비행의 정도에 비하여 균형을 잃은 과중한 징계처분을 선택함으로써 비례의 원칙에 위반하거나 또는 합리적인 사유 없이 같은 정도의 비행에 대하여 일반적으로 적용하여 온 기준과 어긋나게 공평을 잃은 징계처분을 선택함으로써 평등의 원칙에 위반한 경우에 이러한 징계처분은 재량권의 한계를 벗어난 처분으로서 위법하다 할 것이다"(대판 1999. 11. 26, 98두6951; 대판 1997. 11. 25, 97누14637; 대판 2001. 8. 24, 2000두7704).

으로서 그 취소를 구할 수 있다. 설문의 유사판례는 다음과 같다. 이러한 유사판례에 비추어 보면, 갑의 경우 지방경찰청장의 해임처분이 재량권의 일탈·남용에 해당한다고 보기는 어렵다.

<유사판례>

"아무런 변제대책도 없이 과다한 채무를 부담하였고, 대출금의 상당부분을 자녀의 해외 어학연수비 등 교육비와 생활비 등에 무절제하게 소비하였으며, 동료경찰관에게 위와 같은 채무부담사실을 알리지도 않고 대출보증을 하도록 하거나 대출을 받아 자신에게 대출금을 빌려주도록 하여 그들의 월급이 압류되게 하는 등 피해를 입히고 있고, 원고가 위 채무에 대한 변제능력이 없으며, 기타 경찰관의 공익적 지위와 위와 같은 과다채무를 부담한 상태에서는 정상적인 복무를 기대하기 어려운 점 등 제반 사정을 종합하여 볼 때, 원고가 22년간 경찰관으로 근무하면서 수회 표창을 받았고, 형사처벌이나 징계처분을 받은 사실이 없이 근무하여 온 점과 채무의 일부를 변제한 사정 등 원고주장의 제반정상을 참작하더라도, 이 사건 해임처분이 원고의 직무의 특성과 비위의 내용 및 성질, 징계의 목적 등에 비추어 객관적으로 명백하게 부당한 것으로 사회통념상 현저하게 타당성을 잃어 징계재량권의 범위를 일탈하였거나 남용한 것이라고 할 수 없다."[1) <대한법률구조공단>

이러한 재량하자이론은 독일 행정재판소법(제114조) 및 행정절차법(제40조)과 우리 행정소송법(제27조)에 입법화되었고, 이는 판례·학설을 통하여 더욱 확고히 되었다. 또한 재량하자의 유형을 더욱 세분화하여, 재량권의 일탈 이외에 재량권의 불행사, 재량권행사에 있어서의 목적위반, 부적정고려(不適正考慮), 비례의 원칙위반, 평등원칙위반, 신뢰보호의 원칙 위반, 부당결부금지의 원칙(Koppelungsverbot) 등으로 세분화하여 각각의 경우에 구체적인 판단기준을 정립하는 방향으로 발전하고 있다.[2)]

재량하자이론의 의의는 첫째, 모든 재량행위가 행정소송의 대상이 될 수 있게 되었다는 점이다. 즉, 재량행위라 하더라도 재량의 하자가 있는 경우에는 위법한 것으로 판단될 수 있는 가능성이 있기 때문에 처음부터 행정소송의 대상에서 제외될 수 없게 된다. 따라서 재량행위에 대해서는 「대상적격 불비(不備)」로 각하할 수 없고 본안판단에 들어가 그 재량의 하자 유무를 판단하여 그 하자가 없을 경우에 「이유없음」을 이유로 기각하여야 한다. 둘째, 재량하자에 대한 심사를 위해 다양한 기준들이 마련되고 이러한 기준들을 통해 행정재량에 대한 실질적 사법심사가 가능하게 되었다는 점이다. 여기서 말하는 기준은 비례의 원칙, 평등원칙, 신뢰보호원칙, 부당결부금지원칙 등 행정법상 조리 내지는 행정법의 일반원칙(행정의 일반 법원칙)들이 그것이다. 결국 재량하자이론은 실질적 법치국가원리

---

1) 대판 1999. 4. 27, 99두1458 【해임처분취소】
2) 김백유, 행정법치론(I), 567면.

내지 헌법의 실질적 규범력에 그 이론적 기반을 두고 있음을 알 수 있다.[1)]

VI. 특별권력관계(특수신분관계)와 사법심사

특별권력관계(특수신분관계)에서의 처분(명령 · 강제 · 징계권의 발동 등)을 사법심사의 대상으로 할 수 있는가에 관해서는 부정설 · 제한적 긍정설 · 전면적 긍정설 등으로 나누이고 있다.

1. 전면적 부정설(절대적 구별설 · 불침투의 입장(R. Nebinger)

특별권력관계에 있어서 특별권력의 발동(명령 · 강제 · 징계권의 발동 등)으로 말미암아 불이익을 받은 자에 대한 사법절차에 의한 권리구제의 문제에 관하여는 견해가 나누어지고 있다.

전통적 특별권력관계이론(절대적 구별설)에 의하면, ① 특별권력관계에는 법률유보원칙이 적용되지 않으므로 특별권력관계내에서는 당연히 법규정립행위나 그에 근거한 행정행위가 존재할 수 없고, 따라서 법규위반을 이유로 한 항고소송(Anfechtungsklage)이 인정될 수 없는 것이고, ② 특별권력발동행위는 특별권력관계라는 특수한 내용의 질서유지를 위한 행위인 까닭에 일반권력관계의 시민법질서의 유지를 목적으로 하는 사법권의 대상이 될 수 없다고 한다(불침투설).

「전통적 특별권력관계이론(절대적 구별설)」 ☜ 사법심사부정설

- 특별권력관계에는 법률유보원칙이 적용되지 않으므로, 특별권력관계내에서는 법규정립행위나 그에 근거한 행정행위가 존재할 수 없고, 따라서 법규위반을 이유로한 항고소송이 부정
- 특별권력발동행위는 특별권력관계라는 특수한 내용의 질서유지를 위한 행위인 까닭에 일반권력관계의 시민법질서의 유지를 목적으로 하는 사법권의 대상이 될 수 없다(불침투설).

2. 제한적 긍정설(상대적 구별설 · 수정설의 입장)

특별권력관계에서의 행위를 내부행위(특별권력관계의 구성원이라는 지위에 대하여 하는 행위)와 외부행위(특별권력주체에 대립하는 권리주체로서의 지위에 대하여 행하는

1) 김백유, 행정법치론(I), 567면.

행위)로 나누어, 외부행위만은 사법심사의 대상이 될 수 있다고 한다.[1)]

「내부행위의 예」: 특별권력관계의 구성원의 지위 ☜ **사법심사 불가능**
- 공무원에 대한 직무명령 · 학원내 집회의 불허가 · 지방의회의원의 출석정지

「외부행의의 예」: 특별권력주체에 대립하는 권리주체 ☜ **사법심사 가능**
- 공무원파면 · 지방의회의원의 제명 · 학생제적 등

또한 특별권력관계를 기본관계와 경영수행관계로(Ule), 또는 인격 대 인격의 관계와 관직 또는 기관간의 관계로 구분하여(H. Wolff), 원칙적으로 전자에 있어서의 행위에 대해서만 사법심사를 청구할 수 있다는 견해도 이 범주에 속한다고 하겠다.

3. 전면적 긍정설(특별권력관계부정설의 입장)

3.1. 학설

일반권력관계에 있어서와 같은 요건 아래 모든 특별권력관계상의 행위가 사법적 통제의 대상이 된다고 하는 견해이다. 즉, ① 원래 사법심사가 가능한가의 여부 문제는 구체적인 행위의 내용따라 결정해야 할 문제이며, 또한 그것이 「법률적 쟁송」에 해당하는가 혹은 법률적 쟁송에 해당되지 않는가는 '소송법상의 문제'로서 결정될 성질의 것이지, 그 행위가 내부행위인가 외부행위인가 하는 것은 문제가 되지 않으며(김도창, H. Krüger), ② 헌법은 국민이 기본권으로서 재판청구권을 보장하고(헌법 제27조 제1항), 모든 공법상의 권리관계에 관한 분쟁을 개괄적으로(개괄주의 채택) 행정소송사항으로 인정하고(행정소송법 제1조) 있는 점 등에 비추어, 위법한 특별권력의 발동으로 인한 권리침해에 대하여는 일반적으로 사법심사가 인정된다고 보아야 한다는 것이다(이상규).

3.2. 판례

우리나라 대법원은 공무원의 징계처분을 모두 자유재량행위로 보고, 내부행위와 외부행위의 구별없이 위법한 특별권력행위를 포괄적으로 행정소송사항으로 인정한다(전면적 긍정설의 입장).

「전면적 긍정설」
- 사법심사가 가능한가의 여부 문제는 구체적인 행위의 내용에 따라 결정
- 법률적 쟁송에 해당하는가 아닌가라 소송법상의 문제

1) E. Forsthoff; 윤세창; 박윤흔, 행정법강의(상), 187면.

·(따라서) 그 행위가 내부행위인가 외부행위인가 하는 것은 문제가 되지 않음
- 헌법은 국민이 기본권으로서 「재판청구권」을 보장(헌법 제27조 제1항)
- 행정소송의 개괄주의 채택(행정소송법 제1조)

4. 결어

특별권력관계상의 행위 중에서 단순한 내부적 행위 또는 자유재량행위는 원칙적으로 행정소송의 대상이 되지 아니한다. 그러나, ① 법규에 직접 규정된 행위에 대하여는 법치주의가 타당하고 사법적 구제가 가능하다. ② 특별권력관계의 외부적 행위의 성질을 가진 경우(예: 공무원의 파면·학생의 퇴학처분) 및 일반시민법질서에 관계되는 행위(예: 정직·정학·군복무·교도소복역·격리병원재소관계)에 대하여도 항고소송의 제기가 가능하다고 본다. ③ 특별권력관계에 있어서의 조치의 대부분이 자유재량행위라고 보는 것이 통설·판례이나, 이 경우에도 재량권을 일탈·남용한 경우에는 행정소송이 가능하게 된다.

- 행정소송의 대상이 되지 아니않는 것
  - ·단순한 내부적 행위
  - ·자유재량행위

그러나 법규에 직접 규정된 행위 → 사법심사가능

- 행정소송의 대상이 되는 것
  - ·특별권력관계의 外部的 행위의 성질을 가진 경우(예: 공무원의 파면·학생의 퇴학처분)
  - ·일반시민법질서에 관계되는 행위(예: 정직·정학·군복무·교도소복역·격리병원재소관계)
  - ·특별권력관계에 있어서의 조치의 대부분이 자유재량행위라고 보는 것이 통설·판례이나, 이 경우에도 재량권을 일탈·남용한 경우에는 행정소송이 가능하게 된다.

[대판 1982. 7. 27, 80누86]
특별권력관계에 있어서도 위법·부당한 특별권력의 발동으로 권리를 침해당한 자는 처분의 취소를 구할 수 있다.

다만 내부적 규율에 일임하고 있는 사항으로서 특별권력의 주체에게 자유재량이 인정되는 영역에서는 행정청의 자유재량행위에 관한 이론이 이 경우에도 적용된다.[1]

1) 권영성, 헌법학원론, 853면.

VII. 행정소송상 이행판결

1. 의의

이행판결이라 함은 이행의 소가 제기된 경우에 청구를 인용한다는 뜻의 판결을 말한다. 이것은 원고가 주장하는 피고의 의무이행을 명하는 판결이다(의무이행소송). 이행판결은 확인판결 · 형성판결과는 달리 기판력 외에 집행력을 발생한다. 아무튼 행정소송상 법원이 행정사건을 심리 · 판결함에 있어 이행판결을 할 수 있는가가 문제되고 있다. 부정설에 의하면, 법원은 행정기관이나 행정감독기관이 아니므로 그리고 권력분립의 원칙상 행정처분의 취소나 무효확인의 판결만을 할 수 있을 뿐 행정청을 대신하여 스스로 구체적 처분을 하거나 처분을 명할 수 없다고 한다.[1] 그러나 긍정설은 경우에 따라 이행판결도 가능하다고 한다.[2]

2. 이행판결의 가능성

권력분립의 원리에 따라 구체적인 행정처분은 행정부의 고유권한에 속하므로, 사법부는 행정부를 대신하여 처분을 하거나 처분을 하도록 명할 수 없다. 그러나 행정소송법에서는 행정기관의 부작위가 위법하다는 확인을 구하는 부작위위법확인소송[3]을 인정하고 있는데(행정소송법 제4조 제3호), 이것은 공권력의 불행사를 위법이라고 확인함으로써 결과적으로 공권력행사를 강제하는 것이라 볼 수도 있다(동법 제30조 제2항, 제38조 제2항 참조). 그러므로 부작위위법확인소송을 통해서 의무이행소송의 효과를 간접적으로 기대할 수 있을 것이지만, 부작위위법확인소송은 단순히 행정청의 부작위가 위법하다는 확인을 구하는 소송이므로 행정청은 당사자가 원하지 않는 처분을 내릴수도 있다는 점에서 그 한계가 있다(이 경우 당사자는 행정처분에 대한 취소소송을 또다시 제기해야 할 것이다). 정책적으로 볼 때 환경권소송이나 사회권소송 등의 경우에는 개인의 권익을 보장하기 위하여 제한된 범위 안에서 이행판결도 가능한 것으로 보아야 할 것이다.[4]

우리나라는 현행법상 그리고 판례는 권력분립의 원칙을 이유로 의무이행소송은 인정

---

1) 토지소유자가 토지에 대한 행정청의 토지등급설정 및 수정처분의 시정을 구하는 것은 동인이 원하는 행정처분을 하도록 명하는 <u>이행판결을 구하는 것이어서 행정소송에서 허용되지 아니한다</u>(대판 1986. 8. 19, 86누223).

2) 구병삭; 윤세창, 행정법(상), 332면.

3) 부작위위헌확인소원은 기본권보장을 위하여 헌법상 명문으로 또는 헌법의 해석상 특별히 공권력 주체에게 작위의무가 규정되어 있어 청구인에게 그와 같은 작위를 청구할 헌법상 기본권이 인정되는 경우에 한하여 인정된다(헌재결 1996. 2. 29, 93헌마186).

4) 권영성, 헌법학원론, 854면.

하지 않고 있지만(행정소송법 개정안에는 의무이행소송이 포함),[1][2][3] 독일의 경우 의무이행소송이 인정되기 때문에 부관이 위법하면 처음부터 위법한 부관이 붙지 아니한 행정행위를 구하는 의무이행소송을 제기하거나 부관부행정행위의 취소소송을 제기하면서 예비적 청구로 위법한 부관이 붙지 아니한 행정행위를 구하는 의무이행소송을 제기할 수 있기 때문에 부진정일부취소소송이 인정되지 않더라도 상대방의 권리구제에는 문제가 없다.[4]

VIII. 권력분립상 한계

권력분립의 원리에 따라 사법권이 미치지 아니하는 것으로 논의될 여지가 있는 사항으로는 통치행위 · 국회의 자율권에 속하는 사항 · 행정부의 자유재량행위 · 특별권력관계에서의 처분 · 행정소송상의 이행판결 등을 들 수 있다.[5]

---

1) 행정소송의 경우 의무이행소송이 인정되지 않는 결과 판결이 일정한 법률관계를 단순히 확정함에 그치고 행정청에게 적극적인 의무를 부과하지 않으므로 판결의 실효성을 보장하기 위하여 재처분의무를 부과하고 있지만, 행정심판의 경우에는 의무이행심판의 인용재결과 그 담보규정을 통하여 재결의 실효성이 직접적으로 보장되기 때문에 구태여 취소심판의 경우에도 이를 인정할 필요성은 없다. 따라서 기속행위 영역에서 거부처분에 대한 취소재결이 내려졌음에도 불구하고 처분청이 이전의 신청에 대한 인용처분을 하지 않는 경우 재결의 기속력(재처분의무)에 반한다고 단정할 수는 없다.

2) 행정소송에서의 판결과는 달리 재결의 경우 청구인의 청구내용과는 상관없이 직근 상급행정기관의 행정심판위원회가 적극적으로 대상 처분의 변경재결을 행하거나 명할 수 있는 바, 이는 행정 심판의 재결기관은 원칙적으로 처분청의 직근상급감독관청이 되는 것이므로 일반적 감독권에 기한 새로운 처분권한을 인정할 수 있다고 보는 것이다. 따라서직근 상근행정기관의 일반적 감독권한을 중시하는 입장에서는청구인이 거부처분취소심판을 택하였지만 당해 거부처분을 취소하는 인용재결이 내려진다면, 처분청에게 재처분의무가 해석상 발생한다고 주장할 수도 있을 것이다.

3) 다만 거부처분취소심판에서의 인용재결을 바탕으로 청구인이 재신청을 하고 그에 대하여 처분청이 계속하여 거부처분이나 부작위를 행한 경우에는, 이후의 행정쟁송절차에서 후행 거부처분이나 부작위의 반복금지의무위반여부를 기본적 사실관계의 동일성을 잣대로 하여 판단하게 되어 실질적으로는 처분청의 재처분의무를 인정하는 결과가 될 것이다(2002. 5. 24, 2002행심118 참조).

4) 박윤흔, 행정법강의(상), 396면.

5) 이 외에도 행정상의 훈시규정이 사법심사의 대상이 될 수 있는가가 문제될 수 있다. 이 점에 관해서는 행정입법 중 행정규칙 부분을 참조하면 된다.

1. 통치행위

1.1. 서론

무릇 행정의 개념은 과거의 군주에게 인정되었던 포괄적 권력을 입법 · 행정 · 사법 · 으로 나눔으로써 등장하게 된다. 여기서 행정작용은 법집행작용으로 이해되며, 이러한 법집행작용으로 정의되는 행정이 과거 전제시대의 국가작용과 다른 점은 모든 행정작용은 1) 사전적으로 법의 지배를 받으며, 2) 사후적으로는 법의 통제를 받는다는 점이다. 이는 권력분립이론이 자유주의 정치이념에 바탕을 둔 당연한 결과라고 볼 수 있다. 그러나 국가작용(Staatliches Handeln) 중에는, 사전적으로 법의 지배를 받지 않고 사후적으로 법의 통제를 받지 않는 것이 존재하는데, 이를 고도의 정치성을 띤 작용으로 이해하고, 이를 통치행위라 부르고 있다.[1] 이와 같이 통치행위는 행정부의 단순한 법 집행작용이 아니라 국정의 기본 방향을 제시하거나 국가적 이해를 직접 그 대상으로 하는 고도의 정치성을 지닌 국가기관(입법기관[2] 및 행정기관)의 행위(정치적 행위성)로서, 소송법적으로는 그 행위가 법률적 측면을 가지며, 따라서 법률적 판단이 가능함에도 불구하고, 「고도의 정치성」으로 말미암아 사법심사의 대상으로 삼기에는 부적당하고(사법적 심사부적합성), 비록 사법심사적 판결이 존재한다고 할지라도 그 집행이 곤란한 성질의 행위(판결의 집행곤란성)를 말한다. 이러한 관점에서 학자에 따라서는 이를 '제4의 국가작용(eine Vierte Staatstätigkeit)'이라고 보는 견해(허영)도 있다.

> 법규의 해석에 관련이 되고 또 개인의 권리 · 의무에 영향이 미치는 사건일지라도 「고도의 정치성」을 갖는 국사행위, 즉 통치행위는 사법심사의 대상에서 제외된다고 보는 것이 통설 · 판례의 입장이다. 통치행위가 재판통제에서 제외되는 근거로서는 재량행위설, 권력분립설(내재적 한계설), 사법자제설 등이 있으며, 권력분립설의 입장에서는 통치행위에 대한 사법적 통제의 배제가 권력분립의 원칙의 본질에 기인한다고 보고 있으나,[3] 사법자제설의 입장에서 보면 이들 행위에 대한 사법적 통제의 배제는 논리필연적인 것은 아니므

---

1) 한견우, 행정법(1), 72면 참조.

2) 통치행위의 주체는 그의 관념이 행정권을 중심으로 하여 발달한 것이기 때문에 행정부의 首長인 대통령이나 수상이 통치행위의 주체가 된다고 볼 수 있지만, 이와 함께 입법부도 통치행위의 주체가 된다고 볼 수 있다. 왜냐하면 역사적으로 살펴건대 근대 입헌주의 헌법은 군주와 의회의 투쟁의 역사이며, 종래 군주에 속하던 통치권을 국민의 기본권 보장과 권력분립이론에 의하여 제한을 가하게 되었고, 동시에 통치권도 군주와 의회에서 분할 행사되게 되었다. 이와 같은 역사적 사실은 행정부 뿐만 아니라 입법부에도 통치행위의 주체성을 인정하게 된 것이라고 볼 수 있다.

3) 저자는 권력분립의 원칙을 소극적 의미의 권력분립의 원칙과 적극적 의미의 권력분립의 원칙으로 구분하고, 기관간의 불개입과 간섭배제는 소극적 의미의 권력분립의 원칙, 기관간의 적극적 통제를 통한 견제와 균형의 원칙의 실현은 적극적 권력분립의 원칙으로 보고 있다.

로, 그 인정범위는 점차 축소되게 된다.[1)]

행정이 법아래서, 법에 따라 행하여지며(rechtliche Gebundenheit), 원칙적으로 사법심사의 대상이 되는데(Justitzabilität) 반하여, 통치행위는 이러한 제약을 받지 않는 '특수한 국가작용'이라는 점에서 법치행정(Gesetzmäßigkeit der Verwaltung)의 예외영역에 속한다. 법치주의가 확립된 선진국에서도 일정한 범위에서 정치성이 강한 국가행위를 사법 심사대상에서 제외하고 있는데, 영국의 대권행위(prerogative) 또는 국가행위(act of state), 프랑스의 정부행위(acte de gouvernement), 미국의 정치문제(political questions),[2)] 독일의 재판으로부터 자유로운 고권행위(rechtswegfreieHoheitsakte) 또는 통치행위(Regierungshandlungen; Regierungsakt) 등으로 불리는 것들이 이에 해당하는 개념이다. 그러나 각국에서의 통치행위나 정치문제의 개념은 동일한 것이 아니며, 그것을 사법심사의 대상에서 제외하는 이유도 각각 다르다.

통치행위는 극히 예외적인 경우를 제외하고는[3)] 성문법상의 규정으로 사법심사의 대상에서 제외하고 있는 것은 아니며, 사법심사에 관한 통상의 원칙을 충족함에도 불구하고 각국의 판례 · 학설은 일반적으로 – 판례법상 – 사법심사의 대상에서 제외하는 행위로 인식하여 왔다. 이러한 통치행위는 위에서 언급한 바와 같이 각 국의 역사적 배경 또는 국가 고유의 헌법제도, 재판제도의 차이로 판례법상 다양하고도 독특한 특색을 가지고 있지만,[4)]

---

1) 김동희, 행정법(I), 664면.

2) 미국의 연방대법원의 판결을 통해 정치문제라고 제시된 사항은 일반적으로 ① 州정부의 합법성 문제, ② 헌법개정절차 및 입법절차의 합법성 문제, ③ 정당전국대의원자격심사문제, ④ 州사이의 도망범인(범죄인)의 인도, ⑤ 전쟁의 개시 · 종료, ⑥ 州의 병력에 대한 문제, ⑦ 긴급사태 발생의 인정문제, ⑧ 국제관계에서 조약의 해석 ⑨ 영토 · 국가 및 정부의 승인문제, ⑩ 교전단체의 승인, ⑪ 우호국 공공선박면책, ⑫ 외교관의 지위(외국주재대사 · 공사의 권한), ⑬ 국제 항공노선의 인가 ⑭ 탄핵문제 등이다. 이러한 판례의 법리적 근거로서는 ① 법원의 전문적 능력의 결여 및 권한의 한계, ② 법원이 사법심사를 했을 경우에 일어날 결과에 대한 파장 및 이에 대한 배려 등에서 연유한다. 학설도 ① 법원이 당해문제를 판단할 능력에 한계가 있거나(사법한계설; 내재적 한곗걸; 권력분립설), ② 법원이 심판한 경우에 초래될 결과에 대한 법원 자체의 사전적 · 정책적 배려(사법자제설)라고 하는 것을 근거로 들고 있다. 실제로는 개별적 · 구체적인 사안에 따라서 달리 판단하고 있다. 정치문제라고 하는 말이 내포하는 기준도 '정치성(politischen)'과 '정치(Politik)'의 구분문제, 즉 '정치성' 또는 '정치'라고 하는 말 자체가 모호하다는데 문제점이 있다.

3) 예컨대 우리 헌법에서 국회의 국회의원에 대한 자격심사처분, 징계처분 특히 제명처분은 사법심사의 대상이 될 수 없다고 한 것이나 비상국무회의에서 행한 입법이나 예산조치 등에 관하여 소송을 제기할 수 없도록 하고 있는 것 등은 통치행위를 실정법화 한 것이라고 볼 수 있다(김철수, 통치행위론, 영남대 학술논총, 10집(1979.2), 100면 참조).

4) 성낙인, 통치행위론, 고시연구(1993.10), 60면 참조.

정치성이 강한 국가행위를 여러 가지 법원리 아래에서 통치행위로 인정하는 점에서는 모든 국가에서 공통적으로 인정된다.

예컨대 대통령의 지방자치단체의 長을 선출하는데 있어서의 선거연기, 국회의 날치기 법률안통과에 대한 입법절차상의 하자를 이유로한 위헌심판사건, 국군의 栗谷사업, 평화의 댐 건설, 국제그룹해체에 대한 헌법소원심판,[1] 대통령 긴급재정경제명령과 관련된 금융실명제 헌법소원사건,[2] 전두환 · 노태우 두 전직대통령에 대한 특별사면에 대한 헌법소원사건,[3] 대통령의 통치행위와 관련된 8 · 15 특별사면 중 일부무효확인판결,[4] 남북정상회담에 있어서의 북한에의 자금지원문제[5] 등이 그것이다.[6] 이와 함께 통치행위란 과연 무엇을 의미하는가, 그 인정범위는 어느 정도까지 인가가 항상 논란의 초점이 되고 있다.

그러나 이러한 통치행위의 개념도 국민의 기본권 보호를 목적으로 하는 민주주의, 법치국가 체제하에서는, 이러한 일련의 행위에 대한 인정여부에 대한 문제점은 항상 등장하고 있다.

1.2. 통치행위에 관한 제학설

1.2.1. 개관

일반적으로 통치행위에 대한 세계 학자들의 견해에는 찬반의 논의가 많을 뿐만 아니라 통치행위의 개념을 인정하는 학자들간에도 그 이론적 근거를 달리하고 있다. 그러나 통치행위의 근거를 학리적으로 파악하려는 생각은 결코 최근에 시작된 것은 아니다. 즉, 프랑스에서 통치행위에 대하여 정치적 동기설에서 통치행위 성질설로 변화한 것도 제3공화국의 성립과 더불어 통치행위의 개념을 법치주의의 원리에 결부시켜 이해하려고 한 결과 나온 이론이었다. 독일에서는 통치행위의 이론은 Bonn기본법 제19조 제4항의 해석과 관련하여 논의되게 되었으나,[7] 단순히 통치행위를 연혁적 또는 실제적인 정치상의 요구에 따라

---

1) 성낙인, 통치행위론, 고시연구(1993.10), 69면 참조; 헌재결 1993. 7. 29, 89헌마31【공권력행사로 인한 재산권침해에 대한 헌법소원】

2) 헌재결 1996. 2. 29, 93헌마186【긴급재정명령 등 위헌확인】

3) 헌재결 1998. 9. 30, 97헌마404【전두환,노태우전대통령에대한특별사면 위헌확인】

4) 김대중 대통령의 전직 대통령(김영삼)의 차남에 대한 특별사면조치 : 서울 행정법원 2000. 2. 2. 선고 99구24405판결. 이에 관한 상세한 내용은 김용섭, 통치행위에 대한 사법적 통제, 고시연구(2000.10), 86면 참조.

5) 뉴스메이커, 2003 2. 20일자 14면 이하 참조.

6) 성낙인, 통치행위론, 고시연구(1993.10), 59, 68면 이하 참조.

7) 박윤흔, 통치행위, 사법행정(1967.11), 16면; 양승업, 통치행위의 법리에 관한 연구, 동국대학교 대학원(1989.12), 97면.

발전시켜 나가는 것보다는 이것을 이론적으로 해명해 나가야 할 것이라는 주장이 유력하다. 미국에서는 다년간의 판례 중에서 법원이 직면한 필요성에 의하여 재판권을 자제하고 있는 것으로 판시한 것도 있지만, 국민주권 또는 삼권분립의 이론과 결부시켜서 정치문제(political question)를 인정하는 근거를 제시한 것도 적지 않다. 따라서 내재적 한계(제약)설과 사법적 자기제약설(사법부자제설)이 생겨나게 되었다. 그러나 통치행위의 관념이 성립되고 이를 인정한 것은, 연혁적으로 볼 때 이러한 이론들을 근거로 하여 통치행위가 성립된 것은 아니고, 각 국가에 있어서의 정치현실적인 요구에 의하여 판례를 통하여 성립되었다는 점이다. 따라서 통치행위를 부정하는 견해가 등장한 것도 이러한 배경을 토대로 하고있다.

1.2.2. 통치행위의 부정설

법치주의 및 권력분립의 원칙이 수립되어 있고, 행정소송에 있어서 개괄주의를 취하고 있는 국가에서는 원칙적으로 모든 행정작용이 사법적 심사의 대상이 되므로, 사법심사의 대상에서 제외된다는 통치행위의 개념을 인정할 수 없다고 한다. 그 이유로서 첫째, 행정부의 행위는 사전적으로 법률에 근거하고 사후적으로 사법적 통제를 받아야 한다는 법치주의의 이념과 둘째, 법률문제에 대한 다툼의 해결기능 및 권한은 사법부가 가지고 있다는 (실질적) 권력분립의 정신 셋째, 이와 같은 권력분립의 원칙에 입각해 볼 때 행정부에 대한 사법부의 통제수단으로서 정치문제에 대해서도 판단해야 된다는 것이다.[1] 특히 이 전면부정설이 입장은 실질적 법치주의가 확립되고 국민의 재판청구권이 일반적으로 인정되어 있으며 행정소송상 개괄주의가 채택된 현대국가에서는, 법률적 판단의 대상이 될 수 있는 국가작용은 모두 사법심사의 대상이 되어야 하는 까닭에, 특별한 법적 근거도 없이 일정한 국가작용을 사법심사에서 배제하는 것은 인정될 수 없다고 본다. 순수한 정치적 문제가 사법심사의 대상이 되지 않는 것은 당연하나, 고도의 정치적 문제라 하더라도 그 안에 법률문제가 포함되어 있다면 그 한도 내에서는 당연히 사법심사의 대상이 되어야 한다고 보는 것이다.[2] 그 중에서도 사법국가의 경향을 강조하여 통치행위의 이론을 부인하는 학설이 많다.

독일에서의 부정설은 Bonn기본법 제19조 제4항[3]에 입각하여 통치행위를 부인하고

---

1) 김철수, 헌법학(중), 1009면 이하 참조.

2) 1953年(昭和28), 10. 19, 동경지역의 衆議院解散無效判決에서 정부가 행한 衆議院 해산을 통치행위라 인정하지 않았다.

3) Bonn 기본법 제14조 제4항 : 누구든지 공권력에 의하여 그 권리가 침해되면 소송을 제기할 수 있다. 다른 특별한 관할기관(Zuständigkeit)이 설치되어 있지 않는 경우에는 일반소송 방법에 의한다.

있으며, 일본에서의 부인설은 일본헌법의 최고법규성을 규정한 제98조 제1항[1]이 위헌입법심사권을 인정하고 있으며, 이 법조에서는 통치행위를 제외하고 있지 않기 때문이라고 한다. 일본의 경우 「헌법에 위반하는 국무행위는 모두 그 효력을 가지지 않는다고 할 것이므로 그러한 국무행위가 모두 그것이 헌법에 적합한가 아닌가에 관하여 심사결정이 이루어질 필요가 있고 이러한 심사결정은 헌법 제81조[2]에 따라 재판소가 담당하는 것이므로 재판소는 모든 국무행위에 대하여 그 헌법에 적합한가 아닌가를 결정하지 않으면 안 된다」고 하고 「비록 그러한 국가행위가 고도의 정치성을 갖는 것이라고 하더라도 그것이 헌법 자신에 의하여 제외되지 않는 한 그 헌법에 적합한가 않는가의 결정이 필요하다」는 것이다.[3]

1.2.3. 통치행위는 부정하면서도 사법심사를 받지 않는 행위는 인정하는(사법심사를 부정하는) 견해

이 학설은 인정의 근거를 불가항력 혹은 인적 이익에 대한 침해가 없을 것을 그 전제조건으로 삼는 견해로서,[4] Berthlémy의 견해가 대표적이다. Berthlémy는 「… 대통령이 입법에 관여하는 행위, 의회와의 관계에서 하는 행위 및 외국과의 관계에서 하는 행위를 헌법에 관한 행위라고 하여 이것을 일반의 행정에 관한 행위로부터 구별하고 헌법에 의하여 그 행사방법이 정해져 있으므로, 그것이 일반의 행정에 관한 행위와 달라 행정재판의 대상으로 할 수 없다. 그 이외는 통치행위라 하여 행정재판의 대상이라 할 수 없는 행정상의 행위는 없고 각각 특별의 이유에 기인하는 것으로서 통치행위란 것을 인정할 필요는 없다」[5]고 하고 있다.

1.2.4. 통치행위긍정설

a) 권력분립설(내재적 제약설; 내재적 한계설)

권력분립설은 미국의 Weston 등이 주장하는 학설로서, 통치행위의 타당성의 근거를 법이론적인 측면에서,[6] 사법권에는 권력분립의 견지에서 내재적 한계가 있다고 보아 통치

---

1) 일본헌법 제98조 제1항: 이 헌법은 국가의 최고법규이며, 그 條規에 배치되는 법률, 명령, 詔勅 및 국무에 관한 기타의 행위의 전부 또는 일부는 그 효력을 가지지 아니한다.
2) 일본헌법 제81조: 최고재판소는 모든 법률, 명령, 규칙 또는 처분이 헌법에 적합한 지의 여부를 결정하는 권한을 가진 최종재판소이다.
3) 양승업, 통치행위의 법리에 관한 연구, 동국대학교 대학원(1989.12), 49면.
4) 홍성방, 헌법상 통치행위의 법리에 관한 연구, 고려대학교 대학원(1976.11), 79면.
5) Berthlémy, Traité élémentaire de drit Administratif, éd, p. 119, 125; 홍성방, 헌법상 통치행위의 법리에 관한 연구, 고려대학교 대학원(1976. 11), 80면; 진상화, 통치행위의 법리에 관한 연구, 중앙대학교 대학원(1985.11), 53면.

행위는 그 성질상 사법권의 한계에 속한다고 보는 견해이다. 권력분립설에 의하면 비록 헌법은 통치행위의 원칙을 제도적으로 보장하기 위하여 사법재판소의 심사의 대상으로 아무런 제한을 두고 있지는 않으나 현대국가의 헌법체제하에서는 법치행정의 원리 이외에도 권력분립의 원리, 국민주권의 원리 등이 상호작용하고 있으므로 그 중 한 원칙만이 절대적으로 우월하다고 할 수는 없다. 따라서 통치행위가 사법심사의 대상에서 제외되어야 한다고 보는 것이 핵심적 내용이다. 통치행위란 (헌법상) 입법기관(국회)이나 행정기관에 위임되어 있는 사항이기 때문에 권력분립의 원칙상 법원에 의한 심사가 허용되지 않으며, 국민주권의 원칙상 고도의 정치성을 띤 행위에 대해서는 (다만) 그것이 법률적 측면을 가지고 있는 이유로 그 지위가 독립되고 정치적으로 책임을 지지 않는 법원에 의한 사법심사의 대상으로 하는 것이 적당하지 않으며,[1] 오히려 정치적 측면을 강조하여 그의 최종적 판단은 정부나 국회의 권한에 맡기고, 국민의 민주적 통제에 의하여 해결함이 적당하다고 하여 법원의 권한에는 통치행위에 대하여 사법심사를 할 수 없는 한계가 있는 것이라고 주장한다.[2]

이 견해는 미국의 통설과 판례[3] 이며 일본에서 이 이론에 입각한 판례도 있다.[4] 이상

6) 이 견해는 통치행위의 타당근거를 법이론적인 측면에서 구하려 할 때 가장 많이 원용되는 학설이다(금동익, 통치행위의 사법적 통제, 서울대학교 대학원(1984), 37면; 양승업, 통치행위의 법리에 관한 연구, 동국대학교 대학원(1989.12), 99면). 임종열, 통치행위에 관한 고찰, 원광대학교 교육대학원(1987.6), 4면; 고문현, 통치행위론, 경북대대학원(1985.12), 47면.

1) 윤세창, 통치행위, 고시계(1971.3), 15면; 홍봉규, 통치행위에 관한 연구 - 사법적 심사를 중심으로 -, 경기대 대학원(1987.6), 68면; 고문현, 통치행위론, 경북대대학원(1985.12), 46면; 김경범, 통치행위에 관한 연구, - 사법적 통제를 중심으로 -, 한양대학교 대학원, 1990, 57면; 김남진 · 김연태, 행정법 I, 9면.

2) 雄川一浪, 行政爭訟法(法律學全集), p. 127-128; 금동익, 통치행위의 사법적 통제, 서울대학교 대학원(1984), 36면; 박주용, 통치행위에 관한 연구, 성균관대학교 대학원(1987.12), 46면.

3) United States v. Pink 315 U.S. 203(1942); Pearcy v. Stranahan, 205 U.S. 257(1907); Galvan v. Press 347 U.S. 522(1954). 이 학설은 주로 戰前에 주장된 이론이다(금동익, 통치행위의 사법적 통제, 서울대학교 대학원(1984), 37면 각주 73 참조); 김경범, 통치행위에 관한 연구, - 사법적 통제를 중심으로 -, 한양대학교 대학원, 1990, 56면.

4) 일본의 𥿻米地義三 判決(昭和35, 1960. 6. 8 最高裁判決)도 권력분립설(내재적 한계설)에 입각한 것이다. 도마베지(𥿻米地)사건은 𥿻米地義三 衆議院議員이 내각(吉田 제3차 內閣)에 의하여 기습적으로 행해진 중의원 해산처분에 불응하여 중의원 해산처분을 무효라고 주장하면서 중의원 자격확인 및 중의원 세비를 청구한 사건이다(사건의 내용: 제3차 吉田內閣은 1952년(昭和 27年) 8월 28일에 중의원을 해산하였다. 해산 당시 중의원 의원이었던 상고인(원고)인 𥿻米地義三은 이 해산은 위헌무효이며, 그 근거는 중의원해산은 일본헌법 제69조의 경우에 한정되는 것임에도 동헌법 제7조에 의해 행해졌다는 점, 해산의 절차로서 내각의 조언과 승인을 필요로 하는 것임에도 그것이 없었다는 것 등을 이유로 주장하였다. 제1심 판결은 본건의 해산을 「… 위헌무효라고 판단하고 국가가 세비로서 285,000엔을 지불할 것을 명했다. 그 이유는 … 중의원의 해산은 법률적

규 변호사는 「… 사법부자제설과 결부되어 가장 보편적으로 인용되는 통치행위의 이론적 근거이기도 하다」[1]고 한다. 정하중 교수도 「법원의 사법심사권에는 권력분립의 견지에서 나오는 일정한 내재적 한계가 존재하는바, … 정치적으로 책임을 지지 않는 법원이 아닌 정부나 의회 등이 정치적으로 해결하거나 국민에 의하여 민주적으로 통제되어야 한다는 입장으로 오늘날 다수에 의하여 지지를 받고 있다」고 한다.[2] 독일의 루돌프 스멘트(R. Smend)가 「… 정치문제의 결정에 대해서는 정치기관만이 책임을 지도록 되어 있고, 정치기관은 국민의 의사에 합치하는 정치적 결정을 할 수 있도록 헌법상의 특별한 보장을 받고 있다. 그러므로 이러한 정치문제 관한 최종적 결정권을 재판관에게 부여하는 것은 민주주의적 헌법질서에 대한 변혁이 아닐 수 없다」[3] 라고 한 것이라든지, 칼 슈미트(C. Schmitt)의 「… 사법은 그 성질상 행위의 사후에 활동하나 법원은 결코 정치적 결정의 당부를 심사하는 것이 아니고 그 위법성을 심사하는데 불과하다」고 한 것은 이를 반영한 이론이다.

판단이 가능하고 그 유효·무효의 법적 분쟁은 사법적 심사에 복종하는 것이고, … 중의원 해산은 헌법 제69조의 경우에 한하지 않지만 본건의 해산에 대해서는 내각의 조언과 승인이 있었다고 말할 수 없기 때문에(그 이유는 1952년 8월 26일에 당시의 각료 13인 가운데 4, 5인의 찬성서명을 한 것만으로는 적법한 각의결정이 있었다고 할 수 없다) 헌법 제7조에 위반한다」고 했다. 그러나 제2심판결은 제1심판결을 취소하고 피고소인 (원고)의 청구를 기각했다. 그 이유로서 우선 중의원의 해산이 유효인가 무효인가에 대해서는 피고소인의 권리에 직접 영향을 미치기 때문에 재판소가 당연히 심판할 권한을 갖고 중의원의 해산은 헌법 제69조에 한하지 않고 본건의 해산에 대해서는 내각의 조언과 승인이 있었기 때문에 헌법 제7조에 위반하지 않는다고 하였다(民事判例集 14券 7號, 1206). 이에 관하여 일본의 최고재판소는 의회해산의 합헌성 여부에 대한 심사권을 거부하면서 「 … 중의원의 해산은 극히 정치성이 높은 국가통치의 기본에 관한 행위인바, 설혹 법률상의 쟁점이 되고 이에 대한 유효무효의 판단이 법률상 가능한 경우라고 할지라도 그러한 국가행위는 재판소의 심사권 밖에 있으며 그 판단은 주권인 국민에 대하여 정치적 책임을 지는 정부, 국회 등의 정치부문에 의해 행해질 것이요, 최종적으로는 국민의 정치적 판단에 맡겨진다. … 이 사법권에 대한 제약은 결국 삼권분립의 원리에 유래하고 당해 국가행위의 고도의 정치성, 재판소의 사법기관으로서의 성격, 재판에 필연적으로 수반하는 절차상의 제약 등에 비추어 특정한 명문의 규정은 없지만 사법권의 헌법상의 본질에 내재하는 제약이라고 이해할 것이다」라고 판시하였다(民事判例集 14券 7號, p.1206; 行政判例集成, 行政爭訟法編 2券 2218號; 김용각, 통치행위론에 관한 비판 소고, - 한국의 통치행위론을 중심으로 -, 연세대학교 행정대학원(1980. 7), 51면; 진상화, 통치행위의 법리에 관한 연구, 중앙대학교 대학원(1985.11), 37면; 고문현, 통치행위론, 경북대대학원(1985.12), 29면).

1) 이상규, 신행정법론(상), 67면.

2) 정하중, 행정법총론, 11면.

3) 윤세창, 통치행위, 고시계(1971.3), 15면.

b) **자유재량행위설(재량통제한계설; 합목적성설)**

자유재량행위설은 미국의 W. Willoughby,[1)] J. Hart[2)] 등이 주장하는 견해로서,[3)] 통치행위를 자유재량행위로 보아 통치행위는 비록 행정행위이기는 하나 헌법 또는 법령에 의하여 자유재량이 인정되는 경우에는 그 재량이 여하한 방식으로 행사되느냐는 사법심사의 대상이 되지 않는다고 보는 설이다. 통치행위는 정치문제이며, 정치문제는 정책 집행자의 자유재량행위(freies Ermessen; Ermessen der Zweckmäßigkeit)인 것이므로, (통치행위는 행정행위이지만), - 월권행위(ultra vires)가 아닌 한[4)] - 법원에 의한 사법심사를 받지 않는 행정행위라는 것이다.[5)] 이는 통치행위가 국가최고기관의 정치적 재량에 의해서 결정되는 것이기 때문에 그 권한의 행사에 있어서 타당성 · 합목적성 여부의 문제만이 발생할 뿐이며, (따라서) 위법성의 문제는 발생하지 않으므로 사법심사의 대상에서 제외된다는 것을 그 내용으로 한다.[6)]

일본최고재판소의 砂川判決[7)] 등이 이에 속한다. 이와 같이 자유재량행위설의 입장은 통치행위의 타당근거를 법이론적 측면에서 찾고 있으며,[8)] 통치행위는 행위자의 자유재량에 속한 행위이기 때문에 원칙적으로 법원의 통제대상이 될 수 없지만, 만약 재량권의 일탈 내지는 남용이 있는 경우에는 통치행위의 위법성을 법원이 심사할 수 있다는 - 행정소송의 일반원리를 따르는 - 학설이다.[9)] 이는 결국 통치행위의 긍정설과 부정설의 양면적 성격을 가진 학설이다.[10)]

---

1) W. Willoughby, The Constitutional Law of the United States, 2 nd. ed. pp.1326-1327.

2) J. Hart, An Introduction to Administrative law, 2nd ed., 1950, p.662.

3) 구병삭, 통치행위와 사법심사, 월간고시(1975.10), 22면; 김철수, 통치행위론, 영남대 학술논총, 10집(1979.2), 91면; 양승업, 통치행위의 법리에 관한 연구, 동국대학교 대학원(1989. 12), 72면.

4) 성낙인, 통치행위론, 고시연구(1993.10), 65면.

5) J. Hart, An Introduction to Administrative law, 2nd ed., 1950, p. 662; 김용각, 통치행위론에 관한 비판 소고, - 한국의 통치행위론을 중심으로 -, 연세대학교 행정대학원(1980.7), 56면; 성낙인, 통치행위론, 고시연구(1993.10), 65면; 고문현, 통치행위론, 경북대대학원(1985.12), 48면; 박주용, 통치행위에 관한 연구, 성균관대학교 대학원(1987.12), 49면; 이상규, 신행정법론(상), 67면; 정하중, 행정법총론, 법문사, 2004, 11면; 곽종영, 통치행위와 사법심사, 사회과학연구(제7집), 1995, 36면.

6) 김남진 · 김연태, 행정법 I, 9면; 고문현, 통치행위론, 경북대대학원(1985.12), 55면.

7) 김철용 교수는 미국의 사법재판소에 있어서 위헌법률심사권이 기인한 Marbury v. Madison 사건에서 Marshall 판사가 정치문제라고 하여 사법심사를 거부한 것, 소위 砂川判決을 권력분립설에 입각한 것이라고 한다(김철용, 우리 헌법과 통치행위, 법정(1964.6), 50면).

8) 임종열, 통치행위에 관한 고찰, 원광대학교 교육대학원(1987.6), 4면.

9) 김철수, 헌법학(중), 1007면.

10) 윤세창, 통치행위, 고시계(1971.3), 16면; 同人, 예해행정법, 31면; 김영문, 통치행위에 관한 일고

c) 통치행위독자성설(행정재판소 무권한설; 통치행위성질설)

통치행위독자성설(통치행위성질설)[1]에 의하면, 통치행위는 입법 · 행정 · 사법중 어디에도 속하지 않는 제4의 국가작용으로서,[2] 이는 국가를 지도하고 영도하는 행위이며, 동시에 고도의 정치성을 띠고 있는 '독자적인 정치행위'[3] 내지는 '특종의 정치적 국가행위'[4]이기 때문에 일반적인 소송절차에 의해서 법원이 판단할 사항이 아니라고 주장한다. 즉 통치행위에 대한 사법적 심사가 금지되는 것은 헌법의 명문규정이나 기타 실정법적 근거에서 비롯되는 것이 아니라 '통치행위 자체의 성질상(제4의 국가작용)' 사법심사에서 제외되는 것이며,[5] 일반적 행정행위는 법률을 집행하는 것이고 통치행위는 헌법을 집행하는 행위이기 때문에 비록 그것이 위법 또는 적법하더라도 사법심사에서 제외된다는 것이다.[6] 독일의 H. Krüger 교수는 「… 협의의 행정이 법적 가치를 실현하는 것이라고 한다면 통치행위는 정치적 가치(politische Werte)를 실현하는 것이므로 그에 대한 가치판단은 국민에게 맡기는 것이 바람직하다」고 한다.[7] 그리고 독일의 Hans Peters, U. Scheuner, Wolff 교수 및 일본의 田中二郎 교수 등은 통치행위는 독자적인 정치행위로서 일반행정행위와는 다른 특성을 가지고 있어[8] 행정행위라고 할 수 없으며 따라서 행정사건을 관할하는 행정재판소의 권한 이외에 속하는 것이며, 따라서 사법심사에서 제외되어야 한다는 통치행위독자성설을 취하고 있다.[9]

찰, 원광대학교 대학원(1984.12), 32면; 홍봉규, 통치행위에 관한 연구 - 사법적 심사를 중심으로 -, 경기대 대학원(1987.6), 70면.

1) 김치영, 통치행위에 관한 사법심사의 한계, 동아대학교 대학원(1986.12), 63면.
2) O. Mayer, Deutsches Verwaltungsrecht, 3. Aufl., Bd. 1 1924, S. 27.
3) 홍정선, 행정법원론(상), 단락번호 30.
4) 김경범, 통치행위에 관한 연구, - 사법적 통제를 중심으로 -, 한양대학교 대학원, 1990, 59면.
5) 김영문, 통치행위에 관한 일고찰, 원광대학교 대학원(1984.12), 34면; 고문현, 통치행위론, 경북대 대학원(1985.12), 48면; 박주용, 통치행위에 관한 연구, 성균관대학교 대학원(1987.12), 48면; 김경범, 통치행위에 관한 연구, - 사법적 통제를 중심으로 -, 한양대학교 대학원, 1990, 58-59면.
6) K. Stern, Das Staatsrecht der Bundesrepublik Deutschland II, 1980, S. 684; 홍봉규, 통치행위에 관한 연구 - 사법적 심사를 중심으로 -, 경기대 대학원(1987.6), 69면.
7) H. Krüger, Allgemeine Staatslehre, 2. Aufl., 1966, S. 699 ff.; H. J. Wolff, Verwaltungsrecht, 3. Aufl., SS. 53-56; 금동익, 통치행위의 사법적 통제, 서울대학교 대학원(1984), 39면; 홍봉규, 통치행위에 관한 연구 - 사법적 심사를 중심으로 -, 경기대 대학원(1987.6), 69면; 김경범, 통치행위에 관한 연구, - 사법적 통제를 중심으로 -, 한양대학교 대학원, 1990, 59면.
8) 협의의 행정행위는 법적 가치를 실현하고자 하는 것이지만 통치행위는 정치적 가치(politische Werte)를 실현하는 것이며, 이의 가치판단은 국민에게 맡기는 것이 바람직하다는 것이다(고문현, 통치행위론, 경북대대학원(1985.12), 48면).
9) Hans Peters, Lehrbuch der Verwaltung, 1949, S. 152; U. Scheuner, Der Bereich der

d) **적용법규결여설**

이 설은 미국의 Oliver P. Field[1] 등이 주장하는 학설로서 사법부와 입법부와의 차이를 완벽하게 구분하는 것은 곤란하나, 「… 일반적으로 법원은 쟁점이 있는 사실에 대하여 입법부가 제정한 법률을 적용하는 것을 그 사명으로 삼고 있는바, 이를 신중하게 고려하고 판단하는 것을 그 주된 요소로 삼고 있다. 따라서 법원은 그가 판결하기 전에 반드시 판결의 근거가 되는 법이 존재할 것을 필요로 하는데, 만약 (판결의 근거가 되는) 법이 존재하지 않는 경우에는 법원이 당연히 정치문제에 당연히 개입할 수 없는 것」이라고 한다. 이와 같이 적용법규결여설은 정치문제를 적용시킬 법규의 존재여부에서 찾는 견해로서 정치문제를 적용시킬 법규가 없는 경우, 이를 정치문제라 하고, 정치문제는 사법심사의 대상에서 제외시킨다는 것이 이론의 핵심이다.[2] 특히 이 학설은 국제사법재판소의 판례에서 유래하는 것으로서, 국제사법재판소는 가급적 정치문제를 피하고 순수한 법률문제만을 심리하려고 하였기 때문이다.[3] 왜냐 하면 법률문제와 정치문제의 구별은 국제법의 영역에서는 대단히 어려움과 동시에 사건당사자에 미치는 영향이 막대하기 때문에 국제사법재판소의 판례는 정치문제에 대해서는 심리하지 않는다는 원칙을 발전 시켰다. 이러한 국제사법재판소의 판례원칙을 통치행위에 대한 사법심사 제외의 이론적 근거로 활용한 것이 적용법규결여설이다.[4]

e) **대권행위설**

이 설은 통치행위가 사법심사의 대상이 되지 않는 것은 그것이 국왕(The Crown)의 대권행위(royal prerogative)이기 때문이라고 하는 이론이다.[5] 이는 영국에서 일반적으로 통용되고 있는 이론으로서,[6] 영국의 법원은 사법심사의 대상이 되지 않는 국가작용을 국가행위(act of state), 순수한 정치문제(pur policy matter) 혹은 대권행위 등으로 부르고 있다. 이들의 본질을 이루는 것은 영국법상의 대권행위에 대해서는 심사하지 않는다는 사상

Regierung, in: Festschrift für R. Smend, 1952, S. 300.

1) O. P. Field, The Doctrine of Political Questions in the Federal Courts, Minnesota Law Review, Bd. VIII(1924), pp. 285.

2) 진상화, 통치행위의 법리에 관한 연구, 중앙대학교 대학원(1985.11), 66면.

3) 김영문, 통치행위에 관한 일고찰, 원광대학교 대학원(1984.12), 35면; 김경범, 통치행위에 관한 연구, - 사법적 통제를 중심으로 -, 한양대학교 대학원, 1990, 60면.

4) 진상화, 통치행위의 법리에 관한 연구, 중앙대학교 대학원(1985.11), 67면; 김경범, 통치행위에 관한 연구, - 사법적 통제를 중심으로 -, 한양대학교 대학원, 1990, 60면.

5) 곽종영, 통치행위와 사법심사, 사회과학연구(제7집), 1995, 37면.

6) 양승업, 통치행위의 법리에 관한 연구, 동국대학교 대학원(1989.12), 105면; 김경범, 통치행위에 관한 연구, - 사법적 통제를 중심으로 -, 한양대학교 대학원, 1990, 62면.

으로부터 연유한 것이다.[1] 그러나 이 학설은 영국법상의 특수한 전통 및 사상에 유래된(다만 영국에 한정된) 고전적인 이론에 지나지 않는다.

f) 사법(부)자제설(사법적 자기제약설; 자율적 자제설)

통치행위는 고도의 정치성을 띤 행위이기 때문에 사법부가 스스로 자제(사법부자제 : judicial self-restraint; judicial self-limitation)하여, 법적으로는 (당연히) 심사할 수 있음에도 불구하고 법원의 자유로운 의사에 의하여 심사하지 않는다는 견해이다. 이 견해는 정치문제에 대해서도 이론상으로는 사법권이 미치지만(따라서 법이론적으로는 통치행위의 관념이 부정되지만),[2] 법정책적인 측면에서[3] 사법부 스스로의 자제에 의하여 법원이 정치분야의 문제에 대한 판단에 개입하는 것을 회피함으로써,[4] 그 정치분야를 담당하는 각 기관(국회 · 정부)의 결정을 존중하는 것이라고 한다.[5] 그리고 여기서 특히 강조되는 점은 이와 같은 법원 스스로의 자발적 자제는 단순한 자의적인 권리의 포기가 아니라, 법의 근본정신 및 정치적 합목적성에 입각하여 사법부의 한계성을 인정하려는 태도라고 한다.[6]

사법부자제설이 추구하는 법정책적 목표는 사법의 정치화를 막기 위한 수단으로서 중시되고 있다. 이설은 미국의 Backer v. Carr 사건 이전의 미국판례의 지배적 견해였다. 김철수 교수는 사법부자제설이 미국판례의 지배적 견해라고 한다.[7]

---

1) Phillips, Constitution and Administrative Law, 3nd ed, 1962, pp. 241.

2) 이와 같이 사법부자제설이 법이론적 측면에서는 통치행위를 부정하고 있다는 점에서 타학설과의 차이가 있고 동시에 이 학설의 장점이기도 하다.

3) 서원우, 통치행위론, 법정(76.5), 16면; 임종열, 통치행위에 관한 고찰, 원광대학교 교육대학원(1987.6), 6면.

4) 성낙인, 통치행위론, 고시연구(1993.10), 65면.

5) 진상화, 통치행위의 법리에 관한 연구, 중앙대학교 대학원(1985.11), 69면; 성낙인, 통치행위론, 고시연구(1993.10), 65면.

6) 역사적으로 보아도 프랑스에서 통치행위이론이 등장하게 된 것은 국참사원의 판례정책에서 나온 것으로, 그 판례정책의 기초로 되어 있는 것이 실제적 · 합목적적 고찰이었음이 이를 반영한다. Carl J. Friedrich, Constitutional Goverment and Democracy, London, 1968, p. 114; Coleman v. Miller, 307 U.S. 433(1939); Pacific States Tel. & Tel. Co. v. Oregon, 223 U.S. 118(1912); 금동익, 통치행위의 사법적 통제, 서울대학교 대학원(1984), 42면; 김원주, 실질적 법치국가와 통치행위, 경북대 교육대학원 논문집(제5집), 1974, 174면 이하 참조; 고문현, 통치행위론, 경북대대학원(1985. 12), 50면.

7) 김철수, 통치행위론, 영남대 학술논총, 10집(1979.2), 93면; 진상화, 통치행위의 법리에 관한 연구, 중앙대학교 대학원(1985.11), 69면.

1.3. 판례

우리 나라에 있어서 통치행위에 관한 판례로 대법 1964. 7. 21 재정,[1] 대법 1964. 7. 22 재정,[2] 대법 1964. 7. 22 재정,[3] 대판 1972. 1. 18, 71도1845호,[4] 대법 1979. 12. 7 재정,[5] 하급심 판례로서 서울 고법 결정 1964. 7. 16 등의 사건이 있다.

- 계엄선포
  - 대통령의 계엄선포에 관한 서울고법 결정(1964. 7. 16, 64로159)
- 비상계엄선포
  - 1964년의 6·3사태를 수습하기 위한 비상계엄선포에 관한 판례(서울고법 1964. 7. 21, 79 초70)
  - 1979년의 박정희대통령 시해 사건을 계기로 선포된 10·27 비상계엄선포에 관한 판례(대판 1979. 12 .7)[6]
- 대통령의 긴급조치를 통치행위로 본 판례(대판 1978. 5. 23, 78도813)
- 군사시설·보호구역의 설정·변경·해제를 통치행위로 본 판례(대판 1983. 6. 14, 83누43)[7]

---

1) 대법원 64초4 【재판권쟁의에 대한 재정신청】

2) 대법원 64초3 【재판권쟁의에 대한 재정신청】

3) 대법원 64초7 【재판권쟁의에 대한 재정신청】

4) 대법원 71도1845호: 헌법개정을 위한 국민투표법의 효력에 관하여 대법원은 「… 국민투표법은 국회에서 … 적법한 절차를 거쳐서 공포·시행되고 있으므로 법원으로서는 국회의 자주성을 존중하는 의미에서 그 유·무효를 판단할 성질의 것이 아니다」고 판시하였다. 고문현, 통치행위론, 경북대대학원(1985.12), 34면.

5) 대법원 79초72 【재판권쟁의에 대한 재정신청】

6) 대법원 1979. 12. 07 선고 79초70 재정 【재판권쟁의에관한재정신청】 재판권쟁의에관한재정신청 : 대통령의 계엄선포행위는 고도의 정치적, 군사적 성격을 띠는 행위라고 할 것이어서 그 선포의 당·부당을 판단할 권한은 헌법상 계엄의 해제요구권이 있는 국회만이 가지고 있다고 할 것이고 그 선포가 당연 무효의 경우라면 모르되 사법기관인 법원이 계엄선포의 요건구비나 선포의 당·부당을 심사하는 것은 사법권의 내재적, 본질적인 한계를 넘어서는 것이 되어 적절한 바가 못된다."

7) 군사시설보호법에 의한 군사시설 보호구역의 설정·변경 또는 해제와 같은 행위는 행정청에 의한 공법행위라는 점에서는 광의의 행정행위라고 할 것이나, 이는 행정입법행위 또는 통치행위라는 점에서 협의의 행정행위와 구별되며 따라서 이와 같은 행위는 그 종류에 따라 관보에 게재하여 공포하거나 또는 대외적인 공고·고시 등에 의하여 유효하게 성립하고 개별적 통지를 요하지 않는다(대판 1983. 6. 14, 83누43) ☜ [1] 공고: 행정기관이 결정한 사항 등을 널리 국민 일반에게 알리는 행위를 말한다. 주로 중앙행정기관은 관보, 지방자치단체는 공보를 이용하게 된다. [2] 고시: 행정기관이 결정한 사항 등을 널리 국민 일반에게 알리기 위하여 공고하는 일종의 공고형식이다. 법규적 내용을 담으면 법적 효력이 있고, 그렇지 않은 경우에는 법적 효력이 있다.

- 국회에서의 법률통과 행위를 통치행위로 본 판례(대판 1972. 1. 18)
- 국회의 내부적 자율권에 해당하는 행위(의결정족수의 결정 · 회기의 연장 · 의원의 징계 및 자격심사 · 국회의사규칙의 제정)
- 정부와 국회와의 관계에 관한 행위(국무총리 · 국무위원의 해임건의, 임시회의의 소집요구, 법률안거부권의 행사)
- 국무총리 · 국무위원의 임면(任免)(헌법 제86 · 제87조) · 고급장성의 퇴역결정 등 대통령의 정치적 판단이나 자유재량에 의한 행위
- 외교행위(조약체결 · 비준, 국가나 정부의 교섭단체의 승인, 외교사절의 접수) ☞ 행정권의 수반으로서의 역할이 아닌 국가원수로서의 자격으로 행함
- 행정권의 수반으로서가 아니라 국가원수의 자격으로 행하는 대통령의 행위(긴급재정경제처분 · 긴급재정경제명령[1] · 긴급명령권의 행사(헌법 제76조), 선전포고, 사면권의 행사, 영전수여(헌법 제80조), 국민투표회부(헌법 제72조)
- 국군통수권의 행사, 국군의 해외파병

특히 대법원의 1964년 결정(64초 4 재판쟁의에 대한 재정신청 1964. 7. 21. 재정)은 「… 비상계엄의 요건인 사회질서가 극도로 교란 되었느냐의 여부는 각 사실에 의하여 대통령이 그 재량으로 정하여야 할 것으로서 대통령의 판단 결과로 비상계엄이 선포되었을 때 그것은 고도의 정치적 군사적 성격을 가지는 행위라고 할 것이며, 이러한 고도의 정치적 · 군사적 성격을 지니고 있는 비상계엄 선포를 통치행위라 할 수 있다. … 대통령의 비상계엄선포행위가 당연무효라면 모르되[2] 법원이 계엄선포의 당 · 부당을 심사하는 것은 사법권의 내재적인 본질적 한계를 넘어서는 것이 되어 적절한 것이 되지 못한다」.[3] 또한 1985년 10월 2일 서울 형사지법의 미국문화원농성사건의 제1심판결에서 "정부에서 발표한 바에 의하면 광주사태는 그 당시의 국군통수권자의 정치적 결단에 의하여 그 상황에 따라 적절히 대처한 통치권의 행사로서 이 재판의 심사대상이 아니다" 라고 함으로써 재판부는 공판과정에서 집중적으로 발의된 광주사태는 정치권에 속하는 사항으로 사법심사의 대상

---

1) 헌법재판소는 긴급재정경제명령의 발령행위에도 국민의 기본권침해와 직접 관련되는 경우에는 헌법재판소의 심판대상이 된다고 한다.

2) 여기서 우리는 동판결이 계엄선포행위가 사법심사의 대상이 될 수 있음을 간접적으로 시사하고 있음을 엿볼 수 있다(同旨 김철수, 통치행위론, 영남대 학술논총, 10집(1979.2), 103면; 금동익, 통치행위의 사법적 통제, 서울대학교 대학원(1984), 29면 참조). 박윤흔 교수는 위의 「대법원재정이 통치행위라도 당연히 무효인 경우에는 심사할 수 있다는 것을 전제하고 있다는 것은 통치행위이론을 그대로 받아들이지 않고 완화된 형태로 받아들이고 있음을 알 수 있다」고 한다(박윤흔, 통치행위, 사법행정(1967.11), 19면).

3) 홍성방, 헌법상 통치행위의 법리에 관한 연구, 고려대학교 대학원(1976.11), 89면 이하; 주용진, 통치행위에 관한 비교법적 고찰, 연세대학교 행정대학원(1978), 99면 이하; 한상범, 사법권의 한계와 통치행위론, 사법행정(1988.4), 27면.

이 될 수 없다는 입장을 밝혔다.[1)]

다만 비상계엄의 선포가 국헌문란의 목적인 경우에는 법원은 그 자체가 범죄행위에 해당하는지의 여부에 관하여 심사할 수 있다고 하였다.[2)]

1.4. 소결

우리 나라의 판례는 사법심사에서 제외되는 통치행위의 이론적인 근거를 권력분립에 입각한 사법권의 내재적 제약에서, 또는 고도의 정치적인 문제는 국회나 정부의 자유재량행위라는 논거에서 찾고 있으며, 사법부 소극주의로 일관하고 있다.[3)] 특히 통치행위에 있어서 가장 중점이 되는 것은 국민의 기본권 보장과 관련한 통치행위의 한계에 관한 문제인데도 이를 언급한 판례는 극히 드물다.[4)] 다만 우리의 헌법재판소는 금융실명거래및비밀보장에관한긴급재정경제명령(대통령긴급재정경제명령 제16호)의 위헌심판에서 「… 대통령의 긴급재정경제명령은 국가긴급권의 일종으로서 고도의 정치적 결단에 의하여 발동되는 행위이고 그 결단을 존중하여야 할 필요성이 있는 행위라는 의미에서 이른바 통치행위에 속한다고 할 수 있으나, 통치행위를 포함하여 모든 국가작용은 국민의 기본권적 가치를 실현하기 위한 수단이라는 한계를 반드시 지켜야 하는 것이고, 헌법재판소는 헌법의 수호와 국민의 기본권 보장을 사명으로 하는 국가기관이므로 비록 고도의 정치적 결단에 의하여 행해지는 국가작용이라고 할지라도 그것이 국민의 기본권 침해와 직접 관련되는 경우에는 당연히 헌법재판소의 심판대상이 된다. 긴급재정경제명령은 정상적인 재정운용 · 경제운용이 불가능한 중대한 재정 · 경제상의 위기가 현실적으로 발생하여,[5)] 긴급한 조치가 필요함에도 국회의 폐회 등으로 국회가 현실적으로 집회될 수 없고 국회의 집회를 기다려서는 그 목적을 달할 수 없는 경우에 이를 사후적으로 수습함으로써 기존질서를 유지 · 회복하기 위하여[6)] 위기의 직접적 원인의 제거에 필수불가결한 최소의 한도 내에서 헌법이 정한 절차에 따라 행사되어야 한다」[7)]고 하여 통치행위를 기본권이 침해당하지 않는 범위로 축소하

---

1) 동아일보, 1985. 3. 19; 월간조선, 1985. 11월호 참조; 임종열, 통치행위에 관한 고찰, 원광대학교 교육대학원(1987. 6), 31면 참조.

2) 대판 1997. 4. 17, 96도3376.

3) 금동익, 통치행위의 사법적 통제, 서울대학교 대학원(1984), 34면; 김명규, 사법권의 범위와 한계, 월간고시(13권 제1호, 1985), 35면; 임종열, 통치행위에 관한 고찰, 원광대학교 교육대학원(1987. 6), 32면; 한상범, 사법권의 한계와 통치행위론, 사법행정(1988.4), 30면.

4) 금동익, 통치행위의 사법적 통제, 서울대학교 대학원(1984), 34면.

5) 장래에 있어서 위기가 발생할 우려가 있다는 이유로 사전적 · 예방적으로 발할 수는 없다.

6) 공공복리의 증진, 문화의 향상 등과 같은 적극적 목적을 위하여는 발할 수 없다.

7) 헌재결 1996. 2. 9, 93헌마186 【긴급재정명령 등 위헌확인】

려고 하는 경향이 강하게 나타나고 있다.

「통치행위」
- 국가의 정치적 지도와 결정으로서 최고의 정치적 성격을 지닌 국가작용
  · 대통령의 계엄선포행위
  · 조약의 체결 및 비준행위
  · 외교행위
  · 국민투표에의 부의

– 내재적 한계설
– 권력분립설
– 자유재량행위설
– 사법적 자제설

「허영 교수의 견해」
- 통치행위의 원칙적 부인
  → (예외) · 고도의 정치적 결단으로써 기본권침해와 직접관련성이 없을 것
  · 동시에 그에 대한 정치적 통제수단이 별도로 존재할 것

「권영성 교수의 견해」
- 헌법해석론
- 헌법정책설
  → 절대적 통치행위: 국민투표부의 행위, 법률안의 재의요구, 외국의 승인외교사절의 신임 접수
  → 상대적 통치행위:
    · 국회의 동의나 승인을 얻도록 한 행위: 선전포고, 강화조약의 체결, 총리임명
    · 헌법이 행사절차나 요건을 규정한 경우: 계엄선포, 긴급명령, 사면, 영전수여, 국군통수
    · 기본권보장에 중대한 영향을 미치는 행위: 계엄선포, 선전포고, 사면

「미연방대법원의 입장」
- 권력분립설
- 사법(부)자제설

「우리 나라 대법원」
- 사법(부)자제설
- 자유재량행위설

[참고]
독일연방헌법재판소는 동서독기본조약에 관한 위헌심사에서 정치문제에 대한 심사권

의 한계를 인정하면서도 조약의 체결은 통치행위에 속하지 않는다는 입장을 보인바 있다. 미연방대법원은 반란으로 수립한 정부와 종래의 정부사이에 적법정부 여부를 판단하는 것은 정치적 문제로서 법원보다 의회나 정부가 판단할 문제라고 하였다(Luther v. Borden).

2. 기타

국회의 자율권에 속하는 사항 · 행정부의 자유재량행위 · 특별권력관계에서의 처분 · 행정소송상의 이행판결 등은 본서참조 할 것.

IX. 사법본질상 한계(법적 쟁송상의 한계)

1. 개관

실질적 의미의 사법은 구체적인 법적 분쟁이 있고 당사자로부터 쟁송의 제기를 기다려 독립된 지위를 가진 기관(법원)이 일정한 절차에 따라 무엇이 법인가를 판단하고 선언함으로써 법질서를 유지하기 위한 작용이다. 사법작용의 본질상 법원과 헌법재판소가 사법(재판)권을 행사할 수 없는 경우가 있다. 따라서 사법권의 발동, 즉 사법판단적합성(justiciability)을 가지고 사범권발동의 대상이 되려면 (ㄱ) 구체적인 권리 · 의무관계에서의 법률적 분쟁이 발생한 사건에 관하여(구체적 사건성), (ㄴ) 재판을 청구할 자격이 있는 자의 청구가 있어야 하고(청구인적격; 당사자적격), (ㄷ) 그 청구와 관련하여 소송을 수행할 실질적 · 정당한 이익(訴益)이 있어야 한다. (ㄹ) 그리고 법원은 현재 또는 급박한 문제만을 심사하여야지 먼 장래의 일을 심사해서는 안된다는 사건의 성숙성 또는 Mootness 등이 요구된다. 법원에 소송을 제기하기 위하여는 일단 이러한 요건이 갖추어져야 하기 때문에 이를 사법본질상의 한계 또는 법적 쟁송상의 한계라고 한다.[1]

「소송제기의 요건」
- 구체적 사건성
- 당사자적격
- 訴의 이익
- 사건의 성숙성

2. 소송제기의 요건

2.1. 구체적 사건성

사법은 반드시 구체적이고 현실적인 법률적 분쟁이 전제(사건성)되는 것으로서, 사법

---

1) 권영성, 헌법학원론, 854면.

권발동의 대상이 되려면 구체적이고 현실적인 권리·의무관계에 관한 분쟁, 즉 법적 분쟁이 있어야 한다. 법적 분쟁이 없는 곳에 사법부가 개입할 수는 없다. 법질서의 유지와 국민의 권리보호가 재판의 본질적 기능이기 때문이다. 따라서 단순한 법적 질문이나 법적 해석과 같은 사건성과 법적 분쟁이 없는 추상적 규범심사는 재판의 대상이 되지 아니한다.[1]

우리 나라도 법률·명령·규칙·처분 또는 법률에 위반되는 여부가 「재판의 전제가 된 경우」에만 심사한다(헌법 제107조)고 하여 구체적 규범통제를 요구하고 있다. 이러한 구체적 사건성은 구체적 규범통제를 요구하고 있는 사법심사제에 있어서 사법권의 한계가 되는 개념이지만 오늘날 사법심사권의 기능이 전통적인 「사권보장형」으로부터 「헌법보장형」으로 성격이 변화된 것에 대응하여 법창조적 기능·정책형성기능도 명확하게 해둘 필요성도 있다.

2.2. 당사자적격(청구인적격)

재판을 청구할 수 있는 자는 공권력으로 말미암아 자신의 권리나 이익(법적 이해관계를 가진다)을 침해당한 자이거나 그 쟁송사건에 관하여 법적 이해관계를 가진 자, 즉 당사자로서의 적격을 구비한 자라야 한다(당사자적격). 따라서 청구인 적격없는자 또는 청구인이 될 자격이 없는자가 제기한 소송은 각하된다. 그러나 환경권소송·소비자권리소송 등 집단소송 및 헌법소송(사법심사제)에 있어서는 분쟁의 당사자가 수천명에 이르는 경우마저 있을 수 있다. 이러한 경우에는 당사자적격을 완화할 필요가 있다(다수설).[2]

2.3. 소의 이익(법률상 이익)

2.3.1. 내용

「이익이 없으면 소권도 없다」라는 법언과 같이 당사자가 그 청구에 관하여 소송을 수행할 실질적 이익(정당한 이익)이 없으면, 그 사건은 재판의 대상이 되지 아니한다.[3] <u>법률상 이익은 처분 등에 의해 침해된 이익이 행정처분의 근거법령의 해석을 통해 법적으로 보호되는 이익이어야 한다는 의미이다</u>. 소의 이익을 인정하는 데 있어서 위법한 행위(부작위 포함)에 대한 경우 뿐만 아니라 법률의 집행과정에 있어서 적법성을 보장하기 위한 경우에도 소의 이익을 인정하여야 한다. 소의 이익을 지나치게 엄격하게 해석하면, 그것은 실질적으로 재판

1) 행정소송은 구체적 사건에 대한 법률상 분쟁을 법에 의하여 해결함으로써 법적 안정을 기하자는 것이므로 부작위위법확인소송의 대상이 될 수 있는 것은 구체적 권리의무에 관한 분쟁이어야 하고 추상적인 법령에 관하여 제정의 여부 등은 그 자체로서 국민의 구체적인 권리·의무에 직접적 변동을 초래하는 것이 아니어서 그 소송의 대상이 될 수 없다(대판 1992. 5. 8, 91누11261).

2) 권영성, 헌법학원론, 855면.

3) 권영성, 헌법학원론, 855면.

의 거부와 같은 부작용을 초래할 수 있다. 따라서 헌법소송이나 환경권소송 등에서는 소의 이익을 지나치게 엄격하게 해석하여서는 아니된다(다수설).[1)]

대판 1985. 6. 25, 84누579 【부동산소유권국가귀속처분무효확인】

행정소송은 행정처분으로 인하여 법률상 직접적이고 구체적인 이익을 가지게 되는 사람만이 제기할 이익이 있는 것이고 다만 사실상이며 간접적인 관계를 가지는 데 불과한 사람은 소송을 제기할 이익이 없는 것이다.[2)]

헌재결 1995. 11. 30, 92헌마44 【소송기록송부지연 등에 대한 헌법소원】

심판청구 당시 권리보호의 이익이 인정되더라도, 심판계속중에 생긴 사정변경, 즉 사실관계 또는 법령제도의 변동으로 말미암아 권리보호의 이익이 소멸 또는 제거된 경우에는, 원칙적으로 심판청구는 부적법하게 된다. 다만 그와 같은 경우에도 그러한 기본권침해행위가 반복될 위험이 있거나, 그러한 분쟁의 해결이 헌법질서의 수호유지를 위하여 긴요한 사항이어서 헌법적으로 그 해명이 중대한 의미를 지니고 있는 경우에는 예외적으로 심판청구의 이익이 있다고 볼 수 있다.[3)]

행정소송의 경우 행정소송의 대상이 되는 사건도 「재판을 통하여 당사자가 권리보호를 받을 수 있는 구체적인 권리 · 의무관계에 관한 것」이어야 하고, 원고에게 「소의 이익」이 없으면 소로서 다툴 수 없다. 예컨대 소의 이익이 부정되는 경우는 1) 원상회복이 불가능하거나,[4)] 2) 처분의 효력이 실효된 경우[5)][6)]에는 소의 이익이 없다.[7)]

---

1) 권영성, 헌법학원론, 855면.

2) 同旨의 판례 : 대판 1982. 7. 13, 80무6.

3) 동지의 판례 : 헌재결 1995. 5. 25, 91헌마44. 【지방의회의원선거법 제36조 제1항에 대한 헌법소원】

4) 대판 1992. 4. 24, 91누11131 【건축허가취소】 건축허가가 건축법 소정의 이격거리를 두지 아니하고 건축물을 건축하도록 되어 있어 위법하다 하더라도 그 건축허가에 기하여 건축공사가 완료되었다면 그 건축허가를 받은 대지와 접한 대지의 소유자인 원고가 위 건축허가처분의 취소를 받아 이격거리를 확보할 단계는 지났으며 민사소송으로 위 건축물 등의 철거를 구하는 데 있어서도 위 처분의 취소가 필요한 것이 아니므로 원고로서는 위 처분의 취소를 구할 법률상의 이익이 없다(동지 대법원 1987. 5. 12. 선고 87누98 판결; 1987. 9. 8. 선고 86누375 판결).

5) 대판 1995. 10. 17, 94누14148 【자동차운행정지가처분취소등】 행정처분에 효력기간이 정하여져 있는 경우 및 각종 규칙상의 행정처분기준에 관한 규정에서 위반 횟수에 따라 가중처분하게 되어 있는 경우, 그 효력기간 경과 후에 행정처분의 취소를 구할 법률상의 이익이 있는지 여부 : [다수의견] 행정처분에 효력기간이 정하여져 있는 경우, 그 처분의 효력 또는 집행이 정지된 바 없다면 위 기간의 경과로 그 행정처분의 효력은 상실되므로 그 기간 경과 후에는 그 처분이 외형상 잔존함으로 인하여 어떠한 법률상 이익이 침해되고 있다고 볼 만한 별다른 사정이 없는 한 그

– 행정상 즉시강제 –

행정상 즉시강제는 그 성질상 신체, 재산, 가택에 대한 단기간의 침해로 행위가 종료되는 경우가 보통인바, 즉시강제가 이미 행하여진 뒤에는 그것이 비록 위법 또는 부당한 것이라고 하더라도 원상회복이나 손해배상을 청구하는 외에는 행정심판이나 취소소송으로 즉시강제의 취소를 청구할 이익이 없게 된다. 우리 대법원도 행정상 즉시강제와 같은 사실행위는 그 실행이 완료된 이후에 있어서는 그 행위의 위법을 이유로 하는 손해배상 또는 원상회복의 청구를 하는 것은 몰라도 그 사실행위의 취소를 구하는 것은 권리보호의 이익이 없다고 판시한 바 있다. 따라서 즉시강제에 대하여 행정쟁송을 제기할 수 있다고 하더라도 실제로 이를 제기할 수 있는 경우는 극히 제한된다고 할 것이다. 다만, 행정상 즉시강제가 강제격리, 물건 영치 등으로 이루어져 비교적 장기간에 걸치는 계속적인 성질의 경우는 행정쟁송으로 취소를 청구할 수 있다. 또한 행정상 즉시강제가 이미 종료된 경우에도 그 취소로 회복되는 법률상 이익이 있는 경우에는 즉시강제의 취소를 구하는 행정쟁송의 제기가 가능하다고 할 것이다(행정심판법 제9조 제1항, 행정소송법 제12조 참조). 그러나 행정소송법 제12조에 의하여 행정상 즉시강제 이후라도 취소로 회복될 법률상 이익이 있는 경우에는 취소소송을 통한 구제가 가능하다.[1]

– 행정처분의 효력기간경과 후 그 처분의 취소소송의 제기 가능성 –

<사례>

갑은 9월 30일 행정청으로부터 같은 해 10월 7일부터 11월 6일까지 1개월간 영업을 정지하라는 영업정지처분을 받아 법원에 취소소송을 제기하여 '그 효력을 정지한다'라는 결정(집행정지결정)을 받았으나, 다음 해 6월 23일 법원으로부터 패소판결을 선고받아 이에

처분의 취소를 구할 법률상의 이익이 없고, 행정명령에 불과한 각종 규칙상의 행정처분 기준에 관한 규정에서 위반 횟수에 따라 가중처분하게 되어 있다 하여 법률상의 이익이 있는 것으로 볼 수는 없다.

6) 대판 1999. 6. 11, 97누379【주택건설사업계획사전결정반려처분취소】구 주택건설촉진법(1999. 2. 8. 법률 제5908호로 개정되기 전의 것)은 제32조의 4에서 주택건설사업계획의 사전결정제도에 관하여 규정하고 있었으나 위 법률이 1999. 2. 8. 법률 제5908호로 개정되면서 위 제32조의 4가 삭제되었고, 그 부칙 규정에 의하면 개정 후 법은 1999. 3. 1.부터 시행되며(부칙 제1조), 개정 후 법의 시행 당시 종전의 제32조의4의 규정에 의하여 사전결정을 한 주택건설사업은 종전의 규정에 따라 주택건설사업을 시행할 수 있다고 규정되어 있을 뿐(부칙 제2조), 개정 후 법의 시행 전에 사전결정의 신청이 있었으나 그 시행 당시 아직 사전결정이 되지 않은 경우에도 종전의 규정에 의한다는 취지의 규정을 두지 아니하고 있고, 따라서 개정 전의 법에 기한 주택건설사업계획사전결정반려처분의 취소를 구하는 소송에서 승소한다고 하더라도 위 반려처분이 취소됨으로써 사전결정신청을 한 상태로 돌아갈 뿐이므로, 개정 후 법이 시행된 1999. 3. 1. 이후에는 사전결정신청에 기하여 행정청으로부터 개정전 법 제32조의4 소정의 사전결정을 받을 여지가 없게 되었다고 할 것이어서 더 이상 소를 유지할 법률상의 이익이 없게 되었다고 할 것이다.

7) 김백유, 행정법치론(I), 1322면 이하 참조.

1) 석종현, 일반행정법(상), 492면.

불복하여 상고하였다.

문제 1) 행정처분에 효력기간이 정하여져 있는 경우 그 기간이 경과한 후에 행정처분의 취소를 구할 법률상 이익이 있는가?

문제 2) 행정처분집행정지결정의 효력존속기간은 언제까지인가?

문제 3) 이 경우 같이 행정청의 영업정지처분으로 인하여 조달청입찰참가자격사전심사기준 및 조달청시설공사적격심사세부기준에 의하여 신인도 감점의 불이익을 받은 경우에 그 취소를 구할 법률상 이익이 있는가?

<해설>

문제 1) 행정처분에 효력기간이 정해져 있는 경우 그 기간의 경과로 그 행정처분의 효력은 상실되므로 그 기간 경과 후에는 그 처분이 외형상 잔존함으로 인하여 어떠한 법률상 이익이 침해되었다고 볼 만한 별다른 사정이 없는 한 그 처분의 취소를 구할 법률상의 이익이 없다.[1)]

문제 2) 행정소송법 제23조에 의한 집행정지결정의 효력은 결정주문에서 정한 시기까지 존속하며 그 시기의 도래와 동시에 영업정지결정의 효력이 당연히 부활되어 처분에서 정한 정지기간은 이때부터 다시 진행한다.[2)] 그러므로 위 사안에서 행정처분집권정지결정의 효력은 본안판결 선고일인 다음 해 6월 23일에 당연히 실효되고 일시 정지되었던 위 영업정지처분의 효력은 당연히 부활되어 행정처분집행정지결정이 있기 전에 일부 진행된 기간을 제외한 나머지의 업무정지기간이 경과함으로써 효력이 상실된다.

문제 3) 영업정지처분으로 조달청입찰참가자 자격사전심사기준 및 조달청시설공사적격세부기준에 의하여 신인도 감점의 불이익을 받게 된다고 하더라도 그와 같은 불이익은 사실상·경제상의 불이익에 불과할 뿐 그 취소를 구한 법률상 이익이 있는 것이라고 볼 수 없다.[3)]

<결론>

행정처분에 효력기간이 정하여져 있는 경우에 있어서 그 기간의 경과로 그 행정처분의 효력은 상실되므로 그 처분의 취소를 구할 법률상 이익이 없고, 집행정지결정의 효력은 결정주문에서 정한 시기까지 존속하며 그 시기의 도래와 동시에 효력은 소멸하므로, 본안소송의 판결선고에 의하여 집행정지결정의 효력은 소멸하고 영업정지처분의 효력은 당연히 부활되어 처분에서 정하였던 정지기간은 이 때부터 다시 진행한다. 그리고 영업정지처분으로 신인도 감점의 불이익을 받게 되더라도 그 불이익은 사실상·경제상의 불이익으로 취소의 법률상의 이익이 없다.[4)] <대한법률구조공단 참조>

---

1) 대판 1995. 10. 17, 94누14148; 대판 2002. 7. 26, 2000두7254.

2) 대판 1999. 6. 25, 99두5153; 대판 1993. 8. 24, 92누18054 【무도유흥접객업영업정지처분취소】

3) 대판 1995. 7. 14, 95누4087 【부정당업자제재처분취소】

소의 이익이 긍정되는 경우는 1) 부수적 이익이 잔존하는 경우,[1] 2) 장래 불이익처분의 요건사실이 되는 경우 등이다.[2] 다만 제재적 처분의 경우 처분의 효력기간이 경과된 경우 소의 이익을 인정한 판례(처분의 전력이 장래 불이익처분의 가중요건으로 된 경우)[3]가 있는가 하면 이를 부정한 판례(행정규칙으로 가중요건을 규정한 경우)[4]도 있다.[5]

- 訴의 이익
- 권리보호의 이익문제

2.3.2. 반사적 이익

반사적 이익은 「사실상의 것」에 불과하고, 법률상 직접 보호되는 권리나 법률상 주장할 수 있는 이익(법률상 이익)이 아니다. 따라서 반사적 이익에 해당하는 경우에는 그러한 이익의 침해가 있더라도 「법률적 쟁송」의 대상이 될 수 없다.[6]

그러나 행정심판의 경우 행정심판의 청구인 적격으로 법률상 이익을 심판제기 요건으

---

4) 대판 1999. 2. 23, 98두14471; 대판 2002. 7. 26, 2000두7254 【도매법인지정처분취소】

1) 예컨대 공무원의 파면처분을 다투는 도중에 정년에 도달한 경우라도 파면처분의 취소로 봉급청구권이 인정된다면 소의 이익이 있다. 강현호, 행정법 총론, 단락번호 1589.

2) 대판 1991. 8. 27, 91누3512 【영업정지처분취소】 가중제재처분이 있는 건축사법에 의한 건축사 업무정지처분의 정지기간이 지난 후 그 취소를 구할 소의 이익이 있는지 여부(적극) : 건축사법 제28조 제1항이 건축사 업무정지처분을 연 2회 이상 받고 그 정지기간이 통산하여 12월 이상이 될 경우에는 가중된 제재처분인 건축사사무소 등록취소처분을 받게 되도록 규정하여 건축사에 대한 제재적인 행정처분인 업무정지명령을 보다 무거운 제재처분인 사무소등록취소처분의 기준요건으로 규정하고 있는 이상, 건축사업무정지처분을 받은 건축사로서는 위 처분에서 정한 기간이 도과되었다 하더라도 위 처분을 그대로 방치하여 둠으로써 장래 건축사사무소 등록취소라는 가중된 제재처분을 받게될 우려가 있는 것이므로 건축사로서의 업무를 행할 수 있는 법률상 지위에 대한 위험이나 불안을 제거하기 위하여 건축사 업무정지처분의 취소를 구할 이익이 있다.

3) 대판 1991. 8. 27, 91누3512 【영업정지처분취소】

4) 대판 1995. 10. 17, 94누14148 【자동차운행정지가처분취소등】 규정형식상 부령인 시행규칙 또는 지방자치단체의 규칙으로 정한 행정처분의 기준은 행정처분 등에 관한 사무처리기준과 처분절차 등 행정청 내의 사무처리준칙을 규정한 것에 불과하므로 행정조직 내부에 있어서의 행정명령의 성격을 지닐 뿐 대외적으로 국민이나 법원을 구속하는 힘이 없고, 그 처분이 위 규칙에 위배되는 것이라 하더라도 위법의 문제는 생기지 아니하고, 또 위 규칙에서 정한 기준에 적합하다 하여 바로 그 처분이 적법한 것이라고도 할 수 없으며, 그 처분의 적법 여부는 위 규칙에 적합한지의 여부에 따라 판단할 것이 아니고 관계 법령의 규정 및 그 취지에 적합한 것인지 여부에 따라 개별적 · 구체적으로 판단하여야 한다.

5) 김백유, 행정법치론(I), 1324면.

6) 김백유, 행정법치론(I), 1324면.

로 삼는 것은 행정심판제도의 본질에 반하는 것이며 따라서 행정심판법이 청구인 적격을 법률상 이익에 한정하는 것은 바람직하지 못하다. 행정심판은 반사적 이익(사실상 이익)을 침해 받았거나 반사적 이익을 위해서도 제기 될 수 있는 것이다. 반사적 이익 또는 사실상의 이익을 침해 받은자 까지도 행정심판을 제기 할 수 있는 점이 법률상 이익을 침해받은 자만이 행정소송을 제기할 수 있는 점과 다르다. 우리의 행정심판법이 법률상 이익을 침해 받은자 또는 법률상 이익이 있는 자 만이 행정심판을 제기할 수 있게 하고 있는 것은 모순이며 입법상 과오라 본다. 일본의 행정불복심판법 및 독일 행정재판소법상의 전심절차규정에 있어서는 그 행정심판의 제기요건으로서 권리 또는 법률상 이익의 침해 등을 요구하지 않고 있다.[1] 그밖에 행정심판은 행정내부의 감독 내지 반성의 수단으로서의 의미를 가진다는 점에서 청구인적격을 원고적격보다 넓게 인정할 수 있다는 견해가 있다. 즉 행정의 적정한 운영의 확보라는 점에서 충분히 행정심판의 의의가 인정되는 경우에는 청구인적격을 인정해야 한다고 한다. 그리하여 권리·이익의 침해가 개인적인 것이 아니라 하더라도 그것이 구체적인 동시에 실질적인 경우에는 청구인적격을 인정할 수 있다고 한다.[2]

2.4. 사건의 성숙성

사건의 성숙성의 원칙이라 함은 사법권은 현재 또는 구체적으로 문제되고 있는 현실에서의 진정한 사건만을 심사할 것이고 장래문제 혹은 장래 언젠가 발생할 문제 등과 같은 추상적·가상적 문제는 사법판단적합성을 갖지 아니하며, 따라서 이를 심사해서는 안된다는 원칙이다. 그러나 장래의 불명확·불안정을 제거하는 이익도 제소요건이 되는 경우가 있으므로[3] 이 점은 법원의 본안심리에서 고려되어야 할 것이다.[4]

생각건대 앞으로 발생할지 모르는 손해, 즉 충분히 명백하여지지 아니한 내용의 사건은 법원이 심판할 수 있는 사건으로는 성숙되지 아니한 상태에 있다. 예컨대 대통령이나

1) 김남진, 법률상이익의 개념적 혼란과 대책, 고시연구(1990.11), 110-112면; 김향기, 행정심판의 청구인적격, 월간고시(1991.4), 107-109면.

2) 김향기, 행정심판의 청구인적격, 월간고시(1991.4), 107-109면.

3) 우리 나라의 경우도 행정사건에서의 장래의 불명확·불안정을 제거하는 이익도 제소요건이 되는 경우가 있으므로 이 경우는 법원의 본안심리의 판단에 고려되어야 할 것이다.

4) 사건의 성숙성과 관련한 미국의 판례이론으로 Mootness법리라는 것이 있다. 이는 적정하게 성립된 소송의 전과정을 통하여 대립하는 소송당사자간에 현재의 쟁송이 존재할 것이 요구되어, 대립하는 소송당사자간에 처음 존재한 현실의 쟁송이 그 후 사정의 변화로 소멸한 경우에는 법원은 당해소송을 사법판단에 적합하지 않다고 보아 각하하여야 한다는 법리를 말한다(권영성, 헌법학원론, 855면 각주 2) 참조). 그러나 이 법리는 엄격하게 적용되지 않고 있다. 임신한 여성이 임신중절을 금지하는 법률을 위헌이라고 하여 다른 일련의 사건에서 소송도중에 임신상태가 끝나도 moot한 것이 되지 않는다는 예도 있다.

의회가 요구하는 법령의 합헌성에 관한 권고적 의견은 사건의 성숙성이 없기 때문에 법원은 이를 거부할 수 있다.

X. 헌법명문상의 한계

현행헌법은 명문으로 사법권의 개입을 배제한 것이 있다. 헌법재판소의 권한에 속하는 사항은 법원이 재판권을 행사할 수 없다. 위헌법률심판에 있어서는 법원은 위헌여부의 심판을 헌법재판소에 제청할 수 있을 뿐이다. 국회의원의 자격심사 · 징계 · 제명에 대해서는 법원에 제소할 수 없다(헌법 제64조 제2항, 제3항, 제4항). 이는 국회의 자율성과 독자성을 존중하고자 하는 취지이다. 비상계엄하의 군사재판의 경우에는(사형선고의 경우를 제외하고) 상고심(헌법 제110조 제2항)이 배제된다.

XI. 헌법개정, 대통령의 사면권, 탄핵

사법심사란 헌법제정권력자에 의하여 제정된 헌법을 토대로 하여 국가행위의 합헌성을 판단하는 기능이다. 따라서 헌법 자체를 형성하는 헌법개정의 정통성 및 정당성은 사법심사의 대상이 되지 않는다. 대통령의 사면권은 역혁적으로 국가원수(국왕)의 특권으로서 법적 고려 밖의 것이었고 그것은 사법절차를 완료한 것에 대하여 행하는 일종의 예외적 사법권이라는 점, 그리고 법적 안정성의 요청에서도 사법심사의 대상이 되지 않는다. 탄핵이 사법적 심사의 대상이 되지 않는 이유는 헌법 자체가 규정한 예외적 사법권의 하나이며, 사법권에 대하여 국회에 의한 민주적 통제를 목적으로 한 탄핵심판을 후에 사법심사에 따르게 하는 것은 탄핵제도 본래의 목적에 반할 뿐만 아니라, 특히 법관의 경우 탄핵에 의해 박탈된 법관의 지위를 후에 사법심사로 다투게 되면 법적 안정성을 저해하기도 하기 때문이다.

제 3 항 사법권에 대한 통제

I. 외부로부터의 사법부통제

1. 국민에 의한 사법부통제(국민의 재판참여제)

대한민국의 주권은 국민에게 있고 모든 권력(입법권, 행정권, 사법권)은 국민으로부터 나오며, 따라서 국민은 국민으로부터 위임받은 국가권력을 통제할 권한이 있다. 국민이 사법부를 통제하는 수단으로는 국민이 사법과정에 참여하는 국민의 재판참여제가 있다. 국민의 재판참여제는 사법의 관료화와 비민주성을 지양하기 위한 것으로서 그 의의가 크다. 국민의 재판참여제는 사법의 민주적 정당성을 제고하여 줄 뿐 아니라 사법의 관료화와 폐쇄성으로 인한 사법부불신을 해소하기 위한 방안이 될 수 있다. 국민의 재판참여제도로는 배심제 · 참심제, 법관선거제 · 국민심사제, 판례평석 등을 들 수 있다.[1] 판례평석의 경우도 법원의 재판에 대한 사후평가 및 미래사건의 재판에 대한 사전적 통제로 작용할 수 있기 때문이다.[2]

1.1. 배심제와 참심제

1.1.1. 배심제

배심제는 법률을 전문적으로 하지 않은 일반시민이 법률전문가인 직업법관과는 따로이 사건의 사실문제에 관한 판단권을 행사하는 제도로서 미국에서 널리 인정되는 제도이다. 우리 나라에서는 형사사건에서 이를 채택하고 있다. 우리나라는 사법의 민주적 정당성과 신뢰를 높이기 위하여 국민의형사재판참여에관한법률을 2008년부터 시행하여 형사사건에 관하여 배심원제도를 도입하였다.[3] 배심제는 (ㄱ) 사법과정에 있어서의 국민의 적극적 참여를 유도하여 민주성을 확보하고, (ㄴ) 전문법관의 형식주의와 관료주의를 배격하며, (ㄷ) 일반 국민이 재판에 참여한다는 점에서 인권보장에 기여할 수 있고, (ㄹ) 국민의 자발적 재판참여에 의한 국민친화적 재판이 되게 하는 데 유효한 제도이다.[4]

우리나라의 배심제는 미국의 배심제도와는 약간 다르지만, 기본적인 골격은 미국의 배심제도 및 독일의 참심제적 요소를 약간 가미한 절충형이다.[5]

---

1) 권영성, 헌법학원론, 856면.
2) 권영성, 헌법학원론, 856면 각주 1) 참조.
3) 허영, 한국헌법론, 1062면.
4) 권영성, 헌법학원론, 856면.

1.1.2. 참심제

참심제(Schöffengericht)는 비법률전문가인 비직업적 법관과 법률전문가인 직업적 법관이 합동하여 재판부를 구성하고, 이 재판부가 사실문제와 법률문제를 판단하며 유무죄 여부와 양형을 결정하는 제도이다. 현행헌법과 법원조직법에 따르면 이러한 참심제의 도입은 허용되지 아니한다. 독일,[1] 프랑스 등과 같은 유럽 여러나라와[2] 북한에서 채택하고 있다.[3]

1.2. 법관의 선거제와 국민심사제

법관의 선임방법은 국가에 따라 다르다. 일반적으로 대부분의 국가에서는 임명제를 채택하고 있다. 그러나 국민의 재판참여제의 일환으로 선거제를 채택하고 있는 국가도 있다. 미국의 몇몇 주에서는 주민이 주법원의 법관을 선출하고 있으며, 일본에서는 최고재판소재판관에 대하여 국민심사제를 채택하고 있다. 우리 나라에서도 1960년 헌법 제78조에서 대법원장과 대법관은 법관의 자격이 있는자로써 조직되는 선거인단이 이를 선거하고 대통령이 이를 확인한다고 하여 대법원장과 대법관의 선거제가 채택된 바 있으나 1961년 5·16군사쿠데타로 실시되지는 못하였다. 현행 우리나라의 법체제하에서는 법관의 선거 및 법관에 대한 국민심사는 불가능하지만,[4] 법관의 선거제와 소환제 검토가 필요하다.

---

5) 허영, 한국헌법론, 1063면.

1) 독일의 참심제는 법원조직법(GVG : 제28조-58조)에 그 근거를 두고 있다. 일반시민인 참심법관이 직업법관과 함께 재판부를 구성하되 직업법관과 동일하게 사실문제 및 법률문제를 다룬다. 그리고 사건의 내용에 따라서는 직업법관 1명과 참심법관 2명 혹은 직업법관 3명과 참심법관 2명으로 구성된다. 참심법관은 공판기일전에는 수사기록을 볼 수는 없으나, 공판기일에 참여해서 직업법관과 동일한 권한을 가지고 직무를 수행한다. 유·무죄결정(3분의2 이상 필요)에도 동일한 평결권을 가진다. 다만 참심재판에 대한 상소를 관할하는 상소법원은 직업법관만으로 구성된다. 참심법관은 임기 4면의 명예직이며, 독일에서는 약 4만명의 참심법관이 활동한다. 형사사건, 민사사건, 노동사건 및 사회·행정사건 등에도 참심제가 적용된다(허영, 한국헌법론, 1063면 각주 1) 참조).

2) 허영, 한국헌법론, 1063면 각주1) 참조.

3) 북한헌법도 참심제를 채택하고 있다. 북한의 재판소는 판사와 인민참심원으로 구성된다. 중앙재판소장은 최고인민회의가 선거하고 중앙재판소의 판사와 인민참심원은 최고인민회의 상설회의에서 선거한다. 도 이하 재판소의 판사와 인민참심원은 해당 지방인민회의에서 선거하고 소환한다(권영성, 헌법학원론, 1109면 각주1).

4) 권영성, 헌법학원론, 857면.

1.3. 판례평석

법원의 판례에 대한 사후적인 법리적 평석(판례평석)도 당해 사건의 재판에 대한 평가로서 의의를 가지며, 장래에 있어서 이와 유사한 미래사건의 재판에 대한 사전적 통제 작용을 할 수 있다는 점에서 의의가 있다.

2. 입법부에 의한 사법부통제

입법부와 사법부는 원칙적으로 상호독립관계에 있으나 견제·균형의 원리에 따라 상호간에 일정한 통제권을 행사한다. 국회는 (ㄱ) 사법사항에 관한 입법권의 행사, 즉 사법부의 구성과 관련하여 법원의 설치·조직에 관한 법률제정권(헌법 제102조 제3항)을 가지고 있고, 법원의 자율권인 규칙제정권도 법률의 하위규범이며, 따라서 국회의 입법권과 모순되거나 충돌되어서는 아니된다. (ㄴ) 대통령이 임명하는 대법원장 및 대법관에 대한 임명동의권(헌법 제104조 제1항, 제2항)과 헌법재판소재판관 3인의 선출권, 이것은 대통령과 법원에 대한 견제수단이 된다. (ㄷ) 국회는 법원예산안의 심의·확정권(헌법 제54조)과 국정감사·조사권(헌법 제61조)을 통하여 법원의 예산운용, 재판의 신속한 처리 여부, 법관의 유효·적절한 배치 등과 같은 사법행정에 관한 사항을 감사·조사할 수 있고, (ㄹ) 법관과 헌법재판소 재판관에 대한 탄핵소추권(헌법 제65조), (ㅁ) 일반사면에 대한 동의권 등을 통하여 사법부를 통제한다.[1]

3. 행정부에 의한 사법부통제

행정부는 대통령의 대법원장·대법관임명권, 헌법재판소 재판관 3인의 임명권, 대통령의 사면·감형·복권권 등을 통하여 사법부를 통제할 수 있다.

4. 헌법재판소에 의한 법원통제

헌법재판소와 일반법원은 상호독립의 헌법기관이지만, 양 사법기관은 견제·균형의 원리에 따라 상대방에 대하여 서로 일정한 통제권을 행사할 수 있다. 특히 헌법재판소는 탄핵심판·헌법소원심판·권한쟁의심판 등을 통하여 법원을 통제할 수 있다.[2]

---

1) 권영성, 헌법학원론, 857면.

2) 권영성, 헌법학원론, 857면.

II. 심급제와 재판의 공개주의에 의한 사법부통제

1. 심급제

사법절차와 관련하여 발생할 수도 있는 사법적 과오를 최소화하고 사법적 정의를 확립함으로써 법원민주화와 민주적 정당성성을 확보하기 위하여 헌법과 법원조직법을 비롯한 민사소송법 · 형사소송법 · 행정소송법 · 소송촉진등에관한특례법 등은 재판의 심급제도와 재판의 공개주의(공개재판제도)를 채택하고 있다. 헌법은 법원을 최고법원인 대법원과 각급법원으로 조직하게 하여 간접적으로나마 상하의 심급제를 규정하고 있고(제101조 제2항), 법원조직법은 법원의 심판권과 관련하여 3심제를 규정하고 있다.

헌법과 법원조직법이 심급제를 규정한 것은 소송절차를 보다더 신중하게 함으로써 재판의 공정성을 확보하려는 데에 그 취지가 있다. 다만 헌법과 공직선거법 및 계엄법 등에 의하면, 선거소송 및 비상계엄하의 군사재판(사형선고의 경우 제외)은 각각 2심제와 단심제로 하여 3심제에 대한 예외를 인정하고 있다.[1]

2. 재판의 공개주의

헌법은 형사피고인에 대하여 공개재판을 받을 권리를 보장하고 있으면서도(헌법 제27조 제3항) 재판의 공개주의를 거듭 규정하고 있다(헌법 제109조). 재판의 공개주의는 소송의 심리와 판결을 공개함으로써 여론의 감시하에 재판의 공정성을 확보하고, 소송당사자의 인권을 보장하며, 나아가 재판에 대한 국민의 신뢰를 확보하려는 데에 그 제도적 의의가 있다.[2]

[행정심판]

재판공개주의와는 달리 행정심판은 비공개주의를 원칙으로 한다. 비공개주의란 심판청구의 심리 · 재결을 받아 심리의 능률화를 위한다는 관점에서, 일반인이 방청할 수 없는 상태에서 행하는 원칙을 말하는 것으로서, 공개주의(법원의 판결)에 반대되는 개념이다. 위원회(소위원회를 포함)의 회의에서 위원이 발언한 내용이 기재된 문서나,[3] 심리중에 있는

1) 권영성, 헌법학원론, 858면.

2) 권영성, 헌법학원론, 858면.

3) 헌재결 2004. 8. 26, 2003헌바81, 89(병합) 【행정심판법 제26조의2 위헌소원】 가. 행정심판위원회에서 위원이 발언한 내용 기타 공개할 경우 위원회의 심리 · 의결의 공정성을 해할 우려가 있는 사항으로서 대통령령이 정하는 사항은 이를 공개하지 아니한다고 규정하고 있는 행정심판법 제26조의2가 정보공개청구권의 본질적 내용을 침해하는지 여부(소극) 나. 위 조항이 위임입법의 명확성원칙에 위반하는지 여부(소극) 【결정요지】 가. 행정심판 위원회에서는 위원회의 최종 의

심판청구사건의 의결에 참여할 위원의 명단도 외부에 공개하지 않는다(비공개대상정보).

행정심판법 제41조(발언 내용 등의 비공개) 위원회에서 위원이 발언한 내용이나 그 밖에 공개되면 위원회의 심리·재결의 공정성을 해칠 우려가 있는 사항으로서 대통령령으로 정하는 사항은 공개하지 아니한다.

사 형성에 관하여 토의가 이루어지는데 자유롭고 활발하며 공정한 심리·의결이 보장되기 위해서는 심리·의결 과정에서 누가 어떤 발언을 하였는지가 외부에 공개되지 않도록 보장할 필요가 있으므로 행정심판법 제26조의2(이하 '이 사건 조항'이라 한다)가 위원의 발언 내용을 비공개대상으로 하는 것은 입법목적에 합리적인 정당성이 있다. 행정심판회의록을 당해 재결이 확정되었다는 이유만으로 공개하기 시작하면 장래 있게 될 행정심판에서 위원회의 위원은 자신들의 발언도 재결확정 후에는 공개될 것을 우려하여 공정하고 자유로운 토론 및 심리·의결이 방해받을 수 있게 되기 때문에 위원의 발언 내용은 행정심판위원회 재결이 확정 후에도 비공개상태를 유지할 필요가 있고, 위원의 발언내용을 선별하여 그 중 일부를 부분공개하는 형태의 입법을 채택하기도 어렵다. 결국, 이 사건 조항상의 비공개제도 외에 달리 청구인의 알 권리를 덜 제한하는 입법수단이 존재한다고 할 수 없으므로, 이 사건 조항은 피해의 최소성 원칙을 구비하고 있고, 그밖에 이 사건 조항은 기본권 침해에 있어서 방법의 적정성 및 법익균형성도 갖추고 있으므로, 헌법 제37조 제2항에서 정하는 기본권 제한의 한계를 벗어나 청구인의 정보공개청구권을 침해하였다고 볼 수 없다.

나. 이 사건 조항이 "공개할 경우 행정심판위원회의 심리·의결의 공정성을 해할 우려가 있는 사항"을 비공개대상으로 규정하면서 구체적인 비공개대상의 지정은 대통령령에게 위임하고 있는 바, 이 사건 조항의 입법목적 및 위임 기준 그리고 관련 법률조항을 종합하여 판단하면, 이 사건 조항으로부터 대통령령으로 정하여질 비공개대상정보가 무엇인가 하는 대강의 내용을 충분히 예측할 수 있으므로, 이 사건 조항은 입법위임의 명확성을 요청하는 헌법 제75조에 위반되지 않는다. 【심판대상조문】 행정심판법 제26조의2 【참조조문】 행정심판법시행령 제23조의2

제 4 항 법원의 헌법상 지위

I. 사법기관

법원은 법관으로 구성되어 사법권을 행사하는 사법기관이다. 사법이란 구체적인 법률적 분쟁을 전제로 하여 무엇이 법(정의)인가를 선언하는 작용으로(실질적 의미의 사법), 이에는 민 · 형사재판은 물론이고 헌법재판(Verfassungsgerichtsbarkeit), 행정재판도 포함된다. 이러한 사법권이 원칙적으로 법원에 속해 있으나, 현행헌법은 몇 가지 예외를 인정하고 있다. 즉 헌법재판 중 위헌법률심판 · 탄핵심판 · 정당의 해산심판 · 권한쟁의 · 헌법소원을 헌법재판소의 권한으로 하고 있고, 국회의원의 징계나 자격심사는 국회의 자율권에 포함시켜 사법심사를 배제하고 있으며, 행정심판을 행정기관의 권한으로 하고 있다. 사법권은 원칙적으로 법원의 권한이므로 헌법이 규정한 예외적인 경우를 제외하고 법원만이 사법권을 행사한다.

II. 중립적 관계(권력)

사법권이 본래의 임무를 잘 수행하기 위하여는 정당국가적 경향에도 초월하여야 되고, 정치적 문제에도 개입하지 않는 것이 바람직하다. 특히 사법권은 행정권 · 입법권과 같은 정치적 권력으로부터 분리 · 독립된 제3의 권력 또는 중립적 권력일 것이 요구된다. 현행 헌법도 사법권의 독립과 법원의 정치적 중립성을 보장하고 있다. 현행 헌법은 법원의 중립적 권력성에 대한 몇 가지 예외를 인정하고 있다. 대법원장과 대법관을 대통령이 임명하고 있고, 법원의 독자적인 예산편성권이 없으며 대통령이 계엄선포시 법원의 권한에 특별한 조치를 할 수 있는 것 등이 그것이다.

「법원의 중립성의 예외」
- 대법원장과 대법관의 대통령이 임명
- 법원의 독자적 예산편성권 不在
- 대통령이 계엄선포시 법원의 권한에 특별한 조치

III. 기본권의 보장기관

법원은 국민의 자유와 권리가 침해된 경우에 사후적으로 이를 구제해 주는 기관으로, 국민의 자유와 재산을 보호해 주는 최후의 기본권보장 기관이다. 기본권 보장은 재판청구권의 보장으로 그 실효성이 있게 된다. 연혁적으로도 법원은 국회와 함께 국민의 자유와 권리를 보장하는데 주도적인 역할을 담당했다. 법원의 명령 · 규칙 · 처분의 위헌 · 위법심사를 통하여 국민의 권익수호에 앞장서고 있다.[1)]

IV. 헌법의 수호기관

법원은 의회 다수파의 恣意的인 입법으로부터 헌법을 수호하며(위헌법률심판, 헌법재판), 행정기관의 자의적인 발동을 견제함으로서(행정재판) 헌법을 수호하는 역할을 하고 있다. 다만 현행헌법의 경우에는 헌법재판에 관한 사항을 헌법재판소의 권한으로 하고 있어서, 헌법의 수호기능과 헌법질서의 보장은 주로 헌법재판소가 담당하고 있다.[2)] 법원은 명령 · 규칙의 위헌 · 위법심사와 위헌법률의 제정 그리고 선거에 관한 재판을 담당함으로써 헌법수호적 기능의 일부를 담당하고 있을 뿐이다.

「법원의 헌법수호기능」
- 명령 · 규칙의 위헌 · 위법심사
- 위헌법률의 제정
- 선거에 관한 재판

V. 국가최고기관성문제

법원이 의회가 제정한 법률의 위헌성을 심사하고, 행정부의 명령이나 처분의 위헌 · 위헌성을 심사하기 때문에 의회나 행정부에 대한 법원의 우위를 주장하는 견해가 있다. 특히 미국의 경우 법원이 헌법재판권을 행사하여 의회가 제정한 법률에 대한 위헌심사권을 가지고 있고, 행정재판권을 행사하여 행정부를 사법적으로 통제하고 있다. 이에 따라 행정

---

1) 권영성, 헌법학원론, 1066면.
2) 권영성, 헌법학원론, 1066면.

부에 대한 의회의 우위를 주장하기도 한다. 이에 반하여 우리 헌법은 미국과는 사회적 제조건이 다르고 그에 상응하는 권한도 없으므로 논리적 우위가 인정될 뿐 법적·현실적 의미에서의 우위는 아니라는 반대 견해[1]가 있다. 생각컨대 정부, 국회, 법원 중 어느 한 기관의 절대적 우월성을 인정할 수는 없으며, 모두 국가의 최고기관의 하나로서의 지위만을 가질 뿐이다. 이와 같은 관점에서 법원도 국가최고기관의 하나 일 뿐 다른 국가기관에 비하여 우월적 지위를 갖는 것은 아니다.

1) 권영성, 헌법학원론, 1066면.

제 5 항 법원의 조직과 구성

I. 대법원

1. 대법원의 지위의 변천

1948년 제1공화국의 건국헌법은 대법원장인 법관을 대통령이 임명하고 국회의 승인을 얻도록 하였다. 제2공화국헌법은 대법원장과 대법관은 법관의 자격이 있는 자로써 조직되는 선거인단이 선거하였고 대통령이 확인하였다. 제3공화국헌법은 대법원장인 법관은 법관추천회의의 제청에 의하여 대통령이 국회의 동의를 얻어 제청하고 대통령이 임명하였다. 1972년의 제4공화국 헌법은 대법원장인 법관은 대통령이 국회의 동의를 얻어 임명하고, 대법원장이 아닌 법관은 대법원장의 제청으로 대통령이 임명하였다. 1980년의 제5공화국 헌법은 대법원에 대법원판사를 두었고, 대법원장은 국회의 동의를 얻어, 대법원판사는 대법원장의 제청에 의하여 대통령이 임명하였다. 1987년 현행헌법은 대법원에 대법관을 두었고, 대법원장은 국회의 동의를 얻어, 대법관은 대법원장의 제청에 의하여 대통령이 임명한다.

구분	내용
제1공화국 (건국)헌법	대법원장인 법관을 대통령이 임명하고 국회의 승인
제2공화국 헌법	대법원장과 대법관은 법관의 자격이 있는 자로써 조직되는 선거인단이 선거하였고 대통령이 확인
제3공화국 헌법	대법원장인 법관은 법관추천회의의 제청에 의하여 대통령이 국회의 동의를 얻어 제청하고 대통령이 임명
제4공화국 헌법	- 대법원장인 법관: 대통령이 국회의 동의를 얻어 임명 - 대법원장이 아닌 법관 : 대통령이 임명(대법원장의 제청)
제5공화국 헌법	- 대법원에 대법원판사를 둠 - 대법원장 : 대통령이 임명(국회동의) - 대법원판사 : 대통령이 임명(대법원장의 제청)
제6공화국 (현행)헌법	- 대법원에 대법관을 둠 - 대법원장 : 대통령이 임명(국회동의) - 대법관 : 대통령이 임명(대법원장 제청)

2. 대법원의 헌법상 지위

2.1. 최고법원

대법원은 최고법원이므로 최고 · 최종심 법원으로서의 지위를 가진다. 대법원은 상고사건, 재항고사건 및 법률에 의하여 대법원의 권한에 속하는 사항을 심판한다. 다만 예외로서 비상계엄하의 군사재판으로서 군인 · 군무원의 범죄나 군사에 관한 간첩죄의 경우와 초병 · 초소 · 유독음식물공급 · 포로에 관한 죄 중 법률이 정한 경우에, 사형을 선고한 경우 이외에는 단심으로 할 수 있다(헌법 제110조 제4항). 헌법심은 헌법재판소의 관할이므로, 사실 문제에 관한 판단 및 헌법테두리 내에서의 법률해석에 관하여는 대법원이 최종적으로 결정할수 있다.

2.2. 기본권의 보장기관

대법원은 사법기관으로서 국가권력의 침해로부터 국민의 기본권을 보장해 주는 최고 · 최종의 보장기관이다.

2.3. 최고사법행정기관

대법원은 최고사법행정기관의 지위에 있다. 법원의 내부규율과 사무처리, 예산 및 결산, 기타 판사의 임명과 보직 등 사법행정사무의 최고의 지휘 · 감독기관이다.

3. 대법원의 조직

대법원은 대법원장과 대법관으로 구성되며, 법률이 정하는 바에 따라 대법관이 아닌 법관(재판연구관을 두고 있으나 헌법이 예정한 대법원구성의 이원성과는 거리가 있다)을 둘 수 있다. 대법관의 수는 대법원장을 포함하여 14인이다. 사법부 독립을 위하여 대법관의 수는 헌법에 규정됨이 타당하다.

3.1. 대법원장

3.1.1. 대법원장의 헌법상 지위

대법원장은 대법원의 장으로서 법원을 대표하며(법원의 수장), 대법관회의의 의장이 되며, 대법원전원합의체의 재판장의 지위를 가진다. 대법원장의 유고시에는 선임대법관이 그 권한을 대행한다(법원조직법 제13조 제3항).

3.1.2. 대법원장의 신분상 지위

대법원장은 15년 이상의 법조경력을 가진 자로서 만 40세 이상이어야 한다. 대법원장은 국회의 동의를 얻어 대통령이 임명하며, 임기는 6년으로 중임할 수 없다. 대법원장의 정년은 70세이다.

「대법원장」
- 15년 이상의 법조경력을 가진 자
- 만 40세 이상
- 대법원장은 국회의 동의를 얻어 대통령이 임명
- 임기는 6년
- 중임할 수 없다
- 대법원장의 정년은 70세

3.1.3. 대법원장의 권한

대법원장은 법원을 대표하며, 대법관에 대한 임명제청권을 가지며, 각급판사(군판사 제외)에 대하여 대법관회의의 동의를 얻어 임명할 권한을 가지며, 독자적으로 판사들에 대한 보직권을 행사할 수 있으며, 헌법재판소의 3인의 재판관과 중앙선거관리위원회의 3인의 위원의 지명권을 가지며, 법원공무원의 임명권과 사법행정사무를 총괄할 권한을 가진다.

「대법원장의 권한」
- 법원을 대표
- 대법관임명제청권
- 각급판사(군판사 제외)에 대한 임명권·보직권
- 헌법재판소의 3인의 재판관에 대한 지명권
- 중앙선거관리위원회의 3인의 위원의 지명권
- 법원공무원의 임명권
- 사법행정사무 총괄권

「참고」
군판사는 각군 참모총장이 법무관 중에서 임명한다.

3.2. 大法官

헌법상 지위: 대법관은 대법원의 구성원이며, 대법관회의의 구성원으로서 소관사항에 관한 의결권을 가진다.

신분상 지위: 대법관은 15년 이상의 법조경력을 가진 자로서 만 40세 이상이어야 한다. 대법원장의 제청으로 국회의 동의를 얻어 대통령이 임명한다(제104조 제2항). 임기는 6년으로 연임할 수 있다.

「대법관」: 대법원장의 제청으로 국회의 동의를 얻어 대통령이 임명
- 15년 이상의 법조경력
- 만 40세 이상
- 임기 6년
- 연임가능

권한: 대법관은 대법원의 재판부의 부장이나 부장이나 또는 배석으로서 심판권을 가지며, 각 대법관은 동등한 권한을 가지므로 합의에 관여한 모든 대법관은 자신의 의견을 표시할 수 있다. 대법관은 대법관회의의 구성원으로서 대법관회의의 권한사항에 대한 의결권을 갖는다.

3.3. 대법관회의

대법관회의는 대법관 전원으로 구성되며 대법원장이 의장이 된다. 대법관회의는 대법관 3분의 2이상의 출석과 출석인원 과반수의 찬성으로 의결한다. 가부동수일 때에는 의장이 결정권을 갖는다(법원조직법 제16조). 대법관회의는 정례대법관회의와 임시대법관회의로 구분되는데, 전자는 매주 목요일에 정례적으로 개최하고, 후자는 필요에 따라 대법원장이 수시로 소집한다(대법관회의 운영규칙 2조). 대법관회의의 의결사항으로는 판사의 임명에 대한 동의(법관의 보직권은 대법원장이 단독행사), 대법원규칙의 제정과 개정, 판례의 수집·간행, 예산의 요구, 예비금지출과 결산, 다른 법령에 의하여 대법관회의의 권한에 속하는 사항, 대법원장이 부의(附議)한 사항이다(법원조직법 17조). 대법관회의에 관한 서무를 처리하기 위하여 간사 1인을 두는데, 법원행정처 행정관리실장으로 한다(대법관회의 운영규칙 6조).

3.4. 부

대법원에 부를 둘 수 있다. 부에는 일반부와 특별(정)부가 있고, 일반부에는 민사·형사부가 있다. 대법원장은 필요하다고 인정하는 경우에 특정한 부로 하여금 행정·조세·노동·군사·특허 등 사건을 전담하여 심판하게 할 수 있다(법원조직법 제7조 제2항).

3.5. 부속기관

대법원에는 각종 부속기관이 있다. 사법행정사무를 관장하기 위하여 법원행정처를 두고, 판사 및 사법연수생의 수습을 관장하기 위하여 법원공무원교육원과 사법연수원을 두

며, 대법원장의 자문기관으로 사법정책자문위원회를 두고 있다. 대법원에서 사건의 심리 및 재판에 관한 조사 · 연구를 하도록 재판연구관을 둔다.

[헌재결정]
<결정요지> : 헌법재판소는 소액사건심판법 제3조에 대한 헌법소원사건에서 헌법 제27조 1항의 재판을 받을 권리는 대법원에 상고를 받을 권리가 반드시 포함되는 것은 아니라고 보았고, 상고권의 인정은 입법정책의 문제이며, 상고제한은 대법원의 최고법원성에 배치되지 아니한다고하여 소액사건에 대한 상고제한을 합헌이라고 하였다.[1)]

II. 고등법원

1. 구성

고등법원은 고등법원판사로 구성된다. 고등법원판사는 5년 이상의 법조경력을 가져야 하며, 부장과 법원장은 10년 이상의 법조경력을 요한다. 고등법원장은 당해 법원의 사법행정사무를 관장하며, 소속공무원을 지휘 · 감독한다.

2. 조직

고등법원에는 민사부 · 형사부 · 특별부를 두며, 부장을 두되 판사를 보한다. 부장판사는 10년 이상의 법조경력을 요한다. 재판은 판사 3인으로 구성되는 합의부에서 행한다.

III. 지방법원

1. 구성

지방법원은 지방법원판사로 구성된다. 지방법원판사는 사법시험에 합격하여 사법연수원의 과정을 필한 자 중에서 임용하며, 법원장은 10년 이상의 법조경력을 요한다. 지방법원장은 당해 법원 및 소속지원, 순회심판소의 사법행정사무를 관장하며, 소속공무원을 지휘 · 감독한다.

---

1) 헌재결 1992. 6. 26, 90헌바25 【상고권의 제한】 "법원은 최고법원인 대법원과 각급 법원으로 구성한다"고 규정한 것이 각급 법원의 심리를 거치고 난 뒤에는 어느 사건이건 막론하고 차별 없이 모두 대법원에 상고할 수 있다는 취지의 규정으로는 이해되지 않는다(소액사건심판법 제3조).

2. 조직

2.1. 지방법원본원

지방법원은 필요에 따라 민사지방법원과 형사지방법원으로 나눌 수 있다. 지방법원에는 민사부와 형사부를 둔다.

2.2. 지방법원지원

지방법원의 사무의 일부를 처리하게 하기 위하여 지방법원지원을 둘 수 있다. 지방법원 및 가정법원과 그 지원, 가정지원 및 시·군법원의 심판권은 단독판사가 이를 행한다(법원조직법 제7조 제4항). 지방법원 및 가정법원과 그 지원 및 가정지원에서 합의심판을 하여야 하는 경우에는 판사 3인으로 구성된 합의부에서 이를 행한다(법원조직법 제7조 제5항). 지방법원합의부의 심판권에 관한 내용은 법원조직법 제32조 참조.

2.3. 시 · 군법원

지방법원 및 가정법원의 사무의 일부를 처리하게 하기 위하여 그 관할구역안에 지원과 가정지원, 시법원 또는 군법원(이하 "시 · 군법원"이라 한다) 및 등기소를 둘 수 있다. 다만, 지방법원 및 가정법원의 지원은 2개를 합하여 1개의 지원으로 할 수 있다(법원조직법 제3조 제3항).

IV. 가정법원

1. 구성

가정법원은 가사사건의 조정과 재판 및 소년보호사건을 심판한다. 가정법원은 판사로 구성되며, 가정법원판사의 요건은 지방법원과 동일하다. 가정법원장은 법원과 소속 지원의 사법행정사무를 관장하며 소속공무원을 지휘 감독한다(법원조직법 제37조 제3항).

2. 조직

가정법원에는 지원을 둘 수 있다. 가정법원에는 부를 두고 판사로 보한다.[1)]

---

1) 고등법원장이나 지방법원장 또는 가정법원장 유고시에는 수석부장판사 · 선임부장판사의 순으로 권한을 대행한다.

V. 군사법원

1. 구성

재판관은 군판사와 심판관으로 구성되며, 재판관 및 주심군판사는 관할관이 임명한다. 보통군사법원은 재판관 1인 또는 3인(군판사 2인, 심판관 1인)으로써 구성하며, 고등군사법원은 재판관 3인 또는 5인(군판사 3인, 심판관 2인)으로 구성한다. 군사법원에는 관할관을 둔다. 보통군사법원의 관할관은 설치지역의 사령과 또는 그 책임지휘관이며, 고등군사법원은 국방부에 설치하며(군사법원법 제6조 제1항), 고등군사법원의 관할관은 국방부장관이다(군사법원법 제7조 제2항).

2. 조직

군사법원에는 보통군사법원과 고등군사법원이 있다(군사법원법 제5조).

VI. 특별법원의 인정여부

1. 서론

사법권은 법관으로 구성된 법원에 속하며(헌법 제101조 제1항), 법원은 최고법원인 대법원과 각급법원으로 조직된다고(헌법 제101조 제2항) 헌법은 규정하고 있으므로 모든 재판은 법관이 담당하여야 하며, 대법원을 최종심으로 하여야 한다. 법관이 아닌 자에 의한 재판 또는 대법원을 최종심으로 하지 아니하는 특별법원을 설치할 수 있는가가 문제된다. 특별법원의 인정여부는 특별법원의 개념여하에 따라 결정된다.

2. 특별법원의 개념

2.1. 특수법원설

특별법원을 법관의 자격이 있는 자가 재판을 담당하고 대법원에 상고가 인정되더라도, 그 관할이나 대상이 한정된 사건만 담당하는 특수법원으로 이해한다.

2.2. 예외법원설

특별법원을 법관의 자격이 없는 자가 재판하거나 대법원에 상고가 인정되지 않는 예외법원으로 파악한다. 이 견해가 다수설이며 타당하다.

2.3. 특별법원의 인정여부

특별법원을 예외법원으로 보는 다수설에 의하면 헌법이 직접 규정하고 있거나(군사법원), 재판의 전심으로서의 행정심판위원회(행정심판위원회, 해난심판원, 특허심판부)를 제외하고는 법률로써 특별법원을 설치할 수 없다. 특별법원의 설립은 반드시 헌법적 근거를 요한다. 이와 같이 예외법원으로서의 특별법원은 법률로 설치할 수 없으나, 법관이 재판하고 대법원에 상고가 인정되는 특수법원은 법률로 설치할 수 있으며, 설치가 바람직하다. 가정법원은 현행 사법제도에서의 특수법원이며, 법률로써 하급법원이며, 법률로써 하급법원인 행정법원, 노동법원, 조세법원 등 특수법원은 설치가 가능하고 필요하다고 본다.

헌재결 1996. 10. 31, 93헌바25 【군사법원법 제6조 등 위헌소원】

舊군사법원 제6조가 군사법원을 군부대 등에 설치하도록 하고, 같은 법 제7조가 군사법원에 군 지휘관을 관할관으로 두도록 하고, 같은 법 제23조, 제24조, 제25조가 국방부장관, 각군 참모총장 및 관할관이 군판사 및 심판관의 임명권과 재판관의 지정권을 갖고 심판관은 일반장교 중에서 임명할 수 있도록 규정한 것은 헌법 제110조 제1항, 제3항의 위임에 따라 군사법원을 특별법원으로 설치함에 있어서 군대조직 및 군사재판의 특수성을 고려하고 군사재판을 신속, 적정하게 하여 군기를 유지하고 군지휘권을 확립하기 위한 것으로서 필요하고 합리적인 이유가 있다고 할 것이다.

헌법이 군사법원을 특별법원으로 설치하도록 허용하되 대법원을 군사재판의 최종심으로 하고 있고, 舊군사법원법 제21조 제1항은 재판관의 재판상의 독립을, 같은 조 제2항은 재판관의 신분을 보장하고 있으며, 또한 같은 법 제22조 제3항, 제23조 제1항에 의하면 군사법원의 재판관은 반드시 일반법원의 법관과 동등한 자격을 가진 군판사를 포함시켜 구성하도록 하고 있는바, 이러한 사정을 감안하면 구 군사법원법 제6조가 일반법원과 따로 군사법원을 군부대 등에 설치하도록 하였다는 사유만으로 헌법이 허용한 특별법원으로서 군사법원의 한계를 일탈하여 사법권의 독립을 침해하고 위임입법의 한계를 일탈하거나 헌법 제27조 제1항의 재판청구권, 헌법 제11조의 평등권을 본질적으로 침해한 것이라고 할 수 없고, 또한 같은 법 제7조, 제23조, 제24조, 제25조가 일반법원의 조직이나 재판부구성 및 법관의 자격과 달리 군사법원에 관할관을 두고 군검찰관에 대한 임명, 지휘, 감독권을 가지고 있는 관할관이 심판관의 임명권 및 재판관의 지정권을 가지며 심판관은 일반장교 중에서 임명할 수 있도록 규정하였다고 하여 바로 위 조항들 자체가 군사법원의 헌법적 한계를 일탈하여 사법권의 독립과 재판의 독립을 침해하고 죄형법정주의에 반하거나 인간의 존엄과 가치, 행복추구권, 평등권, 신체의 자유, 정당한 재판을 받을 권리 및 정신적 자유를 본질적으로 침해하는 것이라고 할 수 없다.

제 6 항 법원의 절차와 운영

I. 재판의 심급제

헌법 제101조 제2항에서 법원은 최고법원인 대법원과 각급법원으로 조직된다고 규정하였고, 법원조직법은 법원의 종류를 대법원 · 고등법원 · 지방법원 · 가정법원으로하여 재판의 심급제(삼심제)를 규정하고 있다. 재판의 심급제를 인정하는 이유는 소송절차를 신중히 함으로써 공정한 재판을 확보하려는 데 그 목적이 있다. 3심제는 민사 · 형사재판에서, 행정재판은 2심제로, 일부 선거소송과 비상계엄하의 군사재판은 단심제로 하고 있다.

1. 삼심제

법원조직법은 3심제를 원칙으로 규정하고 있다. 따라서 민 · 형사재판 중 합의부관할재판은 지방법원합의부 → 고등법원 → 대법원으로 진행되며, 소액사건이나 단독판사관할사건은 지방법원 단독판사 → 지방법원본원항소부 → 대법원으로 진행된다(4급 3심제)

「3심제」
- 합의부관할재판 : 지방법원합의부 → 고등법원 → 대법원
- 소액사건이나 단독판사관할사건 : 지방법원 단독판사 → 지방법원본원항소부 → 대법원

헌재결 1992. 4. 28, 90헌바24 【특정범죄가중처벌등에관한법률 제5조의3 제2항 제1호에 대한 헌법소원】 [법관의 양형결정권을 침해한 사례] : 도주차량운전사의 가중처벌

"우리 헌법은 인간으로서의 존엄과 가치를 보장하는 기본권존중의 이념을 바탕으로 하고 있기 때문에 비록 반사회적이고 윤리적으로 비난의 가능성이 높은 범죄자라고 할지라도 절대적 법정형주의의 원칙에 따라 이를 일률적으로 강력하게 일벌백계로 응징하여 사회로부터 추방 · 격리시키려는 중형위주의 가혹한 응보형주의에 서 있지 아니하고 … 범죄인의 교화개선에 상응하는 형벌을 가함으로써 민주적인 형사정책을 구현하도록 배려하여 형벌은 어디까지나 범죄인의 교육 · 개선과 사회복귀 및 재범방지를 기본으로 하고 있고 … 구체적인 사건에서의 형량을 정함에 있어서도 헌법과 법률에 의하여 그 양심에 따라 독립하여 재판하는 법관에게 위임하여 합리적이고 적정한 형을 선고하도록 제도적으로 그 탄력적인 운용을 사법부에 위임하고 있다." 도주차량운전자가 피해자를 유기하여 치사케 하고 도주하거나 유기하고 도주한 때에는 사형 · 무기 또는 10년 이상의 징역에 처하도록 한 특정범죄가중처벌등에관한법률 제5조의3 제2항은, "실무상 법관이 양형을 선택하고 선고하는데에 그 재량의 폭이 너무 한정되어 인간존중의 이념에 따라 재판을 할 수 없을 뿐 아니라 양형상 참작할 만한 사유가 있어서 최대한 작량감경을 하더라도 별도의 법률상 감

경사유가 없는 한 집행유예를 선고할 수 없도록 법관의 양형선택과 판단권을 극도로 제한하고 있고 또 범죄자의 귀책사유에 알맞은 형벌을 선고할 수 없도록 법관의 양형결정권을 원천적으로 제한하고 있는 것이다."

2. 이심제

행정소송(Verwaltungsrechtspflege)사건의 경우, 행정심판을 거치는 경우에는 대법원이 終審이 되므로 2심제가 된다. 과거에는 행정소송을 제기하기 위하여는 필수적으로 행정심판을 거치도록 하는 필수적 행전심판전치주의를 채택하였으나, 현재는 개별법에서 반드시 행정심판을 거치도록 규정하고 있는 경우이외에는 행정심판을 거치지 아니하고 소송을 제기할 수 있도록 임의절차화 하였다.[1)] 필수적 행정심판 전치주의와 관련하여 법관에 의한 재판을 받을 권리인 재판청구권의 침해라는 위헌논쟁이 있었으나, 현행 헌법은 재판의 전심절차로서 행정심판을 할 수 있다는(헌법 제107조 제3항) 근거규정을 둠으로써 행정심판의 위헌이 소지를 없앴다. 또한 행정소송절차에 있어서도 행정사건에 대하여는 민사소송절차에 대한 여러 가지의 특례(제척기간 · 재판관할 · 직권증거조사 · 사정판결)가 인정되고 있다.

시 · 군 · 구의 長선거와 지방의회의원의 선거소송은 고등법원이 시심이다.

[2심제]
행정소송사건 → 행정심판을 거치는 경우
시 · 군 · 구의 長선거와 지방의회의원의 선거소송

3. 단심제

대통령선거소송, 국회의원선거소송, 시 · 도지사선거소송은 대법원의 전속관할이며 단심제이다. 또한 비상계엄하의 군사법원은 일정한 범죄에 관하여 단심제를 규정하고 있다(제110조 제4항).

[단심제]
- 대통령선거소송
- 국회의원선거소송
- 시 · 도지사선거소송
- 비상계엄하의 군사법원→ 일정한 범죄

1) 행정심판전치주의는 1998년 3월 1일부터 예외의 경우를 제외하고는 임의절차화 되었다.

II. 재판의 공개제(공개재판주의)

재판에 있어 공개제는 재판의 심리와 판결을 공개함으로써 재판의 공정성과 재판에 대한 국민의 신뢰를 얻으려는데 그 제도적 의의가 있는 것으로, 비밀재판에 대한 개념이다.

1. 원칙

1.1. 의의

재판의 심리와 판결은 공개한다(헌법 제109조). 심리란 원·피고가 법관 앞에서 심문을 받으며 변론을 제기하는 것을 말하고, 판결이란 심리의 결과에 대한 법원의 판단을 의미한다. 그리고 공개한다는 것은 일반인에게도 방청을 허용하는 것을 말한다.

1.2. 재판공개의 구체적 내용

공개대상은 재판의 심리와 판결이므로 공판준비절차는 공개할 필요가 없으며, 심리를 공개하므로 심판의 합의과정은 공개할 필요가 없다. 공개대상은 판결에 한하므로 결정이나 명령은 공개할 필요가 없으며, 또한 공개대상은 재판에 한하므로 재판이 아닌 심판이나 비송사건(非訟事件)은 공개할 필요가 없다는 것이 다수 학설이다.[1] 비송사건이라 함은 사인간의 권리·의무에 국가가 개입하여 법원이 일정한 법률관계를 형성하는 것이며, 민사소송사건이외의 사건을 말한다.

공개한다는 것은 누구나 방청할 수 있음을 말하며, 다만 법정의 규모, 법정질서의 유지 등을 위해 미리 방청권을 발행하고 방청권 소지자에게만 방청을 허용하는 것은 공개재판의 원칙에 반하지 아니한다.[2]

---

1) 양건, 헌법강의, 980면.

2) 대판 1990. 6. 8, 90도646【국가보안법위반】

가. 법원이 형사재판에 관하여 방청권을 발행하여 방청인의 수를 제한함이 공개재판주의에 반하는지 여부(소극)나. 증거신청채부결정에 대한 불복방법다. 구속기간만료에 임박하여 법관에 대한 기피신청이 제출된 경우 소송절차의 진행가부(적극)라. 필요적 변호사건에서 변호인 출석없이 공판절차가 진행되어 그 공판절차가 위법하게 된 경우 그 이전에 이루어진 소송행위의 효력유무(적극)마. 검사 작성의 피의자신문조서의 증거능력과 그 임의성 유무의 판단기준바. 피고인들과 동일한 내용의 국가보안법위반의 공소사실에 해당하는 행위자에 대하여 공소제기가 없었다고 하여 피고인들에 대한 공소제기가 평등권 침해로서 공소권남용이 되는지 여부(소극)사. 수사기관에서의 변호인접견 등 구금에 관한 처분의 위법이 독립한 상소이유가 될 수 있는지 여부(소극)아. 국가보안법이 국가보위입법회의에 의하여 전문개정되었다는 이유만으로 위헌인지 여부(소극)자. 국가보안법이 북한을 반국가단체로 보는 것이 헌법이 천명한 국제평화주의나 평화통일의

2. 예외

재판은 공개함을 원칙으로 하나 심리는 국가의 안전보장 또는 안녕질서를 방해하거나 선량한 풍속을 해할 염려가 있을 때에는 (공익목적을 위한 경우) 법원의 결정으로 공개하지 아니할 수 있다(헌법 제109조 단서). 소송당사자의 이익을 위하여도 비공개할 수 있는 바 비송사건(非訟事件)에서의 심문과 가사비송절차는 공개하지 않는다.

비송사건 절차법 제13조 (심문의 비공개) 심문은 공개하지 아니한다. 그러나 법원은 상당하다고 인정하는 자에게 방청을 허가할 수 있다.

공개의 정지 또는 비공개는 심리에 관해서만 가능하고, 판결은 반드시 공개하여야 한다. 공개의 규정에 위반한 경우에는 헌법위반으로 상고이유가 된다.

III. 법정질서의 유지

재판장은 법정질서를 유지할 권한이 있으므로, 재판장은 법정의 존엄과 질서를 해할 우려가 있는 자의 입정을 금지하거나 퇴정을 명하며 기타 법정의 질서유지를 위해 필요한 명령을 발할 수 있다(법원조직법 제58조 제1, 2항). 그리고 법원과 재판장은 법정내외에서 질서유지에 관한 명령에 위배되는 행위를 하거나 폭언·소음 등의 행위로 법원의 심리를 방해 또는 재판의 위신을 현저히 훼손한 자에 대하여 직권으로 결정에 의하여 20일 이내의 감치 또는 100만원 이하의 과태료에 처하거나 이를 병과할 수 있다(법원조직법 제61조 제1

원칙과 모순되는지 여부(소극)차. 국가보안법의 각 규정이 죄형법정주의에 위반되는지 여부(소극)카. 국가보안법 제6조 제2항의 잠입. 탈출죄의 구성요건 타. 피고인 갑이 상피고인 을의 방북문제를 협의하기 위하여 반국가단체의 구성원으로부터 지령을 받은 자와 만나거나 전화 등으로 의사연락을 하고, 또한 피고인들이 북한체류 중에 반국가단체의 구성원등을 만난 행위가 국가보안법 제8조 제1항의 회합. 통신 등 죄에 해당하는지 여부(적극) 파. 국가보안법 제5조 제2항의 금품수수죄의 구성요건 하. 국가보안법 제5조 제1항, 제4조 제1항 제2호 중단의 '국가기밀'의 의미 갸. 피고인이 특수잠입.탈출을 거듭한 것이 상피고인과 함께 북한으로 탈출하기 위한 준비작업인 경우에도 각 잠입과 탈출은 별개의 범죄사실을 구성하는지 여부(적극)냐. 필요적변호사건에서 변호인의 재정의무위반이 피고인 자신의 귀책사유에 기인하고 피고인측의 방어권의 남용 내지 변호권의 포기로 보여지는 경우에 변호인 없이 심리할 수 있는지 여부(적극)댜. 피고인이 북한측의 통일방안에 관한 설명을 듣고 이에 대하여 대등한 입장에서 자신의 통일방안을 설명한 경우 반국가단체인 북한의 주장에 동조하였다고 볼 수 있는지 여부(소극)

항). 감치나 과태료는 사법행정상의 질서벌의 일종으로 형벌은 아니므로, 검사의 기소 없이 이루어지며(이 점에서 법정모욕죄와 구별된다), 감치기간 중 삭발하거나 노역장에 유치할 수 없다. 이 질서유지권은 재판공개를 지속시키기 위한 필요 불가피한 최소한의 제한에 그쳐야 할 것이므로, 약간의 법정소란, 보도활동은 제한사유가 될 수 없다고 본다.

IV. 재판의 배심제

1. 의의

배심제란 법률전문가가 아닌 국민 중에서 선출된 배심원이 심판을 하거나 기소하는 제도를 의미한다. 배심에는 심리배심과 기소배심의 두 가지가 있다. 배심제는 사법과정의 민주성을 보장하고 법관의 관료화를 막는데 기여하는 기능을 지니고 있다.

2. 종류

2.1. 심리배심(소배심)

심판 또는 심리를 행한다. 공판배심 · 심판배심이라 한다.

2.2. 기소배심(대배심)

기소 여부를 결정하는 배심을 말한다.

2.3. 참심제

참심제는 배심제와는 구별되나 그 기능이 유사하다. 참심제란 참심원(국민의 선거에 의하여 선출됨)이 법관과 함께 합의체를 구성하여 재판하는 제도를 의미한다. 참심제는 법관과 함께 재판하는 제도라는 점에서, 법관과 독립하여 판정을 내리는 배심과 구별된다. 독일의 舊법원에서 채택하고 있으며, 우리 나라 해난심판법에 의한 해난심판에 참심제를 규정하고 있다.

제 7 항 법원의 권한

I. 서설

법원의 고유한 권한은 민 · 형사사건을 비롯한 기타 법률적 쟁송에 관하여 재판할 권한이지만, 여러 다른 권한이 법원에 부여되어 있다. 쟁송에 관한 재판권, 명령 · 규칙심판권, 규칙제정권, 헌법기관구성원의 선출권 등이 그것이다. 법원은 다른 국가기관과 달라 각급법원으로 구성되어 있으므로 통일적인 설명이 어렵다. 이하에서는 법원을 중심으로 살펴보기로 한다.

「법원의 권한」
- 고유권한 : 민 · 형사사건을 비롯한 기타 법률적 쟁송
- 부속권한 : · 쟁송에 관한 재판권 명령 · 규칙심판권
  · 규칙제정권
  · 헌법기관구성원의 선출권

II. 대법원의 권한

1. 심판권

대법원은 대법관 전원의 3분의 2이상의 합의체에서 심판함을 원칙으로 한다(법원조직법 제7조 제1항). 명령이나 규칙이 헌법이나 법률에 위반함을 인정하거나, 종전의 대법원의 의견을 변경할 필요가 있을 때, 그리고 部에서 재판함이 적당하지 아니함을 인정하는 때에는 합의체에서 관할하며, 그 이외의 사건은 대법관 3인 이상으로 구성된 부에서 먼저 사건을 심리하여 의견이 일치한 때에 한하여 그 부에서 재판할 수 있다. 대법원은 대통령선거, 국회의원선거, 시 · 도지사선거에 관한 당선 또는 효력에 관한 소송을 관할한다. 각종 상고사건과, 고등법원이나 지방법원본원합의부 가정법원본원합의부의 제2심결정 · 명령에 대한 재항고사건, 고등군사법원의 상고사건 등을 관할한다.

[참고]
대법원에 무익한 상고 또는 남상고를 방지하기 위하여 상고심절차에 관한 특별법을 제정하였다(1994. 7. 27. 공포, 1994. 9. 1. 효력발생). 주요 골자는 다음과 같다.

1. 상고이유에 중대한 법령위반사항이 포함되어 있지 않은 경우에는 심리를 속행하지 않으며(심리불속행제도) 상고를 기각할 수 있도록 하였다. 예측가능성과 법적안정성을 도모하기 위하여 심리불속행사유를 구체적으로 나열하고 있다(법원 제41조 제1항).

2. 상고이유에 중대환 법령위반사항이 포함되어 있는 경우에도 상고이유가 그 자체로 보아 이유가 없거나 원심판결과 관계가 없거나 원심판결에 영향을 미치지 않는 경우에는 심리를 속행하지 아니할 수 있도록 하였다.

3. 심리불속행을 이유로 하거나 또는 상고이유서불제출로 인한 상고기각판결의 경우에는 이유를 기재하지 아니하도록 하였고, 선고를 요하지 않으며 상고인에게 송달됨으로써 효력이 발생하도록 하였다.

4. 부에서 재판하는 경우에만 적용되며, 상고기록을 송부받은 날로부터 4개월이 지난 경우에는 심리불속행을 할 수 없도록 하였다.

2. 최종적 명령 · 규칙심사권

2.1. 의의

대법원은 명령 · 규칙 · 처분이 헌법이나 법률에 위반되는 여부가 재판의 전제가 된 경우에는 이를 최종적으로 심사할 권한을 가진다(헌법 제107조 제2항).

2.2. 주체

명령 · 규칙의 위헌 · 위법심사권은 각급법원이 가지며, 군사법원도 심사권이 있다.

2.3. 요건

법원이 명령 · 규칙을 심사하기 위하여는 명령 · 규칙의 위헌 · 위법여부가 재판의 전제가 되어야 한다(구체적 규범통제). 법원의 명령 · 규칙심사권은 형식적 효력(제정절차나 공포절차) 뿐 아니라 실질적 효력(내용)에 대한 심사에도 미친다. 명령이란 모든 법규명령(대통령령 · 총리령 · 부령)을 의미하며, 규칙이란 국회규칙 · 대법원규칙 · 중앙선거관리위원회규칙 · 헌법재판소규칙 · 지방자치단체의 규칙 등을 말한다. 대법원 역시 명령 · 규칙을 일반적 구속력을 지니는 법규명령 · 규칙으로 보고 있다. 다만 행정규칙이 포함된 것인가에 관하여는 제외된다는 부정설이 다수설이다.

2.4. 절차

대법원에서는 대법관 3분의 2이상이 출석하고 출석 대법관 과반수 찬성으로 위헌 · 위법임을 인정한다. 위헌으로 선언된 경우에는 대법원장은 지체 없이 행정안전부에게 통지하고, 행정안전부장관은 관보에 게재하여야 한다.

2.5. 효력

명령 · 규칙의 위헌 · 위법성이 인정되는 경우에도 법원은 명령 · 규칙의 무효를 선언할 수는 없으며, 당해 사건에 적용을 거부할 수 있을 뿐이다(개별적 효력). 이는 법원의 임무와 관련되는 것으로 법원의 임무는 규범자체를 심사하는 것이 아니고 분쟁의 해결이 주된 목적이기 때문이다. 명령등이 위헌되었을 때, 위헌 · 위법한 명령 등에 의거한 행위도 무효가 되는가하는 점이 문제된다. 행정처분은 당연히 무효가 된다고 보나, 규칙이 위헌되었을 때 그 규칙에 따라 제정된 법률 또는 헌법재판소결정도 무효가 될 것인가에 관하여는 논란이 예상된다.[1)]

3. 위헌법률심판제청권

3.1. 의의

법률이 헌법에 위반되는 여부가 재판의 전제가 된 경우에는 법원은 헌법재판소에 제청하여 그 심판에 의하여 재판한다(헌법 제107조 제1항). 현행 헌법규정은 제5공화국헌법[2)]과 다르게 규정하고 있으므로 헌법적 차원에서는 법원은 위헌법률심판을 제청할 의무만 있지 위헌여부에 관한 심사권(전심권)은 없다고 보는 견해와,[3)] 법원에게 전심권이 인정된다는 견해[4)]가 있다.

법원 → · 위헌법률심판을 제청할 의무만 존재
· 위헌여부에 관한 심사권(전심권)은 없음

헌법재판소는 법원에 합헌판단권이 있는가에 관하여 헌법재판소법 제41조 제4항은 합헌판단권의 인정여부와는 직접 관계가 없는 조항이며, 위헌제청신청이 기각된 때란 합헌판단에 의한 기각결정만을 의미하는 것이 아니고 재판의 전체성을 인정할 수 없어 내리는 기각결정도 포함하는 것으로 해석되므로 헌법재판소법 제68조 제2항 역시 법원의 합헌판단권을 인정하는 근거로 삼을 수 없다고 하였다(헌재결 1993. 7. 29, 90헌바35 【반국가행위자의처벌에관한특별조치법 제5조 등 및 헌법재판소법 제41조 등 에 대한 헌법소원】 : 법률안 변칙처리사건).[5)6)7)]

---

1) 권영성, 헌법학원론, 1098면.
2) 5공화국헌법은 법률의 위헌여부가 재판의 전제가 되더라도 법원이 법률의 위헌을 인정할 때에만 제청하였다. 즉 위헌여부에 대한 前審權 내지 제1차적 심판권이 있었다.
3) 권영성 교수는 법원이 법률에 대한 합헌판단권은 가진다고 한다(권영성, 헌법학원론, 1100면).
4) 허영, 한국헌법론, 856면, 1030면.
5) 이 사건은 헌법재판소가 국회의장의 변칙적인 법률안 가결선포행위에 대하여 야당의원들의 법률안 심의 · 표결권한을 침해한 것이라고 결정한 사건이다. 헌법재판소법 제62조 제1항 제1호는

권한쟁의심판의 종류를 규정하면서 국가기관 상호간의 권한쟁의심판을 국회, 정부, 법원 및 중앙선거관리위원회 상호간의 권한쟁의 심판이라고 규정하고 있다. 과거 국회에서의 이른바 법률안의 '날치기' 통과가 처음으로 헌법재판소의 심판대에 올랐던 '변칙적인 의안처리 사건'(헌재 1995. 2. 23. 90헌라1. 국회의원과 국회의장간의 권한쟁의)에서 헌법재판소는 헌법재판소법 제62조 제1항 제1호를 한정적으로 해석하여 동조항에 열거된 기관 이외의 국회내 일부 구성기관인 원내교섭단체나 국회의원은 자신의 고유한 권한을 침해받았더라도 권한쟁의심판을 청구할 수 없다고 하여 권한쟁의심판청구를 각하했었다. 국가안전기획부법중개정법률안, 노동조합및노동관계조정법안, 근로기준법중개정법률안, 노동위원회법중개정법률안, 노사협의회법중개정법률안 등을 처리하기 위하여 1996년 12월 23일에 제182회 임시국회가 소집되었으나 야당의원들이 법률안의 졸속처리를 반대하며 국회의장실을 점거하는 등 방해행위를 하여 국회가 정상적으로 운영되지 못하였다. 이에 국회의장을 대리한 국회부의장은 여당소속 국회의원들에게만 국회소집 통보를 하여 동월 26일 06:00경 여당인 신한국당 소속 국회의원 155인이 출석한 가운데 제182회 임시회 제1차 본회의를 개의하고 위 법률안들을 상정·표결하여 가결되었음을 선포하였다. 야당인 새정치국민회의 및 자유민주연합 소속 국회의원인 청구인들은 30일 피청구인인 국회의장이 청구인들에게는 변경된 개의시간을 통지하지도 않은 채 비공개로 본회의를 여는 등 헌법 및 국회법이 정한 절차를 위반하여 위 법률안들을 처리함으로써 독립된 헌법기관인 자신들이 법률안 심의·표결권을 침해하였다고 주장하면서 그 권한침해의 확인과 가결선포행위의 위헌확인을 구하는 권한쟁의심판을 청구하였다.

6) 나. 결정의 주요내용: 헌법재판소는 국회의원과 국회의장도 권한쟁의심판의 당사자가 될 수 있다고 하면서 1996년 12월 26일 06:00경 국회부의장이 국회의장을 대리하여 날치기식으로 위 개정법률안들을 가결선포한 것과 관련하여 이는 청구인들의 법률안 심의·표결의 권한을 침해하였다고 하면서도 그로 인한 가결선포행위는 헌법의 규정을 명백히 위반한 흠이 있다고 볼 수 없어 무효가 아니라고 결정하였다. 국회의원과 국회의장이 권한쟁의심판의 당사자가 될 수 있느냐는 문제에 대하여는 재판관들의 의견이 나뉘었다. 김용준, 김문희, 이재화, 조승형, 고중석, 이영모 재판관은 종전의 결정을 변경하여 헌법재판소법 제62조 제1항 제1호의 규정을 한정적, 열거적인 조항이 아니라 예시적인 조항으로 보아 헌법 제111조 제1항 제4호의 국가기관에 해당되는 국회의원과 국회의장도 권한쟁의심판에서 당사자가 될 수 있으므로 청구인들의 권한쟁의심판청구가 적법하다고 하였다. 이에 대하여 황도연, 정경식, 신창언 재판관은 헌재 1995. 2. 23. 90헌라1 국회의원과 국회의장간의 권한쟁의사건에서와 같은 이유로 헌법재판소법 제62조 제1항 제1호에 명시적으로 국가기관 상호간의 권한쟁의심판의 종류를 한정하여 규정하고 있으므로 이에 해당하지 아니하는 청구인들은 권한쟁의심판을 청구할 수 없다는 의견을 제시하였다. 청구인들의 권한쟁의심판청구가 적법하다는 의견을 제시한 6인의 재판관은 다음과 같이 국회의원의 법률안 심의·표결권이 침해되었다고 하였다. 국회의원의 법률안 심의·표결권은 비록 헌법에는 이에 관한 명문의 규정이 없지만 의회민주주의의 원리, 입법권을 국회에 귀속시키고 있는 헌법 제40조, 국민에 의하여 선출되는 국회의원으로 국회를 구성한다고 규정하고 있는 헌법 제41조 제1항으로부터 당연히 도출되는 헌법상의 권한으로서 모든 국회의원에게 보장되는 것이다. 피청구인인 국회의장의 요청에 따라서 신한국당의 원내수석부총무가 1996년 12월 26일 05:30경 새정치국민회

의의 원내수석부총무와 자유민주연합의 원내총무에게 전화로 본회의 개의시각이 06:00로 변경되었음을 통지하였다고 하더라도, 이러한 통지는 야당소속 국회의원들의 본회의 출석을 기대할 수 없는 것으로서 국회법 제76조 제3항에 따른 적법한 통지라고 할 수 없어서 이 사건 본회의의 개의절차에는 국회법의 규정을 명백히 위반한 흠이 있다고 할 것이다. 결국 피청구인인 국회의장이 국회법 제76조 제3항을 위반하여 청구인들에게 본회의 개의일시를 통지하지 않음으로써 청구인들이 국회본회의에 출석할 기회를 잃게 된 결과 법률안의 심의·표결과정에도 참여하지 못하게 되었으므로 나머지 국회법 규정의 위반여부를 살필 필요도 없이 피청구인의 그러한 행위로 인하여 청구인들이 헌법에 의하여 부여받은 권한인 법률안 심의·표결권이 침해되었다. 그러나, 법률안 가결선포행위의 위헌여부에 대하여는 위 6인의 재판관들의 의견이 나뉘었다. 김용준, 김문희, 이영모 재판관은 문제된 5개 법률안이 재적의원의 과반수인 국회의원 155인이 출석한 가운데 개의된 본회의에서 출석의원 전원의 찬성으로(결국 재적의원 과반수의 찬성으로) 의결처리되었고 본회의에 관하여 일반국민의 방청이나 언론의 취재를 금지하는 조치가 취하여지지도 않았음이 분명하므로 그 의결절차에 다수결의 원칙을 규정한 헌법 제49조와 회의공개의 원칙을 규정한 헌법 제50조를 명백히 위반한 흠이 있다고는 볼 수 없고, 따라서 피청구인의 이 사건 법률안의 가결선포행위에는 국회법위반의 하자는 있을지언정 입법절차에 관한 헌법의 규정을 명백히 위반한 흠이 있다고 볼 수 없다는 의견을 제시하였다. 이에 반하여 이재화, 조승형, 고중석 재판관은 의회민주주의와 다수결 원리의 헌법적 의미를 고려할 때 헌법 제49조는 단순히 재적의원 과반수의 출석과 출석의원 과반수의 찬성에 의한 의결을 형식적으로 요구하는 것에 그치지 않고, 국회의 의결은 통지가 가능한 국회의원 모두에게 회의에 출석할 기회가 부여된 바탕위에 재적의원 과반수의 출석과 출석의원 과반수의 찬성으로 이루어져야 함을 뜻하는 것으로 해석하여야 하는 바, 헌법 제49조의 다수결 원리를 구체화하는 국회법 제72조와 제76조에 위반하여 야당의원들에게 본회의 개의일시를 알리지 않음으로써 본회의에의 출석가능성을 배제한 가운데 본회의를 개의하여 여당의원들만 출석하여 그들만의 표결로 법률안을 가결선포한 행위는 야당의원들의 권한을 침해한 것임과 아울러 다수결 원리를 규정한 헌법 제49조에 명백히 위반되는 것이라는 의견을 제시하였다. 결국 헌법재판소는 피청구인이 위 5개 법률안을 상정하여 가결선포한 행위는 청구인들의 법률안 심의·표결권한을 침해하고 있지만 그 행위의 위헌에 대한 청구는 인용의견이 재판관 과반수에 이르지 못하므로 이를 기각하였다.

7) 다. 사후경과: 이 결정에 대하여는 헌법재판소가 종전의 입장을 바꾸어서 국회의장과 국회의원간의 다툼도 권한쟁의심판대상이 된다고 판단함으로써 국가기관간의 권한쟁의의 판단범위를 넓힌 것은 진일보한 결정이라거나(동아일보 1997. 7. 17), 이 결정은 이른바 '날치기 입법'이라는 반대의적(反代議的)인 입법관행에 제동을 거는 매우 중요한 헌정사적 의미를 가지며, 국회의 자율권이라는 미명아래 국회에서의 입법절차를 신성시하던 과거의 잘못된 관행을 과감히 탈피해서 입법과정의 절차적 정당성을 보장하려는 강한 의지가 담겨있다는 긍정적 평가가 있었다. 반대로 국가활동의 기본원리로 요구되는 헌법상의 적법절차원리는 형사절차상의 영역에 한하지 않고, 입법절차 및 행정절차 등에도 적용된다는 헌법재판소의 기존 결정(헌재 1992. 12. 24. 92헌가8; 1993. 7. 29. 90헌바35; 1994. 4. 28. 93헌마26)에도 불구하고 위 결정에서는 이에 대한 판단이 결여되어 있으며, 이 사건에서 이를 판단하는 경우 문제되는 야당의원들에 대한 국회 개회일시 불

3.2. 주체

대법원과 각급법원 및 군사법원도 위헌법률심판제청을 할 수 있다(헌재법 제41조 제1항). 위헌법률에 대해서는 재판부가 직권에 의한 제청뿐만 아니라 당사자의 신청에 의한 제청결정도 할 수 있으나, 제청할 권한은 당해사건을 담당하는 법원(재판부)의 권한이다.[1] 당사자는 위헌법률심판의 제청권자가 될 수 없다.

「위헌법률심판제청권」
- 대법원
- 각급법원
- 당사자 → 인정안됨

3.3. 법적 성격

위헌법률심판제청권 중에 법률의 합헌결정권 내지 합헌판단권이 포함되어 있는가가 문제된다.

3.3.1. 긍정설

법률의 효력에 관한 심사권은 법관의 고유권한이며, 위헌제청서에 위헌이라고 해석되는 이유를 기재하도록 하고 있고, 제청신청이 기각된 경우에 헌법소원을 제기할 수 있도록 하고 있고(헌법재판소는 헌법재판소법 제68조 제2항이 법원의 법률에 대한 합헌판단권의 인정근거는 아니라고 한다), 고의적인 소송지연을 위한 濫訴의 폐를 방지할 수 있다는 점을 들고 있다.[2] 이러한 입장에 서면서도 법률의 위헌 여지가 조금이라도 있다고 의심되는 경우에는 제청신청을 기각할 것이 아니라 헌법해석의 통일성을 위하여 적극적으로 위헌심판제청을 하여야 한다고 한다.[3]

통보는 헌법상 적법절차원리에도 위배된다거나(이석연, 법률신문 1998. 1. 19. 및 1. 22.), 국회의장이 야당의원들의 법률안 심의·표결권을 침해하였다고 인정하면서도 그 침해행위의 결과물인 법률안에 대해서는 그 위헌성을 인정할 수 없다는 것은 모순이라는(동아일보 1997. 7. 17; 허영, 국회의원과 국회의장간의 권한쟁의, 판례월보 1997년 11월호) 지적도 있었다. 그러나 헌법재판소로서는 국회의 입법절차상 국회의원의 심의·표결권이 침해되었다 하더라도 나아가 법률안 가결선포 자체를 위헌으로 할 것인지는 법질서의 안정성을 고려하여 신중히 하여야 할 것이라는 입장을 가졌던 것임을 유의할 필요가 있다. 이 결정이 있은후 국회는 1997년 3월 13일 노동관련 법률들에 대한 재개정을 했다(http://www.ccourt.go.kr/precedent/sentence_read.asp).

1) 권영성, 헌법학원론, 1099면.

2) 허영; 김철수; 권영성, 헌법학원론, 1100면.

3) 김철수; 권영성, 헌법학원론, 1100면.

3.3.2. 부정설

현행헌법은 (ㄱ) 구헌법 제108조 제1항의 "법률이 헌법에 위반되는 것으로 인정할 때" 의문자가 삭제되었고, 구헌법당시 대법원에게 위헌제청에 관한 실질심사권을 부여하였던 법률조항들이 폐지되었다는 점, (ㄴ) 구헌법 당시 하급법원의 위헌심사제청에 대한 실질적 심사권을 대법원에 부여하였던 헌법위원회법 제15조 제2항과 법원조직법 제7조 제1항 제4호를 현행헌법에서는 삭제하였다는 점을 이유로 한다.[1)]

3.3.3. 결론

헌법적 차원에서는 전심권이 없다고 보아야 하나, 상기 언급된 이유들을 종합하여 고려해 볼 때 법원은 합헌판단권을 지니고 있다고 보아야 할 것이다. 다만 법원은 법률에 대한 합헌의 확신이 있는 경우에만 제청신청을 기각할 수 있다고 본다.

3.4. 제청요건

재판의 전제가 되어야 하며(전제성에 관하여는 위헌법률심판부분을 참조), 구체적 사건성, 당사자적격(청구인적격), 소의 이익(법률상 이익) 등 사법권발동의 요건을 충족하여야 한다.

3.5. 대상

형식적 의미의 법률, 조약, 긴급명령 등이다.

3.6. 절차

당사자의 신청에 의한 결정 또는 법원이 직권으로 한다. 제청신청에 대한 법원의 결정에 대하여는 불복할 수 없다. 만일 기각된 경우에는 헌법재판소에 헌법소원을 제기할 수 있다(헌재법 제68조 제2항). 제청은 대법원을 경유하여야 하나 형식적 절차(대법원은 불송부결정을 할 수 없다)에 불과하다.

3.7. 효과

제청이 있을 때에는 당해사건은 위헌여부의 결정이 있을 때까지 정지된다. 당사자 및 법무부장관은 의견서를 제출할 수 있다. 대법원이 제청한 이후에 당사자가 위헌제청신청을

---

1) 이시윤, 헌법재판개관(상)(하), 판례월보, 1989(5, 6); 이상규, 헌법재판제도의 운영, 인권과 정의(1989.11), 35-40면.

취하한 경우에는 헌법재판소는 각하결정을 하게 된다.

4. 규칙제정권

대법원은 법률에 저촉되지 않는 범위 안에서 소송에 관한 절차, 법원의 내부 규율과 사무처리에 관한 규칙을 제정할 수 있다(헌법 제108조). 대법원에 규칙제정권을 부여하는 제도적 의의는 사법부의 독립성을 보장하고, 소송절차나 내부적 사무처리 등의 문제는 법원이 그 내용을 더 잘 알고 있으므로 실정에 맞는 규칙을 제정할 수 있도록 하기 위함이다. 내부규율과 사무처리에 관한 사항은 행정규칙에 불과한 것이므로 이에 관한 헌법규정은 무의미하다고 본다. 다만 소송절차에 관한 사항(監置 · 과태료에 처하는 재판절차)은 단순히 사법부내부의 사항에 그치는 것이 아니라 법원소속공무원이나 소송관계인까지도 구속하는 것이므로, 법률 또는 법규명령으로 제정해야 한다.[1] 대법원규칙으로 규정할 수 있는 사항으로는 형사소송에 관한 규칙, 대법관회의의 운영 · 법원도서관의 조직과 운영 · 사법정책자문위원회의 조직과 운영 · 사법연수원의 운영 등이다. 규칙제정은 대법관회의의 의결사항이다. 대법원규칙은 공포한 날로부터 20일이 경과함으로써 효력을 발생한다. 규칙이 법률보다 하위에 있음은 물론이다. 대법원규칙에 대한 위헌심사권은 대법원에 있는가 헌법재판소에 있는가가 문제되나, 헌법재판소는 법무사법시행규칙에 관한 헌법소원심판사건에서 헌법재판소도 경우에 따라서는 명령 · 규칙에 대한 위헌심사권을 가진다고 하였다.[2]

5. 최고의 사법행정권

사법행정이란 재판권의 행사나 재판제도를 운영 · 관리하기 위하여 행하는 행정작용을 말하는 것으로, 인적 · 물적 시설을 운영 · 관리하는 작용이다. 이에는 법관이나 직원의 인사, 물적 시설의 관리, 예산 등의 재무관리가 있다. 대법원은 사법행정의 최고기관으로서, 대법원장은 사법행정사무를 총괄하며, 사법행정사무에 관하여 관계 공무원을 지휘 · 감독한다. 사법행정권은 최고법원인 대법원 이외에 고등법원 · 지방법원 등이 분장하고 있다.

---

1) 권영성, 헌법학원론, 1113면.

2) 헌재결 1990. 10. 15, 89헌마178【법무사법시행규칙에 대한 헌법소원】

III. 고등법원의 권한

1. 심판권

고등법원은 지방법원합의부와 가정법원합의부의 제1심판결에 대한 항소사건, 지방법원합의부나 가정법원합의부의 제1심 결정 · 명령에 대한 항고사건, 행정소송사건, 지방의회의원과 기초단체의 장의 선거 및 당선소송을 심판한다.

2. 명령 · 규칙심사권

고등법원은 명령 · 규칙에 대한 심사권을 가진다.

3. 사법행정권

고등법원은 사법행정권을 가진다.

IV. 지방법원의 권한

1. 심판권

1.1. 합의부와 단독판사의 심판권

지방법원 및 지방법원지원의 합의부는 다음 사항을 제1심으로 심판한다.

- 합의부에서 심판할 것으로 합의부가 결정한 사건
- 민사사건에 관하여는 대법원규칙으로 정한 사건(3,000만원 초과)
- 형사사건에 관하여는 사형 · 무기 · 단기 · 1년 이상의 징역 또는 금고에 해당하는 사건과 이와 동시에 심판할 공범사건,
- 제척 · 기피사건

그리고 단독판사는 대법원규칙이 정하는 민사사건과 법률에 의하여 단독판사의 권한에 속하는 사건에 관하여 심판권이 있다. 형사사건은 절도 · 폭행사건 등과 단기 1년 미만의 징역이나 금고 · 벌금에 처할 사건에 대하여 심판권이 있다.

1.2. 항소부의 심판권

지방법원본원의 항소부는 지방법원 단독판사의 판결에 대한 항소사건, 지방법원 단독

판사의 결정 · 명령에 대한 항고사건을 제2심으로 심판한다.

2. 명령 · 규칙심사권

지방법원은 명령 · 규칙심사권을 가진다.

3. 사법행정권

지방법원은 사법행정권을 가진다.

V. 가정법원의 권한

1. 심판권

가정법원의 합의부는 가사소송법에 정한 가사소송사건과 마류 가사비소송사건, 제척 · 기피사건 등을 심판한다. 가정법원본원의 항소부는 가정법원단독사건의 심판과 결정 · 명령에 대한 항고사건을 제 2심으로 심판한다. 가정법원의 단독판사는 가사소송법이 정한 라류 가사비소송사건을 심판한다.

2. 명령 · 규칙심사권

가정법원은 명령 · 규칙심사권을 가진다.

3. 사법행정권

가정법원은 사법행정권을 가진다.

VI. 군사법원의 권한

보통군사법원은 군형법위반사건과 포로 등에 관한 사건을 심판하며, 고등군사법원은 보통군사법원의 항소 및 항고사건을 심판한다. 그밖에 명령 · 규칙심사권, 사법행정권 등이 있다.

제 8 항 사법권의 독립

I. 의의

1. 사법권 독립의 제도적 의의

사법권의 독립이란 법관이 재판함에 있어서 누구의 지시나 명령에도 구속받지 않는 것으로, 법률과 양심에 따라 심판하는(판결의 자유)것을 말한다. 사법권의 독립은 관방사법에서 민주사법으로의 전환을 목표로 하는 것이며, 법원이 국민의 기본권보장의 최후의 보루로서의 기능을 제대로 수행할 수 있도록 하기 위함이다. 사법권의 독립은 사법을 담당하는 기관인 법원이 국회나 정부로부터 독립되어야 한다는 「법원의 독립」과 재판을 담당하는 법관이 사회세력이나 권력기관의 간섭으로부터 독립적이어야 한다는 의미의 「법관의 독립」을 그 내용으로 한다.[1] 독일의 슈미트(Carl Schmitt)는 "사법권의 독립 없이는 시민적 법치국가는 존재하지 않으며, 또한 법률에 의한 그 내용의 구속없이는 사법권의 독립은 존재하지 않고, 법률과 재판의 실질적인 구별없이는 법률에 의한 그 내용의 구속은 존재할 수 없다."고 하였다.

2. 연혁

절대국가에서는 행정 · 입법 · 사법이 분화되지 못하고, 재판까지도 군주의 권력하에 있었으므로 시민의 자유와 권리가 보장될 수 없었고 많은 위협을 받게 되었다(소위 관방사법 : Kabinettsjustitz). 따라서 절대군주나 의회 또는 행정기관의 자의적인 재판을 배제하고 독립된 법원으로부터의 정당한 재판을 받을 필요성을 인식하게 되었다. 이론적으로 사법권이 국가권력으로부터 분리되어 고찰된 것은 몽테스키외(Montesquieu)의 법의 정신(1748년)이며,[2] 실질적으로 중립적 권력인 법원의 독립이 제도화된 것으로는 1776년 버지니아

---

1) 성낙인, 헌법학, 1175면.

2) 몽테스키외(Montesquieu)는 모든 국가에는 입법권, 행정권과 사법권이라는 3종의 권력이 존재한다고 주장하면서, 「입법권은 일시적 혹은 항구적인 법률을 제정 · 개폐하는 권력이고 행정권은 선전 · 강화를 하고 대사를 파견 · 접수하며 치안을 유지하고 침략을 방어하는 권력이며, 사법권은 범죄인을 처벌하고 개인의 소송을 재판하는 권력이며 단순히 재판권이라고 부를 수 있다. 이들 3권은 각각의 독립된 기관에 소속되어 있어야 한다」고 하였다. 이와 같은 3권분립이론은 국가작용을 입법 · 행정 · 사법의 3개의 다른 작용으로 나누어, 각 작용을 각기 다른 구조를 지닌 독립기관이 담당함으로써, 기관 상호간의 '견제와 균형'을 유지하도록 함으로서 국가권력의 집중과

권리장전·1787년 미국연방헌법 제3조·1789년 프랑스 인권선언 제16조에서 처음으로 성문화되었다.[1] 영국에서는 1700년 Act of Settlement, 1925년 supreme-court of Judicature (Consolidation) Act 등의 법률에 의해 재판의 공정성을 보장하고 있다.

「Montesquieu(1689～1755)」: 프랑스
· 3권분립이론: 법의 정신(De 1'esprit des lois: 1748년)

II. 법원의 독립

1. 개관

법원의 독립은 권력분립의 원칙상 당연한 것으로써, 공정한 재판을 위하여는 법원이 입법부나 행정부로부터 부당한 간섭이나 견제로부터 자유롭게 독립되어야 한다. 사법권 독립의 한 내용으로서 법원의 독립이란 사법이 의회나 정부로부터 기능적으로나 내용상 완전히 독립되어 조직상·기능상 간섭을 받지 아니함을 의미한다.

입법부는 법원의 조직과 법관의 임명 등에 관한 자격을 법률로 제정할 수 있는 권한을 가지고, 행정부는 사법부의 예산편성권을 가지고 있는데 반하여 법원은 입법부의 위헌입법에 관하여 위헌법률심사권을 행사하여 입법부의 자의를 견제할 수 있고, 행정부에 대해서는 행정사건에 대한 다양한 형태의 소송을 통한 재판권을 행사함으로써 기관 상호간의 견제와 균형을 통한 법원의 독립을 도모할 수 있다. 또한 법관이 다른 국가기관에 의하여 그 지위를 박탈 당하거나 기타의 불이익을 받지 않도록 하기 위하여 법관의 파면이나 면직 및 기타 불이익처분 등의 금지를 통하여 법관의 신분을 보장해 줌으로써 법관의 인적 독립을 보장할 수 있다. 뿐만 아니라, 재판을 행하는 법관은 입법·행정기관은 물론 사법기관, 즉 상급법원이 하급법원에 대하여 갖는 사법행정상의 감독권 등으로 부터 일체의 법적인 독립성을 보장받게 해줌으로써 법관의 물적 독립을 확보할 수 있다. 이 외에도 사법권의 독립을 위한 불가결의 요소로서 사법부는 그 스스로 자치입법권을 가지거나, 법관임명에 있어서 자율권을 가지고, 또한 재판상 중대한 영향을 초래할 수 있는 사인의 행동·국가권력의 불법적인 행사 등에 대하여 그 자위권을 행사함으로써 사법권의 독립을 보장받게 될 수 있다.

남용을 방지하고 국민의 자유를 보호하기 위한 통치기관의 구성원리이다.

1) 권영성, 헌법학원론, 1067면.

2. 내용

2.1. 의회로부터의 독립

헌법은 사법권은 법관으로 구성되는 법원에 속하고(제101조 제1항), 법원은 최고법원인 대법원과 각급 법원으로 조직하고(헌법 제101조 제2항) 법관의 자격(헌법 제101조 제3항)과 법원의 조직은 법률로 정한다(헌법 제102조 제3항)고 규정하고 있다. 법원과 의회는 조직과 구성에 있어서 상호독립적 이어야 한다.[1] 따라서 법관과 국회의원의 겸직은 금지되며, 의회가 재판권을 행사할 수 없는 것 같이 법원도 법률을 제정할 수 없다.[2] 이처럼 의회로부터 법원의 독립이 보장되어 있기 때문에 의회는 법률에 의하여 법원을 조직하고 법률에 의하여 법원의 기능을 규제할 수 있을뿐, 법원의 재판과정에 개입하거나 재판에 간섭할 수 없으며 개별적 법률을 제정하여 개인을 처벌할 수 없다. 법원의 조직과 구성이 의회입법에 의하여 재판이 법률에 의하여 행해지더라도 이는 법치주의의 당연한 소산이지 법원의 의회에의 종속을 의미하는 것은 아니다.[3] 도리어 법원의 독자성을 유지할 수 있도록 법률에 저촉되지 않는 범위 내에서 소송절차, 법원의 내부규율 및 사무처리에 관한 규칙제정권을 대법원에게 부여함으로써 의회로부터의 독립을 보장하고 있다.[4]

헌법 제108조 대법원은 법률에 저촉되지 아니하는 범위안에서 소송에 관한 절차, 법원의 내부규율과 사무처리에 관한 규칙을 제정할 수 있다.

[소송절차]

소송에 관한 절차사항이라 함은 민사소송 · 형사소송 · 행정소송절차에 관한 일체의 사항을 말한다. 여기에는 비송사건절차 · 가사심판과 조정절차 및 소년보호처분절차도 포함된다. 또 소송절차에 관항 사항은 주로 기소에서 종국재판까지의 법원 및 기타 소송관계인의 소송행위의 방식 · 시기 등을 말한다.[5] 또한, 법원의 내부규율에 관한 사항에는 법원 내부의 관리 · 감독에 관한 사항 즉 근무시간 · 직원의 임면 · 배치 · 교양 등이 포함된다.

---

1) 권영성, 헌법학원론, 1069면.

2) 권영성, 헌법학원론, 1069면.

3) 다만 입법부는 사법부에 대하여 국정감사권 · 예산심의확정권 · 법관탄핵소추권 · 대법원장임명에 대한 동의권을 가지고 법원을 통제하므로써 양자는 상호견제와 균형을 유지한다.

4) 권영성, 헌법학원론, 1069면.

5) 형사소송절차에 있어서 ① 기소자의 수사절차 또는 판결확정후의 형의 확정이나 진행에 대하여는 법원의 권한에 속하지 않기 때문에 대법원 규칙제정권의 범위 밖에 있다는 설과 ② 기소자의 수사절차는 법원이 행하는 사법권의 행사와 밀접한 관련을 가지므로 대법원의 규칙제정권의 범위에 포함된다는 설이 대립하고 있다.

[사무처리]

이는 재판사무에 부과하거나 전제로 하여 정하여진 사무 즉 그 처리방법에 관한 사항으로 재판사무의 분배 · 대리의 순서 · 사건번호부여방법 · 소송기록의 보관 · 개표의 일시 등에 관한 사항 등을 말한다. 이러한 대법원규칙의 제정주체는 대법원 판사 전원의 3분의 2이상의 출석과 출석인원 과반수의 찬성으로 하며 의장인 대법원장은 의결에 있어 표결권을 가지며 가부동수인 인경우에는 결정권을 가진다.

[규칙제정권]

규칙제정권에 있어서 그 구체적인 내용은 헌법이 대법원에 그 권한을 위임하였으나 이는 법원만이 가지는 전속적 입법사항이 아니고 국회법률과 경합적 관할사항에 속한다. 따라서 대법원규칙은 법률에 위배될 수 없다. 법원의 규칙제정권은 법률을 보충하고 집행하는데 필요한 규칙을 제정하는 권한이므로 이러한 사항은 국정감사의 대상이 된다.

헌법이 규칙제정권을 인정하는 이유는 규칙제정권이 국회입법주의에 대한 예외로서 형식적으로는 입법권에 의한 사법권에의 간섭을 배제하여 사법권의 자주독립성 및 그 지위르 보장 · 강화하는 것을 그 목적으로 하며, 현실적으로도 소송기술사항은 사법부 자신이 제정하는 것이 합목적적이라는 데 그 이유가 있다

다만 법원은 국민으로부터 직접적인 민주적 정당성을 부여 받고 있지 않으므로 최고법원인 대법원의 구성에 있어서 국회가 임명동의권을 행사 하는 것은 간접적인 민주적 정당성을 부여하기 위한 것이며, 이것이 법원의 국회에 대한 예속이 아니다.[1)]

2.2. 정부로부터의 독립

사법권의 독립은 군주 내지 정부의 부당한 간섭으로부터의 독립을 지향하는 것으로서 영국에서 발달된 제도이다. 사법권의 독립은 정부로부터의 독립이 가장 본질적 요소이다. 법원의 독립은 전제군주시대의 관방사법으로부터의 투쟁을 통해서 쟁취한 것임은 이를 잘 반영하고 있다.[2)] 법원과 정부는 조직과 구성 및 인사에 있어서 상호 독립적이어야 한다. 따라서 법관과 정부구성원의 겸직이 금지되며,[3)] 정부는 재판권행사 및 법관의 인사에 관하여 어떠한 지시나 명령을 행할 수 없으며, 법원 또한 정부의 행정행위에 대하여 관여할 수 없다. 행정소송의 경우에도 법원은 소송당사자인 국가기관으로부터 독립하여 재판한다. 법원은 명령 · 규칙심사권과 처분에 대한 재판권을 가지며, 반면에 정부는 법원의 예산편성권과 사면 · 복권을 통하여 상호간에 견제 · 균형을 이루고 있다.[4)]

1) 성낙인, 헌법학, 1170면.
2) 권영성, 헌법학원론, 1069면.
3) 권영성, 헌법학원론, 1069면.
4) 성낙인, 헌법학, 1171면.

헌법 제101조 제2항에서 '법원은 최고법원인 대법원과 각급법원으로 조직된다'라고 규정하고 있는 것은 행정의 사법에 대한 부당한 관여를 방지하려는 것이다. 1972년 제4공화국 헌법(유신헌법)에서는 대통령이 전체 법관에 대한 임명권을 가지고 있었으나, 1987년 제6공화국 헌법에서는 대통령이 대법원장과 대법관에 대한 임명권만을 가지며 일반법관의 임명권은 대법원장에게 주어 행정부로부터의 독립을 강화하였다.

2.3. 대법원의 규칙제정권

사법권의 독립은 법원의 내부사항을 스스로 규율할 수 있는 사법자치제가 확립되어야 한다. 헌법은 대법원에게 사법의 자치와 자유를 보장하기 위하여 규칙제정권을 부여하고 있다(헌법 제108조).

헌법 제108조 대법원은 법률에서 저촉되지 아니하는 범위안에서 소송에 관한 절차, 법원의 내부규율과 사무처리에 관한 규칙을 제정할 수 있다.

III. 법관의 독립

법관의 독립은 1850년 독일의 프로이센(프러시아 : Preußen) 헌법 제102조가 "법관은 독립적이며 오로지 법률에만 따른다"라고 규정한 것으로부터 비롯된다. 이것은 하나의 제도적 보장(institutionelle Garantie)로서 하위법령에 의한 제도의 침해는 금지된다. 사법권의 독립은 재판의 공정성과 연결된 것으로서 결국 법원의 독립도 궁극적으로는 법관의 독립을 보장하기 위한 전제조건이라 할 것이다. 법관의 독립은 법관의 신분상의 독립을 의미하는 인적 독립과 재판상 · 직무상의 독립의 의미하는 물적 독립으로 구분할 수 있다.

1. 인적 독립(신분상 독립)

1.1. 의의

인적 독립이란 법관의 신분보장을 의미한다. 법관의 직무상 독립(물적 독립)을 위하여는 먼저 법관의 신분상 독립(인적 독립)이 보장되어야 한다. 법관의 신분보장은 법관개인의 이익을 위한 것이 아니고, 법관이 그가 내린 판결 때문에 그 자신의 법적 지위에 불이익이 미치지 않도록 배려하기 위한 것이다.

[법관의 가중된 신분보장과 '1980년해직공무원' 보상규정]

헌법 제106조 제1항은 법관에 대하여 일반공무원에 비하여 가중된 신분보장규정을 두고 있다. 1980년해직공무원의보상에관한특별조치법은 차관급 이상의 보수를 받은 자를 동법의 적용에서 배제하고 있는데, 여기에 법관을 포함시키는 것은 법관의 신분을 직접 가중적으로 보장하고 있는 헌법의 규정취지에 정면으로 배치되며, 직업공무원으로서 그 신분이 보장되고 있는 일반적 공무원과 비교하더라도 그 처우가 차별되고 있는 것이다.1)

[법관의 정년을 정한 경우]

헌법 제106조 법관의 신분보장 규정은 헌법 제105조 제4항의 법관정년제 규정과 조화롭게 해석하여야 할 것이고, 따라서 정년제를 전제로 그 재직 중인 법관은 탄핵 또는 금고 이상의 형의 선고에 의하지 아니하고는 파면되지 아니하며 징계처분에 의하지 아니하고는 정직·감봉 기타 불리한 처분을 받지 아니한다고 해석하여야 하고, 그러한 해석 하에서는 헌법 제105조 제4항에 따라 입법자가 법원조직법 제45조 제4항에서 법관의 정년을 정한 것은 위 신분보장 규정에 위배되지 않는다.2)

헌재결 2002. 10. 31, 2001헌마557 【법원조직법 제45조 제4항 위헌확인】

【판시사항】

법관의 정년을 규정하고 있는 법원조직법 제45조 제4항(이하, '이 사건 법률조항'이라 한다)이 청구인의 평등권, 직업선택의 자유 내지 공무담임권을 침해하거나 헌법 제106조의 법관 신분보장 규정에 위배되는지 여부(소극)

【결정요지】

법관은 국가의 통치권인 입법·행정·사법의 주요 3권 중 사법권을 담당하고 그 권한을 행사하는 국가기관이고, 다른 국가기관이나 그 종사자와는 달리 헌법과 법률에 의하여 그 양심에 따라 독립하여 심판하는 기관으로서, 법관 하나 하나가 법을 선언·판단하는 독립된 기관이며, 그에 따라 사법권의 독립을 위하여 헌법에 의하여 그 신분을 고도로 보장받고 있다. 따라서, 법관의 정년을 설정함에 있어서, 입법자는 위와 같은 헌법상 설정된 법관의 성격과 그 업무의 특수성에 합치되도록 하여야 할 것이다.

그런데 이 사건 법률조항은 법관의 정년을 직위에 따라 대법원장 70세, 대법관 65세, 그 이외의 법관 63세로 하여 법관 사이에 약간의 차이를 두고 있는 것으로, 헌법 제11조 제1항에서 금지하고 있는 차별의 요소인 '성별', '종교' 또는 '사회적 신분' 그 어디에도 해당되지 아니할 뿐만 아니라, 그로 인하여 어떠한 사회적 특수계급제도를 설정하는 것도 아니고, 그와 같이 법관의 정년을 직위에 따라 순차적으로 낮게 차등하게 설정한 것은 법관 업무의 성격과 특수성, 평균수명, 조직체 내의 질서 등을 고려하여 정한 것으로 그 차별에 합리적인 이유가 있다고 할 것이므로, 청구인의 평등권을 침해하였다고 볼 수 없다.

1) 헌재결 1992. 11. 12, 91헌가2 1980년【해직공무원의보상등에관한특별조치법 제2조에 대한 위헌심판】

2) 헌재결 2002. 10. 31, 2001헌마557【법원조직법 제45조 제4항 위헌확인】

또한, 이 사건 법률조항과 같이 법관의 정년을 설정한 것은 법관의 노령으로 인한 정신적·육체적 능력 쇠퇴로부터 사법이라는 업무를 제대로 수행함으로써 사법제도를 유지하게 하고, 한편으로는 사법인력의 신진대사를 촉진하여 사법조직에 활력을 불어넣고 업무의 효율성을 제고하고자 하는 것으로 그 입법목적이 정당하다.

1.2. 법관인사의 독립

법관의 독립을 위하여는 법관의 인사가 객관적이고 공정하여야 한다. 일반법관은 대법관회의의 동의를 얻어 대법원장이 임명하며, 법관에 대한 보직권도 법원의 자율로 맡기고 있다.

1.3. 법관의 자격의 법률주의

법관의 신분상 독립을 보장하기 위하여 법관의 자격은 법률(법원조직법)로 정한다. 이는 정부로부터 법관의 독립을 유지하기 위함이다. 대법원장, 대법관, 법원장, 부장판사의 자격에 일정 기간의 법조경력을 요하도록 규정하고 있다.

1.4. 법관의 임기·정년

대법원장과 대법관이 아닌 법관의 임기는 10년으로 법률이 정하는 바에 의하여 연임[1]할 수 있다(헌법 제105조 제3항). 대법원장과 대법관은 임기가 6년이며, 대법원장은 중임할 수 없다(헌법 제105조 제1항). 영·미와 같이 법관을 종신제로 하지 않는 것은 법관의 보수화나 관료화를 막기 위함이며, 법관의 정년을 인정하여 사법의 노쇠화를 방지하고 있다. 법원조직법은 대법원장의 정년을 70세, 대법관은 65세, 고등법원장 및 사법연수원장은 63세, 그 밖의 법관은 60세로 하고 있다(법원조직법 제45조 제4항).

1.5. 법관의 신분보장

법관은 탄핵 또는 금고 이상의 형의 선고에 의하지 아니하고는 파면되지 아니한다(파면사유의 제한: 불해임성). 또한 법관징계위원회의 징계처분에 의하지 아니하고는 정직·감봉 또는 불리한 처분을 받지 아니한다(징계처분의 효력제한: 불가침성). 법관의 징계에는 견책·감봉·정직이 있다. 법관이 중대한 심신상의 장해로 직무를 수행할 수 없을 때에는 법률이 정하는 바에 의하여 퇴직하게 할 수 있다(퇴직사유는 헌법이 정하고, 퇴직절차는 법률로 정한다).

---

1) 법원조직법에서는 법관의 연임기준과 절차에 관한 근거규정을 신설하여 판사의 연임제도가 객관적으로 공정하게 운영되도록 규정하고 있다(법원조직법 제45조의2).

「법관의 신분보장」

파면사유의 제한: 법관은 탄핵 또는 금고 이상의 형의 선고에 의하지 아니하고는 파면되지 아니한다.

징계처분의 효력제한: 법관징계위원회의 징계처분에 의하지 아니하고는 정직·감봉 또는 불리한 처분을 받지 아니한다.

법원조직법 제46조 (법관의 신분보장) ① 법관은 탄핵결정·금고이상의 형의 선고에 의하지 아니하고는 파면되지 아니하며, 징계처분에 의하지 아니하고는 정직·감봉 또는 불리한 처분을 받지 아니한다.

「법관의 징계」

- 견책
- 감봉
- 停職

「법관의 퇴직사유」

- 중대한 심신상의 장해로 직무를 수행할 수 없을 때

헌재결 1991.11. 12, 91헌가2 【1980년해직공무원의보상등에관한특별조치법 제2조에 대한 위헌심판】

② 제1항의 규정에 의한 보상대상자(이하 "해직공무원") 중 다음 각호의 1에 해당하는 자에게는 이법을 적용하지 아니한다.

1. 장관, 차관 및 차관급 상당 이상의 보수를 받은자

<결정요지>

헌법재판소는 1980년해직공무원의 보상 등에 관한특별조치법 제2조에 대한 위헌 심판사건에서 보상의 대상 공무원 중에서 "차관급 이상의 보수를 받는자"에 법관을 포함시킨다면 법관의 신분을 가중적으로 보장하고 있는 헌법 제106조 제1항의 법관의 신분보장규정에 위반되고, 직업공무원으로서 그 신분이 보장되고 있는 일반직 공무원과 비교하더라도 그 처우가 차별되고 있는 것이어서 헌법 제11조의 평등권의 보장규정에 위반된다.

1.6. 법관의 겸직금지와 정치적 중립성

법관은 타공직(국회의원이나 지방의회의원)을 겸할 수 없으며, 정치운동에서의 관여가 금지된다. 기타 영리목적의 활동에 종사할 수 없다.

2. 물적 독립(직무상 독립 · 재판상 독립)

2.1. 의의

법관이라는 신분 그 자체를 보장하는 것이 법관의 신분상 독립(인적 독립)이라면, 법관으로서의 직무를 수행하는데 있어서의 독립이 재판상 독립 · 직무상 독립이며, 이를 물적 독립(판결의 자유)이라 칭한다. 즉 물적 독립이란 법관의 직무상 독립(재판상 독립)을 의미한다.[1] 이 재판의 독립이야말로 사법권 독립의 가장 본질적 요소로서, 법관은 재판을 함에 있어서 내 · 외부의 정치적 · 사회적 권력으로부터 간섭이나 영향을 받지 아니하고(정부, 국회, 상급법원, 소속 법원장 또는 소송담당자) 오로지 헌법과 법률이 정한바에 의하여 법관 스스로의 양심에 따라서 독립하여 재판을 하여야 한다(헌법 제103조). 독일연방헌법재판소(Bundesverfassungsgericht)가 “법관은 그의 직무에 충실해야 하고, 법률에 대한 최선의 지식으로 봉사하며, 법 앞의 평등원칙을 준수하여야 하고, 출신 · 종족 · 종교 기타 정치적 신임에 구애됨이 없이 그의 직무를 수행하여야 한다”고 한 것도 이러한 의미이다.

[작량감경을 하여도 집행유예를 선고할 수 없도록 법정형을 정한 특가법 제12조]

위 법률조항의 경우 입법자는 재산가액 1억원 이상의 외국인을 위한 탈법행위를 한 자에 대하여는 그 불법과 비난가능성의 정도를 높게 평가하여 특단의 사정이 없는 한, 즉 법률상의 감경사유가 없는 한 법관이 작량감경은 할 수 있으되 집행유예는 선고하지 못하도록 입법적 결단을 내린 것이라 할 것이고, 이러한 입법자의 결단은 여러 가지 사정에 비추어 일응 수긍할 만한 합리적인 이유가 있다고 인정되므로 입법재량의 한계를 벗어난 자의적인 것이라고는 보기 어렵다. 위 조항이 작량감경을 하더라도 별도의 법률상 감경사유가 없는 한 집행유예의 선고를 할 수 없도록 그 법정형의 하한을 높여 놓았다 하여 곧 그것이 법관의 양형결정권을 침해하였다거나 법관독립의 원칙에 위배된다고 할 수 없고 나아가 법관에 의한 재판을 받을 권리를 침해하는 것이라고도 할 수 없다.[2]

2.2. 타국가기관(정부 · 국회 · 상급법원)으로부터의 독립

법관은 재판권을 행사함에 있어서 정부나 국회의 지시나 감독 그리고 기타의 간섭을 받지 아니한다. 상급법원이나 소속 법원장도 구체적 사건에 대하여 지시 · 명령할 수 없다. 국가기관이 재판에 관여하여서도 안되며, 법관 스스로도 정치에 개입하거나 이권문제 등에 관여하는 것을 자제하지 않으면 안된다.

---

1) 허영 교수는 법관의 물적 독립을 법원의 기능상의 독립이라고 부른다.

2) 헌재 1999. 5. 27. 96헌바16, 판례집 11-1, 529, 549 - 반대의견(재판관 김용준, 김문희, 이재화, 고중석) 이 사건 범죄의 죄질은 다양하게 있을 수 있는 것인데, 이러한 범죄에 있어서 법정형의 하한을 높게 설정하여 실형을 선고할 수밖에 없도록 법관의 양형결정권을 과도하게 제한하여 두면 결국 죄형균형과 형벌개별화의 원칙이 지켜질 수 없다.

2.3. 소송당사자나 정치적 · 사회적 권력으로부터의 독립

법관이 재판을 함에 있어서 소송당사자로부터 독립하여야 하며 정치적 · 사회적 권력(매스컴, 여론, 대중시위)으로부터도 자유로와야 한다. 특히 재판을 비판하는 것이 어느 정도나 범위까지 허용될 수 있는가가 문제된다. 법이론의 전개나 내용에 관하여는 비판이 가능하나, 사실의 인정이나 유 · 무죄의 판단과 같은 법관의 전속적 권한에 대하여는 논평할 수 없다고 본다.

2.4. 헌법과 법률 그리고 양심에의 구속

2.4.1. 헌법과 법률에의 구속

법관은 헌법과 법률에 구속된다. 이는 재판의 민주적 정당성을 보장하기 위한 것이다. 성문헌법이외에도 관습헌법, 형식적 의미의 법률 · 실질적 의미의 법률도 포함된다. 민사재판가 행정재판에서는 형식적 · 실질적 의미의 법률(관습법 · 조리)을 포함하지만, 형사재판의 경우 죄형법정주의 원칙이 적용되므로 그 실체법은 형식적 의미의 법률에 한한다.[1] 만일 법률이 헌법에 위반된다고 생각되면 위헌여부를 헌법재판소에 제청할 수 있다.

2.4.2. 양심에의 구속

법관은 양심에 따라 재판하여야 한다. 여기서 양심은 개인적이고 주관적인 종교상 윤리상의 신념이나 사상을 말하는 것이 아니고, 공정성과 합리성이 요구되는 객관적인 법관으로서의 양심, 즉 법조적 양심(또는 법조인으로서의 직업적 양심)을 의미한다.[2] 따라서 법관으로서의 양심과 인간으로서의 양심이 충돌할 때에는 전자를 우선시켜야 할 것이다(다수설).

「양심」
- 개인적이고 주관적인 종교상 윤리상의 신념이나 사상을 말하는 것이 아님
- 공정성과 합리성이 요구되는 객관적인 법관으로서의 양심

헌재결 1992. 4. 28, 90헌바24 【특정범죄가중처벌등에관한법률 제5조의3 제2항 제1호에 대한 헌법소원】 도주차량운전자의 가중처벌

② 사고운전자가 피해자를 사고장소로부터 옮겨 유기하고 도주한 때에는 다음의 구분에 따라 가중처벌한다.

1. 피해자를 치사하고 도주하거나, 도주 후에 피해자가 사망한 때에는 사형, 무기 또는

---

1) 권영성, 헌법학언론, 1071면.
2) 성낙인, 헌법학, 1176면.

10년 이상의 징역에 처한다.

<결정요지>

헌법재판소는 특가법 제5조의3의 제2항에 대한 헌법소원사건에서 우리 헌법은 범죄의 정상에 따라 형벌의 종류와 형량을 선택하게 하고 있고, 법관에게 죄질과 정상에 따라 적정한 형을 선고하게 하고 있으며(법관의 양형결정권, 상대적 법정형주의), 이는 구체적 정의를 구현하는 선고형의 합리성과 사법권독립을 보장하는 중요한 기능을 하고 있는 바, 위 특가법은 법정형이 10년 이상의 유기징역과 무기징역 및 사형으로 규정하고 있어서 양형을 참작하여 최대한 작량감경을 하더라도 별도의 법률상 감경사유가 없는 한 집행유예를 선고할 수 없으므로, 이는 사법권행사의 기본원칙인 법관의 양형재량의 독립적 권한을 지나치게 제한하여 위헌이라고 하였다.

제 6 절 헌법재판소

제 1 항 헌법재판소제도

I. 헌법재판소의 의의

1. 개념

헌법재판(Verfassungsgerichtsbarkeit)이란 헌법을 운용하는 과정에서 헌법규범의 내용이나 기타 헌법문제에 대한 다툼이 생긴 경우에 이를 유권적으로 해결함으로써, 헌법의 규범적 효력을 지키고 헌법생활의 안정을 유지하려는 헌법의 실현작용을 의미한다. 헌법재판은 협의로는 위헌법률심판만을 말하고, 광의로는 위헌법률심판 이외에도 탄핵심판, 권한쟁의, 헌법소원, 위헌정당해산, 선거소송 등을 총칭한다.

[헌법재판소의 사건번호]

헌법재판소판례의 사건번호는 연도구분과 사건부호 및 진행번호로 구성되어 있다. 따라서 사건번호만 보아도 헌법재판소의 결정년월일이 언제이고 몇년도에 접수된 어떤 종류의 신판형태이며, 그리고 몇번째로 접수된 사건인지를 알 수 있다(헌법재판소 사건의 접수 및 배당에 관한 내규 제10조 사건번호의 구성).

1. 연도구분 : 사건이 접수된 해의 서기연수의 10단위 이하의 아라비아숫자로 표시한다.
2. 사건부호 : 헌법 제111조 제1항에 규정된 순서대로 가, 나, 다, 라, 마 등으로 분류되어 붙여진 것이다.
3. 진행번호 : 진행번호는 그 연도중에 사건을 접수한 순서에 따라 일련번호로 표시한다.

사건구분	사건부호	사건부호의 내용
위헌법률심판사건	헌가	헌법 제111조 제1항 제1호에 규정된 법원의 제청에 의한 법률의 위헌여부심판
탄핵심판사건	헌나	헌법 제111조 제1항 제2호에 규정된 탄핵의 심판
정당해산심판사건	헌다	헌법 제111조 제1항 제3호에 규정된 정당의 해산심판
권한쟁의심판사건	헌라	헌법 제111조 제1항 제4호에 규정된 권한쟁의에 관한 심판
제1종 헌법소원심판사건	헌마	헌법 제111조 제1항 제5호에 규정된 헌법소원에 관한 심판 중 헌법재판소법 제68조 제1항에 의한 헌법소원심판(본래적 의미의 헌법소원심판, 권리구제형 헌법소원)
제2종 헌법소원심판사건	헌바	헌법 제111조 제1항 제5호에 규정된 헌법소원에 관한 심판 중 헌법재판소법 제68조 제2항에 의한 헌법소원심판(위헌제청형 헌법소원심판, 위헌소원)
각종 신청사건	헌사	공정한 재판을 기대하기 어려운 경우에 있어서 기피신청사건(예 헌재결 2002. 4. 25, 2002헌사129)과 같은 각종 신청사건
각종 특별사건	헌아	위헌법률심판제청의 주체는 법원임에도 불구하고 개인이 위헌법률심판청구를 하는 경우(예 1994. 6. 30, 94헌아5)와 같은 각종 특별사건

◇ 헌법재판소 사건번호 구성에 관한 구체적인 예 ◇

1991 11. 25. 91 헌가 2

- 2: 진행번호(91년에 2번째로 접수된 사건임을 표시)
- 헌가: 사건부호(위헌법률심판사건임을 표시)
- 91: 연도구분(1991년에 접수된 사건임을 표시)
- 1991 11. 25.: 결정년월일(1991년 11월 25일 91헌가2사건을 하였음을 표시)

2. 헌법재판의 기능(제도적 의의)

헌법수호적 기능: 헌법재판은 헌법의 적이나 통치권의 남용으로부터 헌법을 지키는 기능을 갖는다(탄핵심판, 위헌정당해산제, 선거소송).

기본권보장적 기능: 헌법재판은 강력한 권력통제기능을 통하여 국민의 자유와 권리를 보호해 주는 기능을 담당한다(헌법소원, 위헌법률심판).

소수보호적 기능: 헌법재판은 다수의 전제와 횡포로부터 소수를 보호하는 기능을 갖는다(규범통제).

정치적 평화유지적 기능(정치적 안전보장기능): 헌법재판은 정치세력간의 분쟁을 유권적으로 해결함으로써 정치적 평화 및 안정을 보장해 주는 기능을 한다(규범통제, 권한쟁의).

연방제 유지기능: 연방제 국가의 경우 헌법재판은 연방과 주간의 분쟁을 해결함으로써 연방제를 유지하는 기능을 갖는다.[1)]

II. 헌법재판의 본질(법적 성격)

1. 특성

헌법재판도 민사·형사재판과 같이 법률문제에 대한 분쟁해결을 목적으로 한다는 점에서 동일한 법인식작용에 속하나, 몇 가지 다른 특성이 있다. 헌법재판은 국가최고규범이고 정치적 규범인 헌법을 대상으로 하는 까닭에 정치형성적 기능의 특성을 지닌다. 헌법재판은 일반 민·형사재판과 달리 판결이나 결정의 내용을 국가의 실천의사 없이는 그 실효성을 기대할 수 없게 된다. 헌법재판은 헌법적 가치에 대한 모든 사회구성원의 폭넓은 공감대를 전제로 해서만 그 실효성을 나타낼 수 있는 특성이 있다.[2)]

2. 법적 성격

헌법재판이 다른 재판작용과 다른 특성을 갖는 것이라면 헌법재판의 법적 성격을 어떻게 평가할 것인가가 문제된다.

2.1. 사법작용설

헌법재판은 헌법규범에 대한 법해석작용을 그 본질로 하는 만큼 다른 법률해석작용과 마찬가지로 전형적인 사법적 법률인식작용에 지나지 않는다고 한다(다수설). 우리 나라의 다수설은 「정치적 사법(정치적 사법작용)」이라는 표현을 주로 사용한다.[3)]

---

1) 권영성, 헌법학원론, 1115면.
2) 허영, 한국헌법론, 846면.
3) 김철수; 구병삭; 권영성, 헌법학원론, 1117면.

2.2. 정치작용설

헌법재판은 헌법문제에 대한 다툼을 전제로 하는 것인데, 헌법문제에 대한 다툼은 법률분쟁이 아닌 정치적 분쟁이므로 이러한 정치적 분쟁에 대한 해결은 사법작용일 수 없고 정치적 작용이라고 한다. 허영교수에 의하면 독일의 칼 슈미트(C. Schmitt)는 헌법재판을 사법적 분쟁해결의 형식이나 절차를 취하고 있을 뿐 그 본질을 정치적 결단이라고 하였다고 하면서,[1] 이는 헌법의 정치결단적 성격 만을 지나치게 강조한 나머지 헌법의 규범적 성격을 도외시 하였다고 비판한다.[2]

2.3. 입법작용설

헌법재판이란 헌법해석을 통한 헌법의 실현작용인데, 헌법해석은 일반법률의 해석과 달리 헌법을 보충하고 그 내용을 형성하는 기능을 가지므로 헌법재판은 일종의 입법작용이라고 한다(미연방대법원).[3]

2.4. 제4의 국가작용설

헌법재판은 입법 · 사법 · 행정 등의 국가작용을 통제하는 기능이기 때문에 사법작용일 수 없고 입법작용일 수도 없는 독특한 성격을 지닌 제4의 국가작용이라 한다.[4]

III. 헌법재판의 담당기관

1. 헌법재판소형

1.1. 개관

일반법원과 구별된 독립의 헌법재판소로 하여금 헌법재판권을 담당하게 하는 형태이다. 독일, 오스트리아, 이탈리아, 스페인 등과 같이 독립된 헌법재판소로 하여금 헌법재판을 담당하게 하는 헌법재판소형이 있다. 독일의 연방헌법재판소는 추상적 규범통제, 구체적 규범통제, 헌법소원에 대한 헌법권한을 갖는다.

---

1) 허영, 한국헌법론, 848면.
2) 허영, 한국헌법론, 848면.
3) 미연방대법원의 위헌법률심사기능과 관련하여 미국연방대법원을 '입법작용의 제3원(dritte Kammer der Gesetzgebung)', 혹은 '진정하고 유일한 제2원(wahre und einzige zweite Kammer)'이라고 부르기도 한다(허영, 한국헌법론, 848면 각주 1) 참조).
4) 허영, 한국헌법론, 849면.

추상적 규범통제: 절차 및 내용 양면에 대하여 법률의 헌법적합성을 '재판의 전제'가 되는 경우와 같이 구체적 분쟁을 전제로 하지 않고 추상적으로 심사한다.

구체적 규범통제: 법원이 재판의 전제가 된 구체적 사건을 심리하는 과정에서 적용법률을 헌법위반으로 판단하면 연방헌법재판소의 판단을 요구하여야 한다. 구체적 사건의 심리에서 문제가 된 법률의 위헌성의 심사이기 때문에 보통 구체적 규범통제라고 하지만 법률에 대한 헌법판단만이 헌법재판소에 이송되기 때문에 헌법재판소의 판단 자체는 추상적으로 행하여 진다.

헌법소원은 공권력(부작위 포함)에 의하여 기본권 또는 일정한 헌법상의 권리(저항권 포함)가 침해된 경우에 개인이 헌법소원을 제기할 수 있다(독일기본법 제93조 제1항 제4호 a). 독일에서는 헌법소원의 대상이 되는 공권력행사에는 법원의 판단(재판)도 포함된다. 헌법소원은 법에서 용인된 모든 구제수단을 다한 후에 최종적으로 제기할 수 있다.

1.2. 우리나라

우리 나라는 독립된 헌법재판소를 두어 위헌법률심사권, 탄핵심사권, 위헌정당해산심판권, 권한쟁의심판권, 헌법소원심판권 등을 그 권한사항으로 하고 있다. 이러한 의미에서 현행헌법상의 헌법재판제도는 헌법재판소형에 속한다고 할 수 있다. 법원의 권한으로 된 헌법재판권은 선거소송에 관한 재판(공직선거법)뿐이다. 또 법원은 법률이 헌법에 위반된다고 판단될 경우에는 헌법재판소에 위헌여부심사를 제청할 권한을 가진다(위헌법률심판제청권).

2. 일반법원형

헌법재판을 인정하고 있는 국가로서는 미국 · 일본과 같이 일반법원으로 하여금 헌법재판을 담당하게 하는 사법법원형이 있다. 여기서는 사건 및 쟁송(Cases and Controversies)을 심리하는 법원이 그 적용법령조항의 헌법적용성을 심사하여 위헌이면 그 조항의 적용을 거부하는 방법을 취한다. 일반법원형에서는 헌법재판이 위헌법률심판 및 구체적 규범통제에 한정되어 있다.[1)]

3. 정치기관형

정치적 기관으로 하여금 헌법재판을 담당하게 하는 형태이다. 프랑스(헌법평의회) · 포르투갈의 헌법평의회나 우리 나라 제4 · 5공화국의 헌법위원회 등이다. 프랑스의 헌법평

---

1) 권영성, 헌법학원론, 1120면.

의회(대통령 · 상원의장 · 하원의장이 각 3인씩 임명한다. 이외에 전직 대통령은 당연직 종신평의원이 된다)는 대통령선거, 국회의원(상 · 하)선거, 국민투표에 관한 적법성의 판결 · 불복에 관한 재판, 비상조치시 대통령의 자문을 받는 권한, 대통령 · 수상 또는 양원의장의 자문에 의해 조약의 헌법적합성을 그 비준 또는 승인 전에 심사할 권한을 갖는다. 다만 법률(조직법률을 포함)에 대한 위헌심사는 의회에서 의결 후 발효하기 이전에 하여야 한다는 제도상의 한계가 있다.

IV. 대한민국 헌법에 있어서 헌법재판의 변천

1. 제1공화국 헌법

건국헌법은 헌법위원회로 하여금 위헌법률심사를 담당하게 하고, 구체적 규범통제에 한정하였다.[1] 11인의 위원중 부통령(위원장), 대법관 5인, 국회의원(민의원 3, 참의원 2) 5인의 위원으로 구성되었다(헌법 제81조 제3항) "위헌법률심판권"만 부여하였으며, 사후적 · 구체적 규범통제에 국한시켰다(헌법 제81조 제2항). 헌법위원회는 비상설기관이었으며, 독일식 헌법재판소형과 프랑스식 정치기관형의 절충적 성격에 해당하였다. "위헌결정례"로는 농지개혁법 제18조 제1항 후단 및 제24조 제1항 후단,[2] 비상사태하의 범죄처벌에 관한 특별조치령 제9조[3]에 대한 것이 있으며, 합헌결정례로는 귀속재산처리법제35조,[4] 남조선과도정부행정명령 제9호,[5] 계엄법 제13조,[6] 간이소청절차에의한귀속해재결정의확인에관한

1) 권영성, 헌법학원론, 1126면.

2) 농지개혁법상 최종심을 이심상급법원인 고등법원까지로 한 규정은 최고법원인 대법원의 심판을 받을 기본권을 박탈하는 위헌적 규정이다(1952. 9. 9. 1952헌위 제1호).

3) 긴급명령으로서 법률의 효력을 가진 비상사태하의범죄처벌에관한특별조치령제9조에 의하면 동령에 규정한 죄의 심판은 원칙적으로 지방법원 또는 동 지원의 단독판사가 행하게 되어 있는바, 대법원의 심판을 받을 헌법상의 기본권이 박탈된 바로서 헌법에 위반된다(1952. 9. 9. 1952헌위 제2호).

4) 귀속재산처리법 제35조는 청구권의 채무명의나 강제집행에 관한 사항을 대통령령에 위임한 것이라 해석할 수 없으며, 실질적으로 청구할 수 있다는 의미이므로 위헌이라 할 수 없다(1952. 3. 29. 1951헌위 제1호. 제2호).

5) 헌법의 입법사항을 규정한 남조선과도정부행정명령은 헌법 제100조에 의하여 헌법시행 후에도 법률로서 개정할 때까지는 법률적 효력을 보유할 것인 바, 이와 같이 헌법으로서 법률과 동일한 효력이 부여된 이상 위헌이라 할 수 없다(1954. 2. 27, 1953헌위제1호).

6) 계엄법 제13조의 특별한 조치에 법관의 영장없는 체포 · 구금이 포함된다고 해석할 근거가 없고, 이렇게 해석함이 헌법의 기본정신에 합치되는 바, 동법 제13조는 헌법에 위반되지 아니한다

법률[1]에 대한 것이 있다. 다만 미군정법령 제88호에 의한 경향신문 폐간처분에 대한 사건은 미결계류중 4·19후 대법원이 폐간처분을 취소하였다.

그리고 대통령을 비롯한 고위공직자들에 대한 탄핵심판을 담당하는 탄핵심판은 탄핵재판소가 담당하되 부통령을 재판장으로하고, 대법관 5인과 국회의원 5인의 심판관으로 구성되었다.[2] 권한쟁의는 대법원이 각각 담당하였다.

2. 제2공화국 헌법(1960년 헌법의 헌법재판소)

헌법재판소가 위헌법률심판, 권한쟁의, 정당해산, 탄핵심판 등을 관할하였다. 헌법재판소는 대통령·대법원·참의원이 각 3인씩 9인의 심판관으로 구성되었다.

「참고」

제2공화국 헌법재판소 권한 속에는 헌법소원이 없었고, 권한쟁의는 있었으나 국가와 자치단체간 또는 자치단체상호간의 권한쟁의는 없었다는 점에서, 선거소송을 관할로 하였고, 추상적 규범통제를 인정한 것이 현행 헌법재판제도와 구별된다.

9인의 심판관을 대통령, 대법원, 참의원이 각각 3인씩 선출하며, 임기는 6년이었다. 헌법재판소는 법률의 위헌여부심사, 헌법에 관한 최종적 해석, 국가기관의 권한쟁의, 정당의 해산, 탄핵재판, "대통령·대법원장·대법관"의 선거에 관한 소송을 관할하는 상설적 헌법법원형이었다(헌법 제83의3).[3] 한편 헌법재판소법을 제정하였으나, 5·16 군사쿠데타로 헌법재판소가 설치되지 못하였다.[4]

3. 제3공화국 헌법(1962년 헌법)

제3공화국 헌법에서는 헌법재판을 법원과 탄핵심판위원회에 분리하여 부여하였다. 탄

(1953. 10. 8. 1953헌위제2호).

1) 위 법의 성질은 단순한 행정적 조치로 보여지는 바, 동법이 헌법상 규정된 재산권을 침해하였다거나 헌법상 국내법과 동일한 효력을 지닌 제협정에 위반하였다고 볼 수 없다(1954. 3. 26, 1954헌위제1호).

2) 권영성, 헌법학원론, 1127면.

3) 제2공화국헌법 제83의3 제1호는 위헌법률심사에 대한 재판의 전제성을 요구하지 않는다. 따라서 동헌법하의 위헌법률심사제도가 추상적 규범통제제도를 채택한 것으로 평가하는 견해(김철수)가 있는 반면에 동헌법하의 헌법재판소가 설치되지 못하였을 뿐만 아니라 실제로 위헌법률심사제도가 시행된 바도 없으므로 한국헌정사에 있어서 추상적 규범통제제도를 채택한 바가 없다는 견해(허영, 권영성)도 제기된다.

4) 권영성, 헌법학원론, 1127면.

핵심판은 탄핵심판위원회(대법원장이 위원장이며 대법관 3인과 국회의원 5인으로 구성됨)에 부여하였고, 위헌법률심판과 위헌정당해산심판은 대법원에 부여하였다.

헌법재판기관을 다양화하였는바, 위헌법률심판은 일반법원이 관할하였으며, 탄핵심판위원회를 설치하여 탄핵심판을 관할하게 하였다. 또한 정당해산심판과 선거소송은 대법원이관할하였다. 모든 법원이 위헌법률심사권의 주체가 되었으며, 특히 대법원은 최종적 심사권을 가졌다. 구체적 규법통제 제도이면서 개별적 효력을 가졌다. 주요판례로는 비상계엄선포행위를 통치행위라는 이유로 사법심사를 거부하였으며,[1] 국가배상법 제2조 제1항 단서(이중배상금지조항)및 법원조직법 제59조 제1항 단서(위헌결정정족수)에 대하여 위헌판결을 내렸다.[2]

4. 제4 · 5공화국 헌법(1972년, 1980년 헌법)

일반법원과는 별도로 정치기관형인 헌법위원회를 설치하여 헌법재판을 담당하도록 하였다. 9인의 위원은 국회가 선출한 3인, 대법원장이 지명한 3인, 대통령이 임명한 3인을 대통령이 형식적으로 9인 모두를 임명하였고, 위원장은 위원 중에서 대통령이 국회의 동의 없이 임명하였다. 법원의 제청에 의한 법률의 위헌여부심사권과 탄핵심판권 및 위헌정당심판권을 가졌으며, 비상설적이고 정치적인 헌법재판기관이었다. 대법원에 대하여 법률의 위헌여부의 1차적 심사권을 부여하여 하급법원의 제청을 거부 할 수 있도록 하였다(舊헌법위원회법 제15조 제3항). 위헌법률심판, 탄핵심판, 위헌정당해산심판권을 가졌으며, 비상설적이고 정치적인 헌법재판기관이었다. 각급법원의 前審權 및 대법원의 불송부결정권(실질적 심사권)이 인정되었다.[3][4]

5. 제6공화국 헌법(1987년 헌법)

현행 헌법은 헌법재판소를 두고 있다. 위헌법률심판, 탄핵심판, 정당의 해산심판, 권한쟁의, 헌법소원 등을 헌법재판을 고유권한으로 하기 때문에 헌법재판기관이다.[5] 법관자격

---

1) 대법원결정 1964. 7. 21.

2) 대판 1971. 6. 22. 70다1010【손해배상】

3) 하급법원이 위헌법률심사를 제청하는 경우에도 대법원이 불필요하다고 인정하면, 헌법위원회에 위헌심사를 제청하지 않을 수 있었고, 그 결과 헌법위원회에 의한 위헌법률심사는 단한번도 이루어 지지 않았다(권영성, 헌법학원론, 1127면).

4) 1980년 헌법하에서는 하급법원의 위헌법률심사제청이 있는 경우, 대법원이 대법원판사 3분의 2 이상이 참여한 전원합의체에서 당해법률이 위헌이 아니라고 인정한 때에는 헌법위원회에 하급법원의 제청서를 송부하지 않을 수 있는 불송부결정권을 가진 결과 헌법위원회에서는 단 1건의 위헌심사도 이루어지지 않았다(권영성, 헌법학원론, 1128면).

을 가진 9인의 재판관을 대통령이 형식적으로 9인 모두를 임명하며, 재판소장은 재판관 중에서 대통령이 국회의 동의를 얻어 임명한다. 위헌법률심판, 탄핵심판, 정당해산심판, 권한쟁의심판, 헌법소원심판권을 가지며, 상설적이고, 순수한 헌법법원형의 성격을 갖는다. 위헌법률심판에서 "법원의 前審權과 대법원의 불송부결정권이 폐지"되었다는 점이 제5공화국 헌법위원회의 위헌법률심판권과 가장 큰 차이점이다. 권한쟁의심판은 제2공과국의 권한쟁의 심판보다 그 관할범위가 확대되었다. 다만, 현행법에서도 지방자치단체장과 감독기관, 지방자치단체장과 지방의회와의 쟁의는 대법원의 관할사항으로 되어 있다(지방자치법 제157조 제2항, 제157의2, 제159조 제3항·4항). 또한 헌법소원심판제도가 최초로 신설되었다.

5) 권영성, 헌법학원론, 1128면.

제 2 항 헌법재판소의 헌법상 지위

I. 헌법수호기관

헌법재판소는 헌법을 수호(보장)하는 기관이다.[1] 헌법재판소는 입법부의 위헌입법에 대하여(위헌법률심판), 공무원이나 법관의 위헌행위에 대하여(탄핵심판), 정당의 위헌적 활동에 대하여(정당해산) 헌법을 수호하고 있다. 헌법재판소는 사법적 절차에 의해 탄핵심판, 정당해산심판, 권한쟁의심판, 헌법소원심판등을 통하여 헌법을 해석 · 적용하며, 이는 헌법재판소가 헌법질서를 유지하고 헌법수호기관으로서의 역할을 한다고 할 수 있다.

헌법재판소는 모든 법령과 법집행작용에 대한 헌법적 규범통제를 통해 올바른 헌정질서를 구현하는 최후의 보루이기 때문에 대통령 · 장차관 · 국회의원 · 모든 공직자 및 국민들에 이르기까지 헌법재판소가 규범통제를 통해 해석하고 부여한 헌법적 가치와 법적 판단을 존중하고 준수해야 할 헌법적 책무가 있다.

II. 정치적 사법기관

현행 헌법은 독일형 헌법재판소제를 도입하고 있다. 헌법재판소는 헌법위원회와 달리 사법적 헌법보장기관의 성격을 지니는 것이 원칙이다. 현행 헌법은 헌법재판소의 권한을 확대하였고(권한쟁의와 헌법소원의 신설), 재판관을 법관의 자격이 있는 자로 함으로써 사법기관의 성격을 강화하고 있으며, 더욱이 헌법소원을 인정하고 있어 헌법재판소를 상설기관화 시키고 있으며, 포괄적 심판권을 부여하고 있어 사법기관임을 분명히 하고 있다.

그러나 헌법재판소는 순수한 정치기관도 순수한 사법기관도 아니고 위헌법률심판 · 탄핵심판 · 위헌정당해산심판 · 권한쟁의심판과 같은 정치적 사건을 당사자간의 분쟁을 전제로 불고불리의 원칙에 따라 지배되는 사법적 절차에 따라 해결하는 정치적 성격의 사법기관이라 할 수 있다.

---

1) 현행 헌법상 헌법수호기관으로는 대통령 · 국회 · 법원 · 헌법재판소 · 선거관리위원회 등이 있으나, 헌법재판소는 법원과 함께 사법적 절차에 따라 헌법을 수호하는 기관(통설)이다(권영성, 헌법학원론, 1129면).

III. 기본권 보장기관

헌법재판소는 직접 또는 간접으로 기본권을 보장하는 사법기관이다.[1] 헌법소원이나 위헌법률심판을 통하여 국민의 기본권을 직접 보장하며, 국가권력의 남용과 자의적인 공권력 행사의 통제를 통하여(탁핵심판, 권한쟁의) 간접적으로 기본권을 보장한다.

IV. 권력통제·순화기관

국가 권력은 나누어져 있고 이로 인하여 입법부는 법률의 제정을 담당하고 행정부와 사법부는 공권력의 즉 법률의 집행을 담당하고 있다. 헌법재판소는 이러한 단위들의 통제를 입법부의 법률의 재정은 위헌법률심판을 통하여, 행정부와 사법부의 구성원이 공권력을 남용하면 탄핵심판을 통하여 하고 있다. 이러한 헌법재판소는 소수자의 보호와 합헌성 담보 등을 통하여 권력을 순화하는 역할 또한 하고 있다.

V. 주권행사기관으로서의 지위

헌법재판소의 권한인 위헌법률심판권이나 탄핵심판권·위헌정당해산심판권·권한쟁의심판권 등은 고도의 정치적 심판권으로서 국가의사의 최고결정권이라고 할 수 있다. 따라서 이러한 권한을 행사하는 헌법재판소는 주권행사기관의 하나이며, 대통령·국회·법원과 같이 헌법이 부여한 통치권의 일부를 권력분립의 원칙에 따라 행사하는 최고기관의 하나이다.

VI. 최종심판기관

헌법재판소는 위헌법률심판·탄핵심판·위헌정당해산심판·권한쟁의심판·헌법소원에 관하여 최종적으로 심판할 권한을 가진다. 따라서 헌법재판소는 이들 권한의 행사에 있어서 최종심판기관으로서의 지위를 가진다.

---

1) 권영성, 헌법학원론, 1129면.

VII. 국가의 최고기관성 여부

헌법재판소가 국가의 최고기관인가가 문제될 수 있다. 위헌법률심판을 하고 탄핵심판을 하며 위헌정당의 해산심판을 한다는 점 등에서 헌법재판소를 대통령 · 국회 · 법원에 우월하는 국가최고기관이라는 견해와, 헌법재판의 특성에서 결과된 이론적 우위에 불과할 뿐이지 결코 최고기관은 아니라는 견해[1)]가 그것이다. 최고기관 중의 하나로 보는 것이 타당하다.[2)]

1) 권영성, 헌법학원론, 1130면.

2) 국가의 최고기관성에 대하여 헌법재판소는 물론 입법부의 입법조치를 무력케하고, 대통령이나 정부구성원 그리고 법관의 탄핵심판을, 목적이나 행위가 반사회적인 정당의 해산심판을 할 수 있는 권한이 있으므로 국가의 최고기관이라고 할 수 도 있겠으나, 그것은 단지 헌법상의 즉, 이론상의 최고기관이지 실질적인 최고기관이라 할 수는 없겠다. 헌법재판소 또한 대법원장, 대통령, 국회가 협력하여 이를 구성하고 헌법재판소의 장과 재판관들 또한 탄핵소추의 대상이 되기 때문에 실질적으로는 헌법기관중의 하나에 불과하다고 말할 수 있다(권영성, 헌법학원론, 1130면).

제 3 항 헌법재판소의 조직과 운영

I. 헌법재판소의 조직

1. 구성

헌법재판소는 9인의 재판관으로 구성되며, 국회가 선출하는 3인, 대법원장이 지명하는 3인, 대통령이 지명하는 3인, 모두 9인을 대통령이 임명한다. 헌법재판소의 장은 재판관 중에서 국회의 동의를 얻어 대통령이 임명한다(헌법 제111조).

「헌법재판소의 구성」
- 국회가 선출하는 3인
- 대법원장이 지명하는 3인
- 대통령이 지명하는 3인

「헌법재판소장」
- 재판관 중에서 국회의 동의를 얻어 대통령이 임명

2. 재판관의 법적 지위

2.1. 임기

6년이며, 연임할 수 있다. 재판관의 정년은 65세이다(재판소장은 70세).

2.2. 신분보장

재판관은 탄핵, 금고 이상의 형의 선고에 의하지 아니하고는 파면되지 아니한다. 재판관은 고도의 신분보장과 정치적 중립성이 요구된다.

「헌법재판관의 파면사유」
- 탄핵
- 금고 이상의 형의 선고

2.3. 정치관여금지

재판관은 정당에 가입하거나 정치에 관여할 수 없다.

2.4. 자격

재판관은 법관의 자격을 가진 40세 이상의 자로 15년 이상 법률이 정한 일정한 직에 있어야 한다.

3. 조직

3.1. 재판소 소장

헌법재판소에는 소장 1인을 두며 국회의 동의를 얻어 재판관 중에서 대통령이 임명한다. 소장은 헌법재판소를 대표하며, 소속공무원을 지휘·감독한다.

3.2. 재판관

헌법재판소에는 소장 이외에 재판관을 둔다. 종래 상임재판관(6인)과 비상임 재판관의 이중적 구조를 법률개정을 통하여 모두 상임화하였다. 비상임재판관에서 상임재판관으로 된 자의 임기는 비상임재판관으로 임명된 때부터 기산토록 하였다.

3.3. 재판관회의

재판관 전원으로 구성되는 합의제기관으로 규칙제정 및 개정, 예산요구, 예비금지급과 결산에 관한 사항, 기타 중대한 사항(사무처장임면을 제청 등)을 결정한다. 재판관회의는 재판관 7인 이상의 출석과 출석인원 과반수의 찬성으로 의결한다(헌법재판소법 제16조 제2항).

3.4. 헌법연구관, 헌법연구관보

사건의 심리 및 심판에 관한 조사·연구에 종사하는 헌법연구관과 헌법연구관보를 둔다.

3.5. 사무처

행정사무를 처리하기 위해 사무처를 두며, 사무처장은 헌법재판소장의 지휘를 받아 소속직원을 지휘·감독한다.

II. 헌법재판소의 운영

1. 심판 및 결정정족수

심판부는 재판관 7인 이상의 출석으로 사건을 심리하며, 출석 과반수 찬성으로 결정한다(권한쟁의). 단 법률의 위헌결정, 탄핵결정, 정당해산결정, 헌법소원의 인용결정, 판례변경을 하고자 하는 경우에는 재판관 6인 이상의 찬성을 요한다.

2. 재판부

헌법재판소의 심판은 재판관 전원으로 구성되는 전원 재판부에서 관장한다(헌법재판소법 제22조). 재판관 3인으로 구성된 지정재판부를 두어 헌법소원의 사전심사를 담당하고 있다.

3. 변호사 강제주의

각종 심판절차에서 개인은 변호사를 대리인으로 선임하지 아니하면 심판청구나 심판수행을 할 수 없다. 헌법소원을 청구하고자 하는 자가 변호사를 대리인으로 선임할 자력이 없는 경우에는 헌법재판소에 국선대리인의 선임을 신청할 수 있다(헌법재판소법 제70조).

헌법재판소법 제70조(국선대리인) ① 헌법소원심판을 청구하고자 하는 자가 변호사를 대리인으로 선임할 자력이 없는 경우에는 헌법재판소에 국선대리인을 선임하여 줄 것을 신청할 수 있다. 이 경우 제69조의 규정에 의한 청구기간은 국선대리인의 선임신청이 있는 날을 기준으로 정한다.

② 제1항의 규정에 불구하고 헌법재판소가 공익상 필요하다고 인정할 때에는 국선대리인을 선임할 수 있다.

③ 헌법재판소는 제1항의 신청이 있거나 제2항의 경우에는 헌법재판소규칙이 정하는 바에 따라 변호사중에서 국선대리인을 선정한다. 다만, 그 심판청구가 명백히 부적법하거나 이유없는 경우 또는 권리의 남용이라고 인정되는 경우에는 국선대리인을 선정하지 아니할 수 있다.

④ 헌법재판소가 국선대리인을 선정하지 아니한다는 결정을 한 때에는 지체없이 그 사실을 신청인에게 통지하여야 한다. 이 경우 신청인이 선임신청을 한 날로부터 그 통지를 받은 날까지의 기간은 제69조의 규정에 의한 청구기간에 이를 산입하지 아니한다.

⑤ 제3항의 규정에 의하여 선정된 국선대리인은 선정된 날부터 60일이내에 제71조에 규정된 사항을 기재한 심판청구서를 헌법재판소에 제출하여야 한다.

⑥ 제3항의 규정에 의하여 선정한 국선대리인에 대하여는 헌법재판소규칙이 정하는 바에 따라 국고에서 그 보수를 지급한다.

헌법재판소는 변호사강제주의를 합헌으로 보았으며, 변호사강제주의가 적용되는 것은 사인이 당사자로 되는 탄핵심판과 헌법소원심판이라고 하였다(89헌마120).

헌재결 1990. 9. 3, 89헌마120, 212(병합) 【헌법재판소법 제25조 제3항에 관한 헌법소원】

변호사강제주의는 재판업무에 분업화 원리의 도입이라는 긍정적 측면 외에도, 재판을 통한 기본권의 실질적 보장, 사법의 원활한 운영과 헌법재판의 질적 개선, 재판심리의 부담경감 및 효율화, 사법운영의 민주화 등 공공복리에 그 기여도가 크다 하겠고, 그 이익은 변호사선임) 비용지출을 하지 않는 이익보다는 크다고 할 것이며, 더욱이 무자력자(無資力者)에 대한 국선대리인제도라는 대상조치(代償措置)가 별도로 마련되어 있는 이상 헌법에 위배된다고 할 수 없다.

4. 심리의 방식

탄핵심판 · 정당해산심판 · 권한쟁의심판은 구두변론에 의하며, 위헌법률심판 · 헌법소원심판은 재판부가 필요하다고 인정하는 것 외에는 서면심리에 의한다. 헌법재판은 직권심리가 원칙이므로, 피청구인 · 심판대상 · 침해된 기본권 · 침해유무 등을 헌법재판소는 직권으로 심리할 수 있다. 심판의 변론과 결정의 선고는 공개한다. 다만 서면심리와 評議는 공개하지 아니한다.

「구두변론」
- 탄핵심판
- 정당해산심판
- 권한쟁의심판

「서면심리」
- 위헌법률심판
- 헌법소원심판

「직권심리」
- 피청구인
- 심판대상
- 침해된 기본권
- 침해유무

5. 審判費用

심판비용은 국가가 부담한다.

제 4 항 헌법재판소의 권한

I. 위헌법률심판권

1. 심판의 의의와 연혁

위헌법률심판이란 법률이 헌법에 위반되는가의 여부를 판단하는 것을 의미한다. 위헌법률심판은 미연방대법원의 1803년의 Marbury v. Madison 사건에서 그 기원을 찾는다. 위헌법률심판은 헌법의 최고규범성과 헌법질서를 수호하는 기능, 국민의 자유와 권리를 보장하는 기능, 다수의 횡포에 대하여 소수자를 보화는 기능 등 중요한 제도적 의의가 있다.

「위헌법률심판의 기원」
- 미연방대법원의 1803년의 Marbury v. Madison 사건

2. 심판소의 유형

심판기관의 성격에 따라 일반법원형(미국 · 일본), 헌법재판소형(독일 · 오스트리아), 정치기관형(프랑스 · 소련)으로, 심판시기를 기준으로 사전예방형(프랑스 제5공화국)과 사후교정형(구체적 규범통제와 추상적 규범통제)으로 구별된다. 아울러 별도의 헌법기관을 누어 위헌법률심판을 한 곳에 집중시켜 심리하는 제도인 집중형과 각급 법원이 모두 심사할 수 있도록 하는 비집중형, 위헌결정의 효력이 당사자 · 제3자 · 모든 국가기관에도 미치는 제도인 대세효(일반적 효력)와 당사자에게만 효력을 미치는 대인효로도 구별된다. 우리나라는 헌법재판소형, 사후교정형(구체적 규범통제), 집중형, 대세효를 취하고 있다.

「심판소의 유형」
– 성격상 구분
 · 일반법원형(미국 · 일본)
 · 헌법재판소형(독일 · 오스트리아)
 · 정치기관형(프랑스 · 소련)
– 심판시기를 기준
 · 사전예방형(프랑스 제5공화국)
 · 사후교정형(구체적 규범통제와 추상적 규범통제)

3. 심판의 제청

법률이 헌법에 위반되는 여부가 재판의 전제가 된 때에는 법원은 헌법재판소에 제청하여 그 심판에 의하여 재판한다.

3.1. 재판의 전제성

3.1.1. 전제성

재판의 전제성이 충족되기 위하여는 첫째, 구체적 사건이 제청법원에 계속 중이어야 하고, 둘째, 위헌여부가 문제되는 법률 또는 법률조항의 위헌여부가 당해 소송사건의 재판과 관련하여 적용되는 것이어야 하며,[1] 셋째, 법률이 헌법에 위반되는지의 여부에 따라 "다른 내용"[2]의 재판을 하게 되는 경우를 의미한다.[3] 제청된 법률이 당해소송사건에서 적용될 수 있어야 한다.

3.1.2. 재판의 전제성 유무에 대한 판단

재판의 전제성 여부를 판단함에 있어서 대법원은 헌법재판소보다 좁게 해석하는 경향이 있다. 재판의 전제성 유무에 관한 판단에 있어서는 헌법재판소가 독자적인 심사를 하기보다는 법원의 법률적 견해를 존중해야 할 것이다.[4][5]

<사례>

<u>헌법재판소는 민사소송 중 형사법에 대한 위헌제청신청을 하고 기각되자 위헌심사형 헌법소원으로 제기된 경우에 있어 형사법이 당해소송사건에 적용될 법률조항도 아니고, 법률의 위헌결정으로(위헌되더라도 확정된 유죄판결의 경우에는 재심을 청구할 수 있을</u>

---

1) 헌재결 2007. 4. 26, 2005헌바51【국민건강보험법 제63조 제4항 등 위헌소원】【판시사항】법률의 시행령에 대하여 헌법재판소법 제68조 제2항의 규정에 의한 헌법소원심판청구를 할 수 있는지 여부(소극)【결정요지】헌법재판소법 제68조 제2항의 규정에 의한 헌법소원심판청구는 법률이 헌법에 위반되는 여부가 재판의 전제가 된 때에 소송사건의 당사자가 같은 법 제41조 제1항에 의한 위헌 여부 심판의 제청신청을 하였음에도 불구하고 법원이 이를 배척한 경우 법원의 제청에 갈음하여 당사자가 직접 헌법재판소에 헌법소원의 형태로 그 법률의 위헌 여부의 심판을 구하는 것이므로 그 심판의 대상은 재판의 전제가 되는 법률이지 대통령령은 그 대상이 될 수 없다.

2) 다른 내용이란 ① 당해사건의 재판의 결론이나 주문에 영향을 주거나, ② 재판의 결론을 이끌어 내는 이유를 달리하는데 관련이 있거나, ③ 재판의 내용과 효력에 관한 법률적 의미가 전혀 달라지는 경우를 말한다(헌재결 1994. 4. 12, 92헌바22); 헌재결 2002. 12. 18, 2002헌바27.

3) 헌재결 1992. 12. 24, 92헌가8【형사소송법 제331조 단서 규정에 대한 위헌심판】

4) 헌재결 1993. 5. 13, 92헌가10【헌법재판소법 제47조 제2항 위헌제청 등】

5) 권영성, 헌법학원론, 1147면.

뿐이다) 재판(민사소송)의 내용이 달라지는 경우가 아니므로 전제성이 없다고 하였다(헌재결 1993. 7. 29, 92헌바34). 선행사건에 적용된 법률조항은 전제성이 결여되어 있다. 헌법재판소는 제청신청된 법률이 이미 확정된 선행사건의 전제성은 인정되어도 당해소송(상소권회복청구의 소)에는 전제성이 없는 경우에 전제성을 부인하고 있다.[1] 상소의 특례를 규정한 반국가행위자의처벌에관한특별조치법 제11조와 상소권회복청구에 관한 형소법규정을 배제한 동법 제13조만이 전제성이 있다고 하였다.

헌법재판소는 남북교류협력에관한법률 제3조에 대한 헌법소원사건에서 국가보안법과 남북교류협력에 관한 법률은 상호 그 입법취지(국가보안법은 국가의 안전과 국민의 생존과 안전을 목적으로, 남북교류협력에 관한 법률은 남북의 상호교류와 협력을 촉진하기 위한 것임)와 규제대상(잡입과 탈출을, 재외국민이 왕래한 경우)을 달리하고 있는 바, 신구법 사이에 입법목적 · 규제대상 · 구성요건을 달리하므로 재판의 전제성을 인정할 수 없다(다수의견)고 하였다.[2]

3.1.3. 재판

재판이란 종국결정 뿐만 아니라 형사소송법 제201조에 의한 지방법원판사의 영장발부여부에 관한 재판도 포함한다.[3]

형사소송법 제201조(구속) ① 피의자가 죄를 범하였다고 의심할 만한 상당한 이유가 있고 제70조 제1항 각호의 1에 해당하는 사유가 있을 때에는 검사는 관할지방법원판사에게 청구하여 구속영장을 받아 피의자를 구속할 수 있고 사법경찰관은 검사에게 신청하여 검사의 청구로 관할지방법원판사의 구속영장을 받아 피의자를 구속할 수 있다. 다만, 다액 50만원이하의 벌금, 구류 또는 과료에 해당하는 범죄에 관하여는 피의자가 일정한 주거가 없는 경우에 한한다.

3.2. 위헌심판의 제청

위험심판의 제청은 법원의 직권이나 당사자의 신청에 의한 결정으로 한다. 법원의 제청은 서면(제청서)으로 하여야 하고 하급법원의 제청은 대법원을 경유하여야 한다.[4] 당해사건에 대한 재판의 진행은 헌법재판소의 결정이 있을 때까지 정지된다. 다만 법원이 긴급하다고 인정한 경우에는 종국재판 외의 소송 절차를 진행할 수 있다(헌법재판소법 제42조).

---

1) 헌재결 1993. 7. 29, 90헌바35【반국가행위자의처벌에관한특별조치법 제5조 등 및 헌법재판소법 제41조 등에 대한 헌법소원】
2) 헌재결 1993. 7. 29, 92헌바48【남북교류협력에관한법률 제3조 위헌소원】
3) 헌재결 1993. 3. 11, 90헌가70【형법 제241조에 관한 위헌심판】
4) 권영성, 헌법학원론, 1147면.

헌법재판소법 제42조(재판의 정지등) ① 법원이 법률의 위헌여부의 심판을 헌법재판소에 제청한 때에는 당해 소송사건의 재판은 헌법재판소의 위헌여부의 결정이 있을 때까지 정지된다. 다만, 법원이 긴급하다고 인정하는 경우에는 종국재판외의 소송절차를 진행할 수 있다.

② 제1항 본문의 규정에 의한 재판정지기간은 형사소송법 제92조 제1항·제2항 및 군사법원법 제132조 제1항·제2항의 구속기간과 민사소송법 제199조의 판결선고기간에 이를 산입하지 아니한다.

<사례>

배기량만을 기준으로 획일적으로 부과되는 지방세법상 자동차세 관련규정의 위헌여부가 문제되고 있다. 창원지법 행정부(재판장 朴基東)은 27일 "동일한 차종에 대해 일률적으로 동일한 세액을 부과하도록 규정되어 있는 현행 지방세법의 자동차세 관련 규정이 헌법상의 평등의 원칙 및 재산권보장, 과잉금지의 원칙 등에 위반된다"며 박종연(朴鐘衍) 변호사가 낸 위헌제청신청을 받아들여 위헌제청 결정을 내렸다. 재판부는 「감가상각에 따른 자동차 가액의 감소를 전혀 고려하지 않은 채 배기량만을 기준으로 동일한 세액이 부과하도록 규정하고 있다」며, 「자동차의 연도별 가액에 관계 없이 배기량만을 기준으로 일률적인 세액을 부과하도록 한 것은 위헌의 소지가 있다」고 밝혔다.[1)]

4. 위헌법률심판의 대상

심판대상은 먼저 형식적 의미의 법률이외에 그와 동일한 효력을 가지는 법규범 까지도 포함한다(실질적 법률설). 대통령의 긴급명령이나 긴급재정·경제명령도 위헌심판의 대상이 된다. 법률은 공포된 것이어야 하며, 위헌판결시를 기준으로하여 효력을 가진 법률[2)]

---

1) 강인범, 조선일보, 2000. 4. 28. 33면 참조.

2) 헌법재판소는 비록 폐지된 법률이라도 그것의 위헌여부의 문제가 전제문제로서의 판단이익이 있을 경우에는 위헌판단의 대상이 될 수 있다는 결정을 한바 있으며(헌재결 1989. 7. 14, 88헌가5, 8), 이외에도 폐지된 법률을 위헌심판의 대상으로 삼은 예는 많이 있다(국가보위입법회의법, 사회보호법 등). 헌법재판소가 헌법률을 위헌심판의 대상으로 삼은 바는 없으나, 국가공무원법 제66조에 대한 헌법소원에 대한 소수의견(재판관 변정수의 별개의견) 중에서 위헌적인 헌법규정이라는 용어는 발견된다(헌재결 1992. 4. 28, 90헌바27). 재판관 변정수의 별개의견: 헌법 제33조 제1항이 규정한 노동3권의 향유주체로서의 근로자란 노동조합법 제4조가 규정하고 있듯이 직업의 종류를 불문하고 임금·급료 기타 이에 준하는 수입에 의하여 생활하는 자를 말하고, 근로를 제공하는 곳이 사기업체이건 국가 또는 지방자치단체 이건 거기에 차별이 있을 수 없다. 따라서 국·공립학교 교사도 다른 공무원과 함께 당연히 노동3권을 향유하는 근로자에 속하는 것이다. 그럼에도 불구하고 헌법 제33조 제2항은 "공무원인 근로자는 법률이 정하는 자에 한하여 단결권·단체교섭권 및 단체행동권을 가진다."라고 규정하여 공무원에 대하여는 원칙적으로 노동3권을 제한 내지 박탈할 수 있도록 특별유보조항을 두었는데 엄연히 근로자로서 노동3권을 향유하여야 할 공무원에 대하여 직무의 성격을 구별함이 없이 오직 그들의 신분이 국가 또는 지방자치단체

이어야 한다. 조약도 국회의 동의를 얻어 비준 되면 국내법과 같은 효력을 가지므로 심판의 대상이 된다(조약심사긍정설 : 다수설).[1]

「위헌심판대상」
- 형식적 의미의 법률
- 대통령 긴급명령
- 대통령의 긴급재정 · 경제명령
- 조약

그리고 헌법규정[2]이나 명령 · 규칙 · 조례 그리고 외국의 법률은 위헌법률심판의 대상

에 근무하는 공무원이라는 이유만으로 노동3권을 박탈하는 것은 경제적 · 사회적 영역에 있어서 다른 근로자와 차별하는 것이며, 공무원이 국민전체의 봉사자라는 점에서 다른 근로자와 다르다고는 할지라도 근로자의 노동3권은 그들의 생존권과 행복추구권의 보장을 위하여는 필요불가결한 조건이므로 공무원이 국민전체의 봉사자라는 이유는 그들의 노동3권을 박탈할만한 합리적 이유가 될 수 없다. 노동3권의 제한 내지 박탈은 그 해당 근로자의 신분을 기준으로 할 것이 아니라 그가 종사하는 직무의 성격에 따라 최소한도로 이루어져야 하는 것이다. 그러므로 공무원 신분이라는 이유만으로 원칙적으로 노동3권을 박탈하고 예외적으로 법률로써 인정할 수 있도록 규정한 헌법 제33조 제2항은 그보다 상위규정이며 민주주의 헌법의 기본이념이고 헌법핵(憲法核)이라고 할 수 있는 헌법 제11조 제1항 소정의 평등원칙에 위배되는 조항일뿐더러 인간의 존엄과 가치 및 행복추구권을 규정한 헌법 제10조에도 위배되는 조항으로서 앞으로 헌법개정 등을 통해 재검토되어야 할 매우 부당한 위헌적인 헌법규정이다.

1) 권영성, 헌법학원론, 1147면.

2) 헌재결 1996. 6. 13, 94헌바20【헌법 제29조 제2항 등 위헌소원】【판시사항】가. 헌법의 개별규정이 헌법재판소법 제68조 제2항에 의한 헌법소원심판대상이 되는지 여부 나. 헌법의 개별규정간의 논리적 우열관계와 효력상의 차등문제 다. 국가배상법 제2조 제1항 단서 중 '향토예비군대원'부분의 위헌 여부【결정요지】가. 헌법 제111조 제1항 제1호, 제5호 및 헌법재판소법 제41조 제1항, 제68조 제2항은 위헌심사의 대상이 되는 규범을 '법률'로 명시하고 있으며, 여기서 '법률'이라고 함은 국회의 의결을 거쳐 제정된 이른바 형식적 의미의 법률을 의미하므로 헌법의 개별규정 자체는 헌법소원에 의한 위헌심사의 대상이 아니다. 나. 헌법은 전문과 각 개별조항이 서로 밀접한 관련을 맺으면서 하나의 통일된 가치체계를 이루고 있는 것으로서, 헌법의 제규정 가운데는 헌법의 근본가치를 보다 추상적으로 선언한 것도 있고, 이를 보다 구체적으로 표현한 것도 있으므로 이념적 · 논리적으로는 헌법규범상호간의 우열을 인정할 수 있는 것이 사실이다. 그러나 이때 인정되는 헌법규범상호간의 우열은 추상적 가치규범의 구체화에 따른 것으로서 헌법의 통일적 해석에 있어서는 유용할 것이지만, 그것이 헌법의 어느 특정규정이 다른 규정의 효력을 전면적으로 부인할 수 있을 정도의 개별적 헌법규정 상호간에 효력상의 차등을 의미하는 것이라고는 볼 수 없다. 다. 향토예비군의 직무는 그것이 비록 개별 향토예비군대원이 상시로 수행하여야 하는 것이 아니라 법령에 의하여 동원되거나 소집된 때에 한시적으로 수행하게 되는 것이라

이 되지 아니한다.[1)]

5. 재판의 기준

위헌법률심판의 기준은 법률이 헌법에 위반되는 지의 여부를 판단하는 것이므로,[2)] 형식적 의미의 헌법 뿐만 아니라 실질적 의미의 헌법에 해당하는 헌법적 관습도 포함된다. 따라서 헌법적 관례(customs)나 헌법적 관행(usages)도 위헌심판의 기준이 된다.[3)] 그리고 자연법과 정의의 원칙도 기준이 될 수 있다.

6. 위헌결정

6.1. 서론

헌법재판소는 제청된 법률[4)] 또는 법률조항의 위헌여부를 결정한다. 위헌결정을 할 때에는 9인의 재판관 중 6인 이상의 찬성을 얻어야 한다(헌법재판소법 제23조). 헌법재판소는 제청된 법률 또는 법률조항의 위헌여부만을 결정한다(특별정족수). 다만 법률조항의 위헌결정으로 인하여 당해 법률전부를 시행할 수 없다고 인정할 경우에는 그 전부에 대하여 위헌의 결정을 할 수 있다(헌법재판소법 제45조).

하더라도 그 성질상 고도의 위험성을 내포하는 공공적 성격의 직무이므로, 국가배상법 제2조 제1항 단서가 그러한 직무에 종사하는 향토예비군대원에 대하여 다른 법령의 규정에 의한 사회보장적 보상제도를 전제로 이중보상으로 인한 일반인들과의 불균형을 제거하고 국가재정의 지출을 절감하기 위하여 임무수행 중 상해를 입거나 사망한 개별 향토예비군대원의 국가배상청구권을 금지하고 있는 데에는 그 목적의 정당성, 수단의 상당성 및 침해의 최소성, 법익의 균형성이 인정되어 기본권제한규정으로서 헌법상 요청되는 과잉금지의 원칙에 반한다고 할 수 없고, 나아가 그 자체로서 평등의 원리에 반한다거나 향토예비군대원의 재산권의 본질적인 내용을 침해하는 위헌규정이라고 할 수 없다.

1) 권영성, 헌법학원론, 1148면.

2) 권영성, 헌법학원론, 1150면.

3) 권영성, 헌법학원론, 1150면.

4) 헌재결 1990. 9. 3, 89헌가95 【국세기본법 제35조 제1항 제3호의 위헌심판】 법률을 위헌선언함에 있어서 동일한 입법취지를 가진 다른 법률(제청되지 않은 경우)에 대하여 위헌선언을 할 수 있는가에 관하여 관련성 있는 다른 법률과 동시에 해결되어야 한다는 견해도 경청할 가치는 있으나, 구체적 규범통제절차를 취하고 있고, 이를 허용하는 명문규정이 없으므로 현재로서는 수용되기 어렵다고 하였다.

헌법재판소법 제23조(심판정족수) ① 재판부는 재판관 7인 이상의 출석으로 사건을 심리한다.

② 재판부는 종국심리에 관여한 재판관의 과반수의 찬성으로 사건에 관한 결정을 한다. 다만, 다음 각호의 1에 해당하는 경우에는 재판관 6인 이상의 찬성이 있어야 한다.

1. 법률의 위헌결정, 탄핵의 결정, 정당해산의 결정 또는 헌법소원에 관한 인용결정을 하는 경우
2. 종전에 헌법재판소가 판시한 헌법 또는 법률의 해석적용에 관한 의견을 변경하는 경우

헌법재판소법 제45조(위헌결정) 헌법재판소는 제청된 법률 또는 법률조항의 위헌여부만을 결정한다. 다만, 법률조항의 위헌결정으로 인하여 당해 법률 전부를 시행할 수 없다고 인정될 때에는 그 전부에 대하여 위헌의 결정을 할 수 있다.

헌법재판소가 제청된 법률 또는 법률조항만 심사한다는 것은 헌법재판소는 법률의 위헌여부만을 심사하라는 것이며, 전제사건에 대한 재판은 법원의 고유권한이므로 위헌제청된 전제사건에 관하여 사실적·법률적 재판을 내려 그 당부를 심판하지 말라는 의미라고 하였고,[1] 헌법재판소는 정기간행물의등록등에관한법률이 정하는 부수인쇄시설의 기준에 대한 합리성과 타당성의 판단은 전문적이고 기술적인 영역에 속하는 것이므로 이를 가지고 규범의 합헌성을 다루는 것은 합당치 못하다고 한 바 있다.[2]

6.2. 위헌결정의 효력

헌법재판소의 위헌결정은 관보에 개재함으로써 이를 공시하며, 결정일로부터 14일 이내에 결정서 정본을 재청한 법원에 송달한다. 위헌결정은 법원 기타 국가기관이나 지방자

---

1) 헌재결 1989. 9. 8, 88헌가6【국회의원선거법 제33조, 제34조의 위헌심판】헌법재판소법 제45조 본문의 "헌법재판소는 제청된 법률 또는 법률조항의 위헌여부만을 결정한다"라는 뜻은 헌법재판소는 법률의 위헌여부만을 심사하는 것이지 결코 위헌제청된 전제사건에 관하여 사실적, 법률적 판단을 내려 그 당부를 심판하는 것은 아니라는 것으로 해석하여야 한다. 전제사건에 관한 재판은 법원의 고유권한에 속하기 때문이다.

2) 헌재결 1992. 6. 26, 90헌가23【정기간행물의등록등에관한법률 제7조 제1항의 위헌심판】이 사건 위헌심판에서 전제가 된 일반주간신문의 경우보다 더욱 엄격한 시설기준을 갖도록 규정한 일반일간신문의 경우에도 이를 가지고 언론의 자유를 본질적으로 침해당하고 있다고 주장하거나 이로 인하여 언론의 자유가 왜곡되거나 침해당하고 있다고 보지 않는 것이 일반사회의 통념인데, 본건의 경우에는 그에 비하면 그 시설이나 등록요건을 훨씬 완화하여 등록하도록 규정하고 있는 것이 명백하므로 이러한 사항과 시설기준을 가지고 헌법에 위반된다고 단정할 수 없는 것이며, 성질상 부수인쇄시설의 시설기준에 대한 합리성과 타당성의 판단은 전문적이고 기술적인 문제의 영역에 속하는 것이어서 이를 가지고 규범의 합헌성을 다루는 것은 합당하지 아니하다고 할 것이다.

치단체를 구속하며, 위헌으로 결정된 법률 또는 법률의 조항은 결정이 있은 날로부터 효력을 상실한다(결정시설).[1]

이와 같이 구체적 규범통제의 형태를 위하면서 법률의 효력을 일반적으로 상실시키는 효력을 갖는 경우를 객관적 규범통제라고 한다.[2] 다만 형죄에 관한 조항은 소급하여 그 효력을 상실한다(일반적 효력; 헌법재판소법 제47조). 소급하여 효력이 상실된 조항에 근거한 유죄의 확정판결에 대하여는 재심을 청구할 수 있다(헌재법 제47조 제3항).

헌법재판소 제47조(위헌결정의 효력) ① 법률의 위헌결정은 법원 기타 국가기관 및 지방자치단체를 기속한다.

② 위헌으로 결정된 법률 또는 법률의 조항은 그 결정이 있는 날로부터 효력을 상실한다. 다만, 형벌에 관한 법률 또는 법률의 조항은 소급하여 그 효력을 상실한다.

③ 제2항 단서의 경우에 위헌으로 결정된 법률 또는 법률의 조항에 근거한 유죄의 확정판결에 대하여는 재심을 청구할 수 있다.

④ 제3항의 재심에 대하여는 형사소송법의 규정을 준용한다.

[참고]

헌법재판소는 헌법재판소법 제47조 제2항에 대한 위헌심판사건에서 ① 법률의 위헌모습에는 ⓐ 제정당시에는 합헌이었으나 후발적 사정변경으로 인하여 위헌으로 되는 경우(소급불허), ⓑ 법률조항자체에는 위헌성이 없으나 평등의 원칙이나 체계부조화(체제동일성의 원칙위반) 등으로 말미암아 재조정하지 않으면 위헌을 면할 수 없는 경우(수혜법률에서 평등에 위반되는 경우; 이 경우 독일에서는 소급적 폐지가 아니라 입법촉구결정을 하거나 헌법불합치결정을 하는 것이 일반적이다), ⓒ 원시적으로 위헌인 경우가 있다. ⓒ의 경우에만 소급효가 문제되나, 이 경우에도 일률적으로 소급시킬 수는 없다고 하였다. 소급효를 인정하게 되면 선의의 국민의 신뢰와 기득권의 재산권이 박탈당하는 결과가 되어 헌법 제13조 제2항에 위반될 수도 있기 때문이다.

② 헌법재판(Verfassungsgerichtsbarkeit)은 구법질서 및 과거를 백지화하자는 것이 아니고 하위법규를 헌법질서에 맞추는 전향적인 법체계의 형성이 원칙이다. 다만 정의와 형평상 도저히 묵과되어서는 안될 경우에 최소한도로 기존의 질서를 허무는 것이므로 위헌결정의 소급효제한(미래지향적인 법규정의 재정비)은 헌법재판제도의 본질적 속성이라고 할 수 있다. 따라서 장래효를 규정한 위 법조항은 미래지향적이라는 헌법재판의 기능과 무관하지 않다고 할 것이다.

---

1) 권영성 교수는 헌법재판소법 제47조 제2항은「위헌으로 결정된 법률 또는 법률의 조항은 그 결정이 있은날로부터 효력을 상실한다. 다만 형벌에 관한 법률조항은 소급하여 그 효력을 상실한다」라고 하는 것은 장래효를 인정하면서 부분적으로 소급효를 인정한 것이라고 한다(권영성, 헌법학원론, 1161면).

2) 권영성, 헌법학원론, 1161면.

③ 외국의 입법례를 보면 ⓐ 소급효를 원칙으로 하면서 부분적으로 이를 제한하는 경우가 독일이며,[1] ⓑ 장래효를 원칙으로 하면서 부분적으로 소급을 허용하는 경우가 오스트리아이며,[2] ⓒ 구체적 사건마다 결정하는 경우가 미국이다. 따라서 소급효의 허용여부는 입법정책에 속한다고 할 것이다. 법적 안정성과 신뢰보호의 원칙과 개별적 사건에서의 정의와 형평의 원칙을 어떻게 조화시키는가에 달려 있다고 본다. 우리법제는 형법법규를 제외하고는 법치주의 파생원칙인 법적 안정성내지 신뢰보호(신뢰보호의 원칙)를 강조하고 있다.

④ 다만 예외적으로 부분적인 소급효의 인정을 부인할 수 없는 경우가 있다. 법률의 위헌결정을 위한 계기를 부여한 당해사건(헌재결 1989. 9. 8, 88헌가6), 위헌결정이 있기 전에 동종의 위헌여부에 관하여 헌법재판소에 위헌제청을 하였거나 법원에 위헌제청신청을 한 경우의 당해사건, 위헌제청신청을 아니하였지만 법률이 재판의 전제가 되어 법원에 계속 중인 사건에 대하여는 소급효를 허용하여야 할 것이다.

⑤ 아울러 당사자의 권리구제를 위한 구체적 타당성의 요청이 현저한 반면에, 소급효를 인정하여도 법적 안정성을 침해할 우려가 없고, 구법에 의하여 형성된 기득권자의 이득이 해쳐질 사안이 아닌 경우에는 소급효를 허용하여야 할 것이다. 어느 사안이 이 테두리 안에 들어가는 가는 헌법재판소가 위헌선언을 하면서 직접 주문에서 밝혀야 할 것이나, 직접 밝힌 바 없으면 그와 같은 경우에 해당하는 가의 여부는 일반법원이 해당법률의 연혁 성질·보호법익 등을 검토하고 제반이익을 형량해서 합리적·합목적적으로 대처할 수밖에 없을 것이다(헌재결 1993. 5. 13, 92헌가10).

헌재결 1993. 9. 27, 92헌가5 **【국세기본법 부칙 제5조 및 개정전 국세기본법(1981. 12. 31. 법률 제3471호) 제35조 제2항에 대한 위헌심판】**

위헌결정 후 개정법률이 위헌선언된 법률의 계속 적용을 인정한 것은 헌법재판소결정의 장래효를 규정한 헌법재판소법 제47조 제2항과 상치되며, 헌법 제13조 제2항에 위반된다.

[참고]

대법원은 위헌선언된 법률의 효력시기에 관하여 헌법재판소에서 위헌결정이 났을 때 위헌제청신청이 있거나 위헌여부가 다투어지고 있는 사건까지 소급효를 인정한다고 판시한 바 있다(90 다 8176). 대법원결정의 의의는 당해사건에 한하여 소급효를 허용한다는 헌법재판소의 결정보다 범위를 확대한 것으로서, 헌법재판소에게는 병합심리의 부담을 줄여주는 것이고 법원에게는 법률의 위헌제청이 되어 있는 경우에는 또 제청할 필요가 없게 되고 당사자로서는 독립해서 위헌제청신청을 할 필요 없이 위헌여부만 다투면 되게 되었다는 데 있다. 헌법재판소법 제47조 제2항에 대한 위헌사건(헌재결 1993. 5. 13, 92 헌가 10)에서 헌법재판소는 대법원의 위와 같은 결정을 수용하고 있는 것으로 보인다.

1) 권영성, 헌법학원론, 1161면 각주 3) 참조.
2) 권영성, 헌법학원론, 1161면 각주 3) 참조.

7. 법률의 합헌적 해석(합헌적 법률해석 : verfassungskonforme Auslegung von Gesetzen); 헌법재판소의 변형결정

7.1. 의의

법률의 합헌적 해석이라 함은 어떠한 법이 외견상 일응 위헌처럼 보이는 경우, 그것이 헌법의 정신에 맞도록 해석될 여지가 존재하는 경우에는 이를 위헌이라고 판단하지 않고 가능한 한 합헌으로 해석하여 당해 법률이 존속 될 수 있도록 하는 해석기술이다.

합헌적 법률해석의 의미에 관해서는 헌법재판소 결정에서의 보충의견[1]에서 이를 적절하게 제시하고 있다. 즉 "… 전제사건의 사실관계에 대하여 적용하게 될 법률의 합헌성 여부가 헌법재판소의 심사대상이 되었을 경우, 전제사건과의 상관관계하에서 법률의 문언, 의미, 목적을 살펴 한편으로 보면 합헌이고 다른 한편으로 보면 위헌으로 판단될 수 있는 등 다의적인 해석가능성이 생길 때, 헌법재판소는 일반적인 해석작용이 용인되는 범위내에서 종국적으로 어느 해석가능성이 가장 헌법에 합치되는가를 가려 한정축소적 해석을 통하여 합헌적인 일정한 범위내의 의미내용을 확정하여 이것이 그 법률의 본래적인 의미이며 그 의미 범위내에 있어서는 합헌이라고 말할 수 있고(따라서 그 이외의 해석가능성은 위헌임을 지시), 또 하나 방법으로는 위와 같은 합헌적인 한정축소해석의 타당영역 밖에 있는 사안례까지 법률의 적용범위를 넓히는 것은 위헌이라는 취지로 법률 문언 자체는 그대로 둔 채 한정조항을 붙여 한정적 위헌선언을 할 수도 있다"고 한다.

『참고』

허영 교수는 합헌적 법률해석을 헌법재판소의 변형결정전부를 의미하는 것으로 사용하고 있다(한정합헌결정 · 한정위헌위헌결정 · 일부위헌결정 · 헌법불합치결정 등)[2]

남복현 교수는 헌법재판소의 합헌적 법률해석은 한정합헌결정이나 한정위헌결정의 형태로 나타나는 듯하다[3]고 하면서 합헌적 법률해석은 한정합헌 · 한정위헌결정 만을 의미하며 합헌적 법률해석과 그 밖의 다른 형태의 변형결정은 구분해서 사용해야 한다고 주장한다.[4]

---

1) 헌재결 1989. 7. 12, 89헌마38(보충의견); 헌재결 1992. 2. 25, 89헌가104(보충의견).
2) 다만 헌법불합치결정은 합헌적 법률해석이라기 보다는 사법적 자제의 표현이라는 견해도 있다(허영).
3) 남복현, 헌법재판관에 의한 법형성과 우리 헌법재판소의 변형결정실제, 김운용교수화갑기념논문(현대공법의 문제), 263면 이하.
4) 남복현, 헌법재판관에 의한 법형성과 우리 헌법재판소의 변형결정실제, 김운용교수화갑기념논문(현대공법의 문제), 263면 이하 참조.

「참고」

1. 법원의 위헌 심사

법원은 법률이 헌법에 위반되는지의 여부가 재판의 전제가 된 때에는 직권 또는 소송 당사자의 신청에 의해서 그 법률의 위헌 여부를 심사할 수 있다.[1][2] 위헌 심사의 대상이

---

1) 허영, 한국헌법론, 865면.

2) **문제점 〈심사의 개념정의〉** 제1설: 학자에 따라서는 법원에서는 위헌법률심사권을 가지고, 헌법재판소에서는 위헌법률심판권을 가진다(위헌심사권과 위헌결정권의 관할분리제)고 주장하는 학자(허영)가 있다. 허영교수의 견해에 의하면 다음과 같다. 「 … 구체적 규범통제는 법률의 위헌여부가 재판의 전제가 된 경우에 소송당사자의 신청 또는 법원의 직권에 의해서 규범심사를 하는 제도이다. 1803년의 미국연방대법원의 위헌심사가 이 제도의 효시로 간주되고 있다. 우리 나라는 제헌 이래 이 제도를 전통적으로 채택해 왔는데 현행헌법(제107조 제1항, 제111조 제1항)도 이를 규정하고 있다. 구체적 규범통제는 그것이 자칫하면 민주적 정당성을 바탕으로 하고 있는 입법부의 법정립기능을 침해할 위험성이 크기 때문에, 구체적 규범통제를 제도화하는 경우에는 국회의 입법기능을 존중하면서도, 헌법의 최고규범성을 수호할 수 있는 적절한 방법이 모색되어야 한다. 예컨대 법률에 대한 '위헌심사권'과 '위헌결정권'을 구별해서 전자는 각급 법원에 맡기면서도 후자만은 이를 최고법원에 1원적으로 귀속시키는 것은 그 하나의 방법이 될 수 있는데, 많은 나라에서 이 방범을 채택하고 있다. 규범통제를 독립한 헌법재판소나 헌법위원회의 관할사항으로 하는 것도 따지고 보면 이와 같은 이론이 적용되고 있는 하나의 예에 불과하다고 볼 수 있다. 우리 현행헌법에서 각급법원이 법률의 위헌심사권을 가지지만 위헌결정권만은 헌법재판소의 전관사항으로 하고 있는 것도 결국 이 이론의 영향이라고 할 수 있다. 또 규범통제를 법률의 공포 전에 함으로써 위헌법률이 공포 · 발효됨으로 인해서 발생하는 여러 가지 문제점을 미리 예방하는 방법도 생각할 수 있는데 프랑스에서 행하고 있는 '사전적 규범통제제도'는 이 유형에 속하는 대표적인 예이다」(허영, 한국헌법론, 857면). 제2설 : 이 설에 의하면 「… 법원에서는 일체의 위헌법률심사권을 가지지 아니하며, 법률의 위헌심사는 법원의 제청(위헌심판의 개시)과 헌법재판소의 심판이라는 두 절차로 구성되어 있다」고 하면서, 「현행헌법은 1980년 헌법과는 달리 각급법원과 대법원에 법률의 위헌여부를 제1차적으로 심사할 수 있는 권한(위헌법률전심권)을 인정하고 있지 않음은 물론 대법원의 불송부결정권도 인정하고 있지 않기 때문이다. 따라서 각급법원, 특히 대법원의 위헌법률심판제청권에는 법률에대한 합헌성 판단을 할 수 있는 실질적 권한이 내포되어 있지 아니하다」라고 한다(이철주 · 김헌, 헌법 II, 257면.). 특히 「헌법 제107조 제1항은 "법률이 헌법에 위반되는 여부가 재판의 전제가 된 경우에는 법원은 헌법재판소에 제청하여 그 심판에 의하여 재판한다"」라고 규정하고 있다. 이것은 1980년 헌법과는 달리, 법원에 대하여 헌법재판소에 위헌법률심사를 제청할 권한만을 인정한 것일 뿐 법률에 대한 위헌여부의 제1차적 심사권(전심권)을 인정하지 않는다는 것을 규정한 것이다」라고 한다(이철주 · 김헌, 헌법 II, 287면.). 결론(저자의 견해) : 이는 결국 심사의 정의를 어떻게 내리느냐 하는 문제로 귀착되는 것 같다. 제1설은 (아무튼) 재판을 담당한 법관이 그리고 당해법원이 위헌법률심판의 청구를 하기 이전에 법률이 헌법에 위반되는가의 여부를 어떠한 형태로든 판단하기 마련이므로 이를 법원에서 '심사'한다는 표현을 사용하는 것 같고, 제2설의 경우는 위헌법률심사제도를 광의적으로 정의하여, 위험법률심사권는 법원의 제청과 헌법재판소의 심판으로 구성된다고 정의하고 있다.

되는 법률에는 형식적 의미의 법률은 물론이고 일반적으로 승인된 국제 법규도 당연히 포함된다. 법원이 갖는 이와 같은 위헌심사권은 헌법과 법률을 지키고 양심에 따라 독립하여 심판해야 되는 법관의 기능상[1] 당연한 법관의 권능이라고도 볼 수 있다.[2]

각급 법원은 법률의 위헌 심사에서 위헌의 요소를 찾지 못한 경우에는 합헌 결정을 해서 그 법률을 재판의 근거로 삼도록 할 수 있다. 이 때 그 법률의 위헌 심사를 신청한 소송 당사자는 그 법원의 제청 신청 기각 결정에 대해서 항고할 수는 없지만, 헌법재판소에 헌법 소원 심판을 청구할 수 있다.[3]

2. 헌법재판소에의 제청

법률의 위헌 심사를 한 각급 법원은 그 법률이 헌법에 위반되는 것으로 판단한 경우에는 스스로 위헌 결정할 수 없고 헌법재판소에 제청[4]하여 그 결정에 따라야 하는데, 법원의 제청은 당해 사건의 재판을 정지시키는 효력이 있다. 법원의 제청은 제청서로 해야 하는데, 하급법원의 제청서는 대법원을 경유하여 헌법재판소에 송부된다.[5] 이때 대법원은 송문서를 첨부하여 제청서를 헌법재판소에 송부해야 한다.

3. 헌법재판소의 심판

헌법재판소법 제45조에 의하면 헌법재판소가 제청서를 수리한 경우에는 제청된 법률 또는 법률조항의 위헌 여부만을 최종적으로 심판하는데, 다만 제청된 법률 조항을 위헌 결정하는 경우 그로 인해서 당해 법률 전부를 시행할 수 없다고 인정할 때에는 그 전부에 대하여 위헌 결정을 할 수 있다. 허영 교수는 "법률의 위헌 여부를 심판하는 경우에는 헌법의 통일성의 관점에서 규범조화적인 헌법해석에 따라야 하기 때문에 헌법의 기초가 되는 기본적인 법원리도 당연히 그 심판의 기준이 되어야 한다"고 한다.

---

1) 대한민국 헌법 103조: "법관은 헌법과 법률에 의하여 그 양심에 따라 독립하여 심판한다."
2) 허영, 한국헌법론, 863면 이하 참조.
3) 헌법재판소법 제68조 제2항: "제41조 제1항에 의한 법률의 위헌 여부 심판의 제청 신청이 기각된 때에는 그 신청을 한 당사자는 헌법재판소에 헌법 소원 심판을 청구할 수 있다.이 경우 그 당사자는 당해 사건의 소송 절차에서 동일한 사유로 다시 위헌 여부 심판의 제청을 신청할 수 없다."
4) 헌재결 1993. 12. 23, 93헌가2에서 "위헌의 확신뿐 아니라 위헌의 의심만으로도 제청이 가능하다."고 결정하고 있다. <쟁점>: 형소법이 규정하고 있는 보석허가 결정에 대한 검사의 즉시항고 제도의 위헌 여부. <내용>: (결론적으로 형소법 제97조 제3항중 [보석을 허가하는 결정]부분은 헌법에 위반된다) 법률에 대한 법원의 위헌심판제청 후에 당해 전제소송이 종료되었다고 하더라도 동 법률조항으로 인한 기본권침해가 반복될 위험성이 있는 경우에는 헌법재판소로서는 구체적 규범통제나 전제성의 유무에 너무 집착할 것이 아니라 객관적인 헌법질서의 수호 · 유지를 위하여 심판의 필요성을 인정하여 적극적으로 그 위헌여부에 대한 판단을 해야한다.
5) 헌법재판소법 제41조 제1항 "법률이 헌법에 위반되는 여부가 재판의 전제가 된 때에는 당해 사건을 담당하는 법원(군사법원도 포함한다. 이하 같다)은 직권 또는 당사자의 신청에 의한 결정으로 헌법재판소에 위헌여부의 심판을 제청한다." 동법 동조 제5항 "대법원 이외의 법원이 제1항의 제청을 할 때에는 대법원을 거쳐야 한다."

이에 대해서 현행 헌법 제113조 제1항에서는 법률의 위헌 결정에는 헌법재판소 재판관 6인 이상의 찬성이 있어야 함을, 헌법재판소법 제44조에서는 헌법재판소에서 위헌심판을 할 때 소송 당사자 및 법무부장관은 법률의 위헌여부에 대한 의견서를 제출할 수 있음을, 동법 46조에서는 헌법재판소의 결정서는 결정일로부터 14일이내에 대법원을 경유하여 제청 법원에 송달함을 규정하고 있다.

7.2. 합헌적 법률해석의 이론적 근거

합헌적 법률해석의 이론적 근거로는 헌법의 최고규범성에서 나오는 법질서의 통일성, 권력분립의 원리, 법률의 합헌성추정의 법리 등을 들 수 있다.[1] 법률을 가능하면 통일적으로 해석해서 입법부가 제정한 법률의 효력을 유지시키는 것은 결국 권력분립의 원리와 민주주의적 입법기능을 최대한으로 존중하는 결과가 된다고 하겠다. 법률의 합헌적 해석이 규범통제의 한계를 뜻한다고 보는 이유도 그 때문이다.[2]

7.2.1. 헌법의 최고법규성에서 나오는 법질서의 통일성

헌법이 가지고 있는 최고규범성은 한 국가의 법질서가 헌법을 정점으로한 피라밋 식의 법질서를 지니고 있음을 의미하며, 이에 따라 헌법은 마땅히 하위법의 효력근거 · 해석기준이 된다.

7.2.2. 권력분립의 정신 존중

민주적 정당성(정통성)을 확보하고 있는 의회에서 합헌이라는 전제하에 제정한 법률을 다른 헌법기관이 (함부로) 위헌이라고 배척하는 것은 권력분립의 원칙에 위반될 수도 있다고 생각하며, 이는 헌법재판소의 규범통제(구체적 · 추상적 규범통제)를 부정하는 이유이기도 하다.

7.2.3. 법률의 추정적 효력(favor legis) : 규범유지의 원칙

a) 의의

법률의 추정적 효력이라 함은 모든 법규범은 그것이 일단 합법적인 절차를 거쳐서 제정 · 공포된 이상 일단 그 효력을 가진다는 것을 추정되는 것이 당연하다는 논리에서 출발된 이론이다.

---

1) 허영, 한국헌법론, 76면.
2) 허영, 한국헌법론, 76면 이하 참조.

b) 문제점

법적 안정성이 일방적으로 강조되는 경우에는 헌법가치에 입각한 정의의 실현에 소홀하게 될 수도 있다는 점이 단점이다.[1)]

7.2.4. 국가간의 신뢰보호

국가간에 체결된 조약 내지 의정서(protocol) 등의 합헌성여부가 문제되는 경우에는 이를 될 수 있는 한 합헌적으로 해석하여 그 효력을 존속시키는 것이 국가간의 신뢰보호·신의존중에 이바지하는 길이 되기 때문이다.[2)]

8. 변형결정

8.1. 입법례

우리 헌법은 법률에 관한 위헌여부 결정의 유형에 대한 아무런 명문의 언급이 없고, 단지 제113조 제3항에서는 헌법재판소의 조직과 운영 기타 필요한 사항에 관해서는 법률로 정하도록 하고 있다. 이에 따라 헌법재판소법이 제정되었지만, 제45조는 "헌법재판소는 제청된 법률 또는 법률조항의 위헌여부만을 결정한다. 다만, 법률조항의 위헌결정으로 인하여 당해 법률 전부를 시행할 수 없다고 인정될 때에는 그 전부에 대하여 위헌의 결정을 할 수 있다"고 규정하고 있다. 그리고 동법 제47조에서는 제1항에 위헌결정의 기속력을, 그리고 제2항에 위헌으로 결정된 법률의 효력상실에 관해 규정하고 있다.

8.2. 현황 및 문제점

헌법재판소법 제45조는 헌법재판소의 결정유형에 있어서 현행 헌법은 규범 통제의 결과를 "합헌결정과 위헌 결정"의 두 가지만 규정하고 있지만, 이와 같은 양단 적인 심판 방법만으로는 규범 통제에서 나타나는 모든 유형의 문제를 전부 포용할 수 없다. 재판주문의 방식과 형태를 어떻게 할 것인가는 재판관의 재량이다.[3)]

따라서 우리의 헌법재판소도 그러한 필요성을 인식해서 합헌결정과 위헌결정외에 이른바 변형결정이라는 제3의 결정 형식을 채택하고 있다.[4)] 위헌불선언결정, 한정합헌결정,

1) 허영, 한국헌법론, 77면.
2) 허영, 한국헌법론, 77면.
3) 헌재결 1989. 9. 8, 88헌가6 【국회의원선거법 제33조 제34조의 위헌심판제청】
4) 헌법재판관에 의한 법형성은 헌법해석과 아주 밀접한 관련성을 지닌다. 헌법해석에 관한 상세한 내용은 김운용, 헌법의 해석, 쟁점과 방법, 성균관법학(성균관대학교 법학연구소) 제3호, 1990, 1면 이하 참조.

한정위헌결정, 일부위헌결정, 조건부위헌 결정, 헌법불합치결정, 부분위헌결정 등이 바로 그것이다.[1] 특히 한정합헌과 한정위헌의 경우를 법률의 합헌적 해석이라고도 한다.

이러한 변형결정은 합헌적 법률 해석의 요청과 사법적 자제의 필요성에서 나오는 불가피한 현상이나, 헌법재판소가 그러한 결정유형을 선고할 수 있는 헌법적 근거나 법률적 근거는 명확하지 않다는데에 변형결정이 지니는 문제점으로 등장하고 있다. 오히려 견해에 따라서는 헌법재판소법 제45조 본문을 근거로 헌법재판소는 오직 위헌이면 위헌, 합헌이면 합헌만을 주문으로 제시할 수 있을 뿐, 이른바 변형결정유형의 선택은 불가능함을 주장하고 있다.[2] 그런가 하면 대법원은 최근의 한 판결에서 헌법재판소가 제시한 한정위헌결정의 효력을 전면 부인하는 태도를 취하고 있는 실정이다.[3]

특히 우리 헌법재판소는 명확한 법적 근거도 없는 변형결정제도를 해석을 통해 또는 그 필요성으로 인해 포괄적으로 허용하고 있고 이로 인해 심지어는 위헌결정의 회피수단으로 악용된다는 비난을 적지 않게 받고 있는 실정이다. 변형결정을 적극적으로 인정하는 견해와 부정하는 견해의 이론적 근거를 고찰하면 다음과 같다.

8.2.1. 변형결정을 적극적으로 인정하는 견해

현대의 복잡다양한 사회현상, 헌법상황에 비추어 볼 때 헌법재판은 심사대상법률의 위헌 또는 합헌이라는 양자택일의 판단만이 허용된다고 보아서는 안된다. 만약 양자택일의 판단만이 허용된다면 법률에 대한 합헌성을 확보하기 위한 헌법재판소의 유연신축성있는 적절한 판단을 가로 막게된다. 그로 인해 오히려 법적 공백, 법적 혼란등을 야기하여 법적 안정성을 해치고 입법자의 건전한 형성자유를 제약하며, 나아가 국가사회의 질서와 국민의 기본권마저 침해할 사태를 초래할 수도 있게 된다. 그러므로 헌법재판소가 행하는 위헌여부판단은 그 성질상 사안에 따라 중간영역으로서의 여러 가지 변형재판이 필수적으로 요청된다고 한다.[4]

8.2.2. 변형결정을 부인하는 견해

이 견해는 헌법불합치결정 뿐만 아니라 한정합헌결정에 대해 이에 대한 법적 근거가

---

1) 그러나 변형결정은 법률내용의 제한 또는 보완을 통해서만 합헌이라고 볼 수 있는 경우에 해당되기 때문에 앞으로 보다 합리적인 방향으로 정리될 필요가 있다고 할 것이다.

2) 헌재결 1989. 9. 8, 89헌가6에서의 변정수재판관의 반대의견; 헌재결 1995. 9. 28, 92헌가11, 93헌가8 · 9 · 10(병합)결정에서 조승형재판관의 반대의견 - 헌판집 7의2, 264(287 이하) 참조.

3) 대판 1996. 4. 9. 95누11405; 대판 1996. 5. 15. 1442면 이하 참조.

4) 남복현, 헌법재판관에 의한 법형성과 우리 헌법재판소의 변형결정실제, 김운용교수화갑기념논문(현대공법의 문제), 244면이하.

결여되어 있음과 아울러 극히 제한적으로 허용할 필요성을 주장하며 변형결정의 도입을 반대하고 있다[1]. 헌법 제107조 제1항의 규정과 헌법재판소법 제45조 본문의 규정에 비추어 볼 때 헌법재판소는 제청된 법률이 위헌인지, 합헌인지를 분명히 결정해야 할 의무가 있고, 위헌이라고 결정하면 그에 대한 효력은 헌법재판소법 제47조 제2항에 정해진 대로 발생하는 것이지 헌법재판소가 그 효력을 변경하거나 그 효력발생을 유보시킬 수 없다고 한다. 또 법률의 위헌성을 인정하면서도 헌법재판소가 위헌선언을 유보하고 국회에 대하여 입법을 촉구할 수 있는 법적 근거가 없다. 또 헌법에 합치되지 아니한다라는 주문이 위헌결정의 주문이 아니라고 한다면 어떠한 근거로 기한설정시점 이후에는 그 법률의 효력이 상실된다는 것인지 설명할 방법이 없다고 한다[2].

특히 변형결정은 독일에서 생성 발전된 제도이지만 독일 연방헌법재판소의 지위와 권능은 우리 헌법재판소의 그것과는 크게 달라서 연방헌법재판소가 변형결정을 할 수 있는 법제도적 뒷받침이 마련되어 있을 뿐더러 연방헌법재판소도 변형결정을 하지 않으면 안될 공익상의 부득이한 필요성이 있는 경우에 한하여 변형결정을 함으로써 그 운용의 묘를 기하고 있는 점 등에서 우리 헌법재판소가 변형결정을 활용하고 있는 현실과는 궤를 달리 하고 있다.[3]

8.3. 변형결정의 유형

8.3.1. 위헌불선언결정

a) 의의

위헌불선언 결정은 결과적으로는 합헌결정과 같다.[4] 이는 위헌을 주장하는 재판관의

---

1) 헌재결 1989. 9. 8, 89헌가6에서의 변정수재판관의 반대의견 – 헌판집 1, 199; 헌재결 1995. 9. 28, 92헌가11, 93헌가8 · 9 · 10(병합)에서 조승형재판관의 반대의견 – 헌판집 7의2, 264(287 이하) 참조.

2) 헌재결 1993. 3. 11, 88헌마5에서의 반대의견 – 헌판집 5의1, 59(90).

3) 그외에도 첫째, 헌법재판소법 제45조는 심판대상이 된 법률조항의 "위헌여부만"을 결정할 수 있을 뿐이고, 그에 따라 "곧바로" 효력상실이 이루어지는 것이므로, 결정 이후 일정기간 위헌의 법률 또는 법률조항의 효력지속 또는 적용을 명할 수 없다고 한다. 둘째, 우리 헌법재판소법에 따르면, 다른 사정을 고려하여 법률 또는 법률조항의 무효선언을 당장 할 수가 없다는 소신이 있을 때에는 위헌 또는 합헌 이외의 다른 결정을 할 수 있다고 해석함에 족한 규정을 두지 않고 있다는 점을 지적한다. 셋째, 독일의 경우 원칙적인 소급효를 전제로 하지만, 우리의 경우 장래효를 원칙으로 하기 때문에 그 필요성이 적다고 한다. 넷째, 독일에서 이것이 활용되는 것은 법규범의 심각한 공백상태를 해소하기 위한 방편으로 사용되었지만, 우리의 경우 그와는 판이하다고 한다. 헌재결 95. 9. 28, 92헌가11, 93헌가8 · 9 · 10(병합)에서 조승형재판관의 반대의견 – 헌판집 7의2, 264(287면 이하) 참조. 남복현, 헌법재판관에 의한 법형성과 우리 헌법재판소의 변형결정실제, 김운용교수화갑기념논문(현대공법의 문제), 247면.

수가 합헌을 주장하는 재판관의 수보다 다수임에도 불구하고 위헌의결정족수(재판관 6인 이상)에는 미달 한 경우(예를 들면 5대4)에 선택하는 결정유형이다. 재판관 5인이 위헌의견을 개진하여도 합헌이 되는 경우를 단순합헌결정과 구별하여 '위헌으로 선언할 수 없다(위헌불선언)'는 형태를 취하고 있다. ☜ **위헌결정 정족수(재판관 6인이상)미달**

"... 는 헌법에 위반된다고 선언할 수 없다." 는 主文형식을 취하게 된다.

b) 헌법재판소결정례

헌법재판소는 국토이용관리법 제21조 제3항 및 제31조의2에 대한 위헌심판사건에서(헌재결 1989. 12. 22, 88헌가13), 1980년 해직공무원보상 등에 관한 특별조치법 제2조와 제5조에 대한 헌법소원사건(헌재결 1993. 5. 13, 90헌바22)에서 위헌불선언을 한 바 있다.

- 헌재결 1989. 12. 22, 88헌가13. 同旨 : 헌재결 1993. 5. 13. 90헌바22; 헌재결 1993. 12. 23, 91헌바12, 13; 92헌바 3, 4.: 토지거래허가제 벌칙조항

헌재결 1989. 12. 22, 88헌가13 【국토이용관리법 제21조의3 제1항, 제31조의2의 위헌심판】

『참고』

舊국토이용 관리법 상의 무허가 거래자에 대한 벌칙 조항: 이는 국토이용관리법상의 무허가 거래자에 대한 벌칙 조항에 대해서 내려진 결정이다(국토이용관리법 제31조의2).

舊국토이용관리법 제31조의2의 ① "제21조의 제3조 제1항의 규정을 위반하여 허가를 받지 아니하고 토지 거래 계약을 체결하거나 허위 기타 부정한 방법으로 토지 거래 계약 허가를 받은 자는 2년 이하의 징역 또는 계약 체결당시의 당해 토지 가격의 100분의 30에 상당하는 금액 이하의 벌금에 처한다."

[국토이용관리법상의 토지거래허가제와 그 벌칙규정이 위헌법률인지 여부]

【판시요지】

토지거래허가제가 현재 전혀 목적에 적합하지 아니하다거나 따로 최소침해의 요구를 충족시켜 줄 수 있는 최선의 방법이 있다거나 아니면 쉽게 찾을 수 있다거나 하는 등의 사정이 없는 한 토지거래허거제를 비례의 원칙내지 과잉금지의 원칙에 어긋난다고 할 수 없다. 토지거래허가제가 '행위의 법률적 효력의 부인'차원을 넘어 '자유형'까지 규정하고 있는 동법 제31조의 제2항에 대해서는 위헌의견이 다수이지만 위헌결정의 정족수에 미달이어서 헌법에 위반된다고 '선언'할 수 없다.

위헌의견이 종국심리에 관여한 재판관의 과반수가 되지만 위헌결정의 정족수인 6인에

---

4) 권영성, 헌법학원론, 1153면.

미달(未達)인 때에는 주문(主文)에 "헌법에 위반된다고 선언할 수 없다"라고 표시한다.

8.3.2. 한정합헌결정

a) 의의

한정합헌이라 함은 해석여하에 따라서는 위헌이 되는 부분을 포함하고 있는 법률의 의미를, 헌법의 정신에 합치하도록 한정적으로 축소해석하여 위헌판단을 회피하는 결정형식이다.[1]

국법질서는 하나의 통일체를 구성하고 있으므로 법률에 대한 여러 가지 해석이 가능한 경우(다의적이고 적용범위가 광범위한 법문일 경우)에는 헌법에 합치하는 해석을 하여야 할 것이다. 법률의 합헌해석의 결과로서 법조문을 헌법에 조화를 시킬 수 있도록 축소해석함으로써 법률의 효력을 유지시키는 방법이다.

헌법재판소는 한정합헌결정을 함에 있어서 "…이므로 이러한 해석하에 헌법에 위반되지 아니한다."[2] 또는 "…경우에는 적용되지 아니하는 것으로 해석하는 한 헌법에 위반되지 아니한다"는 형태를 취하고 있다. 헌법재판소의 위헌여부 판단중 심판의 대상이 된 법조문을 「헌법과 조화될 수 있는 방향으로 축소해석」함으로써 위헌여부의 대상이 되는 법조문의 효력을 유지시키는 결정(합헌적 제한해석) 유형이다.

> · · · 이와 같은 해석하에서(만) 헌법에 위반되지 않는다."
> · · · 경우에는 적용되지 아니하는 것으로 해석하는 한 헌법에 위반되지 아니한다."

이는 전형적인 합헌적 법률 해석의 결과로서, 심판의 대상이 된 법조문을 헌법과 조화될 수 있는 방향으로 축소 해석함으로써 그 법조문의 효력을 유지시키는 결정 유형으로서 변형결정중에 가장 흔한 결정 유형이다.

합헌한정해석은 헌법을 최고법규로 하는 통일적인 법질서의 형성을 위해서나 입법부가 제정한 법률을 위헌이라고 하여 전면폐기하기 보다는 그 효력을 가능한 한 유지하는 것이 권력분립의 정신에 합치하고 민주주의적 입법기능을 최대한 존중하는 것이 되며, 일부 위헌요소 때문에 전면위헌을 선언하는데서 초래될 충격을 방지하고 법적 안정성을 갖추기 위하여서도 필요하다 할 것이다.[3] 합헌한정해석에 대하여 제청법원은 적어도 이 사건 제청당사자로서 위 심판의 기판력을 받을 것임은 물론, 헌법 제107조 제1항의 규정상 제청법

---

1) 권영성, 헌법학원론, 1157면.
2) 권영성, 헌법학원론, 1157면.
3) 헌재결 1990. 6. 25, 90헌가11 【국가보안법 제7조 제5항의 위헌심판】

원이 본안재판을 함에 있어서 헌법재판소의 심판에 의거하게 되어 있는 이상 위 헌법규정에 의하여서도 직접 제청법원은 이에 의하여 재판하지 않으면 안될 구속을 받는다 할 것이다.[1)]

한정합헌결정도 위헌결정의 내용을 지니고 있으므로 6인의 찬성을 요한다. 재판관 의견이 단순합헌의견 3인, 한정합헌의견 5인, 전부위헌의견 1인인 경우에 헌법재판소는 한정합헌은 질적인 일부위헌이므로 전부위헌도 일부위헌의 범위 내에서는 한정합헌과 의견을 같이 하는 것이므로 한정합헌결정을 한바 있다(군사기밀보호법 제6조).[2)]

b) 한정합헌결정례

헌법재판소는 상속세법 제32조의 2에 대한 헌법소원사건,[3)] 도로교통법 제50조 제2항에 대한 위헌심판사건,[4)] 국가보안법 제7조[5)]와 제9조 제2항[6)]에 대한 위헌심판사건과 헌법소원사건, 군사기밀보호법 제6조에 대한 위헌심판사건,[7)] 구 집시법 제3조 제1항 제4호에 대한 위헌심판사건[8)]에서 한정합헌결정을 하고 있다.

> 헌재결 1990. 4. 2, 89헌가113 【국가보안법 제7조 제5항의 위헌심판】
> 쟁점: 국가보안법상의 불명확한 처벌법규가 헌법상의 죄형법정주의에 위반하는 위헌법률인지 여부
> 판시요지: 국가보안법 제7조 제1항과 동 제1항을 요건으로 하는 동조 제5항은 각각 그 소정행위가 '국가의 존립·안전을 위태롭게 하거나 자유민주적 기본질서에 위해를 줄 명백한 위험성이 있는 경우'에 적용된다고 할 것이므로 이와 같은 해석하에서는 헌법에 위반되지 아니한다.

---

1) 헌재결 1990. 6. 25, 90헌가11 【국가보안법 제7조 제5항의 위헌심판】 한정합헌결정이 제청법원을 기속하는지 여부: 헌법재판소의 합헌한정해석에 대하여 "제청법원은 적어도 이 사건 제청당사자로서 위 심판의 기판력을 받을 것임은 물론, 헌법 제107조 제1항의 규정상 제청법원이 본안재판을 함에 있어서 헌법재판소의 심판에 의거하게 되어 있는 이상 위 헌법규정에 의하여서도 직접 제청법원은 이에 의하여 재판하지 않으면 안될 구속을 받는다 할 것"이다. - 반대의견(재판관 변정수) 헌법재판소가 한정합헌결정을 하고 합헌결정이유를 주문에 기재하더라도 이것은 국가보안법을 그와 같이 엄격하게 해석·적용하여 달하는 헌법재판소의 희망 내지 권고에 불과할 뿐이지 그러한 해석에 기속력이 있는 것이 아니다.
2) 헌재결 1989. 5. 31, 89헌마104 【검사의 공소권행사에 관한 헌법소원】
3) 헌재결 1989. 7. 21, 89헌마38 【상속세법 제32조의2의 위헌여부에 관한 헌법소원】
4) 헌재결 1990. 8. 27, 89헌가118 【도로교통법 제50조 제2항 등에 관한 위헌심판】
5) 헌재결 1990. 4. 2, 89헌가113 【국가보안법 제7조에 관한 위헌심판】
6) 헌재결 1992. 4. 14, 90헌바23 【국가보안법 제9조 제2항에 대한 헌법소원】
7) 헌재결 1992. 2. 25, 89헌가104 【군사기밀보호법 제6조 등에 관한 위헌심판】
8) 헌재결 1992. 1. 28, 89헌가8 【국가보안법 제7조 제1항, 제5항 위헌심판제청】

헌재결 1990. 6. 25, 90헌가11 【국가보안법 제7조 제5항의 위헌심판】

1. 국가보안법 제7조 제5항은 각 그 소정행위에 의하여 국가의 존립 · 안전이나 자유민주적 기본질서에 실질적 해악을 줄 명백한 위험성이 있는 경우에만 처벌되는 것으로 축소해석하는 한 헌법에 위배되지 아니한다.

2. 국가의 존립 · 안전이나 자유민주적 기본질서에 실질적 해악을 줄 명백한 위험성이 있는 경우란 일응 그 표현물의 내용이 그와 같이 된 경우를 말함이고, 문제의 표현물과 외부관련성의 정도 또한 여기의 위험성 유무를 판단하는 기준이 된다.

『재판관 변정수의 반대의견』

1. 국가보안법 제7조 제5항은 그 규정내용이 불명확하여 죄형법정주의에 반하고 표현의 자유를 지나치게 침해하고 있을 뿐만 아니라 양심과 사상의 자유 및 학문과 예술의 자유도 침해하고 헌법의 평화통일이념과도 충돌되는 등 그 위헌성이 너무도 뚜렷하여 도저히 합헌해석할 여지가 없는 위헌법률이다.

2. 법률의 합헌적 해석은 그 법률이 위헌으로도 해석되고 합헌으로도 해석되는 경우에 가능한 것이지 법률의 위헌성이 분명한 경우에는 헌법재판소로서는 반드시 위헌선언을 하여야 하는 것이다.

3. 헌법재판소가 이 사건 주문과 같은 한정합헌결정을 하고 합헌결정이유를 주문에 기재하더라도 이것은 국가보안법을 그와 같이 엄격하게 해석 · 적용하여 달라는 헌법재판소의 희망 내지 권고에 불과할 뿐이지 그러한 해석에 기속력이 있는 것이 아니다.

헌재결 1992. 2. 25, 89헌가104[1] 【군사기밀보호법 제6조 등 에 관한 위헌심판】

1. 가. 군사기밀보호법상의 "군사상의 기밀"은 그 범위의 광범성이나 내용의 애매성이 문제될 소지가 있지만 그 대상에 대하여 군사기밀인 표지를 갖추게 하고 있으니 실제에 있어 그 애매성이 문제될 소지는 크지 않은 것이며, 다만 그범위의 광범성에 있어서는 "그 내용이 누설되는 경우 국가안전보장상 해로운 결과를 초래할 우려가 있을"것이라는 요건이 헌법합치적으로 해석된다면 헌법 제37조 제2항에 저촉되지 않으면서 동법률조항의 존립목적이 달성될 수 있다.

다. 군사기밀의 범위는 국민의 표현의 자유 내지 "알 권리"의 대상영역을 최대한 넓혀 줄 수 있도록 필요한 최소한도에 한정되어야 할 것이며 따라서 군사기밀보호법 제6조, 제7조, 제10조는 동법 제2조 제1항의 "군사상의 기밀"이 비공지의 사실로서 적법절차에 따라 군사기밀로서의 표지를 갖추고 그 누설이 국가의 안전보장에 명백한 위험을 초래한다고 볼 만큼의 실질가치를 지닌 것으로 인정되는' 경우에 한하여 적용된다 할 것이므로 그러한 해석하에 헌법에 위반되지 아니한다.

2. 가. 이 사건에 있어 관여 재판관의 평의의 결과는 단순합헌 의견 3, 한정합헌 의견 5, 전부위헌 의견 1의 비율인 바, 한정합헌 의견은 질적 일부위헌 의견이기 때문에 전부위헌 의견도 일부위헌 의견의 범위내에서는 한정합헌 의견과 견해를 같이 한 것이라 할 것

1) 참조 가. 헌재결 1990. 4. 2, 89헌가113; 헌재결 1992. 1. 28, 89헌가8; 다. 헌재결 1989. 9. 4, 88헌마22, 88헌가13.

이므로 이를 합산하면 헌법재판소법 제23조 제2항 제1호의 소정의 위헌결정정족수에 도달하였다고 할 것이며 그것이 주문의 의견이 되는 것이다.

나. 이 사건 주문 중 "… 그러한 해석하에 헌법에 위반되지 아니한다."라는 문구의 취지는 군사기밀보호법 제6조, 제7조, 제10조, 제2조 제1항 소정의 군사상의 기밀의 개념 및 그 범위에 대한 한정축소해석을 통하여 얻어진 일정한 합헌적 의미를 천명한 것이며 그 의미를 넘어선 확대해석은 바로 헌법에 합치하지 아니하는 것으로서 채택될 수 없다는 뜻이다.

『재판관 변정수의 전부위헌의견』

한정합헌의 주문형식은 단순합헌결정의 이유의 일부를 주문에 옮겨 쓴 것에 지나지 않는 것으로서 다수의견이 주장하는 것처럼 결코 부분적 위헌선고 내지 일부위헌의 효과를 가질 수 없는 것이며, 한정합헌의 주문은 입법권에 대한 중대한 침해이자 헌법재판소의 본질적 책무의 포기여서 그 자체가 바로 위헌이고 부당한 것이다.

『재판관 한병채, 최광률, 황도연의 단순합헌의견』

헌법재판에서 변형결정의 한 유형으로 쓰이는 "합헌적 법률해석"은 주문이 표현하고 있는 범위 안에서 이루어져야 하고 명료한 문의는 합헌적 해석의 대상이 되지 아니하는 것인 바, 다수의견이 합헌적 법률해석의 필요성을 인정한 것은 심판의 대상인 군사기밀보호법 제2조 제1항의 규정취지와 법문의 의미를 오해함으로써 합헌적 법률해석의 한계를 벗어난 것이다.

『재판관 조규광의 보충의견』

2. 가. 한정적 합헌해석은 법률의 해석가능성을 기준으로 하고, 한정적 위헌선언방법은 법률의 적용범위를 기준으로 하는 점에서 이론적으로는 차이점이 있으나 본질적으로는 일종의 부분적 위헌선언이며 실제적인 면에서 그 효과를 달리하는 것이 아니다.

나. 헌법재판소가 한정축소적 합헌해석방법을 취한 경우에 한정적 위헌선언을 한 경우와 마찬가지로 본질적으로 부분적 위헌선언의 효과를 부여하여 국가기관에 대한 기속력까지를 가질 수 있게 하기 위하여는 이러한 내용을 결정의 이유에 표시되는 것만으로서는 부족하고 결정의 주문에까지 등장시켜야 하며, 이 사건 주문은 한정축소적 합헌해석방법을 취하였으나 본질적으로는 부분적 위헌선언으로서의 법적 효과를 가진다.

c) 문제점

한정합헌은 어떠한 해석기준을 제시하고 그 기준에 따라 (그 기준의 범위내에서) 해석할 경우에는 합헌이지만, 그 기준을 벗어나게 해석하면 위헌이라는 의미를 지닌다. 그러나 경우에 따라서는 '특정한 해석방법으로만 해석할 것을 요구하고 그에 따라 해석되므로 헌법에 위반되지 않는다'는 형태로 제시될 수도 있을 것이다. 과연 이러한 경우 단순합헌으로 보아야 할 것인지 아니면, 이러한 경우도 한정합헌으로 해석하여야 할 것인지 문제된다.

우리 헌법재판소는 한정합헌결정을 빈번하게 선고하는데, 여기에 대해서는 논란의 여지가 없지 않다. 즉 헌법재판소가 어떠한 해석방법을 제시하고 그에 따르는 한 헌법에 위반되지 아니한다는 형태로 주문을 제시함으로써 위헌으로 결정될 수 있는 법률에 대해서도 사실상 위헌결정을 회피하는 수단으로 악용될 수 있다는 비판이 가해질 수 있기 때문이다. 또 실제로 헌법은 물론이고 헌법재판소법상 이러한 주문형식을 제시할 어떠한 명확한 법적 근거도 없이 행해짐으로써 법적용자들인 행정청이나 법원은 이에 대한 기속력을 인정하지 않으려는 태도를 취하고 있음도 부인할 수 없다.[1]

사실 독일에서는 이러한 문제점이 제기된 적이 있었고, 또 형벌법규에 대해 한정합헌결정을 하였을 경우 형사법원이 한정합헌이나 합헌적 법률해석의 취지를 무시하고 법률을 적용하던 것이 운용실제에서 나타난 문제점이었다.[2] 이러한 문제점을 해결하기 위하여 1970년에 행해진 연방헌법재판소법의 제4차 개정에서는 합헌적 법률해석에 있어 위헌해석된 법률에 근거하여 행해진 형사확정판결에 대해서도 재심청구의 대상이 될 수 있음을 동법 제79조 제1항에 명시하였다[3].

독일에서는 합헌적 법률해석에 대해 법적 근거를 제시하고 있음에 따라 재심청구의 대상이 된다거나 기속력이 인정될 수 있지만, 우리나라의 경우에는 그러한 명확한 법적 근거가 마련되어 있지 않음에 따라 인정될 수 없다고 주장하는 견해에 대한 비판으로는 남복현 교수의 다음과 같은 주장이 있다.

[남복현 교수의 견해]

"형사법원이 독일에서도 합헌적 법률해석의 취지를 준수하여 재심을 허용하여야 함에도 불구하고 준수하지 않으려는 태도가 강하기 때문에 입법권자가 개선입법을 통해서 그 한계를 명확히 설정한 것이었지, 그러한 법적 근거가 부여됨으로써 비로소 인정된 것은 아니었다고 할 것이다.[4] 다시 말하면 독일의 경우에는 법원의 확정판결도 헌법소원의 심판

---

1) 대법원이 헌법재판소가 선고한 한정위헌결정의 기속력을 정면으로 부인함으로써 심각한 논란이 제기된 사건이 있다. 예를 들면 헌재결 1995. 11. 30, 91헌바40, 95헌바13(병합)결정; 대판 1996. 4. 9. 95누11405. 이에 관한 상세한 내용은 남복현, 한정위헌결정과 기속력. 최근 이에 관련한 대법원 태도의 비판, 법과 사회 제14호(97년 상반기호) 참조.

2) 이에 관한 상세한 내용은 Jörn Ipsen, Rechtsfolgen der Verfassungswidrigkeit von Norm und Einzelakt, Baden-Baden: 1980, S. 82ff.; 남복현, 법률의 위헌여부 결정과 성실납세자 보호, 인권과 정의(1995.11), 104면 이하 참조.

3) 이에 관한 상세한 내용은 남복현, 박사학위논문(한양대), 115면 참조.

4) Vgl. BT-Drucksache VI/1471. S. 6("현행법 제79조 제1항에 따르면, 연방헌법재판소에 의해 무효로 선언된 규정에 근거한 확정된 형사판결에 대해서는 형사소송법의 규정에 따라 재심절차가 허용된다. 형사판결이 헌법재판소에 의해 위헌으로 선언된 법규범의 해석에 근거하였다면, 그때에도 재심절차가 가능한지의 여부에 관해 논란이 있다. 본 위원회는 이러한 경우는 재심에서 법규범의 무효선언과 동등하게 취급하여야 한다는 입장이다. 어떠한 형사판결이 위헌적인 법적용

대상에 포함되어 있음에 따라 그러한 법적 근거가 명확히 규정되기 전에도 이미 합헌적 법률해석의 취지를 준수하지 아니한 형사법원의 판결에 대해서는 헌법소원심판을 통해 파기하였던 바가 있고,[1] 이러한 점에서 볼 때, 그러한 주장은 설득력이 없다고 하겠다. 이러한 점에서 볼 때, 우리 나라의 경우 일반법원이 한정합헌결정에서 헌법재판소가 제시한 해석기준에 따라 기존에 행해진 각종 형사확정판결에 대해 적극적으로 재심청구가 이루어졌을 경우 그에 대해 청구인용판결을 하여야 할 것이다. 그리고 부수적으로 지적되어야 할 것은 여기서도 법원의 재판을 헌법소원의 심판대상에 포함시켜야 할 당위성이 등장한다고 하겠다".[2]

8.3.3. 한정위헌결정

a) 의의

한정위헌결정은 불확정개념이거나 *多義的*인 해석이 가능성이 있는 조문에 대하여 헌법과 조화를 이룰 수 없는 확대해석은 헌법에 위반되어 채택할 수 없다는 의미의 결정을 말한다.[3]

한정위헌결정은 한정합헌결정과 같이 헌법합치적 해석의 결과이나 법조문의 해석 중 특히 헌법과 조화를 이룰 수 없는 부분을 한정해서 밝힘으로써 그 범위 내에서 법률의 적용을 배제하려는 유형이다. 즉 위헌여부의 대상이 되는 법조문중 「헌법과 조화될 수 없는 내용을 한정해서 밝힘」으로써 그러한 해석의 법적용의을 배제하려는 해석이다. 즉 이는 불특정다수의 위헌요소 하나를 지적하여 위헌선언을 하는 것으로서, 위헌성의 적극성을 제시하는 것이다.

– "· · · 이와 같은 해석상에서는 헌법에 위반된다."

이와같이 한정위헌은 심판의 대상이 된 법조문을 축소 해석한 합헌적 법률 해석의 결과라는 점에서 한정 합헌 결정과 같지만, 심판의 대상이 된 법조문의 해석 중에서 특히 헌

에 근거하였거나 위헌적인 법규범에 근거하였는지의 여부는 본질적으로 아무런 차이점도 실제로는 존재하지 않는다. 법규범이 헌법재판소에 의해 무효선언된 것이 아니라 단지 기본법에 불합치하는 것으로 선언된 사례도 명확히 이에 포함됨은 분명하다. 예컨대 이것은 제67조에 따라 연방헌법재판소가 법규범의 무효를 선고하지 않고 단지 기본법 규정의 위반만을 선고한 기관쟁의에도 관련된다).

1) BVerfGE 40, 88; 42, 258(260) : "연방헌법재판소에 의해 개별법의 특정한 해석을 위헌으로 성격지워진 것은 연방헌법재판소법 제31조 제1항에 따라 모든 법원을 기속한다 …."

2) 남복현, 헌법재판관에 의한 법형성과 우리 헌법재판소의 변형결정실제, 김운용교수화갑기념논문(현대공법의 문제), 267면 이하 참조.

3) 권영성, 헌법학원론, 1158면.

법과 조화될 수 없는 내용을 한정해서 밝힘으로써 그러한 해석의 법적용을 배제하려는 결정 유형이다.

b) 헌법재판소결정례

헌법재판소는 정간법 제7조 제1항에 대한 위헌심판사건,[1] 음반에 관한법률 제3조에 대한 헌법소원사건(1993. 5. 13, 91헌바17)에서 "… 을 자기소유이어야 하는 것으로 해석하는 한 헌법에 위반된다"는 한정위헌결정을 한바 있다.

헌재결 1993. 5. 13, 91헌바17 **【음반에관한법률 제3조 등에 대한 헌법소원】**

【판시 사항】

위 법률 제3조 제1항 및 제13조 제1호는 제3조 제1항 각호에 규정한 시설을 자기소유이어야 하는 것으로 해석하는 한 헌법에 위반되는지 여부

【결정 요지】

위 법률 제3조 제1항 각호에 규정한 시설은 임차 또는 리스 등에 의하여도 갖출 수 있으므로, 동항 및 동법 제13조 제1항 제1호는 동법 제3조 제1항 각호에 규정한 시설을 자기소유이어야 하는 것으로 해석하는 한, 헌법상 금지된 허가제의 수단으로 남용될 우려가 있으므로 예술의 자유, 언론·출판의 자유, 평등권을 침해할 수 있게 되고, 죄형법정주의에 반하는 결과가 된다.

헌재결 1991. 4. 1, 89헌마160 **【민법 제764조의 위헌여부에 관한 헌법소원】**

[법원이 판결로서 사죄광고를 명하고 이를 강제집행하는 것이 양심의 자유 및 인격권을 침해하는 것이지의 여부]

헌법재판소는 민법 제764조에 규정된 '명예회복에 적당한 처분'에 사죄광고를 포함시키는 것은 헌법에 위반된다는 결정을 선고한 바 있다.[2] 즉 "사죄광고방법은 명예회복의 최후수단으로 보여지지 않으며 필요한 정도를 넘어서는 과도한 기본권제한 방법이다. 따라서 민법 제764조의 '명예회복에 적당한 처분'에 사죄 광고를 포함시키는 것은 헌법에 위반된다."[3]

---

1) 헌재결 1992. 6. 26, 90헌가23 **【정기간행물의등록등에관한법률 제7조 제1항의 위헌심판】**

2) 이와 관련하여 개별법률의 해석과 적용은 일반법원의 전권사항이고 헌법재판소의 심판대상이 될 수 없다는 점에서 논란이 된 바 있었다(상세한 내용은 박승호, 헌법재판의 본질과 한계, 박사학위론문(고려대 대학원), 168면 이하 참조). 원칙적으로 개별법률의 해석과 적용은 일반법원의 관장사항이다. 그러나 일반법원이 개별법률을 해석·적용하는 과정에서 헌법을 위반한 경우에는 이에 대해 헌법재판소는 심판할 수 있다고 할 것이다.

3) 민법 제764조에 관한 헌법재판소결정을 한정위헌결정으로 분류하는 입장(허영)이 있는데 이는 질적 일부위헌으로 보는 것이 타당하다고 보는 견해가 있다(김학성). 김학성 교수는 명예회복에 적당한 처분이라는 민법조문은 그대로 유지한 채 적용만을 한정하고 있기 때문이라고 한다.

헌재결 1992. 6. 26, 90헌가23【정간법 제7조 1항에 대한 위헌심판사건대한 위헌심판 사건】

[정기간행물을 발행하고자 하는 자에게 일정한 물적 시설을 갖추어 등록할 것을 요구하는 정기간행물의 등록에 관한 법률에 있어서 해당시설을 자기소유이어야 하는 것으로 해석하는 것이 위헌인지의 여부]

정기간행물의 등록 등에 관한 법률 제7조 제1항은 제9호 소정의 제6조 제3항 제1호 및 제2호의 규정에 의한 해당 시설을 자기 소유이어야 하는 것으로 해석하는 한 헌법에 위반된다.

헌재결 1994. 12. 29, 93헌바21【국가배상법 제2조 제1항 단서 위헌소원】

이 항 단서 중 군인이 직무집행과 관련하여 공상을 입은 경우에 본인 또는 그 유족이 다른 법령의 규정에 의하여 재해보상금·유족연금·상이연금 등의 보상을 지급받을 수 있을 때에는 이 법 및 민법의 규정에 의한 손해배상을 청구할 수 없다는 부분은, 일반국민이 직무집행 중인 군인과의 공동불법행위로 직무집행 중인 다른 군인에게 공상을 입혀 그 피해자에게 공동의 불법행위로 인한 손해를 배상한 다음 공동불법행위자인 군인의 부담부분에 관하여 국가에 대하여 구상권을 행사하는 것을 허용하지 아니한다고 해석하는 한, 헌법에 위반된다.

c) 문제점

한정합헌과 한정위헌의 구별기준이 애매하다. "…해석하에, 또는 …경우에는 적용되지 않는 것으로 해석하는 한 합헌이다"와 "…해석하에 또는 …경우에는 적용되는 것으로 해석하는 한 위헌이나"의 구별기준이 분명하지 않으므로, 어느 경우에 한정합헌을 하며 어느 경우에 한정위헌을 하는가가 문제된다.

전제사건과의 상관관계에 있어서 법률의 문언·의미·목적 등을 살펴보아 다의적인 해석가능성이 있을 때에 어느 해석가능성이 가장 헌법에 합치되는 가를 가려 한정축소적 해석방법을 하는 것이 한정합헌이라고 할 수 있다면(이는 합헌적인 일정한 범위 내에 의미내용을 확정하여 이것이 법률의 본래적 의미임을 밝히는 것이다), 한정위헌은 법률의 해석가능성 중에서 헌법과 조화를 이룰 수 없는 부분을 한정해서 밝힘으로써 위헌인 법해석의 적용가능성을 배제하는 방법이다. 한정합헌이 위헌적인 해석가능성을 소극적으로 배제시키려는 데 중점을 둔 것이라면 한정위헌은 적극적으로 배제시키려는 데 차이가 있을 뿐 본질적 차이는 없으며(따라서 한정합헌도 일종의 질적인 일부위헌의미를 지니고 있다), 헌법규범의 통일성 측면에서 의문의 여지가 있는 경우에는 합헌적 해석이 우선한다는 법칙과 충격적인 위헌선언은 가급적 피하는 것이 바람직하다는 일반적인 고려가 있을 뿐이라고 본다.

d) 한정위헌의 효력

한정위헌결정도 위헌결정에 속하므로 기속력과 일반적 효력을 가진다.[1] 그러나 대법원은 한정위헌결정은 법원을 기속하지 못한다고 하나 이는 헌법이 헌법재판소에 위헌법률심사권을 부여한 취지를 경시한 것이며, 대법원의 한정위헌의 기속력을 부인하는 것은 근본적으로 변형결정을 부인하는 태도에서 나온것이나, 변형결정은 불가피한 것으로 인정되어야 한다.[2]

8.3.4. 일부위헌(Teilnichtigkeit)결정

a) 의의

위헌입법에 대한 결정주문중 전형적으로 새로운 입법(법률의 개정)의 필요성이 없는 경우에는 위헌선언(Nichtigkeitserklärung)을 하면 그만이지만, 어떠한 법조문 전체가 아닌 일부(조문의 한 구절 · 어구 · 단어구)에 대하여 행하는 위헌선언이 있는데 이를 법규의 일부위헌선언(Teilnichtigkeit)이라 한다.

b) 요건

위헌선언한 부분이 없어도 나머지 규정부분만으로도 법률의 효력을 지속할 수 있고 명료하여야 할 것이 그 전제조건이다.

c) 효과

일부위헌선언에 의하여 생긴 조문변형(Textreduzierung)이 생긴 뒤에는 종래의 법조문은 변형 · 단순한 법조문이 되나, 이는 원칙적으로 그의 적용범위가 감소되거나 확장[3] 됨을 의미한다.

d) 종류

aa) 질적 일부위헌(qualitative Teilnichtigkeit) : 일부위헌결정

우리 헌법재판소는 1970년대 독일에서 논의되던 이른바 "질적 일부위헌(qualitative Teilnichtigkeit)[4]는 개념을 수용해서 합헌적 법률해석의 한 유형으로 일부 위헌 결정을 하고 있다. 즉 심판의 대상이 된 법조문을 그대로 놓아둔 채 그 법조문의 특정한 적용 사례에 대해서만 위헌이라고 선언하는 것이다.[5][6] 즉 불특정다수의 위헌요소중 일부만위헌이라고

1) 헌재결 1997. 12. 24, 96헌마172【헌법재판소법 제68조 제1항 위헌확인 등】
2) 양건, 헌법강의, 1047면.
3) Th. Maunz u.a., § 78 BVerfG, Rn. 23.
4) Vgl. Wassilos Skouris, Teilnichtigkeit von Gesetzen 1973, passim.

선언하는 것이다.

즉 질적 일부위헌이란 법률의 문언자체는 그대로 둔 채 한정축소해석의 타당영역밖에 있는 사안례까지 적용범위를 넓히는 것은 위헌이라는 취지의 선언을 하는 것이다. 이 경우에는 법률의 문언자체에 대한 제한은 없는 가운데 적용상의 한정조항만을 두고 있다. 문언자체에 대한 제한해석을 하지 않는 점에서 한정합헌이나 한정위헌과 구별된다고 할 것이다. 질적 일부위헌은 법적용영역과 그에 상응하는 해석가능성을 적극적으로 배제시킨다는 점에 특징이 있다.

- 국유재산취득금지[1)]
- 국유재산법 제5조 제2항

헌법재판소는 국유재산법 제5조 제2항에 대한 위헌심판사건에서(시효취득의 금지를 국유재산 중 잡종재산에 대하여 적용하는 것은 위헌이다), 화재로인한재해보상과보험가입에 관한법률 제5조 제1항에 대한 헌법소원사건에서(특수건물에 4층 이상의 건물을 포함시키는 것은 위헌이다), 국회의원선거법 제55조의3에 대한 헌법소원사건에서(정당연설회나 2종의 인쇄물을 더 배포할 수 있도록 한 것을 무소속후보에게도 허용하지 않는 한 위헌이나, 조선부결정으로도 불리움), 국가보안법 제19조에 대한 헌법소원사건에서(구속기간연장부분을 동법 제7조와 제10조에 적용하는 것은 위헌이다), 1980년 해직공무원보상 등에 관한특별조치법 제2조에 대한 위헌심판사건에서(차관급 상당의 보수를 받은 자에 법관을 포함시키는 것은 위헌이다) 질적 일부 위헌결정을 내리고 있다.

「참고」

허영 교수는 일부 위헌결정은 합헌적 법률해석의 의미가 보다 분명하게 나타나는 한정위헌결정의 주문형식으로 통일되는 것이 바람직하다고 한다. 그러나 한정합헌과 한정위헌은 구별이 더욱 어렵고, 구별의 의의가 있는가도 의문시되며, 법문의 제한해석을 통하여 행하는 모호한 방법보다는 적용대상을 한정시키는 방법이 더욱 더 구체적이므로, 도리어 한정위헌을 질적 일부위헌으로 통일시키는 것이 바람직하지 않을까 한다는 견해가 있다. 또 허영 교수의 견해는 양적 일부위헌을 부분위헌결정으로, 질적 일부위헌을 일부위헌결정이라고 하고 있는 바 '일부'와 '부분'이라는 용어례의 구별이 확연한 것인지, 용어가 내용을 쉽게 연상시켜 줄 수 있을가도 의문이라고 하고 있다.

---

5) 김철수 교수는 일본 문헌에 따라 일부 위헌 결정을 '적용위헌결정'이라는 말로 표현하고 있다. 이에 대해 허영 교수는 그러한 표현은 " … 합헌적 법률해석과 적용 위헌 이론을 구별하려고 하지만, 모든 적용위헌결정은 따지고 보면 합헌적 법률 해석의 결과에 해당하기 때문에 그 구별은 옳지않다"고 주장한다(허영, 한국헌법론, 869면 각주 2) 참조)

6) 권영성, 헌법학원론, 1154면.

1) 「국유재산」: · 행정재산 : 과천종합청사, · 보존재산 : 남대문, · 잡종재산 : 시효취득가능

bb) 양적 일부위헌(quvantitative Teilnichtigkeit) : **부분위헌결정**

* 무효선언으로서 법조문의 일부분이 삭제되는 효과

양적 일부위헌(quvantitative Teilnichtigkeit)은 법률의 일부분만을 위헌으로 선언하는 것이다. 법률의 일부분만이 위헌성을 지니고 있고 위헌부분이 가분적 성격을 지니고 있으며, 그 부분만 위헌무효화시킨다 하더라도 법률전체의 존속에 영향을 주지 않을 경우에는 전부를 무효화시킬 필요가 없게 된다.

헌법재판소는 국세기본법 제35조 제1항 3호에 대한 위헌심판사건에서 "…으로부터 1년", 국세기본법 제56조 제2항에 대한 헌법소원사건에서 "괄호 안의 부분", 반국가행위자의 처벌에 관한법률 제5조에 관한 헌법소원사건에서 "제345조 내지 제348조", 소송촉진에 관한특별조치법 제6조 제1항에 대한 위헌심판사건에서 "다만 국가를 상대로 하는 재산권의 행사에 관하여는 가집행의 선고를 할 수 없다"부분은 위헌이라고 하였다.

- 국가상대가집행금지
- 소송촉진 등에 관한 특례법

e) 문제점

허영 교수는 일부위헌결정의 문제점에 관하여 다음과 같이 주장하고 있다. 그런데 일부 위헌 결정은 내용 면에서 한정 위헌 결정과 구별하기가 어렵다. 한정 위헌 결정도 일부 위헌의 내용을 포함하고 있고, 일부 위헌 결정도 내용상 한정 위헌 결정으로 평가할 수 있기 때문이다. 따라서 일부 위헌은 한정 위헌의 내용을 가리키는 개념으로 이해하고, 법률에 대한 위헌 심판의 결정으로는 합헌적 법률해석의 의지가 보다 분명하게 나타나는 한정 위헌 결정의 주문 형식으로 통일하는 것이 바람직할 것이다.[1)]

8.3.5. 조건부 위헌결정

a) 의의

이는 조건이 충족되지 않아서 위헌이라는 것으로서, 우리 헌법재판소는 舊국회의원선거법 제55조의3과 제56조에 대한 헌법소원심판 사건에서 주문의 이른바 조건부 위헌 결정을 함으로써 하나의 새로운 유형의 합헌적 법률 해석을 시도했다.

조건부위헌결정을 하는 이유는 다음과 같다. 즉 헌법재판은 순수한 사법적 기능이라기보다는 '고도의 재량적 상황판단'을 요구하는 '입법적 기능'이기도 할뿐 아니라, 해당 법률조항의 위헌선언으로 말미암아 야기될 수 있는 선거의 혼란을 방지하고 법규정에 내재

---

1) 허영, 한국헌법론, 869면.

된 합헌적인 의미부분을 살려가면서 헌법배치적 상태를 제거할 필요가 있기 때문이다.

"· · · 하지 않는한 위헌이다"

b) 헌법재판소결정례

헌재결 1992. 3. 13, 92헌마37, 39(병합)【선거운동기회 차등】

사건명: 舊 국회의원 선거법 제55조의 3 등에 대한 헌법소원

판시요지: 의원선거법 규정의 위헌여부

'자유민주주의'는 국민의 주권 행사인 선거 결과에 따라 국민의 대표자가 구성되고 그들이 회의에서 의결되는 국가정책이 현실화되는 정치제도를 의미한다. 자유민주주의 국가에서의 '선거 제도'는 유권자인 국민이 자유로이 입후보자를 선택하고 입후보자가 자유롭게 의사를 발표하고 홍보할 수 있도록 민주적으로 균등한 선거 운동이 보장되게 마련되어야 한다.

'정당정치를 하는 국가'에서 정당추천후보자가 무소속후보자보다 선거운동에 있어서 상대적으로 유리한 위치에 있게 된다고 하더라도 그것은 '불합리한 차별'을 하는 것이 아니고 정당제도의 보장을 위한 입법 재량권의 행사라는 주장은 옳지 않다. 왜냐하면 그러한 차별대우는 자유·평등선거의 '기본적 내용'을 침해하는 것이기 때문이다.

무소속후보자와 정당추천후보자에게 '선거연설을 허용하는 기회'등의 등가성을 비교하여 볼 때 국회의원선거법 제55조의3은 '선거의 당락에 영향을 줄 수 있을 정도로 심히 불평등한 것이다. 따라서 정당 추천 후보자를 연설원으로 포함시킨 정당연설회를 개최하는 경우 무소속후보자에게도 그에 준하는 선거운동의 기회를 균등하게 허용하지 아니하는 한 헌법에 위배된다.

이에 대해 허영 교수는 다음과 같이 설명한다. ".... 이러한 주문형식의 조건부위헌결정은 심판의 대상이 된 법조문을 '축소 내지 제한해석'한 것이 아니라 오히려 '확대해석'한 결과로서 분명히 합헌적 법률해석의 한계를 벗어난 것이라는 비난을 면할 수 없다. 규범내용과는 '완전히 다른 내용'을 갖게 되기 때문이다. 심판의 대상이 된 법조문중 문제된 부분만을 위헌결정하는 이른바 '부분위헌결정'의 유형을 선택하는 것이 옳았다고 생각한다."[1)]

8.3.6. 헌법불합치결정

a) 의의

헌법불합치결정이란 실질적으로는 위헌결정에 해당되지만, 법률의 공백상태와 혼란을 방지하고 입법권자의 입법개선을 촉구하기 위해서 심판의 대상이 된 법조문을 위헌결정하는 대신 단순히 '헌법에 합치되지 아니한다'고 결정하면서 동시에 그 법조문의 효력시

---

1) 허영, 한국헌법론, 870면.

한을 정해주는 결정유형을 말한다.[1] 헌법불합치결정은 일종의 사법적 자제의 표현으로서 넓은 의미의 입법 개선 촉구 결정에 포함된다. 따라서 헌법불합치결정이 있게 되면 법조문의 효력시한이 정해지므로 그 시한내에서는 법률은 존속되며 효력도 지니게 되어 잠정적인 계속효를 가진다.[2][3] 헌법불합치결정은 위헌결정의 일종이므로 재판관 6인 이상의 찬성이 있어야 하고, 타국가기관에 대한 기속력을 지닌다.[4] 불합치결정이 정당화 될 수 있는 경우로는 상대적 불평등으로 인한 위헌의 경우와 법적 공백을 메우기 위함이다.

좁은 의미의 입법 개선 촉구 결정은 '아직은 위헌이라고 볼 수 없지만' 머지않아 위헌이 될 가능성이 큰 경우에 채택되는 결정유형인데 반해서[5] 헌법불합치결정은 '지금도 이

---

1) 헌재결 1991. 3. 11, 91헌마21【지방의회의원선거법 제36조 제1항에 대한 헌법소원】 헌법불합치선언은 이 사건의 경우에 있어서는 당해 법률규정이 전체적으로는 헌법규정에 저촉되지만 부분적으로는 합헌적인 부분도 혼재하고 있기 때문에 그 효력을 일응 존속시키면서 헌법합치적인 상태로 개정할 것을 촉구하는 변형결정의 일종으로서 전부부정(위헌)결정권은 일부부정(헌법불합치)결정권을 포함한다는 논리에 터잡은 것이다. 위헌이냐 합헌이냐의 결정 외에 한정합헌 또는 헌법불합치 등 중간영역의 주문(主文)형식은 헌법은 최고법규로 하는 통일적인 법질서의 형성을 위하여서 필요할 뿐 아니라 입법부가 제정한 법률을 위헌이라고 하여 전면폐기하기 보다는 그 효력을 가급적 유지하는 것이 권력분립의 정신에 합치하고 민주주의적 입법기능을 최대한 존중하는 것이라 할 것이며(헌재결 1990. 6. 25, 90헌가11 참조), 그것은 국민의 대표기관으로서 입법형성권을 가지는 국회의 정직성 · 성실성 · 전문성에 대한 예우이고 배려라고 할 것이다. 그리고 헌법재판소법 제75조 제2항의 규정에 따라 주문에 침해된 기본권을 표시하지 않는 이유는, 법률에 대한 헌법소원은 청구인의 침해된 기본권 구제의 면도 있으나 객관적인 헌법질서의 확립이라는 성질이 더 부각되어야 할 것이고, 동 규정의 취지가 같은 조 제3항 내지 제5항과의 관계에서 볼 때 입법권, 즉 법률에 의한 기본권침해의 경우에 부합하는 규정이라고 보여지지 않고, 오히려 같은 조 제6항이 헌법소원을 인용하여 법률의 위헌을 선고할 경우에는 같은 법 제45조, 제47조의 규정을 준용하도록 하고 있어서 구태여 주문에 침해된 기본권을 표시할 필요까지는 없다고 해석되기 때문이며, 이는 당재판소의 판례(헌재결 1990. 10. 8, 89헌마89 참조)이기도 하다.

2) 권영성, 헌법학원론, 1156면.

3) 헌법불합치결정을 선고하면서 적용중지명령을 내리는 경우도 있다. 헌재결 2000. 1. 27, 96헌바95【법인세법 제59조의 2 제1항 등 위헌소원】 위 법률조항들은 헌법에 위반되므로 원칙으로 위헌결정을 하여야 할 것이나, 이에 대하여 단순위헌결정을 선고하여 당장 그 효력을 상실시킬 경우에는 위 법률조항들에 의한 특별부가세를 부과할 수 없게 되는 법적 공백상태가 되고, 이에 따라 조세수입을 감소시켜 국가재정에 막대한 영향을 줄 뿐 아니라, 이미 위 법률조항들에 따른 특별부가세를 납부한 납세의무자들과 사이에 형평에 어긋나는 결과를 초래하는 데다가, 위 법률조항들의 위헌성은 국회에서 법률로 제정하지 아니한 입법형식의 잘못에 기인하는 것이므로, 우리 재판소는 단순위헌결정을 하지 아니하고 헌법불합치 결정을 하면서 법원 기타 국가기관 및 지방자치단체에 대하여 위 법률조항들의 적용중지를 명한다.

4) 헌재결 1989. 9. 8, 88헌가6; 권영성, 헌법학원론, 1156면.

미 위헌이지만'위헌 결정으로 인한 법적 공백 상태를 방지할 필요가 있고, 입법권자에게 시한을 정해서 입법 개선을 촉구해 두는 것이 위헌 결정하는 것보다 합목적적이라고 판단되는 경우에 채택되는 결정 유형이다. 그리고 개정입법이 행해지지 아니한 채 기한이 도래하면 당해 법률 또는 법조항은 효력을 상실하게 된다.[1]

헌법불합치결정 → · 법적 공백 상태를 방지
· 입법권자에게 시한을 정해서 입법 개선을 촉구

그리고 헌법재판소가 헌법불합치라는 변형결정주문을 선택하여 위헌적 요소가 있는 조항들을 합헌적으로 개정 혹은 폐지하는 임무를 입법자의 형성재량에 맡긴 경우에는, 헌법불합치 결정의 효력이 소급적으로 미치게 되는 모든 사건이나 앞으로 위 법률조항들을 적용하여 행할 부과처분에 대하여는 법리상 헌법불합치 결정 이후 입법자에 의하여 위헌성이 제거된 새로운 법률조항을 적용하여야 한다.[2]

b) 헌법재판소결정례

헌법재판소는 국회의원선거법 제34조에 대한 위헌심판사건에서,[3] 지방의회의원선거법 제36조 1항에 대한 헌법소원사건에서,[4] 노동쟁의조정법 제12조 제2항에 대한 헌법소원

---

5) 헌재결 1993. 7. 29, 93헌마23【지방의회의원선거법 제12조 제3호의 위헌확인】【사건요지】(쟁점) 선거범으로서 50만원의 벌금형의선고를 받은 후 6년을 경과하지 아니한 자에대하여 지방위회의원 피선거권을 제한하고 있는 지방위회의원 선거법 규정의 위헌여부: 1) 선거범으로서 50만원의 벌금형의 선고를 받은 후 6년을 경과하지 아니한 자에 대하여 지방의회의원의 피선거권을 제한하고 있는 이 사건 법률조항은, 선거의 공정성을 해친 선거사범에 대해서 일정기간 핀선거권의 행사를 정지시킴으로써 주권자인 국민의 정치적 의사형성과 참정권행사를 공명하게 담보하기 위한 규정이므로 입법형성의 합리적 재량의 한계를 벗어난 위헌규정이라 볼 수 없다. 2) 이 사건 법률조항은 국회의원선거법 제12조 제3호 전단규정(100만원이상)과 대비하여 청구인에게 특히 불합리한 차별대우를 하였다든가 그 공무담임권을 恣意的으로 제한한 것이 아니고 합리적인 이유와 근거에 의하여 마련된 것이다. 물론 동일유형의 선거법에 대해서 위 두 선거법의 규정이 동일한 것이 바람직하겠으나 그렇지 못한 것은 입법정책의 졸렬에서 기인한 것으로 그것이 체계부조화 내지 부적합이 될 수는 있다. 그런데 체계상의 부조화내지 부적합도 경우에 따라서는 위헌의 사태를 초래할 수 있으므로 선거법전반에 관항 체계적 재검토와 시정조치가 시급히 요청된다. (☜ 일종의 좁은의미의 입법개선촉구)

1) 권영성, 헌법학원론, 1156면.

2) 헌재결 2000. 1. 27, 96헌바95【법인세법 제59조의 2 제1항 등 위헌소원】

3) 헌재결 1989. 9. 8, 88헌가6【국회의원선거법 제33조 제34조의 위헌심판제청】

4) 헌재결 1991. 3. 11, 91헌마21【지방의회의원선거법 제36조 제1항에 대한 헌법소원】

사건에서[1] 헌법불합치결정을 하고 있다. 모든 경우에 있어 일정한 기간을 정하여 입법개선의무를 부과하고 있다.

헌재결 1989. 9. 8, 88헌가6 【국회의원선거법 제33조 제34조에 대한 위헌심판】

쟁점: 정당추천후보자와 무소속후보자의 기탁금에 차 등을 둔 것과 유효투표총수의 3분의 1을 얻지 못한 낙선자의 기탁금을 국고에 귀속시키게 한 국회의원선거법 규정의 위헌여부

1. 국회의원선거법 제33조의 기탁금은 너무 과다하여 국민주권주의와 자유민주주의의 기본원칙과 관련하여 헌법 제11조의 평등보호원칙, 제24조의 참정권, 제25조의 공무담임권을 침해할 뿐만아니라 정당추천 후보자와 무소속후보자의 기탁금에 1,000만원과 2,000만원의 차등을 둔 것은 정당인과 비정당인을 불합리하게 차별하는 것으로 헌법 제41조의 선거원칙에 반하고 헌법 제11조의 평등보호규정에 위배된다.

2. 유효투표 총수의 3분의 1을 얻지 못한 낙선자 등의 기탁금을 국고에 귀속 시키게 하는 것은 그 기준이 너무 엄격하여 국가 존립의 기초가 되는 선거제도의 원리에 반하며, 선거경비를 후보자에게 부담시킬 수 없다는 헌법 제116조에도 위반된다.

3. 위헌심판결정의 주문에 헌법에 합치하지 아니한다고 선고하면서 일정기한까지 그 법률의 효력을 지키도록 하는 이유는 국회의 권위와 동질성을 유지하기 위하여, 선거법의 개정은 국회가 스스로 하도록 하고, 그간에 재선거나 보궐선거가 있을 때에는 그 효력을 지속시키는 것이 합당하기 때문이다.

『재판관 변정수의 보충의견 및 반대의견』

1. 위헌결정은 형벌법규가 아니면 장래효 밖에 없으나 적어도 당해사건에 대하여서만은 소급효를 인정하여야 한다.

2. 위헌결정은 선고일로부터 즉시 그 효력을 발생하는 것이지 헌법재판소가 임의로 그 효력 발생시기를 정할 수 없다.

『재판관 김진우의 반대의견』

법률이 헌법에 위반된다면, 그 법률조항을 실효시킬 때 국가존립에 위해가 미칠 법의 공백이나 사회적 혼란이 예상되는 등 위헌결정의 효력을 일시 배제하여야 할 극히 이례적인 특별한 사유가 있지 아니하는 한, 위헌결정일로부터 그 효력을 상실케 하는 것이 타당하다.

헌재결 1994. 7. 29, 92헌바49 · 52 병합 【토지초과이득세법 제10조 등 위헌소원】

토초세법상의 기준시가는 국민의 납세의무의 성부 및 범위와 직접적인 관계를 가지고 있는 중요한 사항이므로 이를 하위법규에 백지위임하지 아니하고 그 대강이라도 토초세법 자체에서 직접 규정해 두어야만 함에도 불구하고, 토초세법 제11조 제2항이 그 기준시가

---

1) 헌재결 1993. 3. 11, 88헌마5 【노동쟁의조정법에 관한 헌법소원】

를 전적으로 대통령령에 맡겨 두고 있는 것은 헌법상의 조세법률주의 혹은 위임입법의 범위를 구체적으로 정하도록 한 헌법 제75조의 취지에 위반되나, 아직까지는 대부분의 조세규정이 그 기준시가를 토초세법과 같이 단순히 시행령에 위임해 두는 방식을 취하고 있으며, 이는 우리의 오래된 입법관례로까지 굳어져 왔는바, 이러한 상항에서 성급하게 위 조문을 무효화할 경우 세정전반에 관한 일대 혼란이 일어날 것이므로 위 조항에 대해서는 위헌선언결정을 하는 대신 이를 조속히 개정하도록 촉구하기로만 한다.

토초세법은 개발이익환수에관한법률 및 여타 세법과의 사이에 구조적·내용적인 연계를 지니고 있어, 당장 이것을 무효로 한다면 법제 및 재정 양면에 걸쳐 적지 않은 법적 혼란 내지는 공백을 초래할 우려가 있고, 앞서 본 위헌적인 규정들을 다시 합헌적으로 조정하는 임무는 입법자의 형성의 재량에 속하는 사항일 뿐만아니라, 또한 여기서 당장 토초세법에 대한 단순위헌결정을 선고한다면 이 결정의 효력이 미치게 되는 이른바 "당해사건" 관계자들과 현행법에 따른 기발생 토초세를 전부 납부하고도 아무런 이의를 제기하지 아니한 다수의 납세자에 대한 관계에 있어서 형평의 문제를 심화시키는 결과를 초래하는 것이다. 그러므로 당재판소는, "입법자가 토초세법을 적어도 이 결정에서 밝힌 위헌이유에 맞추어 새로이 개정 혹은 폐지할 때까지는 법원 기타 국가기관은 현행 토초세법을 더 이상 적용·시행할 수 없도록 중지하되, 그 형식적 존속만을 잠정적으로 유지하게 하기 위하여" 이 사건에서 토초세법에 대한 단순 위헌무효결정을 선고하지 아니하고, 헌법재판소법 제47조 제2항 본문의 "효력상실"을 제한적으로 적용하는 변형위헌결정으로서의 헌법불합치결정을 선고하는 것이다.

헌재결 1991. 3. 11, 91헌마21 【지방의회 의원선거법 제36조 제1항에 대한 헌법소원)】

쟁점 : 지방의회의원선거법상의 기탁금액수와 관련된부분의 위헌여부

지방의회의원선거법 제36조 제1항은 "시·도의회의원 후보자는 700만원의 기탁금"부분은 너무 과다하여, 자연인의 경우는 헌법 제11조의 평등권, 제24조의 선거권, 제25조의 공무담임권 등을 침해하는 것이고, 정당의 경우는 선거에 있어서 기회균등의 보장을 받을 수 있는 헌법적 권리를 침해한 것이다. 이 사건의 주문에 헌법에 합치하지 아니한다고 선고하면서 일정 기간까지 그 법률의 효력을 지키도록 하는 이유는 기탁금제도 자체는 헌법상 일응 합헌이어서 기탁금액 전부에 대하여 위헌무효를 선고하기가 어렵고 그 구체적인 한도액은 국회가 정하는 것이 바람직한 반면 헌법불합치상태는 지방의회의원선거법 시행후 최초로 실시되는 시·도의회의원선거 공고일까지는 개정되어야 하기 때문이다.[1)]

헌재결 1993. 3. 11, 88헌마5[2)] 【노동쟁의조정법 제12조 제2항에 대한 헌법소원】

가. 현행 헌법 제33조 제2항은 구헌법과는 달리 국가공무원이든 지방공무원이든 막론

---

1) 이 사건 기탁금액에 대하여 헌법불합치결정을 하는 이유는 기탁금제도 자체는 일응 합헌으로 인정할 수 있기 때문에 입법형성권을 갖고 있는 국회가 과다한 기탁금액만을 스스로 적당히 하향조정되도록 하기 위해서이다.

2) (참조) 헌재결 1989. 9. 8, 88헌가6; 헌재결 1991. 3. 11, 91헌마21; [대법원 판례] : 대판 1991. 6. 11, 90다5450 【부당이득금반환】

하고 공무원의 경우에 전면적으로 단체행동권을 제한하거나 부인하는 것이 아니라 일정한 범위내의 공무원인 근로자의 경우에는 단결권, 단체교섭권을 포함하여 단체행동권을 갖는 것을 전제하였으며, 다만 그 구체적인 범위는 법률에서 정하여 부여하도록 위임하고 있다.

나. 모든 공무원에게 단체행동권, 즉 쟁의권을 근본적으로 부인하고 있는 노동쟁의조정법 제12조 제2항 중 (국가·지방자치단체에 종사하는 근로자)에 관한 부분은 현행 헌법 제33조 제2항의 규정과 저촉되고 충돌되는 것으로 헌법 제37조 제2항의 일반적 법률유보조항에 의하여서도 정당화될 수 없는 것이지만, 헌법 제33조 제2항의 규정은 일부 공무원에게는 단체행동권을 주지 않는다는 것도 전제하고 있으므로 합헌적인 면도 포함되어 있다. 따라서 위 규정은 단순위헌선언을 하여 무효화시킬 법률이 아니고, 앞으로 현행 헌법규정과 충돌됨이 없이 합헌의 상태가 되도록 고쳐져서 재정비되어야 할 규정이다.

다. 입법자가 위의 헌법불합치의 상태의 제거를 위하여 일정한 범위의 공무원에게 단체행동권을 부여하는 입법을 함에 있어서는, 첫째 사실상 노무에 종사하는 공무원에게 쟁의권을 전면 부여하던 구법상태로 단순히 환원시키는 방안, 둘째 이들에게 쟁의권을 주되 전체이익과의 조화를 위하여 그 행사요건과 절차를 신설하는 등의 보완입법을 하는 방안, 셋째 기존의 입법형태와는 달리 종사하는 직종이 아니라 직역을 기준으로 하여 선별적으로 쟁의권을 부여하는 방안 등 세가지를 상정할 수 있다.

라. 위 세가지 방안 중 어느 것이 가장 이상적이며, 어느 것이 선택되어야 하는가는 헌법재판소의 소관일 수 없고, 그것은 광범위한 입법형성권을 가진 입법자의 재량영역이며, 입법정책으로 결단되어야 할 문제이다. 그러나 입법자는 어떠한 형태로든 법률을 만들어 일정한 테두리의 공무원인 근로자가 단체행동권을 갖도록 하여 헌법불합치인 현재의 상태를 제거할 의무가 있다할 것으로, 이러한 의미에서 바른 시일안에 헌법불합치의 제거를 위한 입법촉구를 하는 바이다.

마. 현재의 입법부는 그 입법활동이 사실상 종료되는 1995년말까지 헌법이 위임한 바를 입법화하여 헌법불합치의 상태를 제거하여야 할 것이다. 다만 그때까지, 연혁적으로 원칙규정으로 존치해 왔던 규범에 내재하는 그 합헌적 의미가 완전부인될 수 없고 헌법불합치의 법률을 시정하는 방안은 입법자의 전속적 재량에 속하는 것임에 비추어, 부득이 위 규정의 법규적 효력은 지속되어야 할 것이고, 위 규정의 효력은 그때가 경과하여 비로소 상실되게 될 것이다.[1)]

---

1) 『재판관 변정수의 반대의견』 가. 노동3권은 단체협약권을 중심으로 한 한묶음의 권리이지 개별적으로 독립된 권리가 아니며 헌법 제33조 제2항의 취지에 비추어 보더라도 노동쟁의조정법 제12조 제2항이 국가공무원법 제66조 및 지방공무원법 제58조에 의하여 노동운동이 허용된 사실상 노무에 종사하는 공무원으로부터 단체행동권을 박탈해 버린 것은 헌법 제33조 제1, 2항에 위배되고, 더구나 노동쟁의조정법 제12조 제2항은 주요방위산업체에 근무하는 근로자 뿐만 아니라 국가 및 지방자치단체에 근무하는 근로자에 대하여서까지 쟁의행위를 할 수 없도록 규정하고 있으니 노동쟁의조정법의 위 규정 중 국가 및 지방자치단체에 근무하는 근로자에 대한 부분은 헌법 제33조 제3항에도 위배된다. 또한 노동쟁의조정법의 위 규정부분은 노동3권의 본질적 내용을 침해하는 것으로서 헌법 제37조 제2항에 의하여서도 정당화될 수 없는 위헌법률이다. 나. 노동쟁의조정법 제12조 제2항 중 공무원인 근로자의 노동쟁의를 전면금지한 부분은 일부위헌 또는 헌

8.3.7. 부분위헌결정

a) 의의

심판의 대상이 된 법조문을 그대로 놓아둔 채 그 법조문 중 일부문구나 표현만을 위헌이라고 선언하는 결정유형이다. 소송촉진등에관한특례법 제6조 제1항 중 '다만 국가를 상대로 하는 재산권의 행사에 관하여는 가집행의 선고를 할 수 없다.'라는 부분은 헌법에 위반된다 등의 주문형식이 그 예이다.

b) 헌법재판소결정례

헌재결 1989. 1. 25, 88헌가7 【소송촉진등에관한특례법 제6조의위헌심판제청】

주문형식 : 부분위헌결정

사건명 : 소송촉진등에 관한 특례법 제6조 제1항 중 단서부분에 위헌여부

사건요지 : (쟁점)국가를 상대로 한 재산권의 청구에 관하여 가집행선고를 금지하고 있는 소송촉진등에 관한 특례법이 국가에 우월적 지위를 부여하여 위헌인지 여부.

'국고작용'으로 인한 법률관계에 있어서 '국가'가 '민사소송의 당사자'인 경우에는 합리적인 이유 없이 우대받아서는 아니되기 때문에 '국가'를 상대로 한 재산권의 청구에 관하여 '가집행선고'를 금지하고 있는 소송촉진등에 관한 특례법 제6조 제1항 단서부분은 헌법에 위반된다.

부분위헌결정은 위헌결정의 한 형식으로서 심판의 대상이 된 법조문의 일부분을 위헌이라고 선언하는 것이기 때문에 심판의 대상이 된 법조문은 그대로 유효하게 놓아둔채 그 법조문의 특정한 적용사례만을 위헌이라고 선언하는 '일부위헌결정'과는 구별한다.

8.3.8. 입법촉구결정(아직은 합헌결정)

입법촉구결정은 아직은(결정당시) 합헌이나 머지않아 위헌 가능성이 큰 경우에 사용되는 것으로서, 헌법에 완전히 합치하는 상태를 실현하기 위하여 또는 장차 발생할 위헌의 상태를 방지하기 위하여 입법자에게 당해법률의 개정 또는 보완 등 입법을 촉구하는 결정형식이다.[1] 독일의 경우에 약간의 예가 있고,[2] 우리 나라 헌법재판소는 소수의견에서 몇군데(교육법 제8조의 2와 정간법 제16조 제3항에 대한 사건에서 이시윤재판관의 입법촉구의견) 나타나고 있다. 입법촉구를 동반하게 되는 헌법불합치도 넓은 의미의 입법촉구결정

법불합치가 아니라 전부위헌의 법률임이 분명하니 위헌선언하여 폐지시켜야 한다. 다. 법률의 위헌성을 인정하면서도 헌법재판소가 위헌선언을 유보하고 국회에 대하여 입법을 촉구할 수 있는 법적 근거가 없다.

1) 권영성, 헌법학원론, 1157면.

2) 권영성, 헌법학원론, 1157면.

으로 볼 수 있다. 입법촉구와 헌법불합치의 다른 점은 전자의 경우에는 국회가 추상적 입법개선의무를 부담하나 후자의 경우에는 구체적 입법개선의무를 부담하는 데 있다고 봄이 일반적이다.

9. 법률에 대한 위헌결정의 효력

헌법재판소가 법률에 대한 위헌결정을 한 경우에는 위헌으로 결정된 법률 또는 법률의 조항은 그 결정이 있는 날로부터 효력을 상실[1]한다. 그 결과 위헌으로 결정된 법률에 근거한 유죄의 확정판결에 대하여 형사소송법상의 재심청구가 가능하다. 그리고 법률의 위헌결정은 법원 기타 국가기관이나 지방자치단체를 기속한다.[2] 위헌결정의 이 기속력은 결정주문만이 아니라 결정주문을 뒷받침해주는 주요논거도 함께 갖는다고 보아야 한다.

이론적으로 법률에 대한 위헌결정의 효력을 언제부터 발생시킬 것인가에 대해서는 소급무효(처음부터 소급하여 무효; ex-tunc Wirkung), 향후무효(결정시부터 무효; ex-nunc 효력), 미래무효(미래의 일정시점 이후부터 무효)의 세 가지 방법이 있고, 이 모두 장 · 단점이 있다.[3] 우리 현행법은 법치국가원리의 법적 안정성을 중요시하여 원칙적으로 향후무효의 입장을 따르면서도 실질적 정의실현의 관점에서 형벌에 관한 조항은 소급무효를 인정한다.[4]

헌법재판소가 법률에 대해서 위헌결정 대신에 헌법불합치결정을 하는 경우에도 현실적으로 미래무효의 효력도 나타나게되며, 그 결과 헌법재판소가 정하는 미래의 일정한 시점까지는 계속해서 효력을 유지하게 된다. 미래무효의 효력은 법적 공백상태의 방지를 그 이론적인 근거로 하고 있다. 또 무효의 효력도 개별사건에만 국한시키지 않고 그 법률조항 자체의 효력을 상실시킴으로써 이른바 일반적 효력을 인정한 것은 규범통제가 갖는 객관적 소송으로서의 성질을 존중한 것이라고 볼 수 있다.[5]

---

1) 이를 ex-nunc-효력이라 한다(허영, 한국헌법론, 872면). 우리 대법원은 법률에 대한 위헌결정의 효력을 서서히 확대시켜왔다. 즉 대법원 판례는 ① 당해사건에 한한 소급효(대판 1991. 6. 11, 90다5450), ② 위헌제청을 불문하고 법원에서 그 법률의 위헌 여부가 다투어지고 있는 모든 사건에 대한 소급효(대판 1991. 12. 24, 90다8176), ③ 위헌법률이 재판의전제가 되어 법원에 계류된 모든 일반사건에 대한 소급효(대판 1992. 2. 14, 91누1462), ④ 법률에 대한 위헌결정 이후에 소송이 제기된 일반사건에 대한 효력(대판 1993. 1. 15, 92다12377)등으로 변해왔다. 따라서 법률에 대한 헌법재판소의 위헌결정은 이제 당해 법률을 사실상 무효로 만드는 효과를 나타내게 되었다(허영, 한국헌법론, 872면 각주 1) 참조).

2) 헌법재판소법 제47조 제1항: "법률의 위헌판결은 법원 기타 국가기관및 지방자치단체를 기속한다."

3) 허영, 한국헌법론, 872면.

4) 허영, 한국헌법론, 872면.

II. 탄핵심판권

헌법재판소는 국회에서 탄핵소추를 받은 자에 대한 탄핵심판을 한다. 헌법재판소는 탄핵심판을 하기 위하여 필요한 증거의 조사, 피청구인의 소환·심문 등을 할 수 있고, 탄핵결정은 피청구인을 당해 공직에서 파면함에 그치며, 탄핵결정에 의하여 파면된 자는 5년의 경과하지 아니하면 공무원이 될 수 없고, 탄핵결정에는 6인 이상의 재판관의 찬성이 있어야 한며, 탄핵심판과 민·형사재판사이에는 일사부재리의 원칙이 적용되지 아니한다.

III. 위헌정당의 해산심판권

정부는 정당의 목적이나 활동이 민주적 기본질서에 위배될 때에는 국무회의의 심의를 거쳐 헌법재판소에 그 해산을 청구할 수 있다. 헌법재판소는 신청 또는 직권으로 종국결정의 선고시까지 피청구인의 활동을 정지하는 결정을 할 수 있다(가처분결정). 해산결정이 선고되면 정당은 해산되며, 대체정당의 설립이 금지되며, 당원은 그 자격을 상실하며, 소속의원의 자격상실 여부에 관하여는 견해의 대립이 있으나 상실된다고 보는 것이 다수설이며, 정당의 재산은 국고에 귀속되며, 또한 해산된 정당과 같은 명칭은 정당의 명칭으로 사용할 수 없다. 정당해산 결정의 집행은 중앙선거관리위원회가 행한다(헌재법 제60조).

헌법재판소가 정당의 위헌여부를 심사한 결과, 일단 위헌이 아니라고 인정하면, 정부는 동일정당에 대하여 동일사유로 다시 제소할 수 없다(헌재법 제39조; 일사부재리의 원칙).

IV. 권한쟁의심판권

1. 개념

권한쟁의심판이란(소위 기관소송) 국가기관과 그 하부결정기관(지방자치단체 등) 등의 권한의 존부나 범위에 관하여 적극적 또는 소극적 분쟁(관할상의 분쟁)이 발생한 경우에, 독립적 지위를 가지는 제3의 기관이 권한의 존부·내용·범위 등을 명백히 함으로써 기관간의 분쟁을 해결하는 소송이다.[1] 특정한 사항이 자기 관할이 속한다는 것을 주장하는

5) 허영, 한국헌법론, 873면.

1) 권영성, 헌법학원론, 1165면.

적극적 권한쟁의와 속하지 아니함을 주장하는 소극적 권한쟁의가 있다.

2. 제도적 의의

국가기관 상호간에 각자가 가지는 헌법적 권한의 범위와 내용에 대하여 다툼이 있는 경우, 이에 대한 권위적인 조정이 없다면 국가기능이 마비될 수 있고 또한 권력분립적 메카니즘(Mechanism)이 파괴될 수 있으므로 이를 방지하는데 제도적 의의가 있다.

3. 종류

3.1. 국가기관 상호간의 권한쟁의

국회, 정부, 법원, 중앙선거관리위원회 상호간의 권한쟁의가 있다. 국회상임위원회, 교섭단체는 국회를 상대로 권한쟁의를 할 수 있다.

[국회의원과 국회의장간 권한심판의 당사자]

국회의원과 국회의장 사이에 위와 같은 각자 권한의 존부 및 범위와 행사를 둘러싸고 언제나 다툼이 생길 수 있고, 이와 같은 분쟁은 단순히 국회의 구성원인 국회의원과 국회의장간의 국가기관 내부의 분쟁이 아니라 각각 별개의 헌법상의 국가기관으로서의 권한을 둘러싸고 발생하는 분쟁이라고 할 것인데, 이와 같은 분쟁을 행정소송법상의 기관소송으로 해결할 수 없고 권한쟁의심판이외에 달리 해결할 적당한 기관이나 방법이 없으므로(행정소송법 제3조 제4호 단서는 헌법재판소의 관장사항으로 되는 소송을 기관소송의 대상에서 제외하고 있으며, 같은 법 제45조는 기관소송을 법률이 정한 경우에 법률이 정한 자에 한하여 제기할 수 있도록 규정하고 있다) 국회의원과 국회의장은 헌법 제111조 제1항 제4호 소정의 권한쟁의심판의 당사자가 될 수 있다고 보아야 할 것이다.[1)2)3)]

1) 헌재결 1997. 7. 16, 96헌라2 – 반대의견(재판관 황도연, 정경식, 신창언): 권한쟁의심판제도의 목적에 비추어 볼 때 헌법 제111조 제1항 제4호 소정의 '국가기관 상호간의 권한쟁의'는 상호 견제와 균형을 유지하도록 권한이 분배된 대등한 권력행사기관 사이의 권한에 관한 다툼을 의미한다 할 것이므로, 헌법재판소법 제62조 제1항 제1호에서 국가기관 상호간의 권한쟁의심판을 "국회, 정부, 법원 및 중앙선거관리위원회 상호간의 권한쟁의심판"이라고 규정한 것은 국가기관 상호간의 권한쟁의심판을 이들 기관 상호간의 권한쟁의심판으로 열거하여 헌법의 위 규정을 명확하게 구체화한 것이라 할 것이다.

2) 국회의원과 국회의장 사이의 권한심판의 당사자: 헌재결 2000. 2. 24, 99헌라1; 헌재결 2003. 10. 30, 2002헌라1.

3) 헌법재판소는 종전에는 이와 견해를 달리하여 국회원은 권한쟁의심판의 청구인이 될 수 없다고 한 의견을 이 판례를 통하여 변경하고 있다(권영성, 헌법학원론, 1166면).

3.2. 권한쟁의심판의 당사자로서 '국가기관'

헌법재판소는 권한쟁의 심판기관으로서의 국가기관에 대하여 "헌법 제111조 제1항 제4호에서 헌법재판소의 관장사항의 하나로 "국가기관 상호간, 국가기관과 지방자치단체 간 및 지방자치단체 상호간의 권한쟁의에 관한 심판"이라고 규정하고 있을 뿐 권한쟁의심판의 당사자가 될 수 있는 국가기관의 종류나 범위에 관하여는 아무런 규정을 두고 있지 않고, 이에 관하여 특별히 법률로 정하도록 위임하고 있지도 않다. 따라서 입법자인 국회는 권한쟁의심판의 종류나 당사자를 제한할 입법형성의 자유가 있다고 할 수 없고, 헌법 제111조 제1항 제4호에서 말하는 국가기관의 의미와 권한쟁의심판의 당사자가 될 수 있는 국가기관의 범위는 결국 헌법해석을 통하여 확정하여야 할 문제이다. 그렇다면 헌법재판소법 제62조 제1항 제1호가 비록 국가기관 상호간의 권한쟁의심판을 "국회, 정부, 법원 및 중앙선거관리위원회 상호간의 권한쟁의심판"이라고 규정하고 있다고 할지라도 이 법률조항의 문언에 얽매여 곧바로 이들 기관 외에는 권한쟁의심판의 당사자가 될 수 없다고 단정할 수는 없다"고 한다.[1]

3.3. 국가기관 상호간의 권한쟁의의 의미

권한쟁의심판은 공권력을 행사하는 국가기관이나 지방자치단체와 다른 국가기관 또는 지방자치단체 사이에 권한의 존부 또는 범위에 관하여 다툼이 있는 경우 독립한 국가기관인 헌법재판소가 이를 심판하여 그 권한과 의무의 한계를 명확히 함으로써 국가기능의 원활한 수행을 도모하고 권력 상호간의 견제와 균형을 유지시켜 헌법질서를 보호하려는 데 그 제도의 목적이 있다고 할 수 있다.[2]

3.2. 국가기관과 지방자치단체간의 권한쟁의

정부와 특별시 · 광역시 · 도간의 권한분쟁과 정부와 시 · 군 · 자치구간의 권한분쟁이 포함된다.

3.3. 지방자치단체 상호간의 권한쟁의

지방자치단체 뿐만 아니라 교육자치단체도 포함된다.

헌재결 2008. 12. 26, 2005헌라11 【북제주군과 완도군 등 간의 권한쟁의】
헌법재판소 전원재판부는 2008년 12월 26일 재판관 8 : 1(일부 각하)의 의견으로 동경

---

1) 헌재결 1997. 7. 16, 96헌라2 【국회의원과 국회의장간의 권한쟁의】
2) 헌재결 1995. 2. 23, 90헌라1 【국회의원과 국회의장간의 권한쟁의】

126°38′, 북위 33°55′에 위치한 섬(이 사건 섬을 두고 청구인(제주특별자치도)측은 사수도, 피청구인들(완도군, 완도군수)측은 장수도라 불러왔다)에 대한 관할권한은 청구인(제주특별자치도)에게 있음을 확인하고, 이 사건 심판청구 중 피청구인 완도군수에 대한 심판청구는 각하하는 결정을 선고하였다.

육지의 경계확정 분쟁과 유사한 성격을 가지는 이 사건 분쟁의 성격상 지적공부를 중심으로 이 사건 섬의 귀속을 판단하여야 하는데, 지방자치법 제4조 제1항에 따라 1948. 8. 15. 당시를 기준으로 할 경우 당시 지적공부인 임야대장 등에 청구인만이 이 사건 섬을 등록하고 있고, 나아가 위 지적공부상 기재에 명백한 오류가 있거나 그 기재 내용을 신뢰하지 못할 만한 다른 사정이 있다고 보기 어려운 점 등에 비추어 이 사건 섬에 대한 관할권한이 청구인에게 귀속된다고 판단한 것이다. 이에 대하여 피청구인 완도군수에 대한 심판청구가 적법하고 이유 있으므로, 각하해서는 안 되고 인용하여야 한다는 재판관 조대현의 반대의견이 있다.

4. 심판청구의 요건

피청구인의 처분의 또는 부작위가 헌법 또는 법률에 의하여 부여받은 청구인의 권한을 침해하였거나 침해할 현저한 위험이 있어야 한다.

5. 청구기간

권한쟁의심판은 그 사유가 있음을 안 날로부터 60일 이내에, 그 사유가 있은 날로부터 180일 이내에 청구하여야 한다.

6. 결정

헌법재판소는 권한의 존부 또는 범위에 관하여 판단하며, 처분 또는 부작위가 청구인의 권한을 침해한 때에는 이를 취소하거나 무효를 확인할 수 있다. 권한 쟁의의 결정은 재판관의 과반수의 찬성을 요한다. 권한쟁의심판의 결정은 모든 국가기관을 구속한다. 또한 처분의 취소는 이미 발생한 효력에 영향을 미치지 않는다(이를 방지하기 위하여 가처분을 신청할 수 있다).

V. 헌법소원심판

1. 의의

헌법소원(헌법소청)이라 함은 국가의 공권력에 의하여 기본권을 침해당한 자가 헌법재판소에 대하여 그 구제를 청구할 수 있는 제도를 의미한다. 헌법소원은 개인의 주관적 권리를 보장함으로써 객관적 헌법질서를 확보하려는데 그 제도적 의의가 있다. 헌법재판소도 헌법소원의 두 기능을 모두 인정하고 있다.[1)]

「헌법소원(헌법소청)」 헌재결 1991. 3. 11, 92헌바21 【1980년해직공무원의보상등에관한특별조치법 제4조에 대한 헌법소원】

- 국가의 공권력에 의하여 기본권을 침해
  - · 개인의 주관적 권리보장
  - · 객관적 헌법질서 확보

- 복직을 위한 헌법소원심판청구 중 정년에 달한 경우 보호이익 -

<사례>

갑은 3년 전 공무원으로 재직하던 때에 퇴근 후 동료 부하직원들과의 회식자리에서 술기운에 곧 있을 선거에 출마자 중 어느 한 사람을 지지하는 발언을 하였는데, 그 파장이 예상외로 커져 직장 내에서 공무원의 정치적 중립성 유지의무를 위배하였다는 이유로 파면 당하였다. 갑은 소청심사 및 모든 행정적 구제절차를 거쳐 급기야 헌법소원심판까지 청구하게 되었는데, 헌법소원심판 계류 중 정년에 달하게 되었다. 이 경우 갑의 헌법소원심판청구는 권리보호의 이익이 없다는 이유로 본안판단을 받을 수 없게 되는가?

<해설>

갑의 경우 우선 공무원의 파면이라는 공권력의 행사가 있었고 문제의 여지는 있지만, 아무리 무원이더라도 사석에서 정치적 의견을 말한 것이 공무원의 정치적 중립성에 위배되었다고 하여 해임처분을 한 것은 공무원이더라도 한 개인으로서 정치적 소신을 가질 수 있다는 점에서 갑의 기본권을 침해한 결과가 될 수 있고, 소청심사 등 필요한 사전구제절차를 경유하였으므로 일응 헌법소원심판의 청구가 가능할 것으로 보인다. 다만, 위 사안에서의 문제는 모든 소송에 있어서 일반적으로 요구되는 소의 이익, 즉 헌법소원심판청구의 이익을 갖춘 것이냐 하는 것이다.

그러나 헌법소원은 개인의 주관적 권리보호(위 사안에서는 갑의 공직복귀) 이외에도 객관적 헌법을 수호하기 위한 제도이므로 청구인 개인의 주관적 목적달성과는 거리가 있다 하더라도 불분명한 헌법문제의 해명, 침해반복의 위험 등이 권리보호 이익유무의 판단기준이 될 수 있다.

헌법재판소는 이와 같은 취지에서 헌법소원의 해결이 헌법문제의 해명에 중대한 의미를 지니고 있는 경우에 심판청구의 이익을 적극적으로 인정하고 있다. 예를 들어 구속기간이 종료된 뒤 청구한 헌법소원심판의 경우에도 심판청구의 이익을 인정하고 있고(헌법재판소 1992. 4. 14. 선고 90헌마82 결정), 권력적 사실행위가 종료된 후의 헌법소원심판청구에 있어서도 심판의 필요성을 인정한 경우가 있다(헌재결 1993. 7. 29, 89헌마31).

---

1) 헌재결 1991. 3. 11, 92헌바21 【1980년해직공무원의보상등에관한특별조치법 제4조에 대한 헌법소원】

특히 헌법재판소는 이와 유사한 사안에서 "청구인은 1931. 11. 12.생으로 이 사건이 헌법재판소에 적법 계속중인 1992. 12. 31.로서 공무원 연령정년이 되었으므로 이 사건 헌법소원이 가사 인용된다고 할지라도 공직에 복귀할 수 없어 소원의 전제가 된 법원에서의 쟁송사건과의 관련에서 볼 때 권리보호의 이익이 없다고 할 것이다. 그러나 헌법소원제도는 개인의 주관적인 권리구제에만 그 목적이 있는 것이 아니고 객관적인 헌법질서의 유지·수호에도 있다고 할 것인바, 이 사건 헌법소원에서 문제되고 있는 5급 이상 공무원 특별채용 배제문제는 비단 청구인 한 사람에게만 국한된 것이 아니고 비슷한 처지에 있는 1980년도 해직공무원 1,367명에게 이해관계가 있고 헌법적 해명이 필요한 중요한 의미를 지니고 있는 사안이므로 본안판단의 필요성이 있다."라고 하여 본안판단의 필요성을 긍정하였다(헌재결 1992. 1. 28, 91헌마111; 헌재결 1992. 4. 14, 90헌마82; 헌재결 1993. 9. 27, 92헌바21). 따라서 갑의 경우도 헌법재판의 객관적 헌법질서 보장기능에 비추어 권리보호의 이익을 갖춘 것으로 보인다. <대한법률구조공단>

2. 입법예

독일, 스위스, 스페인은 모든 국가작용을 헌법소원의 대상으로 삼고 있으나 오스트리아는 법원의 재판을 그 대상에서 제외하고 있다.

「대상」
모든 국가작용 → 독일, 스위스, 스페인
법원의 재판 제외 → 오스트리아, 한국

3. 종류

헌법소원은 공권력으로 국민의 기본권이 침해된 경우에 청구하는 헌법소원(권리구제형 헌법소원)과 법률의 위헌여부의 제청신청이 기각된 경우에 청구하는 헌법소원(위헌심사형 헌법소원)의 두 가지로 구분한다. 전자의 경우가 본래의 의미의 헌법소원이다.

- 공권력으로 국민의 기본권이 침해된 경우에 청구하는 헌법소원 → 권리구제형 헌법소원
- 법률의 위헌여부의 제청신청이 기각된 경우에 청구하는 헌법소원 → 위헌심사형 헌법소원

3.1. 권리구제형 헌법소원(헌법재판소법 제68조 제1항의 헌법소원)

공권력(입법, 행정, 사법 등)의 행사 또는 불행사로 인하여 국민의 기본권이 직접 그리고 현실적으로 침해당한 자가 헌법재판기관에 당해 공권력의 행사 및 불행사의 위헌여부의 심사를 청구하여 그 구제를 받는 제도이다.[1]

「권리구제형 헌법소원」
- 공권력(입법, 행정, 사법 등)의 행사
- 공권력(입법, 행정, 사법 등)의 불행사

- 건물대장상 '위법건축물' 표시말소신청반려에 대한 헌법소원심판청구 -

<사례>

甲은 乙로부터 건물을 매수하였는데, 그 건물은 乙이 건축허가를 받아 건축한 후 사용검사필증까지 교부받은 후 甲에게 매도하였으나, 甲이 그 건물을 매수한 후 상설검사에서 건축법위반사항이 발견되어 위법건축물로 건축물관리대장상 표시되어 관리되었고, 甲에게 위법사항을 시정하지 않으면 이행강제금을 부과한다고 통지하자 甲은 선의의 매수인이라는 이유로 다투었으며, 관할구청은 결국 甲에 대해서는 이행강제금부과를 면제하였으나, 건축물대장의 "위법건축물"표시의 말소신청에 대해서는 위법사항이 시정되어야 말소될 것이라는 취지의 회신을 하였는바, 이러한 경우 甲이 관할구청의 위와 같은 처분에 대하여 헌법소원을 청구할 수 있는가?

<해설>

헌법재판소법 제68조 제1항 본문에 의하면 "공권력의 행사 또는 불행사로 인하여 헌법상 보장된 기본권을 침해받은 자는 법원의 재판을 제외하고는 헌법재판소에 헌법소원심판을 청구할 수 있다."라고 규정하고 있다. 그렇다면 위와 같은 경우에도 위 규정에 의한 헌법소원심판의 청구요건이 갖추어졌는지가 문제된다.

위 사안과 유사한 경우에 청구인이 건물매수 전에 건축물대장을 열람하고 등본을 교부받았는데 당시에는 '위법건축물'표시가 없었기 때문에 적법하게 건축되었다고 믿고 건물을 매수하였는바, 피청구인의 건축물관리대장상 '위법건축물'표시의 말소신청반려처분은 신뢰보호원칙에 위배되는 것으로서 청구인의 재산권과 행복추구권을 침해하는 것이라고 주장하여 그 취소를 구하는 헌법소원심판청구를 한 사안에 관하여 헌법재판소는 "청구인은 주택의 건축물대장에 있는 '위법건축물'표시의 말소신청에 대한 피청구인의 반려처분이 위헌이라고 주장하면서 그 취소를 구하고 있지만, 청구인이 이를 통하여 이루려고 하는 것은 위 표시의 말소에 그친다고 보여지지 않는다. 즉, 청구인은 그 전 소유자가 위 주택이 건축법에 위반하여 건축되었다는 사실을 숨겼고 피청구인도 위 주택의 건축물대장에 '위법건축물'이라는 표시를 하는 것을 지연하였기 때문에 청구인으로서는 위 주택이 위법으로 건축되었다는 사정을 모르는 상태에서 이를 매수하였고, 뒤늦게 건축물대장에 위와 같은 표시가 기입됨으로써 장래 위 주택의 처분곤란 또는 가격하락으로 인한 손해를 입게 될 것이 명백하다고 주장하면서, 이러한 피해의 회복을 위하여 영구적으로 위 주택이 적법한 것으로 취급됨으로써 청구인 뿐 아니라(청구인은 이행강제금을 면제받았으므로 당장 현실화된 손해는 없다는 점을 자인하고 있음) 앞으로 위 주택을 매도하는 경우 그 양수인에게도 이행강제금이 부과될 염려가 없도록 하여 달라는 취지로 이 사건 청구를 한 것이

1) 권영성, 헌법학원론, 1169면.

다. 그리고 적법취급의 방법으로서 위 반려처분을 취소하여 위 표시가 말소되도록 하여 달라는 것이다. 그런데 건축물대장에 하는 '위법건축물'이라는 표시는 부동산거래의 실제에 있어서 거래성사여부나 가격형성에 영향을 미칠 수 있는 요인으로 작용할 수는 있겠으나, 그 표시를 하거나 하지 않는 것이 결코 위법여부를 좌우하는 것은 아니다. 그러므로 위법사항이 시정되지 않은 상태에서 표시만 말소된다면 잘못된 정보로서 기능하게 될 뿐이며, 소유자가 건축법상의 시정명령이나 이행강제금부과처분을 받는 것을 면할 수는 없다. 청구인이나 청구인으로부터 위 주택을 양수하는 자로서는 피청구인의 시정명령이나 이행강제금부과처분이 있는 경우 건축물대장상의 '위법건축물'이라는 표시의 말소를 구하는 것으로는 그 목적하는 바를 달성할 수 없는 것이다. 헌법재판소법 제68조 제1항 본문은 공권력의 행사 또는 불행사로 인하여 헌법상 보장된 자신의 기본권을 현재 직접적으로 침해당한 자만이 헌법소원심판을 청구할 수 있다는 뜻이다. 따라서, 공권력의 행사로 인하여 헌법소원을 청구하고자 하는 자의 권리나 법적 지위에 아무런 영향이 미치지 않는다면 당초부터 기본권침해의 가능성이나 위험성이 없으므로 그 공권력의 행사를 대상으로 헌법소원을 청구하는 것은 허용되지 않는 것이다.[1] 결국, 위 주택에 관한 건축물대장의 '위법건축물'표시의 말소신청을 반려한 피청구인의 행위는 청구인의 권리나 법적 지위에 영향을 미치는 바가 없어서 기본권을 침해할 가능성이 없으므로, 위 반려처분을 취소하여 달라는 이 심판청구는 헌법재판소법 제68조 제1항의 헌법소원 요건을 갖추지 못하였다고 할 것이다."라고 하였다.[2]

따라서 위 사안의 경우에도 甲이 위법건축물말소신청반려처분취소의 헌법소원을 제기한다고 하여도 부적법 각하 될 것으로 보인다. <대한법률구조공단>

3.2. 위헌심사형 헌법소원(헌법재판소법 제68조 제2항의 헌법소원)

3.2.1. 개념

법률의 위헌여부의 제청신청이 기각된 경우에는 헌법재판소에 헌법소원을 제기할 수 있는 바(헌법재판소법 제68조 제2항), 이것이 소위 위헌심사형 헌법소원이다. 이를 위헌소원이라고 약칭하기도 한다. 위헌심사형 헌법소원은 우리나라의 독특한 제도이다.[3] 이제도는 헌법소원심판이라는 용어를 사용하고 있으나 그 성질은 규범통제, 즉 위헌법률심판이라고 할 수 있다.[4]

3.2.2. 제도적 의의

독일의 경우에는 위헌심판을 제청신청한 경우에 법원이 법률을 위헌이라고 여길 경우

1) 헌재결 1999. 6. 24, 97헌마315【지목변경신청서반려처분취소】
2) 헌재결 2000. 8. 31, 99헌마602【위법건축물표시말소신청반려처분취소】
3) 양건, 헌법강의, 1051면.
4) 양건, 헌법강의, 1051면.

에 한하여 위헌심판을 받을 기회가 부여되며, 법원이 기각한 경우에는 독립해서 다툴 방법이 없고 항소나 상고를 통하여 시정받거나 상고심 판결에 대한 헌법소원을 통하여 다툴 수 있다. 이에 반하여 우리 나라는 위헌제청신청을 기각한 경우에는 바로 헌법재판소에 헌법소원을 청구할 수 있도록 규정하고 있어 제1심 단계에서부터 재판의 전제가 된 법률의 위헌판단을 받을 수 있도록 한 점은 소송경제적 측면에서 보아 독일보다 더 나은 제도로 평가되고 있다.

제5공화국 헌법은 대법원에게 위헌법률심판제청에 관한 송부결정권을 부여하였으나 대법원의 사법소극주의적 자세로 인하여 위헌법률심판제청이 한 건도 없었다. 그러나 헌법재판소법 제68조 제2항의 헌법소원이 도입된 결과 위헌판단을 받을 수 있는 기회가 실질적으로 확보되었다는 점에 의의가 있고, 헌법재판을 활성화하는데 많은 기여를 하고 있다. 법률의 위헌심판에 관한 제청여부를 법원이 판단케 함으로써 적법을 빙자한 소송지연을 방지할 수 있다고 본다. 법원이 제청한 경우에는 당해사건에 대한 재판을 정지해주지만 기각한 때에는 정지되지 아니한다.

3.3.3. 법적 성격

a) 헌법소원설

헌법재판소법 제68조 제2항의 헌법소원은 위헌심판제청에 대한 법원의 기각결정에 대한 헌법소원이라는 입장이다. 즉 법원의 재판은 헌법소원이 될 수 없으나(헌법재판소법 제68조 제1항), 예외적으로 위헌심판제청에 대한 법원의 기각결정이라는 법원의 재판에 대하여는 헌법소원의 제기를 허용하고 있다는 것이다(다수설).

b) 위헌법률심판설

헌법재판소법 제68조 제2항의 헌법소원은 그 본질이 헌법소원이 아니라 위헌 법률심판에 해당된다는 것이다. 헌법소원은 공권력의 행사 또는 불행사로 국민의 기본권이 침해된 경우에 구제를 청구하는 제도인 바, 법률의 위헌심판제청이 기각된 경우에는 침해된 기본권이 없으므로 헌법소원이란 용어가 나타날 여지가 없으며, 헌법재판소법은 동법 제68조 제2항 후단에서 헌법소원을 제기한 자는 당해사건의 소송절차에서 동일한 사유를 이유로 위헌제청신청을 할 수 없다고 하였고, 위헌심사형 헌법소원의 기재사항을 규정한 동법 제71조 제2항은 위헌심판의 기재사항인 동법 제43조를 준용토록 하고 있는 바 이는 헌법재판소법 제68조 제2항의 헌법소원의 본질이 위헌심판임을 암시하고 있는 것이다. 따라서 헌법재판소법 제68조 제2항의 헌법소원은 그 명칭에 불구하고 헌법소원이 아닌 위헌법률심판에 불과한 것이다.[1)2)]

4. 요건

공권력이 행사 또는 불행사로 인하여 당사자의 기본권이 침해되어야 한다. 여기에는 입법권·행정권·사법권을 행사하는 모든 국가기관의 적극적인 작위와 소극적인 부작위를 총칭한다.1)

헌재결 1996. 12. 26. 96헌마51【교육부교원징계재심위원회결정 위헌확인】

【판시사항】

교육공무원법 제49조에 의한 고충심사청구에 대한 결정이 헌법재판소법 제68조 제1항 소정의 "공권력의 행사 또는 불행사"에 해당하는지 여부

【결정요지】

이 사건 심판대상인 고충심사청구에 대한 결정은 피청구인이 청구인의 고충을 해소하는 등 공정한 처리를 위하여 노력한 결과, 즉 청구인의 고충을 해소하여 주려고 하여도 현행 법령의 테두리 안에서 허용되지 아니한다는 사정을 알리는 결정에 지나지 아니하며, 그로 인하여 청구인에 대한 법률관계의 변동이나 이익의 침해가 생기지 아니하므로, 헌법소원의 대상이 되는 공권력의 행사 또는 불행사에 해당된다고 할 수 없다.

4.1. 공권력

4.1.1. 법령

헌법재판소는 법령을 헌법소원의 대상으로 인정하고 있다. 이는 법령에 대한 직접적인 위헌판단을 허용하지 않고, 우회적으로 행정소송을 먼저 제기할 것을 요구하는 것은 기대가능성이 없고, 법원에 법령자체를 직접 다투는 것을 소송물로하여 제소할 수 없기 때문이라고 하였다.2)

법률이 별도의 구체적 집행행위를 기다리지 않고 직접적·현재적으로 기본권을 침해하는 경우에는 헌법소원을 허용하고 있으나(지방공무원법 제31조, 89헌마220), 처분이 있는 경우에는 법률에 대한 헌법소원의 직접성을 부인하고 있다(보안처분은 사회안전법자체에 기한 것이 아니라 법무부장관의 결정에 의한 것이므로 사회안전법이라는 법률자체에

---

1) 헌재결정(헌법재판소는 형법 제241조(간통죄)에 관한 사건에서 '청구를 기각하는 대신 헌법에 위반되지 않는다'는 내용을 밝힌 바 있다. 이는 헌법재판소도 헌재법 제68조 제2항의 헌법소원을 위헌심판으로 본다는 의미가 된다.)

2) 입법론적으로는 헌법재판소법 제68조 제2항의 헌법소원은 폐지하고 위헌법률심판의 제청신청에 대하여 법원이 기각한 경우에는 당사자는 바로 헌법재판소에 위헌법률심판청구를 할 수 있도록 하는 것이 바람직하다고 본다.

1) 권영성, 헌법학원론, 1174면.

2) 헌재결 1989. 3. 17, 88헌마1【사법서사법시행규칙에 관한 헌법소원】

의한 권리침해의 직접성을 갖추었다고 할 수 없다.[1] 다만 집행행위가 있는 경우에도 그 집행행위를 대상으로 하는 구제절차가 없거나, 구제절차가 있다고 하더라도 권리구제의 기대가능성이 없는 등 당해 법률에 대한 전제관련성이 확실하다고 인정될 때에는 법률을 직접 다툴 수 있다고 하였다.[2] 법률소원은 기본권침해가 법률규정의 운영 때문이 아니라 그 법 자체 때문에 이루어진 경우에 허용된다고 언급한 것도 있다(지선법 제28조; 90헌마28).

4.1.2. 대법원규칙

법무사법시행규칙에 대한 헌법소원에서 대법원규칙이 직접기본권을 침해하는 경우에는 헌법소원의 대상이 된다고 하였다.[3]

> [사법부에서 제정한 규칙에 대한 헌법소원]
> 헌법 제107조 제2항이 규정한 명령·규칙에 대한 대법원의 최종심사권이란 구체적인 소송사건에서 명령·규칙의 위헌여부가 재판의 전제가 되었을 경우 법률의 경우와는 달리 헌법재판소에 제청할 것 없이 대법원이 최종적으로 심사할 수 있다는 의미이며, 명령·규칙 그 자체에 의하여 직접 기본권이 침해되었음을 이유로 하여 헌법소원심판을 청구하는 것은 위 헌법규정과는 아무런 상관이 없는 문제이다. 따라서 입법부·행정부·사법부에서 제정한 규칙이 별도의 집행행위를 기다리지 않고 직접 기본권을 침해하는 것일 때에는 모두 헌법소원심판의 대상이 될 수 있는 것이다.[4]

4.1.3. 부령(部令)

체육시설의설치이용에관한법률시행규칙(문화체육부령) 제5조에 대한 헌법소원이 있다.[5]

4.1.4. 규칙(행정규칙의 형식으로 되어 있으나 대외적 구속을 지닌 경우)

행정규칙은 보통 고시·훈령·예규 등 독자적인 형식에 의하여 정립되지만, 보통 법률 또는 법규명령의 집행을 위하여 제정하는 규칙(집행규칙)은 원칙적으로는 '법규의 집행적 성질'(법률 또는 법규명령을 실현하기 위한 사무의 분배, 집행의 절차·방법 등을 규정하는

---

1) 헌재결 1989. 10. 27, 89헌마105【사회안전법에 관한 헌법소원】
2) 헌재결 1992. 4. 14, 90헌마82【국가보안법 제19조에 대한 헌법소원 】
3) 헌재결 1990. 10. 15, 89헌마178【법무사법시행규칙에 대한 헌법소원】
4) 헌재결 1990. 10. 15, 89헌마178; 헌재결 2001. 11. 29, 2000헌마84【법무사법 제4조 제1항 제1호 등 위헌확인】
5) 헌재결 1993. 5. 13, 92헌마80【체육시설의설치이용에관한법률시행규칙 제5조에 대한 헌법소원】

것)[1]을 가지는 것이 원칙이다. 그런데 실질적으로 '법규의 보충적 성질(법률 또는 명령, 즉 법령보충적 성질)'을 가지는 것, 예를 들면 고시 중에는 그 근거가 되는 법령의 규정과 결합한 결과로 법규의 내용을 보충(Ergänzung)하는 것이 존재한다(**법령보충적 행정규칙**; ☞'법령보충적 행정규칙'을 '규범구체화 행정규칙'으로 보아 행정규칙으로 보는 견해가 있는가 하면, 이를 법규명령으로보는 견해도 있다).[2]

예컨대, 舊대외무역법 제18조의 수출입품목 공고, 물가안정에관한법률(舊물가안정및공정거래에관한법률) 제2조의 규정에 의하여 주무부장관이 국민생활과 국민경제의 안정을 위하여 필요하다고 인정할 때 최고가격을 지정하여 고시하는 것, 대통령령인 사립학교법 시행령 제12조 제1항 제5호의 규정(학교법인이 매도하거나 담보에 제공할 수 없는 재산으로서 "기타 교육에 직접 사용되는 시설 · 설비 및 교재 · 교구")에 의하여 교육과학기술부장관이 재산의 범위를 지정하는 것 등이 그것이다(사립학교법 시행규칙은 존재하지 않음). 이는 실질적으로는 법규의 보충적 성질을 가지며, 이에 불응하는 경우 여러 가지 법적 불이익을 받게 된다.[3]

> 물가안정에관한법률 제2조 (최고가격의 지정등) ① 정부는 국민생활과 국민경제의 안정을 위하여 필요하다고 인정할 때에는 특히 긴요한 물품의 가격, 부동산등의 임대료 또는 용역의 대가의 최고가액(이하 "최고가격"이라 한다)을 지정할 수 있다. ② 제1항의 규정에 의한 최고가격은 생산단계 · 도매단계 · 소매단계등 거래단계별 및 지역별로 지정할 수 있다. ③ 정부는 제1항의 규정에 의하여 지정한 최고가격을 계속 유지할 사유가 없어졌다고 인정할 때에는 지체 없이 이를 폐지하여야 한다. ④ 정부는 제1항 또는 제3항의 규정에 의하여 최고가격을 지정하거나 폐지한 때에는 지체 없이 이를 고시하여야 한다.

> 물가안정에관한법률시행령 제2조 (최고가격의 지정 및 폐지) ① 법 제2조 제1항 내지 제3항의 규정에 의한 최고가격의 지정과 그 폐지는 주무부장관이 행한다. 다만, 소관이 분명하지 아니하거나 2 이상의 부처에 관련되는 것의 최고가격의 지정과 그 폐지는 기획재정부장관이 행한다.

이와 같이 실질적으로 법규의 내용을 보충하는 행정규칙에 대하여 법규성을 인정할 것인가(법규명령으로서의 효력) 부정할 것인가의 인부(認否)에 관하여는 소극설(부정설)[4]과

---

1) 박윤흔, 행정법강의(상), 248면; '행정규칙형식의 법규명령의 법적 성질'에 관하여는 정남철, 헌법소원의 대상으로서 소위 법령보충적 행정규칙, 헌법논총 16집(2005.12), 헌법재판소, 445-478면.

2) 상세한 내용은 김백유, 행정법치론(I), 464면 이하 참조.

3) 박윤흔, 행정법강의(상), 248면.

4) 김도창; 김남진 · 김연태, 행정법(I), 175면(법률보충적 행정규칙을 법규명령으로 보아 대외적 구

적극설(긍정설)[1]이 대립 되는바, 적극설이 타당하다.[2] 판례도 적극설을 취한다.[3] 즉 제정형식이 법규명령이 아닌 고시 · 훈령 · 예규 등의 행정규칙이라 하더라도 상위법령과 결합하여 대외적 구속력을 갖는 법규명령으로서 기능하게 되는 경우에는 헌법소원의 대상이 된다고 하였다.[4]

[연구사항 : 구분해야 할 점]
- **행정규칙에 법규성을 가진 행정규칙이 있음을 인정**한다(행정규칙의 성격을 보유하면서 법규성을 가진다는 의미).
- 이러한 행정규칙은 실질적으로는 **법규명령에 해당**(법규명령으로 전환)되는 것이고, 따라서 행정규칙이 직접적인 대외적 효력을 갖는 것은 없다.

대판 1988. 3. 22, 87누654 **【양도소득세부과처분취소】**

【판시사항】

재산제세사무처리규정 제72조 제3항이 양도소득세의 실지거래가액에 의한 과세의 법령상 근거가 될 수 있는지 여부(적극)

【판결요지】

법령이 일정한 행정기관에 대하여 법령의 내용을 구체적으로 보충규정할 권한을 위임하고 이에 따라 행정기관이 행정규칙의 형식으로 그 법령의 내용이 될 사항을 규정하였다면 위 행정규칙은 법령의 내용과 결합하여 법규로서의 효력을 가진다 할 것이므로 소득세

속력을 인정하는 것은 타당하지 않다). 법률보충적 행정규칙의 법적 성질을 독일에서의 규범구체화 행정규칙과 같은 것으로 보아 행정규칙으로 인정하고자 하는 학설이 있으나, 「독일의 경우 규범구체화 행정규칙은 법률에 명시적 수권이 있고, 법적 절차를 통해 제정된 것이며, 행정기관이 갖는 전문적 과학기술 등을 이유로 인정되지만, 우리 나라의 경우 그러한 의미의 행정규칙이 존재하는지 의심스럽다는 견해가 있다(김남진 · 김연태, 행정법(I), 167면)」. .

1) 박윤흔, 행정법강의(상), 248-249면; 김동희, 행정법(I), 164면; 서원우; 김이열; 김남진, 법령보충적 행정규칙의 법적 성질, 법률저널, 2003. 5. 13; 김남진, "장관이 정하는 범위안에"와 위임입법의 한계, 법률신문, 2003. 7. 3 참조. 김남진 · 김연태, 행정법(I) 175면에서는 행정규칙설이 타당하다고 하나, 김남진 교수는 법규명령으로 보는 것 같다(김남진 · 김연태, 행정법(I), 172면 각주 17) 참조); 석종현, 일반행정법(상), 191면.

2) 독일에서는 규범구체화 행정규칙(normkonkretisierende Verwaltungsvorschriften)이라하여 상위규범(법률 · 법규명령 등)을 구체화하는 내용의 행정규칙에 대하여 대외적 효과(재판규범성)를 인정한 판례가 있다. 즉 1985년 12월 19일 독일연방행정법원이 빌(Whyl) 원자력 관련 판결에서 연방내무부장관의 지침을 규범구체화 행정규칙이라하여 재판규범성을 인정한 것이다(김남진 · 김연태, 행정법(I), 166면 참조); 석종현, 일반행정법(상), 190면 참조.

3) 헌재결 2004. 10. 28, 99헌바91 **【금융산업의구조개선에관한법률 제2조 제3호 가목 등 위헌소원(동법 제10조 제1항 제2호, 제2항, 제12조 제2항 내지 제4항】**

4) 헌재결 1992. 6. 26, 91헌마25 **【공무원임용령 제35조의2 등에 대한 헌법소원】**

법시행령이 국세청장에게 일정한 범위의 거래를 지정할 수 있는 권한을 부여하고 이에 따라 국세청장이 훈령으로서 재산제세사무처리규정을 제정한 것인만큼 이 규정은 과세의 법령상 근거가 된다.

대판 2002. 9. 27, 2000두7933 【판매사업불허가처분취소】

법령의 규정이 지방자치단체장(허가관청)에게 그 법령내용의 구체적인 사항을 정할 수 있는 권한을 부여하면서 그 권한행사의 절차나 방법을 정하지 아니하고 있는 경우, 그 법령의 내용이 될 사항을 구체적으로 규정한 지방자치단체장의 고시는, 당해 법률 및 그 시행령의 위임한계를 벗어나지 아니하는 한 그 법령의 규정과 결합하여 대외적인 구속력이 있는 법규명령으로서의 효력을 갖게 되고, 허가관청인 지방자치단체장이 그 범위 내에서 허가기준을 정하였다면 그 허가기준의 내용이 관계 법령의 목적이나 근본취지에 명백히 배치되거나 서로 모순되는 등의 특별한 사정이 없는 한 그 허가기준이 효력이 없는 것이라고 볼 수는 없다.

헌재결 1992. 6. 26, 91헌마25 【공무원임용령제35조의2등에대한헌법소원】

법령의 직접적인 위임에 따라 위임행정기관이 그 법령을 시행하는데 필요한 구체적 사항을 정한 것이면, 그 제정형식은 비록 법규명령이 아닌 고시, 훈령, 예규 등과 같은 행정규칙이더라도 그것이 상위법령의 위임한계를 벗어나지 아니하는 한, 상위법령과 결합하여 대외적인 구속력을 갖는 법규명령으로서 기능하게 된다고 보아야 할 것인바, 청구인이 법령과 예규의 관계규정으로 말미암아 직접 기본권침해를 받았다면 이에 대하여 바로 헌법소원심판을 청구할 수 있다.

대판 2006. 9. 22, 2006두7430 【주유소설치허가처분무효확인등】

이 사건 변경고시는 법 및 시행령의 위임 범위 내에서 결정된 것으로서 법규명령으로서의 효력을 가진다. 나아가 이 사건 변경고시에서 '동일방향(차량통행 방향 직진 또는 좌·우회전 방향을 포함한다)'이라고 규정한 부분에 관하여 보면, 비록 위 법 시행규칙 제4조 제2호에서 주유소 간의 간격은 '동일방향별로 2킬로미터 이상'이라고만 정하고 있기는 하나, 개발제한구역의 지정목적과 이에 따른 주유소 설치 억제의 취지에 비추어 볼 때 허가관청이 그 재량에 따라 위와 같이 허가 기준을 구체화한 것이 위임법령의 목적이나 근본취지에 배치되거나 모순되는 것으로 보이지 않으므로, 위 규정 부분은 그 문언에 따라 법규로서의 효력이 있다(대법원 2005. 11. 24. 선고 2005두7617 판결 참조).[1)]

1) 대판 2006. 9. 22, 2006두7430 【주유소설치허가처분무효확인등】 【판시사항】 [1] 주유소간 간격에 관하여 규정한 지방자치단체 고시가 법규로서의 효력이 있다고 한 사례 [2] 행정소송에서 기록상 자료가 나타나 있으면 당사자가 주장하지 않더라도 판단할 수 있는지 여부(적극) [3] 주유소간 거리제한 요건을 충족하였는지 여부를 심사함에 있어서 개발제한구역 내의 주유소간의 간격에 관하여 규정하고 있는 지방자치단체 고시 조항의 요건 구비 여부를 심리·판단하지 않은 조치에 직권심리를 다하지 아니한 잘못이 있다고 한 사례 【원고, 피상고인】 원고 (소송대리인

[기타 판례][1]

- 독점규제및공정거래에관한법률 제23조에 의한 불공정거래행위지정고시
- 구 공업배치및공장설립에관한법률 제8조의 규정에 따라 공장입지의 구체적 기준을 정한 공장입지기준고시(대판 1999. 7. 23, 97누6261; 대판 2003. 9. 26, 2003두2274)
- 보건복지부 고시인 '의료보험진료수가기준' 중(부록 1) 수탁검사실시기관인정등기준(대판 1999. 6. 22, 98두17807)
- 대외무역법 제15조에 의한 물품수출입공고
- 국세청장의 훈령인 재산세사무처리규정(대판 1987. 9. 29, 86누484)
- 노인복지법 제32조 제2항에 의한 노인복지사업지침(대판 1996. 4. 12, 95누7727)
- 건설교통부장관의 훈령인 개발제한구역관리규정(대판 1998. 6. 9, 97누19915)

명령·규칙에 근거한 집행행위가 존재하지 아니한 경우에는 그에 대한 헌법위반여부를 구체적인 재판절차에서 심사할 수 없기 때문에 직접 국민의 기본권을 침해하는 명령·규칙에 대하여는 주관적 권리구제절차로서 헌법소원의 가능성이 열려 있으므로(헌법 제111조 제1항 제5호, 헌법재판소 1990. 10. 15. 선고 89헌마178 결정), 헌법재판소에 의하여 명령·규칙이 위헌으로 결정되어 그 효력을 상실한 경우에도 법률의 경우와 그 법리가 다를 바 없다.[2]

[명령·규칙에 대한 헌법소원 여부]

헌법 제107조 제2항은 "명령·규칙 또는 처분이 헌법이나 법률에 위반되는 여부가 재판의 전제가 된 경우에는 대법원은 이를 최종적으로 심사할 권한을 가진다"고 규정하고 있다. 위 규정에 따른 대법원의 명령·규칙에 대한 최종심사권은 구체적인 소송사건에서 명령·규칙의 위헌 여부가 재판의 전제가 되었을 경우 법률과는 달리 헌법재판소에 제청할 것 없이 대법원이 최종적으로 심사할 수 있다는 것을 의미하고, 명령·규칙 그 자체에 의하여 직접 기본권이 침해된 경우에는 헌법 제111조 제1항 제5호, 헌법재판소법 제68조 제1항에 근거하여 헌법소원심판을 청구하는 것이 허용된다고 할 것이다.[3]

헌재결 1990. 10. 15, 89헌마178【법무사법시행규칙에 대한 헌법소원】

헌법 제107조 제2항이 규정한 명령·규칙에 대한 대법원의 최종심사권이란 구체적인 소송사건에서 명령·규칙의 위헌여부가 재판의 전제가 되었을 경우 법률의 경우와는 달리 헌법재판소에 제청할 것 없이 대법원의 최종적으로 심사할 수 있다는 의미이며, 헌법 제

변호사 공호선)【피고, 상고인】인천광역시 남동구청장 (소송대리인 법무법인 정 담당변호사 윤형모외 4인)【피고 보조참가인】천계준외 1인 (소송대리인 법무법인 한길 담당변호사 김옥신외 1인)【원심판결】서울고법 2006. 3. 31. 선고 2005누7589 판결【주문】원심판결을 파기하고, 사건을 서울고등법원에 환송한다.

1) 석종현, 일반행정법(상), 184면 참조.

2) 헌재결 1997. 12. 24, 96헌마172【헌법재판소법 제68조 제1항 위헌확인 등】

3) 헌재결 1996. 4. 25, 95헌마331; 헌재결 2000. 6. 29, 98헌마36【미결구금일수불산입 위헌확인】

111조 제1항 제1호에서 법률의 위헌여부심사권을 헌법재판소에 부여한 이상 통일적인 헌법해석과 규범통제를 위하여 공권력에 의한 기본권침해를 이유로 하는 헌법소원심판청구사건에 있어서 법률의 하위법규인 명령·규칙의 위헌여부심사권이 헌법재판소의 관할에 속함은 당연한 것으로서 헌법 제107조 제2항의 규정이 이를 배제한 것이라고는 볼 수 없다. 그러므로 법률의 경우와 마찬가지로 명령·규칙 그 자체에 의하여 직접 기본권이 침해되었음을 이유로 하여 헌법소원심판을 청구하는 것은 위 헌법 규정과는 아무런 상관이 없는 문제이다. 그리고 헌법재판소법 제68조 제1항이 규정하고 있는 헌법소원심판의 대상으로서의 "공권력"이란 입법·사법·행정 등 모든 공권력을 말하는 것이므로 입법부에서 제정한 법률, 행정부에서 제정한 시행령이나 시행규칙 및 사법부에서 제정한 규칙 등은 그것들이 별도의 집행행위를 기다리지 않고 직접 기본권을 침해하는 것일 때에는 모두 헌법소원심판의 대상이 될 수 있는 것이다.

4.1.5. 행정계획안(사실상의 준비행위, 사전안내)

행정계획이라 함은 특정한 행정목표를 달성하기 위하여 서로 관련되는 행정수단을 종합·조정함으로써, 장래의 일정한 시점에 있어서 일정한 질서를 실현하기 위한 활동기준으로 설정된 것을 말한다.[1]

사실상의 준비행위나 사전안내라도 기본권에 직접 영향을 끼치는 내용이고 법령의 뒷받침에 의하여 그대로 실시될 것이 틀림없을 것으로 예상할 수 있는 경우에는 사실상의 규범작용으로 인한 위험성이 이미 발생하였다고 볼 것이므로 헌법소원의 대상이 된다고 하였다.[2]

헌재결 1992. 10. 1, 92헌마68 【1994학년도 신입생선발입시안에 대한 헌법소원】

국립대학인 서울대학교의 "94학년도 대학입학고사주요요강"은 사실상의 준비행위 내지 사전안내로서 행정쟁송의 대상이 될 수 있는 행정처분이나 공권력의 행사는 될 수 없지만 그 내용이 국민의 기본권에 직접 영향을 끼치는 내용이고 앞으로 법령의 뒷받침에 의하여 그대로 실시될 것이 틀림없을 것으로 예상되어 <u>그로 인하여 직접적으로 기본권 침해를 받게 되는 사람에게는 사실상의 규범작용으로 인한 위험성이 이미 현실적으로 발생하였다고 보아야 할 것이므로 이는 헌법소원의 대상이 되는 헌법재판소법 제68조 제1항 소정의 공권력의 행사에 해당된다</u>고 할 것이며, 이 경우 헌법소원외에 달리 구제방법이 없다.

4.1.6. 행정기관 상호간의 내부적인 의사결정

대법원은 행정기관 상호간의 내부적인 의사결정은 행정소송의 대상이 되는 행정처분이라고 볼 수 없다고 하였으나, 헌법재판소는 헌법소원의 대상이 될 수 있다고 하였다.[3]

---

1) 헌재결 2000. 6. 1, 99헌마 538; 대판 1996. 11. 29, 96누8567.
2) 헌재결 1992. 10. 1, 92헌마68, 1994학년도 신입생선발입시안에 대한 헌법소원.

4.1.7. 권력적 사실행위

헌법재판소는 공권력행사로 인한 재산권침해에 대한 헌법소원사건에서, 「… 재무부장관이 제일은행장에 대하여 한 △△그룹의 해체준비착수지시와 언론발표지시는 상급관청의 하급관청에 대한 지시가 아님은 물론 동 은행에 대한 임의적 협력을 기대하여 행하는 비권력적 권고 · 조언 등의 단순한 행정지도로서의 한계를 넘어선 것이고, 이와 같은 공권력의 개입은 주거래 은행으로 하여금 공권력에 순응하여 제3자인수식의 △△그룹해체라는 결과를 사실상 실현시키는 행위라고 할 것으로, 이와 같은 유형의 행위는 형식적으로는 사법인인 주거래은행의 행위였다는 점에서 행정행위는 될 수 없더라도 그 실질이 공권력의 힘으로 재벌기업의 해체라는 사태변동을 일으키는 경우인 점에서 일종의 권력적 사실행위로서 헌법소원의 대상이 되는 공권력의 행사에 해당한다」고 하였다.[1)]

헌재결 2003. 12. 18, 2001헌마754 【과다감사 위헌확인】

【판시사항】

행정청이 우월적 지위에서 행하는 권력적 사실행위가 헌법재판소법 제68조 제1항 소정의 헌법소원의 대상이 되는지 여부(적극)

【결정요지】

행정청이 우월적 지위에서 일방적으로 강제하는 권력적 사실행위는 헌법소원의 대상이 되는 공권력의 행사에 해당한다는 것이 우리 재판소의 판례이다. 이 사건 감사는 피청구인이 폐기물관리법 제43조 제1항에 따라 폐기물의 적정 처리 여부 등을 확인하기 위한 목적으로 청구인들의 의사에 상관없이 일방적으로 행하는 사실적 업무행위이고, 청구인들이 이를 거부 · 방해하거나 기피하는 경우에는 과태료에 처해지는 점으로 볼 때 청구인들도 이를 수인해야 할 법적 의무가 있다. 그렇다면 이 사건 감사는 피청구인이 우월적 지위에서 일방적으로 강제하는 권력적 사실행위라 할 것이고 이는 헌법소원의 대상이 되는 헌법재판소법 제68조 제1항의 '공권력의 행사'에 해당된다.

4.1.8. 검사의 불기소처분

헌법재판소는 검사의 불기소처분, 기소유예처분,[2)] 기소중지처분을 헌법소원의 대상이 된다고 하였다.

---

3) 헌재결 1993. 5. 13, 91헌마190, 교수재임용추천거부 등에 관한 헌법소원.

1) 헌재결 1993. 7. 29, 89헌마31 【공권력 행사로 인한 재산권침해 에 관한 헌법소원】 : 국제그룹해체사건

2) 군검찰관의 공소권행사에 관한 헌법소원, 89헌마56, 검찰항고 없이 직접 헌법재판소에 헌법소원을 제기할 수 있다.

헌재결 1999. 12. 23【기소유예처분취소】

【판시사항】

검사의 불기소처분으로 인한 기본권침해가 인정된 사례

【결정요지】

청구인에 대한 범죄혐의를 인정할 만한 아무런 증거가 없어 청구인에 대하여 혐의없음 처분을 하였어야 할 것임에도, 검사가 명백한 증거자료 없이 청구인에 대한 범죄혐의를 인정한 후, 청구인에 대하여 기소유예 처분을 한 것은 청구인의 헌법상의 기본권인 평등권, 행복추구권을 침해하였다고 할 것이다.

– 기소유예처분에 대한 헌법소원심판청구시 공소시효가 완성된 경우 –

<사례>

A는 甲으로부터 허위공문서를 작성하고 행사하였다는 이유로 고발을 당하여 피의자로 조사를 받은 후 검사로부터 '혐의 없음'의 불기소처분을 받았다. 그러나 고발인 甲의 항고가 인용됨으로써 고등검찰청의 재기수사명령에 의하여 다시 조사를 받고 피의사실은 인정되나 정상에 참작할 바가 있다고 하여 '기소유예'의 불기소처분을 받았다. A는 이러한 검사의 처분에 수긍할 수 없어 헌법소원심판을 청구하여 기소유예처분의 취소를 구하고자 한다. 현재는 위 범죄가 공소시효가 이미 완성되었는데 헌법소원심판을 청구할 수 있는가?

<해설>

헌법재판소는 기소유예처분에 대해서도 무죄를 주장하여 그 취소를 구하는 헌법소원심판을 구할 수 있고, 검사가 기소편의주의에 따라 소추권을 행사함에 있어 범죄혐의가 없는 사안에 대하여 자의적으로 기소유예처분을 하는 것은 피의자의 평등권 등을 침해하는 것이라고 하고 있다.[1]

문제는 A의 경우 검사가 기소유예처분을 내린 피의사실에 관하여 공소시효가 이미 완성되었다는 점이다. 이러한 경우에 있어서는 헌법소원심판청구가 인용되더라도 검사는 다시 '공소권 없음'의 불기소처분을 내릴 수밖에 없기 때문이다.

헌법재판소는 고소인이 검사의 불기소처분의 취소를 구하는 헌법소원심판을 청구한 사안에서 "헌법소원은 국민의 기본권침해를 구제하기 위한 제도이므로 그 제도의 목적상 권리보호의 이익이 있어야 이를 제기할 수 있는바, 검사의 불기소처분에 대한 헌법소원에 있어서도 그 대상이 된 범죄에 대한 공소시효가 완성되었을 때에는 권리보호의 이익이 없어 헌법소원을 제기할 수 없으며,[2] 또 헌법소원 제기 후에 그 공소시효가 완성된 경우에도 역시 그 헌법소원은 권리보호의 이익이 없어 부적법하다는 것이 우리 재판소의 확립된 판례이다"[3]라고 하여, 검사가 불기소처분을 내린 피의사실에 대한 공소시효가 완성된 경우에는 헌법소원심판을 청구하여 그 취소를 구할 실익이 없다고 보고 있다.[4] 그런데 A의

---

1) 헌재결 1991. 4. 1, 90헌마65【불기소처분에 대한 헌법소원】

2) 헌재결 1990. 4. 2, 89헌마185【검사의 공소권행사에 관한 헌법소원】

3) 헌재결 1993. 9. 27, 92헌마284; 헌재결 1995. 1. 20, 94헌마246【불기소처분취소】

경우는 그가 고소인이 아닌 피의자라는 점에서 위 결정례의 사안과는 다른 점이 있다.

즉, A의 경우에도 헌법소원심판청구가 인용되더라도 검사는 A가 원하는 '혐의 없음'처분이 아닌 '공소권 없음'처분을 내릴 수밖에 없지만, '공소권 없음'처분은 일단 혐의를 인정하는 기소유예처분과는 질적으로 다르다고 볼 수 있기 때문에 심판청구가 아무런 이익이 되지 않는다고 단정할 수 없기 때문이다.

이와 유사한 판례를 보면, "검사로부터 '기소유예'처분을 받은 피의자가 그 피의사실의 인정에 불복하고 자기의 무고함을 주장하여 헌법소원을 제기한 경우에는, 헌법재판소가 이를 인용하여 그 처분을 취소한다고 하더라도 이미 당해 범죄의 공소시효가 완성된 것이므로 원처분청 검사로서는 이 경우에도 앞의 경우와 마찬가지로 위 검찰사건사무규칙의 같은 조항에 따라 '공소권 없음'의 처분을 할 것으로 보여지나, 기소유예처분이 그 피의자에 대하여 피의사실을 인정하는 것과는 달리 '공소권 없음'의 처분은 범죄혐의의 유무에 관한 실체적 판단을 하는 것이 아니고 단지 공소권이 없다는 형식적 판단을 하는 것이므로 기소유예처분 보다는 피의자에게 유리한 처분이라 할 수 있다.[1] 그렇다면, 비록 이 사건 허위공문서작성 및 동 행사죄의 범행에 관한 공소시효가 완성되었다고 하더라도, 그 사실만으로 이 사건 헌법소원에 관한 권리보호의 이익이 소멸하였다고는 할 수 없다."라고 하였다.[2] 따라서 A의 경우에는 헌법소원심판청구의 이익이 있다. <대한법률구조공단>

헌재결 1992.10.1, 91헌마169 【기소유예처분에 관한 헌법소원】

1. 기소유예처분은 헌법재판소법 제68조 제1항에 정한 「공권력의 행사」에 포함되고, 이로 인하여 기본권의 침해가 있는 경우는 헌법소원심판의 대상으로 할 수 있다.

2. 기소유예처분을 받은 피의자는 항고나 재항고를 제기할 수 있는 법률의 규정이 없고, 검찰에 재기신청을 낸다든지 또는 진정서를 제출하여 검사의 직권발동을 촉구하는 등의 절차는 기소유예처분에 대한 법률이 정한 직접적인 구제절차가 아닐 뿐더러 그 밖에도 달리 다른 법률에 정한 구제절차가 없으므로 기소유예처분에 대하여 직접 헌법소원심판을 청구한 심판청구는 적법하다.

3. 의료법 제69조, 제36조, 동 법시행규칙 제30조 제1항 제2호에서 따로 종합건강진단과목 등 동 규칙 제30조 제1항 각호에 열거되지 않은 과목을 구체적으로 하나하나 열거하면서 그러한 진료과목을 표시하여서는 아니된다는 규정을 동조 등에 二重으로 규정하지 않았다 하여 위 각 규정들이 처벌규정으로서 명확성을 결하여 죄형법정주의에 반한다거나 그 위반자에 대하여 동 규정들을 적용하여 처벌하는 것이 처벌받는 자의 헌법상 보장된 행복추구권이나 평등권을 부당히 침해하는 것이라고 할 수 없다.

4.1.9. 예외

헌법재판소는 다음의 경우를 공권력행사로 보고 있지 않다.

---

4) 헌재결 1997. 7. 16, 97헌마40; 헌재결, 2003. 2. 27, 2002헌마613 【불기소처분취소】

1) 헌재결 1996. 10. 4, 95헌마318 【기소유예처분취소】

2) 헌재결 1997. 5. 29, 95헌마188 【기소유예처분취소】

a) 행정규칙

행정규칙은 일반적으로 행정조직 내부에서만 효력을 갖는 것이다. 행정규칙에 대한 주관적인 신뢰나 기대를 가졌다고 하여도 객관적으로 보아 이는 법적으로 보호하여야 할 정도에 이른 신뢰라고는 볼 수 없으므로 헌법소원의 대상이 되지 않는다고 하였다. 다만 법적으로 보호될 수 있는 이익이나 신뢰 또는 기대가 존재할 경우에는 이를 침해하는 행정규칙은 헌법소원의 대상이 된다고 하였다.[1]

b) 재판을 경유한 행정처분

재판을 경유한 행정처분에 관하여는 아직 결정이 없다.

c) 사법상의 행위

공공용지의취득및손실보상에관한특례법에 의한 토지 등의 협의취득(사업자가 토지 등을 공용수용절차에 의하지 아니하고 협의에 의하여 취득)은 공공사업에 필요한 토지 등을 공공용지의 절차에 의하지 아니하고 협의에 의하여 사업시행자가 취득하는 것으로서 그 법적 성질은 사법상(私法上)의 매매계약과 다를 것이 없는바, 그 협의취득에 따르는 보상금의 지급행위는 토지 등의 권리이전에 대한 반대급여의 교부행위에 지나지 아니하므로 그 역시 사법상의 행위라고 볼 수밖에 없으므로 이는 헌법소원심판의 대상이 되는 공권력의 행사라고 볼 수 없다. 폐천부지(廢川敷地)의 교환행위는 하천관리청이 하천의 신설 또는 개축으로 말미암아 생긴 폐천부지를 새로인 하천부지(河川敷地)로 된 타인의 토지와 교환하여 주는 것으로서 공법상의 행정처분이 아니라 사경제주체로서 행하는 사법상의 법률행위에 지나지 않으므로 폐천부지의 교환의무불이행 역시 헌법소원심판의 대상이 되는 공권력의 불행사라고 볼 수 없다.[2]

d) 재판

재판이란 종국판결은 물론 소송법상으로 법원이 행하는 공권적 법률판단 또는 의사의 표현을 모두 지칭하는 것이므로 본안전 소송판결 및 중간판결이 모두 포함되며 기타 소송절차의 파생적이고 부수적인 사항에 대한 공권력판단도 포함한다.[3]

변론제한에 대한 헌법소원은 재판장의 소송지휘권의 행사에 관한 사항은 재판장의 명

1) 헌재결 1990. 9. 3, 90헌마13 【전라남도교육위원회의 1990학년도 인사원칙(중등)에 대한 헌법소원】

2) 헌재결 1992. 11. 12, 90헌마160 【하천부지교환에 대한 헌법소원】

3) 헌재결 1992. 12. 24, 90헌마158 【판결의 저촉여부에 대한 헌법소원】

령으로 이루어진 경우에는 그 자체가 재판에 해당하므로 헌법소원의 대상이 될 수 없음은 물론이요, 그것이 재판의 형식이 아닌 사실행위로 행하여졌다고 하더라도 종국판결이 선고된 이후에는 종국판결에 흡수 포함되어 그 불복방법은 판결에 대한 불복으로만 가능하다고 함으로써 대상에서 제외하고 있다.[1]

그러나 헌법재판소는 재판에 대한 헌법소원이 예외적으로 인정되는 경우가 있다고 한다. 헌법재판소가 위헌으로 결정한 법률을 법원이 적용하는 경우에 이 재판에 대한 헌법소원이 인정되지 않는다고 해석한다면, 법제 68조 제1항은 그러한 한도에서 위헌(한정위헌결정)이라고 헌법재판소는 판시하였다.[2]

<사건의 개요>

소득세법에 따른 과세처분에 대하여 청구인은 취소처분을 구하는 행정소송을 제기하였고, 대법원에서의 상고심이 계속중 헌법재판소는 해당소득세법에 대하여 한정위헌결정을 내렸다.[3] 그런데 대법원은 헌법재판소의 한정위헌에도 불구하고, 해당 법률조항이 유효하다고 하면서, 위 과세처분이 적법하다고 본 원심이 정당하다고 판단하여 상고를 기각하였다.[4] 이에 청구인은 위 과세처분의 위헌결정으로 효력을 잃은 법률조항에 근거한 것이며, 이로인해 기본권을 침해받았다고 하여 과세부과처분의 취소를 구하는 헌법소원심판을 청구함과 동시에, 헌법소원의 대상에서 법원의 재판을 제외하고 있는 헌법재판소법 제68조 제1항 및 위 대법원판결의 위헌선언을 구하는 헌법소원 심판을 제기 하였다.

<헌법재판소결정>

"헌법재판소법 제68조 제1항 본문의 법원의 재판에 헌법재판소가 위헌으로 결정한 법령을 적용함으로써 국민의 기본권을 침해한 재판도 포함되는 것으로 해석하는 한 헌법재판소법 제68조 제1항은 헌법에 위반된다"고 판시하면서 위 대법원 판결 및 원 과세처분을 취소하는 결정을 내렸다.[5][6]

e) 헌법재판소결정

국선대리인 선임신청을 기각한 헌법재판소결정에 대하여 제기된 헌법소원사건에서 헌법재판소결정은 헌법소원의 대상으로 삼을 수 없다고 하였다.[7]

---

1) 헌재결 1992. 6. 26, 89헌마271【변론의 제한에 대한 헌법소원】
2) 헌재결 1997. 12. 24, 96헌마172【불기소처분취소】
3) 헌재결 1995. 11. 30, 94헌바40, 95헌바13 병합【소득세법 제23조 제2항, 제23조 제4항 제1호 단서 등 위헌소원】
4) 대판 1996. 4.9, 95누11405【증여세등부과처분취소】
5) 헌재결 1997. 12. 24, 96헌마 172【불기소처분취소】
6) 양건, 헌법강의, 1061면.
7) 헌재결 1989. 7. 10, 89헌마144【국선대리인선임신청 기각결정에 대한 헌법소원】

「참고」

헌법재판소가 행한 결정은 자기구속성 때문에 이를 취소·변경할 수 없다고 할 것이며 이는 법적 안정성을 위하여 불가피한 것이다.[1] 위헌소원에 대한 헌법재판소결정에 대한 재심의 허용여부에 관하여 헌법재판소의 결정에 대하여는 지심을 불허함으로써 얻을 수 있는 법적 안정성이 재심을 허용함으로써 얻을 수 있는 구체적 타당성의 이익보다 높으므로 헌법재판소결정에 대하여 재심에 의한 불복은 허용될 수 없다.[2]

f) 검사의 공소제기처분(기소처분)

검사의 공소제기처분(기소처분)에 대하여는 헌법소원을 제기할수 없다.[3]

g) 기타

헌법재판소는 법원행정처장의 민원인에 대한 법령질의회신, 어린이 헌장의 제정선포행위, 수사기관의 진정사건에 대한 내사종결처리 등은 공권력행사가 아니라고 보았다.[4]

4.2. 공권력의 행사 · 불행사

공권력에 의한 적극적인 침해는 물론 소극적인 불행사로 인한 기본권 침해에 대하여도 헌법소원을 제기할 수 있음은 물론이다.

4.2.1. 입법부작위

입법부작위에는 진정입법부작위와 부진정입법부작위(불완전입법)가 있다. 진정입법부작위가 헌법소원의 대상이 되기 위하여는 헌법에서 기본권보장을 위해 법령에 명시적인 입법위임을 하였음에도 이를 이행하지 않을 때, 헌법해석상 특정인에게 구체적인 기본권이 생겨 이를 보장하기 위한 국가의 행위의무 내지 보호의무가 발생하였음이 명백함에도 불구하고 입법자가 전혀 아무런 입법조치를 위하고 있지 않은 경우이다. 부진정입법부작위는 그 불완전한 법규 그 자체를 대상으로하여 그것이 헌법 위반이라는 적극적인 헌법소원을 제기할 수 있는가는 별론으로 하더라도 입법부작위로서 헌법소원의 대상은 삼을 수 없다고 본다.[5]

---

1) 헌재결 1989. 7. 24, 89헌마141 【행정서사 허가취소에 관한 헌법소원】
2) 헌재결 1990. 2. 9, 90헌마1 【불기소처분에 대한 헌법소원】
3) 헌재결 1992. 6. 24, 92헌마104 【기소처분에 대한 헌법소원】
4) 헌재결 1990. 12. 26, 89헌마277 【진정사건 내사종결처리에 대한 헌법소원】 내사사건의 종결처리라는 것은 구속력이 없는 진정사건에 대한 수사기관의 내부적 사건처리방식에 지나지 않는다. 처리결과에 불만이 있으면 진정인은 따로 고소나 고발을 할 수 있으므로 공권력행사라 볼 수 없다.

– 부진정입법부작위에 대한 헌법소원심판청구 가능한지 –

<사례>

갑은 10년 전 특수절도 및 야간주거침입절도죄로 장기 2년 단기 1년 6월의 징역형을 선고받고 그 형의 집행을 마친 후 아무런 탈 없이 성실하게 살아왔다. 그런데 얼마 전 경찰관이 갑을 찾아와 그의 행적을 알아보는 등 저를 마치 범죄피의자와 같이 대하여 어찌된 일인지 알아보았더니, 수사자료표에 갑의 전과사실이 남아 있다는 이유로 갑과 아무 상관이 없는 범죄사건에 대하여 혐의를 받고 있다는 사실을 알게 되었다. 이에 갑은 그의 전과가 형의실효등에관한법률에 의하여 이미 말소된 것으로 생각하고 있었는데, 위 법은 수사자료표의 폐기에 관하여는 이를 규정하고 있지 않다고 한다. 이에 갑은 갑과 같이 전과가 있는 사람의 행복추구권을 침해하는 것으로서 위헌이라고 생각하여, 헌법소원심판을 통하여 위 법규정을 개정하도록 하고자 한다. 가능한가?

<해설>

형의실효등에관한법률 제8조는 형의 집행을 완료한 후 일정한 기간이 도과하여 형법 제81조에 의하여 형이 실효되는 경우를 포함하여 몇몇의 경우에 있어 수형인명표와 수형인명부를 폐기하여야 한다고 규정하고 있다. 그런데 위 법은 수사과정상 작성되는 수사자료표의 폐기에 관하여는 규정하고 있지 않아 갑의 경우와 같이 오래 전의 전과로 인하여 고통을 겪는 일이 발생할 여지가 있다.

법령의 제정도 헌법재판소법 제68조 제1항 소정의 '공권력의 행사 또는 불행사'에 해당하고, 갑의 경우 행복추구권 등의 권리가 침해되었다고 볼 여지가 있기 때문에 헌법소원심판청구가 가능할 것으로 보인다. 다만, 법령에 대한 헌법소원심판청구에 있어서는 입법자가 헌법상 입법의무가 있는 어떤 사항에 관하여 전혀 입법을 하지 않는 경우와 입법은 하였으나 그것이 불완전, 불충분 또는 불공정한 경우가 있을 수 있는데, 전자를 '진정입법부작위'라고 하고 후자를 '부진정입법부작위'라고 부르기도 한다.

헌법재판소는 소위 부진정입법부작위의 경우 "이른바 부진정입법부작위를 대상으로 헌법소원을 제기하려면 그것이 평등의 원칙에 위배된다는 등 헌법위반을 내세워 적극적인 헌법소원을 제기하여야 하며, 이 경우에는 헌법재판소법 소정의 제기기간을 준수하여야 한다."라고 한 바 있다(헌법재판소 1997. 3. 27. 선고 94헌마235 결정).

따라서 갑은 수사자료표의 폐기를 의무화하는 입법을 촉구하는 의미로서가 아니라 형의실효등에관한법률이 수사자료표의 폐기에 관하여 규정하지 않음으로써 갑의 행복추구권 등이 침해되었다는 주장을 하여 헌법소원심판을 청구할 수는 있을 것이다.

그러나 갑의 경우 과연 청구기간을 준수하였는지가 의문이다. 헌법재판소는 갑과 같은 사건에 있어서 "이 사건의 경우에도 헌법재판소법 제69조 제1항 소정의 청구기간의 적용을 받는바, 이른바 법령에 대한 헌법소원의 경우에 위 청구기간은 법령의 시행과 동시에 기본권침해를 당한 경우에는 그 법령이 시행된 사실을 안 날로부터 60일(현행 90일) 이내, 그 법령이 시행된 날로부터 180일(현행 1년) 이내로, 법령이 시행된 후에 비로소 그 법령

5) 헌재결 1989. 3. 17, 88헌마1 【사법서사법시행규칙에 관한 헌법소원】

에 해당하는 사유가 발생하여 기본권의 침해를 받게 된 경우에는 그 사유가 발생하였음을 안 날로부터 60일(현행 90일) 이내, 그 사유가 발생한날로부터 180일(현행 1년) 이내로 각 해석된다. 그런데 형의실효등에관한법률 제6조와 제8조는 1980. 12. 18. 법률 제3281호로 제정 · 공포되어 같은 날로부터 시행되어 오다가 1993. 8. 5. 법률 제4569호로 현행규정과 같이 개정 · 공포되어 1993. 9. 5. 시행되었으므로 그 날로부터 위 규정된 180일(현행 1년)이 이미 지난 1995. 4. 18. 제기된 이 사건 심판청구는 청구기간을 도과한 것임이 명백하여 부적법하다."라고 하였다(헌법재판소 1996. 6. 13. 선고 95헌마115 결정).

따라서 갑의 청구는 청구기간을 도과한 후의 헌법소원심판의 청구로서 부적법하다는 이유로 각하 될 것으로 인다. <대한법률구조공단>

4.2.2. 행정부작위

공권력의 주체에게 헌법에서 유래하는 작위의무가 특별히 구체적으로 규정되어 이에 의거하여 기본권의 주체가 행정행위를 청구할 수 있음에도 공권력의 주체가 그 의무를 해태하는 경우에 허용된다.[1)]

4.3. 청구인적격(자기성, 직접성, 현재성)

4.3.1. 자기성(자기관련성; 본인관련성; 청구인적격성)

a) 의의

자기성(자기관련성)이란 침해된 기본권이 청구인 자신의 것이어야 함을 의미한다. 헌법재판소는 자기성은 공권력의 행사 또는 불행사의 직접적인 상대방만이 이에 해당되므로, 간접적이고 사실적인 경제적 이해관계가 있을 뿐인 제3자의 경우(학교법인에게 부과된 과세처분을 재학중인 학생이 다툰 경우)에는 자기성(자기관련성)이 없다고 하였다.[2)] 그러나 공권력작용의 직접적인 상대방이 아닌 제3자라 하더라도 공권력작용이 그 제3자의 기본권을 직접적이고 법적으로 침해하고 있는 경우에는 그 제3자에게 자기관련성이 있다고 하였다.[3)]

그리고 단체가 그 구성원의 권리구제를 위하여 그를 대신하여 헌법소원심판을 청구할 수 없다고 하였다.

---

1) 헌재결 1989. 9. 29, 89헌마16【약사관리제도 불법운용과 한약업사권 침해에 관한 헌법소원】
2) 헌재결 1993. 7. 29, 89헌마123【舊법인세법 제59조의3】
3) 헌재결 1993. 3. 11, 91헌마233【도로부지점용허가처분】

헌재결 1994. 2. 24, 93헌마33 【광주민주화운동관련자보상등에관한법률 위헌확인】

【판시 사항】

단체가 그 구성원들의 기본권침해를 주장하는 경우 자기관련성 인정 여부

【결정 요지】

단체와 그 구성원을 서로 별개의 독립된 권리주체로 인정하고 있는 현행의 우리 나라 법제 아래에서는 원칙적으로 헌법상 기본권을 직접 침해당한 권리주체만이 헌법소원심판 절차에 따라 권리구제를 청구할 수 있는 것이고, 비록 단체의 구성원이 기본권의 침해를 당했다고 하더라도 단체가 구성원의 권리구제를 위하여 그를 대신하여 헌법소원심판을 청구하는 것은 허용될 수 없으므로, 법인 아닌 사단인 5·18 광주민중항쟁동지회(光州民衆抗爭同志會)가 광주민주화운동관련자보상등에관한법률 또는 입법부작위로 말미암아 그 구성원들의 기본권이 침해되고 있음을 이유로 제기한 이 사건 헌법소원심판청구는 자기관련성의 요건을 갖추지 못한 부적법한 것이다.

「자기성(자기관련성)」

- 침해된 기본권이 청구인 자신의 것이어야 함
- 자기성은 공권력의 행사 또는 불행사의 직접적인 상대방만이 이에 해당
- 공권력작용의 직접적인 상대방이 아닌 제3자라 하더라도 공권력작용이 그 제3자의 기본권을 직접적이고 법적으로 침해하고 있는 경우

b) 혐의없음의 불기소처분

검사의 불기소처분에 대하여 헌법소원을 제기할 수 있는가에 관하여 헌법재판소는 형사피해자인 고소인에 대하여 형사피해자의 재판절차진술권(헌법 제27조 제5항) 이 침해 됐음을 이유로하여 청구인적격을 긍정하고 있다.[1] 그러나 고발인은 자기성이 없다고하여 청구인적격을 부인하고 있다.

「청구인적격」

- 고소인(0)
- 고발인(X)
- 법률상 불이익을 받게 되는 자(형사피해자로 인정되는 경우)
- 기소유예처분을 받은 피의자
- 기소유예처분에 대한 고소인
- 기소중지처분에 대한 고소인

1) 형사피해자만을 형사실체법상의 보호법익의 주체여부로만 판단하고 있지는 않다. 따라서 실체법상 직접적인 보호법익의 주체는 아니라 하더라도 문제되는 범죄 때문에 법률상 불이익을 받게 되는 자라면 헌법상 형사피해자의 재판절차진술권의 주체가 될 수 있다(헌재결 1992. 2. 25, 90헌마91).

aa) 형사피해자로 인정된 경우

헌법재판소는 불기소처분에 대하여 고소를 하지 않은 범죄피해자(부모가 고소를 제기함)에게,[1] 僞證으로 불이익한 재판을 받게되는 당사자에게,[2] 교통사고 사망자의 부모(교통사고를 당한 부모는 극심한 정신적 고통을 받은 법률상 불이익을 입게된 사람이 명백하므로)에게[3] 형사피해자 자격을 인정하였다.

「형사피해자로 인정된 Case」 ☜ **이 경우에는 청구인 적격이 인정됨**
- 불기소처분에 대하여 고소를 하지 않은 범죄피해자(헌재결 1992. 1. 28, 90헌마227)
- 위증으로 불이익한 재판을 받게되는 당사자(헌재결 1992. 2. 25, 90헌마91)
- 교통사고 사망자의 부모(헌재결 1993. 3. 11, 92헌마48)

bb) 형사피해자로 인정되지 않은 경우

헌법재판소는 고소사건범죄와 간접적인 사실상의 이해관계만 있는 경우,[4] 고발인,[5] 고소권이 없는 고소는 고소로서의 효력이 생길 수 없고 단지 고발인에 의한 고발로서의 효력이 있을 뿐이라고하여[6] 형사피해자로 보지 않고 있다.

「형사피해자로 인정안된 Case」 ☜ **청구인 적격이 인정안됨**
- 고소사건범죄와 간접적인 사실상의 이해관계만 있는 경우(헌재결 1993. 3. 11, 92헌마306)
- 고발인(헌재결 1990. 6. 25, 89헌마234)
- 고소권이 없는 고소(헌재결 1992. 7. 23, 91헌마81)

cc) 기소유예처분을 받은 피의자

헌법재판소는 기소유예처분을 받은 피의자에게 청구인적격을 인정하였다.[7] 재판청구권과 행복추구권침해를 이유로 하였다.

dd) 기소유예처분에 대한 고소인

헌법재판소는 기소유예처분에 대한 고소인에게도 청구인적격을 긍정하였다.[8] 평등권

---

1) 헌재결 1992. 1. 28, 90헌마227 【불기소처분에 대한 헌법소원】
2) 헌재결 1992. 2. 25, 90헌마91 【불기소처분에 대한 헌법소원】
3) 헌재결 1993. 3. 11, 92헌마48 【불기소처분에 대한 헌법소원】
4) 헌재결 1993. 3. 11, 92헌마306 【불기소처분에 대한 헌법소원】
5) 헌재결 1990. 6. 25, 89헌마234 【고소사건의 처리지연에 대한 헌법소원】
6) 헌재결 1992. 7. 23, 91헌마81 【불기소처분에 대한 헌법소원】
7) 헌재결 1989. 10. 27, 89헌마56 【군검찰관의 공소권행사에 관한 헌법소원】

과 재판절차진술권을 이유로 하였다.

ee) 기소중지처분에 대한 고소인

헌법재판소는 기소중지처분에 대한 고소인에게도 청구인 적격을 허용하였다.[1]

ff) 가처분신청

헌법재판소에 접수되는 효력정지가처분 신청이 급증하고 있는 것으로 나타났다. 그러나 가처분신청에 대한 인용률은 극히 미미한 것으로 밝혀졌다.[2]

헌재결 1999. 3. 25, 98헌사98【직접처분 효력정지 가처분신청】
[권한쟁의심판]
신 청 인 : 성남시
피신청인 : 경기도지사
【판시사항】

---

8) 헌재결 1991. 4. 1, 90헌마65【불기소처분에 대한 헌법소원】

1) 헌재결 1991. 4. 1, 90헌마115【불기소처분에 대한 헌법소원】

2) 헌법재판소가 지난 1999년 3월(헌법재판소의 최초의 가처분 인용결정이다, 권영성, 헌법학원론, 1142면 각주 2) 참조) 성남시가 경기도의 처분을 정지시켜달라며 낸 가처분 신청(공원구역의 골프장 진입도로에 대한 경기도지사의 지정인가처분)에 대해 종국 결정 선고시까지 효력을 정지시킨 경우와(헌재결 1999. 3. 25, 98헌사98 : 직접효력정지가처분신청), 2000년 12월 사법시험 응시횟수를 3회로 한정한 사법시험령 제4조 제3항에 대해 효력을 정지시킨 경우(헌재결 2000. 12. 8, 2000헌사471 : 사법시험령 제4조 제3항 효력정지 가처분신청), 2002년 4월 군사법원법에 따라 재판을 받는 미결수용자의 면회횟수를 주2회로 정하고 있는 군행형법시행령에 대한 가처분결정사례(헌재결 2002. 4. 25, 2002헌사129 : 효력정지가처분신청)가 인용된 사건의 전부다. 이처럼 낮은 인용률에 대해 헌재가 법령의 효력정지라는 가처분 권한을 갖고 있으면서도 파급효과가 두려워 소극적으로 인용하고 있는 것이 아니냐는 비판도 있다. 헌법재판소 관계자는 "가처분 인용의 사회적 파장이 크므로 신중을 기할 수 밖에 없다"면서 "하지만 지금까지 본안에서 위헌으로 결정될 만한 사안에 대한 가처분신청도 별로 없었다"고 말했다. 현재 계류 중인 37건과 각하 · 취하된 19건, 동일인이 두 번 청구했던 사건을 한 건으로 처리했을 경우 남는 91건에 대한 관련 본안사건의 종국 결과를 보면 각하 52건, 기각 · 합헌 24건, 헌법불합치 2건, 위헌 · 한정위헌 · 인용 5건, 심리 중 5건, 본안사건에 대한 신청이 없었거나 취하된 경우가 3건이었다. 위헌 · 한정위헌 · 인용된 5건 마저도 2건은 가처분이 받아들여졌었고 한 건은 자격정지 이상의 형의 선고유예를 받은 경우에 군공무원직에서 당연히 제적하도록 규정한 군인사법 조항에 대해 위헌 결정(헌재결 2003. 9. 25, 2003헌마293 : 군인사법 제40조 제1항 제4호 위헌확인)을 내렸지만 "가처분의 효력은 원칙적으로 장래효를 가지므로 가처분의 효력이 제적당시까지 소급하지 않아 권리보호이익이 없다"는 이유였고 나머지 2건은 한정위헌 결정이었다.

1. 권한쟁의심판의 가처분 요건
2. 권한쟁의심판에서 가처분신청을 인용한 사례

【결정요지】

1. 권한쟁의심판에서의 가처분결정은 피청구기관의 처분 등이나 그 집행 또는 절차의 속행으로 인하여 생길 회복하기 어려운 손해를 예방할 필요가 있거나 기타 공공복리상의 중대한 사유가 있어야 하고 그 처분의 효력을 정지시켜야 할 긴급한 필요가 있는 경우 등이 그 요건이 되고, 본안사건이 부적법하거나 이유없음이 명백하지 않은 한, 가처분을 인용한 뒤 종국결정에서 청구가 기각되었을 때 발생하게 될 불이익과 가처분을 기각한 뒤 청구가 인용되었을 때 발생하게 될 불이익에 대한 비교형량을 하여 행한다.

2. 이 사건 진입도로에 관한 피신청인의 도시계획입안과 지정 · 인가처분의 효력을 정지시키는 가처분결정을 하였다가 신청인에게 불리한 종국결정을 하였을 경우, 처분의 상대방에게는 공사지연으로 인한 손해가 발생하고 또 골프연습장을 이용하려는 잠재적 수요자의 불편이 예상된다는 점 외에 다른 불이익은 없는 반면, 가처분신청을 기각하였다가 신청인의 청구를 인용하는 종국결정을 하였을 경우, 피신청인의 직접처분에 따른 처분의 상대방의 공사진행으로 교통불편을 초래하고 공공공지를 훼손함과 동시에 이의 원상회복을 위한 비용이 소요되는 등의 불이익이 생기게 되므로, 종국결정이 기각되었을 경우의 불이익과 가처분신청을 기각한 뒤 결정이 인용되었을 경우의 불이익을 비교형량할 때 이 사건 가처분신청은 허용함이 상당하다.

일부의 견해에 의하면 헌법재판소의 가처분제도에 대해 일부 논란이 있어 왔다. 헌법재판소법은 제57조와 제65조에서 권한쟁의심판사건과 정당해산심판사건에서만 가처분 제도를 규정한 채 위헌법률심판사건이나 헌법소원사건에 대해서는 가처분제도의 명확한 규정을 두고 있지 않다. 헌재는 '특별한 규정이 있는 경우를 제외하고는 민사소송에 관한 법령의 규정을 준용한다'라는 헌법재판소법 제40조에 따라 헌법소원 등에도 가처분이 허용된다는 입장이다. 헌재의 헌법소원 사건 등에 대한 가처분이 허용되지 않는다는 입장도 있으나 위헌이 명백한 법률에 대해 본안결정전 가처분으로 미리 그 효력을 정지시킬 필요성이 있는 만큼 헌재의 가처분 제도를 허용해야 한다는 의견이 정설로 굳어져 있다. 그러나 헌재의 가처분제도가 법령 등의 적용을 정지시키는 효과를 발생시켜 법원 재판 절차에 영향을 미칠 수도 있어 법원과의 관계에서는 어려움이 있는 것이 사실이다.[1)]

- 공권력의 행사 또는 불행사를 정지시키기 위한 가처분 가능한지 -

<사례>

헌법재판소법 제68조 제1항에 의하여 헌법소원을 제기하면서, "공권력의 행사 또는 불행사"의 현상을 그대로 유지시킴으로 인하여 생길 회복하기 어려운 손해를 예방할 필요가 있을 경우, 그 "공권력의 행사 또는 불행사"를 정지시키기 위하여 가처분을 신청할 수 있

1) 법률신문, 인터넷판, 2006-2-23, 홍성규 기자 cool@lawtimes.co.kr

는가?

<해설>

헌법재판소법 제68조 제1항에 의하면 헌법소원심판의 청구사유에 관하여 "공권력의 행사 또는 불행사로 인하여 헌법상 보장된 기본권을 침해받은 자는 법원의 재판을 제외하고는 헌법재판소에 헌법소원심판을 청구할 수 있다. 다만, 다른 법률에 구제절차가 있는 경우에는 그 절차를 모두 거친 후가 아니면 청구할 수 없다."라고 규정하고 있다.

그런데 헌법재판소법 제57조에 의하면 정당해산심판과 관련하여 "헌법재판소는 정당해산심판의 청구를 받은 때에는 청구인의 신청 또는 직권으로 종국결정의 선고시까지 피청구인의 활동을 정지하는 결정을 할 수 있다"라고 규정하고 있으며, 헌법재판소법 제65조에 의하면 권한쟁의심판과 관련하여 "헌법재판소가 권한쟁의심판의 청구를 받은 때에는 직권 또는 청구인의 신청에 의하여 종국결정의 선고시까지 심판대상이 된 피청구기관의 처분의 효력을 정지하는 결정을 할 수 있다"라고 규정하고 있으나, 다른 헌법재판절차에 있어서도 가처분이 허용되는가에 관하여는 명문의 규정을 두고 있지 않으므로 헌법재판소법 제68조 제1항에 의한 헌법소원을 청구할 경우 '공권력의 행사 또는 불행사'를 정지시키기 위하여 가처분이 가능할 것인지 문제된다.

헌법재판소법 제68조 제1항 헌법소원심판에서 가처분이 허용되는지에 관한 판례를 보면, "헌법재판소법은 명문의 규정을 두고 있지는 않으나, 헌법재판소법 제68조 제1항 헌법소원심판절차에서도 가처분의 필요성이 있을 수 있고, 또 이를 허용하지 아니할 상당한 이유를 찾아볼 수 없으므로 가처분이 허용되며, 그 가처분의 요건은 헌법소원심판에서 다투어지는 '공권력의 행사 또는 불행사'의 현상을 그대로 유지시킴으로 인하여 생길 회복하기 어려운 손해를 예방할 필요가 있어야 한다는 것과 그 효력을 정지시켜야 할 긴급한 필요가 있어야 한다는 것 등이 되고, 따라서 본안심판이 부적법하거나 이유 없음이 명백하지 않는 한, 위와 같은 가처분의 요건을 갖춘 것으로 인정되면 가처분을 인용한 뒤 종국결정에서 청구가 기각되었을 때 발생하게 될 불이익과 가처분을 기각한 뒤 청구가 인용되었을 때 발생하게 될 불이익을 비교 · 형량하여 후자가 전자보다 큰 경우에, 가처분을 인용할 수 있다"라고 하였다.[1)]

그러므로 헌법재판소법 제68조 제1항에 의한 헌법소원심판과 관련하여 '공권력의 행사 또는 불행사'를 정지시키는 가처분이 전혀 불가능한 것은 아니다. 다만, 그러한 가처분결정은 '공권력의 행사 또는 불행사'의 현상을 그대로 유지시킴으로 인하여 생길 회복하기 어려운 손해를 예방할 필요가 있어야 하고, 그 효력을 정지시켜야 할 긴급한 필요가 있을 경우에만 가능할 것이다. <대한법률구조공단>

c) 자기성이 인정되지 않은 경우

헌법재판소는 선거에 대한 헌법소원을 제기한 자가 선거권도 없고 당해선거에 입후보

---

1) 헌재결 2000. 12. 8, 2000헌사471; 헌재결 2002. 4. 25, 2002헌사129 【사법서사법시행규칙에 관한 헌법소원】

사실도 없는 경우에 자기성을 부인하였고,[1] 자신의 기본권침해가 아닌 구성원의 기본권침해를 이유로 법인이 제기한 헌법소원에서 자기성을 부인하였다.[2]

4.3.2. 침해의 직접성

공권력의 행사·불행사로 기본권이 직접 침해되어야 한다. 따라서 직접침해가 아닌 간접적 또는 반사적으로 불이익을 받은 경우에는 허용되지 아니한다.

> 헌재결 1992. 9. 4, 92헌마175【연세대학교총장 해임 불요구 위헌확인】
> 【판시사항】
> 헌법소원에서의 "기본권을 침해 받은 자"의 의미
> 【결정요지】
> 공권력의 행사 또는 불행사로 인하여 헌법상 보장된 기본권을 침해받은 자는 헌법재판소에 헌법소원심판을 청구할 수 있으나, 여기서 "기본권을 침해받은 자"란 공권력의 행사 또는 불행사로 인하여 기본권을 직접적으로 침해받은 자를 의미하는 것이지 간접적 또는 반사적으로 불이익을 받은 자를 의미하는 것이 아니다.

그리고 법령에 의한 기본권 침해의 경우, 그 직접성이란 집행행위에 의한 매개없이 직접 법령 그 자체에 의하여 자유의 제한, 의무의 부과, 권리 또는 법적 지위의 박탈이 생긴 경우를 말한다.[3]

침해의 직접성은 법령소원에서 문제가 되는 바 헌법재판소는 별도의 집행행위가 필요없는 기탁금규정의 경우에는 기본권침해의 직접성을 긍정하였으나,[4] 별도의 집행행위의

---

1) 헌재결 1990. 9. 3, 89헌마90【동해시 재선거에 관한 헌법소원】

2) 헌재결 1991. 6. 3, 90헌마56【영화법 제12조 등에 대한 헌법소원】

3) 헌재결 2001. 4. 26, 2000헌마372【병역법시행령 제137조 제3항 위헌확인】

4) 헌재결 1991. 3. 11, 91헌마21【지방의회의원선거법 제36조 제1항에 대한 헌법소원】【판시사항】1. 법률에 대한 헌법소원에 있어서 청구기간과 "사유가 발생한 날"의 의미 2. 법률에 대한 헌법소원에 있어서 자기성, 현재성이 인정되는 사례 3. 정당의 기본권주체성이 인정되어 청구인 적격을 인정한 사례 4. 지방의회의원선거법 제36조 제1항의 "시(市)·도의회의원 후보자는 700만원의 기탁금" 부분의 위헌여부 5. 헌법불합치결정과 입법촉구결정의 의미【결정요지】1. 가. 법률에 대한 헌법소원심판의 청구에 있어서 법률시행후 그 법률에 해당되는 사유가 발생하여 비로소 기본권의 침해를 받게 된 경우는 그 사유가 발생 하였음을 안 날로부터 60일 이내에, 그 사유가 발생한 날로부터 180일 이내에 제기하여야 한다. 나. 위 "사유가 발생한 날"은 당해 법률이 청구인의 기본권을 명백히 구체적으로 현실침해하였거나 그 침해가 확실히 예상되는 등 실체적 제요건이 성숙하여 헌법재판에 적합하게 된 때를 말한다. 2. 서울특별시의회에 진출하려는 청구인들은 지방의회의원선거법과 밀접한 이해관계가 인정되므로 자기성이 인정되고, 위 법 제36조 제1항이 그 법률조항 자체에서 지방의회의원 선거의 후보요건을 제한하고 있고, 같은 조항 소정의

매개가 있어야 기본권침해가 되는 경우에는 기본권 침해의 직접성을 부인하고 있다.[1)]

헌재결 1991. 5. 13, 89헌마267 【소송촉진등에관한특례법 제24조에 대한 헌법소원】
【판시사항】
법률에 대한 헌법소원과 직접성
【결정요지】
소송촉진등에관한특례법 제24조는 그 자체로서 국민의 기본권에 직접 관련지어지는 법규범이 아니고 구체적인 소송사건에서 법원에 의한 해석적용이 되는 이른바 재판규범으로서 법원의 구체적인 집행행위의 매개를 거쳐 비로소 특정인의 기본권에 영향을 미치게 되는 법규범)이므로 법원에 의한 해석적용을 기다리지 아니하고 바로 위 규정만에 의하여 청구인의 기본권을 침해하였다고 볼 수 없어 직접성의 요건을 결한 것이다.

헌재결 2002. 2. 28, 99헌마693 【사법시험령 제3조 제1항 등 위헌확인】
【판시사항】
사법시험의 선발예정인원 결정, 합격자 결정방식 등에 관한 사법시험령의 규정에 기본권 침해의 직접성이 인정되는지 여부(소극)
【결정요지】
청구인들이 주장하는 직업선택의 자유 등의 기본권의 침해는 사법시험의 선발예정인원 결정, 시험의 공고, 합격자 결정방식에 관하여 규정하고 있는 사법시험령 조항들에 의하여 직접 발생하는 것이 아니라, 그 조항들에 의거하여 선발예정인원의 결정과 공고, 합격자 결정 등의 구체적 집행행위가 이루어졌을 때에 비로소 현실적으로 나타나는 것이어서 그 조항들 자체로는 아직 청구인들의 기본권에 무슨 영향을 미치는 것이 아니므로 기본권 침해의 직접성이 없다.

직접성은 법규범을 직접다투지 않고서는 권리구제가 불가능하거나, 권리구제가 무의미한 경우에는 법규범을 다투는 것이 허용되는 것이 필요한 바 이것이 법령헌법소원이다.

기탁금을 기탁하지 아니하는 자에 대한 후보등록거부행위라는 당연히 예상되는 별도의 집행행위를 매개로 할 것도 없으므로 기본권침해의 직접성이 인정되고, 지방자치법 부칙 제2조가 동법에 의한 최초의 지방의회의원선거를 1991. 6. 30. 이내에 실시할 것을 규정하고 있고 정부도 상반기내에 실시할 것을 공약하고 있는 점에 비추어 수개월내에 실시할 것이 명백하므로 현재성 역시 인정된다. 3. 시(市)·도의회의원선거에서 정당이 후보자의 추천과 후보자를 지원하는 선거운동을 통하여 소기의 목적을 추구하는 경우, 평등권 및 평등선거원칙으로부터 나오는 선거에 있어서의 기회균등의 원칙은 후보자는 물론 정당에 대해서도 보장되는 것이므로 정당추천의 후보자가 선거에서 차등대우를 받는 것은 정당이 선거에서 차등대우를 받는 것과 같은 결과가 된다.

1) 헌재결 1991. 5. 13, 89헌마267 【소송촉진등에관한특례법 제24조에 대한 헌법소원】

4.3.3. 침해의 현재성

공권력의 행사·불행사로 기본권이 현재 침해되고 있어야 한다.[1] 헌법재판소는 장래실시가 확실한 지방의회선거와[2] 장래실시가 확실한 대학입시요강에[3] 대하여 현재성을 인정하고 있으나, 단순히 장래에 잠재적으로 나타날 수도 있는 것에 불과한 경우(권리의 침해가 발생할 것이라는 우려가 있을 뿐인 경우)에는 현재성을 부인하고 있다.[4]

– 헌법소원심판 중 그 침해행위가 종료된 경우 심판청구의 이익 –

<사례>

갑은 사기죄로 구속되어 교도소에 수감되면서 甲을 변호인으로 선임하여 위 교도소 변호인접견실에서 접견하였다. 그런데 그 곳에는 변호인석과 재소자석을 구분하는 칸막이가 설치되어 있었던 탓으로 소송관계서류의 열람 등 변호인과의 접견·교통이 충분히 이루어지지 못하였다. 이에 갑은 헌법상 보장된 변호인의 조력을 받을 권리가 침해되었음을 주장하여 헌법소원심판을 청구하였다. 그 후 교도소장 乙은 헌법재판소의 결정이 있기 전

---

1) 권영성, 헌법학원론, 1188면.

2) 헌재결 1991. 3. 11, 91헌마21【지방의회선거법 제36조 제1항에 대한 헌법소원】서울특별시의회에 진출하려는 청구인들은 지방의회의원선거법과 밀접한 이해관계가 인정되므로 자기성이 인정되고, 위 법 제36조 제1항이 그 법률조항 자체에서 지방의회의원선거의 후보요건을 제한하고 있고, 같은 조항 소정의 기탁금)을 기탁하지 아니하는 자에 대한 후보등록거부행위라는 당연히 예상되는 별도의 집행행위를 매개로 할 것도 없으므로 기본권침해의 직접성이 인정되고, 지방자치법 부칙 제2조가 동법에 의한 최초의 지방의회의원선거를 1991. 6. 30. 이내에 실시할 것을 규정하고 있고 정부도 상반기내에 실시할 것을 공약하고 있는 점에 비추어 수개월내에 실시할 것이 명백하므로 현재성 역시 인정된다.

3) 헌재결 1992. 10. 1, 92헌마68【1994학년도 신입생선발입시안에 대한 헌법소원】서울대학교가 위 요강을 작성하여 발표하게된 경위에 비추어 볼 때 그 요강은 1994학년도 서울대학교 신입생선발부터 실시될 것이 틀림없어 보이고 1995학년도 신입생선발에도 적용될 가능성을 충분히 예측할 수 있다. 그리고 고등학교에서 일본어를 배우고 있는 청구인들은 서울대학교 대학별 고사의 선택과목에서 일본어가 제외되어 있는 입시요강으로 인하여 그들이 94학년도 또는 94학년도에 서울대학교 일반계열 입학을 지원할 경우 불이익을 입게 될 수도 있다는 것을 현재의 시점에서 충분히 예측할 수 있는 이상 기본권침해의 현재성을 인정하여 헌법소원심판청구의 이익을 인정하는 것이 옳을 것이다. 기본권 침해가 눈앞에 닥쳐올 때를 기다렸다가 헌법소원을 하라고 요구한다면 기본권구제의 실효성을 기대할 수 없기 때문이다.

4) 헌재결 1989. 7. 21, 89헌마12【형사소송법개정 등에 관한 헌법소원】【판시사항】권리침해의 현재성이 없는 청구인의 법률에 대한 헌법소원의 적법여부【결정요지】법률에 대하여 바로 헌법소원을 제기하려면 우선 청구인 스스로가 당해 규정에 관련되어야 할 뿐만 아니라 당해 규정에 의해 현재 권리침해를 받아야 한다는 것을 요건으로 하는바, 청구인이 고소 또는 고발을 한 사실은 없고 단순히 장래 잠재적으로 나타날 수 있는 권리침해의 우려에 대하여 헌법소원심판을 청구한 것에 불과하다면 본인의 관련성과 권리침해의 현재성이 없는 경우에 해당하여 부적법하다.

뒤늦게 위와 같은 칸막이를 제거하였는데, 이 경우 갑은 더 이상 이에 관한 헌법소원심판으로 구할 이익이 없게 되는가?

<해설>

갑의 경우는 헌법소원심판 제기 당시에는 심판청구의 이익이 있었으나, 그 이후 사정이 변경되어 더 이상 기본권침해행위가 존재하지 않게 되었다. 이러한 경우에는 원칙적으로 헌법재판소의 판단이 필요하지 않을 것이다. 헌법재판도 다른 소송절차와 마찬가지로 개인의 권리구제를 위하여 필요하고 청구인에게 어떤 이익이 있는 경우에만 가능한 것이기 때문이다.

헌법재판소 판례를 보면 "헌법소원은 국민의 기본권침해를 구제하여 주는 제도이므로 그 제도의 목적상 권리보호의 이익이 있는 경우에만 이를 제기할 수 있다. 또 이러한 권리보호의 이익은 헌법소원의 제기 당시뿐만 아니라 헌법재판소의 결정 당시에도 존재하여야 한다. 그러므로 헌법소원 제기 당시 권리보호의 이익이 있었다고 하더라도 그 심판계속 중에 사실관계 또는 법률관계 등의 변동으로 말미암아 청구인이 주장하는 기본권의 침해가 종료됨으로써 그 침해의 원인이 된 공권력의 행사 등을 취소할 실익이 없게 된 경우에는 원칙적으로 권리보호의 이익이 없고, 다만 그러한 경우에도 동종의 침해행위가 앞으로도 반복될 위험이 있다거나 당해 분쟁의 해결이 헌법질서의 수호·유지를 위하여 긴요한 사항이어서 헌법적으로 그 해명이 중대한 의미를 지니고 있는 때에는 예외적으로 권리보호의 이익이 인정된다는 것이 우리 재판소의 확립된 판례이다(헌재결 1992. 1. 28, 91헌마111; 헌재결 1992. 4. 14, 90헌마82; 헌재결 1998. 10. 29, 98헌마4; 헌재결 2001. 7. 19, 2000헌마546). 그런데 이 사건 헌법소원은 이 사건 칸막이의 설치라는 권력적 사실행위에 대한 위헌결정을 통하여 결국 이를 제거하고자 하는 것인데, 법무부장관이 1997. 3. 17. 우리 재판소에 제출한 사료 등에 의하면 이 사건 칸막이는 1992. 7. 1.부터 영등포교도소를 비롯한 3곳 교도소에서 변호인의 신변보호와 부정물품수수방지 등의 목적을 위하여 시험적으로 설치하여 운영해온 것이나 그간 변호인들의 계속적인 불편호소 등으로 말미암아 1993. 10. 15.자 법무부의 지시에 따라 같은 달 16. 모두 철거된 사실이 인정된다. 그렇다면 청구인이 이 사건 헌법소원을 통하여 달성하고자 하는 주관적 목적은 이미 달성되었으므로 더 이상 심판대상행위의 위헌여부를 가릴 실익이 없어졌다 할 것이고, 법무부장관이 제출한 위 자료 등의 내용에 비추어 법무부나 그 예하의 교도소 등이 다시 이러한 종류의 칸막이를 설치할 위험이 있다거나 이 문제가 헌법질서의 수호·유지를 위하여 특히 헌법적 해명이 필요한 것이라고도 보기 어렵다."라고 하였다(헌재결 1997. 3. 27, 92헌마273).

따라서 갑의 청구도 더 이상 심판청구의 이익이 없는 부적법한 것으로서 각하 될 것으로 보인다. 다만, 위 결정례에서도 적시하는 바와 같이 기본권침해가 재발할 우려가 있거나 헌법질서의 수호·유지를 위하여 특히 헌법적 해명이 필요한 경우에는 예외적으로 권리보호의 이익이 인정된다. <대한법률구조공단>

「현재성 인정 사례」

- 장래 실시가 확실한 지방의회선거(지선법 제36조 제1항, 91헌마21).
- 장래실시가 확실한 대학입시요강(서울대학교입시요강, 92헌마68).

「현재성 부인 사례」

- 단순히 장래에 잠재적으로 나타날 수도 있는 것에 불과한 경우(권리침해의 우려의 경우)에는 현재성을 부인.[1)]

4.4. 보충성

4.4.1. 보충성의 원칙

헌법소원의 보충성의 원칙이라 함은 공권력의 행사·불행사로 기본권이 침해된 경우에도 다른 사법적 구제절차가 있는 경우에는 이러한 절차를 모두 경유하고서 나서야 비로소 헌법소원을 제기할 수 있도록 하는 원칙을 말한다. 이는 헌법소원이 예외적으로 인정되는 최후적 기본권보장수단임을 의미한다.[2)] 헌법소원에서는 보충성을 필수적으로 요구하고 있는 바 이는 헌법소원의 본질이 재판통제에 있음을 보여주는 것이다.[3)] 헌법재판소는 사법적 권리구제절차란 공권력의 행사·불행사를 직접 대상으로하여 그 효력을 다툴 수 있는 권리구제절차를 의미하는 것이지 사후적·보충적 구제수단인 손해배상청구나 손실보상청구를 의미하는 것은 아니라고 하였다.[4)] 이러한 권리구제절차는 적법한 구제절차를 의미하는 바,[5)] 이는 부적법한 절차경유를 통한 청구기간의 부당한 연장을 막기 위함이다.[6)] 군검

---

1) 헌재결 1989. 7. 21, 89헌마12【형사소송법개정 등에 관한 헌법소원】【판시사항】권리침해의 현재성이 없는 청구인의 법률에 대한 헌법소원의 적법여부【결정요지】법률에 대하여 바로 헌법소원을 제기하려면 우선 청구인 스스로가 당해 규정에 관련되어야 할 뿐만 아니라 당해 규정에 의해 현재 권리침해를 받아야 한다는 것을 요건으로 하는바, 청구인이 고소 또는 고발을 한 사실은 없고 단순히 장래 잠재적으로 나타날 수 있는 권리침해의 우려에 대하여 헌법소원심판을 청구한 것에 불과하다면 본인의 관련성과 권리침해의 현재성이 없는 경우에 해당하여 부적법하다.

2) 권영성, 헌법학원론, 1189면.

3) 현행 헌법재판소법이 재판을 헌법소원의 대상에서 제외한 것은 헌법소원의 본질적 요소인 보충성의 원리에 근본적으로 모순된다.

4) 헌재결 1989. 4. 17, 88헌마3【검사의 공소권행사에 대한 헌법소원】【판시사항】1. 자의적인 검사의 불기소처분에 대한 헌법소원의 적법여부 2. 헌법재판소법 제68조 제1항 단서의"다른 권리구제절차"의 의미 3. 공소시효가 완성된 이후에 제기된 검사의 불기소처분에 대한 헌법소원의 적법여부【결정요지】1. 검사의 불기소처분은 공권력의 행사에 포함되고, 검사의 자의적인 수사 또는 판단에 의하여 불기소처분이 이루어진 경우에는 헌법 제11조, 제27조 제5항, 제30조에 정한 기본권을 침해하게 된다. 2. 헌법재판소법 제68조 제1항 단서 소정의 다른 권리구제절차라 함은 공권력의 행사 또는 불행사를 직접대상으로 하여 그 효력을 다툴 수 있는 권리구제절차를 의미하고, 사후적·보충적 구제수단을 뜻하는 것은 아니다. 3. 불기소처분의 대상이 된 피의사실의 공소시효가 이미 완성되었으면 그에 대한 헌법소원심판청구는 권리보호의 이익이 없다.

5) 헌재결 1993. 2. 19, 93헌마13【부당해고구제재심판정취소】【판시사항】부당해고에 대한 노동위원회에의 구제신청이 신청기간 도과로 각하된 경우와 보충성의 원칙【결정요지】근로기준법 제27조의3 제2항, 노동조합법 제40조 제2항에 부당해고에 대한 구제절차로서 해고된 날로부터 3

찰관의 불기소처분에 대하여는 고등군사법원에 대한 재정신청과 대법원에 즉시 항고를 거친 후가 아니면 헌법소원을 청구할 수 없다.[1)]

- 사법권의 작용에 대한 헌법소원심판청구의 보충성 원칙 -

<사례>

A는 甲이 A를 상대로 제기한 가옥명도소송에서 패소하였고, 가집행이 선고되었다. 그런데 집행관이 강제집행 하는 과정에서 집행영장을 제시하지 않고 직권을 남용하여 A소유 가옥을 강제철거 하였다. 이 경우 A가 헌법소원심판을 청구하여 구제를 받을 수 있는가?

<해설>

헌법재판소법 제68조 제1항에 의하면 "공권력의 행사 또는 불행사로 인하여 헌법상 보장된 기본권을 침해받은 자는 법원의 재판을 제외하고는 헌법재판소에 헌법소원심판을 청구할 수 있다"라고 규정하면서, 단서에서는 헌법소원심판청구를 함에 있어 "다른 법률에 구제절차가 있는 경우에는 그 절차를 모두 거친 후가 아니면 청구할 수 없다"라고 하여 '보충성의 원칙'을 요구하고 있다.

A가 다투고자 하는 집행관의 행위는 강제집행이라는 사법권의 작용이라고 할 수 있으므로 이는 '공권력의 행사'에 해당한다고 할 것이다. 또한, 위 사안에서 헌법소원심판 외에 다른 구제절차가 존재하지 않는 것인지도 문제되는바, 이에 관하여 판례를 보면 "강제집행 하는 집달관(현재는 집행관)의 강제집행방법이나 집행절차에 관하여 이의가 있는 경우에는 민사소송법 제504조(현행 민사집행법 제16조) 소정의 집행방법에 관한 이의신청을 한 후 집행법원의 재판을 거쳐야 한다."라고 하였다(헌재결 1989. 10. 7, 89헌마203).

따라서 A의 헌법소원심판청구는 보충성의 원칙에 위배되어 부적법하므로 각하를 면하기 어려울 것으로 보인다. <대한법률구조공단>

개월 이내에 노동위원회에 구제신청을 할 수 있도록 되어 있는데, 청구인의 노동위원회에 대한 구제신청이 신청기간의 도과로 각하되었다면, 위 구제절차는 적법한 구제절차라 할 수 없으므로 청구인의 이 사건 헌법소원심판청구는 적법한 구제절차를 거치지 아니한 것으로서 부적법하다.

6) 헌재결 1993. 7. 29, 91헌마47 【복개사업허가신청 거부처분에 대한 헌법소원】 헌법재판소법 제69조 제1항 단서의 "다른 법률에 의한 구제절차"는 적법한 구제절차임을 전제로 하는바, 그것은 만약 그렇게 보지 아니하면 청구인이 일부러 부적법한 구제절차를 거침으로써 부당하게 청구기간을 연장할 수 있게 되어 청구기간 한정의 취지를 몰각시켜 버릴 염려가 있기 때문이다.

1) 헌재결 1990. 10. 8, 89헌마278 【군검찰관의 공소권행사에 관한 헌법소원】 【판시사항】 군검찰관의 불기소처분)에 대하여 고등군사법원에 재정신청만하고 대법원에 즉시항고를 하지 아니한 채 제기한 헌법소원의 적법여부 【결정요지】 군검찰관의 불기소처분에 대하여는 고등군사법원에 대한 재정신청과 대법원에 대한 즉시항고를 모두 거친 후가 아니면 헌법소원심판을 청구할 수 없다 할 것인데 청구인은 군검찰관의 불기소처분에 대하여 고등군사법원에 재정신청만을 하고 대법원에 즉시항고를 하지 아니한 채 바로 헌법소원심판을 청구하였으니 이 사건 심판청구는 다른 법률에 의한 구제절차를 다 거치지 아니하고 제기된 것이어서 부적법한 것이다.

4.4.2. 보충성의 예외

헌법소원은 보충성으로 인하여 다른 권리구제절차를 모두 경유하여야 하나 구제절차가 있어도 그 구제절차에 의하여는 권리구제의 기대가능성이 거의 없거나, 청구인의 이유있는 착오로 구제절차를 밟지 않거나, 권리구제절차가 우회적이거나, 구제절차가 허용되는지의 여부가 불확실한 경우에는 보충성의 예외가 허용된다.[1)]

「보충성의 예외」

- 구제절차가 있어도 그 구제절차에 의하여는 권리구제의 기대가능성이 거의 없는 경우
- 청구인의 이유있는 착오로 구제절차를 밟지 않는 경우
- 권리구제절차가 우회적인 경우
- 구제절차가 허용되는지의 여부가 불확실한 경우

<사례>

헌법재판소는 법령헌법소원의 경우에는 법령을 직접다툴 수 있는 절차가 존재하지 않으므로 법령을 직접 다툴 수 있는 바 이를 보충성의 예외라고 하고 있다.[2)] 또한 헌법재판소는 고소절차를 거치지 않은 형사피해자가 제기한 헌법소원사건에 있어서(고소인은 검찰항고를 경유하였음) 보충성의 예외를 인정하였고,[3)] 기소유예처분을 받은 피의자는 직접

---

1) 헌재결 1989. 9. 4, 88헌마22【공권력에 의한 재산권침해에 대한 헌법소원】헌법소원심판청구인이 그의 불이익으로 돌릴 수 없는 정당한 이유있는 착오로 전심절차를 밟지 않은 경우 또는 전심절차로 권리가 구제될 가능성이 거의 없거나 권리구제절차가 허용되는지의 여부가 객관적으로 불확실하여 전심절차이천(前審節次履踐)의 기대가능성이 없을 때에는 예외적으로 헌법재판소법 제68조 제1항 단서 소정의 전심절차이천요건(前審節次履踐要件)은 배제된다.

2) 헌재결 1989. 3. 17, 88헌마1【사법서사법시행규칙에 관한 헌법소원】법령자체에 의한 기본권침해가 문제되어 법령자체에 대한 헌법소원심판청구를 하였을 때에는 이른바 헌법재판소법 제68조 제1항 단서 소정의 보충성의 예외적인 경우에 해당한다. … 법률에 대한 헌법소원으로 사법서사법의 위헌성을 직접 다투는 문제의 해결책을 시도하지 않고, 위 거부행위를 놓고 법률에 관한 직접적인 위헌판단이 허용되지 아니하며 우회적인 해결책 밖에 될 수 없는 행정소송을 먼저 제기할 것을 요구함은 기대가능성이 없는 일이거니와, 이 사건처럼 공권력 행사의 일종이라고 할 입법 즉 법률 자체에 의한 기본권침해가 문제가 될 때에는 일반법원에 법령자체의 효력을 직접 다투는 것을 소송물로 하여 제소하는 길은 없어, 구제절차가 있는 경우가 아니므로, 헌법재판소법 제68조 제1항 단서 소정의 구제절차를 모두 거친 후에 헌법소원을 내야하는 제약이 따르지 않는 이른바 보충성의 예외적인 경우라고 볼 것이다. 따라서 법원행정처장의 본안전 항변은 어느모로 보아도 그 이유없다 할 것이고, 사법서사법에 관한 소원부분은 적법한 것으로 인정된다.

3) 헌재결 1992. 1. 28, 90헌마227【불기소처분에 대한 헌법소원】【판시사항】범죄피해자가 고소를 제기하지 않고 곧바로 헌법소원심판을 청구할 수 있는지 여부【결정요지】청구인이 피의사건의 범죄피해자로서 피청구인의 불기소처분으로 말미암아 헌법상 재판절차진술권과 평등권을 침해받았다고 주장하고 있으며, 청구인이 피의사건에 관하여 고소를 제기한 바 없어 피청구인의

헌법소원을 제기할 수 있다고 하였다.[1]

헌재결 1992. 1. 21, 91헌마169【기소유예처분에 대한 헌법소원】

【판시사항】 기소유예처분을 받은 자가 다른 구제절차를 거치지 아니하고 직접 헌법소원심판청구를 할 수 있는지 여부 【결정요지】 기소유예처분을 받은 피의자는 항고나 재항고를 제기할 수 있는 법률의 규정이 없고, 검사에 재기신청(再起申請)을 낸다든지 또는 진정서를 제출하여 검사의 직권발동을 촉구하는 등의 절차는 기소유예처분에 대한 법률이 정한 직접적인 구제절차가 아닐 뿐더러 그 밖에도 달리 다른 법률에 정한 구제절차가 없으므로 기소유예처분에 대하여 직접 헌법소원심판을 청구한 심판청구는 적법하다.

행정소송의 대상이 되지 않는다는 대법원판례가 있는 경우에는 다른 구제절차가 존재하지 아니하는 경우에 속하므로 이를 직접 헌법소원의 대상으로 삼는다 하여도 보충성에 반하지 않는다고 하였다.[2] 그러나 대법원장의 법관에 대한 보충권행사에 대한 헌법소원은 행정소송 등의 보충성 원칙을 충족하여야 한다고 하였다.[3]

불기소처분에 대하여 헌법소원을 제기하는 수단 이외에 달리 검찰청법에 정한 항고, 재항고의 제기에 의한 구제를 받을 방법도 없다고 한다면, 청구인은 피의사건에 대하여 고소를 제기하든가 피청구인의 불기소처분에 대하여 헌법소원심판을 청구할 수 있다.

1) 헌재결 1992. 1. 21, 91헌마169【기소유예처분에 대한 헌법소원】

2) 헌재결 1993. 5. 13, 91헌마190【교수재임용추천거부 등에 대한 헌법소원】 법령 자체에 대한 헌법소원심판청구의 경우에도 법령(法令) 자체에 의한 직접적인 기본권침해 여부가 문제되었을 경우 그 법령의 효력을 직접 다투는 것을 소송물로 하여 일반 법원에 구제를 구할 수 있는 절차는 존재하지 아니하므로 이 경우에는 다른 구제절차를 거칠 것 없이 바로 헌법소원심판을 청구할 수 있다.

3) 헌재결 1993. 12. 23, 92헌마247【인사명령취소】 【판시사항】 법관인 청구인이 대법원장의 인사처분에 대하여 헌법소원심판을 청구하기 전에 거쳐야 할 다른 법률이 정한 구제절차와 이를 거치지 아니하고 제기된 헌법소원심판청구의 적법 여부 【결정요지】 국가공무원법 제2조 및 제3조에 의하면 법관은 경력직공무원 중 특정직공무원으로서, 다른 법률에 특별한 규정이 없는 한, 국가공무원법의 적용을 받도록 규정하고 있고, 같은 법 제9조에는 법원소속공무원의 소청(訴請)에 관한 사항을 심사결정하게 하기 위하여 법원행정처에 소청심사위원회를 두도록 하고 있으며, 같은 법 제9조부터 제15조에는 소청심사위원회의 조직, 심사절차 및 결정의 효력에 관하여 자세한 규정을 두고 있으며, 한편 같은 법 제76조 제1항에는 국가공무원이 그 의사에 반하여 불리한 처분을 받았을 때에는 소청심사위원회에 이에 대한 심사를 청구하여 그 시정을 구할 수 있도록 규정하고 있으므로, 법관인 청구인은 위 각 법률조항이 정한 절차에 따라 인사처분에 대하여 그 구제를 청구할 수 있고, 그 절차에서 구제를 받지 못한 때에는 국가공무원법 제16조, 법원조직법 제70조, 행정소송법 제1조의 규정에 미루어 다시 행정소송을 제기하여 그 구제를 청구할 수 있음에도 불구하고, 청구인이 위와 같은 구제절차를 거치지 아니한 채 제기한 헌법소원심판청구는 부적법한 심판청구라 아니할 수 없다.

헌법재판소는 보충성 요건의 하자가 있더라도 헌법재판의 진행 중에 흠결이 치유된 경우에는 적법하다고 하였다.[1)]

4.5. 권리보호이익

4.5.1. 주관적 권리보호

헌법소원은 개인의 주관적 권리를 보호하기 위한 제도이므로 청구인의 목적이 달성된 경우에는 권리보호이익이 존재하지 않는다고 본다. 헌법재판소는 변호인접견불허처분에 대한 헌법소원이 제기된 후 접견이 허용되었다면 권리보호이익이 없다고 하였고, 형사사건 기록의 열람 · 복사신청의 거부에 대한 헌법소원을 제기하였다가 기록의 열람 · 복사가 허용된 경우에도 권리보호이익 없다고 하였다.[2)] 또 불기소처분의 대상이 된 피의사실의 공소시효가 완성된 후에 청구된 헌법소원의 경우나 헌법소원의 청구 후 공소시효가 완정된 경우에도 권리보호이익이 없다고 하였다.[3)]

---

1) 헌재결 1991. 4. 1, 90헌마194【불기소처분에 대한 헌법소원】【판시사항】검사의 불기소처분에 대한 헌법소원에서 전치요건흠결(前置要件欠缺)의 하자를 인정한 사례【결정요지】동일한 피의사실(被疑事實)에 대하여 2회 고소(告訴)하고 그에 대한 검사의 각 불기소처분에 대하여 항고(抗告), 재항고를 하여, 한 사건에 대하여는 대검찰청의 재항고기각이 있었고 다른 한 사건을 대검찰청에 계류중인 상태에서 대검찰청에 계류중인 사건에 대한 헌법소원심판청구가 있은 경우, 헌법재판계류중에 대검찰청의 재항고기각결정이 있으면 동 심판청구는 전치요건흠결(前置要件欠缺)의 하자가 치료되어 적법하다.

2) 헌재결 1993. 3. 11, 92헌마98【기록복사거부 등에 관한 헌법소원】【판시사항】가. 헌법소원에서의 권리보호이익의 개념 나. 헌법소원심판청구 이후 기본권 침해상태가 종료되었음을 이유로 권리보호이익이 없다고 본 사례【결정요지】가. 헌법소원제도는 청구인 자신의 주관적인 기본권 구제를 위한 것일 뿐만 아니라 객관적인 헌법질서의 수호 · 유지를 위하여서도 있는 제도이므로 침해행위가 이미 종료하여서 이를 취소할 여지가 없기 때문에 주관적 권리구제에는 별 도움이 안되는 경우라도 당해 사건에 대한 본안판단이 헌법질서의 수호 · 유지를 위하여 긴요한 사항이어서 그 해명이 헌법적으로 중요한 의미를 지니고 있는 경우 그러한 침해행위가 앞으로도 반복될 위험이 있는 경우 등에는 예외적으로 심판청구의 이익을 인정하여 이미 종료한 침해행위가 위헌이었음을 확인할 필요가 있다. 나. 피청구인이 청구인의 형사기록의 열람 · 복사신청을 거부하였다가 청구인이 헌법소원심판청구를 하자 태도를 바꾸어 청구인에게 형사기록의 열람 · 복사를 허용하였다면 이로써 청구인도 주관적 목적이 이미 달성된 터이고, 통상의 예와 달리 불분명한 헌법문제의 해명, 침해반복의 위험 등을 이유로 심판의 이익을 인정하여야 할 특별한 경우에 해당된다고도 할 수 없으므로 결국 청구인의 청구는 권리보호의 이익 내지 필요가 없는 부적법한 청구이다.

3) 헌재결 1989. 4. 17, 88헌마3【검사의 공소권행사에 대한 헌법소원】【판시사항】2. 헌법재판소법 제68조 제1항 단서(但書)의 "다른 권리구제절차"의 의미 3. 공소시효가 완성된 이후에 제기된 검사(檢事)의 불기소처분에 대한 헌법소원의 적법여부【결정요지】2. 헌법재판소법 제68조 제1

「헌법재판소가 권리보호이익이 없다고 인정한 사례」
- 변호인접견불허처분에 대한 헌법소원이 제기된 후 접견이 허용된 경우.
- 형사사건기록의 열람·복사신청의 거부에 대한 헌법소원을 제기하였다가 기록의 열람·복사가 허용된 경우(92헌마98).
- 불기소처분의 대상이 된 피의사실의 공소시효가 완성된 후에 청구된 헌법소원의 경우.
- 헌법소원의 청구 후 공소시효가 완정된 경우(88헌마3).

헌법재판소는 혐의없음 불기소처분에 대하여 제기된 헌법소원에 있어 공소시효가 완성된 경우에는 각하결정을 하나(권리보호이익이 없으므로), 시효완성불기소처분에 대하여 제기된 헌법소원의 경우에는 기각결정을 한다(이유가 없으므로).

4.5.2. 객관적 헌법수호

헌법소원은 개인의 주관적 권리보호 이외에도 객관적 헌법을 수호하기 위한 제도이므로 청구인 개인의 주관적 목적 달성과는 거리가 있다 하더라도 불분명한 헌법문제의 해명, 침해반복의 위험 등이 권리보호 이익유무의 판단기준이 될 수 있다. 헌법재판소는 헌법소원의 해결이 헌법문제의 해명에 중대한 의미를 지니고 있는 경우에 권리보호이익을 적극적으로 인정하고 있다. 예컨대 구속기간이 종료된 뒤 제기된 헌법소원의 경우에도 권리보호이익을 인정하고 있고,[1] 권력적 사실행위가 종료되었음에도 심판의 필요성을 인정한 경우가 있으며,[2] 공직복귀를 위한 소송 중 <u>정년연령에 달한 청구인에게도 헌법적 문제해명</u>

항 단서(但書) 소정(所定)의 <u>다른 권리구제절차라 함은 공권력의 행사 또는 불행사를 직접대상으로 하여 그 효력을 다툴 수 있는 권리구제절차를 의미</u>하고, 사후적·보충적 구제수단을 뜻하는 것은 아니다. 3. <u>불기소처분의 대상이 된 피의사실의 공소시효가 이미 완성되었으면 그에 대한 헌법소원심판청구는 권리보호의 이익이 없다</u>.

1) 헌재결 1992. 4. 14, 90헌마82 【국가보안법 제19조에 대한 헌법소원】 【형사소송법상의 구속기간연장의 헌법상의 제약원리】 형사소송법상의 구속기간은 헌법상의 무죄추정의 원칙에서 파생되는 불구속수사원칙 대한 예외로서 설정된 기간으로 이 구속기간을 더 연장하는 것은 예외에 대하여 또 다시 특례를 설정하는 것이 되므로 그 예외의 범위를 확장하는 데에는 국가안전보장과 질서유지라는 공익과 국민의 기본권보장이라는 상충되는 긴장관계의 비례성 형량에 있어서 더욱 엄격한 기준이 요구되며 따라서 그 예외의 확장은 극히 최소한에 그쳐야 한다.

2) 헌재결 1993. 7. 29, 89헌마31 【공권력행사로 인한 재산권침해에 대한 헌법소원】 【판시사항】 이미 종료한 기본권 침해행위에 대한 헌법소원심판청구이기는 하나 그 기본권 침해행위가 위헌임을 선언적 의미에서 확인할 필요가 있는 경우에 해당한다고 본 사례 【결정요지】 권력적 사실행위가 이제 이미 종료되어 나름대로 새 질서가 형성되었지만, 이 사건은 원칙으로 재산권의 보장과 사영기업의 자유를 골간으로 하는 시장경제질서하에서 사영기업의 생성·발전·소멸

이 필요하고 중요하여 본안판단의 필요성을 긍정하고 있다.[1] 이것 이외에도 헌법소원의 객관적 헌법질서보장기능(유지수호)과 관련하여 침해행위의 반복가능성이 존재하는 경우에도 권리보호이익을 긍정하고 있다.[2]

「권리보호이익을 인정한 사례」
- 구속기간이 종료된 뒤 제기된 헌법소원의 경우(90헌마82).
- 권력적 사실행위가 종료되었음에도 심판의 필요성을 인정한 경우(89헌마31).
- 공직복귀를 위한 소송 중 정년연령에 달한 청구인(92헌바21).
- 헌법소원의 객관적 헌법질서보장기능(유지수호)과 관련하여 침해행위의 반복가능성이 존재하는 경우(92헌바21).

4.6. 청구기간

헌법소원의 청구는 사유가 있음을 안 날로부터 60일 이내에 그 사유가 있은 날로부터 180일 이내에 청구하여야 한다. 안 날이란 공권력행사에 의한 기본권침해의 사실관계를 특정할 수 있을 정도로 현실적으로 인식하여 심판청구가 가능해진 경우를 의미한다.[3] 청구

· 정리청산 등 기업의 활동에 대한 공권력 개입의 헌법적 한계가 판시될 수밖에 없는 중요한 사안이고, 여기에서 아직 미결인 헌법상 중요한 문제가 해명될 것이라는 의미에서 그 심판의 필요성은 충분하다고 할 것이다. 당 재판소는 이미 당해 사건에 대한 재판이 헌법질서의 수호유지를 위하여 긴요한 사항이어서 헌법적으로 그 해명이 중요한 의미를 지니고 있는 경우에는 이미 종료된 기본권침해 행위가 위헌이었음을 선언적 의미에서 확인할 필요가 있다고 판시하여 왔던 바이다(당재판소 1992. 1. 28. 선고, 91헌마111 결정; 1993. 3. 11. 선고, 92헌마98 결정 등 참조).

1) 헌재결 1993. 9. 27, 92헌바21 【1980년해직공무원의보상등에관한특별조치법 제4조에 대한 헌법소원】 【판시사항】 청구인에게는 주관적으로 권리보호의 이익이 없지만, 객관적 헌법질서 수호를 위하여 본안판단의 필요성이 있다고 한 사례 【결정요지】 청구인은 이 사건이 헌법재판소에 적법 계속중인 1992. 12. 31.로서 공무원 연령정년이 되었으므로 이 사건 헌법소원이 가사 인용된다고 할지라도 공직에 복귀할 수 없어 소원의 전제가 된 법원에서의 쟁송사건과의 관련에서 볼 때 권리보호의 이익이 없다고 할 것이나, 헌법소원제도는 개인의 주관적인 권리구제에만 그 목적이 있는 것이 아니고 객관적인 헌법질서의 유지 수호에도 있다고 할 것인 바, 이 사건 헌법소원에서 문제되고 있는 5급이상 공무원 특별채용 배제 문제는 비단 청구인 한 사람에게만 국한된 것이 아니고 비슷한 처지에 있는 1980년도 해직공무원 1,367명에게 이해관계가 있고 헌법적 해명이 필요한 중요한 의미를 지니고 있는 사안이므로 본안판단의 필요성이 있다.

2) 헌재결 1993. 9. 27, 92헌바21 【1980년해직공무원의보상등에관한특별조치법 제4조에 대한 헌법소원】

3) 헌법재판소 전원재판부 1993. 7. 29, 89헌마31 【공권력행사로 인한 재산권침해에 대한 헌법소원】 헌법소원의 제기기간으로서 "사유 있음을 안 날로부터 60일"이라 함에 있어 "사유가 있음을 안 날"이라고 함은 적어도 공권력행사에 의한 기본권침해의 사실관계를 특정할 수 있을 정도로

기간이 도과한 경우에도 정당한 사유가 있는 경우에는 헌법소원의 심판청구는 적법하다고 하였다.[1] 그리고 헌법재판소 설립 이전에 존재한 공권력행사에 대한 헌법소원은 헌법재판소가 구성된(재판관임명일자) 1988. 9. 19로부터 기산하고 있다.[2] 법률에 대한 헌법소원은 법률이 공포된 사실을 안 날로부터 60일, 공포된 날로부터 180일 이내에 청구하여야 한다. 단 법률의 공포후 법률해당사유가 발생하여 비로소 기본권이 침해된 경우에는 그 사유가 발생하였음을 안 날로부터 60일, 그 사유가 발생한 날로부터 180일 이내에 청구하여야 한다. 여기서 사유가 발생한 날이란 당해법률이 청구인의 기본권을 명백히 구체적으로 현실침해하였거나 그 침해가 확실히 예상되는 등 실체적 제요건이 성숙하여 헌법판단에 적합하게 된 때를 의미한다.[3] 법률에 의한 구제철차를 거친 헌법소원은 그 최송결정을 통지받

현실적으로 인식하여 심판청구가 가능해진 경우를 뜻하나, 헌법재판소법 제40조 제1항에 의하여 행정소송법 제20조 제2항 단서가 헌법소원심판에 준용됨에 따라 정당한 사유가 있는 경우에는 제소기간의 도과에도 불구하고 헌법소원심판청구는 적법하다고 할 것인바, 여기의 정당한 사유라 함은 청구기간 도과의 원인 등 여러 가지 사정을 종합하여 지연된 심판청구를 허용하는 것이 사회통념상으로 보아 상당한 경우를 뜻한다.

1) 헌재결 1993. 7. 29, 89헌마31【공권력행사로 인한 재산권침해에 대한 헌법수원】

2) 헌재결 1991. 9. 16, 89헌마151【기본권 제한에 대한 헌법소원】【판시사항】1. 법률에 대한 헌법소원의 적격성 2. 헌법재판소 발족 이전의 공권력에 의한 기본권 침해에 대한 헌법소원심판 청구기간의 기산점【결정요지】1. 입법작용이 공권력의 행사인 이상 법률에 대한 헌법소원도 가능한 것이나 모든 법률이 다 헌법수원의 대상이 되는 것이 아니고 그 법률이 별도의 구체적 집행행위를 기다리지 않고 직접적으로 그리고 현재적으로 심판청구인의 기본권을 침해하고 있는 경우에 한정됨을 원칙으로 한다. 2. 헌법재판소가 발족하기 전에 있었던 공권력에 의한 기본권 침해에 대한 헌법소원심판 청구기간은 헌법심판소가 구성된 1988. 9. 19.부터 기산하여야 한다.

3) 헌재결 1990. 6. 25, 89헌마220【지방공무원 제31조, 제61조에 대한 헌법소원】【판시사항】1. 법률에 대한 헌법소원의 직접성 및 보충성 문제 2. 법률에 대한 헌법소원에 있어서 제소기간과 "사유가 발생한 날"의 의미 3. 지방공무원법 제31조 제5호, 제61조의 위헌여부【결정요지】1. 가. 법률이 별도의 집행행위를 기다리지 않고 직접적·현재적으로 기본권을 침해하는 경우에는, 바로 그 법률에 대한 헌법소원도 가능하다. 나. 법률자체에 의한 직접적인 기본권침해가 문제될 때에는 그 법률자체의 효력을 직접 다투는 것을 소송물로 하여 일반법원에 소송을 제기하는 길이 없으므로 다른 구제절차를 거칠 것 없이 바로 헌법소원을 제기할 수 있다. 2. 가. 법률에 대한 헌법소원의 제소기간은 그 법률의 공포와 동시에 기본권침해를 당한 자는 그 법률이 공포된 사실을 안 날로부터 60일 이내에, 아니면 법률이 공포된 날로부터 180일 이내에, 그렇지 아니하고 법률공포후 그 법률에 해당되는 사유가 발생하여 비로소 기본권의 침해를 받게 된 자는 그 사유가 발생하였음을 안 날로부터 60일 이내에, 아니면 그 "사유가 발생한 날"로부터 180일 이내에 헌법소원을 제기하여야 할 것이다. 나. 위 "사유가 발생한 날"은 당해법률이 청구인의 기본권을 명백히 구체적으로 현실침해하였거나 그 침해가 확실히 예상되는 등 실체적 제요건이 성숙하여 헌법판단에 적합하게 된 때를 말한다. 3. 가. 금고 이상의 형의 선고유예를 받은 경우에 그 유예기간

은 날로부터 30일 이내에 청구하여야 한다(불기소처분에 대한 헌법소원이 대표적이다). 소위 위헌심사형헌법소원을 제기하기 위하여는 위헌제청신청이 기각된 날로부터 14일 이내에 청구하여야 한다. 기각된 날이란 기각결정을 송달받은 날이다.

헌재결 1989. 7. 21, 89헌마38 【상속세법 제32조의2의 위헌여부에 관한 헌법소원】
헌법재판소법 제69조 제2항에 규정한 "제청신청이 기각된 날"이란 특단의 사정이 없는 한 제청신청에 대한 기각결정을 송달받은 날이라고 해석하여야 할 것인 바, 위 인정사실에 의하면 청구인의 이 사건 심판청구는 법정기간 내에 적법한 절차를 거쳐 제기된 것으로 인정되고, 달리 그 청구가 부적법하다고 볼 사정은 엿보이지 아니한다.

5. 지정재판부의 사전심사

헌법재판소는 재판소의 부담을 경감하기 위하여 3인으로 구성되는 지정재판부를 두어 헌법소원의 사전심사를 할 수 있도록 하였다(헌법재판소법 제72조). 지정재판부는 헌법소원을 각하하거나 재판부에 심판회부결정을 한 때에는 14일 이내에 청구인에게 그 사실을 통지하여야 한다(동법 제73조 제1항).

헌법재판소법 제73조 (각하 및 심판회부결정의 통지) ① 지정재판부는 헌법소원을 각하하거나 심판회부결정을 한 때에는 그 결정일로부터 14일이내에 청구인 또는 그 대리인 및 피청구인에게 그 사실을 통지하여야 한다. 제72조 제4항 후단의 경우에도 또한 같다.
② 헌법재판소장은 헌법소원이 제72조 제4항의 규정에 의하여 재판부의 심판에 회부된 때에는 다음 각호에 열거된 자에 대하여 지체없이 그 사실을 통지하여야 한다.
1. 법무부장관
2. 제68조 제2항의 규정에 의한 헌법소원심판에 있어서는 청구인이 아닌 당해 사건의 당사자

6. 심판청구의 각하결정

지정재판부의 재판관전원이 일치된 의견에 의한 결정으로 다음의 경우에 심판청구를 각하할 수 있다(헌재법 제72조 제3항). 다른 구제절차를 경유하지 않은 경우, 법원의 재판에 대하여 헌법소원심판이 청구된 경우, 청구기간이 경과한 경우, 헌법재판소법 제25조에 의한 대리인의 선임이 없는 경우, 심판청구가 부적법하고 그 흠결을 보정할 수 없는 경우

중에 있는 자는 공무원이 될 수 없고 또한 위 규정에 해당 할 때에는 당연히 퇴직한다라는 규정은 지방공무원의 신분보장원칙에 반하는 것이라고 볼 수 없다. 나. 금고형이 벌금형보다 무거운 형이므로 벌금형의 선고유예판결을 공무원 결격사유로 아니하면서 금고형의 선고유예판결을 결격사유로 하였다고 해서 위 규정이 합리성과 형평에 반한다고 볼 수 없다.

등이다.[1)]

「심판청구의 각하」
- 다른 구제절차를 경우하지 않은 경우
- 법원의 재판에 대하여 헌법소원심판이 청구된 경우
- 청구기간의 경과
- 대리인의 선임이 없는 경우
- 심판청구가 부적법하고 그 흠결을 보정할 수 없는 경우

7. 심판회부의 결정

지정재판부는 청구를 각하하지 않는 경우에는 결정으로 헌법소원을 재판부의 심판에 회부하여야 한다. 헌법소원의 심판청구가 있은 후 30일이 경과할 때까지 각하결정이 없으면 심판에 회부하는 결정이 있은 것으로 본다(심판회부간주).

8. 인용결정

헌법재판소는 공권력이 기본권을 침해한 것이 확인된 경우에는 기본권침해의 원인이 된 공권력의 행사를 취소하거나, 그 불행사가 위헌임을 확인할 수 있다. 헌법재판소의 결정은 모든 국가기관을 구속하며, 피청구인은 결정취지에 따라 새로운 처분을 하여야 한다. 검사의 불기소처분에 대한 헌법소원사건에서 헌법재판소의 재수사명령의 의미에 관하여 기소상세로 보는 입장(기소강제실), 재수사명령으로 보는 입장(재수사명령설), 개별적으로 판단하여야 한다는 입장(개별적 판단설)[2)]이 있다. 이에 관하여 헌법재판소는 재수사에서 헌법재판소의 취소결정의 주문과 이유에서 실시한 취지에 맞도록 성실히 수사하여 결정을 하라는 의미로 보고 있다.

헌재결 1993. 11. 25, 93헌마113 【불기소처분취소】
【판시사항】
1. 헌법소원인용결정의 기속력
2. 헌법재판소의 불기소처분취소결정에 따라 수사를 재기하였다가 다시 불기소처분을 한 사안에 대하여 헌법소원인용결정의 기속력을 간과하였다 하여 그 불기소처분을 재차 취소한 사례
【결정요지】

1) 권영성, 헌법학원론, 1196면.
2) 권영성, 헌법학원론, 1196면; 同人, 헌법재판제도의 활성화 방안에 관한 연구, 법학(서울대법학연구소), 제33권 제2호, 1992, 39면 참조.

1. 헌법재판소법 제75조 제1항이 헌법소원의 피청구인에게 가지는 뜻은 헌법소원의 인용결정이 있으면 피청구인은 모름지기 그 인용결정의 취지에 맞도록 공권력을 행사하여야 한다는 데 있다.

2. 헌법재판소가 검사의 불기소처분에 대하여 객관적으로 유지될 수 없는 자의적인 증거판단으로 명백히 사안의 진상에 상응치 아니한 판단을 한 것이라는 이유로 이를 취소하는 결정을 한 때에는 재기수사하는 검사로서는 헌법재판소가 그 취소결정에서 검사의 수사상의 잘못에 관하여 설시한 제반판단을 존중하여 그 취지에 맞도록 성실히 수사하여 결정을 하여야 하는데도, 헌법재판소법 제75조 제1항에서 명시된 헌법소원인용결정의 기속력을 간과하고 거듭 자의적인 증거판단을 하거나, 마땅히 조사하였어야 할 중요한 사항을 조사하지 아니한 무성의하고 자의적인 수사를 하여 다시 불기소처분을 한 것은, 불기소처분취소결정에 따라 재기된 피의사건에 대하여 차별 없이 성실한 수사를 요구할 수 있는 청구인의 평등권과 재판절차진술권을 침해한 것이다.

그리고 기본권침해의 원인이 된 공권력이 위헌인 법률에 기인한 것이라고 인정될 때에는 당해 법률의 위헌을 선언할 수 있다(헌법재판소법 제75조 제5항).

「헌법재판소의 결정」
- 모든 국가기관을 구속하며.
- 피청구인은 결정취지에 따라 새로운 처분을 하여야.

VI. 헌법재판소의 규칙제정권

헌법재판소는 법률에 저촉되지 아니하는 범위 안에서 심판에 관한 절차, 내부규율과 사무처리에 관한 규칙을 제정할 수 있다(헌법 제113조 제2항). 이는 헌법재판소의 자주성과 독립성을 확보하기 위함이며, 기술적인 사항은 헌법재판소 자신이 제정하는 것이 보다 합리적이기 때문이다. 규칙제정은 재판관회의의 의결사항이며, 대법원규칙의 공표에 준하여 공포한다. 헌법재판소규칙은 법률보다 하위에 있고(다수설), 대통령령과 같은 수준에 있다는 견해가 있다.[1)]

헌법재판소의 규칙들은 규칙이라는 명칭은 동일하다고 할 지라도, 심판절차에 대한 규칙은 법규명령에 해당한다고 보아야 하고, 내부규율과 사무처리에 관한 규칙은 행정명령에 해당하는 규칙으로 보아야 할 것이다.[2)]

---

1) 오준근, 한국의 법제와 개혁, Konrad Adenauer Stiftung, 1996, 31-32면 참조.
2) 권영성, 헌법학원론, 1198면.

부록

· 대한민국헌법

대한민국헌법

[전부개정 1987.10.29 헌법 제10호]

〈전문〉

유구한 역사와 전통에 빛나는 우리 대한국민은 3·1운동으로 건립된 대한민국임시정부의 법통과 불의에 항거한 4·19민주이념을 계승하고, 조국의 민주개혁과 평화적 통일의 사명에 입각하여 정의·인도와 동포애로써 민족의 단결을 공고히 하고, 모든 사회적 폐습과 불의를 타파하며, 자율과 조화를 바탕으로 자유민주적 기본질서를 더욱 확고히 하여 정치·경제·사회·문화의 모든 영역에 있어서 각인의 기회를 균등히 하고, 능력을 최고도로 발휘하게 하며, 자유와 권리에 따르는 책임과 의무를 완수하게 하여, 안으로는 국민생활의 균등한 향상을 기하고 밖으로는 항구적인 세계평화와 인류공영에 이바지함으로써 우리들과 우리들의 자손의 안전과 자유와 행복을 영원히 확보할 것을 다짐하면서 1948년 7월 12일에 제정되고 8차에 걸쳐 개정된 헌법을 이제 국회의 의결을 거쳐 국민투표에 의하여 개정한다.

제1장 총강

제1조 ① 대한민국은 민주공화국이다.

② 대한민국의 주권은 국민에게 있고, 모든 권력은 국민으로부터 나온다.

제2조 ① 대한민국의 국민이 되는 요건은 법률로 정한다.

② 국가는 법률이 정하는 바에 의하여 재외국민을 보호할 의무를 진다.

제3조 대한민국의 영토는 한반도와 그 부속도서로 한다.

제4조 대한민국은 통일을 지향하며, 자유민주적 기본질서에 입각한 평화적 통일 정책을 수립하고 이를 추진한다.

제5조 ① 대한민국은 국제평화의 유지에 노력하고 침략적 전쟁을 부인한다.

② 국군은 국가의 안전보장과 국토방위의 신성한 의무를 수행함을 사명으로 하며, 그 정치적 중립성은 준수된다.

제6조 ① 헌법에 의하여 체결·공포된 조약과 일반적으로 승인된 국제법규는 국내법과 같은 효력을 가진다.

② 외국인은 국제법과 조약이 정하는 바에 의하여 그 지위가 보장된다.

제7조 ① 공무원은 국민전체에 대한 봉사자이며, 국민에 대하여 책임을 진다.

② 공무원의 신분과 정치적 중립성은

법률이 정하는 바에 의하여 보장된다.

제8조 ① 정당의 설립은 자유이며, 복수정당제는 보장된다.

② 정당은 그 목적·조직과 활동이 민주적이어야 하며, 국민의 정치적 의사형성에 참여하는데 필요한 조직을 가져야 한다.

③ 정당은 법률이 정하는 바에 의하여 국가의 보호를 받으며, 국가는 법률이 정하는 바에 의하여 정당운영에 필요한 자금을 보조할 수 있다.

④ 정당의 목적이나 활동이 민주적 기본질서에 위배될 때에는 정부는 헌법재판소에 그 해산을 제소할 수 있고, 정당은 헌법재판소의 심판에 의하여 해산된다.

제9조 국가는 전통문화의 계승·발전과 민족문화의 창달에 노력하여야 한다.

제2장 국민의 권리와 의무

제10조 모든 국민은 인간으로서의 존엄과 가치를 가지며, 행복을 추구할 권리를 가진다. 국가는 개인이 가지는 불가침의 기본적 인권을 확인하고 이를 보장할 의무를 진다.

제11조 ① 모든 국민은 법 앞에 평등하다. 누구든지 성별·종교 또는 사회적 신분에 의하여 정치적·경제적·사회적·문화적 생활의 모든 영역에 있어서 차별을 받지 아니한다.

② 사회적 특수계급의 제도는 인정되지 아니하며, 어떠한 형태로도 이를 창설할 수 없다.

③ 훈장등의 영전은 이를 받은 자에게만 효력이 있고, 어떠한 특권도 이에 따르지 아니한다.

제12조 ① 모든 국민은 신체의 자유를 가진다. 누구든지 법률에 의하지 아니하고는 체포·구속·압수·수색 또는 심문을 받지 아니하며, 법률과 적법한 절차에 의하지 아니하고는 처벌·보안처분 또는 강제노역을 받지 아니한다.

② 모든 국민은 고문을 받지 아니하며, 형사상 자기에게 불리한 진술을 강요당하지 아니한다.

③ 체포·구속·압수 또는 수색을 할 때에는 적법한 절차에 따라 검사의 신청에 의하여 법관이 발부한 영장을 제시하여야 한다. 다만, 현행범인인 경우와 장기 3년이상의 형에 해당하는 죄를 범하고 도피 또는 증거인멸의 염려가 있을 때에는 사후에 영장을 청구할 수 있다.

④ 누구든지 체포 또는 구속을 당한 때에는 즉시 변호인의 조력을 받을 권리를 가진다. 다만, 형사피고인이 스스로 변호인을 구할 수 없을 때에는 법률이 정하는 바에 의하여 국가가 변호인을 붙인다.

⑤ 누구든지 체포 또는 구속의 이유와 변호인의 조력을 받을 권리가 있음을 고지받지 아니하고는 체포 또는 구속을 당하지 아니한다. 체포 또는 구속을 당한 자의 가족등 법률이 정하는 자에게는 그 이유와 일시·장소가 지체없이 통지되어야 한다.

⑥ 누구든지 체포 또는 구속을 당한 때에는 적부의 심사를 법원에 청구할 권리를 가진다.

⑦ 피고인의 자백이 고문·폭행·협박

·구속의 부당한 장기화 또는 기망 기타의 방법에 의하여 자의로 진술된 것이 아니라고 인정될 때 또는 정식재판에 있어서 피고인의 자백이 그에게 불리한 유일한 증거일 때에는 이를 유죄의 증거로 삼거나 이를 이유로 처벌할 수 없다.

제13조 ① 모든 국민은 행위시의 법률에 의하여 범죄를 구성하지 아니하는 행위로 소추되지 아니하며, 동일한 범죄에 대하여 거듭 처벌받지 아니한다.

② 모든 국민은 소급입법에 의하여 참정권의 제한을 받거나 재산권을 박탈당하지 아니한다.

③ 모든 국민은 자기의 행위가 아닌 친족의 행위로 인하여 불이익한 처우를 받지 아니한다.

제14조 모든 국민은 거주·이전의 자유를 가진다.

제15조 모든 국민은 직업선택의 자유를 가진다.

제16조 모든 국민은 주거의 자유를 침해받지 아니한다. 주거에 대한 압수나 수색을 할 때에는 검사의 신청에 의하여 법관이 발부한 영장을 제시하여야 한다.

제17조 모든 국민은 사생활의 비밀과 자유를 침해받지 아니한다.

제18조 모든 국민은 통신의 비밀을 침해받지 아니한다.

제19조 모든 국민은 양심의 자유를 가진다.

제20조 ① 모든 국민은 종교의 자유를 가진다.

② 국교는 인정되지 아니하며, 종교와 정치는 분리된다.

제21조 ① 모든 국민은 언론·출판의 자유와 집회·결사의 자유를 가진다.

② 언론·출판에 대한 허가나 검열과 집회·결사에 대한 허가는 인정되지 아니한다.

③ 통신·방송의 시설기준과 신문의 기능을 보장하기 위하여 필요한 사항은 법률로 정한다.

④ 언론·출판은 타인의 명예나 권리 또는 공중도덕이나 사회윤리를 침해하여서는 아니된다. 언론·출판이 타인의 명예나 권리를 침해한 때에는 피해자는 이에 대한 피해의 배상을 청구할 수 있다.

제22조 ① 모든 국민은 학문과 예술의 자유를 가진다.

② 저작자·발명가·과학기술자와 예술가의 권리는 법률로써 보호한다.

제23조 ① 모든 국민의 재산권은 보장된다. 그 내용과 한계는 법률로 정한다.

② 재산권의 행사는 공공복리에 적합하도록 하여야 한다.

③ 공공필요에 의한 재산권의 수용·사용 또는 제한 및 그에 대한 보상은 법률로써 하되, 정당한 보상을 지급하여야 한다.

제24조 모든 국민은 법률이 정하는 바에 의하여 선거권을 가진다.

제25조 모든 국민은 법률이 정하는 바에 의하여 공무담임권을 가진다.

제26조 ① 모든 국민은 법률이 정하는 바에 의하여 국가기관에 문서로 청원할 권리를 가진다.

② 국가는 청원에 대하여 심사할 의무를 진다.

제27조 ① 모든 국민은 헌법과 법률이 정한 법관에 의하여 법률에 의한 재판을 받을 권리를 가진다.

② 군인 또는 군무원이 아닌 국민은 대한민국의 영역안에서는 중대한 군사상 기밀·초병·초소·유독음식물공급·포로·군용물에 관한 죄중 법률이 정한 경우와 비상계엄이 선포된 경우를 제외하고는 군사법원의 재판을 받지 아니한다.

③ 모든 국민은 신속한 재판을 받을 권리를 가진다. 형사피고인은 상당한 이유가 없는 한 지체없이 공개재판을 받을 권리를 가진다.

④ 형사피고인은 유죄의 판결이 확정될 때까지는 무죄로 추정된다.

⑤ 형사피해자는 법률이 정하는 바에 의하여 당해 사건의 재판절차에서 진술할 수 있다.

제28조 형사피의자 또는 형사피고인으로서 구금되었던 자가 법률이 정하는 불기소처분을 받거나 무죄판결을 받은 때에는 법률이 정하는 바에 의하여 국가에 정당한 보상을 청구할 수 있다.

제29조 ① 공무원의 직무상 불법행위로 손해를 받은 국민은 법률이 정하는 바에 의하여 국가 또는 공공단체에 정당한 배상을 청구할 수 있다. 이 경우 공무원 자신의 책임은 면제되지 아니한다.

② 군인·군무원·경찰공무원 기타 법률이 정하는 자가 전투·훈련등 직무집행과 관련하여 받은 손해에 대하여는 법률이 정하는 보상외에 국가 또는 공공단체에 공무원의 직무상 불법행위로 인한 배상은 청구할 수 없다.

제30조 타인의 범죄행위로 인하여 생명·신체에 대한 피해를 받은 국민은 법률이 정하는 바에 의하여 국가로부터 구조를 받을 수 있다.

제31조 ① 모든 국민은 능력에 따라 균등하게 교육을 받을 권리를 가진다.

② 모든 국민은 그 보호하는 자녀에게 적어도 초등교육과 법률이 정하는 교육을 받게 할 의무를 진다.

③ 의무교육은 무상으로 한다.

④ 교육의 자주성·전문성·정치적 중립성 및 대학의 자율성은 법률이 정하는 바에 의하여 보장된다.

⑤ 국가는 평생교육을 진흥하여야 한다.

⑥ 학교교육 및 평생교육을 포함한 교육제도와 그 운영, 교육재정 및 교원의 지위에 관한 기본적인 사항은 법률로 정한다.

제32조 ① 모든 국민은 근로의 권리를 가진다. 국가는 사회적·경제적 방법으로 근로자의 고용의 증진과 적정임금의 보장에 노력하여야 하며, 법률이 정하는 바에 의하여 최저임금제를 시행하여야 한다.

② 모든 국민은 근로의 의무를 진다. 국가는 근로의 의무의 내용과 조건을 민주주의원칙에 따라 법률로 정한다.

③ 근로조건의 기준은 인간의 존엄성을 보장하도록 법률로 정한다.

④ 여자의 근로는 특별한 보호를 받으며, 고용·임금 및 근로조건에 있어서 부당한 차별을 받지 아니한다.

⑤ 연소자의 근로는 특별한 보호를 받는다.

⑥ 국가유공자·상이군경 및 전몰군경의 유가족은 법률이 정하는 바에 의하여 우선적으로 근로의 기회를 부여받는다.

제33조 ① 근로자는 근로조건의 향상을 위하여 자주적인 단결권·단체교섭권 및 단체행동권을 가진다.

② 공무원인 근로자는 법률이 정하는 자에 한하여 단결권·단체교섭권 및 단체행동권을 가진다.

③ 법률이 정하는 주요방위산업체에 종사하는 근로자의 단체행동권은 법률이 정하는 바에 의하여 이를 제한하거나 인정하지 아니할 수 있다.

제34조 ① 모든 국민은 인간다운 생활을 할 권리를 가진다.

② 국가는 사회보장·사회복지의 증신에 노력할 의무를 진다.

③ 국가는 여자의 복지와 권익의 향상을 위하여 노력하여야 한다.

④ 국가는 노인과 청소년의 복지향상을 위한 정책을 실시할 의무를 진다.

⑤ 신체장애자 및 질병·노령 기타의 사유로 생활능력이 없는 국민은 법률이 정하는 바에 의하여 국가의 보호를 받는다.

⑥ 국가는 재해를 예방하고 그 위험으로부터 국민을 보호하기 위하여 노력하여야 한다.

제35조 ①모든 국민은 건강하고 쾌적한 환경에서 생활할 권리를 가지며, 국가와 국민은 환경보전을 위하여 노력하여야 한다.

② 환경권의 내용과 행사에 관하여는 법률로 정한다.

③ 국가는 주택개발정책등을 통하여 모든 국민이 쾌적한 주거생활을 할 수 있도록 노력하여야 한다.

제36조 ① 혼인과 가족생활은 개인의 존엄과 양성의 평등을 기초로 성립되고 유지되어야 하며, 국가는 이를 보장한다.

② 국가는 모성의 보호를 위하여 노력하여야 한다.

③ 모든 국민은 보건에 관하여 국가의 보호를 받는다.

제37조 ① 국민의 자유와 권리는 헌법에 열거되지 아니한 이유로 경시되지 아니한다.

② 국민의 모든 자유와 권리는 국가안전보장·질서유지 또는 공공복리를 위하여 필요한 경우에 한하여 법률로써 제한할 수 있으며, 제한하는 경우에도 자유와 권리의 본질적인 내용을 침해할 수 없다.

제38조 모든 국민은 법률이 정하는 바에 의하여 납세의 의무를 진다.

제39조 ① 모든 국민은 법률이 정하는 바에 의하여 국방의 의무를 진다.

② 누구든지 병역의무의 이행으로 인하여 불이익한 처우를 받지 아니한다.

제3장 국회

제40조 입법권은 국회에 속한다.

제41조 ① 국회는 국민의 보통·평등·직접·비밀선거에 의하여 선출된 국회의원으로 구성한다.

② 국회의원의 수는 법률로 정하되, 200인 이상으로 한다.

③ 국회의원의 선거구와 비례대표제

기타 선거에 관한 사항은 법률로 정한다.

제42조 국회의원의 임기는 4년으로 한다.

제43조 국회의원은 법률이 정하는 직을 겸할 수 없다.

제44조 ① 국회의원은 현행범인인 경우를 제외하고는 회기중 국회의 동의없이 체포 또는 구금되지 아니한다.

② 국회의원이 회기전에 체포 또는 구금된 때에는 현행범인이 아닌 한 국회의 요구가 있으면 회기중 석방된다.

제45조 국회의원은 국회에서 직무상 행한 발언과 표결에 관하여 국회외에서 책임을 지지 아니한다.

제46조 ① 국회의원은 청렴의 의무가 있다.

② 국회의원은 국가이익을 우선하여 양심에 따라 직무를 행한다.

③ 국회의원은 그 지위를 남용하여 국가·공공단체 또는 기업체와의 계약이나 그 처분에 의하여 재산상의 권리·이익 또는 직위를 취득하거나 타인을 위하여 그 취득을 알선할 수 없다.

제47조 ① 국회의 정기회는 법률이 정하는 바에 의하여 매년 1회 집회되며, 국회의 임시회는 대통령 또는 국회재적의원 4분의 1 이상의 요구에 의하여 집회된다.

② 정기회의 회기는 100일을, 임시회의 회기는 30일을 초과할 수 없다.

③ 대통령이 임시회의 집회를 요구할 때에는 기간과 집회요구의 이유를 명시하여야 한다.

제48조 국회는 의장 1인과 부의장 2인을 선출한다.

제49조 국회는 헌법 또는 법률에 특별한 규정이 없는 한 재적의원 과반수의 출석과 출석의원 과반수의 찬성으로 의결한다. 가부동수인 때에는 부결된 것으로 본다.

제50조 ① 국회의 회의는 공개한다. 다만, 출석의원 과반수의 찬성이 있거나 의장이 국가의 안전보장을 위하여 필요하다고 인정할 때에는 공개하지 아니할 수 있다.

② 공개하지 아니한 회의내용의 공표에 관하여는 법률이 정하는 바에 의한다.

제51조 국회에 제출된 법률안 기타의 의안은 회기중에 의결되지 못한 이유로 폐기되지 아니한다. 다만, 국회의원의 임기가 만료된 때에는 그러하지 아니하다.

제52조 국회의원과 정부는 법률안을 제출할 수 있다.

제53조 ① 국회에서 의결된 법률안은 정부에 이송되어 15일 이내에 대통령이 공포한다.

② 법률안에 이의가 있을 때에는 대통령은 제1항의 기간내에 이의서를 붙여 국회로 환부하고, 그 재의를 요구할 수 있다. 국회의 폐회중에도 또한 같다.

③ 대통령은 법률안의 일부에 대하여 또는 법률안을 수정하여 재의를 요구할 수 없다.

④ 재의의 요구가 있을 때에는 국회는 재의에 붙이고, 재적의원과반수의 출석과 출석의원 3분의 2 이상의 찬성으로 전과 같은 의결을 하면 그 법률안은 법률로서 확정된다.

⑤ 대통령이 제1항의 기간내에 공포나 재의의 요구를 하지 아니한 때에도 그 법률안은 법률로서 확정된다.

⑥ 대통령은 제4항과 제5항의 규정에 의하여 확정된 법률을 지체없이 공포하여야 한다. 제5항에 의하여 법률이 확정된 후 또는 제4항에 의한 확정법률이 정부에 이송된 후 5일 이내에 대통령이 공포하지 아니할 때에는 국회의장이 이를 공포한다.

⑦ 법률은 특별한 규정이 없는 한 공포한 날로부터 20일을 경과함으로써 효력을 발생한다.

제54조 ① 국회는 국가의 예산안을 심의·확정한다.

② 정부는 회계연도마다 예산안을 편성하여 회계연도 개시 90일전까지 국회에 제출하고, 국회는 회계연도 개시 30일전까지 이를 의결하여야 한다.

③ 새로운 회계연도가 개시될 때까지 예산안이 의결되지 못한 때에는 정부는 국회에서 예산안이 의결될 때까지 다음의 목적을 위한 경비는 전년도 예산에 준하여 집행할 수 있다.

1. 헌법이나 법률에 의하여 설치된 기관 또는 시설의 유지·운영
2. 법률상 지출의무의 이행
3. 이미 예산으로 승인된 사업의 계속

제55조 ① 한 회계연도를 넘어 계속하여 지출할 필요가 있을 때에는 정부는 연한을 정하여 계속비로서 국회의 의결을 얻어야 한다.

② 예비비는 총액으로 국회의 의결을 얻어야 한다. 예비비의 지출은 차기국회의 승인을 얻어야 한다.

제56조 정부는 예산에 변경을 가할 필요가 있을 때에는 추가경정예산안을 편성하여 국회에 제출할 수 있다.

제57조 국회는 정부의 동의없이 정부가 제출한 지출예산 각항의 금액을 증가하거나 새 비목을 설치할 수 없다.

제58조 국채를 모집하거나 예산외에 국가의 부담이 될 계약을 체결하려 할 때에는 정부는 미리 국회의 의결을 얻어야 한다.

제59조 조세의 종목과 세율은 법률로 정한다.

제60조 ① 국회는 상호원조 또는 안전보장에 관한 조약, 중요한 국제조직에 관한 조약, 우호통상항해조약, 주권의 제약에 관한 조약, 강화조약, 국가나 국민에게 중대한 재정적 부담을 지우는 조약 또는 입법사항에 관한 조약의 체결·비준에 대한 동의권을 가진다.

② 국회는 선전포고, 국군의 외국에의 파견 또는 외국군대의 대한민국 영역안에서의 주류에 대한 동의권을 가진다.

제61조 ① 국회는 국정을 감사하거나 특정한 국정사안에 대하여 조사할 수 있으며, 이에 필요한 서류의 제출 또는 증인의 출석과 증언이나 의견의 진술을 요구할 수 있다.

② 국정감사 및 조사에 관한 절차 기타 필요한 사항은 법률로 정한다.

제62조 ① 국무총리·국무위원 또는 정부위원은 국회나 그 위원회에 출석하여 국정처리상황을 보고하거나 의견을 진술하고 질문에 응답할 수 있다.

② 국회나 그 위원회의 요구가 있을 때에는 국무총리·국무위원 또는 정부위원은 출석·답변하여야 하며, 국무총리 또는

국무위원이 출석요구를 받은 때에는 국무위원 또는 정부위원으로 하여금 출석·답변하게 할 수 있다.

제63조 ① 국회는 국무총리 또는 국무위원의 해임을 대통령에게 건의할 수 있다.

② 제1항의 해임건의는 국회재적의원 3분의 1 이상의 발의에 의하여 국회재적의원 과반수의 찬성이 있어야 한다.

제64조 ① 국회는 법률에 저촉되지 아니하는 범위안에서 의사와 내부규율에 관한 규칙을 제정할 수 있다.

② 국회는 의원의 자격을 심사하며, 의원을 징계할 수 있다.

③ 의원을 제명하려면 국회재적의원 3분의 2 이상의 찬성이 있어야 한다.

④ 제2항과 제3항의 처분에 대하여는 법원에 제소할 수 없다.

제65조 ① 대통령·국무총리·국무위원·행정각부의 장·헌법재판소 재판관·법관·중앙선거관리위원회 위원·감사원장·감사위원 기타 법률이 정한 공무원이 그 직무집행에 있어서 헌법이나 법률을 위배한 때에는 국회는 탄핵의 소추를 의결할 수 있다.

② 제1항의 탄핵소추는 국회재적의원 3분의 1 이상의 발의가 있어야 하며, 그 의결은 국회재적의원 과반수의 찬성이 있어야 한다. 다만, 대통령에 대한 탄핵소추는 국회재적의원 과반수의 발의와 국회재적의원 3분의 2 이상의 찬성이 있어야 한다.

③ 탄핵소추의 의결을 받은 자는 탄핵심판이 있을 때까지 그 권한행사가 정지된다.

④ 탄핵결정은 공직으로부터 파면함에 그친다. 그러나, 이에 의하여 민사상이나 형사상의 책임이 면제되지는 아니한다.

제4장 정부

제1절 대통령

제66조 ① 대통령은 국가의 원수이며, 외국에 대하여 국가를 대표한다.

② 대통령은 국가의 독립·영토의 보전·국가의 계속성과 헌법을 수호할 책무를 진다.

③ 대통령은 조국의 평화적 통일을 위한 성실한 의무를 진다.

④ 행정권은 대통령을 수반으로 하는 정부에 속한다.

제67조 ① 대통령은 국민의 보통·평등·직접·비밀선거에 의하여 선출한다.

② 제1항의 선거에 있어서 최고득표자가 2인 이상인 때에는 국회의 재적의원 과반수가 출석한 공개회의에서 다수표를 얻은 자를 당선자로 한다.

③ 대통령후보자가 1인일 때에는 그 득표수가 선거권자 총수의 3분의 1 이상이 아니면 대통령으로 당선될 수 없다.

④ 대통령으로 선거될 수 있는 자는 국회의원의 피선거권이 있고 선거일 현재 40세에 달하여야 한다.

⑤ 대통령의 선거에 관한 사항은 법률로 정한다.

제68조 ① 대통령의 임기가 만료되는 때에는 임기만료 70일 내지 40일전에 후임자를 선거한다.

② 대통령이 궐위된 때 또는 대통령

당선자가 사망하거나 판결 기타의 사유로 그 자격을 상실한 때에는 60일 이내에 후임자를 선거한다.

제69조 대통령은 취임에 즈음하여 다음의 선서를 한다.

"나는 헌법을 준수하고 국가를 보위하며 조국의 평화적 통일과 국민의 자유와 복리의 증진 및 민족문화의 창달에 노력하여 대통령으로서의 직책을 성실히 수행할 것을 국민 앞에 엄숙히 선서합니다."

제70조 대통령의 임기는 5년으로 하며, 중임할 수 없다.

제71조 대통령이 궐위되거나 사고로 인하여 직무를 수행할 수 없을 때에는 국무총리, 법률이 정한 국무위원의 순서로 그 권한을 대행한다.

제72조 대통령은 필요하다고 인정할 때에는 외교·국방·통일 기타 국가안위에 관한 중요정책을 국민투표에 붙일 수 있다.

제73조 대통령은 조약을 체결·비준하고, 외교사절을 신임·접수 또는 파견하며, 선전포고와 강화를 한다.

제74조 ① 대통령은 헌법과 법률이 정하는 바에 의하여 국군을 통수한다.

② 국군의 조직과 편성은 법률로 정한다.

제75조 대통령은 법률에서 구체적으로 범위를 정하여 위임받은 사항과 법률을 집행하기 위하여 필요한 사항에 관하여 대통령령을 발할 수 있다.

제76조 ① 대통령은 내우·외환·천재·지변 또는 중대한 재정·경제상의 위기에 있어서 국가의 안전보장 또는 공공의 안녕질서를 유지하기 위하여 긴급한 조치가 필요하고 국회의 집회를 기다릴 여유가 없을 때에 한하여 최소한으로 필요한 재정·경제상의 처분을 하거나 이에 관하여 법률의 효력을 가지는 명령을 발할 수 있다.

② 대통령은 국가의 안위에 관계되는 중대한 교전상태에 있어서 국가를 보위하기 위하여 긴급한 조치가 필요하고 국회의 집회가 불가능한 때에 한하여 법률의 효력을 가지는 명령을 발할 수 있다.

③ 대통령은 제1항과 제2항의 처분 또는 명령을 한 때에는 지체없이 국회에 보고하여 그 승인을 얻어야 한다.

④ 제3항의 승인을 얻지 못한 때에는 그 처분 또는 명령은 그때부터 효력을 상실한다. 이 경우 그 명령에 의하여 개정 또는 폐지되었던 법률은 그 명령이 승인을 얻지 못한 때부터 당연히 효력을 회복한다.

⑤ 대통령은 제3항과 제4항의 사유를 지체없이 공포하여야 한다.

제77조 ① 대통령은 전시·사변 또는 이에 준하는 국가비상사태에 있어서 병력으로써 군사상의 필요에 응하거나 공공의 안녕질서를 유지할 필요가 있을 때에는 법률이 정하는 바에 의하여 계엄을 선포할 수 있다.

② 계엄은 비상계엄과 경비계엄으로 한다.

③ 비상계엄이 선포된 때에는 법률이 정하는 바에 의하여 영장제도, 언론·출판·집회·결사의 자유, 정부나 법원의 권한에 관하여 특별한 조치를 할 수 있다.

④ 계엄을 선포한 때에는 대통령은 지체없이 국회에 통고하여야 한다.

⑤ 국회가 재적의원 과반수의 찬성으로 계엄의 해제를 요구한 때에는 대통령은

이를 해제하여야 한다.

제78조 대통령은 헌법과 법률이 정하는 바에 의하여 공무원을 임면한다.

제79조 ① 대통령은 법률이 정하는 바에 의하여 사면·감형 또는 복권을 명할 수 있다.

② 일반사면을 명하려면 국회의 동의를 얻어야 한다.

③ 사면·감형 및 복권에 관한 사항은 법률로 정한다.

제80조 대통령은 법률이 정하는 바에 의하여 훈장 기타의 영전을 수여한다.

제81조 대통령은 국회에 출석하여 발언하거나 서한으로 의견을 표시할 수 있다.

제82조 대통령의 국법상 행위는 문서로써 하며, 이 문서에는 국무총리와 관계 국무위원이 부서한다. 군사에 관한 것도 또한 같다.

제83조 대통령은 국무총리·국무위원·행정각부의 장 기타 법률이 정하는 공사의 직을 겸할 수 없다.

제84조 대통령은 내란 또는 외환의 죄를 범한 경우를 제외하고는 재직중 형사상의 소추를 받지 아니한다.

제85조 전직대통령의 신분과 예우에 관하여는 법률로 정한다.

제2절 행정부

제1관 국무총리와 국무위원

제86조 ① 국무총리는 국회의 동의를 얻어 대통령이 임명한다.

② 국무총리는 대통령을 보좌하며, 행정에 관하여 대통령의 명을 받아 행정각부를 통할한다.

③ 군인은 현역을 면한 후가 아니면 국무총리로 임명될 수 없다.

제87조 ① 국무위원은 국무총리의 제청으로 대통령이 임명한다.

② 국무위원은 국정에 관하여 대통령을 보좌하며, 국무회의의 구성원으로서 국정을 심의한다.

③ 국무총리는 국무위원의 해임을 대통령에게 건의할 수 있다.

④ 군인은 현역을 면한 후가 아니면 국무위원으로 임명될 수 없다.

제2관 국무회의

제88조 ① 국무회의는 정부의 권한에 속하는 중요한 정책을 심의한다.

② 국무회의는 대통령·국무총리와 15인 이상 30인 이하의 국무위원으로 구성한다.

③ 대통령은 국무회의의 의장이 되고, 국무총리는 부의장이 된다.

제89조 다음 사항은 국무회의의 심의를 거쳐야 한다.

1. 국정의 기본계획과 정부의 일반정책
2. 선전·강화 기타 중요한 대외정책
3. 헌법개정안·국민투표안·조약안·법률안 및 대통령령안
4. 예산안·결산·국유재산처분의 기본계획·국가의 부담이 될 계약 기타 재정에 관한 중요사항
5. 대통령의 긴급명령·긴급재정경제

처분 및 명령 또는 계엄과 그 해제
6. 군사에 관한 중요사항
7. 국회의 임시회 집회의 요구
8. 영전수여
9. 사면·감형과 복권
10. 행정각부간의 권한의 획정
11. 정부안의 권한의 위임 또는 배정에 관한 기본계획
12. 국정처리상황의 평가·분석
13. 행정각부의 중요한 정책의 수립과 조정
14. 정당해산의 제소
15. 정부에 제출 또는 회부된 정부의 정책에 관계되는 청원의 심사
16. 검찰총장·합동참모의장·각군참모총장·국립대학교총장·대사 기타 법률이 정한 공무원과 국영기업체관리자의 임명
17. 기타 대통령·국무총리 또는 국무위원이 제출한 사항

제90조 ① 국정의 중요한 사항에 관한 대통령의 자문에 응하기 위하여 국가원로로 구성되는 국가원로자문회의를 둘 수 있다.

② 국가원로자문회의의 의장은 직전대통령이 된다. 다만, 직전대통령이 없을 때에는 대통령이 지명한다.

③ 국가원로자문회의의 조직·직무범위 기타 필요한 사항은 법률로 정한다.

제91조 ① 국가안전보장에 관련되는 대외정책·군사정책과 국내정책의 수립에 관하여 국무회의의 심의에 앞서 대통령의 자문에 응하기 위하여 국가안전보장회의를 둔다.

② 국가안전보장회의는 대통령이 주재한다.

③ 국가안전보장회의의 조직·직무범위 기타 필요한 사항은 법률로 정한다.

제92조 ① 평화통일정책의 수립에 관한 대통령의 자문에 응하기 위하여 민주평화통일자문회의를 둘 수 있다.

② 민주평화통일자문회의의 조직·직무범위 기타 필요한 사항은 법률로 정한다.

제93조 ① 국민경제의 발전을 위한 중요정책의 수립에 관하여 대통령의 자문에 응하기 위하여 국민경제자문회의를 둘 수 있다.

② 국민경제자문회의의 조직·직무범위 기타 필요한 사항은 법률로 정한다.

제3관 행정각부

제94조 행정각부의 장은 국무위원 중에서 국무총리의 제청으로 대통령이 임명한다.

제95조 국무총리 또는 행정각부의 장은 소관사무에 관하여 법률이나 대통령령의 위임 또는 직권으로 총리령 또는 부령을 발할 수 있다.

제96조 행정각부의 설치·조직과 직무범위는 법률로 정한다.

제4관 감사원

제97조 국가의 세입·세출의 결산, 국가 및 법률이 정한 단체의 회계검사와 행정기관 및 공무원의 직무에 관한 감찰을 하기 위하여 대통령 소속하에 감사원을 둔다.

제98조 ① 감사원은 원장을 포함한 5인

이상 11인 이하의 감사위원으로 구성한다.

② 원장은 국회의 동의를 얻어 대통령이 임명하고, 그 임기는 4년으로 하며, 1차에 한하여 중임할 수 있다.

③ 감사위원은 원장의 제청으로 대통령이 임명하고, 그 임기는 4년으로 하며, 1차에 한하여 중임할 수 있다.

제99조 감사원은 세입·세출의 결산을 매년 검사하여 대통령과 차년도국회에 그 결과를 보고하여야 한다.

제100조 감사원의 조직·직무범위·감사위원의 자격·감사대상공무원의 범위 기타 필요한 사항은 법률로 정한다.

제5장 법원

제101조 ①사법권은 법관으로 구성된 법원에 속한다.

② 법원은 최고법원인 대법원과 각급법원으로 조직된다.

③ 법관의 자격은 법률로 정한다.

제102조 ① 대법원에 부를 둘 수 있다.

② 대법원에 대법관을 둔다. 다만, 법률이 정하는 바에 의하여 대법관이 아닌 법관을 둘 수 있다.

③ 대법원과 각급법원의 조직은 법률로 정한다.

제103조 법관은 헌법과 법률에 의하여 그 양심에 따라 독립하여 심판한다.

제104조 ① 대법원장은 국회의 동의를 얻어 대통령이 임명한다.

② 대법관은 대법원장의 제청으로 국회의 동의를 얻어 대통령이 임명한다.

③ 대법원장과 대법관이 아닌 법관은 대법관회의의 동의를 얻어 대법원장이 임명한다.

제105조 ① 대법원장의 임기는 6년으로 하며, 중임할 수 없다.

② 대법관의 임기는 6년으로 하며, 법률이 정하는 바에 의하여 연임할 수 있다.

③ 대법원장과 대법관이 아닌 법관의 임기는 10년으로 하며, 법률이 정하는 바에 의하여 연임할 수 있다.

④ 법관의 정년은 법률로 정한다.

제106조 ① 법관은 탄핵 또는 금고 이상의 형의 선고에 의하지 아니하고는 파면되지 아니하며, 징계처분에 의하지 아니하고는 정직·감봉 기타 불리한 처분을 받지 아니한다.

② 법관이 중대한 심신상의 장해로 직무를 수행할 수 없을 때에는 법률이 정하는 바에 의하여 퇴직하게 할 수 있다.

제107조 ① 법률이 헌법에 위반되는 여부가 재판의 전제가 된 경우에는 법원은 헌법재판소에 제청하여 그 심판에 의하여 재판한다.

② 명령·규칙 또는 처분이 헌법이나 법률에 위반되는 여부가 재판의 전제가 된 경우에는 대법원은 이를 최종적으로 심사할 권한을 가진다.

③ 재판의 전심절차로서 행정심판을 할 수 있다. 행정심판의 절차는 법률로 정하되, 사법절차가 준용되어야 한다.

제108조 대법원은 법률에서 저촉되지 아니하는 범위안에서 소송에 관한 절차, 법원의 내부규율과 사무처리에 관한 규칙을 제정할 수 있다.

제109조 재판의 심리와 판결은 공개한다. 다만, 심리는 국가의 안전보장 또는 안녕질서를 방해하거나 선량한 풍속을 해할 염려가 있을 때에는 법원의 결정으로 공개하지 아니할 수 있다.

제110조 ① 군사재판을 관할하기 위하여 특별법원으로서 군사법원을 둘 수 있다.

② 군사법원의 상고심은 대법원에서 관할한다.

③ 군사법원의 조직·권한 및 재판관의 자격은 법률로 정한다.

④ 비상계엄하의 군사재판은 군인·군무원의 범죄나 군사에 관한 간첩죄의 경우와 초병·초소·유독음식물공급·포로에 관한 죄중 법률이 정한 경우에 한하여 단심으로 할 수 있다. 다만, 사형을 선고한 경우에는 그러하지 아니하다.

제6장 헌법재판소

제111조 ① 헌법재판소는 다음 사항을 관장한다.

1. 법원의 제청에 의한 법률의 위헌여부 심판
2. 탄핵의 심판
3. 정당의 해산 심판
4. 국가기관 상호간, 국가기관과 지방자치단체간 및 지방자치단체 상호간의 권한쟁의에 관한 심판
5. 법률이 정하는 헌법소원에 관한 심판

② 헌법재판소는 법관의 자격을 가진 9인의 재판관으로 구성하며, 재판관은 대통령이 임명한다.

③ 제2항의 재판관중 3인은 국회에서 선출하는 자를, 3인은 대법원장이 지명하는 자를 임명한다.

④ 헌법재판소의 장은 국회의 동의를 얻어 재판관중에서 대통령이 임명한다.

제112조 ① 헌법재판소 재판관의 임기는 6년으로 하며, 법률이 정하는 바에 의하여 연임할 수 있다.

② 헌법재판소 재판관은 정당에 가입하거나 정치에 관여할 수 없다.

③ 헌법재판소 재판관은 탄핵 또는 금고 이상의 형의 선고에 의하지 아니하고는 파면되지 아니한다.

제113조 ① 헌법재판소에서 법률의 위헌결정, 탄핵의 결정, 정당해산의 결정 또는 헌법소원에 관한 인용결정을 할 때에는 재판관 6인 이상의 찬성이 있어야 한다.

② 헌법재판소는 법률에 저촉되지 아니하는 범위안에서 심판에 관한 절차, 내부규율과 사무처리에 관한 규칙을 제정할 수 있다.

③ 헌법재판소의 조직과 운영 기타 필요한 사항은 법률로 정한다.

제7장 선거관리

제114조 ① 선거와 국민투표의 공정한 관리 및 정당에 관한 사무를 처리하기 위하여 선거관리위원회를 둔다.

② 중앙선거관리위원회는 대통령이 임명하는 3인, 국회에서 선출하는 3인과 대법원장이 지명하는 3인의 위원으로 구성한다. 위원장은 위원중에서 호선한다.

③ 위원의 임기는 6년으로 한다.

④ 위원은 정당에 가입하거나 정치에 관여할 수 없다.

⑤ 위원은 탄핵 또는 금고 이상의 형의 선고에 의하지 아니하고는 파면되지 아니한다.

⑥ 중앙선거관리위원회는 법령의 범위안에서 선거관리·국민투표관리 또는 정당사무에 관한 규칙을 제정할 수 있으며, 법률에 저촉되지 아니하는 범위안에서 내부규율에 관한 규칙을 제정할 수 있다.

⑦ 각급 선거관리위원회의 조직·직무범위 기타 필요한 사항은 법률로 정한다.

제115조 ① 각급 선거관리위원회는 선거인명부의 작성등 선거사무와 국민투표사무에 관하여 관계 행정기관에 필요한 지시를 할 수 있다.

② 제1항의 지시를 받은 당해 행정기관은 이에 응하여야 한다.

제116조 ① 선거운동은 각급 선거관리위원회의 관리하에 법률이 정하는 범위안에서 하되, 균등한 기회가 보장되어야 한다.

② 선거에 관한 경비는 법률이 정하는 경우를 제외하고는 정당 또는 후보자에게 부담시킬 수 없다.

제8장 지방자치

제117조 ① 지방자치단체는 주민의 복리에 관한 사무를 처리하고 재산을 관리하며, 법령의 범위안에서 자치에 관한 규정을 제정할 수 있다.

② 지방자치단체의 종류는 법률로 정한다.

제118조 ① 지방자치단체에 의회를 둔다.

② 지방의회의 조직·권한·의원선거와 지방자치단체의 장의 선임방법 기타 지방자치단체의 조직과 운영에 관한 사항은 법률로 정한다.

제9장 경제

제119조 ① 대한민국의 경제질서는 개인과 기업의 경제상의 자유와 창의를 존중함을 기본으로 한다.

② 국가는 균형있는 국민경제의 성장 및 안정과 적정한 소득의 분배를 유지하고, 시장의 지배와 경제력의 남용을 방지하며, 경제주체간의 조화를 통한 경제의 민주화를 위하여 경제에 관한 규제와 조정을 할 수 있다.

제120조 ① 광물 기타 중요한 지하자원·수산자원·수력과 경제상 이용할 수 있는 자연력은 법률이 정하는 바에 의하여 일정한 기간 그 채취·개발 또는 이용을 특허할 수 있다.

② 국토와 자원은 국가의 보호를 받으며, 국가는 그 균형있는 개발과 이용을 위하여 필요한 계획을 수립한다.

제121조 ① 국가는 농지에 관하여 경자유전의 원칙이 달성될 수 있도록 노력하여야 하며, 농지의 소작제도는 금지된다.

② 농업생산성의 제고와 농지의 합리적인 이용을 위하거나 불가피한 사정으로 발생하는 농지의 임대차와 위탁경영은 법률이 정하는 바에 의하여 인정된다.

제122조 국가는 국민 모두의 생산 및 생활의 기반이 되는 국토의 효율적이고 균형있는 이용·개발과 보전을 위하여 법률이

정하는 바에 의하여 그에 관한 필요한 제한과 의무를 과할 수 있다.

제123조 ① 국가는 농업 및 어업을 보호·육성하기 위하여 농·어촌종합개발과 그 지원등 필요한 계획을 수립·시행하여야 한다.

② 국가는 지역간의 균형있는 발전을 위하여 지역경제를 육성할 의무를 진다.

③ 국가는 중소기업을 보호·육성하여야 한다.

④ 국가는 농수산물의 수급균형과 유통구조의 개선에 노력하여 가격안정을 도모함으로써 농·어민의 이익을 보호한다.

⑤ 국가는 농·어민과 중소기업의 자조조직을 육성하여야 하며, 그 자율적 활동과 발전을 보장한다.

제124조 국가는 건전한 소비행위를 계도하고 생산품의 품질향상을 촉구하기 위한 소비자보호운동을 법률이 정하는 바에 의하여 보장한다.

제125조 국가는 대외무역을 육성하며, 이를 규제·조정할 수 있다.

제126조 국방상 또는 국민경제상 긴절한 필요로 인하여 법률이 정하는 경우를 제외하고는, 사영기업을 국유 또는 공유로 이전하거나 그 경영을 통제 또는 관리할 수 없다.

제127조 ① 국가는 과학기술의 혁신과 정보 및 인력의 개발을 통하여 국민경제의 발전에 노력하여야 한다.

② 국가는 국가표준제도를 확립한다.

③ 대통령은 제1항의 목적을 달성하기 위하여 필요한 자문기구를 둘 수 있다.

제10장 헌법개정

제128조 ① 헌법개정은 국회재적의원 과반수 또는 대통령의 발의로 제안된다.

② 대통령의 임기연장 또는 중임변경을 위한 헌법개정은 그 헌법개정 제안 당시의 대통령에 대하여는 효력이 없다.

제129조 제안된 헌법개정안은 대통령이 20일 이상의 기간 이를 공고하여야 한다.

제130조 ① 국회는 헌법개정안이 공고된 날로부터 60일 이내에 의결하여야 하며, 국회의 의결은 재적의원 3분의 2 이상의 찬성을 얻어야 한다.

② 헌법개정안은 국회가 의결한 후 30일 이내에 국민투표에 붙여 국회의원선거권자 과반수의 투표와 투표자 과반수의 찬성을 얻어야 한다.

③ 헌법개정안이 제2항의 찬성을 얻은 때에는 헌법개정은 확정되며, 대통령은 즉시 이를 공포하여야 한다.

부칙 〈제10호, 1987.10.29〉

제1조 이 헌법은 1988년 2월 25일부터 시행한다. 다만, 이 헌법을 시행하기 위하여 필요한 법률의 제정·개정과 이 헌법에 의한 대통령 및 국회의원의 선거 기타 이 헌법시행에 관한 준비는 이 헌법시행 전에 할 수 있다.

제2조 ① 이 헌법에 의한 최초의 대통령선거는 이 헌법시행일 40일 전까지 실시한다.

② 이 헌법에 의한 최초의 대통령의

임기는 이 헌법시행일로부터 개시한다.

제3조 ① 이 헌법에 의한 최초의 국회의원선거는 이 헌법공포일로부터 6월 이내에 실시하며, 이 헌법에 의하여 선출된 최초의 국회의원의 임기는 국회의원선거후 이 헌법에 의한 국회의 최초의 집회일로부터 개시한다.

② 이 헌법공포 당시의 국회의원의 임기는 제1항에 의한 국회의 최초의 집회일 전일까지로 한다.

부칙 〈제9129호, 2008.8.25〉

제1조(시행일) 이 법은 공포한 날부터 시행한다.

제2조(다른 법률의 개정) ① 국정감사 및 조사에 관한 법률 일부를 다음과 같이 개정한다.

제2조 제2항 중 "여성가족위원회"를 "여성위원회"로 한다.

② 농어업·농어촌특별대책위원회의 설치 및 운영 등에 관한 법률 일부를 다음과 같이 개정한다.

제12조 중 "농림해양수산위원회"를 "농림수산식품위원회"로 한다.

색　인

(ㄹ)

(ㅁ)

(ㅂ)

(ㅇ)

(ㅈ)

▌저자 약력

法學博士 金白庾(김백유)

- 성균관대학교 법과대학
- 연세대학교 행정대학원
- 스위스 바젤(Basel) 법과대학
- 독일 프라이부르크(Freiburg) 법과대학(법학박사)
- 한성대학교 교수(헌법 · 행정법)
- 성균관대학교 법과대학 · 사회과학대학, 동국대 법대, 단국대 교육대학원 강사
- 한국헌법학회 상임이사
- 한국공법학회 부회장
- 한국토지공법학회 이사
- 한국 스포츠법학회 이사
- 국가고시 출제위원

〈저서〉

행정법치론(I), 동방문화사, 2010
헌법학(II), 도서출판 조은, 2010
헌정 및 행정법치연구, 한성대출판부, 2006
헌법, 도서출판 에덴 2004 <공저 : 정회철 편저>
헌법, 도서출판 에덴 2004 <공저 : 금동흠 편저>
헌법, 한국서원, 2003 <공저>

〈논문〉

· 행정재량의 한계와 사법심사 · 행정개입청구권과 사법적 권리구제
· 환경권과 권리보호제도 · 통치행위와 사법심사 한계
· 무하자 재량행사 청구권 · 통치행위론 · 한국의 환경권에 대한 해석과 현실문제
· 공법상 환경권 이론 · 건설계획과 환경보호 · 사회적 기본권의 소송법적 실현
· 공법상의 소위 특별권력 관계이론 · 독일의 건설적 불신임제도
· 직업의 자유의 제한 및 제한의 한계 · 독일의 수상선거제도
· 일반적 법률유보(헌법 제 37조 제2항)에 의한 기본권제한의 규범적 한계
· 일반권력관계에 있어서의 기본권 제한
· 정부위기론 외 다수

본 교재는 한성대학교 교내연구비 지원과제임.

憲法學(I)

(헌법총론 · 국가조직론)

헌법총론 3판(개정판), 국가조직론 4판(개정판)
발행일 2012년 3월 1일

저자 김 백 유
발 행 인 김 화 인
발행한곳 도서출판 조은

우편주소 서울특별시 중구 인현동 1가 19-2
대표전화 (02) 2273-2408
팩시밀리 (02) 2272-1391

편집제작 도서출판 조은 대표(02) 2273-2408

ISBN 978-89-94329-12-3 정가 45,000원